中国人口普查
CHINA POPULATION CENSUS

2020

广西壮族自治区人口普查年鉴（第1册）

GUANGXI POPULATION CENSUS YEARBOOK 2020 (BOOK 1)

广西壮族自治区统计局
广西第七次全国人口普查领导小组办公室 编

Compiled by
Guangxi Zhuang Autonomous Region Bureau of Statistics
Office of the Leading Group of Guangxi
for the Seventh National Population Census

中国统计出版社
China Statistics Press

图书在版编目（CIP）数据

广西壮族自治区人口普查年鉴. 2020. 第1册 / 广西壮族自治区统计局, 广西第七次全国人口普查领导小组办公室编. -- 北京 : 中国统计出版社, 2022.9
ISBN 978-7-5037-9952-5

Ⅰ. ①广… Ⅱ. ①广… ②广… Ⅲ. ①人口普查－统计资料－广西－2020－年鉴 Ⅳ. ①C924.256.7-54
中国版本图书馆CIP数据核字(2022)第160715号

广西壮族自治区人口普查年鉴-2020（第1册）
Guangxi Population Census Yearbook 2020 (Book 1)

作　　者/广西壮族自治区统计局，广西第七次全国人口普查领导小组办公室
责任编辑/郭　栋　佘竞雄
封面设计/李雪燕
出版发行/中国统计出版社有限公司
通信地址/北京市丰台区西三环南路甲6号　邮政编码/100073
发行电话/邮购（010）63376909　书店（010）68783171
网　　址/http://www.zgtjcbs.com/
印　　刷/广西瑞熙特种票证印务有限公司
经　　销/新华书店
开　　本/880mm×1230mm　1/16
字　　数/1454千字
印　　张/46.75
版　　别/2022年9月第1版
版　　次/2022年9月第1次印刷
定　　价/980.00元（全四册附光盘）

《广西壮族自治区人口普查年鉴-2020》
编辑委员会和编辑工作人员

编辑说明

第七次全国人口普查，在党中央国务院统一领导下，广西壮族自治区各级党委、政府和各级人口普查机构认真学习贯彻习近平总书记在第七次全国人口普查登记时的重要讲话精神，经过全区三十万普查人员的努力拼博和全区各族人民的积极参与，我区第七次全国人口普查工作取得了圆满成功，获取了丰富翔实的资料。为满足社会各界的需要，现将我区第七次全国人口普查数据资料编辑出版。

为便于读者使用本资料，现将有关情况说明如下：

一、普查对象和标准时点

第七次全国人口普查的普查对象指普查标准时点在中华人民共和国境内的自然人以及在中华人民共和国境外但未定居的中国公民，不包括在中华人民共和国境内短期停留的境外人员。普查标准时点为2020年11月1日零时。

二、普查表式

第七次全国人口普查采用长、短两种普查表。普查短表包括反映人口基本状况的项目，由全部住户（不包括港澳台居民和外籍人员）填报；普查长表包括所有短表项目和人口的经济活动、婚姻生育和住房等情况的项目，在全部住户中抽取10%的户（不包括港澳台居民和外籍人员）填报。

三、资料主要内容

本资料分为三部分。第一部分是全部人口数据，主要反映人口的基本状况，分为八卷，共201张表；第二部分是普查长表数据，主要反映人口的各种结构情况，分为九卷，共218张表；第三部分是附录，主要是普查的有关规定和技术文件等。

四、数据汇总口径及推算说明

本资料是普查实际登记直接汇总的数据，不包括漏登的人口(事后质量抽查表明，人口漏登率为0.05%)，不包括现役军人。

资料中各项指标的汇总结果未做任何误差校正，读者在使用时应考虑不同指标登记误差因素的影响。

由于普查长表是按户抽样并进行登记，因此人口总数以及各种人口结构数据的抽样比会存在略微差异，请读者使用本资料推算总体时，对采用的方法予以注意。

五、城乡划分规定

本次人口普查关于城乡的划分，按照国家统计局《统计上划分城乡的规定》执行。

六、其他

本资料中部分相对数由于单位取舍问题而产生的计算误差，均未做机械调整。本资料中空项表示无数字或数字很小。

七、由于时间仓促，资料来源和编辑水平有限，疏漏和不妥之处请读者批评指正。

目　录

第1册

第一部分　全部数据资料

第2册

第一部分 全部数据资料（续）

第二卷 民族

第七卷 户口登记状况

第八卷　住房

第3册

第二部分　长表数据资料

第一卷 概要

第二卷 民族

第三卷 教育

第四卷 就业

第4册

第二部分 长表数据资料（续）

第五卷 婚姻

第六卷 生育

第九卷 住房

第三部分　附录

第一部分　全部数据资料

第一卷　概要

1-1 各地区户数、

地区	户数						
				合计			
	合计	家庭户	集体户	合计	男	女	性别比（女=100）
总　计	**16865333**	**16215014**	**650319**	**50126804**	**25916169**	**24210635**	**107.04**
南宁市	**3177175**	**2979316**	**197859**	**8741584**	**4512644**	**4228940**	**106.71**
兴宁区	226407	212478	13929	615485	319208	296277	107.74
青秀区	442509	403993	38516	1124334	545433	578901	94.22
江南区	363999	339086	24913	989823	516365	473458	109.06
西乡塘区	636416	569173	67243	1643819	841230	802589	104.81
良庆区	210570	194716	15854	587618	313995	273623	114.75
邕宁区	115315	108765	6550	332280	175251	157029	111.6
武鸣区	235456	223099	12357	683826	360634	323192	111.59
隆安县	110688	107556	3132	325140	170963	154177	110.89
马山县	134627	132947	1680	382430	197095	185335	106.35
上林县	127764	125774	1990	359323	185640	173683	106.88
宾阳县	272730	266942	5788	801407	422564	378843	111.54
横　县	300694	294787	5907	896099	464266	431833	107.51
柳州市	**1459228**	**1395545**	**63683**	**4157934**	**2156439**	**2001495**	**107.74**
城中区	88179	82370	5809	243628	118547	125081	94.78
鱼峰区	228175	204654	23521	668961	350453	318508	110.03
柳南区	230968	222178	8790	617925	319962	297963	107.38
柳北区	178837	170474	8363	484765	245787	238978	102.85
柳江区	164082	158837	5245	503772	262807	240965	109.06
柳城县	108536	105779	2757	314242	163985	150257	109.14
鹿寨县	118600	115320	3280	337298	178756	158542	112.75
融安县	95451	93837	1614	253360	134154	119206	112.54
融水苗族自治县	142511	140016	2495	412445	215785	196660	109.72
三江侗族自治县	103889	102080	1809	321538	166203	155335	107
桂林市	**1784803**	**1718580**	**66223**	**4931137**	**2505946**	**2425191**	**103.33**
秀峰区	66827	64132	2695	161066	80981	80085	101.12
叠彩区	78845	76650	2195	202875	99942	102933	97.09
象山区	113290	109535	3755	286872	140021	146851	95.35
七星区	161153	149735	11418	387304	197963	189341	104.55
雁山区	35901	20235	15666	132639	58017	74622	77.75
临桂区	184462	177429	7033	555109	281516	273593	102.9
阳朔县	91095	89732	1363	273124	140101	133023	105.32
灵川县	144412	136049	8363	422776	218993	203783	107.46
全州县	212743	209185	3558	565696	294190	271506	108.35
兴安县	107481	105709	1772	307043	154837	152206	101.73
永福县	79913	78529	1384	228646	119878	108768	110.21
灌阳县	84133	83204	929	208412	107079	101333	105.67
龙胜各族自治县	50075	49409	666	139483	70976	68507	103.6
资源县	52954	52043	911	139212	71268	67944	104.89
平乐县	126354	125002	1352	340921	174821	166100	105.25
恭城瑶族自治县	82158	80831	1327	245432	124724	120708	103.33
荔浦市	113007	111171	1836	334527	170639	163888	104.12

人口数和性别比

单位：户、人

人 口 数								
家庭户				集体户				平均家庭户规模（人/户）
小计	男	女	性别比（女=100）	小计	男	女	性别比（女=100）	
46498718	**23974087**	**22524631**	**106.43**	**3628086**	**1942082**	**1686004**	**115.19**	**2.87**
7793767	**4005529**	**3788238**	**105.74**	**947817**	**507115**	**440702**	**115.07**	**2.62**
541614	275895	265719	103.83	73871	43313	30558	141.74	2.55
943318	459312	484006	94.9	181016	86121	94895	90.75	2.33
883716	454717	428999	105.99	106107	61648	44459	138.66	2.61
1352705	695529	657176	105.84	291114	145701	145413	100.2	2.38
518641	272007	246634	110.29	68977	41988	26989	155.57	2.66
300072	157253	142819	110.11	32208	17998	14210	126.66	2.76
601786	312778	289008	108.22	82040	47856	34184	140	2.7
309023	161978	147045	110.16	16117	8985	7132	125.98	2.87
371122	191034	180088	106.08	11308	6061	5247	115.51	2.79
347615	179201	168414	106.41	11708	6439	5269	122.21	2.76
765182	400978	364204	110.1	36225	21586	14639	147.46	2.87
858973	444847	414126	107.42	37126	19419	17707	109.67	2.91
3837159	**1965095**	**1872064**	**104.97**	**320775**	**191344**	**129431**	**147.83**	**2.75**
218683	105198	113485	92.7	24945	13349	11596	115.12	2.65
552949	278692	274257	101.62	116012	71761	44251	162.17	2.7
582730	296940	285790	103.9	35195	23022	12173	189.12	2.62
442888	221117	221771	99.71	41877	24670	17207	143.37	2.6
477445	248770	228675	108.79	26327	14037	12290	114.21	3.01
292320	150969	141351	106.8	21922	13016	8906	146.15	2.76
315371	164168	151203	108.57	21927	14588	7339	198.77	2.73
245087	129624	115463	112.26	8273	4530	3743	121.03	2.61
399875	209264	190611	109.79	12570	6521	6049	107.8	2.86
309811	160353	149458	107.29	11727	5850	5877	99.54	3.03
4605154	**2341762**	**2263392**	**103.46**	**325983**	**164184**	**161799**	**101.47**	**2.68**
150833	75305	75528	99.7	10233	5676	4557	124.56	2.35
196405	96444	99961	96.48	6470	3498	2972	117.7	2.56
274569	133143	141426	94.14	12303	6878	5425	126.78	2.51
335008	166296	168712	98.57	52296	31667	20629	153.51	2.24
62251	31444	30807	102.07	70388	26573	43815	60.65	3.08
505840	259557	246283	105.39	49269	21959	27310	80.41	2.85
266385	136751	129634	105.49	6739	3350	3389	98.85	2.97
388829	197193	191636	102.9	33947	21800	12147	179.47	2.86
535669	278306	257363	108.14	30027	15884	14143	112.31	2.56
300364	151822	148542	102.21	6679	3015	3664	82.29	2.84
220744	115556	105188	109.86	7902	4322	3580	120.73	2.81
203203	104486	98717	105.84	5209	2593	2616	99.12	2.44
136406	69507	66899	103.9	3077	1469	1608	91.36	2.76
132596	67783	64813	104.58	6616	3485	3131	111.31	2.55
332432	170842	161590	105.73	8489	3979	4510	88.23	2.66
237723	120973	116750	103.62	7709	3751	3958	94.77	2.94
325897	166354	159543	104.27	8630	4285	4345	98.62	2.93

1-1 续表 1

地 区	户数						
				合计			
	合计	家庭户	集体户	合计	男	女	性别比（女=100）
梧州市	**914776**	**889839**	**24937**	**2820977**	**1456638**	**1364339**	**106.77**
万秀区	98708	94521	4187	271989	134452	137537	97.76
长洲区	102521	98147	4374	299344	149021	150323	99.13
龙圩区	89605	86726	2879	288482	150692	137790	109.36
苍梧县	87934	86706	1228	276766	145845	130921	111.4
藤　县	264419	259224	5195	795612	419421	376191	111.49
蒙山县	56885	55894	991	164420	83889	80531	104.17
岑溪市	214704	208621	6083	724364	373318	351046	106.34
北海市	**587399**	**561441**	**25958**	**1853227**	**964301**	**888926**	**108.48**
海城区	176964	166156	10808	527895	266229	261666	101.74
银海区	105289	96274	9015	315196	164337	150859	108.93
铁山港区	46697	44989	1708	145943	78228	67715	115.53
合浦县	258449	254022	4427	864193	455507	408686	111.46
防城港市	**333618**	**314855**	**18763**	**1046068**	**568426**	**477642**	**119.01**
港口区	85998	75083	10915	244280	139851	104429	133.92
防城区	116105	111481	4624	390961	208157	182804	113.87
上思县	68138	66925	1213	194774	106208	88566	119.92
东兴市	63377	61366	2011	216053	114210	101843	112.14
钦州市	**1026841**	**999745**	**27096**	**3302238**	**1734634**	**1567604**	**110.66**
钦南区	205670	194067	11603	679692	359126	320566	112.03
钦北区	218434	213203	5231	720442	383708	336734	113.95
灵山县	385389	378988	6401	1218140	635695	582445	109.14
浦北县	217348	213487	3861	683964	356105	327859	108.62
贵港市	**1368952**	**1333661**	**35291**	**4316262**	**2243987**	**2072275**	**108.29**
港北区	235707	227021	8686	760633	388205	372428	104.24
港南区	165548	160225	5323	516598	268130	248468	107.91
覃塘区	139240	135982	3258	423747	216679	207068	104.64
平南县	350547	343544	7003	1104273	576878	527395	109.38
桂平市	477910	466889	11021	1511011	794095	716916	110.77
玉林市	**1781781**	**1730592**	**51189**	**5796766**	**3007266**	**2789500**	**107.81**
玉州区	268122	253053	15069	908121	462181	445940	103.64
福绵区	96888	93878	3010	318709	171981	146728	117.21
容　县	217133	213301	3832	654916	332304	322612	103
陆川县	259397	253947	5450	804427	416142	388285	107.17
博白县	411051	400313	10738	1390612	734448	656164	111.93
兴业县	172822	169872	2950	508344	267299	241045	110.89
北流市	356368	346228	10140	1211637	622911	588726	105.81
百色市	**1197933**	**1161311**	**36622**	**3571505**	**1826662**	**1744843**	**104.69**
右江区	159360	146271	13089	472086	233159	238927	97.59
田阳区	106317	103250	3067	308785	155412	153373	101.33
田东县	124990	123138	1852	352007	179869	172138	104.49

单位：户、人

人口数								平均家庭户规模（人/户）
家庭户				集体户				
小计	男	女	性别比（女=100）	小计	男	女	性别比（女=100）	
2644654	**1365534**	**1279120**	**106.76**	**176323**	**91104**	**85219**	**106.91**	**2.97**
245096	122175	122921	99.39	26893	12277	14616	84	2.59
275590	137445	138145	99.49	23754	11576	12178	95.06	2.81
262955	136145	126810	107.36	25527	14547	10980	132.49	3.03
268105	140936	127169	110.83	8661	4909	3752	130.84	3.09
759599	400445	359154	111.5	36013	18976	17037	111.38	2.93
154725	79042	75683	104.44	9695	4847	4848	99.98	2.77
678584	349346	329238	106.11	45780	23972	21808	109.92	3.25
1735646	**898752**	**836894**	**107.39**	**117581**	**65549**	**52032**	**125.98**	**3.09**
484010	242987	241023	100.81	43885	23242	20643	112.59	2.91
274630	141034	133596	105.57	40566	23303	17263	134.99	2.85
138750	72934	65816	110.81	7193	5294	1899	278.78	3.08
838256	441797	396459	111.44	25937	13710	12227	112.13	3.3
974194	**519208**	**454986**	**114.12**	**71874**	**49218**	**22656**	**217.24**	**3.09**
203474	108299	95175	113.79	40806	31552	9254	340.96	2.71
373206	198777	174429	113.96	17755	9380	8375	112	3.35
189908	103492	86416	119.76	4866	2716	2150	126.33	2.84
207606	108640	98966	109.78	8447	5570	2877	193.6	3.38
3132009	**1644363**	**1487646**	**110.53**	**170229**	**90271**	**79958**	**112.9**	**3.13**
608448	319417	289031	110.51	71244	39709	31535	125.92	3.14
691857	367914	323943	113.57	28585	15794	12791	123.48	3.25
1176065	614697	561368	109.5	42075	20998	21077	99.63	3.1
655639	342335	313304	109.27	28325	13770	14555	94.61	3.07
4055186	**2104649**	**1950537**	**107.9**	**261076**	**139338**	**121738**	**114.46**	**3.04**
696730	352755	343975	102.55	63903	35450	28453	124.59	3.07
468552	241956	226596	106.78	48046	26174	21872	119.67	2.92
401406	204612	196794	103.97	22341	12067	10274	117.45	2.95
1055654	551805	503849	109.52	48619	25073	23546	106.49	3.07
1432844	753521	679323	110.92	78167	40574	37593	107.93	3.07
5428308	**2817021**	**2611287**	**107.88**	**368458**	**190245**	**178213**	**106.75**	**3.14**
814120	415801	398319	104.39	94001	46380	47621	97.39	3.22
302663	162703	139960	116.25	16046	9278	6768	137.09	3.22
626317	318290	308027	103.33	28599	14014	14585	96.09	2.94
762680	394993	367687	107.43	41747	21149	20598	102.68	3
1316238	694986	621252	111.87	74374	39462	34912	113.03	3.29
485315	254917	230398	110.64	23029	12382	10647	116.3	2.86
1120975	575331	545644	105.44	90662	47580	43082	110.44	3.24
3357545	**1718168**	**1639377**	**104.81**	**213960**	**108494**	**105466**	**102.87**	**2.89**
403033	201894	201139	100.38	69053	31265	37788	82.74	2.76
289397	144846	144551	100.2	19388	10566	8822	119.77	2.8
341349	174185	167164	104.2	10658	5684	4974	114.27	2.77

1-1 续表 2

地 区	户数			合计			
	合计	家庭户	集体户	合计	男	女	性别比（女=100）
德保县	99819	98276	1543	269758	140395	129363	108.53
那坡县	55257	54326	931	171781	89140	82641	107.86
凌云县	54918	54179	739	188194	96528	91666	105.3
乐业县	45446	44347	1099	146397	76327	70070	108.93
田林县	72939	71189	1750	224828	116020	108808	106.63
西林县	43800	42634	1166	142098	74434	67664	110.01
隆林各族自治县	104730	102748	1982	350765	178270	172495	103.35
靖西市	164087	161730	2357	489163	254732	234431	108.66
平果市	166270	159223	7047	455643	232376	223267	104.08
贺州市	**613511**	**593073**	**20438**	**2007858**	**1031537**	**976321**	**105.66**
八步区	195040	185079	9961	655994	330828	325166	101.74
平桂区	115818	111563	4255	404161	211295	192866	109.56
昭平县	108974	106615	2359	330116	171093	159023	107.59
钟山县	111785	109470	2315	351057	182963	168094	108.85
富川瑶族自治县	81894	80346	1548	266530	135358	131172	103.19
河池市	**1180900**	**1150062**	**30838**	**3417945**	**1743933**	**1674012**	**104.18**
金城江区	129377	122024	7353	372521	188172	184349	102.07
宜州区	189058	181354	7704	549359	278048	271311	102.48
南丹县	93872	91285	2587	275554	143871	131683	109.26
天峨县	46713	45236	1477	143155	75183	67972	110.61
凤山县	57403	56632	771	169845	87259	82586	105.66
东兰县	79233	78245	988	219549	112740	106809	105.55
罗城仫佬族自治县	103771	102830	941	272672	138628	134044	103.42
环江毛南族自治县	104651	102486	2165	276076	143170	132906	107.72
巴马瑶族自治县	74827	73366	1461	236152	119639	116513	102.68
都安瑶族自治县	178821	175645	3176	538061	272759	265302	102.81
大化瑶族自治县	123174	120959	2215	365001	184464	180537	102.18
来宾市	**728828**	**709597**	**19231**	**2074611**	**1074915**	**999696**	**107.52**
兴宾区	323131	311988	11143	925377	478825	446552	107.23
忻城县	107826	106457	1369	297825	153017	144808	105.67
象州县	96637	94342	2295	281846	147429	134417	109.68
武宣县	117439	114755	2684	340312	176778	163534	108.1
金秀瑶族自治县	44284	43164	1120	130313	68390	61923	110.44
合山市	39511	38891	620	98938	50476	48462	104.16
崇左市	**709588**	**677397**	**32191**	**2088692**	**1088841**	**999851**	**108.9**
江州区	134635	121382	13253	435438	228474	206964	110.39
扶绥县	142492	132337	10155	408921	218086	190835	114.28
宁明县	109177	107345	1832	319386	167763	151623	110.64
龙州县	79941	78412	1529	232068	119009	113059	105.26
大新县	95362	93224	2138	282563	143262	139301	102.84
天等县	103751	102432	1319	280473	143264	137209	104.41
凭祥市	44230	42265	1965	129843	68983	60860	113.35

单位：户、人

人口数								平均家庭户规模（人/户）
家庭户				集体户				
小计	男	女	性别比（女=100）	小计	男	女	性别比（女=100）	
260721	135168	125553	107.66	9037	5227	3810	137.19	2.65
159556	82843	76713	107.99	12225	6297	5928	106.22	2.94
180849	92903	87946	105.64	7345	3625	3720	97.45	3.34
138488	72475	66013	109.79	7909	3852	4057	94.95	3.12
212367	108556	103811	104.57	12461	7464	4997	149.37	2.98
132964	68806	64158	107.24	9134	5628	3506	160.52	3.12
337093	171322	165771	103.35	13672	6948	6724	103.33	3.28
476069	247381	228688	108.17	13094	7351	5743	128	2.94
425659	217789	207870	104.77	29984	14587	15397	94.74	2.67
1870436	**960705**	**909731**	**105.6**	**137422**	**70832**	**66590**	**106.37**	**3.15**
592117	299070	293047	102.06	63877	31758	32119	98.88	3.2
374294	195653	178641	109.52	29867	15642	14225	109.96	3.36
316279	163750	152529	107.36	13837	7343	6494	113.07	2.97
335880	174131	161749	107.66	15177	8832	6345	139.2	3.07
251866	128101	123765	103.5	14664	7257	7407	97.97	3.13
3210020	**1635650**	**1574370**	**103.89**	**207925**	**108283**	**99642**	**108.67**	**2.79**
327685	164606	163079	100.94	44836	23566	21270	110.79	2.69
493023	250821	242202	103.56	56336	27227	29109	93.53	2.72
263993	136871	127122	107.67	11561	7000	4561	153.48	2.89
127880	66464	61416	108.22	15275	8719	6556	132.99	2.83
163700	84229	79471	105.99	6145	3030	3115	97.27	2.89
211689	108503	103186	105.15	7860	4237	3623	116.95	2.71
266130	135506	130624	103.74	6542	3122	3420	91.29	2.59
258094	133756	124338	107.57	17982	9414	8568	109.87	2.52
226320	114825	111495	102.99	9832	4814	5018	95.93	3.08
518043	261779	256264	102.15	20018	10980	9038	121.49	2.95
353463	178290	175173	101.78	11538	6174	5364	115.1	2.92
1964837	**1016088**	**948749**	**107.1**	**109774**	**58827**	**50947**	**115.47**	**2.77**
868209	450545	417664	107.87	57168	28280	28888	97.9	2.78
288402	147290	141112	104.38	9423	5727	3696	154.95	2.71
265914	138437	127477	108.6	15932	8992	6940	129.57	2.82
324528	168128	156400	107.5	15784	8650	7134	121.25	2.83
121511	62763	58748	106.83	8802	5627	3175	177.23	2.82
96273	48925	47348	103.33	2665	1551	1114	139.23	2.48
1889803	**981563**	**908240**	**108.07**	**198889**	**107278**	**91611**	**117.1**	**2.79**
339131	180029	159102	113.15	96307	48445	47862	101.22	2.79
358117	188480	169637	111.11	50804	29606	21198	139.66	2.71
311390	163210	148180	110.14	7996	4553	3443	132.24	2.9
222738	113719	109019	104.31	9330	5290	4040	130.94	2.84
265310	134124	131186	102.24	17253	9138	8115	112.61	2.85
272636	139001	133635	104.02	7837	4263	3574	119.28	2.66
120481	63000	57481	109.6	9362	5983	3379	177.06	2.85

1-1a 各地区户数、

地 区	户数			合计			
	合计	家庭户	集体户	合计	男	女	性别比（女=100）
总 计	**5129446**	**4744710**	**384736**	**14787980**	**7458144**	**7329836**	**101.75**
南宁市	**1734398**	**1577609**	**156789**	**4567493**	**2315658**	**2251835**	**102.83**
兴宁区	192301	179251	13050	516352	266065	250287	106.3
青秀区	401543	364100	37443	1016293	488163	528130	92.43
江南区	290413	274295	16118	763090	395376	367714	107.52
西乡塘区	560233	496118	64115	1428084	725187	702897	103.17
良庆区	164509	149470	15039	459938	244682	215256	113.67
邕宁区	54195	48056	6139	159547	82050	77497	105.88
武鸣区	71204	66319	4885	224189	114135	110054	103.71
隆安县							
马山县							
上林县							
宾阳县							
横 县							
柳州市	**738926**	**691900**	**47026**	**2058881**	**1047125**	**1011756**	**103.5**
城中区	87170	81367	5803	240519	116956	123563	94.65
鱼峰区	204472	182973	21499	592117	306800	285317	107.53
柳南区	198752	191222	7530	524325	267412	256913	104.09
柳北区	166135	158039	8096	448268	226586	221682	102.21
柳江区	82397	78299	4098	253652	129371	124281	104.1
柳城县							
鹿寨县							
融安县							
融水苗族自治县							
三江侗族自治县							
桂林市	**522494**	**496379**	**26115**	**1346806**	**664972**	**681834**	**97.53**
秀峰区	66827	64132	2695	161066	80981	80085	101.12
叠彩区	67632	65592	2040	171938	84318	87620	96.23
象山区	112182	108431	3751	282912	138021	144891	95.26
七星区	149984	139638	10346	354326	178561	175765	101.59
雁山区	3304	2945	359	9893	5242	4651	112.71
临桂区	88935	83116	5819	272883	132830	140053	94.84
阳朔县							
灵川县							
全州县							
兴安县							
永福县							
灌阳县							
龙胜各族自治县							
资源县							
平乐县							
恭城瑶族自治县							
荔浦市	33630	32525	1105	93788	45019	48769	92.31

人口数和性别比（城市）

单位：户、人

人口数								平均家庭户规模（人/户）
家庭户				集体户				
小计	男	女	性别比（女=100）	小计	男	女	性别比（女=100）	
12779710	**6415579**	**6364131**	**100.81**	**2008270**	**1042565**	**965705**	**107.96**	**2.69**
3841938	**1936474**	**1905464**	**101.63**	**725555**	**379184**	**346371**	**109.47**	**2.44**
446229	225176	221053	101.87	70123	40889	29234	139.87	2.49
840878	405251	435627	93.03	175415	82912	92503	89.63	2.31
701106	357146	343960	103.83	61984	38230	23754	160.94	2.56
1149536	587212	562324	104.43	278548	137975	140573	98.15	2.32
394803	205187	189616	108.21	65135	39495	25640	154.04	2.64
128480	64741	63739	101.57	31067	17309	13758	125.81	2.67
180906	91761	89145	102.93	43283	22374	20909	107.01	2.73
1841848	**920807**	**921041**	**99.97**	**217033**	**126318**	**90715**	**139.25**	**2.66**
215597	103621	111976	92.54	24922	13335	11587	115.09	2.65
489119	244885	244234	100.27	102998	61915	41083	150.71	2.67
496248	250429	245819	101.88	28077	16983	11094	153.08	2.6
407606	202770	204836	98.99	40662	23816	16846	141.37	2.58
233278	119102	114176	104.31	20374	10269	10105	101.62	2.98
1228581	**604590**	**623991**	**96.89**	**118225**	**60382**	**57843**	**104.39**	**2.48**
150833	75305	75528	99.7	10233	5676	4557	124.56	2.35
166172	81240	84932	95.65	5766	3078	2688	114.51	2.53
270618	131149	139469	94.03	12294	6872	5422	126.74	2.5
310663	154313	156350	98.7	43663	24248	19415	124.89	2.22
7887	3875	4012	96.59	2006	1367	639	213.93	2.68
233617	115833	117784	98.34	39266	16997	22269	76.33	2.81
88791	42875	45916	93.38	4997	2144	2853	75.15	2.73

1-1a 续表 1

地 区	户数			合计			
	合计	家庭户	集体户	合计	男	女	性别比（女=100）
梧州市	**276046**	**261897**	**14149**	**867903**	**432898**	**435005**	**99.52**
万秀区	81033	77715	3318	215014	104162	110852	93.96
长洲区	93152	88823	4329	270840	134123	136717	98.1
龙圩区	37052	35018	2034	127272	65365	61907	105.59
苍梧县							
藤 县							
蒙山县							
岑溪市	64809	60341	4468	254777	129248	125529	102.96
北海市	**220327**	**205375**	**14952**	**640164**	**322196**	**317968**	**101.33**
海城区	148751	139117	9634	442078	221692	220386	100.59
银海区	66856	61834	5022	183036	92804	90232	102.85
铁山港区	4720	4424	296	15050	7700	7350	104.76
合浦县							
防城港市	**148001**	**137685**	**10316**	**463004**	**244515**	**218489**	**111.91**
港口区	59791	54845	4946	162585	88856	73729	120.52
防城区	47338	43465	3873	165148	85240	79908	106.67
上思县							
东兴市	40872	39375	1497	135271	70419	64852	108.58
钦州市	**159098**	**149992**	**9106**	**518653**	**263969**	**254684**	**103.65**
钦南区	92754	87203	5551	301510	152870	148640	102.85
钦北区	66344	62789	3555	217143	111099	106044	104.77
灵山县							
浦北县							
贵港市	**283046**	**265037**	**18009**	**935710**	**472147**	**463563**	**101.85**
港北区	147259	139795	7464	472372	236155	236217	99.97
港南区	35300	31762	3538	138131	71140	66991	106.19
覃塘区	32566	31178	1388	101509	51381	50128	102.5
平南县							
桂平市	67921	62302	5619	223698	113471	110227	102.94
玉林市	**289858**	**270636**	**19222**	**1009219**	**512548**	**496671**	**103.2**
玉州区	204374	191847	12527	673319	339911	333408	101.95
福绵区	14996	14312	684	57245	30370	26875	113
容 县							
陆川县							
博白县							
兴业县							
北流市	70488	64477	6011	278655	142267	136388	104.31
百色市	**285631**	**262554**	**23077**	**859171**	**423907**	**435264**	**97.39**
右江区	111591	99034	12557	327195	158470	168725	93.92
田阳区	53603	51321	2282	167266	82755	84511	97.92
田东县							

单位：户、人

人口数								平均家庭户规模（人/户）
家庭户				集体户				
小计	男	女	性别比（女=100）	小计	男	女	性别比（女=100）	
762671	**380630**	**382041**	**99.63**	**105232**	**52268**	**52964**	**98.69**	**2.91**
192349	94584	97765	96.75	22665	9578	13087	73.19	2.48
247216	122622	124594	98.42	23624	11501	12123	94.87	2.78
106308	53557	52751	101.53	20964	11808	9156	128.96	3.04
216798	109867	106931	102.75	37979	19381	18598	104.21	3.59
581709	**291723**	**289986**	**100.6**	**58455**	**30473**	**27982**	**108.9**	**2.83**
403128	201368	201760	99.81	38950	20324	18626	109.12	2.9
165526	83633	81893	102.12	17510	9171	8339	109.98	2.68
13055	6722	6333	106.14	1995	978	1017	96.17	2.95
423258	**221058**	**202200**	**109.33**	**39746**	**23457**	**16289**	**144.01**	**3.07**
142932	75781	67151	112.85	19653	13075	6578	198.77	2.61
150917	78452	72465	108.26	14231	6788	7443	91.2	3.47
129409	66825	62584	106.78	5862	3594	2268	158.47	3.29
463723	**234932**	**228791**	**102.68**	**54930**	**29037**	**25893**	**112.14**	**3.09**
267016	135225	131791	102.61	34494	17645	16849	104.72	3.06
196707	99707	97000	102.79	20436	11392	9044	125.96	3.13
802310	**403000**	**399310**	**100.92**	**133400**	**69147**	**64253**	**107.62**	**3.03**
420074	209978	210096	99.94	52298	26177	26121	100.21	3
106340	53834	52506	102.53	31791	17306	14485	119.48	3.35
92716	47057	45659	103.06	8793	4324	4469	96.76	2.97
183180	92131	91049	101.19	40518	21340	19178	111.27	2.94
870816	**441793**	**429023**	**102.98**	**138403**	**70755**	**67648**	**104.59**	**3.22**
599571	303294	296277	102.37	73748	36617	37131	98.62	3.13
52414	27890	24524	113.73	4831	2480	2351	105.49	3.66
218831	110609	108222	102.21	59824	31658	28166	112.4	3.39
739121	**368089**	**371032**	**99.21**	**120050**	**55818**	**64232**	**86.9**	**2.82**
260228	128496	131732	97.54	66967	29974	36993	81.03	2.63
151667	74754	76913	97.19	15599	8001	7598	105.3	2.96

1-1a 续表 2

地区	户数			合计			
	合计	家庭户	集体户	合计	男	女	性别比（女=100）
德保县							
那坡县							
凌云县							
乐业县							
田林县							
西林县							
隆林各族自治县							
靖西市	37968	36243	1725	120181	60907	59274	102.76
平果市	82469	75956	6513	244529	121775	122754	99.2
贺州市	**99122**	**89595**	**9527**	**338683**	**167591**	**171092**	**97.95**
八步区	58911	52674	6237	193176	93123	100053	93.07
平桂区	40211	36921	3290	145507	74468	71039	104.83
昭平县							
钟山县							
富川瑶族自治县							
河池市	**147233**	**133318**	**13915**	**456821**	**224480**	**232341**	**96.62**
金城江区	84512	77618	6894	252143	124614	127529	97.71
宜州区	62721	55700	7021	204678	99866	104812	95.28
南丹县							
天峨县							
凤山县							
东兰县							
罗城仫佬族自治县							
环江毛南族自治县							
巴马瑶族自治县							
都安瑶族自治县							
大化瑶族自治县							
来宾市	**142323**	**133234**	**9089**	**439832**	**219842**	**219990**	**99.93**
兴宾区	125918	117278	8640	400854	200558	200296	100.13
忻城县							
象州县							
武宣县							
金秀瑶族自治县							
合山市	16405	15956	449	38978	19284	19694	97.92
崇左市	**82943**	**69499**	**13444**	**285640**	**146296**	**139344**	**104.99**
江州区	59914	47876	12038	218708	111621	107087	104.23
扶绥县							
宁明县							
龙州县							
大新县							
天等县							
凭祥市	23029	21623	1406	66932	34675	32257	107.5

单位：户、人

人口数								平均家庭户规模（人/户）
家庭户				集体户				
小计	男	女	性别比（女=100）	小计	男	女	性别比（女=100）	
111304	56702	54602	103.85	8877	4205	4672	90	3.07
215922	108137	107785	100.33	28607	13638	14969	91.11	2.84
281730	**140402**	**141328**	**99.34**	**56953**	**27189**	**29764**	**91.35**	**3.14**
160302	78208	82094	95.27	32874	14915	17959	83.05	3.04
121428	62194	59234	105	24079	12274	11805	103.97	3.29
363769	**178628**	**185141**	**96.48**	**93052**	**45852**	**47200**	**97.14**	**2.73**
210694	103472	107222	96.5	41449	21142	20307	104.11	2.71
153075	75156	77919	96.45	51603	24710	26893	91.88	2.75
391414	**196832**	**194582**	**101.16**	**48418**	**23010**	**25408**	**90.56**	**2.94**
354362	178479	175883	101.48	46492	22079	24413	90.44	3.02
37052	18353	18699	98.15	1926	931	995	93.57	2.32
186822	**96621**	**90201**	**107.12**	**98818**	**49675**	**49143**	**101.08**	**2.69**
126523	65885	60638	108.65	92185	45736	46449	98.46	2.64
60299	30736	29563	103.97	6633	3939	2694	146.21	2.79

1-1b 各地区户数、

地区	户数						
				合计			
	合计	家庭户	集体户	合计	男	女	性别比（女=100）
总　计	**3907751**	**3710344**	**197407**	**12382976**	**6338893**	**6044083**	**104.88**
南宁市	**479900**	**452082**	**27818**	**1456011**	**755085**	**700926**	**107.73**
兴宁区	7999	7541	458	24280	12874	11406	112.87
青秀区	12672	11874	798	34617	17956	16661	107.77
江南区	21093	19527	1566	62273	33780	28493	118.56
西乡塘区	23165	21235	1930	62569	33487	29082	115.15
良庆区	10842	10291	551	30985	16382	14603	112.18
邕宁区	9036	8854	182	24675	13187	11488	114.79
武鸣区	44107	37411	6696	132631	72321	60310	119.92
隆安县	36503	34325	2178	110307	56706	53601	105.79
马山县	37083	35779	1304	116196	57869	58327	99.21
上林县	40818	39089	1729	122426	61333	61093	100.39
宾阳县	118332	112970	5362	362779	189999	172780	109.97
横　县	118250	113186	5064	372273	189191	183082	103.34
柳州市	**288622**	**274271**	**14351**	**848813**	**439794**	**409019**	**107.52**
城中区							
鱼峰区	8211	6521	1690	26710	15107	11603	130.2
柳南区	21046	19906	1140	61045	34986	26059	134.26
柳北区	2599	2480	119	6400	3392	3008	112.77
柳江区	16761	15872	889	51805	27127	24678	109.92
柳城县	50151	47742	2409	151595	78459	73136	107.28
鹿寨县	64014	61048	2966	186714	97033	89681	108.2
融安县	40054	38731	1323	113841	57376	56465	101.61
融水苗族自治县	56418	54138	2280	159467	81019	78448	103.28
三江侗族自治县	29368	27833	1535	91236	45295	45941	98.59
桂林市	**427033**	**398687**	**28346**	**1246108**	**618713**	**627395**	**98.62**
秀峰区							
叠彩区	1262	1238	24	2708	1314	1394	94.26
象山区							
七星区	9892	8848	1044	29303	17535	11768	149.01
雁山区	7883	902	6981	30280	8240	22040	37.39
临桂区	15434	14898	536	45935	23902	22033	108.48
阳朔县	29211	28071	1140	85931	42148	43783	96.27
灵川县	73513	65610	7903	210194	108785	101409	107.27
全州县	71383	68253	3130	214979	108233	106746	101.39
兴安县	39275	37778	1497	117537	57396	60141	95.44
永福县	30586	29340	1246	88363	44422	43941	101.09
灌阳县	31336	30509	827	85330	42289	43041	98.25
龙胜各族自治县	17722	17193	529	48702	23566	25136	93.75
资源县	17692	16947	745	51173	24907	26266	94.83
平乐县	37704	36550	1154	101187	49088	52099	94.22
恭城瑶族自治县	27402	26223	1179	81521	39778	41743	95.29
荔浦市	16738	16327	411	52965	27110	25855	104.85

人口数和性别比（镇）

单位：户、人

人 口 数								平均家庭户规模（人/户）
家庭户				集体户				
小计	男	女	性别比（女=100）	小计	男	女	性别比（女=100）	
11160030	**5679915**	**5480115**	**103.65**	**1222946**	**658978**	**563968**	**116.85**	**3.01**
1305903	**669410**	**636493**	**105.17**	**150108**	**85675**	**64433**	**132.97**	**2.89**
22524	11758	10766	109.21	1756	1116	640	174.38	2.99
30162	15555	14607	106.49	4455	2401	2054	116.89	2.54
55489	29509	25980	113.58	6784	4271	2513	169.96	2.84
55270	29668	25602	115.88	7299	3819	3480	109.74	2.6
28458	14761	13697	107.77	2527	1621	906	178.92	2.77
24205	12916	11289	114.41	470	271	199	136.18	2.73
100123	50990	49133	103.78	32508	21331	11177	190.85	2.68
99127	50820	48307	105.2	11180	5886	5294	111.18	2.89
107169	53338	53831	99.08	9027	4531	4496	100.78	3
112339	56171	56168	100.01	10087	5162	4925	104.81	2.87
329662	170580	159082	107.23	33117	19419	13698	141.77	2.92
341375	173344	168031	103.16	30898	15847	15051	105.29	3.02
762349	**387346**	**375003**	**103.29**	**86464**	**52448**	**34016**	**154.19**	**2.78**
17408	8851	8557	103.44	9302	6256	3046	205.38	2.67
54570	29436	25134	117.12	6475	5550	925	600	2.74
5898	3048	2850	106.95	502	344	158	217.72	2.38
48019	24786	23233	106.68	3786	2341	1445	162.01	3.03
133179	67458	65721	102.64	18416	11001	7415	148.36	2.79
166715	83718	82997	100.87	19999	13315	6684	199.21	2.73
107267	54176	53091	102.04	6574	3200	3374	94.84	2.77
147936	75254	72682	103.54	11531	5765	5766	99.98	2.73
81357	40619	40738	99.71	9879	4676	5203	89.87	2.92
1100509	**545705**	**554804**	**98.36**	**145599**	**73008**	**72591**	**100.57**	**2.76**
2644	1273	1371	92.85	64	41	23	178.26	2.14
20784	10185	10599	96.09	8519	7350	1169	628.74	2.35
2360	1145	1215	94.24	27920	7095	20825	34.07	2.62
41809	21708	20101	107.99	4126	2194	1932	113.56	2.81
80414	39629	40785	97.17	5517	2519	2998	84.02	2.86
178770	88591	90179	98.24	31424	20194	11230	179.82	2.72
187347	93701	93646	100.06	27632	14532	13100	110.93	2.74
112503	55308	57195	96.7	5034	2088	2946	70.88	2.98
81428	40811	40617	100.48	6935	3611	3324	108.63	2.78
80629	40055	40574	98.72	4701	2234	2467	90.56	2.64
46227	22518	23709	94.98	2475	1048	1427	73.44	2.69
45645	22293	23352	95.47	5528	2614	2914	89.7	2.69
94015	45975	48040	95.7	7172	3113	4059	76.69	2.57
74648	36522	38126	95.79	6873	3256	3617	90.02	2.85
51286	25991	25295	102.75	1679	1119	560	199.82	3.14

1-1b 续表 1

地区	户数			合计			
	合计	家庭户	集体户	合计	男	女	性别比（女=100）
梧州市	**218263**	**209459**	**8804**	**727423**	**373823**	**353600**	**105.72**
万秀区	4027	3572	455	13119	7053	6066	116.27
长洲区	1360	1329	31	3604	1933	1671	115.68
龙圩区	11913	11553	360	36061	19105	16956	112.67
苍梧县	24244	23214	1030	82743	42422	40321	105.21
藤　县	112877	107975	4902	380903	196914	183989	107.02
蒙山县	20938	20095	843	68131	33573	34558	97.15
岑溪市	42904	41721	1183	142862	72823	70039	103.97
北海市	**101849**	**97918**	**3931**	**339141**	**175468**	**163673**	**107.21**
海城区	718	679	39	2124	1100	1024	107.42
银海区	6828	6436	392	23853	14387	9466	151.99
铁山港区	2428	2363	65	7342	3835	3507	109.35
合浦县	91875	88440	3435	305822	156146	149676	104.32
防城港市	**56330**	**53050**	**3280**	**180631**	**98949**	**81682**	**121.14**
港口区	12659	10548	2111	43217	26314	16903	155.68
防城区	14023	13596	427	45802	24361	21441	113.62
上思县	24039	23506	533	71345	37551	33794	111.12
东兴市	5609	5400	209	20267	10723	9544	112.35
钦州市	**259463**	**246193**	**13270**	**868821**	**447992**	**420829**	**106.45**
钦南区	36375	33186	3189	114825	64025	50800	126.03
钦北区	39663	38385	1278	137574	72633	64941	111.84
灵山县	115803	110500	5303	391284	198094	193190	102.54
浦北县	67622	64122	3500	225138	113240	111898	101.2
贵港市	**367770**	**354472**	**13298**	**1222414**	**634536**	**587878**	**107.94**
港北区	14520	13861	659	49994	27432	22562	121.58
港南区	21882	21086	796	67096	34680	32416	106.98
覃塘区	28165	26934	1231	92338	47509	44829	105.98
平南县	173085	166789	6296	584474	300704	283770	105.97
桂平市	130118	125802	4316	428512	224211	204301	109.75
玉林市	**540309**	**511249**	**29060**	**1874678**	**961503**	**913175**	**105.29**
玉州区	17412	15176	2236	70811	35188	35623	98.78
福绵区	22832	20698	2134	76186	41121	35065	117.27
容　县	85407	81879	3528	277620	136222	141398	96.34
陆川县	110710	105755	4955	364251	185432	178819	103.7
博白县	161957	151878	10079	599279	313463	285816	109.67
兴业县	59091	56323	2768	191425	99797	91628	108.92
北流市	82900	79540	3360	295106	150280	144826	103.77
百色市	**221664**	**212078**	**9586**	**692254**	**348868**	**343386**	**101.6**
右江区	3335	3223	112	10321	5297	5024	105.43
田阳区	3287	3165	122	9201	4541	4660	97.45
田东县	54904	53391	1513	155950	77892	78058	99.79

单位：户、人

人口数								平均家庭户规模（人/户）
家庭户				集体户				
小计	男	女	性别比（女=100）	小计	男	女	性别比（女=100）	
666175	**341388**	**324787**	**105.11**	**61248**	**32435**	**28813**	**112.57**	**3.18**
10763	5593	5170	108.18	2356	1460	896	162.95	3.01
3515	1881	1634	115.12	89	52	37	140.54	2.64
33979	17673	16306	108.38	2082	1432	650	220.31	2.94
75531	38722	36809	105.2	7212	3700	3512	105.35	3.25
346018	178651	167367	106.74	34885	18263	16622	109.87	3.2
59451	29410	30041	97.9	8680	4163	4517	92.16	2.96
136918	69458	67460	102.96	5944	3365	2579	130.48	3.28
313362	**160816**	**152546**	**105.42**	**25779**	**14652**	**11127**	**131.68**	**3.2**
2010	1030	980	105.1	114	70	44	159.09	2.96
19772	10452	9320	112.15	4081	3935	146	2695.21	3.07
7167	3703	3464	106.9	175	132	43	306.98	3.03
284413	145631	138782	104.94	21409	10515	10894	96.52	3.22
166287	**87576**	**78711**	**111.26**	**14344**	**11373**	**2971**	**382.8**	**3.13**
32642	17324	15318	113.1	10575	8990	1585	567.19	3.09
44153	23288	20865	111.61	1649	1073	576	186.28	3.25
69933	36738	33195	110.67	1412	813	599	135.73	2.98
19559	10226	9333	109.57	708	497	211	235.55	3.62
790442	**406567**	**383875**	**105.91**	**78379**	**41425**	**36954**	**112.1**	**3.21**
101218	53891	47327	113.87	13607	10134	3473	291.79	3.05
131125	69398	61727	112.43	6449	3235	3214	100.65	3.42
358953	182313	176640	103.21	32331	15781	16550	95.35	3.25
199146	100965	98181	102.84	25992	12275	13717	89.49	3.11
1124874	**582077**	**542797**	**107.24**	**97540**	**52459**	**45081**	**116.37**	**3.17**
44068	22829	21239	107.49	5926	4603	1323	347.92	3.18
60727	31339	29388	106.64	6369	3341	3028	110.34	2.88
82509	41971	40538	103.53	9829	5538	4291	129.06	3.06
539980	277857	262123	106	44494	22847	21647	105.54	3.24
397590	208081	189509	109.8	30922	16130	14792	109.05	3.16
1665056	**854009**	**811047**	**105.3**	**209622**	**107494**	**102128**	**105.25**	**3.26**
52213	26668	25545	104.4	18598	8520	10078	84.54	3.44
66283	35141	31142	112.84	9903	5980	3923	152.43	3.2
250623	123119	127504	96.56	26997	13103	13894	94.31	3.06
325708	166077	159631	104.04	38543	19355	19188	100.87	3.08
529612	276826	252786	109.51	69667	36637	33030	110.92	3.49
169532	88130	81402	108.27	21893	11667	10226	114.09	3.01
271085	138048	133037	103.77	24021	12232	11789	103.76	3.41
622417	**312789**	**309628**	**101.02**	**69837**	**36079**	**33758**	**106.88**	**2.93**
9980	5092	4888	104.17	341	205	136	150.74	3.1
8415	4129	4286	96.34	786	412	374	110.16	2.66
147539	73549	73990	99.4	8411	4343	4068	106.76	2.76

1-1b 续表 2

地区	户数			合计			
	合计	家庭户	集体户	合计	男	女	性别比（女=100）
德保县	29196	28089	1107	84307	41574	42733	97.29
那坡县	10922	10133	789	41049	20845	20204	103.17
凌云县	19713	19100	613	71892	36057	35835	100.62
乐业县	14288	13335	953	49572	25510	24062	106.02
田林县	21549	20367	1182	64766	32380	32386	99.98
西林县	15475	14648	827	48899	25170	23729	106.07
隆林各族自治县	26861	25099	1762	93051	46694	46357	100.73
靖西市	9443	9108	335	30275	16036	14239	112.62
平果市	12691	12420	271	32971	16872	16099	104.8
贺州市	**197131**	**188804**	**8327**	**650504**	**332024**	**318480**	**104.25**
八步区	41111	38758	2353	145647	73982	71665	103.23
平桂区	21868	21275	593	76356	39965	36391	109.82
昭平县	50359	48311	2048	159706	80965	78741	102.82
钟山县	49407	47295	2112	155076	80006	75070	106.58
富川瑶族自治县	34386	33165	1221	113719	57106	56613	100.87
河池市	**348174**	**334097**	**14077**	**1077178**	**539458**	**537720**	**100.32**
金城江区	6189	6011	178	15979	8251	7728	106.77
宜州区	11648	11303	345	31230	15831	15399	102.81
南丹县	48404	45972	2432	138640	71508	67132	106.52
天峨县	17986	16952	1034	62858	32170	30688	104.83
凤山县	17693	16991	702	58927	29385	29542	99.47
东兰县	21071	20213	858	65804	33072	32732	101.04
罗城仫佬族自治县	44092	43219	873	122161	60793	61368	99.06
环江毛南族自治县	37568	35940	1628	111118	55215	55903	98.77
巴马瑶族自治县	25869	24527	1342	90491	45103	45388	99.37
都安瑶族自治县	75229	72418	2811	245021	121357	123664	98.13
大化瑶族自治县	42425	40551	1874	134949	66773	68176	97.94
来宾市	**193025**	**185583**	**7442**	**566880**	**288208**	**278672**	**103.42**
兴宾区	47090	45709	1381	130657	68429	62228	109.96
忻城县	36548	35472	1076	110567	55159	55408	99.55
象州县	38519	36736	1783	115461	58383	57078	102.29
武宣县	50766	48321	2445	151671	76774	74897	102.51
金秀瑶族自治县	15692	14989	703	48629	24377	24252	100.52
合山市	4410	4356	54	9895	5086	4809	105.76
崇左市	**208218**	**192401**	**15817**	**632120**	**324472**	**307648**	**105.47**
江州区	16064	14951	1113	46369	25197	21172	119.01
扶绥县	61999	52999	9000	192689	101355	91334	110.97
宁明县	36402	35201	1201	106750	54196	52554	103.12
龙州县	28408	27174	1234	82587	41346	41241	100.25
大新县	31035	29202	1833	101841	50946	50895	100.1
天等县	28925	27795	1130	87043	43250	43793	98.76
凭祥市	5385	5079	306	14841	8182	6659	122.87

单位：户、人

人口数								平均家庭户规模（人/户）
家庭户				集体户				
小计	男	女	性别比（女=100）	小计	男	女	性别比（女=100）	
78415	38555	39860	96.73	5892	3019	2873	105.08	2.79
29595	14975	14620	102.43	11454	5870	5584	105.12	2.92
65201	32862	32339	101.62	6691	3195	3496	91.39	3.41
42410	22098	20312	108.79	7162	3412	3750	90.99	3.18
55582	27379	28203	97.08	9184	5001	4183	119.56	2.73
42582	21754	20828	104.45	6317	3416	2901	117.75	2.91
81618	41020	40598	101.04	11433	5674	5759	98.52	3.25
28725	14876	13849	107.42	1550	1160	390	297.44	3.15
32355	16500	15855	104.07	616	372	244	152.46	2.61
592527	**301209**	**291318**	**103.4**	**57977**	**30815**	**27162**	**113.45**	**3.14**
128111	64592	63519	101.69	17536	9390	8146	115.27	3.31
73387	38297	35090	109.14	2969	1668	1301	128.21	3.45
147441	74593	72848	102.4	12265	6372	5893	108.13	3.05
141471	72264	69207	104.42	13605	7742	5863	132.05	2.99
102117	51463	50654	101.6	11602	5643	5959	94.7	3.08
980786	**489865**	**490921**	**99.78**	**96392**	**49593**	**46799**	**105.97**	**2.94**
15107	7706	7401	104.12	872	545	327	166.67	2.51
29640	15017	14623	102.69	1590	814	776	104.9	2.62
127820	65072	62748	103.7	10820	6436	4384	146.81	2.78
51423	26011	25412	102.36	11435	6159	5276	116.74	3.03
53031	26524	26507	100.06	5896	2861	3035	94.27	3.12
58665	29370	29295	100.26	7139	3702	3437	107.71	2.9
115927	57898	58029	99.77	6234	2895	3339	86.7	2.68
95932	47872	48060	99.61	15186	7343	7843	93.62	2.67
81163	40638	40525	100.28	9328	4465	4863	91.82	3.31
227050	112033	115017	97.41	17971	9324	8647	107.83	3.14
125028	61724	63304	97.5	9921	5049	4872	103.63	3.08
523778	**264606**	**259172**	**102.1**	**43102**	**23602**	**19500**	**121.04**	**2.82**
125331	65266	60065	108.66	5326	3163	2163	146.23	2.74
103942	51689	52253	98.92	6625	3470	3155	109.98	2.93
103748	51993	51755	100.46	11713	6390	5323	120.05	2.82
137408	69246	68162	101.59	14263	7528	6735	111.77	2.84
43579	21402	22177	96.51	5050	2975	2075	143.37	2.91
9770	5010	4760	105.25	125	76	49	155.1	2.24
545565	**276552**	**269013**	**102.8**	**86555**	**47920**	**38635**	**124.03**	**2.84**
42740	22782	19958	114.15	3629	2415	1214	198.93	2.86
146532	74981	71551	104.79	46157	26374	19783	133.32	2.76
101158	51485	49673	103.65	5592	2711	2881	94.1	2.87
75134	37415	37719	99.19	7453	3931	3522	111.61	2.76
86616	43090	43526	99	15225	7856	7369	106.61	2.97
79822	39517	40305	98.04	7221	3733	3488	107.02	2.87
13563	7282	6281	115.94	1278	900	378	238.1	2.67

1-1c 各地区户数、

地区	户数						
				合计			
	合计	家庭户	集体户	合计	男	女	性别比（女=100）
总计	**7828136**	**7759960**	**68176**	**22955848**	**12119132**	**10836716**	**111.83**
南宁市	**962877**	**949625**	**13252**	**2718080**	**1441901**	**1276179**	**112.99**
兴宁区	26107	25686	421	74853	40269	34584	116.44
青秀区	28294	28019	275	73424	39314	34110	115.26
江南区	52493	45264	7229	164460	87209	77251	112.89
西乡塘区	53018	51820	1198	153166	82556	70610	116.92
良庆区	35219	34955	264	96695	52931	43764	120.95
邕宁区	52084	51855	229	148058	80014	68044	117.59
武鸣区	120145	119369	776	327006	174178	152828	113.97
隆安县	74185	73231	954	214833	114257	100576	113.6
马山县	97544	97168	376	266234	139226	127008	109.62
上林县	86946	86685	261	236897	124307	112590	110.41
宾阳县	154398	153972	426	438628	232565	206063	112.86
横　县	182444	181601	843	523826	275075	248751	110.58
柳州市	**431680**	**429374**	**2306**	**1250240**	**669520**	**580720**	**115.29**
城中区	1009	1003	6	3109	1591	1518	104.81
鱼峰区	15492	15160	332	50134	28546	21588	132.23
柳南区	11170	11050	120	32555	17564	14991	117.16
柳北区	10103	9955	148	30097	15809	14288	110.65
柳江区	64924	64666	258	198315	106309	92006	115.55
柳城县	58385	58037	348	162647	85526	77121	110.9
鹿寨县	54586	54272	314	150584	81723	68861	118.68
融安县	55397	55106	291	139519	76778	62741	122.37
融水苗族自治县	86093	85878	215	252978	134766	118212	114
三江侗族自治县	74521	74247	274	230302	120908	109394	110.53
桂林市	**835276**	**823514**	**11762**	**2338223**	**1222261**	**1115962**	**109.53**
秀峰区							
叠彩区	9951	9820	131	28229	14310	13919	102.81
象山区	1108	1104	4	3960	2000	1960	102.04
七星区	1277	1249	28	3675	1867	1808	103.26
雁山区	24714	16388	8326	92466	44535	47931	92.91
临桂区	80093	79415	678	236291	124784	111507	111.91
阳朔县	61884	61661	223	187193	97953	89240	109.76
灵川县	70899	70439	460	212582	110208	102374	107.65
全州县	141360	140932	428	350717	185957	164760	112.87
兴安县	68206	67931	275	189506	97441	92065	105.84
永福县	49327	49189	138	140283	75456	64827	116.4
灌阳县	52797	52695	102	123082	64790	58292	111.15
龙胜各族自治县	32353	32216	137	90781	47410	43371	109.31
资源县	35262	35096	166	88039	46361	41678	111.24
平乐县	88650	88452	198	239734	125733	114001	110.29
恭城瑶族自治县	54756	54608	148	163911	84946	78965	107.57
荔浦市	62639	62319	320	187774	98510	89264	110.36

人口数和性别比（乡村）

单位：户、人

人　口　数								平均家庭户规模（人/户）
家庭户				集体户				
小计	男	女	性别比（女=100）	小计	男	女	性别比（女=100）	
22558978	**11878593**	**10680385**	**111.22**	**396870**	**240539**	**156331**	**153.87**	**2.91**
2645926	**1399645**	**1246281**	**112.31**	**72154**	**42256**	**29898**	**141.33**	**2.79**
72861	38961	33900	114.93	1992	1308	684	191.23	2.84
72278	38506	33772	114.02	1146	808	338	239.05	2.58
127121	68062	59059	115.24	37339	19147	18192	105.25	2.81
147899	78649	69250	113.57	5267	3907	1360	287.28	2.85
95380	52059	43321	120.17	1315	872	443	196.84	2.73
147387	79596	67791	117.41	671	418	253	165.22	2.84
320757	170027	150730	112.8	6249	4151	2098	197.86	2.69
209896	111158	98738	112.58	4937	3099	1838	168.61	2.87
263953	137696	126257	109.06	2281	1530	751	203.73	2.72
235276	123030	112246	109.61	1621	1277	344	371.22	2.71
435520	230398	205122	112.32	3108	2167	941	230.29	2.83
517598	271503	246095	110.32	6228	3572	2656	134.49	2.85
1232962	**656942**	**576020**	**114.05**	**17278**	**12578**	**4700**	**267.62**	**2.87**
3086	1577	1509	104.51	23	14	9	155.56	3.08
46422	24956	21466	116.26	3712	3590	122	2942.62	3.06
31912	17075	14837	115.08	643	489	154	317.53	2.89
29384	15299	14085	108.62	713	510	203	251.23	2.95
196148	104882	91266	114.92	2167	1427	740	192.84	3.03
159141	83511	75630	110.42	3506	2015	1491	135.14	2.74
148656	80450	68206	117.95	1928	1273	655	194.35	2.74
137820	75448	62372	120.96	1699	1330	369	360.43	2.5
251939	134010	117929	113.64	1039	756	283	267.14	2.93
228454	119734	108720	110.13	1848	1174	674	174.18	3.08
2276064	**1191467**	**1084597**	**109.85**	**62159**	**30794**	**31365**	**98.18**	**2.76**
27589	13931	13658	102	640	379	261	145.21	2.81
3951	1994	1957	101.89	9	6	3	200	3.58
3561	1798	1763	101.99	114	69	45	153.33	2.85
52004	26424	25580	103.3	40462	18111	22351	81.03	3.17
230414	122016	108398	112.56	5877	2768	3109	89.03	2.9
185971	97122	88849	109.31	1222	831	391	212.53	3.02
210059	108602	101457	107.04	2523	1606	917	175.14	2.98
348322	184605	163717	112.76	2395	1352	1043	129.63	2.47
187861	96514	91347	105.66	1645	927	718	129.11	2.77
139316	74745	64571	115.76	967	711	256	277.73	2.83
122574	64431	58143	110.81	508	359	149	240.94	2.33
90179	46989	43190	108.8	602	421	181	232.6	2.8
86951	45490	41461	109.72	1088	871	217	401.38	2.48
238417	124867	113550	109.97	1317	866	451	192.02	2.7
163075	84451	78624	107.41	836	495	341	145.16	2.99
185820	97488	88332	110.37	1954	1022	932	109.66	2.98

1-1c 续表 1

地 区	户数			合计			
	合计	家庭户	集体户	合计	男	女	性别比（女=100）
梧州市	**420467**	**418483**	**1984**	**1225651**	**649917**	**575734**	**112.88**
万秀区	13648	13234	414	43856	23237	20619	112.7
长洲区	8009	7995	14	24900	12965	11935	108.63
龙圩区	40640	40155	485	125149	66222	58927	112.38
苍梧县	63690	63492	198	194023	103423	90600	114.15
藤 县	151542	151249	293	414709	222507	192202	115.77
蒙山县	35947	35799	148	96289	50316	45973	109.45
岑溪市	106991	106559	432	326725	171247	155478	110.14
北海市	**265223**	**258148**	**7075**	**873922**	**466637**	**407285**	**114.57**
海城区	27495	26360	1135	83693	43437	40256	107.9
银海区	31605	28004	3601	108307	57146	51161	111.7
铁山港区	39549	38202	1347	123551	66693	56858	117.3
合浦县	166574	165582	992	558371	299361	259010	115.58
防城港市	**129287**	**124120**	**5167**	**402433**	**224962**	**177471**	**126.76**
港口区	13548	9690	3858	38478	24681	13797	178.89
防城区	54744	54420	324	180011	98556	81455	120.99
上思县	44099	43419	680	123429	68657	54772	125.35
东兴市	16896	16591	305	60515	33068	27447	120.48
钦州市	**608280**	**603560**	**4720**	**1914764**	**1022673**	**892091**	**114.64**
钦南区	76541	73678	2863	263357	142231	121126	117.42
钦北区	112427	112029	398	365725	199976	165749	120.65
灵山县	269586	268488	1098	826856	437601	389255	112.42
浦北县	149726	149365	361	458826	242865	215961	112.46
贵港市	**718136**	**714152**	**3984**	**2158138**	**1137304**	**1020834**	**111.41**
港北区	73928	73365	563	238267	124618	113649	109.65
港南区	108366	107377	989	311371	162310	149061	108.89
覃塘区	78509	77870	639	229900	117789	112111	105.06
平南县	177462	176755	707	519799	276174	243625	113.36
桂平市	279871	278785	1086	858801	456413	402388	113.43
玉林市	**951614**	**948707**	**2907**	**2912869**	**1533215**	**1379654**	**111.13**
玉州区	46336	46030	306	163991	87082	76909	113.23
福绵区	59060	58868	192	185278	100490	84788	118.52
容 县	131726	131422	304	377296	196082	181214	108.2
陆川县	148687	148192	495	440176	230710	209466	110.14
博白县	249094	248435	659	791333	420985	370348	113.67
兴业县	113731	113549	182	316919	167502	149417	112.1
北流市	202980	202211	769	637876	330364	307512	107.43
百色市	**690638**	**686679**	**3959**	**2020080**	**1053887**	**966193**	**109.08**
右江区	44434	44014	420	134570	69392	65178	106.47
田阳区	49427	48764	663	132318	68116	64202	106.1
田东县	70086	69747	339	196057	101977	94080	108.39

单位：户、人

人口数								平均家庭户规模（人/户）
家庭户				集体户				
小计	男	女	性别比（女=100）	小计	男	女	性别比（女=100）	
1215808	**643516**	**572292**	**112.45**	**9843**	**6401**	**3442**	**185.97**	**2.91**
41984	21998	19986	110.07	1872	1239	633	195.73	3.17
24859	12942	11917	108.6	41	23	18	127.78	3.11
122668	64915	57753	112.4	2481	1307	1174	111.33	3.05
192574	102214	90360	113.12	1449	1209	240	503.75	3.03
413581	221794	191787	115.65	1128	713	415	171.81	2.73
95274	49632	45642	108.74	1015	684	331	206.65	2.66
324868	170021	154847	109.8	1857	1226	631	194.29	3.05
840575	**446213**	**394362**	**113.15**	**33347**	**20424**	**12923**	**158.04**	**3.26**
78872	40589	38283	106.02	4821	2848	1973	144.35	2.99
89332	46949	42383	110.77	18975	10197	8778	116.17	3.19
118528	62509	56019	111.59	5023	4184	839	498.69	3.1
553843	296166	257677	114.94	4528	3195	1333	239.68	3.34
384649	**210574**	**174075**	**120.97**	**17784**	**14388**	**3396**	**423.67**	**3.1**
27900	15194	12706	119.58	10578	9487	1091	869.57	2.88
178136	97037	81099	119.65	1875	1519	356	426.69	3.27
119975	66754	53221	125.43	3454	1903	1551	122.7	2.76
58638	31589	27049	116.78	1877	1479	398	371.61	3.53
1877844	**1002864**	**874980**	**114.62**	**36920**	**19809**	**17111**	**115.77**	**3.11**
240214	130301	109913	118.55	23143	11930	11213	106.39	3.26
364025	198809	165216	120.33	1700	1167	533	218.95	3.25
817112	432384	384728	112.39	9744	5217	4527	115.24	3.04
456493	241370	215123	112.2	2333	1495	838	178.4	3.06
2128002	**1119572**	**1008430**	**111.02**	**30136**	**17732**	**12404**	**142.95**	**2.98**
232588	119948	112640	106.49	5679	4670	1009	462.83	3.17
301485	156783	144702	108.35	9886	5527	4359	126.8	2.81
226181	115584	110597	104.51	3719	2205	1514	145.64	2.9
515674	273948	241726	113.33	4125	2226	1899	117.22	2.92
852074	453309	398765	113.68	6727	3104	3623	85.67	3.06
2892436	**1521219**	**1371217**	**110.94**	**20433**	**11996**	**8437**	**142.18**	**3.05**
162336	85839	76497	112.21	1655	1243	412	301.7	3.53
183966	99672	84294	118.24	1312	818	494	165.59	3.13
375694	195171	180523	108.11	1602	911	691	131.84	2.86
436972	228916	208056	110.03	3204	1794	1410	127.23	2.95
786626	418160	368466	113.49	4707	2825	1882	150.11	3.17
315783	166787	148996	111.94	1136	715	421	169.83	2.78
631059	326674	304385	107.32	6817	3690	3127	118	3.12
1996007	**1037290**	**958717**	**108.2**	**24073**	**16597**	**7476**	**222**	**2.91**
132825	68306	64519	105.87	1745	1086	659	164.8	3.02
129315	65963	63352	104.12	3003	2153	850	253.29	2.65
193810	100636	93174	108.01	2247	1341	906	148.01	2.78

1-1c 续表 2

地 区	户数			合计			
	合计	家庭户	集体户	合计	男	女	性别比（女=100）
德保县	70623	70187	436	185451	98821	86630	114.07
那坡县	44335	44193	142	130732	68295	62437	109.38
凌云县	35205	35079	126	116302	60471	55831	108.31
乐业县	31158	31012	146	96825	50817	46008	110.45
田林县	51390	50822	568	160062	83640	76422	109.44
西林县	28325	27986	339	93199	49264	43935	112.13
隆林各族自治县	77869	77649	220	257714	131576	126138	104.31
靖西市	116676	116379	297	338707	177789	160918	110.48
平果市	71110	70847	263	178143	93729	84414	111.03
贺州市	**317258**	**314674**	**2584**	**1018671**	**531922**	**486749**	**109.28**
八步区	95018	93647	1371	317171	163723	153448	106.7
平桂区	53739	53367	372	182298	96862	85436	113.37
昭平县	58615	58304	311	170410	90128	80282	112.26
钟山县	62378	62175	203	195981	102957	93024	110.68
富川瑶族自治县	47508	47181	327	152811	78252	74559	104.95
河池市	**685493**	**682647**	**2846**	**1883946**	**979995**	**903951**	**108.41**
金城江区	38676	38395	281	104399	55307	49092	112.66
宜州区	114689	114351	338	313451	162351	151100	107.45
南丹县	45468	45313	155	136914	72363	64551	112.1
天峨县	28727	28284	443	80297	43013	37284	115.37
凤山县	39710	39641	69	110918	57874	53044	109.11
东兰县	58162	58032	130	153745	79668	74077	107.55
罗城仫佬族自治县	59679	59611	68	150511	77835	72676	107.1
环江毛南族自治县	67083	66546	537	164958	87955	77003	114.22
巴马瑶族自治县	48958	48839	119	145661	74536	71125	104.8
都安瑶族自治县	103592	103227	365	293040	151402	141638	106.89
大化瑶族自治县	80749	80408	341	230052	117691	112361	104.74
来宾市	**393480**	**390780**	**2700**	**1067899**	**566865**	**501034**	**113.14**
兴宾区	150123	149001	1122	393866	209838	184028	114.03
忻城县	71278	70985	293	187258	97858	89400	109.46
象州县	58118	57606	512	166385	89046	77339	115.14
武宣县	66673	66434	239	188641	100004	88637	112.82
金秀瑶族自治县	28592	28175	417	81684	44013	37671	116.84
合山市	18696	18579	117	50065	26106	23959	108.96
崇左市	**418427**	**415497**	**2930**	**1170932**	**618073**	**552859**	**111.8**
江州区	58657	58555	102	170361	91656	78705	116.46
扶绥县	80493	79338	1155	216232	116731	99501	117.32
宁明县	72775	72144	631	212636	113567	99069	114.63
龙州县	51533	51238	295	149481	77663	71818	108.14
大新县	64327	64022	305	180722	92316	88406	104.42
天等县	74826	74637	189	193430	100014	93416	107.06
凭祥市	15816	15563	253	48070	26126	21944	119.06

单位：户、人

人口数								平均家庭户规模（人/户）
家庭户				集体户				
小计	男	女	性别比（女=100）	小计	男	女	性别比（女=100）	
182306	96613	85693	112.74	3145	2208	937	235.65	2.6
129961	67868	62093	109.3	771	427	344	124.13	2.94
115648	60041	55607	107.97	654	430	224	191.96	3.3
96078	50377	45701	110.23	747	440	307	143.32	3.1
156785	81177	75608	107.37	3277	2463	814	302.58	3.08
90382	47052	43330	108.59	2817	2212	605	365.62	3.23
255475	130302	125173	104.1	2239	1274	965	132.02	3.29
336040	175803	160237	109.71	2667	1986	681	291.63	2.89
177382	93152	84230	110.59	761	577	184	313.59	2.5
996179	**519094**	**477085**	**108.81**	**22492**	**12828**	**9664**	**132.74**	**3.17**
303704	156270	147434	105.99	13467	7453	6014	123.93	3.24
179479	95162	84317	112.86	2819	1700	1119	151.92	3.36
168838	89157	79681	111.89	1572	971	601	161.56	2.9
194409	101867	92542	110.08	1572	1090	482	226.14	3.13
149749	76638	73111	104.82	3062	1614	1448	111.46	3.17
1865465	**967157**	**898308**	**107.66**	**18481**	**12838**	**5643**	**227.5**	**2.73**
101884	53428	48456	110.26	2515	1879	636	295.44	2.65
310308	160648	149660	107.34	3143	1703	1440	118.26	2.71
136173	71799	64374	111.53	741	564	177	318.64	3.01
76457	40453	36004	112.36	3840	2560	1280	200	2.7
110669	57705	52964	108.95	249	169	80	211.25	2.79
153024	79133	73891	107.09	721	535	186	287.63	2.64
150203	77608	72595	106.91	308	227	81	280.25	2.52
162162	85884	76278	112.59	2796	2071	725	285.66	2.44
145157	74187	70970	104.53	504	349	155	225.16	2.97
290993	149746	141247	106.02	2047	1656	391	423.53	2.82
228435	116566	111869	104.2	1617	1125	492	228.66	2.84
1049645	**554650**	**494995**	**112.05**	**18254**	**12215**	**6039**	**202.27**	**2.69**
388516	206800	181716	113.8	5350	3038	2312	131.4	2.61
184460	95601	88859	107.59	2798	2257	541	417.19	2.6
162166	86444	75722	114.16	4219	2602	1617	160.92	2.82
187120	98882	88238	112.06	1521	1122	399	281.2	2.82
77932	41361	36571	113.1	3752	2652	1100	241.09	2.77
49451	25562	23889	107	614	544	70	777.14	2.66
1157416	**608390**	**549026**	**110.81**	**13516**	**9683**	**3833**	**252.62**	**2.79**
169868	91362	78506	116.38	493	294	199	147.74	2.9
211585	113499	98086	115.71	4647	3232	1415	228.41	2.67
210232	111725	98507	113.42	2404	1842	562	327.76	2.91
147604	76304	71300	107.02	1877	1359	518	262.36	2.88
178694	91034	87660	103.85	2028	1282	746	171.85	2.79
192814	99484	93330	106.59	616	530	86	616.28	2.58
46619	24982	21637	115.46	1451	1144	307	372.64	3

1-1※ 各地区户籍人口数和性别比（户籍人口）

单位:人

地　区	合计	男	女	性别比(女=100)
总　计	**56876552**	**29880735**	**26995817**	**110.69**
南宁市	**7961081**	**4126585**	**3834496**	**107.62**
兴宁区	434207	218208	215999	101.02
青秀区	835476	409249	426227	96.02
江南区	602275	305147	297128	102.7
西乡塘区	897579	452025	445554	101.45
良庆区	359052	185224	173828	106.56
邕宁区	382583	201185	181398	110.91
武鸣区	714320	371760	342560	108.52
隆安县	413465	219625	193840	113.3
马山县	556010	292799	263211	111.24
上林县	491197	258579	232618	111.16
宾阳县	1040671	558075	482596	115.64
横　县	1234246	654709	579537	112.97
柳州市	**3985055**	**2054408**	**1930647**	**106.41**
城中区	196552	95701	100851	94.89
鱼峰区	439023	219402	219621	99.9
柳南区	414432	209752	204680	102.48
柳北区	365741	181561	184180	98.58
柳江区	504209	259907	244302	106.39
柳城县	410844	212976	197868	107.64
鹿寨县	413874	219755	194119	113.21
融安县	322357	171358	150999	113.48
融水苗族自治县	518561	273573	244988	111.67
三江侗族自治县	399462	210423	189039	111.31
桂林市	**5381365**	**2778277**	**2603088**	**106.73**
秀峰区	124870	60013	64857	92.53
叠彩区	161793	77796	83997	92.62
象山区	251968	121689	130279	93.41
七星区	244413	121672	122741	99.13
雁山区	76319	38004	38315	99.19
临桂区	538218	279278	258940	107.85
阳朔县	326251	168282	157969	106.53
灵川县	399493	201746	197747	102.02
全州县	818940	440135	378805	116.19
兴安县	383454	196942	186512	105.59
永福县	283568	149382	134186	111.32
灌阳县	287845	153378	134467	114.06
龙胜各族自治县	168628	85614	83014	103.13
资源县	177487	92414	85073	108.63
平乐县	458210	241979	216231	111.91
恭城瑶族自治县	300093	155363	144730	107.35
荔浦市	379815	194590	185225	105.06

1-1(户籍人口) 续表 1

单位:人

地 区	合计	男	女	性别比(女=100)
梧州市	**3530628**	**1872933**	**1657695**	**112.98**
万秀区	281121	141128	139993	100.81
长洲区	215953	107091	108862	98.37
龙圩区	304073	161141	142932	112.74
苍梧县	432904	232772	200132	116.31
藤县	1108567	598089	510478	117.16
蒙山县	222939	117470	105469	111.38
岑溪市	965071	515242	449829	114.54
北海市	**1816388**	**949466**	**866922**	**109.52**
海城区	363992	180027	183965	97.86
银海区	200619	103671	96948	106.93
铁山港区	176937	91734	85203	107.67
合浦县	1074840	574034	500806	114.62
防城港市	**1011535**	**543441**	**468094**	**116.1**
港口区	154145	79913	74232	107.65
防城区	445170	240502	204668	117.51
上思县	246535	136938	109597	124.95
东兴市	165685	86088	79597	108.15
钦州市	**4151319**	**2250392**	**1900927**	**118.38**
钦南区	669664	356698	312966	113.97
钦北区	876493	487130	389363	125.11
灵山县	1665189	899835	765354	117.57
浦北县	939973	506729	433244	116.96
贵港市	**5581420**	**2959938**	**2621482**	**112.91**
港北区	776458	401963	374495	107.33
港南区	682869	360781	322088	112.01
覃塘区	586508	306068	280440	109.14
平南县	1522820	818012	704808	116.06
桂平市	2012765	1073114	939651	114.2
玉林市	**7348958**	**3925298**	**3423660**	**114.65**
玉州区	820991	423659	397332	106.63
福绵区	372057	201250	170807	117.82
容 县	868056	459303	408753	112.37
陆川县	1094021	582597	511424	113.92
博白县	1904322	1037945	866377	119.8
兴业县	737313	398354	338959	117.52
北流市	1552198	822190	730008	112.63
百色市	**4203569**	**2181517**	**2022052**	**107.89**
右江区	400720	200648	200072	100.29
田阳区	353308	177921	175387	101.44
田东县	435812	226888	208924	108.6

1-1(户籍人口) 续表 2

单位:户、人

地 区	合计	男	女	性别比(女=100)
德保县	362486	192589	169897	113.36
那坡县	215922	113334	102588	110.47
凌云县	224754	116944	107810	108.47
乐业县	180303	94955	85348	111.26
田林县	263506	135658	127848	106.11
西林县	163246	84999	78247	108.63
隆林各族自治县	434606	223483	211123	105.85
靖西市	651177	344103	307074	112.06
平果市	517729	269995	247734	108.99
贺州市	**2480633**	**1306481**	**1174152**	**111.27**
八步区	794625	412025	382600	107.69
平桂区	435216	227836	207380	109.86
昭平县	449598	241369	208229	115.92
钟山县	461263	246684	214579	114.96
富川瑶族自治县	339931	178567	161364	110.66
河池市	**4290348**	**2233064**	**2057284**	**108.54**
金城江区	354967	182879	172088	106.27
宜州区	667338	345608	321730	107.42
南丹县	326487	171212	155275	110.26
天峨县	175056	91917	83139	110.56
凤山县	219188	115403	103785	111.19
东兰县	308037	162567	145470	111.75
罗城仫佬族自治县	380986	197005	183981	107.08
环江毛南族自治县	369339	195517	173822	112.48
巴马瑶族自治县	295115	153391	141724	108.23
都安瑶族自治县	715667	370643	345024	107.43
大化瑶族自治县	478168	246922	231246	106.78
来宾市	**2654651**	**1392459**	**1262192**	**110.32**
兴宾区	1143048	601769	541279	111.18
忻城县	417709	216958	200751	108.07
象州县	361427	190096	171331	110.95
武宣县	450336	238548	211788	112.64
金秀瑶族自治县	153327	78918	74409	106.06
合山市	128804	66170	62634	105.65
崇左市	**2479602**	**1306476**	**1173126**	**111.37**
江州区	399900	213126	186774	114.11
扶绥县	449231	238991	210240	113.68
宁明县	427290	227700	199590	114.08
龙州县	269136	137773	131363	104.88
大新县	375765	194324	181441	107.1
天等县	441518	233916	207602	112.68
凭祥市	116762	60646	56116	108.07

1–2 各地区分性别、户口登记状况的人口

单位:人

地 区	人口数			居住本乡、镇、街道,户口在本乡、镇、街道			居住本乡、镇、街道,户口在外乡、镇、街道,离开户口登记地半年以上		
	合计	男	女	小计	男	女	小计	男	女
总 计	**50126804**	**25916169**	**24210635**	**36614566**	**19102481**	**17512085**	**13238781**	**6678931**	**6559850**
南宁市	**8741584**	**4512644**	**4228940**	**5195006**	**2673797**	**2521209**	3494076	1811486	1682590
兴宁区	615485	319208	296277	268794	134377	134417	342233	182513	159720
青秀区	1124334	545433	578901	530832	258637	272195	585407	282962	302445
江南区	989823	516365	473458	419651	211427	208224	564790	302230	262560
西乡塘区	1643819	841230	802589	608786	306114	302672	1024238	529936	494302
良庆区	587618	313995	273623	233570	120363	113207	350114	191581	158533
邕宁区	332280	175251	157029	247720	130766	116954	82987	43689	39298
武鸣区	683826	360634	323192	481150	251668	229482	199988	107687	92301
隆安县	325140	170963	154177	278016	146848	131168	45754	23434	22320
马山县	382430	197095	185335	341063	176431	164632	39710	19792	19918
上林县	359323	185640	173683	304665	157686	146979	50205	24251	25954
宾阳县	801407	422564	378843	680095	361376	318719	117297	59205	58092
横 县	896099	464266	431833	800664	418104	382560	91353	44206	47147
柳州市	**4157934**	**2156439**	**2001495**	**2567649**	**1337816**	**1229833**	**1569791**	**808816**	**760975**
城中区	243628	118547	125081	120304	58636	61668	121244	58958	62286
鱼峰区	668961	350453	318508	292391	148365	144026	372504	200207	172297
柳南区	617925	319962	297963	275172	140827	134345	339260	177523	161737
柳北区	484765	245787	238978	227601	114249	113352	254825	130475	124350
柳江区	503772	262807	240965	311588	163551	148037	190148	98208	91940
柳城县	314242	163985	150257	264833	140688	124145	48120	22652	25468
鹿寨县	337298	178756	158542	264044	142889	121155	72183	35335	36848
融安县	253360	134154	119206	198985	107409	91576	53216	26177	27039
融水苗族自治县	412445	215785	196660	339436	179046	160390	71289	35914	35375
三江侗族自治县	321538	166203	155335	273295	142156	131139	47002	23367	23635
桂林市	**4931137**	**2505946**	**2425191**	**3592945**	**1846546**	**1746399**	**1314266**	**648080**	**666186**
秀峰区	161066	80981	80085	71686	33901	37785	87566	46223	41343
叠彩区	202875	99942	102933	114561	55025	59536	87126	44444	42682
象山区	286872	140021	146851	163208	78604	84604	121197	60362	60835
七星区	387304	197963	189341	165824	82644	83180	218591	114049	104542
雁山区	132639	58017	74622	55185	27768	27417	77071	30093	46978
临桂区	555109	281516	273593	354901	184416	170485	197702	95862	101840
阳朔县	273124	140101	133023	237902	123806	114096	34051	15746	18305
灵川县	422776	218993	203783	282413	143758	138655	138653	74373	64280
全州县	565696	294190	271506	469741	247176	222565	93170	45603	47567
兴安县	307043	154837	152206	255371	130220	125151	50636	24076	26560
永福县	228646	119878	108768	195172	103778	91394	32643	15696	16947
灌阳县	208412	107079	101333	180530	93945	86585	26999	12663	14336
龙胜各族自治县	139483	70976	68507	113358	58583	54775	25472	12086	13386
资源县	139212	71268	67944	115453	59825	55628	23299	11191	12108
平乐县	340921	174821	166100	317418	164035	153383	22542	10324	12218
恭城瑶族自治县	245432	124724	120708	222230	114313	107917	22182	9910	12272
荔浦市	334527	170639	163888	277992	144749	133243	55366	25379	29987

1-2 续表 1

单位：人

地 区	人口数			居住本乡、镇、街道，户口在本乡、镇、街道			居住本乡、镇、街道，户口在外乡、镇、街道，离开户口登记地半年以上		
	合计	男	女	小计	男	女	小计	男	女
梧州市	**2820977**	**1456638**	**1364339**	**2254771**	**1177980**	**1076791**	**552699**	**272244**	**280455**
万秀区	271989	134452	137537	177391	89372	88019	93578	44604	48974
长洲区	299344	149021	150323	154887	76725	78162	143099	71608	71491
龙圩区	288482	150692	137790	215947	114151	101796	71090	35883	35207
苍梧县	276766	145845	130921	263116	139110	124006	12055	5954	6101
藤 县	795612	419421	376191	685689	365759	319930	105305	51450	53855
蒙山县	164420	83889	80531	138359	71611	66748	25328	11903	13425
岑溪市	724364	373318	351046	619382	321252	298130	102244	50842	51402
北海市	**1853227**	**964301**	**888926**	**1199721**	**633812**	**565909**	**641005**	**324362**	**316643**
海城区	527895	266229	261666	205232	102665	102567	318948	161741	157207
银海区	315196	164337	150859	142197	75121	67076	170691	88065	82626
铁山港区	145943	78228	67715	125434	66317	59117	19464	11390	8074
合浦县	864193	455507	408686	726858	389709	337149	131902	63166	68736
防城港市	**1046068**	**568426**	**477642**	**654425**	**354480**	**299945**	**381937**	**208949**	**172988**
港口区	244280	139851	104429	93756	49530	44226	148494	89218	59276
防城区	390961	208157	182804	280300	152667	127633	106656	53499	53157
上思县	194774	106208	88566	154760	85954	68806	38371	19455	18916
东兴市	216053	114210	101843	125609	66329	59280	88416	46777	41639
钦州市	**3302238**	**1734634**	**1567604**	**2630847**	**1410908**	**1219939**	**647200**	**312733**	**334467**
钦南区	679692	359126	320566	411575	222754	188821	264174	134434	129740
钦北区	720442	383708	336734	534365	293216	241149	181919	88673	93246
灵山县	1218140	635695	582445	1080707	575276	505431	126309	55505	70804
浦北县	683964	356105	327859	604200	319662	284538	74798	34121	40677
贵港市	**4316262**	**2243987**	**2072275**	**3618094**	**1895676**	**1722418**	**678659**	**338859**	**339800**
港北区	760633	388205	372428	507845	260504	247341	249930	126231	123699
港南区	516598	268130	248468	409930	213439	196491	104817	53832	50985
覃塘区	423747	216679	207068	383811	197014	186797	37908	18612	19296
平南县	1104273	576878	527395	955235	504794	450441	143191	69349	73842
桂平市	1511011	794095	716916	1361273	719925	641348	142813	70835	71978
玉林市	**5796766**	**3007266**	**2789500**	**4764506**	**2504976**	**2259530**	**1001632**	**487989**	**513643**
玉州区	908121	462181	445940	540121	279378	260743	363638	180668	182970
福绵区	318709	171981	146728	289227	156650	132577	28221	14731	13490
容 县	654916	332304	322612	544407	281628	262779	107291	49243	58048
陆川县	804427	416142	388285	677281	355112	322169	123155	59082	64073
博白县	1390612	734448	656164	1243988	665475	578513	137257	64631	72626
兴业县	508344	267299	241045	474464	250440	224024	31891	15939	15952
北流市	1211637	622911	588726	995018	516293	478725	210179	103695	106484
百色市	**3571505**	**1826662**	**1744843**	**2731146**	**1411769**	**1319377**	**821435**	**405403**	**416032**
右江区	472086	233159	238927	275413	138869	136544	191993	91795	100198
田阳区	308785	155412	153373	223314	113274	110040	84656	41720	42936
田东县	352007	179869	172138	265788	137216	128572	84771	41890	42881

1-2 续表 2

单位：人

地 区	人口数			居住本乡、镇、街道，户口在本乡、镇、街道			居住本乡、镇、街道，户口在外乡、镇、街道，离开户口登记地半年以上		
	合计	男	女	小计	男	女	小计	男	女
德保县	269758	140395	129363	217665	114851	102814	51081	25051	26030
那坡县	171781	89140	82641	162266	84258	78008	8886	4582	4304
凌云县	188194	96528	91666	156559	81436	75123	30584	14576	16008
乐业县	146397	76327	70070	124674	65639	59035	21066	10381	10685
田林县	224828	116020	108808	180168	93086	87082	43508	22378	21130
西林县	142098	74434	67664	114853	59979	54874	26511	14085	12426
隆林各族自治县	350765	178270	172495	298480	152405	146075	49822	24720	25102
靖西市	489163	254732	234431	423719	221180	202539	63594	32631	30963
平果市	455643	232376	223267	288247	149576	138671	164963	81594	83369
贺州市	**2007858**	**1031537**	**976321**	**1651705**	**859411**	**792294**	**344017**	**166147**	**177870**
八步区	655994	330828	325166	503003	256686	246317	148688	72033	76655
平桂区	404161	211295	192866	329602	174709	154893	72432	35565	36867
昭平县	330116	171093	159023	282251	148204	134047	45810	21860	23950
钟山县	351057	182963	168094	303267	159854	143413	45265	21878	23387
富川瑶族自治县	266530	135358	131172	233582	119958	113624	31822	14811	17011
河池市	**3417945**	**1743933**	**1674012**	**2665410**	**1375330**	**1290080**	**737503**	**360410**	**377093**
金城江区	372521	188172	184349	232200	119707	112493	138420	67404	71016
宜州区	549359	278048	271311	435120	225067	210053	111796	51756	60040
南丹县	275554	143871	131683	208733	109417	99316	64699	33281	31418
天峨县	143155	75183	67972	98315	52092	46223	44268	22800	21468
凤山县	169845	87259	82586	133631	69577	64054	35489	17281	18208
东兰县	219549	112740	106809	186401	96463	89938	32485	15853	16632
罗城仫佬族自治县	272672	138628	134044	236200	121025	115175	35563	17109	18454
环江毛南族自治县	276076	143170	132906	211642	111139	100503	63214	31330	31884
巴马瑶族自治县	236152	119639	116513	186826	95727	91099	48434	23447	24987
都安瑶族自治县	538061	272759	265302	444053	226454	217599	91999	45197	46802
大化瑶族自治县	365001	184464	180537	292289	148662	143627	71136	34952	36184
来宾市	**2074611**	**1074915**	**999696**	**1533565**	**805089**	**728476**	**531118**	**264885**	**266233**
兴宾区	925377	478825	446552	604771	319040	285731	315135	157006	158129
忻城县	297825	153017	144808	255338	131452	123886	41437	21053	20384
象州县	281846	147429	134417	225868	119908	105960	54732	26910	27822
武宣县	340312	176778	163534	263378	138980	124398	75801	37288	38513
金秀瑶族自治县	130313	68390	61923	104353	54781	49572	25472	13362	12110
合山市	98938	50476	48462	79857	40928	38929	18541	9266	9275
崇左市	**2088692**	**1088841**	**999851**	**1554776**	**814891**	**739885**	**523443**	**268568**	**254875**
江州区	435438	228474	206964	264736	141424	123312	168855	86123	82732
扶绥县	408921	218086	190835	291927	155619	136308	115218	61577	53641
宁明县	319386	167763	151623	266301	140932	125369	51480	26018	25462
龙州县	232068	119009	113059	181758	93882	87876	48621	24308	24313
大新县	282563	143262	139301	230080	117410	112670	51254	25231	26023
天等县	280473	143264	137209	236007	121590	114417	43267	21025	22242
凭祥市	129843	68983	60860	83967	44034	39933	44748	24286	20462

1-2 续表 3

单位:人

地 区	居住本乡、镇、街道,户口待定			原住本乡、镇、街道,现在港澳台或国外工作学习		
	小计	男	女	小计	男	女
总 计	**218258**	**104686**	**113572**	**55199**	**30071**	**25128**
南宁市	**38523**	**19484**	**19039**	**13979**	**7877**	**6102**
兴宁区	3890	2121	1769	568	197	371
青秀区	5177	2693	2484	2918	1141	1777
江南区	4604	2435	2169	778	273	505
西乡塘区	8648	4430	4218	2147	750	1397
良庆区	3773	1965	1808	161	86	75
邕宁区	1336	673	663	237	123	114
武鸣区	1943	919	1024	745	360	385
隆安县	927	449	478	443	232	211
马山县	1090	511	579	567	361	206
上林县	961	473	488	3492	3230	262
宾阳县	2985	1399	1586	1030	584	446
横 县	3189	1416	1773	893	540	353
柳州市	**14401**	**7067**	**7334**	**6093**	**2740**	**3353**
城中区	1057	548	509	1023	405	618
鱼峰区	3088	1507	1581	978	374	604
柳南区	2376	1185	1191	1117	427	690
柳北区	1442	723	719	897	340	557
柳江区	1668	833	835	368	215	153
柳城县	779	383	396	510	262	248
鹿寨县	732	347	385	339	185	154
融安县	847	395	452	312	173	139
融水苗族自治县	1553	729	824	167	96	71
三江侗族自治县	859	417	442	382	263	119
桂林市	**15561**	**7667**	**7894**	**8365**	**3653**	**4712**
秀峰区	832	488	344	982	369	613
叠彩区	548	268	280	640	205	435
象山区	1073	562	511	1394	493	901
七星区	1472	730	742	1417	540	877
雁山区	282	116	166	101	40	61
临桂区	2001	1007	994	505	231	274
阳朔县	756	368	388	415	181	234
灵川县	1290	676	614	420	186	234
全州县	2200	1036	1164	585	375	210
兴安县	718	369	349	318	172	146
永福县	586	285	301	245	119	126
灌阳县	658	319	339	225	152	73
龙胜各族自治县	520	247	273	133	60	73
资源县	311	154	157	149	98	51
平乐县	740	347	393	221	115	106
恭城瑶族自治县	727	328	399	293	173	120
荔浦市	847	367	480	322	144	178

1-2 续表 4

单位：人

地 区	居住本乡、镇、街道，户口待定			原住本乡、镇、街道，现在港澳台或国外工作学习		
	小计	男	女	小计	男	女
梧州市	**11404**	**5205**	**6199**	**2103**	**1209**	**894**
万秀区	713	355	358	307	121	186
长洲区	1213	625	588	145	63	82
龙圩区	1292	566	726	153	92	61
苍梧县	1407	659	748	188	122	66
藤 县	3974	1824	2150	644	388	256
蒙山县	556	262	294	177	113	64
岑溪市	2249	914	1335	489	310	179
北海市	**10125**	**5033**	**5092**	**2376**	**1094**	**1282**
海城区	3022	1565	1457	693	258	435
银海区	1890	949	941	418	202	216
铁山港区	664	341	323	381	180	201
合浦县	4549	2178	2371	884	454	430
防城港市	**7835**	**4011**	**3824**	**1871**	**986**	**885**
港口区	1903	1040	863	127	63	64
防城区	3179	1543	1636	826	448	378
上思县	1375	647	728	268	152	116
东兴市	1378	781	597	650	323	327
钦州市	**21013**	**9120**	**11893**	**3178**	**1873**	**1305**
钦南区	3054	1466	1588	889	472	417
钦北区	3593	1518	2075	565	301	264
灵山县	10174	4351	5823	950	563	387
浦北县	4192	1785	2407	774	537	237
贵港市	**16748**	**7710**	**9038**	**2761**	**1742**	**1019**
港北区	2406	1183	1223	452	287	165
港南区	1459	644	815	392	215	177
覃塘区	1588	759	829	440	294	146
平南县	5107	2296	2811	740	439	301
桂平市	6188	2828	3360	737	507	230
玉林市	**26999**	**12138**	**14861**	**3629**	**2163**	**1466**
玉州区	3904	1898	2006	458	237	221
福绵区	1015	456	559	246	144	102
容 县	2590	1091	1499	628	342	286
陆川县	3497	1636	1861	494	312	182
博白县	8634	3869	4765	733	473	260
兴业县	1561	668	893	428	252	176
北流市	5798	2520	3278	642	403	239
百色市	**17258**	**8501**	**8757**	**1666**	**989**	**677**
右江区	4476	2419	2057	204	76	128
田阳区	679	336	343	136	82	54
田东县	1177	587	590	271	176	95

1-2 续表 5

单位:人

地　区	居住本乡、镇、街道,户口待定			原住本乡、镇、街道,现在港澳台或国外工作学习		
	小计	男	女	小计	男	女
德保县	877	414	463	135	79	56
那坡县	574	272	302	55	28	27
凌云县	980	474	506	71	42	29
乐业县	601	277	324	56	30	26
田林县	1084	509	575	68	47	21
西林县	694	346	348	40	24	16
隆林各族自治县	2373	1082	1291	90	63	27
靖西市	1540	728	812	310	193	117
平果市	2203	1057	1146	230	149	81
贺州市	**10858**	**5210**	**5648**	**1278**	**769**	**509**
八步区	3920	1898	2022	383	211	172
平桂区	1904	892	1012	223	129	94
昭平县	1802	862	940	253	167	86
钟山县	2314	1100	1214	211	131	80
富川瑶族自治县	918	458	460	208	131	77
河池市	**11591**	**5795**	**5796**	**3441**	**2398**	**1043**
金城江区	1496	792	704	405	269	136
宜州区	1943	945	998	500	280	220
南丹县	1804	931	873	318	242	76
天峨县	502	235	267	70	56	14
凤山县	610	318	292	115	83	32
东兰县	404	208	196	259	216	43
罗城仫佬族自治县	640	318	322	269	176	93
环江毛南族自治县	826	427	399	394	274	120
巴马瑶族自治县	770	382	388	122	83	39
都安瑶族自治县	1445	703	742	564	405	159
大化瑶族自治县	1151	536	615	425	314	111
来宾市	**7971**	**3773**	**4198**	**1957**	**1168**	**789**
兴宾区	4465	2150	2315	1006	629	377
忻城县	806	366	440	244	146	98
象州县	1028	493	535	218	118	100
武宣县	836	341	495	297	169	128
金秀瑶族自治县	397	199	198	91	48	43
合山市	439	224	215	101	58	43
崇左市	**7971**	**3972**	**3999**	**2502**	**1410**	**1092**
江州区	1570	783	787	277	144	133
扶绥县	1302	631	671	474	259	215
宁明县	1127	567	560	478	246	232
龙州县	1427	662	765	262	157	105
大新县	705	322	383	524	299	225
天等县	933	473	460	266	176	90
凭祥市	907	534	373	221	129	92

1–2a 各地区分性别、户口登记状况的人口（城市）

单位：人

地 区	人口数			居住本乡、镇、街道，户口在本乡、镇、街道			居住本乡、镇、街道，户口在外乡、镇、街道，离开户口登记地半年以上		
	合计	男	女	小计	男	女	小计	男	女
总 计	**14787980**	**7458144**	**7329836**	**6247394**	**3113150**	**3134244**	**8451951**	**4301682**	**4150269**
南宁市	**4567493**	**2315658**	**2251835**	**1610824**	**784462**	**826362**	**2925549**	**1515903**	**1409646**
兴宁区	516352	266065	250287	182016	88295	93721	330233	175644	154589
青秀区	1016293	488163	528130	436461	208728	227733	572083	275767	296316
江南区	763090	395376	367714	258560	125241	133319	499920	267831	232089
西乡塘区	1428084	725187	702897	438911	215684	223227	979154	504721	474433
良庆区	459938	244682	215256	119203	58099	61104	337718	184972	152746
邕宁区	159547	82050	77497	81876	40971	40905	76750	40593	36157
武鸣区	224189	114135	110054	93797	47444	46353	129691	66375	63316
隆安县									
马山县									
上林县									
宾阳县									
横 县									
柳州市	**2058881**	**1047125**	**1011756**	**862533**	**427765**	**434768**	**1184196**	**613784**	**570412**
城中区	240519	116956	123563	117736	57334	60402	120724	58677	62047
鱼峰区	592117	306800	285317	235616	116315	119301	352689	188736	163953
柳南区	524325	267412	256913	216810	108572	108238	304330	157385	146945
柳北区	448268	226586	221682	200844	100273	100571	245211	125317	119894
柳江区	253652	129371	124281	91527	45271	46256	161242	83669	77573
柳城县									
鹿寨县									
融安县									
融水苗族自治县									
三江侗族自治县									
桂林市	**1346806**	**664972**	**681834**	**623515**	**300146**	**323369**	**713536**	**360489**	**353047**
秀峰区	161066	80981	80085	71686	33901	37785	87566	46223	41343
叠彩区	171938	84318	87620	93003	44641	48362	77869	39266	38603
象山区	282912	138021	144891	159506	76731	82775	120954	60242	60712
七星区	354326	178561	175765	143959	68717	75242	207672	108671	99001
雁山区	9893	5242	4651	5539	2725	2814	4324	2504	1820
临桂区	272883	132830	140053	93633	45777	47856	177850	86349	91501
阳朔县									
灵川县									
全州县									
兴安县									
永福县									
灌阳县									
龙胜各族自治县									
资源县									
平乐县									
恭城瑶族自治县									
荔浦市	93788	45019	48769	56189	27654	28535	37301	17234	20067

1-2a 续表 1

单位：人

地区	人口数			居住本乡、镇、街道，户口在本乡、镇、街道			居住本乡、镇、街道，户口在外乡、镇、街道，离开户口登记地半年以上		
	合计	男	女	小计	男	女	小计	男	女
梧州市	**867903**	**432898**	**435005**	**493114**	**247968**	**245146**	**371539**	**183319**	**188220**
万秀区	215014	104162	110852	131356	65289	66067	82864	38503	44361
长洲区	270840	134123	136717	127432	62355	65077	142163	71138	71025
龙圩区	127272	65365	61907	63859	33134	30725	62895	31969	30926
苍梧县									
藤　县									
蒙山县									
岑溪市	254777	129248	125529	170467	87190	83277	83617	41709	41908
北海市	**640164**	**322196**	**317968**	**231191**	**115576**	**115615**	**404254**	**204292**	**199962**
海城区	442078	221692	220386	173369	86794	86575	265775	133469	132306
银海区	183036	92804	90232	48684	24069	24615	132617	67868	64749
铁山港区	15050	7700	7350	9138	4713	4425	5862	2955	2907
合浦县									
防城港市	**463004**	**244515**	**218489**	**183502**	**95783**	**87719**	**275104**	**146346**	**128758**
港口区	162585	88856	73729	49320	25802	23518	111637	62160	49477
防城区	165148	85240	79908	74934	39579	35355	88811	44915	43896
上思县									
东兴市	135271	70419	64852	59248	30402	28846	74656	39271	35385
钦州市	**518653**	**263969**	**254684**	**177360**	**93527**	**83833**	**338716**	**169194**	**169522**
钦南区	301510	152870	148640	114188	59299	54889	185848	92850	92998
钦北区	217143	111099	106044	63172	34228	28944	152868	76344	76524
灵山县									
浦北县									
贵港市	**935710**	**472147**	**463563**	**508352**	**255295**	**253057**	**424206**	**215284**	**208922**
港北区	472372	236155	236217	240275	118776	121499	230629	116650	113979
港南区	138131	71140	66991	52136	26644	25492	85660	44326	41334
覃塘区	101509	51381	50128	83727	42719	41008	17366	8447	8919
平南县									
桂平市	223698	113471	110227	132214	67156	65058	90551	45861	44690
玉林市	**1009219**	**512548**	**496671**	**510812**	**262489**	**248323**	**493704**	**247772**	**245932**
玉州区	673319	339911	333408	343641	174830	168811	326227	163408	162819
福绵区	57245	30370	26875	47604	25514	22090	9448	4766	4682
容　县									
陆川县									
博白县									
兴业县									
北流市	278655	142267	136388	119567	62145	57422	158029	79598	78431
百色市	**859171**	**423907**	**435264**	**394390**	**198500**	**195890**	**458767**	**222256**	**236511**
右江区	327195	158470	168725	145978	72275	73703	177251	84046	93205
田阳区	167266	82755	84511	89887	45239	44648	76974	37318	39656
田东县									

1-2a 续表 2 单位：人

地 区	人口数			居住本乡、镇、街道，户口在本乡、镇、街道			居住本乡、镇、街道，户口在外乡、镇、街道，离开户口登记地半年以上		
	合计	男	女	小计	男	女	小计	男	女
德保县									
那坡县									
凌云县									
乐业县									
田林县									
西林县									
隆林各族自治县									
靖西市	120181	60907	59274	69362	35521	33841	50484	25226	25258
平果市	244529	121775	122754	89163	45465	43698	154058	75666	78392
贺州市	**338683**	**167591**	**171092**	**178767**	**90676**	**88091**	**158573**	**76290**	**82283**
八步区	193176	93123	100053	90502	44885	45617	101839	47847	53992
平桂区	145507	74468	71039	88265	45791	42474	56734	28443	28291
昭平县									
钟山县									
富川瑶族自治县									
河池市	**456821**	**224480**	**232341**	**232288**	**118091**	**114197**	**222347**	**105241**	**117106**
金城江区	252143	124614	127529	122416	61998	60418	128430	61920	66510
宜州区	204678	99866	104812	109872	56093	53779	93917	43321	50596
南丹县									
天峨县									
凤山县									
东兰县									
罗城仫佬族自治县									
环江毛南族自治县									
巴马瑶族自治县									
都安瑶族自治县									
大化瑶族自治县									
来宾市	**439832**	**219842**	**219990**	**145624**	**73922**	**71702**	**292045**	**144814**	**147231**
兴宾区	400854	200558	200296	121013	61559	59454	277910	138015	139895
忻城县									
象州县									
武宣县									
金秀瑶族自治县									
合山市	38978	19284	19694	24611	12363	12248	14135	6799	7336
崇左市	**285640**	**146296**	**139344**	**95122**	**48950**	**46172**	**189415**	**96698**	**92717**
江州区	218708	111621	107087	63871	33185	30686	154392	78211	76181
扶绥县									
宁明县									
龙州县									
大新县									
天等县									
凭祥市	66932	34675	32257	31251	15765	15486	35023	18487	16536

1-2a 续表 3

单位:人

地区	居住本乡、镇、街道,户口待定			原住本乡、镇、街道,现在港澳台或国外工作学习		
	小计	男	女	小计	男	女
总计	**69998**	**36188**	**33810**	**18637**	**7124**	**11513**
南宁市	**24985**	**13113**	**11872**	**6135**	**2180**	**3955**
兴宁区	3617	1975	1642	486	151	335
青秀区	4929	2581	2348	2820	1087	1733
江南区	3966	2105	1861	644	199	445
西乡塘区	8011	4110	3901	2008	672	1336
良庆区	2967	1589	1378	50	22	28
邕宁区	884	470	414	37	16	21
武鸣区	611	283	328	90	33	57
隆安县						
马山县						
上林县						
宾阳县						
横县						
柳州市	**8250**	**4087**	**4163**	**3902**	**1489**	**2413**
城中区	1044	544	500	1015	401	614
鱼峰区	2905	1405	1500	907	344	563
柳南区	2138	1064	1074	1047	391	656
柳北区	1362	683	679	851	313	538
柳江区	801	391	410	82	40	42
柳城县						
鹿寨县						
融安县						
融水苗族自治县						
三江侗族自治县						
桂林市	**5289**	**2741**	**2548**	**4466**	**1596**	**2870**
秀峰区	832	488	344	982	369	613
叠彩区	468	219	249	598	192	406
象山区	1059	556	503	1393	492	901
七星区	1412	695	717	1283	478	805
雁山区	11	6	5	19	7	12
临桂区	1287	671	616	113	33	80
阳朔县						
灵川县						
全州县						
兴安县						
永福县						
灌阳县						
龙胜各族自治县						
资源县						
平乐县						
恭城瑶族自治县						
荔浦市	220	106	114	78	25	53

1-2a 续表 4

单位:人

地 区	居住本乡、镇、街道,户口待定			原住本乡、镇、街道,现在港澳台或国外工作学习		
	小计	男	女	小计	男	女
梧州市	**2743**	**1399**	**1344**	**507**	**212**	**295**
万秀区	525	269	256	269	101	168
长洲区	1106	571	535	139	59	80
龙圩区	493	252	241	25	10	15
苍梧县						
藤 县						
蒙山县						
岑溪市	619	307	312	74	42	32
北海市	**3757**	**1945**	**1812**	**962**	**383**	**579**
海城区	2277	1187	1090	657	242	415
银海区	1439	730	709	296	137	159
铁山港区	41	28	13	9	4	5
合浦县						
防城港市	**3739**	**2076**	**1663**	**659**	**310**	**349**
港口区	1586	873	713	42	21	21
防城区	1193	648	545	210	98	112
上思县						
东兴市	960	555	405	407	191	216
钦州市	**2106**	**1051**	**1055**	**471**	**197**	**274**
钦南区	1155	581	574	319	140	179
钦北区	951	470	481	152	57	95
灵山县						
浦北县						
贵港市	**2888**	**1413**	**1475**	**264**	**155**	**109**
港北区	1348	675	673	120	54	66
港南区	313	155	158	22	15	7
覃塘区	328	155	173	88	60	28
平南县						
桂平市	899	428	471	34	26	8
玉林市	**4383**	**2125**	**2258**	**320**	**162**	**158**
玉州区	3178	1534	1644	273	139	134
福绵区	170	76	94	23	14	9
容 县						
陆川县						
博白县						
兴业县						
北流市	1035	515	520	24	9	15
百色市	**5776**	**3058**	**2718**	**238**	**93**	**145**
右江区	3835	2107	1728	131	42	89
田阳区	364	177	187	41	21	20
田东县						

1-2a 续表 5

单位:人

地 区	居住本乡、镇、街道,户口待定			原住本乡、镇、街道,现在港澳台或国外工作学习		
	小计	男	女	小计	男	女
德保县						
那坡县						
凌云县						
乐业县						
田林县						
西林县						
隆林各族自治县						
靖西市	304	145	159	31	15	16
平果市	1273	629	644	35	15	20
贺州市	**1206**	**565**	**641**	**137**	**60**	**77**
八步区	741	351	390	94	40	54
平桂区	465	214	251	43	20	23
昭平县						
钟山县						
富川瑶族自治县						
河池市	**1946**	**1023**	**923**	**240**	**125**	**115**
金城江区	1125	602	523	172	94	78
宜州区	821	421	400	68	31	37
南丹县						
天峨县						
凤山县						
东兰县						
罗城仫佬族自治县						
环江毛南族自治县						
巴马瑶族自治县						
都安瑶族自治县						
大化瑶族自治县						
来宾市	**1922**	**994**	**928**	**241**	**112**	**129**
兴宾区	1713	883	830	218	101	117
忻城县						
象州县						
武宣县						
金秀瑶族自治县						
合山市	209	111	98	23	11	12
崇左市	**1008**	**598**	**410**	**95**	**50**	**45**
江州区	444	225	219	1	0	1
扶绥县						
宁明县						
龙州县						
大新县						
天等县						
凭祥市	564	373	191	94	50	44

1–2b 各地区分性别、户口登记状况的人口（镇）

单位：人

地 区	人口数			居住本乡、镇、街道，户口在本乡、镇、街道			居住本乡、镇、街道，户口在外乡、镇、街道，离开户口登记地半年以上		
	合计	男	女	小计	男	女	小计	男	女
总 计	**12382976**	**6338893**	**6044083**	**8738346**	**4525042**	**4213304**	**3591378**	**1787296**	**1804082**
南宁市	**1456011**	**755085**	**700926**	**1055199**	**547311**	**507888**	**394591**	**204306**	**190285**
兴宁区	24280	12874	11406	20799	10863	9936	3384	1953	1431
青秀区	34617	17956	16661	27195	14025	13170	7345	3885	3460
江南区	62273	33780	28493	47704	25399	22305	14357	8277	6080
西乡塘区	62569	33487	29082	37120	19529	17591	25178	13803	11375
良庆区	30985	16382	14603	24718	12949	11769	6069	3330	2739
邕宁区	24675	13187	11488	22852	12288	10564	1778	875	903
武鸣区	132631	72321	60310	78608	40153	38455	53416	31879	21537
隆安县	110307	56706	53601	74596	38692	35904	35174	17758	17416
马山县	116196	57869	58327	84394	42247	42147	31363	15386	15977
上林县	122426	61333	61093	78932	40267	38665	42386	20214	22172
宾阳县	362779	189999	172780	262514	138923	123591	98917	50369	48548
横 县	372273	189191	183082	295767	151976	143791	75224	36577	38647
柳州市	**848813**	**439794**	**409019**	**533399**	**279423**	**253976**	**312419**	**158887**	**153532**
城中区									
鱼峰区	26710	15107	11603	10017	5396	4621	16613	9661	6952
柳南区	61045	34986	26059	29842	16899	12943	31001	17980	13021
柳北区	6400	3392	3008	3650	1935	1715	2721	1440	1281
柳江区	51805	27127	24678	40379	21044	19335	11226	5967	5259
柳城县	151595	78459	73136	114319	60567	53752	36575	17561	19014
鹿寨县	186714	97033	89681	122598	65254	57344	63631	31544	32087
融安县	113841	57376	56465	67511	34602	32909	45807	22526	23281
融水苗族自治县	159467	81019	78448	94946	48698	46248	64084	32118	31966
三江侗族自治县	91236	45295	45941	50137	25028	25109	40761	20090	20671
桂林市	**1246108**	**618713**	**627395**	**787236**	**398072**	**389164**	**454362**	**218449**	**235913**
秀峰区									
叠彩区	2708	1314	1394	638	293	345	2059	1018	1041
象山区									
七星区	29303	17535	11768	18762	12362	6400	10407	5108	5299
雁山区	30280	8240	22040	2014	906	1108	28201	7308	20893
临桂区	45935	23902	22033	39888	20818	19070	5891	3008	2883
阳朔县	85931	42148	43783	59888	30008	29880	25757	12014	13743
灵川县	210194	108785	101409	83409	40516	42893	125951	67836	58115
全州县	214979	108233	106746	130251	66489	63762	83619	41201	42418
兴安县	117537	57396	60141	74023	36681	37342	43253	20578	22675
永福县	88363	44422	43941	61213	31239	29974	26794	13017	13777
灌阳县	85330	42289	43041	61678	31310	30368	23333	10830	12503
龙胜各族自治县	48702	23566	25136	27580	13772	13808	20882	9685	11197
资源县	51173	24907	26266	32486	16323	16163	18541	8513	10028
平乐县	101187	49088	52099	84373	41491	42882	16644	7525	9119
恭城瑶族自治县	81521	39778	41743	64195	31759	32436	17069	7880	9189
荔浦市	52965	27110	25855	46838	24105	22733	5961	2928	3033

1-2b 续表 1　　　单位:人

地　区	人口数			居住本乡、镇、街道,户口在本乡、镇、街道			居住本乡、镇、街道,户口在外乡、镇、街道,离开户口登记地半年以上		
	合计	男	女	小计	男	女	小计	男	女
梧州市	**727423**	**373823**	**353600**	**584946**	**302790**	**282156**	**139552**	**69604**	**69948**
万秀区	13119	7053	6066	7044	3604	3440	6036	3427	2609
长洲区	3604	1933	1671	3305	1766	1539	288	162	126
龙圩区	36061	19105	16956	33052	17414	15638	2845	1616	1229
苍梧县	82743	42422	40321	74100	38260	35840	8179	3937	4242
藤　县	380903	196914	183989	284525	148703	135822	94889	47458	47431
蒙山县	68131	33573	34558	47599	23886	23713	20277	9567	10710
岑溪市	142862	72823	70039	135321	69157	66164	7038	3437	3601
北海市	**339141**	**175468**	**163673**	**231154**	**121367**	**109787**	**106233**	**53221**	**53012**
海城区	2124	1100	1024	1889	966	923	231	131	100
银海区	23853	14387	9466	18297	11375	6922	5463	2971	2492
铁山港区	7342	3835	3507	6661	3458	3203	649	356	293
合浦县	305822	156146	149676	204307	105568	98739	99890	49763	50127
防城港市	**180631**	**98949**	**81682**	**124261**	**66637**	**57624**	**55257**	**31769**	**23488**
港口区	43217	26314	16903	24406	13094	11312	18590	13113	5477
防城区	45802	24361	21441	39744	21309	18435	5715	2888	2827
上思县	71345	37551	33794	44127	23762	20365	26781	13571	13210
东兴市	20267	10723	9544	15984	8472	7512	4171	2197	1974
钦州市	**868821**	**447992**	**420829**	**651381**	**340751**	**310630**	**212889**	**105126**	**107763**
钦南区	114825	64025	50800	75103	40376	34727	38944	23278	15666
钦北区	137574	72633	64941	120073	64433	55640	16915	7932	8983
灵山县	391284	198094	193190	293919	152478	141441	95321	44685	50636
浦北县	225138	113240	111898	162286	83464	78822	61709	29231	32478
贵港市	**1222414**	**634536**	**587878**	**1034322**	**541455**	**492867**	**182866**	**90513**	**92353**
港北区	49994	27432	22562	44075	24501	19574	5774	2854	2920
港南区	67096	34680	32416	61227	31837	29390	5676	2742	2934
覃塘区	92338	47509	44829	81164	41714	39450	10828	5616	5212
平南县	584474	300704	283770	454799	236833	217966	126971	62574	64397
桂平市	428512	224211	204301	393057	206570	186487	33617	16727	16890
玉林市	**1874678**	**961503**	**913175**	**1444568**	**752068**	**692500**	**421676**	**205371**	**216305**
玉州区	70811	35188	35623	43371	22461	20910	27115	12563	14552
福绵区	76186	41121	35065	62150	33140	29010	13780	7860	5920
容　县	277620	136222	141398	183951	92335	91616	92657	43428	49229
陆川县	364251	185432	178819	252263	130433	121830	110246	54138	56108
博白县	599279	313463	285816	478037	254118	223919	117909	57697	60212
兴业县	191425	99797	91628	164552	85864	78688	26311	13654	12657
北流市	295106	150280	144826	260244	133717	126527	33658	16031	17627
百色市	**692254**	**348868**	**343386**	**420983**	**215435**	**205548**	**268604**	**132095**	**136509**
右江区	10321	5297	5024	9621	4928	4693	673	351	322
田阳区	9201	4541	4660	8418	4148	4270	756	375	381
田东县	155950	77892	78058	85408	43309	42099	70019	34313	35706

1-2b 续表 2

单位：人

地 区	人口数			居住本乡、镇、街道，户口在本乡、镇、街道			居住本乡、镇、街道，户口在外乡、镇、街道，离开户口登记地半年以上		
	合计	男	女	小计	男	女	小计	男	女
德保县	84307	41574	42733	41219	21101	20118	42838	20352	22486
那坡县	41049	20845	20204	35252	17922	17330	5727	2894	2833
凌云县	71892	36057	35835	43821	22527	21294	27789	13382	14407
乐业县	49572	25510	24062	32394	16980	15414	17001	8439	8562
田林县	64766	32380	32386	29845	15146	14699	34655	17109	17546
西林县	48899	25170	23729	27855	14464	13391	20907	10634	10273
隆林各族自治县	93051	46694	46357	48577	24607	23970	43794	21756	22038
靖西市	30275	16036	14239	28490	14960	13530	1699	1036	663
平果市	32971	16872	16099	30083	15343	14740	2746	1454	1292
贺州市	**650504**	**332024**	**318480**	**510788**	**263499**	**247289**	**136181**	**66781**	**69400**
八步区	145647	73982	71665	120086	60564	59522	24827	13058	11769
平桂区	76356	39965	36391	69112	36559	32553	6812	3205	3607
昭平县	159706	80965	78741	119121	61215	57906	39623	19290	20333
钟山县	155076	80006	75070	115530	60772	54758	38582	18744	19838
富川瑶族自治县	113719	57106	56613	86939	44389	42550	26337	12484	13853
河池市	**1077178**	**539458**	**537720**	**630063**	**319909**	**310154**	**443378**	**217581**	**225797**
金城江区	15979	8251	7728	12700	6587	6113	3195	1609	1586
宜州区	31230	15831	15399	23718	12148	11570	7349	3618	3731
南丹县	138640	71508	67132	78448	40435	38013	59624	30768	28856
天峨县	62858	32170	30688	25175	13227	11948	37499	18862	18637
凤山县	58927	29385	29542	25776	13266	12510	32989	16026	16963
东兰县	65804	33072	32732	37190	19223	17967	28443	13747	14696
罗城仫佬族自治县	122161	60793	61368	90199	45504	44695	31623	15119	16504
环江毛南族自治县	111118	55215	55903	55904	28409	27495	54869	26618	28251
巴马瑶族自治县	90491	45103	45388	48236	24665	23571	41893	20249	21644
都安瑶族自治县	245021	121357	123664	161812	80851	80961	82376	40055	42321
大化瑶族自治县	134949	66773	68176	70905	35594	35311	63518	30910	32608
来宾市	**566880**	**288208**	**278672**	**375451**	**192809**	**182642**	**189278**	**94314**	**94964**
兴宾区	130657	68429	62228	106602	55690	50912	23265	12337	10928
忻城县	110567	55159	55408	76584	38610	37974	33650	16380	17270
象州县	115461	58383	57078	70482	36171	34311	44579	22011	22568
武宣县	151671	76774	74897	82389	42526	39863	68866	34054	34812
金秀瑶族自治县	48629	24377	24252	30564	15261	15303	17901	9028	8873
合山市	9895	5086	4809	8830	4551	4279	1017	504	513
崇左市	**632120**	**324472**	**307648**	**354595**	**183516**	**171079**	**274092**	**139279**	**134813**
江州区	46369	25197	21172	37377	19958	17419	8775	5137	3638
扶绥县	192689	101355	91334	93815	49038	44777	98161	51957	46204
宁明县	106750	54196	52554	66207	34293	31914	39985	19630	20355
龙州县	82587	41346	41241	44757	22726	22031	36715	18105	18610
大新县	101841	50946	50895	56243	28680	27563	45293	22111	23182
天等县	87043	43250	43793	47190	24100	23090	39438	18930	20508
凭祥市	14841	8182	6659	9006	4721	4285	5725	3409	2316

1-2b 续表 3

单位：人

地 区	居住本乡、镇、街道，户口待定			原住本乡、镇、街道，现在港澳台或国外工作学习		
	小计	男	女	小计	男	女
总 计	**44177**	**21415**	**22762**	**9075**	**5140**	**3935**
南宁市	**4283**	**2172**	**2111**	**1938**	**1296**	**642**
兴宁区	79	48	31	18	10	8
青秀区	58	36	22	19	10	9
江南区	173	85	88	39	19	20
西乡塘区	229	126	103	42	29	13
良庆区	176	89	87	22	14	8
邕宁区	33	18	15	12	6	6
武鸣区	302	149	153	305	140	165
隆安县	447	209	238	90	47	43
马山县	301	154	147	138	82	56
上林县	414	226	188	694	626	68
宾阳县	1069	551	518	279	156	123
横 县	1002	481	521	280	157	123
柳州市	**2225**	**1112**	**1113**	**770**	**372**	**398**
城中区						
鱼峰区	64	46	18	16	4	12
柳南区	160	88	72	42	19	23
柳北区	13	9	4	16	8	8
柳江区	160	88	72	40	28	12
柳城县	360	175	185	341	156	185
鹿寨县	360	171	189	125	64	61
融安县	433	205	228	90	43	47
融水苗族自治县	407	192	215	30	11	19
三江侗族自治县	268	138	130	70	39	31
桂林市	**3681**	**1806**	**1875**	**829**	**386**	**443**
秀峰区						
叠彩区	6	3	3	5		5
象山区						
七星区	51	30	21	83	35	48
雁山区	61	24	37	4	2	2
临桂区	99	46	53	57	30	27
阳朔县	193	93	100	93	33	60
灵川县	748	393	355	86	40	46
全州县	1013	494	519	96	49	47
兴安县	195	104	91	66	33	33
永福县	279	134	145	77	32	45
灌阳县	260	114	146	59	35	24
龙胜各族自治县	210	95	115	30	14	16
资源县	124	58	66	22	13	9
平乐县	134	60	74	36	12	24
恭城瑶族自治县	186	101	85	71	38	33
荔浦市	122	57	65	44	20	24

1-2b 续表 4

单位:人

地 区	居住本乡、镇、街道,户口待定			原住本乡、镇、街道,现在港澳台或国外工作学习		
	小计	男	女	小计	男	女
梧州市	**2504**	**1178**	**1326**	**421**	**251**	**170**
万秀区	37	22	15	2		2
长洲区	10	4	6	1	1	0
龙圩区	143	61	82	21	14	7
苍梧县	427	199	228	37	26	11
藤 县	1289	634	655	200	119	81
蒙山县	211	98	113	44	22	22
岑溪市	387	160	227	116	69	47
北海市	**1447**	**765**	**682**	**307**	**115**	**192**
海城区	3	2	1	1	1	
银海区	63	26	37	30	15	15
铁山港区	20	15	5	12	6	6
合浦县	1361	722	639	264	93	171
防城港市	**923**	**444**	**479**	**190**	**99**	**91**
港口区	191	92	99	30	15	15
防城区	257	115	142	86	49	37
上思县	399	199	200	38	19	19
东兴市	76	38	38	36	16	20
钦州市	**3793**	**1710**	**2083**	**758**	**405**	**353**
钦南区	522	239	283	256	132	124
钦北区	492	224	268	94	44	50
灵山县	1855	828	1027	189	103	86
浦北县	924	419	505	219	126	93
贵港市	**4592**	**2203**	**2389**	**634**	**365**	**269**
港北区	111	57	54	34	20	14
港南区	152	81	71	41	20	21
覃塘区	280	140	140	66	39	27
平南县	2420	1137	1283	284	160	124
桂平市	1629	788	841	209	126	83
玉林市	**7576**	**3568**	**4008**	**858**	**496**	**362**
玉州区	291	145	146	34	19	15
福绵区	206	97	109	50	24	26
容 县	832	376	456	180	83	97
陆川县	1617	783	834	125	78	47
博白县	3120	1503	1617	213	145	68
兴业县	436	211	225	126	68	58
北流市	1074	453	621	130	79	51
百色市	**2448**	**1217**	**1231**	**219**	**121**	**98**
右江区	23	15	8	4	3	1
田阳区	21	14	7	6	4	2
田东县	446	231	215	77	39	38

1-2b 续表 5　　单位:人

地 区	居住本乡、镇、街道,户口待定			原住本乡、镇、街道,现在港澳台或国外工作学习		
	小计	男	女	小计	男	女
德保县	225	110	115	25	11	14
那坡县	67	29	38	3		3
凌云县	255	135	120	27	13	14
乐业县	171	87	84	6	4	2
田林县	256	118	138	10	7	3
西林县	128	68	60	9	4	5
隆林各族自治县	672	325	347	8	6	2
靖西市	66	27	39	20	13	7
平果市	118	58	60	24	17	7
贺州市	**3168**	**1531**	**1637**	**367**	**213**	**154**
八步区	674	328	346	60	32	28
平桂区	371	168	203	61	33	28
昭平县	882	410	472	80	50	30
钟山县	890	449	441	74	41	33
富川瑶族自治县	351	176	175	92	57	35
河池市	**3034**	**1529**	**1505**	**703**	**439**	**264**
金城江区	42	22	20	42	33	9
宜州区	102	44	58	61	21	40
南丹县	446	220	226	122	85	37
天峨县	176	76	100	8	5	3
凤山县	142	80	62	20	13	7
东兰县	154	91	63	17	11	6
罗城仫佬族自治县	275	133	142	64	37	27
环江毛南族自治县	270	141	129	75	47	28
巴马瑶族自治县	343	177	166	19	12	7
都安瑶族自治县	659	339	320	174	112	62
大化瑶族自治县	425	206	219	101	63	38
来宾市	**1635**	**779**	**856**	**516**	**306**	**210**
兴宾区	547	249	298	243	153	90
忻城县	261	128	133	72	41	31
象州县	338	173	165	62	28	34
武宣县	323	142	181	93	52	41
金秀瑶族自治县	138	70	68	26	18	8
合山市	28	17	11	20	14	6
崇左市	**2868**	**1401**	**1467**	**565**	**276**	**289**
江州区	167	81	86	50	21	29
扶绥县	562	281	281	151	79	72
宁明县	416	215	201	142	58	84
龙州县	1042	478	564	73	37	36
大新县	223	107	116	82	48	34
天等县	371	199	172	44	21	23
凭祥市	87	40	47	23	12	11

1–2c 各地区分性别、户口登记状况的人口（乡村）

单位：人

地 区	人口数			居住本乡、镇、街道，户口在本乡、镇、街道			居住本乡、镇、街道，户口在外乡、镇、街道，离开户口登记地半年以上		
	合计	男	女	小计	男	女	小计	男	女
总 计	**22955848**	**12119132**	**10836716**	**21628826**	**11464289**	**10164537**	**1195452**	**589953**	**605499**
南宁市	**2718080**	**1441901**	**1276179**	**2528983**	**1342024**	**1186959**	**173936**	**91277**	**82659**
兴宁区	74853	40269	34584	65979	35219	30760	8616	4916	3700
青秀区	73424	39314	34110	67176	35884	31292	5979	3310	2669
江南区	164460	87209	77251	113387	60787	52600	50513	26122	24391
西乡塘区	153166	82556	70610	132755	70901	61854	19906	11412	8494
良庆区	96695	52931	43764	89649	49315	40334	6327	3279	3048
邕宁区	148058	80014	68044	142992	77507	65485	4459	2221	2238
武鸣区	327006	174178	152828	308745	164071	144674	16881	9433	7448
隆安县	214833	114257	100576	203420	108156	95264	10580	5676	4904
马山县	266234	139226	127008	256669	134184	122485	8347	4406	3941
上林县	236897	124307	112590	225733	117419	108314	7819	4037	3782
宾阳县	438628	232565	206063	417581	222453	195128	18380	8836	9544
横 县	523826	275075	248751	504897	266128	238769	16129	7629	8500
柳州市	**1250240**	**669520**	**580720**	**1171717**	**630628**	**541089**	**73176**	**36145**	**37031**
城中区	3109	1591	1518	2568	1302	1266	520	281	239
鱼峰区	50134	28546	21588	46758	26654	20104	3202	1810	1392
柳南区	32555	17564	14991	28520	15356	13164	3929	2158	1771
柳北区	30097	15809	14288	23107	12041	11066	6893	3718	3175
柳江区	198315	106309	92006	179682	97236	82446	17680	8572	9108
柳城县	162647	85526	77121	150514	80121	70393	11545	5091	6454
鹿寨县	150584	81723	68861	141446	77635	63811	8552	3791	4761
融安县	139519	76778	62741	131474	72807	58667	7409	3651	3758
融水苗族自治县	252978	134766	118212	244490	130348	114142	7205	3796	3409
三江侗族自治县	230302	120908	109394	223158	117128	106030	6241	3277	2964
桂林市	**2338223**	**1222261**	**1115962**	**2182194**	**1148328**	**1033866**	**146368**	**69142**	**77226**
秀峰区									
叠彩区	28229	14310	13919	20920	10091	10829	7198	4160	3038
象山区	3960	2000	1960	3702	1873	1829	243	120	123
七星区	3675	1867	1808	3103	1565	1538	512	270	242
雁山区	92466	44535	47931	47632	24137	23495	44546	20281	24265
临桂区	236291	124784	111507	221380	117821	103559	13961	6505	7456
阳朔县	187193	97953	89240	178014	93798	84216	8294	3732	4562
灵川县	212582	110208	102374	199004	103242	95762	12702	6537	6165
全州县	350717	185957	164760	339490	180687	158803	9551	4402	5149
兴安县	189506	97441	92065	181348	93539	87809	7383	3498	3885
永福县	140283	75456	64827	133959	72539	61420	5849	2679	3170
灌阳县	123082	64790	58292	118852	62635	56217	3666	1833	1833
龙胜各族自治县	90781	47410	43371	85778	44811	40967	4590	2401	2189
资源县	88039	46361	41678	82967	43502	39465	4758	2678	2080
平乐县	239734	125733	114001	233045	122544	110501	5898	2799	3099
恭城瑶族自治县	163911	84946	78965	158035	82554	75481	5113	2030	3083
荔浦市	187774	98510	89264	174965	92990	81975	12104	5217	6887

1–2c 续表 1　　　　单位:人

地区	人口数			居住本乡、镇、街道,户口在本乡、镇、街道			居住本乡、镇、街道,户口在外乡、镇、街道,离开户口登记地半年以上		
	合计	男	女	小计	男	女	小计	男	女
梧州市	**1225651**	**649917**	**575734**	**1176711**	**627222**	**549489**	**41608**	**19321**	**22287**
万秀区	43856	23237	20619	38991	20479	18512	4678	2674	2004
长洲区	24900	12965	11935	24150	12604	11546	648	308	340
龙圩区	125149	66222	58927	119036	63603	55433	5350	2298	3052
苍梧县	194023	103423	90600	189016	100850	88166	3876	2017	1859
藤　县	414709	222507	192202	401164	217056	184108	10416	3992	6424
蒙山县	96289	50316	45973	90760	47725	43035	5051	2336	2715
岑溪市	326725	171247	155478	313594	164905	148689	11589	5696	5893
北海市	**873922**	**466637**	**407285**	**737376**	**396869**	**340507**	**130518**	**66849**	**63669**
海城区	83693	43437	40256	29974	14905	15069	52942	28141	24801
银海区	108307	57146	51161	75216	39677	35539	32611	17226	15385
铁山港区	123551	66693	56858	109635	58146	51489	12953	8079	4874
合浦县	558371	299361	259010	522551	284141	238410	32012	13403	18609
防城港市	**402433**	**224962**	**177471**	**346662**	**192060**	**154602**	**51576**	**30834**	**20742**
港口区	38478	24681	13797	20030	10634	9396	18267	13945	4322
防城区	180011	98556	81455	165622	91779	73843	12130	5696	6434
上思县	123429	68657	54772	110633	62192	48441	11590	5884	5706
东兴市	60515	33068	27447	50377	27455	22922	9589	5309	4280
钦州市	**1914764**	**1022673**	**892091**	**1802106**	**976630**	**825476**	**95595**	**38413**	**57182**
钦南区	263357	142231	121126	222284	123079	99205	39382	18306	21076
钦北区	365725	199976	165749	351120	194555	156565	12136	4397	7739
灵山县	826856	437601	389255	786788	422798	363990	30988	10820	20168
浦北县	458826	242865	215961	441914	236198	205716	13089	4890	8199
贵港市	**2158138**	**1137304**	**1020834**	**2075420**	**1098926**	**976494**	**71587**	**33062**	**38525**
港北区	238267	124618	113649	223495	117227	106268	13527	6727	6800
港南区	311371	162310	149061	296567	154958	141609	13481	6764	6717
覃塘区	229900	117789	112111	218920	112581	106339	9714	4549	5165
平南县	519799	276174	243625	500436	267961	232475	16220	6775	9445
桂平市	858801	456413	402388	836002	446199	389803	18645	8247	10398
玉林市	**2912869**	**1533215**	**1379654**	**2809126**	**1490419**	**1318707**	**86252**	**34846**	**51406**
玉州区	163991	87082	76909	153109	82087	71022	10296	4697	5599
福绵区	185278	100490	84788	179473	97996	81477	4993	2105	2888
容　县	377296	196082	181214	360456	189293	171163	14634	5815	8819
陆川县	440176	230710	209466	425018	224679	200339	12909	4944	7965
博白县	791333	420985	370348	765951	411357	354594	19348	6934	12414
兴业县	316919	167502	149417	309912	164576	145336	5580	2285	3295
北流市	637876	330364	307512	615207	320431	294776	18492	8066	10426
百色市	**2020080**	**1053887**	**966193**	**1915773**	**997834**	**917939**	**94064**	**51052**	**43012**
右江区	134570	69392	65178	119814	61666	58148	14069	7398	6671
田阳区	132318	68116	64202	125009	63887	61122	6926	4027	2899
田东县	196057	101977	94080	180380	93907	86473	14752	7577	7175

1-2c 续表 2

单位：人

地 区	人口数			居住本乡、镇、街道，户口在本乡、镇、街道			居住本乡、镇、街道，户口在外乡、镇、街道，离开户口登记地半年以上		
	合计	男	女	小计	男	女	小计	男	女
德保县	185451	98821	86630	176446	93750	82696	8243	4699	3544
那坡县	130732	68295	62437	127014	66336	60678	3159	1688	1471
凌云县	116302	60471	55831	112738	58909	53829	2795	1194	1601
乐业县	96825	50817	46008	92280	48659	43621	4065	1942	2123
田林县	160062	83640	76422	150323	77940	72383	8853	5269	3584
西林县	93199	49264	43935	86998	45515	41483	5604	3451	2153
隆林各族自治县	257714	131576	126138	249903	127798	122105	6028	2964	3064
靖西市	338707	177789	160918	325867	170699	155168	11411	6369	5042
平果市	178143	93729	84414	169001	88768	80233	8159	4474	3685
贺州市	**1018671**	**531922**	**486749**	**962150**	**505236**	**456914**	**49263**	**23076**	**26187**
八步区	317171	163723	153448	292415	151237	141178	22022	11128	10894
平桂区	182298	96862	85436	172225	92359	79866	8886	3917	4969
昭平县	170410	90128	80282	163130	86989	76141	6187	2570	3617
钟山县	195981	102957	93024	187737	99082	88655	6683	3134	3549
富川瑶族自治县	152811	78252	74559	146643	75569	71074	5485	2327	3158
河池市	**1883946**	**979995**	**903951**	**1803059**	**937330**	**865729**	**71778**	**37588**	**34190**
金城江区	104399	55307	49092	97084	51122	45962	6795	3875	2920
宜州区	313451	162351	151100	301530	156826	144704	10530	4817	5713
南丹县	136914	72363	64551	130285	68982	61303	5075	2513	2562
天峨县	80297	43013	37284	73140	38865	34275	6769	3938	2831
凤山县	110918	57874	53044	107855	56311	51544	2500	1255	1245
东兰县	153745	79668	74077	149211	77240	71971	4042	2106	1936
罗城仫佬族自治县	150511	77835	72676	146001	75521	70480	3940	1990	1950
环江毛南族自治县	164958	87955	77003	155738	82730	73008	8345	4712	3633
巴马瑶族自治县	145661	74536	71125	138590	71062	67528	6541	3198	3343
都安瑶族自治县	293040	151402	141638	282241	145603	136638	9623	5142	4481
大化瑶族自治县	230052	117691	112361	221384	113068	108316	7618	4042	3576
来宾市	**1067899**	**566865**	**501034**	**1012490**	**538358**	**474132**	**49795**	**25757**	**24038**
兴宾区	393866	209838	184028	377156	201791	175365	13960	6654	7306
忻城县	187258	97858	89400	178754	92842	85912	7787	4673	3114
象州县	166385	89046	77339	155386	83737	71649	10153	4899	5254
武宣县	188641	100004	88637	180989	96454	84535	6935	3234	3701
金秀瑶族自治县	81684	44013	37671	73789	39520	34269	7571	4334	3237
合山市	50065	26106	23959	46416	24014	22402	3389	1963	1426
崇左市	**1170932**	**618073**	**552859**	**1105059**	**582425**	**522634**	**59936**	**32591**	**27345**
江州区	170361	91656	78705	163488	88281	75207	5688	2775	2913
扶绥县	216232	116731	99501	198112	106581	91531	17057	9620	7437
宁明县	212636	113567	99069	200094	106639	93455	11495	6388	5107
龙州县	149481	77663	71818	137001	71156	65845	11906	6203	5703
大新县	180722	92316	88406	173837	88730	85107	5961	3120	2841
天等县	193430	100014	93416	188817	97490	91327	3829	2095	1734
凭祥市	48070	26126	21944	43710	23548	20162	4000	2390	1610

1-2c 续表 3

单位:人

地 区	居住本乡、镇、街道,户口待定			原住本乡、镇、街道,现在港澳台或国外工作学习		
	小计	男	女	小计	男	女
总 计	**104083**	**47083**	**57000**	**27487**	**17807**	**9680**
南宁市	**9255**	**4199**	**5056**	**5906**	**4401**	**1505**
兴宁区	194	98	96	64	36	28
青秀区	190	76	114	79	44	35
江南区	465	245	220	95	55	40
西乡塘区	408	194	214	97	49	48
良庆区	630	287	343	89	50	39
邕宁区	419	185	234	188	101	87
武鸣区	1030	487	543	350	187	163
隆安县	480	240	240	353	185	168
马山县	789	357	432	429	279	150
上林县	547	247	300	2798	2604	194
宾阳县	1916	848	1068	751	428	323
横 县	2187	935	1252	613	383	230
柳州市	**3926**	**1868**	**2058**	**1421**	**879**	**542**
城中区	13	4	9	8	4	4
鱼峰区	119	56	63	55	26	29
柳南区	78	33	45	28	17	11
柳北区	67	31	36	30	19	11
柳江区	707	354	353	246	147	99
柳城县	419	208	211	169	106	63
鹿寨县	372	176	196	214	121	93
融安县	414	190	224	222	130	92
融水苗族自治县	1146	537	609	137	85	52
三江侗族自治县	591	279	312	312	224	88
桂林市	**6591**	**3120**	**3471**	**3070**	**1671**	**1399**
秀峰区						
叠彩区	74	46	28	37	13	24
象山区	14	6	8	1	1	
七星区	9	5	4	51	27	24
雁山区	210	86	124	78	31	47
临桂区	615	290	325	335	168	167
阳朔县	563	275	288	322	148	174
灵川县	542	283	259	334	146	188
全州县	1187	542	645	489	326	163
兴安县	523	265	258	252	139	113
永福县	307	151	156	168	87	81
灌阳县	398	205	193	166	117	49
龙胜各族自治县	310	152	158	103	46	57
资源县	187	96	91	127	85	42
平乐县	606	287	319	185	103	82
恭城瑶族自治县	541	227	314	222	135	87
荔浦市	505	204	301	200	99	101

1–2c 续表 4

单位：人

地 区	居住本乡、镇、街道，户口待定			原住本乡、镇、街道，现在港澳台或国外工作学习		
	小计	男	女	小计	男	女
梧州市	**6157**	**2628**	**3529**	**1175**	**746**	**429**
万秀区	151	64	87	36	20	16
长洲区	97	50	47	5	3	2
龙圩区	656	253	403	107	68	39
苍梧县	980	460	520	151	96	55
藤 县	2685	1190	1495	444	269	175
蒙山县	345	164	181	133	91	42
岑溪市	1243	447	796	299	199	100
北海市	**4921**	**2323**	**2598**	**1107**	**596**	**511**
海城区	742	376	366	35	15	20
银海区	388	193	195	92	50	42
铁山港区	603	298	305	360	170	190
合浦县	3188	1456	1732	620	361	259
防城港市	**3173**	**1491**	**1682**	**1022**	**577**	**445**
港口区	126	75	51	55	27	28
防城区	1729	780	949	530	301	229
上思县	976	448	528	230	133	97
东兴市	342	188	154	207	116	91
钦州市	**15114**	**6359**	**8755**	**1949**	**1271**	**678**
钦南区	1377	646	731	314	200	114
钦北区	2150	824	1326	319	200	119
灵山县	8319	3523	4796	761	460	301
浦北县	3268	1366	1902	555	411	144
贵港市	**9268**	**4094**	**5174**	**1863**	**1222**	**641**
港北区	947	451	496	298	213	85
港南区	994	408	586	329	180	149
覃塘区	980	464	516	286	195	91
平南县	2687	1159	1528	456	279	177
桂平市	3660	1612	2048	494	355	139
玉林市	**15040**	**6445**	**8595**	**2451**	**1505**	**946**
玉州区	435	219	216	151	79	72
福绵区	639	283	356	173	106	67
容 县	1758	715	1043	448	259	189
陆川县	1880	853	1027	369	234	135
博白县	5514	2366	3148	520	328	192
兴业县	1125	457	668	302	184	118
北流市	3689	1552	2137	488	315	173
百色市	**9034**	**4226**	**4808**	**1209**	**775**	**434**
右江区	618	297	321	69	31	38
田阳区	294	145	149	89	57	32
田东县	731	356	375	194	137	57

1-2c 续表 5

单位:人

地区	居住本乡、镇、街道，户口待定			原住本乡、镇、街道，现在港澳台或国外工作学习		
	小计	男	女	小计	男	女
德保县	652	304	348	110	68	42
那坡县	507	243	264	52	28	24
凌云县	725	339	386	44	29	15
乐业县	430	190	240	50	26	24
田林县	828	391	437	58	40	18
西林县	566	278	288	31	20	11
隆林各族自治县	1701	757	944	82	57	25
靖西市	1170	556	614	259	165	94
平果市	812	370	442	171	117	54
贺州市	**6484**	**3114**	**3370**	**774**	**496**	**278**
八步区	2505	1219	1286	229	139	90
平桂区	1068	510	558	119	76	43
昭平县	920	452	468	173	117	56
钟山县	1424	651	773	137	90	47
富川瑶族自治县	567	282	285	116	74	42
河池市	**6611**	**3243**	**3368**	**2498**	**1834**	**664**
金城江区	329	168	161	191	142	49
宜州区	1020	480	540	371	228	143
南丹县	1358	711	647	196	157	39
天峨县	326	159	167	62	51	11
凤山县	468	238	230	95	70	25
东兰县	250	117	133	242	205	37
罗城仫佬族自治县	365	185	180	205	139	66
环江毛南族自治县	556	286	270	319	227	92
巴马瑶族自治县	427	205	222	103	71	32
都安瑶族自治县	786	364	422	390	293	97
大化瑶族自治县	726	330	396	324	251	73
来宾市	**4414**	**2000**	**2414**	**1200**	**750**	**450**
兴宾区	2205	1018	1187	545	375	170
忻城县	545	238	307	172	105	67
象州县	690	320	370	156	90	66
武宣县	513	199	314	204	117	87
金秀瑶族自治县	259	129	130	65	30	35
合山市	202	96	106	58	33	25
崇左市	**4095**	**1973**	**2122**	**1842**	**1084**	**758**
江州区	959	477	482	226	123	103
扶绥县	740	350	390	323	180	143
宁明县	711	352	359	336	188	148
龙州县	385	184	201	189	120	69
大新县	482	215	267	442	251	191
天等县	562	274	288	222	155	67
凭祥市	256	121	135	104	67	37

1–3 各地区分性别的户口登记地在外乡镇街道的人口状况

单位：人

地 区	户口登记地					
	合计			本县(市、区)		
	合计	男	女	小计	男	女
总 计	**13238781**	**6678931**	**6559850**	**5746470**	**2788598**	**2957872**
南宁市	**3494076**	**1811486**	**1682590**	**844924**	**421959**	**422965**
兴宁区	342233	182513	159720	51495	26384	25111
青秀区	585407	282962	302445	127572	60894	66678
江南区	564790	302230	262560	81484	42233	39251
西乡塘区	1024238	529936	494302	147784	75449	72335
良庆区	350114	191581	158533	66197	34775	31422
邕宁区	82987	43689	39298	19245	9738	9507
武鸣区	199988	107687	92301	102661	51840	50821
隆安县	45754	23434	22320	30329	14900	15429
马山县	39710	19792	19918	27985	13377	14608
上林县	50205	24251	25954	38117	17715	20402
宾阳县	117297	59205	58092	87538	44198	43340
横 县	91353	44206	47147	64517	30456	34061
柳州市	**1569791**	**808816**	**760975**	**480453**	**234642**	**245811**
城中区	121244	58958	62286	20625	9663	10962
鱼峰区	372504	200207	172297	65012	31777	33235
柳南区	339260	177523	161737	56180	27859	28321
柳北区	254825	130475	124350	62109	30256	31853
柳江区	190148	98208	91940	76817	38723	38094
柳城县	48120	22652	25468	23757	10439	13318
鹿寨县	72183	35335	36848	43319	20851	22468
融安县	53216	26177	27039	37537	18351	19186
融水苗族自治县	71289	35914	35375	57898	28763	29135
三江侗族自治县	47002	23367	23635	37199	17960	19239
桂林市	**1314266**	**648080**	**666186**	**489115**	**232209**	**256906**
秀峰区	87566	46223	41343	11570	5620	5950
叠彩区	87126	44444	42682	15085	7375	7710
象山区	121197	60362	60835	29248	13946	15302
七星区	218591	114049	104542	37217	18451	18766
雁山区	77071	30093	46978	2063	1069	994
临桂区	197702	95862	101840	68125	33591	34534
阳朔县	34051	15746	18305	19887	8784	11103
灵川县	138653	74373	64280	38605	18459	20146
全州县	93170	45603	47567	80609	39780	40829
兴安县	50636	24076	26560	37340	17688	19652
永福县	32643	15696	16947	20196	9384	10812
灌阳县	26999	12663	14336	22238	10314	11924
龙胜各族自治县	25472	12086	13386	19526	8928	10598
资源县	23299	11191	12108	18922	8744	10178
平乐县	22542	10324	12218	14591	6453	8138
恭城瑶族自治县	22182	9910	12272	14684	6237	8447
荔浦市	55366	25379	29987	39209	17386	21823

1-3 续表 1

单位:人

地 区	户口登记地					
	合计			本县(市、区)		
	合计	男	女	小计	男	女
梧州市	**552699**	**272244**	**280455**	**283198**	**136767**	**146431**
万秀区	93578	44604	48974	31687	14995	16692
长洲区	143099	71608	71491	30766	14895	15871
龙圩区	71090	35883	35207	30624	15046	15578
苍梧县	12055	5954	6101	6024	2672	3352
藤 县	105305	51450	53855	82304	39686	42618
蒙山县	25328	11903	13425	17646	8000	9646
岑溪市	102244	50842	51402	84147	41473	42674
北海市	**641005**	**324362**	**316643**	**213450**	**102367**	**111083**
海城区	318948	161741	157207	91025	43972	47053
银海区	170691	88065	82626	21065	10207	10858
铁山港区	19464	11390	8074	6984	3267	3717
合浦县	131902	63166	68736	94376	44921	49455
防城港市	**381937**	**208949**	**172988**	**145297**	**72874**	**72423**
港口区	148494	89218	59276	30953	15827	15126
防城区	106656	53499	53157	63304	31757	31547
上思县	38371	19455	18916	29724	14978	14746
东兴市	88416	46777	41639	21316	10312	11004
钦州市	**647200**	**312733**	**334467**	**360272**	**170689**	**189583**
钦南区	264174	134434	129740	121729	60398	61331
钦北区	181919	88673	93246	89877	44511	45366
灵山县	126309	55505	70804	95238	41351	53887
浦北县	74798	34121	40677	53428	24429	28999
贵港市	**678659**	**338859**	**339800**	**399602**	**195889**	**203713**
港北区	249930	126231	123699	94846	46966	47880
港南区	104817	53832	50985	61262	30804	30458
覃塘区	37908	18612	19296	15383	6882	8501
平南县	143191	69349	73842	113515	55024	58491
桂平市	142813	70835	71978	114596	56213	58383
玉林市	**1001632**	**487989**	**513643**	**650585**	**312139**	**338446**
玉州区	363638	180668	182970	143084	69401	73683
福绵区	28221	14731	13490	9709	4476	5233
容 县	107291	49243	58048	85436	39140	46296
陆川县	123155	59082	64073	107157	51638	55519
博白县	137257	64631	72626	105958	49782	56176
兴业县	31891	15939	15952	20587	9995	10592
北流市	210179	103695	106484	178654	87707	90947
百色市	**821435**	**405403**	**416032**	**531500**	**257091**	**274409**
右江区	191993	91795	100198	73143	35319	37824
田阳区	84656	41720	42936	63858	30223	33635
田东县	84771	41890	42881	64354	31281	33073

1-3 续表 2

单位:人

地 区	户口登记地					
	合计			本县(市、区)		
	合计	男	女	小计	男	女
德保县	51081	25051	26030	35717	16395	19322
那坡县	8886	4582	4304	5287	2546	2741
凌云县	30584	14576	16008	23713	11373	12340
乐业县	21066	10381	10685	16550	8091	8459
田林县	43508	22378	21130	31007	14948	16059
西林县	26511	14085	12426	16167	7672	8495
隆林各族自治县	49822	24720	25102	40374	19663	20711
靖西市	63594	32631	30963	48231	23696	24535
平果市	164963	81594	83369	113099	55884	57215
贺州市	**344017**	**166147**	**177870**	**199211**	**93562**	**105649**
八步区	148688	72033	76655	76251	36089	40162
平桂区	72432	35565	36867	34671	16069	18602
昭平县	45810	21860	23950	34398	16514	17884
钟山县	45265	21878	23387	29918	13782	16136
富川瑶族自治县	31822	14811	17011	23973	11108	12865
河池市	**737503**	**360410**	**377093**	**484215**	**232441**	**251774**
金城江区	138420	67404	71016	49435	23756	25679
宜州区	111796	51756	60040	63629	29881	33748
南丹县	64699	33281	31418	39926	19741	20185
天峨县	44268	22800	21468	35443	17558	17885
凤山县	35489	17281	18208	30560	14784	15776
东兰县	32485	15853	16632	26528	12654	13874
罗城仫佬族自治县	35563	17109	18454	28402	13436	14966
环江毛南族自治县	63214	31330	31884	50135	24256	25879
巴马瑶族自治县	48434	23447	24987	32969	15614	17355
都安瑶族自治县	91999	45197	46802	74200	35410	38790
大化瑶族自治县	71136	34952	36184	52988	25351	27637
来宾市	**531118**	**264885**	**266233**	**388767**	**191192**	**197575**
兴宾区	315135	157006	158129	245667	122945	122722
忻城县	41437	21053	20384	28621	13589	15032
象州县	54732	26910	27822	33871	15967	17904
武宣县	75801	37288	38513	58441	28211	30230
金秀瑶族自治县	25472	13362	12110	12962	6167	6795
合山市	18541	9266	9275	9205	4313	4892
崇左市	**523443**	**268568**	**254875**	**275881**	**134777**	**141104**
江州区	168855	86123	82732	64673	33308	31365
扶绥县	115218	61577	53641	52709	26066	26643
宁明县	51480	26018	25462	37668	18231	19437
龙州县	48621	24308	24313	34239	15973	18266
大新县	51254	25231	26023	38834	18482	20352
天等县	43267	21025	22242	35854	17048	18806
凭祥市	44748	24286	20462	11904	5669	6235

1-3 续表 3

单位:人

地 区	户口登记地					
	本省其他县(市、区)			省外		
	小计	男	女	小计	男	女
总 计	**6132927**	**3108714**	**3024213**	**1359384**	**781619**	**577765**
南宁市	**2278609**	**1174287**	**1104322**	**370543**	**215240**	**155303**
兴宁区	254732	134826	119906	36006	21303	14703
青秀区	380349	179468	200881	77486	42600	34886
江南区	428474	227714	200760	54832	32283	22549
西乡塘区	770078	394304	375774	106376	60183	46193
良庆区	237140	127417	109723	46777	29389	17388
邕宁区	52773	27325	25448	10969	6626	4343
武鸣区	81916	46217	35699	15411	9630	5781
隆安县	12303	6721	5582	3122	1813	1309
马山县	8738	4494	4244	2987	1921	1066
上林县	8800	4677	4123	3288	1859	1429
宾阳县	23787	11814	11973	5972	3193	2779
横 县	19519	9310	10209	7317	4440	2877
柳州市	**933557**	**481429**	**452128**	**155781**	**92745**	**63036**
城中区	84607	39799	44808	16012	9496	6516
鱼峰区	270390	145303	125087	37102	23127	13975
柳南区	236563	122560	114003	46517	27104	19413
柳北区	170555	86870	83685	22161	13349	8812
柳江区	101794	52671	49123	11537	6814	4723
柳城县	19569	9471	10098	4794	2742	2052
鹿寨县	22536	10862	11674	6328	3622	2706
融安县	11675	5521	6154	4004	2305	1699
融水苗族自治县	10421	5454	4967	2970	1697	1273
三江侗族自治县	5447	2918	2529	4356	2489	1867
桂林市	**632053**	**308813**	**323240**	**193098**	**107058**	**86040**
秀峰区	64424	33927	30497	11572	6676	4896
叠彩区	58397	29287	29110	13644	7782	5862
象山区	74806	36833	37973	17143	9583	7560
七星区	147579	75675	71904	33795	19923	13872
雁山区	53036	19633	33403	21972	9391	12581
临桂区	89460	40066	49394	40117	22205	17912
阳朔县	10109	4683	5426	4055	2279	1776
灵川县	73510	39767	33743	26538	16147	10391
全州县	8214	3690	4524	4347	2133	2214
兴安县	10566	4939	5627	2730	1449	1281
永福县	9556	4640	4916	2891	1672	1219
灌阳县	3350	1618	1732	1411	731	680
龙胜各族自治县	3995	2069	1926	1951	1089	862
资源县	2433	1260	1173	1944	1187	757
平乐县	5547	2574	2973	2404	1297	1107
恭城瑶族自治县	4963	2332	2631	2535	1341	1194
荔浦市	12108	5820	6288	4049	2173	1876

1-3 续表 4

单位：人

地区	户口登记地					
	本省其他县(市、区)			省外		
	小计	男	女	小计	男	女
梧州市	**227908**	**111471**	**116437**	**41593**	**24006**	**17587**
万秀区	51852	23907	27945	10039	5702	4337
长洲区	101597	50342	51255	10736	6371	4365
龙圩区	35223	17710	17513	5243	3127	2116
苍梧县	4353	2201	2152	1678	1081	597
藤　县	16303	7986	8317	6698	3778	2920
蒙山县	5565	2734	2831	2117	1169	948
岑溪市	13015	6591	6424	5082	2778	2304
北海市	**287085**	**146289**	**140796**	**140470**	**75706**	**64764**
海城区	159404	80967	78437	68519	36802	31717
银海区	89613	46164	43449	60013	31694	28319
铁山港区	9055	5436	3619	3425	2687	738
合浦县	29013	13722	15291	8513	4523	3990
防城港市	**160832**	**87892**	**72940**	**75808**	**48183**	**27625**
港口区	67836	40426	27410	49705	32965	16740
防城区	35079	16954	18125	8273	4788	3485
上思县	6903	3507	3396	1744	970	774
东兴市	51014	27005	24009	16086	9460	6626
钦州市	**233300**	**111751**	**121549**	**53628**	**30293**	**23335**
钦南区	115922	57515	58407	26523	16521	10002
钦北区	78781	37222	41559	13261	6940	6321
灵山县	21970	9766	12204	9101	4388	4713
浦北县	16627	7248	9379	4743	2444	2299
贵港市	**236466**	**119122**	**117344**	**42591**	**23848**	**18743**
港北区	141834	71922	69912	13250	7343	5907
港南区	37972	19784	18188	5583	3244	2339
覃塘区	14628	7259	7369	7897	4471	3426
平南县	21842	10306	11536	7834	4019	3815
桂平市	20190	9851	10339	8027	4771	3256
玉林市	**280803**	**137495**	**143308**	**70244**	**38355**	**31889**
玉州区	189525	93683	95842	31029	17584	13445
福绵区	13538	7144	6394	4974	3111	1863
容　县	15787	7231	8556	6068	2872	3196
陆川县	10848	4971	5877	5150	2473	2677
博白县	19837	8819	11018	11462	6030	5432
兴业县	8114	3980	4134	3190	1964	1226
北流市	23154	11667	11487	8371	4321	4050
百色市	**233126**	**115388**	**117738**	**56809**	**32924**	**23885**
右江区	105140	49091	56049	13710	7385	6325
田阳区	16313	8803	7510	4485	2694	1791
田东县	16200	8143	8057	4217	2466	1751

1-3 续表 5

单位:人

地 区	户口登记地					
	本省其他县(市、区)			省外		
	小计	男	女	小计	男	女
德保县	10817	5950	4867	4547	2706	1841
那坡县	2510	1442	1068	1089	594	495
凌云县	5333	2362	2971	1538	841	697
乐业县	3540	1819	1721	976	471	505
田林县	8902	5016	3886	3599	2414	1185
西林县	4947	2791	2156	5397	3622	1775
隆林各族自治县	6319	3372	2947	3129	1685	1444
靖西市	9487	5270	4217	5876	3665	2211
平果市	43618	21329	22289	8246	4381	3865
贺州市	**110119**	**52947**	**57172**	**34687**	**19638**	**15049**
八步区	54826	25788	29038	17611	10156	7455
平桂区	31187	15451	15736	6574	4045	2529
昭平县	8236	3849	4387	3176	1497	1679
钟山县	11135	5632	5503	4212	2464	1748
富川瑶族自治县	4735	2227	2508	3114	1476	1638
河池市	**207424**	**101117**	**106307**	**45864**	**26852**	**19012**
金城江区	79114	37750	41364	9871	5898	3973
宜州区	41000	18079	22921	7167	3796	3371
南丹县	19006	10210	8796	5767	3330	2437
天峨县	5415	2841	2574	3410	2401	1009
凤山县	3666	1852	1814	1263	645	618
东兰县	4379	2284	2095	1578	915	663
罗城仫佬族自治县	5257	2665	2592	1904	1008	896
环江毛南族自治县	9359	4738	4621	3720	2336	1384
巴马瑶族自治县	11197	5597	5600	4268	2236	2032
都安瑶族自治县	12942	6657	6285	4857	3130	1727
大化瑶族自治县	16089	8444	7645	2059	1157	902
来宾市	**109122**	**54014**	**55108**	**33229**	**19679**	**13550**
兴宾区	53453	25281	28172	16015	8780	7235
忻城县	9374	5148	4226	3442	2316	1126
象州县	16278	8165	8113	4583	2778	1805
武宣县	12283	6033	6250	5077	3044	2033
金秀瑶族自治县	9684	5262	4422	2826	1933	893
合山市	8050	4125	3925	1286	828	458
崇左市	**202523**	**106699**	**95824**	**45039**	**27092**	**17947**
江州区	93779	47119	46660	10403	5696	4707
扶绥县	49157	27131	22026	13352	8380	4972
宁明县	10630	5750	4880	3182	2037	1145
龙州县	10384	5747	4637	3998	2588	1410
大新县	9811	5183	4628	2609	1566	1043
天等县	5489	2905	2584	1924	1072	852
凭祥市	23273	12864	10409	9571	5753	3818

1–3a 各地区分性别的户口登记地在外乡镇街道的人口状况（城市）

单位：人

地区	户口登记地					
	合计			本县(市、区)		
	合计	男	女	小计	男	女
总　计	**8451951**	**4301682**	**4150269**	**2807712**	**1390355**	**1417357**
南宁市	**2925549**	**1515903**	**1409646**	**557111**	**281388**	**275723**
兴宁区	330233	175644	154589	50012	25636	24376
青秀区	572083	275767	296316	125916	60117	65799
江南区	499920	267831	232089	75821	39302	36519
西乡塘区	979154	504721	474433	140444	71335	69109
良庆区	337718	184972	152746	63734	33615	30119
邕宁区	76750	40593	36157	17910	9120	8790
武鸣区	129691	66375	63316	83274	42263	41011
隆安县						
马山县						
上林县						
宾阳县						
横　县						
柳州市	**1184196**	**613784**	**570412**	**258589**	**127788**	**130801**
城中区	120724	58677	62047	20425	9557	10868
鱼峰区	352689	188736	163953	57882	28439	29443
柳南区	304330	157385	146945	52642	25901	26741
柳北区	245211	125317	119894	60882	29682	31200
柳江区	161242	83669	77573	66758	34209	32549
柳城县						
鹿寨县						
融安县						
融水苗族自治县						
三江侗族自治县						
桂林市	**713536**	**360489**	**353047**	**180777**	**87590**	**93187**
秀峰区	87566	46223	41343	11570	5620	5950
叠彩区	77869	39266	38603	13240	6330	6910
象山区	120954	60242	60712	29201	13923	15278
七星区	207672	108671	99001	34427	17185	17242
雁山区	4324	2504	1820	774	456	318
临桂区	177850	86349	91501	62142	30706	31436
阳朔县						
灵川县						
全州县						
兴安县						
永福县						
灌阳县						
龙胜各族自治县						
资源县						
平乐县						
恭城瑶族自治县						
荔浦市	37301	17234	20067	29423	13370	16053

1-3a 续表 1

单位：人

地 区	户口登记地					
	合计			本县(市、区)		
	合计	男	女	小计	男	女
梧州市	**371539**	**183319**	**188220**	**164212**	**80256**	**83956**
万秀区	82864	38503	44361	29279	13650	15629
长洲区	142163	71138	71025	30710	14884	15826
龙圩区	62895	31969	30926	28601	14226	14375
苍梧县						
藤 县						
蒙山县						
岑溪市	83617	41709	41908	75622	37496	38126
北海市	**404254**	**204292**	**199962**	**99605**	**47918**	**51687**
海城区	265775	133469	132306	79150	37846	41304
银海区	132617	67868	64749	17103	8454	8649
铁山港区	5862	2955	2907	3352	1618	1734
合浦县						
防城港市	**275104**	**146346**	**128758**	**96900**	**49226**	**47674**
港口区	111637	62160	49477	23123	11795	11328
防城区	88811	44915	43896	56296	28879	27417
上思县						
东兴市	74656	39271	35385	17481	8552	8929
钦州市	**338716**	**169194**	**169522**	**170302**	**85837**	**84465**
钦南区	185848	92850	92998	95995	47916	48079
钦北区	152868	76344	76524	74307	37921	36386
灵山县						
浦北县						
贵港市	**424206**	**215284**	**208922**	**231566**	**115356**	**116210**
港北区	230629	116650	113979	88269	43992	44277
港南区	85660	44326	41334	54278	27484	26794
覃塘区	17366	8447	8919	9316	4177	5139
平南县						
桂平市	90551	45861	44690	79703	39703	40000
玉林市	**493704**	**247772**	**245932**	**281137**	**139122**	**142015**
玉州区	326227	163408	162819	131764	64513	67251
福绵区	9448	4766	4682	5282	2595	2687
容 县						
陆川县						
博白县						
兴业县						
北流市	158029	79598	78431	144091	72014	72077
百色市	**458767**	**222256**	**236511**	**283227**	**137675**	**145552**
右江区	177251	84046	93205	68901	33190	35711
田阳区	76974	37318	39656	61671	29248	32423
田东县						

1-3a 续表 2

单位：人

地 区	户口登记地					
	合计			本县(市、区)		
	合计	男	女	小计	男	女
德保县						
那坡县						
凌云县						
乐业县						
田林县						
西林县						
隆林各族自治县						
靖西市	50484	25226	25258	43742	21492	22250
平果市	154058	75666	78392	108913	53745	55168
贺州市	**158573**	**76290**	**82283**	**79873**	**37870**	**42003**
八步区	101839	47847	53992	51009	24110	26899
平桂区	56734	28443	28291	28864	13760	15104
昭平县						
钟山县						
富川瑶族自治县						
河池市	**222347**	**105241**	**117106**	**101605**	**48193**	**53412**
金城江区	128430	61920	66510	46283	22178	24105
宜州区	93917	43321	50596	55322	26015	29307
南丹县						
天峨县						
凤山县						
东兰县						
罗城仫佬族自治县						
环江毛南族自治县						
巴马瑶族自治县						
都安瑶族自治县						
大化瑶族自治县						
来宾市	**292045**	**144814**	**147231**	**233413**	**116726**	**116687**
兴宾区	277910	138015	139895	225630	113101	112529
忻城县						
象州县						
武宣县						
金秀瑶族自治县						
合山市	14135	6799	7336	7783	3625	4158
崇左市	**189415**	**96698**	**92717**	**69395**	**35410**	**33985**
江州区	154392	78211	76181	59255	30597	28658
扶绥县						
宁明县						
龙州县						
大新县						
天等县						
凭祥市	35023	18487	16536	10140	4813	5327

1-3a 续表 3 单位：人

地 区	户口登记地					
	本省其他县(市、区)			省外		
	小计	男	女	小计	男	女
总 计	**4734648**	**2393317**	**2341331**	**909591**	**518010**	**391581**
南宁市	**2044600**	**1047772**	**996828**	**323838**	**186743**	**137095**
兴宁区	245489	129557	115932	34732	20451	14281
青秀区	369839	173935	195904	76328	41715	34613
江南区	376784	200489	176295	47315	28040	19275
西乡塘区	736952	376216	360736	101758	57170	44588
良庆区	228224	122644	105580	45760	28713	17047
邕宁区	48210	25011	23199	10630	6462	4168
武鸣区	39102	19920	19182	7315	4192	3123
隆安县						
马山县						
上林县						
宾阳县						
横 县						
柳州市	**802050**	**412563**	**389487**	**123557**	**73433**	**50124**
城中区	84301	39633	44668	15998	9487	6511
鱼峰区	260170	139037	121133	34637	21260	13377
柳南区	208634	106587	102047	43054	24897	18157
柳北区	163291	83025	80266	21038	12610	8428
柳江区	85654	44281	41373	8830	5179	3651
柳城县						
鹿寨县						
融安县						
融水苗族自治县						
三江侗族自治县						
桂林市	**418998**	**208187**	**210811**	**113761**	**64712**	**49049**
秀峰区	64424	33927	30497	11572	6676	4896
叠彩区	52502	26092	26410	12127	6844	5283
象山区	74616	36740	37876	17137	9579	7558
七星区	140422	72123	68299	32823	19363	13460
雁山区	3218	1832	1386	332	216	116
临桂区	78011	34736	43275	37697	20907	16790
阳朔县						
灵川县						
全州县						
兴安县						
永福县						
灌阳县						
龙胜各族自治县						
资源县						
平乐县						
恭城瑶族自治县						
荔浦市	5805	2737	3068	2073	1127	946

1-3a 续表 4

单位:人

地 区	户口登记地					
	本省其他县(市、区)			省外		
	小计	男	女	小计	男	女
梧州市	**182250**	**88667**	**93583**	**25077**	**14396**	**10681**
万秀区	45181	20276	24905	8404	4577	3827
长洲区	100798	49931	50867	10655	6323	4332
龙圩区	30618	15536	15082	3676	2207	1469
苍梧县						
藤 县						
蒙山县						
岑溪市	5653	2924	2729	2342	1289	1053
北海市	**196216**	**99250**	**96966**	**108433**	**57124**	**51309**
海城区	133575	67180	66395	53050	28443	24607
银海区	60377	30875	29502	55137	28539	26598
铁山港区	2264	1195	1069	246	142	104
合浦县						
防城港市	**122788**	**64779**	**58009**	**55416**	**32341**	**23075**
港口区	53161	29435	23726	35353	20930	14423
防城区	26269	12498	13771	6246	3538	2708
上思县						
东兴市	43358	22846	20512	13817	7873	5944
钦州市	**144647**	**70322**	**74325**	**23767**	**13035**	**10732**
钦南区	76921	37782	39139	12932	7152	5780
钦北区	67726	32540	35186	10835	5883	4952
灵山县						
浦北县						
贵港市	**170768**	**87057**	**83711**	**21872**	**12871**	**9001**
港北区	130472	65992	64480	11888	6666	5222
港南区	27925	14717	13208	3457	2125	1332
覃塘区	5541	2792	2749	2509	1478	1031
平南县						
桂平市	6830	3556	3274	4018	2602	1416
玉林市	**179435**	**89999**	**89436**	**33132**	**18651**	**14481**
玉州区	165973	82908	83065	28490	15987	12503
福绵区	3251	1593	1658	915	578	337
容 县						
陆川县						
博白县						
兴业县						
北流市	10211	5498	4713	3727	2086	1641
百色市	**149845**	**70655**	**79190**	**25695**	**13926**	**11769**
右江区	95516	44007	51509	12834	6849	5985
田阳区	11960	6090	5870	3343	1980	1363
田东县						

1-3a 续表 5 单位：人

地 区	户口登记地					
	本省其他县(市、区)			省外		
	小计	男	女	小计	男	女
德保县						
那坡县						
凌云县						
乐业县						
田林县						
西林县						
隆林各族自治县						
靖西市	4234	2238	1996	2508	1496	1012
平果市	38135	18320	19815	7010	3601	3409
贺州市	**64917**	**30469**	**34448**	**13783**	**7951**	**5832**
八步区	41279	18558	22721	9551	5179	4372
平桂区	23638	11911	11727	4232	2772	1460
昭平县						
钟山县						
富川瑶族自治县						
河池市	**107051**	**49296**	**57755**	**13691**	**7752**	**5939**
金城江区	73871	34925	38946	8276	4817	3459
宜州区	33180	14371	18809	5415	2935	2480
南丹县						
天峨县						
凤山县						
东兰县						
罗城仫佬族自治县						
环江毛南族自治县						
巴马瑶族自治县						
都安瑶族自治县						
大化瑶族自治县						
来宾市	**45878**	**21128**	**24750**	**12754**	**6960**	**5794**
兴宾区	40141	18308	21833	12139	6606	5533
忻城县						
象州县						
武宣县						
金秀瑶族自治县						
合山市	5737	2820	2917	615	354	261
崇左市	**105205**	**53173**	**52032**	**14815**	**8115**	**6700**
江州区	86555	43196	43359	8582	4418	4164
扶绥县						
宁明县						
龙州县						
大新县						
天等县						
凭祥市	18650	9977	8673	6233	3697	2536

1–3b 各地区分性别的户口登记地在外乡镇街道的人口状况（镇）

单位：人

地 区	户口登记地					
	合计			本县(市、区)		
	合计	男	女	小计	男	女
总 计	**3591378**	**1787296**	**1804082**	**2548244**	**1227668**	**1320576**
南宁市	**394591**	**204306**	**190285**	**254197**	**125107**	**129090**
兴宁区	3384	1953	1431	657	310	347
青秀区	7345	3885	3460	1165	548	617
江南区	14357	8277	6080	2934	1518	1416
西乡塘区	25178	13803	11375	5175	2967	2208
良庆区	6069	3330	2739	1735	885	850
邕宁区	1778	875	903	520	257	263
武鸣区	53416	31879	21537	15472	7693	7779
隆安县	35174	17758	17416	27550	13544	14006
马山县	31363	15386	15977	25648	12271	13377
上林县	42386	20214	22172	35632	16576	19056
宾阳县	98917	50369	48548	79201	40482	38719
横 县	75224	36577	38647	58508	28056	30452
柳州市	**312419**	**158887**	**153532**	**199812**	**97247**	**102565**
城中区						
鱼峰区	16613	9661	6952	6632	3119	3513
柳南区	31001	17980	13021	3000	1670	1330
柳北区	2721	1440	1281	481	228	253
柳江区	11226	5967	5259	3445	1646	1799
柳城县	36575	17561	19014	19498	8742	10756
鹿寨县	63631	31544	32087	40851	19904	20947
融安县	45807	22526	23281	35618	17573	18045
融水苗族自治县	64084	32118	31966	55302	27477	27825
三江侗族自治县	40761	20090	20671	34985	16888	18097
桂林市	**454362**	**218449**	**235913**	**268673**	**126809**	**141864**
秀峰区						
叠彩区	2059	1018	1041	223	121	102
象山区						
七星区	10407	5108	5299	2606	1188	1418
雁山区	28201	7308	20893	68	25	43
临桂区	5891	3008	2883	3611	1813	1798
阳朔县	25757	12014	13743	16659	7521	9138
灵川县	125951	67836	58115	35097	16813	18284
全州县	83619	41201	42418	75529	37304	38225
兴安县	43253	20578	22675	33982	16143	17839
永福县	26794	13017	13777	18386	8612	9774
灌阳县	23333	10830	12503	20515	9438	11077
龙胜各族自治县	20882	9685	11197	17515	7936	9579
资源县	18541	8513	10028	16452	7490	8962
平乐县	16644	7525	9119	12366	5459	6907
恭城瑶族自治县	17069	7880	9189	12177	5313	6864
荔浦市	5961	2928	3033	3487	1633	1854

1-3b 续表 1

单位:人

地　区	户口登记地					
	合计			本县(市、区)		
	合计	男	女	小计	男	女
梧州市	**139552**	**69604**	**69948**	**105659**	**50966**	**54693**
万秀区	6036	3427	2609	1542	861	681
长洲区	288	162	126	11	7	4
龙圩区	2845	1616	1229	692	292	400
苍梧县	8179	3937	4242	5404	2458	2946
藤　县	94889	47458	47431	78683	38394	40289
蒙山县	20277	9567	10710	15309	7064	8245
岑溪市	7038	3437	3601	4018	1890	2128
北海市	**106233**	**53221**	**53012**	**80602**	**40248**	**40354**
海城区	231	131	100	61	33	28
银海区	5463	2971	2492	1053	542	511
铁山港区	649	356	293	148	55	93
合浦县	99890	49763	50127	79340	39618	39722
防城港市	**55257**	**31769**	**23488**	**30071**	**15021**	**15050**
港口区	18590	13113	5477	3646	1814	1832
防城区	5715	2888	2827	2718	1244	1474
上思县	26781	13571	13210	22337	11331	11006
东兴市	4171	2197	1974	1370	632	738
钦州市	**212889**	**105126**	**107763**	**153383**	**72120**	**81263**
钦南区	38944	23278	15666	15116	7959	7157
钦北区	16915	7932	8983	11944	5684	6260
灵山县	95321	44685	50636	78522	36079	42443
浦北县	61709	29231	32478	47801	22398	25403
贵港市	**182866**	**90513**	**92353**	**141548**	**69366**	**72182**
港北区	5774	2854	2920	2443	1119	1324
港南区	5676	2742	2934	2952	1399	1553
覃塘区	10828	5616	5212	3831	1902	1929
平南县	126971	62574	64397	107036	52498	54538
桂平市	33617	16727	16890	25286	12448	12838
玉林市	**421676**	**205371**	**216305**	**331737**	**159334**	**172403**
玉州区	27115	12563	14552	7843	3796	4047
福绵区	13780	7860	5920	3115	1473	1642
容　县	92657	43428	49229	77790	36139	41651
陆川县	110246	54138	56108	101331	49557	51774
博白县	117909	57697	60212	98744	47845	50899
兴业县	26311	13654	12657	19109	9450	9659
北流市	33658	16031	17627	23805	11074	12731
百色市	**268604**	**132095**	**136509**	**209357**	**100234**	**109123**
右江区	673	351	322	218	113	105
田阳区	756	375	381	313	138	175
田东县	70019	34313	35706	55164	26654	28510

1-3b 续表 2

单位：人

地 区	户口登记地					
	合计			本县(市、区)		
	合计	男	女	小计	男	女
德保县	42838	20352	22486	32369	14734	17635
那坡县	5727	2894	2833	3735	1750	1985
凌云县	27789	13382	14407	22192	10740	11452
乐业县	17001	8439	8562	14045	6891	7154
田林县	34655	17109	17546	27503	13101	14402
西林县	20907	10634	10273	14637	6932	7705
隆林各族自治县	43794	21756	22038	37691	18432	19259
靖西市	1699	1036	663	494	254	240
平果市	2746	1454	1292	996	495	501
贺州市	**136181**	**66781**	**69400**	**96226**	**45405**	**50821**
八步区	24827	13058	11769	13518	6348	7170
平桂区	6812	3205	3607	2723	1153	1570
昭平县	39623	19290	20333	31937	15428	16509
钟山县	38582	18744	19838	26953	12565	14388
富川瑶族自治县	26337	12484	13853	21095	9911	11184
河池市	**443378**	**217581**	**225797**	**354238**	**170427**	**183811**
金城江区	3195	1609	1586	1383	670	713
宜州区	7349	3618	3731	3968	1981	1987
南丹县	59624	30768	28856	37636	18665	18971
天峨县	37499	18862	18637	31274	15442	15832
凤山县	32989	16026	16963	29572	14265	15307
东兰县	28443	13747	14696	24673	11722	12951
罗城仫佬族自治县	31623	15119	16504	26881	12596	14285
环江毛南族自治县	54869	26618	28251	47290	22785	24505
巴马瑶族自治县	41893	20249	21644	31090	14705	16385
都安瑶族自治县	82376	40055	42321	70396	33672	36724
大化瑶族自治县	63518	30910	32608	50075	23924	26151
来宾市	**189278**	**94314**	**94964**	**139009**	**67201**	**71808**
兴宾区	23265	12337	10928	14742	7533	7209
忻城县	33650	16380	17270	26468	12466	14002
象州县	44579	22011	22568	30601	14582	16019
武宣县	68866	34054	34812	56191	27404	28787
金秀瑶族自治县	17901	9028	8873	10697	5080	5617
合山市	1017	504	513	310	136	174
崇左市	**274092**	**139279**	**134813**	**183732**	**88183**	**95549**
江州区	8775	5137	3638	4173	2214	1959
扶绥县	98161	51957	46204	49166	24193	24973
宁明县	39985	19630	20355	31880	15303	16577
龙州县	36715	18105	18610	26833	12505	14328
大新县	45293	22111	23182	36270	17172	19098
天等县	39438	18930	20508	34552	16354	18198
凭祥市	5725	3409	2316	858	442	416

1-3b 续表 3

单位:人

地区	户口登记地					
	本省其他县(市、区)			省外		
	小计	男	女	小计	男	女
总计	**788506**	**407947**	**380559**	**254628**	**151681**	**102947**
南宁市	**116144**	**64234**	**51910**	**24250**	**14965**	**9285**
兴宁区	2344	1371	973	383	272	111
青秀区	5571	2863	2708	609	474	135
江南区	9778	5666	4112	1645	1093	552
西乡塘区	17587	9285	8302	2416	1551	865
良庆区	3803	2115	1688	531	330	201
邕宁区	1148	562	586	110	56	54
武鸣区	32638	20678	11960	5306	3508	1798
隆安县	6047	3295	2752	1577	919	658
马山县	4237	2169	2068	1478	946	532
上林县	4897	2580	2317	1857	1058	799
宾阳县	15714	7692	8022	4002	2195	1807
横县	12380	5958	6422	4336	2563	1773
柳州市	**90678**	**48484**	**42194**	**21929**	**13156**	**8773**
城中区						
鱼峰区	8160	5185	2975	1821	1357	464
柳南区	25047	14439	10608	2954	1871	1083
柳北区	1902	991	911	338	221	117
柳江区	6659	3625	3034	1122	696	426
柳城县	13511	6725	6786	3566	2094	1472
鹿寨县	17676	8644	9032	5104	2996	2108
融安县	7682	3613	4069	2507	1340	1167
融水苗族自治县	6735	3468	3267	2047	1173	874
三江侗族自治县	3306	1794	1512	2470	1408	1062
桂林市	**133207**	**63263**	**69944**	**52482**	**28377**	**24105**
秀峰区						
叠彩区	1563	746	817	273	151	122
象山区						
七星区	6866	3383	3483	935	537	398
雁山区	19696	4708	14988	8437	2575	5862
临桂区	1431	734	697	849	461	388
阳朔县	6335	2955	3380	2763	1538	1225
灵川县	65905	35800	30105	24949	15223	9726
全州县	4783	2146	2637	3307	1751	1556
兴安县	7266	3320	3946	2005	1115	890
永福县	6183	3072	3111	2225	1333	892
灌阳县	1904	903	1001	914	489	425
龙胜各族自治县	2108	1055	1053	1259	694	565
资源县	1228	596	632	861	427	434
平乐县	3005	1390	1615	1273	676	597
恭城瑶族自治县	3143	1558	1585	1749	1009	740
荔浦市	1791	897	894	683	398	285

1-3b 续表 4

单位:人

地 区	户口登记地					
	本省其他县(市、区)			省外		
	小计	男	女	小计	男	女
梧州市	**24133**	**12635**	**11498**	**9760**	**6003**	**3757**
万秀区	3777	2097	1680	717	469	248
长洲区	218	114	104	59	41	18
龙圩区	1369	761	608	784	563	221
苍梧县	2070	1050	1020	705	429	276
藤 县	10888	5779	5109	5318	3285	2033
蒙山县	3730	1819	1911	1238	684	554
岑溪市	2081	1015	1066	939	532	407
北海市	**20534**	**10297**	**10237**	**5097**	**2676**	**2421**
海城区	114	66	48	56	32	24
银海区	3950	2160	1790	460	269	191
铁山港区	339	193	146	162	108	54
合浦县	16131	7878	8253	4419	2267	2152
防城港市	**13885**	**7951**	**5934**	**11301**	**8797**	**2504**
港口区	5772	3778	1994	9172	7521	1651
防城区	2257	1156	1101	740	488	252
上思县	3483	1729	1754	961	511	450
东兴市	2373	1288	1085	428	277	151
钦州市	**42855**	**22168**	**20687**	**16651**	**10838**	**5813**
钦南区	15921	9378	6543	7907	5941	1966
钦北区	3938	1706	2232	1033	542	491
灵山县	12075	5976	6099	4724	2630	2094
浦北县	10921	5108	5813	2987	1725	1262
贵港市	**30794**	**15284**	**15510**	**10524**	**5863**	**4661**
港北区	2870	1488	1382	461	247	214
港南区	2326	1132	1194	398	211	187
覃塘区	4276	2132	2144	2721	1582	1139
平南县	14839	7381	7458	5096	2695	2401
桂平市	6483	3151	3332	1848	1128	720
玉林市	**67108**	**32970**	**34138**	**22831**	**13067**	**9764**
玉州区	18097	8052	10045	1175	715	460
福绵区	7584	4363	3221	3081	2024	1057
容 县	10747	5165	5582	4120	2124	1996
陆川县	5846	2957	2889	3069	1624	1445
博白县	12379	6010	6369	6786	3842	2944
兴业县	5166	2805	2361	2036	1399	637
北流市	7289	3618	3671	2564	1339	1225
百色市	**43187**	**22488**	**20699**	**16060**	**9373**	**6687**
右江区	401	202	199	54	36	18
田阳区	348	183	165	95	54	41
田东县	11696	5849	5847	3159	1810	1349

1-3b 续表 5

单位:人

地 区	户口登记地					
	本省其他县(市、区)			省外		
	小计	男	女	小计	男	女
德保县	7741	4078	3663	2728	1540	1188
那坡县	1420	827	593	572	317	255
凌云县	4403	1967	2436	1194	675	519
乐业县	2288	1201	1087	668	347	321
田林县	5305	2877	2428	1847	1131	716
西林县	3634	2048	1586	2636	1654	982
隆林各族自治县	3891	2116	1775	2212	1208	1004
靖西市	593	345	248	612	437	175
平果市	1467	795	672	283	164	119
贺州市	**27181**	**13734**	**13447**	**12774**	**7642**	**5132**
八步区	6679	3607	3072	4630	3103	1527
平桂区	3108	1468	1640	981	584	397
昭平县	5525	2747	2778	2161	1115	1046
钟山县	8829	4485	4344	2800	1694	1106
富川瑶族自治县	3040	1427	1613	2202	1146	1056
河池市	**69553**	**35760**	**33793**	**19587**	**11394**	**8193**
金城江区	1577	814	763	235	125	110
宜州区	2772	1313	1459	609	324	285
南丹县	16912	9114	7798	5076	2989	2087
天峨县	4302	2216	2086	1923	1204	719
凤山县	2505	1287	1218	912	474	438
东兰县	2679	1404	1275	1091	621	470
罗城仫佬族自治县	3398	1744	1654	1344	779	565
环江毛南族自治县	5804	2828	2976	1775	1005	770
巴马瑶族自治县	8802	4401	4401	2001	1143	858
都安瑶族自治县	8805	4456	4349	3175	1927	1248
大化瑶族自治县	11997	6183	5814	1446	803	643
来宾市	**38647**	**19929**	**18718**	**11622**	**7184**	**4438**
兴宾区	6517	3578	2939	2006	1226	780
忻城县	5369	2760	2609	1813	1154	659
象州县	11087	5607	5480	2891	1822	1069
武宣县	9133	4560	4573	3542	2090	1452
金秀瑶族自治县	5912	3103	2809	1292	845	447
合山市	629	321	308	78	47	31
崇左市	**70600**	**38750**	**31850**	**19760**	**12346**	**7414**
江州区	3425	2034	1391	1177	889	288
扶绥县	40626	22424	18202	8369	5340	3029
宁明县	6341	3284	3057	1764	1043	721
龙州县	7314	4015	3299	2568	1585	983
大新县	7078	3748	3330	1945	1191	754
天等县	3464	1797	1667	1422	779	643
凭祥市	2352	1448	904	2515	1519	996

1–3c 各地区分性别的户口登记地在外乡镇街道的人口状况（乡村）

单位：人

地 区	户口登记地					
	合计			本县(市、区)		
	合计	男	女	小计	男	女
总 计	**1195452**	**589953**	**605499**	**390514**	**170575**	**219939**
南宁市	**173936**	**91277**	**82659**	**33616**	**15464**	**18152**
兴宁区	8616	4916	3700	826	438	388
青秀区	5979	3310	2669	491	229	262
江南区	50513	26122	24391	2729	1413	1316
西乡塘区	19906	11412	8494	2165	1147	1018
良庆区	6327	3279	3048	728	275	453
邕宁区	4459	2221	2238	815	361	454
武鸣区	16881	9433	7448	3915	1884	2031
隆安县	10580	5676	4904	2779	1356	1423
马山县	8347	4406	3941	2337	1106	1231
上林县	7819	4037	3782	2485	1139	1346
宾阳县	18380	8836	9544	8337	3716	4621
横 县	16129	7629	8500	6009	2400	3609
柳州市	**73176**	**36145**	**37031**	**22052**	**9607**	**12445**
城中区	520	281	239	200	106	94
鱼峰区	3202	1810	1392	498	219	279
柳南区	3929	2158	1771	538	288	250
柳北区	6893	3718	3175	746	346	400
柳江区	17680	8572	9108	6614	2868	3746
柳城县	11545	5091	6454	4259	1697	2562
鹿寨县	8552	3791	4761	2468	947	1521
融安县	7409	3651	3758	1919	778	1141
融水苗族自治县	7205	3796	3409	2596	1286	1310
三江侗族自治县	6241	3277	2964	2214	1072	1142
桂林市	**146368**	**69142**	**77226**	**39665**	**17810**	**21855**
秀峰区						
叠彩区	7198	4160	3038	1622	924	698
象山区	243	120	123	47	23	24
七星区	512	270	242	184	78	106
雁山区	44546	20281	24265	1221	588	633
临桂区	13961	6505	7456	2372	1072	1300
阳朔县	8294	3732	4562	3228	1263	1965
灵川县	12702	6537	6165	3508	1646	1862
全州县	9551	4402	5149	5080	2476	2604
兴安县	7383	3498	3885	3358	1545	1813
永福县	5849	2679	3170	1810	772	1038
灌阳县	3666	1833	1833	1723	876	847
龙胜各族自治县	4590	2401	2189	2011	992	1019
资源县	4758	2678	2080	2470	1254	1216
平乐县	5898	2799	3099	2225	994	1231
恭城瑶族自治县	5113	2030	3083	2507	924	1583
荔浦市	12104	5217	6887	6299	2383	3916

1-3c 续表 1

单位:人

地区	户口登记地					
	合计			本县(市、区)		
	合计	男	女	小计	男	女
梧州市	**41608**	**19321**	**22287**	**13327**	**5545**	**7782**
万秀区	4678	2674	2004	866	484	382
长洲区	648	308	340	45	4	41
龙圩区	5350	2298	3052	1331	528	803
苍梧县	3876	2017	1859	620	214	406
藤　县	10416	3992	6424	3621	1292	2329
蒙山县	5051	2336	2715	2337	936	1401
岑溪市	11589	5696	5893	4507	2087	2420
北海市	**130518**	**66849**	**63669**	**33243**	**14201**	**19042**
海城区	52942	28141	24801	11814	6093	5721
银海区	32611	17226	15385	2909	1211	1698
铁山港区	12953	8079	4874	3484	1594	1890
合浦县	32012	13403	18609	15036	5303	9733
防城港市	**51576**	**30834**	**20742**	**18326**	**8627**	**9699**
港口区	18267	13945	4322	4184	2218	1966
防城区	12130	5696	6434	4290	1634	2656
上思县	11590	5884	5706	7387	3647	3740
东兴市	9589	5309	4280	2465	1128	1337
钦州市	**95595**	**38413**	**57182**	**36587**	**12732**	**23855**
钦南区	39382	18306	21076	10618	4523	6095
钦北区	12136	4397	7739	3626	906	2720
灵山县	30988	10820	20168	16716	5272	11444
浦北县	13089	4890	8199	5627	2031	3596
贵港市	**71587**	**33062**	**38525**	**26488**	**11167**	**15321**
港北区	13527	6727	6800	4134	1855	2279
港南区	13481	6764	6717	4032	1921	2111
覃塘区	9714	4549	5165	2236	803	1433
平南县	16220	6775	9445	6479	2526	3953
桂平市	18645	8247	10398	9607	4062	5545
玉林市	**86252**	**34846**	**51406**	**37711**	**13683**	**24028**
玉州区	10296	4697	5599	3477	1092	2385
福绵区	4993	2105	2888	1312	408	904
容　县	14634	5815	8819	7646	3001	4645
陆川县	12909	4944	7965	5826	2081	3745
博白县	19348	6934	12414	7214	1937	5277
兴业县	5580	2285	3295	1478	545	933
北流市	18492	8066	10426	10758	4619	6139
百色市	**94064**	**51052**	**43012**	**38916**	**19182**	**19734**
右江区	14069	7398	6671	4024	2016	2008
田阳区	6926	4027	2899	1874	837	1037
田东县	14752	7577	7175	9190	4627	4563

1-3c 续表 2

单位：人

地 区	户口登记地					
	合计			本县(市、区)		
	合计	男	女	小计	男	女
德保县	8243	4699	3544	3348	1661	1687
那坡县	3159	1688	1471	1552	796	756
凌云县	2795	1194	1601	1521	633	888
乐业县	4065	1942	2123	2505	1200	1305
田林县	8853	5269	3584	3504	1847	1657
西林县	5604	3451	2153	1530	740	790
隆林各族自治县	6028	2964	3064	2683	1231	1452
靖西市	11411	6369	5042	3995	1950	2045
平果市	8159	4474	3685	3190	1644	1546
贺州市	**49263**	**23076**	**26187**	**23112**	**10287**	**12825**
八步区	22022	11128	10894	11724	5631	6093
平桂区	8886	3917	4969	3084	1156	1928
昭平县	6187	2570	3617	2461	1086	1375
钟山县	6683	3134	3549	2965	1217	1748
富川瑶族自治县	5485	2327	3158	2878	1197	1681
河池市	**71778**	**37588**	**34190**	**28372**	**13821**	**14551**
金城江区	6795	3875	2920	1769	908	861
宜州区	10530	4817	5713	4339	1885	2454
南丹县	5075	2513	2562	2290	1076	1214
天峨县	6769	3938	2831	4169	2116	2053
凤山县	2500	1255	1245	988	519	469
东兰县	4042	2106	1936	1855	932	923
罗城仫佬族自治县	3940	1990	1950	1521	840	681
环江毛南族自治县	8345	4712	3633	2845	1471	1374
巴马瑶族自治县	6541	3198	3343	1879	909	970
都安瑶族自治县	9623	5142	4481	3804	1738	2066
大化瑶族自治县	7618	4042	3576	2913	1427	1486
来宾市	**49795**	**25757**	**24038**	**16345**	**7265**	**9080**
兴宾区	13960	6654	7306	5295	2311	2984
忻城县	7787	4673	3114	2153	1123	1030
象州县	10153	4899	5254	3270	1385	1885
武宣县	6935	3234	3701	2250	807	1443
金秀瑶族自治县	7571	4334	3237	2265	1087	1178
合山市	3389	1963	1426	1112	552	560
崇左市	**59936**	**32591**	**27345**	**22754**	**11184**	**11570**
江州区	5688	2775	2913	1245	497	748
扶绥县	17057	9620	7437	3543	1873	1670
宁明县	11495	6388	5107	5788	2928	2860
龙州县	11906	6203	5703	7406	3468	3938
大新县	5961	3120	2841	2564	1310	1254
天等县	3829	2095	1734	1302	694	608
凭祥市	4000	2390	1610	906	414	492

1-3c 续表 3 单位:人

地区	户口登记地					
	本省其他县(市、区)			省外		
	小计	男	女	小计	男	女
总 计	**609773**	**307450**	**302323**	**195165**	**111928**	**83237**
南宁市	**117865**	**62281**	**55584**	**22455**	**13532**	**8923**
兴宁区	6899	3898	3001	891	580	311
青秀区	4939	2670	2269	549	411	138
江南区	41912	21559	20353	5872	3150	2722
西乡塘区	15539	8803	6736	2202	1462	740
良庆区	5113	2658	2455	486	346	140
邕宁区	3415	1752	1663	229	108	121
武鸣区	10176	5619	4557	2790	1930	860
隆安县	6256	3426	2830	1545	894	651
马山县	4501	2325	2176	1509	975	534
上林县	3903	2097	1806	1431	801	630
宾阳县	8073	4122	3951	1970	998	972
横 县	7139	3352	3787	2981	1877	1104
柳州市	**40829**	**20382**	**20447**	**10295**	**6156**	**4139**
城中区	306	166	140	14	9	5
鱼峰区	2060	1081	979	644	510	134
柳南区	2882	1534	1348	509	336	173
柳北区	5362	2854	2508	785	518	267
柳江区	9481	4765	4716	1585	939	646
柳城县	6058	2746	3312	1228	648	580
鹿寨县	4860	2218	2642	1224	626	598
融安县	3993	1908	2085	1497	965	532
融水苗族自治县	3686	1986	1700	923	524	399
三江侗族自治县	2141	1124	1017	1886	1081	805
桂林市	**79848**	**37363**	**42485**	**26855**	**13969**	**12886**
秀峰区						
叠彩区	4332	2449	1883	1244	787	457
象山区	190	93	97	6	4	2
七星区	291	169	122	37	23	14
雁山区	30122	13093	17029	13203	6600	6603
临桂区	10018	4596	5422	1571	837	734
阳朔县	3774	1728	2046	1292	741	551
灵川县	7605	3967	3638	1589	924	665
全州县	3431	1544	1887	1040	382	658
兴安县	3300	1619	1681	725	334	391
永福县	3373	1568	1805	666	339	327
灌阳县	1446	715	731	497	242	255
龙胜各族自治县	1887	1014	873	692	395	297
资源县	1205	664	541	1083	760	323
平乐县	2542	1184	1358	1131	621	510
恭城瑶族自治县	1820	774	1046	786	332	454
荔浦市	4512	2186	2326	1293	648	645

1-3c 续表 4

单位：人

地 区	户口登记地					
	本省其他县(市、区)			省外		
	小计	男	女	小计	男	女
梧州市	**21525**	**10169**	**11356**	**6756**	**3607**	**3149**
万秀区	2894	1534	1360	918	656	262
长洲区	581	297	284	22	7	15
龙圩区	3236	1413	1823	783	357	426
苍梧县	2283	1151	1132	973	652	321
藤 县	5415	2207	3208	1380	493	887
蒙山县	1835	915	920	879	485	394
岑溪市	5281	2652	2629	1801	957	844
北海市	**70335**	**36742**	**33593**	**26940**	**15906**	**11034**
海城区	25715	13721	11994	15413	8327	7086
银海区	25286	13129	12157	4416	2886	1530
铁山港区	6452	4048	2404	3017	2437	580
合浦县	12882	5844	7038	4094	2256	1838
防城港市	**24159**	**15162**	**8997**	**9091**	**7045**	**2046**
港口区	8903	7213	1690	5180	4514	666
防城区	6553	3300	3253	1287	762	525
上思县	3420	1778	1642	783	459	324
东兴市	5283	2871	2412	1841	1310	531
钦州市	**45798**	**19261**	**26537**	**13210**	**6420**	**6790**
钦南区	23080	10355	12725	5684	3428	2256
钦北区	7117	2976	4141	1393	515	878
灵山县	9895	3790	6105	4377	1758	2619
浦北县	5706	2140	3566	1756	719	1037
贵港市	**34904**	**16781**	**18123**	**10195**	**5114**	**5081**
港北区	8492	4442	4050	901	430	471
港南区	7721	3935	3786	1728	908	820
覃塘区	4811	2335	2476	2667	1411	1256
平南县	7003	2925	4078	2738	1324	1414
桂平市	6877	3144	3733	2161	1041	1120
玉林市	**34260**	**14526**	**19734**	**14281**	**6637**	**7644**
玉州区	5455	2723	2732	1364	882	482
福绵区	2703	1188	1515	978	509	469
容 县	5040	2066	2974	1948	748	1200
陆川县	5002	2014	2988	2081	849	1232
博白县	7458	2809	4649	4676	2188	2488
兴业县	2948	1175	1773	1154	565	589
北流市	5654	2551	3103	2080	896	1184
百色市	**40094**	**22245**	**17849**	**15054**	**9625**	**5429**
右江区	9223	4882	4341	822	500	322
田阳区	4005	2530	1475	1047	660	387
田东县	4504	2294	2210	1058	656	402

1-3c 续表 5

单位:人

地 区	户口登记地					
	本省其他县(市、区)			省外		
	小计	男	女	小计	男	女
德保县	3076	1872	1204	1819	1166	653
那坡县	1090	615	475	517	277	240
凌云县	930	395	535	344	166	178
乐业县	1252	618	634	308	124	184
田林县	3597	2139	1458	1752	1283	469
西林县	1313	743	570	2761	1968	793
隆林各族自治县	2428	1256	1172	917	477	440
靖西市	4660	2687	1973	2756	1732	1024
平果市	4016	2214	1802	953	616	337
贺州市	**18021**	**8744**	**9277**	**8130**	**4045**	**4085**
八步区	6868	3623	3245	3430	1874	1556
平桂区	4441	2072	2369	1361	689	672
昭平县	2711	1102	1609	1015	382	633
钟山县	2306	1147	1159	1412	770	642
富川瑶族自治县	1695	800	895	912	330	582
河池市	**30820**	**16061**	**14759**	**12586**	**7706**	**4880**
金城江区	3666	2011	1655	1360	956	404
宜州区	5048	2395	2653	1143	537	606
南丹县	2094	1096	998	691	341	350
天峨县	1113	625	488	1487	1197	290
凤山县	1161	565	596	351	171	180
东兰县	1700	880	820	487	294	193
罗城仫佬族自治县	1859	921	938	560	229	331
环江毛南族自治县	3555	1910	1645	1945	1331	614
巴马瑶族自治县	2395	1196	1199	2267	1093	1174
都安瑶族自治县	4137	2201	1936	1682	1203	479
大化瑶族自治县	4092	2261	1831	613	354	259
来宾市	**24597**	**12957**	**11640**	**8853**	**5535**	**3318**
兴宾区	6795	3395	3400	1870	948	922
忻城县	4005	2388	1617	1629	1162	467
象州县	5191	2558	2633	1692	956	736
武宣县	3150	1473	1677	1535	954	581
金秀瑶族自治县	3772	2159	1613	1534	1088	446
合山市	1684	984	700	593	427	166
崇左市	**26718**	**14776**	**11942**	**10464**	**6631**	**3833**
江州区	3799	1889	1910	644	389	255
扶绥县	8531	4707	3824	4983	3040	1943
宁明县	4289	2466	1823	1418	994	424
龙州县	3070	1732	1338	1430	1003	427
大新县	2733	1435	1298	664	375	289
天等县	2025	1108	917	502	293	209
凭祥市	2271	1439	832	823	537	286

1–4 各地区分性别、民族的人口

单位：人

地 区	合计			汉族			蒙古族		
	合计	男	女	小计	男	女	小计	男	女
总 计	**50126804**	**25916169**	**24210635**	**31318824**	**16298072**	**15020752**	**6734**	**3540**	**3194**
南宁市	**8741584**	**4512644**	**4228940**	**4243831**	**2204862**	**2038969**	**2314**	**1190**	**1124**
兴宁区	615485	319208	296277	317514	164991	152523	184	94	90
青秀区	1124334	545433	578901	706384	344485	361899	633	314	319
江南区	989823	516365	473458	538073	283991	254082	279	145	134
西乡塘区	1643819	841230	802589	927619	480528	447091	397	213	184
良庆区	587618	313995	273623	217824	118259	99565	599	323	276
邕宁区	332280	175251	157029	58040	30194	27846	132	63	69
武鸣区	683826	360634	323192	125616	69041	56575	45	11	34
隆安县	325140	170963	154177	15215	8058	7157	7	3	4
马山县	382430	197095	185335	71255	38922	32333	8	5	3
上林县	359323	185640	173683	57413	30464	26949	3	3	
宾阳县	801407	422564	378843	648648	346099	302549	13	10	3
横 县	896099	464266	431833	560230	289830	270400	14	6	8
柳州市	**4157934**	**2156439**	**2001495**	**1964765**	**1031216**	**933549**	**583**	**323**	**260**
城中区	243628	118547	125081	171796	85013	86783	130	76	54
鱼峰区	668961	350453	318508	388677	206315	182362	173	103	70
柳南区	617925	319962	297963	365538	190523	175015	109	58	51
柳北区	484765	245787	238978	317924	162151	155773	86	42	44
柳江区	503772	262807	240965	135007	72891	62116	14	8	6
柳城县	314242	163985	150257	132314	72544	59770	13	8	5
鹿寨县	337298	178756	158542	149649	80828	68821	27	11	16
融安县	253360	134154	119206	142797	76170	66627	15	9	6
融水苗族自治县	412445	215785	196660	111832	59200	52632	10	5	5
三江侗族自治县	321538	166203	155335	49231	25581	23650	6	3	3
桂林市	**4931137**	**2505946**	**2425191**	**4110371**	**2092941**	**2017430**	**1115**	**565**	**550**
秀峰区	161066	80981	80085	142377	71687	70690	59	34	25
叠彩区	202875	99942	102933	184622	91079	93543	56	30	26
象山区	286872	140021	146851	256614	125330	131284	112	50	62
七星区	387304	197963	189341	339655	173495	166160	171	87	84
雁山区	132639	58017	74622	111431	50368	61063	116	46	70
临桂区	555109	281516	273593	485176	248685	236491	391	204	187
阳朔县	273124	140101	133023	236229	120710	115519	9	5	4
灵川县	422776	218993	203783	386915	200638	186277	86	58	28
全州县	565696	294190	271506	539416	281757	257659	18	10	8
兴安县	307043	154837	152206	294573	148822	145751	12	5	7
永福县	228646	119878	108768	193342	101183	92159	7	2	5
灌阳县	208412	107079	101333	188445	97577	90868	4	2	2
龙胜各族自治县	139483	70976	68507	29058	14880	14178	7	3	4
资源县	139212	71268	67944	108187	55443	52744	3	1	2
平乐县	340921	174821	166100	260686	132446	128240	21	9	12
恭城瑶族自治县	245432	124724	120708	90416	44857	45559	11	8	3
荔浦市	334527	170639	163888	263229	133984	129245	32	11	21

1-4 续表 1

单位:人

地区	合计			汉族			蒙古族		
	合计	男	女	小计	男	女	小计	男	女
梧州市	**2820977**	**1456638**	**1364339**	**2743372**	**1418849**	**1324523**	**69**	**44**	**25**
万秀区	271989	134452	137537	260013	128907	131106	19	14	5
长洲区	299344	149021	150323	288538	143894	144644	30	17	13
龙圩区	288482	150692	137790	283006	147710	135296	2	1	1
苍梧县	276766	145845	130921	274196	144569	129627	3	2	1
藤　县	795612	419421	376191	789482	416930	372552	6	3	3
蒙山县	164420	83889	80531	128819	65427	63392	3	1	2
岑溪市	724364	373318	351046	719318	371412	347906	6	6	
北海市	**1853227**	**964301**	**888926**	**1788030**	**932614**	**855416**	**1184**	**591**	**593**
海城区	527895	266229	261666	500061	252898	247163	635	305	330
银海区	315196	164337	150859	291012	151510	139502	517	268	249
铁山港区	145943	78228	67715	143072	76580	66492	11	9	2
合浦县	864193	455507	408686	853885	451626	402259	21	9	12
防城港市	**1046068**	**568426**	**477642**	**607412**	**332082**	**275330**	**486**	**273**	**213**
港口区	244280	139851	104429	192287	110609	81678	442	255	187
防城区	390961	208157	182804	253680	135680	118000	23	8	15
上思县	194774	106208	88566	15071	8110	6961	3	1	2
东兴市	216053	114210	101843	146374	77683	68691	18	9	9
钦州市	**3302238**	**1734634**	**1567604**	**2936395**	**1543594**	**1392801**	**181**	**104**	**77**
钦南区	679692	359126	320566	582017	309438	272579	94	56	38
钦北区	720442	383708	336734	477012	252419	224593	68	38	30
灵山县	1218140	635695	582445	1197744	627132	570612	10	3	7
浦北县	683964	356105	327859	679622	354605	325017	9	7	2
贵港市	**4316262**	**2243987**	**2072275**	**3619547**	**1889755**	**1729792**	**115**	**61**	**54**
港北区	760633	388205	372428	506187	259726	246461	59	30	29
港南区	516598	268130	248468	495062	259436	235626	13	7	6
覃塘区	423747	216679	207068	190732	100980	89752	3	3	
平南县	1104273	576878	527395	1028742	536008	492734	20	12	8
桂平市	1511011	794095	716916	1398824	733605	665219	20	9	11
玉林市	**5796766**	**3007266**	**2789500**	**5725369**	**2978319**	**2747050**	**143**	**77**	**66**
玉州区	908121	462181	445940	881296	449849	431447	83	42	41
福绵区	318709	171981	146728	314561	170234	144327	5	2	3
容　县	654916	332304	322612	648913	330649	318264	6	4	2
陆川县	804427	416142	388285	799000	414351	384649	16	9	7
博白县	1390612	734448	656164	1380596	731078	649518	19	13	6
兴业县	508344	267299	241045	497877	262135	235742	5	3	2
北流市	1211637	622911	588726	1203126	620023	583103	9	4	5
百色市	**3571505**	**1826662**	**1744843**	**588273**	**307336**	**280937**	**136**	**72**	**64**
右江区	472086	233159	238927	131332	66599	64733	58	21	37
田阳区	308785	155412	153373	34061	18216	15845	9	4	5
田东县	352007	179869	172138	39729	20894	18835	5	4	1

1-4 续表 2

单位:人

地 区	合计			汉族			蒙古族		
	合计	男	女	小计	男	女	小计	男	女
德保县	269758	140395	129363	8787	4729	4058	14	8	6
那坡县	171781	89140	82641	11151	5667	5484			
凌云县	188194	96528	91666	82959	43023	39936	2	1	1
乐业县	146397	76327	70070	73859	38474	35385	2	1	1
田林县	224828	116020	108808	61778	33333	28445	7	4	3
西林县	142098	74434	67664	15931	9481	6450	12	8	4
隆林各族自治县	350765	178270	172495	73166	38450	34716	2	2	
靖西市	489163	254732	234431	11708	6050	5658	6	4	2
平果市	455643	232376	223267	43812	22420	21392	19	15	4
贺州市	**2007858**	**1031537**	**976321**	**1649851**	**846944**	**802907**	**74**	**41**	**33**
八步区	655994	330828	325166	586818	296328	290490	40	24	16
平桂区	404161	211295	192866	361716	188986	172730	10	3	7
昭平县	330116	171093	159023	295318	152768	142550	3	1	2
钟山县	351057	182963	168094	292351	151517	140834	14	8	6
富川瑶族自治县	266530	135358	131172	113648	57345	56303	7	5	2
河池市	**3417945**	**1743933**	**1674012**	**549429**	**286189**	**263240**	**157**	**97**	**60**
金城江区	372521	188172	184349	85755	44280	41475	54	31	23
宜州区	549359	278048	271311	90130	46634	43496	16	12	4
南丹县	275554	143871	131683	70314	37936	32378	25	21	4
天峨县	143155	75183	67972	56057	29990	26067	4	3	1
凤山县	169845	87259	82586	60981	31389	29592			
东兰县	219549	112740	106809	19095	9891	9204	4	2	2
罗城仫佬族自治县	272672	138628	134044	65864	34279	31585	14	7	7
环江毛南族自治县	276076	143170	132906	18206	9650	8556	12	6	6
巴马瑶族自治县	236152	119639	116513	36183	18655	17528	20	11	9
都安瑶族自治县	538061	272759	265302	22197	11082	11115	6	3	3
大化瑶族自治县	365001	184464	180537	24647	12403	12244	2	1	1
来宾市	**2074611**	**1074915**	**999696**	**484400**	**262858**	**221542**	**70**	**38**	**32**
兴宾区	925377	478825	446552	236704	127871	108833	34	19	15
忻城县	297825	153017	144808	16109	8871	7238	9	6	3
象州县	281846	147429	134417	75518	41585	33933	7	3	4
武宣县	340312	176778	163534	111114	59595	51519	10	5	5
金秀瑶族自治县	130313	68390	61923	24934	14234	10700	6	4	2
合山市	98938	50476	48462	20021	10702	9319	4	1	3
崇左市	**2088692**	**1088841**	**999851**	**307779**	**170513**	**137266**	**107**	**64**	**43**
江州区	435438	228474	206964	108748	58954	49794	19	11	8
扶绥县	408921	218086	190835	80255	44982	35273	41	28	13
宁明县	319386	167763	151623	60260	33499	26761	12	6	6
龙州县	232068	119009	113059	12482	7419	5063	10	6	4
大新县	282563	143262	139301	10193	5497	4696	8	4	4
天等县	280473	143264	137209	5450	2688	2762			
凭祥市	129843	68983	60860	30391	17474	12917	17	9	8

1-4 续表 3

单位:人

地 区	回族			藏族			维吾尔族		
	小计	男	女	小计	男	女	小计	男	女
总 计	**35347**	**17982**	**17365**	**1611**	**722**	**889**	**1193**	**620**	**573**
南宁市	**6610**	**3215**	**3395**	**454**	**200**	**254**	**472**	**241**	**231**
兴宁区	612	307	305	24	12	12	22	13	9
青秀区	2468	1142	1326	106	40	66	78	42	36
江南区	747	392	355	87	50	37	40	23	17
西乡塘区	1816	869	947	123	47	76	118	57	61
良庆区	633	360	273	28	19	9	183	93	90
邕宁区	75	37	38	11	6	5	6	2	4
武鸣区	87	37	50	16	9	7	19	8	11
隆安县	29	12	17	4	1	3			
马山县	15	6	9	9	7	2	2		2
上林县	18	11	7	3		3			
宾阳县	68	31	37	14	8	6	1	1	
横 县	42	11	31	29	1	28	3	2	1
柳州市	**6311**	**3128**	**3183**	**142**	**85**	**57**	**108**	**59**	**49**
城中区	1177	566	611	17	11	6	17	9	8
鱼峰区	1403	728	675	41	28	13	33	17	16
柳南区	1231	613	618	17	13	4	27	14	13
柳北区	1363	640	723	8	4	4	19	10	9
柳江区	135	53	82	7	3	4	2		2
柳城县	48	25	23	11	6	5	5	5	
鹿寨县	777	410	367	6	3	3	1	1	
融安县	69	30	39	2	2				
融水苗族自治县	85	49	36	28	14	14	3	3	
三江侗族自治县	23	14	9	5	1	4	1		1
桂林市	**16842**	**8605**	**8237**	**197**	**94**	**103**	**152**	**82**	**70**
秀峰区	1784	905	879	4	2	2	14	9	5
叠彩区	1417	712	705	8	4	4			
象山区	3556	1780	1776	13	5	8	26	16	10
七星区	2935	1460	1475	25	11	14	46	27	19
雁山区	971	521	450	42	25	17	21	4	17
临桂区	1909	987	922	34	17	17	10	8	2
阳朔县	217	100	117	4	2	2	3	1	2
灵川县	2155	1147	1008	10	4	6	17	8	9
全州县	66	24	42	2		2	5	3	2
兴安县	149	75	74	1		1	3	1	2
永福县	949	519	430	6	2	4	3	2	1
灌阳县	223	117	106	4	2	2			
龙胜各族自治县	69	47	22	2	1	1			
资源县	35	14	21	8	2	6	1	1	
平乐县	236	119	117	4	1	3			
恭城瑶族自治县	57	26	31	4	2	2	2	1	1
荔浦市	114	52	62	26	14	12	1	1	

1-4 续表 4

单位:人

地 区	回族			藏族			维吾尔族		
	小计	男	女	小计	男	女	小计	男	女
梧州市	**261**	**135**	**126**	**41**	**22**	**19**	**18**	**11**	**7**
万秀区	84	43	41	7	1	6	8	5	3
长洲区	68	39	29	5	3	2	3	2	1
龙圩区	23	15	8	10	7	3	3	2	1
苍梧县	7	3	4	2	2				
藤 县	32	10	22	7	2	5	1		1
蒙山县	21	16	5	3	1	2	2	2	
岑溪市	26	9	17	7	6	1	1		1
北海市	**908**	**465**	**443**	**108**	**37**	**71**	**33**	**18**	**15**
海城区	480	246	234	29	14	15	10	7	3
银海区	371	192	179	52	21	31	21	11	10
铁山港区	14	10	4	2	1	1			
合浦县	43	17	26	25	1	24	2		2
防城港市	**304**	**177**	**127**	**55**	**30**	**25**	**14**	**9**	**5**
港口区	188	114	74	31	18	13	10	6	4
防城区	69	35	34	16	8	8	4	3	1
上思县	4	2	2	4	1	3			
东兴市	43	26	17	4	3	1			
钦州市	**401**	**234**	**167**	**70**	**16**	**54**	**168**	**59**	**109**
钦南区	178	111	67	30	10	20	144	49	95
钦北区	134	67	67	5	1	4	15	7	8
灵山县	59	38	21	23	4	19	5	2	3
浦北县	30	18	12	12	1	11	4	1	3
贵港市	**291**	**131**	**160**	**80**	**30**	**50**	**20**	**10**	**10**
港北区	118	51	67	26	12	14	12	8	4
港南区	47	23	24	10	3	7			
覃塘区	11	6	5	5		5	1		1
平南县	64	27	37	10	3	7	5	1	4
桂平市	51	24	27	29	12	17	2	1	1
玉林市	**434**	**220**	**214**	**90**	**30**	**60**	**39**	**28**	**11**
玉州区	199	102	97	20	7	13	26	20	6
福绵区	9	3	6	7	4	3	1	1	
容 县	21	5	16	7	1	6			
陆川县	32	16	16	13	4	9			
博白县	52	27	25	15	4	11	7	5	2
兴业县	24	11	13	7	6	1	1	1	
北流市	97	56	41	21	4	17	4	1	3
百色市	**648**	**362**	**286**	**191**	**82**	**109**	**30**	**19**	**11**
右江区	297	167	130	10	5	5	5	2	3
田阳区	38	24	14	1		1	4	2	2
田东县	22	13	9	3	2	1	5	4	1

1-4 续表 5 单位:人

地 区	回族			藏族			维吾尔族		
	小计	男	女	小计	男	女	小计	男	女
德保县	16	6	10				12	7	5
那坡县	3	1	2				1	1	
凌云县	6	4	2	1	1				
乐业县	6	3	3	3	2	1			
田林县	28	13	15	2	1	1			
西林县	31	19	12	2	2				
隆林各族自治县	19	13	6	16	4	12			
靖西市	125	73	52	6	2	4			
平果市	57	26	31	147	63	84	3	3	
贺州市	**689**	**395**	**294**	**28**	**14**	**14**	**16**	**10**	**6**
八步区	149	76	73	9	5	4	2	2	
平桂区	49	22	27	2	1	1			
昭平县	14	7	7	3	1	2	7	3	4
钟山县	50	24	26	3	2	1	4	4	
富川瑶族自治县	427	266	161	11	5	6	3	1	2
河池市	**1107**	**619**	**488**	**55**	**34**	**21**	**35**	**18**	**17**
金城江区	230	129	101	10	4	6	12	7	5
宜州区	365	196	169	9	7	2	7	1	6
南丹县	129	74	55	7	7		9	4	5
天峨县	36	21	15	2		2	1	1	
凤山县	20	10	10						
东兰县	2	1	1	2	1	1	2	1	1
罗城仫佬族自治县	29	18	11	4	1	3	1	1	
环江毛南族自治县	56	39	17	6	4	2	1	1	
巴马瑶族自治县	34	17	17	5	2	3	2	2	
都安瑶族自治县	193	108	85	9	7	2			
大化瑶族自治县	13	6	7	1	1				
来宾市	**257**	**137**	**120**	**33**	**20**	**13**	**10**	**5**	**5**
兴宾区	140	78	62	24	16	8	5	3	2
忻城县	41	20	21	2	1	1	2	1	1
象州县	23	13	10	2	2		2	1	1
武宣县	31	15	16	4	1	3	1		1
金秀瑶族自治县	11	5	6	1		1			
合山市	11	6	5						
崇左市	**284**	**159**	**125**	**67**	**28**	**39**	**78**	**51**	**27**
江州区	124	63	61	32	12	20	9	4	5
扶绥县	59	35	24	22	9	13	57	39	18
宁明县	32	24	8	4	2	2	3	1	2
龙州县	13	9	4	5	5		6	4	2
大新县	5	2	3	1		1			
天等县	4	3	1				1	1	
凭祥市	47	23	24	3		3	2	2	

1-4 续表 6

单位：人

地 区	苗族			彝族			壮族		
	小计	男	女	小计	男	女	小计	男	女
总 计	**578122**	**294644**	**283478**	**17162**	**8703**	**8459**	**15721956**	**8055014**	**7666942**
南宁市	**23294**	**11578**	**11716**	**2756**	**1405**	**1351**	**4256523**	**2189145**	**2067378**
兴宁区	2254	1185	1069	239	116	123	278436	144182	134254
青秀区	5374	2548	2826	517	246	271	372199	179625	192574
江南区	3521	1836	1685	410	204	206	424947	219018	205929
西乡塘区	5846	2807	3039	686	324	362	661360	334207	327153
良庆区	1914	1041	873	285	199	86	354358	187452	166906
邕宁区	626	330	296	41	22	19	269896	142934	126962
武鸣区	1366	734	632	157	75	82	549268	287083	262185
隆安县	448	214	234	93	47	46	305343	160590	144753
马山县	270	121	149	74	54	20	279466	142332	137134
上林县	327	131	196	53	22	31	280984	144482	136502
宾阳县	733	376	357	104	47	57	147537	74042	73495
横 县	615	255	360	97	49	48	332729	173198	159531
柳州市	**288985**	**149078**	**139907**	**1014**	**572**	**442**	**1481872**	**760122**	**721750**
城中区	4281	2080	2201	86	46	40	54430	25167	29263
鱼峰区	12211	6514	5697	273	184	89	232196	118994	113202
柳南区	8220	4348	3872	171	84	87	218800	112380	106420
柳北区	18299	9677	8622	153	92	61	125706	62508	63198
柳江区	2722	1309	1413	85	40	45	356220	183753	172467
柳城县	4020	1880	2140	44	27	17	166438	84191	82247
鹿寨县	2459	1214	1245	92	50	42	172110	90031	82079
融安县	8794	3970	4824	49	26	23	84751	45821	38930
融水苗族自治县	166957	86458	80499	36	16	20	52999	27996	25003
三江侗族自治县	61022	31628	29394	25	7	18	18222	9281	8941
桂林市	**64637**	**32201**	**32436**	**1114**	**482**	**632**	**282537**	**141701**	**140836**
秀峰区	1395	707	688	25	10	15	8521	4233	4288
叠彩区	1315	658	657	11	3	8	8172	4028	4144
象山区	1623	758	865	53	23	30	15042	7507	7535
七星区	2769	1399	1370	177	110	67	25637	13361	12276
雁山区	822	301	521	120	50	70	14766	5190	9576
临桂区	3758	1763	1995	167	59	108	34796	16096	18700
阳朔县	575	276	299	46	22	24	31598	16943	14655
灵川县	1744	830	914	97	49	48	15743	8213	7530
全州县	849	387	462	78	26	52	2867	1073	1794
兴安县	960	399	561	34	18	16	3370	1669	1701
永福县	632	256	376	46	18	28	23738	13052	10686
灌阳县	223	79	144	43	17	26	1292	472	820
龙胜各族自治县	21814	11044	10770	10	3	7	26009	13128	12881
资源县	24654	12726	11928	39	15	24	1089	445	644
平乐县	637	272	365	54	22	32	22825	11819	11006
恭城瑶族自治县	287	117	170	72	23	49	6120	2968	3152
荔浦市	580	229	351	42	14	28	40952	21504	19448

1-4 续表 7

单位:人

地 区	苗族			彝族			壮族		
	小计	男	女	小计	男	女	小计	男	女
梧州市	**1983**	**959**	**1024**	**236**	**114**	**122**	**37792**	**17949**	**19843**
万秀区	441	223	218	69	34	35	7572	3355	4217
长洲区	335	161	174	20	11	9	7217	3377	3840
龙圩区	229	145	84	31	18	13	3920	2129	1791
苍梧县	84	58	26	20	12	8	682	306	376
藤 县	305	129	176	48	18	30	3227	1320	1907
蒙山县	333	166	167	24	15	9	11638	6014	5624
岑溪市	256	77	179	24	6	18	3536	1448	2088
北海市	**2819**	**1422**	**1397**	**754**	**349**	**405**	**44278**	**21262**	**23016**
海城区	1078	529	549	288	124	164	18135	8620	9515
银海区	980	485	495	376	196	180	16396	8760	7636
铁山港区	243	158	85	7	6	1	2015	1130	885
合浦县	518	250	268	83	23	60	7732	2752	4980
防城港市	**2003**	**1090**	**913**	**474**	**311**	**163**	**355041**	**191762**	**163279**
港口区	1019	611	408	331	233	98	41212	23173	18039
防城区	473	228	245	73	42	31	104920	55411	49509
上思县	156	76	80	19	6	13	168884	92476	76408
东兴市	355	175	180	51	30	21	40025	20702	19323
钦州市	**2915**	**1324**	**1591**	**569**	**263**	**306**	**347424**	**182939**	**164485**
钦南区	1111	555	556	225	125	100	88821	45403	43418
钦北区	740	332	408	118	55	63	238195	128971	109224
灵山县	751	321	430	119	35	84	17542	7566	9976
浦北县	313	116	197	107	48	59	2866	999	1867
贵港市	**5179**	**2390**	**2789**	**519**	**272**	**247**	**616567**	**311593**	**304974**
港北区	1090	508	582	128	72	56	246511	124693	121818
港南区	703	327	376	101	49	52	17878	7174	10704
覃塘区	2150	1082	1068	76	33	43	227953	113340	114613
平南县	598	231	367	79	30	49	18759	8876	9883
桂平市	638	242	396	135	88	47	105466	57510	47956
玉林市	**4584**	**2087**	**2497**	**701**	**320**	**381**	**51033**	**20485**	**30548**
玉州区	1074	526	548	174	93	81	19756	8904	10852
福绵区	653	338	315	48	27	21	2546	974	1572
容 县	480	157	323	136	56	80	3937	1072	2865
陆川县	300	125	175	42	16	26	3734	1128	2606
博白县	950	424	526	156	73	83	6681	2077	4604
兴业县	488	240	248	51	28	23	8787	4541	4246
北流市	639	277	362	94	27	67	5592	1789	3803
百色市	**139067**	**70894**	**68173**	**6864**	**3527**	**3337**	**2676720**	**1364981**	**1311739**
右江区	2078	975	1103	348	151	197	320178	156678	163500
田阳区	304	146	158	54	25	29	272311	136087	136224
田东县	306	154	152	70	33	37	294854	150326	144528

1-4 续表 8

单位:人

地 区	苗族			彝族			壮族		
	小计	男	女	小计	男	女	小计	男	女
德保县	179	68	111	37	10	27	255036	132700	122336
那坡县	2462	1285	1177	1192	595	597	151851	78932	72919
凌云县	131	41	90	42	17	25	58777	30187	28590
乐业县	226	91	135	27	12	15	68659	36070	32589
田林县	1669	813	856	297	165	132	131936	66910	65026
西林县	29842	15473	14369	839	451	388	88699	45650	43049
隆林各族自治县	100700	51322	49378	3780	1995	1785	169116	84589	84527
靖西市	583	279	304	52	13	39	475936	247999	227937
平果市	587	247	340	126	60	66	389367	198853	190514
贺州市	**2122**	**1028**	**1094**	**287**	**145**	**142**	**91883**	**48569**	**43314**
八步区	887	450	437	104	61	43	34945	17737	17208
平桂区	385	195	190	50	25	25	15747	8727	7020
昭平县	276	131	145	30	13	17	17168	9162	8006
钟山县	412	193	219	73	37	36	21810	12134	9676
富川瑶族自治县	162	59	103	30	9	21	2213	809	1404
河池市	**26624**	**13535**	**13089**	**987**	**463**	**524**	**2230035**	**1135199**	**1094836**
金城江区	2578	1295	1283	149	65	84	255355	128539	126816
宜州区	1460	704	756	110	47	63	403765	203504	200261
南丹县	11084	5828	5256	478	238	240	137367	71985	65382
天峨县	1002	524	478	58	33	25	78232	40490	37742
凤山县	79	26	53	14	5	9	93315	48139	45176
东兰县	74	16	58	11	4	7	189254	97296	91958
罗城仫佬族自治县	1931	797	1134	20	7	13	102145	50906	51239
环江毛南族自治县	4600	2354	2246	51	27	24	192177	99226	92951
巴马瑶族自治县	135	54	81	20	3	17	156563	79468	77095
都安瑶族自治县	3508	1874	1634	50	27	23	383670	194294	189376
大化瑶族自治县	173	63	110	26	7	19	238192	121352	116840
来宾市	**8090**	**3954**	**4136**	**394**	**233**	**161**	**1493971**	**763593**	**730378**
兴宾区	4010	1983	2027	122	50	72	665642	339906	325736
忻城县	1612	821	791	95	75	20	271049	138656	132393
象州县	1254	573	681	90	54	36	198455	102085	96370
武宣县	587	261	326	42	26	16	226576	116116	110460
金秀瑶族自治县	367	184	183	31	16	15	55849	28375	27474
合山市	260	132	128	14	12	2	76400	38455	37945
崇左市	**5820**	**3104**	**2716**	**493**	**247**	**246**	**1756280**	**905714**	**850566**
江州区	1389	670	719	154	74	80	317894	165439	152455
扶绥县	2996	1601	1395	181	92	89	320804	168948	151856
宁明县	216	112	104	34	19	15	256174	132692	123482
龙州县	503	346	157	50	29	21	218031	110620	107411
大新县	298	130	168	34	17	17	271453	137329	134124
天等县	77	35	42	14	4	10	274406	140284	134122
凭祥市	341	210	131	26	12	14	97518	50402	47116

1-4 续表 9

单位：人

地区	布依族			朝鲜族			满族		
	小计	男	女	小计	男	女	小计	男	女
总 计	**31303**	**12592**	**18711**	**3277**	**1676**	**1601**	**18361**	**9500**	**8861**
南宁市	**4366**	**2031**	**2335**	**836**	**451**	**385**	**5941**	**2972**	**2969**
兴宁区	289	159	130	83	47	36	509	255	254
青秀区	912	425	487	271	130	141	2483	1197	1286
江南区	591	282	309	104	59	45	668	359	309
西乡塘区	941	446	495	181	100	81	1334	670	664
良庆区	296	164	132	134	80	54	540	292	248
邕宁区	105	57	48	24	12	12	196	89	107
武鸣区	468	247	221	14	9	5	62	30	32
隆安县	81	27	54	2		2	10	3	7
马山县	111	46	65	2	2		33	16	17
上林县	64	20	44	3	1	2	22	11	11
宾阳县	306	95	211	10	6	4	50	30	20
横 县	202	63	139	8	5	3	34	20	14
柳州市	**2844**	**1332**	**1512**	**191**	**101**	**90**	**2618**	**1382**	**1236**
城中区	191	93	98	48	27	21	648	326	322
鱼峰区	592	299	293	40	17	23	652	376	276
柳南区	676	332	344	37	23	14	583	295	288
柳北区	381	189	192	37	19	18	495	247	248
柳江区	298	128	170	8	5	3	63	41	22
柳城县	223	99	124	8	3	5	36	17	19
鹿寨县	187	80	107	3	2	1	51	30	21
融安县	131	55	76	2	1	1	36	21	15
融水苗族自治县	97	36	61	7	4	3	48	27	21
三江侗族自治县	68	21	47	1		1	6	2	4
桂林市	**1724**	**692**	**1032**	**717**	**369**	**348**	**3504**	**1776**	**1728**
秀峰区	67	33	34	35	10	25	305	143	162
叠彩区	51	28	23	17	9	8	254	116	138
象山区	75	40	35	73	30	43	407	195	212
七星区	181	86	95	228	118	110	617	322	295
雁山区	146	60	86	12	5	7	221	92	129
临桂区	267	107	160	287	151	136	1090	562	528
阳朔县	84	31	53	8	5	3	40	22	18
灵川县	142	51	91	20	14	6	258	153	105
全州县	138	38	100	1	1		37	17	20
兴安县	57	15	42	1		1	10	7	3
永福县	101	44	57	5	4	1	41	25	16
灌阳县	65	21	44	10	10		18	8	10
龙胜各族自治县	15	5	10	6	3	3	23	14	9
资源县	61	22	39	2	2		27	14	13
平乐县	115	51	64	2	1	1	47	25	22
恭城瑶族自治县	38	13	25	5	3	2	59	34	25
荔浦市	121	47	74	5	3	2	50	27	23

1-4 续表 10

单位：人

地区	布依族			朝鲜族			满族		
	小计	男	女	小计	男	女	小计	男	女
梧州市	**590**	**182**	**408**	**26**	**14**	**12**	**169**	**85**	**84**
万秀区	56	25	31	9	4	5	46	27	19
长洲区	48	18	30	8	4	4	52	25	27
龙圩区	48	20	28	5	3	2	17	5	12
苍梧县	36	23	13				3	2	1
藤　县	84	16	68				10	2	8
蒙山县	179	65	114	3	2	1	32	19	13
岑溪市	139	15	124	1	1		9	5	4
北海市	**864**	**436**	**428**	**1192**	**571**	**621**	**2387**	**1245**	**1142**
海城区	352	182	170	1061	502	559	1333	676	657
银海区	352	176	176	127	67	60	1006	539	467
铁山港区	24	16	8	2		2	16	15	1
合浦县	136	62	74	2	2		32	15	17
防城港市	**388**	**215**	**173**	**72**	**38**	**34**	**951**	**543**	**408**
港口区	189	123	66	58	28	30	629	366	263
防城区	98	44	54	3	2	1	211	118	93
上思县	26	10	16	1	1		14	5	9
东兴市	75	38	37	10	7	3	97	54	43
钦州市	**869**	**295**	**574**	**39**	**19**	**20**	**401**	**235**	**166**
钦南区	312	156	156	23	12	11	204	128	76
钦北区	185	54	131	7	5	2	160	87	73
灵山县	256	69	187	6	2	4	31	16	15
浦北县	116	16	100	3		3	6	4	2
贵港市	**1914**	**678**	**1236**	**19**	**14**	**5**	**269**	**137**	**132**
港北区	392	135	257	11	8	3	148	76	72
港南区	593	209	384	3	3		26	15	11
覃塘区	420	192	228				6	3	3
平南县	179	54	125				47	21	26
桂平市	330	88	242	5	3	2	42	22	20
玉林市	**1971**	**549**	**1422**	**40**	**24**	**16**	**294**	**166**	**128**
玉州区	320	129	191	26	17	9	188	90	98
福绵区	174	69	105	2	2		2	2	
容　县	333	58	275	6	2	4	20	11	9
陆川县	187	66	121				40	30	10
博白县	274	79	195	2	2		25	18	7
兴业县	307	64	243	2	1	1	7	4	3
北流市	376	84	292	2		2	12	11	1
百色市	**4056**	**1235**	**2821**	**31**	**17**	**14**	**448**	**228**	**220**
右江区	486	183	303	10	6	4	156	72	84
田阳区	108	36	72	2	2		39	19	20
田东县	94	37	57	6	5	1	31	18	13

1-4 续表 11 单位:人

地 区	布依族			朝鲜族			满族		
	小计	男	女	小计	男	女	小计	男	女
德保县	68	22	46	3	2	1	13	9	4
那坡县	27	11	16				2	2	
凌云县	69	15	54	2		2	18	5	13
乐业县	585	131	454	1		1	1		1
田林县	682	127	555	1		1	25	14	11
西林县	863	320	543				7	5	2
隆林各族自治县	853	284	569	3	2	1	8	4	4
靖西市	51	9	42				21	12	9
平果市	170	60	110	3		3	127	68	59
贺州市	**515**	**225**	**290**	**18**	**8**	**10**	**374**	**185**	**189**
八步区	179	93	86	10	5	5	160	80	80
平桂区	79	44	35	2	1	1	47	26	21
昭平县	84	27	57	3	1	2	24	9	15
钟山县	97	42	55				79	46	33
富川瑶族自治县	76	19	57	3	1	2	64	24	40
河池市	**9402**	**3986**	**5416**	**61**	**29**	**32**	**611**	**320**	**291**
金城江区	926	398	528	7	5	2	129	72	57
宜州区	504	190	314	26	13	13	127	64	63
南丹县	4815	2020	2795	4	2	2	37	16	21
天峨县	1224	556	668	2	1	1	28	22	6
凤山县	43	14	29	5	3	2	19	13	6
东兰县	48	16	32	1		1	5	2	3
罗城仫佬族自治县	108	30	78	3		3	20	8	12
环江毛南族自治县	1479	685	794				38	26	12
巴马瑶族自治县	56	14	42	6	3	3	45	22	23
都安瑶族自治县	130	41	89	7	2	5	112	52	60
大化瑶族自治县	69	22	47				51	23	28
来宾市	**1042**	**393**	**649**	**15**	**7**	**8**	**192**	**106**	**86**
兴宾区	472	191	281	10	5	5	102	51	51
忻城县	75	21	54				18	9	9
象州县	193	76	117	2		2	18	10	8
武宣县	149	39	110				15	9	6
金秀瑶族自治县	108	42	66				28	21	7
合山市	45	24	21	3	2	1	11	6	5
崇左市	**758**	**343**	**415**	**20**	**14**	**6**	**202**	**120**	**82**
江州区	223	75	148	7	5	2	64	31	33
扶绥县	276	137	139	4	4		60	40	20
宁明县	98	49	49	1		1	24	18	6
龙州县	42	21	21	1		1	18	7	11
大新县	34	17	17	2	1	1	5	4	1
天等县	18	5	13	1	1		1		1
凭祥市	67	39	28	4	3	1	30	20	10

1-4 续表 12

单位：人

地区	侗族			瑶族			白族		
	小计	男	女	小计	男	女	小计	男	女
总 计	**362580**	**183287**	**179293**	**1683038**	**854696**	**828342**	**2787**	**1346**	**1441**
南宁市	**13994**	**6593**	**7401**	**147447**	**73186**	**74261**	**813**	**381**	**432**
兴宁区	1437	721	716	10630	5440	5190	72	38	34
青秀区	3639	1651	1988	20032	9310	10722	211	92	119
江南区	2084	968	1116	13869	6940	6929	100	51	49
西乡塘区	4245	1973	2272	29761	14608	15153	188	72	116
良庆区	939	485	454	7760	4144	3616	94	50	44
邕宁区	271	140	131	2069	965	1104	12	7	5
武鸣区	577	322	255	5018	2470	2548	58	29	29
隆安县	59	22	37	3647	1891	1756	9	5	4
马山县	89	32	57	30218	15074	15144	6	2	4
上林县	87	43	44	20047	10330	9717	26	17	9
宾阳县	356	155	201	2937	1419	1518	15	7	8
横 县	211	81	130	1459	595	864	22	11	11
柳州市	**271748**	**139118**	**132630**	**90667**	**47032**	**43635**	**405**	**215**	**190**
城中区	3210	1462	1748	4304	2114	2190	64	34	30
鱼峰区	9942	5067	4875	11669	6079	5590	83	50	33
柳南区	7390	3756	3634	8108	4127	3981	73	40	33
柳北区	7227	3703	3524	7598	3884	3714	44	22	22
柳江区	2213	1084	1129	3565	1806	1759	32	21	11
柳城县	2527	1004	1523	1703	826	877	9	3	6
鹿寨县	1697	749	948	9029	4767	4262	17	7	10
融安县	9320	4317	5003	5974	3012	2962	5	2	3
融水苗族自治县	47077	24445	22632	27306	14433	12873	62	32	30
三江侗族自治县	181145	93531	87614	11411	5984	5427	16	4	12
桂林市	**51795**	**25511**	**26284**	**385946**	**196201**	**189745**	**406**	**154**	**252**
秀峰区	1248	611	637	4686	2334	2352	23	10	13
叠彩区	932	416	516	5533	2644	2889	25	8	17
象山区	1445	651	794	6864	3194	3670	26	10	16
七星区	2428	1201	1227	10848	5436	5412	74	35	39
雁山区	666	200	466	2405	859	1546	43	9	34
临桂区	4053	1756	2297	21682	10489	11193	49	18	31
阳朔县	405	151	254	3487	1622	1865	5	2	3
灵川县	1392	615	777	13380	6786	6594	34	17	17
全州县	313	92	221	21483	10603	10880	22	5	17
兴安县	228	102	126	7420	3645	3775	11	7	4
永福县	666	244	422	8590	4276	4314	13	5	8
灌阳县	191	84	107	17603	8600	9003	35	10	25
龙胜各族自治县	36621	18876	17745	25696	12902	12794	7	3	4
资源县	170	70	100	4701	2406	2295	9	4	5
平乐县	318	128	190	55443	29678	25765	9	4	5
恭城瑶族自治县	152	63	89	147970	76505	71465	6	2	4
荔浦市	567	251	316	28155	14222	13933	15	5	10

1-4 续表 13

单位：人

地 区	侗族			瑶族			白族		
	小计	男	女	小计	男	女	小计	男	女
梧州市	**2411**	**1211**	**1200**	**32194**	**16336**	**15858**	**56**	**28**	**28**
万秀区	1444	765	679	1822	871	951	7	4	3
长洲区	327	157	170	2435	1177	1258	10	3	7
龙圩区	88	46	42	903	493	410	11	8	3
苍梧县	38	21	17	1625	810	815	1	1	
藤 县	190	86	104	1869	796	1073	20	8	12
蒙山县	197	96	101	22889	11971	10918	4	2	2
岑溪市	127	40	87	651	218	433	3	2	1
北海市	**1494**	**775**	**719**	**5375**	**2680**	**2695**	**191**	**99**	**92**
海城区	829	403	426	1931	935	996	78	40	38
银海区	390	212	178	2121	1153	968	89	49	40
铁山港区	103	63	40	329	185	144	1		1
合浦县	172	97	75	994	407	587	23	10	13
防城港市	**2235**	**1264**	**971**	**48011**	**25385**	**22626**	**81**	**46**	**35**
港口区	584	364	220	4563	2470	2093	46	29	17
防城区	994	545	449	26034	13807	12227	15	8	7
上思县	167	94	73	10293	5372	4921	2		2
东兴市	490	261	229	7121	3736	3385	18	9	9
钦州市	**1277**	**585**	**692**	**7848**	**3316**	**4532**	**110**	**57**	**53**
钦南区	585	296	289	4235	1907	2328	41	23	18
钦北区	430	170	260	2196	967	1229	42	22	20
灵山县	159	71	88	984	313	671	14	6	8
浦北县	103	48	55	433	129	304	13	6	7
贵港市	**2175**	**1033**	**1142**	**65785**	**36367**	**29418**	**96**	**44**	**52**
港北区	587	269	318	4194	2122	2072	30	11	19
港南区	239	106	133	1225	513	712	20	11	9
覃塘区	735	411	324	1138	410	728	10	5	5
平南县	316	144	172	54833	31250	23583	13	6	7
桂平市	298	103	195	4395	2072	2323	23	11	12
玉林市	**1905**	**784**	**1121**	**6756**	**2920**	**3836**	**91**	**46**	**45**
玉州区	930	449	481	3031	1487	1544	24	14	10
福绵区	92	53	39	397	169	228	9	5	4
容 县	276	53	223	521	157	364	4	2	2
陆川县	79	21	58	566	225	341	7	3	4
博白县	229	86	143	940	353	587	16	7	9
兴业县	90	46	44	372	117	255	11	7	4
北流市	209	76	133	929	412	517	20	8	12
百色市	**1387**	**622**	**765**	**147336**	**74154**	**73182**	**169**	**91**	**78**
右江区	432	188	244	15571	7626	7945	51	23	28
田阳区	64	28	36	1519	694	825	20	13	7
田东县	143	81	62	16387	8127	8260	5	1	4

1-4 续表 14

单位：人

地 区	侗族			瑶族			白族		
	小计	男	女	小计	男	女	小计	男	女
德保县	60	22	38	5380	2742	2638	5	5	
那坡县	17	5	12	4975	2596	2379			
凌云县	35	11	24	46086	23193	22893	6	5	1
乐业县	87	48	39	2890	1476	1414	2		2
田林县	35	16	19	28164	14491	13673	20	15	5
西林县	42	29	13	5364	2709	2655	4	2	2
隆林各族自治县	49	19	30	293	131	162	13	6	7
靖西市	101	45	56	403	183	220	21	10	11
平果市	322	130	192	20304	10186	10118	22	11	11
贺州市	**1196**	**554**	**642**	**258739**	**132482**	**126257**	**69**	**30**	**39**
八步区	546	261	285	31335	15305	16030	29	9	20
平桂区	197	101	96	25495	12991	12504	11	5	6
昭平县	141	62	79	16734	8783	7951	5	3	2
钟山县	195	94	101	35621	18698	16923	13	9	4
富川瑶族自治县	117	36	81	149554	76705	72849	11	4	7
河池市	**5878**	**2948**	**2930**	**401259**	**200797**	**200462**	**120**	**61**	**59**
金城江区	591	301	290	11660	5681	5979	25	16	9
宜州区	701	316	385	29062	14515	14547	35	17	18
南丹县	322	168	154	45884	22821	23063	11	6	5
天峨县	1435	856	579	3811	1918	1893			
凤山县	30	10	20	15218	7603	7615	2		2
东兰县	94	53	41	10333	5127	5206	1		1
罗城仫佬族自治县	2091	958	1133	3953	1974	1979	8	2	6
环江毛南族自治县	384	189	195	15010	7653	7357	10	3	7
巴马瑶族自治县	52	23	29	42705	21219	21486	3	1	2
都安瑶族自治县	95	35	60	122222	61893	60329	19	15	4
大化瑶族自治县	83	39	44	101401	50393	51008	6	1	5
来宾市	**3365**	**1440**	**1925**	**73738**	**37680**	**36058**	**88**	**53**	**35**
兴宾区	1944	892	1052	13398	6561	6837	34	20	14
忻城县	201	91	110	5685	2916	2769	22	16	6
象州县	521	193	328	3519	1618	1901	6	2	4
武宣县	373	113	260	879	384	495	15	9	6
金秀瑶族自治县	198	94	104	48557	25303	23254	8	4	4
合山市	128	57	71	1700	898	802	3	2	1
崇左市	**1720**	**849**	**871**	**11937**	**6160**	**5777**	**92**	**41**	**51**
江州区	684	267	417	4908	2384	2524	35	13	22
扶绥县	287	146	141	3084	1622	1462	32	14	18
宁明县	150	70	80	2141	1168	973	2		2
龙州县	91	59	32	446	264	182	4	1	3
大新县	48	25	23	333	178	155	4	3	1
天等县	26	10	16	383	193	190	3	1	2
凭祥市	434	272	162	642	351	291	12	9	3

1-4 续表 15

单位：人

地 区	土家族			哈尼族			哈萨克族		
	小计	男	女	小计	男	女	小计	男	女
总 计	**19105**	**9885**	**9220**	**1445**	**643**	**802**	**58**	**20**	**38**
南宁市	**4553**	**2362**	**2191**	**310**	**128**	**182**	**35**	**13**	**22**
兴宁区	366	195	171	7	1	6			
青秀区	1400	723	677	67	33	34	3		3
江南区	570	305	265	48	20	28	4	1	3
西乡塘区	1162	571	591	70	25	45	24	10	14
良庆区	377	207	170	34	14	20	3	2	1
邕宁区	103	68	35	4	1	3			
武鸣区	192	121	71	11	7	4	1		1
隆安县	36	16	20	5	3	2			
马山县	59	30	29	6	2	4			
上林县	69	30	39	9	2	7			
宾阳县	141	69	72	30	12	18			
横 县	78	27	51	19	8	11			
柳州市	**3237**	**1760**	**1477**	**132**	**54**	**78**	**6**	**3**	**3**
城中区	418	226	192	16	6	10			
鱼峰区	652	351	301	29	14	15	2	1	1
柳南区	491	248	243	19	10	9			
柳北区	348	181	167	13	5	8	1	1	
柳江区	120	62	58	13	5	8	1		1
柳城县	113	60	53	11	3	8			
鹿寨县	171	97	74	7	3	4			
融安县	215	127	88	13	6	7	2	1	1
融水苗族自治县	609	361	248	6	2	4			
三江侗族自治县	100	47	53	5		5			
桂林市	**2921**	**1421**	**1500**	**154**	**49**	**105**	**6**	**1**	**5**
秀峰区	214	108	106	8	3	5			
叠彩区	150	70	80	7	2	5			
象山区	319	176	143	7	2	5			
七星区	467	270	197	17	6	11			
雁山区	260	97	163	3		3	4	1	3
临桂区	354	159	195	15	4	11			
阳朔县	102	53	49	9	3	6	1		1
灵川县	229	124	105	32	16	16	1		1
全州县	143	66	77	9	1	8			
兴安县	83	34	49	10	2	8			
永福县	88	39	49	3	1	2			
灌阳县	34	16	18	14	2	12			
龙胜各族自治县	50	22	28	7	2	5			
资源县	87	33	54						
平乐县	154	72	82	6	3	3			
恭城瑶族自治县	45	21	24	3	1	2			
荔浦市	142	61	81	4	1	3			

1-4 续表 16

单位:人

地区	土家族			哈尼族			哈萨克族		
	小计	男	女	小计	男	女	小计	男	女
梧州市	**468**	**210**	**258**	**30**	**11**	**19**			
万秀区	100	49	51	9	4	5			
长洲区	77	39	38	2	1	1			
龙圩区	57	28	29	5	4	1			
苍梧县	10	8	2						
藤　县	72	33	39	1		1			
蒙山县	94	32	62	8	1	7			
岑溪市	58	21	37	5	1	4			
北海市	**1201**	**632**	**569**	**74**	**29**	**45**	**3**		**3**
海城区	456	215	241	44	18	26	2		2
银海区	485	253	232	14	6	8	1		1
铁山港区	16	9	7	2		2			
合浦县	244	155	89	14	5	9			
防城港市	**606**	**368**	**238**	**57**	**36**	**21**			
港口区	369	241	128	45	32	13			
防城区	103	51	52	2		2			
上思县	18	8	10	4	2	2			
东兴市	116	68	48	6	2	4			
钦州市	**725**	**403**	**322**	**73**	**34**	**39**			
钦南区	348	221	127	29	20	9			
钦北区	239	121	118	12	4	8			
灵山县	88	35	53	14	3	11			
浦北县	50	26	24	18	7	11			
贵港市	**918**	**473**	**445**	**64**	**34**	**30**	**3**	**1**	**2**
港北区	234	107	127	14	6	8			
港南区	158	95	63	8	5	3	1		1
覃塘区	188	97	91	27	17	10			
平南县	140	59	81	4	1	3	2	1	1
桂平市	198	115	83	11	5	6			
玉林市	**723**	**374**	**349**	**79**	**27**	**52**	**2**	**1**	**1**
玉州区	231	114	117	21	10	11	1	1	
福绵区	45	26	19	5	2	3			
容　县	70	33	37	9	5	4			
陆川县	103	66	37	4		4			
博白县	109	50	59	33	9	24			
兴业县	61	32	29	1		1			
北流市	104	53	51	6	1	5	1		1
百色市	**751**	**379**	**372**	**115**	**63**	**52**	**1**		**1**
右江区	145	61	84	18	7	11	1		1
田阳区	57	28	29	16	8	8			
田东县	59	30	29	18	7	11			

1-4 续表 17 单位：人

地 区	土家族			哈尼族			哈萨克族		
	小计	男	女	小计	男	女	小计	男	女
德保县	47	26	21	4	2	2			
那坡县	19	10	9	8	3	5			
凌云县	17	8	9	3	2	1			
乐业县	7	3	4						
田林县	44	34	10	8	8				
西林县	81	66	15	25	19	6			
隆林各族自治县	48	19	29	5	2	3			
靖西市	38	19	19	1		1			
平果市	189	75	114	9	5	4			
贺州市	**732**	**332**	**400**	**24**	**7**	**17**	**1**	**1**	
八步区	284	136	148	5	2	3			
平桂区	163	77	86	4		4	1	1	
昭平县	80	26	54	4	1	3			
钟山县	131	65	66	9	3	6			
富川瑶族自治县	74	28	46	2	1	1			
河池市	**922**	**486**	**436**	**73**	**33**	**40**			
金城江区	188	112	76	20	13	7			
宜州区	160	79	81	21	13	8			
南丹县	114	72	42	6	2	4			
天峨县	40	32	8	7		7			
凤山县	42	18	24						
东兰县	36	14	22						
罗城仫佬族自治县	78	20	58	2	1	1			
环江毛南族自治县	83	48	35	4	1	3			
巴马瑶族自治县	48	20	28						
都安瑶族自治县	99	57	42	10	3	7			
大化瑶族自治县	34	14	20	3		3			
来宾市	**736**	**370**	**366**	**47**	**21**	**26**	**1**		**1**
兴宾区	350	161	189	12	4	8	1		1
忻城县	88	51	37	15	9	6			
象州县	108	56	52	7	5	2			
武宣县	94	39	55	10	2	8			
金秀瑶族自治县	47	32	15	3	1	2			
合山市	49	31	18						
崇左市	**612**	**315**	**297**	**213**	**117**	**96**			
江州区	182	85	97	16	3	13			
扶绥县	198	105	93	40	24	16			
宁明县	34	22	12						
龙州县	33	18	15	144	86	58			
大新县	38	17	21	7	2	5			
天等县	32	12	20	2		2			
凭祥市	95	56	39	4	2	2			

1-4 续表 18

单位：人

地 区	傣族			黎族			傈僳族		
	小计	男	女	小计	男	女	小计	男	女
总 计	**1356**	**453**	**903**	**6491**	**2764**	**3727**	**469**	**194**	**275**
南宁市	**355**	**123**	**232**	**1158**	**426**	**732**	**93**	**40**	**53**
兴宁区	25	13	12	100	40	60	1		1
青秀区	66	26	40	293	115	178	20	13	7
江南区	58	15	43	154	62	92	14	6	8
西乡塘区	85	28	57	274	114	160	27	14	13
良庆区	45	20	25	74	32	42	12	4	8
邕宁区	4	3	1	56	14	42	1		1
武鸣区	23	8	15	50	16	34	2		2
隆安县	6	1	5	17	6	11	1		1
马山县	5	1	4	25	2	23	7	2	5
上林县	7	1	6	38	7	31			
宾阳县	18	6	12	47	13	34	4	1	3
横 县	13	1	12	30	5	25	4		4
柳州市	**177**	**59**	**118**	**751**	**317**	**434**	**63**	**25**	**38**
城中区	20	12	8	92	37	55	10	5	5
鱼峰区	29	11	18	165	68	97	13	8	5
柳南区	46	11	35	116	50	66	9	2	7
柳北区	13	3	10	125	61	64	3	2	1
柳江区	14	4	10	38	14	24	8	1	7
柳城县	11	8	3	67	34	33	4	1	3
鹿寨县	13	5	8	53	22	31	7	4	3
融安县	13	3	10	32	11	21	1		1
融水苗族自治县	10	1	9	22	7	15	7	2	5
三江侗族自治县	8	1	7	41	13	28	1		1
桂林市	**243**	**70**	**173**	**853**	**406**	**447**	**86**	**34**	**52**
秀峰区	7	4	3	14	6	8	1	1	
叠彩区	18	5	13	23	7	16	4	3	1
象山区	8	3	5	51	25	26	7	5	2
七星区	25	8	17	84	45	39	6	1	5
雁山区	6	2	4	94	32	62	3	1	2
临桂区	31	11	20	118	61	57	7	5	2
阳朔县	3	1	2	23	10	13	6	2	4
灵川县	14	3	11	58	29	29	3		3
全州县	14	5	9	30	11	19	3	1	2
兴安县	7	1	6	11	5	6	5	2	3
永福县	3	2	1	26	11	15	7	2	5
灌阳县	50	10	40	13	4	9	13	2	11
龙胜各族自治县	2	2		27	19	8	2		2
资源县	2	2		65	28	37	11	7	4
平乐县	12	5	7	121	60	61	1	1	
恭城瑶族自治县	20		20	46	26	20	2		2
荔浦市	21	6	15	49	27	22	5	1	4

1-4 续表 19 单位:人

地区	傣族			黎族			傈僳族		
	小计	男	女	小计	男	女	小计	男	女
梧州市	**23**	**10**	**13**	**128**	**36**	**92**	**6**	**1**	**5**
万秀区	4	3	1	32	11	21	2		2
长洲区	1		1	7	4	3			
龙圩区	4	2	2	10	4	6			
苍梧县	2		2	6	1	5			
藤　县	4	2	2	17	3	14	2		2
蒙山县				21	6	15	2	1	1
岑溪市	8	3	5	35	7	28			
北海市	**73**	**19**	**54**	**247**	**93**	**154**	**23**	**9**	**14**
海城区	29	10	19	93	43	50	8	6	2
银海区	27	8	19	102	37	65	13	3	10
铁山港区	1		1	9	6	3			
合浦县	16	1	15	43	7	36	2		2
防城港市	**53**	**20**	**33**	**568**	**297**	**271**	**35**	**23**	**12**
港口区	17	9	8	77	37	40	23	18	5
防城区	14	6	8	322	181	141	4	1	3
上思县	1		1	8	2	6			
东兴市	21	5	16	161	77	84	8	4	4
钦州市	**51**	**21**	**30**	**303**	**112**	**191**	**28**	**12**	**16**
钦南区	12	5	7	144	67	77	13	6	7
钦北区	29	12	17	90	30	60	11	6	5
灵山县	4		4	39	11	28	2		2
浦北县	6	4	2	30	4	26	2		2
贵港市	**41**	**15**	**26**	**215**	**68**	**147**	**10**	**7**	**3**
港北区	23	11	12	65	18	47	3	3	
港南区	6	1	5	23	4	19	5	3	2
覃塘区	3	2	1	27	6	21			
平南县	4		4	48	20	28	1	1	
桂平市	5	1	4	52	20	32	1		1
玉林市	**77**	**21**	**56**	**242**	**64**	**178**	**8**		**8**
玉州区	19	9	10	57	23	34	1		1
福绵区				9	3	6	2		2
容　县	6		6	27	5	22			
陆川县	15	3	12	25	4	21			
博白县	14	5	9	64	12	52	3		3
兴业县	12	3	9	23	7	16	1		1
北流市	11	1	10	37	10	27	1		1
百色市	**98**	**48**	**50**	**215**	**85**	**130**	**23**	**10**	**13**
右江区	21	11	10	51	24	27	8	3	5
田阳区	9	5	4	16	4	12			
田东县	5	2	3	24	12	12			

1-4 续表 20

单位：人

地区	傣族			黎族			傈僳族		
	小计	男	女	小计	男	女	小计	男	女
德保县	2	1	1	21	5	16	2	2	
那坡县	9	2	7	3	1	2			
凌云县	1		1	9	5	4	2		2
乐业县	1		1	6	2	4	3	1	2
田林县	10	8	2	10	5	5	3	2	1
西林县	25	12	13	6	2	4	2	2	
隆林各族自治县	5	3	2	14	8	6			
靖西市	5	3	2	16	6	10	1		1
平果市	5	1	4	39	11	28	2		2
贺州市	**34**	**12**	**22**	**176**	**80**	**96**	**28**	**8**	**20**
八步区	14	8	6	64	37	27	11	3	8
平桂区	10	2	8	37	14	23	7	2	5
昭平县	5	2	3	40	15	25	2		2
钟山县	2		2	11	4	7	2	2	
富川瑶族自治县	3		3	24	10	14	6	1	5
河池市	**54**	**15**	**39**	**1111**	**569**	**542**	**37**	**12**	**25**
金城江区	12	3	9	82	35	47	7	3	4
宜州区	16	5	11	868	471	397	6	4	2
南丹县	12	3	9	33	18	15	1		1
天峨县	5	3	2	28	15	13			
凤山县				6	2	4	1		1
东兰县	1		1	13	1	12	1		1
罗城仫佬族自治县	2		2	22	6	16	1		1
环江毛南族自治县	1	1		19	8	11	7	1	6
巴马瑶族自治县	1		1	8	2	6	2	1	1
都安瑶族自治县	2		2	26	11	15	5	3	2
大化瑶族自治县	2		2	6		6	6		6
来宾市	**26**	**6**	**20**	**332**	**145**	**187**	**23**	**11**	**12**
兴宾区	19	6	13	147	54	93	5	1	4
忻城县	2		2	9	4	5	4	4	
象州县	1		1	33	14	19	1		1
武宣县	1		1	123	63	60	10	4	6
金秀瑶族自治县	3		3	10	4	6	3	2	1
合山市				10	6	4			
崇左市	**51**	**14**	**37**	**192**	**66**	**126**	**6**	**2**	**4**
江州区	12	3	9	91	31	60	1	1	
扶绥县	7		7	47	17	30	4	1	3
宁明县	7	1	6	10	2	8			
龙州县	11	3	8	12	6	6	1		1
大新县	4	2	2	8	1	7			
天等县	3	2	1	8	4	4			
凭祥市	7	3	4	16	5	11			

1-4 续表 21　　　　单位:人

地区	佤族			畲族			高山族		
	小计	男	女	小计	男	女	小计	男	女
总　计	**533**	**232**	**301**	**1724**	**964**	**760**	**300**	**160**	**140**
南宁市	**75**	**35**	**40**	**575**	**341**	**234**	**59**	**31**	**28**
兴宁区				43	24	19	5	3	2
青秀区	13	9	4	138	81	57	18	13	5
江南区	8	1	7	88	47	41	6	3	3
西乡塘区	21	4	17	139	84	55	24	9	15
良庆区	6	3	3	94	58	36	2	1	1
邕宁区	1	1		8	7	1	2	1	1
武鸣区	13	12	1	22	13	9			
隆安县				12	10	2	1		1
马山县	1		1				1	1	
上林县				9	6	3			
宾阳县	8	3	5	13	7	6			
横　县	4	2	2	9	4	5			
柳州市	**44**	**11**	**33**	**328**	**196**	**132**	**51**	**29**	**22**
城中区	2		2	43	29	14	9	5	4
鱼峰区	4		4	44	29	15	11	6	5
柳南区	3	1	2	88	52	36	6	4	2
柳北区	2	1	1	38	23	15	6	5	1
柳江区	4		4	35	25	10			
柳城县	6	2	4	29	11	18	5	2	3
鹿寨县	8	3	5	17	10	7	1	1	
融安县	1		1	13	8	5	9	5	4
融水苗族自治县	12	4	8	10	4	6	4	1	3
三江侗族自治县	2		2	11	5	6			
桂林市	**80**	**30**	**50**	**164**	**93**	**71**	**135**	**76**	**59**
秀峰区	4	1	3	6	4	2	3	2	1
叠彩区	1		1	5	4	1	2	2	
象山区	2		2	23	10	13	3	1	2
七星区	4	4		34	27	7			
雁山区	2		2	11	2	9	1	1	
临桂区	10	2	8	14	3	11	2	1	1
阳朔县	14	11	3	8	2	6			
灵川县	3	1	2	12	8	4			
全州县	5	2	3	3	1	2			
兴安县	10	2	8	1	1				
永福县	3	1	2	6	4	2			
灌阳县	10	3	7	2	2				
龙胜各族自治县	2		2	5	3	2			
资源县	1		1	18	14	4			
平乐县				2		2			
恭城瑶族自治县	7	2	5	10	6	4	6	5	1
荔浦市	2	1	1	4	2	2	118	64	54

1-4 续表 22

单位：人

地 区	佤族			畲族			高山族		
	小计	男	女	小计	男	女	小计	男	女
梧州市	**22**	**18**	**4**	**52**	**28**	**24**			
万秀区	3	2	1	15	6	9			
长洲区				5	3	2			
龙圩区	8	8		9	4	5			
苍梧县	7	7		4	2	2			
藤 县	1		1	7	4	3			
蒙山县	3	1	2	7	5	2			
岑溪市				5	4	1			
北海市	**63**	**36**	**27**	**58**	**23**	**35**	**9**	**4**	**5**
海城区	4		4	28	12	16			
银海区	52	33	19	24	9	15	9	4	5
铁山港区	6	3	3						
合浦县	1		1	6	2	4			
防城港市	**17**	**6**	**11**	**60**	**30**	**30**	**1**	**1**	
港口区	10	4	6	28	11	17			
防城区	4	2	2	16	10	6	1	1	
上思县	1		1						
东兴市	2		2	16	9	7			
钦州市	**34**	**20**	**14**	**43**	**18**	**25**			
钦南区	6	3	3	19	11	8			
钦北区	7	4	3	17	7	10			
灵山县	8	5	3	7		7			
浦北县	13	8	5						
贵港市	**21**	**16**	**5**	**79**	**37**	**42**	**4**	**3**	**1**
港北区	1	1		38	17	21			
港南区				7	3	4			
覃塘区	1		1	16	11	5			
平南县	2		2	6	2	4	4	3	1
桂平市	17	15	2	12	4	8			
玉林市	**34**	**10**	**24**	**61**	**27**	**34**			
玉州区	1		1	21	10	11			
福绵区	2		2	2	2				
容 县	1		1	6	5	1			
陆川县	1		1	1		1			
博白县	11	7	4	15	3	12			
兴业县	2	2		2	1	1			
北流市	16	1	15	14	6	8			
百色市	**19**	**3**	**16**	**60**	**35**	**25**	**3**		**3**
右江区	3	1	2	21	12	9	1		1
田阳区	4		4	5	4	1			
田东县	1		1	17	11	6			

1-4 续表 23

单位:人

地 区	佤族			畲族			高山族		
	小计	男	女	小计	男	女	小计	男	女
德保县	1		1	3	2	1			
那坡县				2		2			
凌云县							1		1
乐业县									
田林县	1		1	1	1				
西林县	4	1	3	3	2	1	1		1
隆林各族自治县	1		1						
靖西市	3	1	2	1		1			
平果市	1		1	7	3	4			
贺州市	**30**	**7**	**23**	**61**	**37**	**24**	**1**		**1**
八步区	6	1	5	14	7	7			
平桂区	11	4	7	10	7	3			
昭平县				5	2	3			
钟山县	8		8	26	20	6			
富川瑶族自治县	5	2	3	6	1	5	1		1
河池市	**64**	**30**	**34**	**81**	**40**	**41**	**23**	**10**	**13**
金城江区	8	3	5	15	8	7	8	7	1
宜州区	5	4	1	11	6	5	15	3	12
南丹县	13	5	8	17	10	7			
天峨县	1	1		3	1	2			
凤山县				4	3	1			
东兰县	4		4						
罗城仫佬族自治县				2		2			
环江毛南族自治县	4		4	3	1	2			
巴马瑶族自治县				1		1			
都安瑶族自治县	29	17	12	16	7	9			
大化瑶族自治县				9	4	5			
来宾市	**5**	**1**	**4**	**62**	**36**	**26**	**8**	**5**	**3**
兴宾区	1		1	46	25	21	4	3	1
忻城县	1		1						
象州县	3	1	2	7	6	1			
武宣县				5	2	3	2		2
金秀瑶族自治县				3	2	1			
合山市				1	1		2	2	
崇左市	**25**	**9**	**16**	**40**	**23**	**17**	**6**	**1**	**5**
江州区	2		2	21	8	13	1		1
扶绥县	6	1	5	8	7	1	2		2
宁明县	8	2	6	1		1			
龙州县	4	3	1	2	2		1	1	
大新县	3	3					1		1
天等县	1		1	1		1	1		1
凭祥市	1		1	7	6	1			

1-4 续表 24

单位：人

地 区	拉祜族			水族			东乡族		
	小计	男	女	小计	男	女	小计	男	女
总 计	**370**	**145**	**225**	**16933**	**8449**	**8484**	**166**	**106**	**60**
南宁市	**84**	**28**	**56**	**1862**	**859**	**1003**	**39**	**24**	**15**
兴宁区	10	4	6	211	96	115	1		1
青秀区	19	6	13	526	234	292	23	12	11
江南区	5	2	3	185	80	105	6	6	
西乡塘区	22	5	17	508	238	270	7	5	2
良庆区	7	4	3	115	57	58	1	1	
邕宁区				109	72	37			
武鸣区	4	1	3	92	45	47	1		1
隆安县	3	2	1	6	2	4			
马山县	5	2	3	46	20	26			
上林县	3		3	4		4			
宾阳县	1	1		38	6	32			
横 县	5	1	4	22	9	13			
柳州市	**34**	**11**	**23**	**4982**	**2599**	**2383**	**7**	**5**	**2**
城中区	1		1	130	57	73			
鱼峰区	12	3	9	462	258	204			
柳南区	2	1	1	548	272	276	2	1	1
柳北区	9	3	6	266	135	131			
柳江区	4	1	3	181	72	109			
柳城县				146	71	75			
鹿寨县	2	2		93	46	47	5	4	1
融安县	3	1	2	122	66	56			
融水苗族自治县				2976	1599	1377			
三江侗族自治县	1		1	58	23	35			
桂林市	**61**	**21**	**40**	**541**	**205**	**336**	**18**	**12**	**6**
秀峰区	5	2	3	22	9	13	2	2	
叠彩区	1	1		11	5	6			
象山区				31	13	18	3	1	2
七星区	9	4	5	70	35	35	5	5	
雁山区	1	1		35	12	23	1		1
临桂区	11	3	8	57	29	28			
阳朔县	6	2	4	19	5	14			
灵川县	12	3	9	39	21	18	7	4	3
全州县	1	1		33	7	26			
兴安县	2		2	21	7	14			
永福县	2		2	33	6	27			
灌阳县	6	3	3	15	7	8			
龙胜各族自治县	1		1	7	2	5			
资源县	1		1	4		4			
平乐县				32	9	23			
恭城瑶族自治县	1		1	12	4	8			
荔浦市	2	1	1	100	34	66			

1-4 续表 25

单位:人

地 区	拉祜族			水族			东乡族		
	小计	男	女	小计	男	女	小计	男	女
梧州市	**16**	**6**	**10**	**195**	**67**	**128**	**2**	**2**	
万秀区				29	12	17	1	1	
长洲区	2	1	1	25	16	9			
龙圩区	5	3	2	10	5	5	1	1	
苍梧县				8	5	3			
藤 县	4	1	3	64	10	54			
蒙山县	3	1	2	54	19	35			
岑溪市	2		2	5		5			
北海市	**18**	**9**	**9**	**123**	**57**	**66**	**52**	**30**	**22**
海城区	6	2	4	60	27	33	39	24	15
银海区	8	5	3	42	22	20	11	5	6
铁山港区				4	2	2			
合浦县	4	2	2	17	6	11	2	1	1
防城港市	**3**	**1**	**2**	**95**	**55**	**40**	**6**	**5**	**1**
港口区	1	1		47	35	12	6	5	1
防城区				18	9	9			
上思县	1		1	6	2	4			
东兴市	1		1	24	9	15			
钦州市	**29**	**18**	**11**	**101**	**47**	**54**	**1**	**1**	
钦南区	11	8	3	44	27	17	1	1	
钦北区	1		1	26	9	17			
灵山县	4	2	2	21	8	13			
浦北县	13	8	5	10	3	7			
贵港市	**13**	**7**	**6**	**281**	**82**	**199**	**1**		**1**
港北区	5	4	1	47	23	24			
港南区	5	2	3	80	27	53			
覃塘区	1		1	45	12	33			
平南县	1	1		39	12	27			
桂平市	1		1	70	8	62	1		1
玉林市	**36**	**15**	**21**	**317**	**94**	**223**	**15**	**12**	**3**
玉州区	16	10	6	65	24	41	10	8	2
福绵区	4	3	1	48	25	23	5	4	1
容 县	2		2	24	4	20			
陆川县				26	7	19			
博白县	7		7	46	15	31			
兴业县	3	2	1	71	11	60			
北流市	4		4	37	8	29			
百色市	**20**	**8**	**12**	**156**	**61**	**95**	**3**		**3**
右江区	4	2	2	49	18	31	2		2
田阳区				11	4	7			
田东县	3	2	1	6	5	1			

1-4 续表 26

单位:人

地 区	拉祜族			水族			东乡族		
	小计	男	女	小计	男	女	小计	男	女
德保县	1		1	10	1	9			
那坡县	2		2	1		1			
凌云县				5	2	3			
乐业县				5	1	4			
田林县	1		1	11	6	5			
西林县	3		3	4	3	1			
隆林各族自治县	1	1		8	4	4			
靖西市	3	2	1	6	2	4			
平果市	2	1	1	40	15	25	1		1
贺州市	**15**	**5**	**10**	**110**	**53**	**57**			
八步区	6	2	4	52	27	25			
平桂区	6	3	3	11	7	4			
昭平县	1		1	17	7	10			
钟山县	1		1	23	11	12			
富川瑶族自治县	1		1	7	1	6			
河池市	**16**	**3**	**13**	**7204**	**3797**	**3407**	**9**	**5**	**4**
金城江区	1		1	1063	506	557	5	3	2
宜州区	1	1		2227	1197	1030	1	1	
南丹县	1		1	1910	1078	832	1		1
天峨县	3	1	2	116	57	59			
凤山县				3		3			
东兰县				11	4	7			
罗城仫佬族自治县	1		1	162	52	110	2	1	1
环江毛南族自治县	2		2	1134	596	538			
巴马瑶族自治县	2		2	9	3	6			
都安瑶族自治县	4	1	3	553	293	260			
大化瑶族自治县	1		1	16	11	5			
来宾市	**11**	**3**	**8**	**753**	**357**	**396**	**6**	**4**	**2**
兴宾区	4		4	520	258	262	2	1	1
忻城县				44	20	24			
象州县	5	2	3	115	52	63	1	1	
武宣县	1	1		33	7	26	3	2	1
金秀瑶族自治县				33	15	18			
合山市	1		1	8	5	3			
崇左市	**14**	**10**	**4**	**213**	**116**	**97**	**7**	**6**	**1**
江州区	1		1	104	51	53	6	5	1
扶绥县	1	1		42	23	19	1	1	
宁明县	1		1	5	4	1			
龙州县	9	9		27	16	11			
大新县	1		1	7	5	2			
天等县				2	2				
凭祥市	1		1	26	15	11			

1-4 续表 27

单位:人

地区	纳西族			景颇族			柯尔克孜族		
	小计	男	女	小计	男	女	小计	男	女
总 计	**196**	**76**	**120**	**136**	**49**	**87**	**11**	**4**	**7**
南宁市	**77**	**38**	**39**	**18**	**8**	**10**	**6**	**1**	**5**
兴宁区	4	3	1	1		1			
青秀区	27	18	9	3	1	2			
江南区	9	4	5	3	2	1			
西乡塘区	28	8	20	9	3	6	6	1	5
良庆区	5	3	2	2	2				
邕宁区									
武鸣区	1	1							
隆安县									
马山县									
上林县	2	1	1						
宾阳县	1		1						
横 县									
柳州市	**22**	**9**	**13**	**31**	**14**	**17**	**1**	**1**	
城中区	9	5	4	2		2			
鱼峰区	4	1	3	7	6	1			
柳南区	7	2	5	9	3	6	1	1	
柳北区				2		2			
柳江区				2	1	1			
柳城县									
鹿寨县	1		1	3	3				
融安县									
融水苗族自治县	1	1		2		2			
三江侗族自治县				4	1	3			
桂林市	**34**	**10**	**24**	**24**	**5**	**19**	**3**	**1**	**2**
秀峰区	1		1						
叠彩区	2	1	1	2	1	1			
象山区	4	2	2	1		1	1		1
七星区	5	1	4	2		2			
雁山区	7		7	3	1	2	2	1	1
临桂区	6	1	5						
阳朔县	3	3							
灵川县	4	2	2	1		1			
全州县									
兴安县				5	2	3			
永福县									
灌阳县	1		1	4		4			
龙胜各族自治县				2	1	1			
资源县									
平乐县									
恭城瑶族自治县	1		1						
荔浦市				4		4			

1-4 续表 28

单位:人

地 区	纳西族			景颇族			柯尔克孜族		
	小计	男	女	小计	男	女	小计	男	女
梧州市	**4**	**1**	**3**						
万秀区									
长洲区	4	1	3						
龙圩区									
苍梧县									
藤 县									
蒙山县									
岑溪市									
北海市	**15**	**4**	**11**	**12**	**5**	**7**			
海城区	4	1	3	6	2	4			
银海区	11	3	8	3	1	2			
铁山港区				3	2	1			
合浦县									
防城港市	**4**	**3**	**1**	**5**	**3**	**2**			
港口区	4	3	1	2	2				
防城区				1		1			
上思县									
东兴市				2	1	1			
钦州市	**2**		**2**	**2**	**1**	**1**			
钦南区	2		2	2	1	1			
钦北区									
灵山县									
浦北县									
贵港市				**2**	**1**	**1**			
港北区				1		1			
港南区									
覃塘区									
平南县				1	1				
桂平市									
玉林市	**4**	**1**	**3**	**4**		**4**			
玉州区	2	1	1	1		1			
福绵区									
容 县				1		1			
陆川县				1		1			
博白县	1		1						
兴业县									
北流市	1		1	1		1			
百色市	**5**	**2**	**3**	**4**	**1**	**3**			
右江区	2		2	1	1				
田阳区	2	2							
田东县				2		2			

1-4 续表 29 单位:人

地 区	纳西族			景颇族			柯尔克孜族		
	小计	男	女	小计	男	女	小计	男	女
德保县									
那坡县									
凌云县									
乐业县									
田林县	1		1						
西林县									
隆林各族自治县									
靖西市				1		1			
平果市									
贺州市	**7**	**2**	**5**	**1**		**1**			
八步区	1	1							
平桂区									
昭平县	3	1	2						
钟山县				1		1			
富川瑶族自治县	3		3						
河池市	**8**	**1**	**7**	**11**	**1**	**10**			
金城江区	2		2	1	1				
宜州区	1		1	2		2			
南丹县	4	1	3						
天峨县				3		3			
凤山县									
东兰县				1		1			
罗城仫佬族自治县				3		3			
环江毛南族自治县									
巴马瑶族自治县									
都安瑶族自治县				1		1			
大化瑶族自治县	1		1						
来宾市	**3**		**3**	**5**	**1**	**4**			
兴宾区	2		2	3	1	2			
忻城县				1		1			
象州县									
武宣县	1		1	1		1			
金秀瑶族自治县									
合山市									
崇左市	**11**	**5**	**6**	**17**	**9**	**8**	**1**	**1**	
江州区	6	2	4	1	1				
扶绥县	1	1		15	8	7	1	1	
宁明县	2	1	1						
龙州县	2	1	1	1		1			
大新县									
天等县									
凭祥市									

1-4 续表 30

单位：人

地 区	土族			达斡尔族			仫佬族		
	小计	男	女	小计	男	女	小计	男	女
总 计	**470**	**224**	**246**	**251**	**118**	**133**	**180185**	**90568**	**89617**
南宁市	**122**	**68**	**54**	**108**	**51**	**57**	**12845**	**5983**	**6862**
兴宁区	12	9	3	2		2	1329	689	640
青秀区	23	10	13	32	13	19	3848	1683	2165
江南区	16	11	5	9	4	5	1765	816	949
西乡塘区	36	20	16	16	6	10	3830	1752	2078
良庆区	18	9	9	10	4	6	667	323	344
邕宁区				38	23	15	214	91	123
武鸣区	3	2	1				307	141	166
隆安县	6	2	4				26	14	12
马山县	3	3					573	351	222
上林县	2		2				68	28	40
宾阳县	1	1		1	1		132	59	73
横 县	2	1	1				86	36	50
柳州市	**64**	**37**	**27**	**18**	**10**	**8**	**30897**	**15100**	**15797**
城中区	7	4	3	8	3	5	2026	915	1111
鱼峰区	25	21	4	1	1		8289	4221	4068
柳南区	6	4	2	1	1		4489	2129	2360
柳北区	3	1	2	8	5	3	3720	1752	1968
柳江区	4	1	3				2571	1306	1265
柳城县	11	2	9				6173	3019	3154
鹿寨县	2	1	1				602	272	330
融安县	3	1	2				852	431	421
融水苗族自治县	3	2	1				2093	1018	1075
三江侗族自治县							82	37	45
桂林市	**56**	**21**	**35**	**49**	**23**	**26**	**2715**	**1209**	**1506**
秀峰区	1		1				151	68	83
叠彩区	3	1	2				154	70	84
象山区	8	4	4	5	3	2	304	120	184
七星区	2		2	5	2	3	501	255	246
雁山区	8	2	6	4	2	2	220	61	159
临桂区	10	3	7	25	9	16	430	165	265
阳朔县	4	2	2				163	96	67
灵川县	2	2		6	3	3	173	94	79
全州县	1		1				93	35	58
兴安县	3	2	1	1	1		30	7	23
永福县	2	2					199	113	86
灌阳县	1		1	1	1		43	14	29
龙胜各族自治县	1		1				8	2	6
资源县	1		1				9	6	3
平乐县	1		1				109	53	56
恭城瑶族自治县	2	1	1				39	16	23
荔浦市	6	2	4	2	2		89	34	55

1-4 续表 31

单位:人

地区	土族			达斡尔族			仫佬族		
	小计	男	女	小计	男	女	小计	男	女
梧州市	**11**	**3**	**8**	**4**	**2**	**2**	**426**	**146**	**280**
万秀区	2		2				123	49	74
长洲区	4	3	1				77	37	40
龙圩区	2		2				31	14	17
苍梧县	1		1				17	4	13
藤　县	2		2	2	2		65	19	46
蒙山县				2		2	40	9	31
岑溪市							73	14	59
北海市	**48**	**21**	**27**	**36**	**16**	**20**	**515**	**228**	**287**
海城区	22	11	11	18	7	11	298	129	169
银海区	23	8	15	18	9	9	138	69	69
铁山港区							16	6	10
合浦县	3	2	1				63	24	39
防城港市	**10**	**5**	**5**	**24**	**11**	**13**	**390**	**212**	**178**
港口区	8	3	5	21	9	12	199	124	75
防城区	1	1					82	33	49
上思县							25	10	15
东兴市	1	1		3	2	1	84	45	39
钦州市	**17**	**2**	**15**	**3**	**1**	**2**	**512**	**190**	**322**
钦南区	6	1	5	3	1	2	216	78	138
钦北区	3		3				199	80	119
灵山县	5		5				53	18	35
浦北县	3	1	2				44	14	30
贵港市	**23**	**11**	**12**	**3**	**1**	**2**	**1067**	**388**	**679**
港北区	13	5	8	3	1	2	381	157	224
港南区	4	3	1				209	62	147
覃塘区	2	1	1				102	32	70
平南县	1	1					185	61	124
桂平市	3	1	2				190	76	114
玉林市	**14**	**6**	**8**				**785**	**284**	**501**
玉州区	5	2	3				291	118	173
福绵区	2	2					29	17	12
容　县	2		2				39	14	25
陆川县							135	43	92
博白县	2		2				150	46	104
兴业县	1		1				45	13	32
北流市	2	2					96	33	63
百色市	**13**	**5**	**8**	**2**		**2**	**927**	**426**	**501**
右江区	4		4	2		2	325	142	183
田阳区	1		1				62	29	33
田东县							126	54	72

1-4 续表 32

单位：人

地 区	土族			达斡尔族			仫佬族		
	小计	男	女	小计	男	女	小计	男	女
德保县	1		1				11	5	6
那坡县	1	1					38	22	16
凌云县	3	3					8	3	5
乐业县							13	6	7
田林县							51	30	21
西林县							17	6	11
隆林各族自治县							109	61	48
靖西市	2		2				28	8	20
平果市	1	1					139	60	79
贺州市	**19**	**9**	**10**				**350**	**145**	**205**
八步区	11	6	5				149	66	83
平桂区	1		1				58	29	29
昭平县	3	1	2				54	18	36
钟山县							52	17	35
富川瑶族自治县	4	2	2				37	15	22
河池市	**31**	**14**	**17**	**1**	**1**		**122084**	**62905**	**59179**
金城江区	5	3	2				4414	2181	2233
宜州区	4	1	3	1	1		17657	9106	8551
南丹县	3	1	2				539	261	278
天峨县	1		1				171	94	77
凤山县	2	1	1				31	15	16
东兰县							47	18	29
罗城仫佬族自治县	8	5	3				95852	49399	46453
环江毛南族自治县	5	3	2				1143	605	538
巴马瑶族自治县							80	35	45
都安瑶族自治县	3		3				2051	1145	906
大化瑶族自治县							99	46	53
来宾市	**12**	**6**	**6**				**5997**	**3032**	**2965**
兴宾区	7	4	3				1140	463	677
忻城县							2615	1364	1251
象州县	1		1				1838	1024	814
武宣县	3	2	1				134	51	83
金秀瑶族自治县	1		1				72	31	41
合山市							198	99	99
崇左市	**30**	**16**	**14**	**3**	**2**	**1**	**675**	**320**	**355**
江州区	6	1	5				350	151	199
扶绥县	13	8	5	2	2		184	91	93
宁明县	1	1					31	18	13
龙州县							26	13	13
大新县	5	3	2				23	12	11
天等县							16	11	5
凭祥市	5	3	2	1		1	45	24	21

1-4 续表 33

单位:人

地 区	羌族			布朗族			撒拉族		
	小计	男	女	小计	男	女	小计	男	女
总 计	**226**	**127**	**99**	**173**	**71**	**102**	**41**	**19**	**22**
南宁市	**75**	**45**	**30**	**33**	**17**	**16**	**15**	**10**	**5**
兴宁区	6	5	1	2	2				
青秀区	22	13	9	8	5	3	6	4	2
江南区	13	11	2	2	2				
西乡塘区	22	12	10	10	2	8	7	5	2
良庆区	5	2	3	6	6		2	1	1
邕宁区									
武鸣区	3		3	1		1			
隆安县									
马山县									
上林县									
宾阳县	4	2	2	1		1			
横 县				3		3			
柳州市	**27**	**13**	**14**	**30**	**10**	**20**	**2**	**1**	**1**
城中区	5	2	3	3	2	1			
鱼峰区	13	7	6	5	1	4	1	1	
柳南区	2	2		2	1	1	1		1
柳北区				2		2			
柳江区									
柳城县				5	3	2			
鹿寨县	4	1	3	2	1	1			
融安县	3	1	2	8	1	7			
融水苗族自治县				2	1	1			
三江侗族自治县				1		1			
桂林市	**19**	**9**	**10**	**19**	**7**	**12**	**8**	**2**	**6**
秀峰区	3	1	2						
叠彩区				2	1	1			
象山区									
七星区	5	3	2				1		1
雁山区				1		1	3		3
临桂区	6	3	3						
阳朔县									
灵川县	1		1	1		1			
全州县				1		1			
兴安县				3		3			
永福县	2		2	4	2	2			
灌阳县	1	1							
龙胜各族自治县				1		1			
资源县				1		1	4	2	2
平乐县	1	1		2	2				
恭城瑶族自治县				3	2	1			
荔浦市									

1-4 续表 34

单位：人

地区	羌族			布朗族			撒拉族		
	小计	男	女	小计	男	女	小计	男	女
梧州市	**15**	**10**	**5**	**3**	**1**	**2**			
万秀区	1	1		1		1			
长洲区	2	1	1						
龙圩区									
苍梧县	3	3							
藤　县	8	5	3	1		1			
蒙山县				1	1				
岑溪市	1		1						
北海市	**19**	**6**	**13**	**8**	**4**	**4**	**6**	**3**	**3**
海城区	10	3	7	2		2	3	3	
银海区	9	3	6	6	4	2	3		3
铁山港区									
合浦县									
防城港市	**14**	**8**	**6**	**3**	**2**	**1**			
港口区	11	7	4	3	2	1			
防城区	1	1							
上思县									
东兴市	2		2						
钦州市	**5**	**3**	**2**	**8**	**1**	**7**	**1**		**1**
钦南区	3	2	1						
钦北区	1	1		1		1	1		1
灵山县	1		1	3		3			
浦北县				4	1	3			
贵港市	**5**	**4**	**1**	**4**	**2**	**2**			
港北区	1	1		1	1				
港南区				3	1	2			
覃塘区									
平南县	4	3	1						
桂平市									
玉林市	**2**	**2**		**8**	**3**	**5**			
玉州区	1	1		1	1				
福绵区									
容　县									
陆川县									
博白县				2		2			
兴业县	1	1		5	2	3			
北流市									
百色市	**10**	**6**	**4**	**6**	**1**	**5**	**4**	**1**	**3**
右江区	6	3	3	1		1	1		1
田阳区	2	1	1	1	1				
田东县				3		3			

1-4 续表 35

单位:人

地区	羌族			布朗族			撒拉族		
	小计	男	女	小计	男	女	小计	男	女
德保县									
那坡县									
凌云县	1	1							
乐业县									
田林县									
西林县									
隆林各族自治县				1		1			
靖西市									
平果市	1	1					3	1	2
贺州市	**7**	**4**	**3**	**3**	**1**	**2**	**1**		**1**
八步区	4	3	1						
平桂区	2		2						
昭平县							1		1
钟山县	1	1		1	1				
富川瑶族自治县				2		2			
河池市	**9**	**7**	**2**	**37**	**18**	**19**	**3**	**1**	**2**
金城江区				4	1	3			
宜州区	4	3	1	1		1			
南丹县				5	4	1	1	1	
天峨县	2	1	1	3	2	1			
凤山县									
东兰县	2	2		1		1			
罗城仫佬族自治县				10	6	4			
环江毛南族自治县				8	4	4	2		2
巴马瑶族自治县				2	1	1			
都安瑶族自治县				3		3			
大化瑶族自治县	1	1							
来宾市	**13**	**7**	**6**	**3**	**1**	**2**	**1**	**1**	
兴宾区	9	4	5						
忻城县	1		1	2		2	1	1	
象州县				1	1				
武宣县	2	2							
金秀瑶族自治县									
合山市	1	1							
崇左市	**6**	**3**	**3**	**8**	**3**	**5**			
江州区	3	1	2	4		4			
扶绥县	2	1	1	1	1				
宁明县									
龙州县				3	2	1			
大新县									
天等县	1	1							
凭祥市									

1-4 续表 36

单位：人

地 区	毛南族			仡佬族			锡伯族		
	小计	男	女	小计	男	女	小计	男	女
总 计	**73199**	**37684**	**35515**	**6252**	**3324**	**2928**	**294**	**147**	**147**
南宁市	**6054**	**2898**	**3156**	**809**	**419**	**390**	**103**	**52**	**51**
兴宁区	739	391	348	64	34	30	9	8	1
青秀区	1454	665	789	294	145	149	26	12	14
江南区	892	435	457	107	55	52	17	8	9
西乡塘区	1918	916	1002	220	118	102	35	18	17
良庆区	398	202	196	39	24	15	3		3
邕宁区	156	73	83	12	7	5	4	1	3
武鸣区	178	90	88	25	15	10	3	2	1
隆安县	28	13	15	6	2	4			
马山县	110	49	61	5	1	4	2	1	1
上林县	35	21	14	6	4	2			
宾阳县	97	32	65	11	4	7	3	1	2
横 县	49	11	38	20	10	10	1	1	
柳州市	**3402**	**1690**	**1712**	**619**	**339**	**280**	**26**	**16**	**10**
城中区	301	145	156	75	42	33	2	1	1
鱼峰区	877	484	393	140	85	55	4	3	1
柳南区	860	432	428	132	80	52	2	1	1
柳北区	680	321	359	71	31	40	9	7	2
柳江区	302	129	173	22	10	12			
柳城县	102	46	56	67	36	31	1		1
鹿寨县	124	60	64	35	19	16	3	2	1
融安县	70	32	38	22	9	13			
融水苗族自治县	62	30	32	48	24	24	5	2	3
三江侗族自治县	24	11	13	7	3	4			
桂林市	**979**	**444**	**535**	**250**	**129**	**121**	**60**	**24**	**36**
秀峰区	45	22	23	12	5	7	8	3	5
叠彩区	54	22	32	2	1	1	1		1
象山区	117	48	69	18	7	11	5	3	2
七星区	168	95	73	26	15	11	8	1	7
雁山区	76	32	44	35	16	19	2		2
临桂区	200	88	112	38	24	14	24	11	13
阳朔县	23	5	18	7	3	4	1		1
灵川县	106	52	54	34	21	13	2	1	1
全州县	37	13	24	12	5	7			
兴安县	6	3	3	5	1	4			
永福县	38	17	21	9	6	3	9	5	4
灌阳县	23	7	16	5	1	4			
龙胜各族自治县	5	2	3	4	3	1			
资源县	10	7	3	6	3	3			
平乐县	19	9	10	16	7	9			
恭城瑶族自治县	15	9	6	7	3	4			
荔浦市	37	13	24	14	8	6			

1-4 续表 37

单位：人

地 区	毛南族			仡佬族			锡伯族		
	小计	男	女	小计	男	女	小计	男	女
梧州市	**145**	**67**	**78**	**61**	**36**	**25**	**2**	**2**	
万秀区	36	17	19	14	10	4	2	2	
长洲区	24	17	7	5	2	3			
龙圩区	18	7	11	8	6	2			
苍梧县	5	2	3						
藤 县	23	7	16	15	7	8			
蒙山县	8	4	4	9	7	2			
岑溪市	31	13	18	10	4	6			
北海市	**275**	**133**	**142**	**206**	**109**	**97**	**57**	**31**	**26**
海城区	126	63	63	100	52	48	39	21	18
银海区	90	40	50	95	54	41	17	9	8
铁山港区	27	16	11	4	3	1			
合浦县	32	14	18	7		7	1	1	
防城港市	**230**	**120**	**110**	**64**	**39**	**25**	**10**	**4**	**6**
港口区	152	85	67	26	16	10	6	2	4
防城区	43	20	23	22	15	7	1	1	
上思县	17	6	11	7	5	2			
东兴市	18	9	9	9	3	6	3	1	2
钦州市	**282**	**119**	**163**	**171**	**101**	**70**	**6**	**3**	**3**
钦南区	145	67	78	127	77	50	3	2	1
钦北区	83	40	43	25	15	10	2		2
灵山县	37	8	29	15	8	7	1	1	
浦北县	17	4	13	4	1	3			
贵港市	**508**	**187**	**321**	**91**	**40**	**51**	**4**	**1**	**3**
港北区	209	85	124	22	10	12	4	1	3
港南区	127	40	87	18	4	14			
覃塘区	41	17	24	8	4	4			
平南县	64	18	46	22	12	10			
桂平市	67	27	40	21	10	11			
玉林市	**474**	**141**	**333**	**88**	**52**	**36**			
玉州区	146	66	80	33	25	8			
福绵区	26	10	16	7	3	4			
容 县	25	3	22	5	1	4			
陆川县	66	17	49	7	3	4			
博白县	105	27	78	16	8	8			
兴业县	44	7	37	9	6	3			
北流市	62	11	51	11	6	5			
百色市	**430**	**200**	**230**	**2959**	**1567**	**1392**	**18**	**10**	**8**
右江区	153	54	99	129	67	62	12	7	5
田阳区	19	9	10	11	5	6			
田东县	39	19	20	9	7	2	2	2	

1-4 续表 38

单位:人

地 区	毛南族			仡佬族			锡伯族		
	小计	男	女	小计	男	女	小计	男	女
德保县	28	14	14	9	3	6	1	1	
那坡县	8	4	4	4	2	2			
凌云县	5	1	4	2		2			
乐业县	2	1	1	2	1	1			
田林县	13	8	5	25	14	11			
西林县	94	58	36	180	100	80			
隆林各族自治县	9	7	2	2539	1342	1197			
靖西市	8	5	3	10	3	7			
平果市	52	20	32	39	23	16	3		3
贺州市	**120**	**67**	**53**	**104**	**57**	**47**			
八步区	31	17	14	52	32	20			
平桂区	18	13	5	9	4	5			
昭平县	50	31	19	16	8	8			
钟山县	14	5	9	18	9	9			
富川瑶族自治县	7	1	6	9	4	5			
河池市	**59511**	**31257**	**28254**	**566**	**296**	**270**	**3**	**2**	**1**
金城江区	9026	4390	4636	109	50	59	1		1
宜州区	1817	821	996	146	71	75			
南丹县	2338	1254	1084	25	14	11			
天峨县	826	515	311	41	38	3			
凤山县	23	8	15	1		1			
东兰县	498	288	210	7	3	4			
罗城仫佬族自治县	136	54	82	184	92	92			
环江毛南族自治县	41588	22023	19565	14	8	6	2	2	
巴马瑶族自治县	160	79	81	4	2	2			
都安瑶族自治县	2962	1757	1205	28	13	15			
大化瑶族自治县	137	68	69	7	5	2			
来宾市	**418**	**179**	**239**	**168**	**87**	**81**	**5**	**2**	**3**
兴宾区	199	91	108	63	27	36	1		1
忻城县	51	20	31	44	28	16	4	2	2
象州县	46	16	30	46	26	20			
武宣县	58	19	39	8	3	5			
金秀瑶族自治县	24	11	13	3	1	2			
合山市	40	22	18	4	2	2			
崇左市	**371**	**182**	**189**	**96**	**53**	**43**			
江州区	160	70	90	37	23	14			
扶绥县	92	50	42	31	16	15			
宁明县	15	4	11	9	6	3			
龙州县	58	39	19	2	2				
大新县	9	2	7	8	3	5			
天等县	5	2	3	2		2			
凭祥市	32	15	17	7	3	4			

1-4 续表 39

单位：人

地 区	阿昌族			普米族			塔吉克族		
	小计	男	女	小计	男	女	小计	男	女
总 计	**55**	**21**	**34**	**36**	**14**	**22**	**10**	**3**	**7**
南宁市	**17**	**8**	**9**	**19**	**9**	**10**	**9**	**3**	**6**
兴宁区				1	1				
青秀区	1	1		1		1	1		1
江南区	4	2	2	6	5	1			
西乡塘区	10	4	6	8	2	6	8	3	5
良庆区	2	1	1						
邕宁区									
武鸣区									
隆安县									
马山县									
上林县				1		1			
宾阳县				2	1	1			
横 县									
柳州市	**2**		**2**	**2**	**1**	**1**			
城中区									
鱼峰区									
柳南区									
柳北区	1		1	1		1			
柳江区	1		1	1	1				
柳城县									
鹿寨县									
融安县									
融水苗族自治县									
三江侗族自治县									
桂林市	**10**	**1**	**9**	**4**	**1**	**3**			
秀峰区				1	1				
叠彩区	1		1						
象山区									
七星区									
雁山区									
临桂区									
阳朔县	3	1	2						
灵川县	1		1						
全州县	2		2						
兴安县									
永福县									
灌阳县	3		3						
龙胜各族自治县									
资源县									
平乐县				3		3			
恭城瑶族自治县									
荔浦市									

1-4 续表 40

单位:人

地 区	阿昌族			普米族			塔吉克族		
	小计	男	女	小计	男	女	小计	男	女
梧州市	**1**		**1**	**1**	**1**				
万秀区									
长洲区	1		1	1	1				
龙圩区									
苍梧县									
藤 县									
蒙山县									
岑溪市									
北海市	**4**	**2**	**2**	**1**		**1**			
海城区				1		1			
银海区	4	2	2						
铁山港区									
合浦县									
防城港市	**2**	**1**	**1**						
港口区									
防城区									
上思县									
东兴市	2	1	1						
钦州市	**1**		**1**						
钦南区									
钦北区									
灵山县	1		1						
浦北县									
贵港市	**1**	**1**							
港北区									
港南区	1	1							
覃塘区									
平南县									
桂平市									
玉林市	**1**		**1**						
玉州区									
福绵区									
容 县									
陆川县	1		1						
博白县									
兴业县									
北流市									
百色市	**2**	**1**	**1**	**2**	**1**	**1**			
右江区	1	1							
田阳区				1	1				
田东县	1		1						

1-4 续表 41

单位：人

地 区	阿昌族			普米族			塔吉克族		
	小计	男	女	小计	男	女	小计	男	女
德保县									
那坡县									
凌云县									
乐业县				1		1			
田林县									
西林县									
隆林各族自治县									
靖西市									
平果市									
贺州市	**5**	**2**	**3**	**1**		**1**	**1**		**1**
八步区	1		1						
平桂区				1		1			
昭平县	2		2				1		1
钟山县									
富川瑶族自治县	2	2							
河池市	**3**	**2**	**1**	**5**	**1**	**4**			
金城江区									
宜州区				3	1	2			
南丹县									
天峨县									
凤山县									
东兰县									
罗城仫佬族自治县									
环江毛南族自治县	2	1	1	2		2			
巴马瑶族自治县									
都安瑶族自治县	1	1							
大化瑶族自治县									
来宾市	**5**	**3**	**2**						
兴宾区	1		1						
忻城县									
象州县	2	1	1						
武宣县									
金秀瑶族自治县									
合山市	2	2							
崇左市	**1**		**1**	**1**		**1**			
江州区				1		1			
扶绥县	1		1						
宁明县									
龙州县									
大新县									
天等县									
凭祥市									

1-4 续表 42

单位:人

地 区	怒族			乌孜别克族			俄罗斯族		
	小计	男	女	小计	男	女	小计	男	女
总 计	**28**	**8**	**20**	**5**	**2**	**3**	**35**	**20**	**15**
南宁市	**11**	**2**	**9**	**1**		**1**	**20**	**13**	**7**
兴宁区							4	2	2
青秀区	2		2				9	6	3
江南区									
西乡塘区	6		6	1		1	4	2	2
良庆区	2	2					1	1	
邕宁区							2	2	
武鸣区									
隆安县									
马山县	1		1						
上林县									
宾阳县									
横 县									
柳州市	**4**	**3**	**1**	**1**	**1**		**2**		**2**
城中区									
鱼峰区				1	1				
柳南区							2		2
柳北区	3	2	1						
柳江区									
柳城县									
鹿寨县									
融安县	1	1							
融水苗族自治县									
三江侗族自治县									
桂林市	**3**	**1**	**2**	**3**	**1**	**2**	**2**	**1**	**1**
秀峰区									
叠彩区									
象山区									
七星区				3	1	2			
雁山区	1	1							
临桂区	1		1				2	1	1
阳朔县									
灵川县									
全州县									
兴安县									
永福县									
灌阳县	1		1						
龙胜各族自治县									
资源县									
平乐县									
恭城瑶族自治县									
荔浦市									

1-4 续表 43

单位:人

地 区	怒族			乌孜别克族			俄罗斯族		
	小计	男	女	小计	男	女	小计	男	女
梧州市	**1**		**1**						
万秀区									
长洲区	1		1						
龙圩区									
苍梧县									
藤 县									
蒙山县									
岑溪市									
北海市	**1**		**1**				**3**	**3**	
海城区	1		1				2	2	
银海区							1	1	
铁山港区									
合浦县									
防城港市							**5**	**2**	**3**
港口区							5	2	3
防城区									
上思县									
东兴市									
钦州市	**1**	**1**							
钦南区	1	1							
钦北区									
灵山县									
浦北县									
贵港市									
港北区									
港南区									
覃塘区									
平南县									
桂平市									
玉林市							**2**	**1**	**1**
玉州区							2	1	1
福绵区									
容 县									
陆川县									
博白县									
兴业县									
北流市									
百色市									
右江区									
田阳区									
田东县									

1-4 续表 44

单位:人

地 区	怒族			乌孜别克族			俄罗斯族		
	小计	男	女	小计	男	女	小计	男	女
德保县									
那坡县									
凌云县									
乐业县									
田林县									
西林县									
隆林各族自治县									
靖西市									
平果市									
贺州市	**3**		**3**						
八步区	1		1						
平桂区	2		2						
昭平县									
钟山县									
富川瑶族自治县									
河池市	**3**		**3**				**1**		**1**
金城江区									
宜州区	1		1						
南丹县									
天峨县									
凤山县	1		1						
东兰县									
罗城仫佬族自治县									
环江毛南族自治县	1		1						
巴马瑶族自治县							1		1
都安瑶族自治县									
大化瑶族自治县									
来宾市	**1**	**1**							
兴宾区									
忻城县									
象州县	1	1							
武宣县									
金秀瑶族自治县									
合山市									
崇左市									
江州区									
扶绥县									
宁明县									
龙州县									
大新县									
天等县									
凭祥市									

1-4 续表 45

单位：人

地 区	鄂温克族			德昂族			保安族		
	小计	男	女	小计	男	女	小计	男	女
总 计	**86**	**37**	**49**	**17**	**7**	**10**	**11**	**7**	**4**
南宁市	**28**	**14**	**14**	**7**	**3**	**4**			
兴宁区	1		1	2	2				
青秀区	6	3	3	1		1			
江南区	1	1		1		1			
西乡塘区	7	2	5	2	1	1			
良庆区	4	4							
邕宁区	9	4	5						
武鸣区									
隆安县									
马山县				1		1			
上林县									
宾阳县									
横 县									
柳州市	**9**	**2**	**7**	**4**	**1**	**3**			
城中区	1		1						
鱼峰区	2	1	1						
柳南区	1		1						
柳北区	1	1		1		1			
柳江区				3	1	2			
柳城县	3		3						
鹿寨县	1		1						
融安县									
融水苗族自治县									
三江侗族自治县									
桂林市	**5**	**2**	**3**	**1**		**1**	**1**	**1**	
秀峰区									
叠彩区									
象山区									
七星区									
雁山区									
临桂区	2	1	1				1	1	
阳朔县	1		1	1		1			
灵川县									
全州县									
兴安县									
永福县									
灌阳县									
龙胜各族自治县									
资源县									
平乐县									
恭城瑶族自治县									
荔浦市	2	1	1						

1-4 续表 46

单位:人

地 区	鄂温克族			德昂族			保安族		
	小计	男	女	小计	男	女	小计	男	女
梧州市	**5**	**2**	**3**	**1**	**1**		**1**		**1**
万秀区	1	1							
长洲区									
龙圩区									
苍梧县	1	1		1	1				
藤 县	1		1						
蒙山县	2		2						
岑溪市							1		1
北海市	**10**	**6**	**4**				**2**	**1**	**1**
海城区	4	3	1				2	1	1
银海区	6	3	3						
铁山港区									
合浦县									
防城港市	**3**	**2**	**1**				**2**		**2**
港口区	3	2	1						
防城区									
上思县									
东兴市							2		2
钦州市	**5**	**1**	**4**						
钦南区	2	1	1						
钦北区	2		2						
灵山县	1		1						
浦北县									
贵港市	**5**	**2**	**3**						
港北区	1	1							
港南区									
覃塘区									
平南县									
桂平市	4	1	3						
玉林市	**2**		**2**	**1**	**1**				
玉州区									
福绵区									
容 县									
陆川县	1		1						
博白县				1	1				
兴业县									
北流市	1		1						
百色市	**1**	**1**		**1**		**1**	**1**	**1**	
右江区									
田阳区									
田东县									

1-4 续表 47

单位:人

地 区	鄂温克族			德昂族			保安族		
	小计	男	女	小计	男	女	小计	男	女
德保县									
那坡县									
凌云县									
乐业县									
田林县									
西林县									
隆林各族自治县									
靖西市	1	1							
平果市				1		1	1	1	
贺州市	**7**	**2**	**5**				**2**	**2**	
八步区	3	1	2				2	2	
平桂区	1		1						
昭平县	1		1						
钟山县									
富川瑶族自治县	2	1	1						
河池市									
金城江区									
宜州区									
南丹县									
天峨县									
凤山县									
东兰县									
罗城仫佬族自治县									
环江毛南族自治县									
巴马瑶族自治县									
都安瑶族自治县									
大化瑶族自治县									
来宾市	**3**	**1**	**2**	**2**	**1**	**1**			
兴宾区	1	1							
忻城县	1		1						
象州县				2	1	1			
武宣县	1		1						
金秀瑶族自治县									
合山市									
崇左市	**3**	**2**	**1**				**2**	**2**	
江州区	3	2	1				1	1	
扶绥县							1	1	
宁明县									
龙州县									
大新县									
天等县									
凭祥市									

1-4 续表 48 单位:人

地 区	裕固族			京族			塔塔尔族		
	小计	男	女	小计	男	女	小计	男	女
总 计	**17**	**9**	**8**	**29326**	**15417**	**13909**	**10**	**2**	**8**
南宁市	**7**	**6**	**1**	**1389**	**698**	**691**	**3**		**3**
兴宁区				123	66	57			
青秀区	2	2		491	245	246			
江南区				169	88	81	1		1
西乡塘区				400	205	195	2		2
良庆区				54	31	23			
邕宁区	1	1		32	16	16			
武鸣区	4	3	1	78	35	43			
隆安县				15	5	10			
马山县				3	1	2			
上林县				4	1	3			
宾阳县				16	5	11			
横 县				4		4			
柳州市				**238**	**121**	**117**	**2**	**2**	
城中区				28	16	12			
鱼峰区				60	31	29	2	2	
柳南区				18	8	10			
柳北区				33	19	14			
柳江区				23	6	17			
柳城县				53	27	26			
鹿寨县				14	10	4			
融安县				2	1	1			
融水苗族自治县				4	1	3			
三江侗族自治县				3	2	1			
桂林市	**1**		**1**	**233**	**104**	**129**			
秀峰区				8	5	3			
叠彩区				4	3	1			
象山区				16	5	11			
七星区				40	21	19			
雁山区	1		1	32	7	25			
临桂区				29	11	18			
阳朔县				9	5	4			
灵川县				16	8	8			
全州县				1		1			
兴安县									
永福县				69	33	36			
灌阳县									
龙胜各族自治县				2	1	1			
资源县									
平乐县				2	2				
恭城瑶族自治县				3	3				
荔浦市				2		2			

1-4 续表 49

单位:人

地 区	裕固族			京族			塔塔尔族		
	小计	男	女	小计	男	女	小计	男	女
梧州市	**1**		**1**	**20**	**8**	**12**			
万秀区	1		1	9	2	7			
长洲区				3	1	2			
龙圩区				2	1	1			
苍梧县									
藤 县									
蒙山县				3	1	2			
岑溪市				3	3				
北海市	**1**		**1**	**215**	**122**	**93**			
海城区				101	49	52			
银海区	1		1	87	59	28			
铁山港区				11	6	5			
合浦县				16	8	8			
防城港市				**25973**	**13796**	**12177**			
港口区				1544	757	787			
防城区				3575	1816	1759			
上思县				20	14	6			
东兴市				20834	11209	9625			
钦州市				**759**	**379**	**380**			
钦南区				413	210	203			
钦北区				278	138	140			
灵山县				32	8	24			
浦北县				36	23	13			
贵港市				**28**	**8**	**20**			
港北区				13	4	9			
港南区				4	1	3			
覃塘区				2	1	1			
平南县				3	1	2			
桂平市				6	1	5			
玉林市				**33**	**14**	**19**			
玉州区				16	6	10			
福绵区									
容 县				6	2	4			
陆川县				2	2				
博白县				3	2	1			
兴业县				3	1	2			
北流市				3	1	2			
百色市	**1**		**1**	**87**	**32**	**55**			
右江区	1		1	61	23	38			
田阳区				1		1			
田东县				2	1	1			

1-4 续表 50

单位：人

地　区	裕固族			京族			塔塔尔族		
	小计	男	女	小计	男	女	小计	男	女
德保县									
那坡县									
凌云县									
乐业县				1	1				
田林县				1		1			
西林县									
隆林各族自治县				2	1	1			
靖西市				3		3			
平果市				16	6	10			
贺州市				**15**	**4**	**11**	**5**		**5**
八步区				10	4	6	1		1
平桂区				1		1	2		2
昭平县									
钟山县				2		2			
富川瑶族自治县				2		2	2		2
河池市	**3**	**2**	**1**	**38**	**18**	**20**			
金城江区				7	3	4			
宜州区				20	12	8			
南丹县				2	1	1			
天峨县	3	2	1						
凤山县									
东兰县									
罗城仫佬族自治县				1		1			
环江毛南族自治县				2		2			
巴马瑶族自治县				1		1			
都安瑶族自治县				4	2	2			
大化瑶族自治县				1		1			
来宾市				**35**	**12**	**23**			
兴宾区				29	11	18			
忻城县				3	1	2			
象州县				1		1			
武宣县				1		1			
金秀瑶族自治县									
合山市				1		1			
崇左市	**3**	**1**	**2**	**263**	**101**	**162**			
江州区	3	1	2	86	27	59			
扶绥县				28	14	14			
宁明县				84	36	48			
龙州县				8	3	5			
大新县				3		3			
天等县				2		2			
凭祥市				52	21	31			

1-4　续表 51　　　　单位：人

地　区	独龙族			鄂伦春族			赫哲族		
	小计	男	女	小计	男	女	小计	男	女
总　计	**10**	**2**	**8**	**31**	**12**	**19**	**22**	**14**	**8**
南宁市	**5**		**5**	**14**	**5**	**9**	**9**	**4**	**5**
兴宁区									
青秀区				1		1	5	2	3
江南区				3	1	2			
西乡塘区	4		4	6	2	4			
良庆区				3	2	1	3	1	2
邕宁区									
武鸣区	1		1	1		1			
隆安县									
马山县									
上林县									
宾阳县							1	1	
横　县									
柳州市									
城中区									
鱼峰区									
柳南区									
柳北区									
柳江区									
柳城县									
鹿寨县									
融安县									
融水苗族自治县									
三江侗族自治县									
桂林市	**4**	**2**	**2**	**7**	**4**	**3**			
秀峰区									
叠彩区				1	1				
象山区				1	1				
七星区				3	1	2			
雁山区				1	1				
临桂区				1		1			
阳朔县									
灵川县									
全州县									
兴安县	1		1						
永福县									
灌阳县	3	2	1						
龙胜各族自治县									
资源县									
平乐县									
恭城瑶族自治县									
荔浦市									

1-4 续表 52 单位：人

地区	独龙族			鄂伦春族			赫哲族		
	小计	男	女	小计	男	女	小计	男	女
梧州市									
万秀区									
长洲区									
龙圩区									
苍梧县									
藤　县									
蒙山县									
岑溪市									
北海市				**7**	**1**	**6**	**2**	**2**	
海城区				2	1	1	1	1	
银海区				5		5	1	1	
铁山港区									
合浦县									
防城港市				**1**		**1**	**5**	**3**	**2**
港口区				1		1	5	3	2
防城区									
上思县									
东兴市									
钦州市	**1**		**1**				**1**	**1**	
钦南区							1	1	
钦北区									
灵山县	1		1						
浦北县									
贵港市									
港北区									
港南区									
覃塘区									
平南县									
桂平市									
玉林市									
玉州区									
福绵区									
容　县									
陆川县									
博白县									
兴业县									
北流市									
百色市									
右江区									
田阳区									
田东县									

1-4 续表 53　　　　单位:人

地　区	独龙族			鄂伦春族			赫哲族		
	小计	男	女	小计	男	女	小计	男	女
德保县									
那坡县									
凌云县									
乐业县									
田林县									
西林县									
隆林各族自治县									
靖西市									
平果市									
贺州市									
八步区									
平桂区									
昭平县									
钟山县									
富川瑶族自治县									
河池市							**1**	**1**	
金城江区							1	1	
宜州区									
南丹县									
天峨县									
凤山县									
东兰县									
罗城仫佬族自治县									
环江毛南族自治县									
巴马瑶族自治县									
都安瑶族自治县									
大化瑶族自治县									
来宾市									
兴宾区									
忻城县									
象州县									
武宣县									
金秀瑶族自治县									
合山市									
崇左市				**2**	**2**		**4**	**3**	**1**
江州区				1	1				
扶绥县							4	3	1
宁明县				1	1				
龙州县									
大新县									
天等县									
凭祥市									

1-4 续表 54

单位:人

地 区	门巴族			珞巴族			基诺族		
	小计	男	女	小计	男	女	小计	男	女
总 计	**8**	**1**	**7**	**6**	**2**	**4**	**17**	**5**	**12**
南宁市	**7**	**1**	**6**	**3**	**2**	**1**	**11**	**2**	**9**
兴宁区									
青秀区									
江南区				1	1		2		2
西乡塘区	7	1	6	2	1	1	4		4
良庆区							1		1
邕宁区									
武鸣区									
隆安县									
马山县							3	2	1
上林县									
宾阳县							1		1
横 县									
柳州市				**1**		**1**	**3**	**2**	**1**
城中区									
鱼峰区									
柳南区							1	1	
柳北区				1		1	1		1
柳江区									
柳城县									
鹿寨县									
融安县									
融水苗族自治县							1	1	
三江侗族自治县									
桂林市				**1**		**1**			
秀峰区									
叠彩区									
象山区									
七星区									
雁山区				1		1			
临桂区									
阳朔县									
灵川县									
全州县									
兴安县									
永福县									
灌阳县									
龙胜各族自治县									
资源县									
平乐县									
恭城瑶族自治县									
荔浦市									

1-4 续表 55

单位:人

地区	门巴族			珞巴族			基诺族		
	小计	男	女	小计	男	女	小计	男	女
梧州市									
万秀区									
长洲区									
龙圩区									
苍梧县									
藤　县									
蒙山县									
岑溪市									
北海市									
海城区									
银海区									
铁山港区									
合浦县									
防城港市									
港口区									
防城区									
上思县									
东兴市									
钦州市							**2**		**2**
钦南区									
钦北区									
灵山县							2		2
浦北县									
贵港市									
港北区									
港南区									
覃塘区									
平南县									
桂平市									
玉林市									
玉州区									
福绵区									
容　县									
陆川县									
博白县									
兴业县									
北流市									
百色市							**1**	**1**	
右江区									
田阳区							1	1	
田东县									

1-4 续表 56

单位：人

地 区	门巴族			珞巴族			基诺族		
	小计	男	女	小计	男	女	小计	男	女
德保县									
那坡县									
凌云县									
乐业县									
田林县									
西林县									
隆林各族自治县									
靖西市									
平果市									
贺州市									
八步区									
平桂区									
昭平县									
钟山县									
富川瑶族自治县									
河池市				**1**		**1**			
金城江区				1		1			
宜州区									
南丹县									
天峨县									
凤山县									
东兰县									
罗城仫佬族自治县									
环江毛南族自治县									
巴马瑶族自治县									
都安瑶族自治县									
大化瑶族自治县									
来宾市									
兴宾区									
忻城县									
象州县									
武宣县									
金秀瑶族自治县									
合山市									
崇左市	**1**		**1**						
江州区	1		1						
扶绥县									
宁明县									
龙州县									
大新县									
天等县									
凭祥市									

1-4 续表 57

单位:人

地 区	未定族称人口			入籍		
	小计	男	女	小计	男	女
总 计	**3762**	**1673**	**2089**	**633**	**93**	**540**
南宁市	**845**	**411**	**434**	**65**	**13**	**52**
兴宁区	108	59	49	4	1	3
青秀区	169	89	80	9	4	5
江南区	132	52	80	4	1	3
西乡塘区	217	114	103	16	4	12
良庆区	35	13	22	1		1
邕宁区	13	7	6	7	1	6
武鸣区	35	17	18	4		4
隆安县	25	14	11			
马山县	14	8	6	2		2
上林县	12	4	8	4		4
宾阳县	37	12	25	7	1	6
横 县	48	22	26	7	1	6
柳州市	**424**	**222**	**202**	**38**	**12**	**26**
城中区	21	11	10			
鱼峰区	116	64	52	6	3	3
柳南区	75	37	38	6	2	4
柳北区	59	37	22	5	3	2
柳江区	49	25	24	5	1	4
柳城县	33	21	12	3	1	2
鹿寨县	21	7	14	4		4
融安县	25	12	13	5	1	4
融水苗族自治县	18	6	12	3		3
三江侗族自治县	7	2	5	1	1	
桂林市	**299**	**145**	**154**	**28**	**7**	**21**
秀峰区	5	5		2	1	1
叠彩区	14	7	7			
象山区	8	3	5	1		1
七星区	21	14	7	2	1	1
雁山区	39	14	25			
临桂区	44	18	26	2		2
阳朔县	6	4	2	2	1	1
灵川县	26	18	8			
全州县	10	5	5	3	1	2
兴安县	9	2	7	1		1
永福县	3	2	1	1		1
灌阳县	5	3	2	8	2	6
龙胜各族自治县	19	8	11	1		1
资源县	6	1	5			
平乐县	40	21	19	3	1	2
恭城瑶族自治县	10	3	7	1		1
荔浦市	34	17	17	1		1

1-4 续表 58

单位:人

地 区	未定族称人口			入籍		
	小计	男	女	小计	男	女
梧州市	**80**	**28**	**52**	**35**	**2**	**33**
万秀区	7	4	3			
长洲区	7	6	1			
龙圩区	9	3	6	7		7
苍梧县	4	2	2			
藤 县	27	6	21	15	2	13
蒙山县	12	4	8	4		4
岑溪市	14	3	11	9		9
北海市	**202**	**95**	**107**	**21**	**4**	**17**
海城区	78	39	39	6	3	3
银海区	75	46	29	5	1	4
铁山港区	4	2	2	1		1
合浦县	45	8	37	9		9
防城港市	**261**	**137**	**124**	**34**	**11**	**23**
港口区	77	42	35	1		1
防城区	126	66	60	12	4	8
上思县	16	5	11	6		6
东兴市	42	24	18	15	7	8
钦州市	**312**	**99**	**213**	**92**	**6**	**86**
钦南区	106	42	64	15	4	11
钦北区	91	46	45	17		17
灵山县	62	8	54	36	2	34
浦北县	53	3	50	24		24
贵港市	**247**	**80**	**167**	**48**	**3**	**45**
港北区	56	26	30	5	2	3
港南区	13	2	11	6		6
覃塘区	40	14	26	4		4
平南县	59	17	42	18	1	17
桂平市	79	21	58	15		15
玉林市	**192**	**58**	**134**	**112**	**3**	**109**
玉州区	32	22	10	1		1
福绵区	12	1	11	5		5
容 县	23	4	19	10	1	9
陆川县	15	3	12	8		8
博白县	54	17	37	14		14
兴业县	16	6	10	15	1	14
北流市	40	5	35	59	1	58
百色市	**183**	**93**	**90**	**28**	**1**	**27**
右江区	49	26	23	2		2
田阳区	30	14	16	2		2
田东县	30	18	12			

1-4 续表 59 单位:人

地 区	未定族称人口			入籍		
	小计	男	女	小计	男	女
德保县	6	3	3	1		1
那坡县	3		3	2		2
凌云县				3		3
乐业县	8	3	5			
田林县	2	2		2		2
西林县	16	14	2	1		1
隆林各族自治县	3	1	2	2		2
靖西市	13	2	11	10	1	9
平果市	23	10	13	3		3
贺州市	**122**	**65**	**57**	**12**	**5**	**7**
八步区	55	34	21	4	3	1
平桂区	14	5	9	2		2
昭平县	17	8	9	4	2	2
钟山县	31	17	14	2		2
富川瑶族自治县	5	1	4			
河池市	**226**	**100**	**126**	**46**	**11**	**35**
金城江区	53	24	29	7	2	5
宜州区	46	25	21	8	3	5
南丹县	37	18	19	6	2	4
天峨县	10	6	4			
凤山县	3		3	2		2
东兰县	1		1			
罗城仫佬族自治县	9	2	7	6	2	4
环江毛南族自治县	15	5	10	5		5
巴马瑶族自治县	4	2	2			
都安瑶族自治县	37	14	23	9	2	7
大化瑶族自治县	11	4	7	3		3
来宾市	**236**	**101**	**135**	**29**	**4**	**25**
兴宾区	151	62	89	19	2	17
忻城县	17	8	9	2	1	1
象州县	13	6	7	4	1	3
武宣县	21	8	13	4		4
金秀瑶族自治县	13	9	4			
合山市	21	8	13			
崇左市	**133**	**39**	**94**	**45**	**11**	**34**
江州区	41	4	37	7		7
扶绥县	22	10	12	9	2	7
宁明县	16	5	11	10		10
龙州县	13	9	4	9	6	3
大新县	24	5	19	4		4
天等县	9	3	6	4	2	2
凭祥市	8	3	5	2	1	1

1–4※ 各地区分性别、民族的人口（户籍人口）

单位:人

地 区	合计			汉族			蒙古族		
	合计	男	女	小计	男	女	小计	男	女
总 计	**56876552**	**29880735**	**26995817**	**35776390**	**18917563**	**16858827**	**3100**	**1501**	**1599**
南宁市	**7961081**	**4126585**	**3834496**	**3629511**	**1879527**	**1749984**	**945**	**456**	**489**
兴宁区	434207	218208	215999	204803	100969	103834	81	35	46
青秀区	835476	409249	426227	506135	245731	260404	435	207	228
江南区	602275	305147	297128	310197	157641	152556	107	52	55
西乡塘区	897579	452025	445554	517358	261968	255390	172	94	78
良庆区	359052	185224	173828	81119	39742	41377	61	29	32
邕宁区	382583	201185	181398	41187	19464	21723	35	18	17
武鸣区	714320	371760	342560	106376	55323	51053	10	3	7
隆安县	413465	219625	193840	28107	14255	13852	5	1	4
马山县	556010	292799	263211	117126	63927	53199	6	1	5
上林县	491197	258579	232618	95193	51011	44182	3	1	2
宾阳县	1040671	558075	482596	843079	456852	386227	16	11	5
横 县	1234246	654709	579537	778831	412644	366187	14	4	10
柳州市	**3985055**	**2054408**	**1930647**	**1814836**	**935428**	**879408**	**433**	**224**	**209**
城中区	196552	95701	100851	143948	70346	73602	102	61	41
鱼峰区	439023	219402	219621	274440	138203	136237	104	58	46
柳南区	414432	209752	204680	272038	137873	134165	88	45	43
柳北区	365741	181561	184180	266791	133235	133556	62	22	40
柳江区	504209	259907	244302	123522	64466	59056	12	5	7
柳城县	410844	212976	197868	176272	94456	81816	11	6	5
鹿寨县	413874	219755	194119	182298	97967	84331	28	14	14
融安县	322357	171358	150999	180703	96292	84411	7	3	4
融水苗族自治县	518561	273573	244988	134084	70779	63305	12	6	6
三江侗族自治县	399462	210423	189039	60740	31811	28929	7	4	3
桂林市	**5381365**	**2778277**	**2603088**	**4502366**	**2326652**	**2175714**	**589**	**286**	**303**
秀峰区	124870	60013	64857	112529	54102	58427	46	28	18
叠彩区	161793	77796	83997	148814	71537	77277	40	19	21
象山区	251968	121689	130279	227371	109724	117647	118	58	60
七星区	244413	121672	122741	218605	107994	110611	92	39	53
雁山区	76319	38004	38315	72466	36244	36222	7	6	1
临桂区	538218	279278	258940	484072	252629	231443	122	61	61
阳朔县	326251	168282	157969	282928	145460	137468	7	4	3
灵川县	399493	201746	197747	372368	188768	183600	22	9	13
全州县	818940	440135	378805	776087	418987	357100	26	17	9
兴安县	383454	196942	186512	367791	189287	178504	14	6	8
永福县	283568	149382	134186	241576	127279	114297	10	4	6
灌阳县	287845	153378	134467	260735	140080	120655	6	4	2
龙胜各族自治县	168628	85614	83014	35784	17998	17786	7	2	5
资源县	177487	92414	85073	138405	72149	66256	5	3	2
平乐县	458210	241979	216231	353692	185754	167938	26	11	15
恭城瑶族自治县	300093	155363	144730	109859	55692	54167	11	7	4
荔浦市	379815	194590	185225	299284	152968	146316	30	8	22

1-4(户籍人口)　续表 1

单位:人

地　区	合计			汉族			蒙古族		
	合计	男	女	小计	男	女	小计	男	女
梧州市	**3530628**	**1872933**	**1657695**	**3446875**	**1831167**	**1615708**	**56**	**28**	**28**
万秀区	281121	141128	139993	276397	138798	137599	15	10	5
长洲区	215953	107091	108862	211809	105061	106748	16	5	11
龙圩区	304073	161141	142932	300086	158938	141148	3	1	2
苍梧县	432904	232772	200132	427343	230098	197245	2	1	1
藤　县	1108567	598089	510478	1097360	593202	504158	8	3	5
蒙山县	222939	117470	105469	176165	92687	83478	6	2	4
岑溪市	965071	515242	449829	957715	512383	445332	6	6	
北海市	**1816388**	**949466**	**866922**	**1784631**	**935028**	**849603**	**350**	**165**	**185**
海城区	363992	180027	183965	352923	174608	178315	178	79	99
银海区	200619	103671	96948	190914	98534	92380	142	74	68
铁山港区	176937	91734	85203	175224	90971	84253	5	2	3
合浦县	1074840	574034	500806	1065570	570915	494655	25	10	15
防城港市	**1011535**	**543441**	**468094**	**541890**	**288502**	**253388**	**80**	**29**	**51**
港口区	154145	79913	74232	124366	64522	59844	52	21	31
防城区	445170	240502	204668	287744	155874	131870	17	4	13
上思县	246535	136938	109597	23445	13083	10362	3		3
东兴市	165685	86088	79597	106335	55023	51312	8	4	4
钦州市	**4151319**	**2250392**	**1900927**	**3716572**	**2013791**	**1702781**	**89**	**40**	**49**
钦南区	669664	356698	312966	585528	312914	272614	32	15	17
钦北区	876493	487130	389363	565096	312125	252971	33	15	18
灵山县	1665189	899835	765354	1633551	885119	748432	19	7	12
浦北县	939973	506729	433244	932397	503633	428764	5	3	2
贵港市	**5581420**	**2959938**	**2621482**	**4702171**	**2502836**	**2199335**	**93**	**47**	**46**
港北区	776458	401963	374495	498900	259246	239654	29	11	18
港南区	682869	360781	322088	663884	354218	309666	13	7	6
覃塘区	586508	306068	280440	269955	143657	126298	4	2	2
平南县	1522820	818012	704808	1407965	753856	654109	20	14	6
桂平市	2012765	1073114	939651	1861467	991859	869608	27	13	14
玉林市	**7348958**	**3925298**	**3423660**	**7268973**	**3892113**	**3376860**	**105**	**50**	**55**
玉州区	820991	423659	397332	807580	417419	390161	48	23	25
福绵区	372057	201250	170807	369550	200482	169068	2		2
容　县	868056	459303	408753	859332	456408	402924	11	5	6
陆川县	1094021	582597	511424	1083815	578558	505257	11	6	5
博白县	1904322	1037945	866377	1886825	1030905	855920	23	14	9
兴业县	737313	398354	338959	720413	389947	330466	4		4
北流市	1552198	822190	730008	1541458	818394	723064	6	2	4
百色市	**4203569**	**2181517**	**2022052**	**676812**	**354905**	**321907**	**74**	**30**	**44**
右江区	400720	200648	200072	97412	49352	48060	22	4	18
田阳区	353308	177921	175387	39350	20191	19159	3	1	2
田东县	435812	226888	208924	52806	27796	25010	3	2	1

1-4(户籍人口) 续表 2 单位:人

地区	合计			汉族			蒙古族		
	合计	男	女	小计	男	女	小计	男	女
德保县	362486	192589	169897	20059	10600	9459	11	6	5
那坡县	215922	113334	102588	19000	9813	9187	1	1	
凌云县	224754	116944	107810	103502	54565	48937	3		3
乐业县	180303	94955	85348	90878	47975	42903	3	1	2
田林县	263506	135658	127848	73498	39252	34246	5	3	2
西林县	163246	84999	78247	17208	9426	7782	7	3	4
隆林各族自治县	434606	223483	211123	92029	48666	43363	2	1	1
靖西市	651177	344103	307074	32349	16556	15793	4	2	2
平果市	517729	269995	247734	38721	20713	18008	10	6	4
贺州市	**2480633**	**1306481**	**1174152**	**2045038**	**1076445**	**968593**	**57**	**29**	**28**
八步区	794625	412025	382600	717548	372453	345095	25	13	12
平桂区	435216	227836	207380	392316	205453	186863	6	1	5
昭平县	449598	241369	208229	404025	216714	187311	3	2	1
钟山县	461263	246684	214579	385645	205581	180064	11	6	5
富川瑶族自治县	339931	178567	161364	145504	76244	69260	12	7	5
河池市	**4290348**	**2233064**	**2057284**	**710110**	**373342**	**336768**	**130**	**73**	**57**
金城江区	354967	182879	172088	78630	40806	37824	42	22	20
宜州区	667338	345608	321730	111346	59242	52104	15	10	5
南丹县	326487	171212	155275	84415	44909	39506	16	12	4
天峨县	175056	91917	83139	67418	35616	31802	4	4	
凤山县	219188	115403	103785	83167	44000	39167	1		1
东兰县	308037	162567	145470	36520	19314	17206	2		2
罗城仫佬族自治县	380986	197005	183981	97632	51523	46109	18	9	9
环江毛南族自治县	369339	195517	173822	28729	15253	13476	9	5	4
巴马瑶族自治县	295115	153391	141724	45313	23847	21466	10	6	4
都安瑶族自治县	715667	370643	345024	38305	19081	19224	8	2	6
大化瑶族自治县	478168	246922	231246	38635	19751	18884	5	3	2
来宾市	**2654651**	**1392459**	**1262192**	**625768**	**338851**	**286917**	**57**	**28**	**29**
兴宾区	1143048	601769	541279	292026	159506	132520	22	11	11
忻城县	417709	216958	200751	31045	16141	14904	19	9	10
象州县	361427	190096	171331	96662	52210	44452	5	3	2
武宣县	450336	238548	211788	148641	80321	68320	6	3	3
金秀瑶族自治县	153327	78918	74409	27649	14839	12810	1		1
合山市	128804	66170	62634	29745	15834	13911	4	2	2
崇左市	**2479602**	**1306476**	**1173126**	**310837**	**168976**	**141861**	**42**	**16**	**26**
江州区	399900	213126	186774	72720	40031	32689	5	2	3
扶绥县	449231	238991	210240	72872	39337	33535	4		4
宁明县	427290	227700	199590	87339	48371	38968	12	6	6
龙州县	269136	137773	131363	14438	7729	6709	6	3	3
大新县	375765	194324	181441	21689	11147	10542	5		5
天等县	441518	233916	207602	23876	12783	11093			
凭祥市	116762	60646	56116	17903	9578	8325	10	5	5

1-4(户籍人口)　续表 3

单位:人

地　区	回族			藏族			维吾尔族		
	小计	男	女	小计	男	女	小计	男	女
总　计	**33471**	**16785**	**16686**	**5493**	**2760**	**2733**	**373**	**185**	**188**
南宁市	**4838**	**2259**	**2579**	**1040**	**520**	**520**	**125**	**67**	**58**
兴宁区	523	253	270	62	29	33	10	6	4
青秀区	2168	992	1176	88	39	49	38	20	18
江南区	511	243	268	41	18	23	14	7	7
西乡塘区	1202	595	607	54	26	28	35	23	12
良庆区	141	71	70	28	12	16	8	4	4
邕宁区	36	15	21	59	26	33	4	1	3
武鸣区	49	18	31	59	27	32	4	1	3
隆安县	23	7	16	75	38	37			
马山县	29	10	19	105	62	43	3		3
上林县	27	9	18	98	51	47	2		2
宾阳县	91	35	56	71	38	33	2	2	
横　县	38	11	27	300	154	146	5	3	2
柳州市	**6207**	**3016**	**3191**	**376**	**187**	**189**	**44**	**25**	**19**
城中区	1233	601	632	24	11	13	8	4	4
鱼峰区	1245	602	643	27	14	13	8	5	3
柳南区	1173	580	593	20	16	4	8	3	5
柳北区	1360	627	733	18	8	10	10	6	4
柳江区	100	41	59	60	24	36	1		1
柳城县	60	32	28	65	30	35			
鹿寨县	856	447	409	64	36	28	4	3	1
融安县	69	26	43	37	23	14			
融水苗族自治县	91	49	42	49	22	27	4	4	
三江侗族自治县	20	11	9	12	3	9	1		1
桂林市	**17671**	**9010**	**8661**	**293**	**132**	**161**	**46**	**22**	**24**
秀峰区	1943	965	978	10	3	7	13	7	6
叠彩区	1464	715	749	7	3	4	2		2
象山区	4059	2028	2031	15	7	8	6	4	2
七星区	2508	1257	1251	21	8	13	7	4	3
雁山区	1045	589	456	7	4	3	1		1
临桂区	1777	926	851	16	7	9	3	1	2
阳朔县	283	127	156	24	8	16	3	1	2
灵川县	2274	1189	1085	23	10	13	3	1	2
全州县	89	39	50	29	21	8	2	1	1
兴安县	215	116	99	14	6	8	1		1
永福县	1097	586	511	16	3	13	2	1	1
灌阳县	321	167	154	9	5	4	1		1
龙胜各族自治县	76	52	24	12	7	5			
资源县	55	26	29	10	3	7			
平乐县	280	138	142	23	7	16			
恭城瑶族自治县	59	28	31	22	14	8	1	1	
荔浦市	126	62	64	35	16	19	1	1	

1-4(户籍人口) 续表 4

单位:人

地 区	回族			藏族			维吾尔族		
	小计	男	女	小计	男	女	小计	男	女
梧州市	**254**	**124**	**130**	**149**	**75**	**74**	**19**	**9**	**10**
万秀区	75	39	36	10	3	7	3	2	1
长洲区	41	22	19	4	1	3	1	1	
龙圩区	11	8	3	8	4	4	2	1	1
苍梧县	15	6	9	25	14	11	1	1	
藤 县	50	17	33	49	28	21	6	2	4
蒙山县	23	16	7	24	9	15	2	1	1
岑溪市	39	16	23	29	16	13	4	1	3
北海市	**451**	**220**	**231**	**75**	**26**	**49**	**20**	**7**	**13**
海城区	310	150	160	18	9	9	10	3	7
银海区	87	48	39	18	6	12	8	4	4
铁山港区	14	9	5	6	4	2			
合浦县	40	13	27	33	7	26	2		2
防城港市	**132**	**67**	**65**	**101**	**63**	**38**	**4**	**2**	**2**
港口区	51	27	24	19	10	9	1	1	
防城区	54	26	28	38	26	12	2		2
上思县	8	4	4	36	22	14	1	1	
东兴市	19	10	9	8	5	3			
钦州市	**208**	**108**	**100**	**205**	**86**	**119**	**20**	**9**	**11**
钦南区	49	29	20	37	11	26	5	4	1
钦北区	67	31	36	74	42	32	1		1
灵山县	62	30	32	66	24	42	12	5	7
浦北县	30	18	12	28	9	19	2		2
贵港市	**308**	**137**	**171**	**350**	**173**	**177**	**15**	**7**	**8**
港北区	99	43	56	65	23	42	3	3	
港南区	40	16	24	26	9	17			
覃塘区	10	4	6	82	49	33	1		1
平南县	86	44	42	57	28	29	8	3	5
桂平市	73	30	43	120	64	56	3	1	2
玉林市	**430**	**215**	**215**	**219**	**96**	**123**	**19**	**7**	**12**
玉州区	126	60	66	28	13	15	7	3	4
福绵区	8	6	2	2		2	1		1
容 县	23	10	13	32	15	17	2	2	
陆川县	42	20	22	45	21	24	2		2
博白县	80	38	42	47	22	25	2	1	1
兴业县	25	11	14	23	12	11	2	1	1
北流市	126	70	56	42	13	29	3		3
百色市	**569**	**309**	**260**	**855**	**440**	**415**	**10**	**5**	**5**
右江区	262	150	112	36	20	16			
田阳区	12	4	8	58	26	32			
田东县	17	13	4	117	62	55	2	1	1

1-4(户籍人口) 续表 5　　单位:人

地区	回族			藏族			维吾尔族		
	小计	男	女	小计	男	女	小计	男	女
德保县	12	3	9	83	43	40	2	1	1
那坡县	7	1	6	70	36	34			
凌云县	5	2	3	6	3	3			
乐业县	5	2	3	14	11	3			
田林县	26	16	10	29	13	16			
西林县	28	18	10	17	9	8	1	1	
隆林各族自治县	17	9	8	67	30	37	1		1
靖西市	146	79	67	246	130	116	1	1	
平果市	32	12	20	112	57	55	3	1	2
贺州市	**776**	**445**	**331**	**126**	**66**	**60**	**6**	**3**	**3**
八步区	118	54	64	37	16	21			
平桂区	38	16	22	11	6	5			
昭平县	29	11	18	21	14	7	1		1
钟山县	65	29	36	41	21	20	4	3	1
富川瑶族自治县	526	335	191	16	9	7	1		1
河池市	**1244**	**692**	**552**	**662**	**342**	**320**	**39**	**21**	**18**
金城江区	206	116	90	63	27	36	10	7	3
宜州区	434	235	199	128	61	67	4	1	3
南丹县	147	82	65	53	29	24	9	4	5
天峨县	35	19	16	25	11	14	2	2	
凤山县	16	9	7	20	12	8	1	1	
东兰县	6	2	4	53	30	23	1		1
罗城仫佬族自治县	49	29	20	59	32	27	2	2	
环江毛南族自治县	85	50	35	67	31	36	5	2	3
巴马瑶族自治县	18	8	10	31	16	15			
都安瑶族自治县	237	135	102	93	51	42	3	1	2
大化瑶族自治县	11	7	4	70	42	28	2	1	1
来宾市	**248**	**114**	**134**	**442**	**241**	**201**	**4**	**1**	**3**
兴宾区	120	56	64	205	114	91	2		2
忻城县	55	29	26	70	36	34	1	1	
象州县	20	9	11	44	24	20			
武宣县	33	10	23	76	41	35	1		1
金秀瑶族自治县	12	6	6	29	18	11			
合山市	8	4	4	18	8	10			
崇左市	**135**	**69**	**66**	**600**	**313**	**287**	**2**		**2**
江州区	41	21	20	58	37	21			
扶绥县	16	10	6	80	36	44			
宁明县	25	14	11	103	56	47	2		2
龙州县	4	2	2	66	34	32			
大新县	12	5	7	110	57	53			
天等县	15	7	8	166	85	81			
凭祥市	22	10	12	17	8	9			

1-4(户籍人口) 续表 6 单位:人

地 区	苗族			彝族			壮族		
	小计	男	女	小计	男	女	小计	男	女
总 计	**615437**	**315531**	**299906**	**12873**	**6060**	**6813**	**17698005**	**9216880**	**8481125**
南宁市	**9233**	**3931**	**5302**	**1016**	**421**	**595**	**4171060**	**2169910**	**2001150**
兴宁区	944	428	516	102	40	62	219840	112659	107181
青秀区	2905	1337	1568	275	133	142	300125	149874	150251
江南区	1093	521	572	130	56	74	281389	142503	138886
西乡塘区	1787	825	962	173	79	94	360615	180627	179988
良庆区	416	166	250	45	23	22	272531	142913	129618
邕宁区	181	62	119	13	7	6	339472	180997	158475
武鸣区	277	96	181	25	11	14	605132	315519	289613
隆安县	187	51	136	13	3	10	382130	203856	178274
马山县	262	80	182	29	5	24	397419	207993	189426
上林县	289	91	198	51	10	41	367848	193010	174838
宾阳县	454	152	302	76	24	52	192243	98918	93325
横 县	438	122	316	84	30	54	452316	241041	211275
柳州市	**323409**	**168970**	**154439**	**569**	**280**	**289**	**1396375**	**716928**	**679447**
城中区	2024	980	1044	61	37	24	40030	19260	20770
鱼峰区	3201	1494	1707	93	56	37	141481	69859	71622
柳南区	2252	1069	1183	93	43	50	126461	64117	62344
柳北区	4495	2267	2228	58	31	27	80498	39340	41158
柳江区	1172	517	655	48	17	31	372921	191783	181138
柳城县	2469	993	1476	38	16	22	217788	110842	106946
鹿寨县	1211	493	718	64	34	30	216595	114370	102225
融安县	10181	4724	5457	57	28	29	112204	60996	51208
融水苗族自治县	220660	116405	104255	31	12	19	66001	34912	31089
三江侗族自治县	75744	40028	35716	26	6	20	22396	11449	10947
桂林市	**69644**	**35010**	**34634**	**853**	**364**	**489**	**273396**	**141182**	**132214**
秀峰区	590	278	312	30	16	14	5623	2725	2898
叠彩区	775	389	386	11	6	5	5844	2882	2962
象山区	1115	530	585	41	20	21	11679	5821	5858
七星区	1205	607	598	91	63	28	13561	7475	6086
雁山区	193	64	129	9	4	5	1673	733	940
临桂区	2054	903	1151	81	27	54	26177	13279	12898
阳朔县	572	239	333	54	23	31	37787	20295	17492
灵川县	925	367	558	62	24	38	9864	4550	5314
全州县	1143	509	634	95	35	60	7367	3280	4087
兴安县	1157	479	678	29	16	13	4758	2386	2372
永福县	636	250	386	43	15	28	28802	15658	13144
灌阳县	342	129	213	53	19	34	2915	1354	1561
龙胜各族自治县	26553	13456	13097	19	6	13	30521	15282	15239
资源县	30740	16128	14612	43	14	29	1753	808	945
平乐县	814	345	469	58	21	37	30727	16245	14482
恭城瑶族自治县	344	157	187	86	37	49	7569	3774	3795
荔浦市	486	180	306	48	18	30	46776	24635	22141

1-4(户籍人口) 续表 7

单位:人

地区	苗族			彝族			壮族		
	小计	男	女	小计	男	女	小计	男	女
梧州市	**1177**	**415**	**762**	**122**	**43**	**79**	**41567**	**20646**	**20921**
万秀区	96	43	53	15	6	9	3091	1533	1558
长洲区	108	55	53	10	6	4	2558	1287	1271
龙圩区	55	27	28	6	4	2	3187	1794	1393
苍梧县	83	22	61	15	4	11	3298	1615	1683
藤　县	233	70	163	31	5	26	7442	3374	4068
蒙山县	343	148	195	16	8	8	16064	8506	7558
岑溪市	259	50	209	29	10	19	5927	2537	3390
北海市	**606**	**242**	**364**	**147**	**48**	**99**	**24753**	**11263**	**13490**
海城区	256	114	142	43	15	28	7879	3893	3986
银海区	95	46	49	39	20	19	7716	4107	3609
铁山港区	52	26	26	1		1	1393	613	780
合浦县	203	56	147	64	13	51	7765	2650	5115
防城港市	**828**	**358**	**470**	**97**	**42**	**55**	**385259**	**210301**	**174958**
港口区	279	129	150	36	17	19	24197	12595	11602
防城区	342	146	196	36	17	19	119822	64596	55226
上思县	73	31	42	11	2	9	210704	117362	93342
东兴市	134	52	82	14	6	8	30536	15748	14788
钦州市	**1480**	**528**	**952**	**301**	**104**	**197**	**423069**	**232183**	**190886**
钦南区	331	125	206	72	27	45	79726	41867	37859
钦北区	494	214	280	89	39	50	307727	173480	134247
灵山县	470	156	314	88	27	61	29174	13999	15175
浦北县	185	33	152	52	11	41	6442	2837	3605
贵港市	**2614**	**950**	**1664**	**265**	**118**	**147**	**777261**	**401208**	**376053**
港北区	605	252	353	81	59	22	272548	140427	132121
港南区	317	105	212	40	12	28	16421	5771	10650
覃塘区	390	141	249	20	7	13	314180	161607	152573
平南县	619	224	395	60	15	45	30945	15617	15328
桂平市	683	228	455	64	25	39	143167	77786	65381
玉林市	**2138**	**663**	**1475**	**342**	**86**	**256**	**66571**	**29076**	**37495**
玉州区	400	180	220	56	23	33	10438	4917	5521
福绵区	65	21	44	5	2	3	1997	614	1383
容　县	329	66	263	53	12	41	6953	2536	4417
陆川县	257	79	178	34	8	26	8454	3464	4990
博白县	455	130	325	81	17	64	14728	6242	8486
兴业县	289	89	200	40	12	28	15283	8017	7266
北流市	343	98	245	73	12	61	8718	3286	5432
百色市	**162889**	**83971**	**78918**	**7533**	**3849**	**3684**	**3178919**	**1649487**	**1529432**
右江区	959	480	479	179	79	100	287191	143265	143926
田阳区	211	75	136	35	13	22	311890	156877	155013
田东县	179	66	113	40	15	25	362082	188579	173503

1-4(户籍人口) 续表 8 单位:人

地 区	苗族			彝族			壮族		
	小计	男	女	小计	男	女	小计	男	女
德保县	177	61	116	29	3	26	335105	178268	156837
那坡县	2664	1357	1307	1594	804	790	186718	98296	88422
凌云县	100	32	68	33	18	15	69208	35923	33285
乐业县	254	112	142	20	8	12	84824	44837	39987
田林县	1895	930	965	281	139	142	155254	78778	76476
西林县	34389	17935	16454	828	425	403	103132	53403	49729
隆林各族自治县	121206	62617	58589	4359	2309	2050	212513	107738	104775
靖西市	592	220	372	60	11	49	617103	326932	290171
平果市	263	86	177	75	25	50	453899	236591	217308
贺州市	**1680**	**712**	**968**	**242**	**116**	**126**	**113714**	**61808**	**51906**
八步区	638	289	349	62	25	37	41366	21989	19377
平桂区	226	94	132	35	17	18	16141	8915	7226
昭平县	199	81	118	28	13	15	23391	12820	10571
钟山县	383	158	225	81	45	36	29840	16923	12917
富川瑶族自治县	234	90	144	36	16	20	2976	1161	1815
河池市	**31569**	**16132**	**15437**	**1021**	**458**	**563**	**2770262**	**1442449**	**1327813**
金城江区	2104	1082	1022	119	48	71	251820	129994	121826
宜州区	1344	672	672	115	49	66	492230	253723	238507
南丹县	14291	7552	6739	550	285	265	165433	87754	77679
天峨县	1028	531	497	34	12	22	97517	51045	46472
凤山县	107	35	72	18	8	10	116607	61517	55090
东兰县	146	47	99	21	4	17	255820	135357	120463
罗城仫佬族自治县	2479	1035	1444	35	11	24	140997	71854	69143
环江毛南族自治县	4966	2532	2434	32	11	21	251985	133028	118957
巴马瑶族自治县	161	59	102	23	4	19	192444	100153	92291
都安瑶族自治县	4672	2491	2181	51	20	31	498487	258052	240435
大化瑶族自治县	271	96	175	23	6	17	306922	159972	146950
来宾市	**6974**	**3182**	**3792**	**214**	**74**	**140**	**1918740**	**998410**	**920330**
兴宾区	3279	1580	1699	95	33	62	828043	431172	396871
忻城县	2174	1096	1078	35	10	25	372390	193559	178831
象州县	645	194	451	31	10	21	257591	134576	123015
武宣县	360	98	262	30	13	17	299618	157581	142037
金秀瑶族自治县	216	74	142	12	2	10	65058	32708	32350
合山市	300	140	160	11	6	5	96040	48814	47226
崇左市	**1196**	**467**	**729**	**151**	**57**	**94**	**2157059**	**1132029**	**1025030**
江州区	238	99	139	16	10	6	324011	171500	152511
扶绥县	187	56	131	32	9	23	374452	198902	175550
宁明县	152	55	97	26	11	15	336904	177812	159092
龙州县	89	33	56	18	4	14	254065	129755	124310
大新县	341	135	206	28	10	18	353121	182826	170295
天等县	105	41	64	20	6	14	416680	220730	195950
凭祥市	84	48	36	11	7	4	97826	50504	47322

1-4(户籍人口)　续表 9　　　　单位:人

地　区	布依族			朝鲜族			满族		
	小计	男	女	小计	男	女	小计	男	女
总　计	**25498**	**8900**	**16598**	**1523**	**754**	**769**	**12183**	**6000**	**6183**
南宁市	**1968**	**678**	**1290**	**464**	**245**	**219**	**3861**	**1878**	**1983**
兴宁区	145	71	74	46	26	20	312	151	161
青秀区	433	181	252	189	89	100	2040	993	1047
江南区	163	64	99	41	21	20	388	199	189
西乡塘区	291	128	163	95	56	39	718	358	360
良庆区	88	37	51	59	36	23	163	72	91
邕宁区	39	8	31	8	6	2	59	23	36
武鸣区	59	12	47	4		4	19	8	11
隆安县	39	3	36				7	1	6
马山县	103	23	80	1	1		45	16	29
上林县	71	12	59	4	2	2	26	13	13
宾阳县	353	104	249	8	4	4	38	19	19
横　县	184	35	149	9	4	5	46	25	21
柳州市	**1744**	**720**	**1024**	**157**	**79**	**78**	**2335**	**1172**	**1163**
城中区	118	55	63	35	19	16	644	321	323
鱼峰区	272	119	153	36	16	20	429	227	202
柳南区	393	180	213	32	18	14	548	279	269
柳北区	182	76	106	30	17	13	492	234	258
柳江区	115	38	77	4	2	2	47	27	20
柳城县	168	64	104	5		5	34	11	23
鹿寨县	163	61	102	4	2	2	42	19	23
融安县	160	69	91	3	1	2	36	21	15
融水苗族自治县	104	39	65	6	4	2	50	27	23
三江侗族自治县	69	19	50	2		2	13	6	7
桂林市	**1489**	**558**	**931**	**511**	**245**	**266**	**2345**	**1147**	**1198**
秀峰区	35	22	13	45	7	38	326	151	175
叠彩区	40	21	19	23	12	11	217	91	126
象山区	78	47	31	53	22	31	451	225	226
七星区	87	43	44	172	91	81	473	236	237
雁山区	21	6	15	4	3	1	19	8	11
临桂区	172	52	120	153	69	84	313	152	161
阳朔县	84	32	52	9	4	5	28	12	16
灵川县	97	32	65	12	6	6	100	54	46
全州县	223	65	158	2	1	1	61	28	33
兴安县	57	14	43				16	12	4
永福县	123	52	71	6	5	1	31	18	13
灌阳县	77	21	56	14	14		29	14	15
龙胜各族自治县	15	7	8	7	4	3	30	17	13
资源县	64	23	41	2	2		33	15	18
平乐县	156	65	91	2	1	1	74	38	36
恭城瑶族自治县	36	10	26	1	1		93	50	43
荔浦市	124	46	78	6	3	3	51	26	25

1-4(户籍人口) 续表 10

单位:人

地 区	布依族			朝鲜族			满族		
	小计	男	女	小计	男	女	小计	男	女
梧州市	**541**	**121**	**420**	**17**	**8**	**9**	**155**	**77**	**78**
万秀区	14	4	10	3	1	2	50	23	27
长洲区	14	6	8	3	1	2	25	15	10
龙圩区	29	10	19	2	1	1	13	5	8
苍梧县	35	9	26	2	1	1	3	2	1
藤 县	93	13	80	1		1	19	7	12
蒙山县	196	70	126	5	3	2	33	19	14
岑溪市	160	9	151	1	1		12	6	6
北海市	**207**	**72**	**135**	**158**	**75**	**83**	**760**	**378**	**382**
海城区	81	34	47	111	47	64	462	234	228
银海区	45	19	26	46	27	19	273	135	138
铁山港区	18	5	13	1	1		5	3	2
合浦县	63	14	49				20	6	14
防城港市	**160**	**65**	**95**	**22**	**12**	**10**	**455**	**239**	**216**
港口区	47	21	26	17	7	10	151	77	74
防城区	71	29	42	1	1		243	133	110
上思县	16	3	13				15	7	8
东兴市	26	12	14	4	4		46	22	24
钦州市	**636**	**144**	**492**	**25**	**9**	**16**	**180**	**90**	**90**
钦南区	131	45	86	6	2	4	93	45	48
钦北区	170	48	122	7	4	3	58	32	26
灵山县	224	45	179	6	2	4	23	10	13
浦北县	111	6	105	6	1	5	6	3	3
贵港市	**1386**	**363**	**1023**	**20**	**13**	**7**	**265**	**127**	**138**
港北区	326	129	197	7	4	3	124	62	62
港南区	398	80	318	3	3		18	7	11
覃塘区	102	33	69	1	1		10	3	7
平南县	174	45	129	2	1	1	57	26	31
桂平市	386	76	310	7	4	3	56	29	27
玉林市	**1512**	**228**	**1284**	**28**	**14**	**14**	**224**	**109**	**115**
玉州区	165	45	120	21	13	8	133	63	70
福绵区	74	12	62						
容 县	304	24	280	4	1	3	21	11	10
陆川县	139	39	100				33	18	15
博白县	232	45	187	1		1	23	11	12
兴业县	330	35	295	2		2	10	3	7
北流市	268	28	240				4	3	1
百色市	**3616**	**960**	**2656**	**32**	**16**	**16**	**350**	**169**	**181**
右江区	248	100	148	9	6	3	111	51	60
田阳区	65	12	53	2	1	1	39	15	24
田东县	77	24	53	7	5	2	28	14	14

1-4(户籍人口) 续表 11　　单位:人

地　区	布依族			朝鲜族			满族		
	小计	男	女	小计	男	女	小计	男	女
德保县	58	8	50	6	3	3	17	10	7
那坡县	30	4	26				2	1	1
凌云县	62	12	50	2		2	13	5	8
乐业县	650	152	498	1		1	1		1
田林县	678	118	560				22	13	9
西林县	884	311	573				10	6	4
隆林各族自治县	683	185	498	2	1	1	12	7	5
靖西市	82	10	72	2		2	24	11	13
平果市	99	24	75	1		1	71	36	35
贺州市	**502**	**186**	**316**	**9**	**3**	**6**	**372**	**184**	**188**
八步区	132	55	77	4	2	2	139	71	68
平桂区	64	25	39	2		2	35	14	21
昭平县	114	42	72				25	12	13
钟山县	107	41	66				82	45	37
富川瑶族自治县	85	23	62	3	1	2	91	42	49
河池市	**10761**	**4552**	**6209**	**53**	**22**	**31**	**649**	**306**	**343**
金城江区	612	251	361	5	3	2	131	67	64
宜州区	432	158	274	22	9	13	137	61	76
南丹县	5590	2349	3241	4	2	2	36	17	19
天峨县	1348	562	786	1		1	26	17	9
凤山县	42	16	26	6	3	3	21	12	9
东兰县	73	11	62	1		1	12	5	7
罗城仫佬族自治县	149	43	106	3	1	2	27	11	16
环江毛南族自治县	2244	1115	1129	2	1	1	27	15	12
巴马瑶族自治县	50	7	43	3	3		30	12	18
都安瑶族自治县	135	21	114	6		6	132	60	72
大化瑶族自治县	86	19	67				70	29	41
来宾市	**758**	**190**	**568**	**14**	**6**	**8**	**142**	**75**	**67**
兴宾区	354	113	241	8	4	4	58	29	29
忻城县	102	25	77				19	10	9
象州县	100	21	79	3		3	19	7	12
武宣县	142	18	124				6	2	4
金秀瑶族自治县	37	5	32				31	22	9
合山市	23	8	15	3	2	1	9	5	4
崇左市	**218**	**63**	**155**	**13**	**7**	**6**	**90**	**49**	**41**
江州区	45	14	31	1	1		22	12	10
扶绥县	42	14	28	1	1		9	5	4
宁明县	31	7	24	3	2	1	26	17	9
龙州县	19	8	11	1		1	9	4	5
大新县	30	7	23	3	2	1	4	2	2
天等县	40	9	31	2	1	1	2	1	1
凭祥市	11	4	7	2		2	18	8	10

1-4(户籍人口) 续表 12

单位:人

地 区	侗族			瑶族			白族		
	小计	男	女	小计	男	女	小计	男	女
总 计	**394147**	**202229**	**191918**	**1923082**	**994778**	**928304**	**1797**	**794**	**1003**
南宁市	**6499**	**2835**	**3664**	**112446**	**55642**	**56804**	**398**	**166**	**232**
兴宁区	688	328	360	4864	2356	2508	32	11	21
青秀区	2178	996	1182	12059	5630	6429	149	68	81
江南区	879	376	503	5307	2562	2745	38	13	25
西乡塘区	1381	635	746	10008	4870	5138	66	30	36
良庆区	395	191	204	3203	1589	1614	21	11	10
邕宁区	95	37	58	959	336	623	6	2	4
武鸣区	108	34	74	1831	596	1235	23	8	15
隆安县	48	12	36	2683	1347	1336	8	4	4
马山县	94	24	70	39656	20052	19604	10	1	9
上林县	104	21	83	27245	14274	12971	9	3	6
宾阳县	350	130	220	3266	1555	1711	17	8	9
横 县	179	51	128	1365	475	890	19	7	12
柳州市	**313355**	**163541**	**149814**	**83336**	**43187**	**40149**	**276**	**141**	**135**
城中区	2318	1091	1227	3290	1637	1653	50	25	25
鱼峰区	3810	1790	2020	5659	2810	2849	40	24	16
柳南区	3028	1440	1588	4145	2123	2022	47	26	21
柳北区	3678	1831	1847	4371	2153	2218	20	13	7
柳江区	1262	578	684	1939	921	1018	15	7	8
柳城县	2745	1031	1714	1805	869	936	4	1	3
鹿寨县	1362	518	844	10075	5285	4790	15	6	9
融安县	10535	4977	5558	6778	3424	3354	6	2	4
融水苗族自治县	58060	30453	27607	31763	16848	14915	65	34	31
三江侗族自治县	226557	119832	106725	13511	7117	6394	14	3	11
桂林市	**55660**	**27760**	**27900**	**448229**	**232231**	**215998**	**333**	**145**	**188**
秀峰区	547	253	294	2667	1236	1431	26	14	12
叠彩区	561	231	330	3596	1706	1890	21	6	15
象山区	970	459	511	5183	2387	2796	20	9	11
七星区	1095	513	582	5533	2802	2731	46	24	22
雁山区	188	56	132	570	239	331	9	2	7
临桂区	2597	1011	1586	19810	9798	10012	32	15	17
阳朔县	330	115	215	3759	1779	1980	13	6	7
灵川县	867	310	557	12444	6236	6208	26	13	13
全州县	485	161	324	32733	16775	15958	25	11	14
兴安县	228	93	135	8930	4436	4494	9	5	4
永福县	801	318	483	9836	4909	4927	12	6	6
灌阳县	278	130	148	22685	11329	11356	52	14	38
龙胜各族自治县	45407	23560	21847	30016	15148	14868	6	4	2
资源县	229	97	132	5901	3036	2865	9	5	4
平乐县	403	161	242	71269	38869	32400	11	5	6
恭城瑶族自治县	136	51	85	181631	95433	86198	4	2	2
荔浦市	538	241	297	31666	16113	15553	12	4	8

1-4(户籍人口) 续表 13

单位:人

地 区	侗族			瑶族			白族		
	小计	男	女	小计	男	女	小计	男	女
梧州市	**823**	**310**	**513**	**37504**	**19481**	**18023**	**55**	**25**	**30**
万秀区	137	67	70	1082	540	542	2		2
长洲区	117	45	72	1149	534	615	5	2	3
龙圩区	42	23	19	529	286	243	5	4	1
苍梧县	38	10	28	1957	959	998	7	2	5
藤 县	143	40	103	2761	1247	1514	24	9	15
蒙山县	246	105	141	29504	15786	13718	7	5	2
岑溪市	100	20	80	522	129	393	5	3	2
北海市	**430**	**203**	**227**	**2395**	**1142**	**1253**	**54**	**24**	**30**
海城区	205	101	104	762	400	362	22	10	12
银海区	76	34	42	888	480	408	15	8	7
铁山港区	34	18	16	116	48	68	3	1	2
合浦县	115	50	65	629	214	415	14	5	9
防城港市	**1883**	**1018**	**865**	**51649**	**27443**	**24206**	**38**	**18**	**20**
港口区	245	138	107	2886	1465	1421	14	7	7
防城区	1055	574	481	30998	16597	14401	15	8	7
上思县	227	125	102	11871	6250	5621			
东兴市	356	181	175	5894	3131	2763	9	3	6
钦州市	**875**	**344**	**531**	**5260**	**2030**	**3230**	**58**	**25**	**33**
钦南区	292	132	160	2447	1067	1380	12	5	7
钦北区	386	146	240	1505	611	894	16	7	9
灵山县	113	38	75	982	289	693	18	8	10
浦北县	84	28	56	326	63	263	12	5	7
贵港市	**1287**	**452**	**835**	**91957**	**52301**	**39656**	**104**	**44**	**60**
港北区	350	140	210	2441	1189	1252	21	9	12
港南区	161	53	108	889	282	607	20	8	12
覃塘区	142	46	96	1234	411	823	7	2	5
平南县	325	121	204	81748	47744	34004	26	14	12
桂平市	309	92	217	5645	2675	2970	30	11	19
玉林市	**1055**	**275**	**780**	**4513**	**1567**	**2946**	**82**	**35**	**47**
玉州区	219	93	126	1271	588	683	10	3	7
福绵区	28	12	16	218	64	154	6	5	1
容 县	280	36	244	479	128	351	6	2	4
陆川县	106	24	82	639	228	411	8	4	4
博白县	201	54	147	890	269	621	32	11	21
兴业县	91	32	59	437	120	317	7	4	3
北流市	130	24	106	579	170	409	13	6	7
百色市	**1013**	**404**	**609**	**165072**	**84145**	**80927**	**104**	**44**	**60**
右江区	209	97	112	13458	6729	6729	32	15	17
田阳区	42	13	29	1431	625	806	12	8	4
田东县	113	53	60	20081	10157	9924	7	2	5

1-4(户籍人口) 续表 14

单位:人

地 区	侗族			瑶族			白族		
	小计	男	女	小计	男	女	小计	男	女
德保县	68	23	45	6709	3505	3204	1		1
那坡县	24	6	18	5712	2976	2736			
凌云县	24	7	17	51720	26352	25368	4	1	3
乐业县	95	50	45	3488	1775	1713	2	1	1
田林县	38	14	24	31645	16313	15332	6	2	4
西林县	30	17	13	6312	3234	3078	4	1	3
隆林各族自治县	68	32	36	349	147	202	12	4	8
靖西市	77	14	63	297	87	210	16	6	10
平果市	225	78	147	23870	12245	11625	8	4	4
贺州市	**877**	**344**	**533**	**315526**	**165473**	**150053**	**72**	**29**	**43**
八步区	318	132	186	33675	16684	16991	28	10	18
平桂区	132	55	77	25947	13139	12808	9	5	4
昭平县	123	36	87	21341	11518	9823	5	1	4
钟山县	174	81	93	44488	23612	20876	17	7	10
富川瑶族自治县	130	40	90	190075	100520	89555	13	6	7
河池市	**6668**	**3279**	**3389**	**509961**	**261402**	**248559**	**125**	**54**	**71**
金城江区	400	214	186	9133	4491	4642	20	9	11
宜州区	489	215	274	35405	18098	17307	36	17	19
南丹县	331	154	177	49945	25046	24899	11	7	4
天峨县	1712	996	716	4511	2302	2209	5	1	4
凤山县	39	9	30	18999	9733	9266	6	2	4
东兰县	128	68	60	14379	7272	7107	1		1
罗城仫佬族自治县	2890	1343	1547	4865	2414	2451	8	2	6
环江毛南族自治县	407	201	206	18935	9898	9037	16	6	10
巴马瑶族自治县	70	24	46	56636	29100	27536	2		2
都安瑶族自治县	109	27	82	165560	86249	79311	7	4	3
大化瑶族自治县	93	28	65	131593	66799	64794	13	6	7
来宾市	**2794**	**1014**	**1780**	**88290**	**45273**	**43017**	**56**	**27**	**29**
兴宾区	1506	632	874	14758	7421	7337	30	14	16
忻城县	235	62	173	7596	3909	3687	7	4	3
象州县	451	134	317	3267	1530	1737	2	1	1
武宣县	314	69	245	603	202	401	11	6	5
金秀瑶族自治县	133	45	88	59971	31118	28853	2		2
合山市	155	72	83	2095	1093	1002	4	2	2
崇左市	**928**	**450**	**478**	**6944**	**3461**	**3483**	**42**	**17**	**25**
江州区	128	51	77	2296	1221	1075	10	4	6
扶绥县	82	31	51	1181	499	682	13	5	8
宁明县	157	63	94	2267	1199	1068	3		3
龙州县	48	23	25	215	108	107	5		5
大新县	36	6	30	258	91	167	1		1
天等县	38	3	35	462	211	251	2	1	1
凭祥市	439	273	166	265	132	133	8	7	1

1-4(户籍人口)　续表 15

单位:人

地　区	土家族			哈尼族			哈萨克族		
	小计	男	女	小计	男	女	小计	男	女
总　计	**12280**	**5411**	**6869**	**757**	**282**	**475**	**29**	**14**	**15**
南宁市	**2392**	**1114**	**1278**	**155**	**55**	**100**	**13**	**7**	**6**
兴宁区	233	126	107	8	4	4			
青秀区	951	489	462	22	11	11	5	2	3
江南区	221	103	118	17	6	11	2	1	1
西乡塘区	425	197	228	22	13	9	5	3	2
良庆区	154	70	84	6	2	4			
邕宁区	27	8	19	4		4			
武鸣区	58	20	38	7	1	6	1	1	
隆安县	24	4	20	2	2				
马山县	50	11	39	7	1	6			
上林县	54	17	37	10	3	7			
宾阳县	113	48	65	28	8	20			
横　县	82	21	61	22	4	18			
柳州市	**2674**	**1361**	**1313**	**93**	**41**	**52**	**2**	**1**	**1**
城中区	336	176	160	9	5	4			
鱼峰区	334	157	177	15	6	9			
柳南区	336	175	161	10	5	5			
柳北区	238	108	130	8	5	3			
柳江区	79	37	42	13	5	8			
柳城县	121	53	68	14	4	10			
鹿寨县	137	63	74	7	4	3			
融安县	161	66	95	10	6	4	2	1	1
融水苗族自治县	831	480	351	6	1	5			
三江侗族自治县	101	46	55	1		1			
桂林市	**2334**	**1042**	**1292**	**126**	**44**	**82**	**3**	**2**	**1**
秀峰区	197	91	106	5	1	4			
叠彩区	128	64	64	9	3	6			
象山区	289	143	146	4	2	2			
七星区	303	173	130	8	4	4	1	1	
雁山区	25	10	15	1		1			
临桂区	221	80	141	8	2	6			
阳朔县	88	39	49	9	3	6			
灵川县	114	50	64	19	11	8	1		1
全州县	184	67	117	10	4	6			
兴安县	105	44	61	6	1	5			
永福县	97	37	60	5	2	3	1	1	
灌阳县	41	16	25	22	4	18			
龙胜各族自治县	50	19	31	8	2	6			
资源县	92	37	55						
平乐县	217	98	119	7	4	3			
恭城瑶族自治县	46	16	30	3	1	2			
荔浦市	137	58	79	2		2			

1-4(户籍人口) 续表 16

单位:人

地区	土家族			哈尼族			哈萨克族		
	小计	男	女	小计	男	女	小计	男	女
梧州市	**391**	**138**	**253**	**14**	**3**	**11**			
万秀区	35	18	17						
长洲区	40	20	20	2	1	1			
龙圩区	26	12	14						
苍梧县	29	11	18						
藤县	91	23	68	1		1			
蒙山县	105	36	69	6	2	4			
岑溪市	65	18	47	5		5			
北海市	**341**	**146**	**195**	**25**	**14**	**11**			
海城区	184	74	110	13	10	3			
银海区	71	36	35	4	3	1			
铁山港区	17	10	7	2		2			
合浦县	69	26	43	6	1	5			
防城港市	**258**	**121**	**137**	**10**	**3**	**7**			
港口区	109	59	50						
防城区	94	35	59	4	1	3			
上思县	15	5	10	4	1	3			
东兴市	40	22	18	2	1	1			
钦州市	**303**	**117**	**186**	**28**	**4**	**24**			
钦南区	93	46	47	6	1	5			
钦北区	127	58	69	6	3	3			
灵山县	54	5	49	8		8			
浦北县	29	8	21	8		8			
贵港市	**609**	**231**	**378**	**33**	**17**	**16**	**2**	**1**	**1**
港北区	156	72	84	12	8	4			
港南区	76	32	44	6	3	3			
覃塘区	75	19	56	3		3			
平南县	169	74	95	7	4	3	1	1	
桂平市	133	34	99	5	2	3	1		1
玉林市	**465**	**168**	**297**	**54**	**15**	**39**	**1**		**1**
玉州区	129	58	71	8	3	5			
福绵区	18	9	9	1	1				
容县	47	16	31	6	3	3			
陆川县	38	12	26	8	2	6			
博白县	102	31	71	26	5	21			
兴业县	71	22	49	1		1			
北流市	60	20	40	4	1	3	1		1
百色市	**528**	**207**	**321**	**62**	**22**	**40**	**1**		**1**
右江区	72	29	43	7	4	3	1		1
田阳区	41	14	27	5	4	1			
田东县	48	17	31	5	2	3			

1-4(户籍人口)　续表 17　　　　单位:人

地区	土家族			哈尼族			哈萨克族		
	小计	男	女	小计	男	女	小计	男	女
德保县	39	13	26	1		1			
那坡县	12	3	9	7	2	5			
凌云县	9	1	8	7	2	5			
乐业县	17	10	7						
田林县	21	11	10	4	3	1			
西林县	38	22	16	3		3			
隆林各族自治县	53	22	31	9	2	7			
靖西市	49	16	33	6		6			
平果市	129	49	80	8	3	5			
贺州市	**566**	**214**	**352**	**27**	**9**	**18**	**1**	**1**	
八步区	178	72	106	10	4	6			
平桂区	106	39	67	1		1	1	1	
昭平县	90	27	63	5	1	4			
钟山县	121	55	66	8	3	5			
富川瑶族自治县	71	21	50	3	1	2			
河池市	**635**	**247**	**388**	**69**	**30**	**39**	**3**	**2**	**1**
金城江区	75	33	42	9	5	4	1	1	
宜州区	111	54	57	24	15	9	2	1	1
南丹县	86	40	46	6	2	4			
天峨县	17	7	10	6		6			
凤山县	23	8	15						
东兰县	31	5	26						
罗城仫佬族自治县	101	27	74	3	1	2			
环江毛南族自治县	57	23	34	6	3	3			
巴马瑶族自治县	25	6	19						
都安瑶族自治县	77	32	45	9	4	5			
大化瑶族自治县	32	12	20	6		6			
来宾市	**536**	**209**	**327**	**21**	**10**	**11**	**3**		**3**
兴宾区	239	98	141	1	1		2		2
忻城县	71	25	46	8	4	4			
象州县	85	28	57	4	3	1			
武宣县	76	26	50	6	1	5	1		1
金秀瑶族自治县	32	17	15	2	1	1			
合山市	33	15	18						
崇左市	**248**	**96**	**152**	**40**	**15**	**25**			
江州区	59	33	26	3	1	2			
扶绥县	46	10	36	8	4	4			
宁明县	33	14	19	2	1	1			
龙州县	25	10	15	12	4	8			
大新县	35	11	24	7	1	6			
天等县	28	6	22	4	2	2			
凭祥市	22	12	10	4	2	2			

1-4(户籍人口) 续表 18

单位:人

地 区	傣族			黎族			傈僳族		
	小计	男	女	小计	男	女	小计	男	女
总 计	**975**	**331**	**644**	**5576**	**2481**	**3095**	**378**	**157**	**221**
南宁市	**179**	**69**	**110**	**647**	**207**	**440**	**49**	**20**	**29**
兴宁区	13	8	5	64	23	41	2	1	1
青秀区	47	18	29	168	65	103	15	9	6
江南区	29	8	21	62	25	37	2	1	1
西乡塘区	28	14	14	72	31	41	3	2	1
良庆区	6	2	4	29	11	18	5	1	4
邕宁区	2	1	1	41	7	34	4		4
武鸣区	13	5	8	23	7	16			
隆安县	4	1	3	14	5	9			
马山县	6	1	5	37	6	31	10	4	6
上林县	3	1	2	40	5	35	1	1	
宾阳县	17	8	9	66	19	47	4	1	3
横 县	11	2	9	31	3	28	3		3
柳州市	**103**	**32**	**71**	**597**	**281**	**316**	**41**	**17**	**24**
城中区	8	2	6	79	33	46	7	4	3
鱼峰区	11	6	5	100	41	59	3	2	1
柳南区	24	6	18	81	39	42	8	3	5
柳北区	8	1	7	91	50	41			
柳江区	5	4	1	33	16	17	4	1	3
柳城县	6	4	2	78	41	37	6	2	4
鹿寨县	9	2	7	41	25	16	5	3	2
融安县	14	3	11	31	14	17	2		2
融水苗族自治县	9	2	7	31	11	20	5	2	3
三江侗族自治县	9	2	7	32	11	21	1		1
桂林市	**225**	**70**	**155**	**781**	**400**	**381**	**91**	**39**	**52**
秀峰区	4	2	2	13	4	9	1	1	
叠彩区	12	4	8	13	4	9	4	2	2
象山区	9	5	4	43	23	20	2	2	
七星区	16	6	10	38	26	12	5	2	3
雁山区				35	16	19			
临桂区	20	9	11	101	55	46	6	3	3
阳朔县	8	3	5	22	11	11	8	4	4
灵川县	12	2	10	32	13	19	3	1	2
全州县	13	4	9	48	19	29	7	2	5
兴安县	5	1	4	10	5	5	4	2	2
永福县	3	2	1	42	19	23	6	2	4
灌阳县	64	16	48	16	5	11	23	7	16
龙胜各族自治县				33	20	13	3	1	2
资源县	1	1		82	40	42	11	7	4
平乐县	17	8	9	155	85	70	1	1	
恭城瑶族自治县	20	1	19	50	28	22	1		1
荔浦市	21	6	15	48	27	21	6	2	4

1-4(户籍人口) 续表 19

单位:人

地 区	傣族			黎族			傈僳族		
	小计	男	女	小计	男	女	小计	男	女
梧州市	**29**	**11**	**18**	**148**	**43**	**105**	**3**	**1**	**2**
万秀区	3	2	1	14	6	8			
长洲区	2	1	1	6	2	4			
龙圩区	1	1		12	4	8			
苍梧县	5		5	15	5	10			
藤 县	7	4	3	26	6	20	1		1
蒙山县	3	1	2	32	11	21	2	1	1
岑溪市	8	2	6	43	9	34			
北海市	**29**	**6**	**23**	**113**	**43**	**70**	**4**	**3**	**1**
海城区	10	3	7	52	26	26	2	2	
银海区	3	2	1	14	4	10			
铁山港区	1		1	6	5	1			
合浦县	15	1	14	41	8	33	2	1	1
防城港市	**37**	**14**	**23**	**558**	**306**	**252**	**19**	**10**	**9**
港口区	6	3	3	40	23	17	2		2
防城区	16	6	10	395	220	175	4	2	2
上思县				10	3	7			
东兴市	15	5	10	113	60	53	13	8	5
钦州市	**35**	**17**	**18**	**240**	**102**	**138**	**28**	**11**	**17**
钦南区	3	1	2	109	56	53	5	3	2
钦北区	20	11	9	76	27	49	13	7	6
灵山县	5		5	34	14	20	3	1	2
浦北县	7	5	2	21	5	16	7		7
贵港市	**36**	**14**	**22**	**231**	**89**	**142**	**9**	**6**	**3**
港北区	13	8	5	54	19	35	3	3	
港南区	4	1	3	35	12	23	3	2	1
覃塘区	3		3	30	7	23			
平南县	7	2	5	56	25	31	2	1	1
桂平市	9	3	6	56	26	30	1		1
玉林市	**64**	**17**	**47**	**254**	**84**	**170**	**4**	**1**	**3**
玉州区	9	5	4	33	18	15	2		2
福绵区				10	3	7			
容 县	5		5	38	10	28			
陆川县	16	5	11	42	12	30			
博白县	9	4	5	83	27	56	2	1	1
兴业县	10	2	8	22	7	15			
北流市	15	1	14	26	7	19			
百色市	**80**	**31**	**49**	**161**	**54**	**107**	**30**	**13**	**17**
右江区	13	6	7	24	13	11	6	2	4
田阳区	5	3	2	8	1	7	1	1	
田东县	3	1	2	11		11			

1-4(户籍人口) 续表 20 单位:人

地 区	傣族			黎族			傈僳族		
	小计	男	女	小计	男	女	小计	男	女
德保县	2	1	1	25	10	15	3	2	1
那坡县	7	2	5	4	1	3			
凌云县	5	2	3	9	5	4	3		3
乐业县	1		1	7	3	4	2	1	1
田林县	3	1	2	7	2	5	4	3	1
西林县	27	10	17	6	2	4	1	1	
隆林各族自治县	3	2	1	11	6	5	5	2	3
靖西市	6	3	3	25	5	20	5	1	4
平果市	5		5	24	6	18			
贺州市	**34**	**10**	**24**	**180**	**74**	**106**	**34**	**10**	**24**
八步区	10	5	5	61	30	31	13	3	10
平桂区	8	2	6	34	16	18	5	2	3
昭平县	7	3	4	39	14	25	4	1	3
钟山县	5		5	19	5	14	5	3	2
富川瑶族自治县	4		4	27	9	18	7	1	6
河池市	**49**	**19**	**30**	**1224**	**625**	**599**	**29**	**10**	**19**
金城江区	3	1	2	73	35	38	4	1	3
宜州区	14	6	8	968	514	454	8	5	3
南丹县	9	4	5	33	17	16	1		1
天峨县	5		5	32	18	14			
凤山县	3	1	2	8	2	6	1		1
东兰县	2	1	1	15	3	12			
罗城仫佬族自治县	3	1	2	20	4	16	4	1	3
环江毛南族自治县	2	2		15	8	7	7	2	5
巴马瑶族自治县	2	1	1	8	2	6			
都安瑶族自治县	6	2	4	43	19	24			
大化瑶族自治县				9	3	6	4	1	3
来宾市	**24**	**6**	**18**	**366**	**160**	**206**	**34**	**16**	**18**
兴宾区	17	6	11	133	45	88	15	4	11
忻城县	3		3	14	9	5	7	7	
象州县	2		2	33	11	22	1		1
武宣县	1		1	158	81	77	9	4	5
金秀瑶族自治县	1		1	12	5	7	2	1	1
合山市				16	9	7			
崇左市	**51**	**15**	**36**	**76**	**13**	**63**	**3**		**3**
江州区	10	5	5	9	1	8			
扶绥县	11	2	9	29	4	25	2		2
宁明县	7		7	8	1	7			
龙州县	9	1	8	8	1	7			
大新县	2		2	7		7			
天等县	7	5	2	9	4	5	1		1
凭祥市	5	2	3	6	2	4			

1-4(户籍人口) 续表 21　　　　单位:人

地 区	佤族			畲族			高山族		
	小计	男	女	小计	男	女	小计	男	女
总 计	**295**	**79**	**216**	**902**	**417**	**485**	**329**	**173**	**156**
南宁市	**32**	**11**	**21**	**224**	**116**	**108**	**42**	**22**	**20**
兴宁区	3	2	1	19	9	10	2	2	
青秀区	1		1	82	47	35	15	10	5
江南区	2	1	1	24	9	15	2	1	1
西乡塘区	4	1	3	62	33	29	17	7	10
良庆区				3		3			
邕宁区	1		1	4	3	1	2	1	1
武鸣区	2	1	1	3	1	2			
隆安县	2		2	2	1	1			
马山县	4	2	2	2	2		2	1	1
上林县				8	5	3			
宾阳县	8	3	5	12	3	9			
横 县	5	1	4	3	3		2		2
柳州市	**43**	**14**	**29**	**206**	**108**	**98**	**53**	**28**	**25**
城中区	1		1	26	16	10	10	6	4
鱼峰区	6	3	3	25	15	10	7	3	4
柳南区	1		1	40	19	21	7	3	4
柳北区	1		1	19	13	6	5	5	
柳江区				18	13	5			
柳城县	4	2	2	31	15	16	8	3	5
鹿寨县	12	4	8	8	2	6	1	1	
融安县	3		3	17	8	9	12	6	6
融水苗族自治县	10	3	7	13	4	9	3	1	2
三江侗族自治县	5	2	3	9	3	6			
桂林市	**55**	**15**	**40**	**89**	**39**	**50**	**162**	**89**	**73**
秀峰区	1		1	2		2	4	2	2
叠彩区				7	4	3			
象山区				18	9	9	2	1	1
七星区	3	2	1	11	9	2			
雁山区	1	1							
临桂区	7	1	6	4		4	1	1	
阳朔县				6	2	4			
灵川县	4	1	3	1		1			
全州县	5	2	3	3		3			
兴安县	7	1	6	7	3	4	1		1
永福县	2	1	1	4	1	3	1	1	
灌阳县	10	3	7	2		2			
龙胜各族自治县	5	1	4	4	2	2			
资源县				7	4	3			
平乐县	1		1	2		2	1		1
恭城瑶族自治县	9	2	7	5	3	2	7	6	1
荔浦市				6	2	4	145	78	67

1-4(户籍人口) 续表 22

单位:人

地 区	佤族			畲族			高山族		
	小计	男	女	小计	男	女	小计	男	女
梧州市	**7**	**1**	**6**	**19**	**8**	**11**	**1**	**1**	
万秀区	1		1	5	2	3			
长洲区				2	1	1			
龙圩区									
苍梧县				3	2	1			
藤 县	1		1	3	1	2			
蒙山县	4	1	3	5	2	3			
岑溪市	1		1	1		1	1	1	
北海市	**2**	**1**	**1**	**16**	**7**	**9**	**8**	**3**	**5**
海城区				13	5	8	7	3	4
银海区	2	1	1	1	1				
铁山港区									
合浦县				2	1	1	1		1
防城港市	**4**	**1**	**3**	**19**	**7**	**12**	**2**	**1**	**1**
港口区	1		1	4		4			
防城区	1	1		12	5	7	2	1	1
上思县									
东兴市	2		2	3	2	1			
钦州市	**14**	**4**	**10**	**25**	**6**	**19**	**8**	**5**	**3**
钦南区	1	1		14	5	9			
钦北区	7	3	4	5	1	4			
灵山县	3		3	6		6	8	5	3
浦北县	3		3						
贵港市	**10**	**2**	**8**	**65**	**20**	**45**	**6**	**5**	**1**
港北区				27	10	17			
港南区				1		1			
覃塘区	4	1	3	5	2	3			
平南县	4	1	3	14	5	9	5	4	1
桂平市	2		2	18	3	15	1	1	
玉林市	**27**	**3**	**24**	**33**	**10**	**23**	**1**		**1**
玉州区	2	1	1	9	3	6			
福绵区	2		2						
容 县				5	3	2			
陆川县	2		2	2	1	1	1		1
博白县	3		3	12	1	11			
兴业县	2	2		3	1	2			
北流市	16		16	2	1	1			
百色市	**22**	**3**	**19**	**24**	**8**	**16**	**3**		**3**
右江区	2		2	6	4	2			
田阳区	4		4	1		1			
田东县	1		1	3	1	2			

1-4(户籍人口) 续表 23

单位:人

地 区	佤族			畲族			高山族		
	小计	男	女	小计	男	女	小计	男	女
德保县	1		1	1		1			
那坡县	1		1	1		1	1		1
凌云县				2	1	1	2		2
乐业县	2	1	1						
田林县	1		1						
西林县	3		3	3	1	2			
隆林各族自治县	3	2	1	1		1			
靖西市	1		1	2		2			
平果市	3		3	4	1	3			
贺州市	**28**	**6**	**22**	**44**	**24**	**20**	**2**		**2**
八步区	7		7	14	5	9			
平桂区	8	4	4	1	1				
昭平县				3	1	2			
钟山县	9		9	16	11	5			
富川瑶族自治县	4	2	2	10	6	4	2		2
河池市	**33**	**15**	**18**	**71**	**35**	**36**	**28**	**12**	**16**
金城江区	3	1	2	9	4	5	9	7	2
宜州区	4	4		11	6	5	18	5	13
南丹县	11	5	6	23	13	10			
天峨县				1	1				
凤山县									
东兰县	3		3						
罗城仫佬族自治县	5	4	1	7	4	3			
环江毛南族自治县	5		5	6	1	5			
巴马瑶族自治县									
都安瑶族自治县	2	1	1	7	3	4	1		1
大化瑶族自治县				7	3	4			
来宾市	**6**		**6**	**52**	**23**	**29**	**9**	**7**	**2**
兴宾区	2		2	38	17	21	3	2	1
忻城县				5	2	3	1	1	
象州县				5	3	2	2	2	
武宣县				1		1	1		1
金秀瑶族自治县	1		1						
合山市	3		3	3	1	2	2	2	
崇左市	**12**	**3**	**9**	**15**	**6**	**9**	**4**		**4**
江州区	1		1	6	1	5			
扶绥县	3	1	2	1	1		1		1
宁明县	6	2	4	3		3			
龙州县	1		1				1		1
大新县							1		1
天等县	1		1	2	1	1	1		1
凭祥市				3	3				

1-4(户籍人口) 续表 24

单位:人

地 区	拉祜族			水族			东乡族		
	小计	男	女	小计	男	女	小计	男	女
总 计	**215**	**57**	**158**	**17054**	**8472**	**8582**	**46**	**29**	**17**
南宁市	**35**	**12**	**23**	**1199**	**523**	**676**	**9**	**5**	**4**
兴宁区	7	2	5	117	52	65	4	2	2
青秀区	4	1	3	358	159	199	3	1	2
江南区	2		2	106	38	68	2	2	
西乡塘区	9	5	4	257	114	143			
良庆区				76	33	43			
邕宁区				122	74	48			
武鸣区	3	1	2	21	3	18			
隆安县				7	3	4			
马山县	1		1	61	31	30			
上林县	1		1	13	1	12			
宾阳县	4	3	1	43	10	33			
横 县	4		4	18	5	13			
柳州市	**20**	**7**	**13**	**5321**	**2797**	**2524**	**7**	**5**	**2**
城中区				133	59	74			
鱼峰区	4	2	2	229	126	103			
柳南区	1	1		283	137	146	2	1	1
柳北区	4		4	116	53	63			
柳江区	3	1	2	131	46	85			
柳城县				119	53	66			
鹿寨县	2	2		48	22	26	5	4	1
融安县	3	1	2	153	79	74			
融水苗族自治县	2		2	4060	2211	1849			
三江侗族自治县	1		1	49	11	38			
桂林市	**47**	**10**	**37**	**460**	**151**	**309**	**7**	**6**	**1**
秀峰区				14	5	9	1	1	
叠彩区	2	1	1	8	3	5			
象山区				23	5	18	1		1
七星区	3	1	2	47	29	18	4	4	
雁山区				2		2			
临桂区	3		3	28	12	16	1	1	
阳朔县	5	1	4	15	4	11			
灵川县	13	2	11	33	11	22			
全州县	4	3	1	55	12	43			
兴安县	2		2	22	7	15			
永福县	1		1	32	7	25			
灌阳县	10	2	8	19	10	9			
龙胜各族自治县	1		1	10	3	7			
资源县	1		1	1		1			
平乐县				39	9	30			
恭城瑶族自治县	2		2	8	4	4			
荔浦市				104	30	74			

1-4(户籍人口)　续表 25　　　　单位：人

地　区	拉祜族			水族			东乡族		
	小计	男	女	小计	男	女	小计	男	女
梧州市	**13**	**4**	**9**	**144**	**37**	**107**	**1**	**1**	
万秀区									
长洲区	2	1	1						
龙圩区	4	2	2	2	1	1	1	1	
苍梧县	1		1	4	2	2			
藤　县				67	11	56			
蒙山县	5	1	4	65	22	43			
岑溪市	1		1	6	1	5			
北海市	**1**		**1**	**39**	**16**	**23**	**3**		**3**
海城区				23	11	12	3		3
银海区				5	3	2			
铁山港区				1		1			
合浦县	1		1	10	2	8			
防城港市	**5**	**1**	**4**	**58**	**26**	**32**	**5**	**4**	**1**
港口区				18	9	9	4	4	
防城区	2		2	15	6	9			
上思县	1		1	7	3	4			
东兴市	2	1	1	18	8	10	1		1
钦州市	**9**	**1**	**8**	**57**	**20**	**37**			
钦南区	4	1	3	19	11	8			
钦北区	2		2	18	7	11			
灵山县	1		1	16	2	14			
浦北县	2		2	4		4			
贵港市	**11**	**5**	**6**	**290**	**72**	**218**	**1**		**1**
港北区	3	3		29	11	18			
港南区	4	1	3	95	30	65			
覃塘区				41	10	31			
平南县	1		1	42	12	30	1		1
桂平市	3	1	2	83	9	74			
玉林市	**14**	**2**	**12**	**261**	**51**	**210**	**2**	**1**	**1**
玉州区	4		4	37	14	23	1		1
福绵区				11	6	5			
容　县	2		2	21	4	17			
陆川县				29	3	26			
博白县	3	1	2	33	6	27	1	1	
兴业县	1		1	95	12	83			
北流市	4	1	3	35	6	29			
百色市	**15**	**4**	**11**	**151**	**53**	**98**	**1**		**1**
右江区				31	15	16			
田阳区				8		8	1		1
田东县	2		2	4	1	3			

1–4(户籍人口) 续表 26 单位:人

地 区	拉祜族			水族			东乡族		
	小计	男	女	小计	男	女	小计	男	女
德保县	1		1	24	6	18			
那坡县	2		2	6	4	2			
凌云县	2	1	1	8	3	5			
乐业县				5	1	4			
田林县				6	3	3			
西林县	2		2	7	4	3			
隆林各族自治县	2	2		9	4	5			
靖西市	2		2	12	3	9			
平果市	2	1	1	31	9	22			
贺州市	**15**	**4**	**11**	**82**	**32**	**50**	**2**	**1**	**1**
八步区	4	1	3	28	13	15			
平桂区	6	2	4	3	1	2			
昭平县	2		2	20	8	12			
钟山县	2	1	1	20	8	12	1	1	
富川瑶族自治县	1		1	11	2	9	1		1
河池市	**17**	**4**	**13**	**8164**	**4307**	**3857**	**3**	**2**	**1**
金城江区	1		1	978	475	503			
宜州区	2	2		2398	1303	1095			
南丹县				2296	1282	1014			
天峨县				127	54	73			
凤山县				10	4	6			
东兰县	2		2	13	3	10			
罗城仫佬族自治县	2		2	216	81	135	2	1	1
环江毛南族自治县	1		1	1299	678	621			
巴马瑶族自治县	3		3	9	5	4			
都安瑶族自治县	5	2	3	805	417	388			
大化瑶族自治县	1		1	13	5	8	1	1	
来宾市	**10**	**3**	**7**	**701**	**322**	**379**	**2**	**2**	
兴宾区	3		3	559	285	274	1	1	
忻城县	3	1	2	29	10	19			
象州县	4	2	2	54	15	39	1	1	
武宣县				34	6	28			
金秀瑶族自治县				12	3	9			
合山市				13	3	10			
崇左市	**3**		**3**	**127**	**65**	**62**	**3**	**2**	**1**
江州区				63	36	27	2	1	1
扶绥县				14	5	9			
宁明县	1		1	6	3	3			
龙州县	1		1	29	17	12	1	1	
大新县				5		5			
天等县	1		1	6	3	3			
凭祥市				4	1	3			

1-4(户籍人口) 续表 27 单位:人

地区	纳西族			景颇族			柯尔克孜族		
	小计	男	女	小计	男	女	小计	男	女
总 计	**114**	**47**	**67**	**98**	**27**	**71**	**3**	**2**	**1**
南宁市	**41**	**21**	**20**	**9**	**2**	**7**			
兴宁区	2	1	1						
青秀区	21	13	8	4	1	3			
江南区	1		1	2	1	1			
西乡塘区	10	3	7	1		1			
良庆区	3	2	1						
邕宁区									
武鸣区				1		1			
隆安县									
马山县									
上林县	4	2	2						
宾阳县				1		1			
横 县									
柳州市	**15**	**5**	**10**	**19**	**6**	**13**	**1**	**1**	
城中区	3	1	2	1		1			
鱼峰区	1	1		1	1				
柳南区	8	2	6	2		2	1	1	
柳北区									
柳江区				1	1				
柳城县	1	1							
鹿寨县	1		1	3	3				
融安县				1		1			
融水苗族自治县	1		1	3		3			
三江侗族自治县				7	1	6			
桂林市	**26**	**11**	**15**	**21**	**4**	**17**			
秀峰区									
叠彩区	2	1	1	2	1	1			
象山区	3	2	1						
七星区	3	1	2						
雁山区	1		1	2	1	1			
临桂区	3		3						
阳朔县	3	2	1	1		1			
灵川县	6	3	3	3	1	2			
全州县	3	2	1						
兴安县				3		3			
永福县									
灌阳县	1		1	6	1	5			
龙胜各族自治县									
资源县									
平乐县									
恭城瑶族自治县	1		1						
荔浦市				4		4			

1-4(户籍人口) 续表 28

单位:人

地区	纳西族			景颇族			柯尔克孜族		
	小计	男	女	小计	男	女	小计	男	女
梧州市									
万秀区									
长洲区									
龙圩区									
苍梧县									
藤　县									
蒙山县									
岑溪市									
北海市	**6**	**2**	**4**	**2**	**2**		**1**	**1**	
海城区	1	1							
银海区	3		3						
铁山港区				2	2				
合浦县	2	1	1				1	1	
防城港市				**2**		**2**			
港口区									
防城区				1		1			
上思县									
东兴市				1		1			
钦州市	**1**		**1**	**7**	**3**	**4**			
钦南区				3	1	2			
钦北区				1	1				
灵山县	1		1	3	1	2			
浦北县									
贵港市	**5**	**1**	**4**	**3**	**2**	**1**	**1**		**1**
港北区									
港南区									
覃塘区	1		1	1	1				
平南县	3		3	1	1				
桂平市	1	1		1		1	1		1
玉林市	**2**	**1**	**1**	**4**	**1**	**3**			
玉州区									
福绵区									
容　县				3		3			
陆川县	1		1						
博白县									
兴业县	1	1		1	1				
北流市									
百色市	**2**	**1**	**1**	**7**	**2**	**5**			
右江区									
田阳区									
田东县				3		3			

1-4(户籍人口)　续表 29　　　　单位:人

地区	纳西族			景颇族			柯尔克孜族		
	小计	男	女	小计	男	女	小计	男	女
德保县									
那坡县	1	1							
凌云县				3	2	1			
乐业县									
田林县									
西林县									
隆林各族自治县	1		1						
靖西市				1		1			
平果市									
贺州市	**4**	**2**	**2**	**3**		**3**			
八步区	1	1							
平桂区									
昭平县	3	1	2						
钟山县				1		1			
富川瑶族自治县				2		2			
河池市	**7**	**2**	**5**	**7**	**1**	**6**			
金城江区				1	1				
宜州区				1		1			
南丹县	4	1	3						
天峨县				2		2			
凤山县									
东兰县									
罗城仫佬族自治县				1		1			
环江毛南族自治县	1		1	1		1			
巴马瑶族自治县	1	1							
都安瑶族自治县				1		1			
大化瑶族自治县	1		1						
来宾市	**2**		**2**	**10**	**2**	**8**			
兴宾区	1		1	3	1	2			
忻城县				3	1	2			
象州县				2		2			
武宣县	1		1	1		1			
金秀瑶族自治县									
合山市				1		1			
崇左市	**3**	**1**	**2**	**4**	**2**	**2**			
江州区									
扶绥县				1	1				
宁明县	1		1						
龙州县	2	1	1	3	1	2			
大新县									
天等县									
凭祥市									

1-4(户籍人口) 续表 30

单位:人

地 区	土族			达斡尔族			仫佬族		
	小计	男	女	小计	男	女	小计	男	女
总 计	**345**	**160**	**185**	**112**	**50**	**62**	**208396**	**106627**	**101769**
南宁市	**64**	**37**	**27**	**49**	**19**	**30**	**7379**	**3455**	**3924**
兴宁区	9	5	4	1		1	705	338	367
青秀区	12	7	5	24	8	16	2786	1270	1516
江南区	3	3		4	2	2	879	385	494
西乡塘区	15	9	6	6	2	4	1513	704	809
良庆区	10	6	4	2	1	1	285	124	161
邕宁区	2	2		11	5	6	103	43	60
武鸣区	1		1				75	26	49
隆安县	3	1	2				17	6	11
马山县	2	2					749	461	288
上林县	3	2	1				37	10	27
宾阳县				1	1		135	61	74
横 县	4		4				95	27	68
柳州市	**59**	**23**	**36**	**10**	**4**	**6**	**28769**	**14076**	**14693**
城中区	6	3	3	6	1	5	1711	781	930
鱼峰区	5	3	2	2	2		6776	3430	3346
柳南区	5	4	1				2537	1170	1367
柳北区	5	1	4	2	1	1	2600	1183	1417
柳江区	4		4				2403	1227	1176
柳城县	15	3	12				8612	4267	4345
鹿寨县	2	1	1				586	268	318
融安县	9	4	5				1018	523	495
融水苗族自治县	7	4	3				2430	1181	1249
三江侗族自治县	1		1				96	46	50
桂林市	**32**	**17**	**15**	**23**	**13**	**10**	**2115**	**995**	**1120**
秀峰区							124	59	65
叠彩区	2	1	1				126	64	62
象山区	5	3	2	5	3	2	289	113	176
七星区				2	1	1	341	178	163
雁山区	1	1					27	14	13
临桂区	4	1	3	5	1	4	248	100	148
阳朔县	3	2	1				163	95	68
灵川县				7	4	3	74	37	37
全州县							140	57	83
兴安县	2	2		1	1		38	13	25
永福县	1	1					210	122	88
灌阳县	1		1	1	1		58	17	41
龙胜各族自治县							19	5	14
资源县	2		2				13	6	7
平乐县	3	1	2				128	66	62
恭城瑶族自治县	3	3					40	19	21
荔浦市	5	2	3	2	2		77	30	47

1-4(户籍人口) 续表 31

单位:人

地区	土族			达斡尔族			仫佬族		
	小计	男	女	小计	男	女	小计	男	女
梧州市	**10**	**3**	**7**	**1**		**1**	**291**	**82**	**209**
万秀区	2	1	1				52	21	31
长洲区	1	1					29	16	13
龙圩区	1		1				22	8	14
苍梧县	1		1				10	1	9
藤　县	4	1	3				68	11	57
蒙山县				1		1	37	12	25
岑溪市	1		1				73	13	60
北海市	**8**	**2**	**6**	**16**	**8**	**8**	**260**	**102**	**158**
海城区	3	1	2	4	2	2	171	72	99
银海区	2		2	12	6	6	36	15	21
铁山港区							10	2	8
合浦县	3	1	2				43	13	30
防城港市	**4**	**2**	**2**	**8**	**3**	**5**	**221**	**108**	**113**
港口区	1		1	5	2	3	90	49	41
防城区	1	1		1		1	78	31	47
上思县	2	1	1				18	6	12
东兴市				2	1	1	35	22	13
钦州市	**15**	**2**	**13**	**1**	**1**		**332**	**108**	**224**
钦南区	3	1	2				86	26	60
钦北区	4	1	3				151	57	94
灵山县	4		4	1	1		54	17	37
浦北县	4		4				41	8	33
贵港市	**30**	**10**	**20**				**1103**	**416**	**687**
港北区	12	3	9				289	128	161
港南区	3	2	1				233	76	157
覃塘区	4	1	3				120	37	83
平南县	3	1	2				248	88	160
桂平市	8	3	5				213	87	126
玉林市	**7**	**1**	**6**				**730**	**240**	**490**
玉州区	1		1				150	65	85
福绵区							20	9	11
容　县	2		2				31	7	24
陆川县	1	1					186	66	120
博白县	1		1				204	60	144
兴业县	2		2				50	9	41
北流市							89	24	65
百色市	**19**	**9**	**10**	**1**		**1**	**775**	**375**	**400**
右江区				1		1	156	83	73
田阳区	3	2	1				42	17	25
田东县	3	1	2				119	53	66

1-4(户籍人口) 续表 32 单位:人

地区	土族			达斡尔族			仫佬族		
	小计	男	女	小计	男	女	小计	男	女
德保县	3	3					17	5	12
那坡县	1	1					40	21	19
凌云县	1		1				6	3	3
乐业县							19	9	10
田林县	1		1				42	26	16
西林县							16	5	11
隆林各族自治县	2		2				232	127	105
靖西市	4	1	3				21	7	14
平果市	1	1					65	19	46
贺州市	**10**	**2**	**8**				**298**	**122**	**176**
八步区	4		4				108	49	59
平桂区	1		1				35	15	20
昭平县	3	1	2				56	20	36
钟山县							62	24	38
富川瑶族自治县	2	1	1				37	14	23
河池市	**48**	**28**	**20**	**2**	**1**	**1**	**158402**	**82612**	**75790**
金城江区	2		2				3515	1772	1743
宜州区	6	2	4	1	1		19518	10137	9381
南丹县	2	1	1				541	264	277
天峨县	2	1	1				193	99	94
凤山县	2	2					42	13	29
东兰县	2	2					73	27	46
罗城仫佬族自治县	8	5	3	1		1	130194	67933	62261
环江毛南族自治县	12	7	5				1362	724	638
巴马瑶族自治县	1	1					67	29	38
都安瑶族自治县	4		4				2797	1572	1225
大化瑶族自治县	7	7					100	42	58
来宾市	**18**	**9**	**9**				**7466**	**3827**	**3639**
兴宾区	11	6	5				1070	448	622
忻城县	3	3					3662	1924	1738
象州县	3		3				2279	1258	1021
武宣县							129	44	85
金秀瑶族自治县	1		1				76	34	42
合山市							250	119	131
崇左市	**21**	**15**	**6**	**1**	**1**		**255**	**109**	**146**
江州区							74	29	45
扶绥县	2	1	1	1	1		87	39	48
宁明县	2	2					28	11	17
龙州县	3	3					8	4	4
大新县	9	4	5				14	9	5
天等县	5	5					16	5	11
凭祥市							28	12	16

1-4(户籍人口)　续表 33　　　　单位:人

地　区	羌族			布朗族			撒拉族		
	小计	男	女	小计	男	女	小计	男	女
总　计	**111**	**56**	**55**	**146**	**52**	**94**	**5**	**4**	**1**
南宁市	**33**	**18**	**15**	**21**	**6**	**15**	**2**	**2**	
兴宁区	2		2						
青秀区	14	10	4	3	3				
江南区	4	2	2	1	1				
西乡塘区	10	5	5	4	1	3			
良庆区				1		1	1	1	
邕宁区	1	1							
武鸣区	1		1						
隆安县	1		1						
马山县				2		2			
上林县									
宾阳县				1		1			
横　县				9	1	8	1	1	
柳州市	**15**	**6**	**9**	**23**	**10**	**13**	**1**		**1**
城中区	5	2	3	2	1	1	1		1
鱼峰区									
柳南区	2	2		2	1	1			
柳北区				1		1			
柳江区									
柳城县	2		2	4	4				
鹿寨县	4	1	3	2	1	1			
融安县	2	1	1	8	1	7			
融水苗族自治县				3	2	1			
三江侗族自治县				1		1			
桂林市	**10**	**5**	**5**	**12**	**6**	**6**			
秀峰区	2	1	1						
叠彩区									
象山区									
七星区	1		1						
雁山区									
临桂区	1	1							
阳朔县									
灵川县				1	1				
全州县	1		1	1		1			
兴安县				3		3			
永福县	2		2	3	2	1			
灌阳县									
龙胜各族自治县				1		1			
资源县									
平乐县	2	2		2	2				
恭城瑶族自治县				1	1				
荔浦市	1	1							

1-4(户籍人口) 续表 34

单位:人

地 区	羌族			布朗族			撒拉族		
	小计	男	女	小计	男	女	小计	男	女
梧州市	**4**	**2**	**2**	**1**	**1**				
万秀区									
长洲区	1	1							
龙圩区									
苍梧县	2	1	1						
藤 县									
蒙山县				1	1				
岑溪市	1		1						
北海市	**7**	**5**	**2**	**3**	**1**	**2**	**1**	**1**	
海城区	4	3	1				1	1	
银海区	3	2	1	2		2			
铁山港区				1	1				
合浦县									
防城港市	**3**		**3**						
港口区	1		1						
防城区									
上思县									
东兴市	2		2						
钦州市	**2**	**1**	**1**	**6**	**1**	**5**			
钦南区	1	1		1		1			
钦北区									
灵山县	1		1	2		2			
浦北县				3	1	2			
贵港市	**2**	**1**	**1**	**4**	**2**	**2**			
港北区	1	1		1	1				
港南区	1		1	3	1	2			
覃塘区									
平南县									
桂平市									
玉林市				**11**	**4**	**7**			
玉州区				1	1				
福绵区									
容 县				2	1	1			
陆川县									
博白县				3		3			
兴业县				4	2	2			
北流市				1		1			
百色市	**11**	**5**	**6**	**6**		**6**			
右江区	4	1	3	1		1			
田阳区	3	1	2						
田东县				3		3			

1-4(户籍人口) 续表 35 单位:人

地区	羌族			布朗族			撒拉族		
	小计	男	女	小计	男	女	小计	男	女
德保县									
那坡县									
凌云县	1	1							
乐业县									
田林县									
西林县	2	2							
隆林各族自治县				1		1			
靖西市	1		1	1		1			
平果市									
贺州市	**4**	**2**	**2**	**7**	**2**	**5**			
八步区	1	1		1		1			
平桂区	2		2	1	1				
昭平县									
钟山县				1	1				
富川瑶族自治县	1	1		4		4			
河池市	**10**	**5**	**5**	**47**	**19**	**28**			
金城江区	1	1		3		3			
宜州区	4	3	1	3		3			
南丹县				3	2	1			
天峨县	1		1	2	1	1			
凤山县									
东兰县									
罗城仫佬族自治县				23	11	12			
环江毛南族自治县				9	5	4			
巴马瑶族自治县				1		1			
都安瑶族自治县	1		1	3		3			
大化瑶族自治县	3	1	2						
来宾市	**5**	**3**	**2**	**2**		**2**	**1**	**1**	
兴宾区	2	1	1						
忻城县				2		2	1	1	
象州县	2	1	1						
武宣县									
金秀瑶族自治县									
合山市	1	1							
崇左市	**5**	**3**	**2**	**3**		**3**			
江州区	1		1	2		2			
扶绥县									
宁明县									
龙州县				1		1			
大新县									
天等县	4	3	1						
凭祥市									

1-4(户籍人口) 续表 36

单位:人

地 区	毛南族			仡佬族			锡伯族		
	小计	男	女	小计	男	女	小计	男	女
总 计	**84689**	**44573**	**40116**	**6324**	**3246**	**3078**	**168**	**81**	**87**
南宁市	**2992**	**1339**	**1653**	**391**	**189**	**202**	**65**	**31**	**34**
兴宁区	325	154	171	46	22	24	8	7	1
青秀区	992	465	527	159	75	84	22	9	13
江南区	388	181	207	45	22	23	10	3	7
西乡塘区	708	332	376	74	46	28	20	11	9
良庆区	125	46	79	9	5	4	2		2
邕宁区	64	22	42	11	4	7			
武鸣区	51	12	39	5	1	4			
隆安县	17	4	13	3	2	1			
马山县	147	65	82	13	5	8	2	1	1
上林县	30	15	15	2	1	1			
宾阳县	101	36	65	13	3	10	1		1
横 县	44	7	37	11	3	8			
柳州市	**2304**	**1074**	**1230**	**582**	**303**	**279**	**25**	**14**	**11**
城中区	241	117	124	54	31	23			
鱼峰区	439	211	228	83	43	40	1		1
柳南区	586	287	299	69	37	32	4	2	2
柳北区	432	206	226	59	28	31	6	4	2
柳江区	188	81	107	37	19	18	2	2	
柳城县	116	47	69	144	75	69	1		1
鹿寨县	140	56	84	36	19	17	4	3	1
融安县	72	31	41	29	13	16			
融水苗族自治县	67	30	37	65	35	30	7	3	4
三江侗族自治县	23	8	15	6	3	3			
桂林市	**680**	**290**	**390**	**165**	**66**	**99**	**37**	**18**	**19**
秀峰区	35	18	17	13	5	8	9	4	5
叠彩区	42	15	27	5	3	2			
象山区	78	23	55	14	5	9	3	2	1
七星区	80	53	27	8	5	3	5		5
雁山区	5	2	3						
临桂区	124	51	73	17	8	9	6	4	2
阳朔县	18	3	15	6	1	5	1	1	
灵川县	48	24	24	19	10	9			
全州县	65	23	42	13	2	11			
兴安县	8	4	4	2		2			
永福县	57	28	29	9	5	4	12	6	6
灌阳县	28	8	20	6	1	5			
龙胜各族自治县	6	3	3	3	1	2	1	1	
资源县	8	4	4	13	4	9			
平乐县	28	10	18	24	10	14			
恭城瑶族自治县	21	13	8	4	2	2			
荔浦市	29	8	21	9	4	5			

1-4(户籍人口)　续表 37　　单位:人

地　区	毛南族			仡佬族			锡伯族		
	小计	男	女	小计	男	女	小计	男	女
梧州市	**78**	**21**	**57**	**24**	**9**	**15**			
万秀区	11	4	7	3	2	1			
长洲区	3	2	1	1		1			
龙圩区	8	3	5	3	1	2			
苍梧县	4	2	2						
藤　县	19	2	17	7	1	6			
蒙山县	8	2	6	5	5				
岑溪市	25	6	19	5		5			
北海市	**141**	**60**	**81**	**38**	**22**	**16**	**13**	**6**	**7**
海城区	71	35	36	28	16	12	9	5	4
银海区	28	9	19	7	5	2	2		2
铁山港区	15	9	6				1		1
合浦县	27	7	20	3	1	2	1	1	
防城港市	**111**	**55**	**56**	**31**	**14**	**17**	**1**	**1**	
港口区	55	25	30	5	3	2			
防城区	28	15	13	18	9	9	1	1	
上思县	14	8	6	1		1			
东兴市	14	7	7	7	2	5			
钦州市	**178**	**71**	**107**	**39**	**16**	**23**	**2**		**2**
钦南区	63	27	36	13	6	7			
钦北区	61	26	35	12	4	8	2		2
灵山县	31	8	23	8	3	5			
浦北县	23	10	13	6	3	3			
贵港市	**493**	**160**	**333**	**64**	**22**	**42**	**3**	**1**	**2**
港北区	183	68	115	13	8	5	3	1	2
港南区	134	39	95	12	2	10			
覃塘区	36	11	25	5	1	4			
平南县	69	21	48	13	3	10			
桂平市	71	21	50	21	8	13			
玉林市	**442**	**99**	**343**	**59**	**19**	**40**	**1**		**1**
玉州区	65	25	40	7	4	3			
福绵区	21	3	18	2		2			
容　县	25		25	5		5			
陆川县	75	21	54	9	3	6			
博白县	134	33	101	21	5	16			
兴业县	61	7	54	5	2	3			
北流市	61	10	51	10	5	5	1		1
百色市	**283**	**155**	**128**	**3252**	**1715**	**1537**	**13**	**6**	**7**
右江区	57	31	26	71	43	28	11	6	5
田阳区	12	8	4	13	4	9			
田东县	27	14	13	5	2	3	1		1

1-4(户籍人口) 续表 38

单位:人

地 区	毛南族			仡佬族			锡伯族		
	小计	男	女	小计	男	女	小计	男	女
德保县	8	3	5	9	3	6			
那坡县	7	1	6	4	2	2			
凌云县	6	2	4	2		2			
乐业县	2	1	1	2	1	1			
田林县	13	7	6	24	10	14			
西林县	102	64	38	182	97	85			
隆林各族自治县	13	9	4	2920	1547	1373			
靖西市	8	2	6	8	1	7			
平果市	28	13	15	12	5	7	1		1
贺州市	**68**	**29**	**39**	**77**	**29**	**48**	**1**		**1**
八步区	19	6	13	19	8	11			
平桂区	15	8	7	9	3	6	1		1
昭平县	15	8	7	19	7	12			
钟山县	10	3	7	16	6	10			
富川瑶族自治县	9	4	5	14	5	9			
河池市	**76454**	**41055**	**35399**	**1376**	**717**	**659**	**3**	**2**	**1**
金城江区	6848	3345	3503	75	28	47			
宜州区	1813	865	948	228	103	125	1		1
南丹县	2580	1350	1230	13	8	5			
天峨县	987	610	377	5	3	2			
凤山县	39	13	26	3	2	1			
东兰县	719	409	310	8	3	5			
罗城仫佬族自治县	159	60	99	977	543	434			
环江毛南族自治县	58947	31863	27084	20	8	12	2	2	
巴马瑶族自治县	195	101	94	2	1	1			
都安瑶族自治县	4002	2359	1643	41	17	24			
大化瑶族自治县	165	80	85	4	1	3			
来宾市	**373**	**132**	**241**	**196**	**114**	**82**	**4**	**2**	**2**
兴宾区	179	65	114	51	19	32	1		1
忻城县	49	14	35	74	50	24	2	1	1
象州县	36	8	28	55	37	18	1	1	
武宣县	46	14	32	5	3	2			
金秀瑶族自治县	25	14	11	5	3	2			
合山市	38	17	21	6	2	4			
崇左市	**92**	**33**	**59**	**30**	**11**	**19**			
江州区	22	8	14	8	4	4			
扶绥县	12	4	8	5	2	3			
宁明县	14	3	11	7	5	2			
龙州县	21	11	10	1		1			
大新县	5	2	3	3		3			
天等县	6		6	5		5			
凭祥市	12	5	7	1		1			

1-4(户籍人口) 续表 39

单位:人

地 区	阿昌族			普米族			塔吉克族		
	小计	男	女	小计	男	女	小计	男	女
总 计	**51**	**28**	**23**	**20**	**9**	**11**	**1**		**1**
南宁市	**5**	**4**	**1**	**12**	**7**	**5**			
兴宁区									
青秀区	1	1							
江南区				8	5	3			
西乡塘区				2	1	1			
良庆区									
邕宁区									
武鸣区									
隆安县									
马山县									
上林县	2	2		1		1			
宾阳县	1	1		1	1				
横 县	1		1						
柳州市	**1**		**1**	**2**	**1**	**1**			
城中区				1	1				
鱼峰区									
柳南区									
柳北区	1		1	1		1			
柳江区									
柳城县									
鹿寨县									
融安县									
融水苗族自治县									
三江侗族自治县									
桂林市	**7**	**2**	**5**	**3**	**1**	**2**			
秀峰区				1	1				
叠彩区									
象山区									
七星区									
雁山区									
临桂区									
阳朔县	1	1							
灵川县	1		1						
全州县	2	1	1						
兴安县									
永福县									
灌阳县	3		3						
龙胜各族自治县									
资源县									
平乐县				2		2			
恭城瑶族自治县									
荔浦市									

1-4(户籍人口) 续表 40 单位:人

地　区	阿昌族			普米族			塔吉克族		
	小计	男	女	小计	男	女	小计	男	女
梧州市	**1**		**1**						
万秀区									
长洲区									
龙圩区									
苍梧县									
藤　县	1		1						
蒙山县									
岑溪市									
北海市									
海城区									
银海区									
铁山港区									
合浦县									
防城港市									
港口区									
防城区									
上思县									
东兴市									
钦州市	**1**		**1**				**1**		**1**
钦南区							1		1
钦北区									
灵山县	1		1						
浦北县									
贵港市	**3**		**3**						
港北区	3		3						
港南区									
覃塘区									
平南县									
桂平市									
玉林市	**1**	**1**							
玉州区									
福绵区									
容　县									
陆川县									
博白县									
兴业县	1	1							
北流市									
百色市	**9**	**5**	**4**						
右江区	1		1						
田阳区	1		1						
田东县	2	1	1						

1-4(户籍人口) 续表 41　　单位:人

地　区	阿昌族			普米族			塔吉克族		
	小计	男	女	小计	男	女	小计	男	女
德保县	4	3	1						
那坡县									
凌云县									
乐业县									
田林县									
西林县									
隆林各族自治县									
靖西市	1	1							
平果市									
贺州市	**7**	**5**	**2**	**1**		**1**			
八步区									
平桂区				1		1			
昭平县	3	2	1						
钟山县									
富川瑶族自治县	4	3	1						
河池市	**4**	**3**	**1**	**2**		**2**			
金城江区	1	1							
宜州区									
南丹县									
天峨县									
凤山县									
东兰县									
罗城仫佬族自治县	1	1							
环江毛南族自治县	2	1	1	2		2			
巴马瑶族自治县									
都安瑶族自治县									
大化瑶族自治县									
来宾市	**6**	**4**	**2**						
兴宾区	1		1						
忻城县	3	3							
象州县									
武宣县	1		1						
金秀瑶族自治县									
合山市	1	1							
崇左市	**6**	**4**	**2**						
江州区									
扶绥县									
宁明县	1		1						
龙州县									
大新县	1		1						
天等县									
凭祥市	4	4							

1-4(户籍人口) 续表 42

单位:人

地　区	怒族			乌孜别克族			俄罗斯族		
	小计	男	女	小计	男	女	小计	男	女
总　计	**13**	**2**	**11**	**4**	**1**	**3**	**23**	**14**	**9**
南宁市				**1**		**1**	**14**	**10**	**4**
兴宁区							4	2	2
青秀区							6	5	1
江南区									
西乡塘区				1		1	2	1	1
良庆区							1	1	
邕宁区							1	1	
武鸣区									
隆安县									
马山县									
上林县									
宾阳县									
横　县									
柳州市	**3**	**1**	**2**				**2**		**2**
城中区									
鱼峰区	1	1							
柳南区							2		2
柳北区	2		2						
柳江区									
柳城县									
鹿寨县									
融安县									
融水苗族自治县									
三江侗族自治县									
桂林市	**3**		**3**	**3**	**1**	**2**	**3**	**2**	**1**
秀峰区									
叠彩区									
象山区									
七星区				3	1	2	1	1	
雁山区									
临桂区	1		1				2	1	1
阳朔县									
灵川县									
全州县	1		1						
兴安县									
永福县									
灌阳县	1		1						
龙胜各族自治县									
资源县									
平乐县									
恭城瑶族自治县									
荔浦市									

1-4(户籍人口)　续表 43

单位:人

地　区	怒族			乌孜别克族			俄罗斯族		
	小计	男	女	小计	男	女	小计	男	女
梧州市	**1**		**1**						
万秀区									
长洲区									
龙圩区									
苍梧县									
藤　县	1		1						
蒙山县									
岑溪市									
北海市									
海城区									
银海区									
铁山港区									
合浦县									
防城港市									
港口区									
防城区									
上思县									
东兴市									
钦州市	**1**		**1**						
钦南区									
钦北区	1		1						
灵山县									
浦北县									
贵港市	**1**		**1**				**2**	**1**	**1**
港北区									
港南区							1	1	
覃塘区									
平南县	1		1						
桂平市							1		1
玉林市							**1**		**1**
玉州区							1		1
福绵区									
容　县									
陆川县									
博白县									
兴业县									
北流市									
百色市	**1**	**1**							
右江区									
田阳区									
田东县									

1–4(户籍人口) 续表 44

单位:人

地 区	怒族			乌孜别克族			俄罗斯族		
	小计	男	女	小计	男	女	小计	男	女
德保县									
那坡县									
凌云县									
乐业县									
田林县									
西林县									
隆林各族自治县	1	1							
靖西市									
平果市									
贺州市	**1**		**1**						
八步区									
平桂区	1		1						
昭平县									
钟山县									
富川瑶族自治县									
河池市	**2**		**2**						
金城江区									
宜州区	1		1						
南丹县									
天峨县									
凤山县									
东兰县									
罗城仫佬族自治县									
环江毛南族自治县	1		1						
巴马瑶族自治县									
都安瑶族自治县									
大化瑶族自治县									
来宾市							**1**	**1**	
兴宾区							1	1	
忻城县									
象州县									
武宣县									
金秀瑶族自治县									
合山市									
崇左市									
江州区									
扶绥县									
宁明县									
龙州县									
大新县									
天等县									
凭祥市									

1-4(户籍人口) 续表 45　　　　单位:人

地　区	鄂温克族			德昂族			保安族		
	小计	男	女	小计	男	女	小计	男	女
总　计	**61**	**21**	**40**	**13**	**6**	**7**	**8**	**4**	**4**
南宁市	**8**	**2**	**6**	**3**	**1**	**2**			
兴宁区				1	1				
青秀区	3	1	2	1		1			
江南区									
西乡塘区									
良庆区									
邕宁区									
武鸣区									
隆安县									
马山县				1		1			
上林县									
宾阳县	1		1						
横　县	4	1	3						
柳州市	**9**	**2**	**7**	**3**	**1**	**2**			
城中区	1		1						
鱼峰区	2	1	1						
柳南区	1		1						
柳北区	1	1							
柳江区				3	1	2			
柳城县	3		3						
鹿寨县	1		1						
融安县									
融水苗族自治县									
三江侗族自治县									
桂林市	**6**	**4**	**2**	**1**	**1**		**1**	**1**	
秀峰区									
叠彩区									
象山区									
七星区									
雁山区									
临桂区									
阳朔县	1		1						
灵川县									
全州县	1	1							
兴安县									
永福县									
灌阳县									
龙胜各族自治县									
资源县							1	1	
平乐县									
恭城瑶族自治县				1	1				
荔浦市	4	3	1						

1-4(户籍人口) 续表 46 单位:人

地区	鄂温克族			德昂族			保安族		
	小计	男	女	小计	男	女	小计	男	女
梧州市	**4**	**2**	**2**				**1**		**1**
万秀区									
长洲区									
龙圩区									
苍梧县	1	1							
藤　县									
蒙山县	3	1	2						
岑溪市							1		1
北海市	**2**		**2**				**1**	**1**	
海城区									
银海区	2		2						
铁山港区									
合浦县							1	1	
防城港市	**1**		**1**				**2**		**2**
港口区	1		1						
防城区									
上思县									
东兴市							2		2
钦州市	**6**	**2**	**4**						
钦南区	2	1	1						
钦北区	2		2						
灵山县	1		1						
浦北县	1	1							
贵港市	**6**	**3**	**3**						
港北区									
港南区	1	1							
覃塘区									
平南县	1	1							
桂平市	4	1	3						
玉林市	**3**		**3**				**1**		**1**
玉州区									
福绵区									
容　县									
陆川县	1		1				1		1
博白县									
兴业县									
北流市	2		2						
百色市	**3**	**2**	**1**	**2**		**2**			
右江区				1		1			
田阳区									
田东县									

1-4(户籍人口) 续表 47

单位:人

地 区	鄂温克族			德昂族			保安族		
	小计	男	女	小计	男	女	小计	男	女
德保县	1		1						
那坡县									
凌云县									
乐业县									
田林县									
西林县									
隆林各族自治县									
靖西市	2	2							
平果市				1		1			
贺州市	**8**	**2**	**6**				**1**	**1**	
八步区	3	1	2				1	1	
平桂区	1		1						
昭平县	1		1						
钟山县									
富川瑶族自治县	3	1	2						
河池市	**1**	**1**		**2**	**2**				
金城江区									
宜州区									
南丹县				1	1				
天峨县									
凤山县									
东兰县									
罗城仫佬族自治县				1	1				
环江毛南族自治县	1	1							
巴马瑶族自治县									
都安瑶族自治县									
大化瑶族自治县									
来宾市	**3**	**1**	**2**	**2**	**1**	**1**			
兴宾区	1	1							
忻城县	1		1						
象州县				2	1	1			
武宣县	1		1						
金秀瑶族自治县									
合山市									
崇左市	**1**		**1**				**1**	**1**	
江州区									
扶绥县							1	1	
宁明县									
龙州县									
大新县									
天等县	1		1						
凭祥市									

1-4(户籍人口) 续表 48

单位:人

地 区	裕固族			京族			塔塔尔族		
	小计	男	女	小计	男	女	小计	男	女
总 计	**13**	**10**	**3**	**29703**	**15598**	**14105**	**7**	**1**	**6**
南宁市	**6**	**5**	**1**	**857**	**402**	**455**			
兴宁区				78	35	43			
青秀区	3	3		410	214	196			
江南区				61	25	36			
西乡塘区				183	87	96			
良庆区				20	11	9			
邕宁区				16	7	9			
武鸣区	3	2	1	46	12	34			
隆安县				17	3	14			
马山县				2		2			
上林县				3	1	2			
宾阳县				15	7	8			
横 县				6		6			
柳州市				**185**	**87**	**98**	**1**	**1**	
城中区				9	5	4			
鱼峰区				31	17	14			
柳南区				16	7	9			
柳北区				28	13	15			
柳江区				21	6	15			
柳城县				60	29	31			
鹿寨县				14	8	6	1	1	
融安县				3	2	1			
融水苗族自治县				3		3			
三江侗族自治县									
桂林市				**161**	**75**	**86**			
秀峰区				6	5	1			
叠彩区				2	2				
象山区				15	4	11			
七星区				20	11	9			
雁山区				1		1			
临桂区				9	6	3			
阳朔县				7	3	4			
灵川县				5		5			
全州县				3	1	2			
兴安县									
永福县				85	39	46			
灌阳县									
龙胜各族自治县									
资源县									
平乐县				3	3				
恭城瑶族自治县				4	1	3			
荔浦市				1		1			

1-4(户籍人口) 续表 49

单位:人

地区	裕固族			京族			塔塔尔族		
	小计	男	女	小计	男	女	小计	男	女
梧州市				**9**	**5**	**4**			
万秀区				1	1				
长洲区									
龙圩区				1	1				
苍梧县									
藤　县				1		1			
蒙山县				4	1	3			
岑溪市				2	2				
北海市				**170**	**96**	**74**			
海城区				99	47	52			
银海区				46	37	9			
铁山港区				7	4	3			
合浦县				18	8	10			
防城港市				**27320**	**14481**	**12839**			
港口区				1389	673	716			
防城区				3924	2069	1855			
上思县				33	17	16			
东兴市				21974	11722	10252			
钦州市				**632**	**320**	**312**			
钦南区				387	192	195			
钦北区				158	82	76			
灵山县				36	11	25			
浦北县				51	35	16			
贵港市				**18**	**7**	**11**			
港北区				8	2	6			
港南区				3	1	2			
覃塘区				1	1				
平南县				3	1	2			
桂平市				3	2	1			
玉林市	**1**	**1**		**20**	**5**	**15**			
玉州区				4	1	3			
福绵区									
容　县	1	1		4		4			
陆川县				3	2	1			
博白县				5	1	4			
兴业县				2		2			
北流市				2	1	1			
百色市	**2**	**2**		**65**	**22**	**43**			
右江区				44	16	28			
田阳区				2	1	1			
田东县				3	1	2			

1-4(户籍人口) 续表 50

单位:人

地 区	裕固族			京族			塔塔尔族		
	小计	男	女	小计	男	女	小计	男	女
德保县									
那坡县				1		1			
凌云县									
乐业县				3	1	2			
田林县									
西林县									
隆林各族自治县	2	2							
靖西市				2		2			
平果市				10	3	7			
贺州市				**6**	**1**	**5**	**5**		**5**
八步区				2	1	1	1		1
平桂区							2		2
昭平县									
钟山县				2		2			
富川瑶族自治县				2		2	2		2
河池市	**3**	**2**	**1**	**37**	**19**	**18**	**1**		**1**
金城江区				2	1	1			
宜州区				16	10	6	1		1
南丹县				6	3	3			
天峨县	3	2	1						
凤山县									
东兰县				2	1	1			
罗城仫佬族自治县				1		1			
环江毛南族自治县				1		1			
巴马瑶族自治县				1		1			
都安瑶族自治县				6	3	3			
大化瑶族自治县				2	1	1			
来宾市				**28**	**11**	**17**			
兴宾区				24	10	14			
忻城县				1		1			
象州县				1		1			
武宣县				2	1	1			
金秀瑶族自治县									
合山市									
崇左市	**1**		**1**	**195**	**67**	**128**			
江州区				26	3	23			
扶绥县	1		1	11	1	10			
宁明县				97	41	56			
龙州县				5	2	3			
大新县				8	3	5			
天等县									
凭祥市				48	17	31			

1-4(户籍人口)　续表 51　　　　　　　　　　　　　　　　　　　　单位:人

地　区	独龙族			鄂伦春族			赫哲族		
	小计	男	女	小计	男	女	小计	男	女
总　计	**10**	**5**	**5**	**9**	**5**	**4**	**20**	**12**	**8**
南宁市				**2**		**2**	**4**	**2**	**2**
兴宁区									
青秀区									
江南区									
西乡塘区									
良庆区				2		2	2	1	1
邕宁区									
武鸣区							1		1
隆安县									
马山县									
上林县									
宾阳县							1	1	
横　县									
柳州市									
城中区									
鱼峰区									
柳南区									
柳北区									
柳江区									
柳城县									
鹿寨县									
融安县									
融水苗族自治县									
三江侗族自治县									
桂林市	**5**	**3**	**2**	**4**	**2**	**2**			
秀峰区									
叠彩区									
象山区									
七星区				2	1	1			
雁山区									
临桂区				1		1			
阳朔县				1	1				
灵川县									
全州县									
兴安县	1		1						
永福县									
灌阳县	3	2	1						
龙胜各族自治县	1	1							
资源县									
平乐县									
恭城瑶族自治县									
荔浦市									

1–4(户籍人口) 续表 52

单位:人

地 区	独龙族			鄂伦春族			赫哲族		
	小计	男	女	小计	男	女	小计	男	女
梧州市	**2**	**2**							
万秀区									
长洲区									
龙圩区									
苍梧县	1	1							
藤 县									
蒙山县	1	1							
岑溪市									
北海市									
海城区									
银海区									
铁山港区									
合浦县									
防城港市							**6**	**3**	**3**
港口区							6	3	3
防城区									
上思县									
东兴市									
钦州市	**1**		**1**				**1**	**1**	
钦南区							1	1	
钦北区									
灵山县	1		1						
浦北县									
贵港市				**2**	**2**				
港北区									
港南区				2	2				
覃塘区									
平南县									
桂平市									
玉林市	**1**		**1**						
玉州区									
福绵区									
容 县									
陆川县	1		1						
博白县									
兴业县									
北流市									
百色市							**4**	**2**	**2**
右江区									
田阳区									
田东县							1		1

1-4(户籍人口)　续表 53　　单位:人

地区	独龙族			鄂伦春族			赫哲族		
	小计	男	女	小计	男	女	小计	男	女
德保县							2	2	
那坡县									
凌云县									
乐业县									
田林县									
西林县									
隆林各族自治县									
靖西市							1		1
平果市									
贺州市									
八步区									
平桂区									
昭平县									
钟山县									
富川瑶族自治县									
河池市	**1**		**1**				**3**	**3**	
金城江区							2	2	
宜州区							1	1	
南丹县									
天峨县									
凤山县									
东兰县									
罗城仫佬族自治县									
环江毛南族自治县									
巴马瑶族自治县									
都安瑶族自治县	1		1						
大化瑶族自治县									
来宾市									
兴宾区									
忻城县									
象州县									
武宣县									
金秀瑶族自治县									
合山市									
崇左市				**1**	**1**		**2**	**1**	**1**
江州区				1	1				
扶绥县									
宁明县									
龙州县									
大新县									
天等县							2	1	1
凭祥市									

1-4(户籍人口) 续表 54

单位:人

地区	门巴族			珞巴族			基诺族		
	小计	男	女	小计	男	女	小计	男	女
总计	**2**	**1**	**1**	**3**	**1**	**2**	**15**	**5**	**10**
南宁市				**1**	**1**		**7**	**2**	**5**
兴宁区									
青秀区									
江南区									
西乡塘区							1		1
良庆区							1		1
邕宁区									
武鸣区							1		1
隆安县									
马山县				1	1		3	2	1
上林县									
宾阳县							1		1
横县									
柳州市							**2**	**2**	
城中区									
鱼峰区									
柳南区							1	1	
柳北区									
柳江区									
柳城县									
鹿寨县									
融安县									
融水苗族自治县							1	1	
三江侗族自治县									
桂林市	**1**	**1**							
秀峰区									
叠彩区									
象山区	1	1							
七星区									
雁山区									
临桂区									
阳朔县									
灵川县									
全州县									
兴安县									
永福县									
灌阳县									
龙胜各族自治县									
资源县									
平乐县									
恭城瑶族自治县									
荔浦市									

1-4(户籍人口) 续表 55

单位:人

地 区	门巴族			珞巴族			基诺族		
	小计	男	女	小计	男	女	小计	男	女
梧州市									
万秀区									
长洲区									
龙圩区									
苍梧县									
藤 县									
蒙山县									
岑溪市									
北海市									
海城区									
银海区									
铁山港区									
合浦县									
防城港市									
港口区									
防城区									
上思县									
东兴市									
钦州市							**2**		**2**
钦南区									
钦北区									
灵山县							2		2
浦北县									
贵港市							**1**		**1**
港北区									
港南区									
覃塘区							1		1
平南县									
桂平市									
玉林市									
玉州区									
福绵区									
容 县									
陆川县									
博白县									
兴业县									
北流市									
百色市							**1**	**1**	
右江区									
田阳区							1	1	
田东县									

1-4(户籍人口) 续表 56　　单位:人

地　区	门巴族			珞巴族			基诺族		
	小计	男	女	小计	男	女	小计	男	女
德保县									
那坡县									
凌云县									
乐业县									
田林县									
西林县									
隆林各族自治县									
靖西市									
平果市									
贺州市									
八步区									
平桂区									
昭平县									
钟山县									
富川瑶族自治县									
河池市				**1**		**1**	**1**		**1**
金城江区				1		1			
宜州区									
南丹县									
天峨县									
凤山县									
东兰县									
罗城仫佬族自治县									
环江毛南族自治县							1		1
巴马瑶族自治县									
都安瑶族自治县									
大化瑶族自治县									
来宾市				**1**		**1**	**1**		**1**
兴宾区				1		1			
忻城县									
象州县							1		1
武宣县									
金秀瑶族自治县									
合山市									
崇左市	**1**		**1**						
江州区	1		1						
扶绥县									
宁明县									
龙州县									
大新县									
天等县									
凭祥市									

1-4(户籍人口) 续表 57

单位:人

地区	未定族称人口			入籍		
	小计	男	女	小计	男	女
总　计	**3226**	**1369**	**1857**	**631**	**95**	**536**
南宁市	**680**	**327**	**353**	**55**	**7**	**48**
兴宁区	98	49	49	4	1	3
青秀区	123	61	62	4	1	3
江南区	96	45	51	4	1	3
西乡塘区	165	88	77	5	1	4
良庆区	30	11	19	1		1
邕宁区	8	4	4	6		6
武鸣区	24	11	13	4		4
隆安县	26	15	11	1		1
马山县	14	8	6	6		6
上林县	11	5	6	4		4
宾阳县	32	8	24	7	1	6
横　县	53	22	31	9	2	7
柳州市	**381**	**192**	**189**	**31**	**9**	**22**
城中区	17	9	8			
鱼峰区	98	52	46	4	2	2
柳南区	74	35	39	3	2	1
柳北区	44	27	17	4	2	2
柳江区	42	20	22	4	1	3
柳城县	32	21	11	3	1	2
鹿寨县	20	7	13	4		4
融安县	27	12	15	4	1	3
融水苗族自治县	20	8	12	4		4
三江侗族自治县	7	1	6	1		1
桂林市	**216**	**102**	**114**	**25**	**6**	**19**
秀峰区	5	5		3	1	2
叠彩区	14	6	8			
象山区	3	1	2	2	1	1
七星区	11	6	5	1	1	
雁山区	6	1	5			
临桂区	18	11	7			
阳朔县	4	1	3			
灵川县	10	6	4			
全州县	11	4	7	3	1	2
兴安县	7	2	5	1		1
永福县	3	2	1	1		1
灌阳县	5	3	2	8	2	6
龙胜各族自治县	28	12	16	2		2
资源县	6	1	5			
平乐县	41	20	21	2		2
恭城瑶族自治县	14	5	9	1		1
荔浦市	30	16	14	1		1

1-4(户籍人口) 续表 58

单位:人

地 区	未定族称人口			入籍		
	小计	男	女	小计	男	女
梧州市	**82**	**27**	**55**	**35**	**2**	**33**
万秀区	4	2	2			
长洲区	4	4				
龙圩区	7	1	6	7		7
苍梧县	4	2	2			
藤 县	34	10	24	15	2	13
蒙山县	14	5	9	4		4
岑溪市	15	3	12	9		9
北海市	**88**	**25**	**63**	**13**		**13**
海城区	32	13	19	2		2
银海区	12	5	7	2		2
铁山港区	1		1	1		1
合浦县	43	7	36	8		8
防城港市	**216**	**108**	**108**	**36**	**13**	**23**
港口区	46	23	23	1		1
防城区	123	64	59	12	4	8
上思县	14	4	10	6		6
东兴市	33	17	16	17	9	8
钦州市	**278**	**84**	**194**	**88**	**4**	**84**
钦南区	74	25	49	14	4	10
钦北区	87	48	39	17		17
灵山县	63	8	55	34		34
浦北县	54	3	51	23		23
贵港市	**231**	**68**	**163**	**49**	**4**	**45**
港北区	45	19	26	4	1	3
港南区	16	4	12	6		6
覃塘区	35	13	22	5	1	4
平南县	59	14	45	18	1	17
桂平市	76	18	58	16	1	15
玉林市	**168**	**36**	**132**	**115**	**4**	**111**
玉州区	26	18	8			
福绵区	11	1	10	5		5
容 县	20	1	19	10	1	9
陆川县	12		12	8		8
博白县	45	10	35	15		15
兴业县	10	1	9	15	1	14
北流市	44	5	39	62	2	60
百色市	**158**	**83**	**75**	**29**	**2**	**27**
右江区	81	47	34	2		2
田阳区	6	3	3	1		1
田东县	9	5	4			

1-4(户籍人口)　续表 59　　　　单位:人

地　区	未定族称人口			入籍		
	小计	男	女	小计	男	女
德保县	7	4	3	1		1
那坡县	3	1	2	2		2
凌云县	3	1	2	3		3
乐业县	8	3	5			
田林县	1	1		2		2
西林县	3	2	1	1		1
隆林各族自治县	14	9	5	4		4
靖西市	10	1	9	10	1	9
平果市	13	6	7	3	1	2
贺州市	**106**	**49**	**57**	**14**	**7**	**7**
八步区	46	28	18	4	3	1
平桂区	10	1	9	2		2
昭平县	19	9	10	4	2	2
钟山县	25	10	15	2	1	1
富川瑶族自治县	6	1	5	2	1	1
河池市	**296**	**142**	**154**	**59**	**18**	**41**
金城江区	48	25	23	8	3	5
宜州区	35	16	19	12	4	8
南丹县	37	16	21	4	1	3
天峨县	7	3	4			
凤山县	5	1	4	2		2
东兰县	2	1	1	2	2	
罗城仫佬族自治县	36	15	21	8	3	5
环江毛南族自治县	60	37	23	10	4	6
巴马瑶族自治县	7	4	3	2	1	1
都安瑶族自治县	45	18	27	6		6
大化瑶族自治县	14	6	8	5		5
来宾市	**235**	**101**	**134**	**32**	**6**	**26**
兴宾区	163	70	93	20	3	17
忻城县	16	9	7	3	2	1
象州县	10	5	5	4	1	3
武宣县	17	4	13	5		5
金秀瑶族自治县	7	3	4			
合山市	22	10	12			
崇左市	**91**	**25**	**66**	**50**	**13**	**37**
江州区	14		14	7		7
扶绥县	10	4	6	14	5	9
宁明县	14	4	10	10		10
龙州县	12	8	4	10	6	4
大新县	26	6	20	4		4
天等县	8	2	6	3	1	2
凭祥市	7	1	6	2	1	1

1–4a 各地区分性别、民族的人口（城市）

单位：人

地区	合计			汉族			蒙古族		
	合计	男	女	小计	男	女	小计	男	女
总　计	**14787980**	**7458144**	**7329836**	**9785933**	**4970742**	**4815191**	**5340**	**2772**	**2568**
南宁市	**4567493**	**2315658**	**2251835**	**2618916**	**1340865**	**1278051**	**2189**	**1125**	**1064**
兴宁区	516352	266065	250287	309295	160787	148508	178	92	86
青秀区	1016293	488163	528130	696820	339585	357235	615	302	313
江南区	763090	395376	367714	465340	244860	220480	252	133	119
西乡塘区	1428084	725187	702897	852526	437823	414703	381	203	178
良庆区	459938	244682	215256	205374	111357	94017	599	323	276
邕宁区	159547	82050	77497	51228	26895	24333	132	63	69
武鸣区	224189	114135	110054	38333	19558	18775	32	9	23
隆安县									
马山县									
上林县									
宾阳县									
横　县									
柳州市	**2058881**	**1047125**	**1011756**	**1239895**	**636495**	**603400**	**485**	**269**	**216**
城中区	240519	116956	123563	169182	83600	85582	130	76	54
鱼峰区	592117	306800	285317	352533	184601	167932	163	96	67
柳南区	524325	267412	256913	334985	172151	162834	100	51	49
柳北区	448268	226586	221682	295749	150138	145611	79	39	40
柳江区	253652	129371	124281	87446	46005	41441	13	7	6
柳城县									
鹿寨县									
融安县									
融水苗族自治县									
三江侗族自治县									
桂林市	**1346806**	**664972**	**681834**	**1177100**	**583780**	**593320**	**792**	**405**	**387**
秀峰区	161066	80981	80085	142377	71687	70690	59	34	25
叠彩区	171938	84318	87620	154801	75985	78816	52	29	23
象山区	282912	138021	144891	252831	123389	129442	112	50	62
七星区	354326	178561	175765	312999	158162	154837	165	85	80
雁山区	9893	5242	4651	8959	4757	4202	1	1	
临桂区	272883	132830	140053	230097	113673	116424	381	197	184
阳朔县									
灵川县									
全州县									
兴安县									
永福县									
灌阳县									
龙胜各族自治县									
资源县									
平乐县									
恭城瑶族自治县									
荔浦市	93788	45019	48769	75036	36127	38909	22	9	13

1-4a　续表 1　　　　单位：人

地　区	合计			汉族			蒙古族		
	合计	男	女	小计	男	女	小计	男	女
梧州市	**867903**	**432898**	**435005**	**841868**	**420568**	**421300**	**54**	**35**	**19**
万秀区	215014	104162	110852	204251	99314	104937	17	12	5
长洲区	270840	134123	136717	260244	129119	131125	30	17	13
龙圩区	127272	65365	61907	124106	63536	60570	2	1	1
苍梧县									
藤　县									
蒙山县									
岑溪市	254777	129248	125529	253267	128599	124668	5	5	
北海市	**640164**	**322196**	**317968**	**604386**	**304804**	**299582**	**892**	**450**	**442**
海城区	442078	221692	220386	418208	210305	207903	399	196	203
银海区	183036	92804	90232	171406	86959	84447	492	253	239
铁山港区	15050	7700	7350	14772	7540	7232	1	1	
合浦县									
防城港市	**463004**	**244515**	**218489**	**330057**	**175230**	**154827**	**429**	**228**	**201**
港口区	162585	88856	73729	119894	65777	54117	396	214	182
防城区	165148	85240	79908	111915	57794	54121	16	6	10
上思县									
东兴市	135271	70419	64852	98248	51659	46589	17	8	9
钦州市	**518653**	**263969**	**254684**	**420738**	**213434**	**207304**	**113**	**62**	**51**
钦南区	301510	152870	148640	251171	127433	123738	55	28	27
钦北区	217143	111099	106044	169567	86001	83566	58	34	24
灵山县									
浦北县									
贵港市	**935710**	**472147**	**463563**	**743814**	**377619**	**366195**	**74**	**37**	**37**
港北区	472372	236155	236217	345531	172868	172663	55	27	28
港南区	138131	71140	66991	126208	65427	60781	10	5	5
覃塘区	101509	51381	50128	59570	31616	27954			
平南县									
桂平市	223698	113471	110227	212505	107708	104797	9	5	4
玉林市	**1009219**	**512548**	**496671**	**984265**	**500849**	**483416**	**84**	**42**	**42**
玉州区	673319	339911	333408	651144	329541	321603	81	41	40
福绵区	57245	30370	26875	56827	30188	26639			
容　县									
陆川县									
博白县									
兴业县									
北流市	278655	142267	136388	276294	141120	135174	3	1	2
百色市	**859171**	**423907**	**435264**	**180505**	**91658**	**88847**	**86**	**41**	**45**
右江区	327195	158470	168725	117311	59071	58240	57	21	36
田阳区	167266	82755	84511	21419	11334	10085	8	4	4
田东县									

1-4a 续表 2

单位：人

地区	合计			汉族			蒙古族		
	合计	男	女	小计	男	女	小计	男	女
德保县									
那坡县									
凌云县									
乐业县									
田林县									
西林县									
隆林各族自治县									
靖西市	120181	60907	59274	5835	3196	2639	2	1	1
平果市	244529	121775	122754	35940	18057	17883	19	15	4
贺州市	**338683**	**167591**	**171092**	**303290**	**150766**	**152524**	**30**	**14**	**16**
八步区	193176	93123	100053	170414	82587	87827	25	13	12
平桂区	145507	74468	71039	132876	68179	64697	5	1	4
昭平县									
钟山县									
富川瑶族自治县									
河池市	**456821**	**224480**	**232341**	**125819**	**63814**	**62005**	**49**	**30**	**19**
金城江区	252143	124614	127529	68439	34939	33500	42	23	19
宜州区	204678	99866	104812	57380	28875	28505	7	7	
南丹县									
天峨县									
凤山县									
东兰县									
罗城仫佬族自治县									
环江毛南族自治县									
巴马瑶族自治县									
都安瑶族自治县									
大化瑶族自治县									
来宾市	**439832**	**219842**	**219990**	**123265**	**61949**	**61316**	**31**	**17**	**14**
兴宾区	400854	200558	200296	109490	54842	54648	27	16	11
忻城县									
象州县									
武宣县									
金秀瑶族自治县									
合山市	38978	19284	19694	13775	7107	6668	4	1	3
崇左市	**285640**	**146296**	**139344**	**92015**	**48911**	**43104**	**32**	**17**	**15**
江州区	218708	111621	107087	70942	37068	33874	18	10	8
扶绥县									
宁明县									
龙州县									
大新县									
天等县									
凭祥市	66932	34675	32257	21073	11843	9230	14	7	7

1-4a 续表 3

单位:人

地 区	回族			藏族			维吾尔族		
	小计	男	女	小计	男	女	小计	男	女
总 计	**25209**	**12508**	**12701**	**923**	**434**	**489**	**866**	**450**	**416**
南宁市	**6297**	**3068**	**3229**	**323**	**144**	**179**	**440**	**220**	**220**
兴宁区	608	306	302	24	12	12	22	13	9
青秀区	2457	1136	1321	105	40	65	73	37	36
江南区	695	359	336	33	20	13	22	11	11
西乡塘区	1789	857	932	123	47	76	117	57	60
良庆区	625	355	270	28	19	9	183	93	90
邕宁区	69	33	36	6	4	2	5	2	3
武鸣区	54	22	32	4	2	2	18	7	11
隆安县									
马山县									
上林县									
宾阳县									
横 县									
柳州市	**5164**	**2512**	**2652**	**84**	**54**	**30**	**94**	**47**	**47**
城中区	1177	566	611	17	11	6	17	9	8
鱼峰区	1338	682	656	37	24	13	31	15	16
柳南区	1184	581	603	16	12	4	26	13	13
柳北区	1344	634	710	7	4	3	19	10	9
柳江区	121	49	72	7	3	4	1		1
柳城县									
鹿寨县									
融安县									
融水苗族自治县									
三江侗族自治县									
桂林市	**10732**	**5353**	**5379**	**101**	**50**	**51**	**96**	**60**	**36**
秀峰区	1784	905	879	4	2	2	14	9	5
叠彩区	1389	695	694	8	4	4			
象山区	3556	1780	1776	13	5	8	25	15	10
七星区	2625	1294	1331	25	11	14	45	26	19
雁山区	23	11	12				1	1	
临桂区	1280	631	649	32	17	15	10	8	2
阳朔县									
灵川县									
全州县									
兴安县									
永福县									
灌阳县									
龙胜各族自治县									
资源县									
平乐县									
恭城瑶族自治县									
荔浦市	75	37	38	19	11	8	1	1	

1–4a 续表 4

单位：人

地区	回族			藏族			维吾尔族		
	小计	男	女	小计	男	女	小计	男	女
梧州市	**168**	**91**	**77**	**23**	**11**	**12**	**14**	**8**	**6**
万秀区	76	38	38	7	1	6	8	5	3
长洲区	68	39	29	4	2	2	2	1	1
龙圩区	17	11	6	10	7	3	3	2	1
苍梧县									
藤　县									
蒙山县									
岑溪市	7	3	4	2	1	1	1		1
北海市	**729**	**358**	**371**	**72**	**33**	**39**	**24**	**13**	**11**
海城区	387	187	200	26	13	13	5	3	2
银海区	340	170	170	46	20	26	19	10	9
铁山港区	2	1	1						
合浦县									
防城港市	**247**	**134**	**113**	**24**	**13**	**11**	**13**	**9**	**4**
港口区	152	83	69	19	9	10	10	6	4
防城区	59	31	28	1	1		3	3	
上思县									
东兴市	36	20	16	4	3	1			
钦州市	**194**	**104**	**90**	**17**	**6**	**11**	**102**	**42**	**60**
钦南区	79	48	31	14	5	9	88	35	53
钦北区	115	56	59	3	1	2	14	7	7
灵山县									
浦北县									
贵港市	**149**	**68**	**81**	**37**	**16**	**21**	**11**	**7**	**4**
港北区	107	43	64	25	11	14	11	7	4
港南区	22	11	11	1		1			
覃塘区	4	3	1						
平南县									
桂平市	16	11	5	11	5	6			
玉林市	**253**	**138**	**115**	**20**	**8**	**12**	**29**	**22**	**7**
玉州区	184	93	91	16	7	9	26	20	6
福绵区	1		1	3	1	2	1	1	
容　县									
陆川县									
博白县									
兴业县									
北流市	68	45	23	1		1	2	1	1
百色市	**446**	**249**	**197**	**153**	**66**	**87**	**10**	**5**	**5**
右江区	295	166	129	10	5	5	5	2	3
田阳区	33	22	11				4	2	2
田东县									

1-4a 续表 5

单位:人

地区	回族			藏族			维吾尔族		
	小计	男	女	小计	男	女	小计	男	女
德保县									
那坡县									
凌云县									
乐业县									
田林县									
西林县									
隆林各族自治县									
靖西市	65	39	26	1		1			
平果市	53	22	31	142	61	81	1	1	
贺州市	**157**	**77**	**80**	**4**	**1**	**3**	**2**	**2**	
八步区	122	63	59	4	1	3	2	2	
平桂区	35	14	21						
昭平县									
钟山县									
富川瑶族自治县									
河池市	**402**	**209**	**193**	**15**	**8**	**7**	**17**	**7**	**10**
金城江区	215	121	94	10	4	6	11	6	5
宜州区	187	88	99	5	4	1	6	1	5
南丹县									
天峨县									
凤山县									
东兰县									
罗城仫佬族自治县									
环江毛南族自治县									
巴马瑶族自治县									
都安瑶族自治县									
大化瑶族自治县									
来宾市	**121**	**72**	**49**	**17**	**12**	**5**	**5**	**3**	**2**
兴宾区	112	66	46	17	12	5	5	3	2
忻城县									
象州县									
武宣县									
金秀瑶族自治县									
合山市	9	6	3						
崇左市	**150**	**75**	**75**	**33**	**12**	**21**	**9**	**5**	**4**
江州区	110	56	54	32	12	20	8	4	4
扶绥县									
宁明县									
龙州县									
大新县									
天等县									
凭祥市	40	19	21	1		1	1	1	

1-4a 续表 6

单位:人

地 区	苗族			彝族			壮族		
	小计	男	女	小计	男	女	小计	男	女
总 计	**85961**	**43448**	**42513**	**5464**	**2781**	**2683**	**4430633**	**2206699**	**2223934**
南宁市	**18047**	**8982**	**9065**	**2020**	**1023**	**997**	**1789548**	**897132**	**892416**
兴宁区	2077	1086	991	231	115	116	188610	95812	92798
青秀区	5263	2505	2758	506	240	266	274417	127580	146837
江南区	2480	1258	1222	278	134	144	275436	139478	135958
西乡塘区	5487	2632	2855	620	294	326	523351	262211	261140
良庆区	1756	967	789	267	184	83	240711	125851	114860
邕宁区	553	313	240	39	21	18	104719	53301	51418
武鸣区	431	221	210	79	35	44	182304	92899	89405
隆安县									
马山县									
上林县									
宾阳县									
横 县									
柳州市	**41114**	**21433**	**19681**	**640**	**356**	**284**	**680938**	**340778**	**340160**
城中区	4271	2077	2194	86	46	40	54025	25023	29002
鱼峰区	11547	6113	5434	220	136	84	195118	99221	95897
柳南区	6320	3280	3040	141	64	77	160717	80987	79730
柳北区	16968	8998	7970	147	88	59	113994	56611	57383
柳江区	2008	965	1043	46	22	24	157084	78936	78148
柳城县									
鹿寨县									
融安县									
融水苗族自治县									
三江侗族自治县									
桂林市	**9801**	**4756**	**5045**	**352**	**159**	**193**	**84852**	**40399**	**44453**
秀峰区	1395	707	688	25	10	15	8521	4233	4288
叠彩区	1231	613	618	10	2	8	7632	3776	3856
象山区	1613	752	861	53	23	30	14933	7474	7459
七星区	2481	1232	1249	136	72	64	21825	10779	11046
雁山区	59	28	31				493	251	242
临桂区	2816	1340	1476	124	49	75	21551	9147	12404
阳朔县									
灵川县									
全州县									
兴安县									
永福县									
灌阳县									
龙胜各族自治县									
资源县									
平乐县									
恭城瑶族自治县									
荔浦市	206	84	122	4	3	1	9897	4739	5158

1-4a 续表 7 单位:人

地区	苗族			彝族			壮族		
	小计	男	女	小计	男	女	小计	男	女
梧州市	**916**	**472**	**444**	**112**	**58**	**54**	**16911**	**7831**	**9080**
万秀区	365	180	185	62	29	33	6872	2958	3914
长洲区	329	158	171	20	11	9	7042	3276	3766
龙圩区	169	113	56	21	14	7	1980	1132	848
苍梧县									
藤　县									
蒙山县									
岑溪市	53	21	32	9	4	5	1017	465	552
北海市	**1598**	**765**	**833**	**578**	**274**	**304**	**22275**	**10775**	**11500**
海城区	895	436	459	243	101	142	16019	7589	8430
银海区	680	315	365	334	173	161	6052	3068	2984
铁山港区	23	14	9	1		1	204	118	86
合浦县									
防城港市	**1174**	**597**	**577**	**226**	**136**	**90**	**103121**	**54030**	**49091**
港口区	736	398	338	180	109	71	33997	18466	15531
防城区	196	86	110	22	15	7	43768	22659	21109
上思县									
东兴市	242	113	129	24	12	12	25356	12905	12451
钦州市	**904**	**446**	**458**	**149**	**89**	**60**	**90158**	**46739**	**43419**
钦南区	435	210	225	78	49	29	45954	23326	22628
钦北区	469	236	233	71	40	31	44204	23413	20791
灵山县									
浦北县									
贵港市	**1672**	**832**	**840**	**269**	**150**	**119**	**181145**	**89219**	**91926**
港北区	729	336	393	86	38	48	120721	60403	60318
港南区	292	153	139	75	42	33	10259	4879	5380
覃塘区	502	261	241	19	5	14	40507	19052	21455
平南县									
桂平市	149	82	67	89	65	24	9658	4885	4773
玉林市	**1095**	**549**	**546**	**148**	**81**	**67**	**18124**	**8322**	**9802**
玉州区	865	419	446	134	72	62	16311	7509	8802
福绵区	58	29	29				280	115	165
容　县									
陆川县									
博白县									
兴业县									
北流市	172	101	71	14	9	5	1533	698	835
百色市	**2634**	**1239**	**1395**	**491**	**222**	**269**	**660179**	**323644**	**336535**
右江区	1855	884	971	325	142	183	199525	94628	104897
田阳区	217	110	107	39	21	18	144477	70797	73680
田东县									

1-4a 续表 8　　单位:人

地区	苗族			彝族			壮族		
	小计	男	女	小计	男	女	小计	男	女
德保县									
那坡县									
凌云县									
乐业县									
田林县									
西林县									
隆林各族自治县									
靖西市	87	36	51	22	8	14	113877	57497	56380
平果市	475	209	266	105	51	54	202300	100722	101578
贺州市	**577**	**285**	**292**	**61**	**36**	**25**	**15036**	**6951**	**8085**
八步区	387	188	199	30	16	14	10617	4787	5830
平桂区	190	97	93	31	20	11	4419	2164	2255
昭平县									
钟山县									
富川瑶族自治县									
河池市	**2787**	**1329**	**1458**	**191**	**90**	**101**	**281042**	**136316**	**144726**
金城江区	1794	848	946	123	53	70	158771	77527	81244
宜州区	993	481	512	68	37	31	122271	58789	63482
南丹县									
天峨县									
凤山县									
东兰县									
罗城仫佬族自治县									
环江毛南族自治县									
巴马瑶族自治县									
都安瑶族自治县									
大化瑶族自治县									
来宾市	**2205**	**1059**	**1146**	**80**	**41**	**39**	**301837**	**150919**	**150918**
兴宾区	2052	992	1060	74	35	39	277852	139319	138533
忻城县									
象州县									
武宣县									
金秀瑶族自治县									
合山市	153	67	86	6	6		23985	11600	12385
崇左市	**1437**	**704**	**733**	**147**	**66**	**81**	**185467**	**93644**	**91823**
江州区	1222	573	649	130	58	72	140918	71535	69383
扶绥县									
宁明县									
龙州县									
大新县									
天等县									
凭祥市	215	131	84	17	8	9	44549	22109	22440

1-4a 续表 9 单位：人

地区	布依族			朝鲜族			满族		
	小计	男	女	小计	男	女	小计	男	女
总　计	**9422**	**4367**	**5055**	**2897**	**1480**	**1417**	**14985**	**7607**	**7378**
南宁市	**2911**	**1435**	**1476**	**788**	**423**	**365**	**5686**	**2828**	**2858**
兴宁区	273	154	119	82	47	35	508	255	253
青秀区	889	413	476	271	130	141	2473	1187	1286
江南区	435	201	234	97	55	42	640	340	300
西乡塘区	884	422	462	175	96	79	1301	650	651
良庆区	278	158	120	134	80	54	534	290	244
邕宁区	92	57	35	24	12	12	191	89	102
武鸣区	60	30	30	5	3	2	39	17	22
隆安县									
马山县									
上林县									
宾阳县									
横　县									
柳州市	**1715**	**818**	**897**	**164**	**88**	**76**	**2363**	**1230**	**1133**
城中区	191	93	98	48	27	21	648	326	322
鱼峰区	516	241	275	39	17	22	618	351	267
柳南区	545	267	278	36	22	14	565	282	283
柳北区	309	154	155	36	19	17	481	239	242
柳江区	154	63	91	5	3	2	51	32	19
柳城县									
鹿寨县									
融安县									
融水苗族自治县									
三江侗族自治县									
桂林市	**533**	**249**	**284**	**622**	**306**	**316**	**2599**	**1296**	**1303**
秀峰区	67	33	34	35	10	25	305	143	162
叠彩区	44	24	20	16	9	7	250	112	138
象山区	75	40	35	73	30	43	407	195	212
七星区	159	67	92	210	105	105	562	288	274
雁山区	8	5	3	1		1	3	2	1
临桂区	156	71	85	285	150	135	1043	539	504
阳朔县									
灵川县									
全州县									
兴安县									
永福县									
灌阳县									
龙胜各族自治县									
资源县									
平乐县									
恭城瑶族自治县									
荔浦市	24	9	15	2	2		29	17	12

1–4a 续表 10

单位:人

地 区	布依族			朝鲜族			满族		
	小计	男	女	小计	男	女	小计	男	女
梧州市	**145**	**59**	**86**	**20**	**11**	**9**	**114**	**55**	**59**
万秀区	48	21	27	9	4	5	42	23	19
长洲区	47	18	29	8	4	4	52	25	27
龙圩区	31	15	16	2	2		17	5	12
苍梧县									
藤 县									
蒙山县									
岑溪市	19	5	14	1	1		3	2	1
北海市	**562**	**281**	**281**	**1110**	**543**	**567**	**1945**	**1003**	**942**
海城区	293	147	146	991	480	511	990	500	490
银海区	269	134	135	119	63	56	953	502	451
铁山港区							2	1	1
合浦县									
防城港市	**183**	**92**	**91**	**67**	**33**	**34**	**735**	**407**	**328**
港口区	105	58	47	55	25	30	568	316	252
防城区	34	14	20	3	2	1	81	42	39
上思县									
东兴市	44	20	24	9	6	3	86	49	37
钦州市	**212**	**98**	**114**	**22**	**13**	**9**	**271**	**148**	**123**
钦南区	131	61	70	17	9	8	115	63	52
钦北区	81	37	44	5	4	1	156	85	71
灵山县									
浦北县									
贵港市	**567**	**251**	**316**	**16**	**12**	**4**	**192**	**97**	**95**
港北区	232	70	162	11	8	3	136	67	69
港南区	182	92	90	2	2		24	14	10
覃塘区	94	48	46				1	1	
平南县									
桂平市	59	41	18	3	2	1	31	15	16
玉林市	**290**	**139**	**151**	**24**	**15**	**9**	**181**	**87**	**94**
玉州区	220	102	118	21	13	8	173	80	93
福绵区	5	2	3	2	2		1	1	
容 县									
陆川县									
博白县									
兴业县									
北流市	65	35	30	1		1	7	6	1
百色市	**661**	**241**	**420**	**13**	**6**	**7**	**324**	**160**	**164**
右江区	440	163	277	10	6	4	150	69	81
田阳区	74	21	53				35	16	19
田东县									

1-4a 续表 11 单位:人

地 区	布依族			朝鲜族			满族		
	小计	男	女	小计	男	女	小计	男	女
德保县									
那坡县									
凌云县									
乐业县									
田林县									
西林县									
隆林各族自治县									
靖西市	11	2	9				20	11	9
平果市	136	55	81	3		3	119	64	55
贺州市	**84**	**55**	**29**	**7**	**3**	**4**	**164**	**80**	**84**
八步区	62	40	22	7	3	4	139	67	72
平桂区	22	15	7				25	13	12
昭平县									
钟山县									
富川瑶族自治县									
河池市	**1086**	**480**	**606**	**23**	**13**	**10**	**230**	**122**	**108**
金城江区	802	357	445	5	4	1	126	70	56
宜州区	284	123	161	18	9	9	104	52	52
南丹县									
天峨县									
凤山县									
东兰县									
罗城仫佬族自治县									
环江毛南族自治县									
巴马瑶族自治县									
都安瑶族自治县									
大化瑶族自治县									
来宾市	**239**	**89**	**150**	**11**	**6**	**5**	**96**	**49**	**47**
兴宾区	235	89	146	8	4	4	89	44	45
忻城县									
象州县									
武宣县									
金秀瑶族自治县									
合山市	4		4	3	2	1	7	5	2
崇左市	**234**	**80**	**154**	**10**	**8**	**2**	**85**	**45**	**40**
江州区	200	63	137	7	5	2	56	26	30
扶绥县									
宁明县									
龙州县									
大新县									
天等县									
凭祥市	34	17	17	3	3		29	19	10

1-4a 续表 12

单位:人

地 区	侗族			瑶族			白族		
	小计	男	女	小计	男	女	小计	男	女
总 计	**59127**	**28717**	**30410**	**250392**	**122712**	**127680**	**1660**	**807**	**853**
南宁市	**12207**	**5747**	**6460**	**79758**	**39146**	**40612**	**650**	**293**	**357**
兴宁区	1376	685	691	9908	5066	4842	71	38	33
青秀区	3582	1624	1958	19687	9154	10533	206	88	118
江南区	1782	838	944	11831	5901	5930	79	39	40
西乡塘区	4058	1885	2173	28175	13775	14400	182	70	112
良庆区	891	464	427	6518	3486	3032	86	47	39
邕宁区	247	130	117	1587	798	789	6	2	4
武鸣区	271	121	150	2052	966	1086	20	9	11
隆安县									
马山县									
上林县									
宾阳县									
横 县									
柳州市	**27512**	**13783**	**13729**	**32111**	**16321**	**15790**	**262**	**143**	**119**
城中区	3196	1457	1739	4268	2097	2171	64	34	30
鱼峰区	9489	4833	4656	10864	5619	5245	74	41	33
柳南区	6337	3156	3181	6995	3504	3491	64	36	28
柳北区	6800	3495	3305	7180	3679	3501	42	22	20
柳江区	1690	842	848	2804	1422	1382	18	10	8
柳城县									
鹿寨县									
融安县									
融水苗族自治县									
三江侗族自治县									
桂林市	**8932**	**4197**	**4735**	**45547**	**21755**	**23792**	**176**	**74**	**102**
秀峰区	1248	611	637	4686	2334	2352	23	10	13
叠彩区	846	377	469	5205	2491	2714	22	8	14
象山区	1439	649	790	6824	3182	3642	26	10	16
七星区	2172	1059	1113	9541	4679	4862	71	32	39
雁山区	49	26	23	277	153	124			
临桂区	3018	1414	1604	10918	5091	5827	31	12	19
阳朔县									
灵川县									
全州县									
兴安县									
永福县									
灌阳县									
龙胜各族自治县									
资源县									
平乐县									
恭城瑶族自治县									
荔浦市	160	61	99	8096	3825	4271	3	2	1

1-4a 续表 13

单位:人

地 区	侗族			瑶族			白族		
	小计	男	女	小计	男	女	小计	男	女
梧州市	**1726**	**889**	**837**	**5010**	**2425**	**2585**	**25**	**13**	**12**
万秀区	1289	680	609	1627	755	872	7	4	3
长洲区	325	155	170	2415	1163	1252	9	3	6
龙圩区	74	39	35	721	419	302	7	5	2
苍梧县									
藤 县									
蒙山县									
岑溪市	38	15	23	247	88	159	2	1	1
北海市	**868**	**410**	**458**	**2568**	**1264**	**1304**	**143**	**81**	**62**
海城区	590	271	319	1681	817	864	62	36	26
银海区	268	133	135	861	431	430	81	45	36
铁山港区	10	6	4	26	16	10			
合浦县									
防城港市	**1128**	**586**	**542**	**13986**	**7212**	**6774**	**47**	**27**	**20**
港口区	404	231	173	3831	2010	1821	29	18	11
防城区	427	206	221	5535	2833	2702	4	2	2
上思县									
东兴市	297	149	148	4620	2369	2251	14	7	7
钦州市	**540**	**257**	**283**	**3428**	**1631**	**1797**	**50**	**28**	**22**
钦南区	320	162	158	2119	981	1138	19	11	8
钦北区	220	95	125	1309	650	659	31	17	14
灵山县									
浦北县									
贵港市	**866**	**427**	**439**	**5341**	**2679**	**2662**	**42**	**18**	**24**
港北区	426	192	234	3425	1719	1706	26	9	17
港南区	121	52	69	673	335	338	9	5	4
覃塘区	226	129	97	406	176	230	1		1
平南县									
桂平市	93	54	39	837	449	388	6	4	2
玉林市	**872**	**416**	**456**	**2849**	**1421**	**1428**	**32**	**16**	**16**
玉州区	830	398	432	2482	1218	1264	23	13	10
福绵区	5	2	3	37	17	20	1		1
容 县									
陆川县									
博白县									
兴业县									
北流市	37	16	21	330	186	144	8	3	5
百色市	**762**	**327**	**435**	**11041**	**5238**	**5803**	**101**	**48**	**53**
右江区	401	174	227	5752	2683	3069	50	22	28
田阳区	45	21	24	701	304	397	14	8	6
田东县									

1-4a 续表 14

单位:人

地区	侗族			瑶族			白族		
	小计	男	女	小计	男	女	小计	男	女
德保县									
那坡县									
凌云县									
乐业县									
田林县									
西林县									
隆林各族自治县									
靖西市	33	11	22	150	71	79	15	7	8
平果市	283	121	162	4438	2180	2258	22	11	11
贺州市	**354**	**167**	**187**	**18375**	**8889**	**9486**	**24**	**7**	**17**
八步区	275	121	154	10731	5064	5667	21	6	15
平桂区	79	46	33	7644	3825	3819	3	1	2
昭平县									
钟山县									
富川瑶族自治县									
河池市	**1037**	**482**	**555**	**17993**	**8843**	**9150**	**47**	**28**	**19**
金城江区	510	251	259	8449	4153	4296	21	14	7
宜州区	527	231	296	9544	4690	4854	26	14	12
南丹县									
天峨县									
凤山县									
东兰县									
罗城仫佬族自治县									
环江毛南族自治县									
巴马瑶族自治县									
都安瑶族自治县									
大化瑶族自治县									
来宾市	**1450**	**660**	**790**	**8489**	**4068**	**4421**	**24**	**14**	**10**
兴宾区	1357	621	736	7763	3715	4048	23	13	10
忻城县									
象州县									
武宣县									
金秀瑶族自治县									
合山市	93	39	54	726	353	373	1	1	
崇左市	**873**	**369**	**504**	**3896**	**1820**	**2076**	**37**	**17**	**20**
江州区	642	238	404	3410	1557	1853	30	12	18
扶绥县									
宁明县									
龙州县									
大新县									
天等县									
凭祥市	231	131	100	486	263	223	7	5	2

1-4a 续表 15

单位：人

地 区	土家族			哈尼族			哈萨克族		
	小计	男	女	小计	男	女	小计	男	女
总 计	**10839**	**5580**	**5259**	**532**	**229**	**303**	**39**	**13**	**26**
南宁市	**3902**	**2031**	**1871**	**197**	**79**	**118**	**30**	**10**	**20**
兴宁区	355	189	166	5	1	4			
青秀区	1385	713	672	47	21	26	3		3
江南区	460	244	216	42	18	24	2	1	1
西乡塘区	1124	547	577	65	23	42	21	7	14
良庆区	372	206	166	34	14	20	3	2	1
邕宁区	100	68	32	1		1			
武鸣区	106	64	42	3	2	1	1		1
隆安县									
马山县									
上林县									
宾阳县									
横 县									
柳州市	**1878**	**982**	**896**	**76**	**34**	**42**	**4**	**2**	**2**
城中区	416	224	192	16	6	10			
鱼峰区	593	319	274	25	12	13	2	1	1
柳南区	452	222	230	19	10	9			
柳北区	331	172	159	11	4	7	1	1	
柳江区	86	45	41	5	2	3	1		1
柳城县									
鹿寨县									
融安县									
融水苗族自治县									
三江侗族自治县									
桂林市	**1425**	**736**	**689**	**47**	**16**	**31**			
秀峰区	214	108	106	8	3	5			
叠彩区	137	64	73	7	2	5			
象山区	317	176	141	7	2	5			
七星区	428	240	188	15	5	10			
雁山区	6	2	4						
临桂区	278	127	151	10	4	6			
阳朔县									
灵川县									
全州县									
兴安县									
永福县									
灌阳县									
龙胜各族自治县									
资源县									
平乐县									
恭城瑶族自治县									
荔浦市	45	19	26						

1-4a 续表 16

单位：人

地区	土家族			哈尼族			哈萨克族		
	小计	男	女	小计	男	女	小计	男	女
梧州市	**218**	**107**	**111**	**13**	**6**	**7**			
万秀区	72	35	37	5	1	4			
长洲区	75	39	36	2	1	1			
龙圩区	34	19	15	5	4	1			
苍梧县									
藤 县									
蒙山县									
岑溪市	37	14	23	1		1			
北海市	**732**	**355**	**377**	**39**	**16**	**23**	**3**		**3**
海城区	313	147	166	29	11	18	2		2
银海区	417	207	210	10	5	5	1		1
铁山港区	2	1	1						
合浦县									
防城港市	**402**	**229**	**173**	**13**	**5**	**8**			
港口区	249	144	105	7	4	3			
防城区	64	34	30	1		1			
上思县									
东兴市	89	51	38	5	1	4			
钦州市	**338**	**178**	**160**	**13**	**9**	**4**			
钦南区	149	84	65	10	6	4			
钦北区	189	94	95	3	3				
灵山县									
浦北县									
贵港市	**428**	**245**	**183**	**35**	**21**	**14**			
港北区	183	78	105	5		5			
港南区	84	55	29	4	3	1			
覃塘区	56	35	21	21	14	7			
平南县									
桂平市	105	77	28	5	4	1			
玉林市	**240**	**117**	**123**	**19**	**9**	**10**			
玉州区	198	99	99	19	9	10			
福绵区	7	5	2						
容 县									
陆川县									
博白县									
兴业县									
北流市	35	13	22						
百色市	**358**	**156**	**202**	**38**	**19**	**19**	**1**		**1**
右江区	130	58	72	16	7	9	1		1
田阳区	45	21	24	14	8	6			
田东县									

1-4a 续表 17

单位:人

地 区	土家族			哈尼族			哈萨克族		
	小计	男	女	小计	男	女	小计	男	女
德保县									
那坡县									
凌云县									
乐业县									
田林县									
西林县									
隆林各族自治县									
靖西市	16	10	6	1		1			
平果市	167	67	100	7	4	3			
贺州市	**190**	**85**	**105**	**6**	**2**	**4**	**1**	**1**	
八步区	105	41	64	3	2	1			
平桂区	85	44	41	3		3	1	1	
昭平县									
钟山县									
富川瑶族自治县									
河池市	**242**	**126**	**116**	**19**	**8**	**11**			
金城江区	135	75	60	9	3	6			
宜州区	107	51	56	10	5	5			
南丹县									
天峨县									
凤山县									
东兰县									
罗城仫佬族自治县									
环江毛南族自治县									
巴马瑶族自治县									
都安瑶族自治县									
大化瑶族自治县									
来宾市	**269**	**130**	**139**	**5**	**2**	**3**			
兴宾区	248	120	128	5	2	3			
忻城县									
象州县									
武宣县									
金秀瑶族自治县									
合山市	21	10	11						
崇左市	**217**	**103**	**114**	**12**	**3**	**9**			
江州区	150	60	90	9	1	8			
扶绥县									
宁明县									
龙州县									
大新县									
天等县									
凭祥市	67	43	24	3	2	1			

1-4a 续表 18

单位:人

地 区	傣族			黎族			傈僳族		
	小计	男	女	小计	男	女	小计	男	女
总 计	**666**	**257**	**409**	**3168**	**1373**	**1795**	**215**	**107**	**108**
南宁市	**251**	**101**	**150**	**893**	**364**	**529**	**65**	**32**	**33**
兴宁区	23	12	11	91	37	54	1		1
青秀区	63	23	40	289	114	175	20	13	7
江南区	32	13	19	119	49	70	3	1	2
西乡塘区	79	27	52	266	112	154	27	14	13
良庆区	40	20	20	65	31	34	12	4	8
邕宁区	3	3		47	13	34			
武鸣区	11	3	8	16	8	8	2		2
隆安县									
马山县									
上林县									
宾阳县									
横 县									
柳州市	**112**	**38**	**74**	**500**	**213**	**287**	**38**	**16**	**22**
城中区	20	12	8	92	37	55	10	5	5
鱼峰区	29	11	18	156	64	92	11	6	5
柳南区	38	8	30	98	41	57	9	2	7
柳北区	11	3	8	119	58	61	3	2	1
柳江区	14	4	10	35	13	22	5	1	4
柳城县									
鹿寨县									
融安县									
融水苗族自治县									
三江侗族自治县									
桂林市	**76**	**26**	**50**	**260**	**130**	**130**	**23**	**11**	**12**
秀峰区	7	4	3	14	6	8	1	1	
叠彩区	17	5	12	23	7	16	1	1	
象山区	8	3	5	51	25	26	7	5	2
七星区	22	7	15	71	37	34	5		5
雁山区									
临桂区	18	6	12	77	40	37	5	3	2
阳朔县									
灵川县									
全州县									
兴安县									
永福县									
灌阳县									
龙胜各族自治县									
资源县									
平乐县									
恭城瑶族自治县									
荔浦市	4	1	3	24	15	9	4	1	3

1-4a 续表 19

单位：人

地区	傣族			黎族			傈僳族		
	小计	男	女	小计	男	女	小计	男	女
梧州市	**12**	**7**	**5**	**56**	**21**	**35**	**2**		**2**
万秀区	4	3	1	32	11	21	2		2
长洲区	1		1	7	4	3			
龙圩区	2	1	1	8	4	4			
苍梧县									
藤　县									
蒙山县									
岑溪市	5	3	2	9	2	7			
北海市	**47**	**14**	**33**	**169**	**70**	**99**	**19**	**8**	**11**
海城区	22	7	15	82	40	42	8	6	2
银海区	25	7	18	86	30	56	11	2	9
铁山港区				1		1			
合浦县									
防城港市	**32**	**13**	**19**	**339**	**162**	**177**	**29**	**18**	**11**
港口区	13	7	6	66	32	34	20	15	5
防城区	5	4	1	153	73	80	4	1	3
上思县									
东兴市	14	2	12	120	57	63	5	2	3
钦州市	**17**	**7**	**10**	**146**	**71**	**75**	**7**	**7**	
钦南区	3		3	90	51	39	2	2	
钦北区	14	7	7	56	20	36	5	5	
灵山县									
浦北县									
贵港市	**18**	**7**	**11**	**83**	**26**	**57**	**4**	**3**	**1**
港北区	14	6	8	46	13	33	1	1	
港南区	3	1	2	14	3	11	3	2	1
覃塘区	1		1	4	3	1			
平南县									
桂平市				19	7	12			
玉林市	**14**	**6**	**8**	**60**	**26**	**34**	**3**		**3**
玉州区	13	6	7	49	21	28	1		1
福绵区				2	1	1	2		2
容　县									
陆川县									
博白县									
兴业县									
北流市	1		1	9	4	5			
百色市	**32**	**16**	**16**	**98**	**40**	**58**	**10**	**3**	**7**
右江区	19	11	8	44	22	22	8	3	5
田阳区	6	3	3	15	4	11			
田东县									

1-4a 续表 20

单位:人

地 区	傣族			黎族			傈僳族		
	小计	男	女	小计	男	女	小计	男	女
德保县									
那坡县									
凌云县									
乐业县									
田林县									
西林县									
隆林各族自治县									
靖西市	2	1	1	6	3	3	1		1
平果市	5	1	4	33	11	22	1		1
贺州市	**8**	**7**	**1**	**48**	**29**	**19**	**7**	**4**	**3**
八步区	7	6	1	39	25	14	2	2	
平桂区	1	1		9	4	5	5	2	3
昭平县									
钟山县									
富川瑶族自治县									
河池市	**17**	**5**	**12**	**313**	**143**	**170**	**5**	**3**	**2**
金城江区	9	3	6	71	32	39	2	1	1
宜州区	8	2	6	242	111	131	3	2	1
南丹县									
天峨县									
凤山县									
东兰县									
罗城仫佬族自治县									
环江毛南族自治县									
巴马瑶族自治县									
都安瑶族自治县									
大化瑶族自治县									
来宾市	**13**	**4**	**9**	**105**	**42**	**63**	**2**	**1**	**1**
兴宾区	13	4	9	102	40	62	2	1	1
忻城县									
象州县									
武宣县									
金秀瑶族自治县									
合山市				3	2	1			
崇左市	**17**	**6**	**11**	**98**	**36**	**62**	**1**	**1**	
江州区	10	3	7	87	31	56	1	1	
扶绥县									
宁明县									
龙州县									
大新县									
天等县									
凭祥市	7	3	4	11	5	6			

1-4a　续表 21　　　　　　　　　　　　　　　　　　　　　　　　　　单位：人

地　区	佤族			畲族			高山族		
	小计	男	女	小计	男	女	小计	男	女
总　计	**188**	**97**	**91**	**1143**	**653**	**490**	**168**	**85**	**83**
南宁市	**58**	**29**	**29**	**510**	**300**	**210**	**51**	**28**	**23**
兴宁区				42	23	19	5	3	2
青秀区	13	9	4	138	81	57	18	13	5
江南区	6	1	5	84	46	38	4	3	1
西乡塘区	21	4	17	137	82	55	20	7	13
良庆区	6	3	3	94	58	36	2	1	1
邕宁区	1	1		8	7	1	2	1	1
武鸣区	11	11		7	3	4			
隆安县									
马山县									
上林县									
宾阳县									
横　县									
柳州市	**12**	**2**	**10**	**222**	**137**	**85**	**31**	**19**	**12**
城中区	2		2	43	29	14	9	5	4
鱼峰区	3		3	40	25	15	11	6	5
柳南区	3	1	2	88	52	36	5	3	2
柳北区	2	1	1	37	23	14	6	5	1
柳江区	2		2	14	8	6			
柳城县									
鹿寨县									
融安县									
融水苗族自治县									
三江侗族自治县									
桂林市	**18**	**8**	**10**	**83**	**49**	**34**	**58**	**29**	**29**
秀峰区	4	1	3	6	4	2	3	2	1
叠彩区	1		1	5	4	1	2	2	
象山区	2		2	23	10	13	3	1	2
七星区	4	4		33	26	7			
雁山区									
临桂区	5	2	3	13	3	10	2	1	1
阳朔县									
灵川县									
全州县									
兴安县									
永福县									
灌阳县									
龙胜各族自治县									
资源县									
平乐县									
恭城瑶族自治县									
荔浦市	2	1	1	3	2	1	48	23	25

1-4a 续表 22

单位:人

地 区	佤族			畲族			高山族		
	小计	男	女	小计	男	女	小计	男	女
梧州市	**4**	**3**	**1**	**24**	**11**	**13**			
万秀区	3	2	1	15	6	9			
长洲区				5	3	2			
龙圩区	1	1		3	2	1			
苍梧县									
藤 县									
蒙山县									
岑溪市				1		1			
北海市	**56**	**33**	**23**	**38**	**13**	**25**	**8**	**3**	**5**
海城区	4		4	18	7	11			
银海区	52	33	19	20	6	14	8	3	5
铁山港区									
合浦县									
防城港市	**8**	**5**	**3**	**43**	**22**	**21**			
港口区	6	3	3	18	5	13			
防城区	2	2		11	9	2			
上思县									
东兴市				14	8	6			
钦州市	**6**	**4**	**2**	**26**	**14**	**12**			
钦南区	3	2	1	14	8	6			
钦北区	3	2	1	12	6	6			
灵山县									
浦北县									
贵港市	**9**	**9**		**49**	**24**	**25**			
港北区	1	1		36	16	20			
港南区				6	3	3			
覃塘区				7	5	2			
平南县									
桂平市	8	8							
玉林市	**1**		**1**	**21**	**10**	**11**			
玉州区				19	9	10			
福绵区									
容 县									
陆川县									
博白县									
兴业县									
北流市	1		1	2	1	1			
百色市	**5**	**1**	**4**	**32**	**18**	**14**	**1**		**1**
右江区	1	1		21	12	9	1		1
田阳区	3		3	3	3				
田东县									

1-4a 续表 23

单位：人

地区	佤族			畲族			高山族		
	小计	男	女	小计	男	女	小计	男	女
德保县									
那坡县									
凌云县									
乐业县									
田林县									
西林县									
隆林各族自治县									
靖西市				1		1			
平果市	1		1	7	3	4			
贺州市	**4**		**4**	**16**	**11**	**5**			
八步区				7	5	2			
平桂区	4		4	9	6	3			
昭平县									
钟山县									
富川瑶族自治县									
河池市	**6**	**3**	**3**	**24**	**14**	**10**	**15**	**3**	**12**
金城江区	5	2	3	14	8	6	1	1	
宜州区	1	1		10	6	4	14	2	12
南丹县									
天峨县									
凤山县									
东兰县									
罗城仫佬族自治县									
环江毛南族自治县									
巴马瑶族自治县									
都安瑶族自治县									
大化瑶族自治县									
来宾市				**32**	**18**	**14**	**3**	**3**	
兴宾区				32	18	14	3	3	
忻城县									
象州县									
武宣县									
金秀瑶族自治县									
合山市									
崇左市	**1**		**1**	**23**	**12**	**11**	**1**		**1**
江州区	1		1	18	8	10	1		1
扶绥县									
宁明县									
龙州县									
大新县									
天等县									
凭祥市				5	4	1			

1-4a 续表 24

单位：人

地 区	拉祜族			水族			东乡族		
	小计	男	女	小计	男	女	小计	男	女
总 计	**169**	**69**	**100**	**5973**	**2905**	**3068**	**122**	**75**	**47**
南宁市	**62**	**20**	**42**	**1584**	**734**	**850**	**35**	**20**	**15**
兴宁区	10	4	6	208	96	112	1		1
青秀区	19	6	13	523	231	292	23	12	11
江南区	4	2	2	170	71	99	2	2	
西乡塘区	21	4	17	497	236	261	7	5	2
良庆区	7	4	3	106	53	53	1	1	
邕宁区				42	25	17			
武鸣区	1		1	38	22	16	1		1
隆安县									
马山县									
上林县									
宾阳县									
横 县									
柳州市	**27**	**8**	**19**	**1379**	**684**	**695**	**1**		**1**
城中区	1		1	129	57	72			
鱼峰区	12	3	9	403	214	189			
柳南区	2	1	1	449	222	227	1		1
柳北区	9	3	6	242	126	116			
柳江区	3	1	2	156	65	91			
柳城县									
鹿寨县									
融安县									
融水苗族自治县									
三江侗族自治县									
桂林市	**23**	**9**	**14**	**175**	**84**	**91**	**6**	**4**	**2**
秀峰区	5	2	3	22	9	13	2	2	
叠彩区	1	1		11	5	6			
象山区				31	13	18	3	1	2
七星区	7	2	5	58	28	30	1	1	
雁山区									
临桂区	8	3	5	42	24	18			
阳朔县									
灵川县									
全州县									
兴安县									
永福县									
灌阳县									
龙胜各族自治县									
资源县									
平乐县									
恭城瑶族自治县									
荔浦市	2	1	1	11	5	6			

1-4a 续表 25

单位:人

地区	拉祜族			水族			东乡族		
	小计	男	女	小计	男	女	小计	男	女
梧州市	**7**	**4**	**3**	**58**	**30**	**28**	**2**	**2**	
万秀区				23	9	14	1	1	
长洲区	2	1	1	25	16	9			
龙圩区	5	3	2	10	5	5	1	1	
苍梧县									
藤　县									
蒙山县									
岑溪市									
北海市	**14**	**7**	**7**	**85**	**41**	**44**	**49**	**28**	**21**
海城区	6	2	4	51	25	26	38	23	15
银海区	8	5	3	33	15	18	11	5	6
铁山港区				1	1				
合浦县									
防城港市	**1**		**1**	**71**	**40**	**31**	**4**	**4**	
港口区				40	28	12	4	4	
防城区				15	7	8			
上思县									
东兴市	1		1	16	5	11			
钦州市	**1**	**1**		**33**	**17**	**16**			
钦南区	1	1		15	8	7			
钦北区				18	9	9			
灵山县									
浦北县									
贵港市	**6**	**4**	**2**	**74**	**36**	**38**			
港北区	3	2	1	36	16	20			
港南区	2	2		14	9	5			
覃塘区	1		1	14	6	8			
平南县									
桂平市				10	5	5			
玉林市	**17**	**10**	**7**	**50**	**21**	**29**	**10**	**8**	**2**
玉州区	16	10	6	36	15	21	10	8	2
福绵区				6	3	3			
容　县									
陆川县									
博白县									
兴业县									
北流市	1		1	8	3	5			
百色市	**6**	**4**	**2**	**89**	**36**	**53**	**3**		**3**
右江区	4	2	2	48	18	30	2		2
田阳区				7	4	3			
田东县									

1-4a 续表 26

单位：人

地　区	拉祜族			水族			东乡族		
	小计	男	女	小计	男	女	小计	男	女
德保县									
那坡县									
凌云县									
乐业县									
田林县									
西林县									
隆林各族自治县									
靖西市	2	2		2	1	1			
平果市				32	13	19	1		1
贺州市	**3**	**2**	**1**	**25**	**13**	**12**			
八步区				15	7	8			
平桂区	3	2	1	10	6	4			
昭平县									
钟山县									
富川瑶族自治县									
河池市	**1**		**1**	**2062**	**1032**	**1030**	**5**	**3**	**2**
金城江区	1		1	1004	481	523	5	3	2
宜州区				1058	551	507			
南丹县									
天峨县									
凤山县									
东兰县									
罗城仫佬族自治县									
环江毛南族自治县									
巴马瑶族自治县									
都安瑶族自治县									
大化瑶族自治县									
来宾市				**212**	**104**	**108**	**2**	**1**	**1**
兴宾区				208	103	105	2	1	1
忻城县									
象州县									
武宣县									
金秀瑶族自治县									
合山市				4	1	3			
崇左市	**1**		**1**	**76**	**33**	**43**	**5**	**5**	
江州区	1		1	64	30	34	5	5	
扶绥县									
宁明县									
龙州县									
大新县									
天等县									
凭祥市				12	3	9			

1-4a　续表 27

单位：人

地　区	纳西族			景颇族			柯尔克孜族		
	小计	男	女	小计	男	女	小计	男	女
总　计	**142**	**58**	**84**	**60**	**23**	**37**	**8**	**2**	**6**
南宁市	**71**	**36**	**35**	**18**	**8**	**10**	**6**	**1**	**5**
兴宁区	4	3	1	1		1			
青秀区	27	18	9	3	1	2			
江南区	8	4	4	3	2	1			
西乡塘区	28	8	20	9	3	6	6	1	5
良庆区	4	3	1	2	2				
邕宁区									
武鸣区									
隆安县									
马山县									
上林县									
宾阳县									
横　县									
柳州市	**20**	**8**	**12**	**18**	**7**	**11**	**1**	**1**	
城中区	9	5	4	2		2			
鱼峰区	4	1	3	7	6	1			
柳南区	7	2	5	5		5	1	1	
柳北区				2		2			
柳江区				2	1	1			
柳城县									
鹿寨县									
融安县									
融水苗族自治县									
三江侗族自治县									
桂林市	**15**	**5**	**10**	**3**		**3**	**1**		**1**
秀峰区	1		1						
叠彩区	2	1	1						
象山区	4	2	2	1		1	1		1
七星区	5	1	4	2		2			
雁山区									
临桂区	3	1	2						
阳朔县									
灵川县									
全州县									
兴安县									
永福县									
灌阳县									
龙胜各族自治县									
资源县									
平乐县									
恭城瑶族自治县									
荔浦市									

1-4a 续表 28

单位：人

地 区	纳西族			景颇族			柯尔克孜族		
	小计	男	女	小计	男	女	小计	男	女
梧州市	**4**	**1**	**3**						
万秀区									
长洲区	4	1	3						
龙圩区									
苍梧县									
藤 县									
蒙山县									
岑溪市									
北海市	**14**	**3**	**11**	**9**	**3**	**6**			
海城区	4	1	3	6	2	4			
银海区	10	2	8	3	1	2			
铁山港区									
合浦县									
防城港市	**1**		**1**	**4**	**2**	**2**			
港口区	1		1	1	1				
防城区				1		1			
上思县									
东兴市				2	1	1			
钦州市				**2**	**1**	**1**			
钦南区				2	1	1			
钦北区									
灵山县									
浦北县									
贵港市				**1**		**1**			
港北区				1		1			
港南区									
覃塘区									
平南县									
桂平市									
玉林市	**2**	**1**	**1**	**2**		**2**			
玉州区	2	1	1	1		1			
福绵区									
容 县									
陆川县									
博白县									
兴业县									
北流市				1		1			
百色市	**4**	**2**	**2**	**1**	**1**				
右江区	2		2	1	1				
田阳区	2	2							
田东县									

1-4a 续表 29 单位:人

地区	纳西族			景颇族			柯尔克孜族		
	小计	男	女	小计	男	女	小计	男	女
德保县									
那坡县									
凌云县									
乐业县									
田林县									
西林县									
隆林各族自治县									
靖西市									
平果市									
贺州市									
八步区									
平桂区									
昭平县									
钟山县									
富川瑶族自治县									
河池市	**3**		**3**	**1**		**1**			
金城江区	2		2						
宜州区	1		1	1		1			
南丹县									
天峨县									
凤山县									
东兰县									
罗城仫佬族自治县									
环江毛南族自治县									
巴马瑶族自治县									
都安瑶族自治县									
大化瑶族自治县									
来宾市	**2**		**2**						
兴宾区	2		2						
忻城县									
象州县									
武宣县									
金秀瑶族自治县									
合山市									
崇左市	**6**	**2**	**4**	**1**	**1**				
江州区	6	2	4	1	1				
扶绥县									
宁明县									
龙州县									
大新县									
天等县									
凭祥市									

1-4a 续表 30

单位:人

地 区	土族			达斡尔族			仫佬族		
	小计	男	女	小计	男	女	小计	男	女
总 计	**288**	**142**	**146**	**220**	**99**	**121**	**49884**	**23557**	**26327**
南宁市	**104**	**57**	**47**	**106**	**50**	**56**	**11453**	**5260**	**6193**
兴宁区	11	8	3	2		2	1300	673	627
青秀区	23	10	13	32	13	19	3825	1678	2147
江南区	15	10	5	9	4	5	1596	737	859
西乡塘区	34	18	16	15	6	9	3721	1706	2015
良庆区	18	9	9	10	4	6	647	316	331
邕宁区				38	23	15	208	89	119
武鸣区	3	2	1				156	61	95
隆安县									
马山县									
上林县									
宾阳县									
横 县									
柳州市	**40**	**26**	**14**	**16**	**8**	**8**	**18228**	**8699**	**9529**
城中区	7	4	3	8	3	5	1999	908	1091
鱼峰区	21	17	4	1	1		7062	3485	3577
柳南区	5	3	2				4107	1926	2181
柳北区	3	1	2	7	4	3	3493	1649	1844
柳江区	4	1	3				1567	731	836
柳城县									
鹿寨县									
融安县									
融水苗族自治县									
三江侗族自治县									
桂林市	**28**	**8**	**20**	**35**	**14**	**21**	**1404**	**594**	**810**
秀峰区	1		1				151	68	83
叠彩区	3	1	2				150	69	81
象山区	8	4	4	5	3	2	295	115	180
七星区	2		2	5	2	3	415	190	225
雁山区							7	3	4
临桂区	10	3	7	25	9	16	355	136	219
阳朔县									
灵川县									
全州县									
兴安县									
永福县									
灌阳县									
龙胜各族自治县									
资源县									
平乐县									
恭城瑶族自治县									
荔浦市	4		4				31	13	18

1-4a 续表 31

单位：人

地 区	土族			达斡尔族			仫佬族		
	小计	男	女	小计	男	女	小计	男	女
梧州市	**8**	**3**	**5**				**241**	**98**	**143**
万秀区	2		2				116	44	72
长洲区	4	3	1				76	36	40
龙圩区	2		2				20	10	10
苍梧县									
藤 县									
蒙山县									
岑溪市							29	8	21
北海市	**44**	**18**	**26**	**31**	**14**	**17**	**364**	**162**	**202**
海城区	21	10	11	13	5	8	268	117	151
银海区	23	8	15	18	9	9	92	44	48
铁山港区							4	1	3
合浦县									
防城港市	**7**	**4**	**3**	**23**	**10**	**13**	**261**	**137**	**124**
港口区	5	2	3	20	8	12	141	83	58
防城区	1	1					52	18	34
上思县									
东兴市	1	1		3	2	1	68	36	32
钦州市	**5**	**1**	**4**	**2**	**1**	**1**	**272**	**109**	**163**
钦南区	4	1	3	2	1	1	126	46	80
钦北区	1		1				146	63	83
灵山县									
浦北县									
贵港市	**17**	**9**	**8**	**3**	**1**	**2**	**436**	**171**	**265**
港北区	13	5	8	3	1	2	281	114	167
港南区	3	3					68	25	43
覃塘区							39	12	27
平南县									
桂平市	1	1					48	20	28
玉林市	**5**	**3**	**2**				**280**	**119**	**161**
玉州区	3	1	2				241	101	140
福绵区							1	1	
容 县									
陆川县									
博白县									
兴业县									
北流市	2	2					38	17	21
百色市	**6**	**1**	**5**	**2**		**2**	**499**	**213**	**286**
右江区	4		4	2		2	313	135	178
田阳区	1		1				49	22	27
田东县									

1-4a 续表 32

单位:人

地 区	土族			达斡尔族			仫佬族		
	小计	男	女	小计	男	女	小计	男	女
德保县									
那坡县									
凌云县									
乐业县									
田林县									
西林县									
隆林各族自治县									
靖西市							16	6	10
平果市	1	1					121	50	71
贺州市	**6**	**4**	**2**				**140**	**67**	**73**
八步区	6	4	2				102	45	57
平桂区							38	22	16
昭平县									
钟山县									
富川瑶族自治县									
河池市	**7**	**3**	**4**	**1**	**1**		**14986**	**7355**	**7631**
金城江区	3	2	1				4282	2116	2166
宜州区	4	1	3	1	1		10704	5239	5465
南丹县									
天峨县									
凤山县									
东兰县									
罗城仫佬族自治县									
环江毛南族自治县									
巴马瑶族自治县									
都安瑶族自治县									
大化瑶族自治县									
来宾市	**3**	**3**					**951**	**410**	**541**
兴宾区	3	3					818	348	470
忻城县									
象州县									
武宣县									
金秀瑶族自治县									
合山市							133	62	71
崇左市	**8**	**2**	**6**	**1**		**1**	**369**	**163**	**206**
江州区	6	1	5				329	141	188
扶绥县									
宁明县									
龙州县									
大新县									
天等县									
凭祥市	2	1	1	1		1	40	22	18

1-4a 续表 33　　单位:人

地区	羌族			布朗族			撒拉族		
	小计	男	女	小计	男	女	小计	男	女
总　计	**154**	**81**	**73**	**62**	**29**	**33**	**29**	**15**	**14**
南宁市	**65**	**39**	**26**	**26**	**15**	**11**	**15**	**10**	**5**
兴宁区	6	5	1	2	2				
青秀区	22	13	9	8	5	3	6	4	2
江南区	9	7	2	1	1				
西乡塘区	22	12	10	8	1	7	7	5	2
良庆区	5	2	3	6	6		2	1	1
邕宁区									
武鸣区	1		1	1		1			
隆安县									
马山县									
上林县									
宾阳县									
横　县									
柳州市	**19**	**10**	**9**	**11**	**3**	**8**	**2**	**1**	**1**
城中区	5	2	3	3	2	1			
鱼峰区	13	7	6	5	1	4	1	1	
柳南区	1	1		1		1	1		1
柳北区				2		2			
柳江区									
柳城县									
鹿寨县									
融安县									
融水苗族自治县									
三江侗族自治县									
桂林市	**13**	**6**	**7**	**2**	**1**	**1**	**1**		**1**
秀峰区	3	1	2						
叠彩区				2	1	1			
象山区									
七星区	5	3	2				1		1
雁山区									
临桂区	5	2	3						
阳朔县									
灵川县									
全州县									
兴安县									
永福县									
灌阳县									
龙胜各族自治县									
资源县									
平乐县									
恭城瑶族自治县									
荔浦市									

1-4a 续表 34

单位：人

地 区	羌族			布朗族			撒拉族		
	小计	男	女	小计	男	女	小计	男	女
梧州市	**4**	**2**	**2**	**1**		**1**			
万秀区	1	1		1		1			
长洲区	2	1	1						
龙圩区									
苍梧县									
藤 县									
蒙山县									
岑溪市	1		1						
北海市	**16**	**3**	**13**	**7**	**4**	**3**	**6**	**3**	**3**
海城区	10	3	7	1		1	3	3	
银海区	6		6	6	4	2	3		3
铁山港区									
合浦县									
防城港市	**9**	**4**	**5**	**3**	**2**	**1**			
港口区	7	4	3	3	2	1			
防城区									
上思县									
东兴市	2		2						
钦州市	**1**	**1**					**1**		**1**
钦南区									
钦北区	1	1					1		1
灵山县									
浦北县									
贵港市				**3**	**1**	**2**			
港北区									
港南区				3	1	2			
覃塘区									
平南县									
桂平市									
玉林市	**1**	**1**		**1**	**1**				
玉州区	1	1		1	1				
福绵区									
容 县									
陆川县									
博白县									
兴业县									
北流市									
百色市	**9**	**5**	**4**	**2**	**1**	**1**	**4**	**1**	**3**
右江区	6	3	3	1		1	1		1
田阳区	2	1	1	1	1				
田东县									

1-4a 续表 35　　　　单位:人

地　区	羌族			布朗族			撒拉族		
	小计	男	女	小计	男	女	小计	男	女
德保县									
那坡县									
凌云县									
乐业县									
田林县									
西林县									
隆林各族自治县									
靖西市									
平果市	1	1					3	1	2
贺州市	**1**	**1**							
八步区	1	1							
平桂区									
昭平县									
钟山县									
富川瑶族自治县									
河池市	**4**	**3**	**1**	**4**	**1**	**3**			
金城江区				4	1	3			
宜州区	4	3	1						
南丹县									
天峨县									
凤山县									
东兰县									
罗城仫佬族自治县									
环江毛南族自治县									
巴马瑶族自治县									
都安瑶族自治县									
大化瑶族自治县									
来宾市	**10**	**5**	**5**						
兴宾区	9	4	5						
忻城县									
象州县									
武宣县									
金秀瑶族自治县									
合山市	1	1							
崇左市	**2**	**1**	**1**	**2**		**2**			
江州区	2	1	1	2		2			
扶绥县									
宁明县									
龙州县									
大新县									
天等县									
凭祥市									

1–4a 续表 36

单位：人

地 区	毛南族			仡佬族			锡伯族		
	小计	男	女	小计	男	女	小计	男	女
总 计	**18309**	**8776**	**9533**	**1997**	**1053**	**944**	**234**	**115**	**119**
南宁市	**5421**	**2605**	**2816**	**703**	**359**	**344**	**93**	**46**	**47**
兴宁区	720	380	340	63	33	30	9	8	1
青秀区	1434	657	777	292	144	148	26	12	14
江南区	811	393	418	78	36	42	16	7	9
西乡塘区	1856	881	975	213	113	100	35	18	17
良庆区	389	196	193	36	21	15	3		3
邕宁区	136	64	72	10	7	3	4	1	3
武鸣区	75	34	41	11	5	6			
隆安县									
马山县									
上林县									
宾阳县									
横 县									
柳州市	**2802**	**1410**	**1392**	**412**	**231**	**181**	**17**	**12**	**5**
城中区	301	145	156	75	42	33	2	1	1
鱼峰区	822	456	366	133	81	52	4	3	1
柳南区	787	396	391	118	70	48	2	1	1
柳北区	652	307	345	68	29	39	9	7	2
柳江区	240	106	134	18	9	9			
柳城县									
鹿寨县									
融安县									
融水苗族自治县									
三江侗族自治县									
桂林市	**540**	**245**	**295**	**89**	**48**	**41**	**46**	**18**	**28**
秀峰区	45	22	23	12	5	7	8	3	5
叠彩区	49	19	30	2	1	1	1		1
象山区	117	48	69	18	7	11	5	3	2
七星区	139	74	65	25	14	11	8	1	7
雁山区	4	2	2						
临桂区	164	74	90	29	20	9	24	11	13
阳朔县									
灵川县									
全州县									
兴安县									
永福县									
灌阳县									
龙胜各族自治县									
资源县									
平乐县									
恭城瑶族自治县									
荔浦市	22	6	16	3	1	2			

1-4a 续表 37　　　　单位:人

地区	毛南族			仡佬族			锡伯族		
	小计	男	女	小计	男	女	小计	男	女
梧州市	**79**	**42**	**37**	**21**	**12**	**9**	**2**	**2**	
万秀区	33	15	18	4	1	3	2	2	
长洲区	24	17	7	5	2	3			
龙圩区	11	5	6	6	5	1			
苍梧县									
藤　县									
蒙山县									
岑溪市	11	5	6	6	4	2			
北海市	**168**	**83**	**85**	**141**	**75**	**66**	**44**	**26**	**18**
海城区	117	60	57	60	31	29	27	17	10
银海区	51	23	28	81	44	37	17	9	8
铁山港区									
合浦县									
防城港市	**163**	**77**	**86**	**36**	**17**	**19**	**9**	**3**	**6**
港口区	118	57	61	21	11	10	5	1	4
防城区	30	14	16	7	4	3	1	1	
上思县									
东兴市	15	6	9	8	2	6	3	1	2
钦州市	**128**	**56**	**72**	**55**	**32**	**23**	**3**		**3**
钦南区	71	26	45	35	19	16	1		1
钦北区	57	30	27	20	13	7	2		2
灵山县									
浦北县									
贵港市	**219**	**104**	**115**	**38**	**16**	**22**	**4**	**1**	**3**
港北区	149	71	78	20	8	12	4	1	3
港南区	35	12	23	9	2	7			
覃塘区	20	10	10						
平南县									
桂平市	15	11	4	9	6	3			
玉林市	**140**	**58**	**82**	**41**	**29**	**12**			
玉州区	124	54	70	33	25	8			
福绵区	3	2	1	1		1			
容　县									
陆川县									
博白县									
兴业县									
北流市	13	2	11	7	4	3			
百色市	**214**	**79**	**135**	**169**	**88**	**81**	**14**	**7**	**7**
右江区	151	52	99	119	60	59	12	7	5
田阳区	13	6	7	9	5	4			
田东县									

1-4a 续表 38

单位：人

地 区	毛南族			仡佬族			锡伯族		
	小计	男	女	小计	男	女	小计	男	女
德保县									
那坡县									
凌云县									
乐业县									
田林县									
西林县									
隆林各族自治县									
靖西市	4	3	1	8	1	7			
平果市	46	18	28	33	22	11	2		2
贺州市	**21**	**10**	**11**	**6**	**3**	**3**			
八步区	16	7	9	6	3	3			
平桂区	5	3	2						
昭平县									
钟山县									
富川瑶族自治县									
河池市	**8059**	**3856**	**4203**	**210**	**105**	**105**	**1**		**1**
金城江区	7114	3442	3672	105	50	55	1		1
宜州区	945	414	531	105	55	50			
南丹县									
天峨县									
凤山县									
东兰县									
罗城仫佬族自治县									
环江毛南族自治县									
巴马瑶族自治县									
都安瑶族自治县									
大化瑶族自治县									
来宾市	**177**	**74**	**103**	**39**	**17**	**22**	**1**		**1**
兴宾区	147	62	85	39	17	22	1		1
忻城县									
象州县									
武宣县									
金秀瑶族自治县									
合山市	30	12	18						
崇左市	**178**	**77**	**101**	**37**	**21**	**16**			
江州区	150	66	84	31	18	13			
扶绥县									
宁明县									
龙州县									
大新县									
天等县									
凭祥市	28	11	17	6	3	3			

1-4a 续表 39

单位：人

地 区	阿昌族			普米族			塔吉克族		
	小计	男	女	小计	男	女	小计	男	女
总 计	**20**	**8**	**12**	**20**	**8**	**12**	**9**	**3**	**6**
南宁市	**15**	**6**	**9**	**11**	**4**	**7**	**9**	**3**	**6**
兴宁区				1	1				
青秀区	1	1		1		1	1		1
江南区	3	1	2	1	1				
西乡塘区	9	3	6	8	2	6	8	3	5
良庆区	2	1	1						
邕宁区									
武鸣区									
隆安县									
马山县									
上林县									
宾阳县									
横 县									
柳州市	**1**		**1**	**1**		**1**			
城中区									
鱼峰区									
柳南区									
柳北区	1		1	1		1			
柳江区									
柳城县									
鹿寨县									
融安县									
融水苗族自治县									
三江侗族自治县									
桂林市				**1**	**1**				
秀峰区				1	1				
叠彩区									
象山区									
七星区									
雁山区									
临桂区									
阳朔县									
灵川县									
全州县									
兴安县									
永福县									
灌阳县									
龙胜各族自治县									
资源县									
平乐县									
恭城瑶族自治县									
荔浦市									

1–4a 续表 40

单位：人

地 区	阿昌族			普米族			塔吉克族		
	小计	男	女	小计	男	女	小计	男	女
梧州市	**1**		**1**	**1**	**1**				
万秀区									
长洲区	1		1	1	1				
龙圩区									
苍梧县									
藤 县									
蒙山县									
岑溪市									
北海市	**1**		**1**	**1**		**1**			
海城区				1		1			
银海区	1		1						
铁山港区									
合浦县									
防城港市									
港口区									
防城区									
上思县									
东兴市									
钦州市									
钦南区									
钦北区									
灵山县									
浦北县									
贵港市									
港北区									
港南区									
覃塘区									
平南县									
桂平市									
玉林市									
玉州区									
福绵区									
容 县									
陆川县									
博白县									
兴业县									
北流市									
百色市				**1**	**1**				
右江区									
田阳区				1	1				
田东县									

1-4a 续表 41 单位:人

地 区	阿昌族			普米族			塔吉克族		
	小计	男	女	小计	男	女	小计	男	女
德保县									
那坡县									
凌云县									
乐业县									
田林县									
西林县									
隆林各族自治县									
靖西市									
平果市									
贺州市									
八步区									
平桂区									
昭平县									
钟山县									
富川瑶族自治县									
河池市				**3**	**1**	**2**			
金城江区									
宜州区				3	1	2			
南丹县									
天峨县									
凤山县									
东兰县									
罗城仫佬族自治县									
环江毛南族自治县									
巴马瑶族自治县									
都安瑶族自治县									
大化瑶族自治县									
来宾市	**2**	**2**							
兴宾区									
忻城县									
象州县									
武宣县									
金秀瑶族自治县									
合山市	2	2							
崇左市				**1**		**1**			
江州区				1		1			
扶绥县									
宁明县									
龙州县									
大新县									
天等县									
凭祥市									

1-4a 续表 42 单位：人

地　区	怒族			乌孜别克族			俄罗斯族		
	小计	男	女	小计	男	女	小计	男	女
总　计	**16**	**4**	**12**	**5**	**2**	**3**	**33**	**19**	**14**
南宁市	**10**	**2**	**8**	**1**		**1**	**19**	**12**	**7**
兴宁区							4	2	2
青秀区	2		2				9	6	3
江南区									
西乡塘区	6		6	1		1	3	1	2
良庆区	2	2					1	1	
邕宁区							2	2	
武鸣区									
隆安县									
马山县									
上林县									
宾阳县									
横　县									
柳州市	**3**	**2**	**1**	**1**	**1**		**2**		**2**
城中区									
鱼峰区				1	1				
柳南区							2		2
柳北区	3	2	1						
柳江区									
柳城县									
鹿寨县									
融安县									
融水苗族自治县									
三江侗族自治县									
桂林市	**1**		**1**	**3**	**1**	**2**	**2**	**1**	**1**
秀峰区									
叠彩区									
象山区									
七星区				3	1	2			
雁山区									
临桂区	1		1				2	1	1
阳朔县									
灵川县									
全州县									
兴安县									
永福县									
灌阳县									
龙胜各族自治县									
资源县									
平乐县									
恭城瑶族自治县									
荔浦市									

1-4a 续表 43 单位：人

地 区	怒族			乌孜别克族			俄罗斯族		
	小计	男	女	小计	男	女	小计	男	女
梧州市	**1**		**1**						
万秀区									
长洲区	1		1						
龙圩区									
苍梧县									
藤 县									
蒙山县									
岑溪市									
北海市	**1**		**1**				**3**	**3**	
海城区	1		1				2	2	
银海区							1	1	
铁山港区									
合浦县									
防城港市							**5**	**2**	**3**
港口区							5	2	3
防城区									
上思县									
东兴市									
钦州市									
钦南区									
钦北区									
灵山县									
浦北县									
贵港市									
港北区									
港南区									
覃塘区									
平南县									
桂平市									
玉林市							**2**	**1**	**1**
玉州区							2	1	1
福绵区									
容 县									
陆川县									
博白县									
兴业县									
北流市									
百色市									
右江区									
田阳区									
田东县									

1-4a 续表 44 单位：人

地区	怒族			乌孜别克族			俄罗斯族		
	小计	男	女	小计	男	女	小计	男	女
德保县									
那坡县									
凌云县									
乐业县									
田林县									
西林县									
隆林各族自治县									
靖西市									
平果市									
贺州市									
八步区									
平桂区									
昭平县									
钟山县									
富川瑶族自治县									
河池市									
金城江区									
宜州区									
南丹县									
天峨县									
凤山县									
东兰县									
罗城仫佬族自治县									
环江毛南族自治县									
巴马瑶族自治县									
都安瑶族自治县									
大化瑶族自治县									
来宾市									
兴宾区									
忻城县									
象州县									
武宣县									
金秀瑶族自治县									
合山市									
崇左市									
江州区									
扶绥县									
宁明县									
龙州县									
大新县									
天等县									
凭祥市									

1-4a 续表 45

单位:人

地　区	鄂温克族			德昂族			保安族		
	小计	男	女	小计	男	女	小计	男	女
总　计	**59**	**30**	**29**	**7**	**3**	**4**	**8**	**6**	**2**
南宁市	**28**	**14**	**14**	**6**	**3**	**3**			
兴宁区	1		1	2	2				
青秀区	6	3	3	1		1			
江南区	1	1		1		1			
西乡塘区	7	2	5	2	1	1			
良庆区	4	4							
邕宁区	9	4	5						
武鸣区									
隆安县									
马山县									
上林县									
宾阳县									
横　县									
柳州市	**4**	**1**	**3**	**1**		**1**			
城中区	1		1						
鱼峰区	1		1						
柳南区	1		1						
柳北区	1	1		1		1			
柳江区									
柳城县									
鹿寨县									
融安县									
融水苗族自治县									
三江侗族自治县									
桂林市	**3**	**1**	**2**				**1**	**1**	
秀峰区									
叠彩区									
象山区									
七星区									
雁山区									
临桂区	2	1	1				1	1	
阳朔县									
灵川县									
全州县									
兴安县									
永福县									
灌阳县									
龙胜各族自治县									
资源县									
平乐县									
恭城瑶族自治县									
荔浦市	1		1						

1-4a 续表 46

单位:人

地 区	鄂温克族			德昂族			保安族		
	小计	男	女	小计	男	女	小计	男	女
梧州市	**1**	**1**							
万秀区	1	1							
长洲区									
龙圩区									
苍梧县									
藤 县									
蒙山县									
岑溪市									
北海市	**10**	**6**	**4**				**2**	**1**	**1**
海城区	4	3	1				2	1	1
银海区	6	3	3						
铁山港区									
合浦县									
防城港市	**2**	**1**	**1**				**1**		**1**
港口区	2	1	1						
防城区									
上思县									
东兴市							1		1
钦州市	**1**	**1**							
钦南区	1	1							
钦北区									
灵山县									
浦北县									
贵港市	**1**	**1**							
港北区	1	1							
港南区									
覃塘区									
平南县									
桂平市									
玉林市	**1**		**1**						
玉州区									
福绵区									
容 县									
陆川县									
博白县									
兴业县									
北流市	1		1						
百色市	**1**	**1**					**1**	**1**	
右江区									
田阳区									
田东县									

1-4a 续表 47

单位:人

地 区	鄂温克族			德昂族			保安族		
	小计	男	女	小计	男	女	小计	男	女
德保县									
那坡县									
凌云县									
乐业县									
田林县									
西林县									
隆林各族自治县									
靖西市	1	1							
平果市							1	1	
贺州市	**4**	**1**	**3**				**2**	**2**	
八步区	3	1	2				2	2	
平桂区	1		1						
昭平县									
钟山县									
富川瑶族自治县									
河池市									
金城江区									
宜州区									
南丹县									
天峨县									
凤山县									
东兰县									
罗城仫佬族自治县									
环江毛南族自治县									
巴马瑶族自治县									
都安瑶族自治县									
大化瑶族自治县									
来宾市	**1**	**1**							
兴宾区	1	1							
忻城县									
象州县									
武宣县									
金秀瑶族自治县									
合山市									
崇左市	**2**	**1**	**1**				**1**	**1**	
江州区	2	1	1				1	1	
扶绥县									
宁明县									
龙州县									
大新县									
天等县									
凭祥市									

1-4a 续表 48

单位：人

地　区	裕固族			京族			塔塔尔族		
	小计	男	女	小计	男	女	小计	男	女
总　计	**9**	**4**	**5**	**12445**	**6176**	**6269**	**5**	**2**	**3**
南宁市	**3**	**3**		**1244**	**634**	**610**	**3**		**3**
兴宁区				121	64	57			
青秀区	2	2		489	245	244			
江南区				126	62	64	1		1
西乡塘区				393	201	192	2		2
良庆区				50	29	21			
邕宁区	1	1		30	16	14			
武鸣区				35	17	18			
隆安县									
马山县									
上林县									
宾阳县									
横　县									
柳州市				**143**	**77**	**66**	**2**	**2**	
城中区				28	16	12			
鱼峰区				56	28	28	2	2	
柳南区				16	8	8			
柳北区				33	19	14			
柳江区				10	6	4			
柳城县									
鹿寨县									
融安县									
融水苗族自治县									
三江侗族自治县									
桂林市				**84**	**38**	**46**			
秀峰区				8	5	3			
叠彩区				3	2	1			
象山区				16	5	11			
七星区				31	18	13			
雁山区				1		1			
临桂区				24	8	16			
阳朔县									
灵川县									
全州县									
兴安县									
永福县									
灌阳县									
龙胜各族自治县									
资源县									
平乐县									
恭城瑶族自治县									
荔浦市				1		1			

1-4a 续表 49 单位:人

地 区	裕固族			京族			塔塔尔族		
	小计	男	女	小计	男	女	小计	男	女
梧州市	**1**		**1**	**14**	**5**	**9**			
万秀区	1		1	9	2	7			
长洲区				3	1	2			
龙圩区				1	1				
苍梧县									
藤 县									
蒙山县									
岑溪市				1	1				
北海市	**1**		**1**	**135**	**66**	**69**			
海城区				99	48	51			
银海区	1		1	35	18	17			
铁山港区				1		1			
合浦县									
防城港市				**9958**	**4946**	**5012**			
港口区				1379	680	699			
防城区				2689	1351	1338			
上思县									
东兴市				5890	2915	2975			
钦州市				**588**	**299**	**289**			
钦南区				330	166	164			
钦北区				258	133	125			
灵山县									
浦北县									
贵港市				**12**	**4**	**8**			
港北区				9	3	6			
港南区				1	1				
覃塘区				1		1			
平南县									
桂平市				1		1			
玉林市				**13**	**5**	**8**			
玉州区				13	5	8			
福绵区									
容 县									
陆川县									
博白县									
兴业县									
北流市									
百色市	**1**		**1**	**73**	**27**	**46**			
右江区	1		1	58	22	36			
田阳区				1		1			
田东县									

1-4a 续表 50

单位:人

地 区	裕固族			京族			塔塔尔族		
	小计	男	女	小计	男	女	小计	男	女
德保县									
那坡县									
凌云县									
乐业县									
田林县									
西林县									
隆林各族自治县									
靖西市				2		2			
平果市				12	5	7			
贺州市				**10**	**4**	**6**			
八步区				9	4	5			
平桂区				1		1			
昭平县									
钟山县									
富川瑶族自治县									
河池市				**26**	**14**	**12**			
金城江区				7	3	4			
宜州区				19	11	8			
南丹县									
天峨县									
凤山县									
东兰县									
罗城仫佬族自治县									
环江毛南族自治县									
巴马瑶族自治县									
都安瑶族自治县									
大化瑶族自治县									
来宾市				**27**	**11**	**16**			
兴宾区				26	11	15			
忻城县									
象州县									
武宣县									
金秀瑶族自治县									
合山市				1		1			
崇左市	**3**	**1**	**2**	**118**	**46**	**72**			
江州区	3	1	2	71	27	44			
扶绥县									
宁明县									
龙州县									
大新县									
天等县									
凭祥市				47	19	28			

1-4a 续表 51

单位:人

地 区	独龙族			鄂伦春族			赫哲族		
	小计	男	女	小计	男	女	小计	男	女
总 计	**4**		**4**	**28**	**10**	**18**	**16**	**9**	**7**
南宁市	**4**		**4**	**13**	**5**	**8**	**8**	**3**	**5**
兴宁区									
青秀区				1		1	5	2	3
江南区				3	1	2			
西乡塘区	4		4	6	2	4			
良庆区				3	2	1	3	1	2
邕宁区									
武鸣区									
隆安县									
马山县									
上林县									
宾阳县									
横 县									
柳州市									
城中区									
鱼峰区									
柳南区									
柳北区									
柳江区									
柳城县									
鹿寨县									
融安县									
融水苗族自治县									
三江侗族自治县									
桂林市				**6**	**3**	**3**			
秀峰区									
叠彩区				1	1				
象山区				1	1				
七星区				3	1	2			
雁山区									
临桂区				1		1			
阳朔县									
灵川县									
全州县									
兴安县									
永福县									
灌阳县									
龙胜各族自治县									
资源县									
平乐县									
恭城瑶族自治县									
荔浦市									

1-4a 续表 52

单位：人

地 区	独龙族			鄂伦春族			赫哲族		
	小计	男	女	小计	男	女	小计	男	女
梧州市									
万秀区									
长洲区									
龙圩区									
苍梧县									
藤 县									
蒙山县									
岑溪市									
北海市				**7**	**1**	**6**	**2**	**2**	
海城区				2	1	1	1	1	
银海区				5		5	1	1	
铁山港区									
合浦县									
防城港市				**1**		**1**	**5**	**3**	**2**
港口区				1		1	5	3	2
防城区									
上思县									
东兴市									
钦州市									
钦南区									
钦北区									
灵山县									
浦北县									
贵港市									
港北区									
港南区									
覃塘区									
平南县									
桂平市									
玉林市									
玉州区									
福绵区									
容 县									
陆川县									
博白县									
兴业县									
北流市									
百色市									
右江区									
田阳区									
田东县									

1-4a 续表 53

单位:人

地 区	独龙族			鄂伦春族			赫哲族		
	小计	男	女	小计	男	女	小计	男	女
德保县									
那坡县									
凌云县									
乐业县									
田林县									
西林县									
隆林各族自治县									
靖西市									
平果市									
贺州市									
八步区									
平桂区									
昭平县									
钟山县									
富川瑶族自治县									
河池市							**1**	**1**	
金城江区							1	1	
宜州区									
南丹县									
天峨县									
凤山县									
东兰县									
罗城仫佬族自治县									
环江毛南族自治县									
巴马瑶族自治县									
都安瑶族自治县									
大化瑶族自治县									
来宾市									
兴宾区									
忻城县									
象州县									
武宣县									
金秀瑶族自治县									
合山市									
崇左市				**1**	**1**				
江州区				1	1				
扶绥县									
宁明县									
龙州县									
大新县									
天等县									
凭祥市									

1-4a 续表 54

单位：人

地 区	门巴族			珞巴族			基诺族		
	小计	男	女	小计	男	女	小计	男	女
总 计	**8**	**1**	**7**	**4**	**1**	**3**	**7**	**1**	**6**
南宁市	**7**	**1**	**6**	**2**	**1**	**1**	**5**		**5**
兴宁区									
青秀区									
江南区							2		2
西乡塘区	7	1	6	2	1	1	3		3
良庆区									
邕宁区									
武鸣区									
隆安县									
马山县									
上林县									
宾阳县									
横 县									
柳州市				**1**		**1**	**1**		**1**
城中区									
鱼峰区									
柳南区									
柳北区				1		1	1		1
柳江区									
柳城县									
鹿寨县									
融安县									
融水苗族自治县									
三江侗族自治县									
桂林市									
秀峰区									
叠彩区									
象山区									
七星区									
雁山区									
临桂区									
阳朔县									
灵川县									
全州县									
兴安县									
永福县									
灌阳县									
龙胜各族自治县									
资源县									
平乐县									
恭城瑶族自治县									
荔浦市									

1-4a 续表 55

单位:人

地 区	门巴族			珞巴族			基诺族		
	小计	男	女	小计	男	女	小计	男	女
梧州市									
万秀区									
长洲区									
龙圩区									
苍梧县									
藤 县									
蒙山县									
岑溪市									
北海市									
海城区									
银海区									
铁山港区									
合浦县									
防城港市									
港口区									
防城区									
上思县									
东兴市									
钦州市									
钦南区									
钦北区									
灵山县									
浦北县									
贵港市									
港北区									
港南区									
覃塘区									
平南县									
桂平市									
玉林市									
玉州区									
福绵区									
容 县									
陆川县									
博白县									
兴业县									
北流市									
百色市							**1**	**1**	
右江区									
田阳区							1	1	
田东县									

1–4a 续表 56

单位：人

地 区	门巴族			珞巴族			基诺族		
	小计	男	女	小计	男	女	小计	男	女
德保县									
那坡县									
凌云县									
乐业县									
田林县									
西林县									
隆林各族自治县									
靖西市									
平果市									
贺州市									
八步区									
平桂区									
昭平县									
钟山县									
富川瑶族自治县									
河池市				**1**		**1**			
金城江区				1		1			
宜州区									
南丹县									
天峨县									
凤山县									
东兰县									
罗城仫佬族自治县									
环江毛南族自治县									
巴马瑶族自治县									
都安瑶族自治县									
大化瑶族自治县									
来宾市									
兴宾区									
忻城县									
象州县									
武宣县									
金秀瑶族自治县									
合山市									
崇左市	**1**		**1**						
江州区	1		1						
扶绥县									
宁明县									
龙州县									
大新县									
天等县									
凭祥市									

1-4a 续表 57

单位:人

地 区	未定族称人口			入籍		
	小计	男	女	小计	男	女
总 计	**1752**	**905**	**847**	**104**	**35**	**69**
南宁市	**575**	**292**	**283**	**31**	**10**	**21**
兴宁区	99	51	48	2		2
青秀区	165	88	77	7	4	3
江南区	74	30	44	4	1	3
西乡塘区	200	104	96	15	4	11
良庆区	24	11	13	1		1
邕宁区	6	4	2	1	1	
武鸣区	7	4	3	1		1
隆安县						
马山县						
上林县						
宾阳县						
横 县						
柳州市	**300**	**157**	**143**	**14**	**7**	**7**
城中区	21	11	10			
鱼峰区	108	57	51	4	2	2
柳南区	72	34	38	4	2	2
柳北区	58	36	22	5	3	2
柳江区	41	19	22	1		1
柳城县						
鹿寨县						
融安县						
融水苗族自治县						
三江侗族自治县						
桂林市	**92**	**44**	**48**	**7**	**2**	**5**
秀峰区	5	5		2	1	1
叠彩区	14	7	7			
象山区	8	3	5	1		1
七星区	20	14	6	2	1	1
雁山区	1		1			
临桂区	35	11	24	2		2
阳朔县						
灵川县						
全州县						
兴安县						
永福县						
灌阳县						
龙胜各族自治县						
资源县						
平乐县						
恭城瑶族自治县						
荔浦市	9	4	5			

1-4a 续表 58 单位:人

地 区	未定族称人口			入籍		
	小计	男	女	小计	男	女
梧州市	**20**	**14**	**6**	**2**		**2**
万秀区	7	4	3			
长洲区	7	6	1			
龙圩区	3	3				
苍梧县						
藤 县						
蒙山县						
岑溪市	3	1	2	2		2
北海市	**138**	**77**	**61**	**10**	**4**	**6**
海城区	68	35	33	6	3	3
银海区	70	42	28	4	1	3
铁山港区						
合浦县						
防城港市	**134**	**74**	**60**	**3**	**1**	**2**
港口区	71	39	32	1		1
防城区	47	26	21	1	1	
上思县						
东兴市	16	9	7	1		1
钦州市	**98**	**59**	**39**	**12**	**4**	**8**
钦南区	46	22	24	10	4	6
钦北区	52	37	15	2		2
灵山县						
浦北县						
贵港市	**73**	**31**	**42**	**2**	**1**	**1**
港北区	43	19	24	2	1	1
港南区	4	1	3			
覃塘区	15	5	10			
平南县						
桂平市	11	6	5			
玉林市	**29**	**18**	**11**	**1**		**1**
玉州区	26	18	8	1		1
福绵区	2		2			
容 县						
陆川县						
博白县						
兴业县						
北流市	1		1			
百色市	**87**	**41**	**46**	**3**		**3**
右江区	42	20	22	1		1
田阳区	26	13	13	1		1
田东县						

1-4a 续表 59

单位：人

地区	未定族称人口			入籍		
	小计	男	女	小计	男	女
德保县						
那坡县						
凌云县						
乐业县						
田林县						
西林县						
隆林各族自治县						
靖西市	1		1			
平果市	18	8	10	1		1
贺州市	**19**	**11**	**8**	**1**	**1**	
八步区	16	9	7	1	1	
平桂区	3	2	1			
昭平县						
钟山县						
富川瑶族自治县						
河池市	**56**	**25**	**31**	**11**	**4**	**7**
金城江区	42	18	24	7	2	5
宜州区	14	7	7	4	2	2
南丹县						
天峨县						
凤山县						
东兰县						
罗城仫佬族自治县						
环江毛南族自治县						
巴马瑶族自治县						
都安瑶族自治县						
大化瑶族自治县						
来宾市	**100**	**55**	**45**	**6**	**1**	**5**
兴宾区	83	48	35	6	1	5
忻城县						
象州县						
武宣县						
金秀瑶族自治县						
合山市	17	7	10			
崇左市	**31**	**7**	**24**	**1**		**1**
江州区	28	4	24	1		1
扶绥县						
宁明县						
龙州县						
大新县						
天等县						
凭祥市	3	3				

1–4b 各地区分性别、民族的人口（镇）

单位：人

地 区	合计			汉族			蒙古族		
	合计	男	女	小计	男	女	小计	男	女
总 计	**12382976**	**6338893**	**6044083**	**8231227**	**4257365**	**3973862**	**680**	**400**	**280**
南宁市	**1456011**	**755085**	**700926**	**722199**	**380892**	**341307**	**62**	**34**	**28**
兴宁区	24280	12874	11406	1857	955	902			
青秀区	34617	17956	16661	4216	2222	1994	10	7	3
江南区	62273	33780	28493	18649	10582	8067	2		2
西乡塘区	62569	33487	29082	23385	13328	10057	6	3	3
良庆区	30985	16382	14603	5569	3110	2459			
邕宁区	24675	13187	11488	859	374	485			
武鸣区	132631	72321	60310	40077	23584	16493	9	2	7
隆安县	110307	56706	53601	6939	3693	3246	6	2	4
马山县	116196	57869	58327	19437	10453	8984	4	4	
上林县	122426	61333	61093	21894	11579	10315	2	2	
宾阳县	362779	189999	172780	310600	164125	146475	11	9	2
横 县	372273	189191	183082	268717	136887	131830	12	5	7
柳州市	**848813**	**439794**	**409019**	**400736**	**214488**	**186248**	**72**	**39**	**33**
城中区									
鱼峰区	26710	15107	11603	15884	9344	6540	6	3	3
柳南区	61045	34986	26059	24725	15144	9581	8	6	2
柳北区	6400	3392	3008	4189	2232	1957	4	1	3
柳江区	51805	27127	24678	12330	6846	5484	1	1	
柳城县	151595	78459	73136	77280	41989	35291	7	6	1
鹿寨县	186714	97033	89681	99340	52627	46713	27	11	16
融安县	113841	57376	56465	71678	36823	34855	6	4	2
融水苗族自治县	159467	81019	78448	72429	37628	34801	8	4	4
三江侗族自治县	91236	45295	45941	22881	11855	11026	5	3	2
桂林市	**1246108**	**618713**	**627395**	**1044519**	**521230**	**523289**	**193**	**98**	**95**
秀峰区									
叠彩区	2708	1314	1394	2556	1246	1310			
象山区									
七星区	29303	17535	11768	23264	13620	9644	6	2	4
雁山区	30280	8240	22040	22685	6374	16311	31	7	24
临桂区	45935	23902	22033	43729	22872	20857	4	4	
阳朔县	85931	42148	43783	74519	36527	37992	9	5	4
灵川县	210194	108785	101409	187700	97011	90689	83	56	27
全州县	214979	108233	106746	209148	105613	103535	16	8	8
兴安县	117537	57396	60141	113148	55368	57780	11	4	7
永福县	88363	44422	43941	73330	36800	36530	4	1	3
灌阳县	85330	42289	43041	78770	39370	39400	2		2
龙胜各族自治县	48702	23566	25136	13221	6502	6719	5	2	3
资源县	51173	24907	26266	42636	20911	21725	1		1
平乐县	101187	49088	52099	77431	37571	39860	11	4	7
恭城瑶族自治县	81521	39778	41743	36320	17693	18627	7	4	3
荔浦市	52965	27110	25855	46062	23752	22310	3	1	2

1-4b 续表 1

单位:人

地　区	合计			汉族			蒙古族		
	合计	男	女	小计	男	女	小计	男	女
梧州市	**727423**	**373823**	**353600**	**708096**	**364264**	**343832**	**7**	**5**	**2**
万秀区	13119	7053	6066	12596	6764	5832	2	2	
长洲区	3604	1933	1671	3580	1921	1659			
龙圩区	36061	19105	16956	35653	18875	16778			
苍梧县	82743	42422	40321	82337	42231	40106			
藤　县	380903	196914	183989	378198	195600	182598	4	2	2
蒙山县	68131	33573	34558	53631	26335	27296	1	1	
岑溪市	142862	72823	70039	142101	72538	69563			
北海市	**339141**	**175468**	**163673**	**334113**	**172853**	**161260**	**16**	**7**	**9**
海城区	2124	1100	1024	2081	1078	1003			
银海区	23853	14387	9466	22850	13601	9249	1	1	
铁山港区	7342	3835	3507	7124	3704	3420			
合浦县	305822	156146	149676	302058	154470	147588	15	6	9
防城港市	**180631**	**98949**	**81682**	**88216**	**49905**	**38311**	**31**	**25**	**6**
港口区	43217	26314	16903	39500	24113	15387	28	25	3
防城区	45802	24361	21441	32807	17652	15155	3		3
上思县	71345	37551	33794	4869	2450	2419			
东兴市	20267	10723	9544	11040	5690	5350			
钦州市	**868821**	**447992**	**420829**	**802858**	**413613**	**389245**	**22**	**18**	**4**
钦南区	114825	64025	50800	103791	58021	45770	9	9	
钦北区	137574	72633	64941	89032	47067	41965	4	1	3
灵山县	391284	198094	193190	386751	196089	190662	4	3	1
浦北县	225138	113240	111898	223284	112436	110848	5	5	
贵港市	**1222414**	**634536**	**587878**	**1118423**	**582344**	**536079**	**28**	**15**	**13**
港北区	49994	27432	22562	43851	24651	19200	2	2	
港南区	67096	34680	32416	65775	34232	31543	2	1	1
覃塘区	92338	47509	44829	52811	28364	24447	2	2	
平南县	584474	300704	283770	556069	286063	270006	14	7	7
桂平市	428512	224211	204301	399917	209034	190883	8	3	5
玉林市	**1874678**	**961503**	**913175**	**1855932**	**953511**	**902421**	**31**	**18**	**13**
玉州区	70811	35188	35623	68315	34177	34138			
福绵区	76186	41121	35065	74366	40157	34209	4	2	2
容　县	277620	136222	141398	275086	135211	139875	4	2	2
陆川县	364251	185432	178819	362100	184525	177575	8	4	4
博白县	599279	313463	285816	594221	311305	282916	9	6	3
兴业县	191425	99797	91628	188958	98684	90274	4	3	1
北流市	295106	150280	144826	292886	149452	143434	2	1	1
百色市	**692254**	**348868**	**343386**	**158568**	**83532**	**75036**	**35**	**24**	**11**
右江区	10321	5297	5024	755	464	291			
田阳区	9201	4541	4660	414	217	197			
田东县	155950	77892	78058	25011	13026	11985	4	4	

1-4b 续表 2 单位：人

地区	合计			汉族			蒙古族		
	合计	男	女	小计	男	女	小计	男	女
德保县	84307	41574	42733	6027	3312	2715	11	7	4
那坡县	41049	20845	20204	3884	2003	1881			
凌云县	71892	36057	35835	39571	20349	19222	1	1	
乐业县	49572	25510	24062	30378	15779	14599	2	1	1
田林县	64766	32380	32386	18434	10083	8351	6	4	2
西林县	48899	25170	23729	7734	4462	3272	11	7	4
隆林各族自治县	93051	46694	46357	24471	12846	11625			
靖西市	30275	16036	14239	909	546	363			
平果市	32971	16872	16099	980	445	535			
贺州市	**650504**	**332024**	**318480**	**536251**	**274550**	**261701**	**21**	**13**	**8**
八步区	145647	73982	71665	134753	68598	66155	3	3	
平桂区	76356	39965	36391	70493	36930	33563	3	2	1
昭平县	159706	80965	78741	144041	73061	70980	1		1
钟山县	155076	80006	75070	134319	69386	64933	9	5	4
富川瑶族自治县	113719	57106	56613	52645	26575	26070	5	3	2
河池市	**1077178**	**539458**	**537720**	**198047**	**103182**	**94865**	**68**	**43**	**25**
金城江区	15979	8251	7728	4571	2441	2130	4	2	2
宜州区	31230	15831	15399	7199	3951	3248			
南丹县	138640	71508	67132	50097	26841	23256	24	21	3
天峨县	62858	32170	30688	29309	15349	13960	2	2	
凤山县	58927	29385	29542	20339	10149	10190			
东兰县	65804	33072	32732	5760	2947	2813	2		2
罗城仫佬族自治县	122161	60793	61368	32470	16959	15511	11	6	5
环江毛南族自治县	111118	55215	55903	10174	5213	4961	8	3	5
巴马瑶族自治县	90491	45103	45388	16054	8436	7618	11	6	5
都安瑶族自治县	245021	121357	123664	10245	5068	5177	5	2	3
大化瑶族自治县	134949	66773	68176	11829	5828	6001	1	1	
来宾市	**566880**	**288208**	**278672**	**153866**	**82178**	**71688**	**30**	**18**	**12**
兴宾区	130657	68429	62228	29259	16217	13042	4	3	1
忻城县	110567	55159	55408	7594	4064	3530	8	5	3
象州县	115461	58383	57078	45239	24271	20968	7	3	4
武宣县	151671	76774	74897	55866	28949	26917	7	4	3
金秀瑶族自治县	48629	24377	24252	12338	6740	5598	4	3	1
合山市	9895	5086	4809	3570	1937	1633			
崇左市	**632120**	**324472**	**307648**	**109403**	**60823**	**48580**	**64**	**43**	**21**
江州区	46369	25197	21172	14276	8310	5966	1	1	
扶绥县	192689	101355	91334	51469	28555	22914	39	27	12
宁明县	106750	54196	52554	23622	12519	11103	7	5	2
龙州县	82587	41346	41241	7701	4535	3166	9	5	4
大新县	101841	50946	50895	5636	3123	2513	6	4	2
天等县	87043	43250	43793	2521	1266	1255			
凭祥市	14841	8182	6659	4178	2515	1663	2	1	1

1-4b 续表 3

单位:人

地 区	回族			藏族			维吾尔族		
	小计	男	女	小计	男	女	小计	男	女
总 计	**5694**	**3073**	**2621**	**272**	**117**	**155**	**168**	**93**	**75**
南宁市	**121**	**52**	**69**	**43**	**10**	**33**	**8**	**8**	
兴宁区									
青秀区	7	3	4				5	5	
江南区	9	4	5	2		2			
西乡塘区	15	7	8						
良庆区	2	2							
邕宁区	1		1						
武鸣区	21	9	12	7	4	3	1	1	
隆安县	11	6	5						
马山县	5	2	3	2	2				
上林县	7	5	2	3		3			
宾阳县	28	10	18	5	3	2			
横 县	15	4	11	24	1	23	2	2	
柳州市	**1077**	**585**	**492**	**41**	**22**	**19**	**11**	**10**	**1**
城中区									
鱼峰区	45	30	15	3	3				
柳南区	46	31	15	1	1		1	1	
柳北区	9	2	7						
柳江区	9	4	5				1		1
柳城县	43	23	20	8	5	3	5	5	
鹿寨县	770	409	361	6	3	3	1	1	
融安县	56	25	31						
融水苗族自治县	81	47	34	22	10	12	3	3	
三江侗族自治县	18	14	4	1		1			
桂林市	**3317**	**1758**	**1559**	**33**	**13**	**20**	**50**	**19**	**31**
秀峰区									
叠彩区	5	3	2						
象山区									
七星区	164	73	91				1	1	
雁山区	77	23	54	6	2	4	16	2	14
临桂区	198	124	74						
阳朔县	177	84	93				3	1	2
灵川县	1360	745	615	9	4	5	17	8	9
全州县	40	18	22				4	2	2
兴安县	109	54	55	1		1	3	1	2
永福县	778	421	357	5	2	3	3	2	1
灌阳县	71	36	35	2	1	1			
龙胜各族自治县	47	31	16	1		1			
资源县	24	10	14	3	1	2	1	1	
平乐县	208	108	100	2	1	1			
恭城瑶族自治县	53	25	28	1	1		2	1	1
荔浦市	6	3	3	3	1	2			

1-4b 续表 4 单位：人

地 区	回族			藏族			维吾尔族		
	小计	男	女	小计	男	女	小计	男	女
梧州市	**48**	**28**	**20**	**5**	**4**	**1**	**3**	**2**	**1**
万秀区	7	5	2						
长洲区							1	1	
龙圩区	2	1	1						
苍梧县	3	2	1	2	2				
藤 县	18	8	10	1	1		1		1
蒙山县	13	10	3	2	1	1	1	1	
岑溪市	5	2	3						
北海市	**31**	**13**	**18**	**12**	**2**	**10**	**2**		**2**
海城区									
银海区	3	3		1	1				
铁山港区									
合浦县	28	10	18	11	1	10	2		2
防城港市	**17**	**14**	**3**	**7**	**5**	**2**			
港口区	11	9	2	3	3				
防城区				1	1				
上思县	2	1	1	3	1	2			
东兴市	4	4							
钦州市	**115**	**84**	**31**	**16**	**2**	**14**	**18**	**12**	**6**
钦南区	65	46	19	2		2	14	10	4
钦北区	9	8	1	1		1			
灵山县	23	16	7	8	1	7	2	1	1
浦北县	18	14	4	5	1	4	2	1	1
贵港市	**77**	**38**	**39**	**15**	**4**	**11**	**8**	**2**	**6**
港北区	4	4		1	1				
港南区	2	1	1	3	1	2			
覃塘区	5	3	2	5		5	1		1
平南县	48	23	25	5	2	3	5	1	4
桂平市	18	7	11	1		1	2	1	1
玉林市	**81**	**36**	**45**	**28**	**13**	**15**	**6**	**4**	**2**
玉州区	7	3	4	3		3			
福绵区	5	3	2	4	3	1			
容 县	16	4	12						
陆川县	15	7	8	4	2	2			
博白县	19	12	7	10	3	7	5	3	2
兴业县	11	4	7	4	4		1	1	
北流市	8	3	5	3	1	2			
百色市	**94**	**54**	**40**	**10**	**6**	**4**	**17**	**12**	**5**
右江区									
田阳区									
田东县	15	7	8	1	1		5	4	1

1-4b 续表 5

单位：人

地区	回族			藏族			维吾尔族		
	小计	男	女	小计	男	女	小计	男	女
德保县	11	5	6				11	7	4
那坡县	1		1						
凌云县	2	2		1	1				
乐业县	4	3	1	3	2	1			
田林县	21	10	11						
西林县	18	10	8						
隆林各族自治县	17	12	5	4	1	3			
靖西市	1	1							
平果市	4	4		1	1		1	1	
贺州市	**243**	**141**	**102**	**11**	**6**	**5**	**10**	**5**	**5**
八步区	16	9	7	3	3				
平桂区	5	2	3						
昭平县	9	4	5	2	1	1	6	3	3
钟山县	35	18	17	3	2	1	1	1	
富川瑶族自治县	178	108	70	3		3	3	1	2
河池市	**302**	**166**	**136**	**18**	**12**	**6**	**12**	**6**	**6**
金城江区	7	3	4						
宜州区	27	18	9						
南丹县	94	51	43	1	1		9	4	5
天峨县	30	16	14	1		1			
凤山县	16	7	9						
东兰县	1	1		2	1	1	2	1	1
罗城仫佬族自治县	24	14	10	2		2			
环江毛南族自治县	17	12	5	2	2		1	1	
巴马瑶族自治县	18	12	6	4	2	2			
都安瑶族自治县	59	27	32	5	5				
大化瑶族自治县	9	5	4	1	1				
来宾市	**83**	**45**	**38**	**9**	**7**	**2**	**1**	**1**	
兴宾区	9	6	3	4	3	1			
忻城县	35	17	18	1	1		1	1	
象州县	10	6	4	2	2				
武宣县	21	11	10	2	1	1			
金秀瑶族自治县	8	5	3						
合山市									
崇左市	**88**	**59**	**29**	**24**	**11**	**13**	**22**	**12**	**10**
江州区	11	5	6						
扶绥县	43	28	15	21	9	12	11	5	6
宁明县	13	11	2				3	1	2
龙州县	10	8	2	2	2		6	4	2
大新县	4	2	2						
天等县	2	1	1				1	1	
凭祥市	5	4	1	1		1	1	1	

1-4b 续表 6

单位：人

地　区	苗族			彝族			壮族		
	小计	男	女	小计	男	女	小计	男	女
总　计	**111777**	**55651**	**56126**	**5258**	**2736**	**2522**	**3419461**	**1717437**	**1702024**
南宁市	**1967**	**1051**	**916**	**297**	**154**	**143**	**707087**	**360726**	**346361**
兴宁区	32	22	10				22245	11823	10422
青秀区	44	20	24	2	1	1	30127	15596	14531
江南区	183	106	77	24	17	7	42809	22756	20053
西乡塘区	187	94	93	44	21	23	37946	19517	18429
良庆区	77	47	30	8	8		24866	12978	11888
邕宁区	9	6	3	1	1		23752	12778	10974
武鸣区	542	319	223	48	23	25	89226	46759	42467
隆安县	129	65	64	38	15	23	101944	52295	49649
马山县	65	30	35	21	13	8	86800	42511	44289
上林县	120	53	67	17	7	10	95323	47262	48061
宾阳县	350	184	166	48	23	25	49854	24716	25138
横　县	229	105	124	46	25	21	102195	51735	50460
柳州市	**56583**	**28119**	**28464**	**193**	**106**	**87**	**284691**	**144351**	**140340**
城中区									
鱼峰区	410	270	140	16	12	4	9210	4838	4372
柳南区	1689	961	728	23	16	7	31949	17325	14624
柳北区	169	108	61				1801	939	862
柳江区	237	117	120	12	3	9	38399	19723	18676
柳城县	2608	1290	1318	30	19	11	65116	31918	33198
鹿寨县	1783	951	832	56	34	22	78116	39596	38520
融安县	4219	1890	2329	24	11	13	28805	14299	14506
融水苗族自治县	38381	19055	19326	17	7	10	25391	12984	12407
三江侗族自治县	7087	3477	3610	15	4	11	5904	2729	3175
桂林市	**16881**	**8021**	**8860**	**331**	**167**	**164**	**66096**	**32034**	**34062**
秀峰区									
叠彩区	16	4	12	1	1		71	32	39
象山区									
七星区	278	162	116	41	38	3	3749	2560	1189
雁山区	262	73	189	46	11	35	5898	1435	4463
临桂区	100	48	52	11	3	8	1187	565	622
阳朔县	243	110	133	23	13	10	9338	4729	4609
灵川县	1333	669	664	55	32	23	11277	6037	5240
全州县	391	178	213	26	12	14	1282	509	773
兴安县	384	170	214	14	8	6	1518	696	822
永福县	349	161	188	32	13	19	10094	5242	4852
灌阳县	102	45	57	19	10	9	610	232	378
龙胜各族自治县	6500	3104	3396	3	1	2	8294	3899	4395
资源县	6397	3064	3333	17	8	9	528	213	315
平乐县	287	123	164	16	9	7	6461	3121	3340
恭城瑶族自治县	176	81	95	19	6	13	2049	954	1095
荔浦市	63	29	34	8	2	6	3740	1810	1930

1-4b 续表 7 单位:人

地区	苗族			彝族			壮族		
	小计	男	女	小计	男	女	小计	男	女
梧州市	**405**	**224**	**181**	**57**	**30**	**27**	**6771**	**3220**	**3551**
万秀区	41	23	18	2	1	1	225	116	109
长洲区	2	1	1				17	9	8
龙圩区	28	17	11	5	3	2	266	149	117
苍梧县	12	6	6	1		1	186	84	102
藤县	156	90	66	31	16	15	1533	742	791
蒙山县	120	70	50	13	8	5	4012	1921	2091
岑溪市	46	17	29	5	2	3	532	199	333
北海市	**253**	**146**	**107**	**37**	**17**	**20**	**3802**	**1961**	**1841**
海城区							29	13	16
银海区	23	17	6	7	3	4	780	627	153
铁山港区	85	56	29	3	3		45	26	19
合浦县	145	73	72	27	11	16	2948	1295	1653
防城港市	**276**	**165**	**111**	**105**	**81**	**24**	**82137**	**43305**	**38832**
港口区	124	89	35	86	70	16	2731	1553	1178
防城区	58	31	27	10	8	2	9759	4935	4824
上思县	59	29	30	5		5	65676	34717	30959
东兴市	35	16	19	4	3	1	3971	2100	1871
钦州市	**795**	**442**	**353**	**162**	**81**	**81**	**62183**	**32402**	**29781**
钦南区	327	195	132	66	34	32	9321	4999	4322
钦北区	85	32	53	7	3	4	47975	25342	22633
灵山县	289	174	115	42	15	27	3592	1525	2067
浦北县	94	41	53	47	29	18	1295	536	759
贵港市	**1529**	**739**	**790**	**110**	**57**	**53**	**80336**	**39858**	**40478**
港北区	137	71	66	15	13	2	5619	2481	3138
港南区	56	23	33	4	1	3	1068	361	707
覃塘区	897	455	442	31	16	15	37792	18310	19482
平南县	280	127	153	53	24	29	9164	4368	4796
桂平市	159	63	96	7	3	4	26693	14338	12355
玉林市	**1771**	**911**	**860**	**299**	**152**	**147**	**12275**	**4926**	**7349**
玉州区	98	56	42	20	11	9	1833	672	1161
福绵区	244	129	115	33	21	12	1141	594	547
容县	231	102	129	72	38	34	1618	634	984
陆川县	122	55	67	23	12	11	1388	542	846
博白县	562	299	263	100	48	52	3261	1296	1965
兴业县	289	166	123	29	16	13	1697	725	972
北流市	225	104	121	22	6	16	1337	463	874
百色市	**18688**	**9360**	**9328**	**2941**	**1535**	**1406**	**490354**	**244019**	**246335**
右江区	8	3	5				9499	4805	4694
田阳区	7	1	6	1		1	8747	4312	4435
田东县	184	101	83	39	17	22	127666	63248	64418

1-4b 续表 8

单位：人

地区	苗族			彝族			壮族		
	小计	男	女	小计	男	女	小计	男	女
德保县	92	44	48	18	6	12	77274	37764	39510
那坡县	89	43	46	164	90	74	36388	18458	17930
凌云县	81	30	51	35	15	20	24526	11980	12546
乐业县	119	52	67	11	8	3	18107	9227	8880
田林县	366	174	192	77	43	34	42722	20580	22142
西林县	3834	1912	1922	514	267	247	35200	17783	17417
隆林各族自治县	13841	6953	6888	2078	1086	992	50982	25002	25980
靖西市	57	42	15	3	2	1	29261	15421	13840
平果市	10	5	5	1	1		29982	15439	14543
贺州市	**674**	**340**	**334**	**113**	**56**	**57**	**26365**	**13527**	**12838**
八步区	178	91	87	36	21	15	6204	3172	3032
平桂区	55	29	26				3450	1844	1606
昭平县	121	60	61	22	9	13	7324	3729	3595
钟山县	253	129	124	35	22	13	8148	4310	3838
富川瑶族自治县	67	31	36	20	4	16	1239	472	767
河池市	**8038**	**4017**	**4021**	**329**	**144**	**185**	**698375**	**345893**	**352482**
金城江区	91	46	45	3	1	2	10472	5336	5136
宜州区	79	40	39	6	1	5	21941	10808	11133
南丹县	4547	2395	2152	212	100	112	67033	34027	33006
天峨县	553	285	268	24	13	11	29192	14606	14586
凤山县	52	17	35	7	3	4	36802	18389	18413
东兰县	27	9	18	5	1	4	58506	29382	29124
罗城仫佬族自治县	736	297	439	7	3	4	33536	15942	17594
环江毛南族自治县	1062	510	552	17	9	8	76509	37747	38762
巴马瑶族自治县	85	40	45	16	2	14	64235	31675	32560
都安瑶族自治县	708	341	367	22	9	13	194841	95857	98984
大化瑶族自治县	98	37	61	10	2	8	105308	52124	53184
来宾市	**2532**	**1297**	**1235**	**116**	**74**	**42**	**383342**	**191464**	**191878**
兴宾区	893	483	410	17	9	8	98029	50492	47537
忻城县	604	295	309	33	23	10	99279	49282	49997
象州县	536	280	256	41	27	14	66041	32131	33910
武宣县	338	163	175	20	12	8	94180	47086	47094
金秀瑶族自治县	129	56	73	2		2	19898	9543	10355
合山市	32	20	12	3	3		5915	2930	2985
崇左市	**1385**	**819**	**566**	**168**	**82**	**86**	**515647**	**259751**	**255896**
江州区	70	45	25	14	7	7	31547	16564	14983
扶绥县	748	413	335	83	40	43	137226	70648	66578
宁明县	78	36	42	14	7	7	82375	41295	41080
龙州县	260	202	58	18	9	9	74069	36274	37795
大新县	115	62	53	29	16	13	95724	47556	48168
天等县	50	25	25	7	2	5	84277	41880	42397
凭祥市	64	36	28	3	1	2	10429	5534	4895

1-4b 续表 9 单位:人

地 区	布依族			朝鲜族			满族		
	小计	男	女	小计	男	女	小计	男	女
总 计	**9433**	**3937**	**5496**	**176**	**108**	**68**	**1868**	**1071**	**797**
南宁市	**625**	**293**	**332**	**23**	**15**	**8**	**138**	**77**	**61**
兴宁区	2	1	1	1		1			
青秀区	19	11	8				3	3	
江南区	42	24	18	2	1	1	10	7	3
西乡塘区	19	7	12	6	4	2	19	12	7
良庆区	6	2	4				4	1	3
邕宁区	1		1				1		1
武鸣区	227	137	90	3	2	1	16	9	7
隆安县	32	8	24				1		1
马山县	25	5	20	2	2		9	5	4
上林县	24	8	16	1	1		8	3	5
宾阳县	134	60	74	5	3	2	37	19	18
横 县	94	30	64	3	2	1	30	18	12
柳州市	**591**	**292**	**299**	**17**	**9**	**8**	**204**	**130**	**74**
城中区									
鱼峰区	16	9	7	1		1	31	22	9
柳南区	125	64	61	1	1		14	11	3
柳北区	2	1	1	1		1	12	7	5
柳江区	72	38	34	3	2	1	5	5	
柳城县	123	67	56	6	3	3	31	14	17
鹿寨县	126	59	67	1	1		39	27	12
融安县	45	20	25	1		1	30	19	11
融水苗族自治县	49	21	28	3	2	1	38	23	15
三江侗族自治县	33	13	20				4	2	2
桂林市	**425**	**157**	**268**	**59**	**40**	**19**	**616**	**335**	**281**
秀峰区									
叠彩区	2	1	1						
象山区									
七星区	21	18	3	17	12	5	55	34	21
雁山区	39	11	28	4	3	1	62	16	46
临桂区	10	3	7				32	17	15
阳朔县	23	9	14	4	2	2	35	19	16
灵川县	92	32	60	17	13	4	245	144	101
全州县	55	18	37				31	14	17
兴安县	14	2	12	1		1	8	6	2
永福县	44	18	26	4	3	1	39	24	15
灌阳县	34	8	26				9	4	5
龙胜各族自治县	7	2	5	6	3	3	8	5	3
资源县	24	10	14	1	1		23	13	10
平乐县	22	8	14				32	16	16
恭城瑶族自治县	14	5	9	5	3	2	32	21	11
荔浦市	24	12	12				5	2	3

1-4b 续表 10　　　　单位:人

地　区	布依族			朝鲜族			满族		
	小计	男	女	小计	男	女	小计	男	女
梧州市	**107**	**41**	**66**	**3**	**2**	**1**	**45**	**24**	**21**
万秀区	5	4	1				2	2	
长洲区									
龙圩区	3	1	2						
苍梧县	1		1				2	1	1
藤　县	32	11	21				8	2	6
蒙山县	52	25	27	3	2	1	28	17	11
岑溪市	14		14				5	2	3
北海市	**70**	**37**	**33**	**4**	**4**		**25**	**15**	**10**
海城区							2	2	
银海区	44	28	16	2	2		7	5	2
铁山港区	5	2	3						
合浦县	21	7	14	2	2		16	8	8
防城港市	**58**	**38**	**20**	**1**	**1**		**81**	**50**	**31**
港口区	36	28	8	1	1		35	28	7
防城区	13	6	7				35	19	16
上思县	5		5				10	3	7
东兴市	4	4					1		1
钦州市	**214**	**106**	**108**	**8**	**4**	**4**	**78**	**54**	**24**
钦南区	81	49	32	3	2	1	51	39	12
钦北区	30	7	23				2	2	
灵山县	65	38	27	5	2	3	21	11	10
浦北县	38	12	26				4	2	2
贵港市	**402**	**161**	**241**	**1**	**1**		**50**	**25**	**25**
港北区	26	15	11				7	6	1
港南区	31	8	23	1	1				
覃塘区	186	87	99				2	1	1
平南县	78	32	46				35	14	21
桂平市	81	19	62				6	4	2
玉林市	**666**	**246**	**420**	**13**	**8**	**5**	**85**	**57**	**28**
玉州区	27	8	19	5	4	1	11	8	3
福绵区	80	41	39						
容　县	117	36	81	5	2	3	19	11	8
陆川县	75	34	41				27	19	8
博白县	147	57	90	1	1		17	11	6
兴业县	84	34	50	1	1		7	4	3
北流市	136	36	100	1		1	4	4	
百色市	**1761**	**658**	**1103**	**13**	**8**	**5**	**66**	**36**	**30**
右江区	6	3	3				1	1	
田阳区	1		1	1	1				
田东县	52	24	28	6	5	1	23	13	10

1-4b 续表 11　　　　单位:人

地　区	布依族			朝鲜族			满族		
	小计	男	女	小计	男	女	小计	男	女
德保县	30	10	20	2	1	1	10	6	4
那坡县	16	10	6						
凌云县	31	10	21	2		2	6	1	5
乐业县	196	67	129	1		1			
田林县	227	55	172				13	9	4
西林县	626	253	373				2		2
隆林各族自治县	570	224	346	1	1		7	4	3
靖西市	1		1						
平果市	5	2	3				4	2	2
贺州市	**172**	**76**	**96**	**7**	**3**	**4**	**149**	**74**	**75**
八步区	35	20	15	1	1		8	5	3
平桂区	14	6	8				13	8	5
昭平县	40	13	27	3	1	2	21	8	13
钟山县	48	26	22				67	40	27
富川瑶族自治县	35	11	24	3	1	2	40	13	27
河池市	**3858**	**1593**	**2265**	**20**	**8**	**12**	**192**	**107**	**85**
金城江区	27	15	12	2	1	1	1	1	
宜州区	51	17	34				3	2	1
南丹县	2640	1073	1567	4	2	2	35	15	20
天峨县	584	272	312	2	1	1	10	6	4
凤山县	23	10	13	3	2	1	15	10	5
东兰县	16	8	8				2	1	1
罗城仫佬族自治县	45	15	30	2		2	11	4	7
环江毛南族自治县	335	134	201				15	8	7
巴马瑶族自治县	31	9	22	1	1		19	11	8
都安瑶族自治县	65	24	41	6	1	5	57	34	23
大化瑶族自治县	41	16	25				24	15	9
来宾市	**252**	**109**	**143**	**2**		**2**	**56**	**34**	**22**
兴宾区	75	41	34				8	5	3
忻城县	29	10	19				16	9	7
象州县	49	22	27	2		2	8	6	2
武宣县	70	29	41				14	9	5
金秀瑶族自治县	28	7	21				10	5	5
合山市	1		1						
崇左市	**232**	**130**	**102**	**5**	**5**		**83**	**53**	**30**
江州区	15	10	5				3	2	1
扶绥县	145	80	65	3	3		38	24	14
宁明县	16	7	9				23	18	5
龙州县	21	11	10				14	6	8
大新县	18	10	8	1	1		4	3	1
天等县	7	3	4	1	1		1		1
凭祥市	10	9	1						

1−4b 续表 12 单位：人

地 区	侗族			瑶族			白族		
	小计	男	女	小计	男	女	小计	男	女
总 计	**104182**	**51256**	**52926**	**383052**	**190516**	**192536**	**579**	**293**	**286**
南宁市	**829**	**417**	**412**	**20800**	**10480**	**10320**	**81**	**44**	**37**
兴宁区	17	11	6	102	46	56	1		1
青秀区	19	8	11	131	66	65	2	1	1
江南区	28	14	14	414	215	199	4	3	1
西乡塘区	92	42	50	694	374	320	5	2	3
良庆区	26	14	12	403	212	191	1		1
邕宁区	3	3		36	19	17			
武鸣区	219	143	76	1817	1098	719	31	14	17
隆安县	36	14	22	1058	545	513	8	5	3
马山县	26	9	17	9559	4723	4836	2	2	
上林县	54	30	24	4829	2318	2511	10	7	3
宾阳县	202	83	119	1152	602	550	9	6	3
横 县	107	46	61	605	262	343	8	4	4
柳州市	**78550**	**38670**	**39880**	**16652**	**8334**	**8318**	**103**	**55**	**48**
城中区									
鱼峰区	311	163	148	485	273	212	5	5	
柳南区	991	579	412	936	542	394	8	4	4
柳北区	64	32	32	86	40	46	1		1
柳江区	221	109	112	219	127	92	4	3	1
柳城县	1448	683	765	1172	592	580	7	3	4
鹿寨县	1152	566	586	4394	2279	2115	5	4	1
融安县	5735	2737	2998	2432	1158	1274	3	1	2
融水苗族自治县	15141	7402	7739	5327	2609	2718	60	32	28
三江侗族自治县	53487	26399	27088	1601	714	887	10	3	7
桂林市	**18234**	**8837**	**9397**	**92616**	**44724**	**47892**	**103**	**40**	**63**
秀峰区									
叠彩区	8	4	4	48	23	25			
象山区									
七星区	245	138	107	1260	730	530	3	3	
雁山区	138	35	103	649	161	488	17	2	15
临桂区	168	58	110	435	185	250	4	1	3
阳朔县	177	56	121	1219	509	710	1	1	
灵川县	1003	466	537	6392	3227	3165	29	14	15
全州县	140	53	87	3631	1715	1916	14	2	12
兴安县	122	60	62	2102	987	1115	7	6	1
永福县	318	132	186	3107	1488	1619	5	2	3
灌阳县	93	36	57	5486	2501	2985	10	3	7
龙胜各族自治县	15453	7627	7826	5096	2366	2730	2	2	
资源县	84	33	51	1332	601	731	3	2	1
平乐县	123	54	69	16378	7957	8421	3	1	2
恭城瑶族自治县	93	41	52	42630	20881	21749	4	1	3
荔浦市	69	44	25	2851	1393	1458	1		1

1-4b 续表 13

单位:人

地区	侗族			瑶族			白族		
	小计	男	女	小计	男	女	小计	男	女
梧州市	**360**	**193**	**167**	**11126**	**5607**	**5519**	**11**	**6**	**5**
万秀区	141	79	62	70	39	31			
长洲区				3	1	2			
龙圩区	7	4	3	62	36	26	1	1	
苍梧县	7	1	6	167	81	86			
藤　县	108	57	51	657	310	347	7	3	4
蒙山县	80	47	33	10072	5099	4973	2	1	1
岑溪市	17	5	12	95	41	54	1	1	
北海市	**144**	**92**	**52**	**429**	**207**	**222**	**11**	**6**	**5**
海城区	1		1	8	6	2			
银海区	8	6	2	76	47	29	2	2	
铁山港区	69	42	27	7	2	5			
合浦县	66	44	22	338	152	186	9	4	5
防城港市	**443**	**252**	**191**	**4004**	**2160**	**1844**	**18**	**12**	**6**
港口区	67	46	21	334	184	150	14	10	4
防城区	230	131	99	2520	1376	1144	3	2	1
上思县	97	50	47	549	268	281	1		1
东兴市	49	25	24	601	332	269			
钦州市	**239**	**128**	**111**	**1384**	**676**	**708**	**28**	**14**	**14**
钦南区	81	46	35	672	367	305	13	7	6
钦北区	49	19	30	276	113	163	6	2	4
灵山县	63	37	26	278	127	151	6	4	2
浦北县	46	26	20	158	69	89	3	1	2
贵港市	**541**	**268**	**273**	**20143**	**10716**	**9427**	**26**	**14**	**12**
港北区	40	23	17	219	117	102	1	1	
港南区	13	4	9	71	24	47	1		1
覃塘区	248	135	113	231	77	154	4	3	1
平南县	177	89	88	18238	9837	8401	11	6	5
桂平市	63	17	46	1384	661	723	9	4	5
玉林市	**506**	**256**	**250**	**1873**	**866**	**1007**	**31**	**17**	**14**
玉州区	60	36	24	354	180	174			
福绵区	66	43	23	154	80	74	5	2	3
容　县	93	32	61	233	98	135	1		1
陆川县	19	8	11	244	112	132	4	2	2
博白县	126	63	63	468	220	248	8	5	3
兴业县	61	37	24	150	51	99	7	6	1
北流市	81	37	44	270	125	145	6	2	4
百色市	**256**	**132**	**124**	**17777**	**8611**	**9166**	**39**	**26**	**13**
右江区	3	1	2	44	18	26			
田阳区				28	10	18			
田东县	100	65	35	2639	1273	1366	3	1	2

1-4b 续表 14　　　　单位：人

地区	侗族			瑶族			白族		
	小计	男	女	小计	男	女	小计	男	女
德保县	35	16	19	693	355	338	1	1	
那坡县	5	2	3	463	215	248			
凌云县	21	5	16	7574	3645	3929	6	5	1
乐业县	12	8	4	704	349	355	2		2
田林县	14	7	7	2796	1357	1439	13	12	1
西林县	16	8	8	697	328	369	4	2	2
隆林各族自治县	32	13	19	150	81	69	9	4	5
靖西市	12	7	5	20	10	10	1	1	
平果市	6		6	1969	970	999			
贺州市	**419**	**214**	**205**	**85288**	**42654**	**42634**	**27**	**16**	**11**
八步区	118	66	52	4074	1877	2197	2	1	1
平桂区	41	21	20	2227	1099	1128			
昭平县	86	41	45	7834	3947	3887	4	2	2
钟山县	110	61	49	11856	5913	5943	11	9	2
富川瑶族自治县	64	25	39	59297	29818	29479	10	4	6
河池市	**2308**	**1177**	**1131**	**84806**	**42442**	**42364**	**35**	**12**	**23**
金城江区	11	6	5	347	167	180			
宜州区	27	15	12	1054	564	490			
南丹县	260	138	122	10430	5138	5292	11	6	5
天峨县	1006	567	439	1458	695	763			
凤山县	22	9	13	1548	745	803	1		1
东兰县	26	5	21	1119	536	583	1		1
罗城仫佬族自治县	620	270	350	1046	481	565	3		3
环江毛南族自治县	219	110	109	4323	2143	2180	8	1	7
巴马瑶族自治县	31	16	15	9764	4792	4972	1		1
都安瑶族自治县	46	20	26	36372	18572	17800	6	4	2
大化瑶族自治县	40	21	19	17345	8609	8736	4	1	3
来宾市	**872**	**364**	**508**	**22787**	**11204**	**11583**	**30**	**16**	**14**
兴宾区	180	86	94	1734	873	861	3	2	1
忻城县	95	36	59	2049	1023	1026	7	4	3
象州县	235	93	142	2129	968	1161	4	1	3
武宣县	229	83	146	571	266	305	8	5	3
金秀瑶族自治县	120	58	62	15972	7905	8067	8	4	4
合山市	13	8	5	332	169	163			
崇左市	**481**	**256**	**225**	**3367**	**1835**	**1532**	**36**	**15**	**21**
江州区	22	18	4	346	199	147	1		1
扶绥县	245	127	118	1990	1066	924	24	10	14
宁明县	98	46	52	370	190	180	1		1
龙州县	61	38	23	274	171	103	2		2
大新县	22	11	11	197	118	79	4	3	1
天等县	12	5	7	108	44	64	3	1	2
凭祥市	21	11	10	82	47	35	1	1	

1-4b 续表 15

单位:人

地 区	土家族			哈尼族			哈萨克族		
	小计	男	女	小计	男	女	小计	男	女
总 计	**3964**	**2120**	**1844**	**296**	**133**	**163**	**14**	**6**	**8**
南宁市	**335**	**185**	**150**	**27**	**12**	**15**	**3**	**3**	
兴宁区	5	3	2						
青秀区	1		1	1		1			
江南区	24	18	6						
西乡塘区	30	19	11				3	3	
良庆区	1		1						
邕宁区				2	1	1			
武鸣区	63	43	20	1	1				
隆安县	9	5	4	1		1			
马山县	32	15	17						
上林县	42	20	22	5	2	3			
宾阳县	93	52	41	9	4	5			
横 县	35	10	25	8	4	4			
柳州市	**587**	**330**	**257**	**28**	**8**	**20**	**1**		**1**
城中区									
鱼峰区	26	13	13	1		1			
柳南区	32	23	9						
柳北区	2	2		1		1			
柳江区	12	8	4						
柳城县	75	43	32	8	2	6			
鹿寨县	114	72	42	6	2	4			
融安县	103	57	46	6	3	3	1		1
融水苗族自治县	170	86	84	3	1	2			
三江侗族自治县	53	26	27	3		3			
桂林市	**765**	**361**	**404**	**52**	**17**	**35**	**6**	**1**	**5**
秀峰区									
叠彩区									
象山区									
七星区	38	29	9	2	1	1			
雁山区	113	35	78	3		3	4	1	3
临桂区	21	7	14	3		3			
阳朔县	59	34	25	2		2	1		1
灵川县	165	92	73	23	11	12	1		1
全州县	83	41	42	2		2			
兴安县	49	23	26	4	1	3			
永福县	50	20	30						
灌阳县	25	13	12	5	1	4			
龙胜各族自治县	22	6	16	3	2	1			
资源县	38	9	29						
平乐县	59	33	26	1		1			
恭城瑶族自治县	19	10	9	1		1			
荔浦市	24	9	15	3	1	2			

1-4b 续表 16

单位：人

地 区	土家族			哈尼族			哈萨克族		
	小计	男	女	小计	男	女	小计	男	女
梧州市	**124**	**59**	**65**	**6**	**4**	**2**			
万秀区	8	2	6	4	3	1			
长洲区	1		1						
龙圩区	12	6	6						
苍梧县	5	5							
藤 县	47	29	18						
蒙山县	46	15	31						
岑溪市	5	2	3	2	1	1			
北海市	**36**	**21**	**15**	**10**	**5**	**5**			
海城区	1	1							
银海区	5	4	1						
铁山港区									
合浦县	30	16	14	10	5	5			
防城港市	**96**	**68**	**28**	**12**	**10**	**2**			
港口区	67	54	13	11	10	1			
防城区	11	6	5	1		1			
上思县	15	7	8						
东兴市	3	1	2						
钦州市	**170**	**101**	**69**	**25**	**15**	**10**			
钦南区	72	52	20	9	7	2			
钦北区	24	12	12	1		1			
灵山县	43	19	24	3	1	2			
浦北县	31	18	13	12	7	5			
贵港市	**175**	**87**	**88**	**16**	**10**	**6**	**3**	**1**	**2**
港北区	17	13	4	7	6	1			
港南区	14	7	7				1		1
覃塘区	40	22	18	6	3	3			
平南县	71	33	38	1		1	2	1	1
桂平市	33	12	21	2	1	1			
玉林市	**307**	**181**	**126**	**21**	**13**	**8**	**1**	**1**	
玉州区	21	9	12				1	1	
福绵区	21	11	10	5	2	3			
容 县	53	26	27	4	4				
陆川县	81	58	23						
博白县	70	36	34	11	7	4			
兴业县	23	18	5						
北流市	38	23	15	1		1			
百色市	**201**	**122**	**79**	**25**	**13**	**12**			
右江区									
田阳区									
田东县	42	22	20	1		1			

1-4b 续表 17

单位:人

地 区	土家族			哈尼族			哈萨克族		
	小计	男	女	小计	男	女	小计	男	女
德保县	33	18	15	4	2	2			
那坡县	12	8	4	5	3	2			
凌云县	9	4	5	1	1				
乐业县	3	2	1						
田林县	14	12	2	3	3				
西林县	46	36	10	7	2	5			
隆林各族自治县	33	14	19	3	2	1			
靖西市	7	5	2						
平果市	2	1	1	1		1			
贺州市	**280**	**142**	**138**	**6**	**2**	**4**			
八步区	103	60	43	2		2			
平桂区	24	11	13						
昭平县	47	16	31	1	1				
钟山县	69	39	30	3	1	2			
富川瑶族自治县	37	16	21						
河池市	**363**	**183**	**180**	**17**	**3**	**14**			
金城江区	1		1						
宜州区	14	7	7						
南丹县	98	60	38						
天峨县	20	17	3	6		6			
凤山县	38	17	21						
东兰县	17	7	10						
罗城仫佬族自治县	37	12	25						
环江毛南族自治县	33	12	21	1		1			
巴马瑶族自治县	37	19	18						
都安瑶族自治县	51	28	23	8	3	5			
大化瑶族自治县	17	4	13	2		2			
来宾市	**220**	**114**	**106**	**14**	**2**	**12**			
兴宾区	33	15	18						
忻城县	30	16	14	5	1	4			
象州县	75	41	34						
武宣县	56	24	32	7	1	6			
金秀瑶族自治县	21	14	7	2		2			
合山市	5	4	1						
崇左市	**305**	**166**	**139**	**37**	**19**	**18**			
江州区	27	23	4	1		1			
扶绥县	180	99	81	25	15	10			
宁明县	10	7	3						
龙州县	25	13	12	4	2	2			
大新县	20	9	11	6	2	4			
天等县	24	8	16	1		1			
凭祥市	19	7	12						

1-4b 续表 18

单位:人

地 区	傣族			黎族			傈僳族		
	小计	男	女	小计	男	女	小计	男	女
总 计	**319**	**114**	**205**	**1240**	**525**	**715**	**96**	**30**	**66**
南宁市	**49**	**13**	**36**	**79**	**22**	**57**	**7**	**1**	**6**
兴宁区	2	1	1						
青秀区	3	3		2	1	1			
江南区	12	1	11				2	1	1
西乡塘区	1		1	2		2			
良庆区	1		1	4	1	3			
邕宁区									
武鸣区	5	3	2	17	4	13			
隆安县	1		1	10	6	4			
马山县	4	1	3	7	1	6	3		3
上林县	6	1	5	9	3	6			
宾阳县	6	3	3	17	4	13			
横 县	8		8	11	2	9	2		2
柳州市	**42**	**16**	**26**	**142**	**63**	**79**	**13**	**6**	**7**
城中区									
鱼峰区				6	3	3			
柳南区	6	3	3	10	7	3			
柳北区									
柳江区				1		1	1		1
柳城县	9	7	2	42	24	18			
鹿寨县	12	5	7	28	11	17	7	4	3
融安县	5		5	20	7	13			
融水苗族自治县	5		5	14	4	10	5	2	3
三江侗族自治县	5	1	4	21	7	14			
桂林市	**68**	**18**	**50**	**291**	**142**	**149**	**19**	**4**	**15**
秀峰区									
叠彩区	1		1						
象山区									
七星区	1	1		13	8	5	1	1	
雁山区	2		2	38	6	32	1		1
临桂区				4	2	2			
阳朔县				13	6	7	1		1
灵川县	7	2	5	46	26	20	3		3
全州县	11	5	6	15	6	9			
兴安县	4		4	5	3	2			
永福县	2	2		5	4	1	4	1	3
灌阳县	25	4	21	2	1	1	6	1	5
龙胜各族自治县				9	5	4			
资源县	1	1		28	12	16	2	1	1
平乐县	4	2	2	70	42	28			
恭城瑶族自治县	5		5	37	20	17	1		1
荔浦市	5	1	4	6	1	5			

1-4b 续表 19

单位:人

地区	傣族			黎族			傈僳族		
	小计	男	女	小计	男	女	小计	男	女
梧州市	**9**	**3**	**6**	**34**	**11**	**23**	**1**		**1**
万秀区									
长洲区									
龙圩区	2	1	1						
苍梧县	1		1						
藤县	4	2	2	6	2	4			
蒙山县				15	4	11	1		1
岑溪市	2		2	13	5	8			
北海市	**3**	**1**	**2**	**19**	**6**	**13**			
海城区									
银海区									
铁山港区									
合浦县	3	1	2	19	6	13			
防城港市	**10**	**6**	**4**	**56**	**28**	**28**	**2**	**2**	
港口区	3	2	1	9	3	6	1	1	
防城区	2	1	1	38	21	17			
上思县				5	2	3			
东兴市	5	3	2	4	2	2	1	1	
钦州市	**13**	**7**	**6**	**67**	**20**	**47**	**10**	**3**	**7**
钦南区	4	2	2	16	5	11	6	3	3
钦北区	4	2	2	21	8	13	2		2
灵山县				19	6	13			
浦北县	5	3	2	11	1	10	2		2
贵港市	**13**	**6**	**7**	**51**	**19**	**32**	**4**	**4**	
港北区	5	4	1	7	3	4	2	2	
港南区	1		1	3		3	1	1	
覃塘区	1	1		7	1	6			
平南县	3		3	23	11	12	1	1	
桂平市	3	1	2	11	4	7			
玉林市	**23**	**10**	**13**	**78**	**24**	**54**	**4**		**4**
玉州区				5	1	4			
福绵区				2		2			
容县	3		3	15	5	10			
陆川县	3	2	1	9	4	5			
博白县	9	5	4	28	8	20	3		3
兴业县	5	2	3	9	2	7			
北流市	3	1	2	10	4	6	1		1
百色市	**38**	**21**	**17**	**43**	**16**	**27**	**6**	**2**	**4**
右江区	1		1						
田阳区									
田东县	3	1	2	6	1	5			

1-4b 续表 20

单位:人

地 区	傣族			黎族			傈僳族		
	小计	男	女	小计	男	女	小计	男	女
德保县	1	1		10	2	8			
那坡县	2	1	1	1	1				
凌云县				3	1	2	2		2
乐业县	1		1	6	2	4	3	1	2
田林县	10	8	2	4	2	2			
西林县	17	8	9	3	2	1	1	1	
隆林各族自治县	3	2	1	10	5	5			
靖西市									
平果市									
贺州市	**9**	**2**	**7**	**66**	**29**	**37**	**11**	**2**	**9**
八步区	1	1		7	3	4	7		7
平桂区	3		3	8	5	3			
昭平县	3	1	2	23	9	14	1		1
钟山县	1		1	10	4	6	2	2	
富川瑶族自治县	1		1	18	8	10	1		1
河池市	**23**	**7**	**16**	**122**	**55**	**67**	**7**		**7**
金城江区				4	1	3			
宜州区	6	3	3	19	7	12			
南丹县	10	2	8	29	17	12	1		1
天峨县	3	1	2	21	12	9			
凤山县				4	2	2			
东兰县	1		1	7	1	6			
罗城仫佬族自治县				13	5	8	1		1
环江毛南族自治县	1	1		7	5	2			
巴马瑶族自治县				5	1	4			
都安瑶族自治县	1		1	11	4	7	1		1
大化瑶族自治县	1		1	2		2	4		4
来宾市	**4**		**4**	**137**	**72**	**65**	**8**	**5**	**3**
兴宾区				9	2	7	1		1
忻城县	1		1	3	2	1	2	2	
象州县	1		1	15	8	7			
武宣县	1		1	103	57	46	4	2	2
金秀瑶族自治县	1		1	6	3	3	1	1	
合山市				1		1			
崇左市	**15**	**4**	**11**	**55**	**18**	**37**	**4**	**1**	**3**
江州区				2		2			
扶绥县	4		4	34	14	20	4	1	3
宁明县	2		2	8	2	6			
龙州县	4	1	3	3	1	2			
大新县	2	1	1	3		3			
天等县	3	2	1	4	1	3			
凭祥市				1		1			

1-4b 续表 21

单位:人

地 区	佤族			畲族			高山族		
	小计	男	女	小计	男	女	小计	男	女
总 计	**132**	**65**	**67**	**339**	**183**	**156**	**76**	**42**	**34**
南宁市	**9**	**4**	**5**	**46**	**30**	**16**	**1**	**1**	
兴宁区									
青秀区									
江南区	1		1	2	1	1			
西乡塘区				1	1				
良庆区									
邕宁区									
武鸣区	1	1		8	6	2			
隆安县				8	7	1			
马山县							1	1	
上林县				8	5	3			
宾阳县	6	2	4	10	6	4			
横 县	1	1		9	4	5			
柳州市	**17**	**7**	**10**	**69**	**37**	**32**	**12**	**5**	**7**
城中区									
鱼峰区				2	2				
柳南区							1	1	
柳北区									
柳江区				8	8				
柳城县	4	2	2	27	9	18	3	1	2
鹿寨县	6	2	4	14	10	4			
融安县	1		1	6	4	2	7	3	4
融水苗族自治县	5	3	2	10	4	6	1		1
三江侗族自治县	1		1	2		2			
桂林市	**17**	**8**	**9**	**38**	**22**	**16**	**56**	**33**	**23**
秀峰区									
叠彩区									
象山区									
七星区				1	1				
雁山区				5	2	3			
临桂区	1		1						
阳朔县	9	7	2	1	1				
灵川县				10	6	4			
全州县				3	1	2			
兴安县	3	1	2						
永福县				6	4	2			
灌阳县	3		3						
龙胜各族自治县	1		1	1		1			
资源县				5	3	2			
平乐县									
恭城瑶族自治县				6	4	2	1	1	
荔浦市							55	32	23

1-4b 续表 22

单位:人

地 区	佤族			畲族			高山族		
	小计	男	女	小计	男	女	小计	男	女
梧州市	**11**	**8**	**3**	**18**	**8**	**10**			
万秀区									
长洲区									
龙圩区	7	7		6	2	4			
苍梧县				3	1	2			
藤 县	1		1	6	3	3			
蒙山县	3	1	2	1		1			
岑溪市				2	2				
北海市				**6**	**2**	**4**			
海城区				1		1			
银海区									
铁山港区									
合浦县				5	2	3			
防城港市	**5**	**1**	**4**	**14**	**6**	**8**			
港口区	4	1	3	9	5	4			
防城区	1		1	5	1	4			
上思县									
东兴市									
钦州市	**17**	**14**	**3**	**6**	**1**	**5**			
钦南区	2	1	1	2	1	1			
钦北区									
灵山县	5	5		4		4			
浦北县	10	8	2						
贵港市	**1**		**1**	**13**	**8**	**5**	**1**		**1**
港北区				2	1	1			
港南区									
覃塘区	1		1	6	4	2			
平南县				1		1	1		1
桂平市				4	3	1			
玉林市	**13**	**10**	**3**	**17**	**8**	**9**			
玉州区				1	1				
福绵区									
容 县				5	4	1			
陆川县									
博白县	9	7	2	11	3	8			
兴业县	2	2							
北流市	2	1	1						
百色市	**4**		**4**	**15**	**10**	**5**	**1**		**1**
右江区									
田阳区									
田东县				12	8	4			

1-4b　续表 23　　　　单位:人

地　区	佤族			畲族			高山族		
	小计	男	女	小计	男	女	小计	男	女
德保县	1		1	2	1	1			
那坡县									
凌云县									
乐业县									
田林县				1	1				
西林县	3		3				1		1
隆林各族自治县									
靖西市									
平果市									
贺州市	**9**	**2**	**7**	**22**	**10**	**12**			
八步区	3		3	2		2			
平桂区	3	2	1						
昭平县				4	2	2			
钟山县	3		3	11	7	4			
富川瑶族自治县				5	1	4			
河池市	**20**	**6**	**14**	**48**	**25**	**23**	**1**	**1**	
金城江区									
宜州区	1	1					1	1	
南丹县	10	5	5	17	10	7			
天峨县				2	1	1			
凤山县				4	3	1			
东兰县									
罗城仫佬族自治县				2		2			
环江毛南族自治县				1		1			
巴马瑶族自治县				1		1			
都安瑶族自治县	9		9	13	7	6			
大化瑶族自治县				8	4	4			
来宾市				**15**	**9**	**6**	**3**	**2**	**1**
兴宾区				5	2	3			
忻城县									
象州县				4	4				
武宣县				3	1	2	1		1
金秀瑶族自治县				3	2	1			
合山市							2	2	
崇左市	**9**	**5**	**4**	**12**	**7**	**5**	**1**		**1**
江州区				2		2			
扶绥县	1		1	8	7	1	1		1
宁明县	4	2	2	1		1			
龙州县									
大新县	3	3							
天等县	1		1	1		1			
凭祥市									

1-4b 续表 24

单位：人

地区	拉祜族			水族			东乡族		
	小计	男	女	小计	男	女	小计	男	女
总 计	**90**	**49**	**41**	**4494**	**2218**	**2276**	**33**	**24**	**9**
南宁市	**7**	**6**	**1**	**120**	**51**	**69**			
兴宁区				1		1			
青秀区				1	1				
江南区				3	1	2			
西乡塘区				6	1	5			
良庆区				6	3	3			
邕宁区				7	4	3			
武鸣区				23	10	13			
隆安县	3	2	1	3	2	1			
马山县	2	2		41	19	22			
上林县				3		3			
宾阳县	1	1		17	5	12			
横 县	1	1		9	5	4			
柳州市	**4**	**3**	**1**	**1149**	**546**	**603**	**5**	**5**	
城中区									
鱼峰区				10	5	5			
柳南区				93	48	45	1	1	
柳北区				3	1	2			
柳江区				13	4	9			
柳城县				80	42	38			
鹿寨县	2	2		80	40	40	4	4	
融安县	1	1		60	31	29			
融水苗族自治县				777	359	418			
三江侗族自治县	1		1	33	16	17			
桂林市	**11**	**6**	**5**	**109**	**43**	**66**	**12**	**8**	**4**
秀峰区									
叠彩区									
象山区									
七星区	2	2		12	7	5	4	4	
雁山区				11	2	9	1		1
临桂区				1	1				
阳朔县	2	1	1	6	1	5			
灵川县	1	1		21	14	7	7	4	3
全州县				5	2	3			
兴安县				6	2	4			
永福县	1		1	14	2	12			
灌阳县	4	2	2	8	3	5			
龙胜各族自治县				2	1	1			
资源县				1		1			
平乐县				5		5			
恭城瑶族自治县	1		1	4	2	2			
荔浦市				13	6	7			

1-4b 续表 25

单位:人

地 区	拉祜族			水族			东乡族		
	小计	男	女	小计	男	女	小计	男	女
梧州市	**5**	**2**	**3**	**32**	**11**	**21**			
万秀区				6	3	3			
长洲区									
龙圩区									
苍梧县				2	2				
藤 县	2	1	1	12	3	9			
蒙山县	3	1	2	10	3	7			
岑溪市				2		2			
北海市	**3**	**2**	**1**	**9**	**4**	**5**	**2**	**1**	**1**
海城区									
银海区				1	1				
铁山港区				1		1			
合浦县	3	2	1	7	3	4	2	1	1
防城港市				**6**	**3**	**3**	**2**	**1**	**1**
港口区							2	1	1
防城区				1	1				
上思县				3	1	2			
东兴市				2	1	1			
钦州市	**18**	**15**	**3**	**18**	**12**	**6**			
钦南区	6	6		5	5				
钦北区				2		2			
灵山县	1	1		5	4	1			
浦北县	11	8	3	6	3	3			
贵港市	**3**	**3**		**58**	**14**	**44**			
港北区	2	2		2	2				
港南区				7	2	5			
覃塘区				11	2	9			
平南县	1	1		20	5	15			
桂平市				18	3	15			
玉林市	**13**	**5**	**8**	**100**	**39**	**61**	**5**	**4**	**1**
玉州区				11	5	6			
福绵区	4	3	1	20	11	9	5	4	1
容 县	1		1	10	3	7			
陆川县				4	2	2			
博白县	4		4	24	8	16			
兴业县	3	2	1	20	7	13			
北流市	1		1	11	3	8			
百色市	**5**	**3**	**2**	**33**	**17**	**16**			
右江区									
田阳区									
田东县	3	2	1	4	4				

1–4b 续表 26

单位：人

地 区	拉祜族			水族			东乡族		
	小计	男	女	小计	男	女	小计	男	女
德保县				3		3			
那坡县									
凌云县				1		1			
乐业县				4	1	3			
田林县				9	5	4			
西林县	1		1	3	2	1			
隆林各族自治县	1	1		7	4	3			
靖西市				1	1				
平果市				1		1			
贺州市	**5**		**5**	**48**	**21**	**27**			
八步区	3		3	20	10	10			
平桂区				1	1				
昭平县	1		1	12	5	7			
钟山县	1		1	11	4	7			
富川瑶族自治县				4	1	3			
河池市	**7**	**1**	**6**	**2494**	**1286**	**1208**	**2**	**1**	**1**
金城江区				38	23	15			
宜州区				209	110	99			
南丹县	1		1	1279	691	588	1		1
天峨县				108	50	58			
凤山县				3		3			
东兰县				7	4	3			
罗城仫佬族自治县	1		1	49	16	33	1	1	
环江毛南族自治县				586	289	297			
巴马瑶族自治县	1		1	8	3	5			
都安瑶族自治县	4	1	3	195	91	104			
大化瑶族自治县				12	9	3			
来宾市	**5**	**2**	**3**	**245**	**121**	**124**	**4**	**3**	**1**
兴宾区	1		1	179	99	80			
忻城县				12	3	9			
象州县	4	2	2	33	11	22	1	1	
武宣县				15	6	9	3	2	1
金秀瑶族自治县				6	2	4			
合山市									
崇左市	**4**	**1**	**3**	**73**	**50**	**23**	**1**	**1**	
江州区				7	3	4			
扶绥县	1	1		23	14	9	1	1	
宁明县	1		1	1	1				
龙州县				23	15	8			
大新县	1		1	4	4				
天等县				1	1				
凭祥市	1		1	14	12	2			

1-4b 续表 27

单位：人

地 区	纳西族			景颇族			柯尔克孜族		
	小计	男	女	小计	男	女	小计	男	女
总 计	**25**	**7**	**18**	**20**	**6**	**14**	**3**	**2**	**1**
南宁市	**3**	**1**	**2**						
兴宁区									
青秀区									
江南区									
西乡塘区									
良庆区									
邕宁区									
武鸣区	1	1							
隆安县									
马山县									
上林县	1		1						
宾阳县	1		1						
横 县									
柳州市	**1**		**1**	**4**	**3**	**1**			
城中区									
鱼峰区									
柳南区				1		1			
柳北区									
柳江区									
柳城县									
鹿寨县	1		1	3	3				
融安县									
融水苗族自治县									
三江侗族自治县									
桂林市	**5**	**2**	**3**	**10**	**2**	**8**	**2**	**1**	**1**
秀峰区									
叠彩区									
象山区									
七星区									
雁山区	1		1	2	1	1	2	1	1
临桂区	1		1						
阳朔县									
灵川县	3	2	1	1		1			
全州县									
兴安县				3		3			
永福县									
灌阳县				2		2			
龙胜各族自治县				2	1	1			
资源县									
平乐县									
恭城瑶族自治县									
荔浦市									

1-4b 续表 28

单位：人

地 区	纳西族			景颇族			柯尔克孜族		
	小计	男	女	小计	男	女	小计	男	女
梧州市									
万秀区									
长洲区									
龙圩区									
苍梧县									
藤 县									
蒙山县									
岑溪市									
北海市									
海城区									
银海区									
铁山港区									
合浦县									
防城港市	**1**	**1**		**1**	**1**				
港口区	1	1		1	1				
防城区									
上思县									
东兴市									
钦州市									
钦南区									
钦北区									
灵山县									
浦北县									
贵港市									
港北区									
港南区									
覃塘区									
平南县									
桂平市									
玉林市	**2**		**2**						
玉州区									
福绵区									
容 县									
陆川县									
博白县	1		1						
兴业县									
北流市	1		1						
百色市	**1**		**1**	**1**		**1**			
右江区									
田阳区									
田东县				1		1			

1-4b 续表 29

单位:人

地 区	纳西族			景颇族			柯尔克孜族		
	小计	男	女	小计	男	女	小计	男	女
德保县									
那坡县									
凌云县									
乐业县									
田林县	1		1						
西林县									
隆林各族自治县									
靖西市									
平果市									
贺州市	**3**		**3**						
八步区									
平桂区									
昭平县									
钟山县									
富川瑶族自治县	3		3						
河池市	**4**	**1**	**3**	**2**		**2**			
金城江区									
宜州区									
南丹县	4	1	3						
天峨县									
凤山县									
东兰县									
罗城仫佬族自治县				2		2			
环江毛南族自治县									
巴马瑶族自治县									
都安瑶族自治县									
大化瑶族自治县									
来宾市	**1**		**1**	**1**		**1**			
兴宾区									
忻城县									
象州县									
武宣县	1		1	1		1			
金秀瑶族自治县									
合山市									
崇左市	**4**	**2**	**2**	**1**		**1**	**1**	**1**	
江州区									
扶绥县	1	1					1	1	
宁明县	1		1						
龙州县	2	1	1	1		1			
大新县									
天等县									
凭祥市									

1-4b 续表 30

单位：人

地 区	土族			达斡尔族			仫佬族		
	小计	男	女	小计	男	女	小计	男	女
总 计	**92**	**42**	**50**	**15**	**11**	**4**	**66854**	**33235**	**33619**
南宁市	**9**	**5**	**4**	**2**	**1**	**1**	**558**	**263**	**295**
兴宁区							8	7	1
青秀区							9	2	7
江南区							24	8	16
西乡塘区				1		1	59	27	32
良庆区							7	2	5
邕宁区									
武鸣区							128	68	60
隆安县	6	2	4				15	8	7
马山县	2	2					114	55	59
上林县							40	18	22
宾阳县	1	1		1	1		95	45	50
横 县							59	23	36
柳州市	**16**	**8**	**8**	**1**	**1**		**6496**	**3188**	**3308**
城中区									
鱼峰区	3	3					198	90	108
柳南区	1	1		1	1		312	174	138
柳北区							51	25	26
柳江区							227	115	112
柳城县	8	2	6				3235	1592	1643
鹿寨县	1	1					461	223	238
融安县	1		1				529	253	276
融水苗族自治县	2	1	1				1431	692	739
三江侗族自治县							52	24	28
桂林市	**10**	**4**	**6**	**8**	**5**	**3**	**613**	**306**	**307**
秀峰区									
叠彩区									
象山区									
七星区							86	65	21
雁山区	4	1	3				77	16	61
临桂区							9	4	5
阳朔县							47	27	20
灵川县				6	3	3	135	78	57
全州县							51	22	29
兴安县	1		1				11	2	9
永福县	2	2					74	32	42
灌阳县							20	9	11
龙胜各族自治县	1		1				2		2
资源县							6	3	3
平乐县	1		1				57	31	26
恭城瑶族自治县	1	1					27	14	13
荔浦市				2	2		11	3	8

1-4b 续表 31

单位:人

地区	土族			达斡尔族			仫佬族		
	小计	男	女	小计	男	女	小计	男	女
梧州市	**3**		**3**	**2**	**2**		**57**	**22**	**35**
万秀区							1	1	
长洲区									
龙圩区							2	1	1
苍梧县	1		1				7		7
藤　县	2		2	2	2		27	14	13
蒙山县							13	5	8
岑溪市							7	1	6
北海市							**35**	**17**	**18**
海城区									
银海区							6	4	2
铁山港区							3		3
合浦县							26	13	13
防城港市	**1**		**1**				**35**	**20**	**15**
港口区	1		1				12	9	3
防城区							3	2	1
上思县							18	7	11
东兴市							2	2	
钦州市	**6**		**6**				**94**	**39**	**55**
钦南区							30	15	15
钦北区							20	5	15
灵山县	5		5				18	7	11
浦北县	1		1				26	12	14
贵港市	**2**	**1**	**1**				**182**	**63**	**119**
港北区							15	7	8
港南区							24	8	16
覃塘区							19	8	11
平南县	1	1					80	25	55
桂平市	1		1				44	15	29
玉林市	**4**	**2**	**2**				**231**	**92**	**139**
玉州区							26	10	16
福绵区	2	2					8	5	3
容　县							16	6	10
陆川县							79	26	53
博白县	2		2				67	31	36
兴业县							19	8	11
北流市							16	6	10
百色市	**4**	**4**					**201**	**93**	**108**
右江区									
田阳区							1		1
田东县							73	31	42

1-4b 续表 32

单位：人

地 区	土族			达斡尔族			仫佬族		
	小计	男	女	小计	男	女	小计	男	女
德保县							5	2	3
那坡县	1	1					8	5	3
凌云县	3	3					6	2	4
乐业县							10	5	5
田林县							20	9	11
西林县							16	6	10
隆林各族自治县							59	32	27
靖西市							1		1
平果市							2	1	1
贺州市	**4**	**1**	**3**				**118**	**45**	**73**
八步区							29	13	16
平桂区	1		1						
昭平县	3	1	2				32	12	20
钟山县							31	11	20
富川瑶族自治县							26	9	17
河池市	**15**	**8**	**7**				**56031**	**28032**	**27999**
金城江区							52	26	26
宜州区							467	232	235
南丹县	3	1	2				519	252	267
天峨县							133	69	64
凤山县	2	1	1				28	14	14
东兰县							38	16	22
罗城仫佬族自治县	6	4	2				53276	26645	26631
环江毛南族自治县	3	2	1				619	316	303
巴马瑶族自治县							68	32	36
都安瑶族自治县	1		1				749	389	360
大化瑶族自治县							82	41	41
来宾市	**7**	**3**	**4**				**1971**	**937**	**1034**
兴宾区	4	1	3				149	60	89
忻城县							694	330	364
象州县							968	479	489
武宣县	3	2	1				91	37	54
金秀瑶族自治县							49	19	30
合山市							20	12	8
崇左市	**11**	**6**	**5**	**2**	**2**		**232**	**118**	**114**
江州区							9	4	5
扶绥县	7	4	3	2	2		159	77	82
宁明县							21	14	7
龙州县							17	7	10
大新县	4	2	2				13	9	4
天等县							9	6	3
凭祥市							4	1	3

1-4b 续表 33

单位:人

地 区	羌族			布朗族			撒拉族		
	小计	男	女	小计	男	女	小计	男	女
总 计	**41**	**26**	**15**	**41**	**20**	**21**	**11**	**3**	**8**
南宁市	**1**		**1**	**3**		**3**			
兴宁区									
青秀区									
江南区									
西乡塘区									
良庆区									
邕宁区									
武鸣区									
隆安县									
马山县									
上林县									
宾阳县	1		1	1		1			
横 县				2		2			
柳州市	**7**	**2**	**5**	**15**	**7**	**8**			
城中区									
鱼峰区									
柳南区	1	1		1	1				
柳北区									
柳江区									
柳城县				5	3	2			
鹿寨县	4	1	3	2	1	1			
融安县	2		2	5	1	4			
融水苗族自治县				2	1	1			
三江侗族自治县									
桂林市	**2**	**1**	**1**	**2**		**2**	**7**	**2**	**5**
秀峰区									
叠彩区									
象山区									
七星区									
雁山区							3		3
临桂区									
阳朔县									
灵川县	1		1	1		1			
全州县				1		1			
兴安县									
永福县									
灌阳县	1	1							
龙胜各族自治县									
资源县							4	2	2
平乐县									
恭城瑶族自治县									
荔浦市									

1-4b 续表 34

单位：人

地 区	羌族			布朗族			撒拉族		
	小计	男	女	小计	男	女	小计	男	女
梧州市	**11**	**8**	**3**	**1**		**1**			
万秀区									
长洲区									
龙圩区									
苍梧县	3	3							
藤 县	8	5	3	1		1			
蒙山县									
岑溪市									
北海市	**1**	**1**							
海城区									
银海区	1	1							
铁山港区									
合浦县									
防城港市	**4**	**3**	**1**						
港口区	4	3	1						
防城区									
上思县									
东兴市									
钦州市	**1**	**1**							
钦南区	1	1							
钦北区									
灵山县									
浦北县									
贵港市	**5**	**4**	**1**	**1**	**1**				
港北区	1	1		1	1				
港南区									
覃塘区									
平南县	4	3	1						
桂平市									
玉林市	**1**	**1**		**4**	**2**	**2**			
玉州区									
福绵区									
容 县									
陆川县									
博白县									
兴业县	1	1		4	2	2			
北流市									
百色市	**1**	**1**		**1**		**1**			
右江区									
田阳区									
田东县									

1-4b 续表 35

单位:人

地 区	羌族			布朗族			撒拉族		
	小计	男	女	小计	男	女	小计	男	女
德保县									
那坡县									
凌云县	1	1							
乐业县									
田林县									
西林县									
隆林各族自治县				1		1			
靖西市									
平果市									
贺州市				**1**	**1**		**1**		**1**
八步区									
平桂区									
昭平县							1		1
钟山县				1	1				
富川瑶族自治县									
河池市	**4**	**3**	**1**	**12**	**8**	**4**	**3**	**1**	**2**
金城江区									
宜州区									
南丹县				3	3		1	1	
天峨县	2	1	1	2	1	1			
凤山县									
东兰县	2	2							
罗城仫佬族自治县				4	2	2			
环江毛南族自治县				2	2		2		2
巴马瑶族自治县									
都安瑶族自治县				1		1			
大化瑶族自治县									
来宾市	**1**		**1**						
兴宾区									
忻城县	1		1						
象州县									
武宣县									
金秀瑶族自治县									
合山市									
崇左市	**2**	**1**	**1**	**1**	**1**				
江州区									
扶绥县	2	1	1	1	1				
宁明县									
龙州县									
大新县									
天等县									
凭祥市									

1-4b 续表 36

单位：人

地 区	毛南族			仡佬族			锡伯族		
	小计	男	女	小计	男	女	小计	男	女
总 计	**22917**	**11659**	**11258**	**1735**	**949**	**786**	**39**	**23**	**16**
南宁市	**246**	**113**	**133**	**50**	**35**	**15**	**6**	**4**	**2**
兴宁区	6	4	2						
青秀区	9	4	5	2	1	1			
江南区	13	7	6	12	12				
西乡塘区	27	12	15	4	2	2			
良庆区	1		1	1	1				
邕宁区	2	1	1						
武鸣区	60	40	20	10	8	2	3	2	1
隆安县	19	10	9	4	1	3			
马山县	30	10	20	1	1				
上林县	10	5	5	3	2	1			
宾阳县	49	14	35	7	4	3	2	1	1
横 县	20	6	14	6	3	3	1	1	
柳州市	**356**	**179**	**177**	**153**	**79**	**74**	**9**	**4**	**5**
城中区									
鱼峰区	31	14	17	3	1	2			
柳南区	52	31	21	10	6	4			
柳北区	5	2	3						
柳江区	15	8	7	3	1	2			
柳城县	76	35	41	63	35	28	1		1
鹿寨县	102	53	49	23	14	9	3	2	1
融安县	29	14	15	16	7	9			
融水苗族自治县	36	16	20	31	15	16	5	2	3
三江侗族自治县	10	6	4	4		4			
桂林市	**248**	**115**	**133**	**75**	**44**	**31**	**12**	**6**	**6**
秀峰区									
叠彩区									
象山区									
七星区	29	21	8	1	1				
雁山区	29	5	24	18	7	11			
临桂区	14	6	8						
阳朔县	9	1	8	3	2	1	1		1
灵川县	92	47	45	21	16	5	2	1	1
全州县	14	6	8	5	3	2			
兴安县	2		2	4	1	3			
永福县	20	8	12	4	4		9	5	4
灌阳县	14	5	9	2	1	1			
龙胜各族自治县	1		1	3	2	1			
资源县	8	5	3	4	3	1			
平乐县	6	4	2	5	1	4			
恭城瑶族自治县	9	6	3						
荔浦市	1	1		5	3	2			

1-4b 续表 37

单位:人

地 区	毛南族			仡佬族			锡伯族		
	小计	男	女	小计	男	女	小计	男	女
梧州市	**18**	**8**	**10**	**30**	**21**	**9**			
万秀区				9	9				
长洲区									
龙圩区	2		2	2	1	1			
苍梧县	2	2							
藤 县	9	2	7	15	7	8			
蒙山县	1	1		4	4				
岑溪市	4	3	1						
北海市	**15**	**7**	**8**	**1**		**1**			
海城区	1		1						
银海区	2	1	1						
铁山港区									
合浦县	12	6	6	1		1			
防城港市	**23**	**15**	**8**	**5**	**4**	**1**	**1**	**1**	
港口区	9	7	2	3	3		1	1	
防城区	7	5	2						
上思县	6	2	4	2	1	1			
东兴市	1	1							
钦州市	**60**	**32**	**28**	**78**	**48**	**30**	**2**	**2**	
钦南区	34	23	11	74	46	28	1	1	
钦北区	8	5	3						
灵山县	10	2	8	3	1	2	1	1	
浦北县	8	2	6	1	1				
贵港市	**87**	**30**	**57**	**21**	**14**	**7**			
港北区	6	2	4	1	1				
港南区	15	5	10	1		1			
覃塘区	10	6	4	6	3	3			
平南县	42	13	29	9	7	2			
桂平市	14	4	10	4	3	1			
玉林市	**146**	**46**	**100**	**30**	**16**	**14**			
玉州区	10	5	5						
福绵区	9	5	4	5	3	2			
容 县	8	1	7	2		2			
陆川县	36	13	23	1		1			
博白县	50	12	38	11	5	6			
兴业县	16	5	11	8	6	2			
北流市	17	5	12	3	2	1			
百色市	**141**	**78**	**63**	**865**	**451**	**414**	**4**	**3**	**1**
右江区									
田阳区	1		1						
田东县	25	13	12	7	6	1	2	2	

1-4b 续表 38 单位:人

地 区	毛南族			仡佬族			锡伯族		
	小计	男	女	小计	男	女	小计	男	女
德保县	23	10	13	9	3	6	1	1	
那坡县	6	3	3	4	2	2			
凌云县	4	1	3	2		2			
乐业县				2	1	1			
田林县	3	2	1	9	3	6			
西林县	71	43	28	71	36	35			
隆林各族自治县	8	6	2	761	400	361			
靖西市									
平果市							1		1
贺州市	**68**	**40**	**28**	**60**	**33**	**27**			
八步区	8	6	2	24	18	6			
平桂区	3	1	2	7	3	4			
昭平县	45	30	15	10	4	6			
钟山县	8	2	6	15	7	8			
富川瑶族自治县	4	1	3	4	1	3			
河池市	**21232**	**10860**	**10372**	**244**	**128**	**116**	**1**	**1**	
金城江区	347	181	166						
宜州区	102	39	63	11	6	5			
南丹县	1219	634	585	20	9	11			
天峨县	365	185	180	16	16				
凤山县	19	7	12	1		1			
东兰县	257	147	110	5	3	2			
罗城仫佬族自治县	87	35	52	161	81	80			
环江毛南族自治县	17147	8685	8462	9	4	5	1	1	
巴马瑶族自治县	97	45	52	2	1	1			
都安瑶族自治县	1489	850	639	18	8	10			
大化瑶族自治县	103	52	51	1		1			
来宾市	**136**	**59**	**77**	**75**	**48**	**27**	**4**	**2**	**2**
兴宾区	30	17	13	12	7	5			
忻城县	22	7	15	35	24	11	4	2	2
象州县	26	10	16	23	15	8			
武宣县	38	15	23	5	2	3			
金秀瑶族自治县	19	9	10						
合山市	1	1							
崇左市	**141**	**77**	**64**	**48**	**28**	**20**			
江州区	5	2	3	5	4	1			
扶绥县	73	39	34	28	15	13			
宁明县	5	1	4	7	5	2			
龙州县	47	32	15	1	1				
大新县	8	1	7	6	3	3			
天等县	2	1	1	1		1			
凭祥市	1	1							

1-4b 续表 39

单位:人

地区	阿昌族			普米族			塔吉克族		
	小计	男	女	小计	男	女	小计	男	女
总　计	**8**	**4**	**4**	**6**	**1**	**5**			
南宁市	**1**	**1**		**1**		**1**			
兴宁区									
青秀区									
江南区									
西乡塘区	1	1							
良庆区									
邕宁区									
武鸣区									
隆安县									
马山县									
上林县				1		1			
宾阳县									
横　县									
柳州市				**1**	**1**				
城中区									
鱼峰区									
柳南区									
柳北区									
柳江区				1	1				
柳城县									
鹿寨县									
融安县									
融水苗族自治县									
三江侗族自治县									
桂林市	**1**		**1**	**1**		**1**			
秀峰区									
叠彩区									
象山区									
七星区									
雁山区									
临桂区									
阳朔县									
灵川县									
全州县									
兴安县									
永福县									
灌阳县	1		1						
龙胜各族自治县									
资源县									
平乐县				1		1			
恭城瑶族自治县									
荔浦市									

1-4b 续表 40

单位:人

地区	阿昌族			普米族			塔吉克族		
	小计	男	女	小计	男	女	小计	男	女
梧州市									
万秀区									
长洲区									
龙圩区									
苍梧县									
藤　县									
蒙山县									
岑溪市									
北海市									
海城区									
银海区									
铁山港区									
合浦县									
防城港市									
港口区									
防城区									
上思县									
东兴市									
钦州市									
钦南区									
钦北区									
灵山县									
浦北县									
贵港市									
港北区									
港南区									
覃塘区									
平南县									
桂平市									
玉林市									
玉州区									
福绵区									
容　县									
陆川县									
博白县									
兴业县									
北流市									
百色市									
右江区									
田阳区									
田东县									

1-4b 续表 41

单位:人

地 区	阿昌族			普米族			塔吉克族		
	小计	男	女	小计	男	女	小计	男	女
德保县									
那坡县									
凌云县									
乐业县									
田林县									
西林县									
隆林各族自治县									
靖西市									
平果市									
贺州市	**3**	**2**	**1**	**1**		**1**			
八步区	1		1						
平桂区				1		1			
昭平县									
钟山县									
富川瑶族自治县	2	2							
河池市	**2**	**1**	**1**	**2**		**2**			
金城江区									
宜州区									
南丹县									
天峨县									
凤山县									
东兰县									
罗城仫佬族自治县									
环江毛南族自治县	2	1	1	2		2			
巴马瑶族自治县									
都安瑶族自治县									
大化瑶族自治县									
来宾市									
兴宾区									
忻城县									
象州县									
武宣县									
金秀瑶族自治县									
合山市									
崇左市	**1**		**1**						
江州区									
扶绥县	1		1						
宁明县									
龙州县									
大新县									
天等县									
凭祥市									

1-4b 续表 42

单位：人

地 区	怒族			乌孜别克族			俄罗斯族		
	小计	男	女	小计	男	女	小计	男	女
总 计	**3**	**1**	**2**				**1**	**1**	
南宁市							**1**	**1**	
兴宁区									
青秀区									
江南区									
西乡塘区							1	1	
良庆区									
邕宁区									
武鸣区									
隆安县									
马山县									
上林县									
宾阳县									
横 县									
柳州市									
城中区									
鱼峰区									
柳南区									
柳北区									
柳江区									
柳城县									
鹿寨县									
融安县									
融水苗族自治县									
三江侗族自治县									
桂林市	**2**	**1**	**1**						
秀峰区									
叠彩区									
象山区									
七星区									
雁山区	1	1							
临桂区									
阳朔县									
灵川县									
全州县									
兴安县									
永福县									
灌阳县	1		1						
龙胜各族自治县									
资源县									
平乐县									
恭城瑶族自治县									
荔浦市									

1-4b 续表 43

单位:人

地 区	怒族			乌孜别克族			俄罗斯族		
	小计	男	女	小计	男	女	小计	男	女
梧州市									
万秀区									
长洲区									
龙圩区									
苍梧县									
藤 县									
蒙山县									
岑溪市									
北海市									
海城区									
银海区									
铁山港区									
合浦县									
防城港市									
港口区									
防城区									
上思县									
东兴市									
钦州市									
钦南区									
钦北区									
灵山县									
浦北县									
贵港市									
港北区									
港南区									
覃塘区									
平南县									
桂平市									
玉林市									
玉州区									
福绵区									
容 县									
陆川县									
博白县									
兴业县									
北流市									
百色市									
右江区									
田阳区									
田东县									

1-4b 续表 44

单位：人

地 区	怒族			乌孜别克族			俄罗斯族		
	小计	男	女	小计	男	女	小计	男	女
德保县									
那坡县									
凌云县									
乐业县									
田林县									
西林县									
隆林各族自治县									
靖西市									
平果市									
贺州市									
八步区									
平桂区									
昭平县									
钟山县									
富川瑶族自治县									
河池市	**1**		**1**						
金城江区									
宜州区									
南丹县									
天峨县									
凤山县									
东兰县									
罗城仫佬族自治县									
环江毛南族自治县	1		1						
巴马瑶族自治县									
都安瑶族自治县									
大化瑶族自治县									
来宾市									
兴宾区									
忻城县									
象州县									
武宣县									
金秀瑶族自治县									
合山市									
崇左市									
江州区									
扶绥县									
宁明县									
龙州县									
大新县									
天等县									
凭祥市									

1-4b 续表 45

单位:人

地 区	鄂温克族			德昂族			保安族		
	小计	男	女	小计	男	女	小计	男	女
总 计	**8**	**3**	**5**	**6**	**2**	**4**	**2**	**1**	**1**
南宁市									
兴宁区									
青秀区									
江南区									
西乡塘区									
良庆区									
邕宁区									
武鸣区									
隆安县									
马山县									
上林县									
宾阳县									
横 县									
柳州市	**1**		**1**	**3**	**1**	**2**			
城中区									
鱼峰区									
柳南区									
柳北区									
柳江区				3	1	2			
柳城县	1		1						
鹿寨县									
融安县									
融水苗族自治县									
三江侗族自治县									
桂林市									
秀峰区									
叠彩区									
象山区									
七星区									
雁山区									
临桂区									
阳朔县									
灵川县									
全州县									
兴安县									
永福县									
灌阳县									
龙胜各族自治县									
资源县									
平乐县									
恭城瑶族自治县									
荔浦市									

1-4b 续表 46

单位：人

地　区	鄂温克族			德昂族			保安族		
	小计	男	女	小计	男	女	小计	男	女
梧州市	**3**	**1**	**2**				**1**		**1**
万秀区									
长洲区									
龙圩区									
苍梧县	1	1							
藤　县									
蒙山县	2		2						
岑溪市							1		1
北海市									
海城区									
银海区									
铁山港区									
合浦县									
防城港市									
港口区									
防城区									
上思县									
东兴市									
钦州市	**1**		**1**						
钦南区									
钦北区	1		1						
灵山县									
浦北县									
贵港市	**1**	**1**							
港北区									
港南区									
覃塘区									
平南县									
桂平市	1	1							
玉林市									
玉州区									
福绵区									
容　县									
陆川县									
博白县									
兴业县									
北流市									
百色市				**1**		**1**			
右江区									
田阳区									
田东县									

1-4b 续表 47 单位：人

地 区	鄂温克族			德昂族			保安族		
	小计	男	女	小计	男	女	小计	男	女
德保县									
那坡县									
凌云县									
乐业县									
田林县									
西林县									
隆林各族自治县									
靖西市									
平果市				1		1			
贺州市	**2**	**1**	**1**						
八步区									
平桂区									
昭平县	1		1						
钟山县									
富川瑶族自治县	1	1							
河池市									
金城江区									
宜州区									
南丹县									
天峨县									
凤山县									
东兰县									
罗城仫佬族自治县									
环江毛南族自治县									
巴马瑶族自治县									
都安瑶族自治县									
大化瑶族自治县									
来宾市				**2**	**1**	**1**			
兴宾区									
忻城县									
象州县				2	1	1			
武宣县									
金秀瑶族自治县									
合山市									
崇左市							**1**	**1**	
江州区									
扶绥县							1	1	
宁明县									
龙州县									
大新县									
天等县									
凭祥市									

1-4b 续表 48

单位:人

地 区	裕固族			京族			塔塔尔族		
	小计	男	女	小计	男	女	小计	男	女
总 计	**8**	**5**	**3**	**5427**	**2991**	**2436**	**1**		**1**
南宁市	**4**	**3**	**1**	**65**	**31**	**34**			
兴宁区				1	1				
青秀区				1		1			
江南区				1	1				
西乡塘区				2	2				
良庆区				1	1				
邕宁区				1		1			
武鸣区	4	3	1	39	17	22			
隆安县				5	3	2			
马山县				1		1			
上林县				4	1	3			
宾阳县				9	5	4			
横 县									
柳州市				**80**	**40**	**40**			
城中区									
鱼峰区				2	1	1			
柳南区				2		2			
柳北区									
柳江区				3		3			
柳城县				52	27	25			
鹿寨县				13	9	4			
融安县				2	1	1			
融水苗族自治县				3		3			
三江侗族自治县				3	2	1			
桂林市	**1**		**1**	**111**	**48**	**63**			
秀峰区									
叠彩区									
象山区									
七星区				8	3	5			
雁山区	1		1	19	3	16			
临桂区				2	1	1			
阳朔县				3	1	2			
灵川县				14	8	6			
全州县				1		1			
兴安县									
永福县				60	29	31			
灌阳县									
龙胜各族自治县				2	1	1			
资源县									
平乐县									
恭城瑶族自治县				2	2				
荔浦市									

1-4b　续表 49　　　　单位:人

地　区	裕固族			京族			塔塔尔族		
	小计	男	女	小计	男	女	小计	男	女
梧州市				**3**	**2**	**1**			
万秀区									
长洲区									
龙圩区									
苍梧县									
藤　县									
蒙山县				1		1			
岑溪市				2	2				
北海市				**39**	**36**	**3**			
海城区									
银海区				34	33	1			
铁山港区									
合浦县				5	3	2			
防城港市				**4916**	**2742**	**2174**			
港口区				106	53	53			
防城区				258	141	117			
上思县				17	12	5			
东兴市				4535	2536	1999			
钦州市				**76**	**36**	**40**			
钦南区				54	29	25			
钦北区				7	2	5			
灵山县				9	2	7			
浦北县				6	3	3			
贵港市				**4**	**1**	**3**			
港北区				2		2			
港南区									
覃塘区									
平南县				2	1	1			
桂平市									
玉林市				**14**	**7**	**7**			
玉州区				3	1	2			
福绵区									
容　县				5	2	3			
陆川县				2	2				
博白县				3	2	1			
兴业县				1		1			
北流市									
百色市				**7**	**3**	**4**			
右江区				2	1	1			
田阳区									
田东县				2	1	1			

1-4b 续表 50 单位：人

地 区	裕固族			京族			塔塔尔族		
	小计	男	女	小计	男	女	小计	男	女
德保县									
那坡县									
凌云县									
乐业县				1	1				
田林县				1		1			
西林县									
隆林各族自治县				1		1			
靖西市									
平果市									
贺州市				**3**		**3**	**1**		**1**
八步区									
平桂区							1		1
昭平县									
钟山县				1		1			
富川瑶族自治县				2		2			
河池市	**3**	**2**	**1**	**8**	**2**	**6**			
金城江区									
宜州区									
南丹县				2	1	1			
天峨县	3	2	1						
凤山县									
东兰县									
罗城仫佬族自治县				1		1			
环江毛南族自治县				2		2			
巴马瑶族自治县				1		1			
都安瑶族自治县				2	1	1			
大化瑶族自治县									
来宾市				**1**		**1**			
兴宾区									
忻城县									
象州县									
武宣县				1		1			
金秀瑶族自治县									
合山市									
崇左市				**100**	**43**	**57**			
江州区				5		5			
扶绥县				25	14	11			
宁明县				60	26	34			
龙州县				4	2	2			
大新县				2		2			
天等县				1		1			
凭祥市				3	1	2			

1-4b 续表 51

单位：人

地　区	独龙族			鄂伦春族			赫哲族		
	小计	男	女	小计	男	女	小计	男	女
总　计				**2**	**1**	**1**	**5**	**4**	**1**
南宁市				**1**		**1**	**1**	**1**	
兴宁区									
青秀区									
江南区									
西乡塘区									
良庆区									
邕宁区									
武鸣区				1		1			
隆安县									
马山县									
上林县									
宾阳县							1	1	
横　县									
柳州市									
城中区									
鱼峰区									
柳南区									
柳北区									
柳江区									
柳城县									
鹿寨县									
融安县									
融水苗族自治县									
三江侗族自治县									
桂林市									
秀峰区									
叠彩区									
象山区									
七星区									
雁山区									
临桂区									
阳朔县									
灵川县									
全州县									
兴安县									
永福县									
灌阳县									
龙胜各族自治县									
资源县									
平乐县									
恭城瑶族自治县									
荔浦市									

1–4b 续表 52

单位：人

地 区	独龙族			鄂伦春族			赫哲族		
	小计	男	女	小计	男	女	小计	男	女
梧州市									
万秀区									
长洲区									
龙圩区									
苍梧县									
藤 县									
蒙山县									
岑溪市									
北海市									
海城区									
银海区									
铁山港区									
合浦县									
防城港市									
港口区									
防城区									
上思县									
东兴市									
钦州市									
钦南区									
钦北区									
灵山县									
浦北县									
贵港市									
港北区									
港南区									
覃塘区									
平南县									
桂平市									
玉林市									
玉州区									
福绵区									
容 县									
陆川县									
博白县									
兴业县									
北流市									
百色市									
右江区									
田阳区									
田东县									

1-4b 续表 53 单位：人

地区	独龙族			鄂伦春族			赫哲族		
	小计	男	女	小计	男	女	小计	男	女
德保县									
那坡县									
凌云县									
乐业县									
田林县									
西林县									
隆林各族自治县									
靖西市									
平果市									
贺州市									
八步区									
平桂区									
昭平县									
钟山县									
富川瑶族自治县									
河池市									
金城江区									
宜州区									
南丹县									
天峨县									
凤山县									
东兰县									
罗城仫佬族自治县									
环江毛南族自治县									
巴马瑶族自治县									
都安瑶族自治县									
大化瑶族自治县									
来宾市									
兴宾区									
忻城县									
象州县									
武宣县									
金秀瑶族自治县									
合山市									
崇左市				**1**	**1**		**4**	**3**	**1**
江州区									
扶绥县							4	3	1
宁明县				1	1				
龙州县									
大新县									
天等县									
凭祥市									

1-4b 续表 54 单位:人

地 区	门巴族			珞巴族			基诺族		
	小计	男	女	小计	男	女	小计	男	女
总 计							**4**	**2**	**2**
南宁市							**2**		**2**
兴宁区									
青秀区									
江南区									
西乡塘区									
良庆区							1		1
邕宁区									
武鸣区									
隆安县									
马山县									
上林县									
宾阳县							1		1
横 县									
柳州市							**2**	**2**	
城中区									
鱼峰区									
柳南区							1	1	
柳北区									
柳江区									
柳城县									
鹿寨县									
融安县									
融水苗族自治县							1	1	
三江侗族自治县									
桂林市									
秀峰区									
叠彩区									
象山区									
七星区									
雁山区									
临桂区									
阳朔县									
灵川县									
全州县									
兴安县									
永福县									
灌阳县									
龙胜各族自治县									
资源县									
平乐县									
恭城瑶族自治县									
荔浦市									

1-4b 续表 55

单位:人

地区	门巴族			珞巴族			基诺族		
	小计	男	女	小计	男	女	小计	男	女
梧州市									
万秀区									
长洲区									
龙圩区									
苍梧县									
藤 县									
蒙山县									
岑溪市									
北海市									
海城区									
银海区									
铁山港区									
合浦县									
防城港市									
港口区									
防城区									
上思县									
东兴市									
钦州市									
钦南区									
钦北区									
灵山县									
浦北县									
贵港市									
港北区									
港南区									
覃塘区									
平南县									
桂平市									
玉林市									
玉州区									
福绵区									
容 县									
陆川县									
博白县									
兴业县									
北流市									
百色市									
右江区									
田阳区									
田东县									

1-4b 续表 56

单位：人

地 区	门巴族			珞巴族			基诺族		
	小计	男	女	小计	男	女	小计	男	女
德保县									
那坡县									
凌云县									
乐业县									
田林县									
西林县									
隆林各族自治县									
靖西市									
平果市									
贺州市									
八步区									
平桂区									
昭平县									
钟山县									
富川瑶族自治县									
河池市									
金城江区									
宜州区									
南丹县									
天峨县									
凤山县									
东兰县									
罗城仫佬族自治县									
环江毛南族自治县									
巴马瑶族自治县									
都安瑶族自治县									
大化瑶族自治县									
来宾市									
兴宾区									
忻城县									
象州县									
武宣县									
金秀瑶族自治县									
合山市									
崇左市									
江州区									
扶绥县									
宁明县									
龙州县									
大新县									
天等县									
凭祥市									

1-4b 续表 57　　　　单位：人

地区	未定族称人口			入籍		
	小计	男	女	小计	男	女
总计	**655**	**309**	**346**	**127**	**23**	**104**
南宁市	**86**	**44**	**42**	**8**	**1**	**7**
兴宁区						
青秀区	2	1	1	1		1
江南区	1	1				
西乡塘区	12	7	5	1		1
良庆区						
邕宁区						
武鸣区	22	10	12	1		1
隆安县	21	12	9			
马山县	1	1				
上林县	2	1	1			
宾阳县	14	6	8	2	1	1
横　县	11	5	6	3		3
柳州市	**65**	**40**	**25**	**13**	**3**	**10**
城中区						
鱼峰区	3	2	1	2	1	1
柳南区	1	1		2		2
柳北区						
柳江区	2	2		3	1	2
柳城县	22	18	4			
鹿寨县	11	6	5	1		1
融安县	10	6	4	3	1	2
融水苗族自治县	14	5	9	2		2
三江侗族自治县	2		2			
桂林市	**77**	**39**	**38**	**4**	**1**	**3**
秀峰区						
叠彩区						
象山区						
七星区	1		1			
雁山区	15	4	11			
临桂区	1	1				
阳朔县	2	2		1		1
灵川县	22	16	6			
全州县	9	5	4	1		1
兴安县	3	1	2			
永福县						
灌阳县	2	1	1	1	1	
龙胜各族自治县	10	4	6			
资源县	2		2			
平乐县	3	2	1	1		1
恭城瑶族自治县	2	1	1			
荔浦市	5	2	3			

1-4b 续表 58

单位：人

地 区	未定族称人口			入籍		
	小计	男	女	小计	男	女
梧州市	**8**	**3**	**5**	**2**		**2**
万秀区						
长洲区						
龙圩区	1		1			
苍梧县						
藤 县	6	2	4	1		1
蒙山县	1	1				
岑溪市				1		1
北海市	**10**	**5**	**5**	**3**		**3**
海城区						
银海区						
铁山港区						
合浦县	10	5	5	3		3
防城港市	**38**	**20**	**18**	**9**	**4**	**5**
港口区	3		3			
防城区	32	20	12	4	2	2
上思县	1		1	2		2
东兴市	2		2	3	2	1
钦州市	**32**	**10**	**22**	**7**		**7**
钦南区	10	4	6	3		3
钦北区	7	3	4	1		1
灵山县	7	2	5	2		2
浦北县	8	1	7	1		1
贵港市	**73**	**27**	**46**	**11**		**11**
港北区	2	2				
港南区	2		2			
覃塘区	15	6	9	1		1
平南县	28	9	19	7		7
桂平市	26	10	16	3		3
玉林市	**39**	**21**	**18**	**28**		**28**
玉州区						
福绵区	2		2	1		1
容 县	2	1	1	1		1
陆川县	4	3	1	3		3
博白县	17	10	7	5		5
兴业县	7	6	1	4		4
北流市	7	1	6	14		14
百色市	**33**	**18**	**15**	**4**		**4**
右江区	2	1	1			
田阳区						
田东县	21	12	9			

1-4b 续表 59

单位：人

地区	未定族称人口			入籍		
	小计	男	女	小计	男	女
德保县						
那坡县						
凌云县				3		3
乐业县	3	1	2			
田林县	1	1		1		1
西林县	3	2	1			
隆林各族自治县	2	1	1			
靖西市	1		1			
平果市						
贺州市	**29**	**15**	**14**	**4**	**1**	**3**
八步区	6	4	2			
平桂区	2	1	1	1		1
昭平县	6	4	2	2	1	1
钟山县	13	6	7	1		1
富川瑶族自治县	2		2			
河池市	**86**	**37**	**49**	**16**	**4**	**12**
金城江区	1	1				
宜州区	13	9	4			
南丹县	22	8	14	4	1	3
天峨县	6	3	3			
凤山县						
东兰县	1		1			
罗城仫佬族自治县	4		4	3	1	2
环江毛南族自治县	9	4	5			
巴马瑶族自治县	1		1			
都安瑶族自治县	24	9	15	7	2	5
大化瑶族自治县	5	3	2	2		2
来宾市	**46**	**17**	**29**	**2**		**2**
兴宾区	18	6	12	1		1
忻城县	7	2	5			
象州县	5	1	4	1		1
武宣县	12	7	5			
金秀瑶族自治县	4	1	3			
合山市						
崇左市	**33**	**13**	**20**	**16**	**9**	**7**
江州区						
扶绥县	15	7	8	2	2	
宁明县	5	2	3	3		3
龙州县	2	1	1	7	5	2
大新县	9	3	6			
天等县	1		1	4	2	2
凭祥市	1		1			

1–4c 各地区分性别、民族的人口（乡村）

单位：人

地　区	合计			汉族			蒙古族		
	合计	男	女	小计	男	女	小计	男	女
总　计	**22955848**	**12119132**	**10836716**	**13301664**	**7069965**	**6231699**	**714**	**368**	**346**
南宁市	**2718080**	**1441901**	**1276179**	**902716**	**483105**	**419611**	**63**	**31**	**32**
兴宁区	74853	40269	34584	6362	3249	3113	6	2	4
青秀区	73424	39314	34110	5348	2678	2670	8	5	3
江南区	164460	87209	77251	54084	28549	25535	25	12	13
西乡塘区	153166	82556	70610	51708	29377	22331	10	7	3
良庆区	96695	52931	43764	6881	3792	3089			
邕宁区	148058	80014	68044	5953	2925	3028			
武鸣区	327006	174178	152828	47206	25899	21307	4		4
隆安县	214833	114257	100576	8276	4365	3911	1	1	
马山县	266234	139226	127008	51818	28469	23349	4	1	3
上林县	236897	124307	112590	35519	18885	16634	1	1	
宾阳县	438628	232565	206063	338048	181974	156074	2	1	1
横　县	523826	275075	248751	291513	152943	138570	2	1	1
柳州市	**1250240**	**669520**	**580720**	**324134**	**180233**	**143901**	**26**	**15**	**11**
城中区	3109	1591	1518	2614	1413	1201			
鱼峰区	50134	28546	21588	20260	12370	7890	4	4	
柳南区	32555	17564	14991	5828	3228	2600	1	1	
柳北区	30097	15809	14288	17986	9781	8205	3	2	1
柳江区	198315	106309	92006	35231	20040	15191			
柳城县	162647	85526	77121	55034	30555	24479	6	2	4
鹿寨县	150584	81723	68861	50309	28201	22108			
融安县	139519	76778	62741	71119	39347	31772	9	5	4
融水苗族自治县	252978	134766	118212	39403	21572	17831	2	1	1
三江侗族自治县	230302	120908	109394	26350	13726	12624	1		1
桂林市	**2338223**	**1222261**	**1115962**	**1888752**	**987931**	**900821**	**130**	**62**	**68**
秀峰区									
叠彩区	28229	14310	13919	27265	13848	13417	4	1	3
象山区	3960	2000	1960	3783	1941	1842			
七星区	3675	1867	1808	3392	1713	1679			
雁山区	92466	44535	47931	79787	39237	40550	84	38	46
临桂区	236291	124784	111507	211350	112140	99210	6	3	3
阳朔县	187193	97953	89240	161710	84183	77527			
灵川县	212582	110208	102374	199215	103627	95588	3	2	1
全州县	350717	185957	164760	330268	176144	154124	2	2	
兴安县	189506	97441	92065	181425	93454	87971	1	1	
永福县	140283	75456	64827	120012	64383	55629	3	1	2
灌阳县	123082	64790	58292	109675	58207	51468	2	2	
龙胜各族自治县	90781	47410	43371	15837	8378	7459	2	1	1
资源县	88039	46361	41678	65551	34532	31019	2	1	1
平乐县	239734	125733	114001	183255	94875	88380	10	5	5
恭城瑶族自治县	163911	84946	78965	54096	27164	26932	4	4	
荔浦市	187774	98510	89264	142131	74105	68026	7	1	6

1–4c 续表 1

单位:人

地区	合计			汉族			蒙古族		
	合计	男	女	小计	男	女	小计	男	女
梧州市	**1225651**	**649917**	**575734**	**1193408**	**634017**	**559391**	**8**	**4**	**4**
万秀区	43856	23237	20619	43166	22829	20337			
长洲区	24900	12965	11935	24714	12854	11860			
龙圩区	125149	66222	58927	123247	65299	57948			
苍梧县	194023	103423	90600	191859	102338	89521	3	2	1
藤　县	414709	222507	192202	411284	221330	189954	2	1	1
蒙山县	96289	50316	45973	75188	39092	36096	2		2
岑溪市	326725	171247	155478	323950	170275	153675	1	1	
北海市	**873922**	**466637**	**407285**	**849531**	**454957**	**394574**	**276**	**134**	**142**
海城区	83693	43437	40256	79772	41515	38257	236	109	127
银海区	108307	57146	51161	96756	50950	45806	24	14	10
铁山港区	123551	66693	56858	121176	65336	55840	10	8	2
合浦县	558371	299361	259010	551827	297156	254671	6	3	3
防城港市	**402433**	**224962**	**177471**	**189139**	**106947**	**82192**	**26**	**20**	**6**
港口区	38478	24681	13797	32893	20719	12174	18	16	2
防城区	180011	98556	81455	108958	60234	48724	4	2	2
上思县	123429	68657	54772	10202	5660	4542	3	1	2
东兴市	60515	33068	27447	37086	20334	16752	1	1	
钦州市	**1914764**	**1022673**	**892091**	**1712799**	**916547**	**796252**	**46**	**24**	**22**
钦南区	263357	142231	121126	227055	123984	103071	30	19	11
钦北区	365725	199976	165749	218413	119351	99062	6	3	3
灵山县	826856	437601	389255	810993	431043	379950	6		6
浦北县	458826	242865	215961	456338	242169	214169	4	2	2
贵港市	**2158138**	**1137304**	**1020834**	**1757310**	**929792**	**827518**	**13**	**9**	**4**
港北区	238267	124618	113649	116805	62207	54598	2	1	1
港南区	311371	162310	149061	303079	159777	143302	1	1	
覃塘区	229900	117789	112111	78351	41000	37351	1	1	
平南县	519799	276174	243625	472673	249945	222728	6	5	1
桂平市	858801	456413	402388	786402	416863	369539	3	1	2
玉林市	**2912869**	**1533215**	**1379654**	**2885172**	**1523959**	**1361213**	**28**	**17**	**11**
玉州区	163991	87082	76909	161837	86131	75706	2	1	1
福绵区	185278	100490	84788	183368	99889	83479	1		1
容　县	377296	196082	181214	373827	195438	178389	2	2	
陆川县	440176	230710	209466	436900	229826	207074	8	5	3
博白县	791333	420985	370348	786375	419773	366602	10	7	3
兴业县	316919	167502	149417	308919	163451	145468	1		1
北流市	637876	330364	307512	633946	329451	304495	4	2	2
百色市	**2020080**	**1053887**	**966193**	**249200**	**132146**	**117054**	**15**	**7**	**8**
右江区	134570	69392	65178	13266	7064	6202	1		1
田阳区	132318	68116	64202	12228	6665	5563	1		1
田东县	196057	101977	94080	14718	7868	6850	1		1

1–4c 续表 2

单位：人

地 区	合计			汉族			蒙古族		
	合计	男	女	小计	男	女	小计	男	女
德保县	185451	98821	86630	2760	1417	1343	3	1	2
那坡县	130732	68295	62437	7267	3664	3603			
凌云县	116302	60471	55831	43388	22674	20714	1		1
乐业县	96825	50817	46008	43481	22695	20786			
田林县	160062	83640	76422	43344	23250	20094	1		1
西林县	93199	49264	43935	8197	5019	3178	1	1	
隆林各族自治县	257714	131576	126138	48695	25604	23091	2	2	
靖西市	338707	177789	160918	4964	2308	2656	4	3	1
平果市	178143	93729	84414	6892	3918	2974			
贺州市	**1018671**	**531922**	**486749**	**810310**	**421628**	**388682**	**23**	**14**	**9**
八步区	317171	163723	153448	281651	145143	136508	12	8	4
平桂区	182298	96862	85436	158347	83877	74470	2		2
昭平县	170410	90128	80282	151277	79707	71570	2	1	1
钟山县	195981	102957	93024	158032	82131	75901	5	3	2
富川瑶族自治县	152811	78252	74559	61003	30770	30233	2	2	
河池市	**1883946**	**979995**	**903951**	**225563**	**119193**	**106370**	**40**	**24**	**16**
金城江区	104399	55307	49092	12745	6900	5845	8	6	2
宜州区	313451	162351	151100	25551	13808	11743	9	5	4
南丹县	136914	72363	64551	20217	11095	9122	1		1
天峨县	80297	43013	37284	26748	14641	12107	2	1	1
凤山县	110918	57874	53044	40642	21240	19402			
东兰县	153745	79668	74077	13335	6944	6391	2	2	
罗城仫佬族自治县	150511	77835	72676	33394	17320	16074	3	1	2
环江毛南族自治县	164958	87955	77003	8032	4437	3595	4	3	1
巴马瑶族自治县	145661	74536	71125	20129	10219	9910	9	5	4
都安瑶族自治县	293040	151402	141638	11952	6014	5938	1	1	
大化瑶族自治县	230052	117691	112361	12818	6575	6243	1		1
来宾市	**1067899**	**566865**	**501034**	**207269**	**118731**	**88538**	**9**	**3**	**6**
兴宾区	393866	209838	184028	97955	56812	41143	3		3
忻城县	187258	97858	89400	8515	4807	3708	1	1	
象州县	166385	89046	77339	30279	17314	12965			
武宣县	188641	100004	88637	55248	30646	24602	3	1	2
金秀瑶族自治县	81684	44013	37671	12596	7494	5102	2	1	1
合山市	50065	26106	23959	2676	1658	1018			
崇左市	**1170932**	**618073**	**552859**	**106361**	**60779**	**45582**	**11**	**4**	**7**
江州区	170361	91656	78705	23530	13576	9954			
扶绥县	216232	116731	99501	28786	16427	12359	2	1	1
宁明县	212636	113567	99069	36638	20980	15658	5	1	4
龙州县	149481	77663	71818	4781	2884	1897	1	1	
大新县	180722	92316	88406	4557	2374	2183	2		2
天等县	193430	100014	93416	2929	1422	1507			
凭祥市	48070	26126	21944	5140	3116	2024	1	1	

1-4c 续表 3

单位:人

地 区	回族			藏族			维吾尔族		
	小计	男	女	小计	男	女	小计	男	女
总 计	**4444**	**2401**	**2043**	**416**	**171**	**245**	**159**	**77**	**82**
南宁市	**192**	**95**	**97**	**88**	**46**	**42**	**24**	**13**	**11**
兴宁区	4	1	3						
青秀区	4	3	1	1		1			
江南区	43	29	14	52	30	22	18	12	6
西乡塘区	12	5	7				1		1
良庆区	6	3	3						
邕宁区	5	4	1	5	2	3	1		1
武鸣区	12	6	6	5	3	2			
隆安县	18	6	12	4	1	3			
马山县	10	4	6	7	5	2	2		2
上林县	11	6	5						
宾阳县	40	21	19	9	5	4	1	1	
横 县	27	7	20	5		5	1		1
柳州市	**70**	**31**	**39**	**17**	**9**	**8**	**3**	**2**	**1**
城中区									
鱼峰区	20	16	4	1	1		2	2	
柳南区	1	1							
柳北区	10	4	6	1		1			
柳江区	5		5						
柳城县	5	2	3	3	1	2			
鹿寨县	7	1	6						
融安县	13	5	8	2	2				
融水苗族自治县	4	2	2	6	4	2			
三江侗族自治县	5		5	4	1	3	1		1
桂林市	**2793**	**1494**	**1299**	**63**	**31**	**32**	**6**	**3**	**3**
秀峰区									
叠彩区	23	14	9						
象山区							1	1	
七星区	146	93	53						
雁山区	871	487	384	36	23	13	4	1	3
临桂区	431	232	199	2		2			
阳朔县	40	16	24	4	2	2			
灵川县	795	402	393	1		1			
全州县	26	6	20	2		2	1	1	
兴安县	40	21	19						
永福县	171	98	73	1		1			
灌阳县	152	81	71	2	1	1			
龙胜各族自治县	22	16	6	1	1				
资源县	11	4	7	5	1	4			
平乐县	28	11	17	2		2			
恭城瑶族自治县	4	1	3	3	1	2			
荔浦市	33	12	21	4	2	2			

1-4c 续表 4

单位：人

地区	回族			藏族			维吾尔族		
	小计	男	女	小计	男	女	小计	男	女
梧州市	**45**	**16**	**29**	**13**	**7**	**6**	**1**	**1**	
万秀区	1		1						
长洲区				1	1				
龙圩区	4	3	1						
苍梧县	4	1	3						
藤　县	14	2	12	6	1	5			
蒙山县	8	6	2	1		1	1	1	
岑溪市	14	4	10	5	5				
北海市	**148**	**94**	**54**	**24**	**2**	**22**	**7**	**5**	**2**
海城区	93	59	34	3	1	2	5	4	1
银海区	28	19	9	5		5	2	1	1
铁山港区	12	9	3	2	1	1			
合浦县	15	7	8	14		14			
防城港市	**40**	**29**	**11**	**24**	**12**	**12**	**1**		**1**
港口区	25	22	3	9	6	3			
防城区	10	4	6	14	6	8	1		1
上思县	2	1	1	1		1			
东兴市	3	2	1						
钦州市	**92**	**46**	**46**	**37**	**8**	**29**	**48**	**5**	**43**
钦南区	34	17	17	14	5	9	42	4	38
钦北区	10	3	7	1		1	1		1
灵山县	36	22	14	15	3	12	3	1	2
浦北县	12	4	8	7		7	2		2
贵港市	**65**	**25**	**40**	**28**	**10**	**18**	**1**	**1**	
港北区	7	4	3				1	1	
港南区	23	11	12	6	2	4			
覃塘区	2		2						
平南县	16	4	12	5	1	4			
桂平市	17	6	11	17	7	10			
玉林市	**100**	**46**	**54**	**42**	**9**	**33**	**4**	**2**	**2**
玉州区	8	6	2	1		1			
福绵区	3		3						
容　县	5	1	4	7	1	6			
陆川县	17	9	8	9	2	7			
博白县	33	15	18	5	1	4	2	2	
兴业县	13	7	6	3	2	1			
北流市	21	8	13	17	3	14	2		2
百色市	**108**	**59**	**49**	**28**	**10**	**18**	**3**	**2**	**1**
右江区	2	1	1						
田阳区	5	2	3	1		1			
田东县	7	6	1	2	1	1			

1-4c 续表 5

单位：人

地区	回族			藏族			维吾尔族		
	小计	男	女	小计	男	女	小计	男	女
德保县	5	1	4				1		1
那坡县	2	1	1				1	1	
凌云县	4	2	2						
乐业县	2		2						
田林县	7	3	4	2	1	1			
西林县	13	9	4	2	2				
隆林各族自治县	2	1	1	12	3	9			
靖西市	59	33	26	5	2	3			
平果市				4	1	3	1	1	
贺州市	**289**	**177**	**112**	**13**	**7**	**6**	**4**	**3**	**1**
八步区	11	4	7	2	1	1			
平桂区	9	6	3	2	1	1			
昭平县	5	3	2	1		1	1		1
钟山县	15	6	9				3	3	
富川瑶族自治县	249	158	91	8	5	3			
河池市	**403**	**244**	**159**	**22**	**14**	**8**	**6**	**5**	**1**
金城江区	8	5	3				1	1	
宜州区	151	90	61	4	3	1	1		1
南丹县	35	23	12	6	6				
天峨县	6	5	1	1		1	1	1	
凤山县	4	3	1						
东兰县	1		1						
罗城仫佬族自治县	5	4	1	2	1	1	1	1	
环江毛南族自治县	39	27	12	4	2	2			
巴马瑶族自治县	16	5	11	1		1	2	2	
都安瑶族自治县	134	81	53	4	2	2			
大化瑶族自治县	4	1	3						
来宾市	**53**	**20**	**33**	**7**	**1**	**6**	**4**	**1**	**3**
兴宾区	19	6	13	3	1	2			
忻城县	6	3	3	1		1	1		1
象州县	13	7	6				2	1	1
武宣县	10	4	6	2		2	1		1
金秀瑶族自治县	3		3	1		1			
合山市	2		2						
崇左市	**46**	**25**	**21**	**10**	**5**	**5**	**47**	**34**	**13**
江州区	3	2	1				1		1
扶绥县	16	7	9	1		1	46	34	12
宁明县	19	13	6	4	2	2			
龙州县	3	1	2	3	3				
大新县	1		1	1		1			
天等县	2	2							
凭祥市	2		2	1		1			

1-4c 续表 6

单位：人

地 区	苗族			彝族			壮族		
	小计	男	女	小计	男	女	小计	男	女
总 计	**380384**	**195545**	**184839**	**6440**	**3186**	**3254**	**7871862**	**4130878**	**3740984**
南宁市	**3280**	**1545**	**1735**	**439**	**228**	**211**	**1759888**	**931287**	**828601**
兴宁区	145	77	68	8	1	7	67581	36547	31034
青秀区	67	23	44	9	5	4	67655	36449	31206
江南区	858	472	386	108	53	55	106702	56784	49918
西乡塘区	172	81	91	22	9	13	100063	52479	47584
良庆区	81	27	54	10	7	3	88781	48623	40158
邕宁区	64	11	53	1		1	141425	76855	64570
武鸣区	393	194	199	30	17	13	277738	147425	130313
隆安县	319	149	170	55	32	23	203399	108295	95104
马山县	205	91	114	53	41	12	192666	99821	92845
上林县	207	78	129	36	15	21	185661	97220	88441
宾阳县	383	192	191	56	24	32	97683	49326	48357
横 县	386	150	236	51	24	27	230534	121463	109071
柳州市	**191288**	**99526**	**91762**	**181**	**110**	**71**	**516243**	**274993**	**241250**
城中区	10	3	7				405	144	261
鱼峰区	254	131	123	37	36	1	27868	14935	12933
柳南区	211	107	104	7	4	3	26134	14068	12066
柳北区	1162	571	591	6	4	2	9911	4958	4953
柳江区	477	227	250	27	15	12	160737	85094	75643
柳城县	1412	590	822	14	8	6	101322	52273	49049
鹿寨县	676	263	413	36	16	20	93994	50435	43559
融安县	4575	2080	2495	25	15	10	55946	31522	24424
融水苗族自治县	128576	67403	61173	19	9	10	27608	15012	12596
三江侗族自治县	53935	28151	25784	10	3	7	12318	6552	5766
桂林市	**37955**	**19424**	**18531**	**431**	**156**	**275**	**131589**	**69268**	**62321**
秀峰区									
叠彩区	68	41	27				469	220	249
象山区	10	6	4				109	33	76
七星区	10	5	5				63	22	41
雁山区	501	200	301	74	39	35	8375	3504	4871
临桂区	842	375	467	32	7	25	12058	6384	5674
阳朔县	332	166	166	23	9	14	22260	12214	10046
灵川县	411	161	250	42	17	25	4466	2176	2290
全州县	458	209	249	52	14	38	1585	564	1021
兴安县	576	229	347	20	10	10	1852	973	879
永福县	283	95	188	14	5	9	13644	7810	5834
灌阳县	121	34	87	24	7	17	682	240	442
龙胜各族自治县	15314	7940	7374	7	2	5	17715	9229	8486
资源县	18257	9662	8595	22	7	15	561	232	329
平乐县	350	149	201	38	13	25	16364	8698	7666
恭城瑶族自治县	111	36	75	53	17	36	4071	2014	2057
荔浦市	311	116	195	30	9	21	27315	14955	12360

1-4c 续表 7

单位:人

地 区	苗族			彝族			壮族		
	小计	男	女	小计	男	女	小计	男	女
梧州市	**662**	**263**	**399**	**67**	**26**	**41**	**14110**	**6898**	**7212**
万秀区	35	20	15	5	4	1	475	281	194
长洲区	4	2	2				158	92	66
龙圩区	32	15	17	5	1	4	1674	848	826
苍梧县	72	52	20	19	12	7	496	222	274
藤 县	149	39	110	17	2	15	1694	578	1116
蒙山县	213	96	117	11	7	4	7626	4093	3533
岑溪市	157	39	118	10		10	1987	784	1203
北海市	**968**	**511**	**457**	**139**	**58**	**81**	**18201**	**8526**	**9675**
海城区	183	93	90	45	23	22	2087	1018	1069
银海区	277	153	124	35	20	15	9564	5065	4499
铁山港区	135	88	47	3	3		1766	986	780
合浦县	373	177	196	56	12	44	4784	1457	3327
防城港市	**553**	**328**	**225**	**143**	**94**	**49**	**169783**	**94427**	**75356**
港口区	159	124	35	65	54	11	4484	3154	1330
防城区	219	111	108	41	19	22	51393	27817	23576
上思县	97	47	50	14	6	8	103208	57759	45449
东兴市	78	46	32	23	15	8	10698	5697	5001
钦州市	**1216**	**436**	**780**	**258**	**93**	**165**	**195083**	**103798**	**91285**
钦南区	349	150	199	81	42	39	33546	17078	16468
钦北区	186	64	122	40	12	28	146016	80216	65800
灵山县	462	147	315	77	20	57	13950	6041	7909
浦北县	219	75	144	60	19	41	1571	463	1108
贵港市	**1978**	**819**	**1159**	**140**	**65**	**75**	**355086**	**182516**	**172570**
港北区	224	101	123	27	21	6	120171	61809	58362
港南区	355	151	204	22	6	16	6551	1934	4617
覃塘区	751	366	385	26	12	14	149654	75978	73676
平南县	318	104	214	26	6	20	9595	4508	5087
桂平市	330	97	233	39	20	19	69115	38287	30828
玉林市	**1718**	**627**	**1091**	**254**	**87**	**167**	**20634**	**7237**	**13397**
玉州区	111	51	60	20	10	10	1612	723	889
福绵区	351	180	171	15	6	9	1125	265	860
容 县	249	55	194	64	18	46	2319	438	1881
陆川县	178	70	108	19	4	15	2346	586	1760
博白县	388	125	263	56	25	31	3420	781	2639
兴业县	199	74	125	22	12	10	7090	3816	3274
北流市	242	72	170	58	12	46	2722	628	2094
百色市	**117745**	**60295**	**57450**	**3432**	**1770**	**1662**	**1526187**	**797318**	**728869**
右江区	215	88	127	23	9	14	111154	57245	53909
田阳区	80	35	45	14	4	10	119087	60978	58109
田东县	122	53	69	31	16	15	167188	87078	80110

1-4c 续表 8 单位:人

地 区	苗族			彝族			壮族		
	小计	男	女	小计	男	女	小计	男	女
德保县	87	24	63	19	4	15	177762	94936	82826
那坡县	2373	1242	1131	1028	505	523	115463	60474	54989
凌云县	50	11	39	7	2	5	34251	18207	16044
乐业县	107	39	68	16	4	12	50552	26843	23709
田林县	1303	639	664	220	122	98	89214	46330	42884
西林县	26008	13561	12447	325	184	141	53499	27867	25632
隆林各族自治县	86859	44369	42490	1702	909	793	118134	59587	58547
靖西市	439	201	238	27	3	24	332798	175081	157717
平果市	102	33	69	20	8	12	157085	82692	74393
贺州市	**871**	**403**	**468**	**113**	**53**	**60**	**50482**	**28091**	**22391**
八步区	322	171	151	38	24	14	18124	9778	8346
平桂区	140	69	71	19	5	14	7878	4719	3159
昭平县	155	71	84	8	4	4	9844	5433	4411
钟山县	159	64	95	38	15	23	13662	7824	5838
富川瑶族自治县	95	28	67	10	5	5	974	337	637
河池市	**15799**	**8189**	**7610**	**467**	**229**	**238**	**1250618**	**652990**	**597628**
金城江区	693	401	292	23	11	12	86112	45676	40436
宜州区	388	183	205	36	9	27	259553	133907	125646
南丹县	6537	3433	3104	266	138	128	70334	37958	32376
天峨县	449	239	210	34	20	14	49040	25884	23156
凤山县	27	9	18	7	2	5	56513	29750	26763
东兰县	47	7	40	6	3	3	130748	67914	62834
罗城仫佬族自治县	1195	500	695	13	4	9	68609	34964	33645
环江毛南族自治县	3538	1844	1694	34	18	16	115668	61479	54189
巴马瑶族自治县	50	14	36	4	1	3	92328	47793	44535
都安瑶族自治县	2800	1533	1267	28	18	10	188829	98437	90392
大化瑶族自治县	75	26	49	16	5	11	132884	69228	63656
来宾市	**3353**	**1598**	**1755**	**198**	**118**	**80**	**808792**	**421210**	**387582**
兴宾区	1065	508	557	31	6	25	289761	150095	139666
忻城县	1008	526	482	62	52	10	171770	89374	82396
象州县	718	293	425	49	27	22	132414	69954	62460
武宣县	249	98	151	22	14	8	132396	69030	63366
金秀瑶族自治县	238	128	110	29	16	13	35951	18832	17119
合山市	75	45	30	5	3	2	46500	23925	22575
崇左市	**2998**	**1581**	**1417**	**178**	**99**	**79**	**1055166**	**552319**	**502847**
江州区	97	52	45	10	9	1	145429	77340	68089
扶绥县	2248	1188	1060	98	52	46	183578	98300	85278
宁明县	138	76	62	20	12	8	173799	91397	82402
龙州县	243	144	99	32	20	12	143962	74346	69616
大新县	183	68	115	5	1	4	175729	89773	85956
天等县	27	10	17	7	2	5	190129	98404	91725
凭祥市	62	43	19	6	3	3	42540	22759	19781

1-4c 续表 9 单位:人

地区	布依族			朝鲜族			满族		
	小计	男	女	小计	男	女	小计	男	女
总 计	**12448**	**4288**	**8160**	**204**	**88**	**116**	**1508**	**822**	**686**
南宁市	**830**	**303**	**527**	**25**	**13**	**12**	**117**	**67**	**50**
兴宁区	14	4	10				1		1
青秀区	4	1	3				7	7	
江南区	114	57	57	5	3	2	18	12	6
西乡塘区	38	17	21				14	8	6
良庆区	12	4	8				2	1	1
邕宁区	12		12				4		4
武鸣区	181	80	101	6	4	2	7	4	3
隆安县	49	19	30	2		2	9	3	6
马山县	86	41	45				24	11	13
上林县	40	12	28	2		2	14	8	6
宾阳县	172	35	137	5	3	2	13	11	2
横 县	108	33	75	5	3	2	4	2	2
柳州市	**538**	**222**	**316**	**10**	**4**	**6**	**51**	**22**	**29**
城中区									
鱼峰区	60	49	11				3	3	
柳南区	6	1	5				4	2	2
柳北区	70	34	36				2	1	1
柳江区	72	27	45				7	4	3
柳城县	100	32	68	2		2	5	3	2
鹿寨县	61	21	40	2	1	1	12	3	9
融安县	86	35	51	1	1		6	2	4
融水苗族自治县	48	15	33	4	2	2	10	4	6
三江侗族自治县	35	8	27	1		1	2		2
桂林市	**766**	**286**	**480**	**36**	**23**	**13**	**289**	**145**	**144**
秀峰区									
叠彩区	5	3	2	1		1	4	4	
象山区									
七星区	1	1		1	1				
雁山区	99	44	55	7	2	5	156	74	82
临桂区	101	33	68	2	1	1	15	6	9
阳朔县	61	22	39	4	3	1	5	3	2
灵川县	50	19	31	3	1	2	13	9	4
全州县	83	20	63	1	1		6	3	3
兴安县	43	13	30				2	1	1
永福县	57	26	31	1	1		2	1	1
灌阳县	31	13	18	10	10		9	4	5
龙胜各族自治县	8	3	5				15	9	6
资源县	37	12	25	1	1		4	1	3
平乐县	93	43	50	2	1	1	15	9	6
恭城瑶族自治县	24	8	16				27	13	14
荔浦市	73	26	47	3	1	2	16	8	8

1-4c 续表 10 单位:人

地 区	布依族			朝鲜族			满族		
	小计	男	女	小计	男	女	小计	男	女
梧州市	**338**	**82**	**256**	**3**	**1**	**2**	**10**	**6**	**4**
万秀区	3		3				2	2	
长洲区	1		1						
龙圩区	14	4	10	3	1	2			
苍梧县	35	23	12				1	1	
藤　县	52	5	47				2		2
蒙山县	127	40	87				4	2	2
岑溪市	106	10	96				1	1	
北海市	**232**	**118**	**114**	**78**	**24**	**54**	**417**	**227**	**190**
海城区	59	35	24	70	22	48	341	174	167
银海区	39	14	25	6	2	4	46	32	14
铁山港区	19	14	5	2		2	14	14	
合浦县	115	55	60				16	7	9
防城港市	**147**	**85**	**62**	**4**	**4**		**135**	**86**	**49**
港口区	48	37	11	2	2		26	22	4
防城区	51	24	27				95	57	38
上思县	21	10	11	1	1		4	2	2
东兴市	27	14	13	1	1		10	5	5
钦州市	**443**	**91**	**352**	**9**	**2**	**7**	**52**	**33**	**19**
钦南区	100	46	54	3	1	2	38	26	12
钦北区	74	10	64	2	1	1	2		2
灵山县	191	31	160	1		1	10	5	5
浦北县	78	4	74	3		3	2	2	
贵港市	**945**	**266**	**679**	**2**	**1**	**1**	**27**	**15**	**12**
港北区	134	50	84				5	3	2
港南区	380	109	271				2	1	1
覃塘区	140	57	83				3	1	2
平南县	101	22	79				12	7	5
桂平市	190	28	162	2	1	1	5	3	2
玉林市	**1015**	**164**	**851**	**3**	**1**	**2**	**28**	**22**	**6**
玉州区	73	19	54				4	2	2
福绵区	89	26	63				1	1	
容　县	216	22	194	1		1	1		1
陆川县	112	32	80				13	11	2
博白县	127	22	105	1	1		8	7	1
兴业县	223	30	193	1		1			
北流市	175	13	162				1	1	
百色市	**1634**	**336**	**1298**	**5**	**3**	**2**	**58**	**32**	**26**
右江区	40	17	23				5	2	3
田阳区	33	15	18	1	1		4	3	1
田东县	42	13	29				8	5	3

1-4c 续表 11 单位:人

地区	布依族			朝鲜族			满族		
	小计	男	女	小计	男	女	小计	男	女
德保县	38	12	26	1	1		3	3	
那坡县	11	1	10				2	2	
凌云县	38	5	33				12	4	8
乐业县	389	64	325				1		1
田林县	455	72	383	1		1	12	5	7
西林县	237	67	170				5	5	
隆林各族自治县	283	60	223	2	1	1	1		1
靖西市	39	7	32				1	1	
平果市	29	3	26				4	2	2
贺州市	**259**	**94**	**165**	**4**	**2**	**2**	**61**	**31**	**30**
八步区	82	33	49	2	1	1	13	8	5
平桂区	43	23	20	2	1	1	9	5	4
昭平县	44	14	30				3	1	2
钟山县	49	16	33				12	6	6
富川瑶族自治县	41	8	33				24	11	13
河池市	**4458**	**1913**	**2545**	**18**	**8**	**10**	**189**	**91**	**98**
金城江区	97	26	71				2	1	1
宜州区	169	50	119	8	4	4	20	10	10
南丹县	2175	947	1228				2	1	1
天峨县	640	284	356				18	16	2
凤山县	20	4	16	2	1	1	4	3	1
东兰县	32	8	24	1		1	3	1	2
罗城仫佬族自治县	63	15	48	1		1	9	4	5
环江毛南族自治县	1144	551	593				23	18	5
巴马瑶族自治县	25	5	20	5	2	3	26	11	15
都安瑶族自治县	65	17	48	1	1		55	18	37
大化瑶族自治县	28	6	22				27	8	19
来宾市	**551**	**195**	**356**	**2**	**1**	**1**	**40**	**23**	**17**
兴宾区	162	61	101	2	1	1	5	2	3
忻城县	46	11	35				2		2
象州县	144	54	90				10	4	6
武宣县	79	10	69				1		1
金秀瑶族自治县	80	35	45				18	16	2
合山市	40	24	16				4	1	3
崇左市	**292**	**133**	**159**	**5**	**1**	**4**	**34**	**22**	**12**
江州区	8	2	6				5	3	2
扶绥县	131	57	74	1	1		22	16	6
宁明县	82	42	40	1		1	1		1
龙州县	21	10	11	1		1	4	1	3
大新县	16	7	9	1		1	1	1	
天等县	11	2	9						
凭祥市	23	13	10	1		1	1	1	

1-4c 续表 12

单位：人

地 区	侗族			瑶族			白族		
	小计	男	女	小计	男	女	小计	男	女
总 计	**199271**	**103314**	**95957**	**1049594**	**541468**	**508126**	**548**	**246**	**302**
南宁市	**958**	**429**	**529**	**46889**	**23560**	**23329**	**82**	**44**	**38**
兴宁区	44	25	19	620	328	292			
青秀区	38	19	19	214	90	124	3	3	
江南区	274	116	158	1624	824	800	17	9	8
西乡塘区	95	46	49	892	459	433	1		1
良庆区	22	7	15	839	446	393	7	3	4
邕宁区	21	7	14	446	148	298	6	5	1
武鸣区	87	58	29	1149	406	743	7	6	1
隆安县	23	8	15	2589	1346	1243	1		1
马山县	63	23	40	20659	10351	10308	4		4
上林县	33	13	20	15218	8012	7206	16	10	6
宾阳县	154	72	82	1785	817	968	6	1	5
横 县	104	35	69	854	333	521	14	7	7
柳州市	**165686**	**86665**	**79021**	**41904**	**22377**	**19527**	**40**	**17**	**23**
城中区	14	5	9	36	17	19			
鱼峰区	142	71	71	320	187	133	4	4	
柳南区	62	21	41	177	81	96	1		1
柳北区	363	176	187	332	165	167	1		1
柳江区	302	133	169	542	257	285	10	8	2
柳城县	1079	321	758	531	234	297	2		2
鹿寨县	545	183	362	4635	2488	2147	12	3	9
融安县	3585	1580	2005	3542	1854	1688	2	1	1
融水苗族自治县	31936	17043	14893	21979	11824	10155	2		2
三江侗族自治县	127658	67132	60526	9810	5270	4540	6	1	5
桂林市	**24629**	**12477**	**12152**	**247783**	**129722**	**118061**	**127**	**40**	**87**
秀峰区									
叠彩区	78	35	43	280	130	150	3		3
象山区	6	2	4	40	12	28			
七星区	11	4	7	47	27	20			
雁山区	479	139	340	1479	545	934	26	7	19
临桂区	867	284	583	10329	5213	5116	14	5	9
阳朔县	228	95	133	2268	1113	1155	4	1	3
灵川县	389	149	240	6988	3559	3429	5	3	2
全州县	173	39	134	17852	8888	8964	8	3	5
兴安县	106	42	64	5318	2658	2660	4	1	3
永福县	348	112	236	5483	2788	2695	8	3	5
灌阳县	98	48	50	12117	6099	6018	25	7	18
龙胜各族自治县	21168	11249	9919	20600	10536	10064	5	1	4
资源县	86	37	49	3369	1805	1564	6	2	4
平乐县	195	74	121	39065	21721	17344	6	3	3
恭城瑶族自治县	59	22	37	105340	55624	49716	2	1	1
荔浦市	338	146	192	17208	9004	8204	11	3	8

1-4c 续表 13

单位：人

地 区	侗族			瑶族			白族		
	小计	男	女	小计	男	女	小计	男	女
梧州市	**325**	**129**	**196**	**16058**	**8304**	**7754**	**20**	**9**	**11**
万秀区	14	6	8	125	77	48			
长洲区	2	2		17	13	4	1		1
龙圩区	7	3	4	120	38	82	3	2	1
苍梧县	31	20	11	1458	729	729	1	1	
藤 县	82	29	53	1212	486	726	13	5	8
蒙山县	117	49	68	12817	6872	5945	2	1	1
岑溪市	72	20	52	309	89	220			
北海市	**482**	**273**	**209**	**2378**	**1209**	**1169**	**37**	**12**	**25**
海城区	238	132	106	242	112	130	16	4	12
银海区	114	73	41	1184	675	509	6	2	4
铁山港区	24	15	9	296	167	129	1		1
合浦县	106	53	53	656	255	401	14	6	8
防城港市	**664**	**426**	**238**	**30021**	**16013**	**14008**	**16**	**7**	**9**
港口区	113	87	26	398	276	122	3	1	2
防城区	337	208	129	17979	9598	8381	8	4	4
上思县	70	44	26	9744	5104	4640	1		1
东兴市	144	87	57	1900	1035	865	4	2	2
钦州市	**498**	**200**	**298**	**3036**	**1009**	**2027**	**32**	**15**	**17**
钦南区	184	88	96	1444	559	885	9	5	4
钦北区	161	56	105	611	204	407	5	3	2
灵山县	96	34	62	706	186	520	8	2	6
浦北县	57	22	35	275	60	215	10	5	5
贵港市	**768**	**338**	**430**	**40301**	**22972**	**17329**	**28**	**12**	**16**
港北区	121	54	67	550	286	264	3	1	2
港南区	105	50	55	481	154	327	10	6	4
覃塘区	261	147	114	501	157	344	5	2	3
平南县	139	55	84	36595	21413	15182	2		2
桂平市	142	32	110	2174	962	1212	8	3	5
玉林市	**527**	**112**	**415**	**2034**	**633**	**1401**	**28**	**13**	**15**
玉州区	40	15	25	195	89	106	1	1	
福绵区	21	8	13	206	72	134	3	3	
容 县	183	21	162	288	59	229	3	2	1
陆川县	60	13	47	322	113	209	3	1	2
博白县	103	23	80	472	133	339	8	2	6
兴业县	29	9	20	222	66	156	4	1	3
北流市	91	23	68	329	101	228	6	3	3
百色市	**369**	**163**	**206**	**118518**	**60305**	**58213**	**29**	**17**	**12**
右江区	28	13	15	9775	4925	4850	1	1	
田阳区	19	7	12	790	380	410	6	5	1
田东县	43	16	27	13748	6854	6894	2		2

1-4c 续表 14

单位:人

地 区	侗族			瑶族			白族		
	小计	男	女	小计	男	女	小计	男	女
德保县	25	6	19	4687	2387	2300	4	4	
那坡县	12	3	9	4512	2381	2131			
凌云县	14	6	8	38512	19548	18964			
乐业县	75	40	35	2186	1127	1059			
田林县	21	9	12	25368	13134	12234	7	3	4
西林县	26	21	5	4667	2381	2286			
隆林各族自治县	17	6	11	143	50	93	4	2	2
靖西市	56	27	29	233	102	131	5	2	3
平果市	33	9	24	13897	7036	6861			
贺州市	**423**	**173**	**250**	**155076**	**80939**	**74137**	**18**	**7**	**11**
八步区	153	74	79	16530	8364	8166	6	2	4
平桂区	77	34	43	15624	8067	7557	8	4	4
昭平县	55	21	34	8900	4836	4064	1	1	
钟山县	85	33	52	23765	12785	10980	2		2
富川瑶族自治县	53	11	42	90257	46887	43370	1		1
河池市	**2533**	**1289**	**1244**	**298460**	**149512**	**148948**	**38**	**21**	**17**
金城江区	70	44	26	2864	1361	1503	4	2	2
宜州区	147	70	77	18464	9261	9203	9	3	6
南丹县	62	30	32	35454	17683	17771			
天峨县	429	289	140	2353	1223	1130			
凤山县	8	1	7	13670	6858	6812	1		1
东兰县	68	48	20	9214	4591	4623			
罗城仫佬族自治县	1471	688	783	2907	1493	1414	5	2	3
环江毛南族自治县	165	79	86	10687	5510	5177	2	2	
巴马瑶族自治县	21	7	14	32941	16427	16514	2	1	1
都安瑶族自治县	49	15	34	85850	43321	42529	13	11	2
大化瑶族自治县	43	18	25	84056	41784	42272	2		2
来宾市	**1043**	**416**	**627**	**42462**	**22408**	**20054**	**34**	**23**	**11**
兴宾区	407	185	222	3901	1973	1928	8	5	3
忻城县	106	55	51	3636	1893	1743	15	12	3
象州县	286	100	186	1390	650	740	2	1	1
武宣县	144	30	114	308	118	190	7	4	3
金秀瑶族自治县	78	36	42	32585	17398	15187			
合山市	22	10	12	642	376	266	2	1	1
崇左市	**366**	**224**	**142**	**4674**	**2505**	**2169**	**19**	**9**	**10**
江州区	20	11	9	1152	628	524	4	1	3
扶绥县	42	19	23	1094	556	538	8	4	4
宁明县	52	24	28	1771	978	793	1		1
龙州县	30	21	9	172	93	79	2	1	1
大新县	26	14	12	136	60	76			
天等县	14	5	9	275	149	126			
凭祥市	182	130	52	74	41	33	4	3	1

1-4c 续表 15 单位：人

地 区	土家族			哈尼族			哈萨克族		
	小计	男	女	小计	男	女	小计	男	女
总 计	**4302**	**2185**	**2117**	**617**	**281**	**336**	**5**	**1**	**4**
南宁市	**316**	**146**	**170**	**86**	**37**	**49**	**2**		**2**
兴宁区	6	3	3	2		2			
青秀区	14	10	4	19	12	7			
江南区	86	43	43	6	2	4	2		2
西乡塘区	8	5	3	5	2	3			
良庆区	4	1	3						
邕宁区	3		3	1		1			
武鸣区	23	14	9	7	4	3			
隆安县	27	11	16	4	3	1			
马山县	27	15	12	6	2	4			
上林县	27	10	17	4		4			
宾阳县	48	17	31	21	8	13			
横 县	43	17	26	11	4	7			
柳州市	**772**	**448**	**324**	**28**	**12**	**16**	**1**	**1**	
城中区	2	2							
鱼峰区	33	19	14	3	2	1			
柳南区	7	3	4						
柳北区	15	7	8	1	1				
柳江区	22	9	13	8	3	5			
柳城县	38	17	21	3	1	2			
鹿寨县	57	25	32	1	1				
融安县	112	70	42	7	3	4	1	1	
融水苗族自治县	439	275	164	3	1	2			
三江侗族自治县	47	21	26	2		2			
桂林市	**731**	**324**	**407**	**55**	**16**	**39**			
秀峰区									
叠彩区	13	6	7						
象山区	2		2						
七星区	1	1							
雁山区	141	60	81						
临桂区	55	25	30	2		2			
阳朔县	43	19	24	7	3	4			
灵川县	64	32	32	9	5	4			
全州县	60	25	35	7	1	6			
兴安县	34	11	23	6	1	5			
永福县	38	19	19	3	1	2			
灌阳县	9	3	6	9	1	8			
龙胜各族自治县	28	16	12	4		4			
资源县	49	24	25						
平乐县	95	39	56	5	3	2			
恭城瑶族自治县	26	11	15	2	1	1			
荔浦市	73	33	40	1		1			

1-4c 续表 16 单位:人

地 区	土家族			哈尼族			哈萨克族		
	小计	男	女	小计	男	女	小计	男	女
梧州市	**126**	**44**	**82**	**11**	**1**	**10**			
万秀区	20	12	8						
长洲区	1		1						
龙圩区	11	3	8						
苍梧县	5	3	2						
藤 县	25	4	21	1		1			
蒙山县	48	17	31	8	1	7			
岑溪市	16	5	11	2		2			
北海市	**433**	**256**	**177**	**25**	**8**	**17**			
海城区	142	67	75	15	7	8			
银海区	63	42	21	4	1	3			
铁山港区	14	8	6	2		2			
合浦县	214	139	75	4		4			
防城港市	**108**	**71**	**37**	**32**	**21**	**11**			
港口区	53	43	10	27	18	9			
防城区	28	11	17						
上思县	3	1	2	4	2	2			
东兴市	24	16	8	1	1				
钦州市	**217**	**124**	**93**	**35**	**10**	**25**			
钦南区	127	85	42	10	7	3			
钦北区	26	15	11	8	1	7			
灵山县	45	16	29	11	2	9			
浦北县	19	8	11	6		6			
贵港市	**315**	**141**	**174**	**13**	**3**	**10**			
港北区	34	16	18	2		2			
港南区	60	33	27	4	2	2			
覃塘区	92	40	52						
平南县	69	26	43	3	1	2			
桂平市	60	26	34	4		4			
玉林市	**176**	**76**	**100**	**39**	**5**	**34**	**1**		**1**
玉州区	12	6	6	2	1	1			
福绵区	17	10	7						
容 县	17	7	10	5	1	4			
陆川县	22	8	14	4		4			
博白县	39	14	25	22	2	20			
兴业县	38	14	24	1		1			
北流市	31	17	14	5	1	4	1		1
百色市	**192**	**101**	**91**	**52**	**31**	**21**			
右江区	15	3	12	2		2			
田阳区	12	7	5	2		2			
田东县	17	8	9	17	7	10			

1-4c 续表 17 单位:人

地 区	土家族			哈尼族			哈萨克族		
	小计	男	女	小计	男	女	小计	男	女
德保县	14	8	6						
那坡县	7	2	5	3		3			
凌云县	8	4	4	2	1	1			
乐业县	4	1	3						
田林县	30	22	8	5	5				
西林县	35	30	5	18	17	1			
隆林各族自治县	15	5	10	2		2			
靖西市	15	4	11						
平果市	20	7	13	1	1				
贺州市	**262**	**105**	**157**	**12**	**3**	**9**			
八步区	76	35	41						
平桂区	54	22	32	1		1			
昭平县	33	10	23	3		3			
钟山县	62	26	36	6	2	4			
富川瑶族自治县	37	12	25	2	1	1			
河池市	**317**	**177**	**140**	**37**	**22**	**15**			
金城江区	52	37	15	11	10	1			
宜州区	39	21	18	11	8	3			
南丹县	16	12	4	6	2	4			
天峨县	20	15	5	1		1			
凤山县	4	1	3						
东兰县	19	7	12						
罗城仫佬族自治县	41	8	33	2	1	1			
环江毛南族自治县	50	36	14	3	1	2			
巴马瑶族自治县	11	1	10						
都安瑶族自治县	48	29	19	2		2			
大化瑶族自治县	17	10	7	1		1			
来宾市	**247**	**126**	**121**	**28**	**17**	**11**	**1**		**1**
兴宾区	69	26	43	7	2	5	1		1
忻城县	58	35	23	10	8	2			
象州县	33	15	18	7	5	2			
武宣县	38	15	23	3	1	2			
金秀瑶族自治县	26	18	8	1	1				
合山市	23	17	6						
崇左市	**90**	**46**	**44**	**164**	**95**	**69**			
江州区	5	2	3	6	2	4			
扶绥县	18	6	12	15	9	6			
宁明县	24	15	9						
龙州县	8	5	3	140	84	56			
大新县	18	8	10	1		1			
天等县	8	4	4	1		1			
凭祥市	9	6	3	1		1			

1–4c 续表 18 单位:人

地 区	傣族			黎族			傈僳族		
	小计	男	女	小计	男	女	小计	男	女
总 计	**371**	**82**	**289**	**2083**	**866**	**1217**	**158**	**57**	**101**
南宁市	**55**	**9**	**46**	**186**	**40**	**146**	**21**	**7**	**14**
兴宁区				9	3	6			
青秀区				2		2			
江南区	14	1	13	35	13	22	9	4	5
西乡塘区	5	1	4	6	2	4			
良庆区	4		4	5		5			
邕宁区	1		1	9	1	8	1		1
武鸣区	7	2	5	17	4	13			
隆安县	5	1	4	7		7	1		1
马山县	1		1	18	1	17	4	2	2
上林县	1		1	29	4	25			
宾阳县	12	3	9	30	9	21	4	1	3
横 县	5	1	4	19	3	16	2		2
柳州市	**23**	**5**	**18**	**109**	**41**	**68**	**12**	**3**	**9**
城中区									
鱼峰区				3	1	2	2	2	
柳南区	2		2	8	2	6			
柳北区	2		2	6	3	3			
柳江区				2	1	1	2		2
柳城县	2	1	1	25	10	15	4	1	3
鹿寨县	1		1	25	11	14			
融安县	8	3	5	12	4	8	1		1
融水苗族自治县	5	1	4	8	3	5	2		2
三江侗族自治县	3		3	20	6	14	1		1
桂林市	**99**	**26**	**73**	**302**	**134**	**168**	**44**	**19**	**25**
秀峰区									
叠彩区							3	2	1
象山区									
七星区	2		2						
雁山区	4	2	2	56	26	30	2	1	1
临桂区	13	5	8	37	19	18	2	2	
阳朔县	3	1	2	10	4	6	5	2	3
灵川县	7	1	6	12	3	9			
全州县	3		3	15	5	10	3	1	2
兴安县	3	1	2	6	2	4	5	2	3
永福县	1		1	21	7	14	3	1	2
灌阳县	25	6	19	11	3	8	7	1	6
龙胜各族自治县	2	2		18	14	4	2		2
资源县	1	1		37	16	21	9	6	3
平乐县	8	3	5	51	18	33	1	1	
恭城瑶族自治县	15		15	9	6	3	1		1
荔浦市	12	4	8	19	11	8	1		1

1-4c 续表 19

单位:人

地区	傣族			黎族			傈僳族		
	小计	男	女	小计	男	女	小计	男	女
梧州市	**2**		**2**	**38**	**4**	**34**	**3**	**1**	**2**
万秀区									
长洲区									
龙圩区				2		2			
苍梧县	1		1	6	1	5			
藤　县				11	1	10	2		2
蒙山县				6	2	4	1	1	
岑溪市	1		1	13		13			
北海市	**23**	**4**	**19**	**59**	**17**	**42**	**4**	**1**	**3**
海城区	7	3	4	11	3	8			
银海区	2	1	1	16	7	9	2	1	1
铁山港区	1		1	8	6	2			
合浦县	13		13	24	1	23	2		2
防城港市	**11**	**1**	**10**	**173**	**107**	**66**	**4**	**3**	**1**
港口区	1		1	2	2		2	2	
防城区	7	1	6	131	87	44			
上思县	1		1	3		3			
东兴市	2		2	37	18	19	2	1	1
钦州市	**21**	**7**	**14**	**90**	**21**	**69**	**11**	**2**	**9**
钦南区	5	3	2	38	11	27	5	1	4
钦北区	11	3	8	13	2	11	4	1	3
灵山县	4		4	20	5	15	2		2
浦北县	1	1		19	3	16			
贵港市	**10**	**2**	**8**	**81**	**23**	**58**	**2**		**2**
港北区	4	1	3	12	2	10			
港南区	2		2	6	1	5	1		1
覃塘区	1	1		16	2	14			
平南县	1		1	25	9	16			
桂平市	2		2	22	9	13	1		1
玉林市	**40**	**5**	**35**	**104**	**14**	**90**	**1**		**1**
玉州区	6	3	3	3	1	2			
福绵区				5	2	3			
容　县	3		3	12		12			
陆川县	12	1	11	16		16			
博白县	5		5	36	4	32			
兴业县	7	1	6	14	5	9	1		1
北流市	7		7	18	2	16			
百色市	**28**	**11**	**17**	**74**	**29**	**45**	**7**	**5**	**2**
右江区	1		1	7	2	5			
田阳区	3	2	1	1		1			
田东县	2	1	1	18	11	7			

1-4c 续表 20 单位:人

地区	傣族			黎族			傈僳族		
	小计	男	女	小计	男	女	小计	男	女
德保县	1		1	11	3	8	2	2	
那坡县	7	1	6	2		2			
凌云县	1		1	6	4	2			
乐业县									
田林县				6	3	3	3	2	1
西林县	8	4	4	3		3	1	1	
隆林各族自治县	2	1	1	4	3	1			
靖西市	3	2	1	10	3	7			
平果市				6		6	1		1
贺州市	**17**	**3**	**14**	**62**	**22**	**40**	**10**	**2**	**8**
八步区	6	1	5	18	9	9	2	1	1
平桂区	6	1	5	20	5	15	2		2
昭平县	2	1	1	17	6	11	1		1
钟山县	1		1	1		1			
富川瑶族自治县	2		2	6	2	4	5	1	4
河池市	**14**	**3**	**11**	**676**	**371**	**305**	**25**	**9**	**16**
金城江区	3		3	7	2	5	5	2	3
宜州区	2		2	607	353	254	3	2	1
南丹县	2	1	1	4	1	3			
天峨县	2	2		7	3	4			
凤山县				2		2	1		1
东兰县				6		6	1		1
罗城仫佬族自治县	2		2	9	1	8			
环江毛南族自治县				12	3	9	7	1	6
巴马瑶族自治县	1		1	3	1	2	2	1	1
都安瑶族自治县	1		1	15	7	8	4	3	1
大化瑶族自治县	1		1	4		4	2		2
来宾市	**9**	**2**	**7**	**90**	**31**	**59**	**13**	**5**	**8**
兴宾区	6	2	4	36	12	24	2		2
忻城县	1		1	6	2	4	2	2	
象州县				18	6	12	1		1
武宣县				20	6	14	6	2	4
金秀瑶族自治县	2		2	4	1	3	2	1	1
合山市				6	4	2			
崇左市	**19**	**4**	**15**	**39**	**12**	**27**	**1**		**1**
江州区	2		2	2		2			
扶绥县	3		3	13	3	10			
宁明县	5	1	4	2		2			
龙州县	7	2	5	9	5	4	1		1
大新县	2	1	1	5	1	4			
天等县				4	3	1			
凭祥市				4		4			

1-4c 续表 21

单位:人

地　区	佤族			畲族			高山族		
	小计	男	女	小计	男	女	小计	男	女
总　计	**213**	**70**	**143**	**242**	**128**	**114**	**56**	**33**	**23**
南宁市	**8**	**2**	**6**	**19**	**11**	**8**	**7**	**2**	**5**
兴宁区				1	1				
青秀区									
江南区	1		1	2		2	2		2
西乡塘区				1	1		4	2	2
良庆区									
邕宁区									
武鸣区	1		1	7	4	3			
隆安县				4	3	1	1		1
马山县	1		1						
上林县				1	1				
宾阳县	2	1	1	3	1	2			
横　县	3	1	2						
柳州市	**15**	**2**	**13**	**37**	**22**	**15**	**8**	**5**	**3**
城中区									
鱼峰区	1		1	2	2				
柳南区									
柳北区				1		1			
柳江区	2		2	13	9	4			
柳城县	2		2	2	2		2	1	1
鹿寨县	2	1	1	3		3	1	1	
融安县				7	4	3	2	2	
融水苗族自治县	7	1	6				3	1	2
三江侗族自治县	1		1	9	5	4			
桂林市	**45**	**14**	**31**	**43**	**22**	**21**	**21**	**14**	**7**
秀峰区									
叠彩区									
象山区									
七星区									
雁山区	2		2	6		6	1	1	
临桂区	4		4	1		1			
阳朔县	5	4	1	7	1	6			
灵川县	3	1	2	2	2				
全州县	5	2	3						
兴安县	7	1	6	1	1				
永福县	3	1	2						
灌阳县	7	3	4	2	2				
龙胜各族自治县	1		1	4	3	1			
资源县	1		1	13	11	2			
平乐县				2		2			
恭城瑶族自治县	7	2	5	4	2	2	5	4	1
荔浦市				1		1	15	9	6

1-4c 续表 22 单位:人

地 区	佤族			畲族			高山族		
	小计	男	女	小计	男	女	小计	男	女
梧州市	**7**	**7**		**10**	**9**	**1**			
万秀区									
长洲区									
龙圩区									
苍梧县	7	7		1	1				
藤 县				1	1				
蒙山县				6	5	1			
岑溪市				2	2				
北海市	**7**	**3**	**4**	**14**	**8**	**6**	**1**	**1**	
海城区				9	5	4			
银海区				4	3	1	1	1	
铁山港区	6	3	3						
合浦县	1		1	1		1			
防城港市	**4**		**4**	**3**	**2**	**1**	**1**	**1**	
港口区				1	1				
防城区	1		1				1	1	
上思县	1		1						
东兴市	2		2	2	1	1			
钦州市	**11**	**2**	**9**	**11**	**3**	**8**			
钦南区	1		1	3	2	1			
钦北区	4	2	2	5	1	4			
灵山县	3		3	3		3			
浦北县	3		3						
贵港市	**11**	**7**	**4**	**17**	**5**	**12**	**3**	**3**	
港北区									
港南区				1		1			
覃塘区				3	2	1			
平南县	2		2	5	2	3	3	3	
桂平市	9	7	2	8	1	7			
玉林市	**20**		**20**	**23**	**9**	**14**			
玉州区	1		1	1		1			
福绵区	2		2	2	2				
容 县	1		1	1	1				
陆川县	1		1	1		1			
博白县	2		2	4		4			
兴业县				2	1	1			
北流市	13		13	12	5	7			
百色市	**10**	**2**	**8**	**13**	**7**	**6**	**1**		**1**
右江区	2		2						
田阳区	1		1	2	1	1			
田东县	1		1	5	3	2			

1-4c 续表 23

单位:人

地 区	佤族			畲族			高山族		
	小计	男	女	小计	男	女	小计	男	女
德保县				1	1				
那坡县				2		2			
凌云县							1		1
乐业县									
田林县	1		1						
西林县	1	1		3	2	1			
隆林各族自治县	1		1						
靖西市	3	1	2						
平果市									
贺州市	**17**	**5**	**12**	**23**	**16**	**7**	**1**		**1**
八步区	3	1	2	5	2	3			
平桂区	4	2	2	1	1				
昭平县				1		1			
钟山县	5		5	15	13	2			
富川瑶族自治县	5	2	3	1		1	1		1
河池市	**38**	**21**	**17**	**9**	**1**	**8**	**7**	**6**	**1**
金城江区	3	1	2	1		1	7	6	1
宜州区	3	2	1	1		1			
南丹县	3		3						
天峨县	1	1		1		1			
凤山县									
东兰县	4		4						
罗城仫佬族自治县									
环江毛南族自治县	4		4	2	1	1			
巴马瑶族自治县									
都安瑶族自治县	20	17	3	3		3			
大化瑶族自治县				1		1			
来宾市	**5**	**1**	**4**	**15**	**9**	**6**	**2**		**2**
兴宾区	1		1	9	5	4	1		1
忻城县	1		1						
象州县	3	1	2	3	2	1			
武宣县				2	1	1	1		1
金秀瑶族自治县									
合山市				1	1				
崇左市	**15**	**4**	**11**	**5**	**4**	**1**	**4**	**1**	**3**
江州区	1		1	1		1			
扶绥县	5	1	4				1		1
宁明县	4		4						
龙州县	4	3	1	2	2		1	1	
大新县							1		1
天等县							1		1
凭祥市	1		1	2	2				

1-4c 续表 24　　　　单位：人

地区	拉祜族			水族			东乡族		
	小计	男	女	小计	男	女	小计	男	女
总　计	**111**	**27**	**84**	**6466**	**3326**	**3140**	**11**	**7**	**4**
南宁市	**15**	**2**	**13**	**158**	**74**	**84**	**4**	**4**	
兴宁区				2		2			
青秀区				2	2				
江南区	1		1	12	8	4	4	4	
西乡塘区	1	1		5	1	4			
良庆区				3	1	2			
邕宁区				60	43	17			
武鸣区	3	1	2	31	13	18			
隆安县				3		3			
马山县	3		3	5	1	4			
上林县	3		3	1		1			
宾阳县				21	1	20			
横　县	4		4	13	4	9			
柳州市	**3**		**3**	**2454**	**1369**	**1085**	**1**		**1**
城中区				1		1			
鱼峰区				49	39	10			
柳南区				6	2	4			
柳北区				21	8	13			
柳江区	1		1	12	3	9			
柳城县				66	29	37			
鹿寨县				13	6	7	1		1
融安县	2		2	62	35	27			
融水苗族自治县				2199	1240	959			
三江侗族自治县				25	7	18			
桂林市	**27**	**6**	**21**	**257**	**78**	**179**			
秀峰区									
叠彩区									
象山区									
七星区									
雁山区	1	1		24	10	14			
临桂区	3		3	14	4	10			
阳朔县	4	1	3	13	4	9			
灵川县	11	2	9	18	7	11			
全州县	1	1		28	5	23			
兴安县	2		2	15	5	10			
永福县	1		1	19	4	15			
灌阳县	2	1	1	7	4	3			
龙胜各族自治县	1		1	5	1	4			
资源县	1		1	3		3			
平乐县				27	9	18			
恭城瑶族自治县				8	2	6			
荔浦市				76	23	53			

1-4c 续表 25

单位：人

地 区	拉祜族			水族			东乡族		
	小计	男	女	小计	男	女	小计	男	女
梧州市	**4**		**4**	**105**	**26**	**79**			
万秀区									
长洲区									
龙圩区									
苍梧县				6	3	3			
藤　县	2		2	52	7	45			
蒙山县				44	16	28			
岑溪市	2		2	3		3			
北海市	**1**		**1**	**29**	**12**	**17**	**1**	**1**	
海城区				9	2	7	1	1	
银海区				8	6	2			
铁山港区				2	1	1			
合浦县	1		1	10	3	7			
防城港市	**2**	**1**	**1**	**18**	**12**	**6**			
港口区	1	1		7	7				
防城区				2	1	1			
上思县	1		1	3	1	2			
东兴市				6	3	3			
钦州市	**10**	**2**	**8**	**50**	**18**	**32**	**1**	**1**	
钦南区	4	1	3	24	14	10	1	1	
钦北区	1		1	6		6			
灵山县	3	1	2	16	4	12			
浦北县	2		2	4		4			
贵港市	**4**		**4**	**149**	**32**	**117**	**1**		**1**
港北区				9	5	4			
港南区	3		3	59	16	43			
覃塘区				20	4	16			
平南县				19	7	12			
桂平市	1		1	42		42	1		1
玉林市	**6**		**6**	**167**	**34**	**133**			
玉州区				18	4	14			
福绵区				22	11	11			
容　县	1		1	14	1	13			
陆川县				22	5	17			
博白县	3		3	22	7	15			
兴业县				51	4	47			
北流市	2		2	18	2	16			
百色市	**9**	**1**	**8**	**34**	**8**	**26**			
右江区				1		1			
田阳区				4		4			
田东县				2	1	1			

1-4c 续表 26

单位:人

地 区	拉祜族			水族			东乡族		
	小计	男	女	小计	男	女	小计	男	女
德保县	1		1	7	1	6			
那坡县	2		2	1		1			
凌云县				4	2	2			
乐业县				1		1			
田林县	1		1	2	1	1			
西林县	2		2	1	1				
隆林各族自治县				1		1			
靖西市	1		1	3		3			
平果市	2	1	1	7	2	5			
贺州市	**7**	**3**	**4**	**37**	**19**	**18**			
八步区	3	2	1	17	10	7			
平桂区	3	1	2						
昭平县				5	2	3			
钟山县				12	7	5			
富川瑶族自治县	1		1	3		3			
河池市	**8**	**2**	**6**	**2648**	**1479**	**1169**	**2**	**1**	**1**
金城江区				21	2	19			
宜州区	1	1		960	536	424	1	1	
南丹县				631	387	244			
天峨县	3	1	2	8	7	1			
凤山县									
东兰县				4		4			
罗城仫佬族自治县				113	36	77	1		1
环江毛南族自治县	2		2	548	307	241			
巴马瑶族自治县	1		1	1		1			
都安瑶族自治县				358	202	156			
大化瑶族自治县	1		1	4	2	2			
来宾市	**6**	**1**	**5**	**296**	**132**	**164**			
兴宾区	3		3	133	56	77			
忻城县				32	17	15			
象州县	1		1	82	41	41			
武宣县	1	1		18	1	17			
金秀瑶族自治县				27	13	14			
合山市	1		1	4	4				
崇左市	**9**	**9**		**64**	**33**	**31**	**1**		**1**
江州区				33	18	15	1		1
扶绥县				19	9	10			
宁明县				4	3	1			
龙州县	9	9		4	1	3			
大新县				3	1	2			
天等县				1	1				
凭祥市									

1-4c 续表 27 单位：人

地区	纳西族			景颇族			柯尔克孜族		
	小计	男	女	小计	男	女	小计	男	女
总计	**29**	**11**	**18**	**56**	**20**	**36**			
南宁市	**3**	**1**	**2**						
兴宁区									
青秀区									
江南区	1		1						
西乡塘区									
良庆区	1		1						
邕宁区									
武鸣区									
隆安县									
马山县									
上林县	1	1							
宾阳县									
横县									
柳州市	**1**	**1**		**9**	**4**	**5**			
城中区									
鱼峰区									
柳南区				3	3				
柳北区									
柳江区									
柳城县									
鹿寨县									
融安县									
融水苗族自治县	1	1		2		2			
三江侗族自治县				4	1	3			
桂林市	**14**	**3**	**11**	**11**	**3**	**8**			
秀峰区									
叠彩区				2	1	1			
象山区									
七星区									
雁山区	6		6	1		1			
临桂区	2		2						
阳朔县	3	3							
灵川县	1		1						
全州县									
兴安县				2	2				
永福县									
灌阳县	1		1	2		2			
龙胜各族自治县									
资源县									
平乐县									
恭城瑶族自治县	1		1						
荔浦市				4		4			

1-4c 续表 28 单位:人

地 区	纳西族			景颇族			柯尔克孜族		
	小计	男	女	小计	男	女	小计	男	女
梧州市									
万秀区									
长洲区									
龙圩区									
苍梧县									
藤 县									
蒙山县									
岑溪市									
北海市	**1**	**1**		**3**	**2**	**1**			
海城区									
银海区	1	1							
铁山港区				3	2	1			
合浦县									
防城港市	**2**	**2**							
港口区	2	2							
防城区									
上思县									
东兴市									
钦州市	**2**		**2**						
钦南区	2		2						
钦北区									
灵山县									
浦北县									
贵港市				**1**	**1**				
港北区									
港南区									
覃塘区									
平南县				1	1				
桂平市									
玉林市				**2**		**2**			
玉州区									
福绵区									
容 县				1		1			
陆川县				1		1			
博白县									
兴业县									
北流市									
百色市				**2**		**2**			
右江区									
田阳区									
田东县				1		1			

1-4c 续表 29

单位:人

地 区	纳西族			景颇族			柯尔克孜族		
	小计	男	女	小计	男	女	小计	男	女
德保县									
那坡县									
凌云县									
乐业县									
田林县									
西林县									
隆林各族自治县									
靖西市				1		1			
平果市									
贺州市	**4**	**2**	**2**	**1**		**1**			
八步区	1	1							
平桂区									
昭平县	3	1	2						
钟山县				1		1			
富川瑶族自治县									
河池市	**1**		**1**	**8**	**1**	**7**			
金城江区				1	1				
宜州区				1		1			
南丹县									
天峨县				3		3			
凤山县									
东兰县				1		1			
罗城仫佬族自治县				1		1			
环江毛南族自治县									
巴马瑶族自治县									
都安瑶族自治县				1		1			
大化瑶族自治县	1		1						
来宾市				**4**	**1**	**3**			
兴宾区				3	1	2			
忻城县				1		1			
象州县									
武宣县									
金秀瑶族自治县									
合山市									
崇左市	**1**	**1**		**15**	**8**	**7**			
江州区									
扶绥县				15	8	7			
宁明县	1	1							
龙州县									
大新县									
天等县									
凭祥市									

1–4c 续表 30

单位：人

地 区	土族			达斡尔族			仫佬族		
	小计	男	女	小计	男	女	小计	男	女
总 计	**90**	**40**	**50**	**16**	**8**	**8**	**63447**	**33776**	**29671**
南宁市	**9**	**6**	**3**				**834**	**460**	**374**
兴宁区	1	1					21	9	12
青秀区							14	3	11
江南区	1	1					145	71	74
西乡塘区	2	2					50	19	31
良庆区							13	5	8
邕宁区							6	2	4
武鸣区							23	12	11
隆安县							11	6	5
马山县	1	1					459	296	163
上林县	2		2				28	10	18
宾阳县							37	14	23
横 县	2	1	1				27	13	14
柳州市	**8**	**3**	**5**	**1**	**1**		**6173**	**3213**	**2960**
城中区							27	7	20
鱼峰区	1	1					1029	646	383
柳南区							70	29	41
柳北区				1	1		176	78	98
柳江区							777	460	317
柳城县	3		3				2938	1427	1511
鹿寨县	1		1				141	49	92
融安县	2	1	1				323	178	145
融水苗族自治县	1	1					662	326	336
三江侗族自治县							30	13	17
桂林市	**18**	**9**	**9**	**6**	**4**	**2**	**698**	**309**	**389**
秀峰区									
叠彩区							4	1	3
象山区							9	5	4
七星区									
雁山区	4	1	3	4	2	2	136	42	94
临桂区							66	25	41
阳朔县	4	2	2				116	69	47
灵川县	2	2					38	16	22
全州县	1		1				42	13	29
兴安县	2	2		1	1		19	5	14
永福县							125	81	44
灌阳县	1		1	1	1		23	5	18
龙胜各族自治县							6	2	4
资源县	1		1				3	3	
平乐县							52	22	30
恭城瑶族自治县	1		1				12	2	10
荔浦市	2	2					47	18	29

1-4c 续表 31

单位:人

地 区	土族			达斡尔族			仫佬族		
	小计	男	女	小计	男	女	小计	男	女
梧州市				**2**		**2**	**128**	**26**	**102**
万秀区							6	4	2
长洲区							1	1	
龙圩区							9	3	6
苍梧县							10	4	6
藤 县							38	5	33
蒙山县				2		2	27	4	23
岑溪市							37	5	32
北海市	**4**	**3**	**1**	**5**	**2**	**3**	**116**	**49**	**67**
海城区	1	1		5	2	3	30	12	18
银海区							40	21	19
铁山港区							9	5	4
合浦县	3	2	1				37	11	26
防城港市	**2**	**1**	**1**	**1**	**1**		**94**	**55**	**39**
港口区	2	1	1	1	1		46	32	14
防城区							27	13	14
上思县							7	3	4
东兴市							14	7	7
钦州市	**6**	**1**	**5**	**1**		**1**	**146**	**42**	**104**
钦南区	2		2	1		1	60	17	43
钦北区	2		2				33	12	21
灵山县							35	11	24
浦北县	2	1	1				18	2	16
贵港市	**4**	**1**	**3**				**449**	**154**	**295**
港北区							85	36	49
港南区	1		1				117	29	88
覃塘区	2	1	1				44	12	32
平南县							105	36	69
桂平市	1		1				98	41	57
玉林市	**5**	**1**	**4**				**274**	**73**	**201**
玉州区	2	1	1				24	7	17
福绵区							20	11	9
容 县	2		2				23	8	15
陆川县							56	17	39
博白县							83	15	68
兴业县	1		1				26	5	21
北流市							42	10	32
百色市	**3**		**3**				**227**	**120**	**107**
右江区							12	7	5
田阳区							12	7	5
田东县							53	23	30

1−4c 续表 32

单位:人

地 区	土族			达斡尔族			仫佬族		
	小计	男	女	小计	男	女	小计	男	女
德保县	1		1				6	3	3
那坡县							30	17	13
凌云县							2	1	1
乐业县							3	1	2
田林县							31	21	10
西林县							1		1
隆林各族自治县							50	29	21
靖西市	2		2				11	2	9
平果市							16	9	7
贺州市	**9**	**4**	**5**				**92**	**33**	**59**
八步区	5	2	3				18	8	10
平桂区							20	7	13
昭平县							22	6	16
钟山县							21	6	15
富川瑶族自治县	4	2	2				11	6	5
河池市	**9**	**3**	**6**				**51067**	**27518**	**23549**
金城江区	2	1	1				80	39	41
宜州区							6486	3635	2851
南丹县							20	9	11
天峨县	1		1				38	25	13
凤山县							3	1	2
东兰县							9	2	7
罗城仫佬族自治县	2	1	1				42576	22754	19822
环江毛南族自治县	2	1	1				524	289	235
巴马瑶族自治县							12	3	9
都安瑶族自治县	2		2				1302	756	546
大化瑶族自治县							17	5	12
来宾市	**2**		**2**				**3075**	**1685**	**1390**
兴宾区							173	55	118
忻城县							1921	1034	887
象州县	1		1				870	545	325
武宣县							43	14	29
金秀瑶族自治县	1		1				23	12	11
合山市							45	25	20
崇左市	**11**	**8**	**3**				**74**	**39**	**35**
江州区							12	6	6
扶绥县	6	4	2				25	14	11
宁明县	1	1					10	4	6
龙州县							9	6	3
大新县	1	1					10	3	7
天等县							7	5	2
凭祥市	3	2	1				1	1	

1-4c 续表 33

单位:人

地区	羌族			布朗族			撒拉族		
	小计	男	女	小计	男	女	小计	男	女
总计	**31**	**20**	**11**	**70**	**22**	**48**	**1**	**1**	
南宁市	**9**	**6**	**3**	**4**	**2**	**2**			
兴宁区									
青秀区									
江南区	4	4		1	1				
西乡塘区				2	1	1			
良庆区									
邕宁区									
武鸣区	2		2						
隆安县									
马山县									
上林县									
宾阳县	3	2	1						
横县				1		1			
柳州市	**1**	**1**		**4**		**4**			
城中区									
鱼峰区									
柳南区									
柳北区									
柳江区									
柳城县									
鹿寨县									
融安县	1	1		3		3			
融水苗族自治县									
三江侗族自治县				1		1			
桂林市	**4**	**2**	**2**	**15**	**6**	**9**			
秀峰区									
叠彩区									
象山区									
七星区									
雁山区				1		1			
临桂区	1	1							
阳朔县									
灵川县									
全州县									
兴安县				3		3			
永福县	2		2	4	2	2			
灌阳县									
龙胜各族自治县				1		1			
资源县				1		1			
平乐县	1	1		2	2				
恭城瑶族自治县				3	2	1			
荔浦市									

1-4c 续表 34

单位:人

地 区	羌族			布朗族			撒拉族		
	小计	男	女	小计	男	女	小计	男	女
梧州市				**1**	**1**				
万秀区									
长洲区									
龙圩区									
苍梧县									
藤 县									
蒙山县				1	1				
岑溪市									
北海市	**2**	**2**		**1**		**1**			
海城区				1		1			
银海区	2	2							
铁山港区									
合浦县									
防城港市	**1**	**1**							
港口区									
防城区	1	1							
上思县									
东兴市									
钦州市	**3**	**1**	**2**	**8**	**1**	**7**			
钦南区	2	1	1						
钦北区				1		1			
灵山县	1		1	3		3			
浦北县				4	1	3			
贵港市									
港北区									
港南区									
覃塘区									
平南县									
桂平市									
玉林市				**3**		**3**			
玉州区									
福绵区									
容 县									
陆川县									
博白县				2		2			
兴业县				1		1			
北流市									
百色市				**3**		**3**			
右江区									
田阳区									
田东县				3		3			

1-4c 续表 35

单位:人

地区	羌族			布朗族			撒拉族		
	小计	男	女	小计	男	女	小计	男	女
德保县									
那坡县									
凌云县									
乐业县									
田林县									
西林县									
隆林各族自治县									
靖西市									
平果市									
贺州市	**6**	**3**	**3**	**2**		**2**			
八步区	3	2	1						
平桂区	2		2						
昭平县									
钟山县	1	1							
富川瑶族自治县				2		2			
河池市	**1**	**1**		**21**	**9**	**12**			
金城江区									
宜州区				1		1			
南丹县				2	1	1			
天峨县				1	1				
凤山县									
东兰县				1		1			
罗城仫佬族自治县				6	4	2			
环江毛南族自治县				6	2	4			
巴马瑶族自治县				2	1	1			
都安瑶族自治县				2		2			
大化瑶族自治县	1	1							
来宾市	**2**	**2**		**3**	**1**	**2**	**1**	**1**	
兴宾区									
忻城县				2		2	1	1	
象州县				1	1				
武宣县	2	2							
金秀瑶族自治县									
合山市									
崇左市	**2**	**1**	**1**	**5**	**2**	**3**			
江州区	1		1	2		2			
扶绥县									
宁明县									
龙州县				3	2	1			
大新县									
天等县	1	1							
凭祥市									

1-4c 续表 36 单位：人

地 区	毛南族			仡佬族			锡伯族		
	小计	男	女	小计	男	女	小计	男	女
总 计	**31973**	**17249**	**14724**	**2520**	**1322**	**1198**	**21**	**9**	**12**
南宁市	**387**	**180**	**207**	**56**	**25**	**31**	**4**	**2**	**2**
兴宁区	13	7	6	1	1				
青秀区	11	4	7						
江南区	68	35	33	17	7	10	1	1	
西乡塘区	35	23	12	3	3				
良庆区	8	6	2	2	2				
邕宁区	18	8	10	2		2			
武鸣区	43	16	27	4	2	2			
隆安县	9	3	6	2	1	1			
马山县	80	39	41	4		4	2	1	1
上林县	25	16	9	3	2	1			
宾阳县	48	18	30	4		4	1		1
横 县	29	5	24	14	7	7			
柳州市	**244**	**101**	**143**	**54**	**29**	**25**			
城中区									
鱼峰区	24	14	10	4	3	1			
柳南区	21	5	16	4	4				
柳北区	23	12	11	3	2	1			
柳江区	47	15	32	1		1			
柳城县	26	11	15	4	1	3			
鹿寨县	22	7	15	12	5	7			
融安县	41	18	23	6	2	4			
融水苗族自治县	26	14	12	17	9	8			
三江侗族自治县	14	5	9	3	3				
桂林市	**191**	**84**	**107**	**86**	**37**	**49**	**2**		**2**
秀峰区									
叠彩区	5	3	2						
象山区									
七星区									
雁山区	43	25	18	17	9	8	2		2
临桂区	22	8	14	9	4	5			
阳朔县	14	4	10	4	1	3			
灵川县	14	5	9	13	5	8			
全州县	23	7	16	7	2	5			
兴安县	4	3	1	1		1			
永福县	18	9	9	5	2	3			
灌阳县	9	2	7	3		3			
龙胜各族自治县	4	2	2	1	1				
资源县	2	2		2		2			
平乐县	13	5	8	11	6	5			
恭城瑶族自治县	6	3	3	7	3	4			
荔浦市	14	6	8	6	4	2			

1-4c 续表 37

单位:人

地区	毛南族			仫佬族			锡伯族		
	小计	男	女	小计	男	女	小计	男	女
梧州市	**48**	**17**	**31**	**10**	**3**	**7**			
万秀区	3	2	1	1		1			
长洲区									
龙圩区	5	2	3						
苍梧县	3		3						
藤　县	14	5	9						
蒙山县	7	3	4	5	3	2			
岑溪市	16	5	11	4		4			
北海市	**92**	**43**	**49**	**64**	**34**	**30**	**13**	**5**	**8**
海城区	8	3	5	40	21	19	12	4	8
银海区	37	16	21	14	10	4			
铁山港区	27	16	11	4	3	1			
合浦县	20	8	12	6		6	1	1	
防城港市	**44**	**28**	**16**	**23**	**18**	**5**			
港口区	25	21	4	2	2				
防城区	6	1	5	15	11	4			
上思县	11	4	7	5	4	1			
东兴市	2	2		1	1				
钦州市	**94**	**31**	**63**	**38**	**21**	**17**	**1**	**1**	
钦南区	40	18	22	18	12	6	1	1	
钦北区	18	5	13	5	2	3			
灵山县	27	6	21	12	7	5			
浦北县	9	2	7	3		3			
贵港市	**202**	**53**	**149**	**32**	**10**	**22**			
港北区	54	12	42	1	1				
港南区	77	23	54	8	2	6			
覃塘区	11	1	10	2	1	1			
平南县	22	5	17	13	5	8			
桂平市	38	12	26	8	1	7			
玉林市	**188**	**37**	**151**	**17**	**7**	**10**			
玉州区	12	7	5						
福绵区	14	3	11	1		1			
容　县	17	2	15	3	1	2			
陆川县	30	4	26	6	3	3			
博白县	55	15	40	5	3	2			
兴业县	28	2	26	1		1			
北流市	32	4	28	1		1			
百色市	**75**	**43**	**32**	**1925**	**1028**	**897**			
右江区	2	2		10	7	3			
田阳区	5	3	2	2		2			
田东县	14	6	8	2	1	1			

1-4c 续表 38

单位：人

地区	毛南族			仫佬族			锡伯族		
	小计	男	女	小计	男	女	小计	男	女
德保县	5	4	1						
那坡县	2	1	1						
凌云县	1		1						
乐业县	2	1	1						
田林县	10	6	4	16	11	5			
西林县	23	15	8	109	64	45			
隆林各族自治县	1	1		1778	942	836			
靖西市	4	2	2	2	2				
平果市	6	2	4	6	1	5			
贺州市	**31**	**17**	**14**	**38**	**21**	**17**			
八步区	7	4	3	22	11	11			
平桂区	10	9	1	2	1	1			
昭平县	5	1	4	6	4	2			
钟山县	6	3	3	3	2	1			
富川瑶族自治县	3		3	5	3	2			
河池市	**30220**	**16541**	**13679**	**112**	**63**	**49**	**1**	**1**	
金城江区	1565	767	798	4		4			
宜州区	770	368	402	30	10	20			
南丹县	1119	620	499	5	5				
天峨县	461	330	131	25	22	3			
凤山县	4	1	3						
东兰县	241	141	100	2		2			
罗城仫佬族自治县	49	19	30	23	11	12			
环江毛南族自治县	24441	13338	11103	5	4	1	1	1	
巴马瑶族自治县	63	34	29	2	1	1			
都安瑶族自治县	1473	907	566	10	5	5			
大化瑶族自治县	34	16	18	6	5	1			
来宾市	**105**	**46**	**59**	**54**	**22**	**32**			
兴宾区	22	12	10	12	3	9			
忻城县	29	13	16	9	4	5			
象州县	20	6	14	23	11	12			
武宣县	20	4	16	3	1	2			
金秀瑶族自治县	5	2	3	3	1	2			
合山市	9	9		4	2	2			
崇左市	**52**	**28**	**24**	**11**	**4**	**7**			
江州区	5	2	3	1	1				
扶绥县	19	11	8	3	1	2			
宁明县	10	3	7	2	1	1			
龙州县	11	7	4	1	1				
大新县	1	1		2		2			
天等县	3	1	2	1		1			
凭祥市	3	3		1		1			

1-4c 续表 39

单位：人

地 区	阿昌族			普米族			塔吉克族		
	小计	男	女	小计	男	女	小计	男	女
总 计	**27**	**9**	**18**	**10**	**5**	**5**	**1**		**1**
南宁市	**1**	**1**		**7**	**5**	**2**			
兴宁区									
青秀区									
江南区	1	1		5	4	1			
西乡塘区									
良庆区									
邕宁区									
武鸣区									
隆安县									
马山县									
上林县									
宾阳县				2	1	1			
横 县									
柳州市	**1**		**1**						
城中区									
鱼峰区									
柳南区									
柳北区									
柳江区	1		1						
柳城县									
鹿寨县									
融安县									
融水苗族自治县									
三江侗族自治县									
桂林市	**9**	**1**	**8**	**2**		**2**			
秀峰区									
叠彩区	1		1						
象山区									
七星区									
雁山区									
临桂区									
阳朔县	3	1	2						
灵川县	1		1						
全州县	2		2						
兴安县									
永福县									
灌阳县	2		2						
龙胜各族自治县									
资源县									
平乐县				2		2			
恭城瑶族自治县									
荔浦市									

1-4c 续表 40

单位:人

地 区	阿昌族			普米族			塔吉克族		
	小计	男	女	小计	男	女	小计	男	女
梧州市									
万秀区									
长洲区									
龙圩区									
苍梧县									
藤 县									
蒙山县									
岑溪市									
北海市	**3**	**2**	**1**						
海城区									
银海区	3	2	1						
铁山港区									
合浦县									
防城港市	**2**	**1**	**1**						
港口区									
防城区									
上思县									
东兴市	2	1	1						
钦州市	**1**		**1**						
钦南区									
钦北区									
灵山县	1		1						
浦北县									
贵港市	**1**	**1**							
港北区									
港南区	1	1							
覃塘区									
平南县									
桂平市									
玉林市	**1**		**1**						
玉州区									
福绵区									
容 县									
陆川县	1		1						
博白县									
兴业县									
北流市									
百色市	**2**	**1**	**1**	**1**		**1**			
右江区	1	1							
田阳区									
田东县	1		1						

1-4c 续表 41 单位:人

地 区	阿昌族			普米族			塔吉克族		
	小计	男	女	小计	男	女	小计	男	女
德保县									
那坡县									
凌云县									
乐业县				1		1			
田林县									
西林县									
隆林各族自治县									
靖西市									
平果市									
贺州市	**2**		**2**				**1**		**1**
八步区									
平桂区									
昭平县	2		2				1		1
钟山县									
富川瑶族自治县									
河池市	**1**	**1**							
金城江区									
宜州区									
南丹县									
天峨县									
凤山县									
东兰县									
罗城仫佬族自治县									
环江毛南族自治县									
巴马瑶族自治县									
都安瑶族自治县	1	1							
大化瑶族自治县									
来宾市	**3**	**1**	**2**						
兴宾区	1		1						
忻城县									
象州县	2	1	1						
武宣县									
金秀瑶族自治县									
合山市									
崇左市									
江州区									
扶绥县									
宁明县									
龙州县									
大新县									
天等县									
凭祥市									

1-4c 续表 42

单位:人

地区	怒族			乌孜别克族			俄罗斯族		
	小计	男	女	小计	男	女	小计	男	女
总计	**9**	**3**	**6**				**1**		**1**
南宁市	**1**		**1**						
兴宁区									
青秀区									
江南区									
西乡塘区									
良庆区									
邕宁区									
武鸣区									
隆安县									
马山县	1		1						
上林县									
宾阳县									
横县									
柳州市	**1**	**1**							
城中区									
鱼峰区									
柳南区									
柳北区									
柳江区									
柳城县									
鹿寨县									
融安县	1	1							
融水苗族自治县									
三江侗族自治县									
桂林市									
秀峰区									
叠彩区									
象山区									
七星区									
雁山区									
临桂区									
阳朔县									
灵川县									
全州县									
兴安县									
永福县									
灌阳县									
龙胜各族自治县									
资源县									
平乐县									
恭城瑶族自治县									
荔浦市									

1-4c 续表 43

单位:人

地区	怒族			乌孜别克族			俄罗斯族		
	小计	男	女	小计	男	女	小计	男	女
梧州市									
万秀区									
长洲区									
龙圩区									
苍梧县									
藤　县									
蒙山县									
岑溪市									
北海市									
海城区									
银海区									
铁山港区									
合浦县									
防城港市									
港口区									
防城区									
上思县									
东兴市									
钦州市	**1**	**1**							
钦南区	1	1							
钦北区									
灵山县									
浦北县									
贵港市									
港北区									
港南区									
覃塘区									
平南县									
桂平市									
玉林市									
玉州区									
福绵区									
容　县									
陆川县									
博白县									
兴业县									
北流市									
百色市									
右江区									
田阳区									
田东县									

1-4c 续表 44

单位：人

地 区	怒族			乌孜别克族			俄罗斯族		
	小计	男	女	小计	男	女	小计	男	女
德保县									
那坡县									
凌云县									
乐业县									
田林县									
西林县									
隆林各族自治县									
靖西市									
平果市									
贺州市	**3**		**3**						
八步区	1		1						
平桂区	2		2						
昭平县									
钟山县									
富川瑶族自治县									
河池市	**2**		**2**				**1**		**1**
金城江区									
宜州区	1		1						
南丹县									
天峨县									
凤山县	1		1						
东兰县									
罗城仫佬族自治县									
环江毛南族自治县									
巴马瑶族自治县							1		1
都安瑶族自治县									
大化瑶族自治县									
来宾市	**1**	**1**							
兴宾区									
忻城县									
象州县	1	1							
武宣县									
金秀瑶族自治县									
合山市									
崇左市									
江州区									
扶绥县									
宁明县									
龙州县									
大新县									
天等县									
凭祥市									

1-4c 续表 45 单位:人

地 区	鄂温克族			德昂族			保安族		
	小计	男	女	小计	男	女	小计	男	女
总 计	**19**	**4**	**15**	**4**	**2**	**2**	**1**		**1**
南宁市				**1**		**1**			
兴宁区									
青秀区									
江南区									
西乡塘区									
良庆区									
邕宁区									
武鸣区									
隆安县									
马山县				1		1			
上林县									
宾阳县									
横 县									
柳州市	**4**	**1**	**3**						
城中区									
鱼峰区	1	1							
柳南区									
柳北区									
柳江区									
柳城县	2		2						
鹿寨县	1		1						
融安县									
融水苗族自治县									
三江侗族自治县									
桂林市	**2**	**1**	**1**	**1**		**1**			
秀峰区									
叠彩区									
象山区									
七星区									
雁山区									
临桂区									
阳朔县	1		1	1		1			
灵川县									
全州县									
兴安县									
永福县									
灌阳县									
龙胜各族自治县									
资源县									
平乐县									
恭城瑶族自治县									
荔浦市	1	1							

1–4c 续表 46

单位：人

地 区	鄂温克族			德昂族			保安族		
	小计	男	女	小计	男	女	小计	男	女
梧州市	**1**		**1**	**1**	**1**				
万秀区									
长洲区									
龙圩区									
苍梧县				1	1				
藤 县	1		1						
蒙山县									
岑溪市									
北海市									
海城区									
银海区									
铁山港区									
合浦县									
防城港市	**1**	**1**					**1**		**1**
港口区	1	1							
防城区									
上思县									
东兴市							1		1
钦州市	**3**		**3**						
钦南区	1		1						
钦北区	1		1						
灵山县	1		1						
浦北县									
贵港市	**3**		**3**						
港北区									
港南区									
覃塘区									
平南县									
桂平市	3		3						
玉林市	**1**		**1**	**1**	**1**				
玉州区									
福绵区									
容 县									
陆川县	1		1						
博白县				1	1				
兴业县									
北流市									
百色市									
右江区									
田阳区									
田东县									

1-4c 续表 47

单位:人

地区	鄂温克族			德昂族			保安族		
	小计	男	女	小计	男	女	小计	男	女
德保县									
那坡县									
凌云县									
乐业县									
田林县									
西林县									
隆林各族自治县									
靖西市									
平果市									
贺州市	**1**		**1**						
八步区									
平桂区									
昭平县									
钟山县									
富川瑶族自治县	1		1						
河池市									
金城江区									
宜州区									
南丹县									
天峨县									
凤山县									
东兰县									
罗城仫佬族自治县									
环江毛南族自治县									
巴马瑶族自治县									
都安瑶族自治县									
大化瑶族自治县									
来宾市	**2**		**2**						
兴宾区									
忻城县	1		1						
象州县									
武宣县	1		1						
金秀瑶族自治县									
合山市									
崇左市	**1**	**1**							
江州区	1	1							
扶绥县									
宁明县									
龙州县									
大新县									
天等县									
凭祥市									

1-4c 续表 48

单位：人

地　区	裕固族			京族			塔塔尔族		
	小计	男	女	小计	男	女	小计	男	女
总　计				**11454**	**6250**	**5204**	**4**		**4**
南宁市				**80**	**33**	**47**			
兴宁区				1	1				
青秀区				1		1			
江南区				42	25	17			
西乡塘区				5	2	3			
良庆区				3	1	2			
邕宁区				1		1			
武鸣区				4	1	3			
隆安县				10	2	8			
马山县				2	1	1			
上林县									
宾阳县				7		7			
横　县				4		4			
柳州市				**15**	**4**	**11**			
城中区									
鱼峰区				2	2				
柳南区									
柳北区									
柳江区				10		10			
柳城县				1		1			
鹿寨县				1	1				
融安县									
融水苗族自治县				1	1				
三江侗族自治县									
桂林市				**38**	**18**	**20**			
秀峰区									
叠彩区				1	1				
象山区									
七星区				1		1			
雁山区				12	4	8			
临桂区				3	2	1			
阳朔县				6	4	2			
灵川县				2		2			
全州县									
兴安县									
永福县				9	4	5			
灌阳县									
龙胜各族自治县									
资源县									
平乐县				2	2				
恭城瑶族自治县				1	1				
荔浦市				1		1			

1-4c 续表 49

单位:人

地区	裕固族			京族			塔塔尔族		
	小计	男	女	小计	男	女	小计	男	女
梧州市				**3**	**1**	**2**			
万秀区									
长洲区									
龙圩区				1		1			
苍梧县									
藤　县									
蒙山县				2	1	1			
岑溪市									
北海市				**41**	**20**	**21**			
海城区				2	1	1			
银海区				18	8	10			
铁山港区				10	6	4			
合浦县				11	5	6			
防城港市				**11099**	**6108**	**4991**			
港口区				59	24	35			
防城区				628	324	304			
上思县				3	2	1			
东兴市				10409	5758	4651			
钦州市				**95**	**44**	**51**			
钦南区				29	15	14			
钦北区				13	3	10			
灵山县				23	6	17			
浦北县				30	20	10			
贵港市				**12**	**3**	**9**			
港北区				2	1	1			
港南区				3		3			
覃塘区				1	1				
平南县				1		1			
桂平市				5	1	4			
玉林市				**6**	**2**	**4**			
玉州区									
福绵区									
容　县				1		1			
陆川县									
博白县									
兴业县				2	1	1			
北流市				3	1	2			
百色市				**7**	**2**	**5**			
右江区				1		1			
田阳区									
田东县									

1-4c 续表 50 单位:人

地 区	裕固族			京族			塔塔尔族		
	小计	男	女	小计	男	女	小计	男	女
德保县									
那坡县									
凌云县									
乐业县									
田林县									
西林县									
隆林各族自治县				1	1				
靖西市				1		1			
平果市				4	1	3			
贺州市				**2**		**2**	**4**		**4**
八步区				1		1	1		1
平桂区							1		1
昭平县									
钟山县				1		1			
富川瑶族自治县							2		2
河池市				**4**	**2**	**2**			
金城江区									
宜州区				1	1				
南丹县									
天峨县									
凤山县									
东兰县									
罗城仫佬族自治县									
环江毛南族自治县									
巴马瑶族自治县									
都安瑶族自治县				2	1	1			
大化瑶族自治县				1		1			
来宾市				**7**	**1**	**6**			
兴宾区				3		3			
忻城县				3	1	2			
象州县				1		1			
武宣县									
金秀瑶族自治县									
合山市									
崇左市				**45**	**12**	**33**			
江州区				10		10			
扶绥县				3		3			
宁明县				24	10	14			
龙州县				4	1	3			
大新县				1		1			
天等县				1		1			
凭祥市				2	1	1			

1-4c 续表 51　　　　单位：人

地　区	独龙族			鄂伦春族			赫哲族		
	小计	男	女	小计	男	女	小计	男	女
总　计	**6**	**2**	**4**	**1**	**1**		**1**	**1**	
南宁市	**1**		**1**						
兴宁区									
青秀区									
江南区									
西乡塘区									
良庆区									
邕宁区									
武鸣区	1		1						
隆安县									
马山县									
上林县									
宾阳县									
横　县									
柳州市									
城中区									
鱼峰区									
柳南区									
柳北区									
柳江区									
柳城县									
鹿寨县									
融安县									
融水苗族自治县									
三江侗族自治县									
桂林市	**4**	**2**	**2**	**1**	**1**				
秀峰区									
叠彩区									
象山区									
七星区									
雁山区				1	1				
临桂区									
阳朔县									
灵川县									
全州县									
兴安县	1		1						
永福县									
灌阳县	3	2	1						
龙胜各族自治县									
资源县									
平乐县									
恭城瑶族自治县									
荔浦市									

1–4c 续表 52

单位：人

地 区	独龙族			鄂伦春族			赫哲族		
	小计	男	女	小计	男	女	小计	男	女
梧州市									
万秀区									
长洲区									
龙圩区									
苍梧县									
藤 县									
蒙山县									
岑溪市									
北海市									
海城区									
银海区									
铁山港区									
合浦县									
防城港市									
港口区									
防城区									
上思县									
东兴市									
钦州市	**1**		**1**				**1**	**1**	
钦南区							1	1	
钦北区									
灵山县	1		1						
浦北县									
贵港市									
港北区									
港南区									
覃塘区									
平南县									
桂平市									
玉林市									
玉州区									
福绵区									
容 县									
陆川县									
博白县									
兴业县									
北流市									
百色市									
右江区									
田阳区									
田东县									

1-4c 续表 53

单位：人

地 区	独龙族			鄂伦春族			赫哲族		
	小计	男	女	小计	男	女	小计	男	女
德保县									
那坡县									
凌云县									
乐业县									
田林县									
西林县									
隆林各族自治县									
靖西市									
平果市									
贺州市									
八步区									
平桂区									
昭平县									
钟山县									
富川瑶族自治县									
河池市									
金城江区									
宜州区									
南丹县									
天峨县									
凤山县									
东兰县									
罗城仫佬族自治县									
环江毛南族自治县									
巴马瑶族自治县									
都安瑶族自治县									
大化瑶族自治县									
来宾市									
兴宾区									
忻城县									
象州县									
武宣县									
金秀瑶族自治县									
合山市									
崇左市									
江州区									
扶绥县									
宁明县									
龙州县									
大新县									
天等县									
凭祥市									

1-4c 续表 54

单位:人

地 区	门巴族			珞巴族			基诺族		
	小计	男	女	小计	男	女	小计	男	女
总 计				**2**	**1**	**1**	**6**	**2**	**4**
南宁市				**1**	**1**		**4**	**2**	**2**
兴宁区									
青秀区									
江南区				1	1				
西乡塘区							1		1
良庆区									
邕宁区									
武鸣区									
隆安县									
马山县							3	2	1
上林县									
宾阳县									
横 县									
柳州市									
城中区									
鱼峰区									
柳南区									
柳北区									
柳江区									
柳城县									
鹿寨县									
融安县									
融水苗族自治县									
三江侗族自治县									
桂林市				**1**		**1**			
秀峰区									
叠彩区									
象山区									
七星区									
雁山区				1		1			
临桂区									
阳朔县									
灵川县									
全州县									
兴安县									
永福县									
灌阳县									
龙胜各族自治县									
资源县									
平乐县									
恭城瑶族自治县									
荔浦市									

1-4c 续表 55 单位：人

地区	门巴族			珞巴族			基诺族		
	小计	男	女	小计	男	女	小计	男	女
梧州市									
万秀区									
长洲区									
龙圩区									
苍梧县									
藤　县									
蒙山县									
岑溪市									
北海市									
海城区									
银海区									
铁山港区									
合浦县									
防城港市									
港口区									
防城区									
上思县									
东兴市									
钦州市							**2**		**2**
钦南区									
钦北区									
灵山县							2		2
浦北县									
贵港市									
港北区									
港南区									
覃塘区									
平南县									
桂平市									
玉林市									
玉州区									
福绵区									
容　县									
陆川县									
博白县									
兴业县									
北流市									
百色市									
右江区									
田阳区									
田东县									

1-4c 续表 56

单位：人

地区	门巴族			珞巴族			基诺族		
	小计	男	女	小计	男	女	小计	男	女
德保县									
那坡县									
凌云县									
乐业县									
田林县									
西林县									
隆林各族自治县									
靖西市									
平果市									
贺州市									
八步区									
平桂区									
昭平县									
钟山县									
富川瑶族自治县									
河池市									
金城江区									
宜州区									
南丹县									
天峨县									
凤山县									
东兰县									
罗城仫佬族自治县									
环江毛南族自治县									
巴马瑶族自治县									
都安瑶族自治县									
大化瑶族自治县									
来宾市									
兴宾区									
忻城县									
象州县									
武宣县									
金秀瑶族自治县									
合山市									
崇左市									
江州区									
扶绥县									
宁明县									
龙州县									
大新县									
天等县									
凭祥市									

1-4c 续表 57　　单位:人

地区	未定族称人口			入籍		
	小计	男	女	小计	男	女
总计	**1355**	**459**	**896**	**402**	**35**	**367**
南宁市	**184**	**75**	**109**	**26**	**2**	**24**
兴宁区	9	8	1	2	1	1
青秀区	2		2	1		1
江南区	57	21	36			
西乡塘区	5	3	2			
良庆区	11	2	9			
邕宁区	7	3	4	6		6
武鸣区	6	3	3	2		2
隆安县	4	2	2			
马山县	13	7	6	2		2
上林县	10	3	7	4		4
宾阳县	23	6	17	5		5
横县	37	17	20	4	1	3
柳州市	**59**	**25**	**34**	**11**	**2**	**9**
城中区						
鱼峰区	5	5				
柳南区	2	2				
柳北区	1	1				
柳江区	6	4	2	1		1
柳城县	11	3	8	3	1	2
鹿寨县	10	1	9	3		3
融安县	15	6	9	2		2
融水苗族自治县	4	1	3	1		1
三江侗族自治县	5	2	3	1	1	
桂林市	**130**	**62**	**68**	**17**	**4**	**13**
秀峰区						
叠彩区						
象山区						
七星区						
雁山区	23	10	13			
临桂区	8	6	2			
阳朔县	4	2	2	1	1	
灵川县	4	2	2			
全州县	1		1	2	1	1
兴安县	6	1	5	1		1
永福县	3	2	1	1		1
灌阳县	3	2	1	7	1	6
龙胜各族自治县	9	4	5	1		1
资源县	4	1	3			
平乐县	37	19	18	2	1	1
恭城瑶族自治县	8	2	6	1		1
荔浦市	20	11	9	1		1

1-4c 续表 58

单位：人

地区	未定族称人口			入籍		
	小计	男	女	小计	男	女
梧州市	**52**	**11**	**41**	**31**	**2**	**29**
万秀区						
长洲区						
龙圩区	5		5	7		7
苍梧县	4	2	2			
藤　县	21	4	17	14	2	12
蒙山县	11	3	8	4		4
岑溪市	11	2	9	6		6
北海市	**54**	**13**	**41**	**8**		**8**
海城区	10	4	6			
银海区	5	4	1	1		1
铁山港区	4	2	2	1		1
合浦县	35	3	32	6		6
防城港市	**89**	**43**	**46**	**22**	**6**	**16**
港口区	3	3				
防城区	47	20	27	7	1	6
上思县	15	5	10	4		4
东兴市	24	15	9	11	5	6
钦州市	**182**	**30**	**152**	**73**	**2**	**71**
钦南区	50	16	34	2		2
钦北区	32	6	26	14		14
灵山县	55	6	49	34	2	32
浦北县	45	2	43	23		23
贵港市	**101**	**22**	**79**	**35**	**2**	**33**
港北区	11	5	6	3	1	2
港南区	7	1	6	6		6
覃塘区	10	3	7	3		3
平南县	31	8	23	11	1	10
桂平市	42	5	37	12		12
玉林市	**124**	**19**	**105**	**83**	**3**	**80**
玉州区	6	4	2			
福绵区	8	1	7	4		4
容　县	21	3	18	9	1	8
陆川县	11		11	5		5
博白县	37	7	30	9		9
兴业县	9		9	11	1	10
北流市	32	4	28	45	1	44
百色市	**63**	**34**	**29**	**21**	**1**	**20**
右江区	5	5		1		1
田阳区	4	1	3	1		1
田东县	9	6	3			

1-4c 续表 59 单位:人

地 区	未定族称人口			入籍		
	小计	男	女	小计	男	女
德保县	6	3	3	1		1
那坡县	3		3	2		2
凌云县						
乐业县	5	2	3			
田林县	1	1		1		1
西林县	13	12	1	1		1
隆林各族自治县	1		1	2		2
靖西市	11	2	9	10	1	9
平果市	5	2	3	2		2
贺州市	**74**	**39**	**35**	**7**	**3**	**4**
八步区	33	21	12	3	2	1
平桂区	9	2	7	1		1
昭平县	11	4	7	2	1	1
钟山县	18	11	7	1		1
富川瑶族自治县	3	1	2			
河池市	**84**	**38**	**46**	**19**	**3**	**16**
金城江区	10	5	5			
宜州区	19	9	10	4	1	3
南丹县	15	10	5	2	1	1
天峨县	4	3	1			
凤山县	3		3	2		2
东兰县						
罗城仫佬族自治县	5	2	3	3	1	2
环江毛南族自治县	6	1	5	5		5
巴马瑶族自治县	3	2	1			
都安瑶族自治县	13	5	8	2		2
大化瑶族自治县	6	1	5	1		1
来宾市	**90**	**29**	**61**	**21**	**3**	**18**
兴宾区	50	8	42	12	1	11
忻城县	10	6	4	2	1	1
象州县	8	5	3	3	1	2
武宣县	9	1	8	4		4
金秀瑶族自治县	9	8	1			
合山市	4	1	3			
崇左市	**69**	**19**	**50**	**28**	**2**	**26**
江州区	13		13	6		6
扶绥县	7	3	4	7		7
宁明县	11	3	8	7		7
龙州县	11	8	3	2	1	1
大新县	15	2	13	4		4
天等县	8	3	5			
凭祥市	4		4	2	1	1

1–5 各地区分年龄、性别的人口

单位：人

地　区	合计			0岁			1–4岁		
	合计	男	女	小计	男	女	小计	男	女
总　计	**50126804**	**25916169**	**24210635**	**567378**	**302822**	**264556**	**3016790**	**1602251**	**1414539**
南宁市	**8741584**	**4512644**	**4228940**	**97676**	**52555**	**45121**	**498596**	**267965**	**230631**
兴宁区	615485	319208	296277	7642	4133	3509	36420	19630	16790
青秀区	1124334	545433	578901	11623	6119	5504	62940	34018	28922
江南区	989823	516365	473458	12019	6401	5618	59475	31849	27626
西乡塘区	1643819	841230	802589	15910	8595	7315	80136	43228	36908
良庆区	587618	313995	273623	8004	4351	3653	37431	20013	17418
邕宁区	332280	175251	157029	4085	2218	1867	20406	10902	9504
武鸣区	683826	360634	323192	7081	3791	3290	38003	20378	17625
隆安县	325140	170963	154177	3260	1739	1521	17751	9584	8167
马山县	382430	197095	185335	4586	2407	2179	23459	12578	10881
上林县	359323	185640	173683	4346	2357	1989	21923	11651	10272
宾阳县	801407	422564	378843	8990	4972	4018	46358	24963	21395
横　县	896099	464266	431833	10130	5472	4658	54294	29171	25123
柳州市	**4157934**	**2156439**	**2001495**	**40994**	**21574**	**19420**	**216624**	**114043**	**102581**
城中区	243628	118547	125081	2283	1234	1049	13350	7034	6316
鱼峰区	668961	350453	318508	6403	3279	3124	33735	17622	16113
柳南区	617925	319962	297963	6116	3199	2917	31855	16909	14946
柳北区	484765	245787	238978	4229	2225	2004	22630	11800	10830
柳江区	503772	262807	240965	5711	2982	2729	29875	15737	14138
柳城县	314242	163985	150257	3249	1704	1545	16526	8600	7926
鹿寨县	337298	178756	158542	3277	1744	1533	17763	9240	8523
融安县	253360	134154	119206	2429	1316	1113	12506	6581	5925
融水苗族自治县	412445	215785	196660	4099	2183	1916	21228	11375	9853
三江侗族自治县	321538	166203	155335	3198	1708	1490	17156	9145	8011
桂林市	**4931137**	**2505946**	**2425191**	**45527**	**23929**	**21598**	**255910**	**134443**	**121467**
秀峰区	161066	80981	80085	1411	720	691	8069	4239	3830
叠彩区	202875	99942	102933	1926	1025	901	10911	5770	5141
象山区	286872	140021	146851	2297	1234	1063	13465	7079	6386
七星区	387304	197963	189341	3094	1644	1450	18341	9781	8560
雁山区	132639	58017	74622	719	347	372	3810	1973	1837
临桂区	555109	281516	273593	5861	3198	2663	31967	16908	15059
阳朔县	273124	140101	133023	2672	1398	1274	15532	8039	7493
灵川县	422776	218993	203783	3969	2104	1865	22704	11940	10764
全州县	565696	294190	271506	5108	2744	2364	26481	14087	12394
兴安县	307043	154837	152206	2860	1517	1343	16932	8809	8123
永福县	228646	119878	108768	2030	1047	983	11723	6113	5610
灌阳县	208412	107079	101333	2024	1053	971	10551	5606	4945
龙胜各族自治县	139483	70976	68507	1152	570	582	6285	3145	3140
资源县	139212	71268	67944	1236	648	588	7203	3752	3451
平乐县	340921	174821	166100	3541	1823	1718	20559	10854	9705
恭城瑶族自治县	245432	124724	120708	2535	1313	1222	13502	6992	6510
荔浦市	334527	170639	163888	3092	1544	1548	17875	9356	8519

1-5 续表 1

单位:人

地区	合计			0岁			1-4岁		
	合计	男	女	小计	男	女	小计	男	女
梧州市	**2820977**	**1456638**	**1364339**	**36174**	**19338**	**16836**	**190242**	**100438**	**89804**
万秀区	271989	134452	137537	1998	1067	931	11352	5981	5371
长洲区	299344	149021	150323	3206	1724	1482	17117	9031	8086
龙圩区	288482	150692	137790	3772	2013	1759	19349	10245	9104
苍梧县	276766	145845	130921	3672	1945	1727	19569	10338	9231
藤　县	795612	419421	376191	11355	6145	5210	59434	31394	28040
蒙山县	164420	83889	80531	1750	911	839	9392	4937	4455
岑溪市	724364	373318	351046	10421	5533	4888	54029	28512	25517
北海市	**1853227**	**964301**	**888926**	**21073**	**11435**	**9638**	**104208**	**55922**	**48286**
海城区	527895	266229	261666	5347	2879	2468	27822	15061	12761
银海区	315196	164337	150859	3305	1811	1494	16766	8997	7769
铁山港区	145943	78228	67715	1741	974	767	8260	4404	3856
合浦县	864193	455507	408686	10680	5771	4909	51360	27460	23900
防城港市	**1046068**	**568426**	**477642**	**12158**	**6483**	**5675**	**63119**	**34073**	**29046**
港口区	244280	139851	104429	2491	1306	1185	13292	7139	6153
防城区	390961	208157	182804	4733	2566	2167	24837	13402	11435
上思县	194774	106208	88566	2101	1090	1011	10279	5647	4632
东兴市	216053	114210	101843	2833	1521	1312	14711	7885	6826
钦州市	**3302238**	**1734634**	**1567604**	**42366**	**22558**	**19808**	**223691**	**118367**	**105324**
钦南区	679692	359126	320566	7832	4184	3648	41087	22006	19081
钦北区	720442	383708	336734	8874	4688	4186	47029	25010	22019
灵山县	1218140	635695	582445	16907	9049	7858	88764	46768	41996
浦北县	683964	356105	327859	8753	4637	4116	46811	24583	22228
贵港市	**4316262**	**2243987**	**2072275**	**51080**	**27229**	**23851**	**274085**	**145481**	**128604**
港北区	760633	388205	372428	8847	4725	4122	48990	25856	23134
港南区	516598	268130	248468	5496	2919	2577	29481	15570	13911
覃塘区	423747	216679	207068	5428	2839	2589	27076	14271	12805
平南县	1104273	576878	527395	13945	7463	6482	74330	39846	34484
桂平市	1511011	794095	716916	17364	9283	8081	94208	49938	44270
玉林市	**5796766**	**3007266**	**2789500**	**74039**	**39851**	**34188**	**409441**	**217247**	**192194**
玉州区	908121	462181	445940	9653	5306	4347	55549	29678	25871
福绵区	318709	171981	146728	3426	1844	1582	18738	9969	8769
容　县	654916	332304	322612	8344	4425	3919	44108	23226	20882
陆川县	804427	416142	388285	10542	5620	4922	60275	31863	28412
博白县	1390612	734448	656164	21050	11350	9700	112420	60051	52369
兴业县	508344	267299	241045	5052	2734	2318	27772	14695	13077
北流市	1211637	622911	588726	15972	8572	7400	90579	47765	42814
百色市	**3571505**	**1826662**	**1744843**	**37725**	**20168**	**17557**	**204373**	**109455**	**94918**
右江区	472086	233159	238927	4389	2342	2047	25783	13624	12159
田阳区	308785	155412	153373	2782	1465	1317	16538	8581	7957
田东县	352007	179869	172138	3916	2051	1865	20210	10813	9397

1-5 续表 2

单位：人

地 区	合计			0岁			1-4岁		
	合计	男	女	小计	男	女	小计	男	女
德保县	269758	140395	129363	2589	1416	1173	14262	7624	6638
那坡县	171781	89140	82641	1850	1002	848	10461	5578	4883
凌云县	188194	96528	91666	2467	1294	1173	12541	6801	5740
乐业县	146397	76327	70070	1688	955	733	9110	5037	4073
田林县	224828	116020	108808	2060	1096	964	11640	6189	5451
西林县	142098	74434	67664	1724	914	810	8779	4750	4029
隆林各族自治县	350765	178270	172495	4325	2334	1991	24240	12930	11310
靖西市	489163	254732	234431	4934	2643	2291	26114	14319	11795
平果市	455643	232376	223267	5001	2656	2345	24695	13209	11486
贺州市	**2007858**	**1031537**	**976321**	**26808**	**14386**	**12422**	**138379**	**73039**	**65340**
八步区	655994	330828	325166	8760	4710	4050	46032	24441	21591
平桂区	404161	211295	192866	5310	2844	2466	27183	14369	12814
昭平县	330116	171093	159023	4240	2274	1966	22037	11547	10490
钟山县	351057	182963	168094	4873	2580	2293	25219	13238	11981
富川瑶族自治县	266530	135358	131172	3625	1978	1647	17908	9444	8464
河池市	**3417945**	**1743933**	**1674012**	**38089**	**20203**	**17886**	**205358**	**109032**	**96326**
金城江区	372521	188172	184349	3786	1981	1805	21045	11297	9748
宜州区	549359	278048	271311	5029	2666	2363	27642	14557	13085
南丹县	275554	143871	131683	3422	1828	1594	17094	9208	7886
天峨县	143155	75183	67972	1498	809	689	7621	4212	3409
凤山县	169845	87259	82586	2050	1140	910	11233	6067	5166
东兰县	219549	112740	106809	2411	1303	1108	13226	7174	6052
罗城仫佬族自治县	272672	138628	134044	2825	1481	1344	15213	7865	7348
环江毛南族自治县	276076	143170	132906	3067	1614	1453	16328	8600	7728
巴马瑶族自治县	236152	119639	116513	2749	1451	1298	15332	8266	7066
都安瑶族自治县	538061	272759	265302	6411	3357	3054	34522	18065	16457
大化瑶族自治县	365001	184464	180537	4841	2573	2268	26102	13721	12381
来宾市	**2074611**	**1074915**	**999696**	**23350**	**12230**	**11120**	**119207**	**62241**	**56966**
兴宾区	925377	478825	446552	11071	5855	5216	55687	29213	26474
忻城县	297825	153017	144808	2934	1462	1472	15915	8267	7648
象州县	281846	147429	134417	2857	1520	1337	14925	7785	7140
武宣县	340312	176778	163534	4177	2184	1993	20962	10839	10123
金秀瑶族自治县	130313	68390	61923	1273	689	584	6569	3410	3159
合山市	98938	50476	48462	1038	520	518	5149	2727	2422
崇左市	**2088692**	**1088841**	**999851**	**20319**	**10883**	**9436**	**113557**	**60505**	**53052**
江州区	435438	228474	206964	3635	1997	1638	21484	11548	9936
扶绥县	408921	218086	190835	3688	1958	1730	20260	10802	9458
宁明县	319386	167763	151623	3320	1781	1539	17772	9428	8344
龙州县	232068	119009	113059	2558	1343	1215	13599	7097	6502
大新县	282563	143262	139301	2784	1459	1325	16291	8633	7658
天等县	280473	143264	137209	2779	1541	1238	15916	8663	7253
凭祥市	129843	68983	60860	1555	804	751	8235	4334	3901

1-5 续表 3

单位:人

地区	5-9岁			10-14岁			15-19岁		
	小计	男	女	小计	男	女	小计	男	女
总 计	**4335621**	**2318348**	**2017273**	**3922712**	**2097576**	**1825136**	**3191441**	**1680169**	**1511272**
南宁市	**654685**	**358275**	**296410**	**530459**	**289923**	**240536**	**599736**	**322406**	**277330**
兴宁区	44836	24475	20361	31909	17615	14294	44593	26220	18373
青秀区	76037	41071	34966	54245	29111	25134	72026	35738	36288
江南区	73789	40583	33206	54439	30000	24439	67408	39232	28176
西乡塘区	99647	55315	44332	77850	43020	34830	159859	82609	77250
良庆区	45578	25156	20422	34391	19056	15335	32898	17900	14998
邕宁区	26611	14544	12067	21641	11737	9904	24988	13029	11959
武鸣区	42496	23433	19063	35932	19350	16582	50184	27604	22580
隆安县	27612	15214	12398	26415	14634	11781	17431	9446	7985
马山县	35749	19218	16531	33834	17898	15936	21093	11206	9887
上林县	30219	16335	13884	26559	14146	12413	17209	9154	8055
宾阳县	66427	36271	30156	58491	32820	25671	44027	24111	19916
横 县	85684	46660	39024	74753	40536	34217	48020	26157	21863
柳州市	**281087**	**148248**	**132839**	**253686**	**133790**	**119896**	**251344**	**135599**	**115745**
城中区	16282	8690	7592	12660	6636	6024	13244	7082	6162
鱼峰区	40099	21120	18979	31238	16170	15068	71030	39806	31224
柳南区	40047	21332	18715	33813	17975	15838	27746	15349	12397
柳北区	27948	14729	13219	24179	12849	11330	31202	17599	13603
柳江区	37913	19847	18066	32580	17204	15376	30649	15839	14810
柳城县	21252	10941	10311	18300	9409	8891	12262	6154	6108
鹿寨县	23466	12171	11295	21819	11325	10494	15370	7980	7390
融安县	15391	8120	7271	15534	8132	7402	11288	5632	5656
融水苗族自治县	30834	16647	14187	32746	17731	15015	21061	10965	10096
三江侗族自治县	27855	14651	13204	30817	16359	14458	17492	9193	8299
桂林市	**346574**	**182822**	**163752**	**320053**	**167646**	**152407**	**257599**	**130063**	**127536**
秀峰区	10392	5564	4828	7988	4234	3754	9182	5271	3911
叠彩区	13708	7256	6452	10317	5536	4781	7199	3772	3427
象山区	17699	9403	8296	15219	7952	7267	12034	6841	5193
七星区	21862	11592	10270	17388	9026	8362	27154	15074	12080
雁山区	4844	2559	2285	3960	2016	1944	27059	10290	16769
临桂区	40786	22098	18688	33907	18195	15712	35959	16474	19485
阳朔县	19850	10382	9468	16898	8746	8152	10808	5298	5510
灵川县	30885	15971	14914	25333	13084	12249	20386	11517	8869
全州县	43952	23347	20605	50848	26986	23862	27531	14954	12577
兴安县	24380	12645	11735	20648	10573	10075	10431	5077	5354
永福县	16541	8636	7905	16232	8581	7651	9693	5127	4566
灌阳县	14600	7819	6781	16175	8633	7542	9230	4812	4418
龙胜各族自治县	8432	4344	4088	8668	4342	4326	5282	2504	2778
资源县	10827	5718	5109	11194	5967	5227	5907	3005	2902
平乐县	28632	15105	13527	27830	14684	13146	15366	7834	7532
恭城瑶族自治县	18431	9711	8720	17428	8913	8515	11004	5501	5503
荔浦市	20753	10672	10081	20020	10178	9842	13374	6712	6662

1-5 续表 4

单位：人

地 区	5-9岁			10-14岁			15-19岁		
	小计	男	女	小计	男	女	小计	男	女
梧州市	**276193**	**145808**	**130385**	**246140**	**130107**	**116033**	**194774**	**101038**	**93736**
万秀区	16199	8561	7638	14709	7798	6911	16101	8041	8060
长洲区	22538	12000	10538	18486	9800	8686	22296	10662	11634
龙圩区	28140	14766	13374	24899	13109	11790	27251	14127	13124
苍梧县	28459	14804	13655	26435	13702	12733	14427	7783	6644
藤 县	88239	46307	41932	74662	39127	35535	53326	27440	25886
蒙山县	14513	7696	6817	13177	6950	6227	9278	4749	4529
岑溪市	78105	41674	36431	73772	39621	34151	52095	28236	23859
北海市	**147253**	**80010**	**67243**	**128856**	**70264**	**58592**	**110502**	**58072**	**52430**
海城区	38153	20722	17431	31846	17447	14399	33455	17757	15698
银海区	22832	12385	10447	19506	10603	8903	23718	11112	12606
铁山港区	11920	6470	5450	10539	5604	4935	5318	3011	2307
合浦县	74348	40433	33915	66965	36610	30355	48011	26192	21819
防城港市	**95415**	**52048**	**43367**	**80746**	**43487**	**37259**	**54232**	**29353**	**24879**
港口区	18281	9812	8469	14279	7669	6610	9103	5248	3855
防城区	37859	20521	17338	33107	17574	15533	25810	13264	12546
上思县	16862	9516	7346	15863	8768	7095	9849	5606	4243
东兴市	22413	12199	10214	17497	9476	8021	9470	5235	4235
钦州市	**358549**	**189694**	**168855**	**327124**	**173863**	**153261**	**221888**	**117016**	**104872**
钦南区	63741	34402	29339	54777	29811	24966	48003	25143	22860
钦北区	76727	40929	35798	73177	39386	33791	47044	25513	21531
灵山县	142900	74794	68106	131722	68910	62812	83244	43371	39873
浦北县	75181	39569	35612	67448	35756	31692	43597	22989	20608
贵港市	**420327**	**223220**	**197107**	**395733**	**212160**	**183573**	**306977**	**163738**	**143239**
港北区	70393	37235	33158	61012	32657	28355	59119	30366	28753
港南区	47935	25297	22638	45336	24131	21205	42684	23589	19095
覃塘区	41897	21840	20057	38184	20100	18084	22274	11945	10329
平南县	113844	61209	52635	105103	57118	47985	74920	40587	34333
桂平市	146258	77639	68619	146098	78154	67944	107980	57251	50729
玉林市	**635932**	**339090**	**296842**	**563914**	**303975**	**259939**	**385660**	**206805**	**178855**
玉州区	80486	43518	36968	65499	35795	29704	76210	38456	37754
福绵区	31592	17153	14439	30515	16850	13665	16286	9412	6874
容 县	71111	37453	33658	65072	34403	30669	42241	22362	19879
陆川县	95187	50048	45139	83414	44028	39386	51209	27206	24003
博白县	168357	90648	77709	143957	78679	65278	87937	48404	39533
兴业县	46435	24783	21652	48859	26406	22453	31163	16882	14281
北流市	142764	75487	67277	126598	67814	58784	80614	44083	36531
百色市	**272444**	**148247**	**124197**	**283573**	**152428**	**131145**	**235453**	**119039**	**116414**
右江区	30111	16137	13974	28057	14859	13198	45187	20878	24309
田阳区	21811	11418	10393	22727	11787	10940	12479	6293	6186
田东县	26321	14520	11801	29104	15788	13316	18843	9887	8956

1-5 续表 5 单位:人

地区	5-9岁			10-14岁			15-19岁		
	小计	男	女	小计	男	女	小计	男	女
德保县	21253	11451	9802	21118	11338	9780	13498	6924	6574
那坡县	13294	7255	6039	14088	7720	6368	9514	5159	4355
凌云县	16478	8949	7529	16307	8915	7392	13207	6730	6477
乐业县	12451	6983	5468	12973	7212	5761	9363	4905	4458
田林县	15741	8493	7248	19563	10456	9107	12850	6775	6075
西林县	11120	6178	4942	12187	6664	5523	8743	4583	4160
隆林各族自治县	29816	16121	13695	32714	17369	15345	27891	14226	13665
靖西市	37812	20697	17115	40746	21521	19225	29277	15050	14227
平果市	36236	20045	16191	33989	18799	15190	34601	17629	16972
贺州市	**206350**	**108062**	**98288**	**176502**	**92221**	**84281**	**106830**	**54128**	**52702**
八步区	67749	35372	32377	56306	29423	26883	36032	17324	18708
平桂区	40087	20963	19124	34459	17911	16548	23256	11992	11264
昭平县	34619	18142	16477	30798	16017	14781	17985	9313	8672
钟山县	37957	19837	18120	32384	16946	15438	17480	9192	8288
富川瑶族自治县	25938	13748	12190	22555	11924	10631	12077	6307	5770
河池市	**306674**	**164545**	**142129**	**306092**	**163618**	**142474**	**212832**	**108995**	**103837**
金城江区	28758	15696	13062	25401	13670	11731	27791	13901	13890
宜州区	42806	22742	20064	44580	23339	21241	32351	15843	16508
南丹县	25105	13628	11477	26058	14164	11894	17287	9191	8096
天峨县	11058	6329	4729	12778	7155	5623	10237	5491	4746
凤山县	16366	9124	7242	15531	8697	6834	9573	5131	4442
东兰县	19206	10739	8467	19652	11167	8485	12854	6998	5856
罗城仫佬族自治县	23941	12378	11563	23875	12300	11575	11697	5955	5742
环江毛南族自治县	22380	11915	10465	21533	11550	9983	14478	7336	7142
巴马瑶族自治县	24631	13524	11107	23872	13060	10812	15728	7956	7772
都安瑶族自治县	53898	28200	25698	54523	28353	26170	37128	18891	18237
大化瑶族自治县	38525	20270	18255	38289	20163	18126	23708	12302	11406
来宾市	**177500**	**92893**	**84607**	**163654**	**85359**	**78295**	**105250**	**53943**	**51307**
兴宾区	84574	44732	39842	77067	40560	36507	54746	27630	27116
忻城县	25075	12921	12154	23927	12296	11631	12403	6328	6075
象州县	20327	10639	9688	19424	10184	9240	11756	6085	5671
武宣县	30826	16149	14677	27889	14482	13407	17802	9411	8391
金秀瑶族自治县	9009	4583	4426	8418	4224	4194	5211	2776	2435
合山市	7689	3869	3820	6929	3613	3316	3332	1713	1619
崇左市	**156638**	**85386**	**71252**	**146180**	**78735**	**67445**	**148364**	**79974**	**68390**
江州区	28142	15753	12389	24226	13635	10591	56034	29963	26071
扶绥县	29166	16287	12879	26903	14814	12089	33588	18543	15045
宁明县	27854	14913	12941	26759	14024	12735	17487	9402	8085
龙州县	14497	7481	7016	12575	6369	6206	9288	4777	4511
大新县	21610	11567	10043	19556	10388	9168	12358	6597	5761
天等县	25206	13902	11304	27933	15177	12756	14502	7967	6535
凭祥市	10163	5483	4680	8228	4328	3900	5107	2725	2382

1-5 续表 6

单位：人

地 区	20–24岁			25–29岁			30–34岁		
	小计	男	女	小计	男	女	小计	男	女
总 计	**2464195**	**1287023**	**1177172**	**2713273**	**1432926**	**1280347**	**3865035**	**2011388**	**1853647**
南宁市	**581975**	**293487**	**288488**	**567633**	**297754**	**269879**	**793252**	**408223**	**385029**
兴宁区	35533	19069	16464	41574	21258	20316	66705	32734	33971
青秀区	101240	42576	58664	88883	42436	46447	106920	50608	56312
江南区	58552	30737	27815	72269	38251	34018	109520	56335	53185
西乡塘区	197493	94695	102798	126528	66903	59625	161488	83606	77882
良庆区	31654	17541	14113	45791	25051	20740	69285	36516	32769
邕宁区	22257	12544	9713	18695	10022	8673	28266	14934	13332
武鸣区	38371	22112	16259	32717	18125	14592	54388	28915	25473
隆安县	8801	4922	3879	14582	8074	6508	22760	12136	10624
马山县	13861	7548	6313	17638	9259	8379	24733	13156	11577
上林县	11743	6409	5334	17422	9036	8386	25854	13452	12402
宾阳县	31899	18177	13722	45909	24816	21093	62204	33649	28555
横 县	30571	17157	13414	45625	24523	21102	61129	32182	28947
柳州市	**190286**	**105454**	**84832**	**231069**	**121247**	**109822**	**342444**	**179026**	**163418**
城中区	17683	8960	8723	14273	6722	7551	20867	9635	11232
鱼峰区	52079	31693	20386	41345	21729	19616	61503	32028	29475
柳南区	25689	14313	11376	40162	21879	18283	58099	30468	27631
柳北区	24217	12818	11399	26855	13654	13201	39790	20139	19651
柳江区	18426	10088	8338	31427	16633	14794	46715	25186	21529
柳城县	9437	5041	4396	15247	8099	7148	22160	12077	10083
鹿寨县	9072	4898	4174	17290	9218	8072	25621	13861	11760
融安县	7754	4032	3722	10991	5752	5239	17983	9585	8398
融水苗族自治县	15176	8018	7158	17744	9292	8452	29054	15237	13817
三江侗族自治县	10753	5593	5160	15735	8269	7466	20652	10810	9842
桂林市	**228480**	**113226**	**115254**	**232676**	**119328**	**113348**	**349562**	**177793**	**171769**
秀峰区	6633	3210	3423	9420	4817	4603	13898	6931	6967
叠彩区	6386	3159	3227	11416	5525	5891	18790	9049	9741
象山区	10192	4967	5225	15709	7592	8117	22977	10746	12231
七星区	37324	19136	18188	27804	14496	13308	35894	18622	17272
雁山区	43523	16310	27213	5587	2770	2817	5055	2560	2495
临桂区	27677	12328	15349	33164	17259	15905	44779	22617	22162
阳朔县	7126	3685	3441	12595	6371	6224	19058	9559	9499
灵川县	26901	17188	9713	18329	9279	9050	32394	16269	16125
全州县	14675	8003	6672	21030	11732	9298	33292	18307	14985
兴安县	6749	3396	3353	10368	5072	5296	21137	10486	10651
永福县	5739	3161	2578	9353	4961	4392	14982	7876	7106
灌阳县	5760	3222	2538	9117	5062	4055	12648	6844	5804
龙胜各族自治县	3590	1854	1736	5332	2604	2728	8498	4161	4337
资源县	3540	1870	1670	4842	2330	2512	8162	3984	4178
平乐县	7943	4161	3782	14879	7650	7229	22508	11955	10553
恭城瑶族自治县	5931	3097	2834	10694	5385	5309	14615	7393	7222
荔浦市	8791	4479	4312	13037	6423	6614	20875	10434	10441

1-5 续表 7

单位:人

地 区	20—24岁			25—29岁			30—34岁		
	小计	男	女	小计	男	女	小计	男	女
梧州市	**130300**	**68254**	**62046**	**157984**	**81269**	**76715**	**209847**	**107960**	**101887**
万秀区	19290	8699	10591	13822	7107	6715	19758	10002	9756
长洲区	14003	6997	7006	19042	9447	9595	28571	13830	14741
龙圩区	13138	7119	6019	17202	8918	8284	22636	11755	10881
苍梧县	11811	6290	5521	15977	8290	7687	19029	10248	8781
藤 县	35379	18876	16503	44941	23636	21305	60159	32330	27829
蒙山县	4939	2552	2387	7140	3536	3604	10645	5300	5345
岑溪市	31740	17721	14019	39860	20335	19525	49049	24495	24554
北海市	**92349**	**50279**	**42070**	**127624**	**68119**	**59505**	**166393**	**88501**	**77892**
海城区	26862	13392	13470	39567	19874	19693	53459	26721	26738
银海区	24749	13795	10954	23013	12270	10743	31238	16639	14599
铁山港区	5739	3495	2244	10948	6147	4801	13098	7340	5758
合浦县	34999	19597	15402	54096	29828	24268	68598	37801	30797
防城港市	**50234**	**30165**	**20069**	**66645**	**38583**	**28062**	**93332**	**52549**	**40783**
港口区	15171	10228	4943	20519	12899	7620	28019	16621	11398
防城区	17263	9521	7742	20243	11332	8911	31443	17518	13925
上思县	8146	4987	3159	11797	6739	5058	14456	8420	6036
东兴市	9654	5429	4225	14086	7613	6473	19414	9990	9424
钦州市	**163595**	**88041**	**75554**	**176477**	**96386**	**80091**	**242694**	**130838**	**111856**
钦南区	43875	22675	21200	40074	22178	17896	60989	32762	28227
钦北区	33345	18954	14391	36780	21066	15714	53900	30145	23755
灵山县	57049	30699	26350	65174	34927	30247	82414	43970	38444
浦北县	29326	15713	13613	34449	18215	16234	45391	23961	21430
贵港市	**210882**	**114646**	**96236**	**220082**	**120254**	**99828**	**316258**	**167352**	**148906**
港北区	37111	19498	17613	44670	23431	21239	68436	34454	33982
港南区	22950	12841	10109	23926	13320	10606	38814	20767	18047
覃塘区	17735	9494	8241	20006	10541	9465	33132	17752	15380
平南县	52000	28428	23572	54815	29944	24871	79204	41984	37220
桂平市	81086	44385	36701	76665	43018	33647	96672	52395	44277
玉林市	**263580**	**141358**	**122222**	**294092**	**157553**	**136539**	**433661**	**226031**	**207630**
玉州区	47225	22648	24577	49830	26667	23163	84279	43239	41040
福绵区	13681	8059	5622	16063	9433	6630	25517	14856	10661
容 县	22851	11691	11160	27217	13413	13804	45091	21800	23291
陆川县	36529	19390	17139	42365	21994	20371	61006	31401	29605
博白县	66538	37255	29283	77895	42617	35278	97672	51900	45772
兴业县	20978	12028	8950	22124	12556	9568	31824	17689	14135
北流市	55778	30287	25491	58598	30873	27725	88272	45146	43126
百色市	**161462**	**81782**	**79680**	**174573**	**91009**	**83564**	**248552**	**127096**	**121456**
右江区	34306	14470	19836	25457	12679	12778	37504	18371	19133
田阳区	8595	4374	4221	12251	6218	6033	20332	10127	10205
田东县	10021	5333	4688	16307	8488	7819	23485	11863	11622

1-5 续表 8 单位:人

地区	20-24岁			25-29岁			30-34岁		
	小计	男	女	小计	男	女	小计	男	女
德保县	8572	4593	3979	10313	5344	4969	16902	8597	8305
那坡县	5848	3035	2813	7099	3711	3388	10237	5272	4965
凌云县	9877	5271	4606	10865	5768	5097	13445	6944	6501
乐业县	7776	4156	3620	9132	4908	4224	11775	6292	5483
田林县	9340	5024	4316	10473	5601	4872	15932	8419	7513
西林县	6664	3640	3024	8311	4480	3831	10692	5783	4909
隆林各族自治县	16633	8463	8170	18900	9648	9252	24446	12624	11822
靖西市	20037	10915	9122	23020	12247	10773	31135	16456	14679
平果市	23793	12508	11285	22445	11917	10528	32667	16348	16319
贺州市	**81910**	**41459**	**40451**	**118539**	**60113**	**58426**	**151616**	**78366**	**73250**
八步区	33114	15405	17709	38332	18664	19668	49976	24992	24984
平桂区	16993	9293	7700	26614	14365	12249	33416	18103	15313
昭平县	9407	5050	4357	17028	8655	8373	22463	11508	10955
钟山县	12856	6745	6111	20797	10577	10220	26560	14041	12519
富川瑶族自治县	9540	4966	4574	15768	7852	7916	19201	9722	9479
河池市	**132764**	**67275**	**65489**	**143542**	**73236**	**70306**	**217085**	**108930**	**108155**
金城江区	14535	6926	7609	16995	8414	8581	27802	13398	14404
宜州区	25365	11667	13698	19799	9930	9869	32547	16167	16380
南丹县	10610	5703	4907	12624	6813	5811	18357	9592	8765
天峨县	5921	3242	2679	7020	3817	3203	8796	4416	4380
凤山县	7281	3812	3469	8710	4354	4356	10882	5389	5493
东兰县	7836	4407	3429	8411	4527	3884	12891	6423	6468
罗城仫佬族自治县	7680	3779	3901	10244	5058	5186	17020	8570	8450
环江毛南族自治县	9050	4766	4284	11368	5897	5471	17231	8872	8359
巴马瑶族自治县	9200	4737	4463	10031	4945	5086	15562	7640	7922
都安瑶族自治县	21634	11210	10424	23073	11735	11338	32439	16449	15990
大化瑶族自治县	13652	7026	6626	15267	7746	7521	23558	12014	11544
来宾市	**74551**	**38478**	**36073**	**104221**	**54443**	**49778**	**155018**	**80909**	**74109**
兴宾区	40130	20221	19909	50658	26381	24277	76697	39768	36929
忻城县	7314	3881	3433	11782	5948	5834	18646	9721	8925
象州县	8494	4536	3958	12713	6708	6005	18776	9873	8903
武宣县	12038	6358	5680	18382	9855	8527	24193	12746	11447
金秀瑶族自治县	3972	2125	1847	5934	3133	2801	9897	5263	4634
合山市	2603	1357	1246	4752	2418	2334	6809	3538	3271
崇左市	**101827**	**53119**	**48708**	**98116**	**53632**	**44484**	**145321**	**77814**	**67507**
江州区	42380	20214	22166	21007	11674	9333	32051	17091	14960
扶绥县	23634	13524	10110	18740	10724	8016	28258	15630	12628
宁明县	9786	5356	4430	14786	8220	6566	21669	11915	9754
龙州县	6419	3418	3001	12971	6694	6277	17092	9217	7875
大新县	7778	4084	3694	11462	5903	5559	17124	8578	8546
天等县	7139	3914	3225	10267	5658	4609	16923	8718	8205
凭祥市	4691	2609	2082	8883	4759	4124	12204	6665	5539

1-5 续表 9 单位:人

地区	35-39岁			40-44岁			45-49岁		
	小计	男	女	小计	男	女	小计	男	女
总 计	**3694887**	**1936562**	**1758325**	**3401483**	**1784416**	**1617067**	**3628878**	**1904383**	**1724495**
南宁市	**743915**	**384851**	**359064**	**628556**	**327139**	**301417**	**628521**	**329743**	**298778**
兴宁区	63160	32097	31063	49827	26058	23769	44361	23302	21059
青秀区	100705	47470	53235	82621	39956	42665	78875	39477	39398
江南区	98756	51426	47330	80118	42232	37886	72670	38524	34146
西乡塘区	144797	75467	69330	115949	60496	55453	107317	55490	51827
良庆区	62480	33235	29245	49875	26829	23046	43912	24402	19510
邕宁区	25951	13935	12016	22338	11931	10407	23449	12608	10841
武鸣区	55440	29312	26128	50080	26340	23740	52777	27991	24786
隆安县	22192	11676	10516	23777	12527	11250	25600	13835	11765
马山县	25772	13644	12128	26744	14135	12609	28735	15238	13497
上林县	24899	12974	11925	23196	12094	11102	26862	14210	12652
宾阳县	56621	30630	25991	53873	28845	25028	60188	31620	28568
横 县	63142	32985	30157	50158	25696	24462	63775	33046	30729
柳州市	**337817**	**177498**	**160319**	**327966**	**172892**	**155074**	**345944**	**183116**	**162828**
城中区	20750	9716	11034	20060	9243	10817	20275	10038	10237
鱼峰区	55992	29244	26748	49563	26103	23460	48511	25487	23024
柳南区	55312	28797	26515	53334	27763	25571	54835	28707	26128
柳北区	39615	19838	19777	41256	20932	20324	43146	22087	21059
柳江区	44945	24193	20752	39911	21135	18776	39445	20792	18653
柳城县	24971	13815	11156	23914	12969	10945	26376	14052	12324
鹿寨县	26725	14609	12116	27233	15041	12192	28322	15757	12565
融安县	18422	10013	8409	18677	10318	8359	20822	11548	9274
融水苗族自治县	29755	16154	13601	31381	17392	13989	36787	19986	16801
三江侗族自治县	21330	11119	10211	22637	11996	10641	27425	14662	12763
桂林市	**378562**	**194950**	**183612**	**341094**	**175498**	**165596**	**382409**	**198346**	**184063**
秀峰区	14776	7378	7398	12758	6422	6336	13429	6695	6734
叠彩区	18834	9192	9642	16291	8097	8194	16031	7933	8098
象山区	24960	11816	13144	23540	11238	12302	25344	12073	13271
七星区	35391	18109	17282	30265	15395	14870	29900	15380	14520
雁山区	5578	2991	2587	4697	2492	2205	5509	2878	2631
临桂区	44825	23429	21396	38195	20128	18067	43073	22754	20319
阳朔县	21689	11270	10419	19116	9967	9149	22101	11775	10326
灵川县	35032	18070	16962	28492	14618	13874	31485	16199	15286
全州县	37260	19871	17389	37185	19006	18179	42046	21840	20206
兴安县	24766	12932	11834	20472	10643	9829	23033	11877	11156
永福县	16155	8613	7542	16488	8815	7673	19317	10574	8743
灌阳县	14239	7666	6573	12245	6162	6083	14515	7268	7247
龙胜各族自治县	9781	4981	4800	9819	5180	4639	12893	6877	6016
资源县	10107	5074	5033	9604	4946	4658	11687	6318	5369
平乐县	21208	11020	10188	20117	10508	9609	25194	13063	12131
恭城瑶族自治县	18448	9574	8874	15811	8303	7508	18210	9696	8514
荔浦市	25513	12964	12549	25999	13578	12421	28642	15146	13496

1-5 续表 10

单位:人

地 区	35-39岁			40-44岁			45-49岁		
	小计	男	女	小计	男	女	小计	男	女
梧州市	**164882**	**85323**	**79559**	**158182**	**80729**	**77453**	**191506**	**98115**	**93391**
万秀区	17160	8572	8588	18528	9174	9354	20928	10298	10630
长洲区	22904	11338	11566	22016	10816	11200	23359	11780	11579
龙圩区	17441	9120	8321	16893	8857	8036	19057	9989	9068
苍梧县	14054	7499	6555	13428	7110	6318	19342	10741	8601
藤 县	45024	24563	20461	40415	21479	18936	48338	25314	23024
蒙山县	9644	4865	4779	9611	4863	4748	11937	6181	5756
岑溪市	38655	19366	19289	37291	18430	18861	48545	23812	24733
北海市	**138988**	**73125**	**65863**	**125141**	**64558**	**60583**	**134769**	**68815**	**65954**
海城区	44086	22027	22059	39719	19494	20225	42175	20819	21356
银海区	25065	13289	11776	22043	11617	10426	23951	12374	11577
铁山港区	9563	5315	4248	9055	5010	4045	11034	5974	5060
合浦县	60274	32494	27780	54324	28437	25887	57609	29648	27961
防城港市	**88506**	**48641**	**39865**	**77231**	**42700**	**34531**	**76786**	**42994**	**33792**
港口区	23222	13397	9825	19681	11379	8302	21773	12688	9085
防城区	31820	17608	14212	26188	14449	11739	25294	13897	11397
上思县	13969	7711	6258	14269	7947	6322	13693	7720	5973
东兴市	19495	9925	9570	17093	8925	8168	16026	8689	7337
钦州市	**217262**	**117403**	**99859**	**191950**	**102123**	**89827**	**199941**	**106255**	**93686**
钦南区	54446	29338	25108	45515	24326	21189	43094	23146	19948
钦北区	50041	27794	22247	45043	24423	20620	44670	24034	20636
灵山县	74224	39903	34321	65157	34391	30766	70461	37427	33034
浦北县	38551	20368	18183	36235	18983	17252	41716	21648	20068
贵港市	**280756**	**150318**	**130438**	**270247**	**142433**	**127814**	**293488**	**151152**	**142336**
港北区	57653	29732	27921	54080	28152	25928	55798	28863	26935
港南区	34268	18484	15784	29930	15492	14438	34124	17004	17120
覃塘区	26514	14254	12260	26439	13895	12544	29375	15062	14313
平南县	64767	34502	30265	65381	34323	31058	70045	35912	34133
桂平市	97554	53346	44208	94417	50571	43846	104146	54311	49835
玉林市	**382539**	**199431**	**183108**	**331350**	**168258**	**163092**	**374148**	**187529**	**186619**
玉州区	74855	37994	36861	66396	33299	33097	68081	34179	33902
福绵区	24694	14082	10612	20214	10705	9509	21420	10860	10560
容 县	38322	18664	19658	37085	17769	19316	44180	21565	22615
陆川县	52809	28156	24653	45959	24129	21830	47370	24117	23253
博白县	82605	44128	38477	68880	35710	33170	82872	42230	40642
兴业县	31330	16985	14345	28735	14977	13758	33817	17244	16573
北流市	77924	39422	38502	64081	31669	32412	76408	37334	39074
百色市	**275457**	**143620**	**131837**	**277480**	**148668**	**128812**	**286808**	**154647**	**132161**
右江区	38233	19160	19073	37755	19757	17998	36753	19474	17279
田阳区	24734	12689	12045	27240	14265	12975	28341	15249	13092
田东县	28205	14614	13591	29735	15863	13872	30479	16454	14025

1-5 续表 11

单位:人

地 区	35-39岁			40-44岁			45-49岁		
	小计	男	女	小计	男	女	小计	男	女
德保县	20065	10799	9266	19962	10984	8978	20885	11817	9068
那坡县	12728	6587	6141	14837	8099	6738	14891	8230	6661
凌云县	14054	7394	6660	12946	7126	5820	13150	6973	6177
乐业县	11098	6000	5098	10960	6011	4949	10931	5695	5236
田林县	18211	9715	8496	18196	9989	8207	21116	11193	9923
西林县	11249	6177	5072	11268	6235	5033	12331	6495	5836
隆林各族自治县	26251	14082	12169	23978	12976	11002	26022	13568	12454
靖西市	33757	17860	15897	35932	19321	16611	37870	20994	16876
平果市	36872	18543	18329	34671	18042	16629	34039	18505	15534
贺州市	**127482**	**67158**	**60324**	**118717**	**62674**	**56043**	**133489**	**71302**	**62187**
八步区	44043	22513	21530	39635	20255	19380	44389	23603	20786
平桂区	28915	16005	12910	24114	13099	11015	26237	14225	12012
昭平县	18050	9287	8763	18009	9386	8623	22771	12013	10758
钟山县	20656	11253	9403	20615	11344	9271	21994	12109	9885
富川瑶族自治县	15818	8100	7718	16344	8590	7754	18098	9352	8746
河池市	**258809**	**133942**	**124867**	**246235**	**131878**	**114357**	**255235**	**137199**	**118036**
金城江区	31651	15546	16105	31416	16253	15163	31293	16621	14672
宜州区	44164	22836	21328	38563	20162	18401	41800	22208	19592
南丹县	21264	11349	9915	20875	11325	9550	23334	12404	10930
天峨县	11481	6167	5314	10901	6046	4855	12320	6714	5606
凤山县	13493	7019	6474	12438	6816	5622	12088	6404	5684
东兰县	16222	8319	7903	15792	8584	7208	16020	8636	7384
罗城仫佬族自治县	18467	9679	8788	17457	9365	8092	20465	11049	9416
环江毛南族自治县	20297	10717	9580	22694	12534	10160	22630	12581	10049
巴马瑶族自治县	17434	8979	8455	16892	9184	7708	15908	8575	7333
都安瑶族自治县	38676	19970	18706	34765	18475	16290	35729	19249	16480
大化瑶族自治县	25660	13361	12299	24442	13134	11308	23648	12758	10890
来宾市	**152612**	**81157**	**71455**	**154923**	**83040**	**71883**	**162790**	**87474**	**75316**
兴宾区	70781	37519	33262	74682	40225	34457	68214	36754	31460
忻城县	20586	10868	9718	19546	10534	9012	24480	13206	11274
象州县	20613	11151	9462	20665	11039	9626	24281	13232	11049
武宣县	23398	12381	11017	22853	11768	11085	25954	13564	12390
金秀瑶族自治县	9843	5327	4516	9548	5259	4289	11818	6507	5311
合山市	7391	3911	3480	7629	4215	3414	8043	4211	3832
崇左市	**147300**	**79145**	**68155**	**152411**	**81826**	**70585**	**163044**	**87696**	**75348**
江州区	31821	17170	14651	32077	17213	14864	31171	16673	14498
扶绥县	30578	16563	14015	31374	16581	14793	33183	17537	15646
宁明县	22222	12295	9927	23598	12949	10649	25231	13825	11406
龙州县	16591	9007	7584	18053	9894	8159	20735	11240	9495
大新县	18637	9602	9035	20264	10795	9469	23064	12429	10635
天等县	16062	8277	7785	16122	8374	7748	18124	9598	8526
凭祥市	11389	6231	5158	10923	6020	4903	11536	6394	5142

1-5 续表 12

单位:人

地 区	50-54岁			55-59岁			60-64岁		
	小计	男	女	小计	男	女	小计	男	女
总 计	**3727832**	**1936905**	**1790927**	**3233500**	**1650453**	**1583047**	**2249662**	**1131205**	**1118457**
南宁市	**597700**	**310807**	**286893**	**527073**	**266352**	**260721**	**359889**	**178501**	**181388**
兴宁区	38349	19734	18615	32176	15774	16402	23207	11159	12048
青秀区	70159	34742	35417	65153	31365	33788	47349	22003	25346
江南区	62538	31970	30568	53955	26199	27756	35176	16646	18530
西乡塘区	94029	47157	46872	80813	39256	41557	55464	26684	28780
良庆区	37733	20480	17253	28824	14702	14122	17542	8858	8684
邕宁区	23638	12876	10762	19971	10384	9587	12962	6413	6549
武鸣区	54077	28916	25161	49758	26632	23126	32801	16831	15970
隆安县	27524	15070	12454	24303	12956	11347	15836	8109	7727
马山县	28479	15280	13199	24682	13060	11622	17504	8889	8615
上林县	28833	15187	13646	26086	13792	12294	19360	10304	9056
宾阳县	62809	33278	29531	57003	29816	27187	37883	19523	18360
横 县	69532	36117	33415	64349	32416	31933	44805	23082	21723
柳州市	**336008**	**175236**	**160772**	**287823**	**147379**	**140444**	**197480**	**99495**	**97985**
城中区	17236	8369	8867	15660	7339	8321	11772	5476	6296
鱼峰区	44840	22817	22023	39552	19084	20468	28571	13943	14628
柳南区	49822	25182	24640	42525	21273	21252	29492	14615	14877
柳北区	40266	20021	20245	34387	16863	17524	24836	12061	12775
柳江区	38453	20231	18222	31469	16403	15066	23010	11716	11294
柳城县	28922	15647	13275	25545	13691	11854	18591	9675	8916
鹿寨县	28470	16068	12402	25812	14267	11545	18429	9755	8674
融安县	22667	12474	10193	20561	11291	9270	14196	7681	6515
融水苗族自治县	37607	20153	17454	29552	15269	14283	16940	8706	8234
三江侗族自治县	27725	14274	13451	22760	11899	10861	11643	5867	5776
桂林市	**415763**	**214558**	**201205**	**374407**	**191553**	**182854**	**271817**	**136905**	**134912**
秀峰区	13004	6463	6541	11357	5491	5866	8429	4097	4332
叠彩区	15942	7550	8392	15076	7169	7907	11690	5636	6054
象山区	23706	11413	12293	21178	10012	11166	16381	7782	8599
七星区	26535	13503	13032	22521	11089	11432	16090	7664	8426
雁山区	5801	3007	2794	4881	2609	2272	2986	1622	1364
临桂区	43442	22384	21058	36942	18832	18110	25092	12715	12377
阳朔县	25326	13649	11677	22429	11791	10638	15235	7986	7249
灵川县	34877	17749	17128	31760	16264	15496	22337	11339	10998
全州县	48408	25252	23156	45398	24012	21386	38165	19422	18743
兴安县	26231	13376	12855	26702	13589	13113	19114	9571	9543
永福县	22075	12084	9991	18021	9693	8328	12681	6650	6031
灌阳县	18436	9405	9031	16924	8463	8461	13577	6606	6971
龙胜各族自治县	14716	7989	6727	12679	6732	5947	8987	4657	4330
资源县	12802	6743	6059	10825	5585	5240	7978	4020	3958
平乐县	29230	15136	14094	27813	14486	13327	19181	9674	9507
恭城瑶族自治县	23324	12145	11179	20399	10256	10143	13747	6816	6931
荔浦市	31908	16710	15198	29502	15480	14022	20147	10648	9499

1-5 续表 13

单位:人

地 区	50-54岁			55-59岁			60-64岁		
	小计	男	女	小计	男	女	小计	男	女
梧州市	**212194**	**110338**	**101856**	**182108**	**93814**	**88294**	**123087**	**65129**	**57958**
万秀区	21875	10493	11382	20839	10016	10823	15949	7991	7958
长洲区	22697	11305	11392	19336	9393	9943	12655	6221	6434
龙圩区	20372	11111	9261	16813	9031	7782	9529	5092	4437
苍梧县	22963	12697	10266	18736	10109	8627	11735	6510	5225
藤 县	57529	30750	26779	49365	26251	23114	32705	17925	14780
蒙山县	14408	7481	6927	12695	6560	6135	8987	4740	4247
岑溪市	52350	26501	25849	44324	22454	21870	31527	16650	14877
北海市	**135551**	**68288**	**67263**	**123004**	**61204**	**61800**	**84079**	**41391**	**42688**
海城区	38820	19048	19772	34468	16783	17685	22638	10939	11699
银海区	23192	11958	11234	18653	9499	9154	12039	6092	5947
铁山港区	11748	6177	5571	10495	5324	5171	6716	3403	3313
合浦县	61791	31105	30686	59388	29598	29790	42686	20957	21729
防城港市	**75116**	**40526**	**34590**	**64710**	**33996**	**30714**	**42917**	**21303**	**21614**
港口区	19395	11334	8061	14486	7873	6613	7858	3998	3860
防城区	25657	13205	12452	24310	12402	11908	17519	8308	9211
上思县	15200	8121	7079	13533	7201	6332	10068	5187	4881
东兴市	14864	7866	6998	12381	6520	5861	7472	3810	3662
钦州市	**213996**	**111685**	**102311**	**201970**	**101768**	**100202**	**142143**	**70786**	**71357**
钦南区	41582	21959	19623	38707	19692	19015	27100	13114	13986
钦北区	45961	24098	21863	42937	21469	21468	32083	15647	16436
灵山县	78835	41221	37614	73369	36858	36511	50871	25934	24937
浦北县	47618	24407	23211	46957	23749	23208	32089	16091	15998
贵港市	**309972**	**157344**	**152628**	**259112**	**130896**	**128216**	**182344**	**91755**	**90589**
港北区	53354	26645	26709	41570	20387	21183	27363	13471	13892
港南区	37498	18908	18590	31585	15982	15603	22793	11405	11388
覃塘区	32667	16094	16573	27117	13356	13761	18606	9213	9393
平南县	77105	39563	37542	69249	35201	34048	49425	24817	24608
桂平市	109348	56134	53214	89591	45970	43621	64157	32849	31308
玉林市	**393013**	**198778**	**194235**	**339501**	**170677**	**168824**	**244057**	**123151**	**120906**
玉州区	60681	30924	29757	49031	23822	25209	33785	16273	17512
福绵区	22274	11682	10592	19170	10013	9157	14042	6888	7154
容 县	50575	25254	25321	43538	21947	21591	30621	16491	14130
陆川县	48892	25085	23807	42104	20854	21250	31321	15330	15991
博白县	86991	44104	42887	78886	40297	38589	58570	28881	29689
兴业县	39074	20590	18484	35626	18801	16825	25370	13309	12061
北流市	84526	41139	43387	71146	34943	36203	50348	25979	24369
百色市	**286457**	**150506**	**135951**	**225407**	**115472**	**109935**	**159193**	**77722**	**81471**
右江区	35824	18396	17428	29044	14323	14721	19535	9439	10096
田阳区	29740	15966	13774	21955	11470	10485	14429	7013	7416
田东县	28802	15160	13642	23363	11760	11603	16621	7971	8650

1-5 续表 14

单位:人

地 区	50-54岁			55-59岁			60-64岁		
	小计	男	女	小计	男	女	小计	男	女
德保县	20802	11876	8926	18293	9916	8377	14168	7247	6921
那坡县	15097	8103	6994	11142	5771	5371	7685	3716	3969
凌云县	14226	7060	7166	11071	5541	5530	7376	3510	3866
乐业县	11503	5635	5868	7824	3887	3937	5204	2548	2656
田林县	20893	10882	10011	16041	8183	7858	9684	4697	4987
西林县	12476	6339	6137	8572	4338	4234	5565	2671	2894
隆林各族自治县	26618	13324	13294	19996	9851	10145	15123	7160	7963
靖西市	36861	20353	16508	30616	16535	14081	25450	12827	12623
平果市	33615	17412	16203	27490	13897	13593	18353	8923	9430
贺州市	**148302**	**77833**	**70469**	**131128**	**67266**	**63862**	**90905**	**46678**	**44227**
八步区	45818	24044	21774	41171	21004	20167	28708	14485	14223
平桂区	28090	14963	13127	25147	12979	12168	17906	9096	8810
昭平县	27821	14654	13167	22612	12067	10545	14308	7911	6397
钟山县	25656	13587	12069	23479	12051	11428	16382	8440	7942
富川瑶族自治县	20917	10585	10332	18719	9165	9554	13601	6746	6855
河池市	**262642**	**137551**	**125091**	**224440**	**115612**	**108828**	**157142**	**78692**	**78450**
金城江区	29263	15109	14154	24147	12218	11929	15813	7816	7997
宜州区	44876	23882	20994	42764	22379	20385	30129	15411	14718
南丹县	22783	11843	10940	16896	8731	8165	10058	5076	4982
天峨县	12255	6333	5922	8700	4551	4149	5204	2665	2539
凤山县	12090	6185	5905	8946	4583	4363	6453	3082	3371
东兰县	15503	7918	7585	13088	6637	6451	11045	5412	5633
罗城仫佬族自治县	23995	12732	11263	21630	11247	10383	13994	7253	6741
环江毛南族自治县	24274	13240	11034	19508	10443	9065	12238	6113	6125
巴马瑶族自治县	16036	8093	7943	13659	6698	6961	10699	5045	5654
都安瑶族自治县	37436	19753	17683	33830	17481	16349	25131	12879	12252
大化瑶族自治县	24131	12463	11668	21272	10644	10628	16378	7940	8438
来宾市	**171257**	**92204**	**79053**	**141960**	**75169**	**66791**	**96411**	**50160**	**46251**
兴宾区	66738	35621	31117	53770	27985	25785	37556	19203	18353
忻城县	27130	14622	12508	24305	13158	11147	16566	8734	7832
象州县	28110	15439	12671	22452	12024	10428	13235	7065	6170
武宣县	27668	14904	12764	22837	12173	10664	16664	8856	7808
金秀瑶族自治县	12916	7139	5777	10796	5830	4966	6267	3365	2902
合山市	8695	4479	4216	7800	3999	3801	6123	2937	3186
崇左市	**169861**	**91251**	**78610**	**150857**	**79295**	**71562**	**98198**	**49537**	**48661**
江州区	30232	16419	13813	25547	13536	12011	15202	7794	7408
扶绥县	33260	18041	15219	27527	14845	12682	17993	9379	8614
宁明县	27710	14938	12772	23818	12466	11352	15198	7687	7511
龙州县	22183	11955	10228	20027	10552	9475	13899	6927	6972
大新县	24711	13027	11684	23599	12265	11334	15314	7505	7809
天等县	21192	11112	10080	21424	10800	10624	14776	7269	7507
凭祥市	10573	5759	4814	8915	4831	4084	5816	2976	2840

1-5 续表 15

单位:人

地 区	65-69岁			70-74岁			75-79岁		
	小计	男	女	小计	男	女	小计	男	女
总 计	**2197336**	**1083074**	**1114262**	**1513475**	**736337**	**777138**	**1078747**	**490366**	**588381**
南宁市	**339110**	**166741**	**172369**	**236388**	**111436**	**124952**	**160610**	**70749**	**89861**
兴宁区	21667	10564	11103	14386	6921	7465	8630	4001	4629
青秀区	41917	19829	22088	24670	11761	12909	16134	7060	9074
江南区	31540	14788	16752	20889	9816	11073	12133	5410	6723
西乡塘区	49756	24384	25372	31533	14947	16586	19773	8869	10904
良庆区	16709	8193	8516	10823	5176	5647	6860	3280	3580
邕宁区	12804	6291	6513	9346	4434	4912	6862	3183	3679
武鸣区	31717	15891	15826	22338	10747	11591	16586	7248	9338
隆安县	16069	7965	8104	11485	5372	6113	9018	3810	5208
马山县	16848	8311	8537	15031	6439	8592	10896	4435	6461
上林县	18487	9547	8940	13433	6304	7129	10510	4384	6126
宾阳县	37983	19045	18938	28061	13310	14751	19023	8315	10708
横 县	43613	21933	21680	34393	16209	18184	24185	10754	13431
柳州市	**194255**	**95219**	**99036**	**131156**	**64149**	**67007**	**85163**	**38993**	**46170**
城中区	10561	4819	5742	6824	3151	3673	4280	1940	2340
鱼峰区	26637	12879	13758	16650	8143	8507	9350	4390	4960
柳南区	27012	13061	13951	17637	8535	9102	10569	4832	5737
柳北区	22897	10957	11940	16132	7960	8172	9367	4372	4995
柳江区	20660	10317	10343	12900	6259	6641	8487	3780	4707
柳城县	17612	8864	8748	11197	5602	5595	8191	3647	4544
鹿寨县	18797	9256	9541	11678	5780	5898	8014	3763	4251
融安县	16272	8362	7910	10900	5711	5189	7534	3608	3926
融水苗族自治县	19221	9468	9753	15214	7216	7998	11035	4861	6174
三江侗族自治县	14586	7236	7350	12024	5792	6232	8336	3800	4536
桂林市	**282339**	**137966**	**144373**	**182431**	**90254**	**92177**	**115995**	**54988**	**61007**
秀峰区	8167	3960	4207	4983	2469	2514	2947	1375	1572
叠彩区	11658	5594	6064	7262	3629	3633	3945	1804	2141
象山区	17039	8263	8776	10842	5236	5606	6205	2890	3315
七星区	15518	7079	8439	9903	4791	5112	5579	2610	2969
雁山区	3034	1424	1610	2045	884	1161	1430	557	873
临桂区	27267	13481	13786	17236	8479	8757	11135	5008	6127
阳朔县	15586	7847	7739	10370	5188	5182	7061	3309	3752
灵川县	24001	11972	12029	14591	7254	7337	8540	3948	4592
全州县	36909	17925	18984	21914	10592	11322	14072	6830	7242
兴安县	21588	10447	11141	12974	6553	6421	8177	3909	4268
永福县	13577	7088	6489	9631	4673	4958	6184	2967	3217
灌阳县	14157	6524	7633	9476	4907	4569	6603	3365	3238
龙胜各族自治县	8916	4426	4490	6493	3126	3367	3865	1737	2128
资源县	8815	4344	4471	5839	2973	2866	3837	1884	1953
平乐县	20298	9831	10467	14474	7289	7185	9869	4766	5103
恭城瑶族自治县	15276	7378	7898	10817	5419	5398	7263	3611	3652
荔浦市	20533	10383	10150	13581	6792	6789	9283	4418	4865

1-5 续表 16

单位:人

地 区	65-69岁			70-74岁			75-79岁		
	小计	男	女	小计	男	女	小计	男	女
梧州市	**124409**	**65567**	**58842**	**80089**	**41576**	**38513**	**61423**	**28785**	**32638**
万秀区	16461	8204	8257	10794	5380	5414	6676	3278	3398
长洲区	12424	6132	6292	7638	3793	3845	4825	2128	2697
龙圩区	11708	6004	5704	7260	3745	3515	5775	2709	3066
苍梧县	12375	6748	5627	8803	4419	4384	7042	3189	3853
藤 县	32647	18094	14553	21274	11621	9653	17438	8314	9124
蒙山县	9303	4755	4548	6040	3098	2942	4854	2296	2558
岑溪市	29491	15630	13861	18280	9520	8760	14813	6871	7942
北海市	**74465**	**37163**	**37302**	**50381**	**26204**	**24177**	**36530**	**18337**	**18193**
海城区	19282	9281	10001	12345	6147	6198	7936	3705	4231
银海区	9127	4546	4581	5992	2906	3086	4423	2080	2343
铁山港区	5840	2965	2875	4643	2445	2198	3713	1792	1921
合浦县	40216	20371	19845	27401	14706	12695	20458	10760	9698
防城港市	**38943**	**19405**	**19538**	**24182**	**12626**	**11556**	**17618**	**8843**	**8775**
港口区	6479	3262	3217	3922	2011	1911	2725	1380	1345
防城区	16404	8119	8285	10365	5557	4808	7349	3931	3418
上思县	9379	4638	4741	5747	2957	2790	4345	1979	2366
东兴市	6681	3386	3295	4148	2101	2047	3199	1553	1646
钦州市	**137235**	**69231**	**68004**	**91262**	**48336**	**42926**	**66969**	**33776**	**33193**
钦南区	25694	12745	12949	15637	8393	7244	11655	6055	5600
钦北区	31076	15141	15935	20582	10763	9819	14253	7146	7107
灵山县	49003	25075	23928	33776	17652	16124	24568	12124	12444
浦北县	31462	16270	15192	21267	11528	9739	16493	8451	8042
贵港市	**184183**	**91123**	**93060**	**128002**	**63086**	**64916**	**93996**	**43588**	**50408**
港北区	25156	12225	12931	17564	8586	8978	12927	5673	7254
港南区	24149	12140	12009	17230	8432	8798	12638	5813	6825
覃塘区	18878	9471	9407	14168	6808	7360	10799	4804	5995
平南县	51253	24582	26671	33481	16420	17061	24303	11549	12754
桂平市	64747	32705	32042	45559	22840	22719	33329	15749	17580
玉林市	**240460**	**119084**	**121376**	**164345**	**84552**	**79793**	**121848**	**59984**	**61864**
玉州区	33688	15888	17800	22820	11140	11680	14757	6783	7974
福绵区	15244	7489	7755	10057	5175	4882	7309	3827	3482
容 县	31427	16549	14878	19605	10093	9512	15382	7383	7999
陆川县	34343	16009	18334	23984	12550	11434	16611	8937	7674
博白县	51414	25250	26164	37149	19755	17394	29106	14831	14275
兴业县	28240	14373	13867	19436	9542	9894	15579	7091	8488
北流市	46104	23526	22578	31294	16297	14997	23104	11132	11972
百色市	**148937**	**69876**	**79061**	**114490**	**50065**	**64425**	**88128**	**35068**	**53060**
右江区	16871	7835	9036	11291	5033	6258	7688	3196	4492
田阳区	16055	7386	8669	11855	5166	6689	8195	3178	5017
田东县	16688	7546	9142	12722	5589	7133	8748	3377	5371

1-5 续表 17

单位:人

地 区	65-69岁			70-74岁			75-79岁		
	小计	男	女	小计	男	女	小计	男	女
德保县	14583	7299	7284	12304	5383	6921	9762	4055	5707
那坡县	7301	3422	3879	5836	2640	3196	4993	2000	2993
凌云县	6836	3114	3722	4978	2161	2817	3719	1444	2275
乐业县	4546	2130	2416	3517	1480	2037	3137	1231	1906
田林县	7814	3586	4228	5737	2467	3270	4744	1759	2985
西林县	4654	2116	2538	3105	1317	1788	2407	971	1436
隆林各族自治县	11271	5134	6137	9241	3876	5365	6933	2542	4391
靖西市	22695	11084	11611	19116	8499	10617	16783	6975	9808
平果市	19623	9224	10399	14788	6454	8334	11019	4340	6679
贺州市	**87354**	**43558**	**43796**	**59685**	**29337**	**30348**	**44215**	**20016**	**24199**
八步区	28079	13616	14463	18268	8676	9592	13156	5891	7265
平桂区	16473	8130	8343	10482	5028	5454	7806	3376	4430
昭平县	16112	8436	7676	11407	5864	5543	8855	4160	4695
钟山县	14411	7370	7041	10813	5396	5417	8010	3675	4335
富川瑶族自治县	12279	6006	6273	8715	4373	4342	6388	2914	3474
河池市	**154645**	**73971**	**80674**	**114194**	**51510**	**62684**	**84272**	**33703**	**50569**
金城江区	16403	7838	8565	11664	5620	6044	6866	2894	3972
宜州区	30079	14588	15491	18458	8826	9632	12157	4996	7161
南丹县	10201	4940	5261	7734	3542	4192	5807	2345	3462
天峨县	5236	2428	2808	4377	1939	2438	3783	1484	2299
凤山县	7150	3326	3824	6125	2630	3495	4432	1753	2679
东兰县	11055	5006	6049	9767	4196	5571	7261	2824	4437
罗城仫佬族自治县	15189	7541	7648	10483	4991	5492	8277	3580	4697
环江毛南族自治县	12647	6114	6533	10323	4762	5561	7441	3089	4352
巴马瑶族自治县	9579	4357	5222	7134	2973	4161	5630	2127	3503
都安瑶族自治县	22366	10988	11378	16691	7173	9518	13751	5303	8448
大化瑶族自治县	14740	6845	7895	11438	4858	6580	8867	3308	5559
来宾市	**94074**	**47458**	**46616**	**66689**	**31824**	**34865**	**48678**	**21595**	**27083**
兴宾区	34214	17078	17136	25411	11853	13558	18702	8236	10466
忻城县	16664	8370	8294	11375	5289	6086	8617	3538	5079
象州县	14923	7716	7207	11256	5409	5847	7240	3333	3907
武宣县	15763	8197	7566	10225	5080	5145	8516	3939	4577
金秀瑶族自治县	6545	3259	3286	4582	2262	2320	3265	1494	1771
合山市	5965	2838	3127	3840	1931	1909	2338	1055	1283
崇左市	**96927**	**46712**	**50215**	**70181**	**31382**	**38799**	**53302**	**21941**	**31361**
江州区	14348	7057	7291	9953	4488	5465	7807	3320	4487
扶绥县	18451	9357	9094	12984	6004	6980	9316	3957	5359
宁明县	14910	7087	7823	11121	5055	6066	8103	3388	4715
龙州县	10811	4990	5821	8076	3496	4580	6336	2461	3875
大新县	16570	7757	8813	11474	5092	6382	9463	3840	5623
天等县	17320	8320	9000	13537	5914	7623	10338	4177	6161
凭祥市	4517	2144	2373	3036	1333	1703	1939	798	1141

1-5 续表 18 单位：人

地 区	80—84岁			85—89岁			90—94岁		
	小计	男	女	小计	男	女	小计	男	女
总 计	**734848**	**315122**	**419726**	**403192**	**153748**	**249444**	**143622**	**49102**	**94520**
南宁市	**110671**	**45965**	**64706**	**58603**	**21343**	**37260**	**20399**	**6790**	**13609**
兴宁区	5808	2619	3189	3259	1308	1951	1090	426	664
青秀区	12886	5765	7121	6995	3053	3942	2290	1028	1262
江南区	8669	3752	4917	4237	1567	2670	1281	512	769
西乡塘区	14809	6409	8400	7506	2934	4572	2516	947	1569
良庆区	4224	1918	2306	2424	931	1493	893	328	565
邕宁区	4446	1966	2480	2445	932	1513	882	303	579
武鸣区	10728	4291	6437	5648	1960	3688	2036	608	1428
隆安县	5995	2355	3640	3268	1104	2164	1135	357	778
马山县	7181	2688	4493	3731	1217	2514	1350	370	980
上林县	6910	2639	4271	3660	1220	2440	1368	366	1002
宾阳县	13346	5273	8073	6980	2268	4712	2566	709	1857
横 县	15669	6290	9379	8450	2849	5601	2992	836	2156
柳州市	**59797**	**25721**	**34076**	**33155**	**12869**	**20286**	**10983**	**4018**	**6965**
城中区	3228	1444	1784	1702	755	947	512	213	299
鱼峰区	6879	3017	3862	3472	1345	2127	1194	464	730
柳南区	7906	3430	4476	4166	1659	2507	1393	545	848
柳北区	6883	2966	3917	3523	1354	2169	1105	461	644
柳江区	6040	2575	3465	3625	1352	2273	1207	441	766
柳城县	5526	2304	3222	3472	1260	2212	1128	346	782
鹿寨县	5484	2349	3135	3314	1261	2053	1098	348	750
融安县	5060	2263	2797	3092	1265	1827	1058	399	659
融水苗族自治县	7245	2989	4256	4017	1545	2472	1393	486	907
三江侗族自治县	5546	2384	3162	2772	1073	1699	895	315	580
桂林市	**82815**	**36259**	**46556**	**47253**	**18706**	**28547**	**15565**	**5478**	**10087**
秀峰区	2290	923	1367	1328	508	820	487	170	317
叠彩区	3086	1292	1794	1756	706	1050	518	205	313
象山区	4757	2092	2665	2421	1029	1392	717	305	412
七星区	4043	1822	2221	1960	868	1092	602	237	365
雁山区	1018	398	620	740	255	485	273	61	212
临桂区	7345	3055	4290	4572	1637	2935	1456	449	1007
阳朔县	4997	2141	2856	3199	1216	1983	1170	404	766
灵川县	5872	2483	3389	3518	1326	2192	1079	341	738
全州县	12116	5414	6702	6453	2781	3672	2243	871	1372
兴安县	5833	2575	3258	3276	1346	1930	1091	367	724
永福县	4357	1845	2512	2720	1006	1714	888	300	588
灌阳县	4758	2237	2521	2373	1012	1361	792	339	453
龙胜各族自治县	2409	1059	1350	1260	525	735	348	133	215
资源县	2670	1235	1435	1532	649	883	486	179	307
平乐县	6515	2907	3608	3953	1489	2464	1339	454	885
恭城瑶族自治县	4615	2020	2595	2370	904	1466	804	250	554
荔浦市	6134	2761	3373	3822	1449	2373	1272	413	859

1-5 续表 19

单位:人

地 区	80-84岁			85-89岁			90-94岁		
	小计	男	女	小计	男	女	小计	男	女
梧州市	**44583**	**19629**	**24954**	**24514**	**9508**	**15006**	**9407**	**3125**	**6282**
万秀区	4991	2097	2894	3181	1202	1979	1015	372	643
长洲区	3572	1557	2015	1806	744	1062	635	250	385
龙圩区	4090	1834	2256	2125	816	1309	805	265	540
苍梧县	5124	2190	2934	2584	874	1710	941	302	639
藤 县	12762	5823	6939	6930	2833	4097	2799	967	1832
蒙山县	3332	1429	1903	1800	705	1095	749	225	524
岑溪市	10712	4699	6013	6088	2334	3754	2463	744	1719
北海市	**27283**	**12698**	**14585**	**16336**	**6821**	**9515**	**6508**	**2449**	**4059**
海城区	5677	2478	3199	2924	1181	1743	1015	367	648
银海区	3014	1350	1664	1667	704	963	669	236	433
铁山港区	2859	1289	1570	1732	730	1002	734	283	451
合浦县	15733	7581	8152	10013	4206	5807	4090	1563	2527
防城港市	**12882**	**6060**	**6822**	**7554**	**3183**	**4371**	**2794**	**1096**	**1698**
港口区	1886	921	965	1088	465	623	465	182	283
防城区	5755	2834	2921	3337	1477	1860	1239	511	728
上思县	2793	1164	1629	1690	582	1108	544	179	365
东兴市	2448	1141	1307	1439	659	780	546	224	322
钦州市	**45286**	**21389**	**23897**	**25698**	**10661**	**15037**	**9496**	**3638**	**5858**
钦南区	8326	4061	4265	5013	2135	2878	1984	812	1172
钦北区	9289	4445	4844	5242	2201	3041	1837	690	1147
灵山县	16448	7495	8953	9032	3653	5379	3328	1202	2126
浦北县	11223	5388	5835	6411	2672	3739	2347	934	1413
贵港市	**63214**	**28102**	**35112**	**36431**	**14052**	**22379**	**14330**	**4789**	**9541**
港北区	8712	3594	5118	5332	1900	3432	1937	605	1332
港南区	8004	3451	4553	4933	1758	3175	2110	647	1463
覃塘区	6980	2905	4075	4173	1392	2781	1694	506	1188
平南县	17007	7804	9203	9205	3863	5342	3646	1364	2282
桂平市	22511	10348	12163	12788	5139	7649	4943	1667	3276
玉林市	**79395**	**37405**	**41990**	**45184**	**18955**	**26229**	**15862**	**6019**	**9843**
玉州区	8816	4016	4800	4582	1872	2710	1492	539	953
福绵区	4620	2190	2430	2641	1088	1553	944	319	625
容 县	9941	4577	5364	5667	2360	3307	1955	707	1248
陆川县	10844	5463	5381	6473	2761	3712	2376	946	1430
博白县	20701	10477	10224	11984	5493	6491	4382	1885	2497
兴业县	9507	3968	5539	5239	1943	3296	1758	591	1167
北流市	14966	6714	8252	8598	3438	5160	2955	1032	1923
百色市	**54228**	**20379**	**33849**	**25665**	**8275**	**17390**	**8548**	**2554**	**5994**
右江区	5078	2051	3027	2284	827	1457	726	248	478
田阳区	5342	1830	3512	2394	694	1700	787	209	578
田东县	5139	1871	3268	2352	666	1686	723	220	503

1-5 续表 20 单位:人

地 区	80-84岁			85-89岁			90-94岁		
	小计	男	女	小计	男	女	小计	男	女
德保县	6205	2323	3882	2970	1014	1956	968	325	643
那坡县	2868	1140	1728	1421	508	913	468	159	309
凌云县	2539	905	1634	1413	451	962	522	139	383
乐业县	2075	835	1240	902	293	609	323	105	218
田林县	2826	960	1866	1409	398	1011	452	113	339
西林县	1439	524	915	573	190	383	186	57	129
隆林各族自治县	3840	1321	2519	1792	544	1248	576	150	426
靖西市	10076	4092	5984	4768	1673	3095	1659	531	1128
平果市	6801	2527	4274	3387	1017	2370	1158	298	860
贺州市	**32413**	**13976**	**18437**	**18674**	**7176**	**11498**	**6733**	**2293**	**4440**
八步区	9022	3823	5199	5231	1905	3326	1755	556	1199
平桂区	6153	2554	3599	3730	1384	2346	1365	497	868
昭平县	6229	2830	3399	3524	1440	2084	1426	436	990
钟山县	6018	2669	3349	3397	1388	2009	1194	442	752
富川瑶族自治县	4991	2100	2891	2792	1059	1733	993	362	631
河池市	**56340**	**21155**	**35185**	**28465**	**9375**	**19090**	**9889**	**2799**	**7090**
金城江区	4702	1847	2855	2299	820	1479	669	221	448
宜州区	8852	3456	5396	5105	1744	3361	1792	527	1265
南丹县	3537	1384	2153	1772	599	1173	585	169	416
天峨县	2492	939	1553	1019	339	680	373	89	284
凤山县	3056	1172	1884	1291	410	881	470	132	338
东兰县	4589	1667	2922	1887	595	1292	606	162	444
罗城仫佬族自治县	5463	2207	3256	3323	1172	2151	1118	355	763
环江毛南族自治县	5083	1909	3174	2498	837	1661	782	236	546
巴马瑶族自治县	3527	1287	2240	1675	523	1152	588	147	441
都安瑶族自治县	8985	3202	5783	4706	1466	3240	1795	450	1345
大化瑶族自治县	6054	2085	3969	2890	870	2020	1111	311	800
来宾市	**33859**	**14169**	**19690**	**18933**	**7178**	**11755**	**7422**	**2389**	**5033**
兴宾区	13017	5595	7422	7368	2933	4435	3247	1135	2112
忻城县	5883	2295	3588	3167	1156	2011	1140	339	801
象州县	5374	2237	3137	3074	1100	1974	1080	296	784
武宣县	5537	2310	3227	3118	1167	1951	1161	332	829
金秀瑶族自治县	2456	1029	1427	1362	506	856	502	175	327
合山市	1592	703	889	844	316	528	292	112	180
崇左市	**32082**	**12215**	**19867**	**16727**	**5646**	**11081**	**5686**	**1665**	**4021**
江州区	4708	1762	2946	2386	813	1573	918	263	655
扶绥县	5587	2202	3385	2952	944	2008	1128	293	835
宁明县	4603	1857	2746	2437	862	1575	764	245	519
龙州县	3747	1323	2424	1886	588	1298	558	142	416
大新县	5878	2236	3642	3219	1106	2113	1041	323	718
天等县	6355	2370	3985	3183	1098	2085	1072	326	746
凭祥市	1204	465	739	664	235	429	205	73	132

1-5 续表 21

单位:人

地区	95-99岁			100岁及以上		
	小计	男	女	小计	男	女
总 计	**35972**	**10454**	**25518**	**6925**	**1539**	**5386**
南宁市	**5180**	**1448**	**3732**	**957**	**191**	**766**
兴宁区	303	100	203	50	11	39
青秀区	553	212	341	113	35	78
江南区	334	116	218	56	19	37
西乡塘区	555	194	361	91	25	66
良庆区	229	71	158	58	8	50
邕宁区	206	60	146	31	5	26
武鸣区	565	139	426	103	20	83
隆安县	281	67	214	45	11	34
马山县	428	105	323	96	14	82
上林县	362	66	296	82	13	69
宾阳县	642	137	505	124	16	108
横 县	722	181	541	108	14	94
柳州市	**2397**	**761**	**1636**	**456**	**112**	**344**
城中区	100	44	56	26	7	19
鱼峰区	259	80	179	59	10	49
柳南区	349	125	224	46	14	32
柳北区	254	86	168	48	16	32
柳江区	280	88	192	44	9	35
柳城县	302	76	226	62	12	50
鹿寨县	203	56	147	41	9	32
融安县	191	61	130	32	10	22
融水苗族自治县	287	92	195	69	20	49
三江侗族自治县	172	53	119	29	5	24
桂林市	**3731**	**1113**	**2618**	**575**	**122**	**453**
秀峰区	100	39	61	18	5	13
叠彩区	115	35	80	18	8	10
象山区	160	47	113	30	11	19
七星区	114	41	73	22	4	18
雁山区	77	13	64	13	1	12
临桂区	367	81	286	62	7	55
阳朔县	246	64	182	60	16	44
灵川县	257	71	186	34	7	27
全州县	528	196	332	82	18	64
兴安县	251	69	182	30	8	22
永福县	219	57	162	40	11	29
灌阳县	183	66	117	29	8	21
龙胜各族自治县	71	29	42	7	1	6
资源县	106	41	65	13	3	10
平乐县	419	125	294	53	7	46
恭城瑶族自治县	192	43	149	16	4	12
荔浦市	326	96	230	48	3	45

1-5 续表 22

单位:人

地 区	95-99岁			100岁及以上		
	小计	男	女	小计	男	女
梧州市	**2420**	**669**	**1751**	**519**	**119**	**400**
万秀区	288	93	195	75	26	49
长洲区	173	61	112	45	12	33
龙圩区	192	53	139	35	14	21
苍梧县	215	46	169	45	11	34
藤 县	736	203	533	155	29	126
蒙山县	188	54	134	38	6	32
岑溪市	628	159	469	126	21	105
北海市	**1633**	**547**	**1086**	**301**	**99**	**202**
海城区	266	92	174	33	15	18
银海区	179	58	121	55	16	39
铁山港区	210	64	146	38	12	26
合浦县	978	333	645	175	56	119
防城港市	**803**	**276**	**527**	**145**	**36**	**109**
港口区	118	34	84	27	5	22
防城区	360	143	217	69	18	51
上思县	164	43	121	27	6	21
东兴市	161	56	105	22	7	15
钦州市	**2240**	**721**	**1519**	**406**	**99**	**307**
钦南区	484	174	310	77	15	62
钦北区	473	148	325	79	18	61
灵山县	745	232	513	149	40	109
浦北县	538	167	371	101	26	75
贵港市	**3958**	**1105**	**2853**	**805**	**164**	**641**
港北区	508	128	380	101	22	79
港南区	592	152	440	122	28	94
覃塘区	487	123	364	118	14	104
平南县	1042	352	690	203	47	156
桂平市	1329	350	979	261	53	208
玉林市	**4059**	**1345**	**2714**	**686**	**188**	**498**
玉州区	352	128	224	54	17	37
福绵区	213	70	143	49	17	32
容 县	497	148	349	86	24	62
陆川县	704	230	474	110	25	85
博白县	1068	440	628	178	63	115
兴业县	368	101	267	58	11	47
北流市	857	228	629	151	31	120
百色市	**2129**	**504**	**1625**	**423**	**82**	**341**
右江区	173	51	122	37	9	28
田阳区	174	30	144	29	4	25
田东县	179	32	147	44	3	41

1-5　续表 23　　　　单位:人

地　区	95-99岁			100岁及以上		
	小计	男	女	小计	男	女
德保县	244	65	179	40	5	35
那坡县	98	28	70	25	5	20
凌云县	151	33	118	26	5	21
乐业县	85	22	63	24	7	17
田林县	92	21	71	14	4	10
西林县	43	9	34	10	3	7
隆林各族自治县	135	26	109	24	1	23
靖西市	420	117	303	85	23	62
平果市	335	70	265	65	13	52
贺州市	**1554**	**432**	**1122**	**273**	**64**	**209**
八步区	350	102	248	68	24	44
平桂区	357	101	256	68	18	50
昭平县	346	91	255	69	12	57
钟山县	275	78	197	31	5	26
富川瑶族自治县	226	60	166	37	5	32
河池市	**2570**	**609**	**1961**	**631**	**103**	**528**
金城江区	193	74	119	29	12	17
宜州区	436	112	324	65	10	55
南丹县	127	34	93	24	3	21
天峨县	57	13	44	28	5	23
凤山县	141	28	113	46	5	41
东兰县	172	42	130	55	4	51
罗城仫佬族自治县	273	59	214	43	12	31
环江毛南族自治县	187	40	147	39	5	34
巴马瑶族自治县	185	50	135	101	22	79
都安瑶族自治县	471	97	374	101	13	88
大化瑶族自治县	328	60	268	100	12	88
来宾市	**1789**	**501**	**1288**	**463**	**101**	**362**
兴宾区	797	270	527	250	58	192
忻城县	306	72	234	64	12	52
象州县	219	49	170	52	9	43
武宣县	292	69	223	57	14	43
金秀瑶族自治县	108	30	78	22	5	17
合山市	67	11	56	18	3	15
崇左市	**1509**	**423**	**1086**	**285**	**59**	**226**
江州区	248	71	177	61	20	41
扶绥县	296	95	201	55	6	49
宁明县	207	63	144	31	7	24
龙州县	141	33	108	26	5	21
大新县	301	65	236	65	11	54
天等县	266	83	183	37	6	31
凭祥市	50	13	37	10	4	6

1–5※ 各地区分年龄、性别的人口（户籍人口）

单位:人

地 区	合计			0岁			1–4岁		
	合计	男	女	小计	男	女	小计	男	女
总 计	**56876552**	**29880735**	**26995817**	**580004**	**309578**	**270426**	**3153102**	**1675111**	**1477991**
南宁市	**7961081**	**4126585**	**3834496**	**92716**	**49841**	**42875**	**466126**	**250058**	**216068**
兴宁区	434207	218208	215999	6626	3584	3042	28247	15083	13164
青秀区	835476	409249	426227	10852	5715	5137	58716	31717	26999
江南区	602275	305147	297128	9308	4972	4336	40384	21455	18929
西乡塘区	897579	452025	445554	12239	6599	5640	53219	28403	24816
良庆区	359052	185224	173828	6979	3780	3199	28395	15144	13251
邕宁区	382583	201185	181398	4434	2385	2049	23322	12470	10852
武鸣区	714320	371760	342560	7529	4003	3526	41449	22204	19245
隆安县	413465	219625	193840	3628	1940	1688	20592	11090	9502
马山县	556010	292799	263211	5305	2806	2499	29431	15874	13557
上林县	491197	258579	232618	4779	2587	2192	25531	13639	11892
宾阳县	1040671	558075	482596	9717	5360	4357	52392	28155	24237
横 县	1234246	654709	579537	11320	6110	5210	64448	34824	29624
柳州市	**3985055**	**2054408**	**1930647**	**38814**	**20392**	**18422**	**203272**	**106776**	**96496**
城中区	196552	95701	100851	2064	1134	930	11898	6238	5660
鱼峰区	439023	219402	219621	5058	2586	2472	24696	12798	11898
柳南区	414432	209752	204680	4503	2348	2155	20947	10995	9952
柳北区	365741	181561	184180	3483	1830	1653	17359	9008	8351
柳江区	504209	259907	244302	5586	2880	2706	28940	15251	13689
柳城县	410844	212976	197868	3751	1945	1806	19935	10332	9603
鹿寨县	413874	219755	194119	3524	1871	1653	20160	10510	9650
融安县	322357	171358	150999	2703	1450	1253	14696	7748	6948
融水苗族自治县	518561	273573	244988	4616	2471	2145	25146	13534	11612
三江侗族自治县	399462	210423	189039	3526	1877	1649	19495	10362	9133
桂林市	**5381365**	**2778277**	**2603088**	**47037**	**24705**	**22332**	**270907**	**142165**	**128742**
秀峰区	124870	60013	64857	1181	615	566	6485	3362	3123
叠彩区	161793	77796	83997	1532	811	721	8088	4231	3857
象山区	251968	121689	130279	1953	1036	917	11030	5754	5276
七星区	244413	121672	122741	2536	1360	1176	13741	7210	6531
雁山区	76319	38004	38315	745	369	376	4089	2117	1972
临桂区	538218	279278	258940	5598	3039	2559	30728	16286	14442
阳朔县	326251	168282	157969	2898	1526	1372	17233	8904	8329
灵川县	399493	201746	197747	3785	2004	1781	21550	11223	10327
全州县	818940	440135	378805	6294	3381	2913	36778	19685	17093
兴安县	383454	196942	186512	3276	1720	1556	20123	10521	9602
永福县	283568	149382	134186	2278	1189	1089	13938	7323	6615
灌阳县	287845	153378	134467	2434	1275	1159	13673	7320	6353
龙胜各族自治县	168628	85614	83014	1292	629	663	7382	3705	3677
资源县	177487	92414	85073	1426	752	674	8758	4541	4217
平乐县	458210	241979	216231	3900	1994	1906	23691	12503	11188
恭城瑶族自治县	300093	155363	144730	2700	1401	1299	14824	7664	7160
荔浦市	379815	194590	185225	3209	1604	1605	18796	9816	8980

1-5(户籍人口) 续表 1

单位:人

地区	合计			0岁			1-4岁		
	合计	男	女	小计	男	女	小计	男	女
梧州市	**3530628**	**1872933**	**1657695**	**37757**	**20167**	**17590**	**205536**	**108701**	**96835**
万秀区	281121	141128	139993	1978	1061	917	11253	5925	5328
长洲区	215953	107091	108862	2717	1444	1273	13054	6838	6216
龙圩区	304073	161141	142932	3642	1916	1726	18822	9996	8826
苍梧县	432904	232772	200132	4205	2239	1966	23852	12649	11203
藤　县	1108567	598089	510478	12253	6625	5628	68429	36248	32181
蒙山县	222939	117470	105469	1903	1007	896	10727	5673	5054
岑溪市	965071	515242	449829	11059	5875	5184	59399	31372	28027
北海市	**1816388**	**949466**	**866922**	**20849**	**11328**	**9521**	**101929**	**54602**	**47327**
海城区	363992	180027	183965	4328	2321	2007	19994	10752	9242
银海区	200619	103671	96948	2815	1580	1235	12772	6870	5902
铁山港区	176937	91734	85203	1994	1111	883	9911	5233	4678
合浦县	1074840	574034	500806	11712	6316	5396	59252	31747	27505
防城港市	**1011535**	**543441**	**468094**	**11844**	**6300**	**5544**	**59876**	**32373**	**27503**
港口区	154145	79913	74232	2149	1120	1029	10232	5567	4665
防城区	445170	240502	204668	5007	2710	2297	26843	14451	12392
上思县	246535	136938	109597	2266	1175	1091	11469	6333	5136
东兴市	165685	86088	79597	2422	1295	1127	11332	6022	5310
钦州市	**4151319**	**2250392**	**1900927**	**44171**	**23540**	**20631**	**240939**	**127755**	**113184**
钦南区	669664	356698	312966	7678	4077	3601	39890	21418	18472
钦北区	876493	487130	389363	9105	4825	4280	49495	26357	23138
灵山县	1665189	899835	765354	17874	9602	8272	98403	51898	46505
浦北县	939973	506729	433244	9514	5036	4478	53151	28082	25069
贵港市	**5581420**	**2959938**	**2621482**	**54096**	**28904**	**25192**	**302191**	**160554**	**141637**
港北区	776458	401963	374495	8345	4438	3907	45867	24100	21767
港南区	682869	360781	322088	6114	3241	2873	34885	18452	16433
覃塘区	586508	306068	280440	6015	3160	2855	31313	16528	14785
平南县	1522820	818012	704808	15014	8068	6946	84502	45337	39165
桂平市	2012765	1073114	939651	18608	9997	8611	105624	56137	49487
玉林市	**7348958**	**3925298**	**3423660**	**78415**	**42293**	**36122**	**450642**	**239791**	**210851**
玉州区	820991	423659	397332	8785	4826	3959	49348	26305	23043
福绵区	372057	201250	170807	3779	2047	1732	21436	11444	9992
容　县	868056	459303	408753	8877	4706	4171	48774	25764	23010
陆川县	1094021	582597	511424	11538	6186	5352	69437	36758	32679
博白县	1904322	1037945	866377	22842	12376	10466	128787	69133	59654
兴业县	737313	398354	338959	5748	3121	2627	33916	18019	15897
北流市	1552198	822190	730008	16846	9031	7815	98944	52368	46576
百色市	**4203569**	**2181517**	**2022052**	**38731**	**20731**	**18000**	**215727**	**115543**	**100184**
右江区	400720	200648	200072	3986	2107	1879	22906	12098	10808
田阳区	353308	177921	175387	2869	1509	1360	17415	9044	8371
田东县	435812	226888	208924	4066	2137	1929	21831	11685	10146

1-5(户籍人口) 续表 2

单位:人

地 区	合计			0岁			1-4岁		
	合计	男	女	小计	男	女	小计	男	女
德保县	362486	192589	169897	2704	1468	1236	15996	8581	7415
那坡县	215922	113334	102588	1969	1069	900	11575	6160	5415
凌云县	224754	116944	107810	2570	1349	1221	13550	7326	6224
乐业县	180303	94955	85348	1788	1023	765	9877	5451	4426
田林县	263506	135658	127848	2193	1175	1018	12527	6642	5885
西林县	163246	84999	78247	1732	910	822	8963	4847	4116
隆林各族自治县	434606	223483	211123	4483	2428	2055	25549	13614	11935
靖西市	651177	344103	307074	5264	2831	2433	29488	16160	13328
平果市	517729	269995	247734	5107	2725	2382	26050	13935	12115
贺州市	**2480633**	**1306481**	**1174152**	**27752**	**14884**	**12868**	**146835**	**77538**	**69297**
八步区	794625	412025	382600	8933	4836	4097	47974	25474	22500
平桂区	435216	227836	207380	5356	2848	2508	27719	14686	13033
昭平县	449598	241369	208229	4589	2468	2121	24858	13031	11827
钟山县	461263	246684	214579	5036	2659	2377	26705	13974	12731
富川瑶族自治县	339931	178567	161364	3838	2073	1765	19579	10373	9206
河池市	**4290348**	**2233064**	**2057284**	**40834**	**21592**	**19242**	**227595**	**120964**	**106631**
金城江区	354967	182879	172088	3443	1783	1660	19098	10250	8848
宜州区	667338	345608	321730	5362	2821	2541	30413	15995	14418
南丹县	326487	171212	155275	3515	1881	1634	17914	9623	8291
天峨县	175056	91917	83139	1575	847	728	8201	4516	3685
凤山县	219188	115403	103785	2251	1266	985	12594	6826	5768
东兰县	308037	162567	145470	2781	1501	1280	16023	8747	7276
罗城仫佬族自治县	380986	197005	183981	3194	1670	1524	18475	9508	8967
环江毛南族自治县	369339	195517	173822	3405	1789	1616	19241	10143	9098
巴马瑶族自治县	295115	153391	141724	2902	1536	1366	16554	8978	7576
都安瑶族自治县	715667	370643	345024	7170	3733	3437	39714	20871	18843
大化瑶族自治县	478168	246922	231246	5236	2765	2471	29368	15507	13861
来宾市	**2654651**	**1392459**	**1262192**	**25375**	**13289**	**12086**	**134825**	**70578**	**64247**
兴宾区	1143048	601769	541279	11868	6275	5593	61423	32372	29051
忻城县	417709	216958	200751	3357	1692	1665	19773	10276	9497
象州县	361427	190096	171331	3135	1658	1477	17079	8925	8154
武宣县	450336	238548	211788	4580	2381	2199	23878	12392	11486
金秀瑶族自治县	153327	78918	74409	1345	731	614	7090	3679	3411
合山市	128804	66170	62634	1090	552	538	5582	2934	2648
崇左市	**2479602**	**1306476**	**1173126**	**21613**	**11612**	**10001**	**126702**	**67713**	**58989**
江州区	399900	213126	186774	3745	2067	1678	22552	12126	10426
扶绥县	449231	238991	210240	3904	2077	1827	22178	11844	10334
宁明县	427290	227700	199590	3604	1948	1656	20475	10916	9559
龙州县	269136	137773	131363	2604	1369	1235	14304	7465	6839
大新县	375765	194324	181441	3062	1593	1469	19229	10233	8996
天等县	441518	233916	207602	3255	1817	1438	20826	11369	9457
凭祥市	116762	60646	56116	1439	741	698	7138	3760	3378

1-5(户籍人口) 续表 3

单位:人

地 区	5-9岁			10-14岁			15-19岁		
	小计	男	女	小计	男	女	小计	男	女
总 计	**4541554**	**2434745**	**2106809**	**4086835**	**2194279**	**1892556**	**3555820**	**1905851**	**1649969**
南宁市	**617898**	**337951**	**279947**	**502527**	**274791**	**227736**	**437342**	**239756**	**197586**
兴宁区	35004	18966	16038	23927	13066	10861	22068	12150	9918
青秀区	70697	37995	32702	50333	26967	23366	39405	20761	18644
江南区	50497	27611	22886	37252	20334	16918	32134	18204	13930
西乡塘区	64420	35504	28916	51436	28065	23371	48330	26513	21817
良庆区	33436	18252	15184	24681	13601	11080	20466	10943	9523
邕宁区	30680	16831	13849	24938	13615	11323	24238	13159	11079
武鸣区	45601	25236	20365	37669	20378	17291	32866	17890	14976
隆安县	31970	17644	14326	29765	16543	13222	25399	13785	11614
马山县	45668	24862	20806	42327	22814	19513	35431	19142	16289
上林县	35118	18964	16154	30357	16323	14034	25801	13878	11923
宾阳县	74343	40871	33472	64382	36256	28126	60275	34071	26204
横 县	100464	55215	45249	85460	46829	38631	70929	39260	31669
柳州市	**261921**	**137894**	**124027**	**236071**	**124424**	**111647**	**213654**	**111473**	**102181**
城中区	14485	7736	6749	11446	5959	5487	9179	4884	4295
鱼峰区	29347	15375	13972	23363	11971	11392	29204	14648	14556
柳南区	24353	12719	11634	20597	10861	9736	19289	10089	9200
柳北区	20234	10549	9685	17225	9029	8196	15418	8164	7254
柳江区	36297	18993	17304	30873	16304	14569	25780	13532	12248
柳城县	25452	13151	12301	21091	10820	10271	18727	9604	9123
鹿寨县	26862	13921	12941	24351	12724	11627	21107	11067	10040
融安县	17773	9398	8375	17250	9060	8190	16593	8477	8116
融水苗族自治县	35932	19498	16434	36215	19735	16480	31475	16660	14815
三江侗族自治县	31186	16554	14632	33660	17961	15699	26882	14348	12534
桂林市	**365859**	**193180**	**172679**	**335229**	**176179**	**159050**	**259499**	**136831**	**122668**
秀峰区	7918	4141	3777	5684	2944	2740	5162	2573	2589
叠彩区	10662	5572	5090	8251	4359	3892	6720	3391	3329
象山区	14220	7437	6783	12415	6389	6026	10665	5605	5060
七星区	16479	8718	7761	13072	6747	6325	12044	6532	5512
雁山区	5190	2725	2465	4189	2176	2013	4315	2212	2103
临桂区	39298	21384	17914	33199	17898	15301	26823	14641	12182
阳朔县	21955	11539	10416	18466	9597	8869	15167	7743	7424
灵川县	29496	15213	14283	23535	12143	11392	17101	8930	8171
全州县	58860	31508	27352	64961	34691	30270	47627	26062	21565
兴安县	28002	14526	13476	22824	11715	11109	14508	7483	7025
永福县	19381	10128	9253	18261	9708	8553	13840	7349	6491
灌阳县	18590	10030	8560	19343	10441	8902	14881	8085	6796
龙胜各族自治县	9745	4996	4749	9475	4742	4733	7698	3754	3944
资源县	12651	6705	5946	12250	6551	5699	8858	4632	4226
平乐县	32216	17073	15143	30652	16336	14316	22411	11798	10613
恭城瑶族自治县	19620	10368	9252	18147	9294	8853	14425	7362	7063
荔浦市	21576	11117	10459	20505	10448	10057	17254	8679	8575

1–5(户籍人口) 续表 4

单位:人

地 区	5–9岁			10–14岁			15–19岁		
	小计	男	女	小计	男	女	小计	男	女
梧州市	**297660**	**157877**	**139783**	**262919**	**140046**	**122873**	**245792**	**131268**	**114524**
万秀区	15401	8106	7295	13857	7289	6568	13853	7466	6387
长洲区	17510	9170	8340	14015	7429	6586	11606	6176	5430
龙圩区	27450	14382	13068	24251	12753	11498	25200	13160	12040
苍梧县	34442	18190	16252	31362	16539	14823	30309	15929	14380
藤 县	101358	53670	47688	85201	45164	40037	80165	42005	38160
蒙山县	16325	8695	7630	14489	7722	6767	13238	7018	6220
岑溪市	85174	45664	39510	79744	43150	36594	71421	39514	31907
北海市	**142101**	**77359**	**64742**	**122391**	**66653**	**55738**	**108915**	**59001**	**49914**
海城区	26101	13962	12139	21673	11700	9973	19638	10449	9189
银海区	16637	8998	7639	13581	7361	6220	12037	6479	5558
铁山港区	14183	7746	6437	11863	6311	5552	9166	5108	4058
合浦县	85180	46653	38527	75274	41281	33993	68074	36965	31109
防城港市	**91425**	**49818**	**41607**	**77296**	**41724**	**35572**	**63949**	**34992**	**28957**
港口区	14130	7578	6552	10906	5842	5064	8615	4664	3951
防城区	41831	22607	19224	35963	19189	16774	29321	15825	13496
上思县	18743	10591	8152	17568	9735	7833	16037	9015	7022
东兴市	16721	9042	7679	12859	6958	5901	9976	5488	4488
钦州市	**384661**	**204354**	**180307**	**349009**	**186665**	**162344**	**303405**	**164629**	**138776**
钦南区	61886	33299	28587	53365	29018	24347	44736	24840	19896
钦北区	81327	43653	37674	77959	42236	35723	63283	35530	27753
灵山县	157076	82622	74454	143115	75593	67522	128445	68222	60223
浦北县	84372	44780	39592	74570	39818	34752	66941	36037	30904
贵港市	**460319**	**245940**	**214379**	**427701**	**230821**	**196880**	**407883**	**218241**	**189642**
港北区	66252	34862	31390	56851	30330	26521	50198	27023	23175
港南区	54733	29134	25599	50795	27242	23553	45672	24655	21017
覃塘区	47240	24913	22327	42193	22409	19784	39318	20536	18782
平南县	129810	70272	59538	118025	64651	53374	115287	62337	52950
桂平市	162284	86759	75525	159837	86189	73648	157408	83690	73718
玉林市	**697695**	**373885**	**323810**	**611776**	**331125**	**280651**	**523665**	**286011**	**237654**
玉州区	73336	39574	33762	59171	32225	26946	52387	28383	24004
福绵区	35348	19312	16036	33835	18783	15052	25033	14000	11033
容 县	77303	40884	36419	69435	36891	32544	58579	31601	26978
陆川县	109200	57826	51374	94969	50436	44533	79904	42471	37433
博白县	192580	104228	88352	162495	89184	73311	139064	77121	61943
兴业县	55544	29993	25551	56855	31002	25853	52520	28919	23601
北流市	154384	82068	72316	135016	72604	62412	116178	63516	52662
百色市	**287237**	**156710**	**130527**	**296988**	**160582**	**136406**	**280015**	**147985**	**132030**
右江区	25762	13715	12047	24110	12684	11426	25290	13022	12268
田阳区	23123	12046	11077	23754	12423	11331	17495	8945	8550
田东县	28373	15748	12625	30868	16868	14000	26611	14244	12367

1-5(户籍人口)　续表 5　　　　单位:人

地　区	5-9岁			10-14岁			15-19岁		
	小计	男	女	小计	男	女	小计	男	女
德保县	24048	13054	10994	23803	12917	10886	21547	11357	10190
那坡县	14788	8099	6689	15278	8412	6866	13859	7433	6426
凌云县	17619	9614	8005	17129	9392	7737	16622	8932	7690
乐业县	13449	7542	5907	13786	7666	6120	14592	7743	6849
田林县	16704	9029	7675	20546	10997	9549	20256	10642	9614
西林县	11251	6238	5013	12334	6774	5560	12160	6475	5685
隆林各族自治县	31056	16797	14259	33782	17924	15858	36648	18762	17886
靖西市	43253	23879	19374	46437	24972	21465	43695	23162	20533
平果市	37811	20949	16862	35161	19553	15608	31240	17268	13972
贺州市	**218796**	**115028**	**103768**	**186358**	**97898**	**88460**	**139637**	**73127**	**66510**
八步区	71238	37247	33991	59061	30995	28066	45446	23640	21806
平桂区	41075	21611	19464	35184	18348	16836	24410	12619	11791
昭平县	38660	20432	18228	34202	17915	16287	28523	14809	13714
钟山县	39869	20875	18994	33962	17901	16061	25009	13314	11695
富川瑶族自治县	27954	14863	13091	23949	12739	11210	16249	8745	7504
河池市	**335939**	**180629**	**155310**	**328462**	**176252**	**152210**	**275748**	**145661**	**130087**
金城江区	25919	14161	11758	22587	12159	10428	19379	10386	8993
宜州区	46701	24802	21899	48060	25230	22830	36602	19039	17563
南丹县	26043	14171	11872	26316	14333	11983	22770	12323	10447
天峨县	11651	6652	4999	13243	7429	5814	15162	8123	7039
凤山县	18110	10110	8000	16866	9459	7407	14686	8128	6558
东兰县	22742	12761	9981	22307	12797	9510	21621	11915	9706
罗城仫佬族自治县	28571	14890	13681	27325	14224	13101	18564	9660	8904
环江毛南族自治县	25839	13805	12034	24078	13006	11072	20159	10677	9482
巴马瑶族自治县	26315	14472	11843	25271	13894	11377	21215	11211	10004
都安瑶族自治县	61005	31977	29028	60400	31554	28846	51404	26279	25125
大化瑶族自治县	43043	22828	20215	42009	22167	19842	34186	17920	16266
来宾市	**201947**	**106204**	**95743**	**184462**	**96836**	**87626**	**155332**	**80577**	**74755**
兴宾区	93529	49657	43872	84715	44809	39906	73531	38219	35312
忻城县	31533	16436	15097	29580	15340	14240	21416	10898	10518
象州县	23591	12382	11209	21942	11555	10387	19450	10090	9360
武宣县	35015	18463	16552	31521	16531	14990	27489	14527	12962
金秀瑶族自治县	9904	5073	4831	9243	4686	4557	7890	3990	3900
合山市	8375	4193	4182	7461	3915	3546	5556	2853	2703
崇左市	**178096**	**97916**	**80180**	**165646**	**90283**	**75363**	**140984**	**76299**	**64685**
江州区	29660	16680	12980	25082	14107	10975	21932	12152	9780
扶绥县	32309	18137	14172	29705	16513	13192	27622	15178	12444
宁明县	32609	17631	14978	31408	16639	14769	27908	14835	13073
龙州县	15368	7926	7442	13369	6840	6529	12833	6591	6242
大新县	26220	14203	12017	23568	12760	10808	17331	9257	8074
天等县	33471	18770	14701	35498	19699	15799	27689	15308	12381
凭祥市	8459	4569	3890	7016	3725	3291	5669	2978	2691

1–5(户籍人口) 续表 6 单位：人

地 区	20–24 岁			25–29 岁			30–34 岁		
	小计	男	女	小计	男	女	小计	男	女
总 计	**3314983**	**1785187**	**1529796**	**3644359**	**1998849**	**1645510**	**5008366**	**2718766**	**2289600**
南宁市	**409341**	**223725**	**185616**	**486650**	**260615**	**226035**	**727013**	**375021**	**351992**
兴宁区	19613	10474	9139	23582	11842	11740	43593	19952	23641
青秀区	35284	18004	17280	41721	20157	21564	73621	32672	40949
江南区	27194	14752	12442	32440	16796	15644	55184	26712	28472
西乡塘区	46700	25501	21199	49128	25616	23512	77296	37635	39661
良庆区	18816	10141	8675	22155	11643	10512	35906	17698	18208
邕宁区	23620	12681	10939	23411	12625	10786	35404	18482	16922
武鸣区	32955	18112	14843	40164	21902	18262	66868	34904	31964
隆安县	16333	8993	7340	23382	13317	10065	36772	19975	16797
马山县	30444	16296	14148	34938	18514	16424	48301	26409	21892
上林县	26396	14016	12380	32840	17395	15445	46489	25226	21263
宾阳县	63480	35566	27914	77058	42117	34941	99805	55731	44074
横 县	68506	39189	29317	85831	48691	37140	107774	59625	48149
柳州市	**179642**	**93641**	**86001**	**223030**	**116575**	**106455**	**336457**	**177441**	**159016**
城中区	9018	4772	4246	8598	4169	4429	15035	7009	8026
鱼峰区	18398	9786	8612	21084	10675	10409	35568	17818	17750
柳南区	16176	8641	7535	19349	10354	8995	31246	16509	14737
柳北区	14894	7688	7206	15981	7863	8118	26034	13141	12893
柳江区	22718	11836	10882	34676	18033	16643	51491	27261	24230
柳城县	19251	9849	9402	26556	13812	12744	36858	19743	17115
鹿寨县	16537	8501	8036	25685	13852	11833	36255	19836	16419
融安县	15216	7750	7466	18390	9716	8674	28381	15479	12902
融水苗族自治县	27879	14588	13291	28217	14943	13274	44196	23669	20527
三江侗族自治县	19555	10230	9325	24494	13158	11336	31393	16976	14417
桂林市	**218067**	**114154**	**103913**	**291461**	**155087**	**136374**	**433382**	**228470**	**204912**
秀峰区	5336	2639	2697	6123	2942	3181	9761	4579	5182
叠彩区	5801	2845	2956	7316	3534	3782	12124	5579	6545
象山区	10273	5160	5113	11882	5891	5991	18219	8442	9777
七星区	10317	5393	4924	11591	5945	5646	19817	9630	10187
雁山区	4204	2156	2048	5363	2672	2691	6246	2993	3253
临桂区	23546	12590	10956	38160	20151	18009	45834	23288	22546
阳朔县	12911	6555	6356	18404	9392	9012	26217	13277	12940
灵川县	14355	7471	6884	19509	9797	9712	35182	17563	17619
全州县	33046	18129	14917	41651	24330	17321	64258	37563	26695
兴安县	12738	6621	6117	17073	8730	8343	32820	17079	15741
永福县	11095	5915	5180	15046	8188	6858	22711	12136	10575
灌阳县	12715	7184	5531	16702	9848	6854	22475	13036	9439
龙胜各族自治县	7082	3464	3618	8445	4163	4282	12547	6236	6311
资源县	7530	3857	3673	8085	4019	4066	13260	6837	6423
平乐县	18497	9741	8756	29621	16339	13282	42539	24059	18480
恭城瑶族自治县	13053	6643	6410	18486	10003	8483	22443	12371	10072
荔浦市	15568	7791	7777	18004	9143	8861	26929	13802	13127

1-5(户籍人口) 续表 7　　单位:人

地区	20-24岁			25-29岁			30-34岁		
	小计	男	女	小计	男	女	小计	男	女
梧州市	**245725**	**132450**	**113275**	**270067**	**147047**	**123020**	**327014**	**181045**	**145969**
万秀区	13802	7305	6497	15710	8254	7456	21133	10856	10277
长洲区	11209	5952	5257	14384	7188	7196	19656	9444	10212
龙圩区	21568	11575	9993	21627	11588	10039	26820	14754	12066
苍梧县	32440	16995	15445	38316	20791	17525	43666	24713	18953
藤　县	81544	42892	38652	87633	48061	39572	110837	62924	47913
蒙山县	12080	6424	5656	14541	7926	6615	19275	10635	8640
岑溪市	73082	41307	31775	77856	43239	34617	85627	47719	37908
北海市	**103254**	**56221**	**47033**	**140858**	**77036**	**63822**	**173443**	**93810**	**79633**
海城区	17912	9317	8595	23392	11877	11515	32942	16051	16891
银海区	10506	5751	4755	15629	8134	7495	21992	11211	10781
铁山港区	9430	5107	4323	15992	8334	7658	18264	9390	8874
合浦县	65406	36046	29360	85845	48691	37154	100245	57158	43087
防城港市	**56849**	**32890**	**23959**	**64638**	**37364**	**27274**	**88957**	**50247**	**38710**
港口区	8090	4586	3504	9445	5113	4332	14544	7429	7115
防城区	23879	13615	10264	25316	14958	10358	39692	23109	16583
上思县	15888	9584	6304	19062	11391	7671	21150	12864	8286
东兴市	8992	5105	3887	10815	5902	4913	13571	6845	6726
钦州市	**305534**	**169933**	**135601**	**296424**	**174485**	**121939**	**366200**	**214886**	**151314**
钦南区	42573	23575	18998	41881	24031	17850	60777	33258	27519
钦北区	62537	36590	25947	56898	35962	20936	76305	47707	28598
灵山县	133003	72688	60315	129792	75485	54307	146163	85936	60227
浦北县	67421	37080	30341	67853	39007	28846	82955	47985	34970
贵港市	**419347**	**224773**	**194574**	**378235**	**213594**	**164641**	**509378**	**284845**	**224533**
港北区	54542	29083	25459	56028	30471	25557	78287	40948	37339
港南区	47643	26303	21340	42811	24799	18012	66086	37023	29063
覃塘区	40514	21198	19316	38441	21068	17373	59200	33111	26089
平南县	114980	62373	52607	104180	59682	44498	141419	80906	60513
桂平市	161668	85816	75852	136775	77574	59201	164386	92857	71529
玉林市	**508638**	**281474**	**227164**	**494182**	**282417**	**211765**	**670590**	**376830**	**293760**
玉州区	43844	23953	19891	46566	25740	20826	77384	40097	37287
福绵区	20392	11827	8565	20354	12024	8330	31204	18266	12938
容　县	56819	30499	26320	54614	30316	24298	82405	45784	36621
陆川县	78799	42149	36650	78458	43366	35092	104885	58858	46027
博白县	145137	81952	63185	147354	86353	61001	175704	101466	74238
兴业县	48822	27795	21027	44374	26606	17768	59533	35033	24500
北流市	114825	63299	51526	102462	58012	44450	139475	77326	62149
百色市	**239325**	**124722**	**114603**	**245541**	**130419**	**115122**	**337559**	**176693**	**160866**
右江区	20371	9595	10776	20473	10187	10286	32342	15570	16772
田阳区	13660	6758	6902	15373	7658	7715	25264	12454	12810
田东县	19902	10582	9320	25382	13620	11762	35216	18617	16599

1-5(户籍人口) 续表 8 单位：人

地区	20-24岁			25-29岁			30-34岁		
	小计	男	女	小计	男	女	小计	男	女
德保县	18706	9840	8866	18146	9630	8516	27185	14499	12686
那坡县	10515	5429	5086	10887	5733	5154	15695	8263	7432
凌云县	16546	8760	7786	15631	8499	7132	18584	9810	8774
乐业县	13535	7199	6336	13471	7421	6050	16608	9063	7545
田林县	15633	8117	7516	14304	7654	6650	21214	11064	10150
西林县	10838	5839	4999	11400	6128	5272	13788	7315	6473
隆林各族自治县	29581	15061	14520	30140	15822	14318	37691	20015	17676
靖西市	41485	22118	19367	39190	20980	18210	50276	26981	23295
平果市	28553	15424	13129	31144	17087	14057	43696	23042	20654
贺州市	**141453**	**74393**	**67060**	**195146**	**104884**	**90262**	**235617**	**129516**	**106101**
八步区	49271	25321	23950	62700	32714	29986	75046	39876	35170
平桂区	23600	12524	11076	32084	17341	14743	39218	21536	17682
昭平县	22027	11897	10130	34000	18955	15045	42647	24184	18463
钟山县	27555	14503	13052	38672	20803	17869	46405	26080	20325
富川瑶族自治县	19000	10148	8852	27690	15071	12619	32301	17840	14461
河池市	**242433**	**126676**	**115757**	**240774**	**127132**	**113642**	**345226**	**182231**	**162995**
金城江区	15126	7780	7346	17818	9069	8749	28444	14306	14138
宜州区	33415	17057	16358	32443	16767	15676	49847	25899	23948
南丹县	19122	10344	8778	19956	11004	8952	26397	14376	12021
天峨县	12557	6783	5774	11233	6152	5081	12459	6430	6029
凤山县	14947	7877	7070	15154	7944	7210	17464	9198	8266
东兰县	18218	10086	8132	16614	9365	7249	25341	13453	11888
罗城仫佬族自治县	17655	8926	8729	20899	10732	10167	33557	17551	16006
环江毛南族自治县	19514	10121	9393	21327	11332	9995	30945	16743	14202
巴马瑶族自治县	17692	9394	8298	16697	8637	8060	25104	13093	12011
都安瑶族自治县	46227	23688	22539	41556	21906	19650	55871	29946	25925
大化瑶族自治县	27960	14620	13340	27077	14224	12853	39797	21236	18561
来宾市	**137438**	**71351**	**66087**	**174795**	**92508**	**82287**	**245239**	**132060**	**113179**
兴宾区	63995	33298	30697	80884	42772	38112	113596	61237	52359
忻城县	16451	8276	8175	23108	11552	11556	36099	19015	17084
象州县	17594	9174	8420	21374	11524	9850	29906	16050	13856
武宣县	27192	14429	12763	32960	18200	14760	40740	22700	18040
金秀瑶族自治县	6997	3511	3486	8388	4311	4077	13333	6938	6395
合山市	5209	2663	2546	8081	4149	3932	11565	6120	5445
崇左市	**107937**	**58784**	**49153**	**142558**	**79686**	**62872**	**212291**	**115671**	**96620**
江州区	17045	9467	7578	23730	13499	10231	36940	19896	17044
扶绥县	20136	11180	8956	24144	13723	10421	36256	19990	16266
宁明县	19695	10724	8971	26055	14893	11162	37560	21083	16477
龙州县	10071	5046	5025	17795	9204	8591	22860	12276	10584
大新县	15781	8374	7407	19579	10523	9056	28934	15054	13880
天等县	20273	11345	8928	23207	13611	9596	38914	21666	17248
凭祥市	4936	2648	2288	8048	4233	3815	10827	5706	5121

1-5(户籍人口) 续表 9　　　　单位:人

地 区	35-39岁			40-44岁			45-49岁		
	小计	男	女	小计	男	女	小计	男	女
总 计	**4671777**	**2533698**	**2138079**	**4115511**	**2197558**	**1917953**	**4214765**	**2218411**	**1996354**
南宁市	**715115**	**368096**	**347019**	**608951**	**312599**	**296352**	**616018**	**318394**	**297624**
兴宁区	45228	21681	23547	37596	18926	18670	33086	16807	16279
青秀区	82438	36703	45735	69803	32126	37677	66796	32762	34034
江南区	56613	27299	29314	49936	24568	25368	46572	23616	22956
西乡塘区	80596	38956	41640	70798	34434	36364	70686	34506	36180
良庆区	35142	17376	17766	28890	14739	14151	24963	13271	11692
邕宁区	33541	17784	15757	28615	14947	13668	28916	15337	13579
武鸣区	66731	34873	31858	55500	28813	26687	55707	29032	26675
隆安县	33427	18127	15300	32901	17635	15266	32600	17593	15007
马山县	48005	26559	21446	45985	25190	20795	43345	23379	19966
上林县	41974	22893	19081	35760	19275	16485	38323	20435	17888
宾阳县	85601	48220	37381	75045	41086	33959	79982	42166	37816
横 县	105819	57625	48194	78122	40860	37262	95042	49490	45552
柳州市	**338833**	**179121**	**159712**	**326312**	**171781**	**154531**	**336538**	**176603**	**159935**
城中区	17018	7713	9305	17829	7875	9954	18157	8770	9387
鱼峰区	36848	18535	18313	35536	17798	17738	35711	17973	17738
柳南区	32713	16947	15766	34582	17739	16843	36345	18492	17853
柳北区	27941	13846	14095	31539	15668	15871	33516	16542	16974
柳江区	47898	25153	22745	40094	20740	19354	38412	19859	18553
柳城县	38653	21330	17323	32724	17560	15164	33281	17501	15780
鹿寨县	37055	20389	16666	35031	19357	15674	34833	19289	15544
融安县	27382	15289	12093	25658	14262	11396	26273	14474	11799
融水苗族自治县	42646	23357	19289	42658	23957	18701	46003	25032	20971
三江侗族自治县	30679	16562	14117	30661	16825	13836	34007	18671	15336
桂林市	**462300**	**246264**	**216036**	**394809**	**207250**	**187559**	**427227**	**223391**	**203836**
秀峰区	11183	5050	6133	9574	4579	4995	9802	4628	5174
叠彩区	13440	6048	7392	12838	6013	6825	12626	5926	6700
象山区	20865	9693	11172	20496	9554	10942	22332	10260	12072
七星区	23383	11176	12207	21967	10794	11173	21779	10851	10928
雁山区	7077	3603	3474	5725	2888	2837	6203	3159	3044
临桂区	47692	25175	22517	39799	20943	18856	43360	22865	20495
阳朔县	29398	15482	13916	24380	12903	11477	26500	14239	12261
灵川县	37446	19184	18262	28118	14324	13794	29767	15152	14615
全州县	67044	38868	28176	59482	32608	26874	62236	33689	28547
兴安县	36104	19773	16331	26479	14107	12372	28574	14974	13600
永福县	23147	12572	10575	21503	11647	9856	23581	12963	10618
灌阳县	23705	13733	9972	18222	9819	8403	20198	10526	9672
龙胜各族自治县	13643	7062	6581	12410	6609	5801	15194	8078	7116
资源县	15346	8328	7018	13037	7031	6006	14919	8174	6745
平乐县	36670	20541	16129	30810	16857	13953	35668	18966	16702
恭城瑶族自治县	25402	13901	11501	19962	10836	9126	22146	11811	10335
荔浦市	30755	16075	14680	30007	15738	14269	32342	17130	15212

1-5(户籍人口) 续表 10

单位:人

地区	35-39岁			40-44岁			45-49岁		
	小计	男	女	小计	男	女	小计	男	女
梧州市	**236871**	**130426**	**106445**	**211314**	**112114**	**99200**	**246349**	**128615**	**117734**
万秀区	17798	9057	8741	19527	9674	9853	22228	10868	11360
长洲区	15764	7454	8310	15979	7623	8356	17152	8261	8891
龙圩区	19322	10541	8781	17675	9514	8161	19722	10386	9336
苍梧县	29332	16381	12951	25555	13967	11588	31544	17698	13846
藤　县	76792	44295	32497	62809	34726	28083	70133	37644	32489
蒙山县	16015	8679	7336	14580	7700	6880	17753	9363	8390
岑溪市	61848	34019	27829	55189	28910	26279	67817	34395	33422
北海市	**139256**	**74093**	**65163**	**119768**	**61884**	**57884**	**123075**	**62286**	**60789**
海城区	28591	13845	14746	26970	12555	14415	29633	13999	15634
银海区	16739	8665	8074	13917	7240	6677	14052	7021	7031
铁山港区	12462	6525	5937	10510	5551	4959	11814	6107	5707
合浦县	81464	45058	36406	68371	36538	31833	67576	35159	32417
防城港市	**87948**	**47854**	**40094**	**74011**	**39980**	**34031**	**68849**	**37032**	**31817**
港口区	13713	6842	6871	11758	5942	5816	12138	6095	6043
防城区	40675	22899	17776	31489	17507	13982	28461	15526	12935
上思县	19618	11293	8325	18490	10517	7973	16760	9503	7257
东兴市	13942	6820	7122	12274	6014	6260	11490	5908	5582
钦州市	**313121**	**179750**	**133371**	**260832**	**143506**	**117326**	**260739**	**139859**	**120880**
钦南区	55115	29734	25381	45832	24074	21758	43021	22482	20539
钦北区	69327	41584	27743	59130	33555	25575	55154	30151	25003
灵山县	122906	70838	52068	99739	55122	44617	101487	54710	46777
浦北县	65773	37594	28179	56131	30755	25376	61077	32516	28561
贵港市	**428315**	**240561**	**187754**	**384426**	**208854**	**175572**	**392503**	**204000**	**188503**
港北区	63016	33247	29769	58031	30473	27558	57187	29383	27804
港南区	54545	30738	23807	43752	23371	20381	48117	24198	23919
覃塘区	45027	25440	19587	41374	22408	18966	41774	21542	20232
平南县	109261	62285	46976	101634	55957	45677	101634	53514	48120
桂平市	156466	88851	67615	139635	76645	62990	143791	75363	68428
玉林市	**560996**	**312266**	**248730**	**450666**	**238980**	**211686**	**483815**	**247599**	**236216**
玉州区	69266	35043	34223	62262	31150	31112	64286	31922	32364
福绵区	29749	16990	12759	23472	12503	10969	24275	12323	11952
容　县	62825	34503	28322	53959	28096	25863	59958	30527	29431
陆川县	86552	49485	37067	68838	37971	30867	65450	34057	31393
博白县	140177	80365	59812	105687	57413	48274	114599	60067	54532
兴业县	57133	32900	24233	48615	26153	22462	55140	28346	26794
北流市	115294	62980	52314	87833	45694	42139	100107	50357	49750
百色市	**370471**	**197830**	**172641**	**360188**	**194934**	**165254**	**351427**	**189753**	**161674**
右江区	34358	17154	17204	35524	18421	17103	34458	18043	16415
田阳区	31276	16123	15153	32904	17314	15590	32761	17518	15243
田东县	40886	22013	18873	40305	22033	18272	38450	20854	17596

1-5(户籍人口) 续表 11

单位:人

地区	35-39岁			40-44岁			45-49岁		
	小计	男	女	小计	男	女	小计	男	女
德保县	32762	18185	14577	32505	18097	14408	31705	17958	13747
那坡县	19121	10213	8908	20825	11531	9294	19575	10898	8677
凌云县	18521	9951	8570	16263	8929	7334	15575	8330	7245
乐业县	14812	8105	6707	13908	7730	6178	12953	6762	6191
田林县	23328	12508	10820	21487	11723	9764	23209	12216	10993
西林县	13999	7606	6393	13471	7352	6119	13638	6977	6661
隆林各族自治县	38448	21018	17430	33076	17911	15165	32873	17233	15640
靖西市	54454	29337	25117	56033	30262	25771	54979	30553	24426
平果市	48506	25617	22889	43887	23631	20256	41251	22411	18840
贺州市	**186648**	**103450**	**83198**	**162437**	**88609**	**73828**	**169881**	**92026**	**77855**
八步区	62423	33436	28987	53854	28386	25468	55792	29854	25938
平桂区	33347	18648	14699	25977	14110	11867	27443	14789	12654
昭平县	31788	17976	13812	28457	15772	12685	32510	17872	14638
钟山县	34251	19692	14559	31609	18000	13609	30435	16970	13465
富川瑶族自治县	24839	13698	11141	22540	12341	10199	23701	12541	11160
河池市	**393334**	**213745**	**179589**	**342445**	**187960**	**154485**	**326284**	**177031**	**149253**
金城江区	32816	16961	15855	31885	16867	15018	31193	16629	14564
宜州区	65856	35397	30459	52931	28433	24498	53332	28775	24557
南丹县	28347	15461	12886	25182	13597	11585	26495	13709	12786
天峨县	15464	8400	7064	13678	7502	6176	14188	7558	6630
凤山县	20506	11275	9231	17419	9851	7568	15190	8192	6998
东兰县	29501	16196	13305	25545	14396	11149	23149	12690	10459
罗城仫佬族自治县	34694	18763	15931	28679	15613	13066	30400	16545	13855
环江毛南族自治县	33625	18877	14748	33685	19081	14604	30186	16870	13316
巴马瑶族自治县	26769	14402	12367	24128	13513	10615	20567	11293	9274
都安瑶族自治县	63850	35165	28685	52710	28963	23747	49336	27172	22164
大化瑶族自治县	41906	22848	19058	36603	20144	16459	32248	17598	14650
来宾市	**227384**	**124843**	**102541**	**213119**	**116985**	**96134**	**206962**	**111773**	**95189**
兴宾区	97857	53840	44017	98595	54625	43970	83479	45304	38175
忻城县	37821	20632	17189	31897	17564	14333	35605	19477	16128
象州县	30607	16899	13708	28010	15179	12831	30718	16689	14029
武宣县	36505	20263	16242	31998	17098	14900	33804	17933	15871
金秀瑶族自治县	12648	6652	5996	11600	6245	5355	13558	7240	6318
合山市	11946	6557	5389	11019	6274	4745	9798	5130	4668
崇左市	**211185**	**115399**	**95786**	**206233**	**112122**	**94111**	**205098**	**110049**	**95049**
江州区	36398	19763	16635	35869	19346	16523	33349	17844	15505
扶绥县	38792	21184	17608	37901	20246	17655	37179	19587	17592
宁明县	37475	21127	16348	35406	19778	15628	33937	18504	15433
龙州县	21276	11534	9742	21852	11902	9950	23882	12849	11033
大新县	31025	16494	14531	31346	16965	14381	32947	17822	15125
天等县	36171	19890	16281	34093	18697	15396	33856	18184	15672
凭祥市	10048	5407	4641	9766	5188	4578	9948	5259	4689

1-5(户籍人口) 续表 12

单位:人

地区	50-54岁			55-59岁			60-64岁		
	小计	男	女	小计	男	女	小计	男	女
总 计	**4118817**	**2149198**	**1969619**	**3418696**	**1750908**	**1667788**	**2300880**	**1155743**	**1145137**
南宁市	**574118**	**298191**	**275927**	**496399**	**253365**	**243034**	**331963**	**166076**	**165887**
兴宁区	27627	13986	13641	23930	11850	12080	17631	8537	9094
青秀区	57441	28626	28815	52989	26526	26463	37910	18167	19743
江南区	40465	20223	20242	36756	18104	18652	24614	11925	12689
西乡塘区	64292	31120	33172	58846	28713	30133	43055	21088	21967
良庆区	21367	11069	10298	16848	8368	8480	10860	5400	5460
邕宁区	27131	14818	12313	22024	11417	10607	13729	6779	6950
武鸣区	55596	29213	26383	51106	26931	24175	33533	16890	16643
隆安县	32808	17872	14936	27952	14797	13155	17187	8741	8446
马山县	38064	20480	17584	30231	15864	14367	19735	9883	9852
上林县	37545	20105	17440	31305	16696	14609	21537	11424	10113
宾阳县	77235	41273	35962	65342	34186	31156	41706	21312	20394
横 县	94547	49406	45141	79070	39913	39157	50466	25930	24536
柳州市	**320263**	**166149**	**154114**	**274230**	**139963**	**134267**	**190432**	**95539**	**94893**
城中区	15083	7456	7627	13498	6519	6979	9992	4788	5204
鱼峰区	33079	16210	16869	30352	14555	15797	23817	11703	12114
柳南区	33713	16330	17383	31999	15726	16273	25109	12216	12893
柳北区	32308	15531	16777	29365	14040	15325	22948	11090	11858
柳江区	36881	19182	17699	30396	15643	14753	22620	11422	11198
柳城县	34229	18231	15998	29224	15355	13869	20614	10521	10093
鹿寨县	33158	18651	14507	29096	15960	13136	19842	10370	9472
融安县	26798	14690	12108	23397	12654	10743	15457	8239	7218
融水苗族自治县	43430	23220	20210	32399	16676	15723	17797	9043	8754
三江侗族自治县	31584	16648	14936	24504	12835	11669	12236	6147	6089
桂林市	**453543**	**235214**	**218329**	**399633**	**204710**	**194923**	**282579**	**141770**	**140809**
秀峰区	9514	4503	5011	9426	4370	5056	8001	3830	4171
叠彩区	12719	5915	6804	12651	5925	6726	10389	5028	5361
象山区	20972	9875	11097	19190	9092	10098	15779	7456	8323
七星区	18758	9344	9414	16109	7835	8274	12038	5758	6280
雁山区	6166	3144	3022	5012	2625	2387	3035	1611	1424
临桂区	42085	21743	20342	34608	17954	16654	22409	11346	11063
阳朔县	28471	15445	13026	24186	12654	11532	16101	8340	7761
灵川县	32765	16548	16217	30239	15417	14822	21081	10560	10521
全州县	67422	35943	31479	59813	31640	28173	46471	23545	22926
兴安县	31681	16234	15447	31435	16026	15409	21374	10671	10703
永福县	25323	13795	11528	20109	10648	9461	13761	7086	6675
灌阳县	24910	12935	11975	22068	11146	10922	16391	8028	8363
龙胜各族自治县	16362	8786	7576	13659	7103	6556	9605	4913	4692
资源县	15619	8290	7329	12796	6563	6233	8835	4448	4387
平乐县	38029	19943	18086	33123	17364	15759	21160	10658	10502
恭城瑶族自治县	27533	14274	13259	23181	11576	11605	14927	7372	7555
荔浦市	35214	18497	16717	32028	16772	15256	21222	11120	10102

1-5(户籍人口) 续表 13

单位:人

地区	50-54岁			55-59岁			60-64岁		
	小计	男	女	小计	男	女	小计	男	女
梧州市	**253227**	**134168**	**119059**	**202676**	**105856**	**96820**	**130246**	**69043**	**61203**
万秀区	23868	11306	12562	23348	11141	12207	18186	9072	9114
长洲区	16572	8083	8489	14066	6824	7242	8994	4396	4598
龙圩区	20723	11393	9330	16635	9009	7626	9210	4967	4243
苍梧县	31498	17710	13788	23140	12693	10447	13289	7312	5977
藤　县	75171	40968	34203	58987	31819	27168	36345	19965	16380
蒙山县	19262	10202	9060	15396	8054	7342	10014	5282	4732
岑溪市	66133	34506	31627	51104	26316	24788	34208	18049	16159
北海市	**123198**	**61153**	**62045**	**114339**	**56158**	**58181**	**79298**	**38551**	**40747**
海城区	27853	13090	14763	26390	12567	13823	18105	8648	9457
银海区	13581	6775	6806	11306	5677	5629	7433	3734	3699
铁山港区	12203	6178	6025	11108	5464	5644	7264	3603	3661
合浦县	69561	35110	34451	65535	32450	33085	46496	22566	23930
防城港市	**66720**	**34269**	**32451**	**59034**	**30088**	**28946**	**40092**	**19607**	**20485**
港口区	10776	5400	5376	9033	4503	4530	5395	2670	2725
防城区	27490	13971	13519	25519	12851	12668	18109	8501	9608
上思县	17575	9385	8190	15047	7946	7101	10939	5548	5391
东兴市	10879	5513	5366	9435	4788	4647	5649	2888	2761
钦州市	**261858**	**138316**	**123542**	**228983**	**116650**	**112333**	**150577**	**75290**	**75287**
钦南区	40755	21083	19672	38025	19259	18766	26513	12827	13686
钦北区	53574	28526	25048	46864	23771	23093	32971	16233	16738
灵山县	103672	55163	48509	86987	44298	42689	55321	28257	27064
浦北县	63857	33544	30313	57107	29322	27785	35772	17973	17799
贵港市	**382679**	**196338**	**186341**	**296764**	**150818**	**145946**	**196508**	**98596**	**97912**
港北区	52001	25840	26161	38561	19031	19530	25021	12370	12651
港南区	49499	25214	24285	38539	19574	18965	25731	12816	12915
覃塘区	41612	20755	20857	31746	15686	16060	20527	10114	10413
平南县	101679	53229	48450	83078	42641	40437	54803	27419	27384
桂平市	137888	71300	66588	104840	53886	50954	70426	35877	34549
玉林市	**476832**	**245468**	**231364**	**385759**	**196493**	**189266**	**262406**	**132944**	**129462**
玉州区	56820	28814	28006	45391	22207	23184	31002	15091	15911
福绵区	24530	12770	11760	20740	10728	10012	15066	7338	7728
容　县	63670	32852	30818	50423	25963	24460	33190	17881	15309
陆川县	61541	32217	29324	49319	24618	24701	34767	17066	17701
博白县	108757	56363	52394	92316	47734	44582	64926	32122	32804
兴业县	58199	30806	27393	46595	24744	21851	29096	15226	13870
北流市	103315	51646	51669	80975	40499	40476	54359	28220	26139
百色市	**324040**	**171143**	**152897**	**241538**	**123942**	**117596**	**164916**	**80289**	**84627**
右江区	33524	17132	16392	27078	13443	13635	18294	8912	9382
田阳区	32885	17621	15264	23458	12208	11250	15127	7288	7839
田东县	33014	17408	15606	25290	12716	12574	17509	8313	9196

1-5(户籍人口) 续表 14

单位:人

地区	50-54岁			55-59岁			60-64岁		
	小计	男	女	小计	男	女	小计	男	女
德保县	27531	15850	11681	21661	11876	9785	15224	7812	7412
那坡县	17911	9681	8230	12358	6400	5958	8056	3883	4173
凌云县	15678	7845	7833	11817	5900	5917	7794	3702	4092
乐业县	12690	6234	6456	8312	4084	4228	5468	2641	2827
田林县	21937	11285	10652	16546	8317	8229	10041	4807	5234
西林县	12861	6385	6476	8524	4173	4351	5670	2688	2982
隆林各族自治县	30107	15206	14901	21222	10483	10739	15570	7370	8200
靖西市	47019	26315	20704	35207	19218	15989	27072	13607	13465
平果市	38883	20181	18702	30065	15124	14941	19091	9266	9825
贺州市	**173795**	**92277**	**81518**	**143520**	**74091**	**69429**	**95394**	**48858**	**46536**
八步区	52613	27774	24839	43826	22437	21389	29561	14926	14635
平桂区	28786	15231	13555	25643	13104	12539	18145	9128	9017
昭平县	35113	19016	16097	26339	14185	12154	15721	8612	7109
钟山县	31920	17134	14786	26478	13746	12732	17488	9010	8478
富川瑶族自治县	25363	13122	12241	21234	10619	10615	14479	7182	7297
河池市	**308532**	**162278**	**146254**	**248249**	**127426**	**120823**	**167523**	**83313**	**84210**
金城江区	28006	14460	13546	22794	11491	11303	15000	7470	7530
宜州区	53339	28620	24719	47488	24885	22603	32307	16411	15896
南丹县	24693	12440	12253	18013	9033	8980	10672	5320	5352
天峨县	13145	6631	6514	9124	4644	4480	5420	2739	2681
凤山县	13852	7189	6663	9753	4983	4770	6895	3284	3611
东兰县	19575	10055	9520	14992	7544	7448	12186	5857	6329
罗城仫佬族自治县	31528	16808	14720	25601	13263	12338	15405	7866	7539
环江毛南族自治县	29516	16109	13407	22543	11871	10672	13540	6677	6863
巴马瑶族自治县	18581	9440	9141	14443	7141	7302	10697	5021	5676
都安瑶族自治县	46530	24956	21574	39229	20397	18832	27678	14096	13582
大化瑶族自治县	29767	15570	14197	24269	12174	12095	17723	8572	9151
来宾市	**201361**	**108341**	**93020**	**158509**	**83498**	**75011**	**103569**	**53293**	**50276**
兴宾区	76203	40918	35285	58066	30256	27810	39316	20027	19289
忻城县	34935	19003	15932	28781	15556	13225	18248	9519	8729
象州县	33038	18043	14995	25452	13480	11972	14315	7468	6847
武宣县	33530	18072	15458	26182	13953	12229	18093	9539	8554
金秀瑶族自治县	13998	7490	6508	11430	5996	5434	6582	3458	3124
合山市	9657	4815	4842	8598	4257	4341	7015	3282	3733
崇左市	**198651**	**105893**	**92758**	**169063**	**87850**	**81213**	**105377**	**52574**	**52803**
江州区	30978	16688	14290	25919	13593	12326	15392	7822	7570
扶绥县	35791	19195	16596	29829	15798	14031	19372	9947	9425
宁明县	33670	18079	15591	27176	14094	13082	16513	8274	8239
龙州县	24455	13074	11381	21623	11255	10368	14578	7189	7389
大新县	31662	16825	14837	27962	14507	13455	16972	8291	8681
天等县	32910	17240	15670	28654	14422	14232	17134	8330	8804
凭祥市	9185	4792	4393	7900	4181	3719	5416	2721	2695

1-5(户籍人口) 续表 15

单位:人

地区	65-69岁			70-74岁			75-79岁		
	小计	男	女	小计	男	女	小计	男	女
总 计	**2220757**	**1091949**	**1128808**	**1522083**	**739255**	**782828**	**1081974**	**491295**	**590679**
南宁市	**313733**	**154505**	**159228**	**223537**	**104557**	**118980**	**153704**	**67158**	**86546**
兴宁区	17354	8390	8964	12325	5759	6566	7517	3379	4138
青秀区	33148	15961	17187	20015	9530	10485	13688	5858	7830
江南区	23659	11145	12514	17009	8018	8991	10191	4560	5631
西乡塘区	40407	20036	20371	26491	12563	13928	17181	7657	9524
良庆区	11402	5461	5941	7878	3623	4255	5119	2390	2729
邕宁区	13361	6562	6799	9735	4571	5164	7140	3313	3827
武鸣区	32408	16082	16326	22698	10853	11845	16794	7333	9461
隆安县	16871	8278	8593	11833	5497	6336	9179	3871	5308
马山县	18266	8890	9376	15964	6728	9236	11366	4580	6786
上林县	19788	10151	9637	14112	6613	7499	10834	4509	6325
宾阳县	40668	20332	20336	29566	13991	15575	19683	8640	11043
横 县	46401	23217	23184	35911	16811	19100	25012	11068	13944
柳州市	**189524**	**92679**	**96845**	**128737**	**63241**	**65496**	**83389**	**38417**	**44972**
城中区	8895	4137	4758	5933	2777	3156	3676	1678	1998
鱼峰区	23219	11284	11935	14868	7349	7519	8440	3989	4451
柳南区	24328	11714	12614	16220	7973	8247	9894	4636	5258
柳北区	21782	10598	11184	15672	7984	7688	8833	4242	4591
柳江区	20106	9897	10209	12501	6032	6469	8165	3629	4536
柳城县	19008	9390	9618	12014	5909	6105	8556	3783	4773
鹿寨县	19712	9597	10115	12057	5916	6141	8248	3861	4387
融安县	17380	8831	8549	11466	5966	5500	7809	3740	4069
融水苗族自治县	19990	9746	10244	15657	7380	8277	11210	4943	6267
三江侗族自治县	15104	7485	7619	12349	5955	6394	8558	3916	4642
桂林市	**288889**	**140738**	**148151**	**184246**	**91112**	**93134**	**116439**	**55158**	**61281**
秀峰区	7927	3853	4074	4878	2434	2444	2905	1374	1531
叠彩区	10790	5236	5554	6869	3474	3395	3774	1769	2005
象山区	16916	8355	8561	10890	5380	5510	6092	2904	3188
七星区	12332	5675	6657	8226	4026	4200	4587	2189	2398
雁山区	3061	1397	1664	2049	861	1188	1457	542	915
临桂区	25081	12392	12689	16188	7917	8271	10565	4691	5874
阳朔县	16294	8119	8175	10634	5313	5321	7213	3365	3848
灵川县	23128	11468	11660	13931	6945	6986	8170	3753	4417
全州县	41847	20174	21673	23741	11399	12342	14886	7186	7700
兴安县	23320	11182	12138	13737	6945	6792	8548	4099	4449
永福县	14545	7479	7066	10144	4893	5251	6410	3058	3352
灌阳县	15923	7354	8569	10163	5244	4919	6959	3538	3421
龙胜各族自治县	9299	4610	4689	6658	3195	3463	3949	1767	2182
资源县	9318	4584	4734	5995	3051	2944	3924	1923	2001
平乐县	21603	10374	11229	15000	7515	7485	10119	4865	5254
恭城瑶族自治县	16204	7789	8415	11272	5634	5638	7476	3707	3769
荔浦市	21301	10697	10604	13871	6886	6985	9405	4428	4977

1-5(户籍人口) 续表 16　　单位:人

地区	65-69岁			70-74岁			75-79岁		
	小计	男	女	小计	男	女	小计	男	女
梧州市	**129237**	**68080**	**61157**	**82306**	**42729**	**39577**	**62725**	**29442**	**33283**
万秀区	18930	9546	9384	12265	6256	6009	7381	3721	3660
长洲区	9163	4441	4722	5649	2776	2873	3661	1590	2071
龙圩区	11397	5857	5540	7124	3656	3468	5705	2691	3014
苍梧县	13662	7339	6323	9513	4729	4784	7452	3334	4118
藤　县	35264	19513	15751	22658	12354	10304	18393	8777	9616
蒙山县	9830	5033	4797	6281	3215	3066	4951	2333	2618
岑溪市	30991	16351	14640	18816	9743	9073	15182	6996	8186
北海市	**70461**	**34900**	**35561**	**47998**	**25067**	**22931**	**34959**	**17600**	**17359**
海城区	15629	7457	8172	10121	5063	5058	6508	3046	3462
银海区	5692	2797	2895	4156	1982	2174	3312	1543	1769
铁山港区	6298	3142	3156	4895	2558	2337	3849	1834	2015
合浦县	42842	21504	21338	28826	15464	13362	21290	11177	10113
防城港市	**36862**	**18227**	**18635**	**22985**	**11963**	**11022**	**16901**	**8470**	**8431**
港口区	4838	2441	2397	3078	1582	1496	2265	1166	1099
防城区	16786	8216	8570	10514	5607	4907	7410	3958	3452
上思县	9954	4875	5079	6017	3079	2938	4533	2048	2485
东兴市	5284	2695	2589	3376	1695	1681	2693	1298	1395
钦州市	**141069**	**71132**	**69937**	**92439**	**48835**	**43604**	**67706**	**34110**	**33596**
钦南区	25057	12369	12688	15352	8273	7079	11507	5960	5547
钦北区	31227	15256	15971	20442	10667	9775	14161	7122	7039
灵山县	51223	26190	25033	34631	18007	16624	25127	12382	12745
浦北县	33562	17317	16245	22014	11888	10126	16911	8646	8265
贵港市	**192673**	**94967**	**97706**	**131626**	**64675**	**66951**	**95978**	**44378**	**51600**
港北区	22920	11263	11657	16044	7995	8049	11867	5243	6624
港南区	26151	13011	13140	18196	8797	9399	13231	6021	7210
覃塘区	20129	10003	10126	14872	7082	7790	11258	4978	6280
平南县	54855	26219	28636	35091	17159	17932	25291	11954	13337
桂平市	68618	34471	34147	47423	23642	23781	34331	16182	18149
玉林市	**251735**	**124475**	**127260**	**169106**	**86896**	**82210**	**124407**	**61238**	**63169**
玉州区	31636	15063	16573	21553	10673	10880	13826	6466	7360
福绵区	15991	7795	8196	10493	5342	5151	7598	3956	3642
容　县	32983	17322	15661	20071	10280	9791	15684	7489	8195
陆川县	36842	17126	19716	25178	13059	12119	17188	9214	7974
博白县	55240	27023	28217	39047	20730	18317	30194	15369	14825
兴业县	30793	15505	15288	20542	9998	10544	16314	7356	8958
北流市	48250	24641	23609	32222	16814	15408	23603	11388	12215
百色市	**152300**	**71388**	**80912**	**116515**	**51018**	**65497**	**89215**	**35585**	**53630**
右江区	16008	7465	8543	10771	4871	5900	7417	3137	4280
田阳区	16596	7597	8999	12176	5292	6884	8334	3256	5078
田东县	17416	7889	9527	13269	5875	7394	8925	3468	5457

1-5(户籍人口) 续表 17 单位:人

地区	65-69岁			70-74岁			75-79岁		
	小计	男	女	小计	男	女	小计	男	女
德保县	15302	7693	7609	12777	5629	7148	10037	4194	5843
那坡县	7522	3529	3993	5979	2707	3272	5078	2028	3050
凌云县	7128	3275	3853	5133	2247	2886	3815	1493	2322
乐业县	4723	2214	2509	3627	1530	2097	3229	1267	1962
田林县	7995	3649	4346	5844	2503	3341	4830	1793	3037
西林县	4707	2142	2565	3160	1342	1818	2443	993	1450
隆林各族自治县	11510	5247	6263	9366	3922	5444	7034	2588	4446
靖西市	23528	11439	12089	19569	8693	10876	17072	7083	9989
平果市	19865	9249	10616	14844	6407	8437	11001	4285	6716
贺州市	**90250**	**44838**	**45412**	**61063**	**30001**	**31062**	**44957**	**20369**	**24588**
八步区	28536	13781	14755	18468	8822	9646	13247	5932	7315
平桂区	16673	8177	8496	10564	5021	5543	7909	3411	4498
昭平县	17150	8908	8242	11949	6085	5864	9118	4283	4835
钟山县	15107	7742	7365	11219	5642	5577	8213	3802	4411
富川瑶族自治县	12784	6230	6554	8863	4431	4432	6470	2941	3529
河池市	**161903**	**77160**	**84743**	**118377**	**53451**	**64926**	**86550**	**34673**	**51877**
金城江区	15775	7657	8118	11429	5636	5793	6666	2921	3745
宜州区	31461	15257	16204	19002	9118	9884	12348	5137	7211
南丹县	10779	5198	5581	8070	3739	4331	5954	2416	3538
天峨县	5444	2520	2924	4506	2007	2499	3895	1537	2358
凤山县	7456	3466	3990	6358	2733	3625	4541	1818	2723
东兰县	11908	5292	6616	10322	4414	5908	7605	2923	4682
罗城仫佬族自治县	16386	8091	8295	11125	5334	5791	8536	3699	4837
环江毛南族自治县	13904	6725	7179	11186	5260	5926	7813	3278	4535
巴马瑶族自治县	9418	4250	5168	7016	2896	4120	5618	2127	3491
都安瑶族自治县	23919	11555	12364	17621	7426	10195	14493	5479	9014
大化瑶族自治县	15453	7149	8304	11742	4888	6854	9081	3338	5743
来宾市	**99775**	**49899**	**49876**	**69898**	**33118**	**36780**	**50326**	**22235**	**28091**
兴宾区	35226	17449	17777	26197	12114	14083	19155	8333	10822
忻城县	17617	8746	8871	11838	5421	6417	8842	3613	5229
象州县	15947	8160	7787	11743	5615	6128	7464	3431	4033
武宣县	16783	8693	8090	10736	5280	5456	8845	4066	4779
金秀瑶族自治县	6786	3346	3440	4699	2301	2398	3314	1506	1808
合山市	7416	3505	3911	4685	2387	2298	2706	1286	1420
崇左市	**102346**	**48961**	**53385**	**73250**	**32592**	**40658**	**54718**	**22462**	**32256**
江州区	14599	7133	7466	10197	4583	5614	7960	3373	4587
扶绥县	19930	9984	9946	13967	6473	7494	9737	4153	5584
宁明县	15816	7461	8355	11507	5196	6311	8277	3437	4840
龙州县	11121	5096	6025	8233	3555	4678	6428	2478	3950
大新县	17655	8276	9379	12013	5321	6692	9708	3954	5754
天等县	19003	9011	9992	14461	6218	8243	10768	4311	6457
凭祥市	4222	2000	2222	2872	1246	1626	1840	756	1084

1-5(户籍人口) 续表 18

单位:人

地区	80-84岁			85-89岁			90-94岁		
	小计	男	女	小计	男	女	小计	男	女
总 计	**735469**	**315274**	**420195**	**403274**	**153641**	**249633**	**143768**	**49153**	**94615**
南宁市	**106218**	**43806**	**62412**	**56179**	**20178**	**36001**	**19550**	**6356**	**13194**
兴宁区	5162	2230	2932	2835	1099	1736	961	362	599
青秀区	11567	5129	6438	6375	2726	3649	2076	923	1153
江南区	7312	3157	4155	3502	1253	2249	972	365	607
西乡塘区	13126	5659	7467	6620	2509	4111	2162	780	1382
良庆区	3118	1388	1730	1797	668	1129	646	219	427
邕宁区	4665	2078	2587	2539	962	1577	908	311	597
武鸣区	10773	4329	6444	5643	1989	3654	2047	618	1429
隆安县	6061	2365	3696	3327	1131	2196	1140	349	791
马山县	7425	2784	4641	3832	1243	2589	1390	374	1016
上林县	7097	2721	4376	3734	1249	2485	1415	393	1022
宾阳县	13732	5463	8269	7205	2367	4838	2643	742	1901
横 县	16180	6503	9677	8770	2982	5788	3190	920	2270
柳州市	**58350**	**25144**	**33206**	**32264**	**12505**	**19759**	**10551**	**3819**	**6732**
城中区	2760	1239	1521	1476	644	832	412	166	246
鱼峰区	6119	2720	3399	3028	1185	1843	1012	376	636
柳南区	7438	3260	4178	3929	1554	2375	1321	516	805
柳北区	6590	2885	3705	3311	1327	1984	1018	433	585
柳江区	5800	2451	3349	3520	1304	2216	1151	420	731
柳城县	5783	2397	3386	3581	1289	2292	1173	361	812
鹿寨县	5634	2389	3245	3366	1274	2092	1112	352	760
融安县	5247	2346	2901	3177	1302	1875	1076	413	663
融水苗族自治县	7329	3013	4316	4037	1530	2507	1379	470	909
三江侗族自治县	5650	2444	3206	2839	1096	1743	897	312	585
桂林市	**82985**	**36400**	**46585**	**47234**	**18690**	**28544**	**15593**	**5525**	**10068**
秀峰区	2199	903	1296	1229	495	734	464	157	307
叠彩区	2915	1232	1683	1666	673	993	509	198	311
象山区	4626	2068	2558	2306	987	1319	677	294	383
七星区	3365	1507	1858	1656	741	915	487	202	285
雁山区	1048	411	637	771	267	504	277	60	217
临桂区	7007	2900	4107	4438	1573	2865	1375	414	961
阳朔县	5087	2174	2913	3253	1232	2021	1180	407	773
灵川县	5643	2395	3248	3370	1260	2110	1047	330	717
全州县	12748	5684	7064	6758	2894	3864	2370	928	1442
兴安县	6078	2701	3377	3358	1386	1972	1114	372	742
永福县	4505	1892	2613	2793	1025	1768	925	318	607
灌阳县	4981	2344	2637	2460	1050	1410	828	361	467
龙胜各族自治县	2468	1100	1368	1282	531	751	358	142	216
资源县	2716	1251	1465	1553	654	899	493	181	312
平乐县	6607	2939	3668	3992	1499	2493	1353	457	896
恭城瑶族自治县	4748	2083	2665	2461	936	1525	832	271	561
荔浦市	6244	2816	3428	3888	1487	2401	1304	433	871

1-5(户籍人口) 续表 19

单位:人

地区	80-84岁			85-89岁			90-94岁		
	小计	男	女	小计	男	女	小计	男	女
梧州市	**45497**	**20082**	**25415**	**25019**	**9718**	**15301**	**9605**	**3217**	**6388**
万秀区	5506	2339	3167	3513	1320	2193	1131	416	715
长洲区	2759	1207	1552	1375	543	832	491	193	298
龙圩区	4050	1846	2204	2104	819	1285	797	270	527
苍梧县	5373	2285	3088	2701	911	1790	978	308	670
藤　县	13443	6149	7294	7265	3001	4264	2935	1031	1904
蒙山县	3427	1478	1949	1849	734	1115	766	233	533
岑溪市	10939	4778	6161	6212	2390	3822	2507	766	1741
北海市	**26222**	**12184**	**14038**	**15822**	**6574**	**9248**	**6367**	**2393**	**3974**
海城区	4632	1982	2650	2463	969	1494	870	300	570
银海区	2388	1050	1338	1334	551	783	556	197	359
铁山港区	2944	1319	1625	1779	745	1034	744	289	455
合浦县	16258	7833	8425	10246	4309	5937	4197	1607	2590
防城港市	**12429**	**5821**	**6608**	**7308**	**3090**	**4218**	**2661**	**1037**	**1624**
港口区	1572	782	790	937	403	534	395	151	244
防城区	5818	2845	2973	3384	1496	1888	1236	499	737
上思县	2914	1209	1705	1750	611	1139	565	191	374
东兴市	2125	985	1140	1237	580	657	465	196	269
钦州市	**45575**	**21486**	**24089**	**25888**	**10727**	**15161**	**9518**	**3650**	**5868**
钦南区	8186	3998	4188	5002	2131	2871	1954	802	1152
钦北区	9202	4398	4804	5175	2161	3014	1817	686	1131
灵山县	16731	7607	9124	9196	3718	5478	3383	1217	2166
浦北县	11456	5483	5973	6515	2717	3798	2364	945	1419
贵港市	**64271**	**28540**	**35731**	**36991**	**14295**	**22696**	**14582**	**4901**	**9681**
港北区	8111	3376	4735	4974	1794	3180	1777	559	1218
港南区	8298	3535	4763	5120	1795	3325	2207	671	1536
覃塘区	7208	3008	4200	4307	1433	2874	1769	536	1233
平南县	17609	8093	9516	9564	4048	5516	3782	1434	2348
桂平市	23045	10528	12517	13026	5225	7801	5047	1701	3346
玉林市	**80737**	**38119**	**42618**	**45891**	**19220**	**26671**	**16106**	**6170**	**9936**
玉州区	8166	3769	4397	4213	1708	2505	1367	508	859
福绵区	4804	2270	2534	2719	1111	1608	977	332	645
容　县	10074	4625	5449	5768	2397	3371	2016	729	1287
陆川县	11202	5636	5566	6670	2848	3822	2438	981	1457
博白县	21320	10814	10506	12327	5661	6666	4484	1950	2534
兴业县	9878	4102	5776	5434	2004	3430	1812	608	1204
北流市	15293	6903	8390	8760	3491	5269	3012	1062	1950
百色市	**54760**	**20652**	**34108**	**25861**	**8410**	**17451**	**8623**	**2578**	**6045**
右江区	4942	1983	2959	2205	801	1404	704	246	458
田阳区	5406	1883	3523	2423	725	1698	791	217	574
田东县	5200	1900	3300	2362	671	1691	721	213	508

1-5(户籍人口) 续表 20

单位:人

地 区	80-84岁			85-89岁			90-94岁		
	小计	男	女	小计	男	女	小计	男	女
德保县	6433	2449	3984	3077	1073	2004	1022	342	680
那坡县	2906	1157	1749	1433	517	916	472	160	312
凌云县	2606	941	1665	1449	462	987	540	145	395
乐业县	2123	849	1274	921	303	618	328	102	226
田林县	2896	989	1907	1447	413	1034	454	112	342
西林县	1472	546	926	587	197	390	194	60	134
隆林各族自治县	3894	1343	2551	1817	556	1261	589	150	439
靖西市	10167	4136	6031	4817	1697	3120	1665	541	1124
平果市	6715	2476	4239	3323	995	2328	1143	290	853
贺州市	**33094**	**14316**	**18778**	**19116**	**7414**	**11702**	**6936**	**2403**	**4533**
八步区	9073	3875	5198	5338	1971	3367	1795	592	1203
平桂区	6322	2601	3721	3847	1433	2414	1437	527	910
昭平县	6438	2920	3518	3606	1481	2125	1469	456	1013
钟山县	6234	2797	3437	3526	1470	2056	1233	464	769
富川瑶族自治县	5027	2123	2904	2799	1059	1740	1002	364	638
河池市	**57564**	**21627**	**35937**	**29092**	**9633**	**19459**	**10160**	**2884**	**7276**
金城江区	4539	1797	2742	2219	806	1413	634	217	417
宜州区	8902	3484	5418	5159	1789	3370	1830	547	1283
南丹县	3644	1412	2232	1831	612	1219	616	184	432
天峨县	2554	967	1587	1075	364	711	389	95	294
凤山县	3136	1205	1931	1319	424	895	489	136	353
东兰县	4767	1739	3028	1972	622	1350	626	165	461
罗城仫佬族自治县	5557	2241	3316	3374	1193	2181	1136	357	779
环江毛南族自治县	5257	2006	3251	2554	859	1695	800	247	553
巴马瑶族自治县	3572	1332	2240	1674	527	1147	597	157	440
都安瑶族自治县	9454	3339	6115	4971	1550	3421	1899	470	1429
大化瑶族自治县	6182	2105	4077	2944	887	2057	1144	309	835
来宾市	**34866**	**14600**	**20266**	**19427**	**7352**	**12075**	**7645**	**2458**	**5187**
兴宾区	13392	5749	7643	7558	2986	4572	3339	1169	2170
忻城县	6006	2324	3682	3242	1186	2056	1178	344	834
象州县	5523	2299	3224	3142	1109	2033	1112	304	808
武宣县	5727	2386	3341	3184	1203	1981	1202	345	857
金秀瑶族自治县	2464	1024	1440	1401	519	882	515	181	334
合山市	1754	818	936	900	349	551	299	115	184
崇左市	**32901**	**12497**	**20404**	**17182**	**5835**	**11347**	**5871**	**1762**	**4109**
江州区	4796	1768	3028	2441	829	1612	968	284	684
扶绥县	5799	2309	3490	3076	1009	2067	1215	343	872
宁明县	4700	1884	2816	2485	883	1602	770	244	526
龙州县	3818	1343	2475	1929	600	1329	567	148	419
大新县	6026	2307	3719	3296	1146	2150	1066	339	727
天等县	6616	2458	4158	3307	1142	2165	1102	338	764
凭祥市	1146	428	718	648	226	422	183	66	117

1-5(户籍人口) 续表 21 单位:人

地区	95-99岁			100岁及以上		
	小计	男	女	小计	男	女
总 计	**36044**	**10472**	**25572**	**7714**	**1814**	**5900**
南宁市	**4968**	**1346**	**3622**	**1015**	**200**	**815**
兴宁区	253	74	179	42	11	31
青秀区	495	191	304	106	33	73
江南区	248	72	176	33	6	27
西乡塘区	454	146	308	97	22	75
良庆区	150	45	105	38	5	33
邕宁区	197	53	144	35	5	30
武鸣区	570	148	422	113	27	86
隆安县	289	70	219	49	12	37
马山县	446	108	338	111	20	91
上林县	377	73	304	85	14	71
宾阳县	673	152	521	138	18	120
横 县	816	214	602	168	27	141
柳州市	**2307**	**718**	**1589**	**464**	**113**	**351**
城中区	80	32	48	20	6	14
鱼峰区	215	55	160	61	13	48
柳南区	329	117	212	52	16	36
柳北区	247	91	156	43	12	31
柳江区	259	78	181	45	7	38
柳城县	319	81	238	64	12	52
鹿寨县	204	58	146	45	10	35
融安县	199	62	137	36	12	24
融水苗族自治县	282	89	193	68	19	49
三江侗族自治县	173	55	118	30	6	24
桂林市	**3749**	**1119**	**2630**	**698**	**165**	**533**
秀峰区	97	37	60	21	5	16
叠彩区	98	30	68	15	7	8
象山区	147	47	100	23	10	13
七星区	89	30	59	40	9	31
雁山区	86	16	70	11		11
临桂区	360	81	279	65	7	58
阳朔县	242	61	181	61	15	46
灵川县	244	61	183	31	5	26
全州县	559	209	350	88	19	69
兴安县	253	70	183	35	7	28
永福县	233	61	172	39	9	30
灌阳县	191	70	121	33	11	22
龙胜各族自治县	68	27	41	7	2	5
资源县	103	38	65	15	4	11
平乐县	427	124	303	122	34	88
恭城瑶族自治县	212	52	160	39	15	24
荔浦市	340	105	235	53	6	47

1-5(户籍人口) 续表 22 单位：人

地 区	95-99岁			100岁及以上		
	小计	男	女	小计	男	女
梧州市	**2493**	**690**	**1803**	**593**	**152**	**441**
万秀区	340	109	231	113	41	72
长洲区	135	47	88	42	12	30
龙圩区	191	53	138	38	15	23
苍梧县	227	47	180	48	13	35
藤　县	778	220	558	174	38	136
蒙山县	194	56	138	43	8	35
岑溪市	628	158	470	135	25	110
北海市	**1581**	**518**	**1063**	**304**	**95**	**209**
海城区	217	67	150	30	10	20
银海区	143	43	100	41	12	29
铁山港区	219	64	155	45	15	30
合浦县	1002	344	658	188	58	130
防城港市	**759**	**259**	**500**	**142**	**36**	**106**
港口区	112	33	79	24	4	20
防城区	355	141	214	72	21	51
上思县	160	39	121	30	6	24
东兴市	132	46	86	16	5	11
钦州市	**2230**	**719**	**1511**	**441**	**115**	**326**
钦南区	476	171	305	83	19	64
钦北区	460	145	315	80	15	65
灵山县	747	230	517	168	50	118
浦北县	547	173	374	110	31	79
贵港市	**4021**	**1138**	**2883**	**933**	**205**	**728**
港北区	467	109	358	111	25	86
港南区	610	161	449	134	30	104
覃塘区	515	138	377	156	22	134
平南县	1080	370	710	242	64	178
桂平市	1349	360	989	290	64	226
玉林市	**4128**	**1378**	**2750**	**771**	**226**	**545**
玉州区	328	122	206	54	20	34
福绵区	211	71	140	51	18	33
容　县	532	168	364	97	26	71
陆川县	719	235	484	127	34	93
博白县	1079	446	633	206	75	131
兴业县	382	101	281	68	17	51
北流市	877	235	642	168	36	132
百色市	**2135**	**514**	**1621**	**457**	**96**	**361**
右江区	162	51	111	35	11	24
田阳区	184	36	148	34	6	28
田东县	173	31	142	43	3	40

1-5(户籍人口) 续表 23

单位:人

地 区	95-99岁			100岁及以上		
	小计	男	女	小计	男	女
德保县	266	76	190	49	9	40
那坡县	97	27	70	23	5	18
凌云县	156	35	121	28	7	21
乐业县	80	20	60	23	6	17
田林县	90	17	73	25	6	19
西林县	44	10	34	10	2	8
隆林各族自治县	139	29	110	31	4	27
靖西市	418	116	302	89	23	66
平果市	326	66	260	67	14	53
贺州市	**1605**	**467**	**1138**	**343**	**94**	**249**
八步区	353	105	248	77	31	46
平桂区	380	115	265	97	28	69
昭平县	353	96	257	81	16	65
钟山县	294	92	202	43	14	29
富川瑶族自治县	225	59	166	45	5	40
河池市	**2614**	**615**	**1999**	**710**	**131**	**579**
金城江区	164	59	105	33	14	19
宜州区	444	123	321	96	22	74
南丹县	129	30	99	29	6	23
天峨县	62	15	47	31	6	25
凤山县	150	31	119	52	8	44
东兰县	178	43	135	64	6	58
罗城仫佬族自治县	278	59	219	47	12	35
环江毛南族自治县	183	37	146	39	4	35
巴马瑶族自治县	182	52	130	103	25	78
都安瑶族自治县	518	107	411	112	14	98
大化瑶族自治县	326	59	267	104	14	90
来宾市	**1871**	**537**	**1334**	**526**	**124**	**402**
兴宾区	839	289	550	285	71	214
忻城县	310	73	237	72	15	57
象州县	226	50	176	59	12	47
武宣县	308	77	231	64	17	47
金秀瑶族自治县	118	35	83	24	6	18
合山市	70	13	57	22	3	19
崇左市	**1583**	**454**	**1129**	**317**	**62**	**255**
江州区	272	83	189	76	23	53
扶绥县	326	113	213	63	8	55
宁明县	212	64	148	32	6	26
龙州县	145	29	116	25	4	21
大新县	308	67	241	75	13	62
天等县	270	83	187	40	7	33
凭祥市	50	15	35	6	1	5

1−5a 各地区分年龄、性别的人口（城市）

单位：人

地 区	合计			0岁			1−4岁		
	合计	男	女	小计	男	女	小计	男	女
总 计	**14787980**	**7458144**	**7329836**	**153134**	**81718**	**71416**	**836665**	**446970**	**389695**
南宁市	**4567493**	**2315658**	**2251835**	**51280**	**27445**	**23835**	**258459**	**138980**	**119479**
兴宁区	516352	266065	250287	6591	3559	3032	30419	16382	14037
青秀区	1016293	488163	528130	10538	5521	5017	57020	30780	26240
江南区	763090	395376	367714	9968	5300	4668	48130	25661	22469
西乡塘区	1428084	725187	702897	13797	7430	6367	69239	37273	31966
良庆区	459938	244682	215256	6152	3340	2812	29979	16059	13920
邕宁区	159547	82050	77497	2086	1120	966	10461	5623	4838
武鸣区	224189	114135	110054	2148	1175	973	13211	7202	6009
隆安县									
马山县									
上林县									
宾阳县									
横 县									
柳州市	**2058881**	**1047125**	**1011756**	**19727**	**10281**	**9446**	**106568**	**55986**	**50582**
城中区	240519	116956	123563	2243	1210	1033	13129	6918	6211
鱼峰区	592117	306800	285317	5581	2827	2754	29957	15671	14286
柳南区	524325	267412	256913	5183	2712	2471	26883	14285	12598
柳北区	448268	226586	221682	3759	1980	1779	20643	10745	9898
柳江区	253652	129371	124281	2961	1552	1409	15956	8367	7589
柳城县									
鹿寨县									
融安县									
融水苗族自治县									
三江侗族自治县									
桂林市	**1346806**	**664972**	**681834**	**12106**	**6420**	**5686**	**69968**	**36987**	**32981**
秀峰区	161066	80981	80085	1411	720	691	8069	4239	3830
叠彩区	171938	84318	87620	1617	852	765	9035	4753	4282
象山区	282912	138021	144891	2245	1201	1044	13214	6944	6270
七星区	354326	178561	175765	2790	1489	1301	16790	8963	7827
雁山区	9893	5242	4651	81	41	40	484	259	225
临桂区	272883	132830	140053	3078	1672	1406	17046	9055	7991
阳朔县									
灵川县									
全州县									
兴安县									
永福县									
灌阳县									
龙胜各族自治县									
资源县									
平乐县									
恭城瑶族自治县									
荔浦市	93788	45019	48769	884	445	439	5330	2774	2556

1-5a 续表 1

单位:人

地 区	合计			0岁			1-4岁		
	合计	男	女	小计	男	女	小计	男	女
梧州市	**867903**	**432898**	**435005**	**8813**	**4772**	**4041**	**49621**	**26442**	**23179**
万秀区	215014	104162	110852	1341	735	606	7991	4197	3794
长洲区	270840	134123	136717	2768	1505	1263	15150	8000	7150
龙圩区	127272	65365	61907	1473	808	665	7901	4242	3659
苍梧县									
藤 县									
蒙山县									
岑溪市	254777	129248	125529	3231	1724	1507	18579	10003	8576
北海市	**640164**	**322196**	**317968**	**6176**	**3312**	**2864**	**33534**	**18105**	**15429**
海城区	442078	221692	220386	4212	2257	1955	22592	12252	10340
银海区	183036	92804	90232	1832	975	857	10102	5366	4736
铁山港区	15050	7700	7350	132	80	52	840	487	353
合浦县									
防城港市	**463004**	**244515**	**218489**	**5285**	**2832**	**2453**	**29143**	**15857**	**13286**
港口区	162585	88856	73729	1751	890	861	9651	5188	4463
防城区	165148	85240	79908	1818	1006	812	10130	5619	4511
上思县									
东兴市	135271	70419	64852	1716	936	780	9362	5050	4312
钦州市	**518653**	**263969**	**254684**	**6200**	**3279**	**2921**	**33667**	**18226**	**15441**
钦南区	301510	152870	148640	3591	1921	1670	19344	10443	8901
钦北区	217143	111099	106044	2609	1358	1251	14323	7783	6540
灵山县									
浦北县									
贵港市	**935710**	**472147**	**463563**	**9740**	**5178**	**4562**	**55555**	**29500**	**26055**
港北区	472372	236155	236217	5087	2729	2358	29319	15462	13857
港南区	138131	71140	66991	1258	651	607	7219	3854	3365
覃塘区	101509	51381	50128	1218	628	590	6332	3351	2981
平南县									
桂平市	223698	113471	110227	2177	1170	1007	12685	6833	5852
玉林市	**1009219**	**512548**	**496671**	**10254**	**5643**	**4611**	**61528**	**33059**	**28469**
玉州区	673319	339911	333408	6975	3852	3123	41186	22209	18977
福绵区	57245	30370	26875	503	262	241	2960	1560	1400
容 县									
陆川县									
博白县									
兴业县									
北流市	278655	142267	136388	2776	1529	1247	17382	9290	8092
百色市	**859171**	**423907**	**435264**	**8133**	**4337**	**3796**	**50143**	**26709**	**23434**
右江区	327195	158470	168725	2916	1561	1355	17796	9486	8310
田阳区	167266	82755	84511	1482	782	700	9897	5098	4799
田东县									

1-5a 续表 2

单位：人

地 区	合计			0岁			1-4岁		
	合计	男	女	小计	男	女	小计	男	女
德保县									
那坡县									
凌云县									
乐业县									
田林县									
西林县									
隆林各族自治县									
靖西市	120181	60907	59274	1175	626	549	7241	4004	3237
平果市	244529	121775	122754	2560	1368	1192	15209	8121	7088
贺州市	**338683**	**167591**	**171092**	**3974**	**2137**	**1837**	**21390**	**11429**	**9961**
八步区	193176	93123	100053	2312	1245	1067	12533	6724	5809
平桂区	145507	74468	71039	1662	892	770	8857	4705	4152
昭平县									
钟山县									
富川瑶族自治县									
河池市	**456821**	**224480**	**232341**	**4298**	**2291**	**2007**	**25186**	**13461**	**11725**
金城江区	252143	124614	127529	2478	1300	1178	14608	7886	6722
宜州区	204678	99866	104812	1820	991	829	10578	5575	5003
南丹县									
天峨县									
凤山县									
东兰县									
罗城仫佬族自治县									
环江毛南族自治县									
巴马瑶族自治县									
都安瑶族自治县									
大化瑶族自治县									
来宾市	**439832**	**219842**	**219990**	**5077**	**2696**	**2381**	**28212**	**14965**	**13247**
兴宾区	400854	200558	200296	4757	2518	2239	26364	13967	12397
忻城县									
象州县									
武宣县									
金秀瑶族自治县									
合山市	38978	19284	19694	320	178	142	1848	998	850
崇左市	**285640**	**146296**	**139344**	**2071**	**1095**	**976**	**13691**	**7264**	**6427**
江州区	218708	111621	107087	1327	706	621	9365	4996	4369
扶绥县									
宁明县									
龙州县									
大新县									
天等县									
凭祥市	66932	34675	32257	744	389	355	4326	2268	2058

1-5a 续表 3

单位:人

地区	5-9岁			10-14岁			15-19岁		
	小计	男	女	小计	男	女	小计	男	女
总 计	**1085088**	**586107**	**498981**	**866212**	**466933**	**399279**	**1252254**	**643843**	**608411**
南宁市	**311309**	**170448**	**140861**	**222173**	**121329**	**100844**	**372183**	**196688**	**175495**
兴宁区	37526	20393	17133	25467	13993	11474	41462	24368	17094
青秀区	68519	37007	31512	47251	25333	21918	68552	33666	34886
江南区	58705	32058	26647	41704	22883	18821	40318	24603	15715
西乡塘区	84316	46532	37784	62136	34168	27968	150811	77651	73160
良庆区	35423	19639	15784	25732	14262	11470	28062	15062	13000
邕宁区	12532	6889	5643	8458	4557	3901	17393	8715	8678
武鸣区	14288	7930	6358	11425	6133	5292	25585	12623	12962
隆安县									
马山县									
上林县									
宾阳县									
横 县									
柳州市	**130892**	**69302**	**61590**	**107175**	**56508**	**50667**	**155340**	**85188**	**70152**
城中区	16081	8575	7506	12526	6562	5964	13185	7052	6133
鱼峰区	35629	18773	16856	27387	14214	13173	64081	35855	28226
柳南区	33776	18046	15730	28636	15213	13423	25339	13899	11440
柳北区	25658	13541	12117	22283	11844	10439	30384	17142	13242
柳江区	19748	10367	9381	16343	8675	7668	22351	11240	11111
柳城县									
鹿寨县									
融安县									
融水苗族自治县									
三江侗族自治县									
桂林市	**86266**	**45946**	**40320**	**68990**	**36233**	**32757**	**82350**	**42350**	**40000**
秀峰区	10392	5564	4828	7988	4234	3754	9182	5271	3911
叠彩区	11079	5876	5203	8620	4619	4001	6332	3285	3047
象山区	17372	9225	8147	14970	7834	7136	11909	6772	5137
七星区	20075	10649	9426	16018	8309	7709	24733	13831	10902
雁山区	577	305	272	434	229	205	1874	1250	624
临桂区	20669	11186	9483	15640	8328	7312	22709	9415	13294
阳朔县									
灵川县									
全州县									
兴安县									
永福县									
灌阳县									
龙胜各族自治县									
资源县									
平乐县									
恭城瑶族自治县									
荔浦市	6102	3141	2961	5320	2680	2640	5611	2526	3085

1–5a 续表 4

单位:人

地 区	5–9岁			10–14岁			15–19岁		
	小计	男	女	小计	男	女	小计	男	女
梧州市	**67876**	**36419**	**31457**	**57797**	**31149**	**26648**	**80502**	**40104**	**40398**
万秀区	11358	5979	5379	10969	5822	5147	13478	6339	7139
长洲区	19505	10390	9115	16049	8481	7568	21193	10065	11128
龙圩区	10648	5736	4912	8620	4653	3967	18130	9135	8995
苍梧县									
藤 县									
蒙山县									
岑溪市	26365	14314	12051	22159	12193	9966	27701	14565	13136
北海市	**46348**	**25141**	**21207**	**38757**	**21167**	**17590**	**40030**	**20304**	**19726**
海城区	31439	17057	14382	26411	14484	11927	28230	14723	13507
银海区	13714	7426	6288	11219	6073	5146	10180	4810	5370
铁山港区	1195	658	537	1127	610	517	1620	771	849
合浦县									
防城港市	**42387**	**23175**	**19212**	**33340**	**17972**	**15368**	**29272**	**14931**	**14341**
港口区	12748	6865	5883	9504	5106	4398	6857	3783	3074
防城区	14891	8230	6661	12179	6578	5601	15706	7597	8109
上思县									
东兴市	14748	8080	6668	11657	6288	5369	6709	3551	3158
钦州市	**47478**	**25854**	**21624**	**38387**	**21195**	**17192**	**47092**	**23608**	**23484**
钦南区	27390	14894	12496	21674	11999	9675	28603	14473	14130
钦北区	20088	10960	9128	16713	9196	7517	18489	9135	9354
灵山县									
浦北县									
贵港市	**78035**	**41654**	**36381**	**66327**	**35756**	**30571**	**106362**	**54022**	**52340**
港北区	40107	21348	18759	33023	17754	15269	46619	23349	23270
港南区	11251	6027	5224	9766	5352	4414	23621	12813	10808
覃塘区	9574	5015	4559	8410	4424	3986	8283	4059	4224
平南县									
桂平市	17103	9264	7839	15128	8226	6902	27839	13801	14038
玉林市	**89619**	**48620**	**40999**	**74820**	**40901**	**33919**	**93878**	**48587**	**45291**
玉州区	58192	31599	26593	46519	25400	21119	53986	27716	26270
福绵区	5216	2888	2328	5116	2836	2280	4391	2327	2064
容 县									
陆川县									
博白县									
兴业县									
北流市	26211	14133	12078	23185	12665	10520	35501	18544	16957
百色市	**64727**	**35185**	**29542**	**58679**	**31356**	**27323**	**82312**	**38504**	**43808**
右江区	19995	10684	9311	17314	9220	8094	39782	17954	21828
田阳区	12951	6811	6140	12979	6678	6301	7787	3822	3965
田东县									

1-5a 续表 5

单位:人

地区	5-9岁			10-14岁			15-19岁		
	小计	男	女	小计	男	女	小计	男	女
德保县									
那坡县									
凌云县									
乐业县									
田林县									
西林县									
隆林各族自治县									
靖西市	9829	5473	4356	8972	4778	4194	9953	4610	5343
平果市	21952	12217	9735	19414	10680	8734	24790	12118	12672
贺州市	**28718**	**15160**	**13558**	**23083**	**12193**	**10890**	**28975**	**13324**	**15651**
八步区	15647	8244	7403	12071	6446	5625	14619	6334	8285
平桂区	13071	6916	6155	11012	5747	5265	14356	6990	7366
昭平县									
钟山县									
富川瑶族自治县									
河池市	**32977**	**17855**	**15122**	**29128**	**15543**	**13585**	**44889**	**21316**	**23573**
金城江区	18549	10160	8389	15955	8607	7348	24201	11937	12264
宜州区	14428	7695	6733	13173	6936	6237	20688	9379	11309
南丹县									
天峨县									
凤山县									
东兰县									
罗城仫佬族自治县									
环江毛南族自治县									
巴马瑶族自治县									
都安瑶族自治县									
大化瑶族自治县									
来宾市	**42239**	**22481**	**19758**	**34872**	**18727**	**16145**	**36364**	**17335**	**19029**
兴宾区	39495	21071	18424	32252	17326	14926	34361	16399	17962
忻城县									
象州县									
武宣县									
金秀瑶族自治县									
合山市	2744	1410	1334	2620	1401	1219	2003	936	1067
崇左市	**16217**	**8867**	**7350**	**12684**	**6904**	**5780**	**52705**	**27582**	**25123**
江州区	10965	6043	4922	8875	4943	3932	49463	25971	23492
扶绥县									
宁明县									
龙州县									
大新县									
天等县									
凭祥市	5252	2824	2428	3809	1961	1848	3242	1611	1631

1-5a 续表 6

单位:人

地 区	20-24岁			25-29岁			30-34岁		
	小计	男	女	小计	男	女	小计	男	女
总 计	**996425**	**486923**	**509502**	**969520**	**492012**	**477508**	**1421741**	**704590**	**717151**
南宁市	**411701**	**196795**	**214906**	**357702**	**182258**	**175444**	**491956**	**245112**	**246844**
兴宁区	31853	16885	14968	37071	18697	18374	59213	28797	30416
青秀区	97202	40306	56896	83961	39716	44245	99588	46706	52882
江南区	39969	21698	18271	61301	31821	29480	92750	46730	46020
西乡塘区	185082	87239	97843	114155	59641	54514	144798	74308	70490
良庆区	26024	14186	11838	39417	21229	18188	59864	31053	28811
邕宁区	14196	7884	6312	10286	5169	5117	15853	7738	8115
武鸣区	17375	8597	8778	11511	5985	5526	19890	9780	10110
隆安县									
马山县									
上林县									
宾阳县									
横 县									
柳州市	**119217**	**66045**	**53172**	**126946**	**65016**	**61930**	**187269**	**94148**	**93121**
城中区	17589	8907	8682	14108	6647	7461	20601	9503	11098
鱼峰区	46885	27892	18993	37109	19236	17873	55232	28303	26929
柳南区	21703	11783	9920	33705	17807	15898	49081	24953	24128
柳北区	23019	12112	10907	25082	12698	12384	36816	18518	18298
柳江区	10021	5351	4670	16942	8628	8314	25539	12871	12668
柳城县									
鹿寨县									
融安县									
融水苗族自治县									
三江侗族自治县									
桂林市	**79075**	**37690**	**41385**	**82171**	**40672**	**41499**	**119751**	**58106**	**61645**
秀峰区	6633	3210	3423	9420	4817	4603	13898	6931	6967
叠彩区	5335	2651	2684	9463	4547	4916	15586	7419	8167
象山区	10045	4886	5159	15449	7466	7983	22656	10594	12062
七星区	36454	18585	17869	25764	13183	12581	32392	16298	16094
雁山区	235	133	102	516	241	275	658	324	334
临桂区	17877	6974	10903	17287	8432	8855	27598	13253	14345
阳朔县									
灵川县									
全州县									
兴安县									
永福县									
灌阳县									
龙胜各族自治县									
资源县									
平乐县									
恭城瑶族自治县									
荔浦市	2496	1251	1245	4272	1986	2286	6963	3287	3676

1-5a 续表 7

单位:人

地 区	20-24岁			25-29岁			30-34岁		
	小计	男	女	小计	男	女	小计	男	女
梧州市	**45502**	**22630**	**22872**	**50694**	**25396**	**25298**	**74708**	**36274**	**38434**
万秀区	16484	7061	9423	9796	4894	4902	15021	7402	7619
长洲区	12874	6417	6457	17359	8608	8751	26586	12786	13800
龙圩区	5236	2896	2340	8187	4247	3940	12065	5989	6076
苍梧县									
藤 县									
蒙山县									
岑溪市	10908	6256	4652	15352	7647	7705	21036	10097	10939
北海市	**35550**	**17360**	**18190**	**47534**	**23924**	**23610**	**65146**	**32747**	**32399**
海城区	22901	11230	11671	32329	16133	16196	43836	21856	21980
银海区	12257	5928	6329	14387	7390	6997	20083	10293	9790
铁山港区	392	202	190	818	401	417	1227	598	629
合浦县									
防城港市	**23318**	**13011**	**10307**	**31463**	**17121**	**14342**	**48095**	**25452**	**22643**
港口区	8440	5025	3415	12970	7410	5560	19674	11017	8657
防城区	8656	4598	4058	9681	5173	4508	15153	7889	7264
上思县									
东兴市	6222	3388	2834	8812	4538	4274	13268	6546	6722
钦州市	**25438**	**12774**	**12664**	**33365**	**17016**	**16349**	**53419**	**26460**	**26959**
钦南区	15111	7391	7720	19107	9641	9466	31070	15327	15743
钦北区	10327	5383	4944	14258	7375	6883	22349	11133	11216
灵山县									
浦北县									
贵港市	**42383**	**22031**	**20352**	**51191**	**26200**	**24991**	**84201**	**41249**	**42952**
港北区	22903	11720	11185	28053	14181	13872	46126	22017	24109
港南区	5725	3035	2690	6862	3635	3227	12392	6226	6166
覃塘区	3995	2099	1896	5022	2580	2442	8847	4611	4236
平南县									
桂平市	9758	5177	4581	11254	5804	5450	16836	8395	8441
玉林市	**52485**	**25496**	**26989**	**55998**	**29470**	**26528**	**93125**	**46911**	**46214**
玉州区	37441	17298	20143	38043	20052	17991	63903	32085	31818
福绵区	2465	1473	992	2955	1676	1279	5115	2869	2246
容 县									
陆川县									
博白县									
兴业县									
北流市	12579	6725	5854	15000	7742	7258	24107	11957	12150
百色市	**53960**	**24176**	**29784**	**45792**	**22401**	**23391**	**70397**	**33456**	**36941**
右江区	29474	11856	17618	18952	9285	9667	27716	13357	14359
田阳区	4602	2255	2347	7286	3513	3773	12829	6107	6722
田东县									

1-5a 续表 8

单位：人

地 区	20-24岁			25-29岁			30-34岁		
	小计	男	女	小计	男	女	小计	男	女
德保县									
那坡县									
凌云县									
乐业县									
田林县									
西林县									
隆林各族自治县									
靖西市	4473	2319	2154	6754	3360	3394	9925	4840	5085
平果市	15411	7746	7665	12800	6243	6557	19927	9152	10775
贺州市	**21452**	**9705**	**11747**	**23045**	**11331**	**11714**	**31917**	**15732**	**16185**
八步区	15217	6356	8861	13052	6143	6909	18593	8847	9746
平桂区	6235	3349	2886	9993	5188	4805	13324	6885	6439
昭平县									
钟山县									
富川瑶族自治县									
河池市	**26551**	**11482**	**15069**	**21560**	**10306**	**11254**	**35775**	**16743**	**19032**
金城江区	11472	5338	6134	12688	6051	6637	20673	9583	11090
宜州区	15079	6144	8935	8872	4255	4617	15102	7160	7942
南丹县									
天峨县									
凤山县									
东兰县									
罗城仫佬族自治县									
环江毛南族自治县									
巴马瑶族自治县									
都安瑶族自治县									
大化瑶族自治县									
来宾市	**21208**	**9899**	**11309**	**25783**	**12512**	**13271**	**42729**	**20421**	**22308**
兴宾区	20331	9470	10861	24175	11742	12433	40282	19247	21035
忻城县									
象州县									
武宣县									
金秀瑶族自治县									
合山市	877	429	448	1608	770	838	2447	1174	1273
崇左市	**38585**	**17829**	**20756**	**16276**	**8389**	**7887**	**23253**	**11779**	**11474**
江州区	35911	16356	19555	11256	5788	5468	16411	8176	8235
扶绥县									
宁明县									
龙州县									
大新县									
天等县									
凭祥市	2674	1473	1201	5020	2601	2419	6842	3603	3239

1-5a 续表 9 单位:人

地 区	35-39岁			40-44岁			45-49岁		
	小计	男	女	小计	男	女	小计	男	女
总 计	**1310654**	**654257**	**656397**	**1145160**	**578550**	**566610**	**1101523**	**563757**	**537766**
南宁市	**442879**	**222793**	**220086**	**350639**	**179795**	**170844**	**313359**	**162242**	**151117**
兴宁区	54936	27587	27349	41609	21579	20030	35740	18579	17161
青秀区	93013	43261	49752	75166	36027	39139	70053	34698	35355
江南区	81843	41940	39903	64229	33479	30750	56520	29666	26854
西乡塘区	126890	65671	61219	99653	51928	47725	88847	45871	42976
良庆区	52447	27422	25025	40514	21671	18843	34031	18786	15245
邕宁区	13634	6945	6689	11234	5911	5323	10617	5581	5036
武鸣区	20116	9967	10149	18234	9200	9034	17551	9061	8490
隆安县									
马山县									
上林县									
宾阳县									
横 县									
柳州市	**178812**	**89861**	**88951**	**170064**	**86184**	**83880**	**170075**	**87174**	**82901**
城中区	20499	9581	10918	19880	9154	10726	20012	9901	10111
鱼峰区	50006	25664	24342	44236	22932	21304	42946	22226	20720
柳南区	46708	23671	23037	45833	23508	22325	47100	24307	22793
柳北区	36468	18121	18347	38346	19400	18946	39822	20322	19500
柳江区	25131	12824	12307	21769	11190	10579	20195	10418	9777
柳城县									
鹿寨县									
融安县									
融水苗族自治县									
三江侗族自治县									
桂林市	**121527**	**59197**	**62330**	**107228**	**52923**	**54305**	**109309**	**54193**	**55116**
秀峰区	14776	7378	7398	12758	6422	6336	13429	6695	6734
叠彩区	15567	7484	8083	14185	6983	7202	13813	6840	6973
象山区	24635	11631	13004	23257	11097	12160	24992	11898	13094
七星区	31822	15759	16063	27034	13310	13724	26771	13397	13374
雁山区	707	359	348	599	306	293	724	363	361
临桂区	25840	12799	13041	21217	10885	10332	21148	10891	10257
阳朔县									
灵川县									
全州县									
兴安县									
永福县									
灌阳县									
龙胜各族自治县									
资源县									
平乐县									
恭城瑶族自治县									
荔浦市	8180	3787	4393	8178	3920	4258	8432	4109	4323

1−5a 续表 10

单位：人

地 区	35−39岁			40−44岁			45−49岁		
	小计	男	女	小计	男	女	小计	男	女
梧州市	**60806**	**30002**	**30804**	**59741**	**29504**	**30237**	**65599**	**32387**	**33212**
万秀区	13685	6666	7019	15330	7538	7792	16605	8037	8568
长洲区	21404	10553	10851	20659	10117	10542	21347	10687	10660
龙圩区	9339	4764	4575	8625	4423	4202	8969	4648	4321
苍梧县									
藤 县									
蒙山县									
岑溪市	16378	8019	8359	15127	7426	7701	18678	9015	9663
北海市	**53880**	**26891**	**26989**	**48927**	**24146**	**24781**	**51660**	**25753**	**25907**
海城区	36682	18167	18515	33521	16384	17137	35467	17512	17955
银海区	16171	8202	7969	14305	7192	7113	15059	7622	7437
铁山港区	1027	522	505	1101	570	531	1134	619	515
合浦县									
防城港市	**43887**	**22992**	**20895**	**36611**	**19282**	**17329**	**36050**	**19308**	**16742**
港口区	16165	8959	7206	13410	7337	6073	14575	8046	6529
防城区	14426	7468	6958	11754	6071	5683	11189	5752	5437
上思县									
东兴市	13296	6565	6731	11447	5874	5573	10286	5510	4776
钦州市	**47154**	**23864**	**23290**	**39169**	**19820**	**19349**	**34615**	**18065**	**16550**
钦南区	27023	13628	13395	22074	11129	10945	18843	9804	9039
钦北区	20131	10236	9895	17095	8691	8404	15772	8261	7511
灵山县									
浦北县									
贵港市	**74191**	**36886**	**37305**	**68353**	**34237**	**34116**	**70379**	**35680**	**34699**
港北区	39539	19306	20233	35235	17554	17681	35654	18025	17629
港南区	11030	5618	5412	9720	4814	4906	9699	4826	4873
覃塘区	6941	3703	3238	6546	3355	3191	7152	3711	3441
平南县									
桂平市	16681	8259	8422	16852	8514	8338	17874	9118	8756
玉林市	**83938**	**42017**	**41921**	**73561**	**36212**	**37349**	**76264**	**38164**	**38100**
玉州区	57104	28378	28726	51329	25290	26039	52262	26193	26069
福绵区	4722	2632	2090	3645	1797	1848	3897	1961	1936
容 县									
陆川县									
博白县									
兴业县									
北流市	22112	11007	11105	18587	9125	9462	20105	10010	10095
百色市	**73727**	**35504**	**38223**	**72920**	**36542**	**36378**	**67300**	**35227**	**32073**
右江区	26716	13034	13682	25996	13228	12768	23236	12119	11117
田阳区	14559	7120	7439	15872	8027	7845	15563	8087	7476
田东县									

1-5a 续表 11 单位:人

地区	35-39岁			40-44岁			45-49岁		
	小计	男	女	小计	男	女	小计	男	女
德保县									
那坡县									
凌云县									
乐业县									
田林县									
西林县									
隆林各族自治县									
靖西市	10357	5099	5258	10601	5374	5227	9939	5155	4784
平果市	22095	10251	11844	20451	9913	10538	18562	9866	8696
贺州市	**27815**	**13944**	**13871**	**22442**	**11329**	**11113**	**22494**	**11574**	**10920**
八步区	16412	7839	8573	13227	6395	6832	13056	6594	6462
平桂区	11403	6105	5298	9215	4934	4281	9438	4980	4458
昭平县									
钟山县									
富川瑶族自治县									
河池市	**40677**	**19577**	**21100**	**37700**	**18729**	**18971**	**35894**	**18468**	**17426**
金城江区	22454	10612	11842	22167	10989	11178	20840	10632	10208
宜州区	18223	8965	9258	15533	7740	7793	15054	7836	7218
南丹县									
天峨县									
凤山县									
东兰县									
罗城仫佬族自治县									
环江毛南族自治县									
巴马瑶族自治县									
都安瑶族自治县									
大化瑶族自治县									
来宾市	**40000**	**19731**	**20269**	**37971**	**19510**	**18461**	**30377**	**15900**	**14477**
兴宾区	36865	18254	18611	34428	17641	16787	26964	14205	12759
忻城县									
象州县									
武宣县									
金秀瑶族自治县									
合山市	3135	1477	1658	3543	1869	1674	3413	1695	1718
崇左市	**21361**	**10998**	**10363**	**19834**	**10337**	**9497**	**18148**	**9622**	**8526**
江州区	15045	7708	7337	13920	7241	6679	12070	6386	5684
扶绥县									
宁明县									
龙州县									
大新县									
天等县									
凭祥市	6316	3290	3026	5914	3096	2818	6078	3236	2842

1–5a 续表 12

单位：人

地　区	50–54岁			55–59岁			60–64岁		
	小计	男	女	小计	男	女	小计	男	女
总　计	**979437**	**489800**	**489637**	**828034**	**400441**	**427593**	**565594**	**270505**	**295089**
南宁市	**265139**	**132897**	**132242**	**226998**	**108684**	**118314**	**156354**	**73497**	**82857**
兴宁区	30262	15179	15083	25674	12217	13457	18698	8807	9891
青秀区	60342	29275	31067	56035	26330	29705	41230	18823	22407
江南区	46359	23062	23297	39159	18391	20768	26534	12340	14194
西乡塘区	75907	37476	38431	66039	31364	34675	46328	21841	24487
良庆区	27644	15014	12630	20217	10185	10032	11746	5879	5867
邕宁区	9295	4914	4381	7548	3744	3804	4471	2131	2340
武鸣区	15330	7977	7353	12326	6453	5873	7347	3676	3671
隆安县									
马山县									
上林县									
宾阳县									
横　县									
柳州市	**152179**	**75501**	**76678**	**130171**	**62861**	**67310**	**92082**	**44181**	**47901**
城中区	16934	8210	8724	15336	7168	8168	11567	5361	6206
鱼峰区	39141	19481	19660	34469	16239	18230	24699	11811	12888
柳南区	41286	20427	20859	35472	17381	18091	24632	11964	12668
柳北区	36774	18163	18611	31324	15242	16082	22806	10984	11822
柳江区	18044	9220	8824	13570	6831	6739	8378	4061	4317
柳城县									
鹿寨县									
融安县									
融水苗族自治县									
三江侗族自治县									
桂林市	**101307**	**49449**	**51858**	**89458**	**42809**	**46649**	**64519**	**30895**	**33624**
秀峰区	13004	6463	6541	11357	5491	5866	8429	4097	4332
叠彩区	13391	6306	7085	12602	5928	6674	10087	4825	5262
象山区	23380	11238	12142	20900	9866	11034	16207	7692	8515
七星区	23962	11918	12044	20735	10110	10625	14782	7025	7757
雁山区	853	411	442	754	371	383	435	241	194
临桂区	18227	9040	9187	15222	7209	8013	9858	4709	5149
阳朔县									
灵川县									
全州县									
兴安县									
永福县									
灌阳县									
龙胜各族自治县									
资源县									
平乐县									
恭城瑶族自治县									
荔浦市	8490	4073	4417	7888	3834	4054	4721	2306	2415

1-5a 续表 13

单位:人

地 区	50-54岁			55-59岁			60-64岁		
	小计	男	女	小计	男	女	小计	男	女
梧州市	**62621**	**30505**	**32116**	**54430**	**25993**	**28437**	**37679**	**18452**	**19227**
万秀区	16697	7785	8912	16758	7898	8860	13697	6776	6921
长洲区	20382	10088	10294	17430	8376	9054	11561	5638	5923
龙圩区	8270	4314	3956	6505	3274	3231	3608	1795	1813
苍梧县									
藤 县									
蒙山县									
岑溪市	17272	8318	8954	13737	6445	7292	8813	4243	4570
北海市	**47012**	**23326**	**23686**	**41178**	**19969**	**21209**	**27207**	**13123**	**14084**
海城区	32232	15757	16475	29214	14106	15108	19399	9319	10080
银海区	13789	7045	6744	10945	5361	5584	7155	3499	3656
铁山港区	991	524	467	1019	502	517	653	305	348
合浦县									
防城港市	**31602**	**16756**	**14846**	**25923**	**13154**	**12769**	**16091**	**7791**	**8300**
港口区	12602	6970	5632	9677	5062	4615	5471	2730	2741
防城区	10379	5205	5174	9434	4535	4899	6432	2994	3438
上思县									
东兴市	8621	4581	4040	6812	3557	3255	4188	2067	2121
钦州市	**29838**	**15078**	**14760**	**26668**	**12727**	**13941**	**17887**	**8096**	**9791**
钦南区	16976	8494	8482	16010	7696	8314	10792	4876	5916
钦北区	12862	6584	6278	10658	5031	5627	7095	3220	3875
灵山县									
浦北县									
贵港市	**65567**	**32557**	**33010**	**52158**	**25427**	**26731**	**32766**	**16095**	**16671**
港北区	32330	15937	16393	25302	12188	13114	16022	7787	8235
港南区	8744	4362	4382	6741	3349	3392	4165	2063	2102
覃塘区	7640	3805	3835	6279	3031	3248	4163	2044	2119
平南县									
桂平市	16853	8453	8400	13836	6859	6977	8416	4201	4215
玉林市	**68075**	**34385**	**33690**	**53594**	**25940**	**27654**	**35664**	**17059**	**18605**
玉州区	45253	23012	22241	36234	17372	18862	24451	11626	12825
福绵区	3939	2030	1909	3396	1724	1672	2391	1124	1267
容 县									
陆川县									
博白县									
兴业县									
北流市	18883	9343	9540	13964	6844	7120	8822	4309	4513
百色市	**60936**	**31138**	**29798**	**47121**	**23185**	**23936**	**31462**	**15112**	**16350**
右江区	21458	10744	10714	17366	8288	9078	12427	5942	6485
田阳区	15115	7962	7153	11004	5563	5441	7125	3418	3707
田东县									

1-5a 续表 14

单位：人

地 区	50-54岁			55-59岁			60-64岁		
	小计	男	女	小计	男	女	小计	男	女
德保县									
那坡县									
凌云县									
乐业县									
田林县									
西林县									
隆林各族自治县									
靖西市	8722	4534	4188	6813	3506	3307	4921	2466	2455
平果市	15641	7898	7743	11938	5828	6110	6989	3286	3703
贺州市	**20661**	**10451**	**10210**	**18617**	**9080**	**9537**	**13675**	**6636**	**7039**
八步区	11391	5570	5821	10651	5043	5608	7843	3727	4116
平桂区	9270	4881	4389	7966	4037	3929	5832	2909	2923
昭平县									
钟山县									
富川瑶族自治县									
河池市	**31967**	**15884**	**16083**	**27306**	**13316**	**13990**	**18315**	**8828**	**9487**
金城江区	18080	8917	9163	14809	7180	7629	9676	4647	5029
宜州区	13887	6967	6920	12497	6136	6361	8639	4181	4458
南丹县									
天峨县									
凤山县									
东兰县									
罗城仫佬族自治县									
环江毛南族自治县									
巴马瑶族自治县									
都安瑶族自治县									
大化瑶族自治县									
来宾市	**26595**	**13444**	**13151**	**21181**	**10359**	**10822**	**14485**	**6927**	**7558**
兴宾区	23284	11790	11494	18313	8909	9404	12315	5896	6419
忻城县									
象州县									
武宣县									
金秀瑶族自治县									
合山市	3311	1654	1657	2868	1450	1418	2170	1031	1139
崇左市	**15938**	**8429**	**7509**	**13231**	**6937**	**6294**	**7408**	**3813**	**3595**
江州区	10697	5685	5012	8888	4680	4208	4741	2449	2292
扶绥县									
宁明县									
龙州县									
大新县									
天等县									
凭祥市	5241	2744	2497	4343	2257	2086	2667	1364	1303

1-5a 续表 15

单位:人

地 区	65-69岁			70-74岁			75-79岁		
	小计	男	女	小计	男	女	小计	男	女
总 计	**512611**	**244387**	**268224**	**322795**	**156216**	**166579**	**197134**	**88927**	**108207**
南宁市	**136749**	**65323**	**71426**	**83206**	**40059**	**43147**	**50645**	**22945**	**27700**
兴宁区	16407	8017	8390	9784	4794	4990	5984	2801	3183
青秀区	36031	16842	19189	20235	9656	10579	12959	5684	7275
江南区	23110	10786	12324	14509	7008	7501	8287	3750	4537
西乡塘区	40350	19602	20748	25218	12075	13143	14954	6799	8155
良庆区	9673	4775	4898	5878	2875	3003	3548	1716	1832
邕宁区	4401	1998	2403	2814	1303	1511	1929	869	1060
武鸣区	6777	3303	3474	4768	2348	2420	2984	1326	1658
隆安县									
马山县									
上林县									
宾阳县									
横 县									
柳州市	**84919**	**40466**	**44453**	**55425**	**26787**	**28638**	**31774**	**14583**	**17191**
城中区	10431	4763	5668	6738	3113	3625	4210	1912	2298
鱼峰区	23043	11072	11971	14190	6928	7262	7701	3598	4103
柳南区	23278	11109	12169	15377	7413	7964	8875	4070	4805
柳北区	21014	10057	10957	14886	7325	7561	8545	3962	4583
柳江区	7153	3465	3688	4234	2008	2226	2443	1041	1402
柳城县									
鹿寨县									
融安县									
融水苗族自治县									
三江侗族自治县									
桂林市	**63271**	**30066**	**33205**	**38810**	**18781**	**20029**	**22272**	**10266**	**12006**
秀峰区	8167	3960	4207	4983	2469	2514	2947	1375	1572
叠彩区	10432	5015	5417	6545	3308	3237	3456	1619	1837
象山区	16876	8197	8679	10718	5183	5535	6131	2857	3274
七星区	14085	6425	7660	8884	4245	4639	5104	2365	2739
雁山区	308	160	148	199	79	120	199	69	130
临桂区	9006	4240	4766	4841	2262	2579	2724	1242	1482
阳朔县									
灵川县									
全州县									
兴安县									
永福县									
灌阳县									
龙胜各族自治县									
资源县									
平乐县									
恭城瑶族自治县									
荔浦市	4397	2069	2328	2640	1235	1405	1711	739	972

1-5a 续表 16

单位：人

地区	65-69岁			70-74岁			75-79岁		
	小计	男	女	小计	男	女	小计	男	女
梧州市	**35972**	**17615**	**18357**	**22356**	**11164**	**11192**	**14320**	**6527**	**7793**
万秀区	13782	6851	6931	8965	4515	4450	5306	2602	2704
长洲区	10870	5306	5564	6645	3261	3384	4028	1778	2250
龙圩区	3716	1786	1930	2321	1144	1177	1610	674	936
苍梧县									
藤　县									
蒙山县									
岑溪市	7604	3672	3932	4425	2244	2181	3376	1473	1903
北海市	**22690**	**10920**	**11770**	**14338**	**7154**	**7184**	**9191**	**4292**	**4899**
海城区	16870	8059	8811	11022	5496	5526	7069	3318	3751
银海区	5260	2585	2675	2846	1415	1431	1802	819	983
铁山港区	560	276	284	470	243	227	320	155	165
合浦县									
防城港市	**12622**	**6212**	**6410**	**7267**	**3736**	**3531**	**4582**	**2248**	**2334**
港口区	4063	2005	2058	2302	1169	1133	1289	633	656
防城区	5226	2575	2651	3118	1644	1474	2009	990	1019
上思县									
东兴市	3333	1632	1701	1847	923	924	1284	625	659
钦州市	**16016**	**7301**	**8715**	**9507**	**4735**	**4772**	**5850**	**2835**	**3015**
钦南区	9685	4449	5236	5722	2813	2909	3738	1794	1944
钦北区	6331	2852	3479	3785	1922	1863	2112	1041	1071
灵山县									
浦北县									
贵港市	**28438**	**13526**	**14912**	**19825**	**9610**	**10215**	**13533**	**5947**	**7586**
港北区	13604	6440	7164	9303	4559	4744	6329	2733	3596
港南区	3683	1722	1961	2573	1214	1359	1694	772	922
覃塘区	3732	1846	1886	2788	1309	1479	2083	899	1184
平南县									
桂平市	7419	3518	3901	5161	2528	2633	3427	1543	1884
玉林市	**34168**	**16086**	**18082**	**22347**	**10929**	**11418**	**14562**	**6513**	**8049**
玉州区	23747	10989	12758	16023	7732	8291	10175	4551	5624
福绵区	2667	1339	1328	1600	844	756	1087	553	534
容　县									
陆川县									
博白县									
兴业县									
北流市	7754	3758	3996	4724	2353	2371	3300	1409	1891
百色市	**27913**	**13030**	**14883**	**19002**	**8440**	**10562**	**12148**	**4963**	**7185**
右江区	10481	4964	5517	6879	3095	3784	4166	1790	2376
田阳区	7185	3215	3970	5081	2187	2894	2935	1142	1793
田东县									

1-5a 续表 17

单位:人

地区	65-69岁			70-74岁			75-79岁		
	小计	男	女	小计	男	女	小计	男	女
德保县									
那坡县									
凌云县									
乐业县									
田林县									
西林县									
隆林各族自治县									
靖西市	3746	1871	1875	2668	1215	1453	2126	913	1213
平果市	6501	2980	3521	4374	1943	2431	2921	1118	1803
贺州市	**12188**	**5847**	**6341**	**7171**	**3401**	**3770**	**4442**	**1869**	**2573**
八步区	6954	3328	3626	4134	2006	2128	2342	1047	1295
平桂区	5234	2519	2715	3037	1395	1642	2100	822	1278
昭平县									
钟山县									
富川瑶族自治县									
河池市	**18714**	**8885**	**9829**	**11675**	**5902**	**5773**	**6337**	**2729**	**3608**
金城江区	9695	4547	5148	6429	3193	3236	3356	1454	1902
宜州区	9019	4338	4681	5246	2709	2537	2981	1275	1706
南丹县									
天峨县									
凤山县									
东兰县									
罗城仫佬族自治县									
环江毛南族自治县									
巴马瑶族自治县									
都安瑶族自治县									
大化瑶族自治县									
来宾市	**13201**	**6261**	**6940**	**8389**	**3915**	**4474**	**5139**	**2246**	**2893**
兴宾区	10719	5143	5576	6749	3092	3657	4225	1836	2389
忻城县									
象州县									
武宣县									
金秀瑶族自治县									
合山市	2482	1118	1364	1640	823	817	914	410	504
崇左市	**5750**	**2849**	**2901**	**3477**	**1603**	**1874**	**2339**	**964**	**1375**
江州区	3944	1990	1954	2368	1108	1260	1623	696	927
扶绥县									
宁明县									
龙州县									
大新县									
天等县									
凭祥市	1806	859	947	1109	495	614	716	268	448

1–5a 续表 18

单位:人

地 区	80–84岁			85–89岁			90–94岁		
	小计	男	女	小计	男	女	小计	男	女
总 计	**140275**	**61141**	**79134**	**73010**	**29558**	**43452**	**23763**	**9185**	**14578**
南宁市	**37766**	**17056**	**20710**	**19143**	**8093**	**11050**	**6088**	**2569**	**3519**
兴宁区	4431	2075	2356	2304	979	1325	708	299	409
青秀区	10675	4875	5800	5615	2591	3024	1788	851	937
江南区	5898	2672	3226	2740	1088	1652	804	343	461
西乡塘区	11500	5061	6439	5754	2356	3398	1841	734	1107
良庆区	2073	970	1103	1032	400	632	368	133	235
邕宁区	1341	576	765	708	280	428	232	81	151
武鸣区	1848	827	1021	990	399	591	347	128	219
隆安县									
马山县									
上林县									
宾阳县									
横 县									
柳州市	**23485**	**10365**	**13120**	**11970**	**4797**	**7173**	**3765**	**1540**	**2225**
城中区	3170	1418	1752	1659	744	915	497	207	290
鱼峰区	5790	2544	3246	2855	1101	1754	921	365	556
柳南区	6612	2905	3707	3441	1389	2052	1095	453	642
柳北区	6268	2720	3548	3145	1210	1935	974	413	561
柳江区	1645	778	867	870	353	517	278	102	176
柳城县									
鹿寨县									
融安县									
融水苗族自治县									
三江侗族自治县									
桂林市	**16373**	**7052**	**9321**	**8683**	**3651**	**5032**	**2699**	**1061**	**1638**
秀峰区	2290	923	1367	1328	508	820	487	170	317
叠彩区	2714	1153	1561	1524	633	891	439	181	258
象山区	4690	2063	2627	2378	1017	1361	706	304	402
七星区	3679	1660	2019	1782	789	993	546	210	336
雁山区	144	57	87	87	36	51	21	6	15
临桂区	1669	716	953	890	391	499	273	111	162
阳朔县									
灵川县									
全州县									
兴安县									
永福县									
灌阳县									
龙胜各族自治县									
资源县									
平乐县									
恭城瑶族自治县									
荔浦市	1187	480	707	694	277	417	227	79	148

1-5a 续表 19

单位:人

地区	80-84岁			85-89岁			90-94岁		
	小计	男	女	小计	男	女	小计	男	女
梧州市	**10284**	**4297**	**5987**	**5944**	**2330**	**3614**	**1969**	**724**	**1245**
万秀区	3992	1669	2323	2633	990	1643	834	304	530
长洲区	2908	1206	1702	1461	603	858	494	207	287
龙圩区	1186	463	723	610	268	342	192	84	108
苍梧县									
藤县									
蒙山县									
岑溪市	2198	959	1239	1240	469	771	449	129	320
北海市	**6336**	**2747**	**3589**	**3254**	**1322**	**1932**	**1080**	**381**	**699**
海城区	4991	2162	2829	2551	1026	1525	856	306	550
银海区	1108	479	629	571	242	329	181	61	120
铁山港区	237	106	131	132	54	78	43	14	29
合浦县									
防城港市	**3319**	**1530**	**1789**	**1861**	**810**	**1051**	**654**	**263**	**391**
港口区	814	400	414	422	189	233	153	57	96
防城区	1621	747	874	908	389	519	321	135	186
上思县									
东兴市	884	383	501	531	232	299	180	71	109
钦州市	**3932**	**1820**	**2112**	**2089**	**877**	**1212**	**700**	**280**	**420**
钦南区	2666	1236	1430	1461	616	845	512	209	303
钦北区	1266	584	682	628	261	367	188	71	117
灵山县									
浦北县									
贵港市	**9165**	**3873**	**5292**	**5141**	**1955**	**3186**	**1822**	**603**	**1219**
港北区	4271	1777	2494	2457	918	1539	828	297	531
港南区	1093	500	593	607	222	385	227	71	156
覃塘区	1285	536	749	765	255	510	336	96	240
平南县									
桂平市	2516	1060	1456	1312	560	752	431	139	292
玉林市	**8938**	**3971**	**4967**	**4494**	**1875**	**2619**	**1496**	**572**	**924**
玉州区	6175	2781	3394	3053	1288	1765	1001	386	615
福绵区	646	297	349	358	127	231	143	41	102
容县									
陆川县									
博白县									
兴业县									
北流市	2117	893	1224	1083	460	623	352	145	207
百色市	**7608**	**3014**	**4594**	**3399**	**1171**	**2228**	**1154**	**370**	**784**
右江区	2809	1207	1602	1203	476	727	408	151	257
田阳区	1873	636	1237	816	243	573	264	81	183
田东县									

1-5a 续表 20

单位：人

地　区	80-84岁			85-89岁			90-94岁		
	小计	男	女	小计	男	女	小计	男	女
德保县									
那坡县									
凌云县									
乐业县									
田林县									
西林县									
隆林各族自治县									
靖西市	1187	493	694	523	185	338	188	63	125
平果市	1739	678	1061	857	267	590	294	75	219
贺州市	**3609**	**1399**	**2210**	**2140**	**755**	**1385**	**672**	**243**	**429**
八步区	1750	706	1044	998	390	608	290	108	182
平桂区	1859	693	1166	1142	365	777	382	135	247
昭平县									
钟山县									
富川瑶族自治县									
河池市	**4514**	**1881**	**2633**	**2367**	**928**	**1439**	**743**	**253**	**490**
金城江区	2383	962	1421	1176	441	735	334	122	212
宜州区	2131	919	1212	1191	487	704	409	131	278
南丹县									
天峨县									
凤山县									
东兰县									
罗城仫佬族自治县									
环江毛南族自治县									
巴马瑶族自治县									
都安瑶族自治县									
大化瑶族自治县									
来宾市	**3456**	**1528**	**1928**	**1734**	**700**	**1034**	**631**	**227**	**404**
兴宾区	2797	1214	1583	1446	588	858	560	196	364
忻城县									
象州县									
武宣县									
金秀瑶族自治县									
合山市	659	314	345	288	112	176	71	31	40
崇左市	**1490**	**608**	**882**	**791**	**294**	**497**	**290**	**99**	**191**
江州区	1027	410	617	535	198	337	200	65	135
扶绥县									
宁明县									
龙州县									
大新县									
天等县									
凭祥市	463	198	265	256	96	160	90	34	56

1-5a 续表 21

单位:人

地区	95-99岁			100岁及以上		
	小计	男	女	小计	男	女
总　计	**5894**	**2026**	**3868**	**1057**	**298**	**759**
南宁市	**1529**	**580**	**949**	**236**	**70**	**166**
兴宁区	190	71	119	23	7	16
青秀区	442	186	256	78	29	49
江南区	220	84	136	33	13	20
西乡塘区	408	151	257	61	16	45
良庆区	93	24	69	21	2	19
邕宁区	54	21	33	4	1	3
武鸣区	122	43	79	16	2	14
隆安县						
马山县						
上林县						
宾阳县						
横　县						
柳州市	**873**	**310**	**563**	**153**	**41**	**112**
城中区	98	43	55	26	7	19
鱼峰区	208	59	149	51	9	42
柳南区	280	107	173	30	10	20
柳北区	213	74	139	39	13	26
柳江区	74	27	47	7	2	5
柳城县						
鹿寨县						
融安县						
融水苗族自治县						
三江侗族自治县						
桂林市	**577**	**196**	**381**	**96**	**29**	**67**
秀峰区	100	39	61	18	5	13
叠彩区	99	33	66	17	8	9
象山区	155	46	109	27	10	17
七星区	104	38	66	20	3	17
雁山区	4	2	2			
临桂区	60	18	42	4	2	2
阳朔县						
灵川县						
全州县						
兴安县						
永福县						
灌阳县						
龙胜各族自治县						
资源县						
平乐县						
恭城瑶族自治县						
荔浦市	55	20	35	10	1	9

1-5a 续表 22 单位：人

地 区	95-99岁			100岁及以上		
	小计	男	女	小计	男	女
梧州市	**538**	**172**	**366**	**131**	**40**	**91**
万秀区	229	80	149	63	22	41
长洲区	131	41	90	36	10	26
龙圩区	51	16	35	10	6	4
苍梧县						
藤 县						
蒙山县						
岑溪市	127	35	92	22	2	20
北海市	**293**	**95**	**198**	**43**	**17**	**26**
海城区	226	74	152	28	14	14
银海区	56	18	38	14	3	11
铁山港区	11	3	8	1		1
合浦县						
防城港市	**193**	**73**	**120**	**39**	**9**	**30**
港口区	39	13	26	8	2	6
防城区	95	41	54	22	4	18
上思县						
东兴市	59	19	40	9	3	6
钦州市	**153**	**52**	**101**	**29**	**7**	**22**
钦南区	99	33	66	19	4	15
钦北区	54	19	35	10	3	7
灵山县						
浦北县						
贵港市	**494**	**143**	**351**	**84**	**18**	**66**
港北区	221	65	156	38	9	29
港南区	49	10	39	12	4	8
覃塘区	100	22	78	18	2	16
平南县						
桂平市	124	46	78	16	3	13
玉林市	**354**	**123**	**231**	**57**	**15**	**42**
玉州区	230	91	139	37	11	26
福绵区	29	9	20	4	1	3
容 县						
陆川县						
博白县						
兴业县						
北流市	95	23	72	16	3	13
百色市	**274**	**73**	**201**	**64**	**14**	**50**
右江区	87	26	61	18	3	15
田阳区	51	8	43	10		10
田东县						

1-5a 续表 23

单位:人

地 区	95-99岁			100岁及以上		
	小计	男	女	小计	男	女
德保县						
那坡县						
凌云县						
乐业县						
田林县						
西林县						
隆林各族自治县						
靖西市	54	19	35	14	4	10
平果市	82	20	62	22	7	15
贺州市	**174**	**43**	**131**	**29**	**9**	**20**
八步区	68	24	44	16	7	9
平桂区	106	19	87	13	2	11
昭平县						
钟山县						
富川瑶族自治县						
河池市	**215**	**93**	**122**	**33**	**10**	**23**
金城江区	108	50	58	12	6	6
宜州区	107	43	64	21	4	17
南丹县						
天峨县						
凤山县						
东兰县						
罗城仫佬族自治县						
环江毛南族自治县						
巴马瑶族自治县						
都安瑶族自治县						
大化瑶族自治县						
来宾市	**149**	**49**	**100**	**40**	**9**	**31**
兴宾区	135	46	89	37	8	29
忻城县						
象州县						
武宣县						
金秀瑶族自治县						
合山市	14	3	11	3	1	2
崇左市	**78**	**24**	**54**	**23**	**10**	**13**
江州区	59	19	40	18	7	11
扶绥县						
宁明县						
龙州县						
大新县						
天等县						
凭祥市	19	5	14	5	3	2

1−5b 各地区分年龄、性别的人口（镇）

单位：人

地区	合计			0岁			1−4岁		
	合计	男	女	小计	男	女	小计	男	女
总 计	**12382976**	**6338893**	**6044083**	**135218**	**72555**	**62663**	**778535**	**414130**	**364405**
南宁市	**1456011**	**755085**	**700926**	**15266**	**8311**	**6955**	**85647**	**46258**	**39389**
兴宁区	24280	12874	11406	245	125	120	1577	861	716
青秀区	34617	17956	16661	360	209	151	1918	1014	904
江南区	62273	33780	28493	630	353	277	3650	2013	1637
西乡塘区	62569	33487	29082	569	315	254	3073	1693	1380
良庆区	30985	16382	14603	445	254	191	2040	1078	962
邕宁区	24675	13187	11488	265	145	120	1439	737	702
武鸣区	132631	72321	60310	1183	615	568	6377	3354	3023
隆安县	110307	56706	53601	1063	564	499	6702	3651	3051
马山县	116196	57869	58327	1262	657	605	7352	3970	3382
上林县	122426	61333	61093	1505	828	677	7808	4198	3610
宾阳县	362779	189999	172780	3750	2092	1658	21134	11438	9696
横 县	372273	189191	183082	3989	2154	1835	22577	12251	10326
柳州市	**848813**	**439794**	**409019**	**7993**	**4275**	**3718**	**46166**	**24300**	**21866**
城中区									
鱼峰区	26710	15107	11603	275	152	123	1287	679	608
柳南区	61045	34986	26059	584	307	277	3293	1752	1541
柳北区	6400	3392	3008	51	28	23	321	177	144
柳江区	51805	27127	24678	521	278	243	2952	1586	1366
柳城县	151595	78459	73136	1543	820	723	8390	4388	4002
鹿寨县	186714	97033	89681	1778	940	838	10208	5319	4889
融安县	113841	57376	56465	1014	562	452	6093	3209	2884
融水苗族自治县	159467	81019	78448	1353	729	624	8489	4476	4013
三江侗族自治县	91236	45295	45941	874	459	415	5133	2714	2419
桂林市	**1246108**	**618713**	**627395**	**10964**	**5732**	**5232**	**67599**	**35416**	**32183**
秀峰区									
叠彩区	2708	1314	1394	22	12	10	146	81	65
象山区									
七星区	29303	17535	11768	257	127	130	1332	695	637
雁山区	30280	8240	22040	14	8	6	145	72	73
临桂区	45935	23902	22033	404	228	176	2395	1256	1139
阳朔县	85931	42148	43783	817	424	393	5062	2583	2479
灵川县	210194	108785	101409	1817	980	837	11151	5885	5266
全州县	214979	108233	106746	1807	971	836	11267	5954	5313
兴安县	117537	57396	60141	1038	549	489	7145	3756	3389
永福县	88363	44422	43941	775	394	381	4883	2527	2356
灌阳县	85330	42289	43041	842	441	401	4931	2619	2312
龙胜各族自治县	48702	23566	25136	450	205	245	2708	1367	1341
资源县	51173	24907	26266	455	231	224	3261	1697	1564
平乐县	101187	49088	52099	966	494	472	5812	3117	2695
恭城瑶族自治县	81521	39778	41743	783	419	364	4449	2289	2160
荔浦市	52965	27110	25855	517	249	268	2912	1518	1394

1-5b 续表 1

单位:人

地区	合计			0岁			1-4岁		
	合计	男	女	小计	男	女	小计	男	女
梧州市	**727423**	**373823**	**353600**	**9278**	**4914**	**4364**	**52534**	**27758**	**24776**
万秀区	13119	7053	6066	130	68	62	717	380	337
长洲区	3604	1933	1671	37	17	20	227	113	114
龙圩区	36061	19105	16956	519	271	248	2575	1368	1207
苍梧县	82743	42422	40321	1075	557	518	5909	3150	2759
藤　县	380903	196914	183989	4678	2509	2169	27782	14684	13098
蒙山县	68131	33573	34558	695	363	332	4034	2138	1896
岑溪市	142862	72823	70039	2144	1129	1015	11290	5925	5365
北海市	**339141**	**175468**	**163673**	**3732**	**2100**	**1632**	**20075**	**10846**	**9229**
海城区	2124	1100	1024	24	7	17	135	72	63
银海区	23853	14387	9466	235	135	100	1220	645	575
铁山港区	7342	3835	3507	83	55	28	436	231	205
合浦县	305822	156146	149676	3390	1903	1487	18284	9898	8386
防城港市	**180631**	**98949**	**81682**	**2008**	**1046**	**962**	**10954**	**5890**	**5064**
港口区	43217	26314	16903	399	224	175	2045	1112	933
防城区	45802	24361	21441	559	282	277	3078	1636	1442
上思县	71345	37551	33794	784	406	378	4498	2440	2058
东兴市	20267	10723	9544	266	134	132	1333	702	631
钦州市	**868821**	**447992**	**420829**	**10392**	**5562**	**4830**	**58320**	**30987**	**27333**
钦南区	114825	64025	50800	1266	678	588	6769	3663	3106
钦北区	137574	72633	64941	1614	861	753	9144	4807	4337
灵山县	391284	198094	193190	4931	2637	2294	27466	14563	12903
浦北县	225138	113240	111898	2581	1386	1195	14941	7954	6987
贵港市	**1222414**	**634536**	**587878**	**14311**	**7714**	**6597**	**78127**	**41754**	**36373**
港北区	49994	27432	22562	589	325	264	3198	1670	1528
港南区	67096	34680	32416	684	387	297	4014	2108	1906
覃塘区	92338	47509	44829	1095	578	517	5772	3104	2668
平南县	584474	300704	283770	7083	3809	3274	38827	20960	17867
桂平市	428512	224211	204301	4860	2615	2245	26316	13912	12404
玉林市	**1874678**	**961503**	**913175**	**22367**	**12064**	**10303**	**131382**	**69861**	**61521**
玉州区	70811	35188	35623	775	431	344	4256	2201	2055
福绵区	76186	41121	35065	824	455	369	4736	2508	2228
容　县	277620	136222	141398	3136	1645	1491	18394	9763	8631
陆川县	364251	185432	178819	4083	2213	1870	25248	13389	11859
博白县	599279	313463	285816	8066	4434	3632	45809	24577	21232
兴业县	191425	99797	91628	1666	899	767	10165	5440	4725
北流市	295106	150280	144826	3817	1987	1830	22774	11983	10791
百色市	**692254**	**348868**	**343386**	**7328**	**3951**	**3377**	**44537**	**23997**	**20540**
右江区	10321	5297	5024	103	60	43	591	303	288
田阳区	9201	4541	4660	81	49	32	458	224	234
田东县	155950	77892	78058	1657	872	785	10022	5433	4589

1-5b 续表 2

单位：人

地 区	合计			0岁			1-4岁		
	合计	男	女	小计	男	女	小计	男	女
德保县	84307	41574	42733	914	510	404	5489	2939	2550
那坡县	41049	20845	20204	398	209	189	2549	1354	1195
凌云县	71892	36057	35835	888	479	409	5194	2825	2369
乐业县	49572	25510	24062	574	338	236	3565	1976	1589
田林县	64766	32380	32386	599	339	260	3958	2116	1842
西林县	48899	25170	23729	525	270	255	3193	1719	1474
隆林各族自治县	93051	46694	46357	914	500	414	6303	3353	2950
靖西市	30275	16036	14239	316	154	162	1645	921	724
平果市	32971	16872	16099	359	171	188	1570	834	736
贺州市	**650504**	**332024**	**318480**	**8061**	**4334**	**3727**	**43079**	**22669**	**20410**
八步区	145647	73982	71665	1748	942	806	9641	5101	4540
平桂区	76356	39965	36391	1083	563	520	5509	2909	2600
昭平县	159706	80965	78741	1954	1018	936	10567	5485	5082
钟山县	155076	80006	75070	1896	1028	868	10124	5329	4795
富川瑶族自治县	113719	57106	56613	1380	783	597	7238	3845	3393
河池市	**1077178**	**539458**	**537720**	**11728**	**6327**	**5401**	**70052**	**37365**	**32687**
金城江区	15979	8251	7728	150	72	78	794	422	372
宜州区	31230	15831	15399	268	134	134	1649	892	757
南丹县	138640	71508	67132	1469	789	680	8083	4387	3696
天峨县	62858	32170	30688	631	341	290	4017	2228	1789
凤山县	58927	29385	29542	692	387	305	4705	2574	2131
东兰县	65804	33072	32732	744	428	316	4561	2507	2054
罗城仫佬族自治县	122161	60793	61368	1238	676	562	7100	3656	3444
环江毛南族自治县	111118	55215	55903	1153	607	546	7030	3653	3377
巴马瑶族自治县	90491	45103	45388	996	536	460	6246	3382	2864
都安瑶族自治县	245021	121357	123664	2806	1498	1308	16303	8534	7769
大化瑶族自治县	134949	66773	68176	1581	859	722	9564	5130	4434
来宾市	**566880**	**288208**	**278672**	**6027**	**3135**	**2892**	**33329**	**17393**	**15936**
兴宾区	130657	68429	62228	1516	784	732	7631	3974	3657
忻城县	110567	55159	55408	1085	537	548	6479	3370	3109
象州县	115461	58383	57078	1134	617	517	6506	3407	3099
武宣县	151671	76774	74897	1711	891	820	9444	4930	4514
金秀瑶族自治县	48629	24377	24252	499	269	230	2849	1488	1361
合山市	9895	5086	4809	82	37	45	420	224	196
崇左市	**632120**	**324472**	**307648**	**5763**	**3090**	**2673**	**36734**	**19636**	**17098**
江州区	46369	25197	21172	388	226	162	2497	1355	1142
扶绥县	192689	101355	91334	1589	836	753	9861	5234	4627
宁明县	106750	54196	52554	974	528	446	5969	3191	2778
龙州县	82587	41346	41241	904	471	433	5150	2678	2472
大新县	101841	50946	50895	879	463	416	6535	3444	3091
天等县	87043	43250	43793	854	486	368	5901	3280	2621
凭祥市	14841	8182	6659	175	80	95	821	454	367

1-5b 续表 3

单位:人

地 区	5-9岁			10-14岁			15-19岁		
	小计	男	女	小计	男	女	小计	男	女
总 计	**1130400**	**606429**	**523971**	**996849**	**534346**	**462503**	**922700**	**469322**	**453378**
南宁市	**119334**	**65529**	**53805**	**100460**	**55050**	**45410**	**110097**	**58798**	**51299**
兴宁区	1797	1001	796	1560	886	674	735	447	288
青秀区	2453	1329	1124	2130	1135	995	947	587	360
江南区	4890	2795	2095	4155	2354	1801	2974	1760	1214
西乡塘区	4238	2458	1780	3822	2136	1686	4555	2218	2337
良庆区	2674	1422	1252	2151	1187	964	981	570	411
邕宁区	1942	1065	877	1743	971	772	986	566	420
武鸣区	7383	3968	3415	6387	3443	2944	16070	9968	6102
隆安县	10130	5573	4557	8532	4734	3798	8442	4359	4083
马山县	11030	5981	5049	9856	5114	4742	9945	4900	5045
上林县	10333	5643	4690	8861	4702	4159	9496	4743	4753
宾阳县	28657	15791	12866	23583	13292	10291	26428	13917	12511
横 县	33807	18503	15304	27680	15096	12584	28538	14763	13775
柳州市	**60111**	**31478**	**28633**	**53478**	**27803**	**25675**	**51591**	**25509**	**26082**
城中区									
鱼峰区	1331	702	629	973	479	494	5371	3054	2317
柳南区	4173	2197	1976	3310	1755	1555	1548	964	584
柳北区	316	166	150	322	190	132	97	50	47
柳江区	4009	2094	1915	3313	1711	1602	1867	980	887
柳城县	10397	5415	4982	8587	4399	4188	6928	3367	3561
鹿寨县	12945	6721	6224	11369	5870	5499	9914	5040	4874
融安县	7469	3935	3534	7179	3743	3436	7384	3371	4013
融水苗族自治县	11583	6089	5494	10776	5705	5071	10980	5271	5709
三江侗族自治县	7888	4159	3729	7649	3951	3698	7502	3412	4090
桂林市	**93942**	**49312**	**44630**	**86270**	**44988**	**41282**	**87620**	**41335**	**46285**
秀峰区									
叠彩区	174	80	94	144	73	71	94	45	49
象山区									
七星区	1493	783	710	1132	598	534	2325	1197	1128
雁山区	195	104	91	135	70	65	9123	2221	6902
临桂区	3301	1765	1536	2881	1548	1333	3333	1741	1592
阳朔县	6105	3194	2911	4833	2526	2307	5169	2318	2851
灵川县	15231	7846	7385	12663	6561	6102	14695	8238	6457
全州县	18608	9961	8647	20261	10669	9592	13910	7329	6581
兴安县	10544	5508	5036	8369	4274	4095	5428	2413	3015
永福县	6433	3327	3106	5789	3013	2776	6031	2974	3057
灌阳县	7170	3824	3346	7453	3973	3480	5410	2550	2860
龙胜各族自治县	3494	1832	1662	3288	1698	1590	2751	1173	1578
资源县	4852	2603	2249	4544	2431	2113	3886	1837	2049
平乐县	7271	3764	3507	6480	3313	3167	7368	3249	4119
恭城瑶族自治县	5743	3004	2739	5160	2653	2507	6231	2913	3318
荔浦市	3328	1717	1611	3138	1588	1550	1866	1137	729

1−5b 续表 4

单位：人

地 区	5−9岁			10−14岁			15−19岁		
	小计	男	女	小计	男	女	小计	男	女
梧州市	**76497**	**40521**	**35976**	**64859**	**34385**	**30474**	**54617**	**27873**	**26744**
万秀区	950	518	432	722	394	328	1158	848	310
长洲区	315	159	156	282	162	120	149	80	69
龙圩区	3936	2040	1896	3355	1692	1663	1817	1010	807
苍梧县	8189	4344	3845	7313	3881	3432	5543	2818	2725
藤 县	40924	21647	19277	32861	17456	15405	32764	16253	16511
蒙山县	5639	3000	2639	4782	2535	2247	5587	2659	2928
岑溪市	16544	8813	7731	15544	8265	7279	7599	4205	3394
北海市	**27496**	**15021**	**12475**	**24015**	**13256**	**10759**	**26754**	**13756**	**12998**
海城区	176	89	87	103	57	46	47	22	25
银海区	1736	930	806	1549	873	676	726	452	274
铁山港区	595	318	277	531	289	242	153	84	69
合浦县	24989	13684	11305	21832	12037	9795	25828	13198	12630
防城港市	**16814**	**9247**	**7567**	**14303**	**7792**	**6511**	**6275**	**3670**	**2605**
港口区	3123	1657	1466	2694	1466	1228	1343	873	470
防城区	4804	2563	2241	4204	2162	2042	2051	1100	951
上思县	6969	4000	2969	5962	3334	2628	2214	1290	924
东兴市	1918	1027	891	1443	830	613	667	407	260
钦州市	**90491**	**48057**	**42434**	**79574**	**42491**	**37083**	**68530**	**34362**	**34168**
钦南区	11140	5986	5154	9656	5294	4362	3978	2322	1656
钦北区	15642	8277	7365	14587	7867	6720	9549	5164	4385
灵山县	41004	21668	19336	35829	19056	16773	33460	16287	17173
浦北县	22705	12126	10579	19502	10274	9228	21543	10589	10954
贵港市	**119687**	**64214**	**55473**	**108802**	**58973**	**49829**	**94388**	**50332**	**44056**
港北区	4889	2589	2300	3997	2168	1829	1478	848	630
港南区	6194	3273	2921	5765	3064	2701	3974	2150	1824
覃塘区	8763	4570	4193	7636	4075	3561	5655	3261	2394
平南县	59043	32078	26965	51836	28473	23363	48330	25472	22858
桂平市	40798	21704	19094	39568	21193	18375	34951	18601	16350
玉林市	**201861**	**108548**	**93313**	**174872**	**94998**	**79874**	**159677**	**82137**	**77540**
玉州区	6001	3231	2770	4641	2504	2137	16102	7154	8948
福绵区	7618	4105	3513	6826	3752	3074	3583	2028	1555
容 县	29149	15591	13558	24699	13233	11466	25775	12978	12797
陆川县	39714	21044	18670	34412	18396	16016	33215	16945	16270
博白县	67476	36948	30528	57705	32083	25622	52147	27502	24645
兴业县	15840	8568	7272	15888	8514	7374	16998	8754	8244
北流市	36063	19061	17002	30701	16516	14185	11857	6776	5081
百色市	**57561**	**31473**	**26088**	**53746**	**28870**	**24876**	**52604**	**25669**	**26935**
右江区	734	408	326	718	365	353	405	226	179
田阳区	646	321	325	708	341	367	276	133	143
田东县	12850	7101	5749	12369	6635	5734	9843	4910	4933

1-5b 续表 5

单位：人

地区	5-9岁			10-14岁			15-19岁		
	小计	男	女	小计	男	女	小计	男	女
德保县	8067	4398	3669	6584	3464	3120	5199	2289	2910
那坡县	2987	1572	1415	2866	1549	1317	3942	1965	1977
凌云县	7001	3861	3140	6157	3439	2718	6756	3219	3537
乐业县	4499	2541	1958	4095	2272	1823	4449	2132	2317
田林县	5182	2763	2419	4749	2473	2276	5070	2497	2573
西林县	3848	2121	1727	3705	1977	1728	4238	2105	2133
隆林各族自治县	7045	3815	3230	7237	3893	3344	9881	4797	5084
靖西市	2300	1270	1030	2368	1257	1111	1263	687	576
平果市	2402	1302	1100	2190	1205	985	1282	709	573
贺州市	**64484**	**33986**	**30498**	**55563**	**29120**	**26443**	**39664**	**19800**	**19864**
八步区	15068	7912	7156	12748	6612	6136	9811	4699	5112
平桂区	7853	4091	3762	6653	3448	3205	2386	1366	1020
昭平县	16240	8580	7660	13991	7314	6677	10281	5228	5053
钟山县	14898	7796	7102	12905	6830	6075	9617	4799	4818
富川瑶族自治县	10425	5607	4818	9266	4916	4350	7569	3708	3861
河池市	**103517**	**56151**	**47366**	**94341**	**50852**	**43489**	**84873**	**42283**	**42590**
金城江区	1325	737	588	1229	630	599	398	218	180
宜州区	2488	1352	1136	2577	1372	1205	885	495	390
南丹县	11911	6506	5405	11528	6143	5385	9286	4727	4559
天峨县	5931	3381	2550	6151	3433	2718	5768	3013	2755
凤山县	6828	3907	2921	5513	3134	2379	4349	2146	2203
东兰县	6439	3655	2784	5481	3144	2337	6065	3078	2987
罗城仫佬族自治县	10716	5626	5090	9923	5093	4830	7275	3466	3809
环江毛南族自治县	10044	5355	4689	8951	4817	4134	9435	4542	4893
巴马瑶族自治县	9684	5374	4310	8076	4539	3537	7975	3749	4226
都安瑶族自治县	24460	12939	11521	22211	11707	10504	22548	11288	11260
大化瑶族自治县	13691	7319	6372	12701	6840	5861	10889	5561	5328
来宾市	**47921**	**25098**	**22823**	**43047**	**22341**	**20706**	**32613**	**16315**	**16298**
兴宾区	11906	6232	5674	10922	5788	5134	4034	2220	1814
忻城县	10059	5205	4854	8958	4572	4386	6822	3258	3564
象州县	8363	4384	3979	7626	4009	3617	6853	3334	3519
武宣县	13342	7094	6248	11951	6217	5734	11921	5953	5968
金秀瑶族自治县	3603	1850	1753	2973	1451	1522	2786	1435	1351
合山市	648	333	315	617	304	313	197	115	82
崇左市	**50684**	**27794**	**22890**	**43519**	**23427**	**20092**	**53397**	**27483**	**25914**
江州区	3377	1917	1460	2939	1680	1259	1196	705	491
扶绥县	13539	7517	6022	11559	6343	5216	25396	13523	11873
宁明县	8922	4839	4083	8166	4306	3860	7423	3488	3935
龙州县	5618	2905	2713	4351	2180	2171	4712	2232	2480
大新县	8685	4708	3977	7169	3815	3354	7692	3921	3771
天等县	9336	5228	4108	8330	4545	3785	6639	3417	3222
凭祥市	1207	680	527	1005	558	447	339	197	142

1–5b 续表 6

单位:人

地 区	20–24岁			25–29岁			30–34岁		
	小计	男	女	小计	男	女	小计	男	女
总 计	**521276**	**278978**	**242298**	**660308**	**337547**	**322761**	**980832**	**494807**	**486025**
南宁市	**60673**	**35167**	**25506**	**79361**	**41688**	**37673**	**116955**	**59702**	**57253**
兴宁区	908	517	391	1212	671	541	2010	1012	998
青秀区	1448	774	674	1831	954	877	2490	1237	1253
江南区	2527	1536	991	3381	1956	1425	5225	2911	2314
西乡塘区	6132	3593	2539	4801	2876	1925	5536	3038	2498
良庆区	1218	687	531	1700	939	761	2573	1419	1154
邕宁区	1095	647	448	1251	683	568	1904	1063	841
武鸣区	10369	7123	3246	6358	3452	2906	10209	5332	4877
隆安县	2915	1565	1350	5444	2774	2670	8670	4206	4464
马山县	4062	2134	1928	5406	2593	2813	8530	4047	4483
上林县	3949	2134	1815	6362	3051	3311	10166	4805	5361
宾阳县	13408	7659	5749	21374	11394	9980	30860	16206	14654
横 县	12642	6798	5844	20241	10345	9896	28782	14426	14356
柳州市	**30846**	**17344**	**13502**	**46710**	**24257**	**22453**	**72564**	**37931**	**34633**
城中区									
鱼峰区	3278	2601	677	1406	742	664	2170	1146	1024
柳南区	3190	2082	1108	4778	3123	1655	6580	4086	2494
柳北区	237	154	83	294	174	120	481	258	223
柳江区	1746	988	758	3181	1711	1470	4656	2576	2080
柳城县	4491	2417	2074	7870	4087	3783	12195	6511	5684
鹿寨县	5409	2902	2507	10604	5511	5093	16058	8493	7565
融安县	3402	1670	1732	5213	2491	2722	9018	4454	4564
融水苗族自治县	6071	3061	3010	7933	3847	4086	13566	6704	6862
三江侗族自治县	3022	1469	1553	5431	2571	2860	7840	3703	4137
桂林市	**66311**	**32636**	**33675**	**55947**	**27536**	**28411**	**91650**	**44561**	**47089**
秀峰区									
叠彩区	165	65	100	252	115	137	350	169	181
象山区									
七星区	750	485	265	1865	1224	641	3209	2189	1020
雁山区	17947	4569	13378	1104	399	705	270	128	142
临桂区	1359	771	588	2547	1417	1130	2991	1588	1403
阳朔县	2439	1221	1218	4426	2116	2310	7097	3346	3751
灵川县	22059	14557	7502	9930	4950	4980	16992	8175	8817
全州县	6249	3205	3044	8958	4528	4430	15005	7378	7627
兴安县	2744	1318	1426	4308	1984	2324	9235	4193	5042
永福县	2212	1139	1073	3792	1932	1860	6701	3303	3398
灌阳县	2116	1130	986	3927	1956	1971	5990	2916	3074
龙胜各族自治县	1245	606	639	2221	976	1245	3742	1645	2097
资源县	1288	645	643	1957	837	1120	3517	1497	2020
平乐县	2515	1268	1247	4779	2268	2511	7554	3664	3890
恭城瑶族自治县	1884	967	917	3717	1788	1929	5622	2648	2974
荔浦市	1339	690	649	2164	1046	1118	3375	1722	1653

1-5b 续表 7

单位:人

地 区	20–24岁			25–29岁			30–34岁		
	小计	男	女	小计	男	女	小计	男	女
梧州市	**30174**	**16105**	**14069**	**42323**	**21148**	**21175**	**59004**	**29911**	**29093**
万秀区	739	441	298	1046	543	503	1392	742	650
长洲区	138	71	67	206	107	99	274	156	118
龙圩区	1829	1000	829	2171	1138	1033	2860	1542	1318
苍梧县	3583	1910	1673	5237	2581	2656	6395	3198	3197
藤 县	16147	8521	7626	23057	11715	11342	33629	17282	16347
蒙山县	2074	1068	1006	3329	1541	1788	5401	2579	2822
岑溪市	5664	3094	2570	7277	3523	3754	9053	4412	4641
北海市	**11987**	**6750**	**5237**	**19586**	**10258**	**9328**	**28366**	**14840**	**13526**
海城区	49	26	23	140	68	72	269	140	129
银海区	1061	765	296	1847	1228	619	2554	1676	878
铁山港区	257	143	114	500	267	233	644	346	298
合浦县	10620	5816	4804	17099	8695	8404	24899	12678	12221
防城港市	**8003**	**5154**	**2849**	**11542**	**6765**	**4777**	**15718**	**9056**	**6662**
港口区	2999	2238	761	3800	2642	1158	4507	2919	1588
防城区	1692	963	729	2134	1181	953	3456	1956	1500
上思县	2459	1456	1003	4344	2246	2098	6098	3262	2836
东兴市	853	497	356	1264	696	568	1657	919	738
钦州市	**38403**	**20661**	**17742**	**49668**	**25821**	**23847**	**70577**	**36597**	**33980**
钦南区	5840	3529	2311	7739	4676	3063	11010	6376	4634
钦北区	5944	3314	2630	6564	3702	2862	9646	5439	4207
灵山县	17216	8976	8240	22722	11333	11389	32363	16191	16172
浦北县	9403	4842	4561	12643	6110	6533	17558	8591	8967
贵港市	**58115**	**31713**	**26402**	**62752**	**33959**	**28793**	**92649**	**48421**	**44228**
港北区	2380	1444	936	3131	1905	1226	5007	2910	2097
港南区	3066	1727	1339	3134	1664	1470	5383	2782	2601
覃塘区	3906	2040	1866	4575	2379	2196	7960	4188	3772
平南县	25783	14004	11779	29448	15562	13886	45478	23179	22299
桂平市	22980	12498	10482	22464	12449	10015	28821	15362	13459
玉林市	**82339**	**43950**	**38389**	**100988**	**51789**	**49199**	**149467**	**74825**	**74642**
玉州区	3020	1417	1603	3183	1692	1491	5969	3085	2884
福绵区	3100	1772	1328	4259	2415	1844	6815	3918	2897
容 县	9234	4423	4811	12719	5884	6835	22425	10018	12407
陆川县	17251	8905	8346	21396	10593	10803	31058	15240	15818
博白县	28021	15645	12376	34702	18221	16481	45663	23287	22376
兴业县	7854	4404	3450	9336	5141	4195	14049	7608	6441
北流市	13859	7384	6475	15393	7843	7550	23488	11669	11819
百色市	**26026**	**13232**	**12794**	**38413**	**18584**	**19829**	**55889**	**26970**	**28919**
右江区	364	208	156	515	257	258	717	363	354
田阳区	293	130	163	339	160	179	498	257	241
田东县	4194	2166	2028	8090	3915	4175	12084	5634	6450

1-5b 续表 8

单位:人

地 区	20-24岁			25-29岁			30-34岁		
	小计	男	女	小计	男	女	小计	男	女
德保县	2263	1106	1157	3802	1702	2100	7235	3253	3982
那坡县	1373	676	697	2062	1008	1054	2861	1397	1464
凌云县	3300	1639	1661	4416	2052	2364	5968	2833	3135
乐业县	2233	1128	1105	3263	1620	1643	4464	2159	2305
田林县	3022	1525	1497	3961	1880	2081	5621	2701	2920
西林县	2320	1205	1115	3398	1719	1679	4250	2151	2099
隆林各族自治县	4411	2192	2219	5665	2661	3004	7766	3786	3980
靖西市	1131	626	505	1437	761	676	2235	1228	1007
平果市	1122	631	491	1465	849	616	2190	1208	982
贺州市	**23363**	**12222**	**11141**	**39767**	**19747**	**20020**	**52480**	**26668**	**25812**
八步区	5537	2759	2778	8616	4154	4462	11249	5773	5476
平桂区	3302	1823	1479	5272	2876	2396	6272	3405	2867
昭平县	4653	2468	2185	8903	4372	4531	12256	5997	6259
钟山县	5762	3049	2713	10041	5035	5006	13549	7039	6510
富川瑶族自治县	4109	2123	1986	6935	3310	3625	9154	4454	4700
河池市	**36754**	**18279**	**18475**	**50298**	**23859**	**26439**	**79912**	**37314**	**42598**
金城江区	421	210	211	566	297	269	969	462	507
宜州区	884	440	444	1199	555	644	1934	920	1014
南丹县	4942	2550	2392	6728	3485	3243	10544	5294	5250
天峨县	2343	1146	1197	3469	1681	1788	4891	2246	2645
凤山县	1939	888	1051	3327	1424	1903	4650	1941	2709
东兰县	2038	1050	988	3148	1501	1647	4928	2149	2779
罗城仫佬族自治县	3537	1704	1833	5115	2420	2695	9046	4361	4685
环江毛南族自治县	3533	1744	1789	4838	2215	2623	7802	3565	4237
巴马瑶族自治县	3385	1655	1730	4679	2139	2540	7739	3509	4230
都安瑶族自治县	9208	4593	4615	11264	5335	5929	16996	8029	8967
大化瑶族自治县	4524	2299	2225	5965	2807	3158	10413	4838	5575
来宾市	**18130**	**9389**	**8741**	**30067**	**15179**	**14888**	**45465**	**22986**	**22479**
兴宾区	4522	2425	2097	7078	3772	3306	10720	5775	4945
忻城县	2925	1517	1408	4948	2359	2589	8110	3930	4180
象州县	3630	1857	1773	6020	2981	3039	9254	4588	4666
武宣县	5200	2642	2558	9054	4602	4452	12510	6265	6245
金秀瑶族自治县	1594	805	789	2579	1256	1323	4287	2117	2170
合山市	259	143	116	388	209	179	584	311	273
崇左市	**30152**	**16376**	**13776**	**32886**	**16957**	**15929**	**50136**	**25025**	**25111**
江州区	1605	951	654	2510	1485	1025	3760	2147	1613
扶绥县	16973	9483	7490	9462	5184	4278	14394	7491	6903
宁明县	3437	1819	1618	5532	2850	2682	8133	4039	4094
龙州县	2526	1253	1273	5466	2604	2862	7458	3751	3707
大新县	3027	1520	1507	5057	2408	2649	7841	3630	4211
天等县	2040	1039	1001	3825	1861	1964	7136	3151	3985
凭祥市	544	311	233	1034	565	469	1414	816	598

1-5b 续表 9

单位:人

地区	35-39岁			40-44岁			45-49岁		
	小计	男	女	小计	男	女	小计	男	女
总计	**935071**	**476465**	**458606**	**867218**	**444909**	**422309**	**905728**	**467988**	**437740**
南宁市	**116582**	**59530**	**57052**	**105887**	**54375**	**51512**	**112695**	**58386**	**54309**
兴宁区	2031	1085	946	2037	1045	992	2118	1152	966
青秀区	2624	1419	1205	2562	1337	1225	3005	1576	1429
江南区	5628	3074	2554	5300	2893	2407	5324	2897	2427
西乡塘区	5261	2836	2425	4249	2217	2032	4642	2366	2276
良庆区	2601	1393	1208	2361	1213	1148	2459	1370	1089
邕宁区	1700	919	781	1617	839	778	1895	1008	887
武鸣区	10995	5694	5301	9798	5229	4569	9761	5191	4570
隆安县	8467	4111	4356	9022	4499	4523	8943	4728	4215
马山县	8997	4350	4647	9274	4566	4708	9097	4653	4444
上林县	9937	4700	5237	9198	4506	4692	9567	4852	4715
宾阳县	28604	15014	13590	26989	14337	12652	28313	14716	13597
横县	29737	14935	14802	23480	11694	11786	27571	13877	13694
柳州市	**72529**	**38311**	**34218**	**69563**	**37008**	**32555**	**71799**	**38549**	**33250**
城中区									
鱼峰区	1738	955	783	1449	788	661	1427	791	636
柳南区	6126	3686	2440	5271	3001	2270	5338	3065	2273
柳北区	477	251	226	564	309	255	600	322	278
柳江区	4558	2474	2084	4027	2115	1912	4203	2236	1967
柳城县	13501	7305	6196	12467	6695	5772	12470	6678	5792
鹿寨县	16462	8748	7714	16357	8787	7570	16375	8898	7477
融安县	9304	4620	4684	9451	4886	4565	9556	5031	4525
融水苗族自治县	12976	6702	6274	12984	6845	6139	14372	7644	6728
三江侗族自治县	7387	3570	3817	6993	3582	3411	7458	3884	3574
桂林市	**101810**	**50015**	**51795**	**93222**	**46179**	**47043**	**98248**	**49663**	**48585**
秀峰区									
叠彩区	306	159	147	210	113	97	189	83	106
象山区									
七星区	3209	2166	1043	2963	1928	1035	2814	1831	983
雁山区	203	114	89	181	87	94	177	89	88
临桂区	3300	1821	1479	2749	1413	1336	3458	1817	1641
阳朔县	7664	3746	3918	6613	3214	3399	6856	3474	3382
灵川县	18354	8857	9497	16216	7979	8237	16458	8229	8229
全州县	17292	8395	8897	17485	8505	8980	17895	8937	8958
兴安县	11262	5388	5874	9645	4739	4906	9671	4839	4832
永福县	6971	3479	3492	6778	3392	3386	7377	3864	3513
灌阳县	6982	3392	3590	5931	2826	3105	6337	3061	3276
龙胜各族自治县	4148	1971	2177	3852	1859	1993	4443	2218	2225
资源县	4423	1947	2476	4037	1925	2112	4276	2132	2144
平乐县	7110	3315	3795	6837	3280	3557	8053	3887	4166
恭城瑶族自治县	6526	3165	3361	5771	2792	2979	5926	3000	2926
荔浦市	4060	2100	1960	3954	2127	1827	4318	2202	2116

1-5b 续表 10

单位:人

地区	35-39岁			40-44岁			45-49岁		
	小计	男	女	小计	男	女	小计	男	女
梧州市	**45617**	**23476**	**22141**	**41289**	**21027**	**20262**	**47873**	**24231**	**23642**
万秀区	980	510	470	844	422	422	951	480	471
长洲区	221	118	103	211	115	96	280	154	126
龙圩区	2093	1154	939	1951	1062	889	2361	1267	1094
苍梧县	4775	2451	2324	4509	2244	2265	5889	3067	2822
藤 县	25510	13431	12079	22309	11620	10689	24053	12345	11708
蒙山县	4752	2291	2461	4498	2168	2330	5216	2542	2674
岑溪市	7286	3521	3765	6967	3396	3571	9123	4376	4747
北海市	**25568**	**13356**	**12212**	**24030**	**12380**	**11650**	**24829**	**12814**	**12015**
海城区	195	116	79	122	70	52	101	45	56
银海区	2249	1534	715	1889	1288	601	2027	1253	774
铁山港区	440	230	210	487	264	223	618	327	291
合浦县	22684	11476	11208	21532	10758	10774	22083	11189	10894
防城港市	**14746**	**8102**	**6644**	**13680**	**7695**	**5985**	**13625**	**7714**	**5911**
港口区	3689	2220	1469	3413	2145	1268	3893	2489	1404
防城区	3692	2069	1623	3070	1724	1346	3046	1698	1348
上思县	5851	3012	2839	5768	3053	2715	5214	2771	2443
东兴市	1514	801	713	1429	773	656	1472	756	716
钦州市	**63132**	**33076**	**30056**	**55219**	**28654**	**26565**	**55641**	**29135**	**26506**
钦南区	9823	5669	4154	8624	4912	3712	8527	4845	3682
钦北区	9087	4983	4104	8198	4423	3775	8241	4397	3844
灵山县	28925	14817	14108	24518	12309	12209	24490	12652	11838
浦北县	15297	7607	7690	13879	7010	6869	14383	7241	7142
贵港市	**80457**	**42735**	**37722**	**76390**	**39808**	**36582**	**81118**	**41372**	**39746**
港北区	3834	2300	1534	3599	2099	1500	3728	2130	1598
港南区	4603	2502	2101	3749	1941	1808	4476	2215	2261
覃塘区	6392	3385	3007	6215	3328	2887	6584	3368	3216
平南县	37297	19173	18124	36881	18806	18075	37497	18759	18738
桂平市	28331	15375	12956	25946	13634	12312	28833	14900	13933
玉林市	**127989**	**64617**	**63372**	**111406**	**55620**	**55786**	**122450**	**60816**	**61634**
玉州区	4854	2505	2349	4076	2094	1982	3981	2013	1968
福绵区	6565	3668	2897	5323	2875	2448	5544	2902	2642
容 县	18859	8598	10261	18005	8287	9718	19594	9430	10164
陆川县	26010	13222	12788	22882	11515	11367	22735	11207	11528
博白县	38449	19844	18605	32849	16638	16211	38448	19335	19113
兴业县	12999	6801	6198	11835	6133	5702	13128	6727	6401
北流市	20253	9979	10274	16436	8078	8358	19020	9202	9818
百色市	**58753**	**29241**	**29512**	**56723**	**29328**	**27395**	**54394**	**28478**	**25916**
右江区	837	420	417	857	449	408	929	495	434
田阳区	561	270	291	682	349	333	812	426	386
田东县	13574	6479	7095	14223	7140	7083	13511	7048	6463

1-5b 续表 11

单位：人

地区	35-39岁			40-44岁			45-49岁		
	小计	男	女	小计	男	女	小计	男	女
德保县	8227	4059	4168	7102	3545	3557	6362	3290	3072
那坡县	3143	1546	1597	3533	1841	1692	3339	1743	1596
凌云县	5817	2846	2971	4958	2673	2285	4617	2390	2227
乐业县	4089	2110	1979	3977	2092	1885	3440	1808	1632
田林县	5695	2841	2854	5464	2744	2720	5618	2968	2650
西林县	4147	2148	1999	4141	2214	1927	3880	2063	1817
隆林各族自治县	8041	4053	3988	7211	3776	3435	7053	3624	3429
靖西市	2159	1144	1015	2270	1229	1041	2528	1378	1150
平果市	2463	1325	1138	2305	1276	1029	2305	1245	1060
贺州市	**43560**	**22463**	**21097**	**41493**	**21357**	**20136**	**44995**	**23599**	**21396**
八步区	9887	5137	4750	9002	4632	4370	10178	5446	4732
平桂区	5484	3041	2443	4484	2403	2081	4937	2663	2274
昭平县	9878	4909	4969	9587	4767	4820	11577	5855	5722
钟山县	10742	5686	5056	10317	5500	4817	10359	5527	4832
富川瑶族自治县	7569	3690	3879	8103	4055	4048	7944	4108	3836
河池市	**89159**	**43248**	**45911**	**82989**	**42575**	**40414**	**80818**	**42271**	**38547**
金城江区	1213	600	613	1254	679	575	1563	834	729
宜州区	2619	1315	1304	2348	1181	1167	2610	1329	1281
南丹县	12011	6194	5817	11690	6199	5491	12673	6787	5886
天峨县	5748	2835	2913	4911	2592	2319	4871	2558	2313
凤山县	5458	2549	2909	4588	2418	2170	3816	2005	1811
东兰县	5639	2592	3047	5382	2784	2598	4591	2403	2188
罗城仫佬族自治县	9402	4685	4717	8631	4376	4255	9331	4917	4414
环江毛南族自治县	9016	4294	4722	9865	5091	4774	8831	4673	4158
巴马瑶族自治县	7883	3777	4106	7291	3812	3479	6136	3255	2881
都安瑶族自治县	19124	9263	9861	16462	8248	8214	16487	8535	7952
大化瑶族自治县	11046	5144	5902	10567	5195	5372	9909	4975	4934
来宾市	**44986**	**22970**	**22016**	**44220**	**22703**	**21517**	**46792**	**24282**	**22510**
兴宾区	10180	5572	4608	10751	5766	4985	10477	5605	4872
忻城县	8745	4221	4524	8390	4329	4061	9309	4789	4520
象州县	9535	4786	4749	9350	4700	4650	10053	5222	4831
武宣县	11755	5893	5862	11374	5633	5741	12133	6206	5927
金秀瑶族自治县	4063	2084	1979	3644	1841	1803	4118	2092	2026
合山市	708	414	294	711	434	277	702	368	334
崇左市	**50183**	**25325**	**24858**	**51107**	**26200**	**24907**	**50451**	**26678**	**23773**
江州区	3813	2172	1641	4180	2277	1903	4198	2276	1922
扶绥县	14467	7447	7020	14699	7559	7140	14557	7741	6816
宁明县	8381	4313	4068	8778	4442	4336	8989	4719	4270
龙州县	7099	3628	3471	7028	3661	3367	6900	3665	3235
大新县	8285	3954	4331	8720	4457	4263	8456	4429	4027
天等县	6766	3073	3693	6305	3017	3288	5888	3018	2870
凭祥市	1372	738	634	1397	787	610	1463	830	633

1–5b 续表 12

单位：人

地 区	50–54岁			55–59岁			60–64岁		
	小计	男	女	小计	男	女	小计	男	女
总 计	**908531**	**466404**	**442127**	**775520**	**391490**	**384030**	**517661**	**257303**	**260358**
南宁市	**110390**	**57478**	**52912**	**95581**	**49005**	**46576**	**61651**	**31048**	**30603**
兴宁区	1966	1069	897	1610	859	751	1079	562	517
青秀区	3263	1762	1501	2883	1546	1337	1773	899	874
江南区	5051	2795	2256	4307	2280	2027	2541	1235	1306
西乡塘区	4494	2335	2159	3617	1857	1760	2150	1112	1038
良庆区	2428	1259	1169	2054	1059	995	1362	709	653
邕宁区	2098	1119	979	1932	1033	899	1211	601	610
武鸣区	9492	5111	4381	8298	4470	3828	5346	2721	2625
隆安县	8778	4683	4095	7088	3724	3364	4413	2239	2174
马山县	8127	4182	3945	6452	3313	3139	4381	2120	2261
上林县	9045	4632	4413	7658	3835	3823	5337	2726	2611
宾阳县	27696	14316	13380	24586	12600	11986	15800	8020	7780
横 县	27952	14215	13737	25096	12429	12667	16258	8104	8154
柳州市	**69615**	**36979**	**32636**	**59382**	**30869**	**28513**	**38998**	**19828**	**19170**
城中区									
鱼峰区	1424	771	653	1317	665	652	957	467	490
柳南区	5425	3045	2380	4214	2352	1862	2556	1379	1177
柳北区	602	288	314	528	272	256	358	193	165
柳江区	4235	2219	2016	3646	1898	1748	2814	1450	1364
柳城县	12994	6896	6098	11563	6060	5503	8418	4208	4210
鹿寨县	15055	8210	6845	13303	6946	6357	9059	4610	4449
融安县	9244	4763	4481	8473	4389	4084	5561	2817	2744
融水苗族自治县	13632	7183	6449	10761	5434	5327	6343	3233	3110
三江侗族自治县	7004	3604	3400	5577	2853	2724	2932	1471	1461
桂林市	**98611**	**49769**	**48842**	**86420**	**43273**	**43147**	**59288**	**28911**	**30377**
秀峰区									
叠彩区	184	97	87	155	62	93	112	52	60
象山区									
七星区	2240	1413	827	1503	832	671	1119	538	581
雁山区	212	107	105	199	116	83	109	55	54
临桂区	3892	2057	1835	3497	1743	1754	2514	1259	1255
阳朔县	7242	3648	3594	6746	3349	3397	4427	2195	2232
灵川县	15058	7480	7578	12467	6118	6349	8129	3938	4191
全州县	17036	8513	8523	14286	7350	6936	10604	5194	5410
兴安县	9221	4615	4606	8785	4288	4497	5635	2739	2896
永福县	7815	4013	3802	6588	3317	3271	4416	2157	2259
灌阳县	6863	3416	3447	5896	2904	2992	4398	2057	2341
龙胜各族自治县	4557	2295	2262	3734	1872	1862	2447	1209	1238
资源县	4038	2020	2018	3328	1674	1654	2142	1012	1130
平乐县	8500	4107	4393	8006	4026	3980	5354	2646	2708
恭城瑶族自治县	6821	3411	3410	6518	3200	3318	4430	2099	2331
荔浦市	4932	2577	2355	4712	2422	2290	3452	1761	1691

1-5b 续表 13

单位:人

地 区	50-54岁			55-59岁			60-64岁		
	小计	男	女	小计	男	女	小计	男	女
梧州市	**52156**	**27185**	**24971**	**44439**	**22698**	**21741**	**28581**	**14864**	**13717**
万秀区	946	487	459	886	438	448	448	238	210
长洲区	309	157	152	256	135	121	145	82	63
龙圩区	2663	1466	1197	2288	1239	1049	1261	719	542
苍梧县	6322	3352	2970	5287	2707	2580	3206	1692	1514
藤 县	25980	13676	12304	21831	11260	10571	13373	6944	6429
蒙山县	5583	2805	2778	4811	2332	2479	3229	1608	1621
岑溪市	10353	5242	5111	9080	4587	4493	6919	3581	3338
北海市	**24022**	**12001**	**12021**	**22369**	**10894**	**11475**	**15829**	**7612**	**8217**
海城区	143	59	84	151	84	67	170	84	86
银海区	1912	1087	825	1504	830	674	987	532	455
铁山港区	651	349	302	608	302	306	319	166	153
合浦县	21316	10506	10810	20106	9678	10428	14353	6830	7523
防城港市	**13932**	**7547**	**6385**	**11787**	**6115**	**5672**	**7655**	**3726**	**3929**
港口区	3639	2336	1303	2504	1414	1090	1241	635	606
防城区	3189	1641	1548	3083	1595	1488	2162	1012	1150
上思县	5499	2769	2730	4723	2373	2350	3407	1652	1755
东兴市	1605	801	804	1477	733	744	845	427	418
钦州市	**56791**	**29212**	**27579**	**52376**	**25865**	**26511**	**34324**	**16506**	**17818**
钦南区	8127	4604	3523	7051	3809	3242	4329	2186	2143
钦北区	9001	4636	4365	8582	4299	4283	6133	2949	3184
灵山县	24645	12468	12177	22653	10874	11779	14902	7142	7760
浦北县	15018	7504	7514	14090	6883	7207	8960	4229	4731
贵港市	**86312**	**43593**	**42719**	**74869**	**37407**	**37462**	**51659**	**25549**	**26110**
港北区	3802	2040	1762	3092	1580	1512	2068	1027	1041
港南区	5148	2602	2546	4552	2294	2258	3125	1570	1555
覃塘区	7011	3456	3555	5613	2779	2834	3702	1758	1944
平南县	39710	19928	19782	36086	17841	18245	24695	12006	12689
桂平市	30641	15567	15074	25526	12913	12613	18069	9188	8881
玉林市	**122951**	**61499**	**61452**	**105160**	**52113**	**53047**	**71833**	**35966**	**35867**
玉州区	3623	1880	1743	2933	1435	1498	2061	1005	1056
福绵区	5406	2902	2504	4459	2371	2088	2968	1464	1504
容 县	20062	9703	10359	16648	7965	8683	10966	5518	5448
陆川县	21743	10948	10795	18046	8820	9226	12070	5999	6071
博白县	36839	18538	18301	32171	16190	15981	22656	11113	11543
兴业县	14274	7403	6871	13220	6777	6443	8928	4573	4355
北流市	21004	10125	10879	17683	8555	9128	12184	6294	5890
百色市	**52415**	**26690**	**25725**	**40278**	**20276**	**20002**	**28144**	**13672**	**14472**
右江区	1007	520	487	812	436	376	549	275	274
田阳区	999	549	450	714	396	318	470	223	247
田东县	12132	6189	5943	9387	4633	4754	6562	3144	3418

1-5b 续表 14

单位：人

地 区	50-54岁			55-59岁			60-64岁		
	小计	男	女	小计	男	女	小计	男	女
德保县	5722	2946	2776	4852	2422	2430	3693	1778	1915
那坡县	3315	1735	1580	2426	1238	1188	1841	922	919
凌云县	5005	2461	2544	3797	1879	1918	2437	1140	1297
乐业县	3390	1677	1713	2339	1195	1144	1598	803	795
田林县	5187	2606	2581	3950	1961	1989	2268	1103	1165
西林县	3707	1913	1794	2726	1385	1341	1640	791	849
隆林各族自治县	6617	3329	3288	4754	2355	2399	3460	1676	1784
靖西市	2417	1297	1120	1936	1076	860	1736	892	844
平果市	2917	1468	1449	2585	1300	1285	1890	925	965
贺州市	**48474**	**25257**	**23217**	**42048**	**21256**	**20792**	**28294**	**14459**	**13835**
八步区	10471	5611	4860	9303	4806	4497	6116	3108	3008
平桂区	5488	2867	2621	5139	2593	2546	3489	1741	1748
昭平县	13128	6737	6391	10581	5431	5150	6628	3565	3063
钟山县	10945	5757	5188	9903	5007	4896	6863	3473	3390
富川瑶族自治县	8442	4285	4157	7122	3419	3703	5198	2572	2626
河池市	**77537**	**39493**	**38044**	**62248**	**31189**	**31059**	**41585**	**20165**	**21420**
金城江区	1622	889	733	1250	649	601	772	391	381
宜州区	2767	1466	1301	2633	1356	1277	1907	968	939
南丹县	11801	6075	5726	8538	4476	4062	4839	2395	2444
天峨县	4358	2196	2162	3077	1562	1515	1823	915	908
凤山县	3720	1832	1888	2497	1235	1262	1749	810	939
东兰县	4134	2082	2052	3294	1615	1679	2421	1164	1257
罗城仫佬族自治县	9982	5107	4875	8861	4440	4421	5544	2760	2784
环江毛南族自治县	8370	4325	4045	6348	3170	3178	4111	1915	2196
巴马瑶族自治县	5465	2765	2700	4255	2059	2196	3194	1498	1696
都安瑶族自治县	16295	8228	8067	14140	7018	7122	10086	4907	5179
大化瑶族自治县	9023	4528	4495	7355	3609	3746	5139	2442	2697
来宾市	**47129**	**24587**	**22542**	**38422**	**19861**	**18561**	**24470**	**12340**	**12130**
兴宾区	10671	5646	5025	8746	4595	4151	5809	2969	2840
忻城县	9261	4799	4462	7754	4096	3658	4956	2466	2490
象州县	10490	5505	4985	8292	4250	4042	4767	2425	2342
武宣县	11581	6016	5565	9105	4653	4452	5976	3025	2951
金秀瑶族自治县	4350	2233	2117	3737	1873	1864	2218	1134	1084
合山市	776	388	388	788	394	394	744	321	423
崇左市	**48196**	**25114**	**23082**	**40141**	**20669**	**19472**	**25350**	**12657**	**12693**
江州区	4272	2316	1956	3555	1890	1665	2110	1088	1022
扶绥县	13117	6939	6178	10273	5402	4871	6363	3238	3125
宁明县	9092	4650	4442	7443	3856	3587	4551	2284	2267
龙州县	6787	3525	3262	5972	3067	2905	4257	2118	2139
大新县	7844	4007	3837	6833	3489	3344	3993	1957	2036
天等县	5818	2957	2861	5107	2394	2713	3444	1631	1813
凭祥市	1266	720	546	958	571	387	632	341	291

1-5b 续表 15

单位：人

地 区	65-69岁			70-74岁			75-79岁		
	小计	男	女	小计	男	女	小计	男	女
总 计	**495410**	**241468**	**253942**	**332086**	**162967**	**169119**	**233343**	**106268**	**127075**
南宁市	**59380**	**29272**	**30108**	**42715**	**20102**	**22613**	**28770**	**12672**	**16098**
兴宁区	1228	610	618	978	479	499	549	266	283
青秀区	1601	790	811	1228	574	654	933	398	535
江南区	2476	1163	1313	1776	789	987	1122	486	636
西乡塘区	1930	971	959	1259	564	695	997	433	564
良庆区	1449	699	750	1024	485	539	666	317	349
邕宁区	1179	633	546	886	445	441	701	341	360
武鸣区	5274	2661	2613	3562	1675	1887	2570	1133	1437
隆安县	4399	2164	2235	2890	1384	1506	1999	865	1134
马山县	4167	2018	2149	3390	1490	1900	2300	927	1373
上林县	4945	2458	2487	3280	1552	1728	2307	990	1317
宾阳县	15389	7730	7659	10855	5263	5592	6849	3063	3786
横 县	15343	7375	7968	11587	5402	6185	7777	3453	4324
柳州市	**37750**	**18356**	**19394**	**24291**	**12066**	**12225**	**16005**	**7266**	**8739**
城中区									
鱼峰区	927	442	485	659	339	320	340	176	164
柳南区	1822	952	870	1055	529	526	731	312	419
柳北区	419	176	243	328	176	152	165	94	71
柳江区	2304	1145	1159	1415	684	731	1016	452	564
柳城县	7850	3891	3959	4747	2401	2346	3180	1383	1797
鹿寨县	8753	4121	4632	5423	2596	2827	3627	1692	1935
融安县	6107	2997	3110	3840	1986	1854	2475	1169	1306
融水苗族自治县	6510	3166	3344	4525	2238	2287	3031	1338	1693
三江侗族自治县	3058	1466	1592	2299	1117	1182	1440	650	790
桂林市	**59329**	**28336**	**30993**	**36666**	**18289**	**18377**	**22674**	**10631**	**12043**
秀峰区									
叠彩区	94	50	44	54	30	24	20	11	9
象山区									
七星区	1246	570	676	921	501	420	398	212	186
雁山区	87	45	42	66	24	42	50	15	35
临桂区	2708	1369	1339	1797	910	887	1266	601	665
阳朔县	4042	1962	2080	2500	1249	1251	1615	721	894
灵川县	8396	3964	4432	5067	2564	2503	2592	1209	1383
全州县	9877	4657	5220	5701	2730	2971	3477	1664	1813
兴安县	6147	2859	3288	3669	1822	1847	2091	996	1095
永福县	4729	2382	2347	2903	1413	1490	1838	870	968
灌阳县	4249	1940	2309	2629	1339	1290	1865	909	956
龙胜各族自治县	2221	1095	1126	1490	713	777	886	385	501
资源县	2148	1021	1127	1231	624	607	808	348	460
平乐县	5361	2561	2800	3597	1808	1789	2387	1104	1283
恭城瑶族自治县	4629	2138	2491	2946	1467	1479	1904	895	1009
荔浦市	3395	1723	1672	2095	1095	1000	1477	691	786

1-5b 续表 16

单位:人

地 区	65-69岁			70-74岁			75-79岁		
	小计	男	女	小计	男	女	小计	男	女
梧州市	**28366**	**14734**	**13632**	**17858**	**9212**	**8646**	**13821**	**6411**	**7410**
万秀区	424	201	223	291	143	148	196	92	104
长洲区	173	101	72	114	58	56	95	52	43
龙圩区	1558	837	721	958	476	482	838	390	448
苍梧县	3230	1691	1539	2277	1085	1192	1782	813	969
藤 县	13247	6924	6323	8274	4395	3879	6176	2850	3326
蒙山县	3280	1561	1719	1900	972	928	1505	708	797
岑溪市	6454	3419	3035	4044	2083	1961	3229	1506	1723
北海市	**14243**	**6910**	**7333**	**9647**	**4966**	**4681**	**6918**	**3452**	**3466**
海城区	104	61	43	74	35	39	40	19	21
银海区	732	377	355	624	320	304	430	226	204
铁山港区	290	140	150	228	118	110	189	80	109
合浦县	13117	6332	6785	8721	4493	4228	6259	3127	3132
防城港市	**7423**	**3605**	**3818**	**4344**	**2306**	**2038**	**3347**	**1641**	**1706**
港口区	1291	650	641	848	441	407	733	386	347
防城区	2183	1072	1111	1217	694	523	893	466	427
上思县	3128	1450	1678	1752	900	852	1270	584	686
东兴市	821	433	388	527	271	256	451	205	246
钦州市	**32236**	**15427**	**16809**	**20913**	**10969**	**9944**	**14428**	**7074**	**7354**
钦南区	4052	2018	2034	2514	1395	1119	1789	940	849
钦北区	5984	2841	3143	3819	1989	1830	2591	1275	1316
灵山县	13831	6582	7249	9112	4712	4400	6143	2930	3213
浦北县	8369	3986	4383	5468	2873	2595	3905	1929	1976
贵港市	**51810**	**25123**	**26687**	**34337**	**16987**	**17350**	**24994**	**11664**	**13330**
港北区	1792	888	904	1240	620	620	926	438	488
港南区	3305	1695	1610	2170	1089	1081	1702	785	917
覃塘区	3876	1879	1997	2814	1411	1403	2105	954	1151
平南县	25143	11707	13436	15993	7679	8314	11144	5155	5989
桂平市	17694	8954	8740	12120	6188	5932	9117	4332	4785
玉林市	**68244**	**33380**	**34864**	**46041**	**23643**	**22398**	**34347**	**17058**	**17289**
玉州区	2053	1001	1052	1383	677	706	976	440	536
福绵区	3063	1448	1615	2016	1023	993	1436	779	657
容 县	10988	5432	5556	6583	3244	3339	4741	2143	2598
陆川县	12165	5653	6512	8514	4439	4075	6095	3252	2843
博白县	19661	9526	10135	13973	7385	6588	10839	5475	5364
兴业县	9239	4711	4528	6087	3044	3043	4725	2222	2503
北流市	11075	5609	5466	7485	3831	3654	5535	2747	2788
百色市	**23599**	**11189**	**12410**	**17088**	**7737**	**9351**	**12073**	**4855**	**7218**
右江区	401	185	216	311	139	172	234	93	141
田阳区	565	278	287	424	185	239	326	133	193
田东县	5740	2613	3127	4310	1934	2376	2726	1059	1667

1-5b 续表 17

单位:人

地区	65-69岁			70-74岁			75-79岁		
	小计	男	女	小计	男	女	小计	男	女
德保县	3252	1535	1717	2318	1073	1245	1566	651	915
那坡县	1523	788	735	1116	535	581	810	359	451
凌云县	2054	949	1105	1418	627	791	966	387	579
乐业县	1218	608	610	864	404	460	727	314	413
田林县	1700	786	914	1060	483	577	787	302	485
西林县	1274	594	680	788	344	444	588	242	346
隆林各族自治县	2484	1201	1283	1803	808	995	1255	462	793
靖西市	1421	720	701	1178	556	622	978	457	521
平果市	1967	932	1035	1498	649	849	1110	396	714
贺州市	**26143**	**13062**	**13081**	**17682**	**8820**	**8862**	**13336**	**5951**	**7385**
八步区	5959	2885	3074	3689	1774	1915	2982	1269	1713
平桂区	3076	1524	1552	2024	1008	1016	1604	701	903
昭平县	6743	3449	3294	4542	2306	2236	3569	1593	1976
钟山县	5756	2951	2805	4173	2091	2082	2912	1337	1575
富川瑶族自治县	4609	2253	2356	3254	1641	1613	2269	1051	1218
河池市	**39561**	**18970**	**20591**	**28483**	**12934**	**15549**	**20421**	**8208**	**12213**
金城江区	946	484	462	623	309	314	445	205	240
宜州区	1797	908	889	1052	515	537	699	318	381
南丹县	4568	2185	2383	3257	1494	1763	2287	926	1361
天峨县	1710	808	902	1183	530	653	947	341	606
凤山县	1776	827	949	1437	616	821	915	359	556
东兰县	2362	1065	1297	1960	876	1084	1286	512	774
罗城仫佬族自治县	6006	2941	3065	4067	1994	2073	2939	1277	1662
环江毛南族自治县	4317	2054	2263	3194	1512	1682	2036	855	1181
巴马瑶族自治县	2687	1232	1455	1912	808	1104	1402	506	896
都安瑶族自治县	9027	4458	4569	6550	2867	3683	5144	1982	3162
大化瑶族自治县	4365	2008	2357	3248	1413	1835	2321	927	1394
来宾市	**23621**	**11739**	**11882**	**15587**	**7549**	**8038**	**11007**	**4729**	**6278**
兴宾区	5128	2607	2521	3693	1753	1940	2894	1265	1629
忻城县	4956	2428	2528	3056	1436	1620	2179	858	1321
象州县	5076	2600	2476	3518	1695	1823	2173	934	1239
武宣县	5409	2657	2752	3376	1692	1684	2657	1156	1501
金秀瑶族自治县	2055	971	1084	1336	645	691	789	367	422
合山市	997	476	521	608	328	280	315	149	166
崇左市	**23705**	**11365**	**12340**	**16434**	**7387**	**9047**	**11202**	**4656**	**6546**
江州区	2152	1051	1101	1420	665	755	1141	527	614
扶绥县	6185	2989	3196	4308	1973	2335	2815	1178	1637
宁明县	4169	2003	2166	2983	1325	1658	1828	746	1082
龙州县	3125	1468	1657	2187	965	1222	1541	629	912
大新县	4009	1901	2108	2632	1206	1426	1947	796	1151
天等县	3562	1704	1858	2594	1120	1474	1741	696	1045
凭祥市	503	249	254	310	133	177	189	84	105

1-5b 续表 18 单位：人

地 区	80-84岁			85-89岁			90-94岁		
	小计	男	女	小计	男	女	小计	男	女
总 计	**158518**	**68649**	**89869**	**86966**	**33409**	**53557**	**31244**	**10748**	**20496**
南宁市	**19303**	**7771**	**11532**	**10394**	**3590**	**6804**	**3727**	**1109**	**2618**
兴宁区	326	140	186	204	64	140	84	18	66
青秀区	621	246	375	381	126	255	127	35	92
江南区	761	298	463	407	140	267	120	44	76
西乡塘区	711	293	418	354	124	230	138	39	99
良庆区	408	176	232	273	107	166	93	35	58
邕宁区	455	225	230	259	103	156	92	39	53
武鸣区	1718	704	1014	983	333	650	369	110	259
隆安县	1329	528	801	741	257	484	251	81	170
马山县	1447	525	922	776	243	533	246	66	180
上林县	1483	591	892	770	279	491	315	94	221
宾阳县	4805	1951	2854	2536	878	1658	903	265	638
横 县	5239	2094	3145	2710	936	1774	989	283	706
柳州市	**10749**	**4539**	**6210**	**6137**	**2322**	**3815**	**1993**	**660**	**1333**
城中区									
鱼峰区	191	80	111	133	58	75	48	18	30
柳南区	573	239	334	315	115	200	118	34	84
柳北区	154	71	83	68	33	35	12	9	3
柳江区	724	301	423	453	166	287	129	50	79
柳城县	2109	898	1211	1342	486	856	396	120	276
鹿寨县	2271	986	1285	1227	478	749	420	138	282
融安县	1697	750	947	976	395	581	318	119	199
融水苗族自治县	2002	798	1204	1120	418	702	370	113	257
三江侗族自治县	1028	416	612	503	173	330	182	59	123
桂林市	**16613**	**7143**	**9470**	**9109**	**3640**	**5469**	**2974**	**1084**	**1890**
秀峰区									
叠彩区	21	9	12	11	5	6	4	2	2
象山区									
七星区	319	146	173	158	73	85	45	25	20
雁山区	30	7	23	23	8	15	7	2	5
临桂区	785	350	435	521	178	343	182	59	123
阳朔县	1240	506	734	720	266	454	247	73	174
灵川县	1740	754	986	857	366	491	256	107	149
全州县	3015	1329	1686	1530	673	857	548	229	319
兴安县	1543	673	870	765	341	424	237	88	149
永福县	1260	534	726	766	287	479	242	87	155
灌阳县	1385	633	752	672	287	385	216	90	126
龙胜各族自治县	608	265	343	324	145	179	82	35	47
资源县	522	239	283	320	134	186	111	42	69
平乐县	1736	707	1029	1046	366	680	326	106	220
恭城瑶族自治县	1405	549	856	727	282	445	271	78	193
荔浦市	1004	442	562	669	229	440	200	61	139

1-5b 续表 19

单位:人

地区	80-84岁			85-89岁			90-94岁		
	小计	男	女	小计	男	女	小计	男	女
梧州市	**10048**	**4537**	**5511**	**5295**	**1996**	**3299**	**2110**	**665**	**1445**
万秀区	184	66	118	80	29	51	25	10	15
长洲区	94	58	36	50	29	21	17	4	13
龙圩区	571	273	298	296	111	185	120	36	84
苍梧县	1273	569	704	670	231	439	219	70	149
藤　县	4643	2097	2546	2366	903	1463	982	323	659
蒙山县	1027	424	603	515	201	314	210	60	150
岑溪市	2256	1050	1206	1318	492	826	537	162	375
北海市	**5210**	**2479**	**2731**	**2932**	**1215**	**1717**	**1193**	**443**	**750**
海城区	39	23	16	31	18	13	9	3	6
银海区	305	142	163	165	62	103	87	27	60
铁山港区	190	76	114	71	34	37	36	12	24
合浦县	4676	2238	2438	2665	1101	1564	1061	401	660
防城港市	**2456**	**1119**	**1337**	**1363**	**542**	**821**	**500**	**183**	**317**
港口区	560	272	288	314	131	183	141	55	86
防城区	694	331	363	385	147	238	164	56	108
上思县	801	340	461	440	163	277	121	42	79
东兴市	401	176	225	224	101	123	74	30	44
钦州市	**9832**	**4448**	**5384**	**5440**	**2173**	**3267**	**1970**	**737**	**1233**
钦南区	1329	631	698	807	327	480	340	125	215
钦北区	1798	864	934	998	383	615	337	124	213
灵山县	4013	1748	2265	2131	839	1292	735	257	478
浦北县	2692	1205	1487	1504	624	880	558	231	327
贵港市	**16815**	**7669**	**9146**	**9678**	**3817**	**5861**	**3837**	**1360**	**2477**
港北区	657	266	391	384	129	255	155	46	109
港南区	1044	462	582	631	230	401	274	106	168
覃塘区	1343	587	756	836	274	562	356	105	251
平南县	7793	3543	4250	4183	1750	2433	1636	632	1004
桂平市	5978	2811	3167	3644	1434	2210	1416	471	945
玉林市	**22466**	**10757**	**11709**	**12868**	**5477**	**7391**	**4567**	**1885**	**2682**
玉州区	525	256	269	300	125	175	83	34	49
福绵区	883	407	476	538	232	306	167	71	96
容　县	3102	1405	1697	1734	689	1045	624	217	407
陆川县	4061	2096	1965	2323	1030	1293	923	412	511
博白县	7508	3824	3684	4317	2016	2301	1552	699	853
兴业县	2890	1215	1675	1631	621	1010	520	197	323
北流市	3497	1554	1943	2025	764	1261	698	255	443
百色市	**7612**	**3011**	**4601**	**3565**	**1200**	**2365**	**1146**	**354**	**792**
右江区	128	55	73	80	32	48	20	5	15
田阳区	205	75	130	96	30	66	36	11	25
田东县	1672	694	978	745	225	520	204	59	145

1–5b 续表 20

单位：人

地 区	80–84岁			85–89岁			90–94岁		
	小计	男	女	小计	男	女	小计	男	女
德保县	995	378	617	454	173	281	159	52	107
那坡县	545	234	311	268	114	154	111	46	65
凌云县	642	237	405	337	87	250	128	26	102
乐业县	496	212	284	209	82	127	58	25	33
田林县	556	192	364	241	79	162	70	19	51
西林县	364	142	222	126	53	73	32	12	20
隆林各族自治县	692	269	423	331	111	220	104	30	74
靖西市	579	245	334	255	88	167	93	36	57
平果市	738	278	460	423	126	297	131	33	98
贺州市	**9713**	**4148**	**5565**	**5672**	**2213**	**3459**	**2053**	**724**	**1329**
八步区	1953	806	1147	1161	397	764	423	131	292
平桂区	1233	518	715	701	280	421	276	104	172
昭平县	2465	1083	1382	1443	592	851	551	170	381
钟山县	2354	1018	1336	1373	549	824	467	174	293
富川瑶族自治县	1708	723	985	994	395	599	336	145	191
河池市	**13092**	**4948**	**8144**	**6719**	**2244**	**4475**	**2352**	**630**	**1722**
金城江区	266	108	158	123	45	78	35	7	28
宜州区	499	190	309	273	90	183	106	28	78
南丹县	1456	549	907	768	273	495	207	63	144
天峨县	601	226	375	290	106	184	111	27	84
凤山县	565	217	348	258	85	173	105	25	80
东兰县	825	324	501	357	109	248	111	27	84
罗城仫佬族自治县	1856	754	1102	1080	395	685	401	121	280
环江毛南族自治县	1323	520	803	670	234	436	200	65	135
巴马瑶族自治县	883	331	552	385	125	260	144	33	111
都安瑶族自治县	3239	1166	2073	1792	552	1240	680	165	515
大化瑶族自治县	1579	563	1016	723	230	493	252	69	183
来宾市	**7698**	**3298**	**4400**	**4225**	**1654**	**2571**	**1639**	**528**	**1111**
兴宾区	2114	948	1166	1153	469	684	547	210	337
忻城县	1441	603	838	773	281	492	267	79	188
象州县	1571	662	909	842	324	518	328	85	243
武宣县	1744	742	1002	974	379	595	353	103	250
金秀瑶族自治县	617	256	361	378	160	218	118	41	77
合山市	211	87	124	105	41	64	26	10	16
崇左市	**6911**	**2782**	**4129**	**3569**	**1326**	**2243**	**1183**	**386**	**797**
江州区	733	273	460	332	127	205	134	44	90
扶绥县	1815	778	1037	889	345	544	317	109	208
宁明县	1128	475	653	596	232	364	199	70	129
龙州县	895	356	539	441	143	298	135	37	98
大新县	1205	485	720	708	255	453	223	79	144
天等县	1022	377	645	533	202	331	157	43	114
凭祥市	113	38	75	70	22	48	18	4	14

1-5b 续表 21

单位：人

地区	95-99岁			100岁及以上		
	小计	男	女	小计	男	女
总 计	**8029**	**2383**	**5646**	**1533**	**328**	**1205**
南宁市	**961**	**212**	**749**	**182**	**32**	**150**
兴宁区	24	5	19	2		2
青秀区	26	7	19	13	2	11
江南区	22	6	16	6	2	4
西乡塘区	31	8	23	10	5	5
良庆区	22	4	18	3		3
邕宁区	24	5	19	1		1
武鸣区	108	28	80	21	6	15
隆安县	74	15	59	15	2	13
马山县	82	19	63	17	1	16
上林县	82	10	72	22	4	18
宾阳县	228	53	175	32	4	28
横 县	238	52	186	40	6	34
柳州市	**451**	**125**	**326**	**92**	**19**	**73**
城中区						
鱼峰区	8	2	6	1		1
柳南区	34	9	25	11	2	9
柳北区	5	1	4	1		1
柳江区	32	12	20	4	1	3
柳城县	130	30	100	27	4	23
鹿寨县	79	22	57	18	5	13
融安县	59	16	43	8	3	5
融水苗族自治县	74	23	51	16	2	14
三江侗族自治县	30	10	20	6	2	4
桂林市	**755**	**244**	**511**	**86**	**20**	**66**
秀峰区						
叠彩区	1	1				
象山区						
七星区	4	2	2	1		1
雁山区	2		2	1		1
临桂区	46	10	36	9	1	8
阳朔县	58	13	45	13	4	9
灵川县	59	27	32	7	1	6
全州县	155	58	97	13	4	9
兴安县	47	13	34	8	1	7
永福县	56	16	40	8	2	6
灌阳县	60	22	38	8	4	4
龙胜各族自治县	11	2	9			
资源县	26	11	15	3		3
平乐县	125	38	87	4		4
恭城瑶族自治县	50	18	32	8	3	5
荔浦市	55	13	42	3		3

1-5b 续表 22

单位:人

地区	95-99岁			100岁及以上		
	小计	男	女	小计	男	女
梧州市	**579**	**153**	**426**	**105**	**19**	**86**
万秀区	9	2	7	1	1	
长洲区	11	5	6			
龙圩区	36	12	24	5	2	3
苍梧县	53	11	42	7		7
藤　县	262	71	191	55	8	47
蒙山县	55	17	38	9	1	8
岑溪市	153	35	118	28	7	21
北海市	**281**	**99**	**182**	**59**	**20**	**39**
海城区	2	2				
银海区	7	2	5	7	3	4
铁山港区	14	3	11	2	1	1
合浦县	258	92	166	50	16	34
防城港市	**131**	**31**	**100**	**25**	**3**	**22**
港口区	36	9	27	5		5
防城区	38	13	25	8		8
上思县	37	7	30	6	1	5
东兴市	20	2	18	6	2	4
钦州市	**478**	**164**	**314**	**86**	**14**	**72**
钦南区	100	40	60	15		15
钦北区	94	33	61	21	6	15
灵山县	162	49	113	33	4	29
浦北县	122	42	80	17	4	13
贵港市	**1079**	**321**	**758**	**228**	**51**	**177**
港北区	41	8	33	7	2	5
港南区	86	32	54	17	2	15
覃塘区	105	28	77	24	2	22
平南县	483	160	323	105	28	77
桂平市	364	93	271	75	17	58
玉林市	**1194**	**440**	**754**	**209**	**60**	**149**
玉州区	15	8	7	1		1
福绵区	43	19	24	14	7	7
容　县	154	49	105	29	7	22
陆川县	269	105	164	38	9	29
博白县	364	161	203	64	22	42
兴业县	131	40	91	22	5	17
北流市	218	58	160	41	10	31
百色市	**296**	**79**	**217**	**64**	**12**	**52**
右江区	7	2	5	2	1	1
田阳区	9	1	8	3		3
田东县	44	8	36	11	1	10

1-5b 续表 23　　　　单位:人

地区	95-99岁			100岁及以上		
	小计	男	女	小计	男	女
德保县	41	10	31	11	1	10
那坡县	30	13	17	11	1	10
凌云县	32	7	25	4	1	3
乐业县	20	11	9	5	3	2
田林县	6	1	5	2	1	1
西林县	8	1	7	1	1	
隆林各族自治县	21	3	18	3		3
靖西市	26	13	13	4	1	3
平果市	52	9	43	7	1	6
贺州市	**501**	**146**	**355**	**79**	**23**	**56**
八步区	94	23	71	11	5	6
平桂区	73	32	41	18	9	9
昭平县	139	40	99	30	6	24
钟山县	111	30	81	9	1	8
富川瑶族自治县	84	21	63	11	2	9
河池市	**584**	**134**	**450**	**155**	**19**	**136**
金城江区	13	2	11	2	1	1
宜州区	32	7	25	4		4
南丹县	47	11	36	7		7
天峨县	15	3	12	12	2	10
凤山县	30	6	24	10		10
东兰县	30	7	23	8		8
罗城仫佬族自治县	98	23	75	13	1	12
环江毛南族自治县	41	9	32	10		10
巴马瑶族自治县	39	12	27	35	7	28
都安瑶族自治县	167	39	128	32	6	26
大化瑶族自治县	72	15	57	22	2	20
来宾市	**392**	**112**	**280**	**93**	**20**	**73**
兴宾区	123	45	78	42	9	33
忻城县	79	22	57	15	4	11
象州县	69	15	54	11	3	8
武宣县	83	22	61	18	3	15
金秀瑶族自治县	30	8	22	6	1	5
合山市	8		8	1		1
崇左市	**347**	**123**	**224**	**70**	**16**	**54**
江州区	51	23	28	6	2	4
扶绥县	94	43	51	17	3	14
宁明县	49	18	31	8	3	5
龙州县	28	8	20	7	2	5
大新县	77	17	60	24	5	19
天等县	39	10	29	6	1	5
凭祥市	9	4	5	2		2

1–5c 各地区分年龄、性别的人口（乡村）

单位：人

地 区	合计			0岁			1–4岁		
	合计	男	女	小计	男	女	小计	男	女
总 计	**22955848**	**12119132**	**10836716**	**279026**	**148549**	**130477**	**1401590**	**741151**	**660439**
南宁市	**2718080**	**1441901**	**1276179**	**31130**	**16799**	**14331**	**154490**	**82727**	**71763**
兴宁区	74853	40269	34584	806	449	357	4424	2387	2037
青秀区	73424	39314	34110	725	389	336	4002	2224	1778
江南区	164460	87209	77251	1421	748	673	7695	4175	3520
西乡塘区	153166	82556	70610	1544	850	694	7824	4262	3562
良庆区	96695	52931	43764	1407	757	650	5412	2876	2536
邕宁区	148058	80014	68044	1734	953	781	8506	4542	3964
武鸣区	327006	174178	152828	3750	2001	1749	18415	9822	8593
隆安县	214833	114257	100576	2197	1175	1022	11049	5933	5116
马山县	266234	139226	127008	3324	1750	1574	16107	8608	7499
上林县	236897	124307	112590	2841	1529	1312	14115	7453	6662
宾阳县	438628	232565	206063	5240	2880	2360	25224	13525	11699
横 县	523826	275075	248751	6141	3318	2823	31717	16920	14797
柳州市	**1250240**	**669520**	**580720**	**13274**	**7018**	**6256**	**63890**	**33757**	**30133**
城中区	3109	1591	1518	40	24	16	221	116	105
鱼峰区	50134	28546	21588	547	300	247	2491	1272	1219
柳南区	32555	17564	14991	349	180	169	1679	872	807
柳北区	30097	15809	14288	419	217	202	1666	878	788
柳江区	198315	106309	92006	2229	1152	1077	10967	5784	5183
柳城县	162647	85526	77121	1706	884	822	8136	4212	3924
鹿寨县	150584	81723	68861	1499	804	695	7555	3921	3634
融安县	139519	76778	62741	1415	754	661	6413	3372	3041
融水苗族自治县	252978	134766	118212	2746	1454	1292	12739	6899	5840
三江侗族自治县	230302	120908	109394	2324	1249	1075	12023	6431	5592
桂林市	**2338223**	**1222261**	**1115962**	**22457**	**11777**	**10680**	**118343**	**62040**	**56303**
秀峰区									
叠彩区	28229	14310	13919	287	161	126	1730	936	794
象山区	3960	2000	1960	52	33	19	251	135	116
七星区	3675	1867	1808	47	28	19	219	123	96
雁山区	92466	44535	47931	624	298	326	3181	1642	1539
临桂区	236291	124784	111507	2379	1298	1081	12526	6597	5929
阳朔县	187193	97953	89240	1855	974	881	10470	5456	5014
灵川县	212582	110208	102374	2152	1124	1028	11553	6055	5498
全州县	350717	185957	164760	3301	1773	1528	15214	8133	7081
兴安县	189506	97441	92065	1822	968	854	9787	5053	4734
永福县	140283	75456	64827	1255	653	602	6840	3586	3254
灌阳县	123082	64790	58292	1182	612	570	5620	2987	2633
龙胜各族自治县	90781	47410	43371	702	365	337	3577	1778	1799
资源县	88039	46361	41678	781	417	364	3942	2055	1887
平乐县	239734	125733	114001	2575	1329	1246	14747	7737	7010
恭城瑶族自治县	163911	84946	78965	1752	894	858	9053	4703	4350
荔浦市	187774	98510	89264	1691	850	841	9633	5064	4569

1-5c 续表 1

单位:人

地区	合计			0岁			1-4岁		
	合计	男	女	小计	男	女	小计	男	女
梧州市	**1225651**	**649917**	**575734**	**18083**	**9652**	**8431**	**88087**	**46238**	**41849**
万秀区	43856	23237	20619	527	264	263	2644	1404	1240
长洲区	24900	12965	11935	401	202	199	1740	918	822
龙圩区	125149	66222	58927	1780	934	846	8873	4635	4238
苍梧县	194023	103423	90600	2597	1388	1209	13660	7188	6472
藤　县	414709	222507	192202	6677	3636	3041	31652	16710	14942
蒙山县	96289	50316	45973	1055	548	507	5358	2799	2559
岑溪市	326725	171247	155478	5046	2680	2366	24160	12584	11576
北海市	**873922**	**466637**	**407285**	**11165**	**6023**	**5142**	**50599**	**26971**	**23628**
海城区	83693	43437	40256	1111	615	496	5095	2737	2358
银海区	108307	57146	51161	1238	701	537	5444	2986	2458
铁山港区	123551	66693	56858	1526	839	687	6984	3686	3298
合浦县	558371	299361	259010	7290	3868	3422	33076	17562	15514
防城港市	**402433**	**224962**	**177471**	**4865**	**2605**	**2260**	**23022**	**12326**	**10696**
港口区	38478	24681	13797	341	192	149	1596	839	757
防城区	180011	98556	81455	2356	1278	1078	11629	6147	5482
上思县	123429	68657	54772	1317	684	633	5781	3207	2574
东兴市	60515	33068	27447	851	451	400	4016	2133	1883
钦州市	**1914764**	**1022673**	**892091**	**25774**	**13717**	**12057**	**131704**	**69154**	**62550**
钦南区	263357	142231	121126	2975	1585	1390	14974	7900	7074
钦北区	365725	199976	165749	4651	2469	2182	23562	12420	11142
灵山县	826856	437601	389255	11976	6412	5564	61298	32205	29093
浦北县	458826	242865	215961	6172	3251	2921	31870	16629	15241
贵港市	**2158138**	**1137304**	**1020834**	**27029**	**14337**	**12692**	**140403**	**74227**	**66176**
港北区	238267	124618	113649	3171	1671	1500	16473	8724	7749
港南区	311371	162310	149061	3554	1881	1673	18248	9608	8640
覃塘区	229900	117789	112111	3115	1633	1482	14972	7816	7156
平南县	519799	276174	243625	6862	3654	3208	35503	18886	16617
桂平市	858801	456413	402388	10327	5498	4829	55207	29193	26014
玉林市	**2912869**	**1533215**	**1379654**	**41418**	**22144**	**19274**	**216531**	**114327**	**102204**
玉州区	163991	87082	76909	1903	1023	880	10107	5268	4839
福绵区	185278	100490	84788	2099	1127	972	11042	5901	5141
容　县	377296	196082	181214	5208	2780	2428	25714	13463	12251
陆川县	440176	230710	209466	6459	3407	3052	35027	18474	16553
博白县	791333	420985	370348	12984	6916	6068	66611	35474	31137
兴业县	316919	167502	149417	3386	1835	1551	17607	9255	8352
北流市	637876	330364	307512	9379	5056	4323	50423	26492	23931
百色市	**2020080**	**1053887**	**966193**	**22264**	**11880**	**10384**	**109693**	**58749**	**50944**
右江区	134570	69392	65178	1370	721	649	7396	3835	3561
田阳区	132318	68116	64202	1219	634	585	6183	3259	2924
田东县	196057	101977	94080	2259	1179	1080	10188	5380	4808

1–5c 续表 2

单位:人

地 区	合计			0岁			1–4岁		
	合计	男	女	小计	男	女	小计	男	女
德保县	185451	98821	86630	1675	906	769	8773	4685	4088
那坡县	130732	68295	62437	1452	793	659	7912	4224	3688
凌云县	116302	60471	55831	1579	815	764	7347	3976	3371
乐业县	96825	50817	46008	1114	617	497	5545	3061	2484
田林县	160062	83640	76422	1461	757	704	7682	4073	3609
西林县	93199	49264	43935	1199	644	555	5586	3031	2555
隆林各族自治县	257714	131576	126138	3411	1834	1577	17937	9577	8360
靖西市	338707	177789	160918	3443	1863	1580	17228	9394	7834
平果市	178143	93729	84414	2082	1117	965	7916	4254	3662
贺州市	**1018671**	**531922**	**486749**	**14773**	**7915**	**6858**	**73910**	**38941**	**34969**
八步区	317171	163723	153448	4700	2523	2177	23858	12616	11242
平桂区	182298	96862	85436	2565	1389	1176	12817	6755	6062
昭平县	170410	90128	80282	2286	1256	1030	11470	6062	5408
钟山县	195981	102957	93024	2977	1552	1425	15095	7909	7186
富川瑶族自治县	152811	78252	74559	2245	1195	1050	10670	5599	5071
河池市	**1883946**	**979995**	**903951**	**22063**	**11585**	**10478**	**110120**	**58206**	**51914**
金城江区	104399	55307	49092	1158	609	549	5643	2989	2654
宜州区	313451	162351	151100	2941	1541	1400	15415	8090	7325
南丹县	136914	72363	64551	1953	1039	914	9011	4821	4190
天峨县	80297	43013	37284	867	468	399	3604	1984	1620
凤山县	110918	57874	53044	1358	753	605	6528	3493	3035
东兰县	153745	79668	74077	1667	875	792	8665	4667	3998
罗城仫佬族自治县	150511	77835	72676	1587	805	782	8113	4209	3904
环江毛南族自治县	164958	87955	77003	1914	1007	907	9298	4947	4351
巴马瑶族自治县	145661	74536	71125	1753	915	838	9086	4884	4202
都安瑶族自治县	293040	151402	141638	3605	1859	1746	18219	9531	8688
大化瑶族自治县	230052	117691	112361	3260	1714	1546	16538	8591	7947
来宾市	**1067899**	**566865**	**501034**	**12246**	**6399**	**5847**	**57666**	**29883**	**27783**
兴宾区	393866	209838	184028	4798	2553	2245	21692	11272	10420
忻城县	187258	97858	89400	1849	925	924	9436	4897	4539
象州县	166385	89046	77339	1723	903	820	8419	4378	4041
武宣县	188641	100004	88637	2466	1293	1173	11518	5909	5609
金秀瑶族自治县	81684	44013	37671	774	420	354	3720	1922	1798
合山市	50065	26106	23959	636	305	331	2881	1505	1376
崇左市	**1170932**	**618073**	**552859**	**12485**	**6698**	**5787**	**63132**	**33605**	**29527**
江州区	170361	91656	78705	1920	1065	855	9622	5197	4425
扶绥县	216232	116731	99501	2099	1122	977	10399	5568	4831
宁明县	212636	113567	99069	2346	1253	1093	11803	6237	5566
龙州县	149481	77663	71818	1654	872	782	8449	4419	4030
大新县	180722	92316	88406	1905	996	909	9756	5189	4567
天等县	193430	100014	93416	1925	1055	870	10015	5383	4632
凭祥市	48070	26126	21944	636	335	301	3088	1612	1476

1-5c 续表 3　　单位:人

地区	5-9岁			10-14岁			15-19岁		
	小计	男	女	小计	男	女	小计	男	女
总　计	**2120133**	**1125812**	**994321**	**2059651**	**1096297**	**963354**	**1016487**	**567004**	**449483**
南宁市	**224042**	**122298**	**101744**	**207826**	**113544**	**94282**	**117456**	**66920**	**50536**
兴宁区	5513	3081	2432	4882	2736	2146	2396	1405	991
青秀区	5065	2735	2330	4864	2643	2221	2527	1485	1042
江南区	10194	5730	4464	8580	4763	3817	24116	12869	11247
西乡塘区	11093	6325	4768	11892	6716	5176	4493	2740	1753
良庆区	7481	4095	3386	6508	3607	2901	3855	2268	1587
邕宁区	12137	6590	5547	11440	6209	5231	6609	3748	2861
武鸣区	20825	11535	9290	18120	9774	8346	8529	5013	3516
隆安县	17482	9641	7841	17883	9900	7983	8989	5087	3902
马山县	24719	13237	11482	23978	12784	11194	11148	6306	4842
上林县	19886	10692	9194	17698	9444	8254	7713	4411	3302
宾阳县	37770	20480	17290	34908	19528	15380	17599	10194	7405
横　县	51877	28157	23720	47073	25440	21633	19482	11394	8088
柳州市	**90084**	**47468**	**42616**	**93033**	**49479**	**43554**	**44413**	**24902**	**19511**
城中区	201	115	86	134	74	60	59	30	29
鱼峰区	3139	1645	1494	2878	1477	1401	1578	897	681
柳南区	2098	1089	1009	1867	1007	860	859	486	373
柳北区	1974	1022	952	1574	815	759	721	407	314
柳江区	14156	7386	6770	12924	6818	6106	6431	3619	2812
柳城县	10855	5526	5329	9713	5010	4703	5334	2787	2547
鹿寨县	10521	5450	5071	10450	5455	4995	5456	2940	2516
融安县	7922	4185	3737	8355	4389	3966	3904	2261	1643
融水苗族自治县	19251	10558	8693	21970	12026	9944	10081	5694	4387
三江侗族自治县	19967	10492	9475	23168	12408	10760	9990	5781	4209
桂林市	**166366**	**87564**	**78802**	**164793**	**86425**	**78368**	**87629**	**46378**	**41251**
秀峰区									
叠彩区	2455	1300	1155	1553	844	709	773	442	331
象山区	327	178	149	249	118	131	125	69	56
七星区	294	160	134	238	119	119	96	46	50
雁山区	4072	2150	1922	3391	1717	1674	16062	6819	9243
临桂区	16816	9147	7669	15386	8319	7067	9917	5318	4599
阳朔县	13745	7188	6557	12065	6220	5845	5639	2980	2659
灵川县	15654	8125	7529	12670	6523	6147	5691	3279	2412
全州县	25344	13386	11958	30587	16317	14270	13621	7625	5996
兴安县	13836	7137	6699	12279	6299	5980	5003	2664	2339
永福县	10108	5309	4799	10443	5568	4875	3662	2153	1509
灌阳县	7430	3995	3435	8722	4660	4062	3820	2262	1558
龙胜各族自治县	4938	2512	2426	5380	2644	2736	2531	1331	1200
资源县	5975	3115	2860	6650	3536	3114	2021	1168	853
平乐县	21361	11341	10020	21350	11371	9979	7998	4585	3413
恭城瑶族自治县	12688	6707	5981	12268	6260	6008	4773	2588	2185
荔浦市	11323	5814	5509	11562	5910	5652	5897	3049	2848

1-5c 续表 4

单位:人

地 区	5-9岁			10-14岁			15-19岁		
	小计	男	女	小计	男	女	小计	男	女
梧州市	**131820**	**68868**	**62952**	**123484**	**64573**	**58911**	**59655**	**33061**	**26594**
万秀区	3891	2064	1827	3018	1582	1436	1465	854	611
长洲区	2718	1451	1267	2155	1157	998	954	517	437
龙圩区	13556	6990	6566	12924	6764	6160	7304	3982	3322
苍梧县	20270	10460	9810	19122	9821	9301	8884	4965	3919
藤 县	47315	24660	22655	41801	21671	20130	20562	11187	9375
蒙山县	8874	4696	4178	8395	4415	3980	3691	2090	1601
岑溪市	35196	18547	16649	36069	19163	16906	16795	9466	7329
北海市	**73409**	**39848**	**33561**	**66084**	**35841**	**30243**	**43718**	**24012**	**19706**
海城区	6538	3576	2962	5332	2906	2426	5178	3012	2166
银海区	7382	4029	3353	6738	3657	3081	12812	5850	6962
铁山港区	10130	5494	4636	8881	4705	4176	3545	2156	1389
合浦县	49359	26749	22610	45133	24573	20560	22183	12994	9189
防城港市	**36214**	**19626**	**16588**	**33103**	**17723**	**15380**	**18685**	**10752**	**7933**
港口区	2410	1290	1120	2081	1097	984	903	592	311
防城区	18164	9728	8436	16724	8834	7890	8053	4567	3486
上思县	9893	5516	4377	9901	5434	4467	7635	4316	3319
东兴市	5747	3092	2655	4397	2358	2039	2094	1277	817
钦州市	**220580**	**115783**	**104797**	**209163**	**110177**	**98986**	**106266**	**59046**	**47220**
钦南区	25211	13522	11689	23447	12518	10929	15422	8348	7074
钦北区	40997	21692	19305	41877	22323	19554	19006	11214	7792
灵山县	101896	53126	48770	95893	49854	46039	49784	27084	22700
浦北县	52476	27443	25033	47946	25482	22464	22054	12400	9654
贵港市	**222605**	**117352**	**105253**	**220604**	**117431**	**103173**	**106227**	**59384**	**46843**
港北区	25397	13298	12099	23992	12735	11257	11022	6169	4853
港南区	30490	15997	14493	29805	15715	14090	15089	8626	6463
覃塘区	23560	12255	11305	22138	11601	10537	8336	4625	3711
平南县	54801	29131	25670	53267	28645	24622	26590	15115	11475
桂平市	88357	46671	41686	91402	48735	42667	45190	24849	20341
玉林市	**344452**	**181922**	**162530**	**314222**	**168076**	**146146**	**132105**	**76081**	**56024**
玉州区	16293	8688	7605	14339	7891	6448	6122	3586	2536
福绵区	18758	10160	8598	18573	10262	8311	8312	5057	3255
容 县	41962	21862	20100	40373	21170	19203	16466	9384	7082
陆川县	55473	29004	26469	49002	25632	23370	17994	10261	7733
博白县	100881	53700	47181	86252	46596	39656	35790	20902	14888
兴业县	30595	16215	14380	32971	17892	15079	14165	8128	6037
北流市	80490	42293	38197	72712	38633	34079	33256	18763	14493
百色市	**150156**	**81589**	**68567**	**171148**	**92202**	**78946**	**100537**	**54866**	**45671**
右江区	9382	5045	4337	10025	5274	4751	5000	2698	2302
田阳区	8214	4286	3928	9040	4768	4272	4416	2338	2078
田东县	13471	7419	6052	16735	9153	7582	9000	4977	4023

1-5c 续表 5

单位:人

地区	5-9岁			10-14岁			15-19岁		
	小计	男	女	小计	男	女	小计	男	女
德保县	13186	7053	6133	14534	7874	6660	8299	4635	3664
那坡县	10307	5683	4624	11222	6171	5051	5572	3194	2378
凌云县	9477	5088	4389	10150	5476	4674	6451	3511	2940
乐业县	7952	4442	3510	8878	4940	3938	4914	2773	2141
田林县	10559	5730	4829	14814	7983	6831	7780	4278	3502
西林县	7272	4057	3215	8482	4687	3795	4505	2478	2027
隆林各族自治县	22771	12306	10465	25477	13476	12001	18010	9429	8581
靖西市	25683	13954	11729	29406	15486	13920	18061	9753	8308
平果市	11882	6526	5356	12385	6914	5471	8529	4802	3727
贺州市	**113148**	**58916**	**54232**	**97856**	**50908**	**46948**	**38191**	**21004**	**17187**
八步区	37034	19216	17818	31487	16365	15122	11602	6291	5311
平桂区	19163	9956	9207	16794	8716	8078	6514	3636	2878
昭平县	18379	9562	8817	16807	8703	8104	7704	4085	3619
钟山县	23059	12041	11018	19479	10116	9363	7863	4393	3470
富川瑶族自治县	15513	8141	7372	13289	7008	6281	4508	2599	1909
河池市	**170180**	**90539**	**79641**	**182623**	**97223**	**85400**	**83070**	**45396**	**37674**
金城江区	8884	4799	4085	8217	4433	3784	3192	1746	1446
宜州区	25890	13695	12195	28830	15031	13799	10778	5969	4809
南丹县	13194	7122	6072	14530	8021	6509	8001	4464	3537
天峨县	5127	2948	2179	6627	3722	2905	4469	2478	1991
凤山县	9538	5217	4321	10018	5563	4455	5224	2985	2239
东兰县	12767	7084	5683	14171	8023	6148	6789	3920	2869
罗城仫佬族自治县	13225	6752	6473	13952	7207	6745	4422	2489	1933
环江毛南族自治县	12336	6560	5776	12582	6733	5849	5043	2794	2249
巴马瑶族自治县	14947	8150	6797	15796	8521	7275	7753	4207	3546
都安瑶族自治县	29438	15261	14177	32312	16646	15666	14580	7603	6977
大化瑶族自治县	24834	12951	11883	25588	13323	12265	12819	6741	6078
来宾市	**87340**	**45314**	**42026**	**85735**	**44291**	**41444**	**36273**	**20293**	**15980**
兴宾区	33173	17429	15744	33893	17446	16447	16351	9011	7340
忻城县	15016	7716	7300	14969	7724	7245	5581	3070	2511
象州县	11964	6255	5709	11798	6175	5623	4903	2751	2152
武宣县	17484	9055	8429	15938	8265	7673	5881	3458	2423
金秀瑶族自治县	5406	2733	2673	5445	2773	2672	2425	1341	1084
合山市	4297	2126	2171	3692	1908	1784	1132	662	470
崇左市	**89737**	**48725**	**41012**	**89977**	**48404**	**41573**	**42262**	**24909**	**17353**
江州区	13800	7793	6007	12412	7012	5400	5375	3287	2088
扶绥县	15627	8770	6857	15344	8471	6873	8192	5020	3172
宁明县	18932	10074	8858	18593	9718	8875	10064	5914	4150
龙州县	8879	4576	4303	8224	4189	4035	4576	2545	2031
大新县	12925	6859	6066	12387	6573	5814	4666	2676	1990
天等县	15870	8674	7196	19603	10632	8971	7863	4550	3313
凭祥市	3704	1979	1725	3414	1809	1605	1526	917	609

1-5c 续表 6 单位:人

地 区	20-24岁			25-29岁			30-34岁		
	小计	男	女	小计	男	女	小计	男	女
总 计	**946494**	**521122**	**425372**	**1083445**	**603367**	**480078**	**1462462**	**811991**	**650471**
南宁市	**109601**	**61525**	**48076**	**130570**	**73808**	**56762**	**184341**	**103409**	**80932**
兴宁区	2772	1667	1105	3291	1890	1401	5482	2925	2557
青秀区	2590	1496	1094	3091	1766	1325	4842	2665	2177
江南区	16056	7503	8553	7587	4474	3113	11545	6694	4851
西乡塘区	6279	3863	2416	7572	4386	3186	11154	6260	4894
良庆区	4412	2668	1744	4674	2883	1791	6848	4044	2804
邕宁区	6966	4013	2953	7158	4170	2988	10509	6133	4376
武鸣区	10627	6392	4235	14848	8688	6160	24289	13803	10486
隆安县	5886	3357	2529	9138	5300	3838	14090	7930	6160
马山县	9799	5414	4385	12232	6666	5566	16203	9109	7094
上林县	7794	4275	3519	11060	5985	5075	15688	8647	7041
宾阳县	18491	10518	7973	24535	13422	11113	31344	17443	13901
横 县	17929	10359	7570	25384	14178	11206	32347	17756	14591
柳州市	**40223**	**22065**	**18158**	**57413**	**31974**	**25439**	**82611**	**46947**	**35664**
城中区	94	53	41	165	75	90	266	132	134
鱼峰区	1916	1200	716	2830	1751	1079	4101	2579	1522
柳南区	796	448	348	1679	949	730	2438	1429	1009
柳北区	961	552	409	1479	782	697	2493	1363	1130
柳江区	6659	3749	2910	11304	6294	5010	16520	9739	6781
柳城县	4946	2624	2322	7377	4012	3365	9965	5566	4399
鹿寨县	3663	1996	1667	6686	3707	2979	9563	5368	4195
融安县	4352	2362	1990	5778	3261	2517	8965	5131	3834
融水苗族自治县	9105	4957	4148	9811	5445	4366	15488	8533	6955
三江侗族自治县	7731	4124	3607	10304	5698	4606	12812	7107	5705
桂林市	**83094**	**42900**	**40194**	**94558**	**51120**	**43438**	**138161**	**75126**	**63035**
秀峰区									
叠彩区	886	443	443	1701	863	838	2854	1461	1393
象山区	147	81	66	260	126	134	321	152	169
七星区	120	66	54	175	89	86	293	135	158
雁山区	25341	11608	13733	3967	2130	1837	4127	2108	2019
临桂区	8441	4583	3858	13330	7410	5920	14190	7776	6414
阳朔县	4687	2464	2223	8169	4255	3914	11961	6213	5748
灵川县	4842	2631	2211	8399	4329	4070	15402	8094	7308
全州县	8426	4798	3628	12072	7204	4868	18287	10929	7358
兴安县	4005	2078	1927	6060	3088	2972	11902	6293	5609
永福县	3527	2022	1505	5561	3029	2532	8281	4573	3708
灌阳县	3644	2092	1552	5190	3106	2084	6658	3928	2730
龙胜各族自治县	2345	1248	1097	3111	1628	1483	4756	2516	2240
资源县	2252	1225	1027	2885	1493	1392	4645	2487	2158
平乐县	5428	2893	2535	10100	5382	4718	14954	8291	6663
恭城瑶族自治县	4047	2130	1917	6977	3597	3380	8993	4745	4248
荔浦市	4956	2538	2418	6601	3391	3210	10537	5425	5112

1-5c 续表 7

单位:人

地 区	20-24岁			25-29岁			30-34岁		
	小计	男	女	小计	男	女	小计	男	女
梧州市	**54624**	**29519**	**25105**	**64967**	**34725**	**30242**	**76135**	**41775**	**34360**
万秀区	2067	1197	870	2980	1670	1310	3345	1858	1487
长洲区	991	509	482	1477	732	745	1711	888	823
龙圩区	6073	3223	2850	6844	3533	3311	7711	4224	3487
苍梧县	8228	4380	3848	10740	5709	5031	12634	7050	5584
藤 县	19232	10355	8877	21884	11921	9963	26530	15048	11482
蒙山县	2865	1484	1381	3811	1995	1816	5244	2721	2523
岑溪市	15168	8371	6797	17231	9165	8066	18960	9986	8974
北海市	**44812**	**26169**	**18643**	**60504**	**33937**	**26567**	**72881**	**40914**	**31967**
海城区	3912	2136	1776	7098	3673	3425	9354	4725	4629
银海区	11431	7102	4329	6779	3652	3127	8601	4670	3931
铁山港区	5090	3150	1940	9630	5479	4151	11227	6396	4831
合浦县	24379	13781	10598	36997	21133	15864	43699	25123	18576
防城港市	**18913**	**12000**	**6913**	**23640**	**14697**	**8943**	**29519**	**18041**	**11478**
港口区	3732	2965	767	3749	2847	902	3838	2685	1153
防城区	6915	3960	2955	8428	4978	3450	12834	7673	5161
上思县	5687	3531	2156	7453	4493	2960	8358	5158	3200
东兴市	2579	1544	1035	4010	2379	1631	4489	2525	1964
钦州市	**99754**	**54606**	**45148**	**93444**	**53549**	**39895**	**118698**	**67781**	**50917**
钦南区	22924	11755	11169	13228	7861	5367	18909	11059	7850
钦北区	17074	10257	6817	15958	9989	5969	21905	13573	8332
灵山县	39833	21723	18110	42452	23594	18858	50051	27779	22272
浦北县	19923	10871	9052	21806	12105	9701	27833	15370	12463
贵港市	**110384**	**60902**	**49482**	**106139**	**60095**	**46044**	**139408**	**77682**	**61726**
港北区	11826	6334	5492	13486	7345	6141	17303	9527	7776
港南区	14159	8079	6080	13930	8021	5909	21039	11759	9280
覃塘区	9834	5355	4479	10409	5582	4827	16325	8953	7372
平南县	26217	14424	11793	25367	14382	10985	33726	18805	14921
桂平市	48348	26710	21638	42947	24765	18182	51015	28638	22377
玉林市	**128756**	**71912**	**56844**	**137106**	**76294**	**60812**	**191069**	**104295**	**86774**
玉州区	6764	3933	2831	8604	4923	3681	14407	8069	6338
福绵区	8116	4814	3302	8849	5342	3507	13587	8069	5518
容 县	13617	7268	6349	14498	7529	6969	22666	11782	10884
陆川县	19278	10485	8793	20969	11401	9568	29948	16161	13787
博白县	38517	21610	16907	43193	24396	18797	52009	28613	23396
兴业县	13124	7624	5500	12788	7415	5373	17775	10081	7694
北流市	29340	16178	13162	28205	15288	12917	40677	21520	19157
百色市	**81476**	**44374**	**37102**	**90368**	**50024**	**40344**	**122266**	**66670**	**55596**
右江区	4468	2406	2062	5990	3137	2853	9071	4651	4420
田阳区	3700	1989	1711	4626	2545	2081	7005	3763	3242
田东县	5827	3167	2660	8217	4573	3644	11401	6229	5172

1-5c 续表 8

单位：人

地 区	20–24岁			25–29岁			30–34岁		
	小计	男	女	小计	男	女	小计	男	女
德保县	6309	3487	2822	6511	3642	2869	9667	5344	4323
那坡县	4475	2359	2116	5037	2703	2334	7376	3875	3501
凌云县	6577	3632	2945	6449	3716	2733	7477	4111	3366
乐业县	5543	3028	2515	5869	3288	2581	7311	4133	3178
田林县	6318	3499	2819	6512	3721	2791	10311	5718	4593
西林县	4344	2435	1909	4913	2761	2152	6442	3632	2810
隆林各族自治县	12222	6271	5951	13235	6987	6248	16680	8838	7842
靖西市	14433	7970	6463	14829	8126	6703	18975	10388	8587
平果市	7260	4131	3129	8180	4825	3355	10550	5988	4562
贺州市	**37095**	**19532**	**17563**	**55727**	**29035**	**26692**	**67219**	**35966**	**31253**
八步区	12360	6290	6070	16664	8367	8297	20134	10372	9762
平桂区	7456	4121	3335	11349	6301	5048	13820	7813	6007
昭平县	4754	2582	2172	8125	4283	3842	10207	5511	4696
钟山县	7094	3696	3398	10756	5542	5214	13011	7002	6009
富川瑶族自治县	5431	2843	2588	8833	4542	4291	10047	5268	4779
河池市	**69459**	**37514**	**31945**	**71684**	**39071**	**32613**	**101398**	**54873**	**46525**
金城江区	2642	1378	1264	3741	2066	1675	6160	3353	2807
宜州区	9402	5083	4319	9728	5120	4608	15511	8087	7424
南丹县	5668	3153	2515	5896	3328	2568	7813	4298	3515
天峨县	3578	2096	1482	3551	2136	1415	3905	2170	1735
凤山县	5342	2924	2418	5383	2930	2453	6232	3448	2784
东兰县	5798	3357	2441	5263	3026	2237	7963	4274	3689
罗城仫佬族自治县	4143	2075	2068	5129	2638	2491	7974	4209	3765
环江毛南族自治县	5517	3022	2495	6530	3682	2848	9429	5307	4122
巴马瑶族自治县	5815	3082	2733	5352	2806	2546	7823	4131	3692
都安瑶族自治县	12426	6617	5809	11809	6400	5409	15443	8420	7023
大化瑶族自治县	9128	4727	4401	9302	4939	4363	13145	7176	5969
来宾市	**35213**	**19190**	**16023**	**48371**	**26752**	**21619**	**66824**	**37502**	**29322**
兴宾区	15277	8326	6951	19405	10867	8538	25695	14746	10949
忻城县	4389	2364	2025	6834	3589	3245	10536	5791	4745
象州县	4864	2679	2185	6693	3727	2966	9522	5285	4237
武宣县	6838	3716	3122	9328	5253	4075	11683	6481	5202
金秀瑶族自治县	2378	1320	1058	3355	1877	1478	5610	3146	2464
合山市	1467	785	682	2756	1439	1317	3778	2053	1725
崇左市	**33090**	**18914**	**14176**	**48954**	**28286**	**20668**	**71932**	**41010**	**30922**
江州区	4864	2907	1957	7241	4401	2840	11880	6768	5112
扶绥县	6661	4041	2620	9278	5540	3738	13864	8139	5725
宁明县	6349	3537	2812	9254	5370	3884	13536	7876	5660
龙州县	3893	2165	1728	7505	4090	3415	9634	5466	4168
大新县	4751	2564	2187	6405	3495	2910	9283	4948	4335
天等县	5099	2875	2224	6442	3797	2645	9787	5567	4220
凭祥市	1473	825	648	2829	1593	1236	3948	2246	1702

1-5c 续表 9

单位：人

地 区	35-39岁			40-44岁			45-49岁		
	小计	男	女	小计	男	女	小计	男	女
总 计	**1449162**	**805840**	**643322**	**1389105**	**760957**	**628148**	**1621627**	**872638**	**748989**
南宁市	**184454**	**102528**	**81926**	**172030**	**92969**	**79061**	**202467**	**109115**	**93352**
兴宁区	6193	3425	2768	6181	3434	2747	6503	3571	2932
青秀区	5068	2790	2278	4893	2592	2301	5817	3203	2614
江南区	11285	6412	4873	10589	5860	4729	10826	5961	4865
西乡塘区	12646	6960	5686	12047	6351	5696	13828	7253	6575
良庆区	7432	4420	3012	7000	3945	3055	7422	4246	3176
邕宁区	10617	6071	4546	9487	5181	4306	10937	6019	4918
武鸣区	24329	13651	10678	22048	11911	10137	25465	13739	11726
隆安县	13725	7565	6160	14755	8028	6727	16657	9107	7550
马山县	16775	9294	7481	17470	9569	7901	19638	10585	9053
上林县	14962	8274	6688	13998	7588	6410	17295	9358	7937
宾阳县	28017	15616	12401	26884	14508	12376	31875	16904	14971
横 县	33405	18050	15355	26678	14002	12676	36204	19169	17035
柳州市	**86476**	**49326**	**37150**	**88339**	**49700**	**38639**	**104070**	**57393**	**46677**
城中区	251	135	116	180	89	91	263	137	126
鱼峰区	4248	2625	1623	3878	2383	1495	4138	2470	1668
柳南区	2478	1440	1038	2230	1254	976	2397	1335	1062
柳北区	2670	1466	1204	2346	1223	1123	2724	1443	1281
柳江区	15256	8895	6361	14115	7830	6285	15047	8138	6909
柳城县	11470	6510	4960	11447	6274	5173	13906	7374	6532
鹿寨县	10263	5861	4402	10876	6254	4622	11947	6859	5088
融安县	9118	5393	3725	9226	5432	3794	11266	6517	4749
融水苗族自治县	16779	9452	7327	18397	10547	7850	22415	12342	10073
三江侗族自治县	13943	7549	6394	15644	8414	7230	19967	10778	9189
桂林市	**155225**	**85738**	**69487**	**140644**	**76396**	**64248**	**174852**	**94490**	**80362**
秀峰区									
叠彩区	2961	1549	1412	1896	1001	895	2029	1010	1019
象山区	325	185	140	283	141	142	352	175	177
七星区	360	184	176	268	157	111	315	152	163
雁山区	4668	2518	2150	3917	2099	1818	4608	2426	2182
临桂区	15685	8809	6876	14229	7830	6399	18467	10046	8421
阳朔县	14025	7524	6501	12503	6753	5750	15245	8301	6944
灵川县	16678	9213	7465	12276	6639	5637	15027	7970	7057
全州县	19968	11476	8492	19700	10501	9199	24151	12903	11248
兴安县	13504	7544	5960	10827	5904	4923	13362	7038	6324
永福县	9184	5134	4050	9710	5423	4287	11940	6710	5230
灌阳县	7257	4274	2983	6314	3336	2978	8178	4207	3971
龙胜各族自治县	5633	3010	2623	5967	3321	2646	8450	4659	3791
资源县	5684	3127	2557	5567	3021	2546	7411	4186	3225
平乐县	14098	7705	6393	13280	7228	6052	17141	9176	7965
恭城瑶族自治县	11922	6409	5513	10040	5511	4529	12284	6696	5588
荔浦市	13273	7077	6196	13867	7531	6336	15892	8835	7057

1-5c 续表 10 单位:人

地 区	35-39岁			40-44岁			45-49岁		
	小计	男	女	小计	男	女	小计	男	女
梧州市	**58459**	**31845**	**26614**	**57152**	**30198**	**26954**	**78034**	**41497**	**36537**
万秀区	2495	1396	1099	2354	1214	1140	3372	1781	1591
长洲区	1279	667	612	1146	584	562	1732	939	793
龙圩区	6009	3202	2807	6317	3372	2945	7727	4074	3653
苍梧县	9279	5048	4231	8919	4866	4053	13453	7674	5779
藤 县	19514	11132	8382	18106	9859	8247	24285	12969	11316
蒙山县	4892	2574	2318	5113	2695	2418	6721	3639	3082
岑溪市	14991	7826	7165	15197	7608	7589	20744	10421	10323
北海市	**59540**	**32878**	**26662**	**52184**	**28032**	**24152**	**58280**	**30248**	**28032**
海城区	7209	3744	3465	6076	3040	3036	6607	3262	3345
银海区	6645	3553	3092	5849	3137	2712	6865	3499	3366
铁山港区	8096	4563	3533	7467	4176	3291	9282	5028	4254
合浦县	37590	21018	16572	32792	17679	15113	35526	18459	17067
防城港市	**29873**	**17547**	**12326**	**26940**	**15723**	**11217**	**27111**	**15972**	**11139**
港口区	3368	2218	1150	2858	1897	961	3305	2153	1152
防城区	13702	8071	5631	11364	6654	4710	11059	6447	4612
上思县	8118	4699	3419	8501	4894	3607	8479	4949	3530
东兴市	4685	2559	2126	4217	2278	1939	4268	2423	1845
钦州市	**106976**	**60463**	**46513**	**97562**	**53649**	**43913**	**109685**	**59055**	**50630**
钦南区	17600	10041	7559	14817	8285	6532	15724	8497	7227
钦北区	20823	12575	8248	19750	11309	8441	20657	11376	9281
灵山县	45299	25086	20213	40639	22082	18557	45971	24775	21196
浦北县	23254	12761	10493	22356	11973	10383	27333	14407	12926
贵港市	**126108**	**70697**	**55411**	**125504**	**68388**	**57116**	**141991**	**74100**	**67891**
港北区	14280	8126	6154	15246	8499	6747	16416	8708	7708
港南区	18635	10364	8271	16461	8737	7724	19949	9963	9986
覃塘区	13181	7166	6015	13678	7212	6466	15639	7983	7656
平南县	27470	15329	12141	28500	15517	12983	32548	17153	15395
桂平市	52542	29712	22830	51619	28423	23196	57439	30293	27146
玉林市	**170612**	**92797**	**77815**	**146383**	**76426**	**69957**	**175434**	**88549**	**86885**
玉州区	12897	7111	5786	10991	5915	5076	11838	5973	5865
福绵区	13407	7782	5625	11246	6033	5213	11979	5997	5982
容 县	19463	10066	9397	19080	9482	9598	24586	12135	12451
陆川县	26799	14934	11865	23077	12614	10463	24635	12910	11725
博白县	44156	24284	19872	36031	19072	16959	44424	22895	21529
兴业县	18331	10184	8147	16900	8844	8056	20689	10517	10172
北流市	35559	18436	17123	29058	14466	14592	37283	18122	19161
百色市	**142977**	**78875**	**64102**	**147837**	**82798**	**65039**	**165114**	**90942**	**74172**
右江区	10680	5706	4974	10902	6080	4822	12588	6860	5728
田阳区	9614	5299	4315	10686	5889	4797	11966	6736	5230
田东县	14631	8135	6496	15512	8723	6789	16968	9406	7562

1-5c 续表 11

单位:人

地区	35-39岁			40-44岁			45-49岁		
	小计	男	女	小计	男	女	小计	男	女
德保县	11838	6740	5098	12860	7439	5421	14523	8527	5996
那坡县	9585	5041	4544	11304	6258	5046	11552	6487	5065
凌云县	8237	4548	3689	7988	4453	3535	8533	4583	3950
乐业县	7009	3890	3119	6983	3919	3064	7491	3887	3604
田林县	12516	6874	5642	12732	7245	5487	15498	8225	7273
西林县	7102	4029	3073	7127	4021	3106	8451	4432	4019
隆林各族自治县	18210	10029	8181	16767	9200	7567	18969	9944	9025
靖西市	21241	11617	9624	23061	12718	10343	25403	14461	10942
平果市	12314	6967	5347	11915	6853	5062	13172	7394	5778
贺州市	**56107**	**30751**	**25356**	**54782**	**29988**	**24794**	**66000**	**36129**	**29871**
八步区	17744	9537	8207	17406	9228	8178	21155	11563	9592
平桂区	12028	6859	5169	10415	5762	4653	11862	6582	5280
昭平县	8172	4378	3794	8422	4619	3803	11194	6158	5036
钟山县	9914	5567	4347	10298	5844	4454	11635	6582	5053
富川瑶族自治县	8249	4410	3839	8241	4535	3706	10154	5244	4910
河池市	**128973**	**71117**	**57856**	**125546**	**70574**	**54972**	**138523**	**76460**	**62063**
金城江区	7984	4334	3650	7995	4585	3410	8890	5155	3735
宜州区	23322	12556	10766	20682	11241	9441	24136	13043	11093
南丹县	9253	5155	4098	9185	5126	4059	10661	5617	5044
天峨县	5733	3332	2401	5990	3454	2536	7449	4156	3293
凤山县	8035	4470	3565	7850	4398	3452	8272	4399	3873
东兰县	10583	5727	4856	10410	5800	4610	11429	6233	5196
罗城仫佬族自治县	9065	4994	4071	8826	4989	3837	11134	6132	5002
环江毛南族自治县	11281	6423	4858	12829	7443	5386	13799	7908	5891
巴马瑶族自治县	9551	5202	4349	9601	5372	4229	9772	5320	4452
都安瑶族自治县	19552	10707	8845	18303	10227	8076	19242	10714	8528
大化瑶族自治县	14614	8217	6397	13875	7939	5936	13739	7783	5956
来宾市	**67626**	**38456**	**29170**	**72732**	**40827**	**31905**	**85621**	**47292**	**38329**
兴宾区	23736	13693	10043	29503	16818	12685	30773	16944	13829
忻城县	11841	6647	5194	11156	6205	4951	15171	8417	6754
象州县	11078	6365	4713	11315	6339	4976	14228	8010	6218
武宣县	11643	6488	5155	11479	6135	5344	13821	7358	6463
金秀瑶族自治县	5780	3243	2537	5904	3418	2486	7700	4415	3285
合山市	3548	2020	1528	3375	1912	1463	3928	2148	1780
崇左市	**75756**	**42822**	**32934**	**81470**	**45289**	**36181**	**94445**	**51396**	**43049**
江州区	12963	7290	5673	13977	7695	6282	14903	8011	6892
扶绥县	16111	9116	6995	16675	9022	7653	18626	9796	8830
宁明县	13841	7982	5859	14820	8507	6313	16242	9106	7136
龙州县	9492	5379	4113	11025	6233	4792	13835	7575	6260
大新县	10352	5648	4704	11544	6338	5206	14608	8000	6608
天等县	9296	5204	4092	9817	5357	4460	12236	6580	5656
凭祥市	3701	2203	1498	3612	2137	1475	3995	2328	1667

1-5c 续表 12

单位:人

地 区	50-54岁			55-59岁			60-64岁		
	小计	男	女	小计	男	女	小计	男	女
总 计	**1839864**	**980701**	**859163**	**1629946**	**858522**	**771424**	**1166407**	**603397**	**563010**
南宁市	**222171**	**120432**	**101739**	**204494**	**108663**	**95831**	**141884**	**73956**	**67928**
兴宁区	6121	3486	2635	4892	2698	2194	3430	1790	1640
青秀区	6554	3705	2849	6235	3489	2746	4346	2281	2065
江南区	11128	6113	5015	10489	5528	4961	6101	3071	3030
西乡塘区	13628	7346	6282	11157	6035	5122	6986	3731	3255
良庆区	7661	4207	3454	6553	3458	3095	4434	2270	2164
邕宁区	12245	6843	5402	10491	5607	4884	7280	3681	3599
武鸣区	29255	15828	13427	29134	15709	13425	20108	10434	9674
隆安县	18746	10387	8359	17215	9232	7983	11423	5870	5553
马山县	20352	11098	9254	18230	9747	8483	13123	6769	6354
上林县	19788	10555	9233	18428	9957	8471	14023	7578	6445
宾阳县	35113	18962	16151	32417	17216	15201	22083	11503	10580
横 县	41580	21902	19678	39253	19987	19266	28547	14978	13569
柳州市	**114214**	**62756**	**51458**	**98270**	**53649**	**44621**	**66400**	**35486**	**30914**
城中区	302	159	143	324	171	153	205	115	90
鱼峰区	4275	2565	1710	3766	2180	1586	2915	1665	1250
柳南区	3111	1710	1401	2839	1540	1299	2304	1272	1032
柳北区	2890	1570	1320	2535	1349	1186	1672	884	788
柳江区	16174	8792	7382	14253	7674	6579	11818	6205	5613
柳城县	15928	8751	7177	13982	7631	6351	10173	5467	4706
鹿寨县	13415	7858	5557	12509	7321	5188	9370	5145	4225
融安县	13423	7711	5712	12088	6902	5186	8635	4864	3771
融水苗族自治县	23975	12970	11005	18791	9835	8956	10597	5473	5124
三江侗族自治县	20721	10670	10051	17183	9046	8137	8711	4396	4315
桂林市	**215845**	**115340**	**100505**	**198529**	**105471**	**93058**	**148010**	**77099**	**70911**
秀峰区									
叠彩区	2367	1147	1220	2319	1179	1140	1491	759	732
象山区	326	175	151	278	146	132	174	90	84
七星区	333	172	161	283	147	136	189	101	88
雁山区	4736	2489	2247	3928	2122	1806	2442	1326	1116
临桂区	21323	11287	10036	18223	9880	8343	12720	6747	5973
阳朔县	18084	10001	8083	15683	8442	7241	10808	5791	5017
灵川县	19819	10269	9550	19293	10146	9147	14208	7401	6807
全州县	31372	16739	14633	31112	16662	14450	27561	14228	13333
兴安县	17010	8761	8249	17917	9301	8616	13479	6832	6647
永福县	14260	8071	6189	11433	6376	5057	8265	4493	3772
灌阳县	11573	5989	5584	11028	5559	5469	9179	4549	4630
龙胜各族自治县	10159	5694	4465	8945	4860	4085	6540	3448	3092
资源县	8764	4723	4041	7497	3911	3586	5836	3008	2828
平乐县	20730	11029	9701	19807	10460	9347	13827	7028	6799
恭城瑶族自治县	16503	8734	7769	13881	7056	6825	9317	4717	4600
荔浦市	18486	10060	8426	16902	9224	7678	11974	6581	5393

1-5c 续表 13

单位：人

地 区	50-54岁			55-59岁			60-64岁		
	小计	男	女	小计	男	女	小计	男	女
梧州市	**97417**	**52648**	**44769**	**83239**	**45123**	**38116**	**56827**	**31813**	**25014**
万秀区	4232	2221	2011	3195	1680	1515	1804	977	827
长洲区	2006	1060	946	1650	882	768	949	501	448
龙圩区	9439	5331	4108	8020	4518	3502	4660	2578	2082
苍梧县	16641	9345	7296	13449	7402	6047	8529	4818	3711
藤 县	31549	17074	14475	27534	14991	12543	19332	10981	8351
蒙山县	8825	4676	4149	7884	4228	3656	5758	3132	2626
岑溪市	24725	12941	11784	21507	11422	10085	15795	8826	6969
北海市	**64517**	**32961**	**31556**	**59457**	**30341**	**29116**	**41043**	**20656**	**20387**
海城区	6445	3232	3213	5103	2593	2510	3069	1536	1533
银海区	7491	3826	3665	6204	3308	2896	3897	2061	1836
铁山港区	10106	5304	4802	8868	4520	4348	5744	2932	2812
合浦县	40475	20599	19876	39282	19920	19362	28333	14127	14206
防城港市	**29582**	**16223**	**13359**	**27000**	**14727**	**12273**	**19171**	**9786**	**9385**
港口区	3154	2028	1126	2305	1397	908	1146	633	513
防城区	12089	6359	5730	11793	6272	5521	8925	4302	4623
上思县	9701	5352	4349	8810	4828	3982	6661	3535	3126
东兴市	4638	2484	2154	4092	2230	1862	2439	1316	1123
钦州市	**127367**	**67395**	**59972**	**122926**	**63176**	**59750**	**89932**	**46184**	**43748**
钦南区	16479	8861	7618	15646	8187	7459	11979	6052	5927
钦北区	24098	12878	11220	23697	12139	11558	18855	9478	9377
灵山县	54190	28753	25437	50716	25984	24732	35969	18792	17177
浦北县	32600	16903	15697	32867	16866	16001	23129	11862	11267
贵港市	**158093**	**81194**	**76899**	**132085**	**68062**	**64023**	**97919**	**50111**	**47808**
港北区	17222	8668	8554	13176	6619	6557	9273	4657	4616
港南区	23606	11944	11662	20292	10339	9953	15503	7772	7731
覃塘区	18016	8833	9183	15225	7546	7679	10741	5411	5330
平南县	37395	19635	17760	33163	17360	15803	24730	12811	11919
桂平市	61854	32114	29740	50229	26198	24031	37672	19460	18212
玉林市	**201987**	**102894**	**99093**	**180747**	**92624**	**88123**	**136560**	**70126**	**66434**
玉州区	11805	6032	5773	9864	5015	4849	7273	3642	3631
福绵区	12929	6750	6179	11315	5918	5397	8683	4300	4383
容 县	30513	15551	14962	26890	13982	12908	19655	10973	8682
陆川县	27149	14137	13012	24058	12034	12024	19251	9331	9920
博白县	50152	25566	24586	46715	24107	22608	35914	17768	18146
兴业县	24800	13187	11613	22406	12024	10382	16442	8736	7706
北流市	44639	21671	22968	39499	19544	19955	29342	15376	13966
百色市	**173106**	**92678**	**80428**	**138008**	**72011**	**65997**	**99587**	**48938**	**50649**
右江区	13359	7132	6227	10866	5599	5267	6559	3222	3337
田阳区	13626	7455	6171	10237	5511	4726	6834	3372	3462
田东县	16670	8971	7699	13976	7127	6849	10059	4827	5232

1-5c 续表 14

单位:人

地 区	50-54岁			55-59岁			60-64岁		
	小计	男	女	小计	男	女	小计	男	女
德保县	15080	8930	6150	13441	7494	5947	10475	5469	5006
那坡县	11782	6368	5414	8716	4533	4183	5844	2794	3050
凌云县	9221	4599	4622	7274	3662	3612	4939	2370	2569
乐业县	8113	3958	4155	5485	2692	2793	3606	1745	1861
田林县	15706	8276	7430	12091	6222	5869	7416	3594	3822
西林县	8769	4426	4343	5846	2953	2893	3925	1880	2045
隆林各族自治县	20001	9995	10006	15242	7496	7746	11663	5484	6179
靖西市	25722	14522	11200	21867	11953	9914	18793	9469	9324
平果市	15057	8046	7011	12967	6769	6198	9474	4712	4762
贺州市	**79167**	**42125**	**37042**	**70463**	**36930**	**33533**	**48936**	**25583**	**23353**
八步区	23956	12863	11093	21217	11155	10062	14749	7650	7099
平桂区	13332	7215	6117	12042	6349	5693	8585	4446	4139
昭平县	14693	7917	6776	12031	6636	5395	7680	4346	3334
钟山县	14711	7830	6881	13576	7044	6532	9519	4967	4552
富川瑶族自治县	12475	6300	6175	11597	5746	5851	8403	4174	4229
河池市	**153138**	**82174**	**70964**	**134886**	**71107**	**63779**	**97242**	**49699**	**47543**
金城江区	9561	5303	4258	8088	4389	3699	5365	2778	2587
宜州区	28222	15449	12773	27634	14887	12747	19583	10262	9321
南丹县	10982	5768	5214	8358	4255	4103	5219	2681	2538
天峨县	7897	4137	3760	5623	2989	2634	3381	1750	1631
凤山县	8370	4353	4017	6449	3348	3101	4704	2272	2432
东兰县	11369	5836	5533	9794	5022	4772	8624	4248	4376
罗城仫佬族自治县	14013	7625	6388	12769	6807	5962	8450	4493	3957
环江毛南族自治县	15904	8915	6989	13160	7273	5887	8127	4198	3929
巴马瑶族自治县	10571	5328	5243	9404	4639	4765	7505	3547	3958
都安瑶族自治县	21141	11525	9616	19690	10463	9227	15045	7972	7073
大化瑶族自治县	15108	7935	7173	13917	7035	6882	11239	5498	5741
来宾市	**97533**	**54173**	**43360**	**82357**	**44949**	**37408**	**57456**	**30893**	**26563**
兴宾区	32783	18185	14598	26711	14481	12230	19432	10338	9094
忻城县	17869	9823	8046	16551	9062	7489	11610	6268	5342
象州县	17620	9934	7686	14160	7774	6386	8468	4640	3828
武宣县	16087	8888	7199	13732	7520	6212	10688	5831	4857
金秀瑶族自治县	8566	4906	3660	7059	3957	3102	4049	2231	1818
合山市	4608	2437	2171	4144	2155	1989	3209	1585	1624
崇左市	**105727**	**57708**	**48019**	**97485**	**51689**	**45796**	**65440**	**33067**	**32373**
江州区	15263	8418	6845	13104	6966	6138	8351	4257	4094
扶绥县	20143	11102	9041	17254	9443	7811	11630	6141	5489
宁明县	18618	10288	8330	16375	8610	7765	10647	5403	5244
龙州县	15396	8430	6966	14055	7485	6570	9642	4809	4833
大新县	16867	9020	7847	16766	8776	7990	11321	5548	5773
天等县	15374	8155	7219	16317	8406	7911	11332	5638	5694
凭祥市	4066	2295	1771	3614	2003	1611	2517	1271	1246

1-5c 续表 15

单位:人

地 区	65-69岁			70-74岁			75-79岁		
	小计	男	女	小计	男	女	小计	男	女
总 计	**1189315**	**597219**	**592096**	**858594**	**417154**	**441440**	**648270**	**295171**	**353099**
南宁市	**142981**	**72146**	**70835**	**110467**	**51275**	**59192**	**81195**	**35132**	**46063**
兴宁区	4032	1937	2095	3624	1648	1976	2097	934	1163
青秀区	4285	2197	2088	3207	1531	1676	2242	978	1264
江南区	5954	2839	3115	4604	2019	2585	2724	1174	1550
西乡塘区	7476	3811	3665	5056	2308	2748	3822	1637	2185
良庆区	5587	2719	2868	3921	1816	2105	2646	1247	1399
邕宁区	7224	3660	3564	5646	2686	2960	4232	1973	2259
武鸣区	19666	9927	9739	14008	6724	7284	11032	4789	6243
隆安县	11670	5801	5869	8595	3988	4607	7019	2945	4074
马山县	12681	6293	6388	11641	4949	6692	8596	3508	5088
上林县	13542	7089	6453	10153	4752	5401	8203	3394	4809
宾阳县	22594	11315	11279	17206	8047	9159	12174	5252	6922
横 县	28270	14558	13712	22806	10807	11999	16408	7301	9107
柳州市	**71586**	**36397**	**35189**	**51440**	**25296**	**26144**	**37384**	**17144**	**20240**
城中区	130	56	74	86	38	48	70	28	42
鱼峰区	2667	1365	1302	1801	876	925	1309	616	693
柳南区	1912	1000	912	1205	593	612	963	450	513
柳北区	1464	724	740	918	459	459	657	316	341
柳江区	11203	5707	5496	7251	3567	3684	5028	2287	2741
柳城县	9762	4973	4789	6450	3201	3249	5011	2264	2747
鹿寨县	10044	5135	4909	6255	3184	3071	4387	2071	2316
融安县	10165	5365	4800	7060	3725	3335	5059	2439	2620
融水苗族自治县	12711	6302	6409	10689	4978	5711	8004	3523	4481
三江侗族自治县	11528	5770	5758	9725	4675	5050	6896	3150	3746
桂林市	**159739**	**79564**	**80175**	**106955**	**53184**	**53771**	**71049**	**34091**	**36958**
秀峰区									
叠彩区	1132	529	603	663	291	372	469	174	295
象山区	163	66	97	124	53	71	74	33	41
七星区	187	84	103	98	45	53	77	33	44
雁山区	2639	1219	1420	1780	781	999	1181	473	708
临桂区	15553	7872	7681	10598	5307	5291	7145	3165	3980
阳朔县	11544	5885	5659	7870	3939	3931	5446	2588	2858
灵川县	15605	8008	7597	9524	4690	4834	5948	2739	3209
全州县	27032	13268	13764	16213	7862	8351	10595	5166	5429
兴安县	15441	7588	7853	9305	4731	4574	6086	2913	3173
永福县	8848	4706	4142	6728	3260	3468	4346	2097	2249
灌阳县	9908	4584	5324	6847	3568	3279	4738	2456	2282
龙胜各族自治县	6695	3331	3364	5003	2413	2590	2979	1352	1627
资源县	6667	3323	3344	4608	2349	2259	3029	1536	1493
平乐县	14937	7270	7667	10877	5481	5396	7482	3662	3820
恭城瑶族自治县	10647	5240	5407	7871	3952	3919	5359	2716	2643
荔浦市	12741	6591	6150	8846	4462	4384	6095	2988	3107

1-5c 续表 16

单位：人

地 区	65-69岁			70-74岁			75-79岁		
	小计	男	女	小计	男	女	小计	男	女
梧州市	**60071**	**33218**	**26853**	**39875**	**21200**	**18675**	**33282**	**15847**	**17435**
万秀区	2255	1152	1103	1538	722	816	1174	584	590
长洲区	1381	725	656	879	474	405	702	298	404
龙圩区	6434	3381	3053	3981	2125	1856	3327	1645	1682
苍梧县	9145	5057	4088	6526	3334	3192	5260	2376	2884
藤 县	19400	11170	8230	13000	7226	5774	11262	5464	5798
蒙山县	6023	3194	2829	4140	2126	2014	3349	1588	1761
岑溪市	15433	8539	6894	9811	5193	4618	8208	3892	4316
北海市	**37532**	**19333**	**18199**	**26396**	**14084**	**12312**	**20421**	**10593**	**9828**
海城区	2308	1161	1147	1249	616	633	827	368	459
银海区	3135	1584	1551	2522	1171	1351	2191	1035	1156
铁山港区	4990	2549	2441	3945	2084	1861	3204	1557	1647
合浦县	27099	14039	13060	18680	10213	8467	14199	7633	6566
防城港市	**18898**	**9588**	**9310**	**12571**	**6584**	**5987**	**9689**	**4954**	**4735**
港口区	1125	607	518	772	401	371	703	361	342
防城区	8995	4472	4523	6030	3219	2811	4447	2475	1972
上思县	6251	3188	3063	3995	2057	1938	3075	1395	1680
东兴市	2527	1321	1206	1774	907	867	1464	723	741
钦州市	**88983**	**46503**	**42480**	**60842**	**32632**	**28210**	**46691**	**23867**	**22824**
钦南区	11957	6278	5679	7401	4185	3216	6128	3321	2807
钦北区	18761	9448	9313	12978	6852	6126	9550	4830	4720
灵山县	35172	18493	16679	24664	12940	11724	18425	9194	9231
浦北县	23093	12284	10809	15799	8655	7144	12588	6522	6066
贵港市	**103935**	**52474**	**51461**	**73840**	**36489**	**37351**	**55469**	**25977**	**29492**
港北区	9760	4897	4863	7021	3407	3614	5672	2502	3170
港南区	17161	8723	8438	12487	6129	6358	9242	4256	4986
覃塘区	11270	5746	5524	8566	4088	4478	6611	2951	3660
平南县	26110	12875	13235	17488	8741	8747	13159	6394	6765
桂平市	39634	20233	19401	28278	14124	14154	20785	9874	10911
玉林市	**138048**	**69618**	**68430**	**95957**	**49980**	**45977**	**72939**	**36413**	**36526**
玉州区	7888	3898	3990	5414	2731	2683	3606	1792	1814
福绵区	9514	4702	4812	6441	3308	3133	4786	2495	2291
容 县	20439	11117	9322	13022	6849	6173	10641	5240	5401
陆川县	22178	10356	11822	15470	8111	7359	10516	5685	4831
博白县	31753	15724	16029	23176	12370	10806	18267	9356	8911
兴业县	19001	9662	9339	13349	6498	6851	10854	4869	5985
北流市	27275	14159	13116	19085	10113	8972	14269	6976	7293
百色市	**97425**	**45657**	**51768**	**78400**	**33888**	**44512**	**63907**	**25250**	**38657**
右江区	5989	2686	3303	4101	1799	2302	3288	1313	1975
田阳区	8305	3893	4412	6350	2794	3556	4934	1903	3031
田东县	10948	4933	6015	8412	3655	4757	6022	2318	3704

1-5c 续表 17

单位：人

地 区	65-69岁			70-74岁			75-79岁		
	小计	男	女	小计	男	女	小计	男	女
德保县	11331	5764	5567	9986	4310	5676	8196	3404	4792
那坡县	5778	2634	3144	4720	2105	2615	4183	1641	2542
凌云县	4782	2165	2617	3560	1534	2026	2753	1057	1696
乐业县	3328	1522	1806	2653	1076	1577	2410	917	1493
田林县	6114	2800	3314	4677	1984	2693	3957	1457	2500
西林县	3380	1522	1858	2317	973	1344	1819	729	1090
隆林各族自治县	8787	3933	4854	7438	3068	4370	5678	2080	3598
靖西市	17528	8493	9035	15270	6728	8542	13679	5605	8074
平果市	11155	5312	5843	8916	3862	5054	6988	2826	4162
贺州市	**49023**	**24649**	**24374**	**34832**	**17116**	**17716**	**26437**	**12196**	**14241**
八步区	15166	7403	7763	10445	4896	5549	7832	3575	4257
平桂区	8163	4087	4076	5421	2625	2796	4102	1853	2249
昭平县	9369	4987	4382	6865	3558	3307	5286	2567	2719
钟山县	8655	4419	4236	6640	3305	3335	5098	2338	2760
富川瑶族自治县	7670	3753	3917	5461	2732	2729	4119	1863	2256
河池市	**96370**	**46116**	**50254**	**74036**	**32674**	**41362**	**57514**	**22766**	**34748**
金城江区	5762	2807	2955	4612	2118	2494	3065	1235	1830
宜州区	19263	9342	9921	12160	5602	6558	8477	3403	5074
南丹县	5633	2755	2878	4477	2048	2429	3520	1419	2101
天峨县	3526	1620	1906	3194	1409	1785	2836	1143	1693
凤山县	5374	2499	2875	4688	2014	2674	3517	1394	2123
东兰县	8693	3941	4752	7807	3320	4487	5975	2312	3663
罗城仫佬族自治县	9183	4600	4583	6416	2997	3419	5338	2303	3035
环江毛南族自治县	8330	4060	4270	7129	3250	3879	5405	2234	3171
巴马瑶族自治县	6892	3125	3767	5222	2165	3057	4228	1621	2607
都安瑶族自治县	13339	6530	6809	10141	4306	5835	8607	3321	5286
大化瑶族自治县	10375	4837	5538	8190	3445	4745	6546	2381	4165
来宾市	**57252**	**29458**	**27794**	**42713**	**20360**	**22353**	**32532**	**14620**	**17912**
兴宾区	18367	9328	9039	14969	7008	7961	11583	5135	6448
忻城县	11708	5942	5766	8319	3853	4466	6438	2680	3758
象州县	9847	5116	4731	7738	3714	4024	5067	2399	2668
武宣县	10354	5540	4814	6849	3388	3461	5859	2783	3076
金秀瑶族自治县	4490	2288	2202	3246	1617	1629	2476	1127	1349
合山市	2486	1244	1242	1592	780	812	1109	496	613
崇左市	**67472**	**32498**	**34974**	**50270**	**22392**	**27878**	**39761**	**16321**	**23440**
江州区	8252	4016	4236	6165	2715	3450	5043	2097	2946
扶绥县	12266	6368	5898	8676	4031	4645	6501	2779	3722
宁明县	10741	5084	5657	8138	3730	4408	6275	2642	3633
龙州县	7686	3522	4164	5889	2531	3358	4795	1832	2963
大新县	12561	5856	6705	8842	3886	4956	7516	3044	4472
天等县	13758	6616	7142	10943	4794	6149	8597	3481	5116
凭祥市	2208	1036	1172	1617	705	912	1034	446	588

1-5c 续表 18

单位：人

地 区	80-84岁			85-89岁			90-94岁		
	小计	男	女	小计	男	女	小计	男	女
总 计	**436055**	**185332**	**250723**	**243216**	**90781**	**152435**	**88615**	**29169**	**59446**
南宁市	**53602**	**21138**	**32464**	**29066**	**9660**	**19406**	**10584**	**3112**	**7472**
兴宁区	1051	404	647	751	265	486	298	109	189
青秀区	1590	644	946	999	336	663	375	142	233
江南区	2010	782	1228	1090	339	751	357	125	232
西乡塘区	2598	1055	1543	1398	454	944	537	174	363
良庆区	1743	772	971	1119	424	695	432	160	272
邕宁区	2650	1165	1485	1478	549	929	558	183	375
武鸣区	7162	2760	4402	3675	1228	2447	1320	370	950
隆安县	4666	1827	2839	2527	847	1680	884	276	608
马山县	5734	2163	3571	2955	974	1981	1104	304	800
上林县	5427	2048	3379	2890	941	1949	1053	272	781
宾阳县	8541	3322	5219	4444	1390	3054	1663	444	1219
横 县	10430	4196	6234	5740	1913	3827	2003	553	1450
柳州市	**25563**	**10817**	**14746**	**15048**	**5750**	**9298**	**5225**	**1818**	**3407**
城中区	58	26	32	43	11	32	15	6	9
鱼峰区	898	393	505	484	186	298	225	81	144
柳南区	721	286	435	410	155	255	180	58	122
柳北区	461	175	286	310	111	199	119	39	80
柳江区	3671	1496	2175	2302	833	1469	800	289	511
柳城县	3417	1406	2011	2130	774	1356	732	226	506
鹿寨县	3213	1363	1850	2087	783	1304	678	210	468
融安县	3363	1513	1850	2116	870	1246	740	280	460
融水苗族自治县	5243	2191	3052	2897	1127	1770	1023	373	650
三江侗族自治县	4518	1968	2550	2269	900	1369	713	256	457
桂林市	**49829**	**22064**	**27765**	**29461**	**11415**	**18046**	**9892**	**3333**	**6559**
秀峰区									
叠彩区	351	130	221	221	68	153	75	22	53
象山区	67	29	38	43	12	31	11	1	10
七星区	45	16	29	20	6	14	11	2	9
雁山区	844	334	510	630	211	419	245	53	192
临桂区	4891	1989	2902	3161	1068	2093	1001	279	722
阳朔县	3757	1635	2122	2479	950	1529	923	331	592
灵川县	4132	1729	2403	2661	960	1701	823	234	589
全州县	9101	4085	5016	4923	2108	2815	1695	642	1053
兴安县	4290	1902	2388	2511	1005	1506	854	279	575
永福县	3097	1311	1786	1954	719	1235	646	213	433
灌阳县	3373	1604	1769	1701	725	976	576	249	327
龙胜各族自治县	1801	794	1007	936	380	556	266	98	168
资源县	2148	996	1152	1212	515	697	375	137	238
平乐县	4779	2200	2579	2907	1123	1784	1013	348	665
恭城瑶族自治县	3210	1471	1739	1643	622	1021	533	172	361
荔浦市	3943	1839	2104	2459	943	1516	845	273	572

1-5c 续表 19

单位：人

地 区	80-84岁			85-89岁			90-94岁		
	小计	男	女	小计	男	女	小计	男	女
梧州市	**24251**	**10795**	**13456**	**13275**	**5182**	**8093**	**5328**	**1736**	**3592**
万秀区	815	362	453	468	183	285	156	58	98
长洲区	570	293	277	295	112	183	124	39	85
龙圩区	2333	1098	1235	1219	437	782	493	145	348
苍梧县	3851	1621	2230	1914	643	1271	722	232	490
藤 县	8119	3726	4393	4564	1930	2634	1817	644	1173
蒙山县	2305	1005	1300	1285	504	781	539	165	374
岑溪市	6258	2690	3568	3530	1373	2157	1477	453	1024
北海市	**15737**	**7472**	**8265**	**10150**	**4284**	**5866**	**4235**	**1625**	**2610**
海城区	647	293	354	342	137	205	150	58	92
银海区	1601	729	872	931	400	531	401	148	253
铁山港区	2432	1107	1325	1529	642	887	655	257	398
合浦县	11057	5343	5714	7348	3105	4243	3029	1162	1867
防城港市	**7107**	**3411**	**3696**	**4330**	**1831**	**2499**	**1640**	**650**	**990**
港口区	512	249	263	352	145	207	171	70	101
防城区	3440	1756	1684	2044	941	1103	754	320	434
上思县	1992	824	1168	1250	419	831	423	137	286
东兴市	1163	582	581	684	326	358	292	123	169
钦州市	**31522**	**15121**	**16401**	**18169**	**7611**	**10558**	**6826**	**2621**	**4205**
钦南区	4331	2194	2137	2745	1192	1553	1132	478	654
钦北区	6225	2997	3228	3616	1557	2059	1312	495	817
灵山县	12435	5747	6688	6901	2814	4087	2593	945	1648
浦北县	8531	4183	4348	4907	2048	2859	1789	703	1086
贵港市	**37234**	**16560**	**20674**	**21612**	**8280**	**13332**	**8671**	**2826**	**5845**
港北区	3784	1551	2233	2491	853	1638	954	262	692
港南区	5867	2489	3378	3695	1306	2389	1609	470	1139
覃塘区	4352	1782	2570	2572	863	1709	1002	305	697
平南县	9214	4261	4953	5022	2113	2909	2010	732	1278
桂平市	14017	6477	7540	7832	3145	4687	3096	1057	2039
玉林市	**47991**	**22677**	**25314**	**27822**	**11603**	**16219**	**9799**	**3562**	**6237**
玉州区	2116	979	1137	1229	459	770	408	119	289
福绵区	3091	1486	1605	1745	729	1016	634	207	427
容 县	6839	3172	3667	3933	1671	2262	1331	490	841
陆川县	6783	3367	3416	4150	1731	2419	1453	534	919
博白县	13193	6653	6540	7667	3477	4190	2830	1186	1644
兴业县	6617	2753	3864	3608	1322	2286	1238	394	844
北流市	9352	4267	5085	5490	2214	3276	1905	632	1273
百色市	**39008**	**14354**	**24654**	**18701**	**5904**	**12797**	**6248**	**1830**	**4418**
右江区	2141	789	1352	1001	319	682	298	92	206
田阳区	3264	1119	2145	1482	421	1061	487	117	370
田东县	3467	1177	2290	1607	441	1166	519	161	358

1-5c 续表 20

单位：人

地区	80-84岁			85-89岁			90-94岁		
	小计	男	女	小计	男	女	小计	男	女
德保县	5210	1945	3265	2516	841	1675	809	273	536
那坡县	2323	906	1417	1153	394	759	357	113	244
凌云县	1897	668	1229	1076	364	712	394	113	281
乐业县	1579	623	956	693	211	482	265	80	185
田林县	2270	768	1502	1168	319	849	382	94	288
西林县	1075	382	693	447	137	310	154	45	109
隆林各族自治县	3148	1052	2096	1461	433	1028	472	120	352
靖西市	8310	3354	4956	3990	1400	2590	1378	432	946
平果市	4324	1571	2753	2107	624	1483	733	190	543
贺州市	**19091**	**8429**	**10662**	**10862**	**4208**	**6654**	**4008**	**1326**	**2682**
八步区	5319	2311	3008	3072	1118	1954	1042	317	725
平桂区	3061	1343	1718	1887	739	1148	707	258	449
昭平县	3764	1747	2017	2081	848	1233	875	266	609
钟山县	3664	1651	2013	2024	839	1185	727	268	459
富川瑶族自治县	3283	1377	1906	1798	664	1134	657	217	440
河池市	**38734**	**14326**	**24408**	**19379**	**6203**	**13176**	**6794**	**1916**	**4878**
金城江区	2053	777	1276	1000	334	666	300	92	208
宜州区	6222	2347	3875	3641	1167	2474	1277	368	909
南丹县	2081	835	1246	1004	326	678	378	106	272
天峨县	1891	713	1178	729	233	496	262	62	200
凤山县	2491	955	1536	1033	325	708	365	107	258
东兰县	3764	1343	2421	1530	486	1044	495	135	360
罗城仫佬族自治县	3607	1453	2154	2243	777	1466	717	234	483
环江毛南族自治县	3760	1389	2371	1828	603	1225	582	171	411
巴马瑶族自治县	2644	956	1688	1290	398	892	444	114	330
都安瑶族自治县	5746	2036	3710	2914	914	2000	1115	285	830
大化瑶族自治县	4475	1522	2953	2167	640	1527	859	242	617
来宾市	**22705**	**9343**	**13362**	**12974**	**4824**	**8150**	**5152**	**1634**	**3518**
兴宾区	8106	3433	4673	4769	1876	2893	2140	729	1411
忻城县	4442	1692	2750	2394	875	1519	873	260	613
象州县	3803	1575	2228	2232	776	1456	752	211	541
武宣县	3793	1568	2225	2144	788	1356	808	229	579
金秀瑶族自治县	1839	773	1066	984	346	638	384	134	250
合山市	722	302	420	451	163	288	195	71	124
崇左市	**23681**	**8825**	**14856**	**12367**	**4026**	**8341**	**4213**	**1180**	**3033**
江州区	2948	1079	1869	1519	488	1031	584	154	430
扶绥县	3772	1424	2348	2063	599	1464	811	184	627
宁明县	3475	1382	2093	1841	630	1211	565	175	390
龙州县	2852	967	1885	1445	445	1000	423	105	318
大新县	4673	1751	2922	2511	851	1660	818	244	574
天等县	5333	1993	3340	2650	896	1754	915	283	632
凭祥市	628	229	399	338	117	221	97	35	62

1-5c 续表 21

单位：人

地 区	95-99岁			100岁及以上		
	小计	男	女	小计	男	女
总 计	**22049**	**6045**	**16004**	**4335**	**913**	**3422**
南宁市	**2690**	**656**	**2034**	**539**	**89**	**450**
兴宁区	89	24	65	25	4	21
青秀区	85	19	66	22	4	18
江南区	92	26	66	17	4	13
西乡塘区	116	35	81	20	4	16
良庆区	114	43	71	34	6	28
邕宁区	128	34	94	26	4	22
武鸣区	335	68	267	66	12	54
隆安县	207	52	155	30	9	21
马山县	346	86	260	79	13	66
上林县	280	56	224	60	9	51
宾阳县	414	84	330	92	12	80
横 县	484	129	355	68	8	60
柳州市	**1073**	**326**	**747**	**211**	**52**	**159**
城中区	2	1	1			
鱼峰区	43	19	24	7	1	6
柳南区	35	9	26	5	2	3
柳北区	36	11	25	8	3	5
柳江区	174	49	125	33	6	27
柳城县	172	46	126	35	8	27
鹿寨县	124	34	90	23	4	19
融安县	132	45	87	24	7	17
融水苗族自治县	213	69	144	53	18	35
三江侗族自治县	142	43	99	23	3	20
桂林市	**2399**	**673**	**1726**	**393**	**73**	**320**
秀峰区						
叠彩区	15	1	14	1		1
象山区	5	1	4	3	1	2
七星区	6	1	5	1	1	
雁山区	71	11	60	12	1	11
临桂区	261	53	208	49	4	45
阳朔县	188	51	137	47	12	35
灵川县	198	44	154	27	6	21
全州县	373	138	235	69	14	55
兴安县	204	56	148	22	7	15
永福县	163	41	122	32	9	23
灌阳县	123	44	79	21	4	17
龙胜各族自治县	60	27	33	7	1	6
资源县	80	30	50	10	3	7
平乐县	294	87	207	49	7	42
恭城瑶族自治县	142	25	117	8	1	7
荔浦市	216	63	153	35	2	33

1-5c 续表 22

单位:人

地 区	95-99岁			100岁及以上		
	小计	男	女	小计	男	女
梧州市	**1303**	**344**	**959**	**283**	**60**	**223**
万秀区	50	11	39	11	3	8
长洲区	31	15	16	9	2	7
龙圩区	105	25	80	20	6	14
苍梧县	162	35	127	38	11	27
藤 县	474	132	342	100	21	79
蒙山县	133	37	96	29	5	24
岑溪市	348	89	259	76	12	64
北海市	**1059**	**353**	**706**	**199**	**62**	**137**
海城区	38	16	22	5	1	4
银海区	116	38	78	34	10	24
铁山港区	185	58	127	35	11	24
合浦县	720	241	479	125	40	85
防城港市	**479**	**172**	**307**	**81**	**24**	**57**
港口区	43	12	31	14	3	11
防城区	227	89	138	39	14	25
上思县	127	36	91	21	5	16
东兴市	82	35	47	7	2	5
钦州市	**1609**	**505**	**1104**	**291**	**78**	**213**
钦南区	285	101	184	43	11	32
钦北区	325	96	229	48	9	39
灵山县	583	183	400	116	36	80
浦北县	416	125	291	84	22	62
贵港市	**2385**	**641**	**1744**	**493**	**95**	**398**
港北区	246	55	191	56	11	45
港南区	457	110	347	93	22	71
覃塘区	282	73	209	76	10	66
平南县	559	192	367	98	19	79
桂平市	841	211	630	170	33	137
玉林市	**2511**	**782**	**1729**	**420**	**113**	**307**
玉州区	107	29	78	16	6	10
福绵区	141	42	99	31	9	22
容 县	343	99	244	57	17	40
陆川县	435	125	310	72	16	56
博白县	704	279	425	114	41	73
兴业县	237	61	176	36	6	30
北流市	544	147	397	94	18	76
百色市	**1559**	**352**	**1207**	**295**	**56**	**239**
右江区	79	23	56	17	5	12
田阳区	114	21	93	16	4	12
田东县	135	24	111	33	2	31

1-5c 续表 23

单位:人

地 区	95-99岁			100岁及以上		
	小计	男	女	小计	男	女
德保县	203	55	148	29	4	25
那坡县	68	15	53	14	4	10
凌云县	119	26	93	22	4	18
乐业县	65	11	54	19	4	15
田林县	86	20	66	12	3	9
西林县	35	8	27	9	2	7
隆林各族自治县	114	23	91	21	1	20
靖西市	340	85	255	67	18	49
平果市	201	41	160	36	5	31
贺州市	**879**	**243**	**636**	**165**	**32**	**133**
八步区	188	55	133	41	12	29
平桂区	178	50	128	37	7	30
昭平县	207	51	156	39	6	33
钟山县	164	48	116	22	4	18
富川瑶族自治县	142	39	103	26	3	23
河池市	**1771**	**382**	**1389**	**443**	**74**	**369**
金城江区	72	22	50	15	5	10
宜州区	297	62	235	40	6	34
南丹县	80	23	57	17	3	14
天峨县	42	10	32	16	3	13
凤山县	111	22	89	36	5	31
东兰县	142	35	107	47	4	43
罗城仫佬族自治县	175	36	139	30	11	19
环江毛南族自治县	146	31	115	29	5	24
巴马瑶族自治县	146	38	108	66	15	51
都安瑶族自治县	304	58	246	69	7	62
大化瑶族自治县	256	45	211	78	10	68
来宾市	**1248**	**340**	**908**	**330**	**72**	**258**
兴宾区	539	179	360	171	41	130
忻城县	227	50	177	49	8	41
象州县	150	34	116	41	6	35
武宣县	209	47	162	39	11	28
金秀瑶族自治县	78	22	56	16	4	12
合山市	45	8	37	14	2	12
崇左市	**1084**	**276**	**808**	**192**	**33**	**159**
江州区	138	29	109	37	11	26
扶绥县	202	52	150	38	3	35
宁明县	158	45	113	23	4	19
龙州县	113	25	88	19	3	16
大新县	224	48	176	41	6	35
天等县	227	73	154	31	5	26
凭祥市	22	4	18	3	1	2

1–6 各地区分性别、受教育程度的3岁及以上人口

单位：人

地 区	3岁及以上人口			未上过学			学前教育		
	合计	男	女	小计	男	女	小计	男	女
总 计	**48203362**	**24893417**	**23309945**	**1527549**	**448916**	**1078633**	**2558356**	**1358632**	**1199724**
南宁市	**8418125**	**4339132**	**4078993**	**162293**	**49129**	**113164**	**420798**	**227524**	**193274**
兴宁区	591472	306208	285264	7203	2762	4441	29484	16049	13435
青秀区	1084272	524009	560263	13464	4966	8498	50441	27331	23110
江南区	951008	495621	455387	12746	4421	8325	50711	27518	23193
西乡塘区	1591850	813384	778466	17219	6492	10727	65801	36092	29709
良庆区	562455	300546	261909	8086	2851	5235	30927	16864	14063
邕宁区	318421	167804	150617	7236	2312	4924	15287	8193	7094
武鸣区	658886	347368	311518	13532	3556	9976	32670	17727	14943
隆安县	314047	164969	149078	11485	2991	8494	16692	8889	7803
马山县	367269	188960	178309	20814	4211	16603	21826	11536	10290
上林县	344946	177946	167000	9212	2280	6932	18682	10037	8645
宾阳县	771540	406366	365174	18677	4922	13755	39564	21158	18406
横 县	861959	445951	416008	22619	7365	15254	48713	26130	22583
柳州市	**4018124**	**2083006**	**1935118**	**108366**	**29507**	**78859**	**185312**	**98055**	**87257**
城中区	235454	114222	121232	2171	800	1371	10971	5884	5087
鱼峰区	647095	339147	307948	7173	2494	4679	27753	14737	13016
柳南区	597402	309117	288285	6852	2296	4556	27029	14446	12583
柳北区	470173	238112	232061	5826	1948	3878	18399	9704	8695
柳江区	484096	252489	231607	11543	3077	8466	25120	13223	11897
柳城县	303281	158258	145023	9673	2513	7160	14345	7498	6847
鹿寨县	325951	172854	153097	7379	2279	5100	15484	8082	7402
融安县	245198	129865	115333	8700	2305	6395	11002	5868	5134
融水苗族自治县	398727	208495	190232	26152	6010	20142	18936	10103	8833
三江侗族自治县	310747	160447	150300	22897	5785	17112	16273	8510	7763
桂林市	**4771986**	**2422401**	**2349585**	**148855**	**41975**	**106880**	**216513**	**113430**	**103083**
秀峰区	156135	78419	77716	2649	926	1723	6502	3435	3067
叠彩区	196026	96340	99686	2849	915	1934	8537	4532	4005
象山区	278609	135637	142972	4474	1445	3029	10562	5517	5045
七星区	376179	192030	184149	5368	1719	3649	14388	7683	6705
雁山区	130230	56811	73419	3719	830	2889	2989	1550	1439
临桂区	534850	270770	264080	26589	6318	20271	25604	13610	11994
阳朔县	263768	135286	128482	13607	3535	10072	13424	6920	6504
灵川县	408717	211542	197175	9136	2600	6536	19378	10050	9328
全州县	548653	285108	263545	19348	5614	13734	22389	11850	10539
兴安县	296665	149400	147265	8082	2522	5560	15689	8164	7525
永福县	221432	116078	105354	10569	2834	7735	10114	5220	4894
灌阳县	201637	103460	98177	9052	2737	6315	9329	4836	4493
龙胜各族自治县	135483	68973	66510	4804	1306	3498	5256	2621	2635
资源县	134892	69045	65847	3924	1190	2734	5731	3007	2724
平乐县	328308	168236	160072	11669	3172	8497	20062	10628	9434
恭城瑶族自治县	236992	120392	116600	6452	2030	4422	12158	6338	5820
荔浦市	323410	164874	158536	6564	2282	4282	14401	7469	6932

1-6 续表 1 单位:人

地 区	3岁及以上人口			未上过学			学前教育		
	合计	男	女	小计	男	女	小计	男	女
梧州市	**2699569**	**1392223**	**1307346**	**69083**	**24884**	**44199**	**153339**	**80536**	**72803**
万秀区	265030	130804	134226	3321	1207	2114	9655	5075	4580
长洲区	288477	143251	145226	4449	1805	2644	13435	7085	6350
龙圩区	275922	143984	131938	6293	2357	3936	15504	8197	7307
苍梧县	264150	139201	124949	10585	4096	6489	13631	7084	6547
藤 县	757889	399304	358585	23849	8774	15075	48870	25597	23273
蒙山县	158466	80750	77716	4317	1119	3198	8806	4639	4167
岑溪市	689635	354929	334706	16269	5526	10743	43438	22859	20579
北海市	**1784321**	**927206**	**857115**	**42998**	**12891**	**30107**	**92709**	**50045**	**42664**
海城区	509904	256489	253415	7515	2245	5270	23935	13013	10922
银海区	304162	158403	145759	7073	2378	4695	14451	7788	6663
铁山港区	140347	75197	65150	2733	856	1877	7141	3845	3296
合浦县	829908	437117	392791	25677	7412	18265	47182	25399	21783
防城港市	**1005442**	**546609**	**458833**	**29207**	**9398**	**19809**	**56302**	**30456**	**25846**
港口区	235706	135272	100434	5372	1891	3481	10795	5751	5044
防城区	374994	199567	175427	12775	4381	8394	22485	12134	10351
上思县	188083	102539	85544	5946	1687	4259	9268	5083	4185
东兴市	206659	109231	97428	5114	1439	3675	13754	7488	6266
钦州市	**3159844**	**1659048**	**1500796**	**107374**	**38922**	**68452**	**185424**	**97810**	**87614**
钦南区	653085	344984	308101	20155	6282	13873	33592	18037	15555
钦北区	690537	367850	322687	26944	9403	17541	35352	18756	16596
灵山县	1161839	605786	556053	39891	15646	24245	75416	39542	35874
浦北县	654383	340428	313955	20384	7591	12793	41064	21475	19589
贵港市	**4142476**	**2151453**	**1991023**	**118313**	**41265**	**77048**	**226423**	**119060**	**107363**
港北区	729779	371921	357858	18290	5539	12751	40021	21138	18883
港南区	498020	258314	239706	13855	4400	9455	26144	13728	12416
覃塘区	406031	207237	198794	13392	4179	9213	23731	12215	11516
平南县	1056978	551539	505439	25069	9427	15642	64111	34351	29760
桂平市	1451668	762442	689226	47707	17720	29987	72416	37628	34788
玉林市	**5541285**	**2870805**	**2670480**	**133219**	**50895**	**82324**	**345290**	**182988**	**162302**
玉州区	873944	443779	430165	10066	3970	6096	47450	25509	21941
福绵区	306821	165608	141213	7707	2705	5002	15964	8519	7445
容 县	627248	317718	309530	12686	5029	7657	36000	18895	17105
陆川县	767314	396268	371046	17565	7231	10334	48665	25662	23003
博白县	1318961	696029	622932	42767	16876	25891	95256	50815	44441
兴业县	491098	258107	232991	13157	3924	9233	24853	13014	11839
北流市	1155899	593296	562603	29271	11160	18111	77102	40574	36528
百色市	**3441240**	**1757060**	**1684180**	**201074**	**48369**	**152705**	**178958**	**95679**	**83279**
右江区	456122	224746	231376	12669	3380	9289	20607	10943	9664
田阳区	298492	150102	148390	12815	2882	9933	13450	7061	6389
田东县	338903	172979	165924	14806	3628	11178	16897	9157	7740

1−6 续表 2

单位：人

地 区	3岁及以上人口			未上过学			学前教育		
	合计	男	女	小计	男	女	小计	男	女
德保县	260863	135590	125273	10460	2725	7735	13145	7045	6100
那坡县	165273	85606	79667	14762	3585	11177	9951	5202	4749
凌云县	179845	92040	87805	14906	3208	11698	9799	5305	4494
乐业县	140408	73007	67401	13577	3392	10185	7805	4254	3551
田林县	217481	112119	105362	18792	4030	14762	9931	5214	4717
西林县	136457	71356	65101	17467	4007	13460	7201	3904	3297
隆林各族自治县	335565	170119	165446	36885	9659	27226	21772	11399	10373
靖西市	472484	245717	226767	20364	4897	15467	24840	13513	11327
平果市	439347	223679	215668	13571	2976	10595	23560	12682	10878
贺州市	**1918990**	**984389**	**934601**	**79197**	**21250**	**57947**	**114157**	**59614**	**54543**
八步区	626446	315005	311441	21311	5510	15801	38481	20087	18394
平桂区	386600	201992	184608	11196	3467	7729	21540	11299	10241
昭平县	316038	163671	152367	10198	3192	7006	18289	9548	8741
钟山县	335063	174554	160509	20186	5142	15044	20326	10516	9810
富川瑶族自治县	254843	129167	125676	16306	3939	12367	15521	8164	7357
河池市	**3287323**	**1674871**	**1612452**	**195934**	**47369**	**148565**	**176874**	**94583**	**82291**
金城江区	359215	181146	178069	8762	2208	6554	18919	10301	8618
宜州区	531844	268812	263032	20543	5675	14868	25443	13466	11977
南丹县	264380	137825	126555	19325	5803	13522	14460	7847	6613
天峨县	138107	72436	65671	11687	2781	8906	6573	3655	2918
凤山县	162705	83395	79310	12651	2544	10107	9822	5369	4453
东兰县	211125	108154	102971	23867	4154	19713	12604	6731	5873
罗城仫佬族自治县	263098	133689	129409	15095	3810	11285	13848	7139	6709
环江毛南族自治县	265576	137689	127887	11286	2721	8565	13854	7330	6524
巴马瑶族自治县	226637	114580	112057	21985	3913	18072	14218	7779	6439
都安瑶族自治县	516141	261327	254814	22379	6205	16174	27878	14725	13153
大化瑶族自治县	348495	175818	172677	28354	7555	20799	19255	10241	9014
来宾市	**1997013**	**1034253**	**962760**	**56292**	**14800**	**41492**	**108299**	**56598**	**51701**
兴宾区	888958	459634	429324	26847	6928	19919	49440	26088	23352
忻城县	287746	147837	139909	9943	2279	7664	15143	7804	7339
象州县	272031	142283	129748	5836	1445	4391	13868	7252	6616
武宣县	326587	169590	156997	7142	2353	4789	18718	9760	8958
金秀瑶族自治县	126039	66157	59882	4473	1226	3247	6063	3108	2955
合山市	95652	48752	46900	2051	569	1482	5067	2586	2481
崇左市	**2017624**	**1050961**	**966663**	**75344**	**18262**	**57082**	**97958**	**52254**	**45704**
江州区	422331	221424	200907	10867	3153	7714	18575	10088	8487
扶绥县	396268	211339	184929	10247	2922	7325	17474	9487	7987
宁明县	308160	161783	146377	13724	3221	10503	15380	8024	7356
龙州县	223058	114316	108742	7560	1691	5869	10986	5704	5282
大新县	272536	137946	134590	13096	2628	10468	14214	7433	6781
天等县	270770	137927	132843	16061	3601	12460	14451	7848	6603
凭祥市	124501	66226	58275	3789	1046	2743	6878	3670	3208

1-6 续表 3 单位：人

地区	小学			初中			高中		
	小计	男	女	小计	男	女	小计	男	女
总 计	**13963013**	**6663885**	**7299128**	**18240352**	**10106028**	**8134324**	**6497534**	**3593806**	**2903728**
南宁市	**1804478**	**853111**	**951367**	**3010932**	**1647731**	**1363201**	**1372267**	**747935**	**624332**
兴宁区	97109	46263	50846	185415	99092	86323	122068	65516	56552
青秀区	147540	70187	77353	219356	112297	107059	189451	94413	95038
江南区	169560	80634	88926	335370	182920	152450	204216	109790	94426
西乡塘区	228755	109489	119266	476879	254780	222099	310946	165561	145385
良庆区	110737	54259	56478	209204	116368	92836	116886	65158	51728
邕宁区	82400	38747	43653	127506	71980	55526	44944	25096	19848
武鸣区	155392	72504	82888	274503	151296	123207	98217	56504	41713
隆安县	103416	48855	54561	135029	77075	57954	30761	18254	12507
马山县	134238	62866	71372	134475	78868	55607	35301	20580	14721
上林县	86715	39516	47199	167383	91444	75939	39245	22644	16601
宾阳县	221851	104852	116999	356591	198447	158144	87544	51429	36115
横 县	266765	124939	141826	389221	213164	176057	92688	52990	39698
柳州市	**1034379**	**498455**	**535924**	**1467680**	**808521**	**659159**	**646609**	**349063**	**297546**
城中区	30906	14234	16672	51681	24624	27057	47084	22299	24785
鱼峰区	105689	49930	55759	212475	112863	99612	140950	76007	64943
柳南区	105439	49983	55456	224051	117545	106506	134776	72821	61955
柳北区	78729	36448	42281	163130	83276	79854	105507	55858	49649
柳江区	136599	65973	70626	208864	116285	92579	66148	36075	30073
柳城县	89056	43036	46020	141202	79710	61492	29676	16259	13417
鹿寨县	106488	52008	54480	136587	78215	58372	37860	21195	16665
融安县	84481	41046	43435	97998	57316	40682	26034	14698	11336
融水苗族自治县	163181	79927	83254	132176	79778	52398	37198	21370	15828
三江侗族自治县	133811	65870	67941	99516	58909	40607	21376	12481	8895
桂林市	**1313692**	**617642**	**696050**	**1750118**	**957966**	**792152**	**698562**	**378747**	**319815**
秀峰区	26378	12215	14163	47459	24608	22851	36647	19263	17384
叠彩区	31970	14428	17542	61751	30662	31089	47383	23919	23464
象山区	45240	20260	24980	85371	41665	43706	68941	34760	34181
七星区	53406	26172	27234	102656	54280	48376	83999	43092	40907
雁山区	19912	9462	10450	23640	13494	10146	12053	6125	5928
临桂区	148251	71782	76469	179813	102780	77033	73959	41047	32912
阳朔县	84008	40647	43361	105513	59552	45961	30233	16539	13694
灵川县	101719	46387	55332	160925	86515	74410	59023	32688	26335
全州县	171781	79949	91832	229644	127932	101712	70877	41564	29313
兴安县	96267	45635	50632	120917	64650	56267	36221	19071	17150
永福县	84945	41934	43011	78569	45556	33013	23205	13391	9814
灌阳县	68745	31795	36950	78718	43992	34726	20837	12186	8651
龙胜各族自治县	47766	22492	25274	50769	28589	22180	15377	8423	6954
资源县	47334	21191	26143	51337	28754	22583	15987	9282	6705
平乐县	107487	50110	57377	134414	75008	59406	37290	20901	16389
恭城瑶族自治县	85885	39506	46379	90246	50395	39851	25900	14380	11520
荔浦市	92598	43677	48921	148376	79534	68842	40630	22116	18514

1-6 续表 4

单位:人

地区	小学			初中			高中		
	小计	男	女	小计	男	女	小计	男	女
梧州市	**817347**	**388417**	**428930**	**1091862**	**595897**	**495965**	**350781**	**193054**	**157727**
万秀区	52556	23386	29170	97078	49514	47564	54722	28994	25728
长洲区	59230	27583	31647	96137	48647	47490	62601	32024	30577
龙圩区	86557	41873	44684	111507	61523	49984	37505	20368	17137
苍梧县	109117	50080	59037	102154	60874	41280	18472	11713	6759
藤　县	248654	120917	127737	324104	182370	141734	75228	42506	32722
蒙山县	48222	22859	25363	65650	35562	30088	18468	10130	8338
岑溪市	213011	101719	111292	295232	157407	137825	83785	47319	36466
北海市	**424291**	**206603**	**217688**	**691893**	**377494**	**314399**	**313812**	**170968**	**142844**
海城区	86536	41534	45002	173822	88942	84880	119318	62498	56820
银海区	67449	33455	33994	108428	60235	48193	51563	27173	24390
铁山港区	38320	17823	20497	64331	36180	28151	17446	10666	6780
合浦县	231986	113791	118195	345312	192137	153175	125485	70631	54854
防城港市	**267463**	**129481**	**137982**	**399952**	**229190**	**170762**	**143626**	**85545**	**58081**
港口区	46120	22488	23632	82025	48461	33564	43949	27332	16617
防城区	110323	53098	57225	149403	84923	64480	48559	28126	20433
上思县	55686	27009	28677	80647	47394	33253	23887	14291	9596
东兴市	55334	26886	28448	87877	48412	39465	27231	15796	11435
钦州市	**1099071**	**549852**	**549219**	**1152999**	**642886**	**510113**	**371236**	**207669**	**163567**
钦南区	182584	90684	91900	217187	122264	94923	105860	60567	45293
钦北区	230529	115960	114569	252914	145151	107763	84117	47426	36691
灵山县	454321	229559	224762	431307	236456	194851	104542	57329	47213
浦北县	231637	113649	117988	251591	139015	112576	76717	42347	34370
贵港市	**1285621**	**612167**	**673454**	**1705446**	**936283**	**769163**	**526163**	**298341**	**227822**
港北区	194112	91920	102192	256363	137664	118699	130462	69363	61099
港南区	156530	72124	84406	202315	111510	90805	70069	41340	28729
覃塘区	142524	65704	76820	167309	91558	75751	38257	23151	15106
平南县	327548	158726	168822	456728	248337	208391	121149	69081	52068
桂平市	464907	223693	241214	622731	347214	275517	166226	95406	70820
玉林市	**1691009**	**831738**	**859271**	**2304811**	**1236786**	**1068025**	**695673**	**381078**	**314595**
玉州区	193500	96649	96851	305110	158202	146908	184147	95486	88661
福绵区	102670	52038	50632	144265	81686	62579	26624	15676	10948
容　县	186563	88756	97807	279900	144236	135664	76211	42684	33527
陆川县	240133	118123	122010	332243	176667	155576	92058	49602	42456
博白县	443392	223050	220342	537436	296576	240860	130525	72769	57756
兴业县	150798	72815	77983	228936	126831	102105	51513	30062	21451
北流市	373953	180307	193646	476921	252588	224333	134595	74799	59796
百色市	**1191351**	**561331**	**630020**	**1195016**	**689993**	**505023**	**364648**	**204877**	**159771**
右江区	110808	50863	59945	145251	79014	66237	74846	37963	36883
田阳区	102980	47068	55912	117516	65472	52044	30594	17014	13580
田东县	105284	47612	57672	137073	77019	60054	39783	22543	17240

1-6 续表 5

单位:人

地 区	小学			初中			高中		
	小计	男	女	小计	男	女	小计	男	女
德保县	96451	46043	50408	98037	56070	41967	24550	14375	10175
那坡县	69732	34328	35404	46783	28820	17963	13973	8194	5779
凌云县	77299	36617	40682	48072	30101	17971	17472	9971	7501
乐业县	49853	23754	26099	44705	27551	17154	13744	8087	5657
田林县	81164	37802	43362	72964	45461	27503	19043	11195	7848
西林县	51381	26332	25049	37686	23905	13781	12093	7265	4828
隆林各族自治县	139366	68139	71227	92654	56112	36542	26490	14797	11693
靖西市	171179	81207	89972	192043	109737	82306	41724	24588	17136
平果市	135854	61566	74288	162232	90731	71501	50336	28885	21451
贺州市	**677020**	**321079**	**355941**	**703390**	**400262**	**303128**	**200075**	**111227**	**88848**
八步区	211505	98883	112622	217529	120996	96533	70277	37895	32382
平桂区	134710	65527	69183	159913	90396	69517	40184	22070	18114
昭平县	113313	52474	60839	125031	70770	54261	30374	17586	12788
钟山县	131146	64717	66429	110255	65634	44621	31809	17999	13810
富川瑶族自治县	86346	39478	46868	90662	52466	38196	27431	15677	11754
河池市	**1171520**	**549519**	**622001**	**1107749**	**638237**	**469512**	**357001**	**201733**	**155268**
金城江区	86113	38950	47163	124200	66868	57332	62637	33526	29111
宜州区	178437	84497	93940	193829	108270	85559	61435	32950	28485
南丹县	95795	45543	50252	91168	54028	37140	25827	14948	10879
天峨县	49112	22920	26192	41757	26152	15605	15357	9135	6222
凤山县	59892	27035	32857	52758	32380	20378	14812	8898	5914
东兰县	70532	33473	37059	66514	41074	25440	20581	12921	7660
罗城仫佬族自治县	109155	52152	57003	85603	49635	35968	22808	12851	9957
环江毛南族自治县	92861	43181	49680	103853	60141	43712	26109	15039	11070
巴马瑶族自治县	85295	41232	44063	64361	38906	25455	22608	12842	9766
都安瑶族自治县	201994	93576	108418	179455	100600	78855	51879	29324	22555
大化瑶族自治县	142334	66960	75374	104251	60183	44068	32948	19299	13649
来宾市	**598815**	**277537**	**321278**	**857087**	**482652**	**374435**	**219640**	**124810**	**94830**
兴宾区	260414	120652	139762	363789	206061	157728	105108	58838	46270
忻城县	99246	45281	53965	122526	70400	52126	25079	14285	10794
象州县	87559	40510	47049	117561	66935	50626	29131	17017	12114
武宣县	83532	38682	44850	158127	86560	71567	37064	21131	15933
金秀瑶族自治县	43080	21199	21881	49003	27749	21254	13287	7774	5513
合山市	24984	11213	13771	46081	24947	21134	9971	5765	4206
崇左市	**586956**	**266953**	**320003**	**801417**	**462130**	**339287**	**237441**	**138759**	**98682**
江州区	98904	46110	52794	144423	83417	61006	58561	33283	25278
扶绥县	99732	46154	53578	170805	97449	73356	47844	28331	19513
宁明县	98905	44392	54513	131692	78321	53371	31626	18756	12870
龙州县	72083	31156	40927	92239	53556	38683	25139	14758	10381
大新县	87896	39076	48820	110737	63005	47732	30200	17502	12698
天等县	97300	45228	52072	99942	56533	43409	26716	16095	10621
凭祥市	32136	14837	17299	51579	29849	21730	17355	10034	7321

1-6 续表 6

单位：人

地 区	大学专科			大学本科		
	小计	男	女	小计	男	女
总 计	**3037733**	**1574358**	**1463375**	**2235496**	**1075565**	**1159931**
南宁市	**886590**	**457797**	**428793**	**691717**	**322135**	**369582**
兴宁区	96200	50093	46107	50125	24484	25641
青秀区	191134	88550	102584	242305	111315	130990
江南区	109590	56184	53406	64792	32167	32625
西乡塘区	267710	139940	127770	198561	88321	110240
良庆区	55037	29260	25777	29852	14955	14897
邕宁区	18747	9955	8792	21635	11209	10426
武鸣区	51596	31652	19944	32027	13759	18268
隆安县	10535	5831	4704	5995	2993	3002
马山县	13633	7275	6358	6845	3548	3297
上林县	15207	7981	7226	8293	3945	4348
宾阳县	31113	17155	13958	15810	8197	7613
横 县	26088	13921	12167	15477	7242	8235
柳州市	**337634**	**177564**	**160070**	**224635**	**114758**	**109877**
城中区	35943	17198	18745	51744	26551	25193
鱼峰区	91925	50628	41297	57323	30473	26850
柳南区	59462	31458	28004	37926	19556	18370
柳北区	63373	33119	30254	33404	16848	16556
柳江区	24256	12408	11848	11236	5295	5941
柳城县	12002	5871	6131	7163	3286	3877
鹿寨县	13568	6988	6580	8365	3988	4377
融安县	11299	5910	5389	5564	2670	2894
融水苗族自治县	14263	7794	6469	6663	3423	3240
三江侗族自治县	11543	6190	5353	5247	2668	2579
桂林市	**304762**	**148141**	**156621**	**312763**	**151252**	**161511**
秀峰区	17303	8476	8827	17392	8599	8793
叠彩区	24443	12209	12234	17945	9090	8855
象山区	33476	16563	16913	28207	14295	13912
七星区	43224	20996	22228	62004	31923	30081
雁山区	5890	2042	3848	57212	21428	35784
临桂区	47815	20120	27695	30316	14009	16307
阳朔县	9789	4813	4976	6989	3192	3797
灵川县	22972	11613	11359	34306	21006	13300
全州县	22837	12271	10566	11474	5784	5690
兴安县	12839	6226	6613	6446	3040	3406
永福县	8804	4642	4162	5082	2417	2665
灌阳县	9349	5106	4243	5495	2746	2749
龙胜各族自治县	7005	3509	3496	4387	1966	2421
资源县	6562	3590	2972	3914	1982	1932
平乐县	10181	5148	5033	7063	3218	3845
恭城瑶族自治县	9423	4635	4788	6750	3042	3708
荔浦市	12850	6182	6668	7781	3515	4266

1-6 续表 7

单位:人

地 区	大学专科			大学本科		
	小计	男	女	小计	男	女
梧州市	**118822**	**61532**	**57290**	**95688**	**46516**	**49172**
万秀区	20657	10706	9951	26368	11579	14789
长洲区	30111	14483	15628	21535	11091	10444
龙圩区	10369	5585	4784	7998	3968	4030
苍梧县	5682	3178	2504	4386	2119	2267
藤 县	22222	11764	10458	14675	7226	7449
蒙山县	7070	3600	3470	5818	2791	3027
岑溪市	22711	12216	10495	14908	7742	7166
北海市	**125116**	**62999**	**62117**	**89370**	**44158**	**45212**
海城区	58628	28319	30309	38064	18889	19175
银海区	25993	13143	12850	27734	13506	14228
铁山港区	6597	3841	2756	3693	1942	1751
合浦县	33898	17696	16202	19879	9821	10058
防城港市	**67776**	**39134**	**28642**	**39453**	**22452**	**17001**
港口区	28218	17778	10440	18254	10988	7266
防城区	20632	10932	9700	10417	5768	4649
上思县	8526	4893	3633	4023	2133	1890
东兴市	10400	5531	4869	6759	3563	3196
钦州市	**136140**	**69387**	**66753**	**103111**	**50042**	**53069**
钦南区	46805	24045	22760	44624	21834	22790
钦北区	34047	17752	16295	25264	12654	12610
灵山县	33934	16708	17226	21981	10301	11680
浦北县	21354	10882	10472	11242	5253	5989
贵港市	**175696**	**92561**	**83135**	**101900**	**50252**	**51648**
港北区	53532	27474	26058	35585	18044	17541
港南区	18708	10162	8546	10109	4916	5193
覃塘区	13288	7160	6128	7369	3204	4165
平南县	38475	20025	18450	23409	11338	12071
桂平市	51693	27740	23953	25428	12750	12678
玉林市	**217468**	**112817**	**104651**	**148839**	**71839**	**77000**
玉州区	68535	34387	34148	62156	27963	34193
福绵区	6449	3441	3008	3069	1508	1561
容 县	20373	10606	9767	15190	7350	7840
陆川县	24110	12529	11581	12305	6323	5982
博白县	43525	22740	20785	25407	12850	12557
兴业县	13771	7442	6329	7898	3929	3969
北流市	40705	21672	19033	22814	11916	10898
百色市	**192961**	**100251**	**92710**	**113252**	**54418**	**58834**
右江区	42515	20758	21757	46811	20472	26339
田阳区	13530	6997	6533	7447	3507	3940
田东县	16610	8817	7793	8260	4094	4166

1-6 续表 8

单位:人

地 区	大学专科			大学本科		
	小计	男	女	小计	男	女
德保县	11838	6240	5598	6258	3030	3228
那坡县	7273	3951	3322	2755	1500	1255
凌云县	7991	4473	3518	4229	2322	1907
乐业县	7523	4276	3247	3147	1660	1487
田林县	10745	5889	4856	4758	2475	2283
西林县	7252	4096	3156	3329	1821	1508
隆林各族自治县	12512	6804	5708	5787	3147	2640
靖西市	15253	8198	7055	6945	3505	3440
平果市	39919	19752	20167	13526	6885	6641
贺州市	**77642**	**39591**	**38051**	**65200**	**30162**	**35038**
八步区	30338	15066	15272	35546	15767	19779
平桂区	11210	5556	5654	7545	3530	4015
昭平县	12157	6651	5506	6530	3379	3151
钟山县	12526	6364	6162	8601	4085	4516
富川瑶族自治县	11411	5954	5457	6978	3401	3577
河池市	**167714**	**89099**	**78615**	**107604**	**52748**	**54856**
金城江区	34672	17051	17621	22997	11714	11283
宜州区	24431	12124	12307	26897	11401	15496
南丹县	11564	6366	5198	6111	3217	2894
天峨县	8497	4973	3524	5031	2767	2264
凤山县	9384	5317	4067	3332	1823	1509
东兰县	11100	6620	4480	5817	3124	2693
罗城仫佬族自治县	10566	5258	5308	5896	2775	3121
环江毛南族自治县	10890	5943	4947	6598	3273	3325
巴马瑶族自治县	12064	6716	5348	5956	3106	2850
都安瑶族自治县	20810	11110	9700	11489	5659	5830
大化瑶族自治县	13736	7621	6115	7480	3889	3591
来宾市	**92258**	**48075**	**44183**	**62783**	**28793**	**33990**
兴宾区	46008	24075	21933	36092	16292	19800
忻城县	10098	5153	4945	5596	2582	3014
象州县	10897	5757	5140	7036	3291	3745
武宣县	14116	7354	6762	7719	3671	4048
金秀瑶族自治县	6106	3196	2910	3947	1858	2089
合山市	5033	2540	2493	2393	1099	1294
崇左市	**137154**	**75410**	**61744**	**79181**	**36040**	**43141**
江州区	51262	29619	21643	38656	15211	23445
扶绥县	35817	19278	16539	13978	7518	6460
宁明县	11468	6261	5207	5221	2722	2499
龙州县	9826	4962	4864	5084	2413	2671
大新县	10575	5449	5126	5703	2793	2910
天等县	10404	5650	4754	5753	2895	2858
凭祥市	7802	4191	3611	4786	2488	2298

1-6 续表 9

单位:人

地　区	硕士研究生			博士研究生		
	小计	男	女	小计	男	女
总　计	**130282**	**64160**	**66122**	**13047**	**8067**	**4980**
南宁市	**62369**	**29731**	**32638**	**6681**	**4039**	**2642**
兴宁区	3553	1762	1791	315	187	128
青秀区	28227	13597	14630	2354	1353	1001
江南区	3728	1801	1927	295	186	109
西乡塘区	22595	10590	12005	3384	2119	1265
良庆区	1608	761	847	118	70	48
邕宁区	619	288	331	47	24	23
武鸣区	907	349	558	42	21	21
隆安县	121	70	51	13	11	2
马山县	123	67	56	14	9	5
上林县	184	86	98	25	13	12
宾阳县	357	185	172	33	21	12
横　县	347	175	172	41	25	16
柳州市	**12547**	**6487**	**6060**	**962**	**596**	**366**
城中区	4576	2382	2194	378	250	128
鱼峰区	3557	1855	1702	250	160	90
柳南区	1753	946	807	114	66	48
柳北区	1694	849	845	111	62	49
柳江区	294	134	160	36	19	17
柳城县	147	78	69	17	7	10
鹿寨县	201	90	111	19	9	10
融安县	106	45	61	14	7	7
融水苗族自治县	141	77	64	17	13	4
三江侗族自治县	78	31	47	6	3	3
桂林市	**24008**	**11503**	**12505**	**2713**	**1745**	**968**
秀峰区	1621	786	835	184	111	73
叠彩区	1052	524	528	96	61	35
象山区	2180	1044	1136	158	88	70
七星区	9444	5021	4423	1690	1144	546
雁山区	4622	1747	2875	193	133	60
临桂区	2341	1012	1329	162	92	70
阳朔县	188	82	106	17	6	11
灵川县	1177	629	548	81	54	27
全州县	268	127	141	35	17	18
兴安县	188	84	104	16	8	8
永福县	136	78	58	8	6	2
灌阳县	93	54	39	19	8	11
龙胜各族自治县	113	65	48	6	2	4
资源县	94	48	46	9	1	8
平乐县	126	46	80	16	5	11
恭城瑶族自治县	164	59	105	14	7	7
荔浦市	201	97	104	9	2	7

1-6 续表 10

单位：人

地 区	硕士研究生			博士研究生		
	小计	男	女	小计	男	女
梧州市	**2463**	**1270**	**1193**	**184**	**117**	**67**
万秀区	612	302	310	61	41	20
长洲区	932	497	435	47	36	11
龙圩区	181	108	73	8	5	3
苍梧县	112	53	59	11	4	7
藤 县	255	131	124	32	19	13
蒙山县	110	47	63	5	3	2
岑溪市	261	132	129	20	9	11
北海市	**3873**	**1885**	**1988**	**259**	**163**	**96**
海城区	1957	973	984	129	76	53
银海区	1395	669	726	76	56	20
铁山港区	78	39	39	8	5	3
合浦县	443	204	239	46	26	20
防城港市	**1551**	**878**	**673**	**112**	**75**	**37**
港口区	921	542	379	52	41	11
防城区	363	184	179	37	21	16
上思县	93	43	50	7	6	1
东兴市	174	109	65	16	7	9
钦州市	**4099**	**2238**	**1861**	**390**	**242**	**148**
钦南区	2053	1133	920	225	138	87
钦北区	1279	686	593	91	62	29
灵山县	395	218	177	52	27	25
浦北县	372	201	171	22	15	7
贵港市	**2628**	**1355**	**1273**	**286**	**169**	**117**
港北区	1291	700	591	123	79	44
港南区	258	120	138	32	14	18
覃塘区	146	58	88	15	8	7
平南县	427	215	212	62	39	23
桂平市	506	262	244	54	29	25
玉林市	**4455**	**2326**	**2129**	**521**	**338**	**183**
玉州区	2652	1378	1274	328	235	93
福绵区	67	32	35	6	3	3
容 县	298	148	150	27	14	13
陆川县	218	121	97	17	10	7
博白县	583	310	273	70	43	27
兴业县	157	83	74	15	7	8
北流市	480	254	226	58	26	32
百色市	**3676**	**1945**	**1731**	**304**	**197**	**107**
右江区	2422	1223	1199	193	130	63
田阳区	150	95	55	10	6	4
田东县	174	96	78	16	13	3

1-6 续表 11

单位：人

地　区	硕士研究生			博士研究生		
	小计	男	女	小计	男	女
德保县	113	59	54	11	3	8
那坡县	40	24	16	4	2	2
凌云县	70	40	30	7	3	4
乐业县	52	31	21	2	2	
田林县	81	53	28	3		3
西林县	48	26	22			
隆林各族自治县	80	51	29	19	11	8
靖西市	117	61	56	19	11	8
平果市	329	186	143	20	16	4
贺州市	**2148**	**1112**	**1036**	**161**	**92**	**69**
八步区	1366	738	628	93	63	30
平桂区	278	136	142	24	11	13
昭平县	133	64	69	13	7	6
钟山县	198	89	109	16	8	8
富川瑶族自治县	173	85	88	15	3	12
河池市	**2725**	**1465**	**1260**	**202**	**118**	**84**
金城江区	866	496	370	49	32	17
宜州区	778	401	377	51	28	23
南丹县	120	69	51	10	4	6
天峨县	89	49	40	4	4	
凤山县	45	22	23	9	7	2
东兰县	101	53	48	9	4	5
罗城仫佬族自治县	118	64	54	9	5	4
环江毛南族自治县	117	55	62	8	6	2
巴马瑶族自治县	123	70	53	27	16	11
都安瑶族自治县	238	119	119	19	9	10
大化瑶族自治县	130	67	63	7	3	4
来宾市	**1720**	**913**	**807**	**119**	**75**	**44**
兴宾区	1184	652	532	76	48	28
忻城县	107	49	58	8	4	4
象州县	131	68	63	12	8	4
武宣县	155	68	87	14	11	3
金秀瑶族自治县	75	44	31	5	3	2
合山市	68	32	36	4	1	3
崇左市	**2020**	**1052**	**968**	**153**	**101**	**52**
江州区	1025	503	522	58	40	18
扶绥县	356	192	164	15	8	7
宁明县	128	73	55	16	13	3
龙州县	129	67	62	12	9	3
大新县	109	57	52	6	3	3
天等县	117	65	52	26	12	14
凭祥市	156	95	61	20	16	4

1–6※ 各地区分性别、受教育程度的3岁及以上人口（户籍人口）

单位：人

地 区	3岁及以上人口			未上过学			学前教育		
	合计	男	女	小计	男	女	小计	男	女
总 计	**54879557**	**28818821**	**26060736**	**1572671**	**468671**	**1104000**	**2672246**	**1420432**	**1251814**
南宁市	**7656921**	**3963698**	**3693223**	**154220**	**46673**	**107547**	**392852**	**211994**	**180858**
兴宁区	414737	207739	206998	5254	2027	3227	22569	12221	10348
青秀区	798341	389421	408920	11008	4302	6706	47304	25544	21760
江南区	574793	290546	284247	8534	2941	5593	34384	18563	15821
西乡塘区	861112	432661	428451	11587	4272	7315	42266	23038	19228
良庆区	338816	174424	164392	6476	2234	4242	22736	12338	10398
邕宁区	367064	192868	174196	7663	2514	5149	17851	9607	8244
武鸣区	687432	357476	329956	13949	3805	10144	35182	19022	16160
隆安县	400741	212783	187958	12042	3204	8838	19314	10305	9009
马山县	537538	282867	254671	22569	4769	17800	27417	14677	12740
上林县	474734	249750	224984	9995	2627	7368	21766	11733	10033
宾阳县	1007292	539992	467300	20047	5441	14606	44672	23975	20697
横 县	1194321	633171	561150	25096	8537	16559	57391	30971	26420
柳州市	**3853477**	**1985536**	**1867941**	**106464**	**29020**	**77444**	**172749**	**91231**	**81518**
城中区	189278	91843	97435	1609	661	948	9795	5231	4564
鱼峰区	422648	211049	211599	4966	1835	3131	20090	10559	9531
柳南区	400389	202378	198011	4803	1598	3205	17181	9038	8143
柳北区	354219	175574	178645	3844	1339	2505	13829	7303	6526
柳江区	485054	249889	235165	11609	3098	8511	23967	12679	11288
柳城县	397873	206236	191637	10441	2820	7621	17194	8957	8237
鹿寨县	401240	213177	188063	7926	2484	5442	17526	9180	8346
融安县	312895	166385	146510	9257	2507	6750	12749	6795	5954
融水苗族自治县	502588	265062	237526	27953	6510	21443	22236	11969	10267
三江侗族自治县	387293	203943	183350	24056	6168	17888	18182	9520	8662
桂林市	**5214041**	**2690513**	**2523528**	**153390**	**43742**	**109648**	**229231**	**120016**	**109215**
秀峰区	120857	57946	62911	1988	730	1258	5200	2669	2531
叠彩区	156571	75065	81506	2197	684	1513	6379	3355	3024
象山区	245113	118081	127032	3511	1123	2388	8580	4452	4128
七星区	235794	117089	118705	3785	1166	2619	10647	5606	5041
雁山区	73792	36716	37076	3844	847	2997	3257	1669	1588
临桂区	518872	269037	249835	26224	6249	19975	24686	13127	11559
阳朔县	315953	162960	152993	14187	3722	10465	14839	7680	7159
灵川县	386124	194670	191454	9002	2549	6453	18553	9522	9031
全州县	796246	428003	368243	22573	6773	15800	31123	16666	14457
兴安县	371209	190546	180663	8859	2838	6021	18215	9500	8715
永福县	275098	144921	130177	11229	3072	8157	11891	6161	5730
灌阳县	279263	148756	130507	10150	3097	7053	11923	6253	5670
龙胜各族自治县	164004	83297	80707	5108	1429	3679	6107	3029	3078
资源县	172310	89754	82556	4350	1358	2992	7006	3676	3330
平乐县	443786	234472	209314	12660	3525	9135	22676	12028	10648
恭城瑶族自治县	290870	150626	140244	6879	2193	4686	13069	6792	6277
荔浦市	368179	188574	179605	6844	2387	4457	15080	7831	7249

1-6(户籍人口)　续表 1

单位:人

地区	3岁及以上人口			未上过学			学前教育		
	合计	男	女	小计	男	女	小计	男	女
梧州市	**3400809**	**1804046**	**1596763**	**73301**	**26905**	**46396**	**166039**	**87519**	**78520**
万秀区	274190	137502	136688	3310	1177	2133	9456	5006	4450
长洲区	207397	102585	104812	3775	1544	2231	10057	5253	4804
龙圩区	291877	154645	137232	6250	2383	3867	15082	7978	7104
苍梧县	417878	224850	193028	11706	4590	7116	17266	9116	8150
藤　县	1066014	575365	490649	26132	9857	16275	56428	29680	26748
蒙山县	216211	113894	102317	4625	1260	3365	9949	5254	4695
岑溪市	927242	495205	432037	17503	6094	11409	47801	25232	22569
北海市	**1748644**	**913027**	**835617**	**40848**	**12305**	**28543**	**90227**	**48737**	**41490**
海城区	350501	172772	177729	5206	1539	3667	16823	9101	7722
银海区	191771	98869	92902	5259	1788	3471	10772	5821	4951
铁山港区	170357	88189	82168	2976	939	2037	8592	4594	3998
合浦县	1036015	553197	482818	27407	8039	19368	54040	29221	24819
防城港市	**972610**	**522524**	**450086**	**28154**	**9081**	**19073**	**53372**	**28806**	**24566**
港口区	147306	76201	71105	4449	1541	2908	8394	4473	3921
防城区	428064	231341	196723	13295	4567	8728	24344	13096	11248
上思县	239138	132873	106265	6347	1849	4498	10306	5671	4635
东兴市	158102	82109	75993	4063	1124	2939	10328	5566	4762
钦州市	**3999506**	**2169774**	**1829732**	**112107**	**41395**	**70712**	**200051**	**105902**	**94149**
钦南区	643760	342964	300796	19744	6132	13612	32537	17465	15072
钦北区	845345	470601	374744	27884	9888	17996	37712	20113	17599
灵山县	1603607	867112	736495	42654	17025	25629	83358	43854	39504
浦北县	906794	489097	417697	21825	8350	13475	46444	24470	21974
贵港市	**5392122**	**2859066**	**2533056**	**125670**	**44502**	**81168**	**250304**	**132141**	**118163**
港北区	747498	386749	360749	17861	5469	12392	37444	19651	17793
港南区	661172	349315	311857	15050	4879	10171	30373	16056	14317
覃塘区	566217	295248	270969	14276	4562	9714	27163	14078	13085
平南县	1470102	789723	680379	27658	10582	17076	73199	39367	33832
桂平市	1947133	1038031	909102	50825	19010	31815	82125	42989	39136
玉林市	**7070745**	**3776312**	**3294433**	**142518**	**55284**	**87234**	**380384**	**202383**	**178001**
玉州区	790476	407288	383188	9168	3685	5483	42440	22796	19644
福绵区	358560	194000	164560	8021	2873	5148	18252	9772	8480
容　县	837753	443266	394487	13764	5518	8246	39795	20970	18825
陆川县	1051881	559974	491907	19296	8060	11236	56476	29885	26591
博白县	1823693	994493	829200	46398	18517	27881	109504	58694	50810
兴业县	716621	387303	329318	14627	4504	10123	30133	16016	14117
北流市	1491761	789988	701773	31244	12127	19117	83784	44250	39534
百色市	**4067066**	**2108536**	**1958530**	**208147**	**50679**	**157468**	**188181**	**100742**	**87439**
右江区	386420	193155	193265	11654	3157	8497	17933	9557	8376
田阳区	342518	172345	170173	13165	2993	10172	14248	7475	6773
田东县	421802	219495	202307	15402	3829	11573	18186	9862	8324

1-6(户籍人口) 续表 2

单位:人

地 区	3岁及以上人口			未上过学			学前教育		
	合计	男	女	小计	男	女	小计	男	女
德保县	352720	187339	165381	11292	3069	8223	14684	7895	6789
那坡县	208833	109486	99347	15392	3770	11622	10916	5723	5193
凌云县	215835	112142	103693	15515	3400	12115	10644	5741	4903
乐业县	173866	91381	82485	14124	3508	10616	8437	4591	3846
田林县	255608	131449	124159	19226	4139	15087	10668	5601	5067
西林县	157508	81887	75621	17842	4078	13764	7342	3980	3362
隆林各族自治县	418632	214917	203715	38667	10162	28505	22825	11937	10888
靖西市	632699	334059	298640	21629	5371	16258	27855	15189	12666
平果市	500625	260881	239744	14239	3203	11036	24443	13191	11252
贺州市	**2387050**	**1256801**	**1130249**	**82777**	**22556**	**60221**	**121412**	**63520**	**57892**
八步区	764106	395666	368440	22158	5841	16317	40277	21053	19224
平桂区	417342	218394	198948	11563	3596	7967	21993	11620	10373
昭平县	433921	233072	200849	10995	3506	7489	20766	10866	9900
钟山县	444440	237852	206588	21014	5457	15557	21553	11121	10432
富川瑶族自治县	327241	171817	155424	17047	4156	12891	16823	8860	7963
河池市	**4146920**	**2157189**	**1989731**	**205776**	**50579**	**155197**	**195241**	**104462**	**90779**
金城江区	342844	176505	166339	8228	2138	6090	16950	9226	7724
宜州区	648251	335575	312676	21363	6091	15272	27771	14683	13088
南丹县	314896	164921	149975	20287	6089	14198	15139	8201	6938
天峨县	169663	89015	80648	12166	2881	9285	7056	3949	3107
凤山县	211215	111051	100164	13240	2746	10494	10939	5998	4941
东兰县	297984	157109	140875	25138	4466	20672	15050	8101	6949
罗城仫佬族自治县	369599	191129	178470	16218	4201	12017	16641	8561	8080
环江毛南族自治县	357228	189221	168007	11983	2970	9013	16315	8677	7638
巴马瑶族自治县	284863	147900	136963	22872	4126	18746	15256	8334	6922
都安瑶族自治县	690614	357518	333096	24288	6801	17487	32212	17026	15186
大化瑶族自治县	459763	237245	222518	29993	8070	21923	21912	11706	10206
来宾市	**2568091**	**1346991**	**1221100**	**60207**	**16214**	**43993**	**122193**	**64021**	**58172**
兴宾区	1103259	580720	522539	28380	7470	20910	54451	28760	25691
忻城县	405568	210696	194872	10936	2642	8294	18788	9711	9077
象州县	350364	184278	166086	6376	1645	4731	15733	8206	7527
武宣县	434914	230483	204431	7711	2584	5127	21266	11216	10050
金秀瑶族自治县	148727	76509	72218	4610	1278	3332	6543	3373	3170
合山市	125259	64305	60954	2194	595	1599	5412	2755	2657
崇左市	**2401555**	**1264808**	**1136747**	**79092**	**19736**	**59356**	**110010**	**58958**	**51052**
江州区	386240	205767	180473	11279	3297	7982	19453	10582	8871
扶绥县	435539	231704	203835	10384	3039	7345	19227	10463	8764
宁明县	414599	220902	193697	14690	3576	11114	17891	9404	8487
龙州县	259767	132910	126857	7820	1787	6033	11563	6000	5563
大新县	364188	188177	176011	13825	2923	10902	16975	8933	8042
天等县	429228	227149	202079	17555	4165	13390	19070	10456	8614
凭祥市	111994	58199	53795	3539	949	2590	5831	3120	2711

1-6(户籍人口)　续表 3

单位:人

地　区	小学			初中			高中		
	小计	男	女	小计	男	女	小计	男	女
总　计	**14987135**	**7200509**	**7786626**	**22159054**	**12510471**	**9648583**	**7590920**	**4270031**	**3320889**
南宁市	**1733062**	**818220**	**914842**	**2990573**	**1642454**	**1348119**	**1173712**	**641047**	**532665**
兴宁区	73135	34252	38883	135177	69466	65711	84105	42900	41205
青秀区	122685	59220	63465	158401	78767	79634	129857	60979	68878
江南区	112584	52835	59749	200943	105133	95810	109448	57345	52103
西乡塘区	147352	69215	78137	270116	137588	132528	178397	91900	86497
良庆区	77118	36789	40329	122977	66671	56306	58056	31338	26718
邕宁区	90924	42764	48160	157479	87977	69502	52869	29941	22928
武鸣区	160309	74502	85807	297546	162655	134891	106047	60453	45594
隆安县	115926	55074	60852	176857	101769	75088	46656	27283	19373
马山县	166136	78705	87431	211592	124189	87403	65145	37941	27204
上林县	101090	46658	54432	233024	130029	102995	62935	36389	26546
宾阳县	249158	118165	130993	465991	264393	201598	131766	78255	53511
横　县	316645	150041	166604	560470	313817	246653	148431	86323	62108
柳州市	**1005882**	**486926**	**518956**	**1437679**	**796310**	**641369**	**598907**	**318652**	**280255**
城中区	24410	11473	12937	39946	18696	21250	38966	18327	20639
鱼峰区	74159	35048	39111	143742	72951	70791	92132	46495	45637
柳南区	62329	28896	33433	132529	66754	65775	97009	50734	46275
柳北区	53749	24571	29178	116287	56696	59591	85016	43838	41178
柳江区	135228	65293	69935	207630	114866	92764	61433	33140	28293
柳城县	103013	49727	53286	185319	104366	80953	47978	25741	22237
鹿寨县	120450	59027	61423	173227	99743	73484	50072	27795	22277
融安县	95239	46387	48852	128729	75443	53286	38227	21567	16660
融水苗族自治县	186787	91593	95194	177606	107065	70541	53249	30677	22572
三江侗族自治县	150518	74911	75607	132664	79730	52934	34825	20338	14487
桂林市	**1396053**	**659866**	**736187**	**2001605**	**1116546**	**885059**	**783680**	**431542**	**352138**
秀峰区	16298	7246	9052	28314	13262	15052	28351	13770	14581
叠彩区	24038	10740	13298	44502	21016	23486	39567	19446	20121
象山区	35446	15719	19727	67565	31955	35610	61720	30257	31463
七星区	36940	18383	18557	57132	28535	28597	51923	25407	26516
雁山区	21079	9883	11196	27099	15021	12078	10435	5711	4724
临桂区	147058	71334	75724	191452	110499	80953	72217	40260	31957
阳朔县	91502	44421	47081	127654	72492	55162	40610	22421	18189
灵川县	98715	45018	53697	161235	86837	74398	57005	30990	26015
全州县	217387	102538	114849	334723	192692	142031	116540	70422	46118
兴安县	107681	51200	56481	150948	82855	68093	50558	27578	22980
永福县	94688	46689	47999	100097	58384	41713	33375	19048	14327
灌阳县	82816	38831	43985	109951	63689	46262	35561	21571	13990
龙胜各族自治县	51855	24417	27438	62116	35081	27035	21093	11435	9658
资源县	52970	23937	29033	66256	37943	28313	22901	13366	9535
平乐县	126276	59851	66425	192949	111132	81817	56623	32440	24183
恭城瑶族自治县	93586	43414	50172	113499	65030	48469	35518	20242	15276
荔浦市	97718	46245	51473	166113	90123	75990	49683	27178	22505

1-6(户籍人口) 续表 4　　单位:人

地区	小学			初中			高中		
	小计	男	女	小计	男	女	小计	男	女
梧州市	**906717**	**436209**	**470508**	**1474852**	**832276**	**642576**	**473368**	**267406**	**205962**
万秀区	51950	22973	28977	98990	50839	48151	62987	33178	29809
长洲区	45757	21271	24486	70106	34792	35314	41486	21383	20103
龙圩区	86004	41987	44017	122718	69542	53176	38218	21229	16989
苍梧县	134346	62947	71399	178512	106262	72250	48123	28429	19694
藤　县	293924	145154	148770	485594	279850	205744	127607	73343	54264
蒙山县	55517	26529	28988	96416	54346	42070	28191	16064	12127
岑溪市	239219	115348	123871	422516	236645	185871	126756	73780	52976
北海市	**401067**	**195334**	**205733**	**677712**	**372821**	**304891**	**312413**	**171712**	**140701**
海城区	54654	25569	29085	106910	52216	54694	85699	43548	42151
银海区	47847	23617	24230	72379	39632	32747	31097	16479	14618
铁山港区	41879	19496	22383	72538	39796	32742	25071	14306	10765
合浦县	256687	126652	130035	425885	241177	184708	170546	97379	73167
防城港市	**255781**	**122950**	**132831**	**390941**	**222777**	**168164**	**140429**	**82311**	**58118**
港口区	32402	15095	17307	47081	24391	22690	26988	15420	11568
防城区	120114	57977	62137	177107	102141	74966	56372	33276	23096
上思县	62024	30196	31828	102810	61774	41036	34987	21060	13927
东兴市	41241	19682	21559	63943	34471	29472	22082	12555	9527
钦州市	**1230446**	**625751**	**604695**	**1607189**	**932103**	**675086**	**517829**	**299592**	**218237**
钦南区	178642	88650	89992	225335	127861	97474	104838	60482	44356
钦北区	254287	129886	124401	348210	209700	138510	107207	64623	42584
灵山县	528325	272868	255457	655871	376684	279187	182701	103803	78898
浦北县	269192	134347	134845	377773	217858	159915	123083	70684	52399
贵港市	**1444022**	**692700**	**751322**	**2317262**	**1297967**	**1019295**	**751124**	**436294**	**314830**
港北区	187247	88949	98298	280954	153531	127423	120810	67068	53742
港南区	180296	83622	96674	282680	158656	124024	91896	54694	37202
覃塘区	162462	75638	86824	241246	134742	106504	70529	41728	28801
平南县	382602	187674	194928	658543	370253	288290	201151	117651	83500
桂平市	531415	256817	274598	853839	480785	373054	266738	155153	111585
玉林市	**1879710**	**932974**	**946736**	**3073872**	**1711050**	**1362822**	**975425**	**554826**	**420599**
玉州区	177991	89397	88594	288557	150535	138022	151532	79715	71817
福绵区	111469	56706	54763	161036	91451	69585	39564	22741	16823
容　县	208137	100135	108002	387216	211180	176036	117529	68615	48914
陆川县	275228	137077	138151	469576	259673	209903	147187	82262	64925
博白县	511028	260244	250784	784865	451037	333828	224888	130311	94577
兴业县	183803	89149	94654	339207	192589	146618	97083	58017	39066
北流市	412054	200266	211788	643415	354585	288830	197642	113165	84477
百色市	**1316578**	**623759**	**692819**	**1528170**	**889525**	**638645**	**454736**	**258465**	**196271**
右江区	100171	45712	54459	134692	73444	61248	54800	28414	26386
田阳区	110484	50608	59876	137877	77180	60697	38233	20901	17332
田东县	117606	53760	63846	178114	101906	76208	54274	31001	23273

1-6(户籍人口) 续表 5

单位:人

地 区	小学			初中			高中		
	小计	男	女	小计	男	女	小计	男	女
德保县	116017	56637	59380	145550	84679	60871	37871	21971	15900
那坡县	80206	39583	40623	66733	40797	25936	20853	12127	8726
凌云县	83900	39846	44054	62211	38547	23664	22893	13610	9283
乐业县	54881	26063	28818	57672	35486	22186	20695	12180	8515
田林县	86827	40266	46561	87604	53919	33685	27937	15822	12115
西林县	54959	27949	27010	46315	28726	17589	16033	9350	6683
隆林各族自治县	159084	77710	81374	132069	79559	52510	36978	20630	16348
靖西市	203806	97805	106001	277602	160047	117555	63174	36908	26266
平果市	148637	67820	80817	201731	115235	86496	60995	35551	25444
贺州市	**746185**	**357085**	**389100**	**956492**	**558086**	**398406**	**279973**	**158798**	**121175**
八步区	232153	109350	122803	298704	170308	128396	96727	53357	43370
平桂区	139588	68132	71456	177357	101098	76259	41573	22769	18804
昭平县	129364	60860	68504	185879	109256	76623	51807	30499	21308
钟山县	148168	73864	74304	167874	101739	66135	50365	28945	21420
富川瑶族自治县	96912	44879	52033	126678	75685	50993	39501	23228	16273
河池市	**1325738**	**625808**	**699930**	**1518250**	**886215**	**632035**	**493272**	**283371**	**209901**
金城江区	80497	36726	43771	126356	69345	57011	55670	30571	25099
宜州区	199489	95346	104143	258781	146998	111783	80820	44211	36609
南丹县	103639	49135	54504	113362	67204	46158	35100	20196	14904
天峨县	53646	24835	28811	53757	33199	20558	21628	12569	9059
凤山县	67992	31018	36974	73039	44949	28090	23931	14517	9414
东兰县	85014	40057	44957	103819	63696	40123	36557	22774	13783
罗城仫佬族自治县	131225	63256	67969	137178	79767	57411	38607	21765	16842
环江毛南族自治县	107421	50415	57006	148978	87920	61058	40235	23532	16703
巴马瑶族自治县	97241	47234	50007	92310	56427	35883	30601	17951	12650
都安瑶族自治县	233857	109445	124412	256186	146665	109521	79407	45476	33931
大化瑶族自治县	165717	78341	87376	154484	90045	64439	50716	29809	20907
来宾市	**681100**	**318500**	**362600**	**1142517**	**649750**	**492767**	**325596**	**185130**	**140466**
兴宾区	291154	136347	154807	474518	271926	202592	145385	82606	62779
忻城县	119570	55457	64113	182840	105137	77703	43957	24567	19390
象州县	99063	46082	52981	154000	88274	65726	44086	25333	18753
武宣县	96206	45039	51167	212399	119214	93185	57350	32991	24359
金秀瑶族自治县	46907	22961	23946	58502	32363	26139	17700	9837	7863
合山市	28200	12614	15586	60258	32836	27422	17118	9796	7322
崇左市	**664794**	**304427**	**360367**	**1041940**	**602591**	**439349**	**310456**	**180885**	**129571**
江州区	104407	48868	55539	161809	93730	68079	54279	31052	23227
扶绥县	106570	49303	57267	198545	113302	85243	61914	36079	25835
宁明县	115308	52250	63058	187756	111618	76138	49895	29210	20685
龙州县	77105	33359	43746	110980	64302	46678	31935	18203	13732
大新县	104082	47019	57063	159522	91525	67997	43519	25230	18289
天等县	128653	60663	67990	177433	102094	75339	52874	32084	20790
凭祥市	28669	12965	15704	45895	26020	19875	16040	9027	7013

1-6(户籍人口) 续表 6

单位:人

地 区	大学专科			大学本科		
	小计	男	女	小计	男	女
总 计	**3316171**	**1714328**	**1601843**	**2440558**	**1164801**	**1275757**
南宁市	**627383**	**318698**	**308685**	**531376**	**257677**	**273699**
兴宁区	51989	25864	26125	38944	19156	19788
青秀区	125209	59059	66150	177415	87903	89512
江南区	61802	30887	30915	44150	21405	22745
西乡塘区	106404	54351	52053	90676	45211	45465
良庆区	29618	14799	14819	20463	9615	10848
邕宁区	23023	11944	11079	16507	7771	8736
武鸣区	44811	23496	21315	28687	13186	15501
隆安县	17895	9585	8310	11727	5404	6323
马山县	28241	14822	13419	15989	7572	8417
上林县	28212	14603	13609	17190	7492	9698
宾阳县	58159	31543	26616	36341	17686	18655
横 县	52020	27745	24275	33287	15276	18011
柳州市	**292441**	**147784**	**144657**	**225299**	**108610**	**116689**
城中区	30594	14891	15703	39417	20120	19297
鱼峰区	44343	22263	22080	40147	20322	19825
柳南区	46741	25041	21700	37701	19224	18477
柳北区	44720	23476	21244	34642	17303	17339
柳江区	28015	13453	14562	16542	7134	9408
柳城县	20805	9416	11389	12723	5052	7671
鹿寨县	19224	9519	9705	12447	5287	7160
融安县	17814	8970	8844	10596	4620	5976
融水苗族自治县	22547	11711	10836	11910	5408	6502
三江侗族自治县	17638	9044	8594	9174	4140	5034
桂林市	**345005**	**173916**	**171089**	**282959**	**134174**	**148785**
秀峰区	18035	8950	9085	20219	10096	10123
叠彩区	20751	10373	10378	17795	8827	8968
象山区	33175	16694	16481	32278	16519	15759
七星区	31499	15230	16269	35890	18497	17393
雁山区	3538	1580	1958	4047	1794	2253
临桂区	30807	15185	15622	24991	11711	13280
阳朔县	14710	6997	7713	11937	5029	6908
灵川县	23326	11390	11936	17503	8019	9484
全州县	45384	24886	20498	27379	13505	13874
兴安县	21401	10542	10859	13023	5812	7211
永福县	14425	7376	7049	9071	4042	5029
灌阳县	16715	9321	7394	11785	5826	5959
龙胜各族自治县	10220	4811	5409	7242	2981	4261
资源县	10483	5594	4889	8052	3757	4295
平乐县	17420	8880	8540	14769	6447	8322
恭城瑶族自治县	14785	7319	7466	13061	5478	7583
荔浦市	18331	8788	9543	13917	5834	8083

1-6(户籍人口) 续表 7

单位:人

地 区	大学专科			大学本科		
	小计	男	女	小计	男	女
梧州市	**166310**	**86811**	**79499**	**135694**	**64736**	**70958**
万秀区	25562	13392	12170	20868	10404	10464
长洲区	18461	9445	9016	16946	8487	8459
龙圩区	12406	6366	6040	10866	4995	5871
苍梧县	14889	7778	7111	12650	5559	7091
藤 县	43466	22334	21132	32027	14749	17278
蒙山县	11166	5730	5436	10049	4595	5454
岑溪市	40360	21766	18594	32288	15947	16341
北海市	**124429**	**63375**	**61054**	**97094**	**46420**	**50674**
海城区	40575	20543	20032	38150	19018	19132
银海区	13135	6337	6798	10551	4856	5695
铁山港区	11133	5481	5652	7883	3460	4423
合浦县	59586	31014	28572	40510	19086	21424
防城港市	**61927**	**34444**	**27483**	**40408**	**21294**	**19114**
港口区	15628	8669	6959	11720	6257	5463
防城区	22327	12436	9891	13991	7561	6430
上思县	14643	8298	6345	7781	3918	3863
东兴市	9329	5041	4288	6916	3558	3358
钦州市	**191055**	**98669**	**92386**	**134956**	**63302**	**71654**
钦南区	46099	24136	21963	34167	16947	17220
钦北区	40726	21852	18874	27988	13842	14146
灵山县	62906	31497	31409	46516	20757	25759
浦北县	41324	21184	20140	26285	11756	14529
贵港市	**299082**	**158567**	**140515**	**198310**	**93837**	**104473**
港北区	58629	30178	28451	42730	20944	21786
港南区	37531	20349	17182	22641	10757	11884
覃塘区	29218	15543	13675	20694	8706	11988
平南县	74205	39229	34976	51233	24228	27005
桂平市	99499	53268	46231	61012	29202	31810
玉林市	**359491**	**191108**	**168383**	**249879**	**123926**	**125953**
玉州区	65573	33590	31983	52050	25919	26131
福绵区	12358	6633	5725	7622	3714	3908
容 县	38281	20724	17557	32139	15744	16395
陆川县	50802	26761	24041	32320	15750	16570
博白县	88153	46611	41542	56886	28092	28794
兴业县	30886	16956	13930	20325	9800	10525
北流市	73438	39833	33605	48537	24907	23630
百色市	**228031**	**118083**	**109948**	**138477**	**64878**	**73599**
右江区	35567	18041	17526	29564	13719	15845
田阳区	17346	8467	8879	10871	4591	6280
田东县	23972	12612	11360	13896	6365	7531

1-6(户籍人口) 续表 8

单位:人

地 区	大学专科			大学本科		
	小计	男	女	小计	男	女
德保县	16993	8638	8355	10082	4354	5728
那坡县	9976	5192	4784	4658	2241	2417
凌云县	12772	6889	5883	7711	4013	3698
乐业县	11771	6403	5368	6120	3056	3064
田林县	15846	8170	7676	7335	3454	3881
西林县	9932	5329	4603	4988	2434	2554
隆林各族自治县	18898	9857	9041	9907	4946	4961
靖西市	24288	12289	11999	13970	6281	7689
平果市	30670	16196	14474	19375	9424	9951
贺州市	**112394**	**56838**	**55556**	**84401**	**38325**	**46076**
八步区	39120	19616	19504	33309	15297	18012
平桂区	14537	6836	7701	10326	4182	6144
昭平县	21244	11416	9828	13497	6493	7004
钟山县	20085	9907	10178	14886	6610	8276
富川瑶族自治县	17408	9063	8345	12383	5743	6640
河池市	**246450**	**130474**	**115976**	**157125**	**73895**	**83230**
金城江区	29860	15868	13992	24226	12081	12145
宜州区	34604	17063	17541	24312	10665	13647
南丹县	16851	8952	7899	10238	5017	5221
天峨县	13094	7348	5746	8137	4143	3994
凤山县	15064	8330	6734	6862	3410	3452
东兰县	20354	11848	8506	11735	6010	5725
罗城仫佬族自治县	18316	8759	9557	11061	4668	6393
环江毛南族自治县	18986	9897	9089	12984	5688	7296
巴马瑶族自治县	16958	9262	7696	9380	4440	4940
都安瑶族自治县	39284	20546	18738	24681	11271	13410
大化瑶族自治县	23079	12601	10478	13509	6502	7007
来宾市	**140383**	**71325**	**69058**	**93264**	**40822**	**52442**
兴宾区	65031	33464	31567	42950	19476	23474
忻城县	17779	8551	9228	11378	4526	6852
象州县	17700	9045	8655	13004	5540	7464
武宣县	23629	12186	11443	15922	7074	8848
金秀瑶族自治县	8420	4152	4268	5902	2481	3421
合山市	7824	3927	3897	4108	1725	2383
崇左市	**121790**	**64236**	**57554**	**71316**	**32905**	**38411**
江州区	20378	11028	9350	14030	6920	7110
扶绥县	24072	12925	11147	14390	6391	7999
宁明县	19250	10246	9004	9542	4447	5095
龙州县	13102	6225	6877	7070	2940	4130
大新县	16699	8391	8308	9369	4067	5302
天等县	21132	11679	9453	12206	5855	6351
凭祥市	7157	3742	3415	4709	2285	2424

1-6(户籍人口) 续表 9

单位:人

地 区	硕士研究生			博士研究生		
	小计	男	女	小计	男	女
总 计	**126742**	**61165**	**65577**	**14060**	**8413**	**5647**
南宁市	**47712**	**23341**	**24371**	**6031**	**3594**	**2437**
兴宁区	3238	1650	1588	326	203	123
青秀区	24151	12309	11842	2311	1338	973
江南区	2751	1309	1442	197	128	69
西乡塘区	11643	5454	6189	2671	1632	1039
良庆区	1269	583	686	103	57	46
邕宁区	685	313	372	63	37	26
武鸣区	827	321	506	74	36	38
隆安县	288	136	152	36	23	13
马山县	409	169	240	40	23	17
上林县	471	195	276	51	24	27
宾阳县	1073	490	583	85	44	41
横 县	907	412	495	74	49	25
柳州市	**13001**	**6392**	**6609**	**1055**	**611**	**444**
城中区	4170	2209	1961	371	235	136
鱼峰区	2850	1449	1401	219	127	92
柳南区	1956	1013	943	140	80	60
柳北区	1997	975	1022	135	73	62
柳江区	578	206	372	52	20	32
柳城县	367	140	227	33	17	16
鹿寨县	335	125	210	33	17	16
融安县	269	88	181	15	8	7
融水苗族自治县	266	107	159	34	22	12
三江侗族自治县	213	80	133	23	12	11
桂林市	**19197**	**8921**	**10276**	**2921**	**1790**	**1131**
秀峰区	2197	1078	1119	255	145	110
叠彩区	1229	569	660	113	55	58
象山区	2612	1243	1369	226	119	107
七星区	6354	3176	3178	1624	1089	535
雁山区	405	157	248	88	54	34
临桂区	1297	583	714	140	89	51
阳朔县	467	178	289	47	20	27
灵川县	717	304	413	68	41	27
全州县	1030	456	574	107	65	42
兴安县	476	193	283	48	28	20
永福县	306	139	167	16	10	6
灌阳县	314	144	170	48	24	24
龙胜各族自治县	248	111	137	15	3	12
资源县	270	116	154	22	7	15
平乐县	371	152	219	42	17	25
恭城瑶族自治县	438	143	295	35	15	20
荔浦市	466	179	287	27	9	18

1-6(户籍人口) 续表 10 单位:人

地区	硕士研究生			博士研究生		
	小计	男	女	小计	男	女
梧州市	**4196**	**1984**	**2212**	**332**	**200**	**132**
万秀区	979	478	501	88	55	33
长洲区	767	381	386	42	29	13
龙圩区	314	155	159	19	10	9
苍梧县	356	152	204	30	17	13
藤 县	767	357	410	69	41	28
蒙山县	274	102	172	24	14	10
岑溪市	739	359	380	60	34	26
北海市	**4522**	**2130**	**2392**	**332**	**193**	**139**
海城区	2336	1153	1183	148	85	63
银海区	680	306	374	51	33	18
铁山港区	267	108	159	18	9	9
合浦县	1239	563	676	115	66	49
防城港市	**1492**	**796**	**696**	**106**	**65**	**41**
港口区	616	336	280	28	19	9
防城区	469	259	210	45	28	17
上思县	226	99	127	14	8	6
东兴市	181	102	79	19	10	9
钦州市	**5399**	**2770**	**2629**	**474**	**290**	**184**
钦南区	2202	1174	1028	196	117	79
钦北区	1240	639	601	91	58	33
灵山县	1156	554	602	120	70	50
浦北县	801	403	398	67	45	22
贵港市	**5822**	**2756**	**3066**	**526**	**302**	**224**
港北区	1684	875	809	139	84	55
港南区	645	274	371	60	28	32
覃塘区	576	224	352	53	27	26
平南县	1356	644	712	155	95	60
桂平市	1561	739	822	119	68	51
玉林市	**8628**	**4230**	**4398**	**838**	**531**	**307**
玉州区	2873	1454	1419	292	197	95
福绵区	222	101	121	16	9	7
容 县	823	341	482	69	39	30
陆川县	922	458	464	74	48	26
博白县	1788	870	918	183	117	66
兴业县	507	243	264	50	29	21
北流市	1493	763	730	154	92	62
百色市	**4367**	**2170**	**2197**	**379**	**235**	**144**
右江区	1866	999	867	173	112	61
田阳区	267	116	151	27	14	13
田东县	323	141	182	29	19	10

1-6(户籍人口) 续表 11

单位:人

地区	硕士研究生			博士研究生		
	小计	男	女	小计	男	女
德保县	211	83	128	20	13	7
那坡县	92	49	43	7	4	3
凌云县	168	82	86	21	14	7
乐业县	162	90	72	4	4	
田林县	156	74	82	9	4	5
西林县	93	40	53	4	1	3
隆林各族自治县	173	99	74	31	17	14
靖西市	351	158	193	24	11	13
平果市	505	239	266	30	22	8
贺州市	**3135**	**1441**	**1694**	**281**	**152**	**129**
八步区	1532	767	765	126	77	49
平桂区	365	143	222	40	18	22
昭平县	340	161	179	29	15	14
钟山县	457	189	268	38	20	18
富川瑶族自治县	441	181	260	48	22	26
河池市	**4688**	**2174**	**2514**	**380**	**211**	**169**
金城江区	996	512	484	61	38	23
宜州区	1016	466	550	95	52	43
南丹县	260	119	141	20	8	12
天峨县	172	87	85	7	4	3
凤山县	129	69	60	19	14	5
东兰县	294	144	150	23	13	10
罗城仫佬族自治县	330	141	189	23	11	12
环江毛南族自治县	299	106	193	27	16	11
巴马瑶族自治县	223	117	106	22	9	13
都安瑶族自治县	646	258	388	53	30	23
大化瑶族自治县	323	155	168	30	16	14
来宾市	**2625**	**1117**	**1508**	**206**	**112**	**94**
兴宾区	1289	615	674	101	56	45
忻城县	294	96	198	26	9	17
象州县	376	138	238	26	15	11
武宣县	399	157	242	32	22	10
金秀瑶族自治县	135	61	74	8	3	5
合山市	132	50	82	13	7	6
崇左市	**1958**	**943**	**1015**	**199**	**127**	**72**
江州区	563	260	303	42	30	12
扶绥县	406	185	221	31	17	14
宁明县	238	131	107	29	20	9
龙州县	179	84	95	13	10	3
大新县	180	78	102	17	11	6
天等县	259	129	130	46	24	22
凭祥市	133	76	57	21	15	6

1–6a 各地区分性别、受教育程度的3岁及以上人口（城市）

单位：人

地 区	3岁及以上人口			未上过学			学前教育		
	合计	男	女	小计	男	女	小计	男	女
总 计	**14258718**	**7176126**	**7082592**	**176503**	**63228**	**113275**	**698085**	**375596**	**322489**
南宁市	**4399161**	**2225576**	**2173585**	**45899**	**17880**	**28019**	**209967**	**114255**	**95712**
兴宁区	496054	255087	240967	5459	2198	3261	24570	13350	11220
青秀区	980037	468831	511206	9548	3824	5724	45095	24472	20623
江南区	731447	378554	352893	8382	3000	5382	40167	21677	18490
西乡塘区	1383117	701151	681966	13838	5424	8414	56510	30914	25596
良庆区	440154	234076	206078	4665	1899	2766	24702	13500	11202
邕宁区	152435	78222	74213	2165	791	1374	7876	4250	3626
武鸣区	215917	109655	106262	1842	744	1098	11047	6092	4955
隆安县									
马山县									
上林县									
宾阳县									
横 县									
柳州市	**1990829**	**1011482**	**979347**	**20084**	**7062**	**13022**	**88293**	**46971**	**41322**
城中区	232472	112704	119768	2106	776	1330	10784	5782	5002
鱼峰区	572858	296852	276006	5780	2060	3720	24668	13109	11559
柳南区	507002	258239	248763	4906	1709	3197	22726	12193	10533
柳北区	435124	219683	215441	5117	1740	3377	16779	8863	7916
柳江区	243373	124004	119369	2175	777	1398	13336	7024	6312
柳城县									
鹿寨县									
融安县									
融水苗族自治县									
三江侗族自治县									
桂林市	**1303590**	**642169**	**661421**	**20944**	**6781**	**14163**	**55224**	**29243**	**25981**
秀峰区	156135	78419	77716	2649	926	1723	6502	3435	3067
叠彩区	166236	81348	84888	2003	689	1314	6915	3684	3231
象山区	274803	133723	141080	4153	1351	2802	10388	5420	4968
七星区	344226	173160	171066	4793	1534	3259	13186	7038	6148
雁山区	9599	5106	4493	277	51	226	412	245	167
临桂区	262081	127109	134972	6133	1885	4248	13298	7080	6218
阳朔县									
灵川县									
全州县									
兴安县									
永福县									
灌阳县									
龙胜各族自治县									
资源县									
平乐县									
恭城瑶族自治县									
荔浦市	90510	43304	47206	936	345	591	4523	2341	2182

1-6a 续表 1

单位:人

地区	3岁及以上人口			未上过学			学前教育		
	合计	男	女	小计	男	女	小计	男	女
梧州市	**837035**	**416364**	**420671**	**9321**	**3712**	**5609**	**41626**	**22112**	**19514**
万秀区	210227	101628	108599	2112	752	1360	7023	3672	3351
长洲区	261300	129040	132260	3319	1350	1969	12436	6553	5883
龙圩区	122290	62683	59607	1502	645	857	6274	3384	2890
苍梧县									
藤 县									
蒙山县									
岑溪市	243218	123013	120205	2388	965	1423	15893	8503	7390
北海市	**618802**	**310692**	**308110**	**10518**	**3373**	**7145**	**28866**	**15703**	**13163**
海城区	427654	213891	213763	6149	1842	4307	19508	10640	8868
银海区	176603	89409	87194	4254	1504	2750	8592	4641	3951
铁山港区	14545	7392	7153	115	27	88	766	422	344
合浦县									
防城港市	**444600**	**234627**	**209973**	**7270**	**2641**	**4629**	**26505**	**14509**	**11996**
港口区	156416	85593	70823	2257	845	1412	7849	4183	3666
防城区	158771	81753	77018	2762	1070	1692	9723	5421	4302
上思县									
东兴市	129413	67281	62132	2251	726	1525	8933	4905	4028
钦州市	**497168**	**252478**	**244690**	**7450**	**2739**	**4711**	**27385**	**14965**	**12420**
钦南区	289074	146233	142841	4387	1507	2880	16000	8730	7270
钦北区	208094	106245	101849	3063	1232	1831	11385	6235	5150
灵山县									
浦北县									
贵港市	**901165**	**453790**	**447375**	**13283**	**5018**	**8265**	**47108**	**25033**	**22075**
港北区	454051	226486	227565	5671	2043	3628	24131	12906	11225
港南区	133694	68786	64908	1632	563	1069	6164	3278	2886
覃塘区	97478	49255	48223	2929	1063	1866	6578	3387	3191
平南县									
桂平市	215942	109263	106679	3051	1349	1702	10235	5462	4773
玉林市	**971876**	**492371**	**479505**	**9728**	**4013**	**5715**	**52513**	**28358**	**24155**
玉州区	648121	326244	321877	6281	2593	3688	34862	18873	15989
福绵区	55432	29422	26010	1010	368	642	2640	1405	1235
容 县									
陆川县									
博白县									
兴业县									
北流市	268323	136705	131618	2437	1052	1385	15011	8080	6931
百色市	**828578**	**407625**	**420953**	**11662**	**3417**	**8245**	**43455**	**23230**	**20225**
右江区	316297	152673	163624	4199	1307	2892	14205	7540	6665
田阳区	161388	79733	81655	2939	789	2150	8226	4286	3940
田东县									

1-6a 续表 2

单位:人

地 区	3岁及以上人口			未上过学			学前教育		
	合计	男	女	小计	男	女	小计	男	女
德保县									
那坡县									
凌云县									
乐业县									
田林县									
西林县									
隆林各族自治县									
靖西市	115778	58495	57283	1536	549	987	6403	3523	2880
平果市	235115	116724	118391	2988	772	2216	14621	7881	6740
贺州市	**325072**	**160329**	**164743**	**4476**	**1392**	**3084**	**17464**	**9274**	**8190**
八步区	185202	88849	96353	1848	582	1266	10165	5401	4764
平桂区	139870	71480	68390	2628	810	1818	7299	3873	3426
昭平县									
钟山县									
富川瑶族自治县									
河池市	**441138**	**216178**	**224960**	**6637**	**2088**	**4549**	**22459**	**12192**	**10267**
金城江区	243090	119810	123280	2997	827	2170	12985	7134	5851
宜州区	198048	96368	101680	3640	1261	2379	9474	5058	4416
南丹县									
天峨县									
凤山县									
东兰县									
罗城仫佬族自治县									
环江毛南族自治县									
巴马瑶族自治县									
都安瑶族自治县									
大化瑶族自治县									
来宾市	**422185**	**210438**	**211747**	**5761**	**1813**	**3948**	**25496**	**13486**	**12010**
兴宾区	384285	191748	192537	5185	1629	3556	23650	12534	11116
忻城县									
象州县									
武宣县									
金秀瑶族自治县									
合山市	37900	18690	19210	576	184	392	1846	952	894
崇左市	**277519**	**142007**	**135512**	**3470**	**1299**	**2171**	**11724**	**6265**	**5459**
江州区	213299	108728	104571	2599	1005	1594	7989	4263	3726
扶绥县									
宁明县									
龙州县									
大新县									
天等县									
凭祥市	64220	33279	30941	871	294	577	3735	2002	1733

1-6a　续表 3　　　　单位：人

地　区	小学			初中			高中		
	小计	男	女	小计	男	女	小计	男	女
总　计	**2500416**	**1184723**	**1315693**	**4406791**	**2269683**	**2137108**	**3067144**	**1600214**	**1466930**
南宁市	**618427**	**298549**	**319878**	**1194948**	**626253**	**568695**	**918198**	**481093**	**437105**
兴宁区	73351	35475	37876	135997	71327	64670	110796	58568	52228
青秀区	117451	56480	60971	169086	83568	85518	179910	88354	91556
江南区	117408	56108	61300	238886	126666	112220	161621	87253	74368
西乡塘区	173709	83569	90140	378959	199693	179266	285044	149522	135522
良庆区	74995	37604	37391	150818	82193	68625	103614	56698	46916
邕宁区	28482	13706	14776	46222	24133	22089	32150	16806	15344
武鸣区	33031	15607	17424	74980	38673	36307	45063	23892	21171
隆安县									
马山县									
上林县									
宾阳县									
横　县									
柳州市	**315171**	**145836**	**169335**	**658658**	**336307**	**322351**	**451947**	**237379**	**214568**
城中区	30335	13968	16367	50035	23749	26286	46729	22108	24621
鱼峰区	83983	38745	45238	182273	94730	87543	129355	68901	60454
柳南区	83414	38652	44762	178046	90465	87581	124580	66519	58061
柳北区	68888	31680	37208	146869	74338	72531	101332	53481	47851
柳江区	48551	22791	25760	101435	53025	48410	49951	26370	23581
柳城县									
鹿寨县									
融安县									
融水苗族自治县									
三江侗族自治县									
桂林市	**210845**	**96762**	**114083**	**385749**	**194652**	**191097**	**296536**	**151632**	**144904**
秀峰区	26378	12215	14163	47459	24608	22851	36647	19263	17384
叠彩区	24839	11139	13700	48307	23440	24867	42589	21390	21199
象山区	43735	19531	24204	83903	40856	43047	68693	34608	34085
七星区	46294	21632	24662	92619	47718	44901	76885	39313	37572
雁山区	2121	970	1151	2628	1383	1245	3012	1855	1157
临桂区	50421	23738	26683	74122	38797	35325	49956	26068	23888
阳朔县									
灵川县									
全州县									
兴安县									
永福县									
灌阳县									
龙胜各族自治县									
资源县									
平乐县									
恭城瑶族自治县									
荔浦市	17057	7537	9520	36711	17850	18861	18754	9135	9619

1-6a 续表 4

单位:人

地 区	小学			初中			高中		
	小计	男	女	小计	男	女	小计	男	女
梧州市	**166881**	**77586**	**89295**	**291574**	**146081**	**145493**	**192229**	**99685**	**92544**
万秀区	35924	15667	20257	71612	35303	36309	48756	25271	23485
长洲区	47409	21766	25643	85342	42677	42665	60916	30972	29944
龙圩区	27975	13413	14562	44046	23090	20956	28163	14596	13567
苍梧县									
藤 县									
蒙山县									
岑溪市	55573	26740	28833	90574	45011	45563	54394	28846	25548
北海市	**108838**	**52761**	**56077**	**204402**	**105293**	**99109**	**138407**	**72205**	**66202**
海城区	71038	33962	37076	141156	71640	69516	102121	53049	49072
银海区	34944	17435	17509	58311	31121	27190	32505	17152	15353
铁山港区	2856	1364	1492	4935	2532	2403	3781	2004	1777
合浦县									
防城港市	**93703**	**45420**	**48283**	**158225**	**84815**	**73410**	**84768**	**47150**	**37618**
港口区	28214	13863	14351	50454	28179	22275	32424	18750	13674
防城区	33345	15795	17550	55348	28949	26399	32659	17502	15157
上思县									
东兴市	32144	15762	16382	52423	27687	24736	19685	10898	8787
钦州市	**101618**	**49583**	**52035**	**142124**	**73051**	**69073**	**115225**	**60255**	**54970**
钦南区	59387	28671	30716	83325	42687	40638	67823	35919	31904
钦北区	42231	20912	21319	58799	30364	28435	47402	24336	23066
灵山县									
浦北县									
贵港市	**200472**	**94007**	**106465**	**310127**	**159393**	**150734**	**206159**	**107360**	**98799**
港北区	94144	43881	50263	145172	73422	71750	106985	54662	52323
港南区	30038	13915	16123	47823	24781	23042	35100	19635	15465
覃塘区	33503	15789	17714	35800	19343	16457	12853	6872	5981
平南县									
桂平市	42787	20422	22365	81332	41847	39485	51221	26191	25030
玉林市	**200892**	**100136**	**100756**	**322155**	**163603**	**158552**	**229974**	**119217**	**110757**
玉州区	130286	64638	65648	205434	104080	101354	151250	78187	73063
福绵区	16143	8382	7761	27201	14777	12424	6411	3446	2965
容 县									
陆川县									
博白县									
兴业县									
北流市	54463	27116	27347	89520	44746	44774	72313	37584	34729
百色市	**187273**	**85580**	**101693**	**279157**	**142806**	**136351**	**145560**	**75360**	**70200**
右江区	55331	25217	30114	88667	45284	43383	66530	33010	33520
田阳区	47130	21132	25998	64606	33766	30840	22202	11642	10560
田东县									

1-6a 续表 5

单位:人

地 区	小学			初中			高中		
	小计	男	女	小计	男	女	小计	男	女
德保县									
那坡县									
凌云县									
乐业县									
田林县									
西林县									
隆林各族自治县									
靖西市	29493	13994	15499	46044	23267	22777	20524	10900	9624
平果市	55319	25237	30082	79840	40489	39351	36304	19808	16496
贺州市	**73061**	**34662**	**38399**	**102848**	**53428**	**49420**	**62932**	**31683**	**31249**
八步区	33500	15653	17847	50064	24644	25420	36995	18314	18681
平桂区	39561	19009	20552	52784	28784	24000	25937	13369	12568
昭平县									
钟山县									
富川瑶族自治县									
河池市	**88676**	**40922**	**47754**	**133519**	**67492**	**66027**	**93623**	**47559**	**46064**
金城江区	44277	19738	24539	74299	37151	37148	53957	27792	26165
宜州区	44399	21184	23215	59220	30341	28879	39666	19767	19899
南丹县									
天峨县									
凤山县									
东兰县									
罗城仫佬族自治县									
环江毛南族自治县									
巴马瑶族自治县									
都安瑶族自治县									
大化瑶族自治县									
来宾市	**94682**	**44148**	**50534**	**152406**	**78654**	**73752**	**75621**	**39579**	**36042**
兴宾区	86495	40461	46034	136829	71046	65783	69432	36111	33321
忻城县									
象州县									
武宣县									
金秀瑶族自治县									
合山市	8187	3687	4500	15577	7608	7969	6189	3468	2721
崇左市	**39877**	**18771**	**21106**	**70899**	**37855**	**33044**	**55965**	**30057**	**25908**
江州区	27628	13244	14384	46751	24847	21904	43399	23262	20137
扶绥县									
宁明县									
龙州县									
大新县									
天等县									
凭祥市	12249	5527	6722	24148	13008	11140	12566	6795	5771

1-6a 续表 6

单位：人

地区	大学专科			大学本科		
	小计	男	女	小计	男	女
总 计	**1807571**	**918324**	**889247**	**1482005**	**703568**	**778437**
南宁市	**730546**	**371263**	**359283**	**614554**	**283802**	**330752**
兴宁区	93178	48402	44776	48874	23836	25038
青秀区	187858	86788	101070	240556	110423	130133
江南区	99968	51633	48335	61298	30385	30913
西乡塘区	257270	134706	122564	192245	84882	107363
良庆区	51383	27196	24187	28291	14171	14120
邕宁区	15242	7995	7247	19691	10257	9434
武鸣区	25647	14543	11104	23599	9848	13751
隆安县						
马山县						
上林县						
宾阳县						
横 县						
柳州市	**261958**	**138067**	**123891**	**182594**	**93523**	**89071**
城中区	35825	17151	18674	51704	26538	25166
鱼峰区	89528	49358	40170	53846	28173	25673
柳南区	55974	29542	26432	35592	18218	17374
柳北区	61821	32327	29494	32568	16379	16189
柳江区	18810	9689	9121	8884	4215	4669
柳城县						
鹿寨县						
融安县						
融水苗族自治县						
三江侗族自治县						
桂林市	**160849**	**76057**	**84792**	**154625**	**77221**	**77404**
秀峰区	17303	8476	8827	17392	8599	8793
叠彩区	23125	11592	11533	17343	8839	8504
象山区	33419	16537	16882	28176	14289	13887
七星区	40240	19392	20848	59307	30505	28802
雁山区	449	231	218	548	292	256
临桂区	38721	16109	22612	27052	12387	14665
阳朔县						
灵川县						
全州县						
兴安县						
永福县						
灌阳县						
龙胜各族自治县						
资源县						
平乐县						
恭城瑶族自治县						
荔浦市	7592	3720	3872	4807	2310	2497

1-6a 续表 7

单位:人

地 区	大学专科			大学本科		
	小计	男	女	小计	男	女
梧州市	**70745**	**35860**	**34885**	**62739**	**30309**	**32430**
万秀区	18897	9645	9252	25279	11004	14275
长洲区	29611	14219	15392	21293	10971	10322
龙圩区	7843	4262	3581	6326	3197	3129
苍梧县						
藤 县						
蒙山县						
岑溪市	14394	7734	6660	9841	5137	4704
北海市	**70368**	**34114**	**36254**	**54326**	**25721**	**28605**
海城区	52170	25095	27075	33655	16735	16920
银海区	16981	8371	8610	19802	8593	11209
铁山港区	1217	648	569	869	393	476
合浦县						
防城港市	**43661**	**23266**	**20395**	**29051**	**16025**	**13026**
港口区	19595	10952	8643	14728	8302	6426
防城区	15992	8128	7864	8590	4712	3878
上思县						
东兴市	8074	4186	3888	5733	3011	2722
钦州市	**57055**	**28419**	**28636**	**43324**	**21827**	**21497**
钦南区	33144	16108	17036	23263	11657	11606
钦北区	23911	12311	11600	20061	10170	9891
灵山县						
浦北县						
贵港市	**73365**	**37661**	**35704**	**48960**	**24401**	**24559**
港北区	45138	22935	22203	31537	15934	15603
港南区	7793	4126	3667	5010	2424	2586
覃塘区	3407	1791	1616	2356	985	1371
平南县						
桂平市	17027	8809	8218	10057	5058	4999
玉林市	**82725**	**42754**	**39971**	**70952**	**32683**	**38269**
玉州区	60054	30751	29303	57288	25666	31622
福绵区	1319	682	637	695	354	341
容 县						
陆川县						
博白县						
兴业县						
北流市	21352	11321	10031	12969	6663	6306
百色市	**91110**	**44948**	**46162**	**67290**	**30658**	**36632**
右江区	39175	19073	20102	45605	19905	25700
田阳区	10017	5130	4887	6144	2910	3234
田东县						

1-6a 续表 8

单位:人

地 区	大学专科			大学本科		
	小计	男	女	小计	男	女
德保县						
那坡县						
凌云县						
乐业县						
田林县						
西林县						
隆林各族自治县						
靖西市	7514	4123	3391	4186	2093	2093
平果市	34404	16622	17782	11355	5750	5605
贺州市	**27424**	**13343**	**14081**	**35286**	**15692**	**19594**
八步区	21001	10185	10816	30292	13335	16957
平桂区	6423	3158	3265	4994	2357	2637
昭平县						
钟山县						
富川瑶族自治县						
河池市	**49236**	**23924**	**25312**	**45396**	**21108**	**24288**
金城江区	31898	15468	16430	21798	11185	10613
宜州区	17338	8456	8882	23598	9923	13675
南丹县						
天峨县						
凤山县						
东兰县						
罗城仫佬族自治县						
环江毛南族自治县						
巴马瑶族自治县						
都安瑶族自治县						
大化瑶族自治县						
来宾市	**35191**	**17971**	**17220**	**31853**	**14133**	**17720**
兴宾区	31572	16117	15455	30002	13224	16778
忻城县						
象州县						
武宣县						
金秀瑶族自治县						
合山市	3619	1854	1765	1851	909	942
崇左市	**53338**	**30677**	**22661**	**41055**	**16465**	**24590**
江州区	47038	27315	19723	36864	14271	22593
扶绥县						
宁明县						
龙州县						
大新县						
天等县						
凭祥市	6300	3362	2938	4191	2194	1997

1-6a 续表 9

单位:人

地 区	硕士研究生			博士研究生		
	小计	男	女	小计	男	女
总 计	**108988**	**53786**	**55202**	**11215**	**7004**	**4211**
南宁市	**60164**	**28586**	**31578**	**6458**	**3895**	**2563**
兴宁区	3517	1746	1771	312	185	127
青秀区	28186	13575	14611	2347	1347	1000
江南区	3440	1659	1781	277	173	104
西乡塘区	22196	10351	11845	3346	2090	1256
良庆区	1572	746	826	114	69	45
邕宁区	566	264	302	41	20	21
武鸣区	687	245	442	21	11	10
隆安县						
马山县						
上林县						
宾阳县						
横 县						
柳州市	**11270**	**5798**	**5472**	**854**	**539**	**315**
城中区	4576	2382	2194	378	250	128
鱼峰区	3185	1622	1563	240	154	86
柳南区	1656	880	776	108	61	47
柳北区	1642	814	828	108	61	47
柳江区	211	100	111	20	13	7
柳城县						
鹿寨县						
融安县						
融水苗族自治县						
三江侗族自治县						
桂林市	**16536**	**8324**	**8212**	**2282**	**1497**	**785**
秀峰区	1621	786	835	184	111	73
叠彩区	1023	516	507	92	59	33
象山区	2178	1043	1135	158	88	70
七星区	9238	4900	4338	1664	1128	536
雁山区	116	50	66	36	29	7
临桂区	2234	965	1269	144	80	64
阳朔县						
灵川县						
全州县						
兴安县						
永福县						
灌阳县						
龙胜各族自治县						
资源县						
平乐县						
恭城瑶族自治县						
荔浦市	126	64	62	4	2	2

1−6a 续表 10 单位:人

地 区	硕士研究生			博士研究生		
	小计	男	女	小计	男	女
梧州市	**1800**	**937**	**863**	**120**	**82**	**38**
万秀区	566	275	291	58	39	19
长洲区	929	496	433	45	36	9
龙圩区	155	92	63	6	4	2
苍梧县						
藤 县						
蒙山县						
岑溪市	150	74	76	11	3	8
北海市	**2901**	**1409**	**1492**	**176**	**113**	**63**
海城区	1741	857	884	116	71	45
银海区	1154	550	604	60	42	18
铁山港区	6	2	4			
合浦县						
防城港市	**1326**	**741**	**585**	**91**	**60**	**31**
港口区	848	483	365	47	36	11
防城区	321	158	163	31	18	13
上思县						
东兴市	157	100	57	13	6	7
钦州市	**2754**	**1496**	**1258**	**233**	**143**	**90**
钦南区	1590	864	726	155	90	65
钦北区	1164	632	532	78	53	25
灵山县						
浦北县						
贵港市	**1556**	**834**	**722**	**135**	**83**	**52**
港北区	1166	633	533	107	70	37
港南区	127	63	64	7	1	6
覃塘区	50	25	25	2		2
平南县						
桂平市	213	113	100	19	12	7
玉林市	**2604**	**1374**	**1230**	**333**	**233**	**100**
玉州区	2356	1233	1123	310	223	87
福绵区	12	8	4	1		1
容 县						
陆川县						
博白县						
兴业县						
北流市	236	133	103	22	10	12
百色市	**2854**	**1478**	**1376**	**217**	**148**	**69**
右江区	2393	1207	1186	192	130	62
田阳区	119	74	45	5	4	1
田东县						

1-6a 续表 11 单位:人

地 区	硕士研究生			博士研究生		
	小计	男	女	小计	男	女
德保县						
那坡县						
凌云县						
乐业县						
田林县						
西林县						
隆林各族自治县						
靖西市	69	40	29	9	6	3
平果市	273	157	116	11	8	3
贺州市	**1484**	**791**	**693**	**97**	**64**	**33**
八步区	1258	681	577	79	54	25
平桂区	226	110	116	18	10	8
昭平县						
钟山县						
富川瑶族自治县						
河池市	**1504**	**837**	**667**	**88**	**56**	**32**
金城江区	832	484	348	47	31	16
宜州区	672	353	319	41	25	16
南丹县						
天峨县						
凤山县						
东兰县						
罗城仫佬族自治县						
环江毛南族自治县						
巴马瑶族自治县						
都安瑶族自治县						
大化瑶族自治县						
来宾市	**1113**	**614**	**499**	**62**	**40**	**22**
兴宾区	1060	587	473	60	39	21
忻城县						
象州县						
武宣县						
金秀瑶族自治县						
合山市	53	27	26	2	1	1
崇左市	**1122**	**567**	**555**	**69**	**51**	**18**
江州区	980	484	496	51	37	14
扶绥县						
宁明县						
龙州县						
大新县						
天等县						
凭祥市	142	83	59	18	14	4

1-6b 各地区分性别、受教育程度的3岁及以上人口（镇）

单位：人

地 区	3岁及以上人口			未上过学			学前教育		
	合计	男	女	小计	男	女	小计	男	女
总 计	**11902189**	**6082643**	**5819546**	**277204**	**88680**	**188524**	**674518**	**359635**	**314883**
南宁市	**1402436**	**726110**	**676326**	**26712**	**8190**	**18522**	**74665**	**40459**	**34206**
兴宁区	23318	12367	10951	307	95	212	1295	719	576
青秀区	33395	17281	16114	856	267	589	1726	894	832
江南区	59995	32497	27498	1200	422	778	3407	1906	1501
西乡塘区	60581	32392	28189	735	261	474	2595	1460	1135
良庆区	29601	15635	13966	475	147	328	1879	1017	862
邕宁区	23742	12698	11044	540	172	368	1104	576	528
武鸣区	128545	70194	58351	2341	503	1838	5667	3047	2620
隆安县	106313	54506	51807	2250	620	1630	6376	3448	2928
马山县	111711	55489	56222	3810	959	2851	6746	3593	3153
上林县	117385	58606	58779	1734	555	1179	6442	3540	2902
宾阳县	349552	182807	166745	5560	1766	3794	17540	9477	8063
横 县	358298	181638	176660	6904	2423	4481	19888	10782	9106
柳州市	**819951**	**424647**	**395304**	**16921**	**4963**	**11958**	**41210**	**21708**	**19502**
城中区									
鱼峰区	25881	14671	11210	266	93	173	1057	570	487
柳南区	58962	33889	25073	819	285	534	2836	1487	1349
柳北区	6199	3278	2921	65	21	44	257	142	115
柳江区	49905	26115	23790	1176	342	834	2668	1420	1248
柳城县	146167	75606	70561	3361	949	2412	7193	3754	3439
鹿寨县	180312	93731	86581	3098	1075	2023	8819	4660	4159
融安县	110114	55413	54701	2239	630	1609	5521	2951	2570
融水苗族自治县	154315	78300	76015	3754	1034	2720	7760	4086	3674
三江侗族自治县	88096	43644	44452	2143	534	1609	5099	2638	2461
桂林市	**1205536**	**597488**	**608048**	**22898**	**6998**	**15900**	**58560**	**30749**	**27811**
秀峰区									
叠彩区	2618	1265	1353	73	22	51	96	50	46
象山区									
七星区	28412	17078	11334	324	132	192	1024	541	483
雁山区	30193	8198	21995	57	17	40	102	55	47
临桂区	44488	23130	21358	2188	517	1671	1913	1008	905
阳朔县	82962	40633	42329	2399	536	1863	4356	2254	2102
灵川县	203497	105200	98297	2405	812	1593	9355	4858	4497
全州县	208232	104707	103525	3592	1224	2368	9491	5083	4408
兴安县	113439	55227	58212	1268	446	822	6961	3666	3295
永福县	85450	42916	42534	2422	682	1740	4451	2332	2119
灌阳县	82325	40690	41635	2020	618	1402	4454	2346	2108
龙胜各族自治县	47038	22738	24300	519	145	374	2317	1201	1116
资源县	49371	23961	25410	1034	349	685	2652	1391	1261
平乐县	97615	47222	50393	2041	600	1441	5252	2796	2456
恭城瑶族自治县	78753	38331	40422	1612	543	1069	3766	1918	1848
荔浦市	51143	26192	24951	944	355	589	2370	1250	1120

1-6b 续表 1

单位:人

地 区	3岁及以上人口			未上过学			学前教育		
	合计	男	女	小计	男	女	小计	男	女
梧州市	**694942**	**356610**	**338332**	**15849**	**5864**	**9985**	**44191**	**23327**	**20864**
万秀区	12671	6830	5841	188	67	121	558	311	247
长洲区	3482	1875	1607	82	34	48	143	76	67
龙圩区	34336	18176	16160	791	303	488	2025	1075	950
苍梧县	79020	40465	38555	2621	1037	1584	4272	2256	2016
藤 县	364061	187955	176106	8257	3165	5092	24191	12733	11458
蒙山县	65647	32255	33392	863	254	609	3757	2008	1749
岑溪市	135725	69054	66671	3047	1004	2043	9245	4868	4377
北海市	**326312**	**168447**	**157865**	**5714**	**1825**	**3889**	**18459**	**10043**	**8416**
海城区	2042	1063	979	95	35	60	134	68	66
银海区	23064	13968	9096	511	160	351	1146	621	525
铁山港区	7069	3669	3400	143	40	103	386	190	196
合浦县	294137	149747	144390	4965	1590	3375	16793	9164	7629
防城港市	**173729**	**95263**	**78466**	**4977**	**1789**	**3188**	**9531**	**5125**	**4406**
港口区	41887	25582	16305	1957	743	1214	1638	883	755
防城区	43860	23344	20516	1366	482	884	2835	1486	1349
上思县	68585	36051	32534	1120	420	700	3854	2107	1747
东兴市	19397	10286	9111	534	144	390	1204	649	555
钦州市	**832693**	**428693**	**404000**	**19849**	**7539**	**12310**	**50280**	**26673**	**23607**
钦南区	110483	61687	48796	3741	1163	2578	5643	3009	2634
钦北区	131945	69650	62295	4823	1748	3075	7072	3705	3367
灵山县	374249	189014	185235	7291	3052	4239	24184	12855	11329
浦北县	216016	108342	107674	3994	1576	2418	13381	7104	6277
贵港市	**1173201**	**608127**	**565074**	**28105**	**10683**	**17422**	**64917**	**34570**	**30347**
港北区	47975	26362	21613	1436	471	965	2624	1371	1253
港南区	64674	33394	31280	1513	539	974	3718	1975	1743
覃塘区	88573	45473	43100	2088	673	1415	4529	2401	2128
平南县	560048	287582	272466	10297	4185	6112	33885	18323	15562
桂平市	411931	215316	196615	12771	4815	7956	20161	10500	9661
玉林市	**1794355**	**918617**	**875738**	**33841**	**13742**	**20099**	**111743**	**59712**	**52031**
玉州区	68171	33795	34376	719	283	436	3646	1930	1716
福绵区	73239	39556	33683	1487	538	949	4197	2221	1976
容 县	266466	130351	136115	3372	1480	1892	15288	8132	7156
陆川县	349104	177309	171795	5653	2476	3177	20754	10988	9766
博白县	570755	298060	272695	12910	5332	7578	39381	21305	18076
兴业县	185273	96511	88762	2853	962	1891	9036	4819	4217
北流市	281347	143035	138312	6847	2671	4176	19441	10317	9124
百色市	**665068**	**334305**	**330763**	**25131**	**6160**	**18971**	**38849**	**20975**	**17874**
右江区	9959	5113	4846	445	128	317	503	271	232
田阳区	8902	4385	4517	546	116	430	381	187	194
田东县	149820	74642	75178	3836	1061	2775	8399	4605	3794

1-6b 续表 2

单位：人

地 区	3岁及以上人口			未上过学			学前教育		
	合计	男	女	小计	男	女	小计	男	女
德保县	81056	39811	41245	1285	334	951	5163	2822	2341
那坡县	39553	20043	19510	1587	409	1178	2505	1262	1243
凌云县	68654	34292	34362	3156	671	2485	4392	2401	1991
乐业县	47314	24229	23085	2714	764	1950	2831	1568	1263
田林县	62441	31151	31290	2291	511	1780	3542	1882	1660
西林县	46959	24115	22844	2399	447	1952	2650	1425	1225
隆林各族自治县	89304	44713	44591	4669	1193	3476	5410	2872	2538
靖西市	29221	15486	13735	952	252	700	1561	884	677
平果市	31885	16325	15560	1251	274	977	1512	796	716
贺州市	**623130**	**317519**	**305611**	**21552**	**5977**	**15575**	**36034**	**18889**	**17145**
八步区	139579	70725	68854	4587	1235	3352	8286	4324	3962
平桂区	72761	38046	34715	1895	611	1284	4467	2320	2147
昭平县	153050	77490	75560	3724	1194	2530	8778	4569	4209
钟山县	148679	76617	72062	6712	1748	4964	8258	4298	3960
富川瑶族自治县	109061	54641	54420	4634	1189	3445	6245	3378	2867
河池市	**1034697**	**516894**	**517803**	**34137**	**8811**	**25326**	**63511**	**34232**	**29279**
金城江区	15491	7990	7501	507	129	378	745	394	351
宜州区	30222	15287	14935	900	279	621	1589	852	737
南丹县	133595	68783	64812	4109	1248	2861	7575	4140	3435
天峨县	60463	30859	29604	2100	515	1585	3792	2128	1664
凤山县	56258	27947	28311	2380	461	1919	4476	2526	1950
东兰县	63024	31522	31502	3148	537	2611	4394	2390	2004
罗城仫佬族自治县	117802	58522	59280	4081	1042	3039	6676	3479	3197
环江毛南族自治县	106861	53038	53823	2431	629	1802	6326	3344	2982
巴马瑶族自治县	86804	43114	43690	3729	702	3027	5900	3233	2667
都安瑶族自治县	234968	116117	118851	5947	1826	4121	13953	7397	6556
大化瑶族自治县	129209	63715	65494	4805	1443	3362	8085	4349	3736
来宾市	**545884**	**277200**	**268684**	**10272**	**2956**	**7316**	**30609**	**16019**	**14590**
兴宾区	125706	65847	59859	3823	1063	2760	6984	3705	3279
忻城县	106616	53114	53502	1872	438	1434	6109	3154	2955
象州县	111342	56218	55124	1560	406	1154	5946	3141	2805
武宣县	145715	73629	72086	2044	783	1261	8493	4456	4037
金秀瑶族自治县	46870	23443	23427	823	211	612	2691	1364	1327
合山市	9635	4949	4686	150	55	95	386	199	187
崇左市	**610255**	**312723**	**297532**	**11246**	**3183**	**8063**	**31959**	**17154**	**14805**
江州区	44855	24368	20487	1125	325	800	2191	1188	1003
扶绥县	186780	98210	88570	2798	877	1921	8607	4660	3947
宁明县	103133	52238	50895	2177	649	1528	5068	2679	2389
龙州县	79324	39648	39676	1357	356	1001	4277	2212	2065
大新县	98150	48990	49160	1577	408	1169	5651	2972	2679
天等县	83731	41377	42354	1739	417	1322	5417	3011	2406
凭祥市	14282	7892	6390	473	151	322	748	432	316

1-6b 续表 3

单位:人

地区	小学			初中			高中		
	小计	男	女	小计	男	女	小计	男	女
总 计	**3190769**	**1506041**	**1684728**	**4644052**	**2470152**	**2173900**	**1893116**	**1025000**	**868116**
南宁市	**332929**	**156384**	**176545**	**594324**	**316244**	**278080**	**230235**	**127741**	**102494**
兴宁区	4847	2274	2573	12177	6627	5550	3171	1862	1309
青秀区	8282	3577	4705	15786	8691	7095	3878	2392	1486
江南区	15620	7542	8078	28039	15901	12138	7941	4778	3163
西乡塘区	11741	5679	6062	25606	13952	11654	8873	5311	3562
良庆区	7555	3588	3967	13971	7605	6366	3537	2125	1412
邕宁区	6736	3071	3665	11425	6508	4917	2390	1553	837
武鸣区	25836	12169	13667	47836	26001	21835	23526	13593	9933
隆安县	28231	13453	14778	40708	21650	19058	17938	9684	8254
马山县	31994	14577	17417	38832	20468	18364	18974	9972	9002
上林县	22808	10596	12212	49809	24994	24815	22114	11674	10440
宾阳县	82324	39247	43077	154791	82721	72070	57701	32529	25172
横 县	86955	40611	46344	155344	81126	74218	60192	32268	27924
柳州市	**218430**	**103320**	**115110**	**331940**	**181719**	**150221**	**125545**	**68055**	**57490**
城中区									
鱼峰区	4497	2185	2312	6612	3640	2972	8547	5079	3468
柳南区	13072	6943	6129	29604	17502	12102	7660	4792	2868
柳北区	1218	553	665	2162	1125	1037	1284	727	557
柳江区	14830	6937	7893	23706	13265	10441	4622	2668	1954
柳城县	36152	17553	18599	65307	35955	29352	19142	10054	9088
鹿寨县	46062	22444	23618	74363	40452	33911	29187	15708	13479
融安县	29516	13564	15952	41954	22368	19586	18015	9321	8694
融水苗族自治县	48263	21980	26283	55194	30273	24921	24950	13287	11663
三江侗族自治县	24820	11161	13659	33038	17139	15899	12138	6419	5719
桂林市	**278437**	**128142**	**150295**	**428565**	**220527**	**208038**	**220781**	**114985**	**105796**
秀峰区									
叠彩区	436	202	234	1008	520	488	620	309	311
象山区									
七星区	5921	3953	1968	8633	5782	2851	6770	3585	3185
雁山区	660	283	377	863	468	395	440	238	202
临桂区	13831	6492	7339	17358	9891	7467	6958	3993	2965
阳朔县	19205	8836	10369	29269	15147	14122	16293	8250	8043
灵川县	35250	15880	19370	64779	32391	32388	40602	21407	19195
全州县	49845	22893	26952	82325	42015	40310	40075	21587	18488
兴安县	25778	11949	13829	43215	21462	21753	22020	10724	11296
永福县	25121	11601	13520	28826	15377	13449	14751	7832	6919
灌阳县	22065	10021	12044	31033	15862	15171	12482	6518	5964
龙胜各族自治县	10490	4638	5852	16210	8090	8120	9078	4534	4544
资源县	12460	5519	6941	16650	8067	8583	9636	4931	4705
平乐县	22124	9847	12277	37737	18988	18749	19493	9748	9745
恭城瑶族自治县	20421	9075	11346	26318	13591	12727	15392	7701	7691
荔浦市	14830	6953	7877	24341	12876	11465	6171	3628	2543

1-6b 续表 4

单位:人

地 区	小学			初中			高中		
	小计	男	女	小计	男	女	小计	男	女
梧州市	**202001**	**95474**	**106527**	**292747**	**156548**	**136199**	**91081**	**49845**	**41236**
万秀区	2713	1217	1496	5882	3184	2698	2111	1294	817
长洲区	1389	687	702	1348	739	609	319	217	102
龙圩区	12073	5619	6454	15825	9009	6816	2282	1487	795
苍梧县	26726	11885	14841	31194	17288	13906	8705	5068	3637
藤 县	100439	48585	51854	151152	81290	69862	53985	28690	25295
蒙山县	14684	6692	7992	23956	11995	11961	12571	6370	6201
岑溪市	43977	20789	23188	63390	33043	30347	11108	6719	4389
北海市	**69199**	**33923**	**35276**	**121212**	**63602**	**57610**	**76094**	**40700**	**35394**
海城区	437	194	243	973	524	449	298	186	112
银海区	6542	3761	2781	10695	6862	3833	2947	1879	1068
铁山港区	1768	820	948	3341	1785	1556	927	585	342
合浦县	60452	29148	31304	106203	54431	51772	71922	38050	33872
防城港市	**43542**	**20627**	**22915**	**73565**	**41334**	**32231**	**24766**	**15492**	**9274**
港口区	9117	4401	4716	17108	10737	6371	6276	4494	1782
防城区	12956	5950	7006	19974	11215	8759	4635	2947	1688
上思县	16477	7954	8523	27564	14462	13102	11384	6500	4884
东兴市	4992	2322	2670	8919	4920	3999	2471	1551	920
钦州市	**242097**	**119503**	**122594**	**315153**	**167196**	**147957**	**130856**	**69818**	**61038**
钦南区	32133	16052	16081	42320	24504	17816	15754	10287	5467
钦北区	42991	21169	21822	54634	30461	24173	15628	9123	6505
灵山县	109913	54898	55015	142340	73183	69157	54869	27680	27189
浦北县	57060	27384	29676	75859	39048	36811	44605	22728	21877
贵港市	**342231**	**163640**	**178591**	**496545**	**266699**	**229846**	**163115**	**92259**	**70856**
港北区	16708	8547	8161	19249	11276	7973	4691	2858	1833
港南区	19115	8838	10277	27144	14628	12516	8912	5224	3688
覃塘区	28290	12807	15483	38534	20562	17972	9667	6263	3404
平南县	151886	72895	78991	232125	122171	109954	87141	47436	39705
桂平市	126232	60553	65679	179493	98062	81431	52704	30478	22226
玉林市	**481342**	**237423**	**243919**	**736020**	**382382**	**353638**	**293082**	**154999**	**138083**
玉州区	12597	6412	6185	22904	12115	10789	19391	9365	10026
福绵区	21621	10953	10668	35116	19807	15309	7703	4482	3221
容 县	64707	30857	33850	105335	50080	55255	52383	27192	25191
陆川县	86065	42647	43418	142671	72597	70074	67992	35077	32915
博白县	158833	80461	78372	220138	117613	102525	90490	47951	42539
兴业县	45171	21991	23180	84825	45441	39384	30379	16594	13785
北流市	92348	44102	48246	125031	64729	60302	24744	14338	10406
百色市	**190408**	**86418**	**103990**	**220168**	**118870**	**101298**	**107099**	**57420**	**49679**
右江区	3451	1539	1912	4462	2581	1881	621	373	248
田阳区	2787	1235	1552	3974	2179	1795	686	413	273
田东县	37138	16741	20397	55673	28792	26881	26007	13718	12289

1-6b 续表 5

单位:人

地区	小学			初中			高中		
	小计	男	女	小计	男	女	小计	男	女
德保县	20535	9259	11276	28252	13743	14509	13477	7237	6240
那坡县	11742	5581	6161	11150	6110	5040	7306	3824	3482
凌云县	23142	10348	12794	18104	10248	7856	11677	6110	5567
乐业县	13454	6394	7060	14201	7893	6308	7938	4192	3746
田林县	16244	7053	9191	19350	10511	8839	11088	5955	5133
西林县	13170	6017	7153	13243	7648	5595	8156	4537	3619
隆林各族自治县	28711	13254	15457	23606	13170	10436	15363	7987	7376
靖西市	9221	4260	4961	13891	7877	6014	2297	1513	784
平果市	10813	4737	6076	14262	8118	6144	2483	1561	922
贺州市	**196981**	**91786**	**105195**	**231251**	**127731**	**103520**	**83247**	**45378**	**37869**
八步区	48165	22152	26013	54839	30418	24421	16639	9074	7565
平桂区	24586	11656	12930	33550	18782	14768	5113	3123	1990
昭平县	46141	20934	25207	59394	31771	27623	21312	11679	9633
钟山县	48340	23535	24805	47255	27140	20115	21787	11661	10126
富川瑶族自治县	29749	13509	16240	36213	19620	16593	18396	9841	8555
河池市	**313347**	**141712**	**171635**	**344314**	**182941**	**161373**	**161616**	**86840**	**74776**
金城江区	5008	2279	2729	6635	3711	2924	1585	957	628
宜州区	9586	4457	5129	12756	6793	5963	3239	1831	1408
南丹县	37905	17199	20706	48466	26739	21727	20639	11467	9172
天峨县	17185	7668	9517	17425	9506	7919	10554	5794	4760
凤山县	16446	7414	9032	16043	8372	7671	8927	4789	4138
东兰县	16085	7256	8829	17971	9449	8522	11320	6199	5121
罗城仫佬族自治县	40362	18636	21726	38575	20952	17623	15699	8267	7432
环江毛南族自治县	30278	13697	16581	38992	20378	18614	17238	8976	8262
巴马瑶族自治县	25721	11609	14112	23771	12764	11007	14971	7860	7111
都安瑶族自治县	74451	33616	40835	83234	43513	39721	35893	18893	17000
大化瑶族自治县	40320	17881	22439	40446	20764	19682	21551	11807	9744
来宾市	**139574**	**63680**	**75894**	**230245**	**123258**	**106987**	**79728**	**43172**	**36556**
兴宾区	37750	17201	20549	57939	32588	25351	11535	7060	4475
忻城县	30062	13436	16626	43498	23465	20033	14313	7260	7053
象州县	27417	12523	14894	44434	23418	21016	18691	10085	8606
武宣县	30216	14175	16041	62268	32048	30220	26414	13971	12443
金秀瑶族自治县	11211	5093	6118	17350	9095	8255	7780	4205	3575
合山市	2918	1252	1666	4756	2644	2112	995	591	404
崇左市	**140251**	**64009**	**76242**	**228003**	**121101**	**106902**	**105871**	**58296**	**47575**
江州区	12764	6118	6646	21577	12408	9169	4600	2914	1686
扶绥县	35041	16508	18533	62884	33855	29029	32749	18264	14485
宁明县	23901	10704	13197	40607	21291	19316	19312	10454	8858
龙州县	18315	8044	10271	30699	16165	14534	13756	7387	6369
大新县	22873	10023	12850	36998	19240	17758	19374	10416	8958
天等县	23487	10721	12766	28708	14371	14337	14400	7762	6638
凭祥市	3870	1891	1979	6530	3771	2759	1680	1099	581

1-6b 续表 6

单位：人

地区	大学专科			大学本科		
	小计	男	女	小计	男	女
总 计	**722920**	**385273**	**337647**	**485630**	**241034**	**244596**
南宁市	**90369**	**50743**	**39626**	**51770**	**25556**	**26214**
兴宁区	968	515	453	542	271	271
青秀区	1797	909	888	1048	536	512
江南区	2421	1277	1144	1326	648	678
西乡塘区	6168	2985	3183	4485	2505	1980
良庆区	1400	775	625	764	367	397
邕宁区	789	436	353	747	377	370
武鸣区	17865	12495	5370	5312	2312	3000
隆安县	6465	3500	2965	4265	2106	2159
马山县	6967	3596	3371	4310	2276	2034
上林县	8575	4413	4162	5780	2777	3003
宾阳县	19925	10946	8979	11472	5989	5483
横 县	17029	8896	8133	11719	5392	6327
柳州市	**52640**	**27701**	**24939**	**32188**	**16575**	**15613**
城中区						
鱼峰区	1521	816	705	3024	2067	957
柳南区	2888	1625	1263	1992	1191	801
柳北区	659	367	292	510	314	196
柳江区	1960	1043	917	915	431	484
柳城县	8917	4483	4434	5961	2782	3179
鹿寨县	11341	5822	5519	7262	3491	3771
融安县	8605	4523	4082	4180	2017	2163
融水苗族自治县	9451	5106	4345	4839	2470	2369
三江侗族自治县	7298	3916	3382	3505	1812	1693
桂林市	**88556**	**45631**	**42925**	**102561**	**48447**	**54114**
秀峰区						
叠彩区	262	110	152	116	51	65
象山区						
七星区	2871	1553	1318	2640	1395	1245
雁山区	217	88	129	25119	6350	18769
临桂区	1355	765	590	866	455	411
阳朔县	6138	3112	3026	5168	2434	2734
灵川县	18189	9320	8869	31753	19885	11868
全州县	14730	7784	6946	7997	4029	3968
兴安县	9182	4536	4646	4880	2376	2504
永福县	5906	3129	2777	3867	1898	1969
灌阳县	6208	3305	2903	3994	1980	2014
龙胜各族自治县	4994	2543	2451	3334	1529	1805
资源县	4267	2327	1940	2603	1346	1257
平乐县	6323	3114	3209	4550	2091	2459
恭城瑶族自治县	6346	3196	3150	4780	2256	2524
荔浦市	1568	749	819	894	372	522

1-6b 续表 7

单位:人

地 区	大学专科			大学本科		
	小计	男	女	小计	男	女
梧州市	**27703**	**14995**	**12708**	**20976**	**10353**	**10623**
万秀区	690	479	211	496	260	236
长洲区	126	77	49	74	44	30
龙圩区	791	433	358	542	246	296
苍梧县	2835	1643	1192	2608	1256	1352
藤　县	15163	8135	7028	10706	5270	5436
蒙山县	5192	2664	2528	4537	2232	2305
岑溪市	2906	1564	1342	2013	1045	968
北海市	**21240**	**11121**	**10119**	**14091**	**7074**	**7017**
海城区	63	35	28	41	20	21
银海区	793	434	359	410	233	177
铁山港区	341	171	170	161	77	84
合浦县	20043	10481	9562	13479	6744	6735
防城港市	**11482**	**7380**	**4102**	**5767**	**3456**	**2311**
港口区	3956	2976	980	1806	1325	481
防城区	1427	890	537	656	368	288
上思县	5244	3024	2220	2888	1556	1332
东兴市	855	490	365	417	207	210
钦州市	**44834**	**23397**	**21437**	**28895**	**14123**	**14772**
钦南区	6913	4239	2674	3799	2313	1486
钦北区	4045	2168	1877	2705	1249	1456
灵山县	20659	10237	10422	14743	6956	7787
浦北县	13217	6753	6464	7648	3605	4043
贵港市	**48701**	**25918**	**22783**	**29069**	**14094**	**14975**
港北区	1941	1107	834	1285	705	580
港南区	2654	1405	1249	1588	776	812
覃塘区	3637	1978	1659	1800	779	1021
平南县	26830	13934	12896	17576	8471	9105
桂平市	13639	7494	6145	6820	3363	3457
玉林市	**83257**	**42787**	**40470**	**53815**	**26908**	**26907**
玉州区	5155	1958	3197	3490	1599	1891
福绵区	1958	1011	947	1137	534	603
容　县	14122	7169	6953	11030	5319	5711
陆川县	16829	8800	8029	9017	4654	4363
博白县	29072	15261	13811	19504	9905	9599
兴业县	7722	4128	3594	5192	2525	2667
北流市	8399	4460	3939	4445	2372	2073
百色市	**53076**	**28615**	**24461**	**29786**	**15526**	**14260**
右江区	319	151	168	154	70	84
田阳区	343	181	162	184	74	110
田东县	12014	6299	5715	6598	3338	3260

1-6b 续表 8

单位:人

地　区	大学专科			大学本科		
	小计	男	女	小计	男	女
德保县	7587	4032	3555	4666	2335	2331
那坡县	3569	1956	1613	1673	890	783
凌云县	4948	2752	2196	3180	1730	1450
乐业县	3995	2276	1719	2143	1119	1024
田林县	6370	3405	2965	3496	1793	1703
西林县	4633	2562	2071	2667	1457	1210
隆林各族自治县	7297	3932	3365	4178	2259	1919
靖西市	915	485	430	377	213	164
平果市	1086	584	502	470	248	222
贺州市	**32455**	**17139**	**15316**	**21157**	**10408**	**10749**
八步区	4184	2204	1980	2839	1300	1539
平桂区	2018	1011	1007	1112	536	576
昭平县	8655	4731	3924	4952	2566	2386
钟山县	9353	4848	4505	6817	3315	3502
富川瑶族自治县	8245	4345	3900	5437	2691	2746
河池市	**72424**	**38952**	**33472**	**44505**	**22938**	**21567**
金城江区	663	356	307	345	161	184
宜州区	1317	679	638	821	389	432
南丹县	9418	5103	4315	5373	2825	2548
天峨县	5340	3052	2288	3995	2159	1836
凤山县	5463	2988	2475	2492	1377	1115
东兰县	5855	3374	2481	4185	2280	1905
罗城仫佬族自治县	7677	3862	3815	4638	2230	2408
环江毛南族自治县	6994	3717	3277	4530	2257	2273
巴马瑶族自治县	7961	4434	3527	4629	2440	2189
都安瑶族自治县	13222	6787	6435	8089	3994	4095
大化瑶族自治县	8514	4600	3914	5408	2826	2582
来宾市	**34238**	**17959**	**16279**	**20827**	**9951**	**10876**
兴宾区	5337	2996	2341	2291	1206	1085
忻城县	6537	3351	3186	4152	1975	2177
象州县	7691	4015	3676	5499	2574	2925
武宣县	10346	5349	4997	5825	2793	3032
金秀瑶族自治县	4010	2079	1931	2949	1366	1583
合山市	317	169	148	111	37	74
崇左市	**61945**	**32935**	**29010**	**30223**	**15625**	**14598**
江州区	1689	930	759	879	472	407
扶绥县	31949	17110	14839	12424	6760	5664
宁明县	7884	4279	3605	4067	2111	1956
龙州县	6760	3470	3290	4060	1960	2100
大新县	7164	3725	3439	4438	2163	2275
天等县	5829	3039	2790	4053	2002	2051
凭祥市	670	382	288	302	157	145

1-6b 续表 9

单位:人

地 区	硕士研究生			博士研究生		
	小计	男	女	小计	男	女
总 计	**13123**	**6331**	**6792**	**857**	**497**	**360**
南宁市	**1315**	**716**	**599**	**117**	**77**	**40**
兴宁区	10	4	6	1		1
青秀区	18	12	6	4	3	1
江南区	35	19	16	6	4	2
西乡塘区	345	215	130	33	24	9
良庆区	20	11	9			
邕宁区	11	5	6			
武鸣区	156	71	85	6	3	3
隆安县	73	40	33	7	5	2
马山县	71	44	27	7	4	3
上林县	111	48	63	12	9	3
宾阳县	223	122	101	16	10	6
横 县	242	125	117	25	15	10
柳州市	**1008**	**571**	**437**	**69**	**35**	**34**
城中区						
鱼峰区	350	217	133	7	4	3
柳南区	88	61	27	3	3	
柳北区	42	28	14	2	1	1
柳江区	24	8	16	4	1	3
柳城县	124	73	51	10	3	7
鹿寨县	168	75	93	12	4	8
融安县	74	34	40	10	5	5
融水苗族自治县	88	52	36	16	12	4
三江侗族自治县	50	23	27	5	2	3
桂林市	**4950**	**1870**	**3080**	**228**	**139**	**89**
秀峰区						
叠彩区	5		5	2	1	1
象山区						
七星区	203	121	82	26	16	10
雁山区	2685	669	2016	50	30	20
临桂区	15	5	10	4	4	
阳朔县	125	59	66	9	5	4
灵川县	1096	598	498	68	49	19
全州县	160	82	78	17	10	7
兴安县	125	63	62	10	5	5
永福县	99	60	39	7	5	2
灌阳县	61	35	26	8	5	3
龙胜各族自治县	92	56	36	4	2	2
资源县	62	31	31	7		7
平乐县	89	36	53	6	2	4
恭城瑶族自治县	109	46	63	9	5	4
荔浦市	24	9	15	1		1

1-6b 续表 10

单位：人

地 区	硕士研究生			博士研究生		
	小计	男	女	小计	男	女
梧州市	**371**	**193**	**178**	**23**	**11**	**12**
万秀区	32	18	14	1		1
长洲区	1	1				
龙圩区	7	4	3			
苍梧县	54	31	23	5	1	4
藤　县	152	77	75	16	10	6
蒙山县	86	40	46	1		1
岑溪市	39	22	17			
北海市	**285**	**147**	**138**	**18**	**12**	**6**
海城区	1	1				
银海区	18	16	2	2	2	
铁山港区	2	1	1			
合浦县	264	129	135	16	10	6
防城港市	**91**	**54**	**37**	**8**	**6**	**2**
港口区	25	19	6	4	4	
防城区	10	6	4	1		1
上思县	52	26	26	2	2	
东兴市	4	3	1	1		1
钦州市	**690**	**421**	**269**	**39**	**23**	**16**
钦南区	172	114	58	8	6	2
钦北区	45	26	19	2	1	1
灵山县	226	140	86	24	13	11
浦北县	247	141	106	5	3	2
贵港市	**461**	**231**	**230**	**57**	**33**	**24**
港北区	36	24	12	5	3	2
港南区	25	7	18	5	2	3
覃塘区	26	8	18	2	2	
平南县	273	145	128	35	22	13
桂平市	101	47	54	10	4	6
玉林市	**1176**	**616**	**560**	**79**	**48**	**31**
玉州区	259	126	133	10	7	3
福绵区	19	9	10	1	1	
容　县	216	115	101	13	7	6
陆川县	112	64	48	11	6	5
博白县	397	213	184	30	19	11
兴业县	90	48	42	5	3	2
北流市	83	41	42	9	5	4
百色市	**511**	**300**	**211**	**40**	**21**	**19**
右江区	3		3	1		1
田阳区	1		1			
田东县	142	78	64	13	10	3

1-6b 续表 11

单位:人

地 区	硕士研究生			博士研究生		
	小计	男	女	小计	男	女
德保县	85	47	38	6	2	4
那坡县	20	11	9	1		1
凌云县	52	31	21	3	1	2
乐业县	37	22	15	1	1	
田林县	58	41	17	2		2
西林县	41	22	19			
隆林各族自治县	60	40	20	10	6	4
靖西市	5	2	3	2		2
平果市	7	6	1	1	1	
贺州市	**419**	**199**	**220**	**34**	**12**	**22**
八步区	38	18	20	2		2
平桂区	17	6	11	3	1	2
昭平县	86	42	44	8	4	4
钟山县	146	66	80	11	6	5
富川瑶族自治县	132	67	65	10	1	9
河池市	**778**	**434**	**344**	**65**	**34**	**31**
金城江区	3	3				
宜州区	14	7	7			
南丹县	102	59	43	8	3	5
天峨县	70	35	35	2	2	
凤山县	26	17	9	5	3	2
东兰县	60	35	25	6	2	4
罗城仫佬族自治县	90	52	38	4	2	2
环江毛南族自治县	69	38	31	3	2	1
巴马瑶族自治县	103	60	43	19	12	7
都安瑶族自治县	167	86	81	12	5	7
大化瑶族自治县	74	42	32	6	3	3
来宾市	**367**	**189**	**178**	**24**	**16**	**8**
兴宾区	44	25	19	3	3	
忻城县	69	33	36	4	2	2
象州县	99	54	45	5	2	3
武宣县	99	45	54	10	9	1
金秀瑶族自治县	54	30	24	2		2
合山市	2	2				
崇左市	**701**	**390**	**311**	**56**	**30**	**26**
江州区	26	12	14	4	1	3
扶绥县	319	173	146	9	3	6
宁明县	106	62	44	11	9	2
龙州县	92	49	43	8	5	3
大新县	73	42	31	2	1	1
天等县	77	44	33	21	10	11
凭祥市	8	8		1	1	

1–6c 各地区分性别、受教育程度的3岁及以上人口（乡村）

单位：人

地 区	3岁及以上人口			未上过学			学前教育		
	合计	男	女	小计	男	女	小计	男	女
总 计	**22042455**	**11634648**	**10407807**	**1073842**	**297008**	**776834**	**1185753**	**623401**	**562352**
南宁市	**2616528**	**1387446**	**1229082**	**89682**	**23059**	**66623**	**136166**	**72810**	**63356**
兴宁区	72100	38754	33346	1437	469	968	3619	1980	1639
青秀区	70840	37897	32943	3060	875	2185	3620	1965	1655
江南区	159566	84570	74996	3164	999	2165	7137	3935	3202
西乡塘区	148152	79841	68311	2646	807	1839	6696	3718	2978
良庆区	92700	50835	41865	2946	805	2141	4346	2347	1999
邕宁区	142244	76884	65360	4531	1349	3182	6307	3367	2940
武鸣区	314424	167519	146905	9349	2309	7040	15956	8588	7368
隆安县	207734	110463	97271	9235	2371	6864	10316	5441	4875
马山县	255558	133471	122087	17004	3252	13752	15080	7943	7137
上林县	227561	119340	108221	7478	1725	5753	12240	6497	5743
宾阳县	421988	223559	198429	13117	3156	9961	22024	11681	10343
横 县	503661	264313	239348	15715	4942	10773	28825	15348	13477
柳州市	**1207344**	**646877**	**560467**	**71361**	**17482**	**53879**	**55809**	**29376**	**26433**
城中区	2982	1518	1464	65	24	41	187	102	85
鱼峰区	48356	27624	20732	1127	341	786	2028	1058	970
柳南区	31438	16989	14449	1127	302	825	1467	766	701
柳北区	28850	15151	13699	644	187	457	1363	699	664
柳江区	190818	102370	88448	8192	1958	6234	9116	4779	4337
柳城县	157114	82652	74462	6312	1564	4748	7152	3744	3408
鹿寨县	145639	79123	66516	4281	1204	3077	6665	3422	3243
融安县	135084	74452	60632	6461	1675	4786	5481	2917	2564
融水苗族自治县	244412	130195	114217	22398	4976	17422	11176	6017	5159
三江侗族自治县	222651	116803	105848	20754	5251	15503	11174	5872	5302
桂林市	**2262860**	**1182744**	**1080116**	**105013**	**28196**	**76817**	**102729**	**53438**	**49291**
秀峰区									
叠彩区	27172	13727	13445	773	204	569	1526	798	728
象山区	3806	1914	1892	321	94	227	174	97	77
七星区	3541	1792	1749	251	53	198	178	104	74
雁山区	90438	43507	46931	3385	762	2623	2475	1250	1225
临桂区	228281	120531	107750	18268	3916	14352	10393	5522	4871
阳朔县	180806	94653	86153	11208	2999	8209	9068	4666	4402
灵川县	205220	106342	98878	6731	1788	4943	10023	5192	4831
全州县	340421	180401	160020	15756	4390	11366	12898	6767	6131
兴安县	183226	94173	89053	6814	2076	4738	8728	4498	4230
永福县	135982	73162	62820	8147	2152	5995	5663	2888	2775
灌阳县	119312	62770	56542	7032	2119	4913	4875	2490	2385
龙胜各族自治县	88445	46235	42210	4285	1161	3124	2939	1420	1519
资源县	85521	45084	40437	2890	841	2049	3079	1616	1463
平乐县	230693	121014	109679	9628	2572	7056	14810	7832	6978
恭城瑶族自治县	158239	82061	76178	4840	1487	3353	8392	4420	3972
荔浦市	181757	95378	86379	4684	1582	3102	7508	3878	3630

1-6c 续表 1

单位:人

地区	3岁及以上人口			未上过学			学前教育		
	合计	男	女	小计	男	女	小计	男	女
梧州市	**1167592**	**619249**	**548343**	**43913**	**15308**	**28605**	**67522**	**35097**	**32425**
万秀区	42132	22346	19786	1021	388	633	2074	1092	982
长洲区	23695	12336	11359	1048	421	627	856	456	400
龙圩区	119296	63125	56171	4000	1409	2591	7205	3738	3467
苍梧县	185130	98736	86394	7964	3059	4905	9359	4828	4531
藤　县	393828	211349	182479	15592	5609	9983	24679	12864	11815
蒙山县	92819	48495	44324	3454	865	2589	5049	2631	2418
岑溪市	310692	162862	147830	10834	3557	7277	18300	9488	8812
北海市	**839207**	**448067**	**391140**	**26766**	**7693**	**19073**	**45384**	**24299**	**21085**
海城区	80208	41535	38673	1271	368	903	4293	2305	1988
银海区	104495	55026	49469	2308	714	1594	4713	2526	2187
铁山港区	118733	64136	54597	2475	789	1686	5989	3233	2756
合浦县	535771	287370	248401	20712	5822	14890	30389	16235	14154
防城港市	**387113**	**216719**	**170394**	**16960**	**4968**	**11992**	**20266**	**10822**	**9444**
港口区	37403	24097	13306	1158	303	855	1308	685	623
防城区	172363	94470	77893	8647	2829	5818	9927	5227	4700
上思县	119498	66488	53010	4826	1267	3559	5414	2976	2438
东兴市	57849	31664	26185	2329	569	1760	3617	1934	1683
钦州市	**1829983**	**977877**	**852106**	**80075**	**28644**	**51431**	**107759**	**56172**	**51587**
钦南区	253528	137064	116464	12027	3612	8415	11949	6298	5651
钦北区	350498	191955	158543	19058	6423	12635	16895	8816	8079
灵山县	787590	416772	370818	32600	12594	20006	51232	26687	24545
浦北县	438367	232086	206281	16390	6015	10375	27683	14371	13312
贵港市	**2068110**	**1089536**	**978574**	**76925**	**25564**	**51361**	**114398**	**59457**	**54941**
港北区	227753	119073	108680	11183	3025	8158	13266	6861	6405
港南区	299652	156134	143518	10710	3298	7412	16262	8475	7787
覃塘区	219980	112509	107471	8375	2443	5932	12624	6427	6197
平南县	496930	263957	232973	14772	5242	9530	30226	16028	14198
桂平市	823795	437863	385932	31885	11556	20329	42020	21666	20354
玉林市	**2775054**	**1459817**	**1315237**	**89650**	**33140**	**56510**	**181034**	**94918**	**86116**
玉州区	157652	83740	73912	3066	1094	1972	8942	4706	4236
福绵区	178150	96630	81520	5210	1799	3411	9127	4893	4234
容　县	360782	187367	173415	9314	3549	5765	20712	10763	9949
陆川县	418210	218959	199251	11912	4755	7157	27911	14674	13237
博白县	748206	397969	350237	29857	11544	18313	55875	29510	26365
兴业县	305825	161596	144229	10304	2962	7342	15817	8195	7622
北流市	606229	313556	292673	19987	7437	12550	42650	22177	20473
百色市	**1947594**	**1015130**	**932464**	**164281**	**38792**	**125489**	**96654**	**51474**	**45180**
右江区	129866	66960	62906	8025	1945	6080	5899	3132	2767
田阳区	128202	65984	62218	9330	1977	7353	4843	2588	2255
田东县	189083	98337	90746	10970	2567	8403	8498	4552	3946

1-6c 续表 2

单位：人

地区	3岁及以上人口			未上过学			学前教育		
	合计	男	女	小计	男	女	小计	男	女
德保县	179807	95779	84028	9175	2391	6784	7982	4223	3759
那坡县	125720	65563	60157	13175	3176	9999	7446	3940	3506
凌云县	111191	57748	53443	11750	2537	9213	5407	2904	2503
乐业县	93094	48778	44316	10863	2628	8235	4974	2686	2288
田林县	155040	80968	74072	16501	3519	12982	6389	3332	3057
西林县	89498	47241	42257	15068	3560	11508	4551	2479	2072
隆林各族自治县	246261	125406	120855	32216	8466	23750	16362	8527	7835
靖西市	327485	171736	155749	17876	4096	13780	16876	9106	7770
平果市	172347	90630	81717	9332	1930	7402	7427	4005	3422
贺州市	**970788**	**506541**	**464247**	**53169**	**13881**	**39288**	**60659**	**31451**	**29208**
八步区	301665	155431	146234	14876	3693	11183	20030	10362	9668
平桂区	173969	92466	81503	6673	2046	4627	9774	5106	4668
昭平县	162988	86181	76807	6474	1998	4476	9511	4979	4532
钟山县	186384	97937	88447	13474	3394	10080	12068	6218	5850
富川瑶族自治县	145782	74526	71256	11672	2750	8922	9276	4786	4490
河池市	**1811488**	**941799**	**869689**	**155160**	**36470**	**118690**	**90904**	**48159**	**42745**
金城江区	100634	53346	47288	5258	1252	4006	5189	2773	2416
宜州区	303574	157157	146417	16003	4135	11868	14380	7556	6824
南丹县	130785	69042	61743	15216	4555	10661	6885	3707	3178
天峨县	77644	41577	36067	9587	2266	7321	2781	1527	1254
凤山县	106447	55448	50999	10271	2083	8188	5346	2843	2503
东兰县	148101	76632	71469	20719	3617	17102	8210	4341	3869
罗城仫佬族自治县	145296	75167	70129	11014	2768	8246	7172	3660	3512
环江毛南族自治县	158715	84651	74064	8855	2092	6763	7528	3986	3542
巴马瑶族自治县	139833	71466	68367	18256	3211	15045	8318	4546	3772
都安瑶族自治县	281173	145210	135963	16432	4379	12053	13925	7328	6597
大化瑶族自治县	219286	112103	107183	23549	6112	17437	11170	5892	5278
来宾市	**1028944**	**546615**	**482329**	**40259**	**10031**	**30228**	**52194**	**27093**	**25101**
兴宾区	378967	202039	176928	17839	4236	13603	18806	9849	8957
忻城县	181130	94723	86407	8071	1841	6230	9034	4650	4384
象州县	160689	86065	74624	4276	1039	3237	7922	4111	3811
武宣县	180872	95961	84911	5098	1570	3528	10225	5304	4921
金秀瑶族自治县	79169	42714	36455	3650	1015	2635	3372	1744	1628
合山市	48117	25113	23004	1325	330	995	2835	1435	1400
崇左市	**1129850**	**596231**	**533619**	**60628**	**13780**	**46848**	**54275**	**28835**	**25440**
江州区	164177	88328	75849	7143	1823	5320	8395	4637	3758
扶绥县	209488	113129	96359	7449	2045	5404	8867	4827	4040
宁明县	205027	109545	95482	11547	2572	8975	10312	5345	4967
龙州县	143734	74668	69066	6203	1335	4868	6709	3492	3217
大新县	174386	88956	85430	11519	2220	9299	8563	4461	4102
天等县	187039	96550	90489	14322	3184	11138	9034	4837	4197
凭祥市	45999	25055	20944	2445	601	1844	2395	1236	1159

1-6c 续表 3

单位:人

地 区	小学			初中			高中		
	小计	男	女	小计	男	女	小计	男	女
总 计	**8271828**	**3973121**	**4298707**	**9189509**	**5366193**	**3823316**	**1537274**	**968592**	**568682**
南宁市	**853122**	**398178**	**454944**	**1221660**	**705234**	**516426**	**223834**	**139101**	**84733**
兴宁区	18911	8514	10397	37241	21138	16103	8101	5086	3015
青秀区	21807	10130	11677	34484	20038	14446	5663	3667	1996
江南区	36532	16984	19548	68445	40353	28092	34654	17759	16895
西乡塘区	43305	20241	23064	72314	41135	31179	17029	10728	6301
良庆区	28187	13067	15120	44415	26570	17845	9735	6335	3400
邕宁区	47182	21970	25212	69859	41339	28520	10404	6737	3667
武鸣区	96525	44728	51797	151687	86622	65065	29628	19019	10609
隆安县	75185	35402	39783	94321	55425	38896	12823	8570	4253
马山县	102244	48289	53955	95643	58400	37243	16327	10608	5719
上林县	63907	28920	34987	117574	66450	51124	17131	10970	6161
宾阳县	139527	65605	73922	201800	115726	86074	29843	18900	10943
横 县	179810	84328	95482	233877	132038	101839	32496	20722	11774
柳州市	**500778**	**249299**	**251479**	**477082**	**290495**	**186587**	**69117**	**43629**	**25488**
城中区	571	266	305	1646	875	771	355	191	164
鱼峰区	17209	9000	8209	23590	14493	9097	3048	2027	1021
柳南区	8953	4388	4565	16401	9578	6823	2536	1510	1026
柳北区	8623	4215	4408	14099	7813	6286	2891	1650	1241
柳江区	73218	36245	36973	83723	49995	33728	11575	7037	4538
柳城县	52904	25483	27421	75895	43755	32140	10534	6205	4329
鹿寨县	60426	29564	30862	62224	37763	24461	8673	5487	3186
融安县	54965	27482	27483	56044	34948	21096	8019	5377	2642
融水苗族自治县	114918	57947	56971	76982	49505	27477	12248	8083	4165
三江侗族自治县	108991	54709	54282	66478	41770	24708	9238	6062	3176
桂林市	**824410**	**392738**	**431672**	**935804**	**542787**	**393017**	**181245**	**112130**	**69115**
秀峰区									
叠彩区	6695	3087	3608	12436	6702	5734	4174	2220	1954
象山区	1505	729	776	1468	809	659	248	152	96
七星区	1191	587	604	1404	780	624	344	194	150
雁山区	17131	8209	8922	20149	11643	8506	8601	4032	4569
临桂区	83999	41552	42447	88333	54092	34241	17045	10986	6059
阳朔县	64803	31811	32992	76244	44405	31839	13940	8289	5651
灵川县	66469	30507	35962	96146	54124	42022	18421	11281	7140
全州县	121936	57056	64880	147319	85917	61402	30802	19977	10825
兴安县	70489	33686	36803	77702	43188	34514	14201	8347	5854
永福县	59824	30333	29491	49743	30179	19564	8454	5559	2895
灌阳县	46680	21774	24906	47685	28130	19555	8355	5668	2687
龙胜各族自治县	37276	17854	19422	34559	20499	14060	6299	3889	2410
资源县	34874	15672	19202	34687	20687	14000	6351	4351	2000
平乐县	85363	40263	45100	96677	56020	40657	17797	11153	6644
恭城瑶族自治县	65464	30431	35033	63928	36804	27124	10508	6679	3829
荔浦市	60711	29187	31524	87324	48808	38516	15705	9353	6352

1-6c 续表 4　　　　单位:人

地 区	小学			初中			高中		
	小计	男	女	小计	男	女	小计	男	女
梧州市	**448465**	**215357**	**233108**	**507541**	**293268**	**214273**	**67471**	**43524**	**23947**
万秀区	13919	6502	7417	19584	11027	8557	3855	2429	1426
长洲区	10432	5130	5302	9447	5231	4216	1366	835	531
龙圩区	46509	22841	23668	51636	29424	22212	7060	4285	2775
苍梧县	82391	38195	44196	70960	43586	27374	9767	6645	3122
藤　县	148215	72332	75883	172952	101080	71872	21243	13816	7427
蒙山县	33538	16167	17371	41694	23567	18127	5897	3760	2137
岑溪市	113461	54190	59271	141268	79353	61915	18283	11754	6529
北海市	**246254**	**119919**	**126335**	**366279**	**208599**	**157680**	**99311**	**58063**	**41248**
海城区	15061	7378	7683	31693	16778	14915	16899	9263	7636
银海区	25963	12259	13704	39422	22252	17170	16111	8142	7969
铁山港区	33696	15639	18057	56055	31863	24192	12738	8077	4661
合浦县	171534	84643	86891	239109	137706	101403	53563	32581	20982
防城港市	**130218**	**63434**	**66784**	**168162**	**103041**	**65121**	**34092**	**22903**	**11189**
港口区	8789	4224	4565	14463	9545	4918	5249	4088	1161
防城区	64022	31353	32669	74081	44759	29322	11265	7677	3588
上思县	39209	19055	20154	53083	32932	20151	12503	7791	4712
东兴市	18198	8802	9396	26535	15805	10730	5075	3347	1728
钦州市	**755356**	**380766**	**374590**	**695722**	**402639**	**293083**	**125155**	**77596**	**47559**
钦南区	91064	45961	45103	91542	55073	36469	22283	14361	7922
钦北区	145307	73879	71428	139481	84326	55155	21087	13967	7120
灵山县	344408	174661	169747	288967	163273	125694	49673	29649	20024
浦北县	174577	86265	88312	175732	99967	75765	32112	19619	12493
贵港市	**742918**	**354520**	**388398**	**898774**	**510191**	**388583**	**156889**	**98722**	**58167**
港北区	83260	39492	43768	91942	52966	38976	18786	11843	6943
港南区	107377	49371	58006	127348	72101	55247	26057	16481	9576
覃塘区	80731	37108	43623	92975	51653	41322	15737	10016	5721
平南县	175662	85831	89831	224603	126166	98437	34008	21645	12363
桂平市	295888	142718	153170	361906	207305	154601	62301	38737	23564
玉林市	**1008775**	**494179**	**514596**	**1246636**	**690801**	**555835**	**172617**	**106862**	**65755**
玉州区	50617	25599	25018	76772	42007	34765	13506	7934	5572
福绵区	64906	32703	32203	81948	47102	34846	12510	7748	4762
容　县	121856	57899	63957	174565	94156	80409	23828	15492	8336
陆川县	154068	75476	78592	189572	104070	85502	24066	14525	9541
博白县	284559	142589	141970	317298	178963	138335	40035	24818	15217
兴业县	105627	50824	54803	144111	81390	62721	21134	13468	7666
北流市	227142	109089	118053	262370	143113	119257	37538	22877	14661
百色市	**813670**	**389333**	**424337**	**695691**	**428317**	**267374**	**111989**	**72097**	**39892**
右江区	52026	24107	27919	52122	31149	20973	7695	4580	3115
田阳区	53063	24701	28362	48936	29527	19409	7706	4959	2747
田东县	68146	30871	37275	81400	48227	33173	13776	8825	4951

1-6c 续表 5

单位:人

地 区	小学			初中			高中		
	小计	男	女	小计	男	女	小计	男	女
德保县	75916	36784	39132	69785	42327	27458	11073	7138	3935
那坡县	57990	28747	29243	35633	22710	12923	6667	4370	2297
凌云县	54157	26269	27888	29968	19853	10115	5795	3861	1934
乐业县	36399	17360	19039	30504	19658	10846	5806	3895	1911
田林县	64920	30749	34171	53614	34950	18664	7955	5240	2715
西林县	38211	20315	17896	24443	16257	8186	3937	2728	1209
隆林各族自治县	110655	54885	55770	69048	42942	26106	11127	6810	4317
靖西市	132465	62953	69512	132108	78593	53515	18903	12175	6728
平果市	69722	31592	38130	68130	42124	26006	11549	7516	4033
贺州市	**406978**	**194631**	**212347**	**369291**	**219103**	**150188**	**53896**	**34166**	**19730**
八步区	129840	61078	68762	112626	65934	46692	16643	10507	6136
平桂区	70563	34862	35701	73579	42830	30749	9134	5578	3556
昭平县	67172	31540	35632	65637	38999	26638	9062	5907	3155
钟山县	82806	41182	41624	63000	38494	24506	10022	6338	3684
富川瑶族自治县	56597	25969	30628	54449	32846	21603	9035	5836	3199
河池市	**769497**	**366885**	**402612**	**629916**	**387804**	**242112**	**101762**	**67334**	**34428**
金城江区	36828	16933	19895	43266	26006	17260	7095	4777	2318
宜州区	124452	58856	65596	121853	71136	50717	18530	11352	7178
南丹县	57890	28344	29546	42702	27289	15413	5188	3481	1707
天峨县	31927	15252	16675	24332	16646	7686	4803	3341	1462
凤山县	43446	19621	23825	36715	24008	12707	5885	4109	1776
东兰县	54447	26217	28230	48543	31625	16918	9261	6722	2539
罗城仫佬族自治县	68793	33516	35277	47028	28683	18345	7109	4584	2525
环江毛南族自治县	62583	29484	33099	64861	39763	25098	8871	6063	2808
巴马瑶族自治县	59574	29623	29951	40590	26142	14448	7637	4982	2655
都安瑶族自治县	127543	59960	67583	96221	57087	39134	15986	10431	5555
大化瑶族自治县	102014	49079	52935	63805	39419	24386	11397	7492	3905
来宾市	**364559**	**169709**	**194850**	**474436**	**280740**	**193696**	**64291**	**42059**	**22232**
兴宾区	136169	62990	73179	169021	102427	66594	24141	15667	8474
忻城县	69184	31845	37339	79028	46935	32093	10766	7025	3741
象州县	60142	27987	32155	73127	43517	29610	10440	6932	3508
武宣县	53316	24507	28809	95859	54512	41347	10650	7160	3490
金秀瑶族自治县	31869	16106	15763	31653	18654	12999	5507	3569	1938
合山市	13879	6274	7605	25748	14695	11053	2787	1706	1081
崇左市	**406828**	**184173**	**222655**	**502515**	**303174**	**199341**	**75605**	**50406**	**25199**
江州区	58512	26748	31764	76095	46162	29933	10562	7107	3455
扶绥县	64691	29646	35045	107921	63594	44327	15095	10067	5028
宁明县	75004	33688	41316	91085	57030	34055	12314	8302	4012
龙州县	53768	23112	30656	61540	37391	24149	11383	7371	4012
大新县	65023	29053	35970	73739	43765	29974	10826	7086	3740
天等县	73813	34507	39306	71234	42162	29072	12316	8333	3983
凭祥市	16017	7419	8598	20901	13070	7831	3109	2140	969

1-6c 续表 6

单位:人

地 区	大学专科			大学本科		
	小计	男	女	小计	男	女
总 计	**507242**	**270761**	**236481**	**267861**	**130963**	**136898**
南宁市	**65675**	**35791**	**29884**	**25393**	**12777**	**12616**
兴宁区	2054	1176	878	709	377	332
青秀区	1479	853	626	701	356	345
江南区	7201	3274	3927	2168	1134	1034
西乡塘区	4272	2249	2023	1831	934	897
良庆区	2254	1289	965	797	417	380
邕宁区	2716	1524	1192	1197	575	622
武鸣区	8084	4614	3470	3116	1599	1517
隆安县	4070	2331	1739	1730	887	843
马山县	6666	3679	2987	2535	1272	1263
上林县	6632	3568	3064	2513	1168	1345
宾阳县	11188	6209	4979	4338	2208	2130
横 县	9059	5025	4034	3758	1850	1908
柳州市	**23036**	**11796**	**11240**	**9853**	**4660**	**5193**
城中区	118	47	71	40	13	27
鱼峰区	876	454	422	453	233	220
柳南区	600	291	309	342	147	195
柳北区	893	425	468	326	155	171
柳江区	3486	1676	1810	1437	649	788
柳城县	3085	1388	1697	1202	504	698
鹿寨县	2227	1166	1061	1103	497	606
融安县	2694	1387	1307	1384	653	731
融水苗族自治县	4812	2688	2124	1824	953	871
三江侗族自治县	4245	2274	1971	1742	856	886
桂林市	**55357**	**26453**	**28904**	**55577**	**25584**	**29993**
秀峰区						
叠彩区	1056	507	549	486	200	286
象山区	57	26	31	31	6	25
七星区	113	51	62	57	23	34
雁山区	5224	1723	3501	31545	14786	16759
临桂区	7739	3246	4493	2398	1167	1231
阳朔县	3651	1701	1950	1821	758	1063
灵川县	4783	2293	2490	2553	1121	1432
全州县	8107	4487	3620	3477	1755	1722
兴安县	3657	1690	1967	1566	664	902
永福县	2898	1513	1385	1215	519	696
灌阳县	3141	1801	1340	1501	766	735
龙胜各族自治县	2011	966	1045	1053	437	616
资源县	2295	1263	1032	1311	636	675
平乐县	3858	2034	1824	2513	1127	1386
恭城瑶族自治县	3077	1439	1638	1970	786	1184
荔浦市	3690	1713	1977	2080	833	1247

1-6c 续表 7

单位:人

地 区	大学专科			大学本科		
	小计	男	女	小计	男	女
梧州市	**20374**	**10677**	**9697**	**11973**	**5854**	**6119**
万秀区	1070	582	488	593	315	278
长洲区	374	187	187	168	76	92
龙圩区	1735	890	845	1130	525	605
苍梧县	2847	1535	1312	1778	863	915
藤 县	7059	3629	3430	3969	1956	2013
蒙山县	1878	936	942	1281	559	722
岑溪市	5411	2918	2493	3054	1560	1494
北海市	**33508**	**17764**	**15744**	**20953**	**11363**	**9590**
海城区	6395	3189	3206	4368	2134	2234
银海区	8219	4338	3881	7522	4680	2842
铁山港区	5039	3022	2017	2663	1472	1191
合浦县	13855	7215	6640	6400	3077	3323
防城港市	**12633**	**8488**	**4145**	**4635**	**2971**	**1664**
港口区	4667	3850	817	1720	1361	359
防城区	3213	1914	1299	1171	688	483
上思县	3282	1869	1413	1135	577	558
东兴市	1471	855	616	609	345	264
钦州市	**34251**	**17571**	**16680**	**30892**	**14092**	**16800**
钦南区	6748	3698	3050	17562	7864	9698
钦北区	6091	3273	2818	2498	1235	1263
灵山县	13275	6471	6804	7238	3345	3893
浦北县	8137	4129	4008	3594	1648	1946
贵港市	**53630**	**28982**	**24648**	**23871**	**11757**	**12114**
港北区	6453	3432	3021	2763	1405	1358
港南区	8261	4631	3630	3511	1716	1795
覃塘区	6244	3391	2853	3213	1440	1773
平南县	11645	6091	5554	5833	2867	2966
桂平市	21027	11437	9590	8551	4329	4222
玉林市	**51486**	**27276**	**24210**	**24072**	**12248**	**11824**
玉州区	3326	1678	1648	1378	698	680
福绵区	3172	1748	1424	1237	620	617
容 县	6251	3437	2814	4160	2031	2129
陆川县	7281	3729	3552	3288	1669	1619
博白县	14453	7479	6974	5903	2945	2958
兴业县	6049	3314	2735	2706	1404	1302
北流市	10954	5891	5063	5400	2881	2519
百色市	**48775**	**26688**	**22087**	**16176**	**8234**	**7942**
右江区	3021	1534	1487	1052	497	555
田阳区	3170	1686	1484	1119	523	596
田东县	4596	2518	2078	1662	756	906

1−6c 续表 8

单位：人

地　区	大学专科			大学本科		
	小计	男	女	小计	男	女
德保县	4251	2208	2043	1592	695	897
那坡县	3704	1995	1709	1082	610	472
凌云县	3043	1721	1322	1049	592	457
乐业县	3528	2000	1528	1004	541	463
田林县	4375	2484	1891	1262	682	580
西林县	2619	1534	1085	662	364	298
隆林各族自治县	5215	2872	2343	1609	888	721
靖西市	6824	3590	3234	2382	1199	1183
平果市	4429	2546	1883	1701	887	814
贺州市	**17763**	**9109**	**8654**	**8757**	**4062**	**4695**
八步区	5153	2677	2476	2415	1132	1283
平桂区	2769	1387	1382	1439	637	802
昭平县	3502	1920	1582	1578	813	765
钟山县	3173	1516	1657	1784	770	1014
富川瑶族自治县	3166	1609	1557	1541	710	831
河池市	**46054**	**26223**	**19831**	**17703**	**8702**	**9001**
金城江区	2111	1227	884	854	368	486
宜州区	5776	2989	2787	2478	1089	1389
南丹县	2146	1263	883	738	392	346
天峨县	3157	1921	1236	1036	608	428
凤山县	3921	2329	1592	840	446	394
东兰县	5245	3246	1999	1632	844	788
罗城仫佬族自治县	2889	1396	1493	1258	545	713
环江毛南族自治县	3896	2226	1670	2068	1016	1052
巴马瑶族自治县	4103	2282	1821	1327	666	661
都安瑶族自治县	7588	4323	3265	3400	1665	1735
大化瑶族自治县	5222	3021	2201	2072	1063	1009
来宾市	**22829**	**12145**	**10684**	**10103**	**4709**	**5394**
兴宾区	9099	4962	4137	3799	1862	1937
忻城县	3561	1802	1759	1444	607	837
象州县	3206	1742	1464	1537	717	820
武宣县	3770	2005	1765	1894	878	1016
金秀瑶族自治县	2096	1117	979	998	492	506
合山市	1097	517	580	431	153	278
崇左市	**21871**	**11798**	**10073**	**7903**	**3950**	**3953**
江州区	2535	1374	1161	913	468	445
扶绥县	3868	2168	1700	1554	758	796
宁明县	3584	1982	1602	1154	611	543
龙州县	3066	1492	1574	1024	453	571
大新县	3411	1724	1687	1265	630	635
天等县	4575	2611	1964	1700	893	807
凭祥市	832	447	385	293	137	156

1-6c 续表 9

单位:人

地 区	硕士研究生			博士研究生		
	小计	男	女	小计	男	女
总 计	**8171**	**4043**	**4128**	**975**	**566**	**409**
南宁市	**890**	**429**	**461**	**106**	**67**	**39**
兴宁区	26	12	14	2	2	
青秀区	23	10	13	3	3	
江南区	253	123	130	12	9	3
西乡塘区	54	24	30	5	5	
良庆区	16	4	12	4	1	3
邕宁区	42	19	23	6	4	2
武鸣区	64	33	31	15	7	8
隆安县	48	30	18	6	6	
马山县	52	23	29	7	5	2
上林县	73	38	35	13	4	9
宾阳县	134	63	71	17	11	6
横 县	105	50	55	16	10	6
柳州市	**269**	**118**	**151**	**39**	**22**	**17**
城中区						
鱼峰区	22	16	6	3	2	1
柳南区	9	5	4	3	2	1
柳北区	10	7	3	1		1
柳江区	59	26	33	12	5	7
柳城县	23	5	18	7	4	3
鹿寨县	33	15	18	7	5	2
融安县	32	11	21	4	2	2
融水苗族自治县	53	25	28	1	1	
三江侗族自治县	28	8	20	1	1	
桂林市	**2522**	**1309**	**1213**	**203**	**109**	**94**
秀峰区						
叠彩区	24	8	16	2	1	1
象山区	2	1	1			
七星区	3		3			
雁山区	1821	1028	793	107	74	33
临桂区	92	42	50	14	8	6
阳朔县	63	23	40	8	1	7
灵川县	81	31	50	13	5	8
全州县	108	45	63	18	7	11
兴安县	63	21	42	6	3	3
永福县	37	18	19	1	1	
灌阳县	32	19	13	11	3	8
龙胜各族自治县	21	9	12	2		2
资源县	32	17	15	2	1	1
平乐县	37	10	27	10	3	7
恭城瑶族自治县	55	13	42	5	2	3
荔浦市	51	24	27	4		4

1-6c 续表 10

单位：人

地 区	硕士研究生			博士研究生		
	小计	男	女	小计	男	女
梧州市	**292**	**140**	**152**	**41**	**24**	**17**
万秀区	14	9	5	2	2	
长洲区	2		2	2		2
龙圩区	19	12	7	2	1	1
苍梧县	58	22	36	6	3	3
藤 县	103	54	49	16	9	7
蒙山县	24	7	17	4	3	1
岑溪市	72	36	36	9	6	3
北海市	**687**	**329**	**358**	**65**	**38**	**27**
海城区	215	115	100	13	5	8
银海区	223	103	120	14	12	2
铁山港区	70	36	34	8	5	3
合浦县	179	75	104	30	16	14
防城港市	**134**	**83**	**51**	**13**	**9**	**4**
港口区	48	40	8	1	1	
防城区	32	20	12	5	3	2
上思县	41	17	24	5	4	1
东兴市	13	6	7	2	1	1
钦州市	**655**	**321**	**334**	**118**	**76**	**42**
钦南区	291	155	136	62	42	20
钦北区	70	28	42	11	8	3
灵山县	169	78	91	28	14	14
浦北县	125	60	65	17	12	5
贵港市	**611**	**290**	**321**	**94**	**53**	**41**
港北区	89	43	46	11	6	5
港南区	106	50	56	20	11	9
覃塘区	70	25	45	11	6	5
平南县	154	70	84	27	17	10
桂平市	192	102	90	25	13	12
玉林市	**675**	**336**	**339**	**109**	**57**	**52**
玉州区	37	19	18	8	5	3
福绵区	36	15	21	4	2	2
容 县	82	33	49	14	7	7
陆川县	106	57	49	6	4	2
博白县	186	97	89	40	24	16
兴业县	67	35	32	10	4	6
北流市	161	80	81	27	11	16
百色市	**311**	**167**	**144**	**47**	**28**	**19**
右江区	26	16	10			
田阳区	30	21	9	5	2	3
田东县	32	18	14	3	3	

1-6c 续表 11 单位:人

地 区	硕士研究生			博士研究生		
	小计	男	女	小计	男	女
德保县	28	12	16	5	1	4
那坡县	20	13	7	3	2	1
凌云县	18	9	9	4	2	2
乐业县	15	9	6	1	1	
田林县	23	12	11	1		1
西林县	7	4	3			
隆林各族自治县	20	11	9	9	5	4
靖西市	43	19	24	8	5	3
平果市	49	23	26	8	7	1
贺州市	**245**	**122**	**123**	**30**	**16**	**14**
八步区	70	39	31	12	9	3
平桂区	35	20	15	3		3
昭平县	47	22	25	5	3	2
钟山县	52	23	29	5	2	3
富川瑶族自治县	41	18	23	5	2	3
河池市	**443**	**194**	**249**	**49**	**28**	**21**
金城江区	31	9	22	2	1	1
宜州区	92	41	51	10	3	7
南丹县	18	10	8	2	1	1
天峨县	19	14	5	2	2	
凤山县	19	5	14	4	4	
东兰县	41	18	23	3	2	1
罗城仫佬族自治县	28	12	16	5	3	2
环江毛南族自治县	48	17	31	5	4	1
巴马瑶族自治县	20	10	10	8	4	4
都安瑶族自治县	71	33	38	7	4	3
大化瑶族自治县	56	25	31	1		1
来宾市	**240**	**110**	**130**	**33**	**19**	**14**
兴宾区	80	40	40	13	6	7
忻城县	38	16	22	4	2	2
象州县	32	14	18	7	6	1
武宣县	56	23	33	4	2	2
金秀瑶族自治县	21	14	7	3	3	
合山市	13	3	10	2		2
崇左市	**197**	**95**	**102**	**28**	**20**	**8**
江州区	19	7	12	3	2	1
扶绥县	37	19	18	6	5	1
宁明县	22	11	11	5	4	1
龙州县	37	18	19	4	4	
大新县	36	15	21	4	2	2
天等县	40	21	19	5	2	3
凭祥市	6	4	2	1	1	

1—7 各地区分性别的15岁及以上文盲人口

单位：人、%

地区	15岁及以上人口			文盲人口			文盲人口占15岁及以上人口比重		
	合计	男	女	合计	男	女	合计	男	女
总计	**38284303**	**19595172**	**18689131**	**1186492**	**248225**	**938267**	**3.1**	**1.27**	**5.02**
南宁市	**6960168**	**3543926**	**3416242**	**119254**	**22911**	**96343**	**1.71**	**0.65**	**2.82**
兴宁区	494678	253355	241323	3308	716	2592	0.67	0.28	1.07
青秀区	919489	435114	484375	6758	1255	5503	0.73	0.29	1.14
江南区	790101	407532	382569	7785	1637	6148	0.99	0.4	1.61
西乡塘区	1370276	691072	679204	9234	1954	7280	0.67	0.28	1.07
良庆区	462214	245419	216795	5166	1150	4016	1.12	0.47	1.85
邕宁区	259537	135850	123687	5841	1161	4680	2.25	0.85	3.78
武鸣区	560314	293682	266632	11186	2087	9099	2	0.71	3.41
隆安县	250102	129792	120310	10477	2011	8466	4.19	1.55	7.04
马山县	284802	144994	139808	19717	3392	16325	6.92	2.34	11.68
上林县	276276	141151	135125	8414	1450	6964	3.05	1.03	5.15
宾阳县	621141	323538	297603	16169	3097	13072	2.6	0.96	4.39
横县	671238	342427	328811	15199	3001	12198	2.26	0.88	3.71
柳州市	**3365543**	**1738784**	**1626759**	**87735**	**17919**	**69816**	**2.61**	**1.03**	**4.29**
城中区	199053	94953	104100	1010	161	849	0.51	0.17	0.82
鱼峰区	557486	292262	265224	4680	1001	3679	0.84	0.34	1.39
柳南区	506094	260547	245547	4751	1084	3667	0.94	0.42	1.49
柳北区	405779	204184	201595	3427	678	2749	0.84	0.33	1.36
柳江区	397693	207037	190656	9082	1772	7310	2.28	0.86	3.83
柳城县	254915	133331	121584	8619	1854	6765	3.38	1.39	5.56
鹿寨县	270973	144276	126697	5489	1209	4280	2.03	0.84	3.38
融安县	207500	110005	97495	7189	1592	5597	3.46	1.45	5.74
融水苗族自治县	323538	167849	155689	22826	4297	18529	7.06	2.56	11.9
三江侗族自治县	242512	124340	118172	20662	4271	16391	8.52	3.43	13.87
桂林市	**3963073**	**1997106**	**1965967**	**121659**	**26629**	**95030**	**3.07**	**1.33**	**4.83**
秀峰区	133206	66224	66982	1646	430	1216	1.24	0.65	1.82
叠彩区	166013	80355	85658	1731	315	1416	1.04	0.39	1.65
象山区	238192	114353	123839	2622	468	2154	1.1	0.41	1.74
七星区	326619	165920	160699	3095	589	2506	0.95	0.35	1.56
雁山区	119306	51122	68184	2912	480	2432	2.44	0.94	3.57
临桂区	442588	221117	221471	23140	4266	18874	5.23	1.93	8.52
阳朔县	218172	111536	106636	10740	2107	8633	4.92	1.89	8.1
灵川县	339885	175894	163991	7855	1731	6124	2.31	0.98	3.73
全州县	439307	227026	212281	16123	3896	12227	3.67	1.72	5.76
兴安县	242223	121293	120930	6926	1910	5016	2.86	1.57	4.15
永福县	182120	95501	86619	8710	1964	6746	4.78	2.06	7.79
灌阳县	165062	83968	81094	7502	1955	5547	4.54	2.33	6.84
龙胜各族自治县	114946	58575	56371	5231	1246	3985	4.55	2.13	7.07
资源县	108752	55183	53569	3772	818	2954	3.47	1.48	5.51
平乐县	260359	132355	128004	10700	2417	8283	4.11	1.83	6.47
恭城瑶族自治县	193536	97795	95741	4506	992	3514	2.33	1.01	3.67
荔浦市	272787	138889	133898	4448	1045	3403	1.63	0.75	2.54

1-7 续表 1

单位:人、%

地 区	15岁及以上人口			文盲人口			文盲人口占15岁及以上人口比重		
	合计	男	女	合计	男	女	合计	男	女
梧州市	**2072228**	**1060947**	**1011281**	**39263**	**8683**	**30580**	**1.89**	**0.82**	**3.02**
万秀区	227731	111045	116686	1882	477	1405	0.83	0.43	1.2
长洲区	237997	116466	121531	1616	379	1237	0.68	0.33	1.02
龙圩区	212322	110559	101763	3712	930	2782	1.75	0.84	2.73
苍梧县	198631	105056	93575	4266	805	3461	2.15	0.77	3.7
藤 县	561922	296448	265474	13395	3011	10384	2.38	1.02	3.91
蒙山县	125588	63395	62193	3975	821	3154	3.17	1.3	5.07
岑溪市	508037	257978	250059	10417	2260	8157	2.05	0.88	3.26
北海市	**1451837**	**746670**	**705167**	**32935**	**7519**	**25416**	**2.27**	**1.01**	**3.6**
海城区	424727	210120	214607	4784	909	3875	1.13	0.43	1.81
银海区	252787	130541	122246	4720	1229	3491	1.87	0.94	2.86
铁山港区	113483	60776	52707	2659	639	2020	2.34	1.05	3.83
合浦县	660840	345233	315607	20772	4742	16030	3.14	1.37	5.08
防城港市	**794630**	**432335**	**362295**	**20993**	**4539**	**16454**	**2.64**	**1.05**	**4.54**
港口区	195937	113925	82012	3776	1015	2761	1.93	0.89	3.37
防城区	290425	154094	136331	8371	1822	6549	2.88	1.18	4.8
上思县	149669	81187	68482	4988	1025	3963	3.33	1.26	5.79
东兴市	158599	83129	75470	3858	677	3181	2.43	0.81	4.21
钦州市	**2350508**	**1230152**	**1120356**	**62223**	**15548**	**46675**	**2.65**	**1.26**	**4.17**
钦南区	512255	268723	243532	14329	3253	11076	2.8	1.21	4.55
钦北区	514635	273695	240940	16617	3946	12671	3.23	1.44	5.26
灵山县	837847	436174	401673	19517	5304	14213	2.33	1.22	3.54
浦北县	485771	251560	234211	11760	3045	8715	2.42	1.21	3.72
贵港市	**3175037**	**1635897**	**1539140**	**69831**	**14669**	**55162**	**2.2**	**0.9**	**3.58**
港北区	571391	287732	283659	11942	2239	9703	2.09	0.78	3.42
港南区	388350	200213	188137	8310	1545	6765	2.14	0.77	3.6
覃塘区	311162	157629	153533	10295	2030	8265	3.31	1.29	5.38
平南县	797051	411242	385809	14872	3579	11293	1.87	0.87	2.93
桂平市	1107083	579081	528002	24412	5276	19136	2.21	0.91	3.62
玉林市	**4113440**	**2107103**	**2006337**	**71736**	**18585**	**53151**	**1.74**	**0.88**	**2.65**
玉州区	696934	347884	349050	5260	1467	3793	0.75	0.42	1.09
福绵区	234438	126165	108273	5171	1437	3734	2.21	1.14	3.45
容 县	466281	232797	233484	5838	1309	4529	1.25	0.56	1.94
陆川县	555009	284583	270426	8084	2321	5763	1.46	0.82	2.13
博白县	944828	493720	451108	23343	6609	16734	2.47	1.34	3.71
兴业县	380226	198681	181545	9372	1912	7460	2.46	0.96	4.11
北流市	835724	423273	412451	14668	3530	11138	1.76	0.83	2.7
百色市	**2773390**	**1396364**	**1377026**	**198738**	**41712**	**157026**	**7.17**	**2.99**	**11.4**
右江区	383746	186197	197549	11943	2412	9531	3.11	1.3	4.82
田阳区	244927	122161	122766	12179	2292	9887	4.97	1.88	8.05
田东县	272456	136697	135759	15666	2952	12714	5.75	2.16	9.37

1-7 续表 2

单位：人、%

地区	15岁及以上人口			文盲人口			文盲人口占15岁及以上人口比重		
	合计	男	女	合计	男	女	合计	男	女
德保县	210536	108566	101970	12047	2875	9172	5.72	2.65	8.99
那坡县	132088	67585	64503	14766	3261	11505	11.18	4.83	17.84
凌云县	140401	70569	69832	14149	2615	11534	10.08	3.71	16.52
乐业县	110175	56140	54035	12589	2840	9749	11.43	5.06	18.04
田林县	175824	89786	86038	17886	3415	14471	10.17	3.8	16.82
西林县	108288	55928	52360	17335	3798	13537	16.01	6.79	25.85
隆林各族自治县	259670	129516	130154	34539	8320	26219	13.3	6.42	20.14
靖西市	379557	195552	184005	22524	4698	17826	5.93	2.4	9.69
平果市	355722	177667	178055	13115	2234	10881	3.69	1.26	6.11
贺州市	**1459819**	**743829**	**715990**	**64336**	**12488**	**51848**	**4.41**	**1.68**	**7.24**
八步区	477147	236882	240265	16642	3012	13630	3.49	1.27	5.67
平桂区	297122	155208	141914	7830	1650	6180	2.64	1.06	4.35
昭平县	238422	123113	115309	7406	1555	5851	3.11	1.26	5.07
钟山县	250624	130362	120262	16517	3090	13427	6.59	2.37	11.16
富川瑶族自治县	196504	98264	98240	15941	3181	12760	8.11	3.24	12.99
河池市	**2561732**	**1286535**	**1275197**	**177928**	**34653**	**143275**	**6.95**	**2.69**	**11.24**
金城江区	293531	145528	148003	7231	1354	5877	2.46	0.93	3.97
宜州区	429302	214744	214558	18149	4096	14053	4.23	1.91	6.55
南丹县	203875	105043	98832	16748	4254	12494	8.21	4.05	12.64
天峨县	110200	56678	53522	10904	2281	8623	9.89	4.02	16.11
凤山县	124665	62231	62434	11297	1910	9387	9.06	3.07	15.04
东兰县	165054	82357	82697	24107	3857	20250	14.61	4.68	24.49
罗城仫佬族自治县	206818	104604	102214	14781	3339	11442	7.15	3.19	11.19
环江毛南族自治县	212768	109491	103277	10218	1984	8234	4.8	1.81	7.97
巴马瑶族自治县	169568	83338	86230	22040	3434	18606	13	4.12	21.58
都安瑶族自治县	388707	194784	193923	18609	3684	14925	4.79	1.89	7.7
大化瑶族自治县	257244	127737	129507	23844	4460	19384	9.27	3.49	14.97
来宾市	**1590900**	**822192**	**768708**	**45397**	**8604**	**36793**	**2.85**	**1.05**	**4.79**
兴宾区	696978	358465	338513	21257	3732	17525	3.05	1.04	5.18
忻城县	229974	118071	111903	8869	1714	7155	3.86	1.45	6.39
象州县	224313	117301	107012	4581	833	3748	2.04	0.71	3.5
武宣县	256458	133124	123334	4844	997	3847	1.89	0.75	3.12
金秀瑶族自治县	105044	55484	49560	3748	861	2887	3.57	1.55	5.83
合山市	78133	39747	38386	2098	467	1631	2.69	1.17	4.25
崇左市	**1651998**	**853332**	**798666**	**74464**	**13766**	**60698**	**4.51**	**1.61**	**7.6**
江州区	357951	185541	172410	8609	1772	6837	2.41	0.96	3.97
扶绥县	328904	174225	154679	8664	1727	6937	2.63	0.99	4.48
宁明县	243681	127617	116064	11467	1638	9829	4.71	1.28	8.47
龙州县	188839	96719	92120	7730	1296	6434	4.09	1.34	6.98
大新县	222322	111215	111107	16879	3128	13751	7.59	2.81	12.38
天等县	208639	103981	104658	18071	3655	14416	8.66	3.52	13.77
凭祥市	101662	54034	47628	3044	550	2494	2.99	1.02	5.24

1-7※ 各地区分性别的15岁及以上文盲人口（户籍人口）

单位：人、%

地区	15岁及以上人口			文盲人口			文盲人口占15岁及以上人口比重		
	合计	男	女	合计	男	女	合计	男	女
总计	**44515057**	**23267022**	**21248035**	**1210001**	**254983**	**955018**	**2.72**	**1.1**	**4.49**
南宁市	**6281814**	**3213944**	**3067870**	**114060**	**21817**	**92243**	**1.82**	**0.68**	**3.01**
兴宁区	340403	167509	172894	2303	489	1814	0.68	0.29	1.05
青秀区	644878	306855	338023	5043	906	4137	0.78	0.3	1.22
江南区	464834	230775	234059	5373	1105	4268	1.16	0.48	1.82
西乡塘区	716265	353454	362811	6494	1352	5142	0.91	0.38	1.42
良庆区	265561	134447	131114	4206	913	3293	1.58	0.68	2.51
邕宁区	299209	155884	143325	5942	1179	4763	1.99	0.76	3.32
武鸣区	582072	299939	282133	11211	2078	9133	1.93	0.69	3.24
隆安县	327510	172408	155102	10786	2074	8712	3.29	1.2	5.62
马山县	433279	226443	206836	20859	3579	17280	4.81	1.58	8.35
上林县	395412	207066	188346	8743	1543	7200	2.21	0.75	3.82
宾阳县	839837	447433	392404	16871	3296	13575	2.01	0.74	3.46
横县	972554	511731	460823	16229	3303	12926	1.67	0.65	2.8
柳州市	**3244977**	**1664922**	**1580055**	**86055**	**17572**	**68483**	**2.65**	**1.06**	**4.33**
城中区	156659	74634	82025	590	110	480	0.38	0.15	0.59
鱼峰区	356559	176672	179887	3143	683	2460	0.88	0.39	1.37
柳南区	344032	172829	171203	3368	779	2589	0.98	0.45	1.51
柳北区	307440	151145	156295	2123	433	1690	0.69	0.29	1.08
柳江区	402513	206479	196034	9104	1766	7338	2.26	0.86	3.74
柳城县	340615	176728	163887	8965	1927	7038	2.63	1.09	4.29
鹿寨县	338977	180729	158248	5743	1284	4459	1.69	0.71	2.82
融安县	269935	143702	126233	7518	1667	5851	2.79	1.16	4.64
融水苗族自治县	416652	218335	198317	24115	4513	19602	5.79	2.07	9.88
三江侗族自治县	311595	163669	147926	21386	4410	16976	6.86	2.69	11.48
桂林市	**4362333**	**2242048**	**2120285**	**124239**	**27346**	**96893**	**2.85**	**1.22**	**4.57**
秀峰区	103602	48951	54651	1190	344	846	1.15	0.7	1.55
叠彩区	133260	62823	70437	1360	244	1116	1.02	0.39	1.58
象山区	212350	101073	111277	2137	396	1741	1.01	0.39	1.56
七星区	198585	97637	100948	2198	384	1814	1.11	0.39	1.8
雁山区	62106	30617	31489	2981	489	2492	4.8	1.6	7.91
临桂区	429395	220671	208724	22843	4228	18615	5.32	1.92	8.92
阳朔县	265699	136716	128983	11068	2187	8881	4.17	1.6	6.89
灵川县	321127	161163	159964	7853	1740	6113	2.45	1.08	3.82
全州县	652047	350870	301177	17966	4306	13660	2.76	1.23	4.54
兴安县	309229	158460	150769	7339	2022	5317	2.37	1.28	3.53
永福县	229710	121034	108676	9063	2031	7032	3.95	1.68	6.47
灌阳县	233805	124312	109493	8154	2096	6058	3.49	1.69	5.53
龙胜各族自治县	140734	71542	69192	5389	1288	4101	3.83	1.8	5.93
资源县	142402	73865	68537	3973	868	3105	2.79	1.18	4.53
平乐县	367751	194073	173678	11391	2590	8801	3.1	1.33	5.07
恭城瑶族自治县	244802	126636	118166	4717	1036	3681	1.93	0.82	3.12
荔浦市	315729	161605	154124	4617	1097	3520	1.46	0.68	2.28

1-7(户籍人口) 续表 1

单位:人、%

地 区	15岁及以上人口			文盲人口			文盲人口占15岁及以上人口比重		
	合计	男	女	合计	男	女	合计	男	女
梧州市	**2726756**	**1446142**	**1280614**	**40886**	**9230**	**31656**	**1.5**	**0.64**	**2.47**
万秀区	238632	118747	119885	1979	492	1487	0.83	0.41	1.24
长洲区	168657	82210	86447	1279	300	979	0.76	0.36	1.13
龙圩区	229908	122094	107814	3667	944	2723	1.59	0.77	2.53
苍梧县	339043	183155	155888	4739	925	3814	1.4	0.51	2.45
藤 县	841326	456382	384944	14263	3306	10957	1.7	0.72	2.85
蒙山县	179495	94373	85122	4121	876	3245	2.3	0.93	3.81
岑溪市	729695	389181	340514	10838	2387	8451	1.49	0.61	2.48
北海市	**1429118**	**739524**	**689594**	**31150**	**7090**	**24060**	**2.18**	**0.96**	**3.49**
海城区	291896	141292	150604	3426	653	2773	1.17	0.46	1.84
银海区	154814	78862	75952	3334	875	2459	2.15	1.11	3.24
铁山港区	138986	71333	67653	2773	657	2116	2	0.92	3.13
合浦县	843422	448037	395385	21617	4905	16712	2.56	1.09	4.23
防城港市	**771094**	**413226**	**357868**	**20160**	**4320**	**15840**	**2.61**	**1.05**	**4.43**
港口区	116728	59806	56922	3133	822	2311	2.68	1.37	4.06
防城区	335526	181545	153981	8640	1877	6763	2.58	1.03	4.39
上思县	196489	109104	87385	5253	1087	4166	2.67	1	4.77
东兴市	122351	62771	59580	3134	534	2600	2.56	0.85	4.36
钦州市	**3132539**	**1708078**	**1424461**	**64013**	**16340**	**47673**	**2.04**	**0.96**	**3.35**
钦南区	506845	268886	237959	13965	3114	10851	2.76	1.16	4.56
钦北区	658607	370059	288548	17098	4162	12936	2.6	1.12	4.48
灵山县	1248721	680120	568601	20638	5777	14861	1.65	0.85	2.61
浦北县	718366	389013	329353	12312	3287	9025	1.71	0.84	2.74
贵港市	**4337113**	**2293719**	**2043394**	**73185**	**15661**	**57524**	**1.69**	**0.68**	**2.82**
港北区	599143	308233	290910	11662	2193	9469	1.95	0.71	3.25
港南区	536342	282712	253630	8827	1693	7134	1.65	0.6	2.81
覃塘区	459747	239058	220689	10770	2181	8589	2.34	0.91	3.89
平南县	1175469	629684	545785	15965	3912	12053	1.36	0.62	2.21
桂平市	1566412	834032	732380	25961	5682	20279	1.66	0.68	2.77
玉林市	**5510430**	**2938204**	**2572226**	**75169**	**19687**	**55482**	**1.36**	**0.67**	**2.16**
玉州区	630351	320729	309622	4809	1407	3402	0.76	0.44	1.1
福绵区	277659	149664	127995	5254	1461	3793	1.89	0.98	2.96
容 县	663667	351058	312609	6265	1444	4821	0.94	0.41	1.54
陆川县	808877	431391	377486	8592	2485	6107	1.06	0.58	1.62
博白县	1397618	763024	634594	24787	7000	17787	1.77	0.92	2.8
兴业县	585250	316219	269031	10045	2105	7940	1.72	0.67	2.95
北流市	1147008	606119	540889	15417	3785	11632	1.34	0.62	2.15
百色市	**3364886**	**1727951**	**1636935**	**204791**	**43204**	**161587**	**6.09**	**2.5**	**9.87**
右江区	323956	160044	163912	11264	2319	8945	3.48	1.45	5.46
田阳区	286147	142899	143248	12475	2361	10114	4.36	1.65	7.06
田东县	350674	180450	170224	16146	3070	13076	4.6	1.7	7.68

1-7(户籍人口) 续表 2

单位:人、%

地区	15岁及以上人口			文盲人口			文盲人口占15岁及以上人口比重		
	合计	男	女	合计	男	女	合计	男	女
德保县	295935	156569	139366	12687	3084	9603	4.29	1.97	6.89
那坡县	172312	89594	82718	15314	3374	11940	8.89	3.77	14.43
凌云县	173886	89263	84623	14599	2740	11859	8.4	3.07	14.01
乐业县	141403	73273	68130	13059	2918	10141	9.24	3.98	14.88
田林县	211536	107815	103721	18211	3464	14747	8.61	3.21	14.22
西林县	128966	66230	62736	17698	3838	13860	13.72	5.79	22.09
隆林各族自治县	339736	172720	167016	36262	8741	27521	10.67	5.06	16.48
靖西市	526735	276261	250474	23451	4956	18495	4.45	1.79	7.38
平果市	413600	212833	200767	13625	2339	11286	3.29	1.1	5.62
贺州市	**1900892**	**1001133**	**899759**	**66687**	**13082**	**53605**	**3.51**	**1.31**	**5.96**
八步区	607419	313473	293946	17140	3108	14032	2.82	0.99	4.77
平桂区	325882	170343	155539	8011	1700	6311	2.46	1	4.06
昭平县	347289	187523	159766	7849	1688	6161	2.26	0.9	3.86
钟山县	355691	191275	164416	17135	3279	13856	4.82	1.71	8.43
富川瑶族自治县	264611	138519	126092	16552	3307	13245	6.26	2.39	10.5
河池市	**3357518**	**1733627**	**1623891**	**185238**	**36332**	**148906**	**5.52**	**2.1**	**9.17**
金城江区	283920	144526	139394	6688	1276	5412	2.36	0.88	3.88
宜州区	536802	276760	260042	18606	4325	14281	3.47	1.56	5.49
南丹县	252699	131204	121495	17583	4461	13122	6.96	3.4	10.8
天峨县	140386	72473	67913	11342	2367	8975	8.08	3.27	13.22
凤山县	169367	87742	81625	11725	2006	9719	6.92	2.29	11.91
东兰县	244184	126761	117423	25176	3997	21179	10.31	3.15	18.04
罗城仫佬族自治县	303421	156713	146708	15569	3544	12025	5.13	2.26	8.2
环江毛南族自治县	296776	156774	140002	10683	2094	8589	3.6	1.34	6.13
巴马瑶族自治县	224073	114511	109562	22853	3580	19273	10.2	3.13	17.59
都安瑶族自治县	547378	282508	264870	19956	3975	15981	3.65	1.41	6.03
大化瑶族自治县	358512	183655	174857	25057	4707	20350	6.99	2.56	11.64
来宾市	**2108042**	**1105552**	**1002490**	**47551**	**9028**	**38523**	**2.26**	**0.82**	**3.84**
兴宾区	891513	468656	422857	22125	3897	18228	2.48	0.83	4.31
忻城县	333466	173214	160252	9435	1842	7593	2.83	1.06	4.74
象州县	295680	155576	140104	4837	874	3963	1.64	0.56	2.83
武宣县	355342	188781	166561	5100	1064	4036	1.44	0.56	2.42
金秀瑶族自治县	125745	64749	60996	3848	890	2958	3.06	1.37	4.85
合山市	106296	54576	51720	2206	461	1745	2.08	0.84	3.37
崇左市	**1987545**	**1038952**	**948593**	**76817**	**14274**	**62543**	**3.86**	**1.37**	**6.59**
江州区	318861	168146	150715	8860	1832	7028	2.78	1.09	4.66
扶绥县	361135	190420	170715	8592	1693	6899	2.38	0.89	4.04
宁明县	339194	180566	158628	12024	1742	10282	3.54	0.96	6.48
龙州县	223491	114173	109318	7940	1351	6589	3.55	1.18	6.03
大新县	303686	155535	148151	17392	3257	14135	5.73	2.09	9.54
天等县	348468	182261	166207	19060	3871	15189	5.47	2.12	9.14
凭祥市	92710	47851	44859	2949	528	2421	3.18	1.1	5.4

1–7a 各地区分性别的15岁及以上文盲人口（城市）

单位：人、%

地 区	15岁及以上人口			文盲人口			文盲人口占15岁及以上人口比重		
	合计	男	女	合计	男	女	合计	男	女
总 计	**11846881**	**5876416**	**5970465**	**95061**	**19690**	**75371**	**0.8**	**0.34**	**1.26**
南宁市	**3724272**	**1857456**	**1866816**	**20689**	**4326**	**16363**	**0.56**	**0.23**	**0.88**
兴宁区	416349	211738	204611	2197	502	1695	0.53	0.24	0.83
青秀区	832965	389522	443443	3678	735	2943	0.44	0.19	0.66
江南区	604583	309474	295109	4022	727	3295	0.67	0.23	1.12
西乡塘区	1198596	599784	598812	6180	1306	4874	0.52	0.22	0.81
良庆区	362652	191382	171270	2239	556	1683	0.62	0.29	0.98
邕宁区	126010	63861	62149	1561	328	1233	1.24	0.51	1.98
武鸣区	183117	91695	91422	812	172	640	0.44	0.19	0.7
隆安县									
马山县									
上林县									
宾阳县									
横 县									
柳州市	**1694519**	**855048**	**839471**	**11199**	**2250**	**8949**	**0.66**	**0.26**	**1.07**
城中区	196540	93691	102849	958	143	815	0.49	0.15	0.79
鱼峰区	493563	255315	238248	3278	666	2612	0.66	0.26	1.1
柳南区	429847	217156	212691	3004	655	2349	0.7	0.3	1.1
柳北区	375925	188476	187449	2879	564	2315	0.77	0.3	1.24
柳江区	198644	100410	98234	1080	222	858	0.54	0.22	0.87
柳城县									
鹿寨县									
融安县									
融水苗族自治县									
三江侗族自治县									
桂林市	**1109476**	**539386**	**570090**	**12609**	**2411**	**10198**	**1.14**	**0.45**	**1.79**
秀峰区	133206	66224	66982	1646	430	1216	1.24	0.65	1.82
叠彩区	141587	68218	73369	1056	188	868	0.75	0.28	1.18
象山区	235111	112817	122294	2276	372	1904	0.97	0.33	1.56
七星区	298653	149151	149502	2714	527	2187	0.91	0.35	1.46
雁山区	8317	4408	3909	212	23	189	2.55	0.52	4.83
临桂区	216450	102589	113861	4273	787	3486	1.97	0.77	3.06
阳朔县									
灵川县									
全州县									
兴安县									
永福县									
灌阳县									
龙胜各族自治县									
资源县									
平乐县									
恭城瑶族自治县									
荔浦市	76152	35979	40173	432	84	348	0.57	0.23	0.87

1-7a 续表 1

单位:人、%

地区	15岁及以上人口			文盲人口			文盲人口占15岁及以上人口比重		
	合计	男	女	合计	男	女	合计	男	女
梧州市	**683796**	**334116**	**349680**	**4207**	**1026**	**3181**	**0.62**	**0.31**	**0.91**
万秀区	183355	87429	95926	1156	299	857	0.63	0.34	0.89
长洲区	217368	105747	111621	1367	331	1036	0.63	0.31	0.93
龙圩区	98630	49926	48704	570	140	430	0.58	0.28	0.88
苍梧县									
藤　县									
蒙山县									
岑溪市	184443	91014	93429	1114	256	858	0.6	0.28	0.92
北海市	**515349**	**254471**	**260878**	**6787**	**1524**	**5263**	**1.32**	**0.6**	**2.02**
海城区	357424	175642	181782	3895	733	3162	1.09	0.42	1.74
银海区	146169	72964	73205	2778	774	2004	1.9	1.06	2.74
铁山港区	11756	5865	5891	114	17	97	0.97	0.29	1.65
合浦县									
防城港市	**352849**	**184679**	**168170**	**4038**	**828**	**3210**	**1.14**	**0.45**	**1.91**
港口区	128931	70807	58124	1345	326	1019	1.04	0.46	1.75
防城区	126130	63807	62323	1338	256	1082	1.06	0.4	1.74
上思县									
东兴市	97788	50065	47723	1355	246	1109	1.39	0.49	2.32
钦州市	**392921**	**195415**	**197506**	**3689**	**778**	**2911**	**0.94**	**0.4**	**1.47**
钦南区	229511	113613	115898	2403	483	1920	1.05	0.43	1.66
钦北区	163410	81802	81608	1286	295	991	0.79	0.36	1.21
灵山县									
浦北县									
贵港市	**726053**	**360059**	**365994**	**6368**	**1313**	**5055**	**0.88**	**0.36**	**1.38**
港北区	364836	178862	185974	2591	526	2065	0.71	0.29	1.11
港南区	108637	55256	53381	673	84	589	0.62	0.15	1.1
覃塘区	75975	37963	38012	2076	438	1638	2.73	1.15	4.31
平南县									
桂平市	176605	87978	88627	1028	265	763	0.58	0.3	0.86
玉林市	**772998**	**384325**	**388673**	**4022**	**1046**	**2976**	**0.52**	**0.27**	**0.77**
玉州区	520447	256851	263596	2820	753	2067	0.54	0.29	0.78
福绵区	43450	22824	20626	602	173	429	1.39	0.76	2.08
容　县									
陆川县									
博白县									
兴业县									
北流市	209101	104650	104451	600	120	480	0.29	0.11	0.46
百色市	**677489**	**326320**	**351169**	**8527**	**1545**	**6982**	**1.26**	**0.47**	**1.99**
右江区	269174	127519	141655	2435	412	2023	0.9	0.32	1.43
田阳区	129957	63386	66571	2412	414	1998	1.86	0.65	3
田东县									

1-7a 续表 2

单位：人、%

地 区	15岁及以上人口			文盲人口			文盲人口占15岁及以上人口比重		
	合计	男	女	合计	男	女	合计	男	女
德保县									
那坡县									
凌云县									
乐业县									
田林县									
西林县									
隆林各族自治县									
靖西市	92964	46026	46938	1129	273	856	1.21	0.59	1.82
平果市	185394	89389	96005	2551	446	2105	1.38	0.5	2.19
贺州市	**261518**	**126672**	**134846**	**2758**	**536**	**2222**	**1.05**	**0.42**	**1.65**
八步区	150613	70464	80149	1071	195	876	0.71	0.28	1.09
平桂区	110905	56208	54697	1687	341	1346	1.52	0.61	2.46
昭平县									
钟山县									
富川瑶族自治县									
河池市	**365232**	**175330**	**189902**	**4717**	**1019**	**3698**	**1.29**	**0.58**	**1.95**
金城江区	200553	96661	103892	2098	322	1776	1.05	0.33	1.71
宜州区	164679	78669	86010	2619	697	1922	1.59	0.89	2.23
南丹县									
天峨县									
凤山县									
东兰县									
罗城仫佬族自治县									
环江毛南族自治县									
巴马瑶族自治县									
都安瑶族自治县									
大化瑶族自治县									
来宾市	**329432**	**160973**	**168459**	**3640**	**624**	**3016**	**1.1**	**0.39**	**1.79**
兴宾区	297986	145676	152310	3154	489	2665	1.06	0.34	1.75
忻城县									
象州县									
武宣县									
金秀瑶族自治县									
合山市	31446	15297	16149	486	135	351	1.55	0.88	2.17
崇左市	**240977**	**122166**	**118811**	**1811**	**464**	**1347**	**0.75**	**0.38**	**1.13**
江州区	188176	94933	93243	1337	384	953	0.71	0.4	1.02
扶绥县									
宁明县									
龙州县									
大新县									
天等县									
凭祥市	52801	27233	25568	474	80	394	0.9	0.29	1.54

1-7b 各地区分性别的15岁及以上文盲人口（镇）

单位：人、%

地 区	15岁及以上人口			文盲人口			文盲人口占15岁及以上人口比重		
	合计	男	女	合计	男	女	合计	男	女
总 计	**9341974**	**4711433**	**4630541**	**193761**	**41104**	**152657**	**2.07**	**0.87**	**3.3**
南宁市	**1135304**	**579937**	**555367**	**20443**	**4155**	**16288**	**1.8**	**0.72**	**2.93**
兴宁区	19101	10001	9100	237	42	195	1.24	0.42	2.14
青秀区	27756	14269	13487	725	142	583	2.61	1	4.32
江南区	48948	26265	22683	927	232	695	1.89	0.88	3.06
西乡塘区	50867	26885	23982	437	91	346	0.86	0.34	1.44
良庆区	23675	12441	11234	509	149	360	2.15	1.2	3.2
邕宁区	19286	10269	9017	417	91	326	2.16	0.89	3.62
武鸣区	111301	60941	50360	2123	380	1743	1.91	0.62	3.46
隆安县	83880	42184	41696	2008	446	1562	2.39	1.06	3.75
马山县	86696	42147	44549	3487	678	2809	4.02	1.61	6.31
上林县	93919	45962	47957	1274	251	1023	1.36	0.55	2.13
宾阳县	285655	147386	138269	4153	866	3287	1.45	0.59	2.38
横 县	284220	141187	143033	4146	787	3359	1.46	0.56	2.35
柳州市	**681065**	**351938**	**329127**	**12840**	**2757**	**10083**	**1.89**	**0.78**	**3.06**
城中区									
鱼峰区	22844	13095	9749	130	26	104	0.57	0.2	1.07
柳南区	49685	28975	20710	616	163	453	1.24	0.56	2.19
柳北区	5390	2831	2559	25		25	0.46		0.98
柳江区	41010	21458	19552	950	211	739	2.32	0.98	3.78
柳城县	122678	63437	59241	2838	644	2194	2.31	1.02	3.7
鹿寨县	150414	78183	72231	2051	522	1529	1.36	0.67	2.12
融安县	92086	45927	46159	1649	349	1300	1.79	0.76	2.82
融水苗族自治县	127266	64020	63246	2617	506	2111	2.06	0.79	3.34
三江侗族自治县	69692	34012	35680	1964	336	1628	2.82	0.99	4.56
桂林市	**987333**	**483265**	**504068**	**16011**	**3463**	**12548**	**1.62**	**0.72**	**2.49**
秀峰区									
叠彩区	2222	1068	1154	39	6	33	1.76	0.56	2.86
象山区									
七星区	25089	15332	9757	172	29	143	0.69	0.19	1.47
雁山区	29791	7986	21805	40	7	33	0.13	0.09	0.15
临桂区	36954	19105	17849	1839	303	1536	4.98	1.59	8.61
阳朔县	69114	33421	35693	1741	281	1460	2.52	0.84	4.09
灵川县	169332	87513	81819	1333	271	1062	0.79	0.31	1.3
全州县	163036	80678	82358	2360	577	1783	1.45	0.72	2.16
兴安县	90441	43309	47132	902	255	647	1	0.59	1.37
永福县	70483	35161	35322	1854	437	1417	2.63	1.24	4.01
灌阳县	64934	31432	33502	1512	374	1138	2.33	1.19	3.4
龙胜各族自治县	38762	18464	20298	487	115	372	1.26	0.62	1.83
资源县	38061	17945	20116	562	104	458	1.48	0.58	2.28
平乐县	80658	38400	42258	1680	392	1288	2.08	1.02	3.05
恭城瑶族自治县	65386	31413	33973	846	139	707	1.29	0.44	2.08
荔浦市	43070	22038	21032	644	173	471	1.5	0.79	2.24

1-7b 续表 1

单位:人、%

地 区	15岁及以上人口			文盲人口			文盲人口占15岁及以上人口比重		
	合计	男	女	合计	男	女	合计	男	女
梧州市	**524255**	**266245**	**258010**	**8695**	**1951**	**6744**	**1.66**	**0.73**	**2.61**
万秀区	10600	5693	4907	90	16	74	0.85	0.28	1.51
长洲区	2743	1482	1261	16	3	13	0.58	0.2	1.03
龙圩区	25676	13734	11942	495	130	365	1.93	0.95	3.06
苍梧县	60257	30490	29767	976	184	792	1.62	0.6	2.66
藤 县	274658	140618	134040	4453	1087	3366	1.62	0.77	2.51
蒙山县	52981	25537	27444	648	107	541	1.22	0.42	1.97
岑溪市	97340	48691	48649	2017	424	1593	2.07	0.87	3.27
北海市	**263823**	**134245**	**129578**	**3776**	**875**	**2901**	**1.43**	**0.65**	**2.24**
海城区	1686	875	811	56	9	47	3.32	1.03	5.8
银海区	19113	11804	7309	338	89	249	1.77	0.75	3.41
铁山港区	5697	2942	2755	88	18	70	1.54	0.61	2.54
合浦县	237327	118624	118703	3294	759	2535	1.39	0.64	2.14
防城港市	**136552**	**74974**	**61578**	**3618**	**943**	**2675**	**2.65**	**1.26**	**4.34**
港口区	34956	21855	13101	1593	536	1057	4.56	2.45	8.07
防城区	33157	17718	15439	917	196	721	2.77	1.11	4.67
上思县	53132	27371	25761	686	140	546	1.29	0.51	2.12
东兴市	15307	8030	7277	422	71	351	2.76	0.88	4.82
钦州市	**630044**	**320895**	**309149**	**10129**	**2425**	**7704**	**1.61**	**0.76**	**2.49**
钦南区	85994	48404	37590	2597	566	2031	3.02	1.17	5.4
钦北区	96587	50821	45766	2780	609	2171	2.88	1.2	4.74
灵山县	282054	140170	141884	2687	721	1966	0.95	0.51	1.39
浦北县	165409	81500	83909	2065	529	1536	1.25	0.65	1.83
贵港市	**901487**	**461881**	**439606**	**14951**	**3407**	**11544**	**1.66**	**0.74**	**2.63**
港北区	37321	20680	16641	1005	269	736	2.69	1.3	4.42
港南区	50439	25848	24591	974	237	737	1.93	0.92	3
覃塘区	69072	35182	33890	1519	261	1258	2.2	0.74	3.71
平南县	427685	215384	212301	5434	1372	4062	1.27	0.64	1.91
桂平市	316970	164787	152183	6019	1268	4751	1.9	0.77	3.12
玉林市	**1344196**	**676032**	**668164**	**16321**	**4454**	**11867**	**1.21**	**0.66**	**1.78**
玉州区	55138	26821	28317	445	126	319	0.81	0.47	1.13
福绵区	56182	30301	25881	1095	339	756	1.95	1.12	2.92
容 县	202242	95990	106252	1226	298	928	0.61	0.31	0.87
陆川县	260794	130390	130404	2103	639	1464	0.81	0.49	1.12
博白县	420223	215421	204802	6178	1768	4410	1.47	0.82	2.15
兴业县	147866	76376	71490	1682	361	1321	1.14	0.47	1.85
北流市	201751	100733	101018	3592	923	2669	1.78	0.92	2.64
百色市	**529082**	**260577**	**268505**	**23493**	**4598**	**18895**	**4.44**	**1.76**	**7.04**
右江区	8175	4161	4014	674	187	487	8.24	4.49	12.13
田阳区	7308	3606	3702	524	93	431	7.17	2.58	11.64
田东县	119052	57851	61201	3404	589	2815	2.86	1.02	4.6

1-7b 续表 2

单位：人、%

地 区	15岁及以上人口			文盲人口			文盲人口占15岁及以上人口比重		
	合计	男	女	合计	男	女	合计	男	女
德保县	63253	30263	32990	1146	208	938	1.81	0.69	2.84
那坡县	32249	16161	16088	1521	339	1182	4.72	2.1	7.35
凌云县	52652	25453	27199	3022	530	2492	5.74	2.08	9.16
乐业县	36839	18383	18456	2364	566	1798	6.42	3.08	9.74
田林县	50278	24689	25589	1977	300	1677	3.93	1.22	6.55
西林县	37628	19083	18545	2236	376	1860	5.94	1.97	10.03
隆林各族自治县	71552	35133	36419	4248	963	3285	5.94	2.74	9.02
靖西市	23646	12434	11212	1141	239	902	4.83	1.92	8.04
平果市	26450	13360	13090	1236	208	1028	4.67	1.56	7.85
贺州市	**479317**	**241915**	**237402**	**16718**	**3277**	**13441**	**3.49**	**1.35**	**5.66**
八步区	106442	53415	53027	3605	700	2905	3.39	1.31	5.48
平桂区	55258	28954	26304	1284	260	1024	2.32	0.9	3.89
昭平县	116954	58568	58386	2458	499	1959	2.1	0.85	3.36
钟山县	115253	59023	56230	5241	976	4265	4.55	1.65	7.58
富川瑶族自治县	85410	41955	43455	4130	842	3288	4.84	2.01	7.57
河池市	**797540**	**388763**	**408777**	**29358**	**5470**	**23888**	**3.68**	**1.41**	**5.84**
金城江区	12481	6390	6091	404	75	329	3.24	1.17	5.4
宜州区	24248	12081	12167	697	176	521	2.87	1.46	4.28
南丹县	105649	53683	51966	3230	747	2483	3.06	1.39	4.78
天峨县	46128	22787	23341	1838	361	1477	3.98	1.58	6.33
凤山县	41189	19383	21806	1935	267	1668	4.7	1.38	7.65
东兰县	48579	23338	25241	3002	386	2616	6.18	1.65	10.36
罗城仫佬族自治县	93184	45742	47442	3682	761	2921	3.95	1.66	6.16
环江毛南族自治县	83940	40783	43157	2147	418	1729	2.56	1.02	4.01
巴马瑶族自治县	65489	31272	34217	3791	579	3212	5.79	1.85	9.39
都安瑶族自治县	179241	86679	92562	4527	909	3618	2.53	1.05	3.91
大化瑶族自治县	97412	46625	50787	4105	791	3314	4.21	1.7	6.53
来宾市	**436556**	**220241**	**216315**	**7659**	**1471**	**6188**	**1.75**	**0.67**	**2.86**
兴宾区	98682	51651	47031	2940	533	2407	2.98	1.03	5.12
忻城县	83986	41475	42511	1540	291	1249	1.83	0.7	2.94
象州县	91832	45966	45866	1222	226	996	1.33	0.49	2.17
武宣县	115223	57642	57581	1110	246	864	0.96	0.43	1.5
金秀瑶族自治县	38705	19319	19386	733	145	588	1.89	0.75	3.03
合山市	8128	4188	3940	114	30	84	1.4	0.72	2.13
崇左市	**495420**	**250525**	**244895**	**9749**	**1858**	**7891**	**1.97**	**0.74**	**3.22**
江州区	37168	20019	17149	998	217	781	2.69	1.08	4.55
扶绥县	156141	81425	74716	2145	465	1680	1.37	0.57	2.25
宁明县	82719	41332	41387	1294	188	1106	1.56	0.45	2.67
龙州县	66564	33112	33452	1135	193	942	1.71	0.58	2.82
大新县	78573	38516	40057	2013	371	1642	2.56	0.96	4.1
天等县	62622	29711	32911	1790	335	1455	2.86	1.13	4.42
凭祥市	11633	6410	5223	374	89	285	3.21	1.39	5.46

1-7c 各地区分性别的15岁及以上文盲人口（乡村）

单位：人、%

地 区	15岁及以上人口			文盲人口			文盲人口占15岁及以上人口比重		
	合计	男	女	合计	男	女	合计	男	女
总 计	**17095448**	**9007323**	**8088125**	**897670**	**187431**	**710239**	**5.25**	**2.08**	**8.78**
南宁市	**2100592**	**1106533**	**994059**	**78122**	**14430**	**63692**	**3.72**	**1.3**	**6.41**
兴宁区	59228	31616	27612	874	172	702	1.48	0.54	2.54
青秀区	58768	31323	27445	2355	378	1977	4.01	1.21	7.2
江南区	136570	71793	64777	2836	678	2158	2.08	0.94	3.33
西乡塘区	120813	64403	56410	2617	557	2060	2.17	0.86	3.65
良庆区	75887	41596	34291	2418	445	1973	3.19	1.07	5.75
邕宁区	114241	61720	52521	3863	742	3121	3.38	1.2	5.94
武鸣区	265896	141046	124850	8251	1535	6716	3.1	1.09	5.38
隆安县	166222	87608	78614	8469	1565	6904	5.09	1.79	8.78
马山县	198106	102847	95259	16230	2714	13516	8.19	2.64	14.19
上林县	182357	95189	87168	7140	1199	5941	3.92	1.26	6.82
宾阳县	335486	176152	159334	12016	2231	9785	3.58	1.27	6.14
横 县	387018	201240	185778	11053	2214	8839	2.86	1.1	4.76
柳州市	**989959**	**531798**	**458161**	**63696**	**12912**	**50784**	**6.43**	**2.43**	**11.08**
城中区	2513	1262	1251	52	18	34	2.07	1.43	2.72
鱼峰区	41079	23852	17227	1272	309	963	3.1	1.3	5.59
柳南区	26562	14416	12146	1131	266	865	4.26	1.85	7.12
柳北区	24464	12877	11587	523	114	409	2.14	0.89	3.53
柳江区	158039	85169	72870	7052	1339	5713	4.46	1.57	7.84
柳城县	132237	69894	62343	5781	1210	4571	4.37	1.73	7.33
鹿寨县	120559	66093	54466	3438	687	2751	2.85	1.04	5.05
融安县	115414	64078	51336	5540	1243	4297	4.8	1.94	8.37
融水苗族自治县	196272	103829	92443	20209	3791	16418	10.3	3.65	17.76
三江侗族自治县	172820	90328	82492	18698	3935	14763	10.82	4.36	17.9
桂林市	**1866264**	**974455**	**891809**	**93039**	**20755**	**72284**	**4.99**	**2.13**	**8.11**
秀峰区									
叠彩区	22204	11069	11135	636	121	515	2.86	1.09	4.63
象山区	3081	1536	1545	346	96	250	11.23	6.25	16.18
七星区	2877	1437	1440	209	33	176	7.26	2.3	12.22
雁山区	81198	38728	42470	2660	450	2210	3.28	1.16	5.2
临桂区	189184	99423	89761	17028	3176	13852	9	3.19	15.43
阳朔县	149058	78115	70943	8999	1826	7173	6.04	2.34	10.11
灵川县	170553	88381	82172	6522	1460	5062	3.82	1.65	6.16
全州县	276271	146348	129923	13763	3319	10444	4.98	2.27	8.04
兴安县	151782	77984	73798	6024	1655	4369	3.97	2.12	5.92
永福县	111637	60340	51297	6856	1527	5329	6.14	2.53	10.39
灌阳县	100128	52536	47592	5990	1581	4409	5.98	3.01	9.26
龙胜各族自治县	76184	40111	36073	4744	1131	3613	6.23	2.82	10.02
资源县	70691	37238	33453	3210	714	2496	4.54	1.92	7.46
平乐县	179701	93955	85746	9020	2025	6995	5.02	2.16	8.16
恭城瑶族自治县	128150	66382	61768	3660	853	2807	2.86	1.28	4.54
荔浦市	153565	80872	72693	3372	788	2584	2.2	0.97	3.55

1-7c 续表 1

单位：人、%

地 区	15岁及以上人口			文盲人口			文盲人口占15岁及以上人口比重		
	合计	男	女	合计	男	女	合计	男	女
梧州市	**864177**	**460586**	**403591**	**26361**	**5706**	**20655**	**3.05**	**1.24**	**5.12**
万秀区	33776	17923	15853	636	162	474	1.88	0.9	2.99
长洲区	17886	9237	8649	233	45	188	1.3	0.49	2.17
龙圩区	88016	46899	41117	2647	660	1987	3.01	1.41	4.83
苍梧县	138374	74566	63808	3290	621	2669	2.38	0.83	4.18
藤 县	287264	155830	131434	8942	1924	7018	3.11	1.23	5.34
蒙山县	72607	37858	34749	3327	714	2613	4.58	1.89	7.52
岑溪市	226254	118273	107981	7286	1580	5706	3.22	1.34	5.28
北海市	**672665**	**357954**	**314711**	**22372**	**5120**	**17252**	**3.33**	**1.43**	**5.48**
海城区	65617	33603	32014	833	167	666	1.27	0.5	2.08
银海区	87505	45773	41732	1604	366	1238	1.83	0.8	2.97
铁山港区	96030	51969	44061	2457	604	1853	2.56	1.16	4.21
合浦县	423513	226609	196904	17478	3983	13495	4.13	1.76	6.85
防城港市	**305229**	**172682**	**132547**	**13337**	**2768**	**10569**	**4.37**	**1.6**	**7.97**
港口区	32050	21263	10787	838	153	685	2.61	0.72	6.35
防城区	131138	72569	58569	6116	1370	4746	4.66	1.89	8.1
上思县	96537	53816	42721	4302	885	3417	4.46	1.64	8
东兴市	45504	25034	20470	2081	360	1721	4.57	1.44	8.41
钦州市	**1327543**	**713842**	**613701**	**48405**	**12345**	**36060**	**3.65**	**1.73**	**5.88**
钦南区	196750	106706	90044	9329	2204	7125	4.74	2.07	7.91
钦北区	254638	141072	113566	12551	3042	9509	4.93	2.16	8.37
灵山县	555793	296004	259789	16830	4583	12247	3.03	1.55	4.71
浦北县	320362	170060	150302	9695	2516	7179	3.03	1.48	4.78
贵港市	**1547497**	**813957**	**733540**	**48512**	**9949**	**38563**	**3.13**	**1.22**	**5.26**
港北区	169234	88190	81044	8346	1444	6902	4.93	1.64	8.52
港南区	229274	119109	110165	6663	1224	5439	2.91	1.03	4.94
覃塘区	166115	84484	81631	6700	1331	5369	4.03	1.58	6.58
平南县	369366	195858	173508	9438	2207	7231	2.56	1.13	4.17
桂平市	613508	326316	287192	17365	3743	13622	2.83	1.15	4.74
玉林市	**1996246**	**1046746**	**949500**	**51393**	**13085**	**38308**	**2.57**	**1.25**	**4.03**
玉州区	121349	64212	57137	1995	588	1407	1.64	0.92	2.46
福绵区	134806	73040	61766	3474	925	2549	2.58	1.27	4.13
容 县	264039	136807	127232	4612	1011	3601	1.75	0.74	2.83
陆川县	294215	154193	140022	5981	1682	4299	2.03	1.09	3.07
博白县	524605	278299	246306	17165	4841	12324	3.27	1.74	5
兴业县	232360	122305	110055	7690	1551	6139	3.31	1.27	5.58
北流市	424872	217890	206982	10476	2487	7989	2.47	1.14	3.86
百色市	**1566819**	**809467**	**757352**	**166718**	**35569**	**131149**	**10.64**	**4.39**	**17.32**
右江区	106397	54517	51880	8834	1813	7021	8.3	3.33	13.53
田阳区	107662	55169	52493	9243	1785	7458	8.59	3.24	14.21
田东县	153404	78846	74558	12262	2363	9899	7.99	3	13.28

1-7c 续表 2

单位:人、%

地 区	15岁及以上人口			文盲人口			文盲人口占15岁及以上人口比重		
	合计	男	女	合计	男	女	合计	男	女
德保县	147283	78303	68980	10901	2667	8234	7.4	3.41	11.94
那坡县	99839	51424	48415	13245	2922	10323	13.27	5.68	21.32
凌云县	87749	45116	42633	11127	2085	9042	12.68	4.62	21.21
乐业县	73336	37757	35579	10225	2274	7951	13.94	6.02	22.35
田林县	125546	65097	60449	15909	3115	12794	12.67	4.79	21.16
西林县	70660	36845	33815	15099	3422	11677	21.37	9.29	34.53
隆林各族自治县	188118	94383	93735	30291	7357	22934	16.1	7.79	24.47
靖西市	262947	137092	125855	20254	4186	16068	7.7	3.05	12.77
平果市	143878	74918	68960	9328	1580	7748	6.48	2.11	11.24
贺州市	**718984**	**375242**	**343742**	**44860**	**8675**	**36185**	**6.24**	**2.31**	**10.53**
八步区	220092	113003	107089	11966	2117	9849	5.44	1.87	9.2
平桂区	130959	70046	60913	4859	1049	3810	3.71	1.5	6.25
昭平县	121468	64545	56923	4948	1056	3892	4.07	1.64	6.84
钟山县	135371	71339	64032	11276	2114	9162	8.33	2.96	14.31
富川瑶族自治县	111094	56309	54785	11811	2339	9472	10.63	4.15	17.29
河池市	**1398960**	**722442**	**676518**	**143853**	**28164**	**115689**	**10.28**	**3.9**	**17.1**
金城江区	80497	42477	38020	4729	957	3772	5.87	2.25	9.92
宜州区	240375	123994	116381	14833	3223	11610	6.17	2.6	9.98
南丹县	98226	51360	46866	13518	3507	10011	13.76	6.83	21.36
天峨县	64072	33891	30181	9066	1920	7146	14.15	5.67	23.68
凤山县	83476	42848	40628	9362	1643	7719	11.22	3.83	19
东兰县	116475	59019	57456	21105	3471	17634	18.12	5.88	30.69
罗城仫佬族自治县	113634	58862	54772	11099	2578	8521	9.77	4.38	15.56
环江毛南族自治县	128828	68708	60120	8071	1566	6505	6.26	2.28	10.82
巴马瑶族自治县	104079	52066	52013	18249	2855	15394	17.53	5.48	29.6
都安瑶族自治县	209466	108105	101361	14082	2775	11307	6.72	2.57	11.16
大化瑶族自治县	159832	81112	78720	19739	3669	16070	12.35	4.52	20.41
来宾市	**824912**	**440978**	**383934**	**34098**	**6509**	**27589**	**4.13**	**1.48**	**7.19**
兴宾区	300310	161138	139172	15163	2710	12453	5.05	1.68	8.95
忻城县	145988	76596	69392	7329	1423	5906	5.02	1.86	8.51
象州县	132481	71335	61146	3359	607	2752	2.54	0.85	4.5
武宣县	141235	75482	65753	3734	751	2983	2.64	0.99	4.54
金秀瑶族自治县	66339	36165	30174	3015	716	2299	4.54	1.98	7.62
合山市	38559	20262	18297	1498	302	1196	3.88	1.49	6.54
崇左市	**915601**	**480641**	**434960**	**62904**	**11444**	**51460**	**6.87**	**2.38**	**11.83**
江州区	132607	70589	62018	6274	1171	5103	4.73	1.66	8.23
扶绥县	172763	92800	79963	6519	1262	5257	3.77	1.36	6.57
宁明县	160962	86285	74677	10173	1450	8723	6.32	1.68	11.68
龙州县	122275	63607	58668	6595	1103	5492	5.39	1.73	9.36
大新县	143749	72699	71050	14866	2757	12109	10.34	3.79	17.04
天等县	146017	74270	71747	16281	3320	12961	11.15	4.47	18.06
凭祥市	37228	20391	16837	2196	381	1815	5.9	1.87	10.78

1-8 各地区

地 区	家庭户户数	一人户		二人户		三人户		四人户	
		户数	比重	户数	比重	户数	比重	户数	比重
总 计	**16215014**	**4075139**	**25.13**	**3845306**	**23.71**	**3263580**	**20.13**	**2462519**	**15.19**
南宁市	**2979316**	**891397**	**29.92**	**718691**	**24.12**	**594218**	**19.94**	**433729**	**14.56**
兴宁区	212478	67806	31.91	48350	22.76	42837	20.16	31927	15.03
青秀区	403993	150800	37.33	96173	23.81	78618	19.46	46509	11.51
江南区	339086	100751	29.71	79150	23.34	68703	20.26	54394	16.04
西乡塘区	569173	211233	37.11	130474	22.92	104385	18.34	75359	13.24
良庆区	194716	58165	29.87	43593	22.39	38406	19.72	31429	16.14
邕宁区	108765	28067	25.81	26576	24.43	22211	20.42	17505	16.09
武鸣区	223099	54363	24.37	60230	27	49898	22.37	32993	14.79
隆安县	107556	24555	22.83	26560	24.69	22697	21.1	17281	16.07
马山县	132947	33118	24.91	33067	24.87	27191	20.45	20492	15.41
上林县	125774	30864	24.54	32025	25.46	26866	21.36	19450	15.46
宾阳县	266942	63448	23.77	67207	25.18	54853	20.55	42011	15.74
横 县	294787	68227	23.14	75286	25.54	57553	19.52	44379	15.05
柳州市	**1395545**	**344203**	**24.66**	**354006**	**25.37**	**312433**	**22.39**	**207714**	**14.88**
城中区	82370	19104	23.19	22894	27.79	20571	24.97	11676	14.18
鱼峰区	204654	53314	26.05	51819	25.32	45843	22.4	29544	14.44
柳南区	222178	59164	26.63	57958	26.09	50803	22.87	31535	14.19
柳北区	170474	42774	25.09	48061	28.19	41256	24.2	22237	13.04
柳江区	158837	35163	22.14	34228	21.55	34952	22	28133	17.71
柳城县	105779	25036	23.67	28304	26.76	22890	21.64	15753	14.89
鹿寨县	115320	29927	25.95	29417	25.51	24163	20.95	16444	14.26
融安县	93837	26058	27.77	25206	26.86	19382	20.65	12441	13.26
融水苗族自治县	140016	33823	24.16	32635	23.31	29955	21.39	22249	15.89
三江侗族自治县	102080	19840	19.44	23484	23.01	22618	22.16	17702	17.34
桂林市	**1718580**	**455965**	**26.53**	**444193**	**25.85**	**360487**	**20.98**	**246158**	**14.32**
秀峰区	64132	22538	35.14	16449	25.65	12832	20.01	7468	11.64
叠彩区	76650	20259	26.43	20703	27.01	18116	23.63	10830	14.13
象山区	109535	30864	28.18	30388	27.74	25072	22.89	13862	12.66
七星区	149735	60969	40.72	34985	23.36	27238	18.19	15911	10.63
雁山区	20235	4265	21.08	4073	20.13	4476	22.12	3607	17.83
临桂区	177429	42358	23.87	41912	23.62	37778	21.29	28596	16.12
阳朔县	89732	19423	21.65	21181	23.6	18903	21.07	14362	16.01
灵川县	136049	31002	22.79	32919	24.2	29860	21.95	22210	16.33
全州县	209185	60019	28.69	58967	28.19	39969	19.11	28386	13.57
兴安县	105709	22545	21.33	28415	26.88	23241	21.99	16781	15.87
永福县	78529	19304	24.58	19203	24.45	16664	21.22	11625	14.8
灌阳县	83204	23210	27.9	26780	32.19	16190	19.46	10593	12.73
龙胜各族自治县	49409	11541	23.36	13019	26.35	10962	22.19	7287	14.75
资源县	52043	13784	26.49	15313	29.42	11029	21.19	7136	13.71
平乐县	125002	33607	26.89	32999	26.4	25608	20.49	17596	14.08
恭城瑶族自治县	80831	16046	19.85	20090	24.85	18380	22.74	13076	16.18
荔浦市	111171	24231	21.8	26797	24.1	24169	21.74	16832	15.14

家庭户规模

单位：户、%

五人户		六人户		七人户		八人户		九人户		十人及以上户	
户数	比重	户数	比重	户数	比重	户数	比重	户数	比重	户数	比重
1341827	**8.28**	**702577**	**4.33**	**289204**	**1.78**	**117128**	**0.72**	**54923**	**0.34**	**62811**	**0.39**
198297	**6.66**	**90721**	**3.05**	**30630**	**1.03**	**11086**	**0.37**	**5120**	**0.17**	**5427**	**0.18**
13602	6.4	5231	2.46	1613	0.76	542	0.26	286	0.13	284	0.13
20332	5.03	8214	2.03	1919	0.48	656	0.16	285	0.07	487	0.12
23201	6.84	8668	2.56	2536	0.75	865	0.26	384	0.11	434	0.13
30396	5.34	12010	2.11	3174	0.56	1123	0.2	452	0.08	567	0.1
13852	7.11	5628	2.89	1915	0.98	831	0.43	378	0.19	519	0.27
8276	7.61	3776	3.47	1438	1.32	545	0.5	192	0.18	179	0.16
14737	6.61	7324	3.28	2170	0.97	694	0.31	367	0.16	323	0.14
9054	8.42	4784	4.45	1676	1.56	540	0.5	201	0.19	208	0.19
10890	8.19	5262	3.96	1904	1.43	609	0.46	258	0.19	156	0.12
9424	7.49	4576	3.64	1593	1.27	551	0.44	249	0.2	176	0.14
19813	7.42	10800	4.05	4683	1.75	1926	0.72	1070	0.4	1131	0.42
24720	8.39	14448	4.9	6009	2.04	2204	0.75	998	0.34	963	0.33
98770	**7.08**	**49809**	**3.57**	**16823**	**1.21**	**6090**	**0.44**	**2839**	**0.2**	**2858**	**0.2**
5094	6.18	2150	2.61	505	0.61	186	0.23	78	0.09	112	0.14
13364	6.53	6589	3.22	2094	1.02	900	0.44	555	0.27	632	0.31
13464	6.06	5980	2.69	1826	0.82	714	0.32	349	0.16	385	0.17
9721	5.7	4276	2.51	1210	0.71	444	0.26	237	0.14	258	0.15
13135	8.27	7284	4.59	3193	2.01	1390	0.88	681	0.43	678	0.43
7578	7.16	4140	3.91	1313	1.24	466	0.44	145	0.14	154	0.15
8312	7.21	4429	3.84	1627	1.41	549	0.48	253	0.22	199	0.17
6105	6.51	3169	3.38	994	1.06	293	0.31	115	0.12	74	0.08
11816	8.44	6177	4.41	2183	1.56	647	0.46	267	0.19	264	0.19
10181	9.97	5615	5.5	1878	1.84	501	0.49	159	0.16	102	0.1
121387	**7.06**	**62437**	**3.63**	**18610**	**1.08**	**5451**	**0.32**	**2139**	**0.12**	**1753**	**0.1**
2976	4.64	1336	2.08	307	0.48	131	0.2	50	0.08	45	0.07
4324	5.64	1828	2.38	405	0.53	106	0.14	42	0.05	37	0.05
5777	5.27	2531	2.31	637	0.58	216	0.2	88	0.08	100	0.09
6830	4.56	2866	1.91	586	0.39	170	0.11	92	0.06	88	0.06
1975	9.76	1150	5.68	458	2.26	139	0.69	53	0.26	39	0.19
15107	8.51	7913	4.46	2471	1.39	733	0.41	293	0.17	268	0.15
8643	9.63	4944	5.51	1430	1.59	455	0.51	215	0.24	176	0.2
11085	8.15	6223	4.57	1886	1.39	517	0.38	197	0.14	150	0.11
12507	5.98	6073	2.9	2144	1.02	623	0.3	232	0.11	265	0.13
7950	7.52	4495	4.25	1480	1.4	453	0.43	187	0.18	162	0.15
6433	8.19	3565	4.54	1211	1.54	331	0.42	124	0.16	69	0.09
4075	4.9	1699	2.04	476	0.57	105	0.13	37	0.04	39	0.05
3955	8	1869	3.78	528	1.07	169	0.34	56	0.11	23	0.05
2911	5.59	1366	2.62	348	0.67	95	0.18	37	0.07	24	0.05
8655	6.92	4528	3.62	1364	1.09	410	0.33	139	0.11	96	0.08
7669	9.49	3965	4.91	1157	1.43	297	0.37	98	0.12	53	0.07
10515	9.46	6086	5.47	1722	1.55	501	0.45	199	0.18	119	0.11

1-8 续表 1

地 区	家庭户户数	一人户		二人户		三人户		四人户	
		户数	比重	户数	比重	户数	比重	户数	比重
梧州市	**889839**	**225002**	**25.29**	**199314**	**22.4**	**169716**	**19.07**	**131969**	**14.83**
万秀区	94521	26364	27.89	25097	26.55	20738	21.94	12148	12.85
长洲区	98147	24276	24.73	22209	22.63	22234	22.65	16291	16.6
龙圩区	86726	21788	25.12	18075	20.84	16203	18.68	13502	15.57
苍梧县	86706	19892	22.94	19006	21.92	16186	18.67	13311	15.35
藤 县	259224	69819	26.93	56604	21.84	46937	18.11	38115	14.7
蒙山县	55894	14926	26.7	14072	25.18	10611	18.98	7899	14.13
岑溪市	208621	47937	22.98	44251	21.21	36807	17.64	30703	14.72
北海市	**561441**	**122064**	**21.74**	**127283**	**22.67**	**113282**	**20.18**	**92380**	**16.45**
海城区	166156	40150	24.16	38408	23.12	34815	20.95	26895	16.19
银海区	96274	23106	24	23646	24.56	19677	20.44	16263	16.89
铁山港区	44989	8785	19.53	10521	23.39	9166	20.37	8384	18.64
合浦县	254022	50023	19.69	54708	21.54	49624	19.54	40838	16.08
防城港市	**314855**	**72953**	**23.17**	**67792**	**21.53**	**60672**	**19.27**	**51072**	**16.22**
港口区	75083	22555	30.04	17198	22.91	13872	18.48	11146	14.84
防城区	111481	21935	19.68	22821	20.47	21320	19.12	18457	16.56
上思县	66925	16584	24.78	16066	24.01	14033	20.97	10306	15.4
东兴市	61366	11879	19.36	11707	19.08	11447	18.65	11163	18.19
钦州市	**999745**	**231556**	**23.16**	**214325**	**21.44**	**184556**	**18.46**	**154573**	**15.46**
钦南区	194067	44678	23.02	39770	20.49	36761	18.94	32793	16.9
钦北区	213203	46385	21.76	44593	20.92	40293	18.9	32743	15.36
灵山县	378988	85188	22.48	83096	21.93	70943	18.72	59549	15.71
浦北县	213487	55305	25.91	46866	21.95	36559	17.12	29488	13.81
贵港市	**1333661**	**309193**	**23.18**	**304550**	**22.84**	**256281**	**19.22**	**208025**	**15.6**
港北区	227021	49575	21.84	51021	22.47	46359	20.42	38026	16.75
港南区	160225	39328	24.55	39700	24.78	29977	18.71	23619	14.74
覃塘区	135982	30870	22.7	33784	24.84	27014	19.87	21013	15.45
平南县	343544	80365	23.39	77036	22.42	64312	18.72	52540	15.29
桂平市	466889	109055	23.36	103009	22.06	88619	18.98	72827	15.6
玉林市	**1730592**	**387871**	**22.41**	**387590**	**22.4**	**323474**	**18.69**	**263932**	**15.25**
玉州区	253053	50285	19.87	50516	19.96	52685	20.82	46110	18.22
福绵区	93878	19120	20.37	19549	20.82	18362	19.56	15371	16.37
容 县	213301	54905	25.74	51800	24.28	38726	18.16	29445	13.8
陆川县	253947	63671	25.07	60985	24.01	45254	17.82	34995	13.78
博白县	400313	82577	20.63	87803	21.93	72638	18.15	61012	15.24
兴业县	169872	42047	24.75	41421	24.38	33682	19.83	24995	14.71
北流市	346228	75266	21.74	75516	21.81	62127	17.94	52004	15.02
百色市	**1161311**	**270263**	**23.27**	**268982**	**23.16**	**247629**	**21.32**	**190543**	**16.41**
右江区	146271	39939	27.3	33001	22.56	30890	21.12	21991	15.03
田阳区	103250	23336	22.6	25775	24.96	23336	22.6	16550	16.03
田东县	123138	29509	23.96	31054	25.22	26979	21.91	19137	15.54

单位：户、%

五人户		六人户		七人户		八人户		九人户		十人及以上户	
户数	比重	户数	比重	户数	比重	户数	比重	户数	比重	户数	比重
80523	**9.05**	**43666**	**4.91**	**20516**	**2.31**	**9456**	**1.06**	**4421**	**0.5**	**5256**	**0.59**
5955	6.3	2700	2.86	923	0.98	329	0.35	147	0.16	120	0.13
7570	7.71	3517	3.58	1184	1.21	451	0.46	216	0.22	199	0.2
8578	9.89	4498	5.19	2190	2.53	975	1.12	449	0.52	468	0.54
9116	10.51	4916	5.67	2415	2.79	1061	1.22	427	0.49	376	0.43
23980	9.25	12846	4.96	6019	2.32	2670	1.03	1084	0.42	1150	0.44
4437	7.94	2526	4.52	934	1.67	268	0.48	128	0.23	93	0.17
20887	10.01	12663	6.07	6851	3.28	3702	1.77	1970	0.94	2850	1.37
49357	**8.79**	**28555**	**5.09**	**13895**	**2.47**	**6485**	**1.16**	**3659**	**0.65**	**4481**	**0.8**
13035	7.85	6972	4.2	2826	1.7	1294	0.78	797	0.48	964	0.58
7194	7.47	3525	3.66	1477	1.53	615	0.64	331	0.34	440	0.46
4198	9.33	2135	4.75	1019	2.26	397	0.88	197	0.44	187	0.42
24930	9.81	15923	6.27	8573	3.37	4179	1.65	2334	0.92	2890	1.14
29385	**9.33**	**16488**	**5.24**	**8486**	**2.7**	**3611**	**1.15**	**1850**	**0.59**	**2546**	**0.81**
5540	7.38	2736	3.64	1139	1.52	420	0.56	218	0.29	259	0.34
11787	10.57	7042	6.32	3896	3.49	1827	1.64	988	0.89	1408	1.26
5280	7.89	2653	3.96	1173	1.75	459	0.69	189	0.28	182	0.27
6778	11.05	4057	6.61	2278	3.71	905	1.47	455	0.74	697	1.14
101184	**10.12**	**57425**	**5.74**	**28993**	**2.9**	**13261**	**1.33**	**6494**	**0.65**	**7378**	**0.74**
19449	10.02	10321	5.32	5094	2.62	2360	1.22	1250	0.64	1591	0.82
21816	10.23	12938	6.07	6910	3.24	3385	1.59	1848	0.87	2292	1.08
39988	10.55	22021	5.81	10444	2.76	4405	1.16	1789	0.47	1565	0.41
19931	9.34	12145	5.69	6545	3.07	3111	1.46	1607	0.75	1930	0.9
124374	**9.33**	**68504**	**5.14**	**32782**	**2.46**	**14602**	**1.09**	**7045**	**0.53**	**8305**	**0.62**
20682	9.11	11181	4.93	4908	2.16	2325	1.02	1232	0.54	1712	0.75
13488	8.42	7476	4.67	3569	2.23	1469	0.92	722	0.45	877	0.55
11692	8.6	6453	4.75	2873	2.11	1181	0.87	535	0.39	567	0.42
33103	9.64	18602	5.41	9121	2.65	4148	1.21	1992	0.58	2325	0.68
45409	9.73	24792	5.31	12311	2.64	5479	1.17	2564	0.55	2824	0.6
173189	**10.01**	**98048**	**5.67**	**48901**	**2.83**	**22127**	**1.28**	**10785**	**0.62**	**14675**	**0.85**
26116	10.32	14616	5.78	6736	2.66	2813	1.11	1434	0.57	1742	0.69
10026	10.68	6160	6.56	3311	3.53	1161	1.24	395	0.42	423	0.45
18088	8.48	10161	4.76	5056	2.37	2357	1.11	1253	0.59	1510	0.71
23328	9.19	12359	4.87	6238	2.46	3053	1.2	1672	0.66	2392	0.94
43943	10.98	25122	6.28	12835	3.21	6347	1.59	3266	0.82	4770	1.19
14762	8.69	8117	4.78	3291	1.94	977	0.58	291	0.17	289	0.17
36926	10.67	21513	6.21	11434	3.3	5419	1.57	2474	0.71	3549	1.03
104430	**8.99**	**52555**	**4.53**	**17488**	**1.51**	**5438**	**0.47**	**2084**	**0.18**	**1899**	**0.16**
12104	8.28	5483	3.75	1679	1.15	590	0.4	281	0.19	313	0.21
8967	8.68	4056	3.93	929	0.9	212	0.21	43	0.04	46	0.04
9811	7.97	4551	3.7	1435	1.17	377	0.31	158	0.13	127	0.1

1-8 续表 2

地 区	家庭户户数	一人户		二人户		三人户		四人户	
		户数	比重	户数	比重	户数	比重	户数	比重
德保县	98276	26393	26.86	25297	25.74	21026	21.39	13801	14.04
那坡县	54326	12508	23.02	11476	21.12	11910	21.92	9221	16.97
凌云县	54179	9353	17.26	11137	20.56	10721	19.79	9734	17.97
乐业县	44347	8420	18.99	9553	21.54	9522	21.47	8505	19.18
田林县	71189	14669	20.61	15960	22.42	16068	22.57	12426	17.45
西林县	42634	8104	19.01	9150	21.46	9226	21.64	7876	18.47
隆林各族自治县	102748	17916	17.44	19939	19.41	21610	21.03	20050	19.51
靖西市	161730	35718	22.08	37606	23.25	34302	21.21	26911	16.64
平果市	159223	44398	27.88	39034	24.52	32039	20.12	24341	15.29
贺州市	**593073**	**127601**	**21.52**	**128825**	**21.72**	**113253**	**19.1**	**95000**	**16.02**
八步区	185079	37744	20.39	40321	21.79	35550	19.21	30017	16.22
平桂区	111563	22683	20.33	21686	19.44	20155	18.07	18526	16.61
昭平县	106615	26801	25.14	24081	22.59	19993	18.75	15465	14.51
钟山县	109470	24948	22.79	24004	21.93	21327	19.48	17272	15.78
富川瑶族自治县	80346	15425	19.2	18733	23.32	16228	20.2	13720	17.08
河池市	**1150062**	**293349**	**25.51**	**281797**	**24.5**	**235979**	**20.52**	**172425**	**14.99**
金城江区	122024	32651	26.76	30877	25.3	25578	20.96	18006	14.76
宜州区	181354	47001	25.92	45336	25	38244	21.09	27448	15.14
南丹县	91285	22473	24.62	21762	23.84	18507	20.27	13596	14.89
天峨县	45236	9903	21.89	11492	25.4	10282	22.73	7298	16.13
凤山县	56632	12844	22.68	13696	24.18	11961	21.12	9296	16.41
东兰县	78245	20327	25.98	19925	25.46	16401	20.96	11487	14.68
罗城仫佬族自治县	102830	29911	29.09	26304	25.58	20766	20.19	14493	14.09
环江毛南族自治县	102486	30343	29.61	27478	26.81	20991	20.48	13867	13.53
巴马瑶族自治县	73366	14915	20.33	16474	22.45	15375	20.96	12492	17.03
都安瑶族自治县	175645	43355	24.68	39177	22.3	34386	19.58	26739	15.22
大化瑶族自治县	120959	29626	24.49	29276	24.2	23488	19.42	17703	14.64
来宾市	**709597**	**179400**	**25.28**	**179914**	**25.35**	**145335**	**20.48**	**108409**	**15.28**
兴宾区	311988	78497	25.16	77482	24.83	63418	20.33	50581	16.21
忻城县	106457	27705	26.02	27163	25.52	22286	20.93	15828	14.87
象州县	94342	22105	23.43	24653	26.13	20205	21.42	13584	14.4
武宣县	114755	29086	25.35	28652	24.97	22443	19.56	17006	14.82
金秀瑶族自治县	43164	10264	23.78	10821	25.07	9307	21.56	6533	15.14
合山市	38891	11743	30.19	11143	28.65	7676	19.74	4877	12.54
崇左市	**677397**	**164322**	**24.26**	**168044**	**24.81**	**146265**	**21.59**	**106590**	**15.74**
江州区	121382	30550	25.17	27847	22.94	27379	22.56	19894	16.39
扶绥县	132337	32488	24.55	35399	26.75	28142	21.27	21256	16.06
宁明县	107345	24446	22.77	26154	24.36	22827	21.27	17043	15.88
龙州县	78412	17012	21.7	19711	25.14	17890	22.82	12618	16.09
大新县	93224	21537	23.1	22743	24.4	20068	21.53	14670	15.74
天等县	102432	28181	27.51	26318	25.69	20776	20.28	14187	13.85
凭祥市	42265	10108	23.92	9872	23.36	9183	21.73	6922	16.38

单位：户、%

五人户		六人户		七人户		八人户		九人户		十人及以上户	
户数	比重	户数	比重	户数	比重	户数	比重	户数	比重	户数	比重
7180	7.31	3303	3.36	853	0.87	256	0.26	85	0.09	82	0.08
5403	9.95	2735	5.03	764	1.41	214	0.39	46	0.08	49	0.09
6340	11.7	3987	7.36	1726	3.19	698	1.29	245	0.45	238	0.44
4539	10.24	2288	5.16	935	2.11	288	0.65	131	0.3	166	0.37
7002	9.84	3492	4.91	1104	1.55	318	0.45	72	0.1	78	0.11
4456	10.45	2441	5.73	932	2.19	274	0.64	97	0.23	78	0.18
12041	11.72	7049	6.86	2638	2.57	873	0.85	365	0.36	267	0.26
15228	9.42	7728	4.78	2852	1.76	804	0.5	325	0.2	256	0.16
11359	7.13	5442	3.42	1641	1.03	534	0.34	236	0.15	199	0.12
61551	**10.38**	**36424**	**6.14**	**17182**	**2.9**	**7035**	**1.19**	**3118**	**0.53**	**3084**	**0.52**
19875	10.74	12087	6.53	5281	2.85	2162	1.17	988	0.53	1054	0.57
12514	11.22	8028	7.2	4354	3.9	1880	1.69	835	0.75	902	0.81
10161	9.53	5698	5.34	2594	2.43	989	0.93	448	0.42	385	0.36
10883	9.94	6014	5.49	2813	2.57	1204	1.1	523	0.48	482	0.44
8118	10.1	4597	5.72	2140	2.66	800	1	324	0.4	261	0.32
93114	**8.1**	**45661**	**3.97**	**16640**	**1.45**	**6089**	**0.53**	**2636**	**0.23**	**2372**	**0.21**
8883	7.28	4092	3.35	1129	0.93	373	0.31	204	0.17	231	0.19
13924	7.68	6470	3.57	1926	1.06	599	0.33	224	0.12	182	0.1
7584	8.31	4086	4.48	1852	2.03	790	0.87	329	0.36	306	0.34
3886	8.59	1597	3.53	533	1.18	143	0.32	58	0.13	44	0.1
4955	8.75	2486	4.39	906	1.6	285	0.5	101	0.18	102	0.18
6247	7.98	2738	3.5	742	0.95	212	0.27	83	0.11	83	0.11
6943	6.75	3013	2.93	943	0.92	276	0.27	115	0.11	66	0.06
6225	6.07	2509	2.45	742	0.72	191	0.19	68	0.07	72	0.07
7543	10.28	3934	5.36	1484	2.02	573	0.78	279	0.38	297	0.4
16598	9.45	9001	5.12	3836	2.18	1455	0.83	621	0.35	477	0.27
10326	8.54	5735	4.74	2547	2.11	1192	0.99	554	0.46	512	0.42
53538	**7.54**	**26413**	**3.72**	**9652**	**1.36**	3721	0.52	1597	0.23	1618	0.23
23915	7.67	10816	3.47	4069	1.3	1634	0.52	739	0.24	837	0.27
7792	7.32	3761	3.53	1227	1.15	424	0.4	156	0.15	115	0.11
7305	7.74	4129	4.38	1420	1.51	524	0.56	235	0.25	182	0.19
9102	7.93	4935	4.3	1991	1.74	835	0.73	336	0.29	369	0.32
3452	8	1847	4.28	620	1.44	179	0.41	75	0.17	66	0.15
1972	5.07	925	2.38	325	0.84	125	0.32	56	0.14	49	0.13
52728	**7.78**	**25871**	**3.82**	**8606**	**1.27**	2676	0.4	1136	0.17	1159	0.17
8929	7.36	4084	3.36	1560	1.29	522	0.43	232	0.19	385	0.32
8544	6.46	4412	3.33	1367	1.03	387	0.29	171	0.13	171	0.13
8973	8.36	4658	4.34	1910	1.78	725	0.68	329	0.31	280	0.26
6770	8.63	3193	4.07	891	1.14	198	0.25	69	0.09	60	0.08
8404	9.01	4173	4.48	1145	1.23	291	0.31	100	0.11	93	0.1
7711	7.53	3558	3.47	1138	1.11	328	0.32	155	0.15	80	0.08
3397	8.04	1793	4.24	595	1.41	225	0.53	80	0.19	90	0.21

1-8a 各地区

地 区	家庭户户数	一人户		二人户		三人户		四人户	
		户数	比重	户数	比重	户数	比重	户数	比重
总 计	**4744710**	**1364068**	**28.75**	**1100490**	**23.19**	**974678**	**20.54**	**711060**	**14.99**
南宁市	**1577609**	**556131**	**35.25**	**361166**	**22.89**	**302524**	**19.18**	**215334**	**13.65**
兴宁区	179251	60313	33.65	40288	22.48	35677	19.9	26183	14.61
青秀区	364100	138776	38.11	85874	23.59	70820	19.45	41087	11.28
江南区	274295	85681	31.24	63063	22.99	54799	19.98	43018	15.68
西乡塘区	496118	193962	39.1	112406	22.66	88492	17.84	62065	12.51
良庆区	149470	46525	31.13	32434	21.7	28770	19.25	24284	16.25
邕宁区	48056	13400	27.88	11551	24.04	9428	19.62	8094	16.84
武鸣区	66319	17474	26.35	15550	23.45	14538	21.92	10603	15.99
隆安县									
马山县									
上林县									
宾阳县									
横 县									
柳州市	**691900**	**174679**	**25.25**	**180981**	**26.16**	**162649**	**23.51**	**100769**	**14.56**
城中区	81367	18880	23.2	22656	27.84	20370	25.03	11538	14.18
鱼峰区	182973	48033	26.25	46708	25.53	41342	22.59	26464	14.46
柳南区	191222	50406	26.36	50829	26.58	44809	23.43	27061	14.15
柳北区	158039	39851	25.22	44635	28.24	38662	24.46	20600	13.03
柳江区	78299	17509	22.36	16153	20.63	17466	22.31	15106	19.29
柳城县									
鹿寨县									
融安县									
融水苗族自治县									
三江侗族自治县									
桂林市	**496379**	**158093**	**31.85**	**125274**	**25.24**	**103762**	**20.9**	**63774**	**12.85**
秀峰区	64132	22538	35.14	16449	25.65	12832	20.01	7468	11.64
叠彩区	65592	17258	26.31	18132	27.64	15864	24.19	8974	13.68
象山区	108431	30734	28.34	30213	27.86	24816	22.89	13623	12.56
七星区	139638	57937	41.49	32142	23.02	24983	17.89	14661	10.5
雁山区	2945	947	32.16	645	21.9	525	17.83	411	13.96
临桂区	83116	20317	24.44	19540	23.51	17693	21.29	14037	16.89
阳朔县									
灵川县									
全州县									
兴安县									
永福县									
灌阳县									
龙胜各族自治县									
资源县									
平乐县									
恭城瑶族自治县									
荔浦市	32525	8362	25.71	8153	25.07	7049	21.67	4600	14.14

家庭户规模（城市）

单位：户、%

五人户		六人户		七人户		八人户		九人户		十人及以上户	
户数	比重	户数	比重	户数	比重	户数	比重	户数	比重	户数	比重
336430	**7.09**	**155753**	**3.28**	**53682**	**1.13**	**21874**	**0.46**	**11455**	**0.24**	**15220**	**0.32**
91747	**5.82**	**34891**	**2.21**	**9025**	**0.57**	**3310**	**0.21**	**1474**	**0.09**	**2007**	**0.13**
10917	6.09	3966	2.21	1114	0.62	375	0.21	199	0.11	219	0.12
17845	4.9	7027	1.93	1486	0.41	517	0.14	227	0.06	441	0.12
18480	6.74	6506	2.37	1678	0.61	562	0.2	234	0.09	274	0.1
25583	5.16	9654	1.95	2358	0.48	847	0.17	338	0.07	413	0.08
10591	7.09	4178	2.8	1345	0.9	616	0.41	285	0.19	442	0.3
3537	7.36	1312	2.73	441	0.92	149	0.31	69	0.14	75	0.16
4794	7.23	2248	3.39	603	0.91	244	0.37	122	0.18	143	0.22
43116	**6.23**	**19371**	**2.8**	**5625**	**0.81**	**2242**	**0.32**	**1163**	**0.17**	**1305**	**0.19**
5009	6.16	2078	2.55	485	0.6	176	0.22	71	0.09	104	0.13
11656	6.37	5569	3.04	1611	0.88	665	0.36	424	0.23	501	0.27
11187	5.85	4750	2.48	1258	0.66	480	0.25	218	0.11	224	0.12
8843	5.6	3743	2.37	991	0.63	343	0.22	177	0.11	194	0.12
6421	8.2	3231	4.13	1280	1.63	578	0.74	273	0.35	282	0.36
28064	**5.65**	**12669**	**2.55**	**2914**	**0.59**	**959**	**0.19**	**419**	**0.08**	**451**	**0.09**
2976	4.64	1336	2.08	307	0.48	131	0.2	50	0.08	45	0.07
3566	5.44	1417	2.16	278	0.42	67	0.1	25	0.04	11	0.02
5633	5.2	2425	2.24	593	0.55	208	0.19	87	0.08	99	0.09
6330	4.53	2694	1.93	551	0.39	164	0.12	89	0.06	87	0.06
216	7.33	117	3.97	50	1.7	21	0.71	4	0.14	9	0.31
6869	8.26	3344	4.02	784	0.94	247	0.3	120	0.14	165	0.2
2474	7.61	1336	4.11	351	1.08	121	0.37	44	0.14	35	0.11

1-8a 续表 1

地 区	家庭户户数	一人户		二人户		三人户		四人户	
		户数	比重	户数	比重	户数	比重	户数	比重
梧州市	**261897**	**63983**	**24.43**	**60044**	**22.93**	**56072**	**21.41**	**40584**	**15.5**
万秀区	77715	22432	28.86	21804	28.06	17595	22.64	9331	12.01
长洲区	88823	21951	24.71	20269	22.82	20443	23.02	14841	16.71
龙圩区	35018	8620	24.62	6980	19.93	6819	19.47	5967	17.04
苍梧县									
藤 县									
蒙山县									
岑溪市	60341	10980	18.2	10991	18.21	11215	18.59	10445	17.31
北海市	**205375**	**51879**	**25.26**	**49157**	**23.94**	**42484**	**20.69**	**32339**	**15.75**
海城区	139117	34143	24.54	32209	23.15	29094	20.91	22064	15.86
银海区	61834	16628	26.89	15994	25.87	12559	20.31	9529	15.41
铁山港区	4424	1108	25.05	954	21.56	831	18.78	746	16.86
合浦县									
防城港市	**137685**	**34640**	**25.16**	**27267**	**19.8**	**25414**	**18.46**	**23648**	**17.18**
港口区	54845	17633	32.15	12578	22.93	10050	18.32	7929	14.46
防城区	43465	8587	19.76	7606	17.5	8054	18.53	8035	18.49
上思县									
东兴市	39375	8420	21.38	7083	17.99	7310	18.57	7684	19.51
钦州市	**149992**	**33759**	**22.51**	**29726**	**19.82**	**30407**	**20.27**	**27707**	**18.47**
钦南区	87203	20649	23.68	17120	19.63	17198	19.72	15951	18.29
钦北区	62789	13110	20.88	12606	20.08	13209	21.04	11756	18.72
灵山县									
浦北县									
贵港市	**265037**	**61166**	**23.08**	**58856**	**22.21**	**52567**	**19.83**	**44808**	**16.91**
港北区	139795	32240	23.06	30821	22.05	28837	20.63	23981	17.15
港南区	31762	5663	17.83	6475	20.39	6128	19.29	6209	19.55
覃塘区	31178	7696	24.68	6999	22.45	5879	18.86	4946	15.86
平南县									
桂平市	62302	15567	24.99	14561	23.37	11723	18.82	9672	15.52
玉林市	**270636**	**55837**	**20.63**	**54430**	**20.11**	**54738**	**20.23**	**47823**	**17.67**
玉州区	191847	40740	21.24	39696	20.69	39889	20.79	34147	17.8
福绵区	14312	1963	13.72	2383	16.65	3036	21.21	2803	19.58
容 县									
陆川县									
博白县									
兴业县									
北流市	64477	13134	20.37	12351	19.16	11813	18.32	10873	16.86
百色市	**262554**	**67281**	**25.63**	**57691**	**21.97**	**56863**	**21.66**	**43334**	**16.5**
右江区	99034	30318	30.61	22876	23.1	20092	20.29	13793	13.93
田阳区	51321	9773	19.04	11974	23.33	12401	24.16	9181	17.89
田东县									

单位：户、%

五人户		六人户		七人户		八人户		九人户		十人及以上户	
户数	比重	户数	比重	户数	比重	户数	比重	户数	比重	户数	比重
21296	**8.13**	**10641**	**4.06**	**4390**	**1.68**	**2083**	**0.8**	**1128**	**0.43**	**1676**	**0.64**
4234	5.45	1677	2.16	414	0.53	129	0.17	50	0.06	49	0.06
6735	7.58	3009	3.39	937	1.05	338	0.38	150	0.17	150	0.17
3478	9.93	1758	5.02	709	2.02	317	0.91	158	0.45	212	0.61
6849	11.35	4197	6.96	2330	3.86	1299	2.15	770	1.28	1265	2.1
15421	**7.51**	**7862**	**3.83**	**3116**	**1.52**	**1361**	**0.66**	**822**	**0.4**	**934**	**0.45**
10932	7.86	5850	4.21	2344	1.68	1067	0.77	661	0.48	753	0.54
4083	6.6	1784	2.89	681	1.1	262	0.42	144	0.23	170	0.27
406	9.18	228	5.15	91	2.06	32	0.72	17	0.38	11	0.25
12885	**9.36**	**6936**	**5.04**	**3290**	**2.39**	**1437**	**1.04**	**845**	**0.61**	**1323**	**0.96**
3819	6.96	1728	3.15	628	1.15	222	0.4	116	0.21	142	0.26
4800	11.04	2900	6.67	1498	3.45	751	1.73	480	1.1	754	1.73
4266	10.83	2308	5.86	1164	2.96	464	1.18	249	0.63	427	1.08
15002	**10**	**7331**	**4.89**	**3038**	**2.03**	**1252**	**0.83**	**763**	**0.51**	**1007**	**0.67**
8578	9.84	4196	4.81	1756	2.01	747	0.86	429	0.49	579	0.66
6424	10.23	3135	4.99	1282	2.04	505	0.8	334	0.53	428	0.68
23718	**8.95**	**12806**	**4.83**	**5518**	**2.08**	**2418**	**0.91**	**1324**	**0.5**	**1856**	**0.7**
12049	8.62	6392	4.57	2602	1.86	1203	0.86	665	0.48	1005	0.72
3408	10.73	2012	6.33	931	2.93	386	1.22	223	0.7	327	1.03
2814	9.03	1580	5.07	682	2.19	299	0.96	133	0.43	150	0.48
5447	8.74	2822	4.53	1303	2.09	530	0.85	303	0.49	374	0.6
27888	**10.3**	**15342**	**5.67**	**7361**	**2.72**	**3152**	**1.16**	**1687**	**0.62**	**2378**	**0.88**
18842	9.82	9937	5.18	4476	2.33	1853	0.97	1006	0.52	1261	0.66
1714	11.98	1200	8.38	723	5.05	230	1.61	101	0.71	159	1.11
7332	11.37	4205	6.52	2162	3.35	1069	1.66	580	0.9	958	1.49
21960	**8.36**	**10284**	**3.92**	**3034**	**1.16**	**1058**	**0.4**	**493**	**0.19**	**556**	**0.21**
7089	7.16	3132	3.16	908	0.92	371	0.37	193	0.19	262	0.26
5015	9.77	2257	4.4	525	1.02	134	0.26	28	0.05	33	0.06

1-8a 续表 2

地　区	家庭户户数	一人户		二人户		三人户		四人户	
		户数	比重	户数	比重	户数	比重	户数	比重
德保县									
那坡县									
凌云县									
乐业县									
田林县									
西林县									
隆林各族自治县									
靖西市	36243	7920	21.85	7202	19.87	7810	21.55	6527	18.01
平果市	75956	19270	25.37	15639	20.59	16560	21.8	13833	18.21
贺州市	**89595**	**19392**	**21.64**	**18951**	**21.15**	**17524**	**19.56**	**15074**	**16.82**
八步区	52674	11607	22.04	11819	22.44	10753	20.41	8663	16.45
平桂区	36921	7785	21.09	7132	19.32	6771	18.34	6411	17.36
昭平县									
钟山县									
富川瑶族自治县									
河池市	**133318**	**35505**	**26.63**	**32389**	**24.29**	**27708**	**20.78**	**20434**	**15.33**
金城江区	77618	20498	26.41	19199	24.74	16405	21.14	11804	15.21
宜州区	55700	15007	26.94	13190	23.68	11303	20.29	8630	15.49
南丹县									
天峨县									
凤山县									
东兰县									
罗城仫佬族自治县									
环江毛南族自治县									
巴马瑶族自治县									
都安瑶族自治县									
大化瑶族自治县									
来宾市	**133234**	**31521**	**23.66**	**29311**	**22**	**27233**	**20.44**	**24247**	**18.2**
兴宾区	117278	26031	22.2	24671	21.04	24298	20.72	22487	19.17
忻城县									
象州县									
武宣县									
金秀瑶族自治县									
合山市	15956	5490	34.41	4640	29.08	2935	18.39	1760	11.03
崇左市	**69499**	**20202**	**29.07**	**15247**	**21.94**	**14733**	**21.2**	**11185**	**16.09**
江州区	47876	14424	30.13	10403	21.73	10240	21.39	7706	16.1
扶绥县									
宁明县									
龙州县									
大新县									
天等县									
凭祥市	21623	5778	26.72	4844	22.4	4493	20.78	3479	16.09

单位：户、%

五人户		六人户		七人户		八人户		九人户		十人及以上户	
户数	比重	户数	比重	户数	比重	户数	比重	户数	比重	户数	比重
3598	9.93	1903	5.25	747	2.06	269	0.74	142	0.39	125	0.34
6258	8.24	2992	3.94	854	1.12	284	0.37	130	0.17	136	0.18
9011	**10.06**	**5406**	**6.03**	**2255**	**2.52**	**945**	**1.05**	**460**	**0.51**	**577**	**0.64**
5028	9.55	2922	5.55	956	1.81	402	0.76	214	0.41	310	0.59
3983	10.79	2484	6.73	1299	3.52	543	1.47	246	0.67	267	0.72
10090	**7.57**	**4784**	**3.59**	**1348**	**1.01**	**497**	**0.37**	**260**	**0.2**	**303**	**0.23**
5755	7.41	2659	3.43	713	0.92	256	0.33	148	0.19	181	0.23
4335	7.78	2125	3.82	635	1.14	241	0.43	112	0.2	122	0.22
11555	**8.67**	**5326**	**4**	**2026**	**1.52**	**891**	**0.67**	**501**	**0.38**	**623**	**0.47**
10896	9.29	5014	4.28	1944	1.66	854	0.73	480	0.41	603	0.51
659	4.13	312	1.96	82	0.51	37	0.23	21	0.13	20	0.13
4677	**6.73**	**2104**	**3.03**	**742**	**1.07**	**269**	**0.39**	**116**	**0.17**	**224**	**0.32**
3006	6.28	1255	2.62	453	0.95	151	0.32	69	0.14	169	0.35
1671	7.73	849	3.93	289	1.34	118	0.55	47	0.22	55	0.25

1-8b 各地区

地 区	家庭户户数	一人户		二人户		三人户		四人户	
		户数	比重	户数	比重	户数	比重	户数	比重
总 计	**3710344**	**869402**	**23.43**	**835773**	**22.53**	**735813**	**19.83**	**594810**	**16.03**
南宁市	**452082**	**110855**	**24.52**	**106952**	**23.66**	**90811**	**20.09**	**72687**	**16.08**
兴宁区	7541	1741	23.09	1704	22.6	1508	20	1242	16.47
青秀区	11874	3881	32.68	2981	25.11	2101	17.69	1572	13.24
江南区	19527	4764	24.4	4725	24.2	3903	19.99	3366	17.24
西乡塘区	21235	7085	33.36	4761	22.42	3622	17.06	3277	15.43
良庆区	10291	2845	27.65	2417	23.49	1980	19.24	1619	15.73
邕宁区	8854	2521	28.47	2106	23.79	1732	19.56	1229	13.88
武鸣区	37411	9769	26.11	10024	26.79	7895	21.1	5347	14.29
隆安县	34325	8131	23.69	7911	23.05	7269	21.18	5765	16.8
马山县	35779	7944	22.2	7763	21.7	7466	20.87	6395	17.87
上林县	39089	9130	23.36	9030	23.1	8571	21.93	6640	16.99
宾阳县	112970	28045	24.83	26534	23.49	22483	19.9	18016	15.95
横 县	113186	24999	22.09	26996	23.85	22281	19.69	18219	16.1
柳州市	**274271**	**71236**	**25.97**	**65802**	**23.99**	**57097**	**20.82**	**41905**	**15.28**
城中区									
鱼峰区	6521	1803	27.65	1686	25.85	1297	19.89	917	14.06
柳南区	19906	6098	30.63	4479	22.5	3650	18.34	2863	14.38
柳北区	2480	743	29.96	868	35	440	17.74	217	8.75
柳江区	15872	3763	23.71	3418	21.53	3261	20.55	2510	15.81
柳城县	47742	11307	23.68	12521	26.23	10339	21.66	7204	15.09
鹿寨县	61048	16116	26.4	15263	25	12744	20.88	8832	14.47
融安县	38731	9750	25.17	9514	24.56	8318	21.48	5863	15.14
融水苗族自治县	54138	15751	29.09	11760	21.72	10654	19.68	8431	15.57
三江侗族自治县	27833	5905	21.22	6293	22.61	6394	22.97	5068	18.21
桂林市	**398687**	**97500**	**24.46**	**101567**	**25.48**	**85156**	**21.36**	**63054**	**15.82**
秀峰区									
叠彩区	1238	562	45.4	278	22.46	186	15.02	127	10.26
象山区									
七星区	8848	2726	30.81	2564	28.98	2007	22.68	1030	11.64
雁山区	902	348	38.58	148	16.41	149	16.52	123	13.64
临桂区	14898	4119	27.65	3412	22.9	2833	19.02	2120	14.23
阳朔县	28071	7201	25.65	6705	23.89	5516	19.65	4062	14.47
灵川县	65610	16013	24.41	16497	25.14	14659	22.34	10826	16.5
全州县	68253	16719	24.5	17586	25.77	14077	20.62	11833	17.34
兴安县	37778	7113	18.83	9282	24.57	8828	23.37	6902	18.27
永福县	29340	7675	26.16	7062	24.07	5943	20.26	4428	15.09
灌阳县	30509	6892	22.59	9197	30.15	6639	21.76	4941	16.2
龙胜各族自治县	17193	4399	25.59	4381	25.48	3853	22.41	2499	14.53
资源县	16947	4007	23.64	4520	26.67	3814	22.51	2872	16.95
平乐县	36550	11243	30.76	9295	25.43	7113	19.46	4682	12.81
恭城瑶族自治县	26223	5404	20.61	6991	26.66	6076	23.17	3992	15.22
荔浦市	16327	3079	18.86	3649	22.35	3463	21.21	2617	16.03

家庭户规模（镇）

单位：户、%

五人户		六人户		七人户		八人户		九人户		十人及以上户	
户数	比重	户数	比重	户数	比重	户数	比重	户数	比重	户数	比重
335427	**9.04**	**185344**	**5**	**80492**	**2.17**	**34282**	**0.92**	**17121**	**0.46**	**21880**	**0.59**
36302	**8.03**	**19956**	**4.41**	**7931**	**1.75**	**3100**	**0.69**	**1642**	**0.36**	**1846**	**0.41**
676	8.96	389	5.16	173	2.29	48	0.64	33	0.44	27	0.36
714	6.01	384	3.23	157	1.32	43	0.36	25	0.21	16	0.13
1502	7.69	715	3.66	337	1.73	113	0.58	52	0.27	50	0.26
1306	6.15	722	3.4	236	1.11	93	0.44	46	0.22	87	0.41
763	7.41	382	3.71	164	1.59	54	0.52	28	0.27	39	0.38
672	7.59	342	3.86	145	1.64	70	0.79	18	0.2	19	0.21
2465	6.59	1233	3.3	375	1	126	0.34	86	0.23	91	0.24
2854	8.31	1512	4.4	493	1.44	203	0.59	94	0.27	93	0.27
3428	9.58	1741	4.87	643	1.8	222	0.62	93	0.26	84	0.23
3171	8.11	1590	4.07	551	1.41	211	0.54	105	0.27	90	0.23
8581	7.6	4852	4.29	2157	1.91	982	0.87	578	0.51	742	0.66
10170	8.99	6094	5.38	2500	2.21	935	0.83	484	0.43	508	0.45
20813	**7.59**	**11009**	**4.01**	**3796**	**1.38**	**1352**	**0.49**	**610**	**0.22**	**651**	**0.24**
457	7.01	236	3.62	69	1.06	31	0.48	12	0.18	13	0.2
1357	6.82	747	3.75	342	1.72	159	0.8	89	0.45	122	0.61
115	4.64	60	2.42	17	0.69	11	0.44	6	0.24	3	0.12
1344	8.47	851	5.36	382	2.41	175	1.1	80	0.5	88	0.55
3380	7.08	1938	4.06	633	1.33	233	0.49	81	0.17	106	0.22
4418	7.24	2350	3.85	790	1.29	274	0.45	137	0.22	124	0.2
2939	7.59	1577	4.07	492	1.27	148	0.38	77	0.2	53	0.14
4366	8.06	2005	3.7	736	1.36	227	0.42	99	0.18	109	0.2
2437	8.76	1245	4.47	335	1.2	94	0.34	29	0.1	33	0.12
29026	**7.28**	**15107**	**3.79**	**4599**	**1.15**	**1464**	**0.37**	**619**	**0.16**	**595**	**0.15**
58	4.68	21	1.7	4	0.32	2	0.16				
373	4.22	122	1.38	19	0.21	5	0.06	1	0.01	1	0.01
63	6.98	44	4.88	22	2.44	2	0.22	2	0.22	1	0.11
1239	8.32	760	5.1	282	1.89	80	0.54	28	0.19	25	0.17
2364	8.42	1372	4.89	422	1.5	187	0.67	116	0.41	126	0.45
4457	6.79	2313	3.53	593	0.9	153	0.23	64	0.1	35	0.05
4743	6.95	2157	3.16	719	1.05	197	0.29	75	0.11	147	0.22
2915	7.72	1766	4.67	570	1.51	224	0.59	86	0.23	92	0.24
2317	7.9	1283	4.37	407	1.39	139	0.47	52	0.18	34	0.12
1797	5.89	768	2.52	200	0.66	42	0.14	14	0.05	19	0.06
1220	7.1	602	3.5	152	0.88	57	0.33	22	0.13	8	0.05
1064	6.28	469	2.77	118	0.7	51	0.3	22	0.13	10	0.06
2332	6.38	1242	3.4	396	1.08	140	0.38	55	0.15	52	0.14
2224	8.48	1060	4.04	325	1.24	96	0.37	31	0.12	24	0.09
1860	11.39	1128	6.91	370	2.27	89	0.55	51	0.31	21	0.13

1-8b 续表 1

地区	家庭户户数	一人户		二人户		三人户		四人户	
		户数	比重	户数	比重	户数	比重	户数	比重
梧州市	**209459**	**49100**	**23.44**	**42436**	**20.26**	**37950**	**18.12**	**33132**	**15.82**
万秀区	3572	1024	28.67	637	17.83	601	16.83	599	16.77
长洲区	1329	493	37.1	281	21.14	196	14.75	171	12.87
龙圩区	11553	3169	27.43	2472	21.4	2010	17.4	1717	14.86
苍梧县	23214	4820	20.76	4794	20.65	4244	18.28	3882	16.72
藤　县	107975	25188	23.33	20665	19.14	19756	18.3	17806	16.49
蒙山县	20095	4519	22.49	4786	23.82	4095	20.38	3176	15.8
岑溪市	41721	9887	23.7	8801	21.09	7048	16.89	5781	13.86
北海市	**97918**	**20522**	**20.96**	**21225**	**21.68**	**19441**	**19.85**	**16435**	**16.78**
海城区	679	159	23.42	157	23.12	137	20.18	124	18.26
银海区	6436	1457	22.64	1456	22.62	1186	18.43	1152	17.9
铁山港区	2363	464	19.64	587	24.84	471	19.93	445	18.83
合浦县	88440	18442	20.85	19025	21.51	17647	19.95	14714	16.64
防城港市	**53050**	**11659**	**21.98**	**11536**	**21.75**	**10410**	**19.62**	**8583**	**16.18**
港口区	10548	2179	20.66	2499	23.69	2056	19.49	1827	17.32
防城区	13596	2841	20.9	2933	21.57	2607	19.17	2037	14.98
上思县	23506	5747	24.45	5061	21.53	4752	20.22	3858	16.41
东兴市	5400	892	16.52	1043	19.31	995	18.43	861	15.94
钦州市	**246193**	**57019**	**23.16**	**49321**	**20.03**	**44234**	**17.97**	**39429**	**16.02**
钦南区	33186	8533	25.71	7016	21.14	5755	17.34	5292	15.95
钦北区	38385	8786	22.89	7201	18.76	6448	16.8	5578	14.53
灵山县	110500	22834	20.66	22154	20.05	20988	18.99	19055	17.24
浦北县	64122	16866	26.3	12950	20.2	11043	17.22	9504	14.82
贵港市	**354472**	**78029**	**22.01**	**75952**	**21.43**	**66887**	**18.87**	**57089**	**16.11**
港北区	13861	3076	22.19	3044	21.96	2586	18.66	2228	16.07
港南区	21086	5612	26.61	5011	23.76	3906	18.52	2975	14.11
覃塘区	26934	5917	21.97	6263	23.25	5275	19.58	4368	16.22
平南县	166789	34466	20.66	35378	21.21	31797	19.06	27657	16.58
桂平市	125802	28958	23.02	26256	20.87	23323	18.54	19861	15.79
玉林市	**511249**	**111284**	**21.77**	**108890**	**21.3**	**93464**	**18.28**	**79085**	**15.47**
玉州区	15176	2602	17.15	2777	18.3	3057	20.14	2966	19.54
福绵区	20698	4609	22.27	4264	20.6	3758	18.16	3284	15.87
容　县	81879	19828	24.22	18310	22.36	15308	18.7	12350	15.08
陆川县	105755	26701	25.25	23886	22.59	18650	17.64	14886	14.08
博白县	151878	28755	18.93	30702	20.21	27133	17.86	24408	16.07
兴业县	56323	12946	22.99	12584	22.34	11274	20.02	8991	15.96
北流市	79540	15843	19.92	16367	20.58	14284	17.96	12200	15.34
百色市	**212078**	**48991**	**23.1**	**46627**	**21.99**	**45368**	**21.39**	**36663**	**17.29**
右江区	3223	588	18.24	653	20.26	778	24.14	610	18.93
田阳区	3165	835	26.38	836	26.41	658	20.79	456	14.41
田东县	53391	13357	25.02	12786	23.95	11677	21.87	8467	15.86

单位：户、%

五人户		六人户		七人户		八人户		九人户		十人及以上户	
户数	比重	户数	比重	户数	比重	户数	比重	户数	比重	户数	比重
21843	**10.43**	**12517**	**5.98**	**6267**	**2.99**	**2892**	**1.38**	**1447**	**0.69**	**1875**	**0.9**
337	9.43	199	5.57	95	2.66	35	0.98	25	0.7	20	0.56
82	6.17	60	4.51	19	1.43	8	0.6	9	0.68	10	0.75
1102	9.54	576	4.99	273	2.36	135	1.17	45	0.39	54	0.47
2664	11.48	1403	6.04	778	3.35	317	1.37	144	0.62	168	0.72
11655	10.79	6595	6.11	3221	2.98	1491	1.38	694	0.64	904	0.84
1829	9.1	1082	5.38	388	1.93	105	0.52	62	0.31	53	0.26
4174	10	2602	6.24	1493	3.58	801	1.92	468	1.12	666	1.6
8903	**9.09**	**5477**	**5.59**	**2636**	**2.69**	**1389**	**1.42**	**787**	**0.8**	**1103**	**1.13**
46	6.77	24	3.53	16	2.36	7	1.03	4	0.59	5	0.74
548	8.51	325	5.05	141	2.19	70	1.09	47	0.73	54	0.84
195	8.25	118	4.99	49	2.07	14	0.59	9	0.38	11	0.47
8114	9.17	5010	5.66	2430	2.75	1298	1.47	727	0.82	1033	1.17
4928	**9.29**	**2986**	**5.63**	**1604**	**3.02**	**639**	**1.2**	**311**	**0.59**	**394**	**0.74**
920	8.72	535	5.07	301	2.85	110	1.04	61	0.58	60	0.57
1416	10.41	859	6.32	489	3.6	193	1.42	91	0.67	130	0.96
1994	8.48	1125	4.79	522	2.22	226	0.96	104	0.44	117	0.5
598	11.07	467	8.65	292	5.41	110	2.04	55	1.02	87	1.61
25636	**10.41**	**15043**	**6.11**	**7629**	**3.1**	**3612**	**1.47**	**1876**	**0.76**	**2394**	**0.97**
3186	9.6	1657	4.99	808	2.43	409	1.23	226	0.68	304	0.92
4185	10.9	2657	6.92	1517	3.95	851	2.22	487	1.27	675	1.76
12218	11.06	7003	6.34	3401	3.08	1455	1.32	648	0.59	744	0.67
6047	9.43	3726	5.81	1903	2.97	897	1.4	515	0.8	671	1.05
35716	**10.08**	**20381**	**5.75**	**10381**	**2.93**	**4754**	**1.34**	**2308**	**0.65**	**2975**	**0.84**
1325	9.56	744	5.37	411	2.97	192	1.39	104	0.75	151	1.09
1794	8.51	926	4.39	454	2.15	186	0.88	94	0.45	128	0.61
2468	9.16	1369	5.08	678	2.52	289	1.07	142	0.53	165	0.61
17335	10.39	10088	6.05	5058	3.03	2353	1.41	1157	0.69	1500	0.9
12794	10.17	7254	5.77	3780	3	1734	1.38	811	0.64	1031	0.82
53051	**10.38**	**31077**	**6.08**	**15987**	**3.13**	**7755**	**1.52**	**4114**	**0.8**	**6542**	**1.28**
1699	11.2	1060	6.98	502	3.31	261	1.72	114	0.75	138	0.91
2219	10.72	1383	6.68	694	3.35	259	1.25	106	0.51	122	0.59
7427	9.07	4223	5.16	2130	2.6	1000	1.22	565	0.69	738	0.9
9821	9.29	5290	5	2829	2.68	1431	1.35	898	0.85	1363	1.29
17661	11.63	10388	6.84	5502	3.62	2893	1.9	1613	1.06	2823	1.86
5225	9.28	3282	5.83	1315	2.33	386	0.69	132	0.23	188	0.33
8999	11.31	5451	6.85	3015	3.79	1525	1.92	686	0.86	1170	1.47
19200	**9.05**	**9693**	**4.57**	**3425**	**1.61**	**1109**	**0.52**	**480**	**0.23**	**522**	**0.25**
365	11.32	157	4.87	44	1.37	19	0.59	7	0.22	2	0.06
233	7.36	111	3.51	27	0.85	2	0.06	2	0.06	5	0.16
4273	8	1952	3.66	602	1.13	162	0.3	72	0.13	43	0.08

1-8b 续表 2

地 区	家庭户户数	一人户		二人户		三人户		四人户	
		户数	比重	户数	比重	户数	比重	户数	比重
德保县	28089	6965	24.8	6501	23.14	6248	22.24	4493	16
那坡县	10133	2559	25.25	2048	20.21	2148	21.2	1692	16.7
凌云县	19100	3065	16.05	3523	18.45	4010	20.99	3812	19.96
乐业县	13335	2743	20.57	2639	19.79	2664	19.98	2688	20.16
田林县	20367	5344	26.24	4768	23.41	4458	21.89	3230	15.86
西林县	14648	3465	23.66	3177	21.69	3143	21.46	2587	17.66
隆林各族自治县	25099	4771	19.01	4503	17.94	5292	21.08	5163	20.57
靖西市	9108	1691	18.57	1876	20.6	2006	22.02	1700	18.66
平果市	12420	3608	29.05	3317	26.71	2286	18.41	1765	14.21
贺州市	**188804**	**41972**	**22.23**	**40368**	**21.38**	**35718**	**18.92**	**30469**	**16.14**
八步区	38758	7968	20.56	7768	20.04	6967	17.98	6438	16.61
平桂区	21275	4101	19.28	4031	18.95	3777	17.75	3582	16.84
昭平县	48311	11280	23.35	10580	21.9	9311	19.27	7434	15.39
钟山县	47295	11819	24.99	10413	22.02	8937	18.9	7209	15.24
富川瑶族自治县	33165	6804	20.52	7576	22.84	6726	20.28	5806	17.51
河池市	**334097**	**77710**	**23.26**	**74626**	**22.34**	**70372**	**21.06**	**56229**	**16.83**
金城江区	6011	1931	32.12	1536	25.55	1126	18.73	790	13.14
宜州区	11303	3329	29.45	2801	24.78	2271	20.09	1511	13.37
南丹县	45972	12325	26.81	10786	23.46	9387	20.42	6907	15.02
天峨县	16952	3146	18.56	3773	22.26	3976	23.45	3307	19.51
凤山县	16991	3000	17.66	3659	21.53	3876	22.81	3474	20.45
东兰县	20213	4824	23.87	4439	21.96	4252	21.04	3455	17.09
罗城仫佬族自治县	43219	12563	29.07	10042	23.24	8552	19.79	6436	14.89
环江毛南族自治县	35940	9483	26.39	9078	25.26	7639	21.25	5620	15.64
巴马瑶族自治县	24527	4302	17.54	4693	19.13	5307	21.64	4782	19.5
都安瑶族自治县	72418	14902	20.58	15035	20.76	14906	20.58	12579	17.37
大化瑶族自治县	40551	7905	19.49	8784	21.66	9080	22.39	7368	18.17
来宾市	**185583**	**46570**	**25.09**	**45219**	**24.37**	**37762**	**20.35**	**28821**	**15.53**
兴宾区	45709	12192	26.67	11324	24.77	9062	19.83	7162	15.67
忻城县	35472	7911	22.3	8128	22.91	7713	21.74	6062	17.09
象州县	36736	9095	24.76	9102	24.78	7682	20.91	5428	14.78
武宣县	48321	12517	25.9	11546	23.89	9367	19.38	7398	15.31
金秀瑶族自治县	14989	3269	21.81	3792	25.3	3178	21.2	2380	15.88
合山市	4356	1586	36.41	1327	30.46	760	17.45	391	8.98
崇左市	**192401**	**46955**	**24.4**	**45252**	**23.52**	**41143**	**21.38**	**31229**	**16.23**
江州区	14951	3760	25.15	3457	23.12	3137	20.98	2377	15.9
扶绥县	52999	13473	25.42	12838	24.22	11070	20.89	8887	16.77
宁明县	35201	8877	25.22	7947	22.58	7324	20.81	5565	15.81
龙州县	27174	6684	24.6	6779	24.95	5989	22.04	4106	15.11
大新县	29202	6162	21.1	6606	22.62	6579	22.53	5009	17.15
天等县	27795	6643	23.9	6282	22.6	6017	21.65	4530	16.3
凭祥市	5079	1356	26.7	1343	26.44	1027	20.22	755	14.87

单位：户、%

五人户		六人户		七人户		八人户		九人户		十人及以上户	
户数	比重	户数	比重	户数	比重	户数	比重	户数	比重	户数	比重
2359	8.4	1099	3.91	263	0.94	81	0.29	35	0.12	45	0.16
924	9.12	486	4.8	162	1.6	75	0.74	13	0.13	26	0.26
2247	11.76	1429	7.48	599	3.14	216	1.13	92	0.48	107	0.56
1351	10.13	651	4.88	312	2.34	108	0.81	64	0.48	115	0.86
1550	7.61	671	3.29	239	1.17	65	0.32	15	0.07	27	0.13
1297	8.85	625	4.27	220	1.5	73	0.5	32	0.22	29	0.2
2768	11.03	1599	6.37	582	2.32	220	0.88	107	0.43	94	0.37
1008	11.07	513	5.63	224	2.46	54	0.59	25	0.27	11	0.12
825	6.64	400	3.22	151	1.22	34	0.27	16	0.13	18	0.14
19334	**10.24**	**11320**	**6**	**5347**	**2.83**	**2176**	**1.15**	**1038**	**0.55**	**1062**	**0.56**
4418	11.4	2828	7.3	1312	3.39	519	1.34	257	0.66	283	0.73
2491	11.71	1601	7.53	872	4.1	426	2	167	0.78	227	1.07
4801	9.94	2766	5.73	1241	2.57	472	0.98	236	0.49	190	0.39
4426	9.36	2402	5.08	1125	2.38	477	1.01	238	0.5	249	0.53
3198	9.64	1723	5.2	797	2.4	282	0.85	140	0.42	113	0.34
30564	**9.15**	**15286**	**4.58**	**5508**	**1.65**	**1999**	**0.6**	**891**	**0.27**	**912**	**0.27**
378	6.29	157	2.61	57	0.95	20	0.33	7	0.12	9	0.15
804	7.11	396	3.5	125	1.11	37	0.33	19	0.17	10	0.09
3522	7.66	1857	4.04	660	1.44	279	0.61	126	0.27	123	0.27
1623	9.57	732	4.32	243	1.43	83	0.49	37	0.22	32	0.19
1674	9.85	833	4.9	288	1.7	80	0.47	42	0.25	65	0.38
1992	9.86	840	4.16	247	1.22	79	0.39	35	0.17	50	0.25
3279	7.59	1502	3.48	528	1.22	179	0.41	79	0.18	59	0.14
2639	7.34	1022	2.84	304	0.85	80	0.22	30	0.08	45	0.13
2800	11.42	1569	6.4	555	2.26	212	0.86	127	0.52	180	0.73
7801	10.77	4298	5.93	1776	2.45	642	0.89	271	0.37	208	0.29
4052	9.99	2080	5.13	725	1.79	308	0.76	118	0.29	131	0.32
14526	**7.83**	**7688**	**4.14**	**2777**	**1.5**	**1146**	**0.62**	**528**	**0.28**	**546**	**0.29**
3289	7.2	1575	3.45	632	1.38	244	0.53	102	0.22	127	0.28
3148	8.87	1606	4.53	523	1.47	212	0.6	96	0.27	73	0.21
2773	7.55	1624	4.42	585	1.59	235	0.64	114	0.31	98	0.27
3890	8.05	2087	4.32	774	1.6	359	0.74	179	0.37	204	0.42
1264	8.43	716	4.78	236	1.57	85	0.57	31	0.21	38	0.25
162	3.72	80	1.84	27	0.62	11	0.25	6	0.14	6	0.14
15585	**8.1**	**7804**	**4.06**	**2605**	**1.35**	**895**	**0.47**	**470**	**0.24**	**463**	**0.24**
1125	7.52	632	4.23	256	1.71	92	0.62	52	0.35	63	0.42
3775	7.12	1914	3.61	623	1.18	192	0.36	113	0.21	114	0.22
2912	8.27	1480	4.2	583	1.66	250	0.71	132	0.37	131	0.37
2111	7.77	1001	3.68	325	1.2	96	0.35	37	0.14	46	0.17
2843	9.74	1357	4.65	392	1.34	131	0.45	62	0.21	61	0.21
2485	8.94	1243	4.47	379	1.36	114	0.41	66	0.24	36	0.13
334	6.58	177	3.48	47	0.93	20	0.39	8	0.16	12	0.24

1-8c 各地区

地 区	家庭户户数	一人户		二人户		三人户		四人户	
		户数	比重	户数	比重	户数	比重	户数	比重
总 计	**7759960**	**1841669**	**23.73**	**1909043**	**24.6**	**1553089**	**20.01**	**1156649**	**14.91**
南宁市	**949625**	**224411**	**23.63**	**250573**	**26.39**	**200883**	**21.15**	**145708**	**15.34**
兴宁区	25686	5752	22.39	6358	24.75	5652	22	4502	17.53
青秀区	28019	8143	29.06	7318	26.12	5697	20.33	3850	13.74
江南区	45264	10306	22.77	11362	25.1	10001	22.09	8010	17.7
西乡塘区	51820	10186	19.66	13307	25.68	12271	23.68	10017	19.33
良庆区	34955	8795	25.16	8742	25.01	7656	21.9	5526	15.81
邕宁区	51855	12146	23.42	12919	24.91	11051	21.31	8182	15.78
武鸣区	119369	27120	22.72	34656	29.03	27465	23.01	17043	14.28
隆安县	73231	16424	22.43	18649	25.47	15428	21.07	11516	15.73
马山县	97168	25174	25.91	25304	26.04	19725	20.3	14097	14.51
上林县	86685	21734	25.07	22995	26.53	18295	21.11	12810	14.78
宾阳县	153972	35403	22.99	40673	26.42	32370	21.02	23995	15.58
横 县	181601	43228	23.8	48290	26.59	35272	19.42	26160	14.41
柳州市	**429374**	**98288**	**22.89**	**107223**	**24.97**	**92687**	**21.59**	**65040**	**15.15**
城中区	1003	224	22.33	238	23.73	201	20.04	138	13.76
鱼峰区	15160	3478	22.94	3425	22.59	3204	21.13	2163	14.27
柳南区	11050	2660	24.07	2650	23.98	2344	21.21	1611	14.58
柳北区	9955	2180	21.9	2558	25.7	2154	21.64	1420	14.26
柳江区	64666	13891	21.48	14657	22.67	14225	22	10517	16.26
柳城县	58037	13729	23.66	15783	27.19	12551	21.63	8549	14.73
鹿寨县	54272	13811	25.45	14154	26.08	11419	21.04	7612	14.03
融安县	55106	16308	29.59	15692	28.48	11064	20.08	6578	11.94
融水苗族自治县	85878	18072	21.04	20875	24.31	19301	22.47	13818	16.09
三江侗族自治县	74247	13935	18.77	17191	23.15	16224	21.85	12634	17.02
桂林市	**823514**	**200372**	**24.33**	**217352**	**26.39**	**171569**	**20.83**	**119330**	**14.49**
秀峰区									
叠彩区	9820	2439	24.84	2293	23.35	2066	21.04	1729	17.61
象山区	1104	130	11.78	175	15.85	256	23.19	239	21.65
七星区	1249	306	24.5	279	22.34	248	19.86	220	17.61
雁山区	16388	2970	18.12	3280	20.01	3802	23.2	3073	18.75
临桂区	79415	17922	22.57	18960	23.87	17252	21.72	12439	15.66
阳朔县	61661	12222	19.82	14476	23.48	13387	21.71	10300	16.7
灵川县	70439	14989	21.28	16422	23.31	15201	21.58	11384	16.16
全州县	140932	43300	30.72	41381	29.36	25892	18.37	16553	11.75
兴安县	67931	15432	22.72	19133	28.17	14413	21.22	9879	14.54
永福县	49189	11629	23.64	12141	24.68	10721	21.8	7197	14.63
灌阳县	52695	16318	30.97	17583	33.37	9551	18.13	5652	10.73
龙胜各族自治县	32216	7142	22.17	8638	26.81	7109	22.07	4788	14.86
资源县	35096	9777	27.86	10793	30.75	7215	20.56	4264	12.15
平乐县	88452	22364	25.28	23704	26.8	18495	20.91	12914	14.6
恭城瑶族自治县	54608	10642	19.49	13099	23.99	12304	22.53	9084	16.63
荔浦市	62319	12790	20.52	14995	24.06	13657	21.91	9615	15.43

家庭户规模（乡村）

单位:户、%

五人户		六人户		七人户		八人户		九人户		十人及以上户	
户数	比重	户数	比重	户数	比重	户数	比重	户数	比重	户数	比重
669970	**8.63**	**361480**	**4.66**	**155030**	**2**	**60972**	**0.79**	**26347**	**0.34**	**25711**	**0.33**
70248	**7.4**	**35874**	**3.78**	**13674**	**1.44**	**4676**	**0.49**	**2004**	**0.21**	**1574**	**0.17**
2009	7.82	876	3.41	326	1.27	119	0.46	54	0.21	38	0.15
1773	6.33	803	2.87	276	0.99	96	0.34	33	0.12	30	0.11
3219	7.11	1447	3.2	521	1.15	190	0.42	98	0.22	110	0.24
3507	6.77	1634	3.15	580	1.12	183	0.35	68	0.13	67	0.13
2498	7.15	1068	3.06	406	1.16	161	0.46	65	0.19	38	0.11
4067	7.84	2122	4.09	852	1.64	326	0.63	105	0.2	85	0.16
7478	6.26	3843	3.22	1192	1	324	0.27	159	0.13	89	0.07
6200	8.47	3272	4.47	1183	1.62	337	0.46	107	0.15	115	0.16
7462	7.68	3521	3.62	1261	1.3	387	0.4	165	0.17	72	0.07
6253	7.21	2986	3.44	1042	1.2	340	0.39	144	0.17	86	0.1
11232	7.29	5948	3.86	2526	1.64	944	0.61	492	0.32	389	0.25
14550	8.01	8354	4.6	3509	1.93	1269	0.7	514	0.28	455	0.25
34841	**8.11**	**19429**	**4.52**	**7402**	**1.72**	**2496**	**0.58**	**1066**	**0.25**	**902**	**0.21**
85	8.47	72	7.18	20	1.99	10	1	7	0.7	8	0.8
1251	8.25	784	5.17	414	2.73	204	1.35	119	0.78	118	0.78
920	8.33	483	4.37	226	2.05	75	0.68	42	0.38	39	0.35
763	7.66	473	4.75	202	2.03	90	0.9	54	0.54	61	0.61
5370	8.3	3202	4.95	1531	2.37	637	0.99	328	0.51	308	0.48
4198	7.23	2202	3.79	680	1.17	233	0.4	64	0.11	48	0.08
3894	7.17	2079	3.83	837	1.54	275	0.51	116	0.21	75	0.14
3166	5.75	1592	2.89	502	0.91	145	0.26	38	0.07	21	0.04
7450	8.68	4172	4.86	1447	1.68	420	0.49	168	0.2	155	0.18
7744	10.43	4370	5.89	1543	2.08	407	0.55	130	0.18	69	0.09
64297	**7.81**	**34661**	**4.21**	**11097**	**1.35**	**3028**	**0.37**	**1101**	**0.13**	**707**	**0.09**
700	7.13	390	3.97	123	1.25	37	0.38	17	0.17	26	0.26
144	13.04	106	9.6	44	3.99	8	0.72	1	0.09	1	0.09
127	10.17	50	4	16	1.28	1	0.08	2	0.16		
1696	10.35	989	6.03	386	2.36	116	0.71	47	0.29	29	0.18
6999	8.81	3809	4.8	1405	1.77	406	0.51	145	0.18	78	0.1
6279	10.18	3572	5.79	1008	1.63	268	0.43	99	0.16	50	0.08
6628	9.41	3910	5.55	1293	1.84	364	0.52	133	0.19	115	0.16
7764	5.51	3916	2.78	1425	1.01	426	0.3	157	0.11	118	0.08
5035	7.41	2729	4.02	910	1.34	229	0.34	101	0.15	70	0.1
4116	8.37	2282	4.64	804	1.63	192	0.39	72	0.15	35	0.07
2278	4.32	931	1.77	276	0.52	63	0.12	23	0.04	20	0.04
2735	8.49	1267	3.93	376	1.17	112	0.35	34	0.11	15	0.05
1847	5.26	897	2.56	230	0.66	44	0.13	15	0.04	14	0.04
6323	7.15	3286	3.72	968	1.09	270	0.31	84	0.09	44	0.05
5445	9.97	2905	5.32	832	1.52	201	0.37	67	0.12	29	0.05
6181	9.92	3622	5.81	1001	1.61	291	0.47	104	0.17	63	0.1

1-8c 续表 1

地区	家庭户户数	一人户		二人户		三人户		四人户	
		户数	比重	户数	比重	户数	比重	户数	比重
梧州市	**418483**	**111919**	**26.74**	**96834**	**23.14**	**75694**	**18.09**	**58253**	**13.92**
万秀区	13234	2908	21.97	2656	20.07	2542	19.21	2218	16.76
长洲区	7995	1832	22.91	1659	20.75	1595	19.95	1279	16
龙圩区	40155	9999	24.9	8623	21.47	7374	18.36	5818	14.49
苍梧县	63492	15072	23.74	14212	22.38	11942	18.81	9429	14.85
藤　县	151249	44631	29.51	35939	23.76	27181	17.97	20309	13.43
蒙山县	35799	10407	29.07	9286	25.94	6516	18.2	4723	13.19
岑溪市	106559	27070	25.4	24459	22.95	18544	17.4	14477	13.59
北海市	**258148**	**49663**	**19.24**	**56901**	**22.04**	**51357**	**19.89**	**43606**	**16.89**
海城区	26360	5848	22.19	6042	22.92	5584	21.18	4707	17.86
银海区	28004	5021	17.93	6196	22.13	5932	21.18	5582	19.93
铁山港区	38202	7213	18.88	8980	23.51	7864	20.59	7193	18.83
合浦县	165582	31581	19.07	35683	21.55	31977	19.31	26124	15.78
防城港市	**124120**	**26654**	**21.47**	**28989**	**23.36**	**24848**	**20.02**	**18841**	**15.18**
港口区	9690	2743	28.31	2121	21.89	1766	18.22	1390	14.34
防城区	54420	10507	19.31	12282	22.57	10659	19.59	8385	15.41
上思县	43419	10837	24.96	11005	25.35	9281	21.38	6448	14.85
东兴市	16591	2567	15.47	3581	21.58	3142	18.94	2618	15.78
钦州市	**603560**	**140778**	**23.32**	**135278**	**22.41**	**109915**	**18.21**	**87437**	**14.49**
钦南区	73678	15496	21.03	15634	21.22	13808	18.74	11550	15.68
钦北区	112029	24489	21.86	24786	22.12	20636	18.42	15409	13.75
灵山县	268488	62354	23.22	60942	22.7	49955	18.61	40494	15.08
浦北县	149365	38439	25.73	33916	22.71	25516	17.08	19984	13.38
贵港市	**714152**	**169998**	**23.8**	**169742**	**23.77**	**136827**	**19.16**	**106128**	**14.86**
港北区	73365	14259	19.44	17156	23.38	14936	20.36	11817	16.11
港南区	107377	28053	26.13	28214	26.28	19943	18.57	14435	13.44
覃塘区	77870	17257	22.16	20522	26.35	15860	20.37	11699	15.02
平南县	176755	45899	25.97	41658	23.57	32515	18.4	24883	14.08
桂平市	278785	64530	23.15	62192	22.31	53573	19.22	43294	15.53
玉林市	**948707**	**220750**	**23.27**	**224270**	**23.64**	**175272**	**18.47**	**137024**	**14.44**
玉州区	46030	6943	15.08	8043	17.47	9739	21.16	8997	19.55
福绵区	58868	12548	21.32	12902	21.92	11568	19.65	9284	15.77
容　县	131422	35077	26.69	33490	25.48	23418	17.82	17095	13.01
陆川县	148192	36970	24.95	37099	25.03	26604	17.95	20109	13.57
博白县	248435	53822	21.66	57101	22.98	45505	18.32	36604	14.73
兴业县	113549	29101	25.63	28837	25.4	22408	19.73	16004	14.09
北流市	202211	46289	22.89	46798	23.14	36030	17.82	28931	14.31
百色市	**686679**	**153991**	**22.43**	**164664**	**23.98**	**145398**	**21.17**	**110546**	**16.1**
右江区	44014	9033	20.52	9472	21.52	10020	22.77	7588	17.24
田阳区	48764	12728	26.1	12965	26.59	10277	21.07	6913	14.18
田东县	69747	16152	23.16	18268	26.19	15302	21.94	10670	15.3

单位：户、%

五人户		六人户		七人户		八人户		九人户		十人及以上户	
户数	比重	户数	比重	户数	比重	户数	比重	户数	比重	户数	比重
37384	**8.93**	**20508**	**4.9**	**9859**	**2.36**	**4481**	**1.07**	**1846**	**0.44**	**1705**	**0.41**
1384	10.46	824	6.23	414	3.13	165	1.25	72	0.54	51	0.39
753	9.42	448	5.6	228	2.85	105	1.31	57	0.71	39	0.49
3998	9.96	2164	5.39	1208	3.01	523	1.3	246	0.61	202	0.5
6452	10.16	3513	5.53	1637	2.58	744	1.17	283	0.45	208	0.33
12325	8.15	6251	4.13	2798	1.85	1179	0.78	390	0.26	246	0.16
2608	7.29	1444	4.03	546	1.53	163	0.46	66	0.18	40	0.11
9864	9.26	5864	5.5	3028	2.84	1602	1.5	732	0.69	919	0.86
25033	**9.7**	**15216**	**5.89**	**8143**	**3.15**	**3735**	**1.45**	**2050**	**0.79**	**2444**	**0.95**
2057	7.8	1098	4.17	466	1.77	220	0.83	132	0.5	206	0.78
2563	9.15	1416	5.06	655	2.34	283	1.01	140	0.5	216	0.77
3597	9.42	1789	4.68	879	2.3	351	0.92	171	0.45	165	0.43
16816	10.16	10913	6.59	6143	3.71	2881	1.74	1607	0.97	1857	1.12
11572	**9.32**	**6566**	**5.29**	**3592**	**2.89**	**1535**	**1.24**	**694**	**0.56**	**829**	**0.67**
801	8.27	473	4.88	210	2.17	88	0.91	41	0.42	57	0.59
5571	10.24	3283	6.03	1909	3.51	883	1.62	417	0.77	524	0.96
3286	7.57	1528	3.52	651	1.5	233	0.54	85	0.2	65	0.15
1914	11.54	1282	7.73	822	4.95	331	2	151	0.91	183	1.1
60546	**10.03**	**35051**	**5.81**	**18326**	**3.04**	**8397**	**1.39**	**3855**	**0.64**	**3977**	**0.66**
7685	10.43	4468	6.06	2530	3.43	1204	1.63	595	0.81	708	0.96
11207	10	7146	6.38	4111	3.67	2029	1.81	1027	0.92	1189	1.06
27770	10.34	15018	5.59	7043	2.62	2950	1.1	1141	0.42	821	0.31
13884	9.3	8419	5.64	4642	3.11	2214	1.48	1092	0.73	1259	0.84
64940	**9.09**	**35317**	**4.95**	**16883**	**2.36**	**7430**	**1.04**	**3413**	**0.48**	**3474**	**0.49**
7308	9.96	4045	5.51	1895	2.58	930	1.27	463	0.63	556	0.76
8286	7.72	4538	4.23	2184	2.03	897	0.84	405	0.38	422	0.39
6410	8.23	3504	4.5	1513	1.94	593	0.76	260	0.33	252	0.32
15768	8.92	8514	4.82	4063	2.3	1795	1.02	835	0.47	825	0.47
27168	9.75	14716	5.28	7228	2.59	3215	1.15	1450	0.52	1419	0.51
92250	**9.72**	**51629**	**5.44**	**25553**	**2.69**	**11220**	**1.18**	**4984**	**0.53**	**5755**	**0.61**
5575	12.11	3619	7.86	1758	3.82	699	1.52	314	0.68	343	0.75
6093	10.35	3577	6.08	1894	3.22	672	1.14	188	0.32	142	0.24
10661	8.11	5938	4.52	2926	2.23	1357	1.03	688	0.52	772	0.59
13507	9.11	7069	4.77	3409	2.3	1622	1.09	774	0.52	1029	0.69
26282	10.58	14734	5.93	7333	2.95	3454	1.39	1653	0.67	1947	0.78
9537	8.4	4835	4.26	1976	1.74	591	0.52	159	0.14	101	0.09
20595	10.18	11857	5.86	6257	3.09	2825	1.4	1208	0.6	1421	0.7
63270	**9.21**	**32578**	**4.74**	**11029**	**1.61**	**3271**	**0.48**	**1111**	**0.16**	**821**	**0.12**
4650	10.56	2194	4.98	727	1.65	200	0.45	81	0.18	49	0.11
3719	7.63	1688	3.46	377	0.77	76	0.16	13	0.03	8	0.02
5538	7.94	2599	3.73	833	1.19	215	0.31	86	0.12	84	0.12

1-8c 续表 2

地区	家庭户户数	一人户		二人户		三人户		四人户	
		户数	比重	户数	比重	户数	比重	户数	比重
德保县	70187	19428	27.68	18796	26.78	14778	21.06	9308	13.26
那坡县	44193	9949	22.51	9428	21.33	9762	22.09	7529	17.04
凌云县	35079	6288	17.93	7614	21.71	6711	19.13	5922	16.88
乐业县	31012	5677	18.31	6914	22.29	6858	22.11	5817	18.76
田林县	50822	9325	18.35	11192	22.02	11610	22.84	9196	18.09
西林县	27986	4639	16.58	5973	21.34	6083	21.74	5289	18.9
隆林各族自治县	77649	13145	16.93	15436	19.88	16318	21.02	14887	19.17
靖西市	116379	26107	22.43	28528	24.51	24486	21.04	18684	16.05
平果市	70847	21520	30.38	20078	28.34	13193	18.62	8743	12.34
贺州市	**314674**	**66237**	**21.05**	**69506**	**22.09**	**60011**	**19.07**	**49457**	**15.72**
八步区	93647	18169	19.4	20734	22.14	17830	19.04	14916	15.93
平桂区	53367	10797	20.23	10523	19.72	9607	18	8533	15.99
昭平县	58304	15521	26.62	13501	23.16	10682	18.32	8031	13.77
钟山县	62175	13129	21.12	13591	21.86	12390	19.93	10063	16.18
富川瑶族自治县	47181	8621	18.27	11157	23.65	9502	20.14	7914	16.77
河池市	**682647**	**180134**	**26.39**	**174782**	**25.6**	**137899**	**20.2**	**95762**	**14.03**
金城江区	38395	10222	26.62	10142	26.41	8047	20.96	5412	14.1
宜州区	114351	28665	25.07	29345	25.66	24670	21.57	17307	15.13
南丹县	45313	10148	22.4	10976	24.22	9120	20.13	6689	14.76
天峨县	28284	6757	23.89	7719	27.29	6306	22.3	3991	14.11
凤山县	39641	9844	24.83	10037	25.32	8085	20.4	5822	14.69
东兰县	58032	15503	26.71	15486	26.69	12149	20.94	8032	13.84
罗城仫佬族自治县	59611	17348	29.1	16262	27.28	12214	20.49	8057	13.52
环江毛南族自治县	66546	20860	31.35	18400	27.65	13352	20.06	8247	12.39
巴马瑶族自治县	48839	10613	21.73	11781	24.12	10068	20.61	7710	15.79
都安瑶族自治县	103227	28453	27.56	24142	23.39	19480	18.87	14160	13.72
大化瑶族自治县	80408	21721	27.01	20492	25.49	14408	17.92	10335	12.85
来宾市	**390780**	**101309**	**25.92**	**105384**	**26.97**	**80340**	**20.56**	**55341**	**14.16**
兴宾区	149001	40274	27.03	41487	27.84	30058	20.17	20932	14.05
忻城县	70985	19794	27.88	19035	26.82	14573	20.53	9766	13.76
象州县	57606	13010	22.58	15551	27	12523	21.74	8156	14.16
武宣县	66434	16569	24.94	17106	25.75	13076	19.68	9608	14.46
金秀瑶族自治县	28175	6995	24.83	7029	24.95	6129	21.75	4153	14.74
合山市	18579	4667	25.12	5176	27.86	3981	21.43	2726	14.67
崇左市	**415497**	**97165**	**23.39**	**107545**	**25.88**	**90389**	**21.75**	**64176**	**15.45**
江州区	58555	12366	21.12	13987	23.89	14002	23.91	9811	16.76
扶绥县	79338	19015	23.97	22561	28.44	17072	21.52	12369	15.59
宁明县	72144	15569	21.58	18207	25.24	15503	21.49	11478	15.91
龙州县	51238	10328	20.16	12932	25.24	11901	23.23	8512	16.61
大新县	64022	15375	24.02	16137	25.21	13489	21.07	9661	15.09
天等县	74637	21538	28.86	20036	26.84	14759	19.77	9657	12.94
凭祥市	15563	2974	19.11	3685	23.68	3663	23.54	2688	17.27

单位：户、%

五人户		六人户		七人户		八人户		九人户		十人及以上户	
户数	比重	户数	比重	户数	比重	户数	比重	户数	比重	户数	比重
4821	6.87	2204	3.14	590	0.84	175	0.25	50	0.07	37	0.05
4479	10.14	2249	5.09	602	1.36	139	0.31	33	0.07	23	0.05
4093	11.67	2558	7.29	1127	3.21	482	1.37	153	0.44	131	0.37
3188	10.28	1637	5.28	623	2.01	180	0.58	67	0.22	51	0.16
5452	10.73	2821	5.55	865	1.7	253	0.5	57	0.11	51	0.1
3159	11.29	1816	6.49	712	2.54	201	0.72	65	0.23	49	0.18
9273	11.94	5450	7.02	2056	2.65	653	0.84	258	0.33	173	0.22
10622	9.13	5312	4.56	1881	1.62	481	0.41	158	0.14	120	0.1
4276	6.04	2050	2.89	636	0.9	216	0.3	90	0.13	45	0.06
33206	**10.55**	**19698**	**6.26**	**9580**	**3.04**	**3914**	**1.24**	**1620**	**0.51**	**1445**	**0.46**
10429	11.14	6337	6.77	3013	3.22	1241	1.33	517	0.55	461	0.49
6040	11.32	3943	7.39	2183	4.09	911	1.71	422	0.79	408	0.76
5360	9.19	2932	5.03	1353	2.32	517	0.89	212	0.36	195	0.33
6457	10.39	3612	5.81	1688	2.71	727	1.17	285	0.46	233	0.37
4920	10.43	2874	6.09	1343	2.85	518	1.1	184	0.39	148	0.31
52460	**7.68**	**25591**	**3.75**	**9784**	**1.43**	**3593**	**0.53**	**1485**	**0.22**	**1157**	**0.17**
2750	7.16	1276	3.32	359	0.94	97	0.25	49	0.13	41	0.11
8785	7.68	3949	3.45	1166	1.02	321	0.28	93	0.08	50	0.04
4062	8.96	2229	4.92	1192	2.63	511	1.13	203	0.45	183	0.4
2263	8	865	3.06	290	1.03	60	0.21	21	0.07	12	0.04
3281	8.28	1653	4.17	618	1.56	205	0.52	59	0.15	37	0.09
4255	7.33	1898	3.27	495	0.85	133	0.23	48	0.08	33	0.06
3664	6.15	1511	2.53	415	0.7	97	0.16	36	0.06	7	0.01
3586	5.39	1487	2.23	438	0.66	111	0.17	38	0.06	27	0.04
4743	9.71	2365	4.84	929	1.9	361	0.74	152	0.31	117	0.24
8797	8.52	4703	4.56	2060	2	813	0.79	350	0.34	269	0.26
6274	7.8	3655	4.55	1822	2.27	884	1.1	436	0.54	381	0.47
27457	**7.03**	**13399**	**3.43**	**4849**	**1.24**	**1684**	**0.43**	**568**	**0.15**	**449**	**0.11**
9730	6.53	4227	2.84	1493	1	536	0.36	157	0.11	107	0.07
4644	6.54	2155	3.04	704	0.99	212	0.3	60	0.08	42	0.06
4532	7.87	2505	4.35	835	1.45	289	0.5	121	0.21	84	0.15
5212	7.85	2848	4.29	1217	1.83	476	0.72	157	0.24	165	0.25
2188	7.77	1131	4.01	384	1.36	94	0.33	44	0.16	28	0.1
1151	6.2	533	2.87	216	1.16	77	0.41	29	0.16	23	0.12
32466	**7.81**	**15963**	**3.84**	**5259**	**1.27**	**1512**	**0.36**	**550**	**0.13**	**472**	**0.11**
4798	8.19	2197	3.75	851	1.45	279	0.48	111	0.19	153	0.26
4769	6.01	2498	3.15	744	0.94	195	0.25	58	0.07	57	0.07
6061	8.4	3178	4.41	1327	1.84	475	0.66	197	0.27	149	0.21
4659	9.09	2192	4.28	566	1.1	102	0.2	32	0.06	14	0.03
5561	8.69	2816	4.4	753	1.18	160	0.25	38	0.06	32	0.05
5226	7	2315	3.1	759	1.02	214	0.29	89	0.12	44	0.06
1392	8.94	767	4.93	259	1.66	87	0.56	25	0.16	23	0.15

1-9 各地区

地 区	家庭户户数	一代户		二代户	
		户数	比重	户数	比重
总 计	**16215014**	**6797321**	**41.92**	**6575668**	**40.55**
南宁市	**2979316**	**1419973**	**47.66**	**1149468**	**38.58**
兴宁区	212478	105490	49.65	82660	38.9
青秀区	403993	220040	54.47	141453	35.01
江南区	339086	162311	47.87	134271	39.6
西乡塘区	569173	316425	55.59	195091	34.28
良庆区	194716	93682	48.11	79825	41
邕宁区	108765	46953	43.17	46692	42.93
武鸣区	223099	98364	44.09	89859	40.28
隆安县	107556	41145	38.25	44893	41.74
马山县	132947	52735	39.67	55213	41.53
上林县	125774	50685	40.3	51754	41.15
宾阳县	266942	110671	41.46	111407	41.73
横 县	294787	121472	41.21	116350	39.47
柳州市	**1395545**	**599784**	**42.98**	**559316**	**40.08**
城中区	82370	36599	44.43	34226	41.55
鱼峰区	204654	93042	45.46	79790	38.99
柳南区	222178	103608	46.63	88564	39.86
柳北区	170474	79934	46.89	67638	39.68
柳江区	158837	59864	37.69	67882	42.74
柳城县	105779	44095	41.69	41203	38.95
鹿寨县	115320	49689	43.09	44027	38.18
融安县	93837	42658	45.46	35327	37.65
融水苗族自治县	140016	54958	39.25	55910	39.93
三江侗族自治县	102080	35337	34.62	44749	43.84
桂林市	**1718580**	**765639**	**44.55**	**650975**	**37.88**
秀峰区	64132	34587	53.93	22450	35.01
叠彩区	76650	35954	46.91	31221	40.73
象山区	109535	53145	48.52	42749	39.03
七星区	149735	87844	58.67	46283	30.91
雁山区	20235	7265	35.9	8126	40.16
临桂区	177429	70572	39.77	70808	39.91
阳朔县	89732	32857	36.62	33319	37.13
灵川县	136049	53536	39.35	53158	39.07
全州县	209185	102504	49	80119	38.3
兴安县	105709	43007	40.68	41612	39.36
永福县	78529	31949	40.68	29815	37.97
灌阳县	83204	43277	52.01	31695	38.09
龙胜各族自治县	49409	19636	39.74	18172	36.78
资源县	52043	24304	46.7	20603	39.59
平乐县	125002	54712	43.77	48726	38.98
恭城瑶族自治县	80831	28630	35.42	31955	39.53
荔浦市	111171	41860	37.65	40164	36.13

家庭户类别

单位：户、%

三代户		四代户		五代及以上户	
户数	比重	户数	比重	户数	比重
2740198	**16.9**	**101718**	**0.63**	**109**	
398174	**13.36**	**11688**	**0.39**	**13**	
23981	11.29	346	0.16	1	
41833	10.35	665	0.16	2	
41849	12.34	653	0.19	2	
56756	9.97	899	0.16	2	
20790	10.68	419	0.22		
14726	13.54	393	0.36	1	
33678	15.1	1198	0.54		
20485	19.05	1031	0.96	2	
23893	17.97	1106	0.83		
22403	17.81	931	0.74	1	
43416	16.26	1447	0.54	1	
54364	18.44	2600	0.88	1	
228614	**16.38**	**7824**	**0.56**	**7**	
11333	13.76	212	0.26		
31074	15.18	747	0.37	1	
29400	13.23	606	0.27		
22519	13.21	383	0.22		
30178	19	913	0.57		
19599	18.53	881	0.83	1	
20830	18.06	773	0.67	1	
15088	16.08	763	0.81	1	
27692	19.78	1453	1.04	3	
20901	20.48	1093	1.07		
290019	**16.88**	**11935**	**0.69**	**12**	
6968	10.87	127	0.2		
9321	12.16	154	0.2		
13416	12.25	224	0.2	1	
15287	10.21	321	0.21		
4596	22.71	248	1.23		
34549	19.47	1497	0.84	3	
22348	24.91	1208	1.35		
27999	20.58	1355	1	1	
26057	12.46	505	0.24		
20238	19.15	851	0.81	1	
15889	20.23	873	1.11	3	
7944	9.55	288	0.35		
10891	22.04	710	1.44		
6881	13.22	255	0.49		
20626	16.5	936	0.75	2	
19344	23.93	902	1.12		
27665	24.89	1481	1.33	1	

1-9 续表 1

地　区	家庭户户数	一代户		二代户	
		户数	比重	户数	比重
梧州市	**889839**	**361748**	**40.65**	**369882**	**41.57**
万秀区	94521	43850	46.39	36748	38.88
长洲区	98147	39439	40.18	43904	44.73
龙圩区	86726	34527	39.81	36506	42.09
苍梧县	86706	32177	37.11	36452	42.04
藤　县	259224	107927	41.63	109352	42.18
蒙山县	55894	23853	42.68	20942	37.47
岑溪市	208621	79975	38.34	85978	41.21
北海市	**561441**	**221398**	**39.43**	**236274**	**42.08**
海城区	166156	70413	42.38	68424	41.18
银海区	96274	41847	43.47	41202	42.8
铁山港区	44989	17186	38.2	20274	45.06
合浦县	254022	91952	36.2	106374	41.88
防城港市	**314855**	**123468**	**39.21**	**133468**	**42.39**
港口区	75083	37076	49.38	27949	37.22
防城区	111481	38651	34.67	48641	43.63
上思县	66925	27324	40.83	29026	43.37
东兴市	61366	20417	33.27	27852	45.39
钦州市	**999745**	**391929**	**39.2**	**425618**	**42.57**
钦南区	194067	75642	38.98	82367	42.44
钦北区	213203	79637	37.35	90173	42.29
灵山县	378988	147329	38.87	170327	44.94
浦北县	213487	89321	41.84	82751	38.76
贵港市	**1333661**	**526801**	**39.5**	**566291**	**42.46**
港北区	227021	89030	39.22	98088	43.21
港南区	160225	67670	42.23	64453	40.23
覃塘区	135982	55105	40.52	56343	41.43
平南县	343544	135386	39.41	144953	42.19
桂平市	466889	179610	38.47	202454	43.36
玉林市	**1730592**	**688862**	**39.8**	**747300**	**43.18**
玉州区	253053	87346	34.52	113580	44.88
福绵区	93878	33163	35.33	42155	44.9
容　县	213301	94100	44.12	83879	39.32
陆川县	253947	114019	44.9	110087	43.35
博白县	400313	156081	38.99	179521	44.85
兴业县	169872	68909	40.57	69081	40.67
北流市	346228	135244	39.06	148997	43.03
百色市	**1161311**	**437041**	**37.63**	**466276**	**40.15**
右江区	146271	64394	44.02	52799	36.1
田阳区	103250	38202	37	40330	39.06
田东县	123138	48885	39.7	49489	40.19

单位：户、%

三代户		四代户		五代及以上户	
户数	比重	户数	比重	户数	比重
153359	**17.23**	**4849**	**0.54**	**1**	
13626	14.42	297	0.31		
14493	14.77	311	0.32		
15305	17.65	388	0.45		
17443	20.12	634	0.73		
40853	15.76	1092	0.42		
10545	18.87	554	0.99		
41094	19.7	1573	0.75	1	
101001	**17.99**	**2766**	**0.49**	**2**	
26659	16.04	659	0.4	1	
12809	13.3	416	0.43		
7322	16.28	207	0.46		
54211	21.34	1484	0.58	1	
56127	**17.83**	**1788**	**0.57**	**4**	
9834	13.1	224	0.3		
23411	21	777	0.7	1	
10319	15.42	255	0.38	1	
12563	20.47	532	0.87	2	
177872	**17.79**	**4323**	**0.43**	**3**	
35131	18.1	925	0.48	2	
42289	19.84	1104	0.52		
59928	15.81	1403	0.37	1	
40524	18.98	891	0.42		
232167	**17.41**	**8396**	**0.63**	**6**	
38475	16.95	1426	0.63	2	
26876	16.77	1224	0.76	2	
23288	17.13	1245	0.92	1	
60984	17.75	2221	0.65		
82544	17.68	2280	0.49	1	
285662	**16.51**	**8761**	**0.51**	**7**	
51030	20.17	1093	0.43	4	
18140	19.32	420	0.45		
34171	16.02	1151	0.54		
28975	11.41	866	0.34		
62320	15.57	2389	0.6	2	
30874	18.17	1007	0.59	1	
60152	17.37	1835	0.53		
245263	**21.12**	**12708**	**1.09**	**23**	
27906	19.08	1168	0.8	4	
23528	22.79	1189	1.15	1	
23909	19.42	855	0.69		

1-9 续表 2

地 区	家庭户户数	一代户		二代户	
		户数	比重	户数	比重
德保县	98276	40502	41.21	38804	39.48
那坡县	54326	18418	33.9	21626	39.81
凌云县	54179	17260	31.86	22420	41.38
乐业县	44347	14729	33.21	19940	44.96
田林县	71189	24430	34.32	28338	39.81
西林县	42634	13841	32.46	17707	41.53
隆林各族自治县	102748	30315	29.5	44026	42.85
靖西市	161730	56587	34.99	66832	41.32
平果市	159223	69478	43.64	63965	40.17
贺州市	**593073**	**215239**	**36.29**	**240574**	**40.56**
八步区	185079	66975	36.19	73401	39.66
平桂区	111563	36742	32.93	46339	41.54
昭平县	106615	41808	39.21	42191	39.57
钟山县	109470	41266	37.7	45537	41.6
富川瑶族自治县	80346	28448	35.41	33106	41.2
河池市	**1150062**	**466958**	**40.6**	**467424**	**40.64**
金城江区	122024	53005	43.44	47271	38.74
宜州区	181354	74258	40.95	70843	39.06
南丹县	91285	36871	40.39	37935	41.56
天峨县	45236	17094	37.79	19288	42.64
凤山县	56632	21453	37.88	24479	43.22
东兰县	78245	32222	41.18	30906	39.5
罗城仫佬族自治县	102830	44538	43.31	39173	38.09
环江毛南族自治县	102486	45804	44.69	41204	40.2
巴马瑶族自治县	73366	25383	34.6	31107	42.4
都安瑶族自治县	175645	67545	38.46	74029	42.15
大化瑶族自治县	120959	48785	40.33	51189	42.32
来宾市	**709597**	**303560**	**42.78**	**288982**	**40.72**
兴宾区	311988	133466	42.78	135393	43.4
忻城县	106457	44491	41.79	41871	39.33
象州县	94342	39537	41.91	35739	37.88
武宣县	114755	49944	43.52	45096	39.3
金秀瑶族自治县	43164	16894	39.14	16527	38.29
合山市	38891	19228	49.44	14356	36.91
崇左市	**677397**	**274921**	**40.58**	**273820**	**40.42**
江州区	121382	51015	42.03	51605	42.51
扶绥县	132337	58011	43.84	55241	41.74
宁明县	107345	41701	38.85	44627	41.57
龙州县	78412	28946	36.92	30347	38.7
大新县	93224	34920	37.46	35121	37.67
天等县	102432	43641	42.6	39250	38.32
凭祥市	42265	16687	39.48	17629	41.71

单位：户、%

三代户		四代户		五代及以上户	
户数	比重	户数	比重	户数	比重
18216	18.54	752	0.77	2	
13554	24.95	728	1.34		
13425	24.78	1074	1.98		
9207	20.76	471	1.06		
17233	24.21	1185	1.66	3	
10461	24.54	624	1.46	1	
26663	25.95	1740	1.69	4	
36462	22.54	1843	1.14	6	
24699	15.51	1079	0.68	2	
129673	**21.86**	**7578**	**1.28**	**9**	
42280	22.84	2420	1.31	3	
26958	24.16	1523	1.37	1	
21333	20.01	1281	1.2	2	
21483	19.62	1182	1.08	2	
17619	21.93	1172	1.46	1	
206918	**17.99**	**8758**	**0.76**	**4**	
21062	17.26	685	0.56	1	
34807	19.19	1446	0.8		
15892	17.41	586	0.64	1	
8523	18.84	331	0.73		
10204	18.02	496	0.88		
14570	18.62	547	0.7		
18050	17.55	1068	1.04	1	
14942	14.58	536	0.52		
16098	21.94	778	1.06		
32601	18.56	1470	0.84		
20169	16.67	815	0.67	1	
112534	**15.86**	**4514**	**0.64**	**7**	
42035	13.47	1094	0.35		
19166	18	929	0.87		
18143	19.23	920	0.98	3	
18921	16.49	793	0.69	1	
9087	21.05	653	1.51	3	0.01
5182	13.32	125	0.32		
122815	**18.13**	**5830**	**0.86**	**11**	
18127	14.93	633	0.52	2	
18553	14.02	531	0.4	1	
20162	18.78	854	0.8	1	
17953	22.9	1163	1.48	3	
21680	23.26	1500	1.61	3	
18615	18.17	925	0.9	1	
7725	18.28	224	0.53		

1-9a 各地区

地 区	家庭户户数	一代户		二代户	
		户数	比重	户数	比重
总 计	**4744710**	**2192093**	**46.2**	**1871014**	**39.43**
南宁市	**1577609**	**835332**	**52.95**	**573839**	**36.37**
兴宁区	179251	91835	51.23	68678	38.31
青秀区	364100	200399	55.04	126664	34.79
江南区	274295	134178	48.92	106707	38.9
西乡塘区	496118	283808	57.21	164053	33.07
良庆区	149470	73702	49.31	60556	40.51
邕宁区	48056	22021	45.82	20299	42.24
武鸣区	66319	29389	44.31	26882	40.53
隆安县					
马山县					
上林县					
宾阳县					
横 县					
柳州市	**691900**	**313194**	**45.27**	**281725**	**40.72**
城中区	81367	36174	44.46	33889	41.65
鱼峰区	182973	84081	45.95	71700	39.19
柳南区	191222	89244	46.67	77445	40.5
柳北区	158039	74109	46.89	63391	40.11
柳江区	78299	29586	37.79	35300	45.08
柳城县					
鹿寨县					
融安县					
融水苗族自治县					
三江侗族自治县					
桂林市	**496379**	**250907**	**50.55**	**181146**	**36.49**
秀峰区	64132	34587	53.93	22450	35.01
叠彩区	65592	30976	47.23	26917	41.04
象山区	108431	52901	48.79	42256	38.97
七星区	139638	82782	59.28	42428	30.38
雁山区	2945	1420	48.22	1002	34.02
临桂区	83116	34399	41.39	34052	40.97
阳朔县					
灵川县					
全州县					
兴安县					
永福县					
灌阳县					
龙胜各族自治县					
资源县					
平乐县					
恭城瑶族自治县					
荔浦市	32525	13842	42.56	12041	37.02

家庭户类别（城市）

单位：户、%

三代户		四代户		五代及以上户	
户数	比重	户数	比重	户数	比重
666572	**14.05**	**15002**	**0.32**	**29**	
166155	**10.53**	**2278**	**0.14**	**5**	
18530	10.34	208	0.12		
36580	10.05	455	0.12	2	
33060	12.05	349	0.13	1	
47578	9.59	678	0.14	1	
14962	10.01	250	0.17		
5629	11.71	106	0.22	1	
9816	14.8	232	0.35		
95121	**13.75**	**1859**	**0.27**	**1**	
11097	13.64	207	0.25		
26602	14.54	589	0.32	1	
24105	12.61	428	0.22		
20228	12.8	311	0.2		
13089	16.72	324	0.41		
62947	**12.68**	**1377**	**0.28**	**2**	
6968	10.87	127	0.2		
7613	11.61	86	0.13		
13067	12.05	206	0.19	1	
14127	10.12	301	0.22		
486	16.5	37	1.26		
14308	17.21	356	0.43	1	
6378	19.61	264	0.81		

1-9a 续表 1

地 区	家庭户户数	一代户		二代户	
		户数	比重	户数	比重
梧州市	**261897**	**106451**	**40.65**	**112662**	**43.02**
万秀区	77715	37591	48.37	30503	39.25
长洲区	88823	35702	40.19	40274	45.34
龙圩区	35018	13695	39.11	14847	42.4
苍梧县					
藤 县					
蒙山县					
岑溪市	60341	19463	32.26	27038	44.81
北海市	**205375**	**89847**	**43.75**	**84094**	**40.95**
海城区	139117	59081	42.47	56728	40.78
银海区	61834	28927	46.78	25599	41.4
铁山港区	4424	1839	41.57	1767	39.94
合浦县					
防城港市	**137685**	**55878**	**40.58**	**58318**	**42.36**
港口区	54845	28236	51.48	19939	36.36
防城区	43465	14269	32.83	19328	44.47
上思县					
东兴市	39375	13373	33.96	19051	48.38
钦州市	**149992**	**56358**	**37.57**	**66220**	**44.15**
钦南区	87203	33725	38.67	37494	43
钦北区	62789	22633	36.05	28726	45.75
灵山县					
浦北县					
贵港市	**265037**	**103843**	**39.18**	**113526**	**42.83**
港北区	139795	55095	39.41	61013	43.64
港南区	31762	10376	32.67	14362	45.22
覃塘区	31178	12833	41.16	12606	40.43
平南县					
桂平市	62302	25539	40.99	25545	41
玉林市	**270636**	**96773**	**35.76**	**120053**	**44.36**
玉州区	191847	70196	36.59	84797	44.2
福绵区	14312	3582	25.03	6767	47.28
容 县					
陆川县					
博白县					
兴业县					
北流市	64477	22995	35.66	28489	44.18
百色市	**262554**	**107690**	**41.02**	**104567**	**39.83**
右江区	99034	48620	49.09	34743	35.08
田阳区	51321	16954	33.04	21301	41.51
田东县					

单位：户、%

三代户		四代户		五代及以上户	
户数	比重	户数	比重	户数	比重
41806	**15.96**	**977**	**0.37**	**1**	
9492	12.21	129	0.17		
12637	14.23	210	0.24		
6334	18.09	142	0.41		
13343	22.11	496	0.82	1	
30633	**14.92**	**800**	**0.39**	**1**	
22735	16.34	572	0.41	1	
7093	11.47	215	0.35		
805	18.2	13	0.29		
22763	**16.53**	**724**	**0.53**	**2**	
6554	11.95	116	0.21		
9511	21.88	357	0.82		
6698	17.01	251	0.64	2	0.01
26857	**17.91**	**555**	**0.37**	**2**	
15676	17.98	306	0.35	2	
11181	17.81	249	0.4		
46268	**17.46**	**1397**	**0.53**	**3**	
23041	16.48	645	0.46	1	
6761	21.29	261	0.82	2	0.01
5480	17.58	259	0.83		
10986	17.63	232	0.37		
52638	**19.45**	**1168**	**0.43**	**4**	
36166	18.85	684	0.36	4	
3870	27.04	93	0.65		
12602	19.54	391	0.61		
48569	**18.5**	**1722**	**0.66**	**6**	
15348	15.5	320	0.32	3	
12517	24.39	549	1.07		

1-9a 续表 2

地 区	家庭户户数	一代户		二代户	
		户数	比重	户数	比重
德保县					
那坡县					
凌云县					
乐业县					
田林县					
西林县					
隆林各族自治县					
靖西市	36243	12439	34.32	15442	42.61
平果市	75956	29677	39.07	33081	43.55
贺州市	**89595**	**33127**	**36.97**	**36771**	**41.04**
八步区	52674	20576	39.06	21110	40.08
平桂区	36921	12551	33.99	15661	42.42
昭平县					
钟山县					
富川瑶族自治县					
河池市	**133318**	**58031**	**43.53**	**50749**	**38.07**
金城江区	77618	34062	43.88	29957	38.6
宜州区	55700	23969	43.03	20792	37.33
南丹县					
天峨县					
凤山县					
东兰县					
罗城仫佬族自治县					
环江毛南族自治县					
巴马瑶族自治县					
都安瑶族自治县					
大化瑶族自治县					
来宾市	**133234**	**52567**	**39.45**	**58963**	**44.26**
兴宾区	117278	43726	37.28	53593	45.7
忻城县					
象州县					
武宣县					
金秀瑶族自治县					
合山市	15956	8841	55.41	5370	33.66
崇左市	**69499**	**32095**	**46.18**	**28381**	**40.84**
江州区	47876	22819	47.66	19622	40.99
扶绥县					
宁明县					
龙州县					
大新县					
天等县					
凭祥市	21623	9276	42.9	8759	40.51

单位：户、%

三代户		四代户		五代及以上户	
户数	比重	户数	比重	户数	比重
8033	22.16	327	0.9	2	0.01
12671	16.68	526	0.69	1	
18906	**21.1**	**791**	**0.88**		
10630	20.18	358	0.68		
8276	22.42	433	1.17		
23835	**17.88**	**702**	**0.53**	**1**	
13213	17.02	385	0.5	1	
10622	19.07	317	0.57		
21251	**15.95**	**453**	**0.34**		
19535	16.66	424	0.36		
1716	10.75	29	0.18		
8823	**12.7**	**199**	**0.29**	**1**	
5301	11.07	133	0.28	1	
3522	16.29	66	0.31		

1-9b 各地区

地　区	家庭户户数	一代户		二代户	
		户数	比重	户数	比重
总　计	**3710344**	**1458604**	**39.31**	**1540498**	**41.52**
南宁市	**452082**	**185954**	**41.13**	**183320**	**40.55**
兴宁区	7541	2912	38.62	3000	39.78
青秀区	11874	5935	49.98	4257	35.85
江南区	19527	8243	42.21	8317	42.59
西乡塘区	21235	11180	52.65	7407	34.88
良庆区	10291	4465	43.39	4278	41.57
邕宁区	8854	3898	44.03	3553	40.13
武鸣区	37411	17116	45.75	14350	38.36
隆安县	34325	13450	39.18	14439	42.07
马山县	35779	12419	34.71	15505	43.34
上林县	39089	15064	38.54	16562	42.37
宾阳县	112970	47016	41.62	46270	40.96
横　县	113186	44256	39.1	45382	40.1
柳州市	**274271**	**117065**	**42.68**	**105799**	**38.57**
城中区					
鱼峰区	6521	3071	47.09	2377	36.45
柳南区	19906	9774	49.1	7025	35.29
柳北区	2480	1474	59.44	731	29.48
柳江区	15872	6130	38.62	6191	39.01
柳城县	47742	20133	42.17	18572	38.9
鹿寨县	61048	26640	43.64	23015	37.7
融安县	38731	16229	41.9	15059	38.88
融水苗族自治县	54138	23619	43.63	20276	37.45
三江侗族自治县	27833	9995	35.91	12553	45.1
桂林市	**398687**	**169471**	**42.51**	**161198**	**40.43**
秀峰区					
叠彩区	1238	770	62.2	358	28.92
象山区					
七星区	8848	4595	51.93	3369	38.08
雁山区	902	505	55.99	261	28.94
临桂区	14898	6307	42.33	5371	36.05
阳朔县	28071	12009	42.78	9956	35.47
灵川县	65610	27670	42.17	27747	42.29
全州县	68253	29430	43.12	30001	43.96
兴安县	37778	14423	38.18	16328	43.22
永福县	29340	12504	42.62	10809	36.84
灌阳县	30509	13903	45.57	13409	43.95
龙胜各族自治县	17193	7229	42.05	6680	38.85
资源县	16947	7049	41.59	7647	45.12
平乐县	36550	17168	46.97	13288	36.36
恭城瑶族自治县	26223	10318	39.35	10279	39.2
荔浦市	16327	5591	34.24	5695	34.88

家庭户类别（镇）

单位：户、%

三代户		四代户		五代及以上户	
户数	比重	户数	比重	户数	比重
685641	**18.48**	**25580**	**0.69**	**21**	
79723	**17.63**	**3082**	**0.68**	**3**	
1588	21.06	41	0.54		
1602	13.49	80	0.67		
2875	14.72	92	0.47		
2576	12.13	71	0.33	1	
1502	14.6	46	0.45		
1352	15.27	51	0.58		
5768	15.42	177	0.47		
6210	18.09	225	0.66	1	
7518	21.01	337	0.94		
7209	18.44	254	0.65		
19062	16.87	622	0.55		
22461	19.84	1086	0.96	1	
49489	**18.04**	**1916**	**0.7**	**2**	
1050	16.1	23	0.35		
3014	15.14	93	0.47		
267	10.77	8	0.32		
3432	21.62	119	0.75		
8695	18.21	342	0.72		
11034	18.07	358	0.59	1	
7127	18.4	316	0.82		
9781	18.07	461	0.85	1	
5089	18.28	196	0.7		
65644	**16.47**	**2372**	**0.59**	**2**	
108	8.72	2	0.16		
874	9.88	10	0.11		
130	14.41	6	0.67		
3063	20.56	156	1.05	1	0.01
5822	20.74	284	1.01		
9982	15.21	211	0.32		
8661	12.69	161	0.24		
6819	18.05	208	0.55		
5752	19.6	274	0.93	1	
3102	10.17	95	0.31		
3147	18.3	137	0.8		
2192	12.93	59	0.35		
5855	16.02	239	0.65		
5419	20.67	207	0.79		
4718	28.9	323	1.98		

1-9b 续表 1

地 区	家庭户户数	一代户		二代户	
		户数	比重	户数	比重
梧州市	**209459**	**78206**	**37.34**	**88473**	**42.24**
万秀区	3572	1503	42.08	1291	36.14
长洲区	1329	690	51.92	441	33.18
龙圩区	11553	4878	42.22	4926	42.64
苍梧县	23214	8121	34.98	9804	42.23
藤 县	107975	39273	36.37	47640	44.12
蒙山县	20095	7629	37.96	7910	39.36
岑溪市	41721	16112	38.62	16461	39.45
北海市	**97918**	**36615**	**37.39**	**41556**	**42.44**
海城区	679	295	43.45	278	40.94
银海区	6436	2634	40.93	2710	42.11
铁山港区	2363	941	39.82	1026	43.42
合浦县	88440	32745	37.03	37542	42.45
防城港市	**53050**	**19842**	**37.4**	**22471**	**42.36**
港口区	10548	4186	39.69	4475	42.43
防城区	13596	4920	36.19	5836	42.92
上思县	23506	9065	38.56	10090	42.93
东兴市	5400	1671	30.94	2070	38.33
钦州市	**246193**	**92516**	**37.58**	**104667**	**42.51**
钦南区	33186	13970	42.1	13750	41.43
钦北区	38385	13956	36.36	15617	40.69
灵山县	110500	38319	34.68	50266	45.49
浦北县	64122	26271	40.97	25034	39.04
贵港市	**354472**	**130892**	**36.93**	**152545**	**43.03**
港北区	13861	5334	38.48	5743	41.43
港南区	21086	9025	42.8	8445	40.05
覃塘区	26934	10407	38.64	11245	41.75
平南县	166789	59585	35.72	72113	43.24
桂平市	125802	46541	37	54999	43.72
玉林市	**511249**	**198634**	**38.85**	**222889**	**43.6**
玉州区	15176	4348	28.65	7264	47.87
福绵区	20698	7856	37.96	8980	43.39
容 县	81879	33969	41.49	32661	39.89
陆川县	105755	47282	44.71	46418	43.89
博白县	151878	55080	36.27	69595	45.82
兴业县	56323	21189	37.62	23137	41.08
北流市	79540	28910	36.35	34834	43.79
百色市	**212078**	**79227**	**37.36**	**87746**	**41.37**
右江区	3223	915	28.39	1357	42.1
田阳区	3165	1331	42.05	1162	36.71
田东县	53391	21856	40.94	21470	40.21

单位：户、%

三代户		四代户		五代及以上户	
户数	比重	户数	比重	户数	比重
41377	**19.75**	**1403**	**0.67**		
752	21.05	26	0.73		
192	14.45	6	0.45		
1707	14.78	42	0.36		
5087	21.91	202	0.87		
20502	18.99	560	0.52		
4340	21.6	216	1.07		
8797	21.09	351	0.84		
19189	**19.6**	**557**	**0.57**	**1**	
106	15.61				
1070	16.63	22	0.34		
387	16.38	9	0.38		
17626	19.93	526	0.59	1	
10384	**19.57**	**352**	**0.66**	**1**	
1833	17.38	54	0.51		
2750	20.23	90	0.66		
4235	18.02	115	0.49	1	
1566	29	93	1.72		
47694	**19.37**	**1315**	**0.53**	**1**	
5301	15.97	165	0.5		
8535	22.24	277	0.72		
21370	19.34	544	0.49	1	
12488	19.48	329	0.51		
68496	**19.32**	**2538**	**0.72**	**1**	
2675	19.3	108	0.78	1	0.01
3475	16.48	141	0.67		
4998	18.56	284	1.05		
33823	20.28	1268	0.76		
23525	18.7	737	0.59		
86873	**16.99**	**2851**	**0.56**	**2**	
3447	22.71	117	0.77		
3776	18.24	86	0.42		
14799	18.07	450	0.55		
11728	11.09	327	0.31		
26205	17.25	997	0.66	1	
11617	20.63	379	0.67	1	
15301	19.24	495	0.62		
43219	**20.38**	**1884**	**0.89**	**2**	
905	28.08	46	1.43		
633	20	39	1.23		
9778	18.31	287	0.54		

1-9b 续表 2

地 区	家庭户户数	一代户		二代户	
		户数	比重	户数	比重
德保县	28089	10946	38.97	11448	40.76
那坡县	10133	3625	35.77	3967	39.15
凌云县	19100	5854	30.65	8405	44.01
乐业县	13335	4667	35	6008	45.05
田林县	20367	8341	40.95	8312	40.81
西林县	14648	5566	38	6156	42.03
隆林各族自治县	25099	7678	30.59	10928	43.54
靖西市	9108	2688	29.51	3871	42.5
平果市	12420	5760	46.38	4662	37.54
贺州市	**188804**	**69041**	**36.57**	**76544**	**40.54**
八步区	38758	13397	34.57	15173	39.15
平桂区	21275	6692	31.45	8735	41.06
昭平县	48311	17893	37.04	19602	40.57
钟山县	47295	19087	40.36	19052	40.28
富川瑶族自治县	33165	11972	36.1	13982	42.16
河池市	**334097**	**124163**	**37.16**	**141931**	**42.48**
金城江区	6011	2921	48.59	2153	35.82
宜州区	11303	5140	45.47	4128	36.52
南丹县	45972	19657	42.76	18638	40.54
天峨县	16952	5525	32.59	7996	47.17
凤山县	16991	5242	30.85	8371	49.27
东兰县	20213	7703	38.11	8248	40.81
罗城仫佬族自治县	43219	18601	43.04	16102	37.26
环江毛南族自治县	35940	14664	40.8	15213	42.33
巴马瑶族自治县	24527	7398	30.16	10981	44.77
都安瑶族自治县	72418	24089	33.26	31557	43.58
大化瑶族自治县	40551	13223	32.61	18544	45.73
来宾市	**185583**	**79081**	**42.61**	**73290**	**39.49**
兴宾区	45709	20238	44.28	19225	42.06
忻城县	35472	13237	37.32	14720	41.5
象州县	36736	15840	43.12	13654	37.17
武宣县	48321	21442	44.37	18636	38.57
金秀瑶族自治县	14989	5857	39.08	5672	37.84
合山市	4356	2467	56.63	1383	31.75
崇左市	**192401**	**77897**	**40.49**	**78069**	**40.58**
江州区	14951	6223	41.62	6040	40.4
扶绥县	52999	23037	43.47	21696	40.94
宁明县	35201	14288	40.59	14362	40.8
龙州县	27174	11246	41.39	10544	38.8
大新县	29202	10444	35.76	11812	40.45
天等县	27795	10346	37.22	11616	41.79
凭祥市	5079	2313	45.54	1999	39.36

单位：户、%

三代户		四代户		五代及以上户	
户数	比重	户数	比重	户数	比重
5547	19.75	148	0.53		
2414	23.82	127	1.25		
4513	23.63	328	1.72		
2576	19.32	84	0.63		
3578	17.57	135	0.66	1	
2799	19.11	127	0.87		
6149	24.5	343	1.37	1	
2422	26.59	127	1.39		
1905	15.34	93	0.75		
40955	**21.69**	**2263**	**1.2**	**1**	
9621	24.82	566	1.46	1	
5541	26.04	307	1.44		
10230	21.18	586	1.21		
8712	18.42	444	0.94		
6851	20.66	360	1.09		
65323	**19.55**	**2678**	**0.8**	**2**	
898	14.94	39	0.65		
1956	17.31	79	0.7		
7434	16.17	242	0.53	1	
3329	19.64	102	0.6		
3243	19.09	135	0.79		
4123	20.4	139	0.69		
8102	18.75	413	0.96	1	
5899	16.41	164	0.46		
5903	24.07	245	1		
15969	22.05	803	1.11		
8467	20.88	317	0.78		
31985	**17.23**	**1225**	**0.66**	**2**	
6054	13.24	192	0.42		
7215	20.34	300	0.85		
6954	18.93	286	0.78	2	0.01
7981	16.52	262	0.54		
3286	21.92	174	1.16		
495	11.36	11	0.25		
35290	**18.34**	**1144**	**0.59**	**1**	
2598	17.38	90	0.6		
8080	15.25	186	0.35		
6366	18.08	185	0.53		
5196	19.12	188	0.69		
6646	22.76	300	1.03		
5654	20.34	178	0.64	1	
750	14.77	17	0.33		

1-9c 各地区

地 区	家庭户户数	一代户		二代户	
		户数	比重	户数	比重
总 计	**7759960**	**3146624**	**40.55**	**3164156**	**40.78**
南宁市	**949625**	**398687**	**41.98**	**392309**	**41.31**
兴宁区	25686	10743	41.82	10982	42.75
青秀区	28019	13706	48.92	10532	37.59
江南区	45264	19890	43.94	19247	42.52
西乡塘区	51820	21437	41.37	23631	45.6
良庆区	34955	15515	44.39	14991	42.89
邕宁区	51855	21034	40.56	22840	44.05
武鸣区	119369	51859	43.44	48627	40.74
隆安县	73231	27695	37.82	30454	41.59
马山县	97168	40316	41.49	39708	40.87
上林县	86685	35621	41.09	35192	40.6
宾阳县	153972	63655	41.34	65137	42.3
横 县	181601	77216	42.52	70968	39.08
柳州市	**429374**	**169525**	**39.48**	**171792**	**40.01**
城中区	1003	425	42.37	337	33.6
鱼峰区	15160	5890	38.85	5713	37.68
柳南区	11050	4590	41.54	4094	37.05
柳北区	9955	4351	43.71	3516	35.32
柳江区	64666	24148	37.34	26391	40.81
柳城县	58037	23962	41.29	22631	38.99
鹿寨县	54272	23049	42.47	21012	38.72
融安县	55106	26429	47.96	20268	36.78
融水苗族自治县	85878	31339	36.49	35634	41.49
三江侗族自治县	74247	25342	34.13	32196	43.36
桂林市	**823514**	**345261**	**41.93**	**308631**	**37.48**
秀峰区					
叠彩区	9820	4208	42.85	3946	40.18
象山区	1104	244	22.1	493	44.66
七星区	1249	467	37.39	486	38.91
雁山区	16388	5340	32.58	6863	41.88
临桂区	79415	29866	37.61	31385	39.52
阳朔县	61661	20848	33.81	23363	37.89
灵川县	70439	25866	36.72	25411	36.08
全州县	140932	73074	51.85	50118	35.56
兴安县	67931	28584	42.08	25284	37.22
永福县	49189	19445	39.53	19006	38.64
灌阳县	52695	29374	55.74	18286	34.7
龙胜各族自治县	32216	12407	38.51	11492	35.67
资源县	35096	17255	49.17	12956	36.92
平乐县	88452	37544	42.45	35438	40.06
恭城瑶族自治县	54608	18312	33.53	21676	39.69
荔浦市	62319	22427	35.99	22428	35.99

家庭户类别（乡村）

单位：户、%

三代户		四代户		五代及以上户	
户数	比重	户数	比重	户数	比重
1387985	**17.89**	**61136**	**0.79**	**59**	
152296	**16.04**	**6328**	**0.67**	**5**	
3863	15.04	97	0.38	1	
3651	13.03	130	0.46		
5914	13.07	212	0.47	1	
6602	12.74	150	0.29		
4326	12.38	123	0.35		
7745	14.94	236	0.46		
18094	15.16	789	0.66		
14275	19.49	806	1.1	1	
16375	16.85	769	0.79		
15194	17.53	677	0.78	1	
24354	15.82	825	0.54	1	
31903	17.57	1514	0.83		
84004	**19.56**	**4049**	**0.94**	**4**	
236	23.53	5	0.5		
3422	22.57	135	0.89		
2281	20.64	85	0.77		
2024	20.33	64	0.64		
13657	21.12	470	0.73		
10904	18.79	539	0.93	1	
9796	18.05	415	0.76		
7961	14.45	447	0.81	1	
17911	20.86	992	1.16	2	
15812	21.3	897	1.21		
161428	**19.6**	**8186**	**0.99**	**8**	
1600	16.29	66	0.67		
349	31.61	18	1.63		
286	22.9	10	0.8		
3980	24.29	205	1.25		
17178	21.63	985	1.24	1	
16526	26.8	924	1.5		
18017	25.58	1144	1.62	1	
17396	12.34	344	0.24		
13419	19.75	643	0.95	1	
10137	20.61	599	1.22	2	
4842	9.19	193	0.37		
7744	24.04	573	1.78		
4689	13.36	196	0.56		
14771	16.7	697	0.79	2	
13925	25.5	695	1.27		
16569	26.59	894	1.43	1	

1-9c 续表 1

地 区	家庭户户数	一代户		二代户	
		户数	比重	户数	比重
梧州市	**418483**	**177091**	**42.32**	**168747**	**40.32**
万秀区	13234	4756	35.94	4954	37.43
长洲区	7995	3047	38.11	3189	39.89
龙圩区	40155	15954	39.73	16733	41.67
苍梧县	63492	24056	37.89	26648	41.97
藤 县	151249	68654	45.39	61712	40.8
蒙山县	35799	16224	45.32	13032	36.4
岑溪市	106559	44400	41.67	42479	39.86
北海市	**258148**	**94936**	**36.78**	**110624**	**42.85**
海城区	26360	11037	41.87	11418	43.32
银海区	28004	10286	36.73	12893	46.04
铁山港区	38202	14406	37.71	17481	45.76
合浦县	165582	59207	35.76	68832	41.57
防城港市	**124120**	**47748**	**38.47**	**52679**	**42.44**
港口区	9690	4654	48.03	3535	36.48
防城区	54420	19462	35.76	23477	43.14
上思县	43419	18259	42.05	18936	43.61
东兴市	16591	5373	32.39	6731	40.57
钦州市	**603560**	**243055**	**40.27**	**254731**	**42.2**
钦南区	73678	27947	37.93	31123	42.24
钦北区	112029	43048	38.43	45830	40.91
灵山县	268488	109010	40.6	120061	44.72
浦北县	149365	63050	42.21	57717	38.64
贵港市	**714152**	**292066**	**40.9**	**300220**	**42.04**
港北区	73365	28601	38.98	31332	42.71
港南区	107377	48269	44.95	41646	38.78
覃塘区	77870	31865	40.92	32492	41.73
平南县	176755	75801	42.88	72840	41.21
桂平市	278785	107530	38.57	121910	43.73
玉林市	**948707**	**393455**	**41.47**	**404358**	**42.62**
玉州区	46030	12802	27.81	21519	46.75
福绵区	58868	21725	36.9	26408	44.86
容 县	131422	60131	45.75	51218	38.97
陆川县	148192	66737	45.03	63669	42.96
博白县	248435	101001	40.65	109926	44.25
兴业县	113549	47720	42.03	45944	40.46
北流市	202211	83339	41.21	85674	42.37
百色市	**686679**	**250124**	**36.43**	**273963**	**39.9**
右江区	44014	14859	33.76	16699	37.94
田阳区	48764	19917	40.84	17867	36.64
田东县	69747	27029	38.75	28019	40.17

单位：户、%

三代户		四代户		五代及以上户	
户数	比重	户数	比重	户数	比重
70176	**16.77**	**2469**	**0.59**		
3382	25.56	142	1.07		
1664	20.81	95	1.19		
7264	18.09	204	0.51		
12356	19.46	432	0.68		
20351	13.46	532	0.35		
6205	17.33	338	0.94		
18954	17.79	726	0.68		
51179	**19.83**	**1409**	**0.55**		
3818	14.48	87	0.33		
4646	16.59	179	0.64		
6130	16.05	185	0.48		
36585	22.09	958	0.58		
22980	**18.51**	**712**	**0.57**	**1**	
1447	14.93	54	0.56		
11150	20.49	330	0.61	1	
6084	14.01	140	0.32		
4299	25.91	188	1.13		
103321	**17.12**	**2453**	**0.41**		
14154	19.21	454	0.62		
22573	20.15	578	0.52		
38558	14.36	859	0.32		
28036	18.77	562	0.38		
117403	**16.44**	**4461**	**0.62**	**2**	
12759	17.39	673	0.92		
16640	15.5	822	0.77		
12810	16.45	702	0.9	1	
27161	15.37	953	0.54		
48033	17.23	1311	0.47	1	
146151	**15.41**	**4742**	**0.5**	**1**	
11417	24.8	292	0.63		
10494	17.83	241	0.41		
19372	14.74	701	0.53		
17247	11.64	539	0.36		
36115	14.54	1392	0.56	1	
19257	16.96	628	0.55		
32249	15.95	949	0.47		
153475	**22.35**	**9102**	**1.33**	**15**	
11653	26.48	802	1.82	1	
10378	21.28	601	1.23	1	
14131	20.26	568	0.81		

1-9c　续表 2

地　区	家庭户户数	一代户		二代户	
		户数	比重	户数	比重
德保县	70187	29556	42.11	27356	38.98
那坡县	44193	14793	33.47	17659	39.96
凌云县	35079	11406	32.52	14015	39.95
乐业县	31012	10062	32.45	13932	44.92
田林县	50822	16089	31.66	20026	39.4
西林县	27986	8275	29.57	11551	41.27
隆林各族自治县	77649	22637	29.15	33098	42.63
靖西市	116379	41460	35.62	47519	40.83
平果市	70847	34041	48.05	26222	37.01
贺州市	**314674**	**113071**	**35.93**	**127259**	**40.44**
八步区	93647	33002	35.24	37118	39.64
平桂区	53367	17499	32.79	21943	41.12
昭平县	58304	23915	41.02	22589	38.74
钟山县	62175	22179	35.67	26485	42.6
富川瑶族自治县	47181	16476	34.92	19124	40.53
河池市	**682647**	**284764**	**41.71**	**274744**	**40.25**
金城江区	38395	16022	41.73	15161	39.49
宜州区	114351	45149	39.48	45923	40.16
南丹县	45313	17214	37.99	19297	42.59
天峨县	28284	11569	40.9	11292	39.92
凤山县	39641	16211	40.89	16108	40.63
东兰县	58032	24519	42.25	22658	39.04
罗城仫佬族自治县	59611	25937	43.51	23071	38.7
环江毛南族自治县	66546	31140	46.79	25991	39.06
巴马瑶族自治县	48839	17985	36.83	20126	41.21
都安瑶族自治县	103227	43456	42.1	42472	41.14
大化瑶族自治县	80408	35562	44.23	32645	40.6
来宾市	**390780**	**171912**	**43.99**	**156729**	**40.11**
兴宾区	149001	69502	46.65	62575	42
忻城县	70985	31254	44.03	27151	38.25
象州县	57606	23697	41.14	22085	38.34
武宣县	66434	28502	42.9	26460	39.83
金秀瑶族自治县	28175	11037	39.17	10855	38.53
合山市	18579	7920	42.63	7603	40.92
崇左市	**415497**	**164929**	**39.69**	**167370**	**40.28**
江州区	58555	21973	37.53	25943	44.31
扶绥县	79338	34974	44.08	33545	42.28
宁明县	72144	27413	38	30265	41.95
龙州县	51238	17700	34.54	19803	38.65
大新县	64022	24476	38.23	23309	36.41
天等县	74637	33295	44.61	27634	37.02
凭祥市	15563	5098	32.76	6871	44.15

单位:户、%

三代户		四代户		五代及以上户	
户数	比重	户数	比重	户数	比重
12669	18.05	604	0.86	2	
11140	25.21	601	1.36		
8912	25.41	746	2.13		
6631	21.38	387	1.25		
13655	26.87	1050	2.07	2	
7662	27.38	497	1.78	1	
20514	26.42	1397	1.8	3	
26007	22.35	1389	1.19	4	
10123	14.29	460	0.65	1	
69812	**22.19**	**4524**	**1.44**	**8**	
22029	23.52	1496	1.6	2	
13141	24.62	783	1.47	1	
11103	19.04	695	1.19	2	
12771	20.54	738	1.19	2	
10768	22.82	812	1.72	1	
117760	**17.25**	**5378**	**0.79**	**1**	
6951	18.1	261	0.68		
22229	19.44	1050	0.92		
8458	18.67	344	0.76		
5194	18.36	229	0.81		
6961	17.56	361	0.91		
10447	18	408	0.7		
9948	16.69	655	1.1		
9043	13.59	372	0.56		
10195	20.87	533	1.09		
16632	16.11	667	0.65		
11702	14.55	498	0.62	1	
59298	**15.17**	**2836**	**0.73**	**5**	
16446	11.04	478	0.32		
11951	16.84	629	0.89		
11189	19.42	634	1.1	1	
10940	16.47	531	0.8	1	
5801	20.59	479	1.7	3	0.01
2971	15.99	85	0.46		
78702	**18.94**	**4487**	**1.08**	**9**	
10228	17.47	410	0.7	1	
10473	13.2	345	0.43	1	
13796	19.12	669	0.93	1	
12757	24.9	975	1.9	3	0.01
15034	23.48	1200	1.87	3	
12961	17.37	747	1		
3453	22.19	141	0.91		

1-10 各地区分性别、月份的出生人口
(2019.11.1-2020.10.31)

单位:人

地区	出生人口			2019年11月			2019年12月		
	合计	男	女	小计	男	女	小计	男	女
总计	**568245**	**303315**	**264930**	**60450**	**31895**	**28555**	**54806**	**29125**	**25681**
南宁市	**97841**	**52638**	**45203**	**10376**	**5480**	**4896**	**9657**	**5217**	**4440**
兴宁区	7656	4140	3516	816	463	353	772	398	374
青秀区	11650	6133	5517	1306	686	620	1220	646	574
江南区	12035	6407	5628	1271	665	606	1206	660	546
西乡塘区	15936	8613	7323	1743	895	848	1581	892	689
良庆区	8011	4354	3657	856	461	395	776	436	340
邕宁区	4090	2221	1869	397	215	182	380	195	185
武鸣区	7091	3798	3293	734	389	345	707	386	321
隆安县	3263	1740	1523	297	149	148	314	178	136
马山县	4595	2410	2185	486	260	226	411	206	205
上林县	4356	2360	1996	454	234	220	447	228	219
宾阳县	9009	4978	4031	942	517	425	869	465	404
横县	10149	5484	4665	1074	546	528	974	527	447
柳州市	**41062**	**21610**	**19452**	**4150**	**2167**	**1983**	**3979**	**2124**	**1855**
城中区	2284	1235	1049	236	124	112	236	124	112
鱼峰区	6415	3285	3130	677	350	327	596	329	267
柳南区	6127	3204	2923	653	351	302	627	351	276
柳北区	4233	2227	2006	467	251	216	415	223	192
柳江区	5722	2985	2737	545	273	272	557	295	262
柳城县	3253	1707	1546	317	160	157	304	155	149
鹿寨县	3282	1747	1535	328	175	153	318	168	150
融安县	2434	1320	1114	241	138	103	201	120	81
融水苗族自治县	4107	2188	1919	381	206	175	409	196	213
三江侗族自治县	3205	1712	1493	305	139	166	316	163	153
桂林市	**45581**	**23964**	**21617**	**4672**	**2432**	**2240**	**4439**	**2328**	**2111**
秀峰区	1414	722	692	145	61	84	143	78	65
叠彩区	1927	1026	901	191	96	95	200	102	98
象山区	2299	1236	1063	264	143	121	222	115	107
七星区	3098	1647	1451	343	188	155	346	186	160
雁山区	719	347	372	84	41	43	74	32	42
临桂区	5871	3203	2668	635	334	301	587	320	267
阳朔县	2672	1398	1274	243	123	120	257	138	119
灵川县	3971	2105	1866	392	204	188	378	201	177
全州县	5115	2748	2367	527	278	249	479	250	229
兴安县	2862	1519	1343	264	148	116	266	139	127
永福县	2033	1049	984	199	110	89	198	97	101
灌阳县	2025	1054	971	213	115	98	178	102	76
龙胜各族自治县	1154	571	583	88	41	47	103	54	49
资源县	1237	648	589	110	62	48	119	75	44
平乐县	3545	1827	1718	397	220	177	361	168	193
恭城瑶族自治县	2540	1317	1223	274	134	140	224	107	117
荔浦市	3099	1547	1552	303	134	169	304	164	140

1−10 续表 1

单位：人

地 区	出生人口			2019年11月			2019年12月		
	合计	男	女	小计	男	女	小计	男	女
梧州市	**36217**	**19359**	**16858**	**3864**	**2011**	**1853**	**3391**	**1839**	**1552**
万秀区	2000	1068	932	190	92	98	208	116	92
长洲区	3208	1725	1483	337	160	177	325	171	154
龙圩区	3773	2014	1759	413	248	165	366	196	170
苍梧县	3674	1946	1728	418	197	221	338	181	157
藤 县	11372	6153	5219	1175	638	537	1055	573	482
蒙山县	1752	912	840	181	81	100	148	73	75
岑溪市	10438	5541	4897	1150	595	555	951	529	422
北海市	**21123**	**11468**	**9655**	**2240**	**1211**	**1029**	**1956**	**1043**	**913**
海城区	5356	2885	2471	565	310	255	537	280	257
银海区	3306	1812	1494	374	211	163	331	179	152
铁山港区	1749	979	770	175	92	83	154	77	77
合浦县	10712	5792	4920	1126	598	528	934	507	427
防城港市	**12171**	**6491**	**5680**	**1268**	**661**	**607**	**1225**	**680**	**545**
港口区	2494	1307	1187	253	130	123	304	171	133
防城区	4737	2567	2170	484	247	237	467	277	190
上思县	2102	1091	1011	247	130	117	175	89	86
东兴市	2838	1526	1312	284	154	130	279	143	136
钦州市	**42438**	**22604**	**19834**	**4577**	**2401**	**2176**	**4130**	**2136**	**1994**
钦南区	7842	4188	3654	869	455	414	843	441	402
钦北区	8889	4701	4188	918	455	463	824	452	372
灵山县	16940	9072	7868	1859	1005	854	1619	812	807
浦北县	8767	4643	4124	931	486	445	844	431	413
贵港市	**51136**	**27263**	**23873**	**5572**	**2946**	**2626**	**5075**	**2669**	**2406**
港北区	8857	4731	4126	955	519	436	908	478	430
港南区	5501	2922	2579	599	329	270	506	247	259
覃塘区	5436	2844	2592	559	317	242	539	287	252
平南县	13957	7470	6487	1512	780	732	1354	727	627
桂平市	17385	9296	8089	1947	1001	946	1768	930	838
玉林市	**74150**	**39910**	**34240**	**8369**	**4479**	**3890**	**7058**	**3783**	**3275**
玉州区	9670	5316	4354	1034	546	488	899	493	406
福绵区	3438	1848	1590	340	182	158	325	161	164
容 县	8361	4436	3925	860	451	409	752	419	333
陆川县	10560	5630	4930	1291	686	605	991	527	464
博白县	21074	11361	9713	2374	1280	1094	2084	1093	991
兴业县	5053	2734	2319	555	298	257	456	248	208
北流市	15994	8585	7409	1915	1036	879	1551	842	709
百色市	**37803**	**20216**	**17587**	**4084**	**2173**	**1911**	**3687**	**2007**	**1680**
右江区	4392	2344	2048	517	260	257	473	271	202
田阳区	2790	1470	1320	278	141	137	251	137	114
田东县	3924	2056	1868	397	195	202	359	209	150

1-10 续表 2 单位:人

地 区	出生人口			2019年11月			2019年12月		
	合计	男	女	小计	男	女	小计	男	女
德保县	2590	1417	1173	264	152	112	260	142	118
那坡县	1855	1005	850	201	102	99	179	98	81
凌云县	2478	1300	1178	261	141	120	228	120	108
乐业县	1690	957	733	169	93	76	162	82	80
田林县	2062	1097	965	193	107	86	174	94	80
西林县	1728	917	811	179	97	82	165	89	76
隆林各族自治县	4342	2345	1997	513	292	221	489	268	221
靖西市	4941	2647	2294	534	284	250	463	249	214
平果市	5011	2661	2350	578	309	269	484	248	236
贺州市	**26836**	**14403**	**12433**	**2754**	**1457**	**1297**	**2464**	**1312**	**1152**
八步区	8768	4715	4053	901	502	399	808	413	395
平桂区	5313	2846	2467	547	303	244	499	275	224
昭平县	4245	2277	1968	434	222	212	376	193	183
钟山县	4879	2584	2295	499	249	250	447	243	204
富川瑶族自治县	3631	1981	1650	373	181	192	334	188	146
河池市	**38158**	**20242**	**17916**	**3962**	**2070**	**1892**	**3667**	**1871**	**1796**
金城江区	3790	1983	1807	383	201	182	367	190	177
宜州区	5035	2670	2365	523	267	256	503	249	254
南丹县	3438	1837	1601	346	189	157	318	168	150
天峨县	1503	814	689	155	76	79	137	79	58
凤山县	2054	1141	913	226	112	114	199	104	95
东兰县	2414	1304	1110	261	130	131	238	123	115
罗城仫佬族自治县	2829	1484	1345	299	159	140	275	127	148
环江毛南族自治县	3071	1617	1454	313	176	137	315	165	150
巴马瑶族自治县	2754	1453	1301	281	154	127	243	123	120
都安瑶族自治县	6421	3365	3056	683	353	330	614	308	306
大化瑶族自治县	4849	2574	2275	492	253	239	458	235	223
来宾市	**23376**	**12244**	**11132**	**2447**	**1257**	**1190**	**2212**	**1126**	**1086**
兴宾区	11079	5860	5219	1129	593	536	1030	522	508
忻城县	2940	1465	1475	317	151	166	273	143	130
象州县	2859	1522	1337	297	147	150	270	134	136
武宣县	4185	2187	1998	471	237	234	422	208	214
金秀瑶族自治县	1274	689	585	124	63	61	131	73	58
合山市	1039	521	518	109	66	43	86	46	40
崇左市	**20353**	**10903**	**9450**	**2115**	**1150**	**965**	**1866**	**990**	**876**
江州区	3643	2001	1642	402	226	176	376	209	167
扶绥县	3699	1964	1735	360	179	181	316	155	161
宁明县	3321	1782	1539	364	204	160	324	169	155
龙州县	2563	1347	1216	259	132	127	222	130	92
大新县	2787	1461	1326	288	172	116	240	115	125
天等县	2783	1543	1240	289	158	131	249	144	105
凭祥市	1557	805	752	153	79	74	139	68	71

1-10 续表 3

单位:人

地 区	2020年1月			2020年2月			2020年3月		
	小计	男	女	小计	男	女	小计	男	女
总 计	**50724**	**26659**	**24065**	**44203**	**23605**	**20598**	**45203**	**24079**	**21124**
南宁市	**8874**	**4667**	**4207**	**7665**	**4117**	**3548**	**7946**	**4268**	**3678**
兴宁区	649	334	315	617	332	285	609	343	266
青秀区	1133	574	559	966	518	448	979	494	485
江南区	1013	517	496	919	480	439	954	500	454
西乡塘区	1404	743	661	1240	666	574	1322	720	602
良庆区	798	416	382	599	316	283	656	355	301
邕宁区	393	213	180	357	191	166	341	192	149
武鸣区	660	349	311	526	285	241	588	307	281
隆安县	310	174	136	287	142	145	252	131	121
马山县	367	188	179	358	186	172	385	203	182
上林县	412	222	190	324	183	141	302	147	155
宾阳县	832	446	386	690	397	293	729	408	321
横 县	903	491	412	782	421	361	829	468	361
柳州市	**3663**	**1889**	**1774**	**3236**	**1714**	**1522**	**3376**	**1791**	**1585**
城中区	205	116	89	197	122	75	204	94	110
鱼峰区	592	301	291	509	243	266	497	260	237
柳南区	549	294	255	433	239	194	502	277	225
柳北区	339	159	180	329	160	169	357	201	156
柳江区	544	279	265	455	234	221	482	250	232
柳城县	290	140	150	258	147	111	277	147	130
鹿寨县	296	148	148	285	150	135	270	144	126
融安县	202	113	89	192	99	93	202	116	86
融水苗族自治县	368	198	170	315	172	143	339	184	155
三江侗族自治县	278	141	137	263	148	115	246	118	128
桂林市	**4193**	**2149**	**2044**	**3713**	**1944**	**1769**	**3773**	**1972**	**1801**
秀峰区	122	71	51	116	71	45	120	60	60
叠彩区	187	102	85	182	102	80	148	76	72
象山区	212	109	103	205	109	96	190	105	85
七星区	301	163	138	267	128	139	272	134	138
雁山区	68	33	35	54	31	23	45	21	24
临桂区	526	278	248	483	252	231	456	262	194
阳朔县	209	91	118	199	102	97	242	129	113
灵川县	388	198	190	317	169	148	346	189	157
全州县	464	241	223	427	227	200	431	232	199
兴安县	282	164	118	207	102	105	227	112	115
永福县	179	96	83	161	79	82	165	76	89
灌阳县	196	93	103	165	100	65	156	73	83
龙胜各族自治县	99	38	61	92	48	44	107	56	51
资源县	100	52	48	95	52	43	104	52	52
平乐县	362	176	186	294	154	140	278	146	132
恭城瑶族自治县	205	98	107	184	88	96	224	122	102
荔浦市	293	146	147	265	130	135	262	127	135

1-10 续表 4

单位:人

地区	2020年1月			2020年2月			2020年3月		
	小计	男	女	小计	男	女	小计	男	女
梧州市	**3173**	**1691**	**1482**	**2818**	**1494**	**1324**	**2800**	**1480**	**1320**
万秀区	174	98	76	172	86	86	155	88	67
长洲区	280	160	120	260	143	117	243	123	120
龙圩区	342	178	164	268	133	135	305	148	157
苍梧县	322	175	147	315	168	147	275	145	130
藤　县	986	515	471	885	469	416	875	475	400
蒙山县	151	86	65	137	74	63	130	69	61
岑溪市	918	479	439	781	421	360	817	432	385
北海市	**1844**	**1015**	**829**	**1589**	**881**	**708**	**1636**	**905**	**731**
海城区	502	276	226	419	236	183	411	227	184
银海区	288	169	119	251	131	120	264	157	107
铁山港区	138	73	65	126	72	54	140	80	60
合浦县	916	497	419	793	442	351	821	441	380
防城港市	**1073**	**562**	**511**	**905**	**502**	**403**	**998**	**526**	**472**
港口区	210	101	109	187	101	86	216	106	110
防城区	411	232	179	321	184	137	378	199	179
上思县	185	83	102	165	88	77	178	95	83
东兴市	267	146	121	232	129	103	226	126	100
钦州市	**3585**	**1873**	**1712**	**3164**	**1716**	**1448**	**3266**	**1755**	**1511**
钦南区	652	346	306	570	305	265	640	357	283
钦北区	832	418	414	695	376	319	701	374	327
灵山县	1399	738	661	1247	702	545	1248	667	581
浦北县	702	371	331	652	333	319	677	357	320
贵港市	**4613**	**2411**	**2202**	**3918**	**2105**	**1813**	**3877**	**2041**	**1836**
港北区	782	425	357	686	372	314	731	395	336
港南区	514	263	251	398	214	184	444	226	218
覃塘区	487	237	250	389	193	196	392	195	197
平南县	1195	614	581	1088	588	500	1009	537	472
桂平市	1635	872	763	1357	738	619	1301	688	613
玉林市	**6648**	**3552**	**3096**	**5774**	**3075**	**2699**	**5959**	**3206**	**2753**
玉州区	866	453	413	783	420	363	759	412	347
福绵区	308	171	137	264	125	139	265	155	110
容　县	738	398	340	589	309	280	665	331	334
陆川县	1002	513	489	849	473	376	842	440	402
博白县	1840	980	860	1594	854	740	1748	971	777
兴业县	481	255	226	401	225	176	423	236	187
北流市	1413	782	631	1294	669	625	1257	661	596
百色市	**3416**	**1781**	**1635**	**3005**	**1577**	**1428**	**3023**	**1577**	**1446**
右江区	424	232	192	364	197	167	328	167	161
田阳区	224	111	113	222	118	104	230	115	115
田东县	313	159	154	295	156	139	275	146	129

1-10 续表 5

单位:人

地 区	2020年1月			2020年2月			2020年3月		
	小计	男	女	小计	男	女	小计	男	女
德保县	242	127	115	232	122	110	213	106	107
那坡县	153	95	58	148	70	78	160	82	78
凌云县	230	114	116	188	94	94	187	96	91
乐业县	157	84	73	126	73	53	144	84	60
田林县	186	101	85	159	76	83	177	94	83
西林县	162	86	76	154	84	70	133	67	66
隆林各族自治县	405	202	203	338	179	159	376	202	174
靖西市	473	255	218	387	188	199	417	225	192
平果市	447	215	232	392	220	172	383	193	190
贺州市	**2326**	**1273**	**1053**	**2061**	**1065**	**996**	**2100**	**1144**	**956**
八步区	755	410	345	656	334	322	683	375	308
平桂区	482	266	216	427	220	207	413	229	184
昭平县	333	181	152	334	163	171	336	174	162
钟山县	434	241	193	380	199	181	394	216	178
富川瑶族自治县	322	175	147	264	149	115	274	150	124
河池市	**3433**	**1769**	**1664**	**2927**	**1590**	**1337**	**2969**	**1582**	**1387**
金城江区	374	180	194	290	162	128	278	145	133
宜州区	478	252	226	384	218	166	425	242	183
南丹县	324	163	161	275	156	119	257	133	124
天峨县	133	66	67	116	72	44	105	53	52
凤山县	170	84	86	164	89	75	178	111	67
东兰县	197	109	88	183	100	83	177	88	89
罗城仫佬族自治县	245	124	121	216	119	97	242	117	125
环江毛南族自治县	294	150	144	223	121	102	242	112	130
巴马瑶族自治县	233	118	115	217	121	96	204	122	82
都安瑶族自治县	562	301	261	468	238	230	505	256	249
大化瑶族自治县	423	222	201	391	194	197	356	203	153
来宾市	**1998**	**1053**	**945**	**1844**	**983**	**861**	**1873**	**948**	**925**
兴宾区	952	507	445	893	472	421	877	458	419
忻城县	255	114	141	236	119	117	242	116	126
象州县	225	143	82	238	144	94	259	130	129
武宣县	351	185	166	297	161	136	305	150	155
金秀瑶族自治县	121	66	55	106	47	59	105	47	58
合山市	94	38	56	74	40	34	85	47	38
崇左市	**1885**	**974**	**911**	**1584**	**842**	**742**	**1607**	**884**	**723**
江州区	349	173	176	290	145	145	297	176	121
扶绥县	327	166	161	281	157	124	284	163	121
宁明县	314	169	145	249	128	121	276	151	125
龙州县	257	120	137	202	112	90	183	99	84
大新县	277	151	126	237	127	110	217	104	113
天等县	235	129	106	203	109	94	229	124	105
凭祥市	126	66	60	122	64	58	121	67	54

1-10 续表 6

单位:人

地　区	2020年4月			2020年5月			2020年6月		
	小计	男	女	小计	男	女	小计	男	女
总　计	**43051**	**23040**	**20011**	**43821**	**23445**	**20376**	**45480**	**24443**	**21037**
南宁市	**7579**	**4063**	**3516**	**7642**	**4069**	**3573**	**7762**	**4291**	**3471**
兴宁区	668	361	307	683	357	326	635	331	304
青秀区	882	450	432	913	506	407	918	492	426
江南区	894	478	416	902	501	401	959	519	440
西乡塘区	1207	651	556	1215	645	570	1261	696	565
良庆区	628	367	261	615	330	285	644	359	285
邕宁区	353	183	170	332	172	160	329	195	134
武鸣区	527	293	234	596	297	299	545	299	246
隆安县	252	128	124	254	137	117	255	143	112
马山县	360	185	175	366	193	173	364	197	167
上林县	318	182	136	362	185	177	386	222	164
宾阳县	685	367	318	698	360	338	687	405	282
横　县	805	418	387	706	386	320	779	433	346
柳州市	**2962**	**1522**	**1440**	**3078**	**1626**	**1452**	**3212**	**1691**	**1521**
城中区	167	84	83	169	88	81	185	98	87
鱼峰区	486	247	239	470	242	228	523	279	244
柳南区	418	208	210	464	232	232	448	215	233
柳北区	292	153	139	329	176	153	335	181	154
柳江区	403	202	201	415	217	198	454	235	219
柳城县	243	129	114	252	144	108	268	140	128
鹿寨县	225	118	107	237	140	97	214	113	101
融安县	181	82	99	189	101	88	197	108	89
融水苗族自治县	322	168	154	318	161	157	330	179	151
三江侗族自治县	225	131	94	235	125	110	258	143	115
桂林市	**3283**	**1738**	**1545**	**3360**	**1776**	**1584**	**3582**	**1930**	**1652**
秀峰区	110	60	50	110	52	58	100	54	46
叠彩区	107	63	44	161	74	87	150	80	70
象山区	185	94	91	162	92	70	148	73	75
七星区	206	122	84	206	111	95	232	127	105
雁山区	45	20	25	53	30	23	63	31	32
临桂区	428	224	204	439	257	182	477	265	212
阳朔县	197	110	87	199	107	92	228	136	92
灵川县	278	135	143	290	153	137	308	160	148
全州县	342	180	162	374	208	166	455	256	199
兴安县	227	121	106	214	115	99	209	115	94
永福县	141	80	61	153	86	67	161	87	74
灌阳县	165	86	79	129	57	72	147	77	70
龙胜各族自治县	88	49	39	80	35	45	90	46	44
资源县	114	51	63	92	49	43	96	50	46
平乐县	250	131	119	270	135	135	261	136	125
恭城瑶族自治县	185	105	80	200	102	98	195	104	91
荔浦市	215	107	108	228	113	115	262	133	129

1-10 续表 7 单位：人

地 区	2020年4月			2020年5月			2020年6月		
	小计	男	女	小计	男	女	小计	男	女
梧州市	**2865**	**1518**	**1347**	**2821**	**1535**	**1286**	**3045**	**1629**	**1416**
万秀区	152	88	64	128	69	59	180	96	84
长洲区	255	138	117	257	148	109	277	147	130
龙圩区	267	132	135	277	148	129	306	166	140
苍梧县	283	150	133	303	157	146	299	157	142
藤 县	921	497	424	862	499	363	960	503	457
蒙山县	135	58	77	148	83	65	149	79	70
岑溪市	852	455	397	846	431	415	874	481	393
北海市	**1617**	**835**	**782**	**1657**	**902**	**755**	**1711**	**929**	**782**
海城区	390	206	184	433	236	197	433	222	211
银海区	240	119	121	256	130	126	282	164	118
铁山港区	133	62	71	150	92	58	139	87	52
合浦县	854	448	406	818	444	374	857	456	401
防城港市	**933**	**524**	**409**	**895**	**463**	**432**	**988**	**524**	**464**
港口区	177	93	84	185	97	88	221	107	114
防城区	383	229	154	357	193	164	350	183	167
上思县	164	90	74	140	71	69	190	106	84
东兴市	209	112	97	213	102	111	227	128	99
钦州市	**3137**	**1656**	**1481**	**3281**	**1795**	**1486**	**3439**	**1833**	**1606**
钦南区	556	297	259	550	304	246	646	343	303
钦北区	649	335	314	699	386	313	705	363	342
灵山县	1220	659	561	1354	731	623	1402	760	642
浦北县	712	365	347	678	374	304	686	367	319
贵港市	**3853**	**2102**	**1751**	**3849**	**2048**	**1801**	**4022**	**2098**	**1924**
港北区	726	390	336	684	354	330	695	366	329
港南区	435	228	207	405	220	185	417	209	208
覃塘区	397	210	187	410	220	190	427	217	210
平南县	1012	552	460	1017	548	469	1151	613	538
桂平市	1283	722	561	1333	706	627	1332	693	639
玉林市	**5600**	**3030**	**2570**	**5818**	**3106**	**2712**	**5972**	**3222**	**2750**
玉州区	740	396	344	745	411	334	826	464	362
福绵区	277	149	128	289	149	140	308	165	143
容 县	639	338	301	603	308	295	663	339	324
陆川县	760	423	337	868	450	418	822	426	396
博白县	1555	842	713	1665	913	752	1657	897	760
兴业县	430	239	191	403	214	189	405	197	208
北流市	1199	643	556	1245	661	584	1291	734	557
百色市	**2960**	**1572**	**1388**	**2936**	**1597**	**1339**	**2968**	**1563**	**1405**
右江区	361	176	185	361	202	159	298	163	135
田阳区	216	126	90	218	110	108	232	116	116
田东县	299	155	144	292	153	139	323	170	153

1-10 续表 8

单位:人

地 区	2020年4月			2020年5月			2020年6月		
	小计	男	女	小计	男	女	小计	男	女
德保县	213	107	106	200	122	78	194	96	98
那坡县	143	84	59	141	79	62	139	76	63
凌云县	193	104	89	220	113	107	195	93	102
乐业县	130	68	62	141	90	51	141	90	51
田林县	155	87	68	171	91	80	199	108	91
西林县	135	80	55	132	61	71	133	66	67
隆林各族自治县	365	197	168	321	167	154	342	180	162
靖西市	366	192	174	373	210	163	405	220	185
平果市	384	196	188	366	199	167	367	185	182
贺州市	**2082**	**1147**	**935**	**2076**	**1093**	**983**	**2101**	**1140**	**961**
八步区	661	363	298	673	352	321	688	375	313
平桂区	434	223	211	421	217	204	452	243	209
昭平县	355	205	150	352	192	160	309	172	137
钟山县	368	196	172	358	198	160	377	195	182
富川瑶族自治县	264	160	104	272	134	138	275	155	120
河池市	**2916**	**1606**	**1310**	**3017**	**1620**	**1397**	**3110**	**1680**	**1430**
金城江区	327	187	140	267	142	125	309	177	132
宜州区	378	202	176	385	198	187	411	214	197
南丹县	250	133	117	281	157	124	289	151	138
天峨县	121	75	46	102	57	45	134	68	66
凤山县	146	76	70	169	91	78	173	96	77
东兰县	179	102	77	198	116	82	195	109	86
罗城仫佬族自治县	189	110	79	210	104	106	230	133	97
环江毛南族自治县	239	130	109	229	121	108	261	133	128
巴马瑶族自治县	222	121	101	239	119	120	215	102	113
都安瑶族自治县	464	252	212	549	290	259	521	286	235
大化瑶族自治县	401	218	183	388	225	163	372	211	161
来宾市	**1648**	**854**	**794**	**1758**	**943**	**815**	**1798**	**967**	**831**
兴宾区	803	427	376	858	463	395	845	460	385
忻城县	226	105	121	199	102	97	272	144	128
象州县	214	118	96	192	108	84	202	112	90
武宣县	252	127	125	340	181	159	313	165	148
金秀瑶族自治县	85	48	37	96	53	43	80	45	35
合山市	68	29	39	73	36	37	86	41	45
崇左市	**1616**	**873**	**743**	**1633**	**872**	**761**	**1770**	**946**	**824**
江州区	274	157	117	294	167	127	338	189	149
扶绥县	274	144	130	277	157	120	337	167	170
宁明县	271	142	129	257	131	126	267	145	122
龙州县	202	106	96	225	110	115	203	107	96
大新县	233	131	102	241	110	131	242	137	105
天等县	244	136	108	204	133	71	254	135	119
凭祥市	118	57	61	135	64	71	129	66	63

1-10 续表 9

单位：人

地 区	2020年7月			2020年8月			2020年9月			2020年10月		
	小计	男	女	小计	男	女	小计	男	女	小计	男	女
总 计	**46417**	**24928**	**21489**	**47295**	**25256**	**22039**	**43871**	**23703**	**20168**	**42924**	**23137**	**19787**
南宁市	**8100**	**4454**	**3646**	**8190**	**4386**	**3804**	**7317**	**3961**	**3356**	**6733**	**3665**	**3068**
兴宁区	642	358	284	686	379	307	513	285	228	366	199	167
青秀区	931	492	439	984	545	439	841	439	402	577	291	286
江南区	1084	577	507	1017	530	487	923	486	437	893	494	399
西乡塘区	1330	732	598	1267	671	596	1149	624	525	1217	678	539
良庆区	690	361	329	690	378	312	584	317	267	475	258	217
邕宁区	329	181	148	353	195	158	318	174	144	208	115	93
武鸣区	610	351	259	610	312	298	516	289	227	472	241	231
隆安县	236	144	92	271	133	138	299	158	141	236	123	113
马山县	372	197	175	401	210	191	370	194	176	355	191	164
上林县	333	184	149	336	198	138	337	176	161	345	199	146
宾阳县	712	410	302	728	391	337	675	383	292	762	429	333
横 县	831	467	364	847	444	403	792	436	356	827	447	380
柳州市	**3437**	**1823**	**1614**	**3428**	**1830**	**1598**	**3444**	**1802**	**1642**	**3097**	**1631**	**1466**
城中区	193	104	89	180	98	82	169	101	68	143	82	61
鱼峰区	571	294	277	534	264	270	489	241	248	471	235	236
柳南区	505	257	248	547	288	259	506	242	264	475	250	225
柳北区	332	178	154	376	203	173	360	189	171	302	153	149
柳江区	458	247	211	497	262	235	492	272	220	420	219	201
柳城县	291	167	124	246	129	117	257	130	127	250	119	131
鹿寨县	259	145	114	288	153	135	298	150	148	264	143	121
融安县	217	116	101	193	101	92	201	106	95	218	120	98
融水苗族自治县	332	183	149	310	174	136	380	206	174	303	161	142
三江侗族自治县	279	132	147	257	158	99	292	165	127	251	149	102
桂林市	**3785**	**2026**	**1759**	**3915**	**2039**	**1876**	**3465**	**1826**	**1639**	**3401**	**1804**	**1597**
秀峰区	117	52	65	135	67	68	113	51	62	83	45	38
叠彩区	168	95	73	170	98	72	144	80	64	119	58	61
象山区	184	111	73	188	95	93	180	103	77	159	87	72
七星区	236	136	100	246	118	128	223	118	105	220	116	104
雁山区	67	31	36	64	31	33	36	16	20	66	30	36
临桂区	495	271	224	512	294	218	461	253	208	372	193	179
阳朔县	223	124	99	273	131	142	205	97	108	197	110	87
灵川县	323	178	145	348	183	165	309	168	141	294	167	127
全州县	434	239	195	411	221	190	395	209	186	376	207	169
兴安县	256	137	119	255	131	124	229	119	110	226	116	110
永福县	170	79	91	191	89	102	151	89	62	164	81	83
灌阳县	151	73	78	168	87	81	150	81	69	207	110	97
龙胜各族自治县	78	45	33	103	51	52	104	53	51	122	55	67
资源县	110	46	64	110	53	57	95	55	40	92	51	41
平乐县	287	154	133	307	168	139	252	125	127	226	114	112
恭城瑶族自治县	217	115	102	208	113	95	201	99	102	223	130	93
荔浦市	269	140	129	226	109	117	217	110	107	255	134	121

1-10 续表 10

单位:人

地区	2020年7月			2020年8月			2020年9月			2020年10月		
	小计	男	女	小计	男	女	小计	男	女	小计	男	女
梧州市	**2820**	**1505**	**1315**	**2933**	**1602**	**1331**	**2688**	**1443**	**1245**	**2999**	**1612**	**1387**
万秀区	165	83	82	179	98	81	154	78	76	143	76	67
长洲区	252	137	115	265	141	124	222	119	103	235	138	97
龙圩区	288	156	132	290	163	127	313	161	152	338	185	153
苍梧县	275	155	120	304	157	147	264	155	109	278	149	129
藤　县	882	475	407	939	514	425	864	468	396	968	527	441
蒙山县	140	72	68	129	78	51	149	77	72	155	82	73
岑溪市	818	427	391	827	451	376	722	385	337	882	455	427
北海市	**1776**	**950**	**826**	**1799**	**949**	**850**	**1681**	**946**	**735**	**1617**	**902**	**715**
海城区	482	241	241	445	227	218	375	208	167	364	216	148
银海区	285	157	128	285	150	135	236	127	109	214	118	96
铁山港区	144	87	57	169	89	80	149	92	57	132	76	56
合浦县	865	465	400	900	483	417	921	519	402	907	492	415
防城港市	**1016**	**534**	**482**	**1082**	**575**	**507**	**972**	**530**	**442**	**816**	**410**	**406**
港口区	193	104	89	218	125	93	187	99	88	143	73	70
防城区	386	209	177	430	216	214	402	220	182	368	178	190
上思县	197	102	95	198	104	94	137	70	67	126	63	63
东兴市	240	119	121	236	130	106	246	141	105	179	96	83
钦州市	**3415**	**1840**	**1575**	**3603**	**1873**	**1730**	**3317**	**1811**	**1506**	**3524**	**1915**	**1609**
钦南区	639	347	292	712	344	368	629	358	271	536	291	245
钦北区	734	394	340	802	415	387	666	358	308	664	375	289
灵山县	1310	708	602	1343	719	624	1373	746	627	1566	825	741
浦北县	732	391	341	746	395	351	649	349	300	758	424	334
贵港市	**4149**	**2239**	**1910**	**4229**	**2282**	**1947**	**3912**	**2143**	**1769**	**4067**	**2179**	**1888**
港北区	728	403	325	724	378	346	652	353	299	586	298	288
港南区	433	236	197	473	255	218	465	268	197	412	227	185
覃塘区	462	229	233	467	248	219	402	230	172	505	261	244
平南县	1145	622	523	1156	636	520	1114	605	509	1204	648	556
桂平市	1381	749	632	1409	765	644	1279	687	592	1360	745	615
玉林市	**5908**	**3156**	**2752**	**5938**	**3254**	**2684**	**5453**	**3024**	**2429**	**5653**	**3023**	**2630**
玉州区	842	458	384	877	508	369	706	413	293	593	342	251
福绵区	297	162	135	299	169	130	253	136	117	213	124	89
容　县	689	387	302	676	364	312	686	371	315	801	421	380
陆川县	855	462	393	818	430	388	731	406	325	731	394	337
博白县	1650	867	783	1687	933	754	1619	902	717	1601	829	772
兴业县	391	199	192	410	244	166	377	206	171	321	173	148
北流市	1184	621	563	1171	606	565	1081	590	491	1393	740	653
百色市	**3127**	**1684**	**1443**	**3017**	**1654**	**1363**	**2938**	**1575**	**1363**	**2642**	**1456**	**1186**
右江区	353	183	170	354	199	155	331	175	156	228	119	109
田阳区	240	136	104	223	108	115	226	125	101	230	127	103
田东县	288	147	141	353	181	172	336	168	168	394	217	177

1-10 续表 11

单位：人

地 区	2020年7月			2020年8月			2020年9月			2020年10月		
	小计	男	女	小计	男	女	小计	男	女	小计	男	女
德保县	213	113	100	188	118	70	199	112	87	172	100	72
那坡县	170	88	82	144	78	66	145	79	66	132	74	58
凌云县	206	110	96	194	111	83	207	120	87	169	84	85
乐业县	145	84	61	131	62	69	138	87	51	106	60	46
田林县	164	81	83	178	96	82	177	92	85	129	70	59
西林县	146	84	62	126	67	59	142	71	71	121	65	56
隆林各族自治县	347	199	148	338	187	151	284	150	134	224	122	102
靖西市	448	239	209	378	213	165	360	193	167	337	179	158
平果市	407	220	187	410	234	176	393	203	190	400	239	161
贺州市	**2240**	**1208**	**1032**	**2324**	**1236**	**1088**	**2120**	**1131**	**989**	**2188**	**1197**	**991**
八步区	738	388	350	766	408	358	689	372	317	750	423	327
平桂区	459	244	215	481	259	222	400	228	172	298	139	159
昭平县	336	193	143	358	201	157	356	181	175	366	200	166
钟山县	404	219	185	397	191	206	382	195	187	439	242	197
富川瑶族自治县	303	164	139	322	177	145	293	155	138	335	193	142
河池市	**3121**	**1672**	**1449**	**3122**	**1603**	**1519**	**2956**	**1589**	**1367**	**2958**	**1590**	**1368**
金城江区	351	180	171	297	143	154	315	159	156	232	117	115
宜州区	409	208	201	405	208	197	377	213	164	357	199	158
南丹县	291	151	140	279	149	130	267	155	112	261	132	129
天峨县	131	72	59	124	64	60	125	68	57	120	64	56
凤山县	149	87	62	168	106	62	140	91	49	172	94	78
东兰县	188	110	78	184	98	86	218	126	92	196	93	103
罗城仫佬族自治县	249	141	108	247	116	131	192	102	90	235	132	103
环江毛南族自治县	250	125	125	242	130	112	230	122	108	233	132	101
巴马瑶族自治县	215	110	105	253	126	127	217	108	109	215	129	86
都安瑶族自治县	512	288	224	521	260	261	498	269	229	524	264	260
大化瑶族自治县	376	200	176	402	203	199	377	176	201	413	234	179
来宾市	**1850**	**956**	**894**	**1998**	**1045**	**953**	**1998**	**1070**	**928**	**1952**	**1042**	**910**
兴宾区	894	482	412	937	470	467	968	520	448	893	486	407
忻城县	216	108	108	254	126	128	232	126	106	218	111	107
象州县	233	119	114	231	124	107	233	104	129	265	139	126
武宣县	313	155	158	377	212	165	371	210	161	373	196	177
金秀瑶族自治县	102	59	43	107	61	46	99	58	41	118	69	49
合山市	92	33	59	92	52	40	95	52	43	85	41	44
崇左市	**1673**	**881**	**792**	**1717**	**928**	**789**	**1610**	**852**	**758**	**1277**	**711**	**566**
江州区	274	145	129	302	174	128	263	129	134	184	111	73
扶绥县	326	180	146	344	186	158	329	180	149	244	130	114
宁明县	273	146	127	259	132	127	261	150	111	206	115	91
龙州县	206	101	105	238	125	113	201	108	93	165	97	68
大新县	227	116	111	212	110	102	207	99	108	166	89	77
天等县	229	120	109	229	130	99	207	112	95	211	113	98
凭祥市	138	73	65	133	71	62	142	74	68	101	56	45

1-10a 各地区分性别、月份的出生人口（2019.11.1-2020.10.31）（城市）

单位：人

地区	出生人口			2019年11月			2019年12月		
	合计	男	女	小计	男	女	小计	男	女
总计	**153291**	**81811**	**71480**	**16876**	**8886**	**7990**	**15617**	**8449**	**7168**
南宁市	**51351**	**27484**	**23867**	**5621**	**2966**	**2655**	**5272**	**2862**	**2410**
兴宁区	6600	3563	3037	713	408	305	667	345	322
青秀区	10560	5534	5026	1190	622	568	1118	596	522
江南区	9982	5304	4678	1080	561	519	1003	550	453
西乡塘区	13817	7445	6372	1520	773	747	1395	773	622
良庆区	6155	3341	2814	682	371	311	617	341	276
邕宁区	2088	1121	967	194	110	84	208	110	98
武鸣区	2149	1176	973	242	121	121	264	147	117
隆安县									
马山县									
上林县									
宾阳县									
横县									
柳州市	**19757**	**10297**	**9460**	**2115**	**1123**	**992**	**1951**	**1071**	**880**
城中区	2244	1211	1033	233	123	110	232	122	110
鱼峰区	5591	2832	2759	592	308	284	522	289	233
柳南区	5191	2717	2474	574	310	264	541	306	235
柳北区	3763	1982	1781	422	225	197	368	198	170
柳江区	2968	1555	1413	294	157	137	288	156	132
柳城县									
鹿寨县									
融安县									
融水苗族自治县									
三江侗族自治县									
桂林市	**12118**	**6430**	**5688**	**1309**	**664**	**645**	**1263**	**672**	**591**
秀峰区	1414	722	692	145	61	84	143	78	65
叠彩区	1618	853	765	160	79	81	174	88	86
象山区	2247	1203	1044	260	141	119	219	113	106
七星区	2794	1492	1302	313	175	138	306	163	143
雁山区	81	41	40	8	4	4	13	4	9
临桂区	3080	1674	1406	338	168	170	320	181	139
阳朔县									
灵川县									
全州县									
兴安县									
永福县									
灌阳县									
龙胜各族自治县									
资源县									
平乐县									
恭城瑶族自治县									
荔浦市	884	445	439	85	36	49	88	45	43

1-10a 续表 1

单位:人

地 区	出生人口			2019年11月			2019年12月		
	合计	男	女	小计	男	女	小计	男	女
梧州市	**8818**	**4775**	**4043**	**971**	**501**	**470**	**884**	**489**	**395**
万秀区	1342	735	607	138	70	68	150	87	63
长洲区	2770	1506	1264	298	143	155	282	151	131
龙圩区	1473	808	665	166	97	69	145	82	63
苍梧县									
藤 县									
蒙山县									
岑溪市	3233	1726	1507	369	191	178	307	169	138
北海市	**6184**	**3317**	**2867**	**695**	**377**	**318**	**631**	**335**	**296**
海城区	4220	2262	1958	467	255	212	424	219	205
银海区	1832	975	857	214	115	99	197	109	88
铁山港区	132	80	52	14	7	7	10	7	3
合浦县									
防城港市	**5287**	**2834**	**2453**	**554**	**289**	**265**	**592**	**332**	**260**
港口区	1752	891	861	184	92	92	226	122	104
防城区	1818	1006	812	196	98	98	185	112	73
上思县									
东兴市	1717	937	780	174	99	75	181	98	83
钦州市	**6205**	**3284**	**2921**	**698**	**343**	**355**	**651**	**340**	**311**
钦南区	3592	1922	1670	412	209	203	410	211	199
钦北区	2613	1362	1251	286	134	152	241	129	112
灵山县									
浦北县									
贵港市	**9746**	**5181**	**4565**	**1069**	**571**	**498**	**997**	**534**	**463**
港北区	5092	2732	2360	564	304	260	531	278	253
港南区	1258	651	607	142	73	69	114	56	58
覃塘区	1219	628	591	135	75	60	119	62	57
平南县									
桂平市	2177	1170	1007	228	119	109	233	138	95
玉林市	**10266**	**5650**	**4616**	**1152**	**621**	**531**	**1002**	**559**	**443**
玉州区	6984	3858	3126	775	410	365	653	369	284
福绵区	506	263	243	43	24	19	59	25	34
容 县									
陆川县									
博白县									
兴业县									
北流市	2776	1529	1247	334	187	147	290	165	125
百色市	**8136**	**4339**	**3797**	**1001**	**525**	**476**	**858**	**479**	**379**
右江区	2918	1563	1355	363	184	179	316	186	130
田阳区	1483	782	701	156	80	76	155	85	70
田东县									

1-10a 续表 2　　单位:人

地区	出生人口			2019年11月			2019年12月		
	合计	男	女	小计	男	女	小计	男	女
德保县									
那坡县									
凌云县									
乐业县									
田林县									
西林县									
隆林各族自治县									
靖西市	1175	626	549	140	75	65	121	67	54
平果市	2560	1368	1192	342	186	156	266	141	125
贺州市	**3974**	**2137**	**1837**	**419**	**231**	**188**	**365**	**201**	**164**
八步区	2312	1245	1067	258	144	114	208	105	103
平桂区	1662	892	770	161	87	74	157	96	61
昭平县									
钟山县									
富川瑶族自治县									
河池市	**4299**	**2291**	**2008**	**472**	**254**	**218**	**441**	**214**	**227**
金城江区	2478	1300	1178	260	137	123	247	127	120
宜州区	1821	991	830	212	117	95	194	87	107
南丹县									
天峨县									
凤山县									
东兰县									
罗城仫佬族自治县									
环江毛南族自治县									
巴马瑶族自治县									
都安瑶族自治县									
大化瑶族自治县									
来宾市	**5079**	**2697**	**2382**	**555**	**293**	**262**	**490**	**247**	**243**
兴宾区	4758	2518	2240	515	266	249	458	228	230
忻城县									
象州县									
武宣县									
金秀瑶族自治县									
合山市	321	179	142	40	27	13	32	19	13
崇左市	**2071**	**1095**	**976**	**245**	**128**	**117**	**220**	**114**	**106**
江州区	1327	706	621	168	91	77	142	78	64
扶绥县									
宁明县									
龙州县									
大新县									
天等县									
凭祥市	744	389	355	77	37	40	78	36	42

1–10a 续表 3

单位:人

地 区	2020年1月			2020年2月			2020年3月		
	小计	男	女	小计	男	女	小计	男	女
总 计	**14000**	**7403**	**6597**	**12221**	**6489**	**5732**	**12402**	**6598**	**5804**
南宁市	**4667**	**2415**	**2252**	**4026**	**2136**	**1890**	**4198**	**2226**	**1972**
兴宁区	557	285	272	535	284	251	514	288	226
青秀区	1032	514	518	874	469	405	887	441	446
江南区	834	422	412	766	397	369	797	423	374
西乡塘区	1213	644	569	1067	579	488	1134	608	526
良庆区	635	330	305	461	234	227	518	284	234
邕宁区	208	117	91	159	80	79	169	84	85
武鸣区	188	103	85	164	93	71	179	98	81
隆安县									
马山县									
上林县									
宾阳县									
横 县									
柳州市	**1788**	**915**	**873**	**1530**	**785**	**745**	**1610**	**853**	**757**
城中区	198	111	87	194	119	75	201	92	109
鱼峰区	520	265	255	433	200	233	439	232	207
柳南区	466	248	218	357	199	158	414	234	180
柳北区	303	141	162	301	143	158	313	178	135
柳江区	301	150	151	245	124	121	243	117	126
柳城县									
鹿寨县									
融安县									
融水苗族自治县									
三江侗族自治县									
桂林市	**1142**	**621**	**521**	**1026**	**538**	**488**	**994**	**524**	**470**
秀峰区	122	71	51	116	71	45	120	60	60
叠彩区	158	86	72	148	84	64	128	64	64
象山区	206	108	98	203	108	95	185	102	83
七星区	271	147	124	236	111	125	253	124	129
雁山区	5	3	2	7	4	3	11	7	4
临桂区	289	159	130	247	128	119	221	129	92
阳朔县									
灵川县									
全州县									
兴安县									
永福县									
灌阳县									
龙胜各族自治县									
资源县									
平乐县									
恭城瑶族自治县									
荔浦市	91	47	44	69	32	37	76	38	38

1-10a 续表 4

单位:人

地区	2020年1月			2020年2月			2020年3月		
	小计	男	女	小计	男	女	小计	男	女
梧州市	**795**	**433**	**362**	**706**	**378**	**328**	**697**	**385**	**312**
万秀区	104	59	45	114	54	60	107	62	45
长洲区	241	137	104	232	128	104	211	108	103
龙圩区	147	79	68	105	54	51	128	69	59
苍梧县									
藤县									
蒙山县									
岑溪市	303	158	145	255	142	113	251	146	105
北海市	**579**	**320**	**259**	**480**	**257**	**223**	**483**	**277**	**206**
海城区	405	215	190	322	182	140	337	196	141
银海区	166	102	64	141	65	76	139	77	62
铁山港区	8	3	5	17	10	7	7	4	3
合浦县									
防城港市	**468**	**251**	**217**	**402**	**219**	**183**	**454**	**235**	**219**
港口区	155	74	81	130	63	67	149	72	77
防城区	160	97	63	125	72	53	155	78	77
上思县									
东兴市	153	80	73	147	84	63	150	85	65
钦州市	**562**	**287**	**275**	**496**	**271**	**225**	**510**	**292**	**218**
钦南区	293	153	140	274	150	124	302	173	129
钦北区	269	134	135	222	121	101	208	119	89
灵山县									
浦北县									
贵港市	**910**	**499**	**411**	**755**	**409**	**346**	**779**	**398**	**381**
港北区	441	245	196	398	222	176	413	225	188
港南区	114	65	49	97	49	48	105	50	55
覃塘区	125	60	65	92	46	46	89	41	48
平南县									
桂平市	230	129	101	168	92	76	172	82	90
玉林市	**953**	**531**	**422**	**829**	**439**	**390**	**832**	**434**	**398**
玉州区	629	339	290	569	305	264	554	294	260
福绵区	49	24	25	37	17	20	44	26	18
容县									
陆川县									
博白县									
兴业县									
北流市	275	168	107	223	117	106	234	114	120
百色市	**745**	**383**	**362**	**698**	**373**	**325**	**643**	**313**	**330**
右江区	285	151	134	259	148	111	219	108	111
田阳区	110	55	55	123	64	59	120	55	65
田东县									

1-10a 续表 5

单位:人

地 区	2020年1月			2020年2月			2020年3月		
	小计	男	女	小计	男	女	小计	男	女
德保县									
那坡县									
凌云县									
乐业县									
田林县									
西林县									
隆林各族自治县									
靖西市	106	58	48	96	40	56	103	53	50
平果市	244	119	125	220	121	99	201	97	104
贺州市	**361**	**200**	**161**	**320**	**171**	**149**	**304**	**172**	**132**
八步区	198	110	88	177	92	85	185	105	80
平桂区	163	90	73	143	79	64	119	67	52
昭平县									
钟山县									
富川瑶族自治县									
河池市	**423**	**223**	**200**	**345**	**196**	**149**	**326**	**187**	**139**
金城江区	254	124	130	207	115	92	175	97	78
宜州区	169	99	70	138	81	57	151	90	61
南丹县									
天峨县									
凤山县									
东兰县									
罗城仫佬族自治县									
环江毛南族自治县									
巴马瑶族自治县									
都安瑶族自治县									
大化瑶族自治县									
来宾市	**413**	**221**	**192**	**429**	**227**	**202**	**405**	**213**	**192**
兴宾区	385	208	177	404	212	192	384	201	183
忻城县									
象州县									
武宣县									
金秀瑶族自治县									
合山市	28	13	15	25	15	10	21	12	9
崇左市	**194**	**104**	**90**	**179**	**90**	**89**	**167**	**89**	**78**
江州区	134	69	65	114	56	58	112	60	52
扶绥县									
宁明县									
龙州县									
大新县									
天等县									
凭祥市	60	35	25	65	34	31	55	29	26

1-10a 续表 6

单位：人

地 区	2020年4月			2020年5月			2020年6月		
	小计	男	女	小计	男	女	小计	男	女
总 计	**11516**	**6157**	**5359**	**11935**	**6372**	**5563**	**12137**	**6528**	**5609**
南宁市	**3976**	**2144**	**1832**	**4074**	**2178**	**1896**	**4085**	**2234**	**1851**
兴宁区	572	310	262	595	311	284	558	286	272
青秀区	802	408	394	820	447	373	834	451	383
江南区	723	392	331	759	421	338	794	435	359
西乡塘区	1068	581	487	1057	557	500	1087	597	490
良庆区	482	275	207	486	263	223	493	280	213
邕宁区	181	94	87	182	89	93	150	92	58
武鸣区	148	84	64	175	90	85	169	93	76
隆安县									
马山县									
上林县									
宾阳县									
横 县									
柳州市	**1403**	**711**	**692**	**1478**	**754**	**724**	**1549**	**801**	**748**
城中区	165	83	82	164	85	79	182	97	85
鱼峰区	415	205	210	420	211	209	461	244	217
柳南区	349	173	176	393	196	197	383	182	201
柳北区	268	144	124	293	155	138	291	157	134
柳江区	206	106	100	208	107	101	232	121	111
柳城县									
鹿寨县									
融安县									
融水苗族自治县									
三江侗族自治县									
桂林市	**848**	**455**	**393**	**897**	**485**	**412**	**904**	**481**	**423**
秀峰区	110	60	50	110	52	58	100	54	46
叠彩区	88	49	39	134	64	70	122	63	59
象山区	184	93	91	157	87	70	142	68	74
七星区	189	115	74	187	99	88	204	109	95
雁山区	6	3	3	7	5	2	9	5	4
临桂区	215	106	109	237	144	93	250	141	109
阳朔县									
灵川县									
全州县									
兴安县									
永福县									
灌阳县									
龙胜各族自治县									
资源县									
平乐县									
恭城瑶族自治县									
荔浦市	56	29	27	65	34	31	77	41	36

1-10a 续表 7

单位:人

地区	2020年4月			2020年5月			2020年6月		
	小计	男	女	小计	男	女	小计	男	女
梧州市	**677**	**360**	**317**	**686**	**384**	**302**	**743**	**420**	**323**
万秀区	95	51	44	87	47	40	115	65	50
长洲区	224	124	100	217	127	90	243	133	110
龙圩区	104	48	56	111	66	45	102	57	45
苍梧县									
藤　县									
蒙山县									
岑溪市	254	137	117	271	144	127	283	165	118
北海市	**449**	**228**	**221**	**495**	**262**	**233**	**505**	**271**	**234**
海城区	297	153	144	346	189	157	330	171	159
银海区	135	67	68	137	64	73	169	97	72
铁山港区	17	8	9	12	9	3	6	3	3
合浦县									
防城港市	**400**	**228**	**172**	**414**	**215**	**199**	**409**	**212**	**197**
港口区	125	68	57	131	67	64	145	65	80
防城区	146	91	55	148	82	66	130	75	55
上思县									
东兴市	129	69	60	135	66	69	134	72	62
钦州市	**406**	**225**	**181**	**457**	**260**	**197**	**503**	**265**	**238**
钦南区	243	135	108	237	139	98	294	153	141
钦北区	163	90	73	220	121	99	209	112	97
灵山县									
浦北县									
贵港市	**753**	**394**	**359**	**784**	**405**	**379**	**736**	**390**	**346**
港北区	438	230	208	398	198	200	394	217	177
港南区	90	42	48	98	58	40	85	37	48
覃塘区	88	43	45	97	47	50	103	58	45
平南县									
桂平市	137	79	58	191	102	89	154	78	76
玉林市	**785**	**417**	**368**	**784**	**422**	**362**	**879**	**489**	**390**
玉州区	547	282	265	548	291	257	593	335	258
福绵区	34	18	16	37	19	18	49	27	22
容　县									
陆川县									
博白县									
兴业县									
北流市	204	117	87	199	112	87	237	127	110
百色市	**641**	**342**	**299**	**632**	**355**	**277**	**601**	**315**	**286**
右江区	260	132	128	241	136	105	182	96	86
田阳区	115	71	44	119	61	58	121	60	61
田东县									

1-10a 续表 8

单位:人

地区	2020年4月			2020年5月			2020年6月		
	小计	男	女	小计	男	女	小计	男	女
德保县									
那坡县									
凌云县									
乐业县									
田林县									
西林县									
隆林各族自治县									
靖西市	83	46	37	85	50	35	103	58	45
平果市	183	93	90	187	108	79	195	101	94
贺州市	**319**	**170**	**149**	**312**	**160**	**152**	**336**	**175**	**161**
八步区	175	98	77	194	104	90	191	98	93
平桂区	144	72	72	118	56	62	145	77	68
昭平县									
钟山县									
富川瑶族自治县									
河池市	**339**	**196**	**143**	**316**	**172**	**144**	**331**	**173**	**158**
金城江区	216	124	92	178	95	83	186	104	82
宜州区	123	72	51	138	77	61	145	69	76
南丹县									
天峨县									
凤山县									
东兰县									
罗城仫佬族自治县									
环江毛南族自治县									
巴马瑶族自治县									
都安瑶族自治县									
大化瑶族自治县									
来宾市	**357**	**205**	**152**	**423**	**221**	**202**	**382**	**208**	**174**
兴宾区	341	197	144	400	208	192	355	196	159
忻城县									
象州县									
武宣县									
金秀瑶族自治县									
合山市	16	8	8	23	13	10	27	12	15
崇左市	**163**	**82**	**81**	**183**	**99**	**84**	**174**	**94**	**80**
江州区	109	58	51	110	59	51	113	63	50
扶绥县									
宁明县									
龙州县									
大新县									
天等县									
凭祥市	54	24	30	73	40	33	61	31	30

1－10a 续表 9 单位：人

地区	2020年7月			2020年8月			2020年9月			2020年10月		
	小计	男	女	小计	男	女	小计	男	女	小计	男	女
总 计	**12777**	**6825**	**5952**	**12936**	**6854**	**6082**	**11264**	**6080**	**5184**	**9610**	**5170**	**4440**
南宁市	**4353**	**2365**	**1988**	**4308**	**2317**	**1991**	**3623**	**1936**	**1687**	**3148**	**1705**	**1443**
兴宁区	559	316	243	606	333	273	424	231	193	300	166	134
青秀区	846	446	400	907	499	408	753	389	364	497	252	245
江南区	898	472	426	831	441	390	763	396	367	734	394	340
西乡塘区	1159	641	518	1107	587	520	965	523	442	1045	582	463
良庆区	518	275	243	509	275	234	415	227	188	339	186	153
邕宁区	177	98	79	191	100	91	150	80	70	119	67	52
武鸣区	196	117	79	157	82	75	153	90	63	114	58	56
隆安县												
马山县												
上林县												
宾阳县												
横 县												
柳州市	**1643**	**854**	**789**	**1667**	**868**	**799**	**1584**	**831**	**753**	**1439**	**731**	**708**
城中区	189	102	87	178	97	81	167	99	68	141	81	60
鱼峰区	501	254	247	459	227	232	422	205	217	407	192	215
柳南区	416	211	205	457	240	217	422	204	218	419	214	205
柳北区	303	164	139	315	170	145	325	176	149	261	131	130
柳江区	234	123	111	258	134	124	248	147	101	211	113	98
柳城县												
鹿寨县												
融安县												
融水苗族自治县												
三江侗族自治县												
桂林市	**985**	**544**	**441**	**1016**	**529**	**487**	**922**	**486**	**436**	**812**	**431**	**381**
秀峰区	117	52	65	135	67	68	113	51	62	83	45	38
叠彩区	145	85	60	141	80	61	119	63	56	101	48	53
象山区	180	108	72	179	90	89	176	100	76	156	85	71
七星区	215	130	85	223	108	115	201	107	94	196	104	92
雁山区	6	1	5	1	1		3	1	2	5	3	2
临桂区	239	125	114	277	152	125	248	131	117	199	110	89
阳朔县												
灵川县												
全州县												
兴安县												
永福县												
灌阳县												
龙胜各族自治县												
资源县												
平乐县												
恭城瑶族自治县												
荔浦市	83	43	40	60	31	29	62	33	29	72	36	36

1-10a 续表 10

单位:人

地区	2020年7月			2020年8月			2020年9月			2020年10月		
	小计	男	女	小计	男	女	小计	男	女	小计	男	女
梧州市	**668**	**357**	**311**	**760**	**401**	**359**	**629**	**318**	**311**	**602**	**349**	**253**
万秀区	104	58	46	120	67	53	113	57	56	95	58	37
长洲区	212	113	99	228	123	105	198	109	89	184	110	74
龙圩区	106	58	48	134	73	61	111	54	57	114	71	43
苍梧县												
藤　县												
蒙山县												
岑溪市	246	128	118	278	138	140	207	98	109	209	110	99
北海市	**545**	**277**	**268**	**498**	**248**	**250**	**411**	**227**	**184**	**413**	**238**	**175**
海城区	375	182	193	336	168	168	289	160	129	292	172	120
银海区	157	85	72	154	77	77	114	61	53	109	56	53
铁山港区	13	10	3	8	3	5	8	6	2	12	10	2
合浦县												
防城港市	**406**	**212**	**194**	**465**	**243**	**222**	**408**	**227**	**181**	**315**	**171**	**144**
港口区	128	72	56	169	90	79	124	66	58	86	40	46
防城区	136	73	63	161	80	81	148	78	70	128	70	58
上思县												
东兴市	142	67	75	135	73	62	136	83	53	101	61	40
钦州市	**511**	**279**	**232**	**577**	**273**	**304**	**446**	**241**	**205**	**388**	**208**	**180**
钦南区	303	169	134	339	157	182	263	150	113	222	123	99
钦北区	208	110	98	238	116	122	183	91	92	166	85	81
灵山县												
浦北县												
贵港市	**829**	**447**	**382**	**807**	**418**	**389**	**746**	**426**	**320**	**581**	**290**	**291**
港北区	445	251	194	409	212	197	374	205	169	287	145	142
港南区	105	56	49	109	53	56	113	68	45	86	44	42
覃塘区	98	42	56	93	51	42	90	51	39	90	52	38
平南县												
桂平市	181	98	83	196	102	94	169	102	67	118	49	69
玉林市	**872**	**484**	**388**	**892**	**504**	**388**	**693**	**412**	**281**	**593**	**338**	**255**
玉州区	618	341	277	622	374	248	487	290	197	389	228	161
福绵区	41	23	18	46	20	26	32	15	17	35	25	10
容　县												
陆川县												
博白县												
兴业县												
北流市	213	120	93	224	110	114	174	107	67	169	85	84
百色市	**683**	**357**	**326**	**624**	**350**	**274**	**560**	**299**	**261**	**450**	**248**	**202**
右江区	235	123	112	219	122	97	196	102	94	143	75	68
田阳区	119	68	51	122	60	62	110	64	46	113	59	54
田东县												

1-10a 续表 11

单位:人

地 区	2020年7月			2020年8月			2020年9月			2020年10月		
	小计	男	女	小计	男	女	小计	男	女	小计	男	女
德保县												
那坡县												
凌云县												
乐业县												
田林县												
西林县												
隆林各族自治县												
靖西市	119	56	63	99	53	46	67	40	27	53	30	23
平果市	210	110	100	184	115	69	187	93	94	141	84	57
贺州市	**347**	**175**	**172**	**352**	**181**	**171**	**314**	**183**	**131**	**225**	**118**	**107**
八步区	203	98	105	188	93	95	193	117	76	142	81	61
平桂区	144	77	67	164	88	76	121	66	55	83	37	46
昭平县												
钟山县												
富川瑶族自治县												
河池市	**389**	**192**	**197**	**341**	**176**	**165**	**336**	**184**	**152**	**240**	**124**	**116**
金城江区	230	117	113	189	91	98	201	105	96	135	64	71
宜州区	159	75	84	152	85	67	135	79	56	105	60	45
南丹县												
天峨县												
凤山县												
东兰县												
罗城仫佬族自治县												
环江毛南族自治县												
巴马瑶族自治县												
都安瑶族自治县												
大化瑶族自治县												
来宾市	**397**	**202**	**195**	**457**	**248**	**209**	**442**	**232**	**210**	**329**	**180**	**149**
兴宾区	368	192	176	422	225	197	414	215	199	312	170	142
忻城县												
象州县												
武宣县												
金秀瑶族自治县												
合山市	29	10	19	35	23	12	28	17	11	17	10	7
崇左市	**149**	**80**	**69**	**172**	**98**	**74**	**150**	**78**	**72**	**75**	**39**	**36**
江州区	87	45	42	109	63	46	91	43	48	38	21	17
扶绥县												
宁明县												
龙州县												
大新县												
天等县												
凭祥市	62	35	27	63	35	28	59	35	24	37	18	19

1-10b 各地区分性别、月份的出生人口 (2019.11.1-2020.10.31)（镇）

单位：人

地区	出生人口			2019年11月			2019年12月		
	合计	男	女	小计	男	女	小计	男	女
总　计	**135369**	**72640**	**62729**	**14845**	**7946**	**6899**	**13533**	**7230**	**6303**
南宁市	**15284**	**8319**	**6965**	**1579**	**850**	**729**	**1514**	**827**	**687**
兴宁区	246	126	120	18	8	10	29	14	15
青秀区	361	210	151	38	23	15	39	18	21
江南区	630	353	277	64	42	22	58	36	22
西乡塘区	569	315	254	72	40	32	45	24	21
良庆区	445	254	191	41	19	22	35	16	19
邕宁区	266	146	120	29	16	13	23	15	8
武鸣区	1184	615	569	110	66	44	118	67	51
隆安县	1064	565	499	104	53	51	104	60	44
马山县	1264	658	606	129	71	58	126	62	64
上林县	1507	828	679	149	83	66	184	97	87
宾阳县	3755	2093	1662	404	219	185	376	215	161
横　县	3993	2156	1837	421	210	211	377	203	174
柳州市	**8006**	**4282**	**3724**	**816**	**432**	**384**	**787**	**418**	**369**
城中区									
鱼峰区	276	152	124	28	14	14	23	12	11
柳南区	587	307	280	49	25	24	63	32	31
柳北区	51	28	23	9	5	4	4	2	2
柳江区	521	278	243	48	21	27	43	26	17
柳城县	1544	820	724	149	75	74	142	75	67
鹿寨县	1780	942	838	187	100	87	181	94	87
融安县	1016	564	452	112	71	41	88	50	38
融水苗族自治县	1357	732	625	148	82	66	158	78	80
三江侗族自治县	874	459	415	86	39	47	85	49	36
桂林市	**10968**	**5732**	**5236**	**1159**	**609**	**550**	**1119**	**591**	**528**
秀峰区									
叠彩区	22	12	10	1		1	1	1	
象山区									
七星区	257	127	130	28	12	16	37	21	16
雁山区	14	8	6	5	2	3	1		1
临桂区	405	228	177	46	30	16	38	16	22
阳朔县	817	424	393	83	41	42	71	42	29
灵川县	1817	980	837	187	102	85	179	90	89
全州县	1807	971	836	199	99	100	176	94	82
兴安县	1038	549	489	100	52	48	107	59	48
永福县	775	394	381	76	43	33	83	43	40
灌阳县	842	441	401	97	50	47	88	53	35
龙胜各族自治县	451	205	246	35	18	17	48	24	24
资源县	455	231	224	38	22	16	45	26	19
平乐县	966	494	472	113	66	47	111	53	58
恭城瑶族自治县	783	419	364	92	48	44	77	39	38
荔浦市	519	249	270	59	24	35	57	30	27

1-10b 续表 1

单位：人

地 区	出生人口			2019年11月			2019年12月		
	合计	男	女	小计	男	女	小计	男	女
梧州市	**9290**	**4924**	**4366**	**1002**	**525**	**477**	**924**	**514**	**410**
万秀区	130	68	62	15	7	8	14	7	7
长洲区	37	17	20	2	1	1	3		3
龙圩区	520	272	248	56	32	24	48	27	21
苍梧县	1075	557	518	123	61	62	110	52	58
藤 县	4684	2514	2170	480	264	216	462	268	194
蒙山县	696	364	332	74	36	38	66	32	34
岑溪市	2148	1132	1016	252	124	128	221	128	93
北海市	**3742**	**2107**	**1635**	**418**	**241**	**177**	**347**	**193**	**154**
海城区	24	7	17	1	1		5	2	3
银海区	235	135	100	32	19	13	26	12	14
铁山港区	85	56	29	7	6	1	10	5	5
合浦县	3398	1909	1489	378	215	163	306	174	132
防城港市	**2009**	**1047**	**962**	**202**	**104**	**98**	**214**	**109**	**105**
港口区	399	224	175	28	16	12	46	29	17
防城区	559	282	277	52	28	24	54	26	28
上思县	784	406	378	94	50	44	87	43	44
东兴市	267	135	132	28	10	18	27	11	16
钦州市	**10408**	**5570**	**4838**	**1189**	**651**	**538**	**1054**	**551**	**503**
钦南区	1269	679	590	146	81	65	136	68	68
钦北区	1617	864	753	171	94	77	159	88	71
灵山县	4937	2640	2297	574	310	264	490	253	237
浦北县	2585	1387	1198	298	166	132	269	142	127
贵港市	**14324**	**7722**	**6602**	**1584**	**845**	**739**	**1456**	**777**	**679**
港北区	591	327	264	60	34	26	59	28	31
港南区	684	387	297	86	47	39	68	38	30
覃塘区	1096	578	518	118	68	50	123	66	57
平南县	7091	3815	3276	752	395	357	707	392	315
桂平市	4862	2615	2247	568	301	267	499	253	246
玉林市	**22390**	**12075**	**10315**	**2696**	**1477**	**1219**	**2221**	**1178**	**1043**
玉州区	775	431	344	86	43	43	65	33	32
福绵区	827	456	371	87	44	43	83	43	40
容 县	3138	1647	1491	329	181	148	297	166	131
陆川县	4084	2214	1870	550	314	236	393	191	202
博白县	8077	4437	3640	954	534	420	851	451	400
兴业县	1667	899	768	213	106	107	176	93	83
北流市	3822	1991	1831	477	255	222	356	201	155
百色市	**7334**	**3955**	**3379**	**800**	**436**	**364**	**765**	**437**	**328**
右江区	103	60	43	10	5	5	15	11	4
田阳区	81	49	32	7	4	3	8	6	2
田东县	1659	872	787	175	85	90	162	101	61

1-10b 续表 2

单位:人

地区	出生人口			2019年11月			2019年12月		
	合计	男	女	小计	男	女	小计	男	女
德保县	914	510	404	105	59	46	109	62	47
那坡县	399	210	189	47	24	23	39	23	16
凌云县	889	480	409	98	60	38	96	54	42
乐业县	574	338	236	57	36	21	58	29	29
田林县	600	340	260	67	38	29	53	31	22
西林县	525	270	255	53	29	24	59	31	28
隆林各族自治县	914	500	414	111	67	44	102	58	44
靖西市	316	154	162	42	16	26	31	18	13
平果市	360	172	188	28	13	15	33	13	20
贺州市	**8070**	**4341**	**3729**	**885**	**467**	**418**	**770**	**406**	**364**
八步区	1750	944	806	205	109	96	170	92	78
平桂区	1084	564	520	107	57	50	109	52	57
昭平县	1956	1020	936	216	111	105	174	85	89
钟山县	1900	1030	870	206	114	92	172	97	75
富川瑶族自治县	1380	783	597	151	76	75	145	80	65
河池市	**11745**	**6336**	**5409**	**1245**	**655**	**590**	**1185**	**620**	**565**
金城江区	151	72	79	13	7	6	14	8	6
宜州区	268	134	134	25	7	18	30	14	16
南丹县	1476	793	683	146	88	58	147	75	72
天峨县	631	341	290	81	44	37	55	32	23
凤山县	695	388	307	76	34	42	71	37	34
东兰县	744	428	316	103	58	45	83	47	36
罗城仫佬族自治县	1239	677	562	119	68	51	135	70	65
环江毛南族自治县	1154	608	546	122	68	54	124	65	59
巴马瑶族自治县	996	536	460	95	50	45	94	50	44
都安瑶族自治县	2809	1500	1309	311	154	157	259	136	123
大化瑶族自治县	1582	859	723	154	77	77	173	86	87
来宾市	**6031**	**3137**	**2894**	**656**	**322**	**334**	**642**	**334**	**308**
兴宾区	1517	785	732	141	73	68	137	64	73
忻城县	1085	537	548	113	51	62	103	58	45
象州县	1134	617	517	127	64	63	127	62	65
武宣县	1713	892	821	215	104	111	202	106	96
金秀瑶族自治县	500	269	231	53	25	28	60	35	25
合山市	82	37	45	7	5	2	13	9	4
崇左市	**5768**	**3093**	**2675**	**614**	**332**	**282**	**535**	**275**	**260**
江州区	388	226	162	44	28	16	53	30	23
扶绥县	1589	836	753	159	80	79	148	72	76
宁明县	974	528	446	107	64	43	86	44	42
龙州县	904	471	433	96	42	54	79	46	33
大新县	882	465	417	104	64	40	80	29	51
天等县	856	487	369	88	44	44	78	47	31
凭祥市	175	80	95	16	10	6	11	7	4

1-10b 续表 3

单位：人

地 区	2020年1月			2020年2月			2020年3月		
	小计	男	女	小计	男	女	小计	男	女
总 计	**12386**	**6451**	**5935**	**10776**	**5804**	**4972**	**10790**	**5747**	**5043**
南宁市	**1446**	**787**	**659**	**1274**	**693**	**581**	**1225**	**638**	**587**
兴宁区	24	14	10	20	10	10	20	8	12
青秀区	32	19	13	40	25	15	26	19	7
江南区	64	34	30	56	30	26	43	23	20
西乡塘区	55	28	27	56	30	26	47	28	19
良庆区	32	19	13	39	27	12	39	18	21
邕宁区	29	17	12	31	14	17	19	9	10
武鸣区	115	59	56	92	39	53	96	40	56
隆安县	97	51	46	96	48	48	98	47	51
马山县	114	61	53	111	54	57	124	65	59
上林县	143	81	62	99	62	37	106	48	58
宾阳县	366	198	168	306	175	131	284	158	126
横 县	375	206	169	328	179	149	323	175	148
柳州市	**734**	**380**	**354**	**643**	**360**	**283**	**693**	**374**	**319**
城中区									
鱼峰区	25	15	10	29	20	9	18	7	11
柳南区	50	32	18	45	24	21	54	27	27
柳北区	2		2	3	3		6	3	3
柳江区	47	21	26	38	21	17	37	23	14
柳城县	150	71	79	118	64	54	129	77	52
鹿寨县	152	70	82	155	81	74	146	77	69
融安县	88	52	36	78	46	32	94	57	37
融水苗族自治县	135	77	58	114	64	50	132	71	61
三江侗族自治县	85	42	43	63	37	26	77	32	45
桂林市	**1015**	**487**	**528**	**944**	**488**	**456**	**941**	**477**	**464**
秀峰区									
叠彩区	2	2		1		1	1		1
象山区									
七星区	23	12	11	23	13	10	14	6	8
雁山区	1	1							
临桂区	37	20	17	41	25	16	40	20	20
阳朔县	59	26	33	59	25	34	84	44	40
灵川县	180	88	92	149	81	68	153	86	67
全州县	170	87	83	157	86	71	155	78	77
兴安县	112	60	52	85	37	48	81	40	41
永福县	59	25	34	67	28	39	70	33	37
灌阳县	64	30	34	75	43	32	67	34	33
龙胜各族自治县	37	15	22	46	24	22	45	22	23
资源县	52	26	26	38	22	16	38	18	20
平乐县	109	50	59	98	56	42	72	35	37
恭城瑶族自治县	71	32	39	55	27	28	82	42	40
荔浦市	39	13	26	50	21	29	39	19	20

1-10b　续表 4

单位:人

地　区	2020年1月			2020年2月			2020年3月		
	小计	男	女	小计	男	女	小计	男	女
梧州市	**848**	**422**	**426**	**766**	**402**	**364**	**733**	**384**	**349**
万秀区	16	7	9	8	4	4	6	4	2
长洲区	7	4	3	1	1		3	1	2
龙圩区	49	29	20	43	19	24	41	11	30
苍梧县	90	44	46	102	54	48	98	51	47
藤　县	424	205	219	388	206	182	372	203	169
蒙山县	73	41	32	60	34	26	51	23	28
岑溪市	189	92	97	164	84	80	162	91	71
北海市	**340**	**186**	**154**	**303**	**168**	**135**	**287**	**170**	**117**
海城区	2		2				3	1	2
银海区	20	9	11	20	10	10	18	14	4
铁山港区	6	4	2	6	5	1	11	6	5
合浦县	312	173	139	277	153	124	255	149	106
防城港市	**201**	**102**	**99**	**163**	**88**	**75**	**183**	**99**	**84**
港口区	36	18	18	38	24	14	38	22	16
防城区	61	32	29	37	17	20	56	30	26
上思县	76	32	44	71	36	35	73	38	35
东兴市	28	20	8	17	11	6	16	9	7
钦州市	**903**	**471**	**432**	**764**	**408**	**356**	**789**	**408**	**381**
钦南区	102	51	51	86	54	32	103	53	50
钦北区	169	86	83	122	65	57	108	57	51
灵山县	421	213	208	359	189	170	372	198	174
浦北县	211	121	90	197	100	97	206	100	106
贵港市	**1302**	**692**	**610**	**1127**	**609**	**518**	**1056**	**578**	**478**
港北区	61	41	20	43	23	20	54	29	25
港南区	58	34	24	43	25	18	56	31	25
覃塘区	87	47	40	70	33	37	82	42	40
平南县	642	327	315	572	312	260	500	260	240
桂平市	454	243	211	399	216	183	364	216	148
玉林市	**2055**	**1072**	**983**	**1732**	**970**	**762**	**1832**	**991**	**841**
玉州区	73	38	35	57	34	23	60	28	32
福绵区	78	53	25	59	24	35	49	31	18
容　县	291	144	147	216	110	106	260	123	137
陆川县	407	204	203	322	184	138	334	178	156
博白县	705	369	336	636	365	271	681	392	289
兴业县	167	90	77	129	85	44	130	71	59
北流市	334	174	160	313	168	145	318	168	150
百色市	**706**	**354**	**352**	**587**	**302**	**285**	**568**	**307**	**261**
右江区	10	5	5	6	3	3	8	5	3
田阳区	3	2	1	7	6	1	6	4	2
田东县	155	77	78	115	55	60	121	62	59

1-10b 续表 5 单位：人

地区	2020年1月			2020年2月			2020年3月		
	小计	男	女	小计	男	女	小计	男	女
德保县	91	51	40	84	44	40	76	35	41
那坡县	38	23	15	28	13	15	39	22	17
凌云县	87	43	44	68	31	37	66	33	33
乐业县	46	22	24	52	34	18	52	33	19
田林县	55	34	21	40	20	20	56	30	26
西林县	60	26	34	55	26	29	44	23	21
隆林各族自治县	92	40	52	73	43	30	62	37	25
靖西市	30	12	18	32	14	18	16	12	4
平果市	39	19	20	27	13	14	22	11	11
贺州市	**665**	**365**	**300**	**623**	**305**	**318**	**624**	**344**	**280**
八步区	153	88	65	125	57	68	132	74	58
平桂区	96	46	50	91	43	48	80	46	34
昭平县	149	83	66	139	63	76	155	73	82
钟山县	160	87	73	159	78	81	171	97	74
富川瑶族自治县	107	61	46	109	64	45	86	54	32
河池市	**1035**	**548**	**487**	**902**	**496**	**406**	**916**	**486**	**430**
金城江区	14	4	10	6	4	2	16	6	10
宜州区	29	16	13	19	14	5	18	8	10
南丹县	139	72	67	128	74	54	109	52	57
天峨县	59	29	30	48	27	21	40	21	19
凤山县	50	23	27	52	32	20	70	45	25
东兰县	68	41	27	52	23	29	48	25	23
罗城仫佬族自治县	102	54	48	102	60	42	110	52	58
环江毛南族自治县	115	63	52	79	40	39	88	36	52
巴马瑶族自治县	85	40	45	88	44	44	79	44	35
都安瑶族自治县	246	144	102	200	106	94	226	122	104
大化瑶族自治县	128	62	66	128	72	56	112	75	37
来宾市	**545**	**289**	**256**	**499**	**257**	**242**	**480**	**250**	**230**
兴宾区	146	69	77	133	70	63	117	67	50
忻城县	105	53	52	103	50	53	92	47	45
象州县	97	61	36	93	52	41	107	52	55
武宣县	144	82	62	119	64	55	126	68	58
金秀瑶族自治县	45	21	24	47	20	27	32	14	18
合山市	8	3	5	4	1	3	6	2	4
崇左市	**591**	**296**	**295**	**449**	**258**	**191**	**463**	**241**	**222**
江州区	34	14	20	25	15	10	27	13	14
扶绥县	158	81	77	120	71	49	128	70	58
宁明县	107	56	51	76	43	33	82	42	40
龙州县	104	44	60	74	42	32	58	29	29
大新县	95	55	40	80	44	36	78	34	44
天等县	77	41	36	66	40	26	73	45	28
凭祥市	16	5	11	8	3	5	17	8	9

1-10b 续表 6 单位:人

地 区	2020年4月			2020年5月			2020年6月		
	小计	男	女	小计	男	女	小计	男	女
总 计	**10133**	**5494**	**4639**	**10362**	**5588**	**4774**	**10927**	**5975**	**4952**
南宁市	**1126**	**611**	**515**	**1190**	**632**	**558**	**1240**	**693**	**547**
兴宁区	16	7	9	26	15	11	16	9	7
青秀区	28	10	18	26	18	8	28	16	12
江南区	56	29	27	48	27	21	56	31	25
西乡塘区	41	24	17	38	17	21	42	24	18
良庆区	37	25	12	29	14	15	40	23	17
邕宁区	22	9	13	26	12	14	20	12	8
武鸣区	86	49	37	88	41	47	93	52	41
隆安县	67	34	33	84	53	31	77	44	33
马山县	88	46	42	96	48	48	97	53	44
上林县	99	57	42	129	67	62	141	77	64
宾阳县	278	153	125	318	168	150	299	167	132
横 县	308	168	140	282	152	130	331	185	146
柳州市	**583**	**308**	**275**	**613**	**336**	**277**	**632**	**352**	**280**
城中区									
鱼峰区	20	10	10	17	10	7	22	12	10
柳南区	46	24	22	42	21	21	51	27	24
柳北区	5	2	3	4	1	3	6	3	3
柳江区	33	19	14	48	29	19	41	24	17
柳城县	115	56	59	108	59	49	128	75	53
鹿寨县	132	72	60	137	87	50	122	64	58
融安县	72	32	40	82	47	35	80	47	33
融水苗族自治县	92	52	40	106	47	59	103	61	42
三江侗族自治县	68	41	27	69	35	34	79	39	40
桂林市	**771**	**404**	**367**	**803**	**423**	**380**	**849**	**477**	**372**
秀峰区									
叠彩区	1	1		4	2	2	4	4	
象山区									
七星区	15	6	9	18	11	7	26	17	9
雁山区				1	1		1	1	
临桂区	35	22	13	21	11	10	35	25	10
阳朔县	57	35	22	70	36	34	70	35	35
灵川县	114	48	66	134	73	61	135	78	57
全州县	121	64	57	138	82	56	159	93	66
兴安县	95	47	48	71	38	33	67	43	24
永福县	48	28	20	59	35	24	59	29	30
灌阳县	60	30	30	55	23	32	59	32	27
龙胜各族自治县	34	15	19	28	11	17	44	18	26
资源县	40	18	22	30	17	13	29	12	17
平乐县	71	39	32	72	33	39	66	35	31
恭城瑶族自治县	46	29	17	66	36	30	57	36	21
荔浦市	34	22	12	36	14	22	38	19	19

1-10b 续表 7 单位:人

地 区	2020年4月			2020年5月			2020年6月		
	小计	男	女	小计	男	女	小计	男	女
梧州市	**723**	**366**	**357**	**695**	**376**	**319**	**800**	**433**	**367**
万秀区	5	4	1	11	4	7	17	10	7
长洲区	4	2	2	5	3	2	1		1
龙圩区	37	17	20	38	21	17	56	35	21
苍梧县	85	44	41	75	44	31	93	48	45
藤 县	363	191	172	358	191	167	404	212	192
蒙山县	58	24	34	57	28	29	65	39	26
岑溪市	171	84	87	151	85	66	164	89	75
北海市	**310**	**177**	**133**	**280**	**154**	**126**	**274**	**167**	**107**
海城区	6		6	2	1	1			
银海区	12	7	5	18	11	7	18	13	5
铁山港区	4	2	2	9	6	3	5	3	2
合浦县	288	168	120	251	136	115	251	151	100
防城港市	**132**	**70**	**62**	**132**	**63**	**69**	**171**	**94**	**77**
港口区	27	11	16	30	16	14	41	24	17
防城区	43	23	20	37	21	16	45	21	24
上思县	45	26	19	44	17	27	65	36	29
东兴市	17	10	7	21	9	12	20	13	7
钦州市	**796**	**411**	**385**	**815**	**444**	**371**	**854**	**462**	**392**
钦南区	91	41	50	94	49	45	101	62	39
钦北区	111	49	62	112	62	50	134	62	72
灵山县	370	200	170	405	215	190	422	235	187
浦北县	224	121	103	204	118	86	197	103	94
贵港市	**1025**	**578**	**447**	**1095**	**574**	**521**	**1148**	**609**	**539**
港北区	48	31	17	49	25	24	43	24	19
港南区	50	33	17	54	29	25	48	25	23
覃塘区	71	32	39	90	53	37	96	46	50
平南县	483	273	210	536	279	257	593	328	265
桂平市	373	209	164	366	188	178	368	186	182
玉林市	**1695**	**937**	**758**	**1749**	**943**	**806**	**1811**	**980**	**831**
玉州区	48	29	19	57	40	17	66	34	32
福绵区	65	40	25	79	42	37	80	39	41
容 县	237	121	116	222	114	108	253	132	121
陆川县	329	190	139	327	171	156	322	182	140
博白县	581	321	260	621	353	268	649	358	291
兴业县	143	87	56	132	70	62	120	53	67
北流市	292	149	143	311	153	158	321	182	139
百色市	**581**	**314**	**267**	**561**	**313**	**248**	**608**	**324**	**284**
右江区	6	2	4	8	5	3	12	9	3
田阳区	7	4	3	7	4	3	5	4	1
田东县	125	66	59	122	62	60	144	79	65

1-10b 续表 8

单位:人

地 区	2020年4月			2020年5月			2020年6月		
	小计	男	女	小计	男	女	小计	男	女
德保县	74	41	33	76	51	25	71	31	40
那坡县	40	24	16	29	17	12	23	7	16
凌云县	61	35	26	81	47	34	79	43	36
乐业县	47	24	23	40	27	13	41	27	14
田林县	56	32	24	42	28	14	62	35	27
西林县	32	17	15	37	15	22	37	20	17
隆林各族自治县	76	40	36	72	36	36	77	38	39
靖西市	26	14	12	22	10	12	29	16	13
平果市	31	15	16	25	11	14	28	15	13
贺州市	**631**	**352**	**279**	**614**	**339**	**275**	**623**	**334**	**289**
八步区	123	68	55	131	76	55	147	78	69
平桂区	89	43	46	106	63	43	89	44	45
昭平县	163	88	75	157	83	74	145	79	66
钟山县	140	79	61	139	76	63	146	78	68
富川瑶族自治县	116	74	42	81	41	40	96	55	41
河池市	**883**	**480**	**403**	**911**	**522**	**389**	**994**	**547**	**447**
金城江区	16	5	11	5	1	4	13	7	6
宜州区	14	10	4	22	7	15	29	15	14
南丹县	114	57	57	111	69	42	129	64	65
天峨县	46	28	18	38	22	16	58	30	28
凤山县	44	22	22	70	35	35	60	39	21
东兰县	58	28	30	49	33	16	69	42	27
罗城仫佬族自治县	83	50	33	85	50	35	99	58	41
环江毛南族自治县	102	58	44	92	58	34	105	51	54
巴马瑶族自治县	80	46	34	76	40	36	75	42	33
都安瑶族自治县	211	111	100	237	136	101	225	123	102
大化瑶族自治县	115	65	50	126	71	55	132	76	56
来宾市	**413**	**212**	**201**	**450**	**235**	**215**	**461**	**254**	**207**
兴宾区	119	56	63	107	51	56	109	61	48
忻城县	67	30	37	78	37	41	108	58	50
象州县	89	50	39	79	49	30	86	50	36
武宣县	105	57	48	140	72	68	124	64	60
金秀瑶族自治县	28	17	11	40	24	16	29	18	11
合山市	5	2	3	6	2	4	5	3	2
崇左市	**464**	**274**	**190**	**454**	**234**	**220**	**462**	**249**	**213**
江州区	24	16	8	30	15	15	36	19	17
扶绥县	109	64	45	116	58	58	149	78	71
宁明县	87	48	39	78	43	35	66	34	32
龙州县	72	45	27	76	39	37	60	32	28
大新县	76	45	31	78	36	42	57	39	18
天等县	83	50	33	63	39	24	70	38	32
凭祥市	13	6	7	13	4	9	24	9	15

1-10b 续表 9

单位:人

地区	2020年7月			2020年8月			2020年9月			2020年10月		
	小计	男	女	小计	男	女	小计	男	女	小计	男	女
总 计	**10701**	**5802**	**4899**	**11141**	**5930**	**5211**	**10279**	**5540**	**4739**	**9496**	**5133**	**4363**
南宁市	**1192**	**674**	**518**	**1313**	**695**	**618**	**1138**	**639**	**499**	**1047**	**580**	**467**
兴宁区	20	9	11	23	14	9	23	15	8	11	3	8
青秀区	21	13	8	24	16	8	27	16	11	32	17	15
江南区	62	36	26	54	27	27	36	20	16	33	18	15
西乡塘区	55	28	27	35	21	14	33	22	11	50	29	21
良庆区	41	23	18	46	27	19	37	24	13	29	19	10
邕宁区	18	9	9	18	14	4	23	13	10	8	6	2
武鸣区	100	53	47	109	58	51	82	46	36	95	45	50
隆安县	66	35	31	94	45	49	104	56	48	73	39	34
马山县	107	61	46	109	52	57	89	48	41	74	37	37
上林县	117	64	53	119	70	49	111	57	54	110	65	45
宾阳县	278	166	112	321	169	152	266	154	112	259	151	108
横 县	307	177	130	361	182	179	307	168	139	273	151	122
柳州市	**651**	**353**	**298**	**656**	**334**	**322**	**669**	**350**	**319**	**529**	**285**	**244**
城中区												
鱼峰区	20	12	8	22	10	12	26	13	13	26	17	9
柳南区	50	22	28	54	25	29	55	28	27	28	20	8
柳北区				6	4	2	1	1		5	4	1
柳江区	51	23	28	53	26	27	46	24	22	36	21	15
柳城县	135	84	51	123	66	57	134	69	65	113	49	64
鹿寨县	143	79	64	158	84	74	151	73	78	116	61	55
融安县	89	44	45	74	35	39	81	40	41	78	43	35
融水苗族自治县	84	50	34	104	49	55	98	58	40	83	43	40
三江侗族自治县	79	39	40	62	35	27	77	44	33	44	27	17
桂林市	**908**	**470**	**438**	**910**	**462**	**448**	**783**	**420**	**363**	**766**	**424**	**342**
秀峰区												
叠彩区	3		3	1	1					3	1	2
象山区												
七星区	17	4	13	19	6	13	18	9	9	19	10	9
雁山区	2	1	1	1		1	1	1		1	1	
临桂区	41	26	15	29	13	16	23	13	10	19	7	12
阳朔县	62	36	26	89	40	49	61	31	30	52	33	19
灵川县	149	88	61	159	91	68	142	71	71	136	84	52
全州县	157	86	71	131	70	61	132	73	59	112	59	53
兴安县	98	51	47	91	44	47	73	42	31	58	36	22
永福县	73	30	43	65	35	30	49	30	19	67	35	32
灌阳县	60	25	35	78	41	37	59	36	23	80	44	36
龙胜各族自治县	28	17	11	31	11	20	36	15	21	39	15	24
资源县	43	15	28	44	20	24	30	20	10	28	15	13
平乐县	69	41	28	74	40	34	68	30	38	43	16	27
恭城瑶族自治县	62	30	32	54	31	23	54	31	23	67	38	29
荔浦市	44	20	24	44	19	25	37	18	19	42	30	12

1-10b 续表 10　　　　单位：人

地　区	2020年7月			2020年8月			2020年9月			2020年10月		
	小计	男	女	小计	男	女	小计	男	女	小计	男	女
梧州市	**707**	**372**	**335**	**771**	**410**	**361**	**616**	**340**	**276**	**705**	**380**	**325**
万秀区	15	9	6	8	4	4	6	5	1	9	3	6
长洲区				2		2	2	1	1	7	4	3
龙圩区	35	22	13	40	25	15	38	20	18	39	14	25
苍梧县	75	40	35	83	41	42	73	42	31	68	36	32
藤　县	364	191	173	420	213	207	313	177	136	336	193	143
蒙山县	53	28	25	44	28	16	51	27	24	44	24	20
岑溪市	165	82	83	174	99	75	133	68	65	202	106	96
北海市	**304**	**164**	**140**	**304**	**162**	**142**	**310**	**172**	**138**	**265**	**153**	**112**
海城区	1	1		2		2				2	1	1
银海区	17	12	5	19	11	8	20	10	10	15	7	8
铁山港区	13	7	6	6	5	1	3	2	1	5	5	
合浦县	273	144	129	277	146	131	287	160	127	243	140	103
防城港市	**153**	**90**	**63**	**170**	**94**	**76**	**167**	**83**	**84**	**121**	**51**	**70**
港口区	28	16	12	25	16	9	37	18	19	25	14	11
防城区	36	23	13	51	23	28	51	27	24	36	11	25
上思县	61	37	24	73	42	31	53	28	25	42	21	21
东兴市	28	14	14	21	13	8	26	10	16	18	5	13
钦州市	**776**	**433**	**343**	**856**	**475**	**381**	**818**	**434**	**384**	**794**	**422**	**372**
钦南区	103	51	52	107	61	46	112	60	52	88	48	40
钦北区	145	79	66	142	77	65	119	68	51	125	77	48
灵山县	351	206	145	386	213	173	403	211	192	384	197	187
浦北县	177	97	80	221	124	97	184	95	89	197	100	97
贵港市	**1191**	**658**	**533**	**1198**	**653**	**545**	**1076**	**571**	**505**	**1066**	**578**	**488**
港北区	44	22	22	56	31	25	37	17	20	37	22	15
港南区	47	29	18	69	39	30	52	29	23	53	28	25
覃塘区	88	48	40	109	59	50	98	52	46	64	32	32
平南县	601	334	267	598	324	274	542	289	253	565	302	263
桂平市	411	225	186	366	200	166	347	184	163	347	194	153
玉林市	**1708**	**916**	**792**	**1732**	**939**	**793**	**1655**	**882**	**773**	**1504**	**790**	**714**
玉州区	65	35	30	64	37	27	65	38	27	69	42	27
福绵区	81	46	35	65	37	28	50	29	21	51	28	23
容　县	246	134	112	254	135	119	255	142	113	278	145	133
陆川县	325	178	147	299	158	141	268	151	117	208	113	95
博白县	605	337	268	652	356	296	611	327	284	531	274	257
兴业县	133	61	72	120	74	46	135	72	63	69	37	32
北流市	253	125	128	278	142	136	271	123	148	298	151	147
百色市	**585**	**308**	**277**	**575**	**327**	**248**	**549**	**305**	**244**	**449**	**228**	**221**
右江区	7	3	4	7	5	2	11	7	4	3		3
田阳区	7	3	4	6	3	3	8	4	4	10	5	5
田东县	121	64	57	155	85	70	120	63	57	144	73	71

1-10b 续表 11

单位：人

地 区	2020年7月			2020年8月			2020年9月			2020年10月		
	小计	男	女	小计	男	女	小计	男	女	小计	男	女
德保县	63	33	30	51	39	12	61	34	27	53	30	23
那坡县	36	15	21	32	16	16	32	20	12	16	6	10
凌云县	68	37	31	70	40	30	68	36	32	47	21	26
乐业县	50	28	22	51	29	22	51	31	20	29	18	11
田林县	55	29	26	37	21	16	43	25	18	34	17	17
西林县	46	27	19	46	22	24	37	24	13	19	10	9
隆林各族自治县	73	45	28	71	37	34	62	35	27	43	24	19
靖西市	26	11	15	21	14	7	18	8	10	23	9	14
平果市	33	13	20	28	16	12	38	18	20	28	15	13
贺州市	**709**	**382**	**327**	**706**	**381**	**325**	**632**	**326**	**306**	**588**	**340**	**248**
八步区	146	76	70	158	88	70	127	63	64	133	75	58
平桂区	96	52	44	99	49	50	74	43	31	48	26	22
昭平县	164	88	76	165	91	74	183	91	92	146	85	61
钟山县	167	86	81	160	81	79	131	70	61	149	87	62
富川瑶族自治县	136	80	56	124	72	52	117	59	58	112	67	45
河池市	**909**	**498**	**411**	**952**	**490**	**462**	**936**	**522**	**414**	**877**	**472**	**405**
金城江区	13	8	5	15	7	8	17	7	10	9	8	1
宜州区	13	8	5	25	9	16	21	12	9	23	14	9
南丹县	121	63	58	101	53	48	125	73	52	106	53	53
天峨县	55	27	28	45	25	20	61	34	27	45	22	23
凤山县	36	21	15	54	37	17	45	29	16	67	34	33
东兰县	50	31	19	58	32	26	63	46	17	43	22	21
罗城仫佬族自治县	105	60	45	115	56	59	96	51	45	88	48	40
环江毛南族自治县	91	41	50	85	46	39	73	41	32	78	41	37
巴马瑶族自治县	78	43	35	93	42	51	81	46	35	72	49	23
都安瑶族自治县	225	128	97	224	112	112	219	114	105	226	114	112
大化瑶族自治县	122	68	54	137	71	66	135	69	66	120	67	53
来宾市	**438**	**229**	**209**	**502**	**254**	**248**	**489**	**265**	**224**	**456**	**236**	**220**
兴宾区	117	64	53	112	48	64	138	83	55	141	79	62
忻城县	76	38	38	103	47	56	75	37	38	62	31	31
象州县	83	49	34	91	50	41	79	36	43	76	42	34
武宣县	114	52	62	147	81	66	153	85	68	124	57	67
金秀瑶族自治县	38	23	15	43	25	18	37	21	16	48	26	22
合山市	10	3	7	6	3	3	7	3	4	5	1	4
崇左市	**470**	**255**	**215**	**496**	**254**	**242**	**441**	**231**	**210**	**329**	**194**	**135**
江州区	39	29	10	35	23	12	20	12	8	21	12	9
扶绥县	135	73	62	142	68	74	138	71	67	87	50	37
宁明县	80	45	35	78	37	41	85	47	38	42	25	17
龙州县	75	34	41	85	45	40	69	39	30	56	34	22
大新县	69	37	32	67	31	36	50	20	30	48	31	17
天等县	58	30	28	77	43	34	58	30	28	65	40	25
凭祥市	14	7	7	12	7	5	21	12	9	10	2	8

1-10c 各地区分性别、月份的出生人口 (2019.11.1-2020.10.31)(乡村)

单位:人

地区	出生人口			2019年11月			2019年12月		
	合计	男	女	小计	男	女	小计	男	女
总计	**279585**	**148864**	**130721**	**28729**	**15063**	**13666**	**25656**	**13446**	**12210**
南宁市	**31206**	**16835**	**14371**	**3176**	**1664**	**1512**	**2871**	**1528**	**1343**
兴宁区	810	451	359	85	47	38	76	39	37
青秀区	729	389	340	78	41	37	63	32	31
江南区	1423	750	673	127	62	65	145	74	71
西乡塘区	1550	853	697	151	82	69	141	95	46
良庆区	1411	759	652	133	71	62	124	79	45
邕宁区	1736	954	782	174	89	85	149	70	79
武鸣区	3758	2007	1751	382	202	180	325	172	153
隆安县	2199	1175	1024	193	96	97	210	118	92
马山县	3331	1752	1579	357	189	168	285	144	141
上林县	2849	1532	1317	305	151	154	263	131	132
宾阳县	5254	2885	2369	538	298	240	493	250	243
横县	6156	3328	2828	653	336	317	597	324	273
柳州市	**13299**	**7031**	**6268**	**1219**	**612**	**607**	**1241**	**635**	**606**
城中区	40	24	16	3	1	2	4	2	2
鱼峰区	548	301	247	57	28	29	51	28	23
柳南区	349	180	169	30	16	14	23	13	10
柳北区	419	217	202	36	21	15	43	23	20
柳江区	2233	1152	1081	203	95	108	226	113	113
柳城县	1709	887	822	168	85	83	162	80	82
鹿寨县	1502	805	697	141	75	66	137	74	63
融安县	1418	756	662	129	67	62	113	70	43
融水苗族自治县	2750	1456	1294	233	124	109	251	118	133
三江侗族自治县	2331	1253	1078	219	100	119	231	114	117
桂林市	**22495**	**11802**	**10693**	**2204**	**1159**	**1045**	**2057**	**1065**	**992**
秀峰区									
叠彩区	287	161	126	30	17	13	25	13	12
象山区	52	33	19	4	2	2	3	2	1
七星区	47	28	19	2	1	1	3	2	1
雁山区	624	298	326	71	35	36	60	28	32
临桂区	2386	1301	1085	251	136	115	229	123	106
阳朔县	1855	974	881	160	82	78	186	96	90
灵川县	2154	1125	1029	205	102	103	199	111	88
全州县	3308	1777	1531	328	179	149	303	156	147
兴安县	1824	970	854	164	96	68	159	80	79
永福县	1258	655	603	123	67	56	115	54	61
灌阳县	1183	613	570	116	65	51	90	49	41
龙胜各族自治县	703	366	337	53	23	30	55	30	25
资源县	782	417	365	72	40	32	74	49	25
平乐县	2579	1333	1246	284	154	130	250	115	135
恭城瑶族自治县	1757	898	859	182	86	96	147	68	79
荔浦市	1696	853	843	159	74	85	159	89	70

1-10c 续表 1

单位:人

地 区	出生人口			2019年11月			2019年12月		
	合计	男	女	小计	男	女	小计	男	女
梧州市	**18109**	**9660**	**8449**	**1891**	**985**	**906**	**1583**	**836**	**747**
万秀区	528	265	263	37	15	22	44	22	22
长洲区	401	202	199	37	16	21	40	20	20
龙圩区	1780	934	846	191	119	72	173	87	86
苍梧县	2599	1389	1210	295	136	159	228	129	99
藤 县	6688	3639	3049	695	374	321	593	305	288
蒙山县	1056	548	508	107	45	62	82	41	41
岑溪市	5057	2683	2374	529	280	249	423	232	191
北海市	**11197**	**6044**	**5153**	**1127**	**593**	**534**	**978**	**515**	**463**
海城区	1112	616	496	97	54	43	108	59	49
银海区	1239	702	537	128	77	51	108	58	50
铁山港区	1532	843	689	154	79	75	134	65	69
合浦县	7314	3883	3431	748	383	365	628	333	295
防城港市	**4875**	**2610**	**2265**	**512**	**268**	**244**	**419**	**239**	**180**
港口区	343	192	151	41	22	19	32	20	12
防城区	2360	1279	1081	236	121	115	228	139	89
上思县	1318	685	633	153	80	73	88	46	42
东兴市	854	454	400	82	45	37	71	34	37
钦州市	**25825**	**13750**	**12075**	**2690**	**1407**	**1283**	**2425**	**1245**	**1180**
钦南区	2981	1587	1394	311	165	146	297	162	135
钦北区	4659	2475	2184	461	227	234	424	235	189
灵山县	12003	6432	5571	1285	695	590	1129	559	570
浦北县	6182	3256	2926	633	320	313	575	289	286
贵港市	**27066**	**14360**	**12706**	**2919**	**1530**	**1389**	**2622**	**1358**	**1264**
港北区	3174	1672	1502	331	181	150	318	172	146
港南区	3559	1884	1675	371	209	162	324	153	171
覃塘区	3121	1638	1483	306	174	132	297	159	138
平南县	6866	3655	3211	760	385	375	647	335	312
桂平市	10346	5511	4835	1151	581	570	1036	539	497
玉林市	**41494**	**22185**	**19309**	**4521**	**2381**	**2140**	**3835**	**2046**	**1789**
玉州区	1911	1027	884	173	93	80	181	91	90
福绵区	2105	1129	976	210	114	96	183	93	90
容 县	5223	2789	2434	531	270	261	455	253	202
陆川县	6476	3416	3060	741	372	369	598	336	262
博白县	12997	6924	6073	1420	746	674	1233	642	591
兴业县	3386	1835	1551	342	192	150	280	155	125
北流市	9396	5065	4331	1104	594	510	905	476	429
百色市	**22333**	**11922**	**10411**	**2283**	**1212**	**1071**	**2064**	**1091**	**973**
右江区	1371	721	650	144	71	73	142	74	68
田阳区	1226	639	587	115	57	58	88	46	42
田东县	2265	1184	1081	222	110	112	197	108	89

1-10c 续表 2

单位:人

地 区	出生人口			2019年11月			2019年12月		
	合计	男	女	小计	男	女	小计	男	女
德保县	1676	907	769	159	93	66	151	80	71
那坡县	1456	795	661	154	78	76	140	75	65
凌云县	1589	820	769	163	81	82	132	66	66
乐业县	1116	619	497	112	57	55	104	53	51
田林县	1462	757	705	126	69	57	121	63	58
西林县	1203	647	556	126	68	58	106	58	48
隆林各族自治县	3428	1845	1583	402	225	177	387	210	177
靖西市	3450	1867	1583	352	193	159	311	164	147
平果市	2091	1121	970	208	110	98	185	94	91
贺州市	**14792**	**7925**	**6867**	**1450**	**759**	**691**	**1329**	**705**	**624**
八步区	4706	2526	2180	438	249	189	430	216	214
平桂区	2567	1390	1177	279	159	120	233	127	106
昭平县	2289	1257	1032	218	111	107	202	108	94
钟山县	2979	1554	1425	293	135	158	275	146	129
富川瑶族自治县	2251	1198	1053	222	105	117	189	108	81
河池市	**22114**	**11615**	**10499**	**2245**	**1161**	**1084**	**2041**	**1037**	**1004**
金城江区	1161	611	550	110	57	53	106	55	51
宜州区	2946	1545	1401	286	143	143	279	148	131
南丹县	1962	1044	918	200	101	99	171	93	78
天峨县	872	473	399	74	32	42	82	47	35
凤山县	1359	753	606	150	78	72	128	67	61
东兰县	1670	876	794	158	72	86	155	76	79
罗城仫佬族自治县	1590	807	783	180	91	89	140	57	83
环江毛南族自治县	1917	1009	908	191	108	83	191	100	91
巴马瑶族自治县	1758	917	841	186	104	82	149	73	76
都安瑶族自治县	3612	1865	1747	372	199	173	355	172	183
大化瑶族自治县	3267	1715	1552	338	176	162	285	149	136
来宾市	**12266**	**6410**	**5856**	**1236**	**642**	**594**	**1080**	**545**	**535**
兴宾区	4804	2557	2247	473	254	219	435	230	205
忻城县	1855	928	927	204	100	104	170	85	85
象州县	1725	905	820	170	83	87	143	72	71
武宣县	2472	1295	1177	256	133	123	220	102	118
金秀瑶族自治县	774	420	354	71	38	33	71	38	33
合山市	636	305	331	62	34	28	41	18	23
崇左市	**12514**	**6715**	**5799**	**1256**	**690**	**566**	**1111**	**601**	**510**
江州区	1928	1069	859	190	107	83	181	101	80
扶绥县	2110	1128	982	201	99	102	168	83	85
宁明县	2347	1254	1093	257	140	117	238	125	113
龙州县	1659	876	783	163	90	73	143	84	59
大新县	1905	996	909	184	108	76	160	86	74
天等县	1927	1056	871	201	114	87	171	97	74
凭祥市	638	336	302	60	32	28	50	25	25

1—10c 续表 3

单位:人

地 区	2020年1月			2020年2月			2020年3月		
	小计	男	女	小计	男	女	小计	男	女
总 计	**24338**	**12805**	**11533**	**21206**	**11312**	**9894**	**22011**	**11734**	**10277**
南宁市	**2761**	**1465**	**1296**	**2365**	**1288**	**1077**	**2523**	**1404**	**1119**
兴宁区	68	35	33	62	38	24	75	47	28
青秀区	69	41	28	52	24	28	66	34	32
江南区	115	61	54	97	53	44	114	54	60
西乡塘区	136	71	65	117	57	60	141	84	57
良庆区	131	67	64	99	55	44	99	53	46
邕宁区	156	79	77	167	97	70	153	99	54
武鸣区	357	187	170	270	153	117	313	169	144
隆安县	213	123	90	191	94	97	154	84	70
马山县	253	127	126	247	132	115	261	138	123
上林县	269	141	128	225	121	104	196	99	97
宾阳县	466	248	218	384	222	162	445	250	195
横 县	528	285	243	454	242	212	506	293	213
柳州市	**1141**	**594**	**547**	**1063**	**569**	**494**	**1073**	**564**	**509**
城中区	7	5	2	3	3		3	2	1
鱼峰区	47	21	26	47	23	24	40	21	19
柳南区	33	14	19	31	16	15	34	16	18
柳北区	34	18	16	25	14	11	38	20	18
柳江区	196	108	88	172	89	83	202	110	92
柳城县	140	69	71	140	83	57	148	70	78
鹿寨县	144	78	66	130	69	61	124	67	57
融安县	114	61	53	114	53	61	108	59	49
融水苗族自治县	233	121	112	201	108	93	207	113	94
三江侗族自治县	193	99	94	200	111	89	169	86	83
桂林市	**2036**	**1041**	**995**	**1743**	**918**	**825**	**1838**	**971**	**867**
秀峰区									
叠彩区	27	14	13	33	18	15	19	12	7
象山区	6	1	5	2	1	1	5	3	2
七星区	7	4	3	8	4	4	5	4	1
雁山区	62	29	33	47	27	20	34	14	20
临桂区	200	99	101	195	99	96	195	113	82
阳朔县	150	65	85	140	77	63	158	85	73
灵川县	208	110	98	168	88	80	193	103	90
全州县	294	154	140	270	141	129	276	154	122
兴安县	170	104	66	122	65	57	146	72	74
永福县	120	71	49	94	51	43	95	43	52
灌阳县	132	63	69	90	57	33	89	39	50
龙胜各族自治县	62	23	39	46	24	22	62	34	28
资源县	48	26	22	57	30	27	66	34	32
平乐县	253	126	127	196	98	98	206	111	95
恭城瑶族自治县	134	66	68	129	61	68	142	80	62
荔浦市	163	86	77	146	77	69	147	70	77

1-10c 续表 4

单位:人

地区	2020年1月			2020年2月			2020年3月		
	小计	男	女	小计	男	女	小计	男	女
梧州市	**1530**	**836**	**694**	**1346**	**714**	**632**	**1370**	**711**	**659**
万秀区	54	32	22	50	28	22	42	22	20
长洲区	32	19	13	27	14	13	29	14	15
龙圩区	146	70	76	120	60	60	136	68	68
苍梧县	232	131	101	213	114	99	177	94	83
藤 县	562	310	252	497	263	234	503	272	231
蒙山县	78	45	33	77	40	37	79	46	33
岑溪市	426	229	197	362	195	167	404	195	209
北海市	**925**	**509**	**416**	**806**	**456**	**350**	**866**	**458**	**408**
海城区	95	61	34	97	54	43	71	30	41
银海区	102	58	44	90	56	34	107	66	41
铁山港区	124	66	58	103	57	46	122	70	52
合浦县	604	324	280	516	289	227	566	292	274
防城港市	**404**	**209**	**195**	**340**	**195**	**145**	**361**	**192**	**169**
港口区	19	9	10	19	14	5	29	12	17
防城区	190	103	87	159	95	64	167	91	76
上思县	109	51	58	94	52	42	105	57	48
东兴市	86	46	40	68	34	34	60	32	28
钦州市	**2120**	**1115**	**1005**	**1904**	**1037**	**867**	**1967**	**1055**	**912**
钦南区	257	142	115	210	101	109	235	131	104
钦北区	394	198	196	351	190	161	385	198	187
灵山县	978	525	453	888	513	375	876	469	407
浦北县	491	250	241	455	233	222	471	257	214
贵港市	**2401**	**1220**	**1181**	**2036**	**1087**	**949**	**2042**	**1065**	**977**
港北区	280	139	141	245	127	118	264	141	123
港南区	342	164	178	258	140	118	283	145	138
覃塘区	275	130	145	227	114	113	221	112	109
平南县	553	287	266	516	276	240	509	277	232
桂平市	951	500	451	790	430	360	765	390	375
玉林市	**3640**	**1949**	**1691**	**3213**	**1666**	**1547**	**3295**	**1781**	**1514**
玉州区	164	76	88	157	81	76	145	90	55
福绵区	181	94	87	168	84	84	172	98	74
容 县	447	254	193	373	199	174	405	208	197
陆川县	595	309	286	527	289	238	508	262	246
博白县	1135	611	524	958	489	469	1067	579	488
兴业县	314	165	149	272	140	132	293	165	128
北流市	804	440	364	758	384	374	705	379	326
百色市	**1965**	**1044**	**921**	**1720**	**902**	**818**	**1812**	**957**	**855**
右江区	129	76	53	99	46	53	101	54	47
田阳区	111	54	57	92	48	44	104	56	48
田东县	158	82	76	180	101	79	154	84	70

1-10c 续表 5

单位：人

地 区	2020年1月			2020年2月			2020年3月		
	小计	男	女	小计	男	女	小计	男	女
德保县	151	76	75	148	78	70	137	71	66
那坡县	115	72	43	120	57	63	121	60	61
凌云县	143	71	72	120	63	57	121	63	58
乐业县	111	62	49	74	39	35	92	51	41
田林县	131	67	64	119	56	63	121	64	57
西林县	102	60	42	99	58	41	89	44	45
隆林各族自治县	313	162	151	265	136	129	314	165	149
靖西市	337	185	152	259	134	125	298	160	138
平果市	164	77	87	145	86	59	160	85	75
贺州市	**1300**	**708**	**592**	**1118**	**589**	**529**	**1172**	**628**	**544**
八步区	404	212	192	354	185	169	366	196	170
平桂区	223	130	93	193	98	95	214	116	98
昭平县	184	98	86	195	100	95	181	101	80
钟山县	274	154	120	221	121	100	223	119	104
富川瑶族自治县	215	114	101	155	85	70	188	96	92
河池市	**1975**	**998**	**977**	**1680**	**898**	**782**	**1727**	**909**	**818**
金城江区	106	52	54	77	43	34	87	42	45
宜州区	280	137	143	227	123	104	256	144	112
南丹县	185	91	94	147	82	65	148	81	67
天峨县	74	37	37	68	45	23	65	32	33
凤山县	120	61	59	112	57	55	108	66	42
东兰县	129	68	61	131	77	54	129	63	66
罗城仫佬族自治县	143	70	73	114	59	55	132	65	67
环江毛南族自治县	179	87	92	144	81	63	154	76	78
巴马瑶族自治县	148	78	70	129	77	52	125	78	47
都安瑶族自治县	316	157	159	268	132	136	279	134	145
大化瑶族自治县	295	160	135	263	122	141	244	128	116
来宾市	**1040**	**543**	**497**	**916**	**499**	**417**	**988**	**485**	**503**
兴宾区	421	230	191	356	190	166	376	190	186
忻城县	150	61	89	133	69	64	150	69	81
象州县	128	82	46	145	92	53	152	78	74
武宣县	207	103	104	178	97	81	179	82	97
金秀瑶族自治县	76	45	31	59	27	32	73	33	40
合山市	58	22	36	45	24	21	58	33	25
崇左市	**1100**	**574**	**526**	**956**	**494**	**462**	**977**	**554**	**423**
江州区	181	90	91	151	74	77	158	103	55
扶绥县	169	85	84	161	86	75	156	93	63
宁明县	207	113	94	173	85	88	194	109	85
龙州县	153	76	77	128	70	58	125	70	55
大新县	182	96	86	157	83	74	139	70	69
天等县	158	88	70	137	69	68	156	79	77
凭祥市	50	26	24	49	27	22	49	30	19

1-10c 续表 6

单位：人

地 区	2020年4月			2020年5月			2020年6月		
	小计	男	女	小计	男	女	小计	男	女
总 计	**21402**	**11389**	**10013**	**21524**	**11485**	**10039**	**22416**	**11940**	**10476**
南宁市	**2477**	**1308**	**1169**	**2378**	**1259**	**1119**	**2437**	**1364**	**1073**
兴宁区	80	44	36	62	31	31	61	36	25
青秀区	52	32	20	67	41	26	56	25	31
江南区	115	57	58	95	53	42	109	53	56
西乡塘区	98	46	52	120	71	49	132	75	57
良庆区	109	67	42	100	53	47	111	56	55
邕宁区	150	80	70	124	71	53	159	91	68
武鸣区	293	160	133	333	166	167	283	154	129
隆安县	185	94	91	170	84	86	178	99	79
马山县	272	139	133	270	145	125	267	144	123
上林县	219	125	94	233	118	115	245	145	100
宾阳县	407	214	193	380	192	188	388	238	150
横 县	497	250	247	424	234	190	448	248	200
柳州市	**976**	**503**	**473**	**987**	**536**	**451**	**1031**	**538**	**493**
城中区	2	1	1	5	3	2	3	1	2
鱼峰区	51	32	19	33	21	12	40	23	17
柳南区	23	11	12	29	15	14	14	6	8
柳北区	19	7	12	32	20	12	38	21	17
柳江区	164	77	87	159	81	78	181	90	91
柳城县	128	73	55	144	85	59	140	65	75
鹿寨县	93	46	47	100	53	47	92	49	43
融安县	109	50	59	107	54	53	117	61	56
融水苗族自治县	230	116	114	212	114	98	227	118	109
三江侗族自治县	157	90	67	166	90	76	179	104	75
桂林市	**1664**	**879**	**785**	**1660**	**868**	**792**	**1829**	**972**	**857**
秀峰区									
叠彩区	18	13	5	23	8	15	24	13	11
象山区	1	1		5	5		6	5	1
七星区	2	1	1	1	1		2	1	1
雁山区	39	17	22	45	24	21	53	25	28
临桂区	178	96	82	181	102	79	192	99	93
阳朔县	140	75	65	129	71	58	158	101	57
灵川县	164	87	77	156	80	76	173	82	91
全州县	221	116	105	236	126	110	296	163	133
兴安县	132	74	58	143	77	66	142	72	70
永福县	93	52	41	94	51	43	102	58	44
灌阳县	105	56	49	74	34	40	88	45	43
龙胜各族自治县	54	34	20	52	24	28	46	28	18
资源县	74	33	41	62	32	30	67	38	29
平乐县	179	92	87	198	102	96	195	101	94
恭城瑶族自治县	139	76	63	134	66	68	138	68	70
荔浦市	125	56	69	127	65	62	147	73	74

1-10c 续表 7

单位：人

地 区	2020年4月			2020年5月			2020年6月		
	小计	男	女	小计	男	女	小计	男	女
梧州市	**1465**	**792**	**673**	**1440**	**775**	**665**	**1502**	**776**	**726**
万秀区	52	33	19	30	18	12	48	21	27
长洲区	27	12	15	35	18	17	33	14	19
龙圩区	126	67	59	128	61	67	148	74	74
苍梧县	198	106	92	228	113	115	206	109	97
藤 县	558	306	252	504	308	196	556	291	265
蒙山县	77	34	43	91	55	36	84	40	44
岑溪市	427	234	193	424	202	222	427	227	200
北海市	**858**	**430**	**428**	**882**	**486**	**396**	**932**	**491**	**441**
海城区	87	53	34	85	46	39	103	51	52
银海区	93	45	48	101	55	46	95	54	41
铁山港区	112	52	60	129	77	52	128	81	47
合浦县	566	280	286	567	308	259	606	305	301
防城港市	**401**	**226**	**175**	**349**	**185**	**164**	**408**	**218**	**190**
港口区	25	14	11	24	14	10	35	18	17
防城区	194	115	79	172	90	82	175	87	88
上思县	119	64	55	96	54	42	125	70	55
东兴市	63	33	30	57	27	30	73	43	30
钦州市	**1935**	**1020**	**915**	**2009**	**1091**	**918**	**2082**	**1106**	**976**
钦南区	222	121	101	219	116	103	251	128	123
钦北区	375	196	179	367	203	164	362	189	173
灵山县	850	459	391	949	516	433	980	525	455
浦北县	488	244	244	474	256	218	489	264	225
贵港市	**2075**	**1130**	**945**	**1970**	**1069**	**901**	**2138**	**1099**	**1039**
港北区	240	129	111	237	131	106	258	125	133
港南区	295	153	142	253	133	120	284	147	137
覃塘区	238	135	103	223	120	103	228	113	115
平南县	529	279	250	481	269	212	558	285	273
桂平市	773	434	339	776	416	360	810	429	381
玉林市	**3120**	**1676**	**1444**	**3285**	**1741**	**1544**	**3282**	**1753**	**1529**
玉州区	145	85	60	140	80	60	167	95	72
福绵区	178	91	87	173	88	85	179	99	80
容 县	402	217	185	381	194	187	410	207	203
陆川县	431	233	198	541	279	262	500	244	256
博白县	974	521	453	1044	560	484	1008	539	469
兴业县	287	152	135	271	144	127	285	144	141
北流市	703	377	326	735	396	339	733	425	308
百色市	**1738**	**916**	**822**	**1743**	**929**	**814**	**1759**	**924**	**835**
右江区	95	42	53	112	61	51	104	58	46
田阳区	94	51	43	92	45	47	106	52	54
田东县	174	89	85	170	91	79	179	91	88

1-10c 续表 8 单位:人

地区	2020年4月			2020年5月			2020年6月		
	小计	男	女	小计	男	女	小计	男	女
德保县	139	66	73	124	71	53	123	65	58
那坡县	103	60	43	112	62	50	116	69	47
凌云县	132	69	63	139	66	73	116	50	66
乐业县	83	44	39	101	63	38	100	63	37
田林县	99	55	44	129	63	66	137	73	64
西林县	103	63	40	95	46	49	96	46	50
隆林各族自治县	289	157	132	249	131	118	265	142	123
靖西市	257	132	125	266	150	116	273	146	127
平果市	170	88	82	154	80	74	144	69	75
贺州市	**1132**	**625**	**507**	**1150**	**594**	**556**	**1142**	**631**	**511**
八步区	363	197	166	348	172	176	350	199	151
平桂区	201	108	93	197	98	99	218	122	96
昭平县	192	117	75	195	109	86	164	93	71
钟山县	228	117	111	219	122	97	231	117	114
富川瑶族自治县	148	86	62	191	93	98	179	100	79
河池市	**1694**	**930**	**764**	**1790**	**926**	**864**	**1785**	**960**	**825**
金城江区	95	58	37	84	46	38	110	66	44
宜州区	241	120	121	225	114	111	237	130	107
南丹县	136	76	60	170	88	82	160	87	73
天峨县	75	47	28	64	35	29	76	38	38
凤山县	102	54	48	99	56	43	113	57	56
东兰县	121	74	47	149	83	66	126	67	59
罗城仫佬族自治县	106	60	46	125	54	71	131	75	56
环江毛南族自治县	137	72	65	137	63	74	156	82	74
巴马瑶族自治县	142	75	67	163	79	84	140	60	80
都安瑶族自治县	253	141	112	312	154	158	296	163	133
大化瑶族自治县	286	153	133	262	154	108	240	135	105
来宾市	**878**	**437**	**441**	**885**	**487**	**398**	**955**	**505**	**450**
兴宾区	343	174	169	351	204	147	381	203	178
忻城县	159	75	84	121	65	56	164	86	78
象州县	125	68	57	113	59	54	116	62	54
武宣县	147	70	77	200	109	91	189	101	88
金秀瑶族自治县	57	31	26	56	29	27	51	27	24
合山市	47	19	28	44	21	23	54	26	28
崇左市	**989**	**517**	**472**	**996**	**539**	**457**	**1134**	**603**	**531**
江州区	141	83	58	154	93	61	189	107	82
扶绥县	165	80	85	161	99	62	188	89	99
宁明县	184	94	90	179	88	91	201	111	90
龙州县	130	61	69	149	71	78	143	75	68
大新县	157	86	71	163	74	89	185	98	87
天等县	161	86	75	141	94	47	184	97	87
凭祥市	51	27	24	49	20	29	44	26	18

1-10c 续表 9

单位：人

地区	2020年7月			2020年8月			2020年9月			2020年10月		
	小计	男	女	小计	男	女	小计	男	女	小计	男	女
总 计	**22939**	**12301**	**10638**	**23218**	**12472**	**10746**	**22328**	**12083**	**10245**	**23818**	**12834**	**10984**
南宁市	**2555**	**1415**	**1140**	**2569**	**1374**	**1195**	**2556**	**1386**	**1170**	**2538**	**1380**	**1158**
兴宁区	63	33	30	57	32	25	66	39	27	55	30	25
青秀区	64	33	31	53	30	23	61	34	27	48	22	26
江南区	124	69	55	132	62	70	124	70	54	126	82	44
西乡塘区	116	63	53	125	63	62	151	79	72	122	67	55
良庆区	131	63	68	135	76	59	132	66	66	107	53	54
邕宁区	134	74	60	144	81	63	145	81	64	81	42	39
武鸣区	314	181	133	344	172	172	281	153	128	263	138	125
隆安县	170	109	61	177	88	89	195	102	93	163	84	79
马山县	265	136	129	292	158	134	281	146	135	281	154	127
上林县	216	120	96	217	128	89	226	119	107	235	134	101
宾阳县	434	244	190	407	222	185	409	229	180	503	278	225
横 县	524	290	234	486	262	224	485	268	217	554	296	258
柳州市	**1143**	**616**	**527**	**1105**	**628**	**477**	**1191**	**621**	**570**	**1129**	**615**	**514**
城中区	4	2	2	2	1	1	2	2		2	1	1
鱼峰区	50	28	22	53	27	26	41	23	18	38	26	12
柳南区	39	24	15	36	23	13	29	10	19	28	16	12
柳北区	29	14	15	55	29	26	34	12	22	36	18	18
柳江区	173	101	72	186	102	84	198	101	97	173	85	88
柳城县	156	83	73	123	63	60	123	61	62	137	70	67
鹿寨县	116	66	50	130	69	61	147	77	70	148	82	66
融安县	128	72	56	119	66	53	120	66	54	140	77	63
融水苗族自治县	248	133	115	206	125	81	282	148	134	220	118	102
三江侗族自治县	200	93	107	195	123	72	215	121	94	207	122	85
桂林市	**1892**	**1012**	**880**	**1989**	**1048**	**941**	**1760**	**920**	**840**	**1823**	**949**	**874**
秀峰区												
叠彩区	20	10	10	28	17	11	25	17	8	15	9	6
象山区	4	3	1	9	5	4	4	3	1	3	2	1
七星区	4	2	2	4	4		4	2	2	5	2	3
雁山区	59	29	30	62	30	32	32	14	18	60	26	34
临桂区	215	120	95	206	129	77	190	109	81	154	76	78
阳朔县	161	88	73	184	91	93	144	66	78	145	77	68
灵川县	174	90	84	189	92	97	167	97	70	158	83	75
全州县	277	153	124	280	151	129	263	136	127	264	148	116
兴安县	158	86	72	164	87	77	156	77	79	168	80	88
永福县	97	49	48	126	54	72	102	59	43	97	46	51
灌阳县	91	48	43	90	46	44	91	45	46	127	66	61
龙胜各族自治县	50	28	22	72	40	32	68	38	30	83	40	43
资源县	67	31	36	66	33	33	65	35	30	64	36	28
平乐县	218	113	105	233	128	105	184	95	89	183	98	85
恭城瑶族自治县	155	85	70	154	82	72	147	68	79	156	92	64
荔浦市	142	77	65	122	59	63	118	59	59	141	68	73

1-10c 续表 10

单位:人

地区	2020年7月			2020年8月			2020年9月			2020年10月		
	小计	男	女	小计	男	女	小计	男	女	小计	男	女
梧州市	**1445**	**776**	**669**	**1402**	**791**	**611**	**1443**	**785**	**658**	**1692**	**883**	**809**
万秀区	46	16	30	51	27	24	35	16	19	39	15	24
长洲区	40	24	16	35	18	17	22	9	13	44	24	20
龙圩区	147	76	71	116	65	51	164	87	77	185	100	85
苍梧县	200	115	85	221	116	105	191	113	78	210	113	97
藤　县	518	284	234	519	301	218	551	291	260	632	334	298
蒙山县	87	44	43	85	50	35	98	50	48	111	58	53
岑溪市	407	217	190	375	214	161	382	219	163	471	239	232
北海市	**927**	**509**	**418**	**997**	**539**	**458**	**960**	**547**	**413**	**939**	**511**	**428**
海城区	106	58	48	107	59	48	86	48	38	70	43	27
银海区	111	60	51	112	62	50	102	56	46	90	55	35
铁山港区	118	70	48	155	81	74	138	84	54	115	61	54
合浦县	592	321	271	623	337	286	634	359	275	664	352	312
防城港市	**457**	**232**	**225**	**447**	**238**	**209**	**397**	**220**	**177**	**380**	**188**	**192**
港口区	37	16	21	24	19	5	26	15	11	32	19	13
防城区	214	113	101	218	113	105	203	115	88	204	97	107
上思县	136	65	71	125	62	63	84	42	42	84	42	42
东兴市	70	38	32	80	44	36	84	48	36	60	30	30
钦州市	**2128**	**1128**	**1000**	**2170**	**1125**	**1045**	**2053**	**1136**	**917**	**2342**	**1285**	**1057**
钦南区	233	127	106	266	126	140	254	148	106	226	120	106
钦北区	381	205	176	422	222	200	364	199	165	373	213	160
灵山县	959	502	457	957	506	451	970	535	435	1182	628	554
浦北县	555	294	261	525	271	254	465	254	211	561	324	237
贵港市	**2129**	**1134**	**995**	**2224**	**1211**	**1013**	**2090**	**1146**	**944**	**2420**	**1311**	**1109**
港北区	239	130	109	259	135	124	241	131	110	262	131	131
港南区	281	151	130	295	163	132	300	171	129	273	155	118
覃塘区	276	139	137	265	138	127	214	127	87	351	177	174
平南县	544	288	256	558	312	246	572	316	256	639	346	293
桂平市	789	426	363	847	463	384	763	401	362	895	502	393
玉林市	**3328**	**1756**	**1572**	**3314**	**1811**	**1503**	**3105**	**1730**	**1375**	**3556**	**1895**	**1661**
玉州区	159	82	77	191	97	94	154	85	69	135	72	63
福绵区	175	93	82	188	112	76	171	92	79	127	71	56
容　县	443	253	190	422	229	193	431	229	202	523	276	247
陆川县	530	284	246	519	272	247	463	255	208	523	281	242
博白县	1045	530	515	1035	577	458	1008	575	433	1070	555	515
兴业县	258	138	120	290	170	120	242	134	108	252	136	116
北流市	718	376	342	669	354	315	636	360	276	926	504	422
百色市	**1859**	**1019**	**840**	**1818**	**977**	**841**	**1829**	**971**	**858**	**1743**	**980**	**763**
右江区	111	57	54	128	72	56	124	66	58	82	44	38
田阳区	114	65	49	95	45	50	108	57	51	107	63	44
田东县	167	83	84	198	96	102	216	105	111	250	144	106

1-10c 续表 11

单位:人

地 区	2020年7月			2020年8月			2020年9月			2020年10月		
	小计	男	女	小计	男	女	小计	男	女	小计	男	女
德保县	150	80	70	137	79	58	138	78	60	119	70	49
那坡县	134	73	61	112	62	50	113	59	54	116	68	48
凌云县	138	73	65	124	71	53	139	84	55	122	63	59
乐业县	95	56	39	80	33	47	87	56	31	77	42	35
田林县	109	52	57	141	75	66	134	67	67	95	53	42
西林县	100	57	43	80	45	35	105	47	58	102	55	47
隆林各族自治县	274	154	120	267	150	117	222	115	107	181	98	83
靖西市	303	172	131	258	146	112	275	145	130	261	140	121
平果市	164	97	67	198	103	95	168	92	76	231	140	91
贺州市	**1184**	**651**	**533**	**1266**	**674**	**592**	**1174**	**622**	**552**	**1375**	**739**	**636**
八步区	389	214	175	420	227	193	369	192	177	475	267	208
平桂区	219	115	104	218	122	96	205	119	86	167	76	91
昭平县	172	105	67	193	110	83	173	90	83	220	115	105
钟山县	237	133	104	237	110	127	251	125	126	290	155	135
富川瑶族自治县	167	84	83	198	105	93	176	96	80	223	126	97
河池市	**1823**	**982**	**841**	**1829**	**937**	**892**	**1684**	**883**	**801**	**1841**	**994**	**847**
金城江区	108	55	53	93	45	48	97	47	50	88	45	43
宜州区	237	125	112	228	114	114	221	122	99	229	125	104
南丹县	170	88	82	178	96	82	142	82	60	155	79	76
天峨县	76	45	31	79	39	40	64	34	30	75	42	33
凤山县	113	66	47	114	69	45	95	62	33	105	60	45
东兰县	138	79	59	126	66	60	155	80	75	153	71	82
罗城仫佬族自治县	144	81	63	132	60	72	96	51	45	147	84	63
环江毛南族自治县	159	84	75	157	84	73	157	81	76	155	91	64
巴马瑶族自治县	137	67	70	160	84	76	136	62	74	143	80	63
都安瑶族自治县	287	160	127	297	148	149	279	155	124	298	150	148
大化瑶族自治县	254	132	122	265	132	133	242	107	135	293	167	126
来宾市	**1015**	**525**	**490**	**1039**	**543**	**496**	**1067**	**573**	**494**	**1167**	**626**	**541**
兴宾区	409	226	183	403	197	206	416	222	194	440	237	203
忻城县	140	70	70	151	79	72	157	89	68	156	80	76
象州县	150	70	80	140	74	66	154	68	86	189	97	92
武宣县	199	103	96	230	131	99	218	125	93	249	139	110
金秀瑶族自治县	64	36	28	64	36	28	62	37	25	70	43	27
合山市	53	20	33	51	26	25	60	32	28	63	30	33
崇左市	**1054**	**546**	**508**	**1049**	**576**	**473**	**1019**	**543**	**476**	**873**	**478**	**395**
江州区	148	71	77	158	88	70	152	74	78	125	78	47
扶绥县	191	107	84	202	118	84	191	109	82	157	80	77
宁明县	193	101	92	181	95	86	176	103	73	164	90	74
龙州县	131	67	64	153	80	73	132	69	63	109	63	46
大新县	158	79	79	145	79	66	157	79	78	118	58	60
天等县	171	90	81	152	87	65	149	82	67	146	73	73
凭祥市	62	31	31	58	29	29	62	27	35	54	36	18

1-11 各地区分性别、月份的死亡人口
(2019.11.1-2020.10.31)

单位:人

地区	死亡人口			2019年11月			2019年12月		
	合计	男	女	小计	男	女	小计	男	女
总　计	**293228**	**175735**	**117493**	**22179**	**13302**	**8877**	**24293**	**14487**	**9806**
南宁市	**47846**	**28476**	**19370**	**3848**	**2304**	**1544**	**4210**	**2488**	**1722**
兴宁区	2166	1297	869	195	123	72	194	122	72
青秀区	5234	3159	2075	513	306	207	479	300	179
江南区	3349	2029	1320	238	156	82	291	176	115
西乡塘区	5497	3181	2316	392	221	171	462	276	186
良庆区	1826	1162	664	154	95	59	180	129	51
邕宁区	1766	1105	661	128	80	48	135	80	55
武鸣区	5028	2915	2113	382	228	154	473	270	203
隆安县	2585	1471	1114	218	126	92	243	125	118
马山县	3069	1867	1202	228	140	88	209	122	87
上林县	2893	1674	1219	221	132	89	260	140	120
宾阳县	6520	3809	2711	582	338	244	590	336	254
横　县	7913	4807	3106	597	359	238	694	412	282
柳州市	**25193**	**15175**	**10018**	**1964**	**1206**	**758**	**2178**	**1298**	**880**
城中区	793	467	326	45	23	22	68	40	28
鱼峰区	2644	1559	1085	179	110	69	215	127	88
柳南区	3552	2173	1379	272	170	102	373	214	159
柳北区	2830	1747	1083	219	133	86	209	141	68
柳江区	3039	1861	1178	280	181	99	268	155	113
柳城县	2560	1537	1023	203	128	75	194	119	75
鹿寨县	2625	1577	1048	190	126	64	245	145	100
融安县	2030	1200	830	173	102	71	181	110	71
融水苗族自治县	2803	1683	1120	214	127	87	232	148	84
三江侗族自治县	2317	1371	946	189	106	83	193	99	94
桂林市	**29709**	**17693**	**12016**	**2159**	**1306**	**853**	**2366**	**1382**	**984**
秀峰区	833	477	356	67	39	28	78	45	33
叠彩区	1015	578	437	89	50	39	95	54	41
象山区	1349	845	504	96	61	35	122	71	51
七星区	1059	643	416	97	62	35	88	55	33
雁山区	466	258	208	25	16	9	52	29	23
临桂区	2544	1508	1036	147	90	57	169	97	72
阳朔县	1779	1062	717	131	84	47	146	91	55
灵川县	2439	1403	1036	170	106	64	239	132	107
全州县	3996	2410	1586	228	139	89	284	170	114
兴安县	2503	1470	1033	234	139	95	219	131	88
永福县	1606	962	644	144	79	65	136	77	59
灌阳县	1635	1021	614	121	80	41	120	73	47
龙胜各族自治县	1190	698	492	92	57	35	95	57	38
资源县	880	558	322	66	40	26	67	41	26
平乐县	1881	1106	775	99	60	39	118	59	59
恭城瑶族自治县	1822	1083	739	140	84	56	123	70	53
荔浦市	2712	1611	1101	213	120	93	215	130	85

1-11 续表 1

单位：人

地 区	死亡人口			2019年11月			2019年12月		
	合计	男	女	小计	男	女	小计	男	女
梧州市	**16128**	**9761**	**6367**	**1234**	**784**	**450**	**1278**	**767**	**511**
万秀区	1611	929	682	115	69	46	118	71	47
长洲区	986	586	400	84	51	33	92	53	39
龙圩区	1470	893	577	91	55	36	111	67	44
苍梧县	1435	868	567	113	68	45	103	66	37
藤　县	5430	3348	2082	429	280	149	481	292	189
蒙山县	1361	839	522	113	75	38	115	73	42
岑溪市	3835	2298	1537	289	186	103	258	145	113
北海市	**9854**	**5956**	**3898**	**786**	**474**	**312**	**893**	**560**	**333**
海城区	2143	1235	908	159	104	55	203	118	85
银海区	1083	691	392	76	52	24	79	56	23
铁山港区	1023	642	381	95	51	44	102	68	34
合浦县	5605	3388	2217	456	267	189	509	318	191
防城港市	**4164**	**2557**	**1607**	**268**	**176**	**92**	**326**	**186**	**140**
港口区	515	313	202	32	17	15	36	19	17
防城区	1750	1070	680	97	60	37	139	81	58
上思县	1185	723	462	75	54	21	80	47	33
东兴市	714	451	263	64	45	19	71	39	32
钦州市	**16889**	**10733**	**6156**	**1229**	**727**	**502**	**1325**	**848**	**477**
钦南区	2429	1533	896	165	90	75	179	103	76
钦北区	3208	2079	1129	217	134	83	248	165	83
灵山县	7253	4604	2649	550	331	219	595	384	211
浦北县	3999	2517	1482	297	172	125	303	196	107
贵港市	**24808**	**14703**	**10105**	**1904**	**1118**	**786**	**1899**	**1116**	**783**
港北区	2507	1473	1034	186	119	67	178	105	73
港南区	3407	1930	1477	245	143	102	292	171	121
覃塘区	2914	1714	1200	216	117	99	217	146	71
平南县	7150	4318	2832	596	333	263	571	345	226
桂平市	8830	5268	3562	661	406	255	641	349	292
玉林市	**35172**	**21001**	**14171**	**2958**	**1751**	**1207**	**3174**	**1869**	**1305**
玉州区	4536	2713	1823	382	220	162	450	266	184
福绵区	1902	1151	751	125	75	50	153	88	65
容　县	5140	3093	2047	392	248	144	506	288	218
陆川县	6150	3616	2534	655	363	292	569	322	247
博白县	7184	4325	2859	597	377	220	580	355	225
兴业县	3540	2073	1467	256	154	102	314	202	112
北流市	6720	4030	2690	551	314	237	602	348	254
百色市	**22078**	**13151**	**8927**	**1491**	**868**	**623**	**1645**	**973**	**672**
右江区	1788	1062	726	140	74	66	141	87	54
田阳区	2417	1420	997	164	101	63	212	124	88
田东县	2856	1681	1175	193	119	74	193	117	76

1-11 续表 2

单位:人

地 区	死亡人口			2019年11月			2019年12月		
	合计	男	女	小计	男	女	小计	男	女
德保县	1864	1164	700	113	76	37	124	70	54
那坡县	1167	686	481	59	35	24	97	59	38
凌云县	1121	676	445	98	54	44	82	56	26
乐业县	637	378	259	41	20	21	40	21	19
田林县	1214	761	453	76	44	32	87	59	28
西林县	834	498	336	55	32	23	62	34	28
隆林各族自治县	1628	1005	623	100	63	37	122	74	48
靖西市	3236	1926	1310	180	111	69	189	105	84
平果市	3316	1894	1422	272	139	133	296	167	129
贺州市	**9859**	**5930**	**3929**	**603**	**360**	**243**	**718**	**430**	**288**
八步区	3134	1885	1249	183	105	78	253	157	96
平桂区	1622	961	661	113	72	41	136	79	57
昭平县	1970	1164	806	125	71	54	122	65	57
钟山县	1769	1127	642	101	63	38	122	77	45
富川瑶族自治县	1364	793	571	81	49	32	85	52	33
河池市	**21918**	**13091**	**8827**	**1442**	**856**	**586**	**1645**	**995**	**650**
金城江区	1718	1066	652	129	77	52	126	82	44
宜州区	3027	1798	1229	222	127	95	221	134	87
南丹县	1868	1100	768	122	75	47	157	98	59
天峨县	899	509	390	58	32	26	80	45	35
凤山县	934	512	422	45	22	23	62	36	26
东兰县	1549	917	632	95	58	37	132	83	49
罗城仫佬族自治县	2154	1298	856	160	102	58	166	98	68
环江毛南族自治县	2128	1271	857	143	84	59	154	87	67
巴马瑶族自治县	1382	826	556	69	47	22	83	51	32
都安瑶族自治县	3818	2333	1485	249	153	96	294	171	123
大化瑶族自治县	2441	1461	980	150	79	71	170	110	60
来宾市	**15347**	**9186**	**6161**	**1220**	**747**	**473**	**1341**	**802**	**539**
兴宾区	5608	3342	2266	475	281	194	478	286	192
忻城县	2895	1733	1162	237	140	97	249	149	100
象州县	2393	1425	968	175	106	69	210	123	87
武宣县	2486	1479	1007	173	116	57	211	124	87
金秀瑶族自治县	1007	597	410	74	40	34	94	59	35
合山市	958	610	348	86	64	22	99	61	38
崇左市	**14263**	**8322**	**5941**	**1073**	**625**	**448**	**1295**	**773**	**522**
江州区	2095	1249	846	195	115	80	192	113	79
扶绥县	2705	1635	1070	201	118	83	256	169	87
宁明县	2385	1434	951	153	92	61	218	125	93
龙州县	1710	965	745	116	62	54	173	107	66
大新县	2254	1242	1012	164	97	67	182	108	74
天等县	2380	1362	1018	178	101	77	203	116	87
凭祥市	734	435	299	66	40	26	71	35	36

1-11 续表 3 单位：人

地区	2020年1月			2020年2月			2020年3月		
	小计	男	女	小计	男	女	小计	男	女
总 计	**22520**	**13433**	**9087**	**24838**	**14574**	**10264**	**25144**	**14848**	**10296**
南宁市	**3767**	**2246**	**1521**	**4199**	**2474**	**1725**	**4075**	**2383**	**1692**
兴宁区	165	97	68	230	139	91	190	108	82
青秀区	495	301	194	445	263	182	428	244	184
江南区	216	128	88	289	180	109	323	184	139
西乡塘区	455	260	195	459	267	192	414	225	189
良庆区	147	96	51	164	98	66	188	120	68
邕宁区	116	71	45	147	91	56	142	99	43
武鸣区	449	262	187	425	230	195	438	236	202
隆安县	170	100	70	196	115	81	247	152	95
马山县	205	132	73	245	157	88	254	149	105
上林县	206	122	84	264	139	125	233	123	110
宾阳县	491	277	214	593	353	240	543	323	220
横 县	652	400	252	742	442	300	675	420	255
柳州市	**2145**	**1320**	**825**	**2235**	**1329**	**906**	**1958**	**1144**	**814**
城中区	69	48	21	56	29	27	52	29	23
鱼峰区	211	139	72	269	155	114	207	112	95
柳南区	282	184	98	354	213	141	264	168	96
柳北区	247	159	88	246	155	91	210	129	81
柳江区	279	157	122	290	185	105	230	146	84
柳城县	238	146	92	182	103	79	220	122	98
鹿寨县	237	140	97	215	132	83	218	122	96
融安县	185	110	75	174	94	80	159	89	70
融水苗族自治县	216	131	85	223	132	91	213	127	86
三江侗族自治县	181	106	75	226	131	95	185	100	85
桂林市	**2417**	**1420**	**997**	**2603**	**1512**	**1091**	**2489**	**1467**	**1022**
秀峰区	78	43	35	78	42	36	68	42	26
叠彩区	96	51	45	91	53	38	83	48	35
象山区	137	90	47	112	58	54	115	71	44
七星区	87	56	31	90	55	35	89	53	36
雁山区	45	23	22	41	19	22	46	22	24
临桂区	185	107	78	223	124	99	203	115	88
阳朔县	130	72	58	136	82	54	145	80	65
灵川县	201	115	86	159	80	79	206	120	86
全州县	321	190	131	372	218	154	348	211	137
兴安县	190	116	74	226	142	84	213	117	96
永福县	135	83	52	129	76	53	141	81	60
灌阳县	128	74	54	147	88	59	169	115	54
龙胜各族自治县	86	49	37	103	54	49	83	48	35
资源县	56	30	26	73	48	25	72	47	25
平乐县	161	92	69	185	106	79	181	108	73
恭城瑶族自治县	146	89	57	157	99	58	135	77	58
荔浦市	235	140	95	281	168	113	192	112	80

1-11 续表 4

单位:人

地 区	2020年1月			2020年2月			2020年3月		
	小计	男	女	小计	男	女	小计	男	女
梧州市	**1175**	**697**	**478**	**1285**	**747**	**538**	**1316**	**790**	**526**
万秀区	134	69	65	108	65	43	132	73	59
长洲区	75	45	30	103	54	49	100	56	44
龙圩区	114	78	36	137	83	54	128	82	46
苍梧县	76	42	34	92	55	37	101	58	43
藤　县	390	240	150	425	251	174	456	286	170
蒙山县	124	70	54	111	63	48	101	57	44
岑溪市	262	153	109	309	176	133	298	178	120
北海市	**813**	**487**	**326**	**882**	**555**	**327**	**829**	**499**	**330**
海城区	197	99	98	162	98	64	173	98	75
银海区	78	48	30	98	61	37	108	68	40
铁山港区	86	56	30	93	64	29	92	55	37
合浦县	452	284	168	529	332	197	456	278	178
防城港市	**293**	**178**	**115**	**349**	**212**	**137**	**356**	**216**	**140**
港口区	34	20	14	45	29	16	44	25	19
防城区	114	74	40	142	83	59	139	83	56
上思县	86	49	37	100	60	40	103	64	39
东兴市	59	35	24	62	40	22	70	44	26
钦州市	**1220**	**772**	**448**	**1389**	**867**	**522**	**1427**	**927**	**500**
钦南区	170	105	65	204	126	78	216	140	76
钦北区	249	165	84	289	179	110	248	166	82
灵山县	522	331	191	577	357	220	620	406	214
浦北县	279	171	108	319	205	114	343	215	128
贵港市	**1787**	**1055**	**732**	**2038**	**1204**	**834**	**2291**	**1324**	**967**
港北区	173	90	83	194	110	84	228	131	97
港南区	227	133	94	289	150	139	290	160	130
覃塘区	240	131	109	231	132	99	272	152	120
平南县	552	348	204	595	377	218	647	384	263
桂平市	595	353	242	729	435	294	854	497	357
玉林市	**2756**	**1643**	**1113**	**2775**	**1598**	**1177**	**3336**	**1924**	**1412**
玉州区	358	224	134	383	228	155	406	234	172
福绵区	146	85	61	145	96	49	152	81	71
容　县	409	257	152	387	220	167	437	259	178
陆川县	661	375	286	554	324	230	641	361	280
博白县	425	257	168	544	294	250	718	428	290
兴业县	250	134	116	264	151	113	303	183	120
北流市	507	311	196	498	285	213	679	378	301
百色市	**1623**	**967**	**656**	**1905**	**1108**	**797**	**1825**	**1082**	**743**
右江区	122	71	51	147	83	64	145	83	62
田阳区	195	107	88	196	112	84	187	114	73
田东县	249	136	113	264	143	121	211	115	96

1-11 续表 5

单位:人

地 区	2020年1月			2020年2月			2020年3月		
	小计	男	女	小计	男	女	小计	男	女
德保县	137	88	49	159	101	58	151	93	58
那坡县	76	47	29	82	42	40	119	73	46
凌云县	79	48	31	97	60	37	96	62	34
乐业县	50	26	24	42	22	20	64	38	26
田林县	83	49	34	106	73	33	101	58	43
西林县	66	40	26	72	42	30	57	33	24
隆林各族自治县	87	60	27	128	73	55	144	95	49
靖西市	223	133	90	310	177	133	282	170	112
平果市	256	162	94	302	180	122	268	148	120
贺州市	**680**	**382**	**298**	**778**	**449**	**329**	**791**	**486**	**305**
八步区	218	140	78	252	141	111	235	150	85
平桂区	101	54	47	120	59	61	131	80	51
昭平县	149	78	71	150	89	61	157	102	55
钟山县	123	64	59	141	96	45	137	81	56
富川瑶族自治县	89	46	43	115	64	51	131	73	58
河池市	**1597**	**940**	**657**	**1803**	**1047**	**756**	**1886**	**1139**	**747**
金城江区	153	84	69	143	85	58	116	81	35
宜州区	224	140	84	251	148	103	275	153	122
南丹县	170	87	83	171	93	78	173	109	64
天峨县	70	35	35	64	37	27	70	42	28
凤山县	54	27	27	57	29	28	82	54	28
东兰县	131	74	57	121	65	56	176	105	71
罗城仫佬族自治县	138	83	55	183	98	85	172	114	58
环江毛南族自治县	158	103	55	147	103	44	183	110	73
巴马瑶族自治县	72	40	32	128	70	58	107	68	39
都安瑶族自治县	247	163	84	339	202	137	340	197	143
大化瑶族自治县	180	104	76	199	117	82	192	106	86
来宾市	**1139**	**666**	**473**	**1361**	**780**	**581**	**1351**	**806**	**545**
兴宾区	408	229	179	497	267	230	505	303	202
忻城县	228	143	85	251	141	110	228	143	85
象州县	170	95	75	234	147	87	208	116	92
武宣县	198	124	74	197	123	74	238	135	103
金秀瑶族自治县	68	30	38	84	45	39	89	54	35
合山市	67	45	22	98	57	41	83	55	28
崇左市	**1108**	**660**	**448**	**1236**	**692**	**544**	**1214**	**661**	**553**
江州区	180	110	70	164	86	78	163	90	73
扶绥县	208	132	76	223	122	101	262	149	113
宁明县	137	87	50	191	117	74	207	123	84
龙州县	143	80	63	149	90	59	134	67	67
大新县	178	103	75	219	111	108	185	91	94
天等县	204	112	92	223	126	97	199	108	91
凭祥市	58	36	22	67	40	27	64	33	31

1-11 续表 6

单位:人

地 区	2020年4月			2020年5月			2020年6月		
	小计	男	女	小计	男	女	小计	男	女
总 计	**24768**	**14833**	**9935**	**26301**	**15621**	**10680**	**23570**	**14292**	**9278**
南宁市	**4056**	**2396**	**1660**	**4174**	**2454**	**1720**	**3733**	**2200**	**1533**
兴宁区	168	102	66	146	88	58	181	105	76
青秀区	525	331	194	427	245	182	387	236	151
江南区	276	167	109	291	173	118	264	162	102
西乡塘区	474	261	213	467	271	196	437	242	195
良庆区	147	91	56	161	97	64	134	90	44
邕宁区	156	97	59	145	93	52	162	94	68
武鸣区	443	238	205	429	268	161	412	243	169
隆安县	207	125	82	266	144	122	196	110	86
马山县	285	172	113	281	161	120	291	178	113
上林县	224	130	94	263	161	102	225	126	99
宾阳县	538	317	221	570	346	224	467	248	219
横 县	613	365	248	728	407	321	577	366	211
柳州市	**2135**	**1281**	**854**	**2103**	**1234**	**869**	**1881**	**1169**	**712**
城中区	76	41	35	77	47	30	75	51	24
鱼峰区	249	150	99	241	146	95	199	111	88
柳南区	288	181	107	300	165	135	288	191	97
柳北区	261	152	109	250	142	108	216	129	87
柳江区	282	169	113	227	144	83	206	124	82
柳城县	212	120	92	217	124	93	157	90	67
鹿寨县	218	126	92	194	115	79	201	132	69
融安县	152	95	57	163	93	70	153	105	48
融水苗族自治县	215	132	83	258	148	110	201	114	87
三江侗族自治县	182	115	67	176	110	66	185	122	63
桂林市	**2396**	**1405**	**991**	**2540**	**1505**	**1035**	**2355**	**1431**	**924**
秀峰区	61	30	31	75	48	27	61	32	29
叠彩区	69	42	27	98	56	42	65	30	35
象山区	130	86	44	104	64	40	101	66	35
七星区	85	45	40	84	55	29	61	31	30
雁山区	46	29	17	42	29	13	39	23	16
临桂区	188	109	79	237	138	99	218	130	88
阳朔县	132	68	64	163	96	67	157	94	63
灵川县	204	118	86	216	121	95	168	102	66
全州县	309	182	127	325	188	137	315	190	125
兴安县	236	134	102	212	125	87	196	119	77
永福县	118	69	49	146	85	61	119	84	35
灌阳县	114	72	42	128	82	46	143	87	56
龙胜各族自治县	99	57	42	107	65	42	102	61	41
资源县	83	51	32	79	51	28	62	47	15
平乐县	148	88	60	166	94	72	147	88	59
恭城瑶族自治县	167	98	69	145	92	53	160	92	68
荔浦市	207	127	80	213	116	97	241	155	86

1-11 续表 7 单位:人

地 区	2020年4月			2020年5月			2020年6月		
	小计	男	女	小计	男	女	小计	男	女
梧州市	**1395**	**823**	**572**	**1499**	**877**	**622**	**1260**	**767**	**493**
万秀区	168	97	71	139	72	67	121	64	57
长洲区	92	57	35	91	54	37	76	49	27
龙圩区	114	69	45	133	73	60	113	67	46
苍梧县	117	65	52	149	87	62	121	78	43
藤 县	440	254	186	506	307	199	423	266	157
蒙山县	122	78	44	121	67	54	101	62	39
岑溪市	342	203	139	360	217	143	305	181	124
北海市	**844**	**502**	**342**	**836**	**482**	**354**	**828**	**501**	**327**
海城区	172	97	75	189	108	81	202	108	94
银海区	94	61	33	104	66	38	87	55	32
铁山港区	89	58	31	90	50	40	71	43	28
合浦县	489	286	203	453	258	195	468	295	173
防城港市	**380**	**239**	**141**	**381**	**233**	**148**	**375**	**227**	**148**
港口区	59	34	25	46	27	19	51	33	18
防城区	157	100	57	170	103	67	172	96	76
上思县	104	62	42	106	62	44	97	65	32
东兴市	60	43	17	59	41	18	55	33	22
钦州市	**1497**	**972**	**525**	**1515**	**929**	**586**	**1359**	**838**	**521**
钦南区	237	169	68	206	141	65	200	120	80
钦北区	263	171	92	268	159	109	258	167	91
灵山县	638	424	214	667	402	265	572	351	221
浦北县	359	208	151	374	227	147	329	200	129
贵港市	**2119**	**1247**	**872**	**2386**	**1412**	**974**	**2093**	**1263**	**830**
港北区	205	128	77	230	134	96	231	141	90
港南区	289	159	130	324	185	139	285	160	125
覃塘区	263	154	109	267	152	115	221	132	89
平南县	649	377	272	671	409	262	586	369	217
桂平市	713	429	284	894	532	362	770	461	309
玉林市	**3034**	**1853**	**1181**	**3231**	**1931**	**1300**	**2922**	**1756**	**1166**
玉州区	392	236	156	422	256	166	346	198	148
福绵区	173	99	74	169	100	69	147	88	59
容 县	449	285	164	499	301	198	420	248	172
陆川县	472	279	193	541	339	202	500	305	195
博白县	619	385	234	705	421	284	687	411	276
兴业县	315	186	129	339	186	153	283	168	115
北流市	614	383	231	556	328	228	539	338	201
百色市	**1777**	**1047**	**730**	**2120**	**1249**	**871**	**1798**	**1098**	**700**
右江区	119	70	49	191	109	82	130	87	43
田阳区	192	113	79	243	146	97	194	118	76
田东县	239	126	113	282	166	116	249	163	86

1-11 续表 8

单位：人

地 区	2020年4月			2020年5月			2020年6月		
	小计	男	女	小计	男	女	小计	男	女
德保县	140	79	61	170	110	60	149	92	57
那坡县	110	58	52	112	69	43	98	62	36
凌云县	85	52	33	106	64	42	101	57	44
乐业县	52	32	20	51	32	19	60	37	23
田林县	79	41	38	123	78	45	106	73	33
西林县	82	43	39	71	38	33	70	42	28
隆林各族自治县	130	83	47	168	100	68	122	80	42
靖西市	255	161	94	311	183	128	278	154	124
平果市	294	189	105	292	154	138	241	133	108
贺州市	**880**	**534**	**346**	**941**	**568**	**373**	**840**	**507**	**333**
八步区	288	169	119	295	171	124	281	169	112
平桂区	120	66	54	146	92	54	146	85	61
昭平县	183	116	67	193	115	78	170	101	69
钟山县	171	111	60	166	108	58	143	97	46
富川瑶族自治县	118	72	46	141	82	59	100	55	45
河池市	**1794**	**1078**	**716**	**1935**	**1190**	**745**	**1803**	**1124**	**679**
金城江区	153	89	64	156	94	62	140	87	53
宜州区	244	149	95	244	158	86	237	136	101
南丹县	167	101	66	165	107	58	147	100	47
天峨县	84	47	37	66	33	33	92	62	30
凤山县	61	30	31	74	38	36	77	46	31
东兰县	112	73	39	155	92	63	111	71	40
罗城仫佬族自治县	170	101	69	179	118	61	176	106	70
环江毛南族自治县	190	116	74	212	127	85	189	122	67
巴马瑶族自治县	126	71	55	132	86	46	117	72	45
都安瑶族自治县	298	182	116	329	205	124	316	201	115
大化瑶族自治县	189	119	70	223	132	91	201	121	80
来宾市	**1266**	**748**	**518**	**1371**	**806**	**565**	**1163**	**714**	**449**
兴宾区	474	284	190	518	306	212	425	269	156
忻城县	236	136	100	255	148	107	218	138	80
象州县	178	98	80	206	118	88	178	107	71
武宣县	210	125	85	224	132	92	189	107	82
金秀瑶族自治县	83	50	33	92	55	37	82	52	30
合山市	85	55	30	76	47	29	71	41	30
崇左市	**1195**	**708**	**487**	**1269**	**751**	**518**	**1160**	**697**	**463**
江州区	148	92	56	193	122	71	210	135	75
扶绥县	213	139	74	250	147	103	224	144	80
宁明县	225	138	87	227	136	91	174	115	59
龙州县	139	84	55	138	74	64	125	61	64
大新县	208	110	98	193	112	81	189	105	84
天等县	206	114	92	204	121	83	194	111	83
凭祥市	56	31	25	64	39	25	44	26	18

1–11 续表 9

单位：人

地 区	2020年7月			2020年8月			2020年9月			2020年10月		
	小计	男	女	小计	男	女	小计	男	女	小计	男	女
总 计	**22792**	**13829**	**8963**	**23799**	**14421**	**9378**	**23753**	**14469**	**9284**	**29271**	**17626**	**11645**
南宁市	**3754**	**2297**	**1457**	**3836**	**2308**	**1528**	**3813**	**2330**	**1483**	**4381**	**2596**	**1785**
兴宁区	162	85	77	153	97	56	194	117	77	188	114	74
青秀区	367	238	129	356	208	148	384	239	145	428	248	180
江南区	304	191	113	287	175	112	275	165	110	295	172	123
西乡塘区	456	279	177	527	317	210	439	260	179	515	302	213
良庆区	134	96	38	138	82	56	143	96	47	136	72	64
邕宁区	151	100	51	166	102	64	160	105	55	158	93	65
武鸣区	416	247	169	390	228	162	340	202	138	431	263	168
隆安县	211	116	95	205	112	93	194	116	78	232	130	102
马山县	229	144	85	265	165	100	274	160	114	303	187	116
上林县	211	128	83	222	133	89	255	152	103	309	188	121
宾阳县	496	288	208	521	322	199	544	329	215	585	332	253
横 县	617	385	232	606	367	239	611	389	222	801	495	306
柳州市	**2019**	**1195**	**824**	**2120**	**1285**	**835**	**2012**	**1200**	**812**	**2443**	**1514**	**929**
城中区	77	43	34	56	31	25	83	49	34	59	36	23
鱼峰区	225	121	104	209	119	90	209	112	97	231	157	74
柳南区	287	171	116	303	177	126	268	158	110	273	181	92
柳北区	228	148	80	247	147	100	212	127	85	285	185	100
柳江区	230	150	80	256	157	99	209	133	76	282	160	122
柳城县	217	126	91	236	151	85	217	149	68	267	159	108
鹿寨县	196	108	88	222	134	88	191	113	78	298	184	114
融安县	155	86	69	160	104	56	161	93	68	214	119	95
融水苗族自治县	221	135	86	248	153	95	257	148	109	305	188	117
三江侗族自治县	183	107	76	183	112	71	205	118	87	229	145	84
桂林市	**2284**	**1404**	**880**	**2442**	**1484**	**958**	**2506**	**1521**	**985**	**3152**	**1856**	**1296**
秀峰区	69	39	30	68	39	29	65	38	27	65	40	25
叠彩区	80	45	35	79	55	24	78	43	35	92	51	41
象山区	99	73	26	116	69	47	109	77	32	108	59	49
七星区	105	69	36	92	57	35	84	56	28	97	49	48
雁山区	22	11	11	40	18	22	27	12	15	41	27	14
临桂区	188	118	70	225	137	88	256	157	99	305	186	119
阳朔县	140	90	50	153	99	54	147	86	61	199	120	79
灵川县	192	115	77	235	124	111	221	143	78	228	127	101
全州县	330	211	119	338	203	135	357	222	135	469	286	183
兴安县	156	94	62	171	106	65	185	102	83	265	145	120
永福县	112	71	41	126	78	48	142	84	58	158	95	63
灌阳县	131	81	50	144	90	54	130	80	50	160	99	61
龙胜各族自治县	100	58	42	90	60	30	113	61	52	120	71	49
资源县	74	46	28	78	51	27	68	44	24	102	62	40
平乐县	131	83	48	143	81	62	181	111	70	221	136	85
恭城瑶族自治县	148	80	68	132	85	47	139	84	55	230	133	97
荔浦市	207	120	87	212	132	80	204	121	83	292	170	122

1-11 续表 10

单位:人

地 区	2020年7月			2020年8月			2020年9月			2020年10月		
	小计	男	女	小计	男	女	小计	男	女	小计	男	女
梧州市	**1331**	**809**	**522**	**1346**	**820**	**526**	**1367**	**860**	**507**	**1642**	**1020**	**622**
万秀区	148	89	59	140	85	55	152	94	58	136	81	55
长洲区	74	44	30	77	41	36	59	36	23	63	46	17
龙圩区	117	66	51	114	68	46	129	82	47	169	103	66
苍梧县	119	73	46	153	90	63	128	78	50	163	108	55
藤 县	431	263	168	438	278	160	453	299	154	558	332	226
蒙山县	107	65	42	110	66	44	112	78	34	124	85	39
岑溪市	335	209	126	314	192	122	334	193	141	429	265	164
北海市	**781**	**471**	**310**	**734**	**455**	**279**	**790**	**473**	**317**	**838**	**497**	**341**
海城区	196	108	88	168	114	54	164	92	72	158	91	67
银海区	88	50	38	85	56	29	82	51	31	104	67	37
铁山港区	78	49	29	72	48	24	85	62	23	70	38	32
合浦县	419	264	155	409	237	172	459	268	191	506	301	205
防城港市	**325**	**202**	**123**	**333**	**211**	**122**	**348**	**221**	**127**	**430**	**256**	**174**
港口区	34	26	8	44	26	18	43	28	15	47	29	18
防城区	137	87	50	135	88	47	149	93	56	199	122	77
上思县	99	56	43	99	60	39	103	66	37	133	78	55
东兴市	55	33	22	55	37	18	53	34	19	51	27	24
钦州市	**1361**	**895**	**466**	**1442**	**914**	**528**	**1377**	**923**	**454**	**1748**	**1121**	**627**
钦南区	207	131	76	201	124	77	192	123	69	252	161	91
钦北区	268	180	88	277	179	98	272	178	94	351	236	115
灵山县	577	379	198	616	384	232	571	388	183	748	467	281
浦北县	309	205	104	348	227	121	342	234	108	397	257	140
贵港市	**1916**	**1152**	**764**	**2061**	**1241**	**820**	**1912**	**1133**	**779**	**2402**	**1438**	**964**
港北区	226	143	83	220	129	91	189	107	82	247	136	111
港南区	271	146	125	278	169	109	286	166	120	331	188	143
覃塘区	238	149	89	242	153	89	238	134	104	269	162	107
平南县	506	317	189	502	287	215	541	323	218	734	449	285
桂平市	675	397	278	819	503	316	658	403	255	821	503	318
玉林市	**2506**	**1517**	**989**	**2654**	**1589**	**1065**	**2581**	**1575**	**1006**	**3245**	**1995**	**1250**
玉州区	367	212	155	318	194	124	304	180	124	408	265	143
福绵区	162	106	56	168	102	66	165	98	67	197	133	64
容 县	377	224	153	391	229	162	400	240	160	473	294	179
陆川县	343	216	127	412	243	169	347	206	141	455	283	172
博白县	513	315	198	577	336	241	573	361	212	646	385	261
兴业县	284	163	121	273	152	121	268	167	101	391	227	164
北流市	460	281	179	515	333	182	524	323	201	675	408	267
百色市	**1748**	**1042**	**706**	**1824**	**1118**	**706**	**1912**	**1172**	**740**	**2410**	**1427**	**983**
右江区	151	95	56	164	106	58	147	91	56	191	106	85
田阳区	213	112	101	179	114	65	196	114	82	246	145	101
田东县	231	128	103	227	144	83	237	150	87	281	174	107

1-11 续表 11

单位：人

地 区	2020年7月			2020年8月			2020年9月			2020年10月		
	小计	男	女	小计	男	女	小计	男	女	小计	男	女
德保县	157	102	55	172	105	67	172	110	62	220	138	82
那坡县	85	49	36	98	52	46	102	65	37	129	75	54
凌云县	69	46	23	87	48	39	97	64	33	124	65	59
乐业县	39	23	16	48	33	15	73	40	33	77	54	23
田林县	104	65	39	100	65	35	115	71	44	134	85	49
西林县	65	40	25	69	44	25	85	62	23	80	48	32
隆林各族自治县	120	74	46	162	98	64	145	84	61	200	121	79
靖西市	260	161	99	264	157	107	291	174	117	393	240	153
平果市	254	147	107	254	152	102	252	147	105	335	176	159
贺州市	**783**	**495**	**288**	**812**	**489**	**323**	**923**	**549**	**374**	**1110**	**681**	**429**
八步区	258	162	96	260	151	109	274	158	116	337	212	125
平桂区	135	91	44	119	69	50	166	106	60	189	108	81
昭平县	155	92	63	167	102	65	189	106	83	210	127	83
钟山县	131	85	46	151	94	57	165	110	55	218	141	77
富川瑶族自治县	104	65	39	115	73	42	129	69	60	156	93	63
河池市	**1644**	**951**	**693**	**1826**	**1078**	**748**	**1941**	**1173**	**768**	**2602**	**1520**	**1082**
金城江区	129	83	46	140	91	49	154	104	50	179	109	70
宜州区	211	131	80	258	147	111	286	169	117	354	206	148
南丹县	111	57	54	122	68	54	155	94	61	208	111	97
天峨县	60	34	26	83	52	31	80	43	37	92	47	45
凤山县	93	48	45	81	47	34	94	50	44	154	85	69
东兰县	100	55	45	117	68	49	126	78	48	173	95	78
罗城仫佬族自治县	176	100	76	186	108	78	183	113	70	265	157	108
环江毛南族自治县	158	84	74	177	100	77	188	100	88	229	135	94
巴马瑶族自治县	120	67	53	122	75	47	121	75	46	185	104	81
都安瑶族自治县	296	180	116	310	174	136	323	207	116	477	298	179
大化瑶族自治县	190	112	78	230	148	82	231	140	91	286	173	113
来宾市	**1198**	**733**	**465**	**1246**	**769**	**477**	**1179**	**716**	**463**	**1512**	**899**	**613**
兴宾区	410	252	158	465	290	175	442	271	171	511	304	207
忻城县	232	140	92	205	125	80	232	138	94	324	192	132
象州县	200	130	70	196	125	71	182	108	74	256	152	104
武宣县	206	119	87	231	137	94	181	106	75	228	131	97
金秀瑶族自治县	86	53	33	67	41	26	90	57	33	98	61	37
合山市	64	39	25	82	51	31	52	36	16	95	59	36
崇左市	**1142**	**666**	**476**	**1123**	**660**	**463**	**1092**	**623**	**469**	**1356**	**806**	**550**
江州区	171	100	71	145	83	62	158	96	62	176	107	69
扶绥县	212	126	86	208	134	74	193	112	81	255	143	112
宁明县	205	121	84	207	113	94	191	111	80	250	156	94
龙州县	140	82	58	139	79	60	144	85	59	170	94	76
大新县	170	98	72	187	108	79	169	78	91	210	121	89
天等县	190	104	86	172	103	69	172	102	70	235	144	91
凭祥市	54	35	19	65	40	25	65	39	26	60	41	19

1-11a 各地区分性别、月份的死亡人口（2019.11.1-2020.10.31）（城市）

单位：人

地 区	死亡人口			2019年11月			2019年12月		
	合计	男	女	小计	男	女	小计	男	女
总 计	**45615**	**27542**	**18073**	**3586**	**2175**	**1411**	**4022**	**2439**	**1583**
南宁市	**13420**	**8103**	**5317**	**1114**	**677**	**437**	**1185**	**750**	**435**
兴宁区	1445	864	581	131	84	47	134	86	48
青秀区	4139	2507	1632	402	238	164	382	247	135
江南区	1910	1155	755	123	86	37	173	108	65
西乡塘区	4142	2416	1726	307	174	133	344	203	141
良庆区	559	368	191	54	33	21	52	38	14
邕宁区	594	392	202	55	34	21	47	31	16
武鸣区	631	401	230	42	28	14	53	37	16
隆安县									
马山县									
上林县									
宾阳县									
横 县									
柳州市	**8941**	**5498**	**3443**	**663**	**418**	**245**	**768**	**471**	**297**
城中区	785	461	324	43	22	21	68	40	28
鱼峰区	2069	1232	837	133	92	41	168	98	70
柳南区	2894	1785	1109	225	138	87	290	172	118
柳北区	2546	1583	963	203	124	79	184	124	60
柳江区	647	437	210	59	42	17	58	37	21
柳城县									
鹿寨县									
融安县									
融水苗族自治县									
三江侗族自治县									
桂林市	**4851**	**2898**	**1953**	**401**	**235**	**166**	**430**	**249**	**181**
秀峰区	833	477	356	67	39	28	78	45	33
叠彩区	908	524	384	78	46	32	90	51	39
象山区	1329	832	497	93	59	34	120	69	51
七星区	945	568	377	88	54	34	78	49	29
雁山区	65	37	28	2	1	1	2	1	1
临桂区	313	193	120	21	12	9	27	12	15
阳朔县									
灵川县									
全州县									
兴安县									
永福县									
灌阳县									
龙胜各族自治县									
资源县									
平乐县									
恭城瑶族自治县									
荔浦市	458	267	191	52	24	28	35	22	13

1-11a 续表 1

单位：人

地 区	死亡人口			2019年11月			2019年12月		
	合计	男	女	小计	男	女	小计	男	女
梧州市	**2886**	**1689**	**1197**	**227**	**136**	**91**	**247**	**148**	**99**
万秀区	1316	762	554	99	59	40	101	62	39
长洲区	698	402	296	67	37	30	65	41	24
龙圩区	332	205	127	24	16	8	30	17	13
苍梧县									
藤 县									
蒙山县									
岑溪市	540	320	220	37	24	13	51	28	23
北海市	**2371**	**1377**	**994**	**169**	**111**	**58**	**218**	**126**	**92**
海城区	1885	1085	800	143	93	50	179	102	77
银海区	404	240	164	23	16	7	30	19	11
铁山港区	82	52	30	3	2	1	9	5	4
合浦县									
防城港市	**714**	**435**	**279**	**43**	**26**	**17**	**63**	**31**	**32**
港口区	191	127	64	14	9	5	9	6	3
防城区	310	174	136	16	8	8	29	15	14
上思县									
东兴市	213	134	79	13	9	4	25	10	15
钦州市	**746**	**472**	**274**	**67**	**33**	**34**	**47**	**28**	**19**
钦南区	516	320	196	48	24	24	35	22	13
钦北区	230	152	78	19	9	10	12	6	6
灵山县									
浦北县									
贵港市	**2235**	**1322**	**913**	**154**	**91**	**63**	**177**	**104**	**73**
港北区	887	516	371	72	47	25	65	38	27
港南区	235	141	94	10	3	7	18	10	8
覃塘区	603	349	254	35	19	16	46	28	18
平南县									
桂平市	510	316	194	37	22	15	48	28	20
玉林市	**3914**	**2368**	**1546**	**337**	**200**	**137**	**399**	**240**	**159**
玉州区	2908	1758	1150	238	136	102	291	175	116
福绵区	257	151	106	17	9	8	28	17	11
容 县									
陆川县									
博白县									
兴业县									
北流市	749	459	290	82	55	27	80	48	32
百色市	**2124**	**1239**	**885**	**142**	**79**	**63**	**176**	**101**	**75**
右江区	816	507	309	63	39	24	77	48	29
田阳区	612	345	267	36	20	16	45	24	21
田东县									

1-11a 续表 2 单位:人

地 区	死亡人口			2019年11月			2019年12月		
	合计	男	女	小计	男	女	小计	男	女
德保县									
那坡县									
凌云县	6	5	1						
乐业县									
田林县									
西林县									
隆林各族自治县									
靖西市	297	162	135	12	8	4	17	7	10
平果市	393	220	173	31	12	19	37	22	15
贺州市	**821**	**501**	**320**	**56**	**38**	**18**	**72**	**39**	**33**
八步区	421	268	153	22	15	7	34	22	12
平桂区	400	233	167	34	23	11	38	17	21
昭平县									
钟山县									
富川瑶族自治县									
河池市	**1033**	**654**	**379**	**61**	**33**	**28**	**69**	**50**	**19**
金城江区	675	441	234	46	27	19	49	38	11
宜州区	358	213	145	15	6	9	20	12	8
南丹县									
天峨县									
凤山县									
东兰县									
罗城仫佬族自治县									
环江毛南族自治县									
巴马瑶族自治县									
都安瑶族自治县									
大化瑶族自治县									
来宾市	**1071**	**678**	**393**	**114**	**79**	**35**	**114**	**70**	**44**
兴宾区	769	486	283	88	60	28	73	43	30
忻城县									
象州县									
武宣县									
金秀瑶族自治县									
合山市	302	192	110	26	19	7	41	27	14
崇左市	**488**	**308**	**180**	**38**	**19**	**19**	**57**	**32**	**25**
江州区	266	164	102	24	11	13	29	16	13
扶绥县									
宁明县									
龙州县									
大新县									
天等县									
凭祥市	222	144	78	14	8	6	28	16	12

1-11a 续表 3

单位:人

地 区	2020年1月			2020年2月			2020年3月		
	小计	男	女	小计	男	女	小计	男	女
总 计	**3875**	**2331**	**1544**	**3987**	**2352**	**1635**	**3731**	**2240**	**1491**
南宁市	**1149**	**692**	**457**	**1160**	**706**	**454**	**1139**	**658**	**481**
兴宁区	118	68	50	140	83	57	139	79	60
青秀区	414	252	162	359	219	140	343	201	142
江南区	129	69	60	169	105	64	187	105	82
西乡塘区	338	199	139	341	204	137	310	166	144
良庆区	48	33	15	54	34	20	47	36	11
邕宁区	42	29	13	46	31	15	58	41	17
武鸣区	60	42	18	51	30	21	55	30	25
隆安县									
马山县									
上林县									
宾阳县									
横 县									
柳州市	**760**	**494**	**266**	**842**	**513**	**329**	**640**	**392**	**248**
城中区	68	47	21	56	29	27	52	29	23
鱼峰区	169	110	59	209	120	89	162	90	72
柳南区	241	155	86	284	177	107	211	138	73
柳北区	219	143	76	224	141	83	185	112	73
柳江区	63	39	24	69	46	23	30	23	7
柳城县									
鹿寨县									
融安县									
融水苗族自治县									
三江侗族自治县									
桂林市	**441**	**267**	**174**	**436**	**247**	**189**	**388**	**230**	**158**
秀峰区	78	43	35	78	42	36	68	42	26
叠彩区	86	46	40	83	49	34	76	44	32
象山区	136	90	46	112	58	54	114	70	44
七星区	81	55	26	78	48	30	82	47	35
雁山区	11	4	7	4	2	2	7	2	5
临桂区	13	10	3	32	21	11	15	5	10
阳朔县									
灵川县									
全州县									
兴安县									
永福县									
灌阳县									
龙胜各族自治县									
资源县									
平乐县									
恭城瑶族自治县									
荔浦市	36	19	17	49	27	22	26	20	6

1-11a 续表 4

单位：人

地 区	2020年1月			2020年2月			2020年3月		
	小计	男	女	小计	男	女	小计	男	女
梧州市	**224**	**127**	**97**	**236**	**136**	**100**	**241**	**138**	**103**
万秀区	109	52	57	91	54	37	107	59	48
长洲区	49	28	21	69	35	34	73	37	36
龙圩区	27	22	5	35	25	10	27	21	6
苍梧县									
藤 县									
蒙山县									
岑溪市	39	25	14	41	22	19	34	21	13
北海市	**210**	**111**	**99**	**172**	**106**	**66**	**192**	**117**	**75**
海城区	177	90	87	141	86	55	147	88	59
银海区	27	17	10	29	19	10	38	23	15
铁山港区	6	4	2	2	1	1	7	6	1
合浦县									
防城港市	**57**	**36**	**21**	**52**	**31**	**21**	**60**	**41**	**19**
港口区	16	13	3	17	11	6	16	13	3
防城区	21	12	9	24	11	13	15	8	7
上思县									
东兴市	20	11	9	11	9	2	29	20	9
钦州市	**54**	**34**	**20**	**58**	**32**	**26**	**66**	**47**	**19**
钦南区	33	17	16	39	22	17	51	36	15
钦北区	21	17	4	19	10	9	15	11	4
灵山县									
浦北县									
贵港市	**210**	**102**	**108**	**203**	**112**	**91**	**194**	**129**	**65**
港北区	69	34	35	84	47	37	67	47	20
港南区	21	11	10	18	10	8	18	12	6
覃塘区	63	29	34	51	27	24	61	40	21
平南县									
桂平市	57	28	29	50	28	22	48	30	18
玉林市	**316**	**197**	**119**	**337**	**206**	**131**	**355**	**202**	**153**
玉州区	238	148	90	266	160	106	256	152	104
福绵区	19	8	11	17	11	6	18	9	9
容 县									
陆川县									
博白县									
兴业县									
北流市	59	41	18	54	35	19	81	41	40
百色市	**163**	**96**	**67**	**210**	**110**	**100**	**167**	**99**	**68**
右江区	63	40	23	73	36	37	62	40	22
田阳区	50	32	18	58	27	31	38	22	16
田东县									

1-11a 续表 5

单位：人

地 区	2020年1月			2020年2月			2020年3月		
	小计	男	女	小计	男	女	小计	男	女
德保县									
那坡县									
凌云县	1	1					2	2	
乐业县									
田林县									
西林县									
隆林各族自治县									
靖西市	18	4	14	44	27	17	33	18	15
平果市	31	19	12	35	20	15	32	17	15
贺州市	**65**	**42**	**23**	**61**	**34**	**27**	**64**	**42**	**22**
八步区	33	26	7	22	13	9	30	21	9
平桂区	32	16	16	39	21	18	34	21	13
昭平县									
钟山县									
富川瑶族自治县									
河池市	**94**	**57**	**37**	**84**	**43**	**41**	**93**	**59**	**34**
金城江区	64	37	27	53	28	25	54	40	14
宜州区	30	20	10	31	15	16	39	19	20
南丹县									
天峨县									
凤山县									
东兰县									
罗城仫佬族自治县									
环江毛南族自治县									
巴马瑶族自治县									
都安瑶族自治县									
大化瑶族自治县									
来宾市	**85**	**45**	**40**	**100**	**56**	**44**	**86**	**56**	**30**
兴宾区	65	34	31	63	36	27	71	44	27
忻城县									
象州县									
武宣县									
金秀瑶族自治县									
合山市	20	11	9	37	20	17	15	12	3
崇左市	**47**	**31**	**16**	**36**	**20**	**16**	**46**	**30**	**16**
江州区	27	19	8	18	8	10	22	15	7
扶绥县									
宁明县									
龙州县									
大新县									
天等县									
凭祥市	20	12	8	18	12	6	24	15	9

1-11a 续表 6

单位:人

地 区	2020年4月			2020年5月			2020年6月		
	小计	男	女	小计	男	女	小计	男	女
总 计	**3927**	**2400**	**1527**	**4041**	**2394**	**1647**	**3572**	**2106**	**1466**
南宁市	**1194**	**721**	**473**	**1119**	**662**	**457**	**1006**	**599**	**407**
兴宁区	110	63	47	97	61	36	107	62	45
青秀区	426	266	160	334	186	148	284	176	108
江南区	153	96	57	166	95	71	153	91	62
西乡塘区	336	192	144	361	215	146	324	178	146
良庆区	47	31	16	54	33	21	43	34	9
邕宁区	56	36	20	53	36	17	47	28	19
武鸣区	66	37	29	54	36	18	48	30	18
隆安县									
马山县									
上林县									
宾阳县									
横 县									
柳州市	**802**	**487**	**315**	**786**	**459**	**327**	**713**	**440**	**273**
城中区	76	41	35	75	45	30	74	50	24
鱼峰区	203	126	77	190	111	79	159	85	74
柳南区	235	147	88	244	137	107	236	152	84
柳北区	235	137	98	225	128	97	193	115	78
柳江区	53	36	17	52	38	14	51	38	13
柳城县									
鹿寨县									
融安县									
融水苗族自治县									
三江侗族自治县									
桂林市	**394**	**231**	**163**	**406**	**246**	**160**	**336**	**187**	**149**
秀峰区	61	30	31	75	48	27	61	32	29
叠彩区	62	38	24	84	48	36	59	26	33
象山区	128	85	43	102	64	38	101	66	35
七星区	75	38	37	73	46	27	53	28	25
雁山区	3	3		6	5	1	7	3	4
临桂区	26	13	13	33	17	16	24	15	9
阳朔县									
灵川县									
全州县									
兴安县									
永福县									
灌阳县									
龙胜各族自治县									
资源县									
平乐县									
恭城瑶族自治县									
荔浦市	39	24	15	33	18	15	31	17	14

1-11a 续表 7

单位:人

地 区	2020年4月			2020年5月			2020年6月		
	小计	男	女	小计	男	女	小计	男	女
梧州市	**284**	**167**	**117**	**269**	**144**	**125**	**215**	**125**	**90**
万秀区	141	83	58	118	59	59	95	56	39
长洲区	60	36	24	71	42	29	53	31	22
龙圩区	28	16	12	25	9	16	21	12	9
苍梧县									
藤 县									
蒙山县									
岑溪市	55	32	23	55	34	21	46	26	20
北海市	**198**	**114**	**84**	**202**	**116**	**86**	**224**	**112**	**112**
海城区	147	82	65	166	93	73	179	94	85
银海区	42	26	16	30	20	10	36	15	21
铁山港区	9	6	3	6	3	3	9	3	6
合浦县									
防城港市	**65**	**40**	**25**	**76**	**44**	**32**	**70**	**33**	**37**
港口区	17	9	8	24	12	12	18	12	6
防城区	29	17	12	34	20	14	35	13	22
上思县									
东兴市	19	14	5	18	12	6	17	8	9
钦州市	**61**	**46**	**15**	**66**	**42**	**24**	**68**	**39**	**29**
钦南区	43	31	12	44	28	16	44	24	20
钦北区	18	15	3	22	14	8	24	15	9
灵山县									
浦北县									
贵港市	**168**	**112**	**56**	**215**	**126**	**89**	**221**	**132**	**89**
港北区	64	41	23	92	50	42	99	60	39
港南区	18	14	4	22	14	8	24	13	11
覃塘区	52	31	21	60	34	26	58	33	25
平南县									
桂平市	34	26	8	41	28	13	40	26	14
玉林市	**328**	**202**	**126**	**347**	**212**	**135**	**316**	**191**	**125**
玉州区	238	148	90	268	169	99	236	141	95
福绵区	22	13	9	23	15	8	23	11	12
容 县									
陆川县									
博白县									
兴业县									
北流市	68	41	27	56	28	28	57	39	18
百色市	**149**	**98**	**51**	**211**	**120**	**91**	**157**	**87**	**70**
右江区	54	34	20	89	51	38	51	32	19
田阳区	34	18	16	65	39	26	50	29	21
田东县									

1-11a 续表 8

单位:人

地 区	2020年4月			2020年5月			2020年6月		
	小计	男	女	小计	男	女	小计	男	女
德保县									
那坡县									
凌云县									
乐业县									
田林县									
西林县									
隆林各族自治县									
靖西市	20	15	5	26	14	12	28	13	15
平果市	41	31	10	31	16	15	28	13	15
贺州市	**72**	**41**	**31**	**94**	**59**	**35**	**67**	**40**	**27**
八步区	42	24	18	52	33	19	38	23	15
平桂区	30	17	13	42	26	16	29	17	12
昭平县									
钟山县									
富川瑶族自治县									
河池市	**95**	**63**	**32**	**99**	**67**	**32**	**70**	**46**	**24**
金城江区	62	43	19	71	49	22	47	31	16
宜州区	33	20	13	28	18	10	23	15	8
南丹县									
天峨县									
凤山县									
东兰县									
罗城仫佬族自治县									
环江毛南族自治县									
巴马瑶族自治县									
都安瑶族自治县									
大化瑶族自治县									
来宾市	**82**	**58**	**24**	**105**	**68**	**37**	**70**	**48**	**22**
兴宾区	58	42	16	77	49	28	47	36	11
忻城县									
象州县									
武宣县									
金秀瑶族自治县									
合山市	24	16	8	28	19	9	23	12	11
崇左市	**35**	**20**	**15**	**46**	**29**	**17**	**39**	**27**	**12**
江州区	22	12	10	27	17	10	23	16	7
扶绥县									
宁明县									
龙州县									
大新县									
天等县									
凭祥市	13	8	5	19	12	7	16	11	5

1-11a 续表 9

单位：人

地 区	2020年7月			2020年8月			2020年9月			2020年10月		
	小计	男	女	小计	男	女	小计	男	女	小计	男	女
总 计	**3665**	**2243**	**1422**	**3747**	**2299**	**1448**	**3577**	**2184**	**1393**	**3885**	**2379**	**1506**
南宁市	**1062**	**654**	**408**	**1120**	**686**	**434**	**1071**	**653**	**418**	**1101**	**645**	**456**
兴宁区	109	63	46	104	69	35	141	82	59	115	64	51
青秀区	289	182	107	276	158	118	310	197	113	320	185	135
江南区	174	106	68	169	106	63	156	92	64	158	96	62
西乡塘区	348	209	139	417	247	170	337	202	135	379	227	152
良庆区	44	30	14	44	29	15	41	23	18	31	14	17
邕宁区	51	32	19	49	34	15	42	29	13	48	31	17
武鸣区	47	32	15	61	43	18	44	28	16	50	28	22
隆安县												
马山县												
上林县												
宾阳县												
横 县												
柳州市	**759**	**464**	**295**	**743**	**438**	**305**	**696**	**413**	**283**	**769**	**509**	**260**
城中区	76	42	34	56	31	25	82	49	33	59	36	23
鱼峰区	177	97	80	166	97	69	159	90	69	174	116	58
柳南区	242	144	98	243	144	99	218	127	91	225	154	71
柳北区	205	137	68	228	138	90	193	116	77	252	168	84
柳江区	59	44	15	50	28	22	44	31	13	59	35	24
柳城县												
鹿寨县												
融安县												
融水苗族自治县												
三江侗族自治县												
桂林市	**391**	**258**	**133**	**412**	**252**	**160**	**379**	**242**	**137**	**437**	**254**	**183**
秀峰区	69	39	30	68	39	29	65	38	27	65	40	25
叠彩区	72	42	30	69	48	21	68	38	30	81	48	33
象山区	98	72	26	112	66	46	106	74	32	107	59	48
七星区	89	59	30	82	48	34	77	50	27	89	46	43
雁山区	6	5	1	6	4	2	4	2	2	7	5	2
临桂区	27	20	7	30	21	9	28	20	8	37	27	10
阳朔县												
灵川县												
全州县												
兴安县												
永福县												
灌阳县												
龙胜各族自治县												
资源县												
平乐县												
恭城瑶族自治县												
荔浦市	30	21	9	45	26	19	31	20	11	51	29	22

1-11a 续表 10

单位:人

地 区	2020年7月			2020年8月			2020年9月			2020年10月		
	小计	男	女	小计	男	女	小计	男	女	小计	男	女
梧州市	**248**	**150**	**98**	**229**	**130**	**99**	**244**	**149**	**95**	**222**	**139**	**83**
万秀区	126	79	47	107	61	46	123	78	45	99	60	39
长洲区	51	29	22	49	27	22	44	27	17	47	32	15
龙圩区	24	14	10	28	17	11	32	18	14	31	18	13
苍梧县												
藤 县												
蒙山县												
岑溪市	47	28	19	45	25	20	45	26	19	45	29	16
北海市	**214**	**115**	**99**	**192**	**130**	**62**	**189**	**112**	**77**	**191**	**107**	**84**
海城区	168	93	75	153	103	50	146	82	64	139	79	60
银海区	43	20	23	30	19	11	34	21	13	42	25	17
铁山港区	3	2	1	9	8	1	9	9		10	3	7
合浦县												
防城港市	**41**	**25**	**16**	**61**	**46**	**15**	**66**	**43**	**23**	**60**	**39**	**21**
港口区	9	7	2	16	13	3	16	10	6	19	12	7
防城区	20	12	8	26	20	6	27	17	10	34	21	13
上思县												
东兴市	12	6	6	19	13	6	23	16	7	7	6	1
钦州市	**60**	**42**	**18**	**64**	**39**	**25**	**65**	**48**	**17**	**70**	**42**	**28**
钦南区	47	33	14	44	25	19	42	30	12	46	28	18
钦北区	13	9	4	20	14	6	23	18	5	24	14	10
灵山县												
浦北县												
贵港市	**184**	**114**	**70**	**162**	**97**	**65**	**162**	**90**	**72**	**185**	**113**	**72**
港北区	73	46	27	64	35	29	67	33	34	71	38	33
港南区	25	16	9	14	8	6	23	16	7	24	14	10
覃塘区	47	30	17	42	26	16	37	20	17	51	32	19
平南县												
桂平市	39	22	17	42	28	14	35	21	14	39	29	10
玉林市	**289**	**164**	**125**	**293**	**187**	**106**	**256**	**147**	**109**	**341**	**220**	**121**
玉州区	221	130	91	221	131	90	183	102	81	252	166	86
福绵区	18	8	10	15	12	3	25	13	12	32	25	7
容 县												
陆川县												
博白县												
兴业县												
北流市	50	26	24	57	44	13	48	32	16	57	29	28
百色市	**168**	**96**	**72**	**174**	**108**	**66**	**185**	**121**	**64**	**222**	**124**	**98**
右江区	60	41	19	78	52	26	71	51	20	75	43	32
田阳区	59	30	29	46	26	20	56	35	21	75	43	32
田东县												

1-11a 续表 11 单位:人

地 区	2020年7月			2020年8月			2020年9月			2020年10月		
	小计	男	女	小计	男	女	小计	男	女	小计	男	女
德保县												
那坡县												
凌云县				3	2	1						
乐业县												
田林县												
西林县												
隆林各族自治县												
靖西市	22	11	11	20	13	7	22	12	10	35	20	15
平果市	27	14	13	27	15	12	36	23	13	37	18	19
贺州市	**59**	**36**	**23**	**69**	**38**	**31**	**69**	**47**	**22**	**73**	**45**	**28**
八步区	32	18	14	38	22	16	39	26	13	39	25	14
平桂区	27	18	9	31	16	15	30	21	9	34	20	14
昭平县												
钟山县												
富川瑶族自治县												
河池市	**69**	**48**	**21**	**87**	**53**	**34**	**98**	**61**	**37**	**114**	**74**	**40**
金城江区	47	32	15	56	35	21	58	39	19	68	42	26
宜州区	22	16	6	31	18	13	40	22	18	46	32	14
南丹县												
天峨县												
凤山县												
东兰县												
罗城仫佬族自治县												
环江毛南族自治县												
巴马瑶族自治县												
都安瑶族自治县												
大化瑶族自治县												
来宾市	**83**	**49**	**34**	**93**	**63**	**30**	**62**	**34**	**28**	**77**	**52**	**25**
兴宾区	48	28	20	67	45	22	54	28	26	58	41	17
忻城县												
象州县												
武宣县												
金秀瑶族自治县												
合山市	35	21	14	26	18	8	8	6	2	19	11	8
崇左市	**38**	**28**	**10**	**48**	**32**	**16**	**35**	**24**	**11**	**23**	**16**	**7**
江州区	21	14	7	22	14	8	20	15	5	11	7	4
扶绥县												
宁明县												
龙州县												
大新县												
天等县												
凭祥市	17	14	3	26	18	8	15	9	6	12	9	3

1-11b 各地区分性别、月份的死亡人口（2019.11.1-2020.10.31）（镇）

单位：人

地区	死亡人口			2019年11月			2019年12月		
	合计	男	女	小计	男	女	小计	男	女
总计	**57575**	**34818**	**22757**	**4322**	**2636**	**1686**	**4710**	**2848**	**1862**
南宁市	**8737**	**5257**	**3480**	**714**	**442**	**272**	**744**	**443**	**301**
兴宁区	140	79	61	10	5	5	17	9	8
青秀区	290	182	108	33	25	8	34	19	15
江南区	411	268	143	32	23	9	37	25	12
西乡塘区	238	138	100	11	8	3	23	14	9
良庆区	239	145	94	16	9	7	15	10	5
邕宁区	286	167	119	29	20	9	13	6	7
武鸣区	957	554	403	74	43	31	85	47	38
隆安县	435	242	193	33	15	18	48	24	24
马山县	554	327	227	52	36	16	29	16	13
上林县	486	295	191	42	26	16	39	23	16
宾阳县	2057	1204	853	178	104	74	177	108	69
横县	2644	1656	988	204	128	76	227	142	85
柳州市	**4331**	**2617**	**1714**	**319**	**196**	**123**	**370**	**224**	**146**
城中区									
鱼峰区	106	64	42	10	3	7	3	2	1
柳南区	272	172	100	27	20	7	37	20	17
柳北区	65	37	28	3	1	2	6	3	3
柳江区	377	221	156	29	18	11	24	12	12
柳城县	980	589	391	70	44	26	71	49	22
鹿寨县	1034	632	402	70	49	21	94	57	37
融安县	540	318	222	35	18	17	47	29	18
融水苗族自治县	556	332	224	44	25	19	62	42	20
三江侗族自治县	401	252	149	31	18	13	26	10	16
桂林市	**4700**	**2842**	**1858**	**304**	**184**	**120**	**389**	**232**	**157**
秀峰区									
叠彩区	5	3	2						
象山区									
七星区	98	66	32	8	7	1	7	5	2
雁山区	9	6	3				5	4	1
临桂区	284	162	122	18	10	8	16	10	6
阳朔县	308	182	126	17	11	6	14	7	7
灵川县	439	286	153	16	12	4	37	24	13
全州县	693	424	269	38	24	14	70	37	33
兴安县	605	359	246	55	29	26	63	39	24
永福县	347	203	144	29	15	14	33	21	12
灌阳县	333	209	124	22	16	6	19	12	7
龙胜各族自治县	236	154	82	16	10	6	18	11	7
资源县	98	69	29	4	2	2	12	9	3
平乐县	349	195	154	24	15	9	24	11	13
恭城瑶族自治县	474	279	195	30	21	9	35	22	13
荔浦市	422	245	177	27	12	15	36	20	16

1－11b 续表 1

单位：人

地 区	死亡人口			2019年11月			2019年12月		
	合计	男	女	小计	男	女	小计	男	女
梧州市	**3737**	**2239**	**1498**	**287**	**182**	**105**	**285**	**166**	**119**
万秀区	27	15	12	1	1		2	1	1
长洲区	27	17	10	1	1		1		1
龙圩区	361	229	132	18	10	8	29	21	8
苍梧县	336	205	131	20	12	8	18	12	6
藤 县	1791	1096	695	144	98	46	152	87	65
蒙山县	332	181	151	26	13	13	28	15	13
岑溪市	863	496	367	77	47	30	55	30	25
北海市	**1405**	**858**	**547**	**113**	**59**	**54**	**113**	**76**	**37**
海城区	20	11	9	2		2	1	1	
银海区	87	53	34	7	4	3	3	3	
铁山港区	62	35	27	7	1	6	7	6	1
合浦县	1236	759	477	97	54	43	102	66	36
防城港市	**730**	**442**	**288**	**32**	**21**	**11**	**57**	**34**	**23**
港口区	162	100	62	8	3	5	10	5	5
防城区	212	123	89	6	4	2	14	9	5
上思县	207	124	83	9	6	3	11	8	3
东兴市	149	95	54	9	8	1	22	12	10
钦州市	**3246**	**2056**	**1190**	**253**	**151**	**102**	**279**	**188**	**91**
钦南区	375	242	133	23	9	14	31	21	10
钦北区	573	366	207	41	27	14	46	35	11
灵山县	1527	966	561	136	84	52	146	98	48
浦北县	771	482	289	53	31	22	56	34	22
贵港市	**6530**	**3868**	**2662**	**516**	**307**	**209**	**494**	**281**	**213**
港北区	254	141	113	25	17	8	18	12	6
港南区	384	231	153	14	11	3	38	21	17
覃塘区	477	269	208	38	21	17	34	25	9
平南县	3223	1911	1312	284	157	127	277	168	109
桂平市	2192	1316	876	155	101	54	127	55	72
玉林市	**8824**	**5408**	**3416**	**748**	**452**	**296**	**776**	**468**	**308**
玉州区	346	187	159	28	11	17	29	13	16
福绵区	389	242	147	35	22	13	29	15	14
容 县	1238	782	456	94	62	32	102	61	41
陆川县	1929	1168	761	210	120	90	211	127	84
博白县	2512	1567	945	202	130	72	187	121	66
兴业县	965	578	387	69	40	29	89	61	28
北流市	1445	884	561	110	67	43	129	70	59
百色市	**2804**	**1684**	**1120**	**215**	**134**	**81**	**216**	**125**	**91**
右江区	95	49	46	5	3	2	6	4	2
田阳区	101	65	36	10	7	3	9	8	1
田东县	777	448	329	55	39	16	47	28	19

1-11b 续表 2

单位:人

地 区	死亡人口			2019年11月			2019年12月		
	合计	男	女	小计	男	女	小计	男	女
德保县	199	123	76	10	5	5	20	9	11
那坡县	74	44	30	3	1	2	5	2	3
凌云县	306	185	121	28	12	16	22	13	9
乐业县	83	48	35	7	2	5	5	4	1
田林县	150	101	49	17	12	5	12	10	2
西林县	159	104	55	8	6	2	9	6	3
隆林各族自治县	228	143	85	19	12	7	16	11	5
靖西市	197	123	74	17	12	5	12	7	5
平果市	435	251	184	36	23	13	53	23	30
贺州市	**2727**	**1653**	**1074**	**160**	**95**	**65**	**190**	**127**	**63**
八步区	691	409	282	38	19	19	51	37	14
平桂区	364	210	154	25	16	9	29	19	10
昭平县	718	444	274	41	24	17	50	32	18
钟山县	519	331	188	32	21	11	39	25	14
富川瑶族自治县	435	259	176	24	15	9	21	14	7
河池市	**4257**	**2545**	**1712**	**290**	**177**	**113**	**338**	**209**	**129**
金城江区	102	60	42	11	6	5	6	3	3
宜州区	174	112	62	8	5	3	13	8	5
南丹县	691	399	292	52	32	20	72	43	29
天峨县	185	109	76	14	6	8	15	10	5
凤山县	173	106	67	5	3	2	16	9	7
东兰县	181	112	69	11	7	4	23	18	5
罗城仫佬族自治县	573	349	224	31	18	13	30	17	13
环江毛南族自治县	405	243	162	36	21	15	28	16	12
巴马瑶族自治县	275	171	104	16	12	4	20	14	6
都安瑶族自治县	1102	650	452	85	53	32	95	56	39
大化瑶族自治县	396	234	162	21	14	7	20	15	5
来宾市	**3331**	**2018**	**1313**	**240**	**151**	**89**	**282**	**164**	**118**
兴宾区	1261	776	485	103	58	45	104	62	42
忻城县	534	311	223	30	16	14	49	34	15
象州县	557	341	216	43	28	15	41	21	20
武宣县	623	372	251	35	29	6	58	31	27
金秀瑶族自治县	174	106	68	12	6	6	16	7	9
合山市	182	112	70	17	14	3	14	9	5
崇左市	**2216**	**1331**	**885**	**131**	**85**	**46**	**177**	**111**	**66**
江州区	280	171	109	12	6	6	27	17	10
扶绥县	479	306	173	41	25	16	27	22	5
宁明县	375	237	138	14	12	2	32	19	13
龙州县	293	164	129	19	13	6	27	16	11
大新县	318	175	143	16	11	5	20	12	8
天等县	381	228	153	19	13	6	34	21	13
凭祥市	90	50	40	10	5	5	10	4	6

1–11b 续表 3

单位：人

地 区	2020年1月			2020年2月			2020年3月		
	小计	男	女	小计	男	女	小计	男	女
总 计	**4468**	**2711**	**1757**	**4757**	**2872**	**1885**	**4948**	**2926**	**2022**
南宁市	**750**	**461**	**289**	**782**	**475**	**307**	**736**	**440**	**296**
兴宁区	12	7	5	14	8	6	12	6	6
青秀区	22	15	7	29	14	15	19	11	8
江南区	33	26	7	28	20	8	35	21	14
西乡塘区	19	10	9	21	13	8	15	9	6
良庆区	19	12	7	19	10	9	29	13	16
邕宁区	19	9	10	17	10	7	22	14	8
武鸣区	91	44	47	92	53	39	80	41	39
隆安县	36	22	14	22	15	7	38	25	13
马山县	55	33	22	32	23	9	48	31	17
上林县	40	29	11	50	27	23	32	6	26
宾阳县	165	94	71	187	113	74	192	120	72
横 县	239	160	79	271	169	102	214	143	71
柳州市	**395**	**248**	**147**	**367**	**220**	**147**	**352**	**208**	**144**
城中区									
鱼峰区	10	8	2	10	6	4	3	3	
柳南区	19	15	4	31	16	15	19	11	8
柳北区	5	4	1	3	2	1	5	4	1
柳江区	41	25	16	30	20	10	32	23	9
柳城县	106	63	43	75	46	29	78	42	36
鹿寨县	93	58	35	90	54	36	87	54	33
融安县	45	30	15	48	27	21	44	20	24
融水苗族自治县	36	16	20	48	27	21	44	28	16
三江侗族自治县	40	29	11	32	22	10	40	23	17
桂林市	**387**	**236**	**151**	**392**	**233**	**159**	**366**	**217**	**149**
秀峰区									
叠彩区							1		1
象山区									
七星区	6	1	5	12	7	5	7	6	1
雁山区	1		1	1		1	1	1	
临桂区	28	16	12	22	13	9	21	11	10
阳朔县	20	13	7	23	10	13	24	11	13
灵川县	32	26	6	27	16	11	30	20	10
全州县	57	31	26	55	32	23	62	38	24
兴安县	46	30	16	56	38	18	46	27	19
永福县	22	13	9	24	14	10	31	16	15
灌阳县	32	18	14	31	19	12	39	33	6
龙胜各族自治县	19	10	9	15	9	6	13	9	4
资源县	7	4	3	5	5		6	5	1
平乐县	33	19	14	32	17	15	26	10	16
恭城瑶族自治县	44	29	15	37	21	16	31	15	16
荔浦市	40	26	14	52	32	20	28	15	13

1-11b 续表 4

单位:人

地 区	2020年1月			2020年2月			2020年3月		
	小计	男	女	小计	男	女	小计	男	女
梧州市	**255**	**150**	**105**	**275**	**166**	**109**	**302**	**181**	**121**
万秀区	7	6	1	1		1			
长洲区	3	2	1	3	2	1	1	1	
龙圩区	28	20	8	26	15	11	39	26	13
苍梧县	12	4	8	22	14	8	17	10	7
藤 县	118	71	47	135	82	53	149	94	55
蒙山县	33	18	15	28	12	16	25	13	12
岑溪市	54	29	25	60	41	19	71	37	34
北海市	**117**	**71**	**46**	**136**	**87**	**49**	**124**	**75**	**49**
海城区				2	2		3	1	2
银海区	4	2	2	8	3	5	14	7	7
铁山港区	3	1	2	5	3	2	10	5	5
合浦县	110	68	42	121	79	42	97	62	35
防城港市	**46**	**24**	**22**	**65**	**29**	**36**	**67**	**39**	**28**
港口区	10	5	5	13	8	5	18	9	9
防城区	10	5	5	22	10	12	15	7	8
上思县	18	8	10	16	6	10	17	12	5
东兴市	8	6	2	14	5	9	17	11	6
钦州市	**217**	**135**	**82**	**262**	**170**	**92**	**286**	**191**	**95**
钦南区	21	14	7	31	19	12	36	24	12
钦北区	41	25	16	54	37	17	51	34	17
灵山县	103	63	40	106	67	39	133	87	46
浦北县	52	33	19	71	47	24	66	46	20
贵港市	**480**	**285**	**195**	**529**	**333**	**196**	**567**	**316**	**251**
港北区	13	4	9	14	7	7	22	9	13
港南区	24	13	11	25	15	10	32	20	12
覃塘区	33	18	15	33	22	11	47	21	26
平南县	254	150	104	256	167	89	280	163	117
桂平市	156	100	56	201	122	79	186	103	83
玉林市	**705**	**443**	**262**	**667**	**401**	**266**	**855**	**502**	**353**
玉州区	33	19	14	30	17	13	29	17	12
福绵区	36	23	13	26	23	3	44	24	20
容 县	95	61	34	89	53	36	96	53	43
陆川县	193	123	70	160	101	59	184	107	77
博白县	174	102	72	171	97	74	265	165	100
兴业县	62	37	25	75	46	29	87	52	35
北流市	112	78	34	116	64	52	150	84	66
百色市	**200**	**124**	**76**	**236**	**140**	**96**	**223**	**115**	**108**
右江区	5	1	4	7	4	3	10	4	6
田阳区	6	3	3	7	7		7	4	3
田东县	56	28	28	67	34	33	71	35	36

1-11b 续表 5 单位:人

地区	2020年1月			2020年2月			2020年3月		
	小计	男	女	小计	男	女	小计	男	女
德保县	16	11	5	15	11	4	15	6	9
那坡县	4	2	2	6	3	3	7	5	2
凌云县	22	15	7	33	18	15	15	8	7
乐业县	5	1	4	6	4	2	7	4	3
田林县	12	9	3	10	8	2	11	5	6
西林县	16	10	6	11	4	7	6	4	2
隆林各族自治县	15	11	4	19	12	7	21	12	9
靖西市	12	8	4	18	10	8	21	11	10
平果市	31	25	6	37	25	12	32	17	15
贺州市	**190**	**101**	**89**	**227**	**134**	**93**	**222**	**134**	**88**
八步区	42	25	17	71	34	37	56	31	25
平桂区	26	17	9	35	14	21	25	15	10
昭平县	56	29	27	49	35	14	53	36	17
钟山县	34	16	18	37	28	9	43	27	16
富川瑶族自治县	32	14	18	35	23	12	45	25	20
河池市	**315**	**186**	**129**	**350**	**213**	**137**	**367**	**222**	**145**
金城江区	10	4	6	7	4	3	5	4	1
宜州区	13	10	3	19	15	4	14	8	6
南丹县	74	38	36	61	31	30	61	39	22
天峨县	13	7	6	9	5	4	19	13	6
凤山县	10	5	5	11	6	5	12	9	3
东兰县	19	10	9	11	6	5	18	15	3
罗城仫佬族自治县	31	20	11	42	25	17	44	27	17
环江毛南族自治县	27	19	8	26	18	8	35	20	15
巴马瑶族自治县	10	6	4	23	13	10	24	15	9
都安瑶族自治县	82	48	34	101	64	37	99	57	42
大化瑶族自治县	26	19	7	40	26	14	36	15	21
来宾市	**238**	**138**	**100**	**273**	**157**	**116**	**316**	**195**	**121**
兴宾区	96	55	41	99	51	48	121	83	38
忻城县	37	19	18	41	23	18	39	24	15
象州县	32	20	12	70	44	26	52	31	21
武宣县	52	32	20	42	27	15	73	37	36
金秀瑶族自治县	8	3	5	7	4	3	11	7	4
合山市	13	9	4	14	8	6	20	13	7
崇左市	**173**	**109**	**64**	**196**	**114**	**82**	**165**	**91**	**74**
江州区	23	14	9	28	15	13	21	12	9
扶绥县	33	24	9	36	20	16	43	25	18
宁明县	31	21	10	30	20	10	36	21	15
龙州县	28	15	13	18	11	7	23	9	14
大新县	21	13	8	38	17	21	19	12	7
天等县	32	18	14	40	26	14	19	9	10
凭祥市	5	4	1	6	5	1	4	3	1

1-11b 续表 6

单位:人

地区	2020年4月			2020年5月			2020年6月		
	小计	男	女	小计	男	女	小计	男	女
总计	**4925**	**2957**	**1968**	**5248**	**3149**	**2099**	**4593**	**2827**	**1766**
南宁市	**735**	**434**	**301**	**784**	**486**	**298**	**630**	**363**	**267**
兴宁区	10	7	3	8	4	4	11	6	5
青秀区	25	19	6	25	19	6	27	16	11
江南区	46	25	21	37	27	10	19	13	6
西乡塘区	21	13	8	13	5	8	15	5	10
良庆区	15	11	4	25	17	8	23	12	11
邕宁区	27	14	13	25	17	8	24	11	13
武鸣区	93	51	42	80	54	26	73	44	29
隆安县	35	24	11	45	16	29	25	14	11
马山县	57	32	25	59	36	23	58	33	25
上林县	39	25	14	44	34	10	41	22	19
宾阳县	153	86	67	199	124	75	143	72	71
横县	214	127	87	224	133	91	171	115	56
柳州市	**350**	**209**	**141**	**373**	**213**	**160**	**302**	**190**	**112**
城中区									
鱼峰区	11	6	5	14	11	3	9	7	2
柳南区	18	12	6	25	12	13	20	16	4
柳北区	4	2	2	7	4	3	7	4	3
柳江区	52	27	25	28	17	11	24	9	15
柳城县	75	45	30	92	47	45	40	23	17
鹿寨县	90	52	38	74	45	29	90	61	29
融安县	37	25	12	41	26	15	37	23	14
融水苗族自治县	40	25	15	53	24	29	41	26	15
三江侗族自治县	23	15	8	39	27	12	34	21	13
桂林市	**400**	**250**	**150**	**409**	**235**	**174**	**349**	**220**	**129**
秀峰区									
叠彩区	2	2		1	1				
象山区									
七星区	10	7	3	10	9	1	6	2	4
雁山区	1	1							
临桂区	21	12	9	24	13	11	24	14	10
阳朔县	26	20	6	27	12	15	30	17	13
灵川县	37	27	10	44	25	19	35	24	11
全州县	56	35	21	60	36	24	49	31	18
兴安县	66	36	30	44	28	16	51	27	24
永福县	34	19	15	27	13	14	26	19	7
灌阳县	23	12	11	20	11	9	32	20	12
龙胜各族自治县	17	13	4	27	16	11	14	11	3
资源县	18	13	5	6	5	1	5	3	2
平乐县	24	14	10	36	21	15	16	10	6
恭城瑶族自治县	40	23	17	44	26	18	35	21	14
荔浦市	25	16	9	39	19	20	26	21	5

1-11b 续表 7

单位：人

地 区	2020年4月			2020年5月			2020年6月		
	小计	男	女	小计	男	女	小计	男	女
梧州市	**350**	**195**	**155**	**348**	**189**	**159**	**278**	**172**	**106**
万秀区	1	1		2	1	1	2	1	1
长洲区	2	1	1	4	2	2	2		2
龙圩区	29	19	10	30	21	9	33	20	13
苍梧县	32	15	17	42	22	20	30	24	6
藤 县	164	93	71	165	92	73	127	80	47
蒙山县	36	19	17	34	18	16	19	11	8
岑溪市	86	47	39	71	33	38	65	36	29
北海市	**115**	**71**	**44**	**111**	**72**	**39**	**93**	**57**	**36**
海城区	1		1	3	2	1			
银海区	4	2	2	9	7	2	4	3	1
铁山港区	4	2	2	5	5		2	2	
合浦县	106	67	39	94	58	36	87	52	35
防城港市	**83**	**58**	**25**	**64**	**41**	**23**	**69**	**47**	**22**
港口区	29	20	9	9	9		14	11	3
防城区	18	13	5	19	8	11	28	17	11
上思县	20	13	7	23	15	8	15	11	4
东兴市	16	12	4	13	9	4	12	8	4
钦州市	**286**	**175**	**111**	**266**	**164**	**102**	**259**	**164**	**95**
钦南区	33	21	12	38	26	12	31	24	7
钦北区	47	24	23	36	19	17	34	22	12
灵山县	143	98	45	119	72	47	130	77	53
浦北县	63	32	31	73	47	26	64	41	23
贵港市	**557**	**320**	**237**	**677**	**409**	**268**	**558**	**339**	**219**
港北区	16	9	7	20	10	10	18	9	9
港南区	35	21	14	42	24	18	39	22	17
覃塘区	42	19	23	47	26	21	29	17	12
平南县	296	165	131	299	181	118	281	174	107
桂平市	168	106	62	269	168	101	191	117	74
玉林市	**780**	**492**	**288**	**845**	**508**	**337**	**760**	**467**	**293**
玉州区	35	17	18	51	27	24	21	11	10
福绵区	33	22	11	29	17	12	27	15	12
容 县	108	63	45	123	78	45	120	79	41
陆川县	155	95	60	168	100	68	155	91	64
博白县	229	159	70	273	160	113	234	148	86
兴业县	91	58	33	79	47	32	81	43	38
北流市	129	78	51	122	79	43	122	80	42
百色市	**229**	**130**	**99**	**253**	**146**	**107**	**251**	**162**	**89**
右江区	8	5	3	6	2	4	13	7	6
田阳区	12	6	6	11	8	3	11	8	3
田东县	61	32	29	73	39	34	74	53	21

1-11b 续表 8

单位：人

地区	2020年4月			2020年5月			2020年6月		
	小计	男	女	小计	男	女	小计	男	女
德保县	20	14	6	10	8	2	13	9	4
那坡县	10	5	5	8	7	1	5	2	3
凌云县	21	11	10	38	21	17	31	21	10
乐业县	6	3	3	9	7	2	9	6	3
田林县	8	5	3	14	10	4	8	5	3
西林县	12	6	6	14	8	6	14	10	4
隆林各族自治县	23	9	14	13	9	4	19	15	4
靖西市	14	10	4	17	10	7	19	7	12
平果市	34	24	10	40	17	23	35	19	16
贺州市	**240**	**155**	**85**	**241**	**152**	**89**	**252**	**151**	**101**
八步区	53	31	22	55	31	24	56	33	23
平桂区	19	12	7	30	20	10	32	15	17
昭平县	67	46	21	67	40	27	80	53	27
钟山县	55	36	19	47	34	13	39	26	13
富川瑶族自治县	46	30	16	42	27	15	45	24	21
河池市	**324**	**200**	**124**	**375**	**238**	**137**	**350**	**213**	**137**
金城江区	6	4	2	15	8	7	9	5	4
宜州区	17	9	8	15	9	6	10	8	2
南丹县	52	32	20	56	36	20	51	32	19
天峨县	11	10	1	14	9	5	22	16	6
凤山县	11	6	5	12	6	6	9	7	2
东兰县	9	5	4	16	9	7	7	4	3
罗城仫佬族自治县	36	23	13	53	35	18	55	34	21
环江毛南族自治县	38	21	17	33	21	12	47	30	17
巴马瑶族自治县	30	20	10	27	20	7	18	11	7
都安瑶族自治县	82	48	34	91	60	31	82	44	38
大化瑶族自治县	32	22	10	43	25	18	40	22	18
来宾市	**272**	**156**	**116**	**311**	**179**	**132**	**250**	**160**	**90**
兴宾区	118	65	53	107	65	42	95	62	33
忻城县	41	20	21	64	37	27	45	29	16
象州县	43	27	16	50	29	21	38	25	13
武宣县	41	27	14	62	34	28	42	25	17
金秀瑶族自治县	12	8	4	17	8	9	17	14	3
合山市	17	9	8	11	6	5	13	5	8
崇左市	**204**	**112**	**92**	**191**	**117**	**74**	**192**	**122**	**70**
江州区	24	14	10	22	15	7	27	17	10
扶绥县	49	25	24	45	31	14	33	24	9
宁明县	38	27	11	32	18	14	29	21	8
龙州县	20	10	10	28	15	13	21	12	9
大新县	32	16	16	27	18	9	35	16	19
天等县	32	15	17	29	16	13	40	28	12
凭祥市	9	5	4	8	4	4	7	4	3

1-11b 续表 9

单位：人

地 区	2020年7月			2020年8月			2020年9月			2020年10月		
	小计	男	女	小计	男	女	小计	男	女	小计	男	女
总 计	**4418**	**2710**	**1708**	**4612**	**2770**	**1842**	**4704**	**2877**	**1827**	**5870**	**3535**	**2335**
南宁市	**692**	**422**	**270**	**657**	**390**	**267**	**673**	**402**	**271**	**840**	**499**	**341**
兴宁区	10	4	6	9	6	3	10	4	6	17	13	4
青秀区	19	12	7	21	12	9	19	11	8	17	9	8
江南区	46	29	17	26	17	9	28	17	11	44	25	19
西乡塘区	25	17	8	27	14	13	19	12	7	29	18	11
良庆区	19	14	5	16	6	10	14	11	3	29	20	9
邕宁区	30	20	10	31	17	14	26	18	8	23	11	12
武鸣区	80	51	29	64	37	27	64	40	24	81	49	32
隆安县	36	17	19	30	18	12	34	22	12	53	30	23
马山县	33	19	14	40	24	16	49	19	30	42	25	17
上林县	46	31	15	25	18	7	38	20	18	50	34	16
宾阳县	161	90	71	159	100	59	168	98	70	175	95	80
横 县	187	118	69	209	121	88	204	130	74	280	170	110
柳州市	**338**	**202**	**136**	**376**	**230**	**146**	**356**	**224**	**132**	**433**	**253**	**180**
城中区												
鱼峰区	8	3	5	7	3	4	8	3	5	13	9	4
柳南区	21	15	6	25	16	9	15	10	5	15	9	6
柳北区	8	3	5	4	2	2	5	3	2	8	5	3
柳江区	22	15	7	39	25	14	22	13	9	34	17	17
柳城县	90	52	38	94	59	35	86	60	26	103	59	44
鹿寨县	71	38	33	83	48	35	72	46	26	120	70	50
融安县	50	30	20	57	32	25	53	32	21	46	26	20
融水苗族自治县	37	24	13	35	26	9	60	38	22	56	31	25
三江侗族自治县	31	22	9	32	19	13	35	19	16	38	27	11
桂林市	**399**	**252**	**147**	**387**	**238**	**149**	**381**	**229**	**152**	**537**	**316**	**221**
秀峰区												
叠彩区										1		1
象山区												
七星区	12	7	5	9	8	1	5	4	1	6	3	3
雁山区												
临桂区	20	14	6	26	18	8	25	11	14	39	20	19
阳朔县	29	19	10	25	17	8	26	15	11	47	30	17
灵川县	39	26	13	42	21	21	45	32	13	55	33	22
全州县	61	40	21	69	42	27	58	40	18	58	38	20
兴安县	44	32	12	44	26	18	36	15	21	54	32	22
永福县	26	18	8	22	13	9	34	18	16	39	24	15
灌阳县	32	19	13	31	16	15	17	10	7	35	23	12
龙胜各族自治县	23	14	9	20	17	3	25	17	8	29	17	12
资源县	12	9	3	7	5	2	6	5	1	10	4	6
平乐县	24	12	12	24	11	13	35	24	11	51	31	20
恭城瑶族自治县	37	22	15	39	23	16	40	22	18	62	34	28
荔浦市	40	20	20	29	21	8	29	16	13	51	27	24

1-11b 续表 10

单位:人

地 区	2020年7月			2020年8月			2020年9月			2020年10月		
	小计	男	女	小计	男	女	小计	男	女	小计	男	女
梧州市	**292**	**183**	**109**	**345**	**201**	**144**	**324**	**213**	**111**	**396**	**241**	**155**
万秀区	1		1	4	1	3	1		1	5	3	2
长洲区	4	3	1	2	1	1	1	1		3	3	
龙圩区	25	15	10	29	16	13	31	19	12	44	27	17
苍梧县	26	18	8	49	27	22	37	28	9	31	19	12
藤 县	148	91	57	158	100	58	154	106	48	177	102	75
蒙山县	16	10	6	34	18	16	29	20	9	24	14	10
岑溪市	72	46	26	69	38	31	71	39	32	112	73	39
北海市	**109**	**70**	**39**	**111**	**64**	**47**	**134**	**84**	**50**	**129**	**72**	**57**
海城区	1	1		1	1		3	2	1	3	1	2
银海区	8	5	3	10	4	6	8	6	2	8	7	1
铁山港区	4	1	3	5	5		7	3	4	3	1	2
合浦县	96	63	33	95	54	41	116	73	43	115	63	52
防城港市	**61**	**36**	**25**	**58**	**35**	**23**	**45**	**29**	**16**	**83**	**49**	**34**
港口区	14	8	6	10	4	6	13	10	3	14	8	6
防城区	19	11	8	16	10	6	16	10	6	29	19	10
上思县	19	12	7	17	10	7	13	7	6	29	16	13
东兴市	9	5	4	15	11	4	3	2	1	11	6	5
钦州市	**250**	**158**	**92**	**268**	**164**	**104**	**266**	**168**	**98**	**354**	**228**	**126**
钦南区	27	17	10	23	14	9	40	26	14	41	27	14
钦北区	44	25	19	48	31	17	53	35	18	78	52	26
灵山县	121	79	42	137	79	58	102	66	36	151	96	55
浦北县	58	37	21	60	40	20	71	41	30	84	53	31
贵港市	**499**	**300**	**199**	**521**	**313**	**208**	**505**	**301**	**204**	**627**	**364**	**263**
港北区	42	27	15	21	12	9	25	12	13	20	13	7
港南区	29	18	11	36	28	8	35	18	17	35	20	15
覃塘区	41	24	17	43	26	17	42	26	16	48	24	24
平南县	210	123	87	225	128	97	240	144	96	321	191	130
桂平市	177	108	69	196	119	77	163	101	62	203	116	87
玉林市	**617**	**389**	**228**	**643**	**391**	**252**	**654**	**404**	**250**	**774**	**491**	**283**
玉州区	31	20	11	22	12	10	21	11	10	16	12	4
福绵区	31	18	13	32	22	10	33	18	15	34	23	11
容 县	82	58	24	105	64	41	98	63	35	126	87	39
陆川县	111	70	41	129	74	55	104	65	39	149	95	54
博白县	179	115	64	185	111	74	197	126	71	216	133	83
兴业县	90	44	46	66	40	26	81	52	29	95	58	37
北流市	93	64	29	104	68	36	120	69	51	138	83	55
百色市	**221**	**137**	**84**	**215**	**133**	**82**	**261**	**168**	**93**	**284**	**170**	**114**
右江区	6	3	3	4	2	2	6	2	4	19	12	7
田阳区	8	3	5	3	2	1	10	6	4	7	3	4
田东县	64	34	30	54	33	21	79	49	30	76	44	32

1-11b 续表 11

单位：人

地区	2020年7月			2020年8月			2020年9月			2020年10月		
	小计	男	女	小计	男	女	小计	男	女	小计	男	女
德保县	22	14	8	20	14	6	18	11	7	20	11	9
那坡县	9	5	4	3	2	1	7	6	1	7	4	3
凌云县	26	21	5	24	13	11	22	18	4	24	14	10
乐业县	3	2	1	5	4	1	9	3	6	12	8	4
田林县	14	9	5	12	6	6	16	11	5	16	11	5
西林县	14	8	6	18	13	5	21	18	3	16	11	5
隆林各族自治县	22	12	10	20	14	6	15	9	6	26	17	9
靖西市	12	10	2	16	9	7	17	11	6	22	18	4
平果市	21	16	5	36	21	15	41	24	17	39	17	22
贺州市	**197**	**115**	**82**	**215**	**122**	**93**	**279**	**171**	**108**	**314**	**196**	**118**
八步区	65	39	26	51	29	22	64	40	24	89	60	29
平桂区	24	14	10	28	16	12	54	32	22	37	20	17
昭平县	51	25	26	59	34	25	74	48	26	71	42	29
钟山县	29	17	12	42	25	17	52	32	20	70	44	26
富川瑶族自治县	28	20	8	35	18	17	35	19	16	47	30	17
河池市	**325**	**177**	**148**	**358**	**203**	**155**	**359**	**213**	**146**	**506**	**294**	**212**
金城江区	11	7	4	9	8	1	7	5	2	6	2	4
宜州区	15	7	8	16	10	6	13	11	2	21	12	9
南丹县	33	14	19	50	31	19	54	30	24	75	41	34
天峨县	13	7	6	21	11	10	14	8	6	20	7	13
凤山县	19	10	9	13	8	5	19	11	8	36	26	10
东兰县	15	8	7	13	7	6	19	12	7	20	11	9
罗城仫佬族自治县	51	27	24	61	38	23	58	36	22	81	49	32
环江毛南族自治县	31	19	12	37	22	15	34	17	17	33	19	14
巴马瑶族自治县	30	18	12	18	10	8	21	12	9	38	20	18
都安瑶族自治县	80	44	36	89	46	43	92	55	37	124	75	49
大化瑶族自治县	27	16	11	31	12	19	28	16	12	52	32	20
来宾市	**243**	**151**	**92**	**279**	**183**	**96**	**267**	**159**	**108**	**360**	**225**	**135**
兴宾区	95	58	37	108	70	38	94	67	27	121	80	41
忻城县	36	21	15	44	28	16	51	23	28	57	37	20
象州县	35	25	10	40	26	14	39	22	17	74	43	31
武宣县	49	28	21	50	33	17	54	29	25	65	40	25
金秀瑶族自治县	22	15	7	14	11	3	18	11	7	20	12	8
合山市	6	4	2	23	15	8	11	7	4	23	13	10
崇左市	**175**	**118**	**57**	**179**	**103**	**76**	**200**	**112**	**88**	**233**	**137**	**96**
江州区	26	20	6	15	8	7	23	16	7	32	17	15
扶绥县	43	30	13	37	24	13	37	24	13	55	32	23
宁明县	31	19	12	34	15	19	31	18	13	37	26	11
龙州县	27	18	9	29	19	10	29	17	12	24	9	15
大新县	18	14	4	19	11	8	38	13	25	35	22	13
天等县	24	14	10	40	23	17	31	20	11	41	25	16
凭祥市	6	3	3	5	3	2	11	4	7	9	6	3

1-11c 各地区分性别、月份的死亡人口 (2019.11.1-2020.10.31)(乡村)

单位:人

地　区	死亡人口			2019年11月			2019年12月		
	合计	男	女	小计	男	女	小计	男	女
总　计	**190038**	**113375**	**76663**	**14271**	**8491**	**5780**	**15561**	**9200**	**6361**
南宁市	**25689**	**15116**	**10573**	**2020**	**1185**	**835**	**2281**	**1295**	**986**
兴宁区	581	354	227	54	34	20	43	27	16
青秀区	805	470	335	78	43	35	63	34	29
江南区	1028	606	422	83	47	36	81	43	38
西乡塘区	1117	627	490	74	39	35	95	59	36
良庆区	1028	649	379	84	53	31	113	81	32
邕宁区	886	546	340	44	26	18	75	43	32
武鸣区	3440	1960	1480	266	157	109	335	186	149
隆安县	2150	1229	921	185	111	74	195	101	94
马山县	2515	1540	975	176	104	72	180	106	74
上林县	2407	1379	1028	179	106	73	221	117	104
宾阳县	4463	2605	1858	404	234	170	413	228	185
横　县	5269	3151	2118	393	231	162	467	270	197
柳州市	**11921**	**7060**	**4861**	**982**	**592**	**390**	**1040**	**603**	**437**
城中区	8	6	2	2	1	1			
鱼峰区	469	263	206	36	15	21	44	27	17
柳南区	386	216	170	20	12	8	46	22	24
柳北区	219	127	92	13	8	5	19	14	5
柳江区	2015	1203	812	192	121	71	186	106	80
柳城县	1580	948	632	133	84	49	123	70	53
鹿寨县	1591	945	646	120	77	43	151	88	63
融安县	1490	882	608	138	84	54	134	81	53
融水苗族自治县	2247	1351	896	170	102	68	170	106	64
三江侗族自治县	1916	1119	797	158	88	70	167	89	78
桂林市	**20158**	**11953**	**8205**	**1454**	**887**	**567**	**1547**	**901**	**646**
秀峰区									
叠彩区	102	51	51	11	4	7	5	3	2
象山区	20	13	7	3	2	1	2	2	
七星区	16	9	7	1	1		3	1	2
雁山区	392	215	177	23	15	8	45	24	21
临桂区	1947	1153	794	108	68	40	126	75	51
阳朔县	1471	880	591	114	73	41	132	84	48
灵川县	2000	1117	883	154	94	60	202	108	94
全州县	3303	1986	1317	190	115	75	214	133	81
兴安县	1898	1111	787	179	110	69	156	92	64
永福县	1259	759	500	115	64	51	103	56	47
灌阳县	1302	812	490	99	64	35	101	61	40
龙胜各族自治县	954	544	410	76	47	29	77	46	31
资源县	782	489	293	62	38	24	55	32	23
平乐县	1532	911	621	75	45	30	94	48	46
恭城瑶族自治县	1348	804	544	110	63	47	88	48	40
荔浦市	1832	1099	733	134	84	50	144	88	56

1-11c 续表 1

单位：人

地 区	死亡人口			2019年11月			2019年12月		
	合计	男	女	小计	男	女	小计	男	女
梧州市	**9505**	**5833**	**3672**	**720**	**466**	**254**	**746**	**453**	**293**
万秀区	268	152	116	15	9	6	15	8	7
长洲区	261	167	94	16	13	3	26	12	14
龙圩区	777	459	318	49	29	20	52	29	23
苍梧县	1099	663	436	93	56	37	85	54	31
藤 县	3639	2252	1387	285	182	103	329	205	124
蒙山县	1029	658	371	87	62	25	87	58	29
岑溪市	2432	1482	950	175	115	60	152	87	65
北海市	**6078**	**3721**	**2357**	**504**	**304**	**200**	**562**	**358**	**204**
海城区	238	139	99	14	11	3	23	15	8
银海区	592	398	194	46	32	14	46	34	12
铁山港区	879	555	324	85	48	37	86	57	29
合浦县	4369	2629	1740	359	213	146	407	252	155
防城港市	**2720**	**1680**	**1040**	**193**	**129**	**64**	**206**	**121**	**85**
港口区	162	86	76	10	5	5	17	8	9
防城区	1228	773	455	75	48	27	96	57	39
上思县	978	599	379	66	48	18	69	39	30
东兴市	352	222	130	42	28	14	24	17	7
钦州市	**12897**	**8205**	**4692**	**909**	**543**	**366**	**999**	**632**	**367**
钦南区	1538	971	567	94	57	37	113	60	53
钦北区	2405	1561	844	157	98	59	190	124	66
灵山县	5726	3638	2088	414	247	167	449	286	163
浦北县	3228	2035	1193	244	141	103	247	162	85
贵港市	**16043**	**9513**	**6530**	**1234**	**720**	**514**	**1228**	**731**	**497**
港北区	1366	816	550	89	55	34	95	55	40
港南区	2788	1558	1230	221	129	92	236	140	96
覃塘区	1834	1096	738	143	77	66	137	93	44
平南县	3927	2407	1520	312	176	136	294	177	117
桂平市	6128	3636	2492	469	283	186	466	266	200
玉林市	**22434**	**13225**	**9209**	**1873**	**1099**	**774**	**1999**	**1161**	**838**
玉州区	1282	768	514	116	73	43	130	78	52
福绵区	1256	758	498	73	44	29	96	56	40
容 县	3902	2311	1591	298	186	112	404	227	177
陆川县	4221	2448	1773	445	243	202	358	195	163
博白县	4672	2758	1914	395	247	148	393	234	159
兴业县	2575	1495	1080	187	114	73	225	141	84
北流市	4526	2687	1839	359	192	167	393	230	163
百色市	**17150**	**10228**	**6922**	**1134**	**655**	**479**	**1253**	**747**	**506**
右江区	877	506	371	72	32	40	58	35	23
田阳区	1704	1010	694	118	74	44	158	92	66
田东县	2079	1233	846	138	80	58	146	89	57

1-11c 续表 2

单位:人

地 区	死亡人口			2019年11月			2019年12月		
	合计	男	女	小计	男	女	小计	男	女
德保县	1665	1041	624	103	71	32	104	61	43
那坡县	1093	642	451	56	34	22	92	57	35
凌云县	809	486	323	70	42	28	60	43	17
乐业县	554	330	224	34	18	16	35	17	18
田林县	1064	660	404	59	32	27	75	49	26
西林县	675	394	281	47	26	21	53	28	25
隆林各族自治县	1400	862	538	81	51	30	106	63	43
靖西市	2742	1641	1101	151	91	60	160	91	69
平果市	2488	1423	1065	205	104	101	206	122	84
贺州市	**6311**	**3776**	**2535**	**387**	**227**	**160**	**456**	**264**	**192**
八步区	2022	1208	814	123	71	52	168	98	70
平桂区	858	518	340	54	33	21	69	43	26
昭平县	1252	720	532	84	47	37	72	33	39
钟山县	1250	796	454	69	42	27	83	52	31
富川瑶族自治县	929	534	395	57	34	23	64	38	26
河池市	**16628**	**9892**	**6736**	**1091**	**646**	**445**	**1238**	**736**	**502**
金城江区	941	565	376	72	44	28	71	41	30
宜州区	2495	1473	1022	199	116	83	188	114	74
南丹县	1177	701	476	70	43	27	85	55	30
天峨县	714	400	314	44	26	18	65	35	30
凤山县	761	406	355	40	19	21	46	27	19
东兰县	1368	805	563	84	51	33	109	65	44
罗城仫佬族自治县	1581	949	632	129	84	45	136	81	55
环江毛南族自治县	1723	1028	695	107	63	44	126	71	55
巴马瑶族自治县	1107	655	452	53	35	18	63	37	26
都安瑶族自治县	2716	1683	1033	164	100	64	199	115	84
大化瑶族自治县	2045	1227	818	129	65	64	150	95	55
来宾市	**10945**	**6490**	**4455**	**866**	**517**	**349**	**945**	**568**	**377**
兴宾区	3578	2080	1498	284	163	121	301	181	120
忻城县	2361	1422	939	207	124	83	200	115	85
象州县	1836	1084	752	132	78	54	169	102	67
武宣县	1863	1107	756	138	87	51	153	93	60
金秀瑶族自治县	833	491	342	62	34	28	78	52	26
合山市	474	306	168	43	31	12	44	25	19
崇左市	**11559**	**6683**	**4876**	**904**	**521**	**383**	**1061**	**630**	**431**
江州区	1549	914	635	159	98	61	136	80	56
扶绥县	2226	1329	897	160	93	67	229	147	82
宁明县	2010	1197	813	139	80	59	186	106	80
龙州县	1417	801	616	97	49	48	146	91	55
大新县	1936	1067	869	148	86	62	162	96	66
天等县	1999	1134	865	159	88	71	169	95	74
凭祥市	422	241	181	42	27	15	33	15	18

1-11c 续表 3

单位：人

地 区	2020年1月			2020年2月			2020年3月		
	小计	男	女	小计	男	女	小计	男	女
总 计	**14177**	**8391**	**5786**	**16094**	**9350**	**6744**	**16465**	**9682**	**6783**
南宁市	**1868**	**1093**	**775**	**2257**	**1293**	**964**	**2200**	**1285**	**915**
兴宁区	35	22	13	76	48	28	39	23	16
青秀区	59	34	25	57	30	27	66	32	34
江南区	54	33	21	92	55	37	101	58	43
西乡塘区	98	51	47	97	50	47	89	50	39
良庆区	80	51	29	91	54	37	112	71	41
邕宁区	55	33	22	84	50	34	62	44	18
武鸣区	298	176	122	282	147	135	303	165	138
隆安县	134	78	56	174	100	74	209	127	82
马山县	150	99	51	213	134	79	206	118	88
上林县	166	93	73	214	112	102	201	117	84
宾阳县	326	183	143	406	240	166	351	203	148
横 县	413	240	173	471	273	198	461	277	184
柳州市	**990**	**578**	**412**	**1026**	**596**	**430**	**966**	**544**	**422**
城中区	1	1							
鱼峰区	32	21	11	50	29	21	42	19	23
柳南区	22	14	8	39	20	19	34	19	15
柳北区	23	12	11	19	12	7	20	13	7
柳江区	175	93	82	191	119	72	168	100	68
柳城县	132	83	49	107	57	50	142	80	62
鹿寨县	144	82	62	125	78	47	131	68	63
融安县	140	80	60	126	67	59	115	69	46
融水苗族自治县	180	115	65	175	105	70	169	99	70
三江侗族自治县	141	77	64	194	109	85	145	77	68
桂林市	**1589**	**917**	**672**	**1775**	**1032**	**743**	**1735**	**1020**	**715**
秀峰区									
叠彩区	10	5	5	8	4	4	6	4	2
象山区	1		1				1	1	
七星区									
雁山区	33	19	14	36	17	19	38	19	19
临桂区	144	81	63	169	90	79	167	99	68
阳朔县	110	59	51	113	72	41	121	69	52
灵川县	169	89	80	132	64	68	176	100	76
全州县	264	159	105	317	186	131	286	173	113
兴安县	144	86	58	170	104	66	167	90	77
永福县	113	70	43	105	62	43	110	65	45
灌阳县	96	56	40	116	69	47	130	82	48
龙胜各族自治县	67	39	28	88	45	43	70	39	31
资源县	49	26	23	68	43	25	66	42	24
平乐县	128	73	55	153	89	64	155	98	57
恭城瑶族自治县	102	60	42	120	78	42	104	62	42
荔浦市	159	95	64	180	109	71	138	77	61

1-11c 续表 4

单位:人

地区	2020年1月			2020年2月			2020年3月		
	小计	男	女	小计	男	女	小计	男	女
梧州市	**696**	**420**	**276**	**774**	**445**	**329**	**773**	**471**	**302**
万秀区	18	11	7	16	11	5	25	14	11
长洲区	23	15	8	31	17	14	26	18	8
龙圩区	59	36	23	76	43	33	62	35	27
苍梧县	64	38	26	70	41	29	84	48	36
藤　县	272	169	103	290	169	121	307	192	115
蒙山县	91	52	39	83	51	32	76	44	32
岑溪市	169	99	70	208	113	95	193	120	73
北海市	**486**	**305**	**181**	**574**	**362**	**212**	**513**	**307**	**206**
海城区	20	9	11	19	10	9	23	9	14
银海区	47	29	18	61	39	22	56	38	18
铁山港区	77	51	26	86	60	26	75	44	31
合浦县	342	216	126	408	253	155	359	216	143
防城港市	**190**	**118**	**72**	**232**	**152**	**80**	**229**	**136**	**93**
港口区	8	2	6	15	10	5	10	3	7
防城区	83	57	26	96	62	34	109	68	41
上思县	68	41	27	84	54	30	86	52	34
东兴市	31	18	13	37	26	11	24	13	11
钦州市	**949**	**603**	**346**	**1069**	**665**	**404**	**1075**	**689**	**386**
钦南区	116	74	42	134	85	49	129	80	49
钦北区	187	123	64	216	132	84	182	121	61
灵山县	419	268	151	471	290	181	487	319	168
浦北县	227	138	89	248	158	90	277	169	108
贵港市	**1097**	**668**	**429**	**1306**	**759**	**547**	**1530**	**879**	**651**
港北区	91	52	39	96	56	40	139	75	64
港南区	182	109	73	246	125	121	240	128	112
覃塘区	144	84	60	147	83	64	164	91	73
平南县	298	198	100	339	210	129	367	221	146
桂平市	382	225	157	478	285	193	620	364	256
玉林市	**1735**	**1003**	**732**	**1771**	**991**	**780**	**2126**	**1220**	**906**
玉州区	87	57	30	87	51	36	121	65	56
福绵区	91	54	37	102	62	40	90	48	42
容　县	314	196	118	298	167	131	341	206	135
陆川县	468	252	216	394	223	171	457	254	203
博白县	251	155	96	373	197	176	453	263	190
兴业县	188	97	91	189	105	84	216	131	85
北流市	336	192	144	328	186	142	448	253	195
百色市	**1260**	**747**	**513**	**1459**	**858**	**601**	**1435**	**868**	**567**
右江区	54	30	24	67	43	24	73	39	34
田阳区	139	72	67	131	78	53	142	88	54
田东县	193	108	85	197	109	88	140	80	60

1-11c 续表 5

单位：人

地 区	2020年1月			2020年2月			2020年3月		
	小计	男	女	小计	男	女	小计	男	女
德保县	121	77	44	144	90	54	136	87	49
那坡县	72	45	27	76	39	37	112	68	44
凌云县	56	32	24	64	42	22	79	52	27
乐业县	45	25	20	36	18	18	57	34	23
田林县	71	40	31	96	65	31	90	53	37
西林县	50	30	20	61	38	23	51	29	22
隆林各族自治县	72	49	23	109	61	48	123	83	40
靖西市	193	121	72	248	140	108	228	141	87
平果市	194	118	76	230	135	95	204	114	90
贺州市	**425**	**239**	**186**	**490**	**281**	**209**	**505**	**310**	**195**
八步区	143	89	54	159	94	65	149	98	51
平桂区	43	21	22	46	24	22	72	44	28
昭平县	93	49	44	101	54	47	104	66	38
钟山县	89	48	41	104	68	36	94	54	40
富川瑶族自治县	57	32	25	80	41	39	86	48	38
河池市	**1188**	**697**	**491**	**1369**	**791**	**578**	**1426**	**858**	**568**
金城江区	79	43	36	83	53	30	57	37	20
宜州区	181	110	71	201	118	83	222	126	96
南丹县	96	49	47	110	62	48	112	70	42
天峨县	57	28	29	55	32	23	51	29	22
凤山县	44	22	22	46	23	23	70	45	25
东兰县	112	64	48	110	59	51	158	90	68
罗城仫佬族自治县	107	63	44	141	73	68	128	87	41
环江毛南族自治县	131	84	47	121	85	36	148	90	58
巴马瑶族自治县	62	34	28	105	57	48	83	53	30
都安瑶族自治县	165	115	50	238	138	100	241	140	101
大化瑶族自治县	154	85	69	159	91	68	156	91	65
来宾市	**816**	**483**	**333**	**988**	**567**	**421**	**949**	**555**	**394**
兴宾区	247	140	107	335	180	155	313	176	137
忻城县	191	124	67	210	118	92	189	119	70
象州县	138	75	63	164	103	61	156	85	71
武宣县	146	92	54	155	96	59	165	98	67
金秀瑶族自治县	60	27	33	77	41	36	78	47	31
合山市	34	25	9	47	29	18	48	30	18
崇左市	**888**	**520**	**368**	**1004**	**558**	**446**	**1003**	**540**	**463**
江州区	130	77	53	118	63	55	120	63	57
扶绥县	175	108	67	187	102	85	219	124	95
宁明县	106	66	40	161	97	64	171	102	69
龙州县	115	65	50	131	79	52	111	58	53
大新县	157	90	67	181	94	87	166	79	87
天等县	172	94	78	183	100	83	180	99	81
凭祥市	33	20	13	43	23	20	36	15	21

1-11c 续表 6 单位:人

地 区	2020年4月			2020年5月			2020年6月		
	小计	男	女	小计	男	女	小计	男	女
总 计	**15916**	**9476**	**6440**	**17012**	**10078**	**6934**	**15405**	**9359**	**6046**
南宁市	**2127**	**1241**	**886**	**2271**	**1306**	**965**	**2097**	**1238**	**859**
兴宁区	48	32	16	41	23	18	63	37	26
青秀区	74	46	28	68	40	28	76	44	32
江南区	77	46	31	88	51	37	92	58	34
西乡塘区	117	56	61	93	51	42	98	59	39
良庆区	85	49	36	82	47	35	68	44	24
邕宁区	73	47	26	67	40	27	91	55	36
武鸣区	284	150	134	295	178	117	291	169	122
隆安县	172	101	71	221	128	93	171	96	75
马山县	228	140	88	222	125	97	233	145	88
上林县	185	105	80	219	127	92	184	104	80
宾阳县	385	231	154	371	222	149	324	176	148
横 县	399	238	161	504	274	230	406	251	155
柳州市	**983**	**585**	**398**	**944**	**562**	**382**	**866**	**539**	**327**
城中区				2	2		1	1	
鱼峰区	35	18	17	37	24	13	31	19	12
柳南区	35	22	13	31	16	15	32	23	9
柳北区	22	13	9	18	10	8	16	10	6
柳江区	177	106	71	147	89	58	131	77	54
柳城县	137	75	62	125	77	48	117	67	50
鹿寨县	128	74	54	120	70	50	111	71	40
融安县	115	70	45	122	67	55	116	82	34
融水苗族自治县	175	107	68	205	124	81	160	88	72
三江侗族自治县	159	100	59	137	83	54	151	101	50
桂林市	**1602**	**924**	**678**	**1725**	**1024**	**701**	**1670**	**1024**	**646**
秀峰区									
叠彩区	5	2	3	13	7	6	6	4	2
象山区	2	1	1	2		2			
七星区				1		1	2	1	1
雁山区	42	25	17	36	24	12	32	20	12
临桂区	141	84	57	180	108	72	170	101	69
阳朔县	106	48	58	136	84	52	127	77	50
灵川县	167	91	76	172	96	76	133	78	55
全州县	253	147	106	265	152	113	266	159	107
兴安县	170	98	72	168	97	71	145	92	53
永福县	84	50	34	119	72	47	93	65	28
灌阳县	91	60	31	108	71	37	111	67	44
龙胜各族自治县	82	44	38	80	49	31	88	50	38
资源县	65	38	27	73	46	27	57	44	13
平乐县	124	74	50	130	73	57	131	78	53
恭城瑶族自治县	127	75	52	101	66	35	125	71	54
荔浦市	143	87	56	141	79	62	184	117	67

1-11c 续表 7

单位：人

地 区	2020年4月			2020年5月			2020年6月		
	小计	男	女	小计	男	女	小计	男	女
梧州市	**761**	**461**	**300**	**882**	**544**	**338**	**767**	**470**	**297**
万秀区	26	13	13	19	12	7	24	7	17
长洲区	30	20	10	16	10	6	21	18	3
龙圩区	57	34	23	78	43	35	59	35	24
苍梧县	85	50	35	107	65	42	91	54	37
藤 县	276	161	115	341	215	126	296	186	110
蒙山县	86	59	27	87	49	38	82	51	31
岑溪市	201	124	77	234	150	84	194	119	75
北海市	**531**	**317**	**214**	**523**	**294**	**229**	**511**	**332**	**179**
海城区	24	15	9	20	13	7	23	14	9
银海区	48	33	15	65	39	26	47	37	10
铁山港区	76	50	26	79	42	37	60	38	22
合浦县	383	219	164	359	200	159	381	243	138
防城港市	**232**	**141**	**91**	**241**	**148**	**93**	**236**	**147**	**89**
港口区	13	5	8	13	6	7	19	10	9
防城区	110	70	40	117	75	42	109	66	43
上思县	84	49	35	83	47	36	82	54	28
东兴市	25	17	8	28	20	8	26	17	9
钦州市	**1150**	**751**	**399**	**1183**	**723**	**460**	**1032**	**635**	**397**
钦南区	161	117	44	124	87	37	125	72	53
钦北区	198	132	66	210	126	84	200	130	70
灵山县	495	326	169	548	330	218	442	274	168
浦北县	296	176	120	301	180	121	265	159	106
贵港市	**1394**	**815**	**579**	**1494**	**877**	**617**	**1314**	**792**	**522**
港北区	125	78	47	118	74	44	114	72	42
港南区	236	124	112	260	147	113	222	125	97
覃塘区	169	104	65	160	92	68	134	82	52
平南县	353	212	141	372	228	144	305	195	110
桂平市	511	297	214	584	336	248	539	318	221
玉林市	**1926**	**1159**	**767**	**2039**	**1211**	**828**	**1846**	**1098**	**748**
玉州区	119	71	48	103	60	43	89	46	43
福绵区	118	64	54	117	68	49	97	62	35
容 县	341	222	119	376	223	153	300	169	131
陆川县	317	184	133	373	239	134	345	214	131
博白县	390	226	164	432	261	171	453	263	190
兴业县	224	128	96	260	139	121	202	125	77
北流市	417	264	153	378	221	157	360	219	141
百色市	**1399**	**819**	**580**	**1656**	**983**	**673**	**1390**	**849**	**541**
右江区	57	31	26	96	56	40	66	48	18
田阳区	146	89	57	167	99	68	133	81	52
田东县	178	94	84	209	127	82	175	110	65

1-11c　续表 8　　　　单位:人

地　区	2020年4月			2020年5月			2020年6月		
	小计	男	女	小计	男	女	小计	男	女
德保县	120	65	55	160	102	58	136	83	53
那坡县	100	53	47	104	62	42	93	60	33
凌云县	64	41	23	68	43	25	70	36	34
乐业县	46	29	17	42	25	17	51	31	20
田林县	71	36	35	109	68	41	98	68	30
西林县	70	37	33	57	30	27	56	32	24
隆林各族自治县	107	74	33	155	91	64	103	65	38
靖西市	221	136	85	268	159	109	231	134	97
平果市	219	134	85	221	121	100	178	101	77
贺州市	**568**	**338**	**230**	**606**	**357**	**249**	**521**	**316**	**205**
八步区	193	114	79	188	107	81	187	113	74
平桂区	71	37	34	74	46	28	85	53	32
昭平县	116	70	46	126	75	51	90	48	42
钟山县	116	75	41	119	74	45	104	71	33
富川瑶族自治县	72	42	30	99	55	44	55	31	24
河池市	**1375**	**815**	**560**	**1461**	**885**	**576**	**1383**	**865**	**518**
金城江区	85	42	43	70	37	33	84	51	33
宜州区	194	120	74	201	131	70	204	113	91
南丹县	115	69	46	109	71	38	96	68	28
天峨县	73	37	36	52	24	28	70	46	24
凤山县	50	24	26	62	32	30	68	39	29
东兰县	103	68	35	139	83	56	104	67	37
罗城仫佬族自治县	134	78	56	126	83	43	121	72	49
环江毛南族自治县	152	95	57	179	106	73	142	92	50
巴马瑶族自治县	96	51	45	105	66	39	99	61	38
都安瑶族自治县	216	134	82	238	145	93	234	157	77
大化瑶族自治县	157	97	60	180	107	73	161	99	62
来宾市	**912**	**534**	**378**	**955**	**559**	**396**	**843**	**506**	**337**
兴宾区	298	177	121	334	192	142	283	171	112
忻城县	195	116	79	191	111	80	173	109	64
象州县	135	71	64	156	89	67	140	82	58
武宣县	169	98	71	162	98	64	147	82	65
金秀瑶族自治县	71	42	29	75	47	28	65	38	27
合山市	44	30	14	37	22	15	35	24	11
崇左市	**956**	**576**	**380**	**1032**	**605**	**427**	**929**	**548**	**381**
江州区	102	66	36	144	90	54	160	102	58
扶绥县	164	114	50	205	116	89	191	120	71
宁明县	187	111	76	195	118	77	145	94	51
龙州县	119	74	45	110	59	51	104	49	55
大新县	176	94	82	166	94	72	154	89	65
天等县	174	99	75	175	105	70	154	83	71
凭祥市	34	18	16	37	23	14	21	11	10

1-11c 续表 9

单位:人

地 区	2020年7月			2020年8月			2020年9月			2020年10月		
	小计	男	女	小计	男	女	小计	男	女	小计	男	女
总 计	**14709**	**8876**	**5833**	**15440**	**9352**	**6088**	**15472**	**9408**	**6064**	**19516**	**11712**	**7804**
南宁市	**2000**	**1221**	**779**	**2059**	**1232**	**827**	**2069**	**1275**	**794**	**2440**	**1452**	**988**
兴宁区	43	18	25	40	22	18	43	31	12	56	37	19
青秀区	59	44	15	59	38	21	55	31	24	91	54	37
江南区	84	56	28	92	52	40	91	56	35	93	51	42
西乡塘区	83	53	30	83	56	27	83	46	37	107	57	50
良庆区	71	52	19	78	47	31	88	62	26	76	38	38
邕宁区	70	48	22	86	51	35	92	58	34	87	51	36
武鸣区	289	164	125	265	148	117	232	134	98	300	186	114
隆安县	175	99	76	175	94	81	160	94	66	179	100	79
马山县	196	125	71	225	141	84	225	141	84	261	162	99
上林县	165	97	68	197	115	82	217	132	85	259	154	105
宾阳县	335	198	137	362	222	140	376	231	145	410	237	173
横 县	430	267	163	397	246	151	407	259	148	521	325	196
柳州市	**922**	**529**	**393**	**1001**	**617**	**384**	**960**	**563**	**397**	**1241**	**752**	**489**
城中区	1	1					1		1			
鱼峰区	40	21	19	36	19	17	42	19	23	44	32	12
柳南区	24	12	12	35	17	18	35	21	14	33	18	15
柳北区	15	8	7	15	7	8	14	8	6	25	12	13
柳江区	149	91	58	167	104	63	143	89	54	189	108	81
柳城县	127	74	53	142	92	50	131	89	42	164	100	64
鹿寨县	125	70	55	139	86	53	119	67	52	178	114	64
融安县	105	56	49	103	72	31	108	61	47	168	93	75
融水苗族自治县	184	111	73	213	127	86	197	110	87	249	157	92
三江侗族自治县	152	85	67	151	93	58	170	99	71	191	118	73
桂林市	**1494**	**894**	**600**	**1643**	**994**	**649**	**1746**	**1050**	**696**	**2178**	**1286**	**892**
秀峰区												
叠彩区	8	3	5	10	7	3	10	5	5	10	3	7
象山区	1	1		4	3	1	3	3		1		1
七星区	4	3	1	1	1		2	2		2		2
雁山区	16	6	10	34	14	20	23	10	13	34	22	12
临桂区	141	84	57	169	98	71	203	126	77	229	139	90
阳朔县	111	71	40	128	82	46	121	71	50	152	90	62
灵川县	153	89	64	193	103	90	176	111	65	173	94	79
全州县	269	171	98	269	161	108	299	182	117	411	248	163
兴安县	112	62	50	127	80	47	149	87	62	211	113	98
永福县	86	53	33	104	65	39	108	66	42	119	71	48
灌阳县	99	62	37	113	74	39	113	70	43	125	76	49
龙胜各族自治县	77	44	33	70	43	27	88	44	44	91	54	37
资源县	62	37	25	71	46	25	62	39	23	92	58	34
平乐县	107	71	36	119	70	49	146	87	59	170	105	65
恭城瑶族自治县	111	58	53	93	62	31	99	62	37	168	99	69
荔浦市	137	79	58	138	85	53	144	85	59	190	114	76

1-11c 续表 10 单位:人

地区	2020年7月			2020年8月			2020年9月			2020年10月		
	小计	男	女	小计	男	女	小计	男	女	小计	男	女
梧州市	**791**	**476**	**315**	**772**	**489**	**283**	**799**	**498**	**301**	**1024**	**640**	**384**
万秀区	21	10	11	29	23	6	28	16	12	32	18	14
长洲区	19	12	7	26	13	13	14	8	6	13	11	2
龙圩区	68	37	31	57	35	22	66	45	21	94	58	36
苍梧县	93	55	38	104	63	41	91	50	41	132	89	43
藤　县	283	172	111	280	178	102	299	193	106	381	230	151
蒙山县	91	55	36	76	48	28	83	58	25	100	71	29
岑溪市	216	135	81	200	129	71	218	128	90	272	163	109
北海市	**458**	**286**	**172**	**431**	**261**	**170**	**467**	**277**	**190**	**518**	**318**	**200**
海城区	27	14	13	14	10	4	15	8	7	16	11	5
银海区	37	25	12	45	33	12	40	24	16	54	35	19
铁山港区	71	46	25	58	35	23	69	50	19	57	34	23
合浦县	323	201	122	314	183	131	343	195	148	391	238	153
防城港市	**223**	**141**	**82**	**214**	**130**	**84**	**237**	**149**	**88**	**287**	**168**	**119**
港口区	11	11		18	9	9	14	8	6	14	9	5
防城区	98	64	34	93	58	35	106	66	40	136	82	54
上思县	80	44	36	82	50	32	90	59	31	104	62	42
东兴市	34	22	12	21	13	8	27	16	11	33	15	18
钦州市	**1051**	**695**	**356**	**1110**	**711**	**399**	**1046**	**707**	**339**	**1324**	**851**	**473**
钦南区	133	81	52	134	85	49	110	67	43	165	106	59
钦北区	211	146	65	209	134	75	196	125	71	249	170	79
灵山县	456	300	156	479	305	174	469	322	147	597	371	226
浦北县	251	168	83	288	187	101	271	193	78	313	204	109
贵港市	**1233**	**738**	**495**	**1378**	**831**	**547**	**1245**	**742**	**503**	**1590**	**961**	**629**
港北区	111	70	41	135	82	53	97	62	35	156	85	71
港南区	217	112	105	228	133	95	228	132	96	272	154	118
覃塘区	150	95	55	157	101	56	159	88	71	170	106	64
平南县	296	194	102	277	159	118	301	179	122	413	258	155
桂平市	459	267	192	581	356	225	460	281	179	579	358	221
玉林市	**1600**	**964**	**636**	**1718**	**1011**	**707**	**1671**	**1024**	**647**	**2130**	**1284**	**846**
玉州区	115	62	53	75	51	24	100	67	33	140	87	53
福绵区	113	80	33	121	68	53	107	67	40	131	85	46
容　县	295	166	129	286	165	121	302	177	125	347	207	140
陆川县	232	146	86	283	169	114	243	141	102	306	188	118
博白县	334	200	134	392	225	167	376	235	141	430	252	178
兴业县	194	119	75	207	112	95	187	115	72	296	169	127
北流市	317	191	126	354	221	133	356	222	134	480	296	184
百色市	**1359**	**809**	**550**	**1435**	**877**	**558**	**1466**	**883**	**583**	**1904**	**1133**	**771**
右江区	85	51	34	82	52	30	70	38	32	97	51	46
田阳区	146	79	67	130	86	44	130	73	57	164	99	65
田东县	167	94	73	173	111	62	158	101	57	205	130	75

1-11c 续表 11　　　　单位：人

地　区	2020年7月			2020年8月			2020年9月			2020年10月		
	小计	男	女	小计	男	女	小计	男	女	小计	男	女
德保县	135	88	47	152	91	61	154	99	55	200	127	73
那坡县	76	44	32	95	50	45	95	59	36	122	71	51
凌云县	43	25	18	60	33	27	75	46	29	100	51	49
乐业县	36	21	15	43	29	14	64	37	27	65	46	19
田林县	90	56	34	88	59	29	99	60	39	118	74	44
西林县	51	32	19	51	31	20	64	44	20	64	37	27
隆林各族自治县	98	62	36	142	84	58	130	75	55	174	104	70
靖西市	226	140	86	228	135	93	252	151	101	336	202	134
平果市	206	117	89	191	116	75	175	100	75	259	141	118
贺州市	**527**	**344**	**183**	**528**	**329**	**199**	**575**	**331**	**244**	**723**	**440**	**283**
八步区	161	105	56	171	100	71	171	92	79	209	127	82
平桂区	84	59	25	60	37	23	82	53	29	118	68	50
昭平县	104	67	37	108	68	40	115	58	57	139	85	54
钟山县	102	68	34	109	69	40	113	78	35	148	97	51
富川瑶族自治县	76	45	31	80	55	25	94	50	44	109	63	46
河池市	**1250**	**726**	**524**	**1381**	**822**	**559**	**1484**	**899**	**585**	**1982**	**1152**	**830**
金城江区	71	44	27	75	48	27	89	60	29	105	65	40
宜州区	174	108	66	211	119	92	233	136	97	287	162	125
南丹县	78	43	35	72	37	35	101	64	37	133	70	63
天峨县	47	27	20	62	41	21	66	35	31	72	40	32
凤山县	74	38	36	68	39	29	75	39	36	118	59	59
东兰县	85	47	38	104	61	43	107	66	41	153	84	69
罗城仫佬族自治县	125	73	52	125	70	55	125	77	48	184	108	76
环江毛南族自治县	127	65	62	140	78	62	154	83	71	196	116	80
巴马瑶族自治县	90	49	41	104	65	39	100	63	37	147	84	63
都安瑶族自治县	216	136	80	221	128	93	231	152	79	353	223	130
大化瑶族自治县	163	96	67	199	136	63	203	124	79	234	141	93
来宾市	**872**	**533**	**339**	**874**	**523**	**351**	**850**	**523**	**327**	**1075**	**622**	**453**
兴宾区	267	166	101	290	175	115	294	176	118	332	183	149
忻城县	196	119	77	161	97	64	181	115	66	267	155	112
象州县	165	105	60	156	99	57	143	86	57	182	109	73
武宣县	157	91	66	181	104	77	127	77	50	163	91	72
金秀瑶族自治县	64	38	26	53	30	23	72	46	26	78	49	29
合山市	23	14	9	33	18	15	33	23	10	53	35	18
崇左市	**929**	**520**	**409**	**896**	**525**	**371**	**857**	**487**	**370**	**1100**	**653**	**447**
江州区	124	66	58	108	61	47	115	65	50	133	83	50
扶绥县	169	96	73	171	110	61	156	88	68	200	111	89
宁明县	174	102	72	173	98	75	160	93	67	213	130	83
龙州县	113	64	49	110	60	50	115	68	47	146	85	61
大新县	152	84	68	168	97	71	131	65	66	175	99	76
天等县	166	90	76	132	80	52	141	82	59	194	119	75
凭祥市	31	18	13	34	19	15	39	26	13	39	26	13

1-12 各地区家庭户的住房间数和面积

地 区	普通住宅家庭户户数(户)	家庭户人数(人)	平均每户住房建筑面积(平方米/户)	平均每户住房间数(间/户)	人均住房建筑面积(平方米/人)	人均住房间数(间/人)
总 计	**15517021**	**45197752**	**136.56**	**4.01**	**46.88**	**1.38**
南宁市	**2861617**	**7561459**	**115.10**	**3.43**	**43.56**	**1.30**
兴宁区	204949	524625	94.34	2.97	36.86	1.16
青秀区	385900	912148	100.94	2.87	42.71	1.22
江南区	326105	854975	87.67	2.64	33.44	1.01
西乡塘区	551007	1315143	68.72	2.23	28.79	0.94
良庆区	187210	499841	97.57	2.94	36.54	1.10
邕宁区	103978	290936	141.07	4.37	50.42	1.56
武鸣区	213111	583685	139.84	4.16	51.06	1.52
隆安县	102691	300239	151.99	4.08	51.99	1.39
马山县	126681	359908	169.87	4.25	59.79	1.50
上林县	120792	339579	159.99	4.48	56.91	1.59
宾阳县	254656	741305	147.86	4.53	50.79	1.56
横 县	284537	839075	167.95	5.19	56.95	1.76
柳州市	**1341274**	**3737935**	**112.45**	**3.29**	**40.35**	**1.18**
城中区	81289	216452	106.43	2.85	39.97	1.07
鱼峰区	198411	540264	98.13	2.81	36.04	1.03
柳南区	215886	571795	83.29	2.56	31.45	0.97
柳北区	165086	432040	89.68	2.65	34.27	1.01
柳江区	148663	458666	127.38	3.69	41.29	1.19
柳城县	101253	284199	142.96	4.19	50.93	1.49
鹿寨县	109257	304860	141.48	4.05	50.71	1.45
融安县	88207	236394	135.18	3.90	50.44	1.45
融水苗族自治县	134335	388968	122.71	3.78	42.38	1.30
三江侗族自治县	98887	304297	127.78	3.77	41.52	1.23
桂林市	**1643689**	**4478915**	**130.02**	**3.88**	**47.71**	**1.42**
秀峰区	61551	147252	76.22	2.41	31.86	1.01
叠彩区	75440	193971	87.78	2.57	34.14	1.00
象山区	106603	269278	88.82	2.59	35.16	1.03
七星区	139981	320757	72.11	2.25	31.47	0.98
雁山区	18804	59554	177.63	5.15	56.09	1.63
临桂区	168868	490282	134.92	3.97	46.47	1.37
阳朔县	84387	256915	170.12	5.09	55.88	1.67
灵川县	130304	378097	137.83	3.96	47.50	1.37
全州县	200228	521580	126.87	4.22	48.70	1.62
兴安县	102269	293747	146.16	4.43	50.88	1.54
永福县	74768	214435	139.00	4.12	48.46	1.44
灌阳县	80574	198755	121.03	4.00	49.06	1.62
龙胜各族自治县	46494	131757	132.17	4.15	46.64	1.46
资源县	49292	128163	143.65	4.49	55.25	1.73
平乐县	118952	322561	174.77	4.67	64.45	1.72
恭城瑶族自治县	78657	234209	149.56	4.44	50.23	1.49
荔浦市	106517	317602	170.11	4.47	57.05	1.50

注：本表数据为居住在普通住宅的家庭户。

1-12 续表 1

地　区	普通住宅家庭户户数(户)	家庭户人数(人)	平均每户住房建筑面积(平方米/户)	平均每户住房间数(间/户)	人均住房建筑面积(平方米/人)	人均住房间数(间/人)
梧州市	**861575**	**2588757**	**135.61**	**4.67**	**45.13**	**1.55**
万秀区	92740	241858	101.96	3.08	39.10	1.18
长洲区	96483	272356	112.84	3.47	39.98	1.23
龙圩区	83474	256492	142.37	4.83	46.33	1.57
苍梧县	84095	263183	149.62	5.66	47.81	1.81
藤　县	249198	740411	140.70	5.03	47.36	1.69
蒙山县	53304	150121	176.78	5.06	62.77	1.80
岑溪市	202281	664336	136.14	4.94	41.45	1.50
北海市	**531021**	**1672668**	**143.75**	**3.81**	**45.64**	**1.21**
海城区	158129	467635	126.80	3.13	42.88	1.06
银海区	91290	264454	136.80	3.38	47.22	1.17
铁山港区	42415	134588	172.96	4.60	54.51	1.45
合浦县	239187	805991	152.44	4.28	45.24	1.27
防城港市	**295653**	**935722**	**135.63**	**3.68**	**42.85**	**1.16**
港口区	69097	192090	115.11	3.01	41.41	1.08
防城区	105995	362318	144.26	4.07	42.20	1.19
上思县	62597	181682	124.97	3.66	43.06	1.26
东兴市	57964	199632	155.82	3.80	45.24	1.10
钦州市	**957298**	**3048942**	**132.97**	**4.27**	**41.75**	**1.34**
钦南区	184287	587593	132.75	3.99	41.64	1.25
钦北区	203628	671779	135.43	4.46	41.05	1.35
灵山县	364765	1148888	125.64	4.22	39.89	1.34
浦北县	204618	640682	143.79	4.41	45.92	1.41
贵港市	**1275620**	**3946984**	**172.13**	**4.97**	**55.63**	**1.61**
港北区	217085	676404	169.82	4.64	54.50	1.49
港南区	154072	456891	154.40	4.69	52.07	1.58
覃塘区	127888	387737	178.56	5.12	58.90	1.69
平南县	330939	1032296	178.32	4.89	57.17	1.57
桂平市	445636	1393656	172.93	5.25	55.30	1.68
玉林市	**1671721**	**5315310**	**136.80**	**4.54**	**43.02**	**1.43**
玉州区	241547	790945	133.84	3.81	40.87	1.16
福绵区	89545	293730	141.50	4.42	43.14	1.35
容　县	205200	612725	138.24	4.66	46.30	1.56
陆川县	246229	747890	110.88	4.32	36.51	1.42
博白县	391040	1299673	138.26	4.87	41.60	1.47
兴业县	164371	475235	144.91	4.39	50.12	1.52
北流市	333789	1095112	150.19	4.88	45.78	1.49
百色市	**1100793**	**3239938**	**146.72**	**3.77**	**49.85**	**1.28**
右江区	135158	378370	113.82	3.18	40.66	1.14
田阳区	100111	283781	143.07	3.55	50.47	1.25
田东县	118128	332795	147.79	3.61	52.46	1.28

注：本表数据为居住在普通住宅的家庭户。

1-12 续表 2

地 区	普通住宅家庭户户数(户)	家庭户人数(人)	平均每户住房建筑面积(平方米/户)	平均每户住房间数(间/户)	人均住房建筑面积(平方米/人)	人均住房间数(间/人)
德保县	95260	254820	161.12	3.66	60.23	1.37
那坡县	49392	151932	175.37	3.97	57.01	1.29
凌云县	51672	175275	164.53	4.55	48.50	1.34
乐业县	39378	127512	171.32	4.84	52.91	1.50
田林县	67434	205251	126.31	3.96	41.50	1.30
西林县	39932	127729	136.40	4.14	42.64	1.30
隆林各族自治县	99014	329679	160.09	4.47	48.08	1.34
靖西市	154991	462608	167.06	3.74	55.97	1.25
平果市	150323	410186	128.88	3.42	47.23	1.25
贺州市	**565080**	**1818883**	**172.76**	**4.99**	**53.67**	**1.55**
八步区	176844	575445	176.80	5.14	54.33	1.58
平桂区	107188	366321	177.51	4.81	51.94	1.41
昭平县	100157	304306	153.96	4.73	50.67	1.56
钟山县	103359	325924	169.36	5.23	53.71	1.66
富川瑶族自治县	77532	246887	185.78	4.95	58.34	1.55
河池市	**1089073**	**3107710**	**149.01**	**3.91**	**52.22**	**1.37**
金城江区	114924	314593	125.17	3.40	45.72	1.24
宜州区	172504	478632	144.75	4.05	52.17	1.46
南丹县	85792	254069	133.36	3.87	45.03	1.31
天峨县	43191	124675	151.23	4.07	52.39	1.41
凤山县	54698	160431	153.32	3.98	52.27	1.36
东兰县	74763	205740	152.53	4.10	55.43	1.49
罗城仫佬族自治县	96446	256905	149.16	4.56	56.00	1.71
环江毛南族自治县	96562	248758	147.52	4.01	57.26	1.56
巴马瑶族自治县	70204	220655	155.44	4.02	49.46	1.28
都安瑶族自治县	165432	501090	168.12	3.73	55.50	1.23
大化瑶族自治县	114557	342162	155.50	3.62	52.06	1.21
来宾市	**677129**	**1911538**	**144.28**	**4.21**	**51.11**	**1.49**
兴宾区	297889	844036	136.04	4.04	48.01	1.43
忻城县	102513	282149	153.55	4.09	55.79	1.49
象州县	88983	257385	160.73	4.74	55.57	1.64
武宣县	110102	317038	154.25	4.62	53.57	1.60
金秀瑶族自治县	41079	118192	152.07	4.30	52.85	1.50
合山市	36563	92738	106.55	3.35	42.01	1.32
崇左市	**645478**	**1832991**	**150.53**	**3.67**	**53.01**	**1.29**
江州区	114309	324783	136.80	3.62	48.15	1.27
扶绥县	123985	342807	137.43	3.67	49.70	1.33
宁明县	103429	304991	150.17	3.85	50.93	1.31
龙州县	75374	217554	151.66	3.32	52.54	1.15
大新县	90258	260462	175.62	3.81	60.86	1.32
天等县	98769	267489	162.24	3.80	59.91	1.40
凭祥市	39354	114905	143.61	3.42	49.19	1.17

注：本表数据为居住在普通住宅的家庭户。

1–12a 各地区家庭户的住房间数和面积（城市）

地　区	普通住宅家庭户户数(户)	家庭户人数(人)	平均每户住房建筑面积(平方米/户)	平均每户住房间数(间/户)	人均住房建筑面积(平方米/人)	人均住房间数(间/人)
总　计	**4553520**	**12409600**	**103.78**	**2.92**	**38.08**	**1.07**
南宁市	**1527693**	**3744463**	**80.72**	**2.46**	**32.93**	**1.00**
兴宁区	174082	435510	83.45	2.65	33.36	1.06
青秀区	349040	815339	95.46	2.68	40.87	1.15
江南区	267573	686818	73.87	2.31	28.78	0.90
西乡塘区	483204	1124384	62.90	2.08	27.03	0.89
良庆区	144848	382757	80.83	2.48	30.59	0.94
邕宁区	45416	123424	120.51	3.53	44.34	1.30
武鸣区	63530	176231	127.91	3.49	46.11	1.26
隆安县						
马山县						
上林县						
宾阳县						
横　县						
柳州市	**671273**	**1804336**	**90.20**	**2.62**	**33.56**	**0.98**
城中区	80324	213461	104.70	2.84	39.40	1.07
鱼峰区	177965	478905	91.08	2.62	33.84	0.98
柳南区	186805	488964	77.74	2.38	29.70	0.91
柳北区	154219	400032	83.93	2.48	32.36	0.96
柳江区	71960	222974	117.63	3.32	37.96	1.07
柳城县						
鹿寨县						
融安县						
融水苗族自治县						
三江侗族自治县						
桂林市	**475161**	**1194320**	**90.03**	**2.59**	**35.82**	**1.03**
秀峰区	61551	147252	76.22	2.41	31.86	1.01
叠彩区	64960	165013	81.28	2.40	32.00	0.94
象山区	105536	265417	87.79	2.56	34.91	1.02
七星区	131001	297984	70.50	2.20	30.99	0.97
雁山区	2760	7604	129.78	3.78	47.11	1.37
临桂区	78898	226162	115.25	3.06	40.20	1.07
阳朔县						
灵川县						
全州县						
兴安县						
永福县						
灌阳县						
龙胜各族自治县						
资源县						
平乐县						
恭城瑶族自治县						
荔浦市	30455	84888	159.50	3.84	57.22	1.38

注：本表数据为居住在普通住宅的家庭户。

1-12a 续表 1

地 区	普通住宅家庭户户数(户)	家庭户人数(人)	平均每户住房建筑面积(平方米/户)	平均每户住房间数(间/户)	人均住房建筑面积(平方米/人)	人均住房间数(间/人)
梧州市	**255293**	**748651**	**111.46**	**3.31**	**38.01**	**1.13**
万秀区	76726	190759	83.12	2.53	33.43	1.02
长洲区	87616	245109	109.48	3.15	39.14	1.13
龙圩区	32983	102366	137.37	3.77	44.26	1.21
苍梧县						
藤 县						
蒙山县						
岑溪市	57968	210417	137.22	4.33	37.80	1.19
北海市	**196190**	**563818**	**122.47**	**3.01**	**42.62**	**1.05**
海城区	132764	390505	127.82	3.12	43.46	1.06
银海区	59355	160846	107.39	2.72	39.63	1.01
铁山港区	4071	12467	167.70	3.71	54.76	1.21
合浦县						
防城港市	**132229**	**411989**	**128.10**	**3.23**	**41.12**	**1.04**
港口区	52441	138519	102.22	2.75	38.70	1.04
防城区	42038	148121	148.73	3.59	42.21	1.02
上思县						
东兴市	37750	125349	141.09	3.50	42.49	1.05
钦州市	**146655**	**455741**	**123.12**	**3.33**	**39.62**	**1.07**
钦南区	85255	262282	125.01	3.46	40.64	1.12
钦北区	61400	193459	120.49	3.17	38.24	1.00
灵山县						
浦北县						
贵港市	**244993**	**763994**	**160.38**	**4.22**	**51.43**	**1.35**
港北区	133404	407683	157.02	4.12	51.38	1.35
港南区	29938	102216	173.17	4.52	50.72	1.32
覃塘区	27591	86167	181.12	4.67	58.00	1.50
平南县						
桂平市	54060	167928	151.00	4.06	48.61	1.31
玉林市	**256487**	**840939**	**141.40**	**3.85**	**43.13**	**1.17**
玉州区	182488	581303	128.41	3.62	40.31	1.14
福绵区	13201	49263	160.10	4.47	42.90	1.20
容 县						
陆川县						
博白县						
兴业县						
北流市	60798	210373	176.33	4.40	50.96	1.27
百色市	**243352**	**698703**	**127.14**	**3.24**	**44.28**	**1.13**
右江区	89963	239957	103.61	2.84	38.85	1.07
田阳区	49973	148855	145.67	3.57	48.90	1.20
田东县						

注：本表数据为居住在普通住宅的家庭户。

1–12a 续表 2

地　区	普通住宅家庭户户数(户)	家庭户人数(人)	平均每户住房建筑面积(平方米/户)	平均每户住房间数(间/户)	人均住房建筑面积(平方米/人)	人均住房间数(间/人)
德保县						
那坡县						
凌云县						
乐业县						
田林县						
西林县						
隆林各族自治县						
靖西市	33072	104090	169.46	3.91	53.84	1.24
平果市	70344	205801	124.17	3.18	42.44	1.09
贺州市	**85911**	**273718**	**157.84**	**4.05**	**49.54**	**1.27**
八步区	50694	155654	142.97	3.70	46.56	1.21
平桂区	35217	118064	179.26	4.56	53.47	1.36
昭平县						
钟山县						
富川瑶族自治县						
河池市	**125448**	**348978**	**113.95**	**3.19**	**40.96**	**1.15**
金城江区	72780	201706	107.77	3.03	38.88	1.09
宜州区	52668	147272	122.50	3.43	43.81	1.23
南丹县						
天峨县						
凤山县						
东兰县						
罗城仫佬族自治县						
环江毛南族自治县						
巴马瑶族自治县						
都安瑶族自治县						
大化瑶族自治县						
来宾市	**126951**	**380550**	**126.40**	**3.52**	**42.17**	**1.17**
兴宾区	112371	345571	130.84	3.61	42.54	1.18
忻城县						
象州县						
武宣县						
金秀瑶族自治县						
合山市	14580	34979	92.18	2.80	38.42	1.17
崇左市	**65884**	**179400**	**122.22**	**3.19**	**44.88**	**1.17**
江州区	45391	121085	120.91	3.22	45.32	1.21
扶绥县						
宁明县						
龙州县						
大新县						
天等县						
凭祥市	20493	58315	125.13	3.12	43.97	1.09

注：本表数据为居住在普通住宅的家庭户。

1-12b 各地区家庭户的住房间数和面积（镇）

地 区	普通住宅家庭户户数(户)	家庭户人数(人)	平均每户住房建筑面积(平方米/户)	平均每户住房间数(间/户)	人均住房建筑面积(平方米/人)	人均住房间数(间/人)
总 计	**3472713**	**10703116**	**150.94**	**4.16**	**48.97**	**1.35**
南宁市	**420005**	**1246259**	**158.24**	**4.18**	**53.33**	**1.41**
兴宁区	7239	22024	189.85	4.73	62.40	1.56
青秀区	10331	28114	148.76	4.58	54.66	1.68
江南区	17863	52210	156.48	4.02	53.54	1.37
西乡塘区	19571	52167	90.58	2.66	33.98	1.00
良庆区	9056	26092	176.83	3.93	61.37	1.36
邕宁区	8140	23049	151.77	4.70	53.60	1.66
武鸣区	33979	94469	138.38	3.93	49.77	1.41
隆安县	31634	94085	146.30	3.64	49.19	1.22
马山县	32895	101317	183.57	4.09	59.60	1.33
上林县	36889	108667	155.09	3.90	52.65	1.32
宾阳县	105452	315084	157.58	4.23	52.74	1.42
横 县	106956	328981	172.41	4.69	56.05	1.52
柳州市	**257084**	**730662**	**129.88**	**3.58**	**45.70**	**1.26**
城中区						
鱼峰区	6027	16564	109.43	3.18	39.82	1.16
柳南区	18579	52136	111.18	3.46	39.62	1.23
柳北区	2369	5739	106.63	3.13	44.02	1.29
柳江区	14377	44875	145.70	3.89	46.68	1.25
柳城县	45267	128505	138.74	3.85	48.87	1.36
鹿寨县	57227	159900	129.94	3.59	46.50	1.29
融安县	35172	101831	140.65	3.59	48.58	1.24
融水苗族自治县	51508	142511	125.60	3.44	45.40	1.24
三江侗族自治县	26558	78601	119.93	3.42	40.52	1.16
桂林市	**370984**	**1052332**	**133.49**	**3.74**	**47.06**	**1.32**
秀峰区						
叠彩区	1227	2625	34.96	1.55	16.34	0.72
象山区						
七星区	7962	19583	84.75	2.64	34.46	1.07
雁山区	689	2000	184.96	5.13	63.72	1.77
临桂区	13304	39246	159.46	4.71	54.06	1.60
阳朔县	24407	73809	151.86	4.51	50.22	1.49
灵川县	62711	173682	111.76	3.11	40.35	1.12
全州县	63608	178842	115.25	3.52	40.99	1.25
兴安县	36428	109634	148.66	3.80	49.39	1.26
永福县	27106	78092	135.60	3.81	47.07	1.32
灌阳县	29103	77880	120.19	3.65	44.92	1.37
龙胜各族自治县	15928	44137	125.26	3.59	45.20	1.30
资源县	15412	43168	136.52	3.85	48.74	1.38
平乐县	32562	87265	160.28	3.98	59.81	1.48
恭城瑶族自治县	24955	72349	146.36	3.99	50.48	1.38
荔浦市	15582	50020	189.40	4.79	59.00	1.49

注：本表数据为居住在普通住宅的家庭户。

1-12b 续表 1

地 区	普通住宅家庭户户数(户)	家庭户人数(人)	平均每户住房建筑面积(平方米/户)	平均每户住房间数(间/户)	人均住房建筑面积(平方米/人)	人均住房间数(间/人)
梧州市	**198871**	**643684**	**154.01**	**5.07**	**47.58**	**1.57**
万秀区	3346	10375	176.96	4.74	57.07	1.53
长洲区	1137	3052	130.62	4.89	48.66	1.82
龙圩区	11089	33109	142.90	5.10	47.86	1.71
苍梧县	21933	72753	174.75	5.82	52.68	1.75
藤 县	102085	333280	146.95	4.87	45.01	1.49
蒙山县	18835	56776	178.63	4.51	59.26	1.50
岑溪市	40446	134339	150.91	5.43	45.44	1.63
北海市	**89817**	**295387**	**161.73**	**4.02**	**49.18**	**1.22**
海城区	654	1961	70.67	3.60	23.57	1.20
银海区	6065	19106	180.30	3.97	57.24	1.26
铁山港区	2179	6831	189.66	4.66	60.50	1.49
合浦县	80919	267489	160.32	4.01	48.50	1.21
防城港市	**48124**	**156113**	**148.45**	**3.76**	**45.76**	**1.16**
港口区	9000	28960	142.01	3.41	44.13	1.06
防城区	12484	42060	154.20	4.26	45.77	1.27
上思县	21696	66569	136.72	3.54	44.56	1.15
东兴市	4944	18524	197.15	4.12	52.62	1.10
钦州市	**225405**	**747519**	**152.19**	**4.31**	**45.89**	**1.30**
钦南区	29440	93506	139.17	3.96	43.82	1.25
钦北区	34256	122982	171.84	5.19	47.86	1.44
灵山县	102897	341984	141.77	4.09	42.66	1.23
浦北县	58812	189047	165.48	4.36	51.48	1.36
贵港市	**337672**	**1091891**	**183.26**	**4.96**	**56.67**	**1.53**
港北区	12889	42289	186.27	5.11	56.77	1.56
港南区	19828	58336	150.66	4.55	51.21	1.55
覃塘区	25098	79457	178.75	5.01	56.46	1.58
平南县	159907	525755	191.24	4.79	58.17	1.46
桂平市	119950	386054	178.63	5.22	55.50	1.62
玉林市	**485608**	**1612570**	**142.71**	**4.50**	**42.98**	**1.36**
玉州区	14749	51329	144.67	4.18	41.57	1.20
福绵区	18686	62545	156.60	4.56	46.79	1.36
容 县	76226	240441	141.72	4.16	44.93	1.32
陆川县	100678	315378	110.52	4.07	35.28	1.30
博白县	146838	518960	149.69	4.83	42.35	1.37
兴业县	53033	162645	156.49	4.26	51.03	1.39
北流市	75398	261272	159.59	5.02	46.06	1.45
百色市	**197686**	**592098**	**142.42**	**3.59**	**47.55**	**1.20**
右江区	3026	9689	149.54	4.08	46.70	1.27
田阳区	3066	8262	151.23	3.65	56.12	1.36
田东县	50484	142597	140.79	3.43	49.84	1.21

注：本表数据为居住在普通住宅的家庭户。

1-12b 续表 2

地　区	普通住宅家庭户户数(户)	家庭户人数(人)	平均每户住房建筑面积(平方米/户)	平均每户住房间数(间/户)	人均住房建筑面积(平方米/人)	人均住房间数(间/人)
德保县	26970	75554	137.56	3.15	49.10	1.12
那坡县	8271	25889	167.27	3.82	53.44	1.22
凌云县	17831	61643	171.38	4.12	49.57	1.19
乐业县	10849	36662	172.49	4.52	51.04	1.34
田林县	19460	53793	97.58	2.93	35.30	1.06
西林县	12960	39180	123.98	3.44	41.01	1.14
隆林各族自治县	24124	79209	138.63	4.01	42.22	1.22
靖西市	8843	28083	174.03	3.81	54.80	1.20
平果市	11802	31537	145.85	3.61	54.58	1.35
贺州市	**174261**	**564625**	**169.20**	**4.75**	**52.22**	**1.47**
八步区	35655	121631	196.23	5.50	57.52	1.61
平桂区	20432	71790	182.52	4.75	51.95	1.35
昭平县	44109	138924	152.68	4.51	48.48	1.43
钟山县	42857	133883	156.42	4.59	50.07	1.47
富川瑶族自治县	31208	98397	170.50	4.45	54.08	1.41
河池市	**312666**	**942962**	**152.29**	**3.75**	**50.50**	**1.24**
金城江区	5427	14143	153.36	3.82	58.85	1.47
宜州区	9676	26997	155.74	3.92	55.82	1.40
南丹县	43050	122646	121.52	3.38	42.65	1.19
天峨县	16093	50059	121.64	3.21	39.11	1.03
凤山县	16503	51961	113.92	3.12	36.18	0.99
东兰县	18656	55618	123.31	3.43	41.36	1.15
罗城仫佬族自治县	39131	109766	144.11	4.16	51.38	1.48
环江毛南族自治县	33017	90907	132.99	3.55	48.30	1.29
巴马瑶族自治县	23076	78172	157.93	3.96	46.62	1.17
都安瑶族自治县	69032	220822	191.61	4.00	59.90	1.25
大化瑶族自治县	39005	121871	179.62	3.92	57.49	1.25
来宾市	**174089**	**503445**	**149.10**	**3.97**	**51.56**	**1.37**
兴宾区	42611	119798	147.38	4.10	52.42	1.46
忻城县	34057	101302	147.45	3.82	49.57	1.28
象州县	33420	98072	159.89	4.17	54.48	1.42
武宣县	45601	132585	150.19	4.01	51.66	1.38
金秀瑶族自治县	14256	42261	152.35	3.81	51.39	1.28
合山市	4144	9427	70.02	2.53	30.78	1.11
崇左市	**180441**	**523569**	**142.89**	**3.29**	**49.25**	**1.14**
江州区	13611	40374	159.23	3.82	53.68	1.29
扶绥县	49155	139294	129.47	3.26	45.69	1.15
宁明县	33686	98618	152.12	3.38	51.96	1.16
龙州县	26236	73208	139.75	3.06	50.08	1.10
大新县	27799	83713	152.84	3.37	50.75	1.12
天等县	25947	76917	138.82	3.12	46.83	1.05
凭祥市	4007	11445	152.42	3.36	53.36	1.18

注：本表数据为居住在普通住宅的家庭户。

1-12c 各地区家庭户的住房间数和面积（乡村）

地 区	普通住宅家庭户户数(户)	家庭户人数(人)	平均每户住房建筑面积(平方米/户)	平均每户住房间数(间/户)	人均住房建筑面积(平方米/人)	人均住房间数(间/人)
总 计	**7490788**	**22085036**	**149.82**	**4.60**	**50.82**	**1.56**
南宁市	**913919**	**2570737**	**152.75**	**4.72**	**54.30**	**1.68**
兴宁区	23628	67091	145.36	4.83	51.19	1.70
青秀区	26529	68695	154.48	4.76	59.66	1.84
江南区	40669	115947	148.25	4.24	52.00	1.49
西乡塘区	48232	138592	118.17	3.63	41.12	1.26
良庆区	33306	90992	148.82	4.66	54.47	1.70
邕宁区	50422	144463	157.86	5.08	55.10	1.77
武鸣区	115602	312985	146.83	4.59	54.23	1.70
隆安县	71057	206154	154.53	4.27	53.26	1.47
马山县	93786	258591	165.06	4.31	59.87	1.56
上林县	83903	230912	162.15	4.73	58.92	1.72
宾阳县	149204	426221	140.99	4.74	49.36	1.66
横 县	177581	510094	165.26	5.49	57.53	1.91
柳州市	**412917**	**1202937**	**137.76**	**4.21**	**47.29**	**1.44**
城中区	965	2991	250.51	4.24	80.82	1.37
鱼峰区	14419	44795	180.45	4.98	58.08	1.60
柳南区	10502	30695	132.78	4.19	45.43	1.43
柳北区	8498	26269	189.27	5.62	61.23	1.82
柳江区	62326	190817	134.41	4.06	43.90	1.33
柳城县	55986	155694	146.38	4.46	52.64	1.60
鹿寨县	52030	144960	154.18	4.55	55.34	1.63
融安县	53035	134563	131.56	4.10	51.85	1.61
融水苗族自治县	82827	246457	120.91	3.99	40.64	1.34
三江侗族自治县	72329	225696	130.66	3.90	41.87	1.25
桂林市	**797544**	**2232263**	**152.22**	**4.71**	**54.39**	**1.68**
秀峰区						
叠彩区	9253	26333	140.41	3.97	49.34	1.40
象山区	1067	3861	191.07	5.35	52.80	1.48
七星区	1018	3190	180.96	5.60	57.75	1.79
雁山区	15355	49950	185.90	5.40	57.15	1.66
临桂区	76666	224874	150.90	4.77	51.45	1.63
阳朔县	59980	183106	177.55	5.33	58.16	1.75
灵川县	67593	204415	162.02	4.76	53.58	1.57
全州县	136620	342738	132.27	4.55	52.73	1.81
兴安县	65841	184113	144.77	4.79	51.77	1.71
永福县	47662	136343	140.92	4.30	49.26	1.50
灌阳县	51471	120875	121.50	4.19	51.74	1.79
龙胜各族自治县	30566	87620	135.78	4.44	47.37	1.55
资源县	33880	84995	146.89	4.79	58.55	1.91
平乐县	86390	235296	180.24	4.94	66.17	1.81
恭城瑶族自治县	53702	161860	151.05	4.65	50.12	1.54
荔浦市	60480	182694	170.47	4.71	56.43	1.56

注：本表数据为居住在普通住宅的家庭户。

1-12c 续表 1

地 区	普通住宅家庭户户数(户)	家庭户人数(人)	平均每户住房建筑面积(平方米/户)	平均每户住房间数(间/户)	人均住房建筑面积(平方米/人)	人均住房间数(间/人)
梧州市	**407411**	**1196422**	**141.75**	**5.32**	**48.27**	**1.81**
万秀区	12668	40724	196.26	5.96	61.05	1.85
长洲区	7730	24195	148.32	6.81	47.39	2.18
龙圩区	39402	121017	146.40	5.65	47.67	1.84
苍梧县	62162	190430	140.75	5.61	45.95	1.83
藤 县	147113	407131	136.37	5.13	49.28	1.85
蒙山县	34469	93345	175.77	5.36	64.90	1.98
岑溪市	103867	319580	129.78	5.09	42.18	1.66
北海市	**245014**	**813463**	**154.21**	**4.37**	**46.45**	**1.32**
海城区	24711	75169	122.77	3.22	40.36	1.06
银海区	25870	84502	194.09	4.73	59.42	1.45
铁山港区	36165	115290	172.54	4.69	54.12	1.47
合浦县	158268	538502	148.41	4.42	43.62	1.30
防城港市	**115300**	**367620**	**138.90**	**4.17**	**43.57**	**1.31**
港口区	7656	24611	171.77	4.31	53.43	1.34
防城区	51473	172137	138.20	4.42	41.32	1.32
上思县	40901	115113	118.74	3.73	42.19	1.32
东兴市	15270	55759	178.83	4.44	48.97	1.22
钦州市	**585238**	**1845682**	**128.04**	**4.48**	**40.60**	**1.42**
钦南区	69592	231805	139.52	4.65	41.89	1.40
钦北区	107972	355338	132.37	4.97	40.22	1.51
灵山县	261868	806904	119.29	4.27	38.71	1.39
浦北县	145806	451635	135.05	4.43	43.60	1.43
贵港市	**692955**	**2091099**	**170.85**	**5.25**	**56.62**	**1.74**
港北区	70792	226432	190.95	5.55	59.70	1.73
港南区	104306	296339	149.72	4.77	52.70	1.68
覃塘区	75199	222113	177.56	5.33	60.12	1.80
平南县	171032	506541	166.24	4.99	56.13	1.68
桂平市	271626	839674	174.78	5.49	56.54	1.78
玉林市	**929626**	**2861801**	**132.44**	**4.75**	**43.02**	**1.54**
玉州区	44310	158313	152.60	4.45	42.71	1.25
福绵区	57658	181922	132.35	4.36	41.95	1.38
容 县	128974	372284	136.18	4.96	47.18	1.72
陆川县	145551	432512	111.14	4.50	37.40	1.51
博白县	244202	780713	131.39	4.89	41.10	1.53
兴业县	111338	312590	139.39	4.45	49.65	1.58
北流市	197593	623467	138.56	4.97	43.91	1.57
百色市	**659755**	**1949137**	**155.22**	**4.02**	**52.54**	**1.36**
右江区	42169	128724	133.02	3.83	43.58	1.25
田阳区	47072	126664	139.78	3.51	51.95	1.30
田东县	67644	190198	153.01	3.75	54.42	1.33

注：本表数据为居住在普通住宅的家庭户。

1-12c 续表 2

地 区	普通住宅家庭户户数(户)	家庭户人数(人)	平均每户住房建筑面积(平方米/户)	平均每户住房间数(间/户)	人均住房建筑面积(平方米/人)	人均住房间数(间/人)
德保县	68290	179266	170.42	3.86	64.92	1.47
那坡县	41121	126043	177.00	4.00	57.75	1.31
凌云县	33841	113632	160.92	4.77	47.92	1.42
乐业县	28529	90850	170.87	4.97	53.66	1.56
田林县	47974	151458	137.97	4.38	43.70	1.39
西林县	26972	88549	142.36	4.48	43.36	1.36
隆林各族自治县	74890	250470	167.00	4.62	49.93	1.38
靖西市	113076	330435	165.82	3.68	56.74	1.26
平果市	68177	172848	130.80	3.63	51.59	1.43
贺州市	**304908**	**980540**	**178.99**	**5.40**	**55.66**	**1.68**
八步区	90495	298160	188.10	5.80	57.09	1.76
平桂区	51539	176467	174.33	5.01	50.92	1.46
昭平县	56048	165382	154.96	4.90	52.52	1.66
钟山县	60502	192041	178.52	5.69	56.24	1.79
富川瑶族自治县	46324	148490	196.08	5.28	61.17	1.65
河池市	**650959**	**1815770**	**154.20**	**4.13**	**55.28**	**1.48**
金城江区	36717	98744	155.49	4.07	57.82	1.51
宜州区	110160	304363	154.43	4.36	55.89	1.58
南丹县	42742	131423	145.28	4.37	47.25	1.42
天峨县	27098	74616	168.81	4.58	61.30	1.66
凤山县	38195	108470	170.34	4.36	59.98	1.54
东兰县	56107	150122	162.25	4.32	60.64	1.61
罗城仫佬族自治县	57315	147139	152.60	4.84	59.44	1.88
环江毛南族自治县	63545	157851	155.06	4.25	62.42	1.71
巴马瑶族自治县	47128	142483	154.23	4.05	51.01	1.34
都安瑶族自治县	96400	280268	151.29	3.53	52.04	1.22
大化瑶族自治县	75552	220291	143.05	3.46	49.06	1.19
来宾市	**376089**	**1027543**	**148.08**	**4.56**	**54.20**	**1.67**
兴宾区	142907	378667	136.74	4.36	51.61	1.65
忻城县	68456	180847	156.59	4.23	59.27	1.60
象州县	55563	159313	161.24	5.09	56.23	1.78
武宣县	64501	184453	157.12	5.05	54.94	1.77
金秀瑶族自治县	26823	75931	151.92	4.57	53.67	1.61
合山市	17839	48332	126.79	3.99	46.80	1.47
崇左市	**399153**	**1130022**	**158.66**	**3.93**	**56.04**	**1.39**
江州区	55307	163324	144.33	3.89	48.87	1.32
扶绥县	74830	203513	142.65	3.95	52.45	1.45
宁明县	69743	206373	149.23	4.08	50.43	1.38
龙州县	49138	144346	158.01	3.47	53.79	1.18
大新县	62459	176749	185.76	4.01	65.64	1.42
天等县	72822	190572	170.58	4.04	65.18	1.54
凭祥市	14854	45145	166.73	3.85	54.86	1.27

注：本表数据为居住在普通住宅的家庭户。

中国人口普查
CHINA POPULATION CENSUS

2020

广西壮族自治区人口普查年鉴（第2册）

GUANGXI POPULATION CENSUS YEARBOOK 2020

(BOOK 2)

广西壮族自治区统计局
广西第七次全国人口普查领导小组办公室 编

Compiled by
Guangxi Zhuang Autonomous Region Bureau of Statistics
Office of the Leading Group of Guangxi
for the Seventh National Population Census

中国统计出版社
China Statistics Press

图书在版编目（CIP）数据

广西壮族自治区人口普查年鉴. 2020. 第2册 / 广西壮族自治区统计局, 广西第七次全国人口普查领导小组办公室编. -- 北京 : 中国统计出版社, 2022.9
ISBN 978-7-5037-9952-5

Ⅰ. ①广… Ⅱ. ①广… ②广… Ⅲ. ①人口普查－统计资料－广西－2020－年鉴 Ⅳ. ①C924.256.7-54
中国版本图书馆CIP数据核字(2022)第160714号

广西壮族自治区人口普查年鉴-2020（第2册）
Guangxi Population Census Yearbook 2020 (Book 2)

作　　者/广西壮族自治区统计局，广西第七次全国人口普查领导小组办公室
责任编辑/郭　栋 佘竟雄
封面设计/李雪燕
出版发行/中国统计出版社有限公司
通信地址/北京市丰台区西三环南路甲6号 邮政编码/100073
发行电话/邮购（010）63376909 书店（010）68783171
网　　址/http://www.zgtjcbs.com/
印　　刷/广西瑞熙特种票证印务有限公司
经　　销/新华书店
开　　本/880mm×1230mm 1/16
字　　数/888千字
印　　张/28.25
版　　别/2022年9月第1版
版　　次/2022年9月第1次印刷
定　　价/980.00元（全四册附光盘）

目　录

第2册

第一部分　全部数据资料（续）

第四卷 教育

第五卷 家庭

第一部分 全部数据资料

第二卷 民族

2-1 各民族人口及比重

单位:人、%

民 族	人口数	男	女	各民族人口占总人口的比重
总 计	**50126804**	**25916169**	**24210635**	**100.00**
汉 族	31318824	16298072	15020752	62.48
蒙古族	6734	3540	3194	0.01
回 族	35347	17982	17365	0.07
藏 族	1611	722	889	
维吾尔族	1193	620	573	
苗 族	578122	294644	283478	1.15
彝 族	17162	8703	8459	0.03
壮 族	15721956	8055014	7666942	31.36
布依族	31303	12592	18711	0.06
朝鲜族	3277	1676	1601	0.01
满 族	18361	9500	8861	0.04
侗 族	362580	183287	179293	0.72
瑶 族	1683038	854696	828342	3.36
白 族	2787	1346	1441	0.01
土家族	19105	9885	9220	0.04
哈尼族	1445	643	802	
哈萨克族	58	20	38	
傣 族	1356	453	903	
黎 族	6491	2764	3727	0.01
傈僳族	469	194	275	
佤 族	533	232	301	
畲 族	1724	964	760	
高山族	300	160	140	
拉祜族	370	145	225	
水 族	16933	8449	8484	0.03
东乡族	166	106	60	
纳西族	196	76	120	
景颇族	136	49	87	
柯尔克孜族	11	4	7	
土 族	470	224	246	
达斡尔族	251	118	133	
仫佬族	180185	90568	89617	0.36
羌 族	226	127	99	
布朗族	173	71	102	
撒拉族	41	19	22	
毛南族	73199	37684	35515	0.15
仡佬族	6252	3324	2928	0.01
锡伯族	294	147	147	
阿昌族	55	21	34	
普米族	36	14	22	
塔吉克族	10	3	7	
怒 族	28	8	20	
乌孜别克族	5	2	3	
俄罗斯族	35	20	15	
鄂温克族	86	37	49	
德昂族	17	7	10	
保安族	11	7	4	
裕固族	17	9	8	
京 族	29326	15417	13909	0.06
塔塔尔族	10	2	8	
独龙族	10	2	8	
鄂伦春族	31	12	19	
赫哲族	22	14	8	
门巴族	8	1	7	
珞巴族	6	2	4	
基诺族	17	5	12	
未定族称人口	3762	1673	2089	0.01
入 籍	633	93	540	

2−1a 各民族人口及比重（城市）

单位：人、%

民　族	人口数	男	女	各民族人口占总人口的比重
总　计	**14787980**	**7458144**	**7329836**	**100.00**
汉　族	9785933	4970742	4815191	66.17
蒙古族	5340	2772	2568	0.04
回　族	25209	12508	12701	0.17
藏　族	923	434	489	0.01
维吾尔族	866	450	416	0.01
苗　族	85961	43448	42513	0.58
彝　族	5464	2781	2683	0.04
壮　族	4430633	2206699	2223934	29.96
布依族	9422	4367	5055	0.06
朝鲜族	2897	1480	1417	0.02
满　族	14985	7607	7378	0.10
侗　族	59127	28717	30410	0.40
瑶　族	250392	122712	127680	1.69
白　族	1660	807	853	0.01
土家族	10839	5580	5259	0.07
哈尼族	532	229	303	
哈萨克族	39	13	26	
傣　族	666	257	409	
黎　族	3168	1373	1795	0.02
傈僳族	215	107	108	
佤　族	188	97	91	
畲　族	1143	653	490	0.01
高山族	168	85	83	
拉祜族	169	69	100	
水　族	5973	2905	3068	0.04
东乡族	122	75	47	
纳西族	142	58	84	
景颇族	60	23	37	
柯尔克孜族	8	2	6	
土　族	288	142	146	
达斡尔族	220	99	121	
仫佬族	49884	23557	26327	0.34
羌　族	154	81	73	
布朗族	62	29	33	
撒拉族	29	15	14	
毛南族	18309	8776	9533	0.12
仡佬族	1997	1053	944	0.01
锡伯族	234	115	119	
阿昌族	20	8	12	
普米族	20	8	12	
塔吉克族	9	3	6	
怒　族	16	4	12	
乌孜别克族	5	2	3	
俄罗斯族	33	19	14	
鄂温克族	59	30	29	
德昂族	7	3	4	
保安族	8	6	2	
裕固族	9	4	5	
京　族	12445	6176	6269	0.08
塔塔尔族	5	2	3	
独龙族	4		4	
鄂伦春族	28	10	18	
赫哲族	16	9	7	
门巴族	8	1	7	
珞巴族	4	1	3	
基诺族	7	1	6	
未定族称人口	1752	905	847	0.01
入　籍	104	35	69	

2–1b 各民族人口及比重（镇）

单位：人、%

民 族	人口数	男	女	各民族人口占总人口的比重
总 计	**12382976**	**6338893**	**6044083**	**100.00**
汉 族	8231227	4257365	3973862	66.47
蒙古族	680	400	280	0.01
回 族	5694	3073	2621	0.05
藏 族	272	117	155	
维吾尔族	168	93	75	
苗 族	111777	55651	56126	0.90
彝 族	5258	2736	2522	0.04
壮 族	3419461	1717437	1702024	27.61
布依族	9433	3937	5496	0.08
朝鲜族	176	108	68	
满 族	1868	1071	797	0.02
侗 族	104182	51256	52926	0.84
瑶 族	383052	190516	192536	3.09
白 族	579	293	286	
土家族	3964	2120	1844	0.03
哈尼族	296	133	163	0.00
哈萨克族	14	6	8	
傣 族	319	114	205	
黎 族	1240	525	715	0.01
傈僳族	96	30	66	
佤 族	132	65	67	
畲 族	339	183	156	
高山族	76	42	34	
拉祜族	90	49	41	
水 族	4494	2218	2276	0.04
东乡族	33	24	9	
纳西族	25	7	18	
景颇族	20	6	14	
柯尔克孜族	3	2	1	
土 族	92	42	50	
达斡尔族	15	11	4	
仫佬族	66854	33235	33619	0.54
羌 族	41	26	15	
布朗族	41	20	21	
撒拉族	11	3	8	
毛南族	22917	11659	11258	0.19
仡佬族	1735	949	786	0.01
锡伯族	39	23	16	
阿昌族	8	4	4	
普米族	6	1	5	
塔吉克族				
怒 族	3	1	2	
乌孜别克族				
俄罗斯族	1	1		
鄂温克族	8	3	5	
德昂族	6	2	4	
保安族	2	1	1	
裕固族	8	5	3	
京 族	5427	2991	2436	0.04
塔塔尔族	1		1	
独龙族				
鄂伦春族	2	1	1	
赫哲族	5	4	1	
门巴族				
珞巴族				
基诺族	4	2	2	
未定族称人口	655	309	346	0.01
入 籍	127	23	104	

2-1c 各民族人口及比重（乡村）

单位：人、%

民 族	人口数	男	女	各民族人口占总人口的比重
总 计	**22955848**	**12119132**	**10836716**	**100.00**
汉 族	13301664	7069965	6231699	57.94
蒙古族	714	368	346	
回 族	4444	2401	2043	0.02
藏 族	416	171	245	
维吾尔族	159	77	82	
苗 族	380384	195545	184839	1.66
彝 族	6440	3186	3254	0.03
壮 族	7871862	4130878	3740984	34.29
布依族	12448	4288	8160	0.05
朝鲜族	204	88	116	
满 族	1508	822	686	0.01
侗 族	199271	103314	95957	0.87
瑶 族	1049594	541468	508126	4.57
白 族	548	246	302	
土家族	4302	2185	2117	0.02
哈尼族	617	281	336	
哈萨克族	5	1	4	
傣 族	371	82	289	
黎 族	2083	866	1217	0.01
傈僳族	158	57	101	
佤 族	213	70	143	0.00
畲 族	242	128	114	
高山族	56	33	23	
拉祜族	111	27	84	
水 族	6466	3326	3140	0.03
东乡族	11	7	4	
纳西族	29	11	18	
景颇族	56	20	36	
柯尔克孜族				
土 族	90	40	50	
达斡尔族	16	8	8	
仫佬族	63447	33776	29671	0.28
羌 族	31	20	11	
布朗族	70	22	48	
撒拉族	1	1		
毛南族	31973	17249	14724	0.14
仡佬族	2520	1322	1198	0.01
锡伯族	21	9	12	
阿昌族	27	9	18	
普米族	10	5	5	
塔吉克族	1		1	
怒 族	9	3	6	
乌孜别克族				
俄罗斯族	1		1	
鄂温克族	19	4	15	
德昂族	4	2	2	
保安族	1		1	
裕固族				
京 族	11454	6250	5204	0.05
塔塔尔族	4		4	
独龙族	6	2	4	
鄂伦春族	1	1		
赫哲族	1	1		
门巴族				
珞巴族	2	1	1	
基诺族	6	2	4	
未定族称人口	1355	459	896	0.01
入 籍	402	35	367	

2–2 各民族分年龄、性别的人口

单位：人

年龄组	合计			汉族			蒙古族		
	合计	男	女	小计	男	女	小计	男	女
总　计	**50126804**	**25916169**	**24210635**	**31318824**	**16298072**	**15020752**	**6734**	**3540**	**3194**
0–4 岁	3584168	1905073	1679095	2193028	1168420	1024608	562	288	274
5–9 岁	4335621	2318348	2017273	2727344	1456135	1271209	552	296	256
10–14 岁	3922712	2097576	1825136	2435461	1304656	1130805	336	178	158
15–19 岁	3191441	1680169	1511272	1977897	1047426	930471	444	221	223
20–24 岁	2464195	1287023	1177172	1599421	843451	755970	648	353	295
25–29 岁	2713273	1432926	1280347	1757643	934570	823073	522	313	209
30–34 岁	3865035	2011388	1853647	2482821	1298393	1184428	795	437	358
35–39 岁	3694887	1936562	1758325	2258692	1192196	1066496	637	336	301
40–44 岁	3401483	1784416	1617067	2019210	1060735	958475	423	222	201
45–49 岁	3628878	1904383	1724495	2208680	1159101	1049579	483	245	238
50–54 岁	3727832	1936905	1790927	2305856	1201309	1104547	449	242	207
55–59 岁	3233500	1650453	1583047	2047279	1049243	998036	349	166	183
60–64 岁	2249662	1131205	1118457	1440786	732157	708629	276	124	152
65–69 岁	2197336	1083074	1114262	1408640	703841	704799	135	69	66
70–74 岁	1513475	736337	777138	943534	476189	467345	50	23	27
75–79 岁	1078747	490366	588381	661971	315130	346841	36	17	19
80–84 岁	734848	315122	419726	465639	208228	257411	19	5	14
85–89 岁	403192	153748	249444	262433	104675	157758	9	1	8
90–94 岁	143622	49102	94520	94387	33865	60522	8	4	4
95–99 岁	35972	10454	25518	23766	7303	16463			
100 岁及以上	6925	1539	5386	4336	1049	3287	1		1

2–2　续表 1

单位：人

年龄组	回族			藏族			维吾尔族			苗族		
	小计	男	女	小计	男	女	小计	男	女	小计	男	女
总　计	**35347**	**17982**	**17365**	**1611**	**722**	**889**	**1193**	**620**	**573**	**578122**	**294644**	**283478**
0–4 岁	2963	1534	1429	74	39	35	49	22	27	46196	24776	21420
5–9 岁	2899	1494	1405	76	39	37	64	32	32	53166	28777	24389
10–14 岁	2087	1042	1045	60	34	26	23	12	11	54132	29238	24894
15–19 岁	1842	958	884	227	96	131	93	35	58	45932	23785	22147
20–24 岁	1890	971	919	373	183	190	314	155	159	32590	16559	16031
25–29 岁	1820	966	854	92	43	49	126	79	47	30147	15455	14692
30–34 岁	3622	1851	1771	131	50	81	126	70	56	42858	21654	21204
35–39 岁	2735	1383	1352	123	49	74	83	48	35	44285	22684	21601
40–44 岁	2419	1276	1143	94	40	54	67	31	36	42556	21886	20670
45–49 岁	2333	1215	1118	97	48	49	78	54	24	45946	23212	22734
50–54 岁	2278	1181	1097	94	43	51	66	32	34	41246	20482	20764
55–59 岁	2161	1115	1046	73	22	51	48	26	22	30280	14782	15498
60–64 岁	1833	917	916	36	14	22	31	14	17	17732	8582	9150
65–69 岁	1763	849	914	27	7	20	10	5	5	17463	8327	9136
70–74 岁	1122	581	541	15	8	7	4	2	2	13622	6199	7423
75–79 岁	673	298	375	8	1	7	3		3	9523	4080	5443
80–84 岁	531	219	312	6	2	4	5	3	2	6076	2509	3567
85–89 岁	268	100	168	3	2	1	2		2	3083	1201	1882
90–94 岁	80	29	51	1	1		1		1	1034	374	660
95–99 岁	23	3	20	1	1					206	67	139
100 岁及以上	5		5							49	15	34

2-2 续表 2

单位:人

年龄组	彝族			壮族			布依族			朝鲜族		
	小计	男	女	小计	男	女	小计	男	女	小计	男	女
总 计	**17162**	**8703**	**8459**	**15721956**	**8055014**	**7666942**	**31303**	**12592**	**18711**	**3277**	**1676**	**1601**
0-4岁	1401	747	654	1121920	595223	526697	2175	1163	1012	257	138	119
5-9岁	1317	644	673	1296666	698284	598382	2364	1235	1129	260	125	135
10-14岁	1070	583	487	1196355	640736	555619	2041	1058	983	210	107	103
15-19岁	1285	642	643	986839	517632	469207	1951	905	1046	133	73	60
20-24岁	1956	984	972	705607	364526	341081	2475	1083	1392	103	58	45
25-29岁	1521	795	726	797457	418116	379341	2249	908	1341	194	99	95
30-34岁	1773	904	869	1154815	597792	557023	2998	1043	1955	341	178	163
35-39岁	1549	776	773	1207298	627681	579617	3086	974	2112	337	188	149
40-44岁	1388	687	701	1171642	614546	557096	3176	1089	2087	248	139	109
45-49岁	1272	674	598	1202198	632995	569203	3325	1126	2199	238	136	102
50-54岁	998	551	447	1209730	628201	581529	2458	876	1582	212	104	108
55-59岁	630	302	328	1016616	516809	499807	1301	486	815	227	104	123
60-64岁	343	160	183	699283	345371	353912	576	203	373	206	98	108
65-69岁	225	105	120	683120	327847	355273	486	190	296	153	68	85
70-74岁	175	65	110	494194	224820	269374	262	110	152	78	40	38
75-79岁	145	59	86	364155	152689	211466	189	77	112	37	14	23
80-84岁	71	18	53	234981	92910	142071	117	47	70	21	2	19
85-89岁	31	6	25	122987	42517	80470	52	13	39	18	3	15
90-94岁	5	1	4	43151	13172	29979	19	5	14	4	2	2
95-99岁	6		6	10672	2726	7946	1		1			
100岁及以上	1		1	2270	421	1849	2	1	1			

2-2 续表 3

单位:人

年龄组	满族			侗族			瑶族			白族		
	小计	男	女	小计	男	女	小计	男	女	小计	男	女
总 计	**18361**	**9500**	**8861**	**362580**	**183287**	**179293**	**1683038**	**854696**	**828342**	**2787**	**1346**	**1441**
0-4岁	1675	838	837	26199	13874	12325	154339	80577	73762	246	132	114
5-9岁	1502	790	712	31242	16333	14909	182900	95776	87124	227	110	117
10-14岁	942	495	447	31931	16887	15044	168643	87304	81339	142	85	57
15-19岁	960	488	472	25699	13012	12687	125690	63600	62090	180	79	101
20-24岁	1243	685	558	16346	8179	8167	82747	40952	41795	345	145	200
25-29岁	1109	625	484	18291	9220	9071	84167	42825	41342	244	115	129
30-34岁	2045	1096	949	25097	12497	12600	119757	61692	58065	356	149	207
35-39岁	1716	906	810	25761	12838	12923	121270	62857	58413	269	120	149
40-44岁	1103	588	515	26270	13372	12898	109062	57626	51436	201	113	88
45-49岁	1029	543	486	30427	15497	14930	109069	57136	51933	191	113	78
50-54岁	1154	579	575	28820	14535	14285	111141	56698	54443	136	68	68
55-59岁	1239	596	643	22177	11236	10941	91385	45584	45801	97	42	55
60-64岁	1235	572	663	11954	5954	6000	62993	30795	32198	56	26	30
65-69岁	735	376	359	14376	7166	7210	58145	28185	29960	35	19	16
70-74岁	261	145	116	11709	5644	6065	40678	18870	21808	17	7	10
75-79岁	147	63	84	7800	3531	4269	28460	11998	16462	17	10	7
80-84岁	118	49	69	4927	2148	2779	18536	7448	11088	15	7	8
85-89岁	92	35	57	2579	1018	1561	9555	3412	6143	8	4	4
90-94岁	48	26	22	781	287	494	3357	1069	2288	2	1	1
95-99岁	8	5	3	162	54	108	945	253	692	3	1	2
100岁及以上				32	5	27	199	39	160			

2-2 续表 4

单位：人

年龄组	土家族			哈尼族			哈萨克族			傣族		
	小计	男	女	小计	男	女	小计	男	女	小计	男	女
总 计	**19105**	**9885**	**9220**	**1445**	**643**	**802**	**58**	**20**	**38**	**1356**	**453**	**903**
0–4岁	1811	911	900	109	57	52	1		1	125	63	62
5–9岁	1835	935	900	117	61	56				128	50	78
10–14岁	1328	663	665	56	26	30	4	3	1	94	40	54
15–19岁	1287	599	688	74	36	38	4	2	2	89	37	52
20–24岁	1923	940	983	172	72	100	31	10	21	105	35	70
25–29岁	1584	816	768	174	76	98	6	2	4	135	42	93
30–34岁	2103	976	1127	218	92	126	2	1	1	185	55	130
35–39岁	1823	914	909	177	76	101				161	42	119
40–44岁	1457	801	656	165	71	94	3	2	1	115	28	87
45–49岁	1507	851	656	95	45	50	3		3	89	24	65
50–54岁	1054	673	381	53	24	29	1		1	51	11	40
55–59岁	630	389	241	24	5	19	1		1	37	9	28
60–64岁	270	150	120	5		5				11	4	7
65–69岁	216	117	99	3	1	2				13	6	7
70–74岁	125	77	48	1		1				4	2	2
75–79岁	77	36	41	2	1	1	1		1	9	4	5
80–84岁	40	16	24							4	1	3
85–89岁	22	9	13									
90–94岁	12	11	1				1		1	1		1
95–99岁	1	1										
100岁及以上												

2-2 续表 5

单位：人

年龄组	黎族			傈僳族			佤族			畲族		
	小计	男	女	小计	男	女	小计	男	女	小计	男	女
总 计	**6491**	**2764**	**3727**	**469**	**194**	**275**	**533**	**232**	**301**	**1724**	**964**	**760**
0–4岁	589	314	275	48	23	25	38	18	20	166	90	76
5–9岁	649	316	333	42	16	26	33	12	21	223	122	101
10–14岁	509	244	265	56	31	25	23	12	11	145	79	66
15–19岁	496	204	292	65	27	38	19	8	11	99	48	51
20–24岁	660	278	382	52	26	26	80	28	52	119	56	63
25–29岁	448	180	268	40	13	27	86	39	47	122	67	55
30–34岁	649	237	412	41	14	27	80	30	50	222	116	106
35–39岁	613	208	405	47	12	35	60	28	32	198	117	81
40–44岁	484	167	317	29	10	19	45	22	23	132	82	50
45–49岁	366	149	217	17	7	10	31	19	12	102	65	37
50–54岁	304	132	172	19	8	11	18	8	10	70	48	22
55–59岁	234	92	142	7	4	3	11	5	6	49	28	21
60–64岁	168	81	87				7	3	4	38	21	17
65–69岁	141	81	60	4	3	1				21	15	6
70–74岁	73	40	33	2		2	1		1	7	5	2
75–79岁	48	17	31							6	3	3
80–84岁	35	16	19				1		1	2		2
85–89岁	17	6	11							1	1	
90–94岁	6	2	4							2	1	1
95–99岁	2		2									
100岁及以上												

2-2 续表 6

单位：人

年龄组	高山族			拉祜族			水族			东乡族		
	小计	男	女	小计	男	女	小计	男	女	小计	男	女
总 计	**300**	**160**	**140**	**370**	**145**	**225**	**16933**	**8449**	**8484**	**166**	**106**	**60**
0–4岁	37	18	19	29	12	17	1516	798	718	18	11	7
5–9岁	16	9	7	31	16	15	1614	855	759	13	8	5
10–14岁	21	9	12	15	4	11	1429	736	693	10	7	3
15–19岁	21	10	11	28	12	16	1263	624	639	8	4	4
20–24岁	9	6	3	44	20	24	985	474	511	23	11	12
25–29岁	20	14	6	44	17	27	935	460	475	19	16	3
30–34岁	26	17	9	58	24	34	1397	685	712	25	14	11
35–39岁	30	15	15	56	21	35	1416	663	753	10	8	2
40–44岁	13	5	8	28	11	17	1433	705	728	11	6	5
45–49岁	19	11	8	16	3	13	1309	625	684	13	9	4
50–54岁	29	14	15	9	1	8	1155	596	559	13	9	4
55–59岁	27	15	12	7	2	5	840	423	417	3	3	
60–64岁	18	8	10	4	1	3	512	241	271			
65–69岁	8	4	4	1	1		455	250	205			
70–74岁	2	2					262	136	126			
75–79岁	3	2	1				208	99	109			
80–84岁							114	52	62			
85–89岁	1	1					55	13	42			
90–94岁							27	10	17			
95–99岁							6	4	2			
100岁及以上							2		2			

2-2 续表 7

单位：人

年龄组	纳西族			景颇族			柯尔克孜族			土族		
	小计	男	女	小计	男	女	小计	男	女	小计	男	女
总 计	**196**	**76**	**120**	**136**	**49**	**87**	**11**	**4**	**7**	**470**	**224**	**246**
0–4岁	17	8	9	10	6	4				36	24	12
5–9岁	11	4	7	10	2	8				34	15	19
10–14岁	10	2	8	8	5	3				27	14	13
15–19岁	22	7	15	6	3	3	2		2	38	19	19
20–24岁	52	23	29	14	4	10	5	1	4	79	43	36
25–29岁	13	4	9	9	3	6	1	1		45	24	21
30–34岁	15	7	8	22	5	17	1	1		49	18	31
35–39岁	9	5	4	19	7	12				33	11	22
40–44岁	11	1	10	18	8	10				33	17	16
45–49岁	11	3	8	13	4	9	1		1	27	10	17
50–54岁	5	3	2	6	2	4				28	14	14
55–59岁	5		5							17	7	10
60–64岁	8	6	2	1		1				8	1	7
65–69岁	2	1	1							5	4	1
70–74岁										2	1	1
75–79岁										2		2
80–84岁	3	1	2							3	1	2
85–89岁	2	1	1				1	1		2		2
90–94岁										2	1	1
95–99岁												
100岁及以上												

2-2 续表 8 单位：人

年龄组	达斡尔族			仫佬族			羌族			布朗族		
	小计	男	女	小计	男	女	小计	男	女	小计	男	女
总 计	**251**	**118**	**133**	**180185**	**90568**	**89617**	**226**	**127**	**99**	**173**	**71**	**102**
0-4岁	16	7	9	16212	8458	7754	20	10	10	15	10	5
5-9岁	21	12	9	18584	9676	8908	18	10	8	19	10	9
10-14岁	8	4	4	15977	8173	7804	15	8	7	10	6	4
15-19岁	12	8	4	11122	5558	5564	14	5	9	9	1	8
20-24岁	25	10	15	7990	3749	4241	29	16	13	18	4	14
25-29岁	24	12	12	8393	4105	4288	16	8	8	14	4	10
30-34岁	29	13	16	14182	7127	7055	30	20	10	20	10	10
35-39岁	25	14	11	13845	7005	6840	20	11	9	20	5	15
40-44岁	16	10	6	11683	6022	5661	13	7	6	11	5	6
45-49岁	21	10	11	11869	6162	5707	24	14	10	13	7	6
50-54岁	18	7	11	12600	6452	6148	9	8	1	5	1	4
55-59岁	14	2	12	11155	5636	5519	8	5	3	9	4	5
60-64岁	17	7	10	7158	3696	3462	4	2	2	5	2	3
65-69岁	4	2	2	7322	3597	3725	4	2	2	2	2	
70-74岁				4582	2158	2424	1	1		2		2
75-79岁	1		1	3301	1421	1880	1		1	1		1
80-84岁				2342	932	1410						
85-89岁				1303	473	830						
90-94岁				450	143	307						
95-99岁				100	21	79						
100岁及以上				15	4	11						

2-2 续表 9 单位：人

年龄组	撒拉族			毛南族			仡佬族			锡伯族		
	小计	男	女	小计	男	女	小计	男	女	小计	男	女
总 计	**41**	**19**	**22**	**73199**	**37684**	**35515**	**6252**	**3324**	**2928**	**294**	**147**	**147**
0-4岁	1	1		6241	3290	2951	563	295	268	20	8	12
5-9岁	3	1	2	7019	3708	3311	598	309	289	28	16	12
10-14岁	1	1		6216	3263	2953	466	252	214	12	8	4
15-19岁	5	2	3	4643	2393	2250	551	304	247	20	10	10
20-24岁	11	2	9	3188	1575	1613	514	275	239	26	16	10
25-29岁	4	1	3	3137	1573	1564	384	198	186	22	14	8
30-34岁	6	4	2	4944	2465	2479	537	291	246	30	16	14
35-39岁	3	1	2	5815	2996	2819	544	295	249	23	12	11
40-44岁	4	3	1	5621	2920	2701	458	254	204	19	6	13
45-49岁	2	2		5698	3133	2565	458	271	187	15	8	7
50-54岁				5496	2977	2519	406	230	176	18	8	10
55-59岁	1	1		4570	2394	2176	245	120	125	21	9	12
60-64岁				2872	1457	1415	170	90	80	19	7	12
65-69岁				2757	1409	1348	134	65	69	9	3	6
70-74岁				1990	905	1085	91	36	55	8	4	4
75-79岁				1455	619	836	56	20	36	3	1	2
80-84岁				881	360	521	49	11	38			
85-89岁				455	168	287	23	7	16	1	1	
90-94岁				151	66	85	3	1	2			
95-99岁				42	11	31	1		1			
100岁及以上				8	2	6	1		1			

2-2 续表 10

单位：人

年龄组	阿昌族			普米族			塔吉克族			怒族		
	小计	男	女	小计	男	女	小计	男	女	小计	男	女
总 计	**55**	**21**	**34**	**36**	**14**	**22**	**10**	**3**	**7**	**28**	**8**	**20**
0–4岁	4	1	3	4	2	2				1		1
5–9岁	1		1	2	1	1				1		1
10–14岁	2	2		3	1	2						
15–19岁	6	3	3	2	1	1	2		2	1	1	
20–24岁	15	4	11	8	1	7	8	3	5	7	1	6
25–29岁	4	2	2	5	2	3				4	1	3
30–34岁	10	4	6	3	1	2				8	3	5
35–39岁	3	2	1	2	1	1				4	2	2
40–44岁	4	2	2	1	1							
45–49岁	3		3	1		1				1		1
50–54岁	1		1							1		1
55–59岁												
60–64岁	2	1	1	3	1	2						
65–69岁				2	2							
70–74岁												
75–79岁												
80–84岁												
85–89岁												
90–94岁												
95–99岁												
100岁及以上												

2-2 续表 11

单位：人

年龄组	乌孜别克族			俄罗斯族			鄂温克族			德昂族		
	小计	男	女	小计	男	女	小计	男	女	小计	男	女
总 计	**5**	**2**	**3**	**35**	**20**	**15**	**86**	**37**	**49**	**17**	**7**	**10**
0–4岁				3	2	1	1		1	2	1	1
5–9岁				8	4	4	6	1	5	2	1	1
10–14岁	2	1	1	2	2		16	7	9			
15–19岁				1		1	15	6	9			
20–24岁	2	1	1	4	1	3	10	5	5	1	1	
25–29岁				1		1	3	2	1	3	2	1
30–34岁				3	2	1	7	4	3	4	1	3
35–39岁				2	1	1	5	2	3	2	1	1
40–44岁	1		1				3		3	1		1
45–49岁				4	3	1	2	1	1			
50–54岁				3	3		4		4	1		1
55–59岁				2		2	10	6	4			
60–64岁							2	2				
65–69岁				2	2		2	1	1			
70–74岁										1		1
75–79岁												
80–84岁												
85–89岁												
90–94岁												
95–99岁												
100岁及以上												

2-2 续表 12

单位：人

年龄组	保安族			裕固族			京族			塔塔尔族		
	小计	男	女	小计	男	女	小计	男	女	小计	男	女
总 计	**11**	**7**	**4**	**17**	**9**	**8**	**29326**	**15417**	**13909**	**10**	**2**	**8**
0–4岁	1	1		2	1	1	3490	1899	1591			
5–9岁				2	2		3789	2018	1771			
10–14岁				1		1	2685	1478	1207			
15–19岁	1	1		5	1	4	2140	1197	943	2	2	
20–24岁	1	1		3	2	1	1589	912	677	2		2
25–29岁	2	2					1813	1018	795			
30–34岁	3	2	1				2347	1252	1095			
35–39岁				2	2		1884	982	902			
40–44岁							1608	835	773			
45–49岁							1547	793	754	1		1
50–54岁				1	1		1588	729	859			
55–59岁	1		1				1549	757	792	1		1
60–64岁	1		1	1		1	895	426	469			
65–69岁	1		1				851	441	410	2		2
70–74岁							567	262	305			
75–79岁							393	174	219	1		1
80–84岁							299	132	167			
85–89岁							184	78	106			
90–94岁							83	29	54			
95–99岁							22	3	19	1		1
100岁及以上							3	2	1			

2-2 续表 13

单位：人

年龄组	独龙族			鄂伦春族			赫哲族			门巴族		
	小计	男	女	小计	男	女	小计	男	女	小计	男	女
总 计	**10**	**2**	**8**	**31**	**12**	**19**	**22**	**14**	**8**	**8**	**1**	**7**
0–4岁				1		1						
5–9岁				1		1	2	1	1			
10–14岁	2	2		1	1		2	2				
15–19岁				3	1	2	1	1				
20–24岁	4		4	9	3	6	2	1	1	7	1	6
25–29岁				3	2	1	3	2	1			
30–34岁				4	1	3	1	1				
35–39岁	1		1	1		1	2	1	1	1		1
40–44岁	1		1				2		2			
45–49岁	1		1	3	2	1						
50–54岁	1		1	1	1		1		1			
55–59岁				2	1	1	1	1				
60–64岁				1		1	3	3				
65–69岁							1		1			
70–74岁												
75–79岁							1	1				
80–84岁				1		1						
85–89岁												
90–94岁												
95–99岁												
100岁及以上												

2-2 续表 14

单位:人

年龄组	珞巴族			基诺族			未定族称人口			入籍		
	小计	男	女	小计	男	女	小计	男	女	小计	男	女
总 计	**6**	**2**	**4**	**17**	**5**	**12**	**3762**	**1673**	**2089**	**633**	**93**	**540**
0–4岁				2	1	1	1845	925	920	90	37	53
5–9岁				1	1		163	81	82	18	5	13
10–14岁				1	1		111	69	42	11	5	6
15–19岁							175	75	100	18	7	11
20–24岁	3	1	2	3		3	276	122	154	29	5	24
25–29岁							139	69	70	36	6	30
30–34岁				4	1	3	177	66	111	58	6	52
35–39岁				1		1	146	65	81	43	1	42
40–44岁				2	1	1	150	61	89	49	3	46
45–49岁							163	53	110	67	4	63
50–54岁	2	1	1				140	37	103	83	6	77
55–59岁				1		1	113	21	92	43	1	42
60–64岁				2		2	79	8	71	38		38
65–69岁							39	8	31	22	3	19
70–74岁							18	4	14	15	1	14
75–79岁							9	1	8	5		5
80–84岁	1		1				10	4	6	1	1	
85–89岁							2	1	1	3	1	2
90–94岁							2	1	1	4	1	3
95–99岁							4	1	3			
100岁及以上							1	1				

2–2a 各民族分年龄、性别的人口（城市）

单位:人

年龄组	合计			汉族			蒙古族		
	合计	男	女	小计	男	女	小计	男	女
总 计	**14787980**	**7458144**	**7329836**	**9785933**	**4970742**	**4815191**	**5340**	**2772**	**2568**
0–4岁	989799	528688	461111	594631	319444	275187	454	230	224
5–9岁	1085088	586107	498981	673577	364270	309307	435	240	195
10–14岁	866212	466933	399279	544000	294453	249547	273	146	127
15–19岁	1252254	643843	608411	770310	399204	371106	313	154	159
20–24岁	996425	486923	509502	645641	320872	324769	417	216	201
25–29岁	969520	492012	477508	637890	329625	308265	405	246	159
30–34岁	1421741	704590	717151	937651	472143	465508	648	349	299
35–39岁	1310654	654257	656397	844118	428003	416115	515	261	254
40–44岁	1145160	578550	566610	733297	373671	359626	357	185	172
45–49岁	1101523	563757	537766	742313	381484	360829	401	202	199
50–54岁	979437	489800	489637	681143	343143	338000	367	194	173
55–59岁	828034	400441	427593	599925	293213	306712	293	142	151
60–64岁	565594	270505	295089	422325	204111	218214	240	104	136
65–69岁	512611	244387	268224	381238	182478	198760	114	59	55
70–74岁	322795	156216	166579	239594	117286	122308	44	19	25
75–79岁	197134	88927	108207	147927	67537	80390	32	16	16
80–84岁	140275	61141	79134	108564	47170	61394	17	5	12
85–89岁	73010	29558	43452	57700	23456	34244	9	1	8
90–94岁	23763	9185	14578	18684	7351	11333	6	3	3
95–99岁	5894	2026	3868	4613	1601	3012			
100岁及以上	1057	298	759	792	227	565			

2-2a 续表 1

单位:人

年龄组	回族			藏族			维吾尔族			苗族		
	小计	男	女	小计	男	女	小计	男	女	小计	男	女
总 计	**25209**	**12508**	**12701**	**923**	**434**	**489**	**866**	**450**	**416**	**85961**	**43448**	**42513**
0-4岁	2105	1067	1038	42	22	20	32	15	17	6946	3638	3308
5-9岁	1975	1026	949	40	20	20	45	19	26	7042	3734	3308
10-14岁	1347	677	670	32	18	14	19	9	10	5039	2680	2359
15-19岁	1293	677	616	165	63	102	52	27	25	11188	5872	5316
20-24岁	1334	666	668	271	124	147	229	117	112	9455	4536	4919
25-29岁	1280	659	621	51	23	28	86	52	34	6266	3122	3144
30-34岁	2734	1378	1356	74	29	45	83	41	42	8956	4357	4599
35-39岁	1976	972	1004	58	27	31	62	33	29	8399	4128	4271
40-44岁	1743	897	846	39	21	18	53	23	30	6687	3424	3263
45-49岁	1628	805	823	41	28	13	68	47	21	5885	3012	2873
50-54岁	1559	776	783	43	28	15	56	29	27	4030	2075	1955
55-59岁	1471	726	745	35	14	21	43	22	21	2572	1217	1355
60-64岁	1399	667	732	13	7	6	20	8	12	1229	553	676
65-69岁	1344	630	714	8	3	5	8	5	3	1123	563	560
70-74岁	856	430	426	6	5	1	2	1	1	582	270	312
75-79岁	485	197	288	3		3	2		2	282	138	144
80-84岁	406	166	240	1	1		3	2	1	162	72	90
85-89岁	195	68	127	1	1		2		2	88	40	48
90-94岁	62	23	39				1		1	25	14	11
95-99岁	14	1	13							1		1
100岁及以上	3		3							4	3	1

2-2a 续表 2

单位:人

年龄组	彝族			壮族			布依族			朝鲜族		
	小计	男	女	小计	男	女	小计	男	女	小计	男	女
总 计	**5464**	**2781**	**2683**	**4430633**	**2206699**	**2223934**	**9422**	**4367**	**5055**	**2897**	**1480**	**1417**
0-4岁	431	226	205	340646	180737	159909	700	382	318	222	121	101
5-9岁	346	175	171	359648	194541	165107	672	344	328	228	111	117
10-14岁	245	130	115	285083	152967	132116	518	286	232	182	92	90
15-19岁	542	257	285	419009	212932	206077	945	434	511	104	57	47
20-24岁	1018	483	535	298303	142092	156211	1236	544	692	81	45	36
25-29岁	527	291	236	293090	143904	149186	763	385	378	170	90	80
30-34岁	589	317	272	424641	204225	220416	998	433	565	312	164	148
35-39岁	498	251	247	413518	201401	212117	916	389	527	306	171	135
40-44岁	409	205	204	370331	184519	185812	768	328	440	225	124	101
45-49岁	340	178	162	325182	165080	160102	742	342	400	216	120	96
50-54岁	211	115	96	272101	133821	138280	535	247	288	185	94	91
55-59岁	155	79	76	207704	97965	109739	262	112	150	203	89	114
60-64岁	60	29	31	129198	60055	69143	139	49	90	183	89	94
65-69岁	46	26	20	119113	55889	63224	105	48	57	142	61	81
70-74岁	21	11	10	76905	35736	41169	70	27	43	66	34	32
75-79岁	15	6	9	46062	19962	26100	29	9	20	33	13	20
80-84岁	7	1	6	29649	13065	16584	13	5	8	20	2	18
85-89岁	2		2	14241	5651	8590	10	3	7	16	2	14
90-94岁	2	1	1	4744	1688	3056	1		1	3	1	2
95-99岁				1216	405	811						
100岁及以上				249	64	185						

2-2a　续表 3

单位:人

年龄组	满族			侗族			瑶族			白族		
	小计	男	女	小计	男	女	小计	男	女	小计	男	女
总　计	**14985**	**7607**	**7378**	**59127**	**28717**	**30410**	**250392**	**122712**	**127680**	**1660**	**807**	**853**
0–4岁	1414	710	704	5239	2737	2502	24748	12967	11781	161	83	78
5–9岁	1257	665	592	5020	2649	2371	23688	12454	11234	137	68	69
10–14岁	761	411	350	3875	2075	1800	17018	8911	8107	80	46	34
15–19岁	727	372	355	8118	4085	4033	29467	14778	14689	113	49	64
20–24岁	877	465	412	5404	2424	2980	23482	10483	12999	230	91	139
25–29岁	903	501	402	3993	1832	2161	17139	8035	9104	150	81	69
30–34岁	1728	898	830	5892	2658	3234	26087	12359	13728	195	91	104
35–39岁	1430	737	693	5281	2320	2961	23345	10895	12450	152	68	84
40–44岁	887	452	435	4486	2177	2309	18037	8888	9149	118	66	52
45–49岁	823	417	406	4021	2032	1989	13353	6809	6544	105	65	40
50–54岁	914	435	479	2717	1361	1356	10250	4977	5273	66	31	35
55–59岁	1005	458	547	1829	771	1058	7936	3561	4375	63	25	38
60–64岁	1071	493	578	1139	531	608	5665	2516	3149	32	15	17
65–69岁	630	317	313	999	498	501	5191	2614	2577	23	11	12
70–74岁	214	121	93	573	305	268	2607	1353	1254	10	4	6
75–79岁	120	53	67	288	141	147	1167	555	612	9	5	4
80–84岁	100	41	59	135	72	63	741	336	405	10	5	5
85–89岁	76	32	44	93	36	57	341	167	174	4	2	2
90–94岁	41	24	17	22	12	10	96	41	55	1		1
95–99岁	7	5	2	3	1	2	27	10	17	1	1	
100岁及以上							7	3	4			

2-2a　续表 4

单位:人

年龄组	土家族			哈尼族			哈萨克族			傣族		
	小计	男	女	小计	男	女	小计	男	女	小计	男	女
总　计	**10839**	**5580**	**5259**	**532**	**229**	**303**	**39**	**13**	**26**	**666**	**257**	**409**
0–4岁	1094	556	538	39	24	15				48	27	21
5–9岁	967	489	478	49	24	25				65	29	36
10–14岁	663	333	330	16	4	12	1	1		40	13	27
15–19岁	831	387	444	45	20	25	1	1		56	24	32
20–24岁	1194	571	623	80	32	48	26	8	18	58	23	35
25–29岁	852	441	411	71	33	38	3	1	2	66	24	42
30–34岁	1139	568	571	84	34	50	1	1		94	31	63
35–39岁	1034	529	505	53	18	35				75	26	49
40–44岁	831	464	367	41	15	26	2	1	1	56	18	38
45–49岁	797	442	355	27	18	9	2		2	44	14	30
50–54岁	539	325	214	15	7	8	1		1	19	7	12
55–59岁	374	205	169	7		7	1		1	17	6	11
60–64岁	185	94	91	2		2				6	3	3
65–69岁	160	81	79	2		2				10	5	5
70–74岁	80	46	34							2	2	
75–79岁	52	22	30	1		1				6	4	2
80–84岁	23	11	12							3	1	2
85–89岁	15	7	8									
90–94岁	8	8					1		1	1		1
95–99岁	1	1										
100岁及以上												

2–2a 续表 5

单位：人

年龄组	黎族			傈僳族			佤族			畲族		
	小计	男	女	小计	男	女	小计	男	女	小计	男	女
总 计	**3168**	**1373**	**1795**	**215**	**107**	**108**	**188**	**97**	**91**	**1143**	**653**	**490**
0–4岁	279	149	130	24	15	9	9	5	4	117	64	53
5–9岁	283	140	143	18	4	14	6	2	4	157	89	68
10–14岁	214	104	110	19	9	10	6	4	2	95	55	40
15–19岁	310	118	192	28	13	15	11	5	6	71	35	36
20–24岁	446	180	266	33	17	16	31	15	16	83	41	42
25–29岁	218	104	114	17	9	8	34	19	15	76	43	33
30–34岁	330	140	190	20	10	10	29	11	18	149	87	62
35–39岁	290	114	176	23	10	13	22	14	8	121	68	53
40–44岁	199	79	120	14	8	6	11	8	3	86	56	30
45–49岁	152	64	88	4	1	3	10	6	4	58	37	21
50–54岁	117	47	70	10	6	4	6	2	4	48	31	17
55–59岁	109	39	70	3	3		7	4	3	29	14	15
60–64岁	85	34	51				6	2	4	24	12	12
65–69岁	61	33	28	2	2					17	13	4
70–74岁	28	13	15							7	5	2
75–79岁	24	6	18							4	2	2
80–84岁	18	9	9									
85–89岁	3		3							1	1	
90–94岁	1		1									
95–99岁	1		1									
100岁及以上												

2–2a 续表 6

单位：人

年龄组	高山族			拉祜族			水族			东乡族		
	小计	男	女	小计	男	女	小计	男	女	小计	男	女
总 计	**168**	**85**	**83**	**169**	**69**	**100**	**5973**	**2905**	**3068**	**122**	**75**	**47**
0–4岁	18	9	9	17	8	9	558	290	268	15	9	6
5–9岁	13	8	5	13	6	7	543	296	247	8	6	2
10–14岁	11	3	8	2		2	404	210	194	7	4	3
15–19岁	11	4	7	16	7	9	558	264	294	7	3	4
20–24岁	4	2	2	24	10	14	429	201	228	16	8	8
25–29岁	9	6	3	16	8	8	371	189	182	14	11	3
30–34岁	17	10	7	29	14	15	597	285	312	19	11	8
35–39岁	16	10	6	23	7	16	573	260	313	8	6	2
40–44岁	10	5	5	9	4	5	467	235	232	6	3	3
45–49岁	12	7	5	8	2	6	394	199	195	10	6	4
50–54岁	13	4	9	5	1	4	327	146	181	10	6	4
55–59岁	16	9	7	4	1	3	272	121	151	2	2	
60–64岁	9	3	6	3	1	2	179	74	105			
65–69岁	4	1	3				140	59	81			
70–74岁	2	2					69	38	31			
75–79岁	3	2	1				46	24	22			
80–84岁							31	12	19			
85–89岁							9	2	7			
90–94岁							6		6			
95–99岁												
100岁及以上												

2-2a 续表 7

单位:人

年龄组	纳西族			景颇族			柯尔克孜族			土族		
	小计	男	女	小计	男	女	小计	男	女	小计	男	女
总　计	**142**	**58**	**84**	**60**	**23**	**37**	**8**	**2**	**6**	**288**	**142**	**146**
0-4岁	11	5	6	1		1				17	11	6
5-9岁	4	2	2	2	1	1				18	7	11
10-14岁	8	1	7	4	4					16	8	8
15-19岁	17	7	10	3	2	1	1		1	33	16	17
20-24岁	39	16	23	10	3	7	5	1	4	55	30	25
25-29岁	11	4	7	5	2	3				28	14	14
30-34岁	10	5	5	10	3	7				29	14	15
35-39岁	7	4	3	6	1	5				23	9	14
40-44岁	6	1	5	8	4	4				18	12	6
45-49岁	8	3	5	5	1	4	1		1	18	7	11
50-54岁	3	2	1	5	2	3				15	8	7
55-59岁	5		5							9	4	5
60-64岁	7	5	2	1		1				2		2
65-69岁	2	1	1							2	1	1
70-74岁												
75-79岁										1		1
80-84岁	2	1	1							2		2
85-89岁	2	1	1				1	1				
90-94岁										2	1	1
95-99岁												
100岁及以上												

2-2a 续表 8

单位:人

年龄组	达斡尔族			仫佬族			羌族			布朗族		
	小计	男	女	小计	男	女	小计	男	女	小计	男	女
总　计	**220**	**99**	**121**	**49884**	**23557**	**26327**	**154**	**81**	**73**	**62**	**29**	**33**
0-4岁	15	6	9	5234	2725	2509	15	7	8	3	3	
5-9岁	19	12	7	5173	2742	2431	17	10	7	5	2	3
10-14岁	8	4	4	3709	1911	1798	8	6	2	2		2
15-19岁	8	5	3	4545	2225	2320	9	3	6	4	1	3
20-24岁	20	7	13	3253	1361	1892	25	12	13	9	2	7
25-29岁	21	9	12	2786	1228	1558	9	4	5	4	3	1
30-34岁	26	11	15	5232	2374	2858	20	13	7	13	6	7
35-39岁	23	13	10	4858	2178	2680	16	8	8	4	2	2
40-44岁	14	8	6	3476	1537	1939	7	2	5	6	3	3
45-49岁	19	8	11	2772	1308	1464	12	7	5	7	5	2
50-54岁	14	5	9	2453	1097	1356	3	3		1		1
55-59岁	13	2	11	2181	975	1206	4	2	2	1	1	
60-64岁	15	7	8	1478	663	815	3	1	2	3	1	2
65-69岁	4	2	2	1371	625	746	4	2	2			
70-74岁				629	303	326	1	1				
75-79岁	1		1	340	140	200	1		1			
80-84岁				236	103	133						
85-89岁				120	49	71						
90-94岁				31	12	19						
95-99岁				6	1	5						
100岁及以上				1		1						

2-2a 续表 9

单位：人

年龄组	撒拉族			毛南族			仡佬族			锡伯族		
	小计	男	女	小计	男	女	小计	男	女	小计	男	女
总　计	**29**	**15**	**14**	**18309**	**8776**	**9533**	**1997**	**1053**	**944**	**234**	**115**	**119**
0–4岁	1	1		1801	947	854	164	84	80	16	6	10
5–9岁	2	1	1	1718	919	799	168	88	80	23	11	12
10–14岁	1	1		1210	640	570	102	48	54	10	6	4
15–19岁	2	1	1	1632	846	786	230	135	95	13	8	5
20–24岁	8	2	6	1285	566	719	261	132	129	23	14	9
25–29岁	3	1	2	1167	511	656	154	73	81	18	11	7
30–34岁	5	3	2	1835	830	1005	213	114	99	25	14	11
35–39岁	3	1	2	1809	825	984	175	94	81	20	9	11
40–44岁	3	3		1475	647	828	148	82	66	14	4	10
45–49岁				1232	597	635	104	68	36	11	8	3
50–54岁				944	460	484	108	58	50	15	6	9
55–59岁	1	1		804	345	459	59	26	33	14	6	8
60–64岁				502	210	292	41	20	21	14	4	10
65–69岁				446	211	235	28	14	14	9	3	6
70–74岁				229	117	112	17	5	12	7	4	3
75–79岁				113	49	64	12	7	5	1		1
80–84岁				64	34	30	8	4	4			
85–89岁				35	17	18	4		4	1	1	
90–94岁				8	5	3	1	1				
95–99岁												
100岁及以上												

2-2a 续表 10

单位：人

年龄组	阿昌族			普米族			塔吉克族			怒族		
	小计	男	女	小计	男	女	小计	男	女	小计	男	女
总　计	**20**	**8**	**12**	**20**	**8**	**12**	**9**	**3**	**6**	**16**	**4**	**12**
0–4岁	1		1	2		2				1		1
5–9岁				1	1					1		1
10–14岁	1	1										
15–19岁	2	1	1	2	1	1	2		2	1	1	
20–24岁	11	4	7	7	1	6	7	3	4	6		6
25–29岁				4	2	2				1		1
30–34岁	3	1	2	1	1					3	2	1
35–39岁	1	1								2	1	1
40–44岁												
45–49岁	1		1							1		1
50–54岁												
55–59岁												
60–64岁				1		1						
65–69岁				2	2							
70–74岁												
75–79岁												
80–84岁												
85–89岁												
90–94岁												
95–99岁												
100岁及以上												

2-2a 续表 11

单位：人

年龄组	乌孜别克族			俄罗斯族			鄂温克族			德昂族		
	小计	男	女	小计	男	女	小计	男	女	小计	男	女
总　计	**5**	**2**	**3**	**33**	**19**	**14**	**59**	**30**	**29**	**7**	**3**	**4**
0-4岁				3	2	1	1		1	1	1	
5-9岁				8	4	4	2	1	1			
10-14岁	2	1	1	2	2		6	2	4			
15-19岁				1		1	10	4	6			
20-24岁	2	1	1	3		3	8	5	3	1	1	
25-29岁				1		1	2	2		1		1
30-34岁				3	2	1	6	4	2			
35-39岁				2	1	1	3	2	1	2	1	1
40-44岁	1		1				3		3	1		1
45-49岁				4	3	1	2	1	1			
50-54岁				3	3		4		4			
55-59岁				1		1	8	6	2			
60-64岁							2	2				
65-69岁				2	2		2	1	1			
70-74岁										1		1
75-79岁												
80-84岁												
85-89岁												
90-94岁												
95-99岁												
100岁及以上												

2-2a 续表 12

单位：人

年龄组	保安族			裕固族			京族			塔塔尔族		
	小计	男	女	小计	男	女	小计	男	女	小计	男	女
总　计	**8**	**6**	**2**	**9**	**4**	**5**	**12445**	**6176**	**6269**	**5**	**2**	**3**
0-4岁	1	1					1551	850	701			
5-9岁				1	1		1615	852	763			
10-14岁							1096	603	493			
15-19岁				4	1	3	1336	691	645	2	2	
20-24岁	1	1		2	1	1	781	414	367	2		2
25-29岁	2	2					760	373	387			
30-34岁	3	2	1				1111	503	608			
35-39岁							821	359	462			
40-44岁							751	344	407			
45-49岁							629	294	335	1		1
50-54岁				1	1		537	225	312			
55-59岁							566	262	304			
60-64岁				1		1	298	134	164			
65-69岁	1		1				245	120	125			
70-74岁							166	74	92			
75-79岁							73	38	35			
80-84岁							55	22	33			
85-89岁							38	18	20			
90-94岁							13		13			
95-99岁							3		3			
100岁及以上												

2-2a 续表 13

单位：人

年龄组	独龙族			鄂伦春族			赫哲族			门巴族		
	小计	男	女	小计	男	女	小计	男	女	小计	男	女
总　计	**4**		**4**	**28**	**10**	**18**	**16**	**9**	**7**	**8**	**1**	**7**
0–4岁				1		1						
5–9岁				1		1	2	1	1			
10–14岁				1	1							
15–19岁				2	1	1	1	1				
20–24岁	4		4	8	2	6	1		1	7	1	6
25–29岁				2	1	1	3	2	1			
30–34岁				4	1	3						
35–39岁				1		1	2	1	1	1		1
40–44岁							1		1			
45–49岁				3	2	1						
50–54岁				1	1		1		1			
55–59岁				2	1	1	1	1				
60–64岁				1		1	2	2				
65–69岁							1		1			
70–74岁												
75–79岁							1	1				
80–84岁				1		1						
85–89岁												
90–94岁												
95–99岁												
100岁及以上												

2-2a 续表 14

单位：人

年龄组	珞巴族			基诺族			未定族称人口			入籍		
	小计	男	女	小计	男	女	小计	男	女	小计	男	女
总　计	**4**	**1**	**3**	**7**	**1**	**6**	**1752**	**905**	**847**	**104**	**35**	**69**
0–4岁				1		1	948	497	451	21	7	14
5–9岁							72	42	30	4	1	3
10–14岁				1	1		72	51	21	3	1	2
15–19岁							91	44	47	12	5	7
20–24岁	2	1	1	3		3	162	73	89	12	3	9
25–29岁							70	34	36	8	2	6
30–34岁							82	38	44	11	5	6
35–39岁				1		1	59	28	31	3	1	2
40–44岁							52	26	26	7	1	6
45–49岁							52	26	26	5	2	3
50–54岁	1		1				35	18	17	6	3	3
55–59岁				1		1	25	11	14	2		2
60–64岁							10	6	4	1		1
65–69岁							8	5	3	4	2	2
70–74岁							6	3	3	1	1	
75–79岁							1		1			
80–84岁	1		1				3	1	2			
85–89岁							1	1		2	1	1
90–94岁							1		1	2		2
95–99岁							1		1			
100岁及以上							1	1				

2-2b 各民族分年龄、性别的人口（镇）

单位:人

年龄组	合计			汉族			蒙古族		
	合计	男	女	小计	男	女	小计	男	女
总 计	**12382976**	**6338893**	**6044083**	**8231227**	**4257365**	**3973862**	**680**	**400**	**280**
0-4岁	913753	486685	427068	590207	314850	275357	48	26	22
5-9岁	1130400	606429	523971	748982	401493	347489	68	36	32
10-14岁	996849	534346	462503	661074	355633	305441	33	17	16
15-19岁	922700	469322	453378	605314	311588	293726	57	27	30
20-24岁	521276	278978	242298	364616	197762	166854	118	81	37
25-29岁	660308	337547	322761	450481	234064	216417	62	43	19
30-34岁	980832	494807	486025	661678	339023	322655	76	49	27
35-39岁	935071	476465	458606	602122	312965	289157	55	36	19
40-44岁	867218	444909	422309	545587	283062	262525	28	17	11
45-49岁	905728	467988	437740	587343	305140	282203	34	19	15
50-54岁	908531	466404	442127	603479	312717	290762	29	17	12
55-59岁	775520	391490	384030	527825	268598	259227	32	12	20
60-64岁	517661	257303	260358	353216	178043	175173	22	13	9
65-69岁	495410	241468	253942	341841	168467	173374	11	6	5
70-74岁	332086	162967	169119	226644	114596	112048	2	1	1
75-79岁	233343	106268	127075	159145	75312	83833	2		2
80-84岁	158518	68649	89869	110652	49518	61134	1		1
85-89岁	86966	33409	53557	61763	24479	37284			
90-94岁	31244	10748	20496	22460	8029	14431	1		1
95-99岁	8029	2383	5646	5762	1778	3984			
100岁及以上	1533	328	1205	1036	248	788	1		1

2-2b 续表 1

单位:人

年龄组	回族			藏族			维吾尔族			苗族		
	小计	男	女	小计	男	女	小计	男	女	小计	男	女
总 计	**5694**	**3073**	**2621**	**272**	**117**	**155**	**168**	**93**	**75**	**111777**	**55651**	**56126**
0-4岁	504	276	228	17	11	6	15	5	10	9011	4872	4139
5-9岁	516	273	243	21	10	11	16	11	5	10424	5620	4804
10-14岁	380	187	193	14	7	7	3	3		9512	5027	4485
15-19岁	341	175	166	21	13	8	13	3	10	12546	6109	6437
20-24岁	300	168	132	32	18	14	35	16	19	5885	2972	2913
25-29岁	305	178	127	11	4	7	20	12	8	6415	3039	3376
30-34岁	529	284	245	15	3	12	23	16	7	9628	4547	5081
35-39岁	431	240	191	31	10	21	9	7	2	9801	4679	5122
40-44岁	387	207	180	22	13	9	11	7	4	9240	4534	4706
45-49岁	364	199	165	26	12	14	9	6	3	8888	4482	4406
50-54岁	400	221	179	17	7	10	7	2	5	7029	3485	3544
55-59岁	390	217	173	10	1	9	1	1		4643	2249	2394
60-64岁	263	148	115	11	2	9	4	2	2	2607	1266	1341
65-69岁	231	128	103	11	1	10				2503	1211	1292
70-74岁	139	73	66	4	2	2	1	1		1584	755	829
75-79岁	100	55	45	2		2				969	400	569
80-84岁	64	25	39	3		3	1	1		659	258	401
85-89岁	38	16	22	2	1	1				306	109	197
90-94岁	7	3	4	1	1					108	29	79
95-99岁	5		5	1	1					16	8	8
100岁及以上										3		3

2-2b 续表 2

单位：人

年龄组	彝族			壮族			布依族			朝鲜族		
	小计	男	女	小计	男	女	小计	男	女	小计	男	女
总　计	**5258**	**2736**	**2522**	**3419461**	**1717437**	**1702024**	**9433**	**3937**	**5496**	**176**	**108**	**68**
0–4岁	476	256	220	257814	137161	120653	686	376	310	22	13	9
5–9岁	450	232	218	304209	164150	140059	802	414	388	17	7	10
10–14岁	372	212	160	267879	143397	124482	688	353	335	14	8	6
15–19岁	427	209	218	247568	124361	123207	564	266	298	16	13	3
20–24岁	429	243	186	124653	64978	59675	559	259	300	10	7	3
25–29岁	476	253	223	171048	84839	86209	714	266	448	9	2	7
30–34岁	566	294	272	260871	127583	133288	925	301	624	10	8	2
35–39岁	480	239	241	275378	135567	139811	927	315	612	15	9	6
40–44岁	432	218	214	268121	135144	132977	1003	394	609	14	12	2
45–49岁	400	215	185	266778	136870	129908	1009	368	641	6	5	1
50–54岁	302	172	130	257932	130342	127590	706	274	432	17	9	8
55–59岁	169	69	100	211252	105193	106059	380	159	221	9	7	2
60–64岁	115	59	56	141711	68326	73385	174	68	106	7	4	3
65–69岁	47	23	24	132771	62875	69896	126	54	72	3	3	
70–74岁	53	17	36	91865	41894	49971	69	33	36	5	1	4
75–79岁	30	15	15	65436	27226	38210	47	19	28	1		1
80–84岁	18	6	12	41940	16781	25159	31	11	20			
85–89岁	11	4	7	22069	7772	14297	15	3	12	1		1
90–94岁	2		2	7717	2379	5338	7	3	4			
95–99岁	2		2	2000	528	1472						
100岁及以上	1		1	449	71	378	1	1				

2-2b 续表 3

单位：人

年龄组	满族			侗族			瑶族			白族		
	小计	男	女	小计	男	女	小计	男	女	小计	男	女
总　计	**1868**	**1071**	**797**	**104182**	**51256**	**52926**	**383052**	**190516**	**192536**	**579**	**293**	**286**
0–4岁	163	87	76	8074	4242	3832	36511	19166	17345	36	25	11
5–9岁	147	81	66	9757	5151	4606	43592	22997	20595	38	18	20
10–14岁	94	39	55	9254	4837	4417	37920	19672	18248	39	27	12
15–19岁	120	56	64	9148	4149	4999	39054	18716	20338	41	18	23
20–24岁	203	128	75	3976	1998	1978	15904	8047	7857	57	29	28
25–29岁	119	70	49	5692	2664	3028	19675	9449	10226	62	24	38
30–34岁	181	113	68	8242	3880	4362	29379	14333	15046	85	34	51
35–39岁	170	103	67	8341	3996	4345	28735	13990	14745	67	29	38
40–44岁	101	72	29	8110	3990	4120	26293	13141	13152	39	24	15
45–49岁	92	66	26	8768	4351	4417	24212	12226	11986	35	23	12
50–54岁	129	71	58	7535	3736	3799	23040	11359	11681	30	15	15
55–59岁	142	87	55	5535	2756	2779	18699	8945	9754	17	10	7
60–64岁	104	49	55	3053	1482	1571	12564	5948	6616	11	5	6
65–69岁	57	32	25	3153	1530	1623	10852	5272	5580	8	6	2
70–74岁	14	7	7	2400	1151	1249	6861	3338	3523	3	1	2
75–79岁	10	3	7	1471	672	799	4409	1862	2547	5	2	3
80–84岁	10	6	4	966	405	561	3011	1210	1801	3	1	2
85–89岁	8		8	505	195	310	1599	605	994	2	2	
90–94岁	4	1	3	163	59	104	561	187	374			
95–99岁				31	11	20	154	47	107	1		1
100岁及以上				8	1	7	27	6	21			

2-2b 续表 4

单位：人

年龄组	土家族			哈尼族			哈萨克族			傣族		
	小计	男	女	小计	男	女	小计	男	女	小计	男	女
总　计	**3964**	**2120**	**1844**	**296**	**133**	**163**	**14**	**6**	**8**	**319**	**114**	**205**
0–4岁	319	164	155	23	10	13				35	15	20
5–9岁	411	207	204	19	10	9				32	12	20
10–14岁	290	138	152	23	14	9	2	1	1	22	12	10
15–19岁	257	117	140	18	10	8	2	1	1	20	8	12
20–24岁	374	200	174	33	19	14	5	2	3	20	7	13
25–29岁	357	196	161	33	15	18	3	1	2	24	9	15
30–34岁	468	222	246	47	16	31	1		1	43	19	24
35–39岁	401	213	188	30	13	17				44	12	32
40–44岁	311	178	133	35	15	20	1	1		29	6	23
45–49岁	316	190	126	15	5	10				17	7	10
50–54岁	217	143	74	14	4	10				17	3	14
55–59岁	140	95	45	4	2	2				12	2	10
60–64岁	41	26	15	2		2				2	1	1
65–69岁	25	12	13							1	1	
70–74岁	15	12	3									
75–79岁	10	4	6							1		1
80–84岁	7		7									
85–89岁	4	2	2									
90–94岁	1	1										
95–99岁												
100岁及以上												

2-2b 续表 5

单位：人

年龄组	黎族			傈僳族			佤族			畲族		
	小计	男	女	小计	男	女	小计	男	女	小计	男	女
总　计	**1240**	**525**	**715**	**96**	**30**	**66**	**132**	**65**	**67**	**339**	**183**	**156**
0–4岁	107	62	45	12	3	9	12	4	8	25	13	12
5–9岁	133	61	72	6	1	5	8	5	3	38	20	18
10–14岁	104	55	49	13	9	4	9	3	6	34	17	17
15–19岁	82	33	49	22	6	16	1	1		18	10	8
20–24岁	107	48	59	6	2	4	17	5	12	19	10	9
25–29岁	93	34	59	7	1	6	23	13	10	29	18	11
30–34岁	124	45	79	6	2	4	25	12	13	47	19	28
35–39岁	114	33	81	11	1	10	12	6	6	39	25	14
40–44岁	99	38	61	4		4	10	5	5	25	12	13
45–49岁	69	28	41	5	3	2	6	5	1	23	15	8
50–54岁	73	34	39	2	1	1	7	5	2	11	8	3
55–59岁	48	13	35				1	1		13	7	6
60–64岁	30	16	14							9	6	3
65–69岁	25	14	11	2	1	1				3	1	2
70–74岁	16	7	9									
75–79岁	6	1	5							2	1	1
80–84岁	4	1	3				1		1	2		2
85–89岁	5	2	3									
90–94岁	1		1							2	1	1
95–99岁												
100岁及以上												

2-2b 续表 6

单位：人

年龄组	高山族			拉祜族			水族			东乡族		
	小计	男	女	小计	男	女	小计	男	女	小计	男	女
总　计	**76**	**42**	**34**	**90**	**49**	**41**	**4494**	**2218**	**2276**	**33**	**24**	**9**
0–4岁	11	4	7	6	2	4	452	237	215	3	2	1
5–9岁	1		1	5	3	2	444	227	217	3	2	1
10–14岁	5	2	3	5	4	1	375	194	181	3	3	
15–19岁	5	2	3	8	3	5	360	156	204	1	1	
20–24岁	1	1		12	7	5	204	101	103	7	3	4
25–29岁	7	6	1	12	5	7	235	121	114	3	3	
30–34岁	5	4	1	11	6	5	421	207	214	5	3	2
35–39岁	11	5	6	18	11	7	395	184	211	2	2	
40–44岁	2		2	8	7	1	410	195	215	2	1	1
45–49岁	1	1		2		2	312	140	172	2	2	
50–54岁	9	6	3	2		2	314	164	150	2	2	
55–59岁	8	5	3	1	1		217	117	100			
60–64岁	7	3	4				122	61	61			
65–69岁	2	2					100	61	39			
70–74岁							44	20	24			
75–79岁							43	18	25			
80–84岁							22	6	16			
85–89岁	1	1					18	6	12			
90–94岁							4	2	2			
95–99岁							1	1				
100岁及以上							1		1			

2-2b 续表 7

单位：人

年龄组	纳西族			景颇族			柯尔克孜族			土族		
	小计	男	女	小计	男	女	小计	男	女	小计	男	女
总　计	**25**	**7**	**18**	**20**	**6**	**14**	**3**	**2**	**1**	**92**	**42**	**50**
0–4岁	2		2	1	1					11	6	5
5–9岁	3	1	2	2		2				6	3	3
10–14岁	2	1	1	2	1	1				6	3	3
15–19岁	1		1	2	1	1	1		1	3	2	1
20–24岁	3	2	1	2		2				10	6	4
25–29岁	2		2	2		2	1	1		11	6	5
30–34岁	4	2	2	3		3	1	1		7	2	5
35–39岁				3	1	2				6	1	5
40–44岁	4		4	2	1	1				7	3	4
45–49岁	2		2	1	1					6	2	4
50–54岁	1		1							7	4	3
55–59岁										5	2	3
60–64岁	1	1								4	1	3
65–69岁												
70–74岁										1		1
75–79岁												
80–84岁										1	1	
85–89岁										1		1
90–94岁												
95–99岁												
100岁及以上												

2-2b 续表 8

单位：人

年龄组	达斡尔族			仫佬族			羌族			布朗族		
	小计	男	女	小计	男	女	小计	男	女	小计	男	女
总　计	**15**	**11**	**4**	**66854**	**33235**	**33619**	**41**	**26**	**15**	**41**	**20**	**21**
0-4岁				5891	3096	2795				5	4	1
5-9岁				6881	3582	3299	1		1	6	4	2
10-14岁				5930	2993	2937	5	1	4	4	3	1
15-19岁	4	3	1	4251	2041	2210	3	1	2	1		1
20-24岁	1	1		2375	1177	1198	3	3				
25-29岁	1	1		3003	1478	1525	3	2	1	5	1	4
30-34岁	1	1		5287	2692	2595	4	2	2	3	2	1
35-39岁	1	1		5034	2553	2481	2	2		9	2	7
40-44岁	2	2		4534	2339	2195	5	4	1			
45-49岁	1	1		4715	2389	2326	9	6	3	4	2	2
50-54岁	2	1	1	5023	2491	2532	4	3	1	1		1
55-59岁	1		1	4296	2090	2206	1	1		2	1	1
60-64岁	1		1	2543	1270	1273	1	1		1	1	
65-69岁				2655	1260	1395						
70-74岁				1750	794	956						
75-79岁				1193	487	706						
80-84岁				835	309	526						
85-89岁				462	154	308						
90-94岁				156	34	122						
95-99岁				37	6	31						
100岁及以上				3		3						

2-2b 续表 9

单位：人

年龄组	撒拉族			毛南族			仡佬族			锡伯族		
	小计	男	女	小计	男	女	小计	男	女	小计	男	女
总　计	**11**	**3**	**8**	**22917**	**11659**	**11258**	**1735**	**949**	**786**	**39**	**23**	**16**
0-4岁				2051	1075	976	171	91	80	3	1	2
5-9岁	1		1	2419	1302	1117	174	96	78	5	5	
10-14岁				2053	1073	980	134	78	56			
15-19岁	3	1	2	1945	965	980	165	86	79	2		2
20-24岁	3		3	861	415	446	107	67	40	3	2	1
25-29岁	1		1	912	464	448	97	51	46	2	2	
30-34岁	1	1		1478	728	750	141	79	62	4	2	2
35-39岁				1826	894	932	171	87	84	3	3	
40-44岁	1		1	1861	980	881	146	89	57	2	1	1
45-49岁	1	1		1803	969	834	133	74	59	3		3
50-54岁				1700	877	823	105	56	49	2	2	
55-59岁				1267	667	600	67	32	35	6	3	3
60-64岁				772	371	401	48	28	20	3	2	1
65-69岁				745	383	362	41	24	17			
70-74岁				491	206	285	14	7	7			
75-79岁				357	149	208	8	2	6	1		1
80-84岁				215	79	136	9	1	8			
85-89岁				116	46	70	3	1	2			
90-94岁				34	14	20						
95-99岁				10	2	8	1		1			
100岁及以上				1		1						

2-2b 续表 10 单位:人

年龄组	阿昌族			普米族			塔吉克族			怒族		
	小计	男	女	小计	男	女	小计	男	女	小计	男	女
总 计	**8**	**4**	**4**	**6**	**1**	**5**				**3**	**1**	**2**
0–4岁												
5–9岁				1		1						
10–14岁	1	1		1		1						
15–19岁	2	1	1									
20–24岁				1		1				1	1	
25–29岁												
30–34岁	1	1								1		1
35–39岁				1		1						
40–44岁	1		1	1	1							
45–49岁	1		1									
50–54岁	1		1							1		1
55–59岁												
60–64岁	1	1		1		1						
65–69岁												
70–74岁												
75–79岁												
80–84岁												
85–89岁												
90–94岁												
95–99岁												
100岁及以上												

2-2b 续表 11 单位:人

年龄组	乌孜别克族			俄罗斯族			鄂温克族			德昂族		
	小计	男	女	小计	男	女	小计	男	女	小计	男	女
总 计				**1**	**1**		**8**	**3**	**5**	**6**	**2**	**4**
0–4岁										1		1
5–9岁							2		2	2	1	1
10–14岁							2	2				
15–19岁							3	1	2			
20–24岁				1	1							
25–29岁							1		1	1	1	
30–34岁										1		1
35–39岁												
40–44岁												
45–49岁												
50–54岁										1		1
55–59岁												
60–64岁												
65–69岁												
70–74岁												
75–79岁												
80–84岁												
85–89岁												
90–94岁												
95–99岁												
100岁及以上												

2-2b 续表 12 单位：人

年龄组	保安族			裕固族			京族			塔塔尔族		
	小计	男	女	小计	男	女	小计	男	女	小计	男	女
总　计	**2**	**1**	**1**	**8**	**5**	**3**	**5427**	**2991**	**2436**	**1**		**1**
0–4岁				2	1	1	666	361	305			
5–9岁				1	1		728	383	345			
10–14岁				1		1	529	307	222			
15–19岁	1	1		1		1	262	159	103			
20–24岁				1	1		269	165	104			
25–29岁							312	187	125			
30–34岁							441	255	186			
35–39岁				2	2		346	217	129			
40–44岁							285	172	113			
45–49岁							280	151	129			
50–54岁							323	165	158			
55–59岁	1		1				305	143	162			
60–64岁							190	97	93			
65–69岁							185	98	87	1		1
70–74岁							99	50	49			
75–79岁							93	39	54			
80–84岁							58	26	32			
85–89岁							35	11	24			
90–94岁							13	4	9			
95–99岁							6		6			
100岁及以上							2	1	1			

2-2b 续表 13 单位：人

年龄组	独龙族			鄂伦春族			赫哲族			门巴族		
	小计	男	女	小计	男	女	小计	男	女	小计	男	女
总　计				**2**	**1**	**1**	**5**	**4**	**1**			
0–4岁												
5–9岁												
10–14岁							2	2				
15–19岁				1		1						
20–24岁												
25–29岁				1	1							
30–34岁							1	1				
35–39岁												
40–44岁							1		1			
45–49岁												
50–54岁												
55–59岁												
60–64岁							1	1				
65–69岁												
70–74岁												
75–79岁												
80–84岁												
85–89岁												
90–94岁												
95–99岁												
100岁及以上												

2–2b 续表 14

单位：人

年龄组	珞巴族			基诺族			未定族称人口			入籍		
	小计	男	女	小计	男	女	小计	男	女	小计	男	女
总 计				**4**	**2**	**2**	**655**	**309**	**346**	**127**	**23**	**104**
0–4岁							331	153	178	29	14	15
5–9岁							26	10	16	3		3
10–14岁							15	9	6	1	1	
15–19岁							21	7	14	4	2	2
20–24岁							45	25	20	8	1	7
25–29岁							29	21	8	9	2	7
30–34岁				2	1	1	32	13	19	8	1	7
35–39岁							22	12	10	6		6
40–44岁				2	1	1	33	22	11	7	1	6
45–49岁							26	14	12	11		11
50–54岁							23	8	15	17		17
55–59岁							17	4	13	4		4
60–64岁							12	1	11	7		7
65–69岁							8	3	5	3		3
70–74岁							5	1	4	7		7
75–79岁							2	1	1			
80–84岁							4	3	1	1	1	
85–89岁							1		1	1		1
90–94岁							1	1		1		1
95–99岁							2	1	1			
100岁及以上												

2–2c 各民族分年龄、性别的人口（乡村）

单位：人

年龄组	合计			汉族			蒙古族		
	合计	男	女	小计	男	女	小计	男	女
总 计	**22955848**	**12119132**	**10836716**	**13301664**	**7069965**	**6231699**	**714**	**368**	**346**
0–4岁	1680616	889700	790916	1008190	534126	474064	60	32	28
5–9岁	2120133	1125812	994321	1304785	690372	614413	49	20	29
10–14岁	2059651	1096297	963354	1230387	654570	575817	30	15	15
15–19岁	1016487	567004	449483	602273	336634	265639	74	40	34
20–24岁	946494	521122	425372	589164	324817	264347	113	56	57
25–29岁	1083445	603367	480078	669272	370881	298391	55	24	31
30–34岁	1462462	811991	650471	883492	487227	396265	71	39	32
35–39岁	1449162	805840	643322	812452	451228	361224	67	39	28
40–44岁	1389105	760957	628148	740326	404002	336324	38	20	18
45–49岁	1621627	872638	748989	879024	472477	406547	48	24	24
50–54岁	1839864	980701	859163	1021234	545449	475785	53	31	22
55–59岁	1629946	858522	771424	919529	487432	432097	24	12	12
60–64岁	1166407	603397	563010	665245	350003	315242	14	7	7
65–69岁	1189315	597219	592096	685561	352896	332665	10	4	6
70–74岁	858594	417154	441440	477296	244307	232989	4	3	1
75–79岁	648270	295171	353099	354899	172281	182618	2	1	1
80–84岁	436055	185332	250723	246423	111540	134883	1		1
85–89岁	243216	90781	152435	142970	56740	86230			
90–94岁	88615	29169	59446	53243	18485	34758	1	1	
95–99岁	22049	6045	16004	13391	3924	9467			
100岁及以上	4335	913	3422	2508	574	1934			

2-2c 续表 1

单位:人

年龄组	回族			藏族			维吾尔族			苗族		
	小计	男	女	小计	男	女	小计	男	女	小计	男	女
总　计	**4444**	**2401**	**2043**	**416**	**171**	**245**	**159**	**77**	**82**	**380384**	**195545**	**184839**
0—4岁	354	191	163	15	6	9	2	2		30239	16266	13973
5—9岁	408	195	213	15	9	6	3	2	1	35700	19423	16277
10—14岁	360	178	182	14	9	5	1		1	39581	21531	18050
15—19岁	208	106	102	41	20	21	28	5	23	22198	11804	10394
20—24岁	256	137	119	70	41	29	50	22	28	17250	9051	8199
25—29岁	235	129	106	30	16	14	20	15	5	17466	9294	8172
30—34岁	359	189	170	42	18	24	20	13	7	24274	12750	11524
35—39岁	328	171	157	34	12	22	12	8	4	26085	13877	12208
40—44岁	289	172	117	33	6	27	3	1	2	26629	13928	12701
45—49岁	341	211	130	30	8	22	1	1		31173	15718	15455
50—54岁	319	184	135	34	8	26	3	1	2	30187	14922	15265
55—59岁	300	172	128	28	7	21	4	3	1	23065	11316	11749
60—64岁	171	102	69	12	5	7	7	4	3	13896	6763	7133
65—69岁	188	91	97	8	3	5	2		2	13837	6553	7284
70—74岁	127	78	49	5	1	4	1		1	11456	5174	6282
75—79岁	88	46	42	3	1	2	1		1	8272	3542	4730
80—84岁	61	28	33	2	1	1	1		1	5255	2179	3076
85—89岁	35	16	19							2689	1052	1637
90—94岁	11	3	8							901	331	570
95—99岁	4	2	2							189	59	130
100岁及以上	2		2							42	12	30

2-2c 续表 2

单位:人

年龄组	彝族			壮族			布依族			朝鲜族		
	小计	男	女	小计	男	女	小计	男	女	小计	男	女
总　计	**6440**	**3186**	**3254**	**7871862**	**4130878**	**3740984**	**12448**	**4288**	**8160**	**204**	**88**	**116**
0—4岁	494	265	229	523460	277325	246135	789	405	384	13	4	9
5—9岁	521	237	284	632809	339593	293216	890	477	413	15	7	8
10—14岁	453	241	212	643393	344372	299021	835	419	416	14	7	7
15—19岁	316	176	140	320262	180339	139923	442	205	237	13	3	10
20—24岁	509	258	251	282651	157456	125195	680	280	400	12	6	6
25—29岁	518	251	267	333319	189373	143946	772	257	515	15	7	8
30—34岁	618	293	325	469303	265984	203319	1075	309	766	19	6	13
35—39岁	571	286	285	518402	290713	227689	1243	270	973	16	8	8
40—44岁	547	264	283	533190	294883	238307	1405	367	1038	9	3	6
45—49岁	532	281	251	610238	331045	279193	1574	416	1158	16	11	5
50—54岁	485	264	221	679697	364038	315659	1217	355	862	10	1	9
55—59岁	306	154	152	597660	313651	284009	659	215	444	15	8	7
60—64岁	168	72	96	428374	216990	211384	263	86	177	16	5	11
65—69岁	132	56	76	431236	209083	222153	255	88	167	8	4	4
70—74岁	101	37	64	325424	147190	178234	123	50	73	7	5	2
75—79岁	100	38	62	252657	105501	147156	113	49	64	3	1	2
80—84岁	46	11	35	163392	63064	100328	73	31	42	1		1
85—89岁	18	2	16	86677	29094	57583	27	7	20	1	1	
90—94岁	1		1	30690	9105	21585	11	2	9	1	1	
95—99岁	4		4	7456	1793	5663	1		1			
100岁及以上				1572	286	1286	1		1			

2-2c 续表 3

单位：人

年龄组	满族			侗族			瑶族			白族		
	小计	男	女	小计	男	女	小计	男	女	小计	男	女
总　计	**1508**	**822**	**686**	**199271**	**103314**	**95957**	**1049594**	**541468**	**508126**	**548**	**246**	**302**
0–4岁	98	41	57	12886	6895	5991	93080	48444	44636	49	24	25
5–9岁	98	44	54	16465	8533	7932	115620	60325	55295	52	24	28
10–14岁	87	45	42	18802	9975	8827	113705	58721	54984	23	12	11
15–19岁	113	60	53	8433	4778	3655	57169	30106	27063	26	12	14
20–24岁	163	92	71	6966	3757	3209	43361	22422	20939	58	25	33
25–29岁	87	54	33	8606	4724	3882	47353	25341	22012	32	10	22
30–34岁	136	85	51	10963	5959	5004	64291	35000	29291	76	24	52
35–39岁	116	66	50	12139	6522	5617	69190	37972	31218	50	23	27
40–44岁	115	64	51	13674	7205	6469	64732	35597	29135	44	23	21
45–49岁	114	60	54	17638	9114	8524	71504	38101	33403	51	25	26
50–54岁	111	73	38	18568	9438	9130	77851	40362	37489	40	22	18
55–59岁	92	51	41	14813	7709	7104	64750	33078	31672	17	7	10
60–64岁	60	30	30	7762	3941	3821	44764	22331	22433	13	6	7
65–69岁	48	27	21	10224	5138	5086	42102	20299	21803	4	2	2
70–74岁	33	17	16	8736	4188	4548	31210	14179	17031	4	2	2
75–79岁	17	7	10	6041	2718	3323	22884	9581	13303	3	3	
80–84岁	8	2	6	3826	1671	2155	14784	5902	8882	2	1	1
85–89岁	8	3	5	1981	787	1194	7615	2640	4975	2		2
90–94岁	3	1	2	596	216	380	2700	841	1859	1	1	
95–99岁	1		1	128	42	86	764	196	568	1		1
100岁及以上				24	4	20	165	30	135			

2-2c 续表 4

单位：人

年龄组	土家族			哈尼族			哈萨克族			傣族		
	小计	男	女	小计	男	女	小计	男	女	小计	男	女
总　计	**4302**	**2185**	**2117**	**617**	**281**	**336**	**5**	**1**	**4**	**371**	**82**	**289**
0–4岁	398	191	207	47	23	24	1		1	42	21	21
5–9岁	457	239	218	49	27	22				31	9	22
10–14岁	375	192	183	17	8	9	1	1		32	15	17
15–19岁	199	95	104	11	6	5	1		1	13	5	8
20–24岁	355	169	186	59	21	38				27	5	22
25–29岁	375	179	196	70	28	42				45	9	36
30–34岁	496	186	310	87	42	45				48	5	43
35–39岁	388	172	216	94	45	49				42	4	38
40–44岁	315	159	156	89	41	48				30	4	26
45–49岁	394	219	175	53	22	31	1		1	28	3	25
50–54岁	298	205	93	24	13	11				15	1	14
55–59岁	116	89	27	13	3	10				8	1	7
60–64岁	44	30	14	1		1				3		3
65–69岁	31	24	7	1	1					2		2
70–74岁	30	19	11	1		1				2		2
75–79岁	15	10	5	1	1		1		1	2		2
80–84岁	10	5	5							1		1
85–89岁	3		3									
90–94岁	3	2	1									
95–99岁												
100岁及以上												

2-2c 续表 5

单位:人

年龄组	黎族			傈僳族			佤族			畲族		
	小计	男	女	小计	男	女	小计	男	女	小计	男	女
总　计	**2083**	**866**	**1217**	**158**	**57**	**101**	**213**	**70**	**143**	**242**	**128**	**114**
0–4岁	203	103	100	12	5	7	17	9	8	24	13	11
5–9岁	233	115	118	18	11	7	19	5	14	28	13	15
10–14岁	191	85	106	24	13	11	8	5	3	16	7	9
15–19岁	104	53	51	15	8	7	7	2	5	10	3	7
20–24岁	107	50	57	13	7	6	32	8	24	17	5	12
25–29岁	137	42	95	16	3	13	29	7	22	17	6	11
30–34岁	195	52	143	15	2	13	26	7	19	26	10	16
35–39岁	209	61	148	13	1	12	26	8	18	38	24	14
40–44岁	186	50	136	11	2	9	24	9	15	21	14	7
45–49岁	145	57	88	8	3	5	15	8	7	21	13	8
50–54岁	114	51	63	7	1	6	5	1	4	11	9	2
55–59岁	77	40	37	4	1	3	3		3	7	7	
60–64岁	53	31	22				1	1		5	3	2
65–69岁	55	34	21							1	1	
70–74岁	29	20	9	2		2	1		1			
75–79岁	18	10	8									
80–84岁	13	6	7									
85–89岁	9	4	5									
90–94岁	4	2	2									
95–99岁	1		1									
100岁及以上												

2-2c 续表 6

单位:人

年龄组	高山族			拉祜族			水族			东乡族		
	小计	男	女	小计	男	女	小计	男	女	小计	男	女
总　计	**56**	**33**	**23**	**111**	**27**	**84**	**6466**	**3326**	**3140**	**11**	**7**	**4**
0–4岁	8	5	3	6	2	4	506	271	235			
5–9岁	2	1	1	13	7	6	627	332	295	2		2
10–14岁	5	4	1	8		8	650	332	318			
15–19岁	5	4	1	4	2	2	345	204	141			
20–24岁	4	3	1	8	3	5	352	172	180			
25–29岁	4	2	2	16	4	12	329	150	179	2	2	
30–34岁	4	3	1	18	4	14	379	193	186	1		1
35–39岁	3		3	15	3	12	448	219	229			
40–44岁	1		1	11		11	556	275	281	3	2	1
45–49岁	6	3	3	6	1	5	603	286	317	1	1	
50–54岁	7	4	3	2		2	514	286	228	1	1	
55–59岁	3	1	2	2		2	351	185	166	1	1	
60–64岁	2	2		1		1	211	106	105			
65–69岁	2	1	1	1	1		215	130	85			
70–74岁							149	78	71			
75–79岁							119	57	62			
80–84岁							61	34	27			
85–89岁							28	5	23			
90–94岁							17	8	9			
95–99岁							5	3	2			
100岁及以上							1		1			

2-2c 续表 7

单位：人

年龄组	纳西族			景颇族			柯尔克孜族			土族		
	小计	男	女	小计	男	女	小计	男	女	小计	男	女
总　计	**29**	**11**	**18**	**56**	**20**	**36**				**90**	**40**	**50**
0−4岁	4	3	1	8	5	3				8	7	1
5−9岁	4	1	3	6	1	5				10	5	5
10−14岁				2		2				5	3	2
15−19岁	4		4	1		1				2	1	1
20−24岁	10	5	5	2	1	1				14	7	7
25−29岁				2	1	1				6	4	2
30−34岁	1		1	9	2	7				13	2	11
35−39岁	2	1	1	10	5	5				4	1	3
40−44岁	1		1	8	3	5				8	2	6
45−49岁	1		1	7	2	5				3	1	2
50−54岁	1	1		1		1				6	2	4
55−59岁										3	1	2
60−64岁										2		2
65−69岁										3	3	
70−74岁										1	1	
75−79岁										1		1
80−84岁	1		1									
85−89岁										1		1
90−94岁												
95−99岁												
100岁及以上												

2-2c 续表 8

单位：人

年龄组	达斡尔族			仫佬族			羌族			布朗族		
	小计	男	女	小计	男	女	小计	男	女	小计	男	女
总　计	**16**	**8**	**8**	**63447**	**33776**	**29671**	**31**	**20**	**11**	**70**	**22**	**48**
0−4岁	1	1		5087	2637	2450	5	3	2	7	3	4
5−9岁	2		2	6530	3352	3178				8	4	4
10−14岁				6338	3269	3069	2	1	1	4	3	1
15−19岁				2326	1292	1034	2	1	1	4		4
20−24岁	4	2	2	2362	1211	1151	1	1		9	2	7
25−29岁	2	2		2604	1399	1205	4	2	2	5		5
30−34岁	2	1	1	3663	2061	1602	6	5	1	4	2	2
35−39岁	1		1	3953	2274	1679	2	1	1	7	1	6
40−44岁				3673	2146	1527	1	1		5	2	3
45−49岁	1	1		4382	2465	1917	3	1	2	2		2
50−54岁	2	1	1	5124	2864	2260	2	2		3	1	2
55−59岁				4678	2571	2107	3	2	1	6	2	4
60−64岁	1		1	3137	1763	1374				1		1
65−69岁				3296	1712	1584				2	2	
70−74岁				2203	1061	1142				2		2
75−79岁				1768	794	974				1		1
80−84岁				1271	520	751						
85−89岁				721	270	451						
90−94岁				263	97	166						
95−99岁				57	14	43						
100岁及以上				11	4	7						

2-2c 续表 9

单位:人

年龄组	撒拉族			毛南族			仡佬族			锡伯族		
	小计	男	女	小计	男	女	小计	男	女	小计	男	女
总　计	**1**	**1**		**31973**	**17249**	**14724**	**2520**	**1322**	**1198**	**21**	**9**	**12**
0–4岁				2389	1268	1121	228	120	108	1	1	
5–9岁				2882	1487	1395	256	125	131			
10–14岁				2953	1550	1403	230	126	104	2	2	
15–19岁				1066	582	484	156	83	73	5	2	3
20–24岁				1042	594	448	146	76	70			
25–29岁				1058	598	460	133	74	59	2	1	1
30–34岁				1631	907	724	183	98	85	1		1
35–39岁				2180	1277	903	198	114	84			
40–44岁				2285	1293	992	164	83	81	3	1	2
45–49岁	1	1		2663	1567	1096	221	129	92	1		1
50–54岁				2852	1640	1212	193	116	77	1		1
55–59岁				2499	1382	1117	119	62	57	1		1
60–64岁				1598	876	722	81	42	39	2	1	1
65–69岁				1566	815	751	65	27	38			
70–74岁				1270	582	688	60	24	36	1		1
75–79岁				985	421	564	36	11	25	1	1	
80–84岁				602	247	355	32	6	26			
85–89岁				304	105	199	16	6	10			
90–94岁				109	47	62	2		2			
95–99岁				32	9	23						
100岁及以上				7	2	5	1		1			

2-2c 续表 10

单位:人

年龄组	阿昌族			普米族			塔吉克族			怒族		
	小计	男	女	小计	男	女	小计	男	女	小计	男	女
总　计	**27**	**9**	**18**	**10**	**5**	**5**	**1**		**1**	**9**	**3**	**6**
0–4岁	3	1	2	2	2							
5–9岁	1		1									
10–14岁				2	1	1						
15–19岁	2	1	1									
20–24岁	4		4				1		1			
25–29岁	4	2	2	1		1				3	1	2
30–34岁	6	2	4	2		2				4	1	3
35–39岁	2	1	1	1	1					2	1	1
40–44岁	3	2	1									
45–49岁	1		1	1		1						
50–54岁												
55–59岁												
60–64岁	1		1	1	1							
65–69岁												
70–74岁												
75–79岁												
80–84岁												
85–89岁												
90–94岁												
95–99岁												
100岁及以上												

2-2c 续表 11

单位：人

年龄组	乌孜别克族			俄罗斯族			鄂温克族			德昂族		
	小计	男	女	小计	男	女	小计	男	女	小计	男	女
总　计				**1**		**1**	**19**	**4**	**15**	**4**	**2**	**2**
0–4岁												
5–9岁							2		2			
10–14岁							8	3	5			
15–19岁							2	1	1			
20–24岁							2		2			
25–29岁										1	1	
30–34岁							1		1	3	1	2
35–39岁							2		2			
40–44岁												
45–49岁												
50–54岁												
55–59岁				1		1	2		2			
60–64岁												
65–69岁												
70–74岁												
75–79岁												
80–84岁												
85–89岁												
90–94岁												
95–99岁												
100岁及以上												

2-2c 续表 12

单位：人

年龄组	保安族			裕固族			京族			塔塔尔族		
	小计	男	女	小计	男	女	小计	男	女	小计	男	女
总　计	**1**		**1**				**11454**	**6250**	**5204**	**4**		**4**
0–4岁							1273	688	585			
5–9岁							1446	783	663			
10–14岁							1060	568	492			
15–19岁							542	347	195			
20–24岁							539	333	206			
25–29岁							741	458	283			
30–34岁							795	494	301			
35–39岁							717	406	311			
40–44岁							572	319	253			
45–49岁							638	348	290			
50–54岁							728	339	389			
55–59岁							678	352	326	1		1
60–64岁	1		1				407	195	212			
65–69岁							421	223	198	1		1
70–74岁							302	138	164			
75–79岁							227	97	130	1		1
80–84岁							186	84	102			
85–89岁							111	49	62			
90–94岁							57	25	32			
95–99岁							13	3	10	1		1
100岁及以上							1	1				

2-2c　续表 13　　　　单位：人

年龄组	独龙族			鄂伦春族			赫哲族			门巴族		
	小计	男	女	小计	男	女	小计	男	女	小计	男	女
总　计	**6**	**2**	**4**	**1**	**1**		**1**	**1**				
0-4岁												
5-9岁												
10-14岁	2	2										
15-19岁												
20-24岁				1	1		1	1				
25-29岁												
30-34岁												
35-39岁	1		1									
40-44岁	1		1									
45-49岁	1		1									
50-54岁	1		1									
55-59岁												
60-64岁												
65-69岁												
70-74岁												
75-79岁												
80-84岁												
85-89岁												
90-94岁												
95-99岁												
100岁及以上												

2-2c　续表 14　　　　单位：人

年龄组	珞巴族			基诺族			未定族称人口			入籍		
	小计	男	女	小计	男	女	小计	男	女	小计	男	女
总　计	**2**	**1**	**1**	**6**	**2**	**4**	**1355**	**459**	**896**	**402**	**35**	**367**
0-4岁				1	1		566	275	291	40	16	24
5-9岁				1	1		65	29	36	11	4	7
10-14岁							24	9	15	7	3	4
15-19岁							63	24	39	2		2
20-24岁	1		1				69	24	45	9	1	8
25-29岁							40	14	26	19	2	17
30-34岁				2		2	63	15	48	39		39
35-39岁							65	25	40	34		34
40-44岁							65	13	52	35	1	34
45-49岁							85	13	72	51	2	49
50-54岁	1	1					82	11	71	60	3	57
55-59岁							71	6	65	37	1	36
60-64岁				2		2	57	1	56	30		30
65-69岁							23		23	15	1	14
70-74岁							7		7	7		7
75-79岁							6		6	5		5
80-84岁							3		3			
85-89岁												
90-94岁										1	1	
95-99岁							1		1			
100岁及以上												

2–3 各民族分性别、受教育程度的3岁及以上人口

单位：人

民 族	3岁及以上人口			未上过学			学前教育		
	合计	男	女	小计	男	女	小计	男	女
总 计	**48203362**	**24893417**	**23309945**	**1527549**	**448916**	**1078633**	**2558356**	**1358632**	**1199724**
汉 族	30148576	15673574	14475002	794735	260563	534172	1557761	827332	730429
蒙古族	6416	3370	3046	65	32	33	372	180	192
回 族	33798	17189	16609	471	177	294	2021	1049	972
藏 族	1574	704	870	25	7	18	51	26	25
维吾尔族	1174	609	565	13	5	8	44	20	24
苗 族	552903	281195	271708	49486	13040	36446	32987	17723	15264
彝 族	16418	8302	8116	791	234	557	939	472	467
壮 族	15115147	7733386	7381761	558506	140643	417863	814537	433358	381179
布依族	30192	11998	18194	1388	240	1148	1589	838	751
朝鲜族	3149	1613	1536	41	19	22	182	96	86
满 族	17452	9044	8408	230	90	140	1112	564	548
侗 族	348422	175838	172584	18363	4447	13916	19587	10235	9352
瑶 族	1599555	811225	788330	93578	26583	66995	104088	54581	49507
白 族	2651	1274	1377	47	22	25	160	83	77
土家族	18126	9397	8729	237	97	140	1215	637	578
哈尼族	1381	606	775	51	22	29	71	33	38
哈萨克族	57	20	37	1		1	1	1	
傣 族	1298	420	878	28	7	21	107	46	61
黎 族	6161	2590	3571	90	31	59	426	214	212
傈僳族	442	183	259	14	7	7	29	13	16
佤 族	513	219	294	16	5	11	21	5	16
畲 族	1633	919	714	16	6	10	132	82	50
高山族	280	149	131	5	2	3	21	10	11
拉祜族	354	139	215	8	2	6	19	11	8
水 族	16098	8008	8090	401	109	292	1115	605	510
东乡族	158	102	56	13	4	9	11	8	3
纳西族	189	73	116	4	1	3	8	4	4
景颇族	131	47	84	4	2	2	6	3	3
柯尔克孜族	11	4	7	1	1				
土 族	455	214	241	7	2	5	27	16	11
达斡尔族	241	112	129	2		2	8	4	4
仫佬族	171451	85945	85506	5605	1569	4036	12063	6263	5800
羌 族	214	119	95	1		1	11	4	7
布朗族	162	64	98	8		8	12	7	5
撒拉族	40	18	22	1		1	1	1	
毛南族	69824	35959	33865	1688	549	1139	4440	2402	2038
仡佬族	5961	3173	2788	270	65	205	433	231	202
锡伯族	281	141	140	3	1	2	10	4	6
阿昌族	52	20	32	1		1	2		2
普米族	36	14	22	1	1		4	2	2
塔吉克族	10	3	7						
怒 族	28	8	20				1		1
乌孜别克族	5	2	3	2	1	1			
俄罗斯族	34	19	15				3	2	1
鄂温克族	85	37	48	1		1	2	1	1
德昂族	17	7	10	2		2	3	2	1
保安族	10	6	4	1		1			
裕固族	15	8	7				1	1	
京 族	27374	14384	12990	724	221	503	2485	1356	1129
塔塔尔族	10	2	8	2		2			
独龙族	10	2	8						
鄂伦春族	31	12	19				2		2
赫哲族	22	14	8						
门巴族	8	1	7						
珞巴族	6	2	4						
基诺族	15	4	11	1		1	1	1	
未定族称人口	2147	865	1282	436	106	330	209	98	111
入 籍	559	65	494	165	3	162	26	8	18

2-3 续表 1　　单位:人

民族	小学			初中			高中		
	小计	男	女	小计	男	女	小计	男	女
总　计	**13963013**	**6663885**	**7299128**	**18240352**	**10106028**	**8134324**	**6497534**	**3593806**	**2903728**
汉　族	8362173	4050392	4311781	11561111	6353017	5208094	4315381	2375583	1939798
蒙古族	921	457	464	1517	819	698	1199	642	557
回　族	5536	2705	2831	8157	4440	3717	7052	3684	3368
藏　族	271	111	160	354	155	199	202	100	102
维吾尔族	135	66	69	420	248	172	256	120	136
苗　族	223493	110507	112986	157001	91597	65404	48435	27318	21117
彝　族	4319	2062	2257	5265	2915	2350	1987	1077	910
壮　族	4518628	2090129	2428499	5798881	3253064	2545817	1874168	1050994	823174
布依族	9187	3183	6004	10587	4344	6243	3369	1566	1803
朝鲜族	431	204	227	706	353	353	799	430	369
满　族	2446	1215	1231	3596	1965	1631	3309	1735	1574
侗　族	125091	60068	65023	110706	63136	47570	37593	20223	17370
瑶　族	612332	295957	316375	478904	273296	205608	160673	87663	73010
白　族	494	249	245	726	332	394	361	185	176
土家族	3556	1732	1824	5536	2952	2584	2690	1458	1232
哈尼族	359	157	202	547	243	304	150	71	79
哈萨克族	2	1	1	6	2	4	12	4	8
傣　族	279	82	197	471	127	344	173	63	110
黎　族	1285	572	713	1991	765	1226	871	349	522
傈僳族	101	43	58	156	52	104	65	25	40
佤　族	152	64	88	230	109	121	53	25	28
畲　族	368	177	191	492	296	196	279	180	99
高山族	36	17	19	81	48	33	52	22	30
拉祜族	101	34	67	134	50	84	51	25	26
水　族	4694	2197	2497	5265	2839	2426	2144	1078	1066
东乡族	54	38	16	33	20	13	16	11	5
纳西族	21	6	15	25	8	17	25	14	11
景颇族	40	15	25	55	19	36	9	1	8
柯尔克孜族				2	1	1			
土　族	82	28	54	118	53	65	59	26	33
达斡尔族	30	14	16	57	29	28	47	23	24
仫佬族	55859	26971	28888	51614	28733	22881	21940	11444	10496
羌　族	37	19	18	59	40	19	32	16	16
布朗族	50	20	30	44	16	28	24	12	12
撒拉族	13	7	6	12	6	6	2	1	1
毛南族	20917	9916	11001	24324	13698	10626	8834	4782	4052
仡佬族	1796	924	872	1524	897	627	762	423	339
锡伯族	53	29	24	52	34	18	59	22	37
阿昌族	8	3	5	17	5	12	8	5	3
普米族	6	2	4	5	2	3	4	1	3
塔吉克族									
怒　族	3		3	10	2	8	6	4	2
乌孜别克族				1	1				
俄罗斯族	9	5	4	4	3	1	3	1	2
鄂温克族	19	4	15	26	14	12	11	4	7
德昂族	3	1	2	5	1	4	2	2	
保安族	3	1	2	2	1	1	1	1	
裕固族	1	1		1		1	2	2	
京　族	6961	3317	3644	8955	5041	3914	4109	2272	1837
塔塔尔族	2		2	2		2			
独龙族	1		1	4	2	2	1		1
鄂伦春族	1	1		9	5	4	4	1	3
赫哲族	3	2	1	4	3	1	8	5	3
门巴族									
珞巴族	2	1	1	1		1			
基诺族	1		1	7	3	4	2		2
未定族称人口	460	164	296	431	213	218	201	101	100
入　籍	188	15	173	109	14	95	39	12	27

2-3 续表 2

单位：人

民 族	大学专科			大学本科			硕士研究生			博士研究生		
	小计	男	女	小计	男	女	小计	男	女	小计	男	女
总 计	**3037733**	**1574358**	**1463375**	**2235496**	**1075565**	**1159931**	**130282**	**64160**	**66122**	**13047**	**8067**	**4980**
汉 族	1952761	1016749	936012	1498346	734970	763376	96182	48551	47631	10126	6417	3709
蒙古族	898	505	393	1230	642	588	178	72	106	36	21	15
回 族	4449	2287	2162	5344	2493	2851	700	319	381	68	35	33
藏 族	357	173	184	296	126	170	17	6	11	1		1
维吾尔族	116	65	51	184	82	102	3	1	2	3	2	1
苗 族	24359	12825	11534	16161	7697	8464	887	428	459	94	60	34
彝 族	1427	723	704	1587	767	820	93	45	48	10	7	3
壮 族	920267	473812	446455	602505	278403	324102	25556	11800	13756	2099	1183	916
布依族	2023	914	1109	1936	870	1066	103	39	64	10	4	6
朝鲜族	426	231	195	486	244	242	56	26	30	22	10	12
满 族	2594	1369	1225	3531	1824	1707	560	243	317	74	39	35
侗 族	21692	10851	10841	14634	6554	8080	693	291	402	63	33	30
瑶 族	80475	41112	39363	65685	30290	35395	3529	1576	1953	291	167	124
白 族	326	163	163	465	210	255	66	25	41	6	5	1
土家族	1696	912	784	2652	1336	1316	488	236	252	56	37	19
哈尼族	82	29	53	115	50	65	6	1	5			
哈萨克族	4	2	2	31	10	21						
傣 族	109	42	67	118	46	72	11	6	5	2	1	1
黎 族	682	319	363	774	319	455	41	21	20	1		1
傈僳族	34	19	15	39	22	17	4	2	2			
佤 族	16	4	12	22	7	15	3		3			
畲 族	144	82	62	184	85	99	11	5	6	7	6	1
高山族	40	20	20	42	29	13	2	1	1	1		1
拉祜族	20	9	11	21	8	13						
水 族	1234	612	622	1154	528	626	83	34	49	8	6	2
东乡族	9	6	3	18	11	7	3	3		1	1	
纳西族	36	20	16	65	19	46	5	1	4			
景颇族	7	2	5	9	4	5	1	1				
柯尔克孜族				8	2	6						
土 族	63	41	22	90	41	49	9	7	2			
达斡尔族	34	14	20	51	22	29	10	6	4	2		2
仫佬族	13104	6136	6968	10637	4559	6078	586	251	335	43	19	24
羌 族	25	14	11	43	21	22	6	5	1			
布朗族	11	5	6	13	4	9						
撒拉族	1	1		10	2	8						
毛南族	5158	2643	2515	4228	1875	2353	221	85	136	14	9	5
仡佬族	569	307	262	566	307	259	39	18	21	2	1	1
锡伯族	43	21	22	53	26	27	8	4	4			
阿昌族	4	1	3	11	5	6	1	1				
普米族	4	2	2	12	4	8						
塔吉克族	1		1	9	3	6						
怒 族				7	2	5	1		1			
乌孜别克族				2		2						
俄罗斯族	5	2	3	7	4	3	3	2	1			
鄂温克族	10	6	4	16	8	8						
德昂族				2	1	1						
保安族	1	1		2	2							
裕固族	1	1		8	2	6	1	1				
京 族	2197	1203	994	1845	932	913	94	41	53	4	1	3
塔塔尔族	2	2		1		1	1		1			
独龙族				4		4						
鄂伦春族	2		2	12	5	7	1		1			
赫哲族	3	2	1	3	1	2	1	1				
门巴族	1		1	7	1	6						
珞巴族				3	1	2						
基诺族				3		3						
未定族称人口	197	91	106	193	85	108	17	4	13	3	3	
入 籍	14	8	6	16	4	12	2	1	1			

2-3a 各民族分性别、受教育程度的3岁及以上人口（城市）

单位:人

民 族	3岁及以上人口			未上过学			学前教育		
	合计	男	女	小计	男	女	小计	男	女
总 计	**14258718**	**7176126**	**7082592**	**176503**	**63228**	**113275**	**698085**	**375596**	**322489**
汉 族	9470346	4801534	4668812	114413	41049	73364	421516	227585	193931
蒙古族	5092	2641	2451	36	20	16	308	149	159
回 族	24115	11967	12148	246	108	138	1435	748	687
藏 族	904	426	478	9	5	4	29	16	13
维吾尔族	851	441	410	10	5	5	26	10	16
苗 族	82144	41464	40680	1628	493	1135	4763	2544	2219
彝 族	5234	2655	2579	101	49	52	272	128	144
壮 族	4246866	2109499	2137367	54327	19231	35096	240146	128791	111355
布依族	9065	4169	4896	122	37	85	503	269	234
朝鲜族	2786	1421	1365	29	14	15	159	82	77
满 族	14209	7212	6997	157	73	84	924	471	453
侗 族	56220	27206	29014	715	280	435	3500	1800	1700
瑶 族	237043	115729	121314	3318	1259	2059	16686	8883	7803
白 族	1568	759	809	22	10	12	90	44	46
土家族	10239	5280	4959	116	51	65	685	357	328
哈尼族	513	215	298	11	4	7	32	16	16
哈萨克族	39	13	26	1		1	1	1	
傣 族	646	245	401	9	5	4	47	22	25
黎 族	3011	1290	1721	29	17	12	206	100	106
傈僳族	203	101	102	5	4	1	17	9	8
佤 族	182	93	89	5	3	2	2	1	1
畲 族	1080	620	460	7	2	5	94	58	36
高山族	159	80	79	3	2	1	14	7	7
拉祜族	158	64	94	1		1	7	3	4
水 族	5679	2755	2924	70	28	42	416	232	184
东乡族	114	71	43	8	2	6	5	5	
纳西族	139	56	83	3		3	6	3	3
景颇族	60	23	37	2		2			
柯尔克孜族	8	2	6	1	1				
土 族	283	138	145	2		2	15	7	8
达斡尔族	211	94	117	2		2	8	4	4
仫佬族	47045	22041	25004	600	240	360	3622	1860	1762
羌 族	147	76	71	1		1	11	4	7
布朗族	61	28	33	1		1	5	2	3
撒拉族	28	14	14	1		1	1	1	
毛南族	17303	8269	9034	172	84	88	1212	671	541
仡佬族	1908	1010	898	24	8	16	106	63	43
锡伯族	224	111	113	3	1	2	9	4	5
阿昌族	19	8	11						
普米族	20	8	12	1	1		2		2
塔吉克族	9	3	6						
怒 族	16	4	12				1		1
乌孜别克族	5	2	3	2	1	1			
俄罗斯族	32	18	14				3	2	1
鄂温克族	58	30	28				2	1	1
德昂族	7	3	4	1		1	1	1	
保安族	7	5	2						
裕固族	9	4	5				1	1	
京 族	11589	5709	5880	180	76	104	1094	589	505
塔塔尔族	5	2	3						
独龙族	4		4						
鄂伦春族	28	10	18				2		2
赫哲族	16	9	7						
门巴族	8	1	7						
珞巴族	4	1	3						
基诺族	6	1	5						
未定族称人口	905	464	441	105	64	41	96	49	47
入 籍	88	32	56	4	1	3	5	3	2

2-3a 续表 1

单位:人

民族	小学			初中			高中		
	小计	男	女	小计	男	女	小计	男	女
总 计	**2500416**	**1184723**	**1315693**	**4406791**	**2269683**	**2137108**	**3067144**	**1600214**	**1466930**
汉 族	1588453	759459	828994	2907054	1503455	1403599	2110237	1102971	1007266
蒙古族	717	358	359	1200	638	562	979	521	458
回 族	3121	1499	1622	4896	2528	2368	5480	2794	2686
藏 族	92	51	41	140	76	64	123	60	63
维吾尔族	102	47	55	316	180	136	158	80	78
苗 族	17853	8609	9244	23215	12609	10606	14875	7947	6928
彝 族	830	411	419	1411	789	622	808	416	392
壮 族	813189	378023	435166	1368715	699135	669580	851951	444011	407940
布依族	1649	746	903	2724	1295	1429	1622	755	867
朝鲜族	357	172	185	606	295	311	740	400	340
满 族	1843	929	914	2729	1453	1276	2749	1395	1354
侗 族	9693	4653	5040	14271	7279	6992	11827	6031	5796
瑶 族	44107	20935	23172	55042	28053	26989	45804	23186	22618
白 族	228	122	106	333	152	181	241	123	118
土家族	1658	791	867	2272	1224	1048	1662	897	765
哈尼族	95	41	54	157	65	92	76	31	45
哈萨克族				2	1	1	9	3	6
傣 族	116	40	76	187	62	125	113	46	67
黎 族	458	202	256	658	271	387	513	201	312
傈僳族	40	18	22	48	19	29	35	17	18
佤 族	55	31	24	66	41	25	24	11	13
畲 族	241	122	119	267	170	97	203	127	76
高山族	14	6	8	26	8	18	30	13	17
拉祜族	29	10	19	56	23	33	35	17	18
水 族	947	451	496	1497	744	753	1117	528	589
东乡族	42	29	13	19	9	10	13	8	5
纳西族	10	3	7	17	5	12	18	13	5
景颇族	15	8	7	25	8	17	5	1	4
柯尔克孜族				1		1			
土 族	42	16	26	54	27	27	45	19	26
达斡尔族	28	14	14	48	24	24	43	20	23
仫佬族	8583	4154	4429	11279	5424	5855	9168	4416	4752
羌 族	22	12	10	28	17	11	22	12	10
布朗族	10	3	7	15	9	6	14	9	5
撒拉族	9	6	3	7	3	4	2	1	1
毛南族	3004	1402	1602	4315	2116	2199	3357	1631	1726
仡佬族	321	157	164	404	218	186	349	199	150
锡伯族	40	21	19	34	24	10	48	18	30
阿昌族	2	1	1	3	2	1	2	1	1
普米族	1	1		2	1	1	1		1
塔吉克族									
怒 族	2		2	2	1	1	4	2	2
乌孜别克族				1	1				
俄罗斯族	9	5	4	3	3		3	1	2
鄂温克族	8	1	7	16	11	5	8	3	5
德昂族	1		1	1		1	1	1	
保安族	3	1	2	1	1		1	1	
裕固族							1	1	
京 族	2220	1080	1140	2431	1118	1313	2464	1195	1269
塔塔尔族				1		1			
独龙族									
鄂伦春族	1	1		9	5	4	3	1	2
赫哲族	2	1	1	2	1	1	7	5	2
门巴族									
珞巴族	1		1	1		1			
基诺族				3	1	2			
未定族称人口	142	79	63	158	83	75	131	65	66
入 籍	11	2	9	23	6	17	23	10	13

2-3a 续表 2

单位:人

民族	大学专科			大学本科			硕士研究生			博士研究生		
	小计	男	女	小计	男	女	小计	男	女	小计	男	女
总计	**1807571**	**918324**	**889247**	**1482005**	**703568**	**778437**	**108988**	**53786**	**55202**	**11215**	**7004**	**4211**
汉族	1216604	623753	592851	1022291	496636	525655	80944	40985	39959	8834	5641	3193
蒙古族	719	393	326	944	482	462	154	59	95	35	21	14
回族	3667	1859	1808	4562	2106	2456	646	294	352	62	31	31
藏族	251	112	139	243	101	142	16	5	11	1		1
维吾尔族	88	47	41	146	69	77	2	1	1	3	2	1
苗族	10220	4981	5239	8792	3882	4910	724	351	373	74	48	26
彝族	739	369	370	989	451	538	77	37	40	7	5	2
壮族	514131	257404	256727	381690	172237	209453	21027	9703	11324	1690	964	726
布依族	1134	497	637	1215	537	678	86	29	57	10	4	6
朝鲜族	392	213	179	430	211	219	54	26	28	19	8	11
满族	2220	1132	1088	3010	1508	1502	506	214	292	71	37	34
侗族	8325	3886	4439	7288	3020	4268	551	230	321	50	27	23
瑶族	34440	16670	17770	34698	15408	19290	2724	1203	1521	224	132	92
白族	223	116	107	368	165	203	57	22	35	6	5	1
土家族	1264	673	591	2111	1041	1070	417	209	208	54	37	17
哈尼族	45	17	28	92	40	52	5	1	4			
哈萨克族	3	2	1	23	6	17						
傣族	71	30	41	92	34	58	9	5	4	2	1	1
黎族	511	237	274	597	243	354	38	19	19	1		1
傈僳族	22	14	8	33	18	15	3	2	1			
佤族	9	1	8	18	5	13	3		3			
畲族	112	63	49	140	68	72	9	4	5	7	6	1
高山族	31	18	13	38	25	13	2	1	1	1		1
拉祜族	12	5	7	18	6	12						
水族	781	391	390	768	345	423	77	31	46	6	5	1
东乡族	7	4	3	17	11	6	3	3				
纳西族	30	15	15	51	16	35	4	1	3			
景颇族	5	2	3	7	3	4	1	1				
柯尔克孜族				6	1	5						
土族	49	32	17	68	30	38	8	7	1			
达斡尔族	31	12	19	40	14	26	10	6	4	1		1
仫佬族	6720	3006	3714	6555	2731	3824	481	193	288	37	17	20
羌族	21	11	10	37	16	21	5	4	1			
布朗族	5	2	3	11	3	8						
撒拉族	1	1		7	2	5						
毛南族	2611	1267	1344	2430	1017	1413	190	73	117	12	8	4
仡佬族	305	148	157	363	199	164	34	17	17	2	1	1
锡伯族	36	18	18	46	21	25	8	4	4			
阿昌族	3	1	2	9	3	6						
普米族	3	2	1	10	3	7						
塔吉克族				9	3	6						
怒族				6	1	5	1		1			
乌孜别克族				2		2						
俄罗斯族	5	2	3	6	3	3	3	2	1			
鄂温克族	8	6	2	16	8	8						
德昂族				2	1	1						
保安族				2	2							
裕固族				6	1	5	1	1				
京族	1574	841	733	1536	771	765	87	38	49	3	1	2
塔塔尔族	2	2		1		1	1		1			
独龙族				4		4						
鄂伦春族	2		2	10	3	7	1		1			
赫哲族	1		1	3	1	2	1	1				
门巴族	1		1	7	1	6						
珞巴族				2	1	1						
基诺族				3		3						
未定族称人口	128	64	64	126	54	72	16	3	13	3	3	
入籍	9	5	4	11	4	7	2	1	1			

2–3b 各民族分性别、受教育程度的3岁及以上人口（镇）

单位：人

民 族	3岁及以上人口			未上过学			学前教育		
	合计	男	女	小计	男	女	小计	男	女
总 计	**11902189**	**6082643**	**5819546**	**277204**	**88680**	**188524**	**674518**	**359635**	**314883**
汉 族	7921080	4091563	3829517	174404	60404	114000	431753	230232	201521
蒙古族	650	383	267	3	1	2	34	17	17
回 族	5434	2927	2507	75	30	45	355	184	171
藏 族	262	110	152	6	1	5	12	6	6
维吾尔族	164	91	73	2		2	15	7	8
苗 族	107073	53145	53928	3829	1014	2815	6895	3753	3142
彝 族	5018	2610	2408	198	56	142	342	185	157
壮 族	3283591	1645261	1638330	82312	22318	59994	193428	103384	90044
布依族	9106	3762	5344	246	63	183	561	303	258
朝鲜族	165	104	61	3	3		13	7	6
满 族	1785	1028	757	25	10	15	113	60	53
侗 族	99882	48986	50896	2079	543	1536	6392	3353	3039
瑶 族	363807	180442	183365	11425	3498	7927	27038	14143	12895
白 族	559	280	279	5	4	1	26	16	10
土家族	3794	2035	1759	43	22	21	255	139	116
哈尼族	283	127	156	9	3	6	10	4	6
哈萨克族	14	6	8						
傣 族	304	108	196	5	1	4	31	14	17
黎 族	1178	488	690	21	7	14	79	39	40
傈僳族	90	28	62	5	2	3	6	1	5
佤 族	128	63	65	6	2	4	8	2	6
畲 族	322	176	146	3	1	2	19	14	5
高山族	70	39	31	2		2	4	1	3
拉祜族	87	49	38	3	2	1	3	3	
水 族	4249	2089	2160	86	28	58	326	175	151
东乡族	33	24	9	4	2	2	4	3	1
纳西族	23	7	16						
景颇族	19	5	14	1	1		1		1
柯尔克孜族	3	2	1						
土 族	86	39	47	2	2		7	4	3
达斡尔族	15	11	4						
仫佬族	63730	31568	32162	1753	458	1295	4631	2428	2203
羌 族	41	26	15						
布朗族	37	17	20				3	3	
撒拉族	11	3	8						
毛南族	21846	11113	10733	406	137	269	1521	818	703
仡佬族	1648	902	746	38	7	31	125	69	56
锡伯族	37	22	15				1		1
阿昌族	8	4	4						
普米族	6	1	5						
塔吉克族									
怒 族	3	1	2						
乌孜别克族									
俄罗斯族	1	1							
鄂温克族	8	3	5						
德昂族	6	2	4	1		1	2	1	1
保安族	2	1	1	1		1			
裕固族	6	4	2						
京 族	5057	2803	2254	129	46	83	469	257	212
塔塔尔族	1		1						
独龙族									
鄂伦春族	2	1	1						
赫哲族	5	4	1						
门巴族									
珞巴族									
基诺族	4	2	2						
未定族称人口	354	166	188	47	12	35	32	10	22
入 籍	102	11	91	27	2	25	4		4

2-3b 续表 1

单位:人

民 族	小学			初中			高中		
	小计	男	女	小计	男	女	小计	男	女
总 计	**3190769**	**1506041**	**1684728**	**4644052**	**2470152**	**2173900**	**1893116**	**1025000**	**868116**
汉 族	2112645	1016645	1096000	3181653	1701715	1479938	1264363	688273	576090
蒙古族	99	51	48	132	93	39	107	57	50
回 族	1107	553	554	1565	919	646	1123	614	509
藏 族	71	29	42	85	30	55	31	14	17
维吾尔族	21	15	6	58	36	22	18	13	5
苗 族	32463	14863	17600	33304	17514	15790	18344	9560	8784
彝 族	1294	664	630	1556	856	700	745	400	345
壮 族	875429	395431	479998	1248168	656378	591790	511785	277024	234761
布依族	2718	1009	1709	3296	1340	1956	1218	546	672
朝鲜族	30	16	14	41	29	12	33	19	14
满 族	260	131	129	414	238	176	372	212	160
侗 族	27528	12391	15137	33954	17508	16446	15636	7886	7750
瑶 族	106074	49847	56227	106389	55521	50868	63892	32294	31598
白 族	139	74	65	181	89	92	74	37	37
土家族	835	419	416	1371	772	599	627	328	299
哈尼族	81	39	42	115	50	65	35	18	17
哈萨克族	1	1		3		3	2	1	1
傣 族	66	24	42	128	42	86	34	12	22
黎 族	257	111	146	407	146	261	194	84	110
傈僳族	17	7	10	32	11	21	21	4	17
佤 族	31	13	18	62	34	28	16	8	8
畲 族	80	35	45	124	72	52	36	24	12
高山族	7	3	4	35	26	9	14	5	9
拉祜族	27	15	12	38	18	20	10	7	3
水 族	1189	524	665	1424	755	669	646	317	329
东乡族	12	9	3	7	5	2	3	3	
纳西族	6	2	4	4	1	3	5	1	4
景颇族	4	2	2	9	1	8	1		1
柯尔克孜族				1	1				
土 族	13	2	11	32	14	18	6	2	4
达斡尔族				4	3	1	3	2	1
仫佬族	20583	9449	11134	19442	10513	8929	9104	4723	4381
羌 族	9	5	4	21	14	7	5	2	3
布朗族	15	6	9	9	3	6	5	2	3
撒拉族	4	1	3	4	2	2			
毛南族	5711	2706	3005	7392	3883	3509	3637	1925	1712
仡佬族	423	215	208	442	270	172	286	153	133
锡伯族	8	6	2	13	8	5	6	3	3
阿昌族	2	1	1	3	1	2	1	1	
普米族	3		3	1		1			
塔吉克族									
怒 族	1		1	1		1			
乌孜别克族									
俄罗斯族									
鄂温克族	2		2	2	2		3	1	2
德昂族				2		2	1	1	
保安族									
裕固族	1	1		1		1	1	1	
京 族	1374	676	698	2006	1186	820	635	405	230
塔塔尔族	1		1						
独龙族									
鄂伦春族							1		1
赫哲族	1	1		1	1		1		1
门巴族									
珞巴族									
基诺族				2	2		2		2
未定族称人口	97	46	51	90	48	42	27	17	10
入 籍	30	3	27	28	2	26	7	1	6

2-3b 续表 2

单位：人

民族	大学专科			大学本科			硕士研究生			博士研究生		
	小计	男	女	小计	男	女	小计	男	女	小计	男	女
总计	**722920**	**385273**	**337647**	**485630**	**241034**	**244596**	**13123**	**6331**	**6792**	**857**	**497**	**360**
汉族	442421	236985	205436	303887	152442	151445	9365	4504	4861	589	363	226
蒙古族	99	67	32	165	92	73	10	5	5	1		1
回族	594	324	270	576	287	289	38	15	23	1	1	
藏族	35	19	16	21	10	11	1	1				
维吾尔族	22	12	10	28	8	20						
苗族	7409	4003	3406	4697	2378	2319	120	54	66	12	6	6
彝族	467	242	225	405	200	205	9	5	4	2	2	
壮族	226718	119799	106919	142840	69488	73352	2716	1338	1378	195	101	94
布依族	580	275	305	478	220	258	9	6	3			
朝鲜族	16	10	6	25	18	7	1		1	3	2	1
满族	251	162	89	321	203	118	28	11	17	1	1	
侗族	8979	4701	4278	5204	2555	2649	100	45	55	10	4	6
瑶族	27271	14489	12782	21139	10368	10771	543	266	277	36	16	20
白族	61	27	34	64	30	34	9	3	6			
土家族	277	156	121	337	182	155	48	17	31	1		1
哈尼族	17	6	11	15	7	8	1		1			
哈萨克族	1		1	7	4	3						
傣族	23	9	14	16	6	10	1		1			
黎族	103	47	56	115	53	62	2	1	1			
傈僳族	5	2	3	3	1	2	1		1			
佤族	3	2	1	2	2							
畲族	27	17	10	31	12	19	2	1	1			
高山族	6	2	4	2	2							
拉祜族	6	4	2									
水族	310	157	153	263	131	132	4	2	2	1		1
东乡族	2	2		1		1						
纳西族	2	1	1	6	2	4						
景颇族	1		1	2	1	1						
柯尔克孜族				2	1	1						
土族	11	8	3	14	7	7	1		1			
达斡尔族	3	2	1	5	4	1						
仫佬族	4882	2469	2413	3248	1481	1767	84	46	38	3	1	2
羌族	3	2	1	2	2		1	1				
布朗族	4	2	2	1	1							
撒拉族				3		3						
毛南族	1833	988	845	1322	648	674	23	8	15	1		1
仡佬族	174	107	67	157	81	76	3		3			
锡伯族	4	1	3	5	4	1						
阿昌族	1		1	1	1							
普米族				2	1	1						
塔吉克族												
怒族				1	1							
乌孜别克族												
俄罗斯族				1	1							
鄂温克族	1		1									
德昂族												
保安族	1	1										
裕固族	1	1		2	1	1						
京族	269	153	116	171	78	93	3	2	1	1		1
塔塔尔族												
独龙族												
鄂伦春族				1	1							
赫哲族	2	2										
门巴族												
珞巴族												
基诺族												
未定族称人口	21	14	7	40	19	21						
入籍	4	3	1	2		2						

2-3c 各民族分性别、受教育程度的3岁及以上人口（乡村）

单位：人

民族	3岁及以上人口			未上过学			学前教育		
	合计	男	女	小计	男	女	小计	男	女
总计	**22042455**	**11634648**	**10407807**	**1073842**	**297008**	**776834**	**1185753**	**623401**	**562352**
汉族	12757150	6780477	5976673	505918	159110	346808	704492	369515	334977
蒙古族	674	346	328	26	11	15	30	14	16
回族	4249	2295	1954	150	39	111	231	117	114
藏族	408	168	240	10	1	9	10	4	6
维吾尔族	159	77	82	1		1	3	3	
苗族	363686	186586	177100	44029	11533	32496	21329	11426	9903
彝族	6166	3037	3129	492	129	363	325	159	166
壮族	7584690	3978626	3606064	421867	99094	322773	380963	201183	179780
布依族	12021	4067	7954	1020	140	880	525	266	259
朝鲜族	198	88	110	9	2	7	10	7	3
满族	1458	804	654	48	7	41	75	33	42
侗族	192320	99646	92674	15569	3624	11945	9695	5082	4613
瑶族	998705	515054	483651	78835	21826	57009	60364	31555	28809
白族	524	235	289	20	8	12	44	23	21
土家族	4093	2082	2011	78	24	54	275	141	134
哈尼族	585	264	321	31	15	16	29	13	16
哈萨克族	4	1	3						
傣族	348	67	281	14	1	13	29	10	19
黎族	1972	812	1160	40	7	33	141	75	66
傈僳族	149	54	95	4	1	3	6	3	3
佤族	203	63	140	5		5	11	2	9
畲族	231	123	108	6	3	3	19	10	9
高山族	51	30	21				3	2	1
拉祜族	109	26	83	4		4	9	5	4
水族	6170	3164	3006	245	53	192	373	198	175
东乡族	11	7	4	1		1	2		2
纳西族	27	10	17	1	1		2	1	1
景颇族	52	19	33	1	1		5	3	2
柯尔克孜族									
土族	86	37	49	3		3	5	5	
达斡尔族	15	7	8						
仫佬族	60676	32336	28340	3252	871	2381	3810	1975	1835
羌族	26	17	9						
布朗族	64	19	45	7		7	4	2	2
撒拉族	1	1							
毛南族	30675	16577	14098	1110	328	782	1707	913	794
仡佬族	2405	1261	1144	208	50	158	202	99	103
锡伯族	20	8	12						
阿昌族	25	8	17	1		1	2		2
普米族	10	5	5				2	2	
塔吉克族	1		1						
怒族	9	3	6						
乌孜别克族									
俄罗斯族	1		1						
鄂温克族	19	4	15	1		1			
德昂族	4	2	2						
保安族	1		1						
裕固族									
京族	10728	5872	4856	415	99	316	922	510	412
塔塔尔族	4		4	2		2			
独龙族	6	2	4						
鄂伦春族	1	1							
赫哲族	1	1							
门巴族									
珞巴族	2	1	1						
基诺族	5	1	4	1		1	1	1	
未定族称人口	888	235	653	284	30	254	81	39	42
入籍	369	22	347	134		134	17	5	12

2-3c 续表 1

单位：人

民 族	小学			初中			高中		
	小计	男	女	小计	男	女	小计	男	女
总 计	**8271828**	**3973121**	**4298707**	**9189509**	**5366193**	**3823316**	**1537274**	**968592**	**568682**
汉 族	4661075	2274288	2386787	5472404	3147847	2324557	940781	584339	356442
蒙古族	105	48	57	185	88	97	113	64	49
回 族	1308	653	655	1696	993	703	449	276	173
藏 族	108	31	77	129	49	80	48	26	22
维吾尔族	12	4	8	46	32	14	80	27	53
苗 族	173177	87035	86142	100482	61474	39008	15216	9811	5405
彝 族	2195	987	1208	2298	1270	1028	434	261	173
壮 族	2830010	1316675	1513335	3181998	1897551	1284447	510432	329959	180473
布依族	4820	1428	3392	4567	1709	2858	529	265	264
朝鲜族	44	16	28	59	29	30	26	11	15
满 族	343	155	188	453	274	179	188	128	60
侗 族	87870	43024	44846	62481	38349	24132	10130	6306	3824
瑶 族	462151	225175	236976	317473	189722	127751	50977	32183	18794
白 族	127	53	74	212	91	121	46	25	21
土家族	1063	522	541	1893	956	937	401	233	168
哈尼族	183	77	106	275	128	147	39	22	17
哈萨克族	1		1	1	1		1		1
傣 族	97	18	79	156	23	133	26	5	21
黎 族	570	259	311	926	348	578	164	64	100
傈僳族	44	18	26	76	22	54	9	4	5
佤 族	66	20	46	102	34	68	13	6	7
畲 族	47	20	27	101	54	47	40	29	11
高山族	15	8	7	20	14	6	8	4	4
拉祜族	45	9	36	40	9	31	6	1	5
水 族	2558	1222	1336	2344	1340	1004	381	233	148
东乡族				7	6	1			
纳西族	5	1	4	4	2	2	2		2
景颇族	21	5	16	21	10	11	3		3
柯尔克孜族									
土 族	27	10	17	32	12	20	8	5	3
达斡尔族	2		2	5	2	3	1	1	
仫佬族	26693	13368	13325	20893	12796	8097	3668	2305	1363
羌 族	6	2	4	10	9	1	5	2	3
布朗族	25	11	14	20	4	16	5	1	4
撒拉族				1	1				
毛南族	12202	5808	6394	12617	7699	4918	1840	1226	614
仡佬族	1052	552	500	678	409	269	127	71	56
锡伯族	5	2	3	5	2	3	5	1	4
阿昌族	4	1	3	11	2	9	5	3	2
普米族	2	1	1	2	1	1	3	1	2
塔吉克族									
怒 族				7	1	6	2	2	
乌孜别克族									
俄罗斯族				1		1			
鄂温克族	9	3	6	8	1	7			
德昂族	2	1	1	2	1	1			
保安族				1		1			
裕固族									
京 族	3367	1561	1806	4518	2737	1781	1010	672	338
塔塔尔族	1		1	1		1			
独龙族	1		1	4	2	2	1		1
鄂伦春族									
赫哲族				1	1				
门巴族									
珞巴族	1	1							
基诺族	1		1	2		2			
未定族称人口	221	39	182	183	82	101	43	19	24
入 籍	147	10	137	58	6	52	9	1	8

2-3c 续表 2 单位:人

民 族	大学专科			大学本科			硕士研究生			博士研究生		
	小计	男	女	小计	男	女	小计	男	女	小计	男	女
总 计	**507242**	**270761**	**236481**	**267861**	**130963**	**136898**	**8171**	**4043**	**4128**	**975**	**566**	**409**
汉 族	293736	156011	137725	172168	85892	86276	5873	3062	2811	703	413	290
蒙古族	80	45	35	121	68	53	14	8	6			
回 族	188	104	84	206	100	106	16	10	6	5	3	2
藏 族	71	42	29	32	15	17						
维吾尔族	6	6		10	5	5	1		1			
苗 族	6730	3841	2889	2672	1437	1235	43	23	20	8	6	2
彝 族	221	112	109	193	116	77	7	3	4	1		1
壮 族	179418	96609	82809	77975	36678	41297	1813	759	1054	214	118	96
布依族	309	142	167	243	113	130	8	4	4			
朝鲜族	18	8	10	31	15	16	1		1			
满 族	123	75	48	200	113	87	26	18	8	2	1	1
侗 族	4388	2264	2124	2142	979	1163	42	16	26	3	2	1
瑶 族	18764	9953	8811	9848	4514	5334	262	107	155	31	19	12
白 族	42	20	22	33	15	18						
土家族	155	83	72	204	113	91	23	10	13	1		1
哈尼族	20	6	14	8	3	5						
哈萨克族				1		1						
傣 族	15	3	12	10	6	4	1	1				
黎 族	68	35	33	62	23	39	1	1				
傈僳族	7	3	4	3	3							
佤 族	4	1	3	2		2						
畲 族	5	2	3	13	5	8						
高山族	3		3	2	2							
拉祜族	2		2	3	2	1						
水 族	143	64	79	123	52	71	2	1	1	1	1	
东乡族										1	1	
纳西族	4	4		8	1	7	1		1			
景颇族	1		1									
柯尔克孜族												
土 族	3	1	2	8	4	4						
达斡尔族				6	4	2				1		1
仫佬族	1502	661	841	834	347	487	21	12	9	3	1	2
羌 族	1	1		4	3	1						
布朗族	2	1	1	1		1						
撒拉族												
毛南族	714	388	326	476	210	266	8	4	4	1	1	
仡佬族	90	52	38	46	27	19	2	1	1			
锡伯族	3	2	1	2	1	1						
阿昌族				1	1		1	1				
普米族	1		1									
塔吉克族	1		1									
怒 族												
乌孜别克族												
俄罗斯族												
鄂温克族	1		1									
德昂族												
保安族												
裕固族												
京 族	354	209	145	138	83	55	4	1	3			
塔塔尔族												
独龙族												
鄂伦春族				1	1							
赫哲族												
门巴族												
珞巴族				1		1						
基诺族												
未定族称人口	48	13	35	27	12	15	1	1				
入 籍	1		1	3		3						

2-4 各民族按户口登记地、性别分的户口登记地在外乡镇街道的人口

单位：人

民 族	户口登记地					
	合计			省内		
	合计	男	女	小计	男	女
总 计	**13238781**	**6678931**	**6559850**	**11879397**	**5897312**	**5982085**
汉 族	8167767	4162747	4005020	6951157	3455941	3495216
蒙古族	4809	2634	2175	823	423	400
回 族	13938	7136	6802	9636	4733	4903
藏 族	1050	514	536	274	124	150
维吾尔族	1012	523	489	75	32	43
苗 族	158505	80537	77968	130911	65411	65500
彝 族	8741	4667	4074	2647	1237	1410
壮 族	4270237	2121851	2148386	4231675	2102960	2128715
布依族	16487	7511	8976	5328	2058	3270
朝鲜族	2232	1152	1080	338	164	174
满 族	10823	5802	5021	3731	1846	1885
侗 族	101546	49810	51736	91511	44270	47241
瑶 族	373432	181425	192007	365227	177347	187880
白 族	1826	908	918	465	204	261
土家族	12334	6784	5550	2871	1319	1552
哈尼族	1013	478	535	132	44	88
哈萨克族	46	16	30	4	2	2
傣 族	761	257	504	173	64	109
黎 族	3153	1232	1921	1305	562	743
傈僳族	259	107	152	101	44	57
佤 族	361	188	173	30	15	15
畲 族	1219	714	505	216	103	113
高山族	91	45	46	81	41	40
拉祜族	255	116	139	43	13	30
水 族	6406	3079	3327	4450	2036	2414
东乡族	139	88	51	3	2	1
纳西族	148	51	97	34	8	26
景颇族	94	39	55	25	8	17
柯尔克孜族	10	3	7			
土 族	324	163	161	75	29	46
达斡尔族	173	85	88	25	10	15
仫佬族	43786	20480	23306	43094	20110	22984
羌 族	171	98	73	35	19	16
布朗族	81	37	44	25	8	17
撒拉族	39	17	22			
毛南族	23940	11819	12121	23621	11651	11970
仡佬族	2682	1489	1193	1576	782	794
锡伯族	185	93	92	44	20	24
阿昌族	41	16	25	6	3	3
普米族	22	7	15	4	2	2
塔吉克族	10	3	7			
怒 族	22	8	14	2	1	1
乌孜别克族	2	1	1	1		1
俄罗斯族	20	12	8	5	4	1
鄂温克族	57	30	27	21	9	12
德昂族	8	4	4			
保安族	7	6	1	1	1	
裕固族	9	3	6	1	1	
京 族	7395	3553	3842	7337	3521	3816
塔塔尔族	5	2	3	1	1	
独龙族	5		5			
鄂伦春族	27	10	17	2	1	1
赫哲族	15	10	5	5	4	1
门巴族	7	1	6			
珞巴族	5	2	3	2	1	1
基诺族	7	1	6	2	1	1
未定族称人口	966	537	429	200	103	97
入 籍	76	30	46	46	19	27

2-4　续表　　　　　　　　　　　　　　　　　　　　　　　　　　　　　　单位：人

民　族	户口登记地					
	省内			省外		
	其中市辖区内人户分离					
	小计	男	女	小计	男	女
总　计	**3716255**	**1835365**	**1880890**	**1359384**	**781619**	**577765**
汉　族	2157678	1056959	1100719	1216610	706806	509804
蒙古族	539	275	264	3986	2211	1775
回　族	6467	3161	3306	4302	2403	1899
藏　族	85	44	41	776	390	386
维吾尔族	46	21	25	937	491	446
苗　族	11163	5391	5772	27594	15126	12468
彝　族	489	234	255	6094	3430	2664
壮　族	1458108	730925	727183	38562	18891	19671
布依族	1210	474	736	11159	5453	5706
朝鲜族	243	118	125	1894	988	906
满　族	2580	1265	1315	7092	3956	3136
侗　族	8394	3871	4523	10035	5540	4495
瑶　族	51126	24246	26880	8205	4078	4127
白　族	240	104	136	1361	704	657
土家族	1437	708	729	9463	5465	3998
哈尼族	48	24	24	881	434	447
哈萨克族	2	1	1	42	14	28
傣　族	62	29	33	588	193	395
黎　族	625	271	354	1848	670	1178
傈僳族	29	13	16	158	63	95
佤　族	7	5	2	331	173	158
畲　族	110	61	49	1003	611	392
高山族	27	15	12	10	4	6
拉祜族	10	3	7	212	103	109
水　族	1258	573	685	1956	1043	913
东乡族	1	1		136	86	50
纳西族	24	6	18	114	43	71
景颇族	7	4	3	69	31	38
柯尔克孜族				10	3	7
土　族	31	13	18	249	134	115
达斡尔族	16	7	9	148	75	73
仫佬族	9141	4165	4976	692	370	322
羌　族	17	10	7	136	79	57
布朗族	5	1	4	56	29	27
撒拉族				39	17	22
毛南族	2684	1225	1459	319	168	151
仡佬族	291	149	142	1106	707	399
锡伯族	25	11	14	141	73	68
阿昌族	1	1		35	13	22
普米族	2	2		18	5	13
塔吉克族				10	3	7
怒　族	1	1		20	7	13
乌孜别克族	1		1	1	1	
俄罗斯族	4	3	1	15	8	7
鄂温克族	8	3	5	36	21	15
德昂族				8	4	4
保安族	1	1		6	5	1
裕固族	1	1		8	2	6
京　族	1932	924	1008	58	32	26
塔塔尔族				4	1	3
独龙族				5		5
鄂伦春族	1		1	25	9	16
赫哲族	3	3		10	6	4
门巴族				7	1	6
珞巴族				3	1	2
基诺族	1	1		5		5
未定族称人口	65	38	27	766	434	332
入　籍	9	4	5	30	11	19

2–4a 各民族按户口登记地、性别分的户口登记地在外乡镇街道的人口（城市）

单位：人

民族	户口登记地					
	合计			省内		
	合计	男	女	小计	男	女
总 计	**8451951**	**4301682**	**4150269**	**7542360**	**3783672**	**3758688**
汉 族	5295814	2723174	2572640	4458236	2242501	2215735
蒙古族	3851	2056	1795	690	356	334
回 族	11272	5673	5599	8054	3931	4123
藏 族	715	332	383	175	89	86
维吾尔族	751	384	367	59	25	34
苗 族	68871	35362	33509	57633	29245	28388
彝 族	4315	2239	2076	1295	609	686
壮 族	2775603	1390510	1385093	2758204	1382283	1375921
布依族	6975	3292	3683	2608	1049	1559
朝鲜族	2015	1028	987	269	127	142
满 族	8928	4638	4290	3225	1564	1661
侗 族	42660	20968	21692	37824	18283	19541
瑶 族	167511	82076	85435	163700	80105	83595
白 族	1186	571	615	341	152	189
土家族	7308	3869	3439	2015	944	1071
哈尼族	398	161	237	81	31	50
哈萨克族	32	10	22	3	1	2
傣 族	470	172	298	113	46	67
黎 族	2030	852	1178	962	417	545
傈僳族	153	71	82	64	30	34
佤 族	166	91	75	13	7	6
畲 族	818	479	339	158	80	78
高山族	60	30	30	54	27	27
拉祜族	141	58	83	26	6	20
水 族	3324	1598	1726	2548	1142	1406
东乡族	107	67	40	2	1	1
纳西族	113	40	73	26	7	19
景颇族	49	21	28	13	6	7
柯尔克孜族	7	1	6			
土 族	222	109	113	54	23	31
达斡尔族	157	77	80	22	8	14
仫佬族	25682	11837	13845	25291	11623	13668
羌 族	115	61	54	26	15	11
布朗族	46	23	23	14	4	10
撒拉族	28	14	14			
毛南族	11560	5568	5992	11384	5471	5913
仡佬族	1382	748	634	836	416	420
锡伯族	143	71	72	31	13	18
阿昌族	19	7	12	4	2	2
普米族	16	6	10	1	1	
塔吉克族	9	3	6			
怒 族	14	4	10	2	1	1
乌孜别克族	2	1	1	1		1
俄罗斯族	18	11	7	4	3	1
鄂温克族	51	28	23	15	7	8
德昂族	5	2	3			
保安族	7	6	1	1	1	
裕固族	7	2	5	1	1	
京 族	6148	2948	3200	6108	2927	3181
塔塔尔族	5	2	3	1	1	
独龙族	4		4			
鄂伦春族	24	8	16			
赫哲族	11	7	4	5	4	1
门巴族	7	1	6			
珞巴族	3	1	2	1		1
基诺族	7	1	6	2	1	1
未定族称人口	571	295	276	138	73	65
入 籍	45	18	27	27	13	14

2-4a　续表　　　　单位：人

民　族	户口登记地					
	省内			省外		
	其中市辖区内人户分离					
	小计	男	女	小计	男	女
总　计	**3383278**	**1675682**	**1707596**	**909591**	**518010**	**391581**
汉　族	1954393	960335	994058	837578	480673	356905
蒙古族	515	263	252	3161	1700	1461
回　族	6255	3052	3203	3218	1742	1476
藏　族	76	38	38	540	243	297
维吾尔族	44	20	24	692	359	333
苗　族	10278	4946	5332	11238	6117	5121
彝　族	459	223	236	3020	1630	1390
壮　族	1337110	671927	665183	17399	8227	9172
布依族	1106	431	675	4367	2243	2124
朝鲜族	216	103	113	1746	901	845
满　族	2472	1193	1279	5703	3074	2629
侗　族	7823	3589	4234	4836	2685	2151
瑶　族	45545	21684	23861	3811	1971	1840
白　族	227	100	127	845	419	426
土家族	1344	671	673	5293	2925	2368
哈尼族	46	24	22	317	130	187
哈萨克族	2	1	1	29	9	20
傣　族	59	28	31	357	126	231
黎　族	581	256	325	1068	435	633
傈僳族	27	13	14	89	41	48
佤　族	7	5	2	153	84	69
畲　族	105	57	48	660	399	261
高山族	26	14	12	6	3	3
拉祜族	10	3	7	115	52	63
水　族	1122	503	619	776	456	320
东乡族	1	1		105	66	39
纳西族	24	6	18	87	33	54
景颇族	5	3	2	36	15	21
柯尔克孜族				7	1	6
土　族	30	13	17	168	86	82
达斡尔族	16	7	9	135	69	66
仫佬族	8592	3929	4663	391	214	177
羌　族	17	10	7	89	46	43
布朗族	5	1	4	32	19	13
撒拉族				28	14	14
毛南族	2538	1157	1381	176	97	79
仡佬族	271	139	132	546	332	214
锡伯族	24	10	14	112	58	54
阿昌族	1	1		15	5	10
普米族	1	1		15	5	10
塔吉克族				9	3	6
怒　族	1	1		12	3	9
乌孜别克族	1		1	1	1	
俄罗斯族	3	2	1	14	8	6
鄂温克族	7	3	4	36	21	15
德昂族				5	2	3
保安族	1	1		6	5	1
裕固族	1	1		6	1	5
京　族	1817	873	944	40	21	19
塔塔尔族				4	1	3
独龙族				4		4
鄂伦春族				24	8	16
赫哲族	3	3		6	3	3
门巴族				7	1	6
珞巴族				2	1	1
基诺族	1	1		5		5
未定族称人口	61	36	25	433	222	211
入　籍	9	4	5	18	5	13

2–4b 各民族按户口登记地、性别分的户口登记地在外乡镇街道的人口（镇）

单位：人

民族	户口登记地					
	合计			省内		
	合计	男	女	小计	男	女
总　计	**3591378**	**1787296**	**1804082**	**3336750**	**1635615**	**1701135**
汉　族	2112930	1066252	1046678	1889554	931056	958498
蒙古族	444	288	156	101	50	51
回　族	1852	991	861	1226	625	601
藏　族	143	74	69	63	23	40
维吾尔族	134	75	59	10	4	6
苗　族	66078	33161	32917	59439	29443	29996
彝　族	2522	1319	1203	1113	515	598
壮　族	1159593	564690	594903	1151040	560683	590357
布依族	5811	2591	3220	2290	851	1439
朝鲜族	111	72	39	42	26	16
满　族	1026	627	399	353	196	157
侗　族	49735	24208	25527	47374	22888	24486
瑶　族	156370	75826	80544	154384	74877	79507
白　族	369	196	173	91	42	49
土家族	2813	1592	1221	698	297	401
哈尼族	194	99	95	41	12	29
哈萨克族	12	6	6	1	1	
傣　族	170	59	111	52	16	36
黎　族	634	232	402	261	109	152
傈僳族	46	13	33	24	6	18
佤　族	90	50	40	12	7	5
畲　族	240	135	105	53	19	34
高山族	15	7	8	15	7	8
拉祜族	72	41	31	13	6	7
水　族	2251	1082	1169	1657	779	878
东乡族	23	14	9	1	1	
纳西族	20	4	16	8	1	7
景颇族	15	3	12	10	1	9
柯尔克孜族	3	2	1			
土　族	55	28	27	14	4	10
达斡尔族	5	4	1	1	1	
仫佬族	15337	7345	7992	15175	7263	7912
羌　族	37	23	14	9	4	5
布朗族	17	7	10	9	3	6
撒拉族	11	3	8			
毛南族	10466	5232	5234	10388	5198	5190
仡佬族	925	515	410	613	297	316
锡伯族	24	15	9	11	5	6
阿昌族	4	1	3	1		1
普米族	4	1	3	3	1	2
塔吉克族						
怒　族	1	1				
乌孜别克族						
俄罗斯族	1	1		1	1	
鄂温克族	3		3	3		3
德昂族						
保安族						
裕固族	2	1	1			
京　族	573	292	281	561	285	276
塔塔尔族						
独龙族						
鄂伦春族	2	1	1	1		1
赫哲族	4	3	1			
门巴族						
珞巴族						
基诺族						
未定族称人口	171	108	63	21	10	11
入　籍	20	6	14	13	2	11

2-4b 续表

单位：人

民族	户口登记地					
	省内			省外		
	其中市辖区内人户分离					
	小计	男	女	小计	男	女
总　计	**178776**	**88838**	**89938**	**254628**	**151681**	**102947**
汉　族	101876	50053	51823	223376	135196	88180
蒙古族	9	4	5	343	238	105
回　族	111	54	57	626	366	260
藏　族	3	2	1	80	51	29
维吾尔族	1		1	124	71	53
苗　族	443	225	218	6639	3718	2921
彝　族	16	3	13	1409	804	605
壮　族	72453	36694	35759	8553	4007	4546
布依族	50	15	35	3521	1740	1781
朝鲜族	8	7	1	69	46	23
满　族	49	32	17	673	431	242
侗　族	335	159	176	2361	1320	1041
瑶　族	2767	1293	1474	1986	949	1037
白　族	5	2	3	278	154	124
土家族	53	18	35	2115	1295	820
哈尼族	1		1	153	87	66
哈萨克族				11	5	6
傣　族	1		1	118	43	75
黎　族	25	11	14	373	123	250
傈僳族				22	7	15
佤　族				78	43	35
畲　族	2	1	1	187	116	71
高山族	1	1				
拉祜族				59	35	24
水　族	85	45	40	594	303	291
东乡族				22	13	9
纳西族				12	3	9
景颇族				5	2	3
柯尔克孜族				3	2	1
土　族				41	24	17
达斡尔族				4	3	1
仫佬族	338	153	185	162	82	80
羌　族				28	19	9
布朗族				8	4	4
撒拉族				11	3	8
毛南族	74	36	38	78	34	44
仡佬族	12	5	7	312	218	94
锡伯族				13	10	3
阿昌族				3	1	2
普米族	1	1		1		1
塔吉克族						
怒　族				1	1	
乌孜别克族						
俄罗斯族	1	1				
鄂温克族	1		1			
德昂族						
保安族						
裕固族				2	1	1
京　族	54	23	31	12	7	5
塔塔尔族						
独龙族						
鄂伦春族	1		1	1	1	
赫哲族				4	3	1
门巴族						
珞巴族						
基诺族						
未定族称人口				150	98	52
入　籍				7	4	3

2–4c 各民族按户口登记地、性别分的户口登记地在外乡镇街道的人口（乡村）

单位：人

民族	户口登记地					
	合计			省内		
	合计	男	女	小计	男	女
总　计	**1195452**	**589953**	**605499**	**1000287**	**478025**	**522262**
汉　族	759023	373321	385702	603367	282384	320983
蒙古族	514	290	224	32	17	15
回　族	814	472	342	356	177	179
藏　族	192	108	84	36	12	24
维吾尔族	127	64	63	6	3	3
苗　族	23556	12014	11542	13839	6723	7116
彝　族	1904	1109	795	239	113	126
壮　族	335041	166651	168390	322431	159994	162437
布依族	3701	1628	2073	430	158	272
朝鲜族	106	52	54	27	11	16
满　族	869	537	332	153	86	67
侗　族	9151	4634	4517	6313	3099	3214
瑶　族	49551	23523	26028	47143	22365	24778
白　族	271	141	130	33	10	23
土家族	2213	1323	890	158	78	80
哈尼族	421	218	203	10	1	9
哈萨克族	2		2			
傣　族	121	26	95	8	2	6
黎　族	489	148	341	82	36	46
傈僳族	60	23	37	13	8	5
佤　族	105	47	58	5	1	4
畲　族	161	100	61	5	4	1
高山族	16	8	8	12	7	5
拉祜族	42	17	25	4	1	3
水　族	831	399	432	245	115	130
东乡族	9	7	2			
纳西族	15	7	8			
景颇族	30	15	15	2	1	1
柯尔克孜族						
土　族	47	26	21	7	2	5
达斡尔族	11	4	7	2	1	1
仫佬族	2767	1298	1469	2628	1224	1404
羌族	19	14	5			
布朗族	18	7	11	2	1	1
撒拉族						
毛南族	1914	1019	895	1849	982	867
仡佬族	375	226	149	127	69	58
锡伯族	18	7	11	2	2	
阿昌族	18	8	10	1	1	
普米族	2		2			
塔吉克族	1		1			
怒　族	7	3	4			
乌孜别克族						
俄罗斯族	1		1			
鄂温克族	3	2	1	3	2	1
德昂族	3	2	1			
保安族						
裕固族						
京　族	674	313	361	668	309	359
塔塔尔族						
独龙族	1		1			
鄂伦春族	1	1		1	1	
赫哲族						
门巴族						
珞巴族	2	1	1	1	1	
基诺族						
未定族称人口	224	134	90	41	20	21
入　籍	11	6	5	6	4	2

2-4c 续表 单位：人

民 族	户口登记地					
	省内			省外		
	其中市辖区内人户分离					
	小计	男	女	小计	男	女
总 计	**154201**	**70845**	**83356**	**195165**	**111928**	**83237**
汉 族	101409	46571	54838	155656	90937	64719
蒙古族	15	8	7	482	273	209
回 族	101	55	46	458	295	163
藏 族	6	4	2	156	96	60
维吾尔族	1	1		121	61	60
苗 族	442	220	222	9717	5291	4426
彝 族	14	8	6	1665	996	669
壮 族	48545	22304	26241	12610	6657	5953
布依族	54	28	26	3271	1470	1801
朝鲜族	19	8	11	79	41	38
满 族	59	40	19	716	451	265
侗 族	236	123	113	2838	1535	1303
瑶 族	2814	1269	1545	2408	1158	1250
白 族	8	2	6	238	131	107
土家族	40	19	21	2055	1245	810
哈尼族	1		1	411	217	194
哈萨克族				2		2
傣 族	2	1	1	113	24	89
黎 族	19	4	15	407	112	295
傈僳族	2		2	47	15	32
佤 族				100	46	54
畲 族	3	3		156	96	60
高山族				4	1	3
拉祜族				38	16	22
水 族	51	25	26	586	284	302
东乡族				9	7	2
纳西族				15	7	8
景颇族	2	1	1	28	14	14
柯尔克孜族						
土 族	1		1	40	24	16
达斡尔族				9	3	6
仫佬族	211	83	128	139	74	65
羌 族				19	14	5
布朗族				16	6	10
撒拉族						
毛南族	72	32	40	65	37	28
仡佬族	8	5	3	248	157	91
锡伯族	1	1		16	5	11
阿昌族				17	7	10
普米族				2		2
塔吉克族				1		1
怒 族				7	3	4
乌孜别克族						
俄罗斯族				1		1
鄂温克族						
德昂族				3	2	1
保安族						
裕固族						
京 族	61	28	33	6	4	2
塔塔尔族						
独龙族				1		1
鄂伦春族						
赫哲族						
门巴族						
珞巴族				1		1
基诺族						
未定族称人口	4	2	2	183	114	69
入 籍				5	2	3

第一部分 全部数据资料

第三卷 年龄

3-1 分年龄、性别的人口

单位：人、%

年龄	人口数			占总人口比重			性别比（女=100）
	合计	男	女	合计	男	女	
总 计	**50126804**	**25916169**	**24210635**	**100.00**	**51.70**	**48.30**	**107.04**
0-4岁	**3584168**	**1905073**	**1679095**	**7.15**	**3.80**	**3.35**	**113.46**
0	567378	302822	264556	1.13	0.60	0.53	114.46
1	649083	345290	303793	1.29	0.69	0.61	113.66
2	706981	374640	332341	1.41	0.75	0.66	112.73
3	838544	444535	394009	1.67	0.89	0.79	112.82
4	822182	437786	384396	1.64	0.87	0.77	113.89
5-9岁	**4335621**	**2318348**	**2017273**	**8.65**	**4.62**	**4.02**	**114.92**
5	814824	434583	380241	1.63	0.87	0.76	114.29
6	865517	462584	402933	1.73	0.92	0.80	114.80
7	879546	470587	408959	1.75	0.94	0.82	115.07
8	927940	496145	431795	1.85	0.99	0.86	114.90
9	847794	454449	393345	1.69	0.91	0.78	115.53
10-14岁	**3922712**	**2097576**	**1825136**	**7.83**	**4.18**	**3.64**	**114.93**
10	809344	433823	375521	1.61	0.87	0.75	115.53
11	814102	436032	378070	1.62	0.87	0.75	115.33
12	782187	419572	362615	1.56	0.84	0.72	115.71
13	760728	406557	354171	1.52	0.81	0.71	114.79
14	756351	401592	354759	1.51	0.80	0.71	113.20
15-19岁	**3191441**	**1680169**	**1511272**	**6.37**	**3.35**	**3.01**	**111.18**
15	700063	373191	326872	1.40	0.74	0.65	114.17
16	701136	371202	329934	1.40	0.74	0.66	112.51
17	641542	336472	305070	1.28	0.67	0.61	110.29
18	587337	307737	279600	1.17	0.61	0.56	110.06
19	561363	291567	269796	1.12	0.58	0.54	108.07
20-24岁	**2464195**	**1287023**	**1177172**	**4.92**	**2.57**	**2.35**	**109.33**
20	529748	276203	253545	1.06	0.55	0.51	108.94
21	479190	250272	228918	0.96	0.50	0.46	109.33
22	495625	257770	237855	0.99	0.51	0.47	108.37
23	482209	252220	229989	0.96	0.50	0.46	109.67
24	477423	250558	226865	0.95	0.50	0.45	110.44
25-29岁	**2713273**	**1432926**	**1280347**	**5.41**	**2.86**	**2.55**	**111.92**
25	497863	262822	235041	0.99	0.52	0.47	111.82
26	502644	265507	237137	1.00	0.53	0.47	111.96
27	535076	281386	253690	1.07	0.56	0.51	110.92
28	587683	312274	275409	1.17	0.62	0.55	113.39
29	590007	310937	279070	1.18	0.62	0.56	111.42

3-1 续表 1

单位：人、%

年 龄	人口数			占总人口比重			性别比
	合计	男	女	合计	男	女	（女=100）
30-34岁	**3865035**	**2011388**	**1853647**	**7.71**	**4.01**	**3.70**	**108.51**
30	712749	371755	340994	1.42	0.74	0.68	109.02
31	739517	384820	354697	1.48	0.77	0.71	108.49
32	736590	382617	353973	1.47	0.76	0.71	108.09
33	844854	440486	404368	1.69	0.88	0.81	108.93
34	831325	431710	399615	1.66	0.86	0.80	108.03
35-39岁	**3694887**	**1936562**	**1758325**	**7.37**	**3.86**	**3.51**	**110.14**
35	806581	422226	384355	1.61	0.84	0.77	109.85
36	780254	407640	372614	1.56	0.81	0.74	109.40
37	677566	355184	322382	1.35	0.71	0.64	110.17
38	730194	384089	346105	1.46	0.77	0.69	110.97
39	700292	367423	332869	1.40	0.73	0.66	110.38
40-44岁	**3401483**	**1784416**	**1617067**	**6.79**	**3.56**	**3.23**	**110.35**
40	692047	362881	329166	1.38	0.72	0.66	110.24
41	716311	376658	339653	1.43	0.75	0.68	110.89
42	675087	353091	321996	1.35	0.70	0.64	109.66
43	620593	325202	295391	1.24	0.65	0.59	110.09
44	697445	366584	330861	1.39	0.73	0.66	110.80
45-49岁	**3628878**	**1904383**	**1724495**	**7.24**	**3.80**	**3.44**	**110.43**
45	700780	368731	332049	1.40	0.74	0.66	111.05
46	769876	402817	367059	1.54	0.80	0.73	109.74
47	719039	376594	342445	1.43	0.75	0.68	109.97
48	719633	376744	342889	1.44	0.75	0.68	109.87
49	719550	379497	340053	1.44	0.76	0.68	111.60
50-54岁	**3727832**	**1936905**	**1790927**	**7.44**	**3.86**	**3.57**	**108.15**
50	754262	392132	362130	1.50	0.78	0.72	108.28
51	733474	383419	350055	1.46	0.76	0.70	109.53
52	813103	421074	392029	1.62	0.84	0.78	107.41
53	663354	343814	319540	1.32	0.69	0.64	107.60
54	763639	396466	367173	1.52	0.79	0.73	107.98
55-59岁	**3233500**	**1650453**	**1583047**	**6.45**	**3.29**	**3.16**	**104.26**
55	765688	394494	371194	1.53	0.79	0.74	106.28
56	731299	367927	363372	1.46	0.73	0.72	101.25
57	800996	412703	388293	1.60	0.82	0.77	106.29
58	620181	317288	302893	1.24	0.63	0.60	104.75
59	315336	158041	157295	0.63	0.32	0.31	100.47
60-64岁	**2249662**	**1131205**	**1118457**	**4.49**	**2.26**	**2.23**	**101.14**
60	372531	183527	189004	0.74	0.37	0.38	97.10
61	352870	179325	173545	0.70	0.36	0.35	103.33
62	528560	267340	261220	1.05	0.53	0.52	102.34
63	525330	267531	257799	1.05	0.53	0.51	103.78
64	470371	233482	236889	0.94	0.47	0.47	98.56

3-1 续表 2

单位：人、%

年 龄	人口数			占总人口比重			性别比（女=100）
	合计	男	女	合计	男	女	
65-69岁	**2197336**	**1083074**	**1114262**	**4.38**	**2.16**	**2.22**	**97.20**
65	470709	234665	236044	0.94	0.47	0.47	99.42
66	481624	237285	244339	0.96	0.47	0.49	97.11
67	449324	220544	228780	0.90	0.44	0.46	96.40
68	434412	214966	219446	0.87	0.43	0.44	97.96
69	361267	175614	185653	0.72	0.35	0.37	94.59
70-74岁	**1513475**	**736337**	**777138**	**3.02**	**1.47**	**1.55**	**94.75**
70	377713	183866	193847	0.75	0.37	0.39	94.85
71	362576	182081	180495	0.72	0.36	0.36	100.88
72	283557	137055	146502	0.57	0.27	0.29	93.55
73	249327	120204	129123	0.50	0.24	0.26	93.09
74	240302	113131	127171	0.48	0.23	0.25	88.96
75-79岁	**1078747**	**490366**	**588381**	**2.15**	**0.98**	**1.17**	**83.34**
75	235828	108764	127064	0.47	0.22	0.25	85.60
76	235544	109999	125545	0.47	0.22	0.25	87.62
77	214648	96740	117908	0.43	0.19	0.24	82.05
78	199273	89171	110102	0.40	0.18	0.22	80.99
79	193454	85692	107762	0.39	0.17	0.21	79.52
80-84岁	**734848**	**315122**	**419726**	**1.47**	**0.63**	**0.84**	**75.08**
80	182537	80848	101689	0.36	0.16	0.20	79.51
81	149599	65566	84033	0.30	0.13	0.17	78.02
82	148830	63723	85107	0.30	0.13	0.17	74.87
83	131743	55386	76357	0.26	0.11	0.15	72.54
84	122139	49599	72540	0.24	0.10	0.14	68.37
85-89岁	**403192**	**153748**	**249444**	**0.80**	**0.31**	**0.50**	**61.64**
85	106216	41192	65024	0.21	0.08	0.13	63.35
86	91312	35057	56255	0.18	0.07	0.11	62.32
87	83550	32463	51087	0.17	0.06	0.10	63.54
88	65100	24318	40782	0.13	0.05	0.08	59.63
89	57014	20718	36296	0.11	0.04	0.07	57.08
90-94岁	**143622**	**49102**	**94520**	**0.29**	**0.10**	**0.19**	**51.95**
90	48067	17142	30925	0.10	0.03	0.06	55.43
91	31516	10732	20784	0.06	0.02	0.04	51.64
92	26850	9178	17672	0.05	0.02	0.04	51.94
93	21433	7057	14376	0.04	0.01	0.03	49.09
94	15756	4993	10763	0.03	0.01	0.02	46.39
95-99岁	**35972**	**10454**	**25518**	**0.07**	**0.02**	**0.05**	**40.97**
95	12304	3707	8597	0.02	0.01	0.02	43.12
96	8484	2461	6023	0.02		0.01	40.86
97	6586	1871	4715	0.01		0.01	39.68
98	4460	1281	3179	0.01		0.01	40.30
99	4138	1134	3004	0.01		0.01	37.75
100岁及以上	**6925**	**1539**	**5386**	**0.01**		**0.01**	**28.57**

3-1a 分年龄、性别的人口（城市）

单位：人、%

年龄	人口数			占总人口比重			性别比
	合计	男	女	合计	男	女	（女=100）
总计	**14787980**	**7458144**	**7329836**	**100.00**	**50.43**	**49.57**	**101.75**
0-4岁	**989799**	**528688**	**461111**	**6.69**	**3.58**	**3.12**	**114.66**
0	153134	81718	71416	1.04	0.55	0.48	114.43
1	179325	95943	83382	1.21	0.65	0.56	115.06
2	196803	104357	92446	1.33	0.71	0.63	112.88
3	239589	127865	111724	1.62	0.86	0.76	114.45
4	220948	118805	102143	1.49	0.80	0.69	116.31
5-9岁	**1085088**	**586107**	**498981**	**7.34**	**3.96**	**3.37**	**117.46**
5	210036	112909	97127	1.42	0.76	0.66	116.25
6	219153	118154	100999	1.48	0.80	0.68	116.99
7	223811	121284	102527	1.51	0.82	0.69	118.29
8	232194	125320	106874	1.57	0.85	0.72	117.26
9	199894	108440	91454	1.35	0.73	0.62	118.57
10-14岁	**866212**	**466933**	**399279**	**5.86**	**3.16**	**2.70**	**116.94**
10	186924	101040	85884	1.26	0.68	0.58	117.65
11	178772	96579	82193	1.21	0.65	0.56	117.50
12	174003	94288	79715	1.18	0.64	0.54	118.28
13	166964	89681	77283	1.13	0.61	0.52	116.04
14	159549	85345	74204	1.08	0.58	0.50	115.01
15-19岁	**1252254**	**643843**	**608411**	**8.47**	**4.35**	**4.11**	**105.82**
15	205160	108935	96225	1.39	0.74	0.65	113.21
16	271227	143614	127613	1.83	0.97	0.86	112.54
17	265089	137210	127879	1.79	0.93	0.86	107.30
18	249025	126740	122285	1.68	0.86	0.83	103.64
19	261753	127344	134409	1.77	0.86	0.91	94.74
20-24岁	**996425**	**486923**	**509502**	**6.74**	**3.29**	**3.45**	**95.57**
20	251558	120862	130696	1.70	0.82	0.88	92.48
21	207614	99331	108283	1.40	0.67	0.73	91.73
22	192034	93232	98802	1.30	0.63	0.67	94.36
23	175284	87602	87682	1.19	0.59	0.59	99.91
24	169935	85896	84039	1.15	0.58	0.57	102.21
25-29岁	**969520**	**492012**	**477508**	**6.56**	**3.33**	**3.23**	**103.04**
25	176760	90112	86648	1.20	0.61	0.59	104.00
26	179413	91629	87784	1.21	0.62	0.59	104.38
27	189779	95878	93901	1.28	0.65	0.63	102.11
28	209277	106204	103073	1.42	0.72	0.70	103.04
29	214291	108189	106102	1.45	0.73	0.72	101.97

3-1a 续表 1 单位:人、%

年 龄	人口数			占总人口比重			性别比(女=100)
	合计	男	女	合计	男	女	
30-34岁	**1421741**	**704590**	**717151**	**9.61**	**4.76**	**4.85**	**98.25**
30	258662	129146	129516	1.75	0.87	0.88	99.71
31	273196	135853	137343	1.85	0.92	0.93	98.92
32	273247	135572	137675	1.85	0.92	0.93	98.47
33	311130	153854	157276	2.10	1.04	1.06	97.82
34	305506	150165	155341	2.07	1.02	1.05	96.67
35-39岁	**1310654**	**654257**	**656397**	**8.86**	**4.42**	**4.44**	**99.67**
35	289602	143315	146287	1.96	0.97	0.99	97.97
36	277943	137905	140038	1.88	0.93	0.95	98.48
37	242099	121230	120869	1.64	0.82	0.82	100.30
38	259979	131039	128940	1.76	0.89	0.87	101.63
39	241031	120768	120263	1.63	0.82	0.81	100.42
40-44岁	**1145160**	**578550**	**566610**	**7.74**	**3.91**	**3.83**	**102.11**
40	233648	117575	116073	1.58	0.80	0.78	101.29
41	247007	124906	122101	1.67	0.84	0.83	102.30
42	229860	115926	113934	1.55	0.78	0.77	101.75
43	207772	104982	102790	1.41	0.71	0.70	102.13
44	226873	115161	111712	1.53	0.78	0.76	103.09
45-49岁	**1101523**	**563757**	**537766**	**7.45**	**3.81**	**3.64**	**104.83**
45	223051	113856	109195	1.51	0.77	0.74	104.27
46	237266	121299	115967	1.60	0.82	0.78	104.60
47	220826	113079	107747	1.49	0.76	0.73	104.95
48	211994	108579	103415	1.43	0.73	0.70	104.99
49	208386	106944	101442	1.41	0.72	0.69	105.42
50-54岁	**979437**	**489800**	**489637**	**6.62**	**3.31**	**3.31**	**100.03**
50	210676	106481	104195	1.42	0.72	0.70	102.19
51	199910	100791	99119	1.35	0.68	0.67	101.69
52	213783	106801	106982	1.45	0.72	0.72	99.83
53	166502	82462	84040	1.13	0.56	0.57	98.12
54	188566	93265	95301	1.28	0.63	0.64	97.86
55-59岁	**828034**	**400441**	**427593**	**5.60**	**2.71**	**2.89**	**93.65**
55	190715	93640	97075	1.29	0.63	0.66	96.46
56	187279	90277	97002	1.27	0.61	0.66	93.07
57	208804	100879	107925	1.41	0.68	0.73	93.47
58	156621	75208	81413	1.06	0.51	0.55	92.38
59	84615	40437	44178	0.57	0.27	0.30	91.53
60-64岁	**565594**	**270505**	**295089**	**3.82**	**1.83**	**2.00**	**91.67**
60	101027	47735	53292	0.68	0.32	0.36	89.57
61	93218	45007	48211	0.63	0.30	0.33	93.35
62	127816	61263	66553	0.86	0.41	0.45	92.05
63	128743	61860	66883	0.87	0.42	0.45	92.49
64	114790	54640	60150	0.78	0.37	0.41	90.84

3-1a 续表 2

单位：人、%

年 龄	人口数			占总人口比重			性别比
	合计	男	女	合计	男	女	(女=100)
65-69岁	**512611**	**244387**	**268224**	**3.47**	**1.65**	**1.81**	**91.11**
65	113082	54211	58871	0.76	0.37	0.40	92.08
66	114109	53877	60232	0.77	0.36	0.41	89.45
67	103458	48938	54520	0.70	0.33	0.37	89.76
68	100253	48136	52117	0.68	0.33	0.35	92.36
69	81709	39225	42484	0.55	0.27	0.29	92.33
70-74岁	**322795**	**156216**	**166579**	**2.18**	**1.06**	**1.13**	**93.78**
70	83773	40864	42909	0.57	0.28	0.29	95.23
71	78294	38349	39945	0.53	0.26	0.27	96.00
72	60131	28662	31469	0.41	0.19	0.21	91.08
73	52463	25154	27309	0.35	0.17	0.18	92.11
74	48134	23187	24947	0.33	0.16	0.17	92.95
75-79岁	**197134**	**88927**	**108207**	**1.33**	**0.60**	**0.73**	**82.18**
75	43714	20514	23200	0.30	0.14	0.16	88.42
76	43030	19841	23189	0.29	0.13	0.16	85.56
77	38514	17013	21501	0.26	0.12	0.15	79.13
78	37193	16309	20884	0.25	0.11	0.14	78.09
79	34683	15250	19433	0.23	0.10	0.13	78.47
80-84岁	**140275**	**61141**	**79134**	**0.95**	**0.41**	**0.54**	**77.26**
80	34149	15465	18684	0.23	0.10	0.13	82.77
81	29128	12750	16378	0.20	0.09	0.11	77.85
82	28469	12218	16251	0.19	0.08	0.11	75.18
83	25432	11078	14354	0.17	0.07	0.10	77.18
84	23097	9630	13467	0.16	0.07	0.09	71.51
85-89岁	**73010**	**29558**	**43452**	**0.49**	**0.20**	**0.29**	**68.02**
85	19449	7790	11659	0.13	0.05	0.08	66.82
86	16863	6737	10126	0.11	0.05	0.07	66.53
87	15490	6431	9059	0.10	0.04	0.06	70.99
88	11468	4689	6779	0.08	0.03	0.05	69.17
89	9740	3911	5829	0.07	0.03	0.04	67.10
90-94岁	**23763**	**9185**	**14578**	**0.16**	**0.06**	**0.10**	**63.01**
90	8022	3278	4744	0.05	0.02	0.03	69.10
91	5329	2029	3300	0.04	0.01	0.02	61.48
92	4411	1660	2751	0.03	0.01	0.02	60.34
93	3469	1265	2204	0.02	0.01	0.01	57.40
94	2532	953	1579	0.02	0.01	0.01	60.35
95-99岁	**5894**	**2026**	**3868**	**0.04**	**0.01**	**0.03**	**52.38**
95	2035	751	1284	0.01	0.01	0.01	58.49
96	1398	457	941	0.01		0.01	48.57
97	1046	331	715	0.01			46.29
98	725	240	485				49.48
99	690	247	443				55.76
100岁及以上	**1057**	**298**	**759**	**0.01**		**0.01**	**39.26**

3-1b 分年龄、性别的人口（镇）

单位：人、%

年 龄	人口数			占总人口比重			性别比（女=100）
	合计	男	女	合计	男	女	
总 计	**12382976**	**6338893**	**6044083**	**100.00**	**51.19**	**48.81**	**104.88**
0-4岁	**913753**	**486685**	**427068**	**7.38**	**3.93**	**3.45**	**113.96**
0	135218	72555	62663	1.09	0.59	0.51	115.79
1	163570	87215	76355	1.32	0.70	0.62	114.22
2	181999	96480	85519	1.47	0.78	0.69	112.82
3	220422	116955	103467	1.78	0.94	0.84	113.04
4	212544	113480	99064	1.72	0.92	0.80	114.55
5-9岁	**1130400**	**606429**	**523971**	**9.13**	**4.90**	**4.23**	**115.74**
5	210664	112616	98048	1.70	0.91	0.79	114.86
6	225673	120703	104970	1.82	0.97	0.85	114.99
7	229976	123463	106513	1.86	1.00	0.86	115.91
8	242176	129907	112269	1.96	1.05	0.91	115.71
9	221911	119740	102171	1.79	0.97	0.83	117.20
10-14岁	**996849**	**534346**	**462503**	**8.05**	**4.32**	**3.73**	**115.53**
10	211132	113657	97475	1.71	0.92	0.79	116.60
11	210804	113700	97104	1.70	0.92	0.78	117.09
12	197054	105979	91075	1.59	0.86	0.74	116.36
13	189139	101020	88119	1.53	0.82	0.71	114.64
14	188720	99990	88730	1.52	0.81	0.72	112.69
15-19岁	**922700**	**469322**	**453378**	**7.45**	**3.79**	**3.66**	**103.52**
15	195530	100771	94759	1.58	0.81	0.77	106.34
16	230316	114914	115402	1.86	0.93	0.93	99.58
17	219327	108411	110916	1.77	0.88	0.90	97.74
18	164994	84370	80624	1.33	0.68	0.65	104.65
19	112533	60856	51677	0.91	0.49	0.42	117.76
20-24岁	**521276**	**278978**	**242298**	**4.21**	**2.25**	**1.96**	**115.14**
20	96763	54141	42622	0.78	0.44	0.34	127.03
21	94900	52634	42266	0.77	0.43	0.34	124.53
22	106651	56768	49883	0.86	0.46	0.40	113.80
23	110371	57387	52984	0.89	0.46	0.43	108.31
24	112591	58048	54543	0.91	0.47	0.44	106.43
25-29岁	**660308**	**337547**	**322761**	**5.33**	**2.73**	**2.61**	**104.58**
25	119207	61554	57653	0.96	0.50	0.47	106.77
26	120764	61481	59283	0.98	0.50	0.48	103.71
27	130226	66077	64149	1.05	0.53	0.52	103.01
28	144527	74147	70380	1.17	0.60	0.57	105.35
29	145584	74288	71296	1.18	0.60	0.58	104.20

3-1b 续表 1

单位：人、%

年 龄	人口数			占总人口比重			性别比（女=100）
	合计	男	女	合计	男	女	
30-34岁	**980832**	**494807**	**486025**	**7.92**	**4.00**	**3.92**	**101.81**
30	177962	89560	88402	1.44	0.72	0.71	101.31
31	186094	93706	92388	1.50	0.76	0.75	101.43
32	187766	94269	93497	1.52	0.76	0.76	100.83
33	216389	109687	106702	1.75	0.89	0.86	102.80
34	212621	107585	105036	1.72	0.87	0.85	102.43
35-39岁	**935071**	**476465**	**458606**	**7.55**	**3.85**	**3.70**	**103.89**
35	206062	104900	101162	1.66	0.85	0.82	103.70
36	198574	100702	97872	1.60	0.81	0.79	102.89
37	171358	87714	83644	1.38	0.71	0.68	104.87
38	183248	93446	89802	1.48	0.75	0.73	104.06
39	175829	89703	86126	1.42	0.72	0.70	104.15
40-44岁	**867218**	**444909**	**422309**	**7.00**	**3.59**	**3.41**	**105.35**
40	175212	89580	85632	1.41	0.72	0.69	104.61
41	182713	93452	89261	1.48	0.75	0.72	104.70
42	172603	88435	84168	1.39	0.71	0.68	105.07
43	158316	81466	76850	1.28	0.66	0.62	106.01
44	178374	91976	86398	1.44	0.74	0.70	106.46
45-49岁	**905728**	**467988**	**437740**	**7.31**	**3.78**	**3.54**	**106.91**
45	177814	91707	86107	1.44	0.74	0.70	106.50
46	195201	100555	94646	1.58	0.81	0.76	106.24
47	178464	92152	86312	1.44	0.74	0.70	106.77
48	177747	91998	85749	1.44	0.74	0.69	107.29
49	176502	91576	84926	1.43	0.74	0.69	107.83
50-54岁	**908531**	**466404**	**442127**	**7.34**	**3.77**	**3.57**	**105.49**
50	184342	94608	89734	1.49	0.76	0.72	105.43
51	178520	92048	86472	1.44	0.74	0.70	106.45
52	197182	100956	96226	1.59	0.82	0.78	104.92
53	161529	82941	78588	1.30	0.67	0.63	105.54
54	186958	95851	91107	1.51	0.77	0.74	105.21
55-59岁	**775520**	**391490**	**384030**	**6.26**	**3.16**	**3.10**	**101.94**
55	186464	95094	91370	1.51	0.77	0.74	104.08
56	175523	87064	88459	1.42	0.70	0.71	98.42
57	191646	97603	94043	1.55	0.79	0.76	103.79
58	149453	75790	73663	1.21	0.61	0.59	102.89
59	72434	35939	36495	0.58	0.29	0.29	98.48
60-64岁	**517661**	**257303**	**260358**	**4.18**	**2.08**	**2.10**	**98.83**
60	86635	42483	44152	0.70	0.34	0.36	96.22
61	81566	40958	40608	0.66	0.33	0.33	100.86
62	123007	61301	61706	0.99	0.50	0.50	99.34
63	119976	60309	59667	0.97	0.49	0.48	101.08
64	106477	52252	54225	0.86	0.42	0.44	96.36

3-1b 续表 2 单位:人、%

年 龄	人口数			占总人口比重			性别比(女=100)
	合计	男	女	合计	男	女	
65-69岁	**495410**	**241468**	**253942**	**4.00**	**1.95**	**2.05**	**95.09**
65	106596	52074	54522	0.86	0.42	0.44	95.51
66	109225	52920	56305	0.88	0.43	0.45	93.99
67	102108	49715	52393	0.82	0.40	0.42	94.89
68	97568	47825	49743	0.79	0.39	0.40	96.14
69	79913	38934	40979	0.65	0.31	0.33	95.01
70-74岁	**332086**	**162967**	**169119**	**2.68**	**1.32**	**1.37**	**96.36**
70	83985	41118	42867	0.68	0.33	0.35	95.92
71	80842	40735	40107	0.65	0.33	0.32	101.57
72	61690	30067	31623	0.50	0.24	0.26	95.08
73	53539	26266	27273	0.43	0.21	0.22	96.31
74	52030	24781	27249	0.42	0.20	0.22	90.94
75-79岁	**233343**	**106268**	**127075**	**1.88**	**0.86**	**1.03**	**83.63**
75	50823	23511	27312	0.41	0.19	0.22	86.08
76	51852	24311	27541	0.42	0.20	0.22	88.27
77	46115	20870	25245	0.37	0.17	0.20	82.67
78	43115	19341	23774	0.35	0.16	0.19	81.35
79	41438	18235	23203	0.33	0.15	0.19	78.59
80-84岁	**158518**	**68649**	**89869**	**1.28**	**0.55**	**0.73**	**76.39**
80	39271	17393	21878	0.32	0.14	0.18	79.50
81	32295	14295	18000	0.26	0.12	0.15	79.42
82	31997	13802	18195	0.26	0.11	0.15	75.86
83	28443	12192	16251	0.23	0.10	0.13	75.02
84	26512	10967	15545	0.21	0.09	0.13	70.55
85-89岁	**86966**	**33409**	**53557**	**0.70**	**0.27**	**0.43**	**62.38**
85	22824	8898	13926	0.18	0.07	0.11	63.89
86	19593	7553	12040	0.16	0.06	0.10	62.73
87	18169	7153	11016	0.15	0.06	0.09	64.93
88	13990	5221	8769	0.11	0.04	0.07	59.54
89	12390	4584	7806	0.10	0.04	0.06	58.72
90-94岁	**31244**	**10748**	**20496**	**0.25**	**0.09**	**0.17**	**52.44**
90	10362	3718	6644	0.08	0.03	0.05	55.96
91	6782	2353	4429	0.05	0.02	0.04	53.13
92	5918	2029	3889	0.05	0.02	0.03	52.17
93	4652	1506	3146	0.04	0.01	0.03	47.87
94	3530	1142	2388	0.03	0.01	0.02	47.82
95-99岁	**8029**	**2383**	**5646**	**0.06**	**0.02**	**0.05**	**42.21**
95	2664	839	1825	0.02	0.01	0.01	45.97
96	1889	552	1337	0.02		0.01	41.29
97	1471	410	1061	0.01		0.01	38.64
98	1076	316	760	0.01		0.01	41.58
99	929	266	663	0.01		0.01	40.12
100岁及以上	**1533**	**328**	**1205**	**0.01**		**0.01**	**27.22**

3-1c 分年龄、性别的人口（乡村）

单位：人、%

年龄	人口数			占总人口比重			性别比（女=100）
	合计	男	女	合计	男	女	
总计	**22955848**	**12119132**	**10836716**	**100.00**	**52.79**	**47.21**	**111.83**
0-4岁	**1680616**	**889700**	**790916**	**7.32**	**3.88**	**3.45**	**112.49**
0	279026	148549	130477	1.22	0.65	0.57	113.85
1	306188	162132	144056	1.33	0.71	0.63	112.55
2	328179	173803	154376	1.43	0.76	0.67	112.58
3	378533	199715	178818	1.65	0.87	0.78	111.69
4	388690	205501	183189	1.69	0.90	0.80	112.18
5-9岁	**2120133**	**1125812**	**994321**	**9.24**	**4.90**	**4.33**	**113.22**
5	394124	209058	185066	1.72	0.91	0.81	112.96
6	420691	223727	196964	1.83	0.97	0.86	113.59
7	425759	225840	199919	1.85	0.98	0.87	112.97
8	453570	240918	212652	1.98	1.05	0.93	113.29
9	425989	226269	199720	1.86	0.99	0.87	113.29
10-14岁	**2059651**	**1096297**	**963354**	**8.97**	**4.78**	**4.20**	**113.80**
10	411288	219126	192162	1.79	0.95	0.84	114.03
11	424526	225753	198773	1.85	0.98	0.87	113.57
12	411130	219305	191825	1.79	0.96	0.84	114.33
13	404625	215856	188769	1.76	0.94	0.82	114.35
14	408082	216257	191825	1.78	0.94	0.84	112.74
15-19岁	**1016487**	**567004**	**449483**	**4.43**	**2.47**	**1.96**	**126.15**
15	299373	163485	135888	1.30	0.71	0.59	120.31
16	199593	112674	86919	0.87	0.49	0.38	129.63
17	157126	90851	66275	0.68	0.40	0.29	137.08
18	173318	96627	76691	0.76	0.42	0.33	126.00
19	187077	103367	83710	0.81	0.45	0.36	123.48
20-24岁	**946494**	**521122**	**425372**	**4.12**	**2.27**	**1.85**	**122.51**
20	181427	101200	80227	0.79	0.44	0.35	126.14
21	176676	98307	78369	0.77	0.43	0.34	125.44
22	196940	107770	89170	0.86	0.47	0.39	120.86
23	196554	107231	89323	0.86	0.47	0.39	120.05
24	194897	106614	88283	0.85	0.46	0.38	120.76
25-29岁	**1083445**	**603367**	**480078**	**4.72**	**2.63**	**2.09**	**125.68**
25	201896	111156	90740	0.88	0.48	0.40	122.50
26	202467	112397	90070	0.88	0.49	0.39	124.79
27	215071	119431	95640	0.94	0.52	0.42	124.88
28	233879	131923	101956	1.02	0.57	0.44	129.39
29	230132	128460	101672	1.00	0.56	0.44	126.35

3-1c 续表 1

单位：人、%

年 龄	人口数			占总人口比重			性别比（女=100）
	合计	男	女	合计	男	女	
30-34岁	**1462462**	**811991**	**650471**	**6.37**	**3.54**	**2.83**	**124.83**
30	276125	153049	123076	1.20	0.67	0.54	124.35
31	280227	155261	124966	1.22	0.68	0.54	124.24
32	275577	152776	122801	1.20	0.67	0.53	124.41
33	317335	176945	140390	1.38	0.77	0.61	126.04
34	313198	173960	139238	1.36	0.76	0.61	124.94
35-39岁	**1449162**	**805840**	**643322**	**6.31**	**3.51**	**2.80**	**125.26**
35	310917	174011	136906	1.35	0.76	0.60	127.10
36	303737	169033	134704	1.32	0.74	0.59	125.48
37	264109	146240	117869	1.15	0.64	0.51	124.07
38	286967	159604	127363	1.25	0.70	0.55	125.31
39	283432	156952	126480	1.23	0.68	0.55	124.09
40-44岁	**1389105**	**760957**	**628148**	**6.05**	**3.31**	**2.74**	**121.14**
40	283187	155726	127461	1.23	0.68	0.56	122.18
41	286591	158300	128291	1.25	0.69	0.56	123.39
42	272624	148730	123894	1.19	0.65	0.54	120.05
43	254505	138754	115751	1.11	0.60	0.50	119.87
44	292198	159447	132751	1.27	0.69	0.58	120.11
45-49岁	**1621627**	**872638**	**748989**	**7.06**	**3.80**	**3.26**	**116.51**
45	299915	163168	136747	1.31	0.71	0.60	119.32
46	337409	180963	156446	1.47	0.79	0.68	115.67
47	319749	171363	148386	1.39	0.75	0.65	115.48
48	329892	176167	153725	1.44	0.77	0.67	114.60
49	334662	180977	153685	1.46	0.79	0.67	117.76
50-54岁	**1839864**	**980701**	**859163**	**8.01**	**4.27**	**3.74**	**114.15**
50	359244	191043	168201	1.56	0.83	0.73	113.58
51	355044	190580	164464	1.55	0.83	0.72	115.88
52	402138	213317	188821	1.75	0.93	0.82	112.97
53	335323	178411	156912	1.46	0.78	0.68	113.70
54	388115	207350	180765	1.69	0.90	0.79	114.71
55-59岁	**1629946**	**858522**	**771424**	**7.10**	**3.74**	**3.36**	**111.29**
55	388509	205760	182749	1.69	0.90	0.80	112.59
56	368497	190586	177911	1.61	0.83	0.78	107.12
57	400546	214221	186325	1.74	0.93	0.81	114.97
58	314107	166290	147817	1.37	0.72	0.64	112.50
59	158287	81665	76622	0.69	0.36	0.33	106.58
60-64岁	**1166407**	**603397**	**563010**	**5.08**	**2.63**	**2.45**	**107.17**
60	184869	93309	91560	0.81	0.41	0.40	101.91
61	178086	93360	84726	0.78	0.41	0.37	110.19
62	277737	144776	132961	1.21	0.63	0.58	108.89
63	276611	145362	131249	1.20	0.63	0.57	110.75
64	249104	126590	122514	1.09	0.55	0.53	103.33

3-1c 续表 2

单位：人、%

年 龄	人口数			占总人口比重			性别比（女=100）
	合计	男	女	合计	男	女	
65-69岁	**1189315**	**597219**	**592096**	**5.18**	**2.60**	**2.58**	**100.87**
65	251031	128380	122651	1.09	0.56	0.53	104.67
66	258290	130488	127802	1.13	0.57	0.56	102.10
67	243758	121891	121867	1.06	0.53	0.53	100.02
68	236591	119005	117586	1.03	0.52	0.51	101.21
69	199645	97455	102190	0.87	0.42	0.45	95.37
70-74岁	**858594**	**417154**	**441440**	**3.74**	**1.82**	**1.92**	**94.50**
70	209955	101884	108071	0.91	0.44	0.47	94.28
71	203440	102997	100443	0.89	0.45	0.44	102.54
72	161736	78326	83410	0.70	0.34	0.36	93.90
73	143325	68784	74541	0.62	0.30	0.32	92.28
74	140138	65163	74975	0.61	0.28	0.33	86.91
75-79岁	**648270**	**295171**	**353099**	**2.82**	**1.29**	**1.54**	**83.59**
75	141291	64739	76552	0.62	0.28	0.33	84.57
76	140662	65847	74815	0.61	0.29	0.33	88.01
77	130019	58857	71162	0.57	0.26	0.31	82.71
78	118965	53521	65444	0.52	0.23	0.29	81.78
79	117333	52207	65126	0.51	0.23	0.28	80.16
80-84岁	**436055**	**185332**	**250723**	**1.90**	**0.81**	**1.09**	**73.92**
80	109117	47990	61127	0.48	0.21	0.27	78.51
81	88176	38521	49655	0.38	0.17	0.22	77.58
82	88364	37703	50661	0.38	0.16	0.22	74.42
83	77868	32116	45752	0.34	0.14	0.20	70.20
84	72530	29002	43528	0.32	0.13	0.19	66.63
85-89岁	**243216**	**90781**	**152435**	**1.06**	**0.40**	**0.66**	**59.55**
85	63943	24504	39439	0.28	0.11	0.17	62.13
86	54856	20767	34089	0.24	0.09	0.15	60.92
87	49891	18879	31012	0.22	0.08	0.14	60.88
88	39642	14408	25234	0.17	0.06	0.11	57.10
89	34884	12223	22661	0.15	0.05	0.10	53.94
90-94岁	**88615**	**29169**	**59446**	**0.39**	**0.13**	**0.26**	**49.07**
90	29683	10146	19537	0.13	0.04	0.09	51.93
91	19405	6350	13055	0.08	0.03	0.06	48.64
92	16521	5489	11032	0.07	0.02	0.05	49.76
93	13312	4286	9026	0.06	0.02	0.04	47.49
94	9694	2898	6796	0.04	0.01	0.03	42.64
95-99岁	**22049**	**6045**	**16004**	**0.10**	**0.03**	**0.07**	**37.77**
95	7605	2117	5488	0.03	0.01	0.02	38.58
96	5197	1452	3745	0.02	0.01	0.02	38.77
97	4069	1130	2939	0.02	0.00	0.01	38.45
98	2659	725	1934	0.01	0.00	0.01	37.49
99	2519	621	1898	0.01	0.00	0.01	32.72
100岁及以上	**4335**	**913**	**3422**	**0.02**	**0.00**	**0.01**	**26.68**

3-2 各地区人口年龄构成（一）

单位：人、%

地 区	人口数				比重			
	合计	0-14岁	15-64岁	65岁及以上	合计	0-14岁	15-64岁	65岁及以上
总 计	**50126804**	**11842501**	**32170186**	**6114117**	**100.00**	**23.63**	**64.18**	**12.20**
南宁市	**8741584**	**1781416**	**6028250**	**931918**	**100.00**	**20.38**	**68.96**	**10.66**
兴宁区	615485	120807	439485	55193	100.00	19.63	71.40	8.97
青秀区	1124334	204845	813931	105558	100.00	18.22	72.39	9.39
江南区	989823	199722	710962	79139	100.00	20.18	71.83	8.00
西乡塘区	1643819	273543	1243737	126539	100.00	16.64	75.66	7.70
良庆区	587618	125404	419994	42220	100.00	21.34	71.47	7.18
邕宁区	332280	72743	222515	37022	100.00	21.89	66.97	11.14
武鸣区	683826	123512	470593	89721	100.00	18.06	68.82	13.12
隆安县	325140	75038	202806	47296	100.00	23.08	62.37	14.55
马山县	382430	97628	229241	55561	100.00	25.53	59.94	14.53
上林县	359323	83047	221464	54812	100.00	23.11	61.63	15.25
宾阳县	801407	180266	512416	108725	100.00	22.49	63.94	13.57
横 县	896099	224861	541106	130132	100.00	25.09	60.38	14.52
柳州市	**4157934**	**792391**	**2848181**	**517362**	**100.00**	**19.06**	**68.50**	**12.44**
城中区	243628	44575	171820	27233	100.00	18.30	70.53	11.18
鱼峰区	668961	111475	492986	64500	100.00	16.66	73.69	9.64
柳南区	617925	111831	437016	69078	100.00	18.10	70.72	11.18
柳北区	484765	78986	345570	60209	100.00	16.29	71.29	12.42
柳江区	503772	106079	344450	53243	100.00	21.06	68.37	10.57
柳城县	314242	59327	207425	47490	100.00	18.88	66.01	15.11
鹿寨县	337298	66325	222344	48629	100.00	19.66	65.92	14.42
融安县	253360	45860	163361	44139	100.00	18.10	64.48	17.42
融水苗族自治县	412445	88907	265057	58481	100.00	21.56	64.26	14.18
三江侗族自治县	321538	79026	198152	44360	100.00	24.58	61.63	13.80
桂林市	**4931137**	**968064**	**3232369**	**730704**	**100.00**	**19.63**	**65.55**	**14.82**
秀峰区	161066	27860	112886	20320	100.00	17.30	70.09	12.62
叠彩区	202875	36862	137655	28358	100.00	18.17	67.85	13.98
象山区	286872	48680	196021	42171	100.00	16.97	68.33	14.70
七星区	387304	60685	288878	37741	100.00	15.67	74.59	9.74
雁山区	132639	13333	110676	8630	100.00	10.05	83.44	6.51
临桂区	555109	112521	373148	69440	100.00	20.27	67.22	12.51
阳朔县	273124	54952	175483	42689	100.00	20.12	64.25	15.63
灵川县	422776	82891	281993	57892	100.00	19.61	66.70	13.69
全州县	565696	126389	344990	94317	100.00	22.34	60.99	16.67
兴安县	307043	64820	189003	53220	100.00	21.11	61.56	17.33
永福县	228646	46526	144504	37616	100.00	20.35	63.20	16.45
灌阳县	208412	43350	126691	38371	100.00	20.80	60.79	18.41
龙胜各族自治县	139483	24537	91577	23369	100.00	17.59	65.65	16.75
资源县	139212	30460	85454	23298	100.00	21.88	61.38	16.74
平乐县	340921	80562	203439	56920	100.00	23.63	59.67	16.70
恭城瑶族自治县	245432	51896	152183	41353	100.00	21.14	62.01	16.85
荔浦市	334527	61740	217788	54999	100.00	18.46	65.10	16.44

3-2 续表 1

单位：人、%

地 区	人口数				比重			
	合计	0-14岁	15-64岁	65岁及以上	合计	0-14岁	15-64岁	65岁及以上
梧州市	**2820977**	**748749**	**1724864**	**347364**	**100.00**	**26.54**	**61.14**	**12.31**
万秀区	271989	44258	184250	43481	100.00	16.27	67.74	15.99
长洲区	299344	61347	206879	31118	100.00	20.49	69.11	10.40
龙圩区	288482	76160	180332	31990	100.00	26.40	62.51	11.09
苍梧县	276766	78135	161502	37129	100.00	28.23	58.35	13.42
藤 县	795612	233690	467181	94741	100.00	29.37	58.72	11.91
蒙山县	164420	38832	99284	26304	100.00	23.62	60.38	16.00
岑溪市	724364	216327	425436	82601	100.00	29.86	58.73	11.40
北海市	**1853227**	**401390**	**1238400**	**213437**	**100.00**	**21.66**	**66.82**	**11.52**
海城区	527895	103168	375249	49478	100.00	19.54	71.08	9.37
银海区	315196	62409	227661	25126	100.00	19.80	72.23	7.97
铁山港区	145943	32460	93714	19769	100.00	22.24	64.21	13.55
合浦县	864193	203353	541776	119064	100.00	23.53	62.69	13.78
防城港市	**1046068**	**251438**	**689709**	**104921**	**100.00**	**24.04**	**65.93**	**10.03**
港口区	244280	48343	179227	16710	100.00	19.79	73.37	6.84
防城区	390961	100536	245547	44878	100.00	25.72	62.81	11.48
上思县	194774	45105	124980	24689	100.00	23.16	64.17	12.68
东兴市	216053	57454	139955	18644	100.00	26.59	64.78	8.63
钦州市	**3302238**	**951730**	**1971916**	**378592**	**100.00**	**28.82**	**59.71**	**11.46**
钦南区	679692	167437	443385	68870	100.00	24.63	65.23	10.13
钦北区	720442	205807	431804	82831	100.00	28.57	59.94	11.50
灵山县	1218140	380293	700798	137049	100.00	31.22	57.53	11.25
浦北县	683964	198193	395929	89842	100.00	28.98	57.89	13.14
贵港市	**4316262**	**1141225**	**2650118**	**524919**	**100.00**	**26.44**	**61.40**	**12.16**
港北区	760633	189242	499154	72237	100.00	24.88	65.62	9.50
港南区	516598	128248	318572	69778	100.00	24.83	61.67	13.51
覃塘区	423747	112585	253865	57297	100.00	26.57	59.91	13.52
平南县	1104273	307222	656911	140140	100.00	27.82	59.49	12.69
桂平市	1511011	403928	921616	185467	100.00	26.73	60.99	12.27
玉林市	**5796766**	**1683326**	**3441601**	**671839**	**100.00**	**29.04**	**59.37**	**11.59**
玉州区	908121	211187	610373	86561	100.00	23.26	67.21	9.53
福绵区	318709	84271	193361	41077	100.00	26.44	60.67	12.89
容 县	654916	188635	381721	84560	100.00	28.80	58.29	12.91
陆川县	804427	249418	459564	95445	100.00	31.01	57.13	11.86
博白县	1390612	445784	788846	155982	100.00	32.06	56.73	11.22
兴业县	508344	128118	300041	80185	100.00	25.20	59.02	15.77
北流市	1211637	375913	707695	128029	100.00	31.03	58.41	10.57
百色市	**3571505**	**798115**	**2330842**	**442548**	**100.00**	**22.35**	**65.26**	**12.39**
右江区	472086	88340	339598	44148	100.00	18.71	71.94	9.35
田阳区	308785	63858	200096	44831	100.00	20.68	64.80	14.52
田东县	352007	79551	225861	46595	100.00	22.60	64.16	13.24

3-2 续表 2 单位：人、%

地区	人口数				比重			
	合计	0-14岁	15-64岁	65岁及以上	合计	0-14岁	15-64岁	65岁及以上
德保县	269758	59222	163460	47076	100.00	21.95	60.60	17.45
那坡县	171781	39693	109078	23010	100.00	23.11	63.50	13.39
凌云县	188194	47793	120217	20184	100.00	25.40	63.88	10.73
乐业县	146397	36222	95566	14609	100.00	24.74	65.28	9.98
田林县	224828	49004	152736	23088	100.00	21.80	67.93	10.27
西林县	142098	33810	95871	12417	100.00	23.79	67.47	8.74
隆林各族自治县	350765	91095	225858	33812	100.00	25.97	64.39	9.64
靖西市	489163	109606	303955	75602	100.00	22.41	62.14	15.46
平果市	455643	99921	298546	57176	100.00	21.93	65.52	12.55
贺州市	**2007858**	**548039**	**1208918**	**250901**	**100.00**	**27.29**	**60.21**	**12.50**
八步区	655994	178847	401218	75929	100.00	27.26	61.16	11.57
平桂区	404161	107039	250688	46434	100.00	26.48	62.03	11.49
昭平县	330116	91694	190454	47968	100.00	27.78	57.69	14.53
钟山县	351057	100433	206475	44149	100.00	28.61	58.82	12.58
富川瑶族自治县	266530	70026	160083	36421	100.00	26.27	60.06	13.66
河池市	**3417945**	**856213**	**2110726**	**451006**	**100.00**	**25.05**	**61.75**	**13.20**
金城江区	372521	78990	250706	42825	100.00	21.20	67.30	11.50
宜州区	549359	120057	352358	76944	100.00	21.85	64.14	14.01
南丹县	275554	71679	174088	29787	100.00	26.01	63.18	10.81
天峨县	143155	32955	92835	17365	100.00	23.02	64.85	12.13
凤山县	169845	45180	101954	22711	100.00	26.60	60.03	13.37
东兰县	219549	54495	129662	35392	100.00	24.82	59.06	16.12
罗城仫佬族自治县	272672	65854	162649	44169	100.00	24.15	59.65	16.20
环江毛南族自治县	276076	63308	173768	39000	100.00	22.93	62.94	14.13
巴马瑶族自治县	236152	66584	141149	28419	100.00	28.20	59.77	12.03
都安瑶族自治县	538061	149354	319841	68866	100.00	27.76	59.44	12.80
大化瑶族自治县	365001	107757	211716	45528	100.00	29.52	58.00	12.47
来宾市	**2074611**	**483711**	**1318993**	**271907**	**100.00**	**23.32**	**63.58**	**13.11**
兴宾区	925377	228399	593972	103006	100.00	24.68	64.19	11.13
忻城县	297825	67851	182758	47216	100.00	22.78	61.36	15.85
象州县	281846	57533	181095	43218	100.00	20.41	64.25	15.33
武宣县	340312	83854	211789	44669	100.00	24.64	62.23	13.13
金秀瑶族自治县	130313	25269	86202	18842	100.00	19.39	66.15	14.46
合山市	98938	20805	63177	14956	100.00	21.03	63.86	15.12
崇左市	**2088692**	**436694**	**1375299**	**276699**	**100.00**	**20.91**	**65.84**	**13.25**
江州区	435438	77487	317522	40429	100.00	17.80	72.92	9.28
扶绥县	408921	80017	278135	50769	100.00	19.57	68.02	12.42
宁明县	319386	75705	201505	42176	100.00	23.70	63.09	13.21
龙州县	232068	43229	157258	31581	100.00	18.63	67.76	13.61
大新县	282563	60241	174311	48011	100.00	21.32	61.69	16.99
天等县	280473	71834	156531	52108	100.00	25.61	55.81	18.58
凭祥市	129843	28181	90037	11625	100.00	21.70	69.34	8.95

3-2a 各地区人口年龄构成（一）（城市）

单位：人、%

地　区	人口数				比重			
	合计	0-14岁	15-64岁	65岁及以上	合计	0-14岁	15-64岁	65岁及以上
总　计	**14787980**	**2941099**	**10570342**	**1276539**	**100.00**	**19.89**	**71.48**	**8.63**
南宁市	**4567493**	**843221**	**3388910**	**335362**	**100.00**	**18.46**	**74.20**	**7.34**
兴宁区	516352	100003	376518	39831	100.00	19.37	72.92	7.71
青秀区	1016293	183328	745142	87823	100.00	18.04	73.32	8.64
江南区	763090	158507	548982	55601	100.00	20.77	71.94	7.29
西乡塘区	1428084	229488	1098510	100086	100.00	16.07	76.92	7.01
良庆区	459938	97286	339966	22686	100.00	21.15	73.92	4.93
邕宁区	159547	33537	114527	11483	100.00	21.02	71.78	7.20
武鸣区	224189	41072	165265	17852	100.00	18.32	73.72	7.96
隆安县								
马山县								
上林县								
宾阳县								
横　县								
柳州市	**2058881**	**364362**	**1482155**	**212364**	**100.00**	**17.70**	**71.99**	**10.31**
城中区	240519	43979	169711	26829	100.00	18.29	70.56	11.15
鱼峰区	592117	98554	438804	54759	100.00	16.64	74.11	9.25
柳南区	524325	94478	370859	58988	100.00	18.02	70.73	11.25
柳北区	448268	72343	320841	55084	100.00	16.14	71.57	12.29
柳江区	253652	55008	181940	16704	100.00	21.69	71.73	6.59
柳城县								
鹿寨县								
融安县								
融水苗族自治县								
三江侗族自治县								
桂林市	**1346806**	**237330**	**956695**	**152781**	**100.00**	**17.62**	**71.03**	**11.34**
秀峰区	161066	27860	112886	20320	100.00	17.30	70.09	12.62
叠彩区	171938	30351	116361	25226	100.00	17.65	67.68	14.67
象山区	282912	47801	193430	41681	100.00	16.90	68.37	14.73
七星区	354326	55673	264449	34204	100.00	15.71	74.63	9.65
雁山区	9893	1576	7355	962	100.00	15.93	74.35	9.72
临桂区	272883	56433	196983	19467	100.00	20.68	72.19	7.13
阳朔县								
灵川县								
全州县								
兴安县								
永福县								
灌阳县								
龙胜各族自治县								
资源县								
平乐县								
恭城瑶族自治县								
荔浦市	93788	17636	65231	10921	100.00	18.80	69.55	11.64

3-2a 续表 1

单位：人、%

地 区	人口数				比重			
	合计	0-14岁	15-64岁	65岁及以上	合计	0-14岁	15-64岁	65岁及以上
梧州市	**867903**	**184107**	**592282**	**91514**	**100.00**	**21.21**	**68.24**	**10.54**
万秀区	215014	31659	147551	35804	100.00	14.72	68.62	16.65
长洲区	270840	53472	190795	26573	100.00	19.74	70.45	9.81
龙圩区	127272	28642	88934	9696	100.00	22.50	69.88	7.62
苍梧县								
藤 县								
蒙山县								
岑溪市	254777	70334	165002	19441	100.00	27.61	64.76	7.63
北海市	**640164**	**124815**	**458124**	**57225**	**100.00**	**19.50**	**71.56**	**8.94**
海城区	442078	84654	313811	43613	100.00	19.15	70.99	9.87
银海区	183036	36867	134331	11838	100.00	20.14	73.39	6.47
铁山港区	15050	3294	9982	1774	100.00	21.89	66.33	11.79
合浦县								
防城港市	**463004**	**110155**	**322312**	**30537**	**100.00**	**23.79**	**69.61**	**6.60**
港口区	162585	33654	119841	9090	100.00	20.70	73.71	5.59
防城区	165148	39018	112810	13320	100.00	23.63	68.31	8.07
上思县								
东兴市	135271	37483	89661	8127	100.00	27.71	66.28	6.01
钦州市	**518653**	**125732**	**354645**	**38276**	**100.00**	**24.24**	**68.38**	**7.38**
钦南区	301510	71999	205609	23902	100.00	23.88	68.19	7.93
钦北区	217143	53733	149036	14374	100.00	24.75	68.63	6.62
灵山县								
浦北县								
贵港市	**935710**	**209657**	**647551**	**78502**	**100.00**	**22.41**	**69.20**	**8.39**
港北区	472372	107536	327785	37051	100.00	22.77	69.39	7.84
港南区	138131	29494	98699	9938	100.00	21.35	71.45	7.19
覃塘区	101509	25534	64868	11107	100.00	25.15	63.90	10.94
平南县								
桂平市	223698	47093	156199	20406	100.00	21.05	69.83	9.12
玉林市	**1009219**	**236221**	**686582**	**86416**	**100.00**	**23.41**	**68.03**	**8.56**
玉州区	673319	152872	460006	60441	100.00	22.70	68.32	8.98
福绵区	57245	13795	36916	6534	100.00	24.10	64.49	11.41
容 县								
陆川县								
博白县								
兴业县								
北流市	278655	69554	189660	19441	100.00	24.96	68.06	6.98
百色市	**859171**	**181682**	**605927**	**71562**	**100.00**	**21.15**	**70.52**	**8.33**
右江区	327195	58021	243123	26051	100.00	17.73	74.31	7.96
田阳区	167266	37309	111742	18215	100.00	22.31	66.80	10.89
田东县								

3-2a 续表 2

单位：人、%

地 区	人口数				比重			
	合计	0-14岁	15-64岁	65岁及以上	合计	0-14岁	15-64岁	65岁及以上
德保县								
那坡县								
凌云县								
乐业县								
田林县								
西林县								
隆林各族自治县								
靖西市	120181	27217	82458	10506	100.00	22.65	68.61	8.74
平果市	244529	59135	168604	16790	100.00	24.18	68.95	6.87
贺州市	**338683**	**77165**	**231093**	**30425**	**100.00**	**22.78**	**68.23**	**8.98**
八步区	193176	42563	134061	16552	100.00	22.03	69.40	8.57
平桂区	145507	34602	97032	13873	100.00	23.78	66.69	9.53
昭平县								
钟山县								
富川瑶族自治县								
河池市	**456821**	**91589**	**320634**	**44598**	**100.00**	**20.05**	**70.19**	**9.76**
金城江区	252143	51590	177060	23493	100.00	20.46	70.22	9.32
宜州区	204678	39999	143574	21105	100.00	19.54	70.15	10.31
南丹县								
天峨县								
凤山县								
东兰县								
罗城仫佬族自治县								
环江毛南族自治县								
巴马瑶族自治县								
都安瑶族自治县								
大化瑶族自治县								
来宾市	**439832**	**110400**	**296693**	**32739**	**100.00**	**25.10**	**67.46**	**7.44**
兴宾区	400854	102868	271318	26668	100.00	25.66	67.68	6.65
忻城县								
象州县								
武宣县								
金秀瑶族自治县								
合山市	38978	7532	25375	6071	100.00	19.32	65.10	15.58
崇左市	**285640**	**44663**	**226739**	**14238**	**100.00**	**15.64**	**79.38**	**4.98**
江州区	218708	30532	178402	9774	100.00	13.96	81.57	4.47
扶绥县								
宁明县								
龙州县								
大新县								
天等县								
凭祥市	66932	14131	48337	4464	100.00	21.11	72.22	6.67

3–2b 各地区人口年龄构成（一）（镇）

单位：人、%

地 区	人口数				比重			
	合计	0–14岁	15–64岁	65岁及以上	合计	0–14岁	15–64岁	65岁及以上
总 计	**12382976**	**3041002**	**7994845**	**1347129**	**100.00**	**24.56**	**64.56**	**10.88**
南宁市	**1456011**	**320707**	**969872**	**165432**	**100.00**	**22.03**	**66.61**	**11.36**
兴宁区	24280	5179	15706	3395	100.00	21.33	64.69	13.98
青秀区	34617	6861	22826	4930	100.00	19.82	65.94	14.24
江南区	62273	13325	42258	6690	100.00	21.40	67.86	10.74
西乡塘区	62569	11702	45437	5430	100.00	18.70	72.62	8.68
良庆区	30985	7310	19737	3938	100.00	23.59	63.70	12.71
邕宁区	24675	5389	15689	3597	100.00	21.84	63.58	14.58
武鸣区	132631	21330	96696	14605	100.00	16.08	72.91	11.01
隆安县	110307	26427	72182	11698	100.00	23.96	65.44	10.60
马山县	116196	29500	74271	12425	100.00	25.39	63.92	10.69
上林县	122426	28507	80715	13204	100.00	23.29	65.93	10.79
宾阳县	362779	77124	244058	41597	100.00	21.26	67.27	11.47
横 县	372273	88053	240297	43923	100.00	23.65	64.55	11.80
柳州市	**848813**	**167748**	**583597**	**97468**	**100.00**	**19.76**	**68.75**	**11.48**
城中区								
鱼峰区	26710	3866	20537	2307	100.00	14.47	76.89	8.64
柳南区	61045	11360	45026	4659	100.00	18.61	73.76	7.63
柳北区	6400	1010	4238	1152	100.00	15.78	66.22	18.00
柳江区	51805	10795	34933	6077	100.00	20.84	67.43	11.73
柳城县	151595	28917	102897	19781	100.00	19.08	67.88	13.05
鹿寨县	186714	36300	128596	21818	100.00	19.44	68.87	11.69
融安县	113841	21755	76606	15480	100.00	19.11	67.29	13.60
融水苗族自治县	159467	32201	109618	17648	100.00	20.19	68.74	11.07
三江侗族自治县	91236	21544	61146	8546	100.00	23.61	67.02	9.37
桂林市	**1246108**	**258775**	**839127**	**148206**	**100.00**	**20.77**	**67.34**	**11.89**
秀峰区								
叠彩区	2708	486	2017	205	100.00	17.95	74.48	7.57
象山区								
七星区	29303	4214	21997	3092	100.00	14.38	75.07	10.55
雁山区	30280	489	29525	266	100.00	1.61	97.51	0.88
临桂区	45935	8981	29640	7314	100.00	19.55	64.53	15.92
阳朔县	85931	16817	58679	10435	100.00	19.57	68.29	12.14
灵川县	210194	40862	150358	18974	100.00	19.44	71.53	9.03
全州县	214979	51943	138720	24316	100.00	24.16	64.53	11.31
兴安县	117537	27096	75934	14507	100.00	23.05	64.60	12.34
永福县	88363	17880	58681	11802	100.00	20.23	66.41	13.36
灌阳县	85330	20396	53850	11084	100.00	23.90	63.11	12.99
龙胜各族自治县	48702	9940	33140	5622	100.00	20.41	68.05	11.54
资源县	51173	13112	32892	5169	100.00	25.62	64.28	10.10
平乐县	101187	20529	66076	14582	100.00	20.29	65.30	14.41
恭城瑶族自治县	81521	16135	53446	11940	100.00	19.79	65.56	14.65
荔浦市	52965	9895	34172	8898	100.00	18.68	64.52	16.80

3-2b 续表 1

单位：人、%

地区	人口数				比重			
	合计	0-14岁	15-64岁	65岁及以上	合计	0-14岁	15-64岁	65岁及以上
梧州市	**727423**	**203168**	**446073**	**78182**	**100.00**	**27.93**	**61.32**	**10.75**
万秀区	13119	2519	9390	1210	100.00	19.20	71.58	9.22
长洲区	3604	861	2189	554	100.00	23.89	60.74	15.37
龙圩区	36061	10385	21294	4382	100.00	28.80	59.05	12.15
苍梧县	82743	22486	50746	9511	100.00	27.18	61.33	11.49
藤　县	380903	106245	238653	36005	100.00	27.89	62.65	9.45
蒙山县	68131	15150	44480	8501	100.00	22.24	65.29	12.48
岑溪市	142862	45522	79321	18019	100.00	31.86	55.52	12.61
北海市	**339141**	**75318**	**223340**	**40483**	**100.00**	**22.21**	**65.85**	**11.94**
海城区	2124	438	1387	299	100.00	20.62	65.30	14.08
银海区	23853	4740	16756	2357	100.00	19.87	70.25	9.88
铁山港区	7342	1645	4677	1020	100.00	22.41	63.70	13.89
合浦县	305822	68495	200520	36807	100.00	22.40	65.57	12.04
防城港市	**180631**	**44079**	**116963**	**19589**	**100.00**	**24.40**	**64.75**	**10.84**
港口区	43217	8261	31028	3928	100.00	19.12	71.80	9.09
防城区	45802	12645	27575	5582	100.00	27.61	60.20	12.19
上思县	71345	18213	45577	7555	100.00	25.53	63.88	10.59
东兴市	20267	4960	12783	2524	100.00	24.47	63.07	12.45
钦州市	**868821**	**238777**	**544661**	**85383**	**100.00**	**27.48**	**62.69**	**9.83**
钦南区	114825	28831	75048	10946	100.00	25.11	65.36	9.53
钦北区	137574	40987	80945	15642	100.00	29.79	58.84	11.37
灵山县	391284	109230	245894	36160	100.00	27.92	62.84	9.24
浦北县	225138	59729	142774	22635	100.00	26.53	63.42	10.05
贵港市	**1222414**	**320927**	**758709**	**142778**	**100.00**	**26.25**	**62.07**	**11.68**
港北区	49994	12673	32119	5202	100.00	25.35	64.25	10.41
港南区	67096	16657	41210	9229	100.00	24.83	61.42	13.75
覃塘区	92338	23266	57613	11459	100.00	25.20	62.39	12.41
平南县	584474	156789	361205	66480	100.00	26.83	61.80	11.37
桂平市	428512	111542	266562	50408	100.00	26.03	62.21	11.76
玉林市	**1874678**	**530482**	**1154260**	**189936**	**100.00**	**28.30**	**61.57**	**10.13**
玉州区	70811	15673	49802	5336	100.00	22.13	70.33	7.54
福绵区	76186	20004	48022	8160	100.00	26.26	63.03	10.71
容　县	277620	75378	174287	27955	100.00	27.15	62.78	10.07
陆川县	364251	103457	226406	34388	100.00	28.40	62.16	9.44
博白县	599279	179056	361945	58278	100.00	29.88	60.40	9.72
兴业县	191425	43559	122621	25245	100.00	22.76	64.06	13.19
北流市	295106	93355	171177	30574	100.00	31.63	58.01	10.36
百色市	**692254**	**163172**	**463639**	**65443**	**100.00**	**23.57**	**66.98**	**9.45**
右江区	10321	2146	6992	1183	100.00	20.79	67.75	11.46
田阳区	9201	1893	5644	1664	100.00	20.57	61.34	18.08
田东县	155950	36898	103600	15452	100.00	23.66	66.43	9.91

3-2b 续表 2

单位：人、%

地 区	人口数				比重			
	合计	0-14岁	15-64岁	65岁及以上	合计	0-14岁	15-64岁	65岁及以上
德保县	84307	21054	54457	8796	100.00	24.97	64.59	10.43
那坡县	41049	8800	27835	4414	100.00	21.44	67.81	10.75
凌云县	71892	19240	47071	5581	100.00	26.76	65.47	7.76
乐业县	49572	12733	33242	3597	100.00	25.69	67.06	7.26
田林县	64766	14488	45856	4422	100.00	22.37	70.80	6.83
西林县	48899	11271	34447	3181	100.00	23.05	70.45	6.51
隆林各族自治县	93051	21499	64859	6693	100.00	23.10	69.70	7.19
靖西市	30275	6629	19112	4534	100.00	21.90	63.13	14.98
平果市	32971	6521	20524	5926	100.00	19.78	62.25	17.97
贺州市	**650504**	**171187**	**404138**	**75179**	**100.00**	**26.32**	**62.13**	**11.56**
八步区	145647	39205	90170	16272	100.00	26.92	61.91	11.17
平桂区	76356	21098	46253	9005	100.00	27.63	60.58	11.79
昭平县	159706	42752	97472	19482	100.00	26.77	61.03	12.20
钟山县	155076	39823	98098	17155	100.00	25.68	63.26	11.06
富川瑶族自治县	113719	28309	72145	13265	100.00	24.89	63.44	11.66
河池市	**1077178**	**279638**	**686173**	**111367**	**100.00**	**25.96**	**63.70**	**10.34**
金城江区	15979	3498	10028	2453	100.00	21.89	62.76	15.35
宜州区	31230	6982	19786	4462	100.00	22.36	63.36	14.29
南丹县	138640	32991	93052	12597	100.00	23.80	67.12	9.09
天峨县	62858	16730	41259	4869	100.00	26.62	65.64	7.75
凤山县	58927	17738	36093	5096	100.00	30.10	61.25	8.65
东兰县	65804	17225	41640	6939	100.00	26.18	63.28	10.54
罗城仫佬族自治县	122161	28977	76724	16460	100.00	23.72	62.81	13.47
环江毛南族自治县	111118	27178	72149	11791	100.00	24.46	64.93	10.61
巴马瑶族自治县	90491	25002	58002	7487	100.00	27.63	64.10	8.27
都安瑶族自治县	245021	65780	152610	26631	100.00	26.85	62.28	10.87
大化瑶族自治县	134949	37537	84830	12582	100.00	27.82	62.86	9.32
来宾市	**566880**	**130324**	**372294**	**64262**	**100.00**	**22.99**	**65.67**	**11.34**
兴宾区	130657	31975	82988	15694	100.00	24.47	63.52	12.01
忻城县	110567	26581	71220	12766	100.00	24.04	64.41	11.55
象州县	115461	23629	78244	13588	100.00	20.46	67.77	11.77
武宣县	151671	36448	100609	14614	100.00	24.03	66.33	9.64
金秀瑶族自治县	48629	9924	33376	5329	100.00	20.41	68.63	10.96
合山市	9895	1767	5857	2271	100.00	17.86	59.19	22.95
崇左市	**632120**	**136700**	**431999**	**63421**	**100.00**	**21.63**	**68.34**	**10.03**
江州区	46369	9201	31199	5969	100.00	19.84	67.28	12.87
扶绥县	192689	36548	139701	16440	100.00	18.97	72.50	8.53
宁明县	106750	24031	71759	10960	100.00	22.51	67.22	10.27
龙州县	82587	16023	58205	8359	100.00	19.40	70.48	10.12
大新县	101841	23268	67748	10825	100.00	22.85	66.52	10.63
天等县	87043	24421	52968	9654	100.00	28.06	60.85	11.09
凭祥市	14841	3208	10419	1214	100.00	21.62	70.20	8.18

3-2c 各地区人口年龄构成（一）（乡村）

单位：人、%

地 区	人口数				比重			
	合计	0-14岁	15-64岁	65岁及以上	合计	0-14岁	15-64岁	65岁及以上
总 计	**22955848**	**5860400**	**13604999**	**3490449**	**100.00**	**25.53**	**59.27**	**15.21**
南宁市	**2718080**	**617488**	**1669468**	**431124**	**100.00**	**22.72**	**61.42**	**15.86**
兴宁区	74853	15625	47261	11967	100.00	20.87	63.14	15.99
青秀区	73424	14656	45963	12805	100.00	19.96	62.60	17.44
江南区	164460	27890	119722	16848	100.00	16.96	72.80	10.24
西乡塘区	153166	32353	99790	21023	100.00	21.12	65.15	13.73
良庆区	96695	20808	60291	15596	100.00	21.52	62.35	16.13
邕宁区	148058	33817	92299	21942	100.00	22.84	62.34	14.82
武鸣区	327006	61110	208632	57264	100.00	18.69	63.80	17.51
隆安县	214833	48611	130624	35598	100.00	22.63	60.80	16.57
马山县	266234	68128	154970	43136	100.00	25.59	58.21	16.20
上林县	236897	54540	140749	41608	100.00	23.02	59.41	17.56
宾阳县	438628	103142	268358	67128	100.00	23.51	61.18	15.30
横 县	523826	136808	300809	86209	100.00	26.12	57.43	16.46
柳州市	**1250240**	**260281**	**782429**	**207530**	**100.00**	**20.82**	**62.58**	**16.60**
城中区	3109	596	2109	404	100.00	19.17	67.84	12.99
鱼峰区	50134	9055	33645	7434	100.00	18.06	67.11	14.83
柳南区	32555	5993	21131	5431	100.00	18.41	64.91	16.68
柳北区	30097	5633	20491	3973	100.00	18.72	68.08	13.20
柳江区	198315	40276	127577	30462	100.00	20.31	64.33	15.36
柳城县	162647	30410	104528	27709	100.00	18.70	64.27	17.04
鹿寨县	150584	30025	93748	26811	100.00	19.94	62.26	17.80
融安县	139519	24105	86755	28659	100.00	17.28	62.18	20.54
融水苗族自治县	252978	56706	155439	40833	100.00	22.42	61.44	16.14
三江侗族自治县	230302	57482	137006	35814	100.00	24.96	59.49	15.55
桂林市	**2338223**	**471959**	**1436547**	**429717**	**100.00**	**20.18**	**61.44**	**18.38**
秀峰区					0			
叠彩区	28229	6025	19277	2927	100.00	21.34	68.29	10.37
象山区	3960	879	2591	490	100.00	22.20	65.43	12.37
七星区	3675	798	2432	445	100.00	21.71	66.18	12.11
雁山区	92466	11268	73796	7402	100.00	12.19	79.81	8.01
临桂区	236291	47107	146525	42659	100.00	19.94	62.01	18.05
阳朔县	187193	38135	116804	32254	100.00	20.37	62.40	17.23
灵川县	212582	42029	131635	38918	100.00	19.77	61.92	18.31
全州县	350717	74446	206270	70001	100.00	21.23	58.81	19.96
兴安县	189506	37724	113069	38713	100.00	19.91	59.67	20.43
永福县	140283	28646	85823	25814	100.00	20.42	61.18	18.40
灌阳县	123082	22954	72841	27287	100.00	18.65	59.18	22.17
龙胜各族自治县	90781	14597	58437	17747	100.00	16.08	64.37	19.55
资源县	88039	17348	52562	18129	100.00	19.70	59.70	20.59
平乐县	239734	60033	137363	42338	100.00	25.04	57.30	17.66
恭城瑶族自治县	163911	35761	98737	29413	100.00	21.82	60.24	17.94
荔浦市	187774	34209	118385	35180	100.00	18.22	63.05	18.74

3-2c 续表 1

单位：人、%

地 区	人口数				比重			
	合计	0—14岁	15—64岁	65岁及以上	合计	0—14岁	15—64岁	65岁及以上
梧州市	**1225651**	**361474**	**686509**	**177668**	**100.00**	**29.49**	**56.01**	**14.50**
万秀区	43856	10080	27309	6467	100.00	22.98	62.27	14.75
长洲区	24900	7014	13895	3991	100.00	28.17	55.80	16.03
龙圩区	125149	37133	70104	17912	100.00	29.67	56.02	14.31
苍梧县	194023	55649	110756	27618	100.00	28.68	57.08	14.23
藤 县	414709	127445	228528	58736	100.00	30.73	55.11	14.16
蒙山县	96289	23682	54804	17803	100.00	24.59	56.92	18.49
岑溪市	326725	100471	181113	45141	100.00	30.75	55.43	13.82
北海市	**873922**	**201257**	**556936**	**115729**	**100.00**	**23.03**	**63.73**	**13.24**
海城区	83693	18076	60051	5566	100.00	21.60	71.75	6.65
银海区	108307	20802	76574	10931	100.00	19.21	70.70	10.09
铁山港区	123551	27521	79055	16975	100.00	22.28	63.99	13.74
合浦县	558371	134858	341256	82257	100.00	24.15	61.12	14.73
防城港市	**402433**	**97204**	**250434**	**54795**	**100.00**	**24.15**	**62.23**	**13.62**
港口区	38478	6428	28358	3692	100.00	16.71	73.70	9.60
防城区	180011	48873	105162	25976	100.00	27.15	58.42	14.43
上思县	123429	26892	79403	17134	100.00	21.79	64.33	13.88
东兴市	60515	15011	37511	7993	100.00	24.81	61.99	13.21
钦州市	**1914764**	**587221**	**1072610**	**254933**	**100.00**	**30.67**	**56.02**	**13.31**
钦南区	263357	66607	162728	34022	100.00	25.29	61.79	12.92
钦北区	365725	111087	201823	52815	100.00	30.37	55.18	14.44
灵山县	826856	271063	454904	100889	100.00	32.78	55.02	12.20
浦北县	458826	138464	253155	67207	100.00	30.18	55.17	14.65
贵港市	**2158138**	**610641**	**1243858**	**303639**	**100.00**	**28.29**	**57.64**	**14.07**
港北区	238267	69033	139250	29984	100.00	28.97	58.44	12.58
港南区	311371	82097	178663	50611	100.00	26.37	57.38	16.25
覃塘区	229900	63785	131384	34731	100.00	27.74	57.15	15.11
平南县	519799	150433	295706	73660	100.00	28.94	56.89	14.17
桂平市	858801	245293	498855	114653	100.00	28.56	58.09	13.35
玉林市	**2912869**	**916623**	**1600759**	**395487**	**100.00**	**31.47**	**54.95**	**13.58**
玉州区	163991	42642	100565	20784	100.00	26.00	61.32	12.67
福绵区	185278	50472	108423	26383	100.00	27.24	58.52	14.24
容 县	377296	113257	207434	56605	100.00	30.02	54.98	15.00
陆川县	440176	145961	233158	61057	100.00	33.16	52.97	13.87
博白县	791333	266728	426901	97704	100.00	33.71	53.95	12.35
兴业县	316919	84559	177420	54940	100.00	26.68	55.98	17.34
北流市	637876	213004	346858	78014	100.00	33.39	54.38	12.23
百色市	**2020080**	**453261**	**1261276**	**305543**	**100.00**	**22.44**	**62.44**	**15.13**
右江区	134570	28173	89483	16914	100.00	20.94	66.50	12.57
田阳区	132318	24656	82710	24952	100.00	18.63	62.51	18.86
田东县	196057	42653	122261	31143	100.00	21.76	62.36	15.88

3-2c 续表 2

单位:人、%

地 区	人口数				比重			
	合计	0-14岁	15-64岁	65岁及以上	合计	0-14岁	15-64岁	65岁及以上
德保县	185451	38168	109003	38280	100.00	20.58	58.78	20.64
那坡县	130732	30893	81243	18596	100.00	23.63	62.14	14.22
凌云县	116302	28553	73146	14603	100.00	24.55	62.89	12.56
乐业县	96825	23489	62324	11012	100.00	24.26	64.37	11.37
田林县	160062	34516	106880	18666	100.00	21.56	66.77	11.66
西林县	93199	22539	61424	9236	100.00	24.18	65.91	9.91
隆林各族自治县	257714	69596	160999	27119	100.00	27.01	62.47	10.52
靖西市	338707	75760	202385	60562	100.00	22.37	59.75	17.88
平果市	178143	34265	109418	34460	100.00	19.23	61.42	19.34
贺州市	**1018671**	**299687**	**573687**	**145297**	**100.00**	**29.42**	**56.32**	**14.26**
八步区	317171	97079	176987	43105	100.00	30.61	55.80	13.59
平桂区	182298	51339	107403	23556	100.00	28.16	58.92	12.92
昭平县	170410	48942	92982	28486	100.00	28.72	54.56	16.72
钟山县	195981	60610	108377	26994	100.00	30.93	55.30	13.77
富川瑶族自治县	152811	41717	87938	23156	100.00	27.30	57.55	15.15
河池市	**1883946**	**484986**	**1103919**	**295041**	**100.00**	**25.74**	**58.60**	**15.66**
金城江区	104399	23902	63618	16879	100.00	22.89	60.94	16.17
宜州区	313451	73076	188998	51377	100.00	23.31	60.30	16.39
南丹县	136914	38688	81036	17190	100.00	28.26	59.19	12.56
天峨县	80297	16225	51576	12496	100.00	20.21	64.23	15.56
凤山县	110918	27442	65861	17615	100.00	24.74	59.38	15.88
东兰县	153745	37270	88022	28453	100.00	24.24	57.25	18.51
罗城仫佬族自治县	150511	36877	85925	27709	100.00	24.50	57.09	18.41
环江毛南族自治县	164958	36130	101619	27209	100.00	21.90	61.60	16.49
巴马瑶族自治县	145661	41582	83147	20932	100.00	28.55	57.08	14.37
都安瑶族自治县	293040	83574	167231	42235	100.00	28.52	57.07	14.41
大化瑶族自治县	230052	70220	126886	32946	100.00	30.52	55.16	14.32
来宾市	**1067899**	**242987**	**650006**	**174906**	**100.00**	**22.75**	**60.87**	**16.38**
兴宾区	393866	93556	239666	60644	100.00	23.75	60.85	15.40
忻城县	187258	41270	111538	34450	100.00	22.04	59.56	18.40
象州县	166385	33904	102851	29630	100.00	20.38	61.82	17.81
武宣县	188641	47406	111180	30055	100.00	25.13	58.94	15.93
金秀瑶族自治县	81684	15345	52826	13513	100.00	18.79	64.67	16.54
合山市	50065	11506	31945	6614	100.00	22.98	63.81	13.21
崇左市	**1170932**	**255331**	**716561**	**199040**	**100.00**	**21.81**	**61.20**	**17.00**
江州区	170361	37754	107921	24686	100.00	22.16	63.35	14.49
扶绥县	216232	43469	138434	34329	100.00	20.10	64.02	15.88
宁明县	212636	51674	129746	31216	100.00	24.30	61.02	14.68
龙州县	149481	27206	99053	23222	100.00	18.20	66.26	15.54
大新县	180722	36973	106563	37186	100.00	20.46	58.97	20.58
天等县	193430	47413	103563	42454	100.00	24.51	53.54	21.95
凭祥市	48070	10842	31281	5947	100.00	22.55	65.07	12.37

3–3 各地区人口年龄构成（二）

单位：人、%

地 区	人口数				比重			
	合计	0–15岁	16–59岁	60岁及以上	合计	0–15岁	16–59岁	60岁及以上
总 计	**50126804**	**12542564**	**29220461**	**8363779**	**100.00**	**25.02**	**58.29**	**16.69**
南宁市	**8741584**	**1885325**	**5564452**	**1291807**	**100.00**	**21.57**	**63.65**	**14.78**
兴宁区	615485	127781	409304	78400	100.00	20.76	66.50	12.74
青秀区	1124334	216295	755132	152907	100.00	19.24	67.16	13.60
江南区	989823	212180	663328	114315	100.00	21.44	67.01	11.55
西乡塘区	1643819	290492	1171324	182003	100.00	17.67	71.26	11.07
良庆区	587618	132165	395691	59762	100.00	22.49	67.34	10.17
邕宁区	332280	77215	205081	49984	100.00	23.24	61.72	15.04
武鸣区	683826	130708	430596	122522	100.00	19.11	62.97	17.92
隆安县	325140	79911	182097	63132	100.00	24.58	56.01	19.42
马山县	382430	103029	206336	73065	100.00	26.94	53.95	19.11
上林县	359323	87613	197538	74172	100.00	24.38	54.98	20.64
宾阳县	801407	190684	464115	146608	100.00	23.79	57.91	18.29
横 县	896099	237252	483910	174937	100.00	26.48	54.00	19.52
柳州市	**4157934**	**845069**	**2598023**	**714842**	**100.00**	**20.32**	**62.48**	**17.19**
城中区	243628	46871	157752	39005	100.00	19.24	64.75	16.01
鱼峰区	668961	121700	454190	93071	100.00	18.19	67.89	13.91
柳南区	617925	118272	401083	98570	100.00	19.14	64.91	15.95
柳北区	484765	84160	315560	85045	100.00	17.36	65.10	17.54
柳江区	503772	113592	313927	76253	100.00	22.55	62.32	15.14
柳城县	314242	62504	185657	66081	100.00	19.89	59.08	21.03
鹿寨县	337298	70469	199771	67058	100.00	20.89	59.23	19.88
融安县	253360	48854	146171	58335	100.00	19.28	57.69	23.02
融水苗族自治县	412445	94512	242512	75421	100.00	22.92	58.80	18.29
三江侗族自治县	321538	84135	181400	56003	100.00	26.17	56.42	17.42
桂林市	**4931137**	**1026024**	**2902592**	**1002521**	**100.00**	**20.81**	**58.86**	**20.33**
秀峰区	161066	30255	102062	28749	100.00	18.78	63.37	17.85
叠彩区	202875	38697	124130	40048	100.00	19.07	61.19	19.74
象山区	286872	51553	176767	58552	100.00	17.97	61.62	20.41
七星区	387304	65142	268331	53831	100.00	16.82	69.28	13.90
雁山区	132639	15011	106012	11616	100.00	11.32	79.93	8.76
临桂区	555109	118949	341628	94532	100.00	21.43	61.54	17.03
阳朔县	273124	57984	157216	57924	100.00	21.23	57.56	21.21
灵川县	422776	86953	255594	80229	100.00	20.57	60.46	18.98
全州县	565696	134395	298819	132482	100.00	23.76	52.82	23.42
兴安县	307043	67864	166845	72334	100.00	22.10	54.34	23.56
永福县	228646	49267	129082	50297	100.00	21.55	56.45	22.00
灌阳县	208412	46099	110365	51948	100.00	22.12	52.96	24.93
龙胜各族自治县	139483	26002	81125	32356	100.00	18.64	58.16	23.20
资源县	139212	32098	75838	31276	100.00	23.06	54.48	22.47
平乐县	340921	85205	179615	76101	100.00	24.99	52.69	22.32
恭城瑶族自治县	245432	55094	135238	55100	100.00	22.45	55.10	22.45
荔浦市	334527	65456	193925	75146	100.00	19.57	57.97	22.46

3-3 续表 1 单位：人、%

地 区	人口数				比重			
	合计	0-15岁	16-59岁	60岁及以上	合计	0-15岁	16-59岁	60岁及以上
梧州市	**2820977**	**794538**	**1555988**	**470451**	**100.00**	**28.17**	**55.16**	**16.68**
万秀区	271989	47150	165409	59430	100.00	17.34	60.81	21.85
长洲区	299344	65273	190298	43773	100.00	21.81	63.57	14.62
龙圩区	288482	82118	164845	41519	100.00	28.47	57.14	14.39
苍梧县	276766	82303	145599	48864	100.00	29.74	52.61	17.66
藤 县	795612	246901	421265	127446	100.00	31.03	52.95	16.02
蒙山县	164420	41271	87858	35291	100.00	25.10	53.44	21.46
岑溪市	724364	229522	380714	114128	100.00	31.69	52.56	15.76
北海市	**1853227**	**423836**	**1131875**	**297516**	**100.00**	**22.87**	**61.08**	**16.05**
海城区	527895	109163	346616	72116	100.00	20.68	65.66	13.66
银海区	315196	66197	211834	37165	100.00	21.00	67.21	11.79
铁山港区	145943	33853	85605	26485	100.00	23.20	58.66	18.15
合浦县	864193	214623	487820	161750	100.00	24.84	56.45	18.72
防城港市	**1046068**	**264386**	**633844**	**147838**	**100.00**	**25.27**	**60.59**	**14.13**
港口区	244280	50357	169355	24568	100.00	20.61	69.33	10.06
防城区	390961	106240	222324	62397	100.00	27.17	56.87	15.96
上思县	194774	47726	112291	34757	100.00	24.50	57.65	17.84
东兴市	216053	60063	129874	26116	100.00	27.80	60.11	12.09
钦州市	**3302238**	**1003870**	**1777633**	**520735**	**100.00**	**30.40**	**53.83**	**15.77**
钦南区	679692	176767	406955	95970	100.00	26.01	59.87	14.12
钦北区	720442	217133	388395	114914	100.00	30.14	53.91	15.95
灵山县	1218140	400974	629246	187920	100.00	32.92	51.66	15.43
浦北县	683964	208996	353037	121931	100.00	30.56	51.62	17.83
贵港市	**4316262**	**1213032**	**2395967**	**707263**	**100.00**	**28.10**	**55.51**	**16.39**
港北区	760633	201725	459308	99600	100.00	26.52	60.38	13.09
港南区	516598	137402	286625	92571	100.00	26.60	55.48	17.92
覃塘区	423747	118364	229480	75903	100.00	27.93	54.15	17.91
平南县	1104273	325544	589164	189565	100.00	29.48	53.35	17.17
桂平市	1511011	429997	831390	249624	100.00	28.46	55.02	16.52
玉林市	**5796766**	**1775743**	**3105127**	**915896**	**100.00**	**30.63**	**53.57**	**15.80**
玉州区	908121	226326	561449	120346	100.00	24.92	61.83	13.25
福绵区	318709	88500	175090	55119	100.00	27.77	54.94	17.29
容 县	654916	199351	340384	115181	100.00	30.44	51.97	17.59
陆川县	804427	262305	415356	126766	100.00	32.61	51.63	15.76
博白县	1390612	467684	708376	214552	100.00	33.63	50.94	15.43
兴业县	508344	136120	266669	105555	100.00	26.78	52.46	20.76
北流市	1211637	395457	637803	178377	100.00	32.64	52.64	14.72
百色市	**3571505**	**852119**	**2117645**	**601741**	**100.00**	**23.86**	**59.29**	**16.85**
右江区	472086	95255	313148	63683	100.00	20.18	66.33	13.49
田阳区	308785	67771	181754	59260	100.00	21.95	58.86	19.19
田东县	352007	84853	203938	63216	100.00	24.11	57.94	17.96

3-3 续表 2

单位：人、%

地 区	人口数				比重			
	合计	0−15岁	16−59岁	60岁及以上	合计	0−15岁	16−59岁	60岁及以上
德保县	269758	62678	145836	61244	100.00	23.23	54.06	22.70
那坡县	171781	42191	98895	30695	100.00	24.56	57.57	17.87
凌云县	188194	50834	109800	27560	100.00	27.01	58.34	14.64
乐业县	146397	38433	88151	19813	100.00	26.25	60.21	13.53
田林县	224828	52839	139217	32772	100.00	23.50	61.92	14.58
西林县	142098	36033	88083	17982	100.00	25.36	61.99	12.65
隆林各族自治县	350765	97797	204033	48935	100.00	27.88	58.17	13.95
靖西市	489163	116996	271115	101052	100.00	23.92	55.42	20.66
平果市	455643	106439	273675	75529	100.00	23.36	60.06	16.58
贺州市	**2007858**	**575009**	**1091043**	**341806**	**100.00**	**28.64**	**54.34**	**17.02**
八步区	655994	187172	364185	104637	100.00	28.53	55.52	15.95
平桂区	404161	112737	227084	64340	100.00	27.89	56.19	15.92
昭平县	330116	96486	171354	62276	100.00	29.23	51.91	18.86
钟山县	351057	105322	185204	60531	100.00	30.00	52.76	17.24
富川瑶族自治县	266530	73292	143216	50022	100.00	27.50	53.73	18.77
河池市	**3417945**	**910374**	**1899423**	**608148**	**100.00**	**26.64**	**55.57**	**17.79**
金城江区	372521	84558	229325	58638	100.00	22.70	61.56	15.74
宜州区	549359	127517	314769	107073	100.00	23.21	57.30	19.49
南丹县	275554	76381	159328	39845	100.00	27.72	57.82	14.46
天峨县	143155	35698	84888	22569	100.00	24.94	59.30	15.77
凤山县	169845	47639	93042	29164	100.00	28.05	54.78	17.17
东兰县	219549	57990	115122	46437	100.00	26.41	52.44	21.15
罗城仫佬族自治县	272672	69199	145310	58163	100.00	25.38	53.29	21.33
环江毛南族自治县	276076	67175	157663	51238	100.00	24.33	57.11	18.56
巴马瑶族自治县	236152	70782	126252	39118	100.00	29.97	53.46	16.56
都安瑶族自治县	538061	159072	284992	93997	100.00	29.56	52.97	17.47
大化瑶族自治县	365001	114363	188732	61906	100.00	31.33	51.71	16.96
来宾市	**2074611**	**510246**	**1196047**	**368318**	**100.00**	**24.59**	**57.65**	**17.75**
兴宾区	925377	240961	543854	140562	100.00	26.04	58.77	15.19
忻城县	297825	71424	162619	63782	100.00	23.98	54.60	21.42
象州县	281846	60713	164680	56453	100.00	21.54	58.43	20.03
武宣县	340312	88657	190322	61333	100.00	26.05	55.93	18.02
金秀瑶族自治县	130313	26741	78463	25109	100.00	20.52	60.21	19.27
合山市	98938	21750	56109	21079	100.00	21.98	56.71	21.31
崇左市	**2088692**	**462993**	**1250802**	**374897**	**100.00**	**22.17**	**59.88**	**17.95**
江州区	435438	83230	296577	55631	100.00	19.11	68.11	12.78
扶绥县	408921	85475	254684	68762	100.00	20.90	62.28	16.82
宁明县	319386	80174	181838	57374	100.00	25.10	56.93	17.96
龙州县	232068	45445	141143	45480	100.00	19.58	60.82	19.60
大新县	282563	63156	156082	63325	100.00	22.35	55.24	22.41
天等县	280473	76097	137492	66884	100.00	27.13	49.02	23.85
凭祥市	129843	29416	82986	17441	100.00	22.66	63.91	13.43

3-3a 各地区人口年龄构成（二）（城市）

单位：人、%

地 区	人口数				比重			
	合计	0-15岁	16-59岁	60岁及以上	合计	0-15岁	16-59岁	60岁及以上
总 计	**14787980**	**3146259**	**9799588**	**1842133**	**100.00**	**21.28**	**66.27**	**12.46**
南宁市	**4567493**	**894711**	**3181066**	**491716**	**100.00**	**19.59**	**69.65**	**10.77**
兴宁区	516352	106137	351686	58529	100.00	20.56	68.11	11.34
青秀区	1016293	193715	693525	129053	100.00	19.06	68.24	12.70
江南区	763090	167952	513003	82135	100.00	22.01	67.23	10.76
西乡塘区	1428084	244468	1037202	146414	100.00	17.12	72.63	10.25
良庆区	459938	102788	322718	34432	100.00	22.35	70.17	7.49
邕宁区	159547	35964	107629	15954	100.00	22.54	67.46	10.00
武鸣区	224189	43687	155303	25199	100.00	19.49	69.27	11.24
隆安县								
马山县								
上林县								
宾阳县								
横 县								
柳州市	**2058881**	**390696**	**1363739**	**304446**	**100.00**	**18.98**	**66.24**	**14.79**
城中区	240519	46260	155863	38396	100.00	19.23	64.80	15.96
鱼峰区	592117	107361	405298	79458	100.00	18.13	68.45	13.42
柳南区	524325	100152	340553	83620	100.00	19.10	64.95	15.95
柳北区	448268	77244	293134	77890	100.00	17.23	65.39	17.38
柳江区	253652	59679	168891	25082	100.00	23.53	66.58	9.89
柳城县								
鹿寨县								
融安县								
融水苗族自治县								
三江侗族自治县								
桂林市	**1346806**	**253000**	**876506**	**217300**	**100.00**	**18.79**	**65.08**	**16.13**
秀峰区	161066	30255	102062	28749	100.00	18.78	63.37	17.85
叠彩区	171938	31923	104702	35313	100.00	18.57	60.90	20.54
象山区	282912	50642	174382	57888	100.00	17.90	61.64	20.46
七星区	354326	59720	245620	48986	100.00	16.85	69.32	13.83
雁山区	9893	2029	6467	1397	100.00	20.51	65.37	14.12
临桂区	272883	59599	183959	29325	100.00	21.84	67.41	10.75
阳朔县								
灵川县								
全州县								
兴安县								
永福县								
灌阳县								
龙胜各族自治县								
资源县								
平乐县								
恭城瑶族自治县								
荔浦市	93788	18832	59314	15642	100.00	20.08	63.24	16.68

3-3a 续表 1

单位:人、%

地 区	人口数				比重			
	合计	0-15岁	16-59岁	60岁及以上	合计	0-15岁	16-59岁	60岁及以上
梧州市	**867903**	**198277**	**540433**	**129193**	**100.00**	**22.85**	**62.27**	**14.89**
万秀区	215014	33951	131562	49501	100.00	15.79	61.19	23.02
长洲区	270840	57071	175635	38134	100.00	21.07	64.85	14.08
龙圩区	127272	31987	81981	13304	100.00	25.13	64.41	10.45
苍梧县								
藤 县								
蒙山县								
岑溪市	254777	75268	151255	28254	100.00	29.54	59.37	11.09
北海市	**640164**	**131559**	**424173**	**84432**	**100.00**	**20.55**	**66.26**	**13.19**
海城区	442078	89423	289643	63012	100.00	20.23	65.52	14.25
银海区	183036	38577	125466	18993	100.00	21.08	68.55	10.38
铁山港区	15050	3559	9064	2427	100.00	23.65	60.23	16.13
合浦县								
防城港市	**463004**	**116115**	**300261**	**46628**	**100.00**	**25.08**	**64.85**	**10.07**
港口区	162585	35105	112919	14561	100.00	21.59	69.45	8.96
防城区	165148	41756	103640	19752	100.00	25.28	62.76	11.96
上思县								
东兴市	135271	39254	83702	12315	100.00	29.02	61.88	9.10
钦州市	**518653**	**133784**	**328706**	**56163**	**100.00**	**25.79**	**63.38**	**10.83**
钦南区	301510	76770	190046	34694	100.00	25.46	63.03	11.51
钦北区	217143	57014	138660	21469	100.00	26.26	63.86	9.89
灵山县								
浦北县								
贵港市	**935710**	**229941**	**594501**	**111268**	**100.00**	**24.57**	**63.53**	**11.89**
港北区	472372	116252	303047	53073	100.00	24.61	64.15	11.24
港南区	138131	33857	90171	14103	100.00	24.51	65.28	10.21
覃塘区	101509	27431	58808	15270	100.00	27.02	57.93	15.04
平南县								
桂平市	223698	52401	142475	28822	100.00	23.42	63.69	12.88
玉林市	**1009219**	**255172**	**631967**	**122080**	**100.00**	**25.28**	**62.62**	**12.10**
玉州区	673319	163786	424641	84892	100.00	24.33	63.07	12.61
福绵区	57245	14706	33614	8925	100.00	25.69	58.72	15.59
容 县								
陆川县								
博白县								
兴业县								
北流市	278655	76680	173712	28263	100.00	27.52	62.34	10.14
百色市	**859171**	**194682**	**561465**	**103024**	**100.00**	**22.66**	**65.35**	**11.99**
右江区	327195	63197	225520	38478	100.00	19.31	68.93	11.76
田阳区	167266	39508	102418	25340	100.00	23.62	61.23	15.15
田东县								

3-3a 续表 2　　单位：人、%

地 区	人口数				比重			
	合计	0-15岁	16-59岁	60岁及以上	合计	0-15岁	16-59岁	60岁及以上
德保县								
那坡县								
凌云县								
乐业县								
田林县								
西林县								
隆林各族自治县								
靖西市	120181	28928	75826	15427	100.00	24.07	63.09	12.84
平果市	244529	63049	157701	23779	100.00	25.78	64.49	9.72
贺州市	**338683**	**82575**	**212008**	**44100**	**100.00**	**24.38**	**62.60**	**13.02**
八步区	193176	44952	123829	24395	100.00	23.27	64.10	12.63
平桂区	145507	37623	88179	19705	100.00	25.86	60.60	13.54
昭平县								
钟山县								
富川瑶族自治县								
河池市	**456821**	**98782**	**295126**	**62913**	**100.00**	**21.62**	**64.60**	**13.77**
金城江区	252143	55636	163338	33169	100.00	22.07	64.78	13.15
宜州区	204678	43146	131788	29744	100.00	21.08	64.39	14.53
南丹县								
天峨县								
凤山县								
东兰县								
罗城仫佬族自治县								
环江毛南族自治县								
巴马瑶族自治县								
都安瑶族自治县								
大化瑶族自治县								
来宾市	**439832**	**117715**	**274893**	**47224**	**100.00**	**26.76**	**62.50**	**10.74**
兴宾区	400854	109692	252179	38983	100.00	27.36	62.91	9.72
忻城县								
象州县								
武宣县								
金秀瑶族自治县								
合山市	38978	8023	22714	8241	100.00	20.58	58.27	21.14
崇左市	**285640**	**49250**	**214744**	**21646**	**100.00**	**17.24**	**75.18**	**7.58**
江州区	218708	34374	169819	14515	100.00	15.72	77.65	6.64
扶绥县								
宁明县								
龙州县								
大新县								
天等县								
凭祥市	66932	14876	44925	7131	100.00	22.23	67.12	10.65

3-3b 各地区人口年龄构成（二）（镇）

单位：人、%

地 区	人口数				比重			
	合计	0-15岁	16-59岁	60岁及以上	合计	0-15岁	16-59岁	60岁及以上
总 计	**12382976**	**3236532**	**7281654**	**1864790**	**100.00**	**26.14**	**58.80**	**15.06**
南宁市	**1456011**	**341749**	**887179**	**227083**	**100.00**	**23.47**	**60.93**	**15.60**
兴宁区	24280	5399	14407	4474	100.00	22.24	59.34	18.43
青秀区	34617	7160	20754	6703	100.00	20.68	59.95	19.36
江南区	62273	14091	38951	9231	100.00	22.63	62.55	14.82
西乡塘区	62569	12240	42749	7580	100.00	19.56	68.32	12.11
良庆区	30985	7601	18084	5300	100.00	24.53	58.36	17.11
邕宁区	24675	5685	14182	4808	100.00	23.04	57.48	19.49
武鸣区	132631	23143	89537	19951	100.00	17.45	67.51	15.04
隆安县	110307	28340	65856	16111	100.00	25.69	59.70	14.61
马山县	116196	31438	67952	16806	100.00	27.06	58.48	14.46
上林县	122426	30470	73415	18541	100.00	24.89	59.97	15.14
宾阳县	362779	82572	222810	57397	100.00	22.76	61.42	15.82
横 县	372273	93610	218482	60181	100.00	25.15	58.69	16.17
柳州市	**848813**	**179396**	**532951**	**136466**	**100.00**	**21.13**	**62.79**	**16.08**
城中区								
鱼峰区	26710	4753	18693	3264	100.00	17.79	69.99	12.22
柳南区	61045	11809	42021	7215	100.00	19.34	68.84	11.82
柳北区	6400	1048	3842	1510	100.00	16.38	60.03	23.59
柳江区	51805	11391	31523	8891	100.00	21.99	60.85	17.16
柳城县	151595	30438	92958	28199	100.00	20.08	61.32	18.60
鹿寨县	186714	38606	117231	30877	100.00	20.68	62.79	16.54
融安县	113841	23558	69242	21041	100.00	20.69	60.82	18.48
融水苗族自治县	159467	34547	100929	23991	100.00	21.66	63.29	15.04
三江侗族自治县	91236	23246	56512	11478	100.00	25.48	61.94	12.58
桂林市	**1246108**	**275980**	**762634**	**207494**	**100.00**	**22.15**	**61.20**	**16.65**
秀峰区								
叠彩区	2708	513	1878	317	100.00	18.94	69.35	11.71
象山区								
七星区	29303	4598	20494	4211	100.00	15.69	69.94	14.37
雁山区	30280	501	29404	375	100.00	1.65	97.11	1.24
临桂区	45935	9893	26214	9828	100.00	21.54	57.07	21.40
阳朔县	85931	17848	53221	14862	100.00	20.77	61.93	17.30
灵川县	210194	43105	139986	27103	100.00	20.51	66.60	12.89
全州县	214979	55814	124245	34920	100.00	25.96	57.79	16.24
兴安县	117537	28497	68898	20142	100.00	24.25	58.62	17.14
永福县	88363	19272	52873	16218	100.00	21.81	59.84	18.35
灌阳县	85330	21693	48155	15482	100.00	25.42	56.43	18.14
龙胜各族自治县	48702	10554	30079	8069	100.00	21.67	61.76	16.57
资源县	51173	14073	29789	7311	100.00	27.50	58.21	14.29
平乐县	101187	21912	59339	19936	100.00	21.65	58.64	19.70
恭城瑶族自治县	81521	17258	47893	16370	100.00	21.17	58.75	20.08
荔浦市	52965	10449	30166	12350	100.00	19.73	56.95	23.32

3-3b 续表 1

单位：人、%

地 区	人口数				比重			
	合计	0-15岁	16-59岁	60岁及以上	合计	0-15岁	16-59岁	60岁及以上
梧州市	**727423**	**215823**	**404837**	**106763**	**100.00**	**29.67**	**55.65**	**14.68**
万秀区	13119	2692	8769	1658	100.00	20.52	66.84	12.64
长洲区	3604	904	2001	699	100.00	25.08	55.52	19.40
龙圩区	36061	10926	19492	5643	100.00	30.30	54.05	15.65
苍梧县	82743	23805	46221	12717	100.00	28.77	55.86	15.37
藤 县	380903	113353	218172	49378	100.00	29.76	57.28	12.96
蒙山县	68131	16208	40193	11730	100.00	23.79	58.99	17.22
岑溪市	142862	47935	69989	24938	100.00	33.55	48.99	17.46
北海市	**339141**	**80803**	**202026**	**56312**	**100.00**	**23.83**	**59.57**	**16.60**
海城区	2124	456	1199	469	100.00	21.47	56.45	22.08
银海区	23853	4952	15557	3344	100.00	20.76	65.22	14.02
铁山港区	7342	1684	4319	1339	100.00	22.94	58.83	18.24
合浦县	305822	73711	180951	51160	100.00	24.10	59.17	16.73
防城港市	**180631**	**45887**	**107500**	**27244**	**100.00**	**25.40**	**59.51**	**15.08**
港口区	43217	8578	29470	5169	100.00	19.85	68.19	11.96
防城区	45802	13226	24832	7744	100.00	28.88	54.22	16.91
上思县	71345	18917	41466	10962	100.00	26.51	58.12	15.36
东兴市	20267	5166	11732	3369	100.00	25.49	57.89	16.62
钦州市	**868821**	**253610**	**495504**	**119707**	**100.00**	**29.19**	**57.03**	**13.78**
钦南区	114825	30045	69505	15275	100.00	26.17	60.53	13.30
钦北区	137574	43354	72445	21775	100.00	31.51	52.66	15.83
灵山县	391284	116030	224192	51062	100.00	29.65	57.30	13.05
浦北县	225138	64181	129362	31595	100.00	28.51	57.46	14.03
贵港市	**1222414**	**342340**	**685637**	**194437**	**100.00**	**28.01**	**56.09**	**15.91**
港北区	49994	13135	29589	7270	100.00	26.27	59.19	14.54
港南区	67096	17746	36996	12354	100.00	26.45	55.14	18.41
覃塘区	92338	24600	52577	15161	100.00	26.64	56.94	16.42
平南县	584474	167119	326180	91175	100.00	28.59	55.81	15.60
桂平市	428512	119740	240295	68477	100.00	27.94	56.08	15.98
玉林市	**1874678**	**565592**	**1047317**	**261769**	**100.00**	**30.17**	**55.87**	**13.96**
玉州区	70811	18247	45167	7397	100.00	25.77	63.79	10.45
福绵区	76186	20936	44122	11128	100.00	27.48	57.91	14.61
容 县	277620	79957	158742	38921	100.00	28.80	57.18	14.02
陆川县	364251	111511	206282	46458	100.00	30.61	56.63	12.75
博白县	599279	191193	327152	80934	100.00	31.90	54.59	13.51
兴业县	191425	47051	110201	34173	100.00	24.58	57.57	17.85
北流市	295106	96697	155651	42758	100.00	32.77	52.74	14.49
百色市	**692254**	**173928**	**424739**	**93587**	**100.00**	**25.12**	**61.36**	**13.52**
右江区	10321	2286	6303	1732	100.00	22.15	61.07	16.78
田阳区	9201	1991	5076	2134	100.00	21.64	55.17	23.19
田东县	155950	38998	94938	22014	100.00	25.01	60.88	14.12

3-3b 续表 2

单位:人、%

地 区	人口数				比重			
	合计	0-15岁	16-59岁	60岁及以上	合计	0-15岁	16-59岁	60岁及以上
德保县	84307	22195	49623	12489	100.00	26.33	58.86	14.81
那坡县	41049	9554	25240	6255	100.00	23.27	61.49	15.24
凌云县	71892	20494	43380	8018	100.00	28.51	60.34	11.15
乐业县	49572	13592	30785	5195	100.00	27.42	62.10	10.48
田林县	64766	15595	42481	6690	100.00	24.08	65.59	10.33
西林县	48899	12180	31898	4821	100.00	24.91	65.23	9.86
隆林各族自治县	93051	23150	59748	10153	100.00	24.88	64.21	10.91
靖西市	30275	7004	17001	6270	100.00	23.13	56.16	20.71
平果市	32971	6889	18266	7816	100.00	20.89	55.40	23.71
贺州市	**650504**	**180561**	**366470**	**103473**	**100.00**	**27.76**	**56.34**	**15.91**
八步区	145647	41513	81746	22388	100.00	28.50	56.13	15.37
平桂区	76356	21824	42038	12494	100.00	28.58	55.06	16.36
昭平县	159706	45113	88483	26110	100.00	28.25	55.40	16.35
钟山县	155076	42122	88936	24018	100.00	27.16	57.35	15.49
富川瑶族自治县	113719	29989	65267	18463	100.00	26.37	57.39	16.24
河池市	**1077178**	**297965**	**626261**	**152952**	**100.00**	**27.66**	**58.14**	**14.20**
金城江区	15979	3683	9071	3225	100.00	23.05	56.77	20.18
宜州区	31230	7302	17559	6369	100.00	23.38	56.22	20.39
南丹县	138640	34978	86226	17436	100.00	25.23	62.19	12.58
天峨县	62858	18004	38162	6692	100.00	28.64	60.71	10.65
凤山县	58927	18596	33486	6845	100.00	31.56	56.83	11.62
东兰县	65804	18419	38025	9360	100.00	27.99	57.79	14.22
罗城仫佬族自治县	122161	30700	69457	22004	100.00	25.13	56.86	18.01
环江毛南族自治县	111118	29250	65966	15902	100.00	26.32	59.37	14.31
巴马瑶族自治县	90491	26539	53271	10681	100.00	29.33	58.87	11.80
都安瑶族自治县	245021	70357	137947	36717	100.00	28.71	56.30	14.99
大化瑶族自治县	134949	40137	77091	17721	100.00	29.74	57.13	13.13
来宾市	**566880**	**138037**	**340111**	**88732**	**100.00**	**24.35**	**60.00**	**15.65**
兴宾区	130657	33201	75953	21503	100.00	25.41	58.13	16.46
忻城县	110567	28201	64644	17722	100.00	25.51	58.47	16.03
象州县	115461	25107	71999	18355	100.00	21.75	62.36	15.90
武宣县	151671	39204	91877	20590	100.00	25.85	60.58	13.58
金秀瑶族自治县	48629	10494	30588	7547	100.00	21.58	62.90	15.52
合山市	9895	1830	5050	3015	100.00	18.49	51.04	30.47
崇左市	**632120**	**144861**	**398488**	**88771**	**100.00**	**22.92**	**63.04**	**14.04**
江州区	46369	9548	28742	8079	100.00	20.59	61.99	17.42
扶绥县	192689	39076	130810	22803	100.00	20.28	67.89	11.83
宁明县	106750	25555	65684	15511	100.00	23.94	61.53	14.53
龙州县	82587	16916	53055	12616	100.00	20.48	64.24	15.28
大新县	101841	24627	62396	14818	100.00	24.18	61.27	14.55
天等县	87043	25838	48107	13098	100.00	29.68	55.27	15.05
凭祥市	14841	3301	9694	1846	100.00	22.24	65.32	12.44

3-3c 各地区人口年龄构成（二）（乡村）

单位：人、%

地 区	人口数				比重			
	合计	0-15岁	16-59岁	60岁及以上	合计	0-15岁	16-59岁	60岁及以上
总 计	**22955848**	**6159773**	**12139219**	**4656856**	**100.00**	**26.83**	**52.88**	**20.29**
南宁市	**2718080**	**648865**	**1496207**	**573008**	**100.00**	**23.87**	**55.05**	**21.08**
兴宁区	74853	16245	43211	15397	100.00	21.70	57.73	20.57
青秀区	73424	15420	40853	17151	100.00	21.00	55.64	23.36
江南区	164460	30137	111374	22949	100.00	18.32	67.72	13.95
西乡塘区	153166	33784	91373	28009	100.00	22.06	59.66	18.29
良庆区	96695	21776	54889	20030	100.00	22.52	56.77	20.71
邕宁区	148058	35566	83270	29222	100.00	24.02	56.24	19.74
武鸣区	327006	63878	185756	77372	100.00	19.53	56.81	23.66
隆安县	214833	51571	116241	47021	100.00	24.01	54.11	21.89
马山县	266234	71591	138384	56259	100.00	26.89	51.98	21.13
上林县	236897	57143	124123	55631	100.00	24.12	52.40	23.48
宾阳县	438628	108112	241305	89211	100.00	24.65	55.01	20.34
横 县	523826	143642	265428	114756	100.00	27.42	50.67	21.91
柳州市	**1250240**	**274977**	**701333**	**273930**	**100.00**	**21.99**	**56.10**	**21.91**
城中区	3109	611	1889	609	100.00	19.65	60.76	19.59
鱼峰区	50134	9586	30199	10349	100.00	19.12	60.24	20.64
柳南区	32555	6311	18509	7735	100.00	19.39	56.85	23.76
柳北区	30097	5868	18584	5645	100.00	19.50	61.75	18.76
柳江区	198315	42522	113513	42280	100.00	21.44	57.24	21.32
柳城县	162647	32066	92699	37882	100.00	19.72	56.99	23.29
鹿寨县	150584	31863	82540	36181	100.00	21.16	54.81	24.03
融安县	139519	25296	76929	37294	100.00	18.13	55.14	26.73
融水苗族自治县	252978	59965	141583	51430	100.00	23.70	55.97	20.33
三江侗族自治县	230302	60889	124888	44525	100.00	26.44	54.23	19.33
桂林市	**2338223**	**497044**	**1263452**	**577727**	**100.00**	**21.26**	**54.03**	**24.71**
秀峰区								
叠彩区	28229	6261	17550	4418	100.00	22.18	62.17	15.65
象山区	3960	911	2385	664	100.00	23.01	60.23	16.77
七星区	3675	824	2217	634	100.00	22.42	60.33	17.25
雁山区	92466	12481	70141	9844	100.00	13.50	75.86	10.65
临桂区	236291	49457	131455	55379	100.00	20.93	55.63	23.44
阳朔县	187193	40136	103995	43062	100.00	21.44	55.55	23.00
灵川县	212582	43848	115608	53126	100.00	20.63	54.38	24.99
全州县	350717	78581	174574	97562	100.00	22.41	49.78	27.82
兴安县	189506	39367	97947	52192	100.00	20.77	51.69	27.54
永福县	140283	29995	76209	34079	100.00	21.38	54.33	24.29
灌阳县	123082	24406	62210	36466	100.00	19.83	50.54	29.63
龙胜各族自治县	90781	15448	51046	24287	100.00	17.02	56.23	26.75
资源县	88039	18025	46049	23965	100.00	20.47	52.31	27.22
平乐县	239734	63293	120276	56165	100.00	26.40	50.17	23.43
恭城瑶族自治县	163911	37836	87345	38730	100.00	23.08	53.29	23.63
荔浦市	187774	36175	104445	47154	100.00	19.27	55.62	25.11

3-3c 续表 1

单位：人、%

地 区	人口数				比重			
	合计	0—15岁	16—59岁	60岁及以上	合计	0—15岁	16—59岁	60岁及以上
梧州市	**1225651**	**380438**	**610718**	**234495**	**100.00**	**31.04**	**49.83**	**19.13**
万秀区	43856	10507	25078	8271	100.00	23.96	57.18	18.86
长洲区	24900	7298	12662	4940	100.00	29.31	50.85	19.84
龙圩区	125149	39205	63372	22572	100.00	31.33	50.64	18.04
苍梧县	194023	58498	99378	36147	100.00	30.15	51.22	18.63
藤 县	414709	133548	203093	78068	100.00	32.20	48.97	18.82
蒙山县	96289	25063	47665	23561	100.00	26.03	49.50	24.47
岑溪市	326725	106319	159470	60936	100.00	32.54	48.81	18.65
北海市	**873922**	**211474**	**505676**	**156772**	**100.00**	**24.20**	**57.86**	**17.94**
海城区	83693	19284	55774	8635	100.00	23.04	66.64	10.32
银海区	108307	22668	70811	14828	100.00	20.93	65.38	13.69
铁山港区	123551	28610	72222	22719	100.00	23.16	58.46	18.39
合浦县	558371	140912	306869	110590	100.00	25.24	54.96	19.81
防城港市	**402433**	**102384**	**226083**	**73966**	**100.00**	**25.44**	**56.18**	**18.38**
港口区	38478	6674	26966	4838	100.00	17.34	70.08	12.57
防城区	180011	51258	93852	34901	100.00	28.47	52.14	19.39
上思县	123429	28809	70825	23795	100.00	23.34	57.38	19.28
东兴市	60515	15643	34440	10432	100.00	25.85	56.91	17.24
钦州市	**1914764**	**616476**	**953423**	**344865**	**100.00**	**32.20**	**49.79**	**18.01**
钦南区	263357	69952	147404	46001	100.00	26.56	55.97	17.47
钦北区	365725	116765	177290	71670	100.00	31.93	48.48	19.60
灵山县	826856	284944	405054	136858	100.00	34.46	48.99	16.55
浦北县	458826	144815	223675	90336	100.00	31.56	48.75	19.69
贵港市	**2158138**	**640751**	**1115829**	**401558**	**100.00**	**29.69**	**51.70**	**18.61**
港北区	238267	72338	126672	39257	100.00	30.36	53.16	16.48
港南区	311371	85799	159458	66114	100.00	27.56	51.21	21.23
覃塘区	229900	66333	118095	45472	100.00	28.85	51.37	19.78
平南县	519799	158425	262984	98390	100.00	30.48	50.59	18.93
桂平市	858801	257856	448620	152325	100.00	30.03	52.24	17.74
玉林市	**2912869**	**954979**	**1425843**	**532047**	**100.00**	**32.78**	**48.95**	**18.27**
玉州区	163991	44293	91641	28057	100.00	27.01	55.88	17.11
福绵区	185278	52858	97354	35066	100.00	28.53	52.54	18.93
容 县	377296	119394	181642	76260	100.00	31.64	48.14	20.21
陆川县	440176	150794	209074	80308	100.00	34.26	47.50	18.24
博白县	791333	276491	381224	133618	100.00	34.94	48.17	16.89
兴业县	316919	89069	156468	71382	100.00	28.10	49.37	22.52
北流市	637876	222080	308440	107356	100.00	34.82	48.35	16.83
百色市	**2020080**	**483509**	**1131441**	**405130**	**100.00**	**23.94**	**56.01**	**20.06**
右江区	134570	29772	81325	23473	100.00	22.12	60.43	17.44
田阳区	132318	26272	74260	31786	100.00	19.86	56.12	24.02
田东县	196057	45855	109000	41202	100.00	23.39	55.60	21.02

3-3c 续表 2

单位:人、%

地 区	人口数				比重			
	合计	0-15岁	16-59岁	60岁及以上	合计	0-15岁	16-59岁	60岁及以上
德保县	185451	40483	96213	48755	100.00	21.83	51.88	26.29
那坡县	130732	32637	73655	24440	100.00	24.96	56.34	18.69
凌云县	116302	30340	66420	19542	100.00	26.09	57.11	16.80
乐业县	96825	24841	57366	14618	100.00	25.66	59.25	15.10
田林县	160062	37244	96736	26082	100.00	23.27	60.44	16.29
西林县	93199	23853	56185	13161	100.00	25.59	60.28	14.12
隆林各族自治县	257714	74647	144285	38782	100.00	28.97	55.99	15.05
靖西市	338707	81064	178288	79355	100.00	23.93	52.64	23.43
平果市	178143	36501	97708	43934	100.00	20.49	54.85	24.66
贺州市	**1018671**	**311873**	**512565**	**194233**	**100.00**	**30.62**	**50.32**	**19.07**
八步区	317171	100707	158610	57854	100.00	31.75	50.01	18.24
平桂区	182298	53290	96867	32141	100.00	29.23	53.14	17.63
昭平县	170410	51373	82871	36166	100.00	30.15	48.63	21.22
钟山县	195981	63200	96268	36513	100.00	32.25	49.12	18.63
富川瑶族自治县	152811	43303	77949	31559	100.00	28.34	51.01	20.65
河池市	**1883946**	**513627**	**978036**	**392283**	**100.00**	**27.26**	**51.91**	**20.82**
金城江区	104399	25239	56916	22244	100.00	24.18	54.52	21.31
宜州区	313451	77069	165422	70960	100.00	24.59	52.77	22.64
南丹县	136914	41403	73102	22409	100.00	30.24	53.39	16.37
天峨县	80297	17694	46726	15877	100.00	22.04	58.19	19.77
凤山县	110918	29043	59556	22319	100.00	26.18	53.69	20.12
东兰县	153745	39571	77097	37077	100.00	25.74	50.15	24.12
罗城仫佬族自治县	150511	38499	75853	36159	100.00	25.58	50.40	24.02
环江毛南族自治县	164958	37925	91697	35336	100.00	22.99	55.59	21.42
巴马瑶族自治县	145661	44243	72981	28437	100.00	30.37	50.10	19.52
都安瑶族自治县	293040	88715	147045	57280	100.00	30.27	50.18	19.55
大化瑶族自治县	230052	74226	111641	44185	100.00	32.26	48.53	19.21
来宾市	**1067899**	**254494**	**581043**	**232362**	**100.00**	**23.83**	**54.41**	**21.76**
兴宾区	393866	98068	215722	80076	100.00	24.90	54.77	20.33
忻城县	187258	43223	97975	46060	100.00	23.08	52.32	24.60
象州县	166385	35606	92681	38098	100.00	21.40	55.70	22.90
武宣县	188641	49453	98445	40743	100.00	26.22	52.19	21.60
金秀瑶族自治县	81684	16247	47875	17562	100.00	19.89	58.61	21.50
合山市	50065	11897	28345	9823	100.00	23.76	56.62	19.62
崇左市	**1170932**	**268882**	**637570**	**264480**	**100.00**	**22.96**	**54.45**	**22.59**
江州区	170361	39308	98016	33037	100.00	23.07	57.53	19.39
扶绥县	216232	46399	123874	45959	100.00	21.46	57.29	21.25
宁明县	212636	54619	116154	41863	100.00	25.69	54.63	19.69
龙州县	149481	28529	88088	32864	100.00	19.09	58.93	21.99
大新县	180722	38529	93686	48507	100.00	21.32	51.84	26.84
天等县	193430	50259	89385	53786	100.00	25.98	46.21	27.81
凭祥市	48070	11239	28367	8464	100.00	23.38	59.01	17.61

第一部分　全部数据资料

第四卷　教育

4-1 分年龄、性别、受教育程度的3岁及以上人口

单位：人

年 龄	3岁及以上人口			未上过学			学前教育		
	合计	男	女	小计	男	女	小计	男	女
总 计	**48203362**	**24893417**	**23309945**	**1527549**	**448916**	**1078633**	**2558356**	**1358632**	**1199724**
3	838544	444535	394009	249747	132644	117103	588797	311891	276906
4	822182	437786	384396	93604	49425	44179	728578	388361	340217
5-9岁	**4335621**	**2318348**	**2017273**	**61622**	**32677**	**28945**	**1141628**	**614843**	**526785**
5	814824	434583	380241	39447	20837	18610	680595	362891	317704
6	865517	462584	402933	12801	6847	5954	369244	203038	166206
7	879546	470587	408959	3918	2053	1865	50544	27125	23419
8	927940	496145	431795	3085	1638	1447	24966	13196	11770
9	847794	454449	393345	2371	1302	1069	16279	8593	7686
10-14岁	**3922712**	**2097576**	**1825136**	**12424**	**6961**	**5463**	**45391**	**24187**	**21204**
10	809344	433823	375521	2358	1338	1020	12759	6732	6027
11	814102	436032	378070	2800	1599	1201	10391	5589	4802
12	782187	419572	362615	2814	1546	1268	7815	4230	3585
13	760728	406557	354171	2482	1375	1107	6814	3583	3231
14	756351	401592	354759	1970	1103	867	7612	4053	3559
15-19岁	**3191441**	**1680169**	**1511272**	**6162**	**3687**	**2475**	**8839**	**4790**	**4049**
15	700063	373191	326872	1271	759	512	4734	2557	2177
16	701136	371202	329934	1157	688	469	2006	1093	913
17	641542	336472	305070	1136	698	438	822	451	371
18	587337	307737	279600	1302	750	552	720	381	339
19	561363	291567	269796	1296	792	504	557	308	249
20-24岁	**2464195**	**1287023**	**1177172**	**6821**	**3930**	**2891**	**2004**	**1102**	**902**
20	529748	276203	253545	1491	900	591	509	274	235
21	479190	250272	228918	1328	784	544	356	193	163
22	495625	257770	237855	1343	765	578	357	197	160
23	482209	252220	229989	1368	766	602	414	225	189
24	477423	250558	226865	1291	715	576	368	213	155
25-29岁	**2713273**	**1432926**	**1280347**	**7579**	**4048**	**3531**	**1326**	**668**	**658**
25	497863	262822	235041	1378	758	620	340	188	152
26	502644	265507	237137	1359	751	608	272	128	144
27	535076	281386	253690	1458	755	703	245	125	120
28	587683	312274	275409	1731	923	808	235	112	123
29	590007	310937	279070	1653	861	792	234	115	119
30-34岁	**3865035**	**2011388**	**1853647**	**12690**	**5910**	**6780**	**1347**	**606**	**741**
30	712749	371755	340994	2146	1037	1109	249	115	134
31	739517	384820	354697	2256	1088	1168	266	121	145
32	736590	382617	353973	2469	1145	1324	268	123	145
33	844854	440486	404368	2793	1293	1500	293	132	161
34	831325	431710	399615	3026	1347	1679	271	115	156
35-39岁	**3694887**	**1936562**	**1758325**	**16853**	**7139**	**9714**	**1268**	**599**	**669**
35	806581	422226	384355	3119	1427	1692	273	129	144
36	780254	407640	372614	3230	1385	1845	272	131	141
37	677566	355184	322382	3105	1350	1755	239	110	129
38	730194	384089	346105	3549	1452	2097	232	114	118
39	700292	367423	332869	3850	1525	2325	252	115	137
40-44岁	**3401483**	**1784416**	**1617067**	**23831**	**8131**	**15700**	**1483**	**625**	**858**
40	692047	362881	329166	4243	1529	2714	271	115	156
41	716311	376658	339653	4412	1638	2774	312	134	178
42	675087	353091	321996	4827	1652	3175	299	127	172
43	620593	325202	295391	4758	1518	3240	286	118	168
44	697445	366584	330861	5591	1794	3797	315	131	184

4-1 续表 1

单位:人

年 龄	3岁及以上人口			未上过学			学前教育		
	合计	男	女	小计	男	女	小计	男	女
45–49岁	**3628878**	**1904383**	**1724495**	**38340**	**11231**	**27109**	**2027**	**774**	**1253**
45	700780	368731	332049	6351	1963	4388	341	135	206
46	769876	402817	367059	7466	2254	5212	380	154	226
47	719039	376594	342445	7687	2194	5493	407	152	255
48	719633	376744	342889	8426	2372	6054	420	162	258
49	719550	379497	340053	8410	2448	5962	479	171	308
50–54岁	**3727832**	**1936905**	**1790927**	**55842**	**14804**	**41038**	**2993**	**1051**	**1942**
50	754262	392132	362130	10485	2820	7665	519	171	348
51	733474	383419	350055	10303	2837	7466	562	194	368
52	813103	421074	392029	12346	3196	9150	667	232	435
53	663354	343814	319540	10322	2731	7591	571	212	359
54	763639	396466	367173	12386	3220	9166	674	242	432
55–59岁	**3233500**	**1650453**	**1583047**	**58720**	**13219**	**45501**	**3143**	**973**	**2170**
55	765688	394494	371194	13132	3248	9884	703	246	457
56	731299	367927	363372	12942	2962	9980	712	221	491
57	800996	412703	388293	13599	3191	10408	760	222	538
58	620181	317288	302893	11655	2394	9261	598	171	427
59	315336	158041	157295	7392	1424	5968	370	113	257
60–64岁	**2249662**	**1131205**	**1118457**	**83609**	**15585**	**68024**	**3816**	**1110**	**2706**
60	372531	183527	189004	10454	1968	8486	539	158	381
61	352870	179325	173545	11487	2200	9287	527	153	374
62	528560	267340	261220	19920	3842	16078	890	288	602
63	525330	267531	257799	20776	3861	16915	938	245	693
64	470371	233482	236889	20972	3714	17258	922	266	656
65–69岁	**2197336**	**1083074**	**1114262**	**131631**	**22800**	**108831**	**5532**	**1493**	**4039**
65	470709	234665	236044	23463	4124	19339	1061	282	779
66	481624	237285	244339	26375	4484	21891	1112	317	795
67	449324	220544	228780	27482	4706	22776	1119	297	822
68	434412	214966	219446	27466	4855	22611	1115	297	818
69	361267	175614	185653	26845	4631	22214	1125	300	825
70–74岁	**1513475**	**736337**	**777138**	**150606**	**28395**	**122211**	**5673**	**1610**	**4063**
70	377713	183866	193847	31139	5627	25512	1279	348	931
71	362576	182081	180495	33465	6753	26712	1280	359	921
72	283557	137055	146502	29725	5720	24005	1109	333	776
73	249327	120204	129123	27467	5198	22269	941	284	657
74	240302	113131	127171	28810	5097	23713	1064	286	778
75–79岁	**1078747**	**490366**	**588381**	**161453**	**28168**	**133285**	**5342**	**1482**	**3860**
75	235828	108764	127064	30779	5441	25338	1113	309	804
76	235544	109999	125545	32487	5777	26710	1095	303	792
77	214648	96740	117908	32719	5634	27085	1050	289	761
78	199273	89171	110102	31875	5544	26331	1051	280	771
79	193454	85692	107762	33593	5772	27821	1033	301	732
80–84岁	**734848**	**315122**	**419726**	**163689**	**29415**	**134274**	**4572**	**1312**	**3260**
80	182537	80848	101689	35122	6415	28707	999	291	708
81	149599	65566	84033	31725	5727	25998	905	259	646
82	148830	63723	85107	33949	6236	27713	953	262	691
83	131743	55386	76357	31535	5599	25936	887	233	654
84	122139	49599	72540	31358	5438	25920	828	267	561
85岁及以上	**589711**	**214843**	**374868**	**192326**	**30747**	**161579**	**4597**	**1155**	**3442**

4-1 续表 2

单位：人

年 龄	小学			初中			高中		
	小计	男	女	小计	男	女	小计	男	女
总 计	**13963013**	**6663885**	**7299128**	**18240352**	**10106028**	**8134324**	**6497534**	**3593806**	**2903728**
3									
4									
5-9岁	**3082956**	**1643280**	**1439676**	**49354**	**27516**	**21838**	**61**	**32**	**29**
5	94782	50855	43927						
6	474500	247687	226813	8972	5012	3960			
7	814274	435447	378827	10810	5962	4848			
8	886095	473617	412478	13766	7678	6088	28	16	12
9	813305	435674	377631	15806	8864	6942	33	16	17
10-14岁	**2127775**	**1146197**	**981578**	**1692279**	**898354**	**793925**	**44610**	**21762**	**22848**
10	769867	412497	357370	24288	13214	11074	47	27	20
11	741001	396644	344357	59792	32143	27649	96	44	52
12	442842	243441	199401	328496	170254	158242	194	93	101
13	122367	66372	55995	619324	330112	289212	9699	5096	4603
14	51698	27243	24455	660379	352631	307748	34574	16502	18072
15-19岁	**76925**	**43203**	**33722**	**938481**	**549315**	**389166**	**1650342**	**839687**	**810655**
15	22497	12237	10260	404409	226119	178290	262248	128909	133339
16	13184	7357	5827	178518	104827	73691	493702	250509	243193
17	12024	6804	5220	122708	74239	48469	462716	232978	229738
18	13745	7878	5867	115260	71097	44163	286660	148673	137987
19	15475	8927	6548	117586	73033	44553	145016	78618	66398
20-24岁	**87533**	**50222**	**37311**	**791803**	**466486**	**325317**	**461850**	**259264**	**202586**
20	14780	8505	6275	126630	78425	48205	103604	58284	45320
21	14360	8361	5999	137632	83263	54369	87461	49726	37735
22	17481	10044	7437	164005	96342	67663	90745	51108	39637
23	19431	11103	8328	175494	101435	74059	89841	50209	39632
24	21481	12209	9272	188042	107021	81021	90199	49937	40262
25-29岁	**146760**	**82562**	**64198**	**1219863**	**683754**	**536109**	**526385**	**287050**	**239335**
25	23853	13624	10229	207345	117817	89528	95741	52885	42856
26	26001	14820	11181	217634	122945	94689	97237	53273	43964
27	29453	16622	12831	240652	134180	106472	103508	56371	47137
28	33406	18794	14612	273204	153151	120053	114500	62484	52016
29	34047	18702	15345	281028	155661	125367	115399	62037	53362
30-34岁	**270259**	**138912**	**131347**	**2025593**	**1089042**	**936551**	**684997**	**364337**	**320660**
30	44507	23848	20659	352060	191069	160991	135864	72374	63490
31	48089	25269	22820	378444	204331	174113	135869	72003	63866
32	50719	26001	24718	384502	206059	178443	131517	69966	61551
33	61071	31074	29997	455211	244747	210464	145318	77383	67935
34	65873	32720	33153	455376	242836	212540	136429	72611	63818
35-39岁	**378706**	**181141**	**197565**	**2109637**	**1133611**	**976026**	**546783**	**292362**	**254421**
35	70317	34718	35599	454945	244690	210255	125101	66487	58614
36	73328	35342	37986	446581	238937	207644	115704	61473	54231
37	69412	32924	36488	386614	207454	179160	98085	52447	45638
38	79815	37697	42118	418669	225873	192796	106081	57150	48931
39	85834	40460	45374	402828	216657	186171	101812	54805	47007
40-44岁	**553828**	**255379**	**298449**	**1865959**	**1006279**	**859680**	**499592**	**274491**	**225101**
40	95129	44062	51067	391542	210984	180558	102193	55724	46469
41	107283	50461	56822	394548	213056	181492	108730	59469	49261
42	110290	50640	59650	364822	196361	168461	102383	55975	46408
43	109102	49919	59183	335790	181022	154768	90005	49614	40391
44	132024	60297	71727	379257	204856	174401	96281	53709	42572

4-1 续表 3

单位：人

年 龄	小学			初中			高中		
	小计	男	女	小计	男	女	小计	男	女
45-49岁	**861925**	**391906**	**470019**	**1929062**	**1044276**	**884786**	**438467**	**251490**	**186977**
45	143338	65349	77989	378677	204607	174070	92408	52185	40223
46	169954	76375	93579	415193	223338	191855	96756	55149	41607
47	170859	77389	93470	380627	205287	175340	87512	50434	37078
48	183878	83285	100593	377390	204442	172948	83137	48172	34965
49	193896	89508	104388	377175	206602	170573	78654	45550	33104
50-54岁	**1179440**	**533447**	**645993**	**1885066**	**1032631**	**852435**	**351023**	**202673**	**148350**
50	218761	99517	119244	387657	210727	176930	78631	45301	33330
51	231065	106723	124342	368966	202393	166573	70055	40388	29667
52	263483	119077	144406	407672	222882	184790	74233	42806	31427
53	217344	97503	119841	335101	184053	151048	58392	33669	24723
54	248787	110627	138160	385670	212576	173094	69712	40509	29203
55-59岁	**986327**	**407285**	**579042**	**1521581**	**830886**	**690695**	**489995**	**285333**	**204662**
55	242141	104641	137500	382438	209304	173134	82528	48427	34101
56	224564	92080	132484	353434	189267	164167	97173	55918	41255
57	235927	97943	137984	375861	206432	169429	131541	76663	54878
58	185254	74272	110982	278649	153705	124944	114908	67584	47324
59	98441	38349	60092	131199	72178	59021	63845	36741	27104
60-64岁	**857542**	**342586**	**514956**	**835308**	**483158**	**352150**	**390072**	**235618**	**154454**
60	121157	45998	75159	148120	80885	67235	77148	44564	32584
61	125425	50476	74949	132293	75973	56320	70106	41864	28242
62	202131	81493	120638	195766	113774	81992	92423	56070	36353
63	209647	85755	123892	191943	114027	77916	84151	51597	32554
64	199182	78864	120318	167186	98499	68687	66244	41523	24721
65-69岁	**1088869**	**450253**	**638616**	**697842**	**425451**	**272391**	**211602**	**140279**	**71323**
65	211255	85676	125579	163647	98047	65600	56197	36273	19924
66	228832	92977	135855	158925	95682	63243	51603	33767	17836
67	225755	93056	132699	141472	86486	54986	41366	27674	13692
68	226741	95564	131177	131790	81661	50129	36153	24656	11497
69	196286	82980	113306	102008	63575	38433	26283	17909	8374
70-74岁	**883358**	**394248**	**489110**	**343108**	**220466**	**122642**	**96256**	**66237**	**30019**
70	210614	89850	120764	99269	62990	36279	26504	18501	8003
71	210837	96739	114098	84904	55480	29424	23664	16480	7184
72	167782	75217	92565	60171	38689	21482	18312	12320	5992
73	149257	67777	81480	51193	32840	18353	15057	10180	4877
74	144868	64665	80203	47571	30467	17104	12719	8756	3963
75-79岁	**646667**	**287530**	**359137**	**188088**	**119886**	**68202**	**54772**	**37053**	**17719**
75	143720	63577	80143	44086	28081	16005	11294	7750	3544
76	143052	65175	77877	42985	27711	15274	11386	7740	3646
77	128394	56904	71490	37028	23431	13597	11040	7313	3727
78	117014	51460	65554	33796	21381	12415	11142	7434	3708
79	114487	50414	64073	30193	19282	10911	9910	6816	3094
80-84岁	**421266**	**186830**	**234436**	**93437**	**60157**	**33280**	**33209**	**23394**	**9815**
80	105685	46976	58709	26644	17161	9483	9475	6623	2852
81	86164	38993	47171	19542	12604	6938	7118	4945	2173
82	85148	37857	47291	18268	11735	6533	6638	4696	1942
83	75244	33218	42026	15460	10001	5459	5318	3790	1528
84	69025	29786	39239	13523	8656	4867	4660	3340	1320
85岁及以上	**312877**	**128904**	**183973**	**53891**	**34760**	**19131**	**17518**	**12744**	**4774**

4-1 续表 4

单位:人

年 龄	大学专科			大学本科			硕士研究生			博士研究生		
	小计	男	女	小计	男	女	小计	男	女	小计	男	女
总 计	**3037733**	**1574358**	**1463375**	**2235496**	**1075565**	**1159931**	**130282**	**64160**	**66122**	**13047**	**8067**	**4980**
3												
4												
5-9岁												
5												
6												
7												
8												
9												
10-14岁	**155**	**77**	**78**	**67**	**32**	**35**	**11**	**6**	**5**			
10	16	12	4	9	3	6						
11	14	8	6	8	5	3						
12	13	5	8	11	2	9	2	1	1			
13	24	9	15	11	5	6	7	5	2			
14	88	43	45	28	17	11	2		2			
15-19岁	**318039**	**160513**	**157526**	**192478**	**78869**	**113609**	**125**	**66**	**59**	**50**	**39**	**11**
15	4310	2318	1992	590	288	302	2	2		2	2	
16	11037	6018	5019	1519	698	821	5	4	1	8	8	
17	33416	17812	15604	8695	3476	5219	20	10	10	5	4	1
18	105428	52872	52556	64178	26062	38116	36	17	19	8	7	1
19	163848	81493	82355	117496	48345	69151	62	33	29	27	18	9
20-24岁	**559530**	**275194**	**284336**	**533656**	**222342**	**311314**	**20565**	**8261**	**12304**	**433**	**222**	**211**
20	151058	75587	75471	131518	54147	77371	136	65	71	22	16	6
21	115316	57457	57859	121932	50189	71743	765	274	491	40	25	15
22	104603	51070	53533	112871	46634	66237	4136	1564	2572	84	46	38
23	97391	47013	50378	90841	38457	52384	7337	2979	4358	92	33	59
24	91162	44067	47095	76494	32915	43579	8191	3379	4812	195	102	93
25-29岁	**435467**	**211324**	**224143**	**346819**	**151200**	**195619**	**27224**	**11365**	**15859**	**1850**	**955**	**895**
25	89898	43358	46540	71568	30863	40705	7487	3201	4286	253	128	125
26	85242	41320	43922	68435	29554	38881	6115	2550	3565	349	166	183
27	86031	41371	44660	68237	29647	38590	5089	2105	2984	403	210	193
28	88902	43617	45285	70872	31113	39759	4404	1853	2551	429	227	202
29	85394	41658	43736	67707	30023	37684	4129	1656	2473	416	224	192
30-34岁	**474160**	**230962**	**243198**	**368215**	**169365**	**198850**	**25195**	**10826**	**14369**	**2579**	**1428**	**1151**
30	96692	47010	49682	75973	34031	41942	4779	2010	2769	479	261	218
31	94687	45986	48701	74374	33662	40712	5030	2085	2945	502	275	227
32	91062	44366	46696	70748	32622	38126	4800	2059	2741	505	276	229
33	98735	48041	50694	75543	35188	40355	5335	2317	3018	555	311	244
34	92984	45559	47425	71577	33862	37715	5251	2355	2896	538	305	233
35-39岁	**347130**	**174858**	**172272**	**269407**	**134243**	**135164**	**22603**	**11118**	**11485**	**2500**	**1491**	**1009**
35	83893	41388	42505	63738	30911	32827	4710	2190	2520	485	286	199
36	76265	38240	38025	59565	29529	30036	4840	2333	2507	469	270	199
37	64134	32797	31337	51052	25620	25432	4469	2204	2265	456	278	178
38	65057	33028	32029	51517	26045	25472	4715	2392	2323	559	338	221
39	57781	29405	28376	43535	22138	21397	3869	1999	1870	531	319	212
40-44岁	**260400**	**134518**	**125882**	**181271**	**96292**	**84979**	**13025**	**7393**	**5632**	**2094**	**1308**	**786**
40	55051	28015	27036	39859	20457	19402	3290	1736	1554	469	259	210
41	56868	28797	28071	40506	21010	19496	3149	1764	1385	503	329	174
42	52748	27147	25601	36669	19404	17265	2598	1499	1099	451	286	165
43	46400	24292	22108	31857	17265	14592	2060	1229	831	335	225	110
44	49333	26267	23066	32380	18156	14224	1928	1165	763	336	209	127

4-1 续表 5

单位：人

年龄	大学专科			大学本科			硕士研究生			博士研究生		
	小计	男	女	小计	男	女	小计	男	女	小计	男	女
45-49岁	**217218**	**119422**	**97796**	**131881**	**78806**	**53075**	**8540**	**5506**	**3034**	**1418**	**972**	**446**
45	47588	25745	21843	29989	17453	12536	1783	1098	685	305	196	109
46	48175	26416	21759	29764	17667	12097	1876	1232	644	312	232	80
47	43489	23981	19508	26403	15851	10552	1752	1113	639	303	193	110
48	40644	22606	18038	23859	14456	9403	1614	1062	552	265	187	78
49	37322	20674	16648	21866	13379	8487	1515	1001	514	233	164	69
50-54岁	**154959**	**88566**	**66393**	**91501**	**58771**	**32730**	**6062**	**4263**	**1799**	**946**	**699**	**247**
50	35670	19687	15983	20889	12795	8094	1432	949	483	218	165	53
51	32109	18046	14063	19013	11814	7199	1210	885	325	191	139	52
52	33111	18906	14205	20019	12912	7107	1360	922	438	212	141	71
53	25385	14813	10572	15129	10036	5093	966	683	283	144	114	30
54	28684	17114	11570	16451	11214	5237	1094	824	270	181	140	41
55-59岁	**110884**	**68047**	**42837**	**57688**	**40695**	**16993**	**4385**	**3386**	**999**	**777**	**629**	**148**
55	27753	16684	11069	15654	10939	4715	1134	838	296	205	167	38
56	26784	16256	10528	14388	10203	4185	1139	886	253	163	134	29
57	27802	17137	10665	14144	10037	4107	1128	894	234	234	184	50
58	19081	11979	7102	9234	6558	2676	690	532	158	112	93	19
59	9464	5991	3473	4268	2958	1310	294	236	58	63	51	12
60-64岁	**57113**	**37475**	**19638**	**20504**	**14357**	**6147**	**1467**	**1126**	**341**	**231**	**190**	**41**
60	10524	6698	3826	4231	2981	1250	316	240	76	42	35	7
61	9390	6086	3304	3351	2348	1003	262	201	61	29	24	5
62	12693	8485	4208	4365	3098	1267	315	245	70	57	45	12
63	13036	8626	4410	4456	3126	1330	328	245	83	55	49	6
64	11470	7580	3890	4101	2804	1297	246	195	51	48	37	11
65-69岁	**46322**	**31872**	**14450**	**14787**	**10337**	**4450**	**669**	**524**	**145**	**82**	**65**	**17**
65	10989	7366	3623	3825	2674	1151	247	200	47	25	23	2
66	11012	7457	3555	3583	2459	1124	167	129	38	15	13	2
67	9191	6277	2914	2818	1956	862	110	84	26	11	8	3
68	8522	6062	2460	2518	1789	729	88	67	21	19	15	4
69	6608	4710	1898	2043	1459	584	57	44	13	12	6	6
70-74岁	**26038**	**19099**	**6939**	**8225**	**6113**	**2112**	**182**	**143**	**39**	**29**	**26**	**3**
70	6797	4961	1836	2048	1537	511	55	44	11	8	8	
71	6525	4818	1707	1854	1415	439	42	33	9	5	4	1
72	5100	3727	1373	1324	1019	305	30	26	4	4	4	
73	4049	2948	1101	1327	948	379	28	23	5	8	6	2
74	3567	2645	922	1672	1194	478	27	17	10	4	4	
75-79岁	**14379**	**10434**	**3945**	**7918**	**5712**	**2206**	**106**	**88**	**18**	**22**	**13**	**9**
75	3068	2314	754	1738	1267	471	24	22	2	6	3	3
76	2888	2072	816	1605	1187	418	35	27	8	11	7	4
77	2845	2048	797	1548	1100	448	21	19	2	3	2	1
78	2892	2008	884	1487	1052	435	15	12	3	1		1
79	2686	1992	694	1540	1106	434	11	8	3	1	1	
80-84岁	**10877**	**8098**	**2779**	**7727**	**5864**	**1863**	**55**	**39**	**16**	**16**	**13**	**3**
80	2743	2008	735	1858	1365	493	5	4	1	6	5	1
81	2378	1725	653	1756	1305	451	8	5	3	3	3	
82	2227	1667	560	1635	1263	372	11	6	5	1	1	
83	1903	1452	451	1375	1077	298	18	15	3	3	1	2
84	1626	1246	380	1103	854	249	13	9	4	3	3	
85岁及以上	**5062**	**3899**	**1163**	**3352**	**2567**	**785**	**68**	**50**	**18**	**20**	**17**	**3**

4-1a 分年龄、性别、受教育程度的3岁及以上人口（城市）

单位：人

年 龄	3岁及以上人口			未上过学			学前教育		
	合计	男	女	小计	男	女	小计	男	女
总 计	**14258718**	**7176126**	**7082592**	**176503**	**63228**	**113275**	**698085**	**375596**	**322489**
3	239589	127865	111724	47314	25440	21874	192275	102425	89850
4	220948	118805	102143	15806	8593	7213	205142	110212	94930
5-9岁	**1085088**	**586107**	**498981**	**12194**	**6636**	**5558**	**279959**	**152880**	**127079**
5	210036	112909	97127	7552	4096	3456	180526	96821	83705
6	219153	118154	100999	2565	1409	1156	80825	46056	34769
7	223811	121284	102527	785	425	360	9387	5178	4209
8	232194	125320	106874	732	399	333	5612	2961	2651
9	199894	108440	91454	560	307	253	3609	1864	1745
10-14岁	**866212**	**466933**	**399279**	**3060**	**1683**	**1377**	**11055**	**5983**	**5072**
10	186924	101040	85884	651	358	293	2988	1612	1376
11	178772	96579	82193	717	384	333	2364	1285	1079
12	174003	94288	79715	668	370	298	1758	925	833
13	166964	89681	77283	581	318	263	1827	976	851
14	159549	85345	74204	443	253	190	2118	1185	933
15-19岁	**1252254**	**643843**	**608411**	**1207**	**689**	**518**	**2820**	**1571**	**1249**
15	205160	108935	96225	286	158	128	1428	782	646
16	271227	143614	127613	208	109	99	626	374	252
17	265089	137210	127879	235	141	94	308	164	144
18	249025	126740	122285	251	149	102	263	145	118
19	261753	127344	134409	227	132	95	195	106	89
20-24岁	**996425**	**486923**	**509502**	**1235**	**731**	**504**	**750**	**408**	**342**
20	251558	120862	130696	277	172	105	200	106	94
21	207614	99331	108283	247	149	98	136	69	67
22	192034	93232	98802	248	140	108	117	73	44
23	175284	87602	87682	242	144	98	144	78	66
24	169935	85896	84039	221	126	95	153	82	71
25-29岁	**969520**	**492012**	**477508**	**1155**	**633**	**522**	**459**	**220**	**239**
25	176760	90112	86648	214	123	91	136	71	65
26	179413	91629	87784	206	115	91	91	37	54
27	189779	95878	93901	231	113	118	82	41	41
28	209277	106204	103073	270	142	128	74	29	45
29	214291	108189	106102	234	140	94	76	42	34
30-34岁	**1421741**	**704590**	**717151**	**1731**	**904**	**827**	**411**	**181**	**230**
30	258662	129146	129516	294	153	141	67	31	36
31	273196	135853	137343	335	168	167	86	34	52
32	273247	135572	137675	355	185	170	83	35	48
33	311130	153854	157276	355	194	161	91	44	47
34	305506	150165	155341	392	204	188	84	37	47
35-39岁	**1310654**	**654257**	**656397**	**1929**	**925**	**1004**	**342**	**160**	**182**
35	289602	143315	146287	394	201	193	71	31	40
36	277943	137905	140038	393	176	217	71	32	39
37	242099	121230	120869	347	175	172	55	26	29
38	259979	131039	128940	395	194	201	72	37	35
39	241031	120768	120263	400	179	221	73	34	39
40-44岁	**1145160**	**578550**	**566610**	**2443**	**1017**	**1426**	**310**	**122**	**188**
40	233648	117575	116073	431	186	245	61	24	37
41	247007	124906	122101	455	202	253	70	26	44
42	229860	115926	113934	516	229	287	59	18	41
43	207772	104982	102790	501	194	307	54	23	31
44	226873	115161	111712	540	206	334	66	31	35

4-1a 续表 1

单位:人

年 龄	3岁及以上人口			未上过学			学前教育		
	合计	男	女	小计	男	女	小计	男	女
45-49岁	**1101523**	**563757**	**537766**	**3712**	**1286**	**2426**	**364**	**163**	**201**
45	223051	113856	109195	639	257	382	68	29	39
46	237266	121299	115967	737	284	453	61	27	34
47	220826	113079	107747	733	239	494	75	34	41
48	211994	108579	103415	804	251	553	68	33	35
49	208386	106944	101442	799	255	544	92	40	52
50-54岁	**979437**	**489800**	**489637**	**5032**	**1603**	**3429**	**522**	**202**	**320**
50	210676	106481	104195	911	308	603	87	30	57
51	199910	100791	99119	981	311	670	104	37	67
52	213783	106801	106982	1124	359	765	101	39	62
53	166502	82462	84040	907	302	605	110	50	60
54	188566	93265	95301	1109	323	786	120	46	74
55-59岁	**828034**	**400441**	**427593**	**5279**	**1417**	**3862**	**527**	**175**	**352**
55	190715	93640	97075	1118	339	779	116	42	74
56	187279	90277	97002	1103	300	803	113	32	81
57	208804	100879	107925	1282	354	928	137	43	94
58	156621	75208	81413	1120	264	856	108	40	68
59	84615	40437	44178	656	160	496	53	18	35
60-64岁	**565594**	**270505**	**295089**	**7929**	**1475**	**6454**	**518**	**173**	**345**
60	101027	47735	53292	967	214	753	61	24	37
61	93218	45007	48211	1182	230	952	62	18	44
62	127816	61263	66553	1818	347	1471	137	48	89
63	128743	61860	66883	1996	333	1663	125	39	86
64	114790	54640	60150	1966	351	1615	133	44	89
65-69岁	**512611**	**244387**	**268224**	**11703**	**1729**	**9974**	**614**	**169**	**445**
65	113082	54211	58871	2102	313	1789	119	30	89
66	114109	53877	60232	2442	358	2084	125	41	84
67	103458	48938	54520	2443	356	2087	142	37	105
68	100253	48136	52117	2480	387	2093	109	29	80
69	81709	39225	42484	2236	315	1921	119	32	87
70-74岁	**322795**	**156216**	**166579**	**11056**	**1943**	**9113**	**588**	**161**	**427**
70	83773	40864	42909	2476	394	2082	147	41	106
71	78294	38349	39945	2609	465	2144	137	32	105
72	60131	28662	31469	2180	446	1734	109	30	79
73	52463	25154	27309	1910	335	1575	103	27	76
74	48134	23187	24947	1881	303	1578	92	31	61
75-79岁	**197134**	**88927**	**108207**	**10989**	**1854**	**9135**	**482**	**151**	**331**
75	43714	20514	23200	2008	366	1642	102	44	58
76	43030	19841	23189	2215	386	1829	93	28	65
77	38514	17013	21501	2206	368	1838	86	23	63
78	37193	16309	20884	2238	371	1867	106	31	75
79	34683	15250	19433	2322	363	1959	95	25	70
80-84岁	**140275**	**61141**	**79134**	**13990**	**2103**	**11887**	**440**	**106**	**334**
80	34149	15465	18684	2632	416	2216	82	22	60
81	29128	12750	16378	2694	427	2267	92	23	69
82	28469	12218	16251	2846	426	2420	93	20	73
83	25432	11078	14354	2895	426	2469	83	22	61
84	23097	9630	13467	2923	408	2515	90	19	71
85岁及以上	**103724**	**41067**	**62657**	**18739**	**2567**	**16172**	**507**	**134**	**373**

4-1a 续表 2

单位:人

年 龄	小学			初中			高中		
	小计	男	女	小计	男	女	小计	男	女
总 计	**2500416**	**1184723**	**1315693**	**4406791**	**2269683**	**2137108**	**3067144**	**1600214**	**1466930**
3									
4									
5-9岁	**777789**	**418277**	**359512**	**15109**	**8296**	**6813**	**37**	**18**	**19**
5	21958	11992	9966						
6	133096	69223	63873	2667	1466	1201			
7	210343	113882	96461	3296	1799	1497			
8	221510	119596	101914	4324	2356	1968	16	8	8
9	190882	103584	87298	4822	2675	2147	21	10	11
10-14岁	**446419**	**243313**	**203106**	**389648**	**207918**	**181730**	**15891**	**7971**	**7920**
10	176294	95268	81026	6957	3783	3174	20	11	9
11	159746	86205	73541	15888	8680	7208	47	20	27
12	83257	47127	36130	88222	45830	42392	83	31	52
13	18712	10207	8505	142297	76270	66027	3525	1900	1625
14	8410	4506	3904	136284	73355	62929	12216	6009	6207
15-19岁	**16296**	**9272**	**7024**	**191143**	**113410**	**77733**	**717872**	**369935**	**347937**
15	4059	2238	1821	79205	45353	33852	118191	59363	58828
16	2852	1634	1218	39028	23254	15774	222863	115309	107554
17	2821	1605	1216	28471	16895	11576	208668	106078	102590
18	3185	1828	1357	23565	14666	8899	116709	61310	55399
19	3379	1967	1412	20874	13242	7632	51441	27875	23566
20-24岁	**15585**	**9330**	**6255**	**150306**	**88670**	**61636**	**176023**	**97796**	**78227**
20	2938	1739	1199	22520	13979	8541	37402	20866	16536
21	2502	1517	985	25405	15410	9995	32450	18257	14193
22	2892	1752	1140	30828	18249	12579	34513	19099	15414
23	3404	2034	1370	34347	19790	14557	35167	19502	15665
24	3849	2288	1561	37206	21242	15964	36491	20072	16419
25-29岁	**27711**	**16318**	**11393**	**251838**	**139342**	**112496**	**226670**	**122549**	**104121**
25	4292	2578	1714	41453	23539	17914	39867	21967	17900
26	4789	2908	1881	44454	25059	19395	41176	22584	18592
27	5549	3272	2277	49231	27047	22184	44252	23988	20264
28	6485	3815	2670	56792	31097	25695	49556	26514	23042
29	6596	3745	2851	59908	32600	27308	51819	27496	24323
30-34岁	**51737**	**27706**	**24031**	**469912**	**242021**	**227891**	**329168**	**169649**	**159519**
30	8695	4915	3780	76827	40628	36199	61862	32217	29645
31	9444	5146	4298	86412	45129	41283	64408	33355	31053
32	9827	5218	4609	89814	46168	43646	63297	32861	30436
33	11770	6315	5455	107092	54848	52244	71282	36442	34840
34	12001	6112	5889	109767	55248	54519	68319	34774	33545
35-39岁	**63418**	**30118**	**33300**	**517002**	**261793**	**255209**	**285213**	**144535**	**140678**
35	12442	6140	6302	109823	55606	54217	63065	31993	31072
36	12446	5992	6454	108497	54689	53808	59565	29981	29584
37	11478	5371	6107	95245	48243	47002	51184	25933	25251
38	13236	6265	6971	104409	53408	51001	56727	28816	27911
39	13816	6350	7466	99028	49847	49181	54672	27812	26860
40-44岁	**90148**	**39871**	**50277**	**480845**	**242937**	**237908**	**274458**	**142145**	**132313**
40	15157	6784	8373	96935	49113	47822	54886	28132	26754
41	17851	8110	9741	101717	51621	50096	60046	31096	28950
42	18031	7783	10248	94739	48062	46677	56689	29244	27445
43	17714	7709	10005	87947	44292	43655	50067	26007	24060
44	21395	9485	11910	99507	49849	49658	52770	27666	25104

4-1a 续表 3

单位:人

年 龄	小学			初中			高中		
	小计	男	女	小计	男	女	小计	男	女
45-49岁	**131153**	**57353**	**73800**	**496005**	**247920**	**248085**	**242231**	**130254**	**111977**
45	22819	9911	12908	98983	49691	49292	50724	26924	23800
46	26345	11399	14946	106803	53325	53478	52991	28404	24587
47	26176	11300	14876	99234	49536	49698	48570	26296	22274
48	27069	11861	15208	95697	47672	48025	45990	24822	21168
49	28744	12882	15862	95288	47696	47592	43956	23808	20148
50-54岁	**171266**	**74037**	**97229**	**458445**	**224826**	**233619**	**186770**	**97643**	**89127**
50	32211	14235	17976	97150	48168	48982	43204	22951	20253
51	34811	15381	19430	92641	45980	46661	38345	20214	18131
52	38740	16831	21909	99672	48832	50840	40190	20989	19201
53	30831	13134	17697	79186	38404	40782	30163	15554	14609
54	34673	14456	20217	89796	43442	46354	34868	17935	16933
55-59岁	**130221**	**50757**	**79464**	**348739**	**166626**	**182113**	**227907**	**110687**	**117220**
55	32764	13443	19321	88816	42451	46365	39904	20246	19658
56	29598	11577	18021	82157	38663	43494	46599	22681	23918
57	31477	12128	19349	86262	41527	44735	60181	28761	31420
58	23735	8972	14763	60968	29208	31760	50673	24399	26274
59	12647	4637	8010	30536	14777	15759	30550	14600	15950
60-64岁	**109609**	**38571**	**71038**	**206076**	**101192**	**104884**	**183983**	**92788**	**91195**
60	16162	5794	10368	36124	17276	18848	36712	17569	19143
61	16732	6139	10593	33023	16319	16704	32695	16274	16421
62	24978	8884	16094	46579	22927	23652	41926	21144	20782
63	26419	9272	17147	47228	23494	23734	40052	20558	19494
64	25318	8482	16836	43122	21176	21946	32598	17243	15355
65-69岁	**145207**	**50575**	**94632**	**211333**	**107702**	**103631**	**99435**	**55253**	**44182**
65	27042	9242	17800	46524	23241	23283	26382	14377	12005
66	29951	10060	19891	46756	23412	23344	24351	13295	11056
67	30030	10386	19644	43040	21910	21130	19094	10593	8501
68	31112	11081	20031	41772	21691	20081	16876	9620	7256
69	27072	9806	17266	33241	17448	15793	12732	7368	5364
70-74岁	**126756**	**49041**	**77715**	**111474**	**59912**	**51562**	**48500**	**28179**	**20321**
70	29919	11183	18736	32427	17427	15000	12519	7431	5088
71	30694	11972	18722	27191	14793	12398	11710	6877	4833
72	24180	9205	14975	19490	10406	9084	9651	5434	4217
73	21759	8652	13107	16747	8903	7844	8082	4608	3474
74	20204	8029	12175	15619	8383	7236	6538	3829	2709
75-79岁	**84139**	**30832**	**53307**	**58033**	**29801**	**28232**	**27137**	**15135**	**12002**
75	18798	7263	11535	13751	7223	6528	5544	3156	2388
76	18468	7031	11437	13269	6895	6374	5690	3240	2450
77	16328	5872	10456	11139	5585	5554	5531	2985	2546
78	15476	5405	10071	10531	5324	5207	5607	3061	2546
79	15069	5261	9808	9343	4774	4569	4765	2693	2072
80-84岁	**63308**	**22260**	**41048**	**31525**	**16508**	**15017**	**16765**	**9944**	**6821**
80	14776	5402	9374	8656	4600	4056	4524	2608	1916
81	13044	4624	8420	6495	3316	3179	3611	2111	1500
82	13003	4409	8594	6125	3144	2981	3427	2056	1371
83	11717	4132	7585	5423	2935	2488	2787	1697	1090
84	10768	3693	7075	4826	2513	2313	2416	1472	944
85岁及以上	**49654**	**17092**	**32562**	**19358**	**10809**	**8549**	**9084**	**5733**	**3351**

4-1a 续表 4

单位：人

年 龄	大学专科			大学本科			硕士研究生			博士研究生		
	小计	男	女	小计	男	女	小计	男	女	小计	男	女
总 计	**1807571**	**918324**	**889247**	**1482005**	**703568**	**778437**	**108988**	**53786**	**55202**	**11215**	**7004**	**4211**
3												
4												
5-9岁												
5												
6												
7												
8												
9												
10-14岁	**100**	**50**	**50**	**37**	**14**	**23**	**2**	**1**	**1**			
10	7	6	1	7	2	5						
11	7	4	3	3	1	2						
12	7	3	4	7	2	5	1		1			
13	16	6	10	5	3	2	1	1				
14	63	31	32	15	6	9						
15-19岁	**205232**	**103756**	**101476**	**117590**	**45148**	**72442**	**66**	**36**	**30**	**28**	**26**	**2**
15	1670	878	792	317	159	158	2	2		2	2	
16	4844	2578	2266	797	347	450	2	2		7	7	
17	19849	10559	9290	4728	1763	2965	7	3	4	2	2	
18	68067	34617	33450	36961	14012	22949	21	10	11	3	3	
19	110802	55124	55678	74787	28867	45920	34	19	15	14	12	2
20-24岁	**304918**	**151433**	**153485**	**333293**	**132743**	**200550**	**14082**	**5689**	**8393**	**233**	**123**	**110**
20	98318	49244	49074	89800	34704	55096	88	41	47	15	11	4
21	64100	32053	32047	82270	31699	50571	485	168	317	19	9	10
22	51225	25427	25798	69522	27451	42071	2645	1016	1629	44	25	19
23	46562	22919	23643	50364	21087	29277	5016	2034	2982	38	14	24
24	44713	21790	22923	41337	17802	23535	5848	2430	3418	117	64	53
25-29岁	**231520**	**113323**	**118197**	**207804**	**90239**	**117565**	**21064**	**8698**	**12366**	**1299**	**690**	**609**
25	45164	22190	22974	39953	17223	22730	5518	2342	3176	163	79	84
26	44100	21675	22425	39695	17161	22534	4652	1964	2688	250	126	124
27	45478	22096	23382	40740	17583	23157	3937	1592	2345	279	146	133
28	48554	23884	24670	43745	19112	24633	3500	1444	2056	301	167	134
29	48224	23478	24746	43671	19160	24511	3457	1356	2101	306	172	134
30-34岁	**288714**	**137320**	**151394**	**256013**	**116344**	**139669**	**21926**	**9311**	**12615**	**2129**	**1154**	**975**
30	56006	26929	29077	50481	22402	28079	4053	1672	2381	377	199	178
31	56885	27178	29707	50908	22848	28060	4315	1775	2540	403	220	183
32	55662	26492	29170	49603	22593	27010	4187	1796	2391	419	224	195
33	61716	29196	32520	53660	24574	29086	4696	1984	2712	468	257	211
34	58445	27525	30920	51361	23927	27434	4675	2084	2591	462	254	208
35-39岁	**223314**	**108448**	**114866**	**196518**	**96925**	**99593**	**20631**	**9998**	**10633**	**2287**	**1355**	**932**
35	52982	25058	27924	46197	22109	24088	4203	1931	2272	425	246	179
36	48629	23464	25165	43504	21228	22276	4410	2099	2311	428	244	184
37	41695	20625	21070	37552	18597	18955	4123	2004	2119	420	256	164
38	42480	20821	21659	37813	19025	18788	4329	2157	2172	518	316	202
39	37528	18480	19048	31452	15966	15486	3566	1807	1759	496	293	203
40-44岁	**160906**	**80362**	**80544**	**122291**	**64317**	**57974**	**11796**	**6562**	**5234**	**1963**	**1217**	**746**
40	34664	17109	17555	28043	14423	13620	3024	1559	1465	447	245	202
41	35670	17522	18148	27853	14430	13423	2873	1588	1285	472	311	161
42	32517	16179	16338	24546	12825	11721	2343	1324	1019	420	262	158
43	28414	14332	14082	20903	11129	9774	1858	1086	772	314	210	104
44	29641	15220	14421	20946	11510	9436	1698	1005	693	310	189	121

4-1a 续表 5

单位:人

年龄	大学专科			大学本科			硕士研究生			博士研究生		
	小计	男	女	小计	男	女	小计	男	女	小计	男	女
45-49岁	**129989**	**68993**	**60996**	**89148**	**52067**	**37081**	**7609**	**4822**	**2787**	**1312**	**899**	**413**
45	28500	14840	13660	19460	11068	8392	1574	953	621	284	183	101
46	28820	15213	13607	19545	11342	8203	1676	1090	586	288	215	73
47	25999	13858	12141	18191	10659	7532	1567	981	586	281	176	105
48	24201	13076	11125	16483	9768	6715	1438	922	516	244	174	70
49	22469	12006	10463	15469	9230	6239	1354	876	478	215	151	64
50-54岁	**87930**	**47745**	**40185**	**63177**	**39346**	**23831**	**5414**	**3748**	**1666**	**881**	**650**	**231**
50	21094	11139	9955	14550	8666	5884	1273	833	440	196	151	45
51	18591	10006	8585	13181	7960	5221	1079	775	304	177	127	50
52	18772	10208	8564	13773	8606	5167	1209	803	406	202	134	68
53	13911	7647	6264	10389	6656	3733	872	610	262	133	105	28
54	15562	8745	6817	11284	7458	3826	981	727	254	173	133	40
55-59岁	**66804**	**37290**	**29514**	**43782**	**29797**	**13985**	**4041**	**3092**	**949**	**734**	**600**	**134**
55	15534	8626	6908	11230	7579	3651	1041	756	285	192	158	34
56	15750	8735	7015	10759	7353	3406	1047	810	237	153	126	27
57	17190	9530	7660	11009	7537	3472	1041	819	222	225	180	45
58	12002	6766	5236	7269	4983	2286	639	487	152	107	89	18
59	6328	3633	2695	3515	2345	1170	273	220	53	57	47	10
60-64岁	**38835**	**23516**	**15319**	**17056**	**11562**	**5494**	**1374**	**1050**	**324**	**214**	**178**	**36**
60	7135	4195	2940	3536	2410	1126	291	221	70	39	32	7
61	6458	3917	2541	2802	1906	896	239	182	57	25	22	3
62	8465	5187	3278	3562	2453	1109	297	230	67	54	43	11
63	8866	5389	3477	3692	2497	1195	312	231	81	53	47	6
64	7911	4828	3083	3464	2296	1168	235	186	49	43	34	9
65-69岁	**31388**	**20114**	**11274**	**12231**	**8290**	**3941**	**628**	**497**	**131**	**72**	**58**	**14**
65	7432	4607	2825	3224	2191	1033	233	188	45	24	22	2
66	7389	4630	2759	2924	1947	977	158	123	35	13	11	2
67	6269	4012	2257	2328	1557	771	103	80	23	9	7	2
68	5731	3823	1908	2076	1427	649	82	65	17	15	13	2
69	4567	3042	1525	1679	1168	511	52	41	11	11	5	6
70-74岁	**17586**	**12028**	**5558**	**6654**	**4803**	**1851**	**160**	**128**	**32**	**21**	**21**	
70	4580	3129	1451	1651	1214	437	46	37	9	8	8	
71	4426	3079	1347	1485	1097	388	38	30	8	4	4	
72	3443	2332	1111	1046	781	265	29	25	4	3	3	
73	2752	1854	898	1084	751	333	23	21	2	3	3	
74	2385	1634	751	1388	960	428	24	15	9	3	3	
75-79岁	**9464**	**6310**	**3154**	**6777**	**4754**	**2023**	**94**	**78**	**16**	**19**	**12**	**7**
75	2005	1401	604	1478	1038	440	22	20	2	6	3	3
76	1897	1246	651	1359	985	374	30	24	6	9	6	3
77	1883	1252	631	1319	909	410	19	17	2	3	2	1
78	1939	1224	715	1284	884	400	12	9	3			
79	1740	1187	553	1337	938	399	11	8	3	1	1	
80-84岁	**7432**	**5137**	**2295**	**6759**	**5042**	**1717**	**46**	**32**	**14**	**10**	**9**	**1**
80	1821	1222	599	1649	1187	462	5	4	1	4	4	
81	1649	1118	531	1534	1125	409	7	4	3	2	2	
82	1557	1085	472	1409	1072	337	9	6	3			
83	1319	935	384	1190	917	273	16	13	3	2	1	1
84	1086	777	309	977	741	236	9	5	4	2	2	
85岁及以上	**3439**	**2499**	**940**	**2875**	**2177**	**698**	**55**	**44**	**11**	**13**	**12**	**1**

4-1b 分年龄、性别、受教育程度的3岁及以上人口（镇）

单位：人

年龄	3岁及以上人口			未上过学			学前教育		
	合计	男	女	小计	男	女	小计	男	女
总 计	**11902189**	**6082643**	**5819546**	**277204**	**88680**	**188524**	**674518**	**359635**	**314883**
3	220422	116955	103467	57730	30742	26988	162692	86213	76479
4	212544	113480	99064	19910	10428	9482	192634	103052	89582
5-9岁	**1130400**	**606429**	**523971**	**13499**	**7212**	**6287**	**296464**	**160010**	**136454**
5	210664	112616	98048	8554	4503	4051	177988	95148	82840
6	225673	120703	104970	2789	1524	1265	96956	53409	43547
7	229976	123463	106513	851	460	391	11581	6183	5398
8	242176	129907	112269	732	405	327	5903	3103	2800
9	221911	119740	102171	573	320	253	4036	2167	1869
10-14岁	**996849**	**534346**	**462503**	**3070**	**1734**	**1336**	**11369**	**6044**	**5325**
10	211132	113657	97475	568	323	245	2984	1559	1425
11	210804	113700	97104	692	404	288	2460	1343	1117
12	197054	105979	91075	752	409	343	2030	1114	916
13	189139	101020	88119	582	334	248	1834	966	868
14	188720	99990	88730	476	264	212	2061	1062	999
15-19岁	**922700**	**469322**	**453378**	**1354**	**831**	**523**	**2303**	**1226**	**1077**
15	195530	100771	94759	279	165	114	1233	663	570
16	230316	114914	115402	295	188	107	517	260	257
17	219327	108411	110916	257	164	93	215	126	89
18	164994	84370	80624	266	145	121	208	101	107
19	112533	60856	51677	257	169	88	130	76	54
20-24岁	**521276**	**278978**	**242298**	**1332**	**801**	**531**	**486**	**270**	**216**
20	96763	54141	42622	313	206	107	93	50	43
21	94900	52634	42266	291	177	114	91	57	34
22	106651	56768	49883	213	121	92	96	49	47
23	110371	57387	52984	268	152	116	119	63	56
24	112591	58048	54543	247	145	102	87	51	36
25-29岁	**660308**	**337547**	**322761**	**1420**	**793**	**627**	**332**	**167**	**165**
25	119207	61554	57653	266	154	112	81	43	38
26	120764	61481	59283	261	153	108	68	31	37
27	130226	66077	64149	261	139	122	63	33	30
28	144527	74147	70380	306	167	139	54	30	24
29	145584	74288	71296	326	180	146	66	30	36
30-34岁	**980832**	**494807**	**486025**	**2224**	**1121**	**1103**	**345**	**160**	**185**
30	177962	89560	88402	351	184	167	69	34	35
31	186094	93706	92388	411	219	192	67	35	32
32	187766	94269	93497	446	219	227	66	32	34
33	216389	109687	106702	483	244	239	75	33	42
34	212621	107585	105036	533	255	278	68	26	42
35-39岁	**935071**	**476465**	**458606**	**2722**	**1267**	**1455**	**294**	**148**	**146**
35	206062	104900	101162	542	279	263	78	37	41
36	198574	100702	97872	509	227	282	65	41	24
37	171358	87714	83644	478	233	245	58	22	36
38	183248	93446	89802	560	255	305	41	25	16
39	175829	89703	86126	633	273	360	52	23	29
40-44岁	**867218**	**444909**	**422309**	**3726**	**1391**	**2335**	**304**	**146**	**158**
40	175212	89580	85632	637	274	363	56	29	27
41	182713	93452	89261	740	293	447	63	25	38
42	172603	88435	84168	777	283	494	63	31	32
43	158316	81466	76850	697	246	451	60	31	29
44	178374	91976	86398	875	295	580	62	30	32

4-1b 续表 1

单位：人

年 龄	3岁及以上人口			未上过学			学前教育		
	合计	男	女	小计	男	女	小计	男	女
45-49岁	**905728**	**467988**	**437740**	**5656**	**1898**	**3758**	**385**	**155**	**230**
45	177814	91707	86107	960	322	638	57	23	34
46	195201	100555	94646	1095	365	730	77	35	42
47	178464	92152	86312	1117	377	740	75	29	46
48	177747	91998	85749	1215	414	801	76	31	45
49	176502	91576	84926	1269	420	849	100	37	63
50-54岁	**908531**	**466404**	**442127**	**8187**	**2422**	**5765**	**524**	**191**	**333**
50	184342	94608	89734	1521	463	1058	97	40	57
51	178520	92048	86472	1604	498	1106	97	40	57
52	197182	100956	96226	1789	520	1269	123	35	88
53	161529	82941	78588	1435	426	1009	95	33	62
54	186958	95851	91107	1838	515	1323	112	43	69
55-59岁	**775520**	**391490**	**384030**	**8759**	**2083**	**6676**	**571**	**194**	**377**
55	186464	95094	91370	1973	509	1464	137	55	82
56	175523	87064	88459	1933	469	1464	127	44	83
57	191646	97603	94043	1994	489	1505	132	40	92
58	149453	75790	73663	1780	379	1401	100	31	69
59	72434	35939	36495	1079	237	842	75	24	51
60-64岁	**517661**	**257303**	**260358**	**13187**	**2432**	**10755**	**732**	**208**	**524**
60	86635	42483	44152	1666	328	1338	95	22	73
61	81566	40958	40608	1773	342	1431	99	25	74
62	123007	61301	61706	3185	585	2600	172	52	120
63	119976	60309	59667	3280	606	2674	186	54	132
64	106477	52252	54225	3283	571	2712	180	55	125
65-69岁	**495410**	**241468**	**253942**	**20741**	**3564**	**17177**	**1082**	**313**	**769**
65	106596	52074	54522	3777	687	3090	206	59	147
66	109225	52920	56305	4199	702	3497	240	75	165
67	102108	49715	52393	4375	791	3584	215	63	152
68	97568	47825	49743	4286	713	3573	203	61	142
69	79913	38934	40979	4104	671	3433	218	55	163
70-74岁	**332086**	**162967**	**169119**	**23535**	**4606**	**18929**	**1052**	**320**	**732**
70	83985	41118	42867	4857	891	3966	233	65	168
71	80842	40735	40107	5257	1100	4157	249	76	173
72	61690	30067	31623	4667	929	3738	198	61	137
73	53539	26266	27273	4265	872	3393	172	59	113
74	52030	24781	27249	4489	814	3675	200	59	141
75-79岁	**233343**	**106268**	**127075**	**25580**	**4594**	**20986**	**1044**	**287**	**757**
75	50823	23511	27312	4733	885	3848	197	53	144
76	51852	24311	27541	5153	963	4190	226	57	169
77	46115	20870	25245	5161	879	4282	206	61	145
78	43115	19341	23774	5083	892	4191	205	51	154
79	41438	18235	23203	5450	975	4475	210	65	145
80-84岁	**158518**	**68649**	**89869**	**28638**	**5133**	**23505**	**933**	**283**	**650**
80	39271	17393	21878	5875	1063	4812	193	60	133
81	32295	14295	18000	5507	1002	4505	176	45	131
82	31997	13802	18195	6039	1102	4937	181	50	131
83	28443	12192	16251	5589	1023	4566	200	65	135
84	26512	10967	15545	5628	943	4685	183	63	120
85岁及以上	**127772**	**46868**	**80904**	**35934**	**5628**	**30306**	**972**	**248**	**724**

4–1b 续表 2

单位:人

年龄	小学			初中			高中		
	小计	男	女	小计	男	女	小计	男	女
总计	**3190769**	**1506041**	**1684728**	**4644052**	**2470152**	**2173900**	**1893116**	**1025000**	**868116**
3									
4									
5–9岁	**806165**	**431153**	**375012**	**14256**	**8044**	**6212**	**16**	**10**	**6**
5	24122	12965	11157						
6	123270	64283	58987	2658	1487	1171			
7	214370	115038	99332	3174	1782	1392			
8	231567	124176	107391	3966	2217	1749	8	6	2
9	212836	114691	98145	4458	2558	1900	8	4	4
10–14岁	**544763**	**294702**	**250061**	**422853**	**224910**	**197943**	**14743**	**6926**	**7817**
10	201015	108136	92879	6542	3627	2915	17	9	8
11	192267	103572	88695	15343	8358	6985	34	17	17
12	111640	61698	49942	82555	42719	39836	70	37	33
13	27960	15044	12916	155840	83190	72650	2910	1479	1431
14	11881	6252	5629	162573	87016	75557	11712	5384	6328
15–19岁	**17578**	**9905**	**7673**	**208105**	**119238**	**88867**	**614286**	**298288**	**315998**
15	5149	2766	2383	95009	53047	41962	92962	43652	49310
16	2920	1642	1278	37081	21168	15913	187588	90578	97010
17	2714	1506	1208	25871	14835	11036	184133	88508	95625
18	3231	1871	1360	25033	14911	10122	108595	53874	54721
19	3564	2120	1444	25111	15277	9834	41008	21676	19332
20–24岁	**19853**	**11703**	**8150**	**178969**	**103319**	**75650**	**108458**	**61173**	**47285**
20	3299	1958	1341	27031	16653	10378	23304	13403	9901
21	3189	1919	1270	30391	18177	12214	19896	11518	8378
22	3984	2383	1601	37135	21398	15737	21429	12087	9342
23	4426	2626	1800	40485	22856	17629	21803	12094	9709
24	4955	2817	2138	43927	24235	19692	22026	12071	9955
25–29岁	**34251**	**19383**	**14868**	**299575**	**160691**	**138884**	**133473**	**70963**	**62510**
25	5450	3223	2227	49340	27163	22177	23827	12906	10921
26	6020	3401	2619	51911	28104	23807	24336	12960	11376
27	6911	3924	2987	58644	31096	27548	26306	13982	12324
28	7834	4419	3415	68175	36541	31634	29431	15629	13802
29	8036	4416	3620	71505	37787	33718	29573	15486	14087
30–34岁	**60907**	**30653**	**30254**	**539376**	**275876**	**263500**	**184663**	**96517**	**88146**
30	10413	5472	4941	91083	46877	44206	35773	18582	17191
31	10930	5748	5182	100006	51249	48757	35951	18643	17308
32	11412	5718	5694	103164	52541	50623	35787	18587	17200
33	13631	6696	6935	123017	63035	59982	39638	20908	18730
34	14521	7019	7502	122106	62174	59932	37514	19797	17717
35–39岁	**80499**	**37507**	**42992**	**558137**	**286167**	**271970**	**149773**	**79983**	**69790**
35	15458	7434	8024	121361	62319	59042	34535	18212	16323
36	15738	7313	8425	119178	60632	58546	31695	16812	14883
37	14969	7029	7940	102615	52802	49813	26837	14369	12468
38	16718	7610	9108	110006	56431	53575	28713	15557	13156
39	17616	8121	9495	104977	53983	50994	27993	15033	12960
40–44岁	**113448**	**50832**	**62616**	**486306**	**250747**	**235559**	**137497**	**76064**	**61433**
40	19515	8850	10665	101830	52476	49354	28172	15462	12710
41	22387	10328	12059	102959	53008	49951	29850	16384	13466
42	22784	10219	12565	95139	48955	46184	28058	15523	12535
43	22207	9752	12455	87505	45254	42251	24554	13614	10940
44	26555	11683	14872	98873	51054	47819	26863	15081	11782

4-1b 续表 3

单位：人

年龄	小学			初中			高中		
	小计	男	女	小计	男	女	小计	男	女
45-49岁	**168691**	**74561**	**94130**	**503771**	**260529**	**243242**	**122169**	**70068**	**52101**
45	28172	12505	15667	99194	50880	48314	25595	14391	11204
46	33795	14740	19055	109294	56164	53130	27127	15496	11631
47	33380	14679	18701	98694	50985	47709	24325	13959	10366
48	35444	15591	19853	98383	51115	47268	23326	13624	9702
49	37900	17046	20854	98206	51385	46821	21796	12598	9198
50-54岁	**233395**	**102427**	**130968**	**488630**	**255232**	**233398**	**99234**	**57688**	**41546**
50	42780	19007	23773	100691	52212	48479	22209	12884	9325
51	45954	20622	25332	95530	50026	45504	19394	11283	8111
52	51882	22716	29166	105647	55078	50569	20764	12140	8624
53	42847	18606	24241	87034	45626	41408	16767	9756	7011
54	49932	21476	28456	99728	52290	47438	20100	11625	8475
55-59岁	**198573**	**78613**	**119960**	**390280**	**201405**	**188875**	**129821**	**75854**	**53967**
55	47932	19980	27952	99253	51561	47692	23273	13668	9605
56	44977	17600	27377	90118	45384	44734	26273	15238	11035
57	47691	18950	28741	96105	49899	46206	34575	20220	14355
58	38173	14696	23477	71854	37559	34295	30248	17751	12497
59	19800	7387	12413	32950	17002	15948	15452	8977	6475
60-64岁	**181992**	**68730**	**113262**	**210341**	**115536**	**94805**	**94376**	**57504**	**36872**
60	25317	9329	15988	37254	19187	18067	19001	11154	7847
61	26441	10037	16404	33177	18064	15113	17270	10423	6847
62	43258	16428	26830	49716	27372	22344	22703	13800	8903
63	44453	17134	27319	48364	27411	20953	19921	12218	7703
64	42523	15802	26721	41830	23502	18328	15481	9909	5572
65-69岁	**236417**	**91458**	**144959**	**171442**	**100571**	**70871**	**52697**	**35597**	**17100**
65	45457	17004	28453	40117	22928	17189	13909	9021	4888
66	49886	18808	31078	39055	22492	16563	12621	8398	4223
67	49499	19219	30280	35017	20596	14421	10473	7149	3324
68	49243	19413	29830	32317	19369	12948	9149	6423	2726
69	42332	17014	25318	24936	15186	9750	6545	4606	1939
70-74岁	**190639**	**80879**	**109760**	**85432**	**53621**	**31811**	**24294**	**17766**	**6528**
70	45721	18575	27146	24480	15177	9303	6787	4892	1895
71	46043	19983	26060	21461	13688	7773	6048	4450	1598
72	36104	15393	20711	14886	9319	5567	4472	3243	1229
73	31674	13792	17882	12685	7969	4716	3672	2713	959
74	31097	13136	17961	11920	7468	4452	3315	2468	847
75-79岁	**139669**	**57702**	**81967**	**48576**	**29951**	**18625**	**14342**	**10383**	**3959**
75	30810	12723	18087	11247	6937	4310	2927	2145	782
76	31419	13483	17936	11274	7009	4265	2955	2141	814
77	27501	11313	16188	9578	5915	3663	2846	2044	802
78	25299	10306	14993	8785	5352	3433	2952	2115	837
79	24640	9877	14763	7692	4738	2954	2662	1938	724
80-84岁	**92883**	**38663**	**54220**	**24047**	**15209**	**8838**	**8818**	**6680**	**2138**
80	23018	9527	13491	6826	4197	2629	2577	1900	677
81	18977	8066	10911	5034	3200	1834	1892	1412	480
82	18668	7760	10908	4695	2976	1719	1736	1331	405
83	16707	6993	9714	4021	2581	1440	1388	1074	314
84	15513	6317	9196	3471	2255	1216	1225	963	262
85岁及以上	**71046**	**27170**	**43876**	**13956**	**9106**	**4850**	**4456**	**3536**	**920**

4-1b 续表 4

单位:人

年龄	大学专科			大学本科			硕士研究生			博士研究生		
	小计	男	女	小计	男	女	小计	男	女	小计	男	女
总 计	**722920**	**385273**	**337647**	**485630**	**241034**	**244596**	**13123**	**6331**	**6792**	**857**	**497**	**360**
3												
4												
5-9岁												
5												
6												
7												
8												
9												
10-14岁	**27**	**14**	**13**	**20**	**12**	**8**	**4**	**4**				
10	4	2	2	2	1	1						
11	5	4	1	3	2	1						
12	4	1	3	2		2	1	1				
13	4	2	2	6	2	4	3	3				
14	10	5	5	7	7							
15-19岁	**45576**	**24536**	**21040**	**33462**	**15279**	**18183**	**26**	**15**	**11**	**10**	**4**	**6**
15	777	414	363	121	64	57						
16	1644	937	707	270	140	130	1	1				
17	4560	2566	1994	1571	702	869	5	3	2	1	1	
18	15621	8093	7528	12033	5370	6663	6	4	2	1	1	
19	22974	12526	10448	19467	9003	10464	14	7	7	8	2	6
20-24岁	**109291**	**55157**	**54134**	**99244**	**45290**	**53954**	**3561**	**1226**	**2335**	**82**	**39**	**43**
20	22382	12134	10248	20320	9730	10590	18	5	13	3	2	1
21	21416	11281	10135	19480	9463	10017	138	36	102	8	6	2
22	22320	11072	11248	20700	9427	11273	758	221	537	16	10	6
23	21933	10464	11469	20031	8667	11364	1283	459	824	23	6	17
24	21240	10206	11034	18713	8003	10710	1364	505	859	32	15	17
25-29岁	**104034**	**49032**	**55002**	**83533**	**34944**	**48589**	**3469**	**1464**	**2005**	**221**	**110**	**111**
25	21472	10172	11300	17612	7405	10207	1114	462	652	45	26	19
26	20423	9528	10895	16869	6957	9912	839	331	508	37	16	21
27	20658	9632	11026	16709	6965	9744	623	280	343	51	26	25
28	21283	10072	11211	16897	7042	9855	505	225	280	42	22	20
29	20198	9628	10570	15446	6575	8871	388	166	222	46	20	26
30-34岁	**112020**	**54146**	**57874**	**79051**	**35306**	**43745**	**2025**	**898**	**1127**	**221**	**130**	**91**
30	22875	10881	11994	16925	7306	9619	420	192	228	53	32	21
31	22032	10525	11507	16194	7078	9116	457	184	273	46	25	21
32	21561	10366	11195	14916	6637	8279	370	146	224	44	23	21
33	23176	11247	11929	15927	7295	8632	404	206	198	38	23	15
34	22376	11127	11249	15089	6990	8099	374	170	204	40	27	13
35-39岁	**84512**	**42695**	**41817**	**57626**	**27856**	**29770**	**1396**	**771**	**625**	**112**	**71**	**41**
35	20406	10159	10247	13299	6270	7029	353	168	185	30	22	8
36	18553	9406	9147	12495	6094	6401	320	166	154	21	11	10
37	15358	7794	7564	10783	5312	5471	241	142	99	19	11	8
38	15837	8040	7797	11090	5359	5731	264	158	106	19	11	8
39	14358	7296	7062	9959	4821	5138	218	137	81	23	16	7
40-44岁	**74255**	**38477**	**35778**	**50625**	**26544**	**24081**	**974**	**653**	**321**	**83**	**55**	**28**
40	14786	7468	7318	10001	4883	5118	201	129	72	14	9	5
41	15650	7873	7777	10831	5399	5432	217	136	81	16	6	10
42	15154	7822	7332	10406	5446	4960	201	139	62	21	17	4
43	13629	7269	6360	9484	5173	4311	165	116	49	15	11	4
44	15036	8045	6991	9903	5643	4260	190	133	57	17	12	5

4-1b 续表 5

单位:人

年 龄	大学专科			大学本科			硕士研究生			博士研究生		
	小计	男	女	小计	男	女	小计	男	女	小计	男	女
45-49岁	**67253**	**37374**	**29879**	**36999**	**22816**	**14183**	**750**	**550**	**200**	**54**	**37**	**17**
45	14543	8025	6518	9116	5442	3674	170	115	55	7	4	3
46	14856	8281	6575	8780	5350	3430	161	114	47	16	10	6
47	13564	7547	6017	7146	4463	2683	151	104	47	12	9	3
48	12756	7093	5663	6398	4010	2388	139	113	26	10	7	3
49	11534	6428	5106	5559	3551	2008	129	104	25	9	7	2
50-54岁	**53043**	**31052**	**21991**	**24948**	**16939**	**8009**	**536**	**428**	**108**	**34**	**25**	**9**
50	11409	6378	5031	5488	3520	1968	135	97	38	12	7	5
51	10670	6115	4555	5155	3369	1786	107	88	19	9	7	2
52	11326	6597	4729	5522	3767	1755	125	99	26	4	4	
53	9063	5446	3617	4212	2986	1226	72	59	13	4	3	1
54	10575	6516	4059	4571	3297	1274	97	85	12	5	4	1
55-59岁	**35114**	**23596**	**11518**	**12128**	**9510**	**2618**	**257**	**226**	**31**	**17**	**9**	**8**
55	9920	6294	3626	3903	2964	939	69	61	8	4	2	2
56	8821	5751	3070	3196	2511	685	72	63	9	6	4	2
57	8366	5788	2578	2710	2154	556	68	60	8	5	3	2
58	5576	3981	1595	1689	1363	326	32	30	2	1		1
59	2431	1782	649	630	518	112	16	12	4	1		1
60-64岁	**14132**	**10525**	**3607**	**2827**	**2307**	**520**	**65**	**54**	**11**	**9**	**7**	**2**
60	2706	1967	739	577	480	97	16	13	3	3	3	
61	2330	1684	646	460	370	90	14	12	2	2	1	1
62	3283	2510	773	673	540	133	16	13	3	1	1	
63	3145	2363	782	615	512	103	11	10	1	1	1	
64	2668	2001	667	502	405	97	8	6	2	2	1	1
65-69岁	**11016**	**8368**	**2648**	**1975**	**1570**	**405**	**34**	**22**	**12**	**6**	**5**	**1**
65	2654	1990	664	465	375	90	10	9	1	1	1	
66	2708	2050	658	508	389	119	7	5	2	1	1	
67	2144	1589	555	377	304	73	7	4	3	1		1
68	2022	1565	457	341	278	63	5	1	4	2	2	
69	1488	1174	314	284	224	60	5	3	2	1	1	
70-74岁	**5910**	**4762**	**1148**	**1209**	**1000**	**209**	**10**	**9**	**1**	**5**	**4**	**1**
70	1592	1261	331	312	254	58	3	3				
71	1490	1188	302	291	247	44	3	3				
72	1162	950	212	201	172	29						
73	875	706	169	190	151	39	2	1	1	4	3	1
74	791	657	134	215	176	39	2	2		1	1	
75-79岁	**3239**	**2601**	**638**	**886**	**745**	**141**	**6**	**5**	**1**	**1**		**1**
75	703	586	117	206	182	24						
76	640	508	132	182	148	34	3	2	1			
77	642	506	136	179	150	29	2	2				
78	637	493	144	152	131	21	1	1		1		1
79	617	508	109	167	134	33						
80-84岁	**2422**	**2024**	**398**	**773**	**654**	**119**	**3**	**2**	**1**	**1**	**1**	
80	619	510	109	163	136	27						
81	528	420	108	180	149	31				1	1	
82	491	425	66	186	158	28	1		1			
83	405	345	60	133	111	22						
84	379	324	55	111	100	11	2	2				
85岁及以上	**1076**	**914**	**162**	**324**	**262**	**62**	**7**	**4**	**3**	**1**		**1**

4-1c 分年龄、性别、受教育程度的3岁及以上人口（乡村）

单位：人

年龄	3岁及以上人口			未上过学			学前教育		
	合计	男	女	小计	男	女	小计	男	女
总 计	**22042455**	**11634648**	**10407807**	**1073842**	**297008**	**776834**	**1185753**	**623401**	**562352**
3	378533	199715	178818	144703	76462	68241	233830	123253	110577
4	388690	205501	183189	57888	30404	27484	330802	175097	155705
5-9岁	**2120133**	**1125812**	**994321**	**35929**	**18829**	**17100**	**565205**	**301953**	**263252**
5	394124	209058	185066	23341	12238	11103	322081	170922	151159
6	420691	223727	196964	7447	3914	3533	191463	103573	87890
7	425759	225840	199919	2282	1168	1114	29576	15764	13812
8	453570	240918	212652	1621	834	787	13451	7132	6319
9	425989	226269	199720	1238	675	563	8634	4562	4072
10-14岁	**2059651**	**1096297**	**963354**	**6294**	**3544**	**2750**	**22967**	**12160**	**10807**
10	411288	219126	192162	1139	657	482	6787	3561	3226
11	424526	225753	198773	1391	811	580	5567	2961	2606
12	411130	219305	191825	1394	767	627	4027	2191	1836
13	404625	215856	188769	1319	723	596	3153	1641	1512
14	408082	216257	191825	1051	586	465	3433	1806	1627
15-19岁	**1016487**	**567004**	**449483**	**3601**	**2167**	**1434**	**3716**	**1993**	**1723**
15	299373	163485	135888	706	436	270	2073	1112	961
16	199593	112674	86919	654	391	263	863	459	404
17	157126	90851	66275	644	393	251	299	161	138
18	173318	96627	76691	785	456	329	249	135	114
19	187077	103367	83710	812	491	321	232	126	106
20-24岁	**946494**	**521122**	**425372**	**4254**	**2398**	**1856**	**768**	**424**	**344**
20	181427	101200	80227	901	522	379	216	118	98
21	176676	98307	78369	790	458	332	129	67	62
22	196940	107770	89170	882	504	378	144	75	69
23	196554	107231	89323	858	470	388	151	84	67
24	194897	106614	88283	823	444	379	128	80	48
25-29岁	**1083445**	**603367**	**480078**	**5004**	**2622**	**2382**	**535**	**281**	**254**
25	201896	111156	90740	898	481	417	123	74	49
26	202467	112397	90070	892	483	409	113	60	53
27	215071	119431	95640	966	503	463	100	51	49
28	233879	131923	101956	1155	614	541	107	53	54
29	230132	128460	101672	1093	541	552	92	43	49
30-34岁	**1462462**	**811991**	**650471**	**8735**	**3885**	**4850**	**591**	**265**	**326**
30	276125	153049	123076	1501	700	801	113	50	63
31	280227	155261	124966	1510	701	809	113	52	61
32	275577	152776	122801	1668	741	927	119	56	63
33	317335	176945	140390	1955	855	1100	127	55	72
34	313198	173960	139238	2101	888	1213	119	52	67
35-39岁	**1449162**	**805840**	**643322**	**12202**	**4947**	**7255**	**632**	**291**	**341**
35	310917	174011	136906	2183	947	1236	124	61	63
36	303737	169033	134704	2328	982	1346	136	58	78
37	264109	146240	117869	2280	942	1338	126	62	64
38	286967	159604	127363	2594	1003	1591	119	52	67
39	283432	156952	126480	2817	1073	1744	127	58	69
40-44岁	**1389105**	**760957**	**628148**	**17662**	**5723**	**11939**	**869**	**357**	**512**
40	283187	155726	127461	3175	1069	2106	154	62	92
41	286591	158300	128291	3217	1143	2074	179	83	96
42	272624	148730	123894	3534	1140	2394	177	78	99
43	254505	138754	115751	3560	1078	2482	172	64	108
44	292198	159447	132751	4176	1293	2883	187	70	117

4-1c 续表 1

单位:人

年龄	3岁及以上人口			未上过学			学前教育		
	合计	男	女	小计	男	女	小计	男	女
45–49岁	**1621627**	**872638**	**748989**	**28972**	**8047**	**20925**	**1278**	**456**	**822**
45	299915	163168	136747	4752	1384	3368	216	83	133
46	337409	180963	156446	5634	1605	4029	242	92	150
47	319749	171363	148386	5837	1578	4259	257	89	168
48	329892	176167	153725	6407	1707	4700	276	98	178
49	334662	180977	153685	6342	1773	4569	287	94	193
50–54岁	**1839864**	**980701**	**859163**	**42623**	**10779**	**31844**	**1947**	**658**	**1289**
50	359244	191043	168201	8053	2049	6004	335	101	234
51	355044	190580	164464	7718	2028	5690	361	117	244
52	402138	213317	188821	9433	2317	7116	443	158	285
53	335323	178411	156912	7980	2003	5977	366	129	237
54	388115	207350	180765	9439	2382	7057	442	153	289
55–59岁	**1629946**	**858522**	**771424**	**44682**	**9719**	**34963**	**2045**	**604**	**1441**
55	388509	205760	182749	10041	2400	7641	450	149	301
56	368497	190586	177911	9906	2193	7713	472	145	327
57	400546	214221	186325	10323	2348	7975	491	139	352
58	314107	166290	147817	8755	1751	7004	390	100	290
59	158287	81665	76622	5657	1027	4630	242	71	171
60–64岁	**1166407**	**603397**	**563010**	**62493**	**11678**	**50815**	**2566**	**729**	**1837**
60	184869	93309	91560	7821	1426	6395	383	112	271
61	178086	93360	84726	8532	1628	6904	366	110	256
62	277737	144776	132961	14917	2910	12007	581	188	393
63	276611	145362	131249	15500	2922	12578	627	152	475
64	249104	126590	122514	15723	2792	12931	609	167	442
65–69岁	**1189315**	**597219**	**592096**	**99187**	**17507**	**81680**	**3836**	**1011**	**2825**
65	251031	128380	122651	17584	3124	14460	736	193	543
66	258290	130488	127802	19734	3424	16310	747	201	546
67	243758	121891	121867	20664	3559	17105	762	197	565
68	236591	119005	117586	20700	3755	16945	803	207	596
69	199645	97455	102190	20505	3645	16860	788	213	575
70–74岁	**858594**	**417154**	**441440**	**116015**	**21846**	**94169**	**4033**	**1129**	**2904**
70	209955	101884	108071	23806	4342	19464	899	242	657
71	203440	102997	100443	25599	5188	20411	894	251	643
72	161736	78326	83410	22878	4345	18533	802	242	560
73	143325	68784	74541	21292	3991	17301	666	198	468
74	140138	65163	74975	22440	3980	18460	772	196	576
75–79岁	**648270**	**295171**	**353099**	**124884**	**21720**	**103164**	**3816**	**1044**	**2772**
75	141291	64739	76552	24038	4190	19848	814	212	602
76	140662	65847	74815	25119	4428	20691	776	218	558
77	130019	58857	71162	25352	4387	20965	758	205	553
78	118965	53521	65444	24554	4281	20273	740	198	542
79	117333	52207	65126	25821	4434	21387	728	211	517
80–84岁	**436055**	**185332**	**250723**	**121061**	**22179**	**98882**	**3199**	**923**	**2276**
80	109117	47990	61127	26615	4936	21679	724	209	515
81	88176	38521	49655	23524	4298	19226	637	191	446
82	88364	37703	50661	25064	4708	20356	679	192	487
83	77868	32116	45752	23051	4150	18901	604	146	458
84	72530	29002	43528	22807	4087	18720	555	185	370
85岁及以上	**358215**	**126908**	**231307**	**137653**	**22552**	**115101**	**3118**	**773**	**2345**

4-1c 续表 2

单位：人

年 龄	小学			初中			高中		
	小计	男	女	小计	男	女	小计	男	女
总 计	**8271828**	**3973121**	**4298707**	**9189509**	**5366193**	**3823316**	**1537274**	**968592**	**568682**
3									
4									
5-9 岁	**1499002**	**793850**	**705152**	**19989**	**11176**	**8813**	**8**	**4**	**4**
5	48702	25898	22804						
6	218134	114181	103953	3647	2059	1588			
7	389561	206527	183034	4340	2381	1959			
8	433018	229845	203173	5476	3105	2371	4	2	2
9	409587	217399	192188	6526	3631	2895	4	2	2
10-14 岁	**1136593**	**608182**	**528411**	**879778**	**465526**	**414252**	**13976**	**6865**	**7111**
10	392558	209093	183465	10789	5804	4985	10	7	3
11	388988	206867	182121	28561	15105	13456	15	7	8
12	247945	134616	113329	157719	81705	76014	41	25	16
13	75695	41121	34574	321187	170652	150535	3264	1717	1547
14	31407	16485	14922	361522	192260	169262	10646	5109	5537
15-19 岁	**43051**	**24026**	**19025**	**539233**	**316667**	**222566**	**318184**	**171464**	**146720**
15	13289	7233	6056	230195	127719	102476	51095	25894	25201
16	7412	4081	3331	102409	60405	42004	83251	44622	38629
17	6489	3693	2796	68366	42509	25857	69915	38392	31523
18	7329	4179	3150	66662	41520	25142	61356	33489	27867
19	8532	4840	3692	71601	44514	27087	52567	29067	23500
20-24 岁	**52095**	**29189**	**22906**	**462528**	**274497**	**188031**	**177369**	**100295**	**77074**
20	8543	4808	3735	77079	47793	29286	42898	24015	18883
21	8669	4925	3744	81836	49676	32160	35115	19951	15164
22	10605	5909	4696	96042	56695	39347	34803	19922	14881
23	11601	6443	5158	100662	58789	41873	32871	18613	14258
24	12677	7104	5573	106909	61544	45365	31682	17794	13888
25-29 岁	**84798**	**46861**	**37937**	**668450**	**383721**	**284729**	**166242**	**93538**	**72704**
25	14111	7823	6288	116552	67115	49437	32047	18012	14035
26	15192	8511	6681	121269	69782	51487	31725	17729	13996
27	16993	9426	7567	132777	76037	56740	32950	18401	14549
28	19087	10560	8527	148237	85513	62724	35513	20341	15172
29	19415	10541	8874	149615	85274	64341	34007	19055	14952
30-34 岁	**157615**	**80553**	**77062**	**1016305**	**571145**	**445160**	**171166**	**98171**	**72995**
30	25399	13461	11938	184150	103564	80586	38229	21575	16654
31	27715	14375	13340	192026	107953	84073	35510	20005	15505
32	29480	15065	14415	191524	107350	84174	32433	18518	13915
33	35670	18063	17607	225102	126864	98238	34398	20033	14365
34	39351	19589	19762	223503	125414	98089	30596	18040	12556
35-39 岁	**234789**	**113516**	**121273**	**1034498**	**585651**	**448847**	**111797**	**67844**	**43953**
35	42417	21144	21273	223761	126765	96996	27501	16282	11219
36	45144	22037	23107	218906	123616	95290	24444	14680	9764
37	42965	20524	22441	188754	106409	82345	20064	12145	7919
38	49861	23822	26039	204254	116034	88220	20641	12777	7864
39	54402	25989	28413	198823	112827	85996	19147	11960	7187
40-44 岁	**350232**	**164676**	**185556**	**898808**	**512595**	**386213**	**87637**	**56282**	**31355**
40	60457	28428	32029	192777	109395	83382	19135	12130	7005
41	67045	32023	35022	189872	108427	81445	18834	11989	6845
42	69475	32638	36837	174944	99344	75600	17636	11208	6428
43	69181	32458	36723	160338	91476	68862	15384	9993	5391
44	84074	39129	44945	180877	103953	76924	16648	10962	5686

4-1c 续表 3

单位:人

年龄	小学			初中			高中		
	小计	男	女	小计	男	女	小计	男	女
45-49岁	**562081**	**259992**	**302089**	**929286**	**535827**	**393459**	**74067**	**51168**	**22899**
45	92347	42933	49414	180500	104036	76464	16089	10870	5219
46	109814	50236	59578	199096	113849	85247	16638	11249	5389
47	111303	51410	59893	182699	104766	77933	14617	10179	4438
48	121365	55833	65532	183310	105655	77655	13821	9726	4095
49	127252	59580	67672	183681	107521	76160	12902	9144	3758
50-54岁	**774779**	**356983**	**417796**	**937991**	**552573**	**385418**	**65019**	**47342**	**17677**
50	143770	66275	77495	189816	110347	79469	13218	9466	3752
51	150300	70720	79580	180795	106387	74408	12316	8891	3425
52	172861	79530	93331	202353	118972	83381	13279	9677	3602
53	143666	65763	77903	168881	100023	68858	11462	8359	3103
54	164182	74695	89487	196146	116844	79302	14744	10949	3795
55-59岁	**657533**	**277915**	**379618**	**782562**	**462855**	**319707**	**132267**	**98792**	**33475**
55	161445	71218	90227	194369	115292	79077	19351	14513	4838
56	149989	62903	87086	181159	105220	75939	24301	17999	6302
57	156759	66865	89894	193494	115006	78488	36785	27682	9103
58	123346	50604	72742	145827	86938	58889	33987	25434	8553
59	65994	26325	39669	67713	40399	27314	17843	13164	4679
60-64岁	**565941**	**235285**	**330656**	**418891**	**266430**	**152461**	**111713**	**85326**	**26387**
60	79678	30875	48803	74742	44422	30320	21435	15841	5594
61	82252	34300	47952	66093	41590	24503	20141	15167	4974
62	133895	56181	77714	99471	63475	35996	27794	21126	6668
63	138775	59349	79426	96351	63122	33229	24178	18821	5357
64	131341	54580	76761	82234	53821	28413	18165	14371	3794
65-69岁	**707245**	**308220**	**399025**	**315067**	**217178**	**97889**	**59470**	**49429**	**10041**
65	138756	59430	79326	77006	51878	25128	15906	12875	3031
66	148995	64109	84886	73114	49778	23336	14631	12074	2557
67	146226	63451	82775	63415	43980	19435	11799	9932	1867
68	146386	65070	81316	57701	40601	17100	10128	8613	1515
69	126882	56160	70722	43831	30941	12890	7006	5935	1071
70-74岁	**565963**	**264328**	**301635**	**146202**	**106933**	**39269**	**23462**	**20292**	**3170**
70	134974	60092	74882	42362	30386	11976	7198	6178	1020
71	134100	64784	69316	36252	26999	9253	5906	5153	753
72	107498	50619	56879	25795	18964	6831	4189	3643	546
73	95824	45333	50491	21761	15968	5793	3303	2859	444
74	93567	43500	50067	20032	14616	5416	2866	2459	407
75-79岁	**422859**	**198996**	**223863**	**81479**	**60134**	**21345**	**13293**	**11535**	**1758**
75	94112	43591	50521	19088	13921	5167	2823	2449	374
76	93165	44661	48504	18442	13807	4635	2741	2359	382
77	84565	39719	44846	16311	11931	4380	2663	2284	379
78	76239	35749	40490	14480	10705	3775	2583	2258	325
79	74778	35276	39502	13158	9770	3388	2483	2185	298
80-84岁	**265075**	**125907**	**139168**	**37865**	**28440**	**9425**	**7626**	**6770**	**856**
80	67891	32047	35844	11162	8364	2798	2374	2115	259
81	54143	26303	27840	8013	6088	1925	1615	1422	193
82	53477	25688	27789	7448	5615	1833	1475	1309	166
83	46820	22093	24727	6016	4485	1531	1143	1019	124
84	42744	19776	22968	5226	3888	1338	1019	905	114
85岁及以上	**192177**	**84642**	**107535**	**20577**	**14845**	**5732**	**3978**	**3475**	**503**

4-1c 续表 4

单位:人

年 龄	大学专科			大学本科			硕士研究生			博士研究生		
	小计	男	女	小计	男	女	小计	男	女	小计	男	女
总 计	**507242**	**270761**	**236481**	**267861**	**130963**	**136898**	**8171**	**4043**	**4128**	**975**	**566**	**409**
3												
4												
5-9岁												
5												
6												
7												
8												
9												
10-14岁	**28**	**13**	**15**	**10**	**6**	**4**	**5**	**1**	**4**			
10	5	4	1									
11	2		2	2	2							
12	2	1	1	2		2						
13	4	1	3				3	1	2			
14	15	7	8	6	4	2	2		2			
15-19岁	**67231**	**32221**	**35010**	**41426**	**18442**	**22984**	**33**	**15**	**18**	**12**	**9**	**3**
15	1863	1026	837	152	65	87						
16	4549	2503	2046	452	211	241	2	1	1	1	1	
17	9007	4687	4320	2396	1011	1385	8	4	4	2	1	1
18	21740	10162	11578	15184	6680	8504	9	3	6	4	3	1
19	30072	13843	16229	23242	10475	12767	14	7	7	5	4	1
20-24岁	**145321**	**68604**	**76717**	**101119**	**44309**	**56810**	**2922**	**1346**	**1576**	**118**	**60**	**58**
20	30358	14209	16149	21398	9713	11685	30	19	11	4	3	1
21	29800	14123	15677	20182	9027	11155	142	70	72	13	10	3
22	31058	14571	16487	22649	9756	12893	733	327	406	24	11	13
23	28896	13630	15266	20446	8703	11743	1038	486	552	31	13	18
24	25209	12071	13138	16444	7110	9334	979	444	535	46	23	23
25-29岁	**99913**	**48969**	**50944**	**55482**	**26017**	**29465**	**2691**	**1203**	**1488**	**330**	**155**	**175**
25	23262	10996	12266	14003	6235	7768	855	397	458	45	23	22
26	20719	10117	10602	11871	5436	6435	624	255	369	62	24	38
27	19895	9643	10252	10788	5099	5689	529	233	296	73	38	35
28	19065	9661	9404	10230	4959	5271	399	184	215	86	38	48
29	16972	8552	8420	8590	4288	4302	284	134	150	64	32	32
30-34岁	**73426**	**39496**	**33930**	**33151**	**17715**	**15436**	**1244**	**617**	**627**	**229**	**144**	**85**
30	17811	9200	8611	8567	4323	4244	306	146	160	49	30	19
31	15770	8283	7487	7272	3736	3536	258	126	132	53	30	23
32	13839	7508	6331	6229	3392	2837	243	117	126	42	29	13
33	13843	7598	6245	5956	3319	2637	235	127	108	49	31	18
34	12163	6907	5256	5127	2945	2182	202	101	101	36	24	12
35-39岁	**39304**	**23715**	**15589**	**15263**	**9462**	**5801**	**576**	**349**	**227**	**101**	**65**	**36**
35	10505	6171	4334	4242	2532	1710	154	91	63	30	18	12
36	9083	5370	3713	3566	2207	1359	110	68	42	20	15	5
37	7081	4378	2703	2717	1711	1006	105	58	47	17	11	6
38	6740	4167	2573	2614	1661	953	122	77	45	22	11	11
39	5895	3629	2266	2124	1351	773	85	55	30	12	10	2
40-44岁	**25239**	**15679**	**9560**	**8355**	**5431**	**2924**	**255**	**178**	**77**	**48**	**36**	**12**
40	5601	3438	2163	1815	1151	664	65	48	17	8	5	3
41	5548	3402	2146	1822	1181	641	59	40	19	15	12	3
42	5077	3146	1931	1717	1133	584	54	36	18	10	7	3
43	4357	2691	1666	1470	963	507	37	27	10	6	4	2
44	4656	3002	1654	1531	1003	528	40	27	13	9	8	1

4-1c 续表 5

单位：人

年 龄	大学专科			大学本科			硕士研究生			博士研究生		
	小计	男	女	小计	男	女	小计	男	女	小计	男	女
45-49岁	**19976**	**13055**	**6921**	**5734**	**3923**	**1811**	**181**	**134**	**47**	**52**	**36**	**16**
45	4545	2880	1665	1413	943	470	39	30	9	14	9	5
46	4499	2922	1577	1439	975	464	39	28	11	8	7	1
47	3926	2576	1350	1066	729	337	34	28	6	10	8	2
48	3687	2437	1250	978	678	300	37	27	10	11	6	5
49	3319	2240	1079	838	598	240	32	21	11	9	6	3
50-54岁	**13986**	**9769**	**4217**	**3376**	**2486**	**890**	**112**	**87**	**25**	**31**	**24**	**7**
50	3167	2170	997	851	609	242	24	19	5	10	7	3
51	2848	1925	923	677	485	192	24	22	2	5	5	
52	3013	2101	912	724	539	185	26	20	6	6	3	3
53	2411	1720	691	528	394	134	22	14	8	7	6	1
54	2547	1853	694	596	459	137	16	12	4	3	3	
55-59岁	**8966**	**7161**	**1805**	**1778**	**1388**	**390**	**87**	**68**	**19**	**26**	**20**	**6**
55	2299	1764	535	521	396	125	24	21	3	9	7	2
56	2213	1770	443	433	339	94	20	13	7	4	4	
57	2246	1819	427	425	346	79	19	15	4	4	1	3
58	1503	1232	271	276	212	64	19	15	4	4	4	
59	705	576	129	123	95	28	5	4	1	5	4	1
60-64岁	**4146**	**3434**	**712**	**621**	**488**	**133**	**28**	**22**	**6**	**8**	**5**	**3**
60	683	536	147	118	91	27	9	6	3			
61	602	485	117	89	72	17	9	7	2	2	1	1
62	945	788	157	130	105	25	2	2		2	1	1
63	1025	874	151	149	117	32	5	4	1	1	1	
64	891	751	140	135	103	32	3	3		3	2	1
65-69岁	**3918**	**3390**	**528**	**581**	**477**	**104**	**7**	**5**	**2**	**4**	**2**	**2**
65	903	769	134	136	108	28	4	3	1			
66	915	777	138	151	123	28	2	1	1	1	1	
67	778	676	102	113	95	18				1	1	
68	769	674	95	101	84	17	1	1		2		2
69	553	494	59	80	67	13						
70-74岁	**2542**	**2309**	**233**	**362**	**310**	**52**	**12**	**6**	**6**	**3**	**1**	**2**
70	625	571	54	85	69	16	6	4	2			
71	609	551	58	78	71	7	1		1	1		1
72	495	445	50	77	66	11	1	1		1	1	
73	422	388	34	53	46	7	3	1	2	1		1
74	391	354	37	69	58	11	1		1			
75-79岁	**1676**	**1523**	**153**	**255**	**213**	**42**	**6**	**5**	**1**	**2**	**1**	**1**
75	360	327	33	54	47	7	2	2				
76	351	318	33	64	54	10	2	1	1	2	1	1
77	320	290	30	50	41	9						
78	316	291	25	51	37	14	2	2				
79	329	297	32	36	34	2						
80-84岁	**1023**	**937**	**86**	**195**	**168**	**27**	**6**	**5**	**1**	**5**	**3**	**2**
80	303	276	27	46	42	4				2	1	1
81	201	187	14	42	31	11	1	1				
82	179	157	22	40	33	7	1		1	1	1	
83	179	172	7	52	49	3	2	2		1		1
84	161	145	16	15	13	2	2	2		1	1	
85岁及以上	**547**	**486**	**61**	**153**	**128**	**25**	**6**	**2**	**4**	**6**	**5**	**1**

4–2 各地区分性别、受教育程度的15岁及以上人口

单位：人

地　区	15岁及以上人口			未上过学			学前教育		
	合计	男	女	小计	男	女	小计	男	女
总　计	**38284303**	**19595172**	**18689131**	**1110152**	**227209**	**882943**	**53962**	**19350**	**34612**
南宁市	**6960168**	**3543926**	**3416242**	**109078**	**20184**	**88894**	**8134**	**2949**	**5185**
兴宁区	494678	253355	241323	3613	827	2786	463	201	262
青秀区	919489	435114	484375	6679	1242	5437	717	269	448
江南区	790101	407532	382569	7402	1490	5912	829	329	500
西乡塘区	1370276	691072	679204	8772	1872	6900	1078	444	634
良庆区	462214	245419	216795	4518	946	3572	499	215	284
邕宁区	259537	135850	123687	4435	814	3621	397	135	262
武鸣区	560314	293682	266632	10421	1881	8540	955	316	639
隆安县	250102	129792	120310	8956	1583	7373	397	134	263
马山县	284802	144994	139808	18454	2927	15527	512	158	354
上林县	276276	141151	135125	7224	1208	6016	199	70	129
宾阳县	621141	323538	297603	14585	2694	11891	730	231	499
横　县	671238	342427	328811	14019	2700	11319	1358	447	911
柳州市	**3365543**	**1738784**	**1626759**	**85826**	**17461**	**68365**	**2644**	**1066**	**1578**
城中区	199053	94953	104100	1003	175	828	94	45	49
鱼峰区	557486	292262	265224	4174	900	3274	302	136	166
柳南区	506094	260547	245547	4403	952	3451	252	118	134
柳北区	405779	204184	201595	3427	693	2734	195	98	97
柳江区	397693	207037	190656	8917	1700	7217	349	138	211
柳城县	254915	133331	121584	7941	1601	6340	209	77	132
鹿寨县	270973	144276	126697	5164	1133	4031	252	94	158
融安县	207500	110005	97495	7578	1687	5891	162	67	95
融水苗族自治县	323538	167849	155689	23395	4495	18900	617	204	413
三江侗族自治县	242512	124340	118172	19824	4125	15699	212	89	123
桂林市	**3963073**	**1997106**	**1965967**	**117968**	**25599**	**92369**	**5552**	**2083**	**3469**
秀峰区	133206	66224	66982	1729	443	1286	95	30	65
叠彩区	166013	80355	85658	1679	293	1386	102	41	61
象山区	238192	114353	123839	2723	490	2233	180	80	100
七星区	326619	165920	160699	3363	693	2670	202	85	117
雁山区	119306	51122	68184	3190	543	2647	131	33	98
临桂区	442588	221117	221471	21979	3902	18077	833	265	568
阳朔县	218172	111536	106636	11221	2264	8957	512	179	333
灵川县	339885	175894	163991	7198	1553	5645	374	147	227
全州县	439307	227026	212281	15995	3833	12162	753	293	460
兴安县	242223	121293	120930	6793	1865	4928	546	222	324
永福县	182120	95501	86619	8936	1971	6965	311	113	198
灌阳县	165062	83968	81094	8011	2164	5847	377	128	249
龙胜各族自治县	114946	58575	56371	4163	968	3195	164	54	110
资源县	108752	55183	53569	2888	626	2262	144	51	93
平乐县	260359	132355	128004	9511	2036	7475	475	217	258
恭城瑶族自治县	193536	97795	95741	4519	1005	3514	158	64	94
荔浦市	272787	138889	133898	4070	950	3120	195	81	114

4-2 续表 1

单位:人

地 区	15岁及以上人口			未上过学			学前教育		
	合计	男	女	小计	男	女	小计	男	女
梧州市	**2072228**	**1060947**	**1011281**	**36697**	**7930**	**28767**	**2610**	**1011**	**1599**
万秀区	227731	111045	116686	1890	457	1433	167	73	94
长洲区	237997	116466	121531	2123	571	1552	251	104	147
龙圩区	212322	110559	101763	3162	754	2408	310	148	162
苍梧县	198631	105056	93575	4536	903	3633	397	113	284
藤 县	561922	296448	265474	12204	2656	9548	755	288	467
蒙山县	125588	63395	62193	3510	690	2820	135	54	81
岑溪市	508037	257978	250059	9272	1899	7373	595	231	364
北海市	**1451837**	**746670**	**705167**	**32845**	**7409**	**25436**	**1939**	**779**	**1160**
海城区	424727	210120	214607	5176	972	4204	294	114	180
银海区	252787	130541	122246	5407	1490	3917	323	130	193
铁山港区	113483	60776	52707	2077	500	1577	96	33	63
合浦县	660840	345233	315607	20185	4447	15738	1226	502	724
防城港市	**794630**	**432335**	**362295**	**19818**	**4190**	**15628**	**864**	**365**	**499**
港口区	195937	113925	82012	3766	1005	2761	166	70	96
防城区	290425	154094	136331	7887	1688	6199	267	119	148
上思县	149669	81187	68482	4459	857	3602	244	95	149
东兴市	158599	83129	75470	3706	640	3066	187	81	106
钦州市	**2350508**	**1230152**	**1120356**	**59888**	**14110**	**45778**	**3618**	**1301**	**2317**
钦南区	512255	268723	243532	14545	3274	11271	686	250	436
钦北区	514635	273695	240940	16418	3798	12620	1342	477	865
灵山县	837847	436174	401673	18132	4369	13763	931	371	560
浦北县	485771	251560	234211	10793	2669	8124	659	203	456
贵港市	**3175037**	**1635897**	**1539140**	**66100**	**13771**	**52329**	**7481**	**2489**	**4992**
港北区	571391	287732	283659	12115	2309	9806	908	276	632
港南区	388350	200213	188137	8474	1596	6878	938	303	635
覃塘区	311162	157629	153533	8179	1454	6725	814	291	523
平南县	797051	411242	385809	13275	3129	10146	1286	508	778
桂平市	1107083	579081	528002	24057	5283	18774	3535	1111	2424
玉林市	**4113440**	**2107103**	**2006337**	**71218**	**18241**	**52977**	**7690**	**2962**	**4728**
玉州区	696934	347884	349050	5455	1483	3972	682	294	388
福绵区	234438	126165	108273	5055	1321	3734	369	153	216
容 县	466281	232797	233484	5312	1102	4210	418	161	257
陆川县	555009	284583	270426	8390	2529	5861	659	283	376
博白县	944828	493720	451108	23580	6680	16900	2734	1074	1660
兴业县	380226	198681	181545	9116	1746	7370	847	243	604
北流市	835724	423273	412451	14310	3380	10930	1981	754	1227
百色市	**2773390**	**1396364**	**1377026**	**179873**	**36896**	**142977**	**4822**	**1589**	**3233**
右江区	383746	186197	197549	10055	1981	8074	431	164	267
田阳区	244927	122161	122766	11250	2028	9222	227	91	136
田东县	272456	136697	135759	12149	2169	9980	419	132	287

4-2 续表 2

单位:人

地区	15岁及以上人口			未上过学			学前教育		
	合计	男	女	小计	男	女	小计	男	女
德保县	210536	108566	101970	9182	2032	7150	321	115	206
那坡县	132088	67585	64503	13531	2963	10568	691	250	441
凌云县	140401	70569	69832	13428	2454	10974	88	31	57
乐业县	110175	56140	54035	12423	2753	9670	410	112	298
田林县	175824	89786	86038	17396	3278	14118	403	105	298
西林县	108288	55928	52360	16700	3604	13096	72	27	45
隆林各族自治县	259670	129516	130154	34329	8260	26069	870	270	600
靖西市	379557	195552	184005	17782	3444	14338	574	187	387
平果市	355722	177667	178055	11648	1930	9718	316	105	211
贺州市	**1459819**	**743829**	**715990**	**60638**	**11484**	**49154**	**1665**	**516**	**1149**
八步区	477147	236882	240265	15846	2698	13148	569	160	409
平桂区	297122	155208	141914	7965	1752	6213	342	103	239
昭平县	238422	123113	115309	6835	1410	5425	206	70	136
钟山县	250624	130362	120262	15939	2906	13033	405	132	273
富川瑶族自治县	196504	98264	98240	14053	2718	11335	143	51	92
河池市	**2561732**	**1286535**	**1275197**	**164084**	**30575**	**133509**	**2924**	**940**	**1984**
金城江区	293531	145528	148003	7031	1230	5801	187	62	125
宜州区	429302	214744	214558	17043	3803	13240	528	201	327
南丹县	203875	105043	98832	15629	3869	11760	288	115	173
天峨县	110200	56678	53522	10786	2269	8517	125	31	94
凤山县	124665	62231	62434	11354	1846	9508	225	73	152
东兰县	165054	82357	82697	22417	3373	19044	399	84	315
罗城仫佬族自治县	206818	104604	102214	13200	2806	10394	315	101	214
环江毛南族自治县	212768	109491	103277	9479	1757	7722	120	39	81
巴马瑶族自治县	169568	83338	86230	20520	3107	17413	161	51	110
都安瑶族自治县	388707	194784	193923	16202	3048	13154	322	95	227
大化瑶族自治县	257244	127737	129507	20423	3467	16956	254	88	166
来宾市	**1590900**	**822192**	**768708**	**44319**	**8433**	**35886**	**1475**	**521**	**954**
兴宾区	696978	358465	338513	20949	3756	17193	602	245	357
忻城县	229974	118071	111903	8838	1704	7134	363	104	259
象州县	224313	117301	107012	4675	838	3837	186	59	127
武宣县	256458	133124	123334	4251	841	3410	205	77	128
金秀瑶族自治县	105044	55484	49560	3873	910	2963	64	23	41
合山市	78133	39747	38386	1733	384	1349	55	13	42
崇左市	**1651998**	**853332**	**798666**	**61800**	**10926**	**50874**	**2544**	**779**	**1765**
江州区	357951	185541	172410	8269	1749	6520	678	276	402
扶绥县	328904	174225	154679	7500	1416	6084	286	91	195
宁明县	243681	127617	116064	10497	1489	9008	403	95	308
龙州县	188839	96719	92120	6334	1013	5321	202	41	161
大新县	222322	111215	111107	11811	1964	9847	391	90	301
天等县	208639	103981	104658	14704	2866	11838	407	127	280
凭祥市	101662	54034	47628	2685	429	2256	177	59	118

4-2 续表 3

单位:人

地 区	小学			初中			高中		
	小计	男	女	小计	男	女	小计	男	女
总 计	**8752282**	**3874408**	**4877874**	**16498719**	**9180158**	**7318561**	**6452863**	**3572012**	**2880851**
南宁市	**1057117**	**443425**	**613692**	**2773242**	**1519311**	**1253931**	**1365290**	**744376**	**620914**
兴宁区	48300	19595	28705	170703	91071	79632	121413	65139	56274
青秀区	65657	26011	39646	193990	98871	95119	188436	93908	94528
江南区	90097	36904	53193	310052	169161	140891	203321	109314	94007
西乡塘区	118357	48152	70205	440217	234762	205455	309625	164880	144745
良庆区	61056	26797	34259	193184	107535	85649	116343	64881	51462
邕宁区	51610	22012	29598	117379	66461	50918	44669	24953	19716
武鸣区	107205	46132	61073	259276	143227	116049	97887	56346	41541
隆安县	69272	29733	39539	124213	71265	52948	30600	18172	12428
马山县	90502	39369	51133	119776	71213	48563	34943	20428	14515
上林县	50312	19857	30455	155817	85442	70375	39015	22549	16466
宾阳县	141257	60184	81073	330306	183763	146543	86950	51108	35842
横 县	163492	68679	94813	358329	196540	161789	92088	52698	39390
柳州市	**706981**	**325739**	**381242**	**1350278**	**747362**	**602916**	**644060**	**347763**	**296297**
城中区	13158	4853	8305	45209	21272	23937	46953	22230	24723
鱼峰区	61763	26978	34785	197749	105366	92383	140455	75771	64684
柳南区	59926	25817	34109	207849	109005	98844	134412	72632	61780
柳北区	46890	19737	27153	151542	77153	74389	105145	55625	49520
柳江区	93152	43114	50038	193651	108316	85335	65802	35913	29889
柳城县	64502	30437	34065	133348	75752	57596	29587	16222	13365
鹿寨县	79570	37968	41602	126091	72874	53217	37743	21132	16611
融安县	66330	31505	34825	90543	53483	37060	25904	14631	11273
融水苗族自治县	124510	58935	65575	117060	71703	45357	36872	21205	15667
三江侗族自治县	97180	46395	50785	87236	52438	34798	21187	12402	8785
桂林市	**903035**	**401067**	**501968**	**1597572**	**878782**	**718790**	**694715**	**376941**	**317774**
秀峰区	14955	6105	8850	43448	22503	20945	36480	19171	17309
叠彩区	16925	6415	10510	56595	27914	28681	47177	23809	23368
象山区	25206	9652	15554	77408	37523	39885	68656	34619	34037
七星区	29022	13372	15650	93989	49754	44235	83681	42932	40749
雁山区	14442	6597	7845	21694	12507	9187	11933	6093	5840
临桂区	101741	46632	55109	163840	94234	69606	73561	40851	32710
阳朔县	61435	28812	32623	97945	55698	42247	30076	16490	13586
灵川县	66691	28210	38481	148360	80124	68236	58727	32558	26169
全州县	114837	49602	65235	203132	113975	89157	69978	41125	28853
兴安县	67426	30724	36702	111935	60142	51793	36035	18982	17053
永福县	64565	31230	33335	71184	41705	29479	23097	13341	9756
灌阳县	49411	21401	28010	71562	40224	31338	20746	12137	8609
龙胜各族自治县	37139	17067	20072	46641	26546	20095	15328	8398	6930
资源县	33763	13963	19800	45528	25704	19824	15852	9219	6633
平乐县	73223	32107	41116	122671	68761	53910	37093	20817	16276
恭城瑶族自治县	64447	28226	36221	82243	46407	35836	25818	14350	11468
荔浦市	67807	30952	36855	139397	75061	64336	40477	22049	18428

4–2 续表 4

单位：人

地区	小学			初中			高中		
	小计	男	女	小计	男	女	小计	男	女
梧州市	**482186**	**211098**	**271088**	**985311**	**539656**	**445655**	**348274**	**191822**	**156452**
万秀区	33550	13296	20254	89954	45732	44222	54474	28860	25614
长洲区	33140	13752	19388	87604	44091	43513	62256	31842	30414
龙圩区	52117	23816	28301	100953	55944	45009	37224	20231	16993
苍梧县	74147	31887	42260	91103	55189	35914	18257	11610	6647
藤　县	145426	66724	78702	291896	165485	126411	74460	42158	32302
蒙山县	30903	13692	17211	59657	32425	27232	18380	10093	8287
岑溪市	112903	47931	64972	264144	140790	123354	83223	47028	36195
北海市	**253126**	**113446**	**139680**	**633044**	**345600**	**287444**	**312275**	**170237**	**142038**
海城区	43363	18049	25314	158289	80496	77793	118829	62232	56597
银海区	40825	18950	21875	99706	55520	44186	51331	27078	24253
铁山港区	24116	10153	13963	59460	33632	25828	17358	10631	6727
合浦县	144822	66294	78528	315589	175952	139637	124757	70296	54461
防城港市	**155888**	**68833**	**87055**	**366210**	**211192**	**155018**	**142961**	**85217**	**57744**
港口区	25390	11356	14034	75373	44892	30481	43798	27253	16545
防城区	66301	29361	36940	136236	78024	58212	48286	27997	20289
上思县	34656	15218	19438	73927	43725	30202	23734	14217	9517
东兴市	29541	12898	16643	80674	44551	36123	27143	15750	11393
钦州市	**654799**	**314509**	**340290**	**1019795**	**571893**	**447902**	**368675**	**206434**	**162241**
钦南区	104205	48242	55963	193782	109517	84265	105332	60291	45041
钦北区	131570	63054	68516	221118	128074	93044	83507	47139	36368
灵山县	277830	137325	140505	380827	209908	170919	103768	56948	46820
浦北县	141194	65888	75306	224068	124394	99674	76068	42056	34012
贵港市	**771762**	**338481**	**433281**	**1528774**	**841361**	**687413**	**520419**	**295462**	**224957**
港北区	110796	47632	63164	227705	122438	105267	129339	68781	60558
港南区	98898	41646	57252	181778	100598	81180	69157	40859	28298
覃塘区	93273	39931	53342	150271	82571	67700	37807	22952	14855
平南县	188008	83586	104422	412027	223853	188174	120083	68550	51533
桂平市	280787	125686	155101	556993	311901	245092	164033	94320	69713
玉林市	**915964**	**417197**	**498767**	**2059478**	**1103978**	**955500**	**687838**	**377420**	**310418**
玉州区	99046	45410	53636	275122	141787	133335	182965	94949	88016
福绵区	62016	29847	32169	130990	74291	56699	26417	15569	10848
容　县	95977	40951	55026	252737	129896	122841	75950	42570	33380
陆川县	125236	57760	67476	293658	156148	137510	90429	48887	41542
博白县	242073	114172	127901	478581	264177	214404	128280	71677	56603
兴业县	90626	40574	50052	206744	114828	91916	51053	29830	21223
北流市	200990	88483	112507	421646	222851	198795	132744	73938	58806
百色市	**851129**	**376031**	**475098**	**1065796**	**621694**	**444102**	**361617**	**203366**	**158251**
右江区	75857	32141	43716	131237	71671	59566	74242	37671	36571
田阳区	75294	32599	42695	106539	59876	46663	30481	16963	13518
田东县	71193	28873	42320	124072	70065	54007	39565	22439	17126

4-2 续表 5

单位:人

地区	小学			初中			高中		
	小计	男	女	小计	男	女	小计	男	女
德保县	69963	31748	38215	88484	51050	37434	24366	14289	10077
那坡县	53732	25471	28261	40263	25320	14943	13800	8105	5695
凌云县	56685	25338	31347	40616	26031	14585	17287	9877	7410
乐业县	34255	15007	19248	38816	24304	14512	13547	7995	5552
田林县	61006	26887	34119	62561	39993	22568	18872	11106	7766
西林县	37314	18559	18755	31637	20609	11028	11936	7186	4750
隆林各族自治县	100756	47264	53492	79259	49143	30116	26062	14567	11495
靖西市	122383	54721	67662	175089	101002	74087	41396	24424	16972
平果市	92691	37423	55268	147223	82630	64593	50063	28744	21319
贺州市	**427382**	**190232**	**237150**	**626611**	**360168**	**266443**	**198377**	**110475**	**87902**
八步区	131055	56821	74234	192652	107938	84714	69686	37634	32052
平桂区	85685	39995	45690	144280	82217	62063	39793	21908	17885
昭平县	70568	30137	40431	111801	63905	47896	30179	17490	12689
钟山县	84488	40197	44291	96920	58720	38200	31532	17861	13671
富川瑶族自治县	55586	23082	32504	80958	47388	33570	27187	15582	11605
河池市	**785625**	**342550**	**443075**	**976642**	**568652**	**407990**	**354227**	**200395**	**153832**
金城江区	52316	20604	31712	113039	60952	52087	62380	33390	28990
宜州区	125005	56246	68759	173411	97709	75702	61160	32832	28328
南丹县	63016	27765	35251	81433	48753	32680	25704	14885	10819
天峨县	34178	14407	19771	36239	23093	13146	15252	9085	6167
凤山县	39757	15767	23990	45921	28561	17360	14638	8815	5823
东兰县	46896	20051	26845	57891	36207	21684	20425	12841	7584
罗城仫佬族自治县	79618	36819	42799	74529	44043	30486	22568	12733	9835
环江毛南族自治县	66003	28780	37223	93597	54668	38929	25956	14970	10986
巴马瑶族自治县	54342	24298	30044	53955	33222	20733	22421	12752	9669
都安瑶族自治县	131292	56685	74607	157125	89054	68071	51213	29008	22205
大化瑶族自治县	93202	41128	52074	89502	52390	37112	32510	19084	13426
来宾市	**386587**	**166483**	**220104**	**783523**	**444844**	**338679**	**218123**	**124057**	**94066**
兴宾区	158863	67049	91814	328907	187914	140993	104300	58435	45865
忻城县	68893	29643	39250	111122	64599	46523	24950	14233	10717
象州县	63577	27889	35688	108854	62469	46385	28947	16923	12024
武宣县	46979	19600	27379	146283	80547	65736	36737	20955	15782
金秀瑶族自治县	32457	15806	16651	45271	25889	19382	13246	7755	5491
合山市	15818	6496	9322	43086	23426	19660	9943	5756	4187
崇左市	**400701**	**165317**	**235384**	**732443**	**425665**	**306778**	**236012**	**138047**	**97965**
江州区	67188	28204	38984	132686	76871	55815	58131	33068	25063
扶绥县	64940	26811	38129	158363	90682	67681	47652	28231	19421
宁明县	65391	26429	38962	119146	71873	47273	31413	18664	12749
龙州县	55316	22562	32754	86867	50930	35937	25069	14722	10347
大新县	62369	25312	37057	101321	58121	43200	30037	17426	12611
天等县	64668	27175	37493	86126	49251	36875	26436	15940	10496
凭祥市	20829	8824	12005	47934	27937	19997	17274	9996	7278

4-2 续表 6

单位:人

地 区	大学专科			大学本科			硕士研究生			博士研究生		
	小计	男	女	小计	男	女	小计	男	女	小计	男	女
总 计	**3037578**	**1574281**	**1463297**	**2235429**	**1075533**	**1159896**	**130271**	**64154**	**66117**	**13047**	**8067**	**4980**
南宁市	**886556**	**457779**	**428777**	**691701**	**322132**	**369569**	**62369**	**29731**	**32638**	**6681**	**4039**	**2642**
兴宁区	96193	50089	46104	50125	24484	25641	3553	1762	1791	315	187	128
青秀区	191129	88548	102581	242300	111315	130985	28227	13597	14630	2354	1353	1001
江南区	109585	56180	53405	64792	32167	32625	3728	1801	1927	295	186	109
西乡塘区	267695	139933	127762	198553	88320	110233	22595	10590	12005	3384	2119	1265
良庆区	55036	29259	25777	29852	14955	14897	1608	761	847	118	70	48
邕宁区	18747	9955	8792	21634	11208	10426	619	288	331	47	24	23
武鸣区	51596	31652	19944	32025	13758	18267	907	349	558	42	21	21
隆安县	10535	5831	4704	5995	2993	3002	121	70	51	13	11	2
马山县	13633	7275	6358	6845	3548	3297	123	67	56	14	9	5
上林县	15207	7981	7226	8293	3945	4348	184	86	98	25	13	12
宾阳县	31113	17155	13958	15810	8197	7613	357	185	172	33	21	12
横 县	26087	13921	12166	15477	7242	8235	347	175	172	41	25	16
柳州市	**337618**	**177558**	**160060**	**224627**	**114752**	**109875**	**12547**	**6487**	**6060**	**962**	**596**	**366**
城中区	35940	17196	18744	51742	26550	25192	4576	2382	2194	378	250	128
鱼峰区	91916	50626	41290	57320	30470	26850	3557	1855	1702	250	160	90
柳南区	59461	31457	28004	37924	19554	18370	1753	946	807	114	66	48
柳北区	63371	33119	30252	33404	16848	16556	1694	849	845	111	62	49
柳江区	24256	12408	11848	11236	5295	5941	294	134	160	36	19	17
柳城县	12002	5871	6131	7162	3286	3876	147	78	69	17	7	10
鹿寨县	13568	6988	6580	8365	3988	4377	201	90	111	19	9	10
融安县	11299	5910	5389	5564	2670	2894	106	45	61	14	7	7
融水苗族自治县	14263	7794	6469	6663	3423	3240	141	77	64	17	13	4
三江侗族自治县	11542	6189	5353	5247	2668	2579	78	31	47	6	3	3
桂林市	**304755**	**148138**	**156617**	**312757**	**151249**	**161508**	**24006**	**11502**	**12504**	**2713**	**1745**	**968**
秀峰区	17303	8476	8827	17391	8599	8792	1621	786	835	184	111	73
叠彩区	24442	12208	12234	17945	9090	8855	1052	524	528	96	61	35
象山区	33475	16562	16913	28206	14295	13911	2180	1044	1136	158	88	70
七星区	43224	20996	22228	62004	31923	30081	9444	5021	4423	1690	1144	546
雁山区	5890	2042	3848	57211	21427	35784	4622	1747	2875	193	133	60
临桂区	47815	20120	27695	30316	14009	16307	2341	1012	1329	162	92	70
阳朔县	9789	4813	4976	6989	3192	3797	188	82	106	17	6	11
灵川县	22972	11613	11359	34305	21006	13299	1177	629	548	81	54	27
全州县	22836	12270	10566	11474	5784	5690	267	127	140	35	17	18
兴安县	12838	6226	6612	6446	3040	3406	188	84	104	16	8	8
永福县	8803	4642	4161	5080	2415	2665	136	78	58	8	6	2
灌阳县	9348	5106	4242	5495	2746	2749	93	54	39	19	8	11
龙胜各族自治县	7005	3509	3496	4387	1966	2421	113	65	48	6	2	4
资源县	6561	3590	2971	3914	1982	1932	93	47	46	9	1	8
平乐县	10181	5148	5033	7063	3218	3845	126	46	80	16	5	11
恭城瑶族自治县	9423	4635	4788	6750	3042	3708	164	59	105	14	7	7
荔浦市	12850	6182	6668	7781	3515	4266	201	97	104	9	2	7

4-2 续表 7

单位:人

地 区	大学专科			大学本科			硕士研究生			博士研究生		
	小计	男	女	小计	男	女	小计	男	女	小计	男	女
梧州市	**118818**	**61529**	**57289**	**95686**	**46515**	**49171**	**2462**	**1269**	**1193**	**184**	**117**	**67**
万秀区	20656	10705	9951	26367	11579	14788	612	302	310	61	41	20
长洲区	30109	14482	15627	21535	11091	10444	932	497	435	47	36	11
龙圩区	10369	5585	4784	7998	3968	4030	181	108	73	8	5	3
苍梧县	5682	3178	2504	4386	2119	2267	112	53	59	11	4	7
藤 县	22221	11763	10458	14674	7225	7449	254	130	124	32	19	13
蒙山县	7070	3600	3470	5818	2791	3027	110	47	63	5	3	2
岑溪市	22711	12216	10495	14908	7742	7166	261	132	129	20	9	11
北海市	**125110**	**62996**	**62114**	**89367**	**44156**	**45211**	**3872**	**1884**	**1988**	**259**	**163**	**96**
海城区	58627	28319	30308	38063	18889	19174	1957	973	984	129	76	53
银海区	25990	13142	12848	27734	13506	14228	1395	669	726	76	56	20
铁山港区	6597	3841	2756	3693	1942	1751	78	39	39	8	5	3
合浦县	33896	17694	16202	19877	9819	10058	442	203	239	46	26	20
防城港市	**67775**	**39134**	**28641**	**39452**	**22451**	**17001**	**1550**	**878**	**672**	**112**	**75**	**37**
港口区	28218	17778	10440	18254	10988	7266	920	542	378	52	41	11
防城区	20631	10932	9699	10417	5768	4649	363	184	179	37	21	16
上思县	8526	4893	3633	4023	2133	1890	93	43	50	7	6	1
东兴市	10400	5531	4869	6758	3562	3196	174	109	65	16	7	9
钦州市	**136136**	**69384**	**66752**	**103108**	**50041**	**53067**	**4099**	**2238**	**1861**	**390**	**242**	**148**
钦南区	46805	24045	22760	44622	21833	22789	2053	1133	920	225	138	87
钦北区	34046	17751	16295	25264	12654	12610	1279	686	593	91	62	29
灵山县	33932	16707	17225	21980	10301	11679	395	218	177	52	27	25
浦北县	21353	10881	10472	11242	5253	5989	372	201	171	22	15	7
贵港市	**175689**	**92558**	**83131**	**101898**	**50251**	**51647**	**2628**	**1355**	**1273**	**286**	**169**	**117**
港北区	53530	27473	26057	35584	18044	17540	1291	700	591	123	79	44
港南区	18706	10161	8545	10109	4916	5193	258	120	138	32	14	18
覃塘区	13288	7160	6128	7369	3204	4165	146	58	88	15	8	7
平南县	38475	20025	18450	23408	11337	12071	427	215	212	62	39	23
桂平市	51690	27739	23951	25428	12750	12678	506	262	244	54	29	25
玉林市	**217448**	**112808**	**104640**	**148830**	**71833**	**76997**	**4453**	**2326**	**2127**	**521**	**338**	**183**
玉州区	68530	34386	34144	62154	27962	34192	2652	1378	1274	328	235	93
福绵区	6449	3441	3008	3069	1508	1561	67	32	35	6	3	3
容 县	20373	10606	9767	15189	7349	7840	298	148	150	27	14	13
陆川县	24098	12523	11575	12304	6322	5982	218	121	97	17	10	7
博白县	43523	22739	20784	25404	12848	12556	583	310	273	70	43	27
兴业县	13771	7442	6329	7897	3928	3969	157	83	74	15	7	8
北流市	40704	21671	19033	22813	11916	10897	478	254	224	58	26	32
百色市	**192926**	**100231**	**92695**	**113247**	**54415**	**58832**	**3676**	**1945**	**1731**	**304**	**197**	**107**
右江区	42500	20745	21755	46809	20471	26338	2422	1223	1199	193	130	63
田阳区	13529	6996	6533	7447	3507	3940	150	95	55	10	6	4
田东县	16609	8816	7793	8259	4094	4165	174	96	78	16	13	3

4-2 续表 8

单位：人

地 区	大学专科			大学本科			硕士研究生			博士研究生		
	小计	男	女	小计	男	女	小计	男	女	小计	男	女
德保县	11838	6240	5598	6258	3030	3228	113	59	54	11	3	8
那坡县	7272	3950	3322	2755	1500	1255	40	24	16	4	2	2
凌云县	7991	4473	3518	4229	2322	1907	70	40	30	7	3	4
乐业县	7523	4276	3247	3147	1660	1487	52	31	21	2	2	
田林县	10744	5889	4855	4758	2475	2283	81	53	28	3		3
西林县	7252	4096	3156	3329	1821	1508	48	26	22			
隆林各族自治县	12508	6803	5705	5787	3147	2640	80	51	29	19	11	8
靖西市	15252	8197	7055	6945	3505	3440	117	61	56	19	11	8
平果市	39908	19750	20158	13524	6883	6641	329	186	143	20	16	4
贺州市	**77640**	**39590**	**38050**	**65198**	**30161**	**35037**	**2147**	**1111**	**1036**	**161**	**92**	**69**
八步区	30337	15065	15272	35544	15766	19778	1365	737	628	93	63	30
平桂区	11210	5556	5654	7545	3530	4015	278	136	142	24	11	13
昭平县	12157	6651	5506	6530	3379	3151	133	64	69	13	7	6
钟山县	12525	6364	6161	8601	4085	4516	198	89	109	16	8	8
富川瑶族自治县	11411	5954	5457	6978	3401	3577	173	85	88	15	3	12
河池市	**167706**	**89095**	**78611**	**107599**	**52746**	**54853**	**2723**	**1464**	**1259**	**202**	**118**	**84**
金城江区	34667	17048	17619	22996	11714	11282	866	496	370	49	32	17
宜州区	24430	12124	12306	26896	11400	15496	778	401	377	51	28	23
南丹县	11564	6366	5198	6111	3217	2894	120	69	51	10	4	6
天峨县	8497	4973	3524	5030	2767	2263	89	49	40	4	4	
凤山县	9384	5317	4067	3332	1823	1509	45	22	23	9	7	2
东兰县	11099	6620	4479	5817	3124	2693	101	53	48	9	4	5
罗城仫佬族自治县	10566	5258	5308	5895	2775	3120	118	64	54	9	5	4
环江毛南族自治县	10890	5943	4947	6598	3273	3325	117	55	62	8	6	2
巴马瑶族自治县	12064	6716	5348	5956	3106	2850	122	70	52	27	16	11
都安瑶族自治县	20809	11109	9700	11488	5658	5830	237	118	119	19	9	10
大化瑶族自治县	13736	7621	6115	7480	3889	3591	130	67	63	7	3	4
来宾市	**92254**	**48074**	**44180**	**62780**	**28792**	**33988**	**1720**	**913**	**807**	**119**	**75**	**44**
兴宾区	46006	24074	21932	36091	16292	19799	1184	652	532	76	48	28
忻城县	10097	5153	4944	5596	2582	3014	107	49	58	8	4	4
象州县	10897	5757	5140	7034	3290	3744	131	68	63	12	8	4
武宣县	14115	7354	6761	7719	3671	4048	155	68	87	14	11	3
金秀瑶族自治县	6106	3196	2910	3947	1858	2089	75	44	31	5	3	2
合山市	5033	2540	2493	2393	1099	1294	68	32	36	4	1	3
崇左市	**137147**	**75407**	**61740**	**79179**	**36039**	**43140**	**2019**	**1051**	**968**	**153**	**101**	**52**
江州区	51260	29619	21641	38656	15211	23445	1025	503	522	58	40	18
扶绥县	35815	19277	16538	13977	7517	6460	356	192	164	15	8	7
宁明县	11466	6259	5207	5221	2722	2499	128	73	55	16	13	3
龙州县	9826	4962	4864	5084	2413	2671	129	67	62	12	9	3
大新县	10575	5449	5126	5703	2793	2910	109	57	52	6	3	3
天等县	10403	5650	4753	5752	2895	2857	117	65	52	26	12	14
凭祥市	7802	4191	3611	4786	2488	2298	155	94	61	20	16	4

4-2a 各地区分性别、受教育程度的15岁及以上人口（城市）

单位：人

地区	15岁及以上人口			未上过学			学前教育		
	合计	男	女	小计	男	女	小计	男	女
总计	**11846881**	**5876416**	**5970465**	**98129**	**20876**	**77253**	**9654**	**4096**	**5558**
南宁市	**3724272**	**1857456**	**1866816**	**21689**	**4665**	**17024**	**2878**	**1239**	**1639**
兴宁区	416349	211738	204611	2582	636	1946	374	169	205
青秀区	832965	389522	443443	4033	798	3235	422	167	255
江南区	604583	309474	295109	4496	854	3642	564	239	325
西乡塘区	1198596	599784	598812	6530	1440	5090	885	379	506
良庆区	362652	191382	171270	2084	520	1564	342	159	183
邕宁区	126010	63861	62149	1075	213	862	133	51	82
武鸣区	183117	91695	91422	889	204	685	158	75	83
隆安县									
马山县									
上林县									
宾阳县									
横县									
柳州市	**1694519**	**855048**	**839471**	**11043**	**2251**	**8792**	**843**	**393**	**450**
城中区	196540	93691	102849	966	166	800	89	40	49
鱼峰区	493563	255315	238248	3159	656	2503	260	118	142
柳南区	429847	217156	212691	2916	619	2297	196	89	107
柳北区	375925	188476	187449	2906	590	2316	179	91	88
柳江区	198644	100410	98234	1096	220	876	119	55	64
柳城县									
鹿寨县									
融安县									
融水苗族自治县									
三江侗族自治县									
桂林市	**1109476**	**539386**	**570090**	**12917**	**2502**	**10415**	**804**	**301**	**503**
秀峰区	133206	66224	66982	1729	443	1286	95	30	65
叠彩区	141587	68218	73369	1058	188	870	84	35	49
象山区	235111	112817	122294	2495	451	2044	167	70	97
七星区	298653	149151	149502	2907	573	2334	192	77	115
雁山区	8317	4408	3909	235	28	207	6	3	3
临桂区	216450	102589	113861	4053	734	3319	226	67	159
阳朔县									
灵川县									
全州县									
兴安县									
永福县									
灌阳县									
龙胜各族自治县									
资源县									
平乐县									
恭城瑶族自治县									
荔浦市	76152	35979	40173	440	85	355	34	19	15

4-2a 续表 1

单位:人

地区	15岁及以上人口			未上过学			学前教育		
	合计	男	女	小计	男	女	小计	男	女
梧州市	**683796**	**334116**	**349680**	**4610**	**1166**	**3444**	**663**	**286**	**377**
万秀区	183355	87429	95926	1262	303	959	140	64	76
长洲区	217368	105747	111621	1718	482	1236	232	99	133
龙圩区	98630	49926	48704	558	130	428	77	34	43
苍梧县									
藤 县									
蒙山县									
岑溪市	184443	91014	93429	1072	251	821	214	89	125
北海市	**515349**	**254471**	**260878**	**7639**	**1797**	**5842**	**392**	**165**	**227**
海城区	357424	175642	181782	4231	788	3443	237	88	149
银海区	146169	72964	73205	3317	996	2321	154	77	77
铁山港区	11756	5865	5891	91	13	78	1		1
合浦县									
防城港市	**352849**	**184679**	**168170**	**4048**	**831**	**3217**	**339**	**164**	**175**
港口区	128931	70807	58124	1282	300	982	114	49	65
防城区	126130	63807	62323	1320	265	1055	101	53	48
上思县									
东兴市	97788	50065	47723	1446	266	1180	124	62	62
钦州市	**392921**	**195415**	**197506**	**3933**	**825**	**3108**	**234**	**81**	**153**
钦南区	229511	113613	115898	2523	513	2010	176	61	115
钦北区	163410	81802	81608	1410	312	1098	58	20	38
灵山县									
浦北县									
贵港市	**726053**	**360059**	**365994**	**6583**	**1482**	**5101**	**863**	**348**	**515**
港北区	364836	178862	185974	3059	700	2359	285	111	174
港南区	108637	55256	53381	822	131	691	133	64	69
覃塘区	75975	37963	38012	1535	321	1214	245	101	144
平南县									
桂平市	176605	87978	88627	1167	330	837	200	72	128
玉林市	**772998**	**384325**	**388673**	**4329**	**1153**	**3176**	**787**	**345**	**442**
玉州区	520447	256851	263596	2940	789	2151	543	242	301
福绵区	43450	22824	20626	640	176	464	78	25	53
容 县									
陆川县									
博白县									
兴业县									
北流市	209101	104650	104451	749	188	561	166	78	88
百色市	**677489**	**326320**	**351169**	**8097**	**1466**	**6631**	**598**	**249**	**349**
右江区	269174	127519	141655	2768	520	2248	294	107	187
田阳区	129957	63386	66571	2222	393	1829	76	33	43
田东县									

4–2a 续表 2

单位：人

地 区	15岁及以上人口			未上过学			学前教育		
	合计	男	女	小计	男	女	小计	男	女
德保县									
那坡县									
凌云县									
乐业县									
田林县									
西林县									
隆林各族自治县									
靖西市	92964	46026	46938	882	191	691	117	58	59
平果市	185394	89389	96005	2225	362	1863	111	51	60
贺州市	**261518**	**126672**	**134846**	**2972**	**593**	**2379**	**273**	**97**	**176**
八步区	150613	70464	80149	1091	194	897	104	36	68
平桂区	110905	56208	54697	1881	399	1482	169	61	108
昭平县									
钟山县									
富川瑶族自治县									
河池市	**365232**	**175330**	**189902**	**4640**	**990**	**3650**	**289**	**106**	**183**
金城江区	200553	96661	103892	2010	274	1736	141	47	94
宜州区	164679	78669	86010	2630	716	1914	148	59	89
南丹县									
天峨县									
凤山县									
东兰县									
罗城仫佬族自治县									
环江毛南族自治县									
巴马瑶族自治县									
都安瑶族自治县									
大化瑶族自治县									
来宾市	**329432**	**160973**	**168459**	**3506**	**582**	**2924**	**265**	**118**	**147**
兴宾区	297986	145676	152310	3035	465	2570	233	113	120
忻城县									
象州县									
武宣县									
金秀瑶族自治县									
合山市	31446	15297	16149	471	117	354	32	5	27
崇左市	**240977**	**122166**	**118811**	**2123**	**573**	**1550**	**426**	**204**	**222**
江州区	188176	94933	93243	1632	494	1138	381	183	198
扶绥县									
宁明县									
龙州县									
大新县									
天等县									
凭祥市	52801	27233	25568	491	79	412	45	21	24

4–2a 续表 3

单位:人

地区	小学			初中			高中		
	小计	男	女	小计	男	女	小计	男	女
总 计	**1276208**	**523133**	**753075**	**4002034**	**2053469**	**1948565**	**3051216**	**1592225**	**1458991**
南宁市	**283051**	**115065**	**167986**	**1091011**	**570084**	**520927**	**913968**	**478876**	**435092**
兴宁区	32995	13558	19437	124310	64988	59322	110214	58222	51992
青秀区	43858	16804	27054	146758	71740	75018	178957	87882	91075
江南区	54576	21753	32823	219073	115925	103148	160896	86857	74039
西乡塘区	82151	33020	49131	350161	184014	166147	283833	148908	134925
良庆区	36962	16540	20422	138764	75528	63236	103141	56454	46687
邕宁区	15117	6362	8755	42148	21966	20182	31998	16734	15264
武鸣区	17392	7028	10364	69797	35923	33874	44929	23819	21110
隆安县									
马山县									
上林县									
宾阳县									
横 县									
柳州市	**168396**	**68501**	**99895**	**607188**	**309427**	**297761**	**450395**	**236560**	**213835**
城中区	12773	4695	8078	43635	20432	23203	46599	22040	24559
鱼峰区	45049	18398	26651	169395	88150	81245	128913	68691	60222
柳南区	44949	18251	26698	164226	83163	81063	124233	66336	57897
柳北区	39559	16289	23270	136168	68673	67495	100976	53252	47724
柳江区	26066	10868	15198	93764	49009	44755	49674	26241	23433
柳城县									
鹿寨县									
融安县									
融水苗族自治县									
三江侗族自治县									
桂林市	**114959**	**45856**	**69103**	**351213**	**176621**	**174592**	**295294**	**151008**	**144286**
秀峰区	14955	6105	8850	43448	22503	20945	36480	19171	17309
叠彩区	12443	4544	7899	44020	21157	22863	42400	21289	21111
象山区	24070	9109	14961	76038	36763	39275	68411	34467	33944
七星区	23873	9844	14029	84643	43573	41070	76589	39159	37430
雁山区	1517	663	854	2434	1273	1161	2976	1839	1137
临桂区	27905	11562	16343	66368	34710	31658	49747	25975	23772
阳朔县									
灵川县									
全州县									
兴安县									
永福县									
灌阳县									
龙胜各族自治县									
资源县									
平乐县									
恭城瑶族自治县									
荔浦市	10196	4029	6167	34262	16642	17620	18691	9108	9583

4-2a 续表 4

单位:人

地区	小学			初中			高中		
	小计	男	女	小计	男	女	小计	男	女
梧州市	**86493**	**34328**	**52165**	**265479**	**132022**	**133457**	**191150**	**99128**	**92022**
万秀区	22440	8533	13907	66176	32414	33762	48539	25153	23386
长洲区	25154	9970	15184	77804	38679	39125	60583	30796	29787
龙圩区	15602	6757	8845	40138	20972	19166	27925	14478	13447
苍梧县									
藤县									
蒙山县									
岑溪市	23297	9068	14229	81361	39957	41404	54103	28701	25402
北海市	**55815**	**23924**	**31891**	**185876**	**95311**	**90565**	**137859**	**71918**	**65941**
海城区	35248	14507	20741	128302	64666	63636	101724	52835	48889
银海区	19169	8875	10294	53158	28374	24784	32377	17087	15290
铁山港区	1398	542	856	4416	2271	2145	3758	1996	1762
合浦县									
防城港市	**45936**	**19406**	**26530**	**144005**	**77220**	**66785**	**84395**	**46967**	**37428**
港口区	14064	6245	7819	45952	25756	20196	32302	18684	13618
防城区	16823	6690	10133	50478	26363	24115	32475	17420	15055
上思县									
东兴市	15049	6471	8578	47575	25101	22474	19618	10863	8755
钦州市	**45791**	**19105**	**26686**	**124959**	**63549**	**61410**	**114638**	**59970**	**54668**
钦南区	27455	11235	16220	73737	37350	36387	67468	35735	31733
钦北区	18336	7870	10466	51222	26199	25023	47170	24235	22935
灵山县									
浦北县									
贵港市	**111290**	**46079**	**65211**	**278921**	**142674**	**136247**	**204383**	**106498**	**97885**
港北区	48284	19348	28936	129103	64890	64213	106160	54242	51918
港南区	16762	6722	10040	43269	22292	20977	34714	19433	15281
覃塘区	23070	10254	12816	32585	17664	14921	12725	6822	5903
平南县									
桂平市	23174	9755	13419	73964	37828	36136	50784	26001	24783
玉林市	**95362**	**42652**	**52710**	**287784**	**144757**	**143027**	**228128**	**118375**	**109753**
玉州区	62702	27899	34803	183878	92279	91599	150382	77770	72612
福绵区	9312	4611	4701	25021	13543	11478	6372	3425	2947
容县									
陆川县									
博白县									
兴业县									
北流市	23348	10142	13206	78885	38935	39950	71374	37180	34194
百色市	**111159**	**44092**	**67067**	**251546**	**128409**	**123137**	**144650**	**74892**	**69758**
右江区	32733	13093	19640	80027	40745	39282	66004	32753	33251
田阳区	30926	12618	18308	58317	30615	27702	22132	11610	10522
田东县									

4-2a 续表 5

单位：人

地区	小学			初中			高中		
	小计	男	女	小计	男	女	小计	男	女
德保县									
那坡县									
凌云县									
乐业县									
田林县									
西林县									
隆林各族自治县									
靖西市	17579	7397	10182	42203	21299	20904	20406	10820	9586
平果市	29921	10984	18937	70999	35750	35249	36108	19709	16399
贺州市	**39349**	**16777**	**22572**	**92182**	**47838**	**44344**	**62455**	**31480**	**30975**
八步区	15546	6039	9507	44478	21733	22745	36768	18210	18558
平桂区	23803	10738	13065	47704	26105	21599	25687	13270	12417
昭平县									
钟山县									
富川瑶族自治县									
河池市	**50191**	**20167**	**30024**	**120662**	**60780**	**59882**	**93234**	**47366**	**45868**
金城江区	22896	8102	14794	67218	33406	33812	53719	27667	26052
宜州区	27295	12065	15230	53444	27374	26070	39515	19699	19816
南丹县									
天峨县									
凤山县									
东兰县									
罗城仫佬族自治县									
环江毛南族自治县									
巴马瑶族自治县									
都安瑶族自治县									
大化瑶族自治县									
来宾市	**45688**	**17786**	**27902**	**136672**	**70410**	**66262**	**75085**	**39320**	**35765**
兴宾区	40904	15899	25005	122212	63378	58834	68911	35855	33056
忻城县									
象州县									
武宣县									
金秀瑶族自治县									
合山市	4784	1887	2897	14460	7032	7428	6174	3465	2709
崇左市	**22728**	**9395**	**13333**	**64536**	**34367**	**30169**	**55582**	**29867**	**25715**
江州区	16080	6812	9268	42077	22237	19840	43075	23100	19975
扶绥县									
宁明县									
龙州县									
大新县									
天等县									
凭祥市	6648	2583	4065	22459	12130	10329	12507	6767	5740

4-2a 续表 6

单位:人

地区	大学专科			大学本科			硕士研究生			博士研究生		
	小计	男	女	小计	男	女	小计	男	女	小计	男	女
总计	**1807471**	**918274**	**889197**	**1481968**	**703554**	**778414**	**108986**	**53785**	**55201**	**11215**	**7004**	**4211**
南宁市	**730514**	**371246**	**359268**	**614539**	**283800**	**330739**	**60164**	**28586**	**31578**	**6458**	**3895**	**2563**
兴宁区	93171	48398	44773	48874	23836	25038	3517	1746	1771	312	185	127
青秀区	187853	86786	101067	240551	110423	130128	28186	13575	14611	2347	1347	1000
江南区	99963	51629	48334	61298	30385	30913	3440	1659	1781	277	173	104
西乡塘区	257256	134700	122556	192238	84882	107356	22196	10351	11845	3346	2090	1256
良庆区	51382	27195	24187	28291	14171	14120	1572	746	826	114	69	45
邕宁区	15242	7995	7247	19690	10256	9434	566	264	302	41	20	21
武鸣区	25647	14543	11104	23597	9847	13750	687	245	442	21	11	10
隆安县												
马山县												
上林县												
宾阳县												
横县												
柳州市	**261943**	**138062**	**123881**	**182587**	**93517**	**89070**	**11270**	**5798**	**5472**	**854**	**539**	**315**
城中区	35822	17149	18673	51702	26537	25165	4576	2382	2194	378	250	128
鱼峰区	89519	49356	40163	53843	28170	25673	3185	1622	1563	240	154	86
柳南区	55973	29541	26432	35590	18216	17374	1656	880	776	108	61	47
柳北区	61819	32327	29492	32568	16379	16189	1642	814	828	108	61	47
柳江区	18810	9689	9121	8884	4215	4669	211	100	111	20	13	7
柳城县												
鹿寨县												
融安县												
融水苗族自治县												
三江侗族自治县												
桂林市	**160848**	**76056**	**84792**	**154623**	**77221**	**77402**	**16536**	**8324**	**8212**	**2282**	**1497**	**785**
秀峰区	17303	8476	8827	17391	8599	8792	1621	786	835	184	111	73
叠彩区	23124	11591	11533	17343	8839	8504	1023	516	507	92	59	33
象山区	33419	16537	16882	28175	14289	13886	2178	1043	1135	158	88	70
七星区	40240	19392	20848	59307	30505	28802	9238	4900	4338	1664	1128	536
雁山区	449	231	218	548	292	256	116	50	66	36	29	7
临桂区	38721	16109	22612	27052	12387	14665	2234	965	1269	144	80	64
阳朔县												
灵川县												
全州县												
兴安县												
永福县												
灌阳县												
龙胜各族自治县												
资源县												
平乐县												
恭城瑶族自治县												
荔浦市	7592	3720	3872	4807	2310	2497	126	64	62	4	2	2

4-2a 续表 7

单位：人

地 区	大学专科			大学本科			硕士研究生			博士研究生		
	小计	男	女	小计	男	女	小计	男	女	小计	男	女
梧州市	**70743**	**35858**	**34885**	**62738**	**30309**	**32429**	**1800**	**937**	**863**	**120**	**82**	**38**
万秀区	18896	9644	9252	25278	11004	14274	566	275	291	58	39	19
长洲区	29610	14218	15392	21293	10971	10322	929	496	433	45	36	9
龙圩区	7843	4262	3581	6326	3197	3129	155	92	63	6	4	2
苍梧县												
藤 县												
蒙山县												
岑溪市	14394	7734	6660	9841	5137	4704	150	74	76	11	3	8
北海市	**70365**	**34113**	**36252**	**54326**	**25721**	**28605**	**2901**	**1409**	**1492**	**176**	**113**	**63**
海城区	52170	25095	27075	33655	16735	16920	1741	857	884	116	71	45
银海区	16978	8370	8608	19802	8593	11209	1154	550	604	60	42	18
铁山港区	1217	648	569	869	393	476	6	2	4			
合浦县												
防城港市	**43660**	**23266**	**20394**	**29050**	**16024**	**13026**	**1325**	**741**	**584**	**91**	**60**	**31**
港口区	19595	10952	8643	14728	8302	6426	847	483	364	47	36	11
防城区	15991	8128	7863	8590	4712	3878	321	158	163	31	18	13
上思县												
东兴市	8074	4186	3888	5732	3010	2722	157	100	57	13	6	7
钦州市	**57055**	**28419**	**28636**	**43324**	**21827**	**21497**	**2754**	**1496**	**1258**	**233**	**143**	**90**
钦南区	33144	16108	17036	23263	11657	11606	1590	864	726	155	90	65
钦北区	23911	12311	11600	20061	10170	9891	1164	632	532	78	53	25
灵山县												
浦北县												
贵港市	**73363**	**37660**	**35703**	**48959**	**24401**	**24558**	**1556**	**834**	**722**	**135**	**83**	**52**
港北区	45136	22934	22202	31536	15934	15602	1166	633	533	107	70	37
港南区	7793	4126	3667	5010	2424	2586	127	63	64	7	1	6
覃塘区	3407	1791	1616	2356	985	1371	50	25	25	2		2
平南县												
桂平市	17027	8809	8218	10057	5058	4999	213	113	100	19	12	7
玉林市	**82720**	**42753**	**39967**	**70951**	**32683**	**38268**	**2604**	**1374**	**1230**	**333**	**233**	**100**
玉州区	60049	30750	29299	57287	25666	31621	2356	1233	1123	310	223	87
福绵区	1319	682	637	695	354	341	12	8	4	1		1
容 县												
陆川县												
博白县												
兴业县												
北流市	21352	11321	10031	12969	6663	6306	236	133	103	22	10	12
百色市	**91082**	**44931**	**46151**	**67286**	**30655**	**36631**	**2854**	**1478**	**1376**	**217**	**148**	**69**
右江区	39160	19060	20100	45603	19904	25699	2393	1207	1186	192	130	62
田阳区	10016	5129	4887	6144	2910	3234	119	74	45	5	4	1
田东县												

4-2a 续表 8

单位:人

地区	大学专科			大学本科			硕士研究生			博士研究生		
	小计	男	女	小计	男	女	小计	男	女	小计	男	女
德保县												
那坡县												
凌云县												
乐业县												
田林县												
西林县												
隆林各族自治县												
靖西市	7513	4122	3391	4186	2093	2093	69	40	29	9	6	3
平果市	34393	16620	17773	11353	5748	5605	273	157	116	11	8	3
贺州市	**27423**	**13342**	**14081**	**35284**	**15691**	**19593**	**1483**	**790**	**693**	**97**	**64**	**33**
八步区	21000	10184	10816	30290	13334	16956	1257	680	577	79	54	25
平桂区	6423	3158	3265	4994	2357	2637	226	110	116	18	10	8
昭平县												
钟山县												
富川瑶族自治县												
河池市	**49230**	**23921**	**25309**	**45394**	**21107**	**24287**	**1504**	**837**	**667**	**88**	**56**	**32**
金城江区	31893	15465	16428	21797	11185	10612	832	484	348	47	31	16
宜州区	17337	8456	8881	23597	9922	13675	672	353	319	41	25	16
南丹县												
天峨县												
凤山县												
东兰县												
罗城仫佬族自治县												
环江毛南族自治县												
巴马瑶族自治县												
都安瑶族自治县												
大化瑶族自治县												
来宾市	**35189**	**17970**	**17219**	**31852**	**14133**	**17719**	**1113**	**614**	**499**	**62**	**40**	**22**
兴宾区	31570	16116	15454	30001	13224	16777	1060	587	473	60	39	21
忻城县												
象州县												
武宣县												
金秀瑶族自治县												
合山市	3619	1854	1765	1851	909	942	53	27	26	2	1	1
崇左市	**53336**	**30677**	**22659**	**41055**	**16465**	**24590**	**1122**	**567**	**555**	**69**	**51**	**18**
江州区	47036	27315	19721	36864	14271	22593	980	484	496	51	37	14
扶绥县												
宁明县												
龙州县												
大新县												
天等县												
凭祥市	6300	3362	2938	4191	2194	1997	142	83	59	18	14	4

4–2b 各地区分性别、受教育程度的15岁及以上人口（镇）

单位：人

地 区	15岁及以上人口			未上过学			学前教育		
	合计	男	女	小计	男	女	小计	男	女
总 计	**9341974**	**4711433**	**4630541**	**182995**	**38564**	**144431**	**11359**	**4316**	**7043**
南宁市	**1135304**	**579937**	**555367**	**18144**	**3558**	**14586**	**1288**	**474**	**814**
兴宁区	19101	10001	9100	216	46	170	17	7	10
青秀区	27756	14269	13487	512	95	417	93	29	64
江南区	48948	26265	22683	787	203	584	69	26	43
西乡塘区	50867	26885	23982	410	84	326	67	23	44
良庆区	23675	12441	11234	315	60	255	26	7	19
邕宁区	19286	10269	9017	324	64	260	25	8	17
武鸣区	111301	60941	50360	1970	329	1641	107	41	66
隆安县	83880	42184	41696	1648	290	1358	93	46	47
马山县	86696	42147	44549	3116	560	2556	120	39	81
上林县	93919	45962	47957	1090	207	883	47	23	24
宾阳县	285655	147386	138269	3918	869	3049	203	68	135
横 县	284220	141187	143033	3838	751	3087	421	157	264
柳州市	**681065**	**351938**	**329127**	**12915**	**2792**	**10123**	**523**	**216**	**307**
城中区									
鱼峰区	22844	13095	9749	143	31	112	18	8	10
柳南区	49685	28975	20710	559	138	421	33	14	19
柳北区	5390	2831	2559	32	4	28	3	2	1
柳江区	41010	21458	19552	857	173	684	39	16	23
柳城县	122678	63437	59241	2674	568	2106	71	22	49
鹿寨县	150414	78183	72231	2015	507	1508	78	35	43
融安县	92086	45927	46159	1839	397	1442	61	25	36
融水苗族自治县	127266	64020	63246	3079	678	2401	190	75	115
三江侗族自治县	69692	34012	35680	1717	296	1421	30	19	11
桂林市	**987333**	**483265**	**504068**	**16397**	**3583**	**12814**	**1009**	**408**	**601**
秀峰区									
叠彩区	2222	1068	1154	41	8	33			
象山区									
七星区	25089	15332	9757	234	82	152	10	8	2
雁山区	29791	7986	21805	44	8	36	4	2	2
临桂区	36954	19105	17849	1768	301	1467	117	52	65
阳朔县	69114	33421	35693	1904	290	1614	96	32	64
灵川县	169332	87513	81819	1379	262	1117	123	52	71
全州县	163036	80678	82358	2493	636	1857	117	45	72
兴安县	90441	43309	47132	886	249	637	81	44	37
永福县	70483	35161	35322	1956	448	1508	118	40	78
灌阳县	64934	31432	33502	1643	414	1229	126	47	79
龙胜各族自治县	38762	18464	20298	388	85	303	22	6	16
资源县	38061	17945	20116	582	114	468	60	23	37
平乐县	80658	38400	42258	1598	363	1235	60	30	30
恭城瑶族自治县	65386	31413	33973	926	172	754	44	16	28
荔浦市	43070	22038	21032	555	151	404	31	11	20

4−2b 续表 1

单位：人

地 区	15岁及以上人口			未上过学			学前教育		
	合计	男	女	小计	男	女	小计	男	女
梧州市	**524255**	**266245**	**258010**	**7817**	**1702**	**6115**	**723**	**295**	**428**
万秀区	10600	5693	4907	83	22	61	4	2	2
长洲区	2743	1482	1261	24	7	17			
龙圩区	25676	13734	11942	369	90	279	34	18	16
苍梧县	60257	30490	29767	1103	226	877	92	25	67
藤 县	274658	140618	134040	4027	950	3077	406	179	227
蒙山县	52981	25537	27444	587	104	483	56	25	31
岑溪市	97340	48691	48649	1624	303	1321	131	46	85
北海市	**263823**	**134245**	**129578**	**4111**	**938**	**3173**	**386**	**173**	**213**
海城区	1686	875	811	62	13	49	7	3	4
银海区	19113	11804	7309	386	98	288	55	20	35
铁山港区	5697	2942	2755	118	25	93	2	2	
合浦县	237327	118624	118703	3545	802	2743	322	148	174
防城港市	**136552**	**74974**	**61578**	**3384**	**887**	**2497**	**107**	**45**	**62**
港口区	34956	21855	13101	1580	537	1043	23	11	12
防城区	33157	17718	15439	823	178	645	22	12	10
上思县	53132	27371	25761	593	117	476	30	14	16
东兴市	15307	8030	7277	388	55	333	32	8	24
钦州市	**630044**	**320895**	**309149**	**9805**	**2264**	**7541**	**672**	**247**	**425**
钦南区	85994	48404	37590	2848	664	2184	95	30	65
钦北区	96587	50821	45766	2736	624	2112	229	93	136
灵山县	282054	140170	141884	2396	542	1854	176	72	104
浦北县	165409	81500	83909	1825	434	1391	172	52	120
贵港市	**901487**	**461881**	**439606**	**14166**	**3291**	**10875**	**1762**	**650**	**1112**
港北区	37321	20680	16641	992	235	757	78	25	53
港南区	50439	25848	24591	884	222	662	102	30	72
覃塘区	69072	35182	33890	1282	235	1047	97	35	62
平南县	427685	215384	212301	4889	1243	3646	576	238	338
桂平市	316970	164787	152183	6119	1356	4763	909	322	587
玉林市	**1344196**	**676032**	**668164**	**16254**	**4439**	**11815**	**2152**	**871**	**1281**
玉州区	55138	26821	28317	367	93	274	29	11	18
福绵区	56182	30301	25881	993	272	721	92	43	49
容 县	202242	95990	106252	1108	240	868	135	50	85
陆川县	260794	130390	130404	2311	773	1538	309	145	164
博白县	420223	215421	204802	6598	1950	4648	897	377	520
兴业县	147866	76376	71490	1786	376	1410	218	64	154
北流市	201751	100733	101018	3091	735	2356	472	181	291
百色市	**529082**	**260577**	**268505**	**21621**	**4248**	**17373**	**858**	**264**	**594**
右江区	8175	4161	4014	379	86	293	21	7	14
田阳区	7308	3606	3702	494	86	408	4	3	1
田东县	119052	57851	61201	2750	459	2291	137	38	99

4-2b 续表 2

单位：人

地 区	15岁及以上人口			未上过学			学前教育		
	合计	男	女	小计	男	女	小计	男	女
德保县	63253	30263	32990	1001	183	818	46	16	30
那坡县	32249	16161	16088	1449	346	1103	170	48	122
凌云县	52652	25453	27199	2849	510	2339	23	7	16
乐业县	36839	18383	18456	2330	558	1772	61	22	39
田林县	50278	24689	25589	1943	314	1629	119	29	90
西林县	37628	19083	18545	2226	364	1862	26	7	19
隆林各族自治县	71552	35133	36419	4295	986	3309	196	68	128
靖西市	23646	12434	11212	823	174	649	34	15	19
平果市	26450	13360	13090	1082	182	900	21	4	17
贺州市	**479317**	**241915**	**237402**	**16277**	**3202**	**13075**	**481**	**170**	**311**
八步区	106442	53415	53027	3448	648	2800	78	30	48
平桂区	55258	28954	26304	1305	303	1002	54	14	40
昭平县	116954	58568	58386	2340	472	1868	125	45	80
钟山县	115253	59023	56230	5253	990	4263	174	57	117
富川瑶族自治县	85410	41955	43455	3931	789	3142	50	24	26
河池市	**797540**	**388763**	**408777**	**26439**	**4669**	**21770**	**621**	**219**	**402**
金城江区	12481	6390	6091	400	65	335	6	2	4
宜州区	24248	12081	12167	724	182	542	26	9	17
南丹县	105649	53683	51966	3087	708	2379	96	43	53
天峨县	46128	22787	23341	1838	366	1472	18	3	15
凤山县	41189	19383	21806	2093	292	1801	36	14	22
东兰县	48579	23338	25241	2803	341	2462	54	12	42
罗城仫佬族自治县	93184	45742	47442	3356	648	2708	165	57	108
环江毛南族自治县	83940	40783	43157	1768	286	1482	31	12	19
巴马瑶族自治县	65489	31272	34217	3344	481	2863	37	14	23
都安瑶族自治县	179241	86679	92562	3884	732	3152	102	31	71
大化瑶族自治县	97412	46625	50787	3142	568	2574	50	22	28
来宾市	**436556**	**220241**	**216315**	**7515**	**1467**	**6048**	**296**	**117**	**179**
兴宾区	98682	51651	47031	2869	547	2322	108	45	63
忻城县	83986	41475	42511	1556	274	1282	94	25	69
象州县	91832	45966	45866	1234	229	1005	35	21	14
武宣县	115223	57642	57581	1081	259	822	43	20	23
金秀瑶族自治县	38705	19319	19386	668	128	540	16	6	10
合山市	8128	4188	3940	107	30	77			
崇左市	**495420**	**250525**	**244895**	**8150**	**1524**	**6626**	**481**	**167**	**314**
江州区	37168	20019	17149	861	174	687	75	25	50
扶绥县	156141	81425	74716	2025	461	1564	86	36	50
宁明县	82719	41332	41387	1351	203	1148	75	21	54
龙州县	66564	33112	33452	1055	191	864	53	9	44
大新县	78573	38516	40057	1107	169	938	53	15	38
天等县	62622	29711	32911	1423	242	1181	102	45	57
凭祥市	11633	6410	5223	328	84	244	37	16	21

4–2b 续表 3

单位：人

地 区	小学			初中			高中		
	小计	男	女	小计	男	女	小计	男	女
总 计	**1839841**	**780186**	**1059655**	**4206943**	**2237198**	**1969745**	**1878357**	**1018064**	**860293**
南宁市	**192661**	**79043**	**113618**	**550540**	**292583**	**257957**	**229101**	**127188**	**101913**
兴宁区	2772	1103	1669	11418	6201	5217	3157	1854	1303
青秀区	5579	2116	3463	14840	8184	6656	3865	2385	1480
江南区	10191	4458	5733	26213	14869	11344	7900	4761	3139
西乡塘区	6749	2801	3948	23774	12959	10815	8837	5290	3547
良庆区	4599	2016	2583	13027	7086	5941	3524	2119	1405
邕宁区	4394	1780	2614	10616	6052	4564	2380	1547	833
武鸣区	17300	7519	9781	45149	24617	20532	23436	13554	9882
隆安县	16376	6847	9529	37106	19712	17394	17847	9638	8209
马山县	18742	7432	11310	34555	18296	16259	18808	9900	8908
上林县	10377	3866	6511	45919	22988	22931	22008	11631	10377
宾阳县	48186	20179	28007	144296	76824	67472	57416	32379	25037
横 县	47396	18926	28470	143627	74795	68832	59923	32130	27793
柳州市	**149073**	**66997**	**82076**	**307618**	**169237**	**138381**	**125032**	**67814**	**57218**
城中区									
鱼峰区	3106	1472	1634	6164	3419	2745	8511	5061	3450
柳南区	8420	4441	3979	28053	16713	11340	7649	4789	2860
柳北区	842	345	497	2017	1044	973	1283	726	557
柳江区	10407	4650	5757	22189	12469	9720	4615	2667	1948
柳城县	24255	11401	12854	61571	34071	27500	19096	10034	9062
鹿寨县	31560	14923	16637	68861	37654	31207	29117	15672	13445
融安县	20793	8983	11810	38584	20657	17927	17940	9286	8654
融水苗族自治县	34575	14742	19833	50252	27685	22567	24776	13200	11576
三江侗族自治县	15115	6040	9075	29927	15525	14402	12045	6379	5666
桂林市	**167120**	**69686**	**97434**	**387053**	**199111**	**187942**	**219465**	**114392**	**105073**
秀峰区									
叠彩区	235	101	134	941	488	453	620	309	311
象山区									
七星区	4308	3111	1197	8048	5467	2581	6749	3579	3170
雁山区	439	170	269	795	432	363	438	237	201
临桂区	9868	4361	5507	16064	9197	6867	6897	3965	2932
阳朔县	12316	5176	7140	27142	14077	13065	16216	8236	7980
灵川县	18019	6963	11056	58305	29066	29239	40401	21318	19083
全州县	26331	10314	16017	71632	36449	35183	39559	21329	18230
兴安县	13955	5835	8120	39400	19526	19874	21923	10675	11248
永福县	17627	7754	9873	26201	14015	12186	14705	7814	6891
灌阳县	12683	5002	7681	27771	14144	13627	12441	6500	5941
龙胜各族自治县	6297	2463	3834	14577	7260	7317	9054	4520	4534
资源县	6532	2322	4210	14403	6892	7511	9545	4890	4655
平乐县	13678	5517	8161	34950	17534	17416	19404	9713	9691
恭城瑶族自治县	13881	5625	8256	23930	12406	11524	15361	7691	7670
荔浦市	10951	4972	5979	22894	12158	10736	6152	3616	2536

4-2b 续表 4

单位：人

地 区	小学			初中			高中		
	小计	男	女	小计	男	女	小计	男	女
梧州市	**111436**	**47350**	**64086**	**264861**	**141845**	**123016**	**90347**	**49503**	**40844**
万秀区	1664	634	1030	5534	2992	2542	2096	1286	810
长洲区	952	455	497	1249	682	567	317	216	101
龙圩区	7272	3175	4097	14382	8283	6099	2279	1485	794
苍梧县	16848	6613	10235	28082	15668	12414	8630	5027	3603
藤 县	53710	23738	29972	137006	73797	63209	53474	28464	25010
蒙山县	8271	3311	4960	21723	10808	10915	12528	6353	6175
岑溪市	22719	9424	13295	56885	29615	27270	11023	6672	4351
北海市	**37811**	**16704**	**21107**	**110221**	**57572**	**52649**	**75665**	**40509**	**35156**
海城区	286	123	163	928	494	434	298	186	112
银海区	4482	2647	1835	10028	6483	3545	2939	1871	1068
铁山港区	1064	431	633	3085	1653	1432	924	582	342
合浦县	31979	13503	18476	96180	48942	47238	71504	37870	33634
防城港市	**23548**	**9661**	**13887**	**67496**	**38051**	**29445**	**24669**	**15434**	**9235**
港口区	5435	2426	3009	15868	10071	5797	6259	4486	1773
防城区	7307	2977	4330	18299	10353	7946	4612	2934	1678
上思县	8007	3135	4872	24984	13030	11954	11332	6467	4865
东兴市	2799	1123	1676	8345	4597	3748	2466	1547	919
钦州市	**131518**	**60722**	**70796**	**283640**	**150282**	**133358**	**129954**	**69418**	**60536**
钦南区	18071	8423	9648	38386	22356	16030	15702	10259	5443
钦北区	22814	10423	12391	48525	27178	21347	15486	9059	6427
灵山县	60389	28714	31675	128905	65975	62930	54538	27522	27016
浦北县	30244	13162	17082	67824	34773	33051	44228	22578	21650
贵港市	**196536**	**85279**	**111257**	**449378**	**241027**	**208351**	**161359**	**91359**	**70000**
港北区	10931	5463	5468	17398	10283	7115	4655	2835	1820
港南区	11769	4927	6842	24617	13317	11300	8796	5162	3634
覃塘区	17727	7283	10444	34961	18664	16297	9540	6198	3342
平南县	80722	34181	46541	210370	110087	100283	86415	47064	39351
桂平市	75387	33425	41962	162032	88676	73356	51953	30100	21853
玉林市	**238943**	**106673**	**132270**	**659419**	**340491**	**318928**	**289117**	**153209**	**135908**
玉州区	5840	2754	3086	20832	10985	9847	19157	9289	9868
福绵区	12134	5788	6346	32199	18185	14014	7649	4458	3191
容 县	28166	11274	16892	95220	44691	50529	52232	27125	25107
陆川县	39013	17615	21398	126539	63833	62706	66665	34507	32158
博白县	79560	36777	42783	195395	103772	91623	88772	47148	41624
兴业县	24979	11071	13908	77719	41680	36039	30156	16482	13674
北流市	49251	21394	27857	111515	57345	54170	24486	14200	10286
百色市	**120971**	**48427**	**72544**	**196014**	**106205**	**89809**	**106206**	**56972**	**49234**
右江区	2608	1089	1519	4078	2392	1686	612	366	246
田阳区	1960	830	1130	3641	2022	1619	681	410	271
田东县	21271	8034	13237	50235	25940	24295	25893	13656	12237

4-2b 续表 5

单位:人

地 区	小学			初中			高中		
	小计	男	女	小计	男	女	小计	男	女
德保县	10971	4096	6875	25486	12340	13146	13405	7212	6193
那坡县	8477	3794	4683	9656	5327	4329	7234	3789	3445
凌云县	14782	5687	9095	15273	8686	6587	11542	6049	5493
乐业县	8113	3342	4771	12330	6899	5431	7829	4144	3685
田林县	10253	3883	6370	17014	9304	7710	11023	5920	5103
西林县	8487	3471	5016	11495	6713	4782	8053	4487	3566
隆林各族自治县	19826	8417	11409	20517	11554	8963	15173	7871	7302
靖西市	6276	2651	3625	12930	7384	5546	2284	1510	774
平果市	7947	3133	4814	13359	7644	5715	2477	1558	919
贺州市	**118971**	**50667**	**68304**	**206946**	**115006**	**91940**	**82578**	**45112**	**37466**
八步区	30236	12776	17460	49162	27431	21731	16455	9008	7447
平桂区	15100	6735	8365	30576	17237	13339	5073	3111	1962
昭平县	26292	10464	15828	53302	28619	24683	21194	11625	9569
钟山县	29905	13797	16108	41950	24346	17604	21645	11598	10047
富川瑶族自治县	17438	6895	10543	31956	17373	14583	18211	9770	8441
河池市	**187358**	**73319**	**114039**	**305093**	**162001**	**143092**	**160262**	**86199**	**74063**
金城江区	3354	1397	1957	6126	3449	2677	1584	957	627
宜州区	6519	2821	3698	11598	6168	5430	3229	1826	1403
南丹县	22882	9068	13814	44113	24443	19670	20570	11431	9139
天峨县	9629	3378	6251	14739	8026	6713	10498	5766	4732
凤山县	8632	2947	5685	13599	6991	6608	8843	4754	4089
东兰县	8571	2916	5655	15805	8211	7594	11241	6167	5074
罗城仫佬族自治县	27481	11936	15545	34238	18763	15475	15536	8192	7344
环江毛南族自治县	18511	7340	11171	34893	18198	16695	17141	8933	8208
巴马瑶族自治县	14063	5113	8950	20468	10910	9558	14865	7808	7057
都安瑶族自治县	44032	17558	26474	74243	38787	35456	35492	18701	16791
大化瑶族自治县	23684	8845	14839	35271	18055	17216	21263	11664	9599
来宾市	**82960**	**34182**	**48778**	**211132**	**113470**	**97662**	**79199**	**42891**	**36308**
兴宾区	23356	9723	13633	53204	30079	23125	11470	7027	4443
忻城县	18099	7266	10833	39218	21310	17908	14257	7239	7018
象州县	17694	7403	10291	41008	21654	19354	18569	10015	8554
武宣县	14496	5891	8605	57175	29451	27724	26148	13825	12323
金秀瑶族自治县	7215	3065	4150	16027	8448	7579	7764	4197	3567
合山市	2100	834	1266	4500	2528	1972	991	588	403
崇左市	**80935**	**31476**	**49459**	**207532**	**110317**	**97215**	**105403**	**58064**	**47339**
江州区	8837	3842	4995	20208	11654	8554	4589	2909	1680
扶绥县	19278	7791	11487	57420	30888	26532	32634	18205	14429
宁明县	13368	4991	8377	36654	19247	17407	19203	10409	8794
龙州县	11930	4771	7159	28878	15285	13593	13728	7372	6356
大新县	12881	4570	8311	33562	17449	16113	19293	10382	8911
天等县	12111	4360	7751	24728	12279	12449	14280	7690	6590
凭祥市	2530	1151	1379	6082	3515	2567	1676	1097	579

4-2b 续表 6

单位：人

地区	大学专科			大学本科			硕士研究生			博士研究生		
	小计	男	女	小计	男	女	小计	男	女	小计	男	女
总　计	**722893**	**385259**	**337634**	**485610**	**241022**	**244588**	**13119**	**6327**	**6792**	**857**	**497**	**360**
南宁市	**90369**	**50743**	**39626**	**51769**	**25555**	**26214**	**1315**	**716**	**599**	**117**	**77**	**40**
兴宁区	968	515	453	542	271	271	10	4	6	1		1
青秀区	1797	909	888	1048	536	512	18	12	6	4	3	1
江南区	2421	1277	1144	1326	648	678	35	19	16	6	4	2
西乡塘区	6168	2985	3183	4484	2504	1980	345	215	130	33	24	9
良庆区	1400	775	625	764	367	397	20	11	9			
邕宁区	789	436	353	747	377	370	11	5	6			
武鸣区	17865	12495	5370	5312	2312	3000	156	71	85	6	3	3
隆安县	6465	3500	2965	4265	2106	2159	73	40	33	7	5	2
马山县	6967	3596	3371	4310	2276	2034	71	44	27	7	4	3
上林县	8575	4413	4162	5780	2777	3003	111	48	63	12	9	3
宾阳县	19925	10946	8979	11472	5989	5483	223	122	101	16	10	6
横　县	17029	8896	8133	11719	5392	6327	242	125	117	25	15	10
柳州市	**52640**	**27701**	**24939**	**32187**	**16575**	**15612**	**1008**	**571**	**437**	**69**	**35**	**34**
城中区												
鱼峰区	1521	816	705	3024	2067	957	350	217	133	7	4	3
柳南区	2888	1625	1263	1992	1191	801	88	61	27	3	3	
柳北区	659	367	292	510	314	196	42	28	14	2	1	1
柳江区	1960	1043	917	915	431	484	24	8	16	4	1	3
柳城县	8917	4483	4434	5960	2782	3178	124	73	51	10	3	7
鹿寨县	11341	5822	5519	7262	3491	3771	168	75	93	12	4	8
融安县	8605	4523	4082	4180	2017	2163	74	34	40	10	5	5
融水苗族自治县	9451	5106	4345	4839	2470	2369	88	52	36	16	12	4
三江侗族自治县	7298	3916	3382	3505	1812	1693	50	23	27	5	2	3
桂林市	**88553**	**45631**	**42922**	**102558**	**48445**	**54113**	**4950**	**1870**	**3080**	**228**	**139**	**89**
秀峰区												
叠彩区	262	110	152	116	51	65	5		5	2	1	1
象山区												
七星区	2871	1553	1318	2640	1395	1245	203	121	82	26	16	10
雁山区	217	88	129	25119	6350	18769	2685	669	2016	50	30	20
临桂区	1355	765	590	866	455	411	15	5	10	4	4	
阳朔县	6138	3112	3026	5168	2434	2734	125	59	66	9	5	4
灵川县	18189	9320	8869	31752	19885	11867	1096	598	498	68	49	19
全州县	14730	7784	6946	7997	4029	3968	160	82	78	17	10	7
兴安县	9181	4536	4645	4880	2376	2504	125	63	62	10	5	5
永福县	5905	3129	2776	3865	1896	1969	99	60	39	7	5	2
灌阳县	6207	3305	2902	3994	1980	2014	61	35	26	8	5	3
龙胜各族自治县	4994	2543	2451	3334	1529	1805	92	56	36	4	2	2
资源县	4267	2327	1940	2603	1346	1257	62	31	31	7		7
平乐县	6323	3114	3209	4550	2091	2459	89	36	53	6	2	4
恭城瑶族自治县	6346	3196	3150	4780	2256	2524	109	46	63	9	5	4
荔浦市	1568	749	819	894	372	522	24	9	15	1		1

4-2b 续表 7

单位:人

地 区	大学专科			大学本科			硕士研究生			博士研究生		
	小计	男	女	小计	男	女	小计	男	女	小计	男	女
梧州市	**27702**	**14994**	**12708**	**20976**	**10353**	**10623**	**370**	**192**	**178**	**23**	**11**	**12**
万秀区	690	479	211	496	260	236	32	18	14	1		1
长洲区	126	77	49	74	44	30	1	1				
龙圩区	791	433	358	542	246	296	7	4	3			
苍梧县	2835	1643	1192	2608	1256	1352	54	31	23	5	1	4
藤 县	15162	8134	7028	10706	5270	5436	151	76	75	16	10	6
蒙山县	5192	2664	2528	4537	2232	2305	86	40	46	1		1
岑溪市	2906	1564	1342	2013	1045	968	39	22	17			
北海市	**21238**	**11119**	**10119**	**14089**	**7072**	**7017**	**284**	**146**	**138**	**18**	**12**	**6**
海城区	63	35	28	41	20	21	1	1				
银海区	793	434	359	410	233	177	18	16	2	2	2	
铁山港区	341	171	170	161	77	84	2	1	1			
合浦县	20041	10479	9562	13477	6742	6735	263	128	135	16	10	6
防城港市	**11482**	**7380**	**4102**	**5767**	**3456**	**2311**	**91**	**54**	**37**	**8**	**6**	**2**
港口区	3956	2976	980	1806	1325	481	25	19	6	4	4	
防城区	1427	890	537	656	368	288	10	6	4	1		1
上思县	5244	3024	2220	2888	1556	1332	52	26	26	2	2	
东兴市	855	490	365	417	207	210	4	3	1	1		1
钦州市	**44832**	**23395**	**21437**	**28894**	**14123**	**14771**	**690**	**421**	**269**	**39**	**23**	**16**
钦南区	6913	4239	2674	3799	2313	1486	172	114	58	8	6	2
钦北区	4045	2168	1877	2705	1249	1456	45	26	19	2	1	1
灵山县	20658	10236	10422	14742	6956	7786	226	140	86	24	13	11
浦北县	13216	6752	6464	7648	3605	4043	247	141	106	5	3	2
贵港市	**48700**	**25918**	**22782**	**29068**	**14093**	**14975**	**461**	**231**	**230**	**57**	**33**	**24**
港北区	1941	1107	834	1285	705	580	36	24	12	5	3	2
港南区	2653	1405	1248	1588	776	812	25	7	18	5	2	3
覃塘区	3637	1978	1659	1800	779	1021	26	8	18	2	2	
平南县	26830	13934	12896	17575	8470	9105	273	145	128	35	22	13
桂平市	13639	7494	6145	6820	3363	3457	101	47	54	10	4	6
玉林市	**83246**	**42781**	**40465**	**53810**	**26904**	**26906**	**1176**	**616**	**560**	**79**	**48**	**31**
玉州区	5155	1958	3197	3489	1598	1891	259	126	133	10	7	3
福绵区	1958	1011	947	1137	534	603	19	9	10	1	1	
容 县	14122	7169	6953	11030	5319	5711	216	115	101	13	7	6
陆川县	16818	8794	8024	9016	4653	4363	112	64	48	11	6	5
博白县	29072	15261	13811	19502	9904	9598	397	213	184	30	19	11
兴业县	7722	4128	3594	5191	2524	2667	90	48	42	5	3	2
北流市	8399	4460	3939	4445	2372	2073	83	41	42	9	5	4
百色市	**53075**	**28614**	**24461**	**29786**	**15526**	**14260**	**511**	**300**	**211**	**40**	**21**	**19**
右江区	319	151	168	154	70	84	3		3	1		1
田阳区	343	181	162	184	74	110	1		1			
田东县	12013	6298	5715	6598	3338	3260	142	78	64	13	10	3

4-2b 续表 8

单位：人

地　区	大学专科			大学本科			硕士研究生			博士研究生		
	小计	男	女	小计	男	女	小计	男	女	小计	男	女
德保县	7587	4032	3555	4666	2335	2331	85	47	38	6	2	4
那坡县	3569	1956	1613	1673	890	783	20	11	9	1		1
凌云县	4948	2752	2196	3180	1730	1450	52	31	21	3	1	2
乐业县	3995	2276	1719	2143	1119	1024	37	22	15	1	1	
田林县	6370	3405	2965	3496	1793	1703	58	41	17	2		2
西林县	4633	2562	2071	2667	1457	1210	41	22	19			
隆林各族自治县	7297	3932	3365	4178	2259	1919	60	40	20	10	6	4
靖西市	915	485	430	377	213	164	5	2	3	2		2
平果市	1086	584	502	470	248	222	7	6	1	1	1	
贺州市	**32454**	**17139**	**15315**	**21157**	**10408**	**10749**	**419**	**199**	**220**	**34**	**12**	**22**
八步区	4184	2204	1980	2839	1300	1539	38	18	20	2		2
平桂区	2018	1011	1007	1112	536	576	17	6	11	3	1	2
昭平县	8655	4731	3924	4952	2566	2386	86	42	44	8	4	4
钟山县	9352	4848	4504	6817	3315	3502	146	66	80	11	6	5
富川瑶族自治县	8245	4345	3900	5437	2691	2746	132	67	65	10	1	9
河池市	**72422**	**38951**	**33471**	**44503**	**22938**	**21565**	**777**	**433**	**344**	**65**	**34**	**31**
金城江区	663	356	307	345	161	184	3	3				
宜州区	1317	679	638	821	389	432	14	7	7			
南丹县	9418	5103	4315	5373	2825	2548	102	59	43	8	3	5
天峨县	5340	3052	2288	3994	2159	1835	70	35	35	2	2	
凤山县	5463	2988	2475	2492	1377	1115	26	17	9	5	3	2
东兰县	5854	3374	2480	4185	2280	1905	60	35	25	6	2	4
罗城仫佬族自治县	7677	3862	3815	4637	2230	2407	90	52	38	4	2	2
环江毛南族自治县	6994	3717	3277	4530	2257	2273	69	38	31	3	2	1
巴马瑶族自治县	7961	4434	3527	4629	2440	2189	103	60	43	19	12	7
都安瑶族自治县	13221	6786	6435	8089	3994	4095	166	85	81	12	5	7
大化瑶族自治县	8514	4600	3914	5408	2826	2582	74	42	32	6	3	3
来宾市	**34238**	**17959**	**16279**	**20825**	**9950**	**10875**	**367**	**189**	**178**	**24**	**16**	**8**
兴宾区	5337	2996	2341	2291	1206	1085	44	25	19	3	3	
忻城县	6537	3351	3186	4152	1975	2177	69	33	36	4	2	2
象州县	7691	4015	3676	5497	2573	2924	99	54	45	5	2	3
武宣县	10346	5349	4997	5825	2793	3032	99	45	54	10	9	1
金秀瑶族自治县	4010	2079	1931	2949	1366	1583	54	30	24	2		2
合山市	317	169	148	111	37	74	2	2				
崇左市	**61942**	**32934**	**29008**	**30221**	**15624**	**14597**	**700**	**389**	**311**	**56**	**30**	**26**
江州区	1689	930	759	879	472	407	26	12	14	4	1	3
扶绥县	31947	17109	14838	12423	6759	5664	319	173	146	9	3	6
宁明县	7884	4279	3605	4067	2111	1956	106	62	44	11	9	2
龙州县	6760	3470	3290	4060	1960	2100	92	49	43	8	5	3
大新县	7164	3725	3439	4438	2163	2275	73	42	31	2	1	1
天等县	5828	3039	2789	4052	2002	2050	77	44	33	21	10	11
凭祥市	670	382	288	302	157	145	7	7		1	1	

4-2c 各地区分性别、受教育程度的15岁及以上人口（乡村）

单位：人

地 区	15岁及以上人口			未上过学			学前教育		
	合计	男	女	小计	男	女	小计	男	女
总 计	**17095448**	**9007323**	**8088125**	**829028**	**167769**	**661259**	**32949**	**10938**	**22011**
南宁市	**2100592**	**1106533**	**994059**	**69245**	**11961**	**57284**	**3968**	**1236**	**2732**
兴宁区	59228	31616	27612	815	145	670	72	25	47
青秀区	58768	31323	27445	2134	349	1785	202	73	129
江南区	136570	71793	64777	2119	433	1686	196	64	132
西乡塘区	120813	64403	56410	1832	348	1484	126	42	84
良庆区	75887	41596	34291	2119	366	1753	131	49	82
邕宁区	114241	61720	52521	3036	537	2499	239	76	163
武鸣区	265896	141046	124850	7562	1348	6214	690	200	490
隆安县	166222	87608	78614	7308	1293	6015	304	88	216
马山县	198106	102847	95259	15338	2367	12971	392	119	273
上林县	182357	95189	87168	6134	1001	5133	152	47	105
宾阳县	335486	176152	159334	10667	1825	8842	527	163	364
横 县	387018	201240	185778	10181	1949	8232	937	290	647
柳州市	**989959**	**531798**	**458161**	**61868**	**12418**	**49450**	**1278**	**457**	**821**
城中区	2513	1262	1251	37	9	28	5	5	
鱼峰区	41079	23852	17227	872	213	659	24	10	14
柳南区	26562	14416	12146	928	195	733	23	15	8
柳北区	24464	12877	11587	489	99	390	13	5	8
柳江区	158039	85169	72870	6964	1307	5657	191	67	124
柳城县	132237	69894	62343	5267	1033	4234	138	55	83
鹿寨县	120559	66093	54466	3149	626	2523	174	59	115
融安县	115414	64078	51336	5739	1290	4449	101	42	59
融水苗族自治县	196272	103829	92443	20316	3817	16499	427	129	298
三江侗族自治县	172820	90328	82492	18107	3829	14278	182	70	112
桂林市	**1866264**	**974455**	**891809**	**88654**	**19514**	**69140**	**3739**	**1374**	**2365**
秀峰区									
叠彩区	22204	11069	11135	580	97	483	18	6	12
象山区	3081	1536	1545	228	39	189	13	10	3
七星区	2877	1437	1440	222	38	184			
雁山区	81198	38728	42470	2911	507	2404	121	28	93
临桂区	189184	99423	89761	16158	2867	13291	490	146	344
阳朔县	149058	78115	70943	9317	1974	7343	416	147	269
灵川县	170553	88381	82172	5819	1291	4528	251	95	156
全州县	276271	146348	129923	13502	3197	10305	636	248	388
兴安县	151782	77984	73798	5907	1616	4291	465	178	287
永福县	111637	60340	51297	6980	1523	5457	193	73	120
灌阳县	100128	52536	47592	6368	1750	4618	251	81	170
龙胜各族自治县	76184	40111	36073	3775	883	2892	142	48	94
资源县	70691	37238	33453	2306	512	1794	84	28	56
平乐县	179701	93955	85746	7913	1673	6240	415	187	228
恭城瑶族自治县	128150	66382	61768	3593	833	2760	114	48	66
荔浦市	153565	80872	72693	3075	714	2361	130	51	79

4−2c 续表 1

单位:人

地 区	15岁及以上人口			未上过学			学前教育		
	合计	男	女	小计	男	女	小计	男	女
梧州市	**864177**	**460586**	**403591**	**24270**	**5062**	**19208**	**1224**	**430**	**794**
万秀区	33776	17923	15853	545	132	413	23	7	16
长洲区	17886	9237	8649	381	82	299	19	5	14
龙圩区	88016	46899	41117	2235	534	1701	199	96	103
苍梧县	138374	74566	63808	3433	677	2756	305	88	217
藤 县	287264	155830	131434	8177	1706	6471	349	109	240
蒙山县	72607	37858	34749	2923	586	2337	79	29	50
岑溪市	226254	118273	107981	6576	1345	5231	250	96	154
北海市	**672665**	**357954**	**314711**	**21095**	**4674**	**16421**	**1161**	**441**	**720**
海城区	65617	33603	32014	883	171	712	50	23	27
银海区	87505	45773	41732	1704	396	1308	114	33	81
铁山港区	96030	51969	44061	1868	462	1406	93	31	62
合浦县	423513	226609	196904	16640	3645	12995	904	354	550
防城港市	**305229**	**172682**	**132547**	**12386**	**2472**	**9914**	**418**	**156**	**262**
港口区	32050	21263	10787	904	168	736	29	10	19
防城区	131138	72569	58569	5744	1245	4499	144	54	90
上思县	96537	53816	42721	3866	740	3126	214	81	133
东兴市	45504	25034	20470	1872	319	1553	31	11	20
钦州市	**1327543**	**713842**	**613701**	**46150**	**11021**	**35129**	**2712**	**973**	**1739**
钦南区	196750	106706	90044	9174	2097	7077	415	159	256
钦北区	254638	141072	113566	12272	2862	9410	1055	364	691
灵山县	555793	296004	259789	15736	3827	11909	755	299	456
浦北县	320362	170060	150302	8968	2235	6733	487	151	336
贵港市	**1547497**	**813957**	**733540**	**45351**	**8998**	**36353**	**4856**	**1491**	**3365**
港北区	169234	88190	81044	8064	1374	6690	545	140	405
港南区	229274	119109	110165	6768	1243	5525	703	209	494
覃塘区	166115	84484	81631	5362	898	4464	472	155	317
平南县	369366	195858	173508	8386	1886	6500	710	270	440
桂平市	613508	326316	287192	16771	3597	13174	2426	717	1709
玉林市	**1996246**	**1046746**	**949500**	**50635**	**12649**	**37986**	**4751**	**1746**	**3005**
玉州区	121349	64212	57137	2148	601	1547	110	41	69
福绵区	134806	73040	61766	3422	873	2549	199	85	114
容 县	264039	136807	127232	4204	862	3342	283	111	172
陆川县	294215	154193	140022	6079	1756	4323	350	138	212
博白县	524605	278299	246306	16982	4730	12252	1837	697	1140
兴业县	232360	122305	110055	7330	1370	5960	629	179	450
北流市	424872	217890	206982	10470	2457	8013	1343	495	848
百色市	**1566819**	**809467**	**757352**	**150155**	**31182**	**118973**	**3366**	**1076**	**2290**
右江区	106397	54517	51880	6908	1375	5533	116	50	66
田阳区	107662	55169	52493	8534	1549	6985	147	55	92
田东县	153404	78846	74558	9399	1710	7689	282	94	188

4-2c 续表 2

单位：人

地 区	15岁及以上人口			未上过学			学前教育		
	合计	男	女	小计	男	女	小计	男	女
德保县	147283	78303	68980	8181	1849	6332	275	99	176
那坡县	99839	51424	48415	12082	2617	9465	521	202	319
凌云县	87749	45116	42633	10579	1944	8635	65	24	41
乐业县	73336	37757	35579	10093	2195	7898	349	90	259
田林县	125546	65097	60449	15453	2964	12489	284	76	208
西林县	70660	36845	33815	14474	3240	11234	46	20	26
隆林各族自治县	188118	94383	93735	30034	7274	22760	674	202	472
靖西市	262947	137092	125855	16077	3079	12998	423	114	309
平果市	143878	74918	68960	8341	1386	6955	184	50	134
贺州市	**718984**	**375242**	**343742**	**41389**	**7689**	**33700**	**911**	**249**	**662**
八步区	220092	113003	107089	11307	1856	9451	387	94	293
平桂区	130959	70046	60913	4779	1050	3729	119	28	91
昭平县	121468	64545	56923	4495	938	3557	81	25	56
钟山县	135371	71339	64032	10686	1916	8770	231	75	156
富川瑶族自治县	111094	56309	54785	10122	1929	8193	93	27	66
河池市	**1398960**	**722442**	**676518**	**133005**	**24916**	**108089**	**2014**	**615**	**1399**
金城江区	80497	42477	38020	4621	891	3730	40	13	27
宜州区	240375	123994	116381	13689	2905	10784	354	133	221
南丹县	98226	51360	46866	12542	3161	9381	192	72	120
天峨县	64072	33891	30181	8948	1903	7045	107	28	79
凤山县	83476	42848	40628	9261	1554	7707	189	59	130
东兰县	116475	59019	57456	19614	3032	16582	345	72	273
罗城仫佬族自治县	113634	58862	54772	9844	2158	7686	150	44	106
环江毛南族自治县	128828	68708	60120	7711	1471	6240	89	27	62
巴马瑶族自治县	104079	52066	52013	17176	2626	14550	124	37	87
都安瑶族自治县	209466	108105	101361	12318	2316	10002	220	64	156
大化瑶族自治县	159832	81112	78720	17281	2899	14382	204	66	138
来宾市	**824912**	**440978**	**383934**	**33298**	**6384**	**26914**	**914**	**286**	**628**
兴宾区	300310	161138	139172	15045	2744	12301	261	87	174
忻城县	145988	76596	69392	7282	1430	5852	269	79	190
象州县	132481	71335	61146	3441	609	2832	151	38	113
武宣县	141235	75482	65753	3170	582	2588	162	57	105
金秀瑶族自治县	66339	36165	30174	3205	782	2423	48	17	31
合山市	38559	20262	18297	1155	237	918	23	8	15
崇左市	**915601**	**480641**	**434960**	**51527**	**8829**	**42698**	**1637**	**408**	**1229**
江州区	132607	70589	62018	5776	1081	4695	222	68	154
扶绥县	172763	92800	79963	5475	955	4520	200	55	145
宁明县	160962	86285	74677	9146	1286	7860	328	74	254
龙州县	122275	63607	58668	5279	822	4457	149	32	117
大新县	143749	72699	71050	10704	1795	8909	338	75	263
天等县	146017	74270	71747	13281	2624	10657	305	82	223
凭祥市	37228	20391	16837	1866	266	1600	95	22	73

4-2c 续表 3

单位:人

地 区	小学			初中			高中		
	小计	男	女	小计	男	女	小计	男	女
总 计	**5636233**	**2571089**	**3065144**	**8289742**	**4889491**	**3400251**	**1523290**	**961723**	**561567**
南宁市	**581405**	**249317**	**332088**	**1131691**	**656644**	**475047**	**222221**	**138312**	**83909**
兴宁区	12533	4934	7599	34975	19882	15093	8042	5063	2979
青秀区	16220	7091	9129	32392	18947	13445	5614	3641	1973
江南区	25330	10693	14637	64766	38367	26399	34525	17696	16829
西乡塘区	29457	12331	17126	66282	37789	28493	16955	10682	6273
良庆区	19495	8241	11254	41393	24921	16472	9678	6308	3370
邕宁区	32099	13870	18229	64615	38443	26172	10291	6672	3619
武鸣区	72513	31585	40928	144330	82687	61643	29522	18973	10549
隆安县	52896	22886	30010	87107	51553	35554	12753	8534	4219
马山县	71760	31937	39823	85221	52917	32304	16135	10528	5607
上林县	39935	15991	23944	109898	62454	47444	17007	10918	6089
宾阳县	93071	40005	53066	186010	106939	79071	29534	18729	10805
横 县	116096	49753	66343	214702	121745	92957	32165	20568	11597
柳州市	**389512**	**190241**	**199271**	**435472**	**268698**	**166774**	**68633**	**43389**	**25244**
城中区	385	158	227	1574	840	734	354	190	164
鱼峰区	13608	7108	6500	22190	13797	8393	3031	2019	1012
柳南区	6557	3125	3432	15570	9129	6441	2530	1507	1023
柳北区	6489	3103	3386	13357	7436	5921	2886	1647	1239
柳江区	56679	27596	29083	77698	46838	30860	11513	7005	4508
柳城县	40247	19036	21211	71777	41681	30096	10491	6188	4303
鹿寨县	48010	23045	24965	57230	35220	22010	8626	5460	3166
融安县	45537	22522	23015	51959	32826	19133	7964	5345	2619
融水苗族自治县	89935	44193	45742	66808	44018	22790	12096	8005	4091
三江侗族自治县	82065	40355	41710	57309	36913	20396	9142	6023	3119
桂林市	**620956**	**285525**	**335431**	**859306**	**503050**	**356256**	**179956**	**111541**	**68415**
秀峰区									
叠彩区	4247	1770	2477	11634	6269	5365	4157	2211	1946
象山区	1136	543	593	1370	760	610	245	152	93
七星区	841	417	424	1298	714	584	343	194	149
雁山区	12486	5764	6722	18465	10802	7663	8519	4017	4502
临桂区	63968	30709	33259	81408	50327	31081	16917	10911	6006
阳朔县	49119	23636	25483	70803	41621	29182	13860	8254	5606
灵川县	48672	21247	27425	90055	51058	38997	18326	11240	7086
全州县	88506	39288	49218	131500	77526	53974	30419	19796	10623
兴安县	53471	24889	28582	72535	40616	31919	14112	8307	5805
永福县	46938	23476	23462	44983	27690	17293	8392	5527	2865
灌阳县	36728	16399	20329	43791	26080	17711	8305	5637	2668
龙胜各族自治县	30842	14604	16238	32064	19286	12778	6274	3878	2396
资源县	27231	11641	15590	31125	18812	12313	6307	4329	1978
平乐县	59545	26590	32955	87721	51227	36494	17689	11104	6585
恭城瑶族自治县	50566	22601	27965	58313	34001	24312	10457	6659	3798
荔浦市	46660	21951	24709	82241	46261	35980	15634	9325	6309

4-2c 续表 4

单位:人

地区	小学			初中			高中		
	小计	男	女	小计	男	女	小计	男	女
梧州市	**284257**	**129420**	**154837**	**454971**	**265789**	**189182**	**66777**	**43191**	**23586**
万秀区	9446	4129	5317	18244	10326	7918	3839	2421	1418
长洲区	7034	3327	3707	8551	4730	3821	1356	830	526
龙圩区	29243	13884	15359	46433	26689	19744	7020	4268	2752
苍梧县	57299	25274	32025	63021	39521	23500	9627	6583	3044
藤　县	91716	42986	48730	154890	91688	63202	20986	13694	7292
蒙山县	22632	10381	12251	37934	21617	16317	5852	3740	2112
岑溪市	66887	29439	37448	125898	71218	54680	18097	11655	6442
北海市	**159500**	**72818**	**86682**	**336947**	**192717**	**144230**	**98751**	**57810**	**40941**
海城区	7829	3419	4410	29059	15336	13723	16807	9211	7596
银海区	17174	7428	9746	36520	20663	15857	16015	8120	7895
铁山港区	21654	9180	12474	51959	29708	22251	12676	8053	4623
合浦县	112843	52791	60052	219409	127010	92399	53253	32426	20827
防城港市	**86404**	**39766**	**46638**	**154709**	**95921**	**58788**	**33897**	**22816**	**11081**
港口区	5891	2685	3206	13553	9065	4488	5237	4083	1154
防城区	42171	19694	22477	67459	41308	26151	11199	7643	3556
上思县	26649	12083	14566	48943	30695	18248	12402	7750	4652
东兴市	11693	5304	6389	24754	14853	9901	5059	3340	1719
钦州市	**477490**	**234682**	**242808**	**611196**	**358062**	**253134**	**124083**	**77046**	**47037**
钦南区	58679	28584	30095	81659	49811	31848	22162	14297	7865
钦北区	90420	44761	45659	121371	74697	46674	20851	13845	7006
灵山县	217441	108611	108830	251922	143933	107989	49230	29426	19804
浦北县	110950	52726	58224	156244	89621	66623	31840	19478	12362
贵港市	**463936**	**207123**	**256813**	**800475**	**457660**	**342815**	**154677**	**97605**	**57072**
港北区	51581	22821	28760	81204	47265	33939	18524	11704	6820
港南区	70367	29997	40370	113892	64989	48903	25647	16264	9383
覃塘区	52476	22394	30082	82725	46243	36482	15542	9932	5610
平南县	107286	49405	57881	201657	113766	87891	33668	21486	12182
桂平市	182226	82506	99720	320997	185397	135600	61296	38219	23077
玉林市	**581659**	**267872**	**313787**	**1112275**	**618730**	**493545**	**170593**	**105836**	**64757**
玉州区	30504	14757	15747	70412	38523	31889	13426	7890	5536
福绵区	40570	19448	21122	73770	42563	31207	12396	7686	4710
容　县	67811	29677	38134	157517	85205	72312	23718	15445	8273
陆川县	86223	40145	46078	167119	92315	74804	23764	14380	9384
博白县	162513	77395	85118	283186	160405	122781	39508	24529	14979
兴业县	65647	29503	36144	129025	73148	55877	20897	13348	7549
北流市	128391	56947	71444	231246	126571	104675	36884	22558	14326
百色市	**618999**	**283512**	**335487**	**618236**	**387080**	**231156**	**110761**	**71502**	**39259**
右江区	40516	17959	22557	47132	28534	18598	7626	4552	3074
田阳区	42408	19151	23257	44581	27239	17342	7668	4943	2725
田东县	49922	20839	29083	73837	44125	29712	13672	8783	4889

4-2c 续表 5

单位：人

地 区	小学			初中			高中		
	小计	男	女	小计	男	女	小计	男	女
德保县	58992	27652	31340	62998	38710	24288	10961	7077	3884
那坡县	45255	21677	23578	30607	19993	10614	6566	4316	2250
凌云县	41903	19651	22252	25343	17345	7998	5745	3828	1917
乐业县	26142	11665	14477	26486	17405	9081	5718	3851	1867
田林县	50753	23004	27749	45547	30689	14858	7849	5186	2663
西林县	28827	15088	13739	20142	13896	6246	3883	2699	1184
隆林各族自治县	80930	38847	42083	58742	37589	21153	10889	6696	4193
靖西市	98528	44673	53855	119956	72319	47637	18706	12094	6612
平果市	54823	23306	31517	62865	39236	23629	11478	7477	4001
贺州市	**269062**	**122788**	**146274**	**327483**	**197324**	**130159**	**53344**	**33883**	**19461**
八步区	85273	38006	47267	99012	58774	40238	16463	10416	6047
平桂区	46782	22522	24260	66000	38875	27125	9033	5527	3506
昭平县	44276	19673	24603	58499	35286	23213	8985	5865	3120
钟山县	54583	26400	28183	54970	34374	20596	9887	6263	3624
富川瑶族自治县	38148	16187	21961	49002	30015	18987	8976	5812	3164
河池市	**548076**	**249064**	**299012**	**550887**	**345871**	**205016**	**100731**	**66830**	**33901**
金城江区	26066	11105	14961	39695	24097	15598	7077	4766	2311
宜州区	91191	41360	49831	108369	64167	44202	18416	11307	7109
南丹县	40134	18697	21437	37320	24310	13010	5134	3454	1680
天峨县	24549	11029	13520	21500	15067	6433	4754	3319	1435
凤山县	31125	12820	18305	32322	21570	10752	5795	4061	1734
东兰县	38325	17135	21190	42086	27996	14090	9184	6674	2510
罗城仫佬族自治县	52137	24883	27254	40291	25280	15011	7032	4541	2491
环江毛南族自治县	47492	21440	26052	58704	36470	22234	8815	6037	2778
巴马瑶族自治县	40279	19185	21094	33487	22312	11175	7556	4944	2612
都安瑶族自治县	87260	39127	48133	82882	50267	32615	15721	10307	5414
大化瑶族自治县	69518	32283	37235	54231	34335	19896	11247	7420	3827
来宾市	**257939**	**114515**	**143424**	**435719**	**260964**	**174755**	**63839**	**41846**	**21993**
兴宾区	94603	41427	53176	153491	94457	59034	23919	15553	8366
忻城县	50794	22377	28417	71904	43289	28615	10693	6994	3699
象州县	45883	20486	25397	67846	40815	27031	10378	6908	3470
武宣县	32483	13709	18774	89108	51096	38012	10589	7130	3459
金秀瑶族自治县	25242	12741	12501	29244	17441	11803	5482	3558	1924
合山市	8934	3775	5159	24126	13866	10260	2778	1703	1075
崇左市	**297038**	**124446**	**172592**	**460375**	**280981**	**179394**	**75027**	**50116**	**24911**
江州区	42271	17550	24721	70401	42980	27421	10467	7059	3408
扶绥县	45662	19020	26642	100943	59794	41149	15018	10026	4992
宁明县	52023	21438	30585	82492	52626	29866	12210	8255	3955
龙州县	43386	17791	25595	57989	35645	22344	11341	7350	3991
大新县	49488	20742	28746	67759	40672	27087	10744	7044	3700
天等县	52557	22815	29742	61398	36972	24426	12156	8250	3906
凭祥市	11651	5090	6561	19393	12292	7101	3091	2132	959

4-2c 续表 6

单位:人

地 区	大学专科			大学本科			硕士研究生			博士研究生		
	小计	男	女	小计	男	女	小计	男	女	小计	男	女
总 计	**507214**	**270748**	**236466**	**267851**	**130957**	**136894**	**8166**	**4042**	**4124**	**975**	**566**	**409**
南宁市	**65673**	**35790**	**29883**	**25393**	**12777**	**12616**	**890**	**429**	**461**	**106**	**67**	**39**
兴宁区	2054	1176	878	709	377	332	26	12	14	2	2	
青秀区	1479	853	626	701	356	345	23	10	13	3	3	
江南区	7201	3274	3927	2168	1134	1034	253	123	130	12	9	3
西乡塘区	4271	2248	2023	1831	934	897	54	24	30	5	5	
良庆区	2254	1289	965	797	417	380	16	4	12	4	1	3
邕宁区	2716	1524	1192	1197	575	622	42	19	23	6	4	2
武鸣区	8084	4614	3470	3116	1599	1517	64	33	31	15	7	8
隆安县	4070	2331	1739	1730	887	843	48	30	18	6	6	
马山县	6666	3679	2987	2535	1272	1263	52	23	29	7	5	2
上林县	6632	3568	3064	2513	1168	1345	73	38	35	13	4	9
宾阳县	11188	6209	4979	4338	2208	2130	134	63	71	17	11	6
横 县	9058	5025	4033	3758	1850	1908	105	50	55	16	10	6
柳州市	**23035**	**11795**	**11240**	**9853**	**4660**	**5193**	**269**	**118**	**151**	**39**	**22**	**17**
城中区	118	47	71	40	13	27						
鱼峰区	876	454	422	453	233	220	22	16	6	3	2	1
柳南区	600	291	309	342	147	195	9	5	4	3	2	1
柳北区	893	425	468	326	155	171	10	7	3	1		1
柳江区	3486	1676	1810	1437	649	788	59	26	33	12	5	7
柳城县	3085	1388	1697	1202	504	698	23	5	18	7	4	3
鹿寨县	2227	1166	1061	1103	497	606	33	15	18	7	5	2
融安县	2694	1387	1307	1384	653	731	32	11	21	4	2	2
融水苗族自治县	4812	2688	2124	1824	953	871	53	25	28	1	1	
三江侗族自治县	4244	2273	1971	1742	856	886	28	8	20	1	1	
桂林市	**55354**	**26451**	**28903**	**55576**	**25583**	**29993**	**2520**	**1308**	**1212**	**203**	**109**	**94**
秀峰区												
叠彩区	1056	507	549	486	200	286	24	8	16	2	1	1
象山区	56	25	31	31	6	25	2	1	1			
七星区	113	51	62	57	23	34	3		3			
雁山区	5224	1723	3501	31544	14785	16759	1821	1028	793	107	74	33
临桂区	7739	3246	4493	2398	1167	1231	92	42	50	14	8	6
阳朔县	3651	1701	1950	1821	758	1063	63	23	40	8	1	7
灵川县	4783	2293	2490	2553	1121	1432	81	31	50	13	5	8
全州县	8106	4486	3620	3477	1755	1722	107	45	62	18	7	11
兴安县	3657	1690	1967	1566	664	902	63	21	42	6	3	3
永福县	2898	1513	1385	1215	519	696	37	18	19	1	1	
灌阳县	3141	1801	1340	1501	766	735	32	19	13	11	3	8
龙胜各族自治县	2011	966	1045	1053	437	616	21	9	12	2		2
资源县	2294	1263	1031	1311	636	675	31	16	15	2	1	1
平乐县	3858	2034	1824	2513	1127	1386	37	10	27	10	3	7
恭城瑶族自治县	3077	1439	1638	1970	786	1184	55	13	42	5	2	3
荔浦市	3690	1713	1977	2080	833	1247	51	24	27	4		4

4-2c 续表 7

单位：人

地区	大学专科			大学本科			硕士研究生			博士研究生		
	小计	男	女	小计	男	女	小计	男	女	小计	男	女
梧州市	**20373**	**10677**	**9696**	**11972**	**5853**	**6119**	**292**	**140**	**152**	**41**	**24**	**17**
万秀区	1070	582	488	593	315	278	14	9	5	2	2	
长洲区	373	187	186	168	76	92	2		2	2		2
龙圩区	1735	890	845	1130	525	605	19	12	7	2	1	1
苍梧县	2847	1535	1312	1778	863	915	58	22	36	6	3	3
藤　县	7059	3629	3430	3968	1955	2013	103	54	49	16	9	7
蒙山县	1878	936	942	1281	559	722	24	7	17	4	3	1
岑溪市	5411	2918	2493	3054	1560	1494	72	36	36	9	6	3
北海市	**33507**	**17764**	**15743**	**20952**	**11363**	**9589**	**687**	**329**	**358**	**65**	**38**	**27**
海城区	6394	3189	3205	4367	2134	2233	215	115	100	13	5	8
银海区	8219	4338	3881	7522	4680	2842	223	103	120	14	12	2
铁山港区	5039	3022	2017	2663	1472	1191	70	36	34	8	5	3
合浦县	13855	7215	6640	6400	3077	3323	179	75	104	30	16	14
防城港市	**12633**	**8488**	**4145**	**4635**	**2971**	**1664**	**134**	**83**	**51**	**13**	**9**	**4**
港口区	4667	3850	817	1720	1361	359	48	40	8	1	1	
防城区	3213	1914	1299	1171	688	483	32	20	12	5	3	2
上思县	3282	1869	1413	1135	577	558	41	17	24	5	4	1
东兴市	1471	855	616	609	345	264	13	6	7	2	1	1
钦州市	**34249**	**17570**	**16679**	**30890**	**14091**	**16799**	**655**	**321**	**334**	**118**	**76**	**42**
钦南区	6748	3698	3050	17560	7863	9697	291	155	136	62	42	20
钦北区	6090	3272	2818	2498	1235	1263	70	28	42	11	8	3
灵山县	13274	6471	6803	7238	3345	3893	169	78	91	28	14	14
浦北县	8137	4129	4008	3594	1648	1946	125	60	65	17	12	5
贵港市	**53626**	**28980**	**24646**	**23871**	**11757**	**12114**	**611**	**290**	**321**	**94**	**53**	**41**
港北区	6453	3432	3021	2763	1405	1358	89	43	46	11	6	5
港南区	8260	4630	3630	3511	1716	1795	106	50	56	20	11	9
覃塘区	6244	3391	2853	3213	1440	1773	70	25	45	11	6	5
平南县	11645	6091	5554	5833	2867	2966	154	70	84	27	17	10
桂平市	21024	11436	9588	8551	4329	4222	192	102	90	25	13	12
玉林市	**51482**	**27274**	**24208**	**24069**	**12246**	**11823**	**673**	**336**	**337**	**109**	**57**	**52**
玉州区	3326	1678	1648	1378	698	680	37	19	18	8	5	3
福绵区	3172	1748	1424	1237	620	617	36	15	21	4	2	2
容　县	6251	3437	2814	4159	2030	2129	82	33	49	14	7	7
陆川县	7280	3729	3551	3288	1669	1619	106	57	49	6	4	2
博白县	14451	7478	6973	5902	2944	2958	186	97	89	40	24	16
兴业县	6049	3314	2735	2706	1404	1302	67	35	32	10	4	6
北流市	10953	5890	5063	5399	2881	2518	159	80	79	27	11	16
百色市	**48769**	**26686**	**22083**	**16175**	**8234**	**7941**	**311**	**167**	**144**	**47**	**28**	**19**
右江区	3021	1534	1487	1052	497	555	26	16	10			
田阳区	3170	1686	1484	1119	523	596	30	21	9	5	2	3
田东县	4596	2518	2078	1661	756	905	32	18	14	3	3	

4-2c 续表 8 单位:人

地区	大学专科			大学本科			硕士研究生			博士研究生		
	小计	男	女	小计	男	女	小计	男	女	小计	男	女
德保县	4251	2208	2043	1592	695	897	28	12	16	5	1	4
那坡县	3703	1994	1709	1082	610	472	20	13	7	3	2	1
凌云县	3043	1721	1322	1049	592	457	18	9	9	4	2	2
乐业县	3528	2000	1528	1004	541	463	15	9	6	1	1	
田林县	4374	2484	1890	1262	682	580	23	12	11	1		1
西林县	2619	1534	1085	662	364	298	7	4	3			
隆林各族自治县	5211	2871	2340	1609	888	721	20	11	9	9	5	4
靖西市	6824	3590	3234	2382	1199	1183	43	19	24	8	5	3
平果市	4429	2546	1883	1701	887	814	49	23	26	8	7	1
贺州市	**17763**	**9109**	**8654**	**8757**	**4062**	**4695**	**245**	**122**	**123**	**30**	**16**	**14**
八步区	5153	2677	2476	2415	1132	1283	70	39	31	12	9	3
平桂区	2769	1387	1382	1439	637	802	35	20	15	3		3
昭平县	3502	1920	1582	1578	813	765	47	22	25	5	3	2
钟山县	3173	1516	1657	1784	770	1014	52	23	29	5	2	3
富川瑶族自治县	3166	1609	1557	1541	710	831	41	18	23	5	2	3
河池市	**46054**	**26223**	**19831**	**17702**	**8701**	**9001**	**442**	**194**	**248**	**49**	**28**	**21**
金城江区	2111	1227	884	854	368	486	31	9	22	2	1	1
宜州区	5776	2989	2787	2478	1089	1389	92	41	51	10	3	7
南丹县	2146	1263	883	738	392	346	18	10	8	2	1	1
天峨县	3157	1921	1236	1036	608	428	19	14	5	2	2	
凤山县	3921	2329	1592	840	446	394	19	5	14	4	4	
东兰县	5245	3246	1999	1632	844	788	41	18	23	3	2	1
罗城仫佬族自治县	2889	1396	1493	1258	545	713	28	12	16	5	3	2
环江毛南族自治县	3896	2226	1670	2068	1016	1052	48	17	31	5	4	1
巴马瑶族自治县	4103	2282	1821	1327	666	661	19	10	9	8	4	4
都安瑶族自治县	7588	4323	3265	3399	1664	1735	71	33	38	7	4	3
大化瑶族自治县	5222	3021	2201	2072	1063	1009	56	25	31	1		1
来宾市	**22827**	**12145**	**10682**	**10103**	**4709**	**5394**	**240**	**110**	**130**	**33**	**19**	**14**
兴宾区	9099	4962	4137	3799	1862	1937	80	40	40	13	6	7
忻城县	3560	1802	1758	1444	607	837	38	16	22	4	2	2
象州县	3206	1742	1464	1537	717	820	32	14	18	7	6	1
武宣县	3769	2005	1764	1894	878	1016	56	23	33	4	2	2
金秀瑶族自治县	2096	1117	979	998	492	506	21	14	7	3	3	
合山市	1097	517	580	431	153	278	13	3	10	2		2
崇左市	**21869**	**11796**	**10073**	**7903**	**3950**	**3953**	**197**	**95**	**102**	**28**	**20**	**8**
江州区	2535	1374	1161	913	468	445	19	7	12	3	2	1
扶绥县	3868	2168	1700	1554	758	796	37	19	18	6	5	1
宁明县	3582	1980	1602	1154	611	543	22	11	11	5	4	1
龙州县	3066	1492	1574	1024	453	571	37	18	19	4	4	
大新县	3411	1724	1687	1265	630	635	36	15	21	4	2	2
天等县	4575	2611	1964	1700	893	807	40	21	19	5	2	3
凭祥市	832	447	385	293	137	156	6	4	2	1	1	

4−3 各地区分性别、受教育程度的16—59岁人口

单位：人

地 区	16−59岁人口			未上过学			学前教育		
	合计	男	女	小计	男	女	小计	男	女
总 计	**29220461**	**15251034**	**13969427**	**225567**	**71340**	**154227**	**19696**	**8631**	**11065**
南宁市	**5564452**	**2883498**	**2680954**	**17291**	**7114**	**10177**	**3083**	**1427**	**1656**
兴宁区	409304	212205	197099	793	349	444	240	117	123
青秀区	755132	357955	397177	1408	514	894	320	130	190
江南区	663328	347426	315902	1687	679	1008	416	196	220
西乡塘区	1171324	596445	574879	2098	910	1188	556	263	293
良庆区	395691	213021	182670	905	352	553	239	116	123
邕宁区	205081	109947	95134	826	306	520	153	71	82
武鸣区	430596	232135	198461	1427	576	851	248	137	111
隆安县	182097	98003	84094	1035	455	580	114	48	66
马山县	206336	109656	96680	2515	799	1716	157	63	94
上林县	197538	103903	93635	768	375	393	53	18	35
宾阳县	464115	249264	214851	1881	893	988	240	111	129
横 县	483910	253538	230372	1948	906	1042	347	157	190
柳州市	**2598023**	**1369889**	**1228134**	**19164**	**5406**	**13758**	**1166**	**520**	**646**
城中区	157752	75892	81860	204	73	131	41	18	23
鱼峰区	454190	242880	211310	1144	483	661	154	80	74
柳南区	401083	210195	190888	1072	462	610	136	70	66
柳北区	315560	160923	154637	1154	394	760	105	56	49
柳江区	313927	166761	147166	1281	548	733	132	66	66
柳城县	185657	99876	85781	1255	574	681	72	32	40
鹿寨县	199771	109567	90204	973	468	505	75	42	33
融安县	146171	79141	67030	1356	477	879	48	22	26
融水苗族自治县	242512	129555	112957	5727	1043	4684	317	105	212
三江侗族自治县	181400	95099	86301	4998	884	4114	86	29	57
桂林市	**2902592**	**1485062**	**1417530**	**17209**	**6462**	**10747**	**1746**	**758**	**988**
秀峰区	102062	51278	50784	533	251	282	40	17	23
叠彩区	124130	60479	63651	265	114	151	51	21	30
象山区	176767	85136	91631	501	154	347	97	47	50
七星区	268331	138407	129924	640	245	395	81	38	43
雁山区	106012	45253	60759	358	110	248	46	20	26
临桂区	341628	172709	168919	3647	1131	2516	299	101	198
阳朔县	157216	81916	75300	1406	529	877	141	51	90
灵川县	255594	135031	120563	899	371	528	139	68	71
全州县	298819	158641	140178	2134	816	1318	213	90	123
兴安县	166845	84925	81920	893	407	486	131	63	68
永福县	129082	69476	59606	1255	490	765	84	45	39
灌阳县	110365	57428	52937	728	282	446	71	27	44
龙胜各族自治县	81125	42166	38959	682	237	445	51	21	30
资源县	75838	39007	36831	376	135	241	42	16	26
平乐县	179615	93425	86190	1608	576	1032	152	77	75
恭城瑶族自治县	135238	69733	65505	617	277	340	45	23	22
荔浦市	193925	100052	93873	667	337	330	63	33	30

4-3 续表 1 单位:人

地区	16-59岁人口			未上过学			学前教育		
	合计	男	女	小计	男	女	小计	男	女
梧州市	**1555988**	**802826**	**753162**	**7225**	**2741**	**4484**	**889**	**408**	**481**
万秀区	165409	80838	84571	374	192	182	65	31	34
长洲区	190298	93551	96747	407	183	224	88	42	46
龙圩区	164845	86903	77942	648	279	369	149	78	71
苍梧县	145599	78578	67021	917	370	547	128	49	79
藤　县	421265	223775	197490	2490	906	1584	237	105	132
蒙山县	87858	44820	43038	470	192	278	39	21	18
岑溪市	380714	194361	186353	1919	619	1300	183	82	101
北海市	**1131875**	**588897**	**542978**	**6959**	**2413**	**4546**	**763**	**354**	**409**
海城区	346616	172549	174067	1087	362	725	155	70	85
银海区	211834	110651	101183	1649	636	1013	124	57	67
铁山港区	85605	47047	38558	310	156	154	26	13	13
合浦县	487820	258650	229170	3913	1259	2654	458	214	244
防城港市	**633844**	**352437**	**281407**	**4569**	**1649**	**2920**	**437**	**227**	**210**
港口区	169355	100563	68792	1321	558	763	90	45	45
防城区	222324	120136	102188	1672	576	1096	148	79	69
上思县	112291	62962	49329	885	291	594	112	50	62
东兴市	129874	68776	61098	691	224	467	87	53	34
钦州市	**1777633**	**943518**	**834115**	**11645**	**4239**	**7406**	**1112**	**522**	**590**
钦南区	406955	216072	190883	2791	958	1833	247	123	124
钦北区	388395	211375	177020	3022	1188	1834	336	157	179
灵山县	629246	331733	297513	3744	1298	2446	351	171	180
浦北县	353037	184338	168699	2088	795	1293	178	71	107
贵港市	**2395967**	**1259659**	**1136308**	**11039**	**4285**	**6754**	**2296**	**1008**	**1288**
港北区	459308	234923	224385	2072	815	1257	310	114	196
港南区	286625	151400	135225	1448	516	932	321	154	167
覃塘区	229480	119336	110144	1182	459	723	236	108	128
平南县	589164	310575	278589	2104	906	1198	408	210	198
桂平市	831390	443425	387965	4233	1589	2644	1021	422	599
玉林市	**3105127**	**1606527**	**1498600**	**14534**	**5867**	**8667**	**2623**	**1236**	**1387**
玉州区	561449	283218	278231	1159	539	620	339	175	164
福绵区	175090	96677	78413	904	421	483	113	65	48
容　县	340384	168671	171713	1691	499	1192	159	69	90
陆川县	415356	215523	199833	1614	754	860	247	121	126
博白县	708376	374729	333647	4460	1847	2613	925	444	481
兴业县	266669	143467	123202	1380	625	755	191	79	112
北流市	637803	324242	313561	3326	1182	2144	649	283	366
百色市	**2117645**	**1103430**	**1014215**	**51612**	**12873**	**38739**	**2307**	**837**	**1470**
右江区	313148	154037	159111	2687	775	1912	257	109	148
田阳区	181754	94656	87098	1688	551	1137	91	46	45
田东县	203938	106601	97337	2655	776	1879	156	61	95

4-3 续表 2

单位：人

地 区	16-59岁人口			未上过学			学前教育		
	合计	男	女	小计	男	女	小计	男	女
德保县	145836	79036	66800	1364	555	809	102	52	50
那坡县	98895	52623	46272	3702	891	2811	352	140	212
凌云县	109800	57218	52582	4537	835	3702	54	15	39
乐业县	88151	46330	41821	4194	926	3268	208	54	154
田林县	139217	73744	65473	5357	1115	4242	210	48	162
西林县	88083	46884	41199	7659	1545	6114	45	12	33
隆林各族自治县	204033	105268	98765	13718	3302	10416	478	150	328
靖西市	271115	145862	125253	2352	972	1380	208	86	122
平果市	273675	141171	132504	1699	630	1069	146	64	82
贺州市	**1091043**	**566420**	**524623**	**11406**	**3105**	**8301**	**575**	**199**	**376**
八步区	364185	183605	180580	2976	824	2152	199	65	134
平桂区	227084	122092	104992	1533	563	970	96	29	67
昭平县	171354	89424	81930	1080	436	644	77	30	47
钟山县	185204	98345	86859	3145	767	2378	146	54	92
富川瑶族自治县	143216	72954	70262	2672	515	2157	57	21	36
河池市	**1899423**	**986318**	**913105**	**37697**	**9104**	**28593**	**1161**	**449**	**712**
金城江区	229325	115495	113830	1142	428	714	89	34	55
宜州区	314769	161240	153529	2539	1052	1487	204	108	96
南丹县	159328	84426	74902	5976	1647	4329	139	55	84
天峨县	84888	45268	39620	2908	536	2372	66	14	52
凤山县	93042	48351	44691	2411	476	1935	109	39	70
东兰县	115122	60546	54576	4752	719	4033	109	32	77
罗城仫佬族自治县	145310	75703	69607	2133	751	1382	99	44	55
环江毛南族自治县	157663	84369	73294	1466	469	997	40	18	22
巴马瑶族自治县	126252	64640	61612	6496	994	5502	93	23	70
都安瑶族自治县	284992	148280	136712	2923	931	1992	100	37	63
大化瑶族自治县	188732	98000	90732	4951	1101	3850	113	45	68
来宾市	**1196047**	**632928**	**563119**	**6508**	**2553**	**3955**	**573**	**266**	**307**
兴宾区	543854	285570	258284	3234	1113	2121	315	153	162
忻城县	162619	86398	76221	1041	462	579	83	35	48
象州县	164680	88434	76246	599	265	334	59	27	32
武宣县	190322	100579	89743	775	331	444	82	38	44
金秀瑶族自治县	78463	42595	35868	536	228	308	17	7	10
合山市	56109	29352	26757	323	154	169	17	6	11
崇左市	**1250802**	**669625**	**581177**	**8709**	**3529**	**5180**	**965**	**420**	**545**
江州区	296577	156919	139658	1699	684	1015	344	157	187
扶绥县	254684	138981	115703	1408	591	817	129	61	68
宁明县	181838	98904	82934	1504	555	949	122	44	78
龙州县	141143	75660	65483	937	435	502	70	23	47
大新县	156082	81715	74367	1140	498	642	93	39	54
天等县	137492	72087	65405	1518	572	946	129	54	75
凭祥市	82986	45359	37627	503	194	309	78	42	36

4-3 续表 3

单位:人

地区	小学			初中			高中		
	小计	男	女	小计	男	女	小计	男	女
总计	**4519206**	**2071820**	**2447386**	**13882636**	**7610161**	**6272475**	**5387186**	**2927778**	**2459408**
南宁市	**477068**	**215591**	**261477**	**2329763**	**1263561**	**1066202**	**1162676**	**629428**	**533248**
兴宁区	21022	9510	11512	139541	74347	65194	103408	55162	48246
青秀区	30451	13433	17018	148635	76705	71930	145238	73589	71649
江南区	47256	21649	25607	264338	144280	120058	177480	94550	82930
西乡塘区	59766	27117	32649	368143	196570	171573	263966	140781	123185
良庆区	32979	15634	17345	171142	94742	76400	106208	58769	47439
邕宁区	23719	10836	12883	100970	56348	44622	39167	21505	17662
武鸣区	43520	20324	23196	216628	118131	98497	85999	48601	37398
隆安县	32945	14756	18189	106303	59586	46717	25731	14797	10934
马山县	50887	22209	28678	103760	59866	43894	29094	16384	12710
上林县	14535	6152	8383	127084	68036	59048	32256	18006	14250
宾阳县	56090	25647	30443	284235	154554	129681	75794	43656	32138
横县	63898	28324	35574	298984	160396	138588	78335	43628	34707
柳州市	**404062**	**197011**	**207051**	**1103131**	**606355**	**496776**	**526296**	**282622**	**243674**
城中区	5720	2444	3276	31333	14874	16459	35263	16776	18487
鱼峰区	33446	16401	17045	157312	84120	73192	115357	62944	52413
柳南区	31978	15770	16208	164388	86298	78090	110222	59580	50642
柳北区	23400	11143	12257	115029	58341	56688	83663	44306	39357
柳江区	55663	27480	28183	165271	90868	74403	56919	30807	26112
柳城县	31692	16427	15265	109618	61302	48316	24441	12866	11575
鹿寨县	41066	22009	19057	105245	59735	45510	31194	16939	14255
融安县	32469	15992	16477	75415	43398	32017	20750	11288	9462
融水苗族自治县	82779	38638	44141	102786	62119	40667	30885	17199	13686
三江侗族自治县	65849	30707	35142	76734	45300	31434	17602	9917	7685
桂林市	**403158**	**182541**	**220617**	**1310558**	**708868**	**601690**	**560623**	**297546**	**263077**
秀峰区	7979	3579	4400	33488	17545	15943	27654	14537	13117
叠彩区	6911	2890	4021	40875	20026	20849	36386	18075	18311
象山区	11685	4767	6918	55481	26680	28801	51599	25858	25741
七星区	15308	8148	7160	75582	40769	34813	67829	34873	32956
雁山区	8526	3927	4599	19471	10929	8542	9854	5031	4823
临桂区	54378	23795	30583	143236	80605	62631	62137	33702	28435
阳朔县	29296	13540	15756	84627	46828	37799	25525	13453	12072
灵川县	27283	11934	15349	121414	64131	57283	49086	26509	22577
全州县	42182	18400	23782	164097	89643	74454	57149	32659	24490
兴安县	24729	11700	13029	92268	48681	43587	30234	15388	14846
永福县	34900	17144	17756	60585	34604	25981	18878	10555	8323
灌阳县	17726	7176	10550	60548	33000	27548	17173	9699	7474
龙胜各族自治县	18051	8508	9543	38953	21714	17239	12386	6529	5857
资源县	14533	5836	8697	38344	20928	17416	12595	6998	5597
平乐县	33756	14877	18879	99339	54851	44488	28121	15160	12961
恭城瑶族自治县	30979	13959	17020	67588	37510	30078	20426	10783	9643
荔浦市	24936	12361	12575	114662	60424	54238	33591	17737	15854

4-3 续表 4

单位:人

地区	小学			初中			高中		
	小计	男	女	小计	男	女	小计	男	女
梧州市	**226592**	**100034**	**126558**	**821941**	**440335**	**381606**	**292245**	**157120**	**135125**
万秀区	13518	5745	7773	64787	32295	32492	42083	22081	20002
长洲区	16480	7220	9260	71473	35682	35791	52220	26348	25872
龙圩区	27873	13505	14368	86634	47159	39475	31640	16724	14916
苍梧县	40645	17268	23377	79047	46764	32283	14935	8999	5936
藤县	69221	31547	37674	250168	138396	111772	63062	34545	28517
蒙山县	11153	5074	6079	48573	25513	23060	15202	8021	7181
岑溪市	47702	19675	28027	221259	114526	106733	73103	40402	32701
北海市	**128485**	**59526**	**68959**	**528008**	**285526**	**242482**	**258962**	**138828**	**120134**
海城区	23293	10471	12822	129914	65919	63995	98960	51334	47626
银海区	25439	12569	12870	87300	48305	38995	44175	23054	21121
铁山港区	10559	4611	5948	50380	28154	22226	14159	8455	5704
合浦县	69194	31875	37319	260414	143148	117266	101668	55985	45683
防城港市	**88087**	**40538**	**47549**	**314932**	**179961**	**134971**	**120725**	**70422**	**50303**
港口区	15851	7436	8415	67179	39990	27189	38909	24201	14708
防城区	35619	16362	19257	115633	65448	50185	39119	21813	17306
上思县	18495	8615	9880	61411	36134	25277	19317	11281	8036
东兴市	18122	8125	9997	70709	38389	32320	23380	13127	10253
钦州市	**370190**	**182966**	**187224**	**853480**	**472478**	**381002**	**304870**	**166897**	**137973**
钦南区	58775	27330	31445	163923	91308	72615	90168	51158	39010
钦北区	72128	36121	36007	185079	105974	79105	69274	38324	30950
灵山县	167812	85895	81917	319098	174067	145031	83627	44359	39268
浦北县	71475	33620	37855	185380	101129	84251	61801	33056	28745
贵港市	**364120**	**164983**	**199137**	**1305718**	**706346**	**599372**	**440302**	**244660**	**195642**
港北区	60667	26703	33964	197167	104705	92462	111415	58307	53108
港南区	45073	19413	25660	153580	83063	70517	57834	33640	24194
覃塘区	46827	20793	26034	130185	69930	60255	30684	17997	12687
平南县	78635	37312	41323	346205	185476	160729	101294	56403	44891
桂平市	132918	60762	72156	478581	263172	215409	139075	78313	60762
玉林市	**416338**	**196283**	**220055**	**1734054**	**913591**	**820463**	**579272**	**311663**	**267609**
玉州区	49688	25701	23987	227499	117110	110389	154634	79543	75091
福绵区	29348	15050	14298	112790	63361	49429	22570	12980	9590
容县	37211	15964	21247	203339	100766	102573	63523	34382	29141
陆川县	52141	25104	27037	248815	130311	118504	77051	41073	35978
博白县	117669	56202	61467	411004	223442	187562	106904	58480	48424
兴业县	33951	16356	17595	168475	92059	76416	41443	23348	18095
北流市	96330	41906	54424	362132	186542	175590	113147	61857	51290
百色市	**542109**	**246914**	**295195**	**918562**	**528537**	**390025**	**304456**	**166268**	**138188**
右江区	48392	21581	26811	111793	60643	51150	62092	31135	30957
田阳区	43273	20194	23079	91629	50723	40906	24767	13207	11560
田东县	39299	17387	21912	104871	58229	46642	32882	17919	14963

4-3 续表 5

单位：人

地 区	小学			初中			高中		
	小计	男	女	小计	男	女	小计	男	女
德保县	34648	17352	17296	72916	41362	31554	19373	10995	8378
那坡县	38181	17878	20303	35355	21925	13430	11780	6694	5086
凌云县	41849	18446	23403	36363	23039	13324	15043	8356	6687
乐业县	26110	10895	15215	35135	21752	13383	12041	6953	5088
田林县	46691	19967	26724	55933	35538	20395	15880	9024	6856
西林县	30986	14874	16112	28755	18632	10123	10335	6158	4177
隆林各族自治县	78663	36412	42251	70485	43407	27078	22931	12491	10440
靖西市	63687	30244	33443	149178	84243	64935	34439	19429	15010
平果市	50330	21684	28646	126149	69044	57105	42893	23907	18986
贺州市	**229630**	**100192**	**129438**	**546442**	**307566**	**238876**	**163197**	**88499**	**74698**
八步区	71819	30592	41227	167340	92026	75314	56894	30202	26692
平桂区	47396	23416	23980	126498	71335	55163	33020	17916	15104
昭平县	30747	12268	18479	96350	53369	42981	24971	13794	11177
钟山县	50483	23125	27358	85077	50370	34707	25878	14145	11733
富川瑶族自治县	29185	10791	18394	71177	40466	30711	22434	12442	9992
河池市	**471586**	**208483**	**263103**	**830289**	**473828**	**356461**	**292434**	**160515**	**131919**
金城江区	27287	11374	15913	93830	49609	44221	51401	26986	24415
宜州区	70080	33323	36757	142397	78476	63921	49434	25843	23591
南丹县	42570	18639	23931	71118	42214	28904	22343	12727	9616
天峨县	23732	9603	14129	31774	20062	11712	13254	7661	5593
凤山县	25794	9646	16148	40059	24312	15747	12443	7176	5267
东兰县	28033	10803	17230	49575	30045	19530	16385	9797	6588
罗城仫佬族自治县	46120	21700	24420	63344	36176	27168	17771	9545	8226
环江毛南族自治县	36461	16724	19737	81905	46924	34981	20963	11606	9357
巴马瑶族自治县	37608	16323	21285	46098	27902	18196	18735	10242	8493
都安瑶族自治县	74283	33722	40561	133659	74209	59450	42746	23530	19216
大化瑶族自治县	59618	26626	32992	76530	43899	32631	26959	15402	11557
来宾市	**189876**	**86241**	**103635**	**665103**	**369888**	**295215**	**181989**	**100070**	**81919**
兴宾区	86634	37790	48844	282923	158127	124796	89315	48874	40441
忻城县	32306	14576	17730	94405	53560	40845	19644	10526	9118
象州县	29812	14045	15767	92923	52177	40746	23938	13395	10543
武宣县	17615	8056	9559	120655	65254	55401	30044	16464	13580
金秀瑶族自治县	17921	9238	8683	39445	22223	17222	10832	6149	4683
合山市	5588	2536	3052	34752	18547	16205	8216	4662	3554
崇左市	**207905**	**90517**	**117388**	**620655**	**353321**	**267334**	**199139**	**113240**	**85899**
江州区	38264	16948	21316	115628	66045	49583	50624	28395	22229
扶绥县	31554	14219	17335	131408	74159	57249	40964	23720	17244
宁明县	35565	14564	21001	102181	60206	41975	26388	15107	11281
龙州县	30736	13810	16926	74625	43000	31625	20430	11499	8931
大新县	28692	12094	16598	85968	47742	38226	24497	13609	10888
天等县	30326	13058	17268	68396	37726	30670	21403	12524	8879
凭祥市	12768	5824	6944	42449	24443	18006	14833	8386	6447

4–3 续表 6

单位：人

地 区	大学专科			大学本科			硕士研究生			博士研究生		
	小计	男	女	小计	男	女	小计	男	女	小计	男	女
总 计	**2873477**	**1461086**	**1412391**	**2172326**	**1030295**	**1142031**	**127722**	**62182**	**65540**	**12645**	**7741**	**4904**
南宁市	**840567**	**428744**	**411823**	**666544**	**305114**	**361430**	**61012**	**28665**	**32347**	**6448**	**3854**	**2594**
兴宁区	92175	47587	44588	48316	23226	25090	3501	1723	1778	308	184	124
青秀区	171096	77169	93927	228429	102267	126162	27303	12876	14427	2252	1272	980
江南区	105194	53262	51932	62996	30875	32121	3675	1758	1917	286	177	109
西乡塘区	258306	133955	124351	192893	84452	108441	22313	10363	11950	3283	2034	1249
良庆区	53307	28073	25234	29223	14531	14692	1574	736	838	114	68	46
邕宁区	18162	9519	8643	21422	11053	10369	616	285	331	46	24	22
武鸣区	50205	30560	19645	31628	13443	18185	901	344	557	40	19	21
隆安县	9937	5369	4568	5899	2912	2987	120	69	51	13	11	2
马山县	13033	6787	6246	6753	3472	3281	123	67	56	14	9	5
上林县	14474	7393	7081	8162	3826	4336	184	86	98	22	11	11
宾阳县	29898	16180	13718	15590	8019	7571	355	183	172	32	21	11
横 县	24780	12890	11890	15233	7038	8195	347	175	172	38	24	14
柳州市	**314623**	**162170**	**152453**	**216349**	**108942**	**107407**	**12292**	**6285**	**6007**	**940**	**578**	**362**
城中区	31009	14182	16827	49349	24986	24363	4459	2292	2167	374	247	127
鱼峰区	87519	47729	39790	55517	29161	26356	3501	1810	1691	240	152	88
柳南区	54991	28506	26485	36455	18521	17934	1728	923	805	113	65	48
柳北区	58841	30202	28639	31608	15604	16004	1653	818	835	107	59	48
柳江区	23338	11737	11601	10997	5105	5892	291	132	159	35	18	17
柳城县	11372	5400	5972	7048	3194	3854	142	74	68	17	7	10
鹿寨县	12795	6422	6373	8205	3855	4350	200	89	111	18	8	10
融安县	10533	5311	5222	5482	2602	2880	104	44	60	14	7	7
融水苗族自治县	13349	7057	6292	6517	3310	3207	136	72	64	16	12	4
三江侗族自治县	10876	5624	5252	5171	2604	2567	78	31	47	6	3	3
桂林市	**280311**	**131873**	**148438**	**302728**	**144128**	**158600**	**23609**	**11197**	**12412**	**2650**	**1689**	**961**
秀峰区	14718	6920	7798	15913	7586	8327	1558	736	822	179	107	72
叠彩区	21722	10492	11230	16815	8310	8505	1011	491	520	94	60	34
象山区	29153	13833	15320	25972	12711	13261	2124	1001	1123	155	85	70
七星区	38780	18314	20466	59215	30040	29175	9252	4879	4373	1644	1101	543
雁山区	5797	1979	3818	57150	21382	35768	4617	1742	2875	193	133	60
临桂区	45874	18823	27051	29580	13467	16113	2320	997	1323	157	88	69
阳朔县	9186	4356	4830	6830	3071	3759	188	82	106	17	6	11
灵川县	21581	10612	10969	33944	20732	13212	1169	621	548	79	53	26
全州县	21503	11291	10212	11241	5599	5642	265	126	139	35	17	18
兴安县	12067	5653	6414	6320	2941	3379	187	84	103	16	8	8
永福县	8236	4210	4026	5000	2344	2656	136	78	58	8	6	2
灌阳县	8625	4534	4091	5382	2648	2734	93	54	39	19	8	11
龙胜各族自治县	6580	3197	3383	4305	1895	2410	111	63	48	6	2	4
资源县	6010	3129	2881	3837	1918	1919	92	46	46	9	1	8
平乐县	9526	4688	4838	6974	3148	3826	123	43	80	16	5	11
恭城瑶族自治县	8814	4198	4616	6592	2918	3674	163	58	105	14	7	7
荔浦市	12139	5644	6495	7658	3418	4240	200	96	104	9	2	7

4-3 续表 7　　单位:人

地　区	大学专科			大学本科			硕士研究生			博士研究生		
	小计	男	女	小计	男	女	小计	男	女	小计	男	女
梧州市	**111375**	**56190**	**55185**	**93129**	**44657**	**48472**	**2413**	**1229**	**1184**	**179**	**112**	**67**
万秀区	18457	9215	9242	25470	10952	14518	598	290	308	57	37	20
长洲区	28098	13137	14961	20581	10429	10152	905	475	430	46	35	11
龙圩区	9868	5199	4669	7848	3850	3998	177	104	73	8	5	3
苍梧县	5445	2975	2470	4359	2096	2263	112	53	59	11	4	7
藤　县	21327	11065	10262	14475	7062	7413	253	130	123	32	19	13
蒙山县	6575	3230	3345	5731	2719	3012	110	47	63	5	3	2
岑溪市	21605	11369	10236	14665	7549	7116	258	130	128	20	9	11
北海市	**118291**	**58347**	**59944**	**86387**	**41937**	**44450**	**3771**	**1813**	**1958**	**249**	**153**	**96**
海城区	54884	25823	29061	36298	17568	18730	1902	932	970	123	70	53
银海区	24662	12295	12367	27060	13042	14018	1353	641	712	72	52	20
铁山港区	6420	3697	2723	3665	1917	1748	78	39	39	8	5	3
合浦县	32325	16532	15793	19364	9410	9954	438	201	237	46	26	20
防城港市	**64913**	**36964**	**27949**	**38557**	**21754**	**16803**	**1517**	**852**	**665**	**107**	**70**	**37**
港口区	27210	17087	10123	17843	10679	7164	901	527	374	51	40	11
防城区	19599	10117	9482	10147	5548	4599	353	175	178	34	18	16
上思县	8043	4490	3553	3928	2052	1876	93	43	50	7	6	1
东兴市	10061	5270	4791	6639	3475	3164	170	107	63	15	6	9
钦州市	**130456**	**65244**	**65212**	**101473**	**48749**	**52724**	**4026**	**2189**	**1837**	**381**	**234**	**147**
钦南区	44896	22664	22232	43914	21283	22631	2019	1113	906	222	135	87
钦北区	32481	16655	15826	24734	12233	12501	1253	664	589	88	59	29
灵山县	32462	15620	16842	21710	10083	11627	391	214	177	51	26	25
浦北县	20617	10305	10312	11115	5150	5965	363	198	165	20	14	6
贵港市	**169275**	**87817**	**81458**	**100356**	**49072**	**51284**	**2585**	**1325**	**1260**	**276**	**163**	**113**
港北区	51430	26020	25410	34865	17507	17358	1263	676	587	119	76	43
港南区	18092	9671	8421	9990	4810	5180	257	119	138	30	14	16
覃塘区	12872	6808	6064	7333	3175	4158	146	58	88	15	8	7
平南县	36935	18911	18024	23099	11106	11993	423	213	210	61	38	23
桂平市	49946	26407	23539	25069	12474	12595	496	259	237	51	27	24
玉林市	**207670**	**105846**	**101824**	**145758**	**69445**	**76313**	**4378**	**2274**	**2104**	**500**	**322**	**178**
玉州区	64657	31828	32829	60550	26752	33798	2603	1342	1261	320	228	92
福绵区	6252	3283	2969	3041	1483	1558	66	31	35	6	3	3
容　县	19239	9721	9518	14901	7111	7790	295	146	149	26	13	13
陆川县	23175	11891	11284	12080	6140	5940	218	121	97	15	8	7
博白县	41762	21428	20334	25017	12543	12474	571	304	267	64	39	25
兴业县	13275	7071	6204	7786	3841	3945	154	81	73	14	7	7
北流市	39310	20624	18686	22383	11575	10808	471	249	222	55	24	31
百色市	**183714**	**93272**	**90442**	**110967**	**52640**	**58327**	**3622**	**1899**	**1723**	**296**	**190**	**106**
右江区	39594	18779	20815	45757	19694	26063	2387	1195	1192	189	126	63
田阳区	12831	6446	6385	7316	3389	3927	149	94	55	10	6	4
田东县	15786	8159	7627	8106	3967	4139	168	91	77	15	12	3

4-3 续表 8

单位：人

地 区	大学专科			大学本科			硕士研究生			博士研究生		
	小计	男	女	小计	男	女	小计	男	女	小计	男	女
德保县	11154	5708	5446	6157	2952	3205	111	57	54	11	3	8
那坡县	6903	3680	3223	2578	1389	1189	40	24	16	4	2	2
凌云县	7688	4198	3490	4191	2288	1903	68	38	30	7	3	4
乐业县	7289	4081	3208	3120	1636	1484	52	31	21	2	2	
田林县	10356	5567	4789	4706	2432	2274	81	53	28	3		3
西林县	6961	3847	3114	3294	1790	1504	48	26	22			
隆林各族自治县	11956	6362	5594	5705	3084	2621	79	50	29	18	10	8
靖西市	14365	7484	6881	6753	3335	3418	115	59	56	18	10	8
平果市	38831	18961	19870	13284	6684	6600	324	181	143	19	16	3
贺州市	**73385**	**36385**	**37000**	**64131**	**29297**	**34834**	**2118**	**1086**	**1032**	**159**	**91**	**68**
八步区	28524	13778	14746	34999	15338	19661	1341	717	624	93	63	30
平桂区	10780	5225	5555	7460	3462	3998	277	135	142	24	11	13
昭平县	11550	6161	5389	6434	3296	3138	133	64	69	12	6	6
钟山县	11822	5836	5986	8440	3952	4488	197	88	109	16	8	8
富川瑶族自治县	10709	5385	5324	6798	3249	3549	170	82	88	14	3	11
河池市	**157845**	**81379**	**76466**	**105538**	**51013**	**54525**	**2679**	**1434**	**1245**	**194**	**113**	**81**
金城江区	32381	15415	16966	22295	11132	11163	853	487	366	47	30	17
宜州区	22809	10947	11862	26492	11070	15422	763	393	370	51	28	23
南丹县	11026	5925	5101	6029	3148	2881	117	67	50	10	4	6
天峨县	8092	4627	3465	4969	2712	2257	89	49	40	4	4	0
凤山县	8907	4908	3999	3267	1766	1501	45	22	23	7	6	1
东兰县	10401	6023	4378	5757	3070	2687	101	53	48	9	4	5
罗城仫佬族自治县	9919	4729	5190	5800	2691	3109	115	62	53	9	5	4
环江毛南族自治县	10207	5387	4820	6498	3182	3316	116	54	62	7	5	2
巴马瑶族自治县	11291	6100	5191	5786	2973	2813	120	68	52	25	15	10
都安瑶族自治县	19757	10258	9499	11272	5469	5803	233	115	118	19	9	10
大化瑶族自治县	13055	7060	5995	7373	3800	3573	127	64	63	6	3	3
来宾市	**88089**	**44724**	**43365**	**62088**	**28215**	**33873**	**1705**	**899**	**806**	**116**	**72**	**44**
兴宾区	44410	22793	21617	35774	16030	19744	1174	643	531	75	47	28
忻城县	9523	4680	4843	5504	2508	2996	105	47	58	8	4	4
象州县	10275	5245	5030	6932	3205	3727	131	68	63	11	7	4
武宣县	13373	6781	6592	7610	3577	4033	155	68	87	13	10	3
金秀瑶族自治县	5727	2883	2844	3906	1821	2085	74	43	31	5	3	2
合山市	4781	2342	2439	2362	1074	1288	66	30	36	4	1	3
崇左市	**132963**	**72131**	**60832**	**78321**	**35332**	**42989**	**1995**	**1035**	**960**	**150**	**100**	**50**
江州区	50522	29109	21413	38427	15046	23381	1012	495	517	57	40	17
扶绥县	35060	18670	16390	13795	7364	6431	351	189	162	15	8	7
宁明县	10813	5712	5101	5121	2630	2491	128	73	55	16	13	3
龙州县	9211	4483	4728	4994	2335	2659	128	66	62	12	9	3
大新县	9958	4953	5005	5622	2721	2901	107	56	51	5	3	2
天等县	9933	5268	4665	5647	2811	2836	115	63	52	25	11	14
凭祥市	7466	3936	3530	4715	2425	2290	154	93	61	20	16	4

4-3a 各地区分性别、受教育程度的16—59岁人口（城市）

单位：人

地区	16-59岁人口			未上过学			学前教育		
	合计	男	女	小计	男	女	小计	男	女
总计	**9799588**	**4905238**	**4894350**	**23437**	**9047**	**14390**	**5077**	**2420**	**2657**
南宁市	**3181066**	**1598596**	**1582470**	**5578**	**2168**	**3410**	**1616**	**763**	**853**
兴宁区	351686	180308	171378	673	271	402	223	105	118
青秀区	693525	324158	369367	1058	373	685	220	89	131
江南区	513003	265728	247275	1194	430	764	340	157	183
西乡塘区	1037202	523041	514161	1756	746	1010	497	237	260
良庆区	322718	171665	151053	474	182	292	196	100	96
邕宁区	107629	55382	52247	243	91	152	75	35	40
武鸣区	155303	78314	76989	180	75	105	65	40	25
隆安县									
马山县									
上林县									
宾阳县									
横　县									
柳州市	**1363739**	**698074**	**665665**	**3176**	**1190**	**1986**	**440**	**221**	**219**
城中区	155863	74917	80946	200	69	131	37	14	23
鱼峰区	405298	213379	191919	910	351	559	130	67	63
柳南区	340553	174623	165930	799	318	481	107	54	53
柳北区	293134	148823	144311	1021	348	673	98	52	46
柳江区	168891	86332	82559	246	104	142	68	34	34
柳城县									
鹿寨县									
融安县									
融水苗族自治县									
三江侗族自治县									
桂林市	**876506**	**428906**	**447600**	**2790**	**985**	**1805**	**377**	**158**	**219**
秀峰区	102062	51278	50784	533	251	282	40	17	23
叠彩区	104702	50624	54078	189	83	106	42	16	26
象山区	174382	83898	90484	468	148	320	86	38	48
七星区	245620	124199	121421	547	192	355	78	36	42
雁山区	6467	3479	2988	23	9	14	6	3	3
临桂区	183959	87195	96764	962	269	693	111	40	71
阳朔县									
灵川县									
全州县									
兴安县									
永福县									
灌阳县									
龙胜各族自治县									
资源县									
平乐县									
恭城瑶族自治县									
荔浦市	59314	28233	31081	68	33	35	14	8	6

4-3a 续表 1

单位：人

地区	16-59岁人口			未上过学			学前教育		
	合计	男	女	小计	男	女	小计	男	女
梧州市	**540433**	**265420**	**275013**	**976**	**452**	**524**	**272**	**129**	**143**
万秀区	131562	62406	69156	242	124	118	54	24	30
长洲区	175635	85858	89777	361	163	198	82	40	42
龙圩区	81981	41948	40033	138	71	67	46	23	23
苍梧县									
藤　县									
蒙山县									
岑溪市	151255	75208	76047	235	94	141	90	42	48
北海市	**424173**	**210728**	**213445**	**2153**	**776**	**1377**	**197**	**90**	**107**
海城区	289643	143238	146405	884	303	581	121	51	70
银海区	125466	62896	62570	1256	467	789	75	39	36
铁山港区	9064	4594	4470	13	6	7	1		1
合浦县									
防城港市	**300261**	**158856**	**141405**	**1013**	**370**	**643**	**214**	**118**	**96**
港口区	112919	62847	50072	426	158	268	70	35	35
防城区	103640	52834	50806	281	103	178	69	36	33
上思县									
东兴市	83702	43175	40527	306	109	197	75	47	28
钦州市	**328706**	**165167**	**163539**	**839**	**380**	**459**	**101**	**41**	**60**
钦南区	190046	94972	95074	440	174	266	77	34	43
钦北区	138660	70195	68465	399	206	193	24	7	17
灵山县									
浦北县									
贵港市	**594501**	**297818**	**296683**	**1249**	**548**	**701**	**410**	**201**	**209**
港北区	303047	149732	153315	611	247	364	151	71	80
港南区	90171	46355	43816	151	65	86	89	52	37
覃塘区	58808	30029	28779	225	104	121	76	40	36
平南县									
桂平市	142475	71702	70773	262	132	130	94	38	56
玉林市	**631967**	**317161**	**314806**	**967**	**453**	**514**	**392**	**203**	**189**
玉州区	424641	211491	213150	670	325	345	281	145	136
福绵区	33614	17993	15621	122	53	69	17	9	8
容　县									
陆川县									
博白县									
兴业县									
北流市	173712	87677	86035	175	75	100	94	49	45
百色市	**561465**	**273444**	**288021**	**1979**	**669**	**1310**	**381**	**174**	**207**
右江区	225520	107303	118217	860	267	593	192	79	113
田阳区	102418	51345	51073	438	168	270	41	21	20
田东县									

4-3a 续表 2

单位:人

地 区	16-59岁人口			未上过学			学前教育		
	合计	男	女	小计	男	女	小计	男	女
德保县									
那坡县									
凌云县									
乐业县									
田林县									
西林县									
隆林各族自治县									
靖西市	75826	37921	37905	221	95	126	76	36	40
平果市	157701	76875	80826	460	139	321	72	38	34
贺州市	**212008**	**103889**	**108119**	**545**	**191**	**354**	**91**	**40**	**51**
八步区	123829	57998	65831	228	72	156	53	24	29
平桂区	88179	45891	42288	317	119	198	38	16	22
昭平县									
钟山县									
富川瑶族自治县									
河池市	**295126**	**142173**	**152953**	**883**	**375**	**508**	**141**	**63**	**78**
金城江区	163338	79157	84181	333	110	223	72	28	44
宜州区	131788	63016	68772	550	265	285	69	35	34
南丹县									
天峨县									
凤山县									
东兰县									
罗城仫佬族自治县									
环江毛南族自治县									
巴马瑶族自治县									
都安瑶族自治县									
大化瑶族自治县									
来宾市	**274893**	**135390**	**139503**	**674**	**233**	**441**	**165**	**81**	**84**
兴宾区	252179	124170	128009	534	165	369	159	79	80
忻城县									
象州县									
武宣县									
金秀瑶族自治县									
合山市	22714	11220	11494	140	68	72	6	2	4
崇左市	**214744**	**109616**	**105128**	**615**	**257**	**358**	**280**	**138**	**142**
江州区	169819	86073	83746	513	222	291	252	123	129
扶绥县									
宁明县									
龙州县									
大新县									
天等县									
凭祥市	44925	23543	21382	102	35	67	28	15	13

4-3a 续表 3

单位：人

地 区	小学			初中			高中		
	小计	男	女	小计	男	女	小计	男	女
总 计	**693476**	**312524**	**380952**	**3285030**	**1682192**	**1602838**	**2548121**	**1325830**	**1222291**
南宁市	**151084**	**68307**	**82777**	**904649**	**475526**	**429123**	**772253**	**406035**	**366218**
兴宁区	16590	7431	9159	100559	52780	47779	93501	49232	44269
青秀区	22100	9598	12502	108831	54431	54400	137140	68626	68514
江南区	30151	13315	16836	184656	98072	86584	137674	73975	63699
西乡塘区	43485	19642	23843	290645	153493	137152	240922	126831	114091
良庆区	23176	11099	12077	125013	67924	57089	94730	51681	43049
邕宁区	7842	3684	4158	36256	18761	17495	28322	14735	13587
武鸣区	7740	3538	4202	58689	30065	28624	39964	20955	19009
隆安县									
马山县									
上林县									
宾阳县									
横 县									
柳州市	**89289**	**40839**	**48450**	**475350**	**242532**	**232818**	**365503**	**192940**	**172563**
城中区	5581	2374	3207	30047	14192	15855	34962	16619	18343
鱼峰区	24811	11310	13501	133373	69730	63643	105455	56794	48661
柳南区	22866	10549	12317	127877	64733	63144	101418	54174	47244
柳北区	19481	9129	10352	102425	51466	50959	80203	42337	37866
柳江区	16550	7477	9073	81628	42411	39217	43465	23016	20449
柳城县									
鹿寨县									
融安县									
融水苗族自治县									
三江侗族自治县									
桂林市	**57621**	**24886**	**32735**	**272967**	**137345**	**135622**	**233211**	**118480**	**114731**
秀峰区	7979	3579	4400	33488	17545	15943	27654	14537	13117
叠彩区	4690	1901	2789	29973	14257	15716	32064	15858	16206
象山区	10895	4377	6518	54218	25996	28222	51399	25741	25658
七星区	11874	5368	6506	67869	35469	32400	61951	31729	30222
雁山区	882	403	479	2102	1058	1044	2380	1467	913
临桂区	17441	7488	9953	57399	29701	27698	42225	21694	20531
阳朔县									
灵川县									
全州县									
兴安县									
永福县									
灌阳县									
龙胜各族自治县									
资源县									
平乐县									
恭城瑶族自治县									
荔浦市	3860	1770	2090	27918	13319	14599	15538	7454	8084

4-3a 续表 4

单位:人

地 区	小学			初中			高中		
	小计	男	女	小计	男	女	小计	男	女
梧州市	**40684**	**17596**	**23088**	**210568**	**103172**	**107396**	**160019**	**82074**	**77945**
万秀区	8266	3363	4903	44241	21020	23221	36991	18968	18023
长洲区	12441	5303	7138	62954	31073	31881	50886	25569	25317
龙圩区	9585	4640	4945	34488	17846	16642	23943	12233	11710
苍梧县									
藤 县									
蒙山县									
岑溪市	10392	4290	6102	68885	33233	35652	48199	25304	22895
北海市	**32272**	**14926**	**17346**	**153608**	**78750**	**74858**	**115245**	**59654**	**55591**
海城区	18316	8207	10109	103501	52094	51407	84207	43336	40871
银海区	13469	6498	6971	46582	24857	21725	28006	14722	13284
铁山港区	487	221	266	3525	1799	1726	3032	1596	1436
合浦县									
防城港市	**28831**	**12933**	**15898**	**126042**	**67281**	**58761**	**72818**	**40102**	**32716**
港口区	9336	4401	4935	40647	22841	17806	28561	16571	11990
防城区	9721	4144	5577	42890	22313	20577	26808	14048	12760
上思县									
东兴市	9774	4388	5386	42505	22127	20378	17449	9483	7966
钦州市	**27361**	**12562**	**14799**	**104006**	**52686**	**51320**	**97155**	**50601**	**46554**
钦南区	15941	7115	8826	60772	30627	30145	57002	30011	26991
钦北区	11420	5447	5973	43234	22059	21175	40153	20590	19563
灵山县									
浦北县									
贵港市	**61064**	**26961**	**34103**	**237628**	**120172**	**117456**	**174212**	**89865**	**84347**
港北区	25825	10884	14941	109357	54404	54953	91731	46347	45384
港南区	10116	4358	5758	38196	19405	18791	29079	16177	12902
覃塘区	13425	6271	7154	28807	15326	13481	10562	5571	4991
平南县									
桂平市	11698	5448	6250	61268	31037	30231	42840	21770	21070
玉林市	**49236**	**24906**	**24330**	**237684**	**119271**	**118413**	**193473**	**99716**	**93757**
玉州区	32177	16371	15806	149783	75224	74559	126973	65155	61818
福绵区	4357	2342	2015	21531	11605	9926	5609	2976	2633
容 县									
陆川县									
博白县									
兴业县									
北流市	12702	6193	6509	66370	32442	33928	60891	31585	29306
百色市	**68044**	**29839**	**38205**	**213801**	**107934**	**105867**	**122141**	**62140**	**60001**
右江区	19398	8461	10937	66413	33670	32743	55165	27184	27981
田阳区	18060	8382	9678	50064	26014	24050	18231	9198	9033
田东县									

4-3a 续表 5

单位:人

地区	小学			初中			高中		
	小计	男	女	小计	男	女	小计	男	女
德保县									
那坡县									
凌云县									
乐业县									
田林县									
西林县									
隆林各族自治县									
靖西市	11284	5247	6037	35741	17806	17935	17367	8967	8400
平果市	19302	7749	11553	61583	30444	31139	31378	16791	14587
贺州市	**20716**	**9683**	**11033**	**77798**	**40120**	**37678**	**50885**	**25630**	**25255**
八步区	7239	3050	4189	36199	17426	18773	29459	14582	14877
平桂区	13477	6633	6844	41599	22694	18905	21426	11048	10378
昭平县									
钟山县									
富川瑶族自治县									
河池市	**27394**	**12005**	**15389**	**97562**	**48176**	**49386**	**77440**	**38928**	**38512**
金城江区	11586	4377	7209	54840	26718	28122	44776	22842	21934
宜州区	15808	7628	8180	42722	21458	21264	32664	16086	16578
南丹县									
天峨县									
凤山县									
东兰县									
罗城仫佬族自治县									
环江毛南族自治县									
巴马瑶族自治县									
都安瑶族自治县									
大化瑶族自治县									
来宾市	**25858**	**10920**	**14938**	**117011**	**59389**	**57622**	**64676**	**33354**	**31322**
兴宾区	24565	10360	14205	106123	54232	51891	59584	30536	29048
忻城县									
象州县									
武宣县									
金秀瑶族自治县									
合山市	1293	560	733	10888	5157	5731	5092	2818	2274
崇左市	**14022**	**6161**	**7861**	**56356**	**29838**	**26518**	**49090**	**26311**	**22779**
江州区	10041	4410	5631	36707	19288	17419	38223	20502	17721
扶绥县									
宁明县									
龙州县									
大新县									
天等县									
凭祥市	3981	1751	2230	19649	10550	9099	10867	5809	5058

4-3a 续表 6

单位:人

地区	大学专科			大学本科			硕士研究生			博士研究生		
	小计	男	女	小计	男	女	小计	男	女	小计	男	女
总 计	**1697657**	**847792**	**849865**	**1429299**	**666767**	**762532**	**106627**	**51954**	**54673**	**10864**	**6712**	**4152**
南宁市	**690334**	**346853**	**343481**	**590500**	**267699**	**322801**	**58818**	**27530**	**31288**	**6234**	**3715**	**2519**
兴宁区	89276	45999	43277	47094	22601	24493	3465	1707	1758	305	182	123
青秀区	167962	75523	92439	226706	101397	125309	27263	12855	14408	2245	1266	979
江南区	95782	48865	46917	59549	29132	30417	3388	1617	1771	269	165	104
西乡塘区	248083	128891	119192	186652	81069	105583	21916	10126	11790	3246	2006	1240
良庆区	49781	26117	23664	27700	13774	13926	1538	721	817	110	67	43
邕宁区	14785	7672	7113	19503	10123	9380	563	261	302	40	20	20
武鸣区	24665	13786	10879	23296	9603	13693	685	243	442	19	9	10
隆安县												
马山县												
上林县												
宾阳县												
横 县												
柳州市	**243083**	**125923**	**117160**	**175029**	**88292**	**86737**	**11034**	**5613**	**5421**	**835**	**524**	**311**
城中区	30894	14137	16757	49309	24973	24336	4459	2292	2167	374	247	127
鱼峰区	85192	46518	38674	52066	26884	25182	3131	1579	1552	230	146	84
柳南区	51603	26671	24932	34141	17203	16938	1635	861	774	107	60	47
柳北区	57368	29470	27898	30833	15180	15653	1601	783	818	104	58	46
柳江区	18026	9127	8899	8680	4052	4628	208	98	110	20	13	7
柳城县												
鹿寨县												
融安县												
融水苗族自治县												
三江侗族自治县												
桂林市	**144826**	**66100**	**78726**	**146328**	**71468**	**74860**	**16164**	**8042**	**8122**	**2222**	**1442**	**780**
秀峰区	14718	6920	7798	15913	7586	8327	1558	736	822	179	107	72
叠彩区	20446	9900	10546	16225	8067	8158	983	484	499	90	58	32
象山区	29097	13808	15289	25942	12705	13237	2122	1000	1122	155	85	70
七星区	36031	16876	19155	56605	28685	27920	9047	4759	4288	1618	1085	533
雁山区	400	191	209	522	269	253	116	50	66	36	29	7
临桂区	37059	15055	22004	26409	11922	14487	2213	950	1263	140	76	64
阳朔县												
灵川县												
全州县												
兴安县												
永福县												
灌阳县												
龙胜各族自治县												
资源县												
平乐县												
恭城瑶族自治县												
荔浦市	7075	3350	3725	4712	2234	2478	125	63	62	4	2	2

4-3a 续表 7

单位：人

地 区	大学专科			大学本科			硕士研究生			博士研究生		
	小计	男	女	小计	男	女	小计	男	女	小计	男	女
梧州市	**65464**	**32246**	**33218**	**60583**	**28777**	**31806**	**1752**	**897**	**855**	**115**	**77**	**38**
万秀区	16768	8222	8546	24394	10387	14007	552	263	289	54	35	19
长洲区	27623	12889	14734	20342	10312	10030	902	474	428	44	35	9
龙圩区	7434	3953	3481	6190	3090	3100	151	88	63	6	4	2
苍梧县												
藤 县												
蒙山县												
岑溪市	13639	7182	6457	9657	4988	4669	147	72	75	11	3	8
北海市	**65669**	**31026**	**34643**	**52051**	**24055**	**27996**	**2811**	**1347**	**1464**	**167**	**104**	**63**
海城区	48777	22841	25936	32035	15519	16516	1692	822	870	110	65	45
银海区	15753	7601	8152	19155	8150	11005	1113	523	590	57	39	18
铁山港区	1139	584	555	861	386	475	6	2	4			
合浦县												
防城港市	**41649**	**21824**	**19825**	**28311**	**15454**	**12857**	**1296**	**718**	**578**	**87**	**56**	**31**
港口区	18666	10329	8337	14339	8009	6330	828	468	360	46	35	11
防城区	15179	7508	7671	8350	4516	3834	314	151	163	28	15	13
上思县												
东兴市	7804	3987	3817	5622	2929	2693	154	99	55	13	6	7
钦州市	**54127**	**26370**	**27757**	**42184**	**20931**	**21253**	**2706**	**1459**	**1247**	**227**	**137**	**90**
钦南区	31488	14931	16557	22610	11146	11464	1564	847	717	152	87	65
钦北区	22639	11439	11200	19574	9785	9789	1142	612	530	75	50	25
灵山县												
浦北县												
贵港市	**70345**	**35559**	**34786**	**47941**	**23622**	**24319**	**1523**	**810**	**713**	**129**	**80**	**49**
港北区	43272	21672	21600	30857	15429	15428	1140	611	529	103	67	36
港南区	7485	3889	3596	4923	2346	2577	126	62	64	6	1	5
覃塘区	3318	1716	1602	2343	976	1367	50	25	25	2		2
平南县												
桂平市	16270	8282	7988	9818	4871	4947	207	112	95	18	12	6
玉林市	**78208**	**39756**	**38452**	**69131**	**31296**	**37835**	**2554**	**1336**	**1218**	**322**	**224**	**98**
玉州区	56405	28360	28045	55739	24496	31243	2311	1199	1112	302	216	86
福绵区	1278	654	624	688	347	341	11	7	4	1		1
容 县												
陆川县												
博白县												
兴业县												
北流市	20525	10742	9783	12704	6453	6251	232	130	102	19	8	11
百色市	**86281**	**41586**	**44695**	**65813**	**29514**	**36299**	**2813**	**1444**	**1369**	**212**	**144**	**68**
右江区	36371	17195	19176	44575	19142	25433	2358	1179	1179	188	126	62
田阳区	9439	4684	4755	6022	2801	3221	118	73	45	5	4	1
田东县												

4-3a 续表 8

单位:人

地 区	大学专科			大学本科			硕士研究生			博士研究生		
	小计	男	女	小计	男	女	小计	男	女	小计	男	女
德保县												
那坡县												
凌云县												
乐业县												
田林县												
西林县												
隆林各族自治县												
靖西市	6977	3719	3258	4083	2006	2077	68	39	29	9	6	3
平果市	33494	15988	17506	11133	5565	5568	269	153	116	10	8	2
贺州市	**25699**	**12145**	**13554**	**34719**	**15247**	**19472**	**1458**	**769**	**689**	**97**	**64**	**33**
八步区	19550	9189	10361	29789	12941	16848	1233	660	573	79	54	25
平桂区	6149	2956	3193	4930	2306	2624	225	109	116	18	10	8
昭平县												
钟山县												
富川瑶族自治县												
河池市	**45786**	**21505**	**24281**	**44348**	**20241**	**24107**	**1485**	**825**	**660**	**87**	**55**	**32**
金城江区	29748	13957	15791	21118	10620	10498	819	475	344	46	30	16
宜州区	16038	7548	8490	23230	9621	13609	666	350	316	41	25	16
南丹县												
天峨县												
凤山县												
东兰县												
罗城仫佬族自治县												
环江毛南族自治县												
巴马瑶族自治县												
都安瑶族自治县												
大化瑶族自治县												
来宾市	**33773**	**16864**	**16909**	**31573**	**13906**	**17667**	**1102**	**604**	**498**	**61**	**39**	**22**
兴宾区	30359	15167	15192	29746	13015	16731	1050	578	472	59	38	21
忻城县												
象州县												
武宣县												
金秀瑶族自治县												
合山市	3414	1697	1717	1827	891	936	52	26	26	2	1	1
崇左市	**52413**	**30035**	**22378**	**40788**	**16265**	**24523**	**1111**	**560**	**551**	**69**	**51**	**18**
江州区	46406	26890	19516	36656	14123	22533	970	478	492	51	37	14
扶绥县												
宁明县												
龙州县												
大新县												
天等县												
凭祥市	6007	3145	2862	4132	2142	1990	141	82	59	18	14	4

4–3b 各地区分性别、受教育程度的16—59岁人口（镇）

单位：人

地区	16–59岁人口			未上过学			学前教育		
	合计	男	女	小计	男	女	小计	男	女
总计	**7281654**	**3727139**	**3554515**	**35101**	**12442**	**22659**	**4311**	**1994**	**2317**
南宁市	**887179**	**463084**	**424095**	**2460**	**1161**	**1299**	**447**	**219**	**228**
兴宁区	14407	7727	6680	23	16	7	1	1	
青秀区	20754	11022	9732	46	26	20	34	15	19
江南区	38951	21672	17279	135	75	60	27	15	12
西乡塘区	42749	23023	19726	81	35	46	18	8	10
良庆区	18084	9741	8343	44	19	25	9	4	5
邕宁区	14182	7728	6454	42	20	22	7	3	4
武鸣区	89537	50595	38942	266	105	161	43	27	16
隆安县	65856	33633	32223	217	83	134	42	22	20
马山县	67952	33774	34178	407	140	267	46	19	27
上林县	73415	36273	37142	144	72	72	20	8	12
宾阳县	222810	117317	105493	546	306	240	83	42	41
横县	218482	110579	107903	509	264	245	117	55	62
柳州市	**532951**	**281029**	**251922**	**2606**	**1103**	**1503**	**249**	**117**	**132**
城中区									
鱼峰区	18693	11128	7565	37	16	21	12	7	5
柳南区	42021	25155	16866	166	84	82	18	7	11
柳北区	3842	2059	1783	4	1	3	2	1	1
柳江区	31523	16895	14628	122	56	66	8	3	5
柳城县	92958	49190	43768	466	230	236	25	8	17
鹿寨县	117231	62390	54841	431	232	199	38	21	17
融安县	69242	34823	34419	362	133	229	25	12	13
融水苗族自治县	100929	51538	49391	734	277	457	105	48	57
三江侗族自治县	56512	27851	28661	284	74	210	16	10	6
桂林市	**762634**	**376426**	**386208**	**2160**	**895**	**1265**	**376**	**163**	**213**
秀峰区									
叠彩区	1878	892	986	9	3	6			
象山区									
七星区	20494	13074	7420	68	48	20	3	2	1
雁山区	29404	7826	21578	9	4	5	3	1	2
临桂区	26214	13920	12294	210	68	142	28	9	19
阳朔县	53221	25981	27240	234	74	160	40	12	28
灵川县	139986	73467	66519	228	81	147	65	30	35
全州县	124245	62042	62203	309	137	172	44	20	24
兴安县	68898	33108	35790	119	58	61	41	25	16
永福县	52873	26737	26136	241	103	138	39	19	20
灌阳县	48155	23517	24638	166	68	98	32	13	19
龙胜各族自治县	30079	14326	15753	69	31	38	8	3	5
资源县	29789	14045	15744	86	21	65	22	8	14
平乐县	59339	28483	30856	202	84	118	19	9	10
恭城瑶族自治县	47893	23292	24601	114	55	59	17	7	10
荔浦市	30166	15716	14450	96	60	36	15	5	10

4-3b 续表 1　　单位：人

地区	16-59岁人口			未上过学			学前教育		
	合计	男	女	小计	男	女	小计	男	女
梧州市	**404837**	**207131**	**197706**	**1357**	**568**	**789**	**226**	**116**	**110**
万秀区	8769	4794	3975	23	14	9	3	2	1
长洲区	2001	1071	930	4	2	2			
龙圩区	19492	10600	8892	66	34	32	20	12	8
苍梧县	46221	23656	22565	199	91	108	24	10	14
藤　县	218172	112447	105725	712	297	415	118	65	53
蒙山县	40193	19481	20712	83	32	51	24	14	10
岑溪市	69989	35082	34907	270	98	172	37	13	24
北海市	**202026**	**104265**	**97761**	**860**	**344**	**516**	**169**	**89**	**80**
海城区	1199	623	576	7	2	5	4	1	3
银海区	15557	9983	5574	98	51	47	15	7	8
铁山港区	4319	2291	2028	10	5	5	1	1	
合浦县	180951	91368	89583	745	286	459	149	80	69
防城港市	**107500**	**60808**	**46692**	**1062**	**457**	**605**	**46**	**24**	**22**
港口区	29470	19091	10379	758	348	410	15	8	7
防城区	24832	13616	11216	143	58	85	8	4	4
上思县	41466	21829	19637	109	36	73	17	10	7
东兴市	11732	6272	5460	52	15	37	6	2	4
钦州市	**495504**	**255614**	**239890**	**1703**	**732**	**971**	**229**	**113**	**116**
钦南区	69505	40047	29458	502	203	299	34	20	14
钦北区	72445	39076	33369	415	166	249	60	33	27
灵山县	224192	112337	111855	460	212	248	82	39	43
浦北县	129362	64154	65208	326	151	175	53	21	32
贵港市	**685637**	**357922**	**327715**	**2302**	**1013**	**1289**	**540**	**266**	**274**
港北区	29589	16987	12602	172	115	57	19	12	7
港南区	36996	19292	17704	122	51	71	26	10	16
覃塘区	52577	27428	25149	197	75	122	29	13	16
平南县	326180	167248	158932	778	366	412	193	104	89
桂平市	240295	126967	113328	1033	406	627	273	127	146
玉林市	**1047317**	**529190**	**518127**	**3026**	**1385**	**1641**	**837**	**394**	**443**
玉州区	45167	22084	23083	79	45	34	11	6	5
福绵区	44122	24341	19781	128	64	64	35	20	15
容　县	158742	74874	83868	298	117	181	61	25	36
陆川县	206282	103353	102929	390	193	197	136	65	71
博白县	327152	168884	158268	1252	577	675	390	192	198
兴业县	110201	57939	52262	269	139	130	52	23	29
北流市	155651	77715	77936	610	250	360	152	63	89
百色市	**424739**	**212998**	**211741**	**6194**	**1369**	**4825**	**409**	**135**	**274**
右江区	6303	3296	3007	76	22	54	16	6	10
田阳区	5076	2634	2442	59	17	42	3	3	
田东县	94938	47001	47937	638	159	479	58	19	39

4-3b 续表 2

单位：人

地区	16-59岁人口			未上过学			学前教育		
	合计	男	女	小计	男	女	小计	男	女
德保县	49623	24077	25546	163	50	113	23	10	13
那坡县	25240	12774	12466	364	90	274	69	22	47
凌云县	43380	21354	22026	915	162	753	17	4	13
乐业县	30785	15520	15265	728	177	551	33	13	20
田林县	42481	21118	21363	597	117	480	53	13	40
西林县	31898	16444	15454	842	130	712	16	3	13
隆林各族自治县	59748	29741	30007	1589	351	1238	111	40	71
靖西市	17001	9237	7764	94	46	48	4		4
平果市	18266	9802	8464	129	48	81	6	2	4
贺州市	**366470**	**187629**	**178841**	**2992**	**909**	**2083**	**172**	**65**	**107**
八步区	81746	41904	39842	692	227	465	24	12	12
平桂区	42038	22625	19413	223	99	124	22	3	19
昭平县	88483	44551	43932	382	145	237	47	20	27
钟山县	88936	46217	42719	1034	299	735	59	21	38
富川瑶族自治县	65267	32332	32935	661	139	522	20	9	11
河池市	**626261**	**311170**	**315091**	**5964**	**1524**	**4440**	**262**	**113**	**149**
金城江区	9071	4733	4338	48	20	28	3	1	2
宜州区	17559	8881	8678	163	70	93	11	5	6
南丹县	86226	44757	41469	1111	336	775	54	25	29
天峨县	38162	19138	19024	475	90	385	8	2	6
凤山县	33486	15968	17518	469	66	403	21	10	11
东兰县	38025	18644	19381	548	75	473	18	5	13
罗城仫佬族自治县	69457	34625	34832	514	190	324	50	25	25
环江毛南族自治县	65966	32586	33380	278	73	205	14	8	6
巴马瑶族自治县	53271	25944	27327	1015	186	829	20	6	14
都安瑶族自治县	137947	68238	69709	671	244	427	38	14	24
大化瑶族自治县	77091	37656	39435	672	174	498	25	12	13
来宾市	**340111**	**174235**	**165876**	**1097**	**446**	**651**	**121**	**65**	**56**
兴宾区	75953	40719	35234	437	161	276	48	24	24
忻城县	64644	32437	32207	162	52	110	24	12	12
象州县	71999	36462	35537	146	69	77	18	13	5
武宣县	91877	46422	45455	233	117	116	24	12	12
金秀瑶族自治县	30588	15453	15135	100	33	67	7	4	3
合山市	5050	2742	2308	19	14	5			
崇左市	**398488**	**205638**	**192850**	**1318**	**536**	**782**	**228**	**115**	**113**
江州区	28742	16025	12717	138	48	90	21	10	11
扶绥县	130810	69428	61382	399	163	236	54	28	26
宁明县	65684	33434	32250	197	83	114	26	14	12
龙州县	53055	26958	26097	193	84	109	19	5	14
大新县	62396	31125	31271	129	44	85	19	7	12
天等县	48107	23182	24925	176	69	107	66	36	30
凭祥市	9694	5486	4208	86	45	41	23	15	8

4-3b 续表 3

单位:人

地 区	小学			初中			高中		
	小计	男	女	小计	男	女	小计	男	女
总 计	**922046**	**412818**	**509228**	**3558140**	**1860157**	**1697983**	**1586412**	**842946**	**743466**
南宁市	**80630**	**36427**	**44203**	**465568**	**243165**	**222403**	**199165**	**108652**	**90513**
兴宁区	659	300	359	9408	5047	4361	2852	1620	1232
青秀区	1890	763	1127	12601	6783	5818	3401	2039	1362
江南区	5178	2649	2529	22974	12939	10035	6947	4121	2826
西乡塘区	2978	1374	1604	20676	11185	9491	8093	4780	3313
良庆区	1927	969	958	10966	5902	5064	3036	1760	1276
邕宁区	1705	734	971	8914	4949	3965	2016	1249	767
武鸣区	7309	3452	3857	38169	20506	17663	20686	11830	8856
隆安县	8382	3707	4675	31698	16512	15186	15217	8041	7176
马山县	10435	4296	6139	30008	15456	14552	16147	8297	7850
上林县	3058	1295	1763	37712	18524	19188	18606	9612	8994
宾阳县	18919	8948	9971	122546	63945	58601	50209	27903	22306
横 县	18190	7940	10250	119896	61417	58479	51955	27400	24555
柳州市	**83943**	**41113**	**42830**	**258886**	**140575**	**118311**	**105302**	**56296**	**49006**
城中区									
鱼峰区	1391	749	642	4982	2741	2241	7424	4557	2867
柳南区	5846	3466	2380	24298	14535	9763	6821	4267	2554
柳北区	296	118	178	1439	741	698	997	568	429
柳江区	5891	2885	3006	18710	10284	8426	3953	2237	1716
柳城县	11668	6278	5390	50351	27580	22771	16081	8238	7843
鹿寨县	16723	9136	7587	57565	31210	26355	24531	13017	11514
融安县	10525	4803	5722	31748	16584	15164	14458	7291	7167
融水苗族自治县	22196	9802	12394	43435	23516	19919	20894	10904	9990
三江侗族自治县	9407	3876	5531	26358	13384	12974	10143	5217	4926
桂林市	**71838**	**31907**	**39931**	**317525**	**160196**	**157329**	**182288**	**92982**	**89306**
秀峰区									
叠彩区	126	53	73	804	405	399	561	274	287
象山区									
七星区	2927	2541	386	6513	4656	1857	5563	2970	2593
雁山区	188	75	113	725	389	336	421	226	195
临桂区	4533	1907	2626	13856	7739	6117	5505	3097	2408
阳朔县	5656	2411	3245	22731	11518	11213	13737	6819	6918
灵川县	8285	3422	4863	47770	23398	24372	34091	17801	16290
全州县	10366	4208	6158	58588	29111	29477	33188	17494	15694
兴安县	5040	2336	2704	31826	15532	16294	18428	8725	9703
永福县	9212	4201	5011	21973	11454	10519	12069	6284	5785
灌阳县	4502	1749	2753	23417	11563	11854	10408	5291	5117
龙胜各族自治县	2822	1142	1680	11829	5775	6054	7363	3571	3792
资源县	2993	1044	1949	12371	5728	6643	7826	3905	3921
平乐县	5625	2392	3233	27474	13528	13946	15535	7585	7950
恭城瑶族自治县	5804	2564	3240	18936	9637	9299	12416	5976	6440
荔浦市	3759	1862	1897	18712	9763	8949	5177	2964	2213

4-3b 续表 4

单位：人

地 区	小学			初中			高中		
	小计	男	女	小计	男	女	小计	男	女
梧州市	**52645**	**22858**	**29787**	**226015**	**118259**	**107756**	**77378**	**41251**	**36127**
万秀区	889	385	504	4846	2569	2277	1842	1117	725
长洲区	514	241	273	1061	570	491	230	144	86
龙圩区	3752	1704	2048	12501	7049	5452	1851	1147	704
苍梧县	9019	3484	5535	24419	13262	11157	7229	4025	3204
藤 县	27073	12281	14792	118897	62905	55992	46219	24104	22115
蒙山县	2883	1276	1607	17363	8409	8954	10514	5177	5337
岑溪市	8515	3487	5028	46928	23495	23433	9493	5537	3956
北海市	**17506**	**8562**	**8944**	**87738**	**45475**	**42263**	**61858**	**32742**	**29116**
海城区	109	47	62	751	393	358	227	126	101
银海区	2915	1984	931	8837	5737	3100	2500	1546	954
铁山港区	394	177	217	2641	1393	1248	776	471	305
合浦县	14088	6354	7734	75509	37952	37557	58355	30599	27756
防城港市	**12264**	**5466**	**6798**	**56837**	**31877**	**24960**	**20600**	**12642**	**7958**
港口区	3136	1497	1639	14171	8956	5215	5664	4014	1650
防城区	3623	1556	2067	15340	8555	6785	3722	2267	1455
上思县	3909	1743	2166	20405	10596	9809	9298	5216	4082
东兴市	1596	670	926	6921	3770	3151	1916	1145	771
钦州市	**76173**	**37342**	**38831**	**237372**	**124518**	**112854**	**107860**	**56680**	**51180**
钦南区	10612	4965	5647	33557	19232	14325	14049	9073	4976
钦北区	12293	5993	6300	40460	22380	18080	12592	7196	5396
灵山县	37549	19240	18309	107382	54603	52779	44437	21911	22526
浦北县	15719	7144	8575	55973	28303	27670	36782	18500	18282
贵港市	**88701**	**40855**	**47846**	**382137**	**201834**	**180303**	**136274**	**75657**	**60617**
港北区	6539	3505	3034	15625	9172	6453	4048	2409	1639
港南区	4700	1996	2704	20543	10838	9705	7455	4308	3147
覃塘区	8738	3804	4934	30543	16028	14515	7799	4908	2891
平南县	32888	15234	17654	175879	90882	84997	73285	39204	34081
桂平市	35836	16316	19520	139547	74914	64633	43687	24828	18859
玉林市	**107828**	**50463**	**57365**	**558303**	**283247**	**275056**	**244023**	**127098**	**116925**
玉州区	2640	1446	1194	17508	9207	8301	16194	7817	8377
福绵区	5832	3018	2814	28542	16001	12541	6560	3756	2804
容 县	11826	5034	6792	77656	35293	42363	44638	22652	21986
陆川县	16687	7842	8845	107391	53317	54074	56668	29093	27575
博白县	37677	18092	19585	166858	87299	79559	73757	38648	35109
兴业县	9215	4646	4569	63207	33554	29653	24881	13201	11680
北流市	23951	10385	13566	97141	48576	48565	21325	11931	9394
百色市	**77853**	**31993**	**45860**	**169632**	**90336**	**79296**	**90719**	**47452**	**43267**
右江区	1635	689	946	3613	2090	1523	512	289	223
田阳区	833	372	461	3153	1708	1445	524	302	222
田东县	11705	4897	6808	42590	21598	20992	21979	11235	10744

4–3b 续表 5

单位:人

地 区	小学			初中			高中		
	小计	男	女	小计	男	女	小计	男	女
德保县	5905	2376	3529	21014	9957	11057	10754	5719	5035
那坡县	5587	2476	3111	8190	4410	3780	6189	3194	2995
凌云县	10640	4060	6580	13757	7667	6090	10120	5170	4950
乐业县	6069	2412	3657	10976	6000	4976	6974	3640	3334
田林县	7564	2872	4692	15256	8263	6993	9397	4868	4529
西林县	6615	2653	3962	10439	6009	4430	6899	3820	3079
隆林各族自治县	15192	6470	8722	18332	10206	8126	13468	6815	6653
靖西市	2822	1300	1522	11061	6152	4909	1827	1138	689
平果市	3286	1416	1870	11251	6276	4975	2076	1262	814
贺州市	**62691**	**26336**	**36355**	**180125**	**97844**	**82281**	**68755**	**36543**	**32212**
八步区	16696	6964	9732	43601	23883	19718	13869	7452	6417
平桂区	7744	3620	4124	26749	14902	11847	4233	2516	1717
昭平县	11437	4353	7084	45743	23780	21963	17711	9342	8369
钟山县	18100	8238	9862	36394	20728	15666	17787	9269	8518
富川瑶族自治县	8714	3161	5553	27638	14551	13087	15155	7964	7191
河池市	**109438**	**44249**	**65189**	**262551**	**136037**	**126514**	**135503**	**71182**	**64321**
金城江区	1773	745	1028	5054	2780	2274	1222	701	521
宜州区	3284	1510	1774	9439	4872	4567	2614	1438	1176
南丹县	14288	5892	8396	38383	21034	17349	18013	9907	8106
天峨县	6541	2288	4253	12882	6877	6005	9203	4930	4273
凤山县	5769	1931	3838	11892	5891	6001	7698	3985	3713
东兰县	4913	1577	3336	13741	6851	6890	9295	4943	4352
罗城仫佬族自治县	15803	7142	8661	28846	15264	13582	12438	6349	6089
环江毛南族自治县	10094	4250	5844	30345	15498	14847	14218	7215	7003
巴马瑶族自治县	9285	3392	5893	17894	9306	8588	12909	6574	6335
都安瑶族自治县	22768	9740	13028	63716	32482	31234	30197	15623	14574
大化瑶族自治县	14920	5782	9138	30359	15182	15177	17696	9517	8179
来宾市	**39286**	**17449**	**21837**	**179925**	**94914**	**85011**	**66508**	**35081**	**31427**
兴宾区	11950	5079	6871	45971	25355	20616	10055	6028	4027
忻城县	8770	3772	4998	33752	17996	15756	11670	5645	6025
象州县	8507	3893	4614	34911	18077	16834	15684	8223	7461
武宣县	6030	2857	3173	48137	24478	23659	21875	11300	10575
金秀瑶族自治县	3546	1633	1913	13804	7160	6644	6440	3414	3026
合山市	483	215	268	3350	1848	1502	784	471	313
崇左市	**41250**	**17798**	**23452**	**175526**	**91880**	**83646**	**90179**	**48688**	**41491**
江州区	4665	2217	2448	17471	9964	7507	3914	2420	1494
扶绥县	9698	4403	5295	48077	25626	22451	28628	15760	12868
宁明县	6647	2758	3889	30937	15935	15002	16432	8707	7725
龙州县	6521	2932	3589	24499	12866	11633	11459	6023	5436
大新县	6045	2387	3658	28796	14670	14126	16247	8496	7751
天等县	5997	2274	3723	20276	9689	10587	12018	6341	5677
凭祥市	1677	827	850	5470	3130	2340	1481	941	540

4-3b 续表 6

单位：人

地 区	大学专科			大学本科			硕士研究生			博士研究生		
	小计	男	女	小计	男	女	小计	男	女	小计	男	女
总 计	**684321**	**355651**	**328670**	**477495**	**234420**	**243075**	**12994**	**6231**	**6763**	**834**	**480**	**354**
南宁市	**86520**	**47776**	**38744**	**50967**	**24899**	**26068**	**1308**	**710**	**598**	**114**	**75**	**39**
兴宁区	924	477	447	529	262	267	10	4	6	1		1
青秀区	1720	851	869	1041	531	510	17	11	6	4	3	1
江南区	2335	1213	1122	1314	637	677	35	19	16	6	4	2
西乡塘区	6090	2934	3156	4438	2471	1967	343	213	130	32	23	9
良庆区	1336	722	614	746	354	392	20	11	9			
邕宁区	752	402	350	735	366	369	11	5	6			
武鸣区	17653	12332	5321	5250	2269	2981	155	71	84	6	3	3
隆安县	6033	3183	2850	4188	2041	2147	72	39	33	7	5	2
马山县	6589	3300	3289	4242	2218	2024	71	44	27	7	4	3
上林县	8071	4019	4052	5681	2686	2995	111	48	63	12	9	3
宾阳县	18978	10200	8778	11292	5843	5449	221	120	101	16	10	6
横 县	16039	8143	7896	11511	5221	6290	242	125	117	23	14	9
柳州市	**49326**	**25153**	**24173**	**31579**	**16081**	**15498**	**993**	**558**	**435**	**67**	**33**	**34**
城中区												
鱼峰区	1484	785	699	3006	2052	954	350	217	133	7	4	3
柳南区	2807	1559	1248	1978	1177	801	84	57	27	3	3	
柳北区	603	326	277	457	275	182	42	28	14	2	1	1
柳江区	1910	999	911	901	422	479	24	8	16	4	1	3
柳城县	8385	4089	4296	5853	2695	3158	119	69	50	10	3	7
鹿寨县	10655	5333	5322	7109	3363	3746	168	75	93	11	3	8
融安县	7928	4001	3927	4114	1961	2153	72	33	39	10	5	5
融水苗族自治县	8751	4557	4194	4715	2375	2340	84	48	36	15	11	4
三江侗族自治县	6803	3504	3299	3446	1761	1685	50	23	27	5	2	3
桂林市	**82170**	**40971**	**41199**	**101118**	**47319**	**53799**	**4933**	**1855**	**3078**	**226**	**138**	**88**
秀峰区												
叠彩区	255	105	150	116	51	65	5		5	2	1	1
象山区												
七星区	2637	1388	1249	2555	1333	1222	202	120	82	26	16	10
雁山区	215	86	129	25110	6348	18762	2683	667	2016	50	30	20
临桂区	1252	678	574	811	413	398	15	5	10	4	4	
阳朔县	5662	2755	2907	5027	2328	2699	125	59	66	9	5	4
灵川县	16975	8465	8510	31416	19630	11786	1090	592	498	66	48	18
全州县	13767	7099	6668	7807	3881	3926	159	82	77	17	10	7
兴安县	8542	4076	4466	4768	2288	2480	124	63	61	10	5	5
永福县	5441	2781	2660	3792	1830	1962	99	60	39	7	5	2
灌阳县	5657	2891	2766	3904	1902	2002	61	35	26	8	5	3
龙胜各族自治县	4631	2280	2351	3263	1468	1795	90	54	36	4	2	2
资源县	3881	2012	1869	2542	1297	1245	61	30	31	7		7
平乐县	5909	2812	3097	4482	2037	2445	87	34	53	6	2	4
恭城瑶族自治县	5851	2857	2994	4638	2146	2492	108	45	63	9	5	4
荔浦市	1495	686	809	887	367	520	24	9	15	1		1

4-3b 续表 7

单位:人

地 区	大学专科			大学本科			硕士研究生			博士研究生		
	小计	男	女	小计	男	女	小计	男	女	小计	男	女
梧州市	**26160**	**13781**	**12379**	**20664**	**10095**	**10569**	**369**	**192**	**177**	**23**	**11**	**12**
万秀区	648	439	209	485	250	235	32	18	14	1		1
长洲区	118	70	48	73	43	30	1	1				
龙圩区	755	405	350	540	245	295	7	4	3			
苍梧县	2682	1513	1169	2590	1239	1351	54	31	23	5	1	4
藤 县	14458	7585	6873	10529	5124	5405	150	76	74	16	10	6
蒙山县	4779	2365	2414	4460	2168	2292	86	40	46	1		1
岑溪市	2720	1404	1316	1987	1026	961	39	22	17			
北海市	**19958**	**10186**	**9772**	**13638**	**6711**	**6927**	**281**	**144**	**137**	**18**	**12**	**6**
海城区	60	34	26	40	19	21	1	1				
银海区	769	413	356	404	228	176	17	15	2	2	2	
铁山港区	336	167	169	159	76	83	2	1	1			
合浦县	18793	9572	9221	13035	6388	6647	261	127	134	16	10	6
防城港市	**10940**	**6921**	**4019**	**5653**	**3362**	**2291**	**90**	**53**	**37**	**8**	**6**	**2**
港口区	3906	2930	976	1791	1315	476	25	19	6	4	4	
防城区	1338	811	527	647	359	288	10	6	4	1		1
上思县	4869	2715	2154	2805	1485	1320	52	26	26	2	2	
东兴市	827	465	362	410	203	207	3	2	1	1		1
钦州市	**42934**	**21974**	**20960**	**28523**	**13822**	**14701**	**672**	**411**	**261**	**38**	**22**	**16**
钦南区	6796	4137	2659	3780	2299	1481	167	112	55	8	6	2
钦北区	3895	2052	1843	2685	1230	1455	43	25	18	2	1	1
灵山县	19533	9420	10113	14504	6764	7740	222	136	86	23	12	11
浦北县	12710	6365	6345	7554	3529	4025	240	138	102	5	3	2
贵港市	**46481**	**24233**	**22248**	**28692**	**13806**	**14886**	**455**	**227**	**228**	**55**	**31**	**24**
港北区	1874	1053	821	1272	695	577	35	23	12	5	3	2
港南区	2545	1317	1228	1575	763	812	25	7	18	5	2	3
覃塘区	3448	1815	1633	1795	775	1020	26	8	18	2	2	
平南县	25561	13035	12526	17292	8258	9034	270	144	126	34	21	13
桂平市	13053	7013	6040	6758	3315	3443	99	45	54	9	3	6
玉林市	**79294**	**39877**	**39417**	**52775**	**26077**	**26698**	**1156**	**604**	**552**	**75**	**45**	**30**
玉州区	5019	1862	3157	3451	1570	1881	255	124	131	10	7	3
福绵区	1877	945	932	1128	527	601	19	9	10	1	1	
容 县	13262	6524	6738	10776	5110	5666	213	113	100	12	6	6
陆川县	16053	8270	7783	8835	4504	4331	112	64	48	10	5	5
博白县	27648	14216	13432	19154	9634	9520	388	208	180	28	18	10
兴业县	7374	3870	3504	5111	2457	2654	87	46	41	5	3	2
北流市	8061	4190	3871	4320	2275	2045	82	40	42	9	5	4
百色市	**50235**	**26369**	**23866**	**29158**	**15034**	**14124**	**500**	**290**	**210**	**39**	**20**	**19**
右江区	299	133	166	148	67	81	3		3	1		1
田阳区	320	159	161	183	73	110	1		1			
田东县	11344	5775	5569	6475	3235	3240	136	73	63	13	10	3

4–3b 续表 8

单位：人

地 区	大学专科			大学本科			硕士研究生			博士研究生		
	小计	男	女	小计	男	女	小计	男	女	小计	男	女
德保县	7091	3648	3443	4584	2270	2314	83	45	38	6	2	4
那坡县	3310	1781	1529	1510	790	720	20	11	9	1		1
凌云县	4730	2560	2170	3148	1701	1447	50	29	21	3	1	2
乐业县	3844	2154	1690	2123	1101	1022	37	22	15	1	1	
田林县	6101	3186	2915	3453	1758	1695	58	41	17	2		2
西林县	4409	2377	2032	2637	1430	1207	41	22	19			
隆林各族自治县	6879	3611	3268	4109	2204	1905	59	39	20	9	5	4
靖西市	865	440	425	321	159	162	5	2	3	2		2
平果市	1043	545	498	467	246	221	7	6	1	1	1	
贺州市	**30560**	**15682**	**14878**	**20728**	**10044**	**10684**	**415**	**195**	**220**	**32**	**11**	**21**
八步区	4008	2067	1941	2816	1281	1535	38	18	20	2		2
平桂区	1948	952	996	1099	526	573	17	6	11	3	1	2
昭平县	8198	4371	3827	4872	2495	2377	86	42	44	7	3	4
钟山县	8737	4398	4339	6669	3193	3476	145	65	80	11	6	5
富川瑶族自治县	7669	3894	3775	5272	2549	2723	129	64	65	9	1	8
河池市	**67961**	**35325**	**32636**	**43753**	**22283**	**21470**	**767**	**424**	**343**	**62**	**33**	**29**
金城江区	625	324	301	343	159	184	3	3				
宜州区	1223	600	623	811	379	432	14	7	7			
南丹县	8971	4741	4230	5298	2762	2536	100	57	43	8	3	5
天峨县	5040	2803	2237	3941	2111	1830	70	35	35	2	2	
凤山县	5162	2731	2431	2446	1335	1111	26	17	9	3	2	1
东兰县	5311	2922	2389	4133	2234	1899	60	35	25	6	2	4
罗城仫佬族自治县	7157	3443	3714	4558	2160	2398	87	50	37	4	2	2
环江毛南族自治县	6497	3320	3177	4448	2182	2266	69	38	31	3	2	1
巴马瑶族自治县	7487	4047	3440	4540	2362	2178	102	59	43	19	12	7
都安瑶族自治县	12461	6197	6264	7920	3850	4070	164	83	81	12	5	7
大化瑶族自治县	8027	4197	3830	5315	2749	2566	72	40	32	5	3	2
来宾市	**32280**	**16402**	**15878**	**20508**	**9678**	**10830**	**364**	**186**	**178**	**22**	**14**	**8**
兴宾区	5186	2865	2321	2259	1179	1080	44	25	19	3	3	
忻城县	6115	3011	3104	4079	1915	2164	68	32	36	4	2	2
象州县	7226	3637	3589	5404	2495	2909	99	54	45	4	1	3
武宣县	9726	4883	4843	5744	2722	3022	99	45	54	9	8	1
金秀瑶族自治县	3720	1845	1875	2916	1335	1581	53	29	24	2		2
合山市	307	161	146	106	32	74	1	1				
崇左市	**59502**	**31001**	**28501**	**29739**	**15209**	**14530**	**691**	**382**	**309**	**55**	**29**	**26**
江州区	1635	889	746	870	465	405	24	11	13	4	1	3
扶绥县	31362	16645	14717	12268	6630	5638	315	170	145	9	3	6
宁明县	7350	3837	3513	3978	2029	1949	106	62	44	11	9	2
龙州县	6278	3098	3180	3986	1896	2090	92	49	43	8	5	3
大新县	6715	3376	3339	4371	2103	2268	72	41	31	2	1	1
天等县	5509	2788	2721	3970	1934	2036	75	42	33	20	9	11
凭祥市	653	368	285	296	152	144	7	7		1	1	

4-3c 各地区分性别、受教育程度的16—59岁人口（乡村）

单位：人

地区	16-59岁人口			未上过学			学前教育		
	合计	男	女	小计	男	女	小计	男	女
总 计	**12139219**	**6618657**	**5520562**	**167029**	**49851**	**117178**	**10308**	**4217**	**6091**
南宁市	**1496207**	**821818**	**674389**	**9253**	**3785**	**5468**	**1020**	**445**	**575**
兴宁区	43211	24170	19041	97	62	35	16	11	5
青秀区	40853	22775	18078	304	115	189	66	26	40
江南区	111374	60026	51348	358	174	184	49	24	25
西乡塘区	91373	50381	40992	261	129	132	41	18	23
良庆区	54889	31615	23274	387	151	236	34	12	22
邕宁区	83270	46837	36433	541	195	346	71	33	38
武鸣区	185756	103226	82530	981	396	585	140	70	70
隆安县	116241	64370	51871	818	372	446	72	26	46
马山县	138384	75882	62502	2108	659	1449	111	44	67
上林县	124123	67630	56493	624	303	321	33	10	23
宾阳县	241305	131947	109358	1335	587	748	157	69	88
横 县	265428	142959	122469	1439	642	797	230	102	128
柳州市	**701333**	**390786**	**310547**	**13382**	**3113**	**10269**	**477**	**182**	**295**
城中区	1889	975	914	4	4		4	4	
鱼峰区	30199	18373	11826	197	116	81	12	6	6
柳南区	18509	10417	8092	107	60	47	11	9	2
柳北区	18584	10041	8543	129	45	84	5	3	2
柳江区	113513	63534	49979	913	388	525	56	29	27
柳城县	92699	50686	42013	789	344	445	47	24	23
鹿寨县	82540	47177	35363	542	236	306	37	21	16
融安县	76929	44318	32611	994	344	650	23	10	13
融水苗族自治县	141583	78017	63566	4993	766	4227	212	57	155
三江侗族自治县	124888	67248	57640	4714	810	3904	70	19	51
桂林市	**1263452**	**679730**	**583722**	**12259**	**4582**	**7677**	**993**	**437**	**556**
秀峰区									
叠彩区	17550	8963	8587	67	28	39	9	5	4
象山区	2385	1238	1147	33	6	27	11	9	2
七星区	2217	1134	1083	25	5	20			
雁山区	70141	33948	36193	326	97	229	37	16	21
临桂区	131455	71594	59861	2475	794	1681	160	52	108
阳朔县	103995	55935	48060	1172	455	717	101	39	62
灵川县	115608	61564	54044	671	290	381	74	38	36
全州县	174574	96599	77975	1825	679	1146	169	70	99
兴安县	97947	51817	46130	774	349	425	90	38	52
永福县	76209	42739	33470	1014	387	627	45	26	19
灌阳县	62210	33911	28299	562	214	348	39	14	25
龙胜各族自治县	51046	27840	23206	613	206	407	43	18	25
资源县	46049	24962	21087	290	114	176	20	8	12
平乐县	120276	64942	55334	1406	492	914	133	68	65
恭城瑶族自治县	87345	46441	40904	503	222	281	28	16	12
荔浦市	104445	56103	48342	503	244	259	34	20	14

4-3c 续表 1

单位：人

地 区	16-59岁人口			未上过学			学前教育		
	合计	男	女	小计	男	女	小计	男	女
梧州市	**610718**	**330275**	**280443**	**4892**	**1721**	**3171**	**391**	**163**	**228**
万秀区	25078	13638	11440	109	54	55	8	5	3
长洲区	12662	6622	6040	42	18	24	6	2	4
龙圩区	63372	34355	29017	444	174	270	83	43	40
苍梧县	99378	54922	44456	718	279	439	104	39	65
藤 县	203093	111328	91765	1778	609	1169	119	40	79
蒙山县	47665	25339	22326	387	160	227	15	7	8
岑溪市	159470	84071	75399	1414	427	987	56	27	29
北海市	**505676**	**273904**	**231772**	**3946**	**1293**	**2653**	**397**	**175**	**222**
海城区	55774	28688	27086	196	57	139	30	18	12
银海区	70811	37772	33039	295	118	177	34	11	23
铁山港区	72222	40162	32060	287	145	142	24	12	12
合浦县	306869	167282	139587	3168	973	2195	309	134	175
防城港市	**226083**	**132773**	**93310**	**2494**	**822**	**1672**	**177**	**85**	**92**
港口区	26966	18625	8341	137	52	85	5	2	3
防城区	93852	53686	40166	1248	415	833	71	39	32
上思县	70825	41133	29692	776	255	521	95	40	55
东兴市	34440	19329	15111	333	100	233	6	4	2
钦州市	**953423**	**522737**	**430686**	**9103**	**3127**	**5976**	**782**	**368**	**414**
钦南区	147404	81053	66351	1849	581	1268	136	69	67
钦北区	177290	102104	75186	2208	816	1392	252	117	135
灵山县	405054	219396	185658	3284	1086	2198	269	132	137
浦北县	223675	120184	103491	1762	644	1118	125	50	75
贵港市	**1115829**	**603919**	**511910**	**7488**	**2724**	**4764**	**1346**	**541**	**805**
港北区	126672	68204	58468	1289	453	836	140	31	109
港南区	159458	85753	73705	1175	400	775	206	92	114
覃塘区	118095	61879	56216	760	280	480	131	55	76
平南县	262984	143327	119657	1326	540	786	215	106	109
桂平市	448620	244756	203864	2938	1051	1887	654	257	397
玉林市	**1425843**	**760176**	**665667**	**10541**	**4029**	**6512**	**1394**	**639**	**755**
玉州区	91641	49643	41998	410	169	241	47	24	23
福绵区	97354	54343	43011	654	304	350	61	36	25
容 县	181642	93797	87845	1393	382	1011	98	44	54
陆川县	209074	112170	96904	1224	561	663	111	56	55
博白县	381224	205845	175379	3208	1270	1938	535	252	283
兴业县	156468	85528	70940	1111	486	625	139	56	83
北流市	308440	158850	149590	2541	857	1684	403	171	232
百色市	**1131441**	**616988**	**514453**	**43439**	**10835**	**32604**	**1517**	**528**	**989**
右江区	81325	43438	37887	1751	486	1265	49	24	25
田阳区	74260	40677	33583	1191	366	825	47	22	25
田东县	109000	59600	49400	2017	617	1400	98	42	56

4–3c 续表 2

单位：人

地 区	16–59岁人口			未上过学			学前教育		
	合计	男	女	小计	男	女	小计	男	女
德保县	96213	54959	41254	1201	505	696	79	42	37
那坡县	73655	39849	33806	3338	801	2537	283	118	165
凌云县	66420	35864	30556	3622	673	2949	37	11	26
乐业县	57366	30810	26556	3466	749	2717	175	41	134
田林县	96736	52626	44110	4760	998	3762	157	35	122
西林县	56185	30440	25745	6817	1415	5402	29	9	20
隆林各族自治县	144285	75527	68758	12129	2951	9178	367	110	257
靖西市	178288	98704	79584	2037	831	1206	128	50	78
平果市	97708	54494	43214	1110	443	667	68	24	44
贺州市	**512565**	**274902**	**237663**	**7869**	**2005**	**5864**	**312**	**94**	**218**
八步区	158610	83703	74907	2056	525	1531	122	29	93
平桂区	96867	53576	43291	993	345	648	36	10	26
昭平县	82871	44873	37998	698	291	407	30	10	20
钟山县	96268	52128	44140	2111	468	1643	87	33	54
富川瑶族自治县	77949	40622	37327	2011	376	1635	37	12	25
河池市	**978036**	**532975**	**445061**	**30850**	**7205**	**23645**	**758**	**273**	**485**
金城江区	56916	31605	25311	761	298	463	14	5	9
宜州区	165422	89343	76079	1826	717	1109	124	68	56
南丹县	73102	39669	33433	4865	1311	3554	85	30	55
天峨县	46726	26130	20596	2433	446	1987	58	12	46
凤山县	59556	32383	27173	1942	410	1532	88	29	59
东兰县	77097	41902	35195	4204	644	3560	91	27	64
罗城仫佬族自治县	75853	41078	34775	1619	561	1058	49	19	30
环江毛南族自治县	91697	51783	39914	1188	396	792	26	10	16
巴马瑶族自治县	72981	38696	34285	5481	808	4673	73	17	56
都安瑶族自治县	147045	80042	67003	2252	687	1565	62	23	39
大化瑶族自治县	111641	60344	51297	4279	927	3352	88	33	55
来宾市	**581043**	**323303**	**257740**	**4737**	**1874**	**2863**	**287**	**120**	**167**
兴宾区	215722	120681	95041	2263	787	1476	108	50	58
忻城县	97975	53961	44014	879	410	469	59	23	36
象州县	92681	51972	40709	453	196	257	41	14	27
武宣县	98445	54157	44288	542	214	328	58	26	32
金秀瑶族自治县	47875	27142	20733	436	195	241	10	3	7
合山市	28345	15390	12955	164	72	92	11	4	7
崇左市	**637570**	**354371**	**283199**	**6776**	**2736**	**4040**	**457**	**167**	**290**
江州区	98016	54821	43195	1048	414	634	71	24	47
扶绥县	123874	69553	54321	1009	428	581	75	33	42
宁明县	116154	65470	50684	1307	472	835	96	30	66
龙州县	88088	48702	39386	744	351	393	51	18	33
大新县	93686	50590	43096	1011	454	557	74	32	42
天等县	89385	48905	40480	1342	503	839	63	18	45
凭祥市	28367	16330	12037	315	114	201	27	12	15

4-3c 续表 3

单位：人

地 区	小学			初中			高中		
	小计	男	女	小计	男	女	小计	男	女
总 计	**2903684**	**1346478**	**1557206**	**7039466**	**4067812**	**2971654**	**1252653**	**759002**	**493651**
南宁市	**245354**	**110857**	**134497**	**959546**	**544870**	**414676**	**191258**	**114741**	**76517**
兴宁区	3773	1779	1994	29574	16520	13054	7055	4310	2745
青秀区	6461	3072	3389	27203	15491	11712	4697	2924	1773
江南区	11927	5685	6242	56708	33269	23439	32859	16454	16405
西乡塘区	13303	6101	7202	56822	31892	24930	14951	9170	5781
良庆区	7876	3566	4310	35163	20916	14247	8442	5328	3114
邕宁区	14172	6418	7754	55800	32638	23162	8829	5521	3308
武鸣区	28471	13334	15137	119770	67560	52210	25349	15816	9533
隆安县	24563	11049	13514	74605	43074	31531	10514	6756	3758
马山县	40452	17913	22539	73752	44410	29342	12947	8087	4860
上林县	11477	4857	6620	89372	49512	39860	13650	8394	5256
宾阳县	37171	16699	20472	161689	90609	71080	25585	15753	9832
横 县	45708	20384	25324	179088	98979	80109	26380	16228	10152
柳州市	**230830**	**115059**	**115771**	**368895**	**223248**	**145647**	**55491**	**33386**	**22105**
城中区	139	70	69	1286	682	604	301	157	144
鱼峰区	7244	4342	2902	18957	11649	7308	2478	1593	885
柳南区	3266	1755	1511	12213	7030	5183	1983	1139	844
柳北区	3623	1896	1727	11165	6134	5031	2463	1401	1062
柳江区	33222	17118	16104	64933	38173	26760	9501	5554	3947
柳城县	20024	10149	9875	59267	33722	25545	8360	4628	3732
鹿寨县	24343	12873	11470	47680	28525	19155	6663	3922	2741
融安县	21944	11189	10755	43667	26814	16853	6292	3997	2295
融水苗族自治县	60583	28836	31747	59351	38603	20748	9991	6295	3696
三江侗族自治县	56442	26831	29611	50376	31916	18460	7459	4700	2759
桂林市	**273699**	**125748**	**147951**	**720066**	**411327**	**308739**	**145124**	**86084**	**59040**
秀峰区									
叠彩区	2095	936	1159	10098	5364	4734	3761	1943	1818
象山区	790	390	400	1263	684	579	200	117	83
七星区	507	239	268	1200	644	556	315	174	141
雁山区	7456	3449	4007	16644	9482	7162	7053	3338	3715
临桂区	32404	14400	18004	71981	43165	28816	14407	8911	5496
阳朔县	23640	11129	12511	61896	35310	26586	11788	6634	5154
灵川县	18998	8512	10486	73644	40733	32911	14995	8708	6287
全州县	31816	14192	17624	105509	60532	44977	23961	15165	8796
兴安县	19689	9364	10325	60442	33149	27293	11806	6663	5143
永福县	25688	12943	12745	38612	23150	15462	6809	4271	2538
灌阳县	13224	5427	7797	37131	21437	15694	6765	4408	2357
龙胜各族自治县	15229	7366	7863	27124	15939	11185	5023	2958	2065
资源县	11540	4792	6748	25973	15200	10773	4769	3093	1676
平乐县	28131	12485	15646	71865	41323	30542	12586	7575	5011
恭城瑶族自治县	25175	11395	13780	48652	27873	20779	8010	4807	3203
荔浦市	17317	8729	8588	68032	37342	30690	12876	7319	5557

4-3c 续表 4

单位:人

地 区	小学			初中			高中		
	小计	男	女	小计	男	女	小计	男	女
梧州市	**133263**	**59580**	**73683**	**385358**	**218904**	**166454**	**54848**	**33795**	**21053**
万秀区	4363	1997	2366	15700	8706	6994	3250	1996	1254
长洲区	3525	1676	1849	7458	4039	3419	1104	635	469
龙圩区	14536	7161	7375	39645	22264	17381	5846	3344	2502
苍梧县	31626	13784	17842	54628	33502	21126	7706	4974	2732
藤 县	42148	19266	22882	131271	75491	55780	16843	10441	6402
蒙山县	8270	3798	4472	31210	17104	14106	4688	2844	1844
岑溪市	28795	11898	16897	105446	57798	47648	15411	9561	5850
北海市	**78707**	**36038**	**42669**	**286662**	**161301**	**125361**	**81859**	**46432**	**35427**
海城区	4868	2217	2651	25662	13432	12230	14526	7872	6654
银海区	9055	4087	4968	31881	17711	14170	13669	6786	6883
铁山港区	9678	4213	5465	44214	24962	19252	10351	6388	3963
合浦县	55106	25521	29585	184905	105196	79709	43313	25386	17927
防城港市	**46992**	**22139**	**24853**	**132053**	**80803**	**51250**	**27307**	**17678**	**9629**
港口区	3379	1538	1841	12361	8193	4168	4684	3616	1068
防城区	22275	10662	11613	57403	34580	22823	8589	5498	3091
上思县	14586	6872	7714	41006	25538	15468	10019	6065	3954
东兴市	6752	3067	3685	21283	12492	8791	4015	2499	1516
钦州市	**266656**	**133062**	**133594**	**512102**	**295274**	**216828**	**99855**	**59616**	**40239**
钦南区	32222	15250	16972	69594	41449	28145	19117	12074	7043
钦北区	48415	24681	23734	101385	61535	39850	16529	10538	5991
灵山县	130263	66655	63608	211716	119464	92252	39190	22448	16742
浦北县	55756	26476	29280	129407	72826	56581	25019	14556	10463
贵港市	**214355**	**97167**	**117188**	**685953**	**384340**	**301613**	**129816**	**79138**	**50678**
港北区	28303	12314	15989	72185	41129	31056	15636	9551	6085
港南区	30257	13059	17198	94841	52820	42021	21300	13155	8145
覃塘区	24664	10718	13946	70835	38576	32259	12323	7518	4805
平南县	45747	22078	23669	170326	94594	75732	28009	17199	10810
桂平市	85384	38998	46386	277766	157221	120545	52548	31715	20833
玉林市	**259274**	**120914**	**138360**	**938067**	**511073**	**426994**	**141776**	**84849**	**56927**
玉州区	14871	7884	6987	60208	32679	27529	11467	6571	4896
福绵区	19159	9690	9469	62717	35755	26962	10401	6248	4153
容 县	25385	10930	14455	125683	65473	60210	18885	11730	7155
陆川县	35454	17262	18192	141424	76994	64430	20383	11980	8403
博白县	79992	38110	41882	244146	136143	108003	33147	19832	13315
兴业县	24736	11710	13026	105268	58505	46763	16562	10147	6415
北流市	59677	25328	34349	198621	105524	93097	30931	18341	12590
百色市	**396212**	**185082**	**211130**	**535129**	**330267**	**204862**	**91596**	**56676**	**34920**
右江区	27359	12431	14928	41767	24883	16884	6415	3662	2753
田阳区	24380	11440	12940	38412	23001	15411	6012	3707	2305
田东县	27594	12490	15104	62281	36631	25650	10903	6684	4219

4-3c 续表 5

单位：人

地 区	小学			初中			高中		
	小计	男	女	小计	男	女	小计	男	女
德保县	28743	14976	13767	51902	31405	20497	8619	5276	3343
那坡县	32594	15402	17192	27165	17515	9650	5591	3500	2091
凌云县	31209	14386	16823	22606	15372	7234	4923	3186	1737
乐业县	20041	8483	11558	24159	15752	8407	5067	3313	1754
田林县	39127	17095	22032	40677	27275	13402	6483	4156	2327
西林县	24371	12221	12150	18316	12623	5693	3436	2338	1098
隆林各族自治县	63471	29942	33529	52153	33201	18952	9463	5676	3787
靖西市	49581	23697	25884	102376	60285	42091	15245	9324	5921
平果市	27742	12519	15223	53315	32324	20991	9439	5854	3585
贺州市	**146223**	**64173**	**82050**	**288519**	**169602**	**118917**	**43557**	**26326**	**17231**
八步区	47884	20578	27306	87540	50717	36823	13566	8168	5398
平桂区	26175	13163	13012	58150	33739	24411	7361	4352	3009
昭平县	19310	7915	11395	50607	29589	21018	7260	4452	2808
钟山县	32383	14887	17496	48683	29642	19041	8091	4876	3215
富川瑶族自治县	20471	7630	12841	43539	25915	17624	7279	4478	2801
河池市	**334754**	**152229**	**182525**	**470176**	**289615**	**180561**	**79491**	**50405**	**29086**
金城江区	13928	6252	7676	33936	20111	13825	5403	3443	1960
宜州区	50988	24185	26803	90236	52146	38090	14156	8319	5837
南丹县	28282	12747	15535	32735	21180	11555	4330	2820	1510
天峨县	17191	7315	9876	18892	13185	5707	4051	2731	1320
凤山县	20025	7715	12310	28167	18421	9746	4745	3191	1554
东兰县	23120	9226	13894	35834	23194	12640	7090	4854	2236
罗城仫佬族自治县	30317	14558	15759	34498	20912	13586	5333	3196	2137
环江毛南族自治县	26367	12474	13893	51560	31426	20134	6745	4391	2354
巴马瑶族自治县	28323	12931	15392	28204	18596	9608	5826	3668	2158
都安瑶族自治县	51515	23982	27533	69943	41727	28216	12549	7907	4642
大化瑶族自治县	44698	20844	23854	46171	28717	17454	9263	5885	3378
来宾市	**124732**	**57872**	**66860**	**368167**	**215585**	**152582**	**50805**	**31635**	**19170**
兴宾区	50119	22351	27768	130829	78540	52289	19676	12310	7366
忻城县	23536	10804	12732	60653	35564	25089	7974	4881	3093
象州县	21305	10152	11153	58012	34100	23912	8254	5172	3082
武宣县	11585	5199	6386	72518	40776	31742	8169	5164	3005
金秀瑶族自治县	14375	7605	6770	25641	15063	10578	4392	2735	1657
合山市	3812	1761	2051	20514	11542	8972	2340	1373	967
崇左市	**152633**	**66558**	**86075**	**388773**	**231603**	**157170**	**59870**	**38241**	**21629**
江州区	23558	10321	13237	61450	36793	24657	8487	5473	3014
扶绥县	21856	9816	12040	83331	48533	34798	12336	7960	4376
宁明县	28918	11806	17112	71244	44271	26973	9956	6400	3556
龙州县	24215	10878	13337	50126	30134	19992	8971	5476	3495
大新县	22647	9707	12940	57172	33072	24100	8250	5113	3137
天等县	24329	10784	13545	48120	28037	20083	9385	6183	3202
凭祥市	7110	3246	3864	17330	10763	6567	2485	1636	849

4-3c 续表 6

单位:人

地区	大学专科			大学本科			硕士研究生			博士研究生		
	小计	男	女	小计	男	女	小计	男	女	小计	男	女
总 计	**491499**	**257643**	**233856**	**265532**	**129108**	**136424**	**8101**	**3997**	**4104**	**947**	**549**	**398**
南宁市	**63713**	**34115**	**29598**	**25077**	**12516**	**12561**	**886**	**425**	**461**	**100**	**64**	**36**
兴宁区	1975	1111	864	693	363	330	26	12	14	2	2	
青秀区	1414	795	619	682	339	343	23	10	13	3	3	
江南区	7077	3184	3893	2133	1106	1027	252	122	130	11	8	3
西乡塘区	4133	2130	2003	1803	912	891	54	24	30	5	5	
良庆区	2190	1234	956	777	403	374	16	4	12	4	1	3
邕宁区	2625	1445	1180	1184	564	620	42	19	23	6	4	2
武鸣区	7887	4442	3445	3082	1571	1511	61	30	31	15	7	8
隆安县	3904	2186	1718	1711	871	840	48	30	18	6	6	
马山县	6444	3487	2957	2511	1254	1257	52	23	29	7	5	2
上林县	6403	3374	3029	2481	1140	1341	73	38	35	10	2	8
宾阳县	10920	5980	4940	4298	2176	2122	134	63	71	16	11	5
横 县	8741	4747	3994	3722	1817	1905	105	50	55	15	10	5
柳州市	**22214**	**11094**	**11120**	**9741**	**4569**	**5172**	**265**	**114**	**151**	**38**	**21**	**17**
城中区	115	45	70	40	13	27						
鱼峰区	843	426	417	445	225	220	20	14	6	3	2	1
柳南区	581	276	305	336	141	195	9	5	4	3	2	1
柳北区	870	406	464	318	149	169	10	7	3	1		1
柳江区	3402	1611	1791	1416	631	785	59	26	33	11	4	7
柳城县	2987	1311	1676	1195	499	696	23	5	18	7	4	3
鹿寨县	2140	1089	1051	1096	492	604	32	14	18	7	5	2
融安县	2605	1310	1295	1368	641	727	32	11	21	4	2	2
融水苗族自治县	4598	2500	2098	1802	935	867	52	24	28	1	1	
三江侗族自治县	4073	2120	1953	1725	843	882	28	8	20	1	1	
桂林市	**53315**	**24802**	**28513**	**55282**	**25341**	**29941**	**2512**	**1300**	**1212**	**202**	**109**	**93**
秀峰区												
叠彩区	1021	487	534	474	192	282	23	7	16	2	1	1
象山区	56	25	31	30	6	24	2	1	1			
七星区	112	50	62	55	22	33	3		3			
雁山区	5182	1702	3480	31518	14765	16753	1818	1025	793	107	74	33
临桂区	7563	3090	4473	2360	1132	1228	92	42	50	13	8	5
阳朔县	3524	1601	1923	1803	743	1060	63	23	40	8	1	7
灵川县	4606	2147	2459	2528	1102	1426	79	29	50	13	5	8
全州县	7736	4192	3544	3434	1718	1716	106	44	62	18	7	11
兴安县	3525	1577	1948	1552	653	899	63	21	42	6	3	3
永福县	2795	1429	1366	1208	514	694	37	18	19	1	1	
灌阳县	2968	1643	1325	1478	746	732	32	19	13	11	3	8
龙胜各族自治县	1949	917	1032	1042	427	615	21	9	12	2		2
资源县	2129	1117	1012	1295	621	674	31	16	15	2	1	1
平乐县	3617	1876	1741	2492	1111	1381	36	9	27	10	3	7
恭城瑶族自治县	2963	1341	1622	1954	772	1182	55	13	42	5	2	3
荔浦市	3569	1608	1961	2059	817	1242	51	24	27	4		4

4-3c 续表 7

单位:人

地区	大学专科			大学本科			硕士研究生			博士研究生		
	小计	男	女	小计	男	女	小计	男	女	小计	男	女
梧州市	**19751**	**10163**	**9588**	**11882**	**5785**	**6097**	**292**	**140**	**152**	**41**	**24**	**17**
万秀区	1041	554	487	591	315	276	14	9	5	2	2	
长洲区	357	178	179	166	74	92	2		2	2		2
龙圩区	1679	841	838	1118	515	603	19	12	7	2	1	1
苍梧县	2763	1462	1301	1769	857	912	58	22	36	6	3	3
藤　县	6869	3480	3389	3946	1938	2008	103	54	49	16	9	7
蒙山县	1796	865	931	1271	551	720	24	7	17	4	3	1
岑溪市	5246	2783	2463	3021	1535	1486	72	36	36	9	6	3
北海市	**32664**	**17135**	**15529**	**20698**	**11171**	**9527**	**679**	**322**	**357**	**64**	**37**	**27**
海城区	6047	2948	3099	4223	2030	2193	209	109	100	13	5	8
银海区	8140	4281	3859	7501	4664	2837	223	103	120	13	11	2
铁山港区	4945	2946	1999	2645	1455	1190	70	36	34	8	5	3
合浦县	13532	6960	6572	6329	3022	3307	177	74	103	30	16	14
防城港市	**12324**	**8219**	**4105**	**4593**	**2938**	**1655**	**131**	**81**	**50**	**12**	**8**	**4**
港口区	4638	3828	810	1713	1355	358	48	40	8	1	1	
防城区	3082	1798	1284	1150	673	477	29	18	11	5	3	2
上思县	3174	1775	1399	1123	567	556	41	17	24	5	4	1
东兴市	1430	818	612	607	343	264	13	6	7	1		1
钦州市	**33395**	**16900**	**16495**	**30766**	**13996**	**16770**	**648**	**319**	**329**	**116**	**75**	**41**
钦南区	6612	3596	3016	17524	7838	9686	288	154	134	62	42	20
钦北区	5947	3164	2783	2475	1218	1257	68	27	41	11	8	3
灵山县	12929	6200	6729	7206	3319	3887	169	78	91	28	14	14
浦北县	7907	3940	3967	3561	1621	1940	123	60	63	15	11	4
贵港市	**52449**	**28025**	**24424**	**23723**	**11644**	**12079**	**607**	**288**	**319**	**92**	**52**	**40**
港北区	6284	3295	2989	2736	1383	1353	88	42	46	11	6	5
港南区	8062	4465	3597	3492	1701	1791	106	50	56	19	11	8
覃塘区	6106	3277	2829	3195	1424	1771	70	25	45	11	6	5
平南县	11374	5876	5498	5807	2848	2959	153	69	84	27	17	10
桂平市	20623	11112	9511	8493	4288	4205	190	102	88	24	12	12
玉林市	**50168**	**26213**	**23955**	**23852**	**12072**	**11780**	**668**	**334**	**334**	**103**	**53**	**50**
玉州区	3233	1606	1627	1360	686	674	37	19	18	8	5	3
福绵区	3097	1684	1413	1225	609	616	36	15	21	4	2	2
容　县	5977	3197	2780	4125	2001	2124	82	33	49	14	7	7
陆川县	7122	3621	3501	3245	1636	1609	106	57	49	5	3	2
博白县	14114	7212	6902	5863	2909	2954	183	96	87	36	21	15
兴业县	5901	3201	2700	2675	1384	1291	67	35	32	9	4	5
北流市	10724	5692	5032	5359	2847	2512	157	79	78	27	11	16
百色市	**47198**	**25317**	**21881**	**15996**	**8092**	**7904**	**309**	**165**	**144**	**45**	**26**	**19**
右江区	2924	1451	1473	1034	485	549	26	16	10			
田阳区	3072	1603	1469	1111	515	596	30	21	9	5	2	3
田东县	4442	2384	2058	1631	732	899	32	18	14	2	2	

4-3c 续表 8

单位:人

地 区	大学专科			大学本科			硕士研究生			博士研究生		
	小计	男	女	小计	男	女	小计	男	女	小计	男	女
德保县	4063	2060	2003	1573	682	891	28	12	16	5	1	4
那坡县	3593	1899	1694	1068	599	469	20	13	7	3	2	1
凌云县	2958	1638	1320	1043	587	456	18	9	9	4	2	2
乐业县	3445	1927	1518	997	535	462	15	9	6	1	1	
田林县	4255	2381	1874	1253	674	579	23	12	11	1		1
西林县	2552	1470	1082	657	360	297	7	4	3			
隆林各族自治县	5077	2751	2326	1596	880	716	20	11	9	9	5	4
靖西市	6523	3325	3198	2349	1170	1179	42	18	24	7	4	3
平果市	4294	2428	1866	1684	873	811	48	22	26	8	7	1
贺州市	**17126**	**8558**	**8568**	**8684**	**4006**	**4678**	**245**	**122**	**123**	**30**	**16**	**14**
八步区	4966	2522	2444	2394	1116	1278	70	39	31	12	9	3
平桂区	2683	1317	1366	1431	630	801	35	20	15	3		3
昭平县	3352	1790	1562	1562	801	761	47	22	25	5	3	2
钟山县	3085	1438	1647	1771	759	1012	52	23	29	5	2	3
富川瑶族自治县	3040	1491	1549	1526	700	826	41	18	23	5	2	3
河池市	**44098**	**24549**	**19549**	**17437**	**8489**	**8948**	**427**	**185**	**242**	**45**	**25**	**20**
金城江区	2008	1134	874	834	353	481	31	9	22	1		1
宜州区	5548	2799	2749	2451	1070	1381	83	36	47	10	3	7
南丹县	2055	1184	871	731	386	345	17	10	7	2	1	1
天峨县	3052	1824	1228	1028	601	427	19	14	5	2	2	
凤山县	3745	2177	1568	821	431	390	19	5	14	4	4	
东兰县	5090	3101	1989	1624	836	788	41	18	23	3	2	1
罗城仫佬族自治县	2762	1286	1476	1242	531	711	28	12	16	5	3	2
环江毛南族自治县	3710	2067	1643	2050	1000	1050	47	16	31	4	3	1
巴马瑶族自治县	3804	2053	1751	1246	611	635	18	9	9	6	3	3
都安瑶族自治县	7296	4061	3235	3352	1619	1733	69	32	37	7	4	3
大化瑶族自治县	5028	2863	2165	2058	1051	1007	55	24	31	1		1
来宾市	**22036**	**11458**	**10578**	**10007**	**4631**	**5376**	**239**	**109**	**130**	**33**	**19**	**14**
兴宾区	8865	4761	4104	3769	1836	1933	80	40	40	13	6	7
忻城县	3408	1669	1739	1425	593	832	37	15	22	4	2	2
象州县	3049	1608	1441	1528	710	818	32	14	18	7	6	1
武宣县	3647	1898	1749	1866	855	1011	56	23	33	4	2	2
金秀瑶族自治县	2007	1038	969	990	486	504	21	14	7	3	3	
合山市	1060	484	576	429	151	278	13	3	10	2		2
崇左市	**21048**	**11095**	**9953**	**7794**	**3858**	**3936**	**193**	**93**	**100**	**26**	**20**	**6**
江州区	2481	1330	1151	901	458	443	18	6	12	2	2	
扶绥县	3698	2025	1673	1527	734	793	36	19	17	6	5	1
宁明县	3463	1875	1588	1143	601	542	22	11	11	5	4	1
龙州县	2933	1385	1548	1008	439	569	36	17	19	4	4	
大新县	3243	1577	1666	1251	618	633	35	15	20	3	2	1
天等县	4424	2480	1944	1677	877	800	40	21	19	5	2	3
凭祥市	806	423	383	287	131	156	6	4	2	1	1	

4–4 各地区分性别、受教育程度的25岁及以上人口

单位：人

地 区	25岁及以上人口			未上过学			学前教育		
	合计	男	女	小计	男	女	小计	男	女
总 计	**32628667**	**16627980**	**16000687**	**1097169**	**219592**	**877577**	**43119**	**13458**	**29661**
南宁市	**5778457**	**2928033**	**2850424**	**107517**	**19217**	**88300**	**6118**	**1850**	**4268**
兴宁区	414552	208066	206486	3526	778	2748	299	100	199
青秀区	746223	356800	389423	6546	1156	5390	512	158	354
江南区	664141	337563	326578	7292	1413	5879	598	206	392
西乡塘区	1012924	513768	499156	8537	1734	6803	640	212	428
良庆区	397662	209978	187684	4440	898	3542	284	98	186
邕宁区	212292	110277	102015	4325	755	3570	297	88	209
武鸣区	471759	243966	227793	10305	1810	8495	809	219	590
隆安县	223870	115424	108446	8867	1526	7341	333	97	236
马山县	249848	126240	123608	18338	2864	15474	435	115	320
上林县	247324	125588	121736	7134	1153	5981	139	39	100
宾阳县	545215	281250	263965	14405	2575	11830	586	158	428
横 县	592647	299113	293534	13802	2555	11247	1186	360	826
柳州市	**2923913**	**1497731**	**1426182**	**84972**	**16984**	**67988**	**1862**	**628**	**1234**
城中区	168126	78911	89215	988	163	825	51	19	32
鱼峰区	434377	220763	213614	4062	832	3230	169	64	105
柳南区	452659	230885	221774	4269	879	3390	125	46	79
柳北区	350360	173767	176593	3338	640	2698	96	33	63
柳江区	348618	181110	167508	8838	1655	7183	242	77	165
柳城县	233216	122136	111080	7855	1558	6297	160	56	104
鹿寨县	246531	131398	115133	5094	1094	4000	188	62	126
融安县	188458	100341	88117	7516	1653	5863	141	54	87
融水苗族自治县	287301	148866	138435	23273	4427	18846	539	159	380
三江侗族自治县	214267	109554	104713	19739	4083	15656	151	58	93
桂林市	**3476994**	**1753817**	**1723177**	**117047**	**25068**	**91979**	**4283**	**1392**	**2891**
秀峰区	117391	57743	59648	1645	399	1246	68	14	54
叠彩区	152428	73424	79004	1656	273	1383	52	18	34
象山区	215966	102545	113421	2692	471	2221	88	33	55
七星区	262141	131710	130431	3314	666	2648	124	42	82
雁山区	48724	24522	24202	3176	535	2641	115	25	90
临桂区	378952	192315	186637	21873	3841	18032	689	192	497
阳朔县	200238	102553	97685	11174	2239	8935	445	145	300
灵川县	292598	147189	145409	7153	1527	5626	261	80	181
全州县	397101	204069	193032	15861	3749	12112	571	205	366
兴安县	225043	112820	112223	6740	1840	4900	447	159	288
永福县	166688	87213	79475	8879	1941	6938	277	93	184
灌阳县	150072	75934	74138	7971	2137	5834	327	101	226
龙胜各族自治县	106074	54217	51857	4140	954	3186	131	36	95
资源县	99305	50308	48997	2867	614	2253	125	39	86
平乐县	237050	120360	116690	9425	1990	7435	299	110	189
恭城瑶族自治县	176601	89197	87404	4475	979	3496	118	45	73
荔浦市	250622	127698	122924	4006	913	3093	146	55	91

4-4 续表 1

单位:人

地区	25岁及以上人口			未上过学			学前教育		
	合计	男	女	小计	男	女	小计	男	女
梧州市	**1747154**	**891655**	**855499**	**35856**	**7426**	**28430**	**1900**	**614**	**1286**
万秀区	192340	94305	98035	1838	421	1417	100	38	62
长洲区	201698	98807	102891	2076	543	1533	180	68	112
龙圩区	171933	89313	82620	3073	701	2372	194	73	121
苍梧县	172393	90983	81410	4433	843	3590	334	83	251
藤县	473217	250132	223085	11907	2481	9426	596	200	396
蒙山县	111371	56094	55277	3467	661	2806	97	34	63
岑溪市	424202	212021	212181	9062	1776	7286	399	118	281
北海市	**1248986**	**638319**	**610667**	**32415**	**7140**	**25275**	**1398**	**487**	**911**
海城区	364410	178971	185439	5096	926	4170	168	53	115
银海区	204320	105634	98686	5332	1446	3886	255	95	160
铁山港区	102426	54270	48156	2039	477	1562	82	23	59
合浦县	577830	299444	278386	19948	4291	15657	893	316	577
防城港市	**690164**	**372817**	**317347**	**19462**	**3972**	**15490**	**631**	**225**	**406**
港口区	171663	98449	73214	3694	964	2730	126	50	76
防城区	247352	131309	116043	7746	1600	6146	183	69	114
上思县	131674	70594	61080	4394	814	3580	204	68	136
东兴市	139475	72465	67010	3628	594	3034	118	38	80
钦州市	**1965025**	**1025095**	**939930**	**58873**	**13492**	**45381**	**3105**	**1011**	**2094**
钦南区	420377	220905	199472	14343	3148	11195	612	203	409
钦北区	434246	229228	205018	16165	3644	12521	1230	409	821
灵山县	697554	362104	335450	17779	4156	13623	713	250	463
浦北县	412848	212858	199990	10586	2544	8042	550	149	401
贵港市	**2657178**	**1357513**	**1299665**	**64984**	**13101**	**51883**	**6399**	**1899**	**4500**
港北区	475161	237868	237293	11931	2206	9725	780	210	570
港南区	322716	163783	158933	8349	1516	6833	769	206	563
覃塘区	271153	136190	134963	8065	1385	6680	749	249	500
平南县	670131	342227	327904	12974	2943	10031	977	337	640
桂平市	918017	477445	440572	23665	5051	18614	3124	897	2227
玉林市	**3464200**	**1758940**	**1705260**	**69553**	**17209**	**52344**	**6392**	**2250**	**4142**
玉州区	573499	286780	286719	5279	1387	3892	467	170	297
福绵区	204471	108694	95777	4947	1250	3697	324	128	196
容县	401189	198744	202445	5141	1001	4140	307	101	206
陆川县	467271	237987	229284	8195	2409	5786	462	168	294
博白县	790353	408061	382292	23137	6397	16740	2410	900	1510
兴业县	328085	169771	158314	8968	1642	7326	760	198	562
北流市	699332	348903	350429	13886	3123	10763	1662	585	1077
百色市	**2376475**	**1195543**	**1180932**	**178501**	**36173**	**142328**	**4154**	**1245**	**2909**
右江区	304253	150849	153404	9962	1930	8032	330	112	218
田阳区	223853	111494	112359	11168	1985	9183	196	75	121
田东县	243592	121477	122115	12046	2111	9935	362	98	264

4-4 续表 2

单位:人

地 区	25岁及以上人口			未上过学			学前教育		
	合计	男	女	小计	男	女	小计	男	女
德保县	188466	97049	91417	9098	1980	7118	266	87	179
那坡县	116726	59391	57335	13440	2921	10519	649	226	423
凌云县	117317	58568	58749	13348	2410	10938	71	21	50
乐业县	93036	47079	45957	12351	2717	9634	388	101	287
田林县	153634	77987	75647	17322	3232	14090	367	87	280
西林县	92881	47705	45176	16595	3567	13028	53	18	35
隆林各族自治县	215146	106827	108319	34132	8178	25954	775	227	548
靖西市	330243	169587	160656	17545	3307	14238	467	135	332
平果市	297328	147530	149798	11494	1835	9659	230	58	172
贺州市	**1271079**	**648242**	**622837**	**60070**	**11140**	**48930**	**1412**	**387**	**1025**
八步区	408001	204153	203848	15699	2604	13095	472	108	364
平桂区	256873	133923	122950	7843	1676	6167	300	83	217
昭平县	211030	108750	102280	6726	1341	5385	178	53	125
钟山县	220288	114425	105863	15837	2847	12990	352	105	247
富川瑶族自治县	174887	86991	87896	13965	2672	11293	110	38	72
河池市	**2216136**	**1110265**	**1105871**	**162882**	**29967**	**132915**	**2171**	**546**	**1625**
金城江区	251205	124701	126504	6968	1190	5778	116	26	90
宜州区	371586	187234	184352	16843	3701	13142	374	116	258
南丹县	175978	90149	85829	15454	3813	11641	175	56	119
天峨县	94042	47945	46097	10753	2249	8504	114	26	88
凤山县	107811	53288	54523	11305	1817	9488	160	40	120
东兰县	144364	70952	73412	22348	3331	19017	364	65	299
罗城仫佬族自治县	187441	94870	92571	13119	2760	10359	245	65	180
环江毛南族自治县	189240	97389	91851	9411	1719	7692	92	22	70
巴马瑶族自治县	144640	70645	73995	20410	3043	17367	114	26	88
都安瑶族自治县	329945	164683	165262	16014	2968	13046	230	50	180
大化瑶族自治县	219884	108409	111475	20257	3376	16881	187	54	133
来宾市	**1411099**	**729771**	**681328**	**43796**	**8117**	**35679**	**1069**	**310**	**759**
兴宾区	602102	310614	291488	20696	3613	17083	350	112	238
忻城县	210257	107862	102395	8775	1664	7111	323	86	237
象州县	204063	106680	97383	4612	806	3806	142	34	108
武宣县	226618	117355	109263	4166	782	3384	164	54	110
金秀瑶族自治县	95861	50583	45278	3848	888	2960	49	15	34
合山市	72198	36677	35521	1699	364	1335	41	9	32
崇左市	**1401807**	**720239**	**681568**	**61241**	**10586**	**50655**	**2225**	**614**	**1611**
江州区	259537	135364	124173	8152	1678	6474	555	209	346
扶绥县	271682	142158	129524	7396	1355	6041	237	67	170
宁明县	216408	112859	103549	10404	1431	8973	358	73	285
龙州县	173132	88524	84608	6287	982	5305	174	32	142
大新县	202186	100534	101652	11729	1915	9814	370	80	290
天等县	186998	92100	94898	14611	2810	11801	375	108	267
凭祥市	91864	48700	43164	2662	415	2247	156	45	111

4–4 续表 3

单位:人

地 区	小学			初中			高中		
	小计	男	女	小计	男	女	小计	男	女
总 计	**8587824**	**3780983**	**4806841**	**14768435**	**8164357**	**6604078**	**4340671**	**2473061**	**1867610**
南宁市	**1039961**	**433324**	**606637**	**2520248**	**1364273**	**1155975**	**968710**	**530772**	**437938**
兴宁区	47311	18996	28315	155561	81268	74293	95255	50244	45011
青秀区	64060	25095	38965	171668	85098	86570	141810	68083	73727
江南区	88268	35782	52486	276868	147147	129721	142228	76530	65698
西乡塘区	115853	46666	69187	400237	210045	190192	228868	122015	106853
良庆区	59433	25813	33620	174806	96691	78115	85294	48037	37257
邕宁区	50751	21526	29225	105137	59159	45978	27162	15991	11171
武鸣区	106039	45462	60577	243971	133795	110176	68538	40345	28193
隆安县	68402	29247	39155	113050	64675	48375	20201	12723	7478
马山县	89220	38650	50570	105850	62994	42856	20913	13267	7646
上林县	49745	19527	30218	146073	79629	66444	26140	15806	10334
宾阳县	139684	59207	80477	300271	166154	134117	54556	33329	21227
横 县	161195	67353	93842	326756	177618	149138	57745	34402	23343
柳州市	**696339**	**319690**	**376649**	**1241170**	**682869**	**558301**	**467325**	**253150**	**214175**
城中区	12852	4678	8174	41932	19382	22550	37896	17638	20258
鱼峰区	60531	26227	34304	183051	96098	86953	91854	48242	43612
柳南区	58933	25201	33732	195792	101618	94174	108676	58155	50521
柳北区	45960	19201	26759	143202	72205	70997	84837	43942	40895
柳江区	91961	42397	49564	178120	99322	78798	40736	23102	17634
柳城县	63851	30057	33794	124195	70342	53853	21450	12373	9077
鹿寨县	78910	37560	41350	116566	67238	49328	27428	15944	11484
融安县	65779	31192	34587	83870	49564	34306	17608	10684	6924
融水苗族自治县	122376	57811	64565	101728	62785	38943	23245	14518	8727
三江侗族自治县	95186	45366	49820	72714	44315	28399	13595	8552	5043
桂林市	**895491**	**396723**	**498768**	**1497374**	**819514**	**677860**	**525248**	**288993**	**236255**
秀峰区	14740	5980	8760	41138	21140	19998	27951	14160	13791
叠彩区	16591	6209	10382	53987	26434	27553	40984	20631	20353
象山区	24746	9404	15342	73739	35450	38289	57985	28525	29460
七星区	28462	13026	15436	85541	44921	40620	62888	31607	31281
雁山区	14362	6554	7808	20308	11670	8638	5500	3221	2279
临桂区	100794	46069	54725	151871	86796	65075	53477	29810	23667
阳朔县	61090	28623	32467	91153	51719	39434	22528	12983	9545
灵川县	66123	27866	38257	141580	76006	65574	45936	25700	20236
全州县	113913	49069	64844	191015	106773	84242	49289	30025	19264
兴安县	66997	30490	36507	106767	57171	49596	28211	15376	12835
永福县	64061	30943	33118	66278	38614	27664	15916	9717	6199
灌阳县	49021	21180	27841	66102	36909	29193	14583	9073	5510
龙胜各族自治县	36897	16928	19969	44070	25003	19067	11438	6613	4825
资源县	33597	13880	19717	43209	24305	18904	11155	6912	4243
平乐县	72573	31732	40841	113574	63471	50103	27465	16216	11249
恭城瑶族自治县	64085	28018	36067	76000	42776	33224	18531	10870	7661
荔浦市	67439	30752	36687	131042	70356	60686	31411	17554	13857

4-4 续表 4

单位：人

地 区	小学			初中			高中		
	小计	男	女	小计	男	女	小计	男	女
梧州市	**471620**	**205122**	**266498**	**852949**	**463664**	**389285**	**227226**	**130956**	**96270**
万秀区	32949	12940	20009	82653	41531	41122	45933	24182	21751
长洲区	32307	13299	19008	80320	39950	40370	45880	23728	22152
龙圩区	50525	22866	27659	82314	45221	37093	21073	12494	8579
苍梧县	72672	31100	41572	76433	46686	29747	11422	8210	3212
藤 县	142438	65056	77382	248808	140908	107900	42254	26671	15583
蒙山县	30600	13518	17082	54494	29441	25053	12238	7099	5139
岑溪市	110129	46343	63786	227927	119927	108000	48426	28572	19854
北海市	**248611**	**110696**	**137915**	**577806**	**311960**	**265846**	**231003**	**127432**	**103571**
海城区	42456	17492	24964	146818	73821	72997	93082	48058	45024
银海区	39701	18229	21472	90622	49826	40796	36704	20082	16622
铁山港区	23897	10009	13888	55390	30975	24415	13314	8413	4901
合浦县	142557	64966	77591	284976	157338	127638	87903	50879	37024
防城港市	**150790**	**65848**	**84942**	**328446**	**188147**	**140299**	**105900**	**65018**	**40882**
港口区	24508	10826	13682	69717	41180	28537	35109	22011	13098
防城区	64131	28130	36001	120105	68553	51552	32609	20019	12590
上思县	33673	14614	19059	66176	38821	27355	17301	10590	6711
东兴市	28478	12278	16200	72448	39593	32855	20881	12398	8483
钦州市	**633853**	**301417**	**332436**	**868037**	**483081**	**384956**	**228600**	**135847**	**92753**
钦南区	102017	46891	55126	172327	96634	75693	70561	41409	29152
钦北区	127614	60467	67147	189170	108531	80639	52057	31012	21045
灵山县	266492	130277	136215	312506	171098	141408	59706	36014	23692
浦北县	137730	63782	73948	194034	106818	87216	46276	27412	18864
贵港市	**755198**	**328892**	**426306**	**1336051**	**729984**	**606067**	**294892**	**177361**	**117531**
港北区	108425	46253	62172	203371	108346	95025	77928	43090	34838
港南区	97248	40676	56572	164260	90339	73921	32694	20467	12227
覃塘区	91919	39169	52750	135196	74112	61084	22085	14315	7770
平南县	183129	80631	102498	359167	192910	166257	70204	42429	27775
桂平市	274477	122163	152314	474057	264277	209780	91981	57060	34921
玉林市	**896572**	**405695**	**490877**	**1811235**	**959254**	**851981**	**411301**	**233167**	**178134**
玉州区	97052	44247	52805	252983	128678	124305	117628	60723	56905
福绵区	60746	29060	31686	115756	64718	51038	16502	10214	6288
容 县	94056	39862	54194	228171	116171	112000	46988	27682	19306
陆川县	122342	56083	66259	257959	136115	121844	52668	29658	23010
博白县	236447	110688	125759	406295	221138	185157	72012	42553	29459
兴业县	89134	39647	49487	184894	101715	83179	29726	18684	11042
北流市	196795	86108	110687	365177	190719	174458	75777	43653	32124
百色市	**832052**	**366458**	**465594**	**928824**	**544314**	**384510**	**225278**	**134682**	**90596**
右江区	74394	31374	43020	120068	65413	54655	44462	23584	20878
田阳区	74548	32174	42374	98598	55364	43234	22431	13056	9375
田东县	70331	28433	41898	113121	63807	49314	27398	16248	11150

4-4 续表 5

单位：人

地区	小学			初中			高中		
	小计	男	女	小计	男	女	小计	男	女
德保县	69036	31217	37819	78790	45824	32966	17112	10320	6792
那坡县	52932	25025	27907	34565	21952	12613	7918	5088	2830
凌云县	54444	24278	30166	32288	21226	11062	8502	5548	2954
乐业县	33501	14634	18867	32332	20629	11703	7209	4770	2439
田林县	60025	26393	33632	53081	34435	18646	11281	7276	4005
西林县	36281	18089	18192	25662	17141	8521	6493	4344	2149
隆林各族自治县	96270	45331	50939	58936	38064	20872	11799	7446	4353
靖西市	119486	53079	66407	149012	86556	62456	27407	17360	10047
平果市	90804	36431	54373	132371	73903	58468	33266	19642	13624
贺州市	**420477**	**186351**	**234126**	**553922**	**318219**	**235703**	**128481**	**76580**	**51901**
八步区	128880	55703	73177	169948	95277	74671	46855	26854	20001
平桂区	83769	38842	44927	127951	72529	55422	22785	13523	9262
昭平县	69838	29736	40102	99565	56790	42775	20024	12596	7428
钟山县	83227	39460	43767	83659	50986	32673	20217	12281	7936
富川瑶族自治县	54763	22610	32153	72799	42637	30162	18600	11326	7274
河池市	**768837**	**334445**	**434392**	**861008**	**502906**	**358102**	**216960**	**131014**	**85946**
金城江区	51622	20243	31379	105267	56470	48797	42064	22943	19121
宜州区	123388	55323	68065	159109	89327	69782	39722	22258	17464
南丹县	60329	26555	33774	68762	41350	27412	16660	10198	6462
天峨县	33673	14146	19527	30486	19730	10756	8741	5706	3035
凤山县	38847	15355	23492	39174	24687	14487	8648	5739	2909
东兰县	46307	19751	26556	50961	32112	18849	12233	8483	3750
罗城仫佬族自治县	78703	36298	42405	67714	40035	27679	14733	9051	5682
环江毛南族自治县	65009	28265	36744	85487	49962	35525	15799	10005	5794
巴马瑶族自治县	53115	23716	29399	44152	27741	16411	12719	8086	4633
都安瑶族自治县	128020	55146	72874	135337	77175	58162	26740	16598	10142
大化瑶族自治县	89824	39647	50177	74559	44317	30242	18901	11947	6954
来宾市	**382258**	**163938**	**218320**	**719203**	**406937**	**312266**	**147473**	**89009**	**58464**
兴宾区	156406	65613	90793	298062	169812	128250	67409	40137	27272
忻城县	68495	29416	39079	103204	59710	43494	17217	10743	6474
象州县	63101	27589	35512	101519	58121	43398	20406	12623	7783
武宣县	46399	19250	27149	134734	73755	60979	23947	14524	9423
金秀瑶族自治县	32159	15642	16517	41956	23905	18051	9660	5875	3785
合山市	15698	6428	9270	39728	21634	18094	8834	5107	3727
崇左市	**395765**	**162384**	**233381**	**672162**	**389235**	**282927**	**162274**	**99080**	**63194**
江州区	66026	27498	38528	122487	70523	51964	35955	21189	14766
扶绥县	64044	26292	37752	145781	82628	63153	33704	20773	12931
宁明县	64419	25866	38553	106620	64322	42298	21524	13762	7762
龙州县	54785	22236	32549	78694	46480	32214	20666	12356	8310
大新县	61917	25044	36873	95053	54366	40687	20328	12360	7968
天等县	64061	26809	37252	79325	45222	34103	16553	10605	5948
凭祥市	20513	8639	11874	44202	25694	18508	13544	8035	5509

4–4 续表 6

单位：人

地 区	大学专科			大学本科			硕士研究生			博士研究生		
	小计	男	女	小计	男	女	小计	男	女	小计	男	女
总 计	**2160009**	**1138574**	**1021435**	**1509295**	**774322**	**734973**	**109581**	**55827**	**53754**	**12564**	**7806**	**4758**
南宁市	**606143**	**311538**	**294605**	**470740**	**237200**	**233540**	**52489**	**25907**	**26582**	**6531**	**3952**	**2579**
兴宁区	65702	32986	32716	43166	21798	21368	3422	1714	1708	310	182	128
青秀区	150354	72006	78348	183234	91015	92219	25724	12851	12873	2315	1338	977
江南区	88876	46155	42721	56181	28416	27765	3548	1738	1810	282	176	106
西乡塘区	141370	73253	68117	97945	49922	48023	16161	7846	8315	3313	2075	1238
良庆区	45784	24458	21326	25978	13187	12791	1531	730	801	112	66	46
邕宁区	14037	7451	6586	9961	5016	4945	576	267	309	46	24	22
武鸣区	26906	14700	12206	14508	7334	7174	641	280	361	42	21	21
隆安县	8163	4656	3507	4741	2429	2312	100	60	40	13	11	2
马山县	9849	5448	4401	5136	2837	2299	96	58	38	11	7	4
上林县	11461	6149	5312	6462	3201	3261	146	71	75	24	13	11
宾阳县	23616	13303	10313	11815	6367	5448	255	140	115	27	17	10
横 县	20025	10973	9052	11613	5678	5935	289	152	137	36	22	14
柳州市	**245685**	**127639**	**118046**	**174019**	**90076**	**83943**	**11635**	**6130**	**5505**	**906**	**565**	**341**
城中区	32324	15492	16832	37495	19026	18469	4219	2267	1952	369	246	123
鱼峰区	49710	25600	24110	41417	21816	19601	3346	1734	1612	237	150	87
柳南区	51001	27100	23901	32137	16937	15200	1623	890	733	103	59	44
柳北区	43211	22316	20895	28007	14557	13450	1606	817	789	103	56	47
柳江区	19564	10079	9485	8867	4339	4528	257	121	136	33	18	15
柳城县	9759	4906	4853	5801	2764	3037	132	73	59	13	7	6
鹿寨县	11265	5955	5310	6888	3455	3433	177	83	94	15	7	8
融安县	9211	4977	4234	4229	2167	2062	90	43	47	14	7	7
融水苗族自治县	10929	6290	4639	5076	2790	2286	119	73	46	16	13	3
三江侗族自治县	8711	4924	3787	4102	2225	1877	66	29	37	3	2	1
桂林市	**243172**	**123077**	**120095**	**173854**	**88398**	**85456**	**17875**	**8937**	**8938**	**2650**	**1715**	**935**
秀峰区	15655	7692	7963	14485	7498	6987	1528	750	778	181	110	71
叠彩区	22170	11132	11038	15894	8162	7732	1001	506	495	93	59	34
象山区	30040	14931	15109	24472	12649	11823	2052	999	1053	152	83	69
七星区	37194	18060	19134	35292	18218	17074	7655	4032	3623	1671	1138	533
雁山区	1691	823	868	1571	797	774	1815	767	1048	186	130	56
临桂区	27512	14000	13512	20738	10667	10071	1841	850	991	157	90	67
阳朔县	7992	4059	3933	5685	2707	2978	155	73	82	16	5	11
灵川县	19755	10051	9704	10974	5504	5470	740	406	334	76	49	27
全州县	17641	9614	8027	8587	4516	4071	192	102	90	32	16	16
兴安县	10669	5226	5443	5045	2477	2568	152	73	79	15	8	7
永福县	7151	3821	3330	4010	2013	1997	108	65	43	8	6	2
灌阳县	7653	4227	3426	4330	2255	2075	69	45	24	16	7	9
龙胜各族自治县	5887	3013	2874	3405	1606	1799	101	62	39	5	2	3
资源县	5324	2970	2354	2945	1547	1398	74	40	34	9	1	8
平乐县	8428	4330	4098	5164	2464	2700	106	42	64	16	5	11
恭城瑶族自治县	7904	3961	3943	5343	2494	2849	135	50	85	10	4	6
荔浦市	10506	5167	5339	5914	2824	3090	151	75	76	7	2	5

4-4 续表 7

单位:人

地区	大学专科			大学本科			硕士研究生			博士研究生		
	小计	男	女	小计	男	女	小计	男	女	小计	男	女
梧州市	**89758**	**48373**	**41385**	**65560**	**34264**	**31296**	**2115**	**1128**	**987**	**170**	**108**	**62**
万秀区	16975	8974	8001	11291	5907	5384	541	272	269	60	40	20
长洲区	21249	10916	10333	18773	9800	8973	869	469	400	44	34	10
龙圩区	8260	4569	3691	6333	3287	3046	153	97	56	8	5	3
苍梧县	3996	2439	1557	3012	1576	1436	81	42	39	10	4	6
藤　县	16178	9022	7156	10822	5673	5149	188	106	82	26	15	11
蒙山县	5861	3048	2813	4528	2250	2278	82	40	42	4	3	1
岑溪市	17239	9405	7834	10801	5771	5030	201	102	99	18	7	11
北海市	**90584**	**46606**	**43978**	**63393**	**32101**	**31292**	**3541**	**1749**	**1792**	**235**	**148**	**87**
海城区	42514	21320	21194	32341	16316	16025	1811	913	898	124	72	52
银海区	17329	8706	8623	12974	6557	6417	1336	644	692	67	49	18
铁山港区	4895	2856	2039	2742	1478	1264	59	34	25	8	5	3
合浦县	25846	13724	12122	15336	7750	7586	335	158	177	36	22	14
防城港市	**50475**	**29491**	**20984**	**32903**	**19210**	**13693**	**1450**	**833**	**617**	**107**	**73**	**34**
港口区	21726	13231	8495	15847	9620	6227	885	527	358	51	40	11
防城区	13869	7920	5949	8349	4829	3520	325	168	157	35	21	14
上思县	6662	3897	2765	3178	1746	1432	80	39	41	6	5	1
东兴市	8218	4443	3775	5529	3015	2514	160	99	61	15	7	8
钦州市	**97918**	**51881**	**46037**	**70725**	**36141**	**34584**	**3546**	**1994**	**1552**	**368**	**231**	**137**
钦南区	33155	18051	15104	25342	13430	11912	1802	1007	795	218	132	86
钦北区	25628	13613	12015	21121	10839	10282	1175	653	522	86	60	26
灵山县	23884	12219	11665	16155	7901	8254	276	165	111	43	24	19
浦北县	15251	7998	7253	8107	3971	4136	293	169	124	21	15	6
贵港市	**124631**	**67558**	**57073**	**72735**	**37455**	**35280**	**2036**	**1109**	**927**	**252**	**154**	**98**
港北区	42546	22010	20536	28923	15040	13883	1141	636	505	116	77	39
港南区	12504	7023	5481	6695	3460	3235	172	84	88	25	12	13
覃塘区	8582	4852	3730	4453	2063	2390	91	38	53	13	7	6
平南县	27231	14696	12535	16093	8083	8010	303	164	139	53	34	19
桂平市	33768	18977	14791	16571	8809	7762	329	187	142	45	24	21
玉林市	**163149**	**86379**	**76770**	**101730**	**52670**	**49060**	**3791**	**2004**	**1787**	**477**	**312**	**165**
玉州区	56568	29103	27465	40712	20946	19766	2488	1297	1191	322	229	93
福绵区	4207	2311	1896	1941	989	952	43	22	21	5	2	3
容　县	15632	8398	7234	10650	5399	5251	226	121	105	18	9	9
陆川县	17059	9061	7998	8435	4405	4030	135	79	56	16	9	7
博白县	30843	16510	14333	18716	9608	9108	436	230	206	57	37	20
兴业县	9286	5143	4143	5194	2683	2511	109	52	57	14	7	7
北流市	29554	15853	13701	16082	8640	7442	354	203	151	45	19	26
百色市	**127217**	**70242**	**56975**	**76827**	**40429**	**36398**	**3341**	**1817**	**1524**	**281**	**183**	**98**
右江区	28139	14632	13507	24442	12507	11935	2264	1167	1097	192	130	62
田阳区	10765	5772	4993	6006	2976	3030	133	87	46	8	5	3
田东县	13391	7220	6171	6781	3463	3318	148	86	62	14	11	3

4-4 续表 8

单位：人

地 区	大学专科			大学本科			硕士研究生			博士研究生		
	小计	男	女	小计	男	女	小计	男	女	小计	男	女
德保县	9047	4976	4071	5008	2589	2419	98	53	45	11	3	8
那坡县	5002	2909	2093	2190	1250	940	29	20	9	1		1
凌云县	5393	3236	2157	3211	1811	1400	54	35	19	6	3	3
乐业县	4876	2914	1962	2332	1285	1047	45	27	18	2	2	
田林县	7671	4429	3242	3816	2088	1728	69	47	22	2		2
西林县	5085	3004	2081	2668	1518	1150	44	24	20			
隆林各族自治县	8723	4997	3726	4430	2531	1899	67	44	23	14	9	5
靖西市	10993	6272	4721	5220	2813	2407	96	55	41	17	10	7
平果市	18132	9881	8251	10723	5598	5125	294	172	122	14	10	4
贺州市	**60550**	**32354**	**28196**	**44094**	**22094**	**22000**	**1927**	**1031**	**896**	**146**	**86**	**60**
八步区	23678	12386	11292	21093	10452	10641	1289	708	581	87	61	26
平桂区	8163	4289	3874	5800	2849	2951	240	122	118	22	10	12
昭平县	9592	5465	4127	4989	2708	2281	106	54	52	12	7	5
钟山县	10057	5312	4745	6770	3351	3419	157	77	80	12	6	6
富川瑶族自治县	9060	4902	4158	5442	2734	2708	135	70	65	13	2	11
河池市	**123356**	**68608**	**54748**	**78303**	**41307**	**36996**	**2438**	**1362**	**1076**	**181**	**110**	**71**
金城江区	24119	12798	11321	20185	10523	9662	818	477	341	46	31	15
宜州区	18342	9729	8613	13031	6371	6660	730	382	348	47	27	20
南丹县	9410	5328	4082	5076	2783	2293	103	63	40	9	3	6
天峨县	6088	3695	2393	4105	2344	1761	78	45	33	4	4	
凤山县	6966	4102	2864	2675	1526	1149	29	16	13	7	6	1
东兰县	7533	4638	2895	4532	2526	2006	78	43	35	8	3	5
罗城仫佬族自治县	8134	4245	3889	4690	2356	2334	96	55	41	7	5	2
环江毛南族自治县	8395	4732	3663	4942	2630	2312	99	49	50	6	5	1
巴马瑶族自治县	9223	5340	3883	4774	2612	2162	109	66	43	24	15	9
都安瑶族自治县	14983	8197	6786	8414	4435	3979	191	106	85	16	8	8
大化瑶族自治县	10163	5804	4359	5879	3201	2678	107	60	47	7	3	4
来宾市	**71444**	**38532**	**32912**	**44185**	**21992**	**22193**	**1555**	**863**	**692**	**116**	**73**	**43**
兴宾区	34628	18902	15726	23362	11750	11612	1114	627	487	75	48	27
忻城县	7862	4096	3766	4283	2099	2184	90	44	46	8	4	4
象州县	8686	4768	3918	5480	2672	2808	107	61	46	10	6	4
武宣县	11193	5988	5205	5885	2932	2953	116	59	57	14	11	3
金秀瑶族自治县	4917	2634	2283	3198	1581	1617	69	40	29	5	3	2
合山市	4158	2144	2014	1977	958	1019	59	32	27	4	1	3
崇左市	**65927**	**36296**	**29631**	**40227**	**20985**	**19242**	**1842**	**963**	**879**	**144**	**96**	**48**
江州区	14340	7944	6396	11038	5847	5191	928	438	490	56	38	18
扶绥县	12476	6925	5551	7697	3927	3770	334	184	150	13	7	6
宁明县	8863	5052	3811	4095	2272	1823	111	69	42	14	12	2
龙州县	8114	4253	3861	4280	2111	2169	122	66	56	10	8	2
大新县	8160	4402	3758	4525	2309	2216	98	55	43	6	3	3
天等县	7427	4142	3285	4521	2332	2189	100	60	40	25	12	13
凭祥市	6547	3578	2969	4071	2187	1884	149	91	58	20	16	4

4-4a 各地区分性别、受教育程度的25岁及以上人口（城市）

单位:人

地区	25岁及以上人口			未上过学			学前教育		
	合计	男	女	小计	男	女	小计	男	女
总计	**9598202**	**4745650**	**4852552**	**95687**	**19456**	**76231**	**6084**	**2117**	**3967**
南宁市	**2940388**	**1463973**	**1476415**	**21118**	**4339**	**16779**	**1659**	**562**	**1097**
兴宁区	343034	170485	172549	2513	599	1914	232	83	149
青秀区	667211	315550	351661	3923	729	3194	234	64	170
江南区	524296	263173	261123	4423	803	3620	377	137	240
西乡塘区	862703	434894	427809	6324	1320	5004	489	165	324
良庆区	308566	162134	146432	2041	498	1543	156	57	99
邕宁区	94421	47262	47159	1020	193	827	73	21	52
武鸣区	140157	70475	69682	874	197	677	98	35	63
隆安县									
马山县									
上林县									
宾阳县									
横县									
柳州市	**1419962**	**703815**	**716147**	**10704**	**2049**	**8655**	**421**	**151**	**270**
城中区	165766	77732	88034	951	154	797	49	17	32
鱼峰区	382597	191568	191029	3066	598	2468	143	54	89
柳南区	382805	191474	191331	2800	557	2243	96	35	61
柳北区	322522	159222	163300	2827	541	2286	85	29	56
柳江区	166272	83819	82453	1060	199	861	48	16	32
柳城县									
鹿寨县									
融安县									
融水苗族自治县									
三江侗族自治县									
桂林市	**948051**	**459346**	**488705**	**12698**	**2375**	**10323**	**492**	**143**	**349**
秀峰区	117391	57743	59648	1645	399	1246	68	14	54
叠彩区	129920	62282	67638	1040	172	868	40	14	26
象山区	213157	101159	111998	2467	435	2032	78	24	54
七星区	237466	116735	120731	2861	548	2313	121	40	81
雁山区	6208	3025	3183	233	28	205	4	2	2
临桂区	175864	86200	89664	4023	716	3307	168	42	126
阳朔县									
灵川县									
全州县									
兴安县									
永福县									
灌阳县									
龙胜各族自治县									
资源县									
平乐县									
恭城瑶族自治县									
荔浦市	68045	32202	35843	429	77	352	13	7	6

4-4a 续表 1

单位：人

地 区	25岁及以上人口			未上过学			学前教育		
	合计	男	女	小计	男	女	小计	男	女
梧州市	**557792**	**271382**	**286410**	**4486**	**1089**	**3397**	**439**	**160**	**279**
万秀区	153393	74029	79364	1231	280	951	82	33	49
长洲区	183301	89265	94036	1679	459	1220	162	64	98
龙圩区	75264	37895	37369	540	120	420	46	12	34
苍梧县									
藤 县									
蒙山县									
岑溪市	145834	70193	75641	1036	230	806	149	51	98
北海市	**439769**	**216807**	**222962**	**7516**	**1728**	**5788**	**253**	**94**	**159**
海城区	306293	149689	156604	4166	750	3416	133	38	95
银海区	123732	62226	61506	3262	966	2296	119	56	63
铁山港区	9744	4892	4852	88	12	76	1		1
合浦县									
防城港市	**300259**	**156737**	**143522**	**3928**	**759**	**3169**	**226**	**96**	**130**
港口区	113634	61999	51635	1249	279	970	90	36	54
防城区	101768	51612	50156	1275	238	1037	72	35	37
上思县									
东兴市	84857	43126	41731	1404	242	1162	64	25	39
钦州市	**320391**	**159033**	**161358**	**3834**	**772**	**3062**	**188**	**51**	**137**
钦南区	185797	91749	94048	2476	486	1990	145	41	104
钦北区	134594	67284	67310	1358	286	1072	43	10	33
灵山县									
浦北县									
贵港市	**577308**	**284006**	**293302**	**6441**	**1392**	**5049**	**634**	**220**	**414**
港北区	295312	143793	151519	2992	663	2329	195	63	132
港南区	79291	39408	39883	807	121	686	68	22	46
覃塘区	63697	31805	31892	1513	304	1209	230	91	139
平南县									
桂平市	139008	69000	70008	1129	304	825	141	44	97
玉林市	**626635**	**310242**	**316393**	**4118**	**1038**	**3080**	**520**	**192**	**328**
玉州区	429020	211837	217183	2804	716	2088	358	135	223
福绵区	36594	19024	17570	627	163	464	64	18	46
容 县									
陆川县									
博白县									
兴业县									
北流市	161021	79381	81640	687	159	528	98	39	59
百色市	**541217**	**263640**	**277577**	**7882**	**1343**	**6539**	**397**	**143**	**254**
右江区	199918	97709	102209	2716	493	2223	215	70	145
田阳区	117568	57309	60259	2179	373	1806	48	18	30
田东县									

4-4a 续表 2

单位：人

地 区	25岁及以上人口			未上过学			学前教育		
	合计	男	女	小计	男	女	小计	男	女
德保县									
那坡县									
凌云县									
乐业县									
田林县									
西林县									
隆林各族自治县									
靖西市	78538	39097	39441	830	155	675	71	32	39
平果市	145193	69525	75668	2157	322	1835	63	23	40
贺州市	**211091**	**103643**	**107448**	**2899**	**550**	**2349**	**229**	**70**	**159**
八步区	120777	57774	63003	1063	178	885	78	21	57
平桂区	90314	45869	44445	1836	372	1464	151	49	102
昭平县									
钟山县									
富川瑶族自治县									
河池市	**293792**	**142532**	**151260**	**4567**	**940**	**3627**	**182**	**50**	**132**
金城江区	164880	79386	85494	1979	250	1729	84	17	67
宜州区	128912	63146	65766	2588	690	1898	98	33	65
南丹县									
天峨县									
凤山县									
东兰县									
罗城仫佬族自治县									
环江毛南族自治县									
巴马瑶族自治县									
都安瑶族自治县									
大化瑶族自治县									
来宾市	**271860**	**133739**	**138121**	**3437**	**541**	**2896**	**126**	**43**	**83**
兴宾区	243294	119807	123487	2985	432	2553	102	41	61
忻城县									
象州县									
武宣县									
金秀瑶族自治县									
合山市	28566	13932	14634	452	109	343	24	2	22
崇左市	**149687**	**76755**	**72932**	**2059**	**541**	**1518**	**318**	**142**	**176**
江州区	102802	52606	50196	1576	469	1107	289	132	157
扶绥县									
宁明县									
龙州县									
大新县									
天等县									
凭祥市	46885	24149	22736	483	72	411	29	10	19

4-4a 续表 3

单位：人

地 区	小学			初中			高中		
	小计	男	女	小计	男	女	小计	男	女
总 计	**1244327**	**504531**	**739796**	**3660585**	**1851389**	**1809196**	**2157321**	**1124494**	**1032827**
南宁市	**275576**	**110640**	**164936**	**984734**	**504005**	**480729**	**681951**	**353184**	**328767**
兴宁区	32129	13033	19096	112114	57018	55096	86574	44819	41755
青秀区	42523	16037	26486	128134	60275	67859	134431	63257	71174
江南区	53354	21019	32335	197678	101731	95947	126963	67073	59890
西乡塘区	79972	31733	48239	316507	163512	152995	209508	109940	99568
良庆区	35681	15763	19918	125622	67934	57688	75330	41528	33802
邕宁区	14814	6180	8634	38722	19906	18816	18610	10129	8481
武鸣区	17103	6875	10228	65957	33629	32328	30535	16438	14097
隆安县									
马山县									
上林县									
宾阳县									
横 县									
柳州市	**164974**	**66487**	**98487**	**568232**	**286097**	**282135**	**335993**	**173967**	**162026**
城中区	12471	4521	7950	40414	18575	21839	37596	17479	20117
鱼峰区	44062	17816	26246	157091	80443	76648	87512	45510	42002
柳南区	44176	17787	26389	154875	77567	77308	100412	53079	47333
柳北区	38696	15794	22902	128504	64129	64375	81340	41970	39370
柳江区	25569	10569	15000	87348	45383	41965	29133	15929	13204
柳城县									
鹿寨县									
融安县									
融水苗族自治县									
三江侗族自治县									
桂林市	**112987**	**44714**	**68273**	**328925**	**163978**	**164947**	**234557**	**117649**	**116908**
秀峰区	14740	5980	8760	41138	21140	19998	27951	14160	13791
叠彩区	12139	4359	7780	42077	20072	22005	37046	18555	18491
象山区	23635	8878	14757	72514	34778	37736	57802	28407	29395
七星区	23368	9541	13827	76743	39177	37566	57938	28873	29065
雁山区	1507	658	849	2356	1227	1129	1119	597	522
临桂区	27491	11315	16176	62686	32459	30227	37598	19467	18131
阳朔县									
灵川县									
全州县									
兴安县									
永福县									
灌阳县									
龙胜各族自治县									
资源县									
平乐县									
恭城瑶族自治县									
荔浦市	10107	3983	6124	31411	15125	16286	15103	7590	7513

4-4a 续表 4

单位:人

地区	小学			初中			高中		
	小计	男	女	小计	男	女	小计	男	女
梧州市	**84107**	**32929**	**51178**	**238285**	**116394**	**121891**	**130793**	**68619**	**62174**
万秀区	22052	8307	13745	61510	29900	31610	41572	21427	20145
长洲区	24456	9592	14864	71868	35269	36599	44694	22931	21763
龙圩区	15070	6419	8651	32102	16327	15775	15289	8459	6830
苍梧县									
藤　县									
蒙山县									
岑溪市	22529	8611	13918	72805	34898	37907	29238	15802	13436
北海市	**54318**	**23025**	**31293**	**171809**	**87152**	**84657**	**109700**	**56583**	**53117**
海城区	34523	14063	20460	119032	59383	59649	80972	41517	39455
银海区	18409	8425	9984	48571	25629	22942	26503	13792	12711
铁山港区	1386	537	849	4206	2140	2066	2225	1274	951
合浦县									
防城港市	**44052**	**18311**	**25741**	**130665**	**69209**	**61456**	**61307**	**34950**	**26357**
港口区	13654	5998	7656	42426	23486	18940	25732	14990	10742
防城区	16080	6246	9834	45462	23413	22049	20773	11614	9159
上思县									
东兴市	14318	6067	8251	42777	22310	20467	14802	8346	6456
钦州市	**44368**	**18212**	**26156**	**113939**	**57004**	**56935**	**72870**	**38822**	**34048**
钦南区	26674	10766	15908	67335	33576	33759	42950	22958	19992
钦北区	17694	7446	10248	46604	23428	23176	29920	15864	14056
灵山县									
浦北县									
贵港市	**108413**	**44440**	**63973**	**247854**	**124910**	**122944**	**112335**	**60787**	**51548**
港北区	47007	18604	28403	117236	57984	59252	62695	33097	29598
港南区	16361	6500	9861	39254	20103	19151	12740	7387	5353
覃塘区	22630	10019	12611	29419	15832	13587	5740	3490	2250
平南县									
桂平市	22415	9317	13098	61945	30991	30954	31160	16813	14347
玉林市	**92880**	**41244**	**51636**	**264684**	**131339**	**133345**	**143679**	**73806**	**69873**
玉州区	61253	27066	34187	170353	84457	85896	103251	52457	50794
福绵区	9086	4475	4611	22311	11836	10475	3126	1793	1333
容　县									
陆川县									
博白县									
兴业县									
北流市	22541	9703	12838	72020	35046	36974	37302	19556	17746
百色市	**108062**	**42406**	**65656**	**230020**	**116852**	**113168**	**93878**	**50266**	**43612**
右江区	31931	12693	19238	74033	37495	36538	38876	20044	18832
田阳区	30507	12377	18130	54497	28479	26018	16339	8863	7476
田东县									

4-4a 续表 5

单位：人

地 区	小学			初中			高中		
	小计	男	女	小计	男	女	小计	男	女
德保县									
那坡县									
凌云县									
乐业县									
田林县									
西林县									
隆林各族自治县									
靖西市	16546	6816	9730	36375	18504	17871	14369	7938	6431
平果市	29078	10520	18558	65115	32374	32741	24294	13421	10873
贺州市	**38358**	**16173**	**22185**	**84127**	**43103**	**41024**	**39882**	**20823**	**19059**
八步区	15193	5839	9354	41082	19761	21321	27107	13745	13362
平桂区	23165	10334	12831	43045	23342	19703	12775	7078	5697
昭平县									
钟山县									
富川瑶族自治县									
河池市	**49331**	**19675**	**29656**	**112938**	**56248**	**56690**	**58637**	**30267**	**28370**
金城江区	22538	7903	14635	62887	30865	32022	34883	18069	16814
宜州区	26793	11772	15021	50051	25383	24668	23754	12198	11556
南丹县									
天峨县									
凤山县									
东兰县									
罗城仫佬族自治县									
环江毛南族自治县									
巴马瑶族自治县									
都安瑶族自治县									
大化瑶族自治县									
来宾市	**44843**	**17270**	**27573**	**124440**	**63419**	**61021**	**47902**	**26291**	**21611**
兴宾区	40108	15409	24699	111799	57216	54583	42155	23075	19080
忻城县									
象州县									
武宣县									
金秀瑶族自治县									
合山市	4735	1861	2874	12641	6203	6438	5747	3216	2531
崇左市	**22058**	**9005**	**13053**	**59933**	**31679**	**28254**	**33837**	**18480**	**15357**
江州区	15556	6502	9054	38953	20403	18550	24199	13176	11023
扶绥县									
宁明县									
龙州县									
大新县									
天等县									
凭祥市	6502	2503	3999	20980	11276	9704	9638	5304	4334

4-4a 续表 6 单位:人

地 区	大学专科			大学本科			硕士研究生			博士研究生		
	小计	男	女	小计	男	女	小计	男	女	小计	男	女
总 计	**1297321**	**663085**	**634236**	**1031085**	**525663**	**505422**	**94838**	**48060**	**46778**	**10954**	**6855**	**4099**
南宁市	**502632**	**253725**	**248907**	**415664**	**208706**	**206958**	**50724**	**24990**	**25734**	**6330**	**3822**	**2508**
兴宁区	63552	31748	31804	42225	21306	20919	3387	1698	1689	308	181	127
青秀区	148004	70677	77327	181958	90344	91614	25695	12834	12861	2309	1333	976
江南区	84421	43636	40785	53545	27011	26534	3271	1600	1671	264	163	101
西乡塘区	135648	70069	65579	95102	48411	46691	15876	7696	8180	3277	2048	1229
良庆区	43277	22976	20301	24847	12592	12255	1502	720	782	110	66	44
邕宁区	11921	6210	5711	8676	4348	4328	544	255	289	41	20	21
武鸣区	15809	8409	7400	9311	4694	4617	449	187	262	21	11	10
隆安县												
马山县												
上林县												
宾阳县												
横 县												
柳州市	**186198**	**95529**	**90669**	**142080**	**73486**	**68594**	**10546**	**5536**	**5010**	**814**	**513**	**301**
城中区	32236	15458	16778	37461	19015	18446	4219	2267	1952	369	246	123
鱼峰区	47864	24608	23256	39578	20826	18752	3054	1569	1485	227	144	83
柳南区	48380	25651	22729	30436	15916	14520	1532	827	705	98	55	43
柳北区	42029	21722	20307	27385	14198	13187	1555	783	772	101	56	45
柳江区	15689	8090	7599	7220	3531	3689	186	90	96	19	12	7
柳城县												
鹿寨县												
融安县												
融水苗族自治县												
三江侗族自治县												
桂林市	**131799**	**65120**	**66679**	**110353**	**56804**	**53549**	**13990**	**7080**	**6910**	**2250**	**1483**	**767**
秀峰区	15655	7692	7963	14485	7498	6987	1528	750	778	181	110	71
叠彩区	21093	10601	10492	15420	7954	7466	976	498	478	89	57	32
象山区	30005	14911	15094	24453	12644	11809	2051	999	1052	152	83	69
七星区	34452	16586	17866	32875	16931	15944	7462	3917	3545	1646	1122	524
雁山区	388	197	191	457	240	217	108	47	61	36	29	7
临桂区	23436	11794	11642	18555	9511	9044	1764	816	948	143	80	63
阳朔县												
灵川县												
全州县												
兴安县												
永福县												
灌阳县												
龙胜各族自治县												
资源县												
平乐县												
恭城瑶族自治县												
荔浦市	6770	3339	3431	4108	2026	2082	101	53	48	3	2	1

4-4a 续表 7

单位:人

地 区	大学专科			大学本科			硕士研究生			博士研究生		
	小计	男	女	小计	男	女	小计	男	女	小计	男	女
梧州市	**55463**	**29105**	**26358**	**42473**	**22143**	**20330**	**1629**	**864**	**765**	**117**	**79**	**38**
万秀区	15849	8321	7528	10540	5475	5065	500	248	252	57	38	19
长洲区	20904	10730	10174	18628	9718	8910	867	468	399	43	34	9
龙圩区	6708	3669	3039	5367	2799	2568	136	86	50	6	4	2
苍梧县												
藤 县												
蒙山县												
岑溪市	12002	6385	5617	7938	4151	3787	126	62	64	11	3	8
北海市	**52694**	**26339**	**26355**	**40585**	**20442**	**20143**	**2729**	**1339**	**1390**	**165**	**105**	**60**
海城区	37140	18622	18518	28609	14446	14163	1606	802	804	112	68	44
银海区	14471	7133	7338	11227	5653	5574	1117	535	582	53	37	16
铁山港区	1083	584	499	749	343	406	6	2	4			
合浦县												
防城港市	**33680**	**18497**	**15183**	**25065**	**14148**	**10917**	**1248**	**708**	**540**	**88**	**59**	**29**
港口区	16467	9189	7278	13156	7517	5639	814	469	345	46	35	11
防城区	10652	5861	4791	7138	4041	3097	287	146	141	29	18	11
上思县												
东兴市	6561	3447	3114	4771	2590	2181	147	93	54	13	6	7
钦州市	**44329**	**23087**	**21242**	**38073**	**19535**	**18538**	**2566**	**1413**	**1153**	**224**	**137**	**87**
钦南区	24323	12684	11639	20279	10352	9927	1467	802	665	148	84	64
钦北区	20006	10403	9603	17794	9183	8611	1099	611	488	76	53	23
灵山县												
浦北县												
贵港市	**60303**	**31077**	**29226**	**39849**	**20351**	**19498**	**1354**	**750**	**604**	**125**	**79**	**46**
港北区	37633	19145	18488	26393	13579	12814	1059	589	470	102	69	33
港南区	6119	3279	2840	3840	1945	1895	96	50	46	6	1	5
覃塘区	2413	1306	1107	1711	742	969	39	21	18	2		2
平南县												
桂平市	14138	7347	6791	7905	4085	3820	160	90	70	15	9	6
玉林市	**70110**	**36349**	**33761**	**47884**	**24757**	**23127**	**2434**	**1289**	**1145**	**326**	**228**	**98**
玉州区	51491	26525	24966	36986	19094	17892	2218	1168	1050	306	219	87
福绵区	901	485	416	471	248	223	7	6	1	1		1
容 县												
陆川县												
博白县												
兴业县												
北流市	17718	9339	8379	10427	5415	5012	209	115	94	19	9	10
百色市	**56250**	**29715**	**26535**	**41859**	**21366**	**20493**	**2657**	**1405**	**1252**	**212**	**144**	**68**
右江区	26090	13542	12548	23628	12090	11538	2238	1152	1086	191	130	61
田阳区	8665	4568	4097	5221	2559	2662	108	69	39	4	3	1
田东县												

4-4a 续表 8

单位:人

地 区	大学专科			大学本科			硕士研究生			博士研究生		
	小计	男	女	小计	男	女	小计	男	女	小计	男	女
德保县												
那坡县												
凌云县												
乐业县												
田林县												
西林县												
隆林各族自治县												
靖西市	6679	3743	2936	3596	1865	1731	63	38	25	9	6	3
平果市	14816	7862	6954	9414	4852	4562	248	146	102	8	5	3
贺州市	**22206**	**11337**	**10869**	**21879**	**10754**	**11125**	**1419**	**771**	**648**	**92**	**62**	**30**
八步区	17252	8772	8480	17713	8736	8977	1214	669	545	75	53	22
平桂区	4954	2565	2389	4166	2018	2148	205	102	103	17	9	8
昭平县												
钟山县												
富川瑶族自治县												
河池市	**36208**	**18978**	**17230**	**30405**	**15508**	**14897**	**1442**	**811**	**631**	**82**	**55**	**27**
金城江区	22241	11648	10593	19428	10135	9293	796	469	327	44	30	14
宜州区	13967	7330	6637	10977	5373	5604	646	342	304	38	25	13
南丹县												
天峨县												
凤山县												
东兰县												
罗城仫佬族自治县												
环江毛南族自治县												
巴马瑶族自治县												
都安瑶族自治县												
大化瑶族自治县												
来宾市	**28555**	**15002**	**13553**	**21424**	**10531**	**10893**	**1071**	**602**	**469**	**62**	**40**	**22**
兴宾区	25292	13307	11985	19769	9713	10056	1024	575	449	60	39	21
忻城县												
象州县												
武宣县												
金秀瑶族自治县												
合山市	3263	1695	1568	1655	818	837	47	27	20	2	1	1
崇左市	**16894**	**9225**	**7669**	**13492**	**7132**	**6360**	**1029**	**502**	**527**	**67**	**49**	**18**
江州区	11416	6280	5136	9873	5188	4685	891	421	470	49	35	14
扶绥县												
宁明县												
龙州县												
大新县												
天等县												
凭祥市	5478	2945	2533	3619	1944	1675	138	81	57	18	14	4

4–4b 各地区分性别、受教育程度的25岁及以上人口（镇）

单位：人

地　区	25岁及以上人口			未上过学			学前教育		
	合计	男	女	小计	男	女	小计	男	女
总　计	**7897998**	**3963133**	**3934865**	**180309**	**36932**	**143377**	**8570**	**2820**	**5750**
南宁市	**964534**	**485972**	**478562**	**17905**	**3399**	**14506**	**975**	**306**	**669**
兴宁区	17458	9037	8421	213	44	169	13	4	9
青秀区	25361	12908	12453	507	91	416	85	26	59
江南区	43447	22969	20478	778	197	581	50	15	35
西乡塘区	40180	21074	19106	400	79	321	57	18	39
良庆区	21476	11184	10292	314	60	254	21	4	17
邕宁区	17205	9056	8149	319	61	258	20	8	12
武鸣区	84862	43850	41012	1940	312	1628	76	20	56
隆安县	72523	36260	36263	1626	274	1352	56	20	36
马山县	72689	35113	37576	3092	541	2551	93	25	68
上林县	80474	39085	41389	1077	195	882	24	9	15
宾阳县	245819	125810	120009	3863	834	3029	136	36	100
横　县	243040	119626	123414	3776	711	3065	344	121	223
柳州市	**598628**	**309085**	**289543**	**12750**	**2692**	**10058**	**361**	**126**	**235**
城中区									
鱼峰区	14195	7440	6755	134	25	109	13	6	7
柳南区	44947	25929	19018	548	132	416	22	7	15
柳北区	5056	2627	2429	31	4	27	1		1
柳江区	37397	19490	17907	849	169	680	27	7	20
柳城县	111259	57653	53606	2645	551	2094	47	13	34
鹿寨县	135091	70241	64850	1986	489	1497	45	20	25
融安县	81300	40886	40414	1821	383	1438	49	16	33
融水苗族自治县	110215	55688	54527	3036	651	2385	142	48	94
三江侗族自治县	59168	29131	30037	1700	288	1412	15	9	6
桂林市	**833402**	**409294**	**424108**	**16232**	**3483**	**12749**	**677**	**220**	**457**
秀峰区									
叠彩区	1963	958	1005	41	8	33			
象山区									
七星区	22014	13650	8364	233	81	152	3	2	1
雁山区	2721	1196	1525	41	6	35			
临桂区	32262	16593	15669	1757	296	1461	103	44	59
阳朔县	61506	29882	31624	1890	284	1606	78	22	56
灵川县	132578	64718	67860	1360	250	1110	68	20	48
全州县	142877	70144	72733	2469	620	1849	50	14	36
兴安县	82269	39578	42691	876	242	634	27	8	19
永福县	62240	31048	31192	1938	438	1500	95	27	68
灌阳县	57408	27752	29656	1627	404	1223	97	30	67
龙胜各族自治县	34766	16685	18081	381	79	302	13	3	10
资源县	32887	15463	17424	575	110	465	52	18	34
平乐县	70775	33883	36892	1586	356	1230	36	15	21
恭城瑶族自治县	57271	27533	29738	915	164	751	30	10	20
荔浦市	39865	20211	19654	543	145	398	25	7	18

4-4b 续表 1

单位:人

地 区	25岁及以上人口			未上过学			学前教育		
	合计	男	女	小计	男	女	小计	男	女
梧州市	**439464**	**222267**	**217197**	**7631**	**1584**	**6047**	**546**	**190**	**356**
万秀区	8703	4404	4299	78	18	60	1	1	
长洲区	2456	1331	1125	24	7	17			
龙圩区	22030	11724	10306	352	83	269	13	5	8
苍梧县	51131	25762	25369	1081	209	872	81	20	61
藤 县	225747	115844	109903	3935	892	3043	322	127	195
蒙山县	45320	21810	23510	570	96	474	40	15	25
岑溪市	84077	41392	42685	1591	279	1312	89	22	67
北海市	**225082**	**113739**	**111343**	**4058**	**901**	**3157**	**221**	**82**	**139**
海城区	1590	827	763	62	13	49	1	1	
银海区	17326	10587	6739	380	93	287	52	19	33
铁山港区	5287	2715	2572	117	24	93	1	1	
合浦县	200879	99610	101269	3499	771	2728	167	61	106
防城港市	**122274**	**66150**	**56124**	**3322**	**851**	**2471**	**67**	**20**	**47**
港口区	30614	18744	11870	1549	522	1027	11	6	5
防城区	29414	15655	13759	809	170	639	9	2	7
上思县	48459	24625	23834	582	108	474	18	6	12
东兴市	13787	7126	6661	382	51	331	29	6	23
钦州市	**523111**	**265872**	**257239**	**9603**	**2132**	**7471**	**505**	**154**	**351**
钦南区	76176	42553	33623	2811	640	2171	79	23	56
钦北区	81094	42343	38751	2698	594	2104	198	74	124
灵山县	231378	114907	116471	2321	493	1828	104	32	72
浦北县	134463	66069	68394	1773	405	1368	124	25	99
贵港市	**748984**	**379836**	**369148**	**13903**	**3132**	**10771**	**1414**	**461**	**953**
港北区	33463	18388	15075	975	224	751	73	22	51
港南区	43399	21971	21428	869	213	656	81	23	58
覃塘区	59511	29881	29630	1265	226	1039	86	29	57
平南县	353572	175908	177664	4764	1167	3597	403	140	263
桂平市	259039	133688	125351	6030	1302	4728	771	247	524
玉林市	**1102180**	**549945**	**552235**	**15866**	**4184**	**11682**	**1743**	**652**	**1091**
玉州区	36016	18250	17766	359	88	271	18	5	13
福绵区	49499	26501	22998	975	259	716	84	39	45
容 县	167233	78589	88644	1063	213	850	91	25	66
陆川县	210328	104540	105788	2257	740	1517	218	89	129
博白县	340055	172274	167781	6458	1861	4597	757	304	453
兴业县	123014	63218	59796	1747	346	1401	191	51	140
北流市	176035	86573	89462	3007	677	2330	384	139	245
百色市	**450452**	**221676**	**228776**	**21395**	**4123**	**17272**	**705**	**193**	**512**
右江区	7406	3727	3679	379	86	293	21	7	14
田阳区	6739	3343	3396	492	85	407	4	3	1
田东县	105015	50775	54240	2719	442	2277	97	17	80

4–4b 续表 2

单位：人

地 区	25岁及以上人口			未上过学			学前教育		
	合计	男	女	小计	男	女	小计	男	女
德保县	55791	26868	28923	987	173	814	31	9	22
那坡县	26934	13520	13414	1418	329	1089	158	42	116
凌云县	42596	20595	22001	2832	498	2334	15	3	12
乐业县	30157	15123	15034	2304	544	1760	51	20	31
田林县	42186	20667	21519	1924	304	1620	105	24	81
西林县	31070	15773	15297	2210	357	1853	21	5	16
隆林各族自治县	57260	28144	29116	4241	960	3281	154	46	108
靖西市	21252	11121	10131	814	168	646	31	15	16
平果市	24046	12020	12026	1075	177	898	17	2	15
贺州市	**416290**	**209893**	**206397**	**16113**	**3102**	**13011**	**406**	**132**	**274**
八步区	91094	45957	45137	3421	626	2795	55	15	40
平桂区	49570	25765	23805	1283	285	998	41	10	31
昭平县	102020	50872	51148	2301	453	1848	111	36	75
钟山县	99874	51175	48699	5208	966	4242	159	52	107
富川瑶族自治县	73732	36124	37608	3900	772	3128	40	19	21
河池市	**675913**	**328201**	**347712**	**26064**	**4488**	**21576**	**346**	**86**	**260**
金城江区	11662	5962	5700	398	63	335	1		1
宜州区	22479	11146	11333	654	150	504	15	5	10
南丹县	91421	46406	45015	3030	686	2344	25	8	17
天峨县	38017	18628	19389	1831	361	1470	15	2	13
凤山县	34901	16349	18552	2079	281	1798	14	6	8
东兰县	40476	19210	21266	2793	338	2455	40	6	34
罗城仫佬族自治县	82372	40572	41800	3315	627	2688	120	31	89
环江毛南族自治县	70972	34497	36475	1746	274	1472	12	1	11
巴马瑶族自治县	54129	25868	28261	3316	466	2850	20	7	13
都安瑶族自治县	147485	70798	76687	3813	709	3104	64	16	48
大化瑶族自治县	81999	38765	43234	3089	533	2556	20	4	16
来宾市	**385813**	**194537**	**191276**	**7413**	**1399**	**6014**	**212**	**72**	**140**
兴宾区	90126	47006	43120	2842	532	2310	78	28	50
忻城县	74239	36700	37539	1542	264	1278	85	21	64
象州县	81349	40775	40574	1212	217	995	22	12	10
武宣县	98102	49047	49055	1052	237	815	22	11	11
金秀瑶族自治县	34325	17079	17246	662	123	539	5		5
合山市	7672	3930	3742	103	26	77			
崇左市	**411871**	**206666**	**205205**	**8054**	**1462**	**6592**	**392**	**126**	**266**
江州区	34367	18363	16004	852	169	683	65	20	45
扶绥县	113772	58419	55353	2000	443	1557	56	19	37
宁明县	71859	36025	35834	1337	193	1144	61	13	48
龙州县	59326	29627	29699	1047	185	862	40	5	35
大新县	67854	33075	34779	1082	157	925	45	13	32
天等县	53943	25255	28688	1411	233	1178	90	40	50
凭祥市	10750	5902	4848	325	82	243	35	16	19

4-4b 续表 3

单位:人

地 区	小学			初中			高中		
	小计	男	女	小计	男	女	小计	男	女
总 计	**1802410**	**758578**	**1043832**	**3819869**	**2014641**	**1805228**	**1155613**	**658603**	**497010**
南宁市	**189615**	**77158**	**112457**	**510964**	**269269**	**241695**	**140790**	**80930**	**59860**
兴宁区	2748	1088	1660	10770	5806	4964	2514	1460	1054
青秀区	5506	2074	3432	13881	7579	6302	3177	1985	1192
江南区	9970	4305	5665	24274	13603	10671	5502	3353	2149
西乡塘区	6681	2758	3923	22066	11824	10242	6431	3863	2568
良庆区	4503	1957	2546	12048	6489	5559	2901	1761	1140
邕宁区	4312	1736	2576	9582	5436	4146	1768	1183	585
武鸣区	17098	7398	9700	42655	23052	19603	14218	8427	5791
隆安县	16128	6702	9426	34430	18147	16283	10940	6163	4777
马山县	18412	7250	11162	31346	16452	14894	10165	5756	4409
上林县	10177	3747	6430	43449	21553	21896	13341	7318	6023
宾阳县	47443	19680	27763	133121	70609	62512	34969	20305	14664
横 县	46637	18463	28174	133342	68719	64623	34864	19356	15508
柳州市	**146872**	**65732**	**81140**	**283949**	**155740**	**128209**	**82751**	**46813**	**35938**
城中区									
鱼峰区	3080	1455	1625	5813	3192	2621	2041	1129	912
柳南区	8271	4329	3942	26160	15404	10756	6206	3844	2362
柳北区	838	341	497	1956	1009	947	1202	680	522
柳江区	10284	4584	5700	20574	11524	9050	3370	2021	1349
柳城县	23980	11231	12749	57904	31866	26038	13660	7525	6135
鹿寨县	31240	14723	16517	64368	35025	29343	21165	11634	9531
融安县	20596	8876	11720	36240	19332	16908	11541	6447	5094
融水苗族自治县	33832	14341	19491	45618	25086	20532	15587	8975	6612
三江侗族自治县	14751	5852	8899	25316	13302	12014	7979	4558	3421
桂林市	**165434**	**68724**	**96710**	**367246**	**187451**	**179795**	**155064**	**83525**	**71539**
秀峰区									
叠彩区	234	100	134	879	453	426	507	260	247
象山区									
七星区	4253	3068	1185	7570	5073	2497	4702	2587	2115
雁山区	438	169	269	754	410	344	228	131	97
临桂区	9789	4314	5475	15004	8552	6452	3888	2425	1463
阳朔县	12224	5130	7094	25584	13158	12426	11658	6234	5424
灵川县	17766	6797	10969	55876	27605	28271	31384	16616	14768
全州县	25965	10111	15854	67657	34194	33463	27614	15112	12502
兴安县	13839	5769	8070	37726	18579	19147	17470	8823	8647
永福县	17474	7676	9798	24857	13190	11667	9293	5204	4089
灌阳县	12536	4919	7617	26081	13154	12927	8071	4507	3564
龙胜各族自治县	6244	2440	3804	13988	6920	7068	6651	3509	3142
资源县	6464	2290	4174	13719	6512	7207	6021	3260	2761
平乐县	13540	5435	8105	33174	16535	16639	12919	6912	6007
恭城瑶族自治县	13775	5568	8207	22571	11584	10987	9941	5244	4697
荔浦市	10893	4938	5955	21806	11532	10274	4717	2701	2016

4-4b 续表 4

单位:人

地 区	小学			初中			高中		
	小计	男	女	小计	男	女	小计	男	女
梧州市	**108924**	**45908**	**63016**	**231751**	**122778**	**108973**	**51354**	**30724**	**20630**
万秀区	1620	611	1009	4776	2458	2318	1416	848	568
长洲区	934	445	489	1073	585	488	256	186	70
龙圩区	7049	3041	4008	12063	6926	5137	1637	1159	478
苍梧县	16461	6396	10065	24276	13429	10847	4879	3267	1612
藤 县	52467	23021	29446	119730	63922	55808	28272	16599	11673
蒙山县	8159	3246	4913	20214	9944	10270	7781	4149	3632
岑溪市	22234	9148	13086	49619	25514	24105	7113	4516	2597
北海市	**36990**	**16217**	**20773**	**102529**	**52904**	**49625**	**51491**	**28267**	**23224**
海城区	285	122	163	874	466	408	276	175	101
银海区	4323	2510	1813	9081	5773	3308	2474	1609	865
铁山港区	1059	427	632	2941	1566	1375	801	513	288
合浦县	31323	13158	18165	89633	45099	44534	47940	25970	21970
防城港市	**22548**	**9078**	**13470**	**61761**	**34528**	**27233**	**20753**	**13057**	**7696**
港口区	5031	2187	2844	14639	9249	5390	5178	3712	1466
防城区	7102	2859	4243	16393	9242	7151	3514	2360	1154
上思县	7700	2954	4746	23150	11924	11226	9960	5657	4303
东兴市	2715	1078	1637	7579	4113	3466	2101	1328	773
钦州市	**126916**	**57850**	**69066**	**247206**	**129060**	**118146**	**79352**	**45685**	**33667**
钦南区	17724	8197	9527	34369	19935	14434	12918	8547	4371
钦北区	22135	9991	12144	42546	23557	18989	8727	5613	3114
灵山县	57641	26988	30653	109492	54923	54569	32570	17924	14646
浦北县	29416	12674	16742	60799	30645	30154	25137	13601	11536
贵港市	**191756**	**82456**	**109300**	**397849**	**211390**	**186459**	**87375**	**52359**	**35016**
港北区	10665	5280	5385	15777	9229	6548	3581	2233	1348
港南区	11557	4796	6761	22620	12118	10502	5264	3227	2037
覃塘区	17500	7158	10342	31505	17005	14500	5431	3492	1939
平南县	78450	32821	45629	187279	96540	90739	48193	27514	20679
桂平市	73584	32401	41183	140668	76498	64170	24906	15893	9013
玉林市	**233117**	**103253**	**129864**	**588043**	**299509**	**288534**	**156415**	**86825**	**69590**
玉州区	5712	2679	3033	19121	9960	9161	4769	2550	2219
福绵区	11933	5663	6270	29108	16272	12836	5095	3097	1998
容 县	27450	10896	16554	87871	40714	47157	29856	16055	13801
陆川县	37731	16893	20838	113102	56572	56530	36915	19692	17223
博白县	77569	35542	42027	170212	88735	81477	46378	25741	20637
兴业县	24496	10770	13726	71063	37672	33391	15481	9144	6337
北流市	48226	20810	27416	97566	49584	47982	17921	10546	7375
百色市	**117994**	**46893**	**71101**	**176519**	**95901**	**80618**	**63366**	**36233**	**27133**
右江区	2559	1057	1502	3720	2176	1544	407	248	159
田阳区	1949	823	1126	3428	1918	1510	526	333	193
田东县	20970	7869	13101	46807	24038	22769	17865	9755	8110

4-4b 续表 5

单位：人

地 区	小学			初中			高中		
	小计	男	女	小计	男	女	小计	男	女
德保县	10817	4018	6799	22969	11449	11520	9963	5375	4588
那坡县	8345	3718	4627	8706	4792	3914	3839	2162	1677
凌云县	14374	5491	8883	13206	7580	5626	5445	3223	2222
乐业县	7817	3194	4623	10984	6163	4821	4013	2397	1616
田林县	9994	3740	6254	15309	8367	6942	6524	3728	2796
西林县	8292	3365	4927	10183	5944	4239	4273	2654	1619
隆林各族自治县	18888	7968	10920	17384	9869	7515	6989	3995	2994
靖西市	6192	2597	3595	11564	6592	4972	1717	1206	511
平果市	7797	3053	4744	12259	7013	5246	1805	1157	648
贺州市	**117090**	**49566**	**67524**	**185909**	**102921**	**82988**	**52104**	**30606**	**21498**
八步区	29755	12513	17242	44018	24649	19369	8535	5339	3196
平桂区	14803	6556	8247	27403	15339	12064	3793	2399	1394
昭平县	25960	10285	15675	48248	25629	22619	13979	8201	5778
钟山县	29375	13460	15915	37182	21559	15623	13905	7919	5986
富川瑶族自治县	17197	6752	10445	29058	15745	13313	11892	6748	5144
河池市	**183344**	**71300**	**112044**	**277059**	**146561**	**130498**	**89385**	**51706**	**37679**
金城江区	3308	1378	1930	5773	3232	2541	1404	860	544
宜州区	6414	2762	3652	10893	5764	5129	2786	1575	1211
南丹县	22089	8686	13403	39874	22002	17872	13489	7915	5574
天峨县	9491	3305	6186	12981	7041	5940	5747	3375	2372
凤山县	8480	2870	5610	12256	6253	6003	5045	2994	2051
东兰县	8456	2854	5602	14608	7514	7094	5826	3478	2348
罗城仫佬族自治县	27048	11700	15348	31693	17315	14378	9664	5535	4129
环江毛南族自治县	18112	7124	10988	32290	16750	15540	8931	5080	3851
巴马瑶族自治县	13769	4977	8792	18055	9640	8415	7957	4650	3307
都安瑶族自治县	43077	17067	26010	66600	34682	31918	16570	9333	7237
大化瑶族自治县	23100	8577	14523	32036	16368	15668	11966	6911	5055
来宾市	**82050**	**33668**	**48382**	**196685**	**104877**	**91808**	**52755**	**30263**	**22492**
兴宾区	23052	9556	13496	49085	27683	21402	9274	5826	3448
忻城县	17941	7185	10756	36363	19442	16921	9119	5115	4004
象州县	17539	7308	10231	38711	20331	18380	12452	7069	5383
武宣县	14271	5753	8518	53139	27117	26022	15697	8781	6916
金秀瑶族自治县	7157	3038	4119	15068	7888	7180	5340	2955	2385
合山市	2090	828	1262	4319	2416	1903	873	517	356
崇左市	**79760**	**30775**	**48985**	**192399**	**101752**	**90647**	**72658**	**41610**	**31048**
江州区	8699	3753	4946	18915	10833	8082	3865	2480	1385
扶绥县	18983	7624	11359	53476	28414	25062	22084	12815	9269
宁明县	13090	4821	8269	34060	17774	16286	13087	7600	5487
龙州县	11795	4696	7099	25139	13532	11607	11623	6266	5357
大新县	12707	4463	8244	31700	16423	15277	12230	6798	5432
天等县	11981	4283	7698	23444	11521	11923	8305	4685	3620
凭祥市	2505	1135	1370	5665	3255	2410	1464	966	498

4-4b 续表 6

单位:人

地 区	大学专科			大学本科			硕士研究生			博士研究生		
	小计	男	女	小计	男	女	小计	男	女	小计	男	女
总 计	**568026**	**305566**	**262460**	**352904**	**180453**	**172451**	**9532**	**5086**	**4446**	**765**	**454**	**311**
南宁市	**63448**	**34284**	**29164**	**39649**	**19987**	**19662**	**1080**	**567**	**513**	**108**	**72**	**36**
兴宁区	756	413	343	433	218	215	10	4	6	1		1
青秀区	1372	727	645	814	413	401	15	10	5	4	3	1
江南区	1790	953	837	1044	521	523	33	18	15	6	4	2
西乡塘区	2719	1565	1154	1549	815	734	246	130	116	31	22	9
良庆区	1045	600	445	629	306	323	15	7	8			
邕宁区	589	325	264	607	303	304	8	4	4			
武鸣区	5377	2939	2438	3347	1634	1713	145	65	80	6	3	3
隆安县	5612	3084	2528	3659	1829	1830	65	36	29	7	5	2
马山县	5872	3073	2799	3641	1972	1669	63	41	22	5	3	2
上林县	7345	3807	3538	4953	2405	2548	96	42	54	12	9	3
宾阳县	16657	9209	7448	9447	5030	4417	171	99	72	12	8	4
横 县	14314	7589	6725	9526	4541	4985	213	111	102	24	15	9
柳州市	**45036**	**24057**	**20979**	**25973**	**13406**	**12567**	**879**	**487**	**392**	**57**	**32**	**25**
城中区												
鱼峰区	1269	662	607	1564	817	747	274	150	124	7	4	3
柳南区	2178	1233	945	1477	919	558	83	59	24	2	2	
柳北区	577	314	263	409	252	157	41	27	14	1		1
柳江区	1561	827	734	706	349	357	23	8	15	3	1	2
柳城县	7766	3942	3824	5133	2453	2680	118	69	49	6	3	3
鹿寨县	9860	5140	4720	6263	3138	3125	154	69	85	10	3	7
融安县	7528	4049	3479	3450	1745	1705	65	33	32	10	5	5
融水苗族自治县	7968	4415	3553	3939	2110	1829	78	50	28	15	12	3
三江侗族自治县	6329	3475	2854	3032	1623	1409	43	22	21	3	2	1
桂林市	**77872**	**40457**	**37415**	**48031**	**24064**	**23967**	**2631**	**1238**	**1393**	**215**	**132**	**83**
秀峰区												
叠彩区	205	96	109	91	40	51	4		4	2	1	1
象山区												
七星区	2662	1438	1224	2375	1270	1105	191	115	76	25	16	9
雁山区	79	48	31	173	90	83	959	312	647	49	30	19
临桂区	1037	593	444	669	361	308	11	4	7	4	4	
阳朔县	5410	2797	2613	4545	2197	2348	109	56	53	8	4	4
灵川县	16176	8309	7867	9213	4697	4516	672	380	292	63	44	19
全州县	12459	6628	5831	6527	3385	3142	119	70	49	17	10	7
兴安县	8110	4051	4059	4102	2044	2058	110	57	53	9	5	4
永福县	5189	2777	2412	3301	1677	1624	86	54	32	7	5	2
灌阳县	5514	2957	2557	3428	1744	1684	47	32	15	7	5	2
龙胜各族自治县	4548	2330	2218	2850	1347	1503	87	55	32	4	2	2
资源县	3814	2090	1724	2183	1156	1027	52	27	25	7		7
平乐县	5673	2816	2857	3765	1779	1986	76	33	43	6	2	4
恭城瑶族自治县	5757	2927	2830	4183	1995	2188	92	37	55	7	4	3
荔浦市	1239	600	639	626	282	344	16	6	10			

4-4b 续表 7 单位:人

地区	大学专科			大学本科			硕士研究生			博士研究生		
	小计	男	女	小计	男	女	小计	男	女	小计	男	女
梧州市	**22312**	**12357**	**9955**	**16623**	**8549**	**8074**	**305**	**169**	**136**	**18**	**8**	**10**
万秀区	407	247	160	373	204	169	31	17	14	1		1
长洲区	110	69	41	58	38	20	1	1				
龙圩区	555	329	226	357	178	179	4	3	1			
苍梧县	2255	1371	884	2046	1041	1005	47	28	19	5	1	4
藤县	12241	6764	5477	8649	4447	4202	119	65	54	12	7	5
蒙山县	4662	2411	2251	3824	1913	1911	70	36	34			
岑溪市	2082	1166	916	1316	728	588	33	19	14			
北海市	**17829**	**9344**	**8485**	**11720**	**5892**	**5828**	**232**	**123**	**109**	**12**	**9**	**3**
海城区	57	31	26	34	18	16	1	1				
银海区	655	370	285	345	198	147	15	14	1	1	1	
铁山港区	249	125	124	117	58	59	2	1	1			
合浦县	16868	8818	8050	11224	5618	5606	214	107	107	11	8	3
防城港市	**9120**	**5756**	**3364**	**4614**	**2805**	**1809**	**82**	**50**	**32**	**7**	**5**	**2**
港口区	2813	2039	774	1365	1007	358	24	18	6	4	4	
防城区	1111	730	381	466	287	179	9	5	4	1		1
上思县	4547	2609	1938	2456	1342	1114	45	24	21	1	1	
东兴市	649	378	271	327	169	158	4	3	1	1		1
钦州市	**35526**	**18865**	**16661**	**23407**	**11740**	**11667**	**562**	**365**	**197**	**34**	**21**	**13**
钦南区	5105	3209	1896	3014	1896	1118	148	100	48	8	6	2
钦北区	2724	1539	1185	2030	953	1077	34	21	13	2	1	1
灵山县	16940	8554	8386	12121	5867	6254	169	115	54	20	11	9
浦北县	10757	5563	5194	6242	3024	3218	211	129	82	4	3	1
贵港市	**35265**	**19304**	**15961**	**21052**	**10537**	**10515**	**320**	**168**	**152**	**50**	**29**	**21**
港北区	1341	796	545	1020	584	436	26	17	9	5	3	2
港南区	1850	1020	830	1139	568	571	15	5	10	4	1	3
覃塘区	2556	1447	1109	1151	518	633	15	4	11	2	2	
平南县	20884	11034	9850	13366	6560	6806	203	113	90	30	19	11
桂平市	8634	5007	3627	4376	2307	2069	61	29	32	9	4	5
玉林市	**64027**	**33659**	**30368**	**41921**	**21294**	**20627**	**982**	**527**	**455**	**66**	**42**	**24**
玉州区	2903	1431	1472	2877	1409	1468	247	121	126	10	7	3
福绵区	1452	768	684	836	395	441	16	8	8			
容县	11867	6170	5697	8840	4406	4434	187	105	82	8	5	3
陆川县	13114	6935	6179	6898	3565	3333	82	48	34	11	6	5
博白县	22805	12007	10798	15530	7893	7637	320	173	147	26	18	8
兴业县	6000	3226	2774	3955	1967	1988	77	39	38	4	3	1
北流市	5886	3122	2764	2985	1659	1326	53	33	20	7	3	4
百色市	**44485**	**24427**	**20058**	**25498**	**13607**	**11891**	**455**	**280**	**175**	**35**	**19**	**16**
右江区	202	99	103	115	54	61	2		2	1		1
田阳区	221	124	97	119	57	62						
田东县	10619	5615	5004	5799	2957	2842	128	74	54	11	8	3

4-4b 续表 8 单位:人

地 区	大学专科			大学本科			硕士研究生			博士研究生		
	小计	男	女	小计	男	女	小计	男	女	小计	男	女
德保县	6788	3667	3121	4152	2130	2022	78	45	33	6	2	4
那坡县	2985	1669	1316	1466	797	669	17	11	6			
凌云县	4008	2299	1709	2671	1472	1199	42	28	14	3	1	2
乐业县	3159	1823	1336	1794	961	833	34	20	14	1	1	
田林县	5274	2882	2392	3001	1585	1416	53	37	16	2		2
西林县	3775	2143	1632	2278	1284	994	38	21	17			
隆林各族自治县	6044	3308	2736	3498	1955	1543	54	37	17	8	6	2
靖西市	646	367	279	284	175	109	2	1	1	2		2
平果市	764	431	333	321	180	141	7	6	1	1	1	
贺州市	**27030**	**14622**	**12408**	**17265**	**8760**	**8505**	**342**	**174**	**168**	**31**	**10**	**21**
八步区	3187	1765	1422	2095	1037	1058	26	13	13	2		2
平桂区	1443	765	678	792	407	385	9	3	6	3	1	2
昭平县	7298	4065	3233	4045	2163	1882	70	36	34	8	4	4
钟山县	8084	4268	3816	5828	2885	2943	125	62	63	8	4	4
富川瑶族自治县	7018	3759	3259	4505	2268	2237	112	60	52	10	1	9
河池市	**61137**	**33520**	**27617**	**37830**	**20113**	**17717**	**689**	**395**	**294**	**59**	**32**	**27**
金城江区	526	294	232	251	134	117	1	1				
宜州区	1054	571	483	651	312	339	12	7	5			
南丹县	8156	4525	3631	4660	2527	2133	91	55	36	7	2	5
天峨县	4445	2588	1857	3441	1921	1520	64	33	31	2	2	
凤山县	4805	2691	2114	2195	1236	959	23	15	8	4	3	1
东兰县	4981	2945	2036	3714	2042	1672	52	31	21	6	2	4
罗城仫佬族自治县	6465	3332	3133	3988	1985	2003	76	45	31	3	2	1
环江毛南族自治县	6000	3259	2741	3815	1972	1843	63	35	28	3	2	1
巴马瑶族自治县	6906	3899	3007	3992	2160	1832	97	58	39	17	11	6
都安瑶族自治县	10663	5536	5127	6542	3372	3170	145	78	67	11	5	6
大化瑶族自治县	7136	3880	3256	4581	2452	2129	65	37	28	6	3	3
来宾市	**28985**	**15515**	**13470**	**17371**	**8557**	**8814**	**318**	**170**	**148**	**24**	**16**	**8**
兴宾区	4083	2406	1677	1673	951	722	36	21	15	3	3	
忻城县	5638	2934	2704	3485	1706	1779	62	31	31	4	2	2
象州县	6638	3551	3087	4685	2237	2448	85	48	37	5	2	3
武宣县	8940	4689	4251	4889	2409	2480	82	41	41	10	9	1
金秀瑶族自治县	3466	1818	1648	2574	1230	1344	51	27	24	2		2
合山市	220	117	103	65	24	41	2	2				
崇左市	**35954**	**19399**	**16555**	**21950**	**11142**	**10808**	**655**	**373**	**282**	**49**	**27**	**22**
江州区	1304	735	569	641	362	279	22	10	12	4	1	3
扶绥县	10100	5521	4579	6761	3413	3348	305	168	137	7	2	5
宁明县	6740	3731	3009	3379	1826	1553	96	59	37	9	8	1
龙州县	6006	3141	2865	3582	1750	1832	88	48	40	6	4	2
大新县	6239	3301	2938	3779	1877	1902	70	42	28	2	1	1
天等县	5065	2666	2399	3559	1777	1782	68	40	28	20	10	10
凭祥市	500	304	196	249	137	112	6	6		1	1	

4-4c 各地区分性别、受教育程度的25岁及以上人口（乡村）

单位：人

地区	25岁及以上人口			未上过学			学前教育		
	合计	男	女	小计	男	女	小计	男	女
总计	**15132467**	**7919197**	**7213270**	**821173**	**163204**	**657969**	**28465**	**8521**	**19944**
南宁市	**1873535**	**978088**	**895447**	**68494**	**11479**	**57015**	**3484**	**982**	**2502**
兴宁区	54060	28544	25516	800	135	665	54	13	41
青秀区	53651	28342	25309	2116	336	1780	193	68	125
江南区	96398	51421	44977	2091	413	1678	171	54	117
西乡塘区	110041	57800	52241	1813	335	1478	94	29	65
良庆区	67620	36660	30960	2085	340	1745	107	37	70
邕宁区	100666	53959	46707	2986	501	2485	204	59	145
武鸣区	246740	129641	117099	7491	1301	6190	635	164	471
隆安县	151347	79164	72183	7241	1252	5989	277	77	200
马山县	177159	91127	86032	15246	2323	12923	342	90	252
上林县	166850	86503	80347	6057	958	5099	115	30	85
宾阳县	299396	155440	143956	10542	1741	8801	450	122	328
横　县	349607	179487	170120	10026	1844	8182	842	239	603
柳州市	**905323**	**484831**	**420492**	**61518**	**12243**	**49275**	**1080**	**351**	**729**
城中区	2360	1179	1181	37	9	28	2	2	
鱼峰区	37585	21755	15830	862	209	653	13	4	9
柳南区	24907	13482	11425	921	190	731	7	4	3
柳北区	22782	11918	10864	480	95	385	10	4	6
柳江区	144949	77801	67148	6929	1287	5642	167	54	113
柳城县	121957	64483	57474	5210	1007	4203	113	43	70
鹿寨县	111440	61157	50283	3108	605	2503	143	42	101
融安县	107158	59455	47703	5695	1270	4425	92	38	54
融水苗族自治县	177086	93178	83908	20237	3776	16461	397	111	286
三江侗族自治县	155099	80423	74676	18039	3795	14244	136	49	87
桂林市	**1695541**	**885177**	**810364**	**88117**	**19210**	**68907**	**3114**	**1029**	**2085**
秀峰区									
叠彩区	20545	10184	10361	575	93	482	12	4	8
象山区	2809	1386	1423	225	36	189	10	9	1
七星区	2661	1325	1336	220	37	183			
雁山区	39795	20301	19494	2902	501	2401	111	23	88
临桂区	170826	89522	81304	16093	2829	13264	418	106	312
阳朔县	138732	72671	66061	9284	1955	7329	367	123	244
灵川县	160020	82471	77549	5793	1277	4516	193	60	133
全州县	254224	133925	120299	13392	3129	10263	521	191	330
兴安县	142774	73242	69532	5864	1598	4266	420	151	269
永福县	104448	56165	48283	6941	1503	5438	182	66	116
灌阳县	92664	48182	44482	6344	1733	4611	230	71	159
龙胜各族自治县	71308	37532	33776	3759	875	2884	118	33	85
资源县	66418	34845	31573	2292	504	1788	73	21	52
平乐县	166275	86477	79798	7839	1634	6205	263	95	168
恭城瑶族自治县	119330	61664	57666	3560	815	2745	88	35	53
荔浦市	142712	75285	67427	3034	691	2343	108	41	67

4-4c 续表 1

单位:人

地 区	25岁及以上人口			未上过学			学前教育		
	合计	男	女	小计	男	女	小计	男	女
梧州市	**749898**	**398006**	**351892**	**23739**	**4753**	**18986**	**915**	**264**	**651**
万秀区	30244	15872	14372	529	123	406	17	4	13
长洲区	15941	8211	7730	373	77	296	18	4	14
龙圩区	74639	39694	34945	2181	498	1683	135	56	79
苍梧县	121262	65221	56041	3352	634	2718	253	63	190
藤 县	247470	134288	113182	7972	1589	6383	274	73	201
蒙山县	66051	34284	31767	2897	565	2332	57	19	38
岑溪市	194291	100436	93855	6435	1267	5168	161	45	116
北海市	**584135**	**307773**	**276362**	**20841**	**4511**	**16330**	**924**	**311**	**613**
海城区	56527	28455	28072	868	163	705	34	14	20
银海区	63262	32821	30441	1690	387	1303	84	20	64
铁山港区	87395	46663	40732	1834	441	1393	80	22	58
合浦县	376951	199834	177117	16449	3520	12929	726	255	471
防城港市	**267631**	**149930**	**117701**	**12212**	**2362**	**9850**	**338**	**109**	**229**
港口区	27415	17706	9709	896	163	733	25	8	17
防城区	116170	64042	52128	5662	1192	4470	102	32	70
上思县	83215	45969	37246	3812	706	3106	186	62	124
东兴市	40831	22213	18618	1842	301	1541	25	7	18
钦州市	**1121523**	**600190**	**521333**	**45436**	**10588**	**34848**	**2412**	**806**	**1606**
钦南区	158404	86603	71801	9056	2022	7034	388	139	249
钦北区	218558	119601	98957	12109	2764	9345	989	325	664
灵山县	466176	247197	218979	15458	3663	11795	609	218	391
浦北县	278385	146789	131596	8813	2139	6674	426	124	302
贵港市	**1330886**	**693671**	**637215**	**44640**	**8577**	**36063**	**4351**	**1218**	**3133**
港北区	146386	75687	70699	7964	1319	6645	512	125	387
港南区	200026	102404	97622	6673	1182	5491	620	161	459
覃塘区	147945	74504	73441	5287	855	4432	433	129	304
平南县	316559	166319	150240	8210	1776	6434	574	197	377
桂平市	519970	274757	245213	16506	3445	13061	2212	606	1606
玉林市	**1735385**	**898753**	**836632**	**49569**	**11987**	**37582**	**4129**	**1406**	**2723**
玉州区	108463	56693	51770	2116	583	1533	91	30	61
福绵区	118378	63169	55209	3345	828	2517	176	71	105
容 县	233956	120155	113801	4078	788	3290	216	76	140
陆川县	256943	133447	123496	5938	1669	4269	244	79	165
博白县	450298	235787	214511	16679	4536	12143	1653	596	1057
兴业县	205071	106553	98518	7221	1296	5925	569	147	422
北流市	362276	182949	179327	10192	2287	7905	1180	407	773
百色市	**1384806**	**710227**	**674579**	**149224**	**30707**	**118517**	**3052**	**909**	**2143**
右江区	96929	49413	47516	6867	1351	5516	94	35	59
田阳区	99546	50842	48704	8497	1527	6970	144	54	90
田东县	138577	70702	67875	9327	1669	7658	265	81	184

4-4c 续表 2

单位：人

地 区	25岁及以上人口			未上过学			学前教育		
	合计	男	女	小计	男	女	小计	男	女
德保县	132675	70181	62494	8111	1807	6304	235	78	157
那坡县	89792	45871	43921	12022	2592	9430	491	184	307
凌云县	74721	37973	36748	10516	1912	8604	56	18	38
乐业县	62879	31956	30923	10047	2173	7874	337	81	256
田林县	111448	57320	54128	15398	2928	12470	262	63	199
西林县	61811	31932	29879	14385	3210	11175	32	13	19
隆林各族自治县	157886	78683	79203	29891	7218	22673	621	181	440
靖西市	230453	119369	111084	15901	2984	12917	365	88	277
平果市	128089	65985	62104	8262	1336	6926	150	33	117
贺州市	**643698**	**334706**	**308992**	**41058**	**7488**	**33570**	**777**	**185**	**592**
八步区	196130	100422	95708	11215	1800	9415	339	72	267
平桂区	116989	62289	54700	4724	1019	3705	108	24	84
昭平县	109010	57878	51132	4425	888	3537	67	17	50
钟山县	120414	63250	57164	10629	1881	8748	193	53	140
富川瑶族自治县	101155	50867	50288	10065	1900	8165	70	19	51
河池市	**1246431**	**639532**	**606899**	**132251**	**24539**	**107712**	**1643**	**410**	**1233**
金城江区	74663	39353	35310	4591	877	3714	31	9	22
宜州区	220195	112942	107253	13601	2861	10740	261	78	183
南丹县	84557	43743	40814	12424	3127	9297	150	48	102
天峨县	56025	29317	26708	8922	1888	7034	99	24	75
凤山县	72910	36939	35971	9226	1536	7690	146	34	112
东兰县	103888	51742	52146	19555	2993	16562	324	59	265
罗城仫佬族自治县	105069	54298	50771	9804	2133	7671	125	34	91
环江毛南族自治县	118268	62892	55376	7665	1445	6220	80	21	59
巴马瑶族自治县	90511	44777	45734	17094	2577	14517	94	19	75
都安瑶族自治县	182460	93885	88575	12201	2259	9942	166	34	132
大化瑶族自治县	137885	69644	68241	17168	2843	14325	167	50	117
来宾市	**753426**	**401495**	**351931**	**32946**	**6177**	**26769**	**731**	**195**	**536**
兴宾区	268682	143801	124881	14869	2649	12220	170	43	127
忻城县	136018	71162	64856	7233	1400	5833	238	65	173
象州县	122714	65905	56809	3400	589	2811	120	22	98
武宣县	128516	68308	60208	3114	545	2569	142	43	99
金秀瑶族自治县	61536	33504	28032	3186	765	2421	44	15	29
合山市	35960	18815	17145	1144	229	915	17	7	10
崇左市	**840249**	**436818**	**403431**	**51128**	**8583**	**42545**	**1515**	**346**	**1169**
江州区	122368	64395	57973	5724	1040	4684	201	57	144
扶绥县	157910	83739	74171	5396	912	4484	181	48	133
宁明县	144549	76834	67715	9067	1238	7829	297	60	237
龙州县	113806	58897	54909	5240	797	4443	134	27	107
大新县	134332	67459	66873	10647	1758	8889	325	67	258
天等县	133055	66845	66210	13200	2577	10623	285	68	217
凭祥市	34229	18649	15580	1854	261	1593	92	19	73

4-4c 续表 3

单位:人

地 区	小学			初中			高中		
	小计	男	女	小计	男	女	小计	男	女
总 计	**5541087**	**2517874**	**3023213**	**7287981**	**4298327**	**2989654**	**1027737**	**689964**	**337773**
南宁市	**574770**	**245526**	**329244**	**1024550**	**590999**	**433551**	**145969**	**96658**	**49311**
兴宁区	12434	4875	7559	32677	18444	14233	6167	3965	2202
青秀区	16031	6984	9047	29653	17244	12409	4202	2841	1361
江南区	24944	10458	14486	54916	31813	23103	9763	6104	3659
西乡塘区	29200	12175	17025	61664	34709	26955	12929	8212	4717
良庆区	19249	8093	11156	37136	22268	14868	7063	4748	2315
邕宁区	31625	13610	18015	56833	33817	23016	6784	4679	2105
武鸣区	71838	31189	40649	135359	77114	58245	23785	15480	8305
隆安县	52274	22545	29729	78620	46528	32092	9261	6560	2701
马山县	70808	31400	39408	74504	46542	27962	10748	7511	3237
上林县	39568	15780	23788	102624	58076	44548	12799	8488	4311
宾阳县	92241	39527	52714	167150	95545	71605	19587	13024	6563
横 县	114558	48890	65668	193414	108899	84515	22881	15046	7835
柳州市	**384493**	**187471**	**197022**	**388989**	**241032**	**147957**	**48581**	**32370**	**16211**
城中区	381	157	224	1518	807	711	300	159	141
鱼峰区	13389	6956	6433	20147	12463	7684	2301	1603	698
柳南区	6486	3085	3401	14757	8647	6110	2058	1232	826
柳北区	6426	3066	3360	12742	7067	5675	2295	1292	1003
柳江区	56108	27244	28864	70198	42415	27783	8233	5152	3081
柳城县	39871	18826	21045	66291	38476	27815	7790	4848	2942
鹿寨县	47670	22837	24833	52198	32213	19985	6263	4310	1953
融安县	45183	22316	22867	47630	30232	17398	6067	4237	1830
融水苗族自治县	88544	43470	45074	56110	37699	18411	7658	5543	2115
三江侗族自治县	80435	39514	40921	47398	31013	16385	5616	3994	1622
桂林市	**617070**	**283285**	**333785**	**801203**	**468085**	**333118**	**135627**	**87819**	**47808**
秀峰区									
叠彩区	4218	1750	2468	11031	5909	5122	3431	1816	1615
象山区	1111	526	585	1225	672	553	183	118	65
七星区	841	417	424	1228	671	557	248	147	101
雁山区	12417	5727	6690	17198	10033	7165	4153	2493	1660
临桂区	63514	30440	33074	74181	45785	28396	11991	7918	4073
阳朔县	48866	23493	25373	65569	38561	27008	10870	6749	4121
灵川县	48357	21069	27288	85704	48401	37303	14552	9084	5468
全州县	87948	38958	48990	123358	72579	50779	21675	14913	6762
兴安县	53158	24721	28437	69041	38592	30449	10741	6553	4188
永福县	46587	23267	23320	41421	25424	15997	6623	4513	2110
灌阳县	36485	16261	20224	40021	23755	16266	6512	4566	1946
龙胜各族自治县	30653	14488	16165	30082	18083	11999	4787	3104	1683
资源县	27133	11590	15543	29490	17793	11697	5134	3652	1482
平乐县	59033	26297	32736	80400	46936	33464	14546	9304	5242
恭城瑶族自治县	50310	22450	27860	53429	31192	22237	8590	5626	2964
荔浦市	46439	21831	24608	77825	43699	34126	11591	7263	4328

4-4c 续表 4

单位:人

地 区	小学			初中			高中		
	小计	男	女	小计	男	女	小计	男	女
梧州市	**278589**	**126285**	**152304**	**382913**	**224492**	**158421**	**45079**	**31613**	**13466**
万秀区	9277	4022	5255	16367	9173	7194	2945	1907	1038
长洲区	6917	3262	3655	7379	4096	3283	930	611	319
龙圩区	28406	13406	15000	38149	21968	16181	4147	2876	1271
苍梧县	56211	24704	31507	52157	33257	18900	6543	4943	1600
藤 县	89971	42035	47936	129078	76986	52092	13982	10072	3910
蒙山县	22441	10272	12169	34280	19497	14783	4457	2950	1507
岑溪市	65366	28584	36782	105503	59515	45988	12075	8254	3821
北海市	**157303**	**71454**	**85849**	**303468**	**171904**	**131564**	**69812**	**42582**	**27230**
海城区	7648	3307	4341	26912	13972	12940	11834	6366	5468
银海区	16969	7294	9675	32970	18424	14546	7727	4681	3046
铁山港区	21452	9045	12407	48243	27269	20974	10288	6626	3662
合浦县	111234	51808	59426	195343	112239	83104	39963	24909	15054
防城港市	**84190**	**38459**	**45731**	**136020**	**84410**	**51610**	**23840**	**17011**	**6829**
港口区	5823	2641	3182	12652	8445	4207	4199	3309	890
防城区	40949	19025	21924	58250	35898	22352	8322	6045	2277
上思县	25973	11660	14313	43026	26897	16129	7341	4933	2408
东兴市	11445	5133	6312	22092	13170	8922	3978	2724	1254
钦州市	**462569**	**225355**	**237214**	**506892**	**297017**	**209875**	**76378**	**51340**	**25038**
钦南区	57619	27928	29691	70623	43123	27500	14693	9904	4789
钦北区	87785	43030	44755	100020	61546	38474	13410	9535	3875
灵山县	208851	103289	105562	203014	116175	86839	27136	18090	9046
浦北县	108314	51108	57206	133235	76173	57062	21139	13811	7328
贵港市	**455029**	**201996**	**253033**	**690348**	**393684**	**296664**	**95182**	**64215**	**30967**
港北区	50753	22369	28384	70358	41133	29225	11652	7760	3892
港南区	69330	29380	39950	102386	58118	44268	14690	9853	4837
覃塘区	51789	21992	29797	74272	41275	32997	10914	7333	3581
平南县	104679	47810	56869	171888	96370	75518	22011	14915	7096
桂平市	178478	80445	98033	271444	156788	114656	35915	24354	11561
玉林市	**570575**	**261198**	**309377**	**958508**	**528406**	**430102**	**111207**	**72536**	**38671**
玉州区	30087	14502	15585	63509	34261	29248	9608	5716	3892
福绵区	39727	18922	20805	64337	36610	27727	8281	5324	2957
容 县	66606	28966	37640	140300	75457	64843	17132	11627	5505
陆川县	84611	39190	45421	144857	79543	65314	15753	9966	5787
博白县	158878	75146	83732	236083	132403	103680	25634	16812	8822
兴业县	64638	28877	35761	113831	64043	49788	14245	9540	4705
北流市	126028	55595	70433	195591	106089	89502	20554	13551	7003
百色市	**605996**	**277159**	**328837**	**522285**	**331561**	**190724**	**68034**	**48183**	**19851**
右江区	39904	17624	22280	42315	25742	16573	5179	3292	1887
田阳区	42092	18974	23118	40673	24967	15706	5566	3860	1706
田东县	49361	20564	28797	66314	39769	26545	9533	6493	3040

4-4c 续表 5

单位:人

地 区	小学			初中			高中		
	小计	男	女	小计	男	女	小计	男	女
德保县	58219	27199	31020	55821	34375	21446	7149	4945	2204
那坡县	44587	21307	23280	25859	17160	8699	4079	2926	1153
凌云县	40070	18787	21283	19082	13646	5436	3057	2325	732
乐业县	25684	11440	14244	21348	14466	6882	3196	2373	823
田林县	50031	22653	27378	37772	26068	11704	4757	3548	1209
西林县	27989	14724	13265	15479	11197	4282	2220	1690	530
隆林各族自治县	77382	37363	40019	41552	28195	13357	4810	3451	1359
靖西市	96748	43666	53082	101073	61460	39613	11321	8216	3105
平果市	53929	22858	31071	54997	34516	20481	7167	5064	2103
贺州市	**265029**	**120612**	**144417**	**283886**	**172195**	**111691**	**36495**	**25151**	**11344**
八步区	83932	37351	46581	84848	50867	33981	11213	7770	3443
平桂区	45801	21952	23849	57503	33848	23655	6217	4046	2171
昭平县	43878	19451	24427	51317	31161	20156	6045	4395	1650
钟山县	53852	26000	27852	46477	29427	17050	6312	4362	1950
富川瑶族自治县	37566	15858	21708	43741	26892	16849	6708	4578	2130
河池市	**536162**	**243470**	**292692**	**471011**	**300097**	**170914**	**68938**	**49041**	**19897**
金城江区	25776	10962	14814	36607	22373	14234	5777	4014	1763
宜州区	90181	40789	49392	98165	58180	39985	13182	8485	4697
南丹县	38240	17869	20371	28888	19348	9540	3171	2283	888
天峨县	24182	10841	13341	17505	12689	4816	2994	2331	663
凤山县	30367	12485	17882	26918	18434	8484	3603	2745	858
东兰县	37851	16897	20954	36353	24598	11755	6407	5005	1402
罗城仫佬族自治县	51655	24598	27057	36021	22720	13301	5069	3516	1553
环江毛南族自治县	46897	21141	25756	53197	33212	19985	6868	4925	1943
巴马瑶族自治县	39346	18739	20607	26097	18101	7996	4762	3436	1326
都安瑶族自治县	84943	38079	46864	68737	42493	26244	10170	7265	2905
大化瑶族自治县	66724	31070	35654	42523	27949	14574	6935	5036	1899
来宾市	**255365**	**113000**	**142365**	**398078**	**238641**	**159437**	**46816**	**32455**	**14361**
兴宾区	93246	40648	52598	137178	84913	52265	15980	11236	4744
忻城县	50554	22231	28323	66841	40268	26573	8098	5628	2470
象州县	45562	20281	25281	62808	37790	25018	7954	5554	2400
武宣县	32128	13497	18631	81595	46638	34957	8250	5743	2507
金秀瑶族自治县	25002	12604	12398	26888	16017	10871	4320	2920	1400
合山市	8873	3739	5134	22768	13015	9753	2214	1374	840
崇左市	**293947**	**122604**	**171343**	**419830**	**255804**	**164026**	**55779**	**38990**	**16789**
江州区	41771	17243	24528	64619	39287	25332	7891	5533	2358
扶绥县	45061	18668	26393	92305	54214	38091	11620	7958	3662
宁明县	51329	21045	30284	72560	46548	26012	8437	6162	2275
龙州县	42990	17540	25450	53555	32948	20607	9043	6090	2953
大新县	49210	20581	28629	63353	37943	25410	8098	5562	2536
天等县	52080	22526	29554	55881	33701	22180	8248	5920	2328
凭祥市	11506	5001	6505	17557	11163	6394	2442	1765	677

4-4c 续表 6

单位:人

地区	大学专科			大学本科			硕士研究生			博士研究生		
	小计	男	女	小计	男	女	小计	男	女	小计	男	女
总　计	**294662**	**169923**	**124739**	**125306**	**68206**	**57100**	**5211**	**2681**	**2530**	**845**	**497**	**348**
南宁市	**40063**	**23529**	**16534**	**15427**	**8507**	**6920**	**685**	**350**	**335**	**93**	**58**	**35**
兴宁区	1394	825	569	508	274	234	25	12	13	1	1	
青秀区	978	602	376	462	258	204	14	7	7	2	2	
江南区	2665	1566	1099	1592	884	708	244	120	124	12	9	3
西乡塘区	3003	1619	1384	1294	696	598	39	20	19	5	5	
良庆区	1462	882	580	502	289	213	14	3	11	2		2
邕宁区	1527	916	611	678	365	313	24	8	16	5	4	1
武鸣区	5720	3352	2368	1850	1006	844	47	28	19	15	7	8
隆安县	2551	1572	979	1082	600	482	35	24	11	6	6	
马山县	3977	2375	1602	1495	865	630	33	17	16	6	4	2
上林县	4116	2342	1774	1509	796	713	50	29	21	12	4	8
宾阳县	6959	4094	2865	2368	1337	1031	84	41	43	15	9	6
横　县	5711	3384	2327	2087	1137	950	76	41	35	12	7	5
柳州市	**14451**	**8053**	**6398**	**5966**	**3184**	**2782**	**210**	**107**	**103**	**35**	**20**	**15**
城中区	88	34	54	34	11	23						
鱼峰区	577	330	247	275	173	102	18	15	3	3	2	1
柳南区	443	216	227	224	102	122	8	4	4	3	2	1
柳北区	605	280	325	213	107	106	10	7	3	1		1
柳江区	2314	1162	1152	941	459	482	48	23	25	11	5	6
柳城县	1993	964	1029	668	311	357	14	4	10	7	4	3
鹿寨县	1405	815	590	625	317	308	23	14	9	5	4	1
融安县	1683	928	755	779	422	357	25	10	15	4	2	2
融水苗族自治县	2961	1875	1086	1137	680	457	41	23	18	1	1	
三江侗族自治县	2382	1449	933	1070	602	468	23	7	16			
桂林市	**33501**	**17500**	**16001**	**15470**	**7530**	**7940**	**1254**	**619**	**635**	**185**	**100**	**85**
秀峰区												
叠彩区	872	435	437	383	168	215	21	8	13	2	1	1
象山区	35	20	15	19	5	14	1		1			
七星区	80	36	44	42	17	25	2		2			
雁山区	1224	578	646	941	467	474	748	408	340	101	71	30
临桂区	3039	1613	1426	1514	795	719	66	30	36	10	6	4
阳朔县	2582	1262	1320	1140	510	630	46	17	29	8	1	7
灵川县	3579	1742	1837	1761	807	954	68	26	42	13	5	8
全州县	5182	2986	2196	2060	1131	929	73	32	41	15	6	9
兴安县	2559	1175	1384	943	433	510	42	16	26	6	3	3
永福县	1962	1044	918	709	336	373	22	11	11	1	1	
灌阳县	2139	1270	869	902	511	391	22	13	9	9	2	7
龙胜各族自治县	1339	683	656	555	259	296	14	7	7	1		1
资源县	1510	880	630	762	391	371	22	13	9	2	1	1
平乐县	2755	1514	1241	1399	685	714	30	9	21	10	3	7
恭城瑶族自治县	2147	1034	1113	1160	499	661	43	13	30	3		3
荔浦市	2497	1228	1269	1180	516	664	34	16	18	4		4

4-4c 续表 7

单位:人

地 区	大学专科			大学本科			硕士研究生			博士研究生		
	小计	男	女	小计	男	女	小计	男	女	小计	男	女
梧州市	**11983**	**6911**	**5072**	**6464**	**3572**	**2892**	**181**	**95**	**86**	**35**	**21**	**14**
万秀区	719	406	313	378	228	150	10	7	3	2	2	
长洲区	235	117	118	87	44	43	1		1	1		1
龙圩区	997	571	426	609	310	299	13	8	5	2	1	1
苍梧县	1741	1068	673	966	535	431	34	14	20	5	3	2
藤 县	3937	2258	1679	2173	1226	947	69	41	28	14	8	6
蒙山县	1199	637	562	704	337	367	12	4	8	4	3	1
岑溪市	3155	1854	1301	1547	892	655	42	21	21	7	4	3
北海市	**20061**	**10923**	**9138**	**11088**	**5767**	**5321**	**580**	**287**	**293**	**58**	**34**	**24**
海城区	5317	2667	2650	3698	1852	1846	204	110	94	12	4	8
银海区	2203	1203	1000	1402	706	696	204	95	109	13	11	2
铁山港区	3563	2147	1416	1876	1077	799	51	31	20	8	5	3
合浦县	8978	4906	4072	4112	2132	1980	121	51	70	25	14	11
防城港市	**7675**	**5238**	**2437**	**3224**	**2257**	**967**	**120**	**75**	**45**	**12**	**9**	**3**
港口区	2446	2003	443	1326	1096	230	47	40	7	1	1	
防城区	2106	1329	777	745	501	244	29	17	12	5	3	2
上思县	2115	1288	827	722	404	318	35	15	20	5	4	1
东兴市	1008	618	390	431	256	175	9	3	6	1	1	
钦州市	**18063**	**9929**	**8134**	**9245**	**4866**	**4379**	**418**	**216**	**202**	**110**	**73**	**37**
钦南区	3727	2158	1569	2049	1182	867	187	105	82	62	42	20
钦北区	2898	1671	1227	1297	703	594	42	21	21	8	6	2
灵山县	6944	3665	3279	4034	2034	2000	107	50	57	23	13	10
浦北县	4494	2435	2059	1865	947	918	82	40	42	17	12	5
贵港市	**29063**	**17177**	**11886**	**11834**	**6567**	**5267**	**362**	**191**	**171**	**77**	**46**	**31**
港北区	3572	2069	1503	1510	877	633	56	30	26	9	5	4
港南区	4535	2724	1811	1716	947	769	61	29	32	15	10	5
覃塘区	3613	2099	1514	1591	803	788	37	13	24	9	5	4
平南县	6347	3662	2685	2727	1523	1204	100	51	49	23	15	8
桂平市	10996	6623	4373	4290	2417	1873	108	68	40	21	11	10
玉林市	**29012**	**16371**	**12641**	**11925**	**6619**	**5306**	**375**	**188**	**187**	**85**	**42**	**43**
玉州区	2174	1147	1027	849	443	406	23	8	15	6	3	3
福绵区	1854	1058	796	634	346	288	20	8	12	4	2	2
容 县	3765	2228	1537	1810	993	817	39	16	23	10	4	6
陆川县	3945	2126	1819	1537	840	697	53	31	22	5	3	2
博白县	8038	4503	3535	3186	1715	1471	116	57	59	31	19	12
兴业县	3286	1917	1369	1239	716	523	32	13	19	10	4	6
北流市	5950	3392	2558	2670	1566	1104	92	55	37	19	7	12
百色市	**26482**	**16100**	**10382**	**9470**	**5456**	**4014**	**229**	**132**	**97**	**34**	**20**	**14**
右江区	1847	991	856	699	363	336	24	15	9			
田阳区	1879	1080	799	666	360	306	25	18	7	4	2	2
田东县	2772	1605	1167	982	506	476	20	12	8	3	3	

4-4c 续表 8

单位：人

地 区	大学专科			大学本科			硕士研究生			博士研究生		
	小计	男	女	小计	男	女	小计	男	女	小计	男	女
德保县	2259	1309	950	856	459	397	20	8	12	5	1	4
那坡县	2017	1240	777	724	453	271	12	9	3	1		1
凌云县	1385	937	448	540	339	201	12	7	5	3	2	1
乐业县	1717	1091	626	538	324	214	11	7	4	1	1	
田林县	2397	1547	850	815	503	312	16	10	6			
西林县	1310	861	449	390	234	156	6	3	3			
隆林各族自治县	2679	1689	990	932	576	356	13	7	6	6	3	3
靖西市	3668	2162	1506	1340	773	567	31	16	15	6	4	2
平果市	2552	1588	964	988	566	422	39	20	19	5	4	1
贺州市	**11314**	**6395**	**4919**	**4950**	**2580**	**2370**	**166**	**86**	**80**	**23**	**14**	**9**
八步区	3239	1849	1390	1285	679	606	49	26	23	10	8	2
平桂区	1766	959	807	842	424	418	26	17	9	2		2
昭平县	2294	1400	894	944	545	399	36	18	18	4	3	1
钟山县	1973	1044	929	942	466	476	32	15	17	4	2	2
富川瑶族自治县	2042	1143	899	937	466	471	23	10	13	3	1	2
河池市	**26011**	**16110**	**9901**	**10068**	**5686**	**4382**	**307**	**156**	**151**	**40**	**23**	**17**
金城江区	1352	856	496	506	254	252	21	7	14	2	1	1
宜州区	3321	1828	1493	1403	686	717	72	33	39	9	2	7
南丹县	1254	803	451	416	256	160	12	8	4	2	1	1
天峨县	1643	1107	536	664	423	241	14	12	2	2	2	
凤山县	2161	1411	750	480	290	190	6	1	5	3	3	
东兰县	2552	1693	859	818	484	334	26	12	14	2	1	1
罗城仫佬族自治县	1669	913	756	702	371	331	20	10	10	4	3	1
环江毛南族自治县	2395	1473	922	1127	658	469	36	14	22	3	3	
巴马瑶族自治县	2317	1441	876	782	452	330	12	8	4	7	4	3
都安瑶族自治县	4320	2661	1659	1872	1063	809	46	28	18	5	3	2
大化瑶族自治县	3027	1924	1103	1298	749	549	42	23	19	1		1
来宾市	**13904**	**8015**	**5889**	**5390**	**2904**	**2486**	**166**	**91**	**75**	**30**	**17**	**13**
兴宾区	5253	3189	2064	1920	1086	834	54	31	23	12	6	6
忻城县	2224	1162	1062	798	393	405	28	13	15	4	2	2
象州县	2048	1217	831	795	435	360	22	13	9	5	4	1
武宣县	2253	1299	954	996	523	473	34	18	16	4	2	2
金秀瑶族自治县	1451	816	635	624	351	273	18	13	5	3	3	
合山市	675	332	343	257	116	141	10	3	7	2		2
崇左市	**13079**	**7672**	**5407**	**4785**	**2711**	**2074**	**158**	**88**	**70**	**28**	**20**	**8**
江州区	1620	929	691	524	297	227	15	7	8	3	2	1
扶绥县	2376	1404	972	936	514	422	29	16	13	6	5	1
宁明县	2123	1321	802	716	446	270	15	10	5	5	4	1
龙州县	2108	1112	996	698	361	337	34	18	16	4	4	
大新县	1921	1101	820	746	432	314	28	13	15	4	2	2
天等县	2362	1476	886	962	555	407	32	20	12	5	2	3
凭祥市	569	329	240	203	106	97	5	4	1	1	1	

4-5 分年龄、性别的15岁及以上文盲人口

单位：人、%

年 龄	15岁及以上人口			文盲人口			文盲人口占15岁及以上人口比重		
	合计	男	女	合计	男	女	合计	男	女
总 计	**38284303**	**19595172**	**18689131**	**1186492**	**248225**	**938267**	**3.10**	**1.27**	**5.02**
15-19岁	**3191441**	**1680169**	**1511272**	**7507**	**4489**	**3018**	**0.24**	**0.27**	**0.20**
15	700063	373191	326872	1930	1112	818	0.28	0.30	0.25
16	701136	371202	329934	1439	871	568	0.21	0.23	0.17
17	641542	336472	305070	1283	776	507	0.20	0.23	0.17
18	587337	307737	279600	1398	828	570	0.24	0.27	0.20
19	561363	291567	269796	1457	902	555	0.26	0.31	0.21
20-24岁	**2464195**	**1287023**	**1177172**	**7152**	**4120**	**3032**	**0.29**	**0.32**	**0.26**
20	529748	276203	253545	1563	942	621	0.30	0.34	0.24
21	479190	250272	228918	1387	820	567	0.29	0.33	0.25
22	495625	257770	237855	1431	826	605	0.29	0.32	0.25
23	482209	252220	229989	1427	784	643	0.30	0.31	0.28
24	477423	250558	226865	1344	748	596	0.28	0.30	0.26
25-29岁	**2713273**	**1432926**	**1280347**	**7832**	**4208**	**3624**	**0.29**	**0.29**	**0.28**
25	497863	262822	235041	1404	771	633	0.28	0.29	0.27
26	502644	265507	237137	1448	797	651	0.29	0.30	0.27
27	535076	281386	253690	1490	796	694	0.28	0.28	0.27
28	587683	312274	275409	1727	922	805	0.29	0.30	0.29
29	590007	310937	279070	1763	922	841	0.30	0.30	0.30
30-34岁	**3865035**	**2011388**	**1853647**	**13399**	**6238**	**7161**	**0.35**	**0.31**	**0.39**
30	712749	371755	340994	2280	1104	1176	0.32	0.30	0.34
31	739517	384820	354697	2367	1162	1205	0.32	0.30	0.34
32	736590	382617	353973	2603	1198	1405	0.35	0.31	0.40
33	844854	440486	404368	2919	1331	1588	0.35	0.30	0.39
34	831325	431710	399615	3230	1443	1787	0.39	0.33	0.45
35-39岁	**3694887**	**1936562**	**1758325**	**18837**	**7890**	**10947**	**0.51**	**0.41**	**0.62**
35	806581	422226	384355	3359	1519	1840	0.42	0.36	0.48
36	780254	407640	372614	3583	1518	2065	0.46	0.37	0.55
37	677566	355184	322382	3447	1448	1999	0.51	0.41	0.62
38	730194	384089	346105	4067	1657	2410	0.56	0.43	0.70
39	700292	367423	332869	4381	1748	2633	0.63	0.48	0.79
40-44岁	**3401483**	**1784416**	**1617067**	**27838**	**9455**	**18383**	**0.82**	**0.53**	**1.14**
40	692047	362881	329166	4877	1734	3143	0.70	0.48	0.95
41	716311	376658	339653	5127	1880	3247	0.72	0.50	0.96
42	675087	353091	321996	5537	1856	3681	0.82	0.53	1.14
43	620593	325202	295391	5589	1785	3804	0.90	0.55	1.29
44	697445	366584	330861	6708	2200	4508	0.96	0.60	1.36
45-49岁	**3628878**	**1904383**	**1724495**	**45543**	**13514**	**32029**	**1.26**	**0.71**	**1.86**
45	700780	368731	332049	7525	2322	5203	1.07	0.63	1.57
46	769876	402817	367059	8847	2632	6215	1.15	0.65	1.69
47	719039	376594	342445	9131	2668	6463	1.27	0.71	1.89
48	719633	376744	342889	9976	2840	7136	1.39	0.75	2.08
49	719550	379497	340053	10064	3052	7012	1.40	0.80	2.06

4-5 续表

单位：人、%

年龄	15岁及以上人口			文盲人口			文盲人口占15岁及以上人口比重		
	合计	男	女	合计	男	女	合计	男	女
50–54岁	**3727832**	**1936905**	**1790927**	**66803**	**17825**	**48978**	**1.79**	**0.92**	**2.73**
50	754262	392132	362130	12337	3355	8982	1.64	0.86	2.48
51	733474	383419	350055	12383	3437	8946	1.69	0.90	2.56
52	813103	421074	392029	14753	3917	10836	1.81	0.93	2.76
53	663354	343814	319540	12440	3229	9211	1.88	0.94	2.88
54	763639	396466	367173	14890	3887	11003	1.95	0.98	3.00
55–59岁	**3233500**	**1650453**	**1583047**	**69034**	**15419**	**53615**	**2.13**	**0.93**	**3.39**
55	765688	394494	371194	15587	3800	11787	2.04	0.96	3.18
56	731299	367927	363372	15393	3487	11906	2.10	0.95	3.28
57	800996	412703	388293	16020	3737	12283	2.00	0.91	3.16
58	620181	317288	302893	13545	2781	10764	2.18	0.88	3.55
59	315336	158041	157295	8489	1614	6875	2.69	1.02	4.37
60–64岁	**2249662**	**1131205**	**1118457**	**93906**	**17522**	**76384**	**4.17**	**1.55**	**6.83**
60	372531	183527	189004	11854	2172	9682	3.18	1.18	5.12
61	352870	179325	173545	13019	2495	10524	3.69	1.39	6.06
62	528560	267340	261220	22396	4354	18042	4.24	1.63	6.91
63	525330	267531	257799	23355	4360	18995	4.45	1.63	7.37
64	470371	233482	236889	23282	4141	19141	4.95	1.77	8.08
65–69岁	**2197336**	**1083074**	**1114262**	**145220**	**25678**	**119542**	**6.61**	**2.37**	**10.73**
65	470709	234665	236044	26145	4636	21509	5.55	1.98	9.11
66	481624	237285	244339	29274	5108	24166	6.08	2.15	9.89
67	449324	220544	228780	30262	5274	24988	6.74	2.39	10.92
68	434412	214966	219446	30243	5453	24790	6.96	2.54	11.30
69	361267	175614	185653	29296	5207	24089	8.11	2.97	12.98
70–74岁	**1513475**	**736337**	**777138**	**160885**	**30769**	**130116**	**10.63**	**4.18**	**16.74**
70	377713	183866	193847	33663	6082	27581	8.91	3.31	14.23
71	362576	182081	180495	35741	7377	28364	9.86	4.05	15.71
72	283557	137055	146502	31637	6147	25490	11.16	4.49	17.40
73	249327	120204	129123	29374	5652	23722	11.78	4.70	18.37
74	240302	113131	127171	30470	5511	24959	12.68	4.87	19.63
75–79岁	**1078747**	**490366**	**588381**	**168564**	**30125**	**138439**	**15.63**	**6.14**	**23.53**
75	235828	108764	127064	32529	5817	26712	13.79	5.35	21.02
76	235544	109999	125545	34099	6153	27946	14.48	5.59	22.26
77	214648	96740	117908	34167	6074	28093	15.92	6.28	23.83
78	199273	89171	110102	33116	5908	27208	16.62	6.63	24.71
79	193454	85692	107762	34653	6173	28480	17.91	7.20	26.43
80–84岁	**734848**	**315122**	**419726**	**164962**	**30239**	**134723**	**22.45**	**9.60**	**32.10**
80	182537	80848	101689	35877	6677	29200	19.65	8.26	28.72
81	149599	65566	84033	31996	5870	26126	21.39	8.95	31.09
82	148830	63723	85107	34136	6362	27774	22.94	9.98	32.63
83	131743	55386	76357	31646	5806	25840	24.02	10.48	33.84
84	122139	49599	72540	31307	5524	25783	25.63	11.14	35.54
85岁及以上	**589711**	**214843**	**374868**	**189010**	**30734**	**158276**	**32.05**	**14.31**	**42.22**

4–5a 分年龄、性别的15岁及以上文盲人口（城市）

单位：人、%

年龄	15岁及以上人口			文盲人口			文盲人口占15岁及以上人口比重		
	合计	男	女	合计	男	女	合计	男	女
总 计	**11846881**	**5876416**	**5970465**	**95061**	**19690**	**75371**	**0.80**	**0.34**	**1.26**
15–19岁	**1252254**	**643843**	**608411**	**1453**	**836**	**617**	**0.12**	**0.13**	**0.10**
15	205160	108935	96225	477	268	209	0.23	0.25	0.22
16	271227	143614	127613	294	164	130	0.11	0.11	0.10
17	265089	137210	127879	235	131	104	0.09	0.10	0.08
18	249025	126740	122285	230	139	91	0.09	0.11	0.07
19	261753	127344	134409	217	134	83	0.08	0.11	0.06
20–24岁	**996425**	**486923**	**509502**	**1049**	**618**	**431**	**0.11**	**0.13**	**0.08**
20	251558	120862	130696	267	165	102	0.11	0.14	0.08
21	207614	99331	108283	211	116	95	0.10	0.12	0.09
22	192034	93232	98802	203	122	81	0.11	0.13	0.08
23	175284	87602	87682	200	118	82	0.11	0.13	0.09
24	169935	85896	84039	168	97	71	0.10	0.11	0.08
25–29岁	**969520**	**492012**	**477508**	**821**	**456**	**365**	**0.08**	**0.09**	**0.08**
25	176760	90112	86648	152	91	61	0.09	0.10	0.07
26	179413	91629	87784	163	93	70	0.09	0.10	0.08
27	189779	95878	93901	159	82	77	0.08	0.09	0.08
28	209277	106204	103073	177	88	89	0.08	0.08	0.09
29	214291	108189	106102	170	102	68	0.08	0.09	0.06
30–34岁	**1421741**	**704590**	**717151**	**1225**	**662**	**563**	**0.09**	**0.09**	**0.08**
30	258662	129146	129516	193	108	85	0.07	0.08	0.07
31	273196	135853	137343	236	129	107	0.09	0.09	0.08
32	273247	135572	137675	257	141	116	0.09	0.10	0.08
33	311130	153854	157276	262	141	121	0.08	0.09	0.08
34	305506	150165	155341	277	143	134	0.09	0.10	0.09
35–39岁	**1310654**	**654257**	**656397**	**1489**	**709**	**780**	**0.11**	**0.11**	**0.12**
35	289602	143315	146287	292	147	145	0.10	0.10	0.10
36	277943	137905	140038	285	122	163	0.10	0.09	0.12
37	242099	121230	120869	259	124	135	0.11	0.10	0.11
38	259979	131039	128940	319	159	160	0.12	0.12	0.12
39	241031	120768	120263	334	157	177	0.14	0.13	0.15
40–44岁	**1145160**	**578550**	**566610**	**2280**	**895**	**1385**	**0.20**	**0.15**	**0.24**
40	233648	117575	116073	385	162	223	0.16	0.14	0.19
41	247007	124906	122101	420	170	250	0.17	0.14	0.20
42	229860	115926	113934	469	191	278	0.20	0.16	0.24
43	207772	104982	102790	484	182	302	0.23	0.17	0.29
44	226873	115161	111712	522	190	332	0.23	0.16	0.30
45–49岁	**1101523**	**563757**	**537766**	**3763**	**1265**	**2498**	**0.34**	**0.22**	**0.46**
45	223051	113856	109195	631	229	402	0.28	0.20	0.37
46	237266	121299	115967	745	269	476	0.31	0.22	0.41
47	220826	113079	107747	728	222	506	0.33	0.20	0.47
48	211994	108579	103415	821	271	550	0.39	0.25	0.53
49	208386	106944	101442	838	274	564	0.40	0.26	0.56

4-5a 续表

单位：人、%

年龄	15岁及以上人口			文盲人口			文盲人口占15岁及以上人口比重		
	合计	男	女	合计	男	女	合计	男	女
50-54岁	**979437**	**489800**	**489637**	**5263**	**1595**	**3668**	**0.54**	**0.33**	**0.75**
50	210676	106481	104195	925	320	605	0.44	0.30	0.58
51	199910	100791	99119	966	294	672	0.48	0.29	0.68
52	213783	106801	106982	1179	363	816	0.55	0.34	0.76
53	166502	82462	84040	994	285	709	0.60	0.35	0.84
54	188566	93265	95301	1199	333	866	0.64	0.36	0.91
55-59岁	**828034**	**400441**	**427593**	**5469**	**1383**	**4086**	**0.66**	**0.35**	**0.96**
55	190715	93640	97075	1175	334	841	0.62	0.36	0.87
56	187279	90277	97002	1165	313	852	0.62	0.35	0.88
57	208804	100879	107925	1344	346	998	0.64	0.34	0.92
58	156621	75208	81413	1132	240	892	0.72	0.32	1.10
59	84615	40437	44178	653	150	503	0.77	0.37	1.14
60-64岁	**565594**	**270505**	**295089**	**7988**	**1395**	**6593**	**1.41**	**0.52**	**2.23**
60	101027	47735	53292	990	198	792	0.98	0.41	1.49
61	93218	45007	48211	1148	206	942	1.23	0.46	1.95
62	127816	61263	66553	1895	369	1526	1.48	0.60	2.29
63	128743	61860	66883	2008	306	1702	1.56	0.49	2.54
64	114790	54640	60150	1947	316	1631	1.70	0.58	2.71
65-69岁	**512611**	**244387**	**268224**	**11845**	**1761**	**10084**	**2.31**	**0.72**	**3.76**
65	113082	54211	58871	2142	334	1808	1.89	0.62	3.07
66	114109	53877	60232	2404	343	2061	2.11	0.64	3.42
67	103458	48938	54520	2487	376	2111	2.40	0.77	3.87
68	100253	48136	52117	2530	387	2143	2.52	0.80	4.11
69	81709	39225	42484	2282	321	1961	2.79	0.82	4.62
70-74岁	**322795**	**156216**	**166579**	**11072**	**1916**	**9156**	**3.43**	**1.23**	**5.50**
70	83773	40864	42909	2472	393	2079	2.95	0.96	4.85
71	78294	38349	39945	2617	451	2166	3.34	1.18	5.42
72	60131	28662	31469	2178	448	1730	3.62	1.56	5.50
73	52463	25154	27309	1928	325	1603	3.67	1.29	5.87
74	48134	23187	24947	1877	299	1578	3.90	1.29	6.33
75-79岁	**197134**	**88927**	**108207**	**10710**	**1804**	**8906**	**5.43**	**2.03**	**8.23**
75	43714	20514	23200	2005	357	1648	4.59	1.74	7.10
76	43030	19841	23189	2161	377	1784	5.02	1.90	7.69
77	38514	17013	21501	2149	363	1786	5.58	2.13	8.31
78	37193	16309	20884	2180	367	1813	5.86	2.25	8.68
79	34683	15250	19433	2215	340	1875	6.39	2.23	9.65
80-84岁	**140275**	**61141**	**79134**	**13158**	**1983**	**11175**	**9.38**	**3.24**	**14.12**
80	34149	15465	18684	2535	402	2133	7.42	2.60	11.42
81	29128	12750	16378	2513	397	2116	8.63	3.11	12.92
82	28469	12218	16251	2685	398	2287	9.43	3.26	14.07
83	25432	11078	14354	2709	406	2303	10.65	3.66	16.04
84	23097	9630	13467	2716	380	2336	11.76	3.95	17.35
85岁及以上	**103724**	**41067**	**62657**	**17476**	**2412**	**15064**	**16.85**	**5.87**	**24.04**

4-5b 分年龄、性别的15岁及以上文盲人口（镇）

单位：人、%

年 龄	15岁及以上人口			文盲人口			文盲人口占15岁及以上人口比重		
	合计	男	女	合计	男	女	合计	男	女
总 计	**9341974**	**4711433**	**4630541**	**193761**	**41104**	**152657**	**2.07**	**0.87**	**3.30**
15-19岁	**922700**	**469322**	**453378**	**1513**	**911**	**602**	**0.16**	**0.19**	**0.13**
15	195530	100771	94759	408	221	187	0.21	0.22	0.20
16	230316	114914	115402	294	191	103	0.13	0.17	0.09
17	219327	108411	110916	254	167	87	0.12	0.15	0.08
18	164994	84370	80624	264	143	121	0.16	0.17	0.15
19	112533	60856	51677	293	189	104	0.26	0.31	0.20
20-24岁	**521276**	**278978**	**242298**	**1377**	**841**	**536**	**0.26**	**0.30**	**0.22**
20	96763	54141	42622	287	198	89	0.30	0.37	0.21
21	94900	52634	42266	315	194	121	0.33	0.37	0.29
22	106651	56768	49883	234	138	96	0.22	0.24	0.19
23	110371	57387	52984	279	159	120	0.25	0.28	0.23
24	112591	58048	54543	262	152	110	0.23	0.26	0.20
25-29岁	**660308**	**337547**	**322761**	**1420**	**812**	**608**	**0.22**	**0.24**	**0.19**
25	119207	61554	57653	252	144	108	0.21	0.23	0.19
26	120764	61481	59283	262	149	113	0.22	0.24	0.19
27	130226	66077	64149	251	145	106	0.19	0.22	0.17
28	144527	74147	70380	309	173	136	0.21	0.23	0.19
29	145584	74288	71296	346	201	145	0.24	0.27	0.20
30-34岁	**980832**	**494807**	**486025**	**2198**	**1121**	**1077**	**0.22**	**0.23**	**0.22**
30	177962	89560	88402	356	179	177	0.20	0.20	0.20
31	186094	93706	92388	401	218	183	0.22	0.23	0.20
32	187766	94269	93497	433	215	218	0.23	0.23	0.23
33	216389	109687	106702	458	233	225	0.21	0.21	0.21
34	212621	107585	105036	550	276	274	0.26	0.26	0.26
35-39岁	**935071**	**476465**	**458606**	**2981**	**1371**	**1610**	**0.32**	**0.29**	**0.35**
35	206062	104900	101162	591	297	294	0.29	0.28	0.29
36	198574	100702	97872	565	263	302	0.28	0.26	0.31
37	171358	87714	83644	529	246	283	0.31	0.28	0.34
38	183248	93446	89802	604	274	330	0.33	0.29	0.37
39	175829	89703	86126	692	291	401	0.39	0.32	0.47
40-44岁	**867218**	**444909**	**422309**	**4236**	**1601**	**2635**	**0.49**	**0.36**	**0.62**
40	175212	89580	85632	707	298	409	0.40	0.33	0.48
41	182713	93452	89261	820	334	486	0.45	0.36	0.54
42	172603	88435	84168	854	326	528	0.49	0.37	0.63
43	158316	81466	76850	834	285	549	0.53	0.35	0.71
44	178374	91976	86398	1021	358	663	0.57	0.39	0.77
45-49岁	**905728**	**467988**	**437740**	**6519**	**2157**	**4362**	**0.72**	**0.46**	**1.00**
45	177814	91707	86107	1068	343	725	0.60	0.37	0.84
46	195201	100555	94646	1259	412	847	0.64	0.41	0.89
47	178464	92152	86312	1330	443	887	0.75	0.48	1.03
48	177747	91998	85749	1393	467	926	0.78	0.51	1.08
49	176502	91576	84926	1469	492	977	0.83	0.54	1.15

4-5b 续表

单位:人、%

年 龄	15岁及以上人口			文盲人口			文盲人口占15岁及以上人口比重		
	合计	男	女	合计	男	女	合计	男	女
50-54岁	**908531**	**466404**	**442127**	**9709**	**2867**	**6842**	**1.07**	**0.61**	**1.55**
50	184342	94608	89734	1753	532	1221	0.95	0.56	1.36
51	178520	92048	86472	1892	583	1309	1.06	0.63	1.51
52	197182	100956	96226	2162	642	1520	1.10	0.64	1.58
53	161529	82941	78588	1743	510	1233	1.08	0.61	1.57
54	186958	95851	91107	2159	600	1559	1.15	0.63	1.71
55-59岁	**775520**	**391490**	**384030**	**10341**	**2421**	**7920**	**1.33**	**0.62**	**2.06**
55	186464	95094	91370	2332	614	1718	1.25	0.65	1.88
56	175523	87064	88459	2303	542	1761	1.31	0.62	1.99
57	191646	97603	94043	2347	584	1763	1.22	0.60	1.87
58	149453	75790	73663	2115	435	1680	1.42	0.57	2.28
59	72434	35939	36495	1244	246	998	1.72	0.68	2.73
60-64岁	**517661**	**257303**	**260358**	**14977**	**2724**	**12253**	**2.89**	**1.06**	**4.71**
60	86635	42483	44152	1889	350	1539	2.18	0.82	3.49
61	81566	40958	40608	2038	381	1657	2.50	0.93	4.08
62	123007	61301	61706	3594	644	2950	2.92	1.05	4.78
63	119976	60309	59667	3783	684	3099	3.15	1.13	5.19
64	106477	52252	54225	3673	665	3008	3.45	1.27	5.55
65-69岁	**495410**	**241468**	**253942**	**23126**	**3986**	**19140**	**4.67**	**1.65**	**7.54**
65	106596	52074	54522	4182	775	3407	3.92	1.49	6.25
66	109225	52920	56305	4759	816	3943	4.36	1.54	7.00
67	102108	49715	52393	4857	842	4015	4.76	1.69	7.66
68	97568	47825	49743	4787	822	3965	4.91	1.72	7.97
69	79913	38934	40979	4541	731	3810	5.68	1.88	9.30
70-74岁	**332086**	**162967**	**169119**	**25149**	**4920**	**20229**	**7.57**	**3.02**	**11.96**
70	83985	41118	42867	5266	961	4305	6.27	2.34	10.04
71	80842	40735	40107	5717	1225	4492	7.07	3.01	11.20
72	61690	30067	31623	4920	950	3970	7.98	3.16	12.55
73	53539	26266	27273	4550	932	3618	8.50	3.55	13.27
74	52030	24781	27249	4696	852	3844	9.03	3.44	14.11
75-79岁	**233343**	**106268**	**127075**	**26816**	**4798**	**22018**	**11.49**	**4.51**	**17.33**
75	50823	23511	27312	5048	926	4122	9.93	3.94	15.09
76	51852	24311	27541	5486	1021	4465	10.58	4.20	16.21
77	46115	20870	25245	5411	922	4489	11.73	4.42	17.78
78	43115	19341	23774	5264	933	4331	12.21	4.82	18.22
79	41438	18235	23203	5607	996	4611	13.53	5.46	19.87
80-84岁	**158518**	**68649**	**89869**	**28544**	**5168**	**23376**	**18.01**	**7.53**	**26.01**
80	39271	17393	21878	5961	1070	4891	15.18	6.15	22.36
81	32295	14295	18000	5464	1000	4464	16.92	7.00	24.80
82	31997	13802	18195	6012	1115	4897	18.79	8.08	26.91
83	28443	12192	16251	5538	1044	4494	19.47	8.56	27.65
84	26512	10967	15545	5569	939	4630	21.01	8.56	29.78
85岁及以上	**127772**	**46868**	**80904**	**34855**	**5406**	**29449**	**27.28**	**11.53**	**36.40**

4-5c 分年龄、性别的15岁及以上文盲人口（乡村）

单位：人、%

年 龄	15岁及以上人口			文盲人口			文盲人口占15岁及以上人口比重		
	合计	男	女	合计	男	女	合计	男	女
总 计	**17095448**	**9007323**	**8088125**	**897670**	**187431**	**710239**	**5.25**	**2.08**	**8.78**
15-19岁	**1016487**	**567004**	**449483**	**4541**	**2742**	**1799**	**0.45**	**0.48**	**0.40**
15	299373	163485	135888	1045	623	422	0.35	0.38	0.31
16	199593	112674	86919	851	516	335	0.43	0.46	0.39
17	157126	90851	66275	794	478	316	0.51	0.53	0.48
18	173318	96627	76691	904	546	358	0.52	0.57	0.47
19	187077	103367	83710	947	579	368	0.51	0.56	0.44
20-24岁	**946494**	**521122**	**425372**	**4726**	**2661**	**2065**	**0.50**	**0.51**	**0.49**
20	181427	101200	80227	1009	579	430	0.56	0.57	0.54
21	176676	98307	78369	861	510	351	0.49	0.52	0.45
22	196940	107770	89170	994	566	428	0.50	0.53	0.48
23	196554	107231	89323	948	507	441	0.48	0.47	0.49
24	194897	106614	88283	914	499	415	0.47	0.47	0.47
25-29岁	**1083445**	**603367**	**480078**	**5591**	**2940**	**2651**	**0.52**	**0.49**	**0.55**
25	201896	111156	90740	1000	536	464	0.50	0.48	0.51
26	202467	112397	90070	1023	555	468	0.51	0.49	0.52
27	215071	119431	95640	1080	569	511	0.50	0.48	0.53
28	233879	131923	101956	1241	661	580	0.53	0.50	0.57
29	230132	128460	101672	1247	619	628	0.54	0.48	0.62
30-34岁	**1462462**	**811991**	**650471**	**9976**	**4455**	**5521**	**0.68**	**0.55**	**0.85**
30	276125	153049	123076	1731	817	914	0.63	0.53	0.74
31	280227	155261	124966	1730	815	915	0.62	0.52	0.73
32	275577	152776	122801	1913	842	1071	0.69	0.55	0.87
33	317335	176945	140390	2199	957	1242	0.69	0.54	0.88
34	313198	173960	139238	2403	1024	1379	0.77	0.59	0.99
35-39岁	**1449162**	**805840**	**643322**	**14367**	**5810**	**8557**	**0.99**	**0.72**	**1.33**
35	310917	174011	136906	2476	1075	1401	0.80	0.62	1.02
36	303737	169033	134704	2733	1133	1600	0.90	0.67	1.19
37	264109	146240	117869	2659	1078	1581	1.01	0.74	1.34
38	286967	159604	127363	3144	1224	1920	1.10	0.77	1.51
39	283432	156952	126480	3355	1300	2055	1.18	0.83	1.62
40-44岁	**1389105**	**760957**	**628148**	**21322**	**6959**	**14363**	**1.53**	**0.91**	**2.29**
40	283187	155726	127461	3785	1274	2511	1.34	0.82	1.97
41	286591	158300	128291	3887	1376	2511	1.36	0.87	1.96
42	272624	148730	123894	4214	1339	2875	1.55	0.90	2.32
43	254505	138754	115751	4271	1318	2953	1.68	0.95	2.55
44	292198	159447	132751	5165	1652	3513	1.77	1.04	2.65
45-49岁	**1621627**	**872638**	**748989**	**35261**	**10092**	**25169**	**2.17**	**1.16**	**3.36**
45	299915	163168	136747	5826	1750	4076	1.94	1.07	2.98
46	337409	180963	156446	6843	1951	4892	2.03	1.08	3.13
47	319749	171363	148386	7073	2003	5070	2.21	1.17	3.42
48	329892	176167	153725	7762	2102	5660	2.35	1.19	3.68
49	334662	180977	153685	7757	2286	5471	2.32	1.26	3.56

4-5c 续表 单位：人、%

年 龄	15岁及以上人口			文盲人口			文盲人口占15岁及以上人口比重		
	合计	男	女	合计	男	女	合计	男	女
50-54岁	**1839864**	**980701**	**859163**	**51831**	**13363**	**38468**	**2.82**	**1.36**	**4.48**
50	359244	191043	168201	9659	2503	7156	2.69	1.31	4.25
51	355044	190580	164464	9525	2560	6965	2.68	1.34	4.23
52	402138	213317	188821	11412	2912	8500	2.84	1.37	4.50
53	335323	178411	156912	9703	2434	7269	2.89	1.36	4.63
54	388115	207350	180765	11532	2954	8578	2.97	1.42	4.75
55-59岁	**1629946**	**858522**	**771424**	**53224**	**11615**	**41609**	**3.27**	**1.35**	**5.39**
55	388509	205760	182749	12080	2852	9228	3.11	1.39	5.05
56	368497	190586	177911	11925	2632	9293	3.24	1.38	5.22
57	400546	214221	186325	12329	2807	9522	3.08	1.31	5.11
58	314107	166290	147817	10298	2106	8192	3.28	1.27	5.54
59	158287	81665	76622	6592	1218	5374	4.16	1.49	7.01
60-64岁	**1166407**	**603397**	**563010**	**70941**	**13403**	**57538**	**6.08**	**2.22**	**10.22**
60	184869	93309	91560	8975	1624	7351	4.85	1.74	8.03
61	178086	93360	84726	9833	1908	7925	5.52	2.04	9.35
62	277737	144776	132961	16907	3341	13566	6.09	2.31	10.20
63	276611	145362	131249	17564	3370	14194	6.35	2.32	10.81
64	249104	126590	122514	17662	3160	14502	7.09	2.50	11.84
65-69岁	**1189315**	**597219**	**592096**	**110249**	**19931**	**90318**	**9.27**	**3.34**	**15.25**
65	251031	128380	122651	19821	3527	16294	7.90	2.75	13.28
66	258290	130488	127802	22111	3949	18162	8.56	3.03	14.21
67	243758	121891	121867	22918	4056	18862	9.40	3.33	15.48
68	236591	119005	117586	22926	4244	18682	9.69	3.57	15.89
69	199645	97455	102190	22473	4155	18318	11.26	4.26	17.93
70-74岁	**858594**	**417154**	**441440**	**124664**	**23933**	**100731**	**14.52**	**5.74**	**22.82**
70	209955	101884	108071	25925	4728	21197	12.35	4.64	19.61
71	203440	102997	100443	27407	5701	21706	13.47	5.54	21.61
72	161736	78326	83410	24539	4749	19790	15.17	6.06	23.73
73	143325	68784	74541	22896	4395	18501	15.97	6.39	24.82
74	140138	65163	74975	23897	4360	19537	17.05	6.69	26.06
75-79岁	**648270**	**295171**	**353099**	**131038**	**23523**	**107515**	**20.21**	**7.97**	**30.45**
75	141291	64739	76552	25476	4534	20942	18.03	7.00	27.36
76	140662	65847	74815	26452	4755	21697	18.81	7.22	29.00
77	130019	58857	71162	26607	4789	21818	20.46	8.14	30.66
78	118965	53521	65444	25672	4608	21064	21.58	8.61	32.19
79	117333	52207	65126	26831	4837	21994	22.87	9.27	33.77
80-84岁	**436055**	**185332**	**250723**	**123260**	**23088**	**100172**	**28.27**	**12.46**	**39.95**
80	109117	47990	61127	27381	5205	22176	25.09	10.85	36.28
81	88176	38521	49655	24019	4473	19546	27.24	11.61	39.36
82	88364	37703	50661	25439	4849	20590	28.79	12.86	40.64
83	77868	32116	45752	23399	4356	19043	30.05	13.56	41.62
84	72530	29002	43528	23022	4205	18817	31.74	14.50	43.23
85岁及以上	**358215**	**126908**	**231307**	**136679**	**22916**	**113763**	**38.16**	**18.06**	**49.18**

第一部分 全部数据资料

第五卷 家庭

5-1 不同规模的家庭户类别

单位：户

家庭户规模	家庭户户数	一代户	二代户	三代户	四代户	五代及以上户
总 计	**16215014**	**6797321**	**6575668**	**2740198**	**101718**	**109**
一人户	4075139	4075139				
二人户	3845306	2447106	1398200			
三人户	3263580	175235	2864648	223697		
四人户	2462519	52212	1683781	721001	5525	
五人户	1341827	21261	459129	840458	20974	5
六人户	702577	9141	117211	546758	29438	29
七人户	289204	4805	33155	227249	23972	23
八人户	117128	3045	11100	91191	11772	20
九人户	54923	2102	4254	43578	4975	14
十人及以上户	62811	7275	4190	46266	5062	18

5-1a 不同规模的家庭户类别（城市）

单位：户

家庭户规模	家庭户户数	一代户	二代户	三代户	四代户	五代及以上户
总 计	**4744710**	**2192093**	**1871014**	**666572**	**15002**	**29**
一人户	1364068	1364068				
二人户	1100490	736757	363733			
三人户	974678	51156	874054	49468		
四人户	711060	19726	504525	185995	814	
五人户	336430	9587	99215	224737	2891	
六人户	155753	4028	19690	127820	4205	10
七人户	53682	1980	5647	42537	3510	8
八人户	21874	1300	2127	16691	1752	4
九人户	11455	773	916	8976	787	3
十人及以上户	15220	2718	1107	10348	1043	4

5-1b 不同规模的家庭户类别（镇）

单位:户

家庭户规模	家庭户户数	一代户	二代户	三代户	四代户	五代及以上户
总 计	**3710344**	**1458604**	**1540498**	**685641**	**25580**	**21**
一人户	869402	869402				
二人户	835773	527535	308238			
三人户	735813	32986	653323	49504		
四人户	594810	12012	416564	165152	1082	
五人户	335427	6074	117300	207469	4582	2
六人户	185344	3224	30402	144692	7022	4
七人户	80492	1895	8556	63655	6384	2
八人户	34282	1217	3068	26649	3347	1
九人户	17121	955	1361	13306	1495	4
十人及以上户	21880	3304	1686	15214	1668	8

5-1c 不同规模的家庭户类别（乡村）

单位:户

家庭户规模	家庭户户数	一代户	二代户	三代户	四代户	五代及以上户
总 计	**7759960**	**3146624**	**3164156**	**1387985**	**61136**	**59**
一人户	1841669	1841669				
二人户	1909043	1182814	726229			
三人户	1553089	91093	1337271	124725		
四人户	1156649	20474	762692	369854	3629	
五人户	669970	5600	242614	408252	13501	3
六人户	361480	1889	67119	274246	18211	15
七人户	155030	930	18952	121057	14078	13
八人户	60972	528	5905	47851	6673	15
九人户	26347	374	1977	21296	2693	7
十人及以上户	25711	1253	1397	20704	2351	6

5–2 各地区分年龄、性别的一人户

单位：户

地 区	合计			14岁及以下			15–19岁		
	合计	男	女	小计	男	女	小计	男	女
总 计	**4075139**	**2265957**	**1809182**	**253927**	**144018**	**109909**	**128689**	**76622**	**52067**
南宁市	891397	493201	398196	42657	24405	18252	23180	13756	9424
柳州市	344203	192524	151679	14535	7912	6623	8828	5022	3806
桂林市	455965	249820	206145	20863	11499	9364	11965	6938	5027
梧州市	225002	128704	96298	16840	9572	7268	7247	4371	2876
北海市	122064	64292	57772	4760	2668	2092	3375	1882	1493
防城港市	72953	43523	29430	3503	1965	1538	2331	1491	840
钦州市	231556	130753	100803	16570	9508	7062	9749	5920	3829
贵港市	309193	173451	135742	25887	14937	10950	12157	7457	4700
玉林市	387871	212883	174988	33251	18940	14311	13861	8601	5260
百色市	270263	148633	121630	19465	11101	8364	11311	6636	4675
贺州市	127601	73862	53739	8865	5121	3744	4029	2388	1641
河池市	293349	161691	131658	22457	12679	9778	9853	5857	3996
来宾市	179400	101814	77586	12847	7124	5723	5725	3322	2403
崇左市	164322	90806	73516	11427	6587	4840	5078	2981	2097

5–2 续表 1

单位：户

地 区	20–24岁			25–29岁			30–34岁		
	小计	男	女	小计	男	女	小计	男	女
总 计	**265741**	**142567**	**123174**	**328983**	**185819**	**143164**	**347940**	**209954**	**137986**
南宁市	88808	46800	42008	113648	64822	48826	111621	67813	43808
柳州市	20785	11509	9276	29298	17199	12099	31988	20061	11927
桂林市	24339	12634	11705	33670	18761	14909	34800	20885	13915
梧州市	10807	5743	5064	13507	7138	6369	15009	8463	6546
北海市	7309	3854	3455	11552	6277	5275	11781	6903	4878
防城港市	5001	3041	1960	6977	4400	2577	7655	4978	2677
钦州市	15116	8306	6810	16296	9120	7176	17073	10201	6872
贵港市	18499	10466	8033	17224	9952	7272	21201	12926	8275
玉林市	21438	12099	9339	22518	13025	9493	27036	16403	10633
百色市	16130	8616	7514	18229	10061	8168	18744	10941	7803
贺州市	6057	3203	2854	8383	4455	3928	8655	5033	3622
河池市	15131	7637	7494	15953	8475	7478	17760	10551	7209
来宾市	8803	4573	4230	11107	6089	5018	12996	7736	5260
崇左市	7518	4086	3432	10621	6045	4576	11621	7060	4561

5-2 续表 2

单位:户

地 区	35-39岁			40-44岁			45-49岁		
	小计	男	女	小计	男	女	小计	男	女
总 计	**289263**	**177599**	**111664**	**282914**	**168112**	**114802**	**341988**	**199875**	**142113**
南宁市	82634	50637	31997	67341	39573	27768	71016	40402	30614
柳州市	26777	16615	10162	27626	16504	11122	33454	19532	13922
桂林市	30948	18621	12327	28918	16631	12287	37639	21374	16265
梧州市	11577	6899	4678	12585	7220	5365	18112	10795	7317
北海市	8694	5055	3639	8579	4702	3877	10157	5404	4753
防城港市	6343	4128	2215	5782	3698	2084	6830	4241	2589
钦州市	13222	8001	5221	12907	7652	5255	15974	9660	6314
贵港市	18345	11566	6779	19928	11910	8018	25902	15117	10785
玉林市	23216	14063	9153	22856	12758	10098	30625	16746	13879
百色市	18607	11336	7271	21383	13178	8205	25044	15377	9667
贺州市	7091	4260	2831	7817	4625	3192	10724	6521	4203
河池市	19522	12424	7098	21611	13675	7936	25944	15846	10098
来宾市	11861	7493	4368	13857	8670	5187	16227	10056	6171
崇左市	10426	6501	3925	11724	7316	4408	14340	8804	5536

5-2 续表 3

单位:户

地 区	50-54岁			55-59岁			60-64岁			65岁及以上		
	小计	男	女	小计	男	女	小计	男	女	小计	男	女
总 计	**349962**	**212103**	**137859**	**302682**	**184656**	**118026**	**225929**	**135086**	**90843**	**957121**	**429546**	**527575**
南宁市	63844	37523	26321	52981	30900	22081	36169	20274	15895	137498	56296	81202
柳州市	33080	19613	13467	29174	17214	11960	20313	11837	8476	68345	29506	38839
桂林市	42878	25287	17591	39332	23514	15818	30903	18751	12152	119710	54925	64785
梧州市	20882	13161	7721	18408	11582	6826	14863	10091	4772	65165	33669	31496
北海市	9822	5330	4492	8771	5006	3765	6385	3602	2783	30879	13609	17270
防城港市	6413	4121	2292	5379	3424	1955	3473	2085	1388	13266	5951	7315
钦州市	17635	11057	6578	16077	10252	5825	12397	7797	4600	68540	33279	35261
贵港市	25789	15636	10153	20974	13116	7858	15781	9816	5965	87506	40552	46954
玉林市	31802	18591	13211	26631	15983	10648	21450	13013	8437	113187	52661	60526
百色市	25129	15699	9430	20998	12781	8217	15926	8753	7173	59297	24154	35143
贺州市	12241	7958	4283	10806	7074	3732	8566	5683	2883	34367	17541	16826
河池市	28036	17341	10695	24937	15487	9450	19426	11111	8315	72719	30608	42111
来宾市	17195	11099	6096	14243	9469	4774	10162	6452	3710	44377	19731	24646
崇左市	15216	9687	5529	13971	8854	5117	10115	5821	4294	42265	17064	25201

5–2a 各地区分年龄、性别的一人户（城市）

单位：户

地 区	合计			14岁及以下			15–19岁		
	合计	男	女	小计	男	女	小计	男	女
总 计	**1364068**	**728366**	**635702**	**43301**	**23590**	**19711**	**32447**	**17994**	**14453**
南宁市	556131	305641	250490	16497	8993	7504	12155	6760	5395
柳州市	174679	94387	80292	3981	2088	1893	3753	2105	1648
桂林市	158093	82016	76077	4039	2158	1881	4567	2583	1984
梧州市	63983	31569	32414	2446	1345	1101	1217	676	541
北海市	51879	26523	25356	1260	697	563	1395	703	692
防城港市	34640	20801	13839	984	557	427	1000	689	311
钦州市	33759	17556	16203	1223	678	545	1001	518	483
贵港市	61166	31404	29762	2871	1596	1275	1265	735	530
玉林市	55837	27975	27862	2152	1193	959	1329	704	625
百色市	67281	35618	31663	3487	1924	1563	2364	1295	1069
贺州市	19392	9679	9713	661	372	289	381	200	181
河池市	35505	17415	18090	1361	724	637	761	421	340
来宾市	31521	16573	14948	1305	698	607	716	381	335
崇左市	20202	11209	8993	1034	567	467	543	224	319

5–2a 续表 1

单位：户

地 区	20–24岁			25–29岁			30–34岁		
	小计	男	女	小计	男	女	小计	男	女
总 计	**133834**	**69151**	**64683**	**185044**	**104406**	**80638**	**189882**	**112915**	**76967**
南宁市	72061	37253	34808	94690	53934	40756	90746	54821	35925
柳州市	13006	7326	5680	19251	11669	7582	20896	13426	7470
桂林市	13906	6980	6926	19533	10855	8678	19315	11572	7743
梧州市	3400	1734	1666	5638	2982	2656	6747	3633	3114
北海市	4158	2038	2120	6965	3673	3292	6970	4020	2950
防城港市	2928	1750	1178	4423	2760	1663	5132	3276	1856
钦州市	3403	1662	1741	4742	2646	2096	5347	3075	2272
贵港市	3945	2039	1906	5270	2851	2419	7041	3815	3226
玉林市	4032	2075	1957	5478	3069	2409	7101	3933	3168
百色市	5571	2782	2789	7410	3999	3411	7371	4075	3296
贺州市	1443	693	750	2373	1186	1187	2422	1334	1088
河池市	2649	1151	1498	3458	1648	1810	3684	1930	1754
来宾市	2076	1030	1046	3403	1794	1609	4154	2305	1849
崇左市	1256	638	618	2410	1340	1070	2956	1700	1256

5-2a 续表 2

单位:户

地 区	35-39岁			40-44岁			45-49岁		
	小计	男	女	小计	男	女	小计	男	女
总 计	**140358**	**82300**	**58058**	**118453**	**64371**	**54082**	**124686**	**64237**	**60449**
南宁市	63138	37998	25140	46579	26446	20133	43499	23170	20329
柳州市	16091	10040	6051	15386	8807	6579	17560	9297	8263
桂林市	15517	9166	6351	12584	6724	5860	14339	7058	7281
梧州市	4925	2650	2275	5114	2531	2583	6321	3101	3220
北海市	4745	2671	2074	4472	2286	2186	5247	2556	2691
防城港市	3863	2438	1425	3247	2009	1238	3806	2208	1598
钦州市	3590	1954	1636	2926	1416	1510	2806	1349	1457
贵港市	5518	2915	2603	5790	2800	2990	6952	3363	3589
玉林市	5718	2941	2777	5351	2409	2942	6250	2885	3365
百色市	6353	3532	2821	6562	3596	2966	6929	3686	3243
贺州市	1720	925	795	1600	778	822	1842	923	919
河池市	3504	1859	1645	3360	1625	1735	3865	1872	1993
来宾市	3207	1776	1431	3440	1790	1650	3292	1659	1633
崇左市	2469	1435	1034	2042	1154	888	1978	1110	868

5-2a 续表 3

单位:户

地 区	50-54岁			55-59岁			60-64岁			65岁及以上		
	小计	男	女	小计	男	女	小计	男	女	小计	男	女
总 计	**107297**	**56109**	**51188**	**86929**	**45567**	**41362**	**54258**	**27643**	**26615**	**147579**	**60083**	**87496**
南宁市	34740	18622	16118	26962	14145	12817	16119	8008	8111	38945	15491	23454
柳州市	16107	8293	7814	14224	7208	7016	9613	4777	4836	24811	9351	15460
桂林市	13587	6735	6852	11761	5864	5897	7889	3914	3975	21056	8407	12649
梧州市	6006	2942	3064	5560	2640	2920	3816	1921	1895	12793	5414	7379
北海市	4732	2367	2365	3875	2021	1854	2444	1226	1218	5616	2265	3351
防城港市	3139	1905	1234	2319	1387	932	1194	678	516	2605	1144	1461
钦州市	2326	1232	1094	1941	1033	908	1117	565	552	3337	1428	1909
贵港市	5779	2980	2799	4397	2426	1971	2526	1395	1131	9812	4489	5323
玉林市	5038	2499	2539	3508	1836	1672	2131	1137	994	7749	3294	4455
百色市	6020	3380	2640	4492	2474	2018	2801	1488	1313	7921	3387	4534
贺州市	1573	839	734	1381	760	621	948	525	423	3048	1144	1904
河池市	3553	1742	1811	2916	1568	1348	1713	907	806	4681	1968	2713
来宾市	2987	1571	1416	2214	1336	878	1202	675	527	3525	1558	1967
崇左市	1710	1002	708	1379	869	510	745	427	318	1680	743	937

5−2b 各地区分年龄、性别的一人户（镇）

单位：户

地 区	合计			14岁及以下			15−19岁		
	合计	男	女	小计	男	女	小计	男	女
总 计	**869402**	**463274**	**406128**	**49112**	**27649**	**21463**	**23173**	**13595**	**9578**
南宁市	110855	59352	51503	5821	3434	2387	2693	1663	1030
柳州市	71236	38728	32508	3016	1643	1373	1510	865	645
桂林市	97500	48793	48707	3917	2105	1812	2011	1128	883
梧州市	49100	27397	21703	3779	2136	1643	1576	945	631
北海市	20522	10289	10233	823	447	376	518	281	237
防城港市	11659	6507	5152	582	327	255	306	182	124
钦州市	57019	30103	26916	3073	1738	1335	1845	1056	789
贵港市	78029	42801	35228	5789	3276	2513	2824	1685	1139
玉林市	111284	58401	52883	8329	4700	3629	3344	2078	1266
百色市	48991	25991	23000	2810	1622	1188	1338	759	579
贺州市	41972	23369	18603	2390	1351	1039	1172	704	468
河池市	77710	40999	36711	4488	2463	2025	2000	1103	897
来宾市	46570	25097	21473	2280	1258	1022	1124	627	497
崇左市	46955	25447	21508	2015	1149	866	912	519	393

5−2b 续表 1

单位：户

地 区	20−24岁			25−29岁			30−34岁		
	小计	男	女	小计	男	女	小计	男	女
总 计	**49254**	**24789**	**24465**	**66291**	**34095**	**32196**	**71711**	**40038**	**31673**
南宁市	7074	3751	3323	9132	4800	4332	9615	5406	4209
柳州市	3945	2036	1909	5978	3165	2813	6748	3892	2856
桂林市	4353	2090	2263	6743	3428	3315	7716	4189	3527
梧州市	2454	1191	1263	3324	1563	1761	3557	1874	1683
北海市	869	431	438	1515	762	753	1700	885	815
防城港市	671	393	278	980	578	402	947	608	339
钦州市	4002	1996	2006	5103	2553	2550	5016	2742	2274
贵港市	4381	2342	2039	4262	2289	1973	5111	3008	2103
玉林市	6096	3188	2908	7311	3784	3527	8722	4791	3931
百色市	3064	1511	1553	4477	2300	2177	4553	2482	2071
贺州市	2105	1061	1044	3255	1612	1643	3293	1778	1515
河池市	4852	2184	2668	6110	3015	3095	6348	3506	2842
来宾市	2529	1196	1333	3657	1913	1744	3912	2252	1660
崇左市	2859	1419	1440	4444	2333	2111	4473	2625	1848

5–2b 续表 2

单位：户

地 区	35–39岁			40–44岁			45–49岁		
	小计	男	女	小计	男	女	小计	男	女
总 计	**63566**	**35880**	**27686**	**68320**	**36944**	**31376**	**83528**	**44883**	**38645**
南宁市	8588	4900	3688	8942	4884	4058	10977	5921	5056
柳州市	6074	3455	2619	6603	3667	2936	7694	4262	3432
桂林市	7374	3859	3515	7378	3617	3761	9426	4575	4851
梧州市	2719	1585	1134	2896	1622	1274	4020	2316	1704
北海市	1378	716	662	1612	810	802	1882	970	912
防城港市	931	569	362	990	589	401	1045	613	432
钦州市	4048	2225	1823	4049	2148	1901	4763	2568	2195
贵港市	4570	2802	1768	5109	2905	2204	6696	3775	2921
玉林市	7240	3965	3275	7726	3948	3778	10085	5114	4971
百色市	4367	2379	1988	4607	2512	2095	5081	2810	2271
贺州市	2591	1448	1143	2905	1596	1309	3730	2094	1636
河池市	6186	3506	2680	6933	3822	3111	8098	4411	3687
来宾市	3663	2203	1460	4185	2357	1828	4944	2690	2254
崇左市	3837	2268	1569	4385	2467	1918	5087	2764	2323

5–2b 续表 3

单位：户

地 区	50–54岁			55–59岁			60–64岁			65岁及以上		
	小计	男	女	小计	男	女	小计	男	女	小计	男	女
总 计	**81713**	**46534**	**35179**	**67569**	**40334**	**27235**	**47031**	**27809**	**19222**	**198134**	**90724**	**107410**
南宁市	10221	5995	4226	8414	5097	3317	5531	3290	2241	23847	10211	13636
柳州市	7243	4255	2988	5881	3560	2321	3765	2235	1530	12779	5693	7086
桂林市	9979	5081	4898	8568	4684	3884	6110	3400	2710	23925	10637	13288
梧州市	4508	2790	1718	3787	2422	1365	2956	2034	922	13524	6919	6605
北海市	1762	931	831	1734	939	795	1255	685	570	5474	2432	3042
防城港市	1054	628	426	922	554	368	647	347	300	2584	1119	1465
钦州市	4697	2692	2005	3971	2379	1592	2745	1620	1125	13707	6386	7321
贵港市	6643	3882	2761	5532	3473	2059	4108	2560	1548	23004	10804	12200
玉林市	9597	5262	4335	7844	4536	3308	5802	3409	2393	29188	13626	15562
百色市	4686	2661	2025	3597	2121	1476	2574	1415	1159	7837	3419	4418
贺州市	4032	2466	1566	3481	2206	1275	2654	1703	951	10364	5350	5014
河池市	7803	4432	3371	6251	3701	2550	4198	2337	1861	14443	6519	7924
来宾市	4658	2655	2003	3814	2370	1444	2352	1400	952	9452	4176	5276
崇左市	4830	2804	2026	3773	2292	1481	2334	1374	960	8006	3433	4573

5–2c 各地区分年龄、性别的一人户（乡村）

单位：户

地 区	合计			14岁及以下			15–19岁		
	合计	男	女	小计	男	女	小计	男	女
总 计	**1841669**	**1074317**	**767352**	**161514**	**92779**	**68735**	**73069**	**45033**	**28036**
南宁市	224411	128208	96203	20339	11978	8361	8332	5333	2999
柳州市	98288	59409	38879	7538	4181	3357	3565	2052	1513
桂林市	200372	119011	81361	12907	7236	5671	5387	3227	2160
梧州市	111919	69738	42181	10615	6091	4524	4454	2750	1704
北海市	49663	27480	22183	2677	1524	1153	1462	898	564
防城港市	26654	16215	10439	1937	1081	856	1025	620	405
钦州市	140778	83094	57684	12274	7092	5182	6903	4346	2557
贵港市	169998	99246	70752	17227	10065	7162	8068	5037	3031
玉林市	220750	126507	94243	22770	13047	9723	9188	5819	3369
百色市	153991	87024	66967	13168	7555	5613	7609	4582	3027
贺州市	66237	40814	25423	5814	3398	2416	2476	1484	992
河池市	180134	103277	76857	16608	9492	7116	7092	4333	2759
来宾市	101309	60144	41165	9262	5168	4094	3885	2314	1571
崇左市	97165	54150	43015	8378	4871	3507	3623	2238	1385

5–2c 续表 1

单位：户

地 区	20–24岁			25–29岁			30–34岁		
	小计	男	女	小计	男	女	小计	男	女
总 计	**82653**	**48627**	**34026**	**77648**	**47318**	**30330**	**86347**	**57001**	**29346**
南宁市	9673	5796	3877	9826	6088	3738	11260	7586	3674
柳州市	3834	2147	1687	4069	2365	1704	4344	2743	1601
桂林市	6080	3564	2516	7394	4478	2916	7769	5124	2645
梧州市	4953	2818	2135	4545	2593	1952	4705	2956	1749
北海市	2282	1385	897	3072	1842	1230	3111	1998	1113
防城港市	1402	898	504	1574	1062	512	1576	1094	482
钦州市	7711	4648	3063	6451	3921	2530	6710	4384	2326
贵港市	10173	6085	4088	7692	4812	2880	9049	6103	2946
玉林市	11310	6836	4474	9729	6172	3557	11213	7679	3534
百色市	7495	4323	3172	6342	3762	2580	6820	4384	2436
贺州市	2509	1449	1060	2755	1657	1098	2940	1921	1019
河池市	7630	4302	3328	6385	3812	2573	7728	5115	2613
来宾市	4198	2347	1851	4047	2382	1665	4930	3179	1751
崇左市	3403	2029	1374	3767	2372	1395	4192	2735	1457

5-2c 续表 2

单位:户

地区	35-39岁			40-44岁			45-49岁		
	小计	男	女	小计	男	女	小计	男	女
总 计	**85339**	**59419**	**25920**	**96141**	**66797**	**29344**	**133774**	**90755**	**43019**
南宁市	10908	7739	3169	11820	8243	3577	16540	11311	5229
柳州市	4612	3120	1492	5637	4030	1607	8200	5973	2227
桂林市	8057	5596	2461	8956	6290	2666	13874	9741	4133
梧州市	3933	2664	1269	4575	3067	1508	7771	5378	2393
北海市	2571	1668	903	2495	1606	889	3028	1878	1150
防城港市	1549	1121	428	1545	1100	445	1979	1420	559
钦州市	5584	3822	1762	5932	4088	1844	8405	5743	2662
贵港市	8257	5849	2408	9029	6205	2824	12254	7979	4275
玉林市	10258	7157	3101	9779	6401	3378	14290	8747	5543
百色市	7887	5425	2462	10214	7070	3144	13034	8881	4153
贺州市	2780	1887	893	3312	2251	1061	5152	3504	1648
河池市	9832	7059	2773	11318	8228	3090	13981	9563	4418
来宾市	4991	3514	1477	6232	4523	1709	7991	5707	2284
崇左市	4120	2798	1322	5297	3695	1602	7275	4930	2345

5-2c 续表 3

单位:户

地区	50-54岁			55-59岁			60-64岁			65岁及以上		
	小计	男	女	小计	男	女	小计	男	女	小计	男	女
总 计	**160952**	**109460**	**51492**	**148184**	**98755**	**49429**	**124640**	**79634**	**45006**	**611408**	**278739**	**332669**
南宁市	18883	12906	5977	17605	11658	5947	14519	8976	5543	74706	30594	44112
柳州市	9730	7065	2665	9069	6446	2623	6935	4825	2110	30755	14462	16293
桂林市	19312	13471	5841	19003	12966	6037	16904	11437	5467	74729	35881	38848
梧州市	10368	7429	2939	9061	6520	2541	8091	6136	1955	38848	21336	17512
北海市	3328	2032	1296	3162	2046	1116	2686	1691	995	19789	8912	10877
防城港市	2220	1588	632	2138	1483	655	1632	1060	572	8077	3688	4389
钦州市	10612	7133	3479	10165	6840	3325	8535	5612	2923	51496	25465	26031
贵港市	13367	8774	4593	11045	7217	3828	9147	5861	3286	54690	25259	29431
玉林市	17167	10830	6337	15279	9611	5668	13517	8467	5050	76250	35741	40509
百色市	14423	9658	4765	12909	8186	4723	10551	5850	4701	43539	17348	26191
贺州市	6636	4653	1983	5944	4108	1836	4964	3455	1509	20955	11047	9908
河池市	16680	11167	5513	15770	10218	5552	13515	7867	5648	53595	22121	31474
来宾市	9550	6873	2677	8215	5763	2452	6608	4377	2231	31400	13997	17403
崇左市	8676	5881	2795	8819	5693	3126	7036	4020	3016	32579	12888	19691

5–3 各地区家庭户中民族混合户户数

单位：户、%

地 区	家庭户户 数	单一民族户		二个民族户		三个民族户		四个及以上民族户	
		户数	占家庭户比重	户数	占家庭户比重	户数	占家庭户比重	户数	占家庭户比重
总 计	**16215014**	**14578426**	**89.91**	**1602476**	**9.88**	**33295**	**0.21**	**817**	**0.01**
南宁市	2979316	2575540	86.45	398294	13.37	5353	0.18	129	
柳州市	1395545	1104500	79.14	282283	20.23	8497	0.61	265	0.02
桂林市	1718580	1537150	89.44	176912	10.29	4458	0.26	60	
梧州市	889839	869476	97.71	19923	2.24	427	0.05	13	
北海市	561441	544678	97.01	16440	2.93	318	0.06	5	
防城港市	314855	251794	79.97	60978	19.37	2041	0.65	42	0.01
钦州市	999745	937945	93.82	61275	6.13	516	0.05	9	
贵港市	1333661	1237635	92.80	95067	7.13	938	0.07	21	
玉林市	1730592	1705516	98.55	24759	1.43	285	0.02	32	
百色市	1161311	1079148	92.92	80964	6.97	1159	0.10	40	
贺州市	593073	533852	90.01	58216	9.82	992	0.17	13	
河池市	1150062	985668	85.71	158367	13.77	5881	0.51	146	0.01
来宾市	709597	589046	83.01	118490	16.70	2029	0.29	32	
崇左市	677397	626478	92.48	50508	7.46	401	0.06	10	

5–3a 各地区家庭户中民族混合户户数（城市）

单位：户、%

地 区	家庭户户 数	单一民族户		二个民族户		三个民族户		四个及以上民族户	
		户数	占家庭户比重	户数	占家庭户比重	户数	占家庭户比重	户数	占家庭户比重
总 计	**4744710**	**4057303**	**85.51**	**674748**	**14.22**	**12338**	**0.26**	**321**	**0.01**
南宁市	1577609	1315111	83.36	258717	16.40	3687	0.23	94	0.01
柳州市	691900	538315	77.80	150311	21.72	3185	0.46	89	0.01
桂林市	496379	447759	90.21	47672	9.60	936	0.19	12	
梧州市	261897	257050	98.15	4783	1.83	58	0.02	6	
北海市	205375	197177	96.01	8084	3.94	111	0.05	3	
防城港市	137685	105389	76.54	31305	22.74	970	0.70	21	0.02
钦州市	149992	126463	84.31	23312	15.54	214	0.14	3	
贵港市	265037	236538	89.25	28262	10.66	231	0.09	6	
玉林市	270636	265391	98.06	5188	1.92	52	0.02	5	
百色市	262554	229687	87.48	32357	12.32	487	0.19	23	0.01
贺州市	89595	81237	90.67	8208	9.16	150	0.17	0	
河池市	133318	96525	72.40	35095	26.32	1646	1.23	52	0.04
来宾市	133234	101822	76.42	30901	23.19	506	0.38	5	
崇左市	69499	58839	84.66	10553	15.18	105	0.15	2	

5-3b 各地区家庭户中民族混合户户数（镇）

单位：户、%

地区	家庭户户数	单一民族户		二个民族户		三个民族户		四个及以上民族户	
		户数	占家庭户比重	户数	占家庭户比重	户数	占家庭户比重	户数	占家庭户比重
总 计	**3710344**	**3330526**	**89.76**	**370328**	**9.98**	**9166**	**0.25**	**324**	**0.01**
南宁市	452082	399809	88.44	51798	11.46	458	0.10	17	
柳州市	274271	206319	75.22	65209	23.78	2624	0.96	119	0.04
桂林市	398687	351464	88.16	45912	11.52	1283	0.32	28	0.01
梧州市	209459	204405	97.59	4932	2.35	120	0.06	2	
北海市	97918	96613	98.67	1292	1.32	12	0.01	1	
防城港市	53050	44770	84.39	7919	14.93	351	0.66	10	0.02
钦州市	246193	235781	95.77	10339	4.20	70	0.03	3	
贵港市	354472	335417	94.62	18789	5.30	257	0.07	9	
玉林市	511249	506124	99.00	5005	0.98	99	0.02	21	
百色市	212078	190766	89.95	20977	9.89	322	0.15	13	0.01
贺州市	188804	166542	88.21	21856	11.58	398	0.21	8	
河池市	334097	272393	81.53	59390	17.78	2247	0.67	67	0.02
来宾市	185583	148200	79.86	36587	19.71	775	0.42	21	0.01
崇左市	192401	171923	89.36	20323	10.56	150	0.08	5	

5-3c 各地区家庭户中民族混合户户数（乡村）

单位：户、%

地区	家庭户户数	单一民族户		二个民族户		三个民族户		四个及以上民族户	
		户数	占家庭户比重	户数	占家庭户比重	户数	占家庭户比重	户数	占家庭户比重
总 计	**7759960**	**7190597**	**92.66**	**557400**	**7.18**	**11791**	**0.15**	**172**	
南宁市	949625	860620	90.63	87779	9.24	1208	0.13	18	
柳州市	429374	359866	83.81	66763	15.55	2688	0.63	57	0.01
桂林市	823514	737927	89.61	83328	10.12	2239	0.27	20	
梧州市	418483	408021	97.50	10208	2.44	249	0.06	5	
北海市	258148	250888	97.19	7064	2.74	195	0.08	1	
防城港市	124120	101635	81.88	21754	17.53	720	0.58	11	0.01
钦州市	603560	575701	95.38	27624	4.58	232	0.04	3	
贵港市	714152	665680	93.21	48016	6.72	450	0.06	6	
玉林市	948707	934001	98.45	14566	1.54	134	0.01	6	
百色市	686679	658695	95.92	27630	4.02	350	0.05	4	
贺州市	314674	286073	90.91	28152	8.95	444	0.14	5	
河池市	682647	616750	90.35	63882	9.36	1988	0.29	27	
来宾市	390780	339024	86.76	51002	13.05	748	0.19	6	
崇左市	415497	395716	95.24	19632	4.72	146	0.04	3	

5-4 各地区有60岁及以上人口的家庭户户数

单位：户

地 区	合计	有一个60岁及以上人口的户				有二个60岁及以上人口的户				有三个60岁及以上人口的户
		小计	独自居住	只与未成年人口共同居住	其他	小计	只有一对60岁及以上夫妇居住	只有一对60岁及以上夫妇与未成年人口共同居住	其他	
总 计	**5906466**	**3680314**	**1183050**	**141856**	**2355408**	**2174942**	**763545**	**145870**	**1265527**	**51210**
南宁市	895116	550597	173667	16609	360321	337031	125093	18046	193892	7488
柳州市	499633	304211	88658	6880	208673	190854	68443	8186	114225	4568
桂林市	702029	424582	150613	11029	262940	270269	106646	13166	150457	7178
梧州市	340229	222955	80028	9338	133589	114533	38431	9336	66766	2741
北海市	201498	113235	37264	1675	74296	86067	30130	2871	53066	2196
防城港市	102682	61294	16739	1658	42897	40463	12701	1791	25971	925
钦州市	367608	223138	80937	8958	133243	142030	47325	12009	82696	2440
贵港市	492551	296610	103287	13605	179718	191287	64746	16269	110272	4654
玉林市	633284	377221	134637	14296	228288	250073	91009	18299	140765	5990
百色市	445896	305686	75223	16281	214182	137071	38950	10908	87213	3139
贺州市	241443	151753	42933	7499	101321	87053	24903	8043	54107	2637
河池市	452637	312511	92145	18703	201663	137146	46679	12140	78327	2980
来宾市	261627	162524	54539	6692	101293	97044	37388	6954	52702	2059
崇左市	270233	173997	52380	8633	112984	94021	31101	7852	55068	2215

5-4a 各地区有60岁及以上人口的家庭户户数（城市）

单位：户

地 区	合计	有一个60岁及以上人口的户				有二个60岁及以上人口的户				有三个60岁及以上人口的户
		小计	独自居住	只与未成年人口共同居住	其他	小计	只有一对60岁及以上夫妇居住	只有一对60岁及以上夫妇与未成年人口共同居住	其他	
总 计	**1251351**	**760937**	**201837**	**13408**	**545692**	**477899**	**162709**	**13456**	**301734**	**12515**
南宁市	329839	203130	55064	3464	144602	123697	42270	3242	78185	3012
柳州市	208447	123620	34424	1317	87879	82667	33611	1950	47106	2160
桂林市	148924	88582	28945	1088	58549	58744	24283	1368	33093	1598
梧州市	88387	54131	16609	1026	36496	33319	12086	1107	20126	937
北海市	55730	31576	8060	341	23175	23448	7690	502	15256	706
防城港市	31649	18688	3799	259	14630	12574	3100	279	9195	387
钦州市	38423	22332	4454	480	17398	15691	4030	526	11135	400
贵港市	76042	46296	12338	956	33002	28918	8631	1105	19182	828
玉林市	81097	46957	9880	677	36400	33298	7794	731	24773	842
百色市	73685	50124	10722	1848	37554	23001	6252	968	15781	560
贺州市	29371	17469	3996	255	13218	11483	3322	292	7869	419
河池市	41639	27079	6394	678	20007	14216	4629	563	9024	344
来宾市	33272	21117	4727	843	15547	11958	3780	685	7493	197
崇左市	14846	9836	2425	176	7235	4885	1231	138	3516	125

5-4b 各地区有60岁及以上人口的家庭户户数（镇）

单位：户

地 区	合计	有一个60岁及以上人口的户				有二个60岁及以上人口的户				有三个60岁及以上人口的户
		小计	独自居住	只与未成年人口共同居住	其他	小计	只有一对60岁及以上夫妇居住	只有一对60岁及以上夫妇与未成年人口共同居住	其他	
总 计	**1293336**	**804438**	**245165**	**30895**	**528378**	**476167**	**153458**	**30064**	**292645**	**12731**
南宁市	156375	95927	29378	3159	63390	58957	20250	3346	35361	1491
柳州市	94667	58618	16544	1556	40518	35168	11231	1610	22327	881
桂林市	141970	85504	30035	2094	53375	54914	21810	2275	30829	1552
梧州市	75824	49436	16480	2114	30842	25739	7318	2051	16370	649
北海市	37979	21157	6729	355	14073	16274	4943	544	10787	548
防城港市	18881	11415	3231	380	7804	7300	2278	395	4627	166
钦州市	82582	49949	16452	1824	31673	31952	9357	2277	20318	681
贵港市	132365	78966	27112	3113	48741	52021	16227	4124	31670	1378
玉林市	174554	102873	34990	3742	64141	69386	23624	4699	41063	2295
百色市	67209	46038	10411	2554	33073	20715	5495	1351	13869	456
贺州市	72526	46236	13018	1985	31233	25520	7078	2009	16433	770
河池市	113052	78095	18641	4579	54875	34147	9726	2553	21868	810
来宾市	62411	39119	11804	1498	25817	22766	7919	1490	13357	526
崇左市	62941	41105	10340	1942	28823	21308	6202	1340	13766	528

5-4c 各地区有60岁及以上人口的家庭户户数（乡村）

单位：户

地 区	合计	有一个60岁及以上人口的户				有二个60岁及以上人口的户				有三个60岁及以上人口的户
		小计	独自居住	只与未成年人口共同居住	其他	小计	只有一对60岁及以上夫妇居住	只有一对60岁及以上夫妇与未成年人口共同居住	其他	
总 计	**3361779**	**2114939**	**736048**	**97553**	**1281338**	**1220876**	**447378**	**102350**	**671148**	**25964**
南宁市	408902	251540	89225	9986	152329	154377	62573	11458	80346	2985
柳州市	196519	121973	37690	4007	80276	73019	23601	4626	44792	1527
桂林市	411135	250496	91633	7847	151016	156611	60553	9523	86535	4028
梧州市	176018	119388	46939	6198	66251	55475	19027	6178	30270	1155
北海市	107789	60502	22475	979	37048	46345	17497	1825	27023	942
防城港市	52152	31191	9709	1019	20463	20589	7323	1117	12149	372
钦州市	246603	150857	60031	6654	84172	94387	33938	9206	51243	1359
贵港市	284144	171348	63837	9536	97975	110348	39888	11040	59420	2448
玉林市	377633	227391	89767	9877	127747	147389	59591	12869	74929	2853
百色市	305002	209524	54090	11879	143555	93355	27203	8589	57563	2123
贺州市	139546	88048	25919	5259	56870	50050	14503	5742	29805	1448
河池市	297946	207337	67110	13446	126781	88783	32324	9024	47435	1826
来宾市	165944	102288	38008	4351	59929	62320	25689	4779	31852	1336
崇左市	192446	123056	39615	6515	76926	67828	23668	6374	37786	1562

5-5 各地区有65岁及以上人口的家庭户户数

单位：户

地区	合计	有一个65岁及以上人口的户				有二个65岁及以上人口的户				有三个65岁及以上人口的户
		小计	独自居住	只与未成年人口共同居住	其他	小计	只有一对65岁及以上夫妇居住	只有一对65岁及以上夫妇与未成年人口共同居住	其他	
总　计	**4551930**	**3139410**	**957121**	**101046**	**2081243**	**1393647**	**535009**	**77988**	**780650**	**18873**
南宁市	676599	456819	137498	11824	307497	217013	87886	9992	119135	2767
柳州市	380600	256187	68345	5000	182842	122889	47169	4549	71171	1524
桂林市	541223	365709	119710	7536	238463	172859	73089	6607	93163	2655
梧州市	264442	190218	65165	6667	118386	73172	27140	5030	41002	1052
北海市	153233	97750	30879	1171	65700	54676	21788	1502	31386	807
防城港市	77220	51624	13266	1134	37224	25258	8888	926	15444	338
钦州市	283093	193122	68540	6217	118365	89056	33710	6208	49138	915
贵港市	385207	258182	87506	10077	160599	125116	48112	9168	67836	1909
玉林市	491953	329425	113187	10322	205916	160024	64266	9804	85954	2504
百色市	345452	258409	59297	11400	187712	86042	25819	5577	54646	1001
贺州市	187582	131042	34367	5354	91321	55642	17287	4340	34015	898
河池市	352552	264137	72719	13409	178009	87463	31454	6298	49711	952
来宾市	202739	138395	44377	4655	89363	63584	26857	3681	33046	760
崇左市	210035	148391	42265	6280	99846	60853	21544	4306	35003	791

5-5a 各地区有65岁及以上人口的家庭户户数（城市）

单位：户

地　区	合计	有一个65岁及以上人口的户				有二个65岁及以上人口的户				有三个65岁及以上人口的户
		小计	独自居住	只与未成年人口共同居住	其他	小计	只有一对65岁及以上夫妇居住	只有一对65岁及以上夫妇与未成年人口共同居住	其他	
总　计	**909709**	**610460**	**147579**	**8730**	**454151**	**294957**	**107107**	**7319**	**180531**	**4292**
南宁市	234330	157845	38945	2271	116629	75472	27518	1828	46126	1013
柳州市	152478	99823	24811	885	74127	51966	22250	1140	28576	689
桂林市	109610	71613	21056	702	49855	37413	16291	752	20370	584
梧州市	65910	44810	12793	682	31335	20739	8065	599	12075	361
北海市	39837	25444	5616	228	19600	14166	4864	226	9076	227
防城港市	22086	14714	2605	151	11958	7259	1965	118	5176	113
钦州市	27745	18190	3337	268	14585	9424	2522	277	6625	131
贵港市	56452	38064	9812	652	27600	18053	5883	609	11561	335
玉林市	60777	39590	7749	463	31378	20858	5345	416	15097	329
百色市	53823	40021	7921	1169	30931	13638	3928	446	9264	164
贺州市	21585	14594	3048	168	11378	6869	2143	143	4583	122
河池市	30744	21723	4681	424	16618	8909	2986	290	5633	112
来宾市	24074	16626	3525	556	12545	7386	2572	403	4411	62
崇左市	10258	7403	1680	111	5612	2805	775	72	1958	50

5-5b 各地区有65岁及以上人口的家庭户户数（镇）

单位：户

地区	合计	有一个65岁及以上人口的户				有二个65岁及以上人口的户				有三个65岁及以上人口的户
		小计	独自居住	只与未成年人口共同居住	其他	小计	只有一对65岁及以上夫妇居住	只有一对65岁及以上夫妇与未成年人口共同居住	其他	
总计	**986053**	**682196**	**198134**	**21046**	**463016**	**298845**	**106566**	**15665**	**176614**	**5012**
南宁市	119718	81253	23847	2231	55175	37855	14321	1832	21702	610
柳州市	71397	49057	12779	1073	35205	22036	7794	823	13419	304
桂林市	107344	72520	23925	1347	47248	34247	14574	1139	18534	577
梧州市	58521	42129	13524	1486	27119	16135	5228	1046	9861	257
北海市	29047	18500	5474	235	12791	10355	3482	298	6575	192
防城港市	14319	9666	2584	255	6827	4595	1597	216	2782	58
钦州市	62592	42974	13707	1231	28036	19355	6520	1130	11705	263
贵港市	102520	68708	23004	2198	43506	33237	12038	2262	18937	575
玉林市	134034	89123	29188	2558	57377	43845	16575	2426	24844	1066
百色市	49530	37218	7837	1646	27735	12153	3454	636	8063	159
贺州市	55732	39472	10364	1373	27735	15993	4833	1068	10092	267
河池市	86527	64930	14443	3059	47428	21315	6397	1295	13623	282
来宾市	47523	32891	9452	1020	22419	14430	5580	799	8051	202
崇左市	47249	33755	8006	1334	24415	13294	4173	695	8426	200

5-5c 各地区有65岁及以上人口的家庭户户数（乡村）

单位：户

地区	合计	有一个65岁及以上人口的户				有二个65岁及以上人口的户				有三个65岁及以上人口的户
		小计	独自居住	只与未成年人口共同居住	其他	小计	只有一对65岁及以上夫妇居住	只有一对65岁及以上夫妇与未成年人口共同居住	其他	
总计	**2656168**	**1846754**	**611408**	**71270**	**1164076**	**799845**	**321336**	**55004**	**423505**	**9569**
南宁市	322551	217721	74706	7322	135693	103686	46047	6332	51307	1144
柳州市	156725	107307	30755	3042	73510	48887	17125	2586	29176	531
桂林市	324269	221576	74729	5487	141360	101199	42224	4716	54259	1494
梧州市	140011	103279	38848	4499	59932	36298	13847	3385	19066	434
北海市	84349	53806	19789	708	33309	30155	13442	978	15735	388
防城港市	40815	27244	8077	728	18439	13404	5326	592	7486	167
钦州市	192756	131958	51496	4718	75744	60277	24668	4801	30808	521
贵港市	226235	151410	54690	7227	89493	73826	30191	6297	37338	999
玉林市	297142	200712	76250	7301	117161	95321	42346	6962	46013	1109
百色市	242099	181170	43539	8585	129046	60251	18437	4495	37319	678
贺州市	110265	76976	20955	3813	52208	32780	10311	3129	19340	509
河池市	235281	177484	53595	9926	113963	57239	22071	4713	30455	558
来宾市	131142	88878	31400	3079	54399	41768	18705	2479	20584	496
崇左市	152528	107233	32579	4835	69819	44754	16596	3539	24619	541

5-6 各地区有80岁及以上人口的家庭户户数

单位：户

地 区	合计	有一个80岁及以上人口的户				有二个80岁及以上人口的户				有三个80岁及以上人口的户
		小计	独自居住	只与未成年人口共同居住	其他	小计	只有一对80岁及以上夫妇居住	只有一对80岁及以上夫妇与未成年人口共同居住	其他	
总 计	**1161041**	**1036357**	**303539**	**14011**	**718807**	**124179**	**58611**	**2177**	**63391**	**505**
南宁市	166631	147377	42883	1659	102835	19152	9233	264	9655	102
柳州市	93442	83245	20189	714	62342	10179	4575	114	5490	18
桂林市	132736	118933	35878	926	82129	13752	6923	125	6704	51
梧州市	71959	64853	21374	1056	42423	7081	3370	163	3548	25
北海市	44258	37681	12994	222	24465	6559	3619	66	2874	18
防城港市	20905	18061	4759	166	13136	2840	1316	34	1490	4
钦州市	73284	64747	24711	848	39188	8527	4543	182	3802	10
贵港市	102769	90758	30954	1535	58269	11924	6120	261	5543	87
玉林市	127209	113295	39991	1643	71661	13818	7132	278	6408	96
百色市	82276	75711	14642	1422	59647	6548	2083	145	4320	17
贺州市	52469	47152	10786	723	35643	5296	1906	127	3263	21
河池市	88117	80738	18358	1686	60694	7369	2721	177	4471	10
来宾市	54704	48302	14385	633	33284	6381	3177	139	3065	21
崇左市	50282	45504	11635	778	33091	4753	1893	102	2758	25

5-6a 各地区有80岁及以上人口的家庭户户数（城市）

单位：户

地 区	合计	有一个80岁及以上人口的户				有二个80岁及以上人口的户				有三个80岁及以上人口的户
		小计	独自居住	只与未成年人口共同居住	其他	小计	只有一对80岁及以上夫妇居住	只有一对80岁及以上夫妇与未成年人口共同居住	其他	
总 计	**202191**	**178412**	**42608**	**873**	**134931**	**23643**	**10339**	**158**	**13146**	**136**
南宁市	51574	44929	11278	234	33417	6613	2904	51	3658	32
柳州市	34101	30057	6944	89	23024	4029	1999	14	2016	15
桂林市	24085	21176	5701	60	15415	2887	1409	16	1462	22
梧州市	15843	14106	4107	95	9904	1728	776	16	936	9
北海市	9003	7836	1618	22	6196	1166	446	6	714	1
防城港市	5130	4401	766	14	3621	728	229	7	492	1
钦州市	5936	5239	1060	22	4157	695	244	4	447	2
贵港市	14066	12466	3270	68	9128	1573	681	15	877	27
玉林市	12890	11402	2349	64	8989	1477	556	7	914	11
百色市	10828	10015	1887	89	8039	810	302	6	502	3
贺州市	5469	4896	1121	18	3757	567	240	0	327	6
河池市	6079	5522	1106	28	4388	555	228	5	322	2
来宾市	5030	4431	939	56	3436	596	248	10	338	3
崇左市	2157	1936	462	14	1460	219	77	1	141	2

5-6b 各地区有80岁及以上人口的家庭户户数（镇）

单位：户

地 区	合计	有一个80岁及以上人口的户				有二个80岁及以上人口的户				有三个80岁及以上人口的户
		小计	独自居住	只与未成年人口共同居住	其他	小计	只有一对80岁及以上夫妇居住	只有一对80岁及以上夫妇与未成年人口共同居住	其他	
总 计	**244792**	**219363**	**63361**	**2236**	**153766**	**25219**	**11340**	**367**	**13512**	**210**
南宁市	29015	25842	7425	248	18169	3134	1500	33	1601	39
柳州市	16886	15208	3716	97	11395	1675	713	16	946	3
桂林市	25275	22634	7371	112	15151	2629	1374	12	1243	12
梧州市	15701	14193	4624	203	9366	1496	678	26	792	12
北海市	8262	7102	2178	38	4886	1153	499	9	645	7
防城港市	3842	3377	886	29	2462	463	215	6	242	2
钦州市	15396	13754	4795	140	8819	1639	782	34	823	3
贵港市	26406	23508	8161	280	15067	2870	1441	37	1392	28
玉林市	34569	30719	10340	316	20063	3787	1790	60	1937	63
百色市	10968	10120	1916	132	8072	844	269	16	559	4
贺州市	15543	13992	3340	172	10480	1542	556	42	944	9
河池市	20485	18781	3474	269	15038	1702	533	30	1139	2
来宾市	12073	10727	2926	108	7693	1335	635	26	674	11
崇左市	10371	9406	2209	92	7105	950	355	20	575	15

5-6c 各地区有80岁及以上人口的家庭户户数（乡村）

单位：户

地 区	合计	有一个80岁及以上人口的户				有二个80岁及以上人口的户				有三个80岁及以上人口的户
		小计	独自居住	只与未成年人口共同居住	其他	小计	只有一对80岁及以上夫妇居住	只有一对80岁及以上夫妇与未成年人口共同居住	其他	
总 计	**714058**	**638582**	**197570**	**10902**	**430110**	**75317**	**36932**	**1652**	**36733**	**159**
南宁市	86042	76606	24180	1177	51249	9405	4829	180	4396	31
柳州市	42455	37980	9529	528	27923	4475	1863	84	2528	
桂林市	83376	75123	22806	754	51563	8236	4140	97	3999	17
梧州市	40415	36554	12643	758	23153	3857	1916	121	1820	4
北海市	26993	22743	9198	162	13383	4240	2674	51	1515	10
防城港市	11933	10283	3107	123	7053	1649	872	21	756	1
钦州市	51952	45754	18856	686	26212	6193	3517	144	2532	5
贵港市	62297	54784	19523	1187	34074	7481	3998	209	3274	32
玉林市	79750	71174	27302	1263	42609	8554	4786	211	3557	22
百色市	60480	55576	10839	1201	43536	4894	1512	123	3259	10
贺州市	31457	28264	6325	533	21406	3187	1110	85	1992	6
河池市	61553	56435	13778	1389	41268	5112	1960	142	3010	6
来宾市	37601	33144	10520	469	22155	4450	2294	103	2053	7
崇左市	37754	34162	8964	672	24526	3584	1461	81	2042	8

第一部分 全部数据资料

第六卷 死亡

6-1 各地区分年龄、性别的死亡人口
(2019.11.1-2020.10.31)

单位：人

地 区	死亡人口			0岁			1-4岁		
	合计	男	女	小计	男	女	小计	男	女
总 计	**293228**	**175735**	**117493**	**1079**	**619**	**460**	**929**	**544**	**385**
南宁市	47846	28476	19370	200	101	99	136	77	59
柳州市	25193	15175	10018	83	46	37	69	40	29
桂林市	29709	17693	12016	63	41	22	63	43	20
梧州市	16128	9761	6367	48	25	23	60	36	24
北海市	9854	5956	3898	60	40	20	45	26	19
防城港市	4164	2557	1607	16	11	5	20	9	11
钦州市	16889	10733	6156	85	54	31	57	39	18
贵港市	24808	14703	10105	80	49	31	89	55	34
玉林市	35172	21001	14171	148	74	74	142	73	69
百色市	22078	13151	8927	93	59	34	61	40	21
贺州市	9859	5930	3929	36	21	15	43	23	20
河池市	21918	13091	8827	93	54	39	82	49	33
来宾市	15347	9186	6161	35	21	14	34	18	16
崇左市	14263	8322	5941	39	23	16	28	16	12

6-1 续表 1

单位：人

地 区	5-9岁			10-14岁			15-19岁			20-24岁		
	小计	男	女	小计	男	女	小计	男	女	小计	男	女
总 计	**683**	**397**	**286**	**737**	**464**	**273**	**1066**	**719**	**347**	**1150**	**862**	**288**
南宁市	84	48	36	77	46	31	142	87	55	156	108	48
柳州市	31	17	14	42	31	11	71	46	25	71	49	22
桂林市	51	26	25	56	38	18	70	45	25	56	40	16
梧州市	44	28	16	50	37	13	92	71	21	75	60	15
北海市	31	20	11	16	10	6	23	14	9	29	28	1
防城港市	19	10	9	16	9	7	16	12	4	21	15	6
钦州市	51	37	14	50	28	22	81	58	23	96	76	20
贵港市	57	36	21	63	42	21	85	61	24	100	75	25
玉林市	116	58	58	133	86	47	184	126	58	211	155	56
百色市	53	25	28	75	40	35	73	50	23	102	76	26
贺州市	30	24	6	36	18	18	36	25	11	33	20	13
河池市	57	25	32	52	32	20	97	62	35	103	80	23
来宾市	30	20	10	43	28	15	62	41	21	45	40	5
崇左市	29	23	6	28	19	9	34	21	13	52	40	12

6-1 续表 2

单位：人

地 区	25–29岁			30–34岁			35–39岁			40–44岁		
	小计	男	女	小计	男	女	小计	男	女	小计	男	女
总 计	**1523**	**1139**	**384**	**3077**	**2348**	**729**	**4595**	**3595**	**1000**	**6940**	**5441**	**1499**
南宁市	235	181	54	452	340	112	722	565	157	1109	853	256
柳州市	109	87	22	233	164	69	363	270	93	577	457	120
桂林市	100	75	25	222	177	45	345	262	83	476	351	125
梧州市	79	59	20	154	127	27	218	160	58	292	232	60
北海市	57	47	10	111	83	28	139	107	32	174	140	34
防城港市	30	19	11	55	39	16	81	59	22	133	109	24
钦州市	101	79	22	209	161	48	309	256	53	423	333	90
贵港市	120	88	32	260	207	53	368	302	66	555	422	133
玉林市	194	150	44	397	315	82	487	373	114	652	479	173
百色市	145	107	38	259	200	59	467	368	99	752	622	130
贺州市	65	45	20	139	92	47	147	120	27	232	185	47
河池市	119	84	35	274	208	66	446	351	95	726	577	149
来宾市	93	57	36	162	118	44	272	217	55	423	344	79
崇左市	76	61	15	150	117	33	231	185	46	416	337	79

6-1 续表 3

单位：人

地 区	45–49岁			50–54岁			55–59岁			60–64岁		
	小计	男	女	小计	男	女	小计	男	女	小计	男	女
总 计	**10990**	**8493**	**2497**	**16251**	**12203**	**4048**	**17997**	**13386**	**4611**	**20567**	**14745**	**5822**
南宁市	1801	1387	414	2504	1882	622	3061	2320	741	3380	2425	955
柳州市	945	726	219	1317	1000	317	1561	1181	380	1795	1359	436
桂林市	767	581	186	1442	1050	392	1727	1255	472	2209	1553	656
梧州市	583	427	156	902	666	236	994	760	234	1102	812	290
北海市	318	249	69	497	367	130	613	455	158	623	426	197
防城港市	156	123	33	257	199	58	263	189	74	265	192	73
钦州市	652	516	136	928	708	220	1084	811	273	1239	895	344
贵港市	868	639	229	1351	971	380	1432	999	433	1740	1238	502
玉林市	1204	877	327	1808	1270	538	1983	1402	581	2347	1569	778
百色市	1089	880	209	1506	1180	326	1434	1093	341	1639	1210	429
贺州市	385	310	75	557	411	146	597	437	160	635	453	182
河池市	994	817	177	1385	1095	290	1438	1111	327	1565	1157	408
来宾市	652	498	154	910	721	189	850	665	185	1025	746	279
崇左市	576	463	113	887	683	204	960	708	252	1003	710	293

6-1 续表 4

单位：人

地 区	65-69岁			70-74岁			75-79岁			80-84岁		
	小计	男	女	小计	男	女	小计	男	女	小计	男	女
总 计	**28259**	**19312**	**8947**	**31577**	**20469**	**11108**	**38429**	**22286**	**16143**	**43046**	**22196**	**20850**
南宁市	4574	3237	1337	5358	3500	1858	6283	3599	2684	7161	3675	3486
柳州市	2399	1701	698	2742	1769	973	3145	1772	1373	3914	2058	1856
桂林市	3246	2199	1047	3295	2215	1080	3819	2252	1567	4619	2394	2225
梧州市	1524	1062	462	1524	1027	497	2153	1281	872	2502	1300	1202
北海市	775	521	254	926	620	306	1108	719	389	1411	775	636
防城港市	372	248	124	371	235	136	467	297	170	581	334	247
钦州市	1649	1141	508	1868	1273	595	2189	1399	790	2328	1289	1039
贵港市	2373	1567	806	2588	1672	916	3330	1965	1365	3621	1935	1686
玉林市	3491	2273	1218	3889	2540	1349	4818	2915	1903	5099	2804	2295
百色市	2005	1382	623	2519	1554	965	3143	1623	1520	3014	1341	1673
贺州市	928	639	289	957	613	344	1216	714	502	1505	761	744
河池市	2060	1393	667	2377	1478	899	2844	1576	1268	3016	1419	1597
来宾市	1474	999	475	1542	1010	532	1940	1110	830	2294	1169	1125
崇左市	1389	950	439	1621	963	658	1974	1064	910	1981	942	1039

6-1 续表 5

单位：人

地 区	85-89岁			90-94岁			95-99岁			100岁及以上		
	小计	男	女	小计	男	女	小计	男	女	小计	男	女
总 计	**36984**	**16814**	**20170**	**19130**	**7275**	**11855**	**6510**	**2012**	**4498**	**1709**	**416**	**1293**
南宁市	6038	2556	3482	3067	1136	1931	1034	299	735	272	54	218
柳州市	3442	1581	1861	1685	627	1058	492	168	324	107	26	81
桂林市	4274	2049	2225	2031	785	1246	632	226	406	146	36	110
梧州市	2099	1026	1073	1152	447	705	356	97	259	125	21	104
北海市	1525	742	783	939	409	530	334	118	216	100	40	60
防城港市	547	261	286	305	120	185	143	56	87	30	11	19
钦州市	1985	997	988	1066	445	621	357	115	242	82	23	59
贵港市	3099	1459	1640	1754	707	1047	675	183	492	200	31	169
玉林市	4395	2113	2282	2418	978	1440	850	302	548	206	69	137
百色市	2218	856	1362	989	324	665	360	95	265	82	26	56
贺州市	1302	644	658	678	273	405	247	89	158	55	13	42
河池市	2453	1006	1447	1207	391	816	400	99	301	130	27	103
来宾市	1957	877	1080	1033	372	661	362	96	266	109	19	90
崇左市	1650	647	1003	806	261	545	268	69	199	65	20	45

6-1a　各地区分年龄、性别的死亡人口（2019.11.1-2020.10.31）（城市）

单位：人

地　区	死亡人口			0岁			1-4岁		
	合计	男	女	小计	男	女	小计	男	女
总　计	**45615**	**27542**	**18073**	**188**	**114**	**74**	**112**	**59**	**53**
南宁市	13420	8103	5317	82	46	36	39	23	16
柳州市	8941	5498	3443	33	19	14	18	10	8
桂林市	4851	2898	1953	12	10	2	3	1	2
梧州市	2886	1689	1197	6	4	2	8	6	2
北海市	2371	1377	994	9	6	3	9	3	6
防城港市	714	435	279	2	2		5	2	3
钦州市	746	472	274	5	5		2	1	1
贵港市	2235	1322	913	9	6	3	6	1	5
玉林市	3914	2368	1546	19	10	9	10	5	5
百色市	2124	1239	885	4	2	2	2	1	1
贺州市	821	501	320				4	2	2
河池市	1033	654	379	2		2	4	3	1
来宾市	1071	678	393	5	4	1	2	1	1
崇左市	488	308	180						

6-1a　续表 1

单位：人

地　区	5-9岁			10-14岁			15-19岁			20-24岁		
	小计	男	女	小计	男	女	小计	男	女	小计	男	女
总　计	**80**	**44**	**36**	**77**	**48**	**29**	**107**	**64**	**43**	**119**	**82**	**37**
南宁市	26	15	11	17	12	5	40	21	19	37	21	16
柳州市	7	2	5	9	7	2	15	7	8	17	11	6
桂林市	8	4	4	7	4	3	6	4	2	8	7	1
梧州市	3	1	2	8	7	1	14	13	1	10	8	2
北海市	4	3	1	3	2	1	4	2	2	7	7	
防城港市	3	2	1	2		2	2	1	1	2		2
钦州市	1	1		5	4	1	2	2		5	5	
贵港市	1	1		3	2	1	3	1	2	5	4	1
玉林市	12	8	4	7	3	4	9	4	5	17	10	7
百色市	6	2	4	7	2	5	2	2		4	3	1
贺州市	3	2	1	2	2		1	1		2	1	1
河池市				2	1	1	5	3	2	2	2	
来宾市	3		3	3	1	2	4	3	1	3	3	
崇左市	3	3		2	1	1						

6–1a 续表 2

单位：人

地 区	25–29岁			30–34岁			35–39岁			40–44岁		
	小计	男	女	小计	男	女	小计	男	女	小计	男	女
总 计	**188**	**139**	**49**	**357**	**242**	**115**	**494**	**338**	**156**	**998**	**745**	**253**
南宁市	53	40	13	93	62	31	153	106	47	273	191	82
柳州市	30	22	8	70	44	26	88	56	32	198	148	50
桂林市	11	8	3	23	14	9	34	25	9	76	51	25
梧州市	11	9	2	13	10	3	27	14	13	55	47	8
北海市	15	14	1	27	20	7	24	16	8	42	32	10
防城港市	5	2	3	12	9	3	15	11	4	34	25	9
钦州市	4	3	1	14	10	4	11	7	4	19	15	4
贵港市	11	8	3	29	21	8	25	22	3	58	47	11
玉林市	20	14	6	34	26	8	35	25	10	95	72	23
百色市	13	9	4	17	12	5	29	19	10	47	42	5
贺州市	5	4	1	6	3	3	10	7	3	16	11	5
河池市	4	2	2	2	2		10	6	4	29	20	9
来宾市	2	2		16	8	8	26	19	7	39	32	7
崇左市	4	2	2	1	1		7	5	2	17	12	5

6–1a 续表 3

单位：人

地 区	45–49岁			50–54岁			55–59岁			60–64岁		
	小计	男	女	小计	男	女	小计	男	女	小计	男	女
总 计	**1607**	**1158**	**449**	**2204**	**1570**	**634**	**2892**	**2170**	**722**	**3495**	**2498**	**997**
南宁市	472	332	140	566	398	168	839	636	203	1059	752	307
柳州市	345	259	86	428	303	125	574	437	137	687	520	167
桂林市	93	65	28	167	115	52	263	192	71	377	255	122
梧州市	94	55	39	139	87	52	166	128	38	232	160	72
北海市	85	62	23	140	93	47	190	141	49	181	125	56
防城港市	31	25	6	52	46	6	54	35	19	56	38	18
钦州市	26	19	7	46	35	11	31	25	6	54	34	20
贵港市	85	63	22	104	76	28	137	97	40	164	122	42
玉林市	123	91	32	224	164	60	249	180	69	257	182	75
百色市	97	77	20	150	110	40	164	123	41	167	113	54
贺州市	30	22	8	40	27	13	57	42	15	49	34	15
河池市	48	40	8	53	43	10	68	50	18	92	71	21
来宾市	61	35	26	58	46	12	59	47	12	85	61	24
崇左市	17	13	4	37	27	10	41	37	4	35	31	4

6-1a 续表 4

单位：人

地 区	65-69岁			70-74岁			75-79岁			80-84岁		
	小计	男	女	小计	男	女	小计	男	女	小计	男	女
总 计	**4873**	**3415**	**1458**	**5070**	**3325**	**1745**	**5613**	**3307**	**2306**	**7177**	**3803**	**3374**
南宁市	1389	1007	382	1443	947	496	1633	928	705	2198	1183	1015
柳州市	899	656	243	989	656	333	1054	619	435	1499	832	667
桂林市	596	417	179	571	388	183	598	360	238	845	469	376
梧州市	334	224	110	283	192	91	365	215	150	445	209	236
北海市	222	143	79	246	143	103	271	168	103	319	168	151
防城港市	58	37	21	71	37	34	64	43	21	87	50	37
钦州市	71	54	17	94	60	34	89	56	33	96	57	39
贵港市	220	138	82	228	162	66	312	188	124	354	169	185
玉林市	432	298	134	498	322	176	568	338	230	547	284	263
百色市	194	132	62	279	166	113	287	151	136	305	137	168
贺州市	101	66	35	85	58	27	81	59	22	139	73	66
河池市	147	100	47	130	89	41	105	63	42	151	77	74
来宾市	146	97	49	116	82	34	135	84	51	133	69	64
崇左市	64	46	18	37	23	14	51	35	16	59	26	33

6-1a 续表 5

单位：人

地 区	85-89岁			90-94岁			95-99岁			100岁及以上		
	小计	男	女	小计	男	女	小计	男	女	小计	男	女
总 计	**5986**	**2815**	**3171**	**2816**	**1211**	**1605**	**918**	**325**	**593**	**244**	**70**	**174**
南宁市	1839	857	982	822	392	430	277	109	168	70	25	45
柳州市	1211	585	626	574	235	339	161	62	99	35	8	27
桂林市	710	345	365	329	127	202	95	33	62	19	4	15
梧州市	402	197	205	194	77	117	56	22	34	21	4	17
北海市	319	131	188	178	74	104	62	17	45	14	7	7
防城港市	84	42	42	43	16	27	24	9	15	8	3	5
钦州市	107	52	55	39	21	18	20	3	17	5	3	2
贵港市	280	119	161	122	60	62	54	12	42	25	3	22
玉林市	451	222	229	217	86	131	70	17	53	20	7	13
百色市	216	97	119	98	28	70	28	8	20	8	3	5
贺州市	99	42	57	64	32	32	22	13	9	5		5
河池市	103	47	56	60	29	31	16	6	10			
来宾市	107	56	51	46	22	24	13	5	8	9	1	8
崇左市	58	23	35	30	12	18	20	9	11	5	2	3

6–1b 各地区分年龄、性别的死亡人口 (2019.11.1–2020.10.31)(镇)

单位：人

地 区	死亡人口			0岁			1–4岁		
	合计	男	女	小计	男	女	小计	男	女
总 计	**57575**	**34818**	**22757**	**183**	**97**	**86**	**202**	**117**	**85**
南宁市	8737	5257	3480	22	9	13	30	17	13
柳州市	4331	2617	1714	16	9	7	8	6	2
桂林市	4700	2842	1858	5	1	4	5	3	2
梧州市	3737	2239	1498	12	10	2	16	8	8
北海市	1405	858	547	10	7	3	7	4	3
防城港市	730	442	288	2	2		2		2
钦州市	3246	2056	1190	18	9	9	9	6	3
贵港市	6530	3868	2662	19	10	9	26	19	7
玉林市	8824	5408	3416	31	12	19	46	22	24
百色市	2804	1684	1120	7	5	2	12	8	4
贺州市	2727	1653	1074	10	7	3	12	7	5
河池市	4257	2545	1712	20	10	10	16	10	6
来宾市	3331	2018	1313	5	2	3	9	5	4
崇左市	2216	1331	885	6	4	2	4	2	2

6–1b 续表 1

单位：人

地 区	5–9岁			10–14岁			15–19岁			20–24岁		
	小计	男	女	小计	男	女	小计	男	女	小计	男	女
总 计	**115**	**65**	**50**	**127**	**79**	**48**	**196**	**131**	**65**	**206**	**153**	**53**
南宁市	10	7	3	14	10	4	27	18	9	20	16	4
柳州市	5	3	2	6	4	2	13	9	4	9	5	4
桂林市	8	2	6	8	5	3	11	6	5	11	8	3
梧州市	12	8	4	12	6	6	24	18	6	9	6	3
北海市	3	1	2	2	2		1		1	3	3	
防城港市	5	3	2	3	1	2	4	3	1	5	5	
钦州市	8	7	1	8	7	1	13	11	2	11	7	4
贵港市	11	9	2	19	11	8	16	8	8	28	19	9
玉林市	23	8	15	24	18	6	44	29	15	55	41	14
百色市	5	2	3	7	3	4	8	7	1	9	8	1
贺州市	9	9		3	1	2	6	3	3	8	5	3
河池市	9	4	5	6	2	4	14	9	5	18	14	4
来宾市	5	2	3	13	7	6	13	9	4	12	10	2
崇左市	2		2	2	2		2	1	1	8	6	2

6-1b 续表 2

单位：人

地 区	25-29岁			30-34岁			35-39岁			40-44岁		
	小计	男	女	小计	男	女	小计	男	女	小计	男	女
总 计	**295**	**223**	**72**	**580**	**447**	**133**	**932**	**747**	**185**	**1273**	**994**	**279**
南宁市	45	38	7	80	63	17	144	117	27	181	143	38
柳州市	21	18	3	33	28	5	59	45	14	99	81	18
桂林市	17	12	5	43	38	5	67	52	15	81	60	21
梧州市	17	12	5	38	28	10	49	35	14	57	49	8
北海市	7	6	1	13	7	6	17	15	2	31	22	9
防城港市	3	2	1	13	9	4	4	1	3	21	18	3
钦州市	17	15	2	24	18	6	64	54	10	80	65	15
贵港市	35	24	11	73	63	10	96	82	14	149	105	44
玉林市	52	39	13	90	69	21	149	117	32	138	103	35
百色市	22	17	5	25	15	10	51	41	10	76	61	15
贺州市	10	6	4	30	19	11	43	33	10	67	55	12
河池市	24	19	5	65	51	14	89	76	13	140	106	34
来宾市	16	8	8	41	30	11	64	48	16	89	73	16
崇左市	9	7	2	12	9	3	36	31	5	64	53	11

6-1b 续表 3

单位：人

地 区	45-49岁			50-54岁			55-59岁			60-64岁		
	小计	男	女	小计	男	女	小计	男	女	小计	男	女
总 计	**2104**	**1621**	**483**	**3199**	**2386**	**813**	**3747**	**2733**	**1014**	**4081**	**2877**	**1204**
南宁市	292	226	66	482	363	119	611	453	158	589	429	160
柳州市	151	117	34	220	182	38	266	190	76	290	216	74
桂林市	130	102	28	244	175	69	297	211	86	351	251	100
梧州市	152	114	38	222	164	58	222	169	53	219	153	66
北海市	37	29	8	57	45	12	103	77	26	88	60	28
防城港市	31	24	7	41	29	12	45	34	11	44	30	14
钦州市	127	96	31	173	130	43	253	189	64	256	178	78
贵港市	223	169	54	342	227	115	412	283	129	486	342	144
玉林市	306	218	88	468	337	131	495	341	154	626	403	223
百色市	129	109	20	177	147	30	186	140	46	254	191	63
贺州市	104	82	22	152	109	43	175	121	54	178	124	54
河池市	189	148	41	261	205	56	296	223	73	305	215	90
来宾市	143	117	26	202	158	44	216	171	45	238	177	61
崇左市	90	70	20	158	115	43	170	131	39	157	108	49

6–1b 续表 4

单位：人

地 区	65–69 岁			70–74 岁			75–79 岁			80–84 岁		
	小计	男	女	小计	男	女	小计	男	女	小计	男	女
总 计	**5899**	**4028**	**1871**	**6396**	**4214**	**2182**	**7498**	**4435**	**3063**	**8269**	**4421**	**3848**
南宁市	907	649	258	1050	707	343	1159	661	498	1249	663	586
柳州市	474	336	138	488	343	145	552	315	237	634	313	321
桂林市	530	354	176	517	361	156	599	360	239	691	366	325
梧州市	397	278	119	373	249	124	498	304	194	568	296	272
北海市	114	77	37	143	101	42	166	101	65	198	115	83
防城港市	54	35	19	63	33	30	92	60	32	119	72	47
钦州市	333	234	99	356	254	102	405	254	151	468	250	218
贵港市	669	437	232	675	416	259	884	518	366	932	513	419
玉林市	862	560	302	1018	701	317	1146	719	427	1297	765	532
百色市	292	203	89	331	197	134	367	202	165	388	176	212
贺州市	252	176	76	271	171	100	380	227	153	404	221	183
河池市	429	290	139	478	287	191	517	293	224	584	296	288
来宾市	340	232	108	345	219	126	425	247	178	469	234	235
崇左市	246	167	79	288	175	113	308	174	134	268	141	127

6–1b 续表 5

单位：人

地 区	85–89 岁			90–94 岁			95–99 岁			100 岁及以上		
	小计	男	女	小计	男	女	小计	男	女	小计	男	女
总 计	**7054**	**3240**	**3814**	**3675**	**1352**	**2323**	**1198**	**362**	**836**	**346**	**96**	**250**
南宁市	1080	436	644	546	188	358	155	38	117	44	6	38
柳州市	561	258	303	319	105	214	89	29	60	18	5	13
桂林市	641	307	334	307	123	184	107	37	70	30	8	22
梧州市	472	212	260	268	101	167	71	15	56	29	4	25
北海市	227	122	105	127	46	81	34	13	21	17	5	12
防城港市	98	47	51	55	23	32	21	8	13	5	3	2
钦州市	350	169	181	186	73	113	68	21	47	19	9	10
贵港市	810	394	416	437	166	271	143	45	98	45	8	37
玉林市	1070	541	529	608	254	354	218	85	133	58	26	32
百色市	280	103	177	118	36	82	54	11	43	6	2	4
贺州市	361	192	169	157	60	97	80	22	58	15	3	12
河池市	483	200	283	235	63	172	57	19	38	22	5	17
来宾市	401	178	223	201	74	127	62	11	51	22	6	16
崇左市	220	81	139	111	40	71	39	8	31	16	6	10

6-1c 各地区分年龄、性别的死亡人口 (2019.11.1-2020.10.31)(乡村)

单位：人

地 区	死亡人口			0岁			1-4岁		
	合计	男	女	小计	男	女	小计	男	女
总 计	**190038**	**113375**	**76663**	**708**	**408**	**300**	**615**	**368**	**247**
南宁市	25689	15116	10573	96	46	50	67	37	30
柳州市	11921	7060	4861	34	18	16	43	24	19
桂林市	20158	11953	8205	46	30	16	55	39	16
梧州市	9505	5833	3672	30	11	19	36	22	14
北海市	6078	3721	2357	41	27	14	29	19	10
防城港市	2720	1680	1040	12	7	5	13	7	6
钦州市	12897	8205	4692	62	40	22	46	32	14
贵港市	16043	9513	6530	52	33	19	57	35	22
玉林市	22434	13225	9209	98	52	46	86	46	40
百色市	17150	10228	6922	82	52	30	47	31	16
贺州市	6311	3776	2535	26	14	12	27	14	13
河池市	16628	9892	6736	71	44	27	62	36	26
来宾市	10945	6490	4455	25	15	10	23	12	11
崇左市	11559	6683	4876	33	19	14	24	14	10

6-1c 续表 1

单位：人

地 区	5-9岁			10-14岁			15-19岁			20-24岁		
	小计	男	女	小计	男	女	小计	男	女	小计	男	女
总 计	**488**	**288**	**200**	**533**	**337**	**196**	**763**	**524**	**239**	**825**	**627**	**198**
南宁市	48	26	22	46	24	22	75	48	27	99	71	28
柳州市	19	12	7	27	20	7	43	30	13	45	33	12
桂林市	35	20	15	41	29	12	53	35	18	37	25	12
梧州市	29	19	10	30	24	6	54	40	14	56	46	10
北海市	24	16	8	11	6	5	18	12	6	19	18	1
防城港市	11	5	6	11	8	3	10	8	2	14	10	4
钦州市	42	29	13	37	17	20	66	45	21	80	64	16
贵港市	45	26	19	41	29	12	66	52	14	67	52	15
玉林市	81	42	39	102	65	37	131	93	38	139	104	35
百色市	42	21	21	61	35	26	63	41	22	89	65	24
贺州市	18	13	5	31	15	16	29	21	8	23	14	9
河池市	48	21	27	44	29	15	78	50	28	83	64	19
来宾市	22	18	4	27	20	7	45	29	16	30	27	3
崇左市	24	20	4	24	16	8	32	20	12	44	34	10

6−1c 续表 2

单位：人

地 区	25−29 岁			30−34 岁			35−39 岁			40−44 岁		
	小计	男	女	小计	男	女	小计	男	女	小计	男	女
总 计	**1040**	**777**	**263**	**2140**	**1659**	**481**	**3169**	**2510**	**659**	**4669**	**3702**	**967**
南宁市	137	103	34	279	215	64	425	342	83	655	519	136
柳州市	58	47	11	130	92	38	216	169	47	280	228	52
桂林市	72	55	17	156	125	31	244	185	59	319	240	79
梧州市	51	38	13	103	89	14	142	111	31	180	136	44
北海市	35	27	8	71	56	15	98	76	22	101	86	15
防城港市	22	15	7	30	21	9	62	47	15	78	66	12
钦州市	80	61	19	171	133	38	234	195	39	324	253	71
贵港市	74	56	18	158	123	35	247	198	49	348	270	78
玉林市	122	97	25	273	220	53	303	231	72	419	304	115
百色市	110	81	29	217	173	44	387	308	79	629	519	110
贺州市	50	35	15	103	70	33	94	80	14	149	119	30
河池市	91	63	28	207	155	52	347	269	78	557	451	106
来宾市	75	47	28	105	80	25	182	150	32	295	239	56
崇左市	63	52	11	137	107	30	188	149	39	335	272	63

6−1c 续表 3

单位：人

地 区	45−49 岁			50−54 岁			55−59 岁			60−64 岁		
	小计	男	女	小计	男	女	小计	男	女	小计	男	女
总 计	**7279**	**5714**	**1565**	**10848**	**8247**	**2601**	**11358**	**8483**	**2875**	**12991**	**9370**	**3621**
南宁市	1037	829	208	1456	1121	335	1611	1231	380	1732	1244	488
柳州市	449	350	99	669	515	154	721	554	167	818	623	195
桂林市	544	414	130	1031	760	271	1167	852	315	1481	1047	434
梧州市	337	258	79	541	415	126	606	463	143	651	499	152
北海市	196	158	38	300	229	71	320	237	83	354	241	113
防城港市	94	74	20	164	124	40	164	120	44	165	124	41
钦州市	499	401	98	709	543	166	800	597	203	929	683	246
贵港市	560	407	153	905	668	237	883	619	264	1090	774	316
玉林市	775	568	207	1116	769	347	1239	881	358	1464	984	480
百色市	863	694	169	1179	923	256	1084	830	254	1218	906	312
贺州市	251	206	45	365	275	90	365	274	91	408	295	113
河池市	757	629	128	1071	847	224	1074	838	236	1168	871	297
来宾市	448	346	102	650	517	133	575	447	128	702	508	194
崇左市	469	380	89	692	541	151	749	540	209	811	571	240

6–1c 续表 4

单位：人

地 区	65–69岁			70–74岁			75–79岁			80–84岁		
	小计	男	女	小计	男	女	小计	男	女	小计	男	女
总 计	**17487**	**11869**	**5618**	**20111**	**12930**	**7181**	**25318**	**14544**	**10774**	**27600**	**13972**	**13628**
南宁市	2278	1581	697	2865	1846	1019	3491	2010	1481	3714	1829	1885
柳州市	1026	709	317	1265	770	495	1539	838	701	1781	913	868
桂林市	2120	1428	692	2207	1466	741	2622	1532	1090	3083	1559	1524
梧州市	793	560	233	868	586	282	1290	762	528	1489	795	694
北海市	439	301	138	537	376	161	671	450	221	894	492	402
防城港市	260	176	84	237	165	72	311	194	117	375	212	163
钦州市	1245	853	392	1418	959	459	1695	1089	606	1764	982	782
贵港市	1484	992	492	1685	1094	591	2134	1259	875	2335	1253	1082
玉林市	2197	1415	782	2373	1517	856	3104	1858	1246	3255	1755	1500
百色市	1519	1047	472	1909	1191	718	2489	1270	1219	2321	1028	1293
贺州市	575	397	178	601	384	217	755	428	327	962	467	495
河池市	1484	1003	481	1769	1102	667	2222	1220	1002	2281	1046	1235
来宾市	988	670	318	1081	709	372	1380	779	601	1692	866	826
崇左市	1079	737	342	1296	765	531	1615	855	760	1654	775	879

6–1c 续表 5

单位：人

地 区	85–89岁			90–94岁			95–99岁			100岁及以上		
	小计	男	女	小计	男	女	小计	男	女	小计	男	女
总 计	**23944**	**10759**	**13185**	**12639**	**4712**	**7927**	**4394**	**1325**	**3069**	**1119**	**250**	**869**
南宁市	3119	1263	1856	1699	556	1143	602	152	450	158	23	135
柳州市	1670	738	932	792	287	505	242	77	165	54	13	41
桂林市	2923	1397	1526	1395	535	860	430	156	274	97	24	73
梧州市	1225	617	608	690	269	421	229	60	169	75	13	62
北海市	979	489	490	634	289	345	238	88	150	69	28	41
防城港市	365	172	193	207	81	126	98	39	59	17	5	12
钦州市	1528	776	752	841	351	490	269	91	178	58	11	47
贵港市	2009	946	1063	1195	481	714	478	126	352	130	20	110
玉林市	2874	1350	1524	1593	638	955	562	200	362	128	36	92
百色市	1722	656	1066	773	260	513	278	76	202	68	21	47
贺州市	842	410	432	457	181	276	145	54	91	35	10	25
河池市	1867	759	1108	912	299	613	327	74	253	108	22	86
来宾市	1449	643	806	786	276	510	287	80	207	78	12	66
崇左市	1372	543	829	665	209	456	209	52	157	44	12	32

6–2 各地区分性别、受教育程度的3岁及以上死亡人口
(2019.11.1–2020.10.31)

单位：人

地 区	3岁及以上死亡人口			未上过学		
	合计	男	女	小计	男	女
总 计	**291549**	**174762**	**116787**	**51548**	**14991**	**36557**
南宁市	47555	28323	19232	6544	1574	4970
柳州市	25071	15106	9965	3889	1029	2860
桂林市	29605	17626	11979	5442	1678	3764
梧州市	16039	9713	6326	2129	576	1553
北海市	9762	5899	3863	1736	581	1155
防城港市	4131	2537	1594	788	241	547
钦州市	16768	10654	6114	2452	869	1583
贵港市	24671	14617	10054	4034	1208	2826
玉林市	34933	20880	14053	4397	1496	2901
百色市	21942	13063	8879	5917	1804	4113
贺州市	9806	5897	3909	2167	663	1504
河池市	21776	13008	8768	6089	1772	4317
来宾市	15286	9151	6135	2753	719	2034
崇左市	14204	8288	5916	3211	781	2430

6–2 续表 1

单位：人

地 区	学前教育			小学		
	小计	男	女	小计	男	女
总 计	**1517**	**720**	**797**	**153410**	**92222**	**61188**
南宁市	256	107	149	22870	12953	9917
柳州市	69	34	35	11868	6958	4910
桂林市	115	56	59	15595	9416	6179
梧州市	61	28	33	9206	5431	3775
北海市	79	45	34	4713	2811	1902
防城港市	14	6	8	1949	1187	762
钦州市	106	59	47	10246	6519	3727
贵港市	226	98	128	14459	8666	5793
玉林市	257	135	122	20485	11807	8678
百色市	74	31	43	10790	6916	3874
贺州市	35	17	18	5494	3523	1971
河池市	92	43	49	10650	7019	3631
来宾市	47	20	27	8184	4891	3293
崇左市	86	41	45	6901	4125	2776

6-2 续表 2

单位：人

地 区	初中			高中			大学专科		
	小计	男	女	小计	男	女	小计	男	女
总 计	**67053**	**52449**	**14604**	**13657**	**10925**	**2732**	**2983**	**2362**	**621**
南宁市	13072	9949	3123	3383	2631	752	906	697	209
柳州市	6644	5115	1529	1912	1422	490	467	371	96
桂林市	6327	4841	1486	1592	1225	367	343	259	84
梧州市	3819	3003	816	651	538	113	128	102	26
北海市	2527	1898	629	573	453	120	92	78	14
防城港市	1081	858	223	247	203	44	32	24	8
钦州市	3277	2636	641	575	479	96	86	75	11
贵港市	5114	3947	1167	670	567	103	125	99	26
玉林市	8418	6334	2084	1150	930	220	169	130	39
百色市	4124	3405	719	809	718	91	175	149	26
贺州市	1751	1412	339	271	216	55	59	46	13
河池市	3899	3292	607	772	649	123	202	169	33
来宾市	3659	2985	674	527	448	79	90	70	20
崇左市	3341	2774	567	525	446	79	109	93	16

6-2 续表 3

单位：人

地 区	大学本科			硕士研究生			博士研究生		
	小计	男	女	小计	男	女	小计	男	女
总 计	**1327**	**1055**	**272**	**44**	**31**	**13**	**10**	**7**	**3**
南宁市	498	394	104	20	14	6	6	4	2
柳州市	215	173	42	5	3	2	2	1	1
桂林市	182	144	38	8	6	2	1	1	
梧州市	44	34	10				1	1	
北海市	39	31	8	3	2	1			
防城港市	19	17	2	1	1				
钦州市	26	17	9						
贵港市	43	32	11						
玉林市	55	46	9	2	2				
百色市	50	38	12	3	2	1			
贺州市	29	20	9						
河池市	71	64	7	1		1			
来宾市	26	18	8						
崇左市	30	27	3	1	1				

6–2a 各地区分性别、受教育程度的3岁及以上死亡人口(2019.11.1–2020.10.31)(城市)

单位：人

地 区	3岁及以上死亡人口			未上过学		
	合计	男	女	小计	男	女
总 计	**45353**	**27387**	**17966**	**3413**	**922**	**2491**
南宁市	13312	8040	5272	832	237	595
柳州市	8898	5474	3424	388	69	319
桂林市	4837	2887	1950	388	93	295
梧州市	2874	1681	1193	180	42	138
北海市	2353	1368	985	330	102	228
防城港市	708	431	277	88	22	66
钦州市	739	466	273	90	33	57
贵港市	2223	1315	908	265	76	189
玉林市	3890	2356	1534	242	76	166
百色市	2119	1237	882	239	56	183
贺州市	819	499	320	95	35	60
河池市	1028	652	376	108	25	83
来宾市	1065	673	392	70	21	49
崇左市	488	308	180	98	35	63

6–2a 续表 1

单位：人

地 区	学前教育			小学		
	小计	男	女	小计	男	女
总 计	**160**	**79**	**81**	**17993**	**9291**	**8702**
南宁市	57	29	28	4815	2455	2360
柳州市	17	10	7	3231	1575	1656
桂林市	4	1	3	1628	795	833
梧州市	8	4	4	1271	624	647
北海市	16	7	9	936	504	432
防城港市	4	1	3	271	146	125
钦州市	3	2	1	290	167	123
贵港市	15	5	10	1193	685	508
玉林市	18	12	6	1894	1009	885
百色市	6	3	3	960	488	472
贺州市	3	1	2	434	251	183
河池市	2		2	364	195	169
来宾市	5	2	3	503	277	226
崇左市	2	2		203	120	83

6-2a 续表 2

单位：人

地 区	初中			高中			大学专科		
	小计	男	女	小计	男	女	小计	男	女
总 计	**14839**	**10419**	**4420**	**6210**	**4558**	**1652**	**1722**	**1320**	**402**
南宁市	4292	2891	1401	2144	1546	598	712	524	188
柳州市	3300	2376	924	1385	993	392	377	294	83
桂林市	1647	1143	504	795	567	228	217	165	52
梧州市	962	663	299	343	259	84	79	64	15
北海市	725	495	230	269	200	69	48	38	10
防城港市	227	171	56	87	67	20	16	11	5
钦州市	208	152	56	116	86	30	21	20	1
贵港市	550	384	166	149	127	22	36	27	9
玉林市	1292	918	374	365	277	88	54	43	11
百色市	613	445	168	220	178	42	58	49	9
贺州市	202	149	53	54	40	14	20	14	6
河池市	330	253	77	157	120	37	46	38	8
来宾市	362	275	87	93	72	21	22	19	3
崇左市	129	104	25	33	26	7	16	14	2

6-2a 续表 3

单位：人

地 区	大学本科			硕士研究生			博士研究生		
	小计	男	女	小计	男	女	小计	男	女
总 计	**969**	**766**	**203**	**39**	**27**	**12**	**8**	**5**	**3**
南宁市	434	340	94	20	14	6	6	4	2
柳州市	193	153	40	5	3	2	2	1	1
桂林市	150	117	33	8	6	2			
梧州市	31	25	6						
北海市	27	21	6	2	1	1			
防城港市	14	12	2	1	1				
钦州市	11	6	5						
贵港市	15	11	4						
玉林市	24	20	4	1	1				
百色市	21	17	4	2	1	1			
贺州市	11	9	2						
河池市	21	21							
来宾市	10	7	3						
崇左市	7	7							

6–2b 各地区分性别、受教育程度的3岁及以上死亡人口(2019.11.1–2020.10.31)(镇)

单位：人

地 区	3岁及以上死亡人口			未上过学		
	合计	男	女	小计	男	女
总 计	**57267**	**34652**	**22615**	**8183**	**2322**	**5861**
南宁市	8697	5241	3456	1197	307	890
柳州市	4311	2604	1707	595	124	471
桂林市	4692	2839	1853	626	175	451
梧州市	3713	2224	1489	514	143	371
北海市	1390	849	541	154	51	103
防城港市	726	440	286	109	31	78
钦州市	3221	2042	1179	344	109	235
贵港市	6496	3848	2648	869	264	605
玉林市	8763	5381	3382	922	350	572
百色市	2789	1674	1115	632	175	457
贺州市	2713	1642	1071	549	167	382
河池市	4230	2530	1700	873	243	630
来宾市	3319	2012	1307	453	107	346
崇左市	2207	1326	881	346	76	270

6–2b 续表 1

单位：人

地 区	学前教育			小学		
	小计	男	女	小计	男	女
总 计	**300**	**151**	**149**	**29732**	**17202**	**12530**
南宁市	42	23	19	4217	2355	1862
柳州市	12	5	7	2164	1241	923
桂林市	19	7	12	2402	1384	1018
梧州市	15	7	8	2124	1234	890
北海市	15	7	8	643	357	286
防城港市	2	1	1	326	181	145
钦州市	19	9	10	1751	1048	703
贵港市	45	21	24	3762	2178	1584
玉林市	75	42	33	4939	2856	2083
百色市	6	2	4	1257	750	507
贺州市	9	7	2	1449	910	539
河池市	23	11	12	2015	1186	829
来宾市	10	6	4	1702	970	732
崇左市	8	3	5	981	552	429

6–2b 续表 2

单位：人

地 区	初中			高中			大学专科		
	小计	男	女	小计	男	女	小计	男	女
总 计	**14898**	**11563**	**3335**	**3163**	**2589**	**574**	**756**	**627**	**129**
南宁市	2578	1989	589	505	427	78	113	101	12
柳州市	1196	955	241	269	213	56	62	54	8
桂林市	1194	912	282	340	271	69	87	68	19
梧州市	890	698	192	134	116	18	29	21	8
北海市	427	316	111	119	89	30	26	23	3
防城港市	212	165	47	66	53	13	7	5	2
钦州市	828	647	181	227	184	43	41	36	5
贵港市	1546	1169	377	218	171	47	41	35	6
玉林市	2312	1710	602	419	346	73	77	61	16
百色市	649	536	113	173	154	19	51	42	9
贺州市	569	453	116	103	80	23	24	18	6
河池市	952	785	167	238	193	45	93	80	13
来宾市	924	734	190	177	153	24	46	36	10
崇左市	621	494	127	175	139	36	59	47	12

6–2b 续表 3

单位：人

地 区	大学本科			硕士研究生			博士研究生		
	小计	男	女	小计	男	女	小计	男	女
总 计	**230**	**194**	**36**	**4**	**3**	**1**	**1**	**1**	
南宁市	45	39	6						
柳州市	13	12	1						
桂林市	23	21	2				1	1	
梧州市	7	5	2						
北海市	5	5		1	1				
防城港市	4	4							
钦州市	11	9	2						
贵港市	15	10	5						
玉林市	19	16	3						
百色市	20	14	6	1	1				
贺州市	10	7	3						
河池市	35	32	3	1		1			
来宾市	7	6	1						
崇左市	16	14	2	1	1				

6–2c 各地区分性别、受教育程度的3岁及以上死亡人口 (2019.11.1–2020.10.31)(乡村)

单位：人

地 区	3岁及以上死亡人口			未上过学		
	合计	男	女	小计	男	女
总 计	**188929**	**112723**	**76206**	**39952**	**11747**	**28205**
南宁市	25546	15042	10504	4515	1030	3485
柳州市	11862	7028	4834	2906	836	2070
桂林市	20076	11900	8176	4428	1410	3018
梧州市	9452	5808	3644	1435	391	1044
北海市	6019	3682	2337	1252	428	824
防城港市	2697	1666	1031	591	188	403
钦州市	12808	8146	4662	2018	727	1291
贵港市	15952	9454	6498	2900	868	2032
玉林市	22280	13143	9137	3233	1070	2163
百色市	17034	10152	6882	5046	1573	3473
贺州市	6274	3756	2518	1523	461	1062
河池市	16518	9826	6692	5108	1504	3604
来宾市	10902	6466	4436	2230	591	1639
崇左市	11509	6654	4855	2767	670	2097

6–2c 续表 1

单位：人

地 区	学前教育			小学		
	小计	男	女	小计	男	女
总 计	**1057**	**490**	**567**	**105685**	**65729**	**39956**
南宁市	157	55	102	13838	8143	5695
柳州市	40	19	21	6473	4142	2331
桂林市	92	48	44	11565	7237	4328
梧州市	38	17	21	5811	3573	2238
北海市	48	31	17	3134	1950	1184
防城港市	8	4	4	1352	860	492
钦州市	84	48	36	8205	5304	2901
贵港市	166	72	94	9504	5803	3701
玉林市	164	81	83	13652	7942	5710
百色市	62	26	36	8573	5678	2895
贺州市	23	9	14	3611	2362	1249
河池市	67	32	35	8271	5638	2633
来宾市	32	12	20	5979	3644	2335
崇左市	76	36	40	5717	3453	2264

6-2c 续表 2

单位：人

地　区	初中			高中			大学专科		
	小计	男	女	小计	男	女	小计	男	女
总　计	**37316**	**30467**	**6849**	**4284**	**3778**	**506**	**505**	**415**	**90**
南宁市	6202	5069	1133	734	658	76	81	72	9
柳州市	2148	1784	364	258	216	42	28	23	5
桂林市	3486	2786	700	457	387	70	39	26	13
梧州市	1967	1642	325	174	163	11	20	17	3
北海市	1375	1087	288	185	164	21	18	17	1
防城港市	642	522	120	94	83	11	9	8	1
钦州市	2241	1837	404	232	209	23	24	19	5
贵港市	3018	2394	624	303	269	34	48	37	11
玉林市	4814	3706	1108	366	307	59	38	26	12
百色市	2862	2424	438	416	386	30	66	58	8
贺州市	980	810	170	114	96	18	15	14	1
河池市	2617	2254	363	377	336	41	63	51	12
来宾市	2373	1976	397	257	223	34	22	15	7
崇左市	2591	2176	415	317	281	36	34	32	2

6-2c 续表 3

单位：人

地　区	大学本科			硕士研究生			博士研究生		
	小计	男	女	小计	男	女	小计	男	女
总　计	**128**	**95**	**33**	**1**	**1**		**1**	**1**	
南宁市	19	15	4						
柳州市	9	8	1						
桂林市	9	6	3						
梧州市	6	4	2				1	1	
北海市	7	5	2						
防城港市	1	1							
钦州市	4	2	2						
贵港市	13	11	2						
玉林市	12	10	2	1	1				
百色市	9	7	2						
贺州市	8	4	4						
河池市	15	11	4						
来宾市	9	5	4						
崇左市	7	6	1						

6–3 各地区分性别、婚姻状况的15岁及以上死亡人口
(2019.11.1–2020.10.31)

单位：人

地 区	15岁及以上死亡人口			未婚		
	合计	男	女	小计	男	女
总 计	**289800**	**173711**	**116089**	**19810**	**18120**	**1690**
南宁市	47349	28204	19145	2603	2282	321
柳州市	24968	15041	9927	1434	1288	146
桂林市	29476	17545	11931	1882	1737	145
梧州市	15926	9635	6291	1481	1373	108
北海市	9702	5860	3842	614	564	50
防城港市	4093	2518	1575	239	217	22
钦州市	16646	10575	6071	1537	1465	72
贵港市	24519	14521	9998	1721	1618	103
玉林市	34633	20710	13923	2538	2312	226
百色市	21796	12987	8809	1484	1328	156
贺州市	9714	5844	3870	710	662	48
河池市	21634	12931	8703	1545	1424	121
来宾市	15205	9099	6106	1108	1030	78
崇左市	14139	8241	5898	914	820	94

6–3 续表

单位：人

地 区	有配偶			离婚			丧偶		
	小计	男	女	小计	男	女	小计	男	女
总 计	**158466**	**111578**	**46888**	**5509**	**4621**	**888**	**106015**	**39392**	**66623**
南宁市	26417	18799	7618	834	684	150	17495	6439	11056
柳州市	13707	9873	3834	899	719	180	8928	3161	5767
桂林市	15889	11163	4726	610	503	107	11095	4142	6953
梧州市	8186	5795	2391	315	263	52	5944	2204	3740
北海市	5452	3900	1552	151	118	33	3485	1278	2207
防城港市	2351	1695	656	102	86	16	1401	520	881
钦州市	9318	6647	2671	273	249	24	5518	2214	3304
贵港市	13691	9376	4315	295	256	39	8812	3271	5541
玉林市	18930	13017	5913	449	389	60	12716	4992	7724
百色市	11783	8329	3454	383	332	51	8146	2998	5148
贺州市	5313	3676	1637	177	158	19	3514	1348	2166
河池市	11536	8319	3217	448	368	80	8105	2820	5285
来宾市	8017	5582	2435	371	321	50	5709	2166	3543
崇左市	7876	5407	2469	202	175	27	5147	1839	3308

6–3a 各地区分性别、婚姻状况的15岁及以上死亡人口 (2019.11.1–2020.10.31)(城市)

单位：人

地 区	15岁及以上死亡人口			未婚		
	合计	男	女	小计	男	女
总 计	**45158**	**27277**	**17881**	**1575**	**1174**	**401**
南宁市	13256	8007	5249	458	300	158
柳州市	8874	5460	3414	285	223	62
桂林市	4821	2879	1942	129	103	26
梧州市	2861	1671	1190	153	99	54
北海市	2346	1363	983	92	72	20
防城港市	702	429	273	26	21	5
钦州市	733	461	272	30	28	2
贵港市	2216	1312	904	62	54	8
玉林市	3866	2342	1524	127	101	26
百色市	2105	1232	873	85	66	19
贺州市	812	495	317	30	27	3
河池市	1025	650	375	36	29	7
来宾市	1058	672	386	37	30	7
崇左市	483	304	179	25	21	4

6–3a 续表

单位：人

地 区	有配偶			离婚			丧偶		
	小计	男	女	小计	男	女	小计	男	女
总 计	**27368**	**19775**	**7593**	**1391**	**1000**	**391**	**14824**	**5328**	**9496**
南宁市	8206	5901	2305	319	223	96	4273	1583	2690
柳州市	5281	3931	1350	485	361	124	2823	945	1878
桂林市	2794	2074	720	178	134	44	1720	568	1152
梧州市	1636	1159	477	83	51	32	989	362	627
北海市	1404	989	415	58	32	26	792	270	522
防城港市	460	325	135	22	18	4	194	65	129
钦州市	499	350	149	14	10	4	190	73	117
贵港市	1358	940	418	41	30	11	755	288	467
玉林市	2383	1683	700	43	36	7	1313	522	791
百色市	1262	888	374	48	31	17	710	247	463
贺州市	495	362	133	15	11	4	272	95	177
河池市	637	481	156	39	27	12	313	113	200
来宾市	674	485	189	33	26	7	314	131	183
崇左市	279	207	72	13	10	3	166	66	100

6–3b 各地区分性别、婚姻状况的15岁及以上死亡人口（2019.11.1–2020.10.31）（镇）

单位：人

地 区	15岁及以上死亡人口			未婚		
	合计	男	女	小计	男	女
总 计	**56948**	**34460**	**22488**	**3293**	**2965**	**328**
南宁市	8661	5214	3447	404	360	44
柳州市	4296	2595	1701	224	196	28
桂林市	4674	2831	1843	252	227	25
梧州市	3685	2207	1478	318	301	17
北海市	1383	844	539	51	45	6
防城港市	718	436	282	39	36	3
钦州市	3203	2027	1176	195	187	8
贵港市	6455	3819	2636	443	405	38
玉林市	8700	5348	3352	511	444	67
百色市	2773	1666	1107	133	109	24
贺州市	2693	1629	1064	161	146	15
河池市	4206	2519	1687	245	223	22
来宾市	3299	2002	1297	194	176	18
崇左市	2202	1323	879	123	110	13

6–3b 续表

单位：人

地 区	有配偶			离婚			丧偶		
	小计	男	女	小计	男	女	小计	男	女
总 计	**32037**	**22957**	**9080**	**1014**	**865**	**149**	**20604**	**7673**	**12931**
南宁市	4783	3480	1303	120	106	14	3354	1268	2086
柳州市	2328	1707	621	146	122	24	1598	570	1028
桂林市	2664	1927	737	99	78	21	1659	599	1060
梧州市	1913	1360	553	63	54	9	1391	492	899
北海市	845	624	221	22	21	1	465	154	311
防城港市	411	299	112	17	15	2	251	86	165
钦州市	1916	1413	503	46	39	7	1046	388	658
贵港市	3617	2492	1125	74	63	11	2321	859	1462
玉林市	4891	3422	1469	111	92	19	3187	1390	1797
百色市	1596	1158	438	42	39	3	1002	360	642
贺州市	1507	1071	436	51	45	6	974	367	607
河池市	2392	1753	639	92	79	13	1477	464	1013
来宾市	1878	1314	564	88	75	13	1139	437	702
崇左市	1296	937	359	43	37	6	740	239	501

6–3c 各地区分性别、婚姻状况的15岁及以上死亡人口（2019.11.1–2020.10.31）（乡村）

单位：人

地区	15岁及以上死亡人口			未婚		
	合计	男	女	小计	男	女
总计	**187694**	**111974**	**75720**	**14942**	**13981**	**961**
南宁市	25432	14983	10449	1741	1622	119
柳州市	11798	6986	4812	925	869	56
桂林市	19981	11835	8146	1501	1407	94
梧州市	9380	5757	3623	1010	973	37
北海市	5973	3653	2320	471	447	24
防城港市	2673	1653	1020	174	160	14
钦州市	12710	8087	4623	1312	1250	62
贵港市	15848	9390	6458	1216	1159	57
玉林市	22067	13020	9047	1900	1767	133
百色市	16918	10089	6829	1266	1153	113
贺州市	6209	3720	2489	519	489	30
河池市	16403	9762	6641	1264	1172	92
来宾市	10848	6425	4423	877	824	53
崇左市	11454	6614	4840	766	689	77

6–3c 续表

单位：人

地区	有配偶			离婚			丧偶		
	小计	男	女	小计	男	女	小计	男	女
总计	**99061**	**68846**	**30215**	**3104**	**2756**	**348**	**70587**	**26391**	**44196**
南宁市	13428	9418	4010	395	355	40	9868	3588	6280
柳州市	6098	4235	1863	268	236	32	4507	1646	2861
桂林市	10431	7162	3269	333	291	42	7716	2975	4741
梧州市	4637	3276	1361	169	158	11	3564	1350	2214
北海市	3203	2287	916	71	65	6	2228	854	1374
防城港市	1480	1071	409	63	53	10	956	369	587
钦州市	6903	4884	2019	213	200	13	4282	1753	2529
贵港市	8716	5944	2772	180	163	17	5736	2124	3612
玉林市	11656	7912	3744	295	261	34	8216	3080	5136
百色市	8925	6283	2642	293	262	31	6434	2391	4043
贺州市	3311	2243	1068	111	102	9	2268	886	1382
河池市	8507	6085	2422	317	262	55	6315	2243	4072
来宾市	5465	3783	1682	250	220	30	4256	1598	2658
崇左市	6301	4263	2038	146	128	18	4241	1534	2707

6–4 分年龄、性别的死亡人口状况
(2019.11.1–2020.10.31)

单位：人、‰

年 龄	平均人口			死亡人口			死亡率		
	合计	男	女	合计	男	女	合计	男	女
总 计	**50006482**	**25861515**	**24144967**	**293228**	**175735**	**117493**	**5.86**	**6.80**	**4.87**
0–4岁	**3721546**	**1978045**	**1743501**	**2008**	**1163**	**845**	**0.54**	**0.59**	**0.48**
0	617508	328482	289026	1079	619	460	1.75	1.88	1.59
1	676067	359288	316779	355	212	143	0.53	0.59	0.45
2	773453	409712	363741	245	142	103	0.32	0.35	0.28
3	850615	451368	399247	174	108	66	0.20	0.24	0.17
4	803903	429195	374708	155	82	73	0.19	0.19	0.19
5–9岁	**4340351**	**2322248**	**2018103**	**683**	**397**	**286**	**0.16**	**0.17**	**0.14**
5	851608	454454	397154	148	87	61	0.17	0.19	0.15
6	858275	458920	399355	137	84	53	0.16	0.18	0.13
7	937212	501301	435911	145	84	61	0.15	0.17	0.14
8	867231	464159	403072	139	81	58	0.16	0.17	0.14
9	826025	443414	382611	114	61	53	0.14	0.14	0.14
10–14岁	**3877034**	**2071341**	**1805693**	**737**	**464**	**273**	**0.19**	**0.22**	**0.15**
10	816150	437163	378987	123	78	45	0.15	0.18	0.12
11	798341	427654	370687	110	65	45	0.14	0.15	0.12
12	768369	411797	356572	147	85	62	0.19	0.21	0.17
13	771799	410572	361227	156	102	54	0.20	0.25	0.15
14	722375	384155	338220	201	134	67	0.28	0.35	0.20
15–19岁	**3100830**	**1628981**	**1471849**	**1066**	**719**	**347**	**0.34**	**0.44**	**0.24**
15	699626	372297	327329	229	141	88	0.33	0.38	0.27
16	672745	354002	318743	201	140	61	0.30	0.40	0.19
17	617812	323745	294067	206	139	67	0.33	0.43	0.23
18	563220	293922	269298	225	150	75	0.40	0.51	0.28
19	547427	285015	262412	205	149	56	0.37	0.52	0.21
20–24岁	**2455566**	**1283836**	**1171730**	**1150**	**862**	**288**	**0.47**	**0.67**	**0.25**
20	508800	265354	243446	236	167	69	0.46	0.63	0.28
21	490994	255711	235283	241	188	53	0.49	0.74	0.23
22	480051	250035	230016	232	167	65	0.48	0.67	0.28
23	484697	254361	230336	214	169	45	0.44	0.66	0.20
24	491024	258375	232649	227	171	56	0.46	0.66	0.24
25–29岁	**2800875**	**1478108**	**1322767**	**1523**	**1139**	**384**	**0.54**	**0.77**	**0.29**
25	502567	265720	236847	251	198	53	0.50	0.75	0.22
26	504255	265749	238506	245	176	69	0.49	0.66	0.29
27	560468	296434	264034	321	251	70	0.57	0.85	0.27
28	600506	318414	282092	376	270	106	0.63	0.85	0.38
29	633079	331791	301288	330	244	86	0.52	0.74	0.29

6-4 续表1

单位：人、‰

年龄	平均人口			死亡人口			死亡率		
	合计	男	女	合计	男	女	合计	男	女
30-34岁	**3947637**	**2054529**	**1893108**	**3077**	**2348**	**729**	**0.78**	**1.14**	**0.39**
30	756888	394304	362584	489	356	133	0.65	0.90	0.37
31	743246	385676	357570	501	371	130	0.67	0.96	0.36
32	800093	416421	383672	583	466	117	0.73	1.12	0.30
33	830443	432057	398386	742	567	175	0.89	1.31	0.44
34	816967	426071	390896	762	588	174	0.93	1.38	0.45
35-39岁	**3616152**	**1897184**	**1718968**	**4595**	**3595**	**1000**	**1.27**	**1.89**	**0.58**
35	808935	423762	385173	878	671	207	1.09	1.58	0.54
36	713353	373088	340265	796	615	181	1.12	1.65	0.53
37	690976	363911	327065	888	684	204	1.29	1.88	0.62
38	722940	379757	343183	986	777	209	1.36	2.05	0.61
39	679948	356666	323282	1047	848	199	1.54	2.38	0.62
40-44岁	**3429032**	**1800527**	**1628505**	**6940**	**5441**	**1499**	**2.02**	**3.02**	**0.92**
40	741968	390229	351739	1164	919	245	1.57	2.36	0.70
41	687465	360231	327234	1315	1019	296	1.91	2.83	0.90
42	634718	332338	302380	1322	1027	295	2.08	3.09	0.98
43	674960	354969	319991	1463	1171	292	2.17	3.30	0.91
44	689921	362760	327161	1676	1305	371	2.43	3.60	1.13
45-49岁	**3666792**	**1922609**	**1744183**	**10990**	**8493**	**2497**	**3.00**	**4.42**	**1.43**
45	746251	391676	354575	1839	1406	433	2.46	3.59	1.22
46	739801	387315	352486	2046	1600	446	2.77	4.13	1.27
47	728938	381456	347482	2224	1712	512	3.05	4.49	1.47
48	718576	378313	340263	2308	1791	517	3.21	4.73	1.52
49	733226	383849	349377	2573	1984	589	3.51	5.17	1.69
50-54岁	**3744603**	**1942010**	**1802593**	**16251**	**12203**	**4048**	**4.34**	**6.28**	**2.25**
50	738941	385050	353891	2818	2160	658	3.81	5.61	1.86
51	822747	427344	395403	3252	2469	783	3.95	5.78	1.98
52	698382	361466	336916	3118	2333	785	4.46	6.45	2.33
53	713076	369793	343283	3256	2431	825	4.57	6.57	2.40
54	771457	398357	373100	3807	2810	997	4.93	7.05	2.67
55-59岁	**3032495**	**1546435**	**1486060**	**17997**	**13386**	**4611**	**5.93**	**8.66**	**3.10**
55	752006	381809	370197	3849	2856	993	5.12	7.48	2.68
56	768114	392771	375343	4374	3260	1114	5.69	8.30	2.97
57	770659	400034	370625	4575	3416	1159	5.94	8.54	3.13
58	400263	204140	196123	2825	2104	721	7.06	10.31	3.68
59	341453	167681	173772	2374	1750	624	6.95	10.44	3.59
60-64岁	**2308060**	**1162640**	**1145420**	**20567**	**14745**	**5822**	**8.91**	**12.68**	**5.08**
60	337343	168553	168790	2650	1925	725	7.86	11.42	4.30
61	481957	244463	237494	3785	2711	1074	7.85	11.09	4.52
62	548211	280255	267956	4770	3409	1361	8.70	12.16	5.08
63	489207	246137	243070	4687	3339	1348	9.58	13.57	5.55
64	451342	223232	228110	4675	3361	1314	10.36	15.06	5.76

6-4 续表2

单位：人、‰

年 龄	平均人口			死亡人口			死亡率		
	合计	男	女	合计	男	女	合计	男	女
65-69岁	**2166711**	**1069079**	**1097632**	**28259**	**19312**	**8947**	**13.04**	**18.06**	**8.15**
65	489534	243794	245740	5295	3735	1560	10.82	15.32	6.35
66	471709	232830	238879	5564	3827	1737	11.80	16.44	7.27
67	454947	226326	228621	6005	4154	1851	13.20	18.35	8.10
68	376182	183952	192230	5618	3795	1823	14.93	20.63	9.48
69	374339	182177	192162	5777	3801	1976	15.43	20.86	10.28
70-74岁	**1457502**	**709105**	**748397**	**31577**	**20469**	**11108**	**21.67**	**28.87**	**14.84**
70	391150	195870	195280	6845	4587	2258	17.50	23.42	11.56
71	314702	154508	160194	6388	4230	2158	20.30	27.38	13.47
72	264251	128323	135928	5898	3821	2077	22.32	29.78	15.28
73	245966	118014	127952	6015	3864	2151	24.45	32.74	16.81
74	241433	112390	129043	6431	3967	2464	26.64	35.30	19.09
75-79岁	**1067806**	**486341**	**581465**	**38429**	**22286**	**16143**	**35.99**	**45.82**	**27.76**
75	239510	112427	127083	7197	4347	2850	30.05	38.67	22.43
76	227927	104606	123321	7497	4461	3036	32.89	42.65	24.62
77	209301	94732	114569	7302	4239	3063	34.89	44.75	26.73
78	198542	88708	109834	7944	4503	3441	40.01	50.76	31.33
79	192526	85868	106658	8489	4736	3753	44.09	55.15	35.19
80-84岁	**714239**	**304291**	**409948**	**43046**	**22196**	**20850**	**60.27**	**72.94**	**50.86**
80	166915	73887	93028	8276	4511	3765	49.58	61.05	40.47
81	156377	68199	88178	8488	4510	3978	54.28	66.13	45.11
82	141765	60541	81224	8749	4498	4251	61.71	74.30	52.34
83	130769	54492	76277	8896	4466	4430	68.03	81.96	58.08
84	118413	47172	71241	8637	4211	4426	72.94	89.27	62.13
85-89岁	**388404**	**148536**	**239868**	**36984**	**16814**	**20170**	**95.22**	**113.20**	**84.09**
85	101281	39315	61966	8267	3868	4399	81.62	98.38	70.99
86	91938	36342	55596	8260	3877	4383	89.84	106.68	78.84
87	75392	28805	46587	7385	3330	4055	97.95	115.60	87.04
88	63793	23577	40216	6633	2954	3679	103.98	125.29	91.48
89	56000	20497	35503	6439	2785	3654	114.98	135.87	102.92
90-94岁	**131432**	**44707**	**86725**	**19130**	**7275**	**11855**	**145.55**	**162.73**	**136.70**
90	40223	14179	26044	5198	2071	3127	129.23	146.06	120.07
91	30690	10563	20127	4308	1696	2612	140.37	160.56	129.78
92	25886	8824	17062	3895	1471	2424	150.47	166.70	142.07
93	19534	6379	13155	3215	1134	2081	164.58	177.77	158.19
94	15099	4762	10337	2514	903	1611	166.50	189.63	155.85
95-99岁	**33326**	**9623**	**23703**	**6510**	**2012**	**4498**	**195.34**	**209.08**	**189.77**
95	10840	3286	7554	1947	670	1277	179.61	203.90	169.05
96	8362	2387	5975	1591	485	1106	190.27	203.18	185.10
97	5640	1602	4038	1136	316	820	201.42	197.25	203.07
98	4730	1341	3389	994	306	688	210.15	228.19	203.01
99	3754	1007	2747	842	235	607	224.29	233.37	220.97
100岁及以上	**6089**	**1340**	**4749**	**1709**	**416**	**1293**	**280.67**	**310.45**	**272.27**

6–4a 分年龄、性别的死亡人口状况（2019.11.1–2020.10.31）（城市）

单位：人、‰

年 龄	平均人口			死亡人口			死亡率		
	合计	男	女	合计	男	女	合计	男	女
总 计	**14739808**	**7433920**	**7305888**	**45615**	**27542**	**18073**	**3.09**	**3.70**	**2.47**
0–4岁	**1024899**	**547829**	**477070**	**300**	**173**	**127**	**0.29**	**0.32**	**0.27**
0	172548	92007	80541	188	114	74	1.09	1.24	0.92
1	185883	99198	86685	53	27	26	0.29	0.27	0.30
2	217643	115550	102093	21	14	7	0.10	0.12	0.07
3	241011	129075	111936	18	11	7	0.07	0.09	0.06
4	207814	111999	95815	20	7	13	0.10	0.06	0.14
5–9岁	**1077340**	**582283**	**495057**	**80**	**44**	**36**	**0.07**	**0.08**	**0.07**
5	216939	116735	100204	17	9	8	0.08	0.08	0.08
6	217793	117677	100116	16	7	9	0.07	0.06	0.09
7	239754	129777	109977	20	10	10	0.08	0.08	0.09
8	207952	112239	95713	17	13	4	0.08	0.12	0.04
9	194902	105855	89047	10	5	5	0.05	0.05	0.06
10–14岁	**862506**	**463638**	**398868**	**77**	**48**	**29**	**0.09**	**0.10**	**0.07**
10	180651	97547	83104	12	7	5	0.07	0.07	0.06
11	177655	96071	81584	13	8	5	0.07	0.08	0.06
12	170943	92354	78589	13	7	6	0.08	0.08	0.08
13	162607	87097	75510	12	8	4	0.07	0.09	0.05
14	170650	90569	80081	27	18	9	0.16	0.20	0.11
15–19岁	1290425	657954	632471	107	64	43	0.08	0.10	0.07
15	248767	132717	116050	25	12	13	0.10	0.09	0.11
16	271850	142132	129718	15	9	6	0.06	0.06	0.05
17	256552	131705	124847	18	12	6	0.07	0.09	0.05
18	250321	124513	125808	29	17	12	0.12	0.14	0.10
19	262935	126887	136048	20	14	6	0.08	0.11	0.04
20–24岁	**957167**	**470469**	**486698**	**119**	**82**	**37**	**0.12**	**0.17**	**0.08**
20	230785	110354	120431	15	9	6	0.06	0.08	0.05
21	200583	96227	104356	22	14	8	0.11	0.15	0.08
22	177958	87748	90210	23	17	6	0.13	0.19	0.07
23	173966	88022	85944	27	20	7	0.16	0.23	0.08
24	173875	88118	85757	32	22	10	0.18	0.25	0.12
25–29岁	**1004580**	**508887**	**495693**	**188**	**139**	**49**	**0.19**	**0.27**	**0.10**
25	179660	91871	87789	35	27	8	0.19	0.29	0.09
26	180490	91705	88785	28	23	5	0.16	0.25	0.06
27	198778	100711	98067	31	28	3	0.16	0.28	0.03
28	214966	108853	106113	46	25	21	0.21	0.23	0.20
29	230686	115747	114939	48	36	12	0.21	0.31	0.10

6-4a 续表1

单位：人、‰

年 龄	平均人口			死亡人口			死亡率		
	合计	男	女	合计	男	女	合计	男	女
30-34岁	**1449354**	**717320**	**732034**	**357**	**242**	**115**	**0.25**	**0.34**	**0.16**
30	275747	137433	138314	50	32	18	0.18	0.23	0.13
31	275751	136760	138991	62	44	18	0.22	0.32	0.13
32	294761	145761	149000	66	46	20	0.22	0.32	0.13
33	306607	151345	155262	84	53	31	0.27	0.35	0.20
34	296488	146021	150467	95	67	28	0.32	0.46	0.19
35-39岁	**1272872**	**636873**	**635999**	**494**	**338**	**156**	**0.39**	**0.53**	**0.25**
35	287413	142519	144894	93	64	29	0.32	0.45	0.20
36	255910	127679	128231	83	62	21	0.32	0.49	0.16
37	246645	123973	122672	94	57	37	0.38	0.46	0.30
38	254300	128052	126248	120	87	33	0.47	0.68	0.26
39	228604	114650	113954	104	68	36	0.45	0.59	0.32
40-44岁	**1147045**	**580382**	**566663**	**998**	**745**	**253**	**0.87**	**1.28**	**0.45**
40	253216	127931	125285	167	134	33	0.66	1.05	0.26
41	235965	118922	117043	187	128	59	0.79	1.08	0.50
42	214010	108059	105951	198	144	54	0.93	1.33	0.51
43	221461	112515	108946	196	152	44	0.89	1.35	0.40
44	222393	112955	109438	250	187	63	1.12	1.66	0.58
45-49岁	**1095621**	**560446**	**535175**	**1607**	**1158**	**449**	**1.47**	**2.07**	**0.84**
45	232314	118875	113439	255	173	82	1.10	1.46	0.72
46	227683	116429	111254	308	213	95	1.35	1.83	0.85
47	217927	111673	106254	330	240	90	1.51	2.15	0.85
48	209803	107314	102489	342	253	89	1.63	2.36	0.87
49	207894	106155	101739	372	279	93	1.79	2.63	0.91
50-54岁	**969434**	**482970**	**486464**	**2204**	**1570**	**634**	**2.27**	**3.25**	**1.30**
50	202126	101880	100246	416	295	121	2.06	2.90	1.21
51	220987	110744	110243	443	306	137	2.00	2.76	1.24
52	179702	89374	90328	420	296	124	2.34	3.31	1.37
53	175853	87131	88722	433	312	121	2.46	3.58	1.36
54	190766	93841	96925	492	361	131	2.58	3.85	1.35
55-59岁	**781940**	**377182**	**404758**	**2892**	**2170**	**722**	**3.70**	**5.75**	**1.78**
55	188791	91746	97045	569	435	134	3.01	4.74	1.38
56	199986	96527	103459	719	530	189	3.60	5.49	1.83
57	197141	95664	101477	746	551	195	3.78	5.76	1.92
58	102717	49426	53291	429	331	98	4.18	6.70	1.84
59	93305	43819	49486	429	323	106	4.60	7.37	2.14
60-64岁	**572675**	**274806**	**297869**	**3495**	**2498**	**997**	**6.10**	**9.09**	**3.35**
60	92862	44539	48323	463	316	147	4.99	7.09	3.04
61	117542	56545	60997	598	421	177	5.09	7.45	2.90
62	133005	64084	68921	783	550	233	5.89	8.58	3.38
63	118734	56862	61872	861	615	246	7.25	10.82	3.98
64	110532	52776	57756	790	596	194	7.15	11.29	3.36

6-4a 续表2

单位：人、‰

年龄	平均人口			死亡人口			死亡率		
	合计	男	女	合计	男	女	合计	男	女
65-69岁	**501152**	**239782**	**261370**	**4873**	**3415**	**1458**	**9.72**	**14.24**	**5.58**
65	116894	55870	61024	929	653	276	7.95	11.69	4.52
66	109959	51905	58054	983	689	294	8.94	13.27	5.06
67	104695	50234	54461	1041	743	298	9.94	14.79	5.47
68	86056	41203	44853	958	664	294	11.13	16.12	6.55
69	83548	40570	42978	962	666	296	11.51	16.42	6.89
70-74岁	**304931**	**147764**	**157167**	**5070**	**3325**	**1745**	**16.63**	**22.50**	**11.10**
70	85849	42438	43411	1150	776	374	13.40	18.29	8.62
71	66905	32238	34667	1022	690	332	15.28	21.40	9.58
72	55627	26618	29009	965	622	343	17.35	23.37	11.82
73	50940	24668	26272	993	649	344	19.49	26.31	13.09
74	45610	21802	23808	940	588	352	20.61	26.97	14.78
75-79岁	**194324**	**87682**	**106642**	**5613**	**3307**	**2306**	**28.88**	**37.72**	**21.62**
75	44008	20608	23400	1083	689	394	24.61	33.43	16.84
76	40834	18456	22378	1106	676	430	27.09	36.63	19.22
77	38349	16898	21451	1026	600	426	26.75	35.51	19.86
78	35875	15764	20111	1147	635	512	31.97	40.28	25.46
79	35258	15956	19302	1251	707	544	35.48	44.31	28.18
80-84岁	**136060**	**58794**	**77266**	**7177**	**3803**	**3374**	**52.75**	**64.68**	**43.67**
80	32038	14310	17728	1366	775	591	42.64	54.16	33.34
81	29973	12934	17039	1411	740	671	47.08	57.21	39.38
82	27185	11907	15278	1459	788	671	53.67	66.18	43.92
83	25004	10714	14290	1538	799	739	61.51	74.58	51.71
84	21860	8929	12931	1403	701	702	64.18	78.51	54.29
85-89岁	**69580**	**28444**	**41136**	**5986**	**2815**	**3171**	**86.03**	**98.97**	**77.09**
85	18462	7449	11013	1399	647	752	75.78	86.86	68.28
86	17155	7135	10020	1383	670	713	80.62	93.90	71.16
87	13529	5538	7991	1186	555	631	87.66	100.22	78.96
88	11006	4439	6567	1042	457	585	94.68	102.95	89.08
89	9428	3883	5545	976	486	490	103.52	125.16	88.37
90-94岁	**21616**	**8355**	**13261**	**2816**	**1211**	**1605**	**130.27**	**144.94**	**121.03**
90	6699	2674	4025	770	346	424	114.94	129.39	105.34
91	5147	1966	3181	650	274	376	126.29	139.37	118.20
92	4171	1629	2542	583	251	332	139.77	154.08	130.61
93	3145	1160	1985	434	172	262	138.00	148.28	131.99
94	2454	926	1528	379	168	211	154.44	181.43	138.09
95-99岁	**5359**	**1812**	**3547**	**918**	**325**	**593**	**171.30**	**179.36**	**167.18**
95	1767	639	1128	276	113	163	156.20	176.84	144.50
96	1390	429	961	239	81	158	171.94	188.81	164.41
97	866	281	585	150	46	104	173.21	163.70	177.78
98	735	252	483	148	50	98	201.36	198.41	202.90
99	601	211	390	105	35	70	174.71	165.88	179.49
100岁及以上	**928**	**248**	**680**	**244**	**70**	**174**	**262.93**	**282.26**	**255.88**

6–4b 分年龄、性别的死亡人口状况 (2019.11.1–2020.10.31)(镇)

单位：人、‰

年 龄	平均人口			死亡人口			死亡率		
	合计	男	女	合计	男	女	合计	男	女
总 计	**12349515**	**6322793**	**6026722**	**57575**	**34818**	**22757**	**4.66**	**5.51**	**3.78**
0–4岁	**956162**	**509419**	**446743**	**385**	**214**	**171**	**0.40**	**0.42**	**0.38**
0	152191	81409	70782	183	97	86	1.20	1.19	1.21
1	172530	91690	80840	70	36	34	0.41	0.39	0.42
2	201259	106797	94462	55	33	22	0.27	0.31	0.23
3	222827	118392	104435	43	28	15	0.19	0.24	0.14
4	207355	111131	96224	34	20	14	0.16	0.18	0.15
5–9岁	**1132655**	**608142**	**524513**	**115**	**65**	**50**	**0.10**	**0.11**	**0.10**
5	220448	117725	102723	25	16	9	0.11	0.14	0.09
6	224021	119916	104105	18	11	7	0.08	0.09	0.07
7	245666	131639	114027	25	15	10	0.10	0.11	0.09
8	226375	122034	104341	27	12	15	0.12	0.10	0.14
9	216145	116828	99317	20	11	9	0.09	0.09	0.09
10–14岁	**987198**	**527179**	**460019**	**127**	**79**	**48**	**0.13**	**0.15**	**0.10**
10	212508	114208	98300	27	21	6	0.13	0.18	0.06
11	204288	110122	94166	16	9	7	0.08	0.08	0.07
12	191377	102638	88739	30	17	13	0.16	0.17	0.15
13	191141	101659	89482	25	18	7	0.13	0.18	0.08
14	187884	98552	89332	29	14	15	0.15	0.14	0.17
15–19岁	**874643**	**446130**	**428513**	**196**	**131**	**65**	**0.22**	**0.29**	**0.15**
15	214053	108201	105852	51	37	14	0.24	0.34	0.13
16	230498	113798	116700	32	21	11	0.14	0.18	0.09
17	197793	98931	98862	36	21	15	0.18	0.21	0.15
18	130800	69074	61726	35	24	11	0.27	0.35	0.18
19	101499	56126	45373	42	28	14	0.41	0.50	0.31
20–24岁	**535330**	**284113**	**251217**	**206**	**153**	**53**	**0.38**	**0.54**	**0.21**
20	96257	53669	42588	48	29	19	0.50	0.54	0.45
21	101790	55401	46389	50	36	14	0.49	0.65	0.30
22	107291	56166	51125	41	34	7	0.38	0.61	0.14
23	112937	58446	54491	31	25	6	0.27	0.43	0.11
24	117055	60431	56624	36	29	7	0.31	0.48	0.12
25–29岁	**685210**	**349579**	**335631**	**295**	**223**	**72**	**0.43**	**0.64**	**0.21**
25	120474	61585	58889	51	47	4	0.42	0.76	0.07
26	121573	61864	59709	49	34	15	0.40	0.55	0.25
27	136967	69789	67178	62	42	20	0.45	0.60	0.30
28	148599	76360	72239	68	48	20	0.46	0.63	0.28
29	157597	79981	77616	65	52	13	0.41	0.65	0.17

6-4b 续表1

单位：人、‰

年 龄	平均人口			死亡人口			死亡率		
	合计	男	女	合计	男	女	合计	男	女
30-34岁	**1003429**	**506260**	**497169**	**580**	**447**	**133**	**0.58**	**0.88**	**0.27**
30	189086	94803	94283	86	62	24	0.45	0.65	0.25
31	188269	94462	93807	90	68	22	0.48	0.72	0.23
32	204817	103608	101209	114	95	19	0.56	0.92	0.19
33	212307	107387	104920	139	107	32	0.65	1.00	0.30
34	208950	106000	102950	151	115	36	0.72	1.08	0.35
35-39岁	**913956**	**466282**	**447674**	**932**	**747**	**185**	**1.02**	**1.60**	**0.41**
35	206861	105489	101372	182	141	41	0.88	1.34	0.40
36	180258	91692	88566	166	134	32	0.92	1.46	0.36
37	174446	89620	84826	184	152	32	1.05	1.70	0.38
38	180858	92093	88765	193	151	42	1.07	1.64	0.47
39	171533	87388	84145	207	169	38	1.21	1.93	0.45
40-44岁	**874371**	**449404**	**424967**	**1273**	**994**	**279**	**1.46**	**2.21**	**0.66**
40	188675	96685	91990	220	169	51	1.17	1.75	0.55
41	175569	89893	85676	227	184	43	1.29	2.05	0.50
42	161704	83134	78570	268	210	58	1.66	2.53	0.74
43	173062	89139	83923	270	218	52	1.56	2.45	0.62
44	175361	90553	84808	288	213	75	1.64	2.35	0.88
45-49岁	**911147**	**470444**	**440703**	**2104**	**1621**	**483**	**2.31**	**3.45**	**1.10**
45	189499	97616	91883	337	249	88	1.78	2.55	0.96
46	185024	95419	89605	394	311	83	2.13	3.26	0.93
47	180567	93059	87508	407	309	98	2.25	3.32	1.12
48	176168	91679	84489	462	350	112	2.62	3.82	1.33
49	179889	92671	87218	504	402	102	2.80	4.34	1.17
50-54岁	**911552**	**467301**	**444251**	**3199**	**2386**	**813**	**3.51**	**5.11**	**1.83**
50	180238	92649	87589	532	405	127	2.95	4.37	1.45
51	199560	102631	96929	616	460	156	3.09	4.48	1.61
52	168740	86442	82298	616	473	143	3.65	5.47	1.74
53	174949	89543	85406	634	472	162	3.62	5.27	1.90
54	188065	96036	92029	801	576	225	4.26	6.00	2.44
55-59岁	**724728**	**365642**	**359086**	**3747**	**2733**	**1014**	**5.17**	**7.47**	**2.82**
55	182627	91528	91099	751	543	208	4.11	5.93	2.28
56	183314	92521	90793	901	652	249	4.92	7.05	2.74
57	185799	95387	90412	974	705	269	5.24	7.39	2.98
58	94066	47478	46588	617	463	154	6.56	9.75	3.31
59	78922	38728	40194	504	370	134	6.39	9.55	3.33
60-64岁	**528767**	**262675**	**266092**	**4081**	**2877**	**1204**	**7.72**	**10.95**	**4.52**
60	77689	38366	39323	513	361	152	6.60	9.41	3.87
61	112233	56090	56143	765	543	222	6.82	9.68	3.95
62	126545	63861	62684	931	655	276	7.36	10.26	4.40
63	110910	55023	55887	918	659	259	8.28	11.98	4.63
64	101390	49335	52055	954	659	295	9.41	13.36	5.67

6-4b 续表2

单位：人、‰

年 龄	平均人口			死亡人口			死亡率		
	合计	男	女	合计	男	女	合计	男	女
65-69岁	**487459**	**238386**	**249073**	**5899**	**4028**	**1871**	**12.10**	**16.90**	**7.51**
65	111163	54229	56934	1065	740	325	9.58	13.65	5.71
66	107045	52446	54599	1138	787	351	10.63	15.01	6.43
67	102827	50615	52212	1295	909	386	12.59	17.96	7.39
68	83412	40610	42802	1171	775	396	14.04	19.08	9.25
69	83012	40486	42526	1230	817	413	14.82	20.18	9.71
70-74岁	**318205**	**156194**	**162011**	**6396**	**4214**	**2182**	**20.10**	**26.98**	**13.47**
70	87139	43914	43225	1422	967	455	16.32	22.02	10.53
71	69285	34210	35075	1315	858	457	18.98	25.08	13.03
72	57022	28090	28932	1234	801	433	21.64	28.52	14.97
73	53102	25864	27238	1178	783	395	22.18	30.27	14.50
74	51657	24116	27541	1247	805	442	24.14	33.38	16.05
75-79岁	**230747**	**105311**	**125436**	**7498**	**4435**	**3063**	**32.49**	**42.11**	**24.42**
75	52260	24753	27507	1438	905	533	27.52	36.56	19.38
76	49538	22798	26740	1503	898	605	30.34	39.39	22.63
77	45256	20507	24749	1417	822	595	31.31	40.08	24.04
78	42160	18833	23327	1526	872	654	36.20	46.30	28.04
79	41533	18420	23113	1614	938	676	38.86	50.92	29.25
80-84岁	**153338**	**66142**	**87196**	**8269**	**4421**	**3848**	**53.93**	**66.84**	**44.13**
80	35906	15930	19976	1606	874	732	44.73	54.87	36.64
81	33468	14720	18748	1618	887	731	48.34	60.26	38.99
82	30341	13095	17246	1651	893	758	54.41	68.19	43.95
83	28443	12177	16266	1734	902	832	60.96	74.07	51.15
84	25180	10220	14960	1660	865	795	65.93	84.64	53.14
85-89岁	**83448**	**32023**	**51425**	**7054**	**3240**	**3814**	**84.53**	**101.18**	**74.17**
85	21637	8305	13332	1555	739	816	71.87	88.98	61.21
86	19898	8014	11884	1544	747	797	77.60	93.21	67.06
87	16086	6105	9981	1385	632	753	86.10	103.52	75.44
88	13761	5168	8593	1321	585	736	96.00	113.20	85.65
89	12066	4431	7635	1249	537	712	103.51	121.19	93.25
90-94岁	**28426**	**9705**	**18721**	**3675**	**1352**	**2323**	**129.28**	**139.31**	**124.09**
90	8554	3052	5502	998	399	599	116.67	130.73	108.87
91	6773	2326	4447	824	293	531	121.66	125.97	119.41
92	5596	1876	3720	761	297	464	135.99	158.32	124.73
93	4215	1395	2820	589	204	385	139.74	146.24	136.52
94	3288	1056	2232	503	159	344	152.98	150.57	154.12
95-99岁	**7408**	**2169**	**5239**	**1198**	**362**	**836**	**161.72**	**166.90**	**159.57**
95	2372	732	1640	334	104	230	140.81	142.08	140.24
96	1835	543	1292	317	108	209	172.75	198.90	161.76
97	1306	367	939	213	54	159	163.09	147.14	169.33
98	1075	310	765	176	49	127	163.72	158.06	166.01
99	820	217	603	158	47	111	192.68	216.59	184.08
100岁及以上	**1336**	**293**	**1043**	**346**	**96**	**250**	**258.98**	**327.65**	**239.69**

6-4c　分年龄、性别的死亡人口状况(2019.11.1-2020.10.31)(乡村)

单位：人、‰

年　龄	平均人口			死亡人口			死亡率		
	合计	男	女	合计	男	女	合计	男	女
总　计	**22917159**	**12104802**	**10812357**	**190038**	**113375**	**76663**	**8.29**	**9.37**	**7.09**
0-4岁	**1740485**	**920797**	**819688**	**1323**	**776**	**547**	**0.76**	**0.84**	**0.67**
0	292769	155066	137703	708	408	300	2.42	2.63	2.18
1	317654	168400	149254	232	149	83	0.73	0.88	0.56
2	354551	187365	167186	169	95	74	0.48	0.51	0.44
3	386777	203901	182876	113	69	44	0.29	0.34	0.24
4	388734	206065	182669	101	55	46	0.26	0.27	0.25
5-9岁	**2130356**	**1131823**	**998533**	**488**	**288**	**200**	**0.23**	**0.25**	**0.20**
5	414221	219994	194227	106	62	44	0.26	0.28	0.23
6	416461	221327	195134	103	66	37	0.25	0.30	0.19
7	451792	239885	211907	100	59	41	0.22	0.25	0.19
8	432904	229886	203018	95	56	39	0.22	0.24	0.19
9	414978	220731	194247	84	45	39	0.20	0.20	0.20
10-14岁	**2027330**	**1080524**	**946806**	**533**	**337**	**196**	**0.26**	**0.31**	**0.21**
10	422991	225408	197583	84	50	34	0.20	0.22	0.17
11	416398	221461	194937	81	48	33	0.19	0.22	0.17
12	406049	216805	189244	104	61	43	0.26	0.28	0.23
13	418051	221816	196235	119	76	43	0.28	0.34	0.22
14	363841	195034	168807	145	102	43	0.40	0.52	0.25
15-19岁	**935762**	**524897**	**410865**	**763**	**524**	**239**	**0.82**	**1.00**	**0.58**
15	236806	131379	105427	153	92	61	0.65	0.70	0.58
16	170397	98072	72325	154	110	44	0.90	1.12	0.61
17	163467	93109	70358	152	106	46	0.93	1.14	0.65
18	182099	100335	81764	161	109	52	0.88	1.09	0.64
19	182993	102002	80991	143	107	36	0.78	1.05	0.44
20-24岁	**963069**	**529254**	**433815**	**825**	**627**	**198**	**0.86**	**1.18**	**0.46**
20	181758	101331	80427	173	129	44	0.95	1.27	0.55
21	188621	104083	84538	169	138	31	0.90	1.33	0.37
22	194802	106121	88681	168	116	52	0.86	1.09	0.59
23	197794	107893	89901	156	124	32	0.79	1.15	0.36
24	200094	109826	90268	159	120	39	0.79	1.09	0.43
25-29岁	**1111085**	**619642**	**491443**	**1040**	**777**	**263**	**0.94**	**1.25**	**0.54**
25	202433	112264	90169	165	124	41	0.82	1.10	0.45
26	202192	112180	90012	168	119	49	0.83	1.06	0.54
27	224723	125934	98789	228	181	47	1.01	1.44	0.48
28	236941	133201	103740	262	197	65	1.11	1.48	0.63
29	244796	136063	108733	217	156	61	0.89	1.15	0.56

6-4c 续表1

单位：人、‰

年 龄	平均人口			死亡人口			死亡率		
	合计	男	女	合计	男	女	合计	男	女
30-34岁	**1494854**	**830949**	**663905**	**2140**	**1659**	**481**	**1.43**	**2.00**	**0.72**
30	292055	162068	129987	353	262	91	1.21	1.62	0.70
31	279226	154454	124772	349	259	90	1.25	1.68	0.72
32	300515	167052	133463	403	325	78	1.34	1.95	0.58
33	311529	173325	138204	519	407	112	1.67	2.35	0.81
34	311529	174050	137479	516	406	110	1.66	2.33	0.80
35-39岁	**1429324**	**794029**	**635295**	**3169**	**2510**	**659**	**2.22**	**3.16**	**1.04**
35	314661	175754	138907	603	466	137	1.92	2.65	0.99
36	277185	153717	123468	547	419	128	1.97	2.73	1.04
37	269885	150318	119567	610	475	135	2.26	3.16	1.13
38	287782	159612	128170	673	539	134	2.34	3.38	1.05
39	279811	154628	125183	736	611	125	2.63	3.95	1.00
40-44岁	**1407616**	**770741**	**636875**	**4669**	**3702**	**967**	**3.32**	**4.80**	**1.52**
40	300077	165613	134464	777	616	161	2.59	3.72	1.20
41	275931	151416	124515	901	707	194	3.27	4.67	1.56
42	259004	141145	117859	856	673	183	3.30	4.77	1.55
43	280437	153315	127122	997	801	196	3.56	5.22	1.54
44	292167	159252	132915	1138	905	233	3.90	5.68	1.75
45-49岁	**1660024**	**891719**	**768305**	**7279**	**5714**	**1565**	**4.38**	**6.41**	**2.04**
45	324438	175185	149253	1247	984	263	3.84	5.62	1.76
46	327094	175467	151627	1344	1076	268	4.11	6.13	1.77
47	330444	176724	153720	1487	1163	324	4.50	6.58	2.11
48	332605	179320	153285	1504	1188	316	4.52	6.63	2.06
49	345443	185023	160420	1697	1303	394	4.91	7.04	2.46
50-54岁	**1863617**	**991739**	**871878**	**10848**	**8247**	**2601**	**5.82**	**8.32**	**2.98**
50	356577	190521	166056	1870	1460	410	5.24	7.66	2.47
51	402200	213969	188231	2193	1703	490	5.45	7.96	2.60
52	349940	185650	164290	2082	1564	518	5.95	8.42	3.15
53	362274	193119	169155	2189	1647	542	6.04	8.53	3.20
54	392626	208480	184146	2514	1873	641	6.40	8.98	3.48
55-59岁	**1525827**	**803611**	**722216**	**11358**	**8483**	**2875**	**7.44**	**10.56**	**3.98**
55	380588	198535	182053	2529	1878	651	6.64	9.46	3.58
56	384814	203723	181091	2754	2078	676	7.16	10.20	3.73
57	387719	208983	178736	2855	2160	695	7.36	10.34	3.89
58	203480	107236	96244	1779	1310	469	8.74	12.22	4.87
59	169226	85134	84092	1441	1057	384	8.52	12.42	4.57
60-64岁	**1206618**	**625159**	**581459**	**12991**	**9370**	**3621**	**10.77**	**14.99**	**6.23**
60	166792	85648	81144	1674	1248	426	10.04	14.57	5.25
61	252182	131828	120354	2422	1747	675	9.60	13.25	5.61
62	288661	152310	136351	3056	2204	852	10.59	14.47	6.25
63	259563	134252	125311	2908	2065	843	11.20	15.38	6.73
64	239420	121121	118299	2931	2106	825	12.24	17.39	6.97

6-4c 续表2

单位：人、‰

年龄	平均人口			死亡人口			死亡率		
	合计	男	女	合计	男	女	合计	男	女
65-69岁	**1178100**	**590911**	**587189**	**17487**	**11869**	**5618**	**14.84**	**20.09**	**9.57**
65	261477	133695	127782	3301	2342	959	12.62	17.52	7.50
66	254705	128479	126226	3443	2351	1092	13.52	18.30	8.65
67	247425	125477	121948	3669	2502	1167	14.83	19.94	9.57
68	206714	102139	104575	3489	2356	1133	16.88	23.07	10.83
69	207779	101121	106658	3585	2318	1267	17.25	22.92	11.88
70-74岁	**834366**	**405147**	**429219**	**20111**	**12930**	**7181**	**24.10**	**31.91**	**16.73**
70	218162	109518	108644	4273	2844	1429	19.59	25.97	13.15
71	178512	88060	90452	4051	2682	1369	22.69	30.46	15.14
72	151602	73615	77987	3699	2398	1301	24.40	32.57	16.68
73	141924	67482	74442	3844	2432	1412	27.08	36.04	18.97
74	144166	66472	77694	4244	2574	1670	29.44	38.72	21.49
75-79岁	**642735**	**293348**	**349387**	**25318**	**14544**	**10774**	**39.39**	**49.58**	**30.84**
75	143242	67066	76176	4676	2753	1923	32.64	41.05	25.24
76	137555	63352	74203	4888	2887	2001	35.53	45.57	26.97
77	125696	57327	68369	4859	2817	2042	38.66	49.14	29.87
78	120507	54111	66396	5271	2996	2275	43.74	55.37	34.26
79	115735	51492	64243	5624	3091	2533	48.59	60.03	39.43
80-84岁	**424841**	**179355**	**245486**	**27600**	**13972**	**13628**	**64.97**	**77.90**	**55.51**
80	98971	43647	55324	5304	2862	2442	53.59	65.57	44.14
81	92936	40545	52391	5459	2883	2576	58.74	71.11	49.17
82	84239	35539	48700	5639	2817	2822	66.94	79.27	57.95
83	77322	31601	45721	5624	2765	2859	72.73	87.50	62.53
84	71373	28023	43350	5574	2645	2929	78.10	94.39	67.57
85-89岁	**235376**	**88069**	**147307**	**23944**	**10759**	**13185**	**101.73**	**122.17**	**89.51**
85	61182	23561	37621	5313	2482	2831	86.84	105.34	75.25
86	54885	21193	33692	5333	2460	2873	97.17	116.08	85.27
87	45777	17162	28615	4814	2143	2671	105.16	124.87	93.34
88	39026	13970	25056	4270	1912	2358	109.41	136.86	94.11
89	34506	12183	22323	4214	1762	2452	122.12	144.63	109.84
90-94岁	**81390**	**26647**	**54743**	**12639**	**4712**	**7927**	**155.29**	**176.83**	**144.80**
90	24970	8453	16517	3430	1326	2104	137.36	156.87	127.38
91	18770	6271	12499	2834	1129	1705	150.99	180.04	136.41
92	16119	5319	10800	2551	923	1628	158.26	173.53	150.74
93	12174	3824	8350	2192	758	1434	180.06	198.22	171.74
94	9357	2780	6577	1632	576	1056	174.41	207.19	160.56
95-99岁	**20559**	**5642**	**14917**	**4394**	**1325**	**3069**	**213.73**	**234.85**	**205.74**
95	6701	1915	4786	1337	453	884	199.52	236.55	184.71
96	5137	1415	3722	1035	296	739	201.48	209.19	198.55
97	3468	954	2514	773	216	557	222.90	226.42	221.56
98	2920	779	2141	670	207	463	229.45	265.73	216.25
99	2333	579	1754	579	153	426	248.18	264.25	242.87
100岁及以上	**3825**	**799**	**3026**	**1119**	**250**	**869**	**292.55**	**312.89**	**287.18**

第一部分 全部数据资料

第七卷 户口登记状况

7-1 按现住地、户口登记地、

现住地	户口登记地					
	合计			省内		
	合计	男	女	小计	男	女
总计	**13238781**	**6678931**	**6559850**	**11879397**	**5897312**	**5982085**
南宁市	3494076	1811486	1682590	3123533	1596246	1527287
柳州市	1569791	808816	760975	1414010	716071	697939
桂林市	1314266	648080	666186	1121168	541022	580146
梧州市	552699	272244	280455	511106	248238	262868
北海市	641005	324362	316643	500535	248656	251879
防城港市	381937	208949	172988	306129	160766	145363
钦州市	647200	312733	334467	593572	282440	311132
贵港市	678659	338859	339800	636068	315011	321057
玉林市	1001632	487989	513643	931388	449634	481754
百色市	821435	405403	416032	764626	372479	392147
贺州市	344017	166147	177870	309330	146509	162821
河池市	737503	360410	377093	691639	333558	358081
来宾市	531118	264885	266233	497889	245206	252683
崇左市	523443	268568	254875	478404	241476	236928

7-1a 按现住地、户口登记地、

现住地	户口登记地					
	合计			省内		
	合计	男	女	小计	男	女
总计	**8451951**	**4301682**	**4150269**	**7542360**	**3783672**	**3758688**
南宁市	2925549	1515903	1409646	2601711	1329160	1272551
柳州市	1184196	613784	570412	1060639	540351	520288
桂林市	713536	360489	353047	599775	295777	303998
梧州市	371539	183319	188220	346462	168923	177539
北海市	404254	204292	199962	295821	147168	148653
防城港市	275104	146346	128758	219688	114005	105683
钦州市	338716	169194	169522	314949	156159	158790
贵港市	424206	215284	208922	402334	202413	199921
玉林市	493704	247772	245932	460572	229121	231451
百色市	458767	222256	236511	433072	208330	224742
贺州市	158573	76290	82283	144790	68339	76451
河池市	222347	105241	117106	208656	97489	111167
来宾市	292045	144814	147231	279291	137854	141437
崇左市	189415	96698	92717	174600	88583	86017

性别分的户口登记地在外乡镇街道的人口

单位：人

户口登记地								
市辖区内人户分离			省内流动人口			省外		
小计	男	女	小计	男	女	小计	男	女
3716255	**1835365**	**1880890**	**8163142**	**4061947**	**4101195**	**1359384**	**781619**	**577765**
1053502	531661	521841	2070031	1064585	1005446	370543	215240	155303
482987	235535	247452	931023	480536	450487	155781	92745	63036
287116	141321	145795	834052	399701	434351	193098	107058	86040
140821	67659	73162	370285	180579	189706	41593	24006	17587
175522	84575	90947	325013	164081	160932	140470	75706	64764
113885	57653	56232	192244	103113	89131	75808	48183	27625
279034	138453	140581	314538	143987	170551	53628	30293	23335
267501	132608	134893	368567	182403	186164	42591	23848	18743
191406	93645	97761	739982	355989	383993	70244	38355	31889
146540	69950	76590	618086	302529	315557	56809	32924	23885
144236	67615	76621	165094	78894	86200	34687	19638	15049
123365	58437	64928	568274	275121	293153	45864	26852	19012
245667	122945	122722	252222	122261	129961	33229	19679	13550
64673	33308	31365	413731	208168	205563	45039	27092	17947

性别分的户口登记地在外乡镇街道的人口(城市)

单位：人

户口登记地								
市辖区内人户分离			省内流动人口			省外		
小计	男	女	小计	男	女	小计	男	女
3383278	**1675682**	**1707596**	**4159082**	**2107990**	**2051092**	**909591**	**518010**	**391581**
994358	501458	492900	1607353	827702	779651	323838	186743	137095
452424	220665	231759	608215	319686	288529	123557	73433	50124
268796	132533	136263	330979	163244	167735	113761	64712	49049
135368	65054	70314	211094	103869	107225	25077	14396	10681
147369	70838	76531	148452	76330	72122	108433	57124	51309
96446	49350	47096	123242	64655	58587	55416	32341	23075
231489	116115	115374	83460	40044	43416	23767	13035	10732
241219	120311	120908	161115	82102	79013	21872	12871	9001
172263	85468	86795	288309	143653	144656	33132	18651	14481
139268	66379	72889	293804	141951	151853	25695	13926	11769
108202	51142	57060	36588	17197	19391	13783	7951	5832
111191	52671	58520	97465	44818	52647	13691	7752	5939
225630	113101	112529	53661	24753	28908	12754	6960	5794
59255	30597	28658	115345	57986	57359	14815	8115	6700

7-1b 按现住地、户口登记地、

现住地	户口登记地					
	合计			省内		
	合计	男	女	小计	男	女
总　计	**3591378**	**1787296**	**1804082**	**3336750**	**1635615**	**1701135**
南宁市	394591	204306	190285	370341	189341	181000
柳州市	312419	158887	153532	290490	145731	144759
桂林市	454362	218449	235913	401880	190072	211808
梧州市	139552	69604	69948	129792	63601	66191
北海市	106233	53221	53012	101136	50545	50591
防城港市	55257	31769	23488	43956	22972	20984
钦州市	212889	105126	107763	196238	94288	101950
贵港市	182866	90513	92353	172342	84650	87692
玉林市	421676	205371	216305	398845	192304	206541
百色市	268604	132095	136509	252544	122722	129822
贺州市	136181	66781	69400	123407	59139	64268
河池市	443378	217581	225797	423791	206187	217604
来宾市	189278	94314	94964	177656	87130	90526
崇左市	274092	139279	134813	254332	126933	127399

7-1c 按现住地、户口登记地、

现住地	户口登记地					
	合计			省内		
	合计	男	女	小计	男	女
总　计	**1195452**	**589953**	**605499**	**1000287**	**478025**	**522262**
南宁市	173936	91277	82659	151481	77745	73736
柳州市	73176	36145	37031	62881	29989	32892
桂林市	146368	69142	77226	119513	55173	64340
梧州市	41608	19321	22287	34852	15714	19138
北海市	130518	66849	63669	103578	50943	52635
防城港市	51576	30834	20742	42485	23789	18696
钦州市	95595	38413	57182	82385	31993	50392
贵港市	71587	33062	38525	61392	27948	33444
玉林市	86252	34846	51406	71971	28209	43762
百色市	94064	51052	43012	79010	41427	37583
贺州市	49263	23076	26187	41133	19031	22102
河池市	71778	37588	34190	59192	29882	29310
来宾市	49795	25757	24038	40942	20222	20720
崇左市	59936	32591	27345	49472	25960	23512

性别分的户口登记地在外乡镇街道的人口(镇)

单位：人

户口登记地								
市辖区内人户分离			省内流动人口			省外		
小计	男	女	小计	男	女	小计	男	女
178776	**88838**	**89938**	**3157974**	**1546777**	**1611197**	**254628**	**151681**	**102947**
37284	19260	18024	333057	170081	162976	24250	14965	9285
19944	10071	9873	270546	135660	134886	21929	13156	8773
9199	4334	4865	392681	185738	206943	52482	28377	24105
2618	1360	1258	127174	62241	64933	9760	6003	3757
1854	899	955	99282	49646	49636	5097	2676	2421
7645	3717	3928	36311	19255	17056	11301	8797	2504
30985	15790	15195	165253	78498	86755	16651	10838	5813
11495	5481	6014	160847	79169	81678	10524	5863	4661
13725	6462	7263	385120	185842	199278	22831	13067	9764
557	266	291	251987	122456	129531	16060	9373	6687
18953	8703	10250	104454	50436	54018	12774	7642	5132
5602	2748	2854	418189	203439	214750	19587	11394	8193
14742	7533	7209	162914	79597	83317	11622	7184	4438
4173	2214	1959	250159	124719	125440	19760	12346	7414

性别分的户口登记地在外乡镇街道的人口(乡村)

单位：人

户口登记地								
市辖区内人户分离			省内流动人口			省外		
小计	男	女	小计	男	女	小计	男	女
154201	**70845**	**83356**	**846086**	**407180**	**438906**	**195165**	**111928**	**83237**
21860	10943	10917	129621	66802	62819	22455	13532	8923
10619	4799	5820	52262	25190	27072	10295	6156	4139
9121	4454	4667	110392	50719	59673	26855	13969	12886
2835	1245	1590	32017	14469	17548	6756	3607	3149
26299	12838	13461	77279	38105	39174	26940	15906	11034
9794	4586	5208	32691	19203	13488	9091	7045	2046
16560	6548	10012	65825	25445	40380	13210	6420	6790
14787	6816	7971	46605	21132	25473	10195	5114	5081
5418	1715	3703	66553	26494	40059	14281	6637	7644
6715	3305	3410	72295	38122	34173	15054	9625	5429
17081	7770	9311	24052	11261	12791	8130	4045	4085
6572	3018	3554	52620	26864	25756	12586	7706	4880
5295	2311	2984	35647	17911	17736	8853	5535	3318
1245	497	748	48227	25463	22764	10464	6631	3833

7-2 按户口登记地、年龄、性别分的

年龄	户口登记地					
	合计			省内		
	合计	男	女	小计	男	女
总 计	**13238781**	**6678931**	**6559850**	**11879397**	**5897312**	**5982085**
0-4岁	**711623**	**381442**	**330181**	**658642**	**352701**	**305941**
0	80622	43397	37225	76030	40891	35139
1	130741	70231	60510	121240	65048	56192
2	147114	78610	68504	135954	72527	63427
3	179186	95660	83526	165580	88344	77236
4	173960	93544	80416	159838	85891	73947
5-9岁	**870195**	**473278**	**396917**	**803195**	**437027**	**366168**
5	167968	90807	77161	154754	83636	71118
6	172646	93828	78818	159226	86533	72693
7	175994	95847	80147	162754	88646	74108
8	186682	101822	84860	172222	94049	78173
9	166905	90974	75931	154239	84163	70076
10-14岁	**736147**	**397708**	**338439**	**682485**	**368584**	**313901**
10	158503	86304	72199	146294	79741	66553
11	156027	84939	71088	144035	78475	65560
12	144796	78888	65908	134223	73155	61068
13	137133	73602	63531	127520	68432	59088
14	139688	73975	65713	130413	68781	61632
15-19岁	**1632466**	**807208**	**825258**	**1552810**	**766300**	**786510**
15	233809	119277	114532	225101	114504	110597
16	381646	192027	189619	372081	186702	185379
17	386797	191421	195376	376376	185748	190628
18	321226	158255	162971	303712	149428	154284
19	308988	146228	162760	275540	129918	145622
20-24岁	**1110677**	**524663**	**586014**	**960113**	**443742**	**516371**
20	292689	137506	155183	253202	117792	135410
21	238022	111156	126866	203997	93573	110424
22	212704	100128	112576	184401	84504	99897
23	186760	89325	97435	162554	75429	87125
24	180502	86548	93954	155959	72444	83515
25-29岁	**1013466**	**488710**	**524756**	**883257**	**413983**	**469274**
25	187326	90403	96923	161908	75667	86241
26	188399	90623	97776	164521	76823	87698
27	200558	96241	104317	174993	81543	93450
28	217987	105331	112656	191615	90408	101207
29	219196	106112	113084	190220	89542	100678

户口登记地在外乡镇街道的人口

单位：人

户口登记地								
其中市辖区内人户分离			省内-市辖区内人户分离			省外		
小计	男	女	小计	男	女	小计	男	女
3716255	**1835365**	**1880890**	**8163142**	**4061947**	**4101195**	**1359384**	**781619**	**577765**
231168	**123770**	**107398**	**427474**	**228931**	**198543**	**52981**	**28741**	**24240**
26988	14431	12557	49042	26460	22582	4592	2506	2086
42549	22759	19790	78691	42289	36402	9501	5183	4318
48004	25486	22518	87950	47041	40909	11160	6083	5077
58746	31569	27177	106834	56775	50059	13606	7316	6290
54881	29525	25356	104957	56366	48591	14122	7653	6469
263393	**143066**	**120327**	**539802**	**293961**	**245841**	**67000**	**36251**	**30749**
52130	28070	24060	102624	55566	47058	13214	7171	6043
52375	28415	23960	106851	58118	48733	13420	7295	6125
53292	28984	24308	109462	59662	49800	13240	7201	6039
56239	30702	25537	115983	63347	52636	14460	7773	6687
49357	26895	22462	104882	57268	47614	12666	6811	5855
215303	**116524**	**98779**	**467182**	**252060**	**215122**	**53662**	**29124**	**24538**
46556	25272	21284	99738	54469	45269	12209	6563	5646
45362	24638	20724	98673	53837	44836	11992	6464	5528
42759	23424	19335	91464	49731	41733	10573	5733	4840
41110	22142	18968	86410	46290	40120	9613	5170	4443
39516	21048	18468	90897	47733	43164	9275	5194	4081
376880	**190477**	**186403**	**1175930**	**575823**	**600107**	**79656**	**40908**	**38748**
68418	34809	33609	156683	79695	76988	8708	4773	3935
107114	53668	53446	264967	133034	131933	9565	5325	4240
103900	51429	52471	272476	134319	138157	10421	5673	4748
61381	31841	29540	242331	117587	124744	17514	8827	8687
36067	18730	17337	239473	111188	128285	33448	16310	17138
174174	**86082**	**88092**	**785939**	**357660**	**428279**	**150564**	**80921**	**69643**
32747	16774	15973	220455	101018	119437	39487	19714	19773
31061	15590	15471	172936	77983	94953	34025	17583	16442
34809	17186	17623	149592	67318	82274	28303	15624	12679
37045	18016	19029	125509	57413	68096	24206	13896	10310
38512	18516	19996	117447	53928	63519	24543	14104	10439
245566	**116653**	**128913**	**637691**	**297330**	**340361**	**130209**	**74727**	**55482**
41624	20195	21429	120284	55472	64812	25418	14736	10682
44543	21266	23277	119978	55557	64421	23878	13800	10078
48479	22824	25655	126514	58719	67795	25565	14698	10867
54670	26009	28661	136945	64399	72546	26372	14923	11449
56250	26359	29891	133970	63183	70787	28976	16570	12406

7-2 续表 1

年 龄	户口登记地					
	合计			省内		
	合计	男	女	小计	男	女
30-34岁	**1387557**	**673437**	**714120**	**1215004**	**574631**	**640373**
30	263767	127026	136741	227407	106209	121198
31	270255	130914	139341	234684	110664	124020
32	266426	129432	136994	233275	110346	122929
33	298331	145243	153088	262382	124660	137722
34	288778	140822	147956	257256	122752	134504
35-39岁	**1217963**	**610352**	**607611**	**1083753**	**530684**	**553069**
35	272883	134622	138261	245634	118838	126796
36	260547	129523	131024	233252	113608	119644
37	225188	112988	112200	199405	97579	101826
38	238879	121464	117415	209818	103978	105840
39	220466	111755	108711	195644	96681	98963
40-44岁	**1023393**	**528656**	**494737**	**908951**	**458599**	**450352**
40	214523	109429	105094	192402	96107	96295
41	220301	113371	106930	196296	98622	97674
42	204449	105445	99004	181875	91650	90225
43	182906	94754	88152	161588	81680	79908
44	201214	105657	95557	176790	90540	86250
45-49岁	**945014**	**504070**	**440944**	**815147**	**422965**	**392182**
45	196115	103496	92619	171380	88102	83278
46	207397	110228	97169	180778	93731	87047
47	187598	99945	87653	161133	83545	77588
48	180307	96712	83595	154257	80358	73899
49	173597	93689	79908	147599	77229	70370
50-54岁	**805752**	**424786**	**380966**	**691600**	**353698**	**337902**
50	175849	93573	82276	149483	77166	72317
51	164141	87322	76819	140073	72382	67691
52	175811	92816	82995	150904	77301	73603
53	137010	71547	65463	118184	59869	58315
54	152941	79528	73413	132956	66980	65976
55-59岁	**615234**	**309003**	**306231**	**542064**	**264847**	**277217**
55	149773	76678	73095	131300	65328	65972
56	141487	70788	70699	124423	60477	63946
57	152637	76949	75688	133709	65389	68320
58	113972	56851	57121	101335	49267	52068
59	57365	27737	29628	51297	24386	26911
60-64岁	**375114**	**181818**	**193296**	**338200**	**161163**	**177037**
60	67259	32023	35236	60093	28016	32077
61	61712	30352	31360	55121	26527	28594
62	86634	42280	44354	78651	37722	40929
63	85066	41554	43512	76786	36992	39794
64	74443	35609	38834	67549	31906	35643

单位：人

户口登记地								
其中市辖区内人户分离			省内-市辖区内人户分离			省外		
小计	男	女	小计	男	女	小计	男	女
383378	**177933**	**205445**	**831626**	**396698**	**434928**	**172553**	**98806**	**73747**
68364	31746	36618	159043	74463	84580	36360	20817	15543
72896	33972	38924	161788	76692	85096	35571	20250	15321
73550	34012	39538	159725	76334	83391	33151	19086	14065
85022	39521	45501	177360	85139	92221	35949	20583	15366
83546	38682	44864	173710	84070	89640	31522	18070	13452
359834	**170496**	**189338**	**723919**	**360188**	**363731**	**134210**	**79668**	**54542**
80089	37622	42467	165545	81216	84329	27249	15784	11465
76092	35835	40257	157160	77773	79387	27295	15915	11380
66505	31445	35060	132900	66134	66766	25783	15409	10374
70768	34139	36629	139050	69839	69211	29061	17486	11575
66380	31455	34925	129264	65226	64038	24822	15074	9748
317262	**153517**	**163745**	**591689**	**305082**	**286607**	**114442**	**70057**	**44385**
64624	31030	33594	127778	65077	62701	22121	13322	8799
68549	33106	35443	127747	65516	62231	24005	14749	9256
64299	30968	33331	117576	60682	56894	22574	13795	8779
57461	27821	29640	104127	53859	50268	21318	13074	8244
62329	30592	31737	114461	59948	54513	24424	15117	9307
291091	**145036**	**146055**	**524056**	**277929**	**246127**	**129867**	**81105**	**48762**
60408	29744	30664	110972	58358	52614	24735	15394	9341
63638	31561	32077	117140	62170	54970	26619	16497	10122
57947	28946	29001	103186	54599	48587	26465	16400	10065
55109	27577	27532	99148	52781	46367	26050	16354	9696
53989	27208	26781	93610	50021	43589	25998	16460	9538
247883	**122921**	**124962**	**443717**	**230777**	**212940**	**114152**	**71088**	**43064**
53736	26790	26946	95747	50376	45371	26366	16407	9959
50864	25493	25371	89209	46889	42320	24068	14940	9128
54346	27007	27339	96558	50294	46264	24907	15515	9392
41852	20517	21335	76332	39352	36980	18826	11678	7148
47085	23114	23971	85871	43866	42005	19985	12548	7437
202401	**98225**	**104176**	**339663**	**166622**	**173041**	**73170**	**44156**	**29014**
47209	23153	24056	84091	42175	41916	18473	11350	7123
45916	22307	23609	78507	38170	40337	17064	10311	6753
50544	24618	25926	83165	40771	42394	18928	11560	7368
38036	18277	19759	63299	30990	32309	12637	7584	5053
20696	9870	10826	30601	14516	16085	6068	3351	2717
130975	**62787**	**68188**	**207225**	**98376**	**108849**	**36914**	**20655**	**16259**
23858	11287	12571	36235	16729	19506	7166	4007	3159
21497	10425	11072	33624	16102	17522	6591	3825	2766
29474	14163	15311	49177	23559	25618	7983	4558	3425
29669	14280	15389	47117	22712	24405	8280	4562	3718
26477	12632	13845	41072	19274	21798	6894	3703	3191

7-2 续表 2

年 龄	户口登记地					
	合计			省内		
	合计	男	女	小计	男	女
65-69岁	**323012**	**154855**	**168157**	**296725**	**140928**	**155797**
65	72403	34853	37550	65760	31287	34473
66	72370	34283	38087	66100	30933	35167
67	65406	31210	34196	60258	28499	31759
68	62323	30073	32250	57698	27644	30054
69	50510	24436	26074	46909	22565	24344
70-74岁	**200487**	**98480**	**102007**	**188519**	**92392**	**96127**
70	52486	25738	26748	49187	24037	25150
71	48536	24264	24272	45701	22844	22857
72	37217	18113	19104	34970	16954	18016
73	32293	15859	16434	30370	14865	15505
74	29955	14506	15449	28291	13692	14599
75-79岁	**124791**	**57865**	**66926**	**118882**	**55093**	**63789**
75	28257	13355	14902	26879	12679	14200
76	27343	12919	14424	26038	12311	13727
77	24359	11195	13164	23231	10683	12548
78	23203	10521	12682	22103	10011	12092
79	21629	9875	11754	20631	9409	11222
80-84岁	**82876**	**37241**	**45635**	**79197**	**35577**	**43620**
80	21124	9828	11296	20187	9416	10771
81	17013	7622	9391	16233	7286	8947
82	16682	7445	9237	15928	7083	8845
83	14694	6594	8100	14049	6296	7753
84	13363	5752	7611	12800	5496	7304
85-89岁	**42936**	**17799**	**25137**	**41359**	**17072**	**24287**
85	11342	4724	6618	10891	4527	6364
86	9802	4027	5775	9422	3850	5572
87	9048	3835	5213	8684	3648	5036
88	6828	2823	4005	6611	2733	3878
89	5916	2390	3526	5751	2314	3437
90-94岁	**15012**	**5809**	**9203**	**14541**	**5623**	**8918**
90	5082	2034	3048	4905	1966	2939
91	3276	1272	2004	3177	1223	1954
92	2832	1077	1755	2737	1042	1695
93	2146	791	1355	2087	777	1310
94	1676	635	1041	1635	615	1020
95-99岁	**4126**	**1482**	**2644**	**4026**	**1437**	**2589**
95	1352	520	832	1319	497	822
96	930	319	611	899	307	592
97	820	278	542	801	274	527
98	527	184	343	521	180	341
99	497	181	316	486	179	307
100岁及以上	**940**	**269**	**671**	**927**	**266**	**661**

单位：人

户口登记地								
其中市辖区内人户分离			省内–市辖区内人户分离			省外		
小计	男	女	小计	男	女	小计	男	女
114712	**54636**	**60076**	**182013**	**86292**	**95721**	**26287**	**13927**	**12360**
25583	12262	13321	40177	19025	21152	6643	3566	3077
25803	12128	13675	40297	18805	21492	6270	3350	2920
23209	10935	12274	37049	17564	19485	5148	2711	2437
21993	10609	11384	35705	17035	18670	4625	2429	2196
18124	8702	9422	28785	13863	14922	3601	1871	1730
70206	**33755**	**36451**	**118313**	**58637**	**59676**	**11968**	**6088**	**5880**
18357	8965	9392	30830	15072	15758	3299	1701	1598
17153	8372	8781	28548	14472	14076	2835	1420	1415
13046	6250	6796	21924	10704	11220	2247	1159	1088
11320	5249	6071	19050	9616	9434	1923	994	929
10330	4919	5411	17961	8773	9188	1664	814	850
42238	**19055**	**23183**	**76644**	**36038**	**40606**	**5909**	**2772**	**3137**
9652	4455	5197	17227	8224	9003	1378	676	702
9238	4205	5033	16800	8106	8694	1305	608	697
8159	3629	4530	15072	7054	8018	1128	512	616
7944	3541	4403	14159	6470	7689	1100	510	590
7245	3225	4020	13386	6184	7202	998	466	532
28617	**12412**	**16205**	**50580**	**23165**	**27415**	**3679**	**1664**	**2015**
7059	3185	3874	13128	6231	6897	937	412	525
5894	2547	3347	10339	4739	5600	780	336	444
5816	2469	3347	10112	4614	5498	754	362	392
5134	2271	2863	8915	4025	4890	645	298	347
4714	1940	2774	8086	3556	4530	563	256	307
14883	**5797**	**9086**	**26476**	**11275**	**15201**	**1577**	**727**	**850**
3988	1584	2404	6903	2943	3960	451	197	254
3396	1335	2061	6026	2515	3511	380	177	203
3187	1251	1936	5497	2397	3100	364	187	177
2292	881	1411	4319	1852	2467	217	90	127
2020	746	1274	3731	1568	2163	165	76	89
4922	**1815**	**3107**	**9619**	**3808**	**5811**	**471**	**186**	**285**
1728	647	1081	3177	1319	1858	177	68	109
1060	399	661	2117	824	1293	99	49	50
932	347	585	1805	695	1110	95	35	60
690	241	449	1397	536	861	59	14	45
512	181	331	1123	434	689	41	20	21
1142	**352**	**790**	**2884**	**1085**	**1799**	**100**	**45**	**55**
400	132	268	919	365	554	33	23	10
268	85	183	631	222	409	31	12	19
198	55	143	603	219	384	19	4	15
150	41	109	371	139	232	6	4	2
126	39	87	360	140	220	11	2	9
227	**56**	**171**	**700**	**210**	**490**	**13**	**3**	**10**

7-2a 按户口登记地、年龄、性别分的

年 龄	户口登记地					
	合计			省内		
	合计	男	女	小计	男	女
总 计	**8451951**	**4301682**	**4150269**	**7542360**	**3783672**	**3758688**
0-4岁	446030	240085	205945	410709	220807	189902
0	51834	27885	23949	48723	26179	22544
1	82434	44566	37868	76291	41229	35062
2	92297	49388	42909	85002	45351	39651
3	111883	60047	51836	102715	55093	47622
4	107582	58199	49383	97978	52955	45023
5-9岁	**518559**	**283892**	**234667**	**472437**	**258594**	**213843**
5	102591	55615	46976	93621	50719	42902
6	103338	56719	46619	94129	51664	42465
7	104545	57355	47190	95399	52302	43097
8	110634	60598	50036	100589	55103	45486
9	97451	53605	43846	88699	48806	39893
10-14岁	**424222**	**231759**	**192463**	**386332**	**210848**	**175484**
10	92137	50514	41623	83678	45895	37783
11	89727	49170	40557	81342	44587	36755
12	83579	46163	37416	76140	42047	34093
13	79296	43042	36254	72377	39267	33110
14	79483	42870	36613	72795	39052	33743
15-19岁	**996487**	**503809**	**492678**	**942263**	**476142**	**466121**
15	136043	71784	64259	129785	68277	61508
16	217511	114189	103322	210463	110186	100277
17	219950	112499	107451	212664	108508	104156
18	201181	100711	100470	189703	95071	94632
19	221802	104626	117176	199648	94100	105548
20-24岁	**781710**	**369768**	**411942**	**684131**	**318066**	**366065**
20	215493	100184	115309	189185	87486	101699
21	171146	78549	92597	148893	67480	81413
22	147492	69372	78120	129476	59516	69960
23	126607	61732	64875	111222	52815	58407
24	120972	59931	61041	105355	50769	54586
25-29岁	**678142**	**341931**	**336211**	**594080**	**292188**	**301892**
25	125282	62909	62373	109204	53371	55833
26	126144	63652	62492	110775	54444	56331
27	133877	67292	66585	117363	57493	59870
28	145617	73668	71949	128563	63732	64831
29	147222	74410	72812	128175	63148	65027

户口登记地在外乡镇街道的人口(城市)

单位：人

户口登记地								
其中市辖区内人户分离			省内-市辖区内人户分离			省外		
小计	男	女	小计	男	女	小计	男	女
3383278	**1675682**	**1707596**	**4159082**	**2107990**	**2051092**	**909591**	**518010**	**391581**
212086	113699	98387	198623	107108	91515	35321	19278	16043
24805	13232	11573	23918	12947	10971	3111	1706	1405
39014	20947	18067	37277	20282	16995	6143	3337	2806
43971	23363	20608	41031	21988	19043	7295	4037	3258
53886	28988	24898	48829	26105	22724	9168	4954	4214
50410	27169	23241	47568	25786	21782	9604	5244	4360
240549	**131083**	**109466**	**231888**	**127511**	**104377**	**46122**	**25298**	**20824**
47698	25782	21916	45923	24937	20986	8970	4896	4074
47841	26079	21762	46288	25585	20703	9209	5055	4154
48774	26599	22175	46625	25703	20922	9146	5053	4093
51337	28020	23317	49252	27083	22169	10045	5495	4550
44899	24603	20296	43800	24203	19597	8752	4799	3953
196009	**106438**	**89571**	**190323**	**104410**	**85913**	**37890**	**20911**	**16979**
42368	23095	19273	41310	22800	18510	8459	4619	3840
41270	22521	18749	40072	22066	18006	8385	4583	3802
39013	21427	17586	37127	20620	16507	7439	4116	3323
37440	20179	17261	34937	19088	15849	6919	3775	3144
35918	19216	16702	36877	19836	17041	6688	3818	2870
333196	**168914**	**164282**	**609067**	**307228**	**301839**	**54224**	**27667**	**26557**
60850	31183	29667	68935	37094	31841	6258	3507	2751
94159	47229	46930	116304	62957	53347	7048	4003	3045
91422	45258	46164	121242	63250	57992	7286	3991	3295
54340	28252	26088	135363	66819	68544	11478	5640	5838
32425	16992	15433	167223	77108	90115	22154	10526	11628
155486	**78188**	**77298**	**528645**	**239878**	**288767**	**97579**	**51702**	**45877**
29419	15256	14163	159766	72230	87536	26308	12698	13610
27779	14087	13692	121114	53393	67721	22253	11069	11184
31035	15598	15437	98441	43918	54523	18016	9856	8160
32996	16382	16614	78226	36433	41793	15385	8917	6468
34257	16865	17392	71098	33904	37194	15617	9162	6455
220067	**106877**	**113190**	**374013**	**185311**	**188702**	**84062**	**49743**	**34319**
37016	18427	18589	72188	34944	37244	16078	9538	6540
39735	19450	20285	71040	34994	36046	15369	9208	6161
43355	20885	22470	74008	36608	37400	16514	9799	6715
49182	23852	25330	79381	39880	39501	17054	9936	7118
50779	24263	26516	77396	38885	38511	19047	11262	7785

7-2a 续表 1

年龄	户口登记地					
	合计			省内		
	合计	男	女	小计	男	女
30-34岁	**920430**	**463550**	**456880**	**806237**	**396916**	**409321**
30	175941	88510	87431	151990	74425	77565
31	180342	90896	89446	157030	77298	79732
32	176808	89046	87762	154691	76071	78620
33	197093	99337	97756	173241	85529	87712
34	190246	95761	94485	169285	83593	85692
35-39岁	**791096**	**407507**	**383589**	**701721**	**353975**	**347746**
35	178633	90878	87755	160538	80327	80211
36	169761	87033	82728	151529	76226	75303
37	145968	75174	70794	128753	64842	63911
38	154490	80683	73807	135043	68842	66201
39	142244	73739	68505	125858	63738	62120
40-44岁	**648747**	**339739**	**309008**	**574165**	**294225**	**279940**
40	136871	71286	65585	122390	62542	59848
41	140600	73753	66847	124713	63939	60774
42	129627	67572	62055	114871	58612	56259
43	115315	60346	54969	101518	51937	49581
44	126334	66782	59552	110673	57195	53478
45-49岁	**591591**	**315250**	**276341**	**508226**	**264447**	**243779**
45	122758	65008	57750	106885	55272	51613
46	129177	68777	60400	112110	58368	53742
47	117813	62890	54923	100790	52569	48221
48	112738	60036	52702	95899	49889	46010
49	109105	58539	50566	92542	48349	44193
50-54岁	**508421**	**263273**	**245148**	**434460**	**219554**	**214906**
50	110391	58166	52225	93422	48062	45360
51	103961	54580	49381	88298	45255	43043
52	111288	57677	53611	95152	48142	47010
53	86109	43878	42231	74008	36850	37158
54	96672	48972	47700	83580	41245	42335
55-59岁	**403074**	**196593**	**206481**	**352321**	**168034**	**184287**
55	96120	48040	48080	83568	40782	42786
56	92405	45001	47404	80774	38449	42325
57	100932	49220	51712	87664	41651	46013
58	74869	36100	38769	66016	31203	34813
59	38748	18232	20516	34299	15949	18350
60-64岁	**252878**	**119372**	**133506**	**224731**	**104591**	**120140**
60	45734	21296	24438	40414	18481	21933
61	41927	20106	21821	36924	17389	19535
62	57843	27393	30450	51803	24188	27615
63	57152	27125	30027	50825	23838	26987
64	50222	23452	26770	44765	20695	24070

单位：人

户口登记地								
其中市辖区内人户分离			省内−市辖区内人户分离			省外		
小计	男	女	小计	男	女	小计	男	女
348469	**163759**	**184710**	**457768**	**233157**	**224611**	**114193**	**66634**	**47559**
61797	29181	32616	90193	45244	44949	23951	14085	9866
66145	31319	34826	90885	45979	44906	23312	13598	9714
66842	31223	35619	87849	44848	43001	22117	12975	9142
77418	36390	41028	95823	49139	46684	23852	13808	10044
76267	35646	40621	93018	47947	45071	20961	12168	8793
328737	**156916**	**171821**	**372984**	**197059**	**175925**	**89375**	**53532**	**35843**
73103	34677	38426	87435	45650	41785	18095	10551	7544
69593	33057	36536	81936	43169	38767	18232	10807	7425
60756	28931	31825	67997	35911	32086	17215	10332	6883
64774	31414	33360	70269	37428	32841	19447	11841	7606
60511	28837	31674	65347	34901	30446	16386	10001	6385
289965	**140820**	**149145**	**284200**	**153405**	**130795**	**74582**	**45514**	**29068**
59109	28519	30590	63281	34023	29258	14481	8744	5737
62654	30470	32184	62059	33469	28590	15887	9814	6073
58851	28413	30438	56020	30199	25821	14756	8960	5796
52374	25402	26972	49144	26535	22609	13797	8409	5388
56977	28016	28961	53696	29179	24517	15661	9587	6074
265587	**132293**	**133294**	**242639**	**132154**	**110485**	**83365**	**50803**	**32562**
54961	27103	27858	51924	28169	23755	15873	9736	6137
58010	28754	29256	54100	29614	24486	17067	10409	6658
52951	26502	26449	47839	26067	21772	17023	10321	6702
50402	25180	25222	45497	24709	20788	16839	10147	6692
49263	24754	24509	43279	23595	19684	16563	10190	6373
227087	**112086**	**115001**	**207373**	**107468**	**99905**	**73961**	**43719**	**30242**
49112	24377	24735	44310	23685	20625	16969	10104	6865
46602	23304	23298	41696	21951	19745	15663	9325	6338
49799	24661	25138	45353	23481	21872	16136	9535	6601
38316	18656	19660	35692	18194	17498	12101	7028	5073
43258	21088	22170	40322	20157	20165	13092	7727	5365
187606	**90280**	**97326**	**164715**	**77754**	**86961**	**50753**	**28559**	**22194**
43522	21196	22326	40046	19586	20460	12552	7258	5294
42662	20569	22093	38112	17880	20232	11631	6552	5079
47008	22629	24379	40656	19022	21634	13268	7569	5699
35216	16796	18420	30800	14407	16393	8853	4897	3956
19198	9090	10108	15101	6859	8242	4449	2283	2166
122728	**58363**	**64365**	**102003**	**46228**	**55775**	**28147**	**14781**	**13366**
22380	10548	11832	18034	7933	10101	5320	2815	2505
20150	9726	10424	16774	7663	9111	5003	2717	2286
27639	13138	14501	24164	11050	13114	6040	3205	2835
27717	13211	14506	23108	10627	12481	6327	3287	3040
24842	11740	13102	19923	8955	10968	5457	2757	2700

7-2a 续表 2

年 龄	户口登记地					
	合计			省内		
	合计	男	女	小计	男	女
65-69岁	**212245**	**99677**	**112568**	**191141**	**88865**	**102276**
65	48447	22874	25573	43142	20138	23004
66	48045	22389	25656	43076	19808	23268
67	42833	19991	22842	38681	17893	20788
68	40458	19080	21378	36717	17170	19547
69	32462	15343	17119	29525	13856	15669
70-74岁	**123738**	**59029**	**64709**	**114123**	**54197**	**59926**
70	33008	15868	17140	30353	14515	15838
71	30267	14690	15577	27996	13556	14440
72	22745	10756	11989	20948	9846	11102
73	19800	9313	10487	18236	8518	9718
74	17918	8402	9516	16590	7762	8828
75-79岁	**72591**	**32524**	**40067**	**67857**	**30323**	**37534**
75	16648	7647	9001	15536	7104	8432
76	15972	7252	8720	14908	6761	8147
77	14089	6226	7863	13180	5820	7360
78	13591	6016	7575	12722	5616	7106
79	12291	5383	6908	11511	5022	6489
80-84岁	**47257**	**20494**	**26763**	**44403**	**19205**	**25198**
80	11946	5361	6585	11214	5041	6173
81	9772	4248	5524	9181	3985	5196
82	9512	4042	5470	8911	3753	5158
83	8396	3635	4761	7907	3416	4491
84	7631	3208	4423	7190	3010	4180
85-89岁	**24103**	**9555**	**14548**	**22865**	**9008**	**13857**
85	6433	2584	3849	6086	2440	3646
86	5570	2207	3363	5256	2065	3191
87	5118	2051	3067	4845	1921	2924
88	3728	1482	2246	3560	1411	2149
89	3254	1231	2023	3118	1171	1947
90-94岁	**8116**	**3033**	**5083**	**7731**	**2878**	**4853**
90	2798	1079	1719	2658	1025	1633
91	1794	699	1095	1707	657	1050
92	1529	540	989	1455	510	945
93	1149	385	764	1099	374	725
94	846	330	516	812	312	500
95-99岁	**2078**	**718**	**1360**	**2002**	**686**	**1316**
95	704	251	453	680	237	443
96	474	163	311	451	153	298
97	405	126	279	388	122	266
98	263	92	171	260	90	170
99	232	86	146	223	84	139
100岁及以上	**436**	**124**	**312**	**425**	**123**	**302**

单位：人

户口登记地								
其中市辖区内人户分离			省内－市辖区内人户分离			省外		
小计	男	女	小计	男	女	小计	男	女
106966	**50354**	**56612**	**84175**	**38511**	**45664**	**21104**	**10812**	**10292**
23959	11396	12563	19183	8742	10441	5305	2736	2569
24167	11234	12933	18909	8574	10335	4969	2581	2388
21593	10064	11529	17088	7829	9259	4152	2098	2054
20433	9706	10727	16284	7464	8820	3741	1910	1831
16814	7954	8860	12711	5902	6809	2937	1487	1450
64735	**30466**	**34269**	**49388**	**23731**	**25657**	**9615**	**4832**	**4783**
17027	8180	8847	13326	6335	6991	2655	1353	1302
15821	7561	8260	12175	5995	6180	2271	1134	1137
12014	5645	6369	8934	4201	4733	1797	910	887
10421	4699	5722	7815	3819	3996	1564	795	769
9452	4381	5071	7138	3381	3757	1328	640	688
38662	**16963**	**21699**	**29195**	**13360**	**15835**	**4734**	**2201**	**2533**
8867	3989	4878	6669	3115	3554	1112	543	569
8472	3750	4722	6436	3011	3425	1064	491	573
7450	3216	4234	5730	2604	3126	909	406	503
7280	3162	4118	5442	2454	2988	869	400	469
6593	2846	3747	4918	2176	2742	780	361	419
26125	**11045**	**15080**	**18278**	**8160**	**10118**	**2854**	**1289**	**1565**
6408	2826	3582	4806	2215	2591	732	320	412
5399	2264	3135	3782	1721	2061	591	263	328
5325	2198	3127	3586	1555	2031	601	289	312
4676	2016	2660	3231	1400	1831	489	219	270
4317	1741	2576	2873	1269	1604	441	198	243
13563	**5179**	**8384**	**9302**	**3829**	**5473**	**1238**	**547**	**691**
3669	1438	2231	2417	1002	1415	347	144	203
3090	1177	1913	2166	888	1278	314	142	172
2923	1121	1802	1922	800	1122	273	130	143
2064	781	1283	1496	630	866	168	71	97
1817	662	1155	1301	509	792	136	60	76
4424	**1595**	**2829**	**3307**	**1283**	**2024**	**385**	**155**	**230**
1562	571	991	1096	454	642	140	54	86
950	354	596	757	303	454	87	42	45
840	301	539	615	209	406	74	30	44
623	210	413	476	164	312	50	11	39
449	159	290	363	153	210	34	18	16
1034	**315**	**719**	**968**	**371**	**597**	**76**	**32**	**44**
367	118	249	313	119	194	24	14	10
240	78	162	211	75	136	23	10	13
183	50	133	205	72	133	17	4	13
134	35	99	126	55	71	3	2	1
110	34	76	113	50	63	9	2	7
197	**49**	**148**	**228**	**74**	**154**	**11**	**1**	**10**

7-2b　按户口登记地、年龄、性别分的

年　龄	户口登记地					
	合计			省内		
	合计	男	女	小计	男	女
总　计	**3591378**	**1787296**	**1804082**	**3336750**	**1635615**	**1701135**
0-4岁	**211120**	**113013**	**98107**	**200403**	**107214**	**93189**
0	23040	12473	10567	22142	11998	10144
1	37912	20191	17721	35937	19106	16831
2	43121	23082	20039	40860	21896	18964
3	53794	28691	25103	51043	27177	23866
4	53253	28576	24677	50421	27037	23384
5-9岁	**287996**	**156337**	**131659**	**274803**	**149298**	**125505**
5	52910	28669	24241	50304	27263	23041
6	56497	30469	26028	53838	29026	24812
7	58841	31972	26869	56266	30609	25657
8	62531	34110	28421	59736	32643	27093
9	57217	31117	26100	54659	29757	24902
10-14岁	**258013**	**138234**	**119779**	**247645**	**132712**	**114933**
10	54667	29721	24946	52242	28436	23806
11	54773	29767	25006	52407	28513	23894
12	50464	27195	23269	48433	26111	22322
13	47817	25426	22391	46025	24476	21549
14	50292	26125	24167	48538	25176	23362
15-19	**530020**	**253728**	**276292**	**515980**	**246115**	**269865**
15	84311	40716	43595	82743	39899	42844
16	144302	68104	76198	142679	67224	75455
17	146977	69214	77763	145111	68190	76921
18	97602	47296	50306	94433	45548	48885
19	56828	28398	28430	51014	25254	25760
20-24岁	**203781**	**100346**	**103435**	**175987**	**84104**	**91883**
20	45386	23710	21676	38601	19856	18745
21	39972	20762	19210	33693	17071	16622
22	40018	19566	20452	34669	16363	18306
23	38720	18112	20608	34077	15375	18702
24	39685	18196	21489	34947	15439	19508
25-29岁	**232610**	**105946**	**126664**	**207499**	**91496**	**116003**
25	41988	19240	22748	36911	16244	20667
26	42670	19219	23451	38121	16612	21509
27	46034	20964	25070	41159	18098	23061
28	51032	23164	27868	45932	20278	25654
29	50886	23359	27527	45376	20264	25112

户口登记地在外乡镇街道的人口(镇)

单位：人

户口登记地								
其中市辖区内人户分离			省内–市辖区内人户分离			省外		
小计	男	女	小计	男	女	小计	男	女
178776	**88838**	**89938**	**3157974**	**1546777**	**1611197**	**254628**	**151681**	**102947**
10497	**5632**	**4865**	**189906**	**101582**	**88324**	**10717**	**5799**	**4918**
1168	657	511	20974	11341	9633	898	475	423
1946	1001	945	33991	18105	15886	1975	1085	890
2187	1148	1039	38673	20748	17925	2261	1186	1075
2694	1460	1234	48349	25717	22632	2751	1514	1237
2502	1366	1136	47919	25671	22248	2832	1539	1293
12916	**6805**	**6111**	**261887**	**142493**	**119394**	**13193**	**7039**	**6154**
2516	1294	1222	47788	25969	21819	2606	1406	1200
2532	1339	1193	51306	27687	23619	2659	1443	1216
2565	1351	1214	53701	29258	24443	2575	1363	1212
2774	1522	1252	56962	31121	25841	2795	1467	1328
2529	1299	1230	52130	28458	23672	2558	1360	1198
11108	**5846**	**5262**	**236537**	**126866**	**109671**	**10368**	**5522**	**4846**
2364	1228	1136	49878	27208	22670	2425	1285	1140
2382	1222	1160	50025	27291	22734	2366	1254	1112
2152	1156	996	46281	24955	21326	2031	1084	947
2099	1150	949	43926	23326	20600	1792	950	842
2111	1090	1021	46427	24086	22341	1754	949	805
29426	**14455**	**14971**	**486554**	**231660**	**254894**	**14040**	**7613**	**6427**
5127	2407	2720	77616	37492	40124	1568	817	751
8918	4327	4591	133761	62897	70864	1623	880	743
8674	4221	4453	136437	63969	72468	1866	1024	842
4747	2464	2283	89686	43084	46602	3169	1748	1421
1960	1036	924	49054	24218	24836	5814	3144	2670
8781	**4285**	**4496**	**167206**	**79819**	**87387**	**27794**	**16242**	**11552**
1527	846	681	37074	19010	18064	6785	3854	2931
1519	801	718	32174	16270	15904	6279	3691	2588
1808	887	921	32861	15476	17385	5349	3203	2146
1929	880	1049	32148	14495	17653	4643	2737	1906
1998	871	1127	32949	14568	18381	4738	2757	1981
12007	**5300**	**6707**	**195492**	**86196**	**109296**	**25111**	**14450**	**10661**
2159	970	1189	34752	15274	19478	5077	2996	2081
2255	984	1271	35866	15628	20238	4549	2607	1942
2430	1076	1354	38729	17022	21707	4875	2866	2009
2578	1141	1437	43354	19137	24217	5100	2886	2214
2585	1129	1456	42791	19135	23656	5510	3095	2415

7-2b 续表 1

年 龄	户口登记地					
	合计			省内		
	合计	男	女	小计	男	女
30-34岁	**340513**	**156753**	**183760**	**307328**	**137831**	**169497**
30	62756	28540	34216	55692	24527	31165
31	65040	29760	35280	58089	25843	32246
32	65590	30217	35373	59298	26585	32713
33	74422	34391	40031	67513	30428	37085
34	72705	33845	38860	66736	30448	36288
35-39岁	**317658**	**152770**	**164888**	**291689**	**137447**	**154242**
35	70123	33094	37029	64834	30020	34814
36	67483	32102	35381	62263	29117	33146
37	58924	28460	30464	53964	25502	28462
38	62862	30600	32262	57266	27278	29988
39	58266	28514	29752	53362	25530	27832
40-44岁	**277639**	**140676**	**136963**	**255072**	**126595**	**128477**
40	58062	28798	29264	53707	26150	27557
41	59200	29574	29626	54596	26711	27885
42	55452	28269	27183	51030	25464	25566
43	49910	25488	24422	45634	22802	22832
44	55015	28547	26468	50105	25468	24637
45-49岁	**254295**	**135778**	**118517**	**228308**	**118952**	**109356**
45	53567	28109	25458	48639	24939	23700
46	56926	30274	26652	51509	26855	24654
47	50060	26659	23401	44726	23240	21486
48	48045	26058	21987	42934	22628	20306
49	45697	24678	21019	40500	21290	19210
50-54岁	**214702**	**114367**	**100335**	**192252**	**99361**	**92891**
50	46501	24752	21749	41311	21352	19959
51	43332	23317	20015	38664	20224	18440
52	46782	24971	21811	41813	21652	20161
53	36826	19509	17317	33090	16981	16109
54	41261	21818	19443	37374	19152	18222
55-59岁	**157424**	**80175**	**77249**	**144760**	**71629**	**73131**
55	39673	20521	19152	36324	18264	18060
56	36165	18180	17985	33129	16152	16977
57	38691	19908	18783	35477	17713	17764
58	29190	14893	14297	27012	13388	13624
59	13705	6673	7032	12818	6112	6706
60-64岁	**92530**	**45162**	**47368**	**87655**	**41955**	**45700**
60	16175	7757	8418	15154	7091	8063
61	14961	7390	7571	14101	6798	7303
62	21995	10917	11078	20910	10191	10719
63	21124	10402	10722	20025	9694	10331
64	18275	8696	9579	17465	8181	9284

单位：人

户口登记地								
其中市辖区内人户分离			省内-市辖区内人户分离			省外		
小计	男	女	小计	男	女	小计	男	女
17179	**7801**	**9378**	**290149**	**130030**	**160119**	**33185**	**18922**	**14263**
3048	1351	1697	52644	23176	29468	7064	4013	3051
3335	1511	1824	54754	24332	30422	6951	3917	3034
3277	1517	1760	56021	25068	30953	6292	3632	2660
3830	1725	2105	63683	28703	34980	6909	3963	2946
3689	1697	1992	63047	28751	34296	5969	3397	2572
16175	**7645**	**8530**	**275514**	**129802**	**145712**	**25969**	**15323**	**10646**
3661	1693	1968	61173	28327	32846	5289	3074	2215
3355	1576	1779	58908	27541	31367	5220	2985	2235
3012	1402	1610	50952	24100	26852	4960	2958	2002
3131	1555	1576	54135	25723	28412	5596	3322	2274
3016	1419	1597	50346	24111	26235	4904	2984	1920
14310	**6960**	**7350**	**240762**	**119635**	**121127**	**22567**	**14081**	**8486**
2832	1362	1470	50875	24788	26087	4355	2648	1707
3087	1454	1633	51509	25257	26252	4604	2863	1741
2848	1375	1473	48182	24089	24093	4422	2805	1617
2698	1333	1365	42936	21469	21467	4276	2686	1590
2845	1436	1409	47260	24032	23228	4910	3079	1831
13387	**6979**	**6408**	**214921**	**111973**	**102948**	**25987**	**16826**	**9161**
2887	1472	1415	45752	23467	22285	4928	3170	1758
2922	1527	1395	48587	25328	23259	5417	3419	1998
2674	1357	1317	42052	21883	20169	5334	3419	1915
2481	1327	1154	40453	21301	19152	5111	3430	1681
2423	1296	1127	38077	19994	18083	5197	3388	1809
10754	**5754**	**5000**	**181498**	**93607**	**87891**	**22450**	**15006**	**7444**
2280	1224	1056	39031	20128	18903	5190	3400	1790
2188	1167	1021	36476	19057	17419	4668	3093	1575
2344	1243	1101	39469	20409	19060	4969	3319	1650
1856	991	865	31234	15990	15244	3736	2528	1208
2086	1129	957	35288	18023	17265	3887	2666	1221
7824	**4200**	**3624**	**136936**	**67429**	**69507**	**12664**	**8546**	**4118**
1968	1057	911	34356	17207	17149	3349	2257	1092
1713	917	796	31416	15235	16181	3036	2028	1008
1912	1062	850	33565	16651	16914	3214	2195	1019
1429	741	688	25583	12647	12936	2178	1505	673
802	423	379	12016	5689	6327	887	561	326
4376	**2269**	**2107**	**83279**	**39686**	**43593**	**4875**	**3207**	**1668**
800	378	422	14354	6713	7641	1021	666	355
742	370	372	13359	6428	6931	860	592	268
978	534	444	19932	9657	10275	1085	726	359
1021	545	476	19004	9149	9855	1099	708	391
835	442	393	16630	7739	8891	810	515	295

7-2b 续表 2

年龄	户口登记地					
	合计			省内		
	合计	男	女	小计	男	女
65-69岁	**81278**	**37476**	**43802**	**78385**	**35771**	**42614**
65	17863	8414	9449	17125	7960	9165
66	18120	8251	9869	17385	7818	9567
67	16477	7614	8863	15931	7289	8642
68	15851	7287	8564	15343	6999	8344
69	12967	5910	7057	12601	5705	6896
70-74岁	**53817**	**24473**	**29344**	**52487**	**23781**	**28706**
70	13892	6285	7607	13543	6102	7441
71	12889	6001	6888	12566	5844	6722
72	10150	4566	5584	9889	4413	5476
73	8584	3961	4623	8387	3858	4529
74	8302	3660	4642	8102	3564	4538
75-79岁	**36549**	**15657**	**20892**	**35844**	**15312**	**20532**
75	8142	3525	4617	7982	3445	4537
76	7898	3460	4438	7744	3382	4362
77	7248	3104	4144	7120	3036	4084
78	6740	2804	3936	6604	2745	3859
79	6521	2764	3757	6394	2704	3690
80-84岁	**23945**	**9967**	**13978**	**23436**	**9742**	**13694**
80	6194	2632	3562	6063	2577	3486
81	4939	2078	2861	4821	2037	2784
82	4784	2009	2775	4692	1965	2727
83	4197	1768	2429	4097	1712	2385
84	3831	1480	2351	3763	1451	2312
85-89岁	**11978**	**4691**	**7287**	**11775**	**4578**	**7197**
85	3233	1269	1964	3165	1232	1933
86	2704	1053	1651	2670	1032	1638
87	2508	1001	1507	2456	970	1486
88	1892	738	1154	1864	726	1138
89	1641	630	1011	1620	618	1002
90-94岁	**4163**	**1387**	**2776**	**4112**	**1371**	**2741**
90	1422	495	927	1398	486	912
91	903	289	614	898	288	610
92	802	282	520	789	279	510
93	566	179	387	560	177	383
94	470	142	328	467	141	326
95-99岁	**1095**	**305**	**790**	**1080**	**298**	**782**
95	348	121	227	343	116	227
96	258	66	192	253	64	189
97	222	53	169	220	53	167
98	126	27	99	125	27	98
99	141	38	103	139	38	101
100岁及以上	**252**	**55**	**197**	**250**	**53**	**197**

单位：人

户口登记地								
						省外		
其中市辖区内人户分离			省内-市辖区内人户分离					
小计	男	女	小计	男	女	小计	男	女
3734	**1886**	**1848**	**74651**	**33885**	**40766**	**2893**	**1705**	**1188**
806	408	398	16319	7552	8767	738	454	284
801	404	397	16584	7414	9170	735	433	302
779	390	389	15152	6899	8253	546	325	221
733	372	361	14610	6627	7983	508	288	220
615	312	303	11986	5393	6593	366	205	161
2525	**1274**	**1251**	**49962**	**22507**	**27455**	**1330**	**692**	**638**
607	298	309	12936	5804	7132	349	183	166
648	339	309	11918	5505	6413	323	157	166
493	249	244	9396	4164	5232	261	153	108
408	204	204	7979	3654	4325	197	103	94
369	184	185	7733	3380	4353	200	96	104
1717	**846**	**871**	**34127**	**14466**	**19661**	**705**	**345**	**360**
374	186	188	7608	3259	4349	160	80	80
365	187	178	7379	3195	4184	154	78	76
347	167	180	6773	2869	3904	128	68	60
329	157	172	6275	2588	3687	136	59	77
302	149	153	6092	2555	3537	127	60	67
1156	**543**	**613**	**22280**	**9199**	**13081**	**509**	**225**	**284**
283	127	156	5780	2450	3330	131	55	76
231	115	116	4590	1922	2668	118	41	77
234	119	115	4458	1846	2612	92	44	48
221	110	111	3876	1602	2274	100	56	44
187	72	115	3576	1379	2197	68	29	39
631	**259**	**372**	**11144**	**4319**	**6825**	**203**	**113**	**90**
154	58	96	3011	1174	1837	68	37	31
150	62	88	2520	970	1550	34	21	13
119	54	65	2337	916	1421	52	31	21
112	47	65	1752	679	1073	28	12	16
96	38	58	1524	580	944	21	12	9
215	**83**	**132**	**3897**	**1288**	**2609**	**51**	**16**	**35**
77	31	46	1321	455	866	24	9	15
51	18	33	847	270	577	5	1	4
36	17	19	753	262	491	13	3	10
27	10	17	533	167	366	6	2	4
24	7	17	443	134	309	3	1	2
49	**15**	**34**	**1031**	**283**	**748**	**15**	**7**	**8**
12	4	8	331	112	219	5	5	
14	4	10	239	60	179	5	2	3
10	5	5	210	48	162	2		2
8		8	117	27	90	1		1
5	2	3	134	36	98	2		2
9	**1**	**8**	**241**	**52**	**189**	**2**	**2**	

7-2c 按户口登记地、年龄、性别分的

年龄	户口登记地					
	合计			省内		
	合计	男	女	小计	男	女
总计	**1195452**	**589953**	**605499**	**1000287**	**478025**	**522262**
0-4岁	**54473**	**28344**	**26129**	**47530**	**24680**	**22850**
0	5748	3039	2709	5165	2714	2451
1	10395	5474	4921	9012	4713	4299
2	11696	6140	5556	10092	5280	4812
3	13509	6922	6587	11822	6074	5748
4	13125	6769	6356	11439	5899	5540
5-9岁	**63640**	**33049**	**30591**	**55955**	**29135**	**26820**
5	12467	6523	5944	10829	5654	5175
6	12811	6640	6171	11259	5843	5416
7	12608	6520	6088	11089	5735	5354
8	13517	7114	6403	11897	6303	5594
9	12237	6252	5985	10881	5600	5281
10-14岁	**53912**	**27715**	**26197**	**48508**	**25024**	**23484**
10	11699	6069	5630	10374	5410	4964
11	11527	6002	5525	10286	5375	4911
12	10753	5530	5223	9650	4997	4653
13	10020	5134	4886	9118	4689	4429
14	9913	4980	4933	9080	4553	4527
15-19岁	**105959**	**49671**	**56288**	**94567**	**44043**	**50524**
15	13455	6777	6678	12573	6328	6245
16	19833	9734	10099	18939	9292	9647
17	19870	9708	10162	18601	9050	9551
18	22443	10248	12195	19576	8809	10767
19	30358	13204	17154	24878	10564	14314
20-24岁	**125186**	**54549**	**70637**	**99995**	**41572**	**58423**
20	31810	13612	18198	25416	10450	14966
21	26904	11845	15059	21411	9022	12389
22	25194	11190	14004	20256	8625	11631
23	21433	9481	11952	17255	7239	10016
24	19845	8421	11424	15657	6236	9421
25-29岁	**102714**	**40833**	**61881**	**81678**	**30299**	**51379**
25	20056	8254	11802	15793	6052	9741
26	19585	7752	11833	15625	5767	9858
27	20647	7985	12662	16471	5952	10519
28	21338	8499	12839	17120	6398	10722
29	21088	8343	12745	16669	6130	10539

户口登记地在外乡镇街道的人口(乡村)

单位：人

户口登记地								
其中市辖区内人户分离			省内-市辖区内人户分离			省外		
小计	男	女	小计	男	女	小计	男	女
154201	**70845**	**83356**	**846086**	**407180**	**438906**	**195165**	**111928**	**83237**
8585	**4439**	**4146**	**38945**	**20241**	**18704**	**6943**	**3664**	**3279**
1015	542	473	4150	2172	1978	583	325	258
1589	811	778	7423	3902	3521	1383	761	622
1846	975	871	8246	4305	3941	1604	860	744
2166	1121	1045	9656	4953	4703	1687	848	839
1969	990	979	9470	4909	4561	1686	870	816
9928	**5178**	**4750**	**46027**	**23957**	**22070**	**7685**	**3914**	**3771**
1916	994	922	8913	4660	4253	1638	869	769
2002	997	1005	9257	4846	4411	1552	797	755
1953	1034	919	9136	4701	4435	1519	785	734
2128	1160	968	9769	5143	4626	1620	811	809
1929	993	936	8952	4607	4345	1356	652	704
8186	**4240**	**3946**	**40322**	**20784**	**19538**	**5404**	**2691**	**2713**
1824	949	875	8550	4461	4089	1325	659	666
1710	895	815	8576	4480	4096	1241	627	614
1594	841	753	8056	4156	3900	1103	533	570
1571	813	758	7547	3876	3671	902	445	457
1487	742	745	7593	3811	3782	833	427	406
14258	**7108**	**7150**	**80309**	**36935**	**43374**	**11392**	**5628**	**5764**
2441	1219	1222	10132	5109	5023	882	449	433
4037	2112	1925	14902	7180	7722	894	442	452
3804	1950	1854	14797	7100	7697	1269	658	611
2294	1125	1169	17282	7684	9598	2867	1439	1428
1682	702	980	23196	9862	13334	5480	2640	2840
9907	**3609**	**6298**	**90088**	**37963**	**52125**	**25191**	**12977**	**12214**
1801	672	1129	23615	9778	13837	6394	3162	3232
1763	702	1061	19648	8320	11328	5493	2823	2670
1966	701	1265	18290	7924	10366	4938	2565	2373
2120	754	1366	15135	6485	8650	4178	2242	1936
2257	780	1477	13400	5456	7944	4188	2185	2003
13492	**4476**	**9016**	**68186**	**25823**	**42363**	**21036**	**10534**	**10502**
2449	798	1651	13344	5254	8090	4263	2202	2061
2553	832	1721	13072	4935	8137	3960	1985	1975
2694	863	1831	13777	5089	8688	4176	2033	2143
2910	1016	1894	14210	5382	8828	4218	2101	2117
2886	967	1919	13783	5163	8620	4419	2213	2206

7-2c 续表 1

年 龄	户口登记地					
	合计			省内		
	合计	男	女	小计	男	女
30-34岁	**126614**	**53134**	**73480**	**101439**	**39884**	**61555**
30	25070	9976	15094	19725	7257	12468
31	24873	10258	14615	19565	7523	12042
32	24028	10169	13859	19286	7690	11596
33	26816	11515	15301	21628	8703	12925
34	25827	11216	14611	21235	8711	12524
35-39岁	**109209**	**50075**	**59134**	**90343**	**39262**	**51081**
35	24127	10650	13477	20262	8491	11771
36	23303	10388	12915	19460	8265	11195
37	20296	9354	10942	16688	7235	9453
38	21527	10181	11346	17509	7858	9651
39	19956	9502	10454	16424	7413	9011
40-44岁	**97007**	**48241**	**48766**	**79714**	**37779**	**41935**
40	19590	9345	10245	16305	7415	8890
41	20501	10044	10457	16987	7972	9015
42	19370	9604	9766	15974	7574	8400
43	17681	8920	8761	14436	6941	7495
44	19865	10328	9537	16012	7877	8135
45-49岁	**99128**	**53042**	**46086**	**78613**	**39566**	**39047**
45	19790	10379	9411	15856	7891	7965
46	21294	11177	10117	17159	8508	8651
47	19725	10396	9329	15617	7736	7881
48	19524	10618	8906	15424	7841	7583
49	18795	10472	8323	14557	7590	6967
50-54岁	**82629**	**47146**	**35483**	**64888**	**34783**	**30105**
50	18957	10655	8302	14750	7752	6998
51	16848	9425	7423	13111	6903	6208
52	17741	10168	7573	13939	7507	6432
53	14075	8160	5915	11086	6038	5048
54	15008	8738	6270	12002	6583	5419
55-59岁	**54736**	**32235**	**22501**	**44983**	**25184**	**19799**
55	13980	8117	5863	11408	6282	5126
56	12917	7607	5310	10520	5876	4644
57	13014	7821	5193	10568	6025	4543
58	9913	5858	4055	8307	4676	3631
59	4912	2832	2080	4180	2325	1855
60-64岁	**29706**	**17284**	**12422**	**25814**	**14617**	**11197**
60	5350	2970	2380	4525	2444	2081
61	4824	2856	1968	4096	2340	1756
62	6796	3970	2826	5938	3343	2595
63	6790	4027	2763	5936	3460	2476
64	5946	3461	2485	5319	3030	2289

单位：人

户口登记地								
其中市辖区内人户分离			省内−市辖区内人户分离			省外		
小计	男	女	小计	男	女	小计	男	女
17730	**6373**	**11357**	**83709**	**33511**	**50198**	**25175**	**13250**	**11925**
3519	1214	2305	16206	6043	10163	5345	2719	2626
3416	1142	2274	16149	6381	9768	5308	2735	2573
3431	1272	2159	15855	6418	9437	4742	2479	2263
3774	1406	2368	17854	7297	10557	5188	2812	2376
3590	1339	2251	17645	7372	10273	4592	2505	2087
14922	**5935**	**8987**	**75421**	**33327**	**42094**	**18866**	**10813**	**8053**
3325	1252	2073	16937	7239	9698	3865	2159	1706
3144	1202	1942	16316	7063	9253	3843	2123	1720
2737	1112	1625	13951	6123	7828	3608	2119	1489
2863	1170	1693	14646	6688	7958	4018	2323	1695
2853	1199	1654	13571	6214	7357	3532	2089	1443
12987	**5737**	**7250**	**66727**	**32042**	**34685**	**17293**	**10462**	**6831**
2683	1149	1534	13622	6266	7356	3285	1930	1355
2808	1182	1626	14179	6790	7389	3514	2072	1442
2600	1180	1420	13374	6394	6980	3396	2030	1366
2389	1086	1303	12047	5855	6192	3245	1979	1266
2507	1140	1367	13505	6737	6768	3853	2451	1402
12117	**5764**	**6353**	**66496**	**33802**	**32694**	**20515**	**13476**	**7039**
2560	1169	1391	13296	6722	6574	3934	2488	1446
2706	1280	1426	14453	7228	7225	4135	2669	1466
2322	1087	1235	13295	6649	6646	4108	2660	1448
2226	1070	1156	13198	6771	6427	4100	2777	1323
2303	1158	1145	12254	6432	5822	4238	2882	1356
10042	**5081**	**4961**	**54846**	**29702**	**25144**	**17741**	**12363**	**5378**
2344	1189	1155	12406	6563	5843	4207	2903	1304
2074	1022	1052	11037	5881	5156	3737	2522	1215
2203	1103	1100	11736	6404	5332	3802	2661	1141
1680	870	810	9406	5168	4238	2989	2122	867
1741	897	844	10261	5686	4575	3006	2155	851
6971	**3745**	**3226**	**38012**	**21439**	**16573**	**9753**	**7051**	**2702**
1719	900	819	9689	5382	4307	2572	1835	737
1541	821	720	8979	5055	3924	2397	1731	666
1624	927	697	8944	5098	3846	2446	1796	650
1391	740	651	6916	3936	2980	1606	1182	424
696	357	339	3484	1968	1516	732	507	225
3871	**2155**	**1716**	**21943**	**12462**	**9481**	**3892**	**2667**	**1225**
678	361	317	3847	2083	1764	825	526	299
605	329	276	3491	2011	1480	728	516	212
857	491	366	5081	2852	2229	858	627	231
931	524	407	5005	2936	2069	854	567	287
800	450	350	4519	2580	1939	627	431	196

7-2c 续表 2

年龄	户口登记地					
	合计			省内		
	合计	男	女	小计	男	女
65-69岁	**29489**	**17702**	**11787**	**27199**	**16292**	**10907**
65	6093	3565	2528	5493	3189	2304
66	6205	3643	2562	5639	3307	2332
67	6096	3605	2491	5646	3317	2329
68	6014	3706	2308	5638	3475	2163
69	5081	3183	1898	4783	3004	1779
70-74岁	**22932**	**14978**	**7954**	**21909**	**14414**	**7495**
70	5586	3585	2001	5291	3420	1871
71	5380	3573	1807	5139	3444	1695
72	4322	2791	1531	4133	2695	1438
73	3909	2585	1324	3747	2489	1258
74	3735	2444	1291	3599	2366	1233
75-79岁	**15651**	**9684**	**5967**	**15181**	**9458**	**5723**
75	3467	2183	1284	3361	2130	1231
76	3473	2207	1266	3386	2168	1218
77	3022	1865	1157	2931	1827	1104
78	2872	1701	1171	2777	1650	1127
79	2817	1728	1089	2726	1683	1043
80-84岁	**11674**	**6780**	**4894**	**11358**	**6630**	**4728**
80	2984	1835	1149	2910	1798	1112
81	2302	1296	1006	2231	1264	967
82	2386	1394	992	2325	1365	960
83	2101	1191	910	2045	1168	877
84	1901	1064	837	1847	1035	812
85-89岁	**6855**	**3553**	**3302**	**6719**	**3486**	**3233**
85	1676	871	805	1640	855	785
86	1528	767	761	1496	753	743
87	1422	783	639	1383	757	626
88	1208	603	605	1187	596	591
89	1021	529	492	1013	525	488
90-94岁	**2733**	**1389**	**1344**	**2698**	**1374**	**1324**
90	862	460	402	849	455	394
91	579	284	295	572	278	294
92	501	255	246	493	253	240
93	431	227	204	428	226	202
94	360	163	197	356	162	194
95-99岁	**953**	**459**	**494**	**944**	**453**	**491**
95	300	148	152	296	144	152
96	198	90	108	195	90	105
97	193	99	94	193	99	94
98	138	65	73	136	63	73
99	124	57	67	124	57	67
100岁及以上	**252**	**90**	**162**	**252**	**90**	**162**

单位：人

户口登记地								
						省外		
其中市辖区内人户分离			省内-市辖区内人户分离					
小计	男	女	小计	男	女	小计	男	女
4012	**2396**	**1616**	**23187**	**13896**	**9291**	**2290**	**1410**	**880**
818	458	360	4675	2731	1944	600	376	224
835	490	345	4804	2817	1987	566	336	230
837	481	356	4809	2836	1973	450	288	162
827	531	296	4811	2944	1867	376	231	145
695	436	259	4088	2568	1520	298	179	119
2946	**2015**	**931**	**18963**	**12399**	**6564**	**1023**	**564**	**459**
723	487	236	4568	2933	1635	295	165	130
684	472	212	4455	2972	1483	241	129	112
539	356	183	3594	2339	1255	189	96	93
491	346	145	3256	2143	1113	162	96	66
509	354	155	3090	2012	1078	136	78	58
1859	**1246**	**613**	**13322**	**8212**	**5110**	**470**	**226**	**244**
411	280	131	2950	1850	1100	106	53	53
401	268	133	2985	1900	1085	87	39	48
362	246	116	2569	1581	988	91	38	53
335	222	113	2442	1428	1014	95	51	44
350	230	120	2376	1453	923	91	45	46
1336	**824**	**512**	**10022**	**5806**	**4216**	**316**	**150**	**166**
368	232	136	2542	1566	976	74	37	37
264	168	96	1967	1096	871	71	32	39
257	152	105	2068	1213	855	61	29	32
237	145	92	1808	1023	785	56	23	33
210	127	83	1637	908	729	54	29	25
689	**359**	**330**	**6030**	**3127**	**2903**	**136**	**67**	**69**
165	88	77	1475	767	708	36	16	20
156	96	60	1340	657	683	32	14	18
145	76	69	1238	681	557	39	26	13
116	53	63	1071	543	528	21	7	14
107	46	61	906	479	427	8	4	4
283	**137**	**146**	**2415**	**1237**	**1178**	**35**	**15**	**20**
89	45	44	760	410	350	13	5	8
59	27	32	513	251	262	7	6	1
56	29	27	437	224	213	8	2	6
40	21	19	388	205	183	3	1	2
39	15	24	317	147	170	4	1	3
59	**22**	**37**	**885**	**431**	**454**	**9**	**6**	**3**
21	10	11	275	134	141	4	4	
14	3	11	181	87	94	3		3
5	0	5	188	99	89			
8	6	2	128	57	71	2	2	
11	3	8	113	54	59			
21	**6**	**15**	**231**	**84**	**147**			

7-3 按现住地、性别分的户口登记地在外省的人口

单位：人

现住地	户口登记地 合计 合计	男	女	北京 小计	男	女
总　计	**1359384**	**781619**	**577765**	**4016**	**2421**	**1595**
南宁市	370543	215240	155303	1524	947	577
柳州市	155781	92745	63036	281	164	117
桂林市	193098	107058	86040	783	452	331
梧州市	41593	24006	17587	60	37	23
北海市	140470	75706	64764	659	373	286
防城港市	75808	48183	27625	161	101	60
钦州市	53628	30293	23335	81	54	27
贵港市	42591	23848	18743	69	40	29
玉林市	70244	38355	31889	71	44	27
百色市	56809	32924	23885	101	63	38
贺州市	34687	19638	15049	28	21	7
河池市	45864	26852	19012	118	70	48
来宾市	33229	19679	13550	32	24	8
崇左市	45039	27092	17947	48	31	17

7-3 续表 1

单位：人

现住地	户口登记地 天津 小计	男	女	河北 小计	男	女	山西 小计	男	女
总　计	**3944**	**2304**	**1640**	**36151**	**21305**	**14846**	**17384**	**10012**	**7372**
南宁市	1099	635	464	10968	6462	4506	4289	2441	1848
柳州市	402	264	138	3553	2155	1398	884	593	291
桂林市	887	490	397	6944	3781	3163	2305	1254	1051
梧州市	71	47	24	416	264	152	275	184	91
北海市	661	340	321	6014	3250	2764	5499	2979	2520
防城港市	172	124	48	2723	1809	914	1608	1028	580
钦州市	127	87	40	1125	761	364	400	260	140
贵港市	24	18	6	336	218	118	127	77	50
玉林市	176	121	55	933	627	306	471	286	185
百色市	47	33	14	632	374	258	463	265	198
贺州市	27	15	12	440	298	142	362	186	176
河池市	93	52	41	788	504	284	264	192	72
来宾市	117	51	66	534	316	218	140	91	49
崇左市	41	27	14	745	486	259	297	176	121

7–3 续表 2

单位：人

现住地	户口登记地								
	内蒙古			辽宁			吉林		
	小计	男	女	小计	男	女	小计	男	女
总　计	**13224**	**7308**	**5916**	**23101**	**13095**	**10006**	**22948**	**12400**	**10548**
南宁市	3844	2074	1770	6195	3540	2655	5625	3058	2567
柳州市	648	418	230	1178	796	382	1064	665	399
桂林市	1983	1060	923	5053	2680	2373	3257	1705	1552
梧州市	128	85	43	177	101	76	185	100	85
北海市	3920	2059	1861	6084	3186	2898	8054	4121	3933
防城港市	1373	778	595	1522	929	593	2290	1262	1028
钦州市	292	188	104	830	559	271	708	427	281
贵港市	149	96	53	207	144	63	186	115	71
玉林市	204	128	76	503	347	156	373	224	149
百色市	177	106	71	309	172	137	332	191	141
贺州市	94	54	40	189	128	61	167	104	63
河池市	124	74	50	365	214	151	306	175	131
来宾市	93	64	29	163	93	70	163	93	70
崇左市	195	124	71	326	206	120	238	160	78

7–3 续表 3

单位：人

现住地	户口登记地								
	黑龙江			上海			江苏		
	小计	男	女	小计	男	女	小计	男	女
总　计	**42432**	**22577**	**19855**	**2617**	**1562**	**1055**	**25023**	**16576**	**8447**
南宁市	13171	7021	6150	820	511	309	7912	5116	2796
柳州市	1546	929	617	368	225	143	3337	2268	1069
桂林市	6206	3259	2947	471	288	183	3975	2514	1461
梧州市	302	182	120	54	35	19	486	358	128
北海市	13033	6639	6394	395	180	215	1754	1061	693
防城港市	4896	2661	2235	99	70	29	1375	1028	347
钦州市	1015	591	424	91	67	24	943	704	239
贵港市	229	140	89	33	22	11	540	374	166
玉林市	371	218	153	77	47	30	948	617	331
百色市	414	229	185	30	16	14	782	533	249
贺州市	223	117	106	22	13	9	467	280	187
河池市	394	214	180	85	48	37	942	615	327
来宾市	216	125	91	31	17	14	637	434	203
崇左市	416	252	164	41	23	18	925	674	251

7-3 续表 4

单位：人

现住地	户口登记地								
	浙江			安徽			福建		
	小计	男	女	小计	男	女	小计	男	女
总　计	**39403**	**23212**	**16191**	**47795**	**29935**	**17860**	**69896**	**43489**	**26407**
南宁市	12178	7177	5001	15870	9705	6165	22891	13890	9001
柳州市	6196	3628	2568	7845	5132	2713	7094	4360	2734
桂林市	4276	2482	1794	7049	4467	2582	6551	3985	2566
梧州市	851	514	337	1674	1042	632	2761	1709	1052
北海市	2437	1174	1263	3536	2032	1504	2758	1617	1141
防城港市	2117	1282	835	2039	1419	620	4237	2755	1482
钦州市	1634	998	636	1401	922	479	3013	1893	1120
贵港市	839	512	327	797	491	306	3137	2098	1039
玉林市	1846	1117	729	2260	1350	910	3092	1908	1184
百色市	1751	1062	689	1107	685	422	3885	2445	1440
贺州市	962	601	361	712	443	269	2774	1983	791
河池市	1823	1107	716	1566	1000	566	3337	2019	1318
来宾市	1003	605	398	863	547	316	1899	1298	601
崇左市	1490	953	537	1076	700	376	2467	1529	938

7-3 续表 5

单位：人

现住地	户口登记地								
	江西			山东			河南		
	小计	男	女	小计	男	女	小计	男	女
总　计	**66581**	**38746**	**27835**	**34300**	**21235**	**13065**	**76201**	**46969**	**29232**
南宁市	21708	12840	8868	11833	7374	4459	25753	15439	10314
柳州市	8105	4855	3250	2644	1741	903	8333	5172	3161
桂林市	7908	4564	3344	5049	2903	2146	9717	5546	4171
梧州市	1793	1060	733	422	298	124	1665	1139	526
北海市	4100	2210	1890	6615	3723	2892	8236	4765	3471
防城港市	2579	1526	1053	1950	1267	683	4902	3624	1278
钦州市	2763	1562	1201	1376	954	422	3391	2242	1149
贵港市	1577	865	712	441	306	135	1534	935	599
玉林市	3238	1822	1416	857	575	282	2850	1773	1077
百色市	3433	1987	1446	1018	720	298	2455	1620	835
贺州市	2159	1243	916	546	340	206	1688	1035	653
河池市	2383	1350	1033	554	371	183	1969	1258	711
来宾市	1842	1083	759	435	280	155	1806	1116	690
崇左市	2993	1779	1214	560	383	177	1902	1305	597

7-3 续表 6

单位：人

现住地	户口登记地								
	湖北			湖南			广东		
	小计	男	女	小计	男	女	小计	男	女
总 计	**72455**	**43310**	**29145**	**242032**	**137162**	**104870**	**192475**	**101419**	**91056**
南宁市	23389	13876	9513	53059	30011	23048	49945	28080	21865
柳州市	10548	6301	4247	43105	24713	18392	15377	8778	6599
桂林市	7618	4264	3354	68106	38133	29973	13219	6806	6413
梧州市	1712	1042	670	5582	3261	2321	13335	6828	6507
北海市	5039	2830	2209	8373	4587	3786	17048	9142	7906
防城港市	3377	2242	1135	7874	4856	3018	10071	5882	4189
钦州市	2524	1536	988	6337	3568	2769	11063	4903	6160
贵港市	2281	1343	938	5001	2925	2076	9828	4655	5173
玉林市	4115	2305	1810	7190	3782	3408	19862	9354	10508
百色市	3744	2478	1266	8638	4872	3766	9215	5053	4162
贺州市	1426	819	607	7403	4075	3328	7371	3575	3796
河池市	3029	1950	1079	7923	4374	3549	5630	2828	2802
来宾市	1770	1091	679	6274	3715	2559	4824	2458	2366
崇左市	1883	1233	650	7167	4290	2877	5687	3077	2610

7-3 续表 7

单位：人

现住地	户口登记地								
	广西			海南			重庆		
	小计	男	女	小计	男	女	小计	男	女
总 计				**16576**	**8168**	**8408**	**34319**	**20033**	**14286**
南宁市				4592	2321	2271	8464	4843	3621
柳州市				1185	603	582	4928	2995	1933
桂林市				1707	892	815	3786	1927	1859
梧州市				552	228	324	1072	644	428
北海市				2365	1214	1151	3619	1969	1650
防城港市				987	515	472	2006	1359	647
钦州市				677	295	382	1283	741	542
贵港市				497	208	289	1459	951	508
玉林市				1644	729	915	2005	1212	793
百色市				534	290	244	1350	819	531
贺州市				258	119	139	832	429	403
河池市				390	179	211	1486	896	590
来宾市				333	150	183	1007	611	396
崇左市				855	425	430	1022	637	385

7-3 续表 8

单位：人

现住地	户口登记地								
	四川			贵州			云南		
	小计	男	女	小计	男	女	小计	男	女
总　计	**84381**	**50583**	**33798**	**95663**	**54039**	**41624**	**49347**	**26333**	**23014**
南宁市	21660	12843	8817	17484	10246	7238	12242	6701	5541
柳州市	8403	5180	3223	11801	6579	5222	3016	1673	1343
桂林市	8409	4477	3932	7417	3820	3597	3280	1517	1763
梧州市	3163	1933	1230	2771	1690	1081	1129	634	495
北海市	10234	5634	4600	9541	5228	4313	3903	1972	1931
防城港市	6341	4332	2009	3301	2296	1005	2935	1883	1052
钦州市	3436	2080	1356	4866	2711	2155	2426	1143	1283
贵港市	2514	1499	1015	6599	3593	3006	3443	1770	1673
玉林市	5668	3564	2104	7083	3774	3309	2844	1485	1359
百色市	3065	1854	1211	6304	3404	2900	5596	2807	2789
贺州市	1873	1065	808	2902	1779	1123	959	503	456
河池市	3123	2015	1108	6484	3674	2810	1543	867	676
来宾市	2301	1463	838	4747	2759	1988	1279	756	523
崇左市	4191	2644	1547	4363	2486	1877	4752	2622	2130

7-3 续表 9

单位：人

现住地	户口登记地								
	西藏			陕西			甘肃		
	小计	男	女	小计	男	女	小计	男	女
总　计	**437**	**225**	**212**	**21887**	**13190**	**8697**	**14937**	**8776**	**6161**
南宁市	156	72	84	6893	4023	2870	3716	2196	1520
柳州市	27	19	8	2137	1370	767	1060	709	351
桂林市	64	35	29	3601	1929	1672	1889	1054	835
梧州市	3	1	2	557	370	187	259	151	108
北海市	31	21	10	2832	1532	1300	1936	1018	918
防城港市	2	2		1435	1034	401	2771	1760	1011
钦州市	4	3	1	759	459	300	640	389	251
贵港市	1		1	430	270	160	155	96	59
玉林市	9	5	4	821	539	282	562	306	256
百色市	121	55	66	488	348	140	484	248	236
贺州市				336	190	146	388	180	208
河池市	11	8	3	728	537	191	247	167	80
来宾市	2	1	1	425	263	162	207	131	76
崇左市	6	3	3	445	326	119	623	371	252

7-3 续表 10

单位：人

现住地	户口登记地								
	青海			宁夏			新疆		
	小计	男	女	小计	男	女	小计	男	女
总 计	**2933**	**1547**	**1386**	**1837**	**1051**	**786**	**5089**	**2637**	**2452**
南宁市	718	394	324	566	341	225	1979	1063	916
柳州市	300	212	88	129	85	44	287	163	124
桂林市	579	269	310	226	113	113	783	392	391
梧州市	60	28	32	36	19	17	42	22	20
北海市	612	286	326	375	174	201	807	390	417
防城港市	135	75	60	139	90	49	391	194	197
钦州市	109	50	59	81	50	31	233	96	137
贵港市	57	28	29	31	22	9	70	37	33
玉林市	36	19	17	36	26	10	99	51	48
百色市	111	66	45	139	78	61	84	51	33
贺州市	18	10	8	17	11	6	44	22	22
河池市	42	27	15	34	26	8	83	41	42
来宾市	32	16	16	8	4	4	46	24	22
崇左市	124	67	57	20	12	8	141	91	50

7-3a 按现住地、性别分的户口登记地在外省的人口(城市)

单位：人

现住地	户口登记地					
	合计			北京		
	合计	男	女	小计	男	女
总 计	**909591**	**518010**	**391581**	**3349**	**2000**	**1349**
南宁市	323838	186743	137095	1462	912	550
柳州市	123557	73433	50124	245	142	103
桂林市	113761	64712	49049	594	336	258
梧州市	25077	14396	10681	52	32	20
北海市	108433	57124	51309	570	317	253
防城港市	55416	32341	23075	133	77	56
钦州市	23767	13035	10732	49	31	18
贵港市	21872	12871	9001	52	29	23
玉林市	33132	18651	14481	47	28	19
百色市	25695	13926	11769	53	33	20
贺州市	13783	7951	5832	17	17	0
河池市	13691	7752	5939	38	21	17
来宾市	12754	6960	5794	19	13	6
崇左市	14815	8115	6700	18	12	6

7-3a 续表 1

单位：人

现住地	户口登记地								
	天津			河北			山西		
	小计	男	女	小计	男	女	小计	男	女
总　计	**2909**	**1646**	**1263**	**26887**	**15401**	**11486**	**12964**	**7216**	**5748**
南宁市	1055	600	455	9978	5790	4188	4005	2229	1776
柳州市	324	213	111	3072	1828	1244	714	470	244
桂林市	382	219	163	3436	1916	1520	1138	665	473
梧州市	63	41	22	320	195	125	195	125	70
北海市	570	286	284	4923	2610	2313	4089	2185	1904
防城港市	123	79	44	2208	1339	869	1290	751	539
钦州市	69	32	37	523	298	225	198	107	91
贵港市	14	11	3	235	146	89	91	54	37
玉林市	117	71	46	564	345	219	301	151	150
百色市	37	26	11	447	253	194	344	184	160
贺州市	20	11	9	255	148	107	277	123	154
河池市	20	12	8	368	223	145	75	44	31
来宾市	93	32	61	239	128	111	88	49	39
崇左市	22	13	9	319	182	137	159	79	80

7-3a 续表 2

单位：人

现住地	户口登记地								
	内蒙古			辽宁			吉林		
	小计	男	女	小计	男	女	小计	男	女
总　计	**10553**	**5701**	**4852**	**19028**	**10473**	**8555**	**18958**	**9990**	**8968**
南宁市	3675	1966	1709	5879	3318	2561	5340	2857	2483
柳州市	539	335	204	1060	716	344	913	566	347
桂林市	1310	707	603	4160	2195	1965	2419	1257	1162
梧州市	97	59	38	145	81	64	149	80	69
北海市	2944	1529	1415	5048	2607	2441	6546	3295	3251
防城港市	1247	667	580	1263	709	554	2089	1113	976
钦州市	168	99	69	441	252	189	455	237	218
贵港市	107	64	43	142	91	51	141	88	53
玉林市	136	76	60	242	142	100	219	110	109
百色市	131	72	59	246	126	120	259	140	119
贺州市	52	26	26	102	58	44	108	62	46
河池市	50	30	20	57	38	19	92	49	43
来宾市	48	36	12	111	50	61	92	45	47
崇左市	49	35	14	132	90	42	136	91	45

7–3a 续表 3

单位：人

现住地	户口登记地								
	黑龙江			上海			江苏		
	小计	男	女	小计	男	女	小计	男	女
总　计	**36294**	**19063**	**17231**	**2113**	**1230**	**883**	**17278**	**11002**	**6276**
南宁市	12685	6718	5967	786	489	297	7196	4587	2609
柳州市	1397	825	572	330	200	130	2746	1848	898
桂林市	4955	2624	2331	337	194	143	2008	1275	733
梧州市	241	139	102	36	23	13	299	221	78
北海市	10525	5303	5222	348	153	195	1424	838	586
防城港市	4556	2400	2156	78	53	25	794	519	275
钦州市	630	330	300	51	32	19	440	285	155
贵港市	166	102	64	22	15	7	337	234	103
玉林市	237	134	103	48	28	20	588	336	252
百色市	319	167	152	22	12	10	421	268	153
贺州市	166	82	84	10	5	5	254	139	115
河池市	90	54	36	16	9	7	243	154	89
来宾市	148	78	70	16	10	6	239	137	102
崇左市	179	107	72	13	7	6	289	161	128

7–3a 续表 4

单位：人

现住地	户口登记地								
	浙江			安徽			福建		
	小计	男	女	小计	男	女	小计	男	女
总　计	**28076**	**16162**	**11914**	**36040**	**22286**	**13754**	**47757**	**28668**	**19089**
南宁市	10904	6362	4542	14574	8914	5660	19852	11882	7970
柳州市	5254	3050	2204	6828	4473	2355	5702	3457	2245
桂林市	2290	1317	973	4385	2849	1536	3424	2067	1357
梧州市	653	397	256	1412	875	537	1997	1156	841
北海市	1893	845	1048	2624	1448	1176	2048	1142	906
防城港市	1330	784	546	1156	687	469	3734	2376	1358
钦州市	862	500	362	608	357	251	1696	1015	681
贵港市	585	345	240	423	261	162	1811	1172	639
玉林市	1318	763	555	1556	892	664	1958	1154	804
百色市	896	532	364	680	409	271	1901	1132	769
贺州市	417	251	166	334	214	120	900	570	330
河池市	817	491	326	667	414	253	1243	704	539
来宾市	480	285	195	446	276	170	734	431	303
崇左市	377	240	137	347	217	130	757	410	347

7-3a 续表 5

单位：人

现住地	户口登记地								
	江西			山东			河南		
	小计	男	女	小计	男	女	小计	男	女
总　计	**46553**	**27230**	**19323**	**26055**	**15558**	**10497**	**53420**	**31460**	**21960**
南宁市	19229	11375	7854	11028	6766	4262	23193	13678	9515
柳州市	6764	4048	2716	2194	1408	786	6972	4246	2726
桂林市	4235	2549	1686	2995	1780	1215	5366	3110	2256
梧州市	1109	668	441	238	144	94	1013	664	349
北海市	3097	1617	1480	5192	2818	2374	6025	3278	2747
防城港市	2132	1214	918	1526	879	647	2865	1784	1081
钦州市	1201	692	509	612	359	253	1561	858	703
贵港市	854	495	359	311	213	98	905	589	316
玉林市	1876	1077	799	507	295	212	1453	875	578
百色市	2196	1284	912	388	245	143	1258	735	523
贺州市	1073	609	464	353	201	152	758	438	320
河池市	937	552	385	233	163	70	661	394	267
来宾市	761	437	324	246	139	107	818	454	364
崇左市	1089	613	476	232	148	84	572	357	215

7-3a 续表 6

单位：人

现住地	户口登记地								
	湖北			湖南			广东		
	小计	男	女	小计	男	女	小计	男	女
总　计	**51101**	**29673**	**21428**	**165737**	**93267**	**72470**	**112164**	**62711**	**49453**
南宁市	20974	12322	8652	46497	26044	20453	42191	24246	17945
柳州市	8477	4979	3498	35087	20061	15026	11038	6404	4634
桂林市	4414	2535	1879	44579	25314	19265	6208	3449	2759
梧州市	1107	651	456	3582	2039	1543	7193	3859	3334
北海市	3981	2173	1808	6185	3328	2857	12207	6591	5616
防城港市	2356	1420	936	5673	3169	2504	8181	4712	3469
钦州市	1310	735	575	2784	1445	1339	3941	2012	1929
贵港市	1534	908	626	3177	1892	1285	3634	1883	1751
玉林市	2452	1345	1107	3699	1948	1751	7431	4018	3413
百色市	1799	1020	779	3982	2121	1861	3089	1644	1445
贺州市	552	334	218	3283	1919	1364	2246	1298	948
河池市	910	520	390	2553	1396	1157	1382	772	610
来宾市	694	396	298	2407	1319	1088	1554	799	755
崇左市	541	335	206	2249	1272	977	1869	1024	845

7–3a 续表 7

单位：人

现住地	户口登记地								
	广西			海南			重庆		
	小计	男	女	小计	男	女	小计	男	女
总　计				**11142**	**5697**	**5445**	**22102**	**12611**	**9491**
南宁市				3705	1916	1789	7157	4050	3107
柳州市				957	511	446	4127	2499	1628
桂林市				755	420	335	1908	1054	854
梧州市				386	168	218	564	304	260
北海市				2051	1062	989	2651	1383	1268
防城港市				790	402	388	1346	826	520
钦州市				241	126	115	561	280	281
贵港市				293	135	158	764	515	249
玉林市				664	305	359	879	537	342
百色市				341	185	156	644	367	277
贺州市				138	84	54	336	165	171
河池市				204	98	106	428	217	211
来宾市				142	67	75	452	255	197
崇左市				475	218	257	285	159	126

7–3a 续表 8

单位：人

现住地	户口登记地								
	四川			贵州			云南		
	小计	男	女	小计	男	女	小计	男	女
总　计	**55763**	**32325**	**23438**	**47226**	**26197**	**21029**	**23127**	**12045**	**11082**
南宁市	18537	10746	7791	12808	7367	5441	8614	4571	4043
柳州市	6421	3902	2519	7163	4086	3077	2016	1103	913
桂林市	4643	2616	2027	3121	1754	1367	1409	714	695
梧州市	1855	1083	772	1300	784	516	381	201	180
北海市	8105	4346	3759	7028	3732	3296	2889	1442	1447
防城港市	4191	2626	1565	1804	1138	666	1717	1017	700
钦州市	1695	994	701	2065	1109	956	514	280	234
贵港市	1484	922	562	2993	1677	1316	1309	733	576
玉林市	3087	1903	1184	2021	1100	921	883	544	339
百色市	1391	716	675	1877	875	1002	2007	868	1139
贺州市	683	394	289	714	435	279	241	123	118
河池市	868	509	359	1166	602	564	347	143	204
来宾市	875	487	388	1487	772	715	254	95	159
崇左市	1928	1081	847	1679	766	913	546	211	335

7—3a 续表 9

单位：人

现住地	户口登记地								
	西藏			陕西			甘肃		
	小计	男	女	小计	男	女	小计	男	女
总　计	**331**	**164**	**167**	**14536**	**8370**	**6166**	**10417**	**5788**	**4629**
南宁市	131	63	68	5905	3326	2579	3387	1975	1412
柳州市	20	16	4	1723	1086	637	855	572	283
桂林市	23	12	11	1594	879	715	846	454	392
梧州市	1		1	373	237	136	200	114	86
北海市	27	18	9	2241	1209	1032	1637	848	789
防城港市	2	2		823	512	311	1416	786	630
钦州市	3	2	1	452	249	203	392	206	186
贵港市	1		1	265	169	96	99	62	37
玉林市	7	3	4	333	205	128	415	210	205
百色市	109	45	64	238	165	73	351	152	199
贺州市				146	83	63	313	141	172
河池市	2	1	1	134	83	51	58	38	20
来宾市	2	1	1	189	98	91	76	51	25
崇左市	3	1	2	120	69	51	372	179	193

7—3a 续表 10

单位：人

现住地	户口登记地								
	青海			宁夏			新疆		
	小计	男	女	小计	男	女	小计	男	女
总　计	**2175**	**1143**	**1032**	**1456**	**812**	**644**	**4080**	**2121**	**1959**
南宁市	655	348	307	538	319	219	1898	1007	891
柳州市	264	184	80	95	60	35	260	145	115
桂林市	265	138	127	115	63	52	447	250	197
梧州市	53	24	29	31	15	16	32	17	15
北海市	555	253	302	333	148	185	677	320	357
防城港市	113	59	54	109	64	45	371	177	194
钦州市	45	18	27	43	26	17	157	69	88
贵港市	47	21	26	23	16	7	53	29	24
玉林市	17	10	7	18	12	6	59	34	25
百色市	96	54	42	127	71	56	46	25	21
贺州市	13	7	6	7	5	2	15	9	6
河池市	4	3	1	8	6	2	20	12	8
来宾市	20	10	10	4	2	2	20	8	12
崇左市	28	14	14	5	5		25	19	6

7–3b 按现住地、性别分的户口登记地在外省的人口(镇)

单位：人

现住地	户口登记地					
	合计			北京		
	合计	男	女	小计	男	女
总　计	**254628**	**151681**	**102947**	**379**	**244**	**135**
南宁市	24250	14965	9285	43	24	19
柳州市	21929	13156	8773	26	19	7
桂林市	52482	28377	24105	149	92	57
梧州市	9760	6003	3757	7	4	3
北海市	5097	2676	2421	12	7	5
防城港市	11301	8797	2504	15	13	2
钦州市	16651	10838	5813	21	15	6
贵港市	10524	5863	4661	8	6	2
玉林市	22831	13067	9764	15	10	5
百色市	16060	9373	6687	19	11	8
贺州市	12774	7642	5132	10	4	6
河池市	19587	11394	8193	25	20	5
来宾市	11622	7184	4438	10	8	2
崇左市	19760	12346	7414	19	11	8

7–3b 续表 1

单位：人

现住地	户口登记地								
	天津			河北			山西		
	小计	男	女	小计	男	女	小计	男	女
总　计	**695**	**422**	**273**	**4860**	**3181**	**1679**	**1819**	**1178**	**641**
南宁市	23	18	5	505	357	148	172	128	44
柳州市	69	48	21	332	226	106	132	95	37
桂林市	448	239	209	2118	1199	919	703	340	363
梧州市	5	4	1	56	39	17	35	26	9
北海市	7	3	4	79	49	30	23	12	11
防城港市	15	14	1	204	176	28	171	142	29
钦州市	45	44	1	324	264	60	118	90	28
贵港市	8	5	3	51	33	18	19	11	8
玉林市	15	8	7	219	159	60	107	89	18
百色市	8	6	2	103	67	36	56	36	20
贺州市	4	2	2	143	121	22	60	50	10
河池市	18	11	7	207	144	63	95	68	27
来宾市	19	14	5	176	105	71	29	22	7
崇左市	11	6	5	343	242	101	99	69	30

7-3b 续表 2

单位：人

现住地	户口登记地								
	内蒙古			辽宁			吉林		
	小计	男	女	小计	男	女	小计	男	女
总 计	**1028**	**631**	**397**	**1880**	**1279**	**601**	**1609**	**997**	**612**
南宁市	75	52	23	158	106	52	145	95	50
柳州市	89	69	20	97	65	32	118	75	43
桂林市	382	185	197	600	349	251	565	297	268
梧州市	15	12	3	24	14	10	29	16	13
北海市	17	9	8	54	29	25	57	33	24
防城港市	70	59	11	157	132	25	119	83	36
钦州市	85	63	22	273	222	51	184	136	48
贵港市	20	12	8	36	27	9	27	13	14
玉林市	44	34	10	119	83	36	85	59	26
百色市	21	12	9	32	22	10	37	22	15
贺州市	22	13	9	71	59	12	43	32	11
河池市	25	16	9	81	62	19	83	58	25
来宾市	32	19	13	38	33	5	47	32	15
崇左市	131	76	55	140	76	64	70	46	24

7-3b 续表 3

单位：人

现住地	户口登记地								
	黑龙江			上海			江苏		
	小计	男	女	小计	男	女	小计	男	女
总 计	**2416**	**1434**	**982**	**299**	**194**	**105**	**5028**	**3585**	**1443**
南宁市	313	188	125	19	12	7	447	318	129
柳州市	117	81	36	25	16	9	464	341	123
桂林市	904	473	431	102	70	32	1323	824	499
梧州市	43	29	14	8	4	4	158	118	40
北海市	77	44	33	15	5	10	54	35	19
防城港市	182	135	47	11	8	3	336	282	54
钦州市	276	179	97	28	26	2	326	286	40
贵港市	35	19	16	8	5	3	157	110	47
玉林市	81	48	33	18	13	5	285	217	68
百色市	66	40	26	5	2	3	195	128	67
贺州市	35	22	13	9	5	4	177	117	60
河池市	73	49	24	19	11	8	390	269	121
来宾市	38	22	16	12	6	6	264	190	74
崇左市	176	105	71	20	11	9	452	350	102

7–3b 续表 4

单位：人

现住地	户口登记地								
	浙江			安徽			福建		
	小计	男	女	小计	男	女	小计	男	女
总 计	**7886**	**4799**	**3087**	**8104**	**5313**	**2791**	**14247**	**9135**	**5112**
南宁市	900	556	344	846	528	318	1716	1072	644
柳州市	726	442	284	825	534	291	1027	658	369
桂林市	1490	884	606	1895	1147	748	1938	1099	839
梧州市	171	103	68	220	144	76	566	391	175
北海市	142	77	65	81	44	37	185	117	68
防城港市	196	121	75	645	530	115	221	152	69
钦州市	448	295	153	610	455	155	888	572	316
贵港市	193	121	72	286	184	102	768	533	235
玉林市	409	264	145	501	328	173	842	549	293
百色市	680	398	282	309	197	112	1182	722	460
贺州市	405	250	155	282	176	106	1208	925	283
河池市	785	476	309	678	439	239	1695	1019	676
来宾市	354	200	154	300	196	104	700	494	206
崇左市	987	612	375	626	411	215	1311	832	479

7–3b 续表 5

单位：人

现住地	户口登记地								
	江西			山东			河南		
	小计	男	女	小计	男	女	小计	男	女
总 计	**13735**	**8035**	**5700**	**4409**	**2987**	**1422**	**12495**	**8511**	**3984**
南宁市	1488	932	556	486	356	130	1393	969	424
柳州市	1046	639	407	363	270	93	967	639	328
桂林市	2488	1391	1097	1333	697	636	2750	1508	1242
梧州市	487	296	191	151	129	22	359	267	92
北海市	269	141	128	67	34	33	122	69	53
防城港市	228	159	69	193	171	22	1129	1023	106
钦州市	982	555	427	457	372	85	1265	1042	223
贵港市	484	262	222	70	40	30	307	173	134
玉林市	990	579	411	182	138	44	860	585	275
百色市	982	566	416	490	357	133	505	348	157
贺州市	729	434	295	112	86	26	585	396	189
河池市	1207	674	533	135	85	50	723	456	267
来宾市	773	448	325	112	74	38	569	358	211
崇左市	1582	959	623	258	178	80	961	678	283

7–3b 续表 6

单位：人

现住地	户口登记地								
	湖北			湖南			广东		
	小计	男	女	小计	男	女	小计	男	女
总 计	**12749**	**7853**	**4896**	**54135**	**31253**	**22882**	**38607**	**19770**	**18837**
南宁市	1396	840	556	3711	2255	1456	3811	1991	1820
柳州市	1412	842	570	6150	3557	2593	2046	1096	950
桂林市	2044	1113	931	18657	10277	8380	3741	1878	1863
梧州市	393	260	133	1473	926	547	3147	1657	1490
北海市	203	98	105	549	298	251	1879	944	935
防城港市	565	451	114	1162	875	287	857	543	314
钦州市	811	574	237	2278	1486	792	3033	1415	1618
贵港市	379	224	155	1194	725	469	2891	1406	1485
玉林市	1055	627	428	2405	1358	1047	7038	3491	3547
百色市	876	593	283	3165	1785	1380	1587	863	724
贺州市	663	399	264	2918	1569	1349	2463	1229	1234
河池市	1344	827	517	4265	2346	1919	1883	946	937
来宾市	611	367	244	2680	1680	1000	1812	996	816
崇左市	997	638	359	3528	2116	1412	2419	1315	1104

7–3b 续表 7

单位：人

现住地	户口登记地								
	广西			海南			重庆		
	小计	男	女	小计	男	女	小计	男	女
总 计				**2849**	**1383**	**1466**	**6611**	**4088**	**2523**
南宁市				403	214	189	629	398	231
柳州市				126	59	67	532	336	196
桂林市				579	290	289	962	479	483
梧州市				80	32	48	334	240	94
北海市				103	43	60	115	68	47
防城港市				81	47	34	382	307	75
钦州市				176	71	105	442	299	143
贵港市				98	42	56	257	148	109
玉林市				587	277	310	799	487	312
百色市				87	48	39	379	236	143
贺州市				49	18	31	305	176	129
河池市				130	61	69	618	376	242
来宾市				101	42	59	310	190	120
崇左市				249	139	110	547	348	199

7−3b 续表 8 单位：人

现住地	户口登记地								
	四川			贵州			云南		
	小计	男	女	小计	男	女	小计	男	女
总　计	**15343**	**9917**	**5426**	**24602**	**14309**	**10293**	**10683**	**5884**	**4799**
南宁市	1539	1016	523	2021	1264	757	1303	752	551
柳州市	1265	787	478	2942	1632	1310	591	337	254
桂林市	1892	967	925	2166	1024	1142	868	335	533
梧州市	758	498	260	812	526	286	269	157	112
北海市	267	144	123	401	213	188	206	99	107
防城港市	1386	1119	267	542	437	105	703	506	197
钦州市	968	688	280	1382	928	454	820	462	358
贵港市	566	320	246	1655	930	725	871	431	440
玉林市	1671	1114	557	2994	1681	1313	1091	602	489
百色市	865	546	319	2715	1483	1232	1474	730	744
贺州市	719	445	274	1219	790	429	350	217	133
河池市	1175	711	464	2901	1595	1306	535	306	229
来宾市	817	568	249	1215	743	472	393	236	157
崇左市	1455	994	461	1637	1063	574	1209	714	495

7−3b 续表 9 单位：人

现住地	户口登记地								
	西藏			陕西			甘肃		
	小计	男	女	小计	男	女	小计	男	女
总　计	**56**	**36**	**20**	**4082**	**2688**	**1394**	**2960**	**1987**	**973**
南宁市	2	1	1	455	346	109	175	123	52
柳州市	7	3	4	227	144	83	126	83	43
桂林市	21	11	10	1346	701	645	649	364	285
梧州市				108	78	30	35	24	11
北海市	3	2	1	50	27	23	39	21	18
防城港市				493	417	76	1180	848	332
钦州市	1	1		190	134	56	161	124	37
贵港市				92	55	37	27	18	9
玉林市	1	1		287	188	99	86	58	28
百色市	11	9	2	105	72	33	67	47	20
贺州市				107	61	46	54	28	26
河池市	8	6	2	341	272	69	91	54	37
来宾市				110	73	37	77	51	26
崇左市	2	2		171	120	51	193	144	49

7-3b 续表 10

单位：人

现住地	户口登记地								
	青海			宁夏			新疆		
	小计	男	女	小计	男	女	小计	男	女
总　计	**392**	**199**	**193**	**170**	**121**	**49**	**500**	**268**	**232**
南宁市	22	13	9	11	9	2	43	32	11
柳州市	28	23	5	30	23	7	24	17	7
桂林市	146	52	94	38	18	20	185	74	111
梧州市	6	3	3	3	2	1	8	4	4
北海市	3	1	2	4	3	1	14	7	7
防城港市	19	14	5	27	23	4	12	10	2
钦州市	18	10	8	11	9	2	30	21	9
贵港市	6	3	3	5	4	1	6	3	3
玉林市	9	2	7	7	4	3	29	14	15
百色市	11	8	3	2	2		26	17	9
贺州市	4	3	1	7	5	2	21	10	11
河池市	17	10	7	14	12	2	26	15	11
来宾市	8	5	3	2	2		13	10	3
崇左市	95	52	43	9	5	4	63	34	29

7-3c　按现住地、性别分的户口登记地在外省的人口（乡村）

单位：人

现住地	户口登记地					
	合计			北京		
	合计	男	女	小计	男	女
总　计	**195165**	**111928**	**83237**	**288**	**177**	**111**
南宁市	22455	13532	8923	19	11	8
柳州市	10295	6156	4139	10	3	7
桂林市	26855	13969	12886	40	24	16
梧州市	6756	3607	3149	1	1	
北海市	26940	15906	11034	77	49	28
防城港市	9091	7045	2046	13	11	2
钦州市	13210	6420	6790	11	8	3
贵港市	10195	5114	5081	9	5	4
玉林市	14281	6637	7644	9	6	3
百色市	15054	9625	5429	29	19	10
贺州市	8130	4045	4085	1		1
河池市	12586	7706	4880	55	29	26
来宾市	8853	5535	3318	3	3	
崇左市	10464	6631	3833	11	8	3

7–3c 续表 1

单位：人

现住地	户口登记地								
	天津			河北			山西		
	小计	男	女	小计	男	女	小计	男	女
总　计	**340**	**236**	**104**	**4404**	**2723**	**1681**	**2601**	**1618**	**983**
南宁市	21	17	4	485	315	170	112	84	28
柳州市	9	3	6	149	101	48	38	28	10
桂林市	57	32	25	1390	666	724	464	249	215
梧州市	3	2	1	40	30	10	45	33	12
北海市	84	51	33	1012	591	421	1387	782	605
防城港市	34	31	3	311	294	17	147	135	12
钦州市	13	11	2	278	199	79	84	63	21
贵港市	2	2	0	50	39	11	17	12	5
玉林市	44	42	2	150	123	27	63	46	17
百色市	2	1	1	82	54	28	63	45	18
贺州市	3	2	1	42	29	13	25	13	12
河池市	55	29	26	213	137	76	94	80	14
来宾市	5	5		119	83	36	23	20	3
崇左市	8	8		83	62	21	39	28	11

7–3c 续表 2

单位：人

现住地	户口登记地								
	内蒙古			辽宁			吉林		
	小计	男	女	小计	男	女	小计	男	女
总　计	**1643**	**976**	**667**	**2193**	**1343**	**850**	**2381**	**1413**	**968**
南宁市	94	56	38	158	116	42	140	106	34
柳州市	20	14	6	21	15	6	33	24	9
桂林市	291	168	123	293	136	157	273	151	122
梧州市	16	14	2	8	6	2	7	4	3
北海市	959	521	438	982	550	432	1451	793	658
防城港市	56	52	4	102	88	14	82	66	16
钦州市	39	26	13	116	85	31	69	54	15
贵港市	22	20	2	29	26	3	18	14	4
玉林市	24	18	6	142	122	20	69	55	14
百色市	25	22	3	31	24	7	36	29	7
贺州市	20	15	5	16	11	5	16	10	6
河池市	49	28	21	227	114	113	131	68	63
来宾市	13	9	4	14	10	4	24	16	8
崇左市	15	13	2	54	40	14	32	23	9

7-3c 续表 3

单位：人

现住地	户口登记地								
	黑龙江			上海			江苏		
	小计	男	女	小计	男	女	小计	男	女
总 计	**3722**	**2080**	**1642**	**205**	**138**	**67**	**2717**	**1989**	**728**
南宁市	173	115	58	15	10	5	269	211	58
柳州市	32	23	9	13	9	4	127	79	48
桂林市	347	162	185	32	24	8	644	415	229
梧州市	18	14	4	10	8	2	29	19	10
北海市	2431	1292	1139	32	22	10	276	188	88
防城港市	158	126	32	10	9	1	245	227	18
钦州市	109	82	27	12	9	3	177	133	44
贵港市	28	19	9	3	2	1	46	30	16
玉林市	53	36	17	11	6	5	75	64	11
百色市	29	22	7	3	2	1	166	137	29
贺州市	22	13	9	3	3		36	24	12
河池市	231	111	120	50	28	22	309	192	117
来宾市	30	25	5	3	1	2	134	107	27
崇左市	61	40	21	8	5	3	184	163	21

7-3c 续表 4

单位：人

现住地	户口登记地								
	浙江			安徽			福建		
	小计	男	女	小计	男	女	小计	男	女
总 计	**3441**	**2251**	**1190**	**3651**	**2336**	**1315**	**7892**	**5686**	**2206**
南宁市	374	259	115	450	263	187	1323	936	387
柳州市	216	136	80	192	125	67	365	245	120
桂林市	496	281	215	769	471	298	1189	819	370
梧州市	27	14	13	42	23	19	198	162	36
北海市	402	252	150	831	540	291	525	358	167
防城港市	591	377	214	238	202	36	282	227	55
钦州市	324	203	121	183	110	73	429	306	123
贵港市	61	46	15	88	46	42	558	393	165
玉林市	119	90	29	203	130	73	292	205	87
百色市	175	132	43	118	79	39	802	591	211
贺州市	140	100	40	96	53	43	666	488	178
河池市	221	140	81	221	147	74	399	296	103
来宾市	169	120	49	117	75	42	465	373	92
崇左市	126	101	25	103	72	31	399	287	112

7–3c 续表 5

单位：人

现住地	户口登记地								
	江西			山东			河南		
	小计	男	女	小计	男	女	小计	男	女
总　计	**6293**	**3481**	**2812**	**3836**	**2690**	**1146**	**10286**	**6998**	**3288**
南宁市	991	533	458	319	252	67	1167	792	375
柳州市	295	168	127	87	63	24	394	287	107
桂林市	1185	624	561	721	426	295	1601	928	673
梧州市	197	96	101	33	25	8	293	208	85
北海市	734	452	282	1356	871	485	2089	1418	671
防城港市	219	153	66	231	217	14	908	817	91
钦州市	580	315	265	307	223	84	565	342	223
贵港市	239	108	131	60	53	7	322	173	149
玉林市	372	166	206	168	142	26	537	313	224
百色市	255	137	118	140	118	22	692	537	155
贺州市	357	200	157	81	53	28	345	201	144
河池市	239	124	115	186	123	63	585	408	177
来宾市	308	198	110	77	67	10	419	304	115
崇左市	322	207	115	70	57	13	369	270	99

7–3c 续表 6

单位：人

现住地	户口登记地								
	湖北			湖南			广东		
	小计	男	女	小计	男	女	小计	男	女
总　计	**8605**	**5784**	**2821**	**22160**	**12642**	**9518**	**41704**	**18938**	**22766**
南宁市	1019	714	305	2851	1712	1139	3943	1843	2100
柳州市	659	480	179	1868	1095	773	2293	1278	1015
桂林市	1160	616	544	4870	2542	2328	3270	1479	1791
梧州市	212	131	81	527	296	231	2995	1312	1683
北海市	855	559	296	1639	961	678	2962	1607	1355
防城港市	456	371	85	1039	812	227	1033	627	406
钦州市	403	227	176	1275	637	638	4089	1476	2613
贵港市	368	211	157	630	308	322	3303	1366	1937
玉林市	608	333	275	1086	476	610	5393	1845	3548
百色市	1069	865	204	1491	966	525	4539	2546	1993
贺州市	211	86	125	1202	587	615	2662	1048	1614
河池市	775	603	172	1105	632	473	2365	1110	1255
来宾市	465	328	137	1187	716	471	1458	663	795
崇左市	345	260	85	1390	902	488	1399	738	661

7–3c 续表 7

单位：人

现住地	户口登记地								
	广西			海南			重庆		
	小计	男	女	小计	男	女	小计	男	女
总 计				**2585**	**1088**	**1497**	**5606**	**3334**	**2272**
南宁市				484	191	293	678	395	283
柳州市				102	33	69	269	160	109
桂林市				373	182	191	916	394	522
梧州市				86	28	58	174	100	74
北海市				211	109	102	853	518	335
防城港市				116	66	50	278	226	52
钦州市				260	98	162	280	162	118
贵港市				106	31	75	438	288	150
玉林市				393	147	246	327	188	139
百色市				106	57	49	327	216	111
贺州市				71	17	54	191	88	103
河池市				56	20	36	440	303	137
来宾市				90	41	49	245	166	79
崇左市				131	68	63	190	130	60

7–3c 续表 8

单位：人

现住地	户口登记地								
	四川			贵州			云南		
	小计	男	女	小计	男	女	小计	男	女
总 计	**13275**	**8341**	**4934**	**23835**	**13533**	**10302**	**15537**	**8404**	**7133**
南宁市	1584	1081	503	2655	1615	1040	2325	1378	947
柳州市	717	491	226	1696	861	835	409	233	176
桂林市	1874	894	980	2130	1042	1088	1003	468	535
梧州市	550	352	198	659	380	279	479	276	203
北海市	1862	1144	718	2112	1283	829	808	431	377
防城港市	764	587	177	955	721	234	515	360	155
钦州市	773	398	375	1419	674	745	1092	401	691
贵港市	464	257	207	1951	986	965	1263	606	657
玉林市	910	547	363	2068	993	1075	870	339	531
百色市	809	592	217	1712	1046	666	2115	1209	906
贺州市	471	226	245	969	554	415	368	163	205
河池市	1080	795	285	2417	1477	940	661	418	243
来宾市	609	408	201	2045	1244	801	632	425	207
崇左市	808	569	239	1047	657	390	2997	1697	1300

7-3c 续表 9

单位：人

现住地	户口登记地								
	西藏			陕西			甘肃		
	小计	男	女	小计	男	女	小计	男	女
总　计	**50**	**25**	**25**	**3269**	**2132**	**1137**	**1560**	**1001**	**559**
南宁市	23	8	15	533	351	182	154	98	56
柳州市				187	140	47	79	54	25
桂林市	20	12	8	661	349	312	394	236	158
梧州市	2	1	1	76	55	21	24	13	11
北海市	1	1		541	296	245	260	149	111
防城港市				119	105	14	175	126	49
钦州市				117	76	41	87	59	28
贵港市				73	46	27	29	16	13
玉林市	1	1		201	146	55	61	38	23
百色市	1	1		145	111	34	66	49	17
贺州市				83	46	37	21	11	10
河池市	1	1		253	182	71	98	75	23
来宾市				126	92	34	54	29	25
崇左市	1		1	154	137	17	58	48	10

7-3c 续表 10

单位：人

现住地	户口登记地								
	青海			宁夏			新疆		
	小计	男	女	小计	男	女	小计	男	女
总　计	**366**	**205**	**161**	**211**	**118**	**93**	**509**	**248**	**261**
南宁市	41	33	8	17	13	4	38	24	14
柳州市	8	5	3	4	2	2	3	1	2
桂林市	168	79	89	73	32	41	151	68	83
梧州市	1	1		2	2		2	1	1
北海市	54	32	22	38	23	15	116	63	53
防城港市	3	2	1	3	3		8	7	1
钦州市	46	22	24	27	15	12	46	6	40
贵港市	4	4		3	2	1	11	5	6
玉林市	10	7	3	11	10	1	11	3	8
百色市	4	4		10	5	5	12	9	3
贺州市	1		1	3	1	2	8	3	5
河池市	21	14	7	12	8	4	37	14	23
来宾市	4	1	3	2		2	13	6	7
崇左市	1	1		6	2	4	53	38	15

7-4 按现住地、离开户口登记地时间分的户口登记地在外乡镇街道的人口

单位：人

现住地	离开户口登记地时间							
	合计							
	合计	半年以上，不满一年	一年以上，不满二年	二年以上，不满三年	三年以上，不满四年	四年以上，不满五年	五年以上，不满十年	十年以上
总　计	**13238781**	**2515711**	**2113216**	**2006890**	**1344966**	**881057**	**2154630**	**2222311**
南宁市	3494076	693435	594574	532577	372520	233712	519739	547519
柳州市	1569791	249486	236957	220024	153037	111882	276254	322151
桂林市	1314266	211977	206924	200307	153640	90549	224019	226850
梧州市	552699	102353	84909	93679	62743	41132	90266	77617
北海市	641005	102046	84465	79790	62592	47588	128370	136154
防城港市	381937	61464	47590	44878	37062	28033	83856	79054
钦州市	647200	123483	93747	85273	66117	44479	121743	112358
贵港市	678659	138182	112724	105342	58963	40467	105131	117850
玉林市	1001632	229885	175223	151345	91022	59721	139107	155329
百色市	821435	171159	130444	132609	79579	52775	135275	119594
贺州市	344017	84572	62745	58416	26079	17851	47174	47180
河池市	737503	133274	128239	137622	63770	41001	111215	122382
来宾市	531118	97643	74370	85215	51752	37740	96120	88278
崇左市	523443	116752	80305	79813	66090	34127	76361	69995

7-4 续表 1

单位：人

现住地	离开户口登记地时间							
	省内							
	小计	半年以上，不满一年	一年以上，不满二年	二年以上，不满三年	三年以上，不满四年	四年以上，不满五年	五年以上，不满十年	十年以上
总　计	**11879397**	**2255277**	**1879675**	**1814486**	**1193402**	**789200**	**1931084**	**2016273**
南宁市	3123533	628001	525952	472885	328170	208066	463546	496913
柳州市	1414010	226661	213998	201179	137175	101019	247358	286620
桂林市	1121168	185259	172755	169868	126997	77174	191842	197273
梧州市	511106	93142	78411	87807	58107	38002	83596	72041
北海市	500535	75458	61593	60814	48325	37390	100664	116291
防城港市	306129	44637	34768	35523	29197	22610	69497	69897
钦州市	593572	112157	85072	78591	60840	41009	112186	103717
贵港市	636068	126028	104683	99654	54917	38001	99895	112890
玉林市	931388	211723	162479	142387	83991	55627	129340	145841
百色市	764626	157381	120427	125625	74058	49208	126910	111017
贺州市	309330	76320	56416	53511	22951	15850	41922	42360
河池市	691639	122141	121363	132009	59683	38438	103905	114100
来宾市	497889	89601	68632	80740	48699	35617	90837	83763
崇左市	478404	106768	73126	73893	60292	31189	69586	63550

7-4 续表 2

单位：人

现住地	离开户口登记地时间							
	省外							
	小计	半年以上，不满一年	一年以上，不满二年	二年以上，不满三年	三年以上，不满四年	四年以上，不满五年	五年以上，不满十年	十年以上
总　计	**1359384**	**260434**	**233541**	**192404**	**151564**	**91857**	**223546**	**206038**
南宁市	370543	65434	68622	59692	44350	25646	56193	50606
柳州市	155781	22825	22959	18845	15862	10863	28896	35531
桂林市	193098	26718	34169	30439	26643	13375	32177	29577
梧州市	41593	9211	6498	5872	4636	3130	6670	5576
北海市	140470	26588	22872	18976	14267	10198	27706	19863
防城港市	75808	16827	12822	9355	7865	5423	14359	9157
钦州市	53628	11326	8675	6682	5277	3470	9557	8641
贵港市	42591	12154	8041	5688	4046	2466	5236	4960
玉林市	70244	18162	12744	8958	7031	4094	9767	9488
百色市	56809	13778	10017	6984	5521	3567	8365	8577
贺州市	34687	8252	6329	4905	3128	2001	5252	4820
河池市	45864	11133	6876	5613	4087	2563	7310	8282
来宾市	33229	8042	5738	4475	3053	2123	5283	4515
崇左市	45039	9984	7179	5920	5798	2938	6775	6445

7-4a 按现住地、离开户口登记地时间分的户口登记地在外乡镇街道的人口(城市)

单位：人

现住地	离开户口登记地时间							
	合计							
	合计	半年以上，不满一年	一年以上，不满二年	二年以上，不满三年	三年以上，不满四年	四年以上，不满五年	五年以上，不满十年	十年以上
总　计	**8451951**	**1481432**	**1338205**	**1251601**	**898795**	**593483**	**1429306**	**1459129**
南宁市	2925549	563918	490821	446341	327660	201669	438598	456542
柳州市	1184196	174921	177721	152993	117878	90119	218119	252445
桂林市	713536	110458	109515	106860	79230	52802	124982	129689
梧州市	371539	56719	59053	66611	46021	28063	65494	49578
北海市	404254	62187	54653	51542	39289	29218	79709	87656
防城港市	275104	38835	34460	32243	27949	20970	61697	58950
钦州市	338716	52737	48325	43788	39085	26005	73885	54891
贵港市	424206	70094	71440	67356	37468	25651	71892	80305
玉林市	493704	90287	81595	72460	48612	33539	78816	88395
百色市	458767	85981	72547	76834	46654	29327	79087	68337
贺州市	158573	33460	33673	27653	12613	8752	23099	19323
河池市	222347	37007	35907	33875	22202	13216	36194	43946
来宾市	292045	48273	38940	46809	30462	21566	55381	50614
崇左市	189415	56555	29555	26236	23672	12586	22353	18458

7-4a 续表 1

单位：人

现住地	离开户口登记地时间							
	省内							
	小计	半年以上，不满一年	一年以上，不满二年	二年以上，不满三年	三年以上，不满四年	四年以上，不满五年	五年以上，不满十年	十年以上
总　计	**7542360**	**1340700**	**1183924**	**1116793**	**792579**	**527154**	**1270580**	**1310630**
南宁市	2601711	513498	431458	392810	287242	178390	387854	410459
柳州市	1060639	160243	160198	138279	105030	81014	193917	221958
桂林市	599775	94953	91286	89810	65261	43984	104652	109829
梧州市	346462	53594	55166	62702	42661	25875	60709	45755
北海市	295821	42475	37074	36668	28111	21233	58526	71734
防城港市	219688	28777	25161	25028	21819	16835	50985	51083
钦州市	314949	49211	44847	40798	36528	24157	68274	51134
贵港市	402334	64758	66824	64255	35238	24383	69235	77641
玉林市	460572	84735	75799	67463	44398	31170	73346	83661
百色市	433072	82259	67497	72993	43728	27535	74978	64082
贺州市	144790	30650	30846	25169	11219	8006	21148	17752
河池市	208656	35147	33843	32083	20737	12420	33841	40585
来宾市	279291	45867	36788	45100	29064	20698	53039	48735
崇左市	174600	54533	27137	23635	21543	11454	20076	16222

7-4a 续表 2

单位：人

现住地	离开户口登记地时间							
	省外							
	小计	半年以上，不满一年	一年以上，不满二年	二年以上，不满三年	三年以上，不满四年	四年以上，不满五年	五年以上，不满十年	十年以上
总　计	**909591**	**140732**	**154281**	**134808**	**106216**	**66329**	**158726**	**148499**
南宁市	323838	50420	59363	53531	40418	23279	50744	46083
柳州市	123557	14678	17523	14714	12848	9105	24202	30487
桂林市	113761	15505	18229	17050	13969	8818	20330	19860
梧州市	25077	3125	3887	3909	3360	2188	4785	3823
北海市	108433	19712	17579	14874	11178	7985	21183	15922
防城港市	55416	10058	9299	7215	6130	4135	10712	7867
钦州市	23767	3526	3478	2990	2557	1848	5611	3757
贵港市	21872	5336	4616	3101	2230	1268	2657	2664
玉林市	33132	5552	5796	4997	4214	2369	5470	4734
百色市	25695	3722	5050	3841	2926	1792	4109	4255
贺州市	13783	2810	2827	2484	1394	746	1951	1571
河池市	13691	1860	2064	1792	1465	796	2353	3361
来宾市	12754	2406	2152	1709	1398	868	2342	1879
崇左市	14815	2022	2418	2601	2129	1132	2277	2236

7–4b 按现住地、离开户口登记地时间分的户口登记地在外乡镇街道的人口(镇)

单位：人

现住地	离开户口登记地时间							
	合计							
	合计	半年以上，不满一年	一年以上，不满二年	二年以上，不满三年	三年以上，不满四年	四年以上，不满五年	五年以上，不满十年	十年以上
总　计	**3591378**	**716950**	**599346**	**608435**	**347125**	**224629**	**559215**	**535678**
南宁市	394591	80535	71848	64887	32761	23829	59374	61357
柳州市	312419	57499	49991	58973	29268	17603	47268	51817
桂林市	454362	69109	72691	72998	55371	30936	80975	72282
梧州市	139552	33884	21451	23023	13809	10888	18750	17747
北海市	106233	15221	10976	12767	10155	9345	23022	24747
防城港市	55257	7393	6897	6812	5999	4409	13443	10304
钦州市	212889	47903	30723	29331	18318	13820	35453	37341
贵港市	182866	44393	31173	29666	16760	10829	24831	25214
玉林市	421676	115413	82929	69996	36160	21571	47684	47923
百色市	268604	55841	43262	42589	25753	18569	45657	36933
贺州市	136181	34714	21393	23651	10459	7049	18535	20380
河池市	443378	76031	84223	95787	36684	24098	64881	61674
来宾市	189278	34464	29086	33172	17589	13338	33752	27877
崇左市	274092	44550	42703	44783	38039	18345	45590	40082

7–4b 续表 1

单位：人

现住地	离开户口登记地时间							
	省内							
	小计	半年以上，不满一年	一年以上，不满二年	二年以上，不满三年	三年以上，不满四年	四年以上，不满五年	五年以上，不满十年	十年以上
总　计	**3336750**	**663703**	**556701**	**574425**	**319121**	**208655**	**517740**	**496405**
南宁市	370341	74514	67541	61343	30465	22344	55828	58306
柳州市	290490	53062	46434	56129	26942	16312	43672	47939
桂林市	401880	63173	62899	64188	47410	27650	71994	64566
梧州市	129792	30764	19722	21720	12919	10284	17603	16780
北海市	101136	14551	10332	12259	9617	8957	21848	23572
防城港市	43956	5526	4928	5275	4659	3411	10493	9664
钦州市	196238	43282	28227	27467	16984	12837	33092	34349
贵港市	172342	41230	29364	28431	15793	10182	23386	23956
玉林市	398845	107851	78332	67331	34331	20520	45218	45262
百色市	252544	52644	40939	40759	24180	17520	42859	33643
贺州市	123407	31831	19366	22178	9298	6201	16457	18076
河池市	423791	72656	81499	93270	34786	22809	61102	57669
来宾市	177656	31864	27174	31624	16602	12568	31735	26089
崇左市	254332	40755	39944	42451	35135	17060	42453	36534

7-4b 续表 2

单位：人

现住地	离开户口登记地时间							
	省外							
	小计	半年以上，不满一年	一年以上，不满二年	二年以上，不满三年	三年以上，不满四年	四年以上，不满五年	五年以上，不满十年	十年以上
总　计	**254628**	**53247**	**42645**	**34010**	**28004**	**15974**	**41475**	**39273**
南宁市	24250	6021	4307	3544	2296	1485	3546	3051
柳州市	21929	4437	3557	2844	2326	1291	3596	3878
桂林市	52482	5936	9792	8810	7961	3286	8981	7716
梧州市	9760	3120	1729	1303	890	604	1147	967
北海市	5097	670	644	508	538	388	1174	1175
防城港市	11301	1867	1969	1537	1340	998	2950	640
钦州市	16651	4621	2496	1864	1334	983	2361	2992
贵港市	10524	3163	1809	1235	967	647	1445	1258
玉林市	22831	7562	4597	2665	1829	1051	2466	2661
百色市	16060	3197	2323	1830	1573	1049	2798	3290
贺州市	12774	2883	2027	1473	1161	848	2078	2304
河池市	19587	3375	2724	2517	1898	1289	3779	4005
来宾市	11622	2600	1912	1548	987	770	2017	1788
崇左市	19760	3795	2759	2332	2904	1285	3137	3548

7-4c　按现住地、离开户口登记地时间分的户口登记地在外乡镇街道的人口(乡村)

单位：人

现住地	离开户口登记地时间							
	合计							
	合计	半年以上，不满一年	一年以上，不满二年	二年以上，不满三年	三年以上，不满四年	四年以上，不满五年	五年以上，不满十年	十年以上
总　计	**1195452**	**317329**	**175665**	**146854**	**99046**	**62945**	**166109**	**227504**
南宁市	173936	48982	31905	21349	12099	8214	21767	29620
柳州市	73176	17066	9245	8058	5891	4160	10867	17889
桂林市	146368	32410	24718	20449	19039	6811	18062	24879
梧州市	41608	11750	4405	4045	2913	2181	6022	10292
北海市	130518	24638	18836	15481	13148	9025	25639	23751
防城港市	51576	15236	6233	5823	3114	2654	8716	9800
钦州市	95595	22843	14699	12154	8714	4654	12405	20126
贵港市	71587	23695	10111	8320	4735	3987	8408	12331
玉林市	86252	24185	10699	8889	6250	4611	12607	19011
百色市	94064	29337	14635	13186	7172	4879	10531	14324
贺州市	49263	16398	7679	7112	3007	2050	5540	7477
河池市	71778	20236	8109	7960	4884	3687	10140	16762
来宾市	49795	14906	6344	5234	3701	2836	6987	9787
崇左市	59936	15647	8047	8794	4379	3196	8418	11455

7-4c 续表 1 单位：人

现住地	离开户口登记地时间							
	省内							
	小计	半年以上，不满一年	一年以上，不满二年	二年以上，不满三年	三年以上，不满四年	四年以上，不满五年	五年以上，不满十年	十年以上
总 计	**1000287**	**250874**	**139050**	**123268**	**81702**	**53391**	**142764**	**209238**
南宁市	151481	39989	26953	18732	10463	7332	19864	28148
柳州市	62881	13356	7366	6771	5203	3693	9769	16723
桂林市	119513	27133	18570	15870	14326	5540	15196	22878
梧州市	34852	8784	3523	3385	2527	1843	5284	9506
北海市	103578	18432	14187	11887	10597	7200	20290	20985
防城港市	42485	10334	4679	5220	2719	2364	8019	9150
钦州市	82385	19664	11998	10326	7328	4015	10820	18234
贵港市	61392	20040	8495	6968	3886	3436	7274	11293
玉林市	71971	19137	8348	7593	5262	3937	10776	16918
百色市	79010	22478	11991	11873	6150	4153	9073	13292
贺州市	41133	13839	6204	6164	2434	1643	4317	6532
河池市	59192	14338	6021	6656	4160	3209	8962	15846
来宾市	40942	11870	4670	4016	3033	2351	6063	8939
崇左市	49472	11480	6045	7807	3614	2675	7057	10794

7-4c 续表 2 单位：人

现住地	离开户口登记地时间							
	省外							
	小计	半年以上，不满一年	一年以上，不满二年	二年以上，不满三年	三年以上，不满四年	四年以上，不满五年	五年以上，不满十年	十年以上
总 计	**195165**	**66455**	**36615**	**23586**	**17344**	**9554**	**23345**	**18266**
南宁市	22455	8993	4952	2617	1636	882	1903	1472
柳州市	10295	3710	1879	1287	688	467	1098	1166
桂林市	26855	5277	6148	4579	4713	1271	2866	2001
梧州市	6756	2966	882	660	386	338	738	786
北海市	26940	6206	4649	3594	2551	1825	5349	2766
防城港市	9091	4902	1554	603	395	290	697	650
钦州市	13210	3179	2701	1828	1386	639	1585	1892
贵港市	10195	3655	1616	1352	849	551	1134	1038
玉林市	14281	5048	2351	1296	988	674	1831	2093
百色市	15054	6859	2644	1313	1022	726	1458	1032
贺州市	8130	2559	1475	948	573	407	1223	945
河池市	12586	5898	2088	1304	724	478	1178	916
来宾市	8853	3036	1674	1218	668	485	924	848
崇左市	10464	4167	2002	987	765	521	1361	661

7-5 按户口登记地、性别、受教育程度分的户口登记地在外乡镇街道的人口

单位：人

受教育程度	合计			省内		
	合计	男	女	小计	男	女
总　计	**12880304**	**6486693**	**6393611**	**11546173**	**5718846**	**5827327**
未上过学	160315	53070	107245	145891	48166	97725
学前教育	548091	295642	252449	505192	272375	232817
小　学	2248988	1061806	1187182	2048025	958087	1089938
初　中	4201095	2181503	2019592	3708480	1890693	1817787
高　中	2908636	1521766	1386870	2655820	1366410	1289410
大学专科	1504282	766398	737884	1367062	682300	684762
大学本科	1231782	568369	663413	1062822	475621	587201
硕士研究生	71687	34724	36963	49205	23028	26177
博士研究生	5428	3415	2013	3676	2166	1510

7-5 续表

单位：人

受教育程度	省内			省外		
	其中市辖区内人户分离					
	小计	男	女	小计	男	女
总　计	**3598714**	**1772689**	**1826025**	**1334131**	**767847**	**566284**
未上过学	41707	14893	26814	14424	4904	9520
学前教育	172100	92714	79386	42899	23267	19632
小　学	611517	285113	326404	200963	103719	97244
初　中	1130771	564382	566389	492615	290810	201805
高　中	887643	448203	439440	252816	155356	97460
大学专科	403023	198647	204376	137220	84098	53122
大学本科	323306	154412	168894	168960	92748	76212
硕士研究生	26314	12952	13362	22482	11696	10786
博士研究生	2333	1373	960	1752	1249	503

7-5a 按户口登记地、性别、受教育程度分的户口登记地在外乡镇街道的人口(城市)

单位：人

受教育程度	合计			省内		
	合计	男	女	小计	男	女
总　计	**8225386**	**4179843**	**4045543**	**7332344**	**3670913**	**3661431**
未上过学	85653	29786	55867	76233	26695	49538
学前教育	337615	183066	154549	308261	167030	141231
小　学	1274248	605962	668286	1144998	540106	604892
初　中	2532682	1346259	1186423	2233276	1169137	1064139
高　中	1871575	989069	882506	1691111	879853	811258
大学专科	1141498	578028	563470	1038392	516307	522085
大学本科	916237	415224	501013	793473	349713	443760
硕士研究生	61088	29458	31630	43367	20182	23185
博士研究生	4790	2991	1799	3233	1890	1343

7-5a 续表

单位：人

受教育程度	省内			省外		
	其中市辖区内人户分离					
	小计	男	女	小计	男	女
总　计	**3275488**	**1618140**	**1657348**	**893042**	**508930**	**384112**
未上过学	37038	13260	23778	9420	3091	6329
学前教育	157898	85274	72624	29354	16036	13318
小　学	549755	256897	292858	129250	65856	63394
初　中	1005655	506717	498938	299406	177122	122284
高　中	812422	409338	403084	180464	109216	71248
大学专科	379760	186954	192806	103106	61721	41385
大学本科	305363	145931	159432	122764	65511	57253
硕士研究生	25382	12477	12905	17721	9276	8445
博士研究生	2215	1292	923	1557	1101	456

7-5b 按户口登记地、性别、受教育程度分的户口登记地在外乡镇街道的人口(镇)

单位：人

受教育程度	合计			省内		
	合计	男	女	小计	男	女
总 计	**3487305**	**1731550**	**1755755**	**3237811**	**1582615**	**1655196**
未上过学	54540	16724	37816	52167	15806	36361
学前教育	170393	91772	78621	161853	87119	74734
小 学	741512	347311	394201	701524	325879	375645
初 中	1179794	600693	579101	1076921	538904	538017
高 中	836213	424695	411518	792046	396222	395824
大学专科	275668	142052	133616	255335	128521	126814
大学本科	221559	104734	116825	193521	88078	105443
硕士研究生	7254	3331	3923	4185	1936	2249
博士研究生	372	238	134	259	150	109

7-5b 续表

单位：人

受教育程度	省内			省外		
	其中市辖区内人户分离					
	小计	男	女	小计	男	女
总 计	**173475**	**86032**	**87443**	**249494**	**148935**	**100559**
未上过学	2416	870	1546	2373	918	1455
学前教育	7943	4228	3715	8540	4653	3887
小 学	32082	15020	17062	39988	21432	18556
初 中	60049	29827	30222	102873	61789	41084
高 中	46095	23825	22270	44167	28473	15694
大学专科	13413	6879	6534	20333	13531	6802
大学本科	10894	5083	5811	28038	16656	11382
硕士研究生	541	275	266	3069	1395	1674
博士研究生	42	25	17	113	88	25

7-5c 按户口登记地、性别、受教育程度分的户口登记地在外乡镇街道的人口(乡村)

单位：人

受教育程度	合计			省内		
	合计	男	女	小计	男	女
总　计	**1167613**	**575300**	**592313**	**976018**	**465318**	**510700**
未上过学	20122	6560	13562	17491	5665	11826
学前教育	40083	20804	19279	35078	18226	16852
小　学	233228	108533	124695	201503	92102	109401
初　中	488619	234551	254068	398283	182652	215631
高　中	200848	108002	92846	172663	90335	82328
大学专科	87116	46318	40798	73335	37472	35863
大学本科	93986	48411	45575	75828	37830	37998
硕士研究生	3345	1935	1410	1653	910	743
博士研究生	266	186	80	184	126	58

7-5c 续表

单位：人

受教育程度	省内			省外		
	其中市辖区内人户分离					
	合计	男	女	小计	男	女
总　计	**149751**	**68517**	**81234**	**191595**	**109982**	**81613**
未上过学	2253	763	1490	2631	895	1736
学前教育	6259	3212	3047	5005	2578	2427
小　学	29680	13196	16484	31725	16431	15294
初　中	65067	27838	37229	90336	51899	38437
高　中	29126	15040	14086	28185	17667	10518
大学专科	9850	4814	5036	13781	8846	4935
大学本科	7049	3398	3651	18158	10581	7577
硕士研究生	391	200	191	1692	1025	667
博士研究生	76	56	20	82	60	22

7-6 按现住地、受教育程度、性别分的户口登记地在本省其他乡镇街道的人口

单位：人

现住地	合计			未上过学		
	合计	男	女	小计	男	女
总　计	**11546173**	**5718846**	**5827327**	**145891**	**48166**	**97725**
南宁市	3044362	1553316	1491046	27989	10567	17422
柳州市	1374482	695288	679194	16384	5200	11184
桂林市	1090497	524821	565676	14114	4707	9407
梧州市	496270	240286	255984	4775	1813	2962
北海市	485357	240444	244913	6139	2179	3960
防城港市	296035	155291	140744	4557	1633	2924
钦州市	574621	272239	302382	7500	2728	4772
贵港市	618621	305650	312971	6831	2591	4240
玉林市	906194	436117	470077	7807	3249	4558
百色市	740926	359783	381143	14028	3513	10515
贺州市	300159	141626	158533	4672	1402	3270
河池市	670272	322147	348125	18747	4777	13970
来宾市	481450	236531	244919	6796	2071	4725
崇左市	466927	235307	231620	5552	1736	3816

7-6 续表 1

单位：人

现住地	学前教育			小学		
	小计	男	女	小计	男	女
总　计	**505192**	**272375**	**232817**	**2048025**	**958087**	**1089938**
南宁市	114428	62720	51708	396365	190452	205913
柳州市	57177	30580	26597	243268	113072	130196
桂林市	44590	23608	20982	176963	80862	96101
梧州市	22717	12209	10508	91409	41954	49455
北海市	23220	12531	10689	83513	40956	42557
防城港市	16656	9055	7601	62480	30231	32249
钦州市	26920	14554	12366	112093	52001	60092
贵港市	25949	14025	11924	116006	54150	61856
玉林市	39991	21673	18318	157230	76544	80686
百色市	38470	20736	17734	183625	83262	100363
贺州市	13221	6988	6233	60164	27749	32415
河池市	36110	19488	16622	177255	80149	97106
来宾市	26565	13925	12640	107442	49625	57817
崇左市	19178	10283	8895	80212	37080	43132

7-6 续表 2

单位：人

现住地	初中			高中			大学专科		
	小计	男	女	小计	男	女	小计	男	女
总 计	**3708480**	**1890693**	**1817787**	**2655820**	**1366410**	**1289410**	**1367062**	**682300**	**684762**
南宁市	902628	483847	418781	684788	364645	320143	516303	265365	250938
柳州市	476675	248191	228484	300841	157218	143623	172063	89074	82989
桂林市	334993	168204	166789	245076	124343	120733	116824	51543	65281
梧州市	173916	85616	88300	121753	60986	60767	40904	19570	21334
北海市	165179	83192	81987	114562	57509	57053	53518	24819	28699
防城港市	110833	58846	51987	53684	29550	24134	29641	16167	13474
钦州市	176069	82329	93740	143761	70767	72994	54886	25793	29093
贵港市	211247	104576	106671	181412	93151	88261	44712	22166	22546
玉林市	299611	140361	159250	275236	136682	138554	67360	32512	34848
百色市	236218	120457	115761	141762	72209	69553	74513	35932	38581
贺州市	95693	46274	49419	70856	34171	36685	25535	11991	13544
河池市	201399	102235	99164	138816	70258	68558	55046	25961	29085
来宾市	183411	93644	89767	91651	46557	45094	35894	17784	18110
崇左市	140608	72921	67687	91622	48364	43258	79863	43623	36240

7-6 续表 3

单位：人

现住地	大学本科			硕士研究生			博士研究生		
	小计	男	女	小计	男	女	小计	男	女
总 计	**1062822**	**475621**	**587201**	**49205**	**23028**	**26177**	**3676**	**2166**	**1510**
南宁市	374082	162946	211136	25820	11667	14153	1959	1107	852
柳州市	103153	49547	53606	4636	2240	2396	285	166	119
桂林市	150087	68054	82033	7194	3111	4083	656	389	267
梧州市	39938	17699	22239	817	414	403	41	25	16
北海市	37621	18483	19138	1524	721	803	81	54	27
防城港市	17495	9433	8062	647	347	300	42	29	13
钦州市	51532	23072	28460	1718	914	804	142	81	61
贵港市	31739	14625	17114	663	331	332	62	35	27
玉林市	57421	24278	33143	1413	730	683	125	88	37
百色市	50842	22935	27907	1374	674	700	94	65	29
贺州市	29126	12552	16574	854	471	383	38	28	10
河池市	42141	18837	23304	709	410	299	49	32	17
来宾市	28928	12482	16446	729	419	310	34	24	10
崇左市	48717	20678	28039	1107	579	528	68	43	25

7-6a　按现住地、受教育程度、性别分的户口登记地在本省其他乡镇街道的人口(城市)

单位：人

现住地	合计			未上过学		
	合计	男	女	小计	男	女
总　计	**7332344**	**3670913**	**3661431**	**76233**	**26695**	**49538**
南宁市	2535528	1293249	1242279	21828	8448	13380
柳州市	1031232	524838	506394	10047	3374	6673
桂林市	583175	287017	296158	8022	2724	5298
梧州市	336560	163590	172970	2733	1084	1649
北海市	286754	142294	144460	3901	1344	2557
防城港市	212089	109855	102234	3166	1155	2011
钦州市	303595	150023	153572	3814	1297	2517
贵港市	391247	196434	194813	3966	1483	2483
玉林市	447457	222065	225392	3395	1404	1991
百色市	419660	201163	218497	5762	1483	4279
贺州市	140489	66075	74414	1488	437	1051
河池市	203021	94465	108556	2961	820	2141
来宾市	270043	132937	137106	3775	1107	2668
崇左市	171494	86908	84586	1375	535	840

7-6a　续表 1

单位：人

现住地	学前教育			小学		
	小计	男	女	小计	男	女
总　计	**308261**	**167030**	**141231**	**1144998**	**540106**	**604892**
南宁市	94298	51828	42470	305058	146698	158360
柳州市	41611	22348	19263	159532	74129	85403
桂林市	22912	12162	10750	87562	40368	47194
梧州市	14565	7831	6734	58245	26784	31461
北海市	13673	7409	6264	47975	23629	24346
防城港市	12552	6853	5699	43882	21331	22551
钦州市	15658	8579	7079	59015	28441	30574
贵港市	15886	8574	7312	69950	32349	37601
玉林市	19969	10945	9024	75794	37535	38259
百色市	21392	11404	9988	96125	43695	52430
贺州市	6024	3190	2834	23902	11115	12787
河池市	8990	4899	4091	38542	17083	21459
来宾市	15529	8234	7295	61714	28580	33134
崇左市	5202	2774	2428	17702	8369	9333

7-6a 续表 2

单位：人

现住地	初中			高中			大学专科		
	小计	男	女	小计	男	女	小计	男	女
总　计	**2233276**	**1169137**	**1064139**	**1691111**	**879853**	**811258**	**1038392**	**516307**	**522085**
南宁市	715504	387552	327952	556034	297205	258829	468148	238547	229601
柳州市	342620	179756	162864	238085	124668	113417	148255	77081	71174
桂林市	174209	90904	83305	133864	69889	63975	75966	33280	42686
梧州市	114522	57422	57100	83612	42158	41454	30910	14283	16627
北海市	94975	48998	45977	64286	32933	31353	37097	16697	20400
防城港市	76166	40793	35373	40408	21714	18694	21641	10666	10975
钦州市	86157	43583	42574	76803	39110	37693	35177	16240	18937
贵港市	132063	68112	63951	116797	59899	56898	31158	15731	15427
玉林市	134988	67542	67446	132826	67689	65137	40296	20262	20034
百色市	132392	67237	65155	78400	39172	39228	48502	22296	26206
贺州市	37205	18524	18681	35816	17125	18691	14292	6475	7817
河池市	57698	28384	29314	47954	23749	24205	23894	10055	13839
来宾市	98493	50985	47508	50509	25642	24867	20274	10056	10218
崇左市	36284	19345	16939	35717	18900	16817	42782	24638	18144

7-6a 续表 3

单位：人

现住地	大学本科			硕士研究生			博士研究生		
	小计	男	女	小计	男	女	小计	男	女
总　计	**793473**	**349713**	**443760**	**43367**	**20182**	**23185**	**3233**	**1890**	**1343**
南宁市	347734	150657	197077	25023	11246	13777	1901	1068	833
柳州市	86613	41320	45293	4211	2009	2202	258	153	105
桂林市	74975	34995	39980	5149	2395	2754	516	300	216
梧州市	31276	13673	17603	667	334	333	30	21	9
北海市	23551	10673	12878	1234	568	666	62	43	19
防城港市	13666	7016	6650	572	302	270	36	25	11
钦州市	25511	12012	13499	1356	704	652	104	57	47
贵港市	20836	9992	10844	543	265	278	48	29	19
玉林市	39058	16099	22959	1037	524	513	94	65	29
百色市	35886	15311	20575	1133	517	616	68	48	20
贺州市	21015	8796	12219	715	390	325	32	23	9
河池市	22551	9230	13321	409	230	179	22	15	7
来宾市	19134	7981	11153	587	333	254	28	19	9
崇左市	31667	11958	19709	731	365	366	34	24	10

7-6b 按现住地、受教育程度、性别分的户口登记地在本省其他乡镇街道的人口(镇)

单位：人

现住地	合计			未上过学		
	合计	男	女	小计	男	女
总　计	**3237811**	**1582615**	**1655196**	**52167**	**15806**	**36361**
南宁市	360422	183950	176472	4006	1328	2678
柳州市	282129	141362	140767	5127	1434	3693
桂林市	390467	183993	206474	4532	1457	3075
梧州市	125762	61446	64316	1376	534	842
北海市	97738	48681	49057	1109	443	666
防城港市	42462	22187	20275	639	232	407
钦州市	190145	90997	99148	2254	942	1312
贵港市	167429	82019	85410	1766	740	1026
玉林市	388746	186885	201861	3195	1403	1792
百色市	244094	118126	125968	6330	1531	4799
贺州市	119735	57164	62571	2431	718	1713
河池市	409701	198686	211015	13891	3425	10466
来宾市	171842	84081	87761	2338	743	1595
崇左市	247139	123038	124101	3173	876	2297

7-6b 续表 1

单位：人

现住地	学前教育			小学		
	小计	男	女	小计	男	女
总　计	**161853**	**87119**	**74734**	**701524**	**325879**	**375645**
南宁市	15338	8352	6986	63764	30368	33396
柳州市	13078	6956	6122	68570	31888	36682
桂林市	18236	9670	8566	71824	32238	39586
梧州市	6891	3742	3149	25630	11928	13702
北海市	5564	3019	2545	18747	9273	9474
防城港市	2487	1361	1126	9763	4660	5103
钦州市	9120	4901	4219	37390	17859	19531
贵港市	7681	4213	3468	32840	15854	16986
玉林市	17053	9220	7833	67539	33236	34303
百色市	14300	7836	6464	66631	29766	36865
贺州市	5588	2970	2618	27159	12408	14751
河池市	24930	13430	11500	122839	55701	67138
来宾市	9217	4790	4427	37213	17116	20097
崇左市	12370	6659	5711	51615	23584	28031

7–6b 续表 2

单位：人

现住地	初中			高中			大学专科		
	小计	男	女	小计	男	女	小计	男	女
总　计	**1076921**	**538904**	**538017**	**792046**	**396222**	**395824**	**255335**	**128521**	**126814**
南宁市	126876	64632	62244	91421	48068	43353	37493	21499	15994
柳州市	105091	55249	49842	55811	28838	26973	19824	9854	9970
桂林市	123757	60248	63509	90493	44195	46298	29464	13996	15468
梧州市	43651	21668	21983	33133	16165	16968	7715	4037	3678
北海市	33572	16950	16622	28226	14052	14174	6205	2969	3236
防城港市	17492	9032	8460	6719	3855	2864	3366	1970	1396
钦州市	61399	29632	31767	52494	24627	27867	15732	7686	8046
贵港市	54096	26116	27980	52017	26531	25486	10246	4848	5398
玉林市	130307	61686	68621	130360	63126	67234	23654	10765	12889
百色市	72932	36763	36169	51948	26216	25732	20182	10242	9940
贺州市	39067	19312	19755	29851	14388	15463	8802	4293	4509
河池市	121675	62680	58995	84393	42687	41706	25788	12978	12810
来宾市	65567	33462	32105	35965	17978	17987	12937	6210	6727
崇左市	81439	41474	39965	49215	25496	23719	33927	17174	16753

7–6b 续表 3

单位：人

现住地	大学本科			硕士研究生			博士研究生		
	小计	男	女	小计	男	女	小计	男	女
总　计	**193521**	**88078**	**105443**	**4185**	**1936**	**2249**	**259**	**150**	**109**
南宁市	21015	9441	11574	475	241	234	34	21	13
柳州市	14239	6937	7302	372	200	172	17	6	11
桂林市	50521	21661	28860	1562	480	1082	78	48	30
梧州市	7243	3307	3936	117	62	55	6	3	3
北海市	4250	1943	2307	57	26	31	8	6	2
防城港市	1967	1067	900	28	10	18	1		1
钦州市	11504	5190	6314	241	155	86	11	5	6
贵港市	8695	3673	5022	81	42	39	7	2	5
玉林市	16275	7239	9036	336	190	146	27	20	7
百色市	11593	5659	5934	162	104	58	16	9	7
贺州市	6721	3010	3711	111	61	50	5	4	1
河池市	15950	7648	8302	219	130	89	16	7	9
来宾市	8492	3716	4776	108	62	46	5	4	1
崇左市	15056	7587	7469	316	173	143	28	15	13

7-6c 按现住地、受教育程度、性别分的户口登记地在本省其他乡镇街道的人口(乡村)

单位：人

现住地	合计			未上过学		
	合计	男	女	小计	男	女
总 计	**976018**	**465318**	**510700**	**17491**	**5665**	**11826**
南宁市	148412	76117	72295	2155	791	1364
柳州市	61121	29088	32033	1210	392	818
桂林市	116855	53811	63044	1560	526	1034
梧州市	33948	15250	18698	666	195	471
北海市	100865	49469	51396	1129	392	737
防城港市	41484	23249	18235	752	246	506
钦州市	80881	31219	49662	1432	489	943
贵港市	59945	27197	32748	1099	368	731
玉林市	69991	27167	42824	1217	442	775
百色市	77172	40494	36678	1936	499	1437
贺州市	39935	18387	21548	753	247	506
河池市	57550	28996	28554	1895	532	1363
来宾市	39565	19513	20052	683	221	462
崇左市	48294	25361	22933	1004	325	679

7-6c 续表 1

单位：人

现住地	学前教育			小学		
	小计	男	女	小计	男	女
总 计	**35078**	**18226**	**16852**	**201503**	**92102**	**109401**
南宁市	4792	2540	2252	27543	13386	14157
柳州市	2488	1276	1212	15166	7055	8111
桂林市	3442	1776	1666	17577	8256	9321
梧州市	1261	636	625	7534	3242	4292
北海市	3983	2103	1880	16791	8054	8737
防城港市	1617	841	776	8835	4240	4595
钦州市	2142	1074	1068	15688	5701	9987
贵港市	2382	1238	1144	13216	5947	7269
玉林市	2969	1508	1461	13897	5773	8124
百色市	2778	1496	1282	20869	9801	11068
贺州市	1609	828	781	9103	4226	4877
河池市	2190	1159	1031	15874	7365	8509
来宾市	1819	901	918	8515	3929	4586
崇左市	1606	850	756	10895	5127	5768

7−6c 续表 2 单位：人

现住地	初中			高中			大学专科		
	小计	男	女	小计	男	女	小计	男	女
总 计	**398283**	**182652**	**215631**	**172663**	**90335**	**82328**	**73335**	**37472**	**35863**
南宁市	60248	31663	28585	37333	19372	17961	10662	5319	5343
柳州市	28964	13186	15778	6945	3712	3233	3984	2139	1845
桂林市	37027	17052	19975	20719	10259	10460	11394	4267	7127
梧州市	15743	6526	9217	5008	2663	2345	2279	1250	1029
北海市	36632	17244	19388	22050	10524	11526	10216	5153	5063
防城港市	17175	9021	8154	6557	3981	2576	4634	3531	1103
钦州市	28513	9114	19399	14464	7030	7434	3977	1867	2110
贵港市	25088	10348	14740	12598	6721	5877	3308	1587	1721
玉林市	34316	11133	23183	12050	5867	6183	3410	1485	1925
百色市	30894	16457	14437	11414	6821	4593	5829	3394	2435
贺州市	19421	8438	10983	5189	2658	2531	2441	1223	1218
河池市	22026	11171	10855	6469	3822	2647	5364	2928	2436
来宾市	19351	9197	10154	5177	2937	2240	2683	1518	1165
崇左市	22885	12102	10783	6690	3968	2722	3154	1811	1343

7−6c 续表 3 单位：人

现住地	大学本科			硕士研究生			博士研究生		
	小计	男	女	小计	男	女	小计	男	女
总 计	**75828**	**37830**	**37998**	**1653**	**910**	**743**	**184**	**126**	**58**
南宁市	5333	2848	2485	322	180	142	24	18	6
柳州市	2301	1290	1011	53	31	22	10	7	3
桂林市	24591	11398	13193	483	236	247	62	41	21
梧州市	1419	719	700	33	18	15	5	1	4
北海市	9820	5867	3953	233	127	106	11	5	6
防城港市	1862	1350	512	47	35	12	5	4	1
钦州市	14517	5870	8647	121	55	66	27	19	8
贵港市	2208	960	1248	39	24	15	7	4	3
玉林市	2088	940	1148	40	16	24	4	3	1
百色市	3363	1965	1398	79	53	26	10	8	2
贺州市	1390	746	644	28	20	8	1	1	
河池市	3640	1959	1681	81	50	31	11	10	1
来宾市	1302	785	517	34	24	10	1	1	
崇左市	1994	1133	861	60	41	19	6	4	2

7-7 按现住地、受教育程度、性别分的户口登记地在外省的人口

单位：人

现住地	合计			未上过学		
	合计	男	女	小计	男	女
总　计	**1334131**	**767847**	**566284**	**14424**	**4904**	**9520**
南宁市	364509	211978	152531	3122	1066	2056
柳州市	152435	90892	61543	1525	486	1039
桂林市	189867	105280	84587	1965	681	1284
梧州市	40736	23523	17213	335	131	204
北海市	138242	74509	63733	2112	620	1492
防城港市	74460	47473	26987	897	300	597
钦州市	52516	29660	22856	755	266	489
贵港市	41706	23354	18352	438	169	269
玉林市	68640	37466	31174	736	276	460
百色市	55673	32303	23370	705	236	469
贺州市	33849	19189	14660	307	106	201
河池市	44839	26281	18558	536	196	340
来宾市	32411	19263	13148	312	105	207
崇左市	44248	26676	17572	679	266	413

7-7 续表 1

单位：人

现住地	学前教育			小学		
	小计	男	女	小计	男	女
总　计	**42899**	**23267**	**19632**	**200963**	**103719**	**97244**
南宁市	10894	5977	4917	44029	22959	21070
柳州市	5700	3070	2630	25240	12954	12286
桂林市	5195	2850	2345	25780	12985	12795
梧州市	1321	720	601	6206	3192	3014
北海市	3953	2154	1799	23339	11523	11816
防城港市	2345	1269	1076	11533	6292	5241
钦州市	1771	980	791	9330	4737	4593
贵港市	1497	778	719	7592	3914	3678
玉林市	2598	1386	1212	11217	5654	5563
百色市	2039	1105	934	10139	5236	4903
贺州市	1198	620	578	5514	2823	2691
河池市	1753	944	809	8199	4344	3855
来宾市	1353	756	597	5672	3121	2551
崇左市	1282	658	624	7173	3985	3188

7–7 续表 2

单位：人

现住地	初中			高中			大学专科		
	小计	男	女	小计	男	女	小计	男	女
总 计	**492615**	**290810**	**201805**	**252816**	**155356**	**97460**	**137220**	**84098**	**53122**
南宁市	114227	69667	44560	75580	46674	28906	46996	29210	17786
柳州市	59357	35689	23668	27428	17518	9910	15577	9766	5811
桂林市	60964	34721	26243	33020	19697	13323	16197	8960	7237
梧州市	18102	10550	7552	7412	4518	2894	2987	1906	1081
北海市	50727	28500	22227	28877	16443	12434	14805	8440	6365
防城港市	30263	19704	10559	15676	10450	5226	8413	5794	2619
钦州市	20668	11362	9306	9478	5575	3903	4449	2827	1622
贵港市	19801	11158	8643	7443	4182	3261	2820	1768	1052
玉林市	32315	17588	14727	12284	7193	5091	4279	2608	1671
百色市	21761	13123	8638	9596	6194	3402	6275	3621	2654
贺州市	14729	8449	6280	5764	3664	2100	2320	1441	879
河池市	18838	11081	7757	8147	5156	2991	3543	2300	1243
来宾市	14584	8896	5688	5101	3334	1767	2312	1492	820
崇左市	16279	10322	5957	7010	4758	2252	6247	3965	2282

7–7 续表 3

单位：人

现住地	大学本科			硕士研究生			博士研究生		
	小计	男	女	小计	男	女	小计	男	女
总 计	**168960**	**92748**	**76212**	**22482**	**11696**	**10786**	**1752**	**1249**	**503**
南宁市	58230	30502	27728	10573	5339	5234	858	584	274
柳州市	16070	10498	5572	1429	827	602	109	84	25
桂林市	38801	21234	17567	7556	3871	3685	389	281	108
梧州市	4194	2396	1798	156	93	63	23	17	6
北海市	13683	6431	7252	698	362	336	48	36	12
防城港市	5039	3472	1567	268	171	97	26	21	5
钦州市	5643	3644	1999	351	219	132	71	50	21
贵港市	1970	1289	681	128	80	48	17	16	1
玉林市	4961	2602	2359	164	91	73	86	68	18
百色市	4721	2546	2175	388	210	178	49	32	17
贺州市	3844	1993	1851	156	79	77	17	14	3
河池市	3645	2159	1486	156	84	72	22	17	5
来宾市	2878	1432	1446	179	111	68	20	16	4
崇左市	5281	2550	2731	280	159	121	17	13	4

7–7a 按现住地、受教育程度、性别分的户口登记地在外省的人口(城市)

单位：人

现住地	合计			未上过学		
	合计	男	女	小计	男	女
总　计	**893042**	**508930**	**384112**	**9420**	**3091**	**6329**
南宁市	318617	183907	134710	2712	912	1800
柳州市	120985	72003	48982	1168	363	805
桂林市	111766	63601	48165	1420	480	940
梧州市	24545	14084	10461	193	79	114
北海市	106757	56240	50517	1694	498	1196
防城港市	54249	31718	22531	770	256	514
钦州市	23135	12677	10458	360	122	238
贵港市	21498	12657	8841	194	83	111
玉林市	32373	18218	14155	264	87	177
百色市	25182	13639	11543	230	67	163
贺州市	13505	7799	5706	96	35	61
河池市	13370	7576	5794	122	44	78
来宾市	12436	6795	5641	130	39	91
崇左市	14624	8016	6608	67	26	41

7–7a 续表 1

单位：人

现住地	学前教育			小学		
	小计	男	女	小计	男	女
总　计	**29354**	**16036**	**13318**	**129250**	**65856**	**63394**
南宁市	9533	5272	4261	37169	19141	18028
柳州市	4541	2440	2101	18983	9681	9302
桂林市	3224	1803	1421	17129	8664	8465
梧州市	854	468	386	3706	1902	1804
北海市	3084	1672	1412	18209	8924	9285
防城港市	2094	1142	952	9431	4923	4508
钦州市	984	565	419	4139	2024	2115
贵港市	752	398	354	3694	1972	1722
玉林市	1330	705	625	5308	2764	2544
百色市	1026	549	477	3894	1948	1946
贺州市	409	209	200	1801	955	846
河池市	580	315	265	2050	1023	1027
来宾市	539	302	237	2224	1194	1030
崇左市	404	196	208	1513	741	772

7−7a 续表 2

单位：人

现住地	初中			高中			大学专科		
	小计	男	女	小计	男	女	小计	男	女
总 计	**299406**	**177122**	**122284**	**180464**	**109216**	**71248**	**103106**	**61721**	**41385**
南宁市	93680	56836	36844	66074	40917	25157	43061	26627	16434
柳州市	44404	26809	17595	22691	14345	8346	13701	8479	5222
桂林市	39529	22935	16594	22391	13270	9121	10814	6086	4728
梧州市	9016	5329	3687	4959	2978	1981	2145	1314	831
北海市	38211	21145	17066	22334	12525	9809	10726	5862	4864
防城港市	20746	12340	8406	11828	7254	4574	5498	3318	2180
钦州市	7825	4337	3488	4983	2755	2228	2694	1553	1141
贵港市	8945	5513	3432	4706	2649	2057	1853	1156	697
玉林市	12370	7309	5061	6558	3866	2692	2456	1477	979
百色市	7863	4476	3387	4631	2804	1827	3983	2033	1950
贺州市	4157	2615	1542	2439	1571	868	1294	807	487
河池市	4621	2715	1906	2485	1535	950	1309	782	527
来宾市	4290	2503	1787	1934	1166	768	1032	604	428
崇左市	3749	2260	1489	2451	1581	870	2540	1623	917

7−7a 续表 3

单位：人

现住地	大学本科			硕士研究生			博士研究生		
	小计	男	女	小计	男	女	小计	男	女
总 计	**122764**	**65511**	**57253**	**17721**	**9276**	**8445**	**1557**	**1101**	**456**
南宁市	55215	28472	26743	10337	5165	5172	836	565	271
柳州市	14164	9114	5050	1230	692	538	103	80	23
桂林市	13067	7955	5112	3889	2190	1699	303	218	85
梧州市	3519	1921	1598	132	77	55	21	16	5
北海市	11898	5298	6600	562	288	274	39	28	11
防城港市	3630	2328	1302	230	140	90	22	17	5
钦州市	1910	1174	736	202	121	81	38	26	12
贵港市	1245	813	432	94	59	35	15	14	1
玉林市	3877	1875	2002	128	71	57	82	64	18
百色市	3166	1552	1614	344	180	164	45	30	15
贺州市	3151	1526	1625	141	67	74	17	14	3
河池市	2092	1107	985	104	48	56	7	7	
来宾市	2130	896	1234	140	78	62	17	13	4
崇左市	3700	1480	2220	188	100	88	12	9	3

7-7b 按现住地、受教育程度、性别分的户口登记地在外省的人口(镇)

单位：人

现住地	合计			未上过学		
	合计	男	女	小计	男	女
总　计	**249494**	**148935**	**100559**	**2373**	**918**	**1455**
南宁市	23778	14713	9065	212	78	134
柳州市	21409	12880	8529	205	80	125
桂林市	51627	27918	23709	381	138	243
梧州市	9591	5914	3677	58	24	34
北海市	4948	2599	2349	77	24	53
防城港市	11189	8743	2446	58	17	41
钦州市	16364	10660	5704	196	88	108
贵港市	10287	5737	4550	96	39	57
玉林市	22361	12810	9551	212	102	110
百色市	15643	9157	6486	210	71	139
贺州市	12460	7481	4979	116	45	71
河池市	19075	11112	7963	249	94	155
来宾市	11348	7045	4303	95	32	63
崇左市	19414	12166	7248	208	86	122

7-7b 续表 1

单位：人

现住地	学前教育			小学		
	小计	男	女	小计	男	女
总　计	**8540**	**4653**	**3887**	**39988**	**21432**	**18556**
南宁市	794	434	360	3685	2092	1593
柳州市	813	442	371	4174	2158	2016
桂林市	1450	773	677	6133	3046	3087
梧州市	274	149	125	1460	794	666
北海市	250	142	108	962	474	488
防城港市	142	78	64	824	499	325
钦州市	508	284	224	3063	1841	1222
贵港市	365	192	173	1930	1014	916
玉林市	750	404	346	3471	1879	1592
百色市	730	390	340	3181	1632	1549
贺州市	485	261	224	2158	1113	1045
河池市	916	502	414	3936	2077	1859
来宾市	484	283	201	1906	1054	852
崇左市	579	319	260	3105	1759	1346

7-7b 续表 2

单位：人

现住地	初中			高中			大学专科		
	小计	男	女	小计	男	女	小计	男	女
总 计	**102873**	**61789**	**41084**	**44167**	**28473**	**15694**	**20333**	**13531**	**6802**
南宁市	9976	6049	3927	4643	3047	1596	2053	1419	634
柳州市	9516	5631	3885	3633	2409	1224	1378	920	458
桂林市	14245	7988	6257	7890	4795	3095	3080	1819	1261
梧州市	5027	3110	1917	1689	1081	608	590	408	182
北海市	2032	1072	960	990	544	446	391	206	185
防城港市	4930	3862	1068	2180	1766	414	2054	1719	335
钦州市	7106	4571	2535	3092	2079	1013	1298	953	345
贵港市	5177	2849	2328	1603	922	681	606	391	215
玉林市	11475	6451	5024	4284	2579	1705	1312	829	483
百色市	6203	3651	2552	3038	1963	1075	1337	867	470
贺州市	6183	3763	2420	2286	1503	783	699	434	265
河池市	8100	4647	3453	3470	2182	1288	1358	922	436
来宾市	5421	3365	2056	2025	1330	695	869	599	270
崇左市	7482	4780	2702	3344	2273	1071	3308	2045	1263

7-7b 续表 3

单位：人

现住地	大学本科			硕士研究生			博士研究生		
	小计	男	女	小计	男	女	小计	男	女
总 计	**28038**	**16656**	**11382**	**3069**	**1395**	**1674**	**113**	**88**	**25**
南宁市	2210	1435	775	188	144	44	17	15	2
柳州市	1494	1106	388	190	130	60	6	4	2
桂林市	16066	8447	7619	2327	872	1455	55	40	15
梧州市	473	333	140	18	14	4	2	1	1
北海市	230	127	103	16	10	6			
防城港市	979	783	196	18	15	3	4	4	
钦州市	1022	783	239	75	57	18	4	4	
贵港市	482	312	170	26	16	10	2	2	
玉林市	822	547	275	32	16	16	3	3	
百色市	903	554	349	38	27	11	3	2	1
贺州市	521	353	168	12	9	3			
河池市	1001	657	344	33	22	11	12	9	3
来宾市	525	363	162	22	18	4	1	1	
崇左市	1310	856	454	74	45	29	4	3	1

7-7c 按现住地、受教育程度、性别分的户口登记地在外省的人口(乡村)

单位：人

现住地	合计			未上过学		
	合计	男	女	小计	男	女
总 计	**191595**	**109982**	**81613**	**2631**	**895**	**1736**
南宁市	22114	13358	8756	198	76	122
柳州市	10041	6009	4032	152	43	109
桂林市	26474	13761	12713	164	63	101
梧州市	6600	3525	3075	84	28	56
北海市	26537	15670	10867	341	98	243
防城港市	9022	7012	2010	69	27	42
钦州市	13017	6323	6694	199	56	143
贵港市	9921	4960	4961	148	47	101
玉林市	13906	6438	7468	260	87	173
百色市	14848	9507	5341	265	98	167
贺州市	7884	3909	3975	95	26	69
河池市	12394	7593	4801	165	58	107
来宾市	8627	5423	3204	87	34	53
崇左市	10210	6494	3716	404	154	250

7-7c 续表 1

单位：人

现住地	学前教育			小学		
	小计	男	女	小计	男	女
总 计	**5005**	**2578**	**2427**	**31725**	**16431**	**15294**
南宁市	567	271	296	3175	1726	1449
柳州市	346	188	158	2083	1115	968
桂林市	521	274	247	2518	1275	1243
梧州市	193	103	90	1040	496	544
北海市	619	340	279	4168	2125	2043
防城港市	109	49	60	1278	870	408
钦州市	279	131	148	2128	872	1256
贵港市	380	188	192	1968	928	1040
玉林市	518	277	241	2438	1011	1427
百色市	283	166	117	3064	1656	1408
贺州市	304	150	154	1555	755	800
河池市	257	127	130	2213	1244	969
来宾市	330	171	159	1542	873	669
崇左市	299	143	156	2555	1485	1070

7−7c 续表 2

单位：人

现住地	初中			高中			大学专科		
	小计	男	女	小计	男	女	小计	男	女
总　计	**90336**	**51899**	**38437**	**28185**	**17667**	**10518**	**13781**	**8846**	**4935**
南宁市	10571	6782	3789	4863	2710	2153	1882	1164	718
柳州市	5437	3249	2188	1104	764	340	498	367	131
桂林市	7190	3798	3392	2739	1632	1107	2303	1055	1248
梧州市	4059	2111	1948	764	459	305	252	184	68
北海市	10484	6283	4201	5553	3374	2179	3688	2372	1316
防城港市	4587	3502	1085	1668	1430	238	861	757	104
钦州市	5737	2454	3283	1403	741	662	457	321	136
贵港市	5679	2796	2883	1134	611	523	361	221	140
玉林市	8470	3828	4642	1442	748	694	511	302	209
百色市	7695	4996	2699	1927	1427	500	955	721	234
贺州市	4389	2071	2318	1039	590	449	327	200	127
河池市	6117	3719	2398	2192	1439	753	876	596	280
来宾市	4873	3028	1845	1142	838	304	411	289	122
崇左市	5048	3282	1766	1215	904	311	399	297	102

7−7c 续表 3

单位：人

现住地	大学本科			硕士研究生			博士研究生		
	小计	男	女	小计	男	女	小计	男	女
总　计	**18158**	**10581**	**7577**	**1692**	**1025**	**667**	**82**	**60**	**22**
南宁市	805	595	210	48	30	18	5	4	1
柳州市	412	278	134	9	5	4			
桂林市	9668	4832	4836	1340	809	531	31	23	8
梧州市	202	142	60	6	2	4			
北海市	1555	1006	549	120	64	56	9	8	1
防城港市	430	361	69	20	16	4			
钦州市	2711	1687	1024	74	41	33	29	20	9
贵港市	243	164	79	8	5	3			
玉林市	262	180	82	4	4		1	1	
百色市	652	440	212	6	3	3	1		1
贺州市	172	114	58	3	3				
河池市	552	395	157	19	14	5	3	1	2
来宾市	223	173	50	17	15	2	2	2	
崇左市	271	214	57	18	14	4	1	1	

7-8 分年龄、性别、迁移原因的户口登记地在外乡镇街道的人口

单位：人

年 龄	合计			工作就业		
	合计	男	女	小计	男	女
总 计	**13238781**	**6678931**	**6559850**	**4697371**	**2681817**	**2015554**
0-4岁	**711623**	**381442**	**330181**			
0	80622	43397	37225			
1	130741	70231	60510			
2	147114	78610	68504			
3	179186	95660	83526			
4	173960	93544	80416			
5-9岁	**870195**	**473278**	**396917**			
5	167968	90807	77161			
6	172646	93828	78818			
7	175994	95847	80147			
8	186682	101822	84860			
9	166905	90974	75931			
10-14岁	**736147**	**397708**	**338439**	**1006**	**579**	**427**
10	158503	86304	72199	151	93	58
11	156027	84939	71088	202	109	93
12	144796	78888	65908	174	92	82
13	137133	73602	63531	211	128	83
14	139688	73975	65713	268	157	111
15-19岁	**1632466**	**807208**	**825258**	**80175**	**45406**	**34769**
15	233809	119277	114532	4289	2468	1821
16	381646	192027	189619	7594	4328	3266
17	386797	191421	195376	14139	7926	6213
18	321226	158255	162971	21894	12572	9322
19	308988	146228	162760	32259	18112	14147
20-24岁	**1110677**	**524663**	**586014**	**415046**	**216653**	**198393**
20	292689	137506	155183	47818	25910	21908
21	238022	111156	126866	65716	34854	30862
22	212704	100128	112576	89016	46188	42828
23	186760	89325	97435	102928	52906	50022
24	180502	86548	93954	109568	56795	52773
25-29岁	**1013466**	**488710**	**524756**	**639560**	**346278**	**293282**
25	187326	90403	96923	117886	62287	55599
26	188399	90623	97776	119487	63933	55554
27	200558	96241	104317	127461	68777	58684
28	217987	105331	112656	137473	75239	62234
29	219196	106112	113084	137253	76042	61211

7-8 续表 1

单位：人

年 龄	合计			工作就业		
	合计	男	女	小计	男	女
30-34岁	**1387557**	**673437**	**714120**	**848136**	**473651**	**374485**
30	263767	127026	136741	163480	90554	72926
31	270255	130914	139341	166235	92779	73456
32	266426	129432	136994	162298	90771	71527
33	298331	145243	153088	181700	101832	79868
34	288778	140822	147956	174423	97715	76708
35-39岁	**1217963**	**610352**	**607611**	**730222**	**416423**	**313799**
35	272883	134622	138261	164393	92886	71507
36	260547	129523	131024	156636	89139	67497
37	225188	112988	112200	135190	77076	58114
38	238879	121464	117415	142992	82281	60711
39	220466	111755	108711	131011	75041	55970
40-44岁	**1023393**	**528656**	**494737**	**596268**	**343959**	**252309**
40	214523	109429	105094	126669	72803	53866
41	220301	113371	106930	128174	74012	54162
42	204449	105445	99004	118406	68213	50193
43	182906	94754	88152	105963	61107	44856
44	201214	105657	95557	117056	67824	49232
45-49岁	**945014**	**504070**	**440944**	**542395**	**318522**	**223873**
45	196115	103496	92619	113151	65826	47325
46	207397	110228	97169	120093	70219	49874
47	187598	99945	87653	108267	63415	44852
48	180307	96712	83595	102770	60573	42197
49	173597	93689	79908	98114	58489	39625
50-54岁	**805752**	**424786**	**380966**	**412456**	**249841**	**162615**
50	175849	93573	82276	96853	57519	39334
51	164141	87322	76819	86222	52150	34072
52	175811	92816	82995	89800	54466	35334
53	137010	71547	65463	67546	41185	26361
54	152941	79528	73413	72035	44521	27514
55-59岁	**615234**	**309003**	**306231**	**245327**	**153772**	**91555**
55	149773	76678	73095	66507	41161	25346
56	141487	70788	70699	58196	36063	22133
57	152637	76949	75688	59829	37945	21884
58	113972	56851	57121	41875	26719	15156
59	57365	27737	29628	18920	11884	7036
60-64岁	**375114**	**181818**	**193296**	**92370**	**58554**	**33816**
60	67259	32023	35236	19880	12361	7519
61	61712	30352	31360	16400	10525	5875
62	86634	42280	44354	21089	13572	7517
63	85066	41554	43512	19463	12395	7068
64	74443	35609	38834	15538	9701	5837
65岁及以上	**794180**	**373800**	**420380**	**94410**	**58179**	**36231**

7-8 续表 2

单位：人

年 龄	学习培训			随同离开/投亲靠友			拆迁/搬家		
	小计	男	女	小计	男	女	小计	男	女
总 计	**2284748**	**1115494**	**1169254**	**1790594**	**888890**	**901704**	**2211674**	**1168549**	**1043125**
0-4岁	**12425**	**6652**	**5773**	**429920**	**230666**	**199254**	**100851**	**54099**	**46752**
0	323	177	146	48421	26021	22400	11287	6161	5126
1	737	403	334	80030	43019	37011	17636	9514	8122
2	1575	855	720	89420	47888	41532	20528	10864	9664
3	4438	2322	2116	107373	57295	50078	26104	14024	12080
4	5352	2895	2457	104676	56443	48233	25296	13536	11760
5-9岁	**187482**	**103198**	**84284**	**425610**	**230690**	**194920**	**133824**	**72628**	**61196**
5	5864	3184	2680	99553	53852	45701	25720	13983	11737
6	37244	20347	16897	85383	46364	39019	25713	13931	11782
7	46483	25753	20730	81397	44027	37370	26874	14587	12287
8	50959	28054	22905	85036	46163	38873	28979	15716	13263
9	46932	25860	21072	74241	40284	33957	26538	14411	12127
10-14岁	**226988**	**122904**	**104084**	**300791**	**162981**	**137810**	**125397**	**67145**	**58252**
10	44859	24823	20036	69503	37683	31820	25944	14036	11908
11	45272	25032	20240	67127	36338	30789	25981	13932	12049
12	43517	23993	19524	59607	32475	27132	25309	13549	11760
13	42287	22845	19442	54792	29403	25389	24556	13058	11498
14	51053	26211	24842	49762	27082	22680	23607	12570	11037
15-19岁	**1338774**	**649253**	**689521**	**99415**	**54947**	**44468**	**58558**	**32524**	**26034**
15	168531	83700	84831	32356	17729	14627	17107	9267	7840
16	330847	164621	166226	20728	11478	9250	11673	6478	5195
17	334377	163656	170721	17202	9322	7880	10065	5571	4494
18	263715	127082	136633	15348	8616	6732	9834	5561	4273
19	241304	110194	131110	13781	7802	5979	9879	5647	4232
20-24岁	**466502**	**207370**	**259132**	**66541**	**36358**	**30183**	**71845**	**39258**	**32587**
20	207716	93446	114270	13132	7471	5661	10686	6133	4553
21	133839	58515	75324	11916	6725	5191	11793	6583	5210
22	76158	33047	43111	13957	7541	6416	15035	8208	6827
23	32577	14683	17894	13778	7380	6398	16678	8989	7689
24	16212	7679	8533	13758	7241	6517	17653	9345	8308
25-29岁	**28860**	**14265**	**14595**	**65696**	**33524**	**32172**	**117902**	**61510**	**56392**
25	10219	4946	5273	13662	7174	6488	18989	10072	8917
26	6727	3313	3414	12974	6675	6299	20546	10654	9892
27	4832	2408	2424	12878	6615	6263	23134	11994	11140
28	3954	2053	1901	13305	6748	6557	26725	13996	12729
29	3128	1545	1583	12877	6312	6565	28508	14794	13714

7-8 续表 3

单位：人

年 龄	学习培训			随同离开/投亲靠友			拆迁/搬家		
	小计	男	女	小计	男	女	小计	男	女
30-34岁	**11188**	**5614**	**5574**	**69512**	**30933**	**38579**	**211357**	**109737**	**101620**
30	3195	1616	1579	14803	6944	7859	35824	18648	17176
31	2403	1187	1216	14306	6590	7716	39128	20379	18749
32	2052	1021	1031	13349	6018	7331	41099	21267	19832
33	1905	961	944	14042	6014	8028	47450	24564	22886
34	1633	829	804	13012	5367	7645	47856	24879	22977
35-39岁	**5197**	**2650**	**2547**	**50167**	**19166**	**31001**	**219992**	**115691**	**104301**
35	1418	697	721	12134	4870	7264	46470	24361	22109
36	1176	586	590	10971	4268	6703	45469	23817	21652
37	926	478	448	9229	3520	5709	40834	21338	19496
38	906	454	452	9363	3507	5856	44503	23645	20858
39	771	435	336	8470	3001	5469	42716	22530	20186
40-44岁	**2439**	**1217**	**1222**	**37994**	**12566**	**25428**	**217863**	**116390**	**101473**
40	630	311	319	8236	2806	5430	42808	22724	20084
41	558	271	287	8314	2808	5506	46266	24677	21589
42	466	240	226	7789	2614	5175	43876	23306	20570
43	385	200	185	6570	2128	4442	40205	21409	18796
44	400	195	205	7085	2210	4875	44708	24274	20434
45-49岁	**1638**	**857**	**781**	**34230**	**10150**	**24080**	**224198**	**121217**	**102981**
45	359	196	163	7008	2138	4870	45339	24410	20929
46	394	192	202	7311	2215	5096	48302	26078	22224
47	315	159	156	6627	1994	4633	44359	23903	20456
48	310	169	141	6724	1919	4805	43648	23665	19983
49	260	141	119	6560	1884	4676	42550	23161	19389
50-54岁	**1128**	**576**	**552**	**38084**	**9869**	**28215**	**208886**	**111298**	**97588**
50	264	150	114	7053	1823	5230	43778	23402	20376
51	232	117	115	7370	1892	5478	42400	22717	19683
52	232	112	120	8324	2211	6113	46057	24602	21455
53	180	97	83	7008	1784	5224	36148	19136	17012
54	220	100	120	8329	2159	6170	40503	21441	19062
55-59岁	**758**	**341**	**417**	**39712**	**10915**	**28797**	**172038**	**89877**	**82161**
55	195	89	106	8735	2292	6443	40690	21411	19279
56	189	89	100	9120	2368	6752	39183	20325	18858
57	157	70	87	9928	2795	7133	42572	22317	20255
58	146	68	78	7807	2271	5536	32454	16968	15486
59	71	25	46	4122	1189	2933	17139	8856	8283
60-64岁	**415**	**180**	**235**	**31940**	**10347**	**21593**	**110623**	**58196**	**52427**
60	72	30	42	5123	1523	3600	19866	10114	9752
61	72	33	39	5032	1599	3433	18460	9822	8638
62	97	48	49	7396	2414	4982	25418	13434	11984
63	89	37	52	7602	2562	5040	24980	13348	11632
64	85	32	53	6787	2249	4538	21899	11478	10421
65岁及以上	**954**	**417**	**537**	**100982**	**35778**	**65204**	**238340**	**118979**	**119361**

7-8 续表 4　　　　单位：人

年　龄	寄挂户口			婚姻嫁娶			照料孙子女		
	小计	男	女	小计	男	女	小计	男	女
总　计	**181447**	**100900**	**80547**	**652191**	**76346**	**575845**	**298454**	**90413**	**208041**
0-4岁	**12873**	**6695**	**6178**						
0	1185	607	578						
1	2531	1316	1215						
2	2944	1528	1416						
3	3343	1757	1586						
4	2870	1487	1383						
5-9岁	**12107**	**6369**	**5738**						
5	2685	1421	1264						
6	2391	1249	1142						
7	2296	1156	1140						
8	2557	1361	1196						
9	2178	1182	996						
10-14岁	**10776**	**5751**	**5025**	**47**	**11**	**36**			
10	2132	1118	1014	4	2	2			
11	2107	1145	962	2	2				
12	2186	1179	1007	6	3	3			
13	2217	1167	1050	11	2	9			
14	2134	1142	992	24	2	22			
15-19岁	**5094**	**2794**	**2300**	**8583**	**96**	**8487**	**6**	**2**	**4**
15	1396	765	631	285	21	264	3	1	2
16	941	477	464	732	12	720	1	1	
17	944	494	450	1432	17	1415	2		2
18	889	495	394	2352	23	2329			
19	924	563	361	3782	23	3759			
20-24岁	**7762**	**4309**	**3453**	**42808**	**607**	**42201**	**33**	**3**	**30**
20	1097	661	436	4870	39	4831	8	2	6
21	1269	736	533	6300	57	6243	2		2
22	1693	932	761	8634	105	8529	7		7
23	1891	1008	883	10387	170	10217	7		7
24	1812	972	840	12617	236	12381	9	1	8
25-29岁	**9901**	**5238**	**4663**	**99869**	**3563**	**96306**	**62**	**9**	**53**
25	1887	1010	877	15293	326	14967	13	2	11
26	1985	1081	904	17210	495	16715	6		6
27	1964	1043	921	20187	661	19526	11	2	9
28	2006	1042	964	23222	980	22242	15	1	14
29	2059	1062	997	23957	1101	22856	17	4	13

7-8 续表 5

单位：人

年 龄	寄挂户口			婚姻嫁娶			照料孙子女		
	小计	男	女	小计	男	女	小计	男	女
30-34岁	**13959**	**7205**	**6754**	**152550**	**10273**	**142277**	**1132**	**247**	**885**
30	2364	1228	1136	29742	1554	28188	200	41	159
31	2658	1378	1280	30236	1821	28415	197	54	143
32	2687	1401	1286	29433	2049	27384	214	49	165
33	3094	1552	1542	32222	2348	29874	267	45	222
34	3156	1646	1510	30917	2501	28416	254	58	196
35-39岁	**14172**	**7340**	**6832**	**117866**	**12438**	**105428**	**1141**	**288**	**853**
35	3073	1589	1484	28163	2506	25657	248	57	191
36	2885	1503	1382	26442	2592	23850	248	62	186
37	2633	1369	1264	21346	2292	19054	231	59	172
38	2878	1508	1370	22140	2624	19516	210	55	155
39	2703	1371	1332	19775	2424	17351	204	55	149
40-44岁	**14911**	**7903**	**7008**	**82424**	**12107**	**70317**	**1465**	**402**	**1063**
40	2834	1488	1346	18659	2357	16302	248	69	179
41	3127	1698	1429	18551	2565	15986	287	93	194
42	3025	1583	1442	16469	2467	14002	255	71	184
43	2770	1464	1306	14124	2197	11927	264	61	203
44	3155	1670	1485	14621	2521	12100	411	108	303
45-49岁	**16115**	**8631**	**7484**	**57699**	**11629**	**46070**	**5265**	**858**	**4407**
45	3227	1733	1494	13295	2422	10873	463	108	355
46	3399	1849	1550	13318	2578	10740	659	115	544
47	3164	1637	1527	11434	2286	9148	890	155	735
48	3246	1753	1493	10218	2244	7974	1321	185	1136
49	3079	1659	1420	9434	2099	7335	1932	295	1637
50-54岁	**13803**	**7589**	**6214**	**37409**	**9520**	**27889**	**31276**	**5998**	**25278**
50	3037	1675	1362	9255	2228	7027	3065	502	2563
51	2795	1473	1322	7970	2012	5958	4668	891	3777
52	2950	1619	1331	7975	2040	5935	6647	1234	5413
53	2355	1321	1034	5989	1532	4457	6875	1341	5534
54	2666	1501	1165	6220	1708	4512	10021	2030	7991
55-59岁	**10990**	**6066**	**4924**	**22484**	**6263**	**16221**	**63567**	**14339**	**49228**
55	2581	1417	1164	5702	1563	4139	11845	2484	9361
56	2572	1419	1153	5357	1472	3885	13445	2925	10520
57	2671	1500	1171	5440	1549	3891	16675	3773	12902
58	2037	1110	927	3973	1112	2861	14011	3322	10689
59	1129	620	509	2012	567	1445	7591	1835	5756
60-64岁	**8107**	**4670**	**3437**	**11655**	**3695**	**7960**	**67817**	**21229**	**46588**
60	1353	752	601	2273	655	1618	10057	2711	7346
61	1273	723	550	1940	592	1348	10234	3096	7138
62	1950	1127	823	2742	897	1845	15996	5000	10996
63	1830	1070	760	2511	835	1676	16389	5350	11039
64	1701	998	703	2189	716	1473	15141	5072	10069
65岁及以上	**30877**	**20340**	**10537**	**18797**	**6144**	**12653**	**126690**	**47038**	**79652**

7-8 续表 6

单位：人

年龄	为子女就学			养老/康养			其他		
	小计	男	女	小计	男	女	小计	男	女
总 计	**90125**	**32813**	**57312**	**164091**	**73167**	**90924**	**868086**	**450542**	**417544**
0-4岁							**155554**	**83330**	**72224**
0							19406	10431	8975
1							29807	15979	13828
2							32647	17475	15172
3							37928	20262	17666
4							35766	19183	16583
5-9岁							**111172**	**60393**	**50779**
5							34146	18367	15779
6							21915	11937	9978
7							18944	10324	8620
8							19151	10528	8623
9							17016	9237	7779
10-14岁				**14**	**12**	**2**	**71128**	**38325**	**32803**
10				4	4		15906	8545	7361
11				2	2		15334	8379	6955
12				2	2		13995	7595	6400
13				3	3		13056	6996	6060
14				3	1	2	12837	6810	6027
15-19岁	**557**	**279**	**278**	**15**	**12**	**3**	**41289**	**21895**	**19394**
15	139	64	75	4	3	1	9699	5259	4440
16	123	62	61	4	4		9003	4566	4437
17	108	61	47	3	3		8525	4371	4154
18	91	46	45	2	1	1	7101	3859	3242
19	96	46	50	2	1	1	6961	3840	3121
20-24岁	**1239**	**278**	**961**	**35**	**26**	**9**	**38866**	**19801**	**19065**
20	185	78	107	3	1	2	7174	3765	3409
21	180	58	122	6	5	1	7001	3623	3378
22	224	43	181	8	7	1	7972	4057	3915
23	270	51	219	8	6	2	8236	4132	4104
24	380	48	332	10	7	3	8483	4224	4259
25-29岁	**5349**	**1064**	**4285**	**55**	**35**	**20**	**46212**	**23224**	**22988**
25	530	91	439	14	10	4	8833	4485	4348
26	772	141	631	10	7	3	8682	4324	4358
27	1008	183	825	11	6	5	9072	4552	4520
28	1365	267	1098	10	6	4	9912	4999	4913
29	1674	382	1292	10	6	4	9713	4864	4849

7-8 续表 7

单位：人

年 龄	为子女就学			养老/康养			其他		
	小计	男	女	小计	男	女	小计	男	女
30-34岁	**17615**	**4704**	**12911**	**97**	**61**	**36**	**62011**	**31012**	**30999**
30	2470	561	1909	17	10	7	11672	5870	5802
31	3089	775	2314	17	10	7	11986	5941	6045
32	3434	903	2531	20	16	4	11840	5937	5903
33	4140	1148	2992	29	17	12	13482	6762	6720
34	4482	1317	3165	14	8	6	13031	6502	6529
35-39岁	**22669**	**7664**	**15005**	**96**	**62**	**34**	**56441**	**28630**	**27811**
35	4690	1433	3257	19	12	7	12275	6211	6064
36	4681	1525	3156	19	11	8	12020	6020	6000
37	4307	1499	2808	14	8	6	10478	5349	5129
38	4663	1663	3000	24	16	8	11200	5711	5489
39	4328	1544	2784	20	15	5	10468	5339	5129
40-44岁	**18231**	**7395**	**10836**	**170**	**99**	**71**	**51628**	**26618**	**25010**
40	4080	1573	2507	24	13	11	10335	5285	5050
41	4031	1583	2448	30	20	10	10963	5644	5319
42	3731	1559	2172	30	15	15	10402	5377	5025
43	3151	1316	1835	29	17	12	9445	4855	4590
44	3238	1364	1874	57	34	23	10483	5457	5026
45-49岁	**11221**	**5329**	**5892**	**434**	**189**	**245**	**51819**	**26688**	**25131**
45	2765	1263	1502	53	24	29	10455	5376	5079
46	2763	1295	1468	73	32	41	11085	5655	5430
47	2160	1032	1128	86	38	48	10296	5326	4970
48	1925	944	981	103	43	60	10042	5217	4825
49	1608	795	813	119	52	67	9941	5114	4827
50-54岁	**5563**	**2716**	**2847**	**8088**	**2837**	**5251**	**49059**	**24542**	**24517**
50	1462	730	732	874	302	572	10208	5242	4966
51	1217	575	642	1366	462	904	9901	5033	4868
52	1173	582	591	1806	629	1177	10847	5321	5526
53	846	421	425	1713	603	1110	8350	4127	4223
54	865	408	457	2329	841	1488	9753	4819	4934
55-59岁	**3134**	**1394**	**1740**	**16584**	**6047**	**10537**	**40640**	**19989**	**20651**
55	796	382	414	2930	1029	1901	9792	4850	4942
56	708	309	399	3369	1185	2184	9348	4633	4715
57	793	362	431	4442	1640	2802	10130	4998	5132
58	558	227	331	3582	1362	2220	7529	3692	3837
59	279	114	165	2261	831	1430	3841	1816	2025
60-64岁	**1797**	**785**	**1012**	**23599**	**11002**	**12597**	**26791**	**13160**	**13631**
60	321	138	183	3440	1442	1998	4874	2297	2577
61	294	116	178	3617	1708	1909	4390	2138	2252
62	430	193	237	5335	2506	2829	6181	3089	3092
63	410	188	222	5776	2739	3037	6016	3030	2986
64	342	150	192	5431	2607	2824	5330	2606	2724
65岁及以上	**2750**	**1205**	**1545**	**114904**	**52785**	**62119**	**65476**	**32935**	**32541**

7-8a 分年龄、性别、迁移原因的户口所在地在外乡镇街道的人口(城市)

单位：人

年龄	合计			工作就业		
	合计	男	女	小计	男	女
总　计	**8451951**	**4301682**	**4150269**	**3254024**	**1830681**	**1423343**
0-4岁	**446030**	**240085**	**205945**			
0	51834	27885	23949			
1	82434	44566	37868			
2	92297	49388	42909			
3	111883	60047	51836			
4	107582	58199	49383			
5-9岁	**518559**	**283892**	**234667**			
5	102591	55615	46976			
6	103338	56719	46619			
7	104545	57355	47190			
8	110634	60598	50036			
9	97451	53605	43846			
10-14岁	**424222**	**231759**	**192463**	**743**	**436**	**307**
10	92137	50514	41623	115	73	42
11	89727	49170	40557	146	80	66
12	83579	46163	37416	132	73	59
13	79296	43042	36254	154	94	60
14	79483	42870	36613	196	116	80
15-19岁	**996487**	**503809**	**492678**	**58643**	**32796**	**25847**
15	136043	71784	64259	2999	1723	1276
16	217511	114189	103322	5421	3107	2314
17	219950	112499	107451	10364	5760	4604
18	201181	100711	100470	15901	9028	6873
19	221802	104626	117176	23958	13178	10780
20-24岁	**781710**	**369768**	**411942**	**303455**	**155702**	**147753**
20	215493	100184	115309	36194	19068	17126
21	171146	78549	92597	49400	25447	23953
22	147492	69372	78120	65294	33309	31985
23	126607	61732	64875	74170	37611	36559
24	120972	59931	61041	78397	40267	38130
25-29岁	**678142**	**341931**	**336211**	**461711**	**248292**	**213419**
25	125282	62909	62373	84416	44228	40188
26	126144	63652	62492	86284	46001	40283
27	133877	67292	66585	92059	49305	42754
28	145617	73668	71949	99387	54028	45359
29	147222	74410	72812	99565	54730	44835

7-8a 续表 1

单位：人

年 龄	合计			工作就业		
	合计	男	女	小计	男	女
30-34 岁	**920430**	**463550**	**456880**	**607154**	**336412**	**270742**
30	175941	88510	87431	118064	64940	53124
31	180342	90896	89446	119674	66267	53407
32	176808	89046	87762	116181	64488	51693
33	197093	99337	97756	129363	71799	57564
34	190246	95761	94485	123872	68918	54954
35-39 岁	**791096**	**407507**	**383589**	**508904**	**288846**	**220058**
35	178633	90878	87755	116034	65213	50821
36	169761	87033	82728	110146	62421	47725
37	145968	75174	70794	93905	53273	40632
38	154490	80683	73807	98914	56737	42177
39	142244	73739	68505	89905	51202	38703
40-44 岁	**648747**	**339739**	**309008**	**400759**	**229163**	**171596**
40	136871	71286	65585	86164	49263	36901
41	140600	73753	66847	86963	49986	36977
42	129627	67572	62055	79418	45234	34184
43	115315	60346	54969	70698	40329	30369
44	126334	66782	59552	77516	44351	33165
45-49 岁	**591591**	**315250**	**276341**	**355894**	**205346**	**150548**
45	122758	65008	57750	74687	42832	31855
46	129177	68777	60400	78769	45279	33490
47	117813	62890	54923	71147	41039	30108
48	112738	60036	52702	67233	38775	28458
49	109105	58539	50566	64058	37421	26637
50-54 岁	**508421**	**263273**	**245148**	**268588**	**158392**	**110196**
50	110391	58166	52225	63055	36611	26444
51	103961	54580	49381	56447	33345	23102
52	111288	57677	53611	58528	34543	23985
53	86109	43878	42231	43806	25848	17958
54	96672	48972	47700	46752	28045	18707
55-59 岁	**403074**	**196593**	**206481**	**163109**	**98954**	**64155**
55	96120	48040	48080	43848	26373	17475
56	92405	45001	47404	38544	23097	15447
57	100932	49220	51712	39973	24449	15524
58	74869	36100	38769	27864	17169	10695
59	38748	18232	20516	12880	7866	5014
60-64 岁	**252878**	**119372**	**133506**	**62546**	**38537**	**24009**
60	45734	21296	24438	13684	8294	5390
61	41927	20106	21821	11121	6960	4161
62	57843	27393	30450	14051	8783	5268
63	57152	27125	30027	13194	8161	5033
64	50222	23452	26770	10496	6339	4157
65 岁及以上	**490564**	**225154**	**265410**	**62518**	**37805**	**24713**

7-8a 续表 2

单位：人

年 龄	学习培训			随同离开/投亲靠友			拆迁/搬家		
	小计	男	女	小计	男	女	小计	男	女
总 计	**1430931**	**696979**	**733952**	**1171167**	**583750**	**587417**	**1333955**	**702682**	**631273**
0-4岁	**8700**	**4631**	**4069**	**275549**	**148521**	**127028**	**56349**	**30290**	**26059**
0	251	134	117	31855	17127	14728	6191	3371	2820
1	544	297	247	51348	27761	23587	9939	5407	4532
2	1171	641	530	57253	30685	26568	11689	6206	5483
3	3090	1591	1499	68572	36837	31735	14675	7891	6784
4	3644	1968	1676	66521	36111	30410	13855	7415	6440
5-9岁	**105553**	**58310**	**47243**	**271337**	**148504**	**122833**	**68207**	**37047**	**31160**
5	3886	2134	1752	62602	33966	28636	13778	7473	6305
6	21149	11607	9542	54614	30112	24502	12989	7073	5916
7	26181	14496	11685	52214	28612	23602	13544	7363	6181
8	28509	15791	12718	54605	29768	24837	14717	7959	6758
9	25828	14282	11546	47302	26046	21256	13179	7179	6000
10-14岁	**123949**	**67970**	**55979**	**191518**	**104977**	**86541**	**61355**	**33175**	**28180**
10	24668	13719	10949	44160	24171	19989	12808	6984	5824
11	24682	13722	10960	42385	23156	19229	12497	6736	5761
12	23950	13387	10563	37817	20915	16902	12508	6761	5747
13	23204	12701	10503	35273	19182	16091	12011	6459	5552
14	27445	14441	13004	31883	17553	14330	11531	6235	5296
15-19岁	**804379**	**397353**	**407026**	**70540**	**39197**	**31343**	**32348**	**18257**	**14091**
15	96071	49588	46483	21506	11902	9604	8682	4867	3815
16	184300	95698	88602	14934	8342	6592	6466	3627	2839
17	184736	93239	91497	12647	6917	5730	5786	3252	2534
18	163004	79343	83661	11226	6290	4936	5687	3207	2480
19	176268	79485	96783	10227	5746	4481	5727	3304	2423
20-24岁	**346611**	**148161**	**198450**	**49009**	**26899**	**22110**	**43185**	**23652**	**19533**
20	156855	68946	87909	9841	5600	4241	6418	3662	2756
21	99319	41345	57974	8858	4988	3870	7040	3948	3092
22	55195	22489	32706	10190	5558	4632	8968	4883	4085
23	23377	9965	13412	10168	5483	4685	10028	5416	4612
24	11865	5416	6449	9952	5270	4682	10731	5743	4988
25-29岁	**22926**	**11171**	**11755**	**46259**	**23780**	**22479**	**74455**	**38913**	**35542**
25	7857	3717	4140	9833	5190	4643	11665	6256	5409
26	5358	2614	2744	9186	4774	4412	12755	6675	6080
27	3873	1888	1985	9031	4668	4363	14630	7569	7061
28	3268	1691	1577	9270	4728	4542	16917	8852	8065
29	2570	1261	1309	8939	4420	4519	18488	9561	8927

7-8a 续表 3 单位：人

年 龄	学习培训			随同离开/投亲靠友			拆迁/搬家		
	小计	男	女	小计	男	女	小计	男	女
30-34岁	**9151**	**4588**	**4563**	**46860**	**20887**	**25973**	**135729**	**70667**	**65062**
30	2594	1320	1274	10204	4795	5409	23051	12025	11026
31	1979	969	1010	9783	4543	5240	25337	13245	12092
32	1691	829	862	8875	4015	4860	26548	13755	12793
33	1564	799	765	9309	3977	5332	30394	15859	14535
34	1323	671	652	8689	3557	5132	30399	15783	14616
35-39岁	**4124**	**2111**	**2013**	**32844**	**12607**	**20237**	**137054**	**72197**	**64857**
35	1132	561	571	7945	3203	4742	28990	15220	13770
36	941	461	480	7223	2819	4404	28270	14813	13457
37	727	378	349	6000	2269	3731	25454	13347	12107
38	713	360	353	6130	2319	3811	27715	14739	12976
39	611	351	260	5546	1997	3549	26625	14078	12547
40-44岁	**1855**	**928**	**927**	**24734**	**8141**	**16593**	**134719**	**71409**	**63310**
40	485	243	242	5343	1798	3545	26368	13969	12399
41	450	221	229	5410	1814	3596	28641	15200	13441
42	339	176	163	5080	1692	3388	27282	14294	12988
43	278	140	138	4326	1407	2919	24855	13140	11715
44	303	148	155	4575	1430	3145	27573	14806	12767
45-49岁	**1204**	**623**	**581**	**22241**	**6512**	**15729**	**139128**	**74144**	**64984**
45	250	135	115	4473	1352	3121	27842	14727	13115
46	286	139	147	4663	1373	3290	29627	15839	13788
47	237	114	123	4364	1301	3063	27797	14841	12956
48	236	128	108	4373	1221	3152	27138	14439	12699
49	195	107	88	4368	1265	3103	26724	14298	12426
50-54岁	**847**	**417**	**430**	**25770**	**6663**	**19107**	**130263**	**68133**	**62130**
50	214	122	92	4732	1221	3511	27428	14443	12985
51	160	79	81	4939	1276	3663	26558	13967	12591
52	184	86	98	5673	1496	4177	28895	15155	13740
53	127	64	63	4764	1188	3576	22301	11592	10709
54	162	66	96	5662	1482	4180	25081	12976	12105
55-59岁	**593**	**263**	**330**	**27666**	**7714**	**19952**	**109994**	**56636**	**53358**
55	147	70	77	6001	1588	4413	25378	13148	12230
56	156	76	80	6380	1678	4702	25079	12899	12180
57	124	52	72	6928	1997	4931	27534	14210	13324
58	114	50	64	5459	1599	3860	20691	10602	10089
59	52	15	37	2898	852	2046	11312	5777	5535
60-64岁	**323**	**141**	**182**	**22418**	**7228**	**15190**	**71989**	**37534**	**34455**
60	57	24	33	3648	1098	2550	13086	6640	6446
61	59	29	30	3514	1102	2412	12165	6407	5758
62	76	40	36	5179	1673	3506	16357	8508	7849
63	68	26	42	5281	1757	3524	16157	8571	7586
64	63	22	41	4796	1598	3198	14224	7408	6816
65岁及以上	**716**	**312**	**404**	**64422**	**22120**	**42302**	**139180**	**70628**	**68552**

7-8a 续表 4

单位：人

年 龄	寄挂户口			婚姻嫁娶			照料孙子女		
	小计	男	女	小计	男	女	小计	男	女
总 计	**88401**	**48537**	**39864**	**285772**	**41466**	**244306**	**214097**	**65607**	**148490**
0-4岁	**6486**	**3428**	**3058**						
0	634	309	325						
1	1372	757	615						
2	1450	753	697						
3	1657	878	779						
4	1373	731	642						
5-9岁	**5938**	**3168**	**2770**						
5	1337	741	596						
6	1199	630	569						
7	1103	553	550						
8	1261	673	588						
9	1038	571	467						
10-14岁	**5107**	**2752**	**2355**	**10**	**5**	**5**			
10	984	511	473	2	1	1			
11	942	511	431	1	1				
12	1035	579	456	2	2				
13	1084	572	512	2		2			
14	1062	579	483	3	1	2			
15-19岁	**2775**	**1502**	**1273**	**945**	**45**	**900**	**5**	**2**	**3**
15	758	400	358	24	6	18	2	1	1
16	504	261	243	68	7	61	1	1	
17	508	279	229	131	11	120	2		2
18	508	266	242	274	9	265			
19	497	296	201	448	12	436			
20-24岁	**3963**	**2194**	**1769**	**10109**	**299**	**9810**	**27**	**3**	**24**
20	584	344	240	719	16	703	5	2	3
21	663	380	283	1190	23	1167	2		2
22	840	457	383	1816	47	1769	6		6
23	949	518	431	2672	90	2582	7		7
24	927	495	432	3712	123	3589	7	1	6
25-29岁	**5248**	**2786**	**2462**	**37211**	**2075**	**35136**	**41**	**8**	**33**
25	951	518	433	4924	171	4753	8	1	7
26	1062	583	479	5899	271	5628	4		4
27	1069	563	506	7297	364	6933	8	2	6
28	1069	561	508	9121	588	8533	7	1	6
29	1097	561	536	9970	681	9289	14	4	10

7–8a 续表 5

单位：人

年 龄	寄挂户口			婚姻嫁娶			照料孙子女		
	小计	男	女	小计	男	女	小计	男	女
30–34岁	**7102**	**3615**	**3487**	**69166**	**6337**	**62829**	**677**	**156**	**521**
30	1245	626	619	12631	991	11640	121	24	97
31	1412	703	709	13506	1142	12364	128	38	90
32	1349	705	644	13474	1241	12233	122	30	92
33	1512	777	735	15020	1472	13548	158	29	129
34	1584	804	780	14535	1491	13044	148	35	113
35–39岁	**7199**	**3729**	**3470**	**57113**	**7488**	**49625**	**679**	**196**	**483**
35	1532	783	749	13478	1530	11948	143	35	108
36	1446	738	708	12604	1579	11025	142	43	99
37	1300	679	621	10481	1383	9098	141	45	96
38	1478	776	702	10805	1577	9228	126	35	91
39	1443	753	690	9745	1419	8326	127	38	89
40–44岁	**7685**	**3993**	**3692**	**39827**	**6988**	**32839**	**912**	**272**	**640**
40	1516	787	729	8984	1379	7605	157	54	103
41	1620	832	788	9002	1512	7490	179	63	116
42	1579	811	768	7987	1442	6545	152	47	105
43	1407	728	679	6835	1256	5579	167	43	124
44	1563	835	728	7019	1399	5620	257	65	192
45–49岁	**7677**	**4059**	**3618**	**26984**	**6264**	**20720**	**3405**	**537**	**2868**
45	1622	874	748	6265	1336	4929	288	63	225
46	1643	888	755	6185	1370	4815	390	61	329
47	1443	750	693	5358	1249	4109	566	102	464
48	1467	775	692	4765	1179	3586	875	116	759
49	1502	772	730	4411	1130	3281	1286	195	1091
50–54岁	**6890**	**3720**	**3170**	**17167**	**4661**	**12506**	**21448**	**4041**	**17407**
50	1499	809	690	4163	1126	3037	2051	332	1719
51	1459	742	717	3752	1036	2716	3119	584	2535
52	1489	816	673	3718	1006	2712	4539	833	3706
53	1112	626	486	2716	711	2005	4771	919	3852
54	1331	727	604	2818	782	2036	6968	1373	5595
55–59岁	**5560**	**3064**	**2496**	**11378**	**3002**	**8376**	**46187**	**10293**	**35894**
55	1282	732	550	2706	721	1985	8342	1693	6649
56	1341	735	606	2700	701	1999	9711	2092	7619
57	1394	772	622	2823	749	2074	12230	2720	9510
58	990	532	458	2050	537	1513	10222	2402	7820
59	553	293	260	1099	294	805	5682	1386	4296
60–64岁	**4134**	**2317**	**1817**	**6278**	**1781**	**4497**	**50387**	**15851**	**34536**
60	667	362	305	1291	350	941	7500	2017	5483
61	682	373	309	1074	302	772	7717	2335	5382
62	1048	589	459	1434	399	1035	11772	3724	8048
63	923	519	404	1305	380	925	12120	3963	8157
64	814	474	340	1174	350	824	11278	3812	7466
65岁及以上	**12637**	**8210**	**4427**	**9584**	**2521**	**7063**	**90329**	**34248**	**56081**

7-8a 续表 6

单位：人

年 龄	为子女就学			养老/康养			其他		
	小计	男	女	小计	男	女	小计	男	女
总 计	**41968**	**16676**	**25292**	**110354**	**45660**	**64694**	**521282**	**269644**	**251638**
0-4岁							**98946**	**53215**	**45731**
0							12903	6944	5959
1							19231	10344	8887
2							20734	11103	9631
3							23889	12850	11039
4							22189	11974	10215
5-9岁							**67524**	**36863**	**30661**
5							20988	11301	9687
6							13387	7297	6090
7							11503	6331	5172
8							11542	6407	5135
9							10104	5527	4577
10-14岁				**12**	**10**	**2**	**41528**	**22434**	**19094**
10				3	3		9397	5052	4345
11				2	2		9072	4962	4110
12				2	2		8133	4444	3689
13				2	2		7566	4032	3534
14				3	1	2	7360	3944	3416
15-19岁	**445**	**221**	**224**	**12**	**9**	**3**	**26395**	**14427**	**11968**
15	108	50	58	4	3	1	5889	3244	2645
16	102	53	49	4	4		5711	3089	2622
17	86	45	41	2	2		5688	2994	2694
18	68	34	34	1		1	4512	2534	1978
19	81	39	42	1		1	4595	2566	2029
20-24岁	**579**	**175**	**404**	**22**	**15**	**7**	**24750**	**12668**	**12082**
20	123	50	73	2	1	1	4752	2495	2257
21	115	42	73	1	1		4558	2375	2183
22	98	29	69	6	5	1	5079	2595	2484
23	104	29	75	6	4	2	5126	2616	2510
24	139	25	114	7	4	3	5235	2587	2648
25-29岁	**2004**	**481**	**1523**	**34**	**21**	**13**	**28253**	**14404**	**13849**
25	193	40	153	12	10	2	5423	2778	2645
26	288	66	222	6	5	1	5302	2663	2639
27	357	71	286	6	2	4	5547	2860	2687
28	475	107	368	7	3	4	6096	3109	2987
29	691	197	494	3	1	2	5885	2994	2891

7-8a 续表 7

单位：人

年 龄	为子女就学			养老/康养			其他		
	小计	男	女	小计	男	女	小计	男	女
30-34岁	**7405**	**2122**	**5283**	**65**	**35**	**30**	**37121**	**18731**	**18390**
30	963	233	730	12	6	6	7056	3550	3506
31	1293	347	946	11	5	6	7219	3637	3582
32	1455	422	1033	17	13	4	7096	3548	3548
33	1733	535	1198	20	9	11	8020	4081	3939
34	1961	585	1376	5	2	3	7730	3915	3815
35-39岁	**10255**	**3707**	**6548**	**61**	**38**	**23**	**32863**	**16588**	**16275**
35	2102	664	1438	12	7	5	7265	3662	3603
36	2073	724	1349	11	7	4	6905	3428	3477
37	1945	747	1198	9	5	4	6006	3048	2958
38	2109	811	1298	18	11	7	6482	3318	3164
39	2026	761	1265	11	8	3	6205	3132	3073
40-44岁	**9020**	**3935**	**5085**	**104**	**54**	**50**	**29132**	**14856**	**14276**
40	1975	825	1150	14	6	8	5865	2962	2903
41	1976	860	1116	17	10	7	6342	3255	3087
42	1874	847	1027	20	9	11	5896	3020	2876
43	1547	668	879	20	11	9	5182	2624	2558
44	1648	735	913	33	18	15	5847	2995	2852
45-49岁	**5752**	**2904**	**2848**	**315**	**124**	**191**	**28991**	**14737**	**14254**
45	1413	685	728	39	19	20	5879	2985	2894
46	1413	699	714	46	18	28	6155	3111	3044
47	1119	563	556	63	22	41	5719	2909	2810
48	968	515	453	71	27	44	5612	2861	2751
49	839	442	397	96	38	58	5626	2871	2755
50-54岁	**2717**	**1381**	**1336**	**6040**	**1999**	**4041**	**28691**	**13866**	**14825**
50	723	370	353	655	215	440	5871	2917	2954
51	632	324	308	1022	332	690	5873	2895	2978
52	555	287	268	1342	432	910	6365	3023	3342
53	387	199	188	1276	425	851	4849	2306	2543
54	420	201	219	1745	595	1150	5733	2725	3008
55-59岁	**1508**	**713**	**795**	**12648**	**4433**	**8215**	**24431**	**11521**	**12910**
55	386	197	189	2241	767	1474	5789	2751	3038
56	334	154	180	2535	856	1679	5625	2713	2912
57	391	183	208	3420	1221	2199	6115	2867	3248
58	261	115	146	2711	976	1735	4507	2118	2389
59	136	64	72	1741	613	1128	2395	1072	1323
60-64岁	**922**	**423**	**499**	**17198**	**7675**	**9523**	**16683**	**7885**	**8798**
60	155	71	84	2563	1045	1518	3083	1395	1688
61	165	71	94	2669	1217	1452	2761	1310	1451
62	211	101	110	3862	1729	2133	3853	1847	2006
63	210	102	108	4180	1859	2321	3714	1787	1927
64	181	78	103	3924	1825	2099	3272	1546	1726
65岁及以上	**1361**	**614**	**747**	**73843**	**31247**	**42596**	**35974**	**17449**	**18525**

7-8b 分年龄、性别、迁移原因的户口所在地在外乡镇街道的人口(镇)

单位：人

年 龄	合计			工作就业		
	合计	男	女	小计	男	女
总 计	**3591378**	**1787296**	**1804082**	**1059770**	**597783**	**461987**
0-4岁	**211120**	**113013**	**98107**			
0	23040	12473	10567			
1	37912	20191	17721			
2	43121	23082	20039			
3	53794	28691	25103			
4	53253	28576	24677			
5-9岁	**287996**	**156337**	**131659**			
5	52910	28669	24241			
6	56497	30469	26028			
7	58841	31972	26869			
8	62531	34110	28421			
9	57217	31117	26100			
10-14岁	**258013**	**138234**	**119779**	**219**	**117**	**102**
10	54667	29721	24946	35	20	15
11	54773	29767	25006	47	24	23
12	50464	27195	23269	36	17	19
13	47817	25426	22391	49	27	22
14	50292	26125	24167	52	29	23
15-19岁	**530020**	**253728**	**276292**	**15346**	**8549**	**6797**
15	84311	40716	43595	1005	556	449
16	144302	68104	76198	1620	865	755
17	146977	69214	77763	2761	1515	1246
18	97602	47296	50306	4207	2356	1851
19	56828	28398	28430	5753	3257	2496
20-24岁	**203781**	**100346**	**103435**	**78793**	**40159**	**38634**
20	45386	23710	21676	7903	4437	3466
21	39972	20762	19210	11220	6051	5169
22	40018	19566	20452	16627	8383	8244
23	38720	18112	20608	20564	10162	10402
24	39685	18196	21489	22479	11126	11353
25-29岁	**232610**	**105946**	**126664**	**132072**	**68869**	**63203**
25	41988	19240	22748	24370	12374	11996
26	42670	19219	23451	24470	12436	12034
27	46034	20964	25070	26277	13767	12510
28	51032	23164	27868	28612	15057	13555
29	50886	23359	27527	28343	15235	13108

7-8b 续表 1

单位：人

年 龄	合计			工作就业		
	合计	男	女	小计	男	女
30-34岁	**340513**	**156753**	**183760**	**183657**	**99596**	**84061**
30	62756	28540	34216	34343	18433	15910
31	65040	29760	35280	35315	19156	16159
32	65590	30217	35373	35280	19100	16180
33	74422	34391	40031	39999	21851	18148
34	72705	33845	38860	38720	21056	17664
35-39岁	**317658**	**152770**	**164888**	**168914**	**93322**	**75592**
35	70123	33094	37029	37182	20338	16844
36	67483	32102	35381	35756	19665	16091
37	58924	28460	30464	31468	17411	14057
38	62862	30600	32262	33407	18574	14833
39	58266	28514	29752	31101	17334	13767
40-44岁	**277639**	**140676**	**136963**	**146159**	**82720**	**63439**
40	58062	28798	29264	30774	17248	13526
41	59200	29574	29626	31044	17405	13639
42	55452	28269	27183	29088	16577	12511
43	49910	25488	24422	26169	14875	11294
44	55015	28547	26468	29084	16615	12469
45-49岁	**254295**	**135778**	**118517**	**133287**	**78388**	**54899**
45	53567	28109	25458	27912	16149	11763
46	56926	30274	26652	29933	17574	12359
47	50060	26659	23401	26538	15547	10991
48	48045	26058	21987	25141	14949	10192
49	45697	24678	21019	23763	14169	9594
50-54岁	**214702**	**114367**	**100335**	**99892**	**61418**	**38474**
50	46501	24752	21749	23509	13972	9537
51	43332	23317	20015	20717	12721	7996
52	46782	24971	21811	21724	13382	8342
53	36826	19509	17317	16368	10212	6156
54	41261	21818	19443	17574	11131	6443
55-59岁	**157424**	**80175**	**77249**	**57460**	**37036**	**20424**
55	39673	20521	19152	15984	10147	5837
56	36165	18180	17985	13583	8627	4956
57	38691	19908	18783	13948	9132	4816
58	29190	14893	14297	9738	6451	3287
59	13705	6673	7032	4207	2679	1528
60-64岁	**92530**	**45162**	**47368**	**21222**	**13805**	**7417**
60	16175	7757	8418	4353	2794	1559
61	14961	7390	7571	3754	2439	1315
62	21995	10917	11078	5007	3314	1693
63	21124	10402	10722	4429	2896	1533
64	18275	8696	9579	3679	2362	1317
65岁及以上	**213077**	**94011**	**119066**	**22749**	**13804**	**8945**

7-8b 续表 2

单位：人

年龄	学习培训			随同离开/投亲靠友			拆迁/搬家		
	小计	男	女	小计	男	女	小计	男	女
总计	**692231**	**341088**	**351143**	**492204**	**241402**	**250802**	**740677**	**391298**	**349379**
0-4岁	**3295**	**1786**	**1509**	**121375**	**65058**	**56317**	**37865**	**20288**	**17577**
0	61	37	24	13105	7078	6027	4223	2323	1900
1	170	93	77	22236	11872	10364	6533	3487	3046
2	361	194	167	25057	13479	11578	7537	3958	3579
3	1201	654	547	30695	16357	14338	9787	5263	4524
4	1502	808	694	30282	16272	14010	9785	5257	4528
5-9岁	**71032**	**39164**	**31868**	**122420**	**65904**	**56516**	**56863**	**30822**	**26041**
5	1780	956	824	29393	15905	13488	10328	5628	4700
6	13905	7594	6311	24309	12987	11322	10986	5903	5083
7	17608	9810	7798	23185	12406	10779	11598	6275	5323
8	19443	10691	8752	24150	13139	11011	12362	6719	5643
9	18296	10113	8183	21383	11467	9916	11589	6297	5292
10-14岁	**89259**	**47828**	**41431**	**87935**	**47252**	**40683**	**54968**	**29136**	**25832**
10	17426	9648	7778	20275	10949	9326	11312	6085	5227
11	17875	9870	8005	19790	10700	9090	11641	6189	5452
12	16886	9200	7686	17521	9432	8089	10964	5801	5163
13	16468	8778	7690	15777	8348	7429	10720	5641	5079
14	20604	10332	10272	14572	7823	6749	10331	5420	4911
15-19岁	**454901**	**214055**	**240846**	**23616**	**12862**	**10754**	**22007**	**11944**	**10063**
15	64008	29916	34092	8806	4742	4064	7147	3730	3417
16	130509	60977	69532	4792	2602	2190	4388	2406	1982
17	134198	62645	71553	3733	1941	1792	3590	1929	1661
18	84052	39994	44058	3382	1905	1477	3454	1961	1493
19	42134	20523	21611	2903	1672	1231	3428	1918	1510
20-24岁	**65324**	**34135**	**31189**	**14077**	**7552**	**6525**	**23336**	**12605**	**10731**
20	28368	14708	13660	2636	1497	1139	3538	2046	1492
21	18993	10177	8816	2436	1367	1069	3867	2131	1736
22	10824	5677	5147	3065	1602	1463	4927	2669	2258
23	4618	2344	2274	2896	1504	1392	5390	2847	2543
24	2521	1229	1292	3044	1582	1462	5614	2912	2702
25-29岁	**4341**	**2116**	**2225**	**15735**	**7924**	**7811**	**36430**	**18674**	**17756**
25	1559	746	813	3093	1608	1485	5953	3060	2893
26	1022	488	534	3050	1560	1490	6420	3228	3192
27	735	367	368	3128	1576	1552	7124	3653	3471
28	561	288	273	3288	1650	1638	8351	4293	4058
29	464	227	237	3176	1530	1646	8582	4440	4142

7–8b 续表 3

单位：人

年 龄	学习培训			随同离开/投亲靠友			拆迁/搬家		
	小计	男	女	小计	男	女	小计	男	女
30–34岁	**1683**	**840**	**843**	**18616**	**8230**	**10386**	**65597**	**33516**	**32081**
30	493	237	256	3768	1785	1983	10989	5614	5375
31	352	177	175	3702	1667	2035	12015	6149	5866
32	289	152	137	3705	1662	2043	12594	6430	6164
33	294	145	149	3885	1636	2249	14839	7506	7333
34	255	129	126	3556	1480	2076	15160	7817	7343
35–39岁	**912**	**441**	**471**	**14120**	**5193**	**8927**	**72654**	**37908**	**34746**
35	254	116	138	3448	1352	2096	15335	7987	7348
36	194	103	91	3067	1161	1906	15021	7853	7168
37	171	82	89	2613	999	1614	13500	6952	6548
38	160	73	87	2618	917	1701	14700	7756	6944
39	133	67	66	2374	764	1610	14098	7360	6738
40–44岁	**477**	**232**	**245**	**10556**	**3256**	**7300**	**72496**	**39100**	**33396**
40	122	60	62	2325	766	1559	14424	7663	6761
41	93	42	51	2342	747	1595	15334	8185	7149
42	101	47	54	2125	661	1464	14560	7887	6673
43	83	44	39	1782	521	1261	13339	7168	6171
44	78	39	39	1982	561	1421	14839	8197	6642
45–49岁	**356**	**189**	**167**	**9365**	**2535**	**6830**	**72395**	**40139**	**32256**
45	93	49	44	1985	555	1430	15111	8335	6776
46	94	45	49	2107	614	1493	16069	8809	7260
47	56	31	25	1767	479	1288	14029	7695	6334
48	58	35	23	1796	471	1325	13907	7830	6077
49	55	29	26	1710	416	1294	13279	7470	5809
50–54岁	**230**	**125**	**105**	**9829**	**2305**	**7524**	**66466**	**36528**	**29938**
50	42	22	20	1820	428	1392	13783	7524	6259
51	56	26	30	1914	435	1479	13423	7421	6002
52	43	24	19	2121	527	1594	14585	8074	6511
53	42	26	16	1801	430	1371	11657	6347	5310
54	47	27	20	2173	485	1688	13018	7162	5856
55–59岁	**144**	**64**	**80**	**9709**	**2334**	**7375**	**51781**	**27617**	**24164**
55	42	15	27	2208	529	1679	12800	6854	5946
56	28	11	17	2233	504	1729	11802	6171	5631
57	28	15	13	2398	574	1824	12657	6829	5828
58	28	14	14	1910	484	1426	9785	5280	4505
59	18	9	9	960	243	717	4737	2483	2254
60–64岁	**83**	**36**	**47**	**7545**	**2248**	**5297**	**31914**	**16971**	**14943**
60	14	6	8	1187	306	881	5565	2839	2726
61	12	4	8	1182	350	832	5223	2802	2421
62	20	8	12	1799	550	1249	7582	4139	3443
63	19	10	9	1823	573	1250	7255	3905	3350
64	18	8	10	1554	469	1085	6289	3286	3003
65岁及以上	**194**	**77**	**117**	**27306**	**8749**	**18557**	**75905**	**36050**	**39855**

7-8b 续表 4

单位：人

年 龄	寄挂户口			婚姻嫁娶			照料孙子女		
	小计	男	女	小计	男	女	小计	男	女
总 计	**31273**	**17006**	**14267**	**165974**	**15972**	**150002**	**77819**	**22418**	**55401**
0-4岁	**2939**	**1514**	**1425**						
0	283	159	124						
1	520	253	267						
2	671	339	332						
3	762	414	348						
4	703	349	354						
5-9岁	**2776**	**1456**	**1320**						
5	620	316	304						
6	532	281	251						
7	531	278	253						
8	578	303	275						
9	515	278	237						
10-14岁	**2394**	**1268**	**1126**	**11**	**6**	**5**			
10	507	284	223	2	1	1			
11	500	263	237	1	1				
12	467	233	234	1	1				
13	468	242	226	2	2				
14	452	246	206	5	1	4			
15-19岁	**1084**	**594**	**490**	**1743**	**28**	**1715**	**1**		**1**
15	291	169	122	54	9	45	1		1
16	215	102	113	151	3	148			
17	207	97	110	266	4	262			
18	179	110	69	472	7	465			
19	192	116	76	800	5	795			
20-24岁	**1400**	**758**	**642**	**10564**	**144**	**10420**	**4**		**4**
20	223	140	83	1062	8	1054	2		2
21	248	138	110	1474	17	1457			
22	295	150	145	2129	25	2104	1		1
23	338	168	170	2616	34	2582			
24	296	162	134	3283	60	3223	1		1
25-29岁	**1657**	**866**	**791**	**26622**	**746**	**25876**	**15**	**1**	**14**
25	311	156	155	4029	73	3956	4	1	3
26	308	161	147	4642	125	4517	1		1
27	299	164	135	5392	142	5250	3		3
28	353	191	162	6279	172	6107	5		5
29	386	194	192	6280	234	6046	2		2

7-8b 续表 5

单位：人

年 龄	寄挂户口			婚姻嫁娶			照料孙子女		
	小计	男	女	小计	男	女	小计	男	女
30–34岁	**2528**	**1306**	**1222**	**40345**	**1959**	**38386**	**400**	**77**	**323**
30	412	214	198	7938	287	7651	69	15	54
31	460	244	216	8021	321	7700	60	12	48
32	519	264	255	7771	412	7359	80	19	61
33	593	288	305	8477	422	8055	96	11	85
34	544	296	248	8138	517	7621	95	20	75
35–39岁	**2323**	**1153**	**1170**	**29772**	**2427**	**27345**	**396**	**77**	**319**
35	533	258	275	7232	498	6734	92	18	74
36	463	236	227	6766	476	6290	89	18	71
37	416	214	202	5296	460	4836	75	12	63
38	469	236	233	5673	544	5129	72	16	56
39	442	209	233	4805	449	4356	68	13	55
40–44岁	**2579**	**1365**	**1214**	**20395**	**2501**	**17894**	**491**	**114**	**377**
40	493	256	237	4637	471	4166	85	14	71
41	533	295	238	4582	522	4060	93	24	69
42	499	255	244	4055	494	3561	94	22	72
43	467	254	213	3543	490	3053	83	14	69
44	587	305	282	3578	524	3054	136	40	96
45–49岁	**2697**	**1415**	**1282**	**14111**	**2596**	**11515**	**1689**	**282**	**1407**
45	577	292	285	3289	510	2779	159	40	119
46	551	298	253	3283	586	2697	238	50	188
47	556	281	275	2782	514	2268	299	44	255
48	532	287	245	2454	513	1941	408	62	346
49	481	257	224	2303	473	1830	585	86	499
50–54岁	**2149**	**1203**	**946**	**9326**	**2173**	**7153**	**9201**	**1819**	**7382**
50	501	280	221	2245	484	1761	943	156	787
51	425	230	195	1876	456	1420	1439	280	1159
52	451	248	203	1979	458	1521	1979	369	1610
53	370	210	160	1573	378	1195	1966	396	1570
54	402	235	167	1653	397	1256	2874	618	2256
55–59岁	**1583**	**841**	**742**	**5516**	**1389**	**4127**	**16257**	**3772**	**12485**
55	375	195	180	1433	340	1093	3313	752	2561
56	339	179	160	1319	341	978	3483	769	2714
57	376	199	177	1326	340	986	4155	990	3165
58	334	182	152	977	253	724	3536	857	2679
59	159	86	73	461	115	346	1770	404	1366
60–64岁	**1078**	**640**	**438**	**2770**	**759**	**2011**	**16253**	**4987**	**11266**
60	221	133	88	530	128	402	2378	645	1733
61	171	101	70	449	115	334	2350	712	1638
62	248	152	96	670	189	481	3946	1185	2761
63	224	136	88	622	187	435	3986	1282	2704
64	214	118	96	499	140	359	3593	1163	2430
65岁及以上	**4086**	**2627**	**1459**	**4799**	**1244**	**3555**	**33112**	**11289**	**21823**

7-8b 续表 6

单位：人

年 龄	为子女就学			养老/康养			其他		
	小计	男	女	小计	男	女	小计	男	女
总 计	**45986**	**15468**	**30518**	**35925**	**15972**	**19953**	**249519**	**128889**	**120630**
0-4岁							**45646**	**24367**	**21279**
0							5368	2876	2492
1							8453	4486	3967
2							9495	5112	4383
3							11349	6003	5346
4							10981	5890	5091
5-9岁							**34905**	**18991**	**15914**
5							10789	5864	4925
6							6765	3704	3061
7							5919	3203	2716
8							5998	3258	2740
9							5434	2962	2472
10-14岁				**1**	**1**		**23226**	**12626**	**10600**
10							5110	2734	2376
11							4919	2720	2199
12							4589	2511	2078
13				1	1		4332	2387	1945
14							4276	2274	2002
15-19岁	**85**	**46**	**39**	**3**	**3**		**11234**	**5647**	**5587**
15	24	12	12				2975	1582	1393
16	17	7	10				2610	1142	1468
17	18	14	4	1	1		2203	1068	1135
18	16	9	7	1	1		1839	953	886
19	10	4	6	1	1		1607	902	705
20-24岁	**603**	**82**	**521**	**11**	**10**	**1**	**9669**	**4901**	**4768**
20	50	21	29	1		1	1603	853	750
21	53	8	45	4	4		1677	869	808
22	114	12	102	1	1		2035	1047	988
23	156	19	137	2	2		2140	1032	1108
24	230	22	208	3	3		2214	1100	1114
25-29岁	**3167**	**558**	**2609**	**21**	**14**	**7**	**12550**	**6178**	**6372**
25	319	49	270	2		2	2348	1173	1175
26	460	71	389	4	2	2	2293	1148	1145
27	610	109	501	5	4	1	2461	1182	1279
28	844	155	689	3	3		2736	1355	1381
29	934	174	760	7	5	2	2712	1320	1392

7-8b 续表 7

单位：人

年龄	为子女就学			养老/康养			其他		
	小计	男	女	小计	男	女	小计	男	女
30-34岁	**9746**	**2492**	**7254**	**29**	**23**	**6**	**17912**	**8714**	**9198**
30	1412	309	1103	5	4	1	3327	1642	1685
31	1714	415	1299	4	3	1	3397	1616	1781
32	1891	463	1428	3	3		3458	1712	1746
33	2304	594	1710	8	7	1	3927	1931	1996
34	2425	711	1714	9	6	3	3803	1813	1990
35-39岁	**11961**	**3842**	**8119**	**25**	**18**	**7**	**16581**	**8389**	**8192**
35	2476	742	1734	6	4	2	3565	1781	1784
36	2504	771	1733	6	4	2	3617	1815	1802
37	2288	731	1557	4	3	1	3093	1596	1497
38	2473	833	1640	2	2		3288	1649	1639
39	2220	765	1455	7	5	2	3018	1548	1470
40-44岁	**8841**	**3326**	**5515**	**46**	**32**	**14**	**15599**	**8030**	**7569**
40	2023	717	1306	6	4	2	3173	1599	1574
41	1980	700	1280	9	6	3	3190	1648	1542
42	1787	688	1099	7	6	1	3136	1632	1504
43	1537	628	909	8	6	2	2899	1488	1411
44	1514	593	921	16	10	6	3201	1663	1538
45-49岁	**5215**	**2328**	**2887**	**71**	**43**	**28**	**15109**	**7863**	**7246**
45	1291	553	738	10	4	6	3140	1622	1518
46	1298	577	721	18	11	7	3335	1710	1625
47	993	453	540	10	7	3	3030	1608	1422
48	900	405	495	20	11	9	2829	1495	1334
49	733	340	393	13	10	3	2775	1428	1347
50-54岁	**2708**	**1272**	**1436**	**1426**	**565**	**861**	**13475**	**6959**	**6516**
50	705	339	366	138	50	88	2815	1497	1318
51	556	239	317	234	86	148	2692	1423	1269
52	589	284	305	332	130	202	2979	1475	1504
53	432	210	222	307	128	179	2310	1172	1138
54	426	200	226	415	171	244	2679	1392	1287
55-59岁	**1545**	**645**	**900**	**2615**	**999**	**1616**	**10814**	**5478**	**5336**
55	391	177	214	470	164	306	2657	1348	1309
56	354	144	210	557	196	361	2467	1238	1229
57	379	172	207	690	272	418	2734	1385	1349
58	284	106	178	580	236	344	2018	1030	988
59	137	46	91	318	131	187	938	477	461
60-64岁	**831**	**341**	**490**	**4190**	**2053**	**2137**	**6644**	**3322**	**3322**
60	155	62	93	573	250	323	1199	594	605
61	124	42	82	623	308	315	1073	517	556
62	207	85	122	993	487	506	1523	808	715
63	190	82	108	1024	543	481	1552	788	764
64	155	70	85	977	465	512	1297	615	682
65岁及以上	**1284**	**536**	**748**	**27487**	**12211**	**15276**	**16155**	**7424**	**8731**

7-8c 分年龄、性别、迁移原因的户口所在地在外乡镇街道的人口(乡村)

单位：人

年 龄	合 计			工作就业		
	合计	男	女	小计	男	女
总 计	**1195452**	**589953**	**605499**	**383577**	**253353**	**130224**
0-4岁	**54473**	**28344**	**26129**			
0	5748	3039	2709			
1	10395	5474	4921			
2	11696	6140	5556			
3	13509	6922	6587			
4	13125	6769	6356			
5-9岁	**63640**	**33049**	**30591**			
5	12467	6523	5944			
6	12811	6640	6171			
7	12608	6520	6088			
8	13517	7114	6403			
9	12237	6252	5985			
10-14岁	**53912**	**27715**	**26197**	**44**	**26**	**18**
10	11699	6069	5630	1		1
11	11527	6002	5525	9	5	4
12	10753	5530	5223	6	2	4
13	10020	5134	4886	8	7	1
14	9913	4980	4933	20	12	8
15-19岁	**105959**	**49671**	**56288**	**6186**	**4061**	**2125**
15	13455	6777	6678	285	189	96
16	19833	9734	10099	553	356	197
17	19870	9708	10162	1014	651	363
18	22443	10248	12195	1786	1188	598
19	30358	13204	17154	2548	1677	871
20-24岁	**125186**	**54549**	**70637**	**32798**	**20792**	**12006**
20	31810	13612	18198	3721	2405	1316
21	26904	11845	15059	5096	3356	1740
22	25194	11190	14004	7095	4496	2599
23	21433	9481	11952	8194	5133	3061
24	19845	8421	11424	8692	5402	3290
25-29岁	**102714**	**40833**	**61881**	**45777**	**29117**	**16660**
25	20056	8254	11802	9100	5685	3415
26	19585	7752	11833	8733	5496	3237
27	20647	7985	12662	9125	5705	3420
28	21338	8499	12839	9474	6154	3320
29	21088	8343	12745	9345	6077	3268

7-8c 续表 1

单位：人

年 龄	合 计			工作就业		
	合计	男	女	小计	男	女
30-34岁	**126614**	**53134**	**73480**	**57325**	**37643**	**19682**
30	25070	9976	15094	11073	7181	3892
31	24873	10258	14615	11246	7356	3890
32	24028	10169	13859	10837	7183	3654
33	26816	11515	15301	12338	8182	4156
34	25827	11216	14611	11831	7741	4090
35-39岁	**109209**	**50075**	**59134**	**52404**	**34255**	**18149**
35	24127	10650	13477	11177	7335	3842
36	23303	10388	12915	10734	7053	3681
37	20296	9354	10942	9817	6392	3425
38	21527	10181	11346	10671	6970	3701
39	19956	9502	10454	10005	6505	3500
40-44岁	**97007**	**48241**	**48766**	**49350**	**32076**	**17274**
40	19590	9345	10245	9731	6292	3439
41	20501	10044	10457	10167	6621	3546
42	19370	9604	9766	9900	6402	3498
43	17681	8920	8761	9096	5903	3193
44	19865	10328	9537	10456	6858	3598
45-49岁	**99128**	**53042**	**46086**	**53214**	**34788**	**18426**
45	19790	10379	9411	10552	6845	3707
46	21294	11177	10117	11391	7366	4025
47	19725	10396	9329	10582	6829	3753
48	19524	10618	8906	10396	6849	3547
49	18795	10472	8323	10293	6899	3394
50-54岁	**82629**	**47146**	**35483**	**43976**	**30031**	**13945**
50	18957	10655	8302	10289	6936	3353
51	16848	9425	7423	9058	6084	2974
52	17741	10168	7573	9548	6541	3007
53	14075	8160	5915	7372	5125	2247
54	15008	8738	6270	7709	5345	2364
55-59岁	**54736**	**32235**	**22501**	**24758**	**17782**	**6976**
55	13980	8117	5863	6675	4641	2034
56	12917	7607	5310	6069	4339	1730
57	13014	7821	5193	5908	4364	1544
58	9913	5858	4055	4273	3099	1174
59	4912	2832	2080	1833	1339	494
60-64岁	**29706**	**17284**	**12422**	**8602**	**6212**	**2390**
60	5350	2970	2380	1843	1273	570
61	4824	2856	1968	1525	1126	399
62	6796	3970	2826	2031	1475	556
63	6790	4027	2763	1840	1338	502
64	5946	3461	2485	1363	1000	363
65岁及以上	**90539**	**54635**	**35904**	**9143**	**6570**	**2573**

7-8c 续表 2

单位：人

年 龄	学习培训			随同离开/投亲靠友			拆迁/搬家		
	小计	男	女	小计	男	女	小计	男	女
总 计	**161586**	**77427**	**84159**	**127223**	**63738**	**63485**	**137042**	**74569**	**62473**
0–4岁	**430**	**235**	**195**	**32996**	**17087**	**15909**	**6637**	**3521**	**3116**
0	11	6	5	3461	1816	1645	873	467	406
1	23	13	10	6446	3386	3060	1164	620	544
2	43	20	23	7110	3724	3386	1302	700	602
3	147	77	70	8106	4101	4005	1642	870	772
4	206	119	87	7873	4060	3813	1656	864	792
5–9岁	**10897**	**5724**	**5173**	**31853**	**16282**	**15571**	**8754**	**4759**	**3995**
5	198	94	104	7558	3981	3577	1614	882	732
6	2190	1146	1044	6460	3265	3195	1738	955	783
7	2694	1447	1247	5998	3009	2989	1732	949	783
8	3007	1572	1435	6281	3256	3025	1900	1038	862
9	2808	1465	1343	5556	2771	2785	1770	935	835
10–14岁	**13780**	**7106**	**6674**	**21338**	**10752**	**10586**	**9074**	**4834**	**4240**
10	2765	1456	1309	5068	2563	2505	1824	967	857
11	2715	1440	1275	4952	2482	2470	1843	1007	836
12	2681	1406	1275	4269	2128	2141	1837	987	850
13	2615	1366	1249	3742	1873	1869	1825	958	867
14	3004	1438	1566	3307	1706	1601	1745	915	830
15–19岁	**79494**	**37845**	**41649**	**5259**	**2888**	**2371**	**4203**	**2323**	**1880**
15	8452	4196	4256	2044	1085	959	1278	670	608
16	16038	7946	8092	1002	534	468	819	445	374
17	15443	7772	7671	822	464	358	689	390	299
18	16659	7745	8914	740	421	319	693	393	300
19	22902	10186	12716	651	384	267	724	425	299
20–24岁	**54567**	**25074**	**29493**	**3455**	**1907**	**1548**	**5324**	**3001**	**2323**
20	22493	9792	12701	655	374	281	730	425	305
21	15527	6993	8534	622	370	252	886	504	382
22	10139	4881	5258	702	381	321	1140	656	484
23	4582	2374	2208	714	393	321	1260	726	534
24	1826	1034	792	762	389	373	1308	690	618
25–29岁	**1593**	**978**	**615**	**3702**	**1820**	**1882**	**7017**	**3923**	**3094**
25	803	483	320	736	376	360	1371	756	615
26	347	211	136	738	341	397	1371	751	620
27	224	153	71	719	371	348	1380	772	608
28	125	74	51	747	370	377	1457	851	606
29	94	57	37	762	362	400	1438	793	645

7−8c 续表 3

单位：人

年 龄	学习培训			随同离开/投亲靠友			拆迁/搬家		
	小计	男	女	小计	男	女	小计	男	女
30-34岁	**354**	**186**	**168**	**4036**	**1816**	**2220**	**10031**	**5554**	**4477**
30	108	59	49	831	364	467	1784	1009	775
31	72	41	31	821	380	441	1776	985	791
32	72	40	32	769	341	428	1957	1082	875
33	47	17	30	848	401	447	2217	1199	1018
34	55	29	26	767	330	437	2297	1279	1018
35-39岁	**161**	**98**	**63**	**3203**	**1366**	**1837**	**10284**	**5586**	**4698**
35	32	20	12	741	315	426	2145	1154	991
36	41	22	19	681	288	393	2178	1151	1027
37	28	18	10	616	252	364	1880	1039	841
38	33	21	12	615	271	344	2088	1150	938
39	27	17	10	550	240	310	1993	1092	901
40-44岁	**107**	**57**	**50**	**2704**	**1169**	**1535**	**10648**	**5881**	**4767**
40	23	8	15	568	242	326	2016	1092	924
41	15	8	7	562	247	315	2291	1292	999
42	26	17	9	584	261	323	2034	1125	909
43	24	16	8	462	200	262	2011	1101	910
44	19	8	11	528	219	309	2296	1271	1025
45-49岁	**78**	**45**	**33**	**2624**	**1103**	**1521**	**12675**	**6934**	**5741**
45	16	12	4	550	231	319	2386	1348	1038
46	14	8	6	541	228	313	2606	1430	1176
47	22	14	8	496	214	282	2533	1367	1166
48	16	6	10	555	227	328	2603	1396	1207
49	10	5	5	482	203	279	2547	1393	1154
50-54岁	**51**	**34**	**17**	**2485**	**901**	**1584**	**12157**	**6637**	**5520**
50	8	6	2	501	174	327	2567	1435	1132
51	16	12	4	517	181	336	2419	1329	1090
52	5	2	3	530	188	342	2577	1373	1204
53	11	7	4	443	166	277	2190	1197	993
54	11	7	4	494	192	302	2404	1303	1101
55-59岁	**21**	**14**	**7**	**2337**	**867**	**1470**	**10263**	**5624**	**4639**
55	6	4	2	526	175	351	2512	1409	1103
56	5	2	3	507	186	321	2302	1255	1047
57	5	3	2	602	224	378	2381	1278	1103
58	4	4		438	188	250	1978	1086	892
59	1	1		264	94	170	1090	596	494
60-64岁	**9**	**3**	**6**	**1977**	**871**	**1106**	**6720**	**3691**	**3029**
60	1		1	288	119	169	1215	635	580
61	1		1	336	147	189	1072	613	459
62	1		1	418	191	227	1479	787	692
63	2	1	1	498	232	266	1568	872	696
64	4	2	2	437	182	255	1386	784	602
65岁及以上	**44**	**28**	**16**	**9254**	**4909**	**4345**	**23255**	**12301**	**10954**

7-8c 续表 4

单位：人

年 龄	寄挂户口			婚姻嫁娶			照料孙子女		
	小计	男	女	小计	男	女	小计	男	女
总 计	**61773**	**35357**	**26416**	**200445**	**18908**	**181537**	**6538**	**2388**	**4150**
0-4岁	**3448**	**1753**	**1695**						
0	268	139	129						
1	639	306	333						
2	823	436	387						
3	924	465	459						
4	794	407	387						
5-9岁	**3393**	**1745**	**1648**						
5	728	364	364						
6	660	338	322						
7	662	325	337						
8	718	385	333						
9	625	333	292						
10-14岁	**3275**	**1731**	**1544**	**26**		**26**			
10	641	323	318						
11	665	371	294						
12	684	367	317	3		3			
13	665	353	312	7		7			
14	620	317	303	16		16			
15-19岁	**1235**	**698**	**537**	**5895**	**23**	**5872**			
15	347	196	151	207	6	201			
16	222	114	108	513	2	511			
17	229	118	111	1035	2	1033			
18	202	119	83	1606	7	1599			
19	235	151	84	2534	6	2528			
20-24岁	**2399**	**1357**	**1042**	**22135**	**164**	**21971**	**2**		**2**
20	290	177	113	3089	15	3074	1		1
21	358	218	140	3636	17	3619			
22	558	325	233	4689	33	4656			
23	604	322	282	5099	46	5053			
24	589	315	274	5622	53	5569	1		1
25-29岁	**2996**	**1586**	**1410**	**36036**	**742**	**35294**	**6**		**6**
25	625	336	289	6340	82	6258	1		1
26	615	337	278	6669	99	6570	1		1
27	596	316	280	7498	155	7343			
28	584	290	294	7822	220	7602	3		3
29	576	307	269	7707	186	7521	1		1

7-8c 续表 5

单位：人

年 龄	寄挂户口			婚姻嫁娶			照料孙子女		
	小计	男	女	小计	男	女	小计	男	女
30-34岁	**4329**	**2284**	**2045**	**43039**	**1977**	**41062**	**55**	**14**	**41**
30	707	388	319	9173	276	8897	10	2	8
31	786	431	355	8709	358	8351	9	4	5
32	819	432	387	8188	396	7792	12		12
33	989	487	502	8725	454	8271	13	5	8
34	1028	546	482	8244	493	7751	11	3	8
35-39岁	**4650**	**2458**	**2192**	**30981**	**2523**	**28458**	**66**	**15**	**51**
35	1008	548	460	7453	478	6975	13	4	9
36	976	529	447	7072	537	6535	17	1	16
37	917	476	441	5569	449	5120	15	2	13
38	931	496	435	5662	503	5159	12	4	8
39	818	409	409	5225	556	4669	9	4	5
40-44岁	**4647**	**2545**	**2102**	**22202**	**2618**	**19584**	**62**	**16**	**46**
40	825	445	380	5038	507	4531	6	1	5
41	974	571	403	4967	531	4436	15	6	9
42	947	517	430	4427	531	3896	9	2	7
43	896	482	414	3746	451	3295	14	4	10
44	1005	530	475	4024	598	3426	18	3	15
45-49岁	**5741**	**3157**	**2584**	**16604**	**2769**	**13835**	**171**	**39**	**132**
45	1028	567	461	3741	576	3165	16	5	11
46	1205	663	542	3850	622	3228	31	4	27
47	1165	606	559	3294	523	2771	25	9	16
48	1247	691	556	2999	552	2447	38	7	31
49	1096	630	466	2720	496	2224	61	14	47
50-54岁	**4764**	**2666**	**2098**	**10916**	**2686**	**8230**	**627**	**138**	**489**
50	1037	586	451	2847	618	2229	71	14	57
51	911	501	410	2342	520	1822	110	27	83
52	1010	555	455	2278	576	1702	129	32	97
53	873	485	388	1700	443	1257	138	26	112
54	933	539	394	1749	529	1220	179	39	140
55-59岁	**3847**	**2161**	**1686**	**5590**	**1872**	**3718**	**1123**	**274**	**849**
55	924	490	434	1563	502	1061	190	39	151
56	892	505	387	1338	430	908	251	64	187
57	901	529	372	1291	460	831	290	63	227
58	713	396	317	946	322	624	253	63	190
59	417	241	176	452	158	294	139	45	94
60-64岁	**2895**	**1713**	**1182**	**2607**	**1155**	**1452**	**1177**	**391**	**786**
60	465	257	208	452	177	275	179	49	130
61	420	249	171	417	175	242	167	49	118
62	654	386	268	638	309	329	278	91	187
63	683	415	268	584	268	316	283	105	178
64	673	406	267	516	226	290	270	97	173
65岁及以上	**14154**	**9503**	**4651**	**4414**	**2379**	**2035**	**3249**	**1501**	**1748**

7-8c 续表 6

单位：人

年 龄	为子女就学			养老/康养			其他		
	小计	男	女	小计	男	女	小计	男	女
总 计	**2171**	**669**	**1502**	**17812**	**11535**	**6277**	**97285**	**52009**	**45276**
0-4岁							**10962**	**5748**	**5214**
0							1135	611	524
1							2123	1149	974
2							2418	1260	1158
3							2690	1409	1281
4							2596	1319	1277
5-9岁							**8743**	**4539**	**4204**
5							2369	1202	1167
6							1763	936	827
7							1522	790	732
8							1611	863	748
9							1478	748	730
10-14岁				**1**	**1**		**6374**	**3265**	**3109**
10				1	1		1399	759	640
11							1343	697	646
12							1273	640	633
13							1158	577	581
14							1201	592	609
15-19岁	**27**	**12**	**15**				**3660**	**1821**	**1839**
15	7	2	5				835	433	402
16	4	2	2				682	335	347
17	4	2	2				634	309	325
18	7	3	4				750	372	378
19	5	3	2				759	372	387
20-24岁	**57**	**21**	**36**	**2**	**1**	**1**	**4447**	**2232**	**2215**
20	12	7	5				819	417	402
21	12	8	4	1		1	766	379	387
22	12	2	10	1	1		858	415	443
23	10	3	7				970	484	486
24	11	1	10				1034	537	497
25-29岁	**178**	**25**	**153**				**5409**	**2642**	**2767**
25	18	2	16				1062	534	528
26	24	4	20				1087	513	574
27	41	3	38				1064	510	554
28	46	5	41				1080	535	545
29	49	11	38				1116	550	566

7-8c 续表 7

单位：人

年 龄	为子女就学			养老/康养			其他		
	小计	男	女	小计	男	女	小计	男	女
30–34岁	**464**	**90**	**374**	**3**	**3**		**6978**	**3567**	**3411**
30	95	19	76				1289	678	611
31	82	13	69	2	2		1370	688	682
32	88	18	70				1286	677	609
33	103	19	84	1	1		1535	750	785
34	96	21	75				1498	774	724
35–39岁	**453**	**115**	**338**	**10**	**6**	**4**	**6997**	**3653**	**3344**
35	112	27	85	1	1		1445	768	677
36	104	30	74	2		2	1498	777	721
37	74	21	53	1		1	1379	705	674
38	81	19	62	4	3	1	1430	744	686
39	82	18	64	2	2		1245	659	586
40–44岁	**370**	**134**	**236**	**20**	**13**	**7**	**6897**	**3732**	**3165**
40	82	31	51	4	3	1	1297	724	573
41	75	23	52	4	4		1431	741	690
42	70	24	46	3		3	1370	725	645
43	67	20	47	1		1	1364	743	621
44	76	36	40	8	6	2	1435	799	636
45–49岁	**254**	**97**	**157**	**48**	**22**	**26**	**7719**	**4088**	**3631**
45	61	25	36	4	1	3	1436	769	667
46	52	19	33	9	3	6	1595	834	761
47	48	16	32	13	9	4	1547	809	738
48	57	24	33	12	5	7	1601	861	740
49	36	13	23	10	4	6	1540	815	725
50–54岁	**138**	**63**	**75**	**622**	**273**	**349**	**6893**	**3717**	**3176**
50	34	21	13	81	37	44	1522	828	694
51	29	12	17	110	44	66	1336	715	621
52	29	11	18	132	67	65	1503	823	680
53	27	12	15	130	50	80	1191	649	542
54	19	7	12	169	75	94	1341	702	639
55–59岁	**81**	**36**	**45**	**1321**	**615**	**706**	**5395**	**2990**	**2405**
55	19	8	11	219	98	121	1346	751	595
56	20	11	9	277	133	144	1256	682	574
57	23	7	16	332	147	185	1281	746	535
58	13	6	7	291	150	141	1004	544	460
59	6	4	2	202	87	115	508	267	241
60–64岁	**44**	**21**	**23**	**2211**	**1274**	**937**	**3464**	**1953**	**1511**
60	11	5	6	304	147	157	592	308	284
61	5	3	2	325	183	142	556	311	245
62	12	7	5	480	290	190	805	434	371
63	10	4	6	572	337	235	750	455	295
64	6	2	4	530	317	213	761	445	316
65岁及以上	**105**	**55**	**50**	**13574**	**9327**	**4247**	**13347**	**8062**	**5285**

7-9 按现住地、性别、迁移原因分的户口登记地在本省其他乡镇街道的人口

单位：人

现住地	合计			工作就业		
	合计	男	女	小计	男	女
总　计	**11879397**	**5897312**	**5982085**	**3932457**	**2172683**	**1759774**
南宁市	3123533	1596246	1527287	1322886	726788	596098
柳州市	1414010	716071	697939	511914	290244	221670
桂林市	1121168	541022	580146	349964	189812	160152
梧州市	511106	248238	262868	117800	65850	51950
北海市	500535	248656	251879	155681	86391	69290
防城港市	306129	160766	145363	110089	68522	41567
钦州市	593572	282440	311132	176740	97780	78960
贵港市	636068	315011	321057	150360	81228	69132
玉林市	931388	449634	481754	245590	132170	113420
百色市	764626	372479	392147	243863	132372	111491
贺州市	309330	146509	162821	84626	46122	38504
河池市	691639	333558	358081	180311	96896	83415
来宾市	497889	245206	252683	135185	75818	59367
崇左市	478404	241476	236928	147448	82690	64758

7-9 续表 1

单位：人

现住地	学习培训			随同离开/投亲靠友			拆迁/搬家		
	小计	男	女	小计	男	女	小计	男	女
总　计	**2106511**	**1027130**	**1079381**	**1631102**	**809697**	**821405**	**2147776**	**1132646**	**1015130**
南宁市	555766	277723	278043	363215	184172	179043	407853	214103	193750
柳州市	187666	100127	87539	222579	109124	113455	261347	136374	124973
桂林市	204296	93381	110915	150469	72730	77739	197256	100516	96740
梧州市	83177	37375	45802	79274	38903	40371	140325	73795	66530
北海市	65028	32290	32738	78535	39648	38887	107542	57690	49852
防城港市	27174	13609	13565	58808	29605	29203	52711	29557	23154
钦州市	113346	53459	59887	95963	48736	47227	99104	53335	45769
贵港市	138797	70009	68788	88185	43321	44864	166463	89989	76474
玉林市	192736	92147	100589	149433	75645	73788	181499	97181	84318
百色市	150423	70339	80084	85948	41366	44582	134853	70480	64373
贺州市	52317	22976	29341	40341	19502	20839	69953	36554	33399
河池市	129373	61922	67451	84002	41042	42960	167786	86303	81483
来宾市	67265	31468	35797	84936	41670	43266	109135	58946	50189
崇左市	139147	70305	68842	49414	24233	25181	51949	27823	24126

7-9 续表 2 单位：人

现住地	寄挂户口			婚姻嫁娶			照料孙子女		
	小计	男	女	小计	男	女	小计	男	女
总 计	**179721**	**100000**	**79721**	**585363**	**66142**	**519221**	**267559**	**80027**	**187532**
南宁市	56264	31393	24871	86655	11137	75518	77164	23325	53839
柳州市	17943	9903	8040	82079	13653	68426	35408	10606	24802
桂林市	18411	10260	8151	61120	12273	48847	27015	8125	18890
梧州市	10608	5855	4753	28723	2434	26289	8585	2745	5840
北海市	9306	5213	4093	32215	2304	29911	5364	1549	3815
防城港市	5392	3000	2392	20002	1183	18819	4608	1295	3313
钦州市	7861	4353	3508	47863	1449	46414	12434	3536	8898
贵港市	8579	4715	3864	32238	1473	30765	9753	3068	6685
玉林市	15885	8925	6960	59024	2989	56035	14500	4681	9819
百色市	9392	5186	4206	29740	3622	26118	22333	6260	16073
贺州市	3642	2016	1626	21493	1855	19638	4998	1537	3461
河池市	6743	3724	3019	34128	5065	29063	19893	5390	14503
来宾市	4200	2326	1874	30172	3896	26276	13602	4211	9391
崇左市	5495	3131	2364	19911	2809	17102	11902	3699	8203

7-9 续表 3 单位：人

现住地	为子女就学			养老/康养			其他		
	小计	男	女	小计	男	女	小计	男	女
总 计	**86171**	**31524**	**54647**	**137452**	**61059**	**76393**	**805285**	**416404**	**388881**
南宁市	11911	4652	7259	34314	14585	19729	207505	108368	99137
柳州市	7397	3048	4349	17121	7129	9992	70556	35863	34693
桂林市	13429	4809	8620	17735	7962	9773	81473	41154	40319
梧州市	2179	770	1409	5964	2697	3267	34471	17814	16657
北海市	2348	897	1451	6241	2678	3563	38275	19996	18279
防城港市	1343	514	829	2832	1216	1616	23170	12265	10905
钦州市	3748	1373	2375	6805	3123	3682	29708	15296	14412
贵港市	2160	840	1320	6053	2785	3268	33480	17583	15897
玉林市	4905	1743	3162	9193	4463	4730	58623	29690	28933
百色市	11224	3910	7314	8305	3566	4739	68545	35378	33167
贺州市	1772	678	1094	3112	1531	1581	27076	13738	13338
河池市	12501	3965	8536	9010	4338	4672	47892	24913	22979
来宾市	6028	2488	3540	5540	2539	3001	41826	21844	19982
崇左市	5226	1837	3389	5227	2447	2780	42685	22502	20183

7–9a 按现住地、性别、迁移原因分的户口登记地在本省其他乡镇街道的人口(城市)

单位：人

现住地	合计			工作就业		
	合计	男	女	小计	男	女
总　计	**7542360**	**3783672**	**3758688**	**2749100**	**1506914**	**1242186**
南宁市	2601711	1329160	1272551	1172559	640157	532402
柳州市	1060639	540351	520288	389488	220609	168879
桂林市	599775	295777	303998	221999	120076	101923
梧州市	346462	168923	177539	76815	42293	34522
北海市	295821	147168	148653	108526	58338	50188
防城港市	219688	114005	105683	84173	49625	34548
钦州市	314949	156159	158790	105151	57048	48103
贵港市	402334	202413	199921	96020	52676	43344
玉林市	460572	229121	231451	123735	67958	55777
百色市	433072	208330	224742	145001	76635	68366
贺州市	144790	68339	76451	37539	20097	17442
河池市	208656	97489	111167	69877	36203	33674
来宾市	279291	137854	141437	67341	37137	30204
崇左市	174600	88583	86017	50876	28062	22814

7–9a 续表 1

单位：人

现住地	学习培训			随同离开/投亲靠友			拆迁/搬家		
	小计	男	女	小计	男	女	小计	男	女
总　计	**1308001**	**637228**	**670773**	**1058207**	**527294**	**530913**	**1283815**	**674436**	**609379**
南宁市	447566	221026	226540	306167	155800	150367	303349	157565	145784
柳州市	150231	81306	68925	172019	84244	87775	192449	99971	92478
桂林市	81344	38305	43039	83138	40480	42658	110725	55776	54949
梧州市	58113	25908	32205	50808	24842	25966	107381	55803	51578
北海市	30272	14911	15361	46722	23643	23079	61542	32272	29270
防城港市	21770	10582	11188	45950	23211	22739	32651	18208	14443
钦州市	49309	24376	24933	61209	31293	29916	52706	28470	24236
贵港市	87979	43958	44021	61737	30295	31442	112006	60527	51479
玉林市	84747	40325	44422	79333	40186	39147	103934	56463	47471
百色市	100481	45958	54523	44258	21034	23224	66252	34479	31773
贺州市	29265	12106	17159	19092	9110	9982	38115	19839	18276
河池市	50313	22168	28145	21565	10506	11059	31187	15890	15297
来宾市	41041	18875	22166	53714	26576	27138	64305	35210	29095
崇左市	75570	37424	38146	12495	6074	6421	7213	3963	3250

7–9a 续表 2

单位：人

现住地	寄挂户口			婚姻嫁娶			照料孙子女		
	小计	男	女	小计	男	女	小计	男	女
总　计	**87467**	**48036**	**39431**	**263005**	**35509**	**227496**	**186624**	**56284**	**130340**
南宁市	37829	20973	16856	57905	9429	48476	69900	21216	48684
柳州市	11436	6274	5162	52532	8709	43823	28384	8509	19875
桂林市	8666	4763	3903	23097	5360	17737	16757	5101	11656
梧州市	5261	2846	2415	14138	1600	12538	6118	1947	4171
北海市	4874	2719	2155	13487	1413	12074	3977	1137	2840
防城港市	2347	1303	1044	10528	704	9824	3722	1053	2669
钦州市	1733	920	813	13568	848	12720	8912	2564	6348
贵港市	2477	1273	1204	13868	1013	12855	7203	2275	4928
玉林市	6218	3439	2779	21738	2029	19709	8141	2502	5639
百色市	2860	1498	1362	12396	1288	11108	12162	3480	8682
贺州市	926	493	433	6450	704	5746	2870	876	1994
河池市	976	529	447	8406	1174	7232	7681	2128	5553
来宾市	1068	569	499	11523	847	10676	8972	2891	6081
崇左市	796	437	359	3369	391	2978	1825	605	1220

7–9a 续表 3

单位：人

现住地	为子女就学			养老/康养			其他		
	小计	男	女	小计	男	女	小计	男	女
总　计	**39112**	**15661**	**23451**	**88529**	**35874**	**52655**	**478500**	**246436**	**232064**
南宁市	9037	3623	5414	29223	11947	17276	168176	87424	80752
柳州市	4806	2113	2693	12774	5105	7669	46520	23511	23009
桂林市	3231	1251	1980	10410	4288	6122	40408	20377	20031
梧州市	964	353	611	4413	1802	2611	22451	11529	10922
北海市	1454	527	927	4402	1788	2614	20565	10420	10145
防城港市	680	261	419	2253	894	1359	15614	8164	7450
钦州市	2533	975	1558	4383	1761	2622	15445	7904	7541
贵港市	1209	469	740	4046	1626	2420	15789	8301	7488
玉林市	2024	842	1182	4038	1610	2428	26664	13767	12897
百色市	5633	2142	3491	4827	1870	2957	39202	19946	19256
贺州市	569	228	341	1480	609	871	8484	4277	4207
河池市	2333	845	1488	2742	1088	1654	13576	6958	6618
来宾市	4279	1879	2400	2488	1044	1444	24560	12826	11734
崇左市	360	153	207	1050	442	608	21046	11032	10014

7-9b 按现住地、性别、迁移原因分的户口登记地在本省其他乡镇街道的人口(镇)

单位：人

现住地	合计			工作就业		
	合计	男	女	小计	男	女
总　计	**3336750**	**1635615**	**1701135**	**912131**	**495286**	**416845**
南宁市	370341	189341	181000	103812	57473	46339
柳州市	290490	145731	144759	101855	57010	44845
桂林市	401880	190072	211808	104478	55359	49119
梧州市	129792	63601	66191	33074	18459	14615
北海市	101136	50545	50591	17966	9974	7992
防城港市	43956	22972	20984	11950	7960	3990
钦州市	196238	94288	101950	58083	32031	26052
贵港市	172342	84650	87692	38075	19624	18451
玉林市	398845	192304	206541	107223	55854	51369
百色市	252544	122722	129822	73706	39622	34084
贺州市	123407	59139	64268	33942	18272	15670
河池市	423791	206187	217604	94003	50306	43697
来宾市	177656	87130	90526	54949	29957	24992
崇左市	254332	126933	127399	79015	43385	35630

7-9b 续表 1

单位：人

现住地	学习培训			随同离开/投亲靠友			拆迁/搬家		
	小计	男	女	小计	男	女	小计	男	女
总　计	**660724**	**324370**	**336354**	**462454**	**226751**	**235703**	**728740**	**384668**	**344072**
南宁市	78295	42142	36153	43459	21609	21850	85213	46068	39145
柳州市	35986	18066	17920	41886	20436	21450	62916	33206	29710
桂林市	86985	39502	47483	55961	26470	29491	77702	39958	37744
梧州市	23288	10676	12612	24728	12195	12533	27188	14807	12381
北海市	14462	6988	7474	16686	8431	8255	32120	17772	14348
防城港市	2518	1412	1106	8034	3905	4129	10800	6193	4607
钦州市	43553	20390	23163	27746	13862	13884	37875	20222	17653
贵港市	42919	21732	21187	18874	9377	9497	46236	24891	21345
玉林市	101779	48637	53142	60677	30696	29981	69964	36514	33450
百色市	44896	21724	23172	35301	17214	18087	48605	25419	23186
贺州市	21352	9965	11387	16480	7901	8579	27974	14686	13288
河池市	77134	38760	38374	55341	26856	28485	125175	64299	60876
来宾市	25307	12136	13171	25713	12404	13309	40920	21509	19411
崇左市	62250	32240	30010	31568	15395	16173	36052	19124	16928

7-9b 续表 2

单位：人

现住地	寄挂户口			婚姻嫁娶			照料孙子女		
	小计	男	女	小计	男	女	小计	男	女
总 计	**30890**	**16809**	**14081**	**150164**	**13695**	**136469**	**75171**	**21598**	**53573**
南宁市	5430	2965	2465	15277	979	14298	6349	1781	4568
柳州市	2390	1297	1093	15056	2421	12635	6686	1983	4703
桂林市	3149	1726	1423	16889	2492	14397	9622	2784	6838
梧州市	1780	958	822	6698	374	6324	2256	705	1551
北海市	990	548	442	6221	379	5842	701	196	505
防城港市	1053	566	487	3852	196	3656	741	195	546
钦州市	1826	978	848	12327	345	11982	3274	860	2414
贵港市	2108	1151	957	8316	296	8020	2290	704	1586
玉林市	4599	2579	2020	16452	624	15828	6023	2008	4015
百色市	1955	1034	921	8791	926	7865	9497	2589	6908
贺州市	937	514	423	7241	556	6685	1930	561	1369
河池市	2271	1199	1072	15102	1890	13212	11728	3067	8661
来宾市	923	492	431	8767	1161	7606	4404	1236	3168
崇左市	1479	802	677	9175	1056	8119	9670	2929	6741

7-9b 续表 3

单位：人

现住地	为子女就学			养老/康养			其他		
	小计	男	女	小计	男	女	小计	男	女
总 计	**45158**	**15274**	**29884**	**34639**	**15351**	**19288**	**236679**	**121813**	**114866**
南宁市	2705	967	1738	3391	1481	1910	26410	13876	12534
柳州市	2485	906	1579	3663	1574	2089	17567	8832	8735
桂林市	9870	3468	6402	5050	2138	2912	32174	16175	15999
梧州市	1169	403	766	1050	509	541	8561	4515	4046
北海市	617	265	352	654	271	383	10719	5721	4998
防城港市	603	231	372	280	127	153	4125	2187	1938
钦州市	1160	386	774	1605	752	853	8789	4462	4327
贵港市	877	354	523	1280	619	661	11367	5902	5465
玉林市	2765	877	1888	3883	1902	1981	25480	12613	12867
百色市	5289	1667	3622	2559	1047	1512	21945	11480	10465
贺州市	1125	426	699	1098	514	584	11328	5744	5584
河池市	10027	3083	6944	4745	2132	2613	28265	14595	13670
来宾市	1662	579	1083	2349	1049	1300	12662	6607	6055
崇左市	4804	1662	3142	3032	1236	1796	17287	9104	8183

7-9c 按现住地、性别、迁移原因分的户口登记地在本省其他乡镇街道的人口(乡村)

单位：人

现住地	合计			工作就业		
	合计	男	女	小计	男	女
总　计	**1000287**	**478025**	**522262**	**271226**	**170483**	**100743**
南宁市	151481	77745	73736	46515	29158	17357
柳州市	62881	29989	32892	20571	12625	7946
桂林市	119513	55173	64340	23487	14377	9110
梧州市	34852	15714	19138	7911	5098	2813
北海市	103578	50943	52635	29189	18079	11110
防城港市	42485	23789	18696	13966	10937	3029
钦州市	82385	31993	50392	13506	8701	4805
贵港市	61392	27948	33444	16265	8928	7337
玉林市	71971	28209	43762	14632	8358	6274
百色市	79010	41427	37583	25156	16115	9041
贺州市	41133	19031	22102	13145	7753	5392
河池市	59192	29882	29310	16431	10387	6044
来宾市	40942	20222	20720	12895	8724	4171
崇左市	49472	25960	23512	17557	11243	6314

7-9c 续表 1

单位：人

现住地	学习培训			随同离开/投亲靠友			拆迁/搬家		
	小计	男	女	小计	男	女	小计	男	女
总　计	**137786**	**65532**	**72254**	**110441**	**55652**	**54789**	**135221**	**73542**	**61679**
南宁市	29905	14555	15350	13589	6763	6826	19291	10470	8821
柳州市	1449	755	694	8674	4444	4230	5982	3197	2785
桂林市	35967	15574	20393	11370	5780	5590	8829	4782	4047
梧州市	1776	791	985	3738	1866	1872	5756	3185	2571
北海市	20294	10391	9903	15127	7574	7553	13880	7646	6234
防城港市	2886	1615	1271	4824	2489	2335	9260	5156	4104
钦州市	20484	8693	11791	7008	3581	3427	8523	4643	3880
贵港市	7899	4319	3580	7574	3649	3925	8221	4571	3650
玉林市	6210	3185	3025	9423	4763	4660	7601	4204	3397
百色市	5046	2657	2389	6389	3118	3271	19996	10582	9414
贺州市	1700	905	795	4769	2491	2278	3864	2029	1835
河池市	1926	994	932	7096	3680	3416	11424	6114	5310
来宾市	917	457	460	5509	2690	2819	3910	2227	1683
崇左市	1327	641	686	5351	2764	2587	8684	4736	3948

7–9c 续表 2

单位：人

现住地	寄挂户口			婚姻嫁娶			照料孙子女		
	小计	男	女	小计	男	女	小计	男	女
总　计	**61364**	**35155**	**26209**	**172194**	**16938**	**155256**	**5764**	**2145**	**3619**
南宁市	13005	7455	5550	13473	729	12744	915	328	587
柳州市	4117	2332	1785	14491	2523	11968	338	114	224
桂林市	6596	3771	2825	21134	4421	16713	636	240	396
梧州市	3567	2051	1516	7887	460	7427	211	93	118
北海市	3442	1946	1496	12507	512	11995	686	216	470
防城港市	1992	1131	861	5622	283	5339	145	47	98
钦州市	4302	2455	1847	21968	256	21712	248	112	136
贵港市	3994	2291	1703	10054	164	9890	260	89	171
玉林市	5068	2907	2161	20834	336	20498	336	171	165
百色市	4577	2654	1923	8553	1408	7145	674	191	483
贺州市	1779	1009	770	7802	595	7207	198	100	98
河池市	3496	1996	1500	10620	2001	8619	484	195	289
来宾市	2209	1265	944	9882	1888	7994	226	84	142
崇左市	3220	1892	1328	7367	1362	6005	407	165	242

7–9c 续表 3

单位：人

现住地	为子女就学			养老/康养			其他		
	小计	男	女	小计	男	女	小计	男	女
总　计	**1901**	**589**	**1312**	**14284**	**9834**	**4450**	**90106**	**48155**	**41951**
南宁市	169	62	107	1700	1157	543	12919	7068	5851
柳州市	106	29	77	684	450	234	6469	3520	2949
桂林市	328	90	238	2275	1536	739	8891	4602	4289
梧州市	46	14	32	501	386	115	3459	1770	1689
北海市	277	105	172	1185	619	566	6991	3855	3136
防城港市	60	22	38	299	195	104	3431	1914	1517
钦州市	55	12	43	817	610	207	5474	2930	2544
贵港市	74	17	57	727	540	187	6324	3380	2944
玉林市	116	24	92	1272	951	321	6479	3310	3169
百色市	302	101	201	919	649	270	7398	3952	3446
贺州市	78	24	54	534	408	126	7264	3717	3547
河池市	141	37	104	1523	1118	405	6051	3360	2691
来宾市	87	30	57	703	446	257	4604	2411	2193
崇左市	62	22	40	1145	769	376	4352	2366	1986

7-10 按现住地、性别、迁移原因分的户口登记地在外省的人口

单位：人

现住地	合计			工作就业		
	合计	男	女	小计	男	女
总　计	**1359384**	**781619**	**577765**	**764914**	**509134**	**255780**
南宁市	370543	215240	155303	219107	144069	75038
柳州市	155781	92745	63036	87138	58500	28638
桂林市	193098	107058	86040	86304	54960	31344
梧州市	41593	24006	17587	22870	16029	6841
北海市	140470	75706	64764	75485	45737	29748
防城港市	75808	48183	27625	52688	37512	15176
钦州市	53628	30293	23335	31032	21581	9451
贵港市	42591	23848	18743	26720	17680	9040
玉林市	70244	38355	31889	39618	26529	13089
百色市	56809	32924	23885	33774	22695	11079
贺州市	34687	19638	15049	19163	13664	5499
河池市	45864	26852	19012	26031	18356	7675
来宾市	33229	19679	13550	19305	13916	5389
崇左市	45039	27092	17947	25679	17906	7773

7-10 续表 1

单位：人

现住地	学习培训			随同离开/投亲靠友			拆迁/搬家		
	小计	男	女	小计	男	女	小计	男	女
总　计	**178237**	**88364**	**89873**	**159492**	**79193**	**80299**	**63898**	**35903**	**27995**
南宁市	56718	26187	30531	38459	19519	18940	14550	8293	6257
柳州市	15647	9424	6223	24359	12312	12047	8806	5083	3723
桂林市	45012	23472	21540	22914	11325	11589	12286	6968	5318
梧州市	3448	1695	1753	5235	2584	2651	3426	1906	1520
北海市	15940	7520	8420	15516	7550	7966	7352	3984	3368
防城港市	3213	1747	1466	8043	3785	4258	2678	1519	1159
钦州市	4748	2695	2053	6569	3177	3392	1811	963	848
贵港市	2281	1048	1233	4761	2309	2452	2694	1493	1201
玉林市	5165	2400	2765	9363	4662	4701	4002	2164	1838
百色市	7330	3283	4047	5925	2960	2965	1690	952	738
贺州市	3603	1583	2020	4321	2143	2178	1400	797	603
河池市	4042	2010	2032	5484	2697	2787	1450	800	650
来宾市	2887	1191	1696	4284	2204	2080	1244	676	568
崇左市	8203	4109	4094	4259	1966	2293	509	305	204

7-10 续表 2

单位：人

现住地	寄挂户口			婚姻嫁娶			照料孙子女		
	小计	男	女	小计	男	女	小计	男	女
总　计	**1726**	**900**	**826**	**66828**	**10204**	**56624**	**30895**	**10386**	**20509**
南宁市	322	168	154	8694	1809	6885	11164	3855	7309
柳州市	240	122	118	7797	2033	5764	4897	1672	3225
桂林市	273	152	121	8726	2182	6544	5233	1802	3431
梧州市	126	66	60	3804	389	3415	561	186	375
北海市	106	56	50	3274	457	2817	2525	796	1729
防城港市	57	30	27	1744	210	1534	1404	428	976
钦州市	77	42	35	5699	208	5491	1262	431	831
贵港市	61	30	31	3842	190	3652	433	143	290
玉林市	194	102	92	7388	339	7049	714	240	474
百色市	62	38	24	3173	573	2600	848	266	582
贺州市	67	37	30	4014	400	3614	392	123	269
河池市	61	26	35	3828	598	3230	583	174	409
来宾市	49	20	29	2975	412	2563	442	135	307
崇左市	31	11	20	1870	404	1466	437	135	302

7-10 续表 3

单位：人

现住地	为子女就学			养老/康养			其他		
	小计	男	女	小计	男	女	小计	男	女
总　计	**3954**	**1289**	**2665**	**26639**	**12108**	**14531**	**62801**	**34138**	**28663**
南宁市	849	311	538	3549	1534	2015	17131	9495	7636
柳州市	318	125	193	1056	451	605	5523	3023	2500
桂林市	598	225	373	3923	1754	2169	7829	4218	3611
梧州市	79	25	54	287	132	155	1757	994	763
北海市	935	308	627	11949	5521	6428	7388	3777	3611
防城港市	171	50	121	2485	1131	1354	3325	1771	1554
钦州市	167	34	133	588	280	308	1675	882	793
贵港市	64	12	52	171	89	82	1564	854	710
玉林市	174	47	127	388	192	196	3238	1680	1558
百色市	187	48	139	250	104	146	3570	2005	1565
贺州市	59	13	46	115	60	55	1553	818	735
河池市	191	43	148	1669	767	902	2525	1381	1144
来宾市	99	32	67	111	48	63	1833	1045	788
崇左市	63	16	47	98	45	53	3890	2195	1695

7-10a 按现住地、性别、迁移原因分的户口登记地在外省的人口(城市)

单位：人

现住地	合计			工作就业		
	合计	男	女	小计	男	女
总　计	**909591**	**518010**	**391581**	**504924**	**323767**	**181157**
南宁市	323838	186743	137095	188805	122132	66673
柳州市	123557	73433	50124	67001	44570	22431
桂林市	113761	64712	49049	59689	37308	22381
梧州市	25077	14396	10681	12199	8152	4047
北海市	108433	57124	51309	57300	33671	23629
防城港市	55416	32341	23075	35066	22787	12279
钦州市	23767	13035	10732	13475	8386	5089
贵港市	21872	12871	9001	13566	9072	4494
玉林市	33132	18651	14481	18232	11717	6515
百色市	25695	13926	11769	12886	8178	4708
贺州市	13783	7951	5832	7097	4939	2158
河池市	13691	7752	5939	6999	4577	2422
来宾市	12754	6960	5794	6107	4044	2063
崇左市	14815	8115	6700	6502	4234	2268

7-10a 续表 1

单位：人

现住地	学习培训			随同离开/投亲靠友			拆迁/搬家		
	小计	男	女	小计	男	女	小计	男	女
总　计	**122930**	**59751**	**63179**	**112960**	**56456**	**56504**	**50140**	**28246**	**21894**
南宁市	51527	23829	27698	33981	17360	16621	13478	7694	5784
柳州市	14058	8397	5661	19963	10106	9857	7847	4544	3303
桂林市	13992	8068	5924	15205	7586	7619	8284	4650	3634
梧州市	2953	1446	1507	3675	1838	1837	2999	1675	1324
北海市	12320	5369	6951	12048	5863	6185	5927	3196	2731
防城港市	3011	1616	1395	7044	3319	3725	2471	1388	1083
钦州市	1452	765	687	4131	2020	2111	1275	679	596
贵港市	1547	664	883	2597	1270	1327	2128	1203	925
玉林市	3753	1657	2096	4997	2487	2510	2767	1532	1235
百色市	5921	2492	3429	2741	1372	1369	747	427	320
贺州市	2817	1190	1627	1700	837	863	718	415	303
河池市	2614	1249	1365	1585	815	770	618	346	272
来宾市	2253	847	1406	1944	1014	930	751	418	333
崇左市	4712	2162	2550	1349	569	780	130	79	51

7–10a 续表 2

单位：人

现住地	寄挂户口			婚姻嫁娶			照料孙子女		
	小计	男	女	小计	男	女	小计	男	女
总　计	**934**	**501**	**433**	**22767**	**5957**	**16810**	**27473**	**9323**	**18150**
南宁市	232	121	111	5391	1561	3830	10840	3764	7076
柳州市	186	92	94	4646	1401	3245	4554	1567	2987
桂林市	157	95	62	3136	1074	2062	4449	1528	2921
梧州市	71	40	31	1264	298	966	489	170	319
北海市	74	39	35	1657	307	1350	2171	692	1479
防城港市	38	23	15	939	135	804	1318	407	911
钦州市	30	13	17	880	108	772	1091	378	713
贵港市	22	11	11	901	131	770	344	111	233
玉林市	70	35	35	1124	205	919	556	181	375
百色市	19	14	5	782	196	586	507	162	345
贺州市	14	9	5	559	142	417	273	94	179
河池市	14	5	9	624	189	435	340	102	238
来宾市	3	2	1	584	132	452	328	102	226
崇左市	4	2	2	280	78	202	213	65	148

7–10a 续表 3

单位：人

现住地	为子女就学			养老/康养			其他		
	小计	男	女	小计	男	女	小计	男	女
总　计	**2856**	**1015**	**1841**	**21825**	**9786**	**12039**	**42782**	**23208**	**19574**
南宁市	787	296	491	3405	1468	1937	15392	8518	6874
柳州市	251	108	143	966	417	549	4085	2231	1854
桂林市	368	147	221	3351	1469	1882	5130	2787	2343
梧州市	37	16	21	241	106	135	1149	655	494
北海市	800	261	539	10180	4686	5494	5956	3040	2916
防城港市	156	45	111	2473	1125	1348	2900	1496	1404
钦州市	124	31	93	493	224	269	816	431	385
贵港市	35	7	28	121	53	68	611	349	262
玉林市	67	23	44	214	84	130	1352	730	622
百色市	85	26	59	162	66	96	1845	993	852
贺州市	15	7	8	56	25	31	534	293	241
河池市	46	15	31	86	32	54	765	422	343
来宾市	77	28	49	48	20	28	659	353	306
崇左市	8	5	3	29	11	18	1588	910	678

7-10b 按现住地、性别、迁移原因分的户口登记地在外省的人口(镇)

单位：人

现住地	合计			工作就业		
	合计	男	女	小计	男	女
总　计	**254628**	**151681**	**102947**	**147639**	**102497**	**45142**
南宁市	24250	14965	9285	15515	10834	4681
柳州市	21929	13156	8773	13671	9106	4565
桂林市	52482	28377	24105	18488	11744	6744
梧州市	9760	6003	3757	6640	4822	1818
北海市	5097	2676	2421	2091	1331	760
防城港市	11301	8797	2504	9908	8225	1683
钦州市	16651	10838	5813	12043	9069	2974
贵港市	10524	5863	4661	6972	4588	2384
玉林市	22831	13067	9764	14369	9649	4720
百色市	16060	9373	6687	9997	6477	3520
贺州市	12774	7642	5132	7869	5659	2210
河池市	19587	11394	8193	11521	7732	3789
来宾市	11622	7184	4438	7336	5227	2109
崇左市	19760	12346	7414	11219	8034	3185

7-10b 续表 1

单位：人

现住地	学习培训			随同离开/投亲靠友			拆迁/搬家		
	小计	男	女	小计	男	女	小计	男	女
总　计	**31507**	**16718**	**14789**	**29750**	**14651**	**15099**	**11937**	**6630**	**5307**
南宁市	2256	1340	916	2742	1371	1371	977	542	435
柳州市	1368	912	456	3230	1630	1600	882	499	383
桂林市	18618	9412	9206	5776	2792	2984	3884	2253	1631
梧州市	348	179	169	935	438	497	390	213	177
北海市	217	111	106	909	442	467	852	458	394
防城港市	93	56	37	616	290	326	149	91	58
钦州市	621	339	282	1550	770	780	483	256	227
贵港市	434	233	201	1001	481	520	484	239	245
玉林市	1023	549	474	2618	1333	1285	1124	574	550
百色市	999	564	435	2275	1123	1152	547	307	240
贺州市	517	256	261	1661	840	821	596	336	260
河池市	1203	645	558	3008	1455	1553	757	415	342
来宾市	470	260	210	1458	751	707	467	243	224
崇左市	3340	1862	1478	1971	935	1036	345	204	141

7−10b 续表 2

单位：人

现住地	寄挂户口			婚姻嫁娶			照料孙子女		
	小计	男	女	小计	男	女	小计	男	女
总 计	**383**	**197**	**186**	**15810**	**2277**	**13533**	**2648**	**820**	**1828**
南宁市	55	28	27	1311	166	1145	250	69	181
柳州市	34	18	16	1393	370	1023	314	97	217
桂林市	57	29	28	2202	488	1714	698	245	453
梧州市	18	6	12	908	63	845	51	12	39
北海市	12	7	5	479	59	420	30	8	22
防城港市	9	1	8	285	33	252	66	15	51
钦州市	23	17	6	1258	72	1186	140	41	99
贵港市	20	11	9	1052	34	1018	73	27	46
玉林市	43	23	20	1978	94	1884	124	41	83
百色市	20	13	7	759	169	590	277	83	194
贺州市	32	17	15	1262	136	1126	92	22	70
河池市	32	15	17	1332	275	1057	224	68	156
来宾市	14	6	8	922	162	760	105	29	76
崇左市	14	6	8	669	156	513	204	63	141

7−10b 续表 3

单位：人

现住地	为子女就学			养老/康养			其他		
	小计	男	女	小计	男	女	小计	男	女
总 计	**828**	**194**	**634**	**1286**	**621**	**665**	**12840**	**7076**	**5764**
南宁市	46	10	36	84	40	44	1014	565	449
柳州市	56	14	42	77	29	48	904	481	423
桂林市	202	69	133	494	243	251	2063	1102	961
梧州市	39	8	31	31	16	15	400	246	154
北海市	19	8	11	89	46	43	399	206	193
防城港市	13	4	9	3	2	1	159	80	79
钦州市	35	3	32	68	33	35	430	238	192
贵港市	24	3	21	20	13	7	444	234	210
玉林市	83	18	65	107	61	46	1362	725	637
百色市	84	17	67	79	33	46	1023	587	436
贺州市	33	5	28	39	21	18	673	350	323
河池市	131	26	105	93	39	54	1286	724	562
来宾市	14	1	13	52	23	29	784	482	302
崇左市	49	8	41	50	22	28	1899	1056	843

7-10c 按现住地、性别、迁移原因分的户口登记地在外省的人口(乡村)

单位：人

现住地	合计			工作就业		
	合计	男	女	小计	男	女
总　计	**195165**	**111928**	**83237**	**112351**	**82870**	**29481**
南宁市	22455	13532	8923	14787	11103	3684
柳州市	10295	6156	4139	6466	4824	1642
桂林市	26855	13969	12886	8127	5908	2219
梧州市	6756	3607	3149	4031	3055	976
北海市	26940	15906	11034	16094	10735	5359
防城港市	9091	7045	2046	7714	6500	1214
钦州市	13210	6420	6790	5514	4126	1388
贵港市	10195	5114	5081	6182	4020	2162
玉林市	14281	6637	7644	7017	5163	1854
百色市	15054	9625	5429	10891	8040	2851
贺州市	8130	4045	4085	4197	3066	1131
河池市	12586	7706	4880	7511	6047	1464
来宾市	8853	5535	3318	5862	4645	1217
崇左市	10464	6631	3833	7958	5638	2320

7-10c 续表 1

单位：人

现住地	学习培训			随同离开/投亲靠友			拆迁/搬家		
	小计	男	女	小计	男	女	小计	男	女
总　计	**23800**	**11895**	**11905**	**16782**	**8086**	**8696**	**1821**	**1027**	**794**
南宁市	2935	1018	1917	1736	788	948	95	57	38
柳州市	221	115	106	1166	576	590	77	40	37
桂林市	12402	5992	6410	1933	947	986	118	65	53
梧州市	147	70	77	625	308	317	37	18	19
北海市	3403	2040	1363	2559	1245	1314	573	330	243
防城港市	109	75	34	383	176	207	58	40	18
钦州市	2675	1591	1084	888	387	501	53	28	25
贵港市	300	151	149	1163	558	605	82	51	31
玉林市	389	194	195	1748	842	906	111	58	53
百色市	410	227	183	909	465	444	396	218	178
贺州市	269	137	132	960	466	494	86	46	40
河池市	225	116	109	891	427	464	75	39	36
来宾市	164	84	80	882	439	443	26	15	11
崇左市	151	85	66	939	462	477	34	22	12

7-10c 续表 2

单位：人

现住地	寄挂户口			婚姻嫁娶			照料孙子女		
	小计	男	女	小计	男	女	小计	男	女
总 计	**409**	**202**	**207**	**28251**	**1970**	**26281**	**774**	**243**	**531**
南宁市	35	19	16	1992	82	1910	74	22	52
柳州市	20	12	8	1758	262	1496	29	8	21
桂林市	59	28	31	3388	620	2768	86	29	57
梧州市	37	20	17	1632	28	1604	21	4	17
北海市	20	10	10	1138	91	1047	324	96	228
防城港市	10	6	4	520	42	478	20	6	14
钦州市	24	12	12	3561	28	3533	31	12	19
贵港市	19	8	11	1889	25	1864	16	5	11
玉林市	81	44	37	4286	40	4246	34	18	16
百色市	23	11	12	1632	208	1424	64	21	43
贺州市	21	11	10	2193	122	2071	27	7	20
河池市	15	6	9	1872	134	1738	19	4	15
来宾市	32	12	20	1469	118	1351	9	4	5
崇左市	13	3	10	921	170	751	20	7	13

7-10c 续表 3

单位：人

现住地	为子女就学			养老/康养			其他		
	小计	男	女	小计	男	女	小计	男	女
总 计	**270**	**80**	**190**	**3528**	**1701**	**1827**	**7179**	**3854**	**3325**
南宁市	16	5	11	60	26	34	725	412	313
柳州市	11	3	8	13	5	8	534	311	223
桂林市	28	9	19	78	42	36	636	329	307
梧州市	3	1	2	15	10	5	208	93	115
北海市	116	39	77	1680	789	891	1033	531	502
防城港市	2	1	1	9	4	5	266	195	71
钦州市	8	0	8	27	23	4	429	213	216
贵港市	5	2	3	30	23	7	509	271	238
玉林市	24	6	18	67	47	20	524	225	299
百色市	18	5	13	9	5	4	702	425	277
贺州市	11	1	10	20	14	6	346	175	171
河池市	14	2	12	1490	696	794	474	235	239
来宾市	8	3	5	11	5	6	390	210	180
崇左市	6	3	3	19	12	7	403	229	174

第一部分　全部数据资料

第八卷　住房

8–1 各地区按住房间数分的家庭户户数

单位：户

地 区	家庭户户 数	住房间数				
		合计	一间	二间	三间	四间
总 计	**15517021**	**15517021**	**1453004**	**2642779**	**3836301**	**2618184**
南宁市	2861617	2861617	499397	526080	774034	417467
柳州市	1341274	1341274	152108	351742	408479	166074
桂林市	1643689	1643689	153186	310035	432259	248350
梧州市	861575	861575	49747	138409	185574	137000
北海市	531021	531021	54555	119562	131335	63519
防城港市	295653	295653	28888	58070	87817	45297
钦州市	957298	957298	86672	157565	218765	160880
贵港市	1275620	1275620	58723	139309	231621	209300
玉林市	1671721	1671721	107260	229311	366013	321879
百色市	1100793	1100793	76517	173313	284219	255798
贺州市	565080	565080	25239	65095	109201	86203
河池市	1089073	1089073	76489	167052	258280	235887
来宾市	677129	677129	37667	107109	170511	112709
崇左市	645478	645478	46556	100127	178193	157821

注：本表数据为居住在普通住宅的家庭户。

8–1 续表

单位：户

地 区	住房间数					
	五间	六间	七间	八间	九间	十间及以上
总 计	**1475981**	**1664991**	**422095**	**702477**	**246484**	**454725**
南宁市	200487	225847	49272	88402	26118	54513
柳州市	94443	91588	26170	27832	9724	13114
桂林市	136312	187636	47506	71041	25762	31602
梧州市	68687	105638	26704	70906	26137	52773
北海市	48134	54681	17554	21051	8601	12029
防城港市	23554	26813	5967	10427	2808	6012
钦州市	77760	109908	25281	54112	20811	45544
贵港市	145461	207237	60216	110019	42369	71365
玉林市	174311	190091	50852	100953	35777	95274
百色市	151726	101295	21172	22550	4854	9349
贺州市	56622	91972	27188	48134	22392	33034
河池市	147673	125687	29225	29671	8740	10369
来宾市	71650	89639	26250	35339	10227	16028
崇左市	79161	56959	8738	12040	2164	3719

8-1a　各地区按住房间数分的家庭户户数(城市)

单位：户

地　区	家庭户户　数	住房间数				
		合计	一间	二间	三间	四间
总　计	**4553520**	**4553520**	**816240**	**1148800**	**1594101**	**504801**
南宁市	1527693	1527693	432469	362354	501588	166357
柳州市	671273	671273	106321	243190	240901	41678
桂林市	475161	475161	96283	142307	171517	36078
梧州市	255293	255293	24325	71125	89785	29248
北海市	196190	196190	27244	60428	60417	19366
防城港市	132229	132229	18006	28847	49080	15315
钦州市	146655	146655	15350	34303	57118	19153
贵港市	244993	244993	15758	36287	74504	40105
玉林市	256487	256487	16961	43328	89417	47508
百色市	243352	243352	28103	46571	97305	34187
贺州市	85911	85911	6607	15282	26456	13048
河池市	125448	125448	13969	25981	51154	18028
来宾市	126951	126951	8295	28476	54860	12975
崇左市	65884	65884	6549	10321	29999	11755

注:本表数据为居住在普通住宅的家庭户。

8-1a　续表

单位：户

地　区	住房间数					
	五间	六间	七间	八间	九间	十间及以上
总　计	**157357**	**142503**	**37130**	**67428**	**23877**	**61283**
南宁市	29471	15890	2700	7169	2695	7000
柳州市	12204	10411	3782	5235	2480	5071
桂林市	10644	9126	2531	3116	1222	2337
梧州市	10043	12991	3025	6320	2716	5715
北海市	10916	9927	2556	2722	822	1792
防城港市	6972	6290	1381	3147	780	2411
钦州市	4619	5708	1695	3444	1271	3994
贵港市	19501	24288	6659	12309	4206	11376
玉林市	16634	15796	3979	10638	2940	9286
百色市	16109	11334	2685	3601	845	2612
贺州市	5500	7374	2199	3796	1978	3671
河池市	5529	5287	1446	1995	600	1459
来宾市	5978	5608	2143	3317	1203	4096
崇左市	3237	2473	349	619	119	463

8-1b 各地区按住房间数分的家庭户户数(镇)

单位：户

地 区	家庭户户 数	住房间数				
		合计	一间	二间	三间	四间
总 计	**3472713**	**3472713**	**239819**	**528962**	**929493**	**609562**
南宁市	420005	420005	29923	57087	107474	74629
柳州市	257084	257084	23541	46874	85326	40368
桂林市	370984	370984	21701	67488	137490	55405
梧州市	198871	198871	8966	23553	37221	35356
北海市	89817	89817	5754	14984	26440	14115
防城港市	48124	48124	3219	9742	13807	8195
钦州市	225405	225405	18607	36037	55046	36375
贵港市	337672	337672	13467	33596	60051	55682
玉林市	485608	485608	31197	65251	114101	93587
百色市	197686	197686	18929	35443	58887	37836
贺州市	174261	174261	7696	22182	39389	27332
河池市	312666	312666	24899	51637	86996	66480
来宾市	174089	174089	11838	30812	46291	30140
崇左市	180441	180441	20082	34276	60974	34062

注：本表数据为居住在普通住宅的家庭户。

8-1b 续表

单位：户

地 区	住房间数					
	五间	六间	七间	八间	九间	十间及以上
总 计	**344039**	**386529**	**99001**	**163249**	**57732**	**114327**
南宁市	49018	53078	12572	19569	5454	11201
柳州市	22712	20981	5864	6136	2237	3045
桂林市	26013	31986	7967	11055	4591	7288
梧州市	18697	27962	6678	18358	6824	15256
北海市	9163	9667	2576	3465	1325	2328
防城港市	4631	4784	870	1606	489	781
钦州市	18134	25939	6146	13214	4687	11220
贵港市	45863	58311	17302	27976	9577	15847
玉林市	48291	53695	13542	28129	10161	27654
百色市	19560	15414	3512	4376	1080	2649
贺州市	17254	25873	7597	12242	5959	8737
河池市	31347	30202	6748	8379	2294	3684
来宾市	18372	18350	5931	6342	2497	3516
崇左市	14984	10287	1696	2402	557	1121

8-1c　各地区按住房间数分的家庭户户数(乡村)

单位：户

地　区	家庭户户　数	住房间数				
		合计	一间	二间	三间	四间
总　计	**7490788**	**7490788**	**396945**	**965017**	**1312707**	**1503821**
南宁市	913919	913919	37005	106639	164972	176481
柳州市	412917	412917	22246	61678	82252	84028
桂林市	797544	797544	35202	100240	123252	156867
梧州市	407411	407411	16456	43731	58568	72396
北海市	245014	245014	21557	44150	44478	30038
防城港市	115300	115300	7663	19481	24930	21787
钦州市	585238	585238	52715	87225	106601	105352
贵港市	692955	692955	29498	69426	97066	113513
玉林市	929626	929626	59102	120732	162495	180784
百色市	659755	659755	29485	91299	128027	183775
贺州市	304908	304908	10936	27631	43356	45823
河池市	650959	650959	37621	89434	120130	151379
来宾市	376089	376089	17534	47821	69360	69594
崇左市	399153	399153	19925	55530	87220	112004

注：本表数据为居住在普通住宅的家庭户。

8-1c　续表

单位：户

地　区	住房间数					
	五间	六间	七间	八间	九间	十间及以上
总　计	**974585**	**1135959**	**285964**	**471800**	**164875**	**279115**
南宁市	121998	156879	34000	61664	17969	36312
柳州市	59527	60196	16524	16461	5007	4998
桂林市	99655	146524	37008	56870	19949	21977
梧州市	39947	64685	17001	46228	16597	31802
北海市	28055	35087	12422	14864	6454	7909
防城港市	11951	15739	3716	5674	1539	2820
钦州市	55007	78261	17440	37454	14853	30330
贵港市	80097	124638	36255	69734	28586	44142
玉林市	109386	120600	33331	62186	22676	58334
百色市	116057	74547	14975	14573	2929	4088
贺州市	33868	58725	17392	32096	14455	20626
河池市	110797	90198	21031	19297	5846	5226
来宾市	47300	65681	18176	25680	6527	8416
崇左市	60940	44199	6693	9019	1488	2135

8–2 各地区按人均住房建筑面积分的家庭户户数

单位：户

地 区	家庭户户 数	人均住房建筑面积(平方米)			
		8及以下	9–12	13–16	17–19
总 计	**15517021**	**166257**	**389416**	**710192**	**377636**
南宁市	2861617	51466	111856	179657	91516
柳州市	1341274	20833	47353	79746	48733
桂林市	1643689	13346	35717	71109	38871
梧州市	861575	4397	17500	38359	22886
北海市	531021	7951	16972	27543	14375
防城港市	295653	4128	9598	15996	7714
钦州市	957298	19718	38410	62400	26682
贵港市	1275620	4660	13835	30951	17312
玉林市	1671721	18789	43942	92527	42597
百色市	1100793	6731	16849	32456	20603
贺州市	565080	1941	5808	15083	9741
河池市	1089073	6011	14952	30851	17270
来宾市	677129	2920	9048	19329	10684
崇左市	645478	3366	7576	14185	8652

注：本表数据为居住在普通住宅的家庭户。

8–2 续表

单位：户

地 区	人均住房建筑面积(平方米)					
	20–29	30–39	40–49	50–59	60–69	70及以上
总 计	**2567101**	**2259048**	**1973546**	**1382174**	**1371939**	**4319712**
南宁市	543225	415115	343599	217030	215195	692958
柳州市	268594	213190	170602	109084	103557	279582
桂林市	265161	237658	220037	151232	158576	451982
梧州市	146425	132017	112211	80717	76061	231002
北海市	96941	72762	68808	44023	42689	138957
防城港市	54717	47556	36520	25156	24157	70111
钦州市	185478	145799	110605	74339	74035	219832
贵港市	149357	164594	158393	129857	132380	474281
玉林市	331000	267919	199980	144856	132863	397248
百色市	152527	160832	149317	105511	107085	348882
贺州市	68088	74797	76244	58506	58026	196846
河池市	138301	142563	146547	104950	111471	376157
来宾市	90208	93563	92466	70563	68715	219633
崇左市	77079	90683	88217	66350	67129	222241

8-2a 各地区按人均住房建筑面积分的家庭户户数(城市)

单位：户

地 区	家庭户户 数	人均住房建筑面积(平方米)			
		8及以下	9-12	13-16	17-19
总 计	**4553520**	**90821**	**210378**	**334398**	**194368**
南宁市	1527693	46079	97322	146382	74762
柳州市	671273	16804	36242	53704	34385
桂林市	475161	9916	23867	41566	22622
梧州市	255293	1975	8673	16056	11974
北海市	196190	2542	6340	10188	7447
防城港市	132229	1983	4965	7503	4035
钦州市	146655	1678	4892	8084	6657
贵港市	244993	1332	3966	7561	5378
玉林市	256487	2781	7408	13577	8711
百色市	243352	2618	6829	11518	7404
贺州市	85911	430	1478	3307	2200
河池市	125448	1231	3705	6606	3843
来宾市	126951	946	3658	6741	3824
崇左市	65884	506	1033	1605	1126

注:本表数据为居住在普通住宅的家庭户。

8-2a 续表

单位：户

地 区	人均住房建筑面积(平方米)					
	20-29	30-39	40-49	50-59	60-69	70及以上
总 计	**1023437**	**727062**	**535138**	**320856**	**282755**	**834307**
南宁市	383164	233708	166499	83027	69480	227270
柳州市	163733	116142	75222	45631	40505	88905
桂林市	111860	74849	54217	33072	29973	73219
梧州市	55724	43330	29762	21715	17470	48614
北海市	41508	27491	27759	13832	12716	46367
防城港市	26660	23191	16060	9979	9407	28446
钦州市	32022	24281	19123	10400	9461	30057
贵港市	36768	35792	31274	22975	22535	77412
玉林市	50866	42236	29837	22983	18228	59860
百色市	44892	39469	30090	20915	19102	60515
贺州市	14020	12502	12242	7913	7730	24089
河池市	26395	21439	16311	10917	9571	25430
来宾市	25485	20440	16592	12277	9970	27018
崇左市	10340	12192	10150	5220	6607	17105

8–2b 各地区按人均住房建筑面积分的家庭户户数(镇)

单位：户

地 区	家庭户户数	人均住房建筑面积(平方米)			
		8及以下	9–12	13–16	17–19
总 计	**3472713**	**30570**	**74755**	**137979**	**73845**
南宁市	420005	1910	6062	12278	7114
柳州市	257084	2665	6637	12339	6725
桂林市	370984	1811	6026	13093	8439
梧州市	198871	1032	3642	7745	4136
北海市	89817	1033	2257	3918	1721
防城港市	48124	584	1402	2322	1085
钦州市	225405	3668	7558	12344	5572
贵港市	337672	1021	3352	7363	4533
玉林市	485608	5537	13184	26251	12355
百色市	197686	3104	6356	8963	4518
贺州市	174261	1021	2554	5810	3594
河池市	312666	4007	8368	13191	6960
来宾市	174089	1199	3077	5761	3181
崇左市	180441	1978	4280	6601	3912

注：本表数据为居住在普通住宅的家庭户。

8–2b 续表

单位：户

地 区	人均住房建筑面积(平方米)					
	20–29	30–39	40–49	50–59	60–69	70及以上
总 计	**544300**	**506089**	**430120**	**326470**	**319008**	**1029577**
南宁市	55681	59761	52611	41781	42556	140251
柳州市	43760	37768	34008	22728	22507	67947
桂林市	62333	59130	50886	34782	35233	99251
梧州市	31185	29555	25414	18975	18783	58404
北海市	13877	12825	10725	7996	8562	26903
防城港市	8009	7013	5782	4494	4255	13178
钦州市	39667	33611	25185	18978	18713	60109
贵港市	37111	42529	41094	35231	34569	130869
玉林市	96977	79327	57569	41026	38025	115357
百色市	32215	28014	24050	17747	17129	55590
贺州市	22545	23517	22325	17769	17502	57624
河池市	48285	41802	36774	28655	27863	96761
来宾市	24164	24181	22032	18314	17084	55096
崇左市	28491	27056	21665	17994	16227	52237

8-2c 各地区按人均住房建筑面积分的家庭户户数(乡村)

单位：户

地 区	家庭户户数	人均住房建筑面积(平方米)			
		8及以下	9-12	13-16	17-19
总 计	**7490788**	**44866**	**104283**	**237815**	**109423**
南宁市	913919	3477	8472	20997	9640
柳州市	412917	1364	4474	13703	7623
桂林市	797544	1619	5824	16450	7810
梧州市	407411	1390	5185	14558	6776
北海市	245014	4376	8375	13437	5207
防城港市	115300	1561	3231	6171	2594
钦州市	585238	14372	25960	41972	14453
贵港市	692955	2307	6517	16027	7401
玉林市	929626	10471	23350	52699	21531
百色市	659755	1009	3664	11975	8681
贺州市	304908	490	1776	5966	3947
河池市	650959	773	2879	11054	6467
来宾市	376089	775	2313	6827	3679
崇左市	399153	882	2263	5979	3614

注：本表数据为居住在普通住宅的家庭户。

8-2c 续表

单位：户

地 区	人均住房建筑面积(平方米)					
	20-29	30-39	40-49	50-59	60-69	70及以上
总 计	**999364**	**1025897**	**1008288**	**734848**	**770176**	**2455828**
南宁市	104380	121646	124489	92222	103159	325437
柳州市	61101	59280	61372	40725	40545	122730
桂林市	90968	103679	114934	83378	93370	279512
梧州市	59516	59132	57035	40027	39808	123984
北海市	41556	32446	30324	22195	21411	65687
防城港市	20048	17352	14678	10683	10495	28487
钦州市	113789	87907	66297	44961	45861	129666
贵港市	75478	86273	86025	71651	75276	266000
玉林市	183157	146356	112574	80847	76610	222031
百色市	75420	93349	95177	66849	70854	232777
贺州市	31523	38778	41677	32824	32794	115133
河池市	63621	79322	93462	65378	74037	253966
来宾市	40559	48942	53842	39972	41661	137519
崇左市	38248	51435	56402	43136	44295	152899

8-3 各地区按家庭户类别和住房间数分的家庭户户数

单位：户

地　区	家庭户户　数	一代户					
		小计	一间	二间	三间	四间	五间及以上
总　计	**15517021**	**6248766**	**1182017**	**1379041**	**1474536**	**871390**	**1341782**
南宁市	2861617	1328083	416336	268093	310979	146160	186515
柳州市	1341274	556182	119130	166095	147922	54049	68986
桂林市	1643689	704676	131895	166499	171623	91514	143145
梧州市	861575	339322	41194	78643	75122	48966	95397
北海市	531021	199038	41656	59673	45068	18023	34618
防城港市	295653	108835	22866	27843	29950	11801	16375
钦州市	957298	360063	70937	80596	77742	48381	82407
贵港市	1275620	481685	49578	83214	95809	74361	178723
玉林市	1671721	644005	91885	133782	143594	104186	170558
百色市	1100793	390366	54022	82895	100484	76430	76535
贺州市	565080	193456	21413	35670	41921	27418	67034
河池市	1089073	418128	56953	83363	97734	77921	102157
来宾市	677129	276685	30808	60697	69014	41584	74582
崇左市	645478	248242	33344	51978	67574	50596	44750

注：本表数据为居住在普通住宅的家庭户。

8-3 续表 1

单位：户

地　区	二代户					
	小计	一间	二间	三间	四间	五间及以上
总　计	**6450760**	**245478**	**1051505**	**1780662**	**1206923**	**2166192**
南宁市	1127478	76388	214462	355382	195258	285988
柳州市	550491	29902	150973	187497	73736	108383
桂林市	639219	19387	119045	193625	104629	202533
梧州市	365021	7820	50970	85487	64396	156348
北海市	229672	11765	50467	65076	29317	73047
防城港市	129636	5455	25496	43784	22118	32783
钦州市	416949	14370	65314	108453	79258	149554
贵港市	555335	8377	48418	107314	99015	292211
玉林市	735422	14252	83520	179136	162223	296291
百色市	455137	19119	71002	129501	111160	124355
贺州市	235575	3452	24514	49634	39167	118808
河池市	457237	17427	68131	117012	106718	147949
来宾市	284136	6293	39938	77978	50661	109266
崇左市	269452	11471	39255	80783	69267	68676

8–3 续表 2

单位：户

地区	三代户					
	小计	一间	二间	三间	四间	五间及以上
总计	**2716151**	**25117**	**209437**	**570361**	**523101**	**1388135**
南宁市	394418	6621	43191	106278	74238	164090
柳州市	226813	3018	34226	71641	36990	80938
桂林市	287887	1879	24143	65812	50426	145627
梧州市	152398	725	8717	24576	23130	95250
北海市	99572	1123	9327	20829	15789	52504
防城港市	55399	560	4670	13843	11064	25262
钦州市	175993	1349	11528	32090	32586	98440
贵港市	230240	756	7579	28011	35004	158890
玉林市	283562	1113	11895	42672	54325	173557
百色市	242627	3286	18974	52775	65165	102427
贺州市	128497	367	4828	17215	18793	87294
河池市	204988	2058	15278	42470	49541	95641
来宾市	111802	558	6396	23099	19815	61934
崇左市	121955	1704	8685	29050	36235	46281

8–3 续表 3

单位：户

地区	四代户					
	小计	一间	二间	三间	四间	五间及以上
总计	**101236**	**392**	**2793**	**10733**	**16752**	**70566**
南宁市	11625	52	333	1393	1809	8038
柳州市	7781	58	448	1419	1297	4559
桂林市	11895	25	348	1199	1779	8544
梧州市	4833	8	79	389	508	3849
北海市	2737	11	95	362	389	1880
防城港市	1780	7	61	240	314	1158
钦州市	4290	16	127	478	654	3015
贵港市	8354	12	98	487	920	6837
玉林市	8725	10	113	611	1142	6849
百色市	12640	90	441	1457	3040	7612
贺州市	7543	7	83	431	824	6198
河池市	8716	51	280	1064	1707	5614
来宾市	4499	8	78	420	648	3345
崇左市	5818	37	209	783	1721	3068

8-3 续表 4

单位：户

地　区	五代及以上户					
	小计	一间	二间	三间	四间	五间及以上
总　计	**108**		**3**	**9**	**18**	**78**
南宁市	13		1	2	2	8
柳州市	7				2	5
桂林市	12				2	10
梧州市	1					1
北海市	2				1	1
防城港市	3					3
钦州市	3			2	1	
贵港市	6					6
玉林市	7		1		3	3
百色市	23		1	2	3	17
贺州市	9				1	8
河池市	4					4
来宾市	7				1	6
崇左市	11			3	2	6

8-3a 各地区按家庭户类别和住房间数分的家庭户户数(城市)

单位：户

地　区	家庭户户　数	一代户					
		小计	一间	二间	三间	四间	五间及以上
总　计	**4553520**	**2047783**	**672747**	**540607**	**569617**	**151261**	**113551**
南宁市	1527693	797892	361357	169817	192710	56256	17752
柳州市	671273	296887	83320	109559	81973	12194	9841
桂林市	475161	233675	83660	68984	62953	11197	6881
梧州市	255293	101313	18769	34203	31181	8531	8629
北海市	196190	83159	21346	29257	20666	5484	6406
防城港市	132229	51925	15047	13471	15985	3604	3818
钦州市	146655	54257	12299	14899	18107	4894	4058
贵港市	244993	88875	12611	17794	26478	11958	20034
玉林市	256487	87231	13995	20133	28989	12087	12027
百色市	243352	93473	21202	21877	32272	9195	8927
贺州市	85911	30504	5493	7606	9215	3603	4587
河池市	125448	52030	11402	12948	18465	5295	3920
来宾市	126951	47389	6686	14118	18206	3419	4960
崇左市	65884	29173	5560	5941	12417	3544	1711

注：本表数据为居住在普通住宅的家庭户。

8–3a 续表 1

单位：户

地 区	二代户					
	小计	一间	二间	三间	四间	五间及以上
总 计	**1831605**	**132265**	**501012**	**755916**	**238155**	**204257**
南宁市	563043	65691	157361	231984	78368	29639
柳州市	278076	21353	109011	113445	19181	15086
桂林市	177758	11623	60046	79253	15944	10892
梧州市	111420	5123	31092	43598	14186	17421
北海市	81993	5507	26436	30079	8715	11256
防城港市	57029	2739	13097	24866	7668	8659
钦州市	65265	2858	16116	28417	9291	8583
贵港市	109249	2916	15686	36649	19538	34460
玉林市	116260	2707	19665	45719	23922	24247
百色市	100509	6031	19663	45633	15170	14012
贺州市	35920	1010	6249	12354	6042	10265
河池市	49237	2324	10510	22421	7804	6178
来宾市	58030	1493	12392	27288	6511	10346
崇左市	27816	890	3688	14210	5815	3213

8–3a 续表 2

单位：户

地 区	三代户					
	小计	一间	二间	三间	四间	五间及以上
总 计	**659226**	**11141**	**106249**	**264769**	**112740**	**164327**
南宁市	164504	5396	34935	76109	31200	16864
柳州市	94464	1635	24388	44770	10047	13624
桂林市	62355	990	13156	28922	8706	10581
梧州市	41583	429	5787	14779	6409	14179
北海市	30242	389	4680	9496	5043	10634
防城港市	22555	218	2255	8078	3924	8080
钦州市	26583	190	3258	10459	4863	7813
贵港市	45482	227	2778	11226	8392	22859
玉林市	51835	258	3507	14539	11268	22263
百色市	47657	853	4954	18949	9444	13457
贺州市	18700	100	1412	4800	3304	9084
河池市	23485	241	2497	10060	4800	5887
来宾市	21083	116	1958	9259	2988	6762
崇左市	8698	99	684	3323	2352	2240

8-3a 续表 3

单位：户

地 区	四代户					
	小计	一间	二间	三间	四间	五间及以上
总 计	**14878**	**87**	**930**	**3794**	**2636**	**7431**
南宁市	2249	25	240	784	533	667
柳州市	1845	13	232	713	255	632
桂林市	1371	10	121	389	229	622
梧州市	976	4	43	227	122	580
北海市	795	2	55	176	123	439
防城港市	719	2	24	151	119	423
钦州市	548	3	30	133	105	277
贵港市	1384	4	29	151	217	983
玉林市	1157	1	22	170	228	736
百色市	1707	17	77	450	376	787
贺州市	787	4	15	87	99	582
河池市	695	2	26	208	129	330
来宾市	449		8	107	57	277
崇左市	196		8	48	44	96

8-3a 续表 4

单位：户

地 区	五代及以上户					
	小计	一间	二间	三间	四间	五间及以上
总 计	**28**		**2**	**5**	**9**	**12**
南宁市	5		1	1		3
柳州市	1				1	
桂林市	2				2	
梧州市	1					1
北海市	1				1	
防城港市	1					1
钦州市	2			2		
贵港市	3					3
玉林市	4		1		3	
百色市	6			1	2	3
贺州市						
河池市	1					1
来宾市						
崇左市	1			1		

8-3b 各地区按家庭户类别和住房间数分的家庭户户数(镇)

单位：户

地　区	家庭户户　数	一代户					
		小计	一间	二间	三间	四间	五间及以上
总　计	**3472713**	**1284546**	**185332**	**275237**	**342580**	**188836**	**292561**
南宁市	420005	162110	24429	31525	42669	24030	39457
柳州市	257084	103954	19065	23919	32596	13127	15247
桂林市	370984	148386	17549	34957	51629	19429	24822
梧州市	198871	70685	7459	13501	14438	11667	23620
北海市	89817	31605	4239	7462	9152	3985	6767
防城港市	48124	16492	2150	4493	4711	2053	3085
钦州市	225405	78343	14816	17529	18473	9882	17643
贵港市	337672	118622	11273	19938	23685	18742	44984
玉林市	485608	180046	26490	36617	43510	28478	44951
百色市	197686	69454	12308	16023	19430	10610	11083
贺州市	174261	58260	6210	11560	14625	8292	17573
河池市	312666	107936	16481	23620	28577	18865	20393
来宾市	174089	70156	9534	17157	18182	10050	15233
崇左市	180441	68497	13329	16936	20903	9626	7703

注：本表数据为居住在普通住宅的家庭户。

8-3b 续表 1

单位：户

地　区	二代户					
	小计	一间	二间	三间	四间	五间及以上
总　计	**1487501**	**49626**	**213485**	**440875**	**285055**	**498460**
南宁市	176402	5049	21952	50455	35107	63839
柳州市	102514	3970	18946	37722	17411	24465
桂林市	155618	3824	27678	64844	24253	35019
梧州市	85944	1344	8469	17587	16898	41646
北海市	39077	1354	6399	13222	6633	11469
防城港市	21184	925	4304	6725	3867	5363
钦州市	99203	3443	15519	27970	18083	34188
贵港市	148713	2008	11716	28468	26517	80004
玉林市	216786	4392	25220	56987	48199	81988
百色市	84024	6015	15498	27393	16629	18489
贺州市	73520	1360	8872	18261	12421	32606
河池市	137513	7801	23149	41879	30593	34091
来宾市	71068	2109	11578	21041	13495	22845
崇左市	75935	6032	14185	28321	14949	12448

8-3b 续表 2

单位：户

地 区	三代户					
	小计	一间	二间	三间	四间	五间及以上
总 计	**675282**	**4779**	**39731**	**143319**	**131484**	**355969**
南宁市	78426	435	3580	14128	15038	45245
柳州市	48717	491	3951	14684	9485	20106
桂林市	64626	325	4773	20685	11354	27489
梧州市	40852	161	1567	5117	6614	27393
北海市	18595	159	1117	4000	3404	9915
防城港市	10097	142	927	2336	2202	4490
钦州市	46561	344	2953	8458	8238	26568
贵港市	67817	183	1923	7749	10145	47817
玉林市	85944	312	3375	13381	16549	52327
百色市	42344	593	3868	11779	10168	15936
贺州市	40241	124	1726	6346	6324	25721
河池市	64549	608	4809	16172	16424	26536
来宾市	31644	194	2052	6928	6380	16090
崇左市	34869	708	3110	11556	9159	10336

8-3b 续表 3

单位：户

地 区	四代户					
	小计	一间	二间	三间	四间	五间及以上
总 计	**25363**	**82**	**509**	**2717**	**4183**	**17872**
南宁市	3064	10	30	221	453	2350
柳州市	1897	15	58	324	345	1155
桂林市	2352	3	80	332	369	1568
梧州市	1390	2	16	79	177	1116
北海市	539	2	6	66	93	372
防城港市	350	2	18	35	73	222
钦州市	1297	4	36	145	171	941
贵港市	2519	3	19	149	278	2070
玉林市	2830	3	39	223	361	2204
百色市	1862	13	54	284	429	1082
贺州市	2239	2	24	157	294	1762
河池市	2666	9	59	368	598	1632
来宾市	1219	1	25	140	214	839
崇左市	1139	13	45	194	328	559

8-3b 续表 4

单位：户

地 区	五代及以上户					
	小计	一间	二间	三间	四间	五间及以上
总 计	**21**			**2**	**4**	**15**
南宁市	3			1	1	1
柳州市	2					2
桂林市	2					2
梧州市						
北海市	1					1
防城港市	1					1
钦州市	1				1	
贵港市	1					1
玉林市	2					2
百色市	2			1		1
贺州市	1				1	
河池市	2					2
来宾市	2				1	1
崇左市	1					1

8-3c 各地区按家庭户类别和住房间数分的家庭户户数(乡村)

单位：户

地 区	家庭户户 数	一代户					
		小计	一间	二间	三间	四间	五间及以上
总 计	**7490788**	**2916437**	**323938**	**563197**	**562339**	**531293**	**935670**
南宁市	913919	368081	30550	66751	75600	65874	129306
柳州市	412917	155341	16745	32617	33353	28728	43898
桂林市	797544	322615	30686	62558	57041	60888	111442
梧州市	407411	167324	14966	30939	29503	28768	63148
北海市	245014	84274	16071	22954	15250	8554	21445
防城港市	115300	40418	5669	9879	9254	6144	9472
钦州市	585238	227463	43822	48168	41162	33605	60706
贵港市	692955	274188	25694	45482	45646	43661	113705
玉林市	929626	376728	51400	77032	71095	63621	113580
百色市	659755	227439	20512	44995	48782	56625	56525
贺州市	304908	104692	9710	16504	18081	15523	44874
河池市	650959	258162	29070	46795	50692	53761	77844
来宾市	376089	159140	14588	29422	32626	28115	54389
崇左市	399153	150572	14455	29101	34254	37426	35336

注：本表数据为居住在普通住宅的家庭户。

8–3c 续表 1

单位：户

地 区	二代户					
	小计	一间	二间	三间	四间	五间及以上
总 计	**3131654**	**63587**	**337008**	**583871**	**683713**	**1463475**
南宁市	388033	5648	35149	72943	81783	192510
柳州市	169901	4579	23016	36330	37144	68832
桂林市	305843	3940	31321	49528	64432	156622
梧州市	167657	1353	11409	24302	33312	97281
北海市	108602	4904	17632	21775	13969	50322
防城港市	51423	1791	8095	12193	10583	18761
钦州市	252481	8069	33679	52066	51884	106783
贵港市	297373	3453	21016	42197	52960	177747
玉林市	402376	7153	38635	76430	90102	190056
百色市	270604	7073	35841	56475	79361	91854
贺州市	126135	1082	9393	19019	20704	75937
河池市	270487	7302	34472	52712	68321	107680
来宾市	155038	2691	15968	29649	30655	76075
崇左市	165701	4549	21382	38252	48503	53015

8–3c 续表 2

单位：户

地 区	三代户					
	小计	一间	二间	三间	四间	五间及以上
总 计	**1381643**	**9197**	**63457**	**162273**	**278877**	**867839**
南宁市	151488	790	4676	16041	28000	101981
柳州市	83632	892	5887	12187	17458	47208
桂林市	160906	564	6214	16205	30366	107557
梧州市	69963	135	1363	4680	10107	53678
北海市	50735	575	3530	7333	7342	31955
防城港市	22747	200	1488	3429	4938	12692
钦州市	102849	815	5317	13173	19485	64059
贵港市	116941	346	2878	9036	16467	88214
玉林市	145783	543	5013	14752	26508	98967
百色市	152626	1840	10152	22047	45553	73034
贺州市	69556	143	1690	6069	9165	52489
河池市	116954	1209	7972	16238	28317	63218
来宾市	59075	248	2386	6912	10447	39082
崇左市	78388	897	4891	14171	24724	33705

8-3c 续表 3

单位：户

地 区	四代户					
	小计	一间	二间	三间	四间	五间及以上
总 计	**60995**	**223**	**1354**	**4222**	**9933**	**45263**
南宁市	6312	17	63	388	823	5021
柳州市	4039	30	158	382	697	2772
桂林市	8172	12	147	478	1181	6354
梧州市	2467	2	20	83	209	2153
北海市	1403	7	34	120	173	1069
防城港市	711	3	19	54	122	513
钦州市	2445	9	61	200	378	1797
贵港市	4451	5	50	187	425	3784
玉林市	4738	6	52	218	553	3909
百色市	9071	60	310	723	2235	5743
贺州市	4517	1	44	187	431	3854
河池市	5355	40	195	488	980	3652
来宾市	2831	7	45	173	377	2229
崇左市	4483	24	156	541	1349	2413

8-3c 续表 4

单位：户

地 区	五代及以上户					
	小计	一间	二间	三间	四间	五间及以上
总 计	**59**		**1**	**2**	**5**	**51**
南宁市	5				1	4
柳州市	4				1	3
桂林市	8					8
梧州市						
北海市						
防城港市	1					1
钦州市						
贵港市	2					2
玉林市	1					1
百色市	15		1		1	13
贺州市	8					8
河池市	1					1
来宾市	5					5
崇左市	9			2	2	5

8–4 按户主的受教育程度分的家庭户住房状况

受教育程度	户 数（户）	人 数（人）	平均每户住房间数（间/户）	人均住房建筑面积（平方米/人）	人均住房间 数（间/人）
总 计	**13455602**	**40973568**	**3.94**	**44.28**	**1.29**
未上过学	285082	660223	3.28	45.98	1.42
学前教育	18736	44250	3.45	46.88	1.46
小 学	3525358	10818493	4.16	44.69	1.35
初 中	6107915	19796259	4.21	44.36	1.30
高 中	1880171	5424513	3.55	43.71	1.23
大学专科	921613	2360898	3.01	43.43	1.18
大学本科	662548	1721172	3.00	43.15	1.15
硕士研究生	48006	130348	3.05	42.22	1.12
博士研究生	6173	17412	3.16	40.56	1.12

注：本表数据为居住在普通住宅的家庭户。

8–4a 按户主的受教育程度分的家庭户住房状况（城市）

受教育程度	户 数（户）	人 数（人）	平均每户住房间数（间/户）	人均住房建筑面积（平方米/人）	人均住房间 数（间/人）
总 计	**4290811**	**11906027**	**2.91**	**37.21**	**1.05**
未上过学	27297	70210	3.02	40.01	1.17
学前教育	3991	8488	2.83	45.77	1.33
小 学	475003	1458764	3.28	37.45	1.07
初 中	1591441	4662652	2.95	35.16	1.01
高 中	990708	2631287	2.77	36.97	1.04
大学专科	643646	1614054	2.74	39.38	1.09
大学本科	508899	1323071	2.91	41.37	1.12
硕士研究生	44050	121012	3.05	41.50	1.11
博士研究生	5776	16489	3.14	39.99	1.10

注：本表数据为居住在普通住宅的家庭户。

8-4b 按户主的受教育程度分的家庭户住房状况(镇)

受教育程度	户 数 (户)	人 数 (人)	平均每户 住房间数 (间/户)	人均住房 建筑面积 (平方米/人)	人均住房 间 数 (间/人)
总 计	**3117910**	**9935193**	**4.11**	**47.09**	**1.29**
未上过学	50429	120854	3.31	46.70	1.38
学前教育	4406	10152	3.35	49.50	1.45
小 学	726244	2312473	4.17	45.64	1.31
初 中	1513469	5099373	4.31	46.56	1.28
高 中	465320	1433238	3.96	49.15	1.29
大学专科	218591	591421	3.52	51.50	1.30
大学本科	136011	359409	3.26	48.49	1.23
硕士研究生	3232	7767	3.16	52.12	1.31
博士研究生	208	506	3.59	53.19	1.48

注:本表数据为居住在普通住宅的家庭户。

8-4c 按户主的受教育程度分的家庭户住房状况(乡村)

受教育程度	户 数 (户)	人 数 (人)	平均每户 住房间数 (间/户)	人均住房 建筑面积 (平方米/人)	人均住房 间 数 (间/人)
总 计	**6046881**	**19132348**	**4.58**	**47.21**	**1.45**
未上过学	207356	469159	3.31	46.69	1.46
学前教育	10339	25610	3.73	46.21	1.51
小 学	2324111	7047256	4.33	45.88	1.43
初 中	3003005	10034234	4.82	47.51	1.44
高 中	424143	1359988	4.91	51.00	1.53
大学专科	59376	155423	4.15	54.80	1.58
大学本科	17638	38692	3.43	54.21	1.56
硕士研究生	724	1569	3.12	48.17	1.44
博士研究生	189	417	3.10	47.76	1.41

注:本表数据为居住在普通住宅的家庭户。

8-5 按户主受教育程度、人均住房建筑面积分的家庭户户数

单位：户

受教育程度	户数	人均住房建筑面积(平方米)								
		8及以下	9-12	13-16	17-19	20-29	30-39	40-49	50-59	60及以上
总 计	**13455602**	**160273**	**375591**	**681336**	**363258**	**2421775**	**2085699**	**1776611**	**1218176**	**4372883**
未上过学	285082	2364	6232	13072	5353	45916	42237	40630	25721	103557
学前教育	18736	160	448	806	328	2938	2649	2351	1755	7301
小 学	3525358	37198	87261	164643	79156	581342	536829	489792	341448	1207689
初 中	6107915	88397	191111	324414	161423	1087796	923875	778067	568828	1984004
高 中	1880171	22684	59319	107540	63300	371633	293696	232627	154840	574532
大学专科	921613	6817	21637	45717	31362	190385	155450	124148	69491	276606
大学本科	662548	2533	9094	23675	20581	131126	120834	99969	51860	202876
硕士研究生	48006	103	438	1303	1529	9444	8917	7893	3793	14586
博士研究生	6173	17	51	166	226	1195	1212	1134	440	1732

注：本表数据为居住在普通住宅的家庭户。

8-5a 按户主受教育程度、人均住房建筑面积分的家庭户户数(城市)

单位：户

受教育程度	户数	人均住房建筑面积(平方米)								
		8及以下	9-12	13-16	17-19	20-29	30-39	40-49	50-59	60及以上
总 计	**4290811**	**89812**	**207232**	**327873**	**189903**	**994469**	**697280**	**504355**	**295929**	**983958**
未上过学	27297	622	1346	2067	998	5328	3732	2767	2404	8033
学前教育	3991	72	171	209	94	579	455	403	363	1645
小 学	475003	13957	30064	40558	20975	100530	69093	48758	35958	115110
初 中	1591441	51172	107729	151075	75965	385829	245718	159255	102386	312312
高 中	990708	16631	43119	75825	46249	238390	164311	118457	67612	220114
大学专科	643646	5410	17388	37481	26306	148200	111830	87723	44726	164582
大学本科	508899	1833	6965	19287	17638	105677	92800	78511	38599	147589
硕士研究生	44050	100	402	1212	1456	8812	8186	7408	3463	13011
博士研究生	5776	15	48	159	222	1124	1155	1073	418	1562

注：本表数据为居住在普通住宅的家庭户。

8-5b 按户主受教育程度、人均住房建筑面积分的家庭户户数(镇)

单位：户

受教育程度	户数	人均住房建筑面积(平方米)								
		8及以下	9-12	13-16	17-19	20-29	30-39	40-49	50-59	60及以上
总 计	**3117910**	**29609**	**72262**	**132878**	**71377**	**519165**	**475663**	**397507**	**297351**	**1122098**
未上过学	50429	658	1277	2423	1095	8244	7123	6247	4704	18658
学前教育	4406	26	97	159	52	687	596	518	427	1844
小 学	726244	8100	18617	33580	17316	119958	106934	93669	70968	257102
初 中	1513469	15935	37336	68148	35098	255819	228544	190390	147023	535176
高 中	465320	3392	9927	18549	10811	76934	70476	57407	42934	174890
大学专科	218591	963	3238	6286	4264	34136	35853	29436	19282	85133
大学本科	136011	533	1741	3674	2675	22863	25483	19415	11730	47897
硕士研究生	3232	1	28	58	63	487	623	398	268	1306
博士研究生	208	1	1	1	3	37	31	27	15	92

注：本表数据为居住在普通住宅的家庭户。

8-5c 按户主受教育程度、人均住房建筑面积分的家庭户户数(乡村)

单位：户

受教育程度	户数	人均住房建筑面积(平方米)								
		8及以下	9-12	13-16	17-19	20-29	30-39	40-49	50-59	60及以上
总 计	**6046881**	**40852**	**96097**	**220585**	**101978**	**908141**	**912756**	**874749**	**624896**	**2266827**
未上过学	207356	1084	3609	8582	3260	32344	31382	31616	18613	76866
学前教育	10339	62	180	438	182	1672	1598	1430	965	3812
小 学	2324111	15141	38580	90505	40865	360854	360802	347365	234522	835477
初 中	3003005	21290	46046	105191	50360	446148	449613	428422	319419	1136516
高 中	424143	2661	6273	13166	6240	56309	58909	56763	44294	179528
大学专科	59376	444	1011	1950	792	8049	7767	6989	5483	26891
大学本科	17638	167	388	714	268	2586	2551	2043	1531	7390
硕士研究生	724	2	8	33	10	145	108	87	62	269
博士研究生	189	1	2	6	1	34	26	34	7	78

注：本表数据为居住在普通住宅的家庭户。

中国人口普查
CHINA POPULATION CENSUS

2020

广西壮族自治区人口普查年鉴（第3册）

GUANGXI POPULATION CENSUS YEARBOOK 2020 (BOOK 3)

广西壮族自治区统计局
广西第七次全国人口普查领导小组办公室 编

Compiled by
Guangxi Zhuang Autonomous Region Bureau of Statistics
Office of the Leading Group of Guangxi
for the Seventh National Population Census

中国统计出版社
China Statistics Press

图书在版编目（CIP）数据

广西壮族自治区人口普查年鉴. 2020. 第3册 / 广西壮族自治区统计局, 广西第七次全国人口普查领导小组办公室编. -- 北京 : 中国统计出版社, 2022.9
ISBN 978-7-5037-9952-5

Ⅰ. ①广… Ⅱ. ①广… ②广… Ⅲ. ①人口普查－统计资料－广西－2020－年鉴 Ⅳ. ①C924.256.7-54
中国版本图书馆CIP数据核字(2022)第160713号

广西壮族自治区人口普查年鉴-2020（第3册）
Guangxi Population Census Yearbook 2020 (Book 3)

作　　者/广西壮族自治区统计局，广西第七次全国人口普查领导小组办公室
责任编辑/郭　栋　佘竟雄
封面设计/李雪燕
出版发行/中国统计出版社有限公司
通信地址/北京市丰台区西三环南路甲6号　邮政编码/100073
发行电话/邮购（010）63376909　书店（010）68783171
网　　址/http://www.zgtjcbs.com/
印　　刷/广西瑞熙特种票证印务有限公司
经　　销/新华书店
开　　本/880mm×1230mm　1/16
字　　数/1476千字
印　　张/47
版　　别/2022年9月第1版
版　　次/2022年9月第1次印刷
定　　价/980.00元（全四册附光盘）

目录

第 3 册

第二部分　长表数据资料

第四卷　就业

第二部分 长表数据资料

第一卷 概要

1-1 各地区户数、

地 区	户数			合计			
	合计	家庭户	集体户	合计	男	女	性别比（女=100）
总 计	**1513071**	**1478459**	**34612**	**4618519**	**2375531**	**2242988**	**105.91**
南宁市	285024	274195	10829	802678	413631	389047	106.32
柳州市	133106	129924	3182	389687	200364	189323	105.83
桂林市	160633	156778	3855	456937	230735	226202	102.00
梧州市	80722	79745	977	255424	131357	124067	105.88
北海市	52125	50697	1428	169391	87554	81837	106.99
防城港市	29514	28293	1221	96719	52611	44108	119.28
钦州市	91512	90048	1464	303396	158258	145138	109.04
贵港市	120788	118916	1872	395465	204041	191424	106.59
玉林市	157140	154861	2279	522612	269618	252994	106.57
百色市	108938	107090	1848	334073	170339	163734	104.03
贺州市	56387	55525	862	189176	96594	92582	104.33
河池市	106449	104865	1584	314125	159070	155055	102.59
来宾市	65902	64946	956	192875	99615	93260	106.81
崇左市	64831	62576	2255	195961	101744	94217	107.99

1-1a 各地区户数、

地 区	户数			合计			
	合计	家庭户	集体户	合计	男	女	性别比（女=100）
总 计	**461156**	**441217**	**19939**	**1377109**	**692140**	**684969**	**101.05**
南宁市	156603	148160	8443	424605	214917	209688	102.49
柳州市	68110	65727	2383	196698	99390	97308	102.14
桂林市	47138	45831	1307	127335	62567	64768	96.60
梧州市	24609	24104	505	80092	39527	40565	97.44
北海市	19645	18888	757	59810	30010	29800	100.70
防城港市	13176	12600	576	43467	22932	20535	111.67
钦州市	14294	13857	437	48379	24493	23886	102.54
贵港市	25181	24131	1050	88534	44546	43988	101.27
玉林市	25639	24818	821	92529	46888	45641	102.73
百色市	24683	23564	1119	77048	38212	38836	98.39
贺州市	9139	8679	460	31629	15509	16120	96.21
河池市	12416	11803	613	38532	18552	19980	92.85
来宾市	13002	12538	464	41791	20936	20855	100.39
崇左市	7521	6517	1004	26660	13661	12999	105.09

人口数和性别比

单位：户、人

人口数								平均家庭户规模（人/户）
家庭户				集体户				
小计	男	女	性别比（女=100）	小计	男	女	性别比（女=100）	
4384824	**2251081**	**2133743**	**105.50**	**233695**	**124450**	**109245**	**113.92**	**2.97**
740841	380520	360321	105.61	61837	33111	28726	115.26	2.70
370013	189011	181002	104.42	19674	11353	8321	136.44	2.85
434014	219589	214425	102.41	22923	11146	11777	94.64	2.77
244516	125962	118554	106.25	10908	5395	5513	97.86	3.07
161283	83247	78036	106.68	8108	4307	3801	113.31	3.18
90870	48331	42539	113.62	5849	4280	1569	272.79	3.21
292004	152062	139942	108.66	11392	6196	5196	119.25	3.24
377011	194354	182657	106.40	18454	9687	8767	110.49	3.17
500413	258417	241996	106.79	22199	11201	10998	101.85	3.23
321493	163904	157589	104.01	12580	6435	6145	104.72	3.00
182990	93436	89554	104.33	6186	3158	3028	104.29	3.30
302796	153188	149608	102.39	11329	5882	5447	107.99	2.89
186015	95664	90351	105.88	6860	3951	2909	135.82	2.86
180565	93396	87169	107.14	15396	8348	7048	118.44	2.89

人口数和性别比（城市）

单位：户、人

人口数								平均家庭户规模（人/户）
家庭户				集体户				
小计	男	女	性别比（女=100）	小计	男	女	性别比（女=100）	
1248866	**626665**	**622201**	**100.72**	**128243**	**65475**	**62768**	**104.31**	**2.83**
378819	191152	187667	101.86	45786	23765	22021	107.92	2.56
182375	91112	91263	99.83	14323	8278	6045	136.94	2.77
119090	58470	60620	96.45	8245	4097	4148	98.77	2.60
74021	36846	37175	99.11	6071	2681	3390	79.09	3.07
55958	28044	27914	100.47	3852	1966	1886	104.24	2.96
40611	21172	19439	108.92	2856	1760	1096	160.58	3.22
45133	22773	22360	101.85	3246	1720	1526	112.71	3.26
78310	39210	39100	100.28	10224	5336	4888	109.17	3.25
83861	42640	41221	103.44	8668	4248	4420	96.11	3.38
70272	35142	35130	100.03	6776	3070	3706	82.84	2.98
28633	14133	14500	97.47	2996	1376	1620	84.94	3.30
34397	16795	17602	95.42	4135	1757	2378	73.89	2.91
38864	19618	19246	101.93	2927	1318	1609	81.91	3.10
18522	9558	8964	106.63	8138	4103	4035	101.69	2.84

1–1b 各地区户数、

地区	户数			合计			
	合计	家庭户	集体户	合计	男	女	性别比（女=100）
总　计	**349167**	**339053**	**10114**	**1143427**	**583362**	**560065**	**104.16**
南宁市	43265	41828	1437	135317	70160	65157	107.68
柳州市	26005	25340	665	78814	40194	38620	104.08
桂林市	38439	36755	1684	116296	57306	58990	97.15
梧州市	19358	18976	382	66641	34291	32350	106.00
北海市	8779	8587	192	30814	15710	15104	104.01
防城港市	4965	4769	196	17159	9439	7720	122.27
钦州市	23254	22572	682	82314	42556	39758	107.04
贵港市	33089	32475	614	114458	59208	55250	107.16
玉林市	46156	44848	1308	163673	83707	79966	104.68
百色市	20195	19741	454	64794	32401	32393	100.02
贺州市	17688	17360	328	60424	30781	29643	103.84
河池市	31695	30901	794	100230	50229	50001	100.46
来宾市	17379	17015	364	53085	26939	26146	103.03
崇左市	18900	17886	1014	59408	30441	28967	105.09

1–1c 各地区户数、

地区	户数			合计			
	合计	家庭户	集体户	合计	男	女	性别比（女=100）
总　计	**702748**	**698189**	**4559**	**2097983**	**1100029**	**997954**	**110.23**
南宁市	85156	84207	949	242756	128554	114202	112.57
柳州市	38991	38857	134	114175	60780	53395	113.83
桂林市	75056	74192	864	213306	110862	102444	108.22
梧州市	36755	36665	90	108691	57539	51152	112.49
北海市	23701	23222	479	78767	41834	36933	113.27
防城港市	11373	10924	449	36093	20240	15853	127.67
钦州市	53964	53619	345	172703	91209	81494	111.92
贵港市	62518	62310	208	192473	100287	92186	108.79
玉林市	85345	85195	150	266410	139023	127387	109.13
百色市	64060	63785	275	192231	99726	92505	107.81
贺州市	29560	29486	74	97123	50304	46819	107.44
河池市	62338	62161	177	175363	90289	85074	106.13
来宾市	35521	35393	128	97999	51740	46259	111.85
崇左市	38410	38173	237	109893	57642	52251	110.32

人口数和性别比（镇）

单位：户、人

人口数								平均家庭户规模（人/户）
家庭户				集体户				
小计	男	女	性别比（女=100）	小计	男	女	性别比（女=100）	
1067005	**542711**	**524294**	**103.51**	**76422**	**40651**	**35771**	**113.64**	**3.15**
125316	64472	60844	105.96	10001	5688	4313	131.88	3.00
74403	37829	36574	103.43	4411	2365	2046	115.59	2.94
106869	52798	54071	97.65	9427	4508	4919	91.64	2.91
62456	32035	30421	105.31	4185	2256	1929	116.95	3.29
29188	14935	14253	104.78	1626	775	851	91.07	3.40
15957	8403	7554	111.24	1202	1036	166	624.10	3.35
77009	39696	37313	106.39	5305	2860	2445	116.97	3.41
107907	55804	52103	107.10	6551	3404	3147	108.17	3.32
151360	77586	73774	105.17	12313	6121	6192	98.85	3.37
60963	30458	30505	99.85	3831	1943	1888	102.91	3.09
57704	29362	28342	103.60	2720	1419	1301	109.07	3.32
94322	47129	47193	99.86	5908	3100	2808	110.40	3.05
50206	25163	25043	100.48	2879	1776	1103	161.02	2.95
53345	27041	26304	102.80	6063	3400	2663	127.68	2.98

人口数和性别比（乡村）

单位：户、人

人口数								平均家庭户规模（人/户）
家庭户				集体户				
小计	男	女	性别比（女=100）	小计	男	女	性别比（女=100）	
2068953	**1081705**	**987248**	**109.57**	**29030**	**18324**	**10706**	**171.16**	**2.96**
236706	124896	111810	111.70	6050	3658	2392	152.93	2.81
113235	60070	53165	112.99	940	710	230	308.70	2.91
208055	108321	99734	108.61	5251	2541	2710	93.76	2.80
108039	57081	50958	112.02	652	458	194	236.08	2.95
76137	40268	35869	112.26	2630	1566	1064	147.18	3.28
34302	18756	15546	120.65	1791	1484	307	483.39	3.14
169862	89593	80269	111.62	2841	1616	1225	131.92	3.17
190794	99340	91454	108.62	1679	947	732	129.37	3.06
265192	138191	127001	108.81	1218	832	386	215.54	3.11
190258	98304	91954	106.91	1973	1422	551	258.08	2.98
96653	49941	46712	106.91	470	363	107	339.25	3.28
174077	89264	84813	105.25	1286	1025	261	392.72	2.80
96945	50883	46062	110.47	1054	857	197	435.03	2.74
108698	56797	51901	109.43	1195	845	350	241.43	2.85

1-2 各地区分性别、

地 区	合 计			居住本乡、镇、街道，户口在本乡、镇、街道		
	合计	男	女	小计	男	女
总 计	**4618519**	**2375531**	**2242988**	**3440612**	**1783967**	**1656645**
南宁市	802678	413631	389047	493330	253272	240058
柳州市	389687	200364	189323	244513	126096	118417
桂林市	456937	230735	226202	339135	173077	166058
梧州市	255424	131357	124067	207173	108064	99109
北海市	169391	87554	81837	110162	57849	52313
防城港市	96719	52611	44108	60853	32987	27866
钦州市	303396	158258	145138	244246	129735	114511
贵港市	395465	204041	191424	333365	173180	160185
玉林市	522612	269618	252994	441852	230965	210887
百色市	334073	170339	163734	262727	135224	127503
贺州市	189176	96594	92582	161134	83312	77822
河池市	314125	159070	155055	250381	128041	122340
来宾市	192875	99615	93260	143668	74906	68762
崇左市	195961	101744	94217	148073	77259	70814

1-2a 各地区分性别、

地 区	合 计			居住本乡、镇、街道，户口在本乡、镇、街道		
	合计	男	女	小计	男	女
总 计	**1377109**	**692140**	**684969**	**616234**	**306073**	**310161**
南宁市	424605	214917	209688	164317	79967	84350
柳州市	196698	99390	97308	86327	42512	43815
桂林市	127335	62567	64768	62321	29982	32339
梧州市	80092	39527	40565	47145	23612	23533
北海市	59810	30010	29800	22144	11035	11109
防城港市	43467	22932	20535	18037	9392	8645
钦州市	48379	24493	23886	17326	9040	8286
贵港市	88534	44546	43988	49095	24611	24484
玉林市	92529	46888	45641	49747	25705	24042
百色市	77048	38212	38836	37836	19090	18746
贺州市	31629	15509	16120	17926	9046	8880
河池市	38532	18552	19980	20255	10072	10183
来宾市	41791	20936	20855	14265	7187	7078
崇左市	26660	13661	12999	9493	4822	4671

户口登记状况的人口

单位：人

居住本乡、镇、街道，户口在外乡、镇、街道，离开户口登记地半年以上			居住本乡、镇、街道，户口待定			原住本乡、镇、街道，现在港澳台或国外工作学习		
小计	男	女	小计	男	女	小计	男	女
1156123	**581053**	**575070**	**17641**	**8178**	**9463**	**4143**	**2333**	**1810**
305435	158345	147090	2813	1370	1443	1100	644	456
143640	73509	70131	1071	536	535	463	223	240
116019	56832	59187	1168	556	612	615	270	345
47171	22804	24367	931	396	535	149	93	56
58228	29216	29012	814	404	410	187	85	102
35149	19272	15877	627	307	320	90	45	45
56971	27602	29369	1981	809	1172	198	112	86
60459	30075	30384	1425	644	781	216	142	74
78179	37510	40669	2314	976	1338	267	167	100
69858	34404	35454	1356	646	710	132	65	67
27000	12759	14241	914	432	482	128	91	37
62531	30369	32162	930	455	475	283	205	78
48327	24253	24074	724	353	371	156	103	53
47156	24103	23053	573	294	279	159	88	71

户口登记状况的人口（城市）

单位：人

居住本乡、镇、街道，户口在外乡、镇、街道，离开户口登记地半年以上			居住本乡、镇、街道，户口待定			原住本乡、镇、街道，现在港澳台或国外工作学习		
小计	男	女	小计	男	女	小计	男	女
754679	**383064**	**371615**	**4797**	**2448**	**2349**	**1399**	**555**	**844**
258174	133958	124216	1649	831	818	465	161	304
109478	56445	53033	585	301	284	308	132	176
64354	32293	32061	354	176	178	306	116	190
32725	15809	16916	180	89	91	42	17	25
37316	18805	18511	259	138	121	91	32	59
25143	13375	11768	244	146	98	43	19	24
30835	15358	15477	192	83	109	26	12	14
39209	19819	19390	218	109	109	12	7	5
42463	21040	21423	290	130	160	29	13	16
38785	18886	19899	410	228	182	17	8	9
13605	6422	7183	87	35	52	11	6	5
18134	8403	9731	124	66	58	19	11	8
27369	13663	13706	136	72	64	21	14	7
17089	8788	8301	69	44	25	9	7	2

1-2b 各地区分性别、

地区	合计			居住本乡、镇、街道，户口在本乡、镇、街道		
	合计	男	女	小计	男	女
总 计	**1143427**	**583362**	**560065**	**829543**	**427257**	**402286**
南宁市	135317	70160	65157	100076	51927	48149
柳州市	78814	40194	38620	50131	25748	24383
桂林市	116296	57306	58990	75714	37759	37955
梧州市	66641	34291	32350	54870	28435	26435
北海市	30814	15710	15104	21162	10901	10261
防城港市	17159	9439	7720	11654	6276	5378
钦州市	82314	42556	39758	63152	32979	30173
贵港市	114458	59208	55250	97612	50818	46794
玉林市	163673	83707	79966	133401	69131	64270
百色市	64794	32401	32393	41178	20929	20249
贺州市	60424	30781	29643	49528	25449	24079
河池市	100230	50229	50001	61103	30998	30105
来宾市	53085	26939	26146	35828	18229	17599
崇左市	59408	30441	28967	34134	17678	16456

1-2c 各地区分性别、

地区	合计			居住本乡、镇、街道，户口在本乡、镇、街道		
	合计	男	女	小计	男	女
总 计	**2097983**	**1100029**	**997954**	**1994835**	**1050637**	**944198**
南宁市	242756	128554	114202	228937	121378	107559
柳州市	114175	60780	53395	108055	57836	50219
桂林市	213306	110862	102444	201100	105336	95764
梧州市	108691	57539	51152	105158	56017	49141
北海市	78767	41834	36933	66856	35913	30943
防城港市	36093	20240	15853	31162	17319	13843
钦州市	172703	91209	81494	163768	87716	76052
贵港市	192473	100287	92186	186658	97751	88907
玉林市	266410	139023	127387	258704	136129	122575
百色市	192231	99726	92505	183713	95205	88508
贺州市	97123	50304	46819	93680	48817	44863
河池市	175363	90289	85074	169023	86971	82052
来宾市	97999	51740	46259	93575	49490	44085
崇左市	109893	57642	52251	104446	54759	49687

户口登记状况的人口（镇）

单位：人

居住本乡、镇、街道，户口在外乡、镇、街道，离开户口登记地半年以上			居住本乡、镇、街道，户口待定			原住本乡、镇、街道，现在港澳台或国外工作学习		
小计	男	女	小计	男	女	小计	男	女
309831	**154075**	**155756**	**3361**	**1615**	**1746**	**692**	**415**	**277**
34744	17942	16802	342	180	162	155	111	44
28487	14339	14148	150	83	67	46	24	22
40277	19405	20872	240	112	128	65	30	35
11557	5740	5817	182	94	88	32	22	10
9539	4751	4788	90	43	47	23	15	8
5416	3133	2283	81	28	53	8	2	6
18801	9415	9386	313	135	178	48	27	21
16390	8171	8219	402	188	214	54	31	23
29568	14251	15317	629	278	351	75	47	28
23404	11365	12039	196	101	95	16	6	10
10622	5192	5430	226	110	116	48	30	18
38870	19098	19772	209	106	103	48	27	21
17067	8612	8455	152	72	80	38	26	12
25089	12661	12428	149	85	64	36	17	19

户口登记状况的人口（乡村）

单位：人

居住本乡、镇、街道，户口在外乡、镇、街道，离开户口登记地半年以上			居住本乡、镇、街道，户口待定			原住本乡、镇、街道，现在港澳台或国外工作学习		
小计	男	女	小计	男	女	小计	男	女
91613	**43914**	**47699**	**9483**	**4115**	**5368**	**2052**	**1363**	**689**
12517	6445	6072	822	359	463	480	372	108
5675	2725	2950	336	152	184	109	67	42
11388	5134	6254	574	268	306	244	124	120
2889	1255	1634	569	213	356	75	54	21
11373	5660	5713	465	223	242	73	38	35
4590	2764	1826	302	133	169	39	24	15
7335	2829	4506	1476	591	885	124	73	51
4860	2085	2775	805	347	458	150	104	46
6148	2219	3929	1395	568	827	163	107	56
7669	4153	3516	750	317	433	99	51	48
2773	1145	1628	601	287	314	69	55	14
5527	2868	2659	597	283	314	216	167	49
3891	1978	1913	436	209	227	97	63	34
4978	2654	2324	355	165	190	114	64	50

1-3 各地区分年龄、性别的人口

单位：人

地区	合计			0岁		
	合计	男	女	小计	男	女
总计	**4618519**	**2375531**	**2242988**	**51183**	**27290**	**23893**
南宁市	802678	413631	389047	8328	4443	3885
柳州市	389687	200364	189323	3576	1901	1675
桂林市	456937	230735	226202	4084	2152	1932
梧州市	255424	131357	124067	3134	1703	1431
北海市	169391	87554	81837	1919	1014	905
防城港市	96719	52611	44108	1054	538	516
钦州市	303396	158258	145138	4076	2146	1930
贵港市	395465	204041	191424	4777	2605	2172
玉林市	522612	269618	252994	6791	3690	3101
百色市	334073	170339	163734	3447	1826	1621
贺州市	189176	96594	92582	2481	1292	1189
河池市	314125	159070	155055	3543	1885	1658
来宾市	192875	99615	93260	2184	1136	1048
崇左市	195961	101744	94217	1789	959	830

1-3 续表 1

单位：人

地区	1-4岁			5-9岁			10-14岁		
	小计	男	女	小计	男	女	小计	男	女
总计	**280877**	**149304**	**131573**	**408132**	**218219**	**189913**	**360578**	**192657**	**167921**
南宁市	45281	24472	20809	60816	33242	27574	48789	26713	22076
柳州市	20624	10818	9806	27011	14193	12818	23741	12561	11180
桂林市	23762	12464	11298	32680	17126	15554	29168	15183	13985
梧州市	17228	9001	8227	25394	13432	11962	21995	11581	10414
北海市	9680	5155	4525	13737	7556	6181	11731	6421	5310
防城港市	5929	3174	2755	8771	4783	3988	7463	3970	3493
钦州市	21057	11211	9846	34028	17843	16185	30548	16181	14367
贵港市	25395	13583	11812	39558	21021	18537	35896	19228	16668
玉林市	37515	19835	17680	58589	31465	27124	51059	27402	23657
百色市	19356	10329	9027	26178	14341	11837	26289	14097	12192
贺州市	13352	7005	6347	20061	10540	9521	16894	8855	8039
河池市	19301	10295	9006	29057	15575	13482	28295	15203	13092
来宾市	11518	6093	5425	17385	9042	8343	15356	8106	7250
崇左市	10879	5869	5010	14867	8060	6807	13354	7156	6198

1-3 续表 2

单位：人

地 区	15-19岁			20-24岁			25-29岁		
	小计	男	女	小计	男	女	小计	男	女
总 计	**302802**	**156530**	**146272**	**205687**	**105885**	**99802**	**228705**	**119080**	**109625**
南宁市	51643	27525	24118	49756	24835	24921	49425	25874	23551
柳州市	22937	11827	11110	16435	8994	7441	20579	10540	10039
桂林市	24506	12330	12176	20230	9876	10354	19595	9801	9794
梧州市	18653	9493	9160	10493	5367	5126	13082	6655	6427
北海市	10576	5461	5115	7792	4171	3621	10759	5630	5129
防城港市	5108	2721	2387	4252	2581	1671	6002	3469	2533
钦州市	20451	10520	9931	13382	7148	6234	14604	7875	6729
贵港市	31995	16638	15357	16801	8900	7901	17996	9493	8503
玉林市	39218	20525	18693	20533	10780	9753	23308	12309	10999
百色市	22516	11215	11301	13786	6983	6803	14811	7646	7165
贺州市	10430	5105	5325	6911	3442	3469	10226	5117	5109
河池市	20614	10484	10130	10694	5279	5415	11460	5742	5718
来宾市	9436	4854	4582	5723	2950	2773	8502	4395	4107
崇左市	14719	7832	6887	8899	4579	4320	8356	4534	3822

1-3 续表 3

单位：人

地 区	30-34岁			35-39岁			40-44岁		
	小计	男	女	小计	男	女	小计	男	女
总 计	**345655**	**177289**	**168366**	**337664**	**175867**	**161797**	**313253**	**164111**	**149142**
南宁市	73190	37288	35902	70087	35990	34097	59661	31167	28494
柳州市	31647	16257	15390	31737	16551	15186	30847	16102	14745
桂林市	31372	15585	15787	34952	17884	17068	31558	16158	15400
梧州市	18165	9296	8869	14687	7539	7148	14252	7304	6948
北海市	14980	7832	7148	12647	6612	6035	11429	5805	5624
防城港市	8512	4806	3706	8172	4586	3586	6998	3936	3062
钦州市	21532	11414	10118	19555	10477	9078	17360	9264	8096
贵港市	27613	14355	13258	24793	13285	11508	24256	12715	11541
玉林市	36753	18991	17762	33361	17266	16095	29107	14868	14239
百色市	22635	11443	11192	25273	13235	12038	25847	13913	11934
贺州市	13763	7019	6744	11922	6209	5713	11248	5935	5313
河池市	18842	9206	9636	23073	11749	11324	22291	11733	10558
来宾市	13507	6906	6601	13695	7158	6537	14112	7577	6535
崇左市	13144	6891	6253	13710	7326	6384	14287	7634	6653

1-3 续表 4

单位：人

地 区	45-49岁			50-54岁			55-59岁		
	小计	男	女	小计	男	女	小计	男	女
总 计	**335253**	**176501**	**158752**	**348816**	**181510**	**167306**	**305316**	**155667**	**149649**
南宁市	58947	31204	27743	55905	29275	26630	49550	25048	24502
柳州市	32706	17282	15424	31950	16732	15218	27404	14038	13366
桂林市	35465	18341	17124	38627	19959	18668	35170	17962	17208
梧州市	17429	9003	8426	19918	10390	9528	17261	8826	8435
北海市	12319	6262	6057	12600	6383	6217	11464	5706	5758
防城港市	7192	4057	3135	7221	3881	3340	6202	3271	2931
钦州市	18350	9731	8619	19669	10261	9408	19058	9548	9510
贵港市	26274	13563	12711	28751	14537	14214	24304	12187	12117
玉林市	33277	16678	16599	35701	17995	17706	31381	15717	15664
百色市	26735	14472	12263	27357	14487	12870	21891	11172	10719
贺州市	12270	6584	5686	13884	7273	6611	12345	6343	6002
河池市	23531	12675	10856	24350	12647	11703	21363	10989	10374
来宾市	15295	8240	7055	16620	8922	7698	13620	7236	6384
崇左市	15463	8409	7054	16263	8768	7495	14303	7624	6679

1-3 续表 5

单位：人

地 区	60-64岁			65-69岁			70-74岁		
	小计	男	女	小计	男	女	小计	男	女
总 计	**215082**	**107981**	**107101**	**211110**	**103588**	**107522**	**144782**	**69997**	**74785**
南宁市	34335	17090	17245	32393	15993	16400	22347	10538	11809
柳州市	19078	9541	9537	18661	9121	9540	12693	6157	6536
桂林市	25759	12973	12786	27502	13391	14111	17515	8585	8930
梧州市	11562	6158	5404	11775	6203	5572	7401	3818	3583
北海市	7841	3858	3983	6928	3405	3523	4782	2418	2364
防城港市	3959	1982	1977	3705	1837	1868	2313	1213	1100
钦州市	13687	6802	6885	13351	6689	6662	8752	4647	4105
贵港市	17437	8761	8676	17629	8674	8955	12306	6056	6250
玉林市	22902	11524	11378	23020	11305	11715	15579	8041	7538
百色市	15459	7472	7987	14281	6653	7628	11077	4763	6314
贺州市	8943	4570	4373	8566	4244	4322	5932	2880	3052
河池市	15010	7515	7495	14717	6910	7807	10906	4874	6032
来宾市	9580	4925	4655	9310	4730	4580	6418	3026	3392
崇左市	9530	4810	4720	9272	4433	4839	6761	2981	3780

1-3 续表 6

单位：人

地 区	75-79岁			80-84岁			85-89岁		
	小计	男	女	小计	男	女	小计	男	女
总 计	**102016**	**46000**	**56016**	**68443**	**29165**	**39278**	**36596**	**13700**	**22896**
南宁市	14935	6453	8482	9992	4114	5878	5046	1734	3312
柳州市	8084	3702	4382	5662	2411	3251	3107	1210	1897
桂林市	11107	5270	5837	7763	3401	4362	4320	1691	2629
梧州市	5741	2653	3088	4091	1817	2274	2095	789	1306
北海市	3457	1756	1701	2535	1211	1324	1489	653	836
防城港市	1607	805	802	1211	564	647	726	309	417
钦州市	6196	3105	3091	4255	1965	2290	2348	1007	1341
贵港市	8987	4155	4832	5736	2539	3197	3264	1218	2046
玉林市	11273	5489	5784	7227	3385	3842	4178	1700	2478
百色市	8540	3362	5178	5185	1914	3271	2398	743	1655
贺州市	4244	1956	2288	3170	1357	1813	1716	612	1104
河池市	7978	3161	4817	5350	2013	3337	2570	836	1734
来宾市	4719	2056	2663	3269	1354	1915	1795	679	1116
崇左市	5148	2077	3071	2997	1120	1877	1544	519	1025

1-3 续表 7

单位：人

地 区	90-94岁			95-99岁			100岁及以上		
	小计	男	女	小计	男	女	小计	男	女
总 计	**12821**	**4180**	**8641**	**3128**	**899**	**2229**	**620**	**111**	**509**
南宁市	1762	521	1241	409	100	309	81	12	69
柳州市	993	362	631	182	55	127	33	9	24
桂林市	1390	486	904	349	100	249	63	17	46
梧州市	811	260	551	220	65	155	37	4	33
北海市	562	195	367	133	48	85	31	2	29
防城港市	246	99	147	69	27	42	7	2	5
钦州市	894	347	547	207	71	136	36	6	30
贵港市	1285	422	863	346	99	247	66	7	59
玉林市	1425	513	912	359	124	235	56	16	40
百色市	785	229	556	182	35	147	45	9	36
贺州市	643	205	438	143	47	96	32	4	28
河池市	887	238	649	231	52	179	62	9	53
来宾市	634	179	455	154	41	113	43	10	33
崇左市	504	124	380	144	35	109	28	4	24

1-3a 各地区分年龄、性别的人口（城市）

单位：人

地 区	合 计			0岁		
	合计	男	女	小计	男	女
总 计	**1377109**	**692140**	**684969**	**11745**	**6309**	**5436**
南宁市	424605	214917	209688	3873	2047	1826
柳州市	196698	99390	97308	1552	807	745
桂林市	127335	62567	64768	949	527	422
梧州市	80092	39527	40565	671	371	300
北海市	59810	30010	29800	501	263	238
防城港市	43467	22932	20535	369	196	173
钦州市	48379	24493	23886	486	249	237
贵港市	88534	44546	43988	832	478	354
玉林市	92529	46888	45641	771	432	339
百色市	77048	38212	38836	592	311	281
贺州市	31629	15509	16120	303	166	137
河池市	38532	18552	19980	326	170	156
来宾市	41791	20936	20855	381	211	170
崇左市	26660	13661	12999	139	81	58

1-3a 续表 1

单位：人

地 区	1-4岁			5-9岁			10-14岁		
	小计	男	女	小计	男	女	小计	男	女
总 计	**76738**	**41003**	**35735**	**101357**	**54677**	**46680**	**80423**	**43475**	**36948**
南宁市	23445	12701	10744	29025	15868	13157	20787	11405	9382
柳州市	10170	5311	4859	12680	6669	6011	10294	5436	4858
桂林市	6427	3378	3049	8209	4336	3873	6403	3328	3075
梧州市	4423	2309	2114	6211	3282	2929	5194	2829	2365
北海市	3093	1655	1438	4346	2374	1972	3635	2028	1607
防城港市	2637	1445	1192	3936	2147	1789	3176	1691	1485
钦州市	3223	1772	1451	4587	2456	2131	3626	1999	1627
贵港市	5304	2828	2476	7295	3924	3371	5925	3203	2722
玉林市	5487	2895	2592	8057	4462	3595	6819	3757	3062
百色市	4435	2420	2015	5830	3210	2620	5373	2886	2487
贺州市	2055	1083	972	2750	1422	1328	2176	1111	1065
河池市	2210	1156	1054	2876	1556	1320	2560	1351	1209
来宾市	2677	1420	1257	4113	2179	1934	3369	1844	1525
崇左市	1152	630	522	1442	792	650	1086	607	479

1－3a　续表 2　　　　单位：人

地　区	15－19岁			20－24岁			25－29岁		
	小计	男	女	小计	男	女	小计	男	女
总　计	**108796**	**55894**	**52902**	**90234**	**43676**	**46558**	**89231**	**44939**	**44292**
南宁市	30273	16028	14245	36857	17489	19368	33067	16895	16172
柳州市	13332	7054	6278	10985	5966	5019	12116	6166	5950
桂林市	7556	3927	3629	7306	3475	3831	7605	3702	3903
梧州市	7237	3551	3686	4264	2005	2259	4785	2377	2408
北海市	3766	1887	1879	3328	1628	1700	4336	2144	2192
防城港市	2807	1422	1385	2121	1206	915	2916	1573	1343
钦州市	3668	1880	1788	2149	1053	1096	3090	1518	1572
贵港市	10511	5394	5117	4005	2076	1929	4866	2376	2490
玉林市	9153	4728	4425	4852	2285	2567	4876	2593	2283
百色市	6452	3050	3402	4509	2039	2470	4011	1946	2065
贺州市	2416	1104	1312	1916	856	1060	2059	1023	1036
河池市	3619	1722	1897	2192	920	1272	1578	709	869
来宾市	2933	1416	1517	2047	961	1086	2453	1186	1267
崇左市	5073	2731	2342	3703	1717	1986	1473	731	742

1－3a　续表 3　　　　单位：人

地　区	30－34岁			35－39岁			40－44岁		
	小计	男	女	小计	男	女	小计	男	女
总　计	**134958**	**66054**	**68904**	**125750**	**62543**	**63207**	**110103**	**55379**	**54724**
南宁市	47646	23490	24156	43221	21633	21588	34504	17659	16845
柳州市	18046	8956	9090	17595	8913	8682	16699	8320	8379
桂林市	11420	5432	5988	11830	5799	6031	10383	5086	5297
梧州市	6954	3343	3611	5750	2774	2976	5649	2798	2851
北海市	6130	3026	3104	5048	2542	2506	4610	2233	2377
防城港市	4525	2360	2165	4123	2175	1948	3419	1824	1595
钦州市	5058	2508	2550	4588	2253	2335	3775	1920	1855
贵港市	8063	3958	4105	6882	3426	3456	6504	3222	3282
玉林市	8394	4193	4201	7762	3850	3912	6737	3363	3374
百色市	6401	2982	3419	6869	3349	3520	6763	3386	3377
贺州市	3055	1480	1575	2737	1342	1395	2189	1095	1094
河池市	2962	1325	1637	3457	1597	1860	3330	1598	1732
来宾市	4053	1910	2143	3829	1848	1981	3705	1924	1781
崇左市	2251	1091	1160	2059	1042	1017	1836	951	885

1-3a 续表 4 单位：人

地 区	45-49岁			50-54岁			55-59岁		
	小计	男	女	小计	男	女	小计	男	女
总 计	**105234**	**53922**	**51312**	**92922**	**46905**	**46017**	**77832**	**37532**	**40300**
南宁市	30237	15753	14484	25141	12745	12396	21399	10206	11193
柳州市	16828	8617	8211	14958	7518	7440	12424	6044	6380
桂林市	10510	5216	5294	9527	4693	4834	8431	3998	4433
梧州市	6125	3028	3097	5955	2919	3036	5113	2415	2698
北海市	4785	2371	2414	4409	2252	2157	3983	1906	2077
防城港市	3500	1861	1639	3070	1639	1431	2476	1255	1221
钦州市	3382	1754	1628	2768	1413	1355	2533	1178	1355
贵港市	6697	3388	3309	6303	3099	3204	4860	2360	2500
玉林市	7083	3527	3556	6273	3151	3122	4933	2395	2538
百色市	6289	3319	2970	5661	3004	2657	4414	2147	2267
贺州市	2072	1062	1010	1953	989	964	1749	865	884
河池市	3045	1550	1495	2670	1321	1349	2306	1128	1178
来宾市	2949	1565	1384	2706	1355	1351	1985	988	997
崇左市	1732	911	821	1528	807	721	1226	647	579

1-3a 续表 5 单位：人

地 区	60-64岁			65-69岁			70-74岁		
	小计	男	女	小计	男	女	小计	男	女
总 计	**53436**	**25590**	**27846**	**48789**	**23095**	**25694**	**30204**	**14441**	**15763**
南宁市	14828	7039	7789	12834	6165	6669	7611	3636	3975
柳州市	8870	4241	4629	8134	3862	4272	5337	2567	2770
桂林市	6106	2917	3189	6276	2973	3303	3734	1762	1972
梧州市	3480	1691	1789	3387	1656	1731	2009	981	1028
北海市	2588	1237	1351	2172	1037	1135	1317	661	656
防城港市	1476	707	769	1205	588	617	707	366	341
钦州市	1782	835	947	1581	716	865	920	456	464
贵港市	3196	1584	1612	2748	1264	1484	1877	893	984
玉林市	3228	1541	1687	3255	1500	1755	2107	1035	1072
百色市	2918	1417	1501	2555	1151	1404	1744	741	1003
贺州市	1288	621	667	1222	572	650	651	306	345
河池市	1589	740	849	1641	755	886	1046	503	543
来宾市	1419	685	734	1239	594	645	810	368	442
崇左市	668	335	333	540	262	278	334	166	168

1−3a　续表 6　　　　单位：人

地　区	75−79 岁			80−84 岁			85−89 岁		
	小计	男	女	小计	男	女	小计	男	女
总　计	**17995**	**8010**	**9985**	**12616**	**5404**	**7212**	**6326**	**2437**	**3889**
南宁市	4385	1884	2501	3298	1450	1848	1573	598	975
柳州市	2982	1379	1603	2163	958	1205	1133	454	679
桂林市	2089	975	1114	1532	634	898	776	313	463
梧州市	1311	597	714	910	367	543	469	171	298
北海市	817	376	441	563	248	315	281	114	167
防城港市	437	212	225	307	149	158	186	82	104
钦州市	520	258	262	350	163	187	210	77	133
贵港市	1256	547	709	813	337	476	400	136	264
玉林市	1394	609	785	790	347	443	400	162	238
百色市	1137	450	687	684	269	415	286	103	183
贺州市	406	181	225	378	142	236	190	64	126
河池市	534	230	304	345	133	212	173	63	110
来宾市	535	233	302	349	157	192	187	76	111
崇左市	192	79	113	134	50	84	62	24	38

1−3a　续表 7　　　　单位：人

地　区	90−94 岁			95−99 岁			100 岁及以上		
	小计	男	女	小计	男	女	小计	男	女
总　计	**1934**	**700**	**1234**	**413**	**140**	**273**	**73**	**15**	**58**
南宁市	482	189	293	101	35	66	18	2	16
柳州市	339	131	208	54	19	35	7	2	5
桂林市	211	78	133	45	14	31	10	4	6
梧州市	139	48	91	50	14	36	6	1	5
北海市	78	20	58	23	8	15	1		1
防城港市	51	24	27	19	10	9	4		4
钦州市	69	30	39	11	4	7	3	1	2
贵港市	156	43	113	32	9	23	9	1	8
玉林市	124	51	73	30	10	20	4	2	2
百色市	105	27	78	14	4	10	6	1	5
贺州市	49	18	31	12	7	5	3		3
河池市	62	21	41	10	4	6	1		1
来宾市	42	13	29	9	2	7	1	1	
崇左市	27	7	20	3		3			

1-3b 各地区分年龄、性别的人口（镇）

单位：人

地 区	合 计			0岁		
	合计	男	女	小计	男	女
总 计	**1143427**	**583362**	**560065**	**12039**	**6453**	**5586**
南宁市	135317	70160	65157	1382	750	632
柳州市	78814	40194	38620	635	357	278
桂林市	116296	57306	58990	923	478	445
梧州市	66641	34291	32350	816	432	384
北海市	30814	15710	15104	302	163	139
防城港市	17159	9439	7720	183	96	87
钦州市	82314	42556	39758	980	519	461
贵港市	114458	59208	55250	1385	753	632
玉林市	163673	83707	79966	2020	1105	915
百色市	64794	32401	32393	644	339	305
贺州市	60424	30781	29643	740	388	352
河池市	100230	50229	50001	1029	552	477
来宾市	53085	26939	26146	548	275	273
崇左市	59408	30441	28967	452	246	206

1-3b 续表 1

单位：人

地 区	1-4岁			5-9岁			10-14岁		
	小计	男	女	小计	男	女	小计	男	女
总 计	**72646**	**38523**	**34123**	**105588**	**56842**	**48746**	**91000**	**48950**	**42050**
南宁市	8033	4280	3753	10991	6097	4894	9213	5117	4096
柳州市	4387	2293	2094	5713	2999	2714	4961	2590	2371
桂林市	6285	3268	3017	8909	4655	4254	7897	4174	3723
梧州市	4773	2501	2272	7072	3784	3288	5908	3124	2784
北海市	1886	1023	863	2544	1395	1149	2115	1168	947
防城港市	1092	581	511	1571	883	688	1329	713	616
钦州市	5607	3004	2603	8743	4650	4093	7609	4038	3571
贵港市	7354	3922	3432	11368	6172	5196	10097	5485	4612
玉林市	11778	6261	5517	18085	9796	8289	15272	8241	7031
百色市	4121	2143	1978	5424	2929	2495	4833	2628	2205
贺州市	4159	2188	1971	6156	3300	2856	5226	2739	2487
河池市	6448	3458	2990	9629	5244	4385	8595	4694	3901
来宾市	3165	1683	1482	4686	2382	2304	3983	2107	1876
崇左市	3558	1918	1640	4697	2556	2141	3962	2132	1830

1-3b 续表 2

单位：人

地 区	15-19岁			20-24岁			25-29岁		
	小计	男	女	小计	男	女	小计	男	女
总 计	**89686**	**45302**	**44384**	**44776**	**23793**	**20983**	**56984**	**28662**	**28322**
南宁市	9988	5247	4741	5155	2983	2172	6930	3640	3290
柳州市	5172	2436	2736	2624	1502	1122	4040	1987	2053
桂林市	8390	4071	4319	6242	3022	3220	4858	2293	2565
梧州市	5455	2805	2650	2499	1344	1155	3613	1782	1831
北海市	2690	1392	1298	1088	597	491	1720	887	833
防城港市	602	351	251	755	490	265	1113	623	490
钦州市	6519	3248	3271	3516	1882	1634	4481	2342	2139
贵港市	9595	5013	4582	5101	2715	2386	5534	2908	2626
玉林市	15834	8048	7786	6115	3263	2852	7862	3969	3893
百色市	5269	2527	2742	2333	1163	1170	3520	1674	1846
贺州市	3909	1898	2011	1976	1037	939	3391	1654	1737
河池市	8053	4024	4029	3178	1550	1628	4332	2051	2281
来宾市	3133	1658	1475	1450	752	698	2611	1312	1299
崇左市	5077	2584	2493	2744	1493	1251	2979	1540	1439

1-3b 续表 3

单位：人

地 区	30-34岁			35-39岁			40-44岁		
	小计	男	女	小计	男	女	小计	男	女
总 计	**88638**	**44276**	**44362**	**85917**	**43649**	**42268**	**79433**	**40867**	**38566**
南宁市	10709	5431	5278	10837	5551	5286	10050	5204	4846
柳州市	6608	3341	3267	6683	3349	3334	6450	3401	3049
桂林市	8314	3913	4401	9720	4716	5004	8640	4284	4356
梧州市	5271	2704	2567	4200	2199	2001	3626	1858	1768
北海市	2561	1271	1290	2316	1166	1150	2044	1034	1010
防城港市	1480	872	608	1467	844	623	1270	716	554
钦州市	6758	3477	3281	5970	3212	2758	5167	2742	2425
贵港市	8423	4378	4045	7361	3982	3379	6959	3637	3322
玉林市	12333	6179	6154	10662	5379	5283	9287	4689	4598
百色市	5258	2527	2731	5443	2674	2769	5340	2772	2568
贺州市	4655	2364	2291	3996	2074	1922	3927	2026	1901
河池市	7422	3414	4008	8239	3981	4258	7811	4000	3811
来宾市	4182	2097	2085	4193	2112	2081	4020	2048	1972
崇左市	4664	2308	2356	4830	2410	2420	4842	2456	2386

1-3b 续表 4

单位：人

地 区	45-49岁			50-54岁			55-59岁		
	小计	男	女	小计	男	女	小计	男	女
总 计	**83911**	**43499**	**40412**	**85021**	**43700**	**41321**	**73407**	**37083**	**36324**
南宁市	10699	5613	5086	10447	5460	4987	9191	4715	4476
柳州市	6515	3461	3054	6442	3384	3058	5656	2904	2752
桂林市	9244	4567	4677	9237	4616	4621	8060	4072	3988
梧州市	4366	2248	2118	4901	2563	2338	4275	2143	2132
北海市	2199	1104	1095	2183	1081	1102	2004	968	1036
防城港市	1283	752	531	1404	745	659	1104	575	529
钦州市	5253	2767	2486	5368	2752	2616	5083	2570	2513
贵港市	7426	3836	3590	8176	4087	4089	7223	3632	3591
玉林市	10605	5335	5270	10886	5457	5429	9479	4650	4829
百色市	5029	2638	2391	4951	2540	2411	3986	2025	1961
贺州市	4129	2161	1968	4429	2346	2083	3865	1943	1922
河池市	7895	4148	3747	7346	3768	3578	5920	2976	2944
来宾市	4376	2256	2120	4624	2417	2207	3742	1922	1820
崇左市	4892	2613	2279	4627	2484	2143	3819	1988	1831

1-3b 续表 5

单位：人

地 区	60-64岁			65-69岁			70-74岁		
	小计	男	女	小计	男	女	小计	男	女
总 计	**49429**	**24502**	**24927**	**46835**	**22631**	**24204**	**31229**	**15155**	**16074**
南宁市	5983	3029	2954	5773	2814	2959	4167	1983	2184
柳州市	3740	1903	1837	3591	1743	1848	2281	1133	1148
桂林市	5668	2736	2932	5724	2702	3022	3499	1727	1772
梧州市	2734	1452	1282	2628	1339	1289	1667	870	797
北海市	1440	687	753	1273	598	675	936	466	470
防城港市	731	362	369	720	350	370	389	211	178
钦州市	3301	1539	1762	3117	1515	1602	1918	1003	915
贵港市	5075	2499	2576	4936	2363	2573	3289	1621	1668
玉林市	6560	3256	3304	6216	3032	3184	4048	2000	2048
百色市	2711	1293	1418	2123	982	1141	1637	737	900
贺州市	2707	1371	1336	2510	1268	1242	1760	837	923
河池市	3942	1943	1999	3756	1761	1995	2601	1198	1403
来宾市	2436	1212	1224	2293	1155	1138	1433	681	752
崇左市	2401	1220	1181	2175	1009	1166	1604	688	916

1-3b　续表 6

单位：人

地　区	75-79 岁			80-84 岁			85-89 岁		
	小计	男	女	小计	男	女	小计	男	女
总　计	**21431**	**9559**	**11872**	**14274**	**6014**	**8260**	**7691**	**2859**	**4832**
南宁市	2696	1178	1518	1750	676	1074	918	289	629
柳州市	1509	668	841	1027	450	577	555	214	341
桂林市	2080	966	1114	1523	626	897	772	323	449
梧州市	1268	551	717	889	389	500	424	135	289
北海市	646	324	322	473	230	243	273	112	161
防城港市	280	127	153	225	89	136	115	45	70
钦州市	1286	622	664	948	413	535	466	179	287
贵港市	2408	1093	1315	1433	638	795	871	328	543
玉林市	3034	1482	1552	1917	899	1018	1188	491	697
百色市	1075	438	637	650	240	410	311	99	212
贺州市	1197	542	655	911	385	526	517	177	340
河池市	1922	742	1180	1229	471	758	613	201	412
来宾市	989	413	576	671	266	405	385	159	226
崇左市	1041	413	628	628	242	386	283	107	176

1-3b　续表 7

单位：人

地　区	90-94 岁			95-99 岁			100 岁及以上		
	小计	男	女	小计	男	女	小计	男	女
总　计	**2675**	**825**	**1850**	**688**	**197**	**491**	**129**	**21**	**108**
南宁市	307	83	224	84	17	67	14	3	11
柳州市	183	67	116	34	10	24	8	2	6
桂林市	235	74	161	66	21	45	10	2	8
梧州市	196	55	141	49	12	37	11	1	10
北海市	91	35	56	23	9	14	7		7
防城港市	36	11	25	10	3	7			
钦州市	184	69	115	34	13	21	6		6
贵港市	325	111	214	103	33	70	16	2	14
玉林市	378	137	241	103	36	67	11	2	9
百色市	103	27	76	25	3	22	8	3	5
贺州市	210	69	141	45	12	33	9	2	7
河池市	203	40	163	52	12	40	15	1	14
来宾市	127	25	102	27	4	23	11	3	8
崇左市	97	22	75	33	12	21	3		3

1-3c 各地区分年龄、性别的人口（乡村）

单位：人

地 区	合 计			0岁		
	合计	男	女	小计	男	女
总 计	**2097983**	**1100029**	**997954**	**27399**	**14528**	**12871**
南宁市	242756	128554	114202	3073	1646	1427
柳州市	114175	60780	53395	1389	737	652
桂林市	213306	110862	102444	2212	1147	1065
梧州市	108691	57539	51152	1647	900	747
北海市	78767	41834	36933	1116	588	528
防城港市	36093	20240	15853	502	246	256
钦州市	172703	91209	81494	2610	1378	1232
贵港市	192473	100287	92186	2560	1374	1186
玉林市	266410	139023	127387	4000	2153	1847
百色市	192231	99726	92505	2211	1176	1035
贺州市	97123	50304	46819	1438	738	700
河池市	175363	90289	85074	2188	1163	1025
来宾市	97999	51740	46259	1255	650	605
崇左市	109893	57642	52251	1198	632	566

1-3c 续表 1

单位：人

地 区	1-4岁			5-9岁			10-14岁		
	小计	男	女	小计	男	女	小计	男	女
总 计	**131493**	**69778**	**61715**	**201187**	**106700**	**94487**	**189155**	**100232**	**88923**
南宁市	13803	7491	6312	20800	11277	9523	18789	10191	8598
柳州市	6067	3214	2853	8618	4525	4093	8486	4535	3951
桂林市	11050	5818	5232	15562	8135	7427	14868	7681	7187
梧州市	8032	4191	3841	12111	6366	5745	10893	5628	5265
北海市	4701	2477	2224	6847	3787	3060	5981	3225	2756
防城港市	2200	1148	1052	3264	1753	1511	2958	1566	1392
钦州市	12227	6435	5792	20698	10737	9961	19313	10144	9169
贵港市	12737	6833	5904	20895	10925	9970	19874	10540	9334
玉林市	20250	10679	9571	32447	17207	15240	28968	15404	13564
百色市	10800	5766	5034	14924	8202	6722	16083	8583	7500
贺州市	7138	3734	3404	11155	5818	5337	9492	5005	4487
河池市	10643	5681	4962	16552	8775	7777	17140	9158	7982
来宾市	5676	2990	2686	8586	4481	4105	8004	4155	3849
崇左市	6169	3321	2848	8728	4712	4016	8306	4417	3889

1-3c　续表 2

单位：人

地　区	15-19岁			20-24岁			25-29岁		
	小计	男	女	小计	男	女	小计	男	女
总　计	**104320**	**55334**	**48986**	**70677**	**38416**	**32261**	**82490**	**45479**	**37011**
南宁市	11382	6250	5132	7744	4363	3381	9428	5339	4089
柳州市	4433	2337	2096	2826	1526	1300	4423	2387	2036
桂林市	8560	4332	4228	6682	3379	3303	7132	3806	3326
梧州市	5961	3137	2824	3730	2018	1712	4684	2496	2188
北海市	4120	2182	1938	3376	1946	1430	4703	2599	2104
防城港市	1699	948	751	1376	885	491	1973	1273	700
钦州市	10264	5392	4872	7717	4213	3504	7033	4015	3018
贵港市	11889	6231	5658	7695	4109	3586	7596	4209	3387
玉林市	14231	7749	6482	9566	5232	4334	10570	5747	4823
百色市	10795	5638	5157	6944	3781	3163	7280	4026	3254
贺州市	4105	2103	2002	3019	1549	1470	4776	2440	2336
河池市	8942	4738	4204	5324	2809	2515	5550	2982	2568
来宾市	3370	1780	1590	2226	1237	989	3438	1897	1541
崇左市	4569	2517	2052	2452	1369	1083	3904	2263	1641

1-3c　续表 3

单位：人

地　区	30-34岁			35-39岁			40-44岁		
	小计	男	女	小计	男	女	小计	男	女
总　计	**122059**	**66959**	**55100**	**125997**	**69675**	**56322**	**123717**	**67865**	**55852**
南宁市	14835	8367	6468	16029	8806	7223	15107	8304	6803
柳州市	6993	3960	3033	7459	4289	3170	7698	4381	3317
桂林市	11638	6240	5398	13402	7369	6033	12535	6788	5747
梧州市	5940	3249	2691	4737	2566	2171	4977	2648	2329
北海市	6289	3535	2754	5283	2904	2379	4775	2538	2237
防城港市	2507	1574	933	2582	1567	1015	2309	1396	913
钦州市	9716	5429	4287	8997	5012	3985	8418	4602	3816
贵港市	11127	6019	5108	10550	5877	4673	10793	5856	4937
玉林市	16026	8619	7407	14937	8037	6900	13083	6816	6267
百色市	10976	5934	5042	12961	7212	5749	13744	7755	5989
贺州市	6053	3175	2878	5189	2793	2396	5132	2814	2318
河池市	8458	4467	3991	11377	6171	5206	11150	6135	5015
来宾市	5272	2899	2373	5673	3198	2475	6387	3605	2782
崇左市	6229	3492	2737	6821	3874	2947	7609	4227	3382

1-3c 续表 4

单位：人

地区	45-49岁			50-54岁			55-59岁		
	小计	男	女	小计	男	女	小计	男	女
总计	**146108**	**79080**	**67028**	**170873**	**90905**	**79968**	**154077**	**81052**	**73025**
南宁市	18011	9838	8173	20317	11070	9247	18960	10127	8833
柳州市	9363	5204	4159	10550	5830	4720	9324	5090	4234
桂林市	15711	8558	7153	19863	10650	9213	18679	9892	8787
梧州市	6938	3727	3211	9062	4908	4154	7873	4268	3605
北海市	5335	2787	2548	6008	3050	2958	5477	2832	2645
防城港市	2409	1444	965	2747	1497	1250	2622	1441	1181
钦州市	9715	5210	4505	11533	6096	5437	11442	5800	5642
贵港市	12151	6339	5812	14272	7351	6921	12221	6195	6026
玉林市	15589	7816	7773	18542	9387	9155	16969	8672	8297
百色市	15417	8515	6902	16745	8943	7802	13491	7000	6491
贺州市	6069	3361	2708	7502	3938	3564	6731	3535	3196
河池市	12591	6977	5614	14334	7558	6776	13137	6885	6252
来宾市	7970	4419	3551	9290	5150	4140	7893	4326	3567
崇左市	8839	4885	3954	10108	5477	4631	9258	4989	4269

1-3c 续表 5

单位：人

地区	60-64岁			65-69岁			70-74岁		
	小计	男	女	小计	男	女	小计	男	女
总计	**112217**	**57889**	**54328**	**115486**	**57862**	**57624**	**83349**	**40401**	**42948**
南宁市	13524	7022	6502	13786	7014	6772	10569	4919	5650
柳州市	6468	3397	3071	6936	3516	3420	5075	2457	2618
桂林市	13985	7320	6665	15502	7716	7786	10282	5096	5186
梧州市	5348	3015	2333	5760	3208	2552	3725	1967	1758
北海市	3813	1934	1879	3483	1770	1713	2529	1291	1238
防城港市	1752	913	839	1780	899	881	1217	636	581
钦州市	8604	4428	4176	8653	4458	4195	5914	3188	2726
贵港市	9166	4678	4488	9945	5047	4898	7140	3542	3598
玉林市	13114	6727	6387	13549	6773	6776	9424	5006	4418
百色市	9830	4762	5068	9603	4520	5083	7696	3285	4411
贺州市	4948	2578	2370	4834	2404	2430	3521	1737	1784
河池市	9479	4832	4647	9320	4394	4926	7259	3173	4086
来宾市	5725	3028	2697	5778	2981	2797	4175	1977	2198
崇左市	6461	3255	3206	6557	3162	3395	4823	2127	2696

1-3c 续表 6

单位：人

地 区	75-79岁			80-84岁			85-89岁		
	小计	男	女	小计	男	女	小计	男	女
总 计	**62590**	**28431**	**34159**	**41553**	**17747**	**23806**	**22579**	**8404**	**14175**
南宁市	7854	3391	4463	4944	1988	2956	2555	847	1708
柳州市	3593	1655	1938	2472	1003	1469	1419	542	877
桂林市	6938	3329	3609	4708	2141	2567	2772	1055	1717
梧州市	3162	1505	1657	2292	1061	1231	1202	483	719
北海市	1994	1056	938	1499	733	766	935	427	508
防城港市	890	466	424	679	326	353	425	182	243
钦州市	4390	2225	2165	2957	1389	1568	1672	751	921
贵港市	5323	2515	2808	3490	1564	1926	1993	754	1239
玉林市	6845	3398	3447	4520	2139	2381	2590	1047	1543
百色市	6328	2474	3854	3851	1405	2446	1801	541	1260
贺州市	2641	1233	1408	1881	830	1051	1009	371	638
河池市	5522	2189	3333	3776	1409	2367	1784	572	1212
来宾市	3195	1410	1785	2249	931	1318	1223	444	779
崇左市	3915	1585	2330	2235	828	1407	1199	388	811

1-3c 续表 7

单位：人

地 区	90-94岁			95-99岁			100岁及以上		
	小计	男	女	小计	男	女	小计	男	女
总 计	**8212**	**2655**	**5557**	**2027**	**562**	**1465**	**418**	**75**	**343**
南宁市	973	249	724	224	48	176	49	7	42
柳州市	471	164	307	94	26	68	18	5	13
桂林市	944	334	610	238	65	173	43	11	32
梧州市	476	157	319	121	39	82	20	2	18
北海市	393	140	253	87	31	56	23	2	21
防城港市	159	64	95	40	14	26	3	2	1
钦州市	641	248	393	162	54	108	27	5	22
贵港市	804	268	536	211	57	154	41	4	37
玉林市	923	325	598	226	78	148	41	12	29
百色市	577	175	402	143	28	115	31	5	26
贺州市	384	118	266	86	28	58	20	2	18
河池市	622	177	445	169	36	133	46	8	38
来宾市	465	141	324	118	35	83	31	6	25
崇左市	380	95	285	108	23	85	25	4	21

1-4　分年龄、性别的人口

单位：人、%

年　龄	人　口　数			占总人口比重			性别比（女=100）
	合计	男	女	合计	男	女	
总　计	**4618519**	**2375531**	**2242988**	**100.00**	**51.43**	**48.57**	**105.91**
0-4岁	**332060**	**176594**	**155466**	**7.19**	**3.82**	**3.37**	**113.59**
0	51183	27290	23893	1.11	0.59	0.52	114.22
1	59419	31620	27799	1.29	0.68	0.60	113.75
2	65785	34757	31028	1.42	0.75	0.67	112.02
3	78473	41679	36794	1.70	0.90	0.80	113.28
4	77200	41248	35952	1.67	0.89	0.78	114.73
5-9岁	**408132**	**218219**	**189913**	**8.84**	**4.72**	**4.11**	**114.90**
5	76454	40775	35679	1.66	0.88	0.77	114.28
6	81636	43865	37771	1.77	0.95	0.82	116.13
7	82785	44244	38541	1.79	0.96	0.83	114.80
8	87787	46789	40998	1.90	1.01	0.89	114.13
9	79470	42546	36924	1.72	0.92	0.80	115.23
10-14岁	**360578**	**192657**	**167921**	**7.81**	**4.17**	**3.64**	**114.73**
10	76011	40722	35289	1.65	0.88	0.76	115.40
11	76223	40811	35412	1.65	0.88	0.77	115.25
12	72305	38870	33435	1.57	0.84	0.72	116.26
13	68580	36511	32069	1.48	0.79	0.69	113.85
14	67459	35743	31716	1.46	0.77	0.69	112.70
15-19岁	**302802**	**156530**	**146272**	**6.56**	**3.39**	**3.17**	**107.01**
15	63164	33144	30020	1.37	0.72	0.65	110.41
16	70718	36554	34164	1.53	0.79	0.74	107.00
17	67381	34487	32894	1.46	0.75	0.71	104.84
18	53059	27754	25305	1.15	0.60	0.55	109.68
19	48480	24591	23889	1.05	0.53	0.52	102.94
20-24岁	**205687**	**105885**	**99802**	**4.45**	**2.29**	**2.16**	**106.10**
20	46993	23844	23149	1.02	0.52	0.50	103.00
21	41145	21110	20035	0.89	0.46	0.43	105.37
22	40603	20821	19782	0.88	0.45	0.43	105.25
23	38774	20221	18553	0.84	0.44	0.40	108.99
24	38172	19889	18283	0.83	0.43	0.40	108.78
25-29岁	**228705**	**119080**	**109625**	**4.95**	**2.58**	**2.37**	**108.62**
25	40594	21163	19431	0.88	0.46	0.42	108.91
26	41614	21697	19917	0.90	0.47	0.43	108.94
27	45220	23557	21663	0.98	0.51	0.47	108.74
28	50009	26043	23966	1.08	0.56	0.52	108.67
29	51268	26620	24648	1.11	0.58	0.53	108.00

1-4　续表 1　　　　单位：人、%

年　龄	人　口　数			占总人口比重			性别比（女=100）
	合计	男	女	合计	男	女	
30-34岁	**345655**	**177289**	**168366**	**7.48**	**3.84**	**3.65**	**105.30**
30	62926	32241	30685	1.36	0.70	0.66	105.07
31	65766	33918	31848	1.42	0.73	0.69	106.50
32	65813	33480	32333	1.42	0.72	0.70	103.55
33	75733	39089	36644	1.64	0.85	0.79	106.67
34	75417	38561	36856	1.63	0.83	0.80	104.63
35-39岁	**337664**	**175867**	**161797**	**7.31**	**3.81**	**3.50**	**108.70**
35	73565	38182	35383	1.59	0.83	0.77	107.91
36	71287	36815	34472	1.54	0.80	0.75	106.80
37	61697	32077	29620	1.34	0.69	0.64	108.30
38	66809	34931	31878	1.45	0.76	0.69	109.58
39	64306	33862	30444	1.39	0.73	0.66	111.23
40-44岁	**313253**	**164111**	**149142**	**6.78**	**3.55**	**3.23**	**110.04**
40	63374	33172	30202	1.37	0.72	0.65	109.83
41	65895	34590	31305	1.43	0.75	0.68	110.49
42	62225	32433	29792	1.35	0.70	0.65	108.86
43	57329	29810	27519	1.24	0.65	0.60	108.33
44	64430	34106	30324	1.40	0.74	0.66	112.47
45-49岁	**335253**	**176501**	**158752**	**7.26**	**3.82**	**3.44**	**111.18**
45	64690	34023	30667	1.40	0.74	0.66	110.94
46	70943	37270	33673	1.54	0.81	0.73	110.68
47	66471	35126	31345	1.44	0.76	0.68	112.06
48	66185	34760	31425	1.43	0.75	0.68	110.61
49	66964	35322	31642	1.45	0.76	0.69	111.63
50-54岁	**348816**	**181510**	**167306**	**7.55**	**3.93**	**3.62**	**108.49**
50	70414	36594	33820	1.52	0.79	0.73	108.20
51	68422	35883	32539	1.48	0.78	0.70	110.28
52	75983	39557	36426	1.65	0.86	0.79	108.60
53	62346	32294	30052	1.35	0.70	0.65	107.46
54	71651	37182	34469	1.55	0.81	0.75	107.87
55-59岁	**305316**	**155667**	**149649**	**6.61**	**3.37**	**3.24**	**104.02**
55	72233	37284	34949	1.56	0.81	0.76	106.68
56	69044	34641	34403	1.49	0.75	0.74	100.69
57	75295	38691	36604	1.63	0.84	0.79	105.70
58	58744	29992	28752	1.27	0.65	0.62	104.31
59	30000	15059	14941	0.65	0.33	0.32	100.79
60-64岁	**215082**	**107981**	**107101**	**4.66**	**2.34**	**2.32**	**100.82**
60	35220	17430	17790	0.76	0.38	0.39	97.98
61	33982	17470	16512	0.74	0.38	0.36	105.80
62	50629	25394	25235	1.10	0.55	0.55	100.63
63	50451	25621	24830	1.09	0.55	0.54	103.19
64	44800	22066	22734	0.97	0.48	0.49	97.06

1-4 续表 2

单位：人、%

年 龄	人口数			占总人口比重			性别比（女=100）
	合计	男	女	合计	男	女	
65–69岁	**211110**	**103588**	**107522**	**4.57**	**2.24**	**2.33**	**96.34**
65	45371	22577	22794	0.98	0.49	0.49	99.05
66	46175	22588	23587	1.00	0.49	0.51	95.76
67	43153	21222	21931	0.93	0.46	0.47	96.77
68	41400	20307	21093	0.90	0.44	0.46	96.27
69	35011	16894	18117	0.76	0.37	0.39	93.25
70–74岁	**144782**	**69997**	**74785**	**3.13**	**1.52**	**1.62**	**93.60**
70	36198	17576	18622	0.78	0.38	0.40	94.38
71	34762	17454	17308	0.75	0.38	0.37	100.84
72	27110	13088	14022	0.59	0.28	0.30	93.34
73	23950	11257	12693	0.52	0.24	0.27	88.69
74	22762	10622	12140	0.49	0.23	0.26	87.50
75–79岁	**102016**	**46000**	**56016**	**2.21**	**1.00**	**1.21**	**82.12**
75	22329	10183	12146	0.48	0.22	0.26	83.84
76	22514	10448	12066	0.49	0.23	0.26	86.59
77	20082	8988	11094	0.43	0.19	0.24	81.02
78	19010	8435	10575	0.41	0.18	0.23	79.76
79	18081	7946	10135	0.39	0.17	0.22	78.40
80–84岁	**68443**	**29165**	**39278**	**1.48**	**0.63**	**0.85**	**74.25**
80	17036	7420	9616	0.37	0.16	0.21	77.16
81	13919	6103	7816	0.30	0.13	0.17	78.08
82	14003	5991	8012	0.30	0.13	0.17	74.78
83	12179	5042	7137	0.26	0.11	0.15	70.65
84	11306	4609	6697	0.24	0.10	0.15	68.82
85–89岁	**36596**	**13700**	**22896**	**0.79**	**0.30**	**0.50**	**59.84**
85	9663	3628	6035	0.21	0.08	0.13	60.12
86	8166	3094	5072	0.18	0.07	0.11	61.00
87	7602	2970	4632	0.16	0.06	0.10	64.12
88	5903	2129	3774	0.13	0.05	0.08	56.41
89	5262	1879	3383	0.11	0.04	0.07	55.54
90–94岁	**12821**	**4180**	**8641**	**0.28**	**0.09**	**0.19**	**48.37**
90	4432	1543	2889	0.10	0.03	0.06	53.41
91	2769	887	1882	0.06	0.02	0.04	47.13
92	2327	766	1561	0.05	0.02	0.03	49.07
93	1911	573	1338	0.04	0.01	0.03	42.83
94	1382	411	971	0.03	0.01	0.02	42.33
95–99岁	**3128**	**899**	**2229**	**0.07**	**0.02**	**0.05**	**40.33**
95	1066	296	770	0.02	0.01	0.02	38.44
96	790	236	554	0.02	0.01	0.01	42.60
97	551	166	385	0.01		0.01	43.12
98	383	112	271	0.01		0.01	41.33
99	338	89	249	0.01		0.01	35.74
100岁及以上	**620**	**111**	**509**	**0.01**	**0.00**	**0.01**	**21.81**

1-4a　分年龄、性别的人口（城市）

单位：人、%

年　龄	人　口　数			占总人口比重			性别比（女=100）
	合计	男	女	合计	男	女	
总　计	**1377109**	**692140**	**684969**	**100.00**	**50.26**	**49.74**	**101.05**
0-4岁	**88483**	**47312**	**41171**	**6.43**	**3.44**	**2.99**	**114.92**
0	11745	6309	5436	0.85	0.46	0.39	116.06
1	15969	8538	7431	1.16	0.62	0.54	114.90
2	18100	9546	8554	1.31	0.69	0.62	111.60
3	22189	11896	10293	1.61	0.86	0.75	115.57
4	20480	11023	9457	1.49	0.80	0.69	116.56
5-9岁	**101357**	**54677**	**46680**	**7.36**	**3.97**	**3.39**	**117.13**
5	19493	10405	9088	1.42	0.76	0.66	114.49
6	20551	11096	9455	1.49	0.81	0.69	117.36
7	21029	11370	9659	1.53	0.83	0.70	117.71
8	21735	11700	10035	1.58	0.85	0.73	116.59
9	18549	10106	8443	1.35	0.73	0.61	119.70
10-14岁	**80423**	**43475**	**36948**	**5.84**	**3.16**	**2.68**	**117.67**
10	17249	9418	7831	1.25	0.68	0.57	120.27
11	16792	9131	7661	1.22	0.66	0.56	119.19
12	16511	8996	7515	1.20	0.65	0.55	119.71
13	15397	8191	7206	1.12	0.59	0.52	113.67
14	14474	7739	6735	1.05	0.56	0.49	114.91
15-19岁	**108796**	**55894**	**52902**	**7.90**	**4.06**	**3.84**	**105.66**
15	16490	8706	7784	1.20	0.63	0.57	111.84
16	24488	12785	11703	1.78	0.93	0.85	109.25
17	25855	13341	12514	1.88	0.97	0.91	106.61
18	20322	10601	9721	1.48	0.77	0.71	109.05
19	21641	10461	11180	1.57	0.76	0.81	93.57
20-24岁	**90234**	**43676**	**46558**	**6.55**	**3.17**	**3.38**	**93.81**
20	22905	10915	11990	1.66	0.79	0.87	91.03
21	19035	9021	10014	1.38	0.66	0.73	90.08
22	17331	8328	9003	1.26	0.60	0.65	92.50
23	15635	7735	7900	1.14	0.56	0.57	97.91
24	15328	7677	7651	1.11	0.56	0.56	100.34
25-29岁	**89231**	**44939**	**44292**	**6.48**	**3.26**	**3.22**	**101.46**
25	16014	8116	7898	1.16	0.59	0.57	102.76
26	16341	8292	8049	1.19	0.60	0.58	103.02
27	17634	8940	8694	1.28	0.65	0.63	102.83
28	19182	9490	9692	1.39	0.69	0.70	97.92
29	20060	10101	9959	1.46	0.73	0.72	101.43

1-4a 续表 1　　　　单位：人、%

年　龄	人　口　数			占总人口比重			性别比
	合计	男	女	合计	男	女	(女=100)
30-34岁	**134958**	**66054**	**68904**	**9.80**	**4.80**	**5.00**	**95.86**
30	24560	12025	12535	1.78	0.87	0.91	95.93
31	25725	12699	13026	1.87	0.92	0.95	97.49
32	25837	12569	13268	1.88	0.91	0.96	94.73
33	29399	14463	14936	2.13	1.05	1.08	96.83
34	29437	14298	15139	2.14	1.04	1.10	94.44
35-39岁	**125750**	**62543**	**63207**	**9.13**	**4.54**	**4.59**	**98.95**
35	27761	13646	14115	2.02	0.99	1.02	96.68
36	26775	13166	13609	1.94	0.96	0.99	96.74
37	23162	11544	11618	1.68	0.84	0.84	99.36
38	24965	12495	12470	1.81	0.91	0.91	100.20
39	23087	11692	11395	1.68	0.85	0.83	102.61
40-44岁	**110103**	**55379**	**54724**	**8.00**	**4.02**	**3.97**	**101.20**
40	22364	11231	11133	1.62	0.82	0.81	100.88
41	23728	11943	11785	1.72	0.87	0.86	101.34
42	22201	11109	11092	1.61	0.81	0.81	100.15
43	20030	10112	9918	1.45	0.73	0.72	101.96
44	21780	10984	10796	1.58	0.80	0.78	101.74
45-49岁	**105234**	**53922**	**51312**	**7.64**	**3.92**	**3.73**	**105.09**
45	21346	10881	10465	1.55	0.79	0.76	103.98
46	22763	11685	11078	1.65	0.85	0.80	105.48
47	21074	10881	10193	1.53	0.79	0.74	106.75
48	20092	10241	9851	1.46	0.74	0.72	103.96
49	19959	10234	9725	1.45	0.74	0.71	105.23
50-54岁	**92922**	**46905**	**46017**	**6.75**	**3.41**	**3.34**	**101.93**
50	20400	10308	10092	1.48	0.75	0.73	102.14
51	18929	9642	9287	1.37	0.70	0.67	103.82
52	20095	10266	9829	1.46	0.75	0.71	104.45
53	15734	7798	7936	1.14	0.57	0.58	98.26
54	17764	8891	8873	1.29	0.65	0.64	100.20
55-59岁	**77832**	**37532**	**40300**	**5.65**	**2.73**	**2.93**	**93.13**
55	18053	8833	9220	1.31	0.64	0.67	95.80
56	17559	8438	9121	1.28	0.61	0.66	92.51
57	19528	9400	10128	1.42	0.68	0.74	92.81
58	14713	7049	7664	1.07	0.51	0.56	91.98
59	7979	3812	4167	0.58	0.28	0.30	91.48
60-64岁	**53436**	**25590**	**27846**	**3.88**	**1.86**	**2.02**	**91.90**
60	9627	4605	5022	0.70	0.33	0.36	91.70
61	8827	4313	4514	0.64	0.31	0.33	95.55
62	12029	5761	6268	0.87	0.42	0.46	91.91
63	12221	5873	6348	0.89	0.43	0.46	92.52
64	10732	5038	5694	0.78	0.37	0.41	88.48

1-4a　续表 2　　　　单位：人、%

年　龄	人口数			占总人口比重			性别比 (女=100)
	合计	男	女	合计	男	女	
65-69岁	**48789**	**23095**	**25694**	**3.54**	**1.68**	**1.87**	**89.88**
65	10628	5030	5598	0.77	0.37	0.41	89.85
66	10925	5149	5776	0.79	0.37	0.42	89.14
67	9840	4686	5154	0.71	0.34	0.37	90.92
68	9474	4458	5016	0.69	0.32	0.36	88.88
69	7922	3772	4150	0.58	0.27	0.30	90.89
70-74岁	**30204**	**14441**	**15763**	**2.19**	**1.05**	**1.14**	**91.61**
70	8009	3967	4042	0.58	0.29	0.29	98.14
71	7178	3455	3723	0.52	0.25	0.27	92.80
72	5699	2642	3057	0.41	0.19	0.22	86.42
73	4932	2314	2618	0.36	0.17	0.19	88.39
74	4386	2063	2323	0.32	0.15	0.17	88.81
75-79岁	**17995**	**8010**	**9985**	**1.31**	**0.58**	**0.73**	**80.22**
75	3943	1812	2131	0.29	0.13	0.15	85.03
76	3993	1838	2155	0.29	0.13	0.16	85.29
77	3486	1514	1972	0.25	0.11	0.14	76.77
78	3401	1506	1895	0.25	0.11	0.14	79.47
79	3172	1340	1832	0.23	0.10	0.13	73.14
80-84岁	**12616**	**5404**	**7212**	**0.92**	**0.39**	**0.52**	**74.93**
80	3110	1365	1745	0.23	0.10	0.13	78.22
81	2575	1123	1452	0.19	0.08	0.11	77.34
82	2585	1090	1495	0.19	0.08	0.11	72.91
83	2261	987	1274	0.16	0.07	0.09	77.47
84	2085	839	1246	0.15	0.06	0.09	67.34
85-89岁	**6326**	**2437**	**3889**	**0.46**	**0.18**	**0.28**	**62.66**
85	1667	632	1035	0.12	0.05	0.08	61.06
86	1474	556	918	0.11	0.04	0.07	60.57
87	1367	542	825	0.10	0.04	0.06	65.70
88	968	371	597	0.07	0.03	0.04	62.14
89	850	336	514	0.06	0.02	0.04	65.37
90-94岁	**1934**	**700**	**1234**	**0.14**	**0.05**	**0.09**	**56.73**
90	694	269	425	0.05	0.02	0.03	63.29
91	429	146	283	0.03	0.01	0.02	51.59
92	349	135	214	0.03	0.01	0.02	63.08
93	265	84	181	0.02	0.01	0.01	46.41
94	197	66	131	0.01		0.01	50.38
95-99岁	**413**	**140**	**273**	**0.03**	**0.01**	**0.02**	**51.28**
95	144	52	92	0.01		0.01	56.52
96	106	40	66	0.01			60.61
97	72	17	55	0.01			30.91
98	37	11	26				42.31
100岁及以上	**73**	**15**	**58**	**0.01**			**25.86**

1-4b 分年龄、性别的人口（镇）

单位：人、%

年龄	人口数			占总人口比重			性别比（女=100）
	合计	男	女	合计	男	女	
总计	**1143427**	**583362**	**560065**	**100.00**	**51.02**	**48.98**	**104.16**
0-4岁	**84685**	**44976**	**39709**	**7.41**	**3.93**	**3.47**	**113.26**
0	12039	6453	5586	1.05	0.56	0.49	115.52
1	15199	8004	7195	1.33	0.70	0.63	111.24
2	17037	8952	8085	1.49	0.78	0.71	110.72
3	20467	10829	9638	1.79	0.95	0.84	112.36
4	19943	10738	9205	1.74	0.94	0.81	116.65
5-9岁	**105588**	**56842**	**48746**	**9.23**	**4.97**	**4.26**	**116.61**
5	19605	10491	9114	1.71	0.92	0.80	115.11
6	21202	11481	9721	1.85	1.00	0.85	118.11
7	21366	11575	9791	1.87	1.01	0.86	118.22
8	22676	12118	10558	1.98	1.06	0.92	114.78
9	20739	11177	9562	1.81	0.98	0.84	116.89
10-14岁	**91000**	**48950**	**42050**	**7.96**	**4.28**	**3.68**	**116.41**
10	19944	10766	9178	1.74	0.94	0.80	117.30
11	19457	10547	8910	1.70	0.92	0.78	118.37
12	18160	9820	8340	1.59	0.86	0.73	117.75
13	16899	9011	7888	1.48	0.79	0.69	114.24
14	16540	8806	7734	1.45	0.77	0.68	113.86
15-19岁	**89686**	**45302**	**44384**	**7.84**	**3.96**	**3.88**	**102.07**
15	17713	9051	8662	1.55	0.79	0.76	104.49
16	22631	11232	11399	1.98	0.98	1.00	98.53
17	22529	11134	11395	1.97	0.97	1.00	97.71
18	16040	8206	7834	1.40	0.72	0.69	104.75
19	10773	5679	5094	0.94	0.50	0.45	111.48
20-24岁	**44776**	**23793**	**20983**	**3.92**	**2.08**	**1.84**	**113.39**
20	9069	4900	4169	0.79	0.43	0.36	117.53
21	8608	4754	3854	0.75	0.42	0.34	123.35
22	9037	4745	4292	0.79	0.41	0.38	110.55
23	8930	4672	4258	0.78	0.41	0.37	109.72
24	9132	4722	4410	0.80	0.41	0.39	107.07
25-29岁	**56984**	**28662**	**28322**	**4.98**	**2.51**	**2.48**	**101.20**
25	10011	5079	4932	0.88	0.44	0.43	102.98
26	10218	5119	5099	0.89	0.45	0.45	100.39
27	11152	5559	5593	0.98	0.49	0.49	99.39
28	12687	6436	6251	1.11	0.56	0.55	102.96
29	12916	6469	6447	1.13	0.57	0.56	100.34

1-4b　续表 1

单位：人、%

年　龄	人口数			占总人口比重			性别比（女=100）
	合计	男	女	合计	男	女	
30-34岁	**88638**	**44276**	**44362**	**7.75**	**3.87**	**3.88**	**99.81**
30	15829	7878	7951	1.38	0.69	0.70	99.08
31	16758	8420	8338	1.47	0.74	0.73	100.98
32	17073	8474	8599	1.49	0.74	0.75	98.55
33	19589	9896	9693	1.71	0.87	0.85	102.09
34	19389	9608	9781	1.70	0.84	0.86	98.23
35-39岁	**85917**	**43649**	**42268**	**7.51**	**3.82**	**3.70**	**103.27**
35	18982	9575	9407	1.66	0.84	0.82	101.79
36	18094	9048	9046	1.58	0.79	0.79	100.02
37	15790	8058	7732	1.38	0.70	0.68	104.22
38	16936	8646	8290	1.48	0.76	0.73	104.29
39	16115	8322	7793	1.41	0.73	0.68	106.79
40-44岁	**79433**	**40867**	**38566**	**6.95**	**3.57**	**3.37**	**105.97**
40	15975	8141	7834	1.40	0.71	0.69	103.92
41	16610	8513	8097	1.45	0.74	0.71	105.14
42	15920	8171	7749	1.39	0.71	0.68	105.45
43	14583	7426	7157	1.28	0.65	0.63	103.76
44	16345	8616	7729	1.43	0.75	0.68	111.48
45-49岁	**83911**	**43499**	**40412**	**7.34**	**3.80**	**3.53**	**107.64**
45	16552	8604	7948	1.45	0.75	0.70	108.25
46	17959	9236	8723	1.57	0.81	0.76	105.88
47	16488	8521	7967	1.44	0.75	0.70	106.95
48	16477	8549	7928	1.44	0.75	0.69	107.83
49	16435	8589	7846	1.44	0.75	0.69	109.47
50-54岁	**85021**	**43700**	**41321**	**7.44**	**3.82**	**3.61**	**105.76**
50	17272	8894	8378	1.51	0.78	0.73	106.16
51	16592	8615	7977	1.45	0.75	0.70	108.00
52	18498	9420	9078	1.62	0.82	0.79	103.77
53	15224	7901	7323	1.33	0.69	0.64	107.89
54	17435	8870	8565	1.52	0.78	0.75	103.56
55-59岁	**73407**	**37083**	**36324**	**6.42**	**3.24**	**3.18**	**102.09**
55	17445	9024	8421	1.53	0.79	0.74	107.16
56	16666	8258	8408	1.46	0.72	0.74	98.22
57	18146	9176	8970	1.59	0.80	0.78	102.30
58	14144	7162	6982	1.24	0.63	0.61	102.58
59	7006	3463	3543	0.61	0.30	0.31	97.74
60-64岁	**49429**	**24502**	**24927**	**4.32**	**2.14**	**2.18**	**98.30**
60	8189	4021	4168	0.72	0.35	0.36	96.47
61	7979	4061	3918	0.70	0.36	0.34	103.65
62	11820	5766	6054	1.03	0.50	0.53	95.24
63	11298	5691	5607	0.99	0.50	0.49	101.50
64	10143	4963	5180	0.89	0.43	0.45	95.81

1-4b 续表 2

单位：人、%

年 龄	人 口 数			占总人口比重			性别比
	合计	男	女	合计	男	女	（女=100）
65-69岁	**46835**	**22631**	**24204**	**4.10**	**1.98**	**2.12**	**93.50**
65	10153	5003	5150	0.89	0.44	0.45	97.15
66	10308	4903	5405	0.90	0.43	0.47	90.71
67	9555	4615	4940	0.84	0.40	0.43	93.42
68	9223	4385	4838	0.81	0.38	0.42	90.64
69	7596	3725	3871	0.66	0.33	0.34	96.23
70-74岁	**31229**	**15155**	**16074**	**2.73**	**1.33**	**1.41**	**94.28**
70	7848	3875	3973	0.69	0.34	0.35	97.53
71	7724	3861	3863	0.68	0.34	0.34	99.95
72	5762	2811	2951	0.50	0.25	0.26	95.26
73	5009	2333	2676	0.44	0.20	0.23	87.18
74	4886	2275	2611	0.43	0.20	0.23	87.13
75-79岁	**21431**	**9559**	**11872**	**1.87**	**0.84**	**1.04**	**80.52**
75	4623	2076	2547	0.40	0.18	0.22	81.51
76	4873	2242	2631	0.43	0.20	0.23	85.21
77	4085	1827	2258	0.36	0.16	0.20	80.91
78	4009	1748	2261	0.35	0.15	0.20	77.31
79	3841	1666	2175	0.34	0.15	0.19	76.60
80-84岁	**14274**	**6014**	**8260**	**1.25**	**0.53**	**0.72**	**72.81**
80	3556	1532	2024	0.31	0.13	0.18	75.69
81	2890	1239	1651	0.25	0.11	0.14	75.05
82	2893	1176	1717	0.25	0.10	0.15	68.49
83	2527	1070	1457	0.22	0.09	0.13	73.44
84	2408	997	1411	0.21	0.09	0.12	70.66
85-89岁	**7691**	**2859**	**4832**	**0.67**	**0.25**	**0.42**	**59.17**
85	1994	727	1267	0.17	0.06	0.11	57.38
86	1705	635	1070	0.15	0.06	0.09	59.35
87	1659	661	998	0.15	0.06	0.09	66.23
88	1213	438	775	0.11	0.04	0.07	56.52
89	1120	398	722	0.10	0.03	0.06	55.12
90-94岁	**2675**	**825**	**1850**	**0.23**	**0.07**	**0.16**	**44.59**
90	937	307	630	0.08	0.03	0.06	48.73
91	534	175	359	0.05	0.02	0.03	48.75
92	518	156	362	0.05	0.01	0.03	43.09
93	377	109	268	0.03	0.01	0.02	40.67
94	309	78	231	0.03	0.01	0.02	33.77
95-99岁	**688**	**197**	**491**	**0.06**	**0.02**	**0.04**	**40.12**
95	238	63	175	0.02	0.01	0.02	36.00
96	169	45	124	0.01		0.01	36.29
97	113	38	75	0.01		0.01	50.67
98	98	32	66	0.01		0.01	48.48
99	70	19	51	0.01			37.25
100岁及以上	**129**	**21**	**108**	**0.01**		**0.01**	**19.44**

1-4c 分年龄、性别的人口（乡村）

单位：人、%

年 龄	人口数			占总人口比重			性别比
	合计	男	女	合计	男	女	（女=100）
总 计	**2097983**	**1100029**	**997954**	**100.00**	**52.43**	**47.57**	**110.23**
0-4岁	**158892**	**84306**	**74586**	**7.57**	**4.02**	**3.56**	**113.03**
0	27399	14528	12871	1.31	0.69	0.61	112.87
1	28251	15078	13173	1.35	0.72	0.63	114.46
2	30648	16259	14389	1.46	0.77	0.69	113.00
3	35817	18954	16863	1.71	0.90	0.80	112.40
4	36777	19487	17290	1.75	0.93	0.82	112.71
5-9岁	**201187**	**106700**	**94487**	**9.59**	**5.09**	**4.50**	**112.93**
5	37356	19879	17477	1.78	0.95	0.83	113.74
6	39883	21288	18595	1.90	1.01	0.89	114.48
7	40390	21299	19091	1.93	1.02	0.91	111.57
8	43376	22971	20405	2.07	1.09	0.97	112.58
9	40182	21263	18919	1.92	1.01	0.90	112.39
10-14岁	**189155**	**100232**	**88923**	**9.02**	**4.78**	**4.24**	**112.72**
10	38818	20538	18280	1.85	0.98	0.87	112.35
11	39974	21133	18841	1.91	1.01	0.90	112.16
12	37634	20054	17580	1.79	0.96	0.84	114.07
13	36284	19309	16975	1.73	0.92	0.81	113.75
14	36445	19198	17247	1.74	0.92	0.82	111.31
15-19岁	**104320**	**55334**	**48986**	**4.97**	**2.64**	**2.33**	**112.96**
15	28961	15387	13574	1.38	0.73	0.65	113.36
16	23599	12537	11062	1.12	0.60	0.53	113.33
17	18997	10012	8985	0.91	0.48	0.43	111.43
18	16697	8947	7750	0.80	0.43	0.37	115.45
19	16066	8451	7615	0.77	0.40	0.36	110.98
20-24岁	**70677**	**38416**	**32261**	**3.37**	**1.83**	**1.54**	**119.08**
20	15019	8029	6990	0.72	0.38	0.33	114.86
21	13502	7335	6167	0.64	0.35	0.29	118.94
22	14235	7748	6487	0.68	0.37	0.31	119.44
23	14209	7814	6395	0.68	0.37	0.30	122.19
24	13712	7490	6222	0.65	0.36	0.30	120.38
25-29岁	**82490**	**45479**	**37011**	**3.93**	**2.17**	**1.76**	**122.88**
25	14569	7968	6601	0.69	0.38	0.31	120.71
26	15055	8286	6769	0.72	0.39	0.32	122.41
27	16434	9058	7376	0.78	0.43	0.35	122.80
28	18140	10117	8023	0.86	0.48	0.38	126.10
29	18292	10050	8242	0.87	0.48	0.39	121.94

1-4c 续表 1

单位：人、%

年龄	人口数			占总人口比重			性别比
	合计	男	女	合计	男	女	(女=100)
30-34岁	**122059**	**66959**	**55100**	**5.82**	**3.19**	**2.63**	**121.52**
30	22537	12338	10199	1.07	0.59	0.49	120.97
31	23283	12799	10484	1.11	0.61	0.50	122.08
32	22903	12437	10466	1.09	0.59	0.50	118.83
33	26745	14730	12015	1.27	0.70	0.57	122.60
34	26591	14655	11936	1.27	0.70	0.57	122.78
35-39岁	**125997**	**69675**	**56322**	**6.01**	**3.32**	**2.68**	**123.71**
35	26822	14961	11861	1.28	0.71	0.57	126.14
36	26418	14601	11817	1.26	0.70	0.56	123.56
37	22745	12475	10270	1.08	0.59	0.49	121.47
38	24908	13790	11118	1.19	0.66	0.53	124.03
39	25104	13848	11256	1.20	0.66	0.54	123.03
40-44岁	**123717**	**67865**	**55852**	**5.90**	**3.23**	**2.66**	**121.51**
40	25035	13800	11235	1.19	0.66	0.54	122.83
41	25557	14134	11423	1.22	0.67	0.54	123.73
42	24104	13153	10951	1.15	0.63	0.52	120.11
43	22716	12272	10444	1.08	0.58	0.50	117.50
44	26305	14506	11799	1.25	0.69	0.56	122.94
45-49岁	**146108**	**79080**	**67028**	**6.96**	**3.77**	**3.19**	**117.98**
45	26792	14538	12254	1.28	0.69	0.58	118.64
46	30221	16349	13872	1.44	0.78	0.66	117.86
47	28909	15724	13185	1.38	0.75	0.63	119.26
48	29616	15970	13646	1.41	0.76	0.65	117.03
49	30570	16499	14071	1.46	0.79	0.67	117.26
50-54岁	**170873**	**90905**	**79968**	**8.14**	**4.33**	**3.81**	**113.68**
50	32742	17392	15350	1.56	0.83	0.73	113.30
51	32901	17626	15275	1.57	0.84	0.73	115.39
52	37390	19871	17519	1.78	0.95	0.84	113.43
53	31388	16595	14793	1.50	0.79	0.71	112.18
54	36452	19421	17031	1.74	0.93	0.81	114.03
55-59岁	**154077**	**81052**	**73025**	**7.34**	**3.86**	**3.48**	**110.99**
55	36735	19427	17308	1.75	0.93	0.82	112.24
56	34819	17945	16874	1.66	0.86	0.80	106.35
57	37621	20115	17506	1.79	0.96	0.83	114.90
58	29887	15781	14106	1.42	0.75	0.67	111.87
59	15015	7784	7231	0.72	0.37	0.34	107.65
60-64岁	**112217**	**57889**	**54328**	**5.35**	**2.76**	**2.59**	**106.55**
60	17404	8804	8600	0.83	0.42	0.41	102.37
61	17176	9096	8080	0.82	0.43	0.39	112.57
62	26780	13867	12913	1.28	0.66	0.62	107.39
63	26932	14057	12875	1.28	0.67	0.61	109.18
64	23925	12065	11860	1.14	0.58	0.57	101.73

1-4c 续表 2

单位：人、%

年 龄	人 口 数			占总人口比重			性别比（女=100）
	合计	男	女	合计	男	女	
65-69岁	**115486**	**57862**	**57624**	**5.50**	**2.76**	**2.75**	**100.41**
65	24590	12544	12046	1.17	0.60	0.57	104.13
66	24942	12536	12406	1.19	0.60	0.59	101.05
67	23758	11921	11837	1.13	0.57	0.56	100.71
68	22703	11464	11239	1.08	0.55	0.54	102.00
69	19493	9397	10096	0.93	0.45	0.48	93.08
70-74岁	**83349**	**40401**	**42948**	**3.97**	**1.93**	**2.05**	**94.07**
70	20341	9734	10607	0.97	0.46	0.51	91.77
71	19860	10138	9722	0.95	0.48	0.46	104.28
72	15649	7635	8014	0.75	0.36	0.38	95.27
73	14009	6610	7399	0.67	0.32	0.35	89.34
74	13490	6284	7206	0.64	0.30	0.34	87.21
75-79岁	**62590**	**28431**	**34159**	**2.98**	**1.36**	**1.63**	**83.23**
75	13763	6295	7468	0.66	0.30	0.36	84.29
76	13648	6368	7280	0.65	0.30	0.35	87.47
77	12511	5647	6864	0.60	0.27	0.33	82.27
78	11600	5181	6419	0.55	0.25	0.31	80.71
79	11068	4940	6128	0.53	0.24	0.29	80.61
80-84岁	**41553**	**17747**	**23806**	**1.98**	**0.85**	**1.13**	**74.55**
80	10370	4523	5847	0.49	0.22	0.28	77.36
81	8454	3741	4713	0.40	0.18	0.22	79.38
82	8525	3725	4800	0.41	0.18	0.23	77.60
83	7391	2985	4406	0.35	0.14	0.21	67.75
84	6813	2773	4040	0.32	0.13	0.19	68.64
85-89岁	**22579**	**8404**	**14175**	**1.08**	**0.40**	**0.68**	**59.29**
85	6002	2269	3733	0.29	0.11	0.18	60.78
86	4987	1903	3084	0.24	0.09	0.15	61.71
87	4576	1767	2809	0.22	0.08	0.13	62.90
88	3722	1320	2402	0.18	0.06	0.11	54.95
89	3292	1145	2147	0.16	0.05	0.10	53.33
90-94岁	**8212**	**2655**	**5557**	**0.39**	**0.13**	**0.26**	**47.78**
90	2801	967	1834	0.13	0.05	0.09	52.73
91	1806	566	1240	0.09	0.03	0.06	45.65
92	1460	475	985	0.07	0.02	0.05	48.22
93	1269	380	889	0.06	0.02	0.04	42.74
94	876	267	609	0.04	0.01	0.03	43.84
95-99岁	**2027**	**562**	**1465**	**0.10**	**0.03**	**0.07**	**38.36**
95	684	181	503	0.03	0.01	0.02	35.98
96	515	151	364	0.02	0.01	0.02	41.48
97	366	111	255	0.02	0.01	0.01	43.53
98	248	69	179	0.01		0.01	38.55
99	214	50	164	0.01		0.01	30.49
100岁及以上	**418**	**75**	**343**	**0.02**		**0.02**	**21.87**

第二部分 长表数据资料

第二卷 民族

2–1 各民族分性别、行业的人口

单位：人

民 族	人口数			农、林、牧、渔业			采矿业		
	合计	男	女	小计	男	女	小计	男	女
总 计	**2015637**	**1155784**	**859853**	**670496**	**356774**	**313722**	**6252**	**5087**	**1165**
汉 族	1216679	712654	504025	343193	187447	155746	3292	2725	567
蒙古族	344	201	143	7	4	3	1	1	
回 族	1442	817	625	125	78	47	6	5	1
藏 族	49	23	26	5	1	4			
维吾尔族	63	36	27						
苗 族	20902	11478	9424	8648	4300	4348	85	69	16
彝 族	874	499	375	146	55	91	8	7	1
壮 族	680947	377650	303297	280415	145452	134963	2500	1997	503
布依族	1351	521	830	370	74	296	10	6	4
朝鲜族	116	72	44	6	3	3			
满 族	810	494	316	23	12	11	4	3	1
侗 族	15064	8280	6784	5413	2588	2825	45	34	11
瑶 族	63151	35400	27751	28358	14795	13563	251	199	52
白 族	116	64	52	12	3	9			
土家族	866	528	338	52	22	30	7	6	1
哈尼族	75	37	38	23	9	14			
哈萨克族	1		1						
傣 族	64	16	48	16		16			
黎 族	275	134	141	73	36	37			
傈僳族	16	7	9	1		1			
佤 族	28	17	11	3		3			
畲 族	79	43	36	7	4	3	1	1	
高山族	13	11	2	6	5	1			
拉祜族	26	14	12	2		2			
水 族	630	334	296	139	65	74	3	2	1
东乡族	10	7	3						
纳西族	7	2	5						
景颇族	4	1	3						
柯尔克孜族	1	1							
土 族	14	6	8	3	1	2			
达斡尔族	14	9	5						
仫佬族	7127	3947	3180	2112	1117	995	18	16	2
羌 族	6	4	2						
布朗族	4	2	2	1		1			
撒拉族	4	2	2						
毛南族	3053	1701	1352	1056	560	496	18	13	5
仡佬族	206	113	93	31	13	18	3	3	0
锡伯族	11	6	5						
阿昌族									
普米族	4	1	3						
塔吉克族	1		1						
怒 族									
乌孜别克族									
俄罗斯族	2	1	1						
鄂温克族	1		1						
德昂族	1	1							
保安族									
裕固族	1	1							
京 族	1080	628	452	202	128	74			
塔塔尔族									
独龙族									
鄂伦春族									
赫哲族									
门巴族									
珞巴族									
基诺族	3		3	2		2			
未定族称人口	62	20	42	21	2	19			
入 籍	40	1	39	25		25			

2-1 续表 1 单位：人

民族	制造业			电力、热力、燃气及水生产和供应业			建筑业		
	小计	男	女	小计	男	女	小计	男	女
总计	**218742**	**123826**	**94916**	**13517**	**9908**	**3609**	**253604**	**209241**	**44363**
汉族	147594	82488	65106	8389	6157	2232	163354	137099	26255
蒙古族	30	26	4	4	2	2	71	50	21
回族	129	79	50	27	22	5	131	105	26
藏族	5	3	2				11	10	1
维吾尔族	20	10	10	1	1		3	3	
苗族	2774	1567	1207	140	102	38	3292	2376	916
彝族	146	89	57	16	9	7	223	173	50
壮族	59093	34316	24777	4180	3057	1123	74647	59879	14768
布依族	310	139	171	20	16	4	182	121	61
朝鲜族	14	8	6	1	1		8	8	
满族	70	49	21	18	14	4	100	81	19
侗族	1597	954	643	150	109	41	1964	1617	347
瑶族	5558	3260	2298	461	341	120	7899	6332	1567
白族	19	11	8				21	16	5
土家族	160	105	55	3	3		183	153	30
哈尼族	13	9	4	1	1		16	14	2
哈萨克族									
傣族	7	1	6	1	1		5	4	1
黎族	28	13	15	2	1	1	32	23	9
傈僳族	1		1				6	4	2
佤族	1		1				14	13	1
畲族	11	6	5				8	7	1
高山族	1	1					1	1	
拉祜族	2	2		1	1		4	2	2
水族	81	42	39	4	4		99	78	21
东乡族							1	1	
纳西族									
景颇族	2	1	1						
柯尔克孜族							1	1	
土族	2	1	1				1		1
达斡尔族	2	1	1				3	3	
仫佬族	690	419	271	53	34	19	812	671	141
羌族							3	2	1
布朗族									
撒拉族									
毛南族	274	162	112	29	23	6	400	318	82
仡佬族	28	21	7	1	1		37	25	12
锡伯族	1		1				1		1
阿昌族									
普米族							1		1
塔吉克族									
怒族									
乌孜别克族									
俄罗斯族							1		1
鄂温克族									
德昂族									
保安族									
裕固族	1	1							
京族	67	38	29	13	6	7	60	47	13
塔塔尔族									
独龙族									
鄂伦春族									
赫哲族									
门巴族									
珞巴族									
基诺族	1		1						
未定族称人口	6	4	2	1	1		5	4	1
入籍	4		4	1	1		4		4

2-1　续表 2

单位：人

民　族	批发和零售业			交通运输、仓储和邮政业			住宿和餐饮业		
	小计	男	女	小计	男	女	小计	男	女
总　计	**259293**	**123841**	**135452**	**94846**	**80234**	**14612**	**83783**	**40231**	**43552**
汉　族	172981	85615	87366	60363	51588	8775	53815	26809	27006
蒙古族	44	14	30	16	12	4	27	13	14
回　族	163	77	86	75	64	11	103	56	47
藏　族	8	2	6	3	2	1	2		2
维吾尔族	12	6	6				14	7	7
苗　族	1508	654	854	540	429	111	500	203	297
彝　族	65	28	37	31	24	7	26	7	19
壮　族	76253	33831	42422	30428	25335	5093	25930	11669	14261
布依族	146	39	107	25	22	3	53	14	39
朝鲜族	23	12	11	4	2	2	15	12	3
满　族	119	69	50	45	38	7	53	26	27
侗　族	1439	642	797	516	431	85	656	278	378
瑶　族	4829	2130	2699	2155	1759	396	1993	878	1115
白　族	20	9	11	2	2		6	2	4
土家族	109	39	70	38	27	11	35	13	22
哈尼族	5		5	2		2	4	1	3
哈萨克族									
傣　族	8	1	7	1		1	5	1	4
黎　族	42	18	24	12	11	1	17	7	10
傈僳族	3		3						
佤　族	1		1				2		2
畲　族	26	9	17	3	3		1		1
高山族	1	1							
拉祜族									
水　族	94	38	56	32	28	4	31	17	14
东乡族	3	2	1	1	1	0	4	2	2
纳西族	2		2						
景颇族	1		1				1		1
柯尔克孜族									
土　族	3	2	1	1		1			
达斡尔族				3	2	1			
仫佬族	843	364	479	334	277	57	290	134	156
羌　族	1	1					2	1	1
布朗族									
撒拉族							4	2	2
毛南族	320	133	187	126	107	19	101	33	68
仡佬族	23	9	14	9	7	2	8	4	4
锡伯族				1	1		1	1	
阿昌族									
普米族									
塔吉克族									
怒　族									
乌孜别克族									
俄罗斯族									
鄂温克族	1		1						
德昂族	1	1							
保安族									
裕固族									
京　族	181	90	91	80	62	18	80	41	39
塔塔尔族									
独龙族									
鄂伦春族									
赫哲族									
门巴族									
珞巴族									
基诺族									
未定族称人口	11	5	6				4		4
入　籍	4		4						

2-1 续表 3

单位：人

民 族	信息传输、软件和信息技术服务业			金 融 业			房地产业		
	小计	男	女	小计	男	女	小计	男	女
总 计	**17552**	**11001**	**6551**	**19328**	**9309**	**10019**	**29062**	**16737**	**12325**
汉 族	11653	7409	4244	12943	6258	6685	20162	11787	8375
蒙古族	13	10	3	9	5	4	29	17	12
回 族	30	14	16	48	19	29	64	41	23
藏 族	1		1	2	2				
维吾尔族							1	1	
苗 族	107	66	41	130	59	71	151	86	65
彝 族	5	2	3	5	3	2	20	11	9
壮 族	4988	3036	1952	5342	2551	2791	7675	4276	3399
布依族	11	6	5	6	4	2	32	22	10
朝鲜族	3	1	2	3	3		6	4	2
满 族	21	13	8	19	8	11	53	39	14
侗 族	136	78	58	146	64	82	157	89	68
瑶 族	432	273	159	494	243	251	501	254	247
白 族	1		1	1		1	8	7	1
土家族	19	12	7	9	6	3	37	22	15
哈尼族	1		1						
哈萨克族									
傣 族							2	1	1
黎 族	4	2	2	4	1	3	7	3	4
傈僳族									
佤 族									
畲 族				1	1		1	1	
高山族	1	1							
拉祜族									
水 族	8	5	3	11	5	6	11	3	8
东乡族									
纳西族							1		1
景颇族									
柯尔克孜族									
土 族	1	1					1		1
达斡尔族							3	2	1
仫佬族	70	44	26	91	42	49	83	38	45
羌 族									
布朗族							1	1	
撒拉族									
毛南族	27	13	14	43	21	22	25	17	8
仡佬族	8	6	2	2	1	1			
锡伯族	1	1							
阿昌族									
普米族									
塔吉克族									
怒 族									
乌孜别克族									
俄罗斯族							1	1	
鄂温克族									
德昂族									
保安族									
裕固族									
京 族	11	8	3	19	13	6	28	13	15
塔塔尔族									
独龙族									
鄂伦春族									
赫哲族									
门巴族									
珞巴族									
基诺族									
未定族称人口							2	1	1
入 籍									

2-1　续表 4　　　　单位：人

民　族	租赁和商务服务业			科学研究和技术服务业			水利、环境和公共设施管理业		
	小计	男	女	小计	男	女	小计	男	女
总　计	**42433**	**26737**	**15696**	**14559**	**9634**	**4925**	**12176**	**6286**	**5890**
汉　族	28391	18034	10357	9889	6660	3229	7392	3971	3421
蒙古族	20	15	5	7	4	3	1		1
回　族	92	48	44	33	21	12	16	11	5
藏　族	1		1	1	1		1		1
维吾尔族	5	4	1	1		1			
苗　族	329	219	110	82	51	31	211	113	98
彝　族	23	15	8	4	1	3	7	4	3
壮　族	11984	7429	4555	4019	2574	1445	3987	1886	2101
布依族	19	5	14	6	4	2	3		3
朝鲜族	9	5	4						
满　族	49	29	20	28	20	8	8	5	3
侗　族	243	161	82	68	47	21	97	48	49
瑶　族	965	572	393	307	180	127	352	205	147
白　族	4	2	2	2	1	1	1	1	
土家族	28	20	8	13	9	4	15	13	2
哈尼族	2	1	1	1	1		1		1
哈萨克族									
傣　族	3	2	1				1	1	
黎　族	5	2	3	2	1	1	1		1
傈僳族	2	1	1						
佤　族				1		1	4	2	2
畲　族	8	5	3	2	2				
高山族									
拉祜族	11	8	3				1		1
水　族	15	7	8	3	1	2			
东乡族									
纳西族	1	1							
景颇族									
柯尔克孜族									
土　族									
达斡尔族									
仫佬族	129	89	40	64	35	29	55	16	39
羌　族									
布朗族									
撒拉族									
毛南族	56	35	21	20	17	3	17	6	11
仡佬族	5	3	2	1	1				
锡伯族									
阿昌族									
普米族	1		1						
塔吉克族									
怒　族									
乌孜别克族									
俄罗斯族									
鄂温克族									
德昂族									
保安族									
裕固族									
京　族	33	25	8	5	3	2	5	4	1
塔塔尔族									
独龙族									
鄂伦春族									
赫哲族									
门巴族									
珞巴族									
基诺族									
未定族称人口									
入　籍									

2-1 续表 5 单位：人

民 族	居民服务、修理和其他服务业			教 育			卫生和社会工作		
	小计	男	女	小计	男	女	小计	男	女
总 计	**66958**	**31561**	**35397**	**87688**	**29544**	**58144**	**40580**	**13395**	**27185**
汉 族	42327	20410	21917	55959	18482	37477	25066	8714	16352
蒙古族	15	7	8	23	9	14	8	3	5
回 族	46	25	21	126	34	92	64	20	44
藏 族	3		3	3	1	2	1		1
维吾尔族	1		1	3	3		1	1	
苗 族	457	205	252	712	273	439	358	124	234
彝 族	29	15	14	60	27	33	14	6	8
壮 族	21362	9666	11696	26628	9320	17308	13053	3873	9180
布依族	46	9	37	53	14	39	14	7	7
朝鲜族	10	5	5	8	3	5	2	2	
满 族	32	9	23	61	17	44	32	17	15
侗 族	422	202	220	721	260	461	378	106	272
瑶 族	1588	715	873	2610	883	1727	1224	413	811
白 族	1	1		11	4	7	1	1	
土家族	27	15	12	54	17	37	14	6	8
哈尼族				3		3	2	1	1
哈萨克族				1		1			
傣 族	4		4	5	1	4	2		2
黎 族	9	3	6	17	4	13	6	2	4
傈僳族	1	1		2	1	1			
佤 族				1	1				
畲 族	1	1		3	1	2			
高山族				1		1			
拉祜族	1		1	2		2			
水 族	21	8	13	23	6	17	17	1	16
东乡族	1	1							
纳西族	1		1						
景颇族									
柯尔克孜族									
土 族	1		1	1	1				
达斡尔族	1	1		1		1	1		1
仫佬族	401	205	196	360	103	257	206	58	148
羌 族									
布朗族				2	1	1			
撒拉族									
毛南族	105	41	64	141	58	83	71	24	47
仡佬族	9	1	8	16	3	13	8	2	6
锡伯族	1		1	2		2	1	1	
阿昌族									
普米族				1		1			
塔吉克族				1		1			
怒 族									
乌孜别克族									
俄罗斯族									
鄂温克族									
德昂族									
保安族									
裕固族									
京 族	26	15	11	70	16	54	35	12	23
塔塔尔族									
独龙族									
鄂伦春族									
赫哲族									
门巴族									
珞巴族									
基诺族									
未定族称人口	7		7	3	1	2	1	1	
入 籍	2		2						

2-1 续表 6

单位：人

民族	文化、体育和娱乐业			公共管理、社会保障和社会组织			国际组织		
	小计	男	女	小计	男	女	小计	男	女
总计	**9537**	**5158**	**4379**	**75230**	**47280**	**27950**	**1**		**1**
汉族	6319	3469	2850	43596	27532	16064	1		1
蒙古族	2	1	1	17	8	9			
回族	23	11	12	141	87	54			
藏族	1		1	1	1				
维吾尔族				1		1			
苗族	82	43	39	796	539	257			
彝族	4	2	2	42	21	21			
壮族	2644	1372	1272	25819	16131	9688			
布依族	9	1	8	36	18	18			
朝鲜族	3	3		1		1			
满族	14	9	5	61	36	25			
侗族	101	56	45	815	516	299			
瑶族	225	127	98	2949	1841	1108			
白族	1		1	5	4	1			
土家族	13	10	3	50	30	20			
哈尼族				1		1			
哈萨克族									
傣族				4	3	1			
黎族	1	1		13	6	7			
傈僳族									
佤族	1	1							
畲族				6	2	4			
高山族	1	1		1	1				
拉祜族	1		1	1	1				
水族	5	3	2	33	21	12			
东乡族									
纳西族	1	1		1		1			
景颇族									
柯尔克孜族									
土族									
达斡尔族									
仫佬族	30	14	16	486	271	215			
羌族									
布朗族									
撒拉族									
毛南族	18	10	8	206	110	96			
仡佬族				17	13	4			
锡伯族				2	2				
阿昌族									
普米族				1	1				
塔吉克族									
怒族									
乌孜别克族									
俄罗斯族									
鄂温克族									
德昂族									
保安族									
裕固族									
京族	38	23	15	127	84	43			
塔塔尔族									
独龙族									
鄂伦春族									
赫哲族									
门巴族									
珞巴族									
基诺族									
未定族称人口				1	1				
入籍									

2-2 各民族分性别、职业的人口

单位：人

民族	人口数			党的机关、国家机关、群众团体和社会组织、企事业单位负责人		
	合计	男	女	小计	男	女
总 计	**2015637**	**1155784**	**859853**	**33561**	**23706**	**9855**
汉 族	1216679	712654	504025	22873	16324	6549
蒙古族	344	201	143	14	9	5
回 族	1442	817	625	59	32	27
藏 族	49	23	26	1	1	
维吾尔族	63	36	27	1	1	
苗 族	20902	11478	9424	278	193	85
彝 族	874	499	375	23	13	10
壮 族	680947	377650	303297	8731	6032	2699
布依族	1351	521	830	16	8	8
朝鲜族	116	72	44	10	8	2
满 族	810	494	316	45	35	10
侗 族	15064	8280	6784	297	209	88
瑶 族	63151	35400	27751	906	640	266
白 族	116	64	52	7	4	3
土家族	866	528	338	29	18	11
哈尼族	75	37	38	1		1
哈萨克族	1		1			
傣 族	64	16	48	6	3	3
黎 族	275	134	141	3	1	2
傈僳族	16	7	9			
佤 族	28	17	11			
畲 族	79	43	36	4	3	1
高山族	13	11	2	1	1	
拉祜族	26	14	12			
水 族	630	334	296	16	7	9
东乡族	10	7	3			
纳西族	7	2	5	2	1	1
景颇族	4	1	3			
柯尔克孜族	1	1				
土 族	14	6	8			
达斡尔族	14	9	5			
仫佬族	7127	3947	3180	130	89	41
羌 族	6	4	2	1		1
布朗族	4	2	2			
撒拉族	4	2	2			
毛南族	3053	1701	1352	51	33	18
仡佬族	206	113	93	8	5	3
锡伯族	11	6	5	1	1	
阿昌族						
普米族	4	1	3			
塔吉克族	1		1			
怒 族						
乌孜别克族						
俄罗斯族	2	1	1	1	1	
鄂温克族	1		1			
德昂族	1	1				
保安族						
裕固族	1	1		1	1	
京 族	1080	628	452	44	33	11
塔塔尔族						
独龙族						
鄂伦春族						
赫哲族						
门巴族						
珞巴族						
基诺族	3		3			
未定族称人口	62	20	42	1		1
入 籍	40	1	39			

2-2　续表 1　　　　单位：人

民　族	专业技术人员			办事人员和有关人员			社会生产服务和生活服务人员		
	小计	男	女	小计	男	女	小计	男	女
总　计	**171009**	**69763**	**101246**	**112334**	**68341**	**43993**	**583925**	**320455**	**263470**
汉　族	110255	45433	64822	71385	43709	27676	380486	213612	166874
蒙古族	49	25	24	37	24	13	144	69	75
回　族	325	127	198	218	126	92	501	291	210
藏　族	8	3	5	2	2		21	7	14
维吾尔族	16	11	5	4	2	2	29	15	14
苗　族	1319	562	757	850	527	323	3802	1969	1833
彝　族	100	49	51	49	23	26	192	94	98
壮　族	50868	20350	30518	34180	20602	13578	177636	93390	84246
布依族	113	52	61	63	31	32	328	117	211
朝鲜族	17	10	7	8	3	5	63	36	27
满　族	159	72	87	116	65	51	334	202	132
侗　族	1434	572	862	937	594	343	3608	1865	1743
瑶　族	4838	1924	2914	3251	1931	1320	12729	6716	6013
白　族	18	7	11	8	5	3	33	17	16
土家族	119	59	60	98	59	39	278	152	126
哈尼族	8	2	6				16	3	13
哈萨克族	1		1						
傣　族	7	3	4	5	4	1	18	1	17
黎　族	29	11	18	21	11	10	100	45	55
傈僳族	2		2				6	2	4
佤　族	5	5					6	1	5
畲　族	9	4	5	9	4	5	29	12	17
高山族				2	1	1	2	2	
拉祜族	3		3	2	2		3		3
水　族	56	16	40	46	29	17	204	98	106
东乡族							9	6	3
纳西族							4	1	3
景颇族							1		1
柯尔克孜族									
土　族	3	1	2	2	2		4	1	3
达斡尔族	2		2	1		1	8	6	2
仫佬族	808	290	518	579	317	262	2029	1063	966
羌　族	1	1		1	1		1	1	
布朗族	1		1						
撒拉族							4	2	2
毛南族	275	118	157	267	136	131	760	386	374
仡佬族	27	8	19	17	13	4	62	27	35
锡伯族	2	1	1	5	4	1	2		2
阿昌族									
普米族	1		1	1	1		2		2
塔吉克族							1		1
怒　族									
乌孜别克族									
俄罗斯族				1		1			
鄂温克族							1		1
德昂族							1	1	
保安族									
裕固族									
京　族	126	44	82	166	111	55	439	237	202
塔塔尔族									
独龙族									
鄂伦春族									
赫哲族									
门巴族									
珞巴族									
基诺族									
未定族称人口	5	3	2	3	2	1	22	7	15
入　籍							7	1	6

2-2 续表 2

单位：人

民族	农、林、牧、渔业生产及辅助人员			生产制造及有关人员			不便分类的其他从业人员		
	小计	男	女	小计	男	女	小计	男	女
总　计	**668497**	**355054**	**313443**	**439137**	**314312**	**124825**	**7174**	**4153**	**3021**
汉　族	341213	185993	155220	285939	204931	81008	4528	2652	1876
蒙古族	6	3	3	93	70	23	1	1	
回　族	120	76	44	215	162	53	4	3	1
藏　族	5	1	4	12	9	3			
维吾尔族				13	7	6			
苗　族	8537	4216	4321	6031	3964	2067	85	47	38
彝　族	144	54	90	361	262	99	5	4	1
壮　族	280756	145426	135330	126634	90638	35996	2142	1212	930
布依族	371	74	297	457	237	220	3	2	1
朝鲜族	4	2	2	14	13	1			
满　族	22	10	12	131	108	23	3	2	1
侗　族	5412	2576	2836	3336	2438	898	40	26	14
瑶　族	28190	14699	13491	13036	9379	3657	201	111	90
白　族	11	3	8	38	27	11	1	1	0
土家族	45	16	29	292	221	71	5	3	2
哈尼族	21	9	12	28	23	5	1		1
哈萨克族									
傣　族	16		16	12	5	7			
黎　族	71	36	35	50	29	21	1	1	
傈僳族	1		1	6	4	2	1	1	
佤　族	3		3	14	11	3			
畲　族	7	4	3	21	16	5			
高山族	6	5	1	2	2				
拉祜族	2		2	16	12	4			
水　族	138	65	73	170	119	51			
东乡族				1	1				
纳西族	1		1						
景颇族				3	1	2			
柯尔克孜族				1	1				
土　族	3	1	2	2	1	1			
达斡尔族				3	3				
仫佬族	2088	1105	983	1365	1009	356	128	74	54
羌　族				2	1	1			
布朗族	1		1	2	2				
撒拉族									
毛南族	1035	544	491	642	472	170	23	12	11
仡佬族	29	13	16	63	47	16			
锡伯族				1		1			
阿昌族									
普米族									
塔吉克族									
怒　族									
乌孜别克族									
俄罗斯族									
鄂温克族									
德昂族									
保安族									
裕固族									
京　族	189	121	68	114	81	33	2	1	1
塔塔尔族									
独龙族									
鄂伦春族									
赫哲族									
门巴族									
珞巴族									
基诺族	2		2	1		1			
未定族称人口	22	2	20	9	6	3			
入　籍	26		26	7		7			

2-3　各民族分性别、主要生活来源的15岁及以上人口

单位：人

民　族	15岁及以上人口			劳动收入		
	合计	男	女	小计	男	女
总　计	**3517749**	**1788061**	**1729688**	**2030004**	**1169766**	**860238**
汉　族	2195775	1127180	1068595	1222388	719784	502604
蒙古族	573	312	261	345	202	143
回　族	2733	1395	1338	1450	828	622
藏　族	124	46	78	49	23	26
维吾尔族	104	54	50	66	39	27
苗　族	36893	18163	18730	21882	12008	9874
彝　族	1404	700	704	921	528	393
壮　族	1118437	560217	558220	687804	383177	304627
布依族	2092	712	1380	1366	524	842
朝鲜族	229	123	106	115	71	44
满　族	1480	781	699	806	492	314
侗　族	25731	12646	13085	15377	8484	6893
瑶　族	108373	54077	54296	63548	35870	27678
白　族	195	85	110	115	64	51
土家族	1346	708	638	863	526	337
哈尼族	113	47	66	73	36	37
哈萨克族	4	1	3	1		1
傣　族	100	25	75	63	17	46
黎　族	506	210	296	278	135	143
傈僳族	28	11	17	14	6	8
佤　族	40	18	22	28	17	11
畲　族	117	56	61	79	44	35
高山族	19	13	6	12	10	2
拉祜族	36	15	21	27	14	13
水　族	1078	511	567	635	334	301
东乡族	10	7	3	10	7	3
纳西族	15	4	11	7	2	5
景颇族	10	2	8	4	1	3
柯尔克孜族	1	1		1	1	
土　族	39	15	24	14	6	8
达斡尔族	22	12	10	13	8	5
仫佬族	12415	6075	6340	7160	3994	3166
羌　族	9	5	4	6	4	2
布朗族	10	5	5	7	5	2
撒拉族	4	2	2	4	2	2
毛南族	5013	2507	2506	3013	1688	1325
仡佬族	407	206	201	219	121	98
锡伯族	24	11	13	11	6	5
阿昌族	1		1			
普米族	5	2	3	4	1	3
塔吉克族	1		1	1		1
怒　族	5	1	4			
乌孜别克族						
俄罗斯族	2	1	1	2	1	1
鄂温克族	4	1	3	1		1
德昂族	2	1	1	1	1	
保安族						
裕固族	2	2		1	1	
京　族	2009	1060	949	1118	662	456
塔塔尔族						
独龙族						
鄂伦春族						
赫哲族						
门巴族						
珞巴族						
基诺族	5		5	3		3
未定族称人口	132	32	100	62	21	41
入　籍	72	3	69	37	1	36

2-3 续表 1 单位：人

民族	离退休金/养老金			最低生活保障金			失业保险金		
	小计	男	女	小计	男	女	小计	男	女
总 计	**225777**	**101589**	**124188**	**65213**	**40216**	**24997**	**977**	**588**	**389**
汉 族	167092	73754	93338	39884	25430	14454	670	408	262
蒙古族	71	32	39	2	1	1			
回 族	593	249	344	22	17	5	2	1	1
藏 族	2		2	1		1			
维吾尔族	3	2	1						
苗 族	1049	522	527	779	398	381	6	3	3
彝 族	43	18	25	4	2	2			
壮 族	49908	23735	26173	20133	11976	8157	258	153	105
布依族	68	19	49	31	8	23	1	1	
朝鲜族	29	11	18						
满 族	277	116	161	4	3	1	1	1	
侗 族	1055	521	534	522	301	221	5	2	3
瑶 族	4144	1993	2151	3479	1883	1596	21	14	7
白 族	11	2	9	1		1			
土家族	48	18	30	3	1	2	2	1	1
哈尼族	2		2						
哈萨克族									
傣 族	4	2	2	2		2			
黎 族	26	9	17	1	1				
傈僳族	1	1							
佤 族				2		2			
畲 族	5	1	4						
高山族	3	1	2						
拉祜族									
水 族	82	32	50	15	7	8			
东乡族									
纳西族	3	1	2						
景颇族									
柯尔克孜族									
土 族	4	1	3						
达斡尔族	3	2	1	2	1	1			
仫佬族	830	361	469	187	112	75	7	2	5
羌 族									
布朗族									
撒拉族									
毛南族	274	126	148	99	56	43	3	1	2
仡佬族	21	11	10	8	4	4	1	1	
锡伯族	3	2	1						
阿昌族									
普米族									
塔吉克族									
怒 族									
乌孜别克族									
俄罗斯族									
鄂温克族									
德昂族									
保安族									
裕固族									
京 族	121	45	76	28	15	13			
塔塔尔族									
独龙族									
鄂伦春族									
赫哲族									
门巴族									
珞巴族									
基诺族									
未定族称人口	2	2		2		2			
入 籍				2		2			

2-3　续表 2　　　　单位：人

民　族	财产性收入			家庭其他成员供养			其　他		
	小计	男	女	小计	男	女	小计	男	女
总　计	**20389**	**11203**	**9186**	**952752**	**352585**	**600167**	**222637**	**112114**	**110523**
汉　族	12718	7170	5548	609650	227075	382575	143373	73559	69814
蒙古族	4	1	3	122	66	56	29	10	19
回　族	14	8	6	533	227	306	119	65	54
藏　族				67	21	46	5	2	3
维吾尔族				27	8	19	8	5	3
苗　族	333	175	158	9627	3596	6031	3217	1461	1756
彝　族	5	1	4	340	109	231	91	42	49
壮　族	6678	3493	3185	287719	105400	182319	65937	32283	33654
布依族	17	5	12	487	121	366	122	34	88
朝鲜族	4	2	2	52	21	31	29	18	11
满　族	6	5	1	312	123	189	74	41	33
侗　族	112	69	43	6802	2380	4422	1858	889	969
瑶　族	375	200	175	30489	11100	19389	6317	3017	3300
白　族	5	4	1	57	13	44	6	2	4
土家族	5	2	3	334	111	223	91	49	42
哈尼族	2	1	1	25	6	19	11	4	7
哈萨克族				3	1	2			
傣　族				20	4	16	11	2	9
黎　族	5	2	3	167	50	117	29	13	16
傈僳族				11	4	7	2		2
佤　族				8		8	2	1	1
畲　族				29	10	19	4	1	3
高山族	1	1		1		1	2	1	1
拉祜族				8	1	7	1		1
水　族	5	3	2	290	101	189	51	34	17
东乡族									
纳西族				4	1	3	1		1
景颇族				4		4	2	1	1
柯尔克孜族									
土　族				17	6	11	4	2	2
达斡尔族				3	1	2	1		1
仫佬族	53	34	19	3425	1225	2200	753	347	406
羌　族				3	1	2			
布朗族				3		3			
撒拉族									
毛南族	27	14	13	1389	520	869	208	102	106
仡佬族	4	3	1	126	54	72	28	12	16
锡伯族				9	3	6	1		1
阿昌族							1		1
普米族				1	1				
塔吉克族									
怒　族				2	1	1	3		3
乌孜别克族									
俄罗斯族									
鄂温克族				3	1	2			
德昂族				1		1			
保安族									
裕固族				1	1				
京　族	16	10	6	503	215	288	223	113	110
塔塔尔族									
独龙族									
鄂伦春族									
赫哲族									
门巴族									
珞巴族									
基诺族				2		2			
未定族称人口				48	5	43	18	4	14
入　籍				28	2	26	5		5

2-4 各民族分性别、婚姻状况的15岁及以上人口

单位：人

民族	15岁及以上人口			未婚		
	合计	男	女	小计	男	女
总计	**3517749**	**1788061**	**1729688**	**776520**	**481059**	**295461**
汉族	2195775	1127180	1068595	491806	303828	187978
蒙古族	573	312	261	190	126	64
回族	2733	1395	1338	704	413	291
藏族	124	46	78	62	23	39
维吾尔族	104	54	50	52	26	26
苗族	36893	18163	18730	8446	5356	3090
彝族	1404	700	704	455	263	192
壮族	1118437	560217	558220	236752	147782	88970
布依族	2092	712	1380	409	235	174
朝鲜族	229	123	106	59	36	23
满族	1480	781	699	410	234	176
侗族	25731	12646	13085	5701	3459	2242
瑶族	108373	54077	54296	25595	15861	9734
白族	195	85	110	67	27	40
土家族	1346	708	638	435	264	171
哈尼族	113	47	66	34	19	15
哈萨克族	4	1	3	2	1	1
傣族	100	25	75	22	13	9
黎族	506	210	296	151	77	74
傈僳族	28	11	17	16	7	9
佤族	40	18	22	17	10	7
畲族	117	56	61	30	14	16
高山族	19	13	6	5	4	1
拉祜族	36	15	21	7	3	4
水族	1078	511	567	298	173	125
东乡族	10	7	3	5	4	1
纳西族	15	4	11	5	2	3
景颇族	10	2	8	5	1	4
柯尔克孜族	1	1		1	1	
土族	39	15	24	17	7	10
达斡尔族	22	12	10	5	4	1
仫佬族	12415	6075	6340	2859	1626	1233
羌族	9	5	4	4	3	1
布朗族	10	5	5	1	1	
撒拉族	4	2	2	2	1	1
毛南族	5013	2507	2506	1172	709	463
仡佬族	407	206	201	139	82	57
锡伯族	24	11	13	8	5	3
阿昌族	1		1	1		1
普米族	5	2	3	3	1	2
塔吉克族	1		1	1		1
怒族	5	1	4	2	1	1
乌孜别克族						
俄罗斯族	2	1	1			
鄂温克族	4	1	3	3	1	2
德昂族	2	1	1	1	1	
保安族						
裕固族	2	2		1	1	
京族	2009	1060	949	527	336	191
塔塔尔族						
独龙族						
鄂伦春族						
赫哲族						
门巴族						
珞巴族						
基诺族	5		5	2		2
未定族称人口	132	32	100	27	16	11
入籍	72	3	69	4	2	2

2-4　续表 1

单位：人

民　族	有配偶			离　婚			丧　偶		
	小计	男	女	小计	男	女	小计	男	女
总　计	**2422055**	**1205352**	**1216703**	**72579**	**41598**	**30981**	**246595**	**60052**	**186543**
汉　族	1514077	761613	752464	46640	26345	20295	143252	35394	107858
蒙古族	344	174	170	21	8	13	18	4	14
回　族	1754	906	848	138	50	88	137	26	111
藏　族	58	23	35	2		2	2		2
维吾尔族	48	27	21	3	1	2	1		1
苗　族	25380	11855	13525	540	320	220	2527	632	1895
彝　族	873	415	458	29	15	14	47	7	40
壮　族	771154	378519	392635	21621	12782	8839	88910	21134	67776
布依族	1579	457	1122	33	7	26	71	13	58
朝鲜族	152	82	70	12	4	8	6	1	5
满　族	962	503	459	67	35	32	41	9	32
侗　族	17683	8386	9297	512	313	199	1835	488	1347
瑶　族	72217	34852	37365	2286	1366	920	8275	1998	6277
白　族	117	54	63	7	2	5	4	2	2
土家族	865	424	441	30	16	14	16	4	12
哈尼族	76	27	49	1	1		2		2
哈萨克族	1		1				1		1
傣　族	73	11	62	2		2	3	1	2
黎　族	334	128	206	7	4	3	14	1	13
傈僳族	12	4	8						
佤　族	22	7	15	1	1				
畲　族	85	42	43	2		2			
高山族	14	9	5						
拉祜族	29	12	17						
水　族	699	316	383	24	10	14	57	12	45
东乡族	5	3	2						
纳西族	10	2	8						
景颇族	5	1	4						
柯尔克孜族									
土　族	20	8	12	1		1	1		1
达斡尔族	16	8	8				1		1
仫佬族	8316	4043	4273	391	192	199	849	214	635
羌　族	5	2	3						
布朗族	8	4	4				1		1
撒拉族	2	1	1						
毛南族	3319	1627	1692	134	88	46	388	83	305
仡佬族	235	112	123	10	5	5	23	7	16
锡伯族	13	4	9	3	2	1			
阿昌族									
普米族	2	1	1						
塔吉克族									
怒　族	3		3						
乌孜别克族									
俄罗斯族	2	1	1						
鄂温克族	1		1						
德昂族	1		1						
保安族									
裕固族	1	1							
京　族	1332	672	660	59	31	28	91	21	70
塔塔尔族									
独龙族									
鄂伦春族									
赫哲族									
门巴族									
珞巴族									
基诺族	3		3						
未定族称人口	89	15	74	3		3	13	1	12
入　籍	59	1	58				9		9

2-5 各民族分性别、初婚年龄的人口

单位：人

民族	合计			15岁以下		
	合计	男	女	小计	男	女
总 计	**2741229**	**1307002**	**1434227**	**6117**	**1157**	**4960**
汉 族	1703969	823352	880617	3413	600	2813
蒙古族	383	186	197	3	1	2
回 族	2029	982	1047	2	1	1
藏 族	62	23	39			
维吾尔族	52	28	24			
苗 族	28447	12807	15640	279	42	237
彝 族	949	437	512	5	2	3
壮 族	881685	412435	469250	1861	408	1453
布依族	1683	477	1206	7		7
朝鲜族	170	87	83			
满 族	1070	547	523	2	1	1
侗 族	20030	9187	10843	61	15	46
瑶 族	82778	38216	44562	451	80	371
白 族	128	58	70			
土家族	911	444	467	3		3
哈尼族	79	28	51	2		2
哈萨克族	2		2			
傣 族	78	12	66			
黎 族	355	133	222			
傈僳族	12	4	8			
佤 族	23	8	15			
畲 族	87	42	45			
高山族	14	9	5			
拉祜族	29	12	17			
水 族	780	338	442	2	2	
东乡族	5	3	2			
纳西族	10	2	8			
景颇族	5	1	4			
柯尔克孜族						
土 族	22	8	14			
达斡尔族	17	8	9			
仫佬族	9556	4449	5107	15	4	11
羌 族	5	2	3			
布朗族	9	4	5			
撒拉族	2	1	1			
毛南族	3841	1798	2043	6	1	5
仡佬族	268	124	144	1		1
锡伯族	16	6	10			
阿昌族						
普米族	2	1	1			
塔吉克族						
怒 族	3		3			
乌孜别克族						
俄罗斯族	2	1	1			
鄂温克族	1		1			
德昂族	1		1			
保安族						
裕固族	1	1				
京 族	1482	724	758	1		1
塔塔尔族						
独龙族						
鄂伦春族						
赫哲族						
门巴族						
珞巴族						
基诺族	3		3			
未定族称人口	105	16	89	1		1
入 籍	68	1	67	2		2

2-5　续表 1　　　　单位：人

民　族	15岁			16岁		
	小计	男	女	小计	男	女
总　计	**19833**	**4489**	**15344**	**33946**	**7669**	**26277**
汉　族	11702	2579	9123	20278	4437	15841
蒙古族	1	1		3	1	2
回　族	10	1	9	9	1	8
藏　族	1	1		1		1
维吾尔族	1		1			
苗　族	628	160	468	847	241	606
彝　族	15	5	10	14	1	13
壮　族	6015	1443	4572	10431	2491	7940
布依族	22	3	19	39	4	35
朝鲜族				1		1
满　族	4	1	3	7	3	4
侗　族	196	32	164	317	57	260
瑶　族	1118	235	883	1776	384	1392
白　族	1		1			
土家族	5	2	3	12		12
哈尼族	2		2	2		2
哈萨克族	0					
傣　族	2		2	3		3
黎　族	1	1		4		4
傈僳族						0
佤　族				2	1	1
畲　族	1		1	2	1	1
高山族						
拉祜族				2		2
水　族	7	2	5	13	3	10
东乡族						
纳西族						
景颇族						
柯尔克孜族						
土　族						
达斡尔族						
仫佬族	59	16	43	118	28	90
羌　族						
布朗族						
撒拉族						
毛南族	20	3	17	45	14	31
仡佬族	5	2	3	3		3
锡伯族	1		1			
阿昌族						
普米族						
塔吉克族						
怒　族						
乌孜别克族						
俄罗斯族						
鄂温克族						
德昂族						
保安族						
裕固族						
京　族	15	1	14	17	2	15
塔塔尔族						
独龙族						
鄂伦春族						
赫哲族						
门巴族						
珞巴族						
基诺族						
未定族称人口	1	1				
入　籍						

2-5 续表 2

单位：人

民族	17岁			18岁			19岁		
	小计	男	女	小计	男	女	小计	男	女
总　计	**59551**	**14748**	**44803**	**96306**	**26264**	**70042**	**158236**	**48573**	**109663**
汉　族	34988	8441	26547	56874	15111	41763	92290	28227	64063
蒙古族	2		2	6	2	4	13	3	10
回　族	21	6	15	44	4	40	47	11	36
藏　族	1	1		1		1	6	1	5
维吾尔族	1		1	2		2	2	1	1
苗　族	1322	395	927	1690	558	1132	2388	801	1587
彝　族	34	7	27	59	19	40	84	37	47
壮　族	19279	4967	14312	31922	8977	22945	54578	16747	37831
布依族	53	8	45	69	9	60	128	20	108
朝鲜族				3	1	2	5	2	3
满　族	9	4	5	18	3	15	23	7	16
侗　族	589	126	463	877	225	652	1412	397	1015
瑶　族	2836	691	2145	4056	1156	2900	6069	1988	4081
白　族	2	1	1	1		1	5		5
土家族	20	6	14	22	2	20	47	11	36
哈尼族	2		2	3	2	1	4	1	3
哈萨克族									
傣　族	2		2	4	1	3	6		6
黎　族	5	1	4	15	3	12	15	1	14
傈僳族									
佤　族	1		1	1		1	3	1	2
畲　族	3		3	1	1		3	1	2
高山族									
拉祜族	2		2	1		1	1	1	
水　族	16	2	14	32	6	26	48	12	36
东乡族				1	1		1		1
纳西族									
景颇族									
柯尔克孜族									
土　族							1		1
达斡尔族									
仫佬族	239	68	171	356	116	240	642	182	460
羌　族									
布朗族									
撒拉族									
毛南族	75	12	63	159	40	119	286	78	208
仡佬族	10	4	6	6	1	5	19	7	12
锡伯族				1		1			
阿昌族									
普米族									
塔吉克族									
怒　族									
乌孜别克族									
俄罗斯族									
鄂温克族									
德昂族									
保安族									
裕固族									
京　族	37	8	29	76	24	52	106	35	71
塔塔尔族									
独龙族									
鄂伦春族									
赫哲族									
门巴族									
珞巴族									
基诺族									
未定族称人口	1		1	5	2	3	3	1	2
入　籍	1		1	1		1	1		1

2–5 续表 3

单位：人

民族	20岁			21岁			22岁		
	小计	男	女	小计	男	女	小计	男	女
总计	**220916**	**72623**	**148293**	**249256**	**97454**	**151802**	**278780**	**125057**	**153723**
汉族	128667	42137	86530	148836	58062	90774	170521	76308	94213
蒙古族	21	6	15	25	10	15	43	17	26
回族	75	19	56	106	45	61	131	41	90
藏族	3		3	6	3	3	6	2	4
维吾尔族	5	1	4	5	2	3	3	3	
苗族	2961	1098	1863	2839	1163	1676	2776	1366	1410
彝族	80	28	52	77	30	47	94	43	51
壮族	77358	25531	51827	85567	33377	52190	92949	41507	51442
布依族	162	26	136	161	34	127	183	56	127
朝鲜族	8	4	4	14	4	10	8	4	4
满族	54	16	38	73	29	44	90	49	41
侗族	1959	592	1367	2101	843	1258	2052	946	1106
瑶族	8015	2674	5341	7845	3252	4593	8155	3927	4228
白族	7	2	5	11	5	6	13	4	9
土家族	44	14	30	65	19	46	88	48	40
哈尼族	6	1	5	8		8	6	1	5
哈萨克族									
傣族	10		10	7		7	7		7
黎族	25	7	18	28	7	21	37	11	26
傈僳族	2	1	1	2	1	1	2		2
佤族				2		2	2	1	1
畲族	2		2	12	3	9	9	3	6
高山族	1		1				1	1	
拉祜族	3		3	3	2	1	2		2
水族	57	18	39	58	24	34	86	35	51
东乡族							2	1	1
纳西族	1		1	2		2	1		1
景颇族	1		1				1		1
柯尔克孜族									
土族	2		2	2		2	1	1	
达斡尔族	2		2	1	1		3	1	2
仫佬族	879	281	598	856	340	516	956	436	520
羌族	1		1				1		1
布朗族	2	1	1				2	2	
撒拉族							1		1
毛南族	344	107	237	366	131	235	351	162	189
仡佬族	24	8	16	20	8	12	21	7	14
锡伯族	2		2				2		2
阿昌族									
普米族									
塔吉克族									
怒族	2	0	2						
乌孜别克族									
俄罗斯族									
鄂温克族							1		1
德昂族									
保安族									
裕固族									
京族	120	49	71	145	59	86	161	73	88
塔塔尔族									
独龙族									
鄂伦春族									
赫哲族									
门巴族									
珞巴族									
基诺族	1		1				1		1
未定族称人口	7	2	5	7		7	10	1	9
入籍	3		3	6		6	1		1

2-5 续表 4

单位：人

民族	23岁			24岁			25岁		
	小计	男	女	小计	男	女	小计	男	女
总计	**268685**	**125239**	**143446**	**253212**	**126146**	**127066**	**225680**	**119752**	**105928**
汉族	168423	78528	89895	161594	80662	80932	146204	78120	68084
蒙古族	53	27	26	37	15	22	37	17	20
回族	163	58	105	213	93	120	217	96	121
藏族	4	1	3	4		4	8	4	4
维吾尔族	5	4	1	4	2	2	3	1	2
苗族	2339	1188	1151	2003	1059	944	1700	921	779
彝族	73	46	27	82	44	38	77	41	36
壮族	86388	39936	46452	78958	39054	39904	68616	35833	32783
布依族	136	51	85	151	48	103	121	42	79
朝鲜族	11	2	9	19	6	13	9	3	6
满族	106	51	55	109	52	57	127	66	61
侗族	1865	906	959	1699	830	869	1386	760	626
瑶族	7475	3721	3754	6782	3502	3280	5758	3103	2655
白族	9	5	4	12	3	9	14	4	10
土家族	75	28	47	83	42	41	77	39	38
哈尼族	6	4	2	12	9	3	5	2	3
哈萨克族	1		1	1		1			
傣族	5	2	3	7	3	4	7	1	6
黎族	31	11	20	35	15	20	33	11	22
傈僳族	1		1	1	1		1		1
佤族	2		2	1	1		1	1	
畲族	11	6	5	12	8	4	6	2	4
高山族	1	1		2	1	1	1		1
拉祜族	1		1	2		2	3	2	1
水族	71	25	46	66	29	37	70	36	34
东乡族							1	1	
纳西族	1		1						
景颇族	1		1						
柯尔克孜族									
土族	5	2	3	4	1	3	2	1	1
达斡尔族	1		1	2	2		3	1	2
仫佬族	896	386	510	850	438	412	774	413	361
羌族	1		1						
布朗族				1	1		1		1
撒拉族							1	1	
毛南族	348	164	184	324	154	170	291	163	128
仡佬族	29	15	14	18	8	10	18	8	10
锡伯族	2	1	1	2		2			
阿昌族									
普米族				1		1			
塔吉克族									
怒族									
乌孜别克族									
俄罗斯族									
鄂温克族									
德昂族							1		1
保安族									
裕固族									
京族	139	70	69	111	61	50	101	58	43
塔塔尔族									
独龙族									
鄂伦春族									
赫哲族									
门巴族									
珞巴族									
基诺族				1		1			
未定族称人口	4		4	7	2	5	4		4
入籍	3		3	2		2	2	1	1

2–5 续表 5

单位：人

民 族	26岁			27岁			28岁		
	小计	男	女	小计	男	女	小计	男	女
总 计	**187261**	**104741**	**82520**	**152633**	**89801**	**62832**	**118823**	**73297**	**45526**
汉 族	121599	68598	53001	98922	58830	40092	76854	48019	28835
蒙古族	27	12	15	18	13	5	26	19	7
回 族	179	105	74	194	102	92	147	90	57
藏 族	3	2	1	2	1	1	5	3	2
维吾尔族	4	4		7	5	2	1		1
苗 族	1346	706	640	1110	662	448	857	505	352
彝 族	61	29	32	50	23	27	43	26	17
壮 族	56597	31083	25514	46306	26633	19673	36300	21879	14421
布依族	102	28	74	71	33	38	59	28	31
朝鲜族	14	10	4	14	6	8	9	6	3
满 族	89	46	43	99	55	44	66	37	29
侗 族	1234	745	489	929	585	344	686	426	260
瑶 族	4808	2706	2102	3882	2242	1640	3035	1829	1206
白 族	7	4	3	9	8	1	12	8	4
土家族	65	34	31	64	40	24	43	28	15
哈尼族	5	2	3	2	1	1	3	1	2
哈萨克族									
傣 族	5	1	4	1		1	1		1
黎 族	37	23	14	19	8	11	14	6	8
傈僳族	1		1	1		1			
佤 族	1		1	2	1	1			
畲 族	4	2	2	6	5	1	3	1	2
高山族				3	3		1	1	
拉祜族	2	1	1	4	4				
水 族	39	22	17	52	33	19	35	19	16
东乡族									
纳西族	3		3				1	1	
景颇族									
柯尔克孜族									
土 族	2	2							
达斡尔族	1		1				1	1	
仫佬族	659	372	287	532	313	219	371	212	159
羌 族	1	1							
布朗族				1		1			
撒拉族									
毛南族	237	128	109	219	128	91	166	104	62
仡佬族	24	15	9	16	10	6	12	8	4
锡伯族	2	1	1	1	1		1	1	
阿昌族									
普米族				1	1				
塔吉克族									
怒 族							1		1
乌孜别克族									
俄罗斯族									
鄂温克族									
德昂族									
保安族									
裕固族									
京 族	94	58	36	90	55	35	65	39	26
塔塔尔族									
独龙族									
鄂伦春族									
赫哲族									
门巴族									
珞巴族									
基诺族									
未定族称人口	5	1	4	2		2	2		2
入 籍	4		4	4		4	3		3

2–5 续表 6　　　　单位：人

民族	29岁			30岁			31岁		
	小计	男	女	小计	男	女	小计	男	女
总　计	**92326**	**58965**	**33361**	**70816**	**46181**	**24635**	**52498**	**34635**	**17863**
汉　族	59478	38582	20896	45193	29937	15256	33188	22146	11042
蒙古族	14	8	6	11	7	4	12	6	6
回　族	114	68	46	74	49	25	58	39	19
藏　族	3		3	2	1	1	3	2	1
维吾尔族				2	1	1	3	2	1
苗　族	703	406	297	589	350	239	420	257	163
彝　族	20	13	7	21	12	9	12	7	5
壮　族	28400	17655	10745	22085	14021	8064	16609	10815	5794
布依族	47	21	26	36	14	22	30	10	20
朝鲜族	9	4	5	10	6	4	2	1	1
满　族	38	24	14	32	21	11	38	21	17
侗　族	598	369	229	454	285	169	385	242	143
瑶　族	2347	1480	867	1819	1172	647	1352	837	515
白　族	7	3	4	1	1		2	2	
土家族	47	29	18	41	22	19	26	21	5
哈尼族	2	1	1						
哈萨克族									
傣　族	2	1	1	2	2		1		1
黎　族	13	5	8	11	6	5	8	5	3
傈僳族									
佤　族							1	1	
畲　族	4	2	2	1	1		2	1	1
高山族									
拉祜族				2	2				
水　族	21	13	8	33	24	9	14	8	6
东乡族									
纳西族									
景颇族	1		1						
柯尔克孜族									
土　族							1		1
达斡尔族				1	1		1	1	
仫佬族	259	160	99	237	146	91	200	128	72
羌　族									
布朗族	1		1	1		1			
撒拉族									
毛南族	130	84	46	104	70	34	87	60	27
仡佬族	11	4	7	9	7	2	5	1	4
锡伯族									
阿昌族									
普米族									
塔吉克族									
怒　族									
乌孜别克族									
俄罗斯族									
鄂温克族									
德昂族									
保安族									
裕固族	1	1							
京　族	45	31	14	31	22	9	28	21	7
塔塔尔族									
独龙族									
鄂伦春族									
赫哲族									
门巴族									
珞巴族									
基诺族									
未定族称人口	6	1	5	9	1	8	4	1	3
入　籍	5		5	5		5	6		6

2-5　续表 7　　　　　　　　　　　　　　　　　　　　　　单位：人

民　族	32 岁			33 岁			34 岁		
	小计	男	女	小计	男	女	小计	男	女
总　计	**40414**	**26787**	**13627**	**31071**	**20498**	**10573**	**24782**	**16420**	**8362**
汉　族	25463	17124	8339	19645	13104	6541	15615	10461	5154
蒙古族	6	3	3	7	6	1	5	4	1
回　族	49	30	19	46	30	16	34	25	9
藏　族	1	1							
维吾尔族	1		1				1	1	
苗　族	314	175	139	253	143	110	204	137	67
彝　族	10	7	3	9	4	5	6	1	5
壮　族	12866	8374	4492	9871	6428	3443	7865	5108	2757
布依族	21	6	15	15	9	6	10	4	6
朝鲜族	11	10	1	3	3		4	4	
满　族	14	9	5	8	8		10	7	3
侗　族	270	186	84	200	117	83	183	120	63
瑶　族	1082	683	399	815	526	289	671	430	241
白　族	8	4	4	1	1				
土家族	15	12	3	19	13	6	11	8	3
哈尼族	1		1				1		1
哈萨克族									
傣　族	1		1	1		1	1		1
黎　族	8	4	4	4	2	2	3	2	1
傈僳族									
佤　族	1	1					2		2
畲　族	1	1					1	1	
高山族	2	1	1						
拉祜族				1		1			
水　族	18	5	13	11	6	5	3	1	2
东乡族									
纳西族	1	1							
景颇族									
柯尔克孜族									
土　族									
达斡尔族				1		1			
仫佬族	158	97	61	93	58	35	88	59	29
羌　族									
布朗族									
撒拉族									
毛南族	56	34	22	49	34	15	41	33	8
仡佬族	5	4	1	1		1	2	1	1
锡伯族	1	1					1	1	
阿昌族									
普米族									
塔吉克族									
怒　族									
乌孜别克族									
俄罗斯族	1		1						
鄂温克族									
德昂族									
保安族									
裕固族									
京　族	25	14	11	13	6	7	14	12	2
塔塔尔族									
独龙族									
鄂伦春族									
赫哲族									
门巴族									
珞巴族									
基诺族									
未定族称人口	2		2	3		3	3		3
入　籍	2		2	2		2	3		3

2-5 续表 8 单位：人

民 族	35岁			36岁			37岁		
	小计	男	女	小计	男	女	小计	男	女
总 计	**19061**	**12698**	**6363**	**14840**	**9922**	**4918**	**11830**	**7938**	**3892**
汉 族	12023	8064	3959	9406	6346	3060	7588	5163	2425
蒙古族	4	3	1				1		1
回 族	28	18	10	8	7	1	15	12	3
藏 族	1		1				1		1
维吾尔族							1		1
苗 族	142	77	65	129	81	48	104	61	43
彝 族	6	2	4	3	1	2	2	1	1
壮 族	6063	4033	2030	4679	3111	1568	3643	2402	1241
布依族	15	3	12	12	6	6	7	3	4
朝鲜族	1	1		1	1		1		1
满 族	11	7	4	10	9	1	4	1	3
侗 族	91	65	26	95	61	34	82	57	25
瑶 族	552	345	207	402	245	157	303	192	111
白 族	1	1		3		3	1	1	
土家族	5	4	1	5	3	2	5	2	3
哈尼族	2	1	1				2	1	1
哈萨克族									
傣 族									
黎 族	1		1	1	1		2	1	1
傈僳族									
佤 族				1		1			
畲 族				2	2				
高山族				1		1	1	1	
拉祜族									
水 族	4	4		4	1	3	3		3
东乡族									
纳西族									
景颇族									
柯尔克孜族									
土 族									
达斡尔族									
仫佬族	69	44	25	47	26	21	35	25	10
羌 族									
布朗族									
撒拉族									
毛南族	29	18	11	18	16	2	16	8	8
仡佬族	2	1	1				4	3	1
锡伯族									
阿昌族									
普米族									
塔吉克族									
怒 族									
乌孜别克族									
俄罗斯族									
鄂温克族									
德昂族									
保安族									
裕固族									
京 族	9	7	2	9	5	4	5	3	2
塔塔尔族									
独龙族									
鄂伦春族									
赫哲族									
门巴族									
珞巴族									
基诺族									
未定族称人口	1		1	2		2	1	1	
入 籍	1		1	2		2	3		3

2-5　续表 9

单位：人

民　族	38岁			39岁			40岁及以上		
	小计	男	女	小计	男	女	小计	男	女
总　计	**9414**	**6264**	**3150**	**7727**	**5181**	**2546**	**37215**	**24503**	**12712**
汉　族	6027	4060	1967	4880	3322	1558	24298	16384	7914
蒙古族				2	1	1	6	4	2
回　族	8	6	2	7	5	2	30	20	10
藏　族									
维吾尔族							1	1	
苗　族	78	43	35	79	37	42	347	175	172
彝　族				1		1	11	8	3
壮　族	2923	1920	1003	2440	1629	811	11116	7073	4043
布依族	8	1	7	4	3	1	14	7	7
朝鲜族	3	3		2	1	1	8	5	3
满　族	2	1	1	5	2	3	22	17	5
侗　族	57	41	16	36	22	14	216	137	79
瑶　族	247	152	95	219	128	91	908	536	372
白　族							1	1	
土家族	9	5	4	3	3		12	9	3
哈尼族	1	1					2		2
哈萨克族									
傣　族	2	1	1				1		1
黎　族							5	2	3
傈僳族							1	1	
佤　族									
畲　族	1	1							
高山族									
拉祜族									
水　族	3	2	1	6	2	4	8	4	4
东乡族									
纳西族									
景颇族							1	1	
柯尔克孜族									
土　族							2	1	1
达斡尔族									
仫佬族	30	18	12	24	16	8	114	67	47
羌　族							1	1	
布朗族									
撒拉族									
毛南族	10	6	4	11	8	3	53	38	15
仡佬族							3	2	1
锡伯族									
阿昌族									
普米族									
塔吉克族									
怒　族									
乌孜别克族									
俄罗斯族				1	1				
鄂温克族									
德昂族									
保安族									
裕固族									
京　族	3	2	1	2	1	1	20	8	12
塔塔尔族									
独龙族									
鄂伦春族									
赫哲族									
门巴族									
珞巴族									
基诺族									
未定族称人口	2	1	1	4		4	9	1	8
入　籍				1		1	5		5

2-6 按民族、生育孩次分的育龄妇女人数
（2019.11.1-2020.10.31）

单位：人

民族	合计	生男孩的妇女人数	生女孩的妇女人数	一孩			二孩		
				小计	男	女	小计	男	女
总计	**51491**	**27649**	**23842**	**19390**	**10445**	**8945**	**21736**	**11408**	**10328**
汉族	32821	17623	15198	12263	6600	5663	13107	6897	6210
蒙古族	3	2	1	1	1		2	1	1
回族	26	17	9	12	9	3	12	6	6
藏族	1		1	1		1			
维吾尔族									
苗族	632	345	287	237	121	116	272	154	118
彝族	27	18	9	12	6	6	13	11	2
壮族	15103	8131	6972	5808	3150	2658	7146	3727	3419
布依族	55	26	29	20	9	11	24	11	13
朝鲜族	1	1		1	1				
满族	17	5	12	7	3	4	8	1	7
侗族	348	197	151	131	76	55	167	95	72
瑶族	2059	1081	978	733	383	350	808	421	387
白族	7	4	3	1		1	6	4	2
土家族	26	9	17	9	4	5	12	2	10
哈尼族	10	5	5	3	1	2	4	2	2
哈萨克族									
傣族	4	2	2				4	2	2
黎族	16	8	8	4	3	1	10	4	6
傈僳族	2	1	1				2	1	1
佤族	3	2	1	2	2		1		1
畲族	5	3	2	2	1	1	3	2	1
高山族									
拉祜族	3	2	1	2	1	1			
水族	12	5	7	7	2	5	3	1	2
东乡族									
纳西族	1		1	1		1			
景颇族									
柯尔克孜族									
土族									
达斡尔族									
仫佬族	196	109	87	82	47	35	95	49	46
羌族	1		1	1		1			
布朗族	1	1		1	1				
撒拉族									
毛南族	51	16	35	22	7	15	20	6	14
仡佬族	6	5	1	4	3	1	2	2	
锡伯族									
阿昌族									
普米族									
塔吉克族									
怒族									
乌孜别克族									
俄罗斯族	1	1		1	1				
鄂温克族									
德昂族									
保安族									
裕固族									
京族	45	25	20	17	9	8	14	9	5
塔塔尔族									
独龙族									
鄂伦春族									
赫哲族									
门巴族									
珞巴族									
基诺族	1		1						
未定族称人口	4	3	1	3	2	1			
入籍	3	2	1	2	2		1		1

2-6　续表

单位：人

民　族	三　孩			四　孩			五孩及以上		
	小计	男	女	小计	男	女	小计	男	女
总　计	**7591**	**4221**	**3370**	**1977**	**1115**	**862**	**797**	**460**	**337**
汉　族	5344	2923	2421	1518	857	661	589	346	243
蒙古族									
回　族	1	1		1	1				
藏　族									
维吾尔族									
苗　族	103	60	43	15	9	6	5	1	4
彝　族	2	1	1						
壮　族	1765	1033	732	296	169	127	88	52	36
布依族	9	5	4	2	1	1			
朝鲜族									
满　族	1		1	1	1				
侗　族	43	25	18	7	1	6			
瑶　族	276	145	131	129	72	57	113	60	53
白　族									
土家族	5	3	2						
哈尼族	2	1	1	1	1				
哈萨克族									
傣　族									
黎　族	2	1	1						
傈僳族									
佤　族									
畲　族									
高山族									
拉祜族				1	1				
水　族	1	1		1	1				
东乡族									
纳西族									
景颇族									
柯尔克孜族									
土　族									
达斡尔族									
仫佬族	18	13	5	1		1			
羌　族									
布朗族									
撒拉族									
毛南族	8	3	5	1		1			
仡佬族									
锡伯族									
阿昌族									
普米族									
塔吉克族									
怒　族									
乌孜别克族									
俄罗斯族									
鄂温克族									
德昂族									
保安族									
裕固族									
京　族	10	5	5	2	1	1	2	1	1
塔塔尔族									
独龙族									
鄂伦春族									
赫哲族									
门巴族									
珞巴族									
基诺族				1		1			
未定族称人口	1	1							
入　籍									

2-7 各民族15-64岁妇女平均活产子女数和平均存活子女数

单位：人、%

民族	15-64岁妇女人数	活产子女总数			存活子女总数			存活子女数占活产子女数的百分比	妇女平均活产子女数	妇女平均存活子女数
		小计	男	女	小计	男	女			
总计	**1417812**	**2223683**	**1219231**	**1004452**	**2170364**	**1184982**	**985382**	**97.60**	**1.57**	**1.53**
汉族	877963	1404290	773702	630588	1372125	753049	619076	97.71	1.60	1.56
蒙古族	247	242	137	105	237	134	103	97.93	0.98	0.96
回族	1112	1088	581	507	1077	572	505	98.99	0.98	0.97
藏族	75	70	41	29	67	38	29	95.71	0.93	0.89
维吾尔族	49	36	25	11	34	23	11	94.44	0.73	0.69
苗族	15952	25524	14087	11437	24695	13552	11143	96.75	1.60	1.55
彝族	668	832	448	384	809	433	376	97.24	1.25	1.21
壮族	452768	683682	372668	311014	666138	361341	304797	97.43	1.51	1.47
布依族	1314	2259	1243	1016	2194	1204	990	97.12	1.72	1.67
朝鲜族	93	81	47	34	79	46	33	97.53	0.87	0.85
满族	634	574	304	270	552	291	261	96.17	0.91	0.87
侗族	10846	16098	8582	7516	15686	8335	7351	97.44	1.48	1.45
瑶族	45669	74750	39870	34880	72901	38698	34203	97.53	1.64	1.60
白族	107	107	57	50	104	55	49	97.20	1.00	0.97
土家族	617	775	399	376	753	387	366	97.16	1.26	1.22
哈尼族	66	98	46	52	97	46	51	98.98	1.48	1.47
哈萨克族	2	2	1	1	2	1	1	100.00	1.00	1.00
傣族	73	102	50	52	99	47	52	97.06	1.40	1.36
黎族	280	362	198	164	358	196	162	98.90	1.29	1.28
傈僳族	17	16	8	8	16	8	8	100.00	0.94	0.94
佤族	22	25	11	14	23	11	12	92.00	1.14	1.05
畲族	61	78	40	38	78	40	38	100.00	1.28	1.28
高山族	5	5	2	3	5	2	3	100.00	1.00	1.00
拉祜族	21	21	14	7	20	13	7	95.24	1.00	0.95
水族	504	702	359	343	675	349	326	96.15	1.39	1.34
东乡族	3	5	4	1	5	4	1	100.00	1.67	1.67
纳西族	10	8	5	3	8	5	3	100.00	0.80	0.80
景颇族	8	10	2	8	10	2	8	100.00	1.25	1.25
柯尔克孜族										
土族	22	18	10	8	18	10	8	100.00	0.82	0.82
达斡尔族	10	8	5	3	8	5	3	100.00	0.80	0.80
仫佬族	5296	7169	3746	3423	6987	3637	3350	97.46	1.35	1.32
羌族	4	3	1	2	3	1	2	100.00	0.75	0.75
布朗族	5	9	7	2	9	7	2	100.00	1.80	1.80
撒拉族	2	2	1	1	2	1	1	100.00	1.00	1.00
毛南族	2103	2924	1542	1382	2817	1478	1339	96.34	1.39	1.34
仡佬族	174	190	118	72	183	113	70	96.32	1.09	1.05
锡伯族	12	11	6	5	11	6	5	100.00	0.92	0.92
阿昌族	1									
普米族	3	1		1	1		1	100.00	0.33	0.33
塔吉克族	1									
怒族	4	5	5		5	5		100.00	1.25	1.25
乌孜别克族										
俄罗斯族	1	1	1		1	1		100.00	1.00	1.00
鄂温克族	3	2	1	1	2	1	1	100.00	0.67	0.67
德昂族	1	1	1		1	1		100.00	1.00	1.00
保安族										
裕固族										
京族	822	1187	677	510	1164	658	506	98.06	1.44	1.42
塔塔尔族										
独龙族										
鄂伦春族										
赫哲族										
门巴族										
珞巴族										
基诺族	5	9	3	6	9	3	6	100.00	1.80	1.80
未定族称人口	94	167	102	65	165	100	65	98.80	1.78	1.76
入籍	63	134	74	60	131	73	58	97.76	2.13	2.08

第二部分　长表数据资料

第三卷　教育

3-1　分学业完成情况、性别、受教育程度的3岁及以上人口

单位：人

学业完成情况	合　计			小　学		
	合计	男	女	小计	男	女
总　计	**4060243**	**2114638**	**1945605**	**1309778**	**620683**	**689095**
在　校	967480	501927	465553	478179	255664	222515
毕　业	2866275	1500727	1365548	711852	315834	396018
肄　业	48745	23427	25318	29317	11420	17897
辍　学	44834	21692	23142	28068	11109	16959
其　他	132909	66865	66044	62362	26656	35706

3-1　续表 1　　单位：人

学业完成情况	初　中			高　中			大学专科		
	小计	男	女	小计	男	女	小计	男	女
总　计	**1637443**	**905894**	**731549**	**600230**	**330369**	**269861**	**282052**	**146058**	**135994**
在　校	211644	112899	98745	172510	85429	87081	49537	24933	24604
毕　业	1341879	743559	598320	412615	235676	176939	227566	118424	109142
肄　业	16088	9855	6233	2502	1653	849	586	354	232
辍　学	14610	9189	5421	1940	1264	676	168	102	66
其　他	53222	30392	22830	10663	6347	4316	4195	2245	1950

3-1　续表 2　　单位：人

学业完成情况	大学本科			硕士研究生			博士研究生		
	小计	男	女	小计	男	女	小计	男	女
总　计	**215673**	**103982**	**111691**	**13733**	**6831**	**6902**	**1334**	**821**	**513**
在　校	52093	21466	30627	3251	1394	1857	266	142	124
毕　业	160986	81207	79779	10321	5354	4967	1056	673	383
肄　业	237	138	99	14	7	7	1		1
辍　学	45	27	18	3	1	2			
其　他	2312	1144	1168	144	75	69	11	6	5

3-1a 分学业完成情况、性别、受教育程度的3岁及以上人口（城市）

单位：人

学业完成情况	合计			小学		
	合计	男	女	小计	男	女
总计	**1251460**	**627793**	**623667**	**229051**	**107348**	**121703**
在校	293344	150819	142525	111388	60339	51049
毕业	924392	460923	463469	106669	42965	63704
肄业	5792	2692	3100	2307	758	1549
辍学	6584	3183	3401	3157	1154	2003
其他	21348	10176	11172	5530	2132	3398

3-1a 续表 1

单位：人

学业完成情况	初中			高中			大学专科		
	小计	男	女	小计	男	女	小计	男	女
总计	**406033**	**207635**	**198398**	**285572**	**149213**	**136359**	**171309**	**87123**	**84186**
在校	48470	26131	22339	68060	35048	33012	28910	14955	13955
毕业	344331	174526	169805	212222	111299	100923	139963	70899	69064
肄业	2287	1261	1026	775	443	332	268	143	125
辍学	2694	1586	1108	634	385	249	75	45	30
其他	8251	4131	4120	3881	2038	1843	2093	1081	1012

3-1a 续表 2

单位：人

学业完成情况	大学本科			硕士研究生			博士研究生		
	小计	男	女	小计	男	女	小计	男	女
总计	**146475**	**69879**	**76596**	**11830**	**5859**	**5971**	**1190**	**736**	**454**
在校	33825	13146	20679	2475	1081	1394	216	119	97
毕业	111025	55910	55115	9217	4712	4505	965	612	353
肄业	146	84	62	8	3	5	1		1
辍学	22	12	10	2	1	1			
其他	1457	727	730	128	62	66	8	5	3

3-1b　分学业完成情况、性别、受教育程度的3岁及以上人口（镇）

单位：人

学业完成情况	合　计			小　学		
	合计	男	女	小计	男	女
总　计	**1010600**	**518550**	**492050**	**295961**	**138351**	**157610**
在　校	255521	133278	122243	122968	66299	56669
毕　业	706142	361621	344521	150270	63178	87092
肄　业	10079	4766	5313	5400	1990	3410
辍　学	9453	4439	5014	5647	2133	3514
其　他	29405	14446	14959	11676	4751	6925

3-1b　续表 1

单位：人

学业完成情况	初　中			高　中			大学专科		
	小计	男	女	小计	男	女	小计	男	女
总　计	**421400**	**224183**	**197217**	**173885**	**94148**	**79737**	**69802**	**37134**	**32668**
在　校	51092	27294	23798	62765	30338	32427	8982	4745	4237
毕　业	350348	185754	164594	106896	61249	45647	59438	31627	27811
肄　业	3783	2201	1582	644	421	223	183	117	66
辍　学	3222	1927	1295	523	343	180	48	30	18
其　他	12955	7007	5948	3057	1797	1260	1151	615	536

3-1b　续表 2

单位：人

学业完成情况	大学本科			硕士研究生			博士研究生		
	小计	男	女	小计	男	女	小计	男	女
总　计	**48193**	**24035**	**24158**	**1287**	**659**	**628**	**72**	**40**	**32**
在　校	9200	4403	4797	481	185	296	33	14	19
毕　业	38364	19326	19038	789	461	328	37	26	11
肄　业	64	33	31	5	4	1			
辍　学	12	6	6	1		1			
其　他	553	267	286	11	9	2	2		2

3-1c 分学业完成情况、性别、受教育程度的3岁及以上人口（乡村）

单位：人

学业完成情况	合计			小学		
	合计	男	女	小计	男	女
总　计	**1798183**	**968295**	**829888**	**784766**	**374984**	**409782**
在　校	418615	217830	200785	243823	129026	114797
毕　业	1235741	678183	557558	454913	209691	245222
肄　业	32874	15969	16905	21610	8672	12938
辍　学	28797	14070	14727	19264	7822	11442
其　他	82156	42243	39913	45156	19773	25383

3-1c 续表 1

单位：人

学业完成情况	初中			高中			大学专科		
	小计	男	女	小计	男	女	小计	男	女
总　计	**810010**	**474076**	**335934**	**140773**	**87008**	**53765**	**40941**	**21801**	**19140**
在　校	112082	59474	52608	41685	20043	21642	11645	5233	6412
毕　业	647200	383279	263921	93497	63128	30369	28165	15898	12267
肄　业	10018	6393	3625	1083	789	294	135	94	41
辍　学	8694	5676	3018	783	536	247	45	27	18
其　他	32016	19254	12762	3725	2512	1213	951	549	402

3-1c 续表 2

单位：人

学业完成情况	大学本科			硕士研究生			博士研究生		
	小计	男	女	小计	男	女	小计	男	女
总　计	**21005**	**10068**	**10937**	**616**	**313**	**303**	**72**	**45**	**27**
在　校	9068	3917	5151	295	128	167	17	9	8
毕　业	11597	5971	5626	315	181	134	54	35	19
肄　业	27	21	6	1		1			
辍　学	11	9	2						
其　他	302	150	152	5	4	1	1	1	

3-2　分年龄、性别、学业完成情况的3岁及以上各种受教育程度人口

单位：人

年龄	合计								
	合计			在校			毕业		
	合计	男	女	小计	男	女	小计	男	女
总计	**4060243**	**2114638**	**1945605**	**967480**	**501927**	**465553**	**2866275**	**1500727**	**1365548**
3									
4									
5-9岁	**294454**	**156711**	**137743**	**287579**	**153102**	**134477**	**5310**	**2766**	**2544**
5	7127	3742	3385	6879	3610	3269	157	82	75
6	45004	23442	21562	43928	22891	21037	818	410	408
7	78386	41896	36490	76548	40970	35578	1424	711	713
8	85697	45741	39956	83783	44737	39046	1512	794	718
9	78240	41890	36350	76441	40894	35547	1399	769	630
10-14岁	**357004**	**190745**	**166259**	**345451**	**184224**	**161227**	**9617**	**5402**	**4215**
10	74969	40166	34803	73128	39138	33990	1489	824	665
11	75351	40332	35019	73359	39203	34156	1637	936	701
12	71640	38512	33128	69389	37256	32133	1923	1074	849
13	68059	36247	31812	65577	34819	30758	2099	1198	901
14	66985	35488	31497	63998	33808	30190	2469	1370	1099
15-19岁	**302047**	**156100**	**145947**	**261343**	**131250**	**130093**	**36808**	**22442**	**14366**
15	62986	33047	29939	60225	31382	28843	2283	1391	892
16	70567	36473	34094	64984	33041	31943	4894	3007	1887
17	67257	34415	32842	59654	29750	29904	6769	4143	2626
18	52906	27659	25247	42141	20983	21158	9881	6111	3770
19	48331	24506	23825	34339	16094	18245	12981	7790	5191
20-24岁	**205009**	**105482**	**99527**	**67749**	**30681**	**37068**	**130481**	**70836**	**59645**
20	46835	23746	23089	29205	13392	15813	16516	9686	6830
21	41023	21040	19983	19547	8747	10800	20247	11555	8692
22	40470	20734	19736	11430	5077	6353	27662	14855	12807
23	38625	20139	18486	5082	2267	2815	32034	17017	15017
24	38056	19823	18233	2485	1198	1287	34022	17723	16299
25-29岁	**227934**	**118668**	**109266**	**3225**	**1616**	**1609**	**215059**	**111495**	**103564**
25	40444	21087	19357	1353	663	690	37408	19445	17963
26	41486	21624	19862	785	409	376	38925	20197	18728
27	45046	23457	21589	454	225	229	42679	22111	20568
28	49851	25965	23886	368	179	189	47365	24549	22816
29	51107	26535	24572	265	140	125	48682	25193	23489
30-34岁	**344446**	**176709**	**167737**	**811**	**348**	**463**	**328678**	**168041**	**160637**
30	62689	32118	30571	268	116	152	59726	30492	29234
31	65551	33817	31734	175	76	99	62599	32147	30452
32	65590	33371	32219	119	56	63	62752	31792	30960
33	75472	38969	36503	142	59	83	72029	37123	34906
34	75144	38434	36710	107	41	66	71572	36487	35085
35-39岁	**336118**	**175212**	**160906**	**402**	**200**	**202**	**318734**	**165682**	**153052**
35	73277	38057	35220	94	38	56	69594	36016	33578
36	70982	36687	34295	97	50	47	67361	34679	32682
37	61420	31957	29463	70	33	37	58237	30195	28042
38	66489	34799	31690	80	48	32	63066	32952	30114
39	63950	33712	30238	61	31	30	60476	31840	28636
40-44岁	**311113**	**163363**	**147750**	**223**	**125**	**98**	**293306**	**153675**	**139631**
40	62995	33039	29956	63	28	35	59485	31095	28390
41	65496	34438	31058	43	28	15	61871	32414	29457
42	61788	32267	29521	43	28	15	58361	30429	27932
43	56906	29675	27231	32	17	15	53590	27875	25715
44	63928	33944	29984	42	24	18	59999	31862	28137
45-49岁	**331796**	**175519**	**156277**	**221**	**112**	**109**	**310097**	**164192**	**145905**
45	64131	33857	30274	47	21	26	60249	31766	28483
46	70262	37065	33197	41	17	24	65788	34696	31092
47	65791	34946	30845	49	29	20	61454	32634	28820
48	65436	34549	30887	38	18	20	60980	32309	28671
49	66176	35102	31074	46	27	19	61626	32787	28839
50岁及以上	**1350322**	**696129**	**654193**	**476**	**269**	**207**	**1218185**	**636196**	**581989**

3-2 续表 1

单位：人

年龄	合计								
	肄业			辍学			其他		
	小计	男	女	小计	男	女	小计	男	女
总计	**48745**	**23427**	**25318**	**44834**	**21692**	**23142**	**132909**	**66865**	**66044**
3									
4									
5-9岁	**137**	**82**	**55**	**37**	**23**	**14**	**1391**	**738**	**653**
5	3	2	1				88	48	40
6	22	10	12	4	3	1	232	128	104
7	37	24	13	10	8	2	367	183	184
8	38	19	19	9	4	5	355	187	168
9	37	27	10	14	8	6	349	192	157
10-14岁	**210**	**130**	**80**	**209**	**128**	**81**	**1517**	**861**	**656**
10	28	17	11	12	7	5	312	180	132
11	43	22	21	17	9	8	295	162	133
12	26	19	7	14	9	5	288	154	134
13	44	28	16	46	28	18	293	174	119
14	69	44	25	120	75	45	329	191	138
15-19岁	**706**	**459**	**247**	**1029**	**684**	**345**	**2161**	**1265**	**896**
15	65	35	30	140	88	52	273	151	122
16	131	83	48	216	137	79	342	205	137
17	153	88	65	234	170	64	447	264	183
18	163	112	51	208	137	71	513	316	197
19	194	141	53	231	152	79	586	329	257
20-24岁	**1111**	**715**	**396**	**1182**	**808**	**374**	**4486**	**2442**	**2044**
20	194	131	63	227	155	72	693	382	311
21	199	126	73	232	152	80	798	460	338
22	241	148	93	215	149	66	922	505	417
23	233	145	88	267	182	85	1009	528	481
24	244	165	79	241	170	71	1064	567	497
25-29岁	**1512**	**957**	**555**	**1524**	**1035**	**489**	**6614**	**3565**	**3049**
25	271	166	105	289	198	91	1123	615	508
26	266	171	95	292	187	105	1218	660	558
27	313	208	105	311	214	97	1289	699	590
28	329	207	122	315	229	86	1474	801	673
29	333	205	128	317	207	110	1510	790	720
30-34岁	**2434**	**1483**	**951**	**2353**	**1517**	**836**	**10170**	**5320**	**4850**
30	432	280	152	404	250	154	1859	980	879
31	451	272	179	489	334	155	1837	988	849
32	419	261	158	399	263	136	1901	999	902
33	536	310	226	498	306	192	2267	1171	1096
34	596	360	236	563	364	199	2306	1182	1124
35-39岁	**3033**	**1768**	**1265**	**3084**	**1855**	**1229**	**10865**	**5707**	**5158**
35	601	370	231	638	404	234	2350	1229	1121
36	638	370	268	615	381	234	2271	1207	1064
37	527	315	212	566	341	225	2020	1073	947
38	633	369	264	597	357	240	2113	1073	1040
39	634	344	290	668	372	296	2111	1125	986
40-44岁	**3346**	**1912**	**1434**	**3337**	**1826**	**1511**	**10901**	**5825**	**5076**
40	607	342	265	660	367	293	2180	1207	973
41	681	419	262	675	378	297	2226	1199	1027
42	668	377	291	594	325	269	2122	1108	1014
43	605	341	264	621	342	279	2058	1100	958
44	785	433	352	787	414	373	2315	1211	1104
45-49岁	**4411**	**2305**	**2106**	**4390**	**2300**	**2090**	**12677**	**6610**	**6067**
45	805	434	371	747	423	324	2283	1213	1070
46	904	470	434	889	476	413	2640	1406	1234
47	894	472	422	830	438	392	2564	1373	1191
48	902	462	440	927	442	485	2589	1318	1271
49	906	467	439	997	521	476	2601	1300	1301
50岁及以上	**31845**	**13616**	**18229**	**27689**	**11516**	**16173**	**72127**	**34532**	**37595**

3-2　续表 2

单位：人

年龄	小学								
	合计			在校			毕业		
	合计	男	女	小计	男	女	小计	男	女
总　计	**1309778**	**620683**	**689095**	**478179**	**255664**	**222515**	**711852**	**315834**	**396018**
3									
4									
5-9岁	**291622**	**155121**	**136501**	**285079**	**151701**	**133378**	**5029**	**2611**	**2418**
5	7127	3742	3385	6879	3610	3269	157	82	75
6	44563	23202	21361	43551	22688	20863	765	381	384
7	77791	41559	36232	76021	40671	35350	1363	677	686
8	84874	45270	39604	83059	44326	38733	1427	741	686
9	77267	41348	35919	75569	40406	35163	1317	730	587
10-14岁	**197794**	**106696**	**91098**	**192288**	**103572**	**88716**	**4466**	**2518**	**1948**
10	73439	39358	34081	71714	38392	33322	1384	768	616
11	71004	38047	32957	69295	37077	32218	1395	798	597
12	40802	22622	18180	39604	21936	17668	1004	570	434
13	9182	4931	4251	8665	4626	4039	422	238	184
14	3367	1738	1629	3010	1541	1469	261	144	117
15-19岁	**3144**	**1828**	**1316**	**535**	**262**	**273**	**2094**	**1242**	**852**
15	483	258	225	244	115	129	166	98	68
16	469	277	192	114	53	61	265	160	105
17	550	318	232	76	44	32	371	214	157
18	767	449	318	46	21	25	602	358	244
19	875	526	349	55	29	26	690	412	278
20-24岁	**6417**	**3626**	**2791**	**59**	**30**	**29**	**5538**	**3137**	**2401**
20	964	539	425	31	17	14	813	457	356
21	1082	626	456	13	8	5	904	526	378
22	1270	741	529	6	2	4	1110	646	464
23	1506	832	674	4	2	2	1306	732	574
24	1595	888	707	5	1	4	1405	776	629
25-29岁	**11836**	**6544**	**5292**	**18**	**12**	**6**	**10544**	**5835**	**4709**
25	1892	1060	832	6	3	3	1670	937	733
26	2012	1120	892	3	2	1	1778	998	780
27	2318	1272	1046				2073	1133	940
28	2774	1560	1214	5	3	2	2495	1402	1093
29	2840	1532	1308	4	4		2528	1365	1163
30-34岁	**23627**	**11820**	**11807**	**13**	**6**	**7**	**20990**	**10490**	**10500**
30	3737	1933	1804	2	1	1	3363	1745	1618
31	4195	2210	1985	2	1	1	3704	1954	1750
32	4356	2166	2190	6	3	3	3895	1927	1968
33	5371	2674	2697	3	1	2	4734	2346	2388
34	5968	2837	3131				5294	2518	2776
35-39岁	**34495**	**16274**	**18221**	**11**	**4**	**7**	**30216**	**14200**	**16016**
35	6345	3110	3235	2	0	2	5591	2732	2859
36	6668	3192	3476	4	2	2	5836	2761	3075
37	6202	2915	3287	2		2	5418	2527	2891
38	7223	3359	3864				6312	2940	3372
39	8057	3698	4359	3	2	1	7059	3240	3819
40-44岁	**51355**	**23431**	**27924**	**11**	**6**	**5**	**45130**	**20457**	**24673**
40	8863	4086	4777	2		2	7760	3579	4181
41	9862	4574	5288	3	1	2	8692	3985	4707
42	10162	4613	5549	2	2		8995	4063	4932
43	10201	4618	5583	2	2		8969	4021	4948
44	12267	5540	6727	2	1	1	10714	4809	5905
45-49岁	**81461**	**36683**	**44778**	**21**	**13**	**8**	**71507**	**32179**	**39328**
45	13417	6052	7365	5	4	1	11846	5310	6536
46	15895	7064	8831	6	4	2	13941	6151	7790
47	16133	7288	8845	1	1		14129	6377	7752
48	17360	7766	9594	4	3	1	15226	6827	8399
49	18656	8513	10143	5	1	4	16365	7514	8851
50岁及以上	**608027**	**258660**	**349367**	**144**	**58**	**86**	**516338**	**223165**	**293173**

3-2 续表 3

单位：人

年龄	小学								
	肄业			辍学			其他		
	小计	男	女	小计	男	女	小计	男	女
总计	**29317**	**11420**	**17897**	**28068**	**11109**	**16959**	**62362**	**26656**	**35706**
3									
4									
5-9岁	**135**	**80**	**55**	**35**	**22**	**13**	**1344**	**707**	**637**
5	3	2	1				88	48	40
6	21	9	12	3	2	1	223	122	101
7	37	24	13	10	8	2	360	179	181
8	37	18	19	9	4	5	342	181	161
9	37	27	10	13	8	5	331	177	154
10-14岁	**104**	**67**	**37**	**68**	**44**	**24**	**868**	**495**	**373**
10	28	17	11	10	6	4	303	175	128
11	37	20	17	17	9	8	260	143	117
12	21	15	6	8	6	2	165	95	70
13	7	6	1	13	10	3	75	51	24
14	11	9	2	20	13	7	65	31	34
15-19岁	**80**	**49**	**31**	**140**	**92**	**48**	**295**	**183**	**112**
15	8	4	4	19	10	9	46	31	15
16	10	7	3	28	21	7	52	36	16
17	17	7	10	23	19	4	63	34	29
18	17	11	6	34	20	14	68	39	29
19	28	20	8	36	22	14	66	43	23
20-24岁	**162**	**103**	**59**	**188**	**120**	**68**	**470**	**236**	**234**
20	26	20	6	28	16	12	66	29	37
21	33	20	13	38	22	16	94	50	44
22	32	20	12	30	21	9	92	52	40
23	36	20	16	52	35	17	108	43	65
24	35	23	12	40	26	14	110	62	48
25-29岁	**230**	**127**	**103**	**274**	**171**	**103**	**770**	**399**	**371**
25	35	22	13	51	33	18	130	65	65
26	34	15	19	47	30	17	150	75	75
27	53	31	22	51	30	21	141	78	63
28	55	23	32	60	42	18	159	90	69
29	53	36	17	65	36	29	190	91	99
30-34岁	**599**	**324**	**275**	**627**	**327**	**300**	**1398**	**673**	**725**
30	82	42	40	104	49	55	186	96	90
31	112	61	51	122	64	58	255	130	125
32	93	54	39	102	58	44	260	124	136
33	150	84	66	149	74	75	335	169	166
34	162	83	79	150	82	68	362	154	208
35-39岁	**955**	**488**	**467**	**1121**	**577**	**544**	**2192**	**1005**	**1187**
35	163	81	82	204	114	90	385	183	202
36	178	92	86	215	119	96	435	218	217
37	181	102	79	186	89	97	415	197	218
38	218	110	108	238	118	120	455	191	264
39	215	103	112	278	137	141	502	216	286
40-44岁	**1338**	**657**	**681**	**1623**	**774**	**849**	**3253**	**1537**	**1716**
40	222	95	127	291	139	152	588	273	315
41	261	153	108	291	135	156	615	300	315
42	250	120	130	308	148	160	607	280	327
43	266	129	137	318	151	167	646	315	331
44	339	160	179	415	201	214	797	369	428
45-49岁	**2253**	**1022**	**1231**	**2582**	**1195**	**1387**	**5098**	**2274**	**2824**
45	365	163	202	411	207	204	790	368	422
46	457	211	246	505	245	260	986	453	533
47	456	209	247	489	222	267	1058	479	579
48	477	211	266	550	234	316	1103	491	612
49	498	228	270	627	287	340	1161	483	678
50岁及以上	**23461**	**8503**	**14958**	**21410**	**7787**	**13623**	**46674**	**19147**	**27527**

3-2 续表 4

单位：人

年 龄	初中								
	合计			在校			毕业		
	合计	男	女	小计	男	女	小计	男	女
总 计	**1637443**	**905894**	**731549**	**211644**	**112899**	**98745**	**1341879**	**743559**	**598320**
3									
4									
5-9岁	**2831**	**1589**	**1242**	**2500**	**1401**	**1099**	**280**	**154**	**126**
5									
6	441	240	201	377	203	174	53	29	24
7	595	337	258	527	299	228	61	34	27
8	823	471	352	724	411	313	85	53	32
9	972	541	431	872	488	384	81	38	43
10-14岁	**155999**	**82506**	**73493**	**150106**	**79187**	**70919**	**5011**	**2815**	**2196**
10	1530	808	722	1414	746	668	105	56	49
11	4343	2281	2062	4060	2122	1938	242	138	104
12	30826	15884	14942	29775	15316	14459	917	502	415
13	58253	30988	27265	56332	29883	26449	1637	944	693
14	61047	32545	28502	58525	31120	27405	2110	1175	935
15-19岁	**84946**	**48658**	**36288**	**58332**	**31941**	**26391**	**24373**	**15289**	**9084**
15	38514	21219	17295	36219	19812	16407	1938	1195	743
16	17052	9732	7320	12652	6994	5658	3963	2465	1498
17	10916	6329	4587	5460	2909	2551	5000	3127	1873
18	9188	5675	3513	2555	1413	1142	6175	3963	2212
19	9276	5703	3573	1446	813	633	7297	4539	2758
20-24岁	**61087**	**36014**	**25073**	**314**	**165**	**149**	**57123**	**33597**	**23526**
20	9540	5857	3683	127	70	57	8820	5412	3408
21	10483	6392	4091	73	37	36	9743	5933	3810
22	12580	7335	5245	54	24	30	11789	6854	4935
23	13709	7986	5723	24	13	11	12879	7491	5388
24	14775	8444	6331	36	21	15	13892	7907	5985
25-29岁	**102240**	**56762**	**45478**	**70**	**45**	**25**	**96679**	**53364**	**43315**
25	16785	9434	7351	13	7	6	15850	8862	6988
26	17777	9974	7803	11	9	2	16814	9366	7448
27	20422	11321	9101	16	10	6	19279	10617	8662
28	23071	12782	10289	16	11	5	21829	12017	9812
29	24185	13251	10934	14	8	6	22907	12502	10405
30-34岁	**178589**	**95117**	**83472**	**52**	**24**	**28**	**169543**	**89865**	**79678**
30	30793	16559	14234	13	6	7	29145	15583	13562
31	33160	17815	15345	6	2	4	31526	16827	14699
32	33658	17755	15903	10	6	4	32000	16788	15212
33	40316	21542	18774	12	5	7	38345	20450	17895
34	40662	21446	19216	11	5	6	38527	20217	18310
35-39岁	**190954**	**102025**	**88929**	**66**	**29**	**37**	**180778**	**96149**	**84629**
35	41059	21874	19185	6	3	3	38854	20584	18270
36	40537	21433	19104	15	5	10	38401	20211	18190
37	34965	18598	16367	11	5	6	33095	17508	15587
38	37793	20327	17466	23	11	12	35791	19172	16619
39	36600	19793	16807	11	5	6	34637	18674	15963
40-44岁	**167554**	**90360**	**77194**	**51**	**30**	**21**	**158283**	**84962**	**73321**
40	35066	18837	16229	16	8	8	33147	17675	15472
41	35394	19096	16298	6	4	2	33461	17955	15506
42	32625	17514	15111	9	6	3	30837	16505	14332
43	30287	16221	14066	11	6	5	28599	15242	13357
44	34182	18692	15490	9	6	3	32239	17585	14654
45-49岁	**173781**	**94628**	**79153**	**42**	**18**	**24**	**163981**	**88982**	**74999**
45	34129	18491	15638	10	3	7	32226	17383	14843
46	37339	20163	17176	10	4	6	35245	18962	16283
47	34395	18787	15608	10	4	6	32475	17641	14834
48	33722	18359	15363	7	5	2	31778	17291	14487
49	34196	18828	15368	5	2	3	32257	17705	14552
50岁及以上	**519462**	**298235**	**221227**	**111**	**59**	**52**	**485828**	**278382**	**207446**

3-2 续表 5　　　　单位：人

年龄	初中								
	肄业			辍学			其他		
	小计	男	女	小计	男	女	小计	男	女
总计	**16088**	**9855**	**6233**	**14610**	**9189**	**5421**	**53222**	**30392**	**22830**
3									
4									
5-9岁	**2**	**2**		**2**	**1**	**1**	**47**	**31**	**16**
5									
6	1	1		1	1		9	6	3
7							7	4	3
8	1	1					13	6	7
9				1		1	18	15	3
10-14岁	**104**	**62**	**42**	**138**	**82**	**56**	**640**	**360**	**280**
10				2	1	1	9	5	4
11	6	2	4				35	19	16
12	5	4	1	6	3	3	123	59	64
13	37	22	15	33	18	15	214	121	93
14	56	34	22	97	60	37	259	156	103
15-19岁	**408**	**268**	**140**	**635**	**447**	**188**	**1198**	**713**	**485**
15	52	30	22	111	75	36	194	107	87
16	88	55	33	144	95	49	205	123	82
17	82	49	33	138	107	31	236	137	99
18	89	61	28	113	77	36	256	161	95
19	97	73	24	129	93	36	307	185	122
20-24岁	**617**	**408**	**209**	**702**	**492**	**210**	**2331**	**1352**	**979**
20	104	71	33	131	91	40	358	213	145
21	103	64	39	143	99	44	421	259	162
22	135	84	51	131	94	37	471	279	192
23	136	90	46	151	99	52	519	293	226
24	139	99	40	146	109	37	562	308	254
25-29岁	**901**	**606**	**295**	**973**	**695**	**278**	**3617**	**2052**	**1565**
25	159	102	57	182	130	52	581	333	248
26	159	110	49	184	131	53	609	358	251
27	186	131	55	213	150	63	728	413	315
28	200	139	61	202	155	47	824	460	364
29	197	124	73	192	129	63	875	488	387
30-34岁	**1404**	**910**	**494**	**1443**	**1005**	**438**	**6147**	**3313**	**2834**
30	251	174	77	249	173	76	1135	623	512
31	240	154	86	304	228	76	1084	604	480
32	250	167	83	245	168	77	1153	626	527
33	301	181	120	292	200	92	1366	706	660
34	362	234	128	353	236	117	1409	754	655
35-39岁	**1769**	**1086**	**683**	**1751**	**1146**	**605**	**6590**	**3615**	**2975**
35	368	243	125	382	257	125	1449	787	662
36	395	236	159	347	229	118	1379	752	627
37	297	178	119	339	226	113	1223	681	542
38	352	220	132	326	218	108	1301	706	595
39	357	209	148	357	216	141	1238	689	549
40-44岁	**1704**	**1067**	**637**	**1551**	**949**	**602**	**5965**	**3352**	**2613**
40	322	207	115	343	212	131	1238	735	503
41	360	226	134	336	214	122	1231	697	534
42	348	214	134	253	152	101	1178	637	541
43	289	182	107	280	176	104	1108	615	493
44	385	238	147	339	195	144	1210	668	542
45-49岁	**1894**	**1108**	**786**	**1703**	**1030**	**673**	**6161**	**3490**	**2671**
45	377	228	149	317	203	114	1199	674	525
46	399	225	174	366	218	148	1319	754	565
47	384	227	157	319	197	122	1207	718	489
48	364	210	154	352	191	161	1221	662	559
49	370	218	152	349	221	128	1215	682	533
50岁及以上	**7285**	**4338**	**2947**	**5712**	**3342**	**2370**	**20526**	**12114**	**8412**

3-2　续表 6

单位：人

年　龄	高　　中								
	合　计			在　校			毕　业		
	合计	男	女	小计	男	女	小计	男	女
总　计	**600230**	**330369**	**269861**	**172510**	**85429**	**87081**	**412615**	**235676**	**176939**
3									
4									
5-9岁	**1**	**1**					**1**	**1**	
5									
6									
7									
8									
9	1	1					1	1	
10-14岁	**3205**	**1541**	**1664**	**3052**	**1464**	**1588**	**139**	**68**	**71**
10									
11	3	3		3	3				
12	12	6	6	10	4	6	2	2	
13	621	327	294	578	310	268	39	15	24
14	2569	1205	1364	2461	1147	1314	98	51	47
15-19岁	**172024**	**86197**	**85827**	**162414**	**80559**	**81855**	**8629**	**5074**	**3555**
15	23614	11372	12242	23407	11264	12143	162	93	69
16	52011	25903	26108	51234	25457	25777	620	362	258
17	52589	26168	26421	51060	25276	25784	1273	737	536
18	30560	15712	14848	27595	13950	13645	2705	1599	1106
19	13250	7042	6208	9118	4612	4506	3869	2283	1586
20-24岁	**35362**	**19639**	**15723**	**6778**	**3267**	**3511**	**27359**	**15637**	**11722**
20	8530	4618	3912	3816	1863	1953	4467	2615	1852
21	6588	3672	2916	1559	708	851	4805	2829	1976
22	6782	3829	2953	791	377	414	5741	3306	2435
23	6673	3768	2905	391	197	194	6025	3412	2613
24	6789	3752	3037	221	122	99	6321	3475	2846
25-29岁	**42059**	**22858**	**19201**	**104**	**59**	**45**	**40366**	**21892**	**18474**
25	7311	4070	3241	27	17	10	6989	3875	3114
26	7660	4204	3456	25	17	8	7330	4016	3314
27	8220	4461	3759	18	9	9	7903	4284	3619
28	9202	4934	4268	16	5	11	8838	4726	4112
29	9666	5189	4477	18	11	7	9306	4991	4315
30-34岁	**58665**	**30868**	**27797**	**59**	**23**	**36**	**56684**	**29770**	**26914**
30	11424	6018	5406	15	8	7	11016	5793	5223
31	11624	6090	5534	16	4	12	11214	5866	5348
32	11225	5859	5366	10	5	5	10868	5667	5201
33	12409	6540	5869	9	3	6	11995	6311	5684
34	11983	6361	5622	9	3	6	11591	6133	5458
35-39岁	**47357**	**25343**	**22014**	**17**	**6**	**11**	**45839**	**24493**	**21346**
35	10747	5695	5052	9		9	10402	5509	4893
36	9899	5287	4612	3	3		9558	5096	4462
37	8430	4446	3984	1	1		8141	4281	3860
38	9290	4946	4344	1		1	9022	4807	4215
39	8991	4969	4022	3	2	1	8716	4800	3916
40-44岁	**45338**	**24902**	**20436**	**15**	**11**	**4**	**43987**	**24104**	**19883**
40	9103	5034	4069	6	4	2	8837	4874	3963
41	9895	5495	4400	4	4		9590	5318	4272
42	9466	5141	4325	4	3	1	9193	4975	4218
43	8049	4361	3688				7804	4217	3587
44	8825	4871	3954	1		1	8563	4720	3843
45-49岁	**39598**	**22984**	**16614**	**14**	**6**	**8**	**38416**	**22251**	**16165**
45	8373	4727	3646	3		3	8143	4585	3558
46	8713	5087	3626	3	1	2	8453	4928	3525
47	7898	4631	3267	2		2	7640	4474	3166
48	7559	4418	3141	2	1	1	7326	4265	3061
49	7055	4121	2934	4	4		6854	3999	2855
50岁及以上	**156621**	**96036**	**60585**	**57**	**34**	**23**	**151195**	**92386**	**58809**

3-2 续表 7

单位：人

年 龄	高中								
	肄业			辍学			其他		
	小计	男	女	小计	男	女	小计	男	女
总 计	**2502**	**1653**	**849**	**1940**	**1264**	**676**	**10663**	**6347**	**4316**
3									
4									
5-9岁									
5									
6									
7									
8									
9									
10-14岁	**2**	**1**	**1**	**3**	**2**	**1**	**9**	**6**	**3**
10									
11									
12									
13							4	2	2
14	2	1	1	3	2	1	5	4	1
15-19岁	**199**	**126**	**73**	**242**	**139**	**103**	**540**	**299**	**241**
15	5	1	4	10	3	7	30	11	19
16	32	20	12	43	21	22	82	43	39
17	49	28	21	72	44	28	135	83	52
18	51	35	16	56	36	20	153	92	61
19	62	42	20	61	35	26	140	70	70
20-24岁	**207**	**142**	**65**	**231**	**158**	**73**	**787**	**435**	**352**
20	47	31	16	55	39	16	145	70	75
21	42	31	11	38	24	14	144	80	64
22	39	27	12	42	27	15	169	92	77
23	36	23	13	52	40	12	169	96	73
24	43	30	13	44	28	16	160	97	63
25-29岁	**248**	**155**	**93**	**238**	**144**	**94**	**1103**	**608**	**495**
25	46	29	17	50	31	19	199	118	81
26	44	30	14	53	24	29	208	117	91
27	48	32	16	35	23	12	216	113	103
28	51	34	17	48	31	17	249	138	111
29	59	30	29	52	35	17	231	122	109
30-34岁	**288**	**165**	**123**	**235**	**156**	**79**	**1399**	**754**	**645**
30	66	45	21	41	24	17	286	148	138
31	64	39	25	55	38	17	275	143	132
32	45	23	22	39	29	10	263	135	128
33	65	32	33	49	27	22	291	167	124
34	48	26	22	51	38	13	284	161	123
35-39岁	**204**	**131**	**73**	**192**	**121**	**71**	**1105**	**592**	**513**
35	40	25	15	51	32	19	245	129	116
36	46	31	15	51	32	19	241	125	116
37	35	27	8	33	20	13	220	117	103
38	41	23	18	30	19	11	196	97	99
39	42	25	17	27	18	9	203	124	79
40-44岁	**208**	**130**	**78**	**150**	**95**	**55**	**978**	**562**	**416**
40	45	29	16	24	15	9	191	112	79
41	43	28	15	45	26	19	213	119	94
42	50	31	19	32	24	8	187	108	79
43	34	20	14	21	15	6	190	109	81
44	36	22	14	28	15	13	197	114	83
45-49岁	**187**	**127**	**60**	**102**	**74**	**28**	**879**	**526**	**353**
45	45	30	15	18	13	5	164	99	65
46	34	25	9	17	13	4	206	120	86
47	38	25	13	22	19	3	196	113	83
48	43	30	13	25	17	8	163	105	58
49	27	17	10	20	12	8	150	89	61
50岁及以上	**959**	**676**	**283**	**547**	**375**	**172**	**3863**	**2565**	**1298**

3-2　续表 8　　　　单位：人

年　龄	大学专科								
	合　计			在　校			毕　业		
	合计	男	女	小计	男	女	小计	男	女
总　计	**282052**	**146058**	**135994**	**49537**	**24933**	**24604**	**227566**	**118424**	**109142**
3									
4									
5-9岁									
5									
6									
7									
8									
9									
10-14岁	**5**	**2**	**3**	**4**	**1**	**3**	**1**	**1**	
10									
11	1	1		1	1				
12									
13	3	1	2	2		2	1	1	
14	1		1	1		1			
15-19岁	**27053**	**13468**	**13585**	**25428**	**12669**	**12759**	**1487**	**720**	**767**
15	336	182	154	317	175	142	16	5	11
16	937	520	417	888	496	392	44	20	24
17	2617	1374	1243	2490	1306	1184	112	57	55
18	8291	4153	4138	7906	3954	3952	340	168	172
19	14872	7239	7633	13827	6738	7089	975	470	505
20-24岁	**49395**	**24393**	**25002**	**22700**	**11539**	**11161**	**25964**	**12478**	**13486**
20	14414	7302	7112	12171	6167	6004	2117	1062	1055
21	10338	5172	5166	6275	3194	3081	3933	1911	2022
22	8970	4395	4575	2682	1387	1295	6134	2929	3205
23	8130	3930	4200	1084	533	551	6890	3320	3570
24	7543	3594	3949	488	258	230	6890	3256	3634
25-29岁	**37785**	**18025**	**19760**	**751**	**385**	**366**	**36225**	**17241**	**18984**
25	7540	3586	3954	275	136	139	7109	3377	3732
26	7334	3453	3881	170	88	82	6990	3286	3704
27	7405	3582	3823	104	53	51	7143	3444	3699
28	7798	3723	4075	114	64	50	7515	3571	3944
29	7708	3681	4027	88	44	44	7468	3563	3905
30-34岁	**44132**	**21101**	**23031**	**267**	**120**	**147**	**43010**	**20551**	**22459**
30	8844	4206	4638	93	41	52	8569	4076	4493
31	8746	4210	4536	50	19	31	8538	4106	4432
32	8656	4134	4522	28	18	10	8454	4026	4428
33	9190	4415	4775	53	25	28	8963	4307	4656
34	8696	4136	4560	43	17	26	8486	4036	4450
35-39岁	**33098**	**16701**	**16397**	**138**	**73**	**65**	**32297**	**16273**	**16024**
35	8061	4028	4033	34	15	19	7850	3918	3932
36	7133	3505	3628	36	21	15	6953	3413	3540
37	6106	3135	2971	21	12	9	5970	3065	2905
38	6285	3224	3061	27	16	11	6150	3149	3001
39	5513	2809	2704	20	9	11	5374	2728	2646
40-44岁	**26104**	**13420**	**12684**	**75**	**42**	**33**	**25526**	**13108**	**12418**
40	5411	2703	2708	23	10	13	5278	2634	2644
41	5709	2842	2867	15	10	5	5578	2776	2802
42	5328	2704	2624	12	8	4	5209	2633	2576
43	4722	2455	2267	9	6	3	4634	2408	2226
44	4934	2716	2218	16	8	8	4827	2657	2170
45-49岁	**21746**	**11994**	**9752**	**80**	**39**	**41**	**21275**	**11732**	**9543**
45	4754	2555	2199	11	5	6	4653	2497	2156
46	4891	2682	2209	14	4	10	4787	2624	2163
47	4343	2427	1916	24	16	8	4241	2367	1874
48	4037	2279	1758	16	6	10	3940	2228	1712
49	3721	2051	1670	15	8	7	3654	2016	1638
50岁及以上	**42734**	**26954**	**15780**	**94**	**65**	**29**	**41781**	**26320**	**15461**

3-2 续表 9

单位：人

年 龄	大学专科								
	肄 业			辍 学			其 他		
	小计	男	女	小计	男	女	小计	男	女
总 计	**586**	**354**	**232**	**168**	**102**	**66**	**4195**	**2245**	**1950**
3									
4									
5-9岁									
5									
6									
7									
8									
9									
10-14岁									
10									
11									
12									
13									
14									
15-19岁	**16**	**14**	**2**	**12**	**6**	**6**	**110**	**59**	**51**
15							3	2	1
16	1	1		1		1	3	3	
17	3	3		1		1	11	8	3
18	6	5	1	5	4	1	34	22	12
19	6	5	1	5	2	3	59	24	35
20-24岁	**87**	**45**	**42**	**46**	**29**	**17**	**598**	**302**	**296**
20	14	7	7	13	9	4	99	57	42
21	16	8	8	9	4	5	105	55	50
22	24	13	11	8	5	3	122	61	61
23	17	10	7	7	5	2	132	62	70
24	16	7	9	9	6	3	140	67	73
25-29岁	**90**	**44**	**46**	**31**	**22**	**9**	**688**	**333**	**355**
25	18	5	13	5	4	1	133	64	69
26	17	9	8	7	2	5	150	68	82
27	20	11	9	9	9		129	65	64
28	16	7	9	4	1	3	149	80	69
29	19	12	7	6	6		127	56	71
30-34岁	**98**	**58**	**40**	**41**	**24**	**17**	**716**	**348**	**368**
30	21	12	9	10	4	6	151	73	78
31	27	14	13	7	4	3	124	67	57
32	25	13	12	11	6	5	138	71	67
33	12	8	4	6	4	2	156	71	85
34	13	11	2	7	6	1	147	66	81
35-39岁	**76**	**48**	**28**	**13**	**7**	**6**	**574**	**300**	**274**
35	24	17	7	1	1		152	77	75
36	16	9	7	2	1	1	126	61	65
37	9	6	3	5	3	2	101	49	52
38	14	11	3	1	1		93	47	46
39	13	5	8	4	1	3	102	66	36
40-44岁	**62**	**39**	**23**	**12**	**7**	**5**	**429**	**224**	**205**
40	13	8	5	2	1	1	95	50	45
41	11	8	3	2	2		103	46	57
42	13	7	6	1	1		93	55	38
43	7	5	2	2		2	70	36	34
44	18	11	7	5	3	2	68	37	31
45-49岁	**54**	**32**	**22**	**1**	**0**	**1**	**336**	**191**	**145**
45	9	6	3				81	47	34
46	11	7	4	1		1	78	47	31
47	14	9	5				64	35	29
48	12	7	5				69	38	31
49	8	3	5				44	24	20
50岁及以上	**103**	**74**	**29**	**12**	**7**	**5**	**744**	**488**	**256**

3-2　续表 10　　　　单位：人

年　龄	大学本科								
	合　计			在　校			毕　业		
	合计	男	女	小计	男	女	小计	男	女
总　计	**215673**	**103982**	**111691**	**52093**	**21466**	**30627**	**160986**	**81207**	**79779**
3									
4									
5-9岁									
5									
6									
7									
8									
9									
10-14岁	**1**		**1**	**1**		**1**			
10									
11									
12									
13									
14	1		1	1		1			
15-19岁	**14867**	**5941**	**8926**	**14621**	**5811**	**8810**	**225**	**117**	**108**
15	39	16	23	38	16	22	1		1
16	98	41	57	96	41	55	2		2
17	584	225	359	567	214	353	13	8	5
18	4095	1667	2428	4034	1642	2392	59	23	36
19	10051	3992	6059	9886	3898	5988	150	86	64
20-24岁	**50807**	**21052**	**29755**	**36122**	**14989**	**21133**	**14349**	**5925**	**8424**
20	13367	5422	7945	13043	5269	7774	296	138	158
21	12477	5164	7313	11575	4788	6787	859	354	505
22	10508	4297	6211	7565	3164	4401	2863	1107	1756
23	7934	3373	4561	2952	1294	1658	4893	2041	2852
24	6521	2796	3725	987	474	513	5438	2285	3153
25-29岁	**31120**	**13230**	**17890**	**874**	**429**	**445**	**29778**	**12606**	**17172**
25	6145	2602	3543	415	204	211	5639	2357	3282
26	6049	2574	3475	195	96	99	5747	2432	3315
27	6140	2592	3548	113	51	62	5944	2506	3438
28	6539	2778	3761	89	45	44	6352	2696	3656
29	6247	2684	3563	62	33	29	6096	2615	3481
30-34岁	**36464**	**16516**	**19948**	**207**	**88**	**119**	**35731**	**16185**	**19546**
30	7317	3158	4159	68	31	37	7143	3082	4061
31	7239	3258	3981	42	22	20	7096	3192	3904
32	7165	3227	3938	37	14	23	7037	3168	3869
33	7529	3505	4024	31	11	20	7381	3437	3944
34	7214	3368	3846	29	10	19	7074	3306	3768
35-39岁	**27467**	**13475**	**13992**	**100**	**47**	**53**	**26963**	**13232**	**13731**
35	6520	3105	3415	31	14	17	6373	3039	3334
36	6148	2978	3170	20	10	10	6043	2919	3124
37	5163	2567	2596	23	10	13	5075	2525	2550
38	5295	2617	2678	12	7	5	5216	2577	2639
39	4341	2208	2133	14	6	8	4256	2172	2084
40-44岁	**19003**	**10210**	**8793**	**59**	**30**	**29**	**18660**	**10025**	**8635**
40	4101	2117	1984	13	5	8	4019	2074	1945
41	4227	2209	2018	13	7	6	4154	2165	1989
42	3853	2077	1776	12	7	5	3781	2040	1741
43	3380	1859	1521	8	3	5	3324	1829	1495
44	3442	1948	1494	13	8	5	3382	1917	1465
45-49岁	**14079**	**8505**	**5574**	**48**	**27**	**21**	**13816**	**8340**	**5476**
45	3213	1879	1334	17	9	8	3138	1839	1299
46	3171	1906	1265	4	1	3	3119	1874	1245
47	2798	1675	1123	8	5	3	2751	1641	1110
48	2551	1592	959	5	1	4	2508	1566	942
49	2346	1453	893	14	11	3	2300	1420	880
50岁及以上	**21865**	**15053**	**6812**	**61**	**45**	**16**	**21464**	**14777**	**6687**

3-2 续表 11 单位：人

年龄	大学本科								
	肄业			辍学			其他		
	小计	男	女	小计	男	女	小计	男	女
总计	**237**	**138**	**99**	**45**	**27**	**18**	**2312**	**1144**	**1168**
3									
4									
5-9岁									
5									
6									
7									
8									
9									
10-14岁									
10									
11									
12									
13									
14									
15-19岁	**3**	**2**	**1**	**0**	**0**	**0**	**18**	**11**	**7**
15									
16									
17	2	1	1				2	2	
18							2	2	
19	1	1					14	7	7
20-24岁	**38**	**17**	**21**	**13**	**9**	**4**	**285**	**112**	**173**
20	3	2	1				25	13	12
21	5	3	2	4	3	1	34	16	18
22	11	4	7	3	2	1	66	20	46
23	8	2	6	4	3	1	77	33	44
24	11	6	5	2	1	1	83	30	53
25-29岁	**41**	**25**	**16**	**8**	**3**	**5**	**419**	**167**	**252**
25	13	8	5	1		1	77	33	44
26	11	7	4	1		1	95	39	56
27	6	3	3	3	2	1	74	30	44
28	6	4	2	1	0	1	91	33	58
29	5	3	2	2	1	1	82	32	50
30-34岁	**42**	**24**	**18**	**7**	**5**	**2**	**477**	**214**	**263**
30	11	7	4				95	38	57
31	7	3	4	1		1	93	41	52
32	5	3	2	2	2		84	40	44
33	8	5	3	2	1	1	107	51	56
34	11	6	5	2	2		98	44	54
35-39岁	**27**	**14**	**13**	**7**	**4**	**3**	**370**	**178**	**192**
35	6	4	2				110	48	62
36	3	2	1				82	47	35
37	4	2	2	3	3		58	27	31
38	8	5	3	2	1	1	57	27	30
39	6	1	5	2		2	63	29	34
40-44岁	**32**	**18**	**14**	**1**	**1**	**0**	**251**	**136**	**115**
40	4	2	2				65	36	29
41	5	4	1	1	1		54	32	22
42	7	5	2				53	25	28
43	9	5	4				39	22	17
44	7	2	5				40	21	19
45-49岁	**22**	**16**	**6**	**2**	**1**	**1**	**191**	**121**	**70**
45	9	7	2	1		1	48	24	24
46	2	2					46	29	17
47	2	2					37	27	10
48	6	4	2				32	21	11
49	3	1	2	1	1		28	20	8
50岁及以上	**32**	**22**	**10**	**7**	**4**	**3**	**301**	**205**	**96**

3-2　续表 12　　　　　　　　　　　　　　　　　　　　　　　　单位：人

年　龄	硕士研究生								
	合　计			在　校			毕　业		
	合计	男	女	小计	男	女	小计	男	女
总　计	**13733**	**6831**	**6902**	**3251**	**1394**	**1857**	**10321**	**5354**	**4967**
3									
4									
5-9 岁									
5									
6									
7									
8									
9									
10-14 岁									
10									
11									
12									
13									
14									
15-19 岁	**12**	**7**	**5**	**12**	**7**	**5**			
15									
16									
17	1	1		1	1				
18	5	3	2	5	3	2			
19	6	3	3	6	3	3			
20-24 岁	**1904**	**742**	**1162**	**1747**	**680**	**1067**	**141**	**57**	**84**
20	19	8	11	16	6	10	3	2	1
21	54	14	40	51	12	39	3	2	1
22	352	133	219	325	120	205	24	12	12
23	662	246	416	619	225	394	38	20	18
24	817	341	476	736	317	419	73	21	52
25-29 岁	**2705**	**1149**	**1556**	**1277**	**614**	**663**	**1411**	**529**	**882**
25	743	323	420	593	284	309	147	37	110
26	612	281	331	347	180	167	259	98	161
27	504	209	295	174	85	89	329	124	205
28	420	159	261	101	35	66	317	124	193
29	426	177	249	62	30	32	359	146	213
30-34 岁	**2717**	**1137**	**1580**	**144**	**53**	**91**	**2537**	**1064**	**1473**
30	519	211	308	57	21	36	455	188	267
31	539	206	333	42	17	25	490	185	305
32	489	206	283	14	3	11	471	199	272
33	593	254	339	21	8	13	560	239	321
34	577	260	317	10	4	6	561	253	308
35-39 岁	**2469**	**1239**	**1230**	**45**	**25**	**20**	**2390**	**1197**	**1193**
35	510	227	283	9	4	5	492	218	274
36	527	259	268	14	7	7	506	249	257
37	499	263	236	8	4	4	487	257	230
38	540	285	255	9	7	2	521	273	248
39	393	205	188	5	3	2	384	200	184
40-44 岁	**1539**	**901**	**638**	**5**	**2**	**3**	**1508**	**884**	**624**
40	407	235	172	1		1	402	233	169
41	355	193	162	1	1		343	187	156
42	309	191	118	1	1		304	187	117
43	221	128	93	2		2	215	125	90
44	247	154	93				244	152	92
45-49 岁	**979**	**625**	**354**	**13**	**6**	**7**	**957**	**614**	**343**
45	210	126	84	1		1	209	126	83
46	221	140	81	3	2	1	214	137	77
47	191	122	69	2	1	1	187	120	67
48	178	115	63	4	2	2	173	112	61
49	179	122	57	3	1	2	174	119	55
50 岁及以上	**1408**	**1031**	**377**	**8**	**7**	**1**	**1377**	**1009**	**368**

3-2 续表 13

单位：人

年龄	硕士研究生								
	肄业			辍学			其他		
	小计	男	女	小计	男	女	小计	男	女
总　计	**14**	**7**	**7**	**3**	**1**	**2**	**144**	**75**	**69**
3									
4									
5-9岁									
5									
6									
7									
8									
9									
10-14岁									
10									
11									
12									
13									
14									
15-19岁									
15									
16									
17									
18									
19									
20-24岁				**2**		**2**	**14**	**5**	**9**
20									
21									
22				1		1	2	1	1
23				1		1	4	1	3
24							8	3	5
25-29岁	**1**		**1**				**16**	**6**	**10**
25							3	2	1
26							6	3	3
27							1		1
28	1		1				1		1
29							5	1	4
30-34岁	**3**	**2**	**1**				**33**	**18**	**15**
30	1		1				6	2	4
31	1	1					6	3	3
32	1	1					3	3	
33							12	7	5
34							6	3	3
35-39岁	**2**	**1**	**1**				**32**	**16**	**16**
35							9	5	4
36							7	3	4
37	1		1				3	2	1
38							10	5	5
39	1	1					3	1	2
40-44岁	**2**	**1**	**1**				**24**	**14**	**10**
40	1	1					3	1	2
41	1		1				10	5	5
42							4	3	1
43							4	3	1
44							3	2	1
45-49岁	**1**		**1**				**8**	**5**	**3**
45									
46	1		1				3	1	2
47							2	1	1
48							1	1	
49							2	2	
50岁及以上	**5**	**3**	**2**	**1**	**1**		**17**	**11**	**6**

3-2 续表 14 单位：人

年龄	博士研究生								
	合计			在校			毕业		
	合计	男	女	小计	男	女	小计	男	女
总计	**1334**	**821**	**513**	**266**	**142**	**124**	**1056**	**673**	**383**
3									
4									
5–9岁									
5									
6									
7									
8									
9									
10–14岁									
10									
11									
12									
13									
14									
15–19岁	**1**	**1**		**1**	**1**				
15									
16									
17									
18									
19	1	1		1	1				
20–24岁	**37**	**16**	**21**	**29**	**11**	**18**	**7**	**5**	**2**
20	1		1	1		1			
21	1		1	1		1			
22	8	4	4	7	3	4	1	1	
23	11	4	7	8	3	5	3	1	2
24	16	8	8	12	5	7	3	3	
25–29岁	**189**	**100**	**89**	**131**	**72**	**59**	**56**	**28**	**28**
25	28	12	16	24	12	12	4		4
26	42	18	24	34	17	17	7	1	6
27	37	20	17	29	17	12	8	3	5
28	47	29	18	27	16	11	19	13	6
29	35	21	14	17	10	7	18	11	7
30–34岁	**252**	**150**	**102**	**69**	**34**	**35**	**183**	**116**	**67**
30	55	33	22	20	8	12	35	25	10
31	48	28	20	17	11	6	31	17	14
32	41	24	17	14	7	7	27	17	10
33	64	39	25	13	6	7	51	33	18
34	44	26	18	5	2	3	39	24	15
35–39岁	**278**	**155**	**123**	**25**	**16**	**9**	**251**	**138**	**113**
35	35	18	17	3	2	1	32	16	16
36	70	33	37	5	2	3	64	30	34
37	55	33	22	4	1	3	51	32	19
38	63	41	22	8	7	1	54	34	20
39	55	30	25	5	4	1	50	26	24
40–44岁	**220**	**139**	**81**	**7**	**4**	**3**	**212**	**135**	**77**
40	44	27	17	2	1	1	42	26	16
41	54	29	25	1	1		53	28	25
42	45	27	18	3	1	2	42	26	16
43	46	33	13				45	33	12
44	31	23	8	1	1		30	22	8
45–49岁	**152**	**100**	**52**	**3**	**3**		**145**	**94**	**51**
45	35	27	8				34	26	8
46	32	23	9	1	1		29	20	9
47	33	16	17	2	2		31	14	17
48	29	20	9				29	20	9
49	23	14	9				22	14	8
50岁及以上	**205**	**160**	**45**	**1**	**1**		**202**	**157**	**45**

3-2 续表 15

单位：人

年 龄	博士研究生								
	肄 业			辍 学			其 他		
	小计	男	女	小计	男	女	小计	男	女
总 计	**1**		**1**				**11**	**6**	**5**
3									
4									
5-9岁									
5									
6									
7									
8									
9									
10-14岁									
10									
11									
12									
13									
14									
15-19岁									
15									
16									
17									
18									
19									
20-24岁							**1**		**1**
20									
21									
22									
23									
24							1		1
25-29岁	**1**		**1**				**1**		**1**
25									
26	1		1						
27									
28							1		1
29									
30-34岁									
30									
31									
32									
33									
34									
35-39岁							**2**	**1**	**1**
35									
36							1	1	
37									
38							1		1
39									
40-44岁							**1**		**1**
40									
41									
42									
43							1		1
44									
45-49岁							**4**	**3**	**1**
45							1	1	
46							2	2	
47									
48									
49							1		1
50岁及以上			1				**2**	**2**	

3-2a　分年龄、性别、学业完成情况的3岁及以上各种受教育程度人口（城市）

单位：人

年　龄	合　　计								
	合　计			在　校			毕　业		
	合计	男	女	小计	男	女	小计	男	女
总　计	**1251460**	**627793**	**623667**	**293344**	**150819**	**142525**	**924392**	**460923**	**463469**
3									
4									
5-9岁	**74126**	**39812**	**34314**	**71903**	**38658**	**33245**	**1853**	**964**	**889**
5	1567	833	734	1493	789	704	52	28	24
6	12706	6593	6113	12322	6414	5908	318	144	174
7	20268	10943	9325	19664	10635	9029	502	259	243
8	21287	11484	9803	20691	11202	9489	508	245	263
9	18298	9959	8339	17733	9618	8115	473	288	185
10-14岁	**79611**	**43040**	**36571**	**76490**	**41279**	**35211**	**2735**	**1539**	**1196**
10	17010	9278	7732	16467	8970	7497	464	262	202
11	16598	9035	7563	16042	8707	7335	482	282	200
12	16365	8920	7445	15688	8532	7156	608	349	259
13	15278	8127	7151	14596	7752	6844	604	329	275
14	14360	7680	6680	13697	7318	6379	577	317	260
15-19岁	**108650**	**55817**	**52833**	**100454**	**51098**	**49356**	**7508**	**4324**	**3184**
15	16442	8679	7763	16073	8475	7598	292	167	125
16	24470	12775	11695	23685	12324	11361	678	387	291
17	25826	13327	12499	24515	12573	11942	1169	671	498
18	20303	10589	9714	18042	9258	8784	2096	1224	872
19	21609	10447	11162	18139	8468	9671	3273	1875	1398
20-24岁	**90107**	**43606**	**46501**	**41184**	**18147**	**23037**	**47457**	**24625**	**22832**
20	22868	10893	11975	17793	8047	9746	4862	2719	2143
21	19013	9008	10005	11976	5142	6834	6791	3711	3080
22	17308	8314	8994	6951	2982	3969	10041	5158	4883
23	15612	7723	7889	2960	1256	1704	12331	6292	6039
24	15306	7668	7638	1504	720	784	13432	6745	6687
25-29岁	**89112**	**44879**	**44233**	**2056**	**1023**	**1033**	**84873**	**42636**	**42237**
25	15992	8106	7886	860	415	445	14747	7485	7262
26	16321	8284	8037	500	266	234	15431	7817	7614
27	17606	8923	8683	292	142	150	16894	8526	8368
28	19158	9478	9680	226	112	114	18440	9083	9357
29	20035	10088	9947	178	88	90	19361	9725	9636
30-34岁	**134797**	**65969**	**68828**	**533**	**229**	**304**	**130953**	**64011**	**66942**
30	24520	12003	12517	168	74	94	23741	11602	12139
31	25700	12686	13014	118	57	61	24968	12302	12666
32	25812	12554	13258	83	34	49	25135	12206	12929
33	29364	14447	14917	97	41	56	28521	14021	14500
34	29401	14279	15122	67	23	44	28588	13880	14708
35-39岁	**125581**	**62456**	**63125**	**263**	**136**	**127**	**121872**	**60548**	**61324**
35	27725	13631	14094	71	28	43	26859	13203	13656
36	26750	13152	13598	60	31	29	26008	12776	13232
37	23132	11531	11601	47	24	23	22445	11158	11287
38	24923	12471	12452	47	33	14	24185	12094	12091
39	23051	11671	11380	38	20	18	22375	11317	11058
40-44岁	**109853**	**55256**	**54597**	**118**	**59**	**59**	**106565**	**53589**	**52976**
40	22315	11206	11109	35	13	22	21676	10873	10803
41	23680	11918	11762	23	13	10	23008	11581	11427
42	22147	11080	11067	27	18	9	21492	10759	10733
43	19982	10091	9891	16	8	8	19375	9754	9621
44	21729	10961	10768	17	7	10	21014	10622	10392
45-49岁	**104911**	**53819**	**51092**	**118**	**59**	**59**	**101331**	**52012**	**49319**
45	21286	10857	10429	24	11	13	20594	10485	10109
46	22704	11666	11038	21	7	14	21950	11286	10664
47	21009	10862	10147	29	16	13	20305	10490	9815
48	20031	10228	9803	22	11	11	19280	9866	9414
49	19881	10206	9675	22	14	8	19202	9885	9317
50岁及以上	**334712**	**163139**	**171573**	**225**	**131**	**94**	**319245**	**156675**	**162570**

3-2a 续表 1

单位：人

年 龄	合计								
	肄业			辍学			其他		
	小计	男	女	小计	男	女	小计	男	女
总 计	**5792**	**2692**	**3100**	**6584**	**3183**	**3401**	**21348**	**10176**	**11172**
3									
4									
5-9岁	**32**	**15**	**17**	**6**	**4**	**2**	**332**	**171**	**161**
5							22	16	6
6	6	3	3				60	32	28
7	10	4	6	3	2	1	89	43	46
8	10	4	6	1	1		77	32	45
9	6	4	2	2	1	1	84	48	36
10-14岁	**33**	**20**	**13**	**29**	**13**	**16**	**324**	**189**	**135**
10	3	2	1	5	3	2	71	41	30
11	7	4	3	4	3	1	63	39	24
12	7	5	2	2	1	1	60	33	27
13	5	3	2	8	1	7	65	42	23
14	11	6	5	10	5	5	65	34	31
15-19岁	**84**	**51**	**33**	**178**	**122**	**56**	**426**	**222**	**204**
15	7	3	4	13	9	4	57	25	32
16	10	7	3	30	18	12	67	39	28
17	17	8	9	42	31	11	83	44	39
18	14	10	4	50	38	12	101	59	42
19	36	23	13	43	26	17	118	55	63
20-24岁	**216**	**136**	**80**	**221**	**158**	**63**	**1029**	**540**	**489**
20	35	26	9	37	30	7	141	71	70
21	38	24	14	38	26	12	170	105	65
22	47	29	18	47	30	17	222	115	107
23	39	20	19	47	31	16	235	124	111
24	57	37	20	52	41	11	261	125	136
25-29岁	**302**	**188**	**114**	**340**	**231**	**109**	**1541**	**801**	**740**
25	53	29	24	60	39	21	272	138	134
26	43	30	13	61	37	24	286	134	152
27	58	39	19	69	51	18	293	165	128
28	73	50	23	73	51	22	346	182	164
29	75	40	35	77	53	24	344	182	162
30-34岁	**458**	**265**	**193**	**487**	**299**	**188**	**2366**	**1165**	**1201**
30	98	59	39	81	52	29	432	216	216
31	85	42	43	104	62	42	425	223	202
32	86	53	33	81	52	29	427	209	218
33	88	50	38	113	66	47	545	269	276
34	101	61	40	108	67	41	537	248	289
35-39岁	**500**	**274**	**226**	**628**	**363**	**265**	**2318**	**1135**	**1183**
35	109	58	51	142	86	56	544	256	288
36	86	48	38	131	81	50	465	216	249
37	86	46	40	109	68	41	445	235	210
38	110	60	50	122	63	59	459	221	238
39	109	62	47	124	65	59	405	207	198
40-44岁	**496**	**265**	**231**	**631**	**325**	**306**	**2043**	**1018**	**1025**
40	87	41	46	108	58	50	409	221	188
41	102	62	40	129	68	61	418	194	224
42	103	53	50	117	58	59	408	192	216
43	100	58	42	108	60	48	383	211	172
44	104	51	53	169	81	88	425	200	225
45-49岁	**613**	**307**	**306**	**741**	**394**	**347**	**2108**	**1047**	**1061**
45	137	77	60	127	73	54	404	211	193
46	118	60	58	142	77	65	473	236	237
47	123	58	65	142	77	65	410	221	189
48	130	63	67	164	86	78	435	202	233
49	105	49	56	166	81	85	386	177	209
50岁及以上	**3058**	**1171**	**1887**	**3323**	**1274**	**2049**	**8861**	**3888**	**4973**

3-2a　续表 2　　　　单位：人

年　龄	小　学								
	合　计			在　校			毕　业		
	合计	男	女	小计	男	女	小计	男	女
总　计	**229051**	**107348**	**121703**	**111388**	**60339**	**51049**	**106669**	**42965**	**63704**
3									
4									
5-9岁	**73242**	**39325**	**33917**	**71106**	**38214**	**32892**	**1774**	**925**	**849**
5	1567	833	734	1493	789	704	52	28	24
6	12564	6525	6039	12198	6355	5843	300	135	165
7	20075	10832	9243	19491	10532	8959	484	251	233
8	21036	11343	9693	20463	11073	9390	488	234	254
9	18000	9792	8208	17461	9465	7996	450	277	173
10-14岁	**41544**	**22865**	**18679**	**40091**	**22032**	**18059**	**1254**	**715**	**539**
10	16575	9049	7526	16060	8755	7305	439	251	188
11	15451	8416	7035	14984	8135	6849	407	241	166
12	7648	4413	3235	7344	4240	3104	270	153	117
13	1350	715	635	1243	657	586	92	49	43
14	520	272	248	460	245	215	46	21	25
15-19岁	**456**	**279**	**177**	**129**	**64**	**65**	**259**	**169**	**90**
15	80	38	42	47	23	24	21	9	12
16	78	49	29	28	12	16	38	27	11
17	82	56	26	22	15	7	49	34	15
18	100	59	41	17	6	11	69	43	26
19	116	77	39	15	8	7	82	56	26
20-24岁	**909**	**527**	**382**	**22**	**11**	**11**	**812**	**467**	**345**
20	145	82	63	16	7	9	119	68	51
21	147	84	63	3	2	1	130	73	57
22	169	102	67	2	1	1	151	92	59
23	199	126	73				186	117	69
24	249	133	116	1	1		226	117	109
25-29岁	**2023**	**1144**	**879**	**6**	**5**	**1**	**1892**	**1070**	**822**
25	293	182	111	1		1	278	173	105
26	336	190	146	1	1		314	181	133
27	394	217	177				363	199	164
28	497	291	206	2	2		468	272	196
29	503	264	239	2	2		469	245	224
30-34岁	**4386**	**2291**	**2095**	**4**	**1**	**3**	**4077**	**2131**	**1946**
30	687	382	305				628	350	278
31	777	418	359	1		1	727	396	331
32	808	415	393	2	1	1	756	387	369
33	1030	542	488	1		1	955	505	450
34	1084	534	550				1011	493	518
35-39岁	**5605**	**2656**	**2949**	**1**	**1**		**5152**	**2424**	**2728**
35	1092	536	556				1003	497	506
36	1118	526	592				1036	482	554
37	983	472	511				893	417	476
38	1198	561	637				1096	511	585
39	1214	561	653	1	1		1124	517	607
40-44岁	**8205**	**3569**	**4636**				**7610**	**3308**	**4302**
40	1338	579	759				1236	532	704
41	1637	738	899				1540	689	851
42	1708	739	969				1586	693	893
43	1564	679	885				1457	626	831
44	1958	834	1124				1791	768	1023
45-49岁	**12163**	**5184**	**6979**	**3**	**3**		**11178**	**4747**	**6431**
45	2173	948	1225	2	2		2004	859	1145
46	2494	1037	1457				2292	945	1347
47	2376	1032	1344				2196	954	1242
48	2486	1026	1460	1	1		2264	928	1336
49	2634	1141	1493				2422	1061	1361
50岁及以上	**80518**	**29508**	**51010**	**26**	**8**	**18**	**72661**	**27009**	**45652**

3-2a 续表 3

单位：人

年 龄	小学								
	肄业			辍学			其他		
	小计	男	女	小计	男	女	小计	男	女
总 计	**2307**	**758**	**1549**	**3157**	**1154**	**2003**	**5530**	**2132**	**3398**
3									
4									
5-9岁	**32**	**15**	**17**	**6**	**4**	**2**	**324**	**167**	**157**
5							22	16	6
6	6	3	3				60	32	28
7	10	4	6	3	2	1	87	43	44
8	10	4	6	1	1		74	31	43
9	6	4	2	2	1	1	81	45	36
10-14岁	**14**	**10**	**4**	**13**	**8**	**5**	**172**	**100**	**72**
10	3	2	1	4	2	2	69	39	30
11	6	4	2	4	3	1	50	33	17
12	3	2	1	2	1	1	29	17	12
13	1	1		2	1	1	12	7	5
14	1	1		1	1		12	4	8
15-19岁	**3**	**2**	**1**	**18**	**13**	**5**	**47**	**31**	**16**
15	1		1	1		1	10	6	4
16	1	1		2	1	1	9	8	1
17				3	2	1	8	5	3
18	1	1		4	4		9	5	4
19				8	6	2	11	7	4
20-24岁	**17**	**12**	**5**	**10**	**7**	**3**	**48**	**30**	**18**
20	4	4					6	3	3
21	3	3		4	2	2	7	4	3
22	3	2	1	4	3	1	9	4	5
23	4	1	3				9	8	1
24	3	2	1	2	2		17	11	6
25-29岁	**15**	**8**	**7**	**30**	**21**	**9**	**80**	**40**	**40**
25				6	6	0	8	3	5
26	3	2	1	3	1	2	15	5	10
27	2	0	2	9	5	4	20	13	7
28	6	3	3	6	5	1	15	9	6
29	4	3	1	6	4	2	22	10	12
30-34岁	**55**	**29**	**26**	**94**	**49**	**45**	**156**	**81**	**75**
30	12	5	7	23	13	10	24	14	10
31	8	2	6	15	5	10	26	15	11
32	9	5	4	9	6	3	32	16	16
33	17	10	7	23	11	12	34	16	18
34	9	7	2	24	14	10	40	20	20
35-39岁	**91**	**50**	**41**	**152**	**84**	**68**	**209**	**97**	**112**
35	25	9	16	26	15	11	38	15	23
36	9	3	6	35	23	12	38	18	20
37	24	15	9	27	16	11	39	24	15
38	20	14	6	30	12	18	52	24	28
39	13	9	4	34	18	16	42	16	26
40-44岁	**94**	**39**	**55**	**247**	**109**	**138**	**254**	**113**	**141**
40	16	2	14	36	19	17	50	26	24
41	14	9	5	43	24	19	40	16	24
42	17	6	11	52	19	33	53	21	32
43	22	11	11	46	19	27	39	23	16
44	25	11	14	70	28	42	72	27	45
45-49岁	**197**	**84**	**113**	**349**	**170**	**179**	**436**	**180**	**256**
45	41	20	21	57	31	26	69	36	33
46	37	17	20	67	36	31	98	39	59
47	33	12	21	65	27	38	82	39	43
48	43	19	24	80	43	37	98	35	63
49	43	16	27	80	33	47	89	31	58
50岁及以上	**1789**	**509**	**1280**	**2238**	**689**	**1549**	**3804**	**1293**	**2511**

3-2a　续表 4

单位：人

年龄	初中								
	合计			在校			毕业		
	合计	男	女	小计	男	女	小计	男	女
总　计	**406033**	**207635**	**198398**	**48470**	**26131**	**22339**	**344331**	**174526**	**169805**
3									
4									
5-9岁	**884**	**487**	**397**	**797**	**444**	**353**	**79**	**39**	**40**
5									
6	142	68	74	124	59	65	18	9	9
7	193	111	82	173	103	70	18	8	10
8	251	141	110	228	129	99	20	11	9
9	298	167	131	272	153	119	23	11	12
10-14岁	**36966**	**19615**	**17351**	**35365**	**18722**	**16643**	**1417**	**791**	**626**
10	435	229	206	407	215	192	25	11	14
11	1145	617	528	1056	570	486	75	41	34
12	8714	4506	4208	8342	4292	4050	337	195	142
13	13679	7271	6408	13129	6965	6164	487	269	218
14	12993	6992	6001	12431	6680	5751	493	275	218
15-19岁	**15851**	**9175**	**6676**	**12073**	**6845**	**5228**	**3495**	**2156**	**1339**
15	7157	4041	3116	6899	3890	3009	208	124	84
16	3046	1794	1252	2578	1513	1065	415	245	170
17	2172	1224	948	1453	795	658	664	397	267
18	1800	1082	718	786	439	347	954	604	350
19	1676	1034	642	357	208	149	1254	786	468
20-24岁	**12210**	**7267**	**4943**	**95**	**59**	**36**	**11617**	**6901**	**4716**
20	1727	1087	640	32	19	13	1621	1022	599
21	2057	1281	776	27	18	9	1947	1208	739
22	2434	1426	1008	18	11	7	2318	1354	964
23	2810	1642	1168	6	4	2	2691	1574	1117
24	3182	1831	1351	12	7	5	3040	1743	1297
25-29岁	**22606**	**12530**	**10076**	**16**	**12**	**4**	**21751**	**11998**	**9753**
25	3664	2091	1573	1		1	3530	2015	1515
26	3897	2211	1686	5	4	1	3756	2127	1629
27	4552	2535	2017	1		1	4386	2430	1956
28	5054	2721	2333	4	4		4865	2594	2271
29	5439	2972	2467	5	4	1	5214	2832	2382
30-34岁	**43481**	**22121**	**21360**	**16**	**3**	**13**	**41994**	**21322**	**20672**
30	7149	3697	3452	4	1	3	6890	3540	3350
31	7911	4118	3793	2	1	1	7637	3963	3674
32	8153	4148	4005	4	1	3	7883	4010	3873
33	9921	5076	4845	3		3	9587	4901	4686
34	10347	5082	5265	3		3	9997	4908	5089
35-39岁	**49078**	**24636**	**24442**	**27**	**12**	**15**	**47366**	**23747**	**23619**
35	10316	5138	5178	4	3	1	9941	4945	4996
36	10493	5245	5248	6	1	5	10152	5073	5079
37	8981	4479	4502	5	1	4	8675	4315	4360
38	9763	4934	4829	8	5	3	9406	4752	4654
39	9525	4840	4685	4	2	2	9192	4662	4530
40-44岁	**44994**	**22516**	**22478**	**17**	**9**	**8**	**43411**	**21681**	**21730**
40	8987	4522	4465	7	3	4	8688	4354	4334
41	9341	4682	4659	2		2	9026	4528	4498
42	8918	4468	4450	5	4	1	8602	4311	4291
43	8389	4177	4212	3	2	1	8086	4003	4083
44	9359	4667	4692				9009	4485	4524
45-49岁	**46624**	**23216**	**23408**	**17**	**5**	**12**	**44954**	**22367**	**22587**
45	9269	4621	4648	4	2	2	8937	4446	4491
46	10002	4969	5033	5	1	4	9666	4801	4865
47	9352	4658	4694	4		4	9025	4479	4546
48	8874	4409	4465	2	2		8525	4244	4281
49	9127	4559	4568	2		2	8801	4397	4404
50岁及以上	**133339**	**66072**	**67267**	**47**	**20**	**27**	**128247**	**63524**	**64723**

3-2a 续表 5

单位：人

年 龄	初中 肄业 小计	肄业 男	肄业 女	辍学 小计	辍学 男	辍学 女	其他 小计	其他 男	其他 女
总 计	**2287**	**1261**	**1026**	**2694**	**1586**	**1108**	**8251**	**4131**	**4120**
3									
4									
5-9岁							**8**	**4**	**4**
5									
6									
7							2		2
8							3	1	2
9							3	3	
10-14岁	**18**	**10**	**8**	**16**	**5**	**11**	**150**	**87**	**63**
10				1	1		2	2	
11	1		1				13	6	7
12	4	3	1				31	16	15
13	4	2	2	6		6	53	35	18
14	9	5	4	9	4	5	51	28	23
15-19岁	**35**	**22**	**13**	**81**	**64**	**17**	**167**	**88**	**79**
15	5	3	2	10	8	2	35	16	19
16	6	4	2	14	12	2	33	20	13
17	4	1	3	22	19	3	29	12	17
18	5	4	1	26	18	8	29	17	12
19	15	10	5	9	7	2	41	23	18
20-24岁	**88**	**58**	**30**	**107**	**79**	**28**	**303**	**170**	**133**
20	17	13	4	15	12	3	42	21	21
21	18	10	8	16	11	5	49	34	15
22	16	11	5	22	15	7	60	35	25
23	15	7	8	24	15	9	74	42	32
24	22	17	5	30	26	4	78	38	40
25-29岁	**118**	**81**	**37**	**211**	**149**	**62**	**510**	**290**	**220**
25	20	12	8	34	21	13	79	43	36
26	11	7	4	46	32	14	79	41	38
27	23	16	7	41	32	9	101	57	44
28	31	25	6	45	35	10	109	63	46
29	33	21	12	45	29	16	142	86	56
30-34岁	**209**	**128**	**81**	**293**	**187**	**106**	**969**	**481**	**488**
30	42	29	13	43	32	11	170	95	75
31	32	16	16	67	45	22	173	93	80
32	40	28	12	51	32	19	175	77	98
33	38	21	17	67	40	27	226	114	112
34	57	34	23	65	38	27	225	102	123
35-39岁	**270**	**145**	**125**	**380**	**223**	**157**	**1035**	**509**	**526**
35	54	31	23	88	54	34	229	105	124
36	50	26	24	75	47	28	210	98	112
37	38	15	23	64	40	24	199	108	91
38	61	33	28	74	40	34	214	104	110
39	67	40	27	79	42	37	183	94	89
40-44岁	**264**	**155**	**109**	**315**	**179**	**136**	**987**	**492**	**495**
40	45	29	16	62	33	29	185	103	82
41	60	34	26	66	35	31	187	85	102
42	55	31	24	52	30	22	204	92	112
43	53	33	20	51	34	17	196	105	91
44	51	28	23	84	47	37	215	107	108
45-49岁	**308**	**161**	**147**	**359**	**200**	**159**	**986**	**483**	**503**
45	71	42	29	67	39	28	190	92	98
46	63	31	32	71	38	33	197	98	99
47	66	32	34	70	45	25	187	102	85
48	61	30	31	73	34	39	213	99	114
49	47	26	21	78	44	34	199	92	107
50岁及以上	**977**	**501**	**476**	**932**	**500**	**432**	**3136**	**1527**	**1609**

3-2a　续表 6　　　　单位：人

年　龄	高　中								
	合　计			在　校			毕　业		
	合计	男	女	小计	男	女	小计	男	女
总　计	**285572**	**149213**	**136359**	**68060**	**35048**	**33012**	**212222**	**111299**	**100923**
3									
4									
5-9岁									
5									
6									
7									
8									
9									
10-14岁	**1098**	**559**	**539**	**1032**	**525**	**507**	**63**	**32**	**31**
10									
11	2	2		2	2				
12	3	1	2	2		2	1	1	
13	247	140	107	223	130	93	24	10	14
14	846	416	430	805	393	412	38	21	17
15-19岁	**67965**	**35143**	**32822**	**64812**	**33404**	**31408**	**2882**	**1597**	**1285**
15	9085	4534	4551	9015	4498	4517	56	33	23
16	20950	10710	10240	20704	10586	10118	206	108	98
17	21936	11222	10714	21463	10973	10490	406	211	195
18	11605	6227	5378	10634	5675	4959	894	503	391
19	4389	2450	1939	2996	1672	1324	1320	742	578
20-24岁	**14658**	**8181**	**6477**	**2067**	**1054**	**1013**	**12203**	**6892**	**5311**
20	2997	1623	1374	1151	598	553	1775	986	789
21	2576	1471	1105	467	233	234	2046	1196	850
22	2866	1612	1254	248	123	125	2540	1440	1100
23	3017	1693	1324	119	53	66	2807	1586	1221
24	3202	1782	1420	82	47	35	3035	1684	1351
25-29岁	**20279**	**11060**	**9219**	**46**	**21**	**25**	**19687**	**10729**	**8958**
25	3466	1931	1535	15	7	8	3347	1866	1481
26	3653	1999	1654	8	6	2	3558	1944	1614
27	4021	2214	1807	7	3	4	3903	2140	1763
28	4386	2327	2059	9	2	7	4246	2251	1995
29	4753	2589	2164	7	3	4	4633	2528	2105
30-34岁	**30316**	**15570**	**14746**	**37**	**13**	**24**	**29552**	**15173**	**14379**
30	5775	2992	2783	6	4	2	5622	2916	2706
31	5909	3030	2879	10	2	8	5757	2946	2811
32	5714	2901	2813	8	4	4	5579	2830	2749
33	6476	3316	3160	8	3	5	6315	3231	3084
34	6442	3331	3111	5		5	6279	3250	3029
35-39岁	**26246**	**13292**	**12954**	**10**	**2**	**8**	**25592**	**12954**	**12638**
35	5795	2949	2846	7		7	5636	2871	2765
36	5426	2753	2673	1	1		5302	2691	2611
37	4691	2346	2345				4558	2270	2288
38	5274	2639	2635				5145	2576	2569
39	5060	2605	2455	2	1	1	4951	2546	2405
40-44岁	**25947**	**13390**	**12557**	**10**	**6**	**4**	**25360**	**13077**	**12283**
40	5169	2678	2491	4	2	2	5056	2618	2438
41	5766	3025	2741	2	2		5630	2952	2678
42	5379	2742	2637	3	2	1	5269	2685	2584
43	4675	2412	2263				4556	2342	2214
44	4958	2533	2425	1		1	4849	2480	2369
45-49岁	**22563**	**12230**	**10333**	**12**	**5**	**7**	**22068**	**11952**	**10116**
45	4706	2516	2190	2		2	4608	2459	2149
46	4930	2695	2235	3	1	2	4813	2631	2182
47	4543	2513	2030	2		2	4436	2453	1983
48	4291	2291	2000	2	1	1	4198	2240	1958
49	4093	2215	1878	3	3		4013	2169	1844
50岁及以上	**76500**	**39788**	**36712**	**34**	**18**	**16**	**74815**	**38893**	**35922**

3-2a 续表 7 单位：人

年 龄	高中								
	肄 业			辍 学			其 他		
	小计	男	女	小计	男	女	小计	男	女
总 计	**775**	**443**	**332**	**634**	**385**	**249**	**3881**	**2038**	**1843**
3									
4									
5-9岁									
5									
6									
7									
8									
9									
10-14岁	**1**		**1**				**2**	**2**	
10									
11									
12									
13									
14	1		1				2	2	
15-19岁	**40**	**23**	**17**	**73**	**42**	**31**	**158**	**77**	**81**
15	1		1	2	1	1	11	2	9
16	3	2	1	14	5	9	23	9	14
17	11	6	5	16	10	6	40	22	18
18	8	5	3	18	14	4	51	30	21
19	17	10	7	23	12	11	33	14	19
20-24岁	**55**	**39**	**16**	**76**	**56**	**20**	**257**	**140**	**117**
20	8	5	3	18	15	3	45	19	26
21	6	6		12	9	3	45	27	18
22	13	8	5	12	7	5	53	34	19
23	12	8	4	18	14	4	61	32	29
24	16	12	4	16	11	5	53	28	25
25-29岁	**98**	**62**	**36**	**78**	**46**	**32**	**370**	**202**	**168**
25	16	9	7	17	9	8	71	40	31
26	15	13	2	8	3	5	64	33	31
27	20	15	5	14	9	5	77	47	30
28	22	15	7	19	10	9	90	49	41
29	25	10	15	20	15	5	68	33	35
30-34岁	**117**	**64**	**53**	**82**	**52**	**30**	**528**	**268**	**260**
30	27	15	12	13	6	7	107	51	56
31	27	16	11	19	12	7	96	54	42
32	18	9	9	15	11	4	94	47	47
33	22	12	10	18	10	8	113	60	53
34	23	12	11	17	13	4	118	56	62
35-39岁	**87**	**55**	**32**	**90**	**52**	**38**	**467**	**229**	**238**
35	20	13	7	28	17	11	104	48	56
36	18	14	4	21	11	10	84	36	48
37	16	13	3	13	8	5	104	55	49
38	20	8	12	18	11	7	91	44	47
39	13	7	6	10	5	5	84	46	38
40-44岁	**85**	**45**	**40**	**64**	**34**	**30**	**428**	**228**	**200**
40	17	7	10	10	6	4	82	45	37
41	20	14	6	19	8	11	95	49	46
42	21	11	10	13	9	4	73	35	38
43	13	6	7	10	7	3	96	57	39
44	14	7	7	12	4	8	82	42	40
45-49岁	**70**	**41**	**29**	**32**	**24**	**8**	**381**	**208**	**173**
45	14	7	7	3	3	0	79	47	32
46	12	10	2	3	3	0	99	50	49
47	17	9	8	7	5	2	81	46	35
48	17	9	8	11	9	2	63	32	31
49	10	6	4	8	4	4	59	33	26
50岁及以上	**222**	**114**	**108**	**139**	**79**	**60**	**1290**	**684**	**606**

3-2a　续表 8

单位：人

年　龄	大学专科								
	合　计			在　校			毕　业		
	合计	男	女	小计	男	女	小计	男	女
总　计	**171309**	**87123**	**84186**	**28910**	**14955**	**13955**	**139963**	**70899**	**69064**
3									
4									
5-9岁									
5									
6									
7									
8									
9									
10-14岁	**3**	**1**	**2**	**2**		**2**	**1**	**1**	
10									
11									
12									
13	2	1	1	1		1	1	1	
14	1		1	1		1			
15-19岁	**15332**	**7781**	**7551**	**14549**	**7433**	**7116**	**728**	**321**	**407**
15	93	54	39	86	52	34	6	1	5
16	347	197	150	327	188	139	18	7	11
17	1324	707	617	1274	679	595	43	23	20
18	4510	2322	2188	4352	2255	2097	144	58	86
19	9058	4501	4557	8510	4259	4251	517	232	285
20-24岁	**28229**	**14094**	**14135**	**13639**	**7144**	**6495**	**14261**	**6774**	**7487**
20	9030	4666	4364	7812	4078	3734	1169	558	611
21	5888	2944	2944	3653	1877	1776	2172	1030	1142
22	4869	2433	2436	1443	797	646	3345	1597	1748
23	4274	2075	2199	499	266	233	3717	1777	1940
24	4168	1976	2192	232	126	106	3858	1812	2046
25-29岁	**21978**	**10575**	**11403**	**356**	**186**	**170**	**21241**	**10193**	**11048**
25	4262	2046	2216	138	66	72	4047	1944	2103
26	4135	1981	2154	69	39	30	3991	1909	2082
27	4327	2112	2215	49	27	22	4209	2044	2165
28	4568	2179	2389	53	33	20	4432	2100	2332
29	4686	2257	2429	47	21	26	4562	2196	2366
30-34岁	**28093**	**13248**	**14845**	**140**	**66**	**74**	**27526**	**12971**	**14555**
30	5411	2562	2849	45	19	26	5279	2503	2776
31	5527	2657	2870	23	11	12	5432	2610	2822
32	5570	2611	2959	17	10	7	5459	2550	2909
33	5905	2777	3128	30	16	14	5782	2719	3063
34	5680	2641	3039	25	10	15	5574	2589	2985
35-39岁	**21937**	**10759**	**11178**	**85**	**46**	**39**	**21499**	**10532**	**10967**
35	5289	2557	2732	23	8	15	5174	2499	2675
36	4589	2180	2409	22	14	8	4491	2130	2361
37	4135	2073	2062	14	9	5	4054	2033	2021
38	4233	2112	2121	17	11	6	4158	2074	2084
39	3691	1837	1854	9	4	5	3622	1796	1826
40-44岁	**16280**	**8074**	**8206**	**37**	**18**	**19**	**16003**	**7943**	**8060**
40	3476	1669	1807	12	4	8	3412	1640	1772
41	3660	1772	1888	8	5	3	3591	1742	1849
42	3288	1602	1686	7	4	3	3229	1569	1660
43	2930	1486	1444	4	3	1	2893	1467	1426
44	2926	1545	1381	6	2	4	2878	1525	1353
45-49岁	**13107**	**6975**	**6132**	**40**	**19**	**21**	**12862**	**6848**	**6014**
45	2909	1485	1424	5	2	3	2859	1457	1402
46	2976	1588	1388	6	1	5	2920	1559	1361
47	2605	1403	1202	14	9	5	2550	1373	1177
48	2430	1320	1110	10	4	6	2376	1294	1082
49	2187	1179	1008	5	3	2	2157	1165	992
50岁及以上	**26350**	**15616**	**10734**	**62**	**43**	**19**	**25842**	**15316**	**10526**

3-2a 续表 9

单位：人

年 龄	大学专科								
	肄 业			辍 学			其 他		
	小计	男	女	小计	男	女	小计	男	女
总 计	**268**	**143**	**125**	**75**	**45**	**30**	**2093**	**1081**	**1012**
3									
4									
5-9岁									
5									
6									
7									
8									
9									
10-14岁									
10									
11									
12									
13									
14									
15-19岁	**4**	**3**	**1**	**6**	**3**	**3**	**45**	**21**	**24**
15							1	1	
16							2	2	
17	1	1		1		1	5	4	1
18				2	2		12	7	5
19	3	2	1	3	1	2	25	7	18
20-24岁	**40**	**20**	**20**	**19**	**12**	**7**	**270**	**144**	**126**
20	4	3	1	4	3	1	41	24	17
21	9	4	5	3	2	1	51	31	20
22	13	7	6	7	4	3	61	28	33
23	6	4	2	2	1	1	50	27	23
24	8	2	6	3	2	1	67	34	33
25-29岁	**42**	**19**	**23**	**19**	**14**	**5**	**320**	**163**	**157**
25	6		6	3	3		68	33	35
26	7	4	3	4	1	3	64	28	36
27	9	7	2	5	5		55	29	26
28	10	4	6	3	1	2	70	41	29
29	10	4	6	4	4		63	32	31
30-34岁	**52**	**28**	**24**	**15**	**9**	**6**	**360**	**174**	**186**
30	10	5	5	2	1	1	75	34	41
31	13	5	8	2		2	57	31	26
32	15	8	7	5	2	3	74	41	33
33	7	4	3	4	4		82	34	48
34	7	6	1	2	2		72	34	38
35-39岁	**32**	**15**	**17**	**3**	**2**	**1**	**318**	**164**	**154**
35	7	3	4				85	47	38
36	8	4	4				68	32	36
37	4	2	2	3	2	1	60	27	33
38	3	2	1				55	25	30
39	10	4	6				50	33	17
40-44岁	**29**	**15**	**14**	**4**	**2**	**2**	**207**	**96**	**111**
40	6	2	4				46	23	23
41	4	3	1				57	22	35
42	5	2	3				47	27	20
43	5	4	1	1		1	27	12	15
44	9	4	5	3	2	1	30	12	18
45-49岁	**24**	**13**	**11**	**1**		**1**	**180**	**95**	**85**
45	5	3	2				40	23	17
46	5	2	3	1		1	44	26	18
47	6	4	2				35	17	18
48	5	3	2				39	19	20
49	3	1	2				22	10	12
50岁及以上	**45**	**30**	**15**	**8**	**3**	**5**	**393**	**224**	**169**

3-2a　续表 10　　　　单位：人

年　龄	大学本科								
	合　计			在　校			毕　业		
	合计	男	女	小计	男	女	小计	男	女
总　计	**146475**	**69879**	**76596**	**33825**	**13146**	**20679**	**111025**	**55910**	**55115**
3									
4									
5-9岁									
5									
6									
7									
8									
9									
10-14岁									
10									
11									
12									
13									
14									
15-19岁	**9039**	**3434**	**5605**	**8884**	**3347**	**5537**	**144**	**81**	**63**
15	27	12	15	26	12	14	1		1
16	49	25	24	48	25	23	1		1
17	311	117	194	302	110	192	7	6	1
18	2287	898	1389	2252	882	1370	35	16	19
19	6365	2382	3983	6256	2318	3938	100	59	41
20-24岁	**32654**	**12958**	**19696**	**24041**	**9353**	**14688**	**8449**	**3541**	**4908**
20	8954	3427	5527	8769	3339	5430	176	83	93
21	8306	3217	5089	7790	3003	4787	493	202	291
22	6717	2644	4073	5006	1964	3042	1670	665	1005
23	4813	1997	2816	1870	759	1111	2900	1222	1678
24	3864	1673	2191	606	288	318	3210	1369	1841
25-29岁	**19898**	**8586**	**11312**	**550**	**269**	**281**	**19072**	**8198**	**10874**
25	3720	1604	2116	244	120	124	3422	1459	1963
26	3797	1667	2130	128	62	66	3604	1577	2027
27	3869	1668	2201	75	35	40	3751	1613	2138
28	4266	1811	2455	59	32	27	4142	1756	2386
29	4246	1836	2410	44	20	24	4153	1793	2360
30-34岁	**25902**	**11630**	**14272**	**152**	**69**	**83**	**25402**	**11399**	**14003**
30	4998	2162	2836	46	24	22	4896	2113	2783
31	5065	2263	2802	32	19	13	4960	2214	2746
32	5108	2283	2825	29	10	19	5025	2244	2781
33	5439	2481	2958	25	9	16	5330	2429	2901
34	5292	2441	2851	20	7	13	5191	2399	2792
35-39岁	**20198**	**9846**	**10352**	**78**	**36**	**42**	**19842**	**9679**	**10163**
35	4748	2232	2516	26	11	15	4639	2182	2457
36	4575	2180	2395	14	6	8	4503	2145	2358
37	3827	1886	1941	18	9	9	3764	1855	1909
38	3905	1934	1971	8	5	3	3854	1906	1948
39	3143	1614	1529	12	5	7	3082	1591	1491
40-44岁	**12812**	**6776**	**6036**	**42**	**20**	**22**	**12602**	**6667**	**5935**
40	2930	1520	1410	9	3	6	2875	1493	1382
41	2897	1501	1396	9	4	5	2854	1476	1378
42	2532	1338	1194	8	6	2	2491	1314	1177
43	2179	1195	984	7	3	4	2145	1177	968
44	2274	1222	1052	9	4	5	2237	1207	1030
45-49岁	**9438**	**5571**	**3867**	**31**	**18**	**13**	**9278**	**5470**	**3808**
45	2016	1153	863	10	5	5	1975	1131	844
46	2075	1234	841	3	1	2	2041	1213	828
47	1928	1132	796	5	4	1	1898	1110	788
48	1766	1065	701	4	1	3	1736	1045	691
49	1653	987	666	9	7	2	1628	971	657
50岁及以上	**16534**	**11078**	**5456**	**47**	**34**	**13**	**16236**	**10875**	**5361**

3-2a 续表 11 单位：人

年龄	大学本科								
	肄业			辍学			其他		
	小计	男	女	小计	男	女	小计	男	女
总计	**146**	**84**	**62**	**22**	**12**	**10**	**1457**	**727**	**730**
3									
4									
5-9岁									
5									
6									
7									
8									
9									
10-14岁									
10									
11									
12									
13									
14									
15-19岁	**2**	**1**	**1**				**9**	**5**	**4**
15									
16									
17	1		1				1	1	
18									
19	1	1					8	4	4
20-24岁	**16**	**7**	**9**	**8**	**4**	**4**	**140**	**53**	**87**
20	2	1	1				7	4	3
21	2	1	1	3	2	1	18	9	9
22	2	1	1	2	1	1	37	13	24
23	2		2	2	1	1	39	15	24
24	8	4	4	1		1	39	12	27
25-29岁	**28**	**18**	**10**	**2**	**1**	**1**	**246**	**100**	**146**
25	11	8	3				43	17	26
26	6	4	2				59	24	35
27	4	1	3				39	19	20
28	4	3	1				61	20	41
29	3	2	1	2	1	1	44	20	24
30-34岁	**22**	**14**	**8**	**3**	**2**	**1**	**323**	**146**	**177**
30	6	5	1				50	20	30
31	4	2	2	1		1	68	28	40
32	3	2	1	1	1		50	26	24
33	4	3	1	1	1		79	39	40
34	5	2	3				76	33	43
35-39岁	**18**	**8**	**10**	**3**	**2**	**1**	**257**	**121**	**136**
35	3	2	1				80	37	43
36	1	1					57	28	29
37	3	1	2	2	2		40	19	21
38	6	3	3				37	20	17
39	5	1	4	1		1	43	17	26
40-44岁	**23**	**11**	**12**	**1**	**1**		**144**	**77**	**67**
40	3	1	2				43	23	20
41	3	2	1	1	1		30	18	12
42	5	3	2				28	15	13
43	7	4	3				20	11	9
44	5	1	4				23	10	13
45-49岁	**13**	**8**	**5**				**116**	**75**	**41**
45	6	5	1				25	12	13
46							31	20	11
47	1	1					24	17	7
48	4	2	2				22	17	5
49	2		2				14	9	5
50岁及以上	**24**	**17**	**7**	**5**	**2**	**3**	**222**	**150**	**72**

3-2a　续表 12　　　　单位：人

年　龄	硕士研究生								
	合　计			在　校			毕　业		
	合计	男	女	小计	男	女	小计	男	女
总　计	**11830**	**5859**	**5971**	**2475**	**1081**	**1394**	**9217**	**4712**	**4505**
3									
4									
5-9岁									
5									
6									
7									
8									
9									
10-14岁									
10									
11									
12									
13									
14									
15-19岁	**7**	**5**	**2**	**7**	**5**	**2**	**0**	**0**	**0**
15									
16									
17	1	1		1	1				
18	1	1		1	1				
19	5	3	2	5	3	2			
20-24岁	**1421**	**566**	**855**	**1299**	**518**	**781**	**110**	**45**	**65**
20	14	8	6	12	6	6	2	2	0
21	38	11	27	35	9	26	3	2	1
22	246	94	152	228	84	144	16	9	7
23	494	187	307	462	172	290	29	15	14
24	629	266	363	562	247	315	60	17	43
25-29岁	**2184**	**905**	**1279**	**979**	**472**	**507**	**1190**	**427**	**763**
25	565	243	322	441	213	228	121	28	93
26	471	220	251	262	139	123	204	78	126
27	420	166	254	141	67	74	278	99	179
28	351	125	226	78	25	53	272	100	172
29	377	151	226	57	28	29	315	122	193
30-34岁	**2406**	**983**	**1423**	**125**	**47**	**78**	**2248**	**919**	**1329**
30	456	181	275	49	19	30	400	160	240
31	469	176	293	36	15	21	427	158	269
32	429	178	251	12	2	10	414	173	241
33	537	222	315	18	7	11	508	209	299
34	515	226	289	10	4	6	499	219	280
35-39岁	**2258**	**1123**	**1135**	**40**	**24**	**16**	**2186**	**1084**	**1102**
35	453	202	251	8	4	4	437	194	243
36	486	240	246	13	7	6	466	230	236
37	463	242	221	7	4	3	452	236	216
38	491	253	238	7	6	1	475	243	232
39	365	186	179	5	3	2	356	181	175
40-44岁	**1406**	**800**	**606**	**5**	**2**	**3**	**1378**	**786**	**592**
40	373	212	161	1		1	369	211	158
41	327	172	155	1	1		316	167	149
42	279	166	113	1	1		275	163	112
43	201	111	90	2		2	195	108	87
44	226	139	87				223	137	86
45-49岁	**870**	**548**	**322**	**12**	**6**	**6**	**852**	**539**	**313**
45	181	109	72	1		1	180	109	71
46	196	121	75	3	2	1	190	118	72
47	173	109	64	2	1	1	170	108	62
48	155	97	58	3	2	1	152	95	57
49	165	112	53	3	1	2	160	109	51
50岁及以上	**1278**	**929**	**349**	**8**	**7**	**1**	**1253**	**912**	**341**

3-2a 续表 13 单位：人

年 龄	硕士研究生								
	肄 业			辍 学			其 他		
	小计	男	女	小计	男	女	小计	男	女
总 计	**8**	**3**	**5**	**2**	**1**	**1**	**128**	**62**	**66**
3									
4									
5–9岁									
5									
6									
7									
8									
9									
10–14岁									
10									
11									
12									
13									
14									
15–19岁									
15									
16									
17									
18									
19									
20–24岁				**1**	**0**	**1**	**11**	**3**	**8**
20									
21									
22							2	1	1
23				1		1	2		2
24							7	2	5
25–29岁							**15**	**6**	**9**
25							3	2	1
26							5	3	2
27							1		1
28							1		1
29							5	1	4
30–34岁	**3**	**2**	**1**				**30**	**15**	**15**
30	1		1				6	2	4
31	1	1					5	2	3
32	1	1					2	2	
33							11	6	5
34							6	3	3
35–39岁	**2**	**1**	**1**				**30**	**14**	**16**
35							8	4	4
36							7	3	4
37	1		1				3	2	1
38							9	4	5
39	1	1					3	1	2
40–44岁	**1**		**1**				**22**	**12**	**10**
40							3	1	2
41	1		1				9	4	5
42							3	2	1
43							4	3	1
44							3	2	1
45–49岁	**1**		**1**				**5**	**3**	**2**
45									
46	1		1				2	1	1
47							1		1
48									
49							2	2	
50岁及以上	**1**		**1**	**1**	**1**		**15**	**9**	**6**

3–2a 续表 14 单位：人

年 龄	博士研究生								
	合 计			在 校			毕 业		
	合计	男	女	小计	男	女	小计	男	女
总 计	**1190**	**736**	**454**	**216**	**119**	**97**	**965**	**612**	**353**
3									
4									
5–9岁									
5									
6									
7									
8									
9									
10–14岁									
10									
11									
12									
13									
14									
15–19岁									
15									
16									
17									
18									
19									
20–24岁	**26**	**13**	**13**	**21**	**8**	**13**	**5**	**5**	
20	1		1	1		1			
21	1		1	1		1			
22	7	3	4	6	2	4	1	1	
23	5	3	2	4	2	2	1	1	
24	12	7	5	9	4	5	3	3	
25–29岁	**144**	**79**	**65**	**103**	**58**	**45**	**40**	**21**	**19**
25	22	9	13	20	9	11	2		2
26	32	16	16	27	15	12	4	1	3
27	23	11	12	19	10	9	4	1	3
28	36	24	12	21	14	7	15	10	5
29	31	19	12	16	10	6	15	9	6
30–34岁	**213**	**126**	**87**	**59**	**30**	**29**	**154**	**96**	**58**
30	44	27	17	18	7	11	26	20	6
31	42	24	18	14	9	5	28	15	13
32	30	18	12	11	6	5	19	12	7
33	56	33	23	12	6	6	44	27	17
34	41	24	17	4	2	2	37	22	15
35–39岁	**259**	**144**	**115**	**22**	**15**	**7**	**235**	**128**	**107**
35	32	17	15	3	2	1	29	15	14
36	63	28	35	4	2	2	58	25	33
37	52	33	19	3	1	2	49	32	17
38	59	38	21	7	6	1	51	32	19
39	53	28	25	5	4	1	48	24	24
40–44岁	**209**	**131**	**78**	**7**	**4**	**3**	**201**	**127**	**74**
40	42	26	16	2	1	1	40	25	15
41	52	28	24	1	1		51	27	24
42	43	25	18	3	1	2	40	24	16
43	44	31	13				43	31	12
44	28	21	7	1	1		27	20	7
45–49岁	**146**	**95**	**51**	**3**	**3**		**139**	**89**	**50**
45	32	25	7				31	24	7
46	31	22	9	1	1		28	19	9
47	32	15	17	2	2		30	13	17
48	29	20	9				29	20	9
49	22	13	9				21	13	8
50岁及以上	**193**	**148**	**45**	**1**	**1**		**191**	**146**	**45**

3-2a 续表 15

单位：人

年 龄	博士研究生								
	肄 业			辍 学			其 他		
	小计	男	女	小计	男	女	小计	男	女
总 计	**1**		**1**				**8**	**5**	**3**
3									
4									
5-9岁									
5									
6									
7									
8									
9									
10-14岁									
10									
11									
12									
13									
14									
15-19岁									
15									
16									
17									
18									
19									
20-24岁									
20									
21									
22									
23									
24									
25-29岁	**1**		**1**						
25									
26	1		1						
27									
28									
29									
30-34岁									
30									
31									
32									
33									
34									
35-39岁							**2**	**1**	**1**
35									
36							1	1	
37									
38							1		1
39									
40-44岁							**1**		**1**
40									
41									
42									
43							1		1
44									
45-49岁							**4**	**3**	**1**
45							1	1	
46							2	2	
47									
48									
49							1		1
50岁及以上							**1**	**1**	

3-2b　分年龄、性别、学业完成情况的3岁及以上各种受教育程度人口（镇）

单位：人

年龄	合计								
	合计			在校			毕业		
	合计	男	女	小计	男	女	小计	男	女
总计	**1010600**	**518550**	**492050**	**255521**	**133278**	**122243**	**706142**	**361621**	**344521**
3									
4									
5-9岁	**76219**	**40844**	**35375**	**74410**	**39888**	**34522**	**1371**	**716**	**655**
5	1674	873	801	1615	841	774	30	17	13
6	11509	6027	5482	11247	5882	5365	198	111	87
7	20402	11046	9356	19907	10801	9106	378	187	191
8	22189	11871	10318	21692	11591	10101	387	215	172
9	20445	11027	9418	19949	10773	9176	378	186	192
10-14岁	**90074**	**48456**	**41618**	**87114**	**46821**	**40293**	**2461**	**1351**	**1110**
10	19693	10634	9059	19185	10354	8831	412	225	187
11	19259	10435	8824	18680	10106	8574	466	267	199
12	17974	9732	8242	17420	9445	7975	474	251	223
13	16743	8932	7811	16136	8579	7557	516	298	218
14	16405	8723	7682	15693	8337	7356	593	310	283
15-19岁	**89503**	**45198**	**44305**	**80630**	**39802**	**40828**	**8008**	**4876**	**3132**
15	17658	9022	8636	17100	8712	8388	459	259	200
16	22594	11211	11383	21446	10516	10930	1004	608	396
17	22510	11122	11388	20888	10108	10780	1438	901	537
18	16004	8184	7820	13613	6716	6897	2178	1335	843
19	10737	5659	5078	7583	3750	3833	2929	1773	1156
20-24岁	**44631**	**23703**	**20928**	**12257**	**6209**	**6048**	**30842**	**16586**	**14256**
20	9033	4878	4155	5127	2574	2553	3650	2149	1501
21	8582	4737	3845	3584	1857	1727	4720	2707	2013
22	9009	4728	4281	2101	1064	1037	6604	3491	3113
23	8900	4654	4246	949	473	476	7619	3986	3633
24	9107	4706	4401	496	241	255	8249	4253	3996
25-29岁	**56844**	**28587**	**28257**	**646**	**331**	**315**	**53913**	**27009**	**26904**
25	9978	5060	4918	268	138	130	9288	4685	4603
26	10189	5104	5085	163	80	83	9612	4799	4813
27	11126	5544	5582	80	38	42	10619	5273	5346
28	12665	6424	6241	81	40	41	12070	6097	5973
29	12886	6455	6431	54	35	19	12324	6155	6169
30-34岁	**88409**	**44159**	**44250**	**167**	**68**	**99**	**84555**	**42097**	**42458**
30	15800	7865	7935	59	24	35	15065	7455	7610
31	16713	8394	8319	32	10	22	16020	8019	8001
32	17026	8449	8577	25	14	11	16314	8070	8244
33	19545	9875	9670	25	8	17	18693	9435	9258
34	19325	9576	9749	26	12	14	18463	9118	9345
35-39岁	**85656**	**43524**	**42132**	**84**	**36**	**48**	**81492**	**41330**	**40162**
35	18930	9545	9385	18	7	11	18057	9080	8977
36	18038	9020	9018	20	11	9	17157	8559	8598
37	15742	8035	7707	17	6	11	14952	7622	7330
38	16886	8622	8264	18	8	10	16082	8193	7889
39	16060	8302	7758	11	4	7	15244	7876	7368
40-44岁	**79124**	**40754**	**38370**	**61**	**40**	**21**	**75112**	**38620**	**36492**
40	15911	8122	7789	16	10	6	15123	7681	7442
41	16549	8482	8067	15	11	4	15700	8009	7691
42	15856	8148	7708	5	4	1	15081	7732	7349
43	14524	7409	7115	8	4	4	13791	7053	6738
44	16284	8593	7691	17	11	6	15417	8145	7272
45-49岁	**83372**	**43339**	**40033**	**52**	**26**	**26**	**78719**	**40931**	**37788**
45	16468	8583	7885	12	6	6	15638	8121	7517
46	17838	9195	8643	9	4	5	16873	8699	8174
47	16365	8483	7882	11	6	5	15422	7980	7442
48	16376	8517	7859	7	2	5	15449	8067	7382
49	16325	8561	7764	13	8	5	15337	8064	7273
50岁及以上	**316768**	**159986**	**156782**	**100**	**57**	**43**	**289669**	**148105**	**141564**

3-2b 续表 1 单位：人

年 龄	合计								
	肄业			辍学			其他		
	小计	男	女	小计	男	女	小计	男	女
总 计	**10079**	**4766**	**5313**	**9453**	**4439**	**5014**	**29405**	**14446**	**14959**
3									
4									
5-9岁	**28**	**20**	**8**	**12**	**7**	**5**	**398**	**213**	**185**
5	2	2					27	13	14
6	6	3	3	1	1		57	30	27
7	5	3	2	3	3		109	52	57
8	8	6	2	4	1	3	98	58	40
9	7	6	1	4	2	2	107	60	47
10-14岁	**41**	**23**	**18**	**34**	**17**	**17**	**424**	**244**	**180**
10	6	2	4	2		2	88	53	35
11	9	4	5	1		1	103	58	45
12	2	1	1	2	1	1	76	34	42
13	10	7	3	9	7	2	72	41	31
14	14	9	5	20	9	11	85	58	27
15-19岁	**155**	**104**	**51**	**230**	**132**	**98**	**480**	**284**	**196**
15	12	6	6	30	15	15	57	30	27
16	26	15	11	50	31	19	68	41	27
17	29	18	11	48	30	18	107	65	42
18	39	30	9	55	30	25	119	73	46
19	49	35	14	47	26	21	129	75	54
20-24岁	**257**	**168**	**89**	**280**	**188**	**92**	**995**	**552**	**443**
20	39	24	15	60	35	25	157	96	61
21	41	31	10	56	37	19	181	105	76
22	63	38	25	44	32	12	197	103	94
23	49	30	19	60	45	15	223	120	103
24	65	45	20	60	39	21	237	128	109
25-29岁	**370**	**234**	**136**	**334**	**218**	**116**	**1581**	**795**	**786**
25	62	38	24	63	44	19	297	155	142
26	81	53	28	58	32	26	275	140	135
27	67	45	22	69	43	26	291	145	146
28	76	43	33	64	46	18	374	198	176
29	84	55	29	80	53	27	344	157	187
30-34岁	**580**	**355**	**225**	**548**	**331**	**217**	**2559**	**1308**	**1251**
30	111	78	33	97	61	36	468	247	221
31	108	65	43	105	63	42	448	237	211
32	102	64	38	98	61	37	487	240	247
33	131	72	59	125	72	53	571	288	283
34	128	76	52	123	74	49	585	296	289
35-39岁	**678**	**379**	**299**	**703**	**425**	**278**	**2699**	**1354**	**1345**
35	133	82	51	148	93	55	574	283	291
36	147	77	70	139	89	50	575	284	291
37	114	62	52	127	74	53	532	271	261
38	148	90	58	129	76	53	509	255	254
39	136	68	68	160	93	67	509	261	248
40-44岁	**673**	**360**	**313**	**685**	**385**	**300**	**2593**	**1349**	**1244**
40	117	75	42	150	85	65	505	271	234
41	135	81	54	143	79	64	556	302	254
42	153	82	71	126	74	52	491	256	235
43	120	56	64	122	68	54	483	228	255
44	148	66	82	144	79	65	558	292	266
45-49岁	**897**	**461**	**436**	**914**	**459**	**455**	**2790**	**1462**	**1328**
45	163	88	75	155	84	71	500	284	216
46	194	98	96	181	94	87	581	300	281
47	176	96	80	190	95	95	566	306	260
48	186	93	93	194	87	107	540	268	272
49	178	86	92	194	99	95	603	304	299
50岁及以上	**6400**	**2662**	**3738**	**5713**	**2277**	**3436**	**14886**	**6885**	**8001**

3-2b 续表 2

单位：人

年 龄	小学								
	合计			在校			毕业		
	合计	男	女	小计	男	女	小计	男	女
总 计	**295961**	**138351**	**157610**	**122968**	**66299**	**56669**	**150270**	**63178**	**87092**
3									
4									
5-9岁	**75461**	**40402**	**35059**	**73743**	**39502**	**34241**	**1293**	**670**	**623**
5	1674	873	801	1615	841	774	30	17	13
6	11395	5968	5427	11145	5830	5315	188	105	83
7	20250	10964	9286	19771	10728	9043	363	178	185
8	21969	11736	10233	21501	11477	10024	362	197	165
9	20173	10861	9312	19711	10626	9085	350	173	177
10-14岁	**50473**	**27492**	**22981**	**49042**	**26699**	**22343**	**1158**	**641**	**517**
10	19298	10422	8876	18828	10162	8666	377	207	170
11	18196	9871	8325	17700	9591	8109	398	227	171
12	10265	5778	4487	9972	5621	4351	246	132	114
13	1987	1073	914	1888	1015	873	81	47	34
14	727	348	379	654	310	344	56	28	28
15-19岁	**643**	**364**	**279**	**124**	**66**	**58**	**415**	**244**	**171**
15	103	44	59	55	19	36	33	18	15
16	86	52	34	29	19	10	45	25	20
17	107	64	43	16	11	5	70	41	29
18	148	92	56	9	7	2	111	70	41
19	199	112	87	15	10	5	156	90	66
20-24岁	**1403**	**825**	**578**	**13**	**9**	**4**	**1229**	**722**	**507**
20	192	112	80	5	4	1	167	96	71
21	232	133	99	6	3	3	194	110	84
22	280	174	106				255	160	95
23	336	189	147	2	2		290	163	127
24	363	217	146				323	193	130
25-29岁	**2762**	**1513**	**1249**	**3**	**3**		**2520**	**1383**	**1137**
25	430	242	188	1	1		388	216	172
26	464	275	189				417	247	170
27	563	304	259				519	283	236
28	648	342	306				598	318	280
29	657	350	307	2	2		598	319	279
30-34岁	**5270**	**2506**	**2764**	**3**	**2**	**1**	**4749**	**2251**	**2498**
30	880	433	447				816	396	420
31	948	500	448				849	456	393
32	993	476	517	1	1		894	429	465
33	1136	511	625	2	1	1	1003	443	560
34	1313	586	727				1187	527	660
35-39岁	**7433**	**3341**	**4092**	**5**	**2**	**3**	**6611**	**2962**	**3649**
35	1390	649	741	1		1	1256	585	671
36	1436	640	796	2	1	1	1276	560	716
37	1330	603	727	1		1	1163	526	637
38	1579	693	886				1402	612	790
39	1698	756	942	1	1		1514	679	835
40-44岁	**10379**	**4555**	**5824**	**3**	**2**	**1**	**9321**	**4071**	**5250**
40	1758	804	954				1589	736	853
41	2054	940	1114	2	1	1	1843	832	1011
42	2047	883	1164				1839	785	1054
43	2067	871	1196	1	1		1859	781	1078
44	2453	1057	1396				2191	937	1254
45-49岁	**16074**	**6925**	**9149**	**3**	**2**	**1**	**14332**	**6178**	**8154**
45	2681	1181	1500	1	1		2419	1052	1367
46	3160	1352	1808	2	1	1	2804	1203	1601
47	3170	1332	1838				2839	1189	1650
48	3345	1413	1932				2983	1265	1718
49	3718	1647	2071				3287	1469	1818
50岁及以上	**126063**	**50428**	**75635**	**29**	**12**	**17**	**108642**	**44056**	**64586**

3-2b 续表 3

单位：人

年龄	小学								
	肄业			辍学			其他		
	小计	男	女	小计	男	女	小计	男	女
总计	**5400**	**1990**	**3410**	**5647**	**2133**	**3514**	**11676**	**4751**	**6925**
3									
4									
5-9岁	**27**	**19**	**8**	**12**	**7**	**5**	**386**	**204**	**182**
5	2	2					27	13	14
6	6	3	3	1	1		55	29	26
7	5	3	2	3	3		108	52	56
8	7	5	2	4	1	3	95	56	39
9	7	6	1	4	2	2	101	54	47
10-14岁	**19**	**9**	**10**	**8**	**3**	**5**	**246**	**140**	**106**
10	6	2	4	2		2	85	51	34
11	7	3	4	1		1	90	50	40
12	2	1	1	2	1	1	43	23	20
13	2	1	1	1	1		15	9	6
14	2	2		2	1	1	13	7	6
15-19岁	**12**	**7**	**5**	**32**	**17**	**15**	**60**	**30**	**30**
15				6	2	4	9	5	4
16	2	1	1	4	3	1	6	4	2
17	2	1	1	4	4		15	7	8
18	3	3		12	6	6	13	6	7
19	5	2	3	6	2	4	17	8	9
20-24岁	**30**	**21**	**9**	**46**	**30**	**16**	**85**	**43**	**42**
20	2	1	1	5	3	2	13	8	5
21	6	6		11	6	5	15	8	7
22	3	1	2	7	6	1	15	7	8
23	9	6	3	10	7	3	25	11	14
24	10	7	3	13	8	5	17	9	8
25-29岁	**33**	**17**	**16**	**54**	**31**	**23**	**152**	**79**	**73**
25	4	1	3	7	5	2	30	19	11
26	4	4		13	7	6	30	17	13
27	8	6	2	9	3	6	27	12	15
28	8	1	7	10	7	3	32	16	16
29	9	5	4	15	9	6	33	15	18
30-34岁	**113**	**55**	**58**	**140**	**60**	**80**	**265**	**138**	**127**
30	14	9	5	22	9	13	28	19	9
31	21	8	13	27	10	17	51	26	25
32	22	13	9	24	12	12	52	21	31
33	27	10	17	36	12	24	68	45	23
34	29	15	14	31	17	14	66	27	39
35-39岁	**162**	**82**	**80**	**241**	**124**	**117**	**414**	**171**	**243**
35	25	10	15	43	24	19	65	30	35
36	31	17	14	50	29	21	77	33	44
37	33	19	14	35	13	22	98	45	53
38	40	20	20	52	28	24	85	33	52
39	33	16	17	61	30	31	89	30	59
40-44岁	**212**	**91**	**121**	**292**	**143**	**149**	**551**	**248**	**303**
40	26	11	15	54	24	30	89	33	56
41	43	26	17	56	26	30	110	55	55
42	51	20	31	58	29	29	99	49	50
43	41	18	23	57	27	30	109	44	65
44	51	16	35	67	37	30	144	67	77
45-49岁	**368**	**151**	**217**	**502**	**221**	**281**	**869**	**373**	**496**
45	51	21	30	82	40	42	128	67	61
46	96	42	54	90	39	51	168	67	101
47	61	24	37	103	47	56	167	72	95
48	85	34	51	109	43	66	168	71	97
49	75	30	45	118	52	66	238	96	142
50岁及以上	**4424**	**1538**	**2886**	**4320**	**1497**	**2823**	**8648**	**3325**	**5323**

3-2b　续表 4　　　　单位：人

年　龄	初中								
	合　计			在　校			毕　业		
	合计	男	女	小计	男	女	小计	男	女
总　计	**421400**	**224183**	**197217**	**51092**	**27294**	**23798**	**350348**	**185754**	**164594**
3									
4									
5-9岁	**758**	**442**	**316**	**667**	**386**	**281**	**78**	**46**	**32**
5									
6	114	59	55	102	52	50	10	6	4
7	152	82	70	136	73	63	15	9	6
8	220	135	85	191	114	77	25	18	7
9	272	166	106	238	147	91	28	13	15
10-14岁	**38588**	**20510**	**18078**	**37096**	**19684**	**17412**	**1271**	**697**	**574**
10	395	212	183	357	192	165	35	18	17
11	1062	563	499	979	514	465	68	40	28
12	7705	3952	3753	7444	3822	3622	228	119	109
13	14597	7785	6812	14099	7492	6607	428	250	178
14	14829	7998	6831	14217	7664	6553	512	270	242
15-19岁	**18879**	**10728**	**8151**	**13167**	**7145**	**6022**	**5242**	**3287**	**1955**
15	9022	4984	4038	8579	4734	3845	376	214	162
16	3490	1930	1560	2597	1374	1223	810	505	305
17	2247	1292	955	1117	565	552	1037	666	371
18	2013	1224	789	543	290	253	1373	871	502
19	2107	1298	809	331	182	149	1646	1031	615
20-24岁	**14469**	**8379**	**6090**	**68**	**30**	**38**	**13599**	**7851**	**5748**
20	2097	1261	836	26	12	14	1938	1165	773
21	2455	1497	958	14	7	7	2291	1391	900
22	3025	1723	1302	12	4	8	2857	1628	1229
23	3250	1858	1392	5	3	2	3076	1751	1325
24	3642	2040	1602	11	4	7	3437	1916	1521
25-29岁	**26452**	**14019**	**12433**	**19**	**11**	**8**	**25121**	**13246**	**11875**
25	4229	2267	1962	8	4	4	3981	2127	1854
26	4440	2362	2078	1	1		4215	2234	1981
27	5213	2736	2477	2	2		4952	2582	2370
28	6095	3278	2817	5	3	2	5787	3087	2700
29	6475	3376	3099	3	1	2	6186	3216	2970
30-34岁	**48953**	**24974**	**23979**	**18**	**10**	**8**	**46677**	**23703**	**22974**
30	8247	4267	3980	4	1	3	7829	4022	3807
31	9041	4629	4412	2	1	1	8653	4400	4253
32	9363	4728	4635	4	3	1	8935	4487	4448
33	11222	5794	5428	4	1	3	10709	5525	5184
34	11080	5556	5524	4	4		10551	5269	5282
35-39岁	**51584**	**26466**	**25118**	**13**	**4**	**9**	**49027**	**25052**	**23975**
35	11256	5746	5510	1		1	10704	5428	5276
36	10926	5475	5451	2	1	1	10393	5195	5198
37	9615	4965	4650	2	1	1	9126	4696	4430
38	10170	5242	4928	7	2	5	9680	4965	4715
39	9617	5038	4579	1		1	9124	4768	4356
40-44岁	**43729**	**22618**	**21111**	**10**	**5**	**5**	**41486**	**21381**	**20105**
40	9225	4696	4529	3	1	2	8755	4412	4343
41	9284	4799	4485	2	2		8800	4515	4285
42	8558	4423	4135				8130	4190	3940
43	7878	4057	3821	1		1	7470	3855	3615
44	8784	4643	4141	4	2	2	8331	4409	3922
45-49岁	**45610**	**23744**	**21866**	**10**	**5**	**5**	**43280**	**22438**	**20842**
45	9024	4696	4328	1		1	8591	4442	4149
46	9827	5033	4794	2	1	1	9334	4756	4578
47	8921	4654	4267	3	2	1	8428	4367	4061
48	8925	4617	4308	2	1	1	8469	4383	4086
49	8913	4744	4169	2	1	1	8458	4490	3968
50岁及以上	**132378**	**72303**	**60075**	**24**	**14**	**10**	**124567**	**68053**	**56514**

3-2b 续表 5

单位：人

年龄	初中								
	肄业			辍学			其他		
	小计	男	女	小计	男	女	小计	男	女
总计	**3783**	**2201**	**1582**	**3222**	**1927**	**1295**	**12955**	**7007**	**5948**
3									
4									
5-9岁	**1**	**1**					**12**	**9**	**3**
5									
6							2	1	1
7							1		1
8	1	1					3	2	1
9							6	6	
10-14岁	**22**	**14**	**8**	**25**	**13**	**12**	**174**	**102**	**72**
10							3	2	1
11	2	1	1				13	8	5
12							33	11	22
13	8	6	2	8	6	2	54	31	23
14	12	7	5	17	7	10	71	50	21
15-19岁	**95**	**69**	**26**	**130**	**77**	**53**	**245**	**150**	**95**
15	10	6	4	23	13	10	34	17	17
16	16	9	7	29	17	12	38	25	13
17	19	15	4	25	17	8	49	29	20
18	18	13	5	26	15	11	53	35	18
19	32	26	6	27	15	12	71	44	27
20-24岁	**130**	**87**	**43**	**155**	**105**	**50**	**517**	**306**	**211**
20	24	18	6	36	19	17	73	47	26
21	18	12	6	31	23	8	101	64	37
22	30	17	13	22	16	6	104	58	46
23	25	17	8	32	23	9	112	64	48
24	33	23	10	34	24	10	127	73	54
25-29岁	**240**	**155**	**85**	**214**	**155**	**59**	**858**	**452**	**406**
25	36	23	13	42	31	11	162	82	80
26	60	38	22	29	21	8	135	68	67
27	44	29	15	50	34	16	165	89	76
28	46	30	16	43	34	9	214	124	90
29	54	35	19	50	35	15	182	89	93
30-34岁	**347**	**227**	**120**	**320**	**213**	**107**	**1591**	**821**	**770**
30	66	47	19	60	44	16	288	153	135
31	62	42	20	65	43	22	259	143	116
32	61	43	18	54	35	19	309	160	149
33	81	48	33	72	52	20	356	168	188
34	77	47	30	69	39	30	379	197	182
35-39岁	**433**	**247**	**186**	**407**	**266**	**141**	**1704**	**897**	**807**
35	86	60	26	94	62	32	371	196	175
36	94	48	46	72	49	23	365	182	183
37	74	39	35	85	57	28	328	172	156
38	87	54	33	66	41	25	330	180	150
39	92	46	46	90	57	33	310	167	143
40-44岁	**380**	**218**	**162**	**349**	**212**	**137**	**1504**	**802**	**702**
40	76	51	25	86	55	31	305	177	128
41	78	48	30	76	47	29	328	187	141
42	80	48	32	60	38	22	288	147	141
43	66	31	35	59	36	23	282	135	147
44	80	40	40	68	36	32	301	156	145
45-49岁	**452**	**260**	**192**	**385**	**219**	**166**	**1483**	**822**	**661**
45	91	53	38	65	40	25	276	161	115
46	88	49	39	86	51	35	317	176	141
47	105	65	40	81	42	39	304	178	126
48	85	48	37	80	41	39	289	144	145
49	83	45	38	73	45	28	297	163	134
50岁及以上	**1683**	**923**	**760**	**1237**	**667**	**570**	**4867**	**2646**	**2221**

3-2b 续表 6 单位：人

年龄	高中								
	合计			在校			毕业		
	合计	男	女	小计	男	女	小计	男	女
总计	**173885**	**94148**	**79737**	**62765**	**30338**	**32427**	**106896**	**61249**	**45647**
3									
4									
5-9岁									
5									
6									
7									
8									
9									
10-14岁	**1012**	**453**	**559**	**975**	**437**	**538**	**32**	**13**	**19**
10									
11									
12	4	2	2	4	2	2			
13	159	74	85	149	72	77	7	1	6
14	849	377	472	822	363	459	25	12	13
15-19岁	**62310**	**30309**	**32001**	**60057**	**28996**	**31061**	**1994**	**1163**	**831**
15	8457	3949	4508	8396	3916	4480	46	26	20
16	18816	9128	9688	18632	9028	9604	135	72	63
17	19604	9465	10139	19233	9250	9983	305	179	126
18	11429	5677	5752	10753	5288	5465	602	345	257
19	4004	2090	1914	3043	1514	1529	906	541	365
20-24岁	**8417**	**4707**	**3710**	**1680**	**872**	**808**	**6419**	**3638**	**2781**
20	2024	1157	867	928	488	440	1031	629	402
21	1555	879	676	376	182	194	1119	663	456
22	1678	948	730	214	111	103	1398	793	605
23	1559	840	719	95	54	41	1401	747	654
24	1601	883	718	67	37	30	1470	806	664
25-29岁	**10579**	**5599**	**4980**	**22**	**16**	**6**	**10142**	**5359**	**4783**
25	1844	1001	843	7	5	2	1752	945	807
26	1919	1041	878	5	4	1	1834	995	839
27	2034	1049	985	4	1	3	1963	1015	948
28	2356	1235	1121	2	2		2260	1182	1078
29	2426	1273	1153	4	4		2333	1222	1111
30-34岁	**15559**	**8092**	**7467**	**6**	**2**	**4**	**15007**	**7784**	**7223**
30	2849	1478	1371	3	1	2	2741	1413	1328
31	3042	1591	1451	1		1	2928	1532	1396
32	3070	1572	1498	1		1	2975	1524	1451
33	3342	1758	1584				3226	1694	1532
34	3256	1693	1563	1	1		3137	1621	1516
35-39岁	**12562**	**6807**	**5755**	**4**	**1**	**3**	**12119**	**6569**	**5550**
35	2900	1507	1393	2		2	2799	1459	1340
36	2595	1400	1195				2482	1338	1144
37	2250	1201	1049	1	1		2179	1163	1016
38	2448	1344	1104	1		1	2370	1303	1067
39	2369	1355	1014				2289	1306	983
40-44岁	**12061**	**6733**	**5328**	**4**	**4**		**11664**	**6502**	**5162**
40	2428	1377	1051	2	2		2351	1331	1020
41	2532	1418	1114	2	2		2439	1369	1070
42	2541	1407	1134				2462	1354	1108
43	2138	1179	959				2075	1146	929
44	2422	1352	1070				2337	1302	1035
45-49岁	**10792**	**6327**	**4465**	**1**	**1**		**10430**	**6095**	**4335**
45	2276	1285	991				2211	1244	967
46	2406	1418	988				2328	1368	960
47	2103	1231	872				2024	1183	841
48	2133	1288	845				2058	1236	822
49	1874	1105	769	1	1		1809	1064	745
50岁及以上	**40593**	**25121**	**15472**	**16**	**9**	**7**	**39089**	**24126**	**14963**

3-2b 续表 7

单位：人

年 龄	高中								
	肄业			辍学			其他		
	小计	男	女	小计	男	女	小计	男	女
总 计	**644**	**421**	**223**	**523**	**343**	**180**	**3057**	**1797**	**1260**
3									
4									
5-9岁									
5									
6									
7									
8									
9									
10-14岁				**1**	**1**	**0**	**4**	**2**	**2**
10									
11									
12									
13							3	1	2
14				1	1		1	1	
15-19岁	**46**	**26**	**20**	**65**	**36**	**29**	**148**	**88**	**60**
15	2		2	1		1	12	7	5
16	8	5	3	17	11	6	24	12	12
17	8	2	6	19	9	10	39	25	14
18	16	12	4	14	7	7	44	25	19
19	12	7	5	14	9	5	29	19	10
20-24岁	**56**	**39**	**17**	**63**	**44**	**19**	**199**	**114**	**85**
20	9	4	5	15	11	4	41	25	16
21	11	8	3	10	7	3	39	19	20
22	14	12	2	13	9	4	39	23	16
23	6	4	2	15	12	3	42	23	19
24	16	11	5	10	5	5	38	24	14
25-29岁	**64**	**44**	**20**	**57**	**29**	**28**	**294**	**151**	**143**
25	15	12	3	13	8	5	57	31	26
26	9	7	2	13	4	9	58	31	27
27	9	6	3	7	4	3	51	23	28
28	18	10	8	10	5	5	66	36	30
29	13	9	4	14	8	6	62	30	32
30-34岁	**71**	**46**	**25**	**71**	**47**	**24**	**404**	**213**	**191**
30	18	14	4	10	6	4	77	44	33
31	11	7	4	12	9	3	90	43	47
32	11	6	5	16	11	5	67	31	36
33	17	11	6	16	8	8	83	45	38
34	14	8	6	17	13	4	87	50	37
35-39岁	**51**	**30**	**21**	**48**	**31**	**17**	**340**	**176**	**164**
35	11	5	6	11	7	4	77	36	41
36	16	9	7	16	11	5	81	42	39
37	3	1	2	6	3	3	61	33	28
38	13	9	4	8	5	3	56	27	29
39	8	6	2	7	5	2	65	38	27
40-44岁	**52**	**29**	**23**	**41**	**28**	**13**	**300**	**170**	**130**
40	8	6	2	9	5	4	58	33	25
41	11	5	6	10	5	5	70	37	33
42	14	8	6	8	7	1	57	38	19
43	10	6	4	6	5	1	47	22	25
44	9	4	5	8	6	2	68	40	28
45-49岁	**55**	**38**	**17**	**26**	**19**	**7**	**280**	**174**	**106**
45	16	11	5	7	4	3	42	26	16
46	7	4	3	5	4	1	66	42	24
47	6	5	1	6	6		67	37	30
48	11	9	2	5	3	2	59	40	19
49	15	9	6	3	2	1	46	29	17
50岁及以上	**249**	**169**	**80**	**151**	**108**	**43**	**1088**	**709**	**379**

3-2b 续表 8

单位：人

年 龄	大学专科								
	合 计			在 校			毕 业		
	合计	男	女	小计	男	女	小计	男	女
总 计	**69802**	**37134**	**32668**	**8982**	**4745**	**4237**	**59438**	**31627**	**27811**
3									
4									
5-9岁									
5									
6									
7									
8									
9									
10-14岁	**1**	**1**		**1**	**1**				
10									
11	1	1		1	1				
12									
13									
14									
15-19岁	**4882**	**2524**	**2358**	**4529**	**2343**	**2186**	**323**	**163**	**160**
15	74	44	30	68	42	26	4	1	3
16	179	93	86	165	87	78	14	6	8
17	448	251	197	420	234	186	25	14	11
18	1580	806	774	1483	750	733	84	46	38
19	2601	1330	1271	2393	1230	1163	196	96	100
20-24岁	**10226**	**5181**	**5045**	**4054**	**2192**	**1862**	**6006**	**2906**	**3100**
20	2464	1303	1161	1998	1066	932	436	223	213
21	2093	1129	964	1162	658	504	904	457	447
22	1965	960	1005	531	282	249	1402	661	741
23	1932	957	975	251	127	124	1646	811	835
24	1772	832	940	112	59	53	1618	754	864
25-29岁	**9088**	**4227**	**4861**	**210**	**113**	**97**	**8677**	**4022**	**4655**
25	1821	878	943	67	39	28	1719	824	895
26	1763	789	974	54	28	26	1669	743	926
27	1718	817	901	27	13	14	1652	782	870
28	1944	902	1042	37	19	18	1864	866	998
29	1842	841	1001	25	14	11	1773	807	966
30-34岁	**10449**	**4965**	**5484**	**78**	**34**	**44**	**10137**	**4815**	**5322**
30	2105	987	1118	29	15	14	2020	944	1076
31	2019	943	1076	15	4	11	1963	917	1046
32	1993	950	1043	8	6	2	1939	922	1017
33	2192	1051	1141	13	4	9	2135	1025	1110
34	2140	1034	1106	13	5	8	2080	1007	1073
35-39岁	**8007**	**4032**	**3975**	**38**	**19**	**19**	**7784**	**3925**	**3859**
35	1948	977	971	8	4	4	1892	955	937
36	1789	889	900	11	7	4	1736	863	873
37	1425	721	704	7	3	4	1385	700	685
38	1491	781	710	5	3	2	1456	762	694
39	1354	664	690	7	2	5	1315	645	670
40-44岁	**7456**	**3856**	**3600**	**29**	**19**	**10**	**7250**	**3737**	**3513**
40	1450	730	720	7	5	2	1404	702	702
41	1524	736	788	5	3	2	1485	718	767
42	1529	783	746	3	3		1493	762	731
43	1378	713	665	5	3	2	1340	692	648
44	1575	894	681	9	5	4	1528	863	665
45-49岁	**6746**	**3755**	**2991**	**23**	**11**	**12**	**6603**	**3676**	**2927**
45	1424	792	632	4	2	2	1383	768	615
46	1475	800	675	4	2	2	1450	786	664
47	1385	777	608	6	3	3	1355	760	595
48	1261	726	535	3	1	2	1235	713	522
49	1201	660	541	6	3	3	1180	649	531
50岁及以上	**12947**	**8593**	**4354**	**20**	**13**	**7**	**12658**	**8383**	**4275**

3-2b 续表 9

单位：人

年 龄	大学专科								
	肄 业			辍 学			其 他		
	小计	男	女	小计	男	女	小计	男	女
总 计	**183**	**117**	**66**	**48**	**30**	**18**	**1151**	**615**	**536**
3									
4									
5-9岁									
5									
6									
7									
8									
9									
10-14岁									
10									
11									
12									
13									
14									
15-19岁	**2**	**2**	**0**	**3**	**2**	**1**	**25**	**14**	**11**
15							2	1	1
16									
17							3	3	
18	2	2	0	3	2	1	8	6	2
19							12	4	8
20-24岁	**29**	**17**	**12**	**13**	**7**	**6**	**124**	**59**	**65**
20	3		3	4	2	2	23	12	11
21	5	4	1	4	1	3	18	9	9
22	9	6	3				23	11	12
23	6	3	3	2	2		27	14	13
24	6	4	2	3	2	1	33	13	20
25-29岁	**26**	**16**	**10**	**6**	**3**	**3**	**169**	**73**	**96**
25	6	2	4				29	13	16
26	5	3	2	2		2	33	15	18
27	5	3	2	2	2		32	17	15
28	3	2	1	1		1	39	15	24
29	7	6	1	1	1		36	13	23
30-34岁	**31**	**19**	**12**	**14**	**9**	**5**	**189**	**88**	**101**
30	8	6	2	5	2	3	43	20	23
31	11	7	4	1	1		29	14	15
32	6	1	5	4	3	1	36	18	18
33	2	1	1				42	21	21
34	4	4		4	3	1	39	15	24
35-39岁	**24**	**15**	**9**	**5**	**3**	**2**	**156**	**70**	**86**
35	9	6	3				39	12	27
36	4	2	2	1		1	37	17	20
37	3	2	1	1	1		29	15	14
38	6	5	1	1	1		23	10	13
39	2		2	2	1	1	28	16	12
40-44岁	**20**	**15**	**5**	**3**	**2**	**1**	**154**	**83**	**71**
40	6	6		1	1		32	16	16
41	1		1	1	1		32	14	18
42	6	4	2				27	14	13
43	1		1				32	18	14
44	6	5	1	1		1	31	21	10
45-49岁	**17**	**8**	**9**				**103**	**60**	**43**
45	3	2	1				34	20	14
46	2	2					19	10	9
47	4	2	2				20	12	8
48	4	1	3				19	11	8
49	4	1	3				11	7	4
50岁及以上	**34**	**25**	**9**	**4**	**4**		**231**	**168**	**63**

3-2b 续表 10 单位：人

年 龄	大学本科								
	合 计			在 校			毕 业		
	合计	男	女	小计	男	女	小计	男	女
总 计	**48193**	**24035**	**24158**	**9200**	**4403**	**4797**	**38364**	**19326**	**19038**
3									
4									
5-9岁									
5									
6									
7									
8									
9									
10-14岁									
10									
11									
12									
13									
14									
15-19岁	**2785**	**1270**	**1515**	**2749**	**1249**	**1500**	**34**	**19**	**15**
15	2	1	1	2	1	1			
16	23	8	15	23	8	15			
17	104	50	54	102	48	54	1	1	
18	832	383	449	823	379	444	8	3	5
19	1824	828	996	1799	813	986	25	15	10
20-24岁	**9813**	**4504**	**5309**	**6164**	**3009**	**3155**	**3567**	**1460**	**2107**
20	2253	1045	1208	2168	1004	1164	77	36	41
21	2238	1097	1141	2017	1005	1012	212	86	126
22	2001	900	1101	1291	646	645	686	247	439
23	1719	774	945	499	256	243	1200	510	690
24	1602	688	914	189	98	91	1392	581	811
25-29岁	**7609**	**3070**	**4539**	**184**	**96**	**88**	**7310**	**2932**	**4378**
25	1537	622	915	87	47	40	1429	565	864
26	1507	599	908	39	19	20	1446	570	876
27	1538	609	929	21	9	12	1499	595	904
28	1574	644	930	21	9	12	1531	628	903
29	1453	596	857	16	12	4	1405	574	831
30-34岁	**7954**	**3514**	**4440**	**45**	**15**	**30**	**7780**	**3443**	**4337**
30	1671	679	992	18	6	12	1616	660	956
31	1614	708	906	8	2	6	1585	695	890
32	1569	709	860	7	3	4	1538	696	842
33	1609	736	873	5	2	3	1577	723	854
34	1491	682	809	7	2	5	1464	669	795
35-39岁	**5907**	**2791**	**3116**	**18**	**8**	**10**	**5796**	**2739**	**3057**
35	1398	652	746	5	3	2	1370	640	730
36	1260	603	657	4	2	2	1239	590	649
37	1092	529	563	5	1	4	1070	521	549
38	1158	534	624	2	1	1	1138	526	612
39	999	473	526	2	1	1	979	462	517
40-44岁	**5386**	**2907**	**2479**	**15**	**10**	**5**	**5281**	**2847**	**2434**
40	1022	497	525	4	2	2	997	483	514
41	1133	572	561	4	3	1	1112	559	553
42	1156	631	525	2	1	1	1133	621	512
43	1045	574	471	1		1	1029	564	465
44	1030	633	397	4	4		1010	620	390
45-49岁	**4057**	**2523**	**1534**	**14**	**7**	**7**	**3985**	**2481**	**1504**
45	1037	614	423	6	3	3	1008	600	408
46	947	575	372	1		1	935	569	366
47	770	477	293	2	1	1	761	470	291
48	697	461	236	1		1	691	459	232
49	606	396	210	4	3	1	590	383	207
50岁及以上	**4682**	**3456**	**1226**	**11**	**9**	**2**	**4611**	**3405**	**1206**

3-2b 续表 11　　　　　　　　　　　　　　　　　　　　　　　　　　单位：人

年龄	大学本科								
	肄业			辍学			其他		
	小计	男	女	小计	男	女	小计	男	女
总计	**64**	**33**	**31**	**12**	**6**	**6**	**553**	**267**	**286**
3									
4									
5-9岁									
5									
6									
7									
8									
9									
10-14岁									
10									
11									
12									
13									
14									
15-19岁							**2**	**2**	
15									
16									
17							1	1	
18							1	1	
19									
20-24岁	**12**	**4**	**8**	**2**	**2**		**68**	**29**	**39**
20	1	1					7	4	3
21	1	1					8	5	3
22	7	2	5	1	1		16	4	12
23	3		3	1	1		16	7	9
24							21	9	12
25-29岁	**6**	**2**	**4**	**3**		**3**	**106**	**40**	**66**
25	1		1	1		1	19	10	9
26	3	1	2	1		1	18	9	9
27	1	1		1		1	16	4	12
28							22	7	15
29	1		1				31	10	21
30-34岁	**18**	**8**	**10**	**3**	**2**	**1**	**108**	**46**	**62**
30	5	2	3				32	11	21
31	3	1	2				18	10	8
32	2	1	1				22	9	13
33	4	2	2	1		1	22	9	13
34	4	2	2	2	2		14	7	7
35-39岁	**8**	**5**	**3**	**2**	**1**	**1**	**83**	**38**	**45**
35	2	1	1				21	8	13
36	2	1	1				15	10	5
37	1	1					16	6	10
38	2	2		2	1	1	14	4	10
39	1		1				17	10	7
40-44岁	**8**	**6**	**2**				**82**	**44**	**38**
40							21	12	9
41	2	2					15	8	7
42	2	2					19	7	12
43	2	1	1				13	9	4
44	2	1	1				14	8	6
45-49岁	**5**	**4**	**1**	**1**		**1**	**52**	**31**	**21**
45	2	1	1	1		1	20	10	10
46	1	1					10	5	5
47							7	6	1
48	1	1					4	1	3
49	1	1					11	9	2
50岁及以上	**7**	**4**	**3**	**1**	**1**		**52**	**37**	**15**

3-2b　续表 12　　　　单位：人

年　龄	硕士研究生								
	合　计			在　校			毕　业		
	合计	男	女	小计	男	女	小计	男	女
总　计	**1287**	**659**	**628**	**481**	**185**	**296**	**789**	**461**	**328**
3									
4									
5-9岁									
5									
6									
7									
8									
9									
10-14岁									
10									
11									
12									
13									
14									
15-19岁	**3**	**2**	**1**	**3**	**2**	**1**			
15									
16									
17									
18	2	2		2	2				
19	1		1	1		1			
20-24岁	**299**	**107**	**192**	**276**	**97**	**179**	**21**	**9**	**12**
20	3		3	2		2	1		1
21	9	2	7	9	2	7			
22	60	23	37	53	21	32	6	2	4
23	102	36	66	96	31	65	5	4	1
24	125	46	79	116	43	73	9	3	6
25-29岁	**327**	**148**	**179**	**188**	**82**	**106**	**137**	**66**	**71**
25	114	48	66	96	40	56	18	8	10
26	90	37	53	59	27	32	30	10	20
27	51	24	27	19	8	11	32	16	16
28	41	20	21	11	5	6	29	15	14
29	31	19	12	3	2	1	28	17	11
30-34岁	**206**	**99**	**107**	**10**	**3**	**7**	**194**	**94**	**100**
30	41	17	24	5	1	4	36	16	20
31	46	21	25	4	2	2	41	18	23
32	33	12	21	1		1	31	11	20
33	42	24	18				42	24	18
34	44	25	19				44	25	19
35-39岁	**155**	**82**	**73**	**3**	**1**	**2**	**150**	**79**	**71**
35	37	13	24	1		1	35	12	23
36	29	12	17				29	12	17
37	29	16	13				29	16	13
38	38	26	12	2	1	1	35	24	11
39	22	15	7				22	15	7
40-44岁	**108**	**80**	**28**				**105**	**77**	**28**
40	27	17	10				26	16	10
41	22	17	5				21	16	5
42	24	20	4				23	19	4
43	16	13	3				16	13	3
44	19	13	6				19	13	6
45-49岁	**90**	**62**	**28**	**1**	**0**	**1**	**86**	**60**	**26**
45	26	15	11				26	15	11
46	22	16	6				21	16	5
47	15	11	4				14	10	4
48	15	12	3	1		1	13	11	2
49	12	8	4				12	8	4
50岁及以上	**99**	**79**	**20**				**96**	**76**	**20**

3-2b 续表 13　　单位：人

年 龄	硕士研究生								
	肄 业			辍 学			其 他		
	小计	男	女	小计	男	女	小计	男	女
总 计	**5**	**4**	**1**	**1**		**1**	**11**	**9**	**2**
3									
4									
5-9岁									
5									
6									
7									
8									
9									
10-14岁									
10									
11									
12									
13									
14									
15-19岁									
15									
16									
17									
18									
19									
20-24岁				**1**		**1**	**1**	**1**	
20									
21									
22				1		1			
23							1	1	
24									
25-29岁	**1**		**1**				**1**		**1**
25									
26							1		1
27									
28	1		1						
29									
30-34岁							**2**	**2**	
30									
31							1	1	
32							1	1	
33									
34									
35-39岁							**2**	**2**	
35							1	1	
36									
37									
38							1	1	
39									
40-44岁	**1**	**1**					**2**	**2**	
40	1	1							
41							1	1	
42							1	1	
43									
44									
45-49岁							**3**	**2**	**1**
45									
46							1		1
47							1	1	
48							1	1	
49									
50岁及以上	**3**	**3**							

3-2b　续表 14　　　　单位：人

年　龄	博士研究生								
	合　计			在　校			毕　业		
	合计	男	女	小计	男	女	小计	男	女
总　计	**72**	**40**	**32**	**33**	**14**	**19**	**37**	**26**	**11**
3									
4									
5-9岁									
5									
6									
7									
8									
9									
10-14岁									
10									
11									
12									
13									
14									
15-19岁	**1**	**1**		**1**	**1**				
15									
16									
17									
18									
19	1	1		1	1				
20-24岁	**4**		**4**	**2**		**2**	**1**		**1**
20									
21									
22									
23	2		2	1		1	1		1
24	2		2	1		1			
25-29岁	**27**	**11**	**16**	**20**	**10**	**10**	**6**	**1**	**5**
25	3	2	1	2	2		1		1
26	6	1	5	5	1	4	1		1
27	9	5	4	7	5	2	2		2
28	7	3	4	5	2	3	1	1	
29	2		2	1		1	1		1
30-34岁	**18**	**9**	**9**	**7**	**2**	**5**	**11**	**7**	**4**
30	7	4	3				7	4	3
31	3	2	1	2	1	1	1	1	
32	5	2	3	3	1	2	2	1	1
33	2	1	1	1		1	1	1	
34	1		1	1		1			
35-39岁	**8**	**5**	**3**	**3**	**1**	**2**	**5**	**4**	**1**
35	1	1					1	1	
36	3	1	2	1		1	2	1	1
37	1		1	1		1			
38	2	2		1	1		1	1	
39	1	1					1	1	
40-44岁	**5**	**5**					**5**	**5**	
40	1	1					1	1	
41									
42	1	1					1	1	
43	2	2					2	2	
44	1	1					1	1	
45-49岁	**3**	**3**					**3**	**3**	
45									
46	1	1					1	1	
47	1	1					1	1	
48									
49	1	1					1	1	
50岁及以上	**6**	**6**					**6**	**6**	

3-2b 续表 15

单位：人

年龄	博士研究生								
	肄业			辍学			其他		
	小计	男	女	小计	男	女	小计	男	女
总计							**2**		**2**
3									
4									
5-9岁									
5									
6									
7									
8									
9									
10-14岁									
10									
11									
12									
13									
14									
15-19岁									
15									
16									
17									
18									
19									
20-24岁							**1**		**1**
20									
21									
22									
23									
24							1		1
25-29岁							**1**		**1**
25									
26									
27									
28							1		1
29									
30-34岁									
30									
31									
32									
33									
34									
35-39岁									
35									
36									
37									
38									
39									
40-44岁									
40									
41									
42									
43									
44									
45-49岁									
45									
46									
47									
48									
49									
50岁及以上									

3-2c　分年龄、性别、学业完成情况的3岁及以上各种受教育程度人口（乡村）

单位：人

年　龄	合　计								
	合　计			在　校			毕　业		
	合计	男	女	小计	男	女	小计	男	女
总　计	**1798183**	**968295**	**829888**	**418615**	**217830**	**200785**	**1235741**	**678183**	**557558**
3									
4									
5-9岁	**144109**	**76055**	**68054**	**141266**	**74556**	**66710**	**2086**	**1086**	**1000**
5	3886	2036	1850	3771	1980	1791	75	37	38
6	20789	10822	9967	20359	10595	9764	302	155	147
7	37716	19907	17809	36977	19534	17443	544	265	279
8	42221	22386	19835	41400	21944	19456	617	334	283
9	39497	20904	18593	38759	20503	18256	548	295	253
10-14岁	**187319**	**99249**	**88070**	**181847**	**96124**	**85723**	**4421**	**2512**	**1909**
10	38266	20254	18012	37476	19814	17662	613	337	276
11	39494	20862	18632	38637	20390	18247	689	387	302
12	37301	19860	17441	36281	19279	17002	841	474	367
13	36038	19188	16850	34845	18488	16357	979	571	408
14	36220	19085	17135	34608	18153	16455	1299	743	556
15-19岁	**103894**	**55085**	**48809**	**80259**	**40350**	**39909**	**21292**	**13242**	**8050**
15	28886	15346	13540	27052	14195	12857	1532	965	567
16	23503	12487	11016	19853	10201	9652	3212	2012	1200
17	18921	9966	8955	14251	7069	7182	4162	2571	1591
18	16599	8886	7713	10486	5009	5477	5607	3552	2055
19	15985	8400	7585	8617	3876	4741	6779	4142	2637
20-24岁	**70271**	**38173**	**32098**	**14308**	**6325**	**7983**	**52182**	**29625**	**22557**
20	14934	7975	6959	6285	2771	3514	8004	4818	3186
21	13428	7295	6133	3987	1748	2239	8736	5137	3599
22	14153	7692	6461	2378	1031	1347	11017	6206	4811
23	14113	7762	6351	1173	538	635	12084	6739	5345
24	13643	7449	6194	485	237	248	12341	6725	5616
25-29岁	**81978**	**45202**	**36776**	**523**	**262**	**261**	**76273**	**41850**	**34423**
25	14474	7921	6553	225	110	115	13373	7275	6098
26	14976	8236	6740	122	63	59	13882	7581	6301
27	16314	8990	7324	82	45	37	15166	8312	6854
28	18028	10063	7965	61	27	34	16855	9369	7486
29	18186	9992	8194	33	17	16	16997	9313	7684
30-34岁	**121240**	**66581**	**54659**	**111**	**51**	**60**	**113170**	**61933**	**51237**
30	22369	12250	10119	41	18	23	20920	11435	9485
31	23138	12737	10401	25	9	16	21611	11826	9785
32	22752	12368	10384	11	8	3	21303	11516	9787
33	26563	14647	11916	20	10	10	24815	13667	11148
34	26418	14579	11839	14	6	8	24521	13489	11032
35-39岁	**124881**	**69232**	**55649**	**55**	**28**	**27**	**115370**	**63804**	**51566**
35	26622	14881	11741	5	3	2	24678	13733	10945
36	26194	14515	11679	17	8	9	24196	13344	10852
37	22546	12391	10155	6	3	3	20840	11415	9425
38	24680	13706	10974	15	7	8	22799	12665	10134
39	24839	13739	11100	12	7	5	22857	12647	10210
40-44岁	**122136**	**67353**	**54783**	**44**	**26**	**18**	**111629**	**61466**	**50163**
40	24769	13711	11058	12	5	7	22686	12541	10145
41	25267	14038	11229	5	4	1	23163	12824	10339
42	23785	13039	10746	11	6	5	21788	11938	9850
43	22400	12175	10225	8	5	3	20424	11068	9356
44	25915	14390	11525	8	6	2	23568	13095	10473
45-49岁	**143513**	**78361**	**65152**	**51**	**27**	**24**	**130047**	**71249**	**58798**
45	26377	14417	11960	11	4	7	24017	13160	10857
46	29720	16204	13516	11	6	5	26965	14711	12254
47	28417	15601	12816	9	7	2	25727	14164	11563
48	29029	15804	13225	9	5	4	26251	14376	11875
49	29970	16335	13635	11	5	6	27087	14838	12249
50岁及以上	**698842**	**373004**	**325838**	**151**	**81**	**70**	**609271**	**331416**	**277855**

3-2c 续表 1 单位：人

年龄	合计								
	肄业			辍学			其他		
	小计	男	女	小计	男	女	小计	男	女
总计	**32874**	**15969**	**16905**	**28797**	**14070**	**14727**	**82156**	**42243**	**39913**
3									
4									
5-9岁	**77**	**47**	**30**	**19**	**12**	**7**	**661**	**354**	**307**
5	1		1				39	19	20
6	10	4	6	3	2	1	115	66	49
7	22	17	5	4	3	1	169	88	81
8	20	9	11	4	2	2	180	97	83
9	24	17	7	8	5	3	158	84	74
10-14岁	**136**	**87**	**49**	**146**	**98**	**48**	**769**	**428**	**341**
10	19	13	6	5	4	1	153	86	67
11	27	14	13	12	6	6	129	65	64
12	17	13	4	10	7	3	152	87	65
13	29	18	11	29	20	9	156	91	65
14	44	29	15	90	61	29	179	99	80
15-19岁	**467**	**304**	**163**	**621**	**430**	**191**	**1255**	**759**	**496**
15	46	26	20	97	64	33	159	96	63
16	95	61	34	136	88	48	207	125	82
17	107	62	45	144	109	35	257	155	102
18	110	72	38	103	69	34	293	184	109
19	109	83	26	141	100	41	339	199	140
20-24岁	**638**	**411**	**227**	**681**	**462**	**219**	**2462**	**1350**	**1112**
20	120	81	39	130	90	40	395	215	180
21	120	71	49	138	89	49	447	250	197
22	131	81	50	124	87	37	503	287	216
23	145	95	50	160	106	54	551	284	267
24	122	83	39	129	90	39	566	314	252
25-29岁	**840**	**535**	**305**	**850**	**586**	**264**	**3492**	**1969**	**1523**
25	156	99	57	166	115	51	554	322	232
26	142	88	54	173	118	55	657	386	271
27	188	124	64	173	120	53	705	389	316
28	180	114	66	178	132	46	754	421	333
29	174	110	64	160	101	59	822	451	371
30-34岁	**1396**	**863**	**533**	**1318**	**887**	**431**	**5245**	**2847**	**2398**
30	223	143	80	226	137	89	959	517	442
31	258	165	93	280	209	71	964	528	436
32	231	144	87	220	150	70	987	550	437
33	317	188	129	260	168	92	1151	614	537
34	367	223	144	332	223	109	1184	638	546
35-39岁	**1855**	**1115**	**740**	**1753**	**1067**	**686**	**5848**	**3218**	**2630**
35	359	230	129	348	225	123	1232	690	542
36	405	245	160	345	211	134	1231	707	524
37	327	207	120	330	199	131	1043	567	476
38	375	219	156	346	218	128	1145	597	548
39	389	214	175	384	214	170	1197	657	540
40-44岁	**2177**	**1287**	**890**	**2021**	**1116**	**905**	**6265**	**3458**	**2807**
40	403	226	177	402	224	178	1266	715	551
41	444	276	168	403	231	172	1252	703	549
42	412	242	170	351	193	158	1223	660	563
43	385	227	158	391	214	177	1192	661	531
44	533	316	217	474	254	220	1332	719	613
45-49岁	**2901**	**1537**	**1364**	**2735**	**1447**	**1288**	**7779**	**4101**	**3678**
45	505	269	236	465	266	199	1379	718	661
46	592	312	280	566	305	261	1586	870	716
47	595	318	277	498	266	232	1588	846	742
48	586	306	280	569	269	300	1614	848	766
49	623	332	291	637	341	296	1612	819	793
50岁及以上	**22387**	**9783**	**12604**	**18653**	**7965**	**10688**	**48380**	**23759**	**24621**

3-2c 续表 2

单位：人

年 龄	小学								
	合 计			在 校			毕 业		
	合计	男	女	小计	男	女	小计	男	女
总 计	**784766**	**374984**	**409782**	**243823**	**129026**	**114797**	**454913**	**209691**	**245222**
3									
4									
5-9岁	**142919**	**75394**	**67525**	**140230**	**73985**	**66245**	**1962**	**1016**	**946**
5	3886	2036	1850	3771	1980	1791	75	37	38
6	20604	10709	9895	20208	10503	9705	277	141	136
7	37466	19763	17703	36759	19411	17348	516	248	268
8	41869	22191	19678	41095	21776	19319	577	310	267
9	39094	20695	18399	38397	20315	18082	517	280	237
10-14岁	**105777**	**56339**	**49438**	**103155**	**54841**	**48314**	**2054**	**1162**	**892**
10	37566	19887	17679	36826	19475	17351	568	310	258
11	37357	19760	17597	36611	19351	17260	590	330	260
12	22889	12431	10458	22288	12075	10213	488	285	203
13	5845	3143	2702	5534	2954	2580	249	142	107
14	2120	1118	1002	1896	986	910	159	95	64
15-19岁	**2045**	**1185**	**860**	**282**	**132**	**150**	**1420**	**829**	**591**
15	300	176	124	142	73	69	112	71	41
16	305	176	129	57	22	35	182	108	74
17	361	198	163	38	18	20	252	139	113
18	519	298	221	20	8	12	422	245	177
19	560	337	223	25	11	14	452	266	186
20-24岁	**4105**	**2274**	**1831**	**24**	**10**	**14**	**3497**	**1948**	**1549**
20	627	345	282	10	6	4	527	293	234
21	703	409	294	4	3	1	580	343	237
22	821	465	356	4	1	3	704	394	310
23	971	517	454	2		2	830	452	378
24	983	538	445	4		4	856	466	390
25-29岁	**7051**	**3887**	**3164**	**9**	**4**	**5**	**6132**	**3382**	**2750**
25	1169	636	533	4	2	2	1004	548	456
26	1212	655	557	2	1	1	1047	570	477
27	1361	751	610				1191	651	540
28	1629	927	702	3	1	2	1429	812	617
29	1680	918	762				1461	801	660
30-34岁	**13971**	**7023**	**6948**	**6**	**3**	**3**	**12164**	**6108**	**6056**
30	2170	1118	1052	2	1	1	1919	999	920
31	2470	1292	1178	1	1		2128	1102	1026
32	2555	1275	1280	3	1	2	2245	1111	1134
33	3205	1621	1584				2776	1398	1378
34	3571	1717	1854				3096	1498	1598
35-39岁	**21457**	**10277**	**11180**	**5**	**1**	**4**	**18453**	**8814**	**9639**
35	3863	1925	1938	1		1	3332	1650	1682
36	4114	2026	2088	2	1	1	3524	1719	1805
37	3889	1840	2049	1		1	3362	1584	1778
38	4446	2105	2341				3814	1817	1997
39	5145	2381	2764	1		1	4421	2044	2377
40-44岁	**32771**	**15307**	**17464**	**8**	**4**	**4**	**28199**	**13078**	**15121**
40	5767	2703	3064	2		2	4935	2311	2624
41	6171	2896	3275	1		1	5309	2464	2845
42	6407	2991	3416	2	2		5570	2585	2985
43	6570	3068	3502	1	1		5653	2614	3039
44	7856	3649	4207	2	1	1	6732	3104	3628
45-49岁	**53224**	**24574**	**28650**	**15**	**8**	**7**	**45997**	**21254**	**24743**
45	8563	3923	4640	2	1	1	7423	3399	4024
46	10241	4675	5566	4	3	1	8845	4003	4842
47	10587	4924	5663	1	1		9094	4234	4860
48	11529	5327	6202	3	2	1	9979	4634	5345
49	12304	5725	6579	5	1	4	10656	4984	5672
50岁及以上	**401446**	**178724**	**222722**	**89**	**38**	**51**	**335035**	**152100**	**182935**

3-2c 续表 3 单位：人

年 龄	小学								
	肄业			辍学			其他		
	小计	男	女	小计	男	女	小计	男	女
总 计	**21610**	**8672**	**12938**	**19264**	**7822**	**11442**	**45156**	**19773**	**25383**
3									
4									
5-9岁	**76**	**46**	**30**	**17**	**11**	**6**	**634**	**336**	**298**
5	1		1				39	19	20
6	9	3	6	2	1	1	108	61	47
7	22	17	5	4	3	1	165	84	81
8	20	9	11	4	2	2	173	94	79
9	24	17	7	7	5	2	149	78	71
10-14岁	**71**	**48**	**23**	**47**	**33**	**14**	**450**	**255**	**195**
10	19	13	6	4	4		149	85	64
11	24	13	11	12	6	6	120	60	60
12	16	12	4	4	4		93	55	38
13	4	4		10	8	2	48	35	13
14	8	6	2	17	11	6	40	20	20
15-19岁	**65**	**40**	**25**	**90**	**62**	**28**	**188**	**122**	**66**
15	7	4	3	12	8	4	27	20	7
16	7	5	2	22	17	5	37	24	13
17	15	6	9	16	13	3	40	22	18
18	13	7	6	18	10	8	46	28	18
19	23	18	5	22	14	8	38	28	10
20-24岁	**115**	**70**	**45**	**132**	**83**	**49**	**337**	**163**	**174**
20	20	15	5	23	13	10	47	18	29
21	24	11	13	23	14	9	72	38	34
22	26	17	9	19	12	7	68	41	27
23	23	13	10	42	28	14	74	24	50
24	22	14	8	25	16	9	76	42	34
25-29岁	**182**	**102**	**80**	**190**	**119**	**71**	**538**	**280**	**258**
25	31	21	10	38	22	16	92	43	49
26	27	9	18	31	22	9	105	53	52
27	43	25	18	33	22	11	94	53	41
28	41	19	22	44	30	14	112	65	47
29	40	28	12	44	23	21	135	66	69
30-34岁	**431**	**240**	**191**	**393**	**218**	**175**	**977**	**454**	**523**
30	56	28	28	59	27	32	134	63	71
31	83	51	32	80	49	31	178	89	89
32	62	36	26	69	40	29	176	87	89
33	106	64	42	90	51	39	233	108	125
34	124	61	63	95	51	44	256	107	149
35-39岁	**702**	**356**	**346**	**728**	**369**	**359**	**1569**	**737**	**832**
35	113	62	51	135	75	60	282	138	144
36	138	72	66	130	67	63	320	167	153
37	124	68	56	124	60	64	278	128	150
38	158	76	82	156	78	78	318	134	184
39	169	78	91	183	89	94	371	170	201
40-44岁	**1032**	**527**	**505**	**1084**	**522**	**562**	**2448**	**1176**	**1272**
40	180	82	98	201	96	105	449	214	235
41	204	118	86	192	85	107	465	229	236
42	182	94	88	198	100	98	455	210	245
43	203	100	103	215	105	110	498	248	250
44	263	133	130	278	136	142	581	275	306
45-49岁	**1688**	**787**	**901**	**1731**	**804**	**927**	**3793**	**1721**	**2072**
45	273	122	151	272	136	136	593	265	328
46	324	152	172	348	170	178	720	347	373
47	362	173	189	321	148	173	809	368	441
48	349	158	191	361	148	213	837	385	452
49	380	182	198	429	202	227	834	356	478
50岁及以上	**17248**	**6456**	**10792**	**14852**	**5601**	**9251**	**34222**	**14529**	**19693**

3-2c 续表 4

单位：人

年 龄	初中								
	合 计			在 校			毕 业		
	合计	男	女	小计	男	女	小计	男	女
总 计	**810010**	**474076**	**335934**	**112082**	**59474**	**52608**	**647200**	**383279**	**263921**
3									
4									
5-9岁	**1189**	**660**	**529**	**1036**	**571**	**465**	**123**	**69**	**54**
5									
6	185	113	72	151	92	59	25	14	11
7	250	144	106	218	123	95	28	17	11
8	352	195	157	305	168	137	40	24	16
9	402	208	194	362	188	174	30	14	16
10-14岁	**80445**	**42381**	**38064**	**77645**	**40781**	**36864**	**2323**	**1327**	**996**
10	700	367	333	650	339	311	45	27	18
11	2136	1101	1035	2025	1038	987	99	57	42
12	14407	7426	6981	13989	7202	6787	352	188	164
13	29977	15932	14045	29104	15426	13678	722	425	297
14	33225	17555	15670	31877	16776	15101	1105	630	475
15-19岁	**50216**	**28755**	**21461**	**33092**	**17951**	**15141**	**15636**	**9846**	**5790**
15	22335	12194	10141	20741	11188	9553	1354	857	497
16	10516	6008	4508	7477	4107	3370	2738	1715	1023
17	6497	3813	2684	2890	1549	1341	3299	2064	1235
18	5375	3369	2006	1226	684	542	3848	2488	1360
19	5493	3371	2122	758	423	335	4397	2722	1675
20-24岁	**34408**	**20368**	**14040**	**151**	**76**	**75**	**31907**	**18845**	**13062**
20	5716	3509	2207	69	39	30	5261	3225	2036
21	5971	3614	2357	32	12	20	5505	3334	2171
22	7121	4186	2935	24	9	15	6614	3872	2742
23	7649	4486	3163	13	6	7	7112	4166	2946
24	7951	4573	3378	13	10	3	7415	4248	3167
25-29岁	**53182**	**30213**	**22969**	**35**	**22**	**13**	**49807**	**28120**	**21687**
25	8892	5076	3816	4	3	1	8339	4720	3619
26	9440	5401	4039	5	4	1	8843	5005	3838
27	10657	6050	4607	13	8	5	9941	5605	4336
28	11922	6783	5139	7	4	3	11177	6336	4841
29	12271	6903	5368	6	3	3	11507	6454	5053
30-34岁	**86155**	**48022**	**38133**	**18**	**11**	**7**	**80872**	**44840**	**36032**
30	15397	8595	6802	5	4	1	14426	8021	6405
31	16208	9068	7140	2		2	15236	8464	6772
32	16142	8879	7263	2	2		15182	8291	6891
33	19173	10672	8501	5	4	1	18049	10024	8025
34	19235	10808	8427	4	1	3	17979	10040	7939
35-39岁	**90292**	**50923**	**39369**	**26**	**13**	**13**	**84385**	**47350**	**37035**
35	19487	10990	8497	1		1	18209	10211	7998
36	19118	10713	8405	7	3	4	17856	9943	7913
37	16369	9154	7215	4	3	1	15294	8497	6797
38	17860	10151	7709	8	4	4	16705	9455	7250
39	17458	9915	7543	6	3	3	16321	9244	7077
40-44岁	**78831**	**45226**	**33605**	**24**	**16**	**8**	**73386**	**41900**	**31486**
40	16854	9619	7235	6	4	2	15704	8909	6795
41	16769	9615	7154	2	2		15635	8912	6723
42	15149	8623	6526	4	2	2	14105	8004	6101
43	14020	7987	6033	7	4	3	13043	7384	5659
44	16039	9382	6657	5	4	1	14899	8691	6208
45-49岁	**81547**	**47668**	**33879**	**15**	**8**	**7**	**75747**	**44177**	**31570**
45	15836	9174	6662	5	1	4	14698	8495	6203
46	17510	10161	7349	3	2	1	16245	9405	6840
47	16122	9475	6647	3	2	1	15022	8795	6227
48	15923	9333	6590	3	2	1	14784	8664	6120
49	16156	9525	6631	1	1		14998	8818	6180
50岁及以上	**253745**	**159860**	**93885**	**40**	**25**	**15**	**233014**	**146805**	**86209**

3-2c 续表 5 单位：人

年 龄	初中								
	肄业			辍学			其他		
	小计	男	女	小计	男	女	小计	男	女
总 计	**10018**	**6393**	**3625**	**8694**	**5676**	**3018**	**32016**	**19254**	**12762**
3									
4									
5-9岁	**1**	**1**		**2**	**1**	**1**	**27**	**18**	**9**
5									
6	1	1		1	1		7	5	2
7							4	4	
8							7	3	4
9				1		1	9	6	3
10-14岁	**64**	**38**	**26**	**97**	**64**	**33**	**316**	**171**	**145**
10				1		1	4	1	3
11	3	1	2				9	5	4
12	1	1		6	3	3	59	32	27
13	25	14	11	19	12	7	107	55	52
14	35	22	13	71	49	22	137	78	59
15-19岁	**278**	**177**	**101**	**424**	**306**	**118**	**786**	**475**	**311**
15	37	21	16	78	54	24	125	74	51
16	66	42	24	101	66	35	134	78	56
17	59	33	26	91	71	20	158	96	62
18	66	44	22	61	44	17	174	109	65
19	50	37	13	93	71	22	195	118	77
20-24岁	**399**	**263**	**136**	**440**	**308**	**132**	**1511**	**876**	**635**
20	63	40	23	80	60	20	243	145	98
21	67	42	25	96	65	31	271	161	110
22	89	56	33	87	63	24	307	186	121
23	96	66	30	95	61	34	333	187	146
24	84	59	25	82	59	23	357	197	160
25-29岁	**543**	**370**	**173**	**548**	**391**	**157**	**2249**	**1310**	**939**
25	103	67	36	106	78	28	340	208	132
26	88	65	23	109	78	31	395	249	146
27	119	86	33	122	84	38	462	267	195
28	123	84	39	114	86	28	501	273	228
29	110	68	42	97	65	32	551	313	238
30-34岁	**848**	**555**	**293**	**830**	**605**	**225**	**3587**	**2011**	**1576**
30	143	98	45	146	97	49	677	375	302
31	146	96	50	172	140	32	652	368	284
32	149	96	53	140	101	39	669	389	280
33	182	112	70	153	108	45	784	424	360
34	228	153	75	219	159	60	805	455	350
35-39岁	**1066**	**694**	**372**	**964**	**657**	**307**	**3851**	**2209**	**1642**
35	228	152	76	200	141	59	849	486	363
36	251	162	89	200	133	67	804	472	332
37	185	124	61	190	129	61	696	401	295
38	204	133	71	186	137	49	757	422	335
39	198	123	75	188	117	71	745	428	317
40-44岁	**1060**	**694**	**366**	**887**	**558**	**329**	**3474**	**2058**	**1416**
40	201	127	74	195	124	71	748	455	293
41	222	144	78	194	132	62	716	425	291
42	213	135	78	141	84	57	686	398	288
43	170	118	52	170	106	64	630	375	255
44	254	170	84	187	112	75	694	405	289
45-49岁	**1134**	**687**	**447**	**959**	**611**	**348**	**3692**	**2185**	**1507**
45	215	133	82	185	124	61	733	421	312
46	248	145	103	209	129	80	805	480	325
47	213	130	83	168	110	58	716	438	278
48	218	132	86	199	116	83	719	419	300
49	240	147	93	198	132	66	719	427	292
50岁及以上	**4625**	**2914**	**1711**	**3543**	**2175**	**1368**	**12523**	**7941**	**4582**

3-2c　续表 6

单位：人

年　龄	高中								
	合　计			在　校			毕　业		
	合计	男	女	小计	男	女	小计	男	女
总　计	**140773**	**87008**	**53765**	**41685**	**20043**	**21642**	**93497**	**63128**	**30369**
3									
4									
5-9岁	**1**	**1**					**1**	**1**	
5									
6									
7									
8									
9	1	1					1	1	
10-14岁	**1095**	**529**	**566**	**1045**	**502**	**543**	**44**	**23**	**21**
10									
11	1	1		1	1				
12	5	3	2	4	2	2	1	1	
13	215	113	102	206	108	98	8	4	4
14	874	412	462	834	391	443	35	18	17
15-19岁	**41749**	**20745**	**21004**	**37545**	**18159**	**19386**	**3753**	**2314**	**1439**
15	6072	2889	3183	5996	2850	3146	60	34	26
16	12245	6065	6180	11898	5843	6055	279	182	97
17	11049	5481	5568	10364	5053	5311	562	347	215
18	7526	3808	3718	6208	2987	3221	1209	751	458
19	4857	2502	2355	3079	1426	1653	1643	1000	643
20-24岁	**12287**	**6751**	**5536**	**3031**	**1341**	**1690**	**8737**	**5107**	**3630**
20	3509	1838	1671	1737	777	960	1661	1000	661
21	2457	1322	1135	716	293	423	1640	970	670
22	2238	1269	969	329	143	186	1803	1073	730
23	2097	1235	862	177	90	87	1817	1079	738
24	1986	1087	899	72	38	34	1816	985	831
25-29岁	**11201**	**6199**	**5002**	**36**	**22**	**14**	**10537**	**5804**	**4733**
25	2001	1138	863	5	5		1890	1064	826
26	2088	1164	924	12	7	5	1938	1077	861
27	2165	1198	967	7	5	2	2037	1129	908
28	2460	1372	1088	5	1	4	2332	1293	1039
29	2487	1327	1160	7	4	3	2340	1241	1099
30-34岁	**12790**	**7206**	**5584**	**16**	**8**	**8**	**12125**	**6813**	**5312**
30	2800	1548	1252	6	3	3	2653	1464	1189
31	2673	1469	1204	5	2	3	2529	1388	1141
32	2441	1386	1055	1	1		2314	1313	1001
33	2591	1466	1125	1		1	2454	1386	1068
34	2285	1337	948	3	2	1	2175	1262	913
35-39岁	**8549**	**5244**	**3305**	**3**	**3**		**8128**	**4970**	**3158**
35	2052	1239	813				1967	1179	788
36	1878	1134	744	2	2		1774	1067	707
37	1489	899	590				1404	848	556
38	1568	963	605				1507	928	579
39	1562	1009	553	1	1		1476	948	528
40-44岁	**7330**	**4779**	**2551**	**1**	**1**		**6963**	**4525**	**2438**
40	1506	979	527				1430	925	505
41	1597	1052	545				1521	997	524
42	1546	992	554	1	1		1462	936	526
43	1236	770	466				1173	729	444
44	1445	986	459				1377	938	439
45-49岁	**6243**	**4427**	**1816**	**1**		**1**	**5918**	**4204**	**1714**
45	1391	926	465	1		1	1324	882	442
46	1377	974	403				1312	929	383
47	1252	887	365				1180	838	342
48	1135	839	296				1070	789	281
49	1088	801	287				1032	766	266
50岁及以上	**39528**	**31127**	**8401**	**7**	**7**		**37291**	**29367**	**7924**

3-2c 续表 7

单位：人

年龄	高中								
	肄业			辍学			其他		
	小计	男	女	小计	男	女	小计	男	女
总 计	**1083**	**789**	**294**	**783**	**536**	**247**	**3725**	**2512**	**1213**
3									
4									
5-9岁									
5									
6									
7									
8									
9									
10-14岁	**1**	**1**		**2**	**1**	**1**	**3**	**2**	**1**
10									
11									
12									
13							1	1	
14	1	1		2	1	1	2	1	1
15-19岁	**113**	**77**	**36**	**104**	**61**	**43**	**234**	**134**	**100**
15	2	1	1	7	2	5	7	2	5
16	21	13	8	12	5	7	35	22	13
17	30	20	10	37	25	12	56	36	20
18	27	18	9	24	15	9	58	37	21
19	33	25	8	24	14	10	78	37	41
20-24岁	**96**	**64**	**32**	**92**	**58**	**34**	**331**	**181**	**150**
20	30	22	8	22	13	9	59	26	33
21	25	17	8	16	8	8	60	34	26
22	12	7	5	17	11	6	77	35	42
23	18	11	7	19	14	5	66	41	25
24	11	7	4	18	12	6	69	45	24
25-29岁	**86**	**49**	**37**	**103**	**69**	**34**	**439**	**255**	**184**
25	15	8	7	20	14	6	71	47	24
26	20	10	10	32	17	15	86	53	33
27	19	11	8	14	10	4	88	43	45
28	11	9	2	19	16	3	93	53	40
29	21	11	10	18	12	6	101	59	42
30-34岁	**100**	**55**	**45**	**82**	**57**	**25**	**467**	**273**	**194**
30	21	16	5	18	12	6	102	53	49
31	26	16	10	24	17	7	89	46	43
32	16	8	8	8	7	1	102	57	45
33	26	9	17	15	9	6	95	62	33
34	11	6	5	17	12	5	79	55	24
35-39岁	**66**	**46**	**20**	**54**	**38**	**16**	**298**	**187**	**111**
35	9	7	2	12	8	4	64	45	19
36	12	8	4	14	10	4	76	47	29
37	16	13	3	14	9	5	55	29	26
38	8	6	2	4	3	1	49	26	23
39	21	12	9	10	8	2	54	40	14
40-44岁	**71**	**56**	**15**	**45**	**33**	**12**	**250**	**164**	**86**
40	20	16	4	5	4	1	51	34	17
41	12	9	3	16	13	3	48	33	15
42	15	12	3	11	8	3	57	35	22
43	11	8	3	5	3	2	47	30	17
44	13	11	2	8	5	3	47	32	15
45-49岁	**62**	**48**	**14**	**44**	**31**	**13**	**218**	**144**	**74**
45	15	12	3	8	6	2	43	26	17
46	15	11	4	9	6	3	41	28	13
47	15	11	4	9	8	1	48	30	18
48	15	12	3	9	5	4	41	33	8
49	2	2		9	6	3	45	27	18
50岁及以上	**488**	**393**	**95**	**257**	**188**	**69**	**1485**	**1172**	**313**

3-2c　续表 8

单位：人

年 龄	大学专科								
	合　计			在　校			毕　业		
	合计	男	女	小计	男	女	小计	男	女
总　计	**40941**	**21801**	**19140**	**11645**	**5233**	**6412**	**28165**	**15898**	**12267**
3									
4									
5-9岁									
5									
6									
7									
8									
9									
10-14岁	**1**		**1**	**1**		**1**			
10									
11									
12									
13	1		1	1		1			
14									
15-19岁	**6839**	**3163**	**3676**	**6350**	**2893**	**3457**	**436**	**236**	**200**
15	169	84	85	163	81	82	6	3	3
16	411	230	181	396	221	175	12	7	5
17	845	416	429	796	393	403	44	20	24
18	2201	1025	1176	2071	949	1122	112	64	48
19	3213	1408	1805	2924	1249	1675	262	142	120
20-24岁	**10940**	**5118**	**5822**	**5007**	**2203**	**2804**	**5697**	**2798**	**2899**
20	2920	1333	1587	2361	1023	1338	512	281	231
21	2357	1099	1258	1460	659	801	857	424	433
22	2136	1002	1134	708	308	400	1387	671	716
23	1924	898	1026	334	140	194	1527	732	795
24	1603	786	817	144	73	71	1414	690	724
25-29岁	**6719**	**3223**	**3496**	**185**	**86**	**99**	**6307**	**3026**	**3281**
25	1457	662	795	70	31	39	1343	609	734
26	1436	683	753	47	21	26	1330	634	696
27	1360	653	707	28	13	15	1282	618	664
28	1286	642	644	24	12	12	1219	605	614
29	1180	583	597	16	9	7	1133	560	573
30-34岁	**5590**	**2888**	**2702**	**49**	**20**	**29**	**5347**	**2765**	**2582**
30	1328	657	671	19	7	12	1270	629	641
31	1200	610	590	12	4	8	1143	579	564
32	1093	573	520	3	2	1	1056	554	502
33	1093	587	506	10	5	5	1046	563	483
34	876	461	415	5	2	3	832	440	392
35-39岁	**3154**	**1910**	**1244**	**15**	**8**	**7**	**3014**	**1816**	**1198**
35	824	494	330	3	3		784	464	320
36	755	436	319	3		3	726	420	306
37	546	341	205				531	332	199
38	561	331	230	5	2	3	536	313	223
39	468	308	160	4	3	1	437	287	150
40-44岁	**2368**	**1490**	**878**	**9**	**5**	**4**	**2273**	**1428**	**845**
40	485	304	181	4	1	3	462	292	170
41	525	334	191	2	2		502	316	186
42	511	319	192	2	1	1	487	302	185
43	414	256	158				401	249	152
44	433	277	156	1	1		421	269	152
45-49岁	**1893**	**1264**	**629**	**17**	**9**	**8**	**1810**	**1208**	**602**
45	421	278	143	2	1	1	411	272	139
46	440	294	146	4	1	3	417	279	138
47	353	247	106	4	4		336	234	102
48	346	233	113	3	1	2	329	221	108
49	333	212	121	4	2	2	317	202	115
50岁及以上	**3437**	**2745**	**692**	**12**	**9**	**3**	**3281**	**2621**	**660**

3-2c 续表 9

单位：人

年 龄	大学专科								
	肄 业			辍 学			其 他		
	小计	男	女	小计	男	女	小计	男	女
总 计	**135**	**94**	**41**	**45**	**27**	**18**	**951**	**549**	**402**
3									
4									
5-9岁									
5									
6									
7									
8									
9									
10-14岁									
10									
11									
12									
13									
14									
15-19岁	**10**	**9**	**1**	**3**	**1**	**2**	**40**	**24**	**16**
15									
16	1	1		1		1	1	1	
17	2	2					3	1	2
18	4	3	1				14	9	5
19	3	3		2	1	1	22	13	9
20-24岁	**18**	**8**	**10**	**14**	**10**	**4**	**204**	**99**	**105**
20	7	4	3	5	4	1	35	21	14
21	2		2	2	1	1	36	15	21
22	2		2	1	1		38	22	16
23	5	3	2	3	2	1	55	21	34
24	2	1	1	3	2	1	40	20	20
25-29岁	**22**	**9**	**13**	**6**	**5**	**1**	**199**	**97**	**102**
25	6	3	3	2	1	1	36	18	18
26	5	2	3	1	1		53	25	28
27	6	1	5	2	2		42	19	23
28	3	1	2				40	24	16
29	2	2		1	1		28	11	17
30-34岁	**15**	**11**	**4**	**12**	**6**	**6**	**167**	**86**	**81**
30	3	1	2	3	1	2	33	19	14
31	3	2	1	4	3	1	38	22	16
32	4	4		2	1	1	28	12	16
33	3	3		2		2	32	16	16
34	2	1	1	1	1		36	17	19
35-39岁	**20**	**18**	**2**	**5**	**2**	**3**	**100**	**66**	**34**
35	8	8		1	1		28	18	10
36	4	3	1	1	1		21	12	9
37	2	2		1		1	12	7	5
38	5	4	1				15	12	3
39	1	1		2		2	24	17	7
40-44岁	**13**	**9**	**4**	**5**	**3**	**2**	**68**	**45**	**23**
40	1		1	1		1	17	11	6
41	6	5	1	1	1		14	10	4
42	2	1	1	1	1		19	14	5
43	1	1		1		1	11	6	5
44	3	2	1	1	1		7	4	3
45-49岁	**13**	**11**	**2**				**53**	**36**	**17**
45	1	1					7	4	3
46	4	3	1				15	11	4
47	4	3	1				9	6	3
48	3	3					11	8	3
49	1	1					11	7	4
50岁及以上	**24**	**19**	**5**				**120**	**96**	**24**

3-2c　续表 10　　　　单位：人

年　龄	大学本科								
	合　　计			在　　校			毕　　业		
	合计	男	女	小计	男	女	小计	男	女
总　计	**21005**	**10068**	**10937**	**9068**	**3917**	**5151**	**11597**	**5971**	**5626**
3									
4									
5–9 岁									
5									
6									
7									
8									
9									
10–14 岁	**1**		**1**	**1**		**1**			
10									
11									
12									
13									
14	1		1	1		1			
15–19 岁	**3043**	**1237**	**1806**	**2988**	**1215**	**1773**	**47**	**17**	**30**
15	10	3	7	10	3	7			
16	26	8	18	25	8	17	1		1
17	169	58	111	163	56	107	5	1	4
18	976	386	590	959	381	578	16	4	12
19	1862	782	1080	1831	767	1064	25	12	13
20–24 岁	**8340**	**3590**	**4750**	**5917**	**2627**	**3290**	**2333**	**924**	**1409**
20	2160	950	1210	2106	926	1180	43	19	24
21	1933	850	1083	1768	780	988	154	66	88
22	1790	753	1037	1268	554	714	507	195	312
23	1402	602	800	583	279	304	793	309	484
24	1055	435	620	192	88	104	836	335	501
25–29 岁	**3613**	**1574**	**2039**	**140**	**64**	**76**	**3396**	**1476**	**1920**
25	888	376	512	84	37	47	788	333	455
26	745	308	437	28	15	13	697	285	412
27	733	315	418	17	7	10	694	298	396
28	699	323	376	9	4	5	679	312	367
29	548	252	296	2	1	1	538	248	290
30–34 岁	**2608**	**1372**	**1236**	**10**	**4**	**6**	**2549**	**1343**	**1206**
30	648	317	331	4	1	3	631	309	322
31	560	287	273	2	1	1	551	283	268
32	488	235	253	1	1		474	228	246
33	481	288	193	1		1	474	285	189
34	431	245	186	2	1	1	419	238	181
35–39 岁	**1362**	**838**	**524**	**4**	**3**	**1**	**1325**	**814**	**511**
35	374	221	153				364	217	147
36	313	195	118	2	2		301	184	117
37	244	152	92				241	149	92
38	232	149	83	2	1	1	224	145	79
39	199	121	78				195	119	76
40–44 岁	**805**	**527**	**278**	**2**		**2**	**777**	**511**	**266**
40	149	100	49				147	98	49
41	197	136	61				188	130	58
42	165	108	57	2		2	157	105	52
43	156	90	66				150	88	62
44	138	93	45				135	90	45
45–49 岁	**584**	**411**	**173**	**3**	**2**	**1**	**553**	**389**	**164**
45	160	112	48	1	1		155	108	47
46	149	97	52				143	92	51
47	100	66	34	1		1	92	61	31
48	88	66	22				81	62	19
49	87	70	17	1	1		82	66	16
50 岁及以上	**649**	**519**	**130**	**3**	**2**	**1**	**617**	**497**	**120**

3-2c 续表 11　　单位：人

年龄	大学本科								
	肄业			辍学			其他		
	小计	男	女	小计	男	女	小计	男	女
总计	**27**	**21**	**6**	**11**	**9**	**2**	**302**	**150**	**152**
3									
4									
5-9岁									
5									
6									
7									
8									
9									
10-14岁									
10									
11									
12									
13									
14									
15-19岁	**1**	**1**					**7**	**4**	**3**
15									
16									
17	1	1							
18							1	1	
19							6	3	3
20-24岁	**10**	**6**	**4**	**3**	**3**		**77**	**30**	**47**
20							11	5	6
21	2	1	1	1	1		8	2	6
22	2	1	1				13	3	10
23	3	2	1	1	1		22	11	11
24	3	2	1	1	1		23	9	14
25-29岁	**7**	**5**	**2**	**3**	**2**	**1**	**67**	**27**	**40**
25	1		1				15	6	9
26	2	2					18	6	12
27	1	1		2	2		19	7	12
28	2	1	1	1		1	8	6	2
29	1	1					7	2	5
30-34岁	**2**	**2**		**1**	**1**		**46**	**22**	**24**
30							13	7	6
31							7	3	4
32				1	1		12	5	7
33							6	3	3
34	2	2					8	4	4
35-39岁	**1**	**1**		**2**	**1**	**1**	**30**	**19**	**11**
35	1	1					9	3	6
36							10	9	1
37				1	1		2	2	
38							6	3	3
39				1		1	3	2	1
40-44岁	**1**	**1**					**25**	**15**	**10**
40	1	1					1	1	
41							9	6	3
42							6	3	3
43							6	2	4
44							3	3	
45-49岁	**4**	**4**		**1**	**1**		**23**	**15**	**8**
45	1	1					3	2	1
46	1	1					5	4	1
47	1	1					6	4	2
48	1	1					6	3	3
49				1	1		3	2	1
50岁及以上	**1**	**1**		**1**	**1**		**27**	**18**	**9**

3-2c 续表 12

单位：人

年龄	硕士研究生								
	合计			在校			毕业		
	合计	男	女	小计	男	女	小计	男	女
总计	**616**	**313**	**303**	**295**	**128**	**167**	**315**	**181**	**134**
3									
4									
5-9岁									
5									
6									
7									
8									
9									
10-14岁									
10									
11									
12									
13									
14									
15-19岁	**2**		**2**	**2**		**2**			
15									
16									
17									
18	2		2	2		2			
19									
20-24岁	**184**	**69**	**115**	**172**	**65**	**107**	**10**	**3**	**7**
20	2		2	2		2			
21	7	1	6	7	1	6			
22	46	16	30	44	15	29	2	1	1
23	66	23	43	61	22	39	4	1	3
24	63	29	34	58	27	31	4	1	3
25-29岁	**194**	**96**	**98**	**110**	**60**	**50**	**84**	**36**	**48**
25	64	32	32	56	31	25	8	1	7
26	51	24	27	26	14	12	25	10	15
27	33	19	14	14	10	4	19	9	10
28	28	14	14	12	5	7	16	9	7
29	18	7	11	2		2	16	7	9
30-34岁	**105**	**55**	**50**	**9**	**3**	**6**	**95**	**51**	**44**
30	22	13	9	3	1	2	19	12	7
31	24	9	15	2		2	22	9	13
32	27	16	11	1	1		26	15	11
33	14	8	6	3	1	2	10	6	4
34	18	9	9				18	9	9
35-39岁	**56**	**34**	**22**	**2**		**2**	**54**	**34**	**20**
35	20	12	8				20	12	8
36	12	7	5	1		1	11	7	4
37	7	5	2	1		1	6	5	1
38	11	6	5				11	6	5
39	6	4	2				6	4	2
40-44岁	**25**	**21**	**4**				**25**	**21**	**4**
40	7	6	1				7	6	1
41	6	4	2				6	4	2
42	6	5	1				6	5	1
43	4	4					4	4	
44	2	2					2	2	
45-49岁	**19**	**15**	**4**				**19**	**15**	**4**
45	3	2	1				3	2	1
46	3	3					3	3	
47	3	2	1				3	2	1
48	8	6	2				8	6	2
49	2	2					2	2	
50岁及以上	**31**	**23**	**8**				**28**	**21**	**7**

3-2c 续表 13 单位：人

年 龄	硕士研究生								
	肄 业			辍 学			其 他		
	小计	男	女	小计	男	女	小计	男	女
总 计	**1**		**1**				**5**	**4**	**1**
3									
4									
5-9岁									
5									
6									
7									
8									
9									
10-14岁									
10									
11									
12									
13									
14									
15-19岁									
15									
16									
17									
18									
19									
20-24岁							**2**	**1**	**1**
20									
21									
22									
23							1		1
24							1	1	
25-29岁									
25									
26									
27									
28									
29									
30-34岁							**1**	**1**	
30									
31									
32									
33							1	1	
34									
35-39岁									
35									
36									
37									
38									
39									
40-44岁									
40									
41									
42									
43									
44									
45-49岁									
45									
46									
47									
48									
49									
50岁及以上	**1**		**1**				**2**	**2**	

3-2c 续表 14

单位：人

年 龄	博士研究生								
	合 计			在 校			毕 业		
	合计	男	女	小计	男	女	小计	男	女
总 计	**72**	**45**	**27**	**17**	**9**	**8**	**54**	**35**	**19**
3									
4									
5-9岁									
5									
6									
7									
8									
9									
10-14岁									
10									
11									
12									
13									
14									
15-19岁									
15									
16									
17									
18									
19									
20-24岁	**7**	**3**	**4**	**6**	**3**	**3**	**1**		**1**
20									
21									
22	1	1		1	1				
23	4	1	3	3	1	2	1		1
24	2	1	1	2	1	1			
25-29岁	**18**	**10**	**8**	**8**	**4**	**4**	**10**	**6**	**4**
25	3	1	2	2	1	1	1		1
26	4	1	3	2	1	1	2		2
27	5	4	1	3	2	1	2	2	
28	4	2	2	1		1	3	2	1
29	2	2					2	2	
30-34岁	**21**	**15**	**6**	**3**	**2**	**1**	**18**	**13**	**5**
30	4	2	2	2	1	1	2	1	1
31	3	2	1	1	1		2	1	1
32	6	4	2				6	4	2
33	6	5	1				6	5	1
34	2	2					2	2	
35-39岁	**11**	**6**	**5**				**11**	**6**	**5**
35	2		2				2		2
36	4	4					4	4	
37	2		2				2		2
38	2	1	1				2	1	1
39	1	1					1	1	
40-44岁	**6**	**3**	**3**				**6**	**3**	**3**
40	1		1				1		1
41	2	1	1				2	1	1
42	1	1					1	1	
43									
44	2	1	1				2	1	1
45-49岁	**3**	**2**	**1**				**3**	**2**	**1**
45	3	2	1				3	2	1
46									
47									
48									
49									
50岁及以上	**6**	**6**					**5**	**5**	

3-2c 续表 15

单位：人

年 龄	博士研究生								
	肄 业			辍 学			其 他		
	小计	男	女	小计	男	女	小计	男	女
总 计							**1**	**1**	
3									
4									
5-9岁									
5									
6									
7									
8									
9									
10-14岁									
10									
11									
12									
13									
14									
15-19岁									
15									
16									
17									
18									
19									
20-24岁									
20									
21									
22									
23									
24									
25-29岁									
25									
26									
27									
28									
29									
30-34岁									
30									
31									
32									
33									
34									
35-39岁									
35									
36									
37									
38									
39									
40-44岁									
40									
41									
42									
43									
44									
45-49岁									
45									
46									
47									
48									
49									
50岁及以上							**1**	**1**	

第二部分　长表数据资料

第四卷　就业

4-1 各地区分性别、年龄的就业人口

单位：人

地区 性别	合计						
	合计	16-19岁	20-24岁	25-29岁	30-34岁	35-39岁	40-44岁
总　计	**2013956**	**24481**	**100935**	**172907**	**272386**	**274221**	**260181**
南宁市	383329	3737	22326	38938	59867	58392	50683
柳州市	180657	1647	8624	16354	25626	25974	25656
桂林市	203122	1525	7022	14324	24291	27945	25826
梧州市	97924	1625	5216	9395	13855	11545	11563
北海市	76145	834	3858	7893	11532	10047	9244
防城港市	43336	513	2616	4361	6515	6331	5528
钦州市	119679	2139	7181	10466	16271	15389	13932
贵港市	165457	2818	10327	14021	22077	20539	20482
玉林市	194567	3253	10564	16028	26893	25778	23150
百色市	153747	1944	7046	11568	18238	20917	21792
贺州市	77801	1090	3888	7734	10892	9812	9355
河池市	128477	1466	5561	8490	14411	18198	18093
来宾市	91558	842	3351	6561	10870	11507	12215
崇左市	98157	1048	3355	6774	11048	11847	12662
男	**1154817**	**15110**	**57928**	**98863**	**154529**	**154888**	**144526**
南宁市	216561	2254	12327	22034	33334	32383	28070
柳州市	104513	1070	4925	9084	14456	14740	14227
桂林市	116501	931	3853	7958	13574	15817	14265
梧州市	57412	1004	3087	5348	7932	6518	6336
北海市	44000	525	2246	4600	6689	5763	5057
防城港市	27138	330	1739	2786	4072	3857	3354
钦州市	71465	1309	4309	6434	9753	9090	8030
贵港市	93751	1651	5884	8056	12610	11786	11270
玉林市	114313	2018	6268	9628	15947	14850	12823
百色市	85350	1158	3976	6302	9917	11489	12131
贺州市	44975	712	2283	4365	6206	5532	5249
河池市	72309	888	3109	4717	7859	10127	10062
来宾市	52121	537	1959	3700	6084	6380	6791
崇左市	54408	723	1963	3851	6096	6556	6861
女	**859139**	**9371**	**43007**	**74044**	**117857**	**119333**	**115655**
南宁市	166768	1483	9999	16904	26533	26009	22613
柳州市	76144	577	3699	7270	11170	11234	11429
桂林市	86621	594	3169	6366	10717	12128	11561
梧州市	40512	621	2129	4047	5923	5027	5227
北海市	32145	309	1612	3293	4843	4284	4187
防城港市	16198	183	877	1575	2443	2474	2174
钦州市	48214	830	2872	4032	6518	6299	5902
贵港市	71706	1167	4443	5965	9467	8753	9212
玉林市	80254	1235	4296	6400	10946	10928	10327
百色市	68397	786	3070	5266	8321	9428	9661
贺州市	32826	378	1605	3369	4686	4280	4106
河池市	56168	578	2452	3773	6552	8071	8031
来宾市	39437	305	1392	2861	4786	5127	5424
崇左市	43749	325	1392	2923	4952	5291	5801

4-1 续表 1

单位：人

地区 性别	合计						
	45-49岁	50-54岁	55-59岁	60-64岁	65-69岁	70-74岁	75岁及以上
总　计	**274218**	**254306**	**187980**	**88172**	**63182**	**26488**	**14499**
南宁市	49444	41290	29652	13105	9376	4278	2241
柳州市	26959	22577	15334	5863	3849	1474	720
桂林市	29055	28230	21824	10572	8158	2983	1367
梧州市	13760	13526	9602	3679	2613	965	580
北海市	9914	9093	6934	3096	2155	992	553
防城港市	5666	5146	3723	1489	930	347	171
钦州市	14431	13773	11688	6280	4830	2038	1261
贵港市	21763	21313	15300	7617	5496	2352	1352
玉林市	25715	24465	18286	9165	6690	2929	1651
百色市	21983	20699	14448	6912	4736	2171	1293
贺州市	9977	10062	7530	3623	2430	917	491
河池市	18734	17379	13192	6168	4073	1726	986
来宾市	13105	13115	9538	4894	3407	1414	739
崇左市	13712	13638	10929	5709	4439	1902	1094
男	**152834**	**149072**	**114971**	**51572**	**36681**	**15552**	**8291**
南宁市	27364	24352	18340	7384	5263	2288	1168
柳州市	15076	13774	9961	3581	2313	881	425
桂林市	16042	16513	13584	6318	4830	1906	910
梧州市	7637	8266	6178	2431	1694	613	368
北海市	5445	5284	4250	1824	1320	609	388
防城港市	3419	3203	2452	942	602	261	121
钦州市	8298	8284	7094	3767	2913	1368	816
贵港市	11790	11881	8977	4431	3257	1375	783
玉林市	14156	14441	11350	5721	4143	1921	1047
百色市	12365	11817	8344	3673	2478	1117	583
贺州市	5717	5909	4590	2157	1405	561	289
河池市	10617	10040	7839	3486	2197	896	472
来宾市	7320	7591	5706	2852	1990	814	397
崇左市	7588	7717	6306	3005	2276	942	524
女	**121384**	**105234**	**73009**	**36600**	**26501**	**10936**	**6208**
南宁市	22080	16938	11312	5721	4113	1990	1073
柳州市	11883	8803	5373	2282	1536	593	295
桂林市	13013	11717	8240	4254	3328	1077	457
梧州市	6123	5260	3424	1248	919	352	212
北海市	4469	3809	2684	1272	835	383	165
防城港市	2247	1943	1271	547	328	86	50
钦州市	6133	5489	4594	2513	1917	670	445
贵港市	9973	9432	6323	3186	2239	977	569
玉林市	11559	10024	6936	3444	2547	1008	604
百色市	9618	8882	6104	3239	2258	1054	710
贺州市	4260	4153	2940	1466	1025	356	202
河池市	8117	7339	5353	2682	1876	830	514
来宾市	5785	5524	3832	2042	1417	600	342
崇左市	6124	5921	4623	2704	2163	960	570

4-1 续表 2

单位：人

地 区 性 别	有农村土地承包经营权的人口						
	小计	16–19 岁	20–24 岁	25–29 岁	30–34 岁	35–39 岁	40–44 岁
总 计	**1352846**	**17056**	**57539**	**93585**	**151365**	**163961**	**165943**
南宁市	208118	2136	9604	16342	26134	27372	25228
柳州市	96509	924	3404	6359	10412	11493	13186
桂林市	142066	1087	4100	8319	14491	17498	16368
梧州市	60278	1092	2734	4396	6612	5919	6594
北海市	42919	468	1826	3781	5692	5021	4825
防城港市	22316	232	891	1586	2400	2815	3000
钦州市	80794	1430	4153	5523	8520	9039	8981
贵港市	130424	2267	7676	9891	15682	15141	15785
玉林市	144592	2387	6998	9982	16869	17714	16857
百色市	119380	1592	5171	7873	12793	15328	16355
贺州市	58223	866	2605	5101	7152	6635	6752
河池市	99387	1182	4029	5737	9923	13304	13313
来宾市	72156	673	2265	4434	7370	8279	9245
崇左市	75684	720	2083	4261	7315	8403	9454
男	**801290**	**10850**	**34579**	**57015**	**91744**	**98796**	**97240**
南宁市	122193	1380	5797	10137	15971	16462	14834
柳州市	58296	613	2003	3792	6377	7097	7853
桂林市	84846	699	2356	4951	8762	10765	9702
梧州市	37313	697	1696	2718	4134	3686	3902
北海市	25948	310	1166	2412	3598	3081	2836
防城港市	14720	155	617	1077	1654	1870	1984
钦州市	50650	906	2653	3698	5511	5741	5542
贵港市	75823	1370	4473	5921	9329	9078	9065
玉林市	88036	1517	4295	6279	10577	10831	9850
百色市	67252	969	3023	4473	7236	8777	9393
贺州市	34828	571	1596	3055	4290	3981	4003
河池市	57141	743	2313	3366	5764	7786	7678
来宾市	42022	442	1362	2601	4334	4825	5318
崇左市	42222	478	1229	2535	4207	4816	5280
女	**551556**	**6206**	**22960**	**36570**	**59621**	**65165**	**68703**
南宁市	85925	756	3807	6205	10163	10910	10394
柳州市	38213	311	1401	2567	4035	4396	5333
桂林市	57220	388	1744	3368	5729	6733	6666
梧州市	22965	395	1038	1678	2478	2233	2692
北海市	16971	158	660	1369	2094	1940	1989
防城港市	7596	77	274	509	746	945	1016
钦州市	30144	524	1500	1825	3009	3298	3439
贵港市	54601	897	3203	3970	6353	6063	6720
玉林市	56556	870	2703	3703	6292	6883	7007
百色市	52128	623	2148	3400	5557	6551	6962
贺州市	23395	295	1009	2046	2862	2654	2749
河池市	42246	439	1716	2371	4159	5518	5635
来宾市	30134	231	903	1833	3036	3454	3927
崇左市	33462	242	854	1726	3108	3587	4174

4-1 续表 3

单位：人

地 区 性 别	有农村土地承包经营权的人口						
	45-49岁	50-54岁	55-59岁	60-64岁	65-69岁	70-74岁	75岁及以上
总 计	**184849**	**189657**	**150926**	**80378**	**59118**	**24921**	**13548**
南宁市	27209	26408	21329	11547	8668	4040	2101
柳州市	14678	14386	10863	5172	3592	1372	668
桂林市	19426	21303	17731	9877	7717	2852	1297
梧州市	8684	9656	7388	3330	2427	905	541
北海市	5371	5618	4635	2519	1806	874	483
防城港市	3216	3173	2568	1220	790	285	140
钦州市	9943	10450	9566	5680	4446	1893	1170
贵港市	17165	17694	13285	7084	5236	2240	1278
玉林市	19212	19768	15649	8504	6328	2765	1559
百色市	16974	16885	12358	6369	4456	2023	1203
贺州市	7616	8134	6416	3356	2277	855	458
河池市	14344	14117	11294	5757	3837	1633	917
来宾市	10463	10981	8445	4639	3287	1367	708
崇左市	10548	11084	9399	5324	4251	1817	1025
男	**107231**	**111289**	**88975**	**46904**	**34325**	**14601**	**7741**
南宁市	15588	15310	12235	6414	4825	2146	1094
柳州市	8706	8746	6624	3128	2145	819	393
桂林市	11319	12535	10580	5907	4578	1826	866
梧州市	5204	5969	4611	2203	1574	577	342
北海市	3112	3251	2715	1476	1115	531	345
防城港市	2074	2027	1669	767	512	215	99
钦州市	6088	6490	5812	3463	2708	1275	763
贵港市	9575	9985	7702	4139	3131	1311	744
玉林市	11062	11937	9627	5318	3934	1823	986
百色市	9711	9521	6897	3359	2314	1039	540
贺州市	4541	4804	3866	2000	1327	522	272
河池市	8313	8135	6469	3243	2064	834	433
来宾市	6021	6390	4936	2695	1929	790	379
崇左市	5917	6189	5232	2792	2169	893	485
女	**77618**	**78368**	**61951**	**33474**	**24793**	**10320**	**5807**
南宁市	11621	11098	9094	5133	3843	1894	1007
柳州市	5972	5640	4239	2044	1447	553	275
桂林市	8107	8768	7151	3970	3139	1026	431
梧州市	3480	3687	2777	1127	853	328	199
北海市	2259	2367	1920	1043	691	343	138
防城港市	1142	1146	899	453	278	70	41
钦州市	3855	3960	3754	2217	1738	618	407
贵港市	7590	7709	5583	2945	2105	929	534
玉林市	8150	7831	6022	3186	2394	942	573
百色市	7263	7364	5461	3010	2142	984	663
贺州市	3075	3330	2550	1356	950	333	186
河池市	6031	5982	4825	2514	1773	799	484
来宾市	4442	4591	3509	1944	1358	577	329
崇左市	4631	4895	4167	2532	2082	924	540

4-1　续表 4　　　　　　　　　　　　　　　　　　　　　　　　　　　　单位：人

地　区 性　别	没有农村土地承包经营权的人口						
	小计	16-19 岁	20-24 岁	25-29 岁	30-34 岁	35-39 岁	40-44 岁
总　计	**661110**	**7425**	**43396**	**79322**	**121021**	**110260**	**94238**
南宁市	175211	1601	12722	22596	33733	31020	25455
柳州市	84148	723	5220	9995	15214	14481	12470
桂林市	61056	438	2922	6005	9800	10447	9458
梧州市	37646	533	2482	4999	7243	5626	4969
北海市	33226	366	2032	4112	5840	5026	4419
防城港市	21020	281	1725	2775	4115	3516	2528
钦州市	38885	709	3028	4943	7751	6350	4951
贵港市	35033	551	2651	4130	6395	5398	4697
玉林市	49975	866	3566	6046	10024	8064	6293
百色市	34367	352	1875	3695	5445	5589	5437
贺州市	19578	224	1283	2633	3740	3177	2603
河池市	29090	284	1532	2753	4488	4894	4780
来宾市	19402	169	1086	2127	3500	3228	2970
崇左市	22473	328	1272	2513	3733	3444	3208
男	**353527**	**4260**	**23349**	**41848**	**62785**	**56092**	**47286**
南宁市	94368	874	6530	11897	17363	15921	13236
柳州市	46217	457	2922	5292	8079	7643	6374
桂林市	31655	232	1497	3007	4812	5052	4563
梧州市	20099	307	1391	2630	3798	2832	2434
北海市	18052	215	1080	2188	3091	2682	2221
防城港市	12418	175	1122	1709	2418	1987	1370
钦州市	20815	403	1656	2736	4242	3349	2488
贵港市	17928	281	1411	2135	3281	2708	2205
玉林市	26277	501	1973	3349	5370	4019	2973
百色市	18098	189	953	1829	2681	2712	2738
贺州市	10147	141	687	1310	1916	1551	1246
河池市	15168	145	796	1351	2095	2341	2384
来宾市	10099	95	597	1099	1750	1555	1473
崇左市	12186	245	734	1316	1889	1740	1581
女	**307583**	**3165**	**20047**	**37474**	**58236**	**54168**	**46952**
南宁市	80843	727	6192	10699	16370	15099	12219
柳州市	37931	266	2298	4703	7135	6838	6096
桂林市	29401	206	1425	2998	4988	5395	4895
梧州市	17547	226	1091	2369	3445	2794	2535
北海市	15174	151	952	1924	2749	2344	2198
防城港市	8602	106	603	1066	1697	1529	1158
钦州市	18070	306	1372	2207	3509	3001	2463
贵港市	17105	270	1240	1995	3114	2690	2492
玉林市	23698	365	1593	2697	4654	4045	3320
百色市	16269	163	922	1866	2764	2877	2699
贺州市	9431	83	596	1323	1824	1626	1357
河池市	13922	139	736	1402	2393	2553	2396
来宾市	9303	74	489	1028	1750	1673	1497
崇左市	10287	83	538	1197	1844	1704	1627

4-1 续表 5

单位：人

地 区 性 别	没有农村土地承包经营权的人口						
	45-49 岁	50-54 岁	55-59 岁	60-64 岁	65-69 岁	70-74 岁	75 岁及以上
总 计	**89369**	**64649**	**37054**	**7794**	**4064**	**1567**	**951**
南宁市	22235	14882	8323	1558	708	238	140
柳州市	12281	8191	4471	691	257	102	52
桂林市	9629	6927	4093	695	441	131	70
梧州市	5076	3870	2214	349	186	60	39
北海市	4543	3475	2299	577	349	118	70
防城港市	2450	1973	1155	269	140	62	31
钦州市	4488	3323	2122	600	384	145	91
贵港市	4598	3619	2015	533	260	112	74
玉林市	6503	4697	2637	661	362	164	92
百色市	5009	3814	2090	543	280	148	90
贺州市	2361	1928	1114	267	153	62	33
河池市	4390	3262	1898	411	236	93	69
来宾市	2642	2134	1093	255	120	47	31
崇左市	3164	2554	1530	385	188	85	69
男	**45603**	**37783**	**25996**	**4668**	**2356**	**951**	**550**
南宁市	11776	9042	6105	970	438	142	74
柳州市	6370	5028	3337	453	168	62	32
桂林市	4723	3978	3004	411	252	80	44
梧州市	2433	2297	1567	228	120	36	26
北海市	2333	2033	1535	348	205	78	43
防城港市	1345	1176	783	175	90	46	22
钦州市	2210	1794	1282	304	205	93	53
贵港市	2215	1896	1275	292	126	64	39
玉林市	3094	2504	1723	403	209	98	61
百色市	2654	2296	1447	314	164	78	43
贺州市	1176	1105	724	157	78	39	17
河池市	2304	1905	1370	243	133	62	39
来宾市	1299	1201	770	157	61	24	18
崇左市	1671	1528	1074	213	107	49	39
女	**43766**	**26866**	**11058**	**3126**	**1708**	**616**	**401**
南宁市	10459	5840	2218	588	270	96	66
柳州市	5911	3163	1134	238	89	40	20
桂林市	4906	2949	1089	284	189	51	26
梧州市	2643	1573	647	121	66	24	13
北海市	2210	1442	764	229	144	40	27
防城港市	1105	797	372	94	50	16	9
钦州市	2278	1529	840	296	179	52	38
贵港市	2383	1723	740	241	134	48	35
玉林市	3409	2193	914	258	153	66	31
百色市	2355	1518	643	229	116	70	47
贺州市	1185	823	390	110	75	23	16
河池市	2086	1357	528	168	103	31	30
来宾市	1343	933	323	98	59	23	13
崇左市	1493	1026	456	172	81	36	30

4-1a 各地区分性别、年龄的就业人口（城市）

单位：人

地区 性别	合计						
	合计	16-19岁	20-24岁	25-29岁	30-34岁	35-39岁	40-44岁
总计	**612157**	**5433**	**37748**	**70098**	**109281**	**103298**	**91573**
南宁市	200553	1860	15145	26314	39133	35855	29004
柳州市	87309	700	5224	9727	14605	14370	13705
桂林市	53730	386	2661	5580	8889	9382	8310
梧州市	32741	222	1651	3683	5652	4772	4798
北海市	27428	303	1664	3371	4876	4087	3730
防城港市	19396	185	1244	2145	3490	3202	2672
钦州市	21585	165	1308	2484	4193	3825	3182
贵港市	38215	361	2224	3855	6600	5768	5572
玉林市	38220	354	2055	3731	6595	6315	5552
百色市	34587	263	1530	3170	5176	5710	5700
贺州市	13509	149	835	1690	2546	2318	1841
河池市	16211	126	747	1272	2430	2852	2836
来宾市	17912	149	920	1923	3240	3132	3090
崇左市	10761	210	540	1153	1856	1710	1581
男	**343693**	**3183**	**20217**	**37985**	**58952**	**56159**	**49553**
南宁市	113080	1035	7886	14465	21302	19723	16089
柳州市	50292	469	2944	5347	8031	8028	7407
桂林市	30029	216	1371	2924	4720	5088	4428
梧州市	18330	134	923	1997	2984	2516	2535
北海市	15246	186	872	1802	2627	2230	1949
防城港市	11576	102	749	1273	2010	1831	1539
钦州市	12183	88	678	1332	2306	2072	1762
贵港市	20974	184	1209	2019	3575	3113	2925
玉林市	21318	198	1144	2120	3614	3400	2967
百色市	18796	149	791	1604	2635	2979	2986
贺州市	7465	94	457	896	1341	1223	969
河池市	8540	55	357	611	1176	1419	1445
来宾市	9945	92	526	996	1684	1635	1705
崇左市	5919	181	310	599	947	902	847
女	**268464**	**2250**	**17531**	**32113**	**50329**	**47139**	**42020**
南宁市	87473	825	7259	11849	17831	16132	12915
柳州市	37017	231	2280	4380	6574	6342	6298
桂林市	23701	170	1290	2656	4169	4294	3882
梧州市	14411	88	728	1686	2668	2256	2263
北海市	12182	117	792	1569	2249	1857	1781
防城港市	7820	83	495	872	1480	1371	1133
钦州市	9402	77	630	1152	1887	1753	1420
贵港市	17241	177	1015	1836	3025	2655	2647
玉林市	16902	156	911	1611	2981	2915	2585
百色市	15791	114	739	1566	2541	2731	2714
贺州市	6044	55	378	794	1205	1095	872
河池市	7671	71	390	661	1254	1433	1391
来宾市	7967	57	394	927	1556	1497	1385
崇左市	4842	29	230	554	909	808	734

4-1a 续表 1

单位：人

地区 性别	合计						
	45-49岁	50-54岁	55-59岁	60-64岁	65-69岁	70-74岁	75岁及以上
总 计	**85491**	**60958**	**34329**	**8041**	**3982**	**1306**	**619**
南宁市	24793	16511	8987	1826	796	213	116
柳州市	13621	9290	4815	843	300	80	29
桂林市	8228	5858	3398	638	301	78	21
梧州市	5065	3826	2263	445	236	80	48
北海市	3815	2913	1878	456	246	59	30
防城港市	2674	2031	1219	314	135	59	26
钦州市	2816	1883	1176	315	162	54	22
贵港市	5608	4426	2441	758	368	154	80
玉林市	5684	4212	2375	671	439	161	76
百色市	5183	4056	2324	766	470	167	72
贺州市	1690	1253	780	220	132	33	22
河池市	2494	1786	1093	331	161	66	17
来宾市	2375	1772	872	242	118	49	30
崇左市	1445	1141	708	216	118	53	30
男	**47029**	**37661**	**24183**	**5096**	**2499**	**819**	**357**
南宁市	13848	10330	6533	1154	512	143	60
柳州市	7549	6004	3647	584	209	55	18
桂林市	4443	3648	2499	427	200	47	18
梧州市	2676	2420	1636	293	141	48	27
北海市	2036	1776	1248	295	161	45	19
防城港市	1546	1295	858	206	103	43	21
钦州市	1578	1182	816	211	105	38	15
贵港市	3021	2539	1595	457	214	83	40
玉林市	3033	2469	1543	414	265	103	48
百色市	2901	2454	1463	443	260	92	39
贺州市	925	756	547	140	84	21	12
河池市	1335	1065	750	184	96	39	8
来宾市	1348	1066	606	166	78	24	19
崇左市	790	657	442	122	71	38	13
女	**38462**	**23297**	**10146**	**2945**	**1483**	**487**	**262**
南宁市	10945	6181	2454	672	284	70	56
柳州市	6072	3286	1168	259	91	25	11
桂林市	3785	2210	899	211	101	31	3
梧州市	2389	1406	627	152	95	32	21
北海市	1779	1137	630	161	85	14	11
防城港市	1128	736	361	108	32	16	5
钦州市	1238	701	360	104	57	16	7
贵港市	2587	1887	846	301	154	71	40
玉林市	2651	1743	832	257	174	58	28
百色市	2282	1602	861	323	210	75	33
贺州市	765	497	233	80	48	12	10
河池市	1159	721	343	147	65	27	9
来宾市	1027	706	266	76	40	25	11
崇左市	655	484	266	94	47	15	17

4-1a 续表 2

单位：人

地区 性别	有农村土地承包经营权的人口						
	小计	16-19岁	20-24岁	25-29岁	30-34岁	35-39岁	40-44岁
总 计	**197998**	**1864**	**10978**	**19635**	**30787**	**31086**	**30529**
南宁市	53983	562	4132	6758	9893	9241	7751
柳州市	23555	178	1114	2096	3120	3326	4077
桂林市	19058	205	1057	2097	3108	3128	2693
梧州市	8001	51	276	659	1037	1008	1128
北海市	7481	100	448	878	1313	1064	1054
防城港市	5234	20	207	434	665	804	830
钦州市	6861	66	385	659	1021	1137	1089
贵港市	17746	170	890	1473	2697	2460	2609
玉林市	15060	140	651	1076	1941	2368	2385
百色市	17494	151	717	1355	2414	2789	2901
贺州市	5140	61	292	589	844	773	735
河池市	6614	56	304	452	869	1107	1176
来宾市	8056	68	373	771	1305	1299	1505
崇左市	3715	36	132	338	560	582	596
男	**120285**	**1135**	**6181**	**11646**	**18641**	**19073**	**18335**
南宁市	33723	340	2303	4134	6218	5885	4907
柳州市	14953	131	649	1294	1999	2132	2472
桂林市	11650	119	563	1217	1898	1982	1623
梧州市	4931	35	164	406	632	634	689
北海市	4514	64	256	520	775	638	621
防城港市	3430	13	134	281	421	511	544
钦州市	4175	31	212	393	605	676	662
贵港市	10383	94	517	846	1591	1480	1492
玉林市	9110	84	395	663	1215	1438	1408
百色市	9743	85	394	723	1286	1549	1594
贺州市	3154	38	171	346	499	473	438
河池市	3659	30	137	221	456	630	637
来宾市	4785	46	213	420	751	723	911
崇左市	2075	25	73	182	295	322	337
女	**77713**	**729**	**4797**	**7989**	**12146**	**12013**	**12194**
南宁市	20260	222	1829	2624	3675	3356	2844
柳州市	8602	47	465	802	1121	1194	1605
桂林市	7408	86	494	880	1210	1146	1070
梧州市	3070	16	112	253	405	374	439
北海市	2967	36	192	358	538	426	433
防城港市	1804	7	73	153	244	293	286
钦州市	2686	35	173	266	416	461	427
贵港市	7363	76	373	627	1106	980	1117
玉林市	5950	56	256	413	726	930	977
百色市	7751	66	323	632	1128	1240	1307
贺州市	1986	23	121	243	345	300	297
河池市	2955	26	167	231	413	477	539
来宾市	3271	22	160	351	554	576	594
崇左市	1640	11	59	156	265	260	259

4-1a 续表 3

单位：人

地区 性别	有农村土地承包经营权的人口						
	45-49岁	50-54岁	55-59岁	60-64岁	65-69岁	70-74岁	75岁及以上
总计	**28837**	**22580**	**13433**	**4616**	**2485**	**799**	**369**
南宁市	6780	4809	2666	820	409	110	52
柳州市	3986	3220	1755	449	179	47	8
桂林市	2689	2149	1286	407	179	47	13
梧州市	1334	1191	804	277	154	47	35
北海市	1016	820	497	173	86	21	11
防城港市	872	697	463	146	67	19	10
钦州市	1017	712	468	180	86	29	12
贵港市	2697	2329	1386	543	307	122	63
玉林市	2466	1931	1198	429	314	108	53
百色市	2571	2121	1356	578	370	122	49
贺州市	696	539	344	143	91	23	10
河池市	1045	756	483	211	104	41	10
来宾市	1137	830	466	161	81	37	23
崇左市	531	476	261	99	58	26	20
男	**17376**	**14199**	**8619**	**2875**	**1521**	**479**	**205**
南宁市	4204	3114	1757	508	258	69	26
柳州市	2461	2115	1220	313	128	33	6
桂林市	1632	1363	841	262	115	24	11
梧州市	808	770	491	175	82	27	18
北海市	590	525	321	117	60	19	8
防城港市	543	476	332	100	54	13	8
钦州市	616	457	315	124	55	21	8
贵港市	1553	1349	864	319	180	66	32
玉林市	1449	1180	734	257	186	67	34
百色市	1502	1247	761	314	199	66	23
贺州市	439	345	231	93	59	14	8
河池市	584	462	295	125	58	22	2
来宾市	699	523	302	110	55	19	13
崇左市	296	273	155	58	32	19	8
女	**11461**	**8381**	**4814**	**1741**	**964**	**320**	**164**
南宁市	2576	1695	909	312	151	41	26
柳州市	1525	1105	535	136	51	14	2
桂林市	1057	786	445	145	64	23	2
梧州市	526	421	313	102	72	20	17
北海市	426	295	176	56	26	2	3
防城港市	329	221	131	46	13	6	2
钦州市	401	255	153	56	31	8	4
贵港市	1144	980	522	224	127	56	31
玉林市	1017	751	464	172	128	41	19
百色市	1069	874	595	264	171	56	26
贺州市	257	194	113	50	32	9	2
河池市	461	294	188	86	46	19	8
来宾市	438	307	164	51	26	18	10
崇左市	235	203	106	41	26	7	12

4-1a　续表 4　　　　单位：人

地　区 性　别	没有农村土地承包经营权的人口						
	小计	16-19岁	20-24岁	25-29岁	30-34岁	35-39岁	40-44岁
总　计	**414159**	**3569**	**26770**	**50463**	**78494**	**72212**	**61044**
南宁市	146570	1298	11013	19556	29240	26614	21253
柳州市	63754	522	4110	7631	11485	11044	9628
桂林市	34672	181	1604	3483	5781	6254	5617
梧州市	24740	171	1375	3024	4615	3764	3670
北海市	19947	203	1216	2493	3563	3023	2676
防城港市	14162	165	1037	1711	2825	2398	1842
钦州市	14724	99	923	1825	3172	2688	2093
贵港市	20469	191	1334	2382	3903	3308	2963
玉林市	23160	214	1404	2655	4654	3947	3167
百色市	17093	112	813	1815	2762	2921	2799
贺州市	8369	88	543	1101	1702	1545	1106
河池市	9597	70	443	820	1561	1745	1660
来宾市	9856	81	547	1152	1935	1833	1585
崇左市	7046	174	408	815	1296	1128	985
男	**223408**	**2048**	**14036**	**26339**	**40311**	**37086**	**31218**
南宁市	79357	695	5583	10331	15084	13838	11182
柳州市	35339	338	2295	4053	6032	5896	4935
桂林市	18379	97	808	1707	2822	3106	2805
梧州市	13399	99	759	1591	2352	1882	1846
北海市	10732	122	616	1282	1852	1592	1328
防城港市	8146	89	615	992	1589	1320	995
钦州市	8008	57	466	939	1701	1396	1100
贵港市	10591	90	692	1173	1984	1633	1433
玉林市	12208	114	749	1457	2399	1962	1559
百色市	9053	64	397	881	1349	1430	1392
贺州市	4311	56	286	550	842	750	531
河池市	4881	25	220	390	720	789	808
来宾市	5160	46	313	576	933	912	794
崇左市	3844	156	237	417	652	580	510
女	**190751**	**1521**	**12734**	**24124**	**38183**	**35126**	**29826**
南宁市	67213	603	5430	9225	14156	12776	10071
柳州市	28415	184	1815	3578	5453	5148	4693
桂林市	16293	84	796	1776	2959	3148	2812
梧州市	11341	72	616	1433	2263	1882	1824
北海市	9215	81	600	1211	1711	1431	1348
防城港市	6016	76	422	719	1236	1078	847
钦州市	6716	42	457	886	1471	1292	993
贵港市	9878	101	642	1209	1919	1675	1530
玉林市	10952	100	655	1198	2255	1985	1608
百色市	8040	48	416	934	1413	1491	1407
贺州市	4058	32	257	551	860	795	575
河池市	4716	45	223	430	841	956	852
来宾市	4696	35	234	576	1002	921	791
崇左市	3202	18	171	398	644	548	475

4-1a 续表 5 单位：人

地区 性别	没有农村土地承包经营权的人口						
	45-49岁	50-54岁	55-59岁	60-64岁	65-69岁	70-74岁	75岁及以上
总 计	**56654**	**38378**	**20896**	**3425**	**1497**	**507**	**250**
南宁市	18013	11702	6321	1006	387	103	64
柳州市	9635	6070	3060	394	121	33	21
桂林市	5539	3709	2112	231	122	31	8
梧州市	3731	2635	1459	168	82	33	13
北海市	2799	2093	1381	283	160	38	19
防城港市	1802	1334	756	168	68	40	16
钦州市	1799	1171	708	135	76	25	10
贵港市	2911	2097	1055	215	61	32	17
玉林市	3218	2281	1177	242	125	53	23
百色市	2612	1935	968	188	100	45	23
贺州市	994	714	436	77	41	10	12
河池市	1449	1030	610	120	57	25	7
来宾市	1238	942	406	81	37	12	7
崇左市	914	665	447	117	60	27	10
男	**29653**	**23462**	**15564**	**2221**	**978**	**340**	**152**
南宁市	9644	7216	4776	646	254	74	34
柳州市	5088	3889	2427	271	81	22	12
桂林市	2811	2285	1658	165	85	23	7
梧州市	1868	1650	1145	118	59	21	9
北海市	1446	1251	927	178	101	26	11
防城港市	1003	819	526	106	49	30	13
钦州市	962	725	501	87	50	17	7
贵港市	1468	1190	731	138	34	17	8
玉林市	1584	1289	809	157	79	36	14
百色市	1399	1207	702	129	61	26	16
贺州市	486	411	316	47	25	7	4
河池市	751	603	455	59	38	17	6
来宾市	649	543	304	56	23	5	6
崇左市	494	384	287	64	39	19	5
女	**27001**	**14916**	**5332**	**1204**	**519**	**167**	**98**
南宁市	8369	4486	1545	360	133	29	30
柳州市	4547	2181	633	123	40	11	9
桂林市	2728	1424	454	66	37	8	1
梧州市	1863	985	314	50	23	12	4
北海市	1353	842	454	105	59	12	8
防城港市	799	515	230	62	19	10	3
钦州市	837	446	207	48	26	8	3
贵港市	1443	907	324	77	27	15	9
玉林市	1634	992	368	85	46	17	9
百色市	1213	728	266	59	39	19	7
贺州市	508	303	120	30	16	3	8
河池市	698	427	155	61	19	8	1
来宾市	589	399	102	25	14	7	1
崇左市	420	281	160	53	21	8	5

4-1b　各地区分性别、年龄的就业人口（镇）

单位：人

地区 性别	合计						
	合计	16-19岁	20-24岁	25-29岁	30-34岁	35-39岁	40-44岁
总　计	**489590**	**5039**	**23641**	**42850**	**69494**	**69901**	**66365**
南宁市	64450	451	2797	5417	8819	9142	8780
柳州市	37821	295	1573	3210	5396	5510	5506
桂林市	48761	282	1640	3550	6392	7691	6980
梧州市	25431	412	1392	2541	3899	3243	2911
北海市	12344	79	528	1188	1841	1786	1607
防城港市	8235	94	509	849	1175	1182	1055
钦州市	33807	472	2120	3310	5182	4832	4222
贵港市	49250	820	3321	4408	6851	6234	5919
玉林市	60256	857	3198	5340	8964	8222	7396
百色市	29844	274	1362	2798	4302	4564	4613
贺州市	25158	317	1208	2572	3670	3306	3286
河池市	40591	320	1852	3223	5704	6507	6367
来宾市	25140	164	972	1999	3384	3527	3496
崇左市	28502	202	1169	2445	3915	4155	4227
男	**277559**	**3087**	**13422**	**23706**	**38605**	**38670**	**36189**
南宁市	35880	282	1645	3086	4845	4946	4717
柳州市	21445	185	899	1701	2984	2996	3044
桂林市	27470	168	870	1863	3440	4218	3792
梧州市	14907	264	833	1406	2273	1873	1614
北海市	7094	44	301	685	1035	1007	881
防城港市	5226	69	362	528	762	732	648
钦州市	19802	278	1203	1933	2990	2823	2372
贵港市	27799	487	1884	2526	3892	3591	3254
玉林市	34890	551	1823	3054	5189	4658	4028
百色市	16251	148	714	1419	2230	2395	2500
贺州市	14478	206	702	1401	2080	1855	1819
河池市	22611	184	990	1707	2967	3506	3468
来宾市	13987	99	531	1077	1852	1893	1855
崇左市	15719	122	665	1320	2066	2177	2197
女	**212031**	**1952**	**10219**	**19144**	**30889**	**31231**	**30176**
南宁市	28570	169	1152	2331	3974	4196	4063
柳州市	16376	110	674	1509	2412	2514	2462
桂林市	21291	114	770	1687	2952	3473	3188
梧州市	10524	148	559	1135	1626	1370	1297
北海市	5250	35	227	503	806	779	726
防城港市	3009	25	147	321	413	450	407
钦州市	14005	194	917	1377	2192	2009	1850
贵港市	21451	333	1437	1882	2959	2643	2665
玉林市	25366	306	1375	2286	3775	3564	3368
百色市	13593	126	648	1379	2072	2169	2113
贺州市	10680	111	506	1171	1590	1451	1467
河池市	17980	136	862	1516	2737	3001	2899
来宾市	11153	65	441	922	1532	1634	1641
崇左市	12783	80	504	1125	1849	1978	2030

4-1b 续表 1　　单位：人

地区 性别	合计						
	45-49岁	50-54岁	55-59岁	60-64岁	65-69岁	70-74岁	75岁及以上
总　计	**69430**	**62099**	**43701**	**18404**	**11856**	**4462**	**2348**
南宁市	9272	8201	6081	2682	1737	731	340
柳州市	5535	4893	3495	1323	732	248	105
桂林市	7571	6553	4526	1790	1230	380	176
梧州市	3423	3393	2358	936	614	212	97
北海市	1744	1510	1105	472	281	122	81
防城港市	1098	1066	708	259	171	41	28
钦州市	4282	3739	2961	1297	932	300	158
贵港市	6235	6202	4599	2216	1482	597	366
玉林市	8211	7480	5385	2423	1715	673	392
百色市	4249	3619	2335	903	494	223	108
贺州市	3398	3243	2231	1010	600	219	98
河池市	6333	5018	3118	1117	653	234	145
来宾市	3770	3559	2386	992	583	200	108
崇左市	4309	3623	2413	984	632	282	146
男	**38214**	**36327**	**27349**	**10915**	**6974**	**2720**	**1381**
南宁市	4991	4681	3615	1520	962	405	185
柳州市	3068	2868	2205	832	448	156	59
桂林市	4065	3863	3020	1063	734	258	116
梧州市	1898	2055	1485	627	382	135	62
北海市	964	888	711	282	164	76	56
防城港市	685	657	462	162	111	33	15
钦州市	2422	2232	1888	766	580	207	108
贵港市	3366	3395	2703	1267	875	345	214
玉林市	4536	4440	3377	1494	1053	436	251
百色市	2348	2102	1466	477	267	133	52
贺州市	1912	1948	1384	607	366	139	59
河池市	3552	2982	2014	679	368	131	63
来宾市	2027	2057	1475	587	340	133	61
崇左市	2380	2159	1544	552	324	133	80
女	**31216**	**25772**	**16352**	**7489**	**4882**	**1742**	**967**
南宁市	4281	3520	2466	1162	775	326	155
柳州市	2467	2025	1290	491	284	92	46
桂林市	3506	2690	1506	727	496	122	60
梧州市	1525	1338	873	309	232	77	35
北海市	780	622	394	190	117	46	25
防城港市	413	409	246	97	60	8	13
钦州市	1860	1507	1073	531	352	93	50
贵港市	2869	2807	1896	949	607	252	152
玉林市	3675	3040	2008	929	662	237	141
百色市	1901	1517	869	426	227	90	56
贺州市	1486	1295	847	403	234	80	39
河池市	2781	2036	1104	438	285	103	82
来宾市	1743	1502	911	405	243	67	47
崇左市	1929	1464	869	432	308	149	66

4-1b　续表 2

单位：人

地　区 性　别	有农村土地承包经营权的人口						
	小计	16-19岁	20-24岁	25-29岁	30-34岁	35-39岁	40-44岁
总　计	**316383**	**3351**	**13786**	**23774**	**40181**	**42732**	**41195**
南宁市	43447	307	1678	3224	5503	5866	5499
柳州市	21914	179	758	1428	2581	2862	3194
桂林市	28989	170	817	1780	3499	4401	3835
梧州市	16468	245	725	1263	2037	1871	1945
北海市	5110	26	182	418	690	664	580
防城港市	4420	42	217	312	477	562	629
钦州市	18268	231	979	1425	2319	2420	2174
贵港市	39510	650	2558	3294	5159	4816	4730
玉林市	42510	584	2010	3210	5533	5486	5131
百色市	18248	183	800	1549	2425	2732	2697
贺州市	16835	247	732	1528	2189	2072	2087
河池市	26010	234	1179	1847	3506	4183	3884
来宾市	17902	124	614	1301	2222	2474	2359
崇左市	16752	129	537	1195	2041	2323	2451
男	**185575**	**2133**	**8092**	**13832**	**23590**	**25237**	**23720**
南宁市	24865	204	1041	1970	3209	3415	3079
柳州市	12926	117	453	799	1485	1655	1850
桂林市	17159	113	448	992	2034	2662	2275
梧州市	10105	169	458	754	1263	1148	1144
北海市	3102	17	115	259	415	402	346
防城港市	2979	33	163	199	335	383	419
钦州市	11370	145	591	900	1491	1549	1322
贵港市	22733	393	1463	1921	3019	2867	2699
玉林市	25425	379	1194	1912	3321	3281	2946
百色市	10219	99	437	802	1333	1545	1538
贺州市	10110	164	446	902	1314	1249	1239
河池市	14900	140	633	1022	1962	2382	2204
来宾市	10266	78	344	724	1279	1410	1307
崇左市	9416	82	306	676	1130	1289	1352
女	**130808**	**1218**	**5694**	**9942**	**16591**	**17495**	**17475**
南宁市	18582	103	637	1254	2294	2451	2420
柳州市	8988	62	305	629	1096	1207	1344
桂林市	11830	57	369	788	1465	1739	1560
梧州市	6363	76	267	509	774	723	801
北海市	2008	9	67	159	275	262	234
防城港市	1441	9	54	113	142	179	210
钦州市	6898	86	388	525	828	871	852
贵港市	16777	257	1095	1373	2140	1949	2031
玉林市	17085	205	816	1298	2212	2205	2185
百色市	8029	84	363	747	1092	1187	1159
贺州市	6725	83	286	626	875	823	848
河池市	11110	94	546	825	1544	1801	1680
来宾市	7636	46	270	577	943	1064	1052
崇左市	7336	47	231	519	911	1034	1099

4-1b 续表 3

单位：人

地区 性别	有农村土地承包经营权的人口						
	45-49岁	50-54岁	55-59岁	60-64岁	65-69岁	70-74岁	75岁及以上
总计	**44497**	**42518**	**32149**	**15792**	**10461**	**3933**	**2014**
南宁市	6046	5839	4628	2344	1555	660	298
柳州市	3382	3107	2355	1110	657	210	91
桂林市	4293	4046	3074	1518	1067	343	146
梧州市	2429	2483	1812	820	552	199	87
北海市	700	696	551	297	172	80	54
防城港市	682	661	464	206	122	27	19
钦州市	2329	2243	1984	1033	762	245	124
贵港市	5031	5138	3894	2005	1362	545	328
玉林市	5729	5684	4380	2184	1601	621	357
百色市	2533	2293	1612	739	415	180	90
贺州市	2273	2259	1737	893	534	196	88
河池市	3922	3287	2151	947	557	193	120
来宾市	2613	2612	1865	888	546	187	97
崇左市	2535	2170	1642	808	559	247	115
男	**25613**	**25085**	**19284**	**9294**	**6129**	**2386**	**1180**
南宁市	3344	3296	2625	1309	846	365	162
柳州市	1997	1878	1421	693	394	133	51
桂林市	2439	2436	1904	893	632	232	99
梧州市	1428	1530	1138	545	342	128	58
北海市	422	422	340	174	104	48	38
防城港市	462	435	306	124	86	24	10
钦州市	1416	1385	1236	608	475	167	85
贵港市	2780	2854	2262	1158	815	312	190
玉林市	3302	3467	2689	1334	971	405	224
百色市	1444	1317	950	384	220	106	44
贺州市	1340	1355	1063	534	330	123	51
河池市	2294	1936	1285	569	315	106	52
来宾市	1495	1509	1105	520	318	122	55
崇左市	1450	1265	960	449	281	115	61
女	**18884**	**17433**	**12865**	**6498**	**4332**	**1547**	**834**
南宁市	2702	2543	2003	1035	709	295	136
柳州市	1385	1229	934	417	263	77	40
桂林市	1854	1610	1170	625	435	111	47
梧州市	1001	953	674	275	210	71	29
北海市	278	274	211	123	68	32	16
防城港市	220	226	158	82	36	3	9
钦州市	913	858	748	425	287	78	39
贵港市	2251	2284	1632	847	547	233	138
玉林市	2427	2217	1691	850	630	216	133
百色市	1089	976	662	355	195	74	46
贺州市	933	904	674	359	204	73	37
河池市	1628	1351	866	378	242	87	68
来宾市	1118	1103	760	368	228	65	42
崇左市	1085	905	682	359	278	132	54

4-1b　续表 4　　　　单位：人

地区 性别	没有农村土地承包经营权的人口						
	小计	16-19岁	20-24岁	25-29岁	30-34岁	35-39岁	40-44岁
总　计	**173207**	**1688**	**9855**	**19076**	**29313**	**27169**	**25170**
南宁市	21003	144	1119	2193	3316	3276	3281
柳州市	15907	116	815	1782	2815	2648	2312
桂林市	19772	112	823	1770	2893	3290	3145
梧州市	8963	167	667	1278	1862	1372	966
北海市	7234	53	346	770	1151	1122	1027
防城港市	3815	52	292	537	698	620	426
钦州市	15539	241	1141	1885	2863	2412	2048
贵港市	9740	170	763	1114	1692	1418	1189
玉林市	17746	273	1188	2130	3431	2736	2265
百色市	11596	91	562	1249	1877	1832	1916
贺州市	8323	70	476	1044	1481	1234	1199
河池市	14581	86	673	1376	2198	2324	2483
来宾市	7238	40	358	698	1162	1053	1137
崇左市	11750	73	632	1250	1874	1832	1776
男	**91984**	**954**	**5330**	**9874**	**15015**	**13433**	**12469**
南宁市	11015	78	604	1116	1636	1531	1638
柳州市	8519	68	446	902	1499	1341	1194
桂林市	10311	55	422	871	1406	1556	1517
梧州市	4802	95	375	652	1010	725	470
北海市	3992	27	186	426	620	605	535
防城港市	2247	36	199	329	427	349	229
钦州市	8432	133	612	1033	1499	1274	1050
贵港市	5066	94	421	605	873	724	555
玉林市	9465	172	629	1142	1868	1377	1082
百色市	6032	49	277	617	897	850	962
贺州市	4368	42	256	499	766	606	580
河池市	7711	44	357	685	1005	1124	1264
来宾市	3721	21	187	353	573	483	548
崇左市	6303	40	359	644	936	888	845
女	**81223**	**734**	**4525**	**9202**	**14298**	**13736**	**12701**
南宁市	9988	66	515	1077	1680	1745	1643
柳州市	7388	48	369	880	1316	1307	1118
桂林市	9461	57	401	899	1487	1734	1628
梧州市	4161	72	292	626	852	647	496
北海市	3242	26	160	344	531	517	492
防城港市	1568	16	93	208	271	271	197
钦州市	7107	108	529	852	1364	1138	998
贵港市	4674	76	342	509	819	694	634
玉林市	8281	101	559	988	1563	1359	1183
百色市	5564	42	285	632	980	982	954
贺州市	3955	28	220	545	715	628	619
河池市	6870	42	316	691	1193	1200	1219
来宾市	3517	19	171	345	589	570	589
崇左市	5447	33	273	606	938	944	931

4-1b 续表 5

单位：人

地 区 性 别	没有农村土地承包经营权的人口						
	45-49岁	50-54岁	55-59岁	60-64岁	65-69岁	70-74岁	75岁及以上
总 计	**24933**	**19581**	**11552**	**2612**	**1395**	**529**	**334**
南宁市	3226	2362	1453	338	182	71	42
柳州市	2153	1786	1140	213	75	38	14
桂林市	3278	2507	1452	272	163	37	30
梧州市	994	910	546	116	62	13	10
北海市	1044	814	554	175	109	42	27
防城港市	416	405	244	53	49	14	9
钦州市	1953	1496	977	264	170	55	34
贵港市	1204	1064	705	211	120	52	38
玉林市	2482	1796	1005	239	114	52	35
百色市	1716	1326	723	164	79	43	18
贺州市	1125	984	494	117	66	23	10
河池市	2411	1731	967	170	96	41	25
来宾市	1157	947	521	104	37	13	11
崇左市	1774	1453	771	176	73	35	31
男	**12601**	**11242**	**8065**	**1621**	**845**	**334**	**201**
南宁市	1647	1385	990	211	116	40	23
柳州市	1071	990	784	139	54	23	8
桂林市	1626	1427	1116	170	102	26	17
梧州市	470	525	347	82	40	7	4
北海市	542	466	371	108	60	28	18
防城港市	223	222	156	38	25	9	5
钦州市	1006	847	652	158	105	40	23
贵港市	586	541	441	109	60	33	24
玉林市	1234	973	688	160	82	31	27
百色市	904	785	516	93	47	27	8
贺州市	572	593	321	73	36	16	8
河池市	1258	1046	729	110	53	25	11
来宾市	532	548	370	67	22	11	6
崇左市	930	894	584	103	43	18	19
女	**12332**	**8339**	**3487**	**991**	**550**	**195**	**133**
南宁市	1579	977	463	127	66	31	19
柳州市	1082	796	356	74	21	15	6
桂林市	1652	1080	336	102	61	11	13
梧州市	524	385	199	34	22	6	6
北海市	502	348	183	67	49	14	9
防城港市	193	183	88	15	24	5	4
钦州市	947	649	325	106	65	15	11
贵港市	618	523	264	102	60	19	14
玉林市	1248	823	317	79	32	21	8
百色市	812	541	207	71	32	16	10
贺州市	553	391	173	44	30	7	2
河池市	1153	685	238	60	43	16	14
来宾市	625	399	151	37	15	2	5
崇左市	844	559	187	73	30	17	12

4－1c　各地区分性别、年龄的就业人口（乡村）

单位：人

地　区 性　别	合　计						
	合计	16－19岁	20－24岁	25－29岁	30－34岁	35－39岁	40－44岁
总　计	**912209**	**14009**	**39546**	**59959**	**93611**	**101022**	**102243**
南宁市	118326	1426	4384	7207	11915	13395	12899
柳州市	55527	652	1827	3417	5625	6094	6445
桂林市	100631	857	2721	5194	9010	10872	10536
梧州市	39752	991	2173	3171	4304	3530	3854
北海市	36373	452	1666	3334	4815	4174	3907
防城港市	15705	234	863	1367	1850	1947	1801
钦州市	64287	1502	3753	4672	6896	6732	6528
贵港市	77992	1637	4782	5758	8626	8537	8991
玉林市	96091	2042	5311	6957	11334	11241	10202
百色市	89316	1407	4154	5600	8760	10643	11479
贺州市	39134	624	1845	3472	4676	4188	4228
河池市	71675	1020	2962	3995	6277	8839	8890
来宾市	48506	529	1459	2639	4246	4848	5629
崇左市	58894	636	1646	3176	5277	5982	6854
男	**533565**	**8840**	**24289**	**37172**	**56972**	**60059**	**58784**
南宁市	67601	937	2796	4483	7187	7714	7264
柳州市	32776	416	1082	2036	3441	3716	3776
桂林市	59002	547	1612	3171	5414	6511	6045
梧州市	24175	606	1331	1945	2675	2129	2187
北海市	21660	295	1073	2113	3027	2526	2227
防城港市	10336	159	628	985	1300	1294	1167
钦州市	39480	943	2428	3169	4457	4195	3896
贵港市	44978	980	2791	3511	5143	5082	5091
玉林市	58105	1269	3301	4454	7144	6792	5828
百色市	50303	861	2471	3279	5052	6115	6645
贺州市	23032	412	1124	2068	2785	2454	2461
河池市	41158	649	1762	2399	3716	5202	5149
来宾市	28189	346	902	1627	2548	2852	3231
崇左市	32770	420	988	1932	3083	3477	3817
女	**378644**	**5169**	**15257**	**22787**	**36639**	**40963**	**43459**
南宁市	50725	489	1588	2724	4728	5681	5635
柳州市	22751	236	745	1381	2184	2378	2669
桂林市	41629	310	1109	2023	3596	4361	4491
梧州市	15577	385	842	1226	1629	1401	1667
北海市	14713	157	593	1221	1788	1648	1680
防城港市	5369	75	235	382	550	653	634
钦州市	24807	559	1325	1503	2439	2537	2632
贵港市	33014	657	1991	2247	3483	3455	3900
玉林市	37986	773	2010	2503	4190	4449	4374
百色市	39013	546	1683	2321	3708	4528	4834
贺州市	16102	212	721	1404	1891	1734	1767
河池市	30517	371	1200	1596	2561	3637	3741
来宾市	20317	183	557	1012	1698	1996	2398
崇左市	26124	216	658	1244	2194	2505	3037

4-1c 续表 1

单位：人

地区 性别	合计						
	45-49岁	50-54岁	55-59岁	60-64岁	65-69岁	70-74岁	75岁及以上
总　计	**119297**	**131249**	**109950**	**61727**	**47344**	**20720**	**11532**
南宁市	15379	16578	14584	8597	6843	3334	1785
柳州市	7803	8394	7024	3697	2817	1146	586
桂林市	13256	15819	13900	8144	6627	2525	1170
梧州市	5272	6307	4981	2298	1763	673	435
北海市	4355	4670	3951	2168	1628	811	442
防城港市	1894	2049	1796	916	624	247	117
钦州市	7333	8151	7551	4668	3736	1684	1081
贵港市	9920	10685	8260	4643	3646	1601	906
玉林市	11820	12773	10526	6071	4536	2095	1183
百色市	12551	13024	9789	5243	3772	1781	1113
贺州市	4889	5566	4519	2393	1698	665	371
河池市	9907	10575	8981	4720	3259	1426	824
来宾市	6960	7784	6280	3660	2706	1165	601
崇左市	7958	8874	7808	4509	3689	1567	918
男	**67591**	**75084**	**63439**	**35561**	**27208**	**12013**	**6553**
南宁市	8525	9341	8192	4710	3789	1740	923
柳州市	4459	4902	4109	2165	1656	670	348
桂林市	7534	9002	8065	4828	3896	1601	776
梧州市	3063	3791	3057	1511	1171	430	279
北海市	2445	2620	2291	1247	995	488	313
防城港市	1188	1251	1132	574	388	185	85
钦州市	4298	4870	4390	2790	2228	1123	693
贵港市	5403	5947	4679	2707	2168	947	529
玉林市	6587	7532	6430	3813	2825	1382	748
百色市	7116	7261	5415	2753	1951	892	492
贺州市	2880	3205	2659	1410	955	401	218
河池市	5730	5993	5075	2623	1733	726	401
来宾市	3945	4468	3625	2099	1572	657	317
崇左市	4418	4901	4320	2331	1881	771	431
女	**51706**	**56165**	**46511**	**26166**	**20136**	**8707**	**4979**
南宁市	6854	7237	6392	3887	3054	1594	862
柳州市	3344	3492	2915	1532	1161	476	238
桂林市	5722	6817	5835	3316	2731	924	394
梧州市	2209	2516	1924	787	592	243	156
北海市	1910	2050	1660	921	633	323	129
防城港市	706	798	664	342	236	62	32
钦州市	3035	3281	3161	1878	1508	561	388
贵港市	4517	4738	3581	1936	1478	654	377
玉林市	5233	5241	4096	2258	1711	713	435
百色市	5435	5763	4374	2490	1821	889	621
贺州市	2009	2361	1860	983	743	264	153
河池市	4177	4582	3906	2097	1526	700	423
来宾市	3015	3316	2655	1561	1134	508	284
崇左市	3540	3973	3488	2178	1808	796	487

4-1c　续表 2　　　　单位：人

地区 性别	有农村土地承包经营权的人口						
	小计	16-19岁	20-24岁	25-29岁	30-34岁	35-39岁	40-44岁
总　计	**838465**	**11841**	**32775**	**50176**	**80397**	**90143**	**94219**
南宁市	110688	1267	3794	6360	10738	12265	11978
柳州市	51040	567	1532	2835	4711	5305	5915
桂林市	94019	712	2226	4442	7884	9969	9840
梧州市	35809	796	1733	2474	3538	3040	3521
北海市	30328	342	1196	2485	3689	3293	3191
防城港市	12662	170	467	840	1258	1449	1541
钦州市	55665	1133	2789	3439	5180	5482	5718
贵港市	73168	1447	4228	5124	7826	7865	8446
玉林市	87022	1663	4337	5696	9395	9860	9341
百色市	83638	1258	3654	4969	7954	9807	10757
贺州市	36248	558	1581	2984	4119	3790	3930
河池市	66763	892	2546	3438	5548	8014	8253
来宾市	46198	481	1278	2362	3843	4506	5381
崇左市	55217	555	1414	2728	4714	5498	6407
男	**495430**	**7582**	**20306**	**31537**	**49513**	**54486**	**55185**
南宁市	63605	836	2453	4033	6544	7162	6848
柳州市	30417	365	901	1699	2893	3310	3531
桂林市	56037	467	1345	2742	4830	6121	5804
梧州市	22277	493	1074	1558	2239	1904	2069
北海市	18332	229	795	1633	2408	2041	1869
防城港市	8311	109	320	597	898	976	1021
钦州市	35105	730	1850	2405	3415	3516	3558
贵港市	42707	883	2493	3154	4719	4731	4874
玉林市	53501	1054	2706	3704	6041	6112	5496
百色市	47290	785	2192	2948	4617	5683	6261
贺州市	21564	369	979	1807	2477	2259	2326
河池市	38582	573	1543	2123	3346	4774	4837
来宾市	26971	318	805	1457	2304	2692	3100
崇左市	30731	371	850	1677	2782	3205	3591
女	**343035**	**4259**	**12469**	**18639**	**30884**	**35657**	**39034**
南宁市	47083	431	1341	2327	4194	5103	5130
柳州市	20623	202	631	1136	1818	1995	2384
桂林市	37982	245	881	1700	3054	3848	4036
梧州市	13532	303	659	916	1299	1136	1452
北海市	11996	113	401	852	1281	1252	1322
防城港市	4351	61	147	243	360	473	520
钦州市	20560	403	939	1034	1765	1966	2160
贵港市	30461	564	1735	1970	3107	3134	3572
玉林市	33521	609	1631	1992	3354	3748	3845
百色市	36348	473	1462	2021	3337	4124	4496
贺州市	14684	189	602	1177	1642	1531	1604
河池市	28181	319	1003	1315	2202	3240	3416
来宾市	19227	163	473	905	1539	1814	2281
崇左市	24486	184	564	1051	1932	2293	2816

4-1c 续表 3

单位：人

地 区 性 别	有农村土地承包经营权的人口						
	45-49岁	50-54岁	55-59岁	60-64岁	65-69岁	70-74岁	75岁及以上
总 计	**111515**	**124559**	**105344**	**59970**	**46172**	**20189**	**11165**
南宁市	14383	15760	14035	8383	6704	3270	1751
柳州市	7310	8059	6753	3613	2756	1115	569
桂林市	12444	15108	13371	7952	6471	2462	1138
梧州市	4921	5982	4772	2233	1721	659	419
北海市	3655	4102	3587	2049	1548	773	418
防城港市	1662	1815	1641	868	601	239	111
钦州市	6597	7495	7114	4467	3598	1619	1034
贵港市	9437	10227	8005	4536	3567	1573	887
玉林市	11017	12153	10071	5891	4413	2036	1149
百色市	11870	12471	9390	5052	3671	1721	1064
贺州市	4647	5336	4335	2320	1652	636	360
河池市	9377	10074	8660	4599	3176	1399	787
来宾市	6713	7539	6114	3590	2660	1143	588
崇左市	7482	8438	7496	4417	3634	1544	890
男	**64242**	**72005**	**61072**	**34735**	**26675**	**11736**	**6356**
南宁市	8040	8900	7853	4597	3721	1712	906
柳州市	4248	4753	3983	2122	1623	653	336
桂林市	7248	8736	7835	4752	3831	1570	756
梧州市	2968	3669	2982	1483	1150	422	266
北海市	2100	2304	2054	1185	951	464	299
防城港市	1069	1116	1031	543	372	178	81
钦州市	4056	4648	4261	2731	2178	1087	670
贵港市	5242	5782	4576	2662	2136	933	522
玉林市	6311	7290	6204	3727	2777	1351	728
百色市	6765	6957	5186	2661	1895	867	473
贺州市	2762	3104	2572	1373	938	385	213
河池市	5435	5737	4889	2549	1691	706	379
来宾市	3827	4358	3529	2065	1556	649	311
崇左市	4171	4651	4117	2285	1856	759	416
女	**47273**	**52554**	**44272**	**25235**	**19497**	**8453**	**4809**
南宁市	6343	6860	6182	3786	2983	1558	845
柳州市	3062	3306	2770	1491	1133	462	233
桂林市	5196	6372	5536	3200	2640	892	382
梧州市	1953	2313	1790	750	571	237	153
北海市	1555	1798	1533	864	597	309	119
防城港市	593	699	610	325	229	61	30
钦州市	2541	2847	2853	1736	1420	532	364
贵港市	4195	4445	3429	1874	1431	640	365
玉林市	4706	4863	3867	2164	1636	685	421
百色市	5105	5514	4204	2391	1776	854	591
贺州市	1885	2232	1763	947	714	251	147
河池市	3942	4337	3771	2050	1485	693	408
来宾市	2886	3181	2585	1525	1104	494	277
崇左市	3311	3787	3379	2132	1778	785	474

4-1c　续表 4　　　　　　　　　　　　　　　　单位：人

地　区 性　别	没有农村土地承包经营权的人口						
	小计	16-19岁	20-24岁	25-29岁	30-34岁	35-39岁	40-44岁
总　计	**73744**	**2168**	**6771**	**9783**	**13214**	**10879**	**8024**
南宁市	7638	159	590	847	1177	1130	921
柳州市	4487	85	295	582	914	789	530
桂林市	6612	145	495	752	1126	903	696
梧州市	3943	195	440	697	766	490	333
北海市	6045	110	470	849	1126	881	716
防城港市	3043	64	396	527	592	498	260
钦州市	8622	369	964	1233	1716	1250	810
贵港市	4824	190	554	634	800	672	545
玉林市	9069	379	974	1261	1939	1381	861
百色市	5678	149	500	631	806	836	722
贺州市	2886	66	264	488	557	398	298
河池市	4912	128	416	557	729	825	637
来宾市	2308	48	181	277	403	342	248
崇左市	3677	81	232	448	563	484	447
男	**38135**	**1258**	**3983**	**5635**	**7459**	**5573**	**3599**
南宁市	3996	101	343	450	643	552	416
柳州市	2359	51	181	337	548	406	245
桂林市	2965	80	267	429	584	390	241
梧州市	1898	113	257	387	436	225	118
北海市	3328	66	278	480	619	485	358
防城港市	2025	50	308	388	402	318	146
钦州市	4375	213	578	764	1042	679	338
贵港市	2271	97	298	357	424	351	217
玉林市	4604	215	595	750	1103	680	332
百色市	3013	76	279	331	435	432	384
贺州市	1468	43	145	261	308	195	135
河池市	2576	76	219	276	370	428	312
来宾市	1218	28	97	170	244	160	131
崇左市	2039	49	138	255	301	272	226
女	**35609**	**910**	**2788**	**4148**	**5755**	**5306**	**4425**
南宁市	3642	58	247	397	534	578	505
柳州市	2128	34	114	245	366	383	285
桂林市	3647	65	228	323	542	513	455
梧州市	2045	82	183	310	330	265	215
北海市	2717	44	192	369	507	396	358
防城港市	1018	14	88	139	190	180	114
钦州市	4247	156	386	469	674	571	472
贵港市	2553	93	256	277	376	321	328
玉林市	4465	164	379	511	836	701	529
百色市	2665	73	221	300	371	404	338
贺州市	1418	23	119	227	249	203	163
河池市	2336	52	197	281	359	397	325
来宾市	1090	20	84	107	159	182	117
崇左市	1638	32	94	193	262	212	221

4-1c 续表 5

单位：人

地区 性别	没有农村土地承包经营权的人口						
	45-49岁	50-54岁	55-59岁	60-64岁	65-69岁	70-74岁	75岁及以上
总　计	**7782**	**6690**	**4606**	**1757**	**1172**	**531**	**367**
南宁市	996	818	549	214	139	64	34
柳州市	493	335	271	84	61	31	17
桂林市	812	711	529	192	156	63	32
梧州市	351	325	209	65	42	14	16
北海市	700	568	364	119	80	38	24
防城港市	232	234	155	48	23	8	6
钦州市	736	656	437	201	138	65	47
贵港市	483	458	255	107	79	28	19
玉林市	803	620	455	180	123	59	34
百色市	681	553	399	191	101	60	49
贺州市	242	230	184	73	46	29	11
河池市	530	501	321	121	83	27	37
来宾市	247	245	166	70	46	22	13
崇左市	476	436	312	92	55	23	28
男	**3349**	**3079**	**2367**	**826**	**533**	**277**	**197**
南宁市	485	441	339	113	68	28	17
柳州市	211	149	126	43	33	17	12
桂林市	286	266	230	76	65	31	20
梧州市	95	122	75	28	21	8	13
北海市	345	316	237	62	44	24	14
防城港市	119	135	101	31	16	7	4
钦州市	242	222	129	59	50	36	23
贵港市	161	165	103	45	32	14	7
玉林市	276	242	226	86	48	31	20
百色市	351	304	229	92	56	25	19
贺州市	118	101	87	37	17	16	5
河池市	295	256	186	74	42	20	22
来宾市	118	110	96	34	16	8	6
崇左市	247	250	203	46	25	12	15
女	**4433**	**3611**	**2239**	**931**	**639**	**254**	**170**
南宁市	511	377	210	101	71	36	17
柳州市	282	186	145	41	28	14	5
桂林市	526	445	299	116	91	32	12
梧州市	256	203	134	37	21	6	3
北海市	355	252	127	57	36	14	10
防城港市	113	99	54	17	7	1	2
钦州市	494	434	308	142	88	29	24
贵港市	322	293	152	62	47	14	12
玉林市	527	378	229	94	75	28	14
百色市	330	249	170	99	45	35	30
贺州市	124	129	97	36	29	13	6
河池市	235	245	135	47	41	7	15
来宾市	129	135	70	36	30	14	7
崇左市	229	186	109	46	30	11	13

4-2　各地区分性别、受教育程度的就业人口

单位：人

地区 性别	合计									
	合计	未上过学	学前教育	小学	初中	高中	大学专科	大学本科	硕士 研究生	博士 研究生
总　计	**2013956**	**19731**	**1004**	**396370**	**983505**	**278621**	**182626**	**141368**	**9697**	**1034**
南宁市	383329	1617	145	45543	171353	65984	51240	42243	4662	542
柳州市	180657	1553	32	33124	78894	28385	20791	16690	1107	81
桂林市	203122	2008	82	39702	95013	30725	18562	15407	1393	230
梧州市	97924	316	24	17463	52283	13779	7461	6369	217	12
北海市	76145	526	40	11207	36812	14332	7202	5661	344	21
防城港市	43336	317	20	6743	20959	6976	4748	3431	136	6
钦州市	119679	1086	68	30580	56457	15171	9018	6969	295	35
贵港市	165457	805	131	32356	92410	20871	11336	7364	174	10
玉林市	194567	823	140	34252	112180	24539	12804	9466	328	35
百色市	153747	4424	135	46576	68182	15173	11432	7497	303	25
贺州市	77801	1012	22	19549	39387	8125	5206	4296	193	11
河池市	128477	3128	59	37362	56883	13153	10249	7418	220	5
来宾市	91558	715	28	18973	51172	9939	6260	4326	133	12
崇左市	98157	1401	78	22940	51520	11469	6317	4231	192	9
男	**1154817**	**4275**	**377**	**197235**	**598257**	**176965**	**99858**	**72157**	**5043**	**650**
南宁市	216561	379	56	21396	101476	40889	27941	21695	2409	320
柳州市	104513	343	12	17318	48277	17886	11506	8543	581	47
桂林市	116501	537	34	20295	57952	19262	9843	7748	678	152
梧州市	57412	83	10	8912	32090	8853	4066	3272	116	10
北海市	44000	140	18	5848	22259	8970	3813	2769	166	17
防城港市	27138	86	10	3562	13586	4803	2993	2024	70	4
钦州市	71465	288	31	17008	35560	9972	4874	3533	179	20
贵港市	93751	170	47	15818	54396	13406	6123	3687	98	6
玉林市	114313	262	63	18852	67898	15361	6916	4764	168	29
百色市	85350	857	35	21887	42448	9723	6310	3898	178	14
贺州市	44975	188	5	9564	24853	5345	2806	2107	99	8
河池市	72309	542	14	17867	35677	8634	5627	3814	130	4
来宾市	52121	156	11	9064	30822	6458	3447	2092	61	10
崇左市	54408	244	31	9844	30963	7403	3593	2211	110	9
女	**859139**	**15456**	**627**	**199135**	**385248**	**101656**	**82768**	**69211**	**4654**	**384**
南宁市	166768	1238	89	24147	69877	25095	23299	20548	2253	222
柳州市	76144	1210	20	15806	30617	10499	9285	8147	526	34
桂林市	86621	1471	48	19407	37061	11463	8719	7659	715	78
梧州市	40512	233	14	8551	20193	4926	3395	3097	101	2
北海市	32145	386	22	5359	14553	5362	3389	2892	178	4
防城港市	16198	231	10	3181	7373	2173	1755	1407	66	2
钦州市	48214	798	37	13572	20897	5199	4144	3436	116	15
贵港市	71706	635	84	16538	38014	7465	5213	3677	76	4
玉林市	80254	561	77	15400	44282	9178	5888	4702	160	6
百色市	68397	3567	100	24689	25734	5450	5122	3599	125	11
贺州市	32826	824	17	9985	14534	2780	2400	2189	94	3
河池市	56168	2586	45	19495	21206	4519	4622	3604	90	1
来宾市	39437	559	17	9909	20350	3481	2813	2234	72	2
崇左市	43749	1157	47	13096	20557	4066	2724	2020	82	

4-2 续表 1

单位：人

地区 性别	有农村土地承包经营权的人口									
	小计	未上过学	学前教育	小学	初中	高中	大学专科	大学本科	硕士研究生	博士研究生
总计	**1352846**	**18232**	**863**	**352911**	**759643**	**137375**	**55501**	**27552**	**711**	**58**
南宁市	208118	1446	120	38704	122307	27315	12275	5712	226	13
柳州市	96509	1442	24	28484	51457	9089	3954	1980	73	6
桂林市	142066	1858	71	36353	77864	16720	5840	3228	119	13
梧州市	60278	280	19	14861	37011	5290	1759	1040	18	
北海市	42919	385	28	8664	24450	6285	2016	1062	27	2
防城港市	22316	225	13	5099	12510	2786	1085	584	13	1
钦州市	80794	977	61	26299	41480	7818	2697	1431	29	2
贵港市	130424	761	119	29488	77778	13642	5777	2823	33	3
玉林市	144592	745	121	30806	91268	13980	4944	2670	54	4
百色市	119380	4172	126	42770	56925	8816	4627	1911	28	5
贺州市	58223	952	20	17811	32022	4547	1860	989	21	1
河池市	99387	2986	56	34562	47794	8142	3975	1851	21	
来宾市	72156	682	23	17761	43578	6278	2560	1237	30	7
崇左市	75684	1321	62	21249	43199	6667	2132	1034	19	1
男	**801290**	**3875**	**310**	**178258**	**477663**	**94104**	**32110**	**14544**	**392**	**34**
南宁市	122193	318	44	18178	74468	18488	7338	3223	131	5
柳州市	58296	310	8	15312	33212	6147	2296	963	46	2
桂林市	84846	503	29	19023	49210	11220	3227	1579	49	6
梧州市	37313	68	7	7830	23934	3800	1066	597	11	
北海市	25948	92	10	4546	15324	4281	1151	534	10	
防城港市	14720	52	6	2756	8691	2112	736	360	6	1
钦州市	50650	265	27	15130	27329	5568	1545	765	19	2
贵港市	75823	156	43	14627	46902	9278	3306	1492	17	2
玉林市	88036	245	56	17193	56877	9398	2813	1415	35	4
百色市	67252	804	31	20341	36407	6043	2598	1007	17	4
贺州市	34828	175	5	8905	20979	3194	1070	485	14	1
河池市	57141	518	13	16715	30986	5691	2237	968	13	
来宾市	42022	150	9	8574	26861	4303	1490	617	12	6
崇左市	42222	219	22	9128	26483	4581	1237	539	12	1
女	**551556**	**14357**	**553**	**174653**	**281980**	**43271**	**23391**	**13008**	**319**	**24**
南宁市	85925	1128	76	20526	47839	8827	4937	2489	95	8
柳州市	38213	1132	16	13172	18245	2942	1658	1017	27	4
桂林市	57220	1355	42	17330	28654	5500	2613	1649	70	7
梧州市	22965	212	12	7031	13077	1490	693	443	7	
北海市	16971	293	18	4118	9126	2004	865	528	17	2
防城港市	7596	173	7	2343	3819	674	349	224	7	
钦州市	30144	712	34	11169	14151	2250	1152	666	10	
贵港市	54601	605	76	14861	30876	4364	2471	1331	16	1
玉林市	56556	500	65	13613	34391	4582	2131	1255	19	
百色市	52128	3368	95	22429	20518	2773	2029	904	11	1
贺州市	23395	777	15	8906	11043	1353	790	504	7	
河池市	42246	2468	43	17847	16808	2451	1738	883	8	
来宾市	30134	532	14	9187	16717	1975	1070	620	18	1
崇左市	33462	1102	40	12121	16716	2086	895	495	7	

4-2 续表 2

单位：人

地 区 性 别	没有农村土地承包经营权的人口									
	小计	未上过学	学前教育	小学	初中	高中	大学专科	大学本科	硕 士 研究生	博 士 研究生
总 计	**661110**	**1499**	**141**	**43459**	**223862**	**141246**	**127125**	**113816**	**8986**	**976**
南宁市	175211	171	25	6839	49046	38669	38965	36531	4436	529
柳州市	84148	111	8	4640	27437	19296	16837	14710	1034	75
桂林市	61056	150	11	3349	17149	14005	12722	12179	1274	217
梧州市	37646	36	5	2602	15272	8489	5702	5329	199	12
北海市	33226	141	12	2543	12362	8047	5186	4599	317	19
防城港市	21020	92	7	1644	8449	4190	3663	2847	123	5
钦州市	38885	109	7	4281	14977	7353	6321	5538	266	33
贵港市	35033	44	12	2868	14632	7229	5559	4541	141	7
玉林市	49975	78	19	3446	20912	10559	7860	6796	274	31
百色市	34367	252	9	3806	11257	6357	6805	5586	275	20
贺州市	19578	60	2	1738	7365	3578	3346	3307	172	10
河池市	29090	142	3	2800	9089	5011	6274	5567	199	5
来宾市	19402	33	5	1212	7594	3661	3700	3089	103	5
崇左市	22473	80	16	1691	8321	4802	4185	3197	173	8
男	**353527**	**400**	**67**	**18977**	**120594**	**82861**	**67748**	**57613**	**4651**	**616**
南宁市	94368	61	12	3218	27008	22401	20603	18472	2278	315
柳州市	46217	33	4	2006	15065	11739	9210	7580	535	45
桂林市	31655	34	5	1272	8742	8042	6616	6169	629	146
梧州市	20099	15	3	1082	8156	5053	3000	2675	105	10
北海市	18052	48	8	1302	6935	4689	2662	2235	156	17
防城港市	12418	34	4	806	4895	2691	2257	1664	64	3
钦州市	20815	23	4	1878	8231	4404	3329	2768	160	18
贵港市	17928	14	4	1191	7494	4128	2817	2195	81	4
玉林市	26277	17	7	1659	11021	5963	4103	3349	133	25
百色市	18098	53	4	1546	6041	3680	3712	2891	161	10
贺州市	10147	13		659	3874	2151	1736	1622	85	7
河池市	15168	24	1	1152	4691	2943	3390	2846	117	4
来宾市	10099	6	2	490	3961	2155	1957	1475	49	4
崇左市	12186	25	9	716	4480	2822	2356	1672	98	8
女	**307583**	**1099**	**74**	**24482**	**103268**	**58385**	**59377**	**56203**	**4335**	**360**
南宁市	80843	110	13	3621	22038	16268	18362	18059	2158	214
柳州市	37931	78	4	2634	12372	7557	7627	7130	499	30
桂林市	29401	116	6	2077	8407	5963	6106	6010	645	71
梧州市	17547	21	2	1520	7116	3436	2702	2654	94	2
北海市	15174	93	4	1241	5427	3358	2524	2364	161	2
防城港市	8602	58	3	838	3554	1499	1406	1183	59	2
钦州市	18070	86	3	2403	6746	2949	2992	2770	106	15
贵港市	17105	30	8	1677	7138	3101	2742	2346	60	3
玉林市	23698	61	12	1787	9891	4596	3757	3447	141	6
百色市	16269	199	5	2260	5216	2677	3093	2695	114	10
贺州市	9431	47	2	1079	3491	1427	1610	1685	87	3
河池市	13922	118	2	1648	4398	2068	2884	2721	82	1
来宾市	9303	27	3	722	3633	1506	1743	1614	54	1
崇左市	10287	55	7	975	3841	1980	1829	1525	75	

4-2a 各地区分性别、受教育程度的就业人口（城市）

单位：人

地区 性别	合计									
	合计	未上过学	学前教育	小学	初中	高中	大学专科	大学本科	硕士研究生	博士研究生
总计	**612157**	**1059**	**130**	**45512**	**220658**	**132519**	**107957**	**94754**	**8624**	**944**
南宁市	200553	209	39	9319	61809	44886	42445	36819	4498	529
柳州市	87309	130	10	6067	31645	19555	15341	13452	1035	74
桂林市	53730	138	7	3631	17031	12151	9788	9579	1200	205
梧州市	32741	26	3	2534	13345	7833	4565	4243	181	11
北海市	27428	134	7	2281	10376	6510	4180	3659	269	12
防城港市	19396	48	8	1831	8084	3841	2989	2471	118	6
钦州市	21585	33	3	1824	7275	4721	3802	3678	221	28
贵港市	38215	70	15	4538	16374	7672	5352	4063	123	8
玉林市	38220	41	8	3200	15691	8756	5739	4517	240	28
百色市	34587	91	9	4616	15185	5691	4808	3921	244	22
贺州市	13509	21	2	1434	5528	2301	1910	2145	159	9
河池市	16211	39	1	1586	6198	3002	2646	2611	125	3
来宾市	17912	31	5	1619	8026	3226	2653	2256	91	5
崇左市	10761	48	13	1032	4091	2374	1739	1340	120	4
男	**343693**	**371**	**62**	**23354**	**128041**	**80010**	**58283**	**48564**	**4419**	**589**
南宁市	113080	80	20	4873	36615	27015	22927	18927	2311	312
柳州市	50292	40	5	3222	18760	12238	8515	6931	539	42
桂林市	30029	46	1	1838	10080	7270	5098	4976	585	135
梧州市	18330	13	3	1245	7584	4757	2439	2183	97	9
北海市	15246	53	4	1243	6052	3811	2155	1790	127	11
防城港市	11576	15	6	996	4857	2503	1738	1398	59	4
钦州市	12183	15	1	954	4255	2892	2036	1888	124	18
贵港市	20974	18	6	2185	9185	4636	2831	2038	69	6
玉林市	21318	21	3	1812	8875	5046	3081	2331	125	24
百色市	18796	23	5	2226	8415	3396	2609	1975	135	12
贺州市	7465	9		774	3200	1379	990	1028	79	6
河池市	8540	16	1	750	3300	1737	1380	1278	76	2
来宾市	9945	7		776	4609	1953	1452	1105	39	4
崇左市	5919	15	7	460	2254	1377	1032	716	54	4
女	**268464**	**688**	**68**	**22158**	**92617**	**52509**	**49674**	**46190**	**4205**	**355**
南宁市	87473	129	19	4446	25194	17871	19518	17892	2187	217
柳州市	37017	90	5	2845	12885	7317	6826	6521	496	32
桂林市	23701	92	6	1793	6951	4881	4690	4603	615	70
梧州市	14411	13		1289	5761	3076	2126	2060	84	2
北海市	12182	81	3	1038	4324	2699	2025	1869	142	1
防城港市	7820	33	2	835	3227	1338	1251	1073	59	2
钦州市	9402	18	2	870	3020	1829	1766	1790	97	10
贵港市	17241	52	9	2353	7189	3036	2521	2025	54	2
玉林市	16902	20	5	1388	6816	3710	2658	2186	115	4
百色市	15791	68	4	2390	6770	2295	2199	1946	109	10
贺州市	6044	12	2	660	2328	922	920	1117	80	3
河池市	7671	23		836	2898	1265	1266	1333	49	1
来宾市	7967	24	5	843	3417	1273	1201	1151	52	1
崇左市	4842	33	6	572	1837	997	707	624	66	

4-2a 续表 1

单位：人

地 区 性 别	有农村土地承包经营权的人口									
	小计	未上过学	学前教育	小学	初中	高中	大学专科	大学本科	硕 士 研究生	博 士 研究生
总 计	**197998**	**608**	**65**	**26989**	**101939**	**36357**	**20132**	**11427**	**450**	**31**
南宁市	53983	90	22	4438	25297	12147	7834	3953	192	10
柳州市	23555	75	4	3552	12893	3837	1968	1158	63	5
桂林市	19058	92	1	2444	9292	3909	1986	1265	60	9
梧州市	8001	16	1	1172	4699	1366	468	275	4	
北海市	7481	44	1	882	3717	1617	757	447	16	
防城港市	5234	23	3	830	2650	920	488	309	10	1
钦州市	6861	21	2	1041	3254	1343	704	479	16	1
贵港市	17746	58	12	3259	9243	2888	1457	820	7	2
玉林市	15060	34	5	2132	8295	2650	1219	702	23	
百色市	17494	68	6	3418	9847	2179	1270	687	17	2
贺州市	5140	10	1	954	2911	646	346	258	14	
河池市	6614	30	1	1111	3479	1006	573	409	5	
来宾市	8056	24	2	1128	4410	1239	765	470	17	1
崇左市	3715	23	4	628	1952	610	297	195	6	
男	**120285**	**194**	**28**	**14543**	**63117**	**23969**	**11827**	**6336**	**254**	**17**
南宁市	33723	30	11	2436	16058	8108	4684	2282	110	4
柳州市	14953	22	2	2103	8405	2590	1185	605	40	1
桂林市	11650	32		1341	5936	2516	1128	661	31	5
梧州市	4931	7	1	617	2906	928	292	178	2	
北海市	4514	14		482	2309	1039	427	239	4	
防城港市	3430	9	3	490	1764	663	314	181	5	1
钦州市	4175	9		558	2034	889	403	271	10	1
贵港市	10383	12	4	1611	5504	1938	848	458	6	2
玉林市	9110	17	1	1256	4999	1697	711	411	18	
百色市	9743	17	3	1700	5589	1384	687	353	8	2
贺州市	3154	3		553	1817	428	207	138	8	
河池市	3659	12	1	547	1981	616	299	200	3	
来宾市	4785	6		567	2695	794	466	250	6	1
崇左市	2075	4	2	282	1120	379	176	109	3	
女	**77713**	**414**	**37**	**12446**	**38822**	**12388**	**8305**	**5091**	**196**	**14**
南宁市	20260	60	11	2002	9239	4039	3150	1671	82	6
柳州市	8602	53	2	1449	4488	1247	783	553	23	4
桂林市	7408	60	1	1103	3356	1393	858	604	29	4
梧州市	3070	9		555	1793	438	176	97	2	
北海市	2967	30	1	400	1408	578	330	208	12	
防城港市	1804	14		340	886	257	174	128	5	
钦州市	2686	12	2	483	1220	454	301	208	6	
贵港市	7363	46	8	1648	3739	950	609	362	1	
玉林市	5950	17	4	876	3296	953	508	291	5	
百色市	7751	51	3	1718	4258	795	583	334	9	
贺州市	1986	7	1	401	1094	218	139	120	6	
河池市	2955	18		564	1498	390	274	209	2	
来宾市	3271	18	2	561	1715	445	299	220	11	
崇左市	1640	19	2	346	832	231	121	86	3	

4-2a 续表 2

单位：人

地 区 性 别	没有农村土地承包经营权的人口									
	小计	未上过学	学前教育	小学	初中	高中	大学专科	大学本科	硕 士 研究生	博 士 研究生
总 计	**414159**	**451**	**65**	**18523**	**118719**	**96162**	**87825**	**83327**	**8174**	**913**
南宁市	146570	119	17	4881	36512	32739	34611	32866	4306	519
柳州市	63754	55	6	2515	18752	15718	13373	12294	972	69
桂林市	34672	46	6	1187	7739	8242	7802	8314	1140	196
梧州市	24740	10	2	1362	8646	6467	4097	3968	177	11
北海市	19947	90	6	1399	6659	4893	3423	3212	253	12
防城港市	14162	25	5	1001	5434	2921	2501	2162	108	5
钦州市	14724	12	1	783	4021	3378	3098	3199	205	27
贵港市	20469	12	3	1279	7131	4784	3895	3243	116	6
玉林市	23160	7	3	1068	7396	6106	4520	3815	217	28
百色市	17093	23	3	1198	5338	3512	3538	3234	227	20
贺州市	8369	11	1	480	2617	1655	1564	1887	145	9
河池市	9597	9		475	2719	1996	2073	2202	120	3
来宾市	9856	7	3	491	3616	1987	1888	1786	74	4
崇左市	7046	25	9	404	2139	1764	1442	1145	114	4
男	**223408**	**177**	**34**	**8811**	**64924**	**56041**	**46456**	**42228**	**4165**	**572**
南宁市	79357	50	9	2437	20557	18907	18243	16645	2201	308
柳州市	35339	18	3	1119	10355	9648	7330	6326	499	41
桂林市	18379	14	1	497	4144	4754	3970	4315	554	130
梧州市	13399	6	2	628	4678	3829	2147	2005	95	9
北海市	10732	39	4	761	3743	2772	1728	1551	123	11
防城港市	8146	6	3	506	3093	1840	1424	1217	54	3
钦州市	8008	6	1	396	2221	2003	1633	1617	114	17
贵港市	10591	6	2	574	3681	2698	1983	1580	63	4
玉林市	12208	4	2	556	3876	3349	2370	1920	107	24
百色市	9053	6	2	526	2826	2012	1922	1622	127	10
贺州市	4311	6		221	1383	951	783	890	71	6
河池市	4881	4		203	1319	1121	1081	1078	73	2
来宾市	5160	1		209	1914	1159	986	855	33	3
崇左市	3844	11	5	178	1134	998	856	607	51	4
女	**190751**	**274**	**31**	**9712**	**53795**	**40121**	**41369**	**41099**	**4009**	**341**
南宁市	67213	69	8	2444	15955	13832	16368	16221	2105	211
柳州市	28415	37	3	1396	8397	6070	6043	5968	473	28
桂林市	16293	32	5	690	3595	3488	3832	3999	586	66
梧州市	11341	4		734	3968	2638	1950	1963	82	2
北海市	9215	51	2	638	2916	2121	1695	1661	130	1
防城港市	6016	19	2	495	2341	1081	1077	945	54	2
钦州市	6716	6		387	1800	1375	1465	1582	91	10
贵港市	9878	6	1	705	3450	2086	1912	1663	53	2
玉林市	10952	3	1	512	3520	2757	2150	1895	110	4
百色市	8040	17	1	672	2512	1500	1616	1612	100	10
贺州市	4058	5	1	259	1234	704	781	997	74	3
河池市	4716	5		272	1400	875	992	1124	47	1
来宾市	4696	6	3	282	1702	828	902	931	41	1
崇左市	3202	14	4	226	1005	766	586	538	63	

4-2b 各地区分性别、受教育程度的就业人口（镇）

单位：人

地区 性别	合计									
	合计	未上过学	学前教育	小学	初中	高中	大学专科	大学本科	硕士 研究生	博士 研究生
总 计	**489590**	**2407**	**151**	**74523**	**252270**	**73834**	**49810**	**35787**	**769**	**39**
南宁市	64450	197	23	7805	36025	10329	5748	4202	112	9
柳州市	37821	140	1	6460	18865	5427	4188	2675	61	4
桂林市	48761	200	10	5999	22307	9196	6329	4573	135	12
梧州市	25431	51	6	3864	14686	3124	2025	1649	25	1
北海市	12344	64	6	1293	5650	2834	1402	1072	21	2
防城港市	8235	63	2	919	4227	1502	926	584	12	
钦州市	33807	143	8	5886	16350	5380	3527	2457	55	1
贵港市	49250	153	25	8095	28873	6438	3383	2253	30	
玉林市	60256	171	36	8348	34444	8444	4706	4032	71	4
百色市	29844	433	14	5990	12654	4133	3957	2614	49	
贺州市	25158	216	2	4832	12815	3234	2324	1706	28	1
河池市	40591	340	3	7633	17838	5486	5345	3869	76	1
来宾市	25140	113	4	3644	13706	3392	2541	1703	35	2
崇左市	28502	123	11	3755	13830	4915	3409	2398	59	2
男	**277559**	**609**	**71**	**36843**	**147961**	**46387**	**27213**	**17999**	**449**	**27**
南宁市	35880	56	13	3565	20493	6430	3159	2097	61	6
柳州市	21445	48	0	3299	11115	3328	2280	1338	35	2
桂林市	27470	56	6	3106	12934	5598	3462	2233	67	8
梧州市	14907	14	2	1945	8899	2072	1132	829	13	1
北海市	7094	13	3	687	3352	1784	728	514	11	2
防城港市	5226	26	1	452	2716	1048	615	360	8	
钦州市	19802	42	2	3277	9855	3475	1893	1214	44	
贵港市	27799	42	10	3991	16684	4122	1835	1097	18	
玉林市	34890	59	20	4582	20377	5309	2518	1987	35	3
百色市	16251	76	3	2638	7478	2506	2141	1376	33	
贺州市	14478	48		2288	7867	2116	1275	867	16	1
河池市	22611	77		3574	10496	3460	2928	2032	43	1
来宾市	13987	28	3	1763	7874	2118	1369	813	18	1
崇左市	15719	24	8	1676	7821	3021	1878	1242	47	2
女	**212031**	**1798**	**80**	**37680**	**104309**	**27447**	**22597**	**17788**	**320**	**12**
南宁市	28570	141	10	4240	15532	3899	2589	2105	51	3
柳州市	16376	92	1	3161	7750	2099	1908	1337	26	2
桂林市	21291	144	4	2893	9373	3598	2867	2340	68	4
梧州市	10524	37	4	1919	5787	1052	893	820	12	
北海市	5250	51	3	606	2298	1050	674	558	10	
防城港市	3009	37	1	467	1511	454	311	224	4	
钦州市	14005	101	6	2609	6495	1905	1634	1243	11	1
贵港市	21451	111	15	4104	12189	2316	1548	1156	12	
玉林市	25366	112	16	3766	14067	3135	2188	2045	36	1
百色市	13593	357	11	3352	5176	1627	1816	1238	16	
贺州市	10680	168	2	2544	4948	1118	1049	839	12	
河池市	17980	263	3	4059	7342	2026	2417	1837	33	
来宾市	11153	85	1	1881	5832	1274	1172	890	17	1
崇左市	12783	99	3	2079	6009	1894	1531	1156	12	

4-2b 续表 1

单位：人

地 区 性 别	有农村土地承包经营权的人口									
	小计	未上过学	学前教育	小学	初中	高中	大学专科	大学本科	硕 士 研究生	博 士 研究生
总 计	**316383**	**2047**	**120**	**62507**	**187278**	**38031**	**16969**	**9289**	**138**	**4**
南宁市	43447	174	17	6736	27795	5603	2089	1011	21	1
柳州市	21914	117		5156	12708	2325	1102	500	6	
桂林市	28989	173	8	5062	16335	4351	1930	1102	28	
梧州市	16468	43	6	3240	10526	1532	670	446	5	
北海市	5110	45	2	813	2866	878	326	177	3	
防城港市	4420	17	0	628	2620	705	301	147	2	
钦州市	18268	113	7	4437	10032	2318	871	483	7	
贵港市	39510	142	23	7254	24242	4588	2066	1184	11	
玉林市	42510	150	31	7365	26895	4908	1849	1291	19	2
百色市	18248	370	13	4853	9221	1933	1285	566	7	
贺州市	16835	196	2	4163	9717	1589	747	417	4	
河池市	26010	302	3	6480	13522	2984	1794	916	9	
来宾市	17902	103	2	3296	11079	1979	938	494	10	1
崇左市	16752	102	6	3024	9720	2338	1001	555	6	
男	**185575**	**511**	**55**	**31500**	**113725**	**25255**	**9653**	**4798**	**76**	**2**
南宁市	24865	49	11	3096	16277	3679	1220	522	11	
柳州市	12926	41		2718	7799	1509	630	225	4	
桂林市	17159	49	4	2691	9927	2831	1090	560	7	
梧州市	10105	10	2	1688	6650	1101	412	238	4	
北海市	3102	10		436	1791	593	184	86	2	
防城港市	2979	5		316	1795	544	212	106	1	
钦州市	11370	34	2	2555	6383	1629	504	258	5	
贵港市	22733	37	9	3621	14264	3024	1164	609	5	
玉林市	25425	53	19	4075	16376	3207	1014	667	12	2
百色市	10219	64	3	2206	5675	1260	717	289	5	
贺州市	10110	47		2047	6271	1108	425	208	4	
河池市	14900	69		3089	8283	1976	987	489	7	
来宾市	10266	27	1	1608	6576	1289	516	245	4	
崇左市	9416	16	4	1354	5658	1505	578	296	5	
女	**130808**	**1536**	**65**	**31007**	**73553**	**12776**	**7316**	**4491**	**62**	**2**
南宁市	18582	125	6	3640	11518	1924	869	489	10	1
柳州市	8988	76		2438	4909	816	472	275	2	
桂林市	11830	124	4	2371	6408	1520	840	542	21	
梧州市	6363	33	4	1552	3876	431	258	208	1	
北海市	2008	35	2	377	1075	285	142	91	1	
防城港市	1441	12		312	825	161	89	41	1	
钦州市	6898	79	5	1882	3649	689	367	225	2	
贵港市	16777	105	14	3633	9978	1564	902	575	6	
玉林市	17085	97	12	3290	10519	1701	835	624	7	
百色市	8029	306	10	2647	3546	673	568	277	2	
贺州市	6725	149	2	2116	3446	481	322	209		
河池市	11110	233	3	3391	5239	1008	807	427	2	
来宾市	7636	76	1	1688	4503	690	422	249	6	1
崇左市	7336	86	2	1670	4062	833	423	259	1	

4–2b　续表 2　　　　　　　　　　　　　　　　　　　　　　　　　　　　　　　　单位：人

地　区 性　别	没有农村土地承包经营权的人口									
	小计	未上过学	学前教育	小学	初中	高中	大学专科	大学本科	硕　士 研究生	博　士 研究生
总　计	**173207**	**360**	**31**	**12016**	**64992**	**35803**	**32841**	**26498**	**631**	**35**
南宁市	21003	23	6	1069	8230	4726	3659	3191	91	8
柳州市	15907	23	1	1304	6157	3102	3086	2175	55	4
桂林市	19772	27	2	937	5972	4845	4399	3471	107	12
梧州市	8963	8		624	4160	1592	1355	1203	20	1
北海市	7234	19	4	480	2784	1956	1076	895	18	2
防城港市	3815	46	2	291	1607	797	625	437	10	
钦州市	15539	30	1	1449	6318	3062	2656	1974	48	1
贵港市	9740	11	2	841	4631	1850	1317	1069	19	
玉林市	17746	21	5	983	7549	3536	2857	2741	52	2
百色市	11596	63	1	1137	3433	2200	2672	2048	42	
贺州市	8323	20		669	3098	1645	1577	1289	24	1
河池市	14581	38		1153	4316	2502	3551	2953	67	1
来宾市	7238	10	2	348	2627	1413	1603	1209	25	1
崇左市	11750	21	5	731	4110	2577	2408	1843	53	2
男	**91984**	**98**	**16**	**5343**	**34236**	**21132**	**17560**	**13201**	**373**	**25**
南宁市	11015	7	2	469	4216	2751	1939	1575	50	6
柳州市	8519	7		581	3316	1819	1650	1113	31	2
桂林市	10311	7	2	415	3007	2767	2372	1673	60	8
梧州市	4802	4		257	2249	971	720	591	9	1
北海市	3992	3	3	251	1561	1191	544	428	9	2
防城港市	2247	21	1	136	921	504	403	254	7	
钦州市	8432	8		722	3472	1846	1389	956	39	
贵港市	5066	5	1	370	2420	1098	671	488	13	
玉林市	9465	6	1	507	4001	2102	1504	1320	23	1
百色市	6032	12		432	1803	1246	1424	1087	28	
贺州市	4368	1		241	1596	1008	850	659	12	1
河池市	7711	8		485	2213	1484	1941	1543	36	1
来宾市	3721	1	2	155	1298	829	853	568	14	1
崇左市	6303	8	4	322	2163	1516	1300	946	42	2
女	**81223**	**262**	**15**	**6673**	**30756**	**14671**	**15281**	**13297**	**258**	**10**
南宁市	9988	16	4	600	4014	1975	1720	1616	41	2
柳州市	7388	16	1	723	2841	1283	1436	1062	24	2
桂林市	9461	20		522	2965	2078	2027	1798	47	4
梧州市	4161	4		367	1911	621	635	612	11	
北海市	3242	16	1	229	1223	765	532	467	9	
防城港市	1568	25	1	155	686	293	222	183	3	
钦州市	7107	22	1	727	2846	1216	1267	1018	9	1
贵港市	4674	6	1	471	2211	752	646	581	6	
玉林市	8281	15	4	476	3548	1434	1353	1421	29	1
百色市	5564	51	1	705	1630	954	1248	961	14	
贺州市	3955	19		428	1502	637	727	630	12	
河池市	6870	30		668	2103	1018	1610	1410	31	
来宾市	3517	9		193	1329	584	750	641	11	
崇左市	5447	13	1	409	1947	1061	1108	897	11	

4-2c 各地区分性别、受教育程度的就业人口（乡村）

单位：人

地区 性别	合计 合计	未上过学	学前教育	小学	初中	高中	大学专科	大学本科	硕士研究生	博士研究生
总计	**912209**	**16265**	**723**	**276335**	**510577**	**72268**	**24859**	**10827**	**304**	**51**
南宁市	118326	1211	83	28419	73519	10769	3047	1222	52	4
柳州市	55527	1283	21	20597	28384	3403	1262	563	11	3
桂林市	100631	1670	65	30072	55675	9378	2445	1255	58	13
梧州市	39752	239	15	11065	24252	2822	871	477	11	
北海市	36373	328	27	7633	20786	4988	1620	930	54	7
防城港市	15705	206	10	3993	8648	1633	833	376	6	
钦州市	64287	910	57	22870	32832	5070	1689	834	19	6
贵港市	77992	582	91	19723	47163	6761	2601	1048	21	2
玉林市	96091	611	96	22704	62045	7339	2359	917	17	3
百色市	89316	3900	112	35970	40343	5349	2667	962	10	3
贺州市	39134	775	18	13283	21044	2590	972	445	6	1
河池市	71675	2749	55	28143	32847	4665	2258	938	19	1
来宾市	48506	571	19	13710	29440	3321	1066	367	7	5
崇左市	58894	1230	54	18153	33599	4180	1169	493	13	3
男	**533565**	**3295**	**244**	**137038**	**322255**	**50568**	**14362**	**5594**	**175**	**34**
南宁市	67601	243	23	12958	44368	7444	1855	671	37	2
柳州市	32776	255	7	10797	18402	2320	711	274	7	3
桂林市	59002	435	27	15351	34938	6394	1283	539	26	9
梧州市	24175	56	5	5722	15607	2024	495	260	6	
北海市	21660	74	11	3918	12855	3375	930	465	28	4
防城港市	10336	45	3	2114	6013	1252	640	266	3	
钦州市	39480	231	28	12777	21450	3605	945	431	11	2
贵港市	44978	110	31	9642	28527	4648	1457	552	11	
玉林市	58105	182	40	12458	38646	5006	1317	446	8	2
百色市	50303	758	27	17023	26555	3821	1560	547	10	2
贺州市	23032	131	5	6502	13786	1850	541	212	4	1
河池市	41158	449	13	13543	21881	3437	1319	504	11	1
来宾市	28189	121	8	6525	18339	2387	626	174	4	5
崇左市	32770	205	16	7708	20888	3005	683	253	9	3
女	**378644**	**12970**	**479**	**139297**	**188322**	**21700**	**10497**	**5233**	**129**	**17**
南宁市	50725	968	60	15461	29151	3325	1192	551	15	2
柳州市	22751	1028	14	9800	9982	1083	551	289	4	
桂林市	41629	1235	38	14721	20737	2984	1162	716	32	4
梧州市	15577	183	10	5343	8645	798	376	217	5	
北海市	14713	254	16	3715	7931	1613	690	465	26	3
防城港市	5369	161	7	1879	2635	381	193	110	3	
钦州市	24807	679	29	10093	11382	1465	744	403	8	4
贵港市	33014	472	60	10081	18636	2113	1144	496	10	2
玉林市	37986	429	56	10246	23399	2333	1042	471	9	1
百色市	39013	3142	85	18947	13788	1528	1107	415		1
贺州市	16102	644	13	6781	7258	740	431	233	2	
河池市	30517	2300	42	14600	10966	1228	939	434	8	
来宾市	20317	450	11	7185	11101	934	440	193	3	
崇左市	26124	1025	38	10445	12711	1175	486	240	4	

4-2c　续表 1　　　　单位：人

地　区 性　别	有农村土地承包经营权的人口									
	小计	未上过学	学前教育	小学	初中	高中	大学专科	大学本科	硕　士 研究生	博　士 研究生
总　计	**838465**	**15577**	**678**	**263415**	**470426**	**62987**	**18400**	**6836**	**123**	**23**
南宁市	110688	1182	81	27530	69215	9565	2352	748	13	2
柳州市	51040	1250	20	19776	25856	2927	884	322	4	1
桂林市	94019	1593	62	28847	52237	8460	1924	861	31	4
梧州市	35809	221	12	10449	21786	2392	621	319	9	
北海市	30328	296	25	6969	17867	3790	933	438	8	2
防城港市	12662	185	10	3641	7240	1161	296	128	1	
钦州市	55665	843	52	20821	28194	4157	1122	469	6	1
贵港市	73168	561	84	18975	44293	6166	2254	819	15	1
玉林市	87022	561	85	21309	56078	6422	1876	677	12	2
百色市	83638	3734	107	34499	37857	4704	2072	658	4	3
贺州市	36248	746	17	12694	19394	2312	767	314	3	1
河池市	66763	2654	52	26971	30793	4152	1608	526	7	
来宾市	46198	555	19	13337	28089	3060	857	273	3	5
崇左市	55217	1196	52	17597	31527	3719	834	284	7	1
男	**495430**	**3170**	**227**	**132215**	**300821**	**44880**	**10630**	**3410**	**62**	**15**
南宁市	63605	239	22	12646	42133	6701	1434	419	10	1
柳州市	30417	247	6	10491	17008	2048	481	133	2	1
桂林市	56037	422	25	14991	33347	5873	1009	358	11	1
梧州市	22277	51	4	5525	14378	1771	362	181	5	
北海市	18332	68	10	3628	11224	2649	540	209	4	
防城港市	8311	38	3	1950	5132	905	210	73		
钦州市	35105	222	25	12017	18912	3050	638	236	4	1
贵港市	42707	107	30	9395	27134	4316	1294	425	6	
玉林市	53501	175	36	11862	35502	4494	1088	337	5	2
百色市	47290	723	25	16435	25143	3399	1194	365	4	2
贺州市	21564	125	5	6305	12891	1658	438	139	2	1
河池市	38582	437	12	13079	20722	3099	951	279	3	
来宾市	26971	117	8	6399	17590	2220	508	122	2	5
崇左市	30731	199	16	7492	19705	2697	483	134	4	1
女	**343035**	**12407**	**451**	**131200**	**169605**	**18107**	**7770**	**3426**	**61**	**8**
南宁市	47083	943	59	14884	27082	2864	918	329	3	1
柳州市	20623	1003	14	9285	8848	879	403	189	2	
桂林市	37982	1171	37	13856	18890	2587	915	503	20	3
梧州市	13532	170	8	4924	7408	621	259	138	4	
北海市	11996	228	15	3341	6643	1141	393	229	4	2
防城港市	4351	147	7	1691	2108	256	86	55	1	
钦州市	20560	621	27	8804	9282	1107	484	233	2	
贵港市	30461	454	54	9580	17159	1850	960	394	9	1
玉林市	33521	386	49	9447	20576	1928	788	340	7	
百色市	36348	3011	82	18064	12714	1305	878	293		1
贺州市	14684	621	12	6389	6503	654	329	175	1	
河池市	28181	2217	40	13892	10071	1053	657	247	4	
来宾市	19227	438	11	6938	10499	840	349	151	1	
崇左市	24486	997	36	10105	11822	1022	351	150	3	

4-2c 续表 2

单位：人

地区 性别	没有农村土地承包经营权的人口									
	小计	未上过学	学前教育	小学	初中	高中	大学专科	大学本科	硕士 研究生	博士 研究生
总计	**73744**	**688**	**45**	**12920**	**40151**	**9281**	**6459**	**3991**	**181**	**28**
南宁市	7638	29	2	889	4304	1204	695	474	39	2
柳州市	4487	33	1	821	2528	476	378	241	7	2
桂林市	6612	77	3	1225	3438	918	521	394	27	9
梧州市	3943	18	3	616	2466	430	250	158	2	
北海市	6045	32	2	664	2919	1198	687	492	46	5
防城港市	3043	21		352	1408	472	537	248	5	
钦州市	8622	67	5	2049	4638	913	567	365	13	5
贵港市	4824	21	7	748	2870	595	347	229	6	1
玉林市	9069	50	11	1395	5967	917	483	240	5	1
百色市	5678	166	5	1471	2486	645	595	304	6	
贺州市	2886	29	1	589	1650	278	205	131	3	
河池市	4912	95	3	1172	2054	513	650	412	12	1
来宾市	2308	16	0	373	1351	261	209	94	4	
崇左市	3677	34	2	556	2072	461	335	209	6	2
男	**38135**	**125**	**17**	**4823**	**21434**	**5688**	**3732**	**2184**	**113**	**19**
南宁市	3996	4	1	312	2235	743	421	252	27	1
柳州市	2359	8	1	306	1394	272	230	141	5	2
桂林市	2965	13	2	360	1591	521	274	181	15	8
梧州市	1898	5	1	197	1229	253	133	79	1	
北海市	3328	6	1	290	1631	726	390	256	24	4
防城港市	2025	7		164	881	347	430	193	3	
钦州市	4375	9	3	760	2538	555	307	195	7	1
贵港市	2271	3	1	247	1393	332	163	127	5	
玉林市	4604	7	4	596	3144	512	229	109	3	
百色市	3013	35	2	588	1412	422	366	182	6	
贺州市	1468	6		197	895	192	103	73	2	
河池市	2576	12	1	464	1159	338	368	225	8	1
来宾市	1218	4		126	749	167	118	52	2	
崇左市	2039	6		216	1183	308	200	119	5	2
女	**35609**	**563**	**28**	**8097**	**18717**	**3593**	**2727**	**1807**	**68**	**9**
南宁市	3642	25	1	577	2069	461	274	222	12	1
柳州市	2128	25		515	1134	204	148	100	2	
桂林市	3647	64	1	865	1847	397	247	213	12	1
梧州市	2045	13	2	419	1237	177	117	79	1	
北海市	2717	26	1	374	1288	472	297	236	22	1
防城港市	1018	14		188	527	125	107	55	2	
钦州市	4247	58	2	1289	2100	358	260	170	6	4
贵港市	2553	18	6	501	1477	263	184	102	1	1
玉林市	4465	43	7	799	2823	405	254	131	2	1
百色市	2665	131	3	883	1074	223	229	122		
贺州市	1418	23	1	392	755	86	102	58	1	
河池市	2336	83	2	708	895	175	282	187	4	
来宾市	1090	12		247	602	94	91	42	2	
崇左市	1638	28	2	340	889	153	135	90	1	

4-3　分年龄、性别、受教育程度的就业人口

单位：人

年龄组 性　别	合　计									
	合计	未上过学	学前教育	小学	初中	高中	大学专科	大学本科	硕　士 研究生	博　士 研究生
总　计	**2013956**	**19731**	**1004**	**396370**	**983505**	**278621**	**182626**	**141368**	**9697**	**1034**
16-19岁	24481	21	22	1103	14236	7128	1677	294		
20-24岁	100935	75	31	3757	41354	21127	22108	12349	130	4
25-29岁	172907	148	31	7785	73634	31887	31007	27019	1341	55
30-34岁	272386	349	50	16680	136452	46308	36992	32914	2452	189
35-39岁	274221	594	47	25648	153375	38528	28333	25099	2347	250
40-44岁	260181	1043	48	40241	138587	37774	23044	17758	1473	213
45-49岁	274218	1869	97	63320	142667	32756	19321	13108	932	148
50-54岁	254306	2714	155	79560	128040	21899	12680	8538	623	97
55-59岁	187980	2508	127	58143	91330	25072	6452	3915	362	71
60-64岁	88172	2952	112	37344	35911	11046	559	218	25	5
65-69岁	63182	3316	114	35347	20120	3881	283	109	11	1
70-74岁	26488	2135	98	17627	5601	883	115	28		1
75岁及以上	14499	2007	72	9815	2198	332	55	19	1	
男	**1154817**	**4275**	**377**	**197235**	**598257**	**176965**	**99858**	**72157**	**5043**	**650**
16-19岁	15110	11	11	694	9350	4064	855	125		
20-24岁	57928	32	18	2347	27085	12783	10678	4936	47	2
25-29岁	98863	72	14	4867	46816	19344	15631	11580	511	28
30-34岁	154529	143	30	9346	81859	27339	19199	15453	1044	116
35-39岁	154888	209	19	13123	89576	22577	15319	12736	1191	138
40-44岁	144526	291	24	19411	79375	22200	12472	9743	875	135
45-49岁	152834	437	38	30289	82022	20304	11022	8024	601	97
50-54岁	149072	605	53	39420	78736	15646	8245	5866	432	69
55-59岁	114971	524	38	27353	57943	19741	5617	3387	309	59
60-64岁	51572	492	31	17306	24434	8653	451	179	22	4
65-69岁	36681	566	29	17633	14877	3249	223	93	10	1
70-74岁	15552	441	37	9780	4398	774	99	22		1
75岁及以上	8291	452	35	5666	1786	291	47	13	1	
女	**859139**	**15456**	**627**	**199135**	**385248**	**101656**	**82768**	**69211**	**4654**	**384**
16-19岁	9371	10	11	409	4886	3064	822	169		
20-24岁	43007	43	13	1410	14269	8344	11430	7413	83	2
25-29岁	74044	76	17	2918	26818	12543	15376	15439	830	27
30-34岁	117857	206	20	7334	54593	18969	17793	17461	1408	73
35-39岁	119333	385	28	12525	63799	15951	13014	12363	1156	112
40-44岁	115655	752	24	20830	59212	15574	10572	8015	598	78
45-49岁	121384	1432	59	33031	60645	12452	8299	5084	331	51
50-54岁	105234	2109	102	40140	49304	6253	4435	2672	191	28
55-59岁	73009	1984	89	30790	33387	5331	835	528	53	12
60-64岁	36600	2460	81	20038	11477	2393	108	39	3	1
65-69岁	26501	2750	85	17714	5243	632	60	16	1	
70-74岁	10936	1694	61	7847	1203	109	16	6		
75岁及以上	6208	1555	37	4149	412	41	8	6		

4-3 续表 1

单位：人

年龄组 性 别	有农村土地承包经营权的人口									
	小计	未上过学	学前教育	小学	初中	高中	大学专科	大学本科	硕 士 研究生	博 士 研究生
总 计	**1352846**	**18232**	**863**	**352911**	**759643**	**137375**	**55501**	**27552**	**711**	**58**
16–19岁	17056	15	14	836	10762	4423	853	153		
20–24岁	57539	55	18	2825	29629	11451	9304	4226	30	1
25–29岁	93585	109	19	5680	52304	16016	11753	7494	200	10
30–34岁	151365	263	35	12680	97074	21968	12152	6935	235	23
35–39岁	163961	494	35	20799	113339	17268	8071	3819	126	10
40–44岁	165943	902	41	34463	106841	15685	5603	2353	48	7
45–49岁	184849	1637	79	55257	109824	12529	3991	1493	37	2
50–54岁	189657	2469	136	71329	103262	9299	2348	788	22	4
55–59岁	150926	2322	114	53553	78032	15513	1144	239	8	1
60–64岁	80378	2811	99	35396	32818	9080	147	24	3	
65–69岁	59118	3176	108	33827	18679	3231	77	19	1	
70–74岁	24921	2059	94	16906	5127	691	37	7		
75岁及以上	13548	1920	71	9360	1952	221	21	2	1	
男	**801290**	**3875**	**310**	**178258**	**477663**	**94104**	**32110**	**14544**	**392**	**34**
16–19岁	10850	7	7	525	7196	2647	415	53		
20–24岁	34579	24	10	1766	19681	7057	4390	1639	12	
25–29岁	57015	50	7	3596	33870	10051	6062	3301	72	6
30–34岁	91744	106	20	7171	60064	13694	6891	3662	122	14
35–39岁	98796	169	13	10891	69113	11119	5038	2365	83	5
40–44岁	97240	251	21	17194	64260	10364	3540	1565	41	4
45–49岁	107231	380	31	27391	66595	8946	2770	1085	31	2
50–54岁	111289	552	44	36048	65152	7130	1728	615	18	2
55–59岁	88975	478	34	25377	49639	12198	1030	210	8	1
60–64岁	46904	455	27	16450	22522	7299	127	21	3	
65–69岁	34325	538	25	16993	13897	2782	70	19	1	
70–74岁	14601	428	37	9417	4064	615	33	7		
75岁及以上	7741	437	34	5439	1610	202	16	2	1	
女	**551556**	**14357**	**553**	**174653**	**281980**	**43271**	**23391**	**13008**	**319**	**24**
16–19岁	6206	8	7	311	3566	1776	438	100		
20–24岁	22960	31	8	1059	9948	4394	4914	2587	18	1
25–29岁	36570	59	12	2084	18434	5965	5691	4193	128	4
30–34岁	59621	157	15	5509	37010	8274	5261	3273	113	9
35–39岁	65165	325	22	9908	44226	6149	3033	1454	43	5
40–44岁	68703	651	20	17269	42581	5321	2063	788	7	3
45–49岁	77618	1257	48	27866	43229	3583	1221	408	6	
50–54岁	78368	1917	92	35281	38110	2169	620	173	4	2
55–59岁	61951	1844	80	28176	28393	3315	114	29		
60–64岁	33474	2356	72	18946	10296	1781	20	3		
65–69岁	24793	2638	83	16834	4782	449	7			
70–74岁	10320	1631	57	7489	1063	76	4			
75岁及以上	5807	1483	37	3921	342	19	5			

4-3　续表 2　　　　单位：人

年龄组 性　别	没有农村土地承包经营权的人口									
	小计	未上过学	学前教育	小学	初中	高中	大学专科	大学本科	硕　士 研究生	博　士 研究生
总　计	**661110**	**1499**	**141**	**43459**	**223862**	**141246**	**127125**	**113816**	**8986**	**976**
16−19 岁	7425	6	8	267	3474	2705	824	141		
20−24 岁	43396	20	13	932	11725	9676	12804	8123	100	3
25−29 岁	79322	39	12	2105	21330	15871	19254	19525	1141	45
30−34 岁	121021	86	15	4000	39378	24340	24840	25979	2217	166
35−39 岁	110260	100	12	4849	40036	21260	20262	21280	2221	240
40−44 岁	94238	141	7	5778	31746	22089	17441	15405	1425	206
45−49 岁	89369	232	18	8063	32843	20227	15330	11615	895	146
50−54 岁	64649	245	19	8231	24778	12600	10332	7750	601	93
55−59 岁	37054	186	13	4590	13298	9559	5308	3676	354	70
60−64 岁	7794	141	13	1948	3093	1966	412	194	22	5
65−69 岁	4064	140	6	1520	1441	650	206	90	10	1
70−74 岁	1567	76	4	721	474	192	78	21		1
75 岁及以上	951	87	1	455	246	111	34	17		
男	**353527**	**400**	**67**	**18977**	**120594**	**82861**	**67748**	**57613**	**4651**	**616**
16−19 岁	4260	4	4	169	2154	1417	440	72		
20−24 岁	23349	8	8	581	7404	5726	6288	3297	35	2
25−29 岁	41848	22	7	1271	12946	9293	9569	8279	439	22
30−34 岁	62785	37	10	2175	21795	13645	12308	11791	922	102
35−39 岁	56092	40	6	2232	20463	11458	10281	10371	1108	133
40−44 岁	47286	40	3	2217	15115	11836	8932	8178	834	131
45−49 岁	45603	57	7	2898	15427	11358	8252	6939	570	95
50−54 岁	37783	53	9	3372	13584	8516	6517	5251	414	67
55−59 岁	25996	46	4	1976	8304	7543	4587	3177	301	58
60−64 岁	4668	37	4	856	1912	1354	324	158	19	4
65−69 岁	2356	28	4	640	980	467	153	74	9	1
70−74 岁	951	13		363	334	159	66	15		1
75 岁及以上	550	15	1	227	176	89	31	11		
女	**307583**	**1099**	**74**	**24482**	**103268**	**58385**	**59377**	**56203**	**4335**	**360**
16−19 岁	3165	2	4	98	1320	1288	384	69		
20−24 岁	20047	12	5	351	4321	3950	6516	4826	65	1
25−29 岁	37474	17	5	834	8384	6578	9685	11246	702	23
30−34 岁	58236	49	5	1825	17583	10695	12532	14188	1295	64
35−39 岁	54168	60	6	2617	19573	9802	9981	10909	1113	107
40−44 岁	46952	101	4	3561	16631	10253	8509	7227	591	75
45−49 岁	43766	175	11	5165	17416	8869	7078	4676	325	51
50−54 岁	26866	192	10	4859	11194	4084	3815	2499	187	26
55−59 岁	11058	140	9	2614	4994	2016	721	499	53	12
60−64 岁	3126	104	9	1092	1181	612	88	36	3	1
65−69 岁	1708	112	2	880	461	183	53	16	1	
70−74 岁	616	63	4	358	140	33	12	6		
75 岁及以上	401	72		228	70	22	3	6		

4-3a 分年龄、性别、受教育程度的就业人口（城市）

单位：人

年龄组 性 别	合 计									
	合计	未上过学	学前教育	小学	初中	高中	大学专科	大学本科	硕 士 研究生	博 士 研究生
总 计	**612157**	**1059**	**130**	**45512**	**220658**	**132519**	**107957**	**94754**	**8624**	**944**
16-19岁	5433	2	3	119	2147	2180	851	131		
20-24岁	37748	13	5	550	8572	9445	12029	7036	96	2
25-29岁	70098	35	8	1404	16744	15577	17990	17181	1118	41
30-34岁	109281	60	16	3223	33409	23850	23265	23125	2177	156
35-39岁	103298	60	11	4318	38914	21029	18409	18177	2147	233
40-44岁	91573	102	14	6515	36513	21171	13977	11737	1342	202
45-49岁	85491	178	17	9416	37038	18022	11247	8606	825	142
50-54岁	60958	216	26	9994	27172	10658	6576	5669	555	92
55-59岁	34329	121	14	5162	14503	8146	3142	2835	337	69
60-64岁	8041	100	5	2189	3540	1761	263	158	20	5
65-69岁	3982	103	3	1600	1546	504	148	71	6	1
70-74岁	1306	40	5	680	400	123	43	14		1
75岁及以上	619	29	3	342	160	53	17	14	1	
男	**343693**	**371**	**62**	**23354**	**128041**	**80010**	**58283**	**48564**	**4419**	**589**
16-19岁	3183	1		85	1395	1209	438	55		
20-24岁	20217	6	4	350	5572	5640	5747	2858	38	2
25-29岁	37985	21	3	888	10534	9418	9170	7518	413	20
30-34岁	58952	30	9	1900	19341	13783	12039	10852	904	94
35-39岁	56159	32	8	2284	21738	11812	9816	9265	1077	127
40-44岁	49553	35	8	3073	19837	11888	7422	6388	775	127
45-49岁	47029	58	9	4396	19881	10624	6275	5170	524	92
50-54岁	37661	73	11	5161	16429	7412	4296	3838	377	64
55-59岁	24183	43	4	2740	9462	6452	2726	2413	286	57
60-64岁	5096	30	1	1111	2362	1246	195	129	18	4
65-69岁	2499	19	1	827	1094	383	108	60	6	1
70-74岁	819	16	2	371	282	102	36	9		1
75岁及以上	357	7	2	168	114	41	15	9	1	
女	**268464**	**688**	**68**	**22158**	**92617**	**52509**	**49674**	**46190**	**4205**	**355**
16-19岁	2250	1	3	34	752	971	413	76		
20-24岁	17531	7	1	200	3000	3805	6282	4178	58	
25-29岁	32113	14	5	516	6210	6159	8820	9663	705	21
30-34岁	50329	30	7	1323	14068	10067	11226	12273	1273	62
35-39岁	47139	28	3	2034	17176	9217	8593	8912	1070	106
40-44岁	42020	67	6	3442	16676	9283	6555	5349	567	75
45-49岁	38462	120	8	5020	17157	7398	4972	3436	301	50
50-54岁	23297	143	15	4833	10743	3246	2280	1831	178	28
55-59岁	10146	78	10	2422	5041	1694	416	422	51	12
60-64岁	2945	70	4	1078	1178	515	68	29	2	1
65-69岁	1483	84	2	773	452	121	40	11		
70-74岁	487	24	3	309	118	21	7	5		
75岁及以上	262	22	1	174	46	12	2	5		

4-3a 续表 1

单位：人

年龄组 性 别	有农村土地承包经营权的人口									
	小计	未上过学	学前教育	小学	初中	高中	大学专科	大学本科	硕 士 研究生	博 士 研究生
总 计	**197998**	**608**	**65**	**26989**	**101939**	**36357**	**20132**	**11427**	**450**	**31**
16–19岁	1864		1	38	854	699	239	33		
20–24岁	10978	3	1	208	3279	2962	3110	1402	13	
25–29岁	19635	15	3	577	6797	4764	4318	3047	109	5
30–34岁	30787	24	7	1435	13905	7137	4891	3224	155	9
35–39岁	31086	21	4	2147	17658	5896	3433	1828	92	7
40–44岁	30529	43	8	3826	18202	5400	2045	964	35	6
45–49岁	28837	104	8	5614	17388	3907	1235	555	25	1
50–54岁	22580	130	14	6263	12933	2356	587	280	15	2
55–59岁	13433	69	9	3389	7431	2225	228	77	4	1
60–64岁	4616	66	2	1575	2190	754	16	12	1	
65–69岁	2485	75	2	1188	991	201	24	4		
70–74岁	799	34	4	489	224	43	5			
75岁及以上	369	24	2	240	87	13	1	1	1	
男	**120285**	**194**	**28**	**14543**	**63117**	**23969**	**11827**	**6336**	**254**	**17**
16–19岁	1135			32	578	411	105	9		
20–24岁	6181	1		139	2191	1841	1428	573	8	
25–29岁	11646	9	1	389	4374	3057	2336	1437	40	3
30–34岁	18641	14	3	896	8515	4444	2917	1770	77	5
35–39岁	19073	10	3	1217	10717	3736	2168	1158	60	4
40–44岁	18335	14	5	1971	10826	3504	1316	666	30	3
45–49岁	17376	27	5	2863	10455	2716	876	413	20	1
50–54岁	14199	50	4	3415	8305	1746	441	225	13	
55–59岁	8619	21	3	1838	4750	1732	202	68	4	1
60–64岁	2875	18	1	786	1479	565	13	12	1	
65–69岁	1521	12		619	698	168	20	4		
70–74岁	479	13	2	259	162	39	4			
75岁及以上	205	5	1	119	67	10	1	1	1	
女	**77713**	**414**	**37**	**12446**	**38822**	**12388**	**8305**	**5091**	**196**	**14**
16–19岁	729		1	6	276	288	134	24		
20–24岁	4797	2	1	69	1088	1121	1682	829	5	
25–29岁	7989	6	2	188	2423	1707	1982	1610	69	2
30–34岁	12146	10	4	539	5390	2693	1974	1454	78	4
35–39岁	12013	11	1	930	6941	2160	1265	670	32	3
40–44岁	12194	29	3	1855	7376	1896	729	298	5	3
45–49岁	11461	77	3	2751	6933	1191	359	142	5	
50–54岁	8381	80	10	2848	4628	610	146	55	2	2
55–59岁	4814	48	6	1551	2681	493	26	9		
60–64岁	1741	48	1	789	711	189	3			
65–69岁	964	63	2	569	293	33	4			
70–74岁	320	21	2	230	62	4	1			
75岁及以上	164	19	1	121	20	3				

4-3a　续表 2　　　　单位：人

年龄组 性　别	没有农村土地承包经营权的人口									
	小计	未上过学	学前教育	小学	初中	高中	大学专科	大学本科	硕　士 研究生	博　士 研究生
总　计	**414159**	**451**	**65**	**18523**	**118719**	**96162**	**87825**	**83327**	**8174**	**913**
16-19 岁	3569	2	2	81	1293	1481	612	98		
20-24 岁	26770	10	4	342	5293	6483	8919	5634	83	2
25-29 岁	50463	20	5	827	9947	10813	13672	14134	1009	36
30-34 岁	78494	36	9	1788	19504	16713	18374	19901	2022	147
35-39 岁	72212	39	7	2171	21256	15133	14976	16349	2055	226
40-44 岁	61044	59	6	2689	18311	15771	11932	10773	1307	196
45-49 岁	56654	74	9	3802	19650	14115	10012	8051	800	141
50-54 岁	38378	86	12	3731	14239	8302	5989	5389	540	90
55-59 岁	20896	52	5	1773	7072	5921	2914	2758	333	68
60-64 岁	3425	34	3	614	1350	1007	247	146	19	5
65-69 岁	1497	28	1	412	555	303	124	67	6	1
70-74 岁	507	6	1	191	176	80	38	14		1
75 岁及以上	250	5	1	102	73	40	16	13		
男	**223408**	**177**	**34**	**8811**	**64924**	**56041**	**46456**	**42228**	**4165**	**572**
16-19 岁	2048	1		53	817	798	333	46		
20-24 岁	14036	5	4	211	3381	3799	4319	2285	30	2
25-29 岁	26339	12	2	499	6160	6361	6834	6081	373	17
30-34 岁	40311	16	6	1004	10826	9339	9122	9082	827	89
35-39 岁	37086	22	5	1067	11021	8076	7648	8107	1017	123
40-44 岁	31218	21	3	1102	9011	8384	6106	5722	745	124
45-49 岁	29653	31	4	1533	9426	7908	5399	4757	504	91
50-54 岁	23462	23	7	1746	8124	5666	3855	3613	364	64
55-59 岁	15564	22	1	902	4712	4720	2524	2345	282	56
60-64 岁	2221	12		325	883	681	182	117	17	4
65-69 岁	978	7	1	208	396	215	88	56	6	1
70-74 岁	340	3		112	120	63	32	9		1
75 岁及以上	152	2	1	49	47	31	14	8		
女	**190751**	**274**	**31**	**9712**	**53795**	**40121**	**41369**	**41099**	**4009**	**341**
16-19 岁	1521	1	2	28	476	683	279	52		
20-24 岁	12734	5		131	1912	2684	4600	3349	53	
25-29 岁	24124	8	3	328	3787	4452	6838	8053	636	19
30-34 岁	38183	20	3	784	8678	7374	9252	10819	1195	58
35-39 岁	35126	17	2	1104	10235	7057	7328	8242	1038	103
40-44 岁	29826	38	3	1587	9300	7387	5826	5051	562	72
45-49 岁	27001	43	5	2269	10224	6207	4613	3294	296	50
50-54 岁	14916	63	5	1985	6115	2636	2134	1776	176	26
55-59 岁	5332	30	4	871	2360	1201	390	413	51	12
60-64 岁	1204	22	3	289	467	326	65	29	2	1
65-69 岁	519	21		204	159	88	36	11		
70-74 岁	167	3	1	79	56	17	6	5		
75 岁及以上	98	3		53	26	9	2	5		

4-3b 分年龄、性别、受教育程度的就业人口（镇）

单位：人

年龄组 性 别	合计									
	合计	未上过学	学前教育	小学	初中	高中	大学专科	大学本科	硕 士 研究生	博 士 研究生
总 计	**489590**	**2407**	**151**	**74523**	**252270**	**73834**	**49810**	**35787**	**769**	**39**
16-19岁	5039	4	5	212	2918	1568	276	56		
20-24岁	23641	10	9	819	9723	4886	5050	3120	22	2
25-29岁	42850	24	9	1806	18656	7947	7518	6751	135	4
30-34岁	69494	63	9	3654	36812	12332	8989	7434	187	14
35-39岁	69901	98	7	5421	41122	10323	7127	5648	148	7
40-44岁	66365	152	6	8007	35797	10184	6866	5240	108	5
45-49岁	69430	277	16	12273	37352	9214	6271	3936	88	3
50-54岁	62099	339	17	14919	32920	6476	4815	2552	58	3
55-59岁	43701	293	19	10336	22473	7039	2561	962	17	1
60-64岁	18404	378	19	6700	8395	2666	192	50	4	
65-69岁	11856	357	14	6078	4403	894	85	23	2	
70-74岁	4462	210	11	2761	1211	217	40	12		
75岁及以上	2348	202	10	1537	488	88	20	3		
男	**277559**	**609**	**71**	**36843**	**147961**	**46387**	**27213**	**17999**	**449**	**27**
16-19岁	3087	2	4	131	1918	872	133	27		
20-24岁	13422	5	5	540	6243	2941	2446	1236	6	
25-29岁	23706	13	4	1136	11422	4704	3669	2696	60	2
30-34岁	38605	33	8	1995	21410	7204	4524	3331	92	8
35-39岁	38670	43	3	2701	23311	6081	3761	2684	81	5
40-44岁	36189	51	2	3780	19777	6004	3649	2841	80	5
45-49岁	38214	72	4	5695	20696	5690	3536	2456	62	3
50-54岁	36327	100	9	7379	19486	4515	3002	1785	48	3
55-59岁	27349	64	6	5027	13757	5397	2212	869	16	1
60-64岁	10915	79	7	3100	5506	2015	162	43	3	
65-69岁	6974	65	8	2958	3146	709	69	18	1	
70-74岁	2720	40	5	1543	905	183	33	11		
75岁及以上	1381	42	6	858	384	72	17	2		
女	**212031**	**1798**	**80**	**37680**	**104309**	**27447**	**22597**	**17788**	**320**	**12**
16-19岁	1952	2	1	81	1000	696	143	29		
20-24岁	10219	5	4	279	3480	1945	2604	1884	16	2
25-29岁	19144	11	5	670	7234	3243	3849	4055	75	2
30-34岁	30889	30	1	1659	15402	5128	4465	4103	95	6
35-39岁	31231	55	4	2720	17811	4242	3366	2964	67	2
40-44岁	30176	101	4	4227	16020	4180	3217	2399	28	
45-49岁	31216	205	12	6578	16656	3524	2735	1480	26	
50-54岁	25772	239	8	7540	13434	1961	1813	767	10	
55-59岁	16352	229	13	5309	8716	1642	349	93	1	
60-64岁	7489	299	12	3600	2889	651	30	7	1	
65-69岁	4882	292	6	3120	1257	185	16	5	1	
70-74岁	1742	170	6	1218	306	34	7	1		
75岁及以上	967	160	4	679	104	16	3	1		

4-3b 续表 1

单位：人

年龄组 性 别	有农村土地承包经营权的人口									
	小计	未上过学	学前教育	小学	初中	高中	大学专科	大学本科	硕 士 研究生	博 士 研究生
总 计	**316383**	**2047**	**120**	**62507**	**187278**	**38031**	**16969**	**9289**	**138**	**4**
16-19岁	3351	2	3	148	2080	934	157	27		
20-24岁	13786	6	3	553	6794	2832	2383	1207	7	1
25-29岁	23774	18	5	1182	12655	4341	3202	2330	41	
30-34岁	40181	42	8	2507	25282	6422	3654	2220	44	2
35-39岁	42732	76	4	4077	29441	5274	2548	1294	18	
40-44岁	41195	130	5	6473	26859	4754	1944	1017	12	1
45-49岁	44497	219	12	10082	28022	3936	1531	685	10	
50-54岁	42518	281	15	12678	25443	2753	970	375	3	
55-59岁	32149	236	17	9092	18196	3996	491	119	2	
60-64岁	15792	340	15	6152	7265	1956	57	6	1	
65-69岁	10461	320	13	5631	3831	647	15	4		
70-74岁	3933	190	10	2537	1036	144	11	5		
75岁及以上	2014	187	10	1395	374	42	6			
男	**185575**	**511**	**55**	**31500**	**113725**	**25255**	**9653**	**4798**	**76**	**2**
16-19岁	2133	1	2	89	1397	554	80	10		
20-24岁	8092	4	2	363	4411	1700	1140	471	1	
25-29岁	13832	9	1	765	7916	2621	1574	932	14	
30-34岁	23590	22	7	1396	15222	3904	1928	1085	25	1
35-39岁	25237	32	2	2103	17473	3335	1519	762	11	
40-44岁	23720	44	2	3172	15598	3083	1171	639	10	1
45-49岁	25613	59	3	4902	16382	2744	1026	488	9	
50-54岁	25085	85	8	6431	15502	2075	692	289	3	
55-59岁	19284	51	5	4461	11180	3029	448	108	2	
60-64岁	9294	66	5	2853	4804	1512	48	5	1	
65-69岁	6129	58	7	2757	2751	538	14	4		
70-74岁	2386	38	5	1422	785	122	9	5		
75岁及以上	1180	42	6	786	304	38	4			
女	**130808**	**1536**	**65**	**31007**	**73553**	**12776**	**7316**	**4491**	**62**	**2**
16-19岁	1218	1	1	59	683	380	77	17		
20-24岁	5694	2	1	190	2383	1132	1243	736	6	1
25-29岁	9942	9	4	417	4739	1720	1628	1398	27	
30-34岁	16591	20	1	1111	10060	2518	1726	1135	19	1
35-39岁	17495	44	2	1974	11968	1939	1029	532	7	
40-44岁	17475	86	3	3301	11261	1671	773	378	2	
45-49岁	18884	160	9	5180	11640	1192	505	197	1	
50-54岁	17433	196	7	6247	9941	678	278	86		
55-59岁	12865	185	12	4631	7016	967	43	11		
60-64岁	6498	274	10	3299	2461	444	9	1		
65-69岁	4332	262	6	2874	1080	109	1			
70-74岁	1547	152	5	1115	251	22	2			
75岁及以上	834	145	4	609	70	4	2			

4-3b　续表 2

单位：人

年龄组 性　别	没有农村土地承包经营权的人口									
	小计	未上过学	学前教育	小学	初中	高中	大学专科	大学本科	硕　士 研究生	博　士 研究生
总　计	**173207**	**360**	**31**	**12016**	**64992**	**35803**	**32841**	**26498**	**631**	**35**
16-19 岁	1688	2	2	64	838	634	119	29		
20-24 岁	9855	4	6	266	2929	2054	2667	1913	15	1
25-29 岁	19076	6	4	624	6001	3606	4316	4421	94	4
30-34 岁	29313	21	1	1147	11530	5910	5335	5214	143	12
35-39 岁	27169	22	3	1344	11681	5049	4579	4354	130	7
40-44 岁	25170	22	1	1534	8938	5430	4922	4223	96	4
45-49 岁	24933	58	4	2191	9330	5278	4740	3251	78	3
50-54 岁	19581	58	2	2241	7477	3723	3845	2177	55	3
55-59 岁	11552	57	2	1244	4277	3043	2070	843	15	1
60-64 岁	2612	38	4	548	1130	710	135	44	3	
65-69 岁	1395	37	1	447	572	247	70	19	2	
70-74 岁	529	20	1	224	175	73	29	7		
75 岁及以上	334	15		142	114	46	14	3		
男	**91984**	**98**	**16**	**5343**	**34236**	**21132**	**17560**	**13201**	**373**	**25**
16-19 岁	954	1	2	42	521	318	53	17		
20-24 岁	5330	1	3	177	1832	1241	1306	765	5	
25-29 岁	9874	4	3	371	3506	2083	2095	1764	46	2
30-34 岁	15015	11	1	599	6188	3300	2596	2246	67	7
35-39 岁	13433	11	1	598	5838	2746	2242	1922	70	5
40-44 岁	12469	7		608	4179	2921	2478	2202	70	4
45-49 岁	12601	13	1	793	4314	2946	2510	1968	53	3
50-54 岁	11242	15	1	948	3984	2440	2310	1496	45	3
55-59 岁	8065	13	1	566	2577	2368	1764	761	14	1
60-64 岁	1621	13	2	247	702	503	114	38	2	
65-69 岁	845	7	1	201	395	171	55	14	1	
70-74 岁	334	2		121	120	61	24	6		
75 岁及以上	201			72	80	34	13	2		
女	**81223**	**262**	**15**	**6673**	**30756**	**14671**	**15281**	**13297**	**258**	**10**
16-19 岁	734	1		22	317	316	66	12		
20-24 岁	4525	3	3	89	1097	813	1361	1148	10	1
25-29 岁	9202	2	1	253	2495	1523	2221	2657	48	2
30-34 岁	14298	10		548	5342	2610	2739	2968	76	5
35-39 岁	13736	11	2	746	5843	2303	2337	2432	60	2
40-44 岁	12701	15	1	926	4759	2509	2444	2021	26	
45-49 岁	12332	45	3	1398	5016	2332	2230	1283	25	
50-54 岁	8339	43	1	1293	3493	1283	1535	681	10	
55-59 岁	3487	44	1	678	1700	675	306	82	1	
60-64 岁	991	25	2	301	428	207	21	6	1	
65-69 岁	550	30		246	177	76	15	5	1	
70-74 岁	195	18	1	103	55	12	5	1		
75 岁及以上	133	15		70	34	12	1	1		

4-3c 分年龄、性别、受教育程度的就业人口（乡村）

单位：人

年龄组 性别	合计									
	合计	未上过学	学前教育	小学	初中	高中	大学专科	大学本科	硕士研究生	博士研究生
总计	**912209**	**16265**	**723**	**276335**	**510577**	**72268**	**24859**	**10827**	**304**	**51**
16-19岁	14009	15	14	772	9171	3380	550	107		
20-24岁	39546	52	17	2388	23059	6796	5029	2193	12	
25-29岁	59959	89	14	4575	38234	8363	5499	3087	88	10
30-34岁	93611	226	25	9803	66231	10126	4738	2355	88	19
35-39岁	101022	436	29	15909	73339	7176	2797	1274	52	10
40-44岁	102243	789	28	25719	66277	6419	2201	781	23	6
45-49岁	119297	1414	64	41631	68277	5520	1803	566	19	3
50-54岁	131249	2159	112	54647	67948	4765	1289	317	10	2
55-59岁	109950	2094	94	42645	54354	9887	749	118	8	1
60-64岁	61727	2474	88	28455	23976	6619	104	10	1	
65-69岁	47344	2856	97	27669	14171	2483	50	15	3	
70-74岁	20720	1885	82	14186	3990	543	32	2		
75岁及以上	11532	1776	59	7936	1550	191	18	2		
男	**533565**	**3295**	**244**	**137038**	**322255**	**50568**	**14362**	**5594**	**175**	**34**
16-19岁	8840	8	7	478	6037	1983	284	43		
20-24岁	24289	21	9	1457	15270	4202	2485	842	3	
25-29岁	37172	38	7	2843	24860	5222	2792	1366	38	6
30-34岁	56972	80	13	5451	41108	6352	2636	1270	48	14
35-39岁	60059	134	8	8138	44527	4684	1742	787	33	6
40-44岁	58784	205	14	12558	39761	4308	1401	514	20	3
45-49岁	67591	307	25	20198	41445	3990	1211	398	15	2
50-54岁	75084	432	33	26880	42821	3719	947	243	7	2
55-59岁	63439	417	28	19586	34724	7892	679	105	7	1
60-64岁	35561	383	23	13095	16566	5392	94	7	1	
65-69岁	27208	482	20	13848	10637	2157	46	15	3	
70-74岁	12013	385	30	7866	3211	489	30	2		
75岁及以上	6553	403	27	4640	1288	178	15	2		
女	**378644**	**12970**	**479**	**139297**	**188322**	**21700**	**10497**	**5233**	**129**	**17**
16-19岁	5169	7	7	294	3134	1397	266	64		
20-24岁	15257	31	8	931	7789	2594	2544	1351	9	
25-29岁	22787	51	7	1732	13374	3141	2707	1721	50	4
30-34岁	36639	146	12	4352	25123	3774	2102	1085	40	5
35-39岁	40963	302	21	7771	28812	2492	1055	487	19	4
40-44岁	43459	584	14	13161	26516	2111	800	267	3	3
45-49岁	51706	1107	39	21433	26832	1530	592	168	4	1
50-54岁	56165	1727	79	27767	25127	1046	342	74	3	
55-59岁	46511	1677	66	23059	19630	1995	70	13	1	
60-64岁	26166	2091	65	15360	7410	1227	10	3		
65-69岁	20136	2374	77	13821	3534	326	4			
70-74岁	8707	1500	52	6320	779	54	2			
75岁及以上	4979	1373	32	3296	262	13	3			

4-3c 续表 1

单位：人

年龄组 性 别	有农村土地承包经营权的人口									
	小计	未上过学	学前教育	小学	初中	高中	大学专科	大学本科	硕 士 研究生	博 士 研究生
总 计	**838465**	**15577**	**678**	**263415**	**470426**	**62987**	**18400**	**6836**	**123**	**23**
16-19岁	11841	13	10	650	7828	2790	457	93		
20-24岁	32775	46	14	2064	19556	5657	3811	1617	10	
25-29岁	50176	76	11	3921	32852	6911	4233	2117	50	5
30-34岁	80397	197	20	8738	57887	8409	3607	1491	36	12
35-39岁	90143	397	27	14575	66240	6098	2090	697	16	3
40-44岁	94219	729	28	24164	61780	5531	1614	372	1	
45-49岁	111515	1314	59	39561	64414	4686	1225	253	2	1
50-54岁	124559	2058	107	52388	64886	4190	791	133	4	2
55-59岁	105344	2017	88	41072	52405	9292	425	43	2	
60-64岁	59970	2405	82	27669	23363	6370	74	6	1	
65-69岁	46172	2781	93	27008	13857	2383	38	11	1	
70-74岁	20189	1835	80	13880	3867	504	21	2		
75岁及以上	11165	1709	59	7725	1491	166	14	1		
男	**495430**	**3170**	**227**	**132215**	**300821**	**44880**	**10630**	**3410**	**62**	**15**
16-19岁	7582	6	5	404	5221	1682	230	34		
20-24岁	20306	19	8	1264	13079	3516	1822	595	3	
25-29岁	31537	32	5	2442	21580	4373	2152	932	18	3
30-34岁	49513	70	10	4879	36327	5346	2046	807	20	8
35-39岁	54486	127	8	7571	40923	4048	1351	445	12	1
40-44岁	55185	193	14	12051	37836	3777	1053	260	1	
45-49岁	64242	294	23	19626	39758	3486	868	184	2	1
50-54岁	72005	417	32	26202	41345	3309	595	101	2	2
55-59岁	61072	406	26	19078	33709	7437	380	34	2	
60-64岁	34735	371	21	12811	16239	5222	66	4	1	
65-69岁	26675	468	18	13617	10448	2076	36	11	1	
70-74岁	11736	377	30	7736	3117	454	20	2		
75岁及以上	6356	390	27	4534	1239	154	11	1		
女	**343035**	**12407**	**451**	**131200**	**169605**	**18107**	**7770**	**3426**	**61**	**8**
16-19岁	4259	7	5	246	2607	1108	227	59		
20-24岁	12469	27	6	800	6477	2141	1989	1022	7	
25-29岁	18639	44	6	1479	11272	2538	2081	1185	32	2
30-34岁	30884	127	10	3859	21560	3063	1561	684	16	4
35-39岁	35657	270	19	7004	25317	2050	739	252	4	2
40-44岁	39034	536	14	12113	23944	1754	561	112		
45-49岁	47273	1020	36	19935	24656	1200	357	69		
50-54岁	52554	1641	75	26186	23541	881	196	32	2	
55-59岁	44272	1611	62	21994	18696	1855	45	9		
60-64岁	25235	2034	61	14858	7124	1148	8	2		
65-69岁	19497	2313	75	13391	3409	307	2			
70-74岁	8453	1458	50	6144	750	50	1			
75岁及以上	4809	1319	32	3191	252	12	3			

4-3c 续表 2　　　　单位：人

年龄组 性别	没有农村土地承包经营权的人口									
	小计	未上过学	学前教育	小学	初中	高中	大学专科	大学本科	硕士研究生	博士研究生
总　计	**73744**	**688**	**45**	**12920**	**40151**	**9281**	**6459**	**3991**	**181**	**28**
16-19岁	2168	2	4	122	1343	590	93	14		
20-24岁	6771	6	3	324	3503	1139	1218	576	2	
25-29岁	9783	13	3	654	5382	1452	1266	970	38	5
30-34岁	13214	29	5	1065	8344	1717	1131	864	52	7
35-39岁	10879	39	2	1334	7099	1078	707	577	36	7
40-44岁	8024	60		1555	4497	888	587	409	22	6
45-49岁	7782	100	5	2070	3863	834	578	313	17	2
50-54岁	6690	101	5	2259	3062	575	498	184	6	
55-59岁	4606	77	6	1573	1949	595	324	75	6	1
60-64岁	1757	69	6	786	613	249	30	4		
65-69岁	1172	75	4	661	314	100	12	4	2	
70-74岁	531	50	2	306	123	39	11			
75岁及以上	367	67		211	59	25	4	1		
男	**38135**	**125**	**17**	**4823**	**21434**	**5688**	**3732**	**2184**	**113**	**19**
16-19岁	1258	2	2	74	816	301	54	9		
20-24岁	3983	2	1	193	2191	686	663	247		
25-29岁	5635	6	2	401	3280	849	640	434	20	3
30-34岁	7459	10	3	572	4781	1006	590	463	28	6
35-39岁	5573	7		567	3604	636	391	342	21	5
40-44岁	3599	12		507	1925	531	348	254	19	3
45-49岁	3349	13	2	572	1687	504	343	214	13	1
50-54岁	3079	15	1	678	1476	410	352	142	5	
55-59岁	2367	11	2	508	1015	455	299	71	5	1
60-64岁	826	12	2	284	327	170	28	3		
65-69岁	533	14	2	231	189	81	10	4	2	
70-74岁	277	8		130	94	35	10			
75岁及以上	197	13		106	49	24	4	1		
女	**35609**	**563**	**28**	**8097**	**18717**	**3593**	**2727**	**1807**	**68**	**9**
16-19岁	910		2	48	527	289	39	5		
20-24岁	2788	4	2	131	1312	453	555	329	2	
25-29岁	4148	7	1	253	2102	603	626	536	18	2
30-34岁	5755	19	2	493	3563	711	541	401	24	1
35-39岁	5306	32	2	767	3495	442	316	235	15	2
40-44岁	4425	48		1048	2572	357	239	155	3	3
45-49岁	4433	87	3	1498	2176	330	235	99	4	1
50-54岁	3611	86	4	1581	1586	165	146	42	1	
55-59岁	2239	66	4	1065	934	140	25	4	1	
60-64岁	931	57	4	502	286	79	2	1		
65-69岁	639	61	2	430	125	19	2			
70-74岁	254	42	2	176	29	4	1			
75岁及以上	170	54		105	10	1				

4-4 各地区分性别、行业大类的就业人口

单位：人

地区 性别	合计								
	合计	一、农、林、牧、渔业						二、采矿业	
		小计	1.农业	2.林业	3.畜牧业	4.渔业	5.农、林、牧、渔专业及辅助性活动	小计	6.煤炭开采和洗选业
总　计	**2013956**	**670025**	**574800**	**21680**	**54658**	**12371**	**6516**	**6251**	**441**
南宁市	383329	95896	85544	2181	5743	951	1477	718	41
柳州市	180657	45361	38671	2854	2927	373	536	315	13
桂林市	203122	75873	69115	1745	3450	363	1200	634	7
梧州市	97924	30035	27600	759	1248	310	118	380	
北海市	76145	22792	15323	375	1584	5094	416	192	5
防城港市	43336	9114	6161	644	707	1392	210	103	6
钦州市	119679	39310	33642	1044	2640	1683	301	184	8
贵港市	165457	54889	51053	734	2418	433	251	266	5
玉林市	194567	52768	42215	1205	8366	545	437	268	3
百色市	153747	67363	56403	2863	7097	289	711	1148	211
贺州市	77801	28943	25851	1194	1417	231	250	322	
河池市	128477	49962	33845	3286	12222	334	275	1048	64
来宾市	91558	44002	38465	1444	3680	182	231	418	74
崇左市	98157	53717	50912	1352	1159	191	103	255	4
男	**1154817**	**356487**	**297811**	**15013**	**31102**	**8871**	**3690**	**5086**	**369**
南宁市	216561	50191	43732	1527	3341	702	889	634	34
柳州市	104513	25077	20906	2014	1592	265	300	273	10
桂林市	116501	42298	38170	1221	2067	277	563	477	6
梧州市	57412	16387	14639	609	812	244	83	337	
北海市	44000	13093	8042	282	970	3586	213	158	3
防城港市	27138	5478	3501	459	470	913	135	82	5
钦州市	71465	21671	17577	842	1802	1251	199	154	7
贵港市	93751	27940	25342	560	1557	326	155	213	2
玉林市	114313	27741	20997	953	5082	431	278	239	3
百色市	85350	34262	28149	1736	3816	209	352	863	174
贺州市	44975	15057	12984	840	928	166	139	274	
河池市	72309	24936	16422	2008	6100	225	181	837	60
来宾市	52121	24053	20799	1095	1879	142	138	343	62
崇左市	54408	28303	26551	867	686	134	65	202	3
女	**859139**	**313538**	**276989**	**6667**	**23556**	**3500**	**2826**	**1165**	**72**
南宁市	166768	45705	41812	654	2402	249	588	84	7
柳州市	76144	20284	17765	840	1335	108	236	42	3
桂林市	86621	33575	30945	524	1383	86	637	157	1
梧州市	40512	13648	12961	150	436	66	35	43	
北海市	32145	9699	7281	93	614	1508	203	34	2
防城港市	16198	3636	2660	185	237	479	75	21	1
钦州市	48214	17639	16065	202	838	432	102	30	1
贵港市	71706	26949	25711	174	861	107	96	53	3
玉林市	80254	25027	21218	252	3284	114	159	29	
百色市	68397	33101	28254	1127	3281	80	359	285	37
贺州市	32826	13886	12867	354	489	65	111	48	
河池市	56168	25026	17423	1278	6122	109	94	211	4
来宾市	39437	19949	17666	349	1801	40	93	75	12
崇左市	43749	25414	24361	485	473	57	38	53	1

4-4 续表 1

单位：人

地区 性别	合计								
	二、采矿业						三、制造业		
	7.石油和天然气开采业	8.黑色金属矿采选业	9.有色金属矿采选业	10.非金属矿采选业	11.开采专业及辅助性活动	12.其他采矿业	小计	13.农副食品加工业	14.食品制造业
总 计	**127**	**707**	**1665**	**2653**	**314**	**344**	**218492**	**17391**	**6381**
南宁市	18	49	283	231	29	67	28441	3199	1119
柳州市	7	50	32	177	20	16	25955	1263	1210
桂林市	20	41	77	428	29	32	16358	1701	781
梧州市	3	10	161	184	4	18	13822	860	324
北海市	9	3		147	18	10	7707	1498	270
防城港市	2	22	3	59	6	5	4732	707	106
钦州市	4	6	19	112	27	8	13675	1008	303
贵港市	2	15	10	180	26	28	27773	1527	399
玉林市	4	2	2	220	13	24	32875	1240	720
百色市	50	273	285	226	61	42	13504	1028	235
贺州市	2	12	109	164	13	22	8530	428	222
河池市	1	74	606	209	41	53	10657	687	265
来宾市	1	15	67	236	17	8	7405	913	189
崇左市	4	135	11	80	10	11	7058	1332	238
男	**86**	**506**	**1339**	**2240**	**259**	**287**	**123688**	**10223**	**2883**
南宁市	13	37	274	200	25	51	16809	1931	510
柳州市	5	43	24	161	17	13	16711	764	486
桂林市	14	32	65	315	18	27	9659	899	327
梧州市	2	9	146	160	3	17	7842	520	160
北海市	5	2		125	16	7	4395	668	137
防城港市	1	17	2	48	5	4	3410	433	51
钦州市	4	5	13	98	22	5	7355	602	134
贵港市	1	10	6	149	22	23	14660	915	185
玉林市	3	2	1	193	13	24	14998	805	356
百色市	30	163	215	194	50	37	7969	592	110
贺州市	2	7	84	153	10	18	5250	255	108
河池市	1	64	454	174	36	48	5983	431	121
来宾市	1	12	46	203	14	5	4318	586	85
崇左市	4	103	9	67	8	8	4329	822	113
女	**41**	**201**	**326**	**413**	**55**	**57**	**94804**	**7168**	**3498**
南宁市	5	12	9	31	4	16	11632	1268	609
柳州市	2	7	8	16	3	3	9244	499	724
桂林市	6	9	12	113	11	5	6699	802	454
梧州市	1	1	15	24	1	1	5980	340	164
北海市	4	1		22	2	3	3312	830	133
防城港市	1	5	1	11	1	1	1322	274	55
钦州市		1	6	14	5	3	6320	406	169
贵港市	1	5	4	31	4	5	13113	612	214
玉林市	1		1	27			17877	435	364
百色市	20	110	70	32	11	5	5535	436	125
贺州市		5	25	11	3	4	3280	173	114
河池市		10	152	35	5	5	4674	256	144
来宾市		3	21	33	3	3	3087	327	104
崇左市		32	2	13	2	3	2729	510	125

4-4 续表 2

单位：人

地区 性别	合计								
	三、制造业								
	15.酒、饮料和精制茶制造业	16.烟草制品业	17.纺织业	18.纺织服装、服饰业	19.皮革、毛皮、羽毛及其制品和制鞋业	20.木材加工和木、竹、藤、棕、草制品业	21.家具制造业	22.造纸和纸制品业	23.印刷和记录媒介复制业
总　计	**3743**	**392**	**5699**	**23095**	**4361**	**22935**	**5478**	**3574**	**1980**
南宁市	852	231	646	1163	439	3452	812	853	485
柳州市	390	90	500	639	100	3097	415	239	144
桂林市	565	7	301	446	215	2189	573	297	238
梧州市	188	1	280	902	375	623	278	120	127
北海市	95	1	128	161	193	742	123	169	73
防城港市	49	1	33	37	38	294	158	16	11
钦州市	178	1	248	1487	767	1065	239	366	117
贵港市	264	7	548	6797	556	4209	826	295	192
玉林市	270	11	1412	9789	940	2007	758	369	302
百色市	151	10	277	427	238	1115	264	157	76
贺州市	196	21	134	386	186	436	254	73	74
河池市	282	2	778	396	133	1405	273	122	48
来宾市	145	4	266	256	91	1243	183	380	41
崇左市	118	5	148	209	90	1058	322	118	52
男	**2174**	**246**	**2208**	**6286**	**1760**	**13079**	**3779**	**2181**	**1197**
南宁市	487	140	243	309	170	2059	549	494	290
柳州市	211	59	156	146	50	1728	278	138	79
桂林市	332	2	126	148	91	1147	376	165	132
梧州市	114	1	102	265	147	399	212	73	85
北海市	57		51	52	87	440	91	111	42
防城港市	26	1	16	18	24	191	110	10	5
钦州市	114	1	97	407	266	621	178	269	78
贵港市	171	5	226	2194	213	2337	574	192	128
玉林市	174	7	686	2180	354	1065	542	220	184
百色市	96	5	108	160	129	676	178	84	42
贺州市	120	18	65	133	80	313	181	48	40
河池市	131	2	198	140	75	764	177	70	28
来宾市	80	3	73	71	35	708	116	227	23
崇左市	61	2	61	63	39	631	217	80	41
女	**1569**	**146**	**3491**	**16809**	**2601**	**9856**	**1699**	**1393**	**783**
南宁市	365	91	403	854	269	1393	263	359	195
柳州市	179	31	344	493	50	1369	137	101	65
桂林市	233	5	175	298	124	1042	197	132	106
梧州市	74		178	637	228	224	66	47	42
北海市	38	1	77	109	106	302	32	58	31
防城港市	23		17	19	14	103	48	6	6
钦州市	64		151	1080	501	444	61	97	39
贵港市	93	2	322	4603	343	1872	252	103	64
玉林市	96	4	726	7609	586	942	216	149	118
百色市	55	5	169	267	109	439	86	73	34
贺州市	76	3	69	253	106	123	73	25	34
河池市	151		580	256	58	641	96	52	20
来宾市	65	1	193	185	56	535	67	153	18
崇左市	57	3	87	146	51	427	105	38	11

4-4 续表 3

单位：人

地区 性别	合计								
	三、制造业								
	24.文教、工美、体育和娱乐用品制造业	25.石油、煤炭及其他燃料加工业	26.化学原料和化学制品制造业	27.医药制造业	28.化学纤维制造业	29.橡胶和塑料制品业	30.非金属矿物制品业	31.黑色金属冶炼和压延加工业	32.有色金属冶炼和压延加工业
总计	**7954**	**612**	**4335**	**2410**	**63**	**5662**	**17827**	**5579**	**4671**
南宁市	612	56	824	494	17	919	2672	175	364
柳州市	269	104	506	274	4	514	1191	1555	107
桂林市	480	40	312	570	6	683	1424	131	117
梧州市	1452	5	411	257	2	341	1751	233	75
北海市	264	102	246	39	2	192	563	449	28
防城港市	30	13	60	16	1	58	416	1423	300
钦州市	794	151	386	169	1	401	1010	120	61
贵港市	590	13	323	91	5	669	1482	292	68
玉林市	1905	23	224	258	2	696	2107	162	140
百色市	396	70	459	53	2	365	1183	96	2079
贺州市	362	2	107	36	2	233	1962	251	107
河池市	436	15	153	63	7	205	893	50	678
来宾市	134	8	186	68	8	185	658	128	392
崇左市	230	10	138	22	4	201	515	514	155
男	**2927**	**436**	**2776**	**1158**	**30**	**3252**	**12832**	**4320**	**3640**
南宁市	226	37	459	244	6	534	1925	147	270
柳州市	106	78	345	141	4	309	869	1259	76
桂林市	269	31	207	277	2	378	1084	111	90
梧州市	579	5	301	126	2	193	1267	183	63
北海市	102	70	113	18	1	106	409	324	23
防城港市	16	11	45	9	1	40	343	1105	225
钦州市	176	110	261	66		268	693	92	39
贵港市	267	10	217	45	1	397	1099	226	54
玉林市	522	14	153	117	1	372	1331	132	109
百色市	168	49	305	30	2	191	871	71	1614
贺州市	173	1	71	17	2	130	1409	212	73
河池市	171	9	96	32	1	115	649	37	553
来宾市	56	5	114	27	3	87	489	92	322
崇左市	96	6	89	9	4	132	394	329	129
女	**5027**	**176**	**1559**	**1252**	**33**	**2410**	**4995**	**1259**	**1031**
南宁市	386	19	365	250	11	385	747	28	94
柳州市	163	26	161	133		205	322	296	31
桂林市	211	9	105	293	4	305	340	20	27
梧州市	873		110	131		148	484	50	12
北海市	162	32	133	21	1	86	154	125	5
防城港市	14	2	15	7		18	73	318	75
钦州市	618	41	125	103	1	133	317	28	22
贵港市	323	3	106	46	4	272	383	66	14
玉林市	1383	9	71	141	1	324	776	30	31
百色市	228	21	154	23		174	312	25	465
贺州市	189	1	36	19		103	553	39	34
河池市	265	6	57	31	6	90	244	13	125
来宾市	78	3	72	41	5	98	169	36	70
崇左市	134	4	49	13		69	121	185	26

4-4 续表 4 单位：人

地区 性别	合计 三、制造业 33.金属制品业	34.通用设备制造业	35.专用设备制造业	36.汽车制造业	37.铁路、船舶、航空航天和其他运输设备制造业	38.电气机械和器材制造业	39.计算机、通信和其他电子设备制造业	40.仪器仪表制造业	41.其他制造业
总　计	**12020**	**6177**	**5084**	**8848**	**1507**	**6785**	**26584**	**877**	**1724**
南宁市	1845	946	829	229	194	658	3039	129	248
柳州市	1281	1305	885	6957	290	473	783	74	157
桂林市	805	611	636	356	139	605	1656	173	134
梧州市	954	303	274	76	280	714	2218	48	100
北海市	303	123	185	36	56	177	1118	17	50
防城港市	163	81	110	13	18	45	223	55	36
钦州市	618	330	270	59	54	317	2710	57	113
贵港市	1773	524	463	168	328	1419	3284	63	355
玉林市	1333	1115	574	511	48	891	4405	91	210
百色市	877	286	333	56	23	408	2516	55	88
贺州市	622	173	157	31	14	340	1516	24	72
河池市	753	177	180	75	18	406	1725	36	93
来宾市	273	86	111	181	30	225	801	26	41
崇左市	420	117	77	100	15	107	590	29	27
男	**9034**	**4455**	**3279**	**6154**	**1148**	**4097**	**12755**	**527**	**954**
南宁市	1417	632	509	165	145	438	1537	75	123
柳州市	990	969	621	4777	210	312	477	49	96
桂林市	567	460	418	251	103	398	940	95	78
梧州市	711	233	186	53	239	411	932	24	54
北海市	252	94	95	27	50	107	575	10	28
防城港市	131	65	63	10	14	32	154	46	28
钦州市	493	218	168	49	37	206	1387	36	69
贵港市	1306	377	293	123	244	820	1596	36	205
玉林市	1020	836	389	392	36	497	2031	55	105
百色市	631	205	205	35	13	242	914	37	49
贺州市	453	97	108	25	12	218	758	15	26
河池市	548	129	110	51	15	238	770	26	54
来宾市	217	62	65	102	21	111	379	8	23
崇左市	298	78	49	94	9	67	305	15	16
女	**2986**	**1722**	**1805**	**2694**	**359**	**2688**	**13829**	**350**	**770**
南宁市	428	314	320	64	49	220	1502	54	125
柳州市	291	336	264	2180	80	161	306	25	61
桂林市	238	151	218	105	36	207	716	78	56
梧州市	243	70	88	23	41	303	1286	24	46
北海市	51	29	90	9	6	70	543	7	22
防城港市	32	16	47	3	4	13	69	9	8
钦州市	125	112	102	10	17	111	1323	21	44
贵港市	467	147	170	45	84	599	1688	27	150
玉林市	313	279	185	119	12	394	2374	36	105
百色市	246	81	128	21	10	166	1602	18	39
贺州市	169	76	49	6	2	122	758	9	46
河池市	205	48	70	24	3	168	955	10	39
来宾市	56	24	46	79	9	114	422	18	18
崇左市	122	39	28	6	6	40	285	14	11

4-4 续表 5 单位：人

地区 性别	合计								
	三、制造业		四、电力、热力、燃气及水生产和供应业				五、建筑业		
	42.废弃资源综合利用业	43.金属制品、机械和设备修理业	小计	44.电力、热力生产和供应业	45.燃气生产和供应业	46.水的生产和供应业	小计	47.房屋建筑业	48.土木工程建筑业
总计	**1343**	**3401**	**13516**	**9545**	**1936**	**2035**	**253506**	**148086**	**17204**
南宁市	394	546	2062	1320	379	363	47628	22952	4059
柳州市	170	969	1312	850	246	216	20744	11378	1627
桂林市	24	143	1452	1077	153	222	22581	13209	1209
梧州市	94	156	815	598	105	112	10927	6405	549
北海市	87	217	556	271	180	105	8199	4330	563
防城港市	82	139	621	489	64	68	6461	3197	1321
钦州市	123	152	721	519	98	104	18998	11928	745
贵港市	21	222	567	347	112	108	22588	13855	768
玉林市	101	261	977	630	183	164	31564	21182	832
百色市	13	168	1386	1141	94	151	18239	11258	1329
贺州市	40	69	567	434	70	63	11143	7563	432
河池市	117	186	1231	944	120	167	18955	11964	2353
来宾市	54	99	659	512	51	96	9472	5640	974
崇左市	23	74	590	413	81	96	6007	3225	443
男	**929**	**2969**	**9907**	**7201**	**1329**	**1377**	**209167**	**120836**	**14644**
南宁市	260	478	1464	991	235	238	37568	17829	3231
柳州市	107	821	974	636	177	161	16713	8970	1400
桂林市	18	137	1004	755	100	149	18810	10820	1038
梧州市	68	134	584	436	74	74	9256	5330	477
北海市	66	189	411	200	130	81	6834	3590	466
防城港市	60	127	451	361	42	48	5314	2502	1170
钦州市	91	129	555	412	69	74	16328	10179	653
贵港市	15	189	436	283	75	78	18569	11222	623
玉林市	74	239	741	496	141	104	28516	19130	744
百色市	10	147	1023	867	65	91	13751	8272	1126
贺州市	29	60	432	335	53	44	9003	6005	375
河池市	79	163	952	759	85	108	15764	9767	2101
来宾市	37	91	476	381	33	62	7943	4666	862
崇左市	15	65	404	289	50	65	4798	2554	378
女	**414**	**432**	**3609**	**2344**	**607**	**658**	**44339**	**27250**	**2560**
南宁市	134	68	598	329	144	125	10060	5123	828
柳州市	63	148	338	214	69	55	4031	2408	227
桂林市	6	6	448	322	53	73	3771	2389	171
梧州市	26	22	231	162	31	38	1671	1075	72
北海市	21	28	145	71	50	24	1365	740	97
防城港市	22	12	170	128	22	20	1147	695	151
钦州市	32	23	166	107	29	30	2670	1749	92
贵港市	6	33	131	64	37	30	4019	2633	145
玉林市	27	22	236	134	42	60	3048	2052	88
百色市	3	21	363	274	29	60	4488	2986	203
贺州市	11	9	135	99	17	19	2140	1558	57
河池市	38	23	279	185	35	59	3191	2197	252
来宾市	17	8	183	131	18	34	1529	974	112
崇左市	8	9	186	124	31	31	1209	671	65

4-4　续表 6　　　　单位：人

地区 性别	合计								
	五、建筑业		六、批发和零售业			七、交通运输、仓储和邮政业			
	49.建筑安装业	50.建筑装饰、装修和其他建筑业	小计	51.批发业	52.零售业	小计	53.铁路运输业	54.道路运输业	55.水上运输业
总　计	**10732**	**77484**	**259133**	**56904**	**202229**	**94806**	**3962**	**61089**	**2672**
南宁市	2497	18120	67700	18991	48709	20111	1230	12056	312
柳州市	1043	6696	26283	5719	20564	10032	1065	6339	126
桂林市	1012	7151	24687	5229	19458	8129	358	5190	84
梧州市	405	3568	11879	2169	9710	5137	66	3274	597
北海市	438	2868	11264	2369	8895	3736	78	2411	212
防城港市	310	1633	5871	1454	4417	3235	82	1849	151
钦州市	792	5533	14137	2922	11215	5659	164	3858	87
贵港市	902	7063	18238	3293	14945	7292	121	4720	812
玉林市	981	8569	25896	4929	20967	9520	286	6973	38
百色市	721	4931	14463	2800	11663	6781	200	4262	69
贺州市	329	2819	8313	1350	6963	3051	60	2173	27
河池市	708	3930	12781	2340	10441	5291	117	3646	16
来宾市	343	2515	8672	1364	7308	3181	73	2300	124
崇左市	251	2088	8949	1975	6974	3651	62	2038	17
男	**9641**	**64046**	**123752**	**33200**	**90552**	**80205**	**3079**	**54815**	**2123**
南宁市	2112	14396	33031	10587	22444	16378	922	10447	231
柳州市	923	5420	12529	3418	9111	8339	854	5546	87
桂林市	922	6030	11512	3082	8430	6805	274	4618	52
梧州市	380	3069	5811	1348	4463	4567	52	3039	535
北海市	412	2366	5341	1369	3972	3245	52	2228	157
防城港市	282	1360	2806	854	1952	2736	53	1648	116
钦州市	740	4756	6837	1755	5082	4982	129	3556	73
贵港市	827	5897	8852	1989	6863	6323	87	4321	632
玉林市	928	7714	13219	3129	10090	8555	242	6528	32
百色市	613	3740	6537	1644	4893	5417	163	3764	53
贺州市	296	2327	3952	813	3139	2720	41	2058	21
河池市	657	3239	5468	1339	4129	4430	100	3202	13
来宾市	321	2094	3763	798	2965	2737	61	2040	111
崇左市	228	1638	4094	1075	3019	2971	49	1820	10
女	**1091**	**13438**	**135381**	**23704**	**111677**	**14601**	**883**	**6274**	**549**
南宁市	385	3724	34669	8404	26265	3733	308	1609	81
柳州市	120	1276	13754	2301	11453	1693	211	793	39
桂林市	90	1121	13175	2147	11028	1324	84	572	32
梧州市	25	499	6068	821	5247	570	14	235	62
北海市	26	502	5923	1000	4923	491	26	183	55
防城港市	28	273	3065	600	2465	499	29	201	35
钦州市	52	777	7300	1167	6133	677	35	302	14
贵港市	75	1166	9386	1304	8082	969	34	399	180
玉林市	53	855	12677	1800	10877	965	44	445	6
百色市	108	1191	7926	1156	6770	1364	37	498	16
贺州市	33	492	4361	537	3824	331	19	115	6
河池市	51	691	7313	1001	6312	861	17	444	3
来宾市	22	421	4909	566	4343	444	12	260	13
崇左市	23	450	4855	900	3955	680	13	218	7

4-4 续表 7

单位：人

地 区 性 别	合 计							
	七、交通运输、仓储和邮政业					八、住宿和餐饮业		
	56.航空运输业	57.管道运输业	58.多式联运和运输代理业	59.装卸搬运和仓储业	60.邮政业	小计	61.住宿业	62.餐饮业
总 计	**853**	**10**	**1891**	**12859**	**11470**	**83658**	**11098**	**72560**
南宁市	379	4	535	2324	3271	19820	2440	17380
柳州市	47	2	199	1038	1216	8169	945	7224
桂林市	293		134	952	1118	9497	1910	7587
梧州市	19		46	560	575	4542	468	4074
北海市	38	2	66	499	430	4069	855	3214
防城港市	5		205	663	280	2250	343	1907
钦州市	4		178	781	587	4083	352	3731
贵港市	2		136	738	763	6052	545	5507
玉林市	24	2	173	1120	904	6800	657	6143
百色市	16		61	1619	554	4991	691	4300
贺州市	5		23	422	341	3186	416	2770
河池市	10		6	889	607	4445	626	3819
来宾市	3		28	236	417	2809	374	2435
崇左市	8		101	1018	407	2945	476	2469
男	**543**	**8**	**1483**	**9810**	**8344**	**40173**	**4280**	**35893**
南宁市	244	3	412	1689	2430	10210	987	9223
柳州市	27	1	150	802	872	3740	315	3425
桂林市	178		110	741	832	4255	713	3542
梧州市	11		38	461	431	2288	199	2089
北海市	27	2	49	426	304	2002	346	1656
防城港市	1		156	556	206	1044	143	901
钦州市	4		141	650	429	2014	148	1866
贵港市	1		110	602	570	3002	225	2777
玉林市	22	2	143	946	640	3565	284	3281
百色市	13		56	982	386	2178	230	1948
贺州市	3		19	347	231	1396	161	1235
河池市	4		4	673	434	1842	206	1636
来宾市	2		21	208	294	1251	147	1104
崇左市	6		74	727	285	1386	176	1210
女	**310**	**2**	**408**	**3049**	**3126**	**43485**	**6818**	**36667**
南宁市	135	1	123	635	841	9610	1453	8157
柳州市	20	1	49	236	344	4429	630	3799
桂林市	115		24	211	286	5242	1197	4045
梧州市	8		8	99	144	2254	269	1985
北海市	11		17	73	126	2067	509	1558
防城港市	4		49	107	74	1206	200	1006
钦州市			37	131	158	2069	204	1865
贵港市	1		26	136	193	3050	320	2730
玉林市	2		30	174	264	3235	373	2862
百色市	3		5	637	168	2813	461	2352
贺州市	2		4	75	110	1790	255	1535
河池市	6		2	216	173	2603	420	2183
来宾市	1		7	28	123	1558	227	1331
崇左市	2		27	291	122	1559	300	1259

4-4 续表 8　　单位：人

地区 性别	合计								
	九、信息传输、软件和信息技术服务业				十、金融业				
	小计	63.电信、广播电视和卫星传输服务	64.互联网和相关服务	65.软件和信息技术服务业	小计	66.货币金融服务	67.资本市场服务	68.保险业	69.其他金融业
总　计	**17539**	**7535**	**4905**	**5099**	**19327**	**9346**	**1320**	**6851**	**1810**
南宁市	6204	1964	1746	2494	5888	2244	572	2211	861
柳州市	1875	804	498	573	2186	1149	161	712	164
桂林市	1706	697	536	473	2215	1257	136	676	146
梧州市	765	374	222	169	943	552	38	313	40
北海市	750	287	277	186	739	337	38	303	61
防城港市	326	168	88	70	406	206	28	132	40
钦州市	673	328	204	141	782	332	48	304	98
贵港市	1127	490	311	326	1057	477	39	449	92
玉林市	1063	567	288	208	1481	697	82	607	95
百色市	727	443	162	122	1072	649	61	299	63
贺州市	468	240	138	90	480	263	19	155	43
河池市	840	544	187	109	906	550	32	278	46
来宾市	588	352	170	66	583	323	43	181	36
崇左市	427	277	78	72	589	310	23	231	25
男	**10994**	**4276**	**3225**	**3493**	**9308**	**4894**	**765**	**2644**	**1005**
南宁市	3881	1106	1119	1656	2845	1119	331	898	497
柳州市	1123	424	310	389	983	549	91	258	85
桂林市	1106	402	366	338	1068	639	83	262	84
梧州市	509	226	154	129	472	302	23	123	24
北海市	469	163	179	127	319	161	18	104	36
防城港市	206	97	54	55	210	115	16	60	19
钦州市	433	198	146	89	368	175	28	112	53
贵港市	714	264	214	236	483	253	20	170	40
玉林市	688	319	203	166	731	414	49	212	56
百色市	448	258	99	91	528	353	39	106	30
贺州市	293	140	96	57	244	155	12	57	20
河池市	508	309	122	77	470	312	16	113	29
来宾市	344	193	111	40	287	175	26	66	20
崇左市	272	177	52	43	300	172	13	103	12
女	**6545**	**3259**	**1680**	**1606**	**10019**	**4452**	**555**	**4207**	**805**
南宁市	2323	858	627	838	3043	1125	241	1313	364
柳州市	752	380	188	184	1203	600	70	454	79
桂林市	600	295	170	135	1147	618	53	414	62
梧州市	256	148	68	40	471	250	15	190	16
北海市	281	124	98	59	420	176	20	199	25
防城港市	120	71	34	15	196	91	12	72	21
钦州市	240	130	58	52	414	157	20	192	45
贵港市	413	226	97	90	574	224	19	279	52
玉林市	375	248	85	42	750	283	33	395	39
百色市	279	185	63	31	544	296	22	193	33
贺州市	175	100	42	33	236	108	7	98	23
河池市	332	235	65	32	436	238	16	165	17
来宾市	244	159	59	26	296	148	17	115	16
崇左市	155	100	26	29	289	138	10	128	13

4-4 续表 9

单位：人

地区 性别	合计								
	十一、房地产业		十二、租赁和商务服务业			十三、科学研究和技术服务业			
	小计	70.房地产业	小计	71.租赁业	72.商务服务业	小计	73.研究和试验发展	74.专业技术服务业	75.科技推广和应用服务业
总　计	**29061**	**29061**	**42412**	**2869**	**39543**	**14544**	**1132**	**10865**	**2547**
南宁市	10222	10222	13688	764	12924	5829	619	4075	1135
柳州市	3062	3062	4173	341	3832	1582	55	1349	178
桂林市	3059	3059	4893	194	4699	1471	142	1157	172
梧州市	1301	1301	1393	117	1276	573	30	418	125
北海市	2246	2246	1660	158	1502	500	20	386	94
防城港市	937	937	1481	63	1418	385	3	305	77
钦州市	1254	1254	2934	206	2728	685	27	481	177
贵港市	1447	1447	2316	207	2109	687	7	535	145
玉林市	1904	1904	2642	287	2355	781	56	602	123
百色市	1013	1013	2397	141	2256	652	15	489	148
贺州市	509	509	1093	73	1020	303	11	248	44
河池市	600	600	1484	63	1421	425	17	370	38
来宾市	775	775	974	81	893	373	78	254	41
崇左市	732	732	1284	174	1110	298	52	196	50
男	**16736**	**16736**	**26725**	**2419**	**24306**	**9627**	**668**	**7346**	**1613**
南宁市	6070	6070	8147	613	7534	3678	337	2642	699
柳州市	1780	1780	2676	282	2394	1070	41	920	109
桂林市	1692	1692	2898	149	2749	991	91	788	112
梧州市	724	724	948	108	840	399	20	299	80
北海市	1264	1264	1043	131	912	326	12	250	64
防城港市	519	519	967	54	913	286	2	223	61
钦州市	722	722	1981	188	1793	470	15	334	121
贵港市	791	791	1540	178	1362	463	5	371	87
玉林市	1118	1118	1823	262	1561	550	40	420	90
百色市	549	549	1486	118	1368	435	10	345	80
贺州市	299	299	698	70	628	202	8	167	27
河池市	318	318	1011	52	959	301	11	260	30
来宾市	434	434	651	75	576	254	43	186	25
崇左市	456	456	856	139	717	202	33	141	28
女	**12325**	**12325**	**15687**	**450**	**15237**	**4917**	**464**	**3519**	**934**
南宁市	4152	4152	5541	151	5390	2151	282	1433	436
柳州市	1282	1282	1497	59	1438	512	14	429	69
桂林市	1367	1367	1995	45	1950	480	51	369	60
梧州市	577	577	445	9	436	174	10	119	45
北海市	982	982	617	27	590	174	8	136	30
防城港市	418	418	514	9	505	99	1	82	16
钦州市	532	532	953	18	935	215	12	147	56
贵港市	656	656	776	29	747	224	2	164	58
玉林市	786	786	819	25	794	231	16	182	33
百色市	464	464	911	23	888	217	5	144	68
贺州市	210	210	395	3	392	101	3	81	17
河池市	282	282	473	11	462	124	6	110	8
来宾市	341	341	323	6	317	119	35	68	16
崇左市	276	276	428	35	393	96	19	55	22

4-4　续表 10　　　　单位：人

地区 性别	合计								
	十四、水利、环境和公共设施管理业					十五、居民服务、修理和其他服务业			
	小计	76.水利管理业	77.生态保护和环境治理业	78.公共设施管理业	79.土地管理业	小计	80.居民服务业	81.机动车、电子产品和日用产品修理业	82.其他服务业
总　计	**12175**	**917**	**741**	**10316**	**201**	**66833**	**36116**	**18898**	**11819**
南宁市	2819	215	220	2338	46	14751	8027	4022	2702
柳州市	1543	77	98	1351	17	7373	4317	1942	1114
桂林市	1792	96	68	1614	14	5988	3217	1595	1176
梧州市	516	44	40	423	9	3064	1661	939	464
北海市	667	39	2	618	8	2959	1651	755	553
防城港市	369	35	12	320	2	1966	1096	453	417
钦州市	545	57	10	470	8	3627	1884	1078	665
贵港市	519	60	45	405	9	6174	3085	1476	1613
玉林市	738	70	39	612	17	5979	3288	2077	614
百色市	854	67	97	681	9	3803	1804	1280	719
贺州市	314	34	37	215	28	2193	1135	663	395
河池市	659	35	26	587	11	3891	1990	1174	727
来宾市	411	49	27	319	16	2475	1361	797	317
崇左市	429	39	20	363	7	2590	1600	647	343
男	**6285**	**676**	**517**	**4948**	**144**	**31491**	**10956**	**15835**	**4700**
南宁市	1303	154	149	976	24	6423	2261	3324	838
柳州市	770	57	60	641	12	3065	1020	1639	406
桂林市	1030	69	51	899	11	2763	959	1324	480
梧州市	301	34	30	230	7	1488	450	824	214
北海市	317	24		286	7	1371	530	652	189
防城港市	181	29	8	144		1019	451	401	167
钦州市	290	45	8	231	6	1859	652	912	295
贵港市	286	41	30	209	6	3092	1081	1262	749
玉林市	423	53	29	329	12	3004	983	1766	255
百色市	422	48	73	296	5	1948	646	1005	297
贺州市	190	27	28	109	26	1076	310	572	194
河池市	329	28	18	274	9	1918	604	941	373
来宾市	226	35	18	158	15	1122	348	673	101
崇左市	217	32	15	166	4	1343	661	540	142
女	**5890**	**241**	**224**	**5368**	**57**	**35342**	**25160**	**3063**	**7119**
南宁市	1516	61	71	1362	22	8328	5766	698	1864
柳州市	773	20	38	710	5	4308	3297	303	708
桂林市	762	27	17	715	3	3225	2258	271	696
梧州市	215	10	10	193	2	1576	1211	115	250
北海市	350	15	2	332	1	1588	1121	103	364
防城港市	188	6	4	176	2	947	645	52	250
钦州市	255	12	2	239	2	1768	1232	166	370
贵港市	233	19	15	196	3	3082	2004	214	864
玉林市	315	17	10	283	5	2975	2305	311	359
百色市	432	19	24	385	4	1855	1158	275	422
贺州市	124	7	9	106	2	1117	825	91	201
河池市	330	7	8	313	2	1973	1386	233	354
来宾市	185	14	9	161	1	1353	1013	124	216
崇左市	212	7	5	197	3	1247	939	107	201

4–4 续表 11 单位：人

地 区 性 别	合 计									
	十六、教育		十七、卫生和社会工作			十八、文化、体育和娱乐业				
	小计	83.教育	小计	84.卫生	85.社会工作	小计	86.新闻和出版业	87.广播、电视、电影和录音制作业	88.文化艺术业	89.体育
总 计	**87350**	**87350**	**40578**	**39703**	**875**	**9525**	**733**	**969**	**1810**	**1127**
南宁市	17459	17459	8393	8183	210	2689	340	377	507	362
柳州市	7634	7634	4207	4119	88	1268	62	98	196	155
桂林市	9003	9003	4327	4198	129	1374	109	93	431	157
梧州市	4984	4984	2284	2244	40	431	27	50	69	43
北海市	3417	3417	1425	1372	53	467	26	29	77	66
防城港市	1796	1796	765	749	16	304	16	12	28	16
钦州市	5831	5831	2633	2567	66	349	20	39	68	50
贵港市	6809	6809	2713	2675	38	439	24	40	48	55
玉林市	9187	9187	3680	3624	56	593	33	75	90	76
百色市	5636	5636	2778	2711	67	462	16	36	90	45
贺州市	3370	3370	1423	1409	14	294	12	38	54	21
河池市	5739	5739	2849	2813	36	349	20	35	75	33
来宾市	3316	3316	1642	1597	45	290	17	27	36	26
崇左市	3169	3169	1459	1442	17	216	11	20	41	22
男	**29364**	**29364**	**13395**	**13135**	**260**	**5152**	**348**	**580**	**872**	**602**
南宁市	6018	6018	2700	2635	65	1417	164	221	229	202
柳州市	2380	2380	1161	1138	23	656	31	50	93	78
桂林市	2920	2920	1384	1343	41	698	44	58	212	72
梧州市	1764	1764	820	810	10	247	13	29	40	20
北海市	967	967	465	453	12	279	18	21	40	43
防城港市	585	585	283	280	3	159	10	9	12	10
钦州市	1881	1881	972	949	23	199	8	29	29	24
贵港市	2257	2257	994	983	11	251	8	27	22	31
玉林市	2818	2818	1416	1400	16	351	13	50	50	42
百色市	2187	2187	866	846	20	253	6	20	50	27
贺州市	1140	1140	487	483	4	168	5	20	23	11
河池市	2093	2093	862	850	12	200	9	23	38	21
来宾市	1109	1109	489	476	13	157	13	15	17	11
崇左市	1245	1245	496	489	7	117	6	8	17	10
女	**57986**	**57986**	**27183**	**26568**	**615**	**4373**	**385**	**389**	**938**	**525**
南宁市	11441	11441	5693	5548	145	1272	176	156	278	160
柳州市	5254	5254	3046	2981	65	612	31	48	103	77
桂林市	6083	6083	2943	2855	88	676	65	35	219	85
梧州市	3220	3220	1464	1434	30	184	14	21	29	23
北海市	2450	2450	960	919	41	188	8	8	37	23
防城港市	1211	1211	482	469	13	145	6	3	16	6
钦州市	3950	3950	1661	1618	43	150	12	10	39	26
贵港市	4552	4552	1719	1692	27	188	16	13	26	24
玉林市	6369	6369	2264	2224	40	242	20	25	40	34
百色市	3449	3449	1912	1865	47	209	10	16	40	18
贺州市	2230	2230	936	926	10	126	7	18	31	10
河池市	3646	3646	1987	1963	24	149	11	12	37	12
来宾市	2207	2207	1153	1121	32	133	4	12	19	15
崇左市	1924	1924	963	953	10	99	5	12	24	12

4-4 续表 12 单位：人

地区 性别	合计									
		十九、公共管理、社会保障和社会组织							二十、国际组织	
	90.娱乐业	小计	91.中国共产党机关	92.国家机构	93.人民政协、民主党派	94.社会保障	95.群众团体、社会团体和其他成员组织	96.基层群众自治组织	小计	97.国际组织
总　计	**4886**	**75224**	**1956**	**58690**	**260**	**472**	**2649**	**11197**	**1**	**1**
南宁市	1103	13010	358	10119	40	97	819	1577	1	1
柳州市	757	7583	163	6151	26	30	189	1024		
桂林市	584	8083	199	6593	35	44	392	820		
梧州市	242	4133	86	3053	17	48	102	827		
北海市	269	2800	67	2351	19	25	37	301		
防城港市	232	2214	100	1713	7	15	65	314		
钦州市	172	3599	89	2695	18	23	48	726		
贵港市	272	4504	124	3400	12	39	176	753		
玉林市	319	5851	77	4116	12	46	131	1469		
百色市	275	6478	240	4821	25	31	341	1020		
贺州市	169	3299	47	2718	8	20	83	423		
河池市	186	6365	272	4898	21	16	125	1033		
来宾市	184	3513	67	2858	10	18	57	503		
崇左市	122	3792	67	3204	10	20	84	407		
男	**2750**	**47275**	**1257**	**37198**	**151**	**168**	**1349**	**7152**		
南宁市	601	7794	235	6244	18	37	397	863		
柳州市	404	4493	93	3783	15	11	84	507		
桂林市	312	5131	125	4238	23	18	210	517		
梧州市	145	2668	56	1997	12	17	61	525		
北海市	157	1701	46	1424	11	13	20	187		
防城港市	118	1402	62	1091	5	6	45	193		
钦州市	109	2394	57	1826	11	6	20	474		
贵港市	163	2885	75	2200	7	11	91	501		
玉林市	196	3817	46	2690	8	12	67	994		
百色市	150	4228	172	3106	12	11	189	738		
贺州市	109	2094	29	1694	1	7	35	328		
河池市	109	4087	182	3137	14	8	59	687		
来宾市	101	2164	42	1752	7	5	30	328		
崇左市	76	2417	37	2016	7	6	41	310		
女	**2136**	**27949**	**699**	**21492**	**109**	**304**	**1300**	**4045**	**1**	**1**
南宁市	502	5216	123	3875	22	60	422	714	1	1
柳州市	353	3090	70	2368	11	19	105	517		
桂林市	272	2952	74	2355	12	26	182	303		
梧州市	97	1465	30	1056	5	31	41	302		
北海市	112	1099	21	927	8	12	17	114		
防城港市	114	812	38	622	2	9	20	121		
钦州市	63	1205	32	869	7	17	28	252		
贵港市	109	1619	49	1200	5	28	85	252		
玉林市	123	2034	31	1426	4	34	64	475		
百色市	125	2250	68	1715	13	20	152	282		
贺州市	60	1205	18	1024	7	13	48	95		
河池市	77	2278	90	1761	7	8	66	346		
来宾市	83	1349	25	1106	3	13	27	175		
崇左市	46	1375	30	1188	3	14	43	97		

4-4 续表 13

单位：人

地区 性别	有农村土地承包经营权的人								
	合计	一、农、林、牧、渔业						二、采矿业	
		小计	1.农业	2.林业	3.畜牧业	4.渔业	5.农、林、牧、渔专业及辅助性活动	小计	6.煤炭开采和洗选业
总计	**1352846**	**626836**	**544220**	**19131**	**49599**	**8908**	**4978**	**3951**	**191**
南宁市	208118	90037	81664	1689	4968	684	1032	471	23
柳州市	96509	42064	36240	2551	2612	235	426	165	4
桂林市	142066	71871	65802	1566	3171	301	1031	403	1
梧州市	60278	27359	25332	664	1067	221	75	230	
北海市	42919	19559	14026	295	1355	3633	250	128	2
防城港市	22316	7889	5709	540	574	948	118	48	2
钦州市	80794	35228	30767	863	2196	1166	236	103	5
贵港市	130424	52253	48844	659	2204	351	195	204	1
玉林市	144592	48802	39550	1017	7436	437	362	198	2
百色市	119380	63928	53686	2646	6747	251	598	712	64
贺州市	58223	27102	24386	1046	1285	189	196	204	
河池市	99387	47545	32542	3074	11497	224	208	586	38
来宾市	72156	42211	37127	1293	3484	118	189	310	47
崇左市	75684	50988	48545	1228	1003	150	62	189	2
男	**801290**	**336466**	**285485**	**13335**	**28390**	**6466**	**2790**	**3314**	**176**
南宁市	122193	47333	42078	1218	2905	528	604	446	21
柳州市	58296	23467	19801	1818	1439	171	238	148	4
桂林市	84846	40659	36905	1122	1920	232	480	310	1
梧州市	37313	15275	13792	542	707	183	51	208	
北海市	25948	11164	7463	226	833	2514	128	106	
防城港市	14720	4788	3304	386	393	625	80	39	2
钦州市	50650	19874	16568	718	1538	895	155	95	4
贵港市	75823	26914	24582	510	1433	271	118	165	
玉林市	88036	25986	20031	816	4552	352	235	177	2
百色市	67252	32784	27029	1613	3661	182	299	534	58
贺州市	34828	14257	12415	736	856	143	107	177	
河池市	57141	23883	15920	1867	5797	160	139	492	36
来宾市	42022	23184	20214	988	1768	99	115	268	46
崇左市	42222	26898	25383	775	588	111	41	149	2
女	**551556**	**290370**	**258735**	**5796**	**21209**	**2442**	**2188**	**637**	**15**
南宁市	85925	42704	39586	471	2063	156	428	25	2
柳州市	38213	18597	16439	733	1173	64	188	17	
桂林市	57220	31212	28897	444	1251	69	551	93	
梧州市	22965	12084	11540	122	360	38	24	22	
北海市	16971	8395	6563	69	522	1119	122	22	2
防城港市	7596	3101	2405	154	181	323	38	9	
钦州市	30144	15354	14199	145	658	271	81	8	1
贵港市	54601	25339	24262	149	771	80	77	39	1
玉林市	56556	22816	19519	201	2884	85	127	21	
百色市	52128	31144	26657	1033	3086	69	299	178	6
贺州市	23395	12845	11971	310	429	46	89	27	
河池市	42246	23662	16622	1207	5700	64	69	94	2
来宾市	30134	19027	16913	305	1716	19	74	42	1
崇左市	33462	24090	23162	453	415	39	21	40	

4-4 续表 14

单位：人

地区 性别	有农村土地承包经营权的人口								
	二、采矿业						三、制造业		
	7.石油和天然气开采业	8.黑色金属矿采选业	9.有色金属矿采选业	10.非金属矿采选业	11.开采专业及辅助性活动	12.其他采矿业	小计	13.农副食品加工业	14.食品制造业
总　计	**30**	**491**	**946**	**1928**	**166**	**199**	**144613**	**10463**	**3584**
南宁市	4	13	238	154	14	25	16678	1728	499
柳州市	1	20	15	111	8	6	11636	562	560
桂林市	8	32	45	283	17	17	10784	1383	493
梧州市	2	8	78	128	2	12	8075	491	146
北海市		1		111	7	7	4191	734	122
防城港市		12	3	28	2	1	1946	296	45
钦州市	1	6	8	71	7	5	8924	638	168
贵港市	2	11	3	153	21	13	22558	1153	288
玉林市	1	1		165	7	22	25391	971	492
百色市	7	215	199	172	29	26	10158	696	172
贺州市	1	8	50	125	9	11	6419	353	137
河池市		43	256	172	32	45	8304	454	188
来宾市		8	43	200	7	5	5242	492	129
崇左市	3	113	8	55	4	4	4307	512	145
男	**16**	**350**	**797**	**1657**	**139**	**179**	**80946**	**6224**	**1690**
南宁市	1	11	236	142	12	23	9960	1065	241
柳州市		19	11	103	7	4	7288	339	236
桂林市	5	27	38	212	12	15	6480	735	203
梧州市	1	7	73	115	1	11	4722	313	82
北海市		1		96	5	4	2451	340	64
防城港市		9	2	24	2		1379	175	18
钦州市	1	5	8	66	7	4	4901	388	77
贵港市	1	8	1	128	17	10	12000	688	134
玉林市		1		145	7	22	11450	656	258
百色市	3	129	149	146	24	25	5937	399	83
贺州市	1	5	37	117	6	11	4009	210	75
河池市		36	206	142	30	42	4697	277	88
来宾市		7	30	175	6	4	3077	323	59
崇左市	3	85	6	46	3	4	2595	316	72
女	**14**	**141**	**149**	**271**	**27**	**20**	**63667**	**4239**	**1894**
南宁市	3	2	2	12	2	2	6718	663	258
柳州市	1	1	4	8	1	2	4348	223	324
桂林市	3	5	7	71	5	2	4304	648	290
梧州市	1	1	5	13	1	1	3353	178	64
北海市				15	2	3	1740	394	58
防城港市		3	1	4		1	567	121	27
钦州市		1		5		1	4023	250	91
贵港市	1	3	2	25	4	3	10558	465	154
玉林市	1			20			13941	315	234
百色市	4	86	50	26	5	1	4221	297	89
贺州市		3	13	8	3		2410	143	62
河池市		7	50	30	2	3	3607	177	100
来宾市		1	13	25	1	1	2165	169	70
崇左市		28	2	9	1		1712	196	73

4-4 续表 15

单位：人

地区 性别	有农村土地承包经营权的人口								
	三、制造业								
	15.酒、饮料和精制茶制造业	16.烟草制品业	17.纺织业	18.纺织服装、服饰业	19.皮革、毛皮、羽毛及其制品和制鞋业	20.木材加工和木、竹、藤、棕、草制品业	21.家具制造业	22.造纸和纸制品业	23.印刷和记录媒介复制业
总 计	**2421**	**75**	**3900**	**17934**	**3367**	**18488**	**4112**	**2212**	**1014**
南宁市	495	29	404	754	346	2680	512	515	160
柳州市	291	11	292	341	57	2329	272	101	71
桂林市	345	5	159	263	164	1843	445	167	109
梧州市	112		181	530	277	467	200	77	76
北海市	61		54	99	113	484	64	91	26
防城港市	31		18	21	28	218	100	11	4
钦州市	117	1	155	1034	567	756	173	206	70
贵港市	160	3	444	5493	460	3645	738	212	147
玉林市	181	7	1012	8087	762	1699	623	266	189
百色市	104	9	240	353	206	967	228	102	43
贺州市	130	5	110	310	144	365	210	49	41
河池市	189	1	547	308	110	1262	222	92	33
来宾市	117	3	198	189	64	1042	154	257	28
崇左市	88	1	86	152	69	731	171	66	17
男	**1408**	**42**	**1583**	**5029**	**1395**	**10629**	**2910**	**1347**	**657**
南宁市	280	12	145	205	144	1607	362	312	110
柳州市	159	6	93	93	33	1340	185	56	38
桂林市	200	2	71	98	73	987	296	91	72
梧州市	72		69	177	107	303	161	46	52
北海市	38		24	35	50	285	52	56	13
防城港市	15		12	10	19	143	73	7	4
钦州市	75	1	68	295	200	460	136	145	48
贵港市	102	2	195	1789	183	2017	518	140	99
玉林市	122	4	504	1872	289	917	453	159	127
百色市	70	5	93	137	111	580	156	54	25
贺州市	88	5	56	108	68	267	156	35	22
河池市	79	1	159	112	60	674	146	53	19
来宾市	65	3	60	59	27	599	100	154	17
崇左市	43	1	34	39	31	450	116	39	11
女	**1013**	**33**	**2317**	**12905**	**1972**	**7859**	**1202**	**865**	**357**
南宁市	215	17	259	549	202	1073	150	203	50
柳州市	132	5	199	248	24	989	87	45	33
桂林市	145	3	88	165	91	856	149	76	37
梧州市	40		112	353	170	164	39	31	24
北海市	23		30	64	63	199	12	35	13
防城港市	16		6	11	9	75	27	4	
钦州市	42		87	739	367	296	37	61	22
贵港市	58	1	249	3704	277	1628	220	72	48
玉林市	59	3	508	6215	473	782	170	107	62
百色市	34	4	147	216	95	387	72	48	18
贺州市	42		54	202	76	98	54	14	19
河池市	110		388	196	50	588	76	39	14
来宾市	52		138	130	37	443	54	103	11
崇左市	45		52	113	38	281	55	27	6

4-4　续表 16　　　　单位：人

地区 性别	有农村土地承包经营权的人口								
	三、制造业								
	24.文教、工美、体育和娱乐用品制造业	25.石油、煤炭及其他燃料加工业	26.化学原料和化学制品制造业	27.医药制造业	28.化学纤维制造业	29.橡胶和塑料制品业	30.非金属矿物制品业	31.黑色金属冶炼和压延加工业	32.有色金属冶炼和压延加工业
总　计	**5421**	**233**	**2436**	**950**	**38**	**3877**	**12328**	**2154**	**2421**
南宁市	391	24	420	156	8	530	1577	113	166
柳州市	155	23	177	76	2	248	642	255	35
桂林市	284	24	214	207	2	401	1068	109	66
梧州市	649	5	198	50	1	216	1205	125	37
北海市	121	47	164	14		105	335	296	9
防城港市	14	4	20	6	1	23	224	339	67
钦州市	531	18	207	83	1	276	601	59	31
贵港市	449	8	238	72	4	574	1076	162	58
玉林市	1531	16	156	151	2	566	1699	91	84
百色市	324	46	274	27	2	319	934	77	1104
贺州市	299	1	82	18	1	185	1429	173	52
河池市	364	6	81	37	3	171	715	41	464
来宾市	122	5	115	40	7	138	505	30	150
崇左市	187	6	90	13	4	125	318	284	98
男	**1945**	**164**	**1541**	**456**	**19**	**2226**	**8971**	**1682**	**1948**
南宁市	137	18	235	84	2	311	1160	102	130
柳州市	64	16	118	38	2	145	479	226	27
桂林市	167	19	149	97	1	226	835	92	56
梧州市	250	5	146	24	1	135	867	99	33
北海市	48	27	69	6		53	245	211	6
防城港市	6	3	14	4	1	13	186	250	52
钦州市	111	16	130	31		194	444	47	20
贵港市	209	5	160	37	1	350	801	138	49
玉林市	400	10	105	68	1	296	1077	75	66
百色市	137	35	169	18	2	166	693	59	866
贺州市	140		59	11	1	96	1045	143	35
河池市	147	3	54	19		97	521	31	391
来宾市	51	4	76	13	3	64	377	24	137
崇左市	78	3	57	6	4	80	241	185	80
女	**3476**	**69**	**895**	**494**	**19**	**1651**	**3357**	**472**	**473**
南宁市	254	6	185	72	6	219	417	11	36
柳州市	91	7	59	38		103	163	29	8
桂林市	117	5	65	110	1	175	233	17	10
梧州市	399		52	26		81	338	26	4
北海市	73	20	95	8		52	90	85	3
防城港市	8	1	6	2		10	38	89	15
钦州市	420	2	77	52	1	82	157	12	11
贵港市	240	3	78	35	3	224	275	24	9
玉林市	1131	6	51	83	1	270	622	16	18
百色市	187	11	105	9		153	241	18	238
贺州市	159	1	23	7		89	384	30	17
河池市	217	3	27	18	3	74	194	10	73
来宾市	71	1	39	27	4	74	128	6	13
崇左市	109	3	33	7		45	77	99	18

4-4 续表 17　　单位：人

地 区 性 别	有农村土地承包经营权的人口								
	三、制造业								
	33.金属制品业	34.通用设备制造业	35.专用设备制造业	36.汽车制造业	37.铁路、船舶、航空航天和其他运输设备制造业	38.电气机械和器材制造业	39.计算机、通信和其他电子设备制造业	40.仪器仪表制造业	41.其他制造业
总 计	**8858**	**3490**	**2779**	**3469**	**708**	**4721**	**18979**	**486**	**1218**
南宁市	1178	571	383	117	71	311	1850	58	147
柳州市	693	489	281	2436	88	203	511	29	95
桂林市	596	303	261	165	34	318	1093	60	94
梧州市	629	157	152	41	120	433	1245	24	76
北海市	212	67	82	18	35	91	572	6	24
防城港市	68	41	43	8	8	21	140	15	17
钦州市	457	204	169	30	31	211	1838	39	84
贵港市	1557	436	369	132	242	1269	2651	50	285
玉林市	1057	598	420	252	22	649	3329	64	149
百色市	727	216	256	46	11	348	2089	48	73
贺州市	491	118	108	26	10	282	1146	16	56
河池市	644	138	130	53	7	338	1407	33	69
来宾市	224	66	74	127	20	167	628	21	32
崇左市	325	86	51	18	9	80	480	23	17
男	**6769**	**2538**	**1829**	**2353**	**555**	**2823**	**9183**	**296**	**680**
南宁市	923	369	245	93	51	214	915	32	72
柳州市	546	378	200	1612	76	131	317	21	59
桂林市	437	235	174	116	24	208	626	33	54
梧州市	482	121	106	27	103	245	514	10	46
北海市	179	53	42	14	33	62	308	3	14
防城港市	55	36	27	6	8	18	102	13	14
钦州市	375	145	115	26	23	139	983	28	44
贵港市	1162	313	233	100	181	725	1312	28	172
玉林市	827	450	291	193	14	350	1527	44	70
百色市	533	159	160	28	7	213	804	32	41
贺州市	365	70	74	21	8	187	576	10	19
河池市	477	102	85	34	7	199	635	24	43
来宾市	180	49	45	69	15	84	311	6	19
崇左市	228	58	32	14	5	48	253	12	13
女	**2089**	**952**	**950**	**1116**	**153**	**1898**	**9796**	**190**	**538**
南宁市	255	202	138	24	20	97	935	26	75
柳州市	147	111	81	824	12	72	194	8	36
桂林市	159	68	87	49	10	110	467	27	40
梧州市	147	36	46	14	17	188	731	14	30
北海市	33	14	40	4	2	29	264	3	10
防城港市	13	5	16	2		3	38	2	3
钦州市	82	59	54	4	8	72	855	11	40
贵港市	395	123	136	32	61	544	1339	22	113
玉林市	230	148	129	59	8	299	1802	20	79
百色市	194	57	96	18	4	135	1285	16	32
贺州市	126	48	34	5	2	95	570	6	37
河池市	167	36	45	19		139	772	9	26
来宾市	44	17	29	58	5	83	317	15	13
崇左市	97	28	19	4	4	32	227	11	4

4-4 续表 18

单位：人

地区 性别	有农村土地承包经营权的人口								
	三、制造业		四、电力、热力、燃气及水生产和供应业				五、建筑业		
	42.废弃资源综合利用业	43.金属制品、机械和设备修理业	小计	44.电力、热力生产和供应业	45.燃气生产和供应业	46.水的生产和供应业	小计	47.房屋建筑业	48.土木工程建筑业
总　计	**879**	**1598**	**5154**	**3485**	**927**	**742**	**185252**	**113913**	**10235**
南宁市	236	249	571	302	159	110	27590	13758	1607
柳州市	94	217	374	240	82	52	12816	7589	757
桂林市	18	91	640	488	76	76	17376	10570	761
梧州市	64	91	194	130	37	27	7749	4920	327
北海市	46	99	206	112	47	47	5041	2879	337
防城港市	47	68	206	161	27	18	3717	1887	849
钦州市	87	82	301	220	43	38	14101	9443	386
贵港市	16	167	313	172	76	65	18687	11631	510
玉林市	87	179	482	271	130	81	26248	18090	573
百色市	12	105	596	492	52	52	14753	9366	996
贺州市	30	42	211	144	45	22	9072	6208	295
河池市	92	105	590	429	84	77	16198	10490	1876
来宾市	36	62	241	173	27	41	7420	4616	673
崇左市	14	41	229	151	42	36	4484	2466	288
男	**636**	**1418**	**4186**	**2928**	**688**	**570**	**156486**	**95158**	**9058**
南宁市	163	221	469	269	120	80	22527	11012	1395
柳州市	67	188	308	202	62	44	10630	6175	671
桂林市	15	88	489	374	56	59	14733	8809	691
梧州市	49	77	157	109	28	20	6696	4190	286
北海市	34	87	166	93	35	38	4328	2438	293
防城港市	36	59	157	127	17	13	3157	1546	762
钦州市	65	72	260	200	32	28	12396	8275	343
贵港市	11	146	266	155	55	56	15606	9589	417
玉林市	63	162	405	233	108	64	24008	16515	534
百色市	10	92	469	401	34	34	11358	7048	854
贺州市	23	36	176	123	36	17	7467	5024	262
河池市	65	95	499	381	60	58	13610	8658	1690
来宾市	26	58	196	145	18	33	6343	3893	612
崇左市	9	37	169	116	27	26	3627	1986	248
女	**243**	**180**	**968**	**557**	**239**	**172**	**28766**	**18755**	**1177**
南宁市	73	28	102	33	39	30	5063	2746	212
柳州市	27	29	66	38	20	8	2186	1414	86
桂林市	3	3	151	114	20	17	2643	1761	70
梧州市	15	14	37	21	9	7	1053	730	41
北海市	12	12	40	19	12	9	713	441	44
防城港市	11	9	49	34	10	5	560	341	87
钦州市	22	10	41	20	11	10	1705	1168	43
贵港市	5	21	47	17	21	9	3081	2042	93
玉林市	24	17	77	38	22	17	2240	1575	39
百色市	2	13	127	91	18	18	3395	2318	142
贺州市	7	6	35	21	9	5	1605	1184	33
河池市	27	10	91	48	24	19	2588	1832	186
来宾市	10	4	45	28	9	8	1077	723	61
崇左市	5	4	60	35	15	10	857	480	40

4-4 续表 19

单位：人

地区 性别	有农村土地承包经营权的人口								
	五、建筑业		六、批发和零售业			七、交通运输、仓储和邮政业			
	49.建筑安装业	50.建筑装饰、装修和其他建筑业	小计	51.批发业	52.零售业	小计	53.铁路运输业	54.道路运输业	55.水上运输业
总计	**7051**	**54053**	**132321**	**29932**	**102389**	**54790**	**761**	**37858**	**1143**
南宁市	1404	10821	27458	8722	18736	9246	144	6039	134
柳州市	559	3911	10081	2268	7813	4199	115	2883	54
桂林市	693	5352	13695	3003	10692	5018	108	3457	28
梧州市	235	2267	5139	1020	4119	2704	25	1875	239
北海市	252	1573	4805	1102	3703	1898	22	1329	78
防城港市	165	816	2495	617	1878	1411	8	884	50
钦州市	507	3765	7700	1650	6050	3237	36	2356	54
贵港市	722	5824	11765	2282	9483	5031	53	3486	347
玉林市	764	6821	15885	3052	12833	6705	64	5147	13
百色市	518	3873	9170	1838	7332	4810	84	3148	45
贺州市	247	2322	5085	834	4251	2139	28	1578	15
河池市	560	3272	8427	1579	6848	3847	25	2700	12
来宾市	255	1876	5617	902	4715	2166	24	1635	63
崇左市	170	1560	4999	1063	3936	2379	25	1341	11
男	**6481**	**45789**	**67072**	**18413**	**48659**	**48270**	**586**	**35220**	**956**
南宁市	1229	8891	14230	5074	9156	7923	104	5531	101
柳州市	520	3264	5229	1467	3762	3675	98	2665	39
桂林市	639	4594	6683	1859	4824	4378	83	3192	18
梧州市	226	1994	2836	666	2170	2503	23	1787	226
北海市	244	1353	2388	653	1735	1705	16	1256	60
防城港市	148	701	1306	394	912	1270	6	826	41
钦州市	477	3301	4025	1058	2967	2941	28	2221	46
贵港市	670	4930	6050	1453	4597	4510	39	3264	295
玉林市	733	6226	8648	2055	6593	6200	50	4916	11
百色市	446	3010	4304	1110	3194	3960	61	2851	32
贺州市	228	1953	2631	556	2075	1956	19	1517	12
河池市	527	2735	3780	923	2857	3306	18	2446	10
来宾市	238	1600	2553	548	2005	1934	19	1501	58
崇左市	156	1237	2409	597	1812	2009	22	1247	7
女	**570**	**8264**	**65249**	**11519**	**53730**	**6520**	**175**	**2638**	**187**
南宁市	175	1930	13228	3648	9580	1323	40	508	33
柳州市	39	647	4852	801	4051	524	17	218	15
桂林市	54	758	7012	1144	5868	640	25	265	10
梧州市	9	273	2303	354	1949	201	2	88	13
北海市	8	220	2417	449	1968	193	6	73	18
防城港市	17	115	1189	223	966	141	2	58	9
钦州市	30	464	3675	592	3083	296	8	135	8
贵港市	52	894	5715	829	4886	521	14	222	52
玉林市	31	595	7237	997	6240	505	14	231	2
百色市	72	863	4866	728	4138	850	23	297	13
贺州市	19	369	2454	278	2176	183	9	61	3
河池市	33	537	4647	656	3991	541	7	254	2
来宾市	17	276	3064	354	2710	232	5	134	5
崇左市	14	323	2590	466	2124	370	3	94	4

4-4 续表 20

单位：人

地区 性别	有农村土地承包经营权的人口							
	七、交通运输、仓储和邮政业					八、住宿和餐饮业		
	56.航空运输业	57.管道运输业	58.多式联运和运输代理业	59.装卸搬运和仓储业	60.邮政业	小计	61.住宿业	62.餐饮业
总 计	**160**	**3**	**844**	**8707**	**5314**	**44387**	**5121**	**39266**
南宁市	54	2	197	1443	1233	8226	844	7382
柳州市	12		71	644	420	3509	342	3167
桂林市	51		70	725	579	5707	1006	4701
梧州市	4		28	304	229	2195	176	2019
北海市	7		24	263	175	1634	275	1359
防城港市	1		54	324	90	991	156	835
钦州市	1		84	430	276	2189	172	2017
贵港市	2		84	573	486	4124	330	3794
玉林市	9	1	109	836	526	4276	359	3917
百色市	5		46	1170	312	3110	374	2736
贺州市	3		9	316	190	1963	241	1722
河池市	6		3	765	336	2846	344	2502
来宾市	2		15	181	246	1825	230	1595
崇左市	3		50	733	216	1792	272	1520
男	**97**	**3**	**709**	**6786**	**3913**	**21663**	**1988**	**19675**
南宁市	36	2	154	1063	932	4334	350	3984
柳州市	7		62	505	299	1573	118	1455
桂林市	21		61	568	435	2607	351	2256
梧州市	3		25	260	179	1146	75	1071
北海市	7		20	227	119	840	109	731
防城港市			45	286	66	465	69	396
钦州市	1		74	364	207	1147	81	1066
贵港市	1		70	474	367	2127	144	1983
玉林市	8	1	96	738	380	2327	169	2158
百色市	4		42	749	221	1349	120	1229
贺州市	3		7	271	127	907	98	809
河池市	3		2	582	245	1166	111	1055
来宾市	1		12	162	181	827	95	732
崇左市	2		39	537	155	848	98	750
女	**63**		**135**	**1921**	**1401**	**22724**	**3133**	**19591**
南宁市	18		43	380	301	3892	494	3398
柳州市	5		9	139	121	1936	224	1712
桂林市	30		9	157	144	3100	655	2445
梧州市	1		3	44	50	1049	101	948
北海市			4	36	56	794	166	628
防城港市	1		9	38	24	526	87	439
钦州市			10	66	69	1042	91	951
贵港市	1		14	99	119	1997	186	1811
玉林市	1		13	98	146	1949	190	1759
百色市	1		4	421	91	1761	254	1507
贺州市			2	45	63	1056	143	913
河池市	3		1	183	91	1680	233	1447
来宾市	1		3	19	65	998	135	863
崇左市	1		11	196	61	944	174	770

4-4 续表 21

单位：人

地区 性别	有农村土地承包经营权的人口								
	九、信息传输、软件和信息技术服务业				十、金融业				
	小计	63.电信、广播电视和卫星传输服务	64.互联网和相关服务	65.软件和信息技术服务业	小计	66.货币金融服务	67.资本市场服务	68.保险业	69.其他金融业
总　计	**5610**	**2348**	**1837**	**1425**	**4368**	**1784**	**239**	**1979**	**366**
南宁市	1346	399	477	470	940	278	70	471	121
柳州市	440	199	134	107	314	144	19	119	32
桂林市	590	231	214	145	577	274	31	233	39
梧州市	197	81	77	39	180	91	6	70	13
北海市	236	92	90	54	133	49	7	71	6
防城港市	94	51	18	25	74	33	4	31	6
钦州市	254	109	87	58	177	69	10	86	12
贵港市	586	203	184	199	412	159	11	210	32
玉林市	493	234	153	106	495	191	24	245	35
百色市	332	181	93	58	315	154	18	121	22
贺州市	197	85	72	40	124	48	5	60	11
河池市	405	233	105	67	277	138	11	114	14
来宾市	287	162	92	33	203	79	18	90	16
崇左市	153	88	41	24	147	77	5	58	7
男	**3739**	**1439**	**1275**	**1025**	**2243**	**1073**	**158**	**795**	**217**
南宁市	924	253	331	340	485	156	44	205	80
柳州市	286	121	90	75	161	84	16	42	19
桂林市	400	143	147	110	288	155	22	90	21
梧州市	132	48	53	31	93	54	4	26	9
北海市	149	51	62	36	56	29	2	22	3
防城港市	68	37	12	19	49	25	3	17	4
钦州市	179	72	67	40	86	42	6	31	7
贵港市	385	116	129	140	203	99	7	84	13
玉林市	336	135	116	85	265	137	15	91	22
百色市	214	113	56	45	162	91	14	45	12
贺州市	118	48	48	22	56	25	4	22	5
河池市	265	146	71	48	145	78	7	50	10
来宾市	180	97	64	19	100	44	11	37	8
崇左市	103	59	29	15	94	54	3	33	4
女	**1871**	**909**	**562**	**400**	**2125**	**711**	**81**	**1184**	**149**
南宁市	422	146	146	130	455	122	26	266	41
柳州市	154	78	44	32	153	60	3	77	13
桂林市	190	88	67	35	289	119	9	143	18
梧州市	65	33	24	8	87	37	2	44	4
北海市	87	41	28	18	77	20	5	49	3
防城港市	26	14	6	6	25	8	1	14	2
钦州市	75	37	20	18	91	27	4	55	5
贵港市	201	87	55	59	209	60	4	126	19
玉林市	157	99	37	21	230	54	9	154	13
百色市	118	68	37	13	153	63	4	76	10
贺州市	79	37	24	18	68	23	1	38	6
河池市	140	87	34	19	132	60	4	64	4
来宾市	107	65	28	14	103	35	7	53	8
崇左市	50	29	12	9	53	23	2	25	3

4-4 续表 22

单位：人

地区 性别	有农村土地承包经营权的人口								
	十一、房地产业		十二、租赁和商务服务业			十三、科学研究和技术服务业			
	小计	70.房地产业	小计	71.租赁业	72.商务服务业	小计	73.研究和试验发展	74.专业技术服务业	75.科技推广和应用服务业
总　计	**10464**	**10464**	**17137**	**1684**	**15453**	**4379**	**247**	**3161**	**971**
南宁市	2930	2930	4236	377	3859	1247	85	837	325
柳州市	809	809	1303	154	1149	300	7	249	44
桂林市	1234	1234	1834	107	1727	454	32	358	64
梧州市	315	315	513	79	434	185	7	109	69
北海市	723	723	588	83	505	154	4	114	36
防城港市	271	271	545	28	517	115		83	32
钦州市	473	473	1358	131	1227	263	9	174	80
贵港市	728	728	1420	167	1253	363	3	252	108
玉林市	968	968	1368	195	1173	332	21	262	49
百色市	574	574	1417	97	1320	349	6	255	88
贺州市	265	265	551	51	500	102	3	89	10
河池市	316	316	814	44	770	196	5	170	21
来宾市	468	468	527	59	468	193	56	116	21
崇左市	390	390	663	112	551	126	9	93	24
男	**6452**	**6452**	**12157**	**1486**	**10671**	**3074**	**150**	**2312**	**612**
南宁市	1885	1885	2898	323	2575	859	47	594	218
柳州市	493	493	964	128	836	217	4	188	25
桂林市	725	725	1220	84	1136	335	19	272	44
梧州市	173	173	399	76	323	131	5	87	39
北海市	439	439	398	73	325	102	2	75	25
防城港市	162	162	424	26	398	88		64	24
钦州市	285	285	1020	121	899	179	6	121	52
贵港市	443	443	1015	147	868	253	2	185	66
玉林市	609	609	1034	183	851	243	16	191	36
百色市	329	329	939	84	855	234	4	189	41
贺州市	182	182	389	51	338	67	2	58	7
河池市	186	186	587	38	549	149	3	131	15
来宾市	290	290	395	57	338	129	32	87	10
崇左市	251	251	475	95	380	88	8	70	10
女	**4012**	**4012**	**4980**	**198**	**4782**	**1305**	**97**	**849**	**359**
南宁市	1045	1045	1338	54	1284	388	38	243	107
柳州市	316	316	339	26	313	83	3	61	19
桂林市	509	509	614	23	591	119	13	86	20
梧州市	142	142	114	3	111	54	2	22	30
北海市	284	284	190	10	180	52	2	39	11
防城港市	109	109	121	2	119	27		19	8
钦州市	188	188	338	10	328	84	3	53	28
贵港市	285	285	405	20	385	110	1	67	42
玉林市	359	359	334	12	322	89	5	71	13
百色市	245	245	478	13	465	115	2	66	47
贺州市	83	83	162		162	35	1	31	3
河池市	130	130	227	6	221	47	2	39	6
来宾市	178	178	132	2	130	64	24	29	11
崇左市	139	139	188	17	171	38	1	23	14

4-4 续表 23　　　　单位：人

地区 性别	有农村土地承包经营权的人口								
	十四、水利、环境和公共设施管理业					十五、居民服务、修理和其他服务业			
	小计	76.水利管理业	77.生态保护和环境治理业	78.公共设施管理业	79.土地管理业	小计	80.居民服务业	81.机动车、电子产品和日用产品修理业	82.其他服务业
总　计	**6697**	**343**	**372**	**5897**	**85**	**37027**	**18290**	**11329**	**7408**
南宁市	1302	57	72	1161	12	6341	2998	1969	1374
柳州市	717	32	36	642	7	3059	1575	931	553
桂林市	1118	44	38	1032	4	3643	1828	1019	796
梧州市	257	16	22	215	4	1442	671	483	288
北海市	279	5	1	269	4	1255	642	351	262
防城港市	169	8	6	155		958	531	216	211
钦州市	295	18	2	271	4	2105	1024	637	444
贵港市	320	26	29	262	3	4469	2151	1102	1216
玉林市	480	25	24	422	9	3920	1984	1457	479
百色市	522	29	70	419	4	2556	1146	872	538
贺州市	212	13	27	152	20	1449	695	472	282
河池市	466	14	19	430	3	2679	1309	852	518
来宾市	270	32	13	215	10	1664	882	561	221
崇左市	290	24	13	252	1	1487	854	407	226
男	**3528**	**277**	**268**	**2907**	**76**	**19133**	**6251**	**9651**	**3231**
南宁市	572	44	51	468	9	3050	940	1653	457
柳州市	369	25	24	315	5	1460	424	808	228
桂林市	651	33	29	586	3	1773	589	857	327
梧州市	151	13	15	120	3	815	233	433	149
北海市	131	5		122	4	618	209	305	104
防城港市	87	8	6	73		554	274	191	89
钦州市	164	16	2	142	4	1174	397	551	226
贵港市	183	21	21	138	3	2378	828	960	590
玉林市	285	23	18	235	9	2111	640	1266	205
百色市	266	22	50	192	2	1397	462	694	241
贺州市	130	11	20	79	20	781	220	413	148
河池市	236	13	13	207	3	1415	440	693	282
来宾市	153	22	9	112	10	809	244	485	80
崇左市	150	21	10	118	1	798	351	342	105
女	**3169**	**66**	**104**	**2990**	**9**	**17894**	**12039**	**1678**	**4177**
南宁市	730	13	21	693	3	3291	2058	316	917
柳州市	348	7	12	327	2	1599	1151	123	325
桂林市	467	11	9	446	1	1870	1239	162	469
梧州市	106	3	7	95	1	627	438	50	139
北海市	148		1	147		637	433	46	158
防城港市	82			82		404	257	25	122
钦州市	131	2		129		931	627	86	218
贵港市	137	5	8	124		2091	1323	142	626
玉林市	195	2	6	187		1809	1344	191	274
百色市	256	7	20	227	2	1159	684	178	297
贺州市	82	2	7	73		668	475	59	134
河池市	230	1	6	223		1264	869	159	236
来宾市	117	10	4	103		855	638	76	141
崇左市	140	3	3	134		689	503	65	121

4-4 续表 24

单位：人

地 区 性 别	有农村土地承包经营权的人口									
	十六、教育		十七、卫生和社会工作			十八、文化、体育和娱乐业				
	小计	83.教育	小计	84.卫生	85.社会工作	小计	86.新闻和出版业	87.广播、电视、电影和录音制作业	88.文化艺术业	89.体育
总 计	**30713**	**30713**	**13260**	**12891**	**369**	**3129**	**93**	**181**	**522**	**359**
南宁市	4310	4310	1856	1780	76	548	19	49	69	83
柳州市	1794	1794	977	952	25	348	9	8	41	37
桂林市	2904	2904	1482	1424	58	570	14	23	194	56
梧州市	1676	1676	584	577	7	112	4	2	19	7
北海市	913	913	407	390	17	142	6	3	19	14
防城港市	500	500	210	202	8	105	1	3	5	5
钦州市	2046	2046	837	809	28	126	2	12	21	28
贵港市	3684	3684	1366	1343	23	218	10	17	23	27
玉林市	4302	4302	1513	1491	22	251	8	24	36	34
百色市	2313	2313	1111	1068	43	206	2	9	27	25
贺州市	1439	1439	516	510	6	124	3	9	21	10
河池市	2238	2238	1156	1137	19	147	6	8	25	14
来宾市	1407	1407	661	638	23	146	6	8	14	13
崇左市	1187	1187	584	570	14	86	3	6	8	6
男	**10551**	**10551**	**4954**	**4838**	**116**	**1812**	**57**	**111**	**296**	**213**
南宁市	1498	1498	688	663	25	324	13	28	44	50
柳州市	586	586	276	267	9	185	7	5	19	21
桂林市	872	872	503	487	16	310	5	17	108	37
梧州市	680	680	289	289		66	3	2	14	2
北海市	267	267	142	139	3	96	5	2	11	10
防城港市	175	175	97	96	1	55	1	3	2	3
钦州市	724	724	373	362	11	72	1	8	9	16
贵港市	1326	1326	556	550	6	131	4	10	13	15
玉林市	1361	1361	663	656	7	156	6	15	20	21
百色市	861	861	364	350	14	116		4	21	14
贺州市	515	515	205	201	4	77	3	5	12	4
河池市	749	749	367	361	6	87	2	6	12	10
来宾市	461	461	208	200	8	83	5	5	6	6
崇左市	476	476	223	217	6	54	2	1	5	4
女	**20162**	**20162**	**8306**	**8053**	**253**	**1317**	**36**	**70**	**226**	**146**
南宁市	2812	2812	1168	1117	51	224	6	21	25	33
柳州市	1208	1208	701	685	16	163	2	3	22	16
桂林市	2032	2032	979	937	42	260	9	6	86	19
梧州市	996	996	295	288	7	46	1		5	5
北海市	646	646	265	251	14	46	1	1	8	4
防城港市	325	325	113	106	7	50			3	2
钦州市	1322	1322	464	447	17	54	1	4	12	12
贵港市	2358	2358	810	793	17	87	6	7	10	12
玉林市	2941	2941	850	835	15	95	2	9	16	13
百色市	1452	1452	747	718	29	90	2	5	6	11
贺州市	924	924	311	309	2	47		4	9	6
河池市	1489	1489	789	776	13	60	4	2	13	4
来宾市	946	946	453	438	15	63	1	3	8	7
崇左市	711	711	361	353	8	32	1	5	3	2

4-4 续表 25

单位：人

地 区 性 别	有农村土地承包经营权的人口									
		十九、公共管理、社会保障和社会组织							二十、国际组织	
	90.娱乐业	小计	91.中国共产党机关	92.国家机构	93.人民政协、民主党派	94.社会保障	95.群众团体、社会团体和其他成员组织	96.基层群众自治组织	小计	97.国际组织
总 计	**1974**	**22757**	**405**	**12724**	**25**	**117**	**1007**	**8479**	**1**	**1**
南宁市	328	2784	37	1502	1	25	269	950	1	1
柳州市	253	1604	38	909	5	3	60	589		
桂林市	283	2166	44	1405	5	8	113	591		
梧州市	80	1172	17	498	1	5	40	611		
北海市	100	627	14	395		2	7	209		
防城港市	91	572	19	313		2	23	215		
钦州市	63	1077	9	493	3	3	10	559		
贵港市	141	1923	45	1130	3	13	95	637		
玉林市	149	2483	23	1178	1	14	67	1200		
百色市	143	2448	47	1325	3	13	195	865		
贺州市	81	1049	21	628		6	37	357		
河池市	94	2350	60	1300	1	10	42	937		
来宾市	105	1298	19	828	1	5	22	423		
崇左市	63	1204	12	820	1	8	27	336		
男	**1135**	**15244**	**268**	**8361**	**22**	**43**	**544**	**6006**		
南宁市	189	1788	27	981	1	10	129	640		
柳州市	133	981	20	547	4	1	28	381		
桂林市	143	1430	24	899	5	6	64	432		
梧州市	45	841	11	360	1	2	27	440		
北海市	68	402	9	237		1	6	149		
防城港市	46	400	15	218			18	149		
钦州市	38	755	5	365	3		6	376		
贵港市	89	1312	26	775	3	6	51	451		
玉林市	94	1772	15	836	1	5	38	877		
百色市	77	1675	39	880	1	3	108	644		
贺州市	53	728	14	406		2	17	289		
河池市	57	1522	43	815	1	5	25	633		
来宾市	61	832	13	521	1	1	10	286		
崇左市	42	806	7	521	1	1	17	259		
女	**839**	**7513**	**137**	**4363**	**3**	**74**	**463**	**2473**	**1**	**1**
南宁市	139	996	10	521		15	140	310	1	1
柳州市	120	623	18	362	1	2	32	208		
桂林市	140	736	20	506		2	49	159		
梧州市	35	331	6	138		3	13	171		
北海市	32	225	5	158		1	1	60		
防城港市	45	172	4	95		2	5	66		
钦州市	25	322	4	128		3	4	183		
贵港市	52	611	19	355		7	44	186		
玉林市	55	711	8	342		9	29	323		
百色市	66	773	8	445	2	10	87	221		
贺州市	28	321	7	222		4	20	68		
河池市	37	828	17	485		5	17	304		
来宾市	44	466	6	307		4	12	137		
崇左市	21	398	5	299		7	10	77		

4-4　续表 26　　　　单位：人

地　区 性　别	没有农村土地承包经营权的人口								
	合计	一、农、林、牧、渔业						二、采矿业	
		小计	1.农业	2.林业	3.畜牧业	4.渔业	5.农、林、牧、渔专业及辅助性活动	小计	6.煤炭开采和洗选业
总　计	**661110**	**43189**	**30580**	**2549**	**5059**	**3463**	**1538**	**2300**	**250**
南宁市	175211	5859	3880	492	775	267	445	247	18
柳州市	84148	3297	2431	303	315	138	110	150	9
桂林市	61056	4002	3313	179	279	62	169	231	6
梧州市	37646	2676	2268	95	181	89	43	150	
北海市	33226	3233	1297	80	229	1461	166	64	3
防城港市	21020	1225	452	104	133	444	92	55	4
钦州市	38885	4082	2875	181	444	517	65	81	3
贵港市	35033	2636	2209	75	214	82	56	62	4
玉林市	49975	3966	2665	188	930	108	75	70	1
百色市	34367	3435	2717	217	350	38	113	436	147
贺州市	19578	1841	1465	148	132	42	54	118	
河池市	29090	2417	1303	212	725	110	67	462	26
来宾市	19402	1791	1338	151	196	64	42	108	27
崇左市	22473	2729	2367	124	156	41	41	66	2
男	**353527**	**20021**	**12326**	**1678**	**2712**	**2405**	**900**	**1772**	**193**
南宁市	94368	2858	1654	309	436	174	285	188	13
柳州市	46217	1610	1105	196	153	94	62	125	6
桂林市	31655	1639	1265	99	147	45	83	167	5
梧州市	20099	1112	847	67	105	61	32	129	
北海市	18052	1929	579	56	137	1072	85	52	3
防城港市	12418	690	197	73	77	288	55	43	3
钦州市	20815	1797	1009	124	264	356	44	59	3
贵港市	17928	1026	760	50	124	55	37	48	2
玉林市	26277	1755	966	137	530	79	43	62	1
百色市	18098	1478	1120	123	155	27	53	329	116
贺州市	10147	800	569	104	72	23	32	97	
河池市	15168	1053	502	141	303	65	42	345	24
来宾市	10099	869	585	107	111	43	23	75	16
崇左市	12186	1405	1168	92	98	23	24	53	1
女	**307583**	**23168**	**18254**	**871**	**2347**	**1058**	**638**	**528**	**57**
南宁市	80843	3001	2226	183	339	93	160	59	5
柳州市	37931	1687	1326	107	162	44	48	25	3
桂林市	29401	2363	2048	80	132	17	86	64	1
梧州市	17547	1564	1421	28	76	28	11	21	
北海市	15174	1304	718	24	92	389	81	12	
防城港市	8602	535	255	31	56	156	37	12	1
钦州市	18070	2285	1866	57	180	161	21	22	
贵港市	17105	1610	1449	25	90	27	19	14	2
玉林市	23698	2211	1699	51	400	29	32	8	
百色市	16269	1957	1597	94	195	11	60	107	31
贺州市	9431	1041	896	44	60	19	22	21	
河池市	13922	1364	801	71	422	45	25	117	2
来宾市	9303	922	753	44	85	21	19	33	11
崇左市	10287	1324	1199	32	58	18	17	13	1

4-4 续表 27　　　　　　　　　　　　　　　　　　　　　　　　　　单位：人

地区 性别	没有农村土地承包经营权的人口								
	二、采矿业						三、制造业		
	7.石油和天然气开采业	8.黑色金属矿采选业	9.有色金属矿采选业	10.非金属矿采选业	11.开采专业及辅助性活动	12.其他采矿业	小计	13.农副食品加工业	14.食品制造业
总　计	**97**	**216**	**719**	**725**	**148**	**145**	**73879**	**6928**	**2797**
南宁市	14	36	45	77	15	42	11763	1471	620
柳州市	6	30	17	66	12	10	14319	701	650
桂林市	12	9	32	145	12	15	5574	318	288
梧州市	1	2	83	56	2	6	5747	369	178
北海市	9	2		36	11	3	3516	764	148
防城港市	2	10		31	4	4	2786	411	61
钦州市	3		11	41	20	3	4751	370	135
贵港市		4	7	27	5	15	5215	374	111
玉林市	3	1	2	55	6	2	7484	269	228
百色市	43	58	86	54	32	16	3346	332	63
贺州市	1	4	59	39	4	11	2111	75	85
河池市	1	31	350	37	9	8	2353	233	77
来宾市	1	7	24	36	10	3	2163	421	60
崇左市	1	22	3	25	6	7	2751	820	93
男	**70**	**156**	**542**	**583**	**120**	**108**	**42742**	**3999**	**1193**
南宁市	12	26	38	58	13	28	6849	866	269
柳州市	5	24	13	58	10	9	9423	425	250
桂林市	9	5	27	103	6	12	3179	164	124
梧州市	1	2	73	45	2	6	3120	207	78
北海市	5	1		29	11	3	1944	328	73
防城港市	1	8		24	3	4	2031	258	33
钦州市	3		5	32	15	1	2454	214	57
贵港市		2	5	21	5	13	2660	227	51
玉林市	3	1	1	48	6	2	3548	149	98
百色市	27	34	66	48	26	12	2032	193	27
贺州市	1	2	47	36	4	7	1241	45	33
河池市	1	28	248	32	6	6	1286	154	33
来宾市	1	5	16	28	8	1	1241	263	26
崇左市	1	18	3	21	5	4	1734	506	41
女	**27**	**60**	**177**	**142**	**28**	**37**	**31137**	**2929**	**1604**
南宁市	2	10	7	19	2	14	4914	605	351
柳州市	1	6	4	8	2	1	4896	276	400
桂林市	3	4	5	42	6	3	2395	154	164
梧州市			10	11			2627	162	100
北海市	4	1		7			1572	436	75
防城港市	1	2		7	1		755	153	28
钦州市			6	9	5	2	2297	156	78
贵港市		2	2	6		2	2555	147	60
玉林市			1	7			3936	120	130
百色市	16	24	20	6	6	4	1314	139	36
贺州市		2	12	3		4	870	30	52
河池市		3	102	5	3	2	1067	79	44
来宾市		2	8	8	2	2	922	158	34
崇左市		4		4	1	3	1017	314	52

4-4 续表 28

单位：人

地区 性别	没有农村土地承包经营权的人口								
	三、制造业								
	15.酒、饮料和精制茶制造业	16.烟草制品业	17.纺织业	18.纺织服装、服饰业	19.皮革、毛皮、羽毛及其制品和制鞋业	20.木材加工和木、竹、藤、棕、草制品业	21.家具制造业	22.造纸和纸制品业	23.印刷和记录媒介复制业
总 计	**1322**	**317**	**1799**	**5161**	**994**	**4447**	**1366**	**1362**	**966**
南宁市	357	202	242	409	93	772	300	338	325
柳州市	99	79	208	298	43	768	143	138	73
桂林市	220	2	142	183	51	346	128	130	129
梧州市	76	1	99	372	98	156	78	43	51
北海市	34	1	74	62	80	258	59	78	47
防城港市	18	1	15	16	10	76	58	5	7
钦州市	61		93	453	200	309	66	160	47
贵港市	104	4	104	1304	96	564	88	83	45
玉林市	89	4	400	1702	178	308	135	103	113
百色市	47	1	37	74	32	148	36	55	33
贺州市	66	16	24	76	42	71	44	24	33
河池市	93	1	231	88	23	143	51	30	15
来宾市	28	1	68	67	27	201	29	123	13
崇左市	30	4	62	57	21	327	151	52	35
男	**766**	**204**	**625**	**1257**	**365**	**2450**	**869**	**834**	**540**
南宁市	207	128	98	104	26	452	187	182	180
柳州市	52	53	63	53	17	388	93	82	41
桂林市	132		55	50	18	160	80	74	60
梧州市	42	1	33	88	40	96	51	27	33
北海市	19		27	17	37	155	39	55	29
防城港市	11	1	4	8	5	48	37	3	1
钦州市	39		29	112	66	161	42	124	30
贵港市	69	3	31	405	30	320	56	52	29
玉林市	52	3	182	308	65	148	89	61	57
百色市	26		15	23	18	96	22	30	17
贺州市	32	13	9	25	12	46	25	13	18
河池市	52	1	39	28	15	90	31	17	9
来宾市	15		13	12	8	109	16	73	6
崇左市	18	1	27	24	8	181	101	41	30
女	**556**	**113**	**1174**	**3904**	**629**	**1997**	**497**	**528**	**426**
南宁市	150	74	144	305	67	320	113	156	145
柳州市	47	26	145	245	26	380	50	56	32
桂林市	88	2	87	133	33	186	48	56	69
梧州市	34		66	284	58	60	27	16	18
北海市	15	1	47	45	43	103	20	23	18
防城港市	7		11	8	5	28	21	2	6
钦州市	22		64	341	134	148	24	36	17
贵港市	35	1	73	899	66	244	32	31	16
玉林市	37	1	218	1394	113	160	46	42	56
百色市	21	1	22	51	14	52	14	25	16
贺州市	34	3	15	51	30	25	19	11	15
河池市	41		192	60	8	53	20	13	6
来宾市	13	1	55	55	19	92	13	50	7
崇左市	12	3	35	33	13	146	50	11	5

4-4 续表 29

单位：人

地区 性别	没有农村土地承包经营权的人口								
	三、制造业								
	24.文教、工美、体育和娱乐用品制造业	25.石油、煤炭及其他燃料加工业	26.化学原料和化学制品制造业	27.医药制造业	28.化学纤维制造业	29.橡胶和塑料制品业	30.非金属矿物制品业	31.黑色金属冶炼和压延加工业	32.有色金属冶炼和压延加工业
总 计	**2533**	**379**	**1899**	**1460**	**25**	**1785**	**5499**	**3425**	**2250**
南宁市	221	32	404	338	9	389	1095	62	198
柳州市	114	81	329	198	2	266	549	1300	72
桂林市	196	16	98	363	4	282	356	22	51
梧州市	803		213	207	1	125	546	108	38
北海市	143	55	82	25	2	87	228	153	19
防城港市	16	9	40	10		35	192	1084	233
钦州市	263	133	179	86		125	409	61	30
贵港市	141	5	85	19	1	95	406	130	10
玉林市	374	7	68	107		130	408	71	56
百色市	72	24	185	26		46	249	19	975
贺州市	63	1	25	18	1	48	533	78	55
河池市	72	9	72	26	4	34	178	9	214
来宾市	12	3	71	28	1	47	153	98	242
崇左市	43	4	48	9		76	197	230	57
男	**982**	**272**	**1235**	**702**	**11**	**1026**	**3861**	**2638**	**1692**
南宁市	89	19	224	160	4	223	765	45	140
柳州市	42	62	227	103	2	164	390	1033	49
桂林市	102	12	58	180	1	152	249	19	34
梧州市	329		155	102	1	58	400	84	30
北海市	54	43	44	12	1	53	164	113	17
防城港市	10	8	31	5		27	157	855	173
钦州市	65	94	131	35		74	249	45	19
贵港市	58	5	57	8		47	298	88	5
玉林市	122	4	48	49		76	254	57	43
百色市	31	14	136	12		25	178	12	748
贺州市	33	1	12	6	1	34	364	69	38
河池市	24	6	42	13	1	18	128	6	162
来宾市	5	1	38	14		23	112	68	185
崇左市	18	3	32	3		52	153	144	49
女	**1551**	**107**	**664**	**758**	**14**	**759**	**1638**	**787**	**558**
南宁市	132	13	180	178	5	166	330	17	58
柳州市	72	19	102	95		102	159	267	23
桂林市	94	4	40	183	3	130	107	3	17
梧州市	474		58	105		67	146	24	8
北海市	89	12	38	13	1	34	64	40	2
防城港市	6	1	9	5		8	35	229	60
钦州市	198	39	48	51		51	160	16	11
贵港市	83		28	11	1	48	108	42	5
玉林市	252	3	20	58		54	154	14	13
百色市	41	10	49	14		21	71	7	227
贺州市	30		13	12		14	169	9	17
河池市	48	3	30	13	3	16	50	3	52
来宾市	7	2	33	14	1	24	41	30	57
崇左市	25	1	16	6		24	44	86	8

4-4 续表 30

单位：人

地区 性别	没有农村土地承包经营权的人口								
	三、制造业								
	33.金属制品业	34.通用设备制造业	35.专用设备制造业	36.汽车制造业	37.铁路、船舶、航空航天和其他运输设备制造业	38.电气机械和器材制造业	39.计算机、通信和其他电子设备制造业	40.仪器仪表制造业	41.其他制造业
总　计	**3162**	**2687**	**2305**	**5379**	**799**	**2064**	**7605**	**391**	**506**
南宁市	667	375	446	112	123	347	1189	71	101
柳州市	588	816	604	4521	202	270	272	45	62
桂林市	209	308	375	191	105	287	563	113	40
梧州市	325	146	122	35	160	281	973	24	24
北海市	91	56	103	18	21	86	546	11	26
防城港市	95	40	67	5	10	24	83	40	19
钦州市	161	126	101	29	23	106	872	18	29
贵港市	216	88	94	36	86	150	633	13	70
玉林市	276	517	154	259	26	242	1076	27	61
百色市	150	70	77	10	12	60	427	7	15
贺州市	131	55	49	5	4	58	370	8	16
河池市	109	39	50	22	11	68	318	3	24
来宾市	49	20	37	54	10	58	173	5	9
崇左市	95	31	26	82	6	27	110	6	10
男	**2265**	**1917**	**1450**	**3801**	**593**	**1274**	**3572**	**231**	**274**
南宁市	494	263	264	72	94	224	622	43	51
柳州市	444	591	421	3165	134	181	160	28	37
桂林市	130	225	244	135	79	190	314	62	24
梧州市	229	112	80	26	136	166	418	14	8
北海市	73	41	53	13	17	45	267	7	14
防城港市	76	29	36	4	6	14	52	33	14
钦州市	118	73	53	23	14	67	404	8	25
贵港市	144	64	60	23	63	95	284	8	33
玉林市	193	386	98	199	22	147	504	11	35
百色市	98	46	45	7	6	29	110	5	8
贺州市	88	27	34	4	4	31	182	5	7
河池市	71	27	25	17	8	39	135	2	11
来宾市	37	13	20	33	6	27	68	2	4
崇左市	70	20	17	80	4	19	52	3	3
女	**897**	**770**	**855**	**1578**	**206**	**790**	**4033**	**160**	**232**
南宁市	173	112	182	40	29	123	567	28	50
柳州市	144	225	183	1356	68	89	112	17	25
桂林市	79	83	131	56	26	97	249	51	16
梧州市	96	34	42	9	24	115	555	10	16
北海市	18	15	50	5	4	41	279	4	12
防城港市	19	11	31	1	4	10	31	7	5
钦州市	43	53	48	6	9	39	468	10	4
贵港市	72	24	34	13	23	55	349	5	37
玉林市	83	131	56	60	4	95	572	16	26
百色市	52	24	32	3	6	31	317	2	7
贺州市	43	28	15	1		27	188	3	9
河池市	38	12	25	5	3	29	183	1	13
来宾市	12	7	17	21	4	31	105	3	5
崇左市	25	11	9	2	2	8	58	3	7

4-4 续表 31　　　　单位：人

地区 性别	没有农村土地承包经营权的人口								
	三、制造业		四、电力、热力、燃气及水生产和供应业				五、建筑业		
	42.废弃资源综合利用业	43.金属制品、机械和设备修理业	小计	44.电力、热力生产和供应业	45.燃气生产和供应业	46.水的生产和供应业	小计	47.房屋建筑业	48.土木工程建筑业
总　计	**464**	**1803**	**8362**	**6060**	**1009**	**1293**	**68254**	**34173**	**6969**
南宁市	158	297	1491	1018	220	253	20038	9194	2452
柳州市	76	752	938	610	164	164	7928	3789	870
桂林市	6	52	812	589	77	146	5205	2639	448
梧州市	30	65	621	468	68	85	3178	1485	222
北海市	41	118	350	159	133	58	3158	1451	226
防城港市	35	71	415	328	37	50	2744	1310	472
钦州市	36	70	420	299	55	66	4897	2485	359
贵港市	5	55	254	175	36	43	3901	2224	258
玉林市	14	82	495	359	53	83	5316	3092	259
百色市	1	63	790	649	42	99	3486	1892	333
贺州市	10	27	356	290	25	41	2071	1355	137
河池市	25	81	641	515	36	90	2757	1474	477
来宾市	18	37	418	339	24	55	2052	1024	301
崇左市	9	33	361	262	39	60	1523	759	155
男	**293**	**1551**	**5721**	**4273**	**641**	**807**	**52681**	**25678**	**5586**
南宁市	97	257	995	722	115	158	15041	6817	1836
柳州市	40	633	666	434	115	117	6083	2795	729
桂林市	3	49	515	381	44	90	4077	2011	347
梧州市	19	57	427	327	46	54	2560	1140	191
北海市	32	102	245	107	95	43	2506	1152	173
防城港市	24	68	294	234	25	35	2157	956	408
钦州市	26	57	295	212	37	46	3932	1904	310
贵港市	4	43	170	128	20	22	2963	1633	206
玉林市	11	77	336	263	33	40	4508	2615	210
百色市		55	554	466	31	57	2393	1224	272
贺州市	6	24	256	212	17	27	1536	981	113
河池市	14	68	453	378	25	50	2154	1109	411
来宾市	11	33	280	236	15	29	1600	773	250
崇左市	6	28	235	173	23	39	1171	568	130
女	**171**	**252**	**2641**	**1787**	**368**	**486**	**15573**	**8495**	**1383**
南宁市	61	40	496	296	105	95	4997	2377	616
柳州市	36	119	272	176	49	47	1845	994	141
桂林市	3	3	297	208	33	56	1128	628	101
梧州市	11	8	194	141	22	31	618	345	31
北海市	9	16	105	52	38	15	652	299	53
防城港市	11	3	121	94	12	15	587	354	64
钦州市	10	13	125	87	18	20	965	581	49
贵港市	1	12	84	47	16	21	938	591	52
玉林市	3	5	159	96	20	43	808	477	49
百色市	1	8	236	183	11	42	1093	668	61
贺州市	4	3	100	78	8	14	535	374	24
河池市	11	13	188	137	11	40	603	365	66
来宾市	7	4	138	103	9	26	452	251	51
崇左市	3	5	126	89	16	21	352	191	25

4-4　续表 32　　单位：人

地区 性别	没有农村土地承包经营权的人口								
	五、建筑业		六、批发和零售业			七、交通运输、仓储和邮政业			
	49.建筑安装业	50.建筑装饰、装修和其他建筑业	小计	51.批发业	52.零售业	小计	53.铁路运输业	54.道路运输业	55.水上运输业
总　计	**3681**	**23431**	**126812**	**26972**	**99840**	**40016**	**3201**	**23231**	**1529**
南宁市	1093	7299	40242	10269	29973	10865	1086	6017	178
柳州市	484	2785	16202	3451	12751	5833	950	3456	72
桂林市	319	1799	10992	2226	8766	3111	250	1733	56
梧州市	170	1301	6740	1149	5591	2433	41	1399	358
北海市	186	1295	6459	1267	5192	1838	56	1082	134
防城港市	145	817	3376	837	2539	1824	74	965	101
钦州市	285	1768	6437	1272	5165	2422	128	1502	33
贵港市	180	1239	6473	1011	5462	2261	68	1234	465
玉林市	217	1748	10011	1877	8134	2815	222	1826	25
百色市	203	1058	5293	962	4331	1971	116	1114	24
贺州市	82	497	3228	516	2712	912	32	595	12
河池市	148	658	4354	761	3593	1444	92	946	4
来宾市	88	639	3055	462	2593	1015	49	665	61
崇左市	81	528	3950	912	3038	1272	37	697	6
男	**3160**	**18257**	**56680**	**14787**	**41893**	**31935**	**2493**	**19595**	**1167**
南宁市	883	5505	18801	5513	13288	8455	818	4916	130
柳州市	403	2156	7300	1951	5349	4664	756	2881	48
桂林市	283	1436	4829	1223	3606	2427	191	1426	34
梧州市	154	1075	2975	682	2293	2064	29	1252	309
北海市	168	1013	2953	716	2237	1540	36	972	97
防城港市	134	659	1500	460	1040	1466	47	822	75
钦州市	263	1455	2812	697	2115	2041	101	1335	27
贵港市	157	967	2802	536	2266	1813	48	1057	337
玉林市	195	1488	4571	1074	3497	2355	192	1612	21
百色市	167	730	2233	534	1699	1457	102	913	21
贺州市	68	374	1321	257	1064	764	22	541	9
河池市	130	504	1688	416	1272	1124	82	756	3
来宾市	83	494	1210	250	960	803	42	539	53
崇左市	72	401	1685	478	1207	962	27	573	3
女	**521**	**5174**	**70132**	**12185**	**57947**	**8081**	**708**	**3636**	**362**
南宁市	210	1794	21441	4756	16685	2410	268	1101	48
柳州市	81	629	8902	1500	7402	1169	194	575	24
桂林市	36	363	6163	1003	5160	684	59	307	22
梧州市	16	226	3765	467	3298	369	12	147	49
北海市	18	282	3506	551	2955	298	20	110	37
防城港市	11	158	1876	377	1499	358	27	143	26
钦州市	22	313	3625	575	3050	381	27	167	6
贵港市	23	272	3671	475	3196	448	20	177	128
玉林市	22	260	5440	803	4637	460	30	214	4
百色市	36	328	3060	428	2632	514	14	201	3
贺州市	14	123	1907	259	1648	148	10	54	3
河池市	18	154	2666	345	2321	320	10	190	1
来宾市	5	145	1845	212	1633	212	7	126	8
崇左市	9	127	2265	434	1831	310	10	124	3

4-4 续表 33

单位：人

地区 性别	没有农村土地承包经营权的人口							
	七、交通运输、仓储和邮政业					八、住宿和餐饮业		
	56.航空运输业	57.管道运输业	58.多式联运和运输代理业	59.装卸搬运和仓储业	60.邮政业	小计	61.住宿业	62.餐饮业
总 计	**693**	**7**	**1047**	**4152**	**6156**	**39271**	**5977**	**33294**
南宁市	325	2	338	881	2038	11594	1596	9998
柳州市	35	2	128	394	796	4660	603	4057
桂林市	242		64	227	539	3790	904	2886
梧州市	15		18	256	346	2347	292	2055
北海市	31	2	42	236	255	2435	580	1855
防城港市	4		151	339	190	1259	187	1072
钦州市	3		94	351	311	1894	180	1714
贵港市			52	165	277	1928	215	1713
玉林市	15	1	64	284	378	2524	298	2226
百色市	11		15	449	242	1881	317	1564
贺州市	2		14	106	151	1223	175	1048
河池市	4		3	124	271	1599	282	1317
来宾市	1		13	55	171	984	144	840
崇左市	5		51	285	191	1153	204	949
男	**446**	**5**	**774**	**3024**	**4431**	**18510**	**2292**	**16218**
南宁市	208	1	258	626	1498	5876	637	5239
柳州市	20	1	88	297	573	2167	197	1970
桂林市	157		49	173	397	1648	362	1286
梧州市	8		13	201	252	1142	124	1018
北海市	20	2	29	199	185	1162	237	925
防城港市	1		111	270	140	579	74	505
钦州市	3		67	286	222	867	67	800
贵港市			40	128	203	875	81	794
玉林市	14	1	47	208	260	1238	115	1123
百色市	9		14	233	165	829	110	719
贺州市			12	76	104	489	63	426
河池市	1		2	91	189	676	95	581
来宾市	1		9	46	113	424	52	372
崇左市	4		35	190	130	538	78	460
女	**247**	**2**	**273**	**1128**	**1725**	**20761**	**3685**	**17076**
南宁市	117	1	80	255	540	5718	959	4759
柳州市	15	1	40	97	223	2493	406	2087
桂林市	85		15	54	142	2142	542	1600
梧州市	7		5	55	94	1205	168	1037
北海市	11		13	37	70	1273	343	930
防城港市	3		40	69	50	680	113	567
钦州市			27	65	89	1027	113	914
贵港市			12	37	74	1053	134	919
玉林市	1		17	76	118	1286	183	1103
百色市	2		1	216	77	1052	207	845
贺州市	2		2	30	47	734	112	622
河池市	3		1	33	82	923	187	736
来宾市			4	9	58	560	92	468
崇左市	1		16	95	61	615	126	489

4-4　续表 34　　　　单位：人

地区 性别	没有农村土地承包经营权的人口								
	九、信息传输、软件和信息技术服务业				十、金融业				
	小计	63.电信、广播电视和卫星传输服务	64.互联网和相关服务	65.软件和信息技术服务业	小计	66.货币金融服务	67.资本市场服务	68.保险业	69.其他金融业
总　计	**11929**	**5187**	**3068**	**3674**	**14959**	**7562**	**1081**	**4872**	**1444**
南宁市	4858	1565	1269	2024	4948	1966	502	1740	740
柳州市	1435	605	364	466	1872	1005	142	593	132
桂林市	1116	466	322	328	1638	983	105	443	107
梧州市	568	293	145	130	763	461	32	243	27
北海市	514	195	187	132	606	288	31	232	55
防城港市	232	117	70	45	332	173	24	101	34
钦州市	419	219	117	83	605	263	38	218	86
贵港市	541	287	127	127	645	318	28	239	60
玉林市	570	333	135	102	986	506	58	362	60
百色市	395	262	69	64	757	495	43	178	41
贺州市	271	155	66	50	356	215	14	95	32
河池市	435	311	82	42	629	412	21	164	32
来宾市	301	190	78	33	380	244	25	91	20
崇左市	274	189	37	48	442	233	18	173	18
男	**7255**	**2837**	**1950**	**2468**	**7065**	**3821**	**607**	**1849**	**788**
南宁市	2957	853	788	1316	2360	963	287	693	417
柳州市	837	303	220	314	822	465	75	216	66
桂林市	706	259	219	228	780	484	61	172	63
梧州市	377	178	101	98	379	248	19	97	15
北海市	320	112	117	91	263	132	16	82	33
防城港市	138	60	42	36	161	90	13	43	15
钦州市	254	126	79	49	282	133	22	81	46
贵港市	329	148	85	96	280	154	13	86	27
玉林市	352	184	87	81	466	277	34	121	34
百色市	234	145	43	46	366	262	25	61	18
贺州市	175	92	48	35	188	130	8	35	15
河池市	243	163	51	29	325	234	9	63	19
来宾市	164	96	47	21	187	131	15	29	12
崇左市	169	118	23	28	206	118	10	70	8
女	**4674**	**2350**	**1118**	**1206**	**7894**	**3741**	**474**	**3023**	**656**
南宁市	1901	712	481	708	2588	1003	215	1047	323
柳州市	598	302	144	152	1050	540	67	377	66
桂林市	410	207	103	100	858	499	44	271	44
梧州市	191	115	44	32	384	213	13	146	12
北海市	194	83	70	41	343	156	15	150	22
防城港市	94	57	28	9	171	83	11	58	19
钦州市	165	93	38	34	323	130	16	137	40
贵港市	212	139	42	31	365	164	15	153	33
玉林市	218	149	48	21	520	229	24	241	26
百色市	161	117	26	18	391	233	18	117	23
贺州市	96	63	18	15	168	85	6	60	17
河池市	192	148	31	13	304	178	12	101	13
来宾市	137	94	31	12	193	113	10	62	8
崇左市	105	71	14	20	236	115	8	103	10

4-4 续表 35 单位：人

地区 性别	没有农村土地承包经营权的人口								
	十一、房地产业		十二、租赁和商务服务业			十三、科学研究和技术服务业			
	小计	70.房地产业	小计	71.租赁业	72.商务服务业	小计	73.研究和试验发展	74.专业技术服务业	75.科技推广和应用服务业
总计	**18597**	**18597**	**25275**	**1185**	**24090**	**10165**	**885**	**7704**	**1576**
南宁市	7292	7292	9452	387	9065	4582	534	3238	810
柳州市	2253	2253	2870	187	2683	1282	48	1100	134
桂林市	1825	1825	3059	87	2972	1017	110	799	108
梧州市	986	986	880	38	842	388	23	309	56
北海市	1523	1523	1072	75	997	346	16	272	58
防城港市	666	666	936	35	901	270	3	222	45
钦州市	781	781	1576	75	1501	422	18	307	97
贵港市	719	719	896	40	856	324	4	283	37
玉林市	936	936	1274	92	1182	449	35	340	74
百色市	439	439	980	44	936	303	9	234	60
贺州市	244	244	542	22	520	201	8	159	34
河池市	284	284	670	19	651	229	12	200	17
来宾市	307	307	447	22	425	180	22	138	20
崇左市	342	342	621	62	559	172	43	103	26
男	**10284**	**10284**	**14568**	**933**	**13635**	**6553**	**518**	**5034**	**1001**
南宁市	4185	4185	5249	290	4959	2819	290	2048	481
柳州市	1287	1287	1712	154	1558	853	37	732	84
桂林市	967	967	1678	65	1613	656	72	516	68
梧州市	551	551	549	32	517	268	15	212	41
北海市	825	825	645	58	587	224	10	175	39
防城港市	357	357	543	28	515	198	2	159	37
钦州市	437	437	961	67	894	291	9	213	69
贵港市	348	348	525	31	494	210	3	186	21
玉林市	509	509	789	79	710	307	24	229	54
百色市	220	220	547	34	513	201	6	156	39
贺州市	117	117	309	19	290	135	6	109	20
河池市	132	132	424	14	410	152	8	129	15
来宾市	144	144	256	18	238	125	11	99	15
崇左市	205	205	381	44	337	114	25	71	18
女	**8313**	**8313**	**10707**	**252**	**10455**	**3612**	**367**	**2670**	**575**
南宁市	3107	3107	4203	97	4106	1763	244	1190	329
柳州市	966	966	1158	33	1125	429	11	368	50
桂林市	858	858	1381	22	1359	361	38	283	40
梧州市	435	435	331	6	325	120	8	97	15
北海市	698	698	427	17	410	122	6	97	19
防城港市	309	309	393	7	386	72	1	63	8
钦州市	344	344	615	8	607	131	9	94	28
贵港市	371	371	371	9	362	114	1	97	16
玉林市	427	427	485	13	472	142	11	111	20
百色市	219	219	433	10	423	102	3	78	21
贺州市	127	127	233	3	230	66	2	50	14
河池市	152	152	246	5	241	77	4	71	2
来宾市	163	163	191	4	187	55	11	39	5
崇左市	137	137	240	18	222	58	18	32	8

4-4 续表 36

单位：人

地区 性别	没有农村土地承包经营权的人口								
	十四、水利、环境和公共设施管理业					十五、居民服务、修理和其他服务业			
	小计	76.水利管理业	77.生态保护和环境治理业	78.公共设施管理业	79.土地管理业	小计	80.居民服务业	81.机动车、电子产品和日用产品修理业	82.其他服务业
总 计	**5478**	**574**	**369**	**4419**	**116**	**29806**	**17826**	**7569**	**4411**
南宁市	1517	158	148	1177	34	8410	5029	2053	1328
柳州市	826	45	62	709	10	4314	2742	1011	561
桂林市	674	52	30	582	10	2345	1389	576	380
梧州市	259	28	18	208	5	1622	990	456	176
北海市	388	34	1	349	4	1704	1009	404	291
防城港市	200	27	6	165	2	1008	565	237	206
钦州市	250	39	8	199	4	1522	860	441	221
贵港市	199	34	16	143	6	1705	934	374	397
玉林市	258	45	15	190	8	2059	1304	620	135
百色市	332	38	27	262	5	1247	658	408	181
贺州市	102	21	10	63	8	744	440	191	113
河池市	193	21	7	157	8	1212	681	322	209
来宾市	141	17	14	104	6	811	479	236	96
崇左市	139	15	7	111	6	1103	746	240	117
男	**2757**	**399**	**249**	**2041**	**68**	**12358**	**4705**	**6184**	**1469**
南宁市	731	110	98	508	15	3373	1321	1671	381
柳州市	401	32	36	326	7	1605	596	831	178
桂林市	379	36	22	313	8	990	370	467	153
梧州市	150	21	15	110	4	673	217	391	65
北海市	186	19		164	3	753	321	347	85
防城港市	94	21	2	71		465	177	210	78
钦州市	126	29	6	89	2	685	255	361	69
贵港市	103	20	9	71	3	714	253	302	159
玉林市	138	30	11	94	3	893	343	500	50
百色市	156	26	23	104	3	551	184	311	56
贺州市	60	16	8	30	6	295	90	159	46
河池市	93	15	5	67	6	503	164	248	91
来宾市	73	13	9	46	5	313	104	188	21
崇左市	67	11	5	48	3	545	310	198	37
女	**2721**	**175**	**120**	**2378**	**48**	**17448**	**13121**	**1385**	**2942**
南宁市	786	48	50	669	19	5037	3708	382	947
柳州市	425	13	26	383	3	2709	2146	180	383
桂林市	295	16	8	269	2	1355	1019	109	227
梧州市	109	7	3	98	1	949	773	65	111
北海市	202	15	1	185	1	951	688	57	206
防城港市	106	6	4	94	2	543	388	27	128
钦州市	124	10	2	110	2	837	605	80	152
贵港市	96	14	7	72	3	991	681	72	238
玉林市	120	15	4	96	5	1166	961	120	85
百色市	176	12	4	158	2	696	474	97	125
贺州市	42	5	2	33	2	449	350	32	67
河池市	100	6	2	90	2	709	517	74	118
来宾市	68	4	5	58	1	498	375	48	75
崇左市	72	4	2	63	3	558	436	42	80

4-4 续表 37 单位：人

地区 性别	没有农村土地承包经营权的人口									
	十六、教育		十七、卫生和社会工作			十八、文化、体育和娱乐业				
	小计	83.教育	小计	84.卫生	85.社会工作	小计	86.新闻和出版业	87.广播、电视、电影和录音制作业	88.文化艺术业	89.体育
总计	**56637**	**56637**	**27318**	**26812**	**506**	**6396**	**640**	**788**	**1288**	**768**
南宁市	13149	13149	6537	6403	134	2141	321	328	438	279
柳州市	5840	5840	3230	3167	63	920	53	90	155	118
桂林市	6099	6099	2845	2774	71	804	95	70	237	101
梧州市	3308	3308	1700	1667	33	319	23	48	50	36
北海市	2504	2504	1018	982	36	325	20	26	58	52
防城港市	1296	1296	555	547	8	199	15	9	23	11
钦州市	3785	3785	1796	1758	38	223	18	27	47	22
贵港市	3125	3125	1347	1332	15	221	14	23	25	28
玉林市	4885	4885	2167	2133	34	342	25	51	54	42
百色市	3323	3323	1667	1643	24	256	14	27	63	20
贺州市	1931	1931	907	899	8	170	9	29	33	11
河池市	3501	3501	1693	1676	17	202	14	27	50	19
来宾市	1909	1909	981	959	22	144	11	19	22	13
崇左市	1982	1982	875	872	3	130	8	14	33	16
男	**18813**	**18813**	**8441**	**8297**	**144**	**3340**	**291**	**469**	**576**	**389**
南宁市	4520	4520	2012	1972	40	1093	151	193	185	152
柳州市	1794	1794	885	871	14	471	24	45	74	57
桂林市	2048	2048	881	856	25	388	39	41	104	35
梧州市	1084	1084	531	521	10	181	10	27	26	18
北海市	700	700	323	314	9	183	13	19	29	33
防城港市	410	410	186	184	2	104	9	6	10	7
钦州市	1157	1157	599	587	12	127	7	21	20	8
贵港市	931	931	438	433	5	120	4	17	9	16
玉林市	1457	1457	753	744	9	195	7	35	30	21
百色市	1326	1326	502	496	6	137	6	16	29	13
贺州市	625	625	282	282		91	2	15	11	7
河池市	1344	1344	495	489	6	113	7	17	26	11
来宾市	648	648	281	276	5	74	8	10	11	5
崇左市	769	769	273	272	1	63	4	7	12	6
女	**37824**	**37824**	**18877**	**18515**	**362**	**3056**	**349**	**319**	**712**	**379**
南宁市	8629	8629	4525	4431	94	1048	170	135	253	127
柳州市	4046	4046	2345	2296	49	449	29	45	81	61
桂林市	4051	4051	1964	1918	46	416	56	29	133	66
梧州市	2224	2224	1169	1146	23	138	13	21	24	18
北海市	1804	1804	695	668	27	142	7	7	29	19
防城港市	886	886	369	363	6	95	6	3	13	4
钦州市	2628	2628	1197	1171	26	96	11	6	27	14
贵港市	2194	2194	909	899	10	101	10	6	16	12
玉林市	3428	3428	1414	1389	25	147	18	16	24	21
百色市	1997	1997	1165	1147	18	119	8	11	34	7
贺州市	1306	1306	625	617	8	79	7	14	22	4
河池市	2157	2157	1198	1187	11	89	7	10	24	8
来宾市	1261	1261	700	683	17	70	3	9	11	8
崇左市	1213	1213	602	600	2	67	4	7	21	10

4-4　续表 38　　　　单位：人

地区 性别	没有农村土地承包经营权的人口									
		十九、公共管理、社会保障和社会组织							二十、国际组织	
	90.娱乐业	小计	91.中国共产党机关	92.国家机构	93.人民政协、民主党派	94.社会保障	95.群众团体、社会团体和其他成员组织	96.基层群众自治组织	小计	97.国际组织
总　计	**2912**	**52467**	**1551**	**45966**	**235**	**355**	**1642**	**2718**		
南宁市	775	10226	321	8617	39	72	550	627		
柳州市	504	5979	125	5242	21	27	129	435		
桂林市	301	5917	155	5188	30	36	279	229		
梧州市	162	2961	69	2555	16	43	62	216		
北海市	169	2173	53	1956	19	23	30	92		
防城港市	141	1642	81	1400	7	13	42	99		
钦州市	109	2522	80	2202	15	20	38	167		
贵港市	131	2581	79	2270	9	26	81	116		
玉林市	170	3368	54	2938	11	32	64	269		
百色市	132	4030	193	3496	22	18	146	155		
贺州市	88	2250	26	2090	8	14	46	66		
河池市	92	4015	212	3598	20	6	83	96		
来宾市	79	2215	48	2030	9	13	35	80		
崇左市	59	2588	55	2384	9	12	57	71		
男	**1615**	**32031**	**989**	**28837**	**129**	**125**	**805**	**1146**		
南宁市	412	6006	208	5263	17	27	268	223		
柳州市	271	3512	73	3236	11	10	56	126		
桂林市	169	3701	101	3339	18	12	146	85		
梧州市	100	1827	45	1637	11	15	34	85		
北海市	89	1299	37	1187	11	12	14	38		
防城港市	72	1002	47	873	5	6	27	44		
钦州市	71	1639	52	1461	8	6	14	98		
贵港市	74	1573	49	1425	4	5	40	50		
玉林市	102	2045	31	1854	7	7	29	117		
百色市	73	2553	133	2226	11	8	81	94		
贺州市	56	1366	15	1288	1	5	18	39		
河池市	52	2565	139	2322	13	3	34	54		
来宾市	40	1332	29	1231	6	4	20	42		
崇左市	34	1611	30	1495	6	5	24	51		
女	**1297**	**20436**	**562**	**17129**	**106**	**230**	**837**	**1572**		
南宁市	363	4220	113	3354	22	45	282	404		
柳州市	233	2467	52	2006	10	17	73	309		
桂林市	132	2216	54	1849	12	24	133	144		
梧州市	62	1134	24	918	5	28	28	131		
北海市	80	874	16	769	8	11	16	54		
防城港市	69	640	34	527	2	7	15	55		
钦州市	38	883	28	741	7	14	24	69		
贵港市	57	1008	30	845	5	21	41	66		
玉林市	68	1323	23	1084	4	25	35	152		
百色市	59	1477	60	1270	11	10	65	61		
贺州市	32	884	11	802	7	9	28	27		
河池市	40	1450	73	1276	7	3	49	42		
来宾市	39	883	19	799	3	9	15	38		
崇左市	25	977	25	889	3	7	33	20		

4-4a 各地区分性别、行业大类的就业人口（城市）

单位：人

地区 性别	合计								
	合计	一、农、林、牧、渔业						二、采矿业	
		小计	1.农业	2.林业	3.畜牧业	4.渔业	5.农、林、牧、渔专业及辅助性活动	小计	6.煤炭开采和洗选业
总　计	**612157**	**30824**	**23166**	**1486**	**2672**	**2314**	**1186**	**1318**	**167**
南宁市	200553	5491	3735	439	655	269	393	187	18
柳州市	87309	1840	1221	259	220	74	66	122	9
桂林市	53730	1814	1466	44	227	33	44	109	5
梧州市	32741	2026	1802	51	97	55	21	106	
北海市	27428	1748	358	22	49	1191	128	47	4
防城港市	19396	486	130	34	96	158	68	38	3
钦州市	21585	761	296	57	125	233	50	51	3
贵港市	38215	3885	3484	72	238	61	30	48	4
玉林市	38220	1844	1487	70	214	58	15	37	
百色市	34587	5706	5072	116	237	32	249	277	89
贺州市	13509	1117	898	115	68	21	15	75	
河池市	16211	1264	917	39	215	40	53	134	1
来宾市	17912	1268	935	133	116	51	33	61	30
崇左市	10761	1574	1365	35	115	38	21	26	1
男	**343693**	**17076**	**11983**	**1026**	**1691**	**1698**	**678**	**1034**	**131**
南宁市	113080	3099	1956	296	407	181	259	142	13
柳州市	50292	1111	692	172	158	47	42	98	6
桂林市	30029	1075	852	30	146	21	26	81	4
梧州市	18330	990	832	39	62	40	17	87	
北海市	15246	1250	214	14	36	929	57	37	3
防城港市	11576	319	74	27	59	116	43	26	2
钦州市	12183	492	160	43	89	165	35	37	3
贵港市	20974	1904	1646	47	154	38	19	35	2
玉林市	21318	1131	868	57	152	44	10	34	
百色市	18796	2911	2556	78	150	26	101	223	76
贺州市	7465	586	449	71	45	13	8	65	
河池市	8540	640	456	27	104	23	30	103	1
来宾市	9945	754	532	99	68	35	20	45	20
崇左市	5919	814	696	26	61	20	11	21	1
女	**268464**	**13748**	**11183**	**460**	**981**	**616**	**508**	**284**	**36**
南宁市	87473	2392	1779	143	248	88	134	45	5
柳州市	37017	729	529	87	62	27	24	24	3
桂林市	23701	739	614	14	81	12	18	28	1
梧州市	14411	1036	970	12	35	15	4	19	
北海市	12182	498	144	8	13	262	71	10	1
防城港市	7820	167	56	7	37	42	25	12	1
钦州市	9402	269	136	14	36	68	15	14	
贵港市	17241	1981	1838	25	84	23	11	13	2
玉林市	16902	713	619	13	62	14	5	3	
百色市	15791	2795	2516	38	87	6	148	54	13
贺州市	6044	531	449	44	23	8	7	10	
河池市	7671	624	461	12	111	17	23	31	
来宾市	7967	514	403	34	48	16	13	16	10
崇左市	4842	760	669	9	54	18	10	5	

4-4a 续表 1

单位：人

地区 性别	合计								
	二、采矿业						三、制造业		
	7.石油和天然气开采业	8.黑色金属矿采选业	9.有色金属矿采选业	10.非金属矿采选业	11.开采专业及辅助性活动	12.其他采矿业	小计	13.农副食品加工业	14.食品制造业
总 计	**58**	**132**	**271**	**487**	**104**	**99**	**65314**	**4856**	**2804**
南宁市	13	33	16	56	16	35	12145	1173	726
柳州市	7	31	14	43	10	8	15583	427	797
桂林市	13	3	4	62	11	11	5248	223	289
梧州市	1	3	43	55	2	2	4921	332	149
北海市	9			24	7	3	2707	763	128
防城港市	1	11	1	18	3	1	2140	309	57
钦州市	3		10	15	17	3	1899	168	54
贵港市		3	10	25	4	2	4854	384	96
玉林市	2			30	3	2	6639	225	200
百色市	6	23	68	61	17	13	3773	252	78
贺州市		2	11	52	3	7	1413	56	49
河池市	1	10	92	17	4	9	1481	101	61
来宾市	1	4	1	19	5	1	1728	252	74
崇左市	1	9	1	10	2	2	783	191	46
男	**42**	**98**	**202**	**406**	**79**	**76**	**39245**	**2745**	**1249**
南宁市	11	24	10	45	15	24	7394	692	330
柳州市	5	25	10	36	8	8	10514	245	318
桂林市	10	2	3	48	5	9	3151	137	118
梧州市	1	2	36	44	2	2	2706	188	67
北海市	5			20	6	3	1426	297	70
防城港市		7	1	13	2	1	1515	202	30
钦州市	3		4	13	13	1	1115	96	20
贵港市		2	6	20	4	1	2710	248	46
玉林市	2			27	3	2	3355	139	102
百色市	2	17	53	53	11	11	2095	144	37
贺州市		1	7	49	3	5	931	36	22
河池市	1	8	70	14	2	7	812	56	29
来宾市	1	3	1	15	4	1	992	154	39
崇左市	1	7	1	9	1	1	529	111	21
女	**16**	**34**	**69**	**81**	**25**	**23**	**26069**	**2111**	**1555**
南宁市	2	9	6	11	1	11	4751	481	396
柳州市	2	6	4	7	2		5069	182	479
桂林市	3	1	1	14	6	2	2097	86	171
梧州市		1	7	11			2215	144	82
北海市	4			4	1		1281	466	58
防城港市	1	4		5	1		625	107	27
钦州市			6	2	4	2	784	72	34
贵港市		1	4	5		1	2144	136	50
玉林市				3			3284	86	98
百色市	4	6	15	8	6	2	1678	108	41
贺州市		1	4	3		2	482	20	27
河池市		2	22	3	2	2	669	45	32
来宾市		1		4	1		736	98	35
崇左市		2		1	1	1	254	80	25

4-4a 续表 2

单位：人

地区 性别	合计								
	三、制造业								
	15.酒、饮料和精制茶制造业	16.烟草制品业	17.纺织业	18.纺织服装、服饰业	19.皮革、毛皮、羽毛及其制品和制鞋业	20.木材加工和木、竹、藤、棕、草制品业	21.家具制造业	22.造纸和纸制品业	23.印刷和记录媒介复制业
总计	**1064**	**319**	**1439**	**4722**	**502**	**3558**	**1546**	**982**	**936**
南宁市	335	214	228	295	55	605	391	240	391
柳州市	69	86	154	460	42	712	234	80	112
桂林市	243	1	149	141	32	315	134	130	120
梧州市	76	1	95	304	81	135	73	41	38
北海市	17	1	59	42	7	25	39	40	28
防城港市	13	1	11	13	2	56	102	2	7
钦州市	33	1	15	43	14	58	45	62	22
贵港市	84	4	94	324	101	1098	132	93	43
玉林市	90	2	214	2833	94	121	120	57	100
百色市	36	3	57	89	24	194	42	45	20
贺州市	17	3	12	21	19	51	37	22	11
河池市	24		306	53	2	103	46	15	8
来宾市	15		38	78	28	58	19	135	11
崇左市	12	2	7	26	1	27	132	20	25
男	**640**	**197**	**556**	**1362**	**189**	**2080**	**1038**	**560**	**550**
南宁市	196	131	99	89	18	367	261	125	228
柳州市	35	55	67	89	17	407	151	43	60
桂林市	148		62	45	13	149	89	65	64
梧州市	43	1	33	79	26	90	53	23	27
北海市	12		20	13	1	21	30	25	16
防城港市	7	1	5	7		34	66	2	2
钦州市	25	1	8	13	5	36	37	46	15
贵港市	53	4	29	66	37	618	84	58	29
玉林市	60	1	118	880	45	88	83	25	57
百色市	20		19	30	12	123	27	27	11
贺州市	8	3	5	7	5	35	24	17	4
河池市	16		74	15	2	53	29	9	6
来宾市	10		14	12	8	46	14	76	7
崇左市	7		3	17		13	90	19	24
女	**424**	**122**	**883**	**3360**	**313**	**1478**	**508**	**422**	**386**
南宁市	139	83	129	206	37	238	130	115	163
柳州市	34	31	87	371	25	305	83	37	52
桂林市	95	1	87	96	19	166	45	65	56
梧州市	33		62	225	55	45	20	18	11
北海市	5	1	39	29	6	4	9	15	12
防城港市	6		6	6	2	22	36		5
钦州市	8		7	30	9	22	8	16	7
贵港市	31		65	258	64	480	48	35	14
玉林市	30	1	96	1953	49	33	37	32	43
百色市	16	3	38	59	12	71	15	18	9
贺州市	9		7	14	14	16	13	5	7
河池市	8		232	38		50	17	6	2
来宾市	5		24	66	20	12	5	59	4
崇左市	5	2	4	9	1	14	42	1	1

4-4a 续表 3 单位：人

地 区 性 别	合 计								
	三、制造业								
	24.文教、工美、体育和娱乐用品制造业	25.石油、煤炭及其他燃料加工业	26.化学原料和化学制品制造业	27.医药制造业	28.化学纤维制造业	29.橡胶和塑料制品业	30.非金属矿 物制品业	31.黑色金属冶炼和压延加工业	32.有色金属冶炼和压延加工业
总 计	**2030**	**329**	**1546**	**1388**	**23**	**1634**	**4884**	**2981**	**1804**
南宁市	222	30	363	358	7	400	1056	48	300
柳州市	95	82	334	199	1	350	575	1473	84
桂林市	275	14	81	344	3	248	293	12	17
梧州市	860		186	187		122	343	195	33
北海市	164	39	53	25	2	80	75	26	8
防城港市	16	11	26	5		31	153	896	73
钦州市	64	97	43	65		55	306	15	9
贵港市	62	7	128	23	1	61	405	242	17
玉林市	154	3	37	101		114	358	16	8
百色市	39	36	164	14		55	340	28	893
贺州市	28		17	19	2	17	657	6	50
河池市	18	4	62	22	5	9	148	6	103
来宾市	20	4	43	23	2	54	127	16	205
崇左市	13	2	9	3		38	48	2	4
男	**918**	**233**	**1016**	**704**	**8**	**929**	**3515**	**2319**	**1368**
南宁市	107	19	213	180	4	227	753	34	224
柳州市	41	66	229	103	1	224	426	1187	59
桂林市	167	10	51	186		121	209	11	12
梧州市	386		131	93		54	281	152	26
北海市	59	28	31	14	1	47	56	18	8
防城港市	9	9	21	3		23	125	669	51
钦州市	24	65	25	28		40	190	9	3
贵港市	25	6	88	11		39	301	185	11
玉林市	51	1	28	49		63	217	13	6
百色市	14	24	119	6		22	257	19	685
贺州市	13		13	6	2	9	472	4	36
河池市	9	2	36	12		6	104	6	84
来宾市	8	2	24	11		24	93	10	161
崇左市	5	1	7	2		30	31	2	2
女	**1112**	**96**	**530**	**684**	**15**	**705**	**1369**	**662**	**436**
南宁市	115	11	150	178	3	173	303	14	76
柳州市	54	16	105	96		126	149	286	25
桂林市	108	4	30	158	3	127	84	1	5
梧州市	474		55	94		68	62	43	7
北海市	105	11	22	11	1	33	19	8	
防城港市	7	2	5	2		8	28	227	22
钦州市	40	32	18	37		15	116	6	6
贵港市	37	1	40	12	1	22	104	57	6
玉林市	103	2	9	52		51	141	3	2
百色市	25	12	45	8		33	83	9	208
贺州市	15		4	13		8	185	2	14
河池市	9	2	26	10	5	3	44		19
来宾市	12	2	19	12	2	30	34	6	44
崇左市	8	1	2	1		8	17		2

4-4a 续表 4　　单位：人

地区 性别	合计								
	三、制造业								
	33.金属制品业	34.通用设备制造业	35.专用设备制造业	36.汽车制造业	37.铁路、船舶、航空航天和其他运输设备制造业	38.电气机械和器材制造业	39.计算机、通信和其他电子设备制造业	40.仪器仪表制造业	41.其他制造业
总　计	**3156**	**2954**	**2266**	**6160**	**655**	**1672**	**5871**	**358**	**447**
南宁市	894	454	531	177	127	360	1364	86	110
柳州市	721	968	699	5153	115	282	201	49	58
桂林市	269	311	365	221	98	269	442	124	30
梧州市	264	125	86	25	138	166	745	20	22
北海市	70	47	71	18	14	115	573	6	12
防城港市	95	26	63	5	11	17	21	7	18
钦州市	70	110	70	26	16	52	279	13	17
贵港市	154	122	103	40	82	108	688	11	95
玉林市	188	659	89	342	27	124	214	16	35
百色市	212	50	64	12	3	40	912	9	6
贺州市	60	21	26	1	2	18	158	3	6
河池市	80	30	46	13	9	29	64	5	23
来宾市	63	26	42	48	9	78	193	3	11
崇左市	16	5	11	79	4	14	17	6	4
男	**2374**	**2202**	**1482**	**4416**	**490**	**1066**	**2612**	**215**	**256**
南宁市	662	318	330	125	97	242	736	55	60
柳州市	571	725	499	3658	81	192	119	31	33
桂林市	186	242	238	160	70	181	278	71	19
梧州市	192	103	59	20	114	98	277	10	12
北海市	60	39	37	11	12	69	287	6	7
防城港市	76	19	29	3	8	10	15	4	15
钦州市	53	65	49	21	10	31	124	6	11
贵港市	112	87	70	24	57	68	252	8	48
玉林市	142	505	57	277	22	82	126	7	23
百色市	153	39	40	8	2	18	183	5	3
贺州市	44	16	19	1	2	15	89	2	3
河池市	61	24	27	10	6	18	37	4	13
来宾市	52	17	21	19	7	31	80	2	6
崇左市	10	3	7	79	2	11	9	4	3
女	**782**	**752**	**784**	**1744**	**165**	**606**	**3259**	**143**	**191**
南宁市	232	136	201	52	30	118	628	31	50
柳州市	150	243	200	1495	34	90	82	18	25
桂林市	83	69	127	61	28	88	164	53	11
梧州市	72	22	27	5	24	68	468	10	10
北海市	10	8	34	7	2	46	286		5
防城港市	19	7	34	2	3	7	6	3	3
钦州市	17	45	21	5	6	21	155	7	6
贵港市	42	35	33	16	25	40	436	3	47
玉林市	46	154	32	65	5	42	88	9	12
百色市	59	11	24	4	1	22	729	4	3
贺州市	16	5	7			3	69	1	3
河池市	19	6	19	3	3	11	27	1	10
来宾市	11	9	21	29	2	47	113	1	5
崇左市	6	2	4		2	3	8	2	1

4-4a　续表 5

单位：人

地区 性别	合计								
	三、制造业		四、电力、热力、燃气及水生产和供应业				五、建筑业		
	42.废弃资源综合利用业	43.金属制品、机械和设备修理业	小计	44.电力、热力生产和供应业	45.燃气生产和供应业	46.水的生产和供应业	小计	47.房屋建筑业	48.土木工程建筑业
总　计	**679**	**1749**	**6224**	**4256**	**960**	**1008**	**79608**	**40765**	**5885**
南宁市	250	355	1462	955	260	247	27847	13455	2627
柳州市	137	834	740	437	152	151	11131	5621	876
桂林市	12	43	465	312	71	82	6939	3386	358
梧州市	19	60	481	355	60	66	3347	1672	186
北海市	49	111	313	112	135	66	3312	1573	170
防城港市	63	30	363	273	43	47	2733	1485	205
钦州市	43	34	244	150	38	56	3048	1355	221
贵港市	8	44	261	175	36	50	6033	3636	343
玉林市	24	74	357	248	45	64	3779	2186	196
百色市	3	53	544	436	31	77	4367	2312	267
贺州市	6	18	234	204	14	16	1854	1292	107
河池市	43	43	315	239	30	46	1731	813	159
来宾市	20	33	339	285	24	30	2883	1663	154
崇左市	2	17	106	75	21	10	604	316	16
男	**444**	**1512**	**4344**	**3044**	**642**	**658**	**61877**	**31033**	**4608**
南宁市	157	315	1003	690	158	155	21251	10149	1959
柳州市	84	698	540	315	112	113	8664	4287	720
桂林市	8	41	300	201	44	55	5643	2677	290
梧州市	13	55	334	252	42	40	2782	1366	157
北海市	36	95	222	72	99	51	2638	1244	137
防城港市	44	26	258	196	27	35	2096	1085	175
钦州市	29	30	171	107	26	38	2415	1020	186
贵港市	6	40	185	133	21	31	4576	2676	255
玉林市	19	69	242	176	31	35	3228	1876	153
百色市	2	46	387	317	26	44	3162	1626	223
贺州市	5	14	166	148	9	9	1360	918	91
河池市	27	37	234	183	21	30	1359	623	122
来宾市	13	31	235	207	13	15	2232	1251	126
崇左市	1	15	67	47	13	7	471	235	14
女	**235**	**237**	**1880**	**1212**	**318**	**350**	**17731**	**9732**	**1277**
南宁市	93	40	459	265	102	92	6596	3306	668
柳州市	53	136	200	122	40	38	2467	1334	156
桂林市	4	2	165	111	27	27	1296	709	68
梧州市	6	5	147	103	18	26	565	306	29
北海市	13	16	91	40	36	15	674	329	33
防城港市	19	4	105	77	16	12	637	400	30
钦州市	14	4	73	43	12	18	633	335	35
贵港市	2	4	76	42	15	19	1457	960	88
玉林市	5	5	115	72	14	29	551	310	43
百色市	1	7	157	119	5	33	1205	686	44
贺州市	1	4	68	56	5	7	494	374	16
河池市	16	6	81	56	9	16	372	190	37
来宾市	7	2	104	78	11	15	651	412	28
崇左市	1	2	39	28	8	3	133	81	2

4-4a 续表 6 单位：人

地区 性别	合计								
	五、建筑业		六、批发和零售业			七、交通运输、仓储和邮政业			
	49.建筑安装业	50.建筑装饰、装修和其他建筑业	小计	51.批发业	52.零售业	小计	53.铁路运输业	54.道路运输业	55.水上运输业
总　计	**3950**	**29008**	**128748**	**30318**	**98430**	**41093**	**3064**	**24821**	**873**
南宁市	1373	10392	48122	12717	35405	13531	1116	7872	61
柳州市	625	4009	17927	4145	13782	6431	929	3871	59
桂林市	362	2833	10609	2310	8299	2924	182	1646	25
梧州市	156	1333	6158	1138	5020	2316	49	1464	160
北海市	152	1417	5431	1080	4351	1570	41	870	122
防城港市	102	941	3552	937	2615	2038	71	1138	116
钦州市	186	1286	4338	1192	3146	1653	109	1112	25
贵港市	244	1810	6974	1227	5747	2404	47	1561	255
玉林市	160	1237	8998	2206	6792	2510	205	1564	9
百色市	261	1527	5542	1014	4528	2150	113	1275	27
贺州市	66	389	2442	432	2010	752	34	515	4
河池市	95	664	3046	661	2385	1018	82	712	1
来宾市	125	941	3248	512	2736	1055	55	739	6
崇左市	43	229	2361	747	1614	741	31	482	3
男	**3385**	**22851**	**61068**	**17284**	**43784**	**33485**	**2394**	**21278**	**653**
南宁市	1139	8004	23511	7155	16356	10786	832	6587	40
柳州市	530	3127	8635	2444	6191	5248	742	3289	39
桂林市	320	2356	4990	1328	3662	2373	150	1404	17
梧州市	140	1119	2867	702	2165	1980	37	1325	126
北海市	139	1118	2511	610	1901	1318	25	777	91
防城港市	91	745	1675	528	1147	1670	47	985	84
钦州市	167	1042	2001	661	1340	1408	82	996	23
贵港市	216	1429	3085	687	2398	2003	36	1362	196
玉林市	139	1060	4481	1283	3198	2097	181	1372	8
百色市	212	1101	2427	602	1825	1659	99	1090	20
贺州市	56	295	1104	253	851	663	22	486	3
河池市	84	530	1287	365	922	807	74	564	1
来宾市	114	741	1383	279	1104	895	45	646	5
崇左市	38	184	1111	387	724	578	22	395	
女	**565**	**6157**	**67680**	**13034**	**54646**	**7608**	**670**	**3543**	**220**
南宁市	234	2388	24611	5562	19049	2745	284	1285	21
柳州市	95	882	9292	1701	7591	1183	187	582	20
桂林市	42	477	5619	982	4637	551	32	242	8
梧州市	16	214	3291	436	2855	336	12	139	34
北海市	13	299	2920	470	2450	252	16	93	31
防城港市	11	196	1877	409	1468	368	24	153	32
钦州市	19	244	2337	531	1806	245	27	116	2
贵港市	28	381	3889	540	3349	401	11	199	59
玉林市	21	177	4517	923	3594	413	24	192	1
百色市	49	426	3115	412	2703	491	14	185	7
贺州市	10	94	1338	179	1159	89	12	29	1
河池市	11	134	1759	296	1463	211	8	148	
来宾市	11	200	1865	233	1632	160	10	93	1
崇左市	5	45	1250	360	890	163	9	87	3

4-4a　续表 7　　　　单位：人

地　区 性　别	合　计							
	七、交通运输、仓储和邮政业					八、住宿和餐饮业		
	56.航空运输业	57.管道运输业	58.多式联运和运输代理业	59.装卸搬运和仓储业	60.邮政业	小计	61.住宿业	62.餐饮业
总　计	**631**	**8**	**1201**	**4444**	**6051**	**39711**	**5957**	**33754**
南宁市	259	3	426	1268	2526	14352	1928	12424
柳州市	40	2	172	564	794	4903	569	4334
桂林市	250		76	215	530	3863	846	3017
梧州市	18		9	287	329	2143	290	1853
北海市	29	2	40	212	254	2353	586	1767
防城港市	4		164	354	191	1180	183	997
钦州市	1		66	150	190	1208	116	1092
贵港市	1		71	193	276	1980	246	1734
玉林市	5	1	80	331	315	2025	269	1756
百色市	14		31	525	165	1984	349	1635
贺州市	2		6	102	89	935	120	815
河池市	7		1	83	132	1083	183	900
来宾市			14	75	166	1035	139	896
崇左市	1		45	85	94	667	133	534
男	**406**	**6**	**927**	**3320**	**4501**	**19567**	**2287**	**17280**
南宁市	169	2	327	926	1903	7631	785	6846
柳州市	25	1	127	452	573	2353	188	2165
桂林市	161		61	163	417	1809	329	1480
梧州市	10		8	229	245	1051	124	927
北海市	19	2	32	183	189	1115	223	892
防城港市	1		126	286	141	557	76	481
钦州市	1		52	115	139	549	31	518
贵港市	1		59	144	205	909	103	806
玉林市	4	1	62	253	216	1046	111	935
百色市	12		29	299	110	933	126	807
贺州市			6	77	69	388	37	351
河池市	2		1	66	99	450	57	393
来宾市			9	63	127	474	55	419
崇左市	1		28	64	68	302	42	260
女	**225**	**2**	**274**	**1124**	**1550**	**20144**	**3670**	**16474**
南宁市	90	1	99	342	623	6721	1143	5578
柳州市	15	1	45	112	221	2550	381	2169
桂林市	89		15	52	113	2054	517	1537
梧州市	8		1	58	84	1092	166	926
北海市	10		8	29	65	1238	363	875
防城港市	3		38	68	50	623	107	516
钦州市			14	35	51	659	85	574
贵港市			12	49	71	1071	143	928
玉林市	1		18	78	99	979	158	821
百色市	2		2	226	55	1051	223	828
贺州市	2			25	20	547	83	464
河池市	5			17	33	633	126	507
来宾市			5	12	39	561	84	477
崇左市			17	21	26	365	91	274

4-4a 续表 8

单位：人

地区 性别	合计								
	九、信息传输、软件和信息技术服务业				十、金融业				
	小计	63.电信、广播电视和卫星传输服务	64.互联网和相关服务	65.软件和信息技术服务业	小计	66.货币金融服务	67.资本市场服务	68.保险业	69.其他金融业
总　计	**11733**	**4643**	**3163**	**3927**	**13386**	**6114**	**1118**	**4715**	**1439**
南宁市	5523	1663	1533	2327	5172	1944	545	1885	798
柳州市	1385	522	350	513	1735	883	135	577	140
桂林市	1044	358	345	341	1272	693	111	368	100
梧州市	493	254	126	113	708	415	30	242	21
北海市	473	163	188	122	490	225	33	187	45
防城港市	222	113	62	47	325	155	27	109	34
钦州市	280	153	67	60	478	190	40	180	68
贵港市	526	296	105	125	672	307	28	272	65
玉林市	471	270	115	86	763	345	56	308	54
百色市	365	237	74	54	613	360	47	168	38
贺州市	192	122	40	30	236	139	13	67	17
河池市	307	208	57	42	377	207	17	133	20
来宾市	309	182	91	36	312	166	27	93	26
崇左市	143	102	10	31	233	85	9	126	13
男	**7326**	**2612**	**2042**	**2672**	**6365**	**3065**	**639**	**1865**	**796**
南宁市	3462	943	976	1543	2508	942	316	790	460
柳州市	829	274	211	344	774	413	72	216	73
桂林市	671	202	228	241	609	340	68	141	60
梧州市	329	154	90	85	350	224	17	98	11
北海市	293	91	119	83	215	105	14	70	26
防城港市	133	64	33	36	160	84	15	46	15
钦州市	180	95	46	39	222	95	23	65	39
贵港市	327	160	71	96	300	156	13	102	29
玉林市	304	151	81	72	363	195	34	107	27
百色市	235	144	49	42	292	187	28	61	16
贺州市	115	67	30	18	125	80	8	31	6
河池市	178	107	39	32	182	114	8	49	11
来宾市	186	99	63	24	145	86	15	30	14
崇左市	84	61	6	17	120	44	8	59	9
女	**4407**	**2031**	**1121**	**1255**	**7021**	**3049**	**479**	**2850**	**643**
南宁市	2061	720	557	784	2664	1002	229	1095	338
柳州市	556	248	139	169	961	470	63	361	67
桂林市	373	156	117	100	663	353	43	227	40
梧州市	164	100	36	28	358	191	13	144	10
北海市	180	72	69	39	275	120	19	117	19
防城港市	89	49	29	11	165	71	12	63	19
钦州市	100	58	21	21	256	95	17	115	29
贵港市	199	136	34	29	372	151	15	170	36
玉林市	167	119	34	14	400	150	22	201	27
百色市	130	93	25	12	321	173	19	107	22
贺州市	77	55	10	12	111	59	5	36	11
河池市	129	101	18	10	195	93	9	84	9
来宾市	123	83	28	12	167	80	12	63	12
崇左市	59	41	4	14	113	41	1	67	4

4-4a　续表 9　　　　单位：人

地区 性别	合计								
	十一、房地产业		十二、租赁和商务服务业			十三、科学研究和技术服务业			
	小计	70.房地产业	小计	71.租赁业	72.商务服务业	小计	73.研究和试验发展	74.专业技术服务业	75.科技推广和应用服务业
总　计	**21221**	**21221**	**24979**	**1435**	**23544**	**10420**	**929**	**7873**	**1618**
南宁市	9030	9030	10950	564	10386	5197	580	3685	932
柳州市	2516	2516	3081	253	2828	1349	50	1159	140
桂林市	2126	2126	2758	84	2674	999	118	781	100
梧州市	959	959	779	38	741	346	20	285	41
北海市	1640	1640	878	69	809	297	17	236	44
防城港市	808	808	960	35	925	261	2	215	44
钦州市	733	733	1097	57	1040	303	18	229	56
贵港市	873	873	996	75	921	393	3	302	88
玉林市	919	919	892	92	800	381	37	295	49
百色市	562	562	796	47	749	279	12	215	52
贺州市	240	240	437	33	404	158	4	124	30
河池市	241	241	490	21	469	175	8	158	9
来宾市	408	408	427	12	415	203	46	140	17
崇左市	166	166	438	55	383	79	14	49	16
男	**12131**	**12131**	**14711**	**1123**	**13588**	**6769**	**547**	**5210**	**1012**
南宁市	5345	5345	6292	434	5858	3245	315	2367	563
柳州市	1465	1465	1897	202	1695	907	37	782	88
桂林市	1185	1185	1545	67	1478	657	79	512	66
梧州市	556	556	494	31	463	242	12	201	29
北海市	904	904	517	53	464	190	10	148	32
防城港市	434	434	580	29	551	190	1	154	35
钦州市	402	402	639	52	587	217	10	163	44
贵港市	451	451	613	60	553	258	2	211	45
玉林市	541	541	551	77	474	260	26	200	34
百色市	285	285	471	35	436	186	8	149	29
贺州市	131	131	272	30	242	102	2	82	18
河池市	121	121	305	14	291	116	5	104	7
来宾市	210	210	271	10	261	141	30	100	11
崇左市	101	101	264	29	235	58	10	37	11
女	**9090**	**9090**	**10268**	**312**	**9956**	**3651**	**382**	**2663**	**606**
南宁市	3685	3685	4658	130	4528	1952	265	1318	369
柳州市	1051	1051	1184	51	1133	442	13	377	52
桂林市	941	941	1213	17	1196	342	39	269	34
梧州市	403	403	285	7	278	104	8	84	12
北海市	736	736	361	16	345	107	7	88	12
防城港市	374	374	380	6	374	71	1	61	9
钦州市	331	331	458	5	453	86	8	66	12
贵港市	422	422	383	15	368	135	1	91	43
玉林市	378	378	341	15	326	121	11	95	15
百色市	277	277	325	12	313	93	4	66	23
贺州市	109	109	165	3	162	56	2	42	12
河池市	120	120	185	7	178	59	3	54	2
来宾市	198	198	156	2	154	62	16	40	6
崇左市	65	65	174	26	148	21	4	12	5

4-4a 续表 11 单位：人

地区 性别	合计								
	十四、水利、环境和公共设施管理业					十五、居民服务、修理和其他服务业			
	小计	76.水利管理业	77.生态保护和环境治理业	78.公共设施管理业	79.土地管理业	小计	80.居民服务业	81.机动车、电子产品和日用产品修理业	82.其他服务业
总计	**5837**	**401**	**385**	**4945**	**106**	**30571**	**17837**	**7999**	**4735**
南宁市	1926	132	176	1579	39	10246	5966	2642	1638
柳州市	1037	42	66	918	11	4644	2800	1179	665
桂林市	686	36	30	612	8	2501	1494	591	416
梧州市	263	17	18	225	3	1529	907	471	151
北海市	353	13		337	3	1609	986	365	258
防城港市	199	14	6	178	1	996	513	252	231
钦州市	178	23	5	148	2	933	526	260	147
贵港市	262	34	25	197	6	1808	876	459	473
玉林市	230	21	6	199	4	1684	1044	500	140
百色市	308	32	21	250	5	1339	678	487	174
贺州市	84	6	11	58	9	552	319	153	80
河池市	117	11	6	96	4	906	499	244	163
来宾市	143	13	12	109	9	990	589	285	116
崇左市	51	7	3	39	2	834	640	111	83
男	**2785**	**267**	**253**	**2202**	**63**	**13021**	**4872**	**6653**	**1496**
南宁市	898	85	117	675	21	4272	1649	2183	440
柳州市	493	28	39	419	7	1812	613	979	220
桂林市	364	23	21	314	6	1076	440	486	150
梧州市	138	13	15	108	2	658	194	413	51
北海市	165	7		156	2	703	306	314	83
防城港市	100	9	4	87		461	152	219	90
钦州市	92	17	5	70		398	146	219	33
贵港市	121	22	15	81	3	800	235	391	174
玉林市	108	13	3	91	1	743	266	426	51
百色市	118	21	16	78	3	660	222	382	56
贺州市	41	5	7	22	7	228	70	129	29
河池市	58	11	3	42	2	401	135	188	78
来宾市	70	8	6	48	8	386	132	232	22
崇左市	19	5	2	11	1	423	312	92	19
女	**3052**	**134**	**132**	**2743**	**43**	**17550**	**12965**	**1346**	**3239**
南宁市	1028	47	59	904	18	5974	4317	459	1198
柳州市	544	14	27	499	4	2832	2187	200	445
桂林市	322	13	9	298	2	1425	1054	105	266
梧州市	125	4	3	117	1	871	713	58	100
北海市	188	6		181	1	906	680	51	175
防城港市	99	5	2	91	1	535	361	33	141
钦州市	86	6		78	2	535	380	41	114
贵港市	141	12	10	116	3	1008	641	68	299
玉林市	122	8	3	108	3	941	778	74	89
百色市	190	11	5	172	2	679	456	105	118
贺州市	43	1	4	36	2	324	249	24	51
河池市	59		3	54	2	505	364	56	85
来宾市	73	5	6	61	1	604	457	53	94
崇左市	32	2	1	28	1	411	328	19	64

4-4a　续表 11　　　　单位：人

地区 性别	合计									
	十六、教育		十七、卫生和社会工作			十八、文化、体育和娱乐业				
	小计	83.教育	小计	84.卫生	85.社会工作	小计	86.新闻和出版业	87.广播、电视、电影和录音制作业	88.文化艺术业	89.体育
总　计	**39202**	**39202**	**20776**	**20307**	**469**	**6291**	**619**	**752**	**1146**	**798**
南宁市	11934	11934	6130	5994	136	2366	326	353	455	320
柳州市	4888	4888	2852	2781	71	948	49	79	135	130
桂林市	4116	4116	2042	1966	76	840	85	59	223	112
梧州市	2271	2271	1361	1324	37	273	21	44	45	33
北海市	1601	1601	676	644	32	308	16	19	47	48
防城港市	1068	1068	478	468	10	199	11	9	24	13
钦州市	1683	1683	963	943	20	165	14	26	27	20
贵港市	2522	2522	1213	1203	10	228	19	25	26	24
玉林市	2736	2736	1498	1468	30	260	26	44	34	36
百色市	2260	2260	1179	1163	16	245	15	23	47	24
贺州市	944	944	508	501	7	137	7	27	27	8
河池市	1205	1205	933	925	8	120	12	17	29	10
来宾市	1306	1306	684	668	16	138	13	17	18	14
崇左市	668	668	259	259		64	5	10	9	6
男	**12475**	**12475**	**6322**	**6196**	**126**	**3295**	**287**	**434**	**519**	**420**
南宁市	3948	3948	1864	1823	41	1246	156	203	200	179
柳州市	1407	1407	744	730	14	476	24	41	62	63
桂林市	1403	1403	603	581	22	412	31	31	104	51
梧州市	752	752	443	433	10	158	9	26	29	18
北海市	422	422	207	199	8	170	11	14	20	29
防城港市	321	321	148	146	2	100	8	6	9	9
钦州市	474	474	288	285	3	93	6	19	7	11
贵港市	781	781	395	392	3	115	5	16	9	12
玉林市	815	815	536	524	12	149	10	28	16	20
百色市	825	825	383	378	5	121	5	12	24	13
贺州市	253	253	167	167		73	3	13	9	5
河池市	388	388	260	257	3	69	7	10	18	4
来宾市	435	435	190	187	3	79	9	10	9	3
崇左市	251	251	94	94		34	3	5	3	3
女	**26727**	**26727**	**14454**	**14111**	**343**	**2996**	**332**	**318**	**627**	**378**
南宁市	7986	7986	4266	4171	95	1120	170	150	255	141
柳州市	3481	3481	2108	2051	57	472	25	38	73	67
桂林市	2713	2713	1439	1385	54	428	54	28	119	61
梧州市	1519	1519	918	891	27	115	12	18	16	15
北海市	1179	1179	469	445	24	138	5	5	27	19
防城港市	747	747	330	322	8	99	3	3	15	4
钦州市	1209	1209	675	658	17	72	8	7	20	9
贵港市	1741	1741	818	811	7	113	14	9	17	12
玉林市	1921	1921	962	944	18	111	16	16	18	16
百色市	1435	1435	796	785	11	124	10	11	23	11
贺州市	691	691	341	334	7	64	4	14	18	3
河池市	817	817	673	668	5	51	5	7	11	6
来宾市	871	871	494	481	13	59	4	7	9	11
崇左市	417	417	165	165		30	2	5	6	3

4-4a 续表 12

单位：人

地区 性别	合计									
		十九、公共管理、社会保障和社会组织							二十、国际组织	
	90.娱乐业	小计	91.中国共产党机关	92.国家机构	93.人民政协、民主党派	94.社会保障	95.群众团体、社会团体和其他成员组织	96.基层群众自治组织	小计	97.国际组织
总计	**2976**	**34900**	**1014**	**30102**	**170**	**208**	**1196**	**2210**	**1**	**1**
南宁市	912	8941	284	7422	32	42	519	642	1	1
柳州市	555	4197	66	3586	18	17	99	411		
桂林市	361	3375	93	2897	15	21	153	196		
梧州市	130	2261	49	1959	14	27	49	163		
北海市	178	1622	46	1444	19	14	27	72		
防城港市	142	1350	72	1147	7	11	34	79		
钦州市	78	1570	70	1369	11	11	21	88		
贵港市	134	2283	65	2005	7	25	74	107		
玉林市	120	2197	36	1931	9	9	47	165		
百色市	136	2298	103	2013	17	10	56	99		
贺州市	68	1199	20	1111	2	2	29	35		
河池市	52	1268	58	1140	11	4	24	31		
来宾市	76	1375	32	1221	8	11	16	87		
崇左市	34	964	20	857		4	48	35		
男	**1635**	**20797**	**639**	**18474**	**98**	**74**	**584**	**928**		
南宁市	508	5183	182	4469	15	14	252	251		
柳州市	286	2325	36	2128	9	7	38	107		
桂林市	195	2082	55	1856	9	6	79	77		
梧州市	76	1413	30	1262	9	13	31	68		
北海市	96	943	32	845	11	6	13	36		
防城港市	68	833	49	714	5	5	25	35		
钦州市	50	990	42	881	7	3	5	52		
贵港市	73	1406	39	1261	4	6	35	61		
玉林市	75	1334	21	1192	7	3	20	91		
百色市	67	1423	72	1255	7	6	33	50		
贺州市	43	695	12	651			11	21		
河池市	30	770	39	698	8	1	12	12		
来宾市	48	822	19	738	7	4	10	44		
崇左市	20	578	11	524			20	23		
女	**1341**	**14103**	**375**	**11628**	**72**	**134**	**612**	**1282**	**1**	**1**
南宁市	404	3758	102	2953	17	28	267	391	1	1
柳州市	269	1872	30	1458	9	10	61	304		
桂林市	166	1293	38	1041	6	15	74	119		
梧州市	54	848	19	697	5	14	18	95		
北海市	82	679	14	599	8	8	14	36		
防城港市	74	517	23	433	2	6	9	44		
钦州市	28	580	28	488	4	8	16	36		
贵港市	61	877	26	744	3	19	39	46		
玉林市	45	863	15	739	2	6	27	74		
百色市	69	875	31	758	10	4	23	49		
贺州市	25	504	8	460	2	2	18	14		
河池市	22	498	19	442	3	3	12	19		
来宾市	28	553	13	483	1	7	6	43		
崇左市	14	386	9	333		4	28	12		

4-4a 续表 13 单位：人

地 区 性 别	有农村土地承包经营权的人口								
	合计	一、农、林、牧、渔业						二、采矿业	
		小计	1.农业	2.林业	3.畜牧业	4.渔业	5.农、林、牧、渔专业及辅助性活 动	小计	6.煤炭开采和洗选业
总 计	**197998**	**22768**	**19345**	**693**	**1592**	**696**	**442**	**381**	**38**
南宁市	53983	3588	2941	122	323	107	95	25	1
柳州市	23555	1223	899	171	110	29	14	25	
桂林市	19058	1392	1199	22	148	11	12	26	
梧州市	8001	1486	1376	25	59	21	5	27	
北海市	7481	542	226	9	29	240	38	13	1
防城港市	5234	196	87	7	43	47	12	13	
钦州市	6861	432	234	28	64	89	17	10	1
贵港市	17746	3344	3130	33	145	20	16	19	
玉林市	15060	1394	1201	25	129	33	6	17	
百色市	17494	5159	4695	84	184	18	178	106	28
贺州市	5140	841	711	67	44	14	5	43	
河池市	6614	1049	800	21	187	16	25	32	
来宾市	8056	951	761	62	81	34	13	17	6
崇左市	3715	1171	1085	17	46	17	6	8	1
男	**120285**	**12382**	**10123**	**480**	**1020**	**530**	**229**	**324**	**35**
南宁市	33723	2001	1581	87	200	75	58	23	1
柳州市	14953	747	525	115	80	16	11	21	
桂林市	11650	818	689	16	100	7	6	17	
梧州市	4931	736	657	18	39	18	4	24	
北海市	4514	382	138	7	21	201	15	10	
防城港市	3430	132	52	6	30	34	10	8	
钦州市	4175	278	124	20	49	72	13	10	1
贵港市	10383	1665	1517	25	99	15	9	15	
玉林市	9110	868	721	20	95	26	6	16	
百色市	9743	2632	2371	56	120	15	70	91	26
贺州市	3154	446	368	35	31	9	3	40	
河池市	3659	527	399	14	91	10	13	26	
来宾市	4785	553	432	48	42	23	8	16	6
崇左市	2075	597	549	13	23	9	3	7	1
女	**77713**	**10386**	**9222**	**213**	**572**	**166**	**213**	**57**	**3**
南宁市	20260	1587	1360	35	123	32	37	2	
柳州市	8602	476	374	56	30	13	3	4	
桂林市	7408	574	510	6	48	4	6	9	
梧州市	3070	750	719	7	20	3	1	3	
北海市	2967	160	88	2	8	39	23	3	1
防城港市	1804	64	35	1	13	13	2	5	
钦州市	2686	154	110	8	15	17	4		
贵港市	7363	1679	1613	8	46	5	7	4	
玉林市	5950	526	480	5	34	7		1	
百色市	7751	2527	2324	28	64	3	108	15	2
贺州市	1986	395	343	32	13	5	2	3	
河池市	2955	522	401	7	96	6	12	6	
来宾市	3271	398	329	14	39	11	5	1	
崇左市	1640	574	536	4	23	8	3	1	

4-4a 续表 14

单位：人

地区 性别	有农村土地承包经营权的人口								
	二、采矿业						三、制造业		
	7.石油和天然气开采业	8.黑色金属矿采选业	9.有色金属矿采选业	10.非金属矿采选业	11.开采专业及辅助性活动	12.其他采矿业	小计	13.农副食品加工业	14.食品制造业
总　计	**4**	**38**	**54**	**211**	**20**	**16**	**24817**	**1720**	**979**
南宁市		2	1	16	2	3	4120	408	232
柳州市	1	8		14	1	1	4339	137	273
桂林市	1	1	1	20	3		1809	112	110
梧州市		1	7	19			1502	72	26
北海市				8	3	1	916	249	35
防城港市		5	1	7			606	76	18
钦州市				7	2		675	78	15
贵港市		1	3	14		1	2681	153	41
玉林市				14	1	2	3694	113	102
百色市	2	10	26	29	6	5	2097	117	40
贺州市			1	42			701	30	9
河池市		4	14	10	1	3	725	34	25
来宾市		1		9	1		755	103	30
崇左市		5		2			197	38	23
男	**1**	**30**	**45**	**185**	**15**	**13**	**14694**	**998**	**462**
南宁市		2	1	15	2	2	2671	256	108
柳州市		7		12	1	1	2856	79	118
桂林市	1	1	1	13	1		1115	76	38
梧州市			7	17			845	38	14
北海市				7	2	1	515	98	24
防城港市		2	1	5			441	54	8
钦州市				7	2		427	42	6
贵港市		1	1	12		1	1510	100	19
玉林市				13	1	2	1785	76	59
百色市		9	23	25	4	4	1103	61	20
贺州市				40			471	19	6
河池市		3	11	9	1	2	401	14	11
来宾市		1		8	1		438	62	18
崇左市		4		2			116	23	13
女	**3**	**8**	**9**	**26**	**5**	**3**	**10123**	**722**	**517**
南宁市				1		1	1449	152	124
柳州市	1	1		2			1483	58	155
桂林市				7	2		694	36	72
梧州市		1		2			657	34	12
北海市				1	1		401	151	11
防城港市		3		2			165	22	10
钦州市							248	36	9
贵港市			2	2			1171	53	22
玉林市				1			1909	37	43
百色市	2	1	3	4	2	1	994	56	20
贺州市			1	2			230	11	3
河池市		1	3	1		1	324	20	14
来宾市				1			317	41	12
崇左市		1					81	15	10

4-4a　续表 15　　　　单位：人

地　区 性　别	有农村土地承包经营权的人口 三、制造业 15.酒、饮料和精制茶制造业	16.烟草制品业	17.纺织业	18.纺织服装、服饰业	19.皮革、毛皮、羽毛及其制品和制鞋业	20.木材加工和木、竹、藤、棕、草制品业	21.家具制造业	22.造纸和纸制品业	23.印刷和记录媒介复制业
总　计	**353**	**31**	**636**	**2843**	**231**	**2180**	**744**	**333**	**256**
南宁市	106	16	75	99	25	273	156	77	86
柳州市	24	11	60	200	8	481	118	29	43
桂林市	88		39	50	10	170	70	43	38
梧州市	17		42	100	42	51	29	9	7
北海市	6		12	13	2	7	14	13	4
防城港市	1		2	6		22	57	1	2
钦州市	14	1	7	20	5	25	22	20	9
贵港市	22	1	51	167	58	774	78	38	16
玉林市	40		121	2043	41	78	78	15	36
百色市	14	2	35	55	18	139	23	13	6
贺州市	3		8	16	9	38	20	9	2
河池市	9		160	26	1	80	27	6	4
来宾市	5		21	44	12	30	12	59	3
崇左市	4		3	4		12	40	1	
男	**214**	**14**	**281**	**906**	**86**	**1274**	**518**	**195**	**166**
南宁市	63	6	33	39	6	174	111	45	60
柳州市	12	6	32	44	5	277	76	14	22
桂林市	55		19	17	5	85	49	18	26
梧州市	10		13	34	14	35	23	3	4
北海市	5		5	4		6	12	9	2
防城港市			2	3		11	39	1	2
钦州市	10	1	4	5	3	17	19	17	6
贵港市	12	1	18	37	22	431	49	23	11
玉林市	27		76	688	18	58	52	8	24
百色市	7		11	16	8	84	16	8	2
贺州市	1		4	6	2	28	15	9	1
河池市	6		53	5	1	37	17	2	3
来宾市	4		10	7	2	26	11	38	3
崇左市	2		1	1		5	29		
女	**139**	**17**	**355**	**1937**	**145**	**906**	**226**	**138**	**90**
南宁市	43	10	42	60	19	99	45	32	26
柳州市	12	5	28	156	3	204	42	15	21
桂林市	33		20	33	5	85	21	25	12
梧州市	7		29	66	28	16	6	6	3
北海市	1		7	9	2	1	2	4	2
防城港市	1			3		11	18		
钦州市	4		3	15	2	8	3	3	3
贵港市	10		33	130	36	343	29	15	5
玉林市	13		45	1355	23	20	26	7	12
百色市	7	2	24	39	10	55	7	5	4
贺州市	2		4	10	7	10	5		1
河池市	3		107	21		43	10	4	1
来宾市	1		11	37	10	4	1	21	
崇左市	2		2	3		7	11	1	

4-4a 续表 16 单位：人

地区 性别	有农村土地承包经营权的人口								
	三、制造业								
	24.文教、工美、体育和娱乐用品制造业	25.石油、煤炭及其他燃料加工业	26.化学原料和化学制品制造业	27.医药制造业	28.化学纤维制造业	29.橡胶和塑料制品业	30.非金属矿物制品业	31.黑色金属冶炼和压延加工业	32.有色金属冶炼和压延加工业
总计	**683**	**62**	**468**	**322**	**5**	**671**	**2208**	**669**	**620**
南宁市	66	5	98	78		170	420	6	113
柳州市	25	10	74	38		124	185	190	18
桂林市	123	2	25	85		88	127	6	3
梧州市	209		44	21		33	150	94	6
北海市	60	2	23	7		31	31	7	1
防城港市	3	3	5	1		7	65	204	17
钦州市	12	7	14	24		23	95	7	2
贵港市	33	2	74	9		39	211	117	10
玉林市	76	2	13	31		71	169	12	4
百色市	27	25	58	2		39	215	16	372
贺州市	20		7	3	1	7	375	3	8
河池市	7	1	16	8	3	5	75	3	38
来宾市	16	2	13	13	1	24	72	4	25
崇左市	6	1	4	2		10	18		3
男	**322**	**42**	**324**	**161**	**1**	**374**	**1649**	**548**	**496**
南宁市	36	4	70	44		104	313	6	91
柳州市	12	8	49	16		77	141	169	14
桂林市	81		15	45		36	98	5	3
梧州市	102		29	8		17	126	73	5
北海市	20	1	16	4		17	26	5	1
防城港市	2	2	4			4	56	156	13
钦州市	5	6	10	9		17	66	4	
贵港市	10	1	53	6		27	164	100	8
玉林市	24	1	10	16		37	105	11	3
百色市	9	17	42	1		14	165	12	294
贺州市	9		6	1	1	4	273	2	5
河池市	5		10	5		4	51	3	33
来宾市	6	2	7	5		11	54	2	25
崇左市	1		3	1		5	11		1
女	**361**	**20**	**144**	**161**	**4**	**297**	**559**	**121**	**124**
南宁市	30	1	28	34		66	107		22
柳州市	13	2	25	22		47	44	21	4
桂林市	42	2	10	40		52	29	1	
梧州市	107		15	13		16	24	21	1
北海市	40	1	7	3		14	5	2	
防城港市	1	1	1	1		3	9	48	4
钦州市	7	1	4	15		6	29	3	2
贵港市	23	1	21	3		12	47	17	2
玉林市	52	1	3	15		34	64	1	1
百色市	18	8	16	1		25	50	4	78
贺州市	11		1	2		3	102	1	3
河池市	2	1	6	3	3	1	24		5
来宾市	10		6	8	1	13	18	2	
崇左市	5	1	1	1		5	7		2

4-4a　续表 17　　单位：人

地　区 性　别	有农村土地承包经营权的人口								
	三、制造业								
	33.金属制品业	34.通用设备制造业	35.专用设备制造业	36.汽车制造业	37.铁路、船舶、航空航天和其他运输设备制造业	38.电气机械和器材制造业	39.计算机、通信和其他电子设备制造业	40.仪器仪表制造业	41.其他制造业
总　计	**1440**	**924**	**612**	**1609**	**110**	**508**	**2523**	**88**	**186**
南宁市	380	142	145	74	20	88	467	22	37
柳州市	269	233	157	1287	13	59	44	9	18
桂林市	144	83	67	61	6	64	133	28	10
梧州市	106	29	20	8	14	39	293	5	11
北海市	31	17	20	8	3	53	211	1	1
防城港市	28	10	13	1	4	4	3	1	6
钦州市	44	44	29	7	4	21	77	5	7
贵港市	87	76	54	18	33	64	377	4	51
玉林市	92	233	29	114	8	33	83	1	13
百色市	140	20	27	8	1	18	634	4	5
贺州市	26	11	8	1		9	64		2
河池市	54	9	21	4		14	26	3	19
来宾市	33	15	18	18	3	40	106	1	5
崇左市	6	2	4		1	2	5	4	1
男	**1140**	**723**	**418**	**1143**	**82**	**330**	**1017**	**57**	**110**
南宁市	296	100	99	60	16	66	249	15	20
柳州市	227	190	118	896	9	40	28	6	7
桂林市	109	72	41	48	3	46	81	16	7
梧州市	83	25	16	5	10	24	100	3	9
北海市	27	14	12	6	3	37	114	1	1
防城港市	22	9	4		4	3	3	1	6
钦州市	35	28	23	6	3	13	40	4	3
贵港市	70	56	37	12	24	37	129	2	29
玉林市	71	184	19	98	6	21	45	1	9
百色市	105	16	16	5	1	9	138	2	3
贺州市	18	8	7	1		8	26		1
河池市	43	8	13	1		11	15	2	12
来宾市	29	11	10	5	3	14	47	1	2
崇左市	5	2	3			1	2	3	1
女	**300**	**201**	**194**	**466**	**28**	**178**	**1506**	**31**	**76**
南宁市	84	42	46	14	4	22	218	7	17
柳州市	42	43	39	391	4	19	16	3	11
桂林市	35	11	26	13	3	18	52	12	3
梧州市	23	4	4	3	4	15	193	2	2
北海市	4	3	8	2		16	97		
防城港市	6	1	9	1		1			
钦州市	9	16	6	1	1	8	37	1	4
贵港市	17	20	17	6	9	27	248	2	22
玉林市	21	49	10	16	2	12	38		4
百色市	35	4	11	3		9	496	2	2
贺州市	8	3	1			1	38		1
河池市	11	1	8	3		3	11	1	7
来宾市	4	4	8	13		26	59		3
崇左市	1		1		1	1	3	1	

4-4a 续表 18 单位：人

地 区 性 别	有农村土地承包经营权的人口								
	三、制造业		四、电力、热力、燃气及水生产和供应业				五、建筑业		
	42.废弃资源综合利用业	43.金属制品、机械和设备修理业	小计	44.电力、热力生产和供应业	45.燃气生产和供应业	46.水的生产和供应业	小计	47.房屋建筑业	48.土木工程建筑业
总 计	**346**	**457**	**1063**	**647**	**224**	**192**	**37047**	**20257**	**1836**
南宁市	118	118	205	89	73	43	10761	5556	621
柳州市	62	140	100	58	23	19	5062	2694	242
桂林市	8	16	83	51	21	11	4014	1997	116
梧州市	6	19	41	31	4	6	1263	740	46
北海市	22	32	72	23	20	29	1363	681	63
防城港市	35	11	52	38	10	4	1020	594	72
钦州市	25	12	50	27	7	16	1416	725	85
贵港市	4	19	75	45	15	15	3497	2127	213
玉林市	16	27	69	43	13	13	1912	1199	63
百色市	2	22	125	106	8	11	2637	1443	116
贺州市	4	8	35	28	5	2	1033	735	49
河池市	33	14	71	47	11	13	1016	519	70
来宾市	11	16	68	51	9	8	1744	1070	77
崇左市		3	17	10	5	2	309	177	3
男	**238**	**405**	**847**	**531**	**169**	**147**	**29721**	**15929**	**1524**
南宁市	75	106	157	72	56	29	8522	4334	507
柳州市	45	119	84	49	17	18	4071	2144	202
桂林市	6	15	62	37	16	9	3345	1613	107
梧州市	5	17	32	25	3	4	1103	635	43
北海市	15	30	59	19	16	24	1110	540	53
防城港市	25	7	39	32	5	2	805	452	63
钦州市	15	10	40	23	6	11	1137	566	73
贵港市	3	19	65	39	12	14	2707	1601	155
玉林市	13	25	58	36	11	11	1689	1063	51
百色市	2	19	93	80	7	6	1993	1071	101
贺州市	4	6	30	25	4	1	797	553	43
河池市	22	14	62	44	8	10	819	409	56
来宾市	8	15	52	41	4	7	1378	813	67
崇左市		3	14	9	4	1	245	135	3
女	**108**	**52**	**216**	**116**	**55**	**45**	**7326**	**4328**	**312**
南宁市	43	12	48	17	17	14	2239	1222	114
柳州市	17	21	16	9	6	1	991	550	40
桂林市	2	1	21	14	5	2	669	384	9
梧州市	1	2	9	6	1	2	160	105	3
北海市	7	2	13	4	4	5	253	141	10
防城港市	10	4	13	6	5	2	215	142	9
钦州市	10	2	10	4	1	5	279	159	12
贵港市	1		10	6	3	1	790	526	58
玉林市	3	2	11	7	2	2	223	136	12
百色市		3	32	26	1	5	644	372	15
贺州市		2	5	3	1	1	236	182	6
河池市	11		9	3	3	3	197	110	14
来宾市	3	1	16	10	5	1	366	257	10
崇左市			3	1	1	1	64	42	

4-4a 续表 19

单位：人

地区 性别	有农村土地承包经营权的人口								
	五、建筑业		六、批发和零售业			七、交通运输、仓储和邮政业			
	49.建筑安装业	50.建筑装饰、装修和其他建筑业	小计	51.批发业	52.零售业	小计	53.铁路运输业	54.道路运输业	55.水上运输业
总　计	**1666**	**13288**	**39713**	**9620**	**30093**	**13746**	**303**	**9138**	**193**
南宁市	491	4093	12899	3394	9505	4057	77	2591	8
柳州市	249	1877	4745	1202	3543	1765	67	1178	10
桂林市	176	1725	4002	915	3087	1082	25	693	3
梧州市	41	436	1193	212	981	555	10	376	26
北海市	51	568	1511	338	1173	487	10	297	19
防城港市	36	318	1040	285	755	590	5	374	30
钦州市	89	517	1480	421	1059	602	16	431	8
贵港市	137	1020	2720	525	2195	1067	9	742	72
玉林市	77	573	3175	876	2299	1043	18	733	1
百色市	147	931	2490	475	2015	1034	29	650	12
贺州市	28	221	892	157	735	321	16	228	
河池市	51	376	1279	281	998	405	6	308	
来宾市	73	524	1508	252	1256	487	11	360	3
崇左市	20	109	779	287	492	251	4	177	1
男	**1484**	**10784**	**20311**	**5946**	**14365**	**11832**	**241**	**8238**	**161**
南宁市	435	3246	6876	2131	4745	3428	53	2302	6
柳州市	226	1499	2592	782	1810	1549	59	1074	8
桂林市	157	1468	1985	573	1412	943	24	628	2
梧州市	39	386	649	149	500	506	10	355	23
北海市	49	468	735	189	546	416	6	268	15
防城港市	32	258	536	174	362	517	3	340	23
钦州市	81	417	703	244	459	527	13	395	7
贵港市	124	827	1290	315	975	931	7	673	66
玉林市	68	507	1770	548	1222	920	16	670	
百色市	119	702	1118	294	824	817	23	567	8
贺州市	26	175	434	100	334	290	10	219	
河池市	46	308	563	155	408	337	5	259	
来宾市	63	435	682	146	536	437	8	329	3
崇左市	19	88	378	146	232	214	4	159	
女	**182**	**2504**	**19402**	**3674**	**15728**	**1914**	**62**	**900**	**32**
南宁市	56	847	6023	1263	4760	629	24	289	2
柳州市	23	378	2153	420	1733	216	8	104	2
桂林市	19	257	2017	342	1675	139	1	65	1
梧州市	2	50	544	63	481	49		21	3
北海市	2	100	776	149	627	71	4	29	4
防城港市	4	60	504	111	393	73	2	34	7
钦州市	8	100	777	177	600	75	3	36	1
贵港市	13	193	1430	210	1220	136	2	69	6
玉林市	9	66	1405	328	1077	123	2	63	1
百色市	28	229	1372	181	1191	217	6	83	4
贺州市	2	46	458	57	401	31	6	9	
河池市	5	68	716	126	590	68	1	49	
来宾市	10	89	826	106	720	50	3	31	
崇左市	1	21	401	141	260	37		18	1

4-4a 续表 20

单位：人

地 区 性 别	有农村土地承包经营权的人口							
	七、交通运输、仓储和邮政业					八、住宿和餐饮业		
	56.航空运输业	57.管道运输业	58.多式联运和运输代理业	59.装卸搬运和仓储业	60.邮政业	小计	61.住宿业	62.餐饮业
总 计	**61**	**1**	**388**	**1979**	**1683**	**13091**	**1678**	**11413**
南宁市	17	1	123	547	693	4316	478	3838
柳州市	6		54	278	172	1387	123	1264
桂林市	23		29	101	208	1650	268	1382
梧州市	3		2	81	57	494	52	442
北海市	3		11	74	73	630	131	499
防城港市			34	109	38	338	55	283
钦州市			26	69	52	418	34	384
贵港市	1		36	115	92	768	85	683
玉林市	1		38	163	89	747	98	649
百色市	3		21	271	48	894	152	742
贺州市			2	42	33	312	37	275
河池市	3			50	38	462	61	401
来宾市			3	42	68	479	67	412
崇左市	1		9	37	22	196	37	159
男	**43**	**1**	**324**	**1537**	**1287**	**6580**	**657**	**5923**
南宁市	12	1	96	417	541	2432	201	2231
柳州市	6		46	236	120	657	42	615
桂林市	14		25	80	170	788	99	689
梧州市	2		2	68	46	232	18	214
北海市	3		9	62	53	308	50	258
防城港市			28	93	30	159	25	134
钦州市			22	52	38	185	10	175
贵港市	1		32	85	67	376	43	333
玉林市			34	138	62	417	45	372
百色市	3		20	163	33	413	55	358
贺州市			2	37	22	132	13	119
河池市	1			41	31	184	16	168
来宾市			2	37	58	220	29	191
崇左市	1		6	28	16	77	11	66
女	**18**		**64**	**442**	**396**	**6511**	**1021**	**5490**
南宁市	5		27	130	152	1884	277	1607
柳州市			8	42	52	730	81	649
桂林市	9		4	21	38	862	169	693
梧州市	1			13	11	262	34	228
北海市			2	12	20	322	81	241
防城港市			6	16	8	179	30	149
钦州市			4	17	14	233	24	209
贵港市			4	30	25	392	42	350
玉林市	1		4	25	27	330	53	277
百色市			1	108	15	481	97	384
贺州市				5	11	180	24	156
河池市	2			9	7	278	45	233
来宾市			1	5	10	259	38	221
崇左市			3	9	6	119	26	93

4-4a　续表 21　　　　单位：人

地　区 性　别	有农村土地承包经营权的人口								
	九、信息传输、软件和信息技术服务业				十、金融业				
	小计	63.电信、广播电视和卫星传输服务	64.互联网和相关服务	65.软件和信息技术服务业	小计	66.货币金融服务	67.资本市场服务	68.保险业	69.其他金融业
总　计	**2193**	**770**	**725**	**698**	**1788**	**631**	**140**	**815**	**202**
南宁市	939	234	335	370	600	170	59	271	100
柳州市	196	66	59	71	158	72	8	58	20
桂林市	250	67	96	87	207	82	22	83	20
梧州市	45	17	17	11	69	36	3	27	3
北海市	98	26	51	21	55	13	6	31	5
防城港市	38	20	7	11	38	12	3	22	1
钦州市	57	32	15	10	65	20	5	35	5
贵港市	133	68	21	44	144	62	3	68	11
玉林市	91	45	28	18	150	49	8	81	12
百色市	109	63	32	14	107	46	10	44	7
贺州市	42	25	9	8	22	8	2	9	3
河池市	81	48	17	16	63	22	2	35	4
来宾市	103	52	36	15	84	29	8	38	9
崇左市	11	7	2	2	26	10	1	13	2
男	**1503**	**492**	**500**	**511**	**945**	**369**	**92**	**358**	**126**
南宁市	665	163	234	268	329	89	38	134	68
柳州市	132	42	41	49	85	45	7	20	13
桂林市	176	42	66	68	113	46	16	40	11
梧州市	34	11	13	10	38	23	2	11	2
北海市	55	11	31	13	25	9	1	12	3
防城港市	25	15	2	8	22	9	2	10	1
钦州市	41	23	10	8	28	9	4	12	3
贵港市	89	41	15	33	72	36	3	27	6
玉林市	62	22	23	17	83	38	4	36	5
百色市	75	46	20	9	55	28	7	16	4
贺州市	21	12	5	4	12	3	2	6	1
河池市	56	30	13	13	25	11	1	10	3
来宾市	66	30	26	10	39	17	4	14	4
崇左市	6	4	1	1	19	6	1	10	2
女	**690**	**278**	**225**	**187**	**843**	**262**	**48**	**457**	**76**
南宁市	274	71	101	102	271	81	21	137	32
柳州市	64	24	18	22	73	27	1	38	7
桂林市	74	25	30	19	94	36	6	43	9
梧州市	11	6	4	1	31	13	1	16	1
北海市	43	15	20	8	30	4	5	19	2
防城港市	13	5	5	3	16	3	1	12	
钦州市	16	9	5	2	37	11	1	23	2
贵港市	44	27	6	11	72	26		41	5
玉林市	29	23	5	1	67	11	4	45	7
百色市	34	17	12	5	52	18	3	28	3
贺州市	21	13	4	4	10	5		3	2
河池市	25	18	4	3	38	11	1	25	1
来宾市	37	22	10	5	45	12	4	24	5
崇左市	5	3	1	1	7	4		3	

4-4a 续表 22 单位：人

地区 性别	有农村土地承包经营权的人口								
	十一、房地产业		十二、租赁和商务服务业			十三、科学研究和技术服务业			
	小计	70.房地产业	小计	71.租赁业	72.商务服务业	小计	73.研究和试验发展	74.专业技术服务业	75.科技推广和应用服务业
总 计	**5653**	**5653**	**5758**	**546**	**5212**	**1910**	**144**	**1406**	**360**
南宁市	2137	2137	2282	208	2074	825	59	595	171
柳州市	493	493	647	85	562	197	6	163	28
桂林市	709	709	602	30	572	200	19	161	20
梧州市	123	123	104	12	92	39	2	32	5
北海市	442	442	190	26	164	53	2	42	9
防城港市	202	202	239	9	230	52		40	12
钦州市	225	225	258	19	239	65	4	49	12
贵港市	308	308	339	42	297	134		75	59
玉林市	321	321	240	38	202	87	9	66	12
百色市	249	249	311	24	287	82	4	64	14
贺州市	79	79	122	15	107	30	1	25	4
河池市	100	100	176	12	164	46	2	41	3
来宾市	197	197	149	6	143	78	34	38	6
崇左市	68	68	99	20	79	22	2	15	5
男	**3450**	**3450**	**3893**	**451**	**3442**	**1357**	**91**	**1031**	**235**
南宁市	1371	1371	1513	173	1340	573	35	423	115
柳州市	296	296	455	65	390	141	3	119	19
桂林市	418	418	379	26	353	152	13	123	16
梧州市	70	70	80	11	69	33		29	4
北海市	259	259	120	22	98	37	1	28	8
防城港市	115	115	183	8	175	39		31	8
钦州市	117	117	168	18	150	49	3	36	10
贵港市	176	176	242	36	206	86		57	29
玉林市	217	217	168	34	134	63	6	48	9
百色市	128	128	210	19	191	59	3	49	7
贺州市	54	54	87	15	72	21	1	18	2
河池市	61	61	115	8	107	31	1	28	2
来宾市	123	123	112	6	106	55	23	29	3
崇左市	45	45	61	10	51	18	2	13	3
女	**2203**	**2203**	**1865**	**95**	**1770**	**553**	**53**	**375**	**125**
南宁市	766	766	769	35	734	252	24	172	56
柳州市	197	197	192	20	172	56	3	44	9
桂林市	291	291	223	4	219	48	6	38	4
梧州市	53	53	24	1	23	6	2	3	1
北海市	183	183	70	4	66	16	1	14	1
防城港市	87	87	56	1	55	13		9	4
钦州市	108	108	90	1	89	16	1	13	2
贵港市	132	132	97	6	91	48		18	30
玉林市	104	104	72	4	68	24	3	18	3
百色市	121	121	101	5	96	23	1	15	7
贺州市	25	25	35		35	9		7	2
河池市	39	39	61	4	57	15	1	13	1
来宾市	74	74	37		37	23	11	9	3
崇左市	23	23	38	10	28	4		2	2

4-4a 续表 23

单位：人

地区 性别	有农村土地承包经营权的人口								
	十四、水利、环境和公共设施管理业					十五、居民服务、修理和其他服务业			
	小计	76.水利管理业	77.生态保护和环境治理业	78.公共设施管理业	79.土地管理业	小计	80.居民服务业	81.机动车、电子产品和日用产品修理业	82.其他服务业
总　计	**1868**	**63**	**94**	**1687**	**24**	**10284**	**5448**	**3032**	**1804**
南宁市	573	16	35	513	9	2987	1536	892	559
柳州市	324	6	12	303	3	1343	707	412	224
桂林市	254	7	9	237	1	1053	622	247	184
梧州市	67	2	3	61	1	367	172	142	53
北海市	92			91	1	431	259	103	69
防城港市	49		3	46		281	132	82	67
钦州市	51	2		49		333	184	91	58
贵港市	105	8	11	86		815	361	226	228
玉林市	95	4	2	89		649	355	219	75
百色市	109	6	10	92	1	639	309	244	86
贺州市	38	1	4	29	4	225	102	74	49
河池市	41	2	1	38		397	202	133	62
来宾市	52	6	4	38	4	496	301	136	59
崇左市	18	3		15		268	206	31	31
男	**849**	**44**	**63**	**722**	**20**	**4842**	**1688**	**2595**	**559**
南宁市	264	12	25	219	8	1367	473	755	139
柳州市	150	3	8	138	1	604	172	361	71
桂林市	131	4	8	118	1	476	210	208	58
梧州市	30	2	3	24	1	196	47	127	22
北海市	41			40	1	200	79	92	29
防城港市	29		3	26		142	47	71	24
钦州市	22	1		21		143	50	79	14
贵港市	41	6	7	28		397	123	199	75
玉林市	39	4		35		322	95	200	27
百色市	37	4	6	27		349	125	194	30
贺州市	18	1	2	11	4	108	26	62	20
河池市	16	2		14		192	61	100	31
来宾市	25	3	1	17	4	207	78	118	11
崇左市	6	2		4		139	102	29	8
女	**1019**	**19**	**31**	**965**	**4**	**5442**	**3760**	**437**	**1245**
南宁市	309	4	10	294	1	1620	1063	137	420
柳州市	174	3	4	165	2	739	535	51	153
桂林市	123	3	1	119		577	412	39	126
梧州市	37			37		171	125	15	31
北海市	51			51		231	180	11	40
防城港市	20			20		139	85	11	43
钦州市	29	1		28		190	134	12	44
贵港市	64	2	4	58		418	238	27	153
玉林市	56		2	54		327	260	19	48
百色市	72	2	4	65	1	290	184	50	56
贺州市	20		2	18		117	76	12	29
河池市	25		1	24		205	141	33	31
来宾市	27	3	3	21		289	223	18	48
崇左市	12	1		11		129	104	2	23

4-4a　续表 24　　　　单位：人

地　区 性　别	有农村土地承包经营权的人口									
	十六、教育		十七、卫生和社会工作			十八、文化、体育和娱乐业				
	小计	83.教育	小计	84.卫生	85.社会工作	小计	86.新闻和出版业	87.广播、电视、电影和录音制作业	88.文化艺术业	89.体育
总　计	**6867**	**6867**	**3552**	**3462**	**90**	**1266**	**50**	**88**	**169**	**151**
南宁市	1688	1688	794	773	21	354	15	38	45	54
柳州市	630	630	400	387	13	169	3	5	14	19
桂林市	703	703	380	361	19	267	9	9	61	32
梧州市	275	275	155	151	4	30		1	7	1
北海市	237	237	118	112	6	84	3	2	9	8
防城港市	177	177	91	87	4	37	1	2	2	3
钦州市	317	317	187	184	3	37		6	1	10
贵港市	741	741	318	317	1	59	6	7	8	2
玉林市	623	623	302	297	5	39	5	5	1	4
百色市	578	578	287	281	6	72	2	2	8	11
贺州市	154	154	79	78	1	26	1	3	4	1
河池市	264	264	233	232	1	27	1	1	4	2
来宾市	370	370	171	165	6	49	4	4	3	4
崇左市	110	110	37	37		16		3	2	
男	**2271**	**2271**	**1093**	**1073**	**20**	**709**	**28**	**49**	**96**	**85**
南宁市	555	555	243	236	7	215	9	20	28	32
柳州市	166	166	85	83	2	83	2	2	6	9
桂林市	233	233	104	101	3	146	3	5	37	22
梧州市	122	122	64	64		18		1	5	1
北海市	67	67	34	34		52	2	1	2	6
防城港市	67	67	31	30	1	16	1	2		2
钦州市	99	99	56	56		20		4		6
贵港市	261	261	110	110		27	2	4	3	
玉林市	213	213	119	116	3	24	4	3		2
百色市	198	198	95	93	2	35			6	5
贺州市	50	50	31	31		15	1	2	2	
河池市	75	75	63	63		15	1	1	3	
来宾市	125	125	45	43	2	32	3	3	2	
崇左市	40	40	13	13		11		1	2	
女	**4596**	**4596**	**2459**	**2389**	**70**	**557**	**22**	**39**	**73**	**66**
南宁市	1133	1133	551	537	14	139	6	18	17	22
柳州市	464	464	315	304	11	86	1	3	8	10
桂林市	470	470	276	260	16	121	6	4	24	10
梧州市	153	153	91	87	4	12			2	
北海市	170	170	84	78	6	32	1	1	7	2
防城港市	110	110	60	57	3	21			2	1
钦州市	218	218	131	128	3	17		2	1	4
贵港市	480	480	208	207	1	32	4	3	5	2
玉林市	410	410	183	181	2	15	1	2	1	2
百色市	380	380	192	188	4	37	2	2	2	6
贺州市	104	104	48	47	1	11		1	2	1
河池市	189	189	170	169	1	12			1	2
来宾市	245	245	126	122	4	17	1	1	1	4
崇左市	70	70	24	24		5		2		

4-4a　续表 25　　　　单位：人

地区 性别	有农村土地承包经营权的人口									
		十九、公共管理、社会保障和社会组织							二十、国际组织	
	90.娱乐业	小计	91.中国共产党机关	92.国家机构	93.人民政协、民主党派	94.社会保障	95.群众团体、社会团体和其他成员组织	96.基层群众自治组织	小计	97.国际组织
总　计	**808**	**4232**	**103**	**3255**	**9**	**21**	**199**	**645**	**1**	**1**
南宁市	202	832	10	608	1	5	79	129	1	1
柳州市	128	352	3	264	1	1	13	70		
桂林市	156	375	12	286	1	1	32	43		
梧州市	21	166	6	108		1	4	47		
北海市	62	147	6	124			1	16		
防城港市	29	175	11	129			7	28		
钦州市	20	183	7	135	1		3	37		
贵港市	36	479	13	381		3	19	63		
玉林市	24	412	9	318	1	1	15	68		
百色市	49	409	12	325	3	4	11	54		
贺州市	17	145	1	123			5	16		
河池市	19	147	2	123		1	1	20		
来宾市	34	298	9	242	1	3		43		
崇左市	11	112	2	89		1	9	11		
男	**451**	**2682**	**72**	**2109**	**6**	**5**	**100**	**390**		
南宁市	126	518	8	393	1	1	33	82		
柳州市	64	179		147			5	27		
桂林市	79	249	7	191	1		20	30		
梧州市	11	119	4	79		1	4	31		
北海市	41	89	5	68			1	15		
防城港市	11	124	10	91			7	16		
钦州市	10	125	3	97	1		1	23		
贵港市	18	323	8	260		1	10	44		
玉林市	15	277	7	213	1		5	51		
百色市	24	242	11	202	1	1	6	21		
贺州市	10	97	1	82			2	12		
河池市	10	91	2	79				10		
来宾市	24	180	5	150	1	1		23		
崇左市	8	69	1	57			6	5		
女	**357**	**1550**	**31**	**1146**	**3**	**16**	**99**	**255**	**1**	**1**
南宁市	76	314	2	215		4	46	47	1	1
柳州市	64	173	3	117	1	1	8	43		
桂林市	77	126	5	95		1	12	13		
梧州市	10	47	2	29				16		
北海市	21	58	1	56				1		
防城港市	18	51	1	38				12		
钦州市	10	58	4	38			2	14		
贵港市	18	156	5	121		2	9	19		
玉林市	9	135	2	105		1	10	17		
百色市	25	167	1	123	2	3	5	33		
贺州市	7	48		41			3	4		
河池市	9	56		44		1	1	10		
来宾市	10	118	4	92		2		20		
崇左市	3	43	1	32		1	3	6		

4-4a 续表 26

单位：人

地区 性别	没有农村土地承包经营权的人口 合计	一、农、林、牧、渔业 小计	1.农业	2.林业	3.畜牧业	4.渔业	5.农、林、牧、渔专业及辅助性活动	二、采矿业 小计	6.煤炭开采和洗选业
总计	**414159**	**8056**	**3821**	**793**	**1080**	**1618**	**744**	**937**	**129**
南宁市	146570	1903	794	317	332	162	298	162	17
柳州市	63754	617	322	88	110	45	52	97	9
桂林市	34672	422	267	22	79	22	32	83	5
梧州市	24740	540	426	26	38	34	16	79	
北海市	19947	1206	132	13	20	951	90	34	3
防城港市	14162	290	43	27	53	111	56	25	3
钦州市	14724	329	62	29	61	144	33	41	2
贵港市	20469	541	354	39	93	41	14	29	4
玉林市	23160	450	286	45	85	25	9	20	
百色市	17093	547	377	32	53	14	71	171	61
贺州市	8369	276	187	48	24	7	10	32	
河池市	9597	215	117	18	28	24	28	102	1
来宾市	9856	317	174	71	35	17	20	44	24
崇左市	7046	403	280	18	69	21	15	18	
男	**223408**	**4694**	**1860**	**546**	**671**	**1168**	**449**	**710**	**96**
南宁市	79357	1098	375	209	207	106	201	119	12
柳州市	35339	364	167	57	78	31	31	77	6
桂林市	18379	257	163	14	46	14	20	64	4
梧州市	13399	254	175	21	23	22	13	63	
北海市	10732	868	76	7	15	728	42	27	3
防城港市	8146	187	22	21	29	82	33	18	2
钦州市	8008	214	36	23	40	93	22	27	2
贵港市	10591	239	129	22	55	23	10	20	2
玉林市	12208	263	147	37	57	18	4	18	
百色市	9053	279	185	22	30	11	31	132	50
贺州市	4311	140	81	36	14	4	5	25	
河池市	4881	113	57	13	13	13	17	77	1
来宾市	5160	201	100	51	26	12	12	29	14
崇左市	3844	217	147	13	38	11	8	14	
女	**190751**	**3362**	**1961**	**247**	**409**	**450**	**295**	**227**	**33**
南宁市	67213	805	419	108	125	56	97	43	5
柳州市	28415	253	155	31	32	14	21	20	3
桂林市	16293	165	104	8	33	8	12	19	1
梧州市	11341	286	251	5	15	12	3	16	
北海市	9215	338	56	6	5	223	48	7	
防城港市	6016	103	21	6	24	29	23	7	1
钦州市	6716	115	26	6	21	51	11	14	
贵港市	9878	302	225	17	38	18	4	9	2
玉林市	10952	187	139	8	28	7	5	2	
百色市	8040	268	192	10	23	3	40	39	11
贺州市	4058	136	106	12	10	3	5	7	
河池市	4716	102	60	5	15	11	11	25	
来宾市	4696	116	74	20	9	5	8	15	10
崇左市	3202	186	133	5	31	10	7	4	

4-4a 续表 27 单位：人

地区 性别	没有农村土地承包经营权的人口								
	二、采矿业						三、制造业		
	7.石油和天然气开采业	8.黑色金属矿采选业	9.有色金属矿采选业	10.非金属矿采选业	11.开采专业及辅助性活动	12.其他采矿业	小计	13.农副食品加工业	14.食品制造业
总　计	**54**	**94**	**217**	**276**	**84**	**83**	**40497**	**3136**	**1825**
南宁市	13	31	15	40	14	32	8025	765	494
柳州市	6	23	14	29	9	7	11244	290	524
桂林市	12	2	3	42	8	11	3439	111	179
梧州市	1	2	36	36	2	2	3419	260	123
北海市	9			16	4	2	1791	514	93
防城港市	1	6		11	3	1	1534	233	39
钦州市	3		10	8	15	3	1224	90	39
贵港市		2	7	11	4	1	2173	231	55
玉林市	2			16	2		2945	112	98
百色市	4	13	42	32	11	8	1676	135	38
贺州市		2	10	10	3	7	712	26	40
河池市	1	6	78	7	3	6	756	67	36
来宾市	1	3	1	10	4	1	973	149	44
崇左市	1	4	1	8	2	2	586	153	23
男	**41**	**68**	**157**	**221**	**64**	**63**	**24551**	**1747**	**787**
南宁市	11	22	9	30	13	22	4723	436	222
柳州市	5	18	10	24	7	7	7658	166	200
桂林市	9	1	2	35	4	9	2036	61	80
梧州市	1	2	29	27	2	2	1861	150	53
北海市	5			13	4	2	911	199	46
防城港市		5		8	2	1	1074	148	22
钦州市	3		4	6	11	1	688	54	14
贵港市		1	5	8	4		1200	148	27
玉林市	2			14	2		1570	63	43
百色市	2	8	30	28	7	7	992	83	17
贺州市		1	7	9	3	5	460	17	16
河池市	1	5	59	5	1	5	411	42	18
来宾市	1	2	1	7	3	1	554	92	21
崇左市	1	3	1	7	1	1	413	88	8
女	**13**	**26**	**60**	**55**	**20**	**20**	**15946**	**1389**	**1038**
南宁市	2	9	6	10	1	10	3302	329	272
柳州市	1	5	4	5	2		3586	124	324
桂林市	3	1	1	7	4	2	1403	50	99
梧州市			7	9			1558	110	70
北海市	4			3			880	315	47
防城港市	1	1		3	1		460	85	17
钦州市			6	2	4	2	536	36	25
贵港市		1	2	3		1	973	83	28
玉林市				2			1375	49	55
百色市	2	5	12	4	4	1	684	52	21
贺州市		1	3	1		2	252	9	24
河池市		1	19	2	2	1	345	25	18
来宾市		1		3	1		419	57	23
崇左市		1		1	1	1	173	65	15

4-4a 续表 28　　　　单位：人

地 区 性 别	没有农村土地承包经营权的人口								
	三、制造业								
	15.酒、饮料和精制茶制造业	16.烟草制品业	17.纺织业	18.纺织服装、服饰业	19.皮革、毛皮、羽毛及其制品和制鞋业	20.木材加工和木、竹、藤、棕、草制品业	21.家具制造业	22.造纸和纸制品业	23.印刷和记录媒介复制业
总 计	**711**	**288**	**803**	**1879**	**271**	**1378**	**802**	**649**	**680**
南宁市	229	198	153	196	30	332	235	163	305
柳州市	45	75	94	260	34	231	116	51	69
桂林市	155	1	110	91	22	145	64	87	82
梧州市	59	1	53	204	39	84	44	32	31
北海市	11	1	47	29	5	18	25	27	24
防城港市	12	1	9	7	2	34	45	1	5
钦州市	19		8	23	9	33	23	42	13
贵港市	62	3	43	157	43	324	54	55	27
玉林市	50	2	93	790	53	43	42	42	64
百色市	22	1	22	34	6	55	19	32	14
贺州市	14	3	4	5	10	13	17	13	9
河池市	15		146	27	1	23	19	9	4
来宾市	10		17	34	16	28	7	76	8
崇左市	8	2	4	22	1	15	92	19	25
男	**426**	**183**	**275**	**456**	**103**	**806**	**520**	**365**	**384**
南宁市	133	125	66	50	12	193	150	80	168
柳州市	23	49	35	45	12	130	75	29	38
桂林市	93		43	28	8	64	40	47	38
梧州市	33	1	20	45	12	55	30	20	23
北海市	7		15	9	1	15	18	16	14
防城港市	7	1	3	4		23	27	1	
钦州市	15		4	8	2	19	18	29	9
贵港市	41	3	11	29	15	187	35	35	18
玉林市	33	1	42	192	27	30	31	17	33
百色市	13		8	14	4	39	11	19	9
贺州市	7	3	1	1	3	7	9	8	3
河池市	10		21	10	1	16	12	7	3
来宾市	6		4	5	6	20	3	38	4
崇左市	5		2	16		8	61	19	24
女	**285**	**105**	**528**	**1423**	**168**	**572**	**282**	**284**	**296**
南宁市	96	73	87	146	18	139	85	83	137
柳州市	22	26	59	215	22	101	41	22	31
桂林市	62	1	67	63	14	81	24	40	44
梧州市	26		33	159	27	29	14	12	8
北海市	4	1	32	20	4	3	7	11	10
防城港市	5		6	3	2	11	18		5
钦州市	4		4	15	7	14	5	13	4
贵港市	21		32	128	28	137	19	20	9
玉林市	17	1	51	598	26	13	11	25	31
百色市	9	1	14	20	2	16	8	13	5
贺州市	7		3	4	7	6	8	5	6
河池市	5		125	17		7	7	2	1
来宾市	4		13	29	10	8	4	38	4
崇左市	3	2	2	6	1	7	31		1

4-4a　续表 29　　　　　　　　　　　　　　　　　　　　　单位：人

地　区 性　别	没有农村土地承包经营权的人口								
	三、制造业								
	24.文教、工美、体育和娱乐用品制造业	25.石油、煤炭及其他燃料加工业	26.化学原料和化学制品制造业	27.医药制造业	28.化学纤维制造业	29.橡胶和塑料制品业	30.非金属矿　物制品业	31.黑色金属冶炼和压延加工业	32.有色金属冶炼和压延加工业
总　计	**1347**	**267**	**1078**	**1066**	**18**	**963**	**2676**	**2312**	**1184**
南宁市	156	25	265	280	7	230	636	42	187
柳州市	70	72	260	161	1	226	390	1283	66
桂林市	152	12	56	259	3	160	166	6	14
梧州市	651		142	166		89	193	101	27
北海市	104	37	30	18	2	49	44	19	7
防城港市	13	8	21	4		24	88	692	56
钦州市	52	90	29	41		32	211	8	7
贵港市	29	5	54	14	1	22	194	125	7
玉林市	78	1	24	70		43	189	4	4
百色市	12	11	106	12		16	125	12	521
贺州市	8		10	16	1	10	282	3	42
河池市	11	3	46	14	2	4	73	3	65
来宾市	4	2	30	10	1	30	55	12	180
崇左市	7	1	5	1		28	30	2	1
男	**596**	**191**	**692**	**543**	**7**	**555**	**1866**	**1771**	**872**
南宁市	71	15	143	136	4	123	440	28	133
柳州市	29	58	180	87	1	147	285	1018	45
桂林市	86	10	36	141		85	111	6	9
梧州市	284		102	85		37	155	79	21
北海市	39	27	15	10	1	30	30	13	7
防城港市	7	7	17	3		19	69	513	38
钦州市	19	59	15	19		23	124	5	3
贵港市	15	5	35	5		12	137	85	3
玉林市	27		18	33		26	112	2	3
百色市	5	7	77	5		8	92	7	391
贺州市	4		7	5	1	5	199	2	31
河池市	4	2	26	7		2	53	3	51
来宾市	2		17	6		13	39	8	136
崇左市	4	1	4	1		25	20	2	1
女	**751**	**76**	**386**	**523**	**11**	**408**	**810**	**541**	**312**
南宁市	85	10	122	144	3	107	196	14	54
柳州市	41	14	80	74		79	105	265	21
桂林市	66	2	20	118	3	75	55		5
梧州市	367		40	81		52	38	22	6
北海市	65	10	15	8	1	19	14	6	
防城港市	6	1	4	1		5	19	179	18
钦州市	33	31	14	22		9	87	3	4
贵港市	14		19	9	1	10	57	40	4
玉林市	51	1	6	37		17	77	2	1
百色市	7	4	29	7		8	33	5	130
贺州市	4		3	11		5	83	1	11
河池市	7	1	20	7	2	2	20		14
来宾市	2	2	13	4	1	17	16	4	44
崇左市	3		1			3	10		

4-4a 续表 30 单位：人

地区 性别	没有农村土地承包经营权的人口								
	三、制造业								
	33.金属制品业	34.通用设备制造业	35.专用设备制造业	36.汽车制造业	37.铁路、船舶、航空航天和其他运输设备制造业	38.电气机械和器材制造业	39.计算机、通信和其他电子设备制造业	40.仪器仪表制造业	41.其他制造业
总计	**1716**	**2030**	**1654**	**4551**	**545**	**1164**	**3348**	**270**	**261**
南宁市	514	312	386	103	107	272	897	64	73
柳州市	452	735	542	3866	102	223	157	40	40
桂林市	125	228	298	160	92	205	309	96	20
梧州市	158	96	66	17	124	127	452	15	11
北海市	39	30	51	10	11	62	362	5	11
防城港市	67	16	50	4	7	13	18	6	12
钦州市	26	66	41	19	12	31	202	8	10
贵港市	67	46	49	22	49	44	311	7	44
玉林市	96	426	60	228	19	91	131	15	22
百色市	72	30	37	4	2	22	278	5	1
贺州市	34	10	18		2	9	94	3	4
河池市	26	21	25	9	9	15	38	2	4
来宾市	30	11	24	30	6	38	87	2	6
崇左市	10	3	7	79	3	12	12	2	3
男	**1234**	**1479**	**1064**	**3273**	**408**	**736**	**1595**	**158**	**146**
南宁市	366	218	231	65	81	176	487	40	40
柳州市	344	535	381	2762	72	152	91	25	26
桂林市	77	170	197	112	67	135	197	55	12
梧州市	109	78	43	15	104	74	177	7	3
北海市	33	25	25	5	9	32	173	5	6
防城港市	54	10	25	3	4	7	12	3	9
钦州市	18	37	26	15	7	18	84	2	8
贵港市	42	31	33	12	33	31	123	6	19
玉林市	71	321	38	179	16	61	81	6	14
百色市	48	23	24	3	1	9	45	3	
贺州市	26	8	12		2	7	63	2	2
河池市	18	16	14	9	6	7	22	2	1
来宾市	23	6	11	14	4	17	33	1	4
崇左市	5	1	4	79	2	10	7	1	2
女	**482**	**551**	**590**	**1278**	**137**	**428**	**1753**	**112**	**115**
南宁市	148	94	155	38	26	96	410	24	33
柳州市	108	200	161	1104	30	71	66	15	14
桂林市	48	58	101	48	25	70	112	41	8
梧州市	49	18	23	2	20	53	275	8	8
北海市	6	5	26	5	2	30	189		5
防城港市	13	6	25	1	3	6	6	3	3
钦州市	8	29	15	4	5	13	118	6	2
贵港市	25	15	16	10	16	13	188	1	25
玉林市	25	105	22	49	3	30	50	9	8
百色市	24	7	13	1	1	13	233	2	1
贺州市	8	2	6			2	31	1	2
河池市	8	5	11		3	8	16		3
来宾市	7	5	13	16	2	21	54	1	2
崇左市	5	2	3		1	2	5	1	1

4-4a　续表 31　　　　　　　　　　　　　　　　　　　　单位：人

地　区 性　别	没有农村土地承包经营权的人口								
	三、制造业		四、电力、热力、燃气及水生产和供应业				五、建筑业		
	42.废弃资源综合利用业	43.金属制品、机械和设备修理业	小计	44.电力、热力生产和供应业	45.燃气生产和供应业	46.水的生产和供应业	小计	47.房屋建筑业	48.土木工程建筑业
总　计	**333**	**1292**	**5161**	**3609**	**736**	**816**	**42561**	**20508**	**4049**
南宁市	132	237	1257	866	187	204	17086	7899	2006
柳州市	75	694	640	379	129	132	6069	2927	634
桂林市	4	27	382	261	50	71	2925	1389	242
梧州市	13	41	440	324	56	60	2084	932	140
北海市	27	79	241	89	115	37	1949	892	107
防城港市	28	19	311	235	33	43	1713	891	133
钦州市	18	22	194	123	31	40	1632	630	136
贵港市	4	25	186	130	21	35	2536	1509	130
玉林市	8	47	288	205	32	51	1867	987	133
百色市	1	31	419	330	23	66	1730	869	151
贺州市	2	10	199	176	9	14	821	557	58
河池市	10	29	244	192	19	33	715	294	89
来宾市	9	17	271	234	15	22	1139	593	77
崇左市	2	14	89	65	16	8	295	139	13
男	**206**	**1107**	**3497**	**2513**	**473**	**511**	**32156**	**15104**	**3084**
南宁市	82	209	846	618	102	126	12729	5815	1452
柳州市	39	579	456	266	95	95	4593	2143	518
桂林市	2	26	238	164	28	46	2298	1064	183
梧州市	8	38	302	227	39	36	1679	731	114
北海市	21	65	163	53	83	27	1528	704	84
防城港市	19	19	219	164	22	33	1291	633	112
钦州市	14	20	131	84	20	27	1278	454	113
贵港市	3	21	120	94	9	17	1869	1075	100
玉林市	6	44	184	140	20	24	1539	813	102
百色市		27	294	237	19	38	1169	555	122
贺州市	1	8	136	123	5	8	563	365	48
河池市	5	23	172	139	13	20	540	214	66
来宾市	5	16	183	166	9	8	854	438	59
崇左市	1	12	53	38	9	6	226	100	11
女	**127**	**185**	**1664**	**1096**	**263**	**305**	**10405**	**5404**	**965**
南宁市	50	28	411	248	85	78	4357	2084	554
柳州市	36	115	184	113	34	37	1476	784	116
桂林市	2	1	144	97	22	25	627	325	59
梧州市	5	3	138	97	17	24	405	201	26
北海市	6	14	78	36	32	10	421	188	23
防城港市	9		92	71	11	10	422	258	21
钦州市	4	2	63	39	11	13	354	176	23
贵港市	1	4	66	36	12	18	667	434	30
玉林市	2	3	104	65	12	27	328	174	31
百色市	1	4	125	93	4	28	561	314	29
贺州市	1	2	63	53	4	6	258	192	10
河池市	5	6	72	53	6	13	175	80	23
来宾市	4	1	88	68	6	14	285	155	18
崇左市	1	2	36	27	7	2	69	39	2

4-4a 续表 32

单位：人

地区 性别	没有农村土地承包经营权的人口								
	五、建筑业		六、批发和零售业			七、交通运输、仓储和邮政业			
	49.建筑安装业	50.建筑装饰、装修和其他建筑业	小计	51.批发业	52.零售业	小计	53.铁路运输业	54.道路运输业	55.水上运输业
总　计	**2284**	**15720**	**89035**	**20698**	**68337**	**27347**	**2761**	**15683**	**680**
南宁市	882	6299	35223	9323	25900	9474	1039	5281	53
柳州市	376	2132	13182	2943	10239	4666	862	2693	49
桂林市	186	1108	6607	1395	5212	1842	157	953	22
梧州市	115	897	4965	926	4039	1761	39	1088	134
北海市	101	849	3920	742	3178	1083	31	573	103
防城港市	66	623	2512	652	1860	1448	66	764	86
钦州市	97	769	2858	771	2087	1051	93	681	17
贵港市	107	790	4254	702	3552	1337	38	819	183
玉林市	83	664	5823	1330	4493	1467	187	831	8
百色市	114	596	3052	539	2513	1116	84	625	15
贺州市	38	168	1550	275	1275	431	18	287	4
河池市	44	288	1767	380	1387	613	76	404	1
来宾市	52	417	1740	260	1480	568	44	379	3
崇左市	23	120	1582	460	1122	490	27	305	2
男	**1901**	**12067**	**40757**	**11338**	**29419**	**21653**	**2153**	**13040**	**492**
南宁市	704	4758	16635	5024	11611	7358	779	4285	34
柳州市	304	1628	6043	1662	4381	3699	683	2215	31
桂林市	163	888	3005	755	2250	1430	126	776	15
梧州市	101	733	2218	553	1665	1474	27	970	103
北海市	90	650	1776	421	1355	902	19	509	76
防城港市	59	487	1139	354	785	1153	44	645	61
钦州市	86	625	1298	417	881	881	69	601	16
贵港市	92	602	1795	372	1423	1072	29	689	130
玉林市	71	553	2711	735	1976	1177	165	702	8
百色市	93	399	1309	308	1001	842	76	523	12
贺州市	30	120	670	153	517	373	12	267	3
河池市	38	222	724	210	514	470	69	305	1
来宾市	51	306	701	133	568	458	37	317	2
崇左市	19	96	733	241	492	364	18	236	
女	**383**	**3653**	**48278**	**9360**	**38918**	**5694**	**608**	**2643**	**188**
南宁市	178	1541	18588	4299	14289	2116	260	996	19
柳州市	72	504	7139	1281	5858	967	179	478	18
桂林市	23	220	3602	640	2962	412	31	177	7
梧州市	14	164	2747	373	2374	287	12	118	31
北海市	11	199	2144	321	1823	181	12	64	27
防城港市	7	136	1373	298	1075	295	22	119	25
钦州市	11	144	1560	354	1206	170	24	80	1
贵港市	15	188	2459	330	2129	265	9	130	53
玉林市	12	111	3112	595	2517	290	22	129	
百色市	21	197	1743	231	1512	274	8	102	3
贺州市	8	48	880	122	758	58	6	20	1
河池市	6	66	1043	170	873	143	7	99	
来宾市	1	111	1039	127	912	110	7	62	1
崇左市	4	24	849	219	630	126	9	69	2

4-4a　续表 33　　　　单位：人

地　区 性　别	没有农村土地承包经营权的人口							
	七、交通运输、仓储和邮政业					八、住宿和餐饮业		
	56.航空运输业	57.管道运输业	58.多式联运和运输代理业	59.装卸搬运和仓储业	60.邮政业	小计	61.住宿业	62.餐饮业
总　计	**570**	**7**	**813**	**2465**	**4368**	**26620**	**4279**	**22341**
南宁市	242	2	303	721	1833	10036	1450	8586
柳州市	34	2	118	286	622	3516	446	3070
桂林市	227		47	114	322	2213	578	1635
梧州市	15		7	206	272	1649	238	1411
北海市	26	2	29	138	181	1723	455	1268
防城港市	4		130	245	153	842	128	714
钦州市	1		40	81	138	790	82	708
贵港市			35	78	184	1212	161	1051
玉林市	4	1	42	168	226	1278	171	1107
百色市	11		10	254	117	1090	197	893
贺州市	2		4	60	56	623	83	540
河池市	4		1	33	94	621	122	499
来宾市			11	33	98	556	72	484
崇左市			36	48	72	471	96	375
男	**363**	**5**	**603**	**1783**	**3214**	**12987**	**1630**	**11357**
南宁市	157	1	231	509	1362	5199	584	4615
柳州市	19	1	81	216	453	1696	146	1550
桂林市	147		36	83	247	1021	230	791
梧州市	8		6	161	199	819	106	713
北海市	16	2	23	121	136	807	173	634
防城港市	1		98	193	111	398	51	347
钦州市	1		30	63	101	364	21	343
贵港市			27	59	138	533	60	473
玉林市	4	1	28	115	154	629	66	563
百色市	9		9	136	77	520	71	449
贺州市			4	40	47	256	24	232
河池市	1		1	25	68	266	41	225
来宾市			7	26	69	254	26	228
崇左市			22	36	52	225	31	194
女	**207**	**2**	**210**	**682**	**1154**	**13633**	**2649**	**10984**
南宁市	85	1	72	212	471	4837	866	3971
柳州市	15	1	37	70	169	1820	300	1520
桂林市	80		11	31	75	1192	348	844
梧州市	7		1	45	73	830	132	698
北海市	10		6	17	45	916	282	634
防城港市	3		32	52	42	444	77	367
钦州市			10	18	37	426	61	365
贵港市			8	19	46	679	101	578
玉林市			14	53	72	649	105	544
百色市	2		1	118	40	570	126	444
贺州市	2			20	9	367	59	308
河池市	3			8	26	355	81	274
来宾市			4	7	29	302	46	256
崇左市			14	12	20	246	65	181

4-4a 续表 34 单位：人

地区 性别	没有农村土地承包经营权的人口								
	九、信息传输、软件和信息技术服务业				十、金融业				
	小计	63.电信、广播电视和卫星传输服务	64.互联网和相关服务	65.软件和信息技术服务业	小计	66.货币金融服务	67.资本市场服务	68.保险业	69.其他金融业
总 计	**9540**	**3873**	**2438**	**3229**	**11598**	**5483**	**978**	**3900**	**1237**
南宁市	4584	1429	1198	1957	4572	1774	486	1614	698
柳州市	1189	456	291	442	1577	811	127	519	120
桂林市	794	291	249	254	1065	611	89	285	80
梧州市	448	237	109	102	639	379	27	215	18
北海市	375	137	137	101	435	212	27	156	40
防城港市	184	93	55	36	287	143	24	87	33
钦州市	223	121	52	50	413	170	35	145	63
贵港市	393	228	84	81	528	245	25	204	54
玉林市	380	225	87	68	613	296	48	227	42
百色市	256	174	42	40	506	314	37	124	31
贺州市	150	97	31	22	214	131	11	58	14
河池市	226	160	40	26	314	185	15	98	16
来宾市	206	130	55	21	228	137	19	55	17
崇左市	132	95	8	29	207	75	8	113	11
男	**5823**	**2120**	**1542**	**2161**	**5420**	**2696**	**547**	**1507**	**670**
南宁市	2797	780	742	1275	2179	853	278	656	392
柳州市	697	232	170	295	689	368	65	196	60
桂林市	495	160	162	173	496	294	52	101	49
梧州市	295	143	77	75	312	201	15	87	9
北海市	238	80	88	70	190	96	13	58	23
防城港市	108	49	31	28	138	75	13	36	14
钦州市	139	72	36	31	194	86	19	53	36
贵港市	238	119	56	63	228	120	10	75	23
玉林市	242	129	58	55	280	157	30	71	22
百色市	160	98	29	33	237	159	21	45	12
贺州市	94	55	25	14	113	77	6	25	5
河池市	122	77	26	19	157	103	7	39	8
来宾市	120	69	37	14	106	69	11	16	10
崇左市	78	57	5	16	101	38	7	49	7
女	**3717**	**1753**	**896**	**1068**	**6178**	**2787**	**431**	**2393**	**567**
南宁市	1787	649	456	682	2393	921	208	958	306
柳州市	492	224	121	147	888	443	62	323	60
桂林市	299	131	87	81	569	317	37	184	31
梧州市	153	94	32	27	327	178	12	128	9
北海市	137	57	49	31	245	116	14	98	17
防城港市	76	44	24	8	149	68	11	51	19
钦州市	84	49	16	19	219	84	16	92	27
贵港市	155	109	28	18	300	125	15	129	31
玉林市	138	96	29	13	333	139	18	156	20
百色市	96	76	13	7	269	155	16	79	19
贺州市	56	42	6	8	101	54	5	33	9
河池市	104	83	14	7	157	82	8	59	8
来宾市	86	61	18	7	122	68	8	39	7
崇左市	54	38	3	13	106	37	1	64	4

4-4a 续表 35

单位：人

地区 性别	没有农村土地承包经营权的人口								
	十一、房地产业		十二、租赁和商务服务业			十三、科学研究和技术服务业			
	小计	70.房地产业	小计	71.租赁业	72.商务服务业	小计	73.研究和试验发展	74.专业技术服务业	75.科技推广和应用服务业
总　计	**15568**	**15568**	**19221**	**889**	**18332**	**8510**	**785**	**6467**	**1258**
南宁市	6893	6893	8668	356	8312	4372	521	3090	761
柳州市	2023	2023	2434	168	2266	1152	44	996	112
桂林市	1417	1417	2156	54	2102	799	99	620	80
梧州市	836	836	675	26	649	307	18	253	36
北海市	1198	1198	688	43	645	244	15	194	35
防城港市	606	606	721	26	695	209	2	175	32
钦州市	508	508	839	38	801	238	14	180	44
贵港市	565	565	657	33	624	259	3	227	29
玉林市	598	598	652	54	598	294	28	229	37
百色市	313	313	485	23	462	197	8	151	38
贺州市	161	161	315	18	297	128	3	99	26
河池市	141	141	314	9	305	129	6	117	6
来宾市	211	211	278	6	272	125	12	102	11
崇左市	98	98	339	35	304	57	12	34	11
男	**8681**	**8681**	**10818**	**672**	**10146**	**5412**	**456**	**4179**	**777**
南宁市	3974	3974	4779	261	4518	2672	280	1944	448
柳州市	1169	1169	1442	137	1305	766	34	663	69
桂林市	767	767	1166	41	1125	505	66	389	50
梧州市	486	486	414	20	394	209	12	172	25
北海市	645	645	397	31	366	153	9	120	24
防城港市	319	319	397	21	376	151	1	123	27
钦州市	285	285	471	34	437	168	7	127	34
贵港市	275	275	371	24	347	172	2	154	16
玉林市	324	324	383	43	340	197	20	152	25
百色市	157	157	261	16	245	127	5	100	22
贺州市	77	77	185	15	170	81	1	64	16
河池市	60	60	190	6	184	85	4	76	5
来宾市	87	87	159	4	155	86	7	71	8
崇左市	56	56	203	19	184	40	8	24	8
女	**6887**	**6887**	**8403**	**217**	**8186**	**3098**	**329**	**2288**	**481**
南宁市	2919	2919	3889	95	3794	1700	241	1146	313
柳州市	854	854	992	31	961	386	10	333	43
桂林市	650	650	990	13	977	294	33	231	30
梧州市	350	350	261	6	255	98	6	81	11
北海市	553	553	291	12	279	91	6	74	11
防城港市	287	287	324	5	319	58	1	52	5
钦州市	223	223	368	4	364	70	7	53	10
贵港市	290	290	286	9	277	87	1	73	13
玉林市	274	274	269	11	258	97	8	77	12
百色市	156	156	224	7	217	70	3	51	16
贺州市	84	84	130	3	127	47	2	35	10
河池市	81	81	124	3	121	44	2	41	1
来宾市	124	124	119	2	117	39	5	31	3
崇左市	42	42	136	16	120	17	4	10	3

4-4a 续表 36

单位：人

地区 性别	没有农村土地承包经营权的人口								
	十四、水利、环境和公共设施管理业					十五、居民服务、修理和其他服务业			
	小计	76.水利管理业	77.生态保护和环境治理业	78.公共设施管理业	79.土地管理业	小计	80.居民服务业	81.机动车、电子产品和日用产品修理业	82.其他服务业
总计	**3969**	**338**	**291**	**3258**	**82**	**20287**	**12389**	**4967**	**2931**
南宁市	1353	116	141	1066	30	7259	4430	1750	1079
柳州市	713	36	54	615	8	3301	2093	767	441
桂林市	432	29	21	375	7	1448	872	344	232
梧州市	196	15	15	164	2	1162	735	329	98
北海市	261	13		246	2	1178	727	262	189
防城港市	150	14	3	132	1	715	381	170	164
钦州市	127	21	5	99	2	600	342	169	89
贵港市	157	26	14	111	6	993	515	233	245
玉林市	135	17	4	110	4	1035	689	281	65
百色市	199	26	11	158	4	700	369	243	88
贺州市	46	5	7	29	5	327	217	79	31
河池市	76	9	5	58	4	509	297	111	101
来宾市	91	7	8	71	5	494	288	149	57
崇左市	33	4	3	24	2	566	434	80	52
男	**1936**	**223**	**190**	**1480**	**43**	**8179**	**3184**	**4058**	**937**
南宁市	634	73	92	456	13	2905	1176	1428	301
柳州市	343	25	31	281	6	1208	441	618	149
桂林市	233	19	13	196	5	600	230	278	92
梧州市	108	11	12	84	1	462	147	286	29
北海市	124	7		116	1	503	227	222	54
防城港市	71	9	1	61		319	105	148	66
钦州市	70	16	5	49		255	96	140	19
贵港市	80	16	8	53	3	403	112	192	99
玉林市	69	9	3	56	1	421	171	226	24
百色市	81	17	10	51	3	311	97	188	26
贺州市	23	4	5	11	3	120	44	67	9
河池市	42	9	3	28	2	209	74	88	47
来宾市	45	5	5	31	4	179	54	114	11
崇左市	13	3	2	7	1	284	210	63	11
女	**2033**	**115**	**101**	**1778**	**39**	**12108**	**9205**	**909**	**1994**
南宁市	719	43	49	610	17	4354	3254	322	778
柳州市	370	11	23	334	2	2093	1652	149	292
桂林市	199	10	8	179	2	848	642	66	140
梧州市	88	4	3	80	1	700	588	43	69
北海市	137	6		130	1	675	500	40	135
防城港市	79	5	2	71	1	396	276	22	98
钦州市	57	5		50	2	345	246	29	70
贵港市	77	10	6	58	3	590	403	41	146
玉林市	66	8	1	54	3	614	518	55	41
百色市	118	9	1	107	1	389	272	55	62
贺州市	23	1	2	18	2	207	173	12	22
河池市	34		2	30	2	300	223	23	54
来宾市	46	2	3	40	1	315	234	35	46
崇左市	20	1	1	17	1	282	224	17	41

4-4a 续表 37 单位：人

地区 性别	没有农村土地承包经营权的人口									
	十六、教育		十七、卫生和社会工作			十八、文化、体育和娱乐业				
	小计	83.教育	小计	84.卫生	85.社会工作	小计	86.新闻和出版业	87.广播、电视、电影和录音制作业	88.文化艺术业	89.体育
总　计	**32335**	**32335**	**17224**	**16845**	**379**	**5025**	**569**	**664**	**977**	**647**
南宁市	10246	10246	5336	5221	115	2012	311	315	410	266
柳州市	4258	4258	2452	2394	58	779	46	74	121	111
桂林市	3413	3413	1662	1605	57	573	76	50	162	80
梧州市	1996	1996	1206	1173	33	243	21	43	38	32
北海市	1364	1364	558	532	26	224	13	17	38	40
防城港市	891	891	387	381	6	162	10	7	22	10
钦州市	1366	1366	776	759	17	128	14	20	26	10
贵港市	1781	1781	895	886	9	169	13	18	18	22
玉林市	2113	2113	1196	1171	25	221	21	39	33	32
百色市	1682	1682	892	882	10	173	13	21	39	13
贺州市	790	790	429	423	6	111	6	24	23	7
河池市	941	941	700	693	7	93	11	16	25	8
来宾市	936	936	513	503	10	89	9	13	15	10
崇左市	558	558	222	222		48	5	7	7	6
男	**10204**	**10204**	**5229**	**5123**	**106**	**2586**	**259**	**385**	**423**	**335**
南宁市	3393	3393	1621	1587	34	1031	147	183	172	147
柳州市	1241	1241	659	647	12	393	22	39	56	54
桂林市	1170	1170	499	480	19	266	28	26	67	29
梧州市	630	630	379	369	10	140	9	25	24	17
北海市	355	355	173	165	8	118	9	13	18	23
防城港市	254	254	117	116	1	84	7	4	9	7
钦州市	375	375	232	229	3	73	6	15	7	5
贵港市	520	520	285	282	3	88	3	12	6	12
玉林市	602	602	417	408	9	125	6	25	16	18
百色市	627	627	288	285	3	86	5	12	18	8
贺州市	203	203	136	136		58	2	11	7	5
河池市	313	313	197	194	3	54	6	9	15	4
来宾市	310	310	145	144	1	47	6	7	7	3
崇左市	211	211	81	81		23	3	4	1	3
女	**22131**	**22131**	**11995**	**11722**	**273**	**2439**	**310**	**279**	**554**	**312**
南宁市	6853	6853	3715	3634	81	981	164	132	238	119
柳州市	3017	3017	1793	1747	46	386	24	35	65	57
桂林市	2243	2243	1163	1125	38	307	48	24	95	51
梧州市	1366	1366	827	804	23	103	12	18	14	15
北海市	1009	1009	385	367	18	106	4	4	20	17
防城港市	637	637	270	265	5	78	3	3	13	3
钦州市	991	991	544	530	14	55	8	5	19	5
贵港市	1261	1261	610	604	6	81	10	6	12	10
玉林市	1511	1511	779	763	16	96	15	14	17	14
百色市	1055	1055	604	597	7	87	8	9	21	5
贺州市	587	587	293	287	6	53	4	13	16	2
河池市	628	628	503	499	4	39	5	7	10	4
来宾市	626	626	368	359	9	42	3	6	8	7
崇左市	347	347	141	141		25	2	3	6	3

4-4a 续表 38 单位：人

地区 性别	没有农村土地承包经营权的人口									
		十九、公共管理、社会保障和社会组织							二十、国际组织	
	90.娱乐业	小计	91.中国共产党机关	92.国家机构	93.人民政协、民主党派	94.社会保障	95.群众团体、社会团体和其他成员组织	96.基层群众自治组织	小计	97.国际组织
总　计	**2168**	**30668**	**911**	**26847**	**161**	**187**	**997**	**1565**		
南宁市	710	8109	274	6814	31	37	440	513		
柳州市	427	3845	63	3322	17	16	86	341		
桂林市	205	3000	81	2611	14	20	121	153		
梧州市	109	2095	43	1851	14	26	45	116		
北海市	116	1475	40	1320	19	14	26	56		
防城港市	113	1175	61	1018	7	11	27	51		
钦州市	58	1387	63	1234	10	11	18	51		
贵港市	98	1804	52	1624	7	22	55	44		
玉林市	96	1785	27	1613	8	8	32	97		
百色市	87	1889	91	1688	14	6	45	45		
贺州市	51	1054	19	988	2	2	24	19		
河池市	33	1121	56	1017	11	3	23	11		
来宾市	42	1077	23	979	7	8	16	44		
崇左市	23	852	18	768		3	39	24		
男	**1184**	**18115**	**567**	**16365**	**92**	**69**	**484**	**538**		
南宁市	382	4665	174	4076	14	13	219	169		
柳州市	222	2146	36	1981	9	7	33	80		
桂林市	116	1833	48	1665	8	6	59	47		
梧州市	65	1294	26	1183	9	12	27	37		
北海市	55	854	27	777	11	6	12	21		
防城港市	57	709	39	623	5	5	18	19		
钦州市	40	865	39	784	6	3	4	29		
贵港市	55	1083	31	1001	4	5	25	17		
玉林市	60	1057	14	979	6	3	15	40		
百色市	43	1181	61	1053	6	5	27	29		
贺州市	33	598	11	569			9	9		
河池市	20	679	37	619	8	1	12	2		
来宾市	24	642	14	588	6	3	10	21		
崇左市	12	509	10	467			14	18		
女	**984**	**12553**	**344**	**10482**	**69**	**118**	**513**	**1027**		
南宁市	328	3444	100	2738	17	24	221	344		
柳州市	205	1699	27	1341	8	9	53	261		
桂林市	89	1167	33	946	6	14	62	106		
梧州市	44	801	17	668	5	14	18	79		
北海市	61	621	13	543	8	8	14	35		
防城港市	56	466	22	395	2	6	9	32		
钦州市	18	522	24	450	4	8	14	22		
贵港市	43	721	21	623	3	17	30	27		
玉林市	36	728	13	634	2	5	17	57		
百色市	44	708	30	635	8	1	18	16		
贺州市	18	456	8	419	2	2	15	10		
河池市	13	442	19	398	3	2	11	9		
来宾市	18	435	9	391	1	5	6	23		
崇左市	11	343	8	301		3	25	6		

4-4b 各地区分性别、行业大类的就业人口（镇）

单位：人

地 区 性 别	合 计								
	合计	一、农、林、牧、渔业						二、采矿业	
		小计	1.农业	2.林业	3.畜牧业	4.渔业	5.农、林、牧、渔专业及辅助性活 动	小计	6.煤炭开采和洗选业
总 计	**489590**	**113465**	**97477**	**3658**	**8406**	**2395**	**1529**	**1978**	**87**
南宁市	64450	17915	16262	376	789	193	295	144	6
柳州市	37821	8237	6810	437	650	131	209	98	2
桂林市	48761	9730	8720	272	406	77	255	186	1
梧州市	25431	6382	5870	153	235	86	38	61	
北海市	12344	2161	1323	59	228	499	52	22	1
防城港市	8235	1514	927	96	83	343	65	21	1
钦州市	33807	5949	4762	239	456	451	41	45	2
贵港市	49250	14098	12979	216	656	130	117	119	
玉林市	60256	12658	10032	229	2100	154	143	86	1
百色市	29844	7099	5898	372	674	71	84	314	46
贺州市	25158	6595	5974	192	314	63	52	117	
河池市	40591	6575	4849	504	1061	91	70	508	20
来宾市	25140	7322	6388	256	552	65	61	123	4
崇左市	28502	7230	6683	257	202	41	47	134	3
男	**277559**	**60005**	**49809**	**2615**	**5003**	**1708**	**870**	**1555**	**71**
南宁市	35880	9311	8265	249	477	141	179	128	5
柳州市	21445	4643	3788	312	346	92	105	89	2
桂林市	27470	5479	4849	190	266	63	111	142	1
梧州市	14907	3428	3042	120	170	70	26	55	
北海市	7094	1283	721	46	142	341	33	17	
防城港市	5226	923	538	71	52	224	38	18	1
钦州市	19802	3308	2471	171	308	329	29	40	1
贵港市	27799	7165	6423	163	406	103	70	96	
玉林市	34890	6624	4933	177	1297	119	98	72	1
百色市	16251	3499	2788	251	365	50	45	225	37
贺州市	14478	3434	3001	144	212	44	33	96	
河池市	22611	3201	2195	348	558	57	43	380	18
来宾市	13987	3954	3396	197	281	49	31	95	3
崇左市	15719	3753	3399	176	123	26	29	102	2
女	**212031**	**53460**	**47668**	**1043**	**3403**	**687**	**659**	**423**	**16**
南宁市	28570	8604	7997	127	312	52	116	16	1
柳州市	16376	3594	3022	125	304	39	104	9	
桂林市	21291	4251	3871	82	140	14	144	44	
梧州市	10524	2954	2828	33	65	16	12	6	
北海市	5250	878	602	13	86	158	19	5	1
防城港市	3009	591	389	25	31	119	27	3	
钦州市	14005	2641	2291	68	148	122	12	5	1
贵港市	21451	6933	6556	53	250	27	47	23	
玉林市	25366	6034	5099	52	803	35	45	14	
百色市	13593	3600	3110	121	309	21	39	89	9
贺州市	10680	3161	2973	48	102	19	19	21	
河池市	17980	3374	2654	156	503	34	27	128	2
来宾市	11153	3368	2992	59	271	16	30	28	1
崇左市	12783	3477	3284	81	79	15	18	32	1

4-4b 续表 1

单位：人

地区 性别	合计								
	二、采矿业						三、制造业		
	7.石油和天然气开采业	8.黑色金属矿采选业	9.有色金属矿采选业	10.非金属矿采选业	11.开采专业及辅助性活动	12.其他采矿业	小计	13.农副食品加工业	14.食品制造业
总　计	**56**	**273**	**610**	**782**	**85**	**85**	**63063**	**6717**	**2029**
南宁市	4	4	65	52	3	10	7206	1116	239
柳州市		5	2	79	4	6	5651	535	268
桂林市	6	15	19	128	9	8	4232	550	257
梧州市	1	3	5	44		8	4359	295	114
北海市		2		15	4		1314	235	61
防城港市	1	2		11	2	4	915	187	22
钦州市				35	7	1	4379	491	153
贵港市	1	9		77	9	23	9522	608	158
玉林市		1	1	78	2	3	9815	492	279
百色市	41	111	36	52	25	3	2550	318	67
贺州市	1	3	62	41	2	8	3042	204	106
河池市		10	407	58	8	5	4158	380	137
来宾市		10	9	90	6	4	2863	472	60
崇左市	1	98	4	22	4	2	3057	834	108
男	**35**	**190**	**468**	**650**	**72**	**69**	**34819**	**4049**	**954**
南宁市	2	2	64	43	2	10	4110	684	111
柳州市		5	1	73	4	4	3337	334	120
桂林市	4	12	15	98	5	7	2468	283	117
梧州市		3	5	40		7	2552	178	56
北海市		1		12	4		762	128	32
防城港市	1	2		9	2	3	631	107	7
钦州市				32	6	1	2289	305	67
贵港市		7		61	8	20	4944	353	83
玉林市		1	1	64	2	3	4613	325	139
百色市	26	66	29	42	23	2	1497	179	31
贺州市	1	2	47	38	2	6	1850	120	55
河池市		6	298	48	6	4	2262	240	60
来宾市		8	5	74	4	1	1681	303	27
崇左市	1	75	3	16	4	1	1823	510	49
女	**21**	**83**	**142**	**132**	**13**	**16**	**28244**	**2668**	**1075**
南宁市	2	2	1	9	1		3096	432	128
柳州市			1	6		2	2314	201	148
桂林市	2	3	4	30	4	1	1764	267	140
梧州市	1			4		1	1807	117	58
北海市		1		3			552	107	29
防城港市				2		1	284	80	15
钦州市				3	1		2090	186	86
贵港市	1	2		16	1	3	4578	255	75
玉林市				14			5202	167	140
百色市	15	45	7	10	2	1	1053	139	36
贺州市		1	15	3		2	1192	84	51
河池市		4	109	10	2	1	1896	140	77
来宾市		2	4	16	2	3	1182	169	33
崇左市		23	1	6		1	1234	324	59

4-4b　续表 2　　单位：人

地区 性别	合计								
	三、制造业								
	15.酒、饮料和精制茶制造业	16.烟草制品业	17.纺织业	18.纺织服装、服饰业	19.皮革、毛皮、羽毛及其制品和制鞋业	20.木材加工和木、竹、藤、棕、草制品业	21.家具制造业	22.造纸和纸制品业	23.印刷和记录媒介复制业
总　计	**1321**	**46**	**2216**	**7453**	**1470**	**6749**	**1467**	**1222**	**485**
南宁市	317	7	211	435	183	916	148	368	41
柳州市	128	4	260	99	19	1232	82	118	17
桂林市	149	2	60	132	91	522	159	82	68
梧州市	34		89	268	115	199	90	25	48
北海市	33		26	39	89	158	21	23	21
防城港市	7		9	10	10	37	16	9	2
钦州市	61		112	451	266	412	80	75	30
贵港市	94	1	195	3466	169	905	212	78	61
玉林市	66	3	712	2025	301	695	271	160	103
百色市	46	5	52	91	44	229	40	40	21
贺州市	115	17	58	133	62	169	59	22	31
河池市	168	1	233	138	44	569	112	33	13
来宾市	47	3	146	81	35	480	100	137	16
崇左市	56	3	53	85	42	226	77	52	13
男	**754**	**34**	**850**	**2153**	**515**	**3849**	**996**	**752**	**298**
南宁市	178	4	74	104	62	570	107	225	27
柳州市	66	4	60	33	10	667	57	69	12
桂林市	88	1	24	44	32	275	102	51	49
梧州市	20		34	86	49	111	66	19	32
北海市	18		16	11	39	92	17	12	13
防城港市	3		3	4	6	21	13	5	1
钦州市	38		34	111	78	239	50	53	18
贵港市	63		88	1265	60	529	149	56	38
玉林市	45	3	371	349	98	386	191	100	62
百色市	31	3	14	30	20	129	24	18	9
贺州市	70	14	29	49	21	114	41	10	17
河池市	80	1	51	28	18	299	71	15	6
来宾市	25	2	37	24	10	270	59	90	7
崇左市	29	2	15	15	12	147	49	29	7
女	**567**	**12**	**1366**	**5300**	**955**	**2900**	**471**	**470**	**187**
南宁市	139	3	137	331	121	346	41	143	14
柳州市	62		200	66	9	565	25	49	5
桂林市	61	1	36	88	59	247	57	31	19
梧州市	14		55	182	66	88	24	6	16
北海市	15		10	28	50	66	4	11	8
防城港市	4		6	6	4	16	3	4	1
钦州市	23		78	340	188	173	30	22	12
贵港市	31	1	107	2201	109	376	63	22	23
玉林市	21		341	1676	203	309	80	60	41
百色市	15	2	38	61	24	100	16	22	12
贺州市	45	3	29	84	41	55	18	12	14
河池市	88		182	110	26	270	41	18	7
来宾市	22	1	109	57	25	210	41	47	9
崇左市	27	1	38	70	30	79	28	23	6

4-4b 续表 3

单位：人

地区 性别	合计								
	三、制造业								
	24.文教、工美、体育和娱乐用品制造业	25.石油、煤炭及其他燃料加工业	26.化学原料和化学制品制造业	27.医药制造业	28.化学纤维制造业	29.橡胶和塑料制品业	30.非金属矿物制品业	31.黑色金属冶炼和压延加工业	32.有色金属冶炼和压延加工业
总计	**2474**	**97**	**1358**	**612**	**17**	**1565**	**5568**	**1092**	**1584**
南宁市	203	2	250	95	6	224	764	33	36
柳州市	87	6	137	62	1	74	351	36	11
桂林市	93	7	88	132	1	195	384	52	70
梧州市	292	4	164	47	1	97	915	14	23
北海市	41	2	46	6		44	107	13	
防城港市	5	1	16	9		13	72	95	121
钦州市	261	43	152	66		107	245	76	35
贵港市	217	4	76	34	2	251	557	12	14
玉林市	704	6	80	67	1	216	648	105	89
百色市	96	13	96	21		66	246	12	431
贺州市	137	1	35	8		86	443	196	27
河池市	183	6	49	24	1	47	345	21	465
来宾市	43	1	99	31	1	56	250	98	149
崇左市	112	1	70	10	3	89	241	329	113
男	**820**	**70**	**902**	**281**	**10**	**907**	**3951**	**828**	**1248**
南宁市	59	2	140	46	1	130	550	30	22
柳州市	30	2	96	31	1	39	239	33	8
桂林市	44	6	58	55	1	120	276	45	56
梧州市	103	4	128	20	1	68	613	10	21
北海市	18	1	24	2		25	69	11	
防城港市	5	1	11	5		10	52	68	90
钦州市	43	35	106	23		72	164	60	24
贵港市	104	3	54	16	1	141	420	10	11
玉林市	197	3	60	37	1	112	432	85	71
百色市	40	7	67	12		30	175	8	326
贺州市	64		19	6		50	322	176	14
河池市	60	4	29	14	1	25	255	15	385
来宾市	17	1	62	12		27	195	70	126
崇左市	36	1	48	2	3	58	189	207	94
女	**1654**	**27**	**456**	**331**	**7**	**658**	**1617**	**264**	**336**
南宁市	144		110	49	5	94	214	3	14
柳州市	57	4	41	31		35	112	3	3
桂林市	49	1	30	77		75	108	7	14
梧州市	189		36	27		29	302	4	2
北海市	23	1	22	4		19	38	2	
防城港市			5	4		3	20	27	31
钦州市	218	8	46	43		35	81	16	11
贵港市	113	1	22	18	1	110	137	2	3
玉林市	507	3	20	30		104	216	20	18
百色市	56	6	29	9		36	71	4	105
贺州市	73	1	16	2		36	121	20	13
河池市	123	2	20	10		22	90	6	80
来宾市	26		37	19	1	29	55	28	23
崇左市	76		22	8		31	52	122	19

4-4b　续表 4　　　　单位：人

地　区 性　别	合　计								
	三、制造业								
	33.金属制品业	34.通用设备制造业	35.专用设备制造业	36.汽车制造业	37.铁路、船舶、航空航天和其他运输设备制造业	38.电气机械和器材制造业	39.计算机、通信和其他电子设备制造业	40.仪器仪表制造业	41.其他制造业
总　计	**3216**	**1304**	**1187**	**1269**	**366**	**1541**	**6812**	**194**	**505**
南宁市	345	156	110	17	23	103	637	21	58
柳州市	279	203	108	928	115	71	236	11	70
桂林市	194	135	123	46	21	126	398	21	28
梧州市	324	80	103	27	72	205	577	8	38
北海市	64	23	45	9	10	20	103	3	20
防城港市	24	28	26		4	11	78	38	8
钦州市	214	75	87	15	15	83	604	10	48
贵港市	539	162	148	50	64	387	890	15	74
玉林市	401	187	190	59	9	243	1494	31	74
百色市	114	52	64	7	11	59	238	10	12
贺州市	263	81	69	11	4	96	538	6	24
河池市	228	55	45	29	3	64	599	7	29
来宾市	64	22	33	64	8	47	236	4	11
崇左市	163	45	36	7	7	26	184	9	11
男	**2391**	**900**	**772**	**823**	**277**	**918**	**3180**	**119**	**282**
南宁市	271	117	73	12	15	67	285	7	26
柳州市	206	144	72	592	77	46	147	9	45
桂林市	146	99	85	32	17	83	209	8	19
梧州市	238	62	70	15	66	127	256	3	24
北海市	48	14	26	9	9	13	57		12
防城港市	20	26	18		3	8	53	34	7
钦州市	169	48	43	13	10	60	306	6	28
贵港市	393	115	87	39	51	216	476	9	47
玉林市	306	136	135	37	7	123	652	20	34
百色市	81	30	41	5	6	33	91	8	6
贺州市	190	33	54	10	4	61	262	4	10
河池市	158	37	23	20	3	41	198	5	14
来宾市	48	13	21	34	6	26	105	1	6
崇左市	117	26	24	5	3	14	83	5	4
女	**825**	**404**	**415**	**446**	**89**	**623**	**3632**	**75**	**223**
南宁市	74	39	37	5	8	36	352	14	32
柳州市	73	59	36	336	38	25	89	2	25
桂林市	48	36	38	14	4	43	189	13	9
梧州市	86	18	33	12	6	78	321	5	14
北海市	16	9	19		1	7	46	3	8
防城港市	4	2	8		1	3	25	4	1
钦州市	45	27	44	2	5	23	298	4	20
贵港市	146	47	61	11	13	171	414	6	27
玉林市	95	51	55	22	2	120	842	11	40
百色市	33	22	23	2	5	26	147	2	6
贺州市	73	48	15	1		35	276	2	14
河池市	70	18	22	9		23	401	2	15
来宾市	16	9	12	30	2	21	131	3	5
崇左市	46	19	12	2	4	12	101	4	7

4-4b 续表 5

单位：人

地区 性别	合计 三、制造业 42.废弃资源综合利用业	43.金属制品、机械和设备修理业	四、电力、热力、燃气及水生产和供应业 小计	44.电力、热力生产和供应业	45.燃气生产和供应业	46.水的生产和供应业	五、建筑业 小计	47.房屋建筑业	48.土木工程建筑业
总计	**320**	**807**	**4549**	**3279**	**540**	**730**	**61408**	**35767**	**4363**
南宁市	63	79	377	239	60	78	7241	3452	456
柳州市	26	77	399	300	52	47	4216	2298	248
桂林市	3	43	597	439	48	110	5678	3120	382
梧州市	43	48	210	145	28	37	2700	1640	98
北海市	16	36	91	58	18	15	1020	542	63
防城港市	8	49	134	113	7	14	1542	450	840
钦州市	38	74	319	255	27	37	5207	3186	295
贵港市	3	76	171	87	46	38	5658	3346	177
玉林市	18	86	367	238	68	61	8668	5762	189
百色市		49	441	357	40	44	3802	2266	348
贺州市	18	23	235	165	36	34	3602	2340	123
河池市	40	90	612	463	60	89	6655	4218	704
来宾市	28	41	215	148	16	51	2771	1691	233
崇左市	16	36	381	272	34	75	2648	1456	207
男	**226**	**710**	**3314**	**2471**	**362**	**481**	**51034**	**29154**	**3806**
南宁市	43	68	275	186	35	54	5803	2692	402
柳州市	17	71	286	220	33	33	3436	1816	221
桂林市	2	41	413	315	31	67	4701	2541	325
梧州市	31	41	156	108	18	30	2307	1364	88
北海市	13	33	63	43	11	9	878	471	50
防城港市	7	43	93	80	6	7	1315	349	749
钦州市	28	58	246	196	21	29	4452	2691	250
贵港市	2	65	138	76	33	29	4817	2775	156
玉林市	16	80	275	189	50	36	7814	5158	173
百色市		43	311	263	22	26	2811	1582	289
贺州市	11	20	181	130	27	24	2905	1856	108
河池市	26	80	462	366	43	53	5434	3339	628
来宾市	20	37	152	106	12	34	2297	1391	197
崇左市	10	30	263	193	20	50	2064	1129	170
女	**94**	**97**	**1235**	**808**	**178**	**249**	**10374**	**6613**	**557**
南宁市	20	11	102	53	25	24	1438	760	54
柳州市	9	6	113	80	19	14	780	482	27
桂林市	1	2	184	124	17	43	977	579	57
梧州市	12	7	54	37	10	7	393	276	10
北海市	3	3	28	15	7	6	142	71	13
防城港市	1	6	41	33	1	7	227	101	91
钦州市	10	16	73	59	6	8	755	495	45
贵港市	1	11	33	11	13	9	841	571	21
玉林市	2	6	92	49	18	25	854	604	16
百色市		6	130	94	18	18	991	684	59
贺州市	7	3	54	35	9	10	697	484	15
河池市	14	10	150	97	17	36	1221	879	76
来宾市	8	4	63	42	4	17	474	300	36
崇左市	6	6	118	79	14	25	584	327	37

4-4b 续表 6　　　　单位：人

地区 性别	合计								
	五、建筑业		六、批发和零售业			七、交通运输、仓储和邮政业			
	49.建筑安装业	50.建筑装饰、装修和其他建筑业	小计	51.批发业	52.零售业	小计	53.铁路运输业	54.道路运输业	55.水上运输业
总　计	**2891**	**18387**	**75485**	**13887**	**61598**	**25398**	**540**	**16392**	**1084**
南宁市	497	2836	11149	2985	8164	2956	64	1784	145
柳州市	217	1453	5449	1025	4424	1886	101	1228	29
桂林市	257	1919	8439	1635	6804	2568	134	1750	37
梧州市	124	838	3371	478	2893	1456	10	792	360
北海市	74	341	2799	574	2225	861	18	636	22
防城港市	42	210	1182	249	933	503	1	276	20
钦州市	279	1447	5637	852	4785	2068	48	1254	22
贵港市	242	1893	6195	1108	5087	2335	20	1469	289
玉林市	367	2350	9502	1341	8161	3245	51	2446	21
百色市	167	1021	4284	838	3446	1668	37	1042	12
贺州市	125	1014	3392	503	2889	1100	8	759	14
河池市	298	1435	5962	922	5040	2135	21	1376	5
来宾市	98	749	3641	540	3101	1134	9	788	99
崇左市	104	881	4483	837	3646	1483	18	792	9
男	**2641**	**15433**	**34723**	**8108**	**26615**	**21503**	**411**	**14759**	**907**
南宁市	417	2292	5198	1619	3579	2450	49	1617	111
柳州市	201	1198	2458	618	1840	1560	82	1080	23
桂林市	234	1601	3811	969	2842	2132	92	1535	21
梧州市	120	735	1651	303	1348	1305	8	733	337
北海市	71	286	1365	333	1032	762	12	597	15
防城港市	40	177	541	142	399	429	1	246	19
钦州市	255	1256	2617	491	2126	1803	41	1150	16
贵港市	228	1658	3107	706	2401	2031	16	1356	225
玉林市	353	2130	4690	884	3806	2934	39	2302	18
百色市	144	796	1851	466	1385	1278	28	882	10
贺州市	115	826	1573	282	1291	960	3	705	12
河池市	277	1190	2388	526	1862	1729	15	1187	5
来宾市	91	618	1536	311	1225	933	9	663	90
崇左市	95	670	1937	458	1479	1197	16	706	5
女	**250**	**2954**	**40762**	**5779**	**34983**	**3895**	**129**	**1633**	**177**
南宁市	80	544	5951	1366	4585	506	15	167	34
柳州市	16	255	2991	407	2584	326	19	148	6
桂林市	23	318	4628	666	3962	436	42	215	16
梧州市	4	103	1720	175	1545	151	2	59	23
北海市	3	55	1434	241	1193	99	6	39	7
防城港市	2	33	641	107	534	74		30	1
钦州市	24	191	3020	361	2659	265	7	104	6
贵港市	14	235	3088	402	2686	304	4	113	64
玉林市	14	220	4812	457	4355	311	12	144	3
百色市	23	225	2433	372	2061	390	9	160	2
贺州市	10	188	1819	221	1598	140	5	54	2
河池市	21	245	3574	396	3178	406	6	189	
来宾市	7	131	2105	229	1876	201		125	9
崇左市	9	211	2546	379	2167	286	2	86	4

4-4b 续表 7　　单位：人

地区 性别	合计							
	七、交通运输、仓储和邮政业					八、住宿和餐饮业		
	56.航空运输业	57.管道运输业	58.多式联运和运输代理业	59.装卸搬运和仓储业	60.邮政业	小计	61.住宿业	62.餐饮业
总　计	**42**	**2**	**401**	**3856**	**3081**	**24121**	**2765**	**21356**
南宁市	5	1	68	489	400	3010	245	2765
柳州市	2		18	261	247	2116	280	1836
桂林市	18		31	273	325	2997	563	2434
梧州市			18	135	141	1331	100	1231
北海市	1		11	93	80	577	54	523
防城港市			24	132	50	470	43	427
钦州市	3		93	403	245	1609	139	1470
贵港市			32	257	268	2128	143	1985
玉林市	3	1	46	367	310	2619	188	2431
百色市	2		10	371	194	1374	189	1185
贺州市	1		13	154	151	1317	165	1152
河池市	1		4	412	316	2080	296	1784
来宾市	1		8	77	152	1078	147	931
崇左市	5		25	432	202	1415	213	1202
男	**29**	**2**	**317**	**2928**	**2150**	**11069**	**1030**	**10039**
南宁市	5	1	50	335	282	1432	92	1340
柳州市	1		15	188	171	913	88	825
桂林市	10		26	224	224	1279	212	1067
梧州市			14	112	101	658	39	619
北海市	1		7	75	55	296	18	278
防城港市			17	108	38	199	14	185
钦州市	3		71	338	184	775	65	710
贵港市			27	216	191	1075	56	1019
玉林市	2	1	41	317	214	1341	81	1260
百色市	1		9	211	137	561	59	502
贺州市	1		10	131	98	569	64	505
河池市	1		2	304	215	856	99	757
来宾市	1		6	68	96	456	58	398
崇左市	3		22	301	144	659	85	574
女	**13**		**84**	**928**	**931**	**13052**	**1735**	**11317**
南宁市			18	154	118	1578	153	1425
柳州市	1		3	73	76	1203	192	1011
桂林市	8		5	49	101	1718	351	1367
梧州市			4	23	40	673	61	612
北海市			4	18	25	281	36	245
防城港市			7	24	12	271	29	242
钦州市			22	65	61	834	74	760
贵港市			5	41	77	1053	87	966
玉林市	1		5	50	96	1278	107	1171
百色市	1		1	160	57	813	130	683
贺州市			3	23	53	748	101	647
河池市			2	108	101	1224	197	1027
来宾市			2	9	56	622	89	533
崇左市	2		3	131	58	756	128	628

4-4b　续表 8　　　　单位：人

地区 性别	合计								
	九、信息传输、软件和信息技术服务业				十、金融业				
	小计	63.电信、广播电视和卫星传输服务	64.互联网和相关服务	65.软件和信息技术服务业	小计	66.货币金融服务	67.资本市场服务	68.保险业	69.其他金融业
总　计	**3660**	**1965**	**1045**	**650**	**4553**	**2685**	**143**	**1469**	**256**
南宁市	415	195	134	86	539	242	21	223	53
柳州市	365	221	106	38	393	242	24	108	19
桂林市	446	243	110	93	764	484	19	229	32
梧州市	177	87	58	32	174	111	8	41	14
北海市	109	46	42	21	143	72	3	60	8
防城港市	45	25	15	5	52	33		19	
钦州市	253	121	78	54	233	122	5	85	21
贵港市	328	123	109	96	234	115	5	97	17
玉林市	359	195	99	65	567	303	18	215	31
百色市	215	118	60	37	314	222	6	77	9
贺州市	184	86	59	39	190	106	3	61	20
河池市	362	252	78	32	417	290	9	101	17
来宾市	188	115	49	24	228	141	10	71	6
崇左市	214	138	48	28	305	202	12	82	9
男	**2253**	**1111**	**684**	**458**	**2304**	**1528**	**84**	**543**	**149**
南宁市	251	109	87	55	259	141	12	75	31
柳州市	215	113	71	31	186	124	18	33	11
桂林市	296	145	80	71	379	262	12	89	16
梧州市	118	51	38	29	98	67	6	14	11
北海市	59	23	21	15	62	36	3	18	5
防城港市	30	15	12	3	30	18		12	
钦州市	160	71	56	33	119	69	4	37	9
贵港市	204	62	74	68	119	64	3	42	10
玉林市	222	108	67	47	298	190	9	77	22
百色市	113	58	30	25	159	127	4	22	6
贺州市	121	54	40	27	99	66	2	20	11
河池市	216	146	47	23	230	173	3	43	11
来宾市	107	66	27	14	117	81	5	27	4
崇左市	141	90	34	17	149	110	3	34	2
女	**1407**	**854**	**361**	**192**	**2249**	**1157**	**59**	**926**	**107**
南宁市	164	86	47	31	280	101	9	148	22
柳州市	150	108	35	7	207	118	6	75	8
桂林市	150	98	30	22	385	222	7	140	16
梧州市	59	36	20	3	76	44	2	27	3
北海市	50	23	21	6	81	36		42	3
防城港市	15	10	3	2	22	15		7	
钦州市	93	50	22	21	114	53	1	48	12
贵港市	124	61	35	28	115	51	2	55	7
玉林市	137	87	32	18	269	113	9	138	9
百色市	102	60	30	12	155	95	2	55	3
贺州市	63	32	19	12	91	40	1	41	9
河池市	146	106	31	9	187	117	6	58	6
来宾市	81	49	22	10	111	60	5	44	2
崇左市	73	48	14	11	156	92	9	48	7

4-4b 续表 9 单位：人

地区 性别	合计								
	十一、房地产业		十二、租赁和商务服务业			十三、科学研究和技术服务业			
	小计	70.房地产业	小计	71.租赁业	72.商务服务业	小计	73.研究和试验发展	74.专业技术服务业	75.科技推广和应用服务业
总计	**4893**	**4893**	**9606**	**591**	**9015**	**2178**	**90**	**1660**	**428**
南宁市	731	731	1518	81	1437	308	22	198	88
柳州市	397	397	719	51	668	164	4	130	30
桂林市	616	616	1278	68	1210	279	10	232	37
梧州市	231	231	333	22	311	123	5	87	31
北海市	188	188	301	26	275	74	1	55	18
防城港市	60	60	222	7	215	56	1	47	8
钦州市	345	345	838	59	779	215	8	145	62
贵港市	330	330	677	37	640	143	1	112	30
玉林市	631	631	1063	69	994	230	11	179	40
百色市	244	244	778	40	738	137	1	107	29
贺州市	167	167	401	23	378	86	5	71	10
河池市	248	248	621	30	591	148	3	130	15
来宾市	312	312	336	31	305	85	8	62	15
崇左市	393	393	521	47	474	130	10	105	15
男	**2771**	**2771**	**6325**	**521**	**5804**	**1519**	**56**	**1158**	**305**
南宁市	437	437	1003	75	928	203	13	128	62
柳州市	217	217	490	46	444	111	3	91	17
桂林市	317	317	776	49	727	195	6	165	24
梧州市	109	109	232	22	210	89	3	63	23
北海市	112	112	193	23	170	51	1	37	13
防城港市	39	39	161	6	155	42	1	35	6
钦州市	204	204	551	50	501	153	4	102	47
贵港市	177	177	452	33	419	93	1	72	20
玉林市	358	358	740	62	678	165	7	125	33
百色市	139	139	467	35	432	94	1	72	21
贺州市	96	96	255	23	232	64	5	52	7
河池市	131	131	435	26	409	107	2	93	12
来宾市	194	194	209	28	181	62	3	48	11
崇左市	241	241	361	43	318	90	6	75	9
女	**2122**	**2122**	**3281**	**70**	**3211**	**659**	**34**	**502**	**123**
南宁市	294	294	515	6	509	105	9	70	26
柳州市	180	180	229	5	224	53	1	39	13
桂林市	299	299	502	19	483	84	4	67	13
梧州市	122	122	101		101	34	2	24	8
北海市	76	76	108	3	105	23		18	5
防城港市	21	21	61	1	60	14		12	2
钦州市	141	141	287	9	278	62	4	43	15
贵港市	153	153	225	4	221	50		40	10
玉林市	273	273	323	7	316	65	4	54	7
百色市	105	105	311	5	306	43		35	8
贺州市	71	71	146		146	22		19	3
河池市	117	117	186	4	182	41	1	37	3
来宾市	118	118	127	3	124	23	5	14	4
崇左市	152	152	160	4	156	40	4	30	6

4-4b　续表 10　　　　　　　　　　　　　　　　　　　　　　　　　　　　　单位：人

地　区 性　别	合　计								
	十四、水利、环境和公共设施管理业					十五、居民服务、修理和其他服务业			
	小计	76.水利管理业	77.生态保护和环境治理业	78.公共设施管理业	79.土地管理业	小计	80.居民服务业	81.机动车、电子产品和日用产品修理业	82.其他服务业
总　计	**2742**	**283**	**145**	**2256**	**58**	**19005**	**10233**	**5845**	**2927**
南宁市	335	50	12	268	5	2392	1207	734	451
柳州市	250	13	19	213	5	1887	1143	498	246
桂林市	454	38	20	392	4	1797	918	571	308
梧州市	113	14	5	88	6	821	426	243	152
北海市	104	15		86	3	508	260	155	93
防城港市	57	10	3	43	1	352	202	98	52
钦州市	168	15	2	146	5	1436	752	450	234
贵港市	118	15	7	96		2130	1235	511	384
玉林市	251	32	23	183	13	2194	1197	785	212
百色市	200	15	17	165	3	966	487	321	158
贺州市	103	14	12	74	3	837	390	290	157
河池市	275	15	7	246	7	1743	923	558	262
来宾市	158	27	12	116	3	887	487	304	96
崇左市	156	10	6	140		1055	606	327	122
男	**1435**	**206**	**106**	**1074**	**49**	**9166**	**3159**	**4815**	**1192**
南宁市	162	40	10	109	3	1090	338	595	157
柳州市	117	8	10	95	4	794	285	428	81
桂林市	252	27	15	207	3	850	257	474	119
梧州市	73	11	5	52	5	417	138	208	71
北海市	55	9		43	3	254	89	136	29
防城港市	27	9	1	17		174	67	87	20
钦州市	91	12	1	73	5	743	278	358	107
贵港市	65	9	4	52		1091	455	437	199
玉林市	168	27	18	112	11	1117	381	647	89
百色市	101	11	11	77	2	477	178	245	54
贺州市	60	10	10	37	3	424	107	240	77
河池市	114	9	6	92	7	816	258	439	119
来宾市	82	18	10	51	3	404	121	257	26
崇左市	68	6	5	57		515	207	264	44
女	**1307**	**77**	**39**	**1182**	**9**	**9839**	**7074**	**1030**	**1735**
南宁市	173	10	2	159	2	1302	869	139	294
柳州市	133	5	9	118	1	1093	858	70	165
桂林市	202	11	5	185	1	947	661	97	189
梧州市	40	3		36	1	404	288	35	81
北海市	49	6		43		254	171	19	64
防城港市	30	1	2	26	1	178	135	11	32
钦州市	77	3	1	73		693	474	92	127
贵港市	53	6	3	44		1039	780	74	185
玉林市	83	5	5	71	2	1077	816	138	123
百色市	99	4	6	88	1	489	309	76	104
贺州市	43	4	2	37		413	283	50	80
河池市	161	6	1	154		927	665	119	143
来宾市	76	9	2	65		483	366	47	70
崇左市	88	4	1	83		540	399	63	78

4-4b 续表 11 单位：人

地 区 性 别	合 计									
	十六、教育		十七、卫生和社会工作			十八、文化、体育和娱乐业				
	小计	83.教育	小计	84.卫生	85.社会工作	小计	86.新闻和出版业	87.广播、电视、电影和录音制作业	88.文化艺术业	89.体育
总 计	**30809**	**30809**	**13760**	**13551**	**209**	**2042**	**86**	**156**	**420**	**183**
南宁市	3681	3681	1647	1616	31	196	12	15	36	23
柳州市	1927	1927	1023	1015	8	227	11	18	45	17
桂林市	3207	3207	1638	1609	29	319	18	25	110	25
梧州市	1708	1708	628	628		113	5	5	19	5
北海市	945	945	444	433	11	82	6	7	15	9
防城港市	433	433	167	165	2	38	4	2	3	1
钦州市	2469	2469	1207	1178	29	121	5	9	24	18
贵港市	2636	2636	935	921	14	134	2	10	15	17
玉林市	4116	4116	1463	1451	12	184	5	16	34	20
百色市	1893	1893	949	923	26	141	1	10	33	7
贺州市	1549	1549	662	657	5	98	3	8	15	6
河池市	2992	2992	1399	1383	16	168	5	13	33	15
来宾市	1392	1392	731	712	19	115	4	10	14	10
崇左市	1861	1861	867	860	7	106	5	8	24	10
男	**10815**	**10815**	**4544**	**4480**	**64**	**1147**	**44**	**102**	**213**	**90**
南宁市	1398	1398	572	563	9	98	6	12	19	8
柳州市	658	658	291	287	4	121	5	8	22	8
桂林市	1019	1019	529	519	10	174	10	20	55	11
梧州市	626	626	230	230		61	3	2	8	2
北海市	294	294	151	150	1	52	4	5	8	7
防城港市	174	174	70	70		22	2	2	2	
钦州市	818	818	451	439	12	70	2	7	14	6
贵港市	903	903	357	352	5	89	1	7	8	12
玉林市	1326	1326	550	548	2	106	1	11	21	8
百色市	749	749	256	250	6	85	1	5	18	4
贺州市	566	566	216	213	3	56		5	6	4
河池市	1091	1091	394	390	4	94	2	10	14	9
来宾市	471	471	211	205	6	61	4	5	8	7
崇左市	722	722	266	264	2	58	3	3	10	4
女	**19994**	**19994**	**9216**	**9071**	**145**	**895**	**42**	**54**	**207**	**93**
南宁市	2283	2283	1075	1053	22	98	6	3	17	15
柳州市	1269	1269	732	728	4	106	6	10	23	9
桂林市	2188	2188	1109	1090	19	145	8	5	55	14
梧州市	1082	1082	398	398		52	2	3	11	3
北海市	651	651	293	283	10	30	2	2	7	2
防城港市	259	259	97	95	2	16	2		1	1
钦州市	1651	1651	756	739	17	51	3	2	10	12
贵港市	1733	1733	578	569	9	45	1	3	7	5
玉林市	2790	2790	913	903	10	78	4	5	13	12
百色市	1144	1144	693	673	20	56		5	15	3
贺州市	983	983	446	444	2	42	3	3	9	2
河池市	1901	1901	1005	993	12	74	3	3	19	6
来宾市	921	921	520	507	13	54		5	6	3
崇左市	1139	1139	601	596	5	48	2	5	14	6

4-4b　续表 12

单位：人

地区 性别	合计									
		十九、公共管理、社会保障和社会组织							二十、国际组织	
	90.娱乐业	小计	91.中国共产党机关	92.国家机构	93.人民政协、民主党派	94.社会保障	95.群众团体、社会团体和其他成员组织	96.基层群众自治组织	小计	97.国际组织
总　计	**1197**	**26875**	**723**	**22861**	**81**	**200**	**871**	**2139**		
南宁市	110	2690	54	2171	7	42	157	259		
柳州市	136	2417	54	2142	5	11	57	148		
桂林市	141	3536	91	3086	20	20	195	124		
梧州市	79	1140	32	917	2	19	19	151		
北海市	45	601	8	541		5	7	40		
防城港市	28	472	21	394			16	41		
钦州市	65	1309	15	1095	7	10	25	157		
贵港市	90	1359	39	1074	3	7	56	180		
玉林市	109	2238	34	1785	3	33	43	340		
百色市	90	2475	112	2043	8	15	142	155		
贺州市	66	1481	13	1291	6	14	33	124		
河池市	102	3533	178	3035	10	8	69	233		
来宾市	77	1561	29	1386	2	5	26	113		
崇左市	59	2063	43	1901	8	11	26	74		
男	**698**	**17258**	**463**	**14891**	**45**	**65**	**445**	**1349**		
南宁市	53	1700	38	1415	2	19	74	152		
柳州市	78	1523	27	1379	3	4	31	79		
桂林市	78	2258	62	1994	14	9	107	72		
梧州市	46	742	22	603	2	4	9	102		
北海市	28	385	5	349		2	4	25		
防城港市	16	308	10	259			11	28		
钦州市	41	912	12	774	4	3	13	106		
贵港市	61	876	23	712	1	2	27	111		
玉林市	65	1477	23	1206	1	6	22	219		
百色市	57	1578	78	1312	5	2	77	104		
贺州市	41	953	8	836	1	5	15	88		
河池市	59	2271	114	1979	6	4	27	141		
来宾市	37	965	18	864		1	12	70		
崇左市	38	1310	23	1209	6	4	16	52		
女	**499**	**9617**	**260**	**7970**	**36**	**135**	**426**	**790**		
南宁市	57	990	16	756	5	23	83	107		
柳州市	58	894	27	763	2	7	26	69		
桂林市	63	1278	29	1092	6	11	88	52		
梧州市	33	398	10	314		15	10	49		
北海市	17	216	3	192		3	3	15		
防城港市	12	164	11	135			5	13		
钦州市	24	397	3	321	3	7	12	51		
贵港市	29	483	16	362	2	5	29	69		
玉林市	44	761	11	579	2	27	21	121		
百色市	33	897	34	731	3	13	65	51		
贺州市	25	528	5	455	5	9	18	36		
河池市	43	1262	64	1056	4	4	42	92		
来宾市	40	596	11	522	2	4	14	43		
崇左市	21	753	20	692	2	7	10	22		

4-4b 续表 13

单位：人

地区 性别	有农村土地承包经营权的人口								
	合计	一、农、林、牧、渔业						二、采矿业	
		小计	1.农业	2.林业	3.畜牧业	4.渔业	5.农、林、牧、渔专业及辅助性活动	小计	6.煤炭开采和洗选业
总计	**316383**	**102204**	**89901**	**2770**	**7060**	**1422**	**1051**	**1139**	**22**
南宁市	43447	16624	15296	295	672	145	216	100	5
柳州市	21914	7130	6025	299	583	63	160	70	2
桂林市	28989	8900	8103	217	346	53	181	116	
梧州市	16468	5665	5298	121	177	51	18	45	
北海市	5110	1533	1074	31	124	281	23	12	1
防城港市	4420	1189	833	67	66	182	41	9	1
钦州市	18268	4943	4202	157	330	230	24	29	2
贵港市	39510	13248	12257	195	612	100	84	90	
玉林市	42510	11411	9307	169	1715	115	105	53	
百色市	18248	6217	5244	280	584	56	53	152	5
贺州市	16835	6021	5527	153	265	41	35	64	
河池市	26010	5984	4586	382	921	55	40	205	1
来宾市	17902	6815	6020	220	501	27	47	91	4
崇左市	16752	6524	6129	184	164	23	24	103	1
男	**185575**	**54275**	**46402**	**2021**	**4220**	**1045**	**587**	**928**	**18**
南宁市	24865	8672	7811	207	409	110	135	92	4
柳州市	12926	4043	3393	213	311	46	80	64	2
桂林市	17159	5049	4549	158	229	43	70	93	
梧州市	10105	3086	2805	94	131	44	12	39	
北海市	3102	898	594	26	80	186	12	10	
防城港市	2979	740	498	52	42	124	24	8	1
钦州市	11370	2769	2226	118	236	172	17	27	1
贵港市	22733	6798	6139	147	383	81	48	71	
玉林市	25425	5996	4637	136	1061	90	72	44	
百色市	10219	3113	2527	201	316	40	29	109	5
贺州市	10110	3158	2808	115	179	34	22	54	
河池市	14900	2907	2088	263	495	35	26	165	1
来宾市	10266	3679	3208	173	249	24	25	74	3
崇左市	9416	3367	3119	118	99	16	15	78	1
女	**130808**	**47929**	**43499**	**749**	**2840**	**377**	**464**	**211**	**4**
南宁市	18582	7952	7485	88	263	35	81	8	1
柳州市	8988	3087	2632	86	272	17	80	6	
桂林市	11830	3851	3554	59	117	10	111	23	
梧州市	6363	2579	2493	27	46	7	6	6	
北海市	2008	635	480	5	44	95	11	2	1
防城港市	1441	449	335	15	24	58	17	1	
钦州市	6898	2174	1976	39	94	58	7	2	1
贵港市	16777	6450	6118	48	229	19	36	19	
玉林市	17085	5415	4670	33	654	25	33	9	
百色市	8029	3104	2717	79	268	16	24	43	
贺州市	6725	2863	2719	38	86	7	13	10	
河池市	11110	3077	2498	119	426	20	14	40	
来宾市	7636	3136	2812	47	252	3	22	17	1
崇左市	7336	3157	3010	66	65	7	9	25	

4-4b 续表 14 单位：人

地区 性别	有农村土地承包经营权的人口								
	二、采矿业						三、制造业		
	7.石油和天然气开采业	8.黑色金属矿采选业	9.有色金属矿采选业	10.非金属矿采选业	11.开采专业及辅助性活动	12.其他采矿业	小计	13.农副食品加工业	14.食品制造业
总　计	**14**	**203**	**260**	**554**	**40**	**46**	**42222**	**3862**	**1265**
南宁市	3	2	50	30	2	8	4666	648	142
柳州市		3	2	59	1	3	3393	255	168
桂林市	6	11	9	78	7	5	2694	394	164
梧州市	1	3	4	32		5	2772	212	69
北海市				10	1		594	107	23
防城港市				5	2	1	416	80	10
钦州市				22	4	1	2498	255	71
贵港市	1	7		65	8	9	7716	509	116
玉林市				51		2	7315	386	185
百色市	2	84	13	42	5	1	1627	163	48
贺州市		1	31	26	2	4	2054	162	67
河池市		6	144	45	5	4	3058	229	107
来宾市		6	3	74	2	2	1958	230	46
崇左市	1	80	4	15	1	1	1461	232	49
男	**7**	**141**	**220**	**469**	**34**	**39**	**23208**	**2331**	**617**
南宁市	1		50	27	2	8	2669	397	76
柳州市		3	1	55	1	2	2034	159	76
桂林市	4	9	8	64	4	4	1603	198	77
梧州市		3	4	28		4	1647	133	34
北海市				9	1		348	63	13
防城港市				5	2		281	41	2
钦州市				21	4	1	1329	161	30
贵港市		6		51	7	7	4023	297	61
玉林市				42		2	3405	264	98
百色市	1	51	12	34	5	1	950	99	22
贺州市		1	23	24	2	4	1287	97	38
河池市		3	117	36	4	4	1640	137	47
来宾市		5	2	62	1	1	1157	150	22
崇左市	1	60	3	11	1	1	835	135	21
女	**7**	**62**	**40**	**85**	**6**	**7**	**19014**	**1531**	**648**
南宁市	2	2		3			1997	251	66
柳州市			1	4		1	1359	96	92
桂林市	2	2	1	14	3	1	1091	196	87
梧州市	1			4		1	1125	79	35
北海市				1			246	44	10
防城港市						1	135	39	8
钦州市				1			1169	94	41
贵港市	1	1		14	1	2	3693	212	55
玉林市				9			3910	122	87
百色市	1	33	1	8			677	64	26
贺州市			8	2			767	65	29
河池市		3	27	9	1		1418	92	60
来宾市		1	1	12	1	1	801	80	24
崇左市		20	1	4			626	97	28

4-4b 续表 15

单位：人

地区 性别	有农村土地承包经营权的人口								
	三、制造业								
	15.酒、饮料和精制茶制造业	16.烟草制品业	17.纺织业	18.纺织服装、服饰业	19.皮革、毛皮、羽毛及其制品和制鞋业	20.木材加工和木、竹、藤、棕、草制品业	21.家具制造业	22.造纸和纸制品业	23.印刷和记录媒介复制业
总　计	**818**	**18**	**1476**	**5582**	**1041**	**5159**	**1144**	**770**	**294**
南宁市	206	4	139	268	127	714	115	216	26
柳州市	83		155	69	12	834	59	41	13
桂林市	103	1	37	68	69	418	117	50	40
梧州市	24		54	166	84	153	65	20	33
北海市	15		10	19	31	93	10	13	4
防城港市	5		5	5	9	25	9	8	1
钦州市	27		57	261	176	220	54	43	16
贵港市	57		158	2712	132	804	196	65	49
玉林市	42	1	465	1634	241	558	228	113	68
百色市	24	5	46	69	30	189	33	21	7
贺州市	67	4	42	90	46	130	43	13	12
河池市	93		171	100	35	490	89	27	6
来宾市	36	2	102	58	25	393	80	111	11
崇左市	36	1	35	63	24	138	46	29	8
男	**470**	**14**	**573**	**1644**	**364**	**2970**	**789**	**467**	**190**
南宁市	114	2	44	58	50	451	87	135	17
柳州市	44		37	27	6	470	40	22	9
桂林市	60	1	13	29	24	219	76	29	31
梧州市	15		23	63	33	84	50	15	24
北海市	8		5	7	13	55	9	6	2
防城港市	2		2	3	6	14	7	4	1
钦州市	17		20	63	48	137	38	31	9
贵港市	39		76	984	49	471	137	47	31
玉林市	32	1	245	300	78	311	161	63	44
百色市	18	3	12	26	12	102	21	10	3
贺州市	46	4	22	30	17	88	31	6	7
河池市	39		34	21	13	253	57	14	2
来宾市	19	2	30	21	9	221	47	71	5
崇左市	17	1	10	12	6	94	28	14	5
女	**348**	**4**	**903**	**3938**	**677**	**2189**	**355**	**303**	**104**
南宁市	92	2	95	210	77	263	28	81	9
柳州市	39		118	42	6	364	19	19	4
桂林市	43		24	39	45	199	41	21	9
梧州市	9		31	103	51	69	15	5	9
北海市	7		5	12	18	38	1	7	2
防城港市	3		3	2	3	11	2	4	
钦州市	10		37	198	128	83	16	12	7
贵港市	18		82	1728	83	333	59	18	18
玉林市	10		220	1334	163	247	67	50	24
百色市	6	2	34	43	18	87	12	11	4
贺州市	21		20	60	29	42	12	7	5
河池市	54		137	79	22	237	32	13	4
来宾市	17		72	37	16	172	33	40	6
崇左市	19		25	51	18	44	18	15	3

4-4b　续表 16　　　　单位：人

地　区 性　别	有农村土地承包经营权的人口								
	三、制造业								
	24.文教、工美、体育和娱乐用品制造业	25.石油、煤炭及其他燃料加工业	26.化学原料和化学制品制造业	27.医药制造业	28.化学纤维制造业	29.橡胶和塑料制品业	30.非金属矿　物制品业	31.黑色金属冶炼和压延加工业	32.有色金属冶炼和压延加工业
总　计	**1777**	**37**	**799**	**272**	**12**	**1037**	**3647**	**502**	**873**
南宁市	151	1	149	43	5	143	407	25	27
柳州市	44	4	75	29		43	217	22	6
桂林市	59	4	55	40		90	253	41	35
梧州市	182	4	98	10		76	607	10	13
北海市	18	2	26	1		24	49	9	
防城港市	2	1	2	4		6	37	47	33
钦州市	148	7	85	28		73	134	30	18
贵港市	182	4	56	31	2	204	401	8	11
玉林市	552	5	57	41	1	151	527	44	41
百色市	67	3	52	11		53	163	7	200
贺州市	103	1	22	6		52	282	125	15
河池市	144	1	30	12		33	272	17	322
来宾市	37		59	14	1	46	172	12	92
崇左市	88		33	2	3	43	126	105	60
男	**589**	**28**	**527**	**140**	**6**	**590**	**2616**	**395**	**723**
南宁市	44	1	77	23	1	82	304	24	16
柳州市	17	1	52	16		26	152	21	5
桂林市	30	4	41	19		57	186	35	32
梧州市	67	4	77	5		52	398	7	12
北海市	10	1	12			12	30	7	
防城港市	2	1	2	3		4	25	33	25
钦州市	18	7	54	9		51	93	24	12
贵港市	88	3	39	14	1	119	301	8	9
玉林市	143	3	42	25	1	72	355	33	34
百色市	28	2	35	8		22	117	4	162
贺州市	48		15	5		23	219	110	8
河池市	50	1	16	8		17	200	12	277
来宾市	16		41	5		21	140	10	82
崇左市	28		24		3	32	96	67	49
女	**1188**	**9**	**272**	**132**	**6**	**447**	**1031**	**107**	**150**
南宁市	107		72	20	4	61	103	1	11
柳州市	27	3	23	13		17	65	1	1
桂林市	29		14	21		33	67	6	3
梧州市	115		21	5		24	209	3	1
北海市	8	1	14	1		12	19	2	
防城港市				1		2	12	14	8
钦州市	130		31	19		22	41	6	6
贵港市	94	1	17	17	1	85	100		2
玉林市	409	2	15	16		79	172	11	7
百色市	39	1	17	3		31	46	3	38
贺州市	55	1	7	1		29	63	15	7
河池市	94		14	4		16	72	5	45
来宾市	21		18	9	1	25	32	2	10
崇左市	60		9	2		11	30	38	11

4-4b 续表 17 单位：人

地 区 性 别	有农村土地承包经营权的人口								
	三、制造业								
	33.金属制品业	34.通用设备制造业	35.专用设备制造业	36.汽车制造业	37.铁路、船舶、航空航天和其他运输设备制造业	38.电气机械和器材制造业	39.计算机、通信和其他电子设备制造业	40.仪器仪表制造业	41.其他制造业
总 计	**2373**	**878**	**730**	**784**	**178**	**1044**	**4700**	**119**	**358**
南宁市	262	117	74	13	10	49	449	14	39
柳州市	179	145	55	544	23	46	159	7	49
桂林市	134	71	64	28	9	60	235	7	20
梧州市	212	48	54	11	43	106	328	6	29
北海市	37	9	8	2	5	6	36	2	11
防城港市	9	11	14		2	5	41	9	3
钦州市	140	48	45	10	7	46	392	7	37
贵港市	460	132	123	44	55	337	737	13	58
玉林市	315	131	136	45	5	174	1011	25	59
百色市	79	34	41	5	3	46	179	9	10
贺州市	196	47	42	10	3	72	359	5	14
河池市	186	41	29	20	2	43	466	7	16
来宾市	57	19	22	48	7	35	189	2	9
崇左市	107	25	23	4	4	19	119	6	4
男	**1789**	**612**	**496**	**503**	**143**	**608**	**2185**	**71**	**202**
南宁市	202	84	48	8	5	33	200	4	18
柳州市	131	102	38	346	20	31	100	6	35
桂林市	106	53	49	16	6	38	131	3	14
梧州市	158	40	39	6	39	64	139	1	21
北海市	27	7	6	2	5	3	18		7
防城港市	8	11	10		2	4	31	7	2
钦州市	115	36	25	9	5	33	212	4	18
贵港市	336	90	73	35	44	187	388	8	36
玉林市	251	96	98	29	3	86	425	19	25
百色市	60	20	30	3	2	27	64	7	4
贺州市	146	22	34	9	3	49	184	3	5
河池市	132	27	18	14	2	24	156	5	8
来宾市	43	11	13	22	6	20	88		6
崇左市	74	13	15	4	1	9	49	4	3
女	**584**	**266**	**234**	**281**	**35**	**436**	**2515**	**48**	**156**
南宁市	60	33	26	5	5	16	249	10	21
柳州市	48	43	17	198	3	15	59	1	14
桂林市	28	18	15	12	3	22	104	4	6
梧州市	54	8	15	5	4	42	189	5	8
北海市	10	2	2			3	18	2	4
防城港市	1		4			1	10	2	1
钦州市	25	12	20	1	2	13	180	3	19
贵港市	124	42	50	9	11	150	349	5	22
玉林市	64	35	38	16	2	88	586	6	34
百色市	19	14	11	2	1	19	115	2	6
贺州市	50	25	8	1		23	175	2	9
河池市	54	14	11	6		19	310	2	8
来宾市	14	8	9	26	1	15	101	2	3
崇左市	33	12	8		3	10	70	2	1

4-4b 续表 18

单位：人

地区 性别	有农村土地承包经营权的人口								
	三、制造业		四、电力、热力、燃气及水生产和供应业				五、建筑业		
	42.废弃资源综合利用业	43.金属制品、机械和设备修理业	小计	44.电力、热力生产和供应业	45.燃气生产和供应业	46.水的生产和供应业	小计	47.房屋建筑业	48.土木工程建筑业
总　计	**231**	**442**	**1796**	**1189**	**320**	**287**	**45485**	**27507**	**2754**
南宁市	48	35	163	100	32	31	5283	2564	291
柳州市	25	32	116	80	20	16	2790	1643	124
桂林市	3	25	203	143	24	36	4058	2278	233
梧州市	28	27	72	43	16	13	2063	1334	62
北海市	9	15	27	14	9	4	505	283	30
防城港市	4	29	86	75	4	7	1017	290	583
钦州市	30	33	126	103	11	12	3337	2157	140
贵港市	3	57	113	49	34	30	4852	2946	100
玉林市	14	60	185	98	57	30	6888	4698	129
百色市		30	155	118	23	14	2680	1611	246
贺州市	10	14	89	61	21	7	2776	1828	67
河池市	27	43	253	167	46	40	5351	3499	490
来宾市	21	22	82	49	10	23	2218	1403	174
崇左市	9	20	126	89	13	24	1667	973	85
男	**165**	**391**	**1426**	**988**	**226**	**212**	**38349**	**22788**	**2446**
南宁市	33	31	138	91	24	23	4279	2005	267
柳州市	16	29	89	62	15	12	2301	1321	111
桂林市	2	24	157	116	17	24	3411	1880	208
梧州市	21	23	58	35	11	12	1794	1143	54
北海市	7	13	16	10	4	2	453	255	27
防城港市	3	26	63	55	3	5	881	237	523
钦州市	23	27	109	90	8	11	2896	1862	116
贵港市	2	50	92	44	24	24	4167	2463	91
玉林市	13	55	142	78	43	21	6279	4241	122
百色市		27	121	99	12	10	2039	1167	208
贺州市	6	12	70	49	16	5	2272	1473	61
河池市	18	38	210	149	33	28	4415	2804	440
来宾市	16	20	67	41	8	18	1854	1168	151
崇左市	5	16	94	69	8	17	1308	769	67
女	**66**	**51**	**370**	**201**	**94**	**75**	**7136**	**4719**	**308**
南宁市	15	4	25	9	8	8	1004	559	24
柳州市	9	3	27	18	5	4	489	322	13
桂林市	1	1	46	27	7	12	647	398	25
梧州市	7	4	14	8	5	1	269	191	8
北海市	2	2	11	4	5	2	52	28	3
防城港市	1	3	23	20	1	2	136	53	60
钦州市	7	6	17	13	3	1	441	295	24
贵港市	1	7	21	5	10	6	685	483	9
玉林市	1	5	43	20	14	9	609	457	7
百色市		3	34	19	11	4	641	444	38
贺州市	4	2	19	12	5	2	504	355	6
河池市	9	5	43	18	13	12	936	695	50
来宾市	5	2	15	8	2	5	364	235	23
崇左市	4	4	32	20	5	7	359	204	18

4-4b　续表 19　　　　单位：人

地　区 性　别	有农村土地承包经营权的人口								
	五、建筑业		六、批发和零售业			七、交通运输、仓储和邮政业			
	49.建筑安装业	50.建筑装饰、装修和其他建筑业	小计	51.批发业	52.零售业	小计	53.铁路运输业	54.道路运输业	55.水上运输业
总　计	**1931**	**13293**	**44647**	**8993**	**35654**	**15890**	**189**	**10739**	**420**
南宁市	340	2088	6830	2218	4612	1944	24	1233	32
柳州市	124	899	2882	604	2278	1015	26	646	17
桂林市	160	1387	4753	982	3771	1515	45	1091	9
梧州市	82	585	1888	314	1574	897	8	563	140
北海市	34	158	1002	176	826	365	2	280	10
防城港市	22	122	585	135	450	250		145	13
钦州市	153	887	2821	496	2325	1049	15	707	8
贵港市	192	1614	4434	871	3563	1713	15	1164	125
玉林市	281	1780	6262	941	5321	2277	19	1734	5
百色市	99	724	2538	519	2019	1047	11	693	4
贺州市	96	785	2021	307	1714	717	2	509	6
河池市	219	1143	3761	622	3139	1446	8	932	3
来宾市	72	569	2483	368	2115	760	6	550	43
崇左市	57	552	2387	440	1947	895	8	492	5
男	**1780**	**11335**	**21695**	**5380**	**16315**	**13820**	**136**	**9908**	**368**
南宁市	283	1724	3316	1205	2111	1647	17	1147	25
柳州市	115	754	1393	381	1012	840	20	579	13
桂林市	148	1175	2272	590	1682	1306	29	988	5
梧州市	79	518	1006	204	802	811	6	525	134
北海市	33	138	503	104	399	338	1	270	8
防城港市	21	100	300	82	218	223		135	12
钦州市	137	781	1433	297	1136	947	11	660	7
贵港市	184	1429	2283	570	1713	1522	13	1085	106
玉林市	275	1641	3232	630	2602	2099	12	1662	5
百色市	88	576	1149	292	857	844	8	612	2
贺州市	89	649	1033	197	836	652	1	486	6
河池市	207	964	1577	361	1216	1197	5	827	3
来宾市	69	466	1092	215	877	654	6	485	40
崇左市	52	420	1106	252	854	740	7	447	2
女	**151**	**1958**	**22952**	**3613**	**19339**	**2070**	**53**	**831**	**52**
南宁市	57	364	3514	1013	2501	297	7	86	7
柳州市	9	145	1489	223	1266	175	6	67	4
桂林市	12	212	2481	392	2089	209	16	103	4
梧州市	3	67	882	110	772	86	2	38	6
北海市	1	20	499	72	427	27	1	10	2
防城港市	1	22	285	53	232	27		10	1
钦州市	16	106	1388	199	1189	102	4	47	1
贵港市	8	185	2151	301	1850	191	2	79	19
玉林市	6	139	3030	311	2719	178	7	72	
百色市	11	148	1389	227	1162	203	3	81	2
贺州市	7	136	988	110	878	65	1	23	
河池市	12	179	2184	261	1923	249	3	105	
来宾市	3	103	1391	153	1238	106		65	3
崇左市	5	132	1281	188	1093	155	1	45	3

4-4b 续表 20 单位：人

地 区 性 别	有农村土地承包经营权的人口							
	七、交通运输、仓储和邮政业					八、住宿和餐饮业		
	56.航空运输业	57.管道运输业	58.多式联运和运输代理业	59.装卸搬运和仓储业	60.邮政业	小计	61.住宿业	62.餐饮业
总 计	**20**	**2**	**208**	**2643**	**1669**	**14269**	**1446**	**12823**
南宁市	4	1	37	379	234	1764	131	1633
柳州市	2		10	194	120	1125	137	988
桂林市	7		16	193	154	1709	279	1430
梧州市			11	97	78	787	57	730
北海市			5	34	34	231	22	209
防城港市			8	64	20	219	21	198
钦州市	1		41	164	113	761	55	706
贵港市			19	191	199	1603	112	1491
玉林市	1	1	29	292	196	1673	96	1577
百色市	2		7	244	86	762	91	671
贺州市	1		3	118	78	842	94	748
河池市	1		2	337	163	1264	151	1113
来宾市			7	61	93	720	85	635
崇左市	1		13	275	101	809	115	694
男	**12**	**2**	**174**	**2034**	**1186**	**6743**	**534**	**6209**
南宁市	4	1	26	259	168	878	56	822
柳州市	1		9	133	85	493	39	454
桂林市	2		14	161	107	750	98	652
梧州市			9	81	56	414	24	390
北海市			4	32	23	114	8	106
防城港市			6	55	15	92	7	85
钦州市	1		36	140	92	389	23	366
贵港市			17	160	141	821	45	776
玉林市	1	1	27	256	135	875	45	830
百色市	1		6	153	62	315	26	289
贺州市	1		2	104	52	389	35	354
河池市	1		1	249	111	510	49	461
来宾市			5	54	64	315	36	279
崇左市			12	197	75	388	43	345
女	**8**		**34**	**609**	**483**	**7526**	**912**	**6614**
南宁市			11	120	66	886	75	811
柳州市	1		1	61	35	632	98	534
桂林市	5		2	32	47	959	181	778
梧州市			2	16	22	373	33	340
北海市			1	2	11	117	14	103
防城港市			2	9	5	127	14	113
钦州市			5	24	21	372	32	340
贵港市			2	31	58	782	67	715
玉林市			2	36	61	798	51	747
百色市	1		1	91	24	447	65	382
贺州市			1	14	26	453	59	394
河池市			1	88	52	754	102	652
来宾市			2	7	29	405	49	356
崇左市	1		1	78	26	421	72	349

4-4b 续表 21　　　　单位：人

地　区 性　别	有农村土地承包经营权的人口								
	九、信息传输、软件和信息技术服务业				十、金融业				
	小计	63.电信、广播电视和卫星传输服务	64.互联网和相关服务	65.软件和信息技术服务业	小计	66.货币金融服务	67.资本市场服务	68.保险业	69.其他金融业
总　计	**1597**	**796**	**523**	**278**	**1477**	**727**	**54**	**617**	**79**
南宁市	178	76	72	30	189	62	6	108	13
柳州市	131	77	38	16	113	55	10	40	8
桂林市	164	87	51	26	218	123	6	80	9
梧州市	71	35	26	10	63	36	3	18	6
北海市	19	10	7	2	25	12	1	12	
防城港市	14	9	2	3	15	8		7	
钦州市	87	32	27	28	61	32	2	25	2
贵港市	210	70	80	60	137	53	3	69	12
玉林市	200	103	64	33	230	106	9	101	14
百色市	94	43	35	16	86	53	2	29	2
贺州市	74	32	29	13	54	25	1	25	3
河池市	171	111	41	19	126	75	4	43	4
来宾市	104	61	31	12	80	37	5	35	3
崇左市	80	50	20	10	80	50	2	25	3
男	**1011**	**474**	**340**	**197**	**780**	**462**	**34**	**233**	**51**
南宁市	112	44	46	22	88	36	4	40	8
柳州市	81	44	24	13	58	32	8	13	5
桂林市	110	56	35	19	109	76	5	23	5
梧州市	43	19	15	9	38	24	2	6	6
北海市	11	6	3	2	10	7	1	2	
防城港市	12	8	2	2	11	6		5	
钦州市	59	20	21	18	36	22	1	12	1
贵港市	131	35	54	42	74	33	1	34	6
玉林市	129	61	45	23	125	76	6	33	10
百色市	49	20	17	12	43	33	1	7	2
贺州市	46	19	19	8	28	15	1	10	2
河池市	106	67	25	14	73	47	2	21	3
来宾市	67	42	18	7	38	20	2	14	2
崇左市	55	33	16	6	49	35		13	1
女	**586**	**322**	**183**	**81**	**697**	**265**	**20**	**384**	**28**
南宁市	66	32	26	8	101	26	2	68	5
柳州市	50	33	14	3	55	23	2	27	3
桂林市	54	31	16	7	109	47	1	57	4
梧州市	28	16	11	1	25	12	1	12	
北海市	8	4	4		15	5		10	
防城港市	2	1		1	4	2		2	
钦州市	28	12	6	10	25	10	1	13	1
贵港市	79	35	26	18	63	20	2	35	6
玉林市	71	42	19	10	105	30	3	68	4
百色市	45	23	18	4	43	20	1	22	
贺州市	28	13	10	5	26	10		15	1
河池市	65	44	16	5	53	28	2	22	1
来宾市	37	19	13	5	42	17	3	21	1
崇左市	25	17	4	4	31	15	2	12	2

4-4b 续表 22

单位：人

地 区 性 别	有农村土地承包经营权的人口								
	十一、房地产业		十二、租赁和商务服务业			十三、科学研究和技术服务业			
	小计	70.房地产业	小计	71.租赁业	72.商务服务业	小计	73.研究和试验发展	74.专业技术服务业	75.科技推广和应用服务业
总 计	**2468**	**2468**	**4734**	**400**	**4334**	**877**	**28**	**664**	**185**
南宁市	393	393	860	59	801	143	11	88	44
柳州市	195	195	330	36	294	51		41	10
桂林市	255	255	499	42	457	90	1	71	18
梧州市	96	96	170	18	152	50	1	37	12
北海市	50	50	77	10	67	17		13	4
防城港市	21	21	86	3	83	18		15	3
钦州市	107	107	317	33	284	83	4	51	28
贵港市	212	212	478	33	445	97	1	70	26
玉林市	355	355	555	53	502	102	5	88	9
百色市	142	142	378	24	354	44		35	9
贺州市	94	94	207	19	188	21		16	5
河池市	125	125	309	21	288	69	2	61	6
来宾市	220	220	187	24	163	41	2	33	6
崇左市	203	203	281	25	256	51	1	45	5
男	**1508**	**1508**	**3348**	**359**	**2989**	**616**	**15**	**475**	**126**
南宁市	260	260	613	55	558	92	4	55	33
柳州市	116	116	250	33	217	35		31	4
桂林市	144	144	328	31	297	63		52	11
梧州市	50	50	126	18	108	37	1	28	8
北海市	35	35	52	9	43	12		9	3
防城港市	14	14	69	3	66	14		12	2
钦州市	71	71	217	28	189	59	2	37	20
贵港市	126	126	326	29	297	67	1	48	18
玉林市	204	204	412	48	364	73	4	61	8
百色市	88	88	239	21	218	29		23	6
贺州市	61	61	146	19	127	14		10	4
河池市	66	66	230	19	211	54	2	48	4
来宾市	140	140	131	23	108	30		26	4
崇左市	133	133	209	23	186	37	1	35	1
女	**960**	**960**	**1386**	**41**	**1345**	**261**	**13**	**189**	**59**
南宁市	133	133	247	4	243	51	7	33	11
柳州市	79	79	80	3	77	16		10	6
桂林市	111	111	171	11	160	27	1	19	7
梧州市	46	46	44		44	13		9	4
北海市	15	15	25	1	24	5		4	1
防城港市	7	7	17		17	4		3	1
钦州市	36	36	100	5	95	24	2	14	8
贵港市	86	86	152	4	148	30		22	8
玉林市	151	151	143	5	138	29	1	27	1
百色市	54	54	139	3	136	15		12	3
贺州市	33	33	61		61	7		6	1
河池市	59	59	79	2	77	15		13	2
来宾市	80	80	56	1	55	11	2	7	2
崇左市	70	70	72	2	70	14		10	4

4-4b 续表 23　　　　单位：人

地区 性别	有农村土地承包经营权的人口								
	十四、水利、环境和公共设施管理业					十五、居民服务、修理和其他服务业			
	小计	76.水利管理业	77.生态保护和环境治理业	78.公共设施管理业	79.土地管理业	小计	80.居民服务业	81.机动车、电子产品和日用产品修理业	82.其他服务业
总　计	**1649**	**104**	**90**	**1425**	**30**	**11622**	**5912**	**3874**	**1836**
南宁市	210	15	9	185	1	1441	689	500	252
柳州市	159	7	11	138	3	961	537	282	142
桂林市	272	16	14	241	1	1073	496	382	195
梧州市	69	4	3	59	3	468	230	147	91
北海市	46	3		42	1	203	101	71	31
防城港市	30	2		28		165	80	55	30
钦州市	81	7		71	3	717	357	236	124
贵港市	87	7	6	74		1643	919	415	309
玉林市	157	8	14	126	9	1479	747	563	169
百色市	114	5	10	97	2	601	293	220	88
贺州市	57	1	9	45	2	498	212	201	85
河池市	171	6	5	157	3	1155	594	378	183
来宾市	111	18	7	84	2	629	328	232	69
崇左市	85	5	2	78		589	329	192	68
男	**832**	**77**	**64**	**663**	**28**	**5982**	**1982**	**3209**	**791**
南宁市	86	9	7	69	1	705	206	405	94
柳州市	69	4	5	57	3	437	143	239	55
桂林市	142	11	9	122		537	143	320	74
梧州市	41	3	3	33	2	261	86	131	44
北海市	25	3		21	1	104	32	61	11
防城港市	14	2		12		92	33	48	11
钦州市	50	7		40	3	398	150	188	60
贵港市	49	5	4	40		874	350	359	165
玉林市	111	8	11	83	9	801	259	468	74
百色市	56	4	6	44	2	323	121	171	31
贺州市	31	1	7	21	2	284	70	170	44
河池市	67	5	4	55	3	575	185	302	88
来宾市	56	11	6	37	2	296	82	195	19
崇左市	35	4	2	29		295	122	152	21
女	**817**	**27**	**26**	**762**	**2**	**5640**	**3930**	**665**	**1045**
南宁市	124	6	2	116		736	483	95	158
柳州市	90	3	6	81		524	394	43	87
桂林市	130	5	5	119	1	536	353	62	121
梧州市	28	1		26	1	207	144	16	47
北海市	21			21		99	69	10	20
防城港市	16			16		73	47	7	19
钦州市	31			31		319	207	48	64
贵港市	38	2	2	34		769	569	56	144
玉林市	46		3	43		678	488	95	95
百色市	58	1	4	53		278	172	49	57
贺州市	26		2	24		214	142	31	41
河池市	104	1	1	102		580	409	76	95
来宾市	55	7	1	47		333	246	37	50
崇左市	50	1		49		294	207	40	47

4-4b　续表 24　　　　单位：人

地　区 性　别	有农村土地承包经营权的人口									
	十六、教育		十七、卫生和社会工作			十八、文化、体育和娱乐业				
	小计	83.教育	小计	84.卫生	85.社会工作	小计	86.新闻和出版业	87.广播、电视、电影和录音制作业	88.文化艺术业	89.体育
总　计	**11057**	**11057**	**4831**	**4733**	**98**	**874**	**21**	**45**	**151**	**85**
南宁市	1250	1250	539	526	13	89	2	4	12	11
柳州市	549	549	309	306	3	98	4	2	12	10
桂林市	986	986	549	530	19	124	2	7	48	11
梧州市	678	678	187	187		42	3		7	2
北海市	182	182	96	94	2	13			3	1
防城港市	131	131	40	38	2	14		1	2	1
钦州市	619	619	299	289	10	40	1	4	6	9
贵港市	1558	1558	551	543	8	87	1	6	8	11
玉林市	1816	1816	613	607	6	90	1	6	16	13
百色市	609	609	311	298	13	64		4	11	1
贺州市	578	578	227	224	3	45		3	5	2
河池市	974	974	534	527	7	70	2	3	10	4
来宾市	534	534	302	295	7	63	2	4	7	7
崇左市	593	593	274	269	5	35	3	1	4	2
男	**3879**	**3879**	**1720**	**1691**	**29**	**510**	**15**	**29**	**84**	**47**
南宁市	461	461	210	207	3	46	2	3	7	4
柳州市	189	189	86	84	2	49	3	2	4	5
桂林市	309	309	183	178	5	70	2	7	26	7
梧州市	269	269	93	93		23	2		6	1
北海市	60	60	33	33		9			2	1
防城港市	54	54	20	20		8		1	1	
钦州市	216	216	124	120	4	26	1	3	2	5
贵港市	576	576	225	222	3	59		3	5	8
玉林市	595	595	254	252	2	53		3	10	6
百色市	224	224	81	78	3	39		1	9	
贺州市	213	213	84	81	3	27		1	2	2
河池市	302	302	144	143	1	42	1	3	4	2
来宾市	170	170	89	87	2	36	2	2	4	5
崇左市	241	241	94	93	1	23	2		2	1
女	**7178**	**7178**	**3111**	**3042**	**69**	**364**	**6**	**16**	**67**	**38**
南宁市	789	789	329	319	10	43		1	5	7
柳州市	360	360	223	222	1	49	1		8	5
桂林市	677	677	366	352	14	54			22	4
梧州市	409	409	94	94		19	1		1	1
北海市	122	122	63	61	2	4			1	
防城港市	77	77	20	18	2	6			1	1
钦州市	403	403	175	169	6	14		1	4	4
贵港市	982	982	326	321	5	28	1	3	3	3
玉林市	1221	1221	359	355	4	37	1	3	6	7
百色市	385	385	230	220	10	25		3	2	1
贺州市	365	365	143	143		18		2	3	
河池市	672	672	390	384	6	28	1		6	2
来宾市	364	364	213	208	5	27		2	3	2
崇左市	352	352	180	176	4	12	1	1	2	1

4-4b 续表 25 单位：人

地区 性别	有农村土地承包经营权的人口									
		十九、公共管理、社会保障和社会组织							二十、国际组织	
	90.娱乐业	小计	91.中国共产党机关	92.国家机构	93.人民政协、民主党派	94.社会保障	95.群众团体、社会团体和其他成员组织	96.基层群众自治组织	小计	97.国际组织
总 计	**572**	**7545**	**153**	**5455**	**9**	**52**	**314**	**1562**		
南宁市	60	781	11	507		11	66	186		
柳州市	70	497	9	370	1	1	17	99		
桂林市	56	811	20	655	4	5	48	79		
梧州市	30	385	7	258		4	7	109		
北海市	9	113	1	87			3	22		
防城港市	10	115	3	79			6	27		
钦州市	20	293	1	192	2	1	5	92		
贵港市	61	681	19	479	1	3	37	142		
玉林市	54	849	7	548		10	20	264		
百色市	48	627	21	440		4	61	101		
贺州市	35	396	6	274		4	13	99		
河池市	51	984	37	734	1	5	13	194		
来宾市	43	504	4	394			9	97		
崇左市	25	509	7	438		4	9	51		
男	**335**	**4945**	**101**	**3592**	**9**	**20**	**174**	**1049**		
南宁市	30	501	8	331		6	35	121		
柳州市	35	299	5	229	1	1	9	54		
桂林市	28	523	11	420	4	4	28	56		
梧州市	14	269	4	182		1	4	78		
北海市	6	71		53			2	16		
防城港市	6	83	3	54			6	20		
钦州市	15	215	1	147	2		3	62		
贵港市	43	449	10	327	1	2	17	92		
玉林市	34	596	6	394		3	12	181		
百色市	29	408	16	282			35	75		
贺州市	22	261	4	174		1	6	76		
河池市	32	620	26	466	1	2	8	117		
来宾市	23	321	3	253			3	62		
崇左市	18	329	4	280			6	39		
女	**237**	**2600**	**52**	**1863**		**32**	**140**	**513**		
南宁市	30	280	3	176		5	31	65		
柳州市	35	198	4	141			8	45		
桂林市	28	288	9	235		1	20	23		
梧州市	16	116	3	76		3	3	31		
北海市	3	42	1	34			1	6		
防城港市	4	32		25				7		
钦州市	5	78		45		1	2	30		
贵港市	18	232	9	152		1	20	50		
玉林市	20	253	1	154		7	8	83		
百色市	19	219	5	158		4	26	26		
贺州市	13	135	2	100		3	7	23		
河池市	19	364	11	268		3	5	77		
来宾市	20	183	1	141			6	35		
崇左市	7	180	3	158		4	3	12		

4-4b　续表 26　　　　单位：人

地区 性别	没有农村土地承包经营权的人口								
	合计	一、农、林、牧、渔业						二、采矿业	
		小计	1.农业	2.林业	3.畜牧业	4.渔业	5.农、林、牧、渔专业及辅助性活动	小计	6.煤炭开采和洗选业
总　计	**173207**	**11261**	**7576**	**888**	**1346**	**973**	**478**	**839**	**65**
南宁市	21003	1291	966	81	117	48	79	44	1
柳州市	15907	1107	785	138	67	68	49	28	
桂林市	19772	830	617	55	60	24	74	70	1
梧州市	8963	717	572	32	58	35	20	16	
北海市	7234	628	249	28	104	218	29	10	
防城港市	3815	325	94	29	17	161	24	12	
钦州市	15539	1006	560	82	126	221	17	16	
贵港市	9740	850	722	21	44	30	33	29	
玉林市	17746	1247	725	60	385	39	38	33	1
百色市	11596	882	654	92	90	15	31	162	41
贺州市	8323	574	447	39	49	22	17	53	
河池市	14581	591	263	122	140	36	30	303	19
来宾市	7238	507	368	36	51	38	14	32	
崇左市	11750	706	554	73	38	18	23	31	2
男	**91984**	**5730**	**3407**	**594**	**783**	**663**	**283**	**627**	**53**
南宁市	11015	639	454	42	68	31	44	36	1
柳州市	8519	600	395	99	35	46	25	25	
桂林市	10311	430	300	32	37	20	41	49	1
梧州市	4802	342	237	26	39	26	14	16	
北海市	3992	385	127	20	62	155	21	7	
防城港市	2247	183	40	19	10	100	14	10	
钦州市	8432	539	245	53	72	157	12	13	
贵港市	5066	367	284	16	23	22	22	25	
玉林市	9465	628	296	41	236	29	26	28	1
百色市	6032	386	261	50	49	10	16	116	32
贺州市	4368	276	193	29	33	10	11	42	
河池市	7711	294	107	85	63	22	17	215	17
来宾市	3721	275	188	24	32	25	6	21	
崇左市	6303	386	280	58	24	10	14	24	1
女	**81223**	**5531**	**4169**	**294**	**563**	**310**	**195**	**212**	**12**
南宁市	9988	652	512	39	49	17	35	8	
柳州市	7388	507	390	39	32	22	24	3	
桂林市	9461	400	317	23	23	4	33	21	
梧州市	4161	375	335	6	19	9	6		
北海市	3242	243	122	8	42	63	8	3	
防城港市	1568	142	54	10	7	61	10	2	
钦州市	7107	467	315	29	54	64	5	3	
贵港市	4674	483	438	5	21	8	11	4	
玉林市	8281	619	429	19	149	10	12	5	
百色市	5564	496	393	42	41	5	15	46	9
贺州市	3955	298	254	10	16	12	6	11	
河池市	6870	297	156	37	77	14	13	88	2
来宾市	3517	232	180	12	19	13	8	11	
崇左市	5447	320	274	15	14	8	9	7	1

4-4b 续表 27

单位：人

地区 性别	没有农村土地承包经营权的人口								
	二、采矿业						三、制造业		
	7.石油和天然气开采业	8.黑色金属矿采选业	9.有色金属矿采选业	10.非金属矿采选业	11.开采专业及辅助性活动	12.其他采矿业	小计	13.农副食品加工业	14.食品制造业
总　计	**42**	**70**	**350**	**228**	**45**	**39**	**20841**	**2855**	**764**
南宁市	1	2	15	22	1	2	2540	468	97
柳州市		2		20	3	3	2258	280	100
桂林市		4	10	50	2	3	1538	156	93
梧州市			1	12		3	1587	83	45
北海市		2		5	3		720	128	38
防城港市	1	2		6		3	499	107	12
钦州市				13	3		1881	236	82
贵港市		2		12	1	14	1806	99	42
玉林市		1	1	27	2	1	2500	106	94
百色市	39	27	23	10	20	2	923	155	19
贺州市	1	2	31	15		4	988	42	39
河池市		4	263	13	3	1	1100	151	30
来宾市		4	6	16	4	2	905	242	14
崇左市		18		7	3	1	1596	602	59
男	**28**	**49**	**248**	**181**	**38**	**30**	**11611**	**1718**	**337**
南宁市	1	2	14	16		2	1441	287	35
柳州市		2		18	3	2	1303	175	44
桂林市		3	7	34	1	3	865	85	40
梧州市			1	12		3	905	45	22
北海市		1		3	3		414	65	19
防城港市	1	2		4		3	350	66	5
钦州市				11	2		960	144	37
贵港市		1		10	1	13	921	56	22
玉林市		1	1	22	2	1	1208	61	41
百色市	25	15	17	8	18	1	547	80	9
贺州市	1	1	24	14		2	563	23	17
河池市		3	181	12	2		622	103	13
来宾市		3	3	12	3		524	153	5
崇左市		15		5	3		988	375	28
女	**14**	**21**	**102**	**47**	**7**	**9**	**9230**	**1137**	**427**
南宁市			1	6	1		1099	181	62
柳州市				2		1	955	105	56
桂林市		1	3	16	1		673	71	53
梧州市							682	38	23
北海市		1		2			306	63	19
防城港市				2			149	41	7
钦州市				2	1		921	92	45
贵港市		1		2		1	885	43	20
玉林市				5			1292	45	53
百色市	14	12	6	2	2	1	376	75	10
贺州市		1	7	1		2	425	19	22
河池市		1	82	1	1	1	478	48	17
来宾市		1	3	4	1	2	381	89	9
崇左市		3		2		1	608	227	31

4-4b 续表 28　　　　单位：人

地区 性别	没有农村土地承包经营权的人口								
	三、制造业								
	15.酒、饮料和精制茶制造业	16.烟草制品业	17.纺织业	18.纺织服装、服饰业	19.皮革、毛皮、羽毛及其制品和制鞋业	20.木材加工和木、竹、藤、棕、草制品业	21.家具制造业	22.造纸和纸制品业	23.印刷和记录媒介复制业
总　计	**503**	**28**	**740**	**1871**	**429**	**1590**	**323**	**452**	**191**
南宁市	111	3	72	167	56	202	33	152	15
柳州市	45	4	105	30	7	398	23	77	4
桂林市	46	1	23	64	22	104	42	32	28
梧州市	10		35	102	31	46	25	5	15
北海市	18		16	20	58	65	11	10	17
防城港市	2		4	5	1	12	7	1	1
钦州市	34		55	190	90	192	26	32	14
贵港市	37	1	37	754	37	101	16	13	12
玉林市	24	2	247	391	60	137	43	47	35
百色市	22		6	22	14	40	7	19	14
贺州市	48	13	16	43	16	39	16	9	19
河池市	75	1	62	38	9	79	23	6	7
来宾市	11	1	44	23	10	87	20	26	5
崇左市	20	2	18	22	18	88	31	23	5
男	**284**	**20**	**277**	**509**	**151**	**879**	**207**	**285**	**108**
南宁市	64	2	30	46	12	119	20	90	10
柳州市	22	4	23	6	4	197	17	47	3
桂林市	28		11	15	8	56	26	22	18
梧州市	5		11	23	16	27	16	4	8
北海市	10		11	4	26	37	8	6	11
防城港市	1		1	1		7	6	1	
钦州市	21		14	48	30	102	12	22	9
贵港市	24		12	281	11	58	12	9	7
玉林市	13	2	126	49	20	75	30	37	18
百色市	13		2	4	8	27	3	8	6
贺州市	24	10	7	19	4	26	10	4	10
河池市	41	1	17	7	5	46	14	1	4
来宾市	6		7	3	1	49	12	19	2
崇左市	12	1	5	3	6	53	21	15	2
女	**219**	**8**	**463**	**1362**	**278**	**711**	**116**	**167**	**83**
南宁市	47	1	42	121	44	83	13	62	5
柳州市	23		82	24	3	201	6	30	1
桂林市	18	1	12	49	14	48	16	10	10
梧州市	5		24	79	15	19	9	1	7
北海市	8		5	16	32	28	3	4	6
防城港市	1		3	4	1	5	1		1
钦州市	13		41	142	60	90	14	10	5
贵港市	13	1	25	473	26	43	4	4	5
玉林市	11		121	342	40	62	13	10	17
百色市	9		4	18	6	13	4	11	8
贺州市	24	3	9	24	12	13	6	5	9
河池市	34		45	31	4	33	9	5	3
来宾市	5	1	37	20	9	38	8	7	3
崇左市	8	1	13	19	12	35	10	8	3

4-4b 续表 29　　　　单位：人

地 区 性 别	没有农村土地承包经营权的人口								
	三、制造业								
	24.文教、工美、体育和娱乐用品制造业	25.石油、煤炭及其他燃料加工业	26.化学原料和化学制品制造业	27.医药制造业	28.化学纤维制造业	29.橡胶和塑料制品业	30.非金属矿 物制品业	31.黑色金属冶炼和压延加工业	32.有色金属冶炼和压延加工业
总 计	**697**	**60**	**559**	**340**	**5**	**528**	**1921**	**590**	**711**
南宁市	52	1	101	52	1	81	357	8	9
柳州市	43	2	62	33	1	31	134	14	5
桂林市	34	3	33	92	1	105	131	11	35
梧州市	110		66	37	1	21	308	4	10
北海市	23		20	5		20	58	4	
防城港市	3		14	5		7	35	48	88
钦州市	113	36	67	38		34	111	46	17
贵港市	35		20	3		47	156	4	3
玉林市	152	1	23	26		65	121	61	48
百色市	29	10	44	10		13	83	5	231
贺州市	34		13	2		34	161	71	12
河池市	39	5	19	12	1	14	73	4	143
来宾市	6	1	40	17		10	78	86	57
崇左市	24	1	37	8		46	115	224	53
男	**231**	**42**	**375**	**141**	**4**	**317**	**1335**	**433**	**525**
南宁市	15	1	63	23		48	246	6	6
柳州市	13	1	44	15	1	13	87	12	3
桂林市	14	2	17	36	1	63	90	10	24
梧州市	36		51	15	1	16	215	3	9
北海市	8		12	2		13	39	4	
防城港市	3		9	2		6	27	35	65
钦州市	25	28	52	14		21	71	36	12
贵港市	16		15	2		22	119	2	2
玉林市	54		18	12		40	77	52	37
百色市	12	5	32	4		8	58	4	164
贺州市	16		4	1		27	103	66	6
河池市	10	3	13	6	1	8	55	3	108
来宾市	1	1	21	7		6	55	60	44
崇左市	8	1	24	2		26	93	140	45
女	**466**	**18**	**184**	**199**	**1**	**211**	**586**	**157**	**186**
南宁市	37		38	29	1	33	111	2	3
柳州市	30	1	18	18		18	47	2	2
桂林市	20	1	16	56		42	41	1	11
梧州市	74		15	22		5	93	1	1
北海市	15		8	3		7	19		
防城港市			5	3		1	8	13	23
钦州市	88	8	15	24		13	40	10	5
贵港市	19		5	1		25	37	2	1
玉林市	98	1	5	14		25	44	9	11
百色市	17	5	12	6		5	25	1	67
贺州市	18		9	1		7	58	5	6
河池市	29	2	6	6		6	18	1	35
来宾市	5		19	10		4	23	26	13
崇左市	16		13	6		20	22	84	8

4-4b　续表 30　　　　　　　　　　　　　　　　　　　　　　　　　　　　单位：人

地　区 性　别	没有农村土地承包经营权的人口								
	三、制造业								
	33.金属制品业	34.通用设备制造业	35.专用设备制造业	36.汽车制造业	37.铁路、船舶、航空航天和其他运输设备制造业	38.电气机械和器材制造业	39.计算机、通信和其他电子设备制造业	40.仪器仪表制造业	41.其他制造业
总　计	**843**	**426**	**457**	**485**	**188**	**497**	**2112**	**75**	**147**
南宁市	83	39	36	4	13	54	188	7	19
柳州市	100	58	53	384	92	25	77	4	21
桂林市	60	64	59	18	12	66	163	14	8
梧州市	112	32	49	16	29	99	249	2	9
北海市	27	14	37	7	5	14	67	1	9
防城港市	15	17	12		2	6	37	29	5
钦州市	74	27	42	5	8	37	212	3	11
贵港市	79	30	25	6	9	50	153	2	16
玉林市	86	56	54	14	4	69	483	6	15
百色市	35	18	23	2	8	13	59	1	2
贺州市	67	34	27	1	1	24	179	1	10
河池市	42	14	16	9	1	21	133		13
来宾市	7	3	11	16	1	12	47	2	2
崇左市	56	20	13	3	3	7	65	3	7
男	**602**	**288**	**276**	**320**	**134**	**310**	**995**	**48**	**80**
南宁市	69	33	25	4	10	34	85	3	8
柳州市	75	42	34	246	57	15	47	3	10
桂林市	40	46	36	16	11	45	78	5	5
梧州市	80	22	31	9	27	63	117	2	3
北海市	21	7	20	7	4	10	39		5
防城港市	12	15	8		1	4	22	27	5
钦州市	54	12	18	4	5	27	94	2	10
贵港市	57	25	14	4	7	29	88	1	11
玉林市	55	40	37	8	4	37	227	1	9
百色市	21	10	11	2	4	6	27	1	2
贺州市	44	11	20	1	1	12	78	1	5
河池市	26	10	5	6	1	17	42		6
来宾市	5	2	8	12		6	17	1	
崇左市	43	13	9	1	2	5	34	1	1
女	**241**	**138**	**181**	**165**	**54**	**187**	**1117**	**27**	**67**
南宁市	14	6	11		3	20	103	4	11
柳州市	25	16	19	138	35	10	30	1	11
桂林市	20	18	23	2	1	21	85	9	3
梧州市	32	10	18	7	2	36	132		6
北海市	6	7	17		1	4	28	1	4
防城港市	3	2	4		1	2	15	2	
钦州市	20	15	24	1	3	10	118	1	1
贵港市	22	5	11	2	2	21	65	1	5
玉林市	31	16	17	6		32	256	5	6
百色市	14	8	12		4	7	32		
贺州市	23	23	7			12	101		5
河池市	16	4	11	3		4	91		7
来宾市	2	1	3	4	1	6	30	1	2
崇左市	13	7	4	2	1	2	31	2	6

4-4b 续表 31

单位：人

地区 性别	没有农村土地承包经营权的人口								
	三、制造业		四、电力、热力、燃气及水生产和供应业				五、建筑业		
	42.废弃资源综合利用业	43.金属制品、机械和设备修理业	小计	44.电力、热力生产和供应业	45.燃气生产和供应业	46.水的生产和供应业	小计	47.房屋建筑业	48.土木工程建筑业
总 计	**89**	**365**	**2753**	**2090**	**220**	**443**	**15923**	**8260**	**1609**
南宁市	15	44	214	139	28	47	1958	888	165
柳州市	1	45	283	220	32	31	1426	655	124
桂林市		18	394	296	24	74	1620	842	149
梧州市	15	21	138	102	12	24	637	306	36
北海市	7	21	64	44	9	11	515	259	33
防城港市	4	20	48	38	3	7	525	160	257
钦州市	8	41	193	152	16	25	1870	1029	155
贵港市		19	58	38	12	8	806	400	77
玉林市	4	26	182	140	11	31	1780	1064	60
百色市		19	286	239	17	30	1122	655	102
贺州市	8	9	146	104	15	27	826	512	56
河池市	13	47	359	296	14	49	1304	719	214
来宾市	7	19	133	99	6	28	553	288	59
崇左市	7	16	255	183	21	51	981	483	122
男	**61**	**319**	**1888**	**1483**	**136**	**269**	**12685**	**6366**	**1360**
南宁市	10	37	137	95	11	31	1524	687	135
柳州市	1	42	197	158	18	21	1135	495	110
桂林市		17	256	199	14	43	1290	661	117
梧州市	10	18	98	73	7	18	513	221	34
北海市	6	20	47	33	7	7	425	216	23
防城港市	4	17	30	25	3	2	434	112	226
钦州市	5	31	137	106	13	18	1556	829	134
贵港市		15	46	32	9	5	650	312	65
玉林市	3	25	133	111	7	15	1535	917	51
百色市		16	190	164	10	16	772	415	81
贺州市	5	8	111	81	11	19	633	383	47
河池市	8	42	252	217	10	25	1019	535	188
来宾市	4	17	85	65	4	16	443	223	46
崇左市	5	14	169	124	12	33	756	360	103
女	**28**	**46**	**865**	**607**	**84**	**174**	**3238**	**1894**	**249**
南宁市	5	7	77	44	17	16	434	201	30
柳州市		3	86	62	14	10	291	160	14
桂林市		1	138	97	10	31	330	181	32
梧州市	5	3	40	29	5	6	124	85	2
北海市	1	1	17	11	2	4	90	43	10
防城港市		3	18	13		5	91	48	31
钦州市	3	10	56	46	3	7	314	200	21
贵港市		4	12	6	3	3	156	88	12
玉林市	1	1	49	29	4	16	245	147	9
百色市		3	96	75	7	14	350	240	21
贺州市	3	1	35	23	4	8	193	129	9
河池市	5	5	107	79	4	24	285	184	26
来宾市	3	2	48	34	2	12	110	65	13
崇左市	2	2	86	59	9	18	225	123	19

4-4b　续表 32　　　　单位：人

地　区 性　别	没有农村土地承包经营权的人口								
	五、建筑业		六、批发和零售业			七、交通运输、仓储和邮政业			
	49.建筑安装业	50.建筑装饰、装修和其他建筑业	小计	51.批发业	52.零售业	小计	53.铁路运输业	54.道路运输业	55.水上运输业
总　计	**960**	**5094**	**30838**	**4894**	**25944**	**9508**	**351**	**5653**	**664**
南宁市	157	748	4319	767	3552	1012	40	551	113
柳州市	93	554	2567	421	2146	871	75	582	12
桂林市	97	532	3686	653	3033	1053	89	659	28
梧州市	42	253	1483	164	1319	559	2	229	220
北海市	40	183	1797	398	1399	496	16	356	12
防城港市	20	88	597	114	483	253	1	131	7
钦州市	126	560	2816	356	2460	1019	33	547	14
贵港市	50	279	1761	237	1524	622	5	305	164
玉林市	86	570	3240	400	2840	968	32	712	16
百色市	68	297	1746	319	1427	621	26	349	8
贺州市	29	229	1371	196	1175	383	6	250	8
河池市	79	292	2201	300	1901	689	13	444	2
来宾市	26	180	1158	172	986	374	3	238	56
崇左市	47	329	2096	397	1699	588	10	300	4
男	**861**	**4098**	**13028**	**2728**	**10300**	**7683**	**275**	**4851**	**539**
南宁市	134	568	1882	414	1468	803	32	470	86
柳州市	86	444	1065	237	828	720	62	501	10
桂林市	86	426	1539	379	1160	826	63	547	16
梧州市	41	217	645	99	546	494	2	208	203
北海市	38	148	862	229	633	424	11	327	7
防城港市	19	77	241	60	181	206	1	111	7
钦州市	118	475	1184	194	990	856	30	490	9
贵港市	44	229	824	136	688	509	3	271	119
玉林市	78	489	1458	254	1204	835	27	640	13
百色市	56	220	702	174	528	434	20	270	8
贺州市	26	177	540	85	455	308	2	219	6
河池市	70	226	811	165	646	532	10	360	2
来宾市	22	152	444	96	348	279	3	178	50
崇左市	43	250	831	206	625	457	9	259	3
女	**99**	**996**	**17810**	**2166**	**15644**	**1825**	**76**	**802**	**125**
南宁市	23	180	2437	353	2084	209	8	81	27
柳州市	7	110	1502	184	1318	151	13	81	2
桂林市	11	106	2147	274	1873	227	26	112	12
梧州市	1	36	838	65	773	65		21	17
北海市	2	35	935	169	766	72	5	29	5
防城港市	1	11	356	54	302	47		20	
钦州市	8	85	1632	162	1470	163	3	57	5
贵港市	6	50	937	101	836	113	2	34	45
玉林市	8	81	1782	146	1636	133	5	72	3
百色市	12	77	1044	145	899	187	6	79	
贺州市	3	52	831	111	720	75	4	31	2
河池市	9	66	1390	135	1255	157	3	84	
来宾市	4	28	714	76	638	95		60	6
崇左市	4	79	1265	191	1074	131	1	41	1

4-4b 续表 33

单位：人

地 区 性 别	没有农村土地承包经营权的人口							
	七、交通运输、仓储和邮政业					八、住宿和餐饮业		
	56.航空运输业	57.管道运输业	58.多式联运和运输代理业	59.装卸搬运和仓储业	60.邮政业	小计	61.住宿业	62.餐饮业
总 计	**22**		**193**	**1213**	**1412**	**9852**	**1319**	**8533**
南宁市	1		31	110	166	1246	114	1132
柳州市			8	67	127	991	143	848
桂林市	11		15	80	171	1288	284	1004
梧州市			7	38	63	544	43	501
北海市	1		6	59	46	346	32	314
防城港市			16	68	30	251	22	229
钦州市	2		52	239	132	848	84	764
贵港市			13	66	69	525	31	494
玉林市	2		17	75	114	946	92	854
百色市			3	127	108	612	98	514
贺州市			10	36	73	475	71	404
河池市			2	75	153	816	145	671
来宾市	1		1	16	59	358	62	296
崇左市	4		12	157	101	606	98	508
男	**17**		**143**	**894**	**964**	**4326**	**496**	**3830**
南宁市	1		24	76	114	554	36	518
柳州市			6	55	86	420	49	371
桂林市	8		12	63	117	529	114	415
梧州市			5	31	45	244	15	229
北海市	1		3	43	32	182	10	172
防城港市			11	53	23	107	7	100
钦州市	2		35	198	92	386	42	344
贵港市			10	56	50	254	11	243
玉林市	1		14	61	79	466	36	430
百色市			3	58	75	246	33	213
贺州市			8	27	46	180	29	151
河池市			1	55	104	346	50	296
来宾市	1		1	14	32	141	22	119
崇左市	3		10	104	69	271	42	229
女	**5**		**50**	**319**	**448**	**5526**	**823**	**4703**
南宁市			7	34	52	692	78	614
柳州市			2	12	41	571	94	477
桂林市	3		3	17	54	759	170	589
梧州市			2	7	18	300	28	272
北海市			3	16	14	164	22	142
防城港市			5	15	7	144	15	129
钦州市			17	41	40	462	42	420
贵港市			3	10	19	271	20	251
玉林市	1		3	14	35	480	56	424
百色市				69	33	366	65	301
贺州市			2	9	27	295	42	253
河池市			1	20	49	470	95	375
来宾市				2	27	217	40	177
崇左市	1		2	53	32	335	56	279

4-4b 续表 34 单位：人

地区 性别	没有农村土地承包经营权的人口								
	九、信息传输、软件和信息技术服务业				十、金融业				
	小计	63.电信、广播电视和卫星传输服务	64.互联网和相关服务	65.软件和信息技术服务业	小计	66.货币金融服务	67.资本市场服务	68.保险业	69.其他金融业
总 计	**2063**	**1169**	**522**	**372**	**3076**	**1958**	**89**	**852**	**177**
南宁市	237	119	62	56	350	180	15	115	40
柳州市	234	144	68	22	280	187	14	68	11
桂林市	282	156	59	67	546	361	13	149	23
梧州市	106	52	32	22	111	75	5	23	8
北海市	90	36	35	19	118	60	2	48	8
防城港市	31	16	13	2	37	25		12	
钦州市	166	89	51	26	172	90	3	60	19
贵港市	118	53	29	36	97	62	2	28	5
玉林市	159	92	35	32	337	197	9	114	17
百色市	121	75	25	21	228	169	4	48	7
贺州市	110	54	30	26	136	81	2	36	17
河池市	191	141	37	13	291	215	5	58	13
来宾市	84	54	18	12	148	104	5	36	3
崇左市	134	88	28	18	225	152	10	57	6
男	**1242**	**637**	**344**	**261**	**1524**	**1066**	**50**	**310**	**98**
南宁市	139	65	41	33	171	105	8	35	23
柳州市	134	69	47	18	128	92	10	20	6
桂林市	186	89	45	52	270	186	7	66	11
梧州市	75	32	23	20	60	43	4	8	5
北海市	48	17	18	13	52	29	2	16	5
防城港市	18	7	10	1	19	12		7	
钦州市	101	51	35	15	83	47	3	25	8
贵港市	73	27	20	26	45	31	2	8	4
玉林市	93	47	22	24	173	114	3	44	12
百色市	64	38	13	13	116	94	3	15	4
贺州市	75	35	21	19	71	51	1	10	9
河池市	110	79	22	9	157	126	1	22	8
来宾市	40	24	9	7	79	61	3	13	2
崇左市	86	57	18	11	100	75	3	21	1
女	**821**	**532**	**178**	**111**	**1552**	**892**	**39**	**542**	**79**
南宁市	98	54	21	23	179	75	7	80	17
柳州市	100	75	21	4	152	95	4	48	5
桂林市	96	67	14	15	276	175	6	83	12
梧州市	31	20	9	2	51	32	1	15	3
北海市	42	19	17	6	66	31		32	3
防城港市	13	9	3	1	18	13		5	
钦州市	65	38	16	11	89	43		35	11
贵港市	45	26	9	10	52	31		20	1
玉林市	66	45	13	8	164	83	6	70	5
百色市	57	37	12	8	112	75	1	33	3
贺州市	35	19	9	7	65	30	1	26	8
河池市	81	62	15	4	134	89	4	36	5
来宾市	44	30	9	5	69	43	2	23	1
崇左市	48	31	10	7	125	77	7	36	5

4-4b 续表 35 单位：人

地 区 性 别	没有农村土地承包经营权的人口								
	十一、房地产业		十二、租赁和商务服务业			十三、科学研究和技术服务业			
	小计	70.房地产业	小计	71.租赁业	72.商务服务业	小计	73.研究和试验发展	74.专业技术服务业	75.科技推广和应用服务业
总 计	**2425**	**2425**	**4872**	**191**	**4681**	**1301**	**62**	**996**	**243**
南宁市	338	338	658	22	636	165	11	110	44
柳州市	202	202	389	15	374	113	4	89	20
桂林市	361	361	779	26	753	189	9	161	19
梧州市	135	135	163	4	159	73	4	50	19
北海市	138	138	224	16	208	57	1	42	14
防城港市	39	39	136	4	132	38	1	32	5
钦州市	238	238	521	26	495	132	4	94	34
贵港市	118	118	199	4	195	46		42	4
玉林市	276	276	508	16	492	128	6	91	31
百色市	102	102	400	16	384	93	1	72	20
贺州市	73	73	194	4	190	65	5	55	5
河池市	123	123	312	9	303	79	1	69	9
来宾市	92	92	149	7	142	44	6	29	9
崇左市	190	190	240	22	218	79	9	60	10
男	**1263**	**1263**	**2977**	**162**	**2815**	**903**	**41**	**683**	**179**
南宁市	177	177	390	20	370	111	9	73	29
柳州市	101	101	240	13	227	76	3	60	13
桂林市	173	173	448	18	430	132	6	113	13
梧州市	59	59	106	4	102	52	2	35	15
北海市	77	77	141	14	127	39	1	28	10
防城港市	25	25	92	3	89	28	1	23	4
钦州市	133	133	334	22	312	94	2	65	27
贵港市	51	51	126	4	122	26		24	2
玉林市	154	154	328	14	314	92	3	64	25
百色市	51	51	228	14	214	65	1	49	15
贺州市	35	35	109	4	105	50	5	42	3
河池市	65	65	205	7	198	53		45	8
来宾市	54	54	78	5	73	32	3	22	7
崇左市	108	108	152	20	132	53	5	40	8
女	**1162**	**1162**	**1895**	**29**	**1866**	**398**	**21**	**313**	**64**
南宁市	161	161	268	2	266	54	2	37	15
柳州市	101	101	149	2	147	37	1	29	7
桂林市	188	188	331	8	323	57	3	48	6
梧州市	76	76	57		57	21	2	15	4
北海市	61	61	83	2	81	18		14	4
防城港市	14	14	44	1	43	10		9	1
钦州市	105	105	187	4	183	38	2	29	7
贵港市	67	67	73		73	20		18	2
玉林市	122	122	180	2	178	36	3	27	6
百色市	51	51	172	2	170	28		23	5
贺州市	38	38	85		85	15		13	2
河池市	58	58	107	2	105	26	1	24	1
来宾市	38	38	71	2	69	12	3	7	2
崇左市	82	82	88	2	86	26	4	20	2

4-4b 续表 36

单位：人

地区 性别	没有农村土地承包经营权的人口								
	十四、水利、环境和公共设施管理业					十五、居民服务、修理和其他服务业			
	小计	76.水利管理业	77.生态保护和环境治理业	78.公共设施管理业	79.土地管理业	小计	80.居民服务业	81.机动车、电子产品和日用产品修理业	82.其他服务业
总计	**1093**	**179**	**55**	**831**	**28**	**7383**	**4321**	**1971**	**1091**
南宁市	125	35	3	83	4	951	518	234	199
柳州市	91	6	8	75	2	926	606	216	104
桂林市	182	22	6	151	3	724	422	189	113
梧州市	44	10	2	29	3	353	196	96	61
北海市	58	12		44	2	305	159	84	62
防城港市	27	8	3	15	1	187	122	43	22
钦州市	87	8	2	75	2	719	395	214	110
贵港市	31	8	1	22		487	316	96	75
玉林市	94	24	9	57	4	715	450	222	43
百色市	86	10	7	68	1	365	194	101	70
贺州市	46	13	3	29	1	339	178	89	72
河池市	104	9	2	89	4	588	329	180	79
来宾市	47	9	5	32	1	258	159	72	27
崇左市	71	5	4	62		466	277	135	54
男	**603**	**129**	**42**	**411**	**21**	**3184**	**1177**	**1606**	**401**
南宁市	76	31	3	40	2	385	132	190	63
柳州市	48	4	5	38	1	357	142	189	26
桂林市	110	16	6	85	3	313	114	154	45
梧州市	32	8	2	19	3	156	52	77	27
北海市	30	6		22	2	150	57	75	18
防城港市	13	7	1	5		82	34	39	9
钦州市	41	5	1	33	2	345	128	170	47
贵港市	16	4		12		217	105	78	34
玉林市	57	19	7	29	2	316	122	179	15
百色市	45	7	5	33		154	57	74	23
贺州市	29	9	3	16	1	140	37	70	33
河池市	47	4	2	37	4	241	73	137	31
来宾市	26	7	4	14	1	108	39	62	7
崇左市	33	2	3	28		220	85	112	23
女	**490**	**50**	**13**	**420**	**7**	**4199**	**3144**	**365**	**690**
南宁市	49	4		43	2	566	386	44	136
柳州市	43	2	3	37	1	569	464	27	78
桂林市	72	6		66		411	308	35	68
梧州市	12	2		10		197	144	19	34
北海市	28	6		22		155	102	9	44
防城港市	14	1	2	10	1	105	88	4	13
钦州市	46	3	1	42		374	267	44	63
贵港市	15	4	1	10		270	211	18	41
玉林市	37	5	2	28	2	399	328	43	28
百色市	41	3	2	35	1	211	137	27	47
贺州市	17	4		13		199	141	19	39
河池市	57	5		52		347	256	43	48
来宾市	21	2	1	18		150	120	10	20
崇左市	38	3	1	34		246	192	23	31

4-4b 续表 37

单位：人

地区 性别	没有农村土地承包经营权的人口									
	十六、教育		十七、卫生和社会工作			十八、文化、体育和娱乐业				
	小计	83.教育	小计	84.卫生	85.社会工作	小计	86.新闻和出版业	87.广播、电视、电影和录音制作业	88.文化艺术业	89.体育
总 计	**19752**	**19752**	**8929**	**8818**	**111**	**1168**	**65**	**111**	**269**	**98**
南宁市	2431	2431	1108	1090	18	107	10	11	24	12
柳州市	1378	1378	714	709	5	129	7	16	33	7
桂林市	2221	2221	1089	1079	10	195	16	18	62	14
梧州市	1030	1030	441	441		71	2	5	12	3
北海市	763	763	348	339	9	69	6	7	12	8
防城港市	302	302	127	127		24	4	1	1	
钦州市	1850	1850	908	889	19	81	4	5	18	9
贵港市	1078	1078	384	378	6	47	1	4	7	6
玉林市	2300	2300	850	844	6	94	4	10	18	7
百色市	1284	1284	638	625	13	77	1	6	22	6
贺州市	971	971	435	433	2	53	3	5	10	4
河池市	2018	2018	865	856	9	98	3	10	23	11
来宾市	858	858	429	417	12	52	2	6	7	3
崇左市	1268	1268	593	591	2	71	2	7	20	8
男	**6936**	**6936**	**2824**	**2789**	**35**	**637**	**29**	**73**	**129**	**43**
南宁市	937	937	362	356	6	52	4	9	12	4
柳州市	469	469	205	203	2	72	2	6	18	3
桂林市	710	710	346	341	5	104	8	13	29	4
梧州市	357	357	137	137		38	1	2	2	1
北海市	234	234	118	117	1	43	4	5	6	6
防城港市	120	120	50	50		14	2	1	1	
钦州市	602	602	327	319	8	44	1	4	12	1
贵港市	327	327	132	130	2	30	1	4	3	4
玉林市	731	731	296	296		53	1	8	11	2
百色市	525	525	175	172	3	46	1	4	9	4
贺州市	353	353	132	132		29		4	4	2
河池市	789	789	250	247	3	52	1	7	10	7
来宾市	301	301	122	118	4	25	2	3	4	2
崇左市	481	481	172	171	1	35	1	3	8	3
女	**12816**	**12816**	**6105**	**6029**	**76**	**531**	**36**	**38**	**140**	**55**
南宁市	1494	1494	746	734	12	55	6	2	12	8
柳州市	909	909	509	506	3	57	5	10	15	4
桂林市	1511	1511	743	738	5	91	8	5	33	10
梧州市	673	673	304	304		33	1	3	10	2
北海市	529	529	230	222	8	26	2	2	6	2
防城港市	182	182	77	77		10	2			
钦州市	1248	1248	581	570	11	37	3	1	6	8
贵港市	751	751	252	248	4	17			4	2
玉林市	1569	1569	554	548	6	41	3	2	7	5
百色市	759	759	463	453	10	31		2	13	2
贺州市	618	618	303	301	2	24	3	1	6	2
河池市	1229	1229	615	609	6	46	2	3	13	4
来宾市	557	557	307	299	8	27		3	3	1
崇左市	787	787	421	420	1	36	1	4	12	5

4-4b 续表 38

单位：人

地区 性别	没有农村土地承包经营权的人口									
		十九、公共管理、社会保障和社会组织							二十、国际组织	
	90.娱乐业	小计	91.中国共产党机关	92.国家机构	93.人民政协、民主党派	94.社会保障	95.群众团体、社会团体和其他成员组织	96.基层群众自治组织	小计	97.国际组织
总计	**625**	**19330**	**570**	**17406**	**72**	**148**	**557**	**577**		
南宁市	50	1909	43	1664	7	31	91	73		
柳州市	66	1920	45	1772	4	10	40	49		
桂林市	85	2725	71	2431	16	15	147	45		
梧州市	49	755	25	659	2	15	12	42		
北海市	36	488	7	454		5	4	18		
防城港市	18	357	18	315			10	14		
钦州市	45	1016	14	903	5	9	20	65		
贵港市	29	678	20	595	2	4	19	38		
玉林市	55	1389	27	1237	3	23	23	76		
百色市	42	1848	91	1603	8	11	81	54		
贺州市	31	1085	7	1017	6	10	20	25		
河池市	51	2549	141	2301	9	3	56	39		
来宾市	34	1057	25	992	2	5	17	16		
崇左市	34	1554	36	1463	8	7	17	23		
男	**363**	**12313**	**362**	**11299**	**36**	**45**	**271**	**300**		
南宁市	23	1199	30	1084	2	13	39	31		
柳州市	43	1224	22	1150	2	3	22	25		
桂林市	50	1735	51	1574	10	5	79	16		
梧州市	32	473	18	421	2	3	5	24		
北海市	22	314	5	296		2	2	9		
防城港市	10	225	7	205			5	8		
钦州市	26	697	11	627	2	3	10	44		
贵港市	18	427	13	385			10	19		
玉林市	31	881	17	812	1	3	10	38		
百色市	28	1170	62	1030	5	2	42	29		
贺州市	19	692	4	662	1	4	9	12		
河池市	27	1651	88	1513	5	2	19	24		
来宾市	14	644	15	611		1	9	8		
崇左市	20	981	19	929	6	4	10	13		
女	**262**	**7017**	**208**	**6107**	**36**	**103**	**286**	**277**		
南宁市	27	710	13	580	5	18	52	42		
柳州市	23	696	23	622	2	7	18	24		
桂林市	35	990	20	857	6	10	68	29		
梧州市	17	282	7	238		12	7	18		
北海市	14	174	2	158		3	2	9		
防城港市	8	132	11	110			5	6		
钦州市	19	319	3	276	3	6	10	21		
贵港市	11	251	7	210	2	4	9	19		
玉林市	24	508	10	425	2	20	13	38		
百色市	14	678	29	573	3	9	39	25		
贺州市	12	393	3	355	5	6	11	13		
河池市	24	898	53	788	4	1	37	15		
来宾市	20	413	10	381	2	4	8	8		
崇左市	14	573	17	534	2	3	7	10		

4-4c 各地区分性别、行业大类的就业人口（乡村）

单位：人

地区 性别	合计	一、农、林、牧、渔业						二、采矿业	
	合计	小计	1.农业	2.林业	3.畜牧业	4.渔业	5.农、林、牧、渔专业及辅助性活动	小计	6.煤炭开采和洗选业
总　计	**912209**	**525736**	**454157**	**16536**	**43580**	**7662**	**3801**	**2955**	**187**
南宁市	118326	72490	65547	1366	4299	489	789	387	17
柳州市	55527	35284	30640	2158	2057	168	261	95	2
桂林市	100631	64329	58929	1429	2817	253	901	339	1
梧州市	39752	21627	19928	555	916	169	59	213	
北海市	36373	18883	13642	294	1307	3404	236	123	
防城港市	15705	7114	5104	514	528	891	77	44	2
钦州市	64287	32600	28584	748	2059	999	210	88	3
贵港市	77992	36906	34590	446	1524	242	104	99	1
玉林市	96091	38266	30696	906	6052	333	279	145	2
百色市	89316	54558	45433	2375	6186	186	378	557	76
贺州市	39134	21231	18979	887	1035	147	183	130	
河池市	71675	42123	28079	2743	10946	203	152	406	43
来宾市	48506	35412	31142	1055	3012	66	137	234	40
崇左市	58894	44913	42864	1060	842	112	35	95	
男	**533565**	**279406**	**236019**	**11372**	**24408**	**5465**	**2142**	**2497**	**167**
南宁市	67601	37781	33511	982	2457	380	451	364	16
柳州市	32776	19323	16426	1530	1088	126	153	86	2
桂林市	59002	35744	32469	1001	1655	193	426	254	1
梧州市	24175	11969	10765	450	580	134	40	195	
北海市	21660	10560	7107	222	792	2316	123	104	
防城港市	10336	4236	2889	361	359	573	54	38	2
钦州市	39480	17871	14946	628	1405	757	135	77	3
贵港市	44978	18871	17273	350	997	185	66	82	
玉林市	58105	19986	15196	719	3633	268	170	133	2
百色市	50303	27852	22805	1407	3301	133	206	415	61
贺州市	23032	11037	9534	625	671	109	98	113	
河池市	41158	21095	13771	1633	5438	145	108	354	41
来宾市	28189	19345	16871	799	1530	58	87	203	39
崇左市	32770	23736	22456	665	502	88	25	79	
女	**378644**	**246330**	**218138**	**5164**	**19172**	**2197**	**1659**	**458**	**20**
南宁市	50725	34709	32036	384	1842	109	338	23	1
柳州市	22751	15961	14214	628	969	42	108	9	
桂林市	41629	28585	26460	428	1162	60	475	85	
梧州市	15577	9658	9163	105	336	35	19	18	
北海市	14713	8323	6535	72	515	1088	113	19	
防城港市	5369	2878	2215	153	169	318	23	6	
钦州市	24807	14729	13638	120	654	242	75	11	
贵港市	33014	18035	17317	96	527	57	38	17	1
玉林市	37986	18280	15500	187	2419	65	109	12	
百色市	39013	26706	22628	968	2885	53	172	142	15
贺州市	16102	10194	9445	262	364	38	85	17	
河池市	30517	21028	14308	1110	5508	58	44	52	2
来宾市	20317	16067	14271	256	1482	8	50	31	1
崇左市	26124	21177	20408	395	340	24	10	16	

4-4c 续表 1

单位：人

地区 性别	合计								
	二、采矿业						三、制造业		
	7.石油和天然气开采业	8.黑色金属矿采选业	9.有色金属矿采选业	10.非金属矿采选业	11.开采专业及辅助性活动	12.其他采矿业	小计	13.农副食品加工业	14.食品制造业
总　计	**13**	**302**	**784**	**1384**	**125**	**160**	**90115**	**5818**	**1548**
南宁市	1	12	202	123	10	22	9090	910	154
柳州市		14	16	55	6	2	4721	301	145
桂林市	1	23	54	238	9	13	6878	928	235
梧州市	1	4	113	85	2	8	4542	233	61
北海市		1		108	7	7	3686	500	81
防城港市		9	2	30	1		1677	211	27
钦州市	1	6	9	62	3	4	7397	349	96
贵港市	1	3		78	13	3	13397	535	145
玉林市	2	1	1	112	8	19	16421	523	241
百色市	3	139	181	113	19	26	7181	458	90
贺州市	1	7	36	71	8	7	4075	168	67
河池市		54	107	134	29	39	5018	206	67
来宾市		1	57	127	6	3	2814	189	55
崇左市	2	28	6	48	4	7	3218	307	84
男	**9**	**218**	**669**	**1184**	**108**	**142**	**49624**	**3429**	**680**
南宁市		11	200	112	8	17	5305	555	69
柳州市		13	13	52	5	1	2860	185	48
桂林市		18	47	169	8	11	4040	479	92
梧州市	1	4	105	76	1	8	2584	154	37
北海市		1		93	6	4	2207	243	35
防城港市		8	1	26	1		1264	124	14
钦州市	1	5	9	53	3	3	3951	201	47
贵港市	1	1		68	10	2	7006	314	56
玉林市	1	1		102	8	19	7030	341	115
百色市	2	80	133	99	16	24	4377	269	42
贺州市	1	4	30	66	5	7	2469	99	31
河池市		50	86	112	28	37	2909	135	32
来宾市		1	40	114	6	3	1645	129	19
崇左市	2	21	5	42	3	6	1977	201	43
女	**4**	**84**	**115**	**200**	**17**	**18**	**40491**	**2389**	**868**
南宁市	1	1	2	11	2	5	3785	355	85
柳州市		1	3	3	1	1	1861	116	97
桂林市	1	5	7	69	1	2	2838	449	143
梧州市			8	9	1		1958	79	24
北海市				15	1	3	1479	257	46
防城港市		1	1	4			413	87	13
钦州市		1		9		1	3446	148	49
贵港市		2		10	3	1	6391	221	89
玉林市	1		1	10			9391	182	126
百色市	1	59	48	14	3	2	2804	189	48
贺州市		3	6	5	3		1606	69	36
河池市		4	21	22	1	2	2109	71	35
来宾市			17	13			1169	60	36
崇左市		7	1	6	1	1	1241	106	41

4-4c 续表 2

单位：人

地 区 性 别	合 计								
	三、制造业								
	15.酒、饮料和精制茶制造业	16.烟草制品业	17.纺织业	18.纺织服装、服饰业	19.皮革、毛皮、羽毛及其制品和制鞋业	20.木材加工和木、竹、藤、棕、草制品业	21.家具制造业	22.造纸和纸制品业	23.印刷和记录媒介复制业
总 计	**1358**	**27**	**2044**	**10920**	**2389**	**12628**	**2465**	**1370**	**559**
南宁市	200	10	207	433	201	1931	273	245	53
柳州市	193		86	80	39	1153	99	41	15
桂林市	173	4	92	173	92	1352	280	85	50
梧州市	78		96	330	179	289	115	54	41
北海市	45		43	80	97	559	63	106	24
防城港市	29		13	14	26	201	40	5	2
钦州市	84		121	993	487	595	114	229	65
贵港市	86	2	259	3007	286	2206	482	124	88
玉林市	114	6	486	4931	545	1191	367	152	99
百色市	69	2	168	247	170	692	182	72	35
贺州市	64	1	64	232	105	216	158	29	32
河池市	90	1	239	205	87	733	115	74	27
来宾市	83	1	82	97	28	705	64	108	14
崇左市	50		88	98	47	805	113	46	14
男	**780**	**15**	**802**	**2771**	**1056**	**7150**	**1745**	**869**	**349**
南宁市	113	5	70	116	90	1122	181	144	35
柳州市	110		29	24	23	654	70	26	7
桂林市	96	1	40	59	46	723	185	49	19
梧州市	51		35	100	72	198	93	31	26
北海市	27		15	28	47	327	44	74	13
防城港市	16		8	7	18	136	31	3	2
钦州市	51		55	283	183	346	91	170	45
贵港市	55	1	109	863	116	1190	341	78	61
玉林市	69	3	197	951	211	591	268	95	65
百色市	45	2	75	100	97	424	127	39	22
贺州市	42	1	31	77	54	164	116	21	19
河池市	35	1	73	97	55	412	77	46	16
来宾市	45	1	22	35	17	392	43	61	9
崇左市	25		43	31	27	471	78	32	10
女	**578**	**12**	**1242**	**8149**	**1333**	**5478**	**720**	**501**	**210**
南宁市	87	5	137	317	111	809	92	101	18
柳州市	83		57	56	16	499	29	15	8
桂林市	77	3	52	114	46	629	95	36	31
梧州市	27		61	230	107	91	22	23	15
北海市	18		28	52	50	232	19	32	11
防城港市	13		5	7	8	65	9	2	
钦州市	33		66	710	304	249	23	59	20
贵港市	31	1	150	2144	170	1016	141	46	27
玉林市	45	3	289	3980	334	600	99	57	34
百色市	24		93	147	73	268	55	33	13
贺州市	22		33	155	51	52	42	8	13
河池市	55		166	108	32	321	38	28	11
来宾市	38		60	62	11	313	21	47	5
崇左市	25		45	67	20	334	35	14	4

4-4c 续表 3 单位：人

地区 性别	合计								
	三、制造业								
	24.文教、工美、体育和娱乐用品制造业	25.石油、煤炭及其他燃料加工业	26.化学原料和化学制品制造业	27.医药制造业	28.化学纤维制造业	29.橡胶和塑料制品业	30.非金属矿物制品业	31.黑色金属冶炼和压延加工业	32.有色金属冶炼和压延加工业
总　计	**3450**	**186**	**1431**	**410**	**23**	**2463**	**7375**	**1506**	**1283**
南宁市	187	24	211	41	4	295	852	94	28
柳州市	87	16	35	13	2	90	265	46	12
桂林市	112	19	143	94	2	240	747	67	30
梧州市	300	1	61	23	1	122	493	24	19
北海市	59	61	147	8		68	381	410	20
防城港市	9	1	18	2	1	14	191	432	106
钦州市	469	11	191	38	1	239	459	29	17
贵港市	311	2	119	34	2	357	520	38	37
玉林市	1047	14	107	90	1	366	1101	41	43
百色市	261	21	199	18	2	244	597	56	755
贺州市	197	1	55	9		130	862	49	30
河池市	235	5	42	17	1	149	400	23	110
来宾市	71	3	44	14	5	75	281	14	38
崇左市	105	7	59	9	1	74	226	183	38
男	**1189**	**133**	**858**	**173**	**12**	**1416**	**5366**	**1173**	**1024**
南宁市	60	16	106	18	1	177	622	83	24
柳州市	35	10	20	7	2	46	204	39	9
桂林市	58	15	98	36	1	137	599	55	22
梧州市	90	1	42	13	1	71	373	21	16
北海市	25	41	58	2		34	284	295	15
防城港市	2	1	13	1	1	7	166	368	84
钦州市	109	10	130	15		156	339	23	12
贵港市	138	1	75	18		217	378	31	32
玉林市	274	10	65	31		197	682	34	32
百色市	114	18	119	12	2	139	439	44	603
贺州市	96	1	39	5		71	615	32	23
河池市	102	3	31	6		84	290	16	84
来宾市	31	2	28	4	3	36	201	12	35
崇左市	55	4	34	5	1	44	174	120	33
女	**2261**	**53**	**573**	**237**	**11**	**1047**	**2009**	**333**	**259**
南宁市	127	8	105	23	3	118	230	11	4
柳州市	52	6	15	6		44	61	7	3
桂林市	54	4	45	58	1	103	148	12	8
梧州市	210		19	10		51	120	3	3
北海市	34	20	89	6		34	97	115	5
防城港市	7		5	1		7	25	64	22
钦州市	360	1	61	23	1	83	120	6	5
贵港市	173	1	44	16	2	140	142	7	5
玉林市	773	4	42	59	1	169	419	7	11
百色市	147	3	80	6		105	158	12	152
贺州市	101		16	4		59	247	17	7
河池市	133	2	11	11	1	65	110	7	26
来宾市	40	1	16	10	2	39	80	2	3
崇左市	50	3	25	4		30	52	63	5

4-4c 续表 4

单位：人

地区 性别	合计								
	三、制造业								
	33.金属制品业	34.通用设备制造业	35.专用设备制造业	36.汽车制造业	37.铁路、船舶、航空航天和其他运输设备制造业	38.电气机械和器材制造业	39.计算机、通信和其他电子设备制造业	40.仪器仪表制造业	41.其他制造业
总计	**5648**	**1919**	**1631**	**1419**	**486**	**3572**	**13901**	**325**	**772**
南宁市	606	336	188	35	44	195	1038	22	80
柳州市	281	134	78	876	60	120	346	14	29
桂林市	342	165	148	89	20	210	816	28	76
梧州市	366	98	85	24	70	343	896	20	40
北海市	169	53	69	9	32	42	442	8	18
防城港市	44	27	21	8	3	17	124	10	10
钦州市	334	145	113	18	23	182	1827	34	48
贵港市	1080	240	212	78	182	924	1706	37	186
玉林市	744	269	295	110	12	524	2697	44	101
百色市	551	184	205	37	9	309	1366	36	70
贺州市	299	71	62	19	8	226	820	15	42
河池市	445	92	89	33	6	313	1062	24	41
来宾市	146	38	36	69	13	100	372	19	19
崇左市	241	67	30	14	4	67	389	14	12
男	**4269**	**1353**	**1025**	**915**	**381**	**2113**	**6963**	**193**	**416**
南宁市	484	197	106	28	33	129	516	13	37
柳州市	213	100	50	527	52	74	211	9	18
桂林市	235	119	95	59	16	134	453	16	40
梧州市	281	68	57	18	59	186	399	11	18
北海市	144	41	32	7	29	25	231	4	9
防城港市	35	20	16	7	3	14	86	8	6
钦州市	271	105	76	15	17	115	957	24	30
贵港市	801	175	136	60	136	536	868	19	110
玉林市	572	195	197	78	7	292	1253	28	48
百色市	397	136	124	22	5	191	640	24	40
贺州市	219	48	35	14	6	142	407	9	13
河池市	329	68	60	21	6	179	535	17	27
来宾市	117	32	23	49	8	54	194	5	11
崇左市	171	49	18	10	4	42	213	6	9
女	**1379**	**566**	**606**	**504**	**105**	**1459**	**6938**	**132**	**356**
南宁市	122	139	82	7	11	66	522	9	43
柳州市	68	34	28	349	8	46	135	5	11
桂林市	107	46	53	30	4	76	363	12	36
梧州市	85	30	28	6	11	157	497	9	22
北海市	25	12	37	2	3	17	211	4	9
防城港市	9	7	5	1		3	38	2	4
钦州市	63	40	37	3	6	67	870	10	18
贵港市	279	65	76	18	46	388	838	18	76
玉林市	172	74	98	32	5	232	1444	16	53
百色市	154	48	81	15	4	118	726	12	30
贺州市	80	23	27	5	2	84	413	6	29
河池市	116	24	29	12		134	527	7	14
来宾市	29	6	13	20	5	46	178	14	8
崇左市	70	18	12	4		25	176	8	3

4-4c 续表 5

单位：人

地区 性别	合计								
	三、制造业		四、电力、热力、燃气及水生产和供应业				五、建筑业		
	42.废弃资源综合利用业	43.金属制品、机械和设备修理业	小计	44.电力、热力生产和供应业	45.燃气生产和供应业	46.水的生产和供应业	小计	47.房屋建筑业	48.土木工程建筑业
总计	**344**	**845**	**2743**	**2010**	**436**	**297**	**112490**	**71554**	**6956**
南宁市	81	112	223	126	59	38	12540	6045	976
柳州市	7	58	173	113	42	18	5397	3459	503
桂林市	9	57	390	326	34	30	9964	6703	469
梧州市	32	48	124	98	17	9	4880	3093	265
北海市	22	70	152	101	27	24	3867	2215	330
防城港市	11	60	124	103	14	7	2186	1262	276
钦州市	42	44	158	114	33	11	10743	7387	229
贵港市	10	102	135	85	30	20	10897	6873	248
玉林市	59	101	253	144	70	39	19117	13234	447
百色市	10	66	401	348	23	30	10070	6680	714
贺州市	16	28	98	65	20	13	5687	3931	202
河池市	34	53	304	242	30	32	10569	6933	1490
来宾市	6	25	105	79	11	15	3818	2286	587
崇左市	5	21	103	66	26	11	2755	1453	220
男	**259**	**747**	**2249**	**1686**	**325**	**238**	**96256**	**60649**	**6230**
南宁市	60	95	186	115	42	29	10514	4988	870
柳州市	6	52	148	101	32	15	4613	2867	459
桂林市	8	55	291	239	25	27	8466	5602	423
梧州市	24	38	94	76	14	4	4167	2600	232
北海市	17	61	126	85	20	21	3318	1875	279
防城港市	9	58	100	85	9	6	1903	1068	246
钦州市	34	41	138	109	22	7	9461	6468	217
贵港市	7	84	113	74	21	18	9176	5771	212
玉林市	39	90	224	131	60	33	17474	12096	418
百色市	8	58	325	287	17	21	7778	5064	614
贺州市	13	26	85	57	17	11	4738	3231	176
河池市	26	46	256	210	21	25	8971	5805	1351
来宾市	4	23	89	68	8	13	3414	2024	539
崇左市	4	20	74	49	17	8	2263	1190	194
女	**85**	**98**	**494**	**324**	**111**	**59**	**16234**	**10905**	**726**
南宁市	21	17	37	11	17	9	2026	1057	106
柳州市	1	6	25	12	10	3	784	592	44
桂林市	1	2	99	87	9	3	1498	1101	46
梧州市	8	10	30	22	3	5	713	493	33
北海市	5	9	26	16	7	3	549	340	51
防城港市	2	2	24	18	5	1	283	194	30
钦州市	8	3	20	5	11	4	1282	919	12
贵港市	3	18	22	11	9	2	1721	1102	36
玉林市	20	11	29	13	10	6	1643	1138	29
百色市	2	8	76	61	6	9	2292	1616	100
贺州市	3	2	13	8	3	2	949	700	26
河池市	8	7	48	32	9	7	1598	1128	139
来宾市	2	2	16	11	3	2	404	262	48
崇左市	1	1	29	17	9	3	492	263	26

4-4c 续表 6

单位：人

地区 性别	合计								
	五、建筑业		六、批发和零售业			七、交通运输、仓储和邮政业			
	49.建筑安装业	50.建筑装饰、装修和其他建筑业	小计	51.批发业	52.零售业	小计	53.铁路运输业	54.道路运输业	55.水上运输业
总　计	**3891**	**30089**	**54900**	**12699**	**42201**	**28315**	**358**	**19876**	**715**
南宁市	627	4892	8429	3289	5140	3624	50	2400	106
柳州市	201	1234	2907	549	2358	1715	35	1240	38
桂林市	393	2399	5639	1284	4355	2637	42	1794	22
梧州市	125	1397	2350	553	1797	1365	7	1018	77
北海市	212	1110	3034	715	2319	1305	19	905	68
防城港市	166	482	1137	268	869	694	10	435	15
钦州市	327	2800	4162	878	3284	1938	7	1492	40
贵港市	416	3360	5069	958	4111	2553	54	1690	268
玉林市	454	4982	7396	1382	6014	3765	30	2963	8
百色市	293	2383	4637	948	3689	2963	50	1945	30
贺州市	138	1416	2479	415	2064	1199	18	899	9
河池市	315	1831	3773	757	3016	2138	14	1558	10
来宾市	120	825	1783	312	1471	992	9	773	19
崇左市	104	978	2105	391	1714	1427	13	764	5
男	**3615**	**25762**	**27961**	**7808**	**20153**	**25217**	**274**	**18778**	**563**
南宁市	556	4100	4322	1813	2509	3142	41	2243	80
柳州市	192	1095	1436	356	1080	1531	30	1177	25
桂林市	368	2073	2711	785	1926	2300	32	1679	14
梧州市	120	1215	1293	343	950	1282	7	981	72
北海市	202	962	1465	426	1039	1165	15	854	51
防城港市	151	438	590	184	406	637	5	417	13
钦州市	318	2458	2219	603	1616	1771	6	1410	34
贵港市	383	2810	2660	596	2064	2289	35	1603	211
玉林市	436	4524	4048	962	3086	3524	22	2854	6
百色市	257	1843	2259	576	1683	2480	36	1792	23
贺州市	125	1206	1275	278	997	1097	16	867	6
河池市	296	1519	1793	448	1345	1894	11	1451	7
来宾市	116	735	844	208	636	909	7	731	16
崇左市	95	784	1046	230	816	1196	11	719	5
女	**276**	**4327**	**26939**	**4891**	**22048**	**3098**	**84**	**1098**	**152**
南宁市	71	792	4107	1476	2631	482	9	157	26
柳州市	9	139	1471	193	1278	184	5	63	13
桂林市	25	326	2928	499	2429	337	10	115	8
梧州市	5	182	1057	210	847	83		37	5
北海市	10	148	1569	289	1280	140	4	51	17
防城港市	15	44	547	84	463	57	5	18	2
钦州市	9	342	1943	275	1668	167	1	82	6
贵港市	33	550	2409	362	2047	264	19	87	57
玉林市	18	458	3348	420	2928	241	8	109	2
百色市	36	540	2378	372	2006	483	14	153	7
贺州市	13	210	1204	137	1067	102	2	32	3
河池市	19	312	1980	309	1671	244	3	107	3
来宾市	4	90	939	104	835	83	2	42	3
崇左市	9	194	1059	161	898	231	2	45	

4-4c 续表 7 单位：人

地区 性别	合计							
	七、交通运输、仓储和邮政业					八、住宿和餐饮业		
	56.航空运输业	57.管道运输业	58.多式联运和运输代理业	59.装卸搬运和仓储业	60.邮政业	小计	61.住宿业	62.餐饮业
总 计	**180**		**289**	**4559**	**2338**	**19826**	**2376**	**17450**
南宁市	115		41	567	345	2458	267	2191
柳州市	5		9	213	175	1150	96	1054
桂林市	25		27	464	263	2637	501	2136
梧州市	1		19	138	105	1068	78	990
北海市	8		15	194	96	1139	215	924
防城港市	1		17	177	39	600	117	483
钦州市			19	228	152	1266	97	1169
贵港市	1		33	288	219	1944	156	1788
玉林市	16		47	422	279	2156	200	1956
百色市			20	723	195	1633	153	1480
贺州市	2		4	166	101	934	131	803
河池市	2		1	394	159	1282	147	1135
来宾市	2		6	84	99	696	88	608
崇左市	2		31	501	111	863	130	733
男	**108**		**239**	**3562**	**1693**	**9537**	**963**	**8574**
南宁市	70		35	428	245	1147	110	1037
柳州市	1		8	162	128	474	39	435
桂林市	7		23	354	191	1167	172	995
梧州市	1		16	120	85	579	36	543
北海市	7		10	168	60	591	105	486
防城港市			13	162	27	288	53	235
钦州市			18	197	106	690	52	638
贵港市			24	242	174	1018	66	952
玉林市	16		40	376	210	1178	92	1086
百色市			18	472	139	684	45	639
贺州市	2		3	139	64	439	60	379
河池市	1		1	303	120	536	50	486
来宾市	1		6	77	71	321	34	287
崇左市	2		24	362	73	425	49	376
女	**72**		**50**	**997**	**645**	**10289**	**1413**	**8876**
南宁市	45		6	139	100	1311	157	1154
柳州市	4		1	51	47	676	57	619
桂林市	18		4	110	72	1470	329	1141
梧州市			3	18	20	489	42	447
北海市	1		5	26	36	548	110	438
防城港市	1		4	15	12	312	64	248
钦州市			1	31	46	576	45	531
贵港市	1		9	46	45	926	90	836
玉林市			7	46	69	978	108	870
百色市			2	251	56	949	108	841
贺州市			1	27	37	495	71	424
河池市	1			91	39	746	97	649
来宾市	1			7	28	375	54	321
崇左市			7	139	38	438	81	357

4-4c 续表 8 单位：人

地区 性别	合计								
	九、信息传输、软件和信息技术服务业				十、金融业				
	小计	63.电信、广播电视和卫星传输服务	64.互联网和相关服务	65.软件和信息技术服务业	小计	66.货币金融服务	67.资本市场服务	68.保险业	69.其他金融业
总　计	**2146**	**927**	**697**	**522**	**1388**	**547**	**59**	**667**	**115**
南宁市	266	106	79	81	177	58	6	103	10
柳州市	125	61	42	22	58	24	2	27	5
桂林市	216	96	81	39	179	80	6	79	14
梧州市	95	33	38	24	61	26		30	5
北海市	168	78	47	43	106	40	2	56	8
防城港市	59	30	11	18	29	18	1	4	6
钦州市	140	54	59	27	71	20	3	39	9
贵港市	273	71	97	105	151	55	6	80	10
玉林市	233	102	74	57	151	49	8	84	10
百色市	147	88	28	31	145	67	8	54	16
贺州市	92	32	39	21	54	18	3	27	6
河池市	171	84	52	35	112	53	6	44	9
来宾市	91	55	30	6	43	16	6	17	4
崇左市	70	37	20	13	51	23	2	23	3
男	**1415**	**553**	**499**	**363**	**639**	**301**	**42**	**236**	**60**
南宁市	168	54	56	58	78	36	3	33	6
柳州市	79	37	28	14	23	12	1	9	1
桂林市	139	55	58	26	80	37	3	32	8
梧州市	62	21	26	15	24	11		11	2
北海市	117	49	39	29	42	20	1	16	5
防城港市	43	18	9	16	20	13	1	2	4
钦州市	93	32	44	17	27	11	1	10	5
贵港市	183	42	69	72	64	33	4	26	1
玉林市	162	60	55	47	70	29	6	28	7
百色市	100	56	20	24	77	39	7	23	8
贺州市	57	19	26	12	20	9	2	6	3
河池市	114	56	36	22	58	25	5	21	7
来宾市	51	28	21	2	25	8	6	9	2
崇左市	47	26	12	9	31	18	2	10	1
女	**731**	**374**	**198**	**159**	**749**	**246**	**17**	**431**	**55**
南宁市	98	52	23	23	99	22	3	70	4
柳州市	46	24	14	8	35	12	1	18	4
桂林市	77	41	23	13	99	43	3	47	6
梧州市	33	12	12	9	37	15		19	3
北海市	51	29	8	14	64	20	1	40	3
防城港市	16	12	2	2	9	5		2	2
钦州市	47	22	15	10	44	9	2	29	4
贵港市	90	29	28	33	87	22	2	54	9
玉林市	71	42	19	10	81	20	2	56	3
百色市	47	32	8	7	68	28	1	31	8
贺州市	35	13	13	9	34	9	1	21	3
河池市	57	28	16	13	54	28	1	23	2
来宾市	40	27	9	4	18	8		8	2
崇左市	23	11	8	4	20	5		13	2

4-4c 续表 9

单位：人

地 区 性 别	合 计								
	十一、房地产业		十二、租赁和商务服务业			十三、科学研究和技术服务业			
	小计	70.房地产业	小计	71.租赁业	72.商务服务业	小计	73.研究和试验发展	74.专业技术服务业	75.科技推广和应用服务业
总 计	**2947**	**2947**	**7827**	**843**	**6984**	**1946**	**113**	**1332**	**501**
南宁市	461	461	1220	119	1101	324	17	192	115
柳州市	149	149	373	37	336	69	1	60	8
桂林市	317	317	857	42	815	193	14	144	35
梧州市	111	111	281	57	224	104	5	46	53
北海市	418	418	481	63	418	129	2	95	32
防城港市	69	69	299	21	278	68		43	25
钦州市	176	176	999	90	909	167	1	107	59
贵港市	244	244	643	95	548	151	3	121	27
玉林市	354	354	687	126	561	170	8	128	34
百色市	207	207	823	54	769	236	2	167	67
贺州市	102	102	255	17	238	59	2	53	4
河池市	111	111	373	12	361	102	6	82	14
来宾市	55	55	211	38	173	85	24	52	9
崇左市	173	173	325	72	253	89	28	42	19
男	**1834**	**1834**	**5689**	**775**	**4914**	**1339**	**65**	**978**	**296**
南宁市	288	288	852	104	748	230	9	147	74
柳州市	98	98	289	34	255	52	1	47	4
桂林市	190	190	577	33	544	139	6	111	22
梧州市	59	59	222	55	167	68	5	35	28
北海市	248	248	333	55	278	85	1	65	19
防城港市	46	46	226	19	207	54		34	20
钦州市	116	116	791	86	705	100	1	69	30
贵港市	163	163	475	85	390	112	2	88	22
玉林市	219	219	532	123	409	125	7	95	23
百色市	125	125	548	48	500	155	1	124	30
贺州市	72	72	171	17	154	36	1	33	2
河池市	66	66	271	12	259	78	4	63	11
来宾市	30	30	171	37	134	51	10	38	3
崇左市	114	114	231	67	164	54	17	29	8
女	**1113**	**1113**	**2138**	**68**	**2070**	**607**	**48**	**354**	**205**
南宁市	173	173	368	15	353	94	8	45	41
柳州市	51	51	84	3	81	17		13	4
桂林市	127	127	280	9	271	54	8	33	13
梧州市	52	52	59	2	57	36		11	25
北海市	170	170	148	8	140	44	1	30	13
防城港市	23	23	73	2	71	14		9	5
钦州市	60	60	208	4	204	67		38	29
贵港市	81	81	168	10	158	39	1	33	5
玉林市	135	135	155	3	152	45	1	33	11
百色市	82	82	275	6	269	81	1	43	37
贺州市	30	30	84		84	23	1	20	2
河池市	45	45	102		102	24	2	19	3
来宾市	25	25	40	1	39	34	14	14	6
崇左市	59	59	94	5	89	35	11	13	11

4-4c 续表 10

单位：人

地 区 性 别	合 计								
	十四、水利、环境和公共设施管理业					十五、居民服务、修理和其他服务业			
	小计	76.水利管理业	77.生态保护和环境治理业	78.公共设施管理业	79.土地管理业	小计	80.居民服务业	81.机动车、电子产品和日用产品修理业	82.其他服务业
总 计	**3596**	**233**	**211**	**3115**	**37**	**17257**	**8046**	**5054**	**4157**
南宁市	558	33	32	491	2	2113	854	646	613
柳州市	256	22	13	220	1	842	374	265	203
桂林市	652	22	18	610	2	1690	805	433	452
梧州市	140	13	17	110		714	328	225	161
北海市	210	11	2	195	2	842	405	235	202
防城港市	113	11	3	99		618	381	103	134
钦州市	199	19	3	176	1	1258	606	368	284
贵港市	139	11	13	112	3	2236	974	506	756
玉林市	257	17	10	230		2101	1047	792	262
百色市	346	20	59	266	1	1498	639	472	387
贺州市	127	14	14	83	16	804	426	220	158
河池市	267	9	13	245		1242	568	372	302
来宾市	110	9	3	94	4	598	285	208	105
崇左市	222	22	11	184	5	701	354	209	138
男	**2065**	**203**	**158**	**1672**	**32**	**9304**	**2925**	**4367**	**2012**
南宁市	243	29	22	192		1061	274	546	241
柳州市	160	21	11	127	1	459	122	232	105
桂林市	414	19	15	378	2	837	262	364	211
梧州市	90	10	10	70		413	118	203	92
北海市	97	8		87	2	414	135	202	77
防城港市	54	11	3	40		384	232	95	57
钦州市	107	16	2	88	1	718	228	335	155
贵港市	100	10	11	76	3	1201	391	434	376
玉林市	147	13	8	126		1144	336	693	115
百色市	203	16	46	141		811	246	378	187
贺州市	89	12	11	50	16	424	133	203	88
河池市	157	8	9	140		701	211	314	176
来宾市	74	9	2	59	4	332	95	184	53
崇左市	130	21	8	98	3	405	142	184	79
女	**1531**	**30**	**53**	**1443**	**5**	**7953**	**5121**	**687**	**2145**
南宁市	315	4	10	299	2	1052	580	100	372
柳州市	96	1	2	93		383	252	33	98
桂林市	238	3	3	232		853	543	69	241
梧州市	50	3	7	40		301	210	22	69
北海市	113	3	2	108		428	270	33	125
防城港市	59			59		234	149	8	77
钦州市	92	3	1	88		540	378	33	129
贵港市	39	1	2	36		1035	583	72	380
玉林市	110	4	2	104		957	711	99	147
百色市	143	4	13	125	1	687	393	94	200
贺州市	38	2	3	33		380	293	17	70
河池市	110	1	4	105		541	357	58	126
来宾市	36		1	35		266	190	24	52
崇左市	92	1	3	86	2	296	212	25	59

4-4c 续表 11

单位：人

地 区 性 别	合 计									
	十六、教育		十七、卫生和社会工作			十八、文化、体育和娱乐业				
	小计	83.教育	小计	84.卫生	85.社会工作	小计	86.新闻和出版业	87.广播、电视、电影和录音制作业	88.文化艺术业	89.体育
总 计	**17339**	**17339**	**6042**	**5845**	**197**	**1192**	**28**	**61**	**244**	**146**
南宁市	1844	1844	616	573	43	127	2	9	16	19
柳州市	819	819	332	323	9	93	2	1	16	8
桂林市	1680	1680	647	623	24	215	6	9	98	20
梧州市	1005	1005	295	292	3	45	1	1	5	5
北海市	871	871	305	295	10	77	4	3	15	9
防城港市	295	295	120	116	4	67	1	1	1	2
钦州市	1679	1679	463	446	17	63	1	4	17	12
贵港市	1651	1651	565	551	14	77	3	5	7	14
玉林市	2335	2335	719	705	14	149	2	15	22	20
百色市	1483	1483	650	625	25	76		3	10	14
贺州市	877	877	253	251	2	59	2	3	12	7
河池市	1542	1542	517	505	12	61	3	5	13	8
来宾市	618	618	227	217	10	37			4	2
崇左市	640	640	333	323	10	46	1	2	8	6
男	**6074**	**6074**	**2529**	**2459**	**70**	**710**	**17**	**44**	**140**	**92**
南宁市	672	672	264	249	15	73	2	6	10	15
柳州市	315	315	126	121	5	59	2	1	9	7
桂林市	498	498	252	243	9	112	3	7	53	10
梧州市	386	386	147	147		28	1	1	3	
北海市	251	251	107	104	3	57	3	2	12	7
防城港市	90	90	65	64	1	37		1	1	1
钦州市	589	589	233	225	8	36		3	8	7
贵港市	573	573	242	239	3	47	2	4	5	7
玉林市	677	677	330	328	2	96	2	11	13	14
百色市	613	613	227	218	9	47		3	8	10
贺州市	321	321	104	103	1	39	2	2	8	2
河池市	614	614	208	203	5	37		3	6	8
来宾市	203	203	88	84	4	17				1
崇左市	272	272	136	131	5	25			4	3
女	**11265**	**11265**	**3513**	**3386**	**127**	**482**	**11**	**17**	**104**	**54**
南宁市	1172	1172	352	324	28	54		3	6	4
柳州市	504	504	206	202	4	34			7	1
桂林市	1182	1182	395	380	15	103	3	2	45	10
梧州市	619	619	148	145	3	17			2	5
北海市	620	620	198	191	7	20	1	1	3	2
防城港市	205	205	55	52	3	30	1			1
钦州市	1090	1090	230	221	9	27	1	1	9	5
贵港市	1078	1078	323	312	11	30	1	1	2	7
玉林市	1658	1658	389	377	12	53		4	9	6
百色市	870	870	423	407	16	29			2	4
贺州市	556	556	149	148	1	20		1	4	5
河池市	928	928	309	302	7	24	3	2	7	
来宾市	415	415	139	133	6	20			4	1
崇左市	368	368	197	192	5	21	1	2	4	3

4-4c 续表 12

单位：人

地区 性别	合计									
		十九、公共管理、社会保障和社会组织							二十、国际组织	
	90.娱乐业	小计	91.中国共产党机关	92.国家机构	93.人民政协、民主党派	94.社会保障	95.群众团体、社会团体和其他成员组织	96.基层群众自治组织	小计	97.国际组织
总计	**713**	**13449**	**219**	**5727**	**9**	**64**	**582**	**6848**		
南宁市	81	1379	20	526	1	13	143	676		
柳州市	66	969	43	423	3	2	33	465		
桂林市	82	1172	15	610		3	44	500		
梧州市	33	732	5	177	1	2	34	513		
北海市	46	577	13	366		6	3	189		
防城港市	62	392	7	172		4	15	194		
钦州市	29	720	4	231		2	2	481		
贵港市	48	862	20	321	2	7	46	466		
玉林市	90	1416	7	400		4	41	964		
百色市	49	1705	25	765		6	143	766		
贺州市	35	619	14	316		4	21	264		
河池市	32	1564	36	723		4	32	769		
来宾市	31	577	6	251		2	15	303		
崇左市	29	765	4	446	2	5	10	298		
男	**417**	**9220**	**155**	**3833**	**8**	**29**	**320**	**4875**		
南宁市	40	911	15	360	1	4	71	460		
柳州市	40	645	30	276	3		15	321		
桂林市	39	791	8	388		3	24	368		
梧州市	23	513	4	132	1		21	355		
北海市	33	373	9	230		5	3	126		
防城港市	34	261	3	118		1	9	130		
钦州市	18	492	3	171			2	316		
贵港市	29	603	13	227	2	3	29	329		
玉林市	56	1006	2	292		3	25	684		
百色市	26	1227	22	539		3	79	584		
贺州市	25	446	9	207		2	9	219		
河池市	20	1046	29	460		3	20	534		
来宾市	16	377	5	150			8	214		
崇左市	18	529	3	283	1	2	5	235		
女	**296**	**4229**	**64**	**1894**	**1**	**35**	**262**	**1973**		
南宁市	41	468	5	166		9	72	216		
柳州市	26	324	13	147		2	18	144		
桂林市	43	381	7	222			20	132		
梧州市	10	219	1	45		2	13	158		
北海市	13	204	4	136		1		63		
防城港市	28	131	4	54		3	6	64		
钦州市	11	228	1	60		2		165		
贵港市	19	259	7	94		4	17	137		
玉林市	34	410	5	108		1	16	280		
百色市	23	478	3	226		3	64	182		
贺州市	10	173	5	109		2	12	45		
河池市	12	518	7	263		1	12	235		
来宾市	15	200	1	101		2	7	89		
崇左市	11	236	1	163	1	3	5	63		

4-4c 续表 13

单位：人

地 区 性 别	有农村土地承包经营权的人口								
	合计	一、农、林、牧、渔业						二、采矿业	
		小计	1.农业	2.林业	3.畜牧业	4.渔业	5.农、林、牧、渔专业及辅助性活 动	小计	6.煤炭开采和洗选业
总 计	**838465**	**501864**	**434974**	**15668**	**40947**	**6790**	**3485**	**2431**	**131**
南宁市	110688	69825	63427	1272	3973	432	721	346	17
柳州市	51040	33711	29316	2081	1919	143	252	70	2
桂林市	94019	61579	56500	1327	2677	237	838	261	1
梧州市	35809	20208	18658	518	831	149	52	158	
北海市	30328	17484	12726	255	1202	3112	189	103	
防城港市	12662	6504	4789	466	465	719	65	26	1
钦州市	55665	29853	26331	678	1802	847	195	64	2
贵港市	73168	35661	33457	431	1447	231	95	95	1
玉林市	87022	35997	29042	823	5592	289	251	128	2
百色市	83638	52552	43747	2282	5979	177	367	454	31
贺州市	36248	20240	18148	826	976	134	156	97	
河池市	66763	40512	27156	2671	10389	153	143	349	37
来宾市	46198	34445	30346	1011	2902	57	129	202	37
崇左市	55217	43293	41331	1027	793	110	32	78	
男	**495430**	**269809**	**228960**	**10834**	**23150**	**4891**	**1974**	**2062**	**123**
南宁市	63605	36660	32686	924	2296	343	411	331	16
柳州市	30417	18677	15883	1490	1048	109	147	63	2
桂林市	56037	34792	31667	948	1591	182	404	200	1
梧州市	22277	11453	10330	430	537	121	35	145	
北海市	18332	9884	6731	193	732	2127	101	86	
防城港市	8311	3916	2754	328	321	467	46	23	1
钦州市	35105	16827	14218	580	1253	651	125	58	2
贵港市	42707	18451	16926	338	951	175	61	79	
玉林市	53501	19122	14673	660	3396	236	157	117	2
百色市	47290	27039	22131	1356	3225	127	200	334	27
贺州市	21564	10653	9239	586	646	100	82	83	
河池市	38582	20449	13433	1590	5211	115	100	301	35
来宾市	26971	18952	16574	767	1477	52	82	178	37
崇左市	30731	22934	21715	644	466	86	23	64	
女	**343035**	**232055**	**206014**	**4834**	**17797**	**1899**	**1511**	**369**	**8**
南宁市	47083	33165	30741	348	1677	89	310	15	1
柳州市	20623	15034	13433	591	871	34	105	7	
桂林市	37982	26787	24833	379	1086	55	434	61	
梧州市	13532	8755	8328	88	294	28	17	13	
北海市	11996	7600	5995	62	470	985	88	17	
防城港市	4351	2588	2035	138	144	252	19	3	
钦州市	20560	13026	12113	98	549	196	70	6	
贵港市	30461	17210	16531	93	496	56	34	16	1
玉林市	33521	16875	14369	163	2196	53	94	11	
百色市	36348	25513	21616	926	2754	50	167	120	4
贺州市	14684	9587	8909	240	330	34	74	14	
河池市	28181	20063	13723	1081	5178	38	43	48	2
来宾市	19227	15493	13772	244	1425	5	47	24	
崇左市	24486	20359	19616	383	327	24	9	14	

4-4c 续表 14 单位：人

地 区 性 别	有农村土地承包经营权的人口								
	二、采矿业						三、制造业		
	7.石油和天然气开采业	8.黑色金属矿采选业	9.有色金属矿采选业	10.非金属矿采选业	11.开采专业及辅助性活动	12.其他采矿业	小计	13.农副食品加工业	14.食品制造业
总 计	**12**	**250**	**632**	**1163**	**106**	**137**	**77574**	**4881**	**1340**
南宁市	1	9	187	108	10	14	7892	672	125
柳州市		9	13	38	6	2	3904	170	119
桂林市	1	20	35	185	7	12	6281	877	219
梧州市	1	4	67	77	2	7	3801	207	51
北海市		1		93	3	6	2681	378	64
防城港市		7	2	16			924	140	17
钦州市	1	6	8	42	1	4	5751	305	82
贵港市	1	3		74	13	3	12161	491	131
玉林市	1	1		100	6	18	14382	472	205
百色市	3	121	160	101	18	20	6434	416	84
贺州市	1	7	18	57	7	7	3664	161	61
河池市		33	98	117	26	38	4521	191	56
来宾市		1	40	117	4	3	2529	159	53
崇左市	2	28	4	38	3	3	2649	242	73
男	**8**	**179**	**532**	**1003**	**90**	**127**	**43044**	**2895**	**611**
南宁市		9	185	100	8	13	4620	412	57
柳州市		9	10	36	5	1	2398	101	42
桂林市		17	29	135	7	11	3762	461	88
梧州市	1	4	62	70	1	7	2230	142	34
北海市		1		80	2	3	1588	179	27
防城港市		7	1	14			657	80	8
钦州市	1	5	8	38	1	3	3145	185	41
贵港市	1	1		65	10	2	6467	291	54
玉林市		1		90	6	18	6260	316	101
百色市	2	69	114	87	15	20	3884	239	41
贺州市	1	4	14	53	4	7	2251	94	31
河池市		30	78	97	25	36	2656	126	30
来宾市		1	28	105	4	3	1482	111	19
崇左市	2	21	3	33	2	3	1644	158	38
女	**4**	**71**	**100**	**160**	**16**	**10**	**34530**	**1986**	**729**
南宁市	1		2	8	2	1	3272	260	68
柳州市			3	2	1	1	1506	69	77
桂林市	1	3	6	50		1	2519	416	131
梧州市			5	7	1		1571	65	17
北海市				13	1	3	1093	199	37
防城港市			1	2			267	60	9
钦州市		1		4		1	2606	120	41
贵港市		2		9	3	1	5694	200	77
玉林市	1			10			8122	156	104
百色市	1	52	46	14	3		2550	177	43
贺州市		3	4	4	3		1413	67	30
河池市		3	20	20	1	2	1865	65	26
来宾市			12	12			1047	48	34
崇左市		7	1	5	1		1005	84	35

4-4c　续表 15　　　　单位：人

地　区 性　别	有农村土地承包经营权的人口								
	三、制造业								
	15.酒、饮料和精制茶制造业	16.烟草制品业	17.纺织业	18.纺织服装、服饰业	19.皮革、毛皮、羽毛及其制品和制鞋业	20.木材加工和木、竹、藤、棕、草制品业	21.家具制造业	22.造纸和纸制品业	23.印刷和记录媒介复制业
总　计	**1250**	**26**	**1788**	**9509**	**2095**	**11149**	**2224**	**1109**	**464**
南宁市	183	9	190	387	194	1693	241	222	48
柳州市	184		77	72	37	1014	95	31	15
桂林市	154	4	83	145	85	1255	258	74	31
梧州市	71		85	264	151	263	106	48	36
北海市	40		32	67	80	384	40	65	18
防城港市	25		11	10	19	171	34	2	1
钦州市	76		91	753	386	511	97	143	45
贵港市	81	2	235	2614	270	2067	464	109	82
玉林市	99	6	426	4410	480	1063	317	138	85
百色市	66	2	159	229	158	639	172	68	30
贺州市	60	1	60	204	89	197	147	27	27
河池市	87	1	216	182	74	692	106	59	23
来宾市	76	1	75	87	27	619	62	87	14
崇左市	48		48	85	45	581	85	36	9
男	**724**	**14**	**729**	**2479**	**945**	**6385**	**1603**	**685**	**301**
南宁市	103	4	68	108	88	982	164	132	33
柳州市	103		24	22	22	593	69	20	7
桂林市	85	1	39	52	44	683	171	44	15
梧州市	47		33	80	60	184	88	28	24
北海市	25		14	24	37	224	31	41	9
防城港市	13		8	4	13	118	27	2	1
钦州市	48		44	227	149	306	79	97	33
贵港市	51	1	101	768	112	1115	332	70	57
玉林市	63	3	183	884	193	548	240	88	59
百色市	45	2	70	95	91	394	119	36	20
贺州市	41	1	30	72	49	151	110	20	14
河池市	34	1	72	86	46	384	72	37	14
来宾市	42	1	20	31	16	352	42	45	9
崇左市	24		23	26	25	351	59	25	6
女	**526**	**12**	**1059**	**7030**	**1150**	**4764**	**621**	**424**	**163**
南宁市	80	5	122	279	106	711	77	90	15
柳州市	81		53	50	15	421	26	11	8
桂林市	69	3	44	93	41	572	87	30	16
梧州市	24		52	184	91	79	18	20	12
北海市	15		18	43	43	160	9	24	9
防城港市	12		3	6	6	53	7		
钦州市	28		47	526	237	205	18	46	12
贵港市	30	1	134	1846	158	952	132	39	25
玉林市	36	3	243	3526	287	515	77	50	26
百色市	21		89	134	67	245	53	32	10
贺州市	19		30	132	40	46	37	7	13
河池市	53		144	96	28	308	34	22	9
来宾市	34		55	56	11	267	20	42	5
崇左市	24		25	59	20	230	26	11	3

4-4c 续表 16　　单位：人

地区 性别	有农村土地承包经营权的人口								
	三、制造业								
	24.文教、工美、体育和娱乐用品制造业	25.石油、煤炭及其他燃料加工业	26.化学原料和化学制品制造业	27.医药制造业	28.化学纤维制造业	29.橡胶和塑料制品业	30.非金属矿物制品业	31.黑色金属冶炼和压延加工业	32.有色金属冶炼和压延加工业
总计	**2961**	**134**	**1169**	**356**	**21**	**2169**	**6473**	**983**	**928**
南宁市	174	18	173	35	3	217	750	82	26
柳州市	86	9	28	9	2	81	240	43	11
桂林市	102	18	134	82	2	223	688	62	28
梧州市	258	1	56	19	1	107	448	21	18
北海市	43	43	115	6		50	255	280	8
防城港市	9		13	1	1	10	122	88	17
钦州市	371	4	108	31	1	180	372	22	11
贵港市	234	2	108	32	2	331	464	37	37
玉林市	903	9	86	79	1	344	1003	35	39
百色市	230	18	164	14	2	227	556	54	532
贺州市	176		53	9		126	772	45	29
河池市	213	4	35	17		133	368	21	104
来宾市	69	3	43	13	5	68	261	14	33
崇左市	93	5	53	9	1	72	174	179	35
男	**1034**	**94**	**690**	**155**	**12**	**1262**	**4706**	**739**	**729**
南宁市	57	13	88	17	1	125	543	72	23
柳州市	35	7	17	6	2	42	186	36	8
桂林市	56	15	93	33	1	133	551	52	21
梧州市	81	1	40	11	1	66	343	19	16
北海市	18	25	41	2		24	189	199	5
防城港市	2		8	1	1	5	105	61	14
钦州市	88	3	66	13		126	285	19	8
贵港市	111	1	68	17		204	336	30	32
玉林市	233	6	53	27		187	617	31	29
百色市	100	16	92	9	2	130	411	43	410
贺州市	83		38	5		69	553	31	22
河池市	92	2	28	6		76	270	16	81
来宾市	29	2	28	3	3	32	183	12	30
崇左市	49	3	30	5	1	43	134	118	30
女	**1927**	**40**	**479**	**201**	**9**	**907**	**1767**	**244**	**199**
南宁市	117	5	85	18	2	92	207	10	3
柳州市	51	2	11	3		39	54	7	3
桂林市	46	3	41	49	1	90	137	10	7
梧州市	177		16	8		41	105	2	2
北海市	25	18	74	4		26	66	81	3
防城港市	7		5			5	17	27	3
钦州市	283	1	42	18	1	54	87	3	3
贵港市	123	1	40	15	2	127	128	7	5
玉林市	670	3	33	52	1	157	386	4	10
百色市	130	2	72	5		97	145	11	122
贺州市	93		15	4		57	219	14	7
河池市	121	2	7	11		57	98	5	23
来宾市	40	1	15	10	2	36	78	2	3
崇左市	44	2	23	4		29	40	61	5

4-4c　续表 17　　　　　　　　　　　　　　　　单位：人

地　区 性　别	有农村土地承包经营权的人口								
	三、制造业								
	33.金属制品业	34.通用设备制造业	35.专用设备制造业	36.汽车制造业	37.铁路、船舶、航空航天和其他运输设备制造业	38.电气机械和器材制造业	39.计算机、通信和其他电子设备制造业	40.仪器仪表制造业	41.其他制造业
总　计	**5045**	**1688**	**1437**	**1076**	**420**	**3169**	**11756**	**279**	**674**
南宁市	536	312	164	30	41	174	934	22	71
柳州市	245	111	69	605	52	98	308	13	28
桂林市	318	149	130	76	19	194	725	25	64
梧州市	311	80	78	22	63	288	624	13	36
北海市	144	41	54	8	27	32	325	3	12
防城港市	31	20	16	7	2	12	96	5	8
钦州市	273	112	95	13	20	144	1369	27	40
贵港市	1010	228	192	70	154	868	1537	33	176
玉林市	650	234	255	93	9	442	2235	38	77
百色市	508	162	188	33	7	284	1276	35	58
贺州市	269	60	58	15	7	201	723	11	40
河池市	404	88	80	29	5	281	915	23	34
来宾市	134	32	34	61	10	92	333	18	18
崇左市	212	59	24	14	4	59	356	13	12
男	**3840**	**1203**	**915**	**707**	**330**	**1885**	**5981**	**168**	**368**
南宁市	425	185	98	25	30	115	466	13	34
柳州市	188	86	44	370	47	60	189	9	17
桂林市	222	110	84	52	15	124	414	14	33
梧州市	241	56	51	16	54	157	275	6	16
北海市	125	32	24	6	25	22	176	2	6
防城港市	25	16	13	6	2	11	68	5	6
钦州市	225	81	67	11	15	93	731	20	23
贵港市	756	167	123	53	113	501	795	18	107
玉林市	505	170	174	66	5	243	1057	24	36
百色市	368	123	114	20	4	177	602	23	34
贺州市	201	40	33	11	5	130	366	7	13
河池市	302	67	54	19	5	164	464	17	23
来宾市	108	27	22	42	6	50	176	5	11
崇左市	149	43	14	10	4	38	202	5	9
女	**1205**	**485**	**522**	**369**	**90**	**1284**	**5775**	**111**	**306**
南宁市	111	127	66	5	11	59	468	9	37
柳州市	57	25	25	235	5	38	119	4	11
桂林市	96	39	46	24	4	70	311	11	31
梧州市	70	24	27	6	9	131	349	7	20
北海市	19	9	30	2	2	10	149	1	6
防城港市	6	4	3	1		1	28		2
钦州市	48	31	28	2	5	51	638	7	17
贵港市	254	61	69	17	41	367	742	15	69
玉林市	145	64	81	27	4	199	1178	14	41
百色市	140	39	74	13	3	107	674	12	24
贺州市	68	20	25	4	2	71	357	4	27
河池市	102	21	26	10		117	451	6	11
来宾市	26	5	12	19	4	42	157	13	7
崇左市	63	16	10	4		21	154	8	3

4-4c 续表 18

单位：人

地区 性别	有农村土地承包经营权的人口								
	三、制造业		四、电力、热力、燃气及水生产和供应业				五、建筑业		
	42.废弃资源综合利用业	43.金属制品、机械和设备修理业	小计	44.电力、热力生产和供应业	45.燃气生产和供应业	46.水的生产和供应业	小计	47.房屋建筑业	48.土木工程建筑业
总　计	**302**	**699**	**2295**	**1649**	**383**	**263**	**102720**	**66149**	**5645**
南宁市	70	96	203	113	54	36	11546	5638	695
柳州市	7	45	158	102	39	17	4964	3252	391
桂林市	7	50	354	294	31	29	9304	6295	412
梧州市	30	45	81	56	17	8	4423	2846	219
北海市	15	52	107	75	18	14	3173	1915	244
防城港市	8	28	68	48	13	7	1680	1003	194
钦州市	32	37	125	90	25	10	9348	6561	161
贵港市	9	91	125	78	27	20	10338	6558	197
玉林市	57	92	228	130	60	38	17448	12193	381
百色市	10	53	316	268	21	27	9436	6312	634
贺州市	16	20	87	55	19	13	5263	3645	179
河池市	32	48	266	215	27	24	9831	6472	1316
来宾市	4	24	91	73	8	10	3458	2143	422
崇左市	5	18	86	52	24	10	2508	1316	200
男	**233**	**622**	**1913**	**1409**	**293**	**211**	**88416**	**56441**	**5088**
南宁市	55	84	174	106	40	28	9726	4673	621
柳州市	6	40	135	91	30	14	4258	2710	358
桂林市	7	49	270	221	23	26	7977	5316	376
梧州市	23	37	67	49	14	4	3799	2412	189
北海市	12	44	91	64	15	12	2765	1643	213
防城港市	8	26	55	40	9	6	1471	857	176
钦州市	27	35	111	87	18	6	8363	5847	154
贵港市	6	77	109	72	19	18	8732	5525	171
玉林市	37	82	205	119	54	32	16040	11211	361
百色市	8	46	255	222	15	18	7326	4810	545
贺州市	13	18	76	49	16	11	4398	2998	158
河池市	25	43	227	188	19	20	8376	5445	1194
来宾市	2	23	77	63	6	8	3111	1912	394
崇左市	4	18	61	38	15	8	2074	1082	178
女	**69**	**77**	**382**	**240**	**90**	**52**	**14304**	**9708**	**557**
南宁市	15	12	29	7	14	8	1820	965	74
柳州市	1	5	23	11	9	3	706	542	33
桂林市		1	84	73	8	3	1327	979	36
梧州市	7	8	14	7	3	4	624	434	30
北海市	3	8	16	11	3	2	408	272	31
防城港市		2	13	8	4	1	209	146	18
钦州市	5	2	14	3	7	4	985	714	7
贵港市	3	14	16	6	8	2	1606	1033	26
玉林市	20	10	23	11	6	6	1408	982	20
百色市	2	7	61	46	6	9	2110	1502	89
贺州市	3	2	11	6	3	2	865	647	21
河池市	7	5	39	27	8	4	1455	1027	122
来宾市	2	1	14	10	2	2	347	231	28
崇左市	1		25	14	9	2	434	234	22

4-4c　续表 19　　　　单位：人

地　区 性　别	有农村土地承包经营权的人口								
	五、建筑业		六、批发和零售业			七、交通运输、仓储和邮政业			
	49.建筑安装业	50.建筑装饰、装修和其他建筑业	小计	51.批发业	52.零售业	小计	53.铁路运输业	54.道路运输业	55.水上运输业
总　计	**3454**	**27472**	**47961**	**11319**	**36642**	**25154**	**269**	**17981**	**530**
南宁市	573	4640	7729	3110	4619	3245	43	2215	94
柳州市	186	1135	2454	462	1992	1419	22	1059	27
桂林市	357	2240	4940	1106	3834	2421	38	1673	16
梧州市	112	1246	2058	494	1564	1252	7	936	73
北海市	167	847	2292	588	1704	1046	10	752	49
防城港市	107	376	870	197	673	571	3	365	7
钦州市	265	2361	3399	733	2666	1586	5	1218	38
贵港市	393	3190	4611	886	3725	2251	29	1580	150
玉林市	406	4468	6448	1235	5213	3385	27	2680	7
百色市	272	2218	4142	844	3298	2729	44	1805	29
贺州市	123	1316	2172	370	1802	1101	10	841	9
河池市	290	1753	3387	676	2711	1996	11	1460	9
来宾市	110	783	1626	282	1344	919	7	725	17
崇左市	93	899	1833	336	1497	1233	13	672	5
男	**3217**	**23670**	**25066**	**7087**	**17979**	**22618**	**209**	**17074**	**427**
南宁市	511	3921	4038	1738	2300	2848	34	2082	70
柳州市	179	1011	1244	304	940	1286	19	1012	18
桂林市	334	1951	2426	696	1730	2129	30	1576	11
梧州市	108	1090	1181	313	868	1186	7	907	69
北海市	162	747	1150	360	790	951	9	718	37
防城港市	95	343	470	138	332	530	3	351	6
钦州市	259	2103	1889	517	1372	1467	4	1166	32
贵港市	362	2674	2477	568	1909	2057	19	1506	123
玉林市	390	4078	3646	877	2769	3181	22	2584	6
百色市	239	1732	2037	524	1513	2299	30	1672	22
贺州市	113	1129	1164	259	905	1014	8	812	6
河池市	274	1463	1640	407	1233	1772	8	1360	7
来宾市	106	699	779	187	592	843	5	687	15
崇左市	85	729	925	199	726	1055	11	641	5
女	**237**	**3802**	**22895**	**4232**	**18663**	**2536**	**60**	**907**	**103**
南宁市	62	719	3691	1372	2319	397	9	133	24
柳州市	7	124	1210	158	1052	133	3	47	9
桂林市	23	289	2514	410	2104	292	8	97	5
梧州市	4	156	877	181	696	66		29	4
北海市	5	100	1142	228	914	95	1	34	12
防城港市	12	33	400	59	341	41		14	1
钦州市	6	258	1510	216	1294	119	1	52	6
贵港市	31	516	2134	318	1816	194	10	74	27
玉林市	16	390	2802	358	2444	204	5	96	1
百色市	33	486	2105	320	1785	430	14	133	7
贺州市	10	187	1008	111	897	87	2	29	3
河池市	16	290	1747	269	1478	224	3	100	2
来宾市	4	84	847	95	752	76	2	38	2
崇左市	8	170	908	137	771	178	2	31	

4-4c 续表 20

单位：人

地 区 性 别	有农村土地承包经营权的人口							
	七、交通运输、仓储和邮政业					八、住宿和餐饮业		
	56.航空运输业	57.管道运输业	58.多式联运和运输代理业	59.装卸搬运和仓储业	60.邮政业	小计	61.住宿业	62.餐饮业
总 计	**79**		**248**	**4085**	**1962**	**17027**	**1997**	**15030**
南宁市	33		37	517	306	2146	235	1911
柳州市	4		7	172	128	997	82	915
桂林市	21		25	431	217	2348	459	1889
梧州市	1		15	126	94	914	67	847
北海市	4		8	155	68	773	122	651
防城港市	1		12	151	32	434	80	354
钦州市			17	197	111	1010	83	927
贵港市	1		29	267	195	1753	133	1620
玉林市	7		42	381	241	1856	165	1691
百色市			18	655	178	1454	131	1323
贺州市	2		4	156	79	809	110	699
河池市	2		1	378	135	1120	132	988
来宾市	2		5	78	85	626	78	548
崇左市	1		28	421	93	787	120	667
男	**42**		**211**	**3215**	**1440**	**8340**	**797**	**7543**
南宁市	20		32	387	223	1024	93	931
柳州市			7	136	94	423	37	386
桂林市	5		22	327	158	1069	154	915
梧州市	1		14	111	77	500	33	467
北海市	4		7	133	43	418	51	367
防城港市			11	138	21	214	37	177
钦州市			16	172	77	573	48	525
贵港市			21	229	159	930	56	874
玉林市	7		35	344	183	1035	79	956
百色市			16	433	126	621	39	582
贺州市	2		3	130	53	386	50	336
河池市	1		1	292	103	472	46	426
来宾市	1		5	71	59	292	30	262
崇左市	1		21	312	64	383	44	339
女	**37**		**37**	**870**	**522**	**8687**	**1200**	**7487**
南宁市	13		5	130	83	1122	142	980
柳州市	4			36	34	574	45	529
桂林市	16		3	104	59	1279	305	974
梧州市			1	15	17	414	34	380
北海市			1	22	25	355	71	284
防城港市	1		1	13	11	220	43	177
钦州市			1	25	34	437	35	402
贵港市	1		8	38	36	823	77	746
玉林市			7	37	58	821	86	735
百色市			2	222	52	833	92	741
贺州市			1	26	26	423	60	363
河池市	1			86	32	648	86	562
来宾市	1			7	26	334	48	286
崇左市			7	109	29	404	76	328

4-4c　续表 21　　　　　　　　　　　　　　　　　　　　　　　　　　单位：人

地　区 性　别	有农村土地承包经营权的人口								
	九、信息传输、软件和信息技术服务业				十、金融业				
	小计	63.电信、广播电视和卫星传输服务	64.互联网和相关服务	65.软件和信息技术服务业	小计	66.货币金融服务	67.资本市场服务	68.保险业	69.其他金融业
总　计	**1820**	**782**	**589**	**449**	**1103**	**426**	**45**	**547**	**85**
南宁市	229	89	70	70	151	46	5	92	8
柳州市	113	56	37	20	43	17	1	21	4
桂林市	176	77	67	32	152	69	3	70	10
梧州市	81	29	34	18	48	19		25	4
北海市	119	56	32	31	53	24		28	1
防城港市	42	22	9	11	21	13	1	2	5
钦州市	110	45	45	20	51	17	3	26	5
贵港市	243	65	83	95	131	44	5	73	9
玉林市	202	86	61	55	115	36	7	63	9
百色市	129	75	26	28	122	55	6	48	13
贺州市	81	28	34	19	48	15	2	26	5
河池市	153	74	47	32	88	41	5	36	6
来宾市	80	49	25	6	39	13	5	17	4
崇左市	62	31	19	12	41	17	2	20	2
男	**1225**	**473**	**435**	**317**	**518**	**242**	**32**	**204**	**40**
南宁市	147	46	51	50	68	31	2	31	4
柳州市	73	35	25	13	18	7	1	9	1
桂林市	114	45	46	23	66	33	1	27	5
梧州市	55	18	25	12	17	7		9	1
北海市	83	34	28	21	21	13		8	
防城港市	31	14	8	9	16	10	1	2	3
钦州市	79	29	36	14	22	11	1	7	3
贵港市	165	40	60	65	57	30	3	23	1
玉林市	145	52	48	45	57	23	5	22	7
百色市	90	47	19	24	64	30	6	22	6
贺州市	51	17	24	10	16	7	1	6	2
河池市	103	49	33	21	47	20	4	19	4
来宾市	47	25	20	2	23	7	5	9	2
崇左市	42	22	12	8	26	13	2	10	1
女	**595**	**309**	**154**	**132**	**585**	**184**	**13**	**343**	**45**
南宁市	82	43	19	20	83	15	3	61	4
柳州市	40	21	12	7	25	10		12	3
桂林市	62	32	21	9	86	36	2	43	5
梧州市	26	11	9	6	31	12		16	3
北海市	36	22	4	10	32	11		20	1
防城港市	11	8	1	2	5	3			2
钦州市	31	16	9	6	29	6	2	19	2
贵港市	78	25	23	30	74	14	2	50	8
玉林市	57	34	13	10	58	13	2	41	2
百色市	39	28	7	4	58	25		26	7
贺州市	30	11	10	9	32	8	1	20	3
河池市	50	25	14	11	41	21	1	17	2
来宾市	33	24	5	4	16	6		8	2
崇左市	20	9	7	4	15	4		10	1

4-4c 续表 22　　　　单位：人

地区 性别	有农村土地承包经营权的人口								
	十一、房地产业		十二、租赁和商务服务业			十三、科学研究和技术服务业			
	小计	70.房地产业	小计	71.租赁业	72.商务服务业	小计	73.研究和试验发展	74.专业技术服务业	75.科技推广和应用服务业
总　计	**2343**	**2343**	**6645**	**738**	**5907**	**1592**	**75**	**1091**	**426**
南宁市	400	400	1094	110	984	279	15	154	110
柳州市	121	121	326	33	293	52	1	45	6
桂林市	270	270	733	35	698	164	12	126	26
梧州市	96	96	239	49	190	96	4	40	52
北海市	231	231	321	47	274	84	2	59	23
防城港市	48	48	220	16	204	45		28	17
钦州市	141	141	783	79	704	115	1	74	40
贵港市	208	208	603	92	511	132	2	107	23
玉林市	292	292	573	104	469	143	7	108	28
百色市	183	183	728	49	679	223	2	156	65
贺州市	92	92	222	17	205	51	2	48	1
河池市	91	91	329	11	318	81	1	68	12
来宾市	51	51	191	29	162	74	20	45	9
崇左市	119	119	283	67	216	53	6	33	14
男	**1494**	**1494**	**4916**	**676**	**4240**	**1101**	**44**	**806**	**251**
南宁市	254	254	772	95	677	194	8	116	70
柳州市	81	81	259	30	229	41	1	38	2
桂林市	163	163	513	27	486	120	6	97	17
梧州市	53	53	193	47	146	61	4	30	27
北海市	145	145	226	42	184	53	1	38	14
防城港市	33	33	172	15	157	35		21	14
钦州市	97	97	635	75	560	71	1	48	22
贵港市	141	141	447	82	365	100	1	80	19
玉林市	188	188	454	101	353	107	6	82	19
百色市	113	113	490	44	446	146	1	117	28
贺州市	67	67	156	17	139	32	1	30	1
河池市	59	59	242	11	231	64		55	9
来宾市	27	27	152	28	124	44	9	32	3
崇左市	73	73	205	62	143	33	5	22	6
女	**849**	**849**	**1729**	**62**	**1667**	**491**	**31**	**285**	**175**
南宁市	146	146	322	15	307	85	7	38	40
柳州市	40	40	67	3	64	11		7	4
桂林市	107	107	220	8	212	44	6	29	9
梧州市	43	43	46	2	44	35		10	25
北海市	86	86	95	5	90	31	1	21	9
防城港市	15	15	48	1	47	10		7	3
钦州市	44	44	148	4	144	44		26	18
贵港市	67	67	156	10	146	32	1	27	4
玉林市	104	104	119	3	116	36	1	26	9
百色市	70	70	238	5	233	77	1	39	37
贺州市	25	25	66		66	19	1	18	
河池市	32	32	87		87	17	1	13	3
来宾市	24	24	39	1	38	30	11	13	6
崇左市	46	46	78	5	73	20	1	11	8

4-4c 续表 23 单位：人

地 区 性 别	有农村土地承包经营权的人口								
	十四、水利、环境和公共设施管理业					十五、居民服务、修理和其他服务业			
	小计	76.水利管理业	77.生态保护和环境治理业	78.公共设施管理业	79.土地管理业	小计	80.居民服务业	81.机动车、电子产品和日用产品修理业	82.其他服务业
总 计	**3180**	**176**	**188**	**2785**	**31**	**15121**	**6930**	**4423**	**3768**
南宁市	519	26	28	463	2	1913	773	577	563
柳州市	234	19	13	201	1	755	331	237	187
桂林市	592	21	15	554	2	1517	710	390	417
梧州市	121	10	16	95		607	269	194	144
北海市	141	2	1	136	2	621	282	177	162
防城港市	90	6	3	81		512	319	79	114
钦州市	163	9	2	151	1	1055	483	310	262
贵港市	128	11	12	102	3	2011	871	461	679
玉林市	228	13	8	207		1792	882	675	235
百色市	299	18	50	230	1	1316	544	408	364
贺州市	117	11	14	78	14	726	381	197	148
河池市	254	6	13	235		1127	513	341	273
来宾市	107	8	2	93	4	539	253	193	93
崇左市	187	16	11	159	1	630	319	184	127
男	**1847**	**156**	**141**	**1522**	**28**	**8309**	**2581**	**3847**	**1881**
南宁市	222	23	19	180		978	261	493	224
柳州市	150	18	11	120	1	419	109	208	102
桂林市	378	18	12	346	2	760	236	329	195
梧州市	80	8	9	63		358	100	175	83
北海市	65	2		61	2	314	98	152	64
防城港市	44	6	3	35		320	194	72	54
钦州市	92	8	2	81	1	633	197	284	152
贵港市	93	10	10	70	3	1107	355	402	350
玉林市	135	11	7	117		988	286	598	104
百色市	173	14	38	121		725	216	329	180
贺州市	81	9	11	47	14	389	124	181	84
河池市	153	6	9	138		648	194	291	163
来宾市	72	8	2	58	4	306	84	172	50
崇左市	109	15	8	85	1	364	127	161	76
女	**1333**	**20**	**47**	**1263**	**3**	**6812**	**4349**	**576**	**1887**
南宁市	297	3	9	283	2	935	512	84	339
柳州市	84	1	2	81		336	222	29	85
桂林市	214	3	3	208		757	474	61	222
梧州市	41	2	7	32		249	169	19	61
北海市	76		1	75		307	184	25	98
防城港市	46			46		192	125	7	60
钦州市	71	1		70		422	286	26	110
贵港市	35	1	2	32		904	516	59	329
玉林市	93	2	1	90		804	596	77	131
百色市	126	4	12	109	1	591	328	79	184
贺州市	36	2	3	31		337	257	16	64
河池市	101		4	97		479	319	50	110
来宾市	35			35		233	169	21	43
崇左市	78	1	3	74		266	192	23	51

4-4c 续表 24

单位：人

地区 性别	有农村土地承包经营权的人口									
	十六、教育		十七、卫生和社会工作			十八、文化、体育和娱乐业				
	小计	83.教育	小计	84.卫生	85.社会工作	小计	86.新闻和出版业	87.广播、电视、电影和录音制作业	88.文化艺术业	89.体育
总　计	**12789**	**12789**	**4877**	**4696**	**181**	**989**	**22**	**48**	**202**	**123**
南宁市	1372	1372	523	481	42	105	2	7	12	18
柳州市	615	615	268	259	9	81	2	1	15	8
桂林市	1215	1215	553	533	20	179	3	7	85	13
梧州市	723	723	242	239	3	40	1	1	5	4
北海市	494	494	193	184	9	45	3	1	7	5
防城港市	192	192	79	77	2	54			1	1
钦州市	1110	1110	351	336	15	49	1	2	14	9
贵港市	1385	1385	497	483	14	72	3	4	7	14
玉林市	1863	1863	598	587	11	122	2	13	19	17
百色市	1126	1126	513	489	24	70		3	8	13
贺州市	707	707	210	208	2	53	2	3	12	7
河池市	1000	1000	389	378	11	50	3	4	11	8
来宾市	503	503	188	178	10	34			4	2
崇左市	484	484	273	264	9	35		2	2	4
男	**4401**	**4401**	**2141**	**2074**	**67**	**593**	**14**	**33**	**116**	**81**
南宁市	482	482	235	220	15	63	2	5	9	14
柳州市	231	231	105	100	5	53	2	1	9	7
桂林市	330	330	216	208	8	94		5	45	8
梧州市	289	289	132	132		25	1	1	3	
北海市	140	140	75	72	3	35	3	1	7	3
防城港市	54	54	46	46		31			1	1
钦州市	409	409	193	186	7	26		1	7	5
贵港市	489	489	221	218	3	45	2	3	5	7
玉林市	553	553	290	288	2	79	2	9	10	13
百色市	439	439	188	179	9	42		3	6	9
贺州市	252	252	90	89	1	35	2	2	8	2
河池市	372	372	160	155	5	30		2	5	8
来宾市	166	166	74	70	4	15				1
崇左市	195	195	116	111	5	20			1	3
女	**8388**	**8388**	**2736**	**2622**	**114**	**396**	**8**	**15**	**86**	**42**
南宁市	890	890	288	261	27	42		2	3	4
柳州市	384	384	163	159	4	28			6	1
桂林市	885	885	337	325	12	85	3	2	40	5
梧州市	434	434	110	107	3	15			2	4
北海市	354	354	118	112	6	10				2
防城港市	138	138	33	31	2	23				
钦州市	701	701	158	150	8	23	1	1	7	4
贵港市	896	896	276	265	11	27	1	1	2	7
玉林市	1310	1310	308	299	9	43		4	9	4
百色市	687	687	325	310	15	28			2	4
贺州市	455	455	120	119	1	18		1	4	5
河池市	628	628	229	223	6	20	3	2	6	
来宾市	337	337	114	108	6	19			4	1
崇左市	289	289	157	153	4	15		2	1	1

4-4c 续表 25

单位：人

地区 性别	有农村土地承包经营权的人口									
		十九、公共管理、社会保障和社会组织							二十、国际组织	
	90.娱乐业	小计	91.中国共产党机关	92.国家机构	93.人民政协、民主党派	94.社会保障	95.群众团体、社会团体和其他成员组织	96.基层群众自治组织	小计	97.国际组织
总计	**594**	**10980**	**149**	**4014**	**7**	**44**	**494**	**6272**		
南宁市	66	1171	16	387		9	124	635		
柳州市	55	755	26	275	3	1	30	420		
桂林市	71	980	12	464		2	33	469		
梧州市	29	621	4	132	1		29	455		
北海市	29	367	7	184		2	3	171		
防城港市	52	282	5	105		2	10	160		
钦州市	23	601	1	166		2	2	430		
贵港市	44	763	13	270	2	7	39	432		
玉林市	71	1222	7	312		3	32	868		
百色市	46	1412	14	560		5	123	710		
贺州市	29	508	14	231		2	19	242		
河池市	24	1219	21	443		4	28	723		
来宾市	28	496	6	192		2	13	283		
崇左市	27	583	3	293	1	3	9	274		
男	**349**	**7617**	**95**	**2660**	**7**	**18**	**270**	**4567**		
南宁市	33	769	11	257		3	61	437		
柳州市	34	503	15	171	3		14	300		
桂林市	36	658	6	288		2	16	346		
梧州市	20	453	3	99	1		19	331		
北海市	21	242	4	116		1	3	118		
防城港市	29	193	2	73			5	113		
钦州市	13	415	1	121			2	291		
贵港市	28	540	8	188	2	3	24	315		
玉林市	45	899	2	229		2	21	645		
百色市	24	1025	12	396		2	67	548		
贺州市	21	370	9	150		1	9	201		
河池市	15	811	15	270		3	17	506		
来宾市	14	331	5	118			7	201		
崇左市	16	408	2	184	1	1	5	215		
女	**245**	**3363**	**54**	**1354**		**26**	**224**	**1705**		
南宁市	33	402	5	130		6	63	198		
柳州市	21	252	11	104		1	16	120		
桂林市	35	322	6	176			17	123		
梧州市	9	168	1	33			10	124		
北海市	8	125	3	68		1		53		
防城港市	23	89	3	32		2	5	47		
钦州市	10	186		45		2		139		
贵港市	16	223	5	82		4	15	117		
玉林市	26	323	5	83		1	11	223		
百色市	22	387	2	164		3	56	162		
贺州市	8	138	5	81		1	10	41		
河池市	9	408	6	173		1	11	217		
来宾市	14	165	1	74		2	6	82		
崇左市	11	175	1	109		2	4	59		

4-4c 续表 26　　　　单位：人

地区 性别	没有农村土地承包经营权的人口								
	合计	一、农、林、牧、渔业						二、采矿业	
		小计	1.农业	2.林业	3.畜牧业	4.渔业	5.农、林、牧、渔专业及辅助性活动	小计	6.煤炭开采和洗选业
总计	**73744**	**23872**	**19183**	**868**	**2633**	**872**	**316**	**524**	**56**
南宁市	7638	2665	2120	94	326	57	68	41	
柳州市	4487	1573	1324	77	138	25	9	25	
桂林市	6612	2750	2429	102	140	16	63	78	
梧州市	3943	1419	1270	37	85	20	7	55	
北海市	6045	1399	916	39	105	292	47	20	
防城港市	3043	610	315	48	63	172	12	18	1
钦州市	8622	2747	2253	70	257	152	15	24	1
贵港市	4824	1245	1133	15	77	11	9	4	
玉林市	9069	2269	1654	83	460	44	28	17	
百色市	5678	2006	1686	93	207	9	11	103	45
贺州市	2886	991	831	61	59	13	27	33	
河池市	4912	1611	923	72	557	50	9	57	6
来宾市	2308	967	796	44	110	9	8	32	3
崇左市	3677	1620	1533	33	49	2	3	17	
男	**38135**	**9597**	**7059**	**538**	**1258**	**574**	**168**	**435**	**44**
南宁市	3996	1121	825	58	161	37	40	33	
柳州市	2359	646	543	40	40	17	6	23	
桂林市	2965	952	802	53	64	11	22	54	
梧州市	1898	516	435	20	43	13	5	50	
北海市	3328	676	376	29	60	189	22	18	
防城港市	2025	320	135	33	38	106	8	15	1
钦州市	4375	1044	728	48	152	106	10	19	1
贵港市	2271	420	347	12	46	10	5	3	
玉林市	4604	864	523	59	237	32	13	16	
百色市	3013	813	674	51	76	6	6	81	34
贺州市	1468	384	295	39	25	9	16	30	
河池市	2576	646	338	43	227	30	8	53	6
来宾市	1218	393	297	32	53	6	5	25	2
崇左市	2039	802	741	21	36	2	2	15	
女	**35609**	**14275**	**12124**	**330**	**1375**	**298**	**148**	**89**	**12**
南宁市	3642	1544	1295	36	165	20	28	8	
柳州市	2128	927	781	37	98	8	3	2	
桂林市	3647	1798	1627	49	76	5	41	24	
梧州市	2045	903	835	17	42	7	2	5	
北海市	2717	723	540	10	45	103	25	2	
防城港市	1018	290	180	15	25	66	4	3	
钦州市	4247	1703	1525	22	105	46	5	5	
贵港市	2553	825	786	3	31	1	4	1	
玉林市	4465	1405	1131	24	223	12	15	1	
百色市	2665	1193	1012	42	131	3	5	22	11
贺州市	1418	607	536	22	34	4	11	3	
河池市	2336	965	585	29	330	20	1	4	
来宾市	1090	574	499	12	57	3	3	7	1
崇左市	1638	818	792	12	13		1	2	

4-4c 续表 27

单位：人

地区 性别	没有农村土地承包经营权的人口								
	二、采矿业						三、制造业		
	7.石油和天然气开采业	8.黑色金属矿采选业	9.有色金属矿采选业	10.非金属矿采选业	11.开采专业及辅助性活动	12.其他采矿业	小计	13.农副食品加工业	14.食品制造业
总　计	**1**	**52**	**152**	**221**	**19**	**23**	**12541**	**937**	**208**
南宁市		3	15	15		8	1198	238	29
柳州市		5	3	17			817	131	26
桂林市		3	19	53	2	1	597	51	16
梧州市			46	8		1	741	26	10
北海市				15	4	1	1005	122	17
防城港市		2		14	1		753	71	10
钦州市			1	20	2		1646	44	14
贵港市				4			1236	44	14
玉林市	1		1	12	2	1	2039	51	36
百色市		18	21	12	1	6	747	42	6
贺州市			18	14	1		411	7	6
河池市		21	9	17	3	1	497	15	11
来宾市			17	10	2		285	30	2
崇左市			2	10	1	4	569	65	11
男	**1**	**39**	**137**	**181**	**18**	**15**	**6580**	**534**	**69**
南宁市		2	15	12		4	685	143	12
柳州市		4	3	16			462	84	6
桂林市		1	18	34	1		278	18	4
梧州市			43	6		1	354	12	3
北海市				13	4	1	619	64	8
防城港市		1		12	1		607	44	6
钦州市			1	15	2		806	16	6
贵港市				3			539	23	2
玉林市	1			12	2	1	770	25	14
百色市		11	19	12	1	4	493	30	1
贺州市			16	13	1		218	5	
河池市		20	8	15	3	1	253	9	2
来宾市			12	9	2		163	18	
崇左市			2	9	1	3	333	43	5
女		**13**	**15**	**40**	**1**	**8**	**5961**	**403**	**139**
南宁市		1		3		4	513	95	17
柳州市		1		1			355	47	20
桂林市		2	1	19	1	1	319	33	12
梧州市			3	2			387	14	7
北海市				2			386	58	9
防城港市		1		2			146	27	4
钦州市				5			840	28	8
贵港市				1			697	21	12
玉林市			1				1269	26	22
百色市		7	2			2	254	12	5
贺州市			2	1			193	2	6
河池市		1	1	2			244	6	9
来宾市			5	1			122	12	2
崇左市				1		1	236	22	6

4-4c 续表 28

单位：人

地 区 性 别	没有农村土地承包经营权的人口								
	三、制造业								
	15.酒、饮料和精制茶制造业	16.烟草制品业	17.纺织业	18.纺织服装、服饰业	19.皮革、毛皮、羽毛及其制品和制鞋业	20.木材加工和木、竹、藤、棕、草制品业	21.家具制造业	22.造纸和纸制品业	23.印刷和记录媒介复制业
总 计	**108**	**1**	**256**	**1411**	**294**	**1479**	**241**	**261**	**95**
南宁市	17	1	17	46	7	238	32	23	5
柳州市	9		9	8	2	139	4	10	
桂林市	19		9	28	7	97	22	11	19
梧州市	7		11	66	28	26	9	6	5
北海市	5		11	13	17	175	23	41	6
防城港市	4		2	4	7	30	6	3	1
钦州市	8		30	240	101	84	17	86	20
贵港市	5		24	393	16	139	18	15	6
玉林市	15		60	521	65	128	50	14	14
百色市	3		9	18	12	53	10	4	5
贺州市	4		4	28	16	19	11	2	5
河池市	3		23	23	13	41	9	15	4
来宾市	7		7	10	1	86	2	21	
崇左市	2		40	13	2	224	28	10	5
男	**56**	**1**	**73**	**292**	**111**	**765**	**142**	**184**	**48**
南宁市	10	1	2	8	2	140	17	12	2
柳州市	7		5	2	1	61	1	6	
桂林市	11		1	7	2	40	14	5	4
梧州市	4		2	20	12	14	5	3	2
北海市	2		1	4	10	103	13	33	4
防城港市	3			3	5	18	4	1	1
钦州市	3		11	56	34	40	12	73	12
贵港市	4		8	95	4	75	9	8	4
玉林市	6		14	67	18	43	28	7	6
百色市			5	5	6	30	8	3	2
贺州市	1		1	5	5	13	6	1	5
河池市	1		1	11	9	28	5	9	2
来宾市	3		2	4	1	40	1	16	
崇左市	1		20	5	2	120	19	7	4
女	**52**		**183**	**1119**	**183**	**714**	**99**	**77**	**47**
南宁市	7		15	38	5	98	15	11	3
柳州市	2		4	6	1	78	3	4	
桂林市	8		8	21	5	57	8	6	15
梧州市	3		9	46	16	12	4	3	3
北海市	3		10	9	7	72	10	8	2
防城港市	1		2	1	2	12	2	2	
钦州市	5		19	184	67	44	5	13	8
贵港市	1		16	298	12	64	9	7	2
玉林市	9		46	454	47	85	22	7	8
百色市	3		4	13	6	23	2	1	3
贺州市	3		3	23	11	6	5	1	
河池市	2		22	12	4	13	4	6	2
来宾市	4		5	6		46	1	5	
崇左市	1		20	8		104	9	3	1

4-4c　续表 29　　　　　　　　　　　　　　　　　　　　　　　　　　单位：人

地　区 性　别	没有农村土地承包经营权的人口								
	三、制造业								
	24.文教、工美、体育和娱乐用品制造业	25.石油、煤炭及其他燃料加工业	26.化学原料和化学制品制造业	27.医药制造业	28.化学纤维制造业	29.橡胶和塑料制品业	30.非金属矿　物制品业	31.黑色金属冶炼和压延加工业	32.有色金属冶炼和压延加工业
总　计	**489**	**52**	**262**	**54**	**2**	**294**	**902**	**523**	**355**
南宁市	13	6	38	6	1	78	102	12	2
柳州市	1	7	7	4		9	25	3	1
桂林市	10	1	9	12		17	59	5	2
梧州市	42		5	4		15	45	3	1
北海市	16	18	32	2		18	126	130	12
防城港市		1	5	1		4	69	344	89
钦州市	98	7	83	7		59	87	7	6
贵港市	77		11	2		26	56	1	
玉林市	144	5	21	11		22	98	6	4
百色市	31	3	35	4		17	41	2	223
贺州市	21	1	2			4	90	4	1
河池市	22	1	7		1	16	32	2	6
来宾市	2		1	1		7	20		5
崇左市	12	2	6			2	52	4	3
男	**155**	**39**	**168**	**18**		**154**	**660**	**434**	**295**
南宁市	3	3	18	1		52	79	11	1
柳州市		3	3	1		4	18	3	1
桂林市	2		5	3		4	48	3	1
梧州市	9		2	2		5	30	2	
北海市	7	16	17			10	95	96	10
防城港市		1	5			2	61	307	70
钦州市	21	7	64	2		30	54	4	4
贵港市	27		7	1		13	42	1	
玉林市	41	4	12	4		10	65	3	3
百色市	14	2	27	3		9	28	1	193
贺州市	13	1	1			2	62	1	1
河池市	10	1	3			8	20		3
来宾市	2			1		4	18		5
崇左市	6	1	4			1	40	2	3
女	**334**	**13**	**94**	**36**	**2**	**140**	**242**	**89**	**60**
南宁市	10	3	20	5	1	26	23	1	1
柳州市	1	4	4	3		5	7		
桂林市	8	1	4	9		13	11	2	1
梧州市	33		3	2		10	15	1	1
北海市	9	2	15	2		8	31	34	2
防城港市				1		2	8	37	19
钦州市	77		19	5		29	33	3	2
贵港市	50		4	1		13	14		
玉林市	103	1	9	7		12	33	3	1
百色市	17	1	8	1		8	13	1	30
贺州市	8		1			2	28	3	
河池市	12		4		1	8	12	2	3
来宾市			1			3	2		
崇左市	6	1	2			1	12	2	

4-4c 续表 30 单位：人

地 区 性 别	没有农村土地承包经营权的人口								
	三、制造业								
	33.金属制品业	34.通用设备制造业	35.专用设备制造业	36.汽车制造业	37.铁路、船舶、航空航天和其他运输设备制造业	38.电气机械和器材制造业	39.计算机、通信和其他电子设备制造业	40.仪器仪表制造业	41.其他制造业
总 计	**603**	**231**	**194**	**343**	**66**	**403**	**2145**	**46**	**98**
南宁市	70	24	24	5	3	21	104		9
柳州市	36	23	9	271	8	22	38	1	1
桂林市	24	16	18	13	1	16	91	3	12
梧州市	55	18	7	2	7	55	272	7	4
北海市	25	12	15	1	5	10	117	5	6
防城港市	13	7	5	1	1	5	28	5	2
钦州市	61	33	18	5	3	38	458	7	8
贵港市	70	12	20	8	28	56	169	4	10
玉林市	94	35	40	17	3	82	462	6	24
百色市	43	22	17	4	2	25	90	1	12
贺州市	30	11	4	4	1	25	97	4	2
河池市	41	4	9	4	1	32	147	1	7
来宾市	12	6	2	8	3	8	39	1	1
崇左市	29	8	6			8	33	1	
男	**429**	**150**	**110**	**208**	**51**	**228**	**982**	**25**	**48**
南宁市	59	12	8	3	3	14	50		3
柳州市	25	14	6	157	5	14	22		1
桂林市	13	9	11	7	1	10	39	2	7
梧州市	40	12	6	2	5	29	124	5	2
北海市	19	9	8	1	4	3	55	2	3
防城港市	10	4	3	1	1	3	18	3	
钦州市	46	24	9	4	2	22	226	4	7
贵港市	45	8	13	7	23	35	73	1	3
玉林市	67	25	23	12	2	49	196	4	12
百色市	29	13	10	2	1	14	38	1	6
贺州市	18	8	2	3	1	12	41	2	
河池市	27	1	6	2	1	15	71		4
来宾市	9	5	1	7	2	4	18		
崇左市	22	6	4			4	11	1	
女	**174**	**81**	**84**	**135**	**15**	**175**	**1163**	**21**	**50**
南宁市	11	12	16	2		7	54		6
柳州市	11	9	3	114	3	8	16	1	
桂林市	11	7	7	6		6	52	1	5
梧州市	15	6	1		2	26	148	2	2
北海市	6	3	7		1	7	62	3	3
防城港市	3	3	2			2	10	2	2
钦州市	15	9	9	1	1	16	232	3	1
贵港市	25	4	7	1	5	21	96	3	7
玉林市	27	10	17	5	1	33	266	2	12
百色市	14	9	7	2	1	11	52		6
贺州市	12	3	2	1		13	56	2	2
河池市	14	3	3	2		17	76	1	3
来宾市	3	1	1	1	1	4	21	1	1
崇左市	7	2	2			4	22		

4-4c　续表 31　　　　　　　　　　　　　　　　　　　　单位：人

地　区 性　别	没有农村土地承包经营权的人口								
	三、制造业		四、电力、热力、燃气及水生产和供应业				五、建筑业		
	42.废弃资源综合利用业	43.金属制品、机械和设备修理业	小计	44.电力、热力生产和供应业	45.燃气生产和供应业	46.水的生产和供应业	小计	47.房屋建筑业	48.土木工程建筑业
总　计	**42**	**146**	**448**	**361**	**53**	**34**	**9770**	**5405**	**1311**
南宁市	11	16	20	13	5	2	994	407	281
柳州市		13	15	11	3	1	433	207	112
桂林市	2	7	36	32	3	1	660	408	57
梧州市	2	3	43	42		1	457	247	46
北海市	7	18	45	26	9	10	694	300	86
防城港市	3	32	56	55	1		506	259	82
钦州市	10	7	33	24	8	1	1395	826	68
贵港市	1	11	10	7	3		559	315	51
玉林市	2	9	25	14	10	1	1669	1041	66
百色市		13	85	80	2	3	634	368	80
贺州市		8	11	10	1		424	286	23
河池市	2	5	38	27	3	8	738	461	174
来宾市	2	1	14	6	3	5	360	143	165
崇左市		3	17	14	2	1	247	137	20
男	**26**	**125**	**336**	**277**	**32**	**27**	**7840**	**4208**	**1142**
南宁市	5	11	12	9	2	1	788	315	249
柳州市		12	13	10	2	1	355	157	101
桂林市	1	6	21	18	2	1	489	286	47
梧州市	1	1	27	27			368	188	43
北海市	5	17	35	21	5	9	553	232	66
防城港市	1	32	45	45			432	211	70
钦州市	7	6	27	22	4	1	1098	621	63
贵港市	1	7	4	2	2		444	246	41
玉林市	2	8	19	12	6	1	1434	885	57
百色市		12	70	65	2	3	452	254	69
贺州市		8	9	8	1		340	233	18
河池市	1	3	29	22	2	5	595	360	157
来宾市	2		12	5	2	5	303	112	145
崇左市		2	13	11	2		189	108	16
女	**16**	**21**	**112**	**84**	**21**	**7**	**1930**	**1197**	**169**
南宁市	6	5	8	4	3	1	206	92	32
柳州市		1	2	1	1		78	50	11
桂林市	1	1	15	14	1		171	122	10
梧州市	1	2	16	15		1	89	59	3
北海市	2	1	10	5	4	1	141	68	20
防城港市	2		11	10	1		74	48	12
钦州市	3	1	6	2	4		297	205	5
贵港市		4	6	5	1		115	69	10
玉林市		1	6	2	4		235	156	9
百色市		1	15	15			182	114	11
贺州市			2	2			84	53	5
河池市	1	2	9	5	1	3	143	101	17
来宾市		1	2	1	1		57	31	20
崇左市		1	4	3		1	58	29	4

4-4c 续表 32

单位：人

地 区 性 别	没有农村土地承包经营权的人口								
	五、建筑业		六、批发和零售业			七、交通运输、仓储和邮政业			
	49.建筑安装业	50.建筑装饰、装修和其他建筑业	小计	51.批发业	52.零售业	小计	53.铁路运输业	54.道路运输业	55.水上运输业
总 计	**437**	**2617**	**6939**	**1380**	**5559**	**3161**	**89**	**1895**	**185**
南宁市	54	252	700	179	521	379	7	185	12
柳州市	15	99	453	87	366	296	13	181	11
桂林市	36	159	699	178	521	216	4	121	6
梧州市	13	151	292	59	233	113		82	4
北海市	45	263	742	127	615	259	9	153	19
防城港市	59	106	267	71	196	123	7	70	8
钦州市	62	439	763	145	618	352	2	274	2
贵港市	23	170	458	72	386	302	25	110	118
玉林市	48	514	948	147	801	380	3	283	1
百色市	21	165	495	104	391	234	6	140	1
贺州市	15	100	307	45	262	98	8	58	
河池市	25	78	386	81	305	142	3	98	1
来宾市	10	42	157	30	127	73	2	48	2
崇左市	11	79	272	55	217	194		92	
男	**398**	**2092**	**2895**	**721**	**2174**	**2599**	**65**	**1704**	**136**
南宁市	45	179	284	75	209	294	7	161	10
柳州市	13	84	192	52	140	245	11	165	7
桂林市	34	122	285	89	196	171	2	103	3
梧州市	12	125	112	30	82	96		74	3
北海市	40	215	315	66	249	214	6	136	14
防城港市	56	95	120	46	74	107	2	66	7
钦州市	59	355	330	86	244	304	2	244	2
贵港市	21	136	183	28	155	232	16	97	88
玉林市	46	446	402	85	317	343		270	
百色市	18	111	222	52	170	181	6	120	1
贺州市	12	77	111	19	92	83	8	55	
河池市	22	56	153	41	112	122	3	91	
来宾市	10	36	65	21	44	66	2	44	1
崇左市	10	55	121	31	90	141		78	
女	**39**	**525**	**4044**	**659**	**3385**	**562**	**24**	**191**	**49**
南宁市	9	73	416	104	312	85		24	2
柳州市	2	15	261	35	226	51	2	16	4
桂林市	2	37	414	89	325	45	2	18	3
梧州市	1	26	180	29	151	17		8	1
北海市	5	48	427	61	366	45	3	17	5
防城港市	3	11	147	25	122	16	5	4	1
钦州市	3	84	433	59	374	48		30	
贵港市	2	34	275	44	231	70	9	13	30
玉林市	2	68	546	62	484	37	3	13	1
百色市	3	54	273	52	221	53		20	
贺州市	3	23	196	26	170	15		3	
河池市	3	22	233	40	193	20		7	1
来宾市		6	92	9	83	7		4	1
崇左市	1	24	151	24	127	53		14	

4-4c 续表 33 单位：人

地区 性别	没有农村土地承包经营权的人口							
	七、交通运输、仓储和邮政业					八、住宿和餐饮业		
	56.航空运输业	57.管道运输业	58.多式联运和运输代理业	59.装卸搬运和仓储业	60.邮政业	小计	61.住宿业	62.餐饮业
总 计	**101**		**41**	**474**	**376**	**2799**	**379**	**2420**
南宁市	82		4	50	39	312	32	280
柳州市	1		2	41	47	153	14	139
桂林市	4		2	33	46	289	42	247
梧州市			4	12	11	154	11	143
北海市	4		7	39	28	366	93	273
防城港市			5	26	7	166	37	129
钦州市			2	31	41	256	14	242
贵港市			4	21	24	191	23	168
玉林市	9		5	41	38	300	35	265
百色市			2	68	17	179	22	157
贺州市				10	22	125	21	104
河池市				16	24	162	15	147
来宾市			1	6	14	70	10	60
崇左市	1		3	80	18	76	10	66
男	**66**		**28**	**347**	**253**	**1197**	**166**	**1031**
南宁市	50		3	41	22	123	17	106
柳州市	1		1	26	34	51	2	49
桂林市	2		1	27	33	98	18	80
梧州市			2	9	8	79	3	76
北海市	3		3	35	17	173	54	119
防城港市			2	24	6	74	16	58
钦州市			2	25	29	117	4	113
贵港市			3	13	15	88	10	78
玉林市	9		5	32	27	143	13	130
百色市			2	39	13	63	6	57
贺州市				9	11	53	10	43
河池市				11	17	64	4	60
来宾市			1	6	12	29	4	25
崇左市	1		3	50	9	42	5	37
女	**35**		**13**	**127**	**123**	**1602**	**213**	**1389**
南宁市	32		1	9	17	189	15	174
柳州市			1	15	13	102	12	90
桂林市	2		1	6	13	191	24	167
梧州市			2	3	3	75	8	67
北海市	1		4	4	11	193	39	154
防城港市			3	2	1	92	21	71
钦州市				6	12	139	10	129
贵港市			1	8	9	103	13	90
玉林市				9	11	157	22	135
百色市				29	4	116	16	100
贺州市				1	11	72	11	61
河池市				5	7	98	11	87
来宾市					2	41	6	35
崇左市				30	9	34	5	29

4-4c 续表 34 单位：人

地区 性别	没有农村土地承包经营权的人口								
	九、信息传输、软件和信息技术服务业				十、金融业				
	小计	63.电信、广播电视和卫星传输服务	64.互联网和相关服务	65.软件和信息技术服务业	小计	66.货币金融服务	67.资本市场服务	68.保险业	69.其他金融业
总计	**326**	**145**	**108**	**73**	**285**	**121**	**14**	**120**	**30**
南宁市	37	17	9	11	26	12	1	11	2
柳州市	12	5	5	2	15	7	1	6	1
桂林市	40	19	14	7	27	11	3	9	4
梧州市	14	4	4	6	13	7		5	1
北海市	49	22	15	12	53	16	2	28	7
防城港市	17	8	2	7	8	5		2	1
钦州市	30	9	14	7	20	3		13	4
贵港市	30	6	14	10	20	11	1	7	1
玉林市	31	16	13	2	36	13	1	21	1
百色市	18	13	2	3	23	12	2	6	3
贺州市	11	4	5	2	6	3	1	1	1
河池市	18	10	5	3	24	12	1	8	3
来宾市	11	6	5		4	3	1		
崇左市	8	6	1	1	10	6		3	1
男	**190**	**80**	**64**	**46**	**121**	**59**	**10**	**32**	**20**
南宁市	21	8	5	8	10	5	1	2	2
柳州市	6	2	3	1	5	5			
桂林市	25	10	12	3	14	4	2	5	3
梧州市	7	3	1	3	7	4		2	1
北海市	34	15	11	8	21	7	1	8	5
防城港市	12	4	1	7	4	3			1
钦州市	14	3	8	3	5			3	2
贵港市	18	2	9	7	7	3	1	3	
玉林市	17	8	7	2	13	6	1	6	
百色市	10	9	1		13	9	1	1	2
贺州市	6	2	2	2	4	2	1		1
河池市	11	7	3	1	11	5	1	2	3
来宾市	4	3	1		2	1	1		
崇左市	5	4		1	5	5			
女	**136**	**65**	**44**	**27**	**164**	**62**	**4**	**88**	**10**
南宁市	16	9	4	3	16	7		9	
柳州市	6	3	2	1	10	2	1	6	1
桂林市	15	9	2	4	13	7	1	4	1
梧州市	7	1	3	3	6	3		3	
北海市	15	7	4	4	32	9	1	20	2
防城港市	5	4	1		4	2		2	
钦州市	16	6	6	4	15	3		10	2
贵港市	12	4	5	3	13	8		4	1
玉林市	14	8	6		23	7		15	1
百色市	8	4	1	3	10	3	1	5	1
贺州市	5	2	3		2	1		1	
河池市	7	3	2	2	13	7		6	
来宾市	7	3	4		2	2			
崇左市	3	2	1		5	1		3	1

4-4c　续表 35　　　　　　　　　　　　　　　　　　　　　　　　　　　　　　　　　单位：人

地　区 性　别	没有农村土地承包经营权的人口								
	十一、房地产业		十二、租赁和商务服务业			十三、科学研究和技术服务业			
	小计	70.房地产业	小计	71.租赁业	72.商务服务业	小计	73.研究和试验发展	74.专业技术服务业	75.科技推广和应用服务业
总　计	**604**	**604**	**1182**	**105**	**1077**	**354**	**38**	**241**	**75**
南宁市	61	61	126	9	117	45	2	38	5
柳州市	28	28	47	4	43	17		15	2
桂林市	47	47	124	7	117	29	2	18	9
梧州市	15	15	42	8	34	8	1	6	1
北海市	187	187	160	16	144	45		36	9
防城港市	21	21	79	5	74	23		15	8
钦州市	35	35	216	11	205	52		33	19
贵港市	36	36	40	3	37	19	1	14	4
玉林市	62	62	114	22	92	27	1	20	6
百色市	24	24	95	5	90	13		11	2
贺州市	10	10	33		33	8		5	3
河池市	20	20	44	1	43	21	5	14	2
来宾市	4	4	20	9	11	11	4	7	
崇左市	54	54	42	5	37	36	22	9	5
男	**340**	**340**	**773**	**99**	**674**	**238**	**21**	**172**	**45**
南宁市	34	34	80	9	71	36	1	31	4
柳州市	17	17	30	4	26	11		9	2
桂林市	27	27	64	6	58	19		14	5
梧州市	6	6	29	8	21	7	1	5	1
北海市	103	103	107	13	94	32		27	5
防城港市	13	13	54	4	50	19		13	6
钦州市	19	19	156	11	145	29		21	8
贵港市	22	22	28	3	25	12	1	8	3
玉林市	31	31	78	22	56	18	1	13	4
百色市	12	12	58	4	54	9		7	2
贺州市	5	5	15		15	4		3	1
河池市	7	7	29	1	28	14	4	8	2
来宾市	3	3	19	9	10	7	1	6	
崇左市	41	41	26	5	21	21	12	7	2
女	**264**	**264**	**409**	**6**	**403**	**116**	**17**	**69**	**30**
南宁市	27	27	46		46	9	1	7	1
柳州市	11	11	17		17	6		6	
桂林市	20	20	60	1	59	10	2	4	4
梧州市	9	9	13		13	1		1	
北海市	84	84	53	3	50	13		9	4
防城港市	8	8	25	1	24	4		2	2
钦州市	16	16	60		60	23		12	11
贵港市	14	14	12		12	7		6	1
玉林市	31	31	36		36	9		7	2
百色市	12	12	37	1	36	4		4	
贺州市	5	5	18		18	4		2	2
河池市	13	13	15		15	7	1	6	
来宾市	1	1	1		1	4	3	1	
崇左市	13	13	16		16	15	10	2	3

4-4c 续表 36

单位：人

地区 性别	没有农村土地承包经营权的人口								
	十四、水利、环境和公共设施管理业					十五、居民服务、修理和其他服务业			
	小计	76.水利管理业	77.生态保护和环境治理业	78.公共设施管理业	79.土地管理业	小计	80.居民服务业	81.机动车、电子产品和日用产品修理业	82.其他服务业
总计	**416**	**57**	**23**	**330**	**6**	**2136**	**1116**	**631**	**389**
南宁市	39	7	4	28		200	81	69	50
柳州市	22	3		19		87	43	28	16
桂林市	60	1	3	56		173	95	43	35
梧州市	19	3	1	15		107	59	31	17
北海市	69	9	1	59		221	123	58	40
防城港市	23	5		18		106	62	24	20
钦州市	36	10	1	25		203	123	58	22
贵港市	11		1	10		225	103	45	77
玉林市	29	4	2	23		309	165	117	27
百色市	47	2	9	36		182	95	64	23
贺州市	10	3		5	2	78	45	23	10
河池市	13	3		10		115	55	31	29
来宾市	3	1	1	1		59	32	15	12
崇左市	35	6		25	4	71	35	25	11
男	**218**	**47**	**17**	**150**	**4**	**995**	**344**	**520**	**131**
南宁市	21	6	3	12		83	13	53	17
柳州市	10	3		7		40	13	24	3
桂林市	36	1	3	32		77	26	35	16
梧州市	10	2	1	7		55	18	28	9
北海市	32	6		26		100	37	50	13
防城港市	10	5		5		64	38	23	3
钦州市	15	8		7		85	31	51	3
贵港市	7		1	6		94	36	32	26
玉林市	12	2	1	9		156	50	95	11
百色市	30	2	8	20		86	30	49	7
贺州市	8	3		3	2	35	9	22	4
河池市	4	2		2		53	17	23	13
来宾市	2	1		1		26	11	12	3
崇左市	21	6		13	2	41	15	23	3
女	**198**	**10**	**6**	**180**	**2**	**1141**	**772**	**111**	**258**
南宁市	18	1	1	16		117	68	16	33
柳州市	12			12		47	30	4	13
桂林市	24			24		96	69	8	19
梧州市	9	1		8		52	41	3	8
北海市	37	3	1	33		121	86	8	27
防城港市	13			13		42	24	1	17
钦州市	21	2	1	18		118	92	7	19
贵港市	4			4		131	67	13	51
玉林市	17	2	1	14		153	115	22	16
百色市	17		1	16		96	65	15	16
贺州市	2			2		43	36	1	6
河池市	9	1		8		62	38	8	16
来宾市	1		1			33	21	3	9
崇左市	14			12	2	30	20	2	8

4-4c 续表 37

单位：人

地区 性别	没有农村土地承包经营权的人口									
	十六、教育		十七、卫生和社会工作			十八、文化、体育和娱乐业				
	小计	83.教育	小计	84.卫生	85.社会工作	小计	86.新闻和出版业	87.广播、电视、电影和录音制作业	88.文化艺术业	89.体育
总　计	**4550**	**4550**	**1165**	**1149**	**16**	**203**	**6**	**13**	**42**	**23**
南宁市	472	472	93	92	1	22		2	4	1
柳州市	204	204	64	64		12			1	
桂林市	465	465	94	90	4	36	3	2	13	7
梧州市	282	282	53	53		5				1
北海市	377	377	112	111	1	32	1	2	8	4
防城港市	103	103	41	39	2	13	1	1		1
钦州市	569	569	112	110	2	14		2	3	3
贵港市	266	266	68	68		5		1		
玉林市	472	472	121	118	3	27		2	3	3
百色市	357	357	137	136	1	6			2	1
贺州市	170	170	43	43		6				
河池市	542	542	128	127	1	11		1	2	
来宾市	115	115	39	39		3				
崇左市	156	156	60	59	1	11	1		6	2
男	**1673**	**1673**	**388**	**385**	**3**	**117**	**3**	**11**	**24**	**11**
南宁市	190	190	29	29		10		1	1	1
柳州市	84	84	21	21		6				
桂林市	168	168	36	35	1	18	3	2	8	2
梧州市	97	97	15	15		3				
北海市	111	111	32	32		22		1	5	4
防城港市	36	36	19	18	1	6		1		
钦州市	180	180	40	39	1	10		2	1	2
贵港市	84	84	21	21		2		1		
玉林市	124	124	40	40		17		2	3	1
百色市	174	174	39	39		5			2	1
贺州市	69	69	14	14		4				
河池市	242	242	48	48		7		1	1	
来宾市	37	37	14	14		2				
崇左市	77	77	20	20		5			3	
女	**2877**	**2877**	**777**	**764**	**13**	**86**	**3**	**2**	**18**	**12**
南宁市	282	282	64	63	1	12		1	3	
柳州市	120	120	43	43		6			1	
桂林市	297	297	58	55	3	18			5	5
梧州市	185	185	38	38		2				1
北海市	266	266	80	79	1	10	1	1	3	
防城港市	67	67	22	21	1	7	1			1
钦州市	389	389	72	71	1	4			2	1
贵港市	182	182	47	47		3				
玉林市	348	348	81	78	3	10				2
百色市	183	183	98	97	1	1				
贺州市	101	101	29	29		2				
河池市	300	300	80	79	1	4			1	
来宾市	78	78	25	25		1				
崇左市	79	79	40	39	1	6	1		3	2

4-4c 续表 38 单位：人

地区 性别	没有农村土地承包经营权的人口									
		十九、公共管理、社会保障和社会组织							二十、国际组织	
	90.娱乐业	小计	91.中国共产党机关	92.国家机构	93.人民政协、民主党派	94.社会保障	95.群众团体、社会团体和其他成员组织	96.基层群众自治组织	小计	97.国际组织
总　计	**119**	**2469**	**70**	**1713**	**2**	**20**	**88**	**576**		
南宁市	15	208	4	139	1	4	19	41		
柳州市	11	214	17	148		1	3	45		
桂林市	11	192	3	146		1	11	31		
梧州市	4	111	1	45		2	5	58		
北海市	17	210	6	182		4		18		
防城港市	10	110	2	67		2	5	34		
钦州市	6	119	3	65				51		
贵港市	4	99	7	51			7	34		
玉林市	19	194		88		1	9	96		
百色市	3	293	11	205		1	20	56		
贺州市	6	111		85		2	2	22		
河池市	8	345	15	280			4	46		
来宾市	3	81		59			2	20		
崇左市	2	182	1	153	1	2	1	24		
男	**68**	**1603**	**60**	**1173**	**1**	**11**	**50**	**308**		
南宁市	7	142	4	103	1	1	10	23		
柳州市	6	142	15	105			1	21		
桂林市	3	133	2	100		1	8	22		
梧州市	3	60	1	33			2	24		
北海市	12	131	5	114		4		8		
防城港市	5	68	1	45		1	4	17		
钦州市	5	77	2	50				25		
贵港市	1	63	5	39			5	14		
玉林市	11	107		63		1	4	39		
百色市	2	202	10	143		1	12	36		
贺州市	4	76		57		1		18		
河池市	5	235	14	190			3	28		
来宾市	2	46		32			1	13		
崇左市	2	121	1	99		1		20		
女	**51**	**866**	**10**	**540**	**1**	**9**	**38**	**268**		
南宁市	8	66		36		3	9	18		
柳州市	5	72	2	43		1	2	24		
桂林市	8	59	1	46			3	9		
梧州市	1	51		12		2	3	34		
北海市	5	79	1	68				10		
防城港市	5	42	1	22		1	1	17		
钦州市	1	42	1	15				26		
贵港市	3	36	2	12			2	20		
玉林市	8	87		25			5	57		
百色市	1	91	1	62			8	20		
贺州市	2	35		28		1	2	4		
河池市	3	110	1	90			1	18		
来宾市	1	35		27			1	7		
崇左市		61		54	1	1	1	4		

4–5　分年龄、性别、行业大类的就业人口

单位：人

年龄组 性　别	合　计								
	合计	一、农、林、牧、渔业						二、采矿业	
		小计	1.农业	2.林业	3.畜牧业	4.渔业	5.农、林、牧、渔专业及辅助性活动	小计	6.煤炭开采和洗选业
总　计	**2013956**	**670025**	**574800**	**21680**	**54658**	**12371**	**6516**	**6251**	**441**
16–19岁	24481	5592	4861	167	403	111	50	24	
20–24岁	100935	14851	12423	597	1289	336	206	170	4
25–29岁	172907	26076	21640	966	2342	693	435	461	12
30–34岁	272386	48592	39962	1955	4569	1351	755	899	40
35–39岁	274221	59942	49327	2471	5723	1564	857	942	64
40–44岁	260181	67750	56584	2764	6019	1561	822	1071	106
45–49岁	274218	88611	74490	3657	7638	1822	1004	1121	91
50–54岁	254306	109443	94041	3802	8684	1944	972	928	79
55–59岁	187980	100547	87565	2906	7680	1585	811	474	28
60–64岁	88172	62730	56203	1222	4329	679	297	105	9
65–69岁	63182	50977	46200	779	3328	469	201	32	5
70–74岁	26488	22526	20464	272	1556	165	69	19	3
75岁及以上	14499	12388	11040	122	1098	91	37	5	
男	**1154817**	**356487**	**297811**	**15013**	**31102**	**8871**	**3690**	**5086**	**369**
16–19岁	15110	3647	3107	127	280	97	36	21	
20–24岁	57928	9155	7414	445	874	274	148	145	3
25–29岁	98863	15416	12369	698	1508	559	282	377	9
30–34岁	154529	27291	21546	1408	2855	1025	457	727	35
35–39岁	154888	32529	25885	1709	3282	1166	487	747	53
40–44岁	144526	35324	28636	1912	3242	1101	433	842	89
45–49岁	152834	45263	36986	2460	4080	1212	525	860	72
50–54岁	149072	55998	46838	2596	4708	1323	533	795	66
55–59岁	114971	51304	43429	2035	4281	1113	446	424	27
60–64岁	51572	33163	29182	836	2511	466	168	98	8
65–69岁	36681	27810	24876	526	1957	334	117	27	4
70–74岁	15552	12686	11436	173	906	131	40	19	3
75岁及以上	8291	6901	6107	88	618	70	18	4	
女	**859139**	**313538**	**276989**	**6667**	**23556**	**3500**	**2826**	**1165**	**72**
16–19岁	9371	1945	1754	40	123	14	14	3	
20–24岁	43007	5696	5009	152	415	62	58	25	1
25–29岁	74044	10660	9271	268	834	134	153	84	3
30–34岁	117857	21301	18416	547	1714	326	298	172	5
35–39岁	119333	27413	23442	762	2441	398	370	195	11
40–44岁	115655	32426	27948	852	2777	460	389	229	17
45–49岁	121384	43348	37504	1197	3558	610	479	261	19
50–54岁	105234	53445	47203	1206	3976	621	439	133	13
55–59岁	73009	49243	44136	871	3399	472	365	50	1
60–64岁	36600	29567	27021	386	1818	213	129	7	1
65–69岁	26501	23167	21324	253	1371	135	84	5	1
70–74岁	10936	9840	9028	99	650	34	29		
75岁及以上	6208	5487	4933	34	480	21	19	1	

4-5 续表 1

单位：人

年龄组 性 别	合 计								
	二、采矿业						三、制造业		
	7.石油和天然气开采业	8.黑色金属矿采选业	9.有色金属矿采选业	10.非金属矿采选业	11.开采专业及辅助性活动	12.其他采矿业	小计	13.农副食品加工业	14.食品制造业
总 计	**127**	**707**	**1665**	**2653**	**314**	**344**	**218492**	**17391**	**6381**
16-19岁		1	5	13	2	3	4950	112	123
20-24岁	1	18	22	92	16	17	14503	499	414
25-29岁	6	42	103	229	28	41	21724	1139	638
30-34岁	19	92	236	417	61	34	35896	2202	1153
35-39岁	15	115	249	421	40	38	36604	2448	1098
40-44岁	23	132	316	385	49	60	32899	2515	959
45-49岁	33	148	330	428	35	56	31622	3049	882
50-54岁	18	99	262	370	47	53	22388	2623	578
55-59岁	8	49	113	212	31	33	11850	1772	365
60-64岁	2	8	23	57	2	4	3448	582	101
65-69岁	2	2	3	15	1	4	1750	309	42
70-74岁		1	3	9	2	1	580	95	24
75岁及以上				5			278	46	4
男	**86**	**506**	**1339**	**2240**	**259**	**287**	**123688**	**10223**	**2883**
16-19岁		1	3	12	2	3	3200	82	70
20-24岁		14	19	80	14	15	9349	328	189
25-29岁	5	29	84	196	21	33	13560	759	282
30-34岁	10	64	191	351	50	26	20421	1317	511
35-39岁	10	77	198	347	32	30	19505	1355	477
40-44岁	13	89	243	319	37	52	16658	1311	398
45-49岁	21	106	248	338	29	46	16338	1621	394
50-54岁	16	74	223	329	42	45	13003	1612	248
55-59岁	7	43	103	188	28	28	7757	1171	214
60-64岁	2	7	21	54	2	4	2200	368	59
65-69岁	2	1	3	13		4	1146	201	25
70-74岁		1	3	9	2	1	379	65	13
75岁及以上				4			172	33	3
女	**41**	**201**	**326**	**413**	**55**	**57**	**94804**	**7168**	**3498**
16-19岁			2	1			1750	30	53
20-24岁	1	4	3	12	2	2	5154	171	225
25-29岁	1	13	19	33	7	8	8164	380	356
30-34岁	9	28	45	66	11	8	15475	885	642
35-39岁	5	38	51	74	8	8	17099	1093	621
40-44岁	10	43	73	66	12	8	16241	1204	561
45-49岁	12	42	82	90	6	10	15284	1428	488
50-54岁	2	25	39	41	5	8	9385	1011	330
55-59岁	1	6	10	24	3	5	4093	601	151
60-64岁		1	2	3			1248	214	42
65-69岁		1		2	1		604	108	17
70-74岁							201	30	11
75岁及以上				1			106	13	1

4-5 续表 2

单位：人

年龄组 性别	合计								
	三、制造业								
	15.酒、饮料和精制茶制造业	16.烟草制品业	17.纺织业	18.纺织服装、服饰业	19.皮革、毛皮、羽毛及其制品和制鞋业	20.木材加工和木、竹、藤、棕、草制品业	21.家具制造业	22.造纸和纸制品业	23.印刷和记录媒介复制业
总　计	**3743**	**392**	**5699**	**23095**	**4361**	**22935**	**5478**	**3574**	**1980**
16-19岁	25		92	545	135	169	89	59	49
20-24岁	126	9	206	1517	283	650	262	162	136
25-29岁	290	30	445	2038	399	1343	546	288	183
30-34岁	570	62	855	3800	775	2635	910	601	317
35-39岁	607	65	1048	4176	904	3386	928	634	378
40-44岁	546	64	974	3814	707	3656	850	593	310
45-49岁	520	94	933	3466	568	4213	777	576	294
50-54岁	430	44	652	2154	356	3605	583	387	191
55-59岁	341	18	327	1053	133	2101	359	192	98
60-64岁	132	2	100	298	59	654	105	41	17
65-69岁	85	1	45	158	29	362	45	21	6
70-74岁	47	2	16	50	9	106	19	14	1
75岁及以上	24	1	6	26	4	55	5	6	
男	**2174**	**246**	**2208**	**6286**	**1760**	**13079**	**3779**	**2181**	**1197**
16-19岁	14		51	212	80	126	77	47	37
20-24岁	77	7	120	617	174	448	217	120	104
25-29岁	174	25	212	757	219	861	394	191	115
30-34岁	345	41	334	1204	320	1550	619	391	193
35-39岁	330	30	343	1118	362	1841	611	357	223
40-44岁	294	41	326	818	226	1882	531	321	172
45-49岁	284	49	290	689	170	2167	492	321	150
50-54岁	249	32	271	441	113	2053	410	238	114
55-59岁	220	17	175	263	51	1321	281	135	74
60-64岁	82	1	48	86	31	457	87	33	11
65-69岁	55	1	25	54	8	269	37	14	4
70-74岁	31	1	9	17	5	67	18	10	
75岁及以上	19	1	4	10	1	37	5	3	
女	**1569**	**146**	**3491**	**16809**	**2601**	**9856**	**1699**	**1393**	**783**
16-19岁	11		41	333	55	43	12	12	12
20-24岁	49	2	86	900	109	202	45	42	32
25-29岁	116	5	233	1281	180	482	152	97	68
30-34岁	225	21	521	2596	455	1085	291	210	124
35-39岁	277	35	705	3058	542	1545	317	277	155
40-44岁	252	23	648	2996	481	1774	319	272	138
45-49岁	236	45	643	2777	398	2046	285	255	144
50-54岁	181	12	381	1713	243	1552	173	149	77
55-59岁	121	1	152	790	82	780	78	57	24
60-64岁	50	1	52	212	28	197	18	8	6
65-69岁	30		20	104	21	93	8	7	2
70-74岁	16	1	7	33	4	39	1	4	1
75岁及以上	5		2	16	3	18		3	

4-5　续表 3　　　　单位：人

年龄组 性　别	合　计								
	三、制造业								
	24.文教、工美、体育和娱乐用品制造业	25.石油、煤炭及其他燃料加工业	26.化学原料和化学制品制造业	27.医药制造业	28.化学纤维制造业	29.橡胶和塑料制品业	30.非金属矿物制品业	31.黑色金属冶炼和压延加工业	32.有色金属冶炼和压延加工业
总　计	**7954**	**612**	**4335**	**2410**	**63**	**5662**	**17827**	**5579**	**4671**
16-19岁	216		40	14		153	121	25	26
20-24岁	544	38	223	163	3	364	703	497	243
25-29岁	820	52	366	269	5	525	1317	656	486
30-34岁	1437	111	638	416	13	826	2638	931	831
35-39岁	1489	101	709	429	14	924	2818	875	895
40-44岁	1195	88	699	381	7	1001	2825	875	795
45-49岁	1021	88	653	349	12	865	3095	912	755
50-54岁	676	79	541	207	7	599	2489	559	406
55-59岁	310	45	331	125	1	276	1250	200	193
60-64岁	118	7	83	28		79	384	34	22
65-69岁	72	3	32	22	1	43	144	11	16
70-74岁	32		16	6		4	34	2	3
75岁及以上	24		4	1		3	9	2	
男	**2927**	**436**	**2776**	**1158**	**30**	**3252**	**12832**	**4320**	**3640**
16-19岁	97		22	6		120	106	22	24
20-24岁	265	32	132	65	1	257	566	411	195
25-29岁	348	36	251	130	3	337	992	534	376
30-34岁	547	73	385	194	6	496	1900	718	641
35-39岁	515	69	452	209	8	502	2000	668	707
40-44岁	363	56	411	157	2	529	1889	632	593
45-49岁	317	61	406	150	3	436	2114	653	548
50-54岁	247	64	372	121	5	319	1794	461	347
55-59岁	138	36	258	90	1	169	1005	176	174
60-64岁	35	6	54	18		53	312	33	20
65-69岁	27	3	20	14	1	30	119	10	13
70-74岁	18		11	3		2	27	1	2
75岁及以上	10		2	1		2	8	1	
女	**5027**	**176**	**1559**	**1252**	**33**	**2410**	**4995**	**1259**	**1031**
16-19岁	119		18	8		33	15	3	2
20-24岁	279	6	91	98	2	107	137	86	48
25-29岁	472	16	115	139	2	188	325	122	110
30-34岁	890	38	253	222	7	330	738	213	190
35-39岁	974	32	257	220	6	422	818	207	188
40-44岁	832	32	288	224	5	472	936	243	202
45-49岁	704	27	247	199	9	429	981	259	207
50-54岁	429	15	169	86	2	280	695	98	59
55-59岁	172	9	73	35		107	245	24	19
60-64岁	83	1	29	10		26	72	1	2
65-69岁	45		12	8		13	25	1	3
70-74岁	14		5	3		2	7	1	1
75岁及以上	14		2			1	1	1	

4-5　续表 4　　单位：人

年龄组 性　别	合　计								
	三、制造业								
	33.金属制品业	34.通用设备制造业	35.专用设备制造业	36.汽车制造业	37.铁路、船舶、航空航天和其他运输设备制造业	38.电气机械和器材制造业	39.计算机、通信和其他电子设备制造业	40.仪器仪表制造业	41.其他制造业
总　计	**12020**	**6177**	**5084**	**8848**	**1507**	**6785**	**26584**	**877**	**1724**
16–19 岁	264	125	115	276	12	359	1682	17	53
20–24 岁	735	446	445	735	88	794	3779	75	109
25–29 岁	1152	637	660	1223	163	887	4449	102	158
30–34 岁	2052	1092	930	1803	247	1249	5672	193	252
35–39 岁	2162	1127	910	1566	197	1172	4505	155	272
40–44 岁	1971	936	713	1301	202	889	2952	129	255
45–49 岁	1721	927	586	1135	262	769	2000	109	246
50–54 岁	1194	546	409	563	198	430	994	51	189
55–59 岁	524	247	216	199	102	173	357	32	119
60–64 岁	153	45	44	31	22	34	106	8	42
65–69 岁	67	32	36	12	6	25	55	2	21
70–74 岁	18	10	14	1	5	4	19	2	4
75 岁及以上	7	7	6	3	3		14	2	4
男	**9034**	**4455**	**3279**	**6154**	**1148**	**4097**	**12755**	**527**	**954**
16–19 岁	212	88	89	265	9	229	1025	11	33
20–24 岁	570	320	292	616	77	543	2276	47	62
25–29 岁	912	485	431	925	122	567	2546	71	102
30–34 岁	1569	792	593	1298	181	750	2626	111	142
35–39 岁	1581	769	558	1011	135	671	1853	89	166
40–44 岁	1462	637	433	745	143	488	1057	65	129
45–49 岁	1232	670	377	675	194	410	705	57	123
50–54 岁	876	425	272	413	162	274	418	39	88
55–59 岁	420	206	168	168	91	126	171	28	70
60–64 岁	124	25	29	23	20	19	39	6	24
65–69 岁	53	26	24	11	6	16	26	1	11
70–74 岁	17	8	10	1	5	4	9	1	3
75 岁及以上	6	4	3	3	3		4	1	1
女	**2986**	**1722**	**1805**	**2694**	**359**	**2688**	**13829**	**350**	**770**
16–19 岁	52	37	26	11	3	130	657	6	20
20–24 岁	165	126	153	119	11	251	1503	28	47
25–29 岁	240	152	229	298	41	320	1903	31	56
30–34 岁	483	300	337	505	66	499	3046	82	110
35–39 岁	581	358	352	555	62	501	2652	66	106
40–44 岁	509	299	280	556	59	401	1895	64	126
45–49 岁	489	257	209	460	68	359	1295	52	123
50–54 岁	318	121	137	150	36	156	576	12	101
55–59 岁	104	41	48	31	11	47	186	4	49
60–64 岁	29	20	15	8	2	15	67	2	18
65–69 岁	14	6	12	1		9	29	1	10
70–74 岁	1	2	4				10	1	1
75 岁及以上	1	3	3				10	1	3

4-5 续表 5　　　　单位：人

年龄组 性　别	合　计								
	三、制造业		四、电力、热力、燃气及水生产和供应业				五、建筑业		
	42.废弃资源综合利用业	43.金属制品、机械和设备修理业	小计	44.电力、热力生产和供应业	45.燃气生产和供应业	46.水的生产和供应业	小计	47.房屋建筑业	48.土木工程建筑业
总　计	**1343**	**3401**	**13516**	**9545**	**1936**	**2035**	**253506**	**148086**	**17204**
16-19岁	15	39	28	17	8	3	2268	1362	139
20-24岁	36	219	580	426	74	80	11665	6135	1394
25-29岁	97	361	1203	899	169	135	21278	10764	2156
30-34岁	146	539	2077	1461	331	285	35646	18000	2982
35-39岁	138	474	2006	1394	338	274	37528	19880	2479
40-44岁	179	518	2355	1628	343	384	36999	20769	2289
45-49岁	212	533	2357	1663	282	412	40219	24398	2397
50-54岁	266	382	1657	1193	213	251	35301	23139	1877
55-59岁	132	259	953	681	124	148	21849	15295	1123
60-64岁	70	47	178	116	28	34	7096	5425	251
65-69岁	26	21	92	51	19	22	2890	2300	95
70-74岁	16	7	21	11	6	4	587	467	19
75岁及以上	10	2	9	5	1	3	180	152	3
男	**929**	**2969**	**9907**	**7201**	**1329**	**1377**	**209167**	**120836**	**14644**
16-19岁	11	35	22	14	5	3	1975	1175	122
20-24岁	28	193	432	324	52	56	9810	5128	1167
25-29岁	75	328	869	678	104	87	17933	8870	1812
30-34岁	99	475	1480	1082	206	192	29677	14689	2539
35-39岁	97	398	1430	1018	228	184	30681	15913	2099
40-44岁	111	436	1578	1132	224	222	29348	16115	1924
45-49岁	143	437	1622	1168	210	244	31689	18998	1974
50-54岁	176	349	1364	1002	161	201	29053	18932	1633
55-59岁	93	247	852	624	98	130	19156	13367	1032
60-64岁	55	42	155	102	22	31	6474	4968	233
65-69岁	22	20	78	41	15	22	2691	2137	87
70-74岁	14	7	18	11	4	3	532	419	19
75岁及以上	5	2	7	5		2	148	125	3
女	**414**	**432**	**3609**	**2344**	**607**	**658**	**44339**	**27250**	**2560**
16-19岁	4	4	6	3	3		293	187	17
20-24岁	8	26	148	102	22	24	1855	1007	227
25-29岁	22	33	334	221	65	48	3345	1894	344
30-34岁	47	64	597	379	125	93	5969	3311	443
35-39岁	41	76	576	376	110	90	6847	3967	380
40-44岁	68	82	777	496	119	162	7651	4654	365
45-49岁	69	96	735	495	72	168	8530	5400	423
50-54岁	90	33	293	191	52	50	6248	4207	244
55-59岁	39	12	101	57	26	18	2693	1928	91
60-64岁	15	5	23	14	6	3	622	457	18
65-69岁	4	1	14	10	4		199	163	8
70-74岁	2		3		2	1	55	48	
75岁及以上	5		2		1	1	32	27	

4-5 续表 6

单位：人

年龄组 性 别	合 计								
	五、建筑业		六、批发和零售业			七、交通运输、仓储和邮政业			
	49.建筑安装业	50.建筑装饰、装修和其他建筑业	小计	51.批发业	52.零售业	小计	53.铁路运输业	54.道路运输业	55.水上运输业
总 计	**10732**	**77484**	**259133**	**56904**	**202229**	**94806**	**3962**	**61089**	**2672**
16-19岁	84	683	2878	429	2449	792	29	338	20
20-24岁	569	3567	14737	2560	12177	4889	354	2389	119
25-29岁	1099	7259	27815	5659	22156	9760	659	5414	311
30-34岁	2069	12595	46712	9826	36886	16776	551	10723	427
35-39岁	2104	13065	45162	9883	35279	16902	384	11651	374
40-44岁	1754	12187	37297	8414	28883	14506	470	10121	342
45-49岁	1463	11961	33357	7594	25763	13581	615	9187	353
50-54岁	959	9326	25073	6036	19037	10129	498	6614	376
55-59岁	493	4938	15486	3746	11740	5625	346	3561	240
60-64岁	97	1323	5633	1472	4161	1207	39	735	67
65-69岁	33	462	3112	780	2332	469	8	276	25
70-74岁	5	96	1175	340	835	122	7	56	12
75岁及以上	3	22	696	165	531	48	2	24	6
男	**9641**	**64046**	**123752**	**33200**	**90552**	**80205**	**3079**	**54815**	**2123**
16-19岁	78	600	1400	286	1114	606	14	263	19
20-24岁	515	3000	6857	1527	5330	3926	233	2054	97
25-29岁	989	6262	13122	3383	9739	8043	479	4793	262
30-34岁	1857	10592	21351	5583	15768	14282	439	9764	360
35-39岁	1889	10780	20388	5612	14776	14534	283	10654	301
40-44岁	1574	9735	16738	4644	12094	12210	356	9035	254
45-49岁	1283	9434	15526	4288	11238	11269	476	8042	254
50-54岁	869	7619	13224	3729	9495	8656	424	5921	284
55-59岁	458	4299	8794	2397	6397	5057	326	3288	207
60-64岁	90	1183	3312	942	2370	1070	34	679	53
65-69岁	32	435	1873	500	1373	414	8	253	17
70-74岁	5	89	745	211	534	108	5	52	11
75岁及以上	2	18	422	98	324	30	2	17	4
女	**1091**	**13438**	**135381**	**23704**	**111677**	**14601**	**883**	**6274**	**549**
16-19岁	6	83	1478	143	1335	186	15	75	1
20-24岁	54	567	7880	1033	6847	963	121	335	22
25-29岁	110	997	14693	2276	12417	1717	180	621	49
30-34岁	212	2003	25361	4243	21118	2494	112	959	67
35-39岁	215	2285	24774	4271	20503	2368	101	997	73
40-44岁	180	2452	20559	3770	16789	2296	114	1086	88
45-49岁	180	2527	17831	3306	14525	2312	139	1145	99
50-54岁	90	1707	11849	2307	9542	1473	74	693	92
55-59岁	35	639	6692	1349	5343	568	20	273	33
60-64岁	7	140	2321	530	1791	137	5	56	14
65-69岁	1	27	1239	280	959	55		23	8
70-74岁		7	430	129	301	14	2	4	1
75岁及以上	1	4	274	67	207	18		7	2

4-5 续表 7

单位：人

年龄组 性别	合计							
	七、交通运输、仓储和邮政业					八、住宿和餐饮业		
	56.航空运输业	57.管道运输业	58.多式联运和运输代理业	59.装卸搬运和仓储业	60.邮政业	小计	61.住宿业	62.餐饮业
总计	**853**	**10**	**1891**	**12859**	**11470**	**83658**	**11098**	**72560**
16–19岁	8		9	123	265	2971	351	2620
20–24岁	95	1	100	507	1324	7862	1103	6759
25–29岁	183		229	930	2034	9853	1246	8607
30–34岁	206	5	386	1715	2763	13926	1688	12238
35–39岁	121	1	366	1869	2136	13054	1691	11363
40–44岁	72	1	273	1968	1259	11268	1537	9731
45–49岁	77	2	259	2174	914	10768	1599	9169
50–54岁	52		157	1958	474	7760	1090	6670
55–59岁	32		90	1106	250	4352	572	3780
60–64岁	6		14	313	33	1209	136	1073
65–69岁	1		8	139	12	449	65	384
70–74岁				44	3	125	16	109
75岁及以上				13	3	61	4	57
男	**543**	**8**	**1483**	**9810**	**8344**	**40173**	**4280**	**35893**
16–19岁	2		5	101	202	1693	191	1502
20–24岁	46	1	69	416	1010	4688	485	4203
25–29岁	103		168	735	1503	5687	522	5165
30–34岁	127	4	300	1292	1996	7266	635	6631
35–39岁	80	1	281	1415	1519	6142	625	5517
40–44岁	56		222	1431	856	4781	493	4288
45–49岁	54	2	211	1590	640	4053	508	3545
50–54岁	40		126	1496	365	3002	401	2601
55–59岁	30		80	908	218	1906	276	1630
60–64岁	5		14	262	23	591	85	506
65–69岁			7	120	9	265	46	219
70–74岁				39	1	69	9	60
75岁及以上				5	2	30	4	26
女	**310**	**2**	**408**	**3049**	**3126**	**43485**	**6818**	**36667**
16–19岁	6		4	22	63	1278	160	1118
20–24岁	49		31	91	314	3174	618	2556
25–29岁	80		61	195	531	4166	724	3442
30–34岁	79	1	86	423	767	6660	1053	5607
35–39岁	41		85	454	617	6912	1066	5846
40–44岁	16	1	51	537	403	6487	1044	5443
45–49岁	23		48	584	274	6715	1091	5624
50–54岁	12		31	462	109	4758	689	4069
55–59岁	2		10	198	32	2446	296	2150
60–64岁	1			51	10	618	51	567
65–69岁	1		1	19	3	184	19	165
70–74岁				5	2	56	7	49
75岁及以上				8	1	31		31

4-5　续表 8　　　　单位：人

年龄组 性　别	合　计								
	九、信息传输、软件和信息技术服务业				十、金融业				
	小计	63.电信、广播电视和卫星传输服务	64.互联网和相关服务	65.软件和信息技术服务业	小计	66.货币金融服务	67.资本市场服务	68.保险业	69.其他金融业
总　计	**17539**	**7535**	**4905**	**5099**	**19327**	**9346**	**1320**	**6851**	**1810**
16-19岁	206	62	96	48	55	8	7	34	6
20-24岁	2172	627	746	799	1255	592	96	418	149
25-29岁	3530	1220	1143	1167	2985	1411	218	1028	328
30-34岁	4389	1906	1203	1280	4637	2140	306	1725	466
35-39岁	3361	1664	787	910	3182	1262	233	1383	304
40-44岁	1882	965	489	428	2225	862	188	991	184
45-49岁	1084	574	246	264	2292	1259	142	707	184
50-54岁	514	286	114	114	1654	1102	90	346	116
55-59岁	327	194	61	72	917	636	33	183	65
60-64岁	41	18	13	10	73	42	3	23	5
65-69岁	17	11	3	3	33	19	1	10	3
70-74岁	6	4	1	1	14	8	3	3	
75岁及以上	10	4	3	3	5	5			
男	**10994**	**4276**	**3225**	**3493**	**9308**	**4894**	**765**	**2644**	**1005**
16-19岁	114	29	56	29	30	4	2	19	5
20-24岁	1277	327	448	502	569	255	54	198	62
25-29岁	2137	665	707	765	1395	667	103	447	178
30-34岁	2644	953	814	877	1982	926	156	665	235
35-39岁	2092	884	549	659	1384	582	145	484	173
40-44岁	1229	599	326	304	942	428	112	304	98
45-49岁	767	396	177	194	1111	677	87	238	109
50-54岁	394	222	85	87	1037	730	70	156	81
55-59岁	286	172	51	63	768	569	30	112	57
60-64岁	30	13	7	10	54	35	3	12	4
65-69岁	11	9	2		21	11	1	6	3
70-74岁	5	4		1	11	6	2	3	
75岁及以上	8	3	3	2	4	4			
女	**6545**	**3259**	**1680**	**1606**	**10019**	**4452**	**555**	**4207**	**805**
16-19岁	92	33	40	19	25	4	5	15	1
20-24岁	895	300	298	297	686	337	42	220	87
25-29岁	1393	555	436	402	1590	744	115	581	150
30-34岁	1745	953	389	403	2655	1214	150	1060	231
35-39岁	1269	780	238	251	1798	680	88	899	131
40-44岁	653	366	163	124	1283	434	76	687	86
45-49岁	317	178	69	70	1181	582	55	469	75
50-54岁	120	64	29	27	617	372	20	190	35
55-59岁	41	22	10	9	149	67	3	71	8
60-64岁	11	5	6		19	7		11	1
65-69岁	6	2	1	3	12	8		4	
70-74岁	1		1		3	2	1		
75岁及以上	2	1		1	1	1			

4-5 续表 9

单位：人

年龄组 性 别	合计								
	十一、房地产业		十二、租赁和商务服务业			十三、科学研究和技术服务业			
	小计	70.房地产业	小计	71.租赁业	72.商务服务业	小计	73.研究和试验发展	74.专业技术服务业	75.科技推广和应用服务业
总 计	**29061**	**29061**	**42412**	**2869**	**39543**	**14544**	**1132**	**10865**	**2547**
16–19岁	216	216	435	34	401	125	50	51	24
20–24岁	2382	2382	3154	188	2966	1390	77	1123	190
25–29岁	4365	4365	5587	375	5212	2440	147	1957	336
30–34岁	5718	5718	7751	677	7074	3144	224	2405	515
35–39岁	4224	4224	6827	571	6256	2457	203	1850	404
40–44岁	3221	3221	5390	372	5018	1801	141	1290	370
45–49岁	3298	3298	4960	300	4660	1369	115	971	283
50–54岁	2743	2743	3939	217	3722	990	98	692	200
55–59岁	1977	1977	2915	101	2814	637	59	423	155
60–64岁	615	615	894	22	872	98	9	55	34
65–69岁	241	241	375	10	365	54	3	30	21
70–74岁	50	50	127	1	126	28	6	13	9
75岁及以上	11	11	58	1	57	11		5	6
男	**16736**	**16736**	**26725**	**2419**	**24306**	**9627**	**668**	**7346**	**1613**
16–19岁	139	139	271	29	242	76	28	32	16
20–24岁	1375	1375	1699	169	1530	915	40	751	124
25–29岁	2412	2412	3083	327	2756	1520	79	1231	210
30–34岁	2976	2976	4434	574	3860	1962	124	1542	296
35–39岁	2297	2297	4117	490	3627	1610	122	1243	245
40–44岁	1765	1765	3292	301	2991	1195	84	878	233
45–49岁	1804	1804	3169	235	2934	920	62	671	187
50–54岁	1758	1758	2949	179	2770	750	65	544	141
55–59岁	1490	1490	2496	90	2406	536	51	368	117
60–64岁	472	472	753	17	736	73	7	45	21
65–69岁	196	196	317	7	310	39	2	24	13
70–74岁	44	44	108	1	107	24	4	12	8
75岁及以上	8	8	37		37	7		5	2
女	**12325**	**12325**	**15687**	**450**	**15237**	**4917**	**464**	**3519**	**934**
16–19岁	77	77	164	5	159	49	22	19	8
20–24岁	1007	1007	1455	19	1436	475	37	372	66
25–29岁	1953	1953	2504	48	2456	920	68	726	126
30–34岁	2742	2742	3317	103	3214	1182	100	863	219
35–39岁	1927	1927	2710	81	2629	847	81	607	159
40–44岁	1456	1456	2098	71	2027	606	57	412	137
45–49岁	1494	1494	1791	65	1726	449	53	300	96
50–54岁	985	985	990	38	952	240	33	148	59
55–59岁	487	487	419	11	408	101	8	55	38
60–64岁	143	143	141	5	136	25	2	10	13
65–69岁	45	45	58	3	55	15	1	6	8
70–74岁	6	6	19		19	4	2	1	1
75岁及以上	3	3	21	1	20	4			4

4-5　续表 10　　　　单位：人

年龄组 性　别	合　计								
	十四、水利、环境和公共设施管理业					十五、居民服务、修理和其他服务业			
	小计	76.水利管理业	77.生态保护和环境治理业	78.公共设施管理业	79.土地管理业	小计	80.居民服务业	81.机动车、电子产品和日用产品修理业	82.其他服务业
总　计	**12175**	**917**	**741**	**10316**	**201**	**66833**	**36116**	**18898**	**11819**
16-19岁	35	4	1	29	1	1406	659	494	253
20-24岁	268	25	29	207	7	4277	2251	1641	385
25-29岁	646	70	60	475	41	6701	3786	2332	583
30-34岁	1125	93	109	885	38	10591	6123	3424	1044
35-39岁	1385	98	114	1139	34	10453	5815	3326	1312
40-44岁	1800	154	105	1517	24	9350	4901	2879	1570
45-49岁	2380	187	122	2047	24	9099	4725	2211	2163
50-54岁	2000	123	98	1766	13	7028	3647	1420	1961
55-59岁	1508	131	70	1296	11	4284	2221	761	1302
60-64岁	562	12	20	523	7	1665	826	234	605
65-69岁	304	13	8	282	1	1117	608	114	395
70-74岁	108	2	2	104		508	305	43	160
75岁及以上	54	5	3	46		354	249	19	86
男	**6285**	**676**	**517**	**4948**	**144**	**31491**	**10956**	**15835**	**4700**
16-19岁	23	2	1	19	1	926	322	475	129
20-24岁	177	19	18	135	5	2584	854	1513	217
25-29岁	399	43	41	287	28	3618	1240	2049	329
30-34岁	636	65	76	470	25	5229	1880	2849	500
35-39岁	721	67	76	556	22	4875	1617	2712	546
40-44岁	836	109	76	632	19	4123	1311	2283	529
45-49岁	989	118	80	775	16	3526	1084	1811	631
50-54岁	973	102	66	795	10	2744	1001	1145	598
55-59岁	878	122	60	686	10	1886	715	638	533
60-64岁	330	10	14	299	7	827	341	202	284
65-69岁	199	13	6	179	1	626	296	102	228
70-74岁	84	2	2	80		317	166	39	112
75岁及以上	40	4	1	35		210	129	17	64
女	**5890**	**241**	**224**	**5368**	**57**	**35342**	**25160**	**3063**	**7119**
16-19岁	12	2		10		480	337	19	124
20-24岁	91	6	11	72	2	1693	1397	128	168
25-29岁	247	27	19	188	13	3083	2546	283	254
30-34岁	489	28	33	415	13	5362	4243	575	544
35-39岁	664	31	38	583	12	5578	4198	614	766
40-44岁	964	45	29	885	5	5227	3590	596	1041
45-49岁	1391	69	42	1272	8	5573	3641	400	1532
50-54岁	1027	21	32	971	3	4284	2646	275	1363
55-59岁	630	9	10	610	1	2398	1506	123	769
60-64岁	232	2	6	224		838	485	32	321
65-69岁	105		2	103		491	312	12	167
70-74岁	24			24		191	139	4	48
75岁及以上	14	1	2	11		144	120	2	22

4-5 续表 11 单位：人

年龄组 性别	合计									
	十六、教育		十七、卫生和社会工作			十八、文化、体育和娱乐业				
	小计	83.教育	小计	84.卫生	85.社会工作	小计	86.新闻和出版业	87.广播、电视、电影和录音制作业	88.文化艺术业	89.体育
总计	**87350**	**87350**	**40578**	**39703**	**875**	**9525**	**733**	**969**	**1810**	**1127**
16-19岁	1561	1561	349	348	1	412	1	14	29	50
20-24岁	7730	7730	4036	3990	46	1344	50	123	170	172
25-29岁	10987	10987	6749	6678	71	1553	85	185	226	243
30-34岁	12660	12660	7580	7481	99	1727	123	174	335	215
35-39岁	12817	12817	6351	6232	119	1362	111	145	300	142
40-44岁	13961	13961	4883	4766	117	987	121	90	223	97
45-49岁	12279	12279	4459	4316	143	862	108	90	202	103
50-54岁	9491	9491	3215	3088	127	645	72	64	160	64
55-59岁	4655	4655	1852	1773	79	476	54	68	125	32
60-64岁	691	691	509	480	29	98	6	11	19	5
65-69岁	296	296	320	297	23	41	2	1	14	3
70-74岁	121	121	160	148	12	13		3	4	1
75岁及以上	101	101	115	106	9	5		1	3	
男	**29364**	**29364**	**13395**	**13135**	**260**	**5152**	**348**	**580**	**872**	**602**
16-19岁	528	528	64	64		249	1	6	13	26
20-24岁	1495	1495	707	693	14	780	18	71	65	103
25-29岁	2397	2397	1394	1375	19	846	30	98	99	148
30-34岁	2772	2772	1949	1923	26	871	53	95	146	102
35-39岁	3439	3439	2089	2058	31	682	46	86	133	67
40-44岁	4931	4931	1833	1805	28	492	58	57	101	39
45-49岁	4909	4909	1877	1845	32	432	48	55	99	46
50-54岁	4518	4518	1607	1564	43	357	42	39	95	39
55-59岁	3510	3510	1119	1081	38	335	45	61	92	25
60-64岁	487	487	325	314	11	60	5	8	11	3
65-69岁	206	206	211	201	10	33	2	1	12	3
70-74岁	94	94	125	120	5	11		2	3	1
75岁及以上	78	78	95	92	3	4		1	3	
女	**57986**	**57986**	**27183**	**26568**	**615**	**4373**	**385**	**389**	**938**	**525**
16-19岁	1033	1033	285	284	1	163		8	16	24
20-24岁	6235	6235	3329	3297	32	564	32	52	105	69
25-29岁	8590	8590	5355	5303	52	707	55	87	127	95
30-34岁	9888	9888	5631	5558	73	856	70	79	189	113
35-39岁	9378	9378	4262	4174	88	680	65	59	167	75
40-44岁	9030	9030	3050	2961	89	495	63	33	122	58
45-49岁	7370	7370	2582	2471	111	430	60	35	103	57
50-54岁	4973	4973	1608	1524	84	288	30	25	65	25
55-59岁	1145	1145	733	692	41	141	9	7	33	7
60-64岁	204	204	184	166	18	38	1	3	8	2
65-69岁	90	90	109	96	13	8			2	
70-74岁	27	27	35	28	7	2		1	1	
75岁及以上	23	23	20	14	6	1				

4-5 续表 12

单位：人

年龄组 性别	合计									
		十九、公共管理、社会保障和社会组织							二十、国际组织	
	90.娱乐业	小计	91.中国共产党机关	92.国家机构	93.人民政协、民主党派	94.社会保障	95.群众团体、社会团体和其他成员组织	96.基层群众自治组织	小计	97.国际组织
总 计	**4886**	**75224**	**1956**	**58690**	**260**	**472**	**2649**	**11197**	**1**	**1**
16-19岁	318	178	4	116		1	31	26		
20-24岁	829	3670	77	3153	6	19	143	272		
25-29岁	814	9194	221	7906	13	70	316	668		
30-34岁	880	12540	338	10526	21	101	398	1156		
35-39岁	664	9662	301	7692	29	46	368	1226		
40-44岁	456	10536	332	8294	34	77	355	1444		
45-49岁	359	10499	266	8045	46	77	350	1715	1	1
50-54岁	285	9408	224	7101	61	50	322	1650		
55-59岁	197	7296	158	5076	43	25	214	1780		
60-64岁	57	1320	22	451	5	1	73	768		
65-69岁	21	613	7	210	2	2	37	355		
70-74岁	5	198	1	70			22	105		
75岁及以上	1	110	5	50		3	20	32		
男	**2750**	**47275**	**1257**	**37198**	**151**	**168**	**1349**	**7152**		
16-19岁	203	126	3	93		1	18	11		
20-24岁	523	1988	27	1773	3	8	57	120		
25-29岁	471	4655	111	4111	3	22	122	286		
30-34岁	475	6579	189	5674	9	23	174	510		
35-39岁	350	5626	181	4642	13	10	167	613		
40-44岁	237	6409	218	5156	19	24	172	820		
45-49岁	184	6710	189	5261	28	31	175	1026		
50-54岁	142	6890	174	5210	36	26	201	1243		
55-59岁	112	6417	135	4638	35	21	161	1427		
60-64岁	33	1098	19	361	3		46	669		
65-69岁	15	518	5	176	2	1	27	307		
70-74岁	5	173	1	63			15	94		
75岁及以上		86	5	40		1	14	26		
女	**2136**	**27949**	**699**	**21492**	**109**	**304**	**1300**	**4045**	**1**	**1**
16-19岁	115	52	1	23			13	15		
20-24岁	306	1682	50	1380	3	11	86	152		
25-29岁	343	4539	110	3795	10	48	194	382		
30-34岁	405	5961	149	4852	12	78	224	646		
35-39岁	314	4036	120	3050	16	36	201	613		
40-44岁	219	4127	114	3138	15	53	183	624		
45-49岁	175	3789	77	2784	18	46	175	689	1	1
50-54岁	143	2518	50	1891	25	24	121	407		
55-59岁	85	879	23	438	8	4	53	353		
60-64岁	24	222	3	90	2	1	27	99		
65-69岁	6	95	2	34		1	10	48		
70-74岁		25		7			7	11		
75岁及以上	1	24		10		2	6	6		

4-5 续表 13 单位：人

年龄组 性别	有农村土地承包经营权的人口								
	合计	一、农、林、牧、渔业						二、采矿业	
		小计	1.农业	2.林业	3.畜牧业	4.渔业	5.农、林、牧、渔专业及辅助性活动	小计	6.煤炭开采和洗选业
总　计	**1352846**	**626836**	**544220**	**19131**	**49599**	**8908**	**4978**	**3951**	**191**
16-19岁	17056	4787	4216	139	336	60	36	19	
20-24岁	57539	12725	10851	496	1044	191	143	118	2
25-29岁	93585	22457	19049	793	1877	440	298	288	2
30-34岁	151365	42324	35629	1616	3685	867	527	536	21
35-39岁	163961	53882	45206	2116	4880	1038	642	626	37
40-44岁	165943	62782	53178	2422	5436	1129	617	679	39
45-49岁	184849	83095	70748	3249	7023	1317	758	685	39
50-54岁	189657	103929	90170	3421	8098	1464	776	586	26
55-59岁	150926	96377	84630	2620	7244	1238	645	299	16
60-64岁	80378	60884	54734	1154	4182	557	257	85	7
65-69岁	59118	49671	45128	740	3226	394	183	19	1
70-74岁	24921	21899	19941	254	1507	136	61	8	1
75岁及以上	13548	12024	10740	111	1061	77	35	3	
男	**801290**	**336466**	**285485**	**13335**	**28390**	**6466**	**2790**	**3314**	**176**
16-19岁	10850	3148	2720	106	243	53	26	16	
20-24岁	34579	7896	6560	372	704	160	100	101	2
25-29岁	57015	13361	11022	572	1205	363	199	243	2
30-34岁	91744	23933	19415	1181	2341	675	321	449	20
35-39岁	98796	29615	24169	1475	2803	788	380	520	32
40-44岁	97240	33301	27475	1715	2968	824	319	554	38
45-49岁	107231	43132	35826	2205	3814	899	388	557	36
50-54岁	111289	53754	45551	2342	4436	1007	418	500	23
55-59岁	88975	49552	42465	1826	4064	864	333	265	15
60-64岁	46904	32395	28644	793	2431	380	147	82	6
65-69岁	34325	27265	24469	503	1902	285	106	16	1
70-74岁	14601	12393	11209	162	879	107	36	8	1
75岁及以上	7741	6721	5960	83	600	61	17	3	
女	**551556**	**290370**	**258735**	**5796**	**21209**	**2442**	**2188**	**637**	**15**
16-19岁	6206	1639	1496	33	93	7	10	3	
20-24岁	22960	4829	4291	124	340	31	43	17	
25-29岁	36570	9096	8027	221	672	77	99	45	
30-34岁	59621	18391	16214	435	1344	192	206	87	1
35-39岁	65165	24267	21037	641	2077	250	262	106	5
40-44岁	68703	29481	25703	707	2468	305	298	125	1
45-49岁	77618	39963	34922	1044	3209	418	370	128	3
50-54岁	78368	50175	44619	1079	3662	457	358	86	3
55-59岁	61951	46825	42165	794	3180	374	312	34	1
60-64岁	33474	28489	26090	361	1751	177	110	3	1
65-69岁	24793	22406	20659	237	1324	109	77	3	
70-74岁	10320	9506	8732	92	628	29	25		
75岁及以上	5807	5303	4780	28	461	16	18		

4-5　续表 14　　　　　　　　　　　　　　　　　　　　　　　　　　　　　单位：人

年龄组 性　别	有农村土地承包经营权的人口								
	二、采矿业						三、制造业		
	7.石油和天然气开采业	8.黑色金属矿采选业	9.有色金属矿采选业	10.非金属矿采选业	11.开采专业及辅助性活动	12.其他采矿业	小计	13.农副食品加工业	14.食品制造业
总　计	**30**	**491**	**946**	**1928**	**166**	**199**	**144613**	**10463**	**3584**
16–19岁		1	5	10	2	1	3618	87	80
20–24岁	1	10	17	61	13	14	9425	285	222
25–29岁	3	31	64	153	14	21	13449	621	316
30–34岁	7	58	138	261	30	21	22259	1231	583
35–39岁	3	84	153	305	20	24	23872	1469	624
40–44岁	6	92	187	291	26	38	22074	1458	526
45–49岁	6	105	176	309	18	32	20969	1673	511
50–54岁	2	71	137	299	24	27	15684	1652	374
55–59岁	1	32	50	165	17	18	8457	1174	225
60–64岁		7	17	51	1	2	2757	453	79
65–69岁	1		2	14	1		1384	242	26
70–74岁				6		1	446	80	15
75岁及以上				3			219	38	3
男	**16**	**350**	**797**	**1657**	**139**	**179**	**80946**	**6224**	**1690**
16–19岁		1	3	9	2	1	2292	62	50
20–24岁		9	14	52	11	13	6000	181	112
25–29岁	2	20	57	132	11	19	8341	417	144
30–34岁	2	42	116	225	24	20	12625	751	286
35–39岁	2	57	129	261	19	20	12780	835	285
40–44岁	4	63	154	241	20	34	11147	784	223
45–49岁	2	73	150	253	15	28	10690	944	241
50–54岁	2	51	112	266	21	25	8713	979	155
55–59岁	1	27	44	147	15	16	5256	733	121
60–64岁		7	16	50	1	2	1766	294	47
65–69岁	1		2	12			912	162	15
70–74岁				6		1	286	54	9
75岁及以上				3			138	28	2
女	**14**	**141**	**149**	**271**	**27**	**20**	**63667**	**4239**	**1894**
16–19岁			2	1			1326	25	30
20–24岁	1	1	3	9	2	1	3425	104	110
25–29岁	1	11	7	21	3	2	5108	204	172
30–34岁	5	16	22	36	6	1	9634	480	297
35–39岁	1	27	24	44	1	4	11092	634	339
40–44岁	2	29	33	50	6	4	10927	674	303
45–49岁	4	32	26	56	3	4	10279	729	270
50–54岁		20	25	33	3	2	6971	673	219
55–59岁		5	6	18	2	2	3201	441	104
60–64岁			1	1			991	159	32
65–69岁				2	1		472	80	11
70–74岁							160	26	6
75岁及以上							81	10	1

4-5 续表 15

单位：人

年龄组 性 别	有农村土地承包经营权的人口								
	三、制造业								
	15.酒、饮料和精制茶制造业	16.烟草制品业	17.纺织业	18.纺织服装、服饰业	19.皮革、毛皮、羽毛及其制品和制鞋业	20.木材加工和木、竹、藤、棕、草制品业	21.家具制造业	22.造纸和纸制品业	23.印刷和记录媒介复制业
总 计	**2421**	**75**	**3900**	**17934**	**3367**	**18488**	**4112**	**2212**	**1014**
16-19岁	17		75	423	106	125	58	35	30
20-24岁	81	2	140	1135	217	482	194	100	72
25-29岁	171	8	290	1497	305	939	377	184	112
30-34岁	306	7	541	2853	553	1922	632	354	169
35-39岁	352	12	714	3283	698	2582	648	380	223
40-44岁	324	13	691	3015	547	2985	659	349	165
45-49岁	347	16	651	2755	457	3520	602	366	135
50-54岁	313	7	446	1683	295	3071	492	256	71
55-59岁	253	6	233	845	108	1815	299	129	29
60-64岁	114	2	74	248	49	579	94	28	6
65-69岁	78	1	32	135	21	323	37	16	2
70-74岁	41		8	40	7	99	15	11	
75岁及以上	24	1	5	22	4	46	5	4	
男	**1408**	**42**	**1583**	**5029**	**1395**	**10629**	**2910**	**1347**	**657**
16-19岁	10		42	159	61	95	51	24	22
20-24岁	52	1	79	463	139	337	165	76	58
25-29岁	98	6	141	556	175	599	281	129	78
30-34岁	187	4	215	951	235	1134	437	229	105
35-39岁	204	6	270	925	298	1402	448	227	139
40-44岁	171	6	245	685	177	1565	420	182	110
45-49岁	185	8	212	592	139	1842	388	199	74
50-54岁	178	2	189	346	96	1771	354	156	41
55-59岁	156	6	125	212	36	1150	235	82	23
60-64岁	71	1	38	74	27	403	78	23	5
65-69岁	49	1	20	44	7	238	33	11	2
70-74岁	28		4	13	4	61	15	7	
75岁及以上	19	1	3	9	1	32	5	2	
女	**1013**	**33**	**2317**	**12905**	**1972**	**7859**	**1202**	**865**	**357**
16-19岁	7		33	264	45	30	7	11	8
20-24岁	29	1	61	672	78	145	29	24	14
25-29岁	73	2	149	941	130	340	96	55	34
30-34岁	119	3	326	1902	318	788	195	125	64
35-39岁	148	6	444	2358	400	1180	200	153	84
40-44岁	153	7	446	2330	370	1420	239	167	55
45-49岁	162	8	439	2163	318	1678	214	167	61
50-54岁	135	5	257	1337	199	1300	138	100	30
55-59岁	97		108	633	72	665	64	47	6
60-64岁	43	1	36	174	22	176	16	5	1
65-69岁	29		12	91	14	85	4	5	
70-74岁	13		4	27	3	38		4	
75岁及以上	5		2	13	3	14		2	

4-5 续表 16

单位：人

年龄组 性　别	有农村土地承包经营权的人口								
	三、制造业								
	24.文教、工美、体育和娱乐用品制造业	25.石油、煤炭及其他燃料加工业	26.化学原料和化学制品制造业	27.医药制造业	28.化学纤维制造业	29.橡胶和塑料制品业	30.非金属矿　物制品业	31.黑色金属冶炼和压延加工业	32.有色金属冶炼和压延加工业
总　计	**5421**	**233**	**2436**	**950**	**38**	**3877**	**12328**	**2154**	**2421**
16-19岁	169		33	10		107	97	12	22
20-24岁	395	9	123	74	2	245	432	106	123
25-29岁	518	17	213	124	3	343	828	224	242
30-34岁	920	34	346	164	10	561	1683	352	430
35-39岁	945	42	381	143	8	617	1884	364	505
40-44岁	825	35	378	128	5	694	1996	376	437
45-49岁	718	37	345	121	6	579	2190	353	357
50-54岁	489	32	328	90	3	441	1817	238	183
55-59岁	232	21	201	67		195	964	102	96
60-64岁	96	3	60	13		62	304	22	14
65-69岁	64	3	22	14	1	27	107	3	10
70-74岁	29		5	2		3	20	1	2
75岁及以上	21		1			3	6	1	
男	**1945**	**164**	**1541**	**456**	**19**	**2226**	**8971**	**1682**	**1948**
16-19岁	77		17	6		80	83	11	21
20-24岁	189	7	66	34	1	171	350	87	99
25-29岁	216	12	149	57	1	226	636	178	194
30-34岁	338	24	215	78	6	336	1233	269	357
35-39岁	327	27	244	70	6	348	1373	281	409
40-44岁	243	25	220	58		375	1360	285	338
45-49岁	222	27	209	48	2	287	1513	268	280
50-54岁	166	21	213	47	2	230	1284	191	145
55-59岁	97	16	151	40		108	770	86	81
60-64岁	23	2	40	8		41	253	22	13
65-69岁	22	3	13	10	1	20	92	3	10
70-74岁	15		3			2	18		1
75岁及以上	10		1			2	6	1	
女	**3476**	**69**	**895**	**494**	**19**	**1651**	**3357**	**472**	**473**
16-19岁	92		16	4		27	14	1	1
20-24岁	206	2	57	40	1	74	82	19	24
25-29岁	302	5	64	67	2	117	192	46	48
30-34岁	582	10	131	86	4	225	450	83	73
35-39岁	618	15	137	73	2	269	511	83	96
40-44岁	582	10	158	70	5	319	636	91	99
45-49岁	496	10	136	73	4	292	677	85	77
50-54岁	323	11	115	43	1	211	533	47	38
55-59岁	135	5	50	27		87	194	16	15
60-64岁	73	1	20	5		21	51		1
65-69岁	42		9	4		7	15		
70-74岁	14		2	2		1	2	1	1
75岁及以上	11					1			

4-5 续表 17 单位：人

年龄组 性　别	有农村土地承包经营权的人口								
	三、制造业								
	33.金属制品业	34.通用设备制造业	35.专用设备制造业	36.汽车制造业	37.铁路、船舶、航空航天和其他运输设备制造业	38.电气机械和器材制造业	39.计算机、通信和其他电子设备制造业	40.仪器仪表制造业	41.其他制造业
总　计	**8858**	**3490**	**2779**	**3469**	**708**	**4721**	**18979**	**486**	**1218**
16-19岁	228	83	87	66	9	297	1275	14	40
20-24岁	542	281	275	301	44	593	2711	44	72
25-29岁	777	389	369	457	64	629	3043	65	111
30-34岁	1407	628	499	662	109	838	3860	104	155
35-39岁	1561	650	501	598	102	794	3167	87	192
40-44岁	1515	518	390	610	85	597	2158	63	187
45-49岁	1312	453	281	418	121	508	1516	59	187
50-54岁	919	302	213	242	97	302	802	29	130
55-59岁	402	130	99	85	55	116	284	12	86
60-64岁	129	28	26	22	14	26	91	6	32
65-69岁	48	16	28	8	4	19	46		18
70-74岁	14	9	6		3	2	14	2	4
75岁及以上	4	3	5		1		12	1	4
男	**6769**	**2538**	**1829**	**2353**	**555**	**2823**	**9183**	**296**	**680**
16-19岁	185	59	70	59	6	189	788	10	23
20-24岁	426	205	173	246	40	414	1650	28	44
25-29岁	622	300	248	360	52	402	1750	46	73
30-34岁	1105	462	333	489	78	498	1833	58	85
35-39岁	1177	451	327	384	77	459	1326	52	121
40-44岁	1151	364	244	336	61	317	790	35	100
45-49岁	965	330	179	220	94	257	527	31	95
50-54岁	664	228	139	171	79	179	329	20	58
55-59岁	314	102	74	65	48	81	124	11	49
60-64岁	105	16	17	15	12	12	34	4	18
65-69岁	38	12	19	8	4	13	23		10
70-74岁	13	7	4		3	2	7	1	3
75岁及以上	4	2	2		1		2		1
女	**2089**	**952**	**950**	**1116**	**153**	**1898**	**9796**	**190**	**538**
16-19岁	43	24	17	7	3	108	487	4	17
20-24岁	116	76	102	55	4	179	1061	16	28
25-29岁	155	89	121	97	12	227	1293	19	38
30-34岁	302	166	166	173	31	340	2027	46	70
35-39岁	384	199	174	214	25	335	1841	35	71
40-44岁	364	154	146	274	24	280	1368	28	87
45-49岁	347	123	102	198	27	251	989	28	92
50-54岁	255	74	74	71	18	123	473	9	72
55-59岁	88	28	25	20	7	35	160	1	37
60-64岁	24	12	9	7	2	14	57	2	14
65-69岁	10	4	9			6	23		8
70-74岁	1	2	2				7	1	1
75岁及以上		1	3				10	1	3

4-5 续表 18 单位：人

年龄组 性别	有农村土地承包经营权的人口								
	三、制造业		四、电力、热力、燃气及水生产和供应业				五、建筑业		
	42.废弃资源综合利用业	43.金属制品、机械和设备修理业	小计	44.电力、热力生产和供应业	45.燃气生产和供应业	46.水的生产和供应业	小计	47.房屋建筑业	48.土木工程建筑业
总 计	**879**	**1598**	**5154**	**3485**	**927**	**742**	**185252**	**113913**	**10235**
16-19岁	6	27	22	15	5	2	1660	1018	98
20-24岁	18	105	228	161	43	24	7321	3992	749
25-29岁	45	168	461	337	72	52	13129	6824	1150
30-34岁	81	265	749	503	130	116	22712	11939	1602
35-39岁	87	259	767	516	149	102	25948	14350	1427
40-44岁	109	236	830	559	164	107	27357	15954	1421
45-49岁	147	228	783	527	132	124	30858	19588	1506
50-54岁	198	169	672	436	123	113	28366	19402	1248
55-59岁	101	93	447	323	70	54	18325	13287	755
60-64岁	52	31	119	76	20	23	6286	4892	191
65-69岁	19	14	60	26	13	21	2618	2116	75
70-74岁	12	2	14	5	6	3	524	422	12
75岁及以上	4	1	2	1		1	148	129	1
男	**636**	**1418**	**4186**	**2928**	**688**	**570**	**156486**	**95158**	**9058**
16-19岁	6	26	19	12	5	2	1475	883	91
20-24岁	15	92	185	134	32	19	6359	3419	666
25-29岁	38	157	369	281	52	36	11466	5821	1016
30-34岁	56	238	598	434	83	81	19519	10066	1436
35-39岁	63	219	622	435	117	70	21839	11765	1286
40-44岁	75	202	657	450	121	86	22236	12710	1241
45-49岁	108	204	628	431	106	91	24848	15594	1284
50-54岁	130	150	548	365	89	94	23705	16164	1091
55-59岁	74	86	389	291	54	44	16201	11753	689
60-64岁	42	28	104	67	15	22	5789	4516	178
65-69岁	16	13	53	22	10	21	2448	1976	67
70-74岁	10	2	12	5	4	3	479	384	12
75岁及以上	3	1	2	1		1	122	107	1
女	**243**	**180**	**968**	**557**	**239**	**172**	**28766**	**18755**	**1177**
16-19岁		1	3	3			185	135	7
20-24岁	3	13	43	27	11	5	962	573	83
25-29岁	7	11	92	56	20	16	1663	1003	134
30-34岁	25	27	151	69	47	35	3193	1873	166
35-39岁	24	40	145	81	32	32	4109	2585	141
40-44岁	34	34	173	109	43	21	5121	3244	180
45-49岁	39	24	155	96	26	33	6010	3994	222
50-54岁	68	19	124	71	34	19	4661	3238	157
55-59岁	27	7	58	32	16	10	2124	1534	66
60-64岁	10	3	15	9	5	1	497	376	13
65-69岁	3	1	7	4	3		170	140	8
70-74岁	2		2		2		45	38	
75岁及以上	1						26	22	

4-5 续表 19

单位：人

年龄组 性别	有农村土地承包经营权的人口								
	五、建筑业		六、批发和零售业			七、交通运输、仓储和邮政业			
	49.建筑安装业	50.建筑装饰、装修和其他建筑业	小计	51.批发业	52.零售业	小计	53.铁路运输业	54.道路运输业	55.水上运输业
总 计	**7051**	**54053**	**132321**	**29932**	**102389**	**54790**	**761**	**37858**	**1143**
16-19岁	58	486	1785	287	1498	471	14	180	13
20-24岁	365	2215	7394	1256	6138	2521	88	1295	53
25-29岁	667	4488	12922	2644	10278	5137	146	3180	143
30-34岁	1329	7842	21501	4446	17055	9398	139	6558	171
35-39岁	1398	8773	21508	4738	16770	10059	90	7448	162
40-44岁	1212	8770	18552	4243	14309	8626	67	6384	160
45-49岁	972	8792	16892	4071	12821	7918	73	5673	136
50-54岁	618	7098	14369	3650	10719	6080	83	4120	154
55-59岁	324	3959	9598	2418	7180	3240	46	2188	99
60-64岁	79	1124	4074	1134	2940	901	8	572	33
65-69岁	23	404	2303	621	1682	331	4	207	10
70-74岁	4	86	900	289	611	82	3	41	5
75岁及以上	2	16	523	135	388	26		12	4
男	**6481**	**45789**	**67072**	**18413**	**48659**	**48270**	**586**	**35220**	**956**
16-19岁	53	448	914	199	715	384	6	157	13
20-24岁	339	1935	3506	796	2710	2133	54	1186	47
25-29岁	623	4006	6287	1672	4615	4453	114	2935	128
30-34岁	1231	6786	10280	2718	7562	8375	113	6204	152
35-39岁	1290	7498	10357	2908	7449	9054	68	7052	131
40-44岁	1111	7174	9093	2542	6551	7589	51	5914	122
45-49岁	868	7102	8574	2432	6142	6872	59	5178	109
50-54岁	569	5881	7835	2248	5587	5297	68	3777	120
55-59岁	295	3464	5455	1511	3944	2911	40	2034	92
60-64岁	74	1021	2437	727	1710	810	7	536	28
65-69岁	22	383	1426	398	1028	301	4	198	6
70-74岁	4	79	577	181	396	72	2	39	4
75岁及以上	2	12	331	81	250	19		10	4
女	**570**	**8264**	**65249**	**11519**	**53730**	**6520**	**175**	**2638**	**187**
16-19岁	5	38	871	88	783	87	8	23	
20-24岁	26	280	3888	460	3428	388	34	109	6
25-29岁	44	482	6635	972	5663	684	32	245	15
30-34岁	98	1056	11221	1728	9493	1023	26	354	19
35-39岁	108	1275	11151	1830	9321	1005	22	396	31
40-44岁	101	1596	9459	1701	7758	1037	16	470	38
45-49岁	104	1690	8318	1639	6679	1046	14	495	27
50-54岁	49	1217	6534	1402	5132	783	15	343	34
55-59岁	29	495	4143	907	3236	329	6	154	7
60-64岁	5	103	1637	407	1230	91	1	36	5
65-69岁	1	21	877	223	654	30		9	4
70-74岁		7	323	108	215	10	1	2	1
75岁及以上		4	192	54	138	7		2	

4-5　续表 20　　　　单位：人

年龄组 性　别	有农村土地承包经营权的人口							
	七、交通运输、仓储和邮政业					八、住宿和餐饮业		
	56.航空运输业	57.管道运输业	58.多式联运和运输代理业	59.装卸搬运和仓储业	60.邮政业	小计	61.住宿业	62.餐饮业
总　计	**160**	**3**	**844**	**8707**	**5314**	**44387**	**5121**	**39266**
16-19岁	5		7	92	160	1746	200	1546
20-24岁	21	1	32	326	705	4031	531	3500
25-29岁	39		90	559	980	4934	584	4350
30-34岁	38	1	151	1048	1292	6851	730	6121
35-39岁	22		170	1215	952	6708	739	5969
40-44岁	12		137	1339	527	6074	695	5379
45-49岁	9	1	121	1537	368	5770	705	5065
50-54岁	11		77	1422	213	4420	529	3891
55-59岁	1		42	780	84	2645	282	2363
60-64岁	2		11	252	23	798	76	722
65-69岁			6	98	6	292	39	253
70-74岁				31	2	80	10	70
75岁及以上				8	2	38	1	37
男	**97**	**3**	**709**	**6786**	**3913**	**21663**	**1988**	**19675**
16-19岁	2		4	78	124	1032	119	913
20-24岁	13	1	26	271	535	2433	244	2189
25-29岁	22		76	454	724	2878	243	2635
30-34岁	24	1	125	816	940	3703	279	3424
35-39岁	11		142	955	695	3250	279	2971
40-44岁	11		117	1008	366	2686	208	2478
45-49岁	5	1	104	1144	272	2239	232	2007
50-54岁	6		62	1100	164	1709	192	1517
55-59岁	1		37	636	71	1103	111	992
60-64岁	2		11	210	16	391	47	344
65-69岁			5	83	5	174	27	147
70-74岁				27		46	6	40
75岁及以上				4	1	19	1	18
女	**63**		**135**	**1921**	**1401**	**22724**	**3133**	**19591**
16-19岁	3		3	14	36	714	81	633
20-24岁	8		6	55	170	1598	287	1311
25-29岁	17		14	105	256	2056	341	1715
30-34岁	14		26	232	352	3148	451	2697
35-39岁	11		28	260	257	3458	460	2998
40-44岁	1		20	331	161	3388	487	2901
45-49岁	4		17	393	96	3531	473	3058
50-54岁	5		15	322	49	2711	337	2374
55-59岁			5	144	13	1542	171	1371
60-64岁				42	7	407	29	378
65-69岁			1	15	1	118	12	106
70-74岁				4	2	34	4	30
75岁及以上				4	1	19		19

4-5 续表 21 单位：人

年龄组 性 别	有农村土地承包经营权的人口								
	九、信息传输、软件和信息技术服务业				十、金融业				
	小计	63.电信、广播电视和卫星传输服务	64.互联网和相关服务	65.软件和信息技术服务业	小计	66.货币金融服务	67.资本市场服务	68.保险业	69.其他金融业
总 计	**5610**	**2348**	**1837**	**1425**	**4368**	**1784**	**239**	**1979**	**366**
16-19岁	117	40	45	32	28	4	1	20	3
20-24岁	807	229	304	274	414	179	29	154	52
25-29岁	1232	465	425	342	820	358	51	313	98
30-34岁	1502	651	450	401	1088	427	51	529	81
35-39岁	956	471	295	190	666	204	42	354	66
40-44岁	476	232	162	82	465	130	24	288	23
45-49岁	268	130	87	51	396	172	19	179	26
50-54岁	131	69	37	25	276	179	15	77	5
55-59岁	90	47	23	20	164	101	6	48	9
60-64岁	18	7	6	5	30	16		11	3
65-69岁	6	4	2		14	10		4	
70-74岁	5	3	1	1	4	1	1	2	
75岁及以上	2			2	3	3			
男	**3739**	**1439**	**1275**	**1025**	**2243**	**1073**	**158**	**795**	**217**
16-19岁	67	20	27	20	16	2		12	2
20-24岁	481	123	182	176	188	72	17	75	24
25-29岁	782	262	282	238	412	187	29	137	59
30-34岁	965	356	326	283	515	220	34	208	53
35-39岁	664	286	223	155	323	115	31	139	38
40-44岁	355	170	119	66	211	87	16	92	16
45-49岁	219	109	67	43	219	127	12	67	13
50-54岁	105	57	29	19	195	146	13	33	3
55-59岁	77	44	16	17	125	92	5	21	7
60-64岁	13	5	3	5	24	15		7	2
65-69岁	5	4	1		9	7		2	
70-74岁	4	3		1	4	1	1	2	
75岁及以上	2			2	2	2			
女	**1871**	**909**	**562**	**400**	**2125**	**711**	**81**	**1184**	**149**
16-19岁	50	20	18	12	12	2	1	8	1
20-24岁	326	106	122	98	226	107	12	79	28
25-29岁	450	203	143	104	408	171	22	176	39
30-34岁	537	295	124	118	573	207	17	321	28
35-39岁	292	185	72	35	343	89	11	215	28
40-44岁	121	62	43	16	254	43	8	196	7
45-49岁	49	21	20	8	177	45	7	112	13
50-54岁	26	12	8	6	81	33	2	44	2
55-59岁	13	3	7	3	39	9	1	27	2
60-64岁	5	2	3		6	1		4	1
65-69岁	1		1		5	3		2	
70-74岁	1		1						
75岁及以上					1	1			

4-5　续表 22　　　　单位：人

年龄组 性　别	有农村土地承包经营权的人口								
	十一、房地产业		十二、租赁和商务服务业			十三、科学研究和技术服务业			
	小计	70.房地产业	小计	71.租赁业	72.商务服务业	小计	73.研究和试验发展	74.专业技术服务业	75.科技推广和应用服务业
总　计	**10464**	**10464**	**17137**	**1684**	**15453**	**4379**	**247**	**3161**	**971**
16-19岁	104	104	256	25	231	78	34	32	12
20-24岁	906	906	1323	114	1209	555	34	431	90
25-29岁	1533	1533	2140	223	1917	879	35	699	145
30-34岁	1846	1846	2775	380	2395	927	54	704	169
35-39岁	1300	1300	2429	316	2113	621	27	472	122
40-44岁	1105	1105	1990	228	1762	466	16	331	119
45-49岁	1145	1145	1874	174	1700	336	16	213	107
50-54岁	1118	1118	1824	133	1691	232	13	143	76
55-59岁	847	847	1472	61	1411	166	7	92	67
60-64岁	367	367	640	19	621	58	5	23	30
65-69岁	161	161	278	9	269	33	2	12	19
70-74岁	27	27	100	1	99	19	4	6	9
75岁及以上	5	5	36	1	35	9		3	6
男	**6452**	**6452**	**12157**	**1486**	**10671**	**3074**	**150**	**2312**	**612**
16-19岁	71	71	160	21	139	44	18	18	8
20-24岁	514	514	788	102	686	371	17	291	63
25-29岁	909	909	1309	204	1105	582	21	468	93
30-34岁	1063	1063	1819	348	1471	648	33	519	96
35-39岁	783	783	1720	286	1434	466	20	364	82
40-44岁	672	672	1405	189	1216	344	11	256	77
45-49岁	671	671	1364	144	1220	240	10	159	71
50-54岁	719	719	1429	115	1314	176	6	123	47
55-59岁	596	596	1262	53	1209	118	6	76	36
60-64岁	290	290	551	17	534	38	3	17	18
65-69岁	136	136	241	6	235	25	2	12	11
70-74岁	24	24	86	1	85	17	3	6	8
75岁及以上	4	4	23		23	5		3	2
女	**4012**	**4012**	**4980**	**198**	**4782**	**1305**	**97**	**849**	**359**
16-19岁	33	33	96	4	92	34	16	14	4
20-24岁	392	392	535	12	523	184	17	140	27
25-29岁	624	624	831	19	812	297	14	231	52
30-34岁	783	783	956	32	924	279	21	185	73
35-39岁	517	517	709	30	679	155	7	108	40
40-44岁	433	433	585	39	546	122	5	75	42
45-49岁	474	474	510	30	480	96	6	54	36
50-54岁	399	399	395	18	377	56	7	20	29
55-59岁	251	251	210	8	202	48	1	16	31
60-64岁	77	77	89	2	87	20	2	6	12
65-69岁	25	25	37	3	34	8			8
70-74岁	3	3	14		14	2	1		1
75岁及以上	1	1	13	1	12	4			4

4-5 续表 23

单位：人

年龄组 性 别	有农村土地承包经营权的人口								
	十四、水利、环境和公共设施管理业					十五、居民服务、修理和其他服务业			
	小计	76.水利管理业	77.生态保护和环境治理业	78.公共设施管理业	79.土地管理业	小计	80.居民服务业	81.机动车、电子产品和日用产品修理业	82.其他服务业
总 计	**6697**	**343**	**372**	**5897**	**85**	**37027**	**18290**	**11329**	**7408**
16-19岁	23	2		20	1	898	402	326	170
20-24岁	129	12	15	100	2	2230	1085	938	207
25-29岁	258	31	18	191	18	3420	1783	1322	315
30-34岁	496	35	42	399	20	5384	2878	1941	565
35-39岁	649	27	47	563	12	5537	2747	2025	765
40-44岁	903	43	51	799	10	5154	2411	1815	928
45-49岁	1227	62	62	1095	8	4816	2254	1340	1222
50-54岁	1183	43	64	1072	4	4027	1904	877	1246
55-59岁	973	65	45	858	5	2711	1316	471	924
60-64岁	461	9	18	430	4	1239	592	146	501
65-69岁	258	11	8	238	1	898	468	86	344
70-74岁	92	1	1	90		418	246	28	144
75岁及以上	45	2	1	42		295	204	14	77
男	**3528**	**277**	**268**	**2907**	**76**	**19133**	**6251**	**9651**	**3231**
16-19岁	15	1		13	1	621	215	318	88
20-24岁	83	8	10	63	2	1422	430	874	118
25-29岁	170	19	15	121	15	1976	606	1185	185
30-34岁	288	26	31	214	17	2929	990	1656	283
35-39岁	346	23	34	277	12	2931	905	1694	332
40-44岁	426	36	40	341	9	2545	749	1460	336
45-49岁	531	49	39	437	6	2182	637	1116	429
50-54岁	572	35	43	490	4	1738	582	719	437
55-59岁	537	58	37	437	5	1213	423	385	405
60-64岁	277	8	12	253	4	635	254	129	252
65-69岁	174	11	6	156	1	503	225	77	201
70-74岁	75	1	1	73		261	132	25	104
75岁及以上	34	2		32		177	103	13	61
女	**3169**	**66**	**104**	**2990**	**9**	**17894**	**12039**	**1678**	**4177**
16-19岁	8	1		7		277	187	8	82
20-24岁	46	4	5	37		808	655	64	89
25-29岁	88	12	3	70	3	1444	1177	137	130
30-34岁	208	9	11	185	3	2455	1888	285	282
35-39岁	303	4	13	286		2606	1842	331	433
40-44岁	477	7	11	458	1	2609	1662	355	592
45-49岁	696	13	23	658	2	2634	1617	224	793
50-54岁	611	8	21	582		2289	1322	158	809
55-59岁	436	7	8	421		1498	893	86	519
60-64岁	184	1	6	177		604	338	17	249
65-69岁	84		2	82		395	243	9	143
70-74岁	17			17		157	114	3	40
75岁及以上	11		1	10		118	101	1	16

4-5　续表 24　　　　　　　　　　　　　　　　　　　　　　　　　　　　单位：人

年龄组 性　别	有农村土地承包经营权的人口									
	十六、教育		十七、卫生和社会工作			十八、文化、体育和娱乐业				
	小计	83.教育	小计	84.卫生	85.社会工作	小计	86.新闻和出版业	87.广播、电视、电影和录音制作业	88.文化艺术业	89.体育
总　计	**30713**	**30713**	**13260**	**12891**	**369**	**3129**	**93**	**181**	**522**	**359**
16-19岁	980	980	169	168	1	189	1	7	19	24
20-24岁	3646	3646	1753	1729	24	519	13	37	62	70
25-29岁	4378	4378	2444	2418	26	546	15	49	61	83
30-34岁	4574	4574	2215	2183	32	509	16	32	95	56
35-39岁	3910	3910	1621	1578	43	415	9	19	80	39
40-44岁	4126	4126	1406	1367	39	287	14	10	58	27
45-49岁	3620	3620	1285	1225	60	233	11	12	47	22
50-54岁	3003	3003	1031	973	58	194	8	8	33	24
55-59岁	1840	1840	663	632	31	154	3	3	42	7
60-64岁	392	392	297	277	20	50	3	2	11	5
65-69岁	160	160	182	164	18	24		1	9	2
70-74岁	49	49	113	104	9	6		1	2	
75岁及以上	35	35	81	73	8	3			3	
男	**10551**	**10551**	**4954**	**4838**	**116**	**1812**	**57**	**111**	**296**	**213**
16-19岁	353	353	32	32		119	1	4	10	14
20-24岁	689	689	290	284	6	318	5	18	27	47
25-29岁	971	971	507	498	9	330	11	29	32	53
30-34岁	991	991	628	619	9	291	9	17	48	31
35-39岁	1063	1063	653	639	14	230	5	14	48	23
40-44岁	1481	1481	648	640	8	152	9	7	32	12
45-49岁	1603	1603	680	664	16	123	6	9	31	11
50-54岁	1564	1564	611	589	22	105	7	7	20	13
55-59岁	1363	1363	418	407	11	87	2	2	27	4
60-64岁	287	287	197	191	6	30	2	2	8	3
65-69岁	114	114	133	124	9	18		1	8	2
70-74岁	45	45	88	85	3	6		1	2	
75岁及以上	27	27	69	66	3	3			3	
女	**20162**	**20162**	**8306**	**8053**	**253**	**1317**	**36**	**70**	**226**	**146**
16-19岁	627	627	137	136	1	70		3	9	10
20-24岁	2957	2957	1463	1445	18	201	8	19	35	23
25-29岁	3407	3407	1937	1920	17	216	4	20	29	30
30-34岁	3583	3583	1587	1564	23	218	7	15	47	25
35-39岁	2847	2847	968	939	29	185	4	5	32	16
40-44岁	2645	2645	758	727	31	135	5	3	26	15
45-49岁	2017	2017	605	561	44	110	5	3	16	11
50-54岁	1439	1439	420	384	36	89	1	1	13	11
55-59岁	477	477	245	225	20	67	1	1	15	3
60-64岁	105	105	100	86	14	20	1		3	2
65-69岁	46	46	49	40	9	6			1	
70-74岁	4	4	25	19	6					
75岁及以上	8	8	12	7	5					

4-5 续表 25

单位：人

年龄组 性别	有农村土地承包经营权的人口									
		十九、公共管理、社会保障和社会组织							二十、国际组织	
	90.娱乐业	小计	91.中国共产党机关	92.国家机构	93.人民政协、民主党派	94.社会保障	95.群众团体、社会团体和其他成员组织	96.基层群众自治组织	小计	97.国际组织
总计	**1974**	**22757**	**405**	**12724**	**25**	**117**	**1007**	**8479**	**1**	**1**
16-19岁	138	106	4	61			23	18		
20-24岁	337	1494	28	1231	2	6	53	174		
25-29岁	338	3158	69	2573	3	27	120	366		
30-34岁	310	3719	79	2754	3	35	151	697		
35-39岁	268	2487	59	1502	2	10	123	791		
40-44岁	178	2591	51	1361	6	12	123	1038		
45-49岁	141	2678	33	1235	3	14	120	1273	1	1
50-54岁	121	2532	39	984	2	5	117	1385		
55-59岁	99	2458	27	747	4	4	84	1592		
60-64岁	29	922	12	167		1	49	693		
65-69岁	12	426	3	78			21	324		
70-74岁	3	135		24			13	98		
75岁及以上		51	1	7		3	10	30		
男	**1135**	**15244**	**268**	**8361**	**22**	**43**	**544**	**6006**		
16-19岁	90	72	3	48			14	7		
20-24岁	221	822	10	704	2	1	24	81		
25-29岁	205	1669	34	1418	1	8	40	168		
30-34岁	186	2125	51	1641	3	10	71	349		
35-39岁	140	1580	38	1032	2	3	63	442		
40-44岁	92	1738	35	960	5	5	67	666		
45-49岁	66	1859	26	873	3	8	70	879		
50-54岁	58	2014	32	791	2	3	77	1109		
55-59岁	52	2047	25	663	4	4	55	1296		
60-64岁	15	788	11	134			31	612		
65-69岁	7	372	2	71			13	286		
70-74岁	3	118		21			10	87		
75岁及以上		40	1	5		1	9	24		
女	**839**	**7513**	**137**	**4363**	**3**	**74**	**463**	**2473**	**1**	**1**
16-19岁	48	34	1	13			9	11		
20-24岁	116	672	18	527		5	29	93		
25-29岁	133	1489	35	1155	2	19	80	198		
30-34岁	124	1594	28	1113		25	80	348		
35-39岁	128	907	21	470		7	60	349		
40-44岁	86	853	16	401	1	7	56	372		
45-49岁	75	819	7	362		6	50	394	1	1
50-54岁	63	518	7	193		2	40	276		
55-59岁	47	411	2	84			29	296		
60-64岁	14	134	1	33		1	18	81		
65-69岁	5	54	1	7			8	38		
70-74岁		17		3			3	11		
75岁及以上		11		2		2	1	6		

4-5　续表 26　　　　单位：人

年龄组 性　别	没有农村土地承包经营权的人口								
	合计	一、农、林、牧、渔业						二、采矿业	
		小计	1.农业	2.林业	3.畜牧业	4.渔业	5.农、林、牧、渔专业及辅助性活动	小计	6.煤炭开采和洗选业
总　计	**661110**	**43189**	**30580**	**2549**	**5059**	**3463**	**1538**	**2300**	**250**
16-19岁	7425	805	645	28	67	51	14	5	
20-24岁	43396	2126	1572	101	245	145	63	52	2
25-29岁	79322	3619	2591	173	465	253	137	173	10
30-34岁	121021	6268	4333	339	884	484	228	363	19
35-39岁	110260	6060	4121	355	843	526	215	316	27
40-44岁	94238	4968	3406	342	583	432	205	392	67
45-49岁	89369	5516	3742	408	615	505	246	436	52
50-54岁	64649	5514	3871	381	586	480	196	342	53
55-59岁	37054	4170	2935	286	436	347	166	175	12
60-64岁	7794	1846	1469	68	147	122	40	20	2
65-69岁	4064	1306	1072	39	102	75	18	13	4
70-74岁	1567	627	523	18	49	29	8	11	2
75岁及以上	951	364	300	11	37	14	2	2	
男	**353527**	**20021**	**12326**	**1678**	**2712**	**2405**	**900**	**1772**	**193**
16-19岁	4260	499	387	21	37	44	10	5	
20-24岁	23349	1259	854	73	170	114	48	44	1
25-29岁	41848	2055	1347	126	303	196	83	134	7
30-34岁	62785	3358	2131	227	514	350	136	278	15
35-39岁	56092	2914	1716	234	479	378	107	227	21
40-44岁	47286	2023	1161	197	274	277	114	288	51
45-49岁	45603	2131	1160	255	266	313	137	303	36
50-54岁	37783	2244	1287	254	272	316	115	295	43
55-59岁	25996	1752	964	209	217	249	113	159	12
60-64岁	4668	768	538	43	80	86	21	16	2
65-69岁	2356	545	407	23	55	49	11	11	3
70-74岁	951	293	227	11	27	24	4	11	2
75岁及以上	550	180	147	5	18	9	1	1	
女	**307583**	**23168**	**18254**	**871**	**2347**	**1058**	**638**	**528**	**57**
16-19岁	3165	306	258	7	30	7	4		
20-24岁	20047	867	718	28	75	31	15	8	1
25-29岁	37474	1564	1244	47	162	57	54	39	3
30-34岁	58236	2910	2202	112	370	134	92	85	4
35-39岁	54168	3146	2405	121	364	148	108	89	6
40-44岁	46952	2945	2245	145	309	155	91	104	16
45-49岁	43766	3385	2582	153	349	192	109	133	16
50-54岁	26866	3270	2584	127	314	164	81	47	10
55-59岁	11058	2418	1971	77	219	98	53	16	
60-64岁	3126	1078	931	25	67	36	19	4	
65-69岁	1708	761	665	16	47	26	7	2	1
70-74岁	616	334	296	7	22	5	4		
75岁及以上	401	184	153	6	19	5	1	1	

4-5 续表 27 单位：人

年龄组 性别	没有农村土地承包经营权的人口								
	二、采矿业						三、制造业		
	7.石油和天然气开采业	8.黑色金属矿采选业	9.有色金属矿采选业	10.非金属矿采选业	11.开采专业及辅助性活动	12.其他采矿业	小计	13.农副食品加工业	14.食品制造业
总 计	**97**	**216**	**719**	**725**	**148**	**145**	**73879**	**6928**	**2797**
16-19岁				3		2	1332	25	43
20-24岁		8	5	31	3	3	5078	214	192
25-29岁	3	11	39	76	14	20	8275	518	322
30-34岁	12	34	98	156	31	13	13637	971	570
35-39岁	12	31	96	116	20	14	12732	979	474
40-44岁	17	40	129	94	23	22	10825	1057	433
45-49岁	27	43	154	119	17	24	10653	1376	371
50-54岁	16	28	125	71	23	26	6704	971	204
55-59岁	7	17	63	47	14	15	3393	598	140
60-64岁	2	1	6	6	1	2	691	129	22
65-69岁	1	2	1	1		4	366	67	16
70-74岁		1	3	3	2		134	15	9
75岁及以上				2			59	8	1
男	**70**	**156**	**542**	**583**	**120**	**108**	**42742**	**3999**	**1193**
16-19岁				3		2	908	20	20
20-24岁		5	5	28	3	2	3349	147	77
25-29岁	3	9	27	64	10	14	5219	342	138
30-34岁	8	22	75	126	26	6	7796	566	225
35-39岁	8	20	69	86	13	10	6725	520	192
40-44岁	9	26	89	78	17	18	5511	527	175
45-49岁	19	33	98	85	14	18	5648	677	153
50-54岁	14	23	111	63	21	20	4290	633	93
55-59岁	6	16	59	41	13	12	2501	438	93
60-64岁	2		5	4	1	2	434	74	12
65-69岁	1	1	1	1		4	234	39	10
70-74岁		1	3	3	2		93	11	4
75岁及以上				1			34	5	1
女	**27**	**60**	**177**	**142**	**28**	**37**	**31137**	**2929**	**1604**
16-19岁							424	5	23
20-24岁		3		3		1	1729	67	115
25-29岁		2	12	12	4	6	3056	176	184
30-34岁	4	12	23	30	5	7	5841	405	345
35-39岁	4	11	27	30	7	4	6007	459	282
40-44岁	8	14	40	16	6	4	5314	530	258
45-49岁	8	10	56	34	3	6	5005	699	218
50-54岁	2	5	14	8	2	6	2414	338	111
55-59岁	1	1	4	6	1	3	892	160	47
60-64岁		1	1	2			257	55	10
65-69岁		1					132	28	6
70-74岁							41	4	5
75岁及以上				1			25	3	

4-5　续表 28　　　　单位：人

年龄组 性　别	没有农村土地承包经营权的人口								
	三、制造业								
	15.酒、饮料和精制茶制造业	16.烟草制品业	17.纺织业	18.纺织服装、服饰业	19.皮革、毛皮、羽毛及其制品和制鞋业	20.木材加工和木、竹、藤、棕、草制品业	21.家具制造业	22.造纸和纸制品业	23.印刷和记录媒介复制业
总　计	**1322**	**317**	**1799**	**5161**	**994**	**4447**	**1366**	**1362**	**966**
16-19岁	8		17	122	29	44	31	24	19
20-24岁	45	7	66	382	66	168	68	62	64
25-29岁	119	22	155	541	94	404	169	104	71
30-34岁	264	55	314	947	222	713	278	247	148
35-39岁	255	53	334	893	206	804	280	254	155
40-44岁	222	51	283	799	160	671	191	244	145
45-49岁	173	78	282	711	111	693	175	210	159
50-54岁	117	37	206	471	61	534	91	131	120
55-59岁	88	12	94	208	25	286	60	63	69
60-64岁	18		26	50	10	75	11	13	11
65-69岁	7		13	23	8	39	8	5	4
70-74岁	6	2	8	10	2	7	4	3	1
75岁及以上			1	4		9		2	
男	**766**	**204**	**625**	**1257**	**365**	**2450**	**869**	**834**	**540**
16-19岁	4		9	53	19	31	26	23	15
20-24岁	25	6	41	154	35	111	52	44	46
25-29岁	76	19	71	201	44	262	113	62	37
30-34岁	158	37	119	253	85	416	182	162	88
35-39岁	126	24	73	193	64	439	163	130	84
40-44岁	123	35	81	133	49	317	111	139	62
45-49岁	99	41	78	97	31	325	104	122	76
50-54岁	71	30	82	95	17	282	56	82	73
55-59岁	64	11	50	51	15	171	46	53	51
60-64岁	11		10	12	4	54	9	10	6
65-69岁	6		5	10	1	31	4	3	2
70-74岁	3	1	5	4	1	6	3	3	
75岁及以上			1	1		5		1	
女	**556**	**113**	**1174**	**3904**	**629**	**1997**	**497**	**528**	**426**
16-19岁	4		8	69	10	13	5	1	4
20-24岁	20	1	25	228	31	57	16	18	18
25-29岁	43	3	84	340	50	142	56	42	34
30-34岁	106	18	195	694	137	297	96	85	60
35-39岁	129	29	261	700	142	365	117	124	71
40-44岁	99	16	202	666	111	354	80	105	83
45-49岁	74	37	204	614	80	368	71	88	83
50-54岁	46	7	124	376	44	252	35	49	47
55-59岁	24	1	44	157	10	115	14	10	18
60-64岁	7		16	38	6	21	2	3	5
65-69岁	1		8	13	7	8	4	2	2
70-74岁	3	1	3	6	1	1	1		1
75岁及以上				3		4		1	

4-5 续表 29　　　　单位：人

年龄组 性别	没有农村土地承包经营权的人口								
	三、制造业								
	24.文教、工美、体育和娱乐用品制造业	25.石油、煤炭及其他燃料加工业	26.化学原料和化学制品制造业	27.医药制造业	28.化学纤维制造业	29.橡胶和塑料制品业	30.非金属矿物制品业	31.黑色金属冶炼和压延加工业	32.有色金属冶炼和压延加工业
总　计	**2533**	**379**	**1899**	**1460**	**25**	**1785**	**5499**	**3425**	**2250**
16-19岁	47		7	4		46	24	13	4
20-24岁	149	29	100	89	1	119	271	391	120
25-29岁	302	35	153	145	2	182	489	432	244
30-34岁	517	77	292	252	3	265	955	579	401
35-39岁	544	59	328	286	6	307	934	511	390
40-44岁	370	53	321	253	2	307	829	499	358
45-49岁	303	51	308	228	6	286	905	559	398
50-54岁	187	47	213	117	4	158	672	321	223
55-59岁	78	24	130	58	1	81	286	98	97
60-64岁	22	4	23	15		17	80	12	8
65-69岁	8		10	8		16	37	8	6
70-74岁	3		11	4		1	14	1	1
75岁及以上	3		3	1			3	1	
男	**982**	**272**	**1235**	**702**	**11**	**1026**	**3861**	**2638**	**1692**
16-19岁	20		5			40	23	11	3
20-24岁	76	25	66	31		86	216	324	96
25-29岁	132	24	102	73	2	111	356	356	182
30-34岁	209	49	170	116		160	667	449	284
35-39岁	188	42	208	139	2	154	627	387	298
40-44岁	120	31	191	99	2	154	529	347	255
45-49岁	95	34	197	102	1	149	601	385	268
50-54岁	81	43	159	74	3	89	510	270	202
55-59岁	41	20	107	50	1	61	235	90	93
60-64岁	12	4	14	10		12	59	11	7
65-69岁	5		7	4		10	27	7	3
70-74岁	3		8	3			9	1	1
75岁及以上			1	1			2		
女	**1551**	**107**	**664**	**758**	**14**	**759**	**1638**	**787**	**558**
16-19岁	27		2	4		6	1	2	1
20-24岁	73	4	34	58	1	33	55	67	24
25-29岁	170	11	51	72		71	133	76	62
30-34岁	308	28	122	136	3	105	288	130	117
35-39岁	356	17	120	147	4	153	307	124	92
40-44岁	250	22	130	154		153	300	152	103
45-49岁	208	17	111	126	5	137	304	174	130
50-54岁	106	4	54	43	1	69	162	51	21
55-59岁	37	4	23	8		20	51	8	4
60-64岁	10		9	5		5	21	1	1
65-69岁	3		3	4		6	10	1	3
70-74岁			3	1		1	5		
75岁及以上	3		2				1	1	

4-5　续表 30　　　　　　　　　　　　　　　　　　单位：人

年龄组 性　别	没有农村土地承包经营权的人口								
	三、制造业								
	33.金属制品业	34.通用设备制造业	35.专用设备制造业	36.汽车制造业	37.铁路、船舶、航空航天和其他运输设备制造业	38.电气机械和器材制造业	39.计算机、通信和其他电子设备制造业	40.仪器仪表制造业	41.其他制造业
总　计	**3162**	**2687**	**2305**	**5379**	**799**	**2064**	**7605**	**391**	**506**
16-19岁	36	42	28	210	3	62	407	3	13
20-24岁	193	165	170	434	44	201	1068	31	37
25-29岁	375	248	291	766	99	258	1406	37	47
30-34岁	645	464	431	1141	138	411	1812	89	97
35-39岁	601	477	409	968	95	378	1338	68	80
40-44岁	456	418	323	691	117	292	794	66	68
45-49岁	409	474	305	717	141	261	484	50	59
50-54岁	275	244	196	321	101	128	192	22	59
55-59岁	122	117	117	114	47	57	73	20	33
60-64岁	24	17	18	9	8	8	15	2	10
65-69岁	19	16	8	4	2	6	9	2	3
70-74岁	4	1	8	1	2	2	5		
75岁及以上	3	4	1	3	2		2	1	
男	**2265**	**1917**	**1450**	**3801**	**593**	**1274**	**3572**	**231**	**274**
16-19岁	27	29	19	206	3	40	237	1	10
20-24岁	144	115	119	370	37	129	626	19	18
25-29岁	290	185	183	565	70	165	796	25	29
30-34岁	464	330	260	809	103	252	793	53	57
35-39岁	404	318	231	627	58	212	527	37	45
40-44岁	311	273	189	409	82	171	267	30	29
45-49岁	267	340	198	455	100	153	178	26	28
50-54岁	212	197	133	242	83	95	89	19	30
55-59岁	106	104	94	103	43	45	47	17	21
60-64岁	19	9	12	8	8	7	5	2	6
65-69岁	15	14	5	3	2	3	3	1	1
70-74岁	4	1	6	1	2	2	2		
75岁及以上	2	2	1	3	2		2	1	
女	**897**	**770**	**855**	**1578**	**206**	**790**	**4033**	**160**	**232**
16-19岁	9	13	9	4		22	170	2	3
20-24岁	49	50	51	64	7	72	442	12	19
25-29岁	85	63	108	201	29	93	610	12	18
30-34岁	181	134	171	332	35	159	1019	36	40
35-39岁	197	159	178	341	37	166	811	31	35
40-44岁	145	145	134	282	35	121	527	36	39
45-49岁	142	134	107	262	41	108	306	24	31
50-54岁	63	47	63	79	18	33	103	3	29
55-59岁	16	13	23	11	4	12	26	3	12
60-64岁	5	8	6	1		1	10		4
65-69岁	4	2	3	1		3	6	1	2
70-74岁			2				3		
75岁及以上	1	2							

4-5 续表 31　　　　单位：人

年龄组 性别	没有农村土地承包经营权的人口								
	三、制造业		四、电力、热力、燃气及水生产和供应业				五、建筑业		
	42.废弃资源综合利用业	43.金属制品、机械和设备修理业	小计	44.电力、热力生产和供应业	45.燃气生产和供应业	46.水的生产和供应业	小计	47.房屋建筑业	48.土木工程建筑业
总　计	**464**	**1803**	**8362**	**6060**	**1009**	**1293**	**68254**	**34173**	**6969**
16-19岁	9	12	6	2	3	1	608	344	41
20-24岁	18	114	352	265	31	56	4344	2143	645
25-29岁	52	193	742	562	97	83	8149	3940	1006
30-34岁	65	274	1328	958	201	169	12934	6061	1380
35-39岁	51	215	1239	878	189	172	11580	5530	1052
40-44岁	70	282	1525	1069	179	277	9642	4815	868
45-49岁	65	305	1574	1136	150	288	9361	4810	891
50-54岁	68	213	985	757	90	138	6935	3737	629
55-59岁	31	166	506	358	54	94	3524	2008	368
60-64岁	18	16	59	40	8	11	810	533	60
65-69岁	7	7	32	25	6	1	272	184	20
70-74岁	4	5	7	6		1	63	45	7
75岁及以上	6	1	7	4	1	2	32	23	2
男	**293**	**1551**	**5721**	**4273**	**641**	**807**	**52681**	**25678**	**5586**
16-19岁	5	9	3	2		1	500	292	31
20-24岁	13	101	247	190	20	37	3451	1709	501
25-29岁	37	171	500	397	52	51	6467	3049	796
30-34岁	43	237	882	648	123	111	10158	4623	1103
35-39岁	34	179	808	583	111	114	8842	4148	813
40-44岁	36	234	921	682	103	136	7112	3405	683
45-49岁	35	233	994	737	104	153	6841	3404	690
50-54岁	46	199	816	637	72	107	5348	2768	542
55-59岁	19	161	463	333	44	86	2955	1614	343
60-64岁	13	14	51	35	7	9	685	452	55
65-69岁	6	7	25	19	5	1	243	161	20
70-74岁	4	5	6	6			53	35	7
75岁及以上	2	1	5	4		1	26	18	2
女	**171**	**252**	**2641**	**1787**	**368**	**486**	**15573**	**8495**	**1383**
16-19岁	4	3	3		3		108	52	10
20-24岁	5	13	105	75	11	19	893	434	144
25-29岁	15	22	242	165	45	32	1682	891	210
30-34岁	22	37	446	310	78	58	2776	1438	277
35-39岁	17	36	431	295	78	58	2738	1382	239
40-44岁	34	48	604	387	76	141	2530	1410	185
45-49岁	30	72	580	399	46	135	2520	1406	201
50-54岁	22	14	169	120	18	31	1587	969	87
55-59岁	12	5	43	25	10	8	569	394	25
60-64岁	5	2	8	5	1	2	125	81	5
65-69岁	1		7	6	1		29	23	
70-74岁			1			1	10	10	
75岁及以上	4		2		1	1	6	5	

4-5　续表 32　　　　单位：人

年龄组 性　别	没有农村土地承包经营权的人口								
	五、建筑业		六、批发和零售业			七、交通运输、仓储和邮政业			
	49.建筑安装业	50.建筑装饰、装修和其他建筑业	小计	51.批发业	52.零售业	小计	53.铁路运输业	54.道路运输业	55.水上运输业
总　计	**3681**	**23431**	**126812**	**26972**	**99840**	**40016**	**3201**	**23231**	**1529**
16-19岁	26	197	1093	142	951	321	15	158	7
20-24岁	204	1352	7343	1304	6039	2368	266	1094	66
25-29岁	432	2771	14893	3015	11878	4623	513	2234	168
30-34岁	740	4753	25211	5380	19831	7378	412	4165	256
35-39岁	706	4292	23654	5145	18509	6843	294	4203	212
40-44岁	542	3417	18745	4171	14574	5880	403	3737	182
45-49岁	491	3169	16465	3523	12942	5663	542	3514	217
50-54岁	341	2228	10704	2386	8318	4049	415	2494	222
55-59岁	169	979	5888	1328	4560	2385	300	1373	141
60-64岁	18	199	1559	338	1221	306	31	163	34
65-69岁	10	58	809	159	650	138	4	69	15
70-74岁	1	10	275	51	224	40	4	15	7
75岁及以上	1	6	173	30	143	22	2	12	2
男	**3160**	**18257**	**56680**	**14787**	**41893**	**31935**	**2493**	**19595**	**1167**
16-19岁	25	152	486	87	399	222	8	106	6
20-24岁	176	1065	3351	731	2620	1793	179	868	50
25-29岁	366	2256	6835	1711	5124	3590	365	1858	134
30-34岁	626	3806	11071	2865	8206	5907	326	3560	208
35-39岁	599	3282	10031	2704	7327	5480	215	3602	170
40-44岁	463	2561	7645	2102	5543	4621	305	3121	132
45-49岁	415	2332	6952	1856	5096	4397	417	2864	145
50-54岁	300	1738	5389	1481	3908	3359	356	2144	164
55-59岁	163	835	3339	886	2453	2146	286	1254	115
60-64岁	16	162	875	215	660	260	27	143	25
65-69岁	10	52	447	102	345	113	4	55	11
70-74岁	1	10	168	30	138	36	3	13	7
75岁及以上		6	91	17	74	11	2	7	
女	**521**	**5174**	**70132**	**12185**	**57947**	**8081**	**708**	**3636**	**362**
16-19岁	1	45	607	55	552	99	7	52	1
20-24岁	28	287	3992	573	3419	575	87	226	16
25-29岁	66	515	8058	1304	6754	1033	148	376	34
30-34岁	114	947	14140	2515	11625	1471	86	605	48
35-39岁	107	1010	13623	2441	11182	1363	79	601	42
40-44岁	79	856	11100	2069	9031	1259	98	616	50
45-49岁	76	837	9513	1667	7846	1266	125	650	72
50-54岁	41	490	5315	905	4410	690	59	350	58
55-59岁	6	144	2549	442	2107	239	14	119	26
60-64岁	2	37	684	123	561	46	4	20	9
65-69岁		6	362	57	305	25		14	4
70-74岁			107	21	86	4	1	2	
75岁及以上	1		82	13	69	11		5	2

4-5 续表 33

单位：人

年龄组 性别	没有农村土地承包经营权的人口							
	七、交通运输、仓储和邮政业					八、住宿和餐饮业		
	56.航空运输业	57.管道运输业	58.多式联运和运输代理业	59.装卸搬运和仓储业	60.邮政业	小计	61.住宿业	62.餐饮业
总　计	**693**	**7**	**1047**	**4152**	**6156**	**39271**	**5977**	**33294**
16-19岁	3		2	31	105	1225	151	1074
20-24岁	74		68	181	619	3831	572	3259
25-29岁	144		139	371	1054	4919	662	4257
30-34岁	168	4	235	667	1471	7075	958	6117
35-39岁	99	1	196	654	1184	6346	952	5394
40-44岁	60	1	136	629	732	5194	842	4352
45-49岁	68	1	138	637	546	4998	894	4104
50-54岁	41		80	536	261	3340	561	2779
55-59岁	31		48	326	166	1707	290	1417
60-64岁	4		3	61	10	411	60	351
65-69岁	1		2	41	6	157	26	131
70-74岁				13	1	45	6	39
75岁及以上				5	1	23	3	20
男	**446**	**5**	**774**	**3024**	**4431**	**18510**	**2292**	**16218**
16-19岁			1	23	78	661	72	589
20-24岁	33		43	145	475	2255	241	2014
25-29岁	81		92	281	779	2809	279	2530
30-34岁	103	3	175	476	1056	3563	356	3207
35-39岁	69	1	139	460	824	2892	346	2546
40-44岁	45		105	423	490	2095	285	1810
45-49岁	49	1	107	446	368	1814	276	1538
50-54岁	34		64	396	201	1293	209	1084
55-59岁	29		43	272	147	803	165	638
60-64岁	3		3	52	7	200	38	162
65-69岁			2	37	4	91	19	72
70-74岁				12	1	23	3	20
75岁及以上				1	1	11	3	8
女	**247**	**2**	**273**	**1128**	**1725**	**20761**	**3685**	**17076**
16-19岁	3		1	8	27	564	79	485
20-24岁	41		25	36	144	1576	331	1245
25-29岁	63		47	90	275	2110	383	1727
30-34岁	65	1	60	191	415	3512	602	2910
35-39岁	30		57	194	360	3454	606	2848
40-44岁	15	1	31	206	242	3099	557	2542
45-49岁	19		31	191	178	3184	618	2566
50-54岁	7		16	140	60	2047	352	1695
55-59岁	2		5	54	19	904	125	779
60-64岁	1			9	3	211	22	189
65-69岁	1			4	2	66	7	59
70-74岁				1		22	3	19
75岁及以上				4		12		12

4-5 续表 34 单位：人

年龄组 性 别	没有农村土地承包经营权的人口								
	九、信息传输、软件和信息技术服务业				十、金融业				
	小计	63.电信、广播电视和卫星传输服务	64.互联网和相关服务	65.软件和信息技术服务业	小计	66.货币金融服务	67.资本市场服务	68.保险业	69.其他金融业
总 计	**11929**	**5187**	**3068**	**3674**	**14959**	**7562**	**1081**	**4872**	**1444**
16-19岁	89	22	51	16	27	4	6	14	3
20-24岁	1365	398	442	525	841	413	67	264	97
25-29岁	2298	755	718	825	2165	1053	167	715	230
30-34岁	2887	1255	753	879	3549	1713	255	1196	385
35-39岁	2405	1193	492	720	2516	1058	191	1029	238
40-44岁	1406	733	327	346	1760	732	164	703	161
45-49岁	816	444	159	213	1896	1087	123	528	158
50-54岁	383	217	77	89	1378	923	75	269	111
55-59岁	237	147	38	52	753	535	27	135	56
60-64岁	23	11	7	5	43	26	3	12	2
65-69岁	11	7	1	3	19	9	1	6	3
70-74岁	1	1			10	7	2	1	
75岁及以上	8	4	3	1	2	2			
男	**7255**	**2837**	**1950**	**2468**	**7065**	**3821**	**607**	**1849**	**788**
16-19岁	47	9	29	9	14	2	2	7	3
20-24岁	796	204	266	326	381	183	37	123	38
25-29岁	1355	403	425	527	983	480	74	310	119
30-34岁	1679	597	488	594	1467	706	122	457	182
35-39岁	1428	598	326	504	1061	467	114	345	135
40-44岁	874	429	207	238	731	341	96	212	82
45-49岁	548	287	110	151	892	550	75	171	96
50-54岁	289	165	56	68	842	584	57	123	78
55-59岁	209	128	35	46	643	477	25	91	50
60-64岁	17	8	4	5	30	20	3	5	2
65-69岁	6	5	1		12	4	1	4	3
70-74岁	1	1			7	5	1	1	
75岁及以上	6	3	3		2	2			
女	**4674**	**2350**	**1118**	**1206**	**7894**	**3741**	**474**	**3023**	**656**
16-19岁	42	13	22	7	13	2	4	7	
20-24岁	569	194	176	199	460	230	30	141	59
25-29岁	943	352	293	298	1182	573	93	405	111
30-34岁	1208	658	265	285	2082	1007	133	739	203
35-39岁	977	595	166	216	1455	591	77	684	103
40-44岁	532	304	120	108	1029	391	68	491	79
45-49岁	268	157	49	62	1004	537	48	357	62
50-54岁	94	52	21	21	536	339	18	146	33
55-59岁	28	19	3	6	110	58	2	44	6
60-64岁	6	3	3		13	6		7	
65-69岁	5	2		3	7	5		2	
70-74岁					3	2	1		
75岁及以上	2	1		1					

4-5 续表 35

单位：人

年龄组 性 别	没有农村土地承包经营权的人口								
	十一、房地产业		十二、租赁和商务服务业			十三、科学研究和技术服务业			
	小计	70.房地产业	小计	71.租赁业	72.商务服务业	小计	73.研究和试验发展	74.专业技术服务业	75.科技推广和应用服务业
总 计	**18597**	**18597**	**25275**	**1185**	**24090**	**10165**	**885**	**7704**	**1576**
16-19岁	112	112	179	9	170	47	16	19	12
20-24岁	1476	1476	1831	74	1757	835	43	692	100
25-29岁	2832	2832	3447	152	3295	1561	112	1258	191
30-34岁	3872	3872	4976	297	4679	2217	170	1701	346
35-39岁	2924	2924	4398	255	4143	1836	176	1378	282
40-44岁	2116	2116	3400	144	3256	1335	125	959	251
45-49岁	2153	2153	3086	126	2960	1033	99	758	176
50-54岁	1625	1625	2115	84	2031	758	85	549	124
55-59岁	1130	1130	1443	40	1403	471	52	331	88
60-64岁	248	248	254	3	251	40	4	32	4
65-69岁	80	80	97	1	96	21	1	18	2
70-74岁	23	23	27		27	9	2	7	
75岁及以上	6	6	22		22	2		2	
男	**10284**	**10284**	**14568**	**933**	**13635**	**6553**	**518**	**5034**	**1001**
16-19岁	68	68	111	8	103	32	10	14	8
20-24岁	861	861	911	67	844	544	23	460	61
25-29岁	1503	1503	1774	123	1651	938	58	763	117
30-34岁	1913	1913	2615	226	2389	1314	91	1023	200
35-39岁	1514	1514	2397	204	2193	1144	102	879	163
40-44岁	1093	1093	1887	112	1775	851	73	622	156
45-49岁	1133	1133	1805	91	1714	680	52	512	116
50-54岁	1039	1039	1520	64	1456	574	59	421	94
55-59岁	894	894	1234	37	1197	418	45	292	81
60-64岁	182	182	202		202	35	4	28	3
65-69岁	60	60	76	1	75	14		12	2
70-74岁	20	20	22		22	7	1	6	
75岁及以上	4	4	14		14	2		2	
女	**8313**	**8313**	**10707**	**252**	**10455**	**3612**	**367**	**2670**	**575**
16-19岁	44	44	68	1	67	15	6	5	4
20-24岁	615	615	920	7	913	291	20	232	39
25-29岁	1329	1329	1673	29	1644	623	54	495	74
30-34岁	1959	1959	2361	71	2290	903	79	678	146
35-39岁	1410	1410	2001	51	1950	692	74	499	119
40-44岁	1023	1023	1513	32	1481	484	52	337	95
45-49岁	1020	1020	1281	35	1246	353	47	246	60
50-54岁	586	586	595	20	575	184	26	128	30
55-59岁	236	236	209	3	206	53	7	39	7
60-64岁	66	66	52	3	49	5		4	1
65-69岁	20	20	21		21	7	1	6	
70-74岁	3	3	5		5	2	1	1	
75岁及以上	2	2	8		8				

4-5　续表 36　　　　单位：人

年龄组 性　别	没有农村土地承包经营权的人口								
	十四、水利、环境和公共设施管理业					十五、居民服务、修理和其他服务业			
	小计	76.水利管理业	77.生态保护和环境治理业	78.公共设施管理业	79.土地管理业	小计	80.居民服务业	81.机动车、电子产品和日用产品修理业	82.其他服务业
总　计	**5478**	**574**	**369**	**4419**	**116**	**29806**	**17826**	**7569**	**4411**
16–19岁	12	2	1	9		508	257	168	83
20–24岁	139	13	14	107	5	2047	1166	703	178
25–29岁	388	39	42	284	23	3281	2003	1010	268
30–34岁	629	58	67	486	18	5207	3245	1483	479
35–39岁	736	71	67	576	22	4916	3068	1301	547
40–44岁	897	111	54	718	14	4196	2490	1064	642
45–49岁	1153	125	60	952	16	4283	2471	871	941
50–54岁	817	80	34	694	9	3001	1743	543	715
55–59岁	535	66	25	438	6	1573	905	290	378
60–64岁	101	3	2	93	3	426	234	88	104
65–69岁	46	2		44		219	140	28	51
70–74岁	16	1	1	14		90	59	15	16
75岁及以上	9	3	2	4		59	45	5	9
男	**2757**	**399**	**249**	**2041**	**68**	**12358**	**4705**	**6184**	**1469**
16–19岁	8	1	1	6		305	107	157	41
20–24岁	94	11	8	72	3	1162	424	639	99
25–29岁	229	24	26	166	13	1642	634	864	144
30–34岁	348	39	45	256	8	2300	890	1193	217
35–39岁	375	44	42	279	10	1944	712	1018	214
40–44岁	410	73	36	291	10	1578	562	823	193
45–49岁	458	69	41	338	10	1344	447	695	202
50–54岁	401	67	23	305	6	1006	419	426	161
55–59岁	341	64	23	249	5	673	292	253	128
60–64岁	53	2	2	46	3	192	87	73	32
65–69岁	25	2		23		123	71	25	27
70–74岁	9	1	1	7		56	34	14	8
75岁及以上	6	2	1	3		33	26	4	3
女	**2721**	**175**	**120**	**2378**	**48**	**17448**	**13121**	**1385**	**2942**
16–19岁	4	1		3		203	150	11	42
20–24岁	45	2	6	35	2	885	742	64	79
25–29岁	159	15	16	118	10	1639	1369	146	124
30–34岁	281	19	22	230	10	2907	2355	290	262
35–39岁	361	27	25	297	12	2972	2356	283	333
40–44岁	487	38	18	427	4	2618	1928	241	449
45–49岁	695	56	19	614	6	2939	2024	176	739
50–54岁	416	13	11	389	3	1995	1324	117	554
55–59岁	194	2	2	189	1	900	613	37	250
60–64岁	48	1		47		234	147	15	72
65–69岁	21			21		96	69	3	24
70–74岁	7			7		34	25	1	8
75岁及以上	3	1	1	1		26	19	1	6

4-5 续表 37

单位：人

年龄组 性别	没有农村土地承包经营权的人口									
	十六、教育		十七、卫生和社会工作			十八、文化、体育和娱乐业				
	小计	83.教育	小计	84.卫生	85.社会工作	小计	86.新闻和出版业	87.广播、电视、电影和录音制作业	88.文化艺术业	89.体育
总 计	**56637**	**56637**	**27318**	**26812**	**506**	**6396**	**640**	**788**	**1288**	**768**
16-19岁	581	581	180	180		223		7	10	26
20-24岁	4084	4084	2283	2261	22	825	37	86	108	102
25-29岁	6609	6609	4305	4260	45	1007	70	136	165	160
30-34岁	8086	8086	5365	5298	67	1218	107	142	240	159
35-39岁	8907	8907	4730	4654	76	947	102	126	220	103
40-44岁	9835	9835	3477	3399	78	700	107	80	165	70
45-49岁	8659	8659	3174	3091	83	629	97	78	155	81
50-54岁	6488	6488	2184	2115	69	451	64	56	127	40
55-59岁	2815	2815	1189	1141	48	322	51	65	83	25
60-64岁	299	299	212	203	9	48	3	9	8	
65-69岁	136	136	138	133	5	17	2		5	1
70-74岁	72	72	47	44	3	7		2	2	1
75岁及以上	66	66	34	33	1	2		1		
男	**18813**	**18813**	**8441**	**8297**	**144**	**3340**	**291**	**469**	**576**	**389**
16-19岁	175	175	32	32		130		2	3	12
20-24岁	806	806	417	409	8	462	13	53	38	56
25-29岁	1426	1426	887	877	10	516	19	69	67	95
30-34岁	1781	1781	1321	1304	17	580	44	78	98	71
35-39岁	2376	2376	1436	1419	17	452	41	72	85	44
40-44岁	3450	3450	1185	1165	20	340	49	50	69	27
45-49岁	3306	3306	1197	1181	16	309	42	46	68	35
50-54岁	2954	2954	996	975	21	252	35	32	75	26
55-59岁	2147	2147	701	674	27	248	43	59	65	21
60-64岁	200	200	128	123	5	30	3	6	3	
65-69岁	92	92	78	77	1	15	2		4	1
70-74岁	49	49	37	35	2	5		1	1	1
75岁及以上	51	51	26	26		1		1		
女	**37824**	**37824**	**18877**	**18515**	**362**	**3056**	**349**	**319**	**712**	**379**
16-19岁	406	406	148	148		93		5	7	14
20-24岁	3278	3278	1866	1852	14	363	24	33	70	46
25-29岁	5183	5183	3418	3383	35	491	51	67	98	65
30-34岁	6305	6305	4044	3994	50	638	63	64	142	88
35-39岁	6531	6531	3294	3235	59	495	61	54	135	59
40-44岁	6385	6385	2292	2234	58	360	58	30	96	43
45-49岁	5353	5353	1977	1910	67	320	55	32	87	46
50-54岁	3534	3534	1188	1140	48	199	29	24	52	14
55-59岁	668	668	488	467	21	74	8	6	18	4
60-64岁	99	99	84	80	4	18		3	5	
65-69岁	44	44	60	56	4	2			1	
70-74岁	23	23	10	9	1	2		1	1	
75岁及以上	15	15	8	7	1	1				

4-5 续表 38

单位：人

年龄组 性 别	没有农村土地承包经营权的人口									
		十九、公共管理、社会保障和社会组织							二十、国际组织	
	90.娱乐业	小计	91.中国共产党机　关	92.国家机构	93.人民政协、民主党派	94.社会保障	95.群众团体、社会团体和其他成员组织	96.基层群众自治组织	小计	97.国际组织
总　计	**2912**	**52467**	**1551**	**45966**	**235**	**355**	**1642**	**2718**		
16-19岁	180	72		55		1	8	8		
20-24岁	492	2176	49	1922	4	13	90	98		
25-29岁	476	6036	152	5333	10	43	196	302		
30-34岁	570	8821	259	7772	18	66	247	459		
35-39岁	396	7175	242	6190	27	36	245	435		
40-44岁	278	7945	281	6933	28	65	232	406		
45-49岁	218	7821	233	6810	43	63	230	442		
50-54岁	164	6876	185	6117	59	45	205	265		
55-59岁	98	4838	131	4329	39	21	130	188		
60-64岁	28	398	10	284	5		24	75		
65-69岁	9	187	4	132	2	2	16	31		
70-74岁	2	63	1	46			9	7		
75岁及以上	1	59	4	43			10	2		
男	**1615**	**32031**	**989**	**28837**	**129**	**125**	**805**	**1146**		
16-19岁	113	54		45		1	4	4		
20-24岁	302	1166	17	1069	1	7	33	39		
25-29岁	266	2986	77	2693	2	14	82	118		
30-34岁	289	4454	138	4033	6	13	103	161		
35-39岁	210	4046	143	3610	11	7	104	171		
40-44岁	145	4671	183	4196	14	19	105	154		
45-49岁	118	4851	163	4388	25	23	105	147		
50-54岁	84	4876	142	4419	34	23	124	134		
55-59岁	60	4370	110	3975	31	17	106	131		
60-64岁	18	310	8	227	3		15	57		
65-69岁	8	146	3	105	2	1	14	21		
70-74岁	2	55	1	42			5	7		
75岁及以上		46	4	35			5	2		
女	**1297**	**20436**	**562**	**17129**	**106**	**230**	**837**	**1572**		
16-19岁	67	18		10			4	4		
20-24岁	190	1010	32	853	3	6	57	59		
25-29岁	210	3050	75	2640	8	29	114	184		
30-34岁	281	4367	121	3739	12	53	144	298		
35-39岁	186	3129	99	2580	16	29	141	264		
40-44岁	133	3274	98	2737	14	46	127	252		
45-49岁	100	2970	70	2422	18	40	125	295		
50-54岁	80	2000	43	1698	25	22	81	131		
55-59岁	38	468	21	354	8	4	24	57		
60-64岁	10	88	2	57	2		9	18		
65-69岁	1	41	1	27		1	2	10		
70-74岁		8		4			4			
75岁及以上	1	13		8			5			

4-5a 分年龄、性别、行业大类的就业人口（城市）

单位：人

年龄组 性别	合计								
	合计	一、农、林、牧、渔业						二、采矿业	
		小计	1.农业	2.林业	3.畜牧业	4.渔业	5.农、林、牧、渔专业及辅助性活动	小计	6.煤炭开采和洗选业
总计	**612157**	**30824**	**23166**	**1486**	**2672**	**2314**	**1186**	**1318**	**167**
16-19岁	5433	169	120	8	11	27	3	2	
20-24岁	37748	721	490	51	66	78	36	21	2
25-29岁	70098	1507	997	91	171	151	97	77	6
30-34岁	109281	3282	2210	208	377	300	187	203	14
35-39岁	103298	3786	2555	207	464	375	185	209	27
40-44岁	91573	4094	2911	236	399	369	179	242	46
45-49岁	85491	4616	3425	260	380	353	198	245	26
50-54岁	60958	4801	3731	221	379	318	152	186	31
55-59岁	34329	3803	3090	150	239	217	107	103	9
60-64岁	8041	1876	1664	22	99	68	23	17	4
65-69岁	3982	1381	1255	23	51	38	14	7	2
70-74岁	1306	544	487	7	29	16	5	4	
75岁及以上	619	244	231	2	7	4		2	
男	**343693**	**17076**	**11983**	**1026**	**1691**	**1698**	**678**	**1034**	**131**
16-19岁	3183	124	83	6	9	23	3	2	
20-24岁	20217	453	288	36	41	61	27	19	1
25-29岁	37985	880	524	66	126	117	47	58	4
30-34岁	58952	1898	1186	142	238	222	110	160	12
35-39岁	56159	2153	1343	140	291	275	104	151	21
40-44岁	49553	2230	1486	157	242	257	88	182	38
45-49岁	47029	2516	1755	172	235	242	112	179	18
50-54岁	37661	2682	1956	165	233	242	86	164	24
55-59岁	24183	2017	1510	111	158	164	74	93	9
60-64岁	5096	971	836	11	61	47	16	16	3
65-69岁	2499	722	636	14	35	29	8	5	1
70-74岁	819	297	257	4	17	16	3	4	
75岁及以上	357	133	123	2	5	3		1	
女	**268464**	**13748**	**11183**	**460**	**981**	**616**	**508**	**284**	**36**
16-19岁	2250	45	37	2	2	4			
20-24岁	17531	268	202	15	25	17	9	2	1
25-29岁	32113	627	473	25	45	34	50	19	2
30-34岁	50329	1384	1024	66	139	78	77	43	2
35-39岁	47139	1633	1212	67	173	100	81	58	6
40-44岁	42020	1864	1425	79	157	112	91	60	8
45-49岁	38462	2100	1670	88	145	111	86	66	8
50-54岁	23297	2119	1775	56	146	76	66	22	7
55-59岁	10146	1786	1580	39	81	53	33	10	
60-64岁	2945	905	828	11	38	21	7	1	1
65-69岁	1483	659	619	9	16	9	6	2	1
70-74岁	487	247	230	3	12		2		
75岁及以上	262	111	108		2	1		1	

4-5a　续表 1　　　　单位：人

年龄组 性　别	合　计								
	二、采矿业						三、制造业		
	7.石油和天然气开采业	8.黑色金属矿采选业	9.有色金属矿采选业	10.非金属矿采选业	11.开采专业及辅助性活动	12.其他采矿业	小计	13.农副食品加工业	14.食品制造业
总　计	**58**	**132**	**271**	**487**	**104**	**99**	**65314**	**4856**	**2804**
16-19岁				1		1	753	25	41
20-24岁		5	3	7	3	1	3490	136	184
25-29岁	2	5	12	32	10	10	6479	347	321
30-34岁	6	23	37	90	25	8	11362	713	537
35-39岁	9	18	39	92	11	13	11427	734	504
40-44岁	9	23	53	82	15	14	10709	786	456
45-49岁	17	38	58	77	12	17	10287	883	385
50-54岁	10	9	41	60	16	19	6476	664	212
55-59岁	4	11	22	36	8	13	3186	411	130
60-64岁	1		4	6	1	1	686	95	19
65-69岁				2	1	2	315	48	11
70-74岁			2		2		98	9	4
75岁及以上				2			46	5	
男	**42**	**98**	**202**	**406**	**79**	**76**	**39245**	**2745**	**1249**
16-19岁				1		1	593	21	25
20-24岁		4	3	7	3	1	2447	96	75
25-29岁	2	4	8	25	8	7	4197	222	141
30-34岁	4	17	28	75	20	4	6741	412	227
35-39岁	6	13	27	69	7	8	6460	389	224
40-44岁	5	15	37	66	8	13	5740	399	183
45-49岁	12	28	34	65	9	13	5833	450	169
50-54岁	8	8	38	56	15	15	4207	387	104
55-59岁	4	9	21	33	6	11	2305	279	80
60-64岁	1		4	6	1	1	435	48	13
65-69岁				2		2	198	32	7
70-74岁			2		2		61	7	1
75岁及以上				1			28	3	
女	**16**	**34**	**69**	**81**	**25**	**23**	**26069**	**2111**	**1555**
16-19岁							160	4	16
20-24岁		1					1043	40	109
25-29岁		1	4	7	2	3	2282	125	180
30-34岁	2	6	9	15	5	4	4621	301	310
35-39岁	3	5	12	23	4	5	4967	345	280
40-44岁	4	8	16	16	7	1	4969	387	273
45-49岁	5	10	24	12	3	4	4454	433	216
50-54岁	2	1	3	4	1	4	2269	277	108
55-59岁		2	1	3	2	2	881	132	50
60-64岁							251	47	6
65-69岁					1		117	16	4
70-74岁							37	2	3
75岁及以上				1			18	2	

4-5a 续表 2 单位：人

年龄组 性 别	合 计								
	三、制造业								
	15.酒、饮料和精制茶制造业	16.烟草制品业	17.纺织业	18.纺织服装、服饰业	19.皮革、毛皮、羽毛及其制品和制鞋业	20.木材加工和木、竹、藤、棕、草制品业	21.家具制造业	22.造纸和纸制品业	23.印刷和记录媒介复制业
总 计	**1064**	**319**	**1439**	**4722**	**502**	**3558**	**1546**	**982**	**936**
16-19岁	6		7	53	5	14	23	18	20
20-24岁	38	7	41	184	25	98	59	38	59
25-29岁	100	25	126	315	47	237	161	78	70
30-34岁	200	51	213	722	89	519	297	159	129
35-39岁	206	54	270	816	113	590	288	160	158
40-44岁	173	49	237	825	85	603	252	182	151
45-49岁	148	86	231	825	75	662	227	174	159
50-54岁	94	34	179	545	40	485	137	107	114
55-59岁	70	10	92	283	16	251	85	47	65
60-64岁	21		24	80	4	73	10	12	7
65-69岁	3	1	12	51	3	18	6	5	3
70-74岁	3	2	7	15		5	1		1
75岁及以上	2			8		3		2	
男	**640**	**197**	**556**	**1362**	**189**	**2080**	**1038**	**560**	**550**
16-19岁	3		6	34	4	7	20	17	17
20-24岁	23	6	24	113	13	70	48	28	43
25-29岁	61	21	69	127	19	154	113	44	39
30-34岁	115	33	79	247	33	321	199	90	75
35-39岁	119	24	85	231	40	333	177	82	88
40-44岁	99	31	71	191	29	299	156	91	78
45-49岁	93	43	71	182	23	358	150	89	81
50-54岁	55	28	83	128	16	300	95	70	71
55-59岁	53	9	50	64	9	158	66	36	50
60-64岁	12		8	24	3	58	9	10	6
65-69岁	3	1	5	16		16	4	2	2
70-74岁	2	1	5	2		3	1		
75岁及以上	2			3		3		1	
女	**424**	**122**	**883**	**3360**	**313**	**1478**	**508**	**422**	**386**
16-19岁	3		1	19	1	7	3	1	3
20-24岁	15	1	17	71	12	28	11	10	16
25-29岁	39	4	57	188	28	83	48	34	31
30-34岁	85	18	134	475	56	198	98	69	54
35-39岁	87	30	185	585	73	257	111	78	70
40-44岁	74	18	166	634	56	304	96	91	73
45-49岁	55	43	160	643	52	304	77	85	78
50-54岁	39	6	96	417	24	185	42	37	43
55-59岁	17	1	42	219	7	93	19	11	15
60-64岁	9		16	56	1	15	1	2	1
65-69岁			7	35	3	2	2	3	1
70-74岁	1	1	2	13		2			1
75岁及以上				5				1	

4-5a　续表 3　　　　　　　　　　　　　　　　　　　　　　　　　　　　单位：人

年龄组 性　别	合　计								
	三、制造业								
	24.文教、工美、体育和娱乐用品制造业	25.石油、煤炭及其他燃料加工业	26.化学原料和化学制品制造业	27.医药制造业	28.化学纤维制造业	29.橡胶和塑料制品业	30.非金属矿　物制品业	31.黑色金属冶炼和压延加工业	32.有色金属冶炼和压延加工业
总　计	**2030**	**329**	**1546**	**1388**	**23**	**1634**	**4884**	**2981**	**1804**
16-19岁	18		6	4		42	15	13	10
20-24岁	83	17	53	77	1	93	173	255	91
25-29岁	202	22	114	157	1	127	393	324	135
30-34岁	389	63	243	259	3	240	775	512	276
35-39岁	426	59	286	265	5	255	840	435	318
40-44岁	360	45	290	253	3	331	786	472	314
45-49岁	290	55	256	188	6	270	889	554	354
50-54岁	168	45	161	112	3	164	625	314	205
55-59岁	67	22	104	54	1	88	283	86	89
60-64岁	17	1	19	7		17	70	9	5
65-69岁	3		6	8		6	24	5	6
70-74岁	6		7	3		1	8	1	1
75岁及以上	1		1	1			3	1	
男	**918**	**233**	**1016**	**704**	**8**	**929**	**3515**	**2319**	**1368**
16-19岁	10		5			36	13	11	10
20-24岁	43	15	34	30		64	139	208	75
25-29岁	93	15	78	83	1	75	283	260	101
30-34岁	164	41	137	124	1	145	548	409	196
35-39岁	184	38	185	130	2	126	598	340	235
40-44岁	145	28	176	106	1	165	533	342	227
45-49岁	119	36	164	96	1	143	625	394	250
50-54岁	90	41	125	72	1	96	456	267	184
55-59岁	49	18	90	49	1	62	242	75	81
60-64岁	14	1	14	6		11	53	8	4
65-69岁	1		4	5		6	17	4	4
70-74岁	6		4	2			6	1	1
75岁及以上				1			2		
女	**1112**	**96**	**530**	**684**	**15**	**705**	**1369**	**662**	**436**
16-19岁	8		1	4		6	2	2	
20-24岁	40	2	19	47	1	29	34	47	16
25-29岁	109	7	36	74		52	110	64	34
30-34岁	225	22	106	135	2	95	227	103	80
35-39岁	242	21	101	135	3	129	242	95	83
40-44岁	215	17	114	147	2	166	253	130	87
45-49岁	171	19	92	92	5	127	264	160	104
50-54岁	78	4	36	40	2	68	169	47	21
55-59岁	18	4	14	5		26	41	11	8
60-64岁	3		5	1		6	17	1	1
65-69岁	2		2	3			7	1	2
70-74岁			3	1		1	2		
75岁及以上	1		1				1	1	

4-5a 续表 4

单位：人

年龄组 性　别	合　计								
	三、制造业								
	33.金属制品业	34.通用设备制造业	35.专用设备制造业	36.汽车制造业	37.铁路、船舶、航空航天和其他运输设备制造业	38.电气机械和器材制造业	39.计算机、通信和其他电子设备制造业	40.仪器仪表制造业	41.其他制造业
总　计	**3156**	**2954**	**2266**	**6160**	**655**	**1672**	**5871**	**358**	**447**
16-19岁	10	20	9	218	1	22	123	4	5
20-24岁	122	133	144	478	34	104	603	19	20
25-29岁	280	265	262	853	85	184	939	30	47
30-34岁	561	492	418	1193	112	303	1420	77	56
35-39岁	571	536	417	1095	86	332	1172	63	84
40-44岁	580	505	355	902	90	287	809	63	75
45-49岁	505	542	312	864	112	244	455	52	70
50-54岁	333	292	216	399	84	120	217	24	50
55-59岁	132	124	97	137	38	62	88	20	28
60-64岁	38	24	15	12	9	6	28	3	10
65-69岁	17	18	11	6	2	6	14	2	2
70-74岁	4	1	8	1		2	1		
75岁及以上	3	2	2	2	2		2	1	
男	**2374**	**2202**	**1482**	**4416**	**490**	**1066**	**2612**	**215**	**256**
16-19岁	9	15	7	216	1	13	69	2	3
20-24岁	97	97	98	411	29	77	368	9	9
25-29岁	222	212	156	660	58	122	518	22	30
30-34岁	417	357	271	873	86	191	606	43	28
35-39岁	412	379	260	743	59	198	460	37	50
40-44岁	415	359	225	535	61	163	268	28	37
45-49岁	373	402	213	532	82	150	168	30	39
50-54岁	265	243	147	304	70	88	96	22	29
55-59岁	116	106	84	123	32	53	45	18	23
60-64岁	30	13	9	10	8	6	7	2	8
65-69岁	12	16	7	6	2	3	6	1	
70-74岁	4	1	5	1		2			
75岁及以上	2	2		2	2		1	1	
女	**782**	**752**	**784**	**1744**	**165**	**606**	**3259**	**143**	**191**
16-19岁	1	5	2	2		9	54	2	2
20-24岁	25	36	46	67	5	27	235	10	11
25-29岁	58	53	106	193	27	62	421	8	17
30-34岁	144	135	147	320	26	112	814	34	28
35-39岁	159	157	157	352	27	134	712	26	34
40-44岁	165	146	130	367	29	124	541	35	38
45-49岁	132	140	99	332	30	94	287	22	31
50-54岁	68	49	69	95	14	32	121	2	21
55-59岁	16	18	13	14	6	9	43	2	5
60-64岁	8	11	6	2	1		21	1	2
65-69岁	5	2	4			3	8	1	2
70-74岁			3				1		
75岁及以上	1		2				1		

4-5a 续表 5

单位：人

年龄组 性 别	合 计								
	三、制造业		四、电力、热力、燃气及水生产和供应业				五、建筑业		
	42.废弃资源综合利用业	43.金属制品、机械和设备修理业	小计	44.电力、热力生产和供应业	45.燃气生产和供应业	46.水的生产和供应业	小计	47.房屋建筑业	48.土木工程建筑业
总 计	**679**	**1749**	**6224**	**4256**	**960**	**1008**	**79608**	**40765**	**5885**
16–19岁	7	14	4	2	1	1	422	223	18
20–24岁	18	103	257	183	26	48	3657	1815	368
25–29岁	52	180	604	447	79	78	7574	3586	805
30–34岁	83	258	1055	738	173	144	12771	5984	1086
35–39岁	65	224	971	658	171	142	13059	6181	946
40–44岁	101	289	1088	700	196	192	12666	6382	823
45–49岁	112	302	1093	738	151	204	12896	6872	830
50–54岁	128	205	709	495	96	118	9852	5680	563
55–59岁	58	148	360	242	52	66	5060	2956	367
60–64岁	38	13	48	29	8	11	1176	775	51
65–69岁	8	10	26	18	6	2	380	248	23
70–74岁	5	2	7	5	1	1	68	43	4
75岁及以上	4	1	2	1		1	27	20	1
男	**444**	**1512**	**4344**	**3044**	**642**	**658**	**61877**	**31033**	**4608**
16–19岁	5	14	3	2		1	347	187	14
20–24岁	14	91	182	132	15	35	2820	1417	271
25–29岁	39	159	403	310	44	49	5986	2788	612
30–34岁	51	222	718	516	107	95	10020	4577	837
35–39岁	45	187	661	455	111	95	10155	4705	728
40–44岁	60	239	673	449	117	107	9554	4645	639
45–49岁	69	238	710	489	111	110	9624	5028	632
50–54岁	81	193	594	422	78	94	7665	4323	471
55–59岁	40	144	333	227	46	60	4284	2442	331
60–64岁	27	13	39	22	7	10	1005	653	47
65–69岁	7	9	21	14	5	2	341	220	21
70–74岁	4	2	6	5	1		59	36	4
75岁及以上	2	1	1	1			17	12	1
女	**235**	**237**	**1880**	**1212**	**318**	**350**	**17731**	**9732**	**1277**
16–19岁	2		1		1		75	36	4
20–24岁	4	12	75	51	11	13	837	398	97
25–29岁	13	21	201	137	35	29	1588	798	193
30–34岁	32	36	337	222	66	49	2751	1407	249
35–39岁	20	37	310	203	60	47	2904	1476	218
40–44岁	41	50	415	251	79	85	3112	1737	184
45–49岁	43	64	383	249	40	94	3272	1844	198
50–54岁	47	12	115	73	18	24	2187	1357	92
55–59岁	18	4	27	15	6	6	776	514	36
60–64岁	11		9	7	1	1	171	122	4
65–69岁	1	1	5	4	1		39	28	2
70–74岁	1		1			1	9	7	
75岁及以上	2		1			1	10	8	

4-5a 续表 6

单位：人

年龄组 性 别	合 计								
	五、建筑业		六、批发和零售业			七、交通运输、仓储和邮政业			
	49.建筑安装业	50.建筑装饰、装修和其他建筑业	小计	51.批发业	52.零售业	小计	53.铁路运输业	54.道路运输业	55.水上运输业
总 计	**3950**	**29008**	**128748**	**30318**	**98430**	**41093**	**3064**	**24821**	**873**
16-19岁	16	165	967	131	836	242	14	126	2
20-24岁	188	1286	7475	1384	6091	2088	255	929	32
25-29岁	377	2806	14889	3266	11623	4309	508	2097	91
30-34岁	741	4960	25115	5863	19252	7185	424	4120	148
35-39岁	778	5154	24272	5834	18438	7125	285	4573	127
40-44岁	674	4787	20155	4942	15213	6581	383	4355	130
45-49岁	597	4597	16949	4131	12818	6290	512	4081	124
50-54岁	355	3254	10795	2724	8071	4334	371	2775	123
55-59岁	185	1552	5635	1439	4196	2411	281	1476	71
60-64岁	26	324	1435	359	1076	344	21	198	15
65-69岁	11	98	719	156	563	125	3	67	5
70-74岁	1	20	220	54	166	44	5	18	3
75岁及以上	1	5	122	35	87	15	2	6	2
男	**3385**	**22851**	**61068**	**17284**	**43784**	**33485**	**2394**	**21278**	**653**
16-19岁	16	130	450	81	369	169	8	84	1
20-24岁	161	971	3409	784	2625	1595	170	734	24
25-29岁	309	2277	7030	1878	5152	3346	372	1727	65
30-34岁	631	3975	11536	3227	8309	5820	338	3545	107
35-39岁	664	4058	10906	3189	7717	5846	212	3971	93
40-44岁	576	3694	9078	2670	6408	5345	294	3734	96
45-49岁	507	3457	7900	2333	5567	5054	396	3441	83
50-54岁	311	2560	5918	1740	4178	3680	309	2444	100
55-59岁	175	1336	3366	986	2380	2183	268	1348	63
60-64岁	23	282	848	241	607	292	18	173	13
65-69岁	11	89	421	106	315	111	3	59	4
70-74岁	1	18	140	31	109	37	4	15	3
75岁及以上		4	66	18	48	7	2	3	1
女	**565**	**6157**	**67680**	**13034**	**54646**	**7608**	**670**	**3543**	**220**
16-19岁		35	517	50	467	73	6	42	1
20-24岁	27	315	4066	600	3466	493	85	195	8
25-29岁	68	529	7859	1388	6471	963	136	370	26
30-34岁	110	985	13579	2636	10943	1365	86	575	41
35-39岁	114	1096	13366	2645	10721	1279	73	602	34
40-44岁	98	1093	11077	2272	8805	1236	89	621	34
45-49岁	90	1140	9049	1798	7251	1236	116	640	41
50-54岁	44	694	4877	984	3893	654	62	331	23
55-59岁	10	216	2269	453	1816	228	13	128	8
60-64岁	3	42	587	118	469	52	3	25	2
65-69岁		9	298	50	248	14		8	1
70-74岁		2	80	23	57	7	1	3	
75岁及以上	1	1	56	17	39	8		3	1

4-5a　续表 7

单位：人

年龄组 性　别	合　计							
	七、交通运输、仓储和邮政业					八、住宿和餐饮业		
	56.航空运输业	57.管道运输业	58.多式联运和运输代理业	59.装卸搬运和仓储业	60.邮政业	小计	61.住宿业	62.餐饮业
总　计	**631**	**8**	**1201**	**4444**	**6051**	**39711**	**5957**	**33754**
16-19岁	2		1	13	84	1153	142	1011
20-24岁	60	1	57	132	622	3930	593	3337
25-29岁	127		143	281	1062	4907	642	4265
30-34岁	155	4	244	599	1491	6889	904	5985
35-39岁	92	1	234	663	1150	6439	960	5479
40-44岁	62	1	181	735	734	5525	855	4670
45-49岁	61	1	182	812	517	5255	932	4323
50-54岁	39		96	686	244	3328	555	2773
55-59岁	28		54	371	130	1724	283	1441
60-64岁	4		5	89	12	385	59	326
65-69岁	1		4	41	4	132	28	104
70-74岁				17	1	34	3	31
75岁及以上				5		10	1	9
男	**406**	**6**	**927**	**3320**	**4501**	**19567**	**2287**	**17280**
16-19岁			1	11	64	651	73	578
20-24岁	30	1	39	110	487	2331	240	2091
25-29岁	67		107	209	799	2900	264	2636
30-34岁	92	3	185	429	1121	3721	352	3369
35-39岁	65	1	168	482	854	3158	356	2802
40-44岁	48		145	527	501	2369	280	2089
45-49岁	42	1	149	582	360	2039	307	1732
50-54岁	33		75	528	191	1337	202	1135
55-59岁	26		49	316	113	776	148	628
60-64岁	3		5	73	7	180	39	141
65-69岁			4	38	3	83	24	59
70-74岁				14	1	17	1	16
75岁及以上				1		5	1	4
女	**225**	**2**	**274**	**1124**	**1550**	**20144**	**3670**	**16474**
16-19岁	2			2	20	502	69	433
20-24岁	30		18	22	135	1599	353	1246
25-29岁	60		36	72	263	2007	378	1629
30-34岁	63	1	59	170	370	3168	552	2616
35-39岁	27		66	181	296	3281	604	2677
40-44岁	14	1	36	208	233	3156	575	2581
45-49岁	19		33	230	157	3216	625	2591
50-54岁	6		21	158	53	1991	353	1638
55-59岁	2		5	55	17	948	135	813
60-64岁	1			16	5	205	20	185
65-69岁	1			3	1	49	4	45
70-74岁				3		17	2	15
75岁及以上				4		5		5

4-5a 续表 8

单位：人

年龄组 性别	合计								
	九、信息传输、软件和信息技术服务业				十、金融业				
	小计	63.电信、广播电视和卫星传输服务	64.互联网和相关服务	65.软件和信息技术服务业	小计	66.货币金融服务	67.资本市场服务	68.保险业	69.其他金融业
总计	**11733**	**4643**	**3163**	**3927**	**13386**	**6114**	**1118**	**4715**	**1439**
16-19岁	89	24	50	15	24	1	4	16	3
20-24岁	1400	377	464	559	788	332	74	279	103
25-29岁	2334	712	742	880	2002	858	176	721	247
30-34岁	2889	1151	762	976	3280	1407	259	1225	389
35-39岁	2332	1043	508	781	2321	864	201	1014	242
40-44岁	1319	637	326	356	1583	607	166	656	154
45-49岁	766	370	184	212	1621	865	126	476	154
50-54岁	346	185	74	87	1103	737	76	198	92
55-59岁	218	125	40	53	591	401	30	110	50
60-64岁	26	12	10	4	44	25	3	12	4
65-69岁	11	6	2	3	20	12	1	6	1
70-74岁					8	4	2	2	
75岁及以上	3	1	1	1	1	1			
男	**7326**	**2612**	**2042**	**2672**	**6365**	**3065**	**639**	**1865**	**796**
16-19岁	45	9	28	8	12	1	1	7	3
20-24岁	819	195	279	345	351	137	39	133	42
25-29岁	1404	393	455	556	923	401	82	308	132
30-34岁	1735	567	495	673	1391	578	128	491	194
35-39岁	1456	550	345	561	1020	382	125	371	142
40-44岁	852	388	212	252	670	287	98	206	79
45-49岁	542	250	134	158	767	434	76	168	89
50-54岁	258	139	53	66	665	449	58	94	64
55-59岁	190	108	33	49	513	363	27	77	46
60-64岁	18	8	6	4	32	21	3	4	4
65-69岁	5	4	1		14	8	1	4	1
70-74岁					6	3	1	2	
75岁及以上	2	1	1		1	1			
女	**4407**	**2031**	**1121**	**1255**	**7021**	**3049**	**479**	**2850**	**643**
16-19岁	44	15	22	7	12		3	9	
20-24岁	581	182	185	214	437	195	35	146	61
25-29岁	930	319	287	324	1079	457	94	413	115
30-34岁	1154	584	267	303	1889	829	131	734	195
35-39岁	876	493	163	220	1301	482	76	643	100
40-44岁	467	249	114	104	913	320	68	450	75
45-49岁	224	120	50	54	854	431	50	308	65
50-54岁	88	46	21	21	438	288	18	104	28
55-59岁	28	17	7	4	78	38	3	33	4
60-64岁	8	4	4		12	4		8	
65-69岁	6	2	1	3	6	4		2	
70-74岁					2	1	1		
75岁及以上	1			1					

4-5a　续表 9　　　　单位：人

年龄组 性　别	合　计								
	十一、房地产业		十二、租赁和商务服务业			十三、科学研究和技术服务业			
	小计	70.房地产业	小计	71.租赁业	72.商务服务业	小计	73.研究和试验发展	74.专业技术服务业	75.科技推广和应用服务业
总　计	**21221**	**21221**	**24979**	**1435**	**23544**	**10420**	**929**	**7873**	**1618**
16-19岁	123	123	158	9	149	49	26	16	7
20-24岁	1676	1676	1781	83	1698	870	56	703	111
25-29岁	3116	3116	3429	171	3258	1695	118	1351	226
30-34岁	4200	4200	4946	334	4612	2324	183	1782	359
35-39岁	3196	3196	4426	296	4130	1899	181	1420	298
40-44岁	2457	2457	3409	199	3210	1345	126	965	254
45-49岁	2480	2480	2953	177	2776	1001	99	739	163
50-54岁	2004	2004	2107	115	1992	712	77	523	112
55-59岁	1375	1375	1348	41	1307	435	53	314	68
60-64岁	399	399	270	6	264	44	4	33	7
65-69岁	154	154	103	3	100	29	2	18	9
70-74岁	33	33	30		30	13	4	6	3
75岁及以上	8	8	19	1	18	4		3	1
男	**12131**	**12131**	**14711**	**1123**	**13588**	**6769**	**547**	**5210**	**1012**
16-19岁	77	77	92	6	86	32	17	10	5
20-24岁	970	970	870	65	805	540	31	446	63
25-29岁	1704	1704	1786	131	1655	1027	63	821	143
30-34岁	2182	2182	2599	252	2347	1427	99	1118	210
35-39岁	1751	1751	2493	239	2254	1218	108	936	174
40-44岁	1344	1344	2004	161	1843	876	73	644	159
45-49岁	1337	1337	1790	130	1660	666	54	507	105
50-54岁	1286	1286	1580	95	1485	535	49	401	85
55-59岁	1034	1034	1158	38	1120	379	46	277	56
60-64岁	289	289	214	4	210	35	4	29	2
65-69岁	122	122	86	2	84	21	1	13	7
70-74岁	29	29	26		26	9	2	5	2
75岁及以上	6	6	13		13	4		3	1
女	**9090**	**9090**	**10268**	**312**	**9956**	**3651**	**382**	**2663**	**606**
16-19岁	46	46	66	3	63	17	9	6	2
20-24岁	706	706	911	18	893	330	25	257	48
25-29岁	1412	1412	1643	40	1603	668	55	530	83
30-34岁	2018	2018	2347	82	2265	897	84	664	149
35-39岁	1445	1445	1933	57	1876	681	73	484	124
40-44岁	1113	1113	1405	38	1367	469	53	321	95
45-49岁	1143	1143	1163	47	1116	335	45	232	58
50-54岁	718	718	527	20	507	177	28	122	27
55-59岁	341	341	190	3	187	56	7	37	12
60-64岁	110	110	56	2	54	9		4	5
65-69岁	32	32	17	1	16	8	1	5	2
70-74岁	4	4	4		4	4	2	1	1
75岁及以上	2	2	6	1	5				

4-5a 续表 10　　　　单位：人

年龄组 性别	合计								
	十四、水利、环境和公共设施管理业					十五、居民服务、修理和其他服务业			
	小计	76.水利管理业	77.生态保护和环境治理业	78.公共设施管理业	79.土地管理业	小计	80.居民服务业	81.机动车、电子产品和日用产品修理业	82.其他服务业
总计	**5837**	**401**	**385**	**4945**	**106**	**30571**	**17837**	**7999**	**4735**
16-19岁	11		1	10		480	250	161	69
20-24岁	129	15	18	92	4	2007	1154	707	146
25-29岁	363	42	40	257	24	3196	1946	1016	234
30-34岁	605	47	66	473	19	5117	3143	1555	419
35-39岁	718	54	70	573	21	4977	3037	1407	533
40-44岁	997	69	57	856	15	4627	2659	1243	725
45-49岁	1279	76	62	1130	11	4506	2523	949	1034
50-54岁	918	51	40	821	6	3239	1810	560	869
55-59岁	614	44	26	541	3	1648	865	302	481
60-64岁	128	2	4	119	3	449	244	64	141
65-69岁	53		1	52		198	112	26	60
70-74岁	15			15		85	58	8	19
75岁及以上	7	1		6		42	36	1	5
男	**2785**	**267**	**253**	**2202**	**63**	**13021**	**4872**	**6653**	**1496**
16-19岁	8		1	7		306	120	154	32
20-24岁	90	14	11	63	2	1116	396	640	80
25-29岁	211	20	26	151	14	1641	638	874	129
30-34岁	333	32	44	247	10	2385	907	1282	196
35-39岁	363	30	43	278	12	2124	784	1132	208
40-44岁	430	42	38	340	10	1857	656	994	207
45-49岁	465	44	39	376	6	1500	495	778	227
50-54岁	427	41	27	355	4	1081	438	454	189
55-59岁	350	43	22	283	2	670	261	257	152
60-64岁	73	1	2	67	3	177	84	56	37
65-69岁	25			25		93	45	24	24
70-74岁	8			8		47	28	7	12
75岁及以上	2			2		24	20	1	3
女	**3052**	**134**	**132**	**2743**	**43**	**17550**	**12965**	**1346**	**3239**
16-19岁	3			3		174	130	7	37
20-24岁	39	1	7	29	2	891	758	67	66
25-29岁	152	22	14	106	10	1555	1308	142	105
30-34岁	272	15	22	226	9	2732	2236	273	223
35-39岁	355	24	27	295	9	2853	2253	275	325
40-44岁	567	27	19	516	5	2770	2003	249	518
45-49岁	814	32	23	754	5	3006	2028	171	807
50-54岁	491	10	13	466	2	2158	1372	106	680
55-59岁	264	1	4	258	1	978	604	45	329
60-64岁	55	1	2	52		272	160	8	104
65-69岁	28		1	27		105	67	2	36
70-74岁	7			7		38	30	1	7
75岁及以上	5	1		4		18	16		2

4-5a 续表 11 单位：人

年龄组 性 别	合 计									
	十六、教育		十七、卫生和社会工作			十八、文化、体育和娱乐业				
	小计	83.教育	小计	84.卫生	85.社会工作	小计	86.新闻和出版业	87.广播、电视、电影和录音制作业	88.文化艺术业	89.体育
总 计	**39202**	**39202**	**20776**	**20307**	**469**	**6291**	**619**	**752**	**1146**	**798**
16-19岁	355	355	140	140		237		8	10	36
20-24岁	3200	3200	1866	1844	22	886	29	97	108	113
25-29岁	4923	4923	3448	3412	36	1066	69	137	157	163
30-34岁	6410	6410	4292	4224	68	1180	102	142	224	164
35-39岁	6515	6515	3574	3502	72	927	103	115	197	106
40-44岁	6380	6380	2519	2444	75	661	101	74	141	69
45-49岁	5365	5365	2236	2156	80	585	96	70	133	79
50-54岁	3908	3908	1510	1446	64	418	63	54	95	45
55-59岁	1774	1774	888	852	36	264	49	46	64	21
60-64岁	221	221	163	153	10	48	5	8	10	1
65-69岁	101	101	88	84	4	13	2		5	
70-74岁	28	28	31	29	2	5		1	2	1
75岁及以上	22	22	21	21		1				
男	**12475**	**12475**	**6322**	**6196**	**126**	**3295**	**287**	**434**	**519**	**420**
16-19岁	71	71	25	25		138		3	4	20
20-24岁	606	606	314	308	6	496	12	55	37	60
25-29岁	1131	1131	745	740	5	547	23	71	59	101
30-34岁	1515	1515	1053	1038	15	566	42	74	92	74
35-39岁	1829	1829	1099	1084	15	451	42	68	84	52
40-44岁	2124	2124	888	870	18	334	45	46	66	30
45-49岁	1958	1958	824	808	16	287	42	38	60	35
50-54岁	1712	1712	703	681	22	237	35	32	57	28
55-59岁	1290	1290	495	474	21	194	40	41	50	18
60-64岁	142	142	94	88	6	28	4	5	4	1
65-69岁	69	69	45	44	1	13	2		5	
70-74岁	15	15	20	19	1	4		1	1	1
75岁及以上	13	13	17	17						
女	**26727**	**26727**	**14454**	**14111**	**343**	**2996**	**332**	**318**	**627**	**378**
16-19岁	284	284	115	115		99		5	6	16
20-24岁	2594	2594	1552	1536	16	390	17	42	71	53
25-29岁	3792	3792	2703	2672	31	519	46	66	98	62
30-34岁	4895	4895	3239	3186	53	614	60	68	132	90
35-39岁	4686	4686	2475	2418	57	476	61	47	113	54
40-44岁	4256	4256	1631	1574	57	327	56	28	75	39
45-49岁	3407	3407	1412	1348	64	298	54	32	73	44
50-54岁	2196	2196	807	765	42	181	28	22	38	17
55-59岁	484	484	393	378	15	70	9	5	14	3
60-64岁	79	79	69	65	4	20	1	3	6	
65-69岁	32	32	43	40	3					
70-74岁	13	13	11	10	1	1			1	
75岁及以上	9	9	4	4		1				

4-5a 续表 12 单位：人

年龄组 性 别	合 计									
		十九、公共管理、社会保障和社会组织							二十、国际组织	
	90.娱乐业	小计	91.中国共产党机 关	92.国家机构	93.人民政协、民主党派	94.社会保障	95.群众团体、社会团体和其他成员组织	96.基层群众自治组织	小计	97.国际组织
总 计	**2976**	**34900**	**1014**	**30102**	**170**	**208**	**1196**	**2210**	**1**	**1**
16-19岁	183	55		41			4	10		
20-24岁	539	1506	24	1316	2	11	69	84		
25-29岁	540	4180	108	3658	6	28	153	227		
30-34岁	548	6176	160	5417	14	32	199	354		
35-39岁	406	5125	172	4391	20	27	174	341		
40-44岁	276	5216	185	4499	22	33	166	311		
45-49岁	207	5067	142	4326	28	39	158	374	1	1
50-54岁	161	4212	130	3633	43	29	145	232		
55-59岁	84	2892	79	2509	30	9	93	172		
60-64岁	24	282	9	188	5		17	63		
65-69岁	6	127	3	83			10	31		
70-74岁	1	39		22			6	11		
75岁及以上	1	23	2	19			2			
男	**1635**	**20797**	**639**	**18474**	**98**	**74**	**584**	**928**		
16-19岁	111	38		35				3		
20-24岁	332	789	9	717		4	27	32		
25-29岁	293	2066	51	1855	1	9	59	91		
30-34岁	284	3152	90	2858	6	9	83	106		
35-39岁	205	2865	101	2538	9	6	79	132		
40-44岁	147	3003	124	2675	10	9	77	108		
45-49岁	112	3038	94	2724	17	15	71	117		
50-54岁	85	2930	95	2571	28	14	92	130		
55-59岁	45	2553	63	2261	24	8	73	124		
60-64岁	14	208	8	139	3		8	50		
65-69岁	6	104	2	67			10	25		
70-74岁	1	34		19			5	10		
75岁及以上		17	2	15						
女	**1341**	**14103**	**375**	**11628**	**72**	**134**	**612**	**1282**	**1**	**1**
16-19岁	72	17		6			4	7		
20-24岁	207	717	15	599	2	7	42	52		
25-29岁	247	2114	57	1803	5	19	94	136		
30-34岁	264	3024	70	2559	8	23	116	248		
35-39岁	201	2260	71	1853	11	21	95	209		
40-44岁	129	2213	61	1824	12	24	89	203		
45-49岁	95	2029	48	1602	11	24	87	257	1	1
50-54岁	76	1282	35	1062	15	15	53	102		
55-59岁	39	339	16	248	6	1	20	48		
60-64岁	10	74	1	49	2		9	13		
65-69岁		23	1	16				6		
70-74岁		5		3			1	1		
75岁及以上	1	6		4			2			

4-5a　续表 13　　　　　　　　　　　　　　　　　　　　　　　　单位：人

年龄组 性　别	有农村土地承包经营权的人口								
	合计	一、农、林、牧、渔业						二、采矿业	
		小计	1.农业	2.林业	3.畜牧业	4.渔业	5.农、林、牧、渔专业及辅助性活　动	小计	6.煤炭开采和洗选业
总　计	**197998**	**22768**	**19345**	**693**	**1592**	**696**	**442**	**381**	**38**
16-19岁	1864	99	87	3	6	2	1	1	
20-24岁	10978	413	332	22	38	12	9	7	
25-29岁	19635	887	691	43	76	41	36	20	
30-34岁	30787	2024	1627	97	168	65	67	59	5
35-39岁	31086	2498	1975	86	244	115	78	65	9
40-44岁	30529	2961	2398	114	251	123	75	76	11
45-49岁	28837	3464	2916	122	237	117	72	73	6
50-54岁	22580	3745	3216	104	261	108	56	38	3
55-59岁	13433	3085	2751	72	164	70	28	32	2
60-64岁	4616	1641	1523	13	77	17	11	8	2
65-69岁	2485	1257	1174	15	42	18	8	2	
70-74岁	799	474	443	2	21	7	1		
75岁及以上	369	220	212		7	1			
男	**120285**	**12382**	**10123**	**480**	**1020**	**530**	**229**	**324**	**35**
16-19岁	1135	66	56	2	5	2	1	1	
20-24岁	6181	247	193	15	22	11	6	7	
25-29岁	11646	492	353	32	56	35	16	17	
30-34岁	18641	1158	888	72	112	50	36	52	5
35-39岁	19073	1407	1062	58	156	84	47	51	7
40-44岁	18335	1635	1261	83	163	97	31	61	11
45-49岁	17376	1877	1539	77	145	79	37	63	6
50-54岁	14199	2044	1699	74	159	85	27	36	3
55-59岁	8619	1577	1355	48	107	53	14	28	2
60-64岁	2875	849	773	7	49	12	8	7	1
65-69岁	1521	651	594	11	27	14	5	1	
70-74岁	479	259	236	1	14	7	1		
75岁及以上	205	120	114		5	1			
女	**77713**	**10386**	**9222**	**213**	**572**	**166**	**213**	**57**	**3**
16-19岁	729	33	31	1	1				
20-24岁	4797	166	139	7	16	1	3		
25-29岁	7989	395	338	11	20	6	20	3	
30-34岁	12146	866	739	25	56	15	31	7	
35-39岁	12013	1091	913	28	88	31	31	14	2
40-44岁	12194	1326	1137	31	88	26	44	15	
45-49岁	11461	1587	1377	45	92	38	35	10	
50-54岁	8381	1701	1517	30	102	23	29	2	
55-59岁	4814	1508	1396	24	57	17	14	4	
60-64岁	1741	792	750	6	28	5	3	1	1
65-69岁	964	606	580	4	15	4	3	1	
70-74岁	320	215	207	1	7				
75岁及以上	164	100	98		2				

4-5a 续表 14　　　　单位：人

年龄组 性 别	有农村土地承包经营权的人口								
	二、采矿业						三、制造业		
	7.石油和天然气开采业	8.黑色金属矿采选业	9.有色金属矿采选业	10.非金属矿采选业	11.开采专业及辅助性活动	12.其他采矿业	小计	13.农副食品加工业	14.食品制造业
总　计	**4**	**38**	**54**	**211**	**20**	**16**	**24817**	**1720**	**979**
16-19岁				1			263	15	13
20-24岁		1	1	3	2		1165	43	60
25-29岁		2	1	14	1	2	2213	107	109
30-34岁		9	10	28	6	1	3986	221	165
35-39岁	1		9	41	1	4	4333	269	183
40-44岁	2	7	16	34	3	3	4351	290	149
45-49岁	1	12	10	40	2	2	3937	314	136
50-54岁		2	4	26	2	1	2675	244	96
55-59岁		5	2	18	2	3	1312	155	50
60-64岁			1	5			360	33	12
65-69岁				1	1		163	23	5
70-74岁							38	3	1
75岁及以上							21	3	
男	**1**	**30**	**45**	**185**	**15**	**13**	**14694**	**998**	**462**
16-19岁				1			193	11	11
20-24岁		1	1	3	2		842	36	30
25-29岁		2	1	11	1	2	1451	70	50
30-34岁		8	7	26	5	1	2419	127	84
35-39岁			8	33	1	2	2506	155	89
40-44岁		5	14	27	1	3	2326	146	58
45-49岁	1	10	7	36	2	1	2190	176	59
50-54岁		1	4	25	2	1	1595	143	49
55-59岁		3	2	17	1	3	815	100	20
60-64岁			1	5			222	14	9
65-69岁				1			107	15	3
70-74岁							17	3	
75岁及以上							11	2	
女	**3**	**8**	**9**	**26**	**5**	**3**	**10123**	**722**	**517**
16-19岁							70	4	2
20-24岁							323	7	30
25-29岁				3			762	37	59
30-34岁		1	3	2	1		1567	94	81
35-39岁	1		1	8		2	1827	114	94
40-44岁	2	2	2	7	2		2025	144	91
45-49岁		2	3	4		1	1747	138	77
50-54岁		1		1			1080	101	47
55-59岁		2		1	1		497	55	30
60-64岁							138	19	3
65-69岁					1		56	8	2
70-74岁							21		1
75岁及以上							10	1	

4-5a 续表 15

单位：人

年龄组 性别	有农村土地承包经营权的人口								
	三、制造业								
	15.酒、饮料和精制茶制造业	16.烟草制品业	17.纺织业	18.纺织服装、服饰业	19.皮革、毛皮、羽毛及其制品和制鞋业	20.木材加工和木、竹、藤、棕、草制品业	21.家具制造业	22.造纸和纸制品业	23.印刷和记录媒介复制业
总　计	**353**	**31**	**636**	**2843**	**231**	**2180**	**744**	**333**	**256**
16-19岁	3		6	35	4	7	4	4	5
20-24岁	14		16	100	11	55	25	10	13
25-29岁	34	5	58	150	24	109	70	25	22
30-34岁	55	1	82	394	34	275	124	56	32
35-39岁	64	7	119	495	49	322	125	54	58
40-44岁	52	4	120	501	33	395	132	62	45
45-49岁	61	11	104	508	36	430	128	58	40
50-54岁	34	1	76	340	26	343	82	42	21
55-59岁	22	1	45	195	10	177	46	15	18
60-64岁	8		9	61	3	49	5	4	1
65-69岁	2	1	1	43	1	13	2	3	1
70-74岁	2			13		4	1		
75岁及以上	2			8		1			
男	**214**	**14**	**281**	**906**	**86**	**1274**	**518**	**195**	**166**
16-19岁	3		5	22	3	4	4	3	4
20-24岁	9		10	65	6	41	20	10	9
25-29岁	23	4	33	64	12	69	53	16	14
30-34岁	32		35	158	14	161	86	36	17
35-39岁	40	2	55	167	15	188	82	31	36
40-44岁	32	1	38	129	10	200	83	30	33
45-49岁	36	5	37	139	10	229	88	24	23
50-54岁	14		40	84	10	215	60	31	14
55-59岁	16	1	24	43	4	112	34	9	14
60-64岁	4		4	17	2	40	5	3	1
65-69岁	2	1		14		12	2	2	1
70-74岁	1			1		2	1		
75岁及以上	2			3		1			
女	**139**	**17**	**355**	**1937**	**145**	**906**	**226**	**138**	**90**
16-19岁			1	13	1	3		1	1
20-24岁	5		6	35	5	14	5		4
25-29岁	11	1	25	86	12	40	17	9	8
30-34岁	23	1	47	236	20	114	38	20	15
35-39岁	24	5	64	328	34	134	43	23	22
40-44岁	20	3	82	372	23	195	49	32	12
45-49岁	25	6	67	369	26	201	40	34	17
50-54岁	20	1	36	256	16	128	22	11	7
55-59岁	6		21	152	6	65	12	6	4
60-64岁	4		5	44	1	9		1	
65-69岁			1	29	1	1		1	
70-74岁	1			12		2			
75岁及以上				5					

4-5a 续表 16 单位：人

年龄组 性别	有农村土地承包经营权的人口								
	三、制造业								
	24.文教、工美、体育和娱乐用品制造业	25.石油、煤炭及其他燃料加工业	26.化学原料和化学制品制造业	27.医药制造业	28.化学纤维制造业	29.橡胶和塑料制品业	30.非金属矿物制品业	31.黑色金属冶炼和压延加工业	32.有色金属冶炼和压延加工业
总计	**683**	**62**	**468**	**322**	**5**	**671**	**2208**	**669**	**620**
16-19岁	5		3			14	6	1	10
20-24岁	30	2	24	17		29	62	44	46
25-29岁	55	3	38	53		42	147	76	54
30-34岁	113	9	78	61	1	96	326	108	108
35-39岁	139	13	89	61		103	362	86	126
40-44岁	142	12	86	59	2	143	375	123	111
45-49岁	104	10	59	31	1	114	427	128	95
50-54岁	59	6	49	28	1	80	302	77	40
55-59岁	26	7	29	7		38	148	24	27
60-64岁	6		10			8	39	2	2
65-69岁	1		1	4		4	10		1
70-74岁	3		2	1			3		
75岁及以上							1		
男	**322**	**42**	**324**	**161**	**1**	**374**	**1649**	**548**	**496**
16-19岁	3		3			11	4	1	10
20-24岁	13	2	18	7		18	51	38	39
25-29岁	28	1	30	25		26	108	61	45
30-34岁	41	7	47	34	1	63	247	90	86
35-39岁	66	6	64	29		54	278	71	95
40-44岁	59	9	54	29		71	268	101	90
45-49岁	50	6	38	15		58	312	99	74
50-54岁	34	5	36	13		43	215	66	33
55-59岁	20	6	24	6		21	121	19	21
60-64岁	5		8			5	31	2	2
65-69岁			1	3		4	10		1
70-74岁	3		1				3		
75岁及以上							1		
女	**361**	**20**	**144**	**161**	**4**	**297**	**559**	**121**	**124**
16-19岁	2					3	2		
20-24岁	17		6	10		11	11	6	7
25-29岁	27	2	8	28		16	39	15	9
30-34岁	72	2	31	27		33	79	18	22
35-39岁	73	7	25	32		49	84	15	31
40-44岁	83	3	32	30	2	72	107	22	21
45-49岁	54	4	21	16	1	56	115	29	21
50-54岁	25	1	13	15	1	37	87	11	7
55-59岁	6	1	5	1		17	27	5	6
60-64岁	1		2			3	8		
65-69岁	1			1					
70-74岁			1	1					
75岁及以上									

4-5a　续表 17　　　　　　　　　　　　　　　　　　　　　　　　　　　　　　单位：人

年龄组 性　别	有农村土地承包经营权的人口								
	三、制造业								
	33.金属制品业	34.通用设备制造业	35.专用设备制造业	36.汽车制造业	37.铁路、船舶、航空航天和其他运输设备制造业	38.电气机械和器材制造业	39.计算机、通信和其他电子设备制造业	40.仪器仪表制造业	41.其他制造业
总　计	**1440**	**924**	**612**	**1609**	**110**	**508**	**2523**	**88**	**186**
16–19 岁	5	9	5	23	1	7	65	1	4
20–24 岁	48	37	43	127	4	39	223	3	5
25–29 岁	94	94	83	213	16	59	368	15	22
30–34 岁	214	161	129	290	18	99	574	22	19
35–39 岁	240	184	106	276	17	100	519	12	35
40–44 岁	293	171	100	313	6	100	374	14	36
45–49 岁	258	136	69	215	18	63	207	12	36
50–54 岁	180	88	54	109	14	25	119	5	12
55–59 岁	71	26	12	35	8	16	43	3	11
60–64 岁	25	11	4	5	6		20	1	5
65–69 岁	10	7	4	3	2		9		1
70–74 岁	1		1				1		
75 岁及以上	1		2				1		
男	**1140**	**723**	**418**	**1143**	**82**	**330**	**1017**	**57**	**110**
16–19 岁	4	5	5	23	1	5	37	1	2
20–24 岁	43	29	27	111	4	33	133	2	4
25–29 岁	76	78	51	175	10	41	201	12	16
30–34 岁	172	124	93	238	12	58	239	10	10
35–39 岁	191	135	76	187	14	66	189	8	19
40–44 岁	226	136	69	179	3	56	105	8	18
45–49 岁	204	109	52	116	14	39	52	8	20
50–54 岁	134	76	32	79	11	16	38	5	8
55–59 岁	62	18	8	28	6	16	14	3	9
60–64 岁	20	6	2	4	5		4		4
65–69 岁	6	7	3	3	2		5		
70–74 岁	1								
75 岁及以上	1								
女	**300**	**201**	**194**	**466**	**28**	**178**	**1506**	**31**	**76**
16–19 岁	1	4				2	28		2
20–24 岁	5	8	16	16		6	90	1	1
25–29 岁	18	16	32	38	6	18	167	3	6
30–34 岁	42	37	36	52	6	41	335	12	9
35–39 岁	49	49	30	89	3	34	330	4	16
40–44 岁	67	35	31	134	3	44	269	6	18
45–49 岁	54	27	17	99	4	24	155	4	16
50–54 岁	46	12	22	30	3	9	81		4
55–59 岁	9	8	4	7	2		29		2
60–64 岁	5	5	2	1	1		16	1	1
65–69 岁	4		1				4		1
70–74 岁			1				1		
75 岁及以上			2				1		

4-5a 续表 18 单位：人

年龄组 性 别	有农村土地承包经营权的人口								
	三、制造业		四、电力、热力、燃气及水生产和供应业				五、建筑业		
	42.废弃资源综合利用业	43.金属制品、机械和设备修理业	小计	44.电力、热力生产和供应业	45.燃气生产和供应业	46.水的生产和供应业	小计	47.房屋建筑业	48.土木工程建筑业
总 计	**346**	**457**	**1063**	**647**	**224**	**192**	**37047**	**20257**	**1836**
16-19岁		8					162	89	8
20-24岁	7	28	42	26	8	8	1259	633	97
25-29岁	16	52	114	79	17	18	2741	1313	244
30-34岁	34	87	196	127	35	34	4876	2362	303
35-39岁	35	85	171	110	34	27	5666	2831	270
40-44岁	44	64	181	102	50	29	6322	3355	268
45-49岁	68	60	147	88	33	26	6725	3833	274
50-54岁	76	46	122	61	28	33	5410	3349	207
55-59岁	34	13	63	40	13	10	2863	1800	128
60-64岁	25	6	19	12	2	5	739	497	25
65-69岁	4	7	6	1	3	2	235	162	12
70-74岁	2		2	1	1		33	20	
75岁及以上	1	1					16	13	
男	**238**	**405**	**847**	**531**	**169**	**147**	**29721**	**15929**	**1524**
16-19岁		8					144	78	7
20-24岁	7	27	28	18	3	7	1028	529	77
25-29岁	13	46	80	59	10	11	2303	1093	195
30-34岁	22	75	156	108	23	25	4017	1909	257
35-39岁	25	73	142	94	29	19	4637	2241	232
40-44岁	30	55	136	78	35	23	4905	2513	221
45-49岁	44	54	121	74	29	18	5115	2865	218
50-54岁	48	43	104	53	23	28	4262	2610	175
55-59岁	25	11	58	38	11	9	2422	1498	110
60-64岁	19	6	14	7	2	5	634	420	22
65-69岁	4	6	6	1	3	2	214	146	10
70-74岁	1		2	1	1		30	19	
75岁及以上		1					10	8	
女	**108**	**52**	**216**	**116**	**55**	**45**	**7326**	**4328**	**312**
16-19岁							18	11	1
20-24岁		1	14	8	5	1	231	104	20
25-29岁	3	6	34	20	7	7	438	220	49
30-34岁	12	12	40	19	12	9	859	453	46
35-39岁	10	12	29	16	5	8	1029	590	38
40-44岁	14	9	45	24	15	6	1417	842	47
45-49岁	24	6	26	14	4	8	1610	968	56
50-54岁	28	3	18	8	5	5	1148	739	32
55-59岁	9	2	5	2	2	1	441	302	18
60-64岁	6		5	5			105	77	3
65-69岁		1					21	16	2
70-74岁	1						3	1	
75岁及以上	1						6	5	

4-5a 续表 19

单位：人

年龄组 性 别	有农村土地承包经营权的人口								
	五、建筑业		六、批发和零售业			七、交通运输、仓储和邮政业			
	49.建筑安装业	50.建筑装饰、装修和其他建筑业	小计	51.批发业	52.零售业	小计	53.铁路运输业	54.道路运输业	55.水上运输业
总 计	**1666**	**13288**	**39713**	**9620**	**30093**	**13746**	**303**	**9138**	**193**
16–19岁	5	60	324	45	279	59	3	23	
20–24岁	72	457	2211	399	1812	545	39	240	8
25–29岁	134	1050	4293	981	3312	1251	76	681	21
30–34岁	305	1906	7081	1646	5435	2266	70	1447	28
35–39岁	327	2238	7122	1728	5394	2526	32	1791	35
40–44岁	313	2386	6391	1620	4771	2359	30	1696	34
45–49岁	260	2358	5303	1413	3890	2208	20	1567	23
50–54岁	151	1703	3728	982	2746	1520	20	1024	25
55–59岁	80	855	2078	522	1556	756	10	517	16
60–64岁	16	201	681	163	518	175	1	109	2
65–69岁	3	58	344	76	268	57	1	30	
70–74岁		13	104	26	78	18	1	10	
75岁及以上		3	53	19	34	6		3	1
男	**1484**	**10784**	**20311**	**5946**	**14365**	**11832**	**241**	**8238**	**161**
16–19岁	5	54	162	30	132	51	3	22	
20–24岁	64	358	1023	239	784	444	24	204	7
25–29岁	117	898	2102	597	1505	1046	62	598	19
30–34岁	275	1576	3475	1009	2466	1961	59	1331	23
35–39岁	291	1873	3485	1044	2441	2208	25	1639	25
40–44岁	278	1893	3249	991	2258	2042	25	1539	27
45–49岁	227	1805	2772	872	1900	1885	17	1391	19
50–54岁	135	1342	2125	630	1495	1302	13	909	23
55–59岁	74	740	1205	345	860	672	10	468	15
60–64岁	15	177	410	111	299	150	1	98	2
65–69岁	3	55	210	54	156	52	1	28	
70–74岁		11	66	14	52	15	1	9	
75岁及以上		2	27	10	17	4		2	1
女	**182**	**2504**	**19402**	**3674**	**15728**	**1914**	**62**	**900**	**32**
16–19岁		6	162	15	147	8		1	
20–24岁	8	99	1188	160	1028	101	15	36	1
25–29岁	17	152	2191	384	1807	205	14	83	2
30–34岁	30	330	3606	637	2969	305	11	116	5
35–39岁	36	365	3637	684	2953	318	7	152	10
40–44岁	35	493	3142	629	2513	317	5	157	7
45–49岁	33	553	2531	541	1990	323	3	176	4
50–54岁	16	361	1603	352	1251	218	7	115	2
55–59岁	6	115	873	177	696	84		49	1
60–64岁	1	24	271	52	219	25		11	
65–69岁		3	134	22	112	5		2	
70–74岁		2	38	12	26	3		1	
75岁及以上		1	26	9	17	2		1	

4-5a 续表 20 单位：人

年龄组 性　别	有农村土地承包经营权的人口							
	七、交通运输、仓储和邮政业					八、住宿和餐饮业		
	56.航空运输业	57.管道运输业	58.多式联运和运输代理业	59.装卸搬运和仓储业	60.邮政业	小计	61.住宿业	62.餐饮业
总　计	**61**	**1**	**388**	**1979**	**1683**	**13091**	**1678**	**11413**
16-19岁	2			3	28	362	43	319
20-24岁	7	1	13	47	190	1194	179	1015
25-29岁	17		43	101	312	1518	170	1348
30-34岁	14		67	214	426	2108	247	1861
35-39岁	6		69	276	317	2091	273	1818
40-44岁	6		69	331	193	1942	235	1707
45-49岁	4		70	400	124	1794	246	1548
50-54岁	5		30	354	62	1169	150	1019
55-59岁			21	169	23	680	91	589
60-64岁			3	54	6	162	27	135
65-69岁			3	21	2	57	16	41
70-74岁				7		11	1	10
75岁及以上				2		3		3
男	**43**	**1**	**324**	**1537**	**1287**	**6580**	**657**	**5923**
16-19岁				2	24	219	26	193
20-24岁	5	1	11	43	149	725	75	650
25-29岁	10		37	81	239	904	70	834
30-34岁	9		53	157	329	1203	96	1107
35-39岁	6		54	210	249	1097	109	988
40-44岁	6		60	254	131	869	69	800
45-49岁	3		62	296	97	724	89	635
50-54岁	4		22	283	48	455	52	403
55-59岁			19	143	17	271	37	234
60-64岁			3	43	3	71	20	51
65-69岁			3	19	1	35	14	21
70-74岁				5		5		5
75岁及以上				1		2		2
女	**18**		**64**	**442**	**396**	**6511**	**1021**	**5490**
16-19岁	2			1	4	143	17	126
20-24岁	2		2	4	41	469	104	365
25-29岁	7		6	20	73	614	100	514
30-34岁	5		14	57	97	905	151	754
35-39岁			15	66	68	994	164	830
40-44岁			9	77	62	1073	166	907
45-49岁	1		8	104	27	1070	157	913
50-54岁	1		8	71	14	714	98	616
55-59岁			2	26	6	409	54	355
60-64岁				11	3	91	7	84
65-69岁				2	1	22	2	20
70-74岁				2		6	1	5
75岁及以上				1		1		1

4-5a　续表 21　　　　单位：人

年龄组 性　别	有农村土地承包经营权的人口								
	九、信息传输、软件和信息技术服务业				十、金融业				
	小计	63.电信、广播电视和卫星传输服务	64.互联网和相关服务	65.软件和信息技术服务业	小计	66.货币金融服务	67.资本市场服务	68.保险业	69.其他金融业
总　计	**2193**	**770**	**725**	**698**	**1788**	**631**	**140**	**815**	**202**
16-19岁	28	11	11	6	9			8	1
20-24岁	321	84	119	118	158	58	15	65	20
25-29岁	488	149	174	165	351	121	26	144	60
30-34岁	615	229	175	211	471	163	31	224	53
35-39岁	371	143	108	120	313	86	32	160	35
40-44岁	173	73	61	39	176	40	15	107	14
45-49岁	111	37	53	21	155	61	11	71	12
50-54岁	43	26	10	7	92	61	7	21	3
55-59岁	35	16	9	10	47	30	3	12	2
60-64岁	7	2	4	1	9	5		2	2
65-69岁	1		1		5	5			
70-74岁					1			1	
75岁及以上					1	1			
男	**1503**	**492**	**500**	**511**	**945**	**369**	**92**	**358**	**126**
16-19岁	14	5	6	3	6			5	1
20-24岁	196	52	70	74	70	18	9	35	8
25-29岁	318	90	118	110	180	62	14	64	40
30-34岁	408	132	121	155	241	84	21	100	36
35-39岁	274	92	83	99	166	50	23	72	21
40-44岁	130	52	44	34	81	26	11	34	10
45-49岁	93	31	42	20	79	43	6	26	4
50-54岁	37	23	9	5	70	49	6	13	2
55-59岁	28	14	4	10	38	27	2	7	2
60-64岁	5	1	3	1	8	5		1	2
65-69岁					4	4			
70-74岁					1			1	
75岁及以上					1	1			
女	**690**	**278**	**225**	**187**	**843**	**262**	**48**	**457**	**76**
16-19岁	14	6	5	3	3			3	
20-24岁	125	32	49	44	88	40	6	30	12
25-29岁	170	59	56	55	171	59	12	80	20
30-34岁	207	97	54	56	230	79	10	124	17
35-39岁	97	51	25	21	147	36	9	88	14
40-44岁	43	21	17	5	95	14	4	73	4
45-49岁	18	6	11	1	76	18	5	45	8
50-54岁	6	3	1	2	22	12	1	8	1
55-59岁	7	2	5		9	3	1	5	
60-64岁	2	1	1		1			1	
65-69岁	1		1		1	1			
70-74岁									
75岁及以上									

4-5a 续表 22

单位：人

年龄组 性 别	有农村土地承包经营权的人口								
	十一、房地产业		十二、租赁和商务服务业			十三、科学研究和技术服务业			
	小计	70.房地产业	小计	71.租赁业	72.商务服务业	小计	73.研究和试验发展	74.专业技术服务业	75.科技推广和应用服务业
总 计	**5653**	**5653**	**5758**	**546**	**5212**	**1910**	**144**	**1406**	**360**
16-19岁	42	42	57	3	54	27	19	6	2
20-24岁	464	464	437	35	402	222	21	165	36
25-29岁	785	785	784	63	721	418	25	326	67
30-34岁	1010	1010	1022	113	909	438	31	341	66
35-39岁	725	725	933	107	826	297	16	230	51
40-44岁	633	633	771	83	688	211	9	151	51
45-49岁	631	631	636	76	560	125	8	87	30
50-54岁	618	618	562	43	519	85	6	55	24
55-59岁	443	443	358	16	342	53	4	32	17
60-64岁	197	197	127	4	123	14	2	7	5
65-69岁	88	88	46	2	44	11	1	3	7
70-74岁	14	14	18		18	7	2	2	3
75岁及以上	3	3	7	1	6	2		1	1
男	**3450**	**3450**	**3893**	**451**	**3442**	**1357**	**91**	**1031**	**235**
16-19岁	28	28	33	1	32	16	12	2	2
20-24岁	261	261	242	24	218	136	12	102	22
25-29岁	464	464	458	51	407	285	15	222	48
30-34岁	595	595	617	95	522	312	19	253	40
35-39岁	436	436	639	93	546	224	12	180	32
40-44岁	392	392	535	70	465	158	6	119	33
45-49岁	361	361	465	60	405	95	5	67	23
50-54岁	390	390	433	38	395	65	2	46	17
55-59岁	294	294	309	14	295	42	4	29	9
60-64岁	141	141	103	4	99	8	2	5	1
65-69岁	73	73	39	1	38	9	1	3	5
70-74岁	13	13	16		16	5	1	2	2
75岁及以上	2	2	4		4	2		1	1
女	**2203**	**2203**	**1865**	**95**	**1770**	**553**	**53**	**375**	**125**
16-19岁	14	14	24	2	22	11	7	4	
20-24岁	203	203	195	11	184	86	9	63	14
25-29岁	321	321	326	12	314	133	10	104	19
30-34岁	415	415	405	18	387	126	12	88	26
35-39岁	289	289	294	14	280	73	4	50	19
40-44岁	241	241	236	13	223	53	3	32	18
45-49岁	270	270	171	16	155	30	3	20	7
50-54岁	228	228	129	5	124	20	4	9	7
55-59岁	149	149	49	2	47	11		3	8
60-64岁	56	56	24		24	6		2	4
65-69岁	15	15	7	1	6	2			2
70-74岁	1	1	2		2	2	1		1
75岁及以上	1	1	3	1	2				

4–5a　续表 23　　　　　　　　　　　　　　　　　　　　　　　　　　单位：人

年龄组 性　别	有农村土地承包经营权的人口								
	十四、水利、环境和公共设施管理业					十五、居民服务、修理和其他服务业			
	小计	76.水利管理业	77.生态保护和环境治理业	78.公共设施管理业	79.土地管理业	小计	80.居民服务业	81.机动车、电子产品和日用产品修理业	82.其他服务业
总　计	**1868**	**63**	**94**	**1687**	**24**	**10284**	**5448**	**3032**	**1804**
16–19岁	4			4		164	87	62	15
20–24岁	34	4	6	23	1	634	334	252	48
25–29岁	69	13	6	44	6	982	557	352	73
30–34岁	141	7	14	114	6	1617	913	565	139
35–39岁	181	8	14	156	3	1637	904	554	179
40–44岁	326	9	12	301	4	1664	869	522	273
45–49岁	418	7	16	394	1	1447	734	353	360
50–54岁	344	7	15	321	1	1138	559	219	360
55–59岁	239	8	7	224		633	298	113	222
60–64岁	73		3	68	2	212	106	23	83
65–69岁	25		1	24		95	45	14	36
70–74岁	9			9		42	26	3	13
75岁及以上	5			5		19	16		3
男	**849**	**44**	**63**	**722**	**20**	**4842**	**1688**	**2595**	**559**
16–19岁	3			3		115	53	59	3
20–24岁	24	3	5	15	1	373	116	229	28
25–29岁	46	5	6	30	5	545	192	314	39
30–34岁	87	5	10	67	5	867	317	486	64
35–39岁	93	6	9	75	3	824	289	464	71
40–44岁	138	7	10	118	3	766	246	440	80
45–49岁	145	6	8	131		575	181	301	93
50–54岁	143	4	10	128	1	388	136	179	73
55–59岁	108	8	4	96		231	80	87	64
60–64岁	44		1	41	2	82	40	21	21
65–69岁	11			11		39	15	12	12
70–74岁	5			5		26	14	3	9
75岁及以上	2			2		11	9		2
女	**1019**	**19**	**31**	**965**	**4**	**5442**	**3760**	**437**	**1245**
16–19岁	1			1		49	34	3	12
20–24岁	10	1	1	8		261	218	23	20
25–29岁	23	8		14	1	437	365	38	34
30–34岁	54	2	4	47	1	750	596	79	75
35–39岁	88	2	5	81		813	615	90	108
40–44岁	188	2	2	183	1	898	623	82	193
45–49岁	273	1	8	263	1	872	553	52	267
50–54岁	201	3	5	193		750	423	40	287
55–59岁	131		3	128		402	218	26	158
60–64岁	29		2	27		130	66	2	62
65–69岁	14		1	13		56	30	2	24
70–74岁	4			4		16	12		4
75岁及以上	3			3		8	7		1

4-5a　续表 24　　　　单位：人

年龄组 性　别	有农村土地承包经营权的人口									
	十六、教育		十七、卫生和社会工作			十八、文化、体育和娱乐业				
	小计	83.教育	小计	84.卫生	85.社会工作	小计	86.新闻和出版业	87.广播、电视、电影和录音制作业	88.文化艺术业	89.体育
总　计	**6867**	**6867**	**3552**	**3462**	**90**	**1266**	**50**	**88**	**169**	**151**
16-19岁	134	134	47	47		63		2	3	14
20-24岁	852	852	501	492	9	234	4	22	24	27
25-29岁	1008	1008	742	737	5	261	9	20	28	35
30-34岁	1114	1114	729	716	13	223	8	17	34	25
35-39岁	1012	1012	466	452	14	166	6	9	24	17
40-44岁	1011	1011	307	297	10	111	7	4	19	9
45-49岁	763	763	302	286	16	82	7	5	15	10
50-54岁	576	576	238	226	12	75	5	7	9	12
55-59岁	299	299	146	142	4	37	2	1	10	1
60-64岁	59	59	36	33	3	12	2		2	1
65-69岁	29	29	21	18	3	1			1	
70-74岁	6	6	10	9	1	1		1		
75岁及以上	4	4	7	7						
男	**2271**	**2271**	**1093**	**1073**	**20**	**709**	**28**	**49**	**96**	**85**
16-19岁	22	22	11	11		40		1	2	10
20-24岁	162	162	88	85	3	136	2	10	9	13
25-29岁	267	267	154	154		144	6	11	12	20
30-34岁	295	295	188	187	1	120	4	8	14	13
35-39岁	290	290	174	170	4	94	3	6	19	12
40-44岁	363	363	126	124	2	61	4	3	13	5
45-49岁	317	317	126	122	4	39	3	2	9	5
50-54岁	279	279	116	112	4	44	4	6	7	5
55-59岁	208	208	69	69		23	1	1	9	1
60-64岁	43	43	17	16	1	6	1		1	1
65-69岁	19	19	13	12	1	1			1	
70-74岁	5	5	4	4		1		1		
75岁及以上	1	1	7	7						
女	**4596**	**4596**	**2459**	**2389**	**70**	**557**	**22**	**39**	**73**	**66**
16-19岁	112	112	36	36		23		1	1	4
20-24岁	690	690	413	407	6	98	2	12	15	14
25-29岁	741	741	588	583	5	117	3	9	16	15
30-34岁	819	819	541	529	12	103	4	9	20	12
35-39岁	722	722	292	282	10	72	3	3	5	5
40-44岁	648	648	181	173	8	50	3	1	6	4
45-49岁	446	446	176	164	12	43	4	3	6	5
50-54岁	297	297	122	114	8	31	1	1	2	7
55-59岁	91	91	77	73	4	14	1		1	
60-64岁	16	16	19	17	2	6	1		1	
65-69岁	10	10	8	6	2					
70-74岁	1	1	6	5	1					
75岁及以上	3	3								

4-5a 续表 25

单位：人

年龄组 性别	有农村土地承包经营权的人口									
		十九、公共管理、社会保障和社会组织							二十、国际组织	
	90.娱乐业	小计	91.中国共产党机关	92.国家机构	93.人民政协、民主党派	94.社会保障	95.群众团体、社会团体和其他成员组织	96.基层群众自治组织	小计	97.国际组织
总　计	**808**	**4232**	**103**	**3255**	**9**	**21**	**199**	**645**	**1**	**1**
16-19岁	44	19		12			1	6		
20-24岁	157	285	2	239		1	12	31		
25-29岁	169	710	20	607	2	3	30	48		
30-34岁	139	811	14	682		3	38	74		
35-39岁	110	513	15	391	2	4	25	76		
40-44岁	72	563	17	445	3	3	22	73		
45-49岁	45	515	11	387	1	5	22	89	1	1
50-54岁	42	402	16	262		2	24	98		
55-59岁	23	274	5	169	1		12	87		
60-64岁	7	85	2	41			8	34		
65-69岁		42	1	15			4	22		
70-74岁		11		3			1	7		
75岁及以上		2		2						
男	**451**	**2682**	**72**	**2109**	**6**	**5**	**100**	**390**		
16-19岁	27	11		11						
20-24岁	102	149	2	127			5	15		
25-29岁	95	390	11	350			7	22		
30-34岁	81	470	11	414		1	18	26		
35-39岁	54	326	13	250	2	1	16	44		
40-44岁	36	362	11	297	2	1	10	41		
45-49岁	20	334	8	263	1	1	9	52		
50-54岁	22	311	9	208		1	18	75		
55-59岁	11	221	5	143	1		8	64		
60-64岁	3	61	2	28			4	27		
65-69岁		37		15			4	18		
70-74岁		9		2			1	6		
75岁及以上		1		1						
女	**357**	**1550**	**31**	**1146**	**3**	**16**	**99**	**255**	**1**	**1**
16-19岁	17	8		1			1	6		
20-24岁	55	136		112		1	7	16		
25-29岁	74	320	9	257	2	3	23	26		
30-34岁	58	341	3	268		2	20	48		
35-39岁	56	187	2	141		3	9	32		
40-44岁	36	201	6	148	1	2	12	32		
45-49岁	25	181	3	124		4	13	37	1	1
50-54岁	20	91	7	54		1	6	23		
55-59岁	12	53		26			4	23		
60-64岁	4	24		13			4	7		
65-69岁		5	1					4		
70-74岁		2		1				1		
75岁及以上		1		1						

4-5a 续表 26

单位：人

年龄组 性 别	没有农村土地承包经营权的人口								
	合计	一、农、林、牧、渔业						二、采矿业	
		小计	1.农业	2.林业	3.畜牧业	4.渔业	5.农、林、牧、渔专业及辅助性活 动	小计	6.煤炭开采和洗选业
总 计	**414159**	**8056**	**3821**	**793**	**1080**	**1618**	**744**	**937**	**129**
16-19岁	3569	70	33	5	5	25	2	1	
20-24岁	26770	308	158	29	28	66	27	14	2
25-29岁	50463	620	306	48	95	110	61	57	6
30-34岁	78494	1258	583	111	209	235	120	144	9
35-39岁	72212	1288	580	121	220	260	107	144	18
40-44岁	61044	1133	513	122	148	246	104	166	35
45-49岁	56654	1152	509	138	143	236	126	172	20
50-54岁	38378	1056	515	117	118	210	96	148	28
55-59岁	20896	718	339	78	75	147	79	71	7
60-64岁	3425	235	141	9	22	51	12	9	2
65-69岁	1497	124	81	8	9	20	6	5	2
70-74岁	507	70	44	5	8	9	4	4	
75岁及以上	250	24	19	2		3		2	
男	**223408**	**4694**	**1860**	**546**	**671**	**1168**	**449**	**710**	**96**
16-19岁	2048	58	27	4	4	21	2	1	
20-24岁	14036	206	95	21	19	50	21	12	1
25-29岁	26339	388	171	34	70	82	31	41	4
30-34岁	40311	740	298	70	126	172	74	108	7
35-39岁	37086	746	281	82	135	191	57	100	14
40-44岁	31218	595	225	74	79	160	57	121	27
45-49岁	29653	639	216	95	90	163	75	116	12
50-54岁	23462	638	257	91	74	157	59	128	21
55-59岁	15564	440	155	63	51	111	60	65	7
60-64岁	2221	122	63	4	12	35	8	9	2
65-69岁	978	71	42	3	8	15	3	4	1
70-74岁	340	38	21	3	3	9	2	4	
75岁及以上	152	13	9	2		2		1	
女	**190751**	**3362**	**1961**	**247**	**409**	**450**	**295**	**227**	**33**
16-19岁	1521	12	6	1	1	4			
20-24岁	12734	102	63	8	9	16	6	2	1
25-29岁	24124	232	135	14	25	28	30	16	2
30-34岁	38183	518	285	41	83	63	46	36	2
35-39岁	35126	542	299	39	85	69	50	44	4
40-44岁	29826	538	288	48	69	86	47	45	8
45-49岁	27001	513	293	43	53	73	51	56	8
50-54岁	14916	418	258	26	44	53	37	20	7
55-59岁	5332	278	184	15	24	36	19	6	
60-64岁	1204	113	78	5	10	16	4		
65-69岁	519	53	39	5	1	5	3	1	1
70-74岁	167	32	23	2	5		2		
75岁及以上	98	11	10			1		1	

4-5a　续表 27　　　　　　　　　　　　　　　　　　　　　　　　　　　　单位：人

年龄组 性　别	没有农村土地承包经营权的人口								
	二、采矿业						三、制造业		
	7.石油和天然气开采业	8.黑色金属矿采选业	9.有色金属矿采选业	10.非金属矿采选业	11.开采专业及辅助性活动	12.其他采矿业	小计	13.农副食品加工业	14.食品制造业
总　计	**54**	**94**	**217**	**276**	**84**	**83**	**40497**	**3136**	**1825**
16-19岁						1	490	10	28
20-24岁		4	2	4	1	1	2325	93	124
25-29岁	2	3	11	18	9	8	4266	240	212
30-34岁	6	14	27	62	19	7	7376	492	372
35-39岁	8	18	30	51	10	9	7094	465	321
40-44岁	7	16	37	48	12	11	6358	496	307
45-49岁	16	26	48	37	10	15	6350	569	249
50-54岁	10	7	37	34	14	18	3801	420	116
55-59岁	4	6	20	18	6	10	1874	256	80
60-64岁	1		3	1	1	1	326	62	7
65-69岁				1		2	152	25	6
70-74岁			2		2		60	6	3
75岁及以上				2			25	2	
男	**41**	**68**	**157**	**221**	**64**	**63**	**24551**	**1747**	**787**
16-19岁						1	400	10	14
20-24岁		3	2	4	1	1	1605	60	45
25-29岁	2	2	7	14	7	5	2746	152	91
30-34岁	4	9	21	49	15	3	4322	285	143
35-39岁	6	13	19	36	6	6	3954	234	135
40-44岁	5	10	23	39	7	10	3414	253	125
45-49岁	11	18	27	29	7	12	3643	274	110
50-54岁	8	7	34	31	13	14	2612	244	55
55-59岁	4	6	19	16	5	8	1490	179	60
60-64岁	1		3	1	1	1	213	34	4
65-69岁				1		2	91	17	4
70-74岁			2		2		44	4	1
75岁及以上				1			17	1	
女	**13**	**26**	**60**	**55**	**20**	**20**	**15946**	**1389**	**1038**
16-19岁							90		14
20-24岁		1					720	33	79
25-29岁		1	4	4	2	3	1520	88	121
30-34岁	2	5	6	13	4	4	3054	207	229
35-39岁	2	5	11	15	4	3	3140	231	186
40-44岁	2	6	14	9	5	1	2944	243	182
45-49岁	5	8	21	8	3	3	2707	295	139
50-54岁	2		3	3	1	4	1189	176	61
55-59岁			1	2	1	2	384	77	20
60-64岁							113	28	3
65-69岁							61	8	2
70-74岁							16	2	2
75岁及以上				1			8	1	

4-5a 续表 28 单位：人

年龄组 性别	没有农村土地承包经营权的人口								
	三、制造业								
	15.酒、饮料和精制茶制造业	16.烟草制品业	17.纺织业	18.纺织服装、服饰业	19.皮革、毛皮、羽毛及其制品和制鞋业	20.木材加工和木、竹、藤、棕、草制品业	21.家具制造业	22.造纸和纸制品业	23.印刷和记录媒介复制业
总　计	**711**	**288**	**803**	**1879**	**271**	**1378**	**802**	**649**	**680**
16-19岁	3		1	18	1	7	19	14	15
20-24岁	24	7	25	84	14	43	34	28	46
25-29岁	66	20	68	165	23	128	91	53	48
30-34岁	145	50	131	328	55	244	173	103	97
35-39岁	142	47	151	321	64	268	163	106	100
40-44岁	121	45	117	324	52	208	120	120	106
45-49岁	87	75	127	317	39	232	99	116	119
50-54岁	60	33	103	205	14	142	55	65	93
55-59岁	48	9	47	88	6	74	39	32	47
60-64岁	13		15	19	1	24	5	8	6
65-69岁	1		11	8	2	5	4	2	2
70-74岁	1	2	7	2		1			1
75岁及以上						2		2	
男	**426**	**183**	**275**	**456**	**103**	**806**	**520**	**365**	**384**
16-19岁			1	12	1	3	16	14	13
20-24岁	14	6	14	48	7	29	28	18	34
25-29岁	38	17	36	63	7	85	60	28	25
30-34岁	83	33	44	89	19	160	113	54	58
35-39岁	79	22	30	64	25	145	95	51	52
40-44岁	67	30	33	62	19	99	73	61	45
45-49岁	57	38	34	43	13	129	62	65	58
50-54岁	41	28	43	44	6	85	35	39	57
55-59岁	37	8	26	21	5	46	32	27	36
60-64岁	8		4	7	1	18	4	7	5
65-69岁	1		5	2		4	2		1
70-74岁	1	1	5	1		1			
75岁及以上						2		1	
女	**285**	**105**	**528**	**1423**	**168**	**572**	**282**	**284**	**296**
16-19岁	3			6		4	3		2
20-24岁	10	1	11	36	7	14	6	10	12
25-29岁	28	3	32	102	16	43	31	25	23
30-34岁	62	17	87	239	36	84	60	49	39
35-39岁	63	25	121	257	39	123	68	55	48
40-44岁	54	15	84	262	33	109	47	59	61
45-49岁	30	37	93	274	26	103	37	51	61
50-54岁	19	5	60	161	8	57	20	26	36
55-59岁	11	1	21	67	1	28	7	5	11
60-64岁	5		11	12		6	1	1	1
65-69岁			6	6	2	1	2	2	1
70-74岁		1	2	1					1
75岁及以上								1	

4–5a 续表 29

单位：人

年龄组 性 别	没有农村土地承包经营权的人口								
	三、制造业								
	24.文教、工美、体育和娱乐用品制造业	25.石油、煤炭及其他燃料加工业	26.化学原料和化学制品制造业	27.医药制造业	28.化学纤维制造业	29.橡胶和塑料制品业	30.非金属矿物制品业	31.黑色金属冶炼和压延加工业	32.有色金属冶炼和压延加工业
总 计	**1347**	**267**	**1078**	**1066**	**18**	**963**	**2676**	**2312**	**1184**
16–19岁	13		3	4		28	9	12	
20–24岁	53	15	29	60	1	64	111	211	45
25–29岁	147	19	76	104	1	85	246	248	81
30–34岁	276	54	165	198	2	144	449	404	168
35–39岁	287	46	197	204	5	152	478	349	192
40–44岁	218	33	204	194	1	188	411	349	203
45–49岁	186	45	197	157	5	156	462	426	259
50–54岁	109	39	112	84	2	84	323	237	165
55–59岁	41	15	75	47	1	50	135	62	62
60–64岁	11	1	9	7		9	31	7	3
65–69岁	2		5	4		2	14	5	5
70–74岁	3		5	2		1	5	1	1
75岁及以上	1		1	1			2	1	
男	**596**	**191**	**692**	**543**	**7**	**555**	**1866**	**1771**	**872**
16–19岁	7		2			25	9	10	
20–24岁	30	13	16	23		46	88	170	36
25–29岁	65	14	48	58	1	49	175	199	56
30–34岁	123	34	90	90		82	301	319	110
35–39岁	118	32	121	101	2	72	320	269	140
40–44岁	86	19	122	77	1	94	265	241	137
45–49岁	69	30	126	81	1	85	313	295	176
50–54岁	56	36	89	59	1	53	241	201	151
55–59岁	29	12	66	43	1	41	121	56	60
60–64岁	9	1	6	6		6	22	6	2
65–69岁	1		3	2		2	7	4	3
70–74岁	3		3	2			3	1	1
75岁及以上				1			1		
女	**751**	**76**	**386**	**523**	**11**	**408**	**810**	**541**	**312**
16–19岁	6		1	4		3		2	
20–24岁	23	2	13	37	1	18	23	41	9
25–29岁	82	5	28	46		36	71	49	25
30–34岁	153	20	75	108	2	62	148	85	58
35–39岁	169	14	76	103	3	80	158	80	52
40–44岁	132	14	82	117		94	146	108	66
45–49岁	117	15	71	76	4	71	149	131	83
50–54岁	53	3	23	25	1	31	82	36	14
55–59岁	12	3	9	4		9	14	6	2
60–64岁	2		3	1		3	9	1	1
65–69岁	1		2	2			7	1	2
70–74岁			2			1	2		
75岁及以上	1		1				1	1	

4-5a 续表 30　　　　单位：人

年龄组 性别	没有农村土地承包经营权的人口								
	三、制造业								
	33.金属制品业	34.通用设备制造业	35.专用设备制造业	36.汽车制造业	37.铁路、船舶、航空航天和其他运输设备制造业	38.电气机械和器材制造业	39.计算机、通信和其他电子设备制造业	40.仪器仪表制造业	41.其他制造业
总　计	**1716**	**2030**	**1654**	**4551**	**545**	**1164**	**3348**	**270**	**261**
16-19岁	5	11	4	195		15	58	3	1
20-24岁	74	96	101	351	30	65	380	16	15
25-29岁	186	171	179	640	69	125	571	15	25
30-34岁	347	331	289	903	94	204	846	55	37
35-39岁	331	352	311	819	69	232	653	51	49
40-44岁	287	334	255	589	84	187	435	49	39
45-49岁	247	406	243	649	94	181	248	40	34
50-54岁	153	204	162	290	70	95	98	19	38
55-59岁	61	98	85	102	30	46	45	17	17
60-64岁	13	13	11	7	3	6	8	2	5
65-69岁	7	11	7	3		6	5	2	1
70-74岁	3	1	7	1		2			
75岁及以上	2	2		2	2		1	1	
男	**1234**	**1479**	**1064**	**3273**	**408**	**736**	**1595**	**158**	**146**
16-19岁	5	10	2	193		8	32	1	1
20-24岁	54	68	71	300	25	44	235	7	5
25-29岁	146	134	105	485	48	81	317	10	14
30-34岁	245	233	178	635	74	133	367	33	18
35-39岁	221	244	184	556	45	132	271	29	31
40-44岁	189	223	156	356	58	107	163	20	19
45-49岁	169	293	161	416	68	111	116	22	19
50-54岁	131	167	115	225	59	72	58	17	21
55-59岁	54	88	76	95	26	37	31	15	14
60-64岁	10	7	7	6	3	6	3	2	4
65-69岁	6	9	4	3		3	1	1	
70-74岁	3	1	5	1		2			
75岁及以上	1	2		2	2		1	1	
女	**482**	**551**	**590**	**1278**	**137**	**428**	**1753**	**112**	**115**
16-19岁		1	2	2		7	26	2	
20-24岁	20	28	30	51	5	21	145	9	10
25-29岁	40	37	74	155	21	44	254	5	11
30-34岁	102	98	111	268	20	71	479	22	19
35-39岁	110	108	127	263	24	100	382	22	18
40-44岁	98	111	99	233	26	80	272	29	20
45-49岁	78	113	82	233	26	70	132	18	15
50-54岁	22	37	47	65	11	23	40	2	17
55-59岁	7	10	9	7	4	9	14	2	3
60-64岁	3	6	4	1			5		1
65-69岁	1	2	3			3	4	1	1
70-74岁			2						
75岁及以上	1								

4-5a 续表 31　　　　单位：人

年龄组 性别	没有农村土地承包经营权的人口								
	三、制造业		四、电力、热力、燃气及水生产和供应业				五、建筑业		
	42.废弃资源综合利用业	43.金属制品、机械和设备修理业	小计	44.电力、热力生产和供应业	45.燃气生产和供应业	46.水的生产和供应业	小计	47.房屋建筑业	48.土木工程建筑业
总　计	**333**	**1292**	**5161**	**3609**	**736**	**816**	**42561**	**20508**	**4049**
16-19岁	7	6	4	2	1	1	260	134	10
20-24岁	11	75	215	157	18	40	2398	1182	271
25-29岁	36	128	490	368	62	60	4833	2273	561
30-34岁	49	171	859	611	138	110	7895	3622	783
35-39岁	30	139	800	548	137	115	7393	3350	676
40-44岁	57	225	907	598	146	163	6344	3027	555
45-49岁	44	242	946	650	118	178	6171	3039	556
50-54岁	52	159	587	434	68	85	4442	2331	356
55-59岁	24	135	297	202	39	56	2197	1156	239
60-64岁	13	7	29	17	6	6	437	278	26
65-69岁	4	3	20	17	3		145	86	11
70-74岁	3	2	5	4		1	35	23	4
75岁及以上	3		2	1		1	11	7	1
男	**206**	**1107**	**3497**	**2513**	**473**	**511**	**32156**	**15104**	**3084**
16-19岁	5	6	3	2		1	203	109	7
20-24岁	7	64	154	114	12	28	1792	888	194
25-29岁	26	113	323	251	34	38	3683	1695	417
30-34岁	29	147	562	408	84	70	6003	2668	580
35-39岁	20	114	519	361	82	76	5518	2464	496
40-44岁	30	184	537	371	82	84	4649	2132	418
45-49岁	25	184	589	415	82	92	4509	2163	414
50-54岁	33	150	490	369	55	66	3403	1713	296
55-59岁	15	133	275	189	35	51	1862	944	221
60-64岁	8	7	25	15	5	5	371	233	25
65-69岁	3	3	15	13	2		127	74	11
70-74岁	3	2	4	4			29	17	4
75岁及以上	2		1	1			7	4	1
女	**127**	**185**	**1664**	**1096**	**263**	**305**	**10405**	**5404**	**965**
16-19岁	2		1		1		57	25	3
20-24岁	4	11	61	43	6	12	606	294	77
25-29岁	10	15	167	117	28	22	1150	578	144
30-34岁	20	24	297	203	54	40	1892	954	203
35-39岁	10	25	281	187	55	39	1875	886	180
40-44岁	27	41	370	227	64	79	1695	895	137
45-49岁	19	58	357	235	36	86	1662	876	142
50-54岁	19	9	97	65	13	19	1039	618	60
55-59岁	9	2	22	13	4	5	335	212	18
60-64岁	5		4	2	1	1	66	45	1
65-69岁	1		5	4	1		18	12	
70-74岁			1			1	6	6	
75岁及以上	1		1			1	4	3	

4-5a 续表 32

单位：人

年龄组 性别	没有农村土地承包经营权的人口								
	五、建筑业		六、批发和零售业			七、交通运输、仓储和邮政业			
	49.建筑安装业	50.建筑装饰、装修和其他建筑业	小计	51.批发业	52.零售业	小计	53.铁路运输业	54.道路运输业	55.水上运输业
总　计	**2284**	**15720**	**89035**	**20698**	**68337**	**27347**	**2761**	**15683**	**680**
16-19岁	11	105	643	86	557	183	11	103	2
20-24岁	116	829	5264	985	4279	1543	216	689	24
25-29岁	243	1756	10596	2285	8311	3058	432	1416	70
30-34岁	436	3054	18034	4217	13817	4919	354	2673	120
35-39岁	451	2916	17150	4106	13044	4599	253	2782	92
40-44岁	361	2401	13764	3322	10442	4222	353	2659	96
45-49岁	337	2239	11646	2718	8928	4082	492	2514	101
50-54岁	204	1551	7067	1742	5325	2814	351	1751	98
55-59岁	105	697	3557	917	2640	1655	271	959	55
60-64岁	10	123	754	196	558	169	20	89	13
65-69岁	8	40	375	80	295	68	2	37	5
70-74岁	1	7	116	28	88	26	4	8	3
75岁及以上	1	2	69	16	53	9	2	3	1
男	**1901**	**12067**	**40757**	**11338**	**29419**	**21653**	**2153**	**13040**	**492**
16-19岁	11	76	288	51	237	118	5	62	1
20-24岁	97	613	2386	545	1841	1151	146	530	17
25-29岁	192	1379	4928	1281	3647	2300	310	1129	46
30-34岁	356	2399	8061	2218	5843	3859	279	2214	84
35-39岁	373	2185	7421	2145	5276	3638	187	2332	68
40-44岁	298	1801	5829	1679	4150	3303	269	2195	69
45-49岁	280	1652	5128	1461	3667	3169	379	2050	64
50-54岁	176	1218	3793	1110	2683	2378	296	1535	77
55-59岁	101	596	2161	641	1520	1511	258	880	48
60-64岁	8	105	438	130	308	142	17	75	11
65-69岁	8	34	211	52	159	59	2	31	4
70-74岁	1	7	74	17	57	22	3	6	3
75岁及以上		2	39	8	31	3	2	1	
女	**383**	**3653**	**48278**	**9360**	**38918**	**5694**	**608**	**2643**	**188**
16-19岁		29	355	35	320	65	6	41	1
20-24岁	19	216	2878	440	2438	392	70	159	7
25-29岁	51	377	5668	1004	4664	758	122	287	24
30-34岁	80	655	9973	1999	7974	1060	75	459	36
35-39岁	78	731	9729	1961	7768	961	66	450	24
40-44岁	63	600	7935	1643	6292	919	84	464	27
45-49岁	57	587	6518	1257	5261	913	113	464	37
50-54岁	28	333	3274	632	2642	436	55	216	21
55-59岁	4	101	1396	276	1120	144	13	79	7
60-64岁	2	18	316	66	250	27	3	14	2
65-69岁		6	164	28	136	9		6	1
70-74岁			42	11	31	4	1	2	
75岁及以上	1		30	8	22	6		2	1

4-5a 续表 33 单位：人

年龄组 性别	没有农村土地承包经营权的人口							
	七、交通运输、仓储和邮政业					八、住宿和餐饮业		
	56.航空运输业	57.管道运输业	58.多式联运和运输代理业	59.装卸搬运和仓储业	60.邮政业	小计	61.住宿业	62.餐饮业
总 计	**570**	**7**	**813**	**2465**	**4368**	**26620**	**4279**	**22341**
16-19岁			1	10	56	791	99	692
20-24岁	53		44	85	432	2736	414	2322
25-29岁	110		100	180	750	3389	472	2917
30-34岁	141	4	177	385	1065	4781	657	4124
35-39岁	86	1	165	387	833	4348	687	3661
40-44岁	56	1	112	404	541	3583	620	2963
45-49岁	57	1	112	412	393	3461	686	2775
50-54岁	34		66	332	182	2159	405	1754
55-59岁	28		33	202	107	1044	192	852
60-64岁	4		2	35	6	223	32	191
65-69岁	1		1	20	2	75	12	63
70-74岁				10	1	23	2	21
75岁及以上				3		7	1	6
男	**363**	**5**	**603**	**1783**	**3214**	**12987**	**1630**	**11357**
16-19岁			1	9	40	432	47	385
20-24岁	25		28	67	338	1606	165	1441
25-29岁	57		70	128	560	1996	194	1802
30-34岁	83	3	132	272	792	2518	256	2262
35-39岁	59	1	114	272	605	2061	247	1814
40-44岁	42		85	273	370	1500	211	1289
45-49岁	39	1	87	286	263	1315	218	1097
50-54岁	29		53	245	143	882	150	732
55-59岁	26		30	173	96	505	111	394
60-64岁	3		2	30	4	109	19	90
65-69岁			1	19	2	48	10	38
70-74岁				9	1	12	1	11
75岁及以上						3	1	2
女	**207**	**2**	**210**	**682**	**1154**	**13633**	**2649**	**10984**
16-19岁				1	16	359	52	307
20-24岁	28		16	18	94	1130	249	881
25-29岁	53		30	52	190	1393	278	1115
30-34岁	58	1	45	113	273	2263	401	1862
35-39岁	27		51	115	228	2287	440	1847
40-44岁	14	1	27	131	171	2083	409	1674
45-49岁	18		25	126	130	2146	468	1678
50-54岁	5		13	87	39	1277	255	1022
55-59岁	2		3	29	11	539	81	458
60-64岁	1			5	2	114	13	101
65-69岁	1			1		27	2	25
70-74岁				1		11	1	10
75岁及以上				3		4		4

4-5a 续表 34

单位：人

年龄组 性 别	没有农村土地承包经营权的人口								
	九、信息传输、软件和信息技术服务业				十、金融业				
	小计	63.电信、广播电视和卫星传输服务	64.互联网和相关服务	65.软件和信息技术服务业	小计	66.货币金融服务	67.资本市场服务	68.保险业	69.其他金融业
总　计	**9540**	**3873**	**2438**	**3229**	**11598**	**5483**	**978**	**3900**	**1237**
16-19岁	61	13	39	9	15	1	4	8	2
20-24岁	1079	293	345	441	630	274	59	214	83
25-29岁	1846	563	568	715	1651	737	150	577	187
30-34岁	2274	922	587	765	2809	1244	228	1001	336
35-39岁	1961	900	400	661	2008	778	169	854	207
40-44岁	1146	564	265	317	1407	567	151	549	140
45-49岁	655	333	131	191	1466	804	115	405	142
50-54岁	303	159	64	80	1011	676	69	177	89
55-59岁	183	109	31	43	544	371	27	98	48
60-64岁	19	10	6	3	35	20	3	10	2
65-69岁	10	6	1	3	15	7	1	6	1
70-74岁					7	4	2	1	
75岁及以上	3	1	1	1					
男	**5823**	**2120**	**1542**	**2161**	**5420**	**2696**	**547**	**1507**	**670**
16-19岁	31	4	22	5	6	1	1	2	2
20-24岁	623	143	209	271	281	119	30	98	34
25-29岁	1086	303	337	446	743	339	68	244	92
30-34岁	1327	435	374	518	1150	494	107	391	158
35-39岁	1182	458	262	462	854	332	102	299	121
40-44岁	722	336	168	218	589	261	87	172	69
45-49岁	449	219	92	138	688	391	70	142	85
50-54岁	221	116	44	61	595	400	52	81	62
55-59岁	162	94	29	39	475	336	25	70	44
60-64岁	13	7	3	3	24	16	3	3	2
65-69岁	5	4	1		10	4	1	4	1
70-74岁					5	3	1	1	
75岁及以上	2	1	1						
女	**3717**	**1753**	**896**	**1068**	**6178**	**2787**	**431**	**2393**	**567**
16-19岁	30	9	17	4	9		3	6	
20-24岁	456	150	136	170	349	155	29	116	49
25-29岁	760	260	231	269	908	398	82	333	95
30-34岁	947	487	213	247	1659	750	121	610	178
35-39岁	779	442	138	199	1154	446	67	555	86
40-44岁	424	228	97	99	818	306	64	377	71
45-49岁	206	114	39	53	778	413	45	263	57
50-54岁	82	43	20	19	416	276	17	96	27
55-59岁	21	15	2	4	69	35	2	28	4
60-64岁	6	3	3		11	4		7	
65-69岁	5	2		3	5	3		2	
70-74岁					2	1	1		
75岁及以上	1			1					

4-5a　续表 35

单位：人

年龄组 性　别	没有农村土地承包经营权的人口								
	十一、房地产业		十二、租赁和商务服务业			十三、科学研究和技术服务业			
	小计	70.房地产业	小计	71.租赁业	72.商务服务业	小计	73.研究和试验发展	74.专业技术服务业	75.科技推广和应用服务业
总　计	**15568**	**15568**	**19221**	**889**	**18332**	**8510**	**785**	**6467**	**1258**
16-19岁	81	81	101	6	95	22	7	10	5
20-24岁	1212	1212	1344	48	1296	648	35	538	75
25-29岁	2331	2331	2645	108	2537	1277	93	1025	159
30-34岁	3190	3190	3924	221	3703	1886	152	1441	293
35-39岁	2471	2471	3493	189	3304	1602	165	1190	247
40-44岁	1824	1824	2638	116	2522	1134	117	814	203
45-49岁	1849	1849	2317	101	2216	876	91	652	133
50-54岁	1386	1386	1545	72	1473	627	71	468	88
55-59岁	932	932	990	25	965	382	49	282	51
60-64岁	202	202	143	2	141	30	2	26	2
65-69岁	66	66	57	1	56	18	1	15	2
70-74岁	19	19	12		12	6	2	4	
75岁及以上	5	5	12		12	2		2	
男	**8681**	**8681**	**10818**	**672**	**10146**	**5412**	**456**	**4179**	**777**
16-19岁	49	49	59	5	54	16	5	8	3
20-24岁	709	709	628	41	587	404	19	344	41
25-29岁	1240	1240	1328	80	1248	742	48	599	95
30-34岁	1587	1587	1982	157	1825	1115	80	865	170
35-39岁	1315	1315	1854	146	1708	994	96	756	142
40-44岁	952	952	1469	91	1378	718	67	525	126
45-49岁	976	976	1325	70	1255	571	49	440	82
50-54岁	896	896	1147	57	1090	470	47	355	68
55-59岁	740	740	849	24	825	337	42	248	47
60-64岁	148	148	111		111	27	2	24	1
65-69岁	49	49	47	1	46	12		10	2
70-74岁	16	16	10		10	4	1	3	
75岁及以上	4	4	9		9	2		2	
女	**6887**	**6887**	**8403**	**217**	**8186**	**3098**	**329**	**2288**	**481**
16-19岁	32	32	42	1	41	6	2	2	2
20-24岁	503	503	716	7	709	244	16	194	34
25-29岁	1091	1091	1317	28	1289	535	45	426	64
30-34岁	1603	1603	1942	64	1878	771	72	576	123
35-39岁	1156	1156	1639	43	1596	608	69	434	105
40-44岁	872	872	1169	25	1144	416	50	289	77
45-49岁	873	873	992	31	961	305	42	212	51
50-54岁	490	490	398	15	383	157	24	113	20
55-59岁	192	192	141	1	140	45	7	34	4
60-64岁	54	54	32	2	30	3		2	1
65-69岁	17	17	10		10	6	1	5	
70-74岁	3	3	2		2	2	1	1	
75岁及以上	1	1	3		3				

4-5a 续表 36

单位：人

年龄组 性别	没有农村土地承包经营权的人口								
	十四、水利、环境和公共设施管理业					十五、居民服务、修理和其他服务业			
	小计	76.水利管理业	77.生态保护和环境治理业	78.公共设施管理业	79.土地管理业	小计	80.居民服务业	81.机动车、电子产品和日用产品修理业	82.其他服务业
总计	**3969**	**338**	**291**	**3258**	**82**	**20287**	**12389**	**4967**	**2931**
16-19岁	7		1	6		316	163	99	54
20-24岁	95	11	12	69	3	1373	820	455	98
25-29岁	294	29	34	213	18	2214	1389	664	161
30-34岁	464	40	52	359	13	3500	2230	990	280
35-39岁	537	46	56	417	18	3340	2133	853	354
40-44岁	671	60	45	555	11	2963	1790	721	452
45-49岁	861	69	46	736	10	3059	1789	596	674
50-54岁	574	44	25	500	5	2101	1251	341	509
55-59岁	375	36	19	317	3	1015	567	189	259
60-64岁	55	2	1	51	1	237	138	41	58
65-69岁	28			28		103	67	12	24
70-74岁	6			6		43	32	5	6
75岁及以上	2	1		1		23	20	1	2
男	**1936**	**223**	**190**	**1480**	**43**	**8179**	**3184**	**4058**	**937**
16-19岁	5		1	4		191	67	95	29
20-24岁	66	11	6	48	1	743	280	411	52
25-29岁	165	15	20	121	9	1096	446	560	90
30-34岁	246	27	34	180	5	1518	590	796	132
35-39岁	270	24	34	203	9	1300	495	668	137
40-44岁	292	35	28	222	7	1091	410	554	127
45-49岁	320	38	31	245	6	925	314	477	134
50-54岁	284	37	17	227	3	693	302	275	116
55-59岁	242	35	18	187	2	439	181	170	88
60-64岁	29	1	1	26	1	95	44	35	16
65-69岁	14			14		54	30	12	12
70-74岁	3			3		21	14	4	3
75岁及以上						13	11	1	1
女	**2033**	**115**	**101**	**1778**	**39**	**12108**	**9205**	**909**	**1994**
16-19岁	2			2		125	96	4	25
20-24岁	29		6	21	2	630	540	44	46
25-29岁	129	14	14	92	9	1118	943	104	71
30-34岁	218	13	18	179	8	1982	1640	194	148
35-39岁	267	22	22	214	9	2040	1638	185	217
40-44岁	379	25	17	333	4	1872	1380	167	325
45-49岁	541	31	15	491	4	2134	1475	119	540
50-54岁	290	7	8	273	2	1408	949	66	393
55-59岁	133	1	1	130	1	576	386	19	171
60-64岁	26	1		25		142	94	6	42
65-69岁	14			14		49	37		12
70-74岁	3			3		22	18	1	3
75岁及以上	2	1		1		10	9		1

4–5a　续表 37　　　　单位：人

年龄组 性　别	没有农村土地承包经营权的人口									
	十六、教育		十七、卫生和社会工作			十八、文化、体育和娱乐业				
	小计	83.教育	小计	84.卫生	85.社会工作	小计	86.新闻和出版业	87.广播、电视、电影和录音制作业	88.文化艺术业	89.体育
总　计	**32335**	**32335**	**17224**	**16845**	**379**	**5025**	**569**	**664**	**977**	**647**
16–19岁	221	221	93	93		174		6	7	22
20–24岁	2348	2348	1365	1352	13	652	25	75	84	86
25–29岁	3915	3915	2706	2675	31	805	60	117	129	128
30–34岁	5296	5296	3563	3508	55	957	94	125	190	139
35–39岁	5503	5503	3108	3050	58	761	97	106	173	89
40–44岁	5369	5369	2212	2147	65	550	94	70	122	60
45–49岁	4602	4602	1934	1870	64	503	89	65	118	69
50–54岁	3332	3332	1272	1220	52	343	58	47	86	33
55–59岁	1475	1475	742	710	32	227	47	45	54	20
60–64岁	162	162	127	120	7	36	3	8	8	
65–69岁	72	72	67	66	1	12	2		4	
70–74岁	22	22	21	20	1	4			2	1
75岁及以上	18	18	14	14		1				
男	**10204**	**10204**	**5229**	**5123**	**106**	**2586**	**259**	**385**	**423**	**335**
16–19岁	49	49	14	14		98		2	2	10
20–24岁	444	444	226	223	3	360	10	45	28	47
25–29岁	864	864	591	586	5	403	17	60	47	81
30–34岁	1220	1220	865	851	14	446	38	66	78	61
35–39岁	1539	1539	925	914	11	357	39	62	65	40
40–44岁	1761	1761	762	746	16	273	41	43	53	25
45–49岁	1641	1641	698	686	12	248	39	36	51	30
50–54岁	1433	1433	587	569	18	193	31	26	50	23
55–59岁	1082	1082	426	405	21	171	39	40	41	17
60–64岁	99	99	77	72	5	22	3	5	3	
65–69岁	50	50	32	32		12	2		4	
70–74岁	10	10	16	15	1	3			1	1
75岁及以上	12	12	10	10						
女	**22131**	**22131**	**11995**	**11722**	**273**	**2439**	**310**	**279**	**554**	**312**
16–19岁	172	172	79	79		76		4	5	12
20–24岁	1904	1904	1139	1129	10	292	15	30	56	39
25–29岁	3051	3051	2115	2089	26	402	43	57	82	47
30–34岁	4076	4076	2698	2657	41	511	56	59	112	78
35–39岁	3964	3964	2183	2136	47	404	58	44	108	49
40–44岁	3608	3608	1450	1401	49	277	53	27	69	35
45–49岁	2961	2961	1236	1184	52	255	50	29	67	39
50–54岁	1899	1899	685	651	34	150	27	21	36	10
55–59岁	393	393	316	305	11	56	8	5	13	3
60–64岁	63	63	50	48	2	14		3	5	
65–69岁	22	22	35	34	1					
70–74岁	12	12	5	5		1			1	
75岁及以上	6	6	4	4		1				

4-5a 续表 38 单位：人

年龄组 性 别	没有农村土地承包经营权的人口									
		十九、公共管理、社会保障和社会组织							二十、国际组织	
	90.娱乐业	小计	91.中国共产党机 关	92.国家机构	93.人民政协、民主党派	94.社会保障	95.群众团体、社会团体和其他成员组织	96.基层群众自治组织	小计	97.国际组织
总 计	**2168**	**30668**	**911**	**26847**	**161**	**187**	**997**	**1565**		
16-19岁	139	36		29			3	4		
20-24岁	382	1221	22	1077	2	10	57	53		
25-29岁	371	3470	88	3051	4	25	123	179		
30-34岁	409	5365	146	4735	14	29	161	280		
35-39岁	296	4612	157	4000	18	23	149	265		
40-44岁	204	4653	168	4054	19	30	144	238		
45-49岁	162	4552	131	3939	27	34	136	285		
50-54岁	119	3810	114	3371	43	27	121	134		
55-59岁	61	2618	74	2340	29	9	81	85		
60-64岁	17	197	7	147	5		9	29		
65-69岁	6	85	2	68			6	9		
70-74岁	1	28		19			5	4		
75岁及以上	1	21	2	17			2			
男	**1184**	**18115**	**567**	**16365**	**92**	**69**	**484**	**538**		
16-19岁	84	27		24				3		
20-24岁	230	640	7	590		4	22	17		
25-29岁	198	1676	40	1505	1	9	52	69		
30-34岁	203	2682	79	2444	6	8	65	80		
35-39岁	151	2539	88	2288	7	5	63	88		
40-44岁	111	2641	113	2378	8	8	67	67		
45-49岁	92	2704	86	2461	16	14	62	65		
50-54岁	63	2619	86	2363	28	13	74	55		
55-59岁	34	2332	58	2118	23	8	65	60		
60-64岁	11	147	6	111	3		4	23		
65-69岁	6	67	2	52			6	7		
70-74岁	1	25		17			4	4		
75岁及以上		16	2	14						
女	**984**	**12553**	**344**	**10482**	**69**	**118**	**513**	**1027**		
16-19岁	55	9		5			3	1		
20-24岁	152	581	15	487	2	6	35	36		
25-29岁	173	1794	48	1546	3	16	71	110		
30-34岁	206	2683	67	2291	8	21	96	200		
35-39岁	145	2073	69	1712	11	18	86	177		
40-44岁	93	2012	55	1676	11	22	77	171		
45-49岁	70	1848	45	1478	11	20	74	220		
50-54岁	56	1191	28	1008	15	14	47	79		
55-59岁	27	286	16	222	6	1	16	25		
60-64岁	6	50	1	36	2		5	6		
65-69岁		18		16				2		
70-74岁		3		2			1			
75岁及以上	1	5		3			2			

4−5b　分年龄、性别、行业大类的就业人口（镇）

单位：人

年龄组 性别	合计								
	合计	一、农、林、牧、渔业						二、采矿业	
		小计	1.农业	2.林业	3.畜牧业	4.渔业	5.农、林、牧、渔专业及辅助性活动	小计	6.煤炭开采和洗选业
总　计	**489590**	**113465**	**97477**	**3658**	**8406**	**2395**	**1529**	**1978**	**87**
16−19岁	5039	902	814	14	43	26	5	6	
20−24岁	23641	2562	2163	90	218	51	40	50	
25−29岁	42850	4782	3941	174	443	121	103	149	4
30−34岁	69494	9231	7535	381	894	244	177	263	6
35−39岁	69901	10935	8975	442	1022	309	187	291	7
40−44岁	66365	11561	9652	498	934	272	205	332	17
45−49岁	69430	15325	12780	658	1265	370	252	393	24
50−54岁	62099	18339	15741	621	1308	420	249	291	20
55−59岁	43701	16543	14476	465	1076	339	187	150	6
60−64岁	18404	10384	9449	187	555	136	57	35	3
65−69岁	11856	8003	7439	89	360	72	43	12	
70−74岁	4462	3212	2998	23	157	19	15	4	
75岁及以上	2348	1686	1514	16	131	16	9	2	
男	**277559**	**60005**	**49809**	**2615**	**5003**	**1708**	**870**	**1555**	**71**
16−19岁	3087	587	524	12	26	21	4	6	
20−24岁	13422	1554	1269	77	146	40	22	39	
25−29岁	23706	2800	2225	122	288	98	67	120	3
30−34岁	38605	5245	4085	277	585	189	109	204	6
35−39岁	38670	6011	4739	323	612	231	106	225	6
40−44岁	36189	6056	4851	350	556	193	106	241	11
45−49岁	38214	7727	6225	445	691	235	131	290	19
50−54岁	36327	9354	7736	440	744	286	148	251	17
55−59岁	27349	8245	6925	342	630	242	106	131	6
60−64岁	10915	5377	4787	137	325	96	32	31	3
65−69岁	6974	4288	3931	60	219	52	26	11	
70−74岁	2720	1821	1676	19	105	13	8	4	
75岁及以上	1381	940	836	11	76	12	5	2	
女	**212031**	**53460**	**47668**	**1043**	**3403**	**687**	**659**	**423**	**16**
16−19岁	1952	315	290	2	17	5	1		
20−24岁	10219	1008	894	13	72	11	18	11	
25−29岁	19144	1982	1716	52	155	23	36	29	1
30−34岁	30889	3986	3450	104	309	55	68	59	
35−39岁	31231	4924	4236	119	410	78	81	66	1
40−44岁	30176	5505	4801	148	378	79	99	91	6
45−49岁	31216	7598	6555	213	574	135	121	103	5
50−54岁	25772	8985	8005	181	564	134	101	40	3
55−59岁	16352	8298	7551	123	446	97	81	19	
60−64岁	7489	5007	4662	50	230	40	25	4	
65−69岁	4882	3715	3508	29	141	20	17	1	
70−74岁	1742	1391	1322	4	52	6	7		
75岁及以上	967	746	678	5	55	4	4		

4-5b 续表 1　　单位：人

年龄组 性 别	合 计								
	二、采矿业						三、制造业		
	7.石油和天然气开采业	8.黑色金属矿采选业	9.有色金属矿采选业	10.非金属矿采选业	11.开采专业及辅助性活动	12.其他采矿业	小计	13.农副食品加工业	14.食品制造业
总 计	**56**	**273**	**610**	**782**	**85**	**85**	**63063**	**6717**	**2029**
16-19岁		1		3		2	1015	41	29
20-24岁	1	5	5	26	8	5	3645	177	114
25-29岁	1	14	35	75	12	8	5704	408	181
30-34岁	9	37	78	118	9	6	10316	844	361
35-39岁	5	49	85	122	14	9	10657	938	318
40-44岁	13	53	122	96	12	19	9615	941	280
45-49岁	15	53	126	151	9	15	9367	1240	294
50-54岁	7	34	104	101	15	10	6820	1024	223
55-59岁	3	20	41	65	6	9	3908	738	145
60-64岁	1	4	10	17			1152	212	52
65-69岁	1	2	3	4		2	601	109	20
70-74岁		1	1	2			183	34	9
75岁及以上				2			80	11	3
男	**35**	**190**	**468**	**650**	**72**	**69**	**34819**	**4049**	**954**
16-19岁		1		3		2	633	28	15
20-24岁		3	5	20	7	4	2297	116	60
25-29岁	1	10	26	65	9	6	3477	271	87
30-34岁	4	26	60	95	9	4	5720	530	167
35-39岁	3	30	62	106	10	8	5531	543	133
40-44岁	7	35	83	78	11	16	4778	505	125
45-49岁	9	34	92	115	9	12	4697	677	138
50-54岁	7	26	91	89	12	9	3871	649	95
55-59岁	2	19	37	56	5	6	2516	497	85
60-64岁	1	4	8	15			732	138	30
65-69岁	1	1	3	4		2	393	64	12
70-74岁		1	1	2			122	22	5
75岁及以上				2			52	9	2
女	**21**	**83**	**142**	**132**	**13**	**16**	**28244**	**2668**	**1075**
16-19岁							382	13	14
20-24岁	1	2		6	1	1	1348	61	54
25-29岁		4	9	10	3	2	2227	137	94
30-34岁	5	11	18	23		2	4596	314	194
35-39岁	2	19	23	16	4	1	5126	395	185
40-44岁	6	18	39	18	1	3	4837	436	155
45-49岁	6	19	34	36		3	4670	563	156
50-54岁		8	13	12	3	1	2949	375	128
55-59岁	1	1	4	9	1	3	1392	241	60
60-64岁			2	2			420	74	22
65-69岁		1					208	45	8
70-74岁							61	12	4
75岁及以上							28	2	1

4-5b　续表 2　　　　单位：人

年龄组 性　别	合　计								
	三、制造业								
	15.酒、饮料和精制茶制造业	16.烟草制品业	17.纺织业	18.纺织服装、服饰业	19.皮革、毛皮、羽毛及其制品和制鞋业	20.木材加工和木、竹、藤、棕、草制品业	21.家具制造业	22.造纸和纸制品业	23.印刷和记录媒介复制业
总　计	**1321**	**46**	**2216**	**7453**	**1470**	**6749**	**1467**	**1222**	**485**
16-19岁	6		24	162	28	36	19	10	6
20-24岁	41	2	72	503	67	151	58	49	28
25-29岁	99	3	150	663	115	400	138	81	43
30-34岁	202	7	334	1205	253	793	234	205	86
35-39岁	236	5	394	1338	319	1011	238	219	104
40-44岁	205	9	391	1221	269	1111	225	212	81
45-49岁	190	4	398	1104	195	1159	225	204	69
50-54岁	146	6	254	733	125	1063	161	136	42
55-59岁	112	8	137	356	52	641	115	68	20
60-64岁	43	1	46	86	28	205	32	17	3
65-69岁	23		12	58	14	136	14	9	3
70-74岁	15		2	13	4	29	8	9	
75岁及以上	3	1	2	11	1	14		3	
男	**754**	**34**	**850**	**2153**	**515**	**3849**	**996**	**752**	**298**
16-19岁	3		15	59	15	27	15	8	5
20-24岁	22	1	47	209	39	97	46	37	24
25-29岁	65	3	63	266	59	244	101	59	26
30-34岁	129	6	130	371	95	464	161	136	54
35-39岁	126	1	133	365	104	570	149	125	60
40-44岁	112	6	130	282	72	560	139	116	49
45-49岁	97	4	118	240	55	609	133	116	35
50-54岁	82	3	104	181	36	613	116	83	24
55-59岁	68	8	74	120	19	397	92	45	17
60-64岁	29	1	27	27	16	135	26	12	2
65-69岁	11		6	23	3	100	10	6	2
70-74岁	8		1	5	2	22	8	8	
75岁及以上	2	1	2	5		11		1	
女	**567**	**12**	**1366**	**5300**	**955**	**2900**	**471**	**470**	**187**
16-19岁	3		9	103	13	9	4	2	1
20-24岁	19	1	25	294	28	54	12	12	4
25-29岁	34		87	397	56	156	37	22	17
30-34岁	73	1	204	834	158	329	73	69	32
35-39岁	110	4	261	973	215	441	89	94	44
40-44岁	93	3	261	939	197	551	86	96	32
45-49岁	93		280	864	140	550	92	88	34
50-54岁	64	3	150	552	89	450	45	53	18
55-59岁	44		63	236	33	244	23	23	3
60-64岁	14		19	59	12	70	6	5	1
65-69岁	12		6	35	11	36	4	3	1
70-74岁	7		1	8	2	7		1	
75岁及以上	1			6	1	3		2	

4-5b 续表 3 单位：人

年龄组 性 别	合 计								
	三、制造业								
	24.文教、工美、体育和娱乐用品制造业	25.石油、煤炭及其他燃料加工业	26.化学原料和化学制品制造业	27.医药制造业	28.化学纤维制造业	29.橡胶和塑料制品业	30.非金属矿物制品业	31.黑色金属冶炼和压延加工业	32.有色金属冶炼和压延加工业
总 计	**2474**	**97**	**1358**	**612**	**17**	**1565**	**5568**	**1092**	**1584**
16-19岁	37		5	2		22	35	4	4
20-24岁	151	6	46	36		85	210	42	57
25-29岁	228	13	111	57	2	131	364	93	190
30-34岁	461	12	196	88	2	226	849	186	337
35-39岁	445	18	227	102	5	268	892	182	323
40-44岁	378	20	221	86	3	251	900	198	277
45-49岁	334	8	201	115	1	273	975	185	242
50-54岁	239	11	175	65	4	177	776	132	97
55-59岁	121	8	128	41		79	400	56	42
60-64岁	37	1	24	10		26	110	10	10
65-69岁	26		14	8		23	44	2	5
70-74岁	10		7	2		2	11	1	
75岁及以上	7		3			2	2	1	
男	**820**	**70**	**902**	**281**	**10**	**907**	**3951**	**828**	**1248**
16-19岁	17		4	1		16	31	3	3
20-24岁	76	5	24	14		68	170	29	44
25-29岁	81	9	73	24	1	90	273	72	148
30-34岁	152	7	124	41	1	136	602	135	259
35-39岁	142	14	147	54	2	158	629	140	264
40-44岁	115	11	141	35	1	139	581	146	207
45-49岁	91	7	133	39	1	128	649	135	185
50-54岁	69	9	128	35	4	90	562	104	84
55-59岁	48	7	96	25		45	321	51	40
60-64岁	9	1	15	6		16	83	10	10
65-69岁	12		9	6		18	40	2	4
70-74岁	5		6	1		1	8		
75岁及以上	3		2			2	2	1	
女	**1654**	**27**	**456**	**331**	**7**	**658**	**1617**	**264**	**336**
16-19岁	20		1	1		6	4	1	1
20-24岁	75	1	22	22		17	40	13	13
25-29岁	147	4	38	33	1	41	91	21	42
30-34岁	309	5	72	47	1	90	247	51	78
35-39岁	303	4	80	48	3	110	263	42	59
40-44岁	263	9	80	51	2	112	319	52	70
45-49岁	243	1	68	76		145	326	50	57
50-54岁	170	2	47	30		87	214	28	13
55-59岁	73	1	32	16		34	79	5	2
60-64岁	28		9	4		10	27		
65-69岁	14		5	2		5	4		1
70-74岁	5		1	1		1	3	1	
75岁及以上	4		1						

4-5b 续表 4

单位：人

年龄组 性 别	合 计								
	三、制造业								
	33.金属制品业	34.通用设备制造业	35.专用设备制造业	36.汽车制造业	37.铁路、船舶、航空航天和其他运输设备制造业	38.电气机械和器材制造业	39.计算机、通信和其他电子设备制造业	40.仪器仪表制造业	41.其他制造业
总 计	**3216**	**1304**	**1187**	**1269**	**366**	**1541**	**6812**	**194**	**505**
16-19岁	54	35	32	17	2	56	322	2	16
20-24岁	184	108	95	121	18	189	926	18	35
25-29岁	290	134	153	156	38	183	1118	26	36
30-34岁	563	247	227	281	63	326	1437	41	92
35-39岁	595	248	206	223	42	269	1222	31	73
40-44岁	518	169	168	176	47	206	801	35	64
45-49岁	455	160	134	154	70	162	568	19	68
50-54岁	294	123	85	94	47	93	271	11	55
55-59岁	170	56	64	36	29	44	97	7	43
60-64岁	61	11	16	9	8	10	27	2	15
65-69岁	23	8	6	2	1	3	13		6
70-74岁	6	2	1				9	1	
75岁及以上	3	3			1		1	1	2
男	**2391**	**900**	**772**	**823**	**277**	**918**	**3180**	**119**	**282**
16-19岁	46	24	26	14	2	38	202		11
20-24岁	134	75	67	102	16	124	568	14	21
25-29岁	226	98	109	106	30	115	643	20	27
30-34岁	415	173	142	202	41	190	634	25	55
35-39岁	419	163	125	123	28	152	476	15	41
40-44岁	394	107	96	99	34	123	274	20	34
45-49岁	333	108	90	83	50	82	195	9	31
50-54岁	208	92	60	59	38	61	116	7	28
55-59岁	134	46	41	28	29	28	50	6	21
60-64岁	51	6	11	6	7	3	11	2	8
65-69岁	22	7	4	1	1	2	6		4
70-74岁	6	1	1				4	1	
75岁及以上	3				1		1		1
女	**825**	**404**	**415**	**446**	**89**	**623**	**3632**	**75**	**223**
16-19岁	8	11	6	3		18	120	2	5
20-24岁	50	33	28	19	2	65	358	4	14
25-29岁	64	36	44	50	8	68	475	6	9
30-34岁	148	74	85	79	22	136	803	16	37
35-39岁	176	85	81	100	14	117	746	16	32
40-44岁	124	62	72	77	13	83	527	15	30
45-49岁	122	52	44	71	20	80	373	10	37
50-54岁	86	31	25	35	9	32	155	4	27
55-59岁	36	10	23	8		16	47	1	22
60-64岁	10	5	5	3	1	7	16		7
65-69岁	1	1	2	1		1	7		2
70-74岁		1					5		
75岁及以上		3						1	1

4-5b 续表 5

单位：人

年龄组 性别	合计								
	三、制造业		四、电力、热力、燃气及水生产和供应业				五、建筑业		
	42.废弃资源综合利用业	43.金属制品、机械和设备修理业	小计	44.电力、热力生产和供应业	45.燃气生产和供应业	46.水的生产和供应业	小计	47.房屋建筑业	48.土木工程建筑业
总　计	**320**	**807**	**4549**	**3279**	**540**	**730**	**61408**	**35767**	**4363**
16-19岁	3	6	10	7	3		512	298	41
20-24岁	8	48	195	154	20	21	2782	1443	420
25-29岁	25	75	348	264	49	35	5179	2611	595
30-34岁	26	132	647	447	97	103	8904	4511	784
35-39岁	38	128	629	442	95	92	9255	4833	593
40-44岁	31	121	849	617	78	154	8899	4993	558
45-49岁	48	113	881	644	75	162	9664	5889	591
50-54岁	71	87	573	416	65	92	8349	5466	462
55-59岁	35	60	321	230	42	49	5326	3735	240
60-64岁	18	22	58	38	8	12	1683	1293	54
65-69岁	8	11	27	14	5	8	672	553	18
70-74岁	4	4	7	3	2	2	144	113	6
75岁及以上	5		4	3	1		39	29	1
男	**226**	**710**	**3314**	**2471**	**362**	**481**	**51034**	**29154**	**3806**
16-19岁	1	4	8	7	1		445	253	37
20-24岁	5	43	144	118	14	12	2372	1199	369
25-29岁	21	67	266	210	34	22	4441	2163	516
30-34岁	21	122	455	328	59	68	7530	3725	689
35-39岁	24	106	435	314	63	58	7641	3881	507
40-44岁	21	104	563	427	52	84	7134	3894	480
45-49岁	33	93	620	466	56	98	7690	4573	504
50-54岁	49	82	461	342	44	75	6854	4431	410
55-59岁	22	56	284	211	29	44	4622	3227	220
60-64岁	16	18	48	33	5	10	1519	1172	50
65-69岁	7	11	22	9	5	8	619	508	17
70-74岁	3	4	5	3		2	134	105	6
75岁及以上	3		3	3			33	23	1
女	**94**	**97**	**1235**	**808**	**178**	**249**	**10374**	**6613**	**557**
16-19岁	2	2	2		2		67	45	4
20-24岁	3	5	51	36	6	9	410	244	51
25-29岁	4	8	82	54	15	13	738	448	79
30-34岁	5	10	192	119	38	35	1374	786	95
35-39岁	14	22	194	128	32	34	1614	952	86
40-44岁	10	17	286	190	26	70	1765	1099	78
45-49岁	15	20	261	178	19	64	1974	1316	87
50-54岁	22	5	112	74	21	17	1495	1035	52
55-59岁	13	4	37	19	13	5	704	508	20
60-64岁	2	4	10	5	3	2	164	121	4
65-69岁	1		5	5			53	45	1
70-74岁	1		2		2		10	8	
75岁及以上	2		1		1		6	6	

4-5b　续表 6

单位：人

年龄组 性　别	合　计								
	五、建筑业		六、批发和零售业			七、交通运输、仓储和邮政业			
	49.建筑安装业	50.建筑装饰、装修和其他建筑业	小计	51.批发业	52.零售业	小计	53.铁路运输业	54.道路运输业	55.水上运输业
总　计	**2891**	**18387**	**75485**	**13887**	**61598**	**25398**	**540**	**16392**	**1084**
16-19岁	22	151	655	94	561	194	10	75	12
20-24岁	140	779	3433	509	2924	1159	58	569	49
25-29岁	293	1680	6981	1227	5754	2395	86	1342	120
30-34岁	517	3092	12570	2143	10427	4412	82	2800	196
35-39岁	575	3254	12600	2152	10448	4610	57	3169	155
40-44岁	476	2872	10428	1854	8574	3837	61	2682	123
45-49岁	398	2786	10182	1901	8281	3683	58	2493	136
50-54岁	291	2130	8648	1764	6884	2856	76	1867	145
55-59岁	139	1212	5835	1245	4590	1651	35	1040	104
60-64岁	28	308	2270	538	1732	399	14	230	28
65-69岁	7	94	1205	289	916	150	3	95	12
70-74岁	3	22	433	121	312	34		16	3
75岁及以上	2	7	245	50	195	18		14	1
男	**2641**	**15433**	**34723**	**8108**	**26615**	**21503**	**411**	**14759**	**907**
16-19岁	19	136	334	65	269	146	3	62	12
20-24岁	128	676	1663	341	1322	944	41	495	43
25-29岁	274	1488	3225	762	2463	1993	61	1200	109
30-34岁	474	2642	5487	1252	4235	3784	66	2588	182
35-39岁	519	2734	5430	1248	4182	3994	38	2926	134
40-44岁	439	2321	4399	1007	3392	3229	41	2405	92
45-49岁	353	2260	4466	1043	3423	3024	45	2170	105
50-54岁	273	1740	4251	1024	3227	2407	69	1635	111
55-59岁	127	1048	3087	734	2353	1457	31	956	87
60-64岁	24	273	1273	339	934	349	13	209	20
65-69岁	6	88	694	182	512	130	3	86	9
70-74岁	3	20	274	81	193	32		16	3
75岁及以上	2	7	140	30	110	14		11	
女	**250**	**2954**	**40762**	**5779**	**34983**	**3895**	**129**	**1633**	**177**
16-19岁	3	15	321	29	292	48	7	13	
20-24岁	12	103	1770	168	1602	215	17	74	6
25-29岁	19	192	3756	465	3291	402	25	142	11
30-34岁	43	450	7083	891	6192	628	16	212	14
35-39岁	56	520	7170	904	6266	616	19	243	21
40-44岁	37	551	6029	847	5182	608	20	277	31
45-49岁	45	526	5716	858	4858	659	13	323	31
50-54岁	18	390	4397	740	3657	449	7	232	34
55-59岁	12	164	2748	511	2237	194	4	84	17
60-64岁	4	35	997	199	798	50	1	21	8
65-69岁	1	6	511	107	404	20		9	3
70-74岁		2	159	40	119	2			
75岁及以上			105	20	85	4		3	1

4-5b 续表 7

单位：人

年龄组 性 别	合 计							
	七、交通运输、仓储和邮政业					八、住宿和餐饮业		
	56.航空运输业	57.管道运输业	58.多式联运和运输代理业	59.装卸搬运和仓储业	60.邮政业	小计	61.住宿业	62.餐饮业
总 计	**42**	**2**	**401**	**3856**	**3081**	**24121**	**2765**	**21356**
16–19岁			5	32	60	591	69	522
20–24岁	5		23	133	322	1706	224	1482
25–29岁	12		48	284	503	2478	282	2196
30–34岁	15	1	81	504	733	3916	429	3487
35–39岁	4		71	554	600	3810	424	3386
40–44岁	2		49	574	346	3365	392	2973
45–49岁	2	1	58	671	264	3304	380	2924
50–54岁	2		30	586	150	2675	326	2349
55–59岁			29	361	82	1551	167	1384
60–64岁			5	106	16	477	42	435
65–69岁			2	35	3	172	23	149
70–74岁				14	1	51	5	46
75岁及以上				2	1	25	2	23
男	**29**	**2**	**317**	**2928**	**2150**	**11069**	**1030**	**10039**
16–19岁			2	23	44	335	38	297
20–24岁	4		15	105	241	1030	104	926
25–29岁	7		32	220	364	1363	111	1252
30–34岁	11	1	66	373	497	1899	146	1753
35–39岁	4		61	431	400	1705	147	1558
40–44岁	1		40	423	227	1415	123	1292
45–49岁	1	1	46	481	175	1221	118	1103
50–54岁	1		23	454	114	1026	119	907
55–59岁			25	284	74	687	81	606
60–64岁			5	90	12	241	24	217
65–69岁			2	29	1	101	14	87
70–74岁				13		29	3	26
75岁及以上				2	1	17	2	15
女	**13**		**84**	**928**	**931**	**13052**	**1735**	**11317**
16–19岁			3	9	16	256	31	225
20–24岁	1		8	28	81	676	120	556
25–29岁	5		16	64	139	1115	171	944
30–34岁	4		15	131	236	2017	283	1734
35–39岁			10	123	200	2105	277	1828
40–44岁	1		9	151	119	1950	269	1681
45–49岁	1		12	190	89	2083	262	1821
50–54岁	1		7	132	36	1649	207	1442
55–59岁			4	77	8	864	86	778
60–64岁				16	4	236	18	218
65–69岁				6	2	71	9	62
70–74岁				1	1	22	2	20
75岁及以上						8		8

4-5b 续表 8

单位：人

年龄组 性别	合计								
	九、信息传输、软件和信息技术服务业				十、金融业				
	小计	63.电信、广播电视和卫星传输服务	64.互联网和相关服务	65.软件和信息技术服务业	小计	66.货币金融服务	67.资本市场服务	68.保险业	69.其他金融业
总 计	**3660**	**1965**	**1045**	**650**	**4553**	**2685**	**143**	**1469**	**256**
16-19岁	39	12	19	8	13	4	2	6	1
20-24岁	390	133	152	105	271	178	11	63	19
25-29岁	673	299	222	152	686	417	30	184	55
30-34岁	974	519	274	181	1023	599	30	335	59
35-39岁	710	442	180	88	679	353	25	256	45
40-44岁	401	246	110	45	521	220	19	258	24
45-49岁	246	166	43	37	573	360	14	178	21
50-54岁	126	81	30	15	480	328	10	121	21
55-59岁	75	52	11	12	276	205	1	60	10
60-64岁	11	6	1	4	20	12		8	
65-69岁	4	3	1		5	4			1
70-74岁	5	3	1	1	3	2	1		
75岁及以上	6	3	1	2	3	3			
男	**2253**	**1111**	**684**	**458**	**2304**	**1528**	**84**	**543**	**149**
16-19岁	20	6	10	4	5	2		3	
20-24岁	236	72	93	71	131	84	8	32	7
25-29岁	387	149	125	113	331	198	15	87	31
30-34岁	569	262	188	119	454	281	17	123	33
35-39岁	427	228	131	68	294	179	14	79	22
40-44岁	254	148	74	32	222	119	11	76	16
45-49岁	171	117	29	25	299	219	9	54	17
50-54岁	102	69	22	11	328	253	8	53	14
55-59岁	65	47	10	8	217	178	1	30	8
60-64岁	9	5		4	16	10		6	
65-69岁	4	3	1		2	1			1
70-74岁	4	3		1	2	1	1		
75岁及以上	5	2	1	2	3	3			
女	**1407**	**854**	**361**	**192**	**2249**	**1157**	**59**	**926**	**107**
16-19岁	19	6	9	4	8	2	2	3	1
20-24岁	154	61	59	34	140	94	3	31	12
25-29岁	286	150	97	39	355	219	15	97	24
30-34岁	405	257	86	62	569	318	13	212	26
35-39岁	283	214	49	20	385	174	11	177	23
40-44岁	147	98	36	13	299	101	8	182	8
45-49岁	75	49	14	12	274	141	5	124	4
50-54岁	24	12	8	4	152	75	2	68	7
55-59岁	10	5	1	4	59	27		30	2
60-64岁	2	1	1		4	2		2	
65-69岁					3	3			
70-74岁	1		1		1	1			
75岁及以上	1	1							

4-5b 续表 9 单位：人

年龄组 性 别	合 计								
	十一、房地产业		十二、租赁和商务服务业			十三、科学研究和技术服务业			
	小计	70.房地产业	小计	71.租赁业	72.商务服务业	小计	73.研究和试验发展	74.专业技术服务业	75.科技推广和应用服务业
总 计	**4893**	**4893**	**9606**	**591**	**9015**	**2178**	**90**	**1660**	**428**
16-19岁	43	43	100	2	98	19	5	9	5
20-24岁	362	362	640	40	600	231	7	194	30
25-29岁	720	720	1156	72	1084	377	14	311	52
30-34岁	967	967	1598	145	1453	441	15	359	67
35-39岁	714	714	1403	113	1290	300	12	248	40
40-44岁	504	504	1184	69	1115	282	8	205	69
45-49岁	537	537	1208	67	1141	230	10	152	68
50-54岁	484	484	1027	45	982	149	12	98	39
55-59岁	388	388	806	28	778	116	5	64	47
60-64岁	116	116	303	8	295	20	2	11	7
65-69岁	48	48	120	1	119	7		5	2
70-74岁	8	8	43	1	42	5		3	2
75岁及以上	2	2	18		18	1		1	
男	**2771**	**2771**	**6325**	**521**	**5804**	**1519**	**56**	**1158**	**305**
16-19岁	28	28	66	2	64	13	3	5	5
20-24岁	207	207	388	40	348	178	4	147	27
25-29岁	384	384	663	67	596	253	8	213	32
30-34岁	468	468	968	133	835	276	6	233	37
35-39岁	354	354	897	98	799	206	9	168	29
40-44岁	264	264	725	57	668	195	5	142	48
45-49岁	303	303	777	57	720	158	6	103	49
50-54岁	314	314	735	34	701	119	10	80	29
55-59岁	298	298	692	24	668	94	4	51	39
60-64岁	99	99	257	7	250	16	1	8	7
65-69岁	43	43	104	1	103	5		4	1
70-74岁	8	8	38	1	37	5		3	2
75岁及以上	1	1	15		15	1		1	
女	**2122**	**2122**	**3281**	**70**	**3211**	**659**	**34**	**502**	**123**
16-19岁	15	15	34		34	6	2	4	
20-24岁	155	155	252		252	53	3	47	3
25-29岁	336	336	493	5	488	124	6	98	20
30-34岁	499	499	630	12	618	165	9	126	30
35-39岁	360	360	506	15	491	94	3	80	11
40-44岁	240	240	459	12	447	87	3	63	21
45-49岁	234	234	431	10	421	72	4	49	19
50-54岁	170	170	292	11	281	30	2	18	10
55-59岁	90	90	114	4	110	22	1	13	8
60-64岁	17	17	46	1	45	4	1	3	
65-69岁	5	5	16		16	2		1	1
70-74岁			5		5				
75岁及以上	1	1	3		3				

4-5b 续表 10

单位：人

年龄组 性别	合计								
	十四、水利、环境和公共设施管理业					十五、居民服务、修理和其他服务业			
	小计	76.水利管理业	77.生态保护和环境治理业	78.公共设施管理业	79.土地管理业	小计	80.居民服务业	81.机动车、电子产品和日用产品修理业	82.其他服务业
总　计	**2742**	**283**	**145**	**2256**	**58**	**19005**	**10233**	**5845**	**2927**
16-19岁	8	3		4	1	310	158	116	36
20-24岁	61	4	4	51	2	1005	508	397	100
25-29岁	124	13	9	94	8	1727	960	607	160
30-34岁	240	27	21	181	11	2991	1737	938	316
35-39岁	304	25	20	250	9	3108	1668	1087	353
40-44岁	385	51	20	309	5	2801	1430	958	413
45-49岁	564	72	30	451	11	2602	1359	764	479
50-54岁	456	41	18	391	6	2032	1021	512	499
55-59岁	348	39	14	292	3	1311	740	277	294
60-64岁	149	2	7	138	2	528	280	105	143
65-69岁	82	4	1	77		339	203	51	85
70-74岁	18	1	1	16		147	93	23	31
75岁及以上	3	1		2		104	76	10	18
男	**1435**	**206**	**106**	**1074**	**49**	**9166**	**3159**	**4815**	**1192**
16-19岁	5	1		3	1	204	78	109	17
20-24岁	42	1	4	35	2	646	218	367	61
25-29岁	83	9	7	60	7	922	292	539	91
30-34岁	134	17	15	93	9	1452	530	764	158
35-39岁	162	20	18	118	6	1499	477	870	152
40-44岁	188	37	15	131	5	1283	373	758	152
45-49岁	248	40	20	179	9	1085	331	611	143
50-54岁	223	36	10	172	5	850	296	404	150
55-59岁	194	37	12	142	3	590	242	228	120
60-64岁	82	2	3	75	2	273	113	90	70
65-69岁	57	4	1	52		202	108	46	48
70-74岁	14	1	1	12		96	57	20	19
75岁及以上	3	1		2		64	44	9	11
女	**1307**	**77**	**39**	**1182**	**9**	**9839**	**7074**	**1030**	**1735**
16-19岁	3	2		1		106	80	7	19
20-24岁	19	3		16		359	290	30	39
25-29岁	41	4	2	34	1	805	668	68	69
30-34岁	106	10	6	88	2	1539	1207	174	158
35-39岁	142	5	2	132	3	1609	1191	217	201
40-44岁	197	14	5	178		1518	1057	200	261
45-49岁	316	32	10	272	2	1517	1028	153	336
50-54岁	233	5	8	219	1	1182	725	108	349
55-59岁	154	2	2	150		721	498	49	174
60-64岁	67		4	63		255	167	15	73
65-69岁	25			25		137	95	5	37
70-74岁	4			4		51	36	3	12
75岁及以上						40	32	1	7

4-5b 续表 11

单位：人

年龄组 性别	合计									
	十六、教育		十七、卫生和社会工作			十八、文化、体育和娱乐业				
	小计	83.教育	小计	84.卫生	85.社会工作	小计	86.新闻和出版业	87.广播、电视、电影和录音制作业	88.文化艺术业	89.体育
总　计	**30809**	**30809**	**13760**	**13551**	**209**	**2042**	**86**	**156**	**420**	**183**
16-19岁	383	383	111	111		84	1	4	4	8
20-24岁	2321	2321	1322	1306	16	240	14	13	26	23
25-29岁	3544	3544	2247	2230	17	289	12	32	38	52
30-34岁	3757	3757	2475	2460	15	375	15	24	78	23
35-39岁	4356	4356	2109	2082	27	296	6	23	70	21
40-44岁	5516	5516	1732	1709	23	240	18	13	60	22
45-49岁	4988	4988	1590	1558	32	190	9	14	49	16
50-54岁	3863	3863	1182	1151	31	150	6	9	47	9
55-59岁	1662	1662	613	585	28	134	5	20	42	5
60-64岁	230	230	169	163	6	26		1	1	3
65-69岁	100	100	122	112	10	10			3	1
70-74岁	54	54	52	49	3	6		2	1	
75岁及以上	35	35	36	35	1	2		1	1	
男	**10815**	**10815**	**4544**	**4480**	**64**	**1147**	**44**	**102**	**213**	**90**
16-19岁	141	141	20	20		58	1	1	3	5
20-24岁	458	458	241	236	5	147	3	6	11	17
25-29岁	751	751	413	405	8	167	4	17	20	26
30-34岁	787	787	639	636	3	201	7	16	35	10
35-39岁	1115	1115	712	702	10	158	3	14	33	8
40-44岁	2067	2067	622	616	6	115	13	9	24	6
45-49岁	2078	2078	690	684	6	93	3	11	25	6
50-54岁	1863	1863	567	561	6	81	5	6	27	5
55-59岁	1263	1263	381	369	12	99	5	19	31	4
60-64岁	159	159	109	107	2	16		1	1	2
65-69岁	65	65	79	74	5	5			1	1
70-74岁	41	41	41	40	1	5		1	1	
75岁及以上	27	27	30	30		2		1	1	
女	**19994**	**19994**	**9216**	**9071**	**145**	**895**	**42**	**54**	**207**	**93**
16-19岁	242	242	91	91		26		3	1	3
20-24岁	1863	1863	1081	1070	11	93	11	7	15	6
25-29岁	2793	2793	1834	1825	9	122	8	15	18	26
30-34岁	2970	2970	1836	1824	12	174	8	8	43	13
35-39岁	3241	3241	1397	1380	17	138	3	9	37	13
40-44岁	3449	3449	1110	1093	17	125	5	4	36	16
45-49岁	2910	2910	900	874	26	97	6	3	24	10
50-54岁	2000	2000	615	590	25	69	1	3	20	4
55-59岁	399	399	232	216	16	35		1	11	1
60-64岁	71	71	60	56	4	10				1
65-69岁	35	35	43	38	5	5			2	
70-74岁	13	13	11	9	2	1		1		
75岁及以上	8	8	6	5	1					

4-5b 续表 12

单位：人

年龄组 性 别	合 计									
		十九、公共管理、社会保障和社会组织							二十、国际组织	
	90.娱乐业	小计	91.中国共产党机 关	92.国家机构	93.人民政协、民主党派	94.社会保障	95.群众团体、社会团体和其他成员组织	96.基层群众自治组织	小计	97.国际组织
总 计	**1197**	**26875**	**723**	**22861**	**81**	**200**	**871**	**2139**		
16-19岁	67	44	1	27			13	3		
20-24岁	164	1266	33	1150	3	2	31	47		
25-29岁	155	3291	80	2942	6	27	103	133		
30-34岁	235	4394	129	3838	6	49	131	241		
35-39岁	176	3135	97	2642	8	16	123	249		
40-44岁	127	3913	124	3328	8	38	123	292		
45-49岁	102	3903	107	3289	18	35	124	330		
50-54岁	79	3599	75	3080	18	18	115	293		
55-59岁	62	2687	64	2219	12	13	63	316		
60-64岁	21	374	7	193		1	20	153		
65-69岁	6	177	3	97	2		11	64		
70-74岁	3	53		33			5	15		
75岁及以上		39	3	23		1	9	3		
男	**698**	**17258**	**463**	**14891**	**45**	**65**	**445**	**1349**		
16-19岁	48	33	1	21			9	2		
20-24岁	110	705	9	660	2	2	10	22		
25-29岁	100	1667	42	1528	1	6	37	53		
30-34岁	133	2333	69	2064	2	9	63	126		
35-39岁	100	1874	59	1628	4	3	56	124		
40-44岁	63	2439	74	2121	5	12	58	169		
45-49岁	48	2577	80	2214	11	13	62	197		
50-54岁	38	2670	60	2312	8	10	74	206		
55-59岁	40	2427	58	2053	10	10	47	249		
60-64岁	12	309	6	161			14	128		
65-69岁	3	150	2	80	2		8	58		
70-74岁	3	45		31			1	13		
75岁及以上		29	3	18			6	2		
女	**499**	**9617**	**260**	**7970**	**36**	**135**	**426**	**790**		
16-19岁	19	11		6			4	1		
20-24岁	54	561	24	490	1		21	25		
25-29岁	55	1624	38	1414	5	21	66	80		
30-34岁	102	2061	60	1774	4	40	68	115		
35-39岁	76	1261	38	1014	4	13	67	125		
40-44岁	64	1474	50	1207	3	26	65	123		
45-49岁	54	1326	27	1075	7	22	62	133		
50-54岁	41	929	15	768	10	8	41	87		
55-59岁	22	260	6	166	2	3	16	67		
60-64岁	9	65	1	32		1	6	25		
65-69岁	3	27	1	17			3	6		
70-74岁		8		2			4	2		
75岁及以上		10		5		1	3	1		

4-5b 续表 13

单位：人

年龄组 性 别	有农村土地承包经营权的人口								
	合计	一、农、林、牧、渔业						二、采矿业	
		小计	1.农业	2.林业	3.畜牧业	4.渔业	5.农、林、牧、渔专业及辅助性活动	小计	6.煤炭开采和洗选业
总 计	**316383**	**102204**	**89901**	**2770**	**7060**	**1422**	**1051**	**1139**	**22**
16-19岁	3351	691	632	9	32	14	4	4	
20-24岁	13786	2071	1793	71	159	21	27	34	
25-29岁	23774	3829	3284	114	316	60	55	90	1
30-34岁	40181	7573	6381	258	676	138	120	141	1
35-39岁	42732	9331	7911	315	797	183	125	178	6
40-44岁	41195	10256	8782	378	773	182	141	184	2
45-49岁	44497	13833	11853	515	1085	211	169	217	6
50-54岁	42518	16854	14825	470	1135	248	176	172	2
55-59岁	32149	15461	13789	365	956	213	138	83	1
60-64岁	15792	9922	9105	164	521	90	42	27	3
65-69岁	10461	7697	7201	79	340	43	34	6	
70-74岁	3933	3071	2885	18	147	8	13	1	
75岁及以上	2014	1615	1460	14	123	11	7	2	
男	**185575**	**54275**	**46402**	**2021**	**4220**	**1045**	**587**	**928**	**18**
16-19岁	2133	452	412	8	20	9	3	4	
20-24岁	8092	1243	1048	62	102	18	13	26	
25-29岁	13832	2235	1861	82	206	50	36	76	1
30-34岁	23590	4303	3475	194	451	107	76	114	1
35-39岁	25237	5169	4253	231	472	137	76	143	5
40-44岁	23720	5440	4500	278	463	133	66	138	1
45-49岁	25613	7083	5885	362	607	144	85	172	5
50-54岁	25085	8647	7381	336	648	178	104	149	1
55-59岁	19284	7740	6674	267	570	155	74	72	1
60-64岁	9294	5167	4651	121	305	66	24	25	3
65-69岁	6129	4143	3829	55	205	34	20	6	
70-74岁	2386	1755	1628	15	100	6	6	1	
75岁及以上	1180	898	805	10	71	8	4	2	
女	**130808**	**47929**	**43499**	**749**	**2840**	**377**	**464**	**211**	**4**
16-19岁	1218	239	220	1	12	5	1		
20-24岁	5694	828	745	9	57	3	14	8	
25-29岁	9942	1594	1423	32	110	10	19	14	
30-34岁	16591	3270	2906	64	225	31	44	27	
35-39岁	17495	4162	3658	84	325	46	49	35	1
40-44岁	17475	4816	4282	100	310	49	75	46	1
45-49岁	18884	6750	5968	153	478	67	84	45	1
50-54岁	17433	8207	7444	134	487	70	72	23	1
55-59岁	12865	7721	7115	98	386	58	64	11	
60-64岁	6498	4755	4454	43	216	24	18	2	
65-69岁	4332	3554	3372	24	135	9	14		
70-74岁	1547	1316	1257	3	47	2	7		
75岁及以上	834	717	655	4	52	3	3		

4-5b　续表 14　　　　单位：人

年龄组 性　别	有农村土地承包经营权的人口								
	二、采矿业						三、制造业		
	7.石油和天然气开采业	8.黑色金属矿采选业	9.有色金属矿采选业	10.非金属矿采选业	11.开采专业及辅助性活动	12.其他采矿业	小计	13.农副食品加工业	14.食品制造业
总　计	**14**	**203**	**260**	**554**	**40**	**46**	**42222**	**3862**	**1265**
16-19岁		1		2		1	733	27	20
20-24岁	1	3	3	17	7	3	2396	100	69
25-29岁	1	9	15	54	7	3	3553	205	95
30-34岁	3	21	38	72	4	2	6509	493	215
35-39岁	1	40	39	83	4	5	7057	548	199
40-44岁	3	38	50	76	4	11	6606	520	185
45-49岁	4	47	47	100	3	10	6307	614	189
50-54岁	1	26	47	82	8	6	4764	602	145
55-59岁		14	12	48	3	5	2791	473	91
60-64岁		4	7	13			891	166	39
65-69岁			2	4			435	81	11
70-74岁				1			123	25	5
75岁及以上				2			57	8	2
男	**7**	**141**	**220**	**469**	**34**	**39**	**23208**	**2331**	**617**
16-19岁		1		2		1	448	18	12
20-24岁		2	3	12	6	3	1496	62	37
25-29岁	1	6	13	47	6	2	2134	132	50
30-34岁		15	34	58	4	2	3595	312	101
35-39岁	1	25	31	74	3	4	3704	322	85
40-44岁	3	25	35	61	4	9	3288	295	84
45-49岁	1	30	43	81	3	9	3203	355	98
50-54岁	1	20	42	73	6	6	2625	355	61
55-59岁		13	11	42	2	3	1741	298	55
60-64岁		4	6	12			567	110	22
65-69岁			2	4			282	50	7
70-74岁				1			84	15	4
75岁及以上				2			41	7	1
女	**7**	**62**	**40**	**85**	**6**	**7**	**19014**	**1531**	**648**
16-19岁							285	9	8
20-24岁	1	1		5	1		900	38	32
25-29岁		3	2	7	1	1	1419	73	45
30-34岁	3	6	4	14			2914	181	114
35-39岁		15	8	9	1	1	3353	226	114
40-44岁		13	15	15		2	3318	225	101
45-49岁	3	17	4	19		1	3104	259	91
50-54岁		6	5	9	2		2139	247	84
55-59岁		1	1	6	1	2	1050	175	36
60-64岁			1	1			324	56	17
65-69岁							153	31	4
70-74岁							39	10	1
75岁及以上							16	1	1

4-5b 续表 15　　　　单位：人

年龄组 性别	有农村土地承包经营权的人口								
	三、制造业								
	15.酒、饮料和精制茶制造业	16.烟草制品业	17.纺织业	18.纺织服装、服饰业	19.皮革、毛皮、羽毛及其制品和制鞋业	20.木材加工和木、竹、藤、棕、草制品业	21.家具制造业	22.造纸和纸制品业	23.印刷和记录媒介复制业
总　计	**818**	**18**	**1476**	**5582**	**1041**	**5159**	**1144**	**770**	**294**
16–19岁	4		16	124	23	25	15	8	5
20–24岁	27	2	41	365	49	110	46	29	21
25–29岁	54	1	96	487	82	276	94	60	27
30–34岁	103	2	204	876	155	552	172	129	48
35–39岁	143		265	1021	228	706	174	127	73
40–44岁	119	3	260	936	192	874	185	127	57
45–49岁	114	1	273	838	144	926	173	132	35
50–54岁	100	2	173	537	97	861	141	84	21
55–59岁	80	5	97	271	37	510	101	45	5
60–64岁	39	1	37	67	22	176	27	13	1
65–69岁	20		12	44	9	109	11	7	1
70–74岁	12		1	8	2	25	5	6	
75岁及以上	3	1	1	8	1	9		3	
男	**470**	**14**	**573**	**1644**	**364**	**2970**	**789**	**467**	**190**
16–19岁	2		10	42	10	19	13	6	4
20–24岁	16	1	26	153	29	72	41	22	18
25–29岁	33	1	41	194	43	165	67	45	18
30–34岁	66	2	73	280	58	330	121	87	33
35–39岁	83		97	282	78	395	112	78	44
40–44岁	63	1	87	231	50	446	115	64	37
45–49岁	59	1	82	190	39	502	104	71	19
50–54岁	58	1	73	133	29	505	101	48	10
55–59岁	46	5	54	93	11	315	80	26	5
60–64岁	26	1	22	23	14	115	21	10	1
65–69岁	9		6	15	2	79	9	4	1
70–74岁	7		1	4	1	19	5	5	
75岁及以上	2	1	1	4		8		1	
女	**348**	**4**	**903**	**3938**	**677**	**2189**	**355**	**303**	**104**
16–19岁	2		6	82	13	6	2	2	1
20–24岁	11	1	15	212	20	38	5	7	3
25–29岁	21		55	293	39	111	27	15	9
30–34岁	37		131	596	97	222	51	42	15
35–39岁	60		168	739	150	311	62	49	29
40–44岁	56	2	173	705	142	428	70	63	20
45–49岁	55		191	648	105	424	69	61	16
50–54岁	42	1	100	404	68	356	40	36	11
55–59岁	34		43	178	26	195	21	19	
60–64岁	13		15	44	8	61	6	3	
65–69岁	11		6	29	7	30	2	3	
70–74岁	5			4	1	6		1	
75岁及以上	1			4	1	1		2	

4-5b 续表 16 单位：人

年龄组 性 别	有农村土地承包经营权的人口								
	三、制造业								
	24.文教、工美、体育和娱乐用品制造业	25.石油、煤炭及其他燃料加工业	26.化学原料和化学制品制造业	27.医药制造业	28.化学纤维制造业	29.橡胶和塑料制品业	30.非金属矿物制品业	31.黑色金属冶炼和压延加工业	32.有色金属冶炼和压延加工业
总 计	**1777**	**37**	**799**	**272**	**12**	**1037**	**3647**	**502**	**873**
16-19岁	32		3	2		15	30	4	3
20-24岁	102	3	26	14		59	117	16	30
25-29岁	149	4	68	27	1	80	221	40	87
30-34岁	317	4	103	44	2	145	503	86	178
35-39岁	290	11	134	30	4	163	566	93	184
40-44岁	283	5	133	30	2	176	601	82	167
45-49岁	256	4	117	50	1	178	671	81	134
50-54岁	185	4	103	38	2	123	532	66	60
55-59岁	98	2	86	30		62	300	26	20
60-64岁	29		15	3		20	77	5	6
65-69岁	21		9	4		12	24	1	4
70-74岁	10		1			2	3	1	
75岁及以上	5		1			2	2	1	
男	**589**	**28**	**527**	**140**	**6**	**590**	**2616**	**395**	**723**
16-19岁	14		2	1		9	27	3	3
20-24岁	50	2	13	8		47	93	12	23
25-29岁	49	4	43	14		50	165	29	71
30-34岁	104	2	67	21	1	84	363	63	151
35-39岁	97	8	83	19	2	102	412	77	157
40-44岁	91	4	85	13		96	399	66	124
45-49岁	71	4	79	19	1	82	457	65	115
50-54岁	49	3	74	21	2	62	369	51	51
55-59岁	40	1	63	18		32	245	22	18
60-64岁	7		11	2		12	58	5	6
65-69岁	9		5	4		11	23	1	4
70-74岁	5		1			1	3		
75岁及以上	3		1			2	2	1	
女	**1188**	**9**	**272**	**132**	**6**	**447**	**1031**	**107**	**150**
16-19岁	18		1	1		6	3	1	
20-24岁	52	1	13	6		12	24	4	7
25-29岁	100		25	13	1	30	56	11	16
30-34岁	213	2	36	23	1	61	140	23	27
35-39岁	193	3	51	11	2	61	154	16	27
40-44岁	192	1	48	17	2	80	202	16	43
45-49岁	185		38	31		96	214	16	19
50-54岁	136	1	29	17		61	163	15	9
55-59岁	58	1	23	12		30	55	4	2
60-64岁	22		4	1		8	19		
65-69岁	12		4			1	1		
70-74岁	5					1		1	
75岁及以上	2								

4-5b 续表 17

单位：人

年龄组 性别	有农村土地承包经营权的人口								
	三、制造业								
	33.金属制品业	34.通用设备制造业	35.专用设备制造业	36.汽车制造业	37.铁路、船舶、航空航天和其他运输设备制造业	38.电气机械和器材制造业	39.计算机、通信和其他电子设备制造业	40.仪器仪表制造业	41.其他制造业
总　计	**2373**	**878**	**730**	**784**	**178**	**1044**	**4700**	**119**	**358**
16-19岁	49	18	20	9	1	39	224	2	11
20-24岁	138	69	59	66	7	128	642	11	24
25-29岁	197	87	80	80	15	129	716	14	27
30-34岁	392	162	126	143	33	212	945	25	53
35-39岁	429	166	136	144	22	184	848	18	56
40-44岁	414	121	110	125	21	133	578	22	48
45-49岁	352	110	90	107	37	105	419	11	50
50-54岁	205	94	58	74	24	68	214	8	39
55-59岁	124	38	36	28	14	34	78	4	33
60-64岁	51	7	9	7	3	9	22	2	10
65-69岁	15	3	5	1		3	10		5
70-74岁	5	2	1				4	1	
75岁及以上	2	1			1			1	2
男	**1789**	**612**	**496**	**503**	**143**	**608**	**2185**	**71**	**202**
16-19岁	43	12	16	7	1	26	136		8
20-24岁	102	49	40	55	7	88	388	8	13
25-29岁	156	67	54	59	14	78	412	11	19
30-34岁	298	110	84	97	22	118	427	14	28
35-39岁	310	111	94	87	16	104	332	9	35
40-44岁	315	78	67	69	16	74	202	11	28
45-49岁	263	76	62	55	29	53	143	6	24
50-54岁	143	71	43	48	21	43	92	5	20
55-59岁	94	31	26	21	14	20	38	4	16
60-64岁	43	4	6	4	2	2	9	2	6
65-69岁	15	2	3	1		2	4		4
70-74岁	5	1	1				2	1	
75岁及以上	2				1				1
女	**584**	**266**	**234**	**281**	**35**	**436**	**2515**	**48**	**156**
16-19岁	6	6	4	2		13	88	2	3
20-24岁	36	20	19	11		40	254	3	11
25-29岁	41	20	26	21	1	51	304	3	8
30-34岁	94	52	42	46	11	94	518	11	25
35-39岁	119	55	42	57	6	80	516	9	21
40-44岁	99	43	43	56	5	59	376	11	20
45-49岁	89	34	28	52	8	52	276	5	26
50-54岁	62	23	15	26	3	25	122	3	19
55-59岁	30	7	10	7		14	40		17
60-64岁	8	3	3	3	1	7	13		4
65-69岁		1	2			1	6		1
70-74岁		1					2		
75岁及以上		1						1	1

4-5b 续表 18　　　　单位：人

年龄组 性 别	有农村土地承包经营权的人口								
	三、制造业		四、电力、热力、燃气及水生产和供应业				五、建筑业		
	42.废弃资源综合利用业	43.金属制品、机械和设备修理业	小计	44.电力、热力生产和供应业	45.燃气生产和供应业	46.水的生产和供应业	小计	47.房屋建筑业	48.土木工程建筑业
总 计	**231**	**442**	**1796**	**1189**	**320**	**287**	**45485**	**27507**	**2754**
16-19岁	1	3	8	7	1		374	222	24
20-24岁	5	21	88	70	13	5	1791	957	230
25-29岁	15	39	154	116	24	14	3266	1663	335
30-34岁	18	69	258	161	48	49	5891	3066	446
35-39岁	24	71	265	171	55	39	6640	3554	374
40-44岁	24	73	288	194	50	44	6702	3844	387
45-49岁	33	62	326	220	46	60	7462	4705	402
50-54岁	57	47	213	127	44	42	6701	4554	328
55-59岁	29	34	140	95	29	16	4452	3189	171
60-64岁	13	15	32	18	6	8	1456	1139	40
65-69岁	6	7	18	8	2	8	596	493	14
70-74岁	3	1	5	1	2	2	126	100	3
75岁及以上	3		1	1			28	21	
男	**165**	**391**	**1426**	**988**	**226**	**212**	**38349**	**22788**	**2446**
16-19岁	1	3	8	7	1		332	192	22
20-24岁	3	18	73	60	10	3	1541	797	207
25-29岁	13	37	128	98	20	10	2868	1417	300
30-34岁	14	64	197	136	29	32	5085	2587	400
35-39岁	14	59	202	137	41	24	5590	2902	330
40-44岁	17	60	221	153	35	33	5450	3049	340
45-49岁	26	53	260	181	36	43	6042	3728	348
50-54岁	38	45	170	106	28	36	5540	3728	290
55-59岁	18	32	122	87	21	14	3887	2787	155
60-64岁	11	12	26	16	3	7	1324	1037	38
65-69岁	5	7	15	5	2	8	549	454	13
70-74岁	2	1	3	1		2	118	94	3
75岁及以上	3		1	1			23	16	
女	**66**	**51**	**370**	**201**	**94**	**75**	**7136**	**4719**	**308**
16-19岁							42	30	2
20-24岁	2	3	15	10	3	2	250	160	23
25-29岁	2	2	26	18	4	4	398	246	35
30-34岁	4	5	61	25	19	17	806	479	46
35-39岁	10	12	63	34	14	15	1050	652	44
40-44岁	7	13	67	41	15	11	1252	795	47
45-49岁	7	9	66	39	10	17	1420	977	54
50-54岁	19	2	43	21	16	6	1161	826	38
55-59岁	11	2	18	8	8	2	565	402	16
60-64岁	2	3	6	2	3	1	132	102	2
65-69岁	1		3	3			47	39	1
70-74岁	1		2		2		8	6	
75岁及以上							5	5	

4-5b 续表 19

单位：人

年龄组 性 别	有农村土地承包经营权的人口								
	五、建筑业		六、批发和零售业			七、交通运输、仓储和邮政业			
	49.建筑安装业	50.建筑装饰、装修和其他建筑业	小计	51.批发业	52.零售业	小计	53.铁路运输业	54.道路运输业	55.水上运输业
总 计	**1931**	**13293**	**44647**	**8993**	**35654**	**15890**	**189**	**10739**	**420**
16-19岁	15	113	404	63	341	125	9	44	8
20-24岁	93	511	1997	305	1692	656	23	322	15
25-29岁	180	1088	3760	702	3058	1386	27	839	44
30-34岁	343	2036	6904	1264	5640	2695	36	1801	83
35-39岁	393	2319	7266	1343	5923	2906	25	2119	63
40-44岁	339	2132	6206	1180	5026	2505	16	1810	64
45-49岁	271	2084	5972	1240	4732	2375	15	1652	49
50-54岁	178	1641	5466	1228	4238	1797	23	1220	43
55-59岁	86	1006	3781	879	2902	1035	10	684	32
60-64岁	23	254	1591	426	1165	284	4	164	12
65-69岁	5	84	836	222	614	96	1	69	6
70-74岁	3	20	307	102	205	24		10	1
75岁及以上	2	5	157	39	118	6		5	
男	**1780**	**11335**	**21695**	**5380**	**16315**	**13820**	**136**	**9908**	**368**
16-19岁	13	105	219	44	175	95	2	38	8
20-24岁	84	453	986	212	774	548	15	291	15
25-29岁	170	981	1771	445	1326	1170	21	756	40
30-34岁	322	1776	3130	762	2368	2367	28	1693	78
35-39岁	361	1997	3305	813	2492	2602	16	2003	55
40-44岁	314	1747	2843	663	2180	2171	9	1660	50
45-49岁	241	1725	2862	712	2150	2018	13	1492	41
50-54岁	171	1351	2842	711	2131	1566	20	1110	37
55-59岁	76	869	2038	516	1522	921	7	636	30
60-64岁	19	230	907	269	638	247	4	149	8
65-69岁	4	78	495	139	356	87	1	65	5
70-74岁	3	18	200	70	130	22		10	1
75岁及以上	2	5	97	24	73	6		5	
女	**151**	**1958**	**22952**	**3613**	**19339**	**2070**	**53**	**831**	**52**
16-19岁	2	8	185	19	166	30	7	6	
20-24岁	9	58	1011	93	918	108	8	31	
25-29岁	10	107	1989	257	1732	216	6	83	4
30-34岁	21	260	3774	502	3272	328	8	108	5
35-39岁	32	322	3961	530	3431	304	9	116	8
40-44岁	25	385	3363	517	2846	334	7	150	14
45-49岁	30	359	3110	528	2582	357	2	160	8
50-54岁	7	290	2624	517	2107	231	3	110	6
55-59岁	10	137	1743	363	1380	114	3	48	2
60-64岁	4	24	684	157	527	37		15	4
65-69岁	1	6	341	83	258	9		4	1
70-74岁		2	107	32	75	2			
75岁及以上			60	15	45				

4-5b 续表 20　　　　单位：人

年龄组 性 别	有农村土地承包经营权的人口							
	七、交通运输、仓储和邮政业					八、住宿和餐饮业		
	56.航空运输业	57.管道运输业	58.多式联运和运输代理业	59.装卸搬运和仓储业	60.邮政业	小计	61.住宿业	62.餐饮业
总 计	**20**	**2**	**208**	**2643**	**1669**	**14269**	**1446**	**12823**
16-19岁			4	20	40	367	37	330
20-24岁	3		5	85	203	998	114	884
25-29岁	6		18	163	289	1390	147	1243
30-34岁	11	1	36	317	410	2126	204	1922
35-39岁			46	348	305	2247	221	2026
40-44岁			29	413	173	2026	203	1823
45-49岁		1	34	495	129	2020	211	1809
50-54岁			17	416	78	1645	190	1455
55-59岁			14	267	28	981	86	895
60-64岁			4	87	13	318	18	300
65-69岁			1	19		105	11	94
70-74岁				12	1	34	3	31
75岁及以上				1		12	1	11
男	**12**	**2**	**174**	**2034**	**1186**	**6743**	**534**	**6209**
16-19岁			2	16	29	212	23	189
20-24岁	2		4	67	154	602	51	551
25-29岁	2		15	128	208	783	56	727
30-34岁	8	1	31	243	285	1077	70	1007
35-39岁			40	277	211	1045	77	968
40-44岁			24	311	117	892	59	833
45-49岁		1	28	358	85	793	71	722
50-54岁			13	324	62	661	71	590
55-59岁			12	211	25	420	39	381
60-64岁			4	72	10	160	7	153
65-69岁			1	15		68	7	61
70-74岁				11		20	2	18
75岁及以上				1		10	1	9
女	**8**		**34**	**609**	**483**	**7526**	**912**	**6614**
16-19岁			2	4	11	155	14	141
20-24岁	1		1	18	49	396	63	333
25-29岁	4		3	35	81	607	91	516
30-34岁	3		5	74	125	1049	134	915
35-39岁			6	71	94	1202	144	1058
40-44岁			5	102	56	1134	144	990
45-49岁			6	137	44	1227	140	1087
50-54岁			4	92	16	984	119	865
55-59岁			2	56	3	561	47	514
60-64岁				15	3	158	11	147
65-69岁				4		37	4	33
70-74岁				1	1	14	1	13
75岁及以上						2		2

4-5b 续表 21

单位：人

年龄组 性 别	有农村土地承包经营权的人口								
	九、信息传输、软件和信息技术服务业				十、金融业				
	小计	63.电信、广播电视和卫星传输服务	64.互联网和相关服务	65.软件和信息技术服务业	小计	66.货币金融服务	67.资本市场服务	68.保险业	69.其他金融业
总 计	**1597**	**796**	**523**	**278**	**1477**	**727**	**54**	**617**	**79**
16-19岁	24	8	12	4	7	2	1	3	1
20-24岁	168	50	79	39	101	60	4	30	7
25-29岁	304	139	104	61	230	126	15	70	19
30-34岁	445	227	135	83	355	161	8	168	18
35-39岁	311	177	101	33	207	85	5	101	16
40-44岁	157	86	51	20	194	64	7	117	6
45-49岁	93	59	17	17	157	82	6	63	6
50-54岁	53	26	17	10	133	90	6	35	2
55-59岁	24	15	4	5	77	48	1	24	4
60-64岁	9	5	1	3	12	6		6	
65-69岁	3	2	1		2	2			
70-74岁	4	2	1	1	1		1		
75岁及以上	2			2	1	1			
男	**1011**	**474**	**340**	**197**	**780**	**462**	**34**	**233**	**51**
16-19岁	12	4	6	2	2	2			
20-24岁	94	21	46	27	47	26	2	15	4
25-29岁	174	71	57	46	119	68	10	32	9
30-34岁	264	121	92	51	163	85	4	60	14
35-39岁	204	102	75	27	96	49	4	33	10
40-44岁	112	60	37	15	90	43	3	40	4
45-49岁	76	51	12	13	98	62	4	26	6
50-54岁	39	22	10	7	95	75	5	14	1
55-59岁	21	14	4	3	57	44	1	9	3
60-64岁	7	4		3	10	6		4	
65-69岁	3	2	1		1	1			
70-74岁	3	2		1	1		1		
75岁及以上	2			2	1	1			
女	**586**	**322**	**183**	**81**	**697**	**265**	**20**	**384**	**28**
16-19岁	12	4	6	2	5		1	3	1
20-24岁	74	29	33	12	54	34	2	15	3
25-29岁	130	68	47	15	111	58	5	38	10
30-34岁	181	106	43	32	192	76	4	108	4
35-39岁	107	75	26	6	111	36	1	68	6
40-44岁	45	26	14	5	104	21	4	77	2
45-49岁	17	8	5	4	59	20	2	37	
50-54岁	14	4	7	3	38	15	1	21	1
55-59岁	3	1		2	20	4		15	1
60-64岁	2	1	1		2			2	
65-69岁					1	1			
70-74岁	1		1						
75岁及以上									

4-5b　续表 22　　　　单位：人

年龄组 性　别	有农村土地承包经营权的人口								
	十一、房地产业		十二、租赁和商务服务业			十三、科学研究和技术服务业			
	小计	70.房地产业	小计	71.租赁业	72.商务服务业	小计	73.研究和试验发展	74.专业技术服务业	75.科技推广和应用服务业
总　计	**2468**	**2468**	**4734**	**400**	**4334**	**877**	**28**	**664**	**185**
16-19岁	22	22	57	2	55	4		3	1
20-24岁	179	179	317	24	293	100	2	84	14
25-29岁	343	343	565	50	515	167	2	136	29
30-34岁	433	433	772	103	669	200	6	162	32
35-39岁	324	324	664	71	593	113	4	92	17
40-44岁	253	253	517	45	472	107	3	77	27
45-49岁	284	284	528	42	486	91	5	55	31
50-54岁	284	284	542	37	505	39	2	27	10
55-59岁	222	222	426	17	409	36	3	19	14
60-64岁	81	81	208	7	201	12	1	5	6
65-69岁	38	38	93	1	92	4		2	2
70-74岁	4	4	35	1	34	3		1	2
75岁及以上	1	1	10		10	1		1	
男	**1508**	**1508**	**3348**	**359**	**2989**	**616**	**15**	**475**	**126**
16-19岁	14	14	35	2	33	2		1	1
20-24岁	103	103	198	24	174	77	1	64	12
25-29岁	193	193	346	46	300	108	1	91	16
30-34岁	227	227	496	96	400	134	1	116	17
35-39岁	192	192	463	63	400	83	4	67	12
40-44岁	144	144	362	39	323	82	2	59	21
45-49岁	168	168	358	36	322	60	3	36	21
50-54岁	188	188	419	30	389	31	1	22	8
55-59岁	168	168	365	14	351	22	2	11	9
60-64岁	72	72	179	7	172	10		4	6
65-69岁	34	34	86	1	85	3		2	1
70-74岁	4	4	31	1	30	3		1	2
75岁及以上	1	1	10		10	1		1	
女	**960**	**960**	**1386**	**41**	**1345**	**261**	**13**	**189**	**59**
16-19岁	8	8	22		22	2		2	
20-24岁	76	76	119		119	23	1	20	2
25-29岁	150	150	219	4	215	59	1	45	13
30-34岁	206	206	276	7	269	66	5	46	15
35-39岁	132	132	201	8	193	30		25	5
40-44岁	109	109	155	6	149	25	1	18	6
45-49岁	116	116	170	6	164	31	2	19	10
50-54岁	96	96	123	7	116	8	1	5	2
55-59岁	54	54	61	3	58	14	1	8	5
60-64岁	9	9	29		29	2	1	1	
65-69岁	4	4	7		7	1			1
70-74岁			4		4				
75岁及以上									

4-5b 续表 23 单位：人

年龄组 性 别	有农村土地承包经营权的人口								
	十四、水利、环境和公共设施管理业					十五、居民服务、修理和其他服务业			
	小计	76.水利管理业	77.生态保护和环境治理业	78.公共设施管理业	79.土地管理业	小计	80.居民服务业	81.机动车、电子产品和日用产品修理业	82.其他服务业
总 计	**1649**	**104**	**90**	**1425**	**30**	**11622**	**5912**	**3874**	**1836**
16-19岁	5	2		2	1	205	102	77	26
20-24岁	31	2	2	27		570	279	244	47
25-29岁	63	5	3	51	4	979	523	375	81
30-34岁	126	13	10	96	7	1719	954	592	173
35-39岁	175	6	12	152	5	1849	902	738	209
40-44岁	220	17	14	186	3	1771	831	676	264
45-49岁	336	30	18	282	6	1588	783	522	283
50-54岁	267	10	12	243	2	1268	602	334	332
55-59岁	229	15	11	201	2	852	459	188	205
60-64岁	114	2	6	106		386	201	71	114
65-69岁	68	2	1	65		245	145	37	63
70-74岁	13		1	12		109	70	14	25
75岁及以上	2			2		81	61	6	14
男	**832**	**77**	**64**	**663**	**28**	**5982**	**1982**	**3209**	**791**
16-19岁	4	1		2	1	145	56	75	14
20-24岁	23	1	2	20		378	123	225	30
25-29岁	42	2	2	34	4	541	161	332	48
30-34岁	65	7	7	45	6	885	306	485	94
35-39岁	90	6	12	67	5	1004	306	602	96
40-44岁	100	14	10	73	3	875	247	534	94
45-49岁	143	19	12	107	5	725	214	421	90
50-54岁	127	10	6	109	2	574	190	270	114
55-59岁	117	13	9	93	2	393	151	153	89
60-64岁	62	2	2	58		197	76	61	60
65-69岁	46	2	1	43		145	77	34	34
70-74岁	11		1	10		68	40	11	17
75岁及以上	2			2		52	35	6	11
女	**817**	**27**	**26**	**762**	**2**	**5640**	**3930**	**665**	**1045**
16-19岁	1	1				60	46	2	12
20-24岁	8	1		7		192	156	19	17
25-29岁	21	3	1	17		438	362	43	33
30-34岁	61	6	3	51	1	834	648	107	79
35-39岁	85			85		845	596	136	113
40-44岁	120	3	4	113		896	584	142	170
45-49岁	193	11	6	175	1	863	569	101	193
50-54岁	140		6	134		694	412	64	218
55-59岁	112	2	2	108		459	308	35	116
60-64岁	52		4	48		189	125	10	54
65-69岁	22			22		100	68	3	29
70-74岁	2			2		41	30	3	8
75岁及以上						29	26		3

4-5b　续表 24　　单位：人

年龄组 性　别	有农村土地承包经营权的人口									
	十六、教育		十七、卫生和社会工作			十八、文化、体育和娱乐业				
	小计	83.教育	小计	84.卫生	85.社会工作	小计	86.新闻和出版业	87.广播、电视、电影和录音制作业	88.文化艺术业	89.体育
总　计	**11057**	**11057**	**4831**	**4733**	**98**	**874**	**21**	**45**	**151**	**85**
16–19岁	204	204	44	44		46	1	3	3	6
20–24岁	1090	1090	578	570	8	113	3	4	13	13
25–29岁	1508	1508	908	903	5	131	2	16	14	22
30–34岁	1593	1593	872	867	5	147	3	8	32	9
35–39岁	1485	1485	651	639	12	142	2	5	30	10
40–44岁	1650	1650	577	566	11	97	6	3	17	12
45–49岁	1493	1493	449	435	14	75	1	4	14	5
50–54岁	1177	1177	337	321	16	51	2	1	8	3
55–59岁	646	646	212	197	15	49	1	1	15	2
60–64岁	127	127	94	90	4	14			1	3
65–69岁	57	57	62	55	7	5			2	
70–74岁	17	17	29	28	1	3			1	
75岁及以上	10	10	18	18		1			1	
男	**3879**	**3879**	**1720**	**1691**	**29**	**510**	**15**	**29**	**84**	**47**
16–19岁	86	86	9	9		34	1	1	3	4
20–24岁	206	206	90	89	1	70			7	11
25–29岁	314	314	170	167	3	81	2	10	8	12
30–34岁	341	341	242	242		87	2	5	16	4
35–39岁	418	418	249	245	4	79	2	5	17	5
40–44岁	615	615	250	248	2	50	5	2	8	4
45–49岁	665	665	237	235	2	40		4	9	2
50–54岁	599	599	194	190	4	25	2	1	3	2
55–59岁	482	482	137	130	7	30	1	1	9	1
60–64岁	88	88	62	60	2	8			1	2
65–69岁	41	41	41	37	4	2			1	
70–74岁	15	15	23	23		3			1	
75岁及以上	9	9	16	16		1			1	
女	**7178**	**7178**	**3111**	**3042**	**69**	**364**	**6**	**16**	**67**	**38**
16–19岁	118	118	35	35		12		2		2
20–24岁	884	884	488	481	7	43	3	4	6	2
25–29岁	1194	1194	738	736	2	50		6	6	10
30–34岁	1252	1252	630	625	5	60	1	3	16	5
35–39岁	1067	1067	402	394	8	63			13	5
40–44岁	1035	1035	327	318	9	47	1	1	9	8
45–49岁	828	828	212	200	12	35	1		5	3
50–54岁	578	578	143	131	12	26			5	1
55–59岁	164	164	75	67	8	19			6	1
60–64岁	39	39	32	30	2	6				1
65–69岁	16	16	21	18	3	3			1	
70–74岁	2	2	6	5	1					
75岁及以上	1	1	2	2						

4-5b 续表 25 单位：人

年龄组 性 别	有农村土地承包经营权的人口									
		十九、公共管理、社会保障和社会组织							二十、国际组织	
	90.娱乐业	小计	91.中国共产党机 关	92.国家机构	93.人民政协、民主党派	94.社会保障	95.群众团体、社会团体和其他成员组织	96.基层群众自治组织	小计	97.国际组织
总 计	**572**	**7545**	**153**	**5455**	**9**	**52**	**314**	**1562**		
16–19岁	33	27	1	14			10	2		
20–24岁	80	508	12	461	1		8	26		
25–29岁	77	1148	25	990		11	38	84		
30–34岁	95	1422	31	1173	2	17	52	147		
35–39岁	95	921	26	667		4	44	180		
40–44岁	59	879	21	612		7	42	197		
45–49岁	51	891	11	581	2	8	43	246		
50–54岁	37	755	10	478	2	1	41	223		
55–59岁	30	652	10	362	2	2	20	256		
60–64岁	10	214	4	69		1	8	132		
65–69岁	3	95	1	37			3	54		
70–74岁	2	24		9			2	13		
75岁及以上		9	1	2		1	3	2		
男	**335**	**4945**	**101**	**3592**	**9**	**20**	**174**	**1049**		
16–19岁	25	20	1	10			7	2		
20–24岁	52	291	2	272	1		4	12		
25–29岁	49	579	11	521		3	12	32		
30–34岁	60	818	21	683	2	4	27	81		
35–39岁	50	599	18	459		1	24	97		
40–44岁	31	597	14	430		3	23	127		
45–49岁	25	610	9	415	2	6	26	152		
50–54岁	17	594	10	382	2	1	30	169		
55–59岁	18	551	9	324	2	2	11	203		
60–64岁	5	176	4	55			5	112		
65–69岁	1	82	1	30			1	50		
70–74岁	2	21		9			1	11		
75岁及以上		7	1	2			3	1		
女	**237**	**2600**	**52**	**1863**		**32**	**140**	**513**		
16–19岁	8	7		4			3			
20–24岁	28	217	10	189			4	14		
25–29岁	28	569	14	469		8	26	52		
30–34岁	35	604	10	490		13	25	66		
35–39岁	45	322	8	208		3	20	83		
40–44岁	28	282	7	182		4	19	70		
45–49岁	26	281	2	166		2	17	94		
50–54岁	20	161		96			11	54		
55–59岁	12	101	1	38			9	53		
60–64岁	5	38		14		1	3	20		
65–69岁	2	13		7			2	4		
70–74岁		3					1	2		
75岁及以上		2				1		1		

4-5b　续表 26　　　　单位：人

年龄组 性　别	没有农村土地承包经营权的人口								
	合计	一、农、林、牧、渔业						二、采矿业	
		小计	1.农业	2.林业	3.畜牧业	4.渔业	5.农、林、牧、渔专业及辅助性活　动	小计	6.煤炭开采和洗选业
总　计	**173207**	**11261**	**7576**	**888**	**1346**	**973**	**478**	**839**	**65**
16-19岁	1688	211	182	5	11	12	1	2	
20-24岁	9855	491	370	19	59	30	13	16	
25-29岁	19076	953	657	60	127	61	48	59	3
30-34岁	29313	1658	1154	123	218	106	57	122	5
35-39岁	27169	1604	1064	127	225	126	62	113	1
40-44岁	25170	1305	870	120	161	90	64	148	15
45-49岁	24933	1492	927	143	180	159	83	176	18
50-54岁	19581	1485	916	151	173	172	73	119	18
55-59岁	11552	1082	687	100	120	126	49	67	5
60-64岁	2612	462	344	23	34	46	15	8	
65-69岁	1395	306	238	10	20	29	9	6	
70-74岁	529	141	113	5	10	11	2	3	
75岁及以上	334	71	54	2	8	5	2		
男	**91984**	**5730**	**3407**	**594**	**783**	**663**	**283**	**627**	**53**
16-19岁	954	135	112	4	6	12	1	2	
20-24岁	5330	311	221	15	44	22	9	13	
25-29岁	9874	565	364	40	82	48	31	44	2
30-34岁	15015	942	610	83	134	82	33	90	5
35-39岁	13433	842	486	92	140	94	30	82	1
40-44岁	12469	616	351	72	93	60	40	103	10
45-49岁	12601	644	340	83	84	91	46	118	14
50-54岁	11242	707	355	104	96	108	44	102	16
55-59岁	8065	505	251	75	60	87	32	59	5
60-64岁	1621	210	136	16	20	30	8	6	
65-69岁	845	145	102	5	14	18	6	5	
70-74岁	334	66	48	4	5	7	2	3	
75岁及以上	201	42	31	1	5	4	1		
女	**81223**	**5531**	**4169**	**294**	**563**	**310**	**195**	**212**	**12**
16-19岁	734	76	70	1	5				
20-24岁	4525	180	149	4	15	8	4	3	
25-29岁	9202	388	293	20	45	13	17	15	1
30-34岁	14298	716	544	40	84	24	24	32	
35-39岁	13736	762	578	35	85	32	32	31	
40-44岁	12701	689	519	48	68	30	24	45	5
45-49岁	12332	848	587	60	96	68	37	58	4
50-54岁	8339	778	561	47	77	64	29	17	2
55-59岁	3487	577	436	25	60	39	17	8	
60-64岁	991	252	208	7	14	16	7	2	
65-69岁	550	161	136	5	6	11	3	1	
70-74岁	195	75	65	1	5	4			
75岁及以上	133	29	23	1	3	1	1		

4-5b 续表 27 单位：人

年龄组 性 别	没有农村土地承包经营权的人口								
	二、采矿业						三、制造业		
	7.石油和天然气开采业	8.黑色金属矿采选业	9.有色金属矿采选业	10.非金属矿采选业	11.开采专业及辅助性活动	12.其他采矿业	小计	13.农副食品加工业	14.食品制造业
总 计	**42**	**70**	**350**	**228**	**45**	**39**	**20841**	**2855**	**764**
16–19岁				1		1	282	14	9
20–24岁		2	2	9	1	2	1249	77	45
25–29岁		5	20	21	5	5	2151	203	86
30–34岁	6	16	40	46	5	4	3807	351	146
35–39岁	4	9	46	39	10	4	3600	390	119
40–44岁	10	15	72	20	8	8	3009	421	95
45–49岁	11	6	79	51	6	5	3060	626	105
50–54岁	6	8	57	19	7	4	2056	422	78
55–59岁	3	6	29	17	3	4	1117	265	54
60–64岁	1		3	4			261	46	13
65–69岁	1	2	1			2	166	28	9
70–74岁		1	1	1			60	9	4
75岁及以上							23	3	1
男	**28**	**49**	**248**	**181**	**38**	**30**	**11611**	**1718**	**337**
16–19岁				1		1	185	10	3
20–24岁		1	2	8	1	1	801	54	23
25–29岁		4	13	18	3	4	1343	139	37
30–34岁	4	11	26	37	5	2	2125	218	66
35–39岁	2	5	31	32	7	4	1827	221	48
40–44岁	4	10	48	17	7	7	1490	210	41
45–49岁	8	4	49	34	6	3	1494	322	40
50–54岁	6	6	49	16	6	3	1246	294	34
55–59岁	2	6	26	14	3	3	775	199	30
60–64岁	1		2	3			165	28	8
65–69岁	1	1	1			2	111	14	5
70–74岁		1	1	1			38	7	1
75岁及以上							11	2	1
女	**14**	**21**	**102**	**47**	**7**	**9**	**9230**	**1137**	**427**
16–19岁							97	4	6
20–24岁		1		1		1	448	23	22
25–29岁		1	7	3	2	1	808	64	49
30–34岁	2	5	14	9		2	1682	133	80
35–39岁	2	4	15	7	3		1773	169	71
40–44岁	6	5	24	3	1	1	1519	211	54
45–49岁	3	2	30	17		2	1566	304	65
50–54岁		2	8	3	1	1	810	128	44
55–59岁	1		3	3		1	342	66	24
60–64岁			1	1			96	18	5
65–69岁		1					55	14	4
70–74岁							22	2	3
75岁及以上							12	1	

4-5b　续表 28　　　　　　　　　　　　　　　　　　　　　　　　　　　　单位：人

年龄组 性　别	没有农村土地承包经营权的人口								
	三、制造业								
	15.酒、饮料和精制茶制造业	16.烟草制品业	17.纺织业	18.纺织服装、服饰业	19.皮革、毛皮、羽毛及其制品和制鞋业	20.木材加工和木、竹、藤、棕、草制品业	21.家具制造业	22.造纸和纸制品业	23.印刷和记录媒介复制业
总　计	**503**	**28**	**740**	**1871**	**429**	**1590**	**323**	**452**	**191**
16–19岁	2		8	38	5	11	4	2	1
20–24岁	14		31	138	18	41	12	20	7
25–29岁	45	2	54	176	33	124	44	21	16
30–34岁	99	5	130	329	98	241	62	76	38
35–39岁	93	5	129	317	91	305	64	92	31
40–44岁	86	6	131	285	77	237	40	85	24
45–49岁	76	3	125	266	51	233	52	72	34
50–54岁	46	4	81	196	28	202	20	52	21
55–59岁	32	3	40	85	15	131	14	23	15
60–64岁	4		9	19	6	29	5	4	2
65–69岁	3			14	5	27	3	2	2
70–74岁	3		1	5	2	4	3	3	
75岁及以上			1	3		5			
男	**284**	**20**	**277**	**509**	**151**	**879**	**207**	**285**	**108**
16–19岁	1		5	17	5	8	2	2	1
20–24岁	6		21	56	10	25	5	15	6
25–29岁	32	2	22	72	16	79	34	14	8
30–34岁	63	4	57	91	37	134	40	49	21
35–39岁	43	1	36	83	26	175	37	47	16
40–44岁	49	5	43	51	22	114	24	52	12
45–49岁	38	3	36	50	16	107	29	45	16
50–54岁	24	2	31	48	7	108	15	35	14
55–59岁	22	3	20	27	8	82	12	19	12
60–64岁	3		5	4	2	20	5	2	1
65–69岁	2			8	1	21	1	2	1
70–74岁	1			1	1	3	3	3	
75岁及以上			1	1		3			
女	**219**	**8**	**463**	**1362**	**278**	**711**	**116**	**167**	**83**
16–19岁	1		3	21		3	2		
20–24岁	8		10	82	8	16	7	5	1
25–29岁	13		32	104	17	45	10	7	8
30–34岁	36	1	73	238	61	107	22	27	17
35–39岁	50	4	93	234	65	130	27	45	15
40–44岁	37	1	88	234	55	123	16	33	12
45–49岁	38		89	216	35	126	23	27	18
50–54岁	22	2	50	148	21	94	5	17	7
55–59岁	10		20	58	7	49	2	4	3
60–64岁	1		4	15	4	9		2	1
65–69岁	1			6	4	6	2		1
70–74岁	2		1	4	1	1			
75岁及以上				2		2			

4-5b 续表 29

单位：人

年龄组 性 别	没有农村土地承包经营权的人口								
	三、制造业								
	24.文教、工美、体育和娱乐用品制造业	25.石油、煤炭及其他燃料加工业	26.化学原料和化学制品制造业	27.医药制造业	28.化学纤维制造业	29.橡胶和塑料制品业	30.非金属矿物制品业	31.黑色金属冶炼和压延加工业	32.有色金属冶炼和压延加工业
总 计	**697**	**60**	**559**	**340**	**5**	**528**	**1921**	**590**	**711**
16-19岁	5		2			7	5		1
20-24岁	49	3	20	22		26	93	26	27
25-29岁	79	9	43	30	1	51	143	53	103
30-34岁	144	8	93	44		81	346	100	159
35-39岁	155	7	93	72	1	105	326	89	139
40-44岁	95	15	88	56	1	75	299	116	110
45-49岁	78	4	84	65		95	304	104	108
50-54岁	54	7	72	27	2	54	244	66	37
55-59岁	23	6	42	11		17	100	30	22
60-64岁	8	1	9	7		6	33	5	4
65-69岁	5		5	4		11	20	1	1
70-74岁			6	2			8		
75岁及以上	2		2						
男	**231**	**42**	**375**	**141**	**4**	**317**	**1335**	**433**	**525**
16-19岁	3		2			7	4		
20-24岁	26	3	11	6		21	77	17	21
25-29岁	32	5	30	10	1	40	108	43	77
30-34岁	48	5	57	20		52	239	72	108
35-39岁	45	6	64	35		56	217	63	107
40-44岁	24	7	56	22	1	43	182	80	83
45-49岁	20	3	54	20		46	192	70	70
50-54岁	20	6	54	14	2	28	193	53	33
55-59岁	8	6	33	7		13	76	29	22
60-64岁	2	1	4	4		4	25	5	4
65-69岁	3		4	2		7	17	1	
70-74岁			5	1			5		
75岁及以上			1						
女	**466**	**18**	**184**	**199**	**1**	**211**	**586**	**157**	**186**
16-19岁	2						1		1
20-24岁	23		9	16		5	16	9	6
25-29岁	47	4	13	20		11	35	10	26
30-34岁	96	3	36	24		29	107	28	51
35-39岁	110	1	29	37	1	49	109	26	32
40-44岁	71	8	32	34		32	117	36	27
45-49岁	58	1	30	45		49	112	34	38
50-54岁	34	1	18	13		26	51	13	4
55-59岁	15		9	4		4	24	1	
60-64岁	6		5	3		2	8		
65-69岁	2		1	2		4	3		1
70-74岁			1	1			3		
75岁及以上	2		1						

4-5b 续表 30　　　　单位：人

年龄组 性 别	没有农村土地承包经营权的人口								
	三、制造业								
	33.金属制品业	34.通用设备制造业	35.专用设备制造业	36.汽车制造业	37.铁路、船舶、航空航天和其他运输设备制造业	38.电气机械和器材制造业	39.计算机、通信和其他电子设备制造业	40.仪器仪表制造业	41.其他制造业
总 计	**843**	**426**	**457**	**485**	**188**	**497**	**2112**	**75**	**147**
16–19岁	5	17	12	8	1	17	98		5
20–24岁	46	39	36	55	11	61	284	7	11
25–29岁	93	47	73	76	23	54	402	12	9
30–34岁	171	85	101	138	30	114	492	16	39
35–39岁	166	82	70	79	20	85	374	13	17
40–44岁	104	48	58	51	26	73	223	13	16
45–49岁	103	50	44	47	33	57	149	8	18
50–54岁	89	29	27	20	23	25	57	3	16
55–59岁	46	18	28	8	15	10	19	3	10
60–64岁	10	4	7	2	5	1	5		5
65–69岁	8	5	1	1	1		3		1
70–74岁	1						5		
75岁及以上	1	2					1		
男	**602**	**288**	**276**	**320**	**134**	**310**	**995**	**48**	**80**
16–19岁	3	12	10	7	1	12	66		3
20–24岁	32	26	27	47	9	36	180	6	8
25–29岁	70	31	55	47	16	37	231	9	8
30–34岁	117	63	58	105	19	72	207	11	27
35–39岁	109	52	31	36	12	48	144	6	6
40–44岁	79	29	29	30	18	49	72	9	6
45–49岁	70	32	28	28	21	29	52	3	7
50–54岁	65	21	17	11	17	18	24	2	8
55–59岁	40	15	15	7	15	8	12	2	5
60–64岁	8	2	5	2	5	1	2		2
65–69岁	7	5	1		1		2		
70–74岁	1						2		
75岁及以上	1						1		
女	**241**	**138**	**181**	**165**	**54**	**187**	**1117**	**27**	**67**
16–19岁	2	5	2	1		5	32		2
20–24岁	14	13	9	8	2	25	104	1	3
25–29岁	23	16	18	29	7	17	171	3	1
30–34岁	54	22	43	33	11	42	285	5	12
35–39岁	57	30	39	43	8	37	230	7	11
40–44岁	25	19	29	21	8	24	151	4	10
45–49岁	33	18	16	19	12	28	97	5	11
50–54岁	24	8	10	9	6	7	33	1	8
55–59岁	6	3	13	1		2	7	1	5
60–64岁	2	2	2				3		3
65–69岁	1			1			1		1
70–74岁							3		
75岁及以上		2							

4-5b 续表 31

单位：人

年龄组 性别	没有农村土地承包经营权的人口								
	三、制造业		四、电力、热力、燃气及水生产和供应业				五、建筑业		
	42.废弃资源综合利用业	43.金属制品、机械和设备修理业	小计	44.电力、热力生产和供应业	45.燃气生产和供应业	46.水的生产和供应业	小计	47.房屋建筑业	48.土木工程建筑业
总　计	**89**	**365**	**2753**	**2090**	**220**	**443**	**15923**	**8260**	**1609**
16-19岁	2	3	2		2		138	76	17
20-24岁	3	27	107	84	7	16	991	486	190
25-29岁	10	36	194	148	25	21	1913	948	260
30-34岁	8	63	389	286	49	54	3013	1445	338
35-39岁	14	57	364	271	40	53	2615	1279	219
40-44岁	7	48	561	423	28	110	2197	1149	171
45-49岁	15	51	555	424	29	102	2202	1184	189
50-54岁	14	40	360	289	21	50	1648	912	134
55-59岁	6	26	181	135	13	33	874	546	69
60-64岁	5	7	26	20	2	4	227	154	14
65-69岁	2	4	9	6	3		76	60	4
70-74岁	1	3	2	2			18	13	3
75岁及以上	2		3	2	1		11	8	1
男	**61**	**319**	**1888**	**1483**	**136**	**269**	**12685**	**6366**	**1360**
16-19岁		1					113	61	15
20-24岁	2	25	71	58	4	9	831	402	162
25-29岁	8	30	138	112	14	12	1573	746	216
30-34岁	7	58	258	192	30	36	2445	1138	289
35-39岁	10	47	233	177	22	34	2051	979	177
40-44岁	4	44	342	274	17	51	1684	845	140
45-49岁	7	40	360	285	20	55	1648	845	156
50-54岁	11	37	291	236	16	39	1314	703	120
55-59岁	4	24	162	124	8	30	735	440	65
60-64岁	5	6	22	17	2	3	195	135	12
65-69岁	2	4	7	4	3		70	54	4
70-74岁	1	3	2	2			16	11	3
75岁及以上			2	2			10	7	1
女	**28**	**46**	**865**	**607**	**84**	**174**	**3238**	**1894**	**249**
16-19岁	2	2	2		2		25	15	2
20-24岁	1	2	36	26	3	7	160	84	28
25-29岁	2	6	56	36	11	9	340	202	44
30-34岁	1	5	131	94	19	18	568	307	49
35-39岁	4	10	131	94	18	19	564	300	42
40-44岁	3	4	219	149	11	59	513	304	31
45-49岁	8	11	195	139	9	47	554	339	33
50-54岁	3	3	69	53	5	11	334	209	14
55-59岁	2	2	19	11	5	3	139	106	4
60-64岁		1	4	3		1	32	19	2
65-69岁			2	2			6	6	
70-74岁							2	2	
75岁及以上	2		1		1		1	1	

4-5b　续表 32　　　　单位：人

年龄组 性　别	没有农村土地承包经营权的人口								
	五、建筑业		六、批发和零售业			七、交通运输、仓储和邮政业			
	49.建筑安装业	50.建筑装饰、装修和其他建筑业	小计	51.批发业	52.零售业	小计	53.铁路运输业	54.道路运输业	55.水上运输业
总　计	**960**	**5094**	**30838**	**4894**	**25944**	**9508**	**351**	**5653**	**664**
16-19岁	7	38	251	31	220	69	1	31	4
20-24岁	47	268	1436	204	1232	503	35	247	34
25-29岁	113	592	3221	525	2696	1009	59	503	76
30-34岁	174	1056	5666	879	4787	1717	46	999	113
35-39岁	182	935	5334	809	4525	1704	32	1050	92
40-44岁	137	740	4222	674	3548	1332	45	872	59
45-49岁	127	702	4210	661	3549	1308	43	841	87
50-54岁	113	489	3182	536	2646	1059	53	647	102
55-59岁	53	206	2054	366	1688	616	25	356	72
60-64岁	5	54	679	112	567	115	10	66	16
65-69岁	2	10	369	67	302	54	2	26	6
70-74岁		2	126	19	107	10		6	2
75岁及以上		2	88	11	77	12		9	1
男	**861**	**4098**	**13028**	**2728**	**10300**	**7683**	**275**	**4851**	**539**
16-19岁	6	31	115	21	94	51	1	24	4
20-24岁	44	223	677	129	548	396	26	204	28
25-29岁	104	507	1454	317	1137	823	40	444	69
30-34岁	152	866	2357	490	1867	1417	38	895	104
35-39岁	158	737	2125	435	1690	1392	22	923	79
40-44岁	125	574	1556	344	1212	1058	32	745	42
45-49岁	112	535	1604	331	1273	1006	32	678	64
50-54岁	102	389	1409	313	1096	841	49	525	74
55-59岁	51	179	1049	218	831	536	24	320	57
60-64岁	5	43	366	70	296	102	9	60	12
65-69岁	2	10	199	43	156	43	2	21	4
70-74岁		2	74	11	63	10		6	2
75岁及以上		2	43	6	37	8		6	
女	**99**	**996**	**17810**	**2166**	**15644**	**1825**	**76**	**802**	**125**
16-19岁	1	7	136	10	126	18		7	
20-24岁	3	45	759	75	684	107	9	43	6
25-29岁	9	85	1767	208	1559	186	19	59	7
30-34岁	22	190	3309	389	2920	300	8	104	9
35-39岁	24	198	3209	374	2835	312	10	127	13
40-44岁	12	166	2666	330	2336	274	13	127	17
45-49岁	15	167	2606	330	2276	302	11	163	23
50-54岁	11	100	1773	223	1550	218	4	122	28
55-59岁	2	27	1005	148	857	80	1	36	15
60-64岁		11	313	42	271	13	1	6	4
65-69岁			170	24	146	11		5	2
70-74岁			52	8	44				
75岁及以上			45	5	40	4		3	1

4-5b 续表 33

单位：人

年龄组 性 别	没有农村土地承包经营权的人口							
	七、交通运输、仓储和邮政业					八、住宿和餐饮业		
	56.航空运输业	57.管道运输业	58.多式联运和运输代理业	59.装卸搬运和仓储业	60.邮政业	小计	61.住宿业	62.餐饮业
总 计	**22**		**193**	**1213**	**1412**	**9852**	**1319**	**8533**
16−19岁			1	12	20	224	32	192
20−24岁	2		18	48	119	708	110	598
25−29岁	6		30	121	214	1088	135	953
30−34岁	4		45	187	323	1790	225	1565
35−39岁	4		25	206	295	1563	203	1360
40−44岁	2		20	161	173	1339	189	1150
45−49岁	2		24	176	135	1284	169	1115
50−54岁	2		13	170	72	1030	136	894
55−59岁			15	94	54	570	81	489
60−64岁			1	19	3	159	24	135
65−69岁			1	16	3	67	12	55
70−74岁				2		17	2	15
75岁及以上				1	1	13	1	12
男	**17**		**143**	**894**	**964**	**4326**	**496**	**3830**
16−19岁				7	15	123	15	108
20−24岁	2		11	38	87	428	53	375
25−29岁	5		17	92	156	580	55	525
30−34岁	3		35	130	212	822	76	746
35−39岁	4		21	154	189	660	70	590
40−44岁	1		16	112	110	523	64	459
45−49岁	1		18	123	90	428	47	381
50−54岁	1		10	130	52	365	48	317
55−59岁			13	73	49	267	42	225
60−64岁			1	18	2	81	17	64
65−69岁			1	14	1	33	7	26
70−74岁				2		9	1	8
75岁及以上				1	1	7	1	6
女	**5**		**50**	**319**	**448**	**5526**	**823**	**4703**
16−19岁			1	5	5	101	17	84
20−24岁			7	10	32	280	57	223
25−29岁	1		13	29	58	508	80	428
30−34岁	1		10	57	111	968	149	819
35−39岁			4	52	106	903	133	770
40−44岁	1		4	49	63	816	125	691
45−49岁	1		6	53	45	856	122	734
50−54岁	1		3	40	20	665	88	577
55−59岁			2	21	5	303	39	264
60−64岁				1	1	78	7	71
65−69岁				2	2	34	5	29
70−74岁						8	1	7
75岁及以上						6		6

4-5b　续表 34　　　　单位：人

年龄组 性　别	没有农村土地承包经营权的人口								
	九、信息传输、软件和信息技术服务业				十、金融业				
	小计	63.电信、广播电视和卫星传输服务	64.互联网和相关服务	65.软件和信息技术服务业	小计	66.货币金融服务	67.资本市场服务	68.保险业	69.其他金融业
总　计	**2063**	**1169**	**522**	**372**	**3076**	**1958**	**89**	**852**	**177**
16—19岁	15	4	7	4	6	2	1	3	
20—24岁	222	83	73	66	170	118	7	33	12
25—29岁	369	160	118	91	456	291	15	114	36
30—34岁	529	292	139	98	668	438	22	167	41
35—39岁	399	265	79	55	472	268	20	155	29
40—44岁	244	160	59	25	327	156	12	141	18
45—49岁	153	107	26	20	416	278	8	115	15
50—54岁	73	55	13	5	347	238	4	86	19
55—59岁	51	37	7	7	199	157		36	6
60—64岁	2	1		1	8	6		2	
65—69岁	1	1			3	2			1
70—74岁	1	1			2	2			
75岁及以上	4	3	1		2	2			
男	**1242**	**637**	**344**	**261**	**1524**	**1066**	**50**	**310**	**98**
16—19岁	8	2	4	2	3			3	
20—24岁	142	51	47	44	84	58	6	17	3
25—29岁	213	78	68	67	212	130	5	55	22
30—34岁	305	141	96	68	291	196	13	63	19
35—39岁	223	126	56	41	198	130	10	46	12
40—44岁	142	88	37	17	132	76	8	36	12
45—49岁	95	66	17	12	201	157	5	28	11
50—54岁	63	47	12	4	233	178	3	39	13
55—59岁	44	33	6	5	160	134		21	5
60—64岁	2	1		1	6	4		2	
65—69岁	1	1			1				1
70—74岁	1	1			1	1			
75岁及以上	3	2	1		2	2			
女	**821**	**532**	**178**	**111**	**1552**	**892**	**39**	**542**	**79**
16—19岁	7	2	3	2	3	2	1		
20—24岁	80	32	26	22	86	60	1	16	9
25—29岁	156	82	50	24	244	161	10	59	14
30—34岁	224	151	43	30	377	242	9	104	22
35—39岁	176	139	23	14	274	138	10	109	17
40—44岁	102	72	22	8	195	80	4	105	6
45—49岁	58	41	9	8	215	121	3	87	4
50—54岁	10	8	1	1	114	60	1	47	6
55—59岁	7	4	1	2	39	23		15	1
60—64岁					2	2			
65—69岁					2	2			
70—74岁					1	1			
75岁及以上	1	1							

4-5b 续表 35

单位：人

年龄组 性别	没有农村土地承包经营权的人口								
	十一、房地产业		十二、租赁和商务服务业			十三、科学研究和技术服务业			
	小计	70.房地产业	小计	71.租赁业	72.商务服务业	小计	73.研究和试验发展	74.专业技术服务业	75.科技推广和应用服务业
总计	**2425**	**2425**	**4872**	**191**	**4681**	**1301**	**62**	**996**	**243**
16-19岁	21	21	43		43	15	5	6	4
20-24岁	183	183	323	16	307	131	5	110	16
25-29岁	377	377	591	22	569	210	12	175	23
30-34岁	534	534	826	42	784	241	9	197	35
35-39岁	390	390	739	42	697	187	8	156	23
40-44岁	251	251	667	24	643	175	5	128	42
45-49岁	253	253	680	25	655	139	5	97	37
50-54岁	200	200	485	8	477	110	10	71	29
55-59岁	166	166	380	11	369	80	2	45	33
60-64岁	35	35	95	1	94	8	1	6	1
65-69岁	10	10	27		27	3		3	
70-74岁	4	4	8		8	2		2	
75岁及以上	1	1	8		8				
男	**1263**	**1263**	**2977**	**162**	**2815**	**903**	**41**	**683**	**179**
16-19岁	14	14	31		31	11	3	4	4
20-24岁	104	104	190	16	174	101	3	83	15
25-29岁	191	191	317	21	296	145	7	122	16
30-34岁	241	241	472	37	435	142	5	117	20
35-39岁	162	162	434	35	399	123	5	101	17
40-44岁	120	120	363	18	345	113	3	83	27
45-49岁	135	135	419	21	398	98	3	67	28
50-54岁	126	126	316	4	312	88	9	58	21
55-59岁	130	130	327	10	317	72	2	40	30
60-64岁	27	27	78		78	6	1	4	1
65-69岁	9	9	18		18	2		2	
70-74岁	4	4	7		7	2		2	
75岁及以上			5		5				
女	**1162**	**1162**	**1895**	**29**	**1866**	**398**	**21**	**313**	**64**
16-19岁	7	7	12		12	4	2	2	
20-24岁	79	79	133		133	30	2	27	1
25-29岁	186	186	274	1	273	65	5	53	7
30-34岁	293	293	354	5	349	99	4	80	15
35-39岁	228	228	305	7	298	64	3	55	6
40-44岁	131	131	304	6	298	62	2	45	15
45-49岁	118	118	261	4	257	41	2	30	9
50-54岁	74	74	169	4	165	22	1	13	8
55-59岁	36	36	53	1	52	8		5	3
60-64岁	8	8	17	1	16	2		2	
65-69岁	1	1	9		9	1		1	
70-74岁			1		1				
75岁及以上	1	1	3		3				

4-5b　续表 36　　　　单位：人

年龄组 性　别	没有农村土地承包经营权的人口								
	十四、水利、环境和公共设施管理业					十五、居民服务、修理和其他服务业			
	小计	76.水利管理业	77.生态保护和环境治理业	78.公共设施管理业	79.土地管理业	小计	80.居民服务业	81.机动车、电子产品和日用产品修理业	82.其他服务业
总　计	**1093**	**179**	**55**	**831**	**28**	**7383**	**4321**	**1971**	**1091**
16-19岁	3	1		2		105	56	39	10
20-24岁	30	2	2	24	2	435	229	153	53
25-29岁	61	8	6	43	4	748	437	232	79
30-34岁	114	14	11	85	4	1272	783	346	143
35-39岁	129	19	8	98	4	1259	766	349	144
40-44岁	165	34	6	123	2	1030	599	282	149
45-49岁	228	42	12	169	5	1014	576	242	196
50-54岁	189	31	6	148	4	764	419	178	167
55-59岁	119	24	3	91	1	459	281	89	89
60-64岁	35		1	32	2	142	79	34	29
65-69岁	14	2		12		94	58	14	22
70-74岁	5	1		4		38	23	9	6
75岁及以上	1	1				23	15	4	4
男	**603**	**129**	**42**	**411**	**21**	**3184**	**1177**	**1606**	**401**
16-19岁	1			1		59	22	34	3
20-24岁	19		2	15	2	268	95	142	31
25-29岁	41	7	5	26	3	381	131	207	43
30-34岁	69	10	8	48	3	567	224	279	64
35-39岁	72	14	6	51	1	495	171	268	56
40-44岁	88	23	5	58	2	408	126	224	58
45-49岁	105	21	8	72	4	360	117	190	53
50-54岁	96	26	4	63	3	276	106	134	36
55-59岁	77	24	3	49	1	197	91	75	31
60-64岁	20		1	17	2	76	37	29	10
65-69岁	11	2		9		57	31	12	14
70-74岁	3	1		2		28	17	9	2
75岁及以上	1	1				12	9	3	
女	**490**	**50**	**13**	**420**	**7**	**4199**	**3144**	**365**	**690**
16-19岁	2	1		1		46	34	5	7
20-24岁	11	2		9		167	134	11	22
25-29岁	20	1	1	17	1	367	306	25	36
30-34岁	45	4	3	37	1	705	559	67	79
35-39岁	57	5	2	47	3	764	595	81	88
40-44岁	77	11	1	65		622	473	58	91
45-49岁	123	21	4	97	1	654	459	52	143
50-54岁	93	5	2	85	1	488	313	44	131
55-59岁	42			42		262	190	14	58
60-64岁	15			15		66	42	5	19
65-69岁	3			3		37	27	2	8
70-74岁	2			2		10	6		4
75岁及以上						11	6	1	4

4-5b 续表 37

单位：人

年龄组 性别	没有农村土地承包经营权的人口									
	十六、教育		十七、卫生和社会工作			十八、文化、体育和娱乐业				
	小计	83.教育	小计	84.卫生	85.社会工作	小计	86.新闻和出版业	87.广播、电视、电影和录音制作业	88.文化艺术业	89.体育
总 计	**19752**	**19752**	**8929**	**8818**	**111**	**1168**	**65**	**111**	**269**	**98**
16-19岁	179	179	67	67		38		1	1	2
20-24岁	1231	1231	744	736	8	127	11	9	13	10
25-29岁	2036	2036	1339	1327	12	158	10	16	24	30
30-34岁	2164	2164	1603	1593	10	228	12	16	46	14
35-39岁	2871	2871	1458	1443	15	154	4	18	40	11
40-44岁	3866	3866	1155	1143	12	143	12	10	43	10
45-49岁	3495	3495	1141	1123	18	115	8	10	35	11
50-54岁	2686	2686	845	830	15	99	4	8	39	6
55-59岁	1016	1016	401	388	13	85	4	19	27	3
60-64岁	103	103	75	73	2	12		1		
65-69岁	43	43	60	57	3	5			1	1
70-74岁	37	37	23	21	2	3		2		
75岁及以上	25	25	18	17	1	1		1		
男	**6936**	**6936**	**2824**	**2789**	**35**	**637**	**29**	**73**	**129**	**43**
16-19岁	55	55	11	11		24				1
20-24岁	252	252	151	147	4	77	3	6	4	6
25-29岁	437	437	243	238	5	86	2	7	12	14
30-34岁	446	446	397	394	3	114	5	11	19	6
35-39岁	697	697	463	457	6	79	1	9	16	3
40-44岁	1452	1452	372	368	4	65	8	7	16	2
45-49岁	1413	1413	453	449	4	53	3	7	16	4
50-54岁	1264	1264	373	371	2	56	3	5	24	3
55-59岁	781	781	244	239	5	69	4	18	22	3
60-64岁	71	71	47	47		8		1		
65-69岁	24	24	38	37	1	3				1
70-74岁	26	26	18	17	1	2		1		
75岁及以上	18	18	14	14		1		1		
女	**12816**	**12816**	**6105**	**6029**	**76**	**531**	**36**	**38**	**140**	**55**
16-19岁	124	124	56	56		14		1	1	1
20-24岁	979	979	593	589	4	50	8	3	9	4
25-29岁	1599	1599	1096	1089	7	72	8	9	12	16
30-34岁	1718	1718	1206	1199	7	114	7	5	27	8
35-39岁	2174	2174	995	986	9	75	3	9	24	8
40-44岁	2414	2414	783	775	8	78	4	3	27	8
45-49岁	2082	2082	688	674	14	62	5	3	19	7
50-54岁	1422	1422	472	459	13	43	1	3	15	3
55-59岁	235	235	157	149	8	16		1	5	
60-64岁	32	32	28	26	2	4				
65-69岁	19	19	22	20	2	2			1	
70-74岁	11	11	5	4	1	1		1		
75岁及以上	7	7	4	3	1					

4-5b 续表 38　　　　　　　　　　　　　　　　　　单位：人

年龄组 性别	没有农村土地承包经营权的人口									
		十九、公共管理、社会保障和社会组织							二十、国际组织	
	90.娱乐业	小计	91.中国共产党机关	92.国家机构	93.人民政协、民主党派	94.社会保障	95.群众团体、社会团体和其他成员组织	96.基层群众自治组织	小计	97.国际组织
总　计	**625**	**19330**	**570**	**17406**	**72**	**148**	**557**	**577**		
16-19岁	34	17		13			3	1		
20-24岁	84	758	21	689	2	2	23	21		
25-29岁	78	2143	55	1952	6	16	65	49		
30-34岁	140	2972	98	2665	4	32	79	94		
35-39岁	81	2214	71	1975	8	12	79	69		
40-44岁	68	3034	103	2716	8	31	81	95		
45-49岁	51	3012	96	2708	16	27	81	84		
50-54岁	42	2844	65	2602	16	17	74	70		
55-59岁	32	2035	54	1857	10	11	43	60		
60-64岁	11	160	3	124			12	21		
65-69岁	3	82	2	60	2		8	10		
70-74岁	1	29		24			3	2		
75岁及以上		30	2	21			6	1		
男	**363**	**12313**	**362**	**11299**	**36**	**45**	**271**	**300**		
16-19岁	23	13		11			2			
20-24岁	58	414	7	388	1	2	6	10		
25-29岁	51	1088	31	1007	1	3	25	21		
30-34岁	73	1515	48	1381		5	36	45		
35-39岁	50	1275	41	1169	4	2	32	27		
40-44岁	32	1842	60	1691	5	9	35	42		
45-49岁	23	1967	71	1799	9	7	36	45		
50-54岁	21	2076	50	1930	6	9	44	37		
55-59岁	22	1876	49	1729	8	8	36	46		
60-64岁	7	133	2	106			9	16		
65-69岁	2	68	1	50	2		7	8		
70-74岁	1	24		22				2		
75岁及以上		22	2	16			3	1		
女	**262**	**7017**	**208**	**6107**	**36**	**103**	**286**	**277**		
16-19岁	11	4		2			1	1		
20-24岁	26	344	14	301	1		17	11		
25-29岁	27	1055	24	945	5	13	40	28		
30-34岁	67	1457	50	1284	4	27	43	49		
35-39岁	31	939	30	806	4	10	47	42		
40-44岁	36	1192	43	1025	3	22	46	53		
45-49岁	28	1045	25	909	7	20	45	39		
50-54岁	21	768	15	672	10	8	30	33		
55-59岁	10	159	5	128	2	3	7	14		
60-64岁	4	27	1	18			3	5		
65-69岁	1	14	1	10			1	2		
70-74岁		5		2			3			
75岁及以上		8		5			3			

4-5c 分年龄、性别、行业大类的就业人口（乡村）

单位：人

年龄组 性别	合计								
	合计	一、农、林、牧、渔业						二、采矿业	
		小计	1.农业	2.林业	3.畜牧业	4.渔业	5.农、林、牧、渔专业及辅助性活动	小计	6.煤炭开采和洗选业
总计	**912209**	**525736**	**454157**	**16536**	**43580**	**7662**	**3801**	**2955**	**187**
16-19岁	14009	4521	3927	145	349	58	42	16	
20-24岁	39546	11568	9770	456	1005	207	130	99	2
25-29岁	59959	19787	16702	701	1728	421	235	235	2
30-34岁	93611	36079	30217	1366	3298	807	391	433	20
35-39岁	101022	45221	37797	1822	4237	880	485	442	30
40-44岁	102243	52095	44021	2030	4686	920	438	497	43
45-49岁	119297	68670	58285	2739	5993	1099	554	483	41
50-54岁	131249	86303	74569	2960	6997	1206	571	451	28
55-59岁	109950	80201	69999	2291	6365	1029	517	221	13
60-64岁	61727	50470	45090	1013	3675	475	217	53	2
65-69岁	47344	41593	37506	667	2917	359	144	13	3
70-74岁	20720	18770	16979	242	1370	130	49	11	3
75岁及以上	11532	10458	9295	104	960	71	28	1	
男	**533565**	**279406**	**236019**	**11372**	**24408**	**5465**	**2142**	**2497**	**167**
16-19岁	8840	2936	2500	109	245	53	29	13	
20-24岁	24289	7148	5857	332	687	173	99	87	2
25-29岁	37172	11736	9620	510	1094	344	168	199	2
30-34岁	56972	20148	16275	989	2032	614	238	363	17
35-39岁	60059	24365	19803	1246	2379	660	277	371	26
40-44岁	58784	27038	22299	1405	2444	651	239	419	40
45-49岁	67591	35020	29006	1843	3154	735	282	391	35
50-54岁	75084	43962	37146	1991	3731	795	299	380	25
55-59岁	63439	41042	34994	1582	3493	707	266	200	12
60-64岁	35561	26815	23559	688	2125	323	120	51	2
65-69岁	27208	22800	20309	452	1703	253	83	11	3
70-74岁	12013	10568	9503	150	784	102	29	11	3
75岁及以上	6553	5828	5148	75	537	55	13	1	
女	**378644**	**246330**	**218138**	**5164**	**19172**	**2197**	**1659**	**458**	**20**
16-19岁	5169	1585	1427	36	104	5	13	3	
20-24岁	15257	4420	3913	124	318	34	31	12	
25-29岁	22787	8051	7082	191	634	77	67	36	
30-34岁	36639	15931	13942	377	1266	193	153	70	3
35-39岁	40963	20856	17994	576	1858	220	208	71	4
40-44岁	43459	25057	21722	625	2242	269	199	78	3
45-49岁	51706	33650	29279	896	2839	364	272	92	6
50-54岁	56165	42341	37423	969	3266	411	272	71	3
55-59岁	46511	39159	35005	709	2872	322	251	21	1
60-64岁	26166	23655	21531	325	1550	152	97	2	
65-69岁	20136	18793	17197	215	1214	106	61	2	
70-74岁	8707	8202	7476	92	586	28	20		
75岁及以上	4979	4630	4147	29	423	16	15		

4-5c　续表 1　　　　单位：人

年龄组 性　别	合　计								
	二、采矿业						三、制造业		
	7.石油和天然气开采业	8.黑色金属矿采选业	9.有色金属矿采选业	10.非金属矿采选业	11.开采专业及辅助性活动	12.其他采矿业	小计	13.农副食品加工业	14.食品制造业
总　计	**13**	**302**	**784**	**1384**	**125**	**160**	**90115**	**5818**	**1548**
16-19岁			5	9	2		3182	46	53
20-24岁		8	14	59	5	11	7368	186	116
25-29岁	3	23	56	122	6	23	9541	384	136
30-34岁	4	32	121	209	27	20	14218	645	255
35-39岁	1	48	125	207	15	16	14520	776	276
40-44岁	1	56	141	207	22	27	12575	788	223
45-49岁	1	57	146	200	14	24	11968	926	203
50-54岁	1	56	117	209	16	24	9092	935	143
55-59岁	1	18	50	111	17	11	4756	623	90
60-64岁		4	9	34	1	3	1610	275	30
65-69岁	1			9			834	152	11
70-74岁				7		1	299	52	11
75岁及以上				1			152	30	1
男	**9**	**218**	**669**	**1184**	**108**	**142**	**49624**	**3429**	**680**
16-19岁			3	8	2		1974	33	30
20-24岁		7	11	53	4	10	4605	116	54
25-29岁	2	15	50	106	4	20	5886	266	54
30-34岁	2	21	103	181	21	18	7960	375	117
35-39岁	1	34	109	172	15	14	7514	423	120
40-44岁	1	39	123	175	18	23	6140	407	90
45-49岁		44	122	158	11	21	5808	494	87
50-54岁	1	40	94	184	15	21	4925	576	49
55-59岁	1	15	45	99	17	11	2936	395	49
60-64岁		3	9	33	1	3	1033	182	16
65-69岁	1			7			555	105	6
70-74岁				7		1	196	36	7
75岁及以上				1			92	21	1
女	**4**	**84**	**115**	**200**	**17**	**18**	**40491**	**2389**	**868**
16-19岁			2	1			1208	13	23
20-24岁		1	3	6	1	1	2763	70	62
25-29岁	1	8	6	16	2	3	3655	118	82
30-34岁	2	11	18	28	6	2	6258	270	138
35-39岁		14	16	35		2	7006	353	156
40-44岁		17	18	32	4	4	6435	381	133
45-49岁	1	13	24	42	3	3	6160	432	116
50-54岁		16	23	25	1	3	4167	359	94
55-59岁		3	5	12			1820	228	41
60-64岁		1		1			577	93	14
65-69岁				2			279	47	5
70-74岁							103	16	4
75岁及以上							60	9	

4-5c 续表 2

单位：人

年龄组 性 别	合 计								
	三、制造业								
	15.酒、饮料和精制茶制造业	16.烟草制品业	17.纺织业	18.纺织服装、服饰业	19.皮革、毛皮、羽毛及其制品和制鞋业	20.木材加工和木、竹、藤、棕、草制品业	21.家具制造业	22.造纸和纸制品业	23.印刷和记录媒介复制业
总 计	**1358**	**27**	**2044**	**10920**	**2389**	**12628**	**2465**	**1370**	**559**
16-19岁	13		61	330	102	119	47	31	23
20-24岁	47		93	830	191	401	145	75	49
25-29岁	91	2	169	1060	237	706	247	129	70
30-34岁	168	4	308	1873	433	1323	379	237	102
35-39岁	165	6	384	2022	472	1785	402	255	116
40-44岁	168	6	346	1768	353	1942	373	199	78
45-49岁	182	4	304	1537	298	2392	325	198	66
50-54岁	190	4	219	876	191	2057	285	144	35
55-59岁	159		98	414	65	1209	159	77	13
60-64岁	68	1	30	132	27	376	63	12	7
65-69岁	59		21	49	12	208	25	7	
70-74岁	29		7	22	5	72	10	5	
75岁及以上	19		4	7	3	38	5	1	
男	**780**	**15**	**802**	**2771**	**1056**	**7150**	**1745**	**869**	**349**
16-19岁	8		30	119	61	92	42	22	15
20-24岁	32		49	295	122	281	123	55	37
25-29岁	48	1	80	364	141	463	180	88	50
30-34岁	101	2	125	586	192	765	259	165	64
35-39岁	85	5	125	522	218	938	285	150	75
40-44岁	83	4	125	345	125	1023	236	114	45
45-49岁	94	2	101	267	92	1200	209	116	34
50-54岁	112	1	84	132	61	1140	199	85	19
55-59岁	99		51	79	23	766	123	54	7
60-64岁	41		13	35	12	264	52	11	3
65-69岁	41		14	15	5	153	23	6	
70-74岁	21		3	10	3	42	9	2	
75岁及以上	15		2	2	1	23	5	1	
女	**578**	**12**	**1242**	**8149**	**1333**	**5478**	**720**	**501**	**210**
16-19岁	5		31	211	41	27	5	9	8
20-24岁	15		44	535	69	120	22	20	12
25-29岁	43	1	89	696	96	243	67	41	20
30-34岁	67	2	183	1287	241	558	120	72	38
35-39岁	80	1	259	1500	254	847	117	105	41
40-44岁	85	2	221	1423	228	919	137	85	33
45-49岁	88	2	203	1270	206	1192	116	82	32
50-54岁	78	3	135	744	130	917	86	59	16
55-59岁	60		47	335	42	443	36	23	6
60-64岁	27	1	17	97	15	112	11	1	4
65-69岁	18		7	34	7	55	2	1	
70-74岁	8		4	12	2	30	1	3	
75岁及以上	4		2	5	2	15			

4-5c　续表 3　　　　单位：人

年龄组 性　别	合　计								
	三、制造业								
	24.文教、工美、体育和娱乐用品制造业	25.石油、煤炭及其他燃料加工业	26.化学原料和化学制品制造业	27.医药制造业	28.化学纤维制造业	29.橡胶和塑料制品业	30.非金属矿　物制品业	31.黑色金属冶炼和压延加工业	32.有色金属冶炼和压延加工业
总　计	**3450**	**186**	**1431**	**410**	**23**	**2463**	**7375**	**1506**	**1283**
16－19岁	161		29	8		89	71	8	12
20－24岁	310	15	124	50	2	186	320	200	95
25－29岁	390	17	141	55	2	267	560	239	161
30－34岁	587	36	199	69	8	360	1014	233	218
35－39岁	618	24	196	62	4	401	1086	258	254
40－44岁	457	23	188	42	1	419	1139	205	204
45－49岁	397	25	196	46	5	322	1231	173	159
50－54岁	269	23	205	30		258	1088	113	104
55－59岁	122	15	99	30		109	567	58	62
60－64岁	64	5	40	11		36	204	15	7
65－69岁	43	3	12	6	1	14	76	4	5
70－74岁	16		2	1		1	15		2
75岁及以上	16					1	4		
男	**1189**	**133**	**858**	**173**	**12**	**1416**	**5366**	**1173**	**1024**
16－19岁	70		13	5		68	62	8	11
20－24岁	146	12	74	21	1	125	257	174	76
25－29岁	174	12	100	23	1	172	436	202	127
30－34岁	231	25	124	29	4	215	750	174	186
35－39岁	189	17	120	25	4	218	773	188	208
40－44岁	103	17	94	16		225	775	144	159
45－49岁	107	18	109	15	1	165	840	124	113
50－54岁	88	14	119	14		133	776	90	79
55－59岁	41	11	72	16		62	442	50	53
60－64岁	12	4	25	6		26	176	15	6
65－69岁	14	3	7	3	1	6	62	4	5
70－74岁	7		1			1	13		1
75岁及以上	7						4		
女	**2261**	**53**	**573**	**237**	**11**	**1047**	**2009**	**333**	**259**
16－19岁	91		16	3		21	9		1
20－24岁	164	3	50	29	1	61	63	26	19
25－29岁	216	5	41	32	1	95	124	37	34
30－34岁	356	11	75	40	4	145	264	59	32
35－39岁	429	7	76	37		183	313	70	46
40－44岁	354	6	94	26	1	194	364	61	45
45－49岁	290	7	87	31	4	157	391	49	46
50－54岁	181	9	86	16		125	312	23	25
55－59岁	81	4	27	14		47	125	8	9
60－64岁	52	1	15	5		10	28		1
65－69岁	29		5	3		8	14		
70－74岁	9		1	1			2		1
75岁及以上	9					1			

4-5c 续表 4

单位：人

年龄组 性别	合计								
	三、制造业								
	33.金属制品业	34.通用设备制造业	35.专用设备制造业	36.汽车制造业	37.铁路、船舶、航空航天和其他运输设备制造业	38.电气机械和器材制造业	39.计算机、通信和其他电子设备制造业	40.仪器仪表制造业	41.其他制造业
总　计	**5648**	**1919**	**1631**	**1419**	**486**	**3572**	**13901**	**325**	**772**
16-19岁	200	70	74	41	9	281	1237	11	32
20-24岁	429	205	206	136	36	501	2250	38	54
25-29岁	582	238	245	214	40	520	2392	46	75
30-34岁	928	353	285	329	72	620	2815	75	104
35-39岁	996	343	287	248	69	571	2111	61	115
40-44岁	873	262	190	223	65	396	1342	31	116
45-49岁	761	225	140	117	80	363	977	38	108
50-54岁	567	131	108	70	67	217	506	16	84
55-59岁	222	67	55	26	35	67	172	5	48
60-64岁	54	10	13	10	5	18	51	3	17
65-69岁	27	6	19	4	3	16	28		13
70-74岁	8	7	5		5	2	9	1	4
75岁及以上	1	2	4	1			11		2
男	**4269**	**1353**	**1025**	**915**	**381**	**2113**	**6963**	**193**	**416**
16-19岁	157	49	56	35	6	178	754	9	19
20-24岁	339	148	127	103	32	342	1340	24	32
25-29岁	464	175	166	159	34	330	1385	29	45
30-34岁	737	262	180	223	54	369	1386	43	59
35-39岁	750	227	173	145	48	321	917	37	75
40-44岁	653	171	112	111	48	202	515	17	58
45-49岁	526	160	74	60	62	178	342	18	53
50-54岁	403	90	65	50	54	125	206	10	31
55-59岁	170	54	43	17	30	45	76	4	26
60-64岁	43	6	9	7	5	10	21	2	8
65-69岁	19	3	13	4	3	11	14		7
70-74岁	7	6	4		5	2	5		3
75岁及以上	1	2	3	1			2		
女	**1379**	**566**	**606**	**504**	**105**	**1459**	**6938**	**132**	**356**
16-19岁	43	21	18	6	3	103	483	2	13
20-24岁	90	57	79	33	4	159	910	14	22
25-29岁	118	63	79	55	6	190	1007	17	30
30-34岁	191	91	105	106	18	251	1429	32	45
35-39岁	246	116	114	103	21	250	1194	24	40
40-44岁	220	91	78	112	17	194	827	14	58
45-49岁	235	65	66	57	18	185	635	20	55
50-54岁	164	41	43	20	13	92	300	6	53
55-59岁	52	13	12	9	5	22	96	1	22
60-64岁	11	4	4	3		8	30	1	9
65-69岁	8	3	6			5	14		6
70-74岁	1	1	1				4	1	1
75岁及以上			1				9		2

4-5c 续表 5

单位：人

年龄组 性别	合计								
	三、制造业		四、电力、热力、燃气及水生产和供应业				五、建筑业		
	42.废弃资源综合利用业	43.金属制品、机械和设备修理业	小计	44.电力、热力生产和供应业	45.燃气生产和供应业	46.水的生产和供应业	小计	47.房屋建筑业	48.土木工程建筑业
总　计	**344**	**845**	**2743**	**2010**	**436**	**297**	**112490**	**71554**	**6956**
16-19岁	5	19	14	8	4	2	1334	841	80
20-24岁	10	68	128	89	28	11	5226	2877	606
25-29岁	20	106	251	188	41	22	8525	4567	756
30-34岁	37	149	375	276	61	38	13971	7505	1112
35-39岁	35	122	406	294	72	40	15214	8866	940
40-44岁	47	108	418	311	69	38	15434	9394	908
45-49岁	52	118	383	281	56	46	17659	11637	976
50-54岁	67	90	375	282	52	41	17100	11993	852
55-59岁	39	51	272	209	30	33	11463	8604	516
60-64岁	14	12	72	49	12	11	4237	3357	146
65-69岁	10		39	19	8	12	1838	1499	54
70-74岁	7	1	7	3	3	1	375	311	9
75岁及以上	1	1	3	1		2	114	103	1
男	**259**	**747**	**2249**	**1686**	**325**	**238**	**96256**	**60649**	**6230**
16-19岁	5	17	11	5	4	2	1183	735	71
20-24岁	9	59	106	74	23	9	4618	2512	527
25-29岁	15	102	200	158	26	16	7506	3919	684
30-34岁	27	131	307	238	40	29	12127	6387	1013
35-39岁	28	105	334	249	54	31	12885	7327	864
40-44岁	30	93	342	256	55	31	12660	7576	805
45-49岁	41	106	292	213	43	36	14375	9397	838
50-54岁	46	74	309	238	39	32	14534	10178	752
55-59岁	31	47	235	186	23	26	10250	7698	481
60-64岁	12	11	68	47	10	11	3950	3143	136
65-69岁	8		35	18	5	12	1731	1409	49
70-74岁	7	1	7	3	3	1	339	278	9
75岁及以上		1	3	1		2	98	90	1
女	**85**	**98**	**494**	**324**	**111**	**59**	**16234**	**10905**	**726**
16-19岁		2	3	3			151	106	9
20-24岁	1	9	22	15	5	2	608	365	79
25-29岁	5	4	51	30	15	6	1019	648	72
30-34岁	10	18	68	38	21	9	1844	1118	99
35-39岁	7	17	72	45	18	9	2329	1539	76
40-44岁	17	15	76	55	14	7	2774	1818	103
45-49岁	11	12	91	68	13	10	3284	2240	138
50-54岁	21	16	66	44	13	9	2566	1815	100
55-59岁	8	4	37	23	7	7	1213	906	35
60-64岁	2	1	4	2	2		287	214	10
65-69岁	2		4	1	3		107	90	5
70-74岁							36	33	
75岁及以上	1						16	13	

4-5c 续表 6

单位：人

年龄组 性别	合计								
	五、建筑业		六、批发和零售业			七、交通运输、仓储和邮政业			
	49.建筑安装业	50.建筑装饰、装修和其他建筑业	小计	51.批发业	52.零售业	小计	53.铁路运输业	54.道路运输业	55.水上运输业
总　计	**3891**	**30089**	**54900**	**12699**	**42201**	**28315**	**358**	**19876**	**715**
16-19岁	46	367	1256	204	1052	356	5	137	6
20-24岁	241	1502	3829	667	3162	1642	41	891	38
25-29岁	429	2773	5945	1166	4779	3056	65	1975	100
30-34岁	811	4543	9027	1820	7207	5179	45	3803	83
35-39岁	751	4657	8290	1897	6393	5167	42	3909	92
40-44岁	604	4528	6714	1618	5096	4088	26	3084	89
45-49岁	468	4578	6226	1562	4664	3608	45	2613	93
50-54岁	313	3942	5630	1548	4082	2939	51	1972	108
55-59岁	169	2174	4016	1062	2954	1563	30	1045	65
60-64岁	43	691	1928	575	1353	464	4	307	24
65-69岁	15	270	1188	335	853	194	2	114	8
70-74岁	1	54	522	165	357	44	2	22	6
75岁及以上		10	329	80	249	15		4	3
男	**3615**	**25762**	**27961**	**7808**	**20153**	**25217**	**274**	**18778**	**563**
16-19岁	43	334	616	140	476	291	3	117	6
20-24岁	226	1353	1785	402	1383	1387	22	825	30
25-29岁	406	2497	2867	743	2124	2704	46	1866	88
30-34岁	752	3975	4328	1104	3224	4678	35	3631	71
35-39岁	706	3988	4052	1175	2877	4694	33	3757	74
40-44岁	559	3720	3261	967	2294	3636	21	2896	66
45-49岁	423	3717	3160	912	2248	3191	35	2431	66
50-54岁	285	3319	3055	965	2090	2569	46	1842	73
55-59岁	156	1915	2341	677	1664	1417	27	984	57
60-64岁	43	628	1191	362	829	429	3	297	20
65-69岁	15	258	758	212	546	173	2	108	4
70-74岁	1	51	331	99	232	39	1	21	5
75岁及以上		7	216	50	166	9		3	3
女	**276**	**4327**	**26939**	**4891**	**22048**	**3098**	**84**	**1098**	**152**
16-19岁	3	33	640	64	576	65	2	20	
20-24岁	15	149	2044	265	1779	255	19	66	8
25-29岁	23	276	3078	423	2655	352	19	109	12
30-34岁	59	568	4699	716	3983	501	10	172	12
35-39岁	45	669	4238	722	3516	473	9	152	18
40-44岁	45	808	3453	651	2802	452	5	188	23
45-49岁	45	861	3066	650	2416	417	10	182	27
50-54岁	28	623	2575	583	1992	370	5	130	35
55-59岁	13	259	1675	385	1290	146	3	61	8
60-64岁		63	737	213	524	35	1	10	4
65-69岁		12	430	123	307	21		6	4
70-74岁		3	191	66	125	5	1	1	1
75岁及以上		3	113	30	83	6		1	

4-5c　续表 7　　　　单位：人

年龄组 性　别	合　计							
	七、交通运输、仓储和邮政业					八、住宿和餐饮业		
	56.航空运输业	57.管道运输业	58.多式联运和运输代理业	59.装卸搬运和仓储业	60.邮政业	小计	61.住宿业	62.餐饮业
总　计	**180**		**289**	**4559**	**2338**	**19826**	**2376**	**17450**
16-19岁	6		3	78	121	1227	140	1087
20-24岁	30		20	242	380	2226	286	1940
25-29岁	44		38	365	469	2468	322	2146
30-34岁	36		61	612	539	3121	355	2766
35-39岁	25		61	652	386	2805	307	2498
40-44岁	8		43	659	179	2378	290	2088
45-49岁	14		19	691	133	2209	287	1922
50-54岁	11		31	686	80	1757	209	1548
55-59岁	4		7	374	38	1077	122	955
60-64岁	2		4	118	5	347	35	312
65-69岁			2	63	5	145	14	131
70-74岁				13	1	40	8	32
75岁及以上				6	2	26	1	25
男	**108**		**239**	**3562**	**1693**	**9537**	**963**	**8574**
16-19岁	2		2	67	94	707	80	627
20-24岁	12		15	201	282	1327	141	1186
25-29岁	29		29	306	340	1424	147	1277
30-34岁	24		49	490	378	1646	137	1509
35-39岁	11		52	502	265	1279	122	1157
40-44岁	7		37	481	128	997	90	907
45-49岁	11		16	527	105	793	83	710
50-54岁	6		28	514	60	639	80	559
55-59岁	4		6	308	31	443	47	396
60-64岁	2		4	99	4	170	22	148
65-69岁			1	53	5	81	8	73
70-74岁				12		23	5	18
75岁及以上				2	1	8	1	7
女	**72**		**50**	**997**	**645**	**10289**	**1413**	**8876**
16-19岁	4		1	11	27	520	60	460
20-24岁	18		5	41	98	899	145	754
25-29岁	15		9	59	129	1044	175	869
30-34岁	12		12	122	161	1475	218	1257
35-39岁	14		9	150	121	1526	185	1341
40-44岁	1		6	178	51	1381	200	1181
45-49岁	3		3	164	28	1416	204	1212
50-54岁	5		3	172	20	1118	129	989
55-59岁			1	66	7	634	75	559
60-64岁				19	1	177	13	164
65-69岁			1	10		64	6	58
70-74岁				1	1	17	3	14
75岁及以上				4	1	18		18

4-5c 续表 8

单位：人

年龄组 性别	合计								
	九、信息传输、软件和信息技术服务业				十、金融业				
	小计	63.电信、广播电视和卫星传输服务	64.互联网和相关服务	65.软件和信息技术服务业	小计	66.货币金融服务	67.资本市场服务	68.保险业	69.其他金融业
总　计	**2146**	**927**	**697**	**522**	**1388**	**547**	**59**	**667**	**115**
16-19岁	78	26	27	25	18	3	1	12	2
20-24岁	382	117	130	135	196	82	11	76	27
25-29岁	523	209	179	135	297	136	12	123	26
30-34岁	526	236	167	123	334	134	17	165	18
35-39岁	319	179	99	41	182	45	7	113	17
40-44岁	162	82	53	27	121	35	3	77	6
45-49岁	72	38	19	15	98	34	2	53	9
50-54岁	42	20	10	12	71	37	4	27	3
55-59岁	34	17	10	7	50	30	2	13	5
60-64岁	4		2	2	9	5		3	1
65-69岁	2	2			8	3		4	1
70-74岁	1	1			3	2		1	
75岁及以上	1		1		1	1			
男	**1415**	**553**	**499**	**363**	**639**	**301**	**42**	**236**	**60**
16-19岁	49	14	18	17	13	1	1	9	2
20-24岁	222	60	76	86	87	34	7	33	13
25-29岁	346	123	127	96	141	68	6	52	15
30-34岁	340	124	131	85	137	67	11	51	8
35-39岁	209	106	73	30	70	21	6	34	9
40-44岁	123	63	40	20	50	22	3	22	3
45-49岁	54	29	14	11	45	24	2	16	3
50-54岁	34	14	10	10	44	28	4	9	3
55-59岁	31	17	8	6	38	28	2	5	3
60-64岁	3		1	2	6	4		2	
65-69岁	2	2			5	2		2	1
70-74岁	1	1			3	2		1	
75岁及以上	1		1						
女	**731**	**374**	**198**	**159**	**749**	**246**	**17**	**431**	**55**
16-19岁	29	12	9	8	5	2		3	
20-24岁	160	57	54	49	109	48	4	43	14
25-29岁	177	86	52	39	156	68	6	71	11
30-34岁	186	112	36	38	197	67	6	114	10
35-39岁	110	73	26	11	112	24	1	79	8
40-44岁	39	19	13	7	71	13		55	3
45-49岁	18	9	5	4	53	10		37	6
50-54岁	8	6		2	27	9		18	
55-59岁	3		2	1	12	2		8	2
60-64岁	1		1		3	1		1	1
65-69岁					3	1		2	
70-74岁									
75岁及以上					1	1			

4-5c　续表 9　　　　　　　　　　　　　　　　　　　　　　　　　　　　单位：人

年龄组 性　别	合　计								
	十一、房地产业		十二、租赁和商务服务业			十三、科学研究和技术服务业			
	小计	70.房地产业	小计	71.租赁业	72.商务服务业	小计	73.研究和试验发展	74.专业技术服务业	75.科技推广和应用服务业
总　计	**2947**	**2947**	**7827**	**843**	**6984**	**1946**	**113**	**1332**	**501**
16−19岁	50	50	177	23	154	57	19	26	12
20−24岁	344	344	733	65	668	289	14	226	49
25−29岁	529	529	1002	132	870	368	15	295	58
30−34岁	551	551	1207	198	1009	379	26	264	89
35−39岁	314	314	998	162	836	258	10	182	66
40−44岁	260	260	797	104	693	174	7	120	47
45−49岁	281	281	799	56	743	138	6	80	52
50−54岁	255	255	805	57	748	129	9	71	49
55−59岁	214	214	761	32	729	86	1	45	40
60−64岁	100	100	321	8	313	34	3	11	20
65−69岁	39	39	152	6	146	18	1	7	10
70−74岁	9	9	54		54	10	2	4	4
75岁及以上	1	1	21		21	6		1	5
男	**1834**	**1834**	**5689**	**775**	**4914**	**1339**	**65**	**978**	**296**
16−19岁	34	34	113	21	92	31	8	17	6
20−24岁	198	198	441	64	377	197	5	158	34
25−29岁	324	324	634	129	505	240	8	197	35
30−34岁	326	326	867	189	678	259	19	191	49
35−39岁	192	192	727	153	574	186	5	139	42
40−44岁	157	157	563	83	480	124	6	92	26
45−49岁	164	164	602	48	554	96	2	61	33
50−54岁	158	158	634	50	584	96	6	63	27
55−59岁	158	158	646	28	618	63	1	40	22
60−64岁	84	84	282	6	276	22	2	8	12
65−69岁	31	31	127	4	123	13	1	7	5
70−74岁	7	7	44		44	10	2	4	4
75岁及以上	1	1	9		9	2		1	1
女	**1113**	**1113**	**2138**	**68**	**2070**	**607**	**48**	**354**	**205**
16−19岁	16	16	64	2	62	26	11	9	6
20−24岁	146	146	292	1	291	92	9	68	15
25−29岁	205	205	368	3	365	128	7	98	23
30−34岁	225	225	340	9	331	120	7	73	40
35−39岁	122	122	271	9	262	72	5	43	24
40−44岁	103	103	234	21	213	50	1	28	21
45−49岁	117	117	197	8	189	42	4	19	19
50−54岁	97	97	171	7	164	33	3	8	22
55−59岁	56	56	115	4	111	23		5	18
60−64岁	16	16	39	2	37	12	1	3	8
65−69岁	8	8	25	2	23	5			5
70−74岁	2	2	10		10				
75岁及以上			12		12	4			4

4-5c 续表 10

单位：人

年龄组 性　别	合　计								
	十四、水利、环境和公共设施管理业					十五、居民服务、修理和其他服务业			
	小计	76.水利管理业	77.生态保护和环境治理业	78.公共设施管理业	79.土地管理业	小计	80.居民服务业	81.机动车、电子产品和日用产品修理业	82.其他服务业
总　计	**3596**	**233**	**211**	**3115**	**37**	**17257**	**8046**	**5054**	**4157**
16–19岁	16	1		15		616	251	217	148
20–24岁	78	6	7	64	1	1265	589	537	139
25–29岁	159	15	11	124	9	1778	880	709	189
30–34岁	280	19	22	231	8	2483	1243	931	309
35–39岁	363	19	24	316	4	2368	1110	832	426
40–44岁	418	34	28	352	4	1922	812	678	432
45–49岁	537	39	30	466	2	1991	843	498	650
50–54岁	626	31	40	554	1	1757	816	348	593
55–59岁	546	48	30	463	5	1325	616	182	527
60–64岁	285	8	9	266	2	688	302	65	321
65–69岁	169	9	6	153	1	580	293	37	250
70–74岁	75	1	1	73		276	154	12	110
75岁及以上	44	3	3	38		208	137	8	63
男	**2065**	**203**	**158**	**1672**	**32**	**9304**	**2925**	**4367**	**2012**
16–19岁	10	1		9		416	124	212	80
20–24岁	45	4	3	37	1	822	240	506	76
25–29岁	105	14	8	76	7	1055	310	636	109
30–34岁	169	16	17	130	6	1392	443	803	146
35–39岁	196	17	15	160	4	1252	356	710	186
40–44岁	218	30	23	161	4	983	282	531	170
45–49岁	276	34	21	220	1	941	258	422	261
50–54岁	323	25	29	268	1	813	267	287	259
55–59岁	334	42	26	261	5	626	212	153	261
60–64岁	175	7	9	157	2	377	144	56	177
65–69岁	117	9	5	102	1	331	143	32	156
70–74岁	62	1	1	60		174	81	12	81
75岁及以上	35	3	1	31		122	65	7	50
女	**1531**	**30**	**53**	**1443**	**5**	**7953**	**5121**	**687**	**2145**
16–19岁	6			6		200	127	5	68
20–24岁	33	2	4	27		443	349	31	63
25–29岁	54	1	3	48	2	723	570	73	80
30–34岁	111	3	5	101	2	1091	800	128	163
35–39岁	167	2	9	156		1116	754	122	240
40–44岁	200	4	5	191		939	530	147	262
45–49岁	261	5	9	246	1	1050	585	76	389
50–54岁	303	6	11	286		944	549	61	334
55–59岁	212	6	4	202		699	404	29	266
60–64岁	110	1		109		311	158	9	144
65–69岁	52		1	51		249	150	5	94
70–74岁	13			13		102	73		29
75岁及以上	9		2	7		86	72	1	13

4-5c 续表 11

单位：人

年龄组 性别	合计									
	十六、教育		十七、卫生和社会工作			十八、文化、体育和娱乐业				
	小计	83.教育	小计	84.卫生	85.社会工作	小计	86.新闻和出版业	87.广播、电视、电影和录音制作业	88.文化艺术业	89.体育
总　计	**17339**	**17339**	**6042**	**5845**	**197**	**1192**	**28**	**61**	**244**	**146**
16-19岁	823	823	98	97	1	91		2	15	6
20-24岁	2209	2209	848	840	8	218	7	13	36	36
25-29岁	2520	2520	1054	1036	18	198	4	16	31	28
30-34岁	2493	2493	813	797	16	172	6	8	33	28
35-39岁	1946	1946	668	648	20	139	2	7	33	15
40-44岁	2065	2065	632	613	19	86	2	3	22	6
45-49岁	1926	1926	633	602	31	87	3	6	20	8
50-54岁	1720	1720	523	491	32	77	3	1	18	10
55-59岁	1219	1219	351	336	15	78		2	19	6
60-64岁	240	240	177	164	13	24	1	2	8	1
65-69岁	95	95	110	101	9	18		1	6	2
70-74岁	39	39	77	70	7	2			1	
75岁及以上	44	44	58	50	8	2			2	
男	**6074**	**6074**	**2529**	**2459**	**70**	**710**	**17**	**44**	**140**	**92**
16-19岁	316	316	19	19		53		2	6	1
20-24岁	431	431	152	149	3	137	3	10	17	26
25-29岁	515	515	236	230	6	132	3	10	20	21
30-34岁	470	470	257	249	8	104	4	5	19	18
35-39岁	495	495	278	272	6	73	1	4	16	7
40-44岁	740	740	323	319	4	43		2	11	3
45-49岁	873	873	363	353	10	52	3	6	14	5
50-54岁	943	943	337	322	15	39	2	1	11	6
55-59岁	957	957	243	238	5	42		1	11	3
60-64岁	186	186	122	119	3	16	1	2	6	
65-69岁	72	72	87	83	4	15		1	6	2
70-74岁	38	38	64	61	3	2			1	
75岁及以上	38	38	48	45	3	2			2	
女	**11265**	**11265**	**3513**	**3386**	**127**	**482**	**11**	**17**	**104**	**54**
16-19岁	507	507	79	78	1	38			9	5
20-24岁	1778	1778	696	691	5	81	4	3	19	10
25-29岁	2005	2005	818	806	12	66	1	6	11	7
30-34岁	2023	2023	556	548	8	68	2	3	14	10
35-39岁	1451	1451	390	376	14	66	1	3	17	8
40-44岁	1325	1325	309	294	15	43	2	1	11	3
45-49岁	1053	1053	270	249	21	35			6	3
50-54岁	777	777	186	169	17	38	1		7	4
55-59岁	262	262	108	98	10	36		1	8	3
60-64岁	54	54	55	45	10	8			2	1
65-69岁	23	23	23	18	5	3				
70-74岁	1	1	13	9	4					
75岁及以上	6	6	10	5	5					

4-5c 续表 12

单位：人

年龄组 性别	合计									
		十九、公共管理、社会保障和社会组织							二十、国际组织	
	90.娱乐业	小计	91.中国共产党机关	92.国家机构	93.人民政协、民主党派	94.社会保障	95.群众团体、社会团体和其他成员组织	96.基层群众自治组织	小计	97.国际组织
总　计	**713**	**13449**	**219**	**5727**	**9**	**64**	**582**	**6848**		
16-19岁	68	79	3	48		1	14	13		
20-24岁	126	898	20	687	1	6	43	141		
25-29岁	119	1723	33	1306	1	15	60	308		
30-34岁	97	1970	49	1271	1	20	68	561		
35-39岁	82	1402	32	659	1	3	71	636		
40-44岁	53	1407	23	467	4	6	66	841		
45-49岁	50	1529	17	430		3	68	1011		
50-54岁	45	1597	19	388		3	62	1125		
55-59岁	51	1717	15	348	1	3	58	1292		
60-64岁	12	664	6	70			36	552		
65-69岁	9	309	1	30		2	16	260		
70-74岁	1	106	1	15			11	79		
75岁及以上		48		8		2	9	29		
男	**417**	**9220**	**155**	**3833**	**8**	**29**	**320**	**4875**		
16-19岁	44	55	2	37		1	9	6		
20-24岁	81	494	9	396	1	2	20	66		
25-29岁	78	922	18	728	1	7	26	142		
30-34岁	58	1094	30	752	1	5	28	278		
35-39岁	45	887	21	476		1	32	357		
40-44岁	27	967	20	360	4	3	37	543		
45-49岁	24	1095	15	323		3	42	712		
50-54岁	19	1290	19	327		2	35	907		
55-59岁	27	1437	14	324	1	3	41	1054		
60-64岁	7	581	5	61			24	491		
65-69岁	6	264	1	29		1	9	224		
70-74岁	1	94	1	13			9	71		
75岁及以上		40		7		1	8	24		
女	**296**	**4229**	**64**	**1894**	**1**	**35**	**262**	**1973**		
16-19岁	24	24	1	11			5	7		
20-24岁	45	404	11	291		4	23	75		
25-29岁	41	801	15	578		8	34	166		
30-34岁	39	876	19	519		15	40	283		
35-39岁	37	515	11	183	1	2	39	279		
40-44岁	26	440	3	107		3	29	298		
45-49岁	26	434	2	107			26	299		
50-54岁	26	307		61		1	27	218		
55-59岁	24	280	1	24			17	238		
60-64岁	5	83	1	9			12	61		
65-69岁	3	45		1		1	7	36		
70-74岁		12		2			2	8		
75岁及以上		8		1		1	1	5		

4-5c 续表 13 单位：人

年龄组 性 别	有农村土地承包经营权的人口								
	合计	一、农、林、牧、渔业						二、采矿业	
		小计	1.农业	2.林业	3.畜牧业	4.渔业	5.农、林、牧、渔专业及辅助性活动	小计	6.煤炭开采和洗选业
总 计	**838465**	**501864**	**434974**	**15668**	**40947**	**6790**	**3485**	**2431**	**131**
16–19岁	11841	3997	3497	127	298	44	31	14	
20–24岁	32775	10241	8726	403	847	158	107	77	2
25–29岁	50176	17741	15074	636	1485	339	207	178	1
30–34岁	80397	32727	27621	1261	2841	664	340	336	15
35–39岁	90143	42053	35320	1715	3839	740	439	383	22
40–44岁	94219	49565	41998	1930	4412	824	401	419	26
45–49岁	111515	65798	55979	2612	5701	989	517	395	27
50–54岁	124559	83330	72129	2847	6702	1108	544	376	21
55–59岁	105344	77831	68090	2183	6124	955	479	184	13
60–64岁	59970	49321	44106	977	3584	450	204	50	2
65–69岁	46172	40717	36753	646	2844	333	141	11	1
70–74岁	20189	18354	16613	234	1339	121	47	7	1
75岁及以上	11165	10189	9068	97	931	65	28	1	
男	**495430**	**269809**	**228960**	**10834**	**23150**	**4891**	**1974**	**2062**	**123**
16–19岁	7582	2630	2252	96	218	42	22	11	
20–24岁	20306	6406	5319	295	580	131	81	68	2
25–29岁	31537	10634	8808	458	943	278	147	150	1
30–34岁	49513	18472	15052	915	1778	518	209	283	14
35–39岁	54486	23039	18854	1186	2175	567	257	326	20
40–44岁	55185	26226	21714	1354	2342	594	222	355	26
45–49岁	64242	34172	28402	1766	3062	676	266	322	25
50–54岁	72005	43063	36471	1932	3629	744	287	315	19
55–59岁	61072	40235	34436	1511	3387	656	245	165	12
60–64岁	34735	26379	23220	665	2077	302	115	50	2
65–69岁	26675	22471	20046	437	1670	237	81	9	1
70–74岁	11736	10379	9345	146	765	94	29	7	1
75岁及以上	6356	5703	5041	73	524	52	13	1	
女	**343035**	**232055**	**206014**	**4834**	**17797**	**1899**	**1511**	**369**	**8**
16–19岁	4259	1367	1245	31	80	2	9	3	
20–24岁	12469	3835	3407	108	267	27	26	9	
25–29岁	18639	7107	6266	178	542	61	60	28	
30–34岁	30884	14255	12569	346	1063	146	131	53	1
35–39岁	35657	19014	16466	529	1664	173	182	57	2
40–44岁	39034	23339	20284	576	2070	230	179	64	
45–49岁	47273	31626	27577	846	2639	313	251	73	2
50–54岁	52554	40267	35658	915	3073	364	257	61	2
55–59岁	44272	37596	33654	672	2737	299	234	19	1
60–64岁	25235	22942	20886	312	1507	148	89		
65–69岁	19497	18246	16707	209	1174	96	60	2	
70–74岁	8453	7975	7268	88	574	27	18		
75岁及以上	4809	4486	4027	24	407	13	15		

4-5c 续表 14 单位：人

年龄组 性　别	有农村土地承包经营权的人口								
	二、采矿业						三、制造业		
	7.石油和天然气开采业	8.黑色金属矿采选业	9.有色金属矿采选业	10.非金属矿采选业	11.开采专业及辅助性活动	12.其他采矿业	小计	13.农副食品加工业	14.食品制造业
总　计	**12**	**250**	**632**	**1163**	**106**	**137**	**77574**	**4881**	**1340**
16-19岁			5	7	2		2622	45	47
20-24岁		6	13	41	4	11	5864	142	93
25-29岁	2	20	48	85	6	16	7683	309	112
30-34岁	4	28	90	161	20	18	11764	517	203
35-39岁	1	44	105	181	15	15	12482	652	242
40-44岁	1	47	121	181	19	24	11117	648	192
45-49岁	1	46	119	169	13	20	10725	745	186
50-54岁	1	43	86	191	14	20	8245	806	133
55-59岁	1	13	36	99	12	10	4354	546	84
60-64岁		3	9	33	1	2	1506	254	28
65-69岁	1			9			786	138	10
70-74岁				5		1	285	52	9
75岁及以上				1			141	27	1
男	**8**	**179**	**532**	**1003**	**90**	**127**	**43044**	**2895**	**611**
16-19岁			3	6	2		1651	33	27
20-24岁		6	10	37	3	10	3662	83	45
25-29岁	1	12	43	74	4	15	4756	215	44
30-34岁	2	19	75	141	15	17	6611	312	101
35-39岁	1	32	90	154	15	14	6570	358	111
40-44岁	1	33	105	153	15	22	5533	343	81
45-49岁		33	100	136	10	18	5297	413	84
50-54岁	1	30	66	168	13	18	4493	481	45
55-59岁	1	11	31	88	12	10	2700	335	46
60-64岁		3	9	33	1	2	977	170	16
65-69岁	1			7			523	97	5
70-74岁				5		1	185	36	5
75岁及以上				1			86	19	1
女	**4**	**71**	**100**	**160**	**16**	**10**	**34530**	**1986**	**729**
16-19岁			2	1			971	12	20
20-24岁			3	4	1	1	2202	59	48
25-29岁	1	8	5	11	2	1	2927	94	68
30-34岁	2	9	15	20	5	1	5153	205	102
35-39岁		12	15	27		1	5912	294	131
40-44岁		14	16	28	4	2	5584	305	111
45-49岁	1	13	19	33	3	2	5428	332	102
50-54岁		13	20	23	1	2	3752	325	88
55-59岁		2	5	11			1654	211	38
60-64岁							529	84	12
65-69岁				2			263	41	5
70-74岁							100	16	4
75岁及以上							55	8	

4−5c　续表 15　　　　　　　　　　　　　　　　　　　　　　　　　　单位：人

年龄组 性　别	有农村土地承包经营权的人口								
	三、制造业								
	15.酒、饮料和精制茶制造业	16.烟草制品业	17.纺织业	18.纺织服装、服饰业	19.皮革、毛皮、羽毛及其制品和制鞋业	20.木材加工和木、竹、藤、棕、草制品业	21.家具制造业	22.造纸和纸制品业	23.印刷和记录媒介复制业
总　计	**1250**	**26**	**1788**	**9509**	**2095**	**11149**	**2224**	**1109**	**464**
16−19岁	10		53	264	79	93	39	23	20
20−24岁	40		83	670	157	317	123	61	38
25−29岁	83	2	136	860	199	554	213	99	63
30−34岁	148	4	255	1583	364	1095	336	169	89
35−39岁	145	5	330	1767	421	1554	349	199	92
40−44岁	153	6	311	1578	322	1716	342	160	63
45−49岁	172	4	274	1409	277	2164	301	176	60
50−54岁	179	4	197	806	172	1867	269	130	29
55−59岁	151		91	379	61	1128	152	69	6
60−64岁	67	1	28	120	24	354	62	11	4
65−69岁	56		19	48	11	201	24	6	
70−74岁	27		7	19	5	70	9	5	
75岁及以上	19		4	6	3	36	5	1	
男	**724**	**14**	**729**	**2479**	**945**	**6385**	**1603**	**685**	**301**
16−19岁	5		27	95	48	72	34	15	14
20−24岁	27		43	245	104	224	104	44	31
25−29岁	42	1	67	298	120	365	161	68	46
30−34岁	89	2	107	513	163	643	230	106	55
35−39岁	81	4	118	476	205	819	254	118	59
40−44岁	76	4	120	325	117	919	222	88	40
45−49岁	90	2	93	263	90	1111	196	104	32
50−54岁	106	1	76	129	57	1051	193	77	17
55−59岁	94		47	76	21	723	121	47	4
60−64岁	41		12	34	11	248	52	10	3
65−69岁	38		14	15	5	147	22	5	
70−74岁	20		3	8	3	40	9	2	
75岁及以上	15		2	2	1	23	5	1	
女	**526**	**12**	**1059**	**7030**	**1150**	**4764**	**621**	**424**	**163**
16−19岁	5		26	169	31	21	5	8	6
20−24岁	13		40	425	53	93	19	17	7
25−29岁	41	1	69	562	79	189	52	31	17
30−34岁	59	2	148	1070	201	452	106	63	34
35−39岁	64	1	212	1291	216	735	95	81	33
40−44岁	77	2	191	1253	205	797	120	72	23
45−49岁	82	2	181	1146	187	1053	105	72	28
50−54岁	73	3	121	677	115	816	76	53	12
55−59岁	57		44	303	40	405	31	22	2
60−64岁	26	1	16	86	13	106	10	1	1
65−69岁	18		5	33	6	54	2	1	
70−74岁	7		4	11	2	30		3	
75岁及以上	4		2	4	2	13			

4-5c 续表 16 单位：人

年龄组 性　别	有农村土地承包经营权的人口								
	三、制造业								
	24.文教、工美、体育和娱乐用品制造业	25.石油、煤炭及其他燃料加工业	26.化学原料和化学制品制造业	27.医药制造业	28.化学纤维制造业	29.橡胶和塑料制品业	30.非金属矿　物制品业	31.黑色金属冶炼和压延加工业	32.有色金属冶炼和压延加工业
总　计	**2961**	**134**	**1169**	**356**	**21**	**2169**	**6473**	**983**	**928**
16-19岁	132		27	8		78	61	7	9
20-24岁	263	4	73	43	2	157	253	46	47
25-29岁	314	10	107	44	2	221	460	108	101
30-34岁	490	21	165	59	7	320	854	158	144
35-39岁	516	18	158	52	4	351	956	185	195
40-44岁	400	18	159	39	1	375	1020	171	159
45-49岁	358	23	169	40	4	287	1092	144	128
50-54岁	245	22	176	24		238	983	95	83
55-59岁	108	12	86	30		95	516	52	49
60-64岁	61	3	35	10		34	188	15	6
65-69岁	42	3	12	6	1	11	73	2	5
70-74岁	16		2	1		1	14		2
75岁及以上	16					1	3		
男	**1034**	**94**	**690**	**155**	**12**	**1262**	**4706**	**739**	**729**
16-19岁	60		12	5		60	52	7	8
20-24岁	126	3	35	19	1	106	206	37	37
25-29岁	139	7	76	18	1	150	363	88	78
30-34岁	193	15	101	23	4	189	623	116	120
35-39岁	164	13	97	22	4	192	683	133	157
40-44岁	93	12	81	16		208	693	118	124
45-49岁	101	17	92	14	1	147	744	104	91
50-54岁	83	13	103	13		125	700	74	61
55-59岁	37	9	64	16		55	404	45	42
60-64岁	11	2	21	6		24	164	15	5
65-69岁	13	3	7	3	1	5	59	2	5
70-74岁	7		1			1	12		1
75岁及以上	7						3		
女	**1927**	**40**	**479**	**201**	**9**	**907**	**1767**	**244**	**199**
16-19岁	72		15	3		18	9		1
20-24岁	137	1	38	24	1	51	47	9	10
25-29岁	175	3	31	26	1	71	97	20	23
30-34岁	297	6	64	36	3	131	231	42	24
35-39岁	352	5	61	30		159	273	52	38
40-44岁	307	6	78	23	1	167	327	53	35
45-49岁	257	6	77	26	3	140	348	40	37
50-54岁	162	9	73	11		113	283	21	22
55-59岁	71	3	22	14		40	112	7	7
60-64岁	50	1	14	4		10	24		1
65-69岁	29		5	3		6	14		
70-74岁	9		1	1			2		1
75岁及以上	9					1			

4-5c　续表 17　　　　单位：人

年龄组 性　别	有农村土地承包经营权的人口								
	三、制造业								
	33.金属制品业	34.通用设备制造业	35.专用设备制造业	36.汽车制造业	37.铁路、船舶、航空航天和其他运输设备制造业	38.电气机械和器材制造业	39.计算机、通信和其他电子设备制造业	40.仪器仪表制造业	41.其他制造业
总　计	**5045**	**1688**	**1437**	**1076**	**420**	**3169**	**11756**	**279**	**674**
16-19岁	174	56	62	34	7	251	986	11	25
20-24岁	356	175	173	108	33	426	1846	30	43
25-29岁	486	208	206	164	33	441	1959	36	62
30-34岁	801	305	244	229	58	527	2341	57	83
35-39岁	892	300	259	178	63	510	1800	57	101
40-44岁	808	226	180	172	58	364	1206	27	103
45-49岁	702	207	122	96	66	340	890	36	101
50-54岁	534	120	101	59	59	209	469	16	79
55-59岁	207	66	51	22	33	66	163	5	42
60-64岁	53	10	13	10	5	17	49	3	17
65-69岁	23	6	19	4	2	16	27		12
70-74岁	8	7	4		3	2	9	1	4
75岁及以上	1	2	3				11		2
男	**3840**	**1203**	**915**	**707**	**330**	**1885**	**5981**	**168**	**368**
16-19岁	138	42	49	29	4	158	615	9	13
20-24岁	281	127	106	80	29	293	1129	18	27
25-29岁	390	155	143	126	28	283	1137	23	38
30-34岁	635	228	156	154	44	322	1167	34	47
35-39岁	676	205	157	110	47	289	805	35	67
40-44岁	610	150	108	88	42	187	483	16	54
45-49岁	498	145	65	49	51	165	332	17	51
50-54岁	387	81	64	44	47	120	199	10	30
55-59岁	158	53	40	16	28	45	72	4	24
60-64岁	42	6	9	7	5	10	21	2	8
65-69岁	17	3	13	4	2	11	14		6
70-74岁	7	6	3		3	2	5		3
75岁及以上	1	2	2				2		
女	**1205**	**485**	**522**	**369**	**90**	**1284**	**5775**	**111**	**306**
16-19岁	36	14	13	5	3	93	371	2	12
20-24岁	75	48	67	28	4	133	717	12	16
25-29岁	96	53	63	38	5	158	822	13	24
30-34岁	166	77	88	75	14	205	1174	23	36
35-39岁	216	95	102	68	16	221	995	22	34
40-44岁	198	76	72	84	16	177	723	11	49
45-49岁	204	62	57	47	15	175	558	19	50
50-54岁	147	39	37	15	12	89	270	6	49
55-59岁	49	13	11	6	5	21	91	1	18
60-64岁	11	4	4	3		7	28	1	9
65-69岁	6	3	6			5	13		6
70-74岁	1	1	1				4	1	1
75岁及以上			1				9		2

4-5c 续表 18

单位：人

年龄组 性 别	有农村土地承包经营权的人口								
	三、制造业		四、电力、热力、燃气及水生产和供应业				五、建筑业		
	42.废弃资源综合利用业	43.金属制品、机械和设备修理业	小计	44.电力、热力生产和供应业	45.燃气生产和供应业	46.水的生产和供应业	小计	47.房屋建筑业	48.土木工程建筑业
总 计	**302**	**699**	**2295**	**1649**	**383**	**263**	**102720**	**66149**	**5645**
16–19岁	5	16	14	8	4	2	1124	707	66
20–24岁	6	56	98	65	22	11	4271	2402	422
25–29岁	14	77	193	142	31	20	7122	3848	571
30–34岁	29	109	295	215	47	33	11945	6511	853
35–39岁	28	103	331	235	60	36	13642	7965	783
40–44岁	41	99	361	263	64	34	14333	8755	766
45–49岁	46	106	310	219	53	38	16671	11050	830
50–54岁	65	76	337	248	51	38	16255	11499	713
55–59岁	38	46	244	188	28	28	11010	8298	456
60–64岁	14	10	68	46	12	10	4091	3256	126
65–69岁	9		36	17	8	11	1787	1461	49
70–74岁	7	1	7	3	3	1	365	302	9
75岁及以上			1			1	104	95	1
男	**233**	**622**	**1913**	**1409**	**293**	**211**	**88416**	**56441**	**5088**
16–19岁	5	15	11	5	4	2	999	613	62
20–24岁	5	47	84	56	19	9	3790	2093	382
25–29岁	12	74	161	124	22	15	6295	3311	521
30–34岁	20	99	245	190	31	24	10417	5570	779
35–39岁	24	87	278	204	47	27	11612	6622	724
40–44岁	28	87	300	219	51	30	11881	7148	680
45–49岁	38	97	247	176	41	30	13691	9001	718
50–54岁	44	62	274	206	38	30	13903	9826	626
55–59岁	31	43	209	166	22	21	9892	7468	424
60–64岁	12	10	64	44	10	10	3831	3059	118
65–69岁	7		32	16	5	11	1685	1376	44
70–74岁	7	1	7	3	3	1	331	271	9
75岁及以上			1			1	89	83	1
女	**69**	**77**	**382**	**240**	**90**	**52**	**14304**	**9708**	**557**
16–19岁		1	3	3			125	94	4
20–24岁	1	9	14	9	3	2	481	309	40
25–29岁	2	3	32	18	9	5	827	537	50
30–34岁	9	10	50	25	16	9	1528	941	74
35–39岁	4	16	53	31	13	9	2030	1343	59
40–44岁	13	12	61	44	13	4	2452	1607	86
45–49岁	8	9	63	43	12	8	2980	2049	112
50–54岁	21	14	63	42	13	8	2352	1673	87
55–59岁	7	3	35	22	6	7	1118	830	32
60–64岁	2		4	2	2		260	197	8
65–69岁	2		4	1	3		102	85	5
70–74岁							34	31	
75岁及以上							15	12	

4-5c 续表 19　　　　单位：人

年龄组 性　别	有农村土地承包经营权的人口								
	五、建筑业		六、批发和零售业			七、交通运输、仓储和邮政业			
	49.建筑安装业	50.建筑装饰、装修和其他建筑业	小计	51.批发业	52.零售业	小计	53.铁路运输业	54.道路运输业	55.水上运输业
总　计	**3454**	**27472**	**47961**	**11319**	**36642**	**25154**	**269**	**17981**	**530**
16-19岁	38	313	1057	179	878	287	2	113	5
20-24岁	200	1247	3186	552	2634	1320	26	733	30
25-29岁	353	2350	4869	961	3908	2500	43	1660	78
30-34岁	681	3900	7516	1536	5980	4437	33	3310	60
35-39岁	678	4216	7120	1667	5453	4627	33	3538	64
40-44岁	560	4252	5955	1443	4512	3762	21	2878	62
45-49岁	441	4350	5617	1418	4199	3335	38	2454	64
50-54岁	289	3754	5175	1440	3735	2763	40	1876	86
55-59岁	158	2098	3739	1017	2722	1449	26	987	51
60-64岁	40	669	1802	545	1257	442	3	299	19
65-69岁	15	262	1123	323	800	178	2	108	4
70-74岁	1	53	489	161	328	40	2	21	4
75岁及以上		8	313	77	236	14		4	3
男	**3217**	**23670**	**25066**	**7087**	**17979**	**22618**	**209**	**17074**	**427**
16-19岁	35	289	533	125	408	238	1	97	5
20-24岁	191	1124	1497	345	1152	1141	15	691	25
25-29岁	336	2127	2414	630	1784	2237	31	1581	69
30-34岁	634	3434	3675	947	2728	4047	26	3180	51
35-39岁	638	3628	3567	1051	2516	4244	27	3410	51
40-44岁	519	3534	3001	888	2113	3376	17	2715	45
45-49岁	400	3572	2940	848	2092	2969	29	2295	49
50-54岁	263	3188	2868	907	1961	2429	35	1758	60
55-59岁	145	1855	2212	650	1562	1318	23	930	47
60-64岁	40	614	1120	347	773	413	2	289	18
65-69岁	15	250	721	205	516	162	2	105	1
70-74岁	1	50	311	97	214	35	1	20	3
75岁及以上		5	207	47	160	9		3	3
女	**237**	**3802**	**22895**	**4232**	**18663**	**2536**	**60**	**907**	**103**
16-19岁	3	24	524	54	470	49	1	16	
20-24岁	9	123	1689	207	1482	179	11	42	5
25-29岁	17	223	2455	331	2124	263	12	79	9
30-34岁	47	466	3841	589	3252	390	7	130	9
35-39岁	40	588	3553	616	2937	383	6	128	13
40-44岁	41	718	2954	555	2399	386	4	163	17
45-49岁	41	778	2677	570	2107	366	9	159	15
50-54岁	26	566	2307	533	1774	334	5	118	26
55-59岁	13	243	1527	367	1160	131	3	57	4
60-64岁		55	682	198	484	29	1	10	1
65-69岁		12	402	118	284	16		3	3
70-74岁		3	178	64	114	5	1	1	1
75岁及以上		3	106	30	76	5		1	

4-5c 续表 20 单位：人

年龄组 性 别	有农村土地承包经营权的人口							
	七、交通运输、仓储和邮政业					八、住宿和餐饮业		
	56.航空运输业	57.管道运输业	58.多式联运和运输代理业	59.装卸搬运和仓储业	60.邮政业	小计	61.住宿业	62.餐饮业
总 计	**79**		**248**	**4085**	**1962**	**17027**	**1997**	**15030**
16-19岁	3		3	69	92	1017	120	897
20-24岁	11		14	194	312	1839	238	1601
25-29岁	16		29	295	379	2026	267	1759
30-34岁	13		48	517	456	2617	279	2338
35-39岁	16		55	591	330	2370	245	2125
40-44岁	6		39	595	161	2106	257	1849
45-49岁	5		17	642	115	1956	248	1708
50-54岁	6		30	652	73	1606	189	1417
55-59岁	1		7	344	33	984	105	879
60-64岁	2		4	111	4	318	31	287
65-69岁			2	58	4	130	12	118
70-74岁				12	1	35	6	29
75岁及以上				5	2	23		23
男	**42**		**211**	**3215**	**1440**	**8340**	**797**	**7543**
16-19岁	2		2	60	71	601	70	531
20-24岁	6		11	161	232	1106	118	988
25-29岁	10		24	245	277	1191	117	1074
30-34岁	7		41	416	326	1423	113	1310
35-39岁	5		48	468	235	1108	93	1015
40-44岁	5		33	443	118	925	80	845
45-49岁	2		14	490	90	722	72	650
50-54岁	2		27	493	54	593	69	524
55-59岁	1		6	282	29	412	35	377
60-64岁	2		4	95	3	160	20	140
65-69岁			1	49	4	71	6	65
70-74岁				11		21	4	17
75岁及以上				2	1	7		7
女	**37**		**37**	**870**	**522**	**8687**	**1200**	**7487**
16-19岁	1		1	9	21	416	50	366
20-24岁	5		3	33	80	733	120	613
25-29岁	6		5	50	102	835	150	685
30-34岁	6		7	101	130	1194	166	1028
35-39岁	11		7	123	95	1262	152	1110
40-44岁	1		6	152	43	1181	177	1004
45-49岁	3		3	152	25	1234	176	1058
50-54岁	4		3	159	19	1013	120	893
55-59岁			1	62	4	572	70	502
60-64岁				16	1	158	11	147
65-69岁			1	9		59	6	53
70-74岁				1	1	14	2	12
75岁及以上				3	1	16		16

4-5c　续表 21　　　　　　　　　　　　　　　　　　　　　　　　　　单位：人

年龄组 性　别	有农村土地承包经营权的人口								
	九、信息传输、软件和信息技术服务业				十、金融业				
	小计	63.电信、广播电视和卫星传输服务	64.互联网和相关服务	65.软件和信息技术服务业	小计	66.货币金融服务	67.资本市场服务	68.保险业	69.其他金融业
总　计	**1820**	**782**	**589**	**449**	**1103**	**426**	**45**	**547**	**85**
16-19岁	65	21	22	22	12	2		9	1
20-24岁	318	95	106	117	155	61	10	59	25
25-29岁	440	177	147	116	239	111	10	99	19
30-34岁	442	195	140	107	262	103	12	137	10
35-39岁	274	151	86	37	146	33	5	93	15
40-44岁	146	73	50	23	95	26	2	64	3
45-49岁	64	34	17	13	84	29	2	45	8
50-54岁	35	17	10	8	51	28	2	21	
55-59岁	31	16	10	5	40	23	2	12	3
60-64岁	2		1	1	9	5		3	1
65-69岁	2	2			7	3		4	
70-74岁	1	1			2	1		1	
75岁及以上					1	1			
男	**1225**	**473**	**435**	**317**	**518**	**242**	**32**	**204**	**40**
16-19岁	41	11	15	15	8			7	1
20-24岁	191	50	66	75	71	28	6	25	12
25-29岁	290	101	107	82	113	57	5	41	10
30-34岁	293	103	113	77	111	51	9	48	3
35-39岁	186	92	65	29	61	16	4	34	7
40-44岁	113	58	38	17	40	18	2	18	2
45-49岁	50	27	13	10	42	22	2	15	3
50-54岁	29	12	10	7	30	22	2	6	
55-59岁	28	16	8	4	30	21	2	5	2
60-64岁	1			1	6	4		2	
65-69岁	2	2			4	2		2	
70-74岁	1	1			2	1		1	
75岁及以上									
女	**595**	**309**	**154**	**132**	**585**	**184**	**13**	**343**	**45**
16-19岁	24	10	7	7	4	2		2	
20-24岁	127	45	40	42	84	33	4	34	13
25-29岁	150	76	40	34	126	54	5	58	9
30-34岁	149	92	27	30	151	52	3	89	7
35-39岁	88	59	21	8	85	17	1	59	8
40-44岁	33	15	12	6	55	8		46	1
45-49岁	14	7	4	3	42	7		30	5
50-54岁	6	5		1	21	6		15	
55-59岁	3		2	1	10	2		7	1
60-64岁	1		1		3	1		1	1
65-69岁					3	1		2	
70-74岁									
75岁及以上					1	1			

4-5c 续表 22

单位：人

年龄组 性　别	有农村土地承包经营权的人口								
	十一、房地产业		十二、租赁和商务服务业			十三、科学研究和技术服务业			
	小计	70.房地产业	小计	71.租赁业	72.商务服务业	小计	73.研究和试验发展	74.专业技术服务业	75.科技推广和应用服务业
总　计	**2343**	**2343**	**6645**	**738**	**5907**	**1592**	**75**	**1091**	**426**
16-19岁	40	40	142	20	122	47	15	23	9
20-24岁	263	263	569	55	514	233	11	182	40
25-29岁	405	405	791	110	681	294	8	237	49
30-34岁	403	403	981	164	817	289	17	201	71
35-39岁	251	251	832	138	694	211	7	150	54
40-44岁	219	219	702	100	602	148	4	103	41
45-49岁	230	230	710	56	654	120	3	71	46
50-54岁	216	216	720	53	667	108	5	61	42
55-59岁	182	182	688	28	660	77		41	36
60-64岁	89	89	305	8	297	32	2	11	19
65-69岁	35	35	139	6	133	18	1	7	10
70-74岁	9	9	47		47	9	2	3	4
75岁及以上	1	1	19		19	6		1	5
男	**1494**	**1494**	**4916**	**676**	**4240**	**1101**	**44**	**806**	**251**
16-19岁	29	29	92	18	74	26	6	15	5
20-24岁	150	150	348	54	294	158	4	125	29
25-29岁	252	252	505	107	398	189	5	155	29
30-34岁	241	241	706	157	549	202	13	150	39
35-39岁	155	155	618	130	488	159	4	117	38
40-44岁	136	136	508	80	428	104	3	78	23
45-49岁	142	142	541	48	493	85	2	56	27
50-54岁	141	141	577	47	530	80	3	55	22
55-59岁	134	134	588	25	563	54		36	18
60-64岁	77	77	269	6	263	20	1	8	11
65-69岁	29	29	116	4	112	13	1	7	5
70-74岁	7	7	39		39	9	2	3	4
75岁及以上	1	1	9		9	2		1	1
女	**849**	**849**	**1729**	**62**	**1667**	**491**	**31**	**285**	**175**
16-19岁	11	11	50	2	48	21	9	8	4
20-24岁	113	113	221	1	220	75	7	57	11
25-29岁	153	153	286	3	283	105	3	82	20
30-34岁	162	162	275	7	268	87	4	51	32
35-39岁	96	96	214	8	206	52	3	33	16
40-44岁	83	83	194	20	174	44	1	25	18
45-49岁	88	88	169	8	161	35	1	15	19
50-54岁	75	75	143	6	137	28	2	6	20
55-59岁	48	48	100	3	97	23		5	18
60-64岁	12	12	36	2	34	12	1	3	8
65-69岁	6	6	23	2	21	5			5
70-74岁	2	2	8		8				
75岁及以上			10		10	4			4

4-5c　续表 23　　　　单位：人

年龄组 性　别	有农村土地承包经营权的人口								
	十四、水利、环境和公共设施管理业					十五、居民服务、修理和其他服务业			
	小计	76.水利管理业	77.生态保护和环境治理业	78.公共设施管理业	79.土地管理业	小计	80.居民服务业	81.机动车、电子产品和日用产品修理业	82.其他服务业
总　计	**3180**	**176**	**188**	**2785**	**31**	**15121**	**6930**	**4423**	**3768**
16-19岁	14			14		529	213	187	129
20-24岁	64	6	7	50	1	1026	472	442	112
25-29岁	126	13	9	96	8	1459	703	595	161
30-34岁	229	15	18	189	7	2048	1011	784	253
35-39岁	293	13	21	255	4	2051	941	733	377
40-44岁	357	17	25	312	3	1719	711	617	391
45-49岁	473	25	28	419	1	1781	737	465	579
50-54岁	572	26	37	508	1	1621	743	324	554
55-59岁	505	42	27	433	3	1226	559	170	497
60-64岁	274	7	9	256	2	641	285	52	304
65-69岁	165	9	6	149	1	558	278	35	245
70-74岁	70	1		69		267	150	11	106
75岁及以上	38	2	1	35		195	127	8	60
男	**1847**	**156**	**141**	**1522**	**28**	**8309**	**2581**	**3847**	**1881**
16-19岁	8			8		361	106	184	71
20-24岁	36	4	3	28	1	671	191	420	60
25-29岁	82	12	7	57	6	890	253	539	98
30-34岁	136	14	14	102	6	1177	367	685	125
35-39岁	163	11	13	135	4	1103	310	628	165
40-44岁	188	15	20	150	3	904	256	486	162
45-49岁	243	24	19	199	1	882	242	394	246
50-54岁	302	21	27	253	1	776	256	270	250
55-59岁	312	37	24	248	3	589	192	145	252
60-64岁	171	6	9	154	2	356	138	47	171
65-69岁	117	9	5	102	1	319	133	31	155
70-74岁	59	1		58		167	78	11	78
75岁及以上	30	2		28		114	59	7	48
女	**1333**	**20**	**47**	**1263**	**3**	**6812**	**4349**	**576**	**1887**
16-19岁	6			6		168	107	3	58
20-24岁	28	2	4	22		355	281	22	52
25-29岁	44	1	2	39	2	569	450	56	63
30-34岁	93	1	4	87	1	871	644	99	128
35-39岁	130	2	8	120		948	631	105	212
40-44岁	169	2	5	162		815	455	131	229
45-49岁	230	1	9	220		899	495	71	333
50-54岁	270	5	10	255		845	487	54	304
55-59岁	193	5	3	185		637	367	25	245
60-64岁	103	1		102		285	147	5	133
65-69岁	48		1	47		239	145	4	90
70-74岁	11			11		100	72		28
75岁及以上	8		1	7		81	68	1	12

4-5c 续表 24 单位：人

年龄组 性 别	有农村土地承包经营权的人口									
	十六、教育		十七、卫生和社会工作			十八、文化、体育和娱乐业				
	小计	83.教育	小计	84.卫生	85.社会工作	小计	86.新闻和出版业	87.广播、电视、电影和录音制作业	88.文化艺术业	89.体育
总 计	**12789**	**12789**	**4877**	**4696**	**181**	**989**	**22**	**48**	**202**	**123**
16-19岁	642	642	78	77	1	80		2	13	4
20-24岁	1704	1704	674	667	7	172	6	11	25	30
25-29岁	1862	1862	794	778	16	154	4	13	19	26
30-34岁	1867	1867	614	600	14	139	5	7	29	22
35-39岁	1413	1413	504	487	17	107	1	5	26	12
40-44岁	1465	1465	522	504	18	79	1	3	22	6
45-49岁	1364	1364	534	504	30	76	3	3	18	7
50-54岁	1250	1250	456	426	30	68	1		16	9
55-59岁	895	895	305	293	12	68		1	17	4
60-64岁	206	206	167	154	13	24	1	2	8	1
65-69岁	74	74	99	91	8	18		1	6	2
70-74岁	26	26	74	67	7	2			1	
75岁及以上	21	21	56	48	8	2			2	
男	**4401**	**4401**	**2141**	**2074**	**67**	**593**	**14**	**33**	**116**	**81**
16-19岁	245	245	12	12		45		2	5	
20-24岁	321	321	112	110	2	112	3	8	11	23
25-29岁	390	390	183	177	6	105	3	8	12	21
30-34岁	355	355	198	190	8	84	3	4	18	14
35-39岁	355	355	230	224	6	57		3	12	6
40-44岁	503	503	272	268	4	41		2	11	3
45-49岁	621	621	317	307	10	44	3	3	13	4
50-54岁	686	686	301	287	14	36	1		10	6
55-59岁	673	673	212	208	4	34			9	2
60-64岁	156	156	118	115	3	16	1	2	6	
65-69岁	54	54	79	75	4	15		1	6	2
70-74岁	25	25	61	58	3	2			1	
75岁及以上	17	17	46	43	3	2			2	
女	**8388**	**8388**	**2736**	**2622**	**114**	**396**	**8**	**15**	**86**	**42**
16-19岁	397	397	66	65	1	35			8	4
20-24岁	1383	1383	562	557	5	60	3	3	14	7
25-29岁	1472	1472	611	601	10	49	1	5	7	5
30-34岁	1512	1512	416	410	6	55	2	3	11	8
35-39岁	1058	1058	274	263	11	50	1	2	14	6
40-44岁	962	962	250	236	14	38	1	1	11	3
45-49岁	743	743	217	197	20	32			5	3
50-54岁	564	564	155	139	16	32			6	3
55-59岁	222	222	93	85	8	34		1	8	2
60-64岁	50	50	49	39	10	8			2	1
65-69岁	20	20	20	16	4	3				
70-74岁	1	1	13	9	4					
75岁及以上	4	4	10	5	5					

4-5c 续表 25

单位：人

年龄组 性 别	有农村土地承包经营权的人口									
		十九、公共管理、社会保障和社会组织							二十、国际组织	
	90.娱乐业	小计	91.中国共产党机关	92.国家机构	93.人民政协、民主党派	94.社会保障	95.群众团体、社会团体和其他成员组织	96.基层群众自治组织	小计	97.国际组织
总 计	**594**	**10980**	**149**	**4014**	**7**	**44**	**494**	**6272**		
16-19岁	61	60	3	35			12	10		
20-24岁	100	701	14	531	1	5	33	117		
25-29岁	92	1300	24	976	1	13	52	234		
30-34岁	76	1486	34	899	1	15	61	476		
35-39岁	63	1053	18	444		2	54	535		
40-44岁	47	1149	13	304	3	2	59	768		
45-49岁	45	1272	11	267		1	55	938		
50-54岁	42	1375	13	244		2	52	1064		
55-59岁	46	1532	12	216	1	2	52	1249		
60-64岁	12	623	6	57			33	527		
65-69岁	9	289	1	26			14	248		
70-74岁	1	100		12			10	78		
75岁及以上		40		3		2	7	28		
男	**349**	**7617**	**95**	**2660**	**7**	**18**	**270**	**4567**		
16-19岁	38	41	2	27			7	5		
20-24岁	67	382	6	305	1	1	15	54		
25-29岁	61	700	12	547	1	5	21	114		
30-34岁	45	837	19	544	1	5	26	242		
35-39岁	36	655	7	323		1	23	301		
40-44岁	25	779	10	233	3	1	34	498		
45-49岁	21	915	9	195		1	35	675		
50-54岁	19	1109	13	201		1	29	865		
55-59岁	23	1275	11	196	1	2	36	1029		
60-64岁	7	551	5	51			22	473		
65-69岁	6	253	1	26			8	218		
70-74岁	1	88		10			8	70		
75岁及以上		32		2		1	6	23		
女	**245**	**3363**	**54**	**1354**		**26**	**224**	**1705**		
16-19岁	23	19	1	8			5	5		
20-24岁	33	319	8	226		4	18	63		
25-29岁	31	600	12	429		8	31	120		
30-34岁	31	649	15	355		10	35	234		
35-39岁	27	398	11	121		1	31	234		
40-44岁	22	370	3	71		1	25	270		
45-49岁	24	357	2	72			20	263		
50-54岁	23	266		43		1	23	199		
55-59岁	23	257	1	20			16	220		
60-64岁	5	72	1	6			11	54		
65-69岁	3	36					6	30		
70-74岁		12		2			2	8		
75岁及以上		8		1		1	1	5		

4-5c 续表 26　　单位：人

年龄组 性别	没有农村土地承包经营权的人口								
	合计	一、农、林、牧、渔业						二、采矿业	
		小计	1.农业	2.林业	3.畜牧业	4.渔业	5.农、林、牧、渔专业及辅助性活动	小计	6.煤炭开采和洗选业
总计	**73744**	**23872**	**19183**	**868**	**2633**	**872**	**316**	**524**	**56**
16-19岁	2168	524	430	18	51	14	11	2	
20-24岁	6771	1327	1044	53	158	49	23	22	
25-29岁	9783	2046	1628	65	243	82	28	57	1
30-34岁	13214	3352	2596	105	457	143	51	97	5
35-39岁	10879	3168	2477	107	398	140	46	59	8
40-44岁	8024	2530	2023	100	274	96	37	78	17
45-49岁	7782	2872	2306	127	292	110	37	88	14
50-54岁	6690	2973	2440	113	295	98	27	75	7
55-59岁	4606	2370	1909	108	241	74	38	37	
60-64岁	1757	1149	984	36	91	25	13	3	
65-69岁	1172	876	753	21	73	26	3	2	2
70-74岁	531	416	366	8	31	9	2	4	2
75岁及以上	367	269	227	7	29	6			
男	**38135**	**9597**	**7059**	**538**	**1258**	**574**	**168**	**435**	**44**
16-19岁	1258	306	248	13	27	11	7	2	
20-24岁	3983	742	538	37	107	42	18	19	
25-29岁	5635	1102	812	52	151	66	21	49	1
30-34岁	7459	1676	1223	74	254	96	29	80	3
35-39岁	5573	1326	949	60	204	93	20	45	6
40-44岁	3599	812	585	51	102	57	17	64	14
45-49岁	3349	848	604	77	92	59	16	69	10
50-54岁	3079	899	675	59	102	51	12	65	6
55-59岁	2367	807	558	71	106	51	21	35	
60-64岁	826	436	339	23	48	21	5	1	
65-69岁	533	329	263	15	33	16	2	2	2
70-74岁	277	189	158	4	19	8		4	2
75岁及以上	197	125	107	2	13	3			
女	**35609**	**14275**	**12124**	**330**	**1375**	**298**	**148**	**89**	**12**
16-19岁	910	218	182	5	24	3	4		
20-24岁	2788	585	506	16	51	7	5	3	
25-29岁	4148	944	816	13	92	16	7	8	
30-34岁	5755	1676	1373	31	203	47	22	17	2
35-39岁	5306	1842	1528	47	194	47	26	14	2
40-44岁	4425	1718	1438	49	172	39	20	14	3
45-49岁	4433	2024	1702	50	200	51	21	19	4
50-54岁	3611	2074	1765	54	193	47	15	10	1
55-59岁	2239	1563	1351	37	135	23	17	2	
60-64岁	931	713	645	13	43	4	8	2	
65-69岁	639	547	490	6	40	10	1		
70-74岁	254	227	208	4	12	1	2		
75岁及以上	170	144	120	5	16	3			

4-5c　续表 27　　　　单位：人

年龄组 性　别	没有农村土地承包经营权的人口								
	二、采矿业						三、制造业		
	7.石油和天然气开采业	8.黑色金属矿采选业	9.有色金属矿采选业	10.非金属矿采选业	11.开采专业及辅助性活动	12.其他采矿业	小计	13.农副食品加工业	14.食品制造业
总　计	**1**	**52**	**152**	**221**	**19**	**23**	**12541**	**937**	**208**
16–19岁				2			560	1	6
20–24岁		2	1	18	1		1504	44	23
25–29岁	1	3	8	37		7	1858	75	24
30–34岁		4	31	48	7	2	2454	128	52
35–39岁		4	20	26		1	2038	124	34
40–44岁		9	20	26	3	3	1458	140	31
45–49岁		11	27	31	1	4	1243	181	17
50–54岁		13	31	18	2	4	847	129	10
55–59岁		5	14	12	5	1	402	77	6
60–64岁		1		1		1	104	21	2
65–69岁							48	14	1
70–74岁				2			14		2
75岁及以上							11	3	
男	**1**	**39**	**137**	**181**	**18**	**15**	**6580**	**534**	**69**
16–19岁				2			323		3
20–24岁		1	1	16	1		943	33	9
25–29岁	1	3	7	32		5	1130	51	10
30–34岁		2	28	40	6	1	1349	63	16
35–39岁		2	19	18			944	65	9
40–44岁		6	18	22	3	1	607	64	9
45–49岁		11	22	22	1	3	511	81	3
50–54岁		10	28	16	2	3	432	95	4
55–59岁		4	14	11	5	1	236	60	3
60–64岁						1	56	12	
65–69岁							32	8	1
70–74岁				2			11		2
75岁及以上							6	2	
女		**13**	**15**	**40**	**1**	**8**	**5961**	**403**	**139**
16–19岁							237	1	3
20–24岁		1		2			561	11	14
25–29岁			1	5		2	728	24	14
30–34岁		2	3	8	1	1	1105	65	36
35–39岁		2	1	8		1	1094	59	25
40–44岁		3	2	4		2	851	76	22
45–49岁			5	9		1	732	100	14
50–54岁		3	3	2		1	415	34	6
55–59岁		1		1			166	17	3
60–64岁		1		1			48	9	2
65–69岁							16	6	
70–74岁							3		
75岁及以上							5	1	

4-5c 续表 28

单位：人

年龄组 性 别	没有农村土地承包经营权的人口								
	三、制造业								
	15.酒、饮料和精制茶制造业	16.烟草制品业	17.纺织业	18.纺织服装、服饰业	19.皮革、毛皮、羽毛及其制品和制鞋业	20.木材加工和木、竹、藤、棕、草制品业	21.家具制造业	22.造纸和纸制品业	23.印刷和记录媒介复制业
总　计	**108**	**1**	**256**	**1411**	**294**	**1479**	**241**	**261**	**95**
16–19岁	3		8	66	23	26	8	8	3
20–24岁	7		10	160	34	84	22	14	11
25–29岁	8		33	200	38	152	34	30	7
30–34岁	20		53	290	69	228	43	68	13
35–39岁	20	1	54	255	51	231	53	56	24
40–44岁	15		35	190	31	226	31	39	15
45–49岁	10		30	128	21	228	24	22	6
50–54岁	11		22	70	19	190	16	14	6
55–59岁	8		7	35	4	81	7	8	7
60–64岁	1		2	12	3	22	1	1	3
65–69岁	3		2	1	1	7	1	1	
70–74岁	2			3		2	1		
75岁及以上				1		2			
男	**56**	**1**	**73**	**292**	**111**	**765**	**142**	**184**	**48**
16–19岁	3		3	24	13	20	8	7	1
20–24岁	5		6	50	18	57	19	11	6
25–29岁	6		13	66	21	98	19	20	4
30–34岁	12		18	73	29	122	29	59	9
35–39岁	4	1	7	46	13	119	31	32	16
40–44岁	7		5	20	8	104	14	26	5
45–49岁	4		8	4	2	89	13	12	2
50–54岁	6		8	3	4	89	6	8	2
55–59岁	5		4	3	2	43	2	7	3
60–64岁			1	1	1	16		1	
65–69岁	3					6	1	1	
70–74岁	1			2		2			
75岁及以上									
女	**52**		**183**	**1119**	**183**	**714**	**99**	**77**	**47**
16–19岁			5	42	10	6		1	2
20–24岁	2		4	110	16	27	3	3	5
25–29岁	2		20	134	17	54	15	10	3
30–34岁	8		35	217	40	106	14	9	4
35–39岁	16		47	209	38	112	22	24	8
40–44岁	8		30	170	23	122	17	13	10
45–49岁	6		22	124	19	139	11	10	4
50–54岁	5		14	67	15	101	10	6	4
55–59岁	3		3	32	2	38	5	1	4
60–64岁	1		1	11	2	6	1		3
65–69岁			2	1	1	1			
70–74岁	1			1			1		
75岁及以上				1		2			

4-5c 续表 29　　　　单位：人

年龄组 性别	没有农村土地承包经营权的人口								
	三、制造业								
	24.文教、工美、体育和娱乐用品制造业	25.石油、煤炭及其他燃料加工业	26.化学原料和化学制品制造业	27.医药制造业	28.化学纤维制造业	29.橡胶和塑料制品业	30.非金属矿物制品业	31.黑色金属冶炼和压延加工业	32.有色金属冶炼和压延加工业
总　计	**489**	**52**	**262**	**54**	**2**	**294**	**902**	**523**	**355**
16–19岁	29		2			11	10	1	3
20–24岁	47	11	51	7		29	67	154	48
25–29岁	76	7	34	11		46	100	131	60
30–34岁	97	15	34	10	1	40	160	75	74
35–39岁	102	6	38	10		50	130	73	59
40–44岁	57	5	29	3		44	119	34	45
45–49岁	39	2	27	6	1	35	139	29	31
50–54岁	24	1	29	6		20	105	18	21
55–59岁	14	3	13			14	51	6	13
60–64岁	3	2	5	1		2	16		1
65–69岁	1					3	3	2	
70–74岁							1		
75岁及以上							1		
男	**155**	**39**	**168**	**18**		**154**	**660**	**434**	**295**
16–19岁	10		1			8	10	1	3
20–24岁	20	9	39	2		19	51	137	39
25–29岁	35	5	24	5		22	73	114	49
30–34岁	38	10	23	6		26	127	58	66
35–39岁	25	4	23	3		26	90	55	51
40–44岁	10	5	13			17	82	26	35
45–49岁	6	1	17	1		18	96	20	22
50–54岁	5	1	16	1		8	76	16	18
55–59岁	4	2	8			7	38	5	11
60–64岁	1	2	4			2	12		1
65–69岁	1					1	3	2	
70–74岁							1		
75岁及以上							1		
女	**334**	**13**	**94**	**36**	**2**	**140**	**242**	**89**	**60**
16–19岁	19		1			3			
20–24岁	27	2	12	5		10	16	17	9
25–29岁	41	2	10	6		24	27	17	11
30–34岁	59	5	11	4	1	14	33	17	8
35–39岁	77	2	15	7		24	40	18	8
40–44岁	47		16	3		27	37	8	10
45–49岁	33	1	10	5	1	17	43	9	9
50–54岁	19		13	5		12	29	2	3
55–59岁	10	1	5			7	13	1	2
60–64岁	2		1	1			4		
65–69岁						2			
70–74岁									
75岁及以上									

4-5c　续表 30　　　　单位：人

年龄组 性　别	没有农村土地承包经营权的人口								
	三、制造业								
	33.金属制品业	34.通用设备制造业	35.专用设备制造业	36.汽车制造业	37.铁路、船舶、航空航天和其他运输设备制造业	38.电气机械和器材制造业	39.计算机、通信和其他电子设备制造业	40.仪器仪表制造业	41.其他制造业
总　计	**603**	**231**	**194**	**343**	**66**	**403**	**2145**	**46**	**98**
16-19岁	26	14	12	7	2	30	251		7
20-24岁	73	30	33	28	3	75	404	8	11
25-29岁	96	30	39	50	7	79	433	10	13
30-34岁	127	48	41	100	14	93	474	18	21
35-39岁	104	43	28	70	6	61	311	4	14
40-44岁	65	36	10	51	7	32	136	4	13
45-49岁	59	18	18	21	14	23	87	2	7
50-54岁	33	11	7	11	8	8	37		5
55-59岁	15	1	4	4	2	1	9		6
60-64岁	1					1	2		
65-69岁	4				1		1		1
70-74岁			1		2				
75岁及以上			1	1					
男	**429**	**150**	**110**	**208**	**51**	**228**	**982**	**25**	**48**
16-19岁	19	7	7	6	2	20	139		6
20-24岁	58	21	21	23	3	49	211	6	5
25-29岁	74	20	23	33	6	47	248	6	7
30-34岁	102	34	24	69	10	47	219	9	12
35-39岁	74	22	16	35	1	32	112	2	8
40-44岁	43	21	4	23	6	15	32	1	4
45-49岁	28	15	9	11	11	13	10	1	2
50-54岁	16	9	1	6	7	5	7		1
55-59岁	12	1	3	1	2		4		2
60-64岁	1								
65-69岁	2				1				1
70-74岁			1		2				
75岁及以上			1	1					
女	**174**	**81**	**84**	**135**	**15**	**175**	**1163**	**21**	**50**
16-19岁	7	7	5	1		10	112		1
20-24岁	15	9	12	5		26	193	2	6
25-29岁	22	10	16	17	1	32	185	4	6
30-34岁	25	14	17	31	4	46	255	9	9
35-39岁	30	21	12	35	5	29	199	2	6
40-44岁	22	15	6	28	1	17	104	3	9
45-49岁	31	3	9	10	3	10	77	1	5
50-54岁	17	2	6	5	1	3	30		4
55-59岁	3		1	3		1	5		4
60-64岁						1	2		
65-69岁	2						1		
70-74岁									
75岁及以上									

4-5c　续表 31　　　　单位：人

年龄组 性　别	没有农村土地承包经营权的人口								
	三、制造业		四、电力、热力、燃气及水生产和供应业				五、建筑业		
	42.废弃资源综合利用业	43.金属制品、机械和设备修理业	小计	44.电力、热力生产和供应业	45.燃气生产和供应业	46.水的生产和供应业	小计	47.房屋建筑业	48.土木工程建筑业
总　计	**42**	**146**	**448**	**361**	**53**	**34**	**9770**	**5405**	**1311**
16-19岁		3					210	134	14
20-24岁	4	12	30	24	6		955	475	184
25-29岁	6	29	58	46	10	2	1403	719	185
30-34岁	8	40	80	61	14	5	2026	994	259
35-39岁	7	19	75	59	12	4	1572	901	157
40-44岁	6	9	57	48	5	4	1101	639	142
45-49岁	6	12	73	62	3	8	988	587	146
50-54岁	2	14	38	34	1	3	845	494	139
55-59岁	1	5	28	21	2	5	453	306	60
60-64岁		2	4	3		1	146	101	20
65-69岁	1		3	2		1	51	38	5
70-74岁							10	9	
75岁及以上	1	1	2	1		1	10	8	
男	**26**	**125**	**336**	**277**	**32**	**27**	**7840**	**4208**	**1142**
16-19岁		2					184	122	9
20-24岁	4	12	22	18	4		828	419	145
25-29岁	3	28	39	34	4	1	1211	608	163
30-34岁	7	32	62	48	9	5	1710	817	234
35-39岁	4	18	56	45	7	4	1273	705	140
40-44岁	2	6	42	37	4	1	779	428	125
45-49岁	3	9	45	37	2	6	684	396	120
50-54岁	2	12	35	32	1	2	631	352	126
55-59岁		4	26	20	1	5	358	230	57
60-64岁		1	4	3		1	119	84	18
65-69岁	1		3	2		1	46	33	5
70-74岁							8	7	
75岁及以上		1	2	1		1	9	7	
女	**16**	**21**	**112**	**84**	**21**	**7**	**1930**	**1197**	**169**
16-19岁		1					26	12	5
20-24岁			8	6	2		127	56	39
25-29岁	3	1	19	12	6	1	192	111	22
30-34岁	1	8	18	13	5		316	177	25
35-39岁	3	1	19	14	5		299	196	17
40-44岁	4	3	15	11	1	3	322	211	17
45-49岁	3	3	28	25	1	2	304	191	26
50-54岁		2	3	2		1	214	142	13
55-59岁	1	1	2	1	1		95	76	3
60-64岁		1					27	17	2
65-69岁							5	5	
70-74岁							2	2	
75岁及以上	1						1	1	

4-5c 续表 32

单位：人

年龄组 性 别	没有农村土地承包经营权的人口								
	五、建筑业		六、批发和零售业			七、交通运输、仓储和邮政业			
	49.建筑安装业	50.建筑装饰、装修和其他建筑业	小计	51.批发业	52.零售业	小计	53.铁路运输业	54.道路运输业	55.水上运输业
总 计	**437**	**2617**	**6939**	**1380**	**5559**	**3161**	**89**	**1895**	**185**
16–19岁	8	54	199	25	174	69	3	24	1
20–24岁	41	255	643	115	528	322	15	158	8
25–29岁	76	423	1076	205	871	556	22	315	22
30–34岁	130	643	1511	284	1227	742	12	493	23
35–39岁	73	441	1170	230	940	540	9	371	28
40–44岁	44	276	759	175	584	326	5	206	27
45–49岁	27	228	609	144	465	273	7	159	29
50–54岁	24	188	455	108	347	176	11	96	22
55–59岁	11	76	277	45	232	114	4	58	14
60–64岁	3	22	126	30	96	22	1	8	5
65–69岁		8	65	12	53	16		6	4
70–74岁		1	33	4	29	4		1	2
75岁及以上		2	16	3	13	1			
男	**398**	**2092**	**2895**	**721**	**2174**	**2599**	**65**	**1704**	**136**
16–19岁	8	45	83	15	68	53	2	20	1
20–24岁	35	229	288	57	231	246	7	134	5
25–29岁	70	370	453	113	340	467	15	285	19
30–34岁	118	541	653	157	496	631	9	451	20
35–39岁	68	360	485	124	361	450	6	347	23
40–44岁	40	186	260	79	181	260	4	181	21
45–49岁	23	145	220	64	156	222	6	136	17
50–54岁	22	131	187	58	129	140	11	84	13
55–59岁	11	60	129	27	102	99	4	54	10
60–64岁	3	14	71	15	56	16	1	8	2
65–69岁		8	37	7	30	11		3	3
70–74岁		1	20	2	18	4		1	2
75岁及以上		2	9	3	6				
女	**39**	**525**	**4044**	**659**	**3385**	**562**	**24**	**191**	**49**
16–19岁		9	116	10	106	16	1	4	
20–24岁	6	26	355	58	297	76	8	24	3
25–29岁	6	53	623	92	531	89	7	30	3
30–34岁	12	102	858	127	731	111	3	42	3
35–39岁	5	81	685	106	579	90	3	24	5
40–44岁	4	90	499	96	403	66	1	25	6
45–49岁	4	83	389	80	309	51	1	23	12
50–54岁	2	57	268	50	218	36		12	9
55–59岁		16	148	18	130	15		4	4
60–64岁		8	55	15	40	6			3
65–69岁			28	5	23	5		3	1
70–74岁			13	2	11				
75岁及以上			7		7	1			

4-5c　续表 33　　　　单位：人

年龄组 性　别	没有农村土地承包经营权的人口							
	七、交通运输、仓储和邮政业					八、住宿和餐饮业		
	56.航空运输业	57.管道运输业	58.多式联运和运输代理业	59.装卸搬运和仓储业	60.邮政业	小计	61.住宿业	62.餐饮业
总　计	**101**		**41**	**474**	**376**	**2799**	**379**	**2420**
16–19岁	3			9	29	210	20	190
20–24岁	19		6	48	68	387	48	339
25–29岁	28		9	70	90	442	55	387
30–34岁	23		13	95	83	504	76	428
35–39岁	9		6	61	56	435	62	373
40–44岁	2		4	64	18	272	33	239
45–49岁	9		2	49	18	253	39	214
50–54岁	5		1	34	7	151	20	131
55–59岁	3			30	5	93	17	76
60–64岁				7	1	29	4	25
65–69岁				5	1	15	2	13
70–74岁				1		5	2	3
75岁及以上				1		3	1	2
男	**66**		**28**	**347**	**253**	**1197**	**166**	**1031**
16–19岁				7	23	106	10	96
20–24岁	6		4	40	50	221	23	198
25–29岁	19		5	61	63	233	30	203
30–34岁	17		8	74	52	223	24	199
35–39岁	6		4	34	30	171	29	142
40–44岁	2		4	38	10	72	10	62
45–49岁	9		2	37	15	71	11	60
50–54岁	4		1	21	6	46	11	35
55–59岁	3			26	2	31	12	19
60–64岁				4	1	10	2	8
65–69岁				4	1	10	2	8
70–74岁				1		2	1	1
75岁及以上						1	1	
女	**35**		**13**	**127**	**123**	**1602**	**213**	**1389**
16–19岁	3			2	6	104	10	94
20–24岁	13		2	8	18	166	25	141
25–29岁	9		4	9	27	209	25	184
30–34岁	6		5	21	31	281	52	229
35–39岁	3		2	27	26	264	33	231
40–44岁				26	8	200	23	177
45–49岁				12	3	182	28	154
50–54岁	1			13	1	105	9	96
55–59岁				4	3	62	5	57
60–64岁				3		19	2	17
65–69岁				1		5		5
70–74岁						3	1	2
75岁及以上				1		2		2

4-5c 续表 34　　　　单位：人

年龄组 性　别	没有农村土地承包经营权的人口								
	九、信息传输、软件和信息技术服务业				十、金融业				
	小计	63.电信、广播电视和卫星传输服务	64.互联网和相关服务	65.软件和信息技术服务业	小计	66.货币金融服务	67.资本市场服务	68.保险业	69.其他金融业
总　计	**326**	**145**	**108**	**73**	**285**	**121**	**14**	**120**	**30**
16-19岁	13	5	5	3	6	1	1	3	1
20-24岁	64	22	24	18	41	21	1	17	2
25-29岁	83	32	32	19	58	25	2	24	7
30-34岁	84	41	27	16	72	31	5	28	8
35-39岁	45	28	13	4	36	12	2	20	2
40-44岁	16	9	3	4	26	9	1	13	3
45-49岁	8	4	2	2	14	5		8	1
50-54岁	7	3		4	20	9	2	6	3
55-59岁	3	1		2	10	7		1	2
60-64岁	2		1	1					
65-69岁					1				1
70-74岁					1	1			
75岁及以上	1		1						
男	**190**	**80**	**64**	**46**	**121**	**59**	**10**	**32**	**20**
16-19岁	8	3	3	2	5	1	1	2	1
20-24岁	31	10	10	11	16	6	1	8	1
25-29岁	56	22	20	14	28	11	1	11	5
30-34岁	47	21	18	8	26	16	2	3	5
35-39岁	23	14	8	1	9	5	2		2
40-44岁	10	5	2	3	10	4	1	4	1
45-49岁	4	2	1	1	3	2		1	
50-54岁	5	2		3	14	6	2	3	3
55-59岁	3	1		2	8	7			1
60-64岁	2		1	1					
65-69岁					1				1
70-74岁					1	1			
75岁及以上	1		1						
女	**136**	**65**	**44**	**27**	**164**	**62**	**4**	**88**	**10**
16-19岁	5	2	2	1	1			1	
20-24岁	33	12	14	7	25	15		9	1
25-29岁	27	10	12	5	30	14	1	13	2
30-34岁	37	20	9	8	46	15	3	25	3
35-39岁	22	14	5	3	27	7		20	
40-44岁	6	4	1	1	16	5		9	2
45-49岁	4	2	1	1	11	3		7	1
50-54岁	2	1		1	6	3		3	
55-59岁					2			1	1
60-64岁									
65-69岁									
70-74岁									
75岁及以上									

4-5c 续表 35

单位：人

年龄组 性别	没有农村土地承包经营权的人口								
	十一、房地产业		十二、租赁和商务服务业			十三、科学研究和技术服务业			
	小计	70.房地产业	小计	71.租赁业	72.商务服务业	小计	73.研究和试验发展	74.专业技术服务业	75.科技推广和应用服务业
总　计	**604**	**604**	**1182**	**105**	**1077**	**354**	**38**	**241**	**75**
16-19岁	10	10	35	3	32	10	4	3	3
20-24岁	81	81	164	10	154	56	3	44	9
25-29岁	124	124	211	22	189	74	7	58	9
30-34岁	148	148	226	34	192	90	9	63	18
35-39岁	63	63	166	24	142	47	3	32	12
40-44岁	41	41	95	4	91	26	3	17	6
45-49岁	51	51	89		89	18	3	9	6
50-54岁	39	39	85	4	81	21	4	10	7
55-59岁	32	32	73	4	69	9	1	4	4
60-64岁	11	11	16		16	2	1		1
65-69岁	4	4	13		13				
70-74岁			7		7	1		1	
75岁及以上			2		2				
男	**340**	**340**	**773**	**99**	**674**	**238**	**21**	**172**	**45**
16-19岁	5	5	21	3	18	5	2	2	1
20-24岁	48	48	93	10	83	39	1	33	5
25-29岁	72	72	129	22	107	51	3	42	6
30-34岁	85	85	161	32	129	57	6	41	10
35-39岁	37	37	109	23	86	27	1	22	4
40-44岁	21	21	55	3	52	20	3	14	3
45-49岁	22	22	61		61	11		5	6
50-54岁	17	17	57	3	54	16	3	8	5
55-59岁	24	24	58	3	55	9	1	4	4
60-64岁	7	7	13		13	2	1		1
65-69岁	2	2	11		11				
70-74岁			5		5	1		1	
75岁及以上									
女	**264**	**264**	**409**	**6**	**403**	**116**	**17**	**69**	**30**
16-19岁	5	5	14		14	5	2	1	2
20-24岁	33	33	71		71	17	2	11	4
25-29岁	52	52	82		82	23	4	16	3
30-34岁	63	63	65	2	63	33	3	22	8
35-39岁	26	26	57	1	56	20	2	10	8
40-44岁	20	20	40	1	39	6		3	3
45-49岁	29	29	28		28	7	3	4	
50-54岁	22	22	28	1	27	5	1	2	2
55-59岁	8	8	15	1	14				
60-64岁	4	4	3		3				
65-69岁	2	2	2		2				
70-74岁			2		2				
75岁及以上			2		2				

4-5c 续表 36 单位：人

年龄组 性别	没有农村土地承包经营权的人口								
	十四、水利、环境和公共设施管理业					十五、居民服务、修理和其他服务业			
	小计	76.水利管理业	77.生态保护和环境治理业	78.公共设施管理业	79.土地管理业	小计	80.居民服务业	81.机动车、电子产品和日用产品修理业	82.其他服务业
总 计	**416**	**57**	**23**	**330**	**6**	**2136**	**1116**	**631**	**389**
16−19岁	2	1		1		87	38	30	19
20−24岁	14			14		239	117	95	27
25−29岁	33	2	2	28	1	319	177	114	28
30−34岁	51	4	4	42	1	435	232	147	56
35−39岁	70	6	3	61		317	169	99	49
40−44岁	61	17	3	40	1	203	101	61	41
45−49岁	64	14	2	47	1	210	106	33	71
50−54岁	54	5	3	46		136	73	24	39
55−59岁	41	6	3	30	2	99	57	12	30
60−64岁	11	1		10		47	17	13	17
65−69岁	4			4		22	15	2	5
70−74岁	5		1	4		9	4	1	4
75岁及以上	6	1	2	3		13	10		3
男	**218**	**47**	**17**	**150**	**4**	**995**	**344**	**520**	**131**
16−19岁	2	1		1		55	18	28	9
20−24岁	9			9		151	49	86	16
25−29岁	23	2	1	19	1	165	57	97	11
30−34岁	33	2	3	28		215	76	118	21
35−39岁	33	6	2	25		149	46	82	21
40−44岁	30	15	3	11	1	79	26	45	8
45−49岁	33	10	2	21		59	16	28	15
50−54岁	21	4	2	15		37	11	17	9
55−59岁	22	5	2	13	2	37	20	8	9
60−64岁	4	1		3		21	6	9	6
65−69岁						12	10	1	1
70−74岁	3		1	2		7	3	1	3
75岁及以上	5	1	1	3		8	6		2
女	**198**	**10**	**6**	**180**	**2**	**1141**	**772**	**111**	**258**
16−19岁						32	20	2	10
20−24岁	5			5		88	68	9	11
25−29岁	10		1	9		154	120	17	17
30−34岁	18	2	1	14	1	220	156	29	35
35−39岁	37		1	36		168	123	17	28
40−44岁	31	2		29		124	75	16	33
45−49岁	31	4		26	1	151	90	5	56
50−54岁	33	1	1	31		99	62	7	30
55−59岁	19	1	1	17		62	37	4	21
60−64岁	7			7		26	11	4	11
65−69岁	4			4		10	5	1	4
70−74岁	2			2		2	1		1
75岁及以上	1		1			5	4		1

4-5c 续表 37

单位：人

年龄组 性别	没有农村土地承包经营权的人口									
	十六、教育		十七、卫生和社会工作			十八、文化、体育和娱乐业				
	小计	83.教育	小计	84.卫生	85.社会工作	小计	86.新闻和出版业	87.广播、电视、电影和录音制作业	88.文化艺术业	89.体育
总　计	**4550**	**4550**	**1165**	**1149**	**16**	**203**	**6**	**13**	**42**	**23**
16–19岁	181	181	20	20		11			2	2
20–24岁	505	505	174	173	1	46	1	2	11	6
25–29岁	658	658	260	258	2	44		3	12	2
30–34岁	626	626	199	197	2	33	1	1	4	6
35–39岁	533	533	164	161	3	32	1	2	7	3
40–44岁	600	600	110	109	1	7	1			
45–49岁	562	562	99	98	1	11		3	2	1
50–54岁	470	470	67	65	2	9	2	1	2	1
55–59岁	324	324	46	43	3	10		1	2	2
60–64岁	34	34	10	10						
65–69岁	21	21	11	10	1					
70–74岁	13	13	3	3						
75岁及以上	23	23	2	2						
男	**1673**	**1673**	**388**	**385**	**3**	**117**	**3**	**11**	**24**	**11**
16–19岁	71	71	7	7		8			1	1
20–24岁	110	110	40	39	1	25		2	6	3
25–29岁	125	125	53	53		27		2	8	
30–34岁	115	115	59	59		20	1	1	1	4
35–39岁	140	140	48	48		16	1	1	4	1
40–44岁	237	237	51	51		2				
45–49岁	252	252	46	46		8		3	1	1
50–54岁	257	257	36	35	1	3	1	1	1	
55–59岁	284	284	31	30	1	8		1	2	1
60–64岁	30	30	4	4						
65–69岁	18	18	8	8						
70–74岁	13	13	3	3						
75岁及以上	21	21	2	2						
女	**2877**	**2877**	**777**	**764**	**13**	**86**	**3**	**2**	**18**	**12**
16–19岁	110	110	13	13		3			1	1
20–24岁	395	395	134	134		21	1		5	3
25–29岁	533	533	207	205	2	17		1	4	2
30–34岁	511	511	140	138	2	13			3	2
35–39岁	393	393	116	113	3	16		1	3	2
40–44岁	363	363	59	58	1	5	1			
45–49岁	310	310	53	52	1	3			1	
50–54岁	213	213	31	30	1	6	1		1	1
55–59岁	40	40	15	13	2	2				1
60–64岁	4	4	6	6						
65–69岁	3	3	3	2	1					
70–74岁										
75岁及以上	2	2								

4-5c 续表 38

单位：人

年龄组 性 别	没有农村土地承包经营权的人口									
		十九、公共管理、社会保障和社会组织							二十、国际组织	
	90.娱乐业	小计	91.中国共产党机关	92.国家机构	93.人民政协、民主党派	94.社会保障	95.群众团体、社会团体和其他成员组织	96.基层群众自治组织	小计	97.国际组织
总 计	**119**	**2469**	**70**	**1713**	**2**	**20**	**88**	**576**		
16-19岁	7	19		13		1	2	3		
20-24岁	26	197	6	156		1	10	24		
25-29岁	27	423	9	330		2	8	74		
30-34岁	21	484	15	372		5	7	85		
35-39岁	19	349	14	215	1	1	17	101		
40-44岁	6	258	10	163	1	4	7	73		
45-49岁	5	257	6	163		2	13	73		
50-54岁	3	222	6	144		1	10	61		
55-59岁	5	185	3	132		1	6	43		
60-64岁		41		13			3	25		
65-69岁		20		4		2	2	12		
70-74岁		6	1	3			1	1		
75岁及以上		8		5			2	1		
男	**68**	**1603**	**60**	**1173**	**1**	**11**	**50**	**308**		
16-19岁	6	14		10		1	2	1		
20-24岁	14	112	3	91		1	5	12		
25-29岁	17	222	6	181		2	5	28		
30-34岁	13	257	11	208			2	36		
35-39岁	9	232	14	153			9	56		
40-44岁	2	188	10	127	1	2	3	45		
45-49岁	3	180	6	128		2	7	37		
50-54岁		181	6	126		1	6	42		
55-59岁	4	162	3	128		1	5	25		
60-64岁		30		10			2	18		
65-69岁		11		3		1	1	6		
70-74岁		6	1	3			1	1		
75岁及以上		8		5			2	1		
女	**51**	**866**	**10**	**540**	**1**	**9**	**38**	**268**		
16-19岁	1	5		3				2		
20-24岁	12	85	3	65			5	12		
25-29岁	10	201	3	149			3	46		
30-34岁	8	227	4	164		5	5	49		
35-39岁	10	117		62	1	1	8	45		
40-44岁	4	70		36		2	4	28		
45-49岁	2	77		35			6	36		
50-54岁	3	41		18			4	19		
55-59岁	1	23		4			1	18		
60-64岁		11		3			1	7		
65-69岁		9		1		1	1	6		
70-74岁										
75岁及以上										

4−6 各地区分性别、职业中类的就业人口

单位：人

地区 性别	16岁及以上人口							
	合计	一、党的机关、国家机关、群众团体和社会组织、企事业单位负责人						
		小计	1.中国共产党机关负责人	2.国家机关负责人	3.民主党派和工商联负责人	4.人民团体和群众团体、社会组织及其他成员组织负责人	5.基层群众自治组织负责人	6.企事业单位负责人
总　计	**2013956**	**33561**	**167**	**2430**	**8**	**1512**	**1654**	**27790**
南宁市	383329	9329	16	332	4	213	150	8614
柳州市	180657	3314	18	224		175	113	2784
桂林市	203122	3870	17	319	1	177	191	3165
梧州市	97924	1285	5	113	2	88	60	1017
北海市	76145	1591	3	92		114	27	1355
防城港市	43336	1045	5	64		47	24	905
钦州市	119679	1608	8	128		191	69	1212
贵港市	165457	1712	3	108		86	132	1383
玉林市	194567	2472	15	118		93	153	2093
百色市	153747	2056	39	262	1	148	226	1380
贺州市	77801	1203	5	134		14	71	979
河池市	128477	1831	18	248		37	296	1232
来宾市	91558	1143	8	148		52	71	864
崇左市	98157	1102	7	140		77	71	807
男	**1154817**	**23706**	**139**	**1887**	**6**	**899**	**1338**	**19437**
南宁市	216561	6483	13	260	3	133	119	5955
柳州市	104513	2338	15	164		107	78	1974
桂林市	116501	2699	14	249	1	111	154	2170
梧州市	57412	955	2	90	1	51	47	764
北海市	44000	1088	2	69		68	24	925
防城港市	27138	721	5	46		34	19	617
钦州市	71465	1164	8	104		114	61	877
贵港市	93751	1246	3	86		55	106	996
玉林市	114313	1773	14	96		58	139	1466
百色市	85350	1428	33	210	1	80	183	921
贺州市	44975	896	3	99		6	61	727
河池市	72309	1341	14	201		18	232	876
来宾市	52121	822	7	113		24	57	621
崇左市	54408	752	6	100		40	58	548
女	**859139**	**9855**	**28**	**543**	**2**	**613**	**316**	**8353**
南宁市	166768	2846	3	72	1	80	31	2659
柳州市	76144	976	3	60		68	35	810
桂林市	86621	1171	3	70		66	37	995
梧州市	40512	330	3	23	1	37	13	253
北海市	32145	503	1	23		46	3	430
防城港市	16198	324		18		13	5	288
钦州市	48214	444		24		77	8	335
贵港市	71706	466		22		31	26	387
玉林市	80254	699	1	22		35	14	627
百色市	68397	628	6	52		68	43	459
贺州市	32826	307	2	35		8	10	252
河池市	56168	490	4	47		19	64	356
来宾市	39437	321	1	35		28	14	243
崇左市	43749	350	1	40		37	13	259

4-6 续表 1

单位：人

地区 性别	16岁及以上人口 二、专业技术人员 小计	7.科学研究人员	8.工程技术人员	9.农业技术人员	10.飞机和船舶技术人员	11.卫生专业技术人员	12.经济和金融专业人员	13.法律、社会和宗教专业人员
总 计	**170901**	**613**	**27592**	**1731**	**346**	**34005**	**25614**	**2798**
南宁市	40980	282	8252	389	38	7054	8453	818
柳州市	18268	33	3927	109	11	3486	3374	313
桂林市	17662	87	2623	177	28	3621	2741	313
梧州市	8707	17	1066	83	176	1872	1036	141
北海市	6636	21	1006	66	12	1185	1031	110
防城港市	4099	6	1193	30	7	607	625	76
钦州市	10012	24	1316	84	4	2201	1001	117
贵港市	11602	19	1412	110	46	2390	1126	128
玉林市	14994	31	1617	175	3	3164	1595	189
百色市	10501	30	1742	160	6	2323	1259	145
贺州市	5656	14	735	52	1	1209	672	78
河池市	10114	13	1218	128	1	2351	1191	165
来宾市	6092	12	789	83	13	1317	831	114
崇左市	5578	24	696	85		1225	679	91
男	**69709**	**373**	**22975**	**1215**	**318**	**10578**	**6895**	**1582**
南宁市	17111	167	6671	265	32	2081	2173	445
柳州市	7341	17	3261	69	10	899	792	141
桂林市	6927	51	2181	130	25	1075	694	184
梧州市	3723	11	921	59	170	632	330	86
北海市	2504	16	842	45	12	376	248	51
防城港市	2040	1	1097	24	7	218	175	45
钦州市	3932	16	1107	66	4	783	276	70
贵港市	4596	13	1186	76	35	846	335	78
玉林市	5680	20	1375	132	2	1188	454	121
百色市	4608	21	1443	99	6	677	377	86
贺州市	2288	10	627	41	1	395	198	53
河池市	4172	7	1029	90	1	653	389	107
来宾市	2363	9	651	55	13	365	221	61
崇左市	2424	14	584	64		390	233	54
女	**101192**	**240**	**4617**	**516**	**28**	**23427**	**18719**	**1216**
南宁市	23869	115	1581	124	6	4973	6280	373
柳州市	10927	16	666	40	1	2587	2582	172
桂林市	10735	36	442	47	3	2546	2047	129
梧州市	4984	6	145	24	6	1240	706	55
北海市	4132	5	164	21		809	783	59
防城港市	2059	5	96	6		389	450	31
钦州市	6080	8	209	18		1418	725	47
贵港市	7006	6	226	34	11	1544	791	50
玉林市	9314	11	242	43	1	1976	1141	68
百色市	5893	9	299	61		1646	882	59
贺州市	3368	4	108	11		814	474	25
河池市	5942	6	189	38		1698	802	58
来宾市	3729	3	138	28		952	610	53
崇左市	3154	10	112	21		835	446	37

4-6　续表 2　　　　单位：人

地区 性别	16岁及以上人口							
	二、专业技术人员				三、办事人员和有关人员			
	14.教学人员	15.文学艺术、体育专业人员	16.新闻出版、文化专业人员	17.其他专业技术人员	小计	18.办事人员	19.安全和消防人员	20.其他办事人员和有关人员
总　计	**73173**	**1900**	**2201**	**928**	**112326**	**90150**	**21128**	**1048**
南宁市	14029	563	815	287	27655	23359	4040	256
柳州市	6481	197	234	103	12879	10082	2689	108
桂林市	7356	369	276	71	11510	9349	2051	110
梧州市	4136	73	89	18	5550	4357	1160	33
北海市	2955	83	91	76	4564	3610	912	42
防城港市	1442	20	58	35	3423	2679	710	34
钦州市	5089	82	63	31	5579	4448	1089	42
贵港市	6141	91	96	43	6510	5004	1472	34
玉林市	7935	126	102	57	7852	6306	1480	66
百色市	4577	88	96	75	7245	5585	1571	89
贺州市	2753	57	55	30	4018	3096	831	91
河池市	4828	69	107	43	6522	5203	1266	53
来宾市	2803	33	60	37	4509	3586	877	46
崇左市	2648	49	59	22	4510	3486	980	44
男	**23232**	**1076**	**790**	**675**	**68334**	**48767**	**18972**	**595**
南宁市	4493	305	276	203	15601	11884	3574	143
柳州市	1892	112	74	74	7638	5202	2372	64
桂林市	2230	199	107	51	6975	5051	1872	52
梧州市	1411	50	38	15	3474	2406	1044	24
北海市	772	51	38	53	2701	1870	810	21
防城港市	414	15	16	28	2257	1593	641	23
钦州市	1521	45	23	21	3633	2599	1006	28
贵港市	1923	45	28	31	4114	2773	1323	18
玉林市	2229	77	44	38	4969	3558	1368	43
百色市	1758	49	35	57	4706	3212	1441	53
贺州市	888	34	17	24	2491	1698	747	46
河池市	1774	43	44	35	4091	2964	1100	27
来宾市	909	24	27	28	2768	1961	779	28
崇左市	1018	27	23	17	2916	1996	895	25
女	**49941**	**824**	**1411**	**253**	**43992**	**41383**	**2156**	**453**
南宁市	9536	258	539	84	12054	11475	466	113
柳州市	4589	85	160	29	5241	4880	317	44
桂林市	5126	170	169	20	4535	4298	179	58
梧州市	2725	23	51	3	2076	1951	116	9
北海市	2183	32	53	23	1863	1740	102	21
防城港市	1028	5	42	7	1166	1086	69	11
钦州市	3568	37	40	10	1946	1849	83	14
贵港市	4218	46	68	12	2396	2231	149	16
玉林市	5706	49	58	19	2883	2748	112	23
百色市	2819	39	61	18	2539	2373	130	36
贺州市	1865	23	38	6	1527	1398	84	45
河池市	3054	26	63	8	2431	2239	166	26
来宾市	1894	9	33	9	1741	1625	98	18
崇左市	1630	22	36	5	1594	1490	85	19

4-6 续表 3

单位：人

地区 性别	16岁及以上人口							
	四、社会生产服务和生活服务人员							
	小计	21.批发与零售服务人员	22.交通运输、仓储和邮政业服务人员	23.住宿和餐饮服务人员	24.信息传输、软件和信息技术服务人员	25.金融服务人员	26.房地产服务人员	27.租赁和商务服务人员
总计	**583519**	**261047**	**109368**	**72492**	**8141**	**10095**	**8527**	**12940**
南宁市	139066	65299	23215	15813	2474	2727	3079	3748
柳州市	61643	26634	12201	6794	860	1139	819	1563
桂林市	58129	25520	9292	8428	833	1137	872	2308
梧州市	28916	11745	5946	4198	437	631	573	467
北海市	26283	11937	4218	3386	327	370	840	658
防城港市	15457	6221	3313	2096	157	182	211	364
钦州市	30797	14469	5842	3890	348	400	297	298
贵港市	41797	18820	8178	5470	544	656	428	488
玉林市	55361	26368	11228	5813	581	902	479	951
百色市	35037	14491	7810	4526	372	565	281	628
贺州市	19365	8195	3821	2942	260	280	119	322
河池市	30891	13089	6345	3930	452	463	175	448
来宾市	20020	8828	3773	2516	273	312	158	384
崇左市	20757	9431	4186	2690	223	331	196	313
男	**320220**	**120805**	**93686**	**31762**	**5648**	**4700**	**4705**	**9730**
南宁市	76184	31361	19525	7344	1679	1299	1801	2733
柳州市	33339	12215	10272	2758	592	487	467	1232
桂林市	30871	11640	7911	3459	608	542	455	1557
梧州市	16440	5468	5278	1980	303	300	295	377
北海市	14254	5490	3684	1555	224	144	465	496
防城港市	8629	2821	2905	858	110	84	113	291
钦州市	17286	6703	5251	1837	247	181	163	244
贵港市	23494	8877	7117	2553	372	294	234	359
玉林市	32576	13054	10126	2818	398	424	262	774
百色市	18692	6198	6215	1815	268	279	127	512
贺州市	10689	3776	3380	1147	189	137	69	255
河池市	16193	5370	5348	1431	320	231	89	334
来宾市	10444	3693	3249	1030	188	143	67	310
崇左市	11129	4139	3425	1177	150	155	98	256
女	**263299**	**140242**	**15682**	**40730**	**2493**	**5395**	**3822**	**3210**
南宁市	62882	33938	3690	8469	795	1428	1278	1015
柳州市	28304	14419	1929	4036	268	652	352	331
桂林市	27258	13880	1381	4969	225	595	417	751
梧州市	12476	6277	668	2218	134	331	278	90
北海市	12029	6447	534	1831	103	226	375	162
防城港市	6828	3400	408	1238	47	98	98	73
钦州市	13511	7766	591	2053	101	219	134	54
贵港市	18303	9943	1061	2917	172	362	194	129
玉林市	22785	13314	1102	2995	183	478	217	177
百色市	16345	8293	1595	2711	104	286	154	116
贺州市	8676	4419	441	1795	71	143	50	67
河池市	14698	7719	997	2499	132	232	86	114
来宾市	9576	5135	524	1486	85	169	91	74
崇左市	9628	5292	761	1513	73	176	98	57

4-6　续表 4　　　　单位：人

地　区 性　别	16岁及以上人口							
	四、社会生产服务和生活服务人员							
	28.技术辅助服务人　员	29.水利、环境和公共设施管理服务人员	30.居民服务人员	31.电力、燃气及水供应服务人　员	32.修理及制作服务人　员	33.文化、体育和娱乐服务人　员	34.健康服务人员	35.其他社会生产和生活服务人员
总　计	**9439**	**26539**	**33055**	**5724**	**21731**	**2795**	**997**	**629**
南宁市	2813	6224	7072	917	4620	662	249	154
柳州市	1184	3200	3786	566	2333	382	108	74
桂林市	1101	2810	2995	544	1781	348	90	70
梧州市	505	1174	1663	337	1058	142	25	15
北海市	389	1309	1453	248	927	135	52	34
防城港市	297	908	847	188	550	83	20	20
钦州市	338	1411	1779	306	1226	98	66	29
贵港市	620	1430	2874	334	1696	160	55	44
玉林市	715	1908	3348	452	2302	174	79	61
百色市	356	1855	1792	555	1472	195	92	47
贺州市	259	788	1235	214	751	132	31	16
河池市	396	1595	1940	548	1300	116	62	32
来宾市	259	984	1284	210	887	100	41	11
崇左市	207	943	987	305	828	68	27	22
男	**6148**	**8089**	**9099**	**4747**	**18859**	**1585**	**304**	**353**
南宁市	1794	1516	1853	772	4010	351	71	75
柳州市	797	908	789	480	2077	203	24	38
桂林市	735	910	820	454	1539	186	18	37
梧州市	317	401	414	269	938	84	4	12
北海市	255	351	426	213	835	83	19	14
防城港市	206	249	284	161	490	44	4	9
钦州市	215	487	518	267	1082	62	14	15
贵港市	403	463	925	272	1469	101	23	32
玉林市	490	694	941	383	2027	117	28	40
百色市	236	609	623	443	1183	112	41	31
贺州市	165	307	338	183	657	70	8	8
河池市	252	589	560	456	1086	76	25	26
来宾市	148	297	319	169	760	56	13	2
崇左市	135	308	289	225	706	40	12	14
女	**3291**	**18450**	**23956**	**977**	**2872**	**1210**	**693**	**276**
南宁市	1019	4708	5219	145	610	311	178	79
柳州市	387	2292	2997	86	256	179	84	36
桂林市	366	1900	2175	90	242	162	72	33
梧州市	188	773	1249	68	120	58	21	3
北海市	134	958	1027	35	92	52	33	20
防城港市	91	659	563	27	60	39	16	11
钦州市	123	924	1261	39	144	36	52	14
贵港市	217	967	1949	62	227	59	32	12
玉林市	225	1214	2407	69	275	57	51	21
百色市	120	1246	1169	112	289	83	51	16
贺州市	94	481	897	31	94	62	23	8
河池市	144	1006	1380	92	214	40	37	6
来宾市	111	687	965	41	127	44	28	9
崇左市	72	635	698	80	122	28	15	8

4-6 续表 5 单位：人

地区 性别	16岁及以上人口 五、农、林、牧、渔业生产及辅助人员 小计	36.农业生产人员	37.林业生产人员	38.畜牧业生产人员	39.渔业生产人员	40.农林牧渔生产辅助人员	41.其他农、林、牧、渔业生产加工人员	六、生产制造及有关人员 小计	42.农副产品加工人员
总　计	**668015**	**578505**	**20220**	**53246**	**11935**	**3708**	**401**	**438791**	**9852**
南宁市	97938	89123	1775	5508	830	640	62	67346	1334
柳州市	44881	38891	2579	2788	327	259	37	39270	585
桂林市	75463	69390	1579	3327	360	762	45	36006	1519
梧州市	30160	27424	1053	1216	310	151	6	23052	359
北海市	22274	15244	295	1491	4965	225	54	14491	914
防城港市	9099	6369	521	733	1383	84	9	9917	316
钦州市	39404	33989	856	2631	1689	182	57	31802	460
贵港市	54499	51092	641	2228	415	110	13	47982	984
玉林市	52035	42182	1121	8063	492	140	37	61481	788
百色市	66999	56576	2618	7083	276	413	33	31682	641
贺州市	28780	25896	1146	1394	208	121	15	18611	339
河池市	49433	33732	3115	12132	314	127	13	28733	453
来宾市	43726	38435	1287	3587	175	228	14	15953	468
崇左市	53324	50162	1634	1065	191	266	6	12465	692
男	**354760**	**299658**	**14031**	**30175**	**8622**	**2070**	**204**	**314103**	**5604**
南宁市	51074	45575	1278	3181	630	379	31	49531	816
柳州市	24759	21039	1811	1509	240	134	26	28865	362
桂林市	42082	38313	1113	1996	274	366	20	26656	760
梧州市	16438	14518	782	792	246	95	5	16217	234
北海市	12772	7984	228	918	3505	117	20	10504	341
防城港市	5474	3622	384	494	916	52	6	7823	194
钦州市	21700	17780	716	1790	1266	115	33	23451	288
贵港市	27692	25359	508	1427	316	72	10	31853	565
玉林市	27224	20951	878	4892	397	89	17	41860	505
百色市	34077	28246	1602	3790	201	222	16	21719	365
贺州市	14930	12991	808	904	151	68	8	13587	189
河池市	24617	16367	1909	6041	213	83	4	21373	285
来宾市	23858	20773	997	1818	135	129	6	11800	276
崇左市	28063	26140	1017	623	132	149	2	8864	424
女	**313255**	**278847**	**6189**	**23071**	**3313**	**1638**	**197**	**124688**	**4248**
南宁市	46864	43548	497	2327	200	261	31	17815	518
柳州市	20122	17852	768	1279	87	125	11	10405	223
桂林市	33381	31077	466	1331	86	396	25	9350	759
梧州市	13722	12906	271	424	64	56	1	6835	125
北海市	9502	7260	67	573	1460	108	34	3987	573
防城港市	3625	2747	137	239	467	32	3	2094	122
钦州市	17704	16209	140	841	423	67	24	8351	172
贵港市	26807	25733	133	801	99	38	3	16129	419
玉林市	24811	21231	243	3171	95	51	20	19621	283
百色市	32922	28330	1016	3293	75	191	17	9963	276
贺州市	13850	12905	338	490	57	53	7	5024	150
河池市	24816	17365	1206	6091	101	44	9	7360	168
来宾市	19868	17662	290	1769	40	99	8	4153	192
崇左市	25261	24022	617	442	59	117	4	3601	268

4-6 续表 6 单位：人

地区 性别	16岁及以上人口							
	六、生产制造及有关人员							
	43.食品、饮料生产加工人员	44.烟草及其制品加工人员	45.纺织、针织、印染人员	46.纺织品、服装和皮革、毛皮制品加工制作人员	47.木材加工、家具与木制品制作人员	48.纸及纸制品生产加工人员	49.印刷和记录媒介复制人员	50.文教、工美、体育和娱乐用品制造人员
总　计	**6745**	**239**	**3362**	**26932**	**24189**	**1833**	**1573**	**7307**
南宁市	1213	104	289	1887	3849	342	341	493
柳州市	682	45	269	855	3187	123	109	203
桂林市	779	3	113	830	2284	153	155	404
梧州市	493		143	1193	682	69	100	1268
北海市	303	2	50	406	795	67	63	151
防城港市	127		14	96	424	10	19	35
钦州市	444	1	182	2126	986	201	85	743
贵港市	544	11	404	6836	4373	183	169	470
玉林市	646	6	975	9921	1985	232	242	1984
百色市	331	49	127	765	1254	104	77	361
贺州市	311	13	60	618	598	55	59	315
河池市	394	1	522	687	1356	60	52	561
来宾市	234	3	139	397	1234	169	41	119
崇左市	244	1	75	315	1182	65	61	200
男	**3545**	**141**	**1256**	**7404**	**14844**	**1104**	**960**	**2551**
南宁市	653	57	88	548	2450	188	204	178
柳州市	334	32	57	219	1863	72	59	84
桂林市	402	1	44	279	1322	91	80	233
梧州市	275		49	356	477	39	73	497
北海市	159	2	24	130	509	40	41	57
防城港市	66		6	40	312	6	7	15
钦州市	223		73	595	623	144	54	166
贵港市	308	5	171	2145	2486	115	114	211
玉林市	364	4	503	2102	1315	129	156	495
百色市	163	28	50	301	798	57	34	147
贺州市	177	8	32	225	438	34	37	147
河池市	178	1	98	239	830	29	32	194
来宾市	120	3	27	115	689	111	23	48
崇左市	123		34	110	732	49	46	79
女	**3200**	**98**	**2106**	**19528**	**9345**	**729**	**613**	**4756**
南宁市	560	47	201	1339	1399	154	137	315
柳州市	348	13	212	636	1324	51	50	119
桂林市	377	2	69	551	962	62	75	171
梧州市	218		94	837	205	30	27	771
北海市	144		26	276	286	27	22	94
防城港市	61		8	56	112	4	12	20
钦州市	221	1	109	1531	363	57	31	577
贵港市	236	6	233	4691	1887	68	55	259
玉林市	282	2	472	7819	670	103	86	1489
百色市	168	21	77	464	456	47	43	214
贺州市	134	5	28	393	160	21	22	168
河池市	216		424	448	526	31	20	367
来宾市	114		112	282	545	58	18	71
崇左市	121	1	41	205	450	16	15	121

4-6 续表 7

单位：人

地区 性别	16岁及以上人口 六、生产制造及有关人员 51.石油加工和炼焦、煤化工生产人员	52.化学原料和化学制品制造人员	53.医药制造人员	54.化学纤维制造人员	55.橡胶和塑料制品制造人员	56.非金属矿物制品制造人员	57.采矿人员	58.金属冶炼和压延加工人员
总计	**282**	**2042**	**1179**	**54**	**3435**	**9383**	**2850**	**4859**
南宁市	20	257	214	6	446	1246	359	195
柳州市	60	199	121	6	247	548	112	812
桂林市	13	154	241	5	412	800	265	144
梧州市	13	225	125	2	186	1003	172	242
北海市	30	149	21	1	123	277	68	194
防城港市	25	30	16	1	25	142	70	598
钦州市	60	194	97	9	210	488	78	79
贵港市	6	131	48	2	489	747	81	241
玉林市	15	137	163	4	510	1295	96	234
百色市	28	224	25	5	242	658	596	944
贺州市	1	76	23	3	172	1013	164	156
河池市	4	79	31	2	143	583	513	420
来宾市	5	60	33	3	127	371	154	288
崇左市	2	127	21	5	103	212	122	312
男	**228**	**1355**	**504**	**30**	**1872**	**6676**	**2386**	**3932**
南宁市	17	155	100	3	239	894	333	146
柳州市	52	132	55	5	131	388	96	677
桂林市	11	105	107	2	223	614	207	120
梧州市	11	162	60	1	100	718	160	196
北海市	24	65	2	1	66	201	60	158
防城港市	18	24	10		20	112	41	511
钦州市	46	123	32	5	135	343	72	65
贵港市	4	92	16	1	264	547	70	189
玉林市	11	98	68	2	261	769	87	190
百色市	23	169	8	4	131	484	450	781
贺州市	1	54	13	3	95	738	141	120
河池市	4	61	16	1	81	429	423	336
来宾市	4	36	10		53	279	137	233
崇左市	2	79	7	2	73	160	109	210
女	**54**	**687**	**675**	**24**	**1563**	**2707**	**464**	**927**
南宁市	3	102	114	3	207	352	26	49
柳州市	8	67	66	1	116	160	16	135
桂林市	2	49	134	3	189	186	58	24
梧州市	2	63	65	1	86	285	12	46
北海市	6	84	19		57	76	8	36
防城港市	7	6	6	1	5	30	29	87
钦州市	14	71	65	4	75	145	6	14
贵港市	2	39	32	1	225	200	11	52
玉林市	4	39	95	2	249	526	9	44
百色市	5	55	17	1	111	174	146	163
贺州市		22	10		77	275	23	36
河池市		18	15	1	62	154	90	84
来宾市	1	24	23	3	74	92	17	55
崇左市		48	14	3	30	52	13	102

4-6　续表 8　　　　　　　　　　　　　　　　　　　　　　　　　　　　　单位：人

地　区 性　别	16岁及以上人口							
	六、生产制造及有关人员							
	59.机械制造基础加工人员	60.金属制品制造人　员	61.通用设备制造人　员	62.专用设备制造人　员	63.汽车制造人员	64.铁路、船舶、航空设备制造人　员	65.电气机械和器材制造人员	66.计算机、通信和其他电子设备制造人　员
总　计	**9554**	**8619**	**1708**	**571**	**4149**	**641**	**3566**	**29435**
南宁市	1346	1234	237	89	109	56	237	3539
柳州市	2257	704	346	77	3099	180	150	1447
桂林市	626	643	120	59	201	36	246	1802
梧州市	551	658	98	37	55	131	395	2172
北海市	267	171	40	14	21	36	87	1016
防城港市	350	121	41	6	21	12	24	411
钦州市	379	552	77	20	39	13	178	3016
贵港市	822	1450	135	55	103	120	866	3696
玉林市	1123	980	257	66	213	23	467	4588
百色市	541	737	100	43	43	5	274	2828
贺州市	189	486	61	36	30	7	212	1676
河池市	546	478	84	38	49	8	260	1702
来宾市	302	180	58	15	122	9	118	837
崇左市	255	225	54	16	44	5	52	705
男	**8155**	**6107**	**1399**	**346**	**2814**	**539**	**2131**	**14641**
南宁市	1224	872	204	47	82	47	168	1793
柳州市	1906	499	280	58	2076	152	104	937
桂林市	539	430	94	40	148	24	165	1023
梧州市	445	488	83	24	31	120	220	968
北海市	245	127	34	10	15	34	55	531
防城港市	333	89	37	4	15	11	18	294
钦州市	336	423	69	12	31	11	116	1601
贵港市	701	1031	99	32	79	97	496	1828
玉林市	863	729	205	44	146	16	256	2130
百色市	452	504	73	21	32	4	145	1134
贺州市	155	329	51	16	23	5	138	832
河池市	471	309	71	27	31	7	144	793
来宾市	265	121	52	7	65	8	74	401
崇左市	220	156	47	4	40	3	32	376
女	**1399**	**2512**	**309**	**225**	**1335**	**102**	**1435**	**14794**
南宁市	122	362	33	42	27	9	69	1746
柳州市	351	205	66	19	1023	28	46	510
桂林市	87	213	26	19	53	12	81	779
梧州市	106	170	15	13	24	11	175	1204
北海市	22	44	6	4	6	2	32	485
防城港市	17	32	4	2	6	1	6	117
钦州市	43	129	8	8	8	2	62	1415
贵港市	121	419	36	23	24	23	370	1868
玉林市	260	251	52	22	67	7	211	2458
百色市	89	233	27	22	11	1	129	1694
贺州市	34	157	10	20	7	2	74	844
河池市	75	169	13	11	18	1	116	909
来宾市	37	59	6	8	57	1	44	436
崇左市	35	69	7	12	4	2	20	329

4-6 续表 9　　　　单位：人

地区 性别	16岁及以上人口							
	六、生产制造及有关人员							
	67.仪器仪表制造人员	68.废弃资源综合利用人员	69.电力、热力、气体、水生产和输配人员	70.建筑施工人员	71.运输设备和通用工程机械操作人员及有关人员	72.生产辅助人员	73.其他生产制造及有关人员	74.不便分类的其他从业人员
总　计	**292**	**416**	**1938**	**226657**	**13204**	**30559**	**1366**	**6843**
南宁市	22	81	184	39636	2113	5586	282	1015
柳州市	19	43	212	16880	1498	4062	133	402
桂林市	31	25	233	19910	1014	2652	134	482
梧州市	14	27	126	9920	708	1813	72	254
北海市	11	20	75	7163	578	1316	62	306
防城港市	15	18	114	5104	470	1232	30	296
钦州市	29	40	52	18609	756	1533	66	477
贵港市	16	15	82	21448	915	2359	181	1355
玉林市	52	42	137	29808	1508	2872	112	372
百色市	17	28	191	17037	1056	2206	145	227
贺州市	8	21	86	10386	457	935	45	168
河池市	25	26	152	16801	1008	1632	63	953
来宾市	16	20	188	8359	623	1233	28	115
崇左市	17	10	106	5596	500	1128	13	421
男	**178**	**296**	**1501**	**188680**	**12362**	**19729**	**833**	**3985**
南宁市	15	58	145	32000	1967	3673	167	577
柳州市	12	27	164	13853	1393	2699	87	233
桂林市	16	17	155	16695	965	1653	91	291
梧州市	7	22	95	8454	667	1139	46	165
北海市	11	12	63	6089	524	836	38	177
防城港市	14	15	90	4162	387	949	23	194
钦州市	17	33	47	16017	723	992	36	299
贵港市	12	11	70	17632	854	1508	100	756
玉林市	27	31	109	27046	1463	1679	57	231
百色市	11	19	150	12730	999	1359	93	120
贺州市	3	14	61	8452	421	609	26	94
河池市	17	15	113	14019	945	1134	40	522
来宾市	8	13	159	7055	573	815	20	66
崇左市	8	9	80	4476	481	684	9	260
女	**114**	**120**	**437**	**37977**	**842**	**10830**	**533**	**2858**
南宁市	7	23	39	7636	146	1913	115	438
柳州市	7	16	48	3027	105	1363	46	169
桂林市	15	8	78	3215	49	999	43	191
梧州市	7	5	31	1466	41	674	26	89
北海市		8	12	1074	54	480	24	129
防城港市	1	3	24	942	83	283	7	102
钦州市	12	7	5	2592	33	541	30	178
贵港市	4	4	12	3816	61	851	81	599
玉林市	25	11	28	2762	45	1193	55	141
百色市	6	9	41	4307	57	847	52	107
贺州市	5	7	25	1934	36	326	19	74
河池市	8	11	39	2782	63	498	23	431
来宾市	8	7	29	1304	50	418	8	49
崇左市	9	1	26	1120	19	444	4	161

4-6　续表 10　　　　单位：人

地 区 性 别	有农村土地承包经营权的人口							
	合计	一、党的机关、国家机关、群众团体和社会组织、企事业单位负责人						
		小计	1.中国共产党机关负责人	2.国家机关负责人	3.民主党派和工商联负责人	4.人民团体和群众团体、社会组织及其他成员组织负责人	5.基层群众自治组织负责人	6.企事业单位负责人
总　计	**1352846**	**11677**	**66**	**365**	**2**	**784**	**1424**	**9036**
南宁市	208118	2204	4	46	2	89	117	1946
柳州市	96509	921	3	24		79	89	726
桂林市	142066	1390	4	52		94	156	1084
梧州市	60278	458	2	18		54	41	343
北海市	42919	459	1	9		48	19	382
防城港市	22316	313	2	11		18	20	262
钦州市	80794	582	5	11		76	64	426
贵港市	130424	934	3	31		63	124	713
玉林市	144592	1166	7	26		60	132	941
百色市	119380	928	26	51		104	198	549
贺州市	58223	479	1	16		8	56	398
河池市	99387	845	3	33		18	274	517
来宾市	72156	512	5	25		23	70	389
崇左市	75684	486		12		50	64	360
男	**801290**	**8816**	**58**	**307**	**1**	**482**	**1201**	**6767**
南宁市	122193	1699	3	36	1	60	103	1496
柳州市	58296	700	2	20		53	72	553
桂林市	84846	1030	3	43		57	129	798
梧州市	37313	368	1	15		37	39	276
北海市	25948	331		7		32	17	275
防城港市	14720	224	2	8		13	16	185
钦州市	50650	444	5	10		39	58	332
贵港市	75823	724	3	28		43	104	546
玉林市	88036	906	6	25		40	120	715
百色市	67252	666	25	45		54	166	376
贺州市	34828	375	1	11		3	51	309
河池市	57141	624	3	29		9	217	366
来宾市	42022	392	4	22		12	57	297
崇左市	42222	333		8		30	52	243
女	**551556**	**2861**	**8**	**58**	**1**	**302**	**223**	**2269**
南宁市	85925	505	1	10	1	29	14	450
柳州市	38213	221	1	4		26	17	173
桂林市	57220	360	1	9		37	27	286
梧州市	22965	90	1	3		17	2	67
北海市	16971	128	1	2		16	2	107
防城港市	7596	89		3		5	4	77
钦州市	30144	138		1		37	6	94
贵港市	54601	210		3		20	20	167
玉林市	56556	260	1	1		20	12	226
百色市	52128	262	1	6		50	32	173
贺州市	23395	104		5		5	5	89
河池市	42246	221		4		9	57	151
来宾市	30134	120	1	3		11	13	92
崇左市	33462	153		4		20	12	117

4-6 续表 11　　　　单位：人

地区 性别	有农村土地承包经营权的人口							
	二、专业技术人员							
	小计	7.科学研究人员	8.工程技术人员	9.农业技术人员	10.飞机和船舶技术人员	11.卫生专业技术人员	12.经济和金融专业人员	13.法律、社会和宗教专业人员
总　计	**54115**	**96**	**9854**	**826**	**129**	**11334**	**5641**	**606**
南宁市	8825	19	2034	160	6	1560	1366	113
柳州市	3775	4	905	27	6	824	498	41
桂林市	5424	18	911	100	2	1243	642	60
梧州市	2609	2	411	34	87	504	187	40
北海市	1818	2	386	33	2	345	229	14
防城港市	1221	1	467	17	1	166	133	14
钦州市	3341	6	526	42	2	724	228	27
贵港市	5988	9	789	77	12	1234	455	49
玉林市	6463	15	774	112	2	1343	494	66
百色市	4262	10	973	85	2	931	413	39
贺州市	2134	2	321	19		461	201	32
河池市	3856	4	644	43	1	988	344	53
来宾市	2444	2	392	40	6	534	284	40
崇左市	1955	2	321	37		477	167	18
男	**23949**	**64**	**8575**	**604**	**126**	**4114**	**1590**	**385**
南宁市	4040	10	1748	116	6	526	359	71
柳州市	1636	3	783	17	6	226	120	17
桂林市	2177	12	790	76	1	400	158	33
梧州市	1365	2	365	21	85	244	74	28
北海市	779	1	343	25	2	127	47	8
防城港市	726		445	14	1	78	40	9
钦州市	1509	5	460	33	2	327	71	18
贵港市	2582	7	678	56	12	502	140	34
玉林市	2624	12	683	88	2	579	149	53
百色市	1977	6	813	55	2	290	107	28
贺州市	960		277	16		187	78	22
河池市	1660	3	569	29	1	296	105	35
来宾市	1004	2	337	28	6	159	88	17
崇左市	910	1	284	30		173	54	12
女	**30166**	**32**	**1279**	**222**	**3**	**7220**	**4051**	**221**
南宁市	4785	9	286	44		1034	1007	42
柳州市	2139	1	122	10		598	378	24
桂林市	3247	6	121	24	1	843	484	27
梧州市	1244		46	13	2	260	113	12
北海市	1039	1	43	8		218	182	6
防城港市	495	1	22	3		88	93	5
钦州市	1832	1	66	9		397	157	9
贵港市	3406	2	111	21		732	315	15
玉林市	3839	3	91	24		764	345	13
百色市	2285	4	160	30		641	306	11
贺州市	1174	2	44	3		274	123	10
河池市	2196	1	75	14		692	239	18
来宾市	1440		55	12		375	196	23
崇左市	1045	1	37	7		304	113	6

4-6　续表 12　　单位：人

地区 性别	有农村土地承包经营权的人口							
	二、专业技术人员				三、办事人员和有关人员			
	14.教学人员	15.文学艺术、体育专业人员	16.新闻出版、文化专业人员	17.其他专业技术人员	小计	18.办事人员	19.安全和消防人员	20.其他办事人员和有关人员
总　计	**24124**	**654**	**487**	**364**	**32485**	**23297**	**8745**	**443**
南宁市	3268	107	113	79	5525	4115	1338	72
柳州市	1360	47	40	23	2527	1707	781	39
桂林市	2166	177	76	29	3269	2386	831	52
梧州市	1298	24	10	12	1520	1095	409	16
北海市	727	35	19	26	1199	877	306	16
防城港市	379	2	22	19	837	579	245	13
钦州市	1717	33	13	23	1595	1089	489	17
贵港市	3234	50	47	32	2920	2107	792	21
玉林市	3530	63	31	33	3302	2439	830	33
百色市	1721	31	28	29	2751	1863	847	41
贺州市	1051	22	15	10	1352	955	344	53
河池市	1688	27	37	27	2323	1691	604	28
来宾市	1098	17	17	14	1809	1345	444	20
崇左市	887	19	19	8	1556	1049	485	22
男	**7618**	**395**	**191**	**287**	**21843**	**13410**	**8170**	**263**
南宁市	1036	64	40	64	3536	2239	1254	43
柳州市	402	25	17	20	1670	910	738	22
桂林市	557	97	32	21	2112	1300	789	23
梧州市	513	16	5	12	1081	695	374	12
北海市	176	23	7	20	752	463	281	8
防城港市	115	1	7	16	618	385	224	9
钦州市	551	20	7	15	1159	675	471	13
贵港市	1083	30	15	25	1968	1214	742	12
玉林市	978	41	15	24	2316	1505	788	23
百色市	625	22	10	19	1944	1124	790	30
贺州市	349	14	8	9	917	570	320	27
河池市	564	19	16	23	1502	946	542	14
来宾市	337	11	6	13	1189	763	413	13
崇左市	332	12	6	6	1079	621	444	14
女	**16506**	**259**	**296**	**77**	**10642**	**9887**	**575**	**180**
南宁市	2232	43	73	15	1989	1876	84	29
柳州市	958	22	23	3	857	797	43	17
桂林市	1609	80	44	8	1157	1086	42	29
梧州市	785	8	5		439	400	35	4
北海市	551	12	12	6	447	414	25	8
防城港市	264	1	15	3	219	194	21	4
钦州市	1166	13	6	8	436	414	18	4
贵港市	2151	20	32	7	952	893	50	9
玉林市	2552	22	16	9	986	934	42	10
百色市	1096	9	18	10	807	739	57	11
贺州市	702	8	7	1	435	385	24	26
河池市	1124	8	21	4	821	745	62	14
来宾市	761	6	11	1	620	582	31	7
崇左市	555	7	13	2	477	428	41	8

4-6 续表 13

单位：人

地区 性别	有农村土地承包经营权的人口							
	四、社会生产服务和生活服务人员							
	小计	21.批发与零售服务人员	22.交通运输、仓储和邮政业服务人员	23.住宿和餐饮服务人员	24.信息传输、软件和信息技术服务人员	25.金融服务人员	26.房地产服务人员	27.租赁和商务服务人员
总计	**305452**	**131112**	**65096**	**40527**	**2911**	**2443**	**2821**	**5658**
南宁市	55999	24607	11230	7121	601	469	843	1322
柳州市	24889	10365	5397	3147	224	158	182	506
桂林市	32924	13936	5912	5339	301	323	331	997
梧州市	13059	5083	3194	2073	108	126	96	160
北海市	11229	4992	2162	1456	114	70	255	232
防城港市	6707	2537	1598	931	48	26	50	183
钦州市	16917	7793	3458	2128	139	91	115	144
贵港市	27837	12044	5819	3766	305	282	221	331
玉林市	35327	16164	8058	3875	290	309	232	502
百色市	22570	9112	5568	2886	176	158	156	357
贺州市	12188	4984	2704	1870	119	75	60	180
河池市	20703	8634	4660	2606	230	154	85	287
来宾市	13064	5683	2613	1684	159	112	94	248
崇左市	12039	5178	2723	1645	97	90	101	209
男	**177536**	**64391**	**57197**	**18022**	**2107**	**1178**	**1622**	**4629**
南宁市	32603	12479	9736	3384	429	233	529	1071
柳州市	14276	5173	4678	1230	166	76	105	436
桂林市	18275	6680	5163	2230	228	159	175	752
梧州市	8141	2666	2912	1018	74	62	43	130
北海市	6482	2421	1943	696	78	25	148	193
防城港市	4045	1276	1450	377	37	13	24	151
钦州市	10177	3989	3163	1065	100	43	62	125
贵港市	16494	6018	5195	1829	212	131	138	254
玉林市	22010	8519	7420	1930	201	148	142	433
百色市	12598	4092	4543	1149	141	75	75	296
贺州市	7184	2491	2437	761	82	33	41	156
河池市	11347	3718	3966	941	175	75	48	233
来宾市	7126	2487	2310	689	116	53	40	216
崇左市	6778	2382	2281	723	68	52	52	183
女	**127916**	**66721**	**7899**	**22505**	**804**	**1265**	**1199**	**1029**
南宁市	23396	12128	1494	3737	172	236	314	251
柳州市	10613	5192	719	1917	58	82	77	70
桂林市	14649	7256	749	3109	73	164	156	245
梧州市	4918	2417	282	1055	34	64	53	30
北海市	4747	2571	219	760	36	45	107	39
防城港市	2662	1261	148	554	11	13	26	32
钦州市	6740	3804	295	1063	39	48	53	19
贵港市	11343	6026	624	1937	93	151	83	77
玉林市	13317	7645	638	1945	89	161	90	69
百色市	9972	5020	1025	1737	35	83	81	61
贺州市	5004	2493	267	1109	37	42	19	24
河池市	9356	4916	694	1665	55	79	37	54
来宾市	5938	3196	303	995	43	59	54	32
崇左市	5261	2796	442	922	29	38	49	26

4-6 续表 14

单位：人

地 区 性 别	有农村土地承包经营权的人口							
	四、社会生产服务和生活服务人员							
	28.技术辅助服务人员	29.水利、环境和公共设施管理服务人员	30.居民服务人员	31.电力、燃气及水供应服务人员	32.修理及制作服务人员	33.文化、体育和娱乐服务人员	34.健康服务人员	35.其他社会生产和生活服务人员
总 计	**3381**	**16590**	**17378**	**2937**	**12772**	**1084**	**368**	**374**
南宁市	716	3213	2853	432	2245	196	68	83
柳州市	282	1674	1482	239	1050	115	34	34
桂林市	405	2010	1729	311	1109	149	29	43
梧州市	141	658	672	129	552	49	11	7
北海市	116	662	568	103	437	40	12	10
防城港市	141	472	359	66	249	34	4	9
钦州市	124	961	1001	158	726	36	25	18
贵港市	356	1081	2014	215	1261	77	27	38
玉林市	363	1410	2096	274	1583	88	41	42
百色市	196	1319	1163	290	1012	93	52	32
贺州市	120	575	754	124	531	65	13	14
河池市	199	1233	1258	329	926	56	24	22
来宾市	121	690	852	111	616	53	19	9
崇左市	101	632	577	156	475	33	9	13
男	**2306**	**5905**	**5473**	**2582**	**11108**	**661**	**138**	**217**
南宁市	492	880	865	381	1951	111	25	37
柳州市	202	573	388	220	934	65	11	19
桂林市	285	727	533	273	959	84	5	22
梧州市	95	271	230	106	494	31	3	6
北海市	78	208	176	92	388	24	6	6
防城港市	104	158	145	61	221	23	1	4
钦州市	81	395	327	143	642	24	9	9
贵港市	241	404	691	189	1104	48	9	31
玉林市	255	564	633	247	1408	62	19	29
百色市	129	491	448	244	817	55	22	21
贺州市	76	253	229	111	467	37	4	6
河池市	131	508	409	292	780	40	13	18
来宾市	72	238	229	96	539	33	6	2
崇左市	65	235	170	127	404	24	5	7
女	**1075**	**10685**	**11905**	**355**	**1664**	**423**	**230**	**157**
南宁市	224	2333	1988	51	294	85	43	46
柳州市	80	1101	1094	19	116	50	23	15
桂林市	120	1283	1196	38	150	65	24	21
梧州市	46	387	442	23	58	18	8	1
北海市	38	454	392	11	49	16	6	4
防城港市	37	314	214	5	28	11	3	5
钦州市	43	566	674	15	84	12	16	9
贵港市	115	677	1323	26	157	29	18	7
玉林市	108	846	1463	27	175	26	22	13
百色市	67	828	715	46	195	38	30	11
贺州市	44	322	525	13	64	28	9	8
河池市	68	725	849	37	146	16	11	4
来宾市	49	452	623	15	77	20	13	7
崇左市	36	397	407	29	71	9	4	6

4-6 续表 15　　　　　　　　　　　　　　　　　　　　　　　　单位：人

地区 性别	有农村土地承包经营权的人口								
	五、农、林、牧、渔业生产及辅助人员							六、生产制造及有关人员	
	小计	36.农业生产人员	37.林业生产人员	38.畜牧业生产人员	39.渔业生产人员	40.农林牧渔生产辅助人员	41.其他农、林、牧、渔业生产加工人员	小计	42.农副产品加工人员
总　计	**626913**	**547832**	**18196**	**48742**	**8666**	**3153**	**324**	**318202**	**6695**
南宁市	92707	85082	1499	4897	624	552	53	42372	827
柳州市	41760	36450	2341	2524	202	218	25	22437	293
桂林市	71551	66052	1416	3081	293	668	41	27275	1324
梧州市	27500	25154	944	1055	218	124	5	14964	252
北海市	19303	13986	239	1306	3568	172	32	8762	437
防城港市	7898	5816	446	604	954	73	5	5225	162
钦州市	35376	31110	707	2192	1173	142	52	22749	279
贵港市	51992	48898	579	2070	335	100	10	39760	792
玉林市	48256	39512	968	7224	399	121	32	49872	647
百色市	63669	53885	2415	6739	240	363	27	25022	475
贺州市	26986	24425	1028	1247	168	105	13	14960	297
河池市	47130	32431	2935	11422	218	112	12	23902	342
来宾市	42030	37104	1183	3417	115	198	13	12218	296
崇左市	50755	47927	1496	964	159	205	4	8684	272
男	**336039**	**287335**	**12658**	**27781**	**6327**	**1772**	**166**	**230735**	**3865**
南宁市	48625	43843	1090	2847	493	327	25	31416	526
柳州市	23245	19933	1654	1382	153	105	18	16657	186
桂林市	40484	37038	1012	1864	226	325	19	20621	668
梧州市	15349	13658	719	700	181	86	5	10897	171
北海市	10987	7424	187	804	2468	92	12	6530	188
防城港市	4803	3368	333	417	640	42	3	4224	94
钦州市	19953	16792	609	1525	909	88	30	17260	171
贵港市	26733	24594	462	1340	262	67	8	26741	454
玉林市	25595	20001	763	4412	326	79	14	34460	429
百色市	32636	27138	1477	3636	176	197	12	17340	265
贺州市	14173	12431	725	822	129	58	8	11149	166
河池市	23639	15867	1795	5742	157	74	4	18005	209
来宾市	23052	20195	913	1729	95	114	6	9212	177
崇左市	26765	25053	919	561	112	118	2	6223	161
女	**290874**	**260497**	**5538**	**20961**	**2339**	**1381**	**158**	**87467**	**2830**
南宁市	44082	41239	409	2050	131	225	28	10956	301
柳州市	18515	16517	687	1142	49	113	7	5780	107
桂林市	31067	29014	404	1217	67	343	22	6654	656
梧州市	12151	11496	225	355	37	38		4067	81
北海市	8316	6562	52	502	1100	80	20	2232	249
防城港市	3095	2448	113	187	314	31	2	1001	68
钦州市	15423	14318	98	667	264	54	22	5489	108
贵港市	25259	24304	117	730	73	33	2	13019	338
玉林市	22661	19511	205	2812	73	42	18	15412	218
百色市	31033	26747	938	3103	64	166	15	7682	210
贺州市	12813	11994	303	425	39	47	5	3811	131
河池市	23491	16564	1140	5680	61	38	8	5897	133
来宾市	18978	16909	270	1688	20	84	7	3006	119
崇左市	23990	22874	577	403	47	87	2	2461	111

4-6　续表 16　　单位：人

地　区 性　别	有农村土地承包经营权的人口 六、生产制造及有关人员 43.食品、饮料生产加工人员	44.烟草及其制品加工人员	45.纺织、针织、印染人　员	46.纺织品、服装和皮革、毛皮制品加工制作人员	47.木材加工、家具与木制品制作人员	48.纸及纸制品生产加工人员	49.印刷和记录媒介复制人员	50.文教、工美、体育和娱乐用品制造人　员
总　计	**4183**	**87**	**2402**	**20717**	**19553**	**1222**	**821**	**5199**
南宁市	645	16	218	1270	2902	245	122	352
柳州市	367	6	166	436	2444	61	44	108
桂林市	540		61	531	1952	89	86	272
梧州市	253		94	775	525	48	64	556
北海市	168		31	232	527	41	22	75
防城港市	57		12	52	307	6	3	20
钦州市	312	1	117	1504	717	128	45	485
贵港市	378	10	331	5540	3863	121	124	384
玉林市	439	3	699	8184	1670	171	149	1621
百色市	218	45	110	641	1089	80	46	301
贺州市	213	3	55	501	516	39	34	263
河池市	278		367	539	1203	47	31	498
来宾市	163	3	103	281	1052	113	25	104
崇左市	152		38	231	786	33	26	160
男	**2281**	**43**	**953**	**5892**	**12023**	**731**	**539**	**1783**
南宁市	360	4	62	394	1822	134	83	135
柳州市	205	2	39	130	1463	35	25	52
桂林市	285		28	199	1133	54	44	156
梧州市	154		33	254	371	28	49	212
北海市	91		15	75	336	23	14	30
防城港市	29		5	26	231	5	2	6
钦州市	160		57	435	471	89	32	102
贵港市	210	5	136	1775	2200	78	87	173
玉林市	258	2	375	1797	1116	95	104	397
百色市	108	25	45	253	686	48	25	123
贺州市	132	2	31	193	381	27	22	123
河池市	130		85	196	736	21	18	169
来宾市	85	3	24	91	590	73	16	41
崇左市	74		18	74	487	21	18	64
女	**1902**	**44**	**1449**	**14825**	**7530**	**491**	**282**	**3416**
南宁市	285	12	156	876	1080	111	39	217
柳州市	162	4	127	306	981	26	19	56
桂林市	255		33	332	819	35	42	116
梧州市	99		61	521	154	20	15	344
北海市	77		16	157	191	18	8	45
防城港市	28		7	26	76	1	1	14
钦州市	152	1	60	1069	246	39	13	383
贵港市	168	5	195	3765	1663	43	37	211
玉林市	181	1	324	6387	554	76	45	1224
百色市	110	20	65	388	403	32	21	178
贺州市	81	1	24	308	135	12	12	140
河池市	148		282	343	467	26	13	329
来宾市	78		79	190	462	40	9	63
崇左市	78		20	157	299	12	8	96

4-6 续表 17　　　　单位：人

地区 性别	有农村土地承包经营权的人口							
	六、生产制造及有关人员							
	51.石油加工和炼焦、煤化工生产人员	52.化学原料和化学制品制造人员	53.医药制造人员	54.化学纤维制造人员	55.橡胶和塑料制品制造人员	56.非金属矿物制品制造人员	57.采矿人员	58.金属冶炼和压延加工人员
总　计	**115**	**1330**	**492**	**38**	**2562**	**7068**	**1914**	**2512**
南宁市	12	173	94	5	294	796	264	128
柳州市	6	100	23	4	145	379	69	178
桂林市	11	112	89	4	272	643	187	114
梧州市	10	113	22	2	122	724	112	136
北海市	11	113	7	1	73	171	49	105
防城港市	7	13	7	1	9	79	32	147
钦州市	18	102	52	2	149	334	51	48
贵港市	6	101	31	2	417	549	54	159
玉林市	11	98	98	2	437	1068	67	147
百色市	17	140	9	5	224	556	367	576
贺州市		57	14	1	138	805	111	121
河池市	2	61	18	2	123	499	335	307
来宾市	3	33	18	3	99	316	129	126
崇左市	1	114	10	4	60	149	87	220
男	**99**	**865**	**210**	**21**	**1398**	**5045**	**1639**	**2034**
南宁市	11	103	44	2	158	570	258	91
柳州市	5	66	9	3	77	267	59	158
桂林市	10	77	44	2	155	502	145	95
梧州市	10	85	10	1	75	514	103	109
北海市	8	44		1	35	123	43	85
防城港市	7	10	7		7	62	17	123
钦州市	17	51	18	2	98	250	49	41
贵港市	4	70	8	1	234	391	46	134
玉林市	8	71	38	1	217	633	61	121
百色市	14	106	4	4	121	414	277	469
贺州市		42	9	1	70	602	97	95
河池市	2	48	9	1	70	371	289	254
来宾市	2	24	7		42	236	118	109
崇左市	1	68	3	2	39	110	77	150
女	**16**	**465**	**282**	**17**	**1164**	**2023**	**275**	**478**
南宁市	1	70	50	3	136	226	6	37
柳州市	1	34	14	1	68	112	10	20
桂林市	1	35	45	2	117	141	42	19
梧州市		28	12	1	47	210	9	27
北海市	3	69	7		38	48	6	20
防城港市		3		1	2	17	15	24
钦州市	1	51	34		51	84	2	7
贵港市	2	31	23	1	183	158	8	25
玉林市	3	27	60	1	220	435	6	26
百色市	3	34	5	1	103	142	90	107
贺州市		15	5		68	203	14	26
河池市		13	9	1	53	128	46	53
来宾市	1	9	11	3	57	80	11	17
崇左市		46	7	2	21	39	10	70

4-6　续表 18　　　　单位：人

地　区 性　别	有农村土地承包经营权的人口							
	六、生产制造及有关人员							
	59.机械制造基础加工人员	60.金属制品制造人　员	61.通用设备制造人　员	62.专用设备制造人　员	63.汽车制造人员	64.铁路、船舶、航空设备制造人　员	65.电气机械和器材制造人员	66.计算机、通信和其他电子设备制造人　员
总　计	**6375**	**6681**	**1094**	**357**	**1860**	**297**	**2692**	**21222**
南宁市	920	818	162	44	60	18	146	2337
柳州市	1078	437	139	33	1200	33	76	828
桂林市	382	524	82	32	128	11	178	1260
梧州市	339	474	58	13	33	69	232	1316
北海市	192	106	28	9	10	26	48	553
防城港市	228	55	28	3	7	7	10	195
钦州市	276	429	51	13	21	4	122	2037
贵港市	687	1297	122	43	83	94	769	3014
玉林市	838	790	151	53	130	11	361	3451
百色市	416	621	77	31	35	4	231	2338
贺州市	150	392	45	30	22	7	164	1276
河池市	446	419	68	26	35	5	223	1407
来宾市	229	149	43	14	87	4	89	645
崇左市	194	170	40	13	9	4	43	565
男	**5487**	**4770**	**892**	**217**	**1191**	**247**	**1591**	**10569**
南宁市	849	584	139	26	45	13	99	1162
柳州市	908	309	114	25	743	29	48	522
桂林市	334	357	63	21	90	7	121	720
梧州市	278	357	48	8	16	62	125	586
北海市	182	78	24	7	7	25	37	307
防城港市	222	45	26	2	6	6	7	145
钦州市	248	333	45	8	16	3	82	1118
贵港市	590	926	88	26	66	77	430	1518
玉林市	653	591	120	37	87	6	195	1578
百色市	354	427	56	16	27	4	130	968
贺州市	122	270	36	15	17	5	110	654
河池市	385	275	58	17	21	4	124	664
来宾市	197	97	39	6	44	4	58	320
崇左市	165	121	36	3	6	2	25	307
女	**888**	**1911**	**202**	**140**	**669**	**50**	**1101**	**10653**
南宁市	71	234	23	18	15	5	47	1175
柳州市	170	128	25	8	457	4	28	306
桂林市	48	167	19	11	38	4	57	540
梧州市	61	117	10	5	17	7	107	730
北海市	10	28	4	2	3	1	11	246
防城港市	6	10	2	1	1	1	3	50
钦州市	28	96	6	5	5	1	40	919
贵港市	97	371	34	17	17	17	339	1496
玉林市	185	199	31	16	43	5	166	1873
百色市	62	194	21	15	8		101	1370
贺州市	28	122	9	15	5	2	54	622
河池市	61	144	10	9	14	1	99	743
来宾市	32	52	4	8	43		31	325
崇左市	29	49	4	10	3	2	18	258

4-6 续表 19 单位：人

地区 性别	有农村土地承包经营权的人口 六、生产制造及有关人员 67.仪器仪表制造人员	68.废弃资源综合利用人员	69.电力、热力、气体、水生产和输配人员	70.建筑施工人员	71.运输设备和通用工程机械操作人员及有关人员	72.生产辅助人员	73.其他生产制造及有关人员	74.不便分类的其他从业人员
总 计	**172**	**285**	**838**	**173118**	**8794**	**16576**	**931**	**4002**
南宁市	11	47	67	25251	1314	2607	207	486
柳州市	6	31	52	11506	694	1429	66	200
桂林市	11	18	128	15968	702	1471	93	233
梧州市	7	9	32	7250	396	880	48	168
北海市	2	9	25	4653	346	651	41	149
防城港市	11	14	56	2989	199	495	14	115
钦州市	20	28	25	14071	432	832	44	234
贵港市	14	12	51	18015	739	1822	136	993
玉林市	39	39	86	25213	1127	1983	89	206
百色市	14	27	87	13900	832	1427	83	178
贺州市	3	11	42	8660	364	593	33	124
河池市	13	21	68	14646	827	1001	45	628
来宾市	9	11	77	6756	467	747	24	79
崇左市	12	8	42	4240	355	638	8	209
男	**105**	**207**	**676**	**146291**	**8324**	**10167**	**580**	**2372**
南宁市	8	36	57	20673	1231	1617	120	274
柳州市	2	20	45	9557	657	852	45	112
桂林市	6	14	85	13581	675	885	65	147
梧州市	4	7	26	6255	381	532	33	112
北海市	2	3	21	4015	305	380	26	87
防城港市	10	11	40	2506	177	379	11	80
钦州市	13	24	23	12362	410	511	21	148
贵港市	10	9	46	15014	695	1156	84	581
玉林市	24	29	73	23070	1102	1125	47	125
百色市	9	19	76	10594	795	824	54	91
贺州市		8	32	7151	335	381	20	70
河池市	8	12	51	12296	780	671	31	364
来宾市	3	8	70	5790	440	481	17	47
崇左市	6	7	31	3427	341	373	6	134
女	**67**	**78**	**162**	**26827**	**470**	**6409**	**351**	**1630**
南宁市	3	11	10	4578	83	990	87	212
柳州市	4	11	7	1949	37	577	21	88
桂林市	5	4	43	2387	27	586	28	86
梧州市	3	2	6	995	15	348	15	56
北海市		6	4	638	41	271	15	62
防城港市	1	3	16	483	22	116	3	35
钦州市	7	4	2	1709	22	321	23	86
贵港市	4	3	5	3001	44	666	52	412
玉林市	15	10	13	2143	25	858	42	81
百色市	5	8	11	3306	37	603	29	87
贺州市	3	3	10	1509	29	212	13	54
河池市	5	9	17	2350	47	330	14	264
来宾市	6	3	7	966	27	266	7	32
崇左市	6	1	11	813	14	265	2	75

4-6　续表 20　　　　　　　　　　　　　　　　　　　　　　　　　　　　单位：人

地　区 性　别	没有农村土地承包经营权的人口							
	合计	一、党的机关、国家机关、群众团体和社会组织、企事业单位负责人						
		小计	1.中国共产党机关负责人	2.国家机关负责人	3.民主党派和工商联负责人	4.人民团体和群众团体、社会组织及其他成员组织负责人	5.基层群众自治组织负责人	6.企事业单位负责人
总　计	**661110**	**21884**	**101**	**2065**	**6**	**728**	**230**	**18754**
南宁市	175211	7125	12	286	2	124	33	6668
柳州市	84148	2393	15	200		96	24	2058
桂林市	61056	2480	13	267	1	83	35	2081
梧州市	37646	827	3	95	2	34	19	674
北海市	33226	1132	2	83		66	8	973
防城港市	21020	732	3	53		29	4	643
钦州市	38885	1026	3	117		115	5	786
贵港市	35033	778		77		23	8	670
玉林市	49975	1306	8	92		33	21	1152
百色市	34367	1128	13	211	1	44	28	831
贺州市	19578	724	4	118		6	15	581
河池市	29090	986	15	215		19	22	715
来宾市	19402	631	3	123		29	1	475
崇左市	22473	616	7	128		27	7	447
男	**353527**	**14890**	**81**	**1580**	**5**	**417**	**137**	**12670**
南宁市	94368	4784	10	224	2	73	16	4459
柳州市	46217	1638	13	144		54	6	1421
桂林市	31655	1669	11	206	1	54	25	1372
梧州市	20099	587	1	75	1	14	8	488
北海市	18052	757	2	62		36	7	650
防城港市	12418	497	3	38		21	3	432
钦州市	20815	720	3	94		75	3	545
贵港市	17928	522		58		12	2	450
玉林市	26277	867	8	71		18	19	751
百色市	18098	762	8	165	1	26	17	545
贺州市	10147	521	2	88		3	10	418
河池市	15168	717	11	172		9	15	510
来宾市	10099	430	3	91		12		324
崇左市	12186	419	6	92		10	6	305
女	**307583**	**6994**	**20**	**485**	**1**	**311**	**93**	**6084**
南宁市	80843	2341	2	62		51	17	2209
柳州市	37931	755	2	56		42	18	637
桂林市	29401	811	2	61		29	10	709
梧州市	17547	240	2	20	1	20	11	186
北海市	15174	375		21		30	1	323
防城港市	8602	235		15		8	1	211
钦州市	18070	306		23		40	2	241
贵港市	17105	256		19		11	6	220
玉林市	23698	439		21		15	2	401
百色市	16269	366	5	46		18	11	286
贺州市	9431	203	2	30		3	5	163
河池市	13922	269	4	43		10	7	205
来宾市	9303	201		32		17	1	151
崇左市	10287	197	1	36		17	1	142

4-6 续表 21

单位：人

地区 性别	没有农村土地承包经营权的人口							
	二、专业技术人员							
	小计	7.科学研究人员	8.工程技术人员	9.农业技术人员	10.飞机和船舶技术人员	11.卫生专业技术人员	12.经济和金融专业人员	13.法律、社会和宗教专业人员
总计	**116786**	**517**	**17738**	**905**	**217**	**22671**	**19973**	**2192**
南宁市	32155	263	6218	229	32	5494	7087	705
柳州市	14493	29	3022	82	5	2662	2876	272
桂林市	12238	69	1712	77	26	2378	2099	253
梧州市	6098	15	655	49	89	1368	849	101
北海市	4818	19	620	33	10	840	802	96
防城港市	2878	5	726	13	6	441	492	62
钦州市	6671	18	790	42	2	1477	773	90
贵港市	5614	10	623	33	34	1156	671	79
玉林市	8531	16	843	63	1	1821	1101	123
百色市	6239	20	769	75	4	1392	846	106
贺州市	3522	12	414	33	1	748	471	46
河池市	6258	9	574	85		1363	847	112
来宾市	3648	10	397	43	7	783	547	74
崇左市	3623	22	375	48		748	512	73
男	**45760**	**309**	**14400**	**611**	**192**	**6464**	**5305**	**1197**
南宁市	13071	157	4923	149	26	1555	1814	374
柳州市	5705	14	2478	52	4	673	672	124
桂林市	4750	39	1391	54	24	675	536	151
梧州市	2358	9	556	38	85	388	256	58
北海市	1725	15	499	20	10	249	201	43
防城港市	1314	1	652	10	6	140	135	36
钦州市	2423	11	647	33	2	456	205	52
贵港市	2014	6	508	20	23	344	195	44
玉林市	3056	8	692	44		609	305	68
百色市	2631	15	630	44	4	387	270	58
贺州市	1328	10	350	25	1	208	120	31
河池市	2512	4	460	61		357	284	72
来宾市	1359	7	314	27	7	206	133	44
崇左市	1514	13	300	34		217	179	42
女	**71026**	**208**	**3338**	**294**	**25**	**16207**	**14668**	**995**
南宁市	19084	106	1295	80	6	3939	5273	331
柳州市	8788	15	544	30	1	1989	2204	148
桂林市	7488	30	321	23	2	1703	1563	102
梧州市	3740	6	99	11	4	980	593	43
北海市	3093	4	121	13		591	601	53
防城港市	1564	4	74	3		301	357	26
钦州市	4248	7	143	9		1021	568	38
贵港市	3600	4	115	13	11	812	476	35
玉林市	5475	8	151	19	1	1212	796	55
百色市	3608	5	139	31		1005	576	48
贺州市	2194	2	64	8		540	351	15
河池市	3746	5	114	24		1006	563	40
来宾市	2289	3	83	16		577	414	30
崇左市	2109	9	75	14		531	333	31

4-6　续表 22　　　　单位：人

地区 性别	没有农村土地承包经营权的人口							
	二、专业技术人员				三、办事人员和有关人员			
	14.教学人员	15.文学艺术、体育专业人员	16.新闻出版、文化专业人员	17.其他专业技术人员	小计	18.办事人员	19.安全和消防人员	20.其他办事人员和有关人员
总　计	**49049**	**1246**	**1714**	**564**	**79841**	**66853**	**12383**	**605**
南宁市	10761	456	702	208	22130	19244	2702	184
柳州市	5121	150	194	80	10352	8375	1908	69
桂林市	5190	192	200	42	8241	6963	1220	58
梧州市	2838	49	79	6	4030	3262	751	17
北海市	2228	48	72	50	3365	2733	606	26
防城港市	1063	18	36	16	2586	2100	465	21
钦州市	3372	49	50	8	3984	3359	600	25
贵港市	2907	41	49	11	3590	2897	680	13
玉林市	4405	63	71	24	4550	3867	650	33
百色市	2856	57	68	46	4494	3722	724	48
贺州市	1702	35	40	20	2666	2141	487	38
河池市	3140	42	70	16	4199	3512	662	25
来宾市	1705	16	43	23	2700	2241	433	26
崇左市	1761	30	40	14	2954	2437	495	22
男	**15614**	**681**	**599**	**388**	**46491**	**35357**	**10802**	**332**
南宁市	3457	241	236	139	12065	9645	2320	100
柳州市	1490	87	57	54	5968	4292	1634	42
桂林市	1673	102	75	30	4863	3751	1083	29
梧州市	898	34	33	3	2393	1711	670	12
北海市	596	28	31	33	1949	1407	529	13
防城港市	299	14	9	12	1639	1208	417	14
钦州市	970	25	16	6	2474	1924	535	15
贵港市	840	15	13	6	2146	1559	581	6
玉林市	1251	36	29	14	2653	2053	580	20
百色市	1133	27	25	38	2762	2088	651	23
贺州市	539	20	9	15	1574	1128	427	19
河池市	1210	24	28	12	2589	2018	558	13
来宾市	572	13	21	15	1579	1198	366	15
崇左市	686	15	17	11	1837	1375	451	11
女	**33435**	**565**	**1115**	**176**	**33350**	**31496**	**1581**	**273**
南宁市	7304	215	466	69	10065	9599	382	84
柳州市	3631	63	137	26	4384	4083	274	27
桂林市	3517	90	125	12	3378	3212	137	29
梧州市	1940	15	46	3	1637	1551	81	5
北海市	1632	20	41	17	1416	1326	77	13
防城港市	764	4	27	4	947	892	48	7
钦州市	2402	24	34	2	1510	1435	65	10
贵港市	2067	26	36	5	1444	1338	99	7
玉林市	3154	27	42	10	1897	1814	70	13
百色市	1723	30	43	8	1732	1634	73	25
贺州市	1163	15	31	5	1092	1013	60	19
河池市	1930	18	42	4	1610	1494	104	12
来宾市	1133	3	22	8	1121	1043	67	11
崇左市	1075	15	23	3	1117	1062	44	11

4-6 续表 23

单位：人

地区 性别	没有农村土地承包经营权的人口							
	四、社会生产服务和生活服务人员							
	小计	21.批发与零售服务人员	22.交通运输、仓储和邮政业服务人员	23.住宿和餐饮服务人员	24.信息传输、软件和信息技术服务人员	25.金融服务人员	26.房地产服务人员	27.租赁和商务服务人员
总计	**278067**	**129935**	**44272**	**31965**	**5230**	**7652**	**5706**	**7282**
南宁市	83067	40692	11985	8692	1873	2258	2236	2426
柳州市	36754	16269	6804	3647	636	981	637	1057
桂林市	25205	11584	3380	3089	532	814	541	1311
梧州市	15857	6662	2752	2125	329	505	477	307
北海市	15054	6945	2056	1930	213	300	585	426
防城港市	8750	3684	1715	1165	109	156	161	181
钦州市	13880	6676	2384	1762	209	309	182	154
贵港市	13960	6776	2359	1704	239	374	207	157
玉林市	20034	10204	3170	1938	291	593	247	449
百色市	12467	5379	2242	1640	196	407	125	271
贺州市	7177	3211	1117	1072	141	205	59	142
河池市	10188	4455	1685	1324	222	309	90	161
来宾市	6956	3145	1160	832	114	200	64	136
崇左市	8718	4253	1463	1045	126	241	95	104
男	**142684**	**56414**	**36489**	**13740**	**3541**	**3522**	**3083**	**5101**
南宁市	43581	18882	9789	3960	1250	1066	1272	1662
柳州市	19063	7042	5594	1528	426	411	362	796
桂林市	12596	4960	2748	1229	380	383	280	805
梧州市	8299	2802	2366	962	229	238	252	247
北海市	7772	3069	1741	859	146	119	317	303
防城港市	4584	1545	1455	481	73	71	89	140
钦州市	7109	2714	2088	772	147	138	101	119
贵港市	7000	2859	1922	724	160	163	96	105
玉林市	10566	4535	2706	888	197	276	120	341
百色市	6094	2106	1672	666	127	204	52	216
贺州市	3505	1285	943	386	107	104	28	99
河池市	4846	1652	1382	490	145	156	41	101
来宾市	3318	1206	939	341	72	90	27	94
崇左市	4351	1757	1144	454	82	103	46	73
女	**135383**	**73521**	**7783**	**18225**	**1689**	**4130**	**2623**	**2181**
南宁市	39486	21810	2196	4732	623	1192	964	764
柳州市	17691	9227	1210	2119	210	570	275	261
桂林市	12609	6624	632	1860	152	431	261	506
梧州市	7558	3860	386	1163	100	267	225	60
北海市	7282	3876	315	1071	67	181	268	123
防城港市	4166	2139	260	684	36	85	72	41
钦州市	6771	3962	296	990	62	171	81	35
贵港市	6960	3917	437	980	79	211	111	52
玉林市	9468	5669	464	1050	94	317	127	108
百色市	6373	3273	570	974	69	203	73	55
贺州市	3672	1926	174	686	34	101	31	43
河池市	5342	2803	303	834	77	153	49	60
来宾市	3638	1939	221	491	42	110	37	42
崇左市	4367	2496	319	591	44	138	49	31

4-6　续表 24　　　　　　　　　　　　　　　　　　　　　　　　　　单位：人

地　区 性　别	没有农村土地承包经营权的人口							
	四、社会生产服务和生活服务人员							
	28.技术辅助服务人员	29.水利、环境和公共设施管理服务人员	30.居民服务人员	31.电力、燃气及水供应服务人员	32.修理及制作服务人员	33.文化、体育和娱乐服务人员	34.健康服务人员	35.其他社会生产和生活服务人员
总　计	**6058**	**9949**	**15677**	**2787**	**8959**	**1711**	**629**	**255**
南宁市	2097	3011	4219	485	2375	466	181	71
柳州市	902	1526	2304	327	1283	267	74	40
桂林市	696	800	1266	233	672	199	61	27
梧州市	364	516	991	208	506	93	14	8
北海市	273	647	885	145	490	95	40	24
防城港市	156	436	488	122	301	49	16	11
钦州市	214	450	778	148	500	62	41	11
贵港市	264	349	860	119	435	83	28	6
玉林市	352	498	1252	178	719	86	38	19
百色市	160	536	629	265	460	102	40	15
贺州市	139	213	481	90	220	67	18	2
河池市	197	362	682	219	374	60	38	10
来宾市	138	294	432	99	271	47	22	2
崇左市	106	311	410	149	353	35	18	9
男	**3842**	**2184**	**3626**	**2165**	**7751**	**924**	**166**	**136**
南宁市	1302	636	988	391	2059	240	46	38
柳州市	595	335	401	260	1143	138	13	19
桂林市	450	183	287	181	580	102	13	15
梧州市	222	130	184	163	444	53	1	6
北海市	177	143	250	121	447	59	13	8
防城港市	102	91	139	100	269	21	3	5
钦州市	134	92	191	124	440	38	5	6
贵港市	162	59	234	83	365	53	14	1
玉林市	235	130	308	136	619	55	9	11
百色市	107	118	175	199	366	57	19	10
贺州市	89	54	109	72	190	33	4	2
河池市	121	81	151	164	306	36	12	8
来宾市	76	59	90	73	221	23	7	
崇左市	70	73	119	98	302	16	7	7
女	**2216**	**7765**	**12051**	**622**	**1208**	**787**	**463**	**119**
南宁市	795	2375	3231	94	316	226	135	33
柳州市	307	1191	1903	67	140	129	61	21
桂林市	246	617	979	52	92	97	48	12
梧州市	142	386	807	45	62	40	13	2
北海市	96	504	635	24	43	36	27	16
防城港市	54	345	349	22	32	28	13	6
钦州市	80	358	587	24	60	24	36	5
贵港市	102	290	626	36	70	30	14	5
玉林市	117	368	944	42	100	31	29	8
百色市	53	418	454	66	94	45	21	5
贺州市	50	159	372	18	30	34	14	
河池市	76	281	531	55	68	24	26	2
来宾市	62	235	342	26	50	24	15	2
崇左市	36	238	291	51	51	19	11	2

4-6 续表 25　　　　单位：人

地　区 性　别	没有农村土地承包经营权的人口								
	五、农、林、牧、渔业生产及辅助人员							六、生产制造及有关人员	
	小计	36.农业生产人员	37.林业生产人员	38.畜牧业生产人员	39.渔业生产人员	40.农林牧渔生产辅助人员	41.其他农、林、牧、渔业生产加工人员	小计	42.农副产品加工人员
总　计	**41102**	**30673**	**2024**	**4504**	**3269**	**555**	**77**	**120589**	**3157**
南宁市	5231	4041	276	611	206	88	9	24974	507
柳州市	3121	2441	238	264	125	41	12	16833	292
桂林市	3912	3338	163	246	67	94	4	8731	195
梧州市	2660	2270	109	161	92	27	1	8088	107
北海市	2971	1258	56	185	1397	53	22	5729	477
防城港市	1201	553	75	129	429	11	4	4692	154
钦州市	4028	2879	149	439	516	40	5	9053	181
贵港市	2507	2194	62	158	80	10	3	8222	192
玉林市	3779	2670	153	839	93	19	5	11609	141
百色市	3330	2691	203	344	36	50	6	6660	166
贺州市	1794	1471	118	147	40	16	2	3651	42
河池市	2303	1301	180	710	96	15	1	4831	111
来宾市	1696	1331	104	170	60	30	1	3735	172
崇左市	2569	2235	138	101	32	61	2	3781	420
男	**18721**	**12323**	**1373**	**2394**	**2295**	**298**	**38**	**83368**	**1739**
南宁市	2449	1732	188	334	137	52	6	18115	290
柳州市	1514	1106	157	127	87	29	8	12208	176
桂林市	1598	1275	101	132	48	41	1	6035	92
梧州市	1089	860	63	92	65	9		5320	63
北海市	1785	560	41	114	1037	25	8	3974	153
防城港市	671	254	51	77	276	10	3	3599	100
钦州市	1747	988	107	265	357	27	3	6191	117
贵港市	959	765	46	87	54	5	2	5112	111
玉林市	1629	950	115	480	71	10	3	7400	76
百色市	1441	1108	125	154	25	25	4	4379	100
贺州市	757	560	83	82	22	10		2438	23
河池市	978	500	114	299	56	9		3368	76
来宾市	806	578	84	89	40	15		2588	99
崇左市	1298	1087	98	62	20	31		2641	263
女	**22381**	**18350**	**651**	**2110**	**974**	**257**	**39**	**37221**	**1418**
南宁市	2782	2309	88	277	69	36	3	6859	217
柳州市	1607	1335	81	137	38	12	4	4625	116
桂林市	2314	2063	62	114	19	53	3	2696	103
梧州市	1571	1410	46	69	27	18	1	2768	44
北海市	1186	698	15	71	360	28	14	1755	324
防城港市	530	299	24	52	153	1	1	1093	54
钦州市	2281	1891	42	174	159	13	2	2862	64
贵港市	1548	1429	16	71	26	5	1	3110	81
玉林市	2150	1720	38	359	22	9	2	4209	65
百色市	1889	1583	78	190	11	25	2	2281	66
贺州市	1037	911	35	65	18	6	2	1213	19
河池市	1325	801	66	411	40	6	1	1463	35
来宾市	890	753	20	81	20	15	1	1147	73
崇左市	1271	1148	40	39	12	30	2	1140	157

4-6　续表 26　　　　单位：人

地区 性别	没有农村土地承包经营权的人口							
	六、生产制造及有关人员							
	43.食品、饮料生产加工人员	44.烟草及其制品加工人员	45.纺织、针织、印染人员	46.纺织品、服装和皮革、毛皮制品加工制作人员	47.木材加工、家具与木制品制作人员	48.纸及纸制品生产加工人员	49.印刷和记录媒介复制人员	50.文教、工美、体育和娱乐用品制造人员
总　计	**2562**	**152**	**960**	**6215**	**4636**	**611**	**752**	**2108**
南宁市	568	88	71	617	947	97	219	141
柳州市	315	39	103	419	743	62	65	95
桂林市	239	3	52	299	332	64	69	132
梧州市	240		49	418	157	21	36	712
北海市	135	2	19	174	268	26	41	76
防城港市	70		2	44	117	4	16	15
钦州市	132		65	622	269	73	40	258
贵港市	166	1	73	1296	510	62	45	86
玉林市	207	3	276	1737	315	61	93	363
百色市	113	4	17	124	165	24	31	60
贺州市	98	10	5	117	82	16	25	52
河池市	116	1	155	148	153	13	21	63
来宾市	71		36	116	182	56	16	15
崇左市	92	1	37	84	396	32	35	40
男	**1264**	**98**	**303**	**1512**	**2821**	**373**	**421**	**768**
南宁市	293	53	26	154	628	54	121	43
柳州市	129	30	18	89	400	37	34	32
桂林市	117	1	16	80	189	37	36	77
梧州市	121		16	102	106	11	24	285
北海市	68	2	9	55	173	17	27	27
防城港市	37		1	14	81	1	5	9
钦州市	63		16	160	152	55	22	64
贵港市	98		35	370	286	37	27	38
玉林市	106	2	128	305	199	34	52	98
百色市	55	3	5	48	112	9	9	24
贺州市	45	6	1	32	57	7	15	24
河池市	48	1	13	43	94	8	14	25
来宾市	35		3	24	99	38	7	7
崇左市	49		16	36	245	28	28	15
女	**1298**	**54**	**657**	**4703**	**1815**	**238**	**331**	**1340**
南宁市	275	35	45	463	319	43	98	98
柳州市	186	9	85	330	343	25	31	63
桂林市	122	2	36	219	143	27	33	55
梧州市	119		33	316	51	10	12	427
北海市	67		10	119	95	9	14	49
防城港市	33		1	30	36	3	11	6
钦州市	69		49	462	117	18	18	194
贵港市	68	1	38	926	224	25	18	48
玉林市	101	1	148	1432	116	27	41	265
百色市	58	1	12	76	53	15	22	36
贺州市	53	4	4	85	25	9	10	28
河池市	68		142	105	59	5	7	38
来宾市	36		33	92	83	18	9	8
崇左市	43	1	21	48	151	4	7	25

4-6 续表 27　　单位：人

地区 性别	没有农村土地承包经营权的人口							
	六、生产制造及有关人员							
	51.石油加工和炼焦、煤化工生产人员	52.化学原料和化学制品制造人员	53.医药制造人员	54.化学纤维制造人员	55.橡胶和塑料制品制造人员	56.非金属矿物制品制造人员	57.采矿人员	58.金属冶炼和压延加工人员
总计	**167**	**712**	**687**	**16**	**873**	**2315**	**936**	**2347**
南宁市	8	84	120	1	152	450	95	67
柳州市	54	99	98	2	102	169	43	634
桂林市	2	42	152	1	140	157	78	30
梧州市	3	112	103		64	279	60	106
北海市	19	36	14		50	106	19	89
防城港市	18	17	9		16	63	38	451
钦州市	42	92	45	7	61	154	27	31
贵港市		30	17		72	198	27	82
玉林市	4	39	65	2	73	227	29	87
百色市	11	84	16		18	102	229	368
贺州市	1	19	9	2	34	208	53	35
河池市	2	18	13		20	84	178	113
来宾市	2	27	15		28	55	25	162
崇左市	1	13	11	1	43	63	35	92
男	**129**	**490**	**294**	**9**	**474**	**1631**	**747**	**1898**
南宁市	6	52	56	1	81	324	75	55
柳州市	47	66	46	2	54	121	37	519
桂林市	1	28	63		68	112	62	25
梧州市	1	77	50		25	204	57	87
北海市	16	21	2		31	78	17	73
防城港市	11	14	3		13	50	24	388
钦州市	29	72	14	3	37	93	23	24
贵港市		22	8		30	156	24	55
玉林市	3	27	30	1	44	136	26	69
百色市	9	63	4		10	70	173	312
贺州市	1	12	4	2	25	136	44	25
河池市	2	13	7		11	58	134	82
来宾市	2	12	3		11	43	19	124
崇左市	1	11	4		34	50	32	60
女	**38**	**222**	**393**	**7**	**399**	**684**	**189**	**449**
南宁市	2	32	64		71	126	20	12
柳州市	7	33	52		48	48	6	115
桂林市	1	14	89	1	72	45	16	5
梧州市	2	35	53		39	75	3	19
北海市	3	15	12		19	28	2	16
防城港市	7	3	6		3	13	14	63
钦州市	13	20	31	4	24	61	4	7
贵港市		8	9		42	42	3	27
玉林市	1	12	35	1	29	91	3	18
百色市	2	21	12		8	32	56	56
贺州市		7	5		9	72	9	10
河池市		5	6		9	26	44	31
来宾市		15	12		17	12	6	38
崇左市		2	7	1	9	13	3	32

4-6　续表 28　　单位：人

地区 性别	没有农村土地承包经营权的人口							
	六、生产制造及有关人员							
	59.机械制造基础加工人员	60.金属制品制造人员	61.通用设备制造人员	62.专用设备制造人员	63.汽车制造人员	64.铁路、船舶、航空设备制造人员	65.电气机械和器材制造人员	66.计算机、通信和其他电子设备制造人员
总　计	**3179**	**1938**	**614**	**214**	**2289**	**344**	**874**	**8213**
南宁市	426	416	75	45	49	38	91	1202
柳州市	1179	267	207	44	1899	147	74	619
桂林市	244	119	38	27	73	25	68	542
梧州市	212	184	40	24	22	62	163	856
北海市	75	65	12	5	11	10	39	463
防城港市	122	66	13	3	14	5	14	216
钦州市	103	123	26	7	18	9	56	979
贵港市	135	153	13	12	20	26	97	682
玉林市	285	190	106	13	83	12	106	1137
百色市	125	116	23	12	8	1	43	490
贺州市	39	94	16	6	8		48	400
河池市	100	59	16	12	14	3	37	295
来宾市	73	31	15	1	35	5	29	192
崇左市	61	55	14	3	35	1	9	140
男	**2668**	**1337**	**507**	**129**	**1623**	**292**	**540**	**4072**
南宁市	375	288	65	21	37	34	69	631
柳州市	998	190	166	33	1333	123	56	415
桂林市	205	73	31	19	58	17	44	303
梧州市	167	131	35	16	15	58	95	382
北海市	63	49	10	3	8	9	18	224
防城港市	111	44	11	2	9	5	11	149
钦州市	88	90	24	4	15	8	34	483
贵港市	111	105	11	6	13	20	66	310
玉林市	210	138	85	7	59	10	61	552
百色市	98	77	17	5	5		15	166
贺州市	33	59	15	1	6		28	178
河池市	86	34	13	10	10	3	20	129
来宾市	68	24	13	1	21	4	16	81
崇左市	55	35	11	1	34	1	7	69
女	**511**	**601**	**107**	**85**	**666**	**52**	**334**	**4141**
南宁市	51	128	10	24	12	4	22	571
柳州市	181	77	41	11	566	24	18	204
桂林市	39	46	7	8	15	8	24	239
梧州市	45	53	5	8	7	4	68	474
北海市	12	16	2	2	3	1	21	239
防城港市	11	22	2	1	5		3	67
钦州市	15	33	2	3	3	1	22	496
贵港市	24	48	2	6	7	6	31	372
玉林市	75	52	21	6	24	2	45	585
百色市	27	39	6	7	3	1	28	324
贺州市	6	35	1	5	2		20	222
河池市	14	25	3	2	4		17	166
来宾市	5	7	2		14	1	13	111
崇左市	6	20	3	2	1		2	71

4-6 续表 29　　　　单位：人

地区 性别	没有农村土地承包经营权的人口							
	六、生产制造及有关人员							
	67.仪器仪表制造人员	68.废弃资源综合利用人员	69.电力、热力、气体、水生产和输配人员	70.建筑施工人员	71.运输设备和通用工程机械操作人员及有关人员	72.生产辅助人员	73.其他生产制造及有关人员	74.不便分类的其他从业人员
总　计	**120**	**131**	**1100**	**53539**	**4410**	**13983**	**435**	**2841**
南宁市	11	34	117	14385	799	2979	75	529
柳州市	13	12	160	5374	804	2633	67	202
桂林市	20	7	105	3942	312	1181	41	249
梧州市	7	18	94	2670	312	933	24	86
北海市	9	11	50	2510	232	665	21	157
防城港市	4	4	58	2115	271	737	16	181
钦州市	9	12	27	4538	324	701	22	243
贵港市	2	3	31	3433	176	537	45	362
玉林市	13	3	51	4595	381	889	23	166
百色市	3	1	104	3137	224	779	62	49
贺州市	5	10	44	1726	93	342	12	44
河池市	12	5	84	2155	181	631	18	325
来宾市	7	9	111	1603	156	486	4	36
崇左市	5	2	64	1356	145	490	5	212
男	**73**	**89**	**825**	**42389**	**4038**	**9562**	**253**	**1613**
南宁市	7	22	88	11327	736	2056	47	303
柳州市	10	7	119	4296	736	1847	42	121
桂林市	10	3	70	3114	290	768	26	144
梧州市	3	15	69	2199	286	607	13	53
北海市	9	9	42	2074	219	456	12	90
防城港市	4	4	50	1656	210	570	12	114
钦州市	4	9	24	3655	313	481	15	151
贵港市	2	2	24	2618	159	352	16	175
玉林市	3	2	36	3976	361	554	10	106
百色市	2		74	2136	204	535	39	29
贺州市	3	6	29	1301	86	228	6	24
河池市	9	3	62	1723	165	463	9	158
来宾市	5	5	89	1265	133	334	3	19
崇左市	2	2	49	1049	140	311	3	126
女	**47**	**42**	**275**	**11150**	**372**	**4421**	**182**	**1228**
南宁市	4	12	29	3058	63	923	28	226
柳州市	3	5	41	1078	68	786	25	81
桂林市	10	4	35	828	22	413	15	105
梧州市	4	3	25	471	26	326	11	33
北海市		2	8	436	13	209	9	67
防城港市			8	459	61	167	4	67
钦州市	5	3	3	883	11	220	7	92
贵港市		1	7	815	17	185	29	187
玉林市	10	1	15	619	20	335	13	60
百色市	1	1	30	1001	20	244	23	20
贺州市	2	4	15	425	7	114	6	20
河池市	3	2	22	432	16	168	9	167
来宾市	2	4	22	338	23	152	1	17
崇左市	3		15	307	5	179	2	86

4–6a 各地区分性别、职业中类的就业人口（城市）

单位：人

地区 性别	16岁及以上人口							
	合计	一、党的机关、国家机关、群众团体和社会组织、企事业单位负责人						
		小计	1.中国共产党机关负责人	2.国家机关负责人	3.民主党派和工商联负责人	4.人民团体和群众团体、社会组织及其他成员组织负责人	5.基层群众自治组织负责人	6.企事业单位负责人
总 计	**612157**	**20566**	**65**	**1110**	**6**	**668**	**122**	**18595**
南宁市	200553	7946	10	232	3	120	25	7556
柳州市	87309	2353	8	112		98	17	2118
桂林市	53730	2197	10	115	1	87	21	1963
梧州市	32741	716	3	62	1	28	9	613
北海市	27428	1012	1	65		65	5	876
防城港市	19396	811	3	49		16	1	742
钦州市	21585	835	2	63		108	1	661
贵港市	38215	808		75		23	7	703
玉林市	38220	1383	2	47		28	9	1297
百色市	34587	793	17	81	1	39	14	641
贺州市	13509	461	4	62		5	6	384
河池市	16211	525	5	57		5	5	453
来宾市	17912	512		59		34	2	417
崇左市	10761	214		31		12		171
男	**343693**	**14109**	**51**	**831**	**4**	**404**	**73**	**12746**
南宁市	113080	5443	8	174	2	74	14	5171
柳州市	50292	1647	7	79		57	4	1500
桂林市	30029	1477	8	89	1	55	12	1312
梧州市	18330	519	1	49		18	4	447
北海市	15246	680	1	46		37	4	592
防城港市	11576	542	3	34		12	1	492
钦州市	12183	581	2	48		75	1	455
贵港市	20974	563		57		15	5	486
玉林市	21318	925	2	34		16	9	864
百色市	18796	525	13	64	1	20	8	419
贺州市	7465	353	2	44		2	5	300
河池市	8540	361	4	46		2	4	305
来宾市	9945	357		48		16	2	291
崇左市	5919	136		19		5		112
女	**268464**	**6457**	**14**	**279**	**2**	**264**	**49**	**5849**
南宁市	87473	2503	2	58	1	46	11	2385
柳州市	37017	706	1	33		41	13	618
桂林市	23701	720	2	26		32	9	651
梧州市	14411	197	2	13	1	10	5	166
北海市	12182	332		19		28	1	284
防城港市	7820	269		15		4		250
钦州市	9402	254		15		33		206
贵港市	17241	245		18		8	2	217
玉林市	16902	458		13		12		433
百色市	15791	268	4	17		19	6	222
贺州市	6044	108	2	18		3	1	84
河池市	7671	164	1	11		3	1	148
来宾市	7967	155		11		18		126
崇左市	4842	78		12		7		59

4-6a 续表 1

单位：人

地 区 性 别	16岁及以上人口							
	二、专业技术人员							
	小计	7.科学研究人员	8.工程技术人员	9.农业技术人员	10.飞机和船舶技术人员	11.卫生专业技术人员	12.经济和金融专业人员	13.法律、社会和宗教专业人员
总 计	**90969**	**449**	**17325**	**521**	**110**	**17204**	**17967**	**1922**
南宁市	31792	251	7068	201	22	5110	7527	720
柳州市	13141	26	3187	33	8	2346	2747	254
桂林市	9129	68	1703	41	27	1706	1726	218
梧州市	4405	10	523	21	9	1076	698	89
北海市	3444	13	551	19	10	543	690	87
防城港市	2405	3	558	12	5	375	475	58
钦州市	3513	16	611	16	2	783	538	55
贵港市	4896	11	657	31	22	1049	668	84
玉林市	5479	13	761	37	1	1237	831	94
百色市	4205	15	602	40	3	954	652	73
贺州市	2024	5	327	14	1	434	344	37
河池市	2626	2	318	18		770	430	53
来宾市	2636	8	343	28		559	423	70
崇左市	1274	8	116	10		262	218	30
男	**36288**	**271**	**14169**	**342**	**99**	**4818**	**4501**	**1033**
南宁市	13124	150	5662	129	19	1431	1863	384
柳州市	5241	13	2620	17	7	563	626	107
桂林市	3716	39	1412	29	25	449	423	127
梧州市	1710	8	455	19	9	310	208	48
北海市	1242	11	445	11	10	153	160	41
防城港市	1046		497	9	5	112	125	37
钦州市	1297	10	485	11	2	221	128	31
贵港市	1887	7	561	23	18	321	190	49
玉林市	2059	8	634	24		416	205	53
百色市	1700	11	493	20	3	281	173	41
贺州市	759	4	278	8	1	127	91	26
河池市	971	1	252	14		201	120	32
来宾市	996	5	282	19		148	99	37
崇左市	540	4	93	9		85	90	20
女	**54681**	**178**	**3156**	**179**	**11**	**12386**	**13466**	**889**
南宁市	18668	101	1406	72	3	3679	5664	336
柳州市	7900	13	567	16	1	1783	2121	147
桂林市	5413	29	291	12	2	1257	1303	91
梧州市	2695	2	68	2		766	490	41
北海市	2202	2	106	8		390	530	46
防城港市	1359	3	61	3		263	350	21
钦州市	2216	6	126	5		562	410	24
贵港市	3009	4	96	8	4	728	478	35
玉林市	3420	5	127	13	1	821	626	41
百色市	2505	4	109	20		673	479	32
贺州市	1265	1	49	6		307	253	11
河池市	1655	1	66	4		569	310	21
来宾市	1640	3	61	9		411	324	33
崇左市	734	4	23	1		177	128	10

4-6a　续表 2　　　　单位：人

地　区 性　别	16岁及以上人口							
	二、专业技术人员				三、办事人员和有关人员			
	14.教学人　员	15.文学艺术、体育专业人员	16.新闻出版、文化专业人员	17.其他专业技术人　员	小计	18.办事人　员	19.安全和消防人员	20.其他办事人员和有关人员
总　计	**32222**	**1186**	**1571**	**492**	**65062**	**53793**	**10771**	**498**
南宁市	9430	503	741	219	22289	19266	2838	185
柳州市	4147	138	178	77	8926	7180	1695	51
桂林市	3233	198	176	33	6211	5161	1012	38
梧州市	1862	50	63	4	3345	2622	709	14
北海市	1388	48	59	36	2779	2254	502	23
防城港市	843	12	40	24	2290	1816	448	26
钦州市	1411	42	37	2	2704	2256	438	10
贵港市	2266	33	60	15	3390	2640	738	12
玉林市	2383	48	53	21	3222	2697	498	27
百色市	1753	48	50	15	3024	2448	559	17
贺州市	797	24	29	12	1716	1338	330	48
河池市	960	15	40	20	1925	1494	408	23
来宾市	1148	16	30	11	2012	1622	374	16
崇左市	601	11	15	3	1229	999	222	8
男	**9515**	**658**	**543**	**339**	**37380**	**27657**	**9441**	**282**
南宁市	2822	272	242	150	12109	9557	2447	105
柳州市	1099	80	58	51	5061	3570	1461	30
桂林市	1016	106	66	24	3582	2656	909	17
梧州市	586	37	27	3	2001	1361	630	10
北海市	336	29	21	25	1569	1122	438	9
防城港市	220	10	12	19	1464	1044	401	19
钦州市	376	19	13	1	1671	1262	400	9
贵港市	684	13	13	8	2054	1407	640	7
玉林市	651	28	27	13	1927	1464	447	16
百色市	624	26	19	9	1851	1327	514	10
贺州市	194	13	7	10	1002	681	297	24
河池市	309	7	17	18	1151	793	346	12
来宾市	374	12	15	5	1184	859	314	11
崇左市	224	6	6	3	754	554	197	3
女	**22707**	**528**	**1028**	**153**	**27682**	**26136**	**1330**	**216**
南宁市	6608	231	499	69	10180	9709	391	80
柳州市	3048	58	120	26	3865	3610	234	21
桂林市	2217	92	110	9	2629	2505	103	21
梧州市	1276	13	36	1	1344	1261	79	4
北海市	1052	19	38	11	1210	1132	64	14
防城港市	623	2	28	5	826	772	47	7
钦州市	1035	23	24	1	1033	994	38	1
贵港市	1582	20	47	7	1336	1233	98	5
玉林市	1732	20	26	8	1295	1233	51	11
百色市	1129	22	31	6	1173	1121	45	7
贺州市	603	11	22	2	714	657	33	24
河池市	651	8	23	2	774	701	62	11
来宾市	774	4	15	6	828	763	60	5
崇左市	377	5	9		475	445	25	5

4-6a 续表 3 单位：人

地区 性别	16岁及以上人口							
	四、社会生产服务和生活服务人员							
	小计	21.批发与零售服务人员	22.交通运输、仓储和邮政业服务人员	23.住宿和餐饮服务人员	24.信息传输、软件和信息技术服务人员	25.金融服务人员	26.房地产服务人员	27.租赁和商务服务人员
总计	**281312**	**129675**	**46922**	**31841**	**4880**	**6588**	**6405**	**7697**
南宁市	100695	48428	15591	10590	2111	2330	2754	2965
柳州市	40133	17800	7632	3903	624	862	697	1143
桂林市	24372	10873	3332	3211	409	589	612	1234
梧州市	14686	5918	2739	1939	289	475	492	320
北海市	13257	5738	1819	1832	179	240	617	386
防城港市	8903	3764	1882	1123	92	133	183	189
钦州市	9219	4315	1675	1042	134	235	175	113
贵港市	15097	7229	2637	1783	234	384	267	233
玉林市	17197	8805	2948	1555	218	428	187	388
百色市	13128	5615	2542	1665	171	317	169	348
贺州市	5556	2457	990	819	81	131	51	81
河池市	6807	2940	1135	901	147	182	59	70
来宾市	7278	3204	1227	858	128	160	88	174
崇左市	4984	2589	773	620	63	122	54	53
男	**150120**	**59688**	**39380**	**14210**	**3368**	**3032**	**3544**	**5495**
南宁市	54980	23488	12996	5076	1441	1117	1612	2079
柳州市	21592	8218	6355	1678	431	370	404	872
桂林市	12696	5004	2787	1358	301	282	330	751
梧州市	7951	2614	2396	862	198	222	256	259
北海市	6873	2544	1543	820	126	96	335	281
防城港市	4823	1673	1626	463	63	56	96	144
钦州市	4809	1842	1480	446	99	95	92	79
贵港市	7752	3078	2233	740	159	174	131	166
玉林市	9505	4184	2536	764	144	197	99	314
百色市	6708	2300	1974	719	122	150	71	288
贺州市	2857	1069	860	301	60	67	25	49
河池市	3324	1173	943	323	95	89	31	38
来宾市	3653	1305	1033	387	92	67	33	137
崇左市	2597	1196	618	273	37	50	29	38
女	**131192**	**69987**	**7542**	**17631**	**1512**	**3556**	**2861**	**2202**
南宁市	45715	24940	2595	5514	670	1213	1142	886
柳州市	18541	9582	1277	2225	193	492	293	271
桂林市	11676	5869	545	1853	108	307	282	483
梧州市	6735	3304	343	1077	91	253	236	61
北海市	6384	3194	276	1012	53	144	282	105
防城港市	4080	2091	256	660	29	77	87	45
钦州市	4410	2473	195	596	35	140	83	34
贵港市	7345	4151	404	1043	75	210	136	67
玉林市	7692	4621	412	791	74	231	88	74
百色市	6420	3315	568	946	49	167	98	60
贺州市	2699	1388	130	518	21	64	26	32
河池市	3483	1767	192	578	52	93	28	32
来宾市	3625	1899	194	471	36	93	55	37
崇左市	2387	1393	155	347	26	72	25	15

4-6a 续表 4

单位：人

地区 性别	16岁及以上人口 四、社会生产服务和生活服务人员 28.技术辅助服务人员	29.水利、环境和公共设施管理服务人员	30.居民服务人员	31.电力、燃气及水供应服务人员	32.修理及制作服务人员	33.文化、体育和娱乐服务人员	34.健康服务人员	35.其他社会生产和生活服务人员
总 计	**6135**	**11926**	**15207**	**2196**	**9399**	**1686**	**542**	**213**
南宁市	2462	4168	4949	513	3060	525	183	66
柳州市	961	1985	2340	271	1517	278	79	41
桂林市	712	1030	1276	149	647	230	53	15
梧州市	325	520	880	191	509	74	10	5
北海市	258	668	832	128	435	79	28	18
防城港市	111	471	464	100	305	63	14	9
钦州市	149	407	477	99	324	44	27	3
贵港市	287	554	743	127	512	80	21	6
玉林市	299	557	1014	130	562	65	26	15
百色市	172	592	655	185	539	104	39	15
贺州市	119	198	318	56	187	53	10	5
河池市	127	265	525	108	281	31	26	10
来宾市	114	336	521	75	325	45	21	2
崇左市	39	175	213	64	196	15	5	3
男	**3955**	**2569**	**3639**	**1785**	**8257**	**933**	**147**	**118**
南宁市	1562	890	1241	425	2686	282	47	38
柳州市	641	452	425	220	1347	143	14	22
桂林市	470	253	322	127	569	122	12	8
梧州市	196	126	157	154	458	47	3	3
北海市	169	140	239	110	403	48	10	9
防城港市	75	110	128	86	264	35	1	3
钦州市	99	77	96	84	289	26	4	1
贵港市	182	95	195	94	443	48	11	3
玉林市	203	140	245	99	515	51	7	7
百色市	114	101	208	143	438	50	21	9
贺州市	72	44	65	50	163	27	2	3
河池市	79	49	141	91	238	16	8	10
来宾市	61	60	109	59	277	28	5	
崇左市	32	32	68	43	167	10	2	2
女	**2180**	**9357**	**11568**	**411**	**1142**	**753**	**395**	**95**
南宁市	900	3278	3708	88	374	243	136	28
柳州市	320	1533	1915	51	170	135	65	19
桂林市	242	777	954	22	78	108	41	7
梧州市	129	394	723	37	51	27	7	2
北海市	89	528	593	18	32	31	18	9
防城港市	36	361	336	14	41	28	13	6
钦州市	50	330	381	15	35	18	23	2
贵港市	105	459	548	33	69	32	10	3
玉林市	96	417	769	31	47	14	19	8
百色市	58	491	447	42	101	54	18	6
贺州市	47	154	253	6	24	26	8	2
河池市	48	216	384	17	43	15	18	
来宾市	53	276	412	16	48	17	16	2
崇左市	7	143	145	21	29	5	3	1

4-6a 续表 5　　单位：人

地区 性别	16岁及以上人口								
	五、农、林、牧、渔业生产及辅助人员							六、生产制造及有关人员	
	小计	36.农业生产人员	37.林业生产人员	38.畜牧业生产人员	39.渔业生产人员	40.农林牧渔生产辅助人员	41.其他农、林、牧、渔业生产加工人员	小计	42.农副产品加工人员
总　计	**29333**	**23631**	**1013**	**2215**	**2128**	**284**	**62**	**122754**	**2164**
南宁市	4932	3972	205	497	181	69	8	32493	399
柳州市	1752	1262	250	156	54	22	8	20853	170
桂林市	1754	1471	30	179	38	34	2	9882	107
梧州市	1994	1798	42	89	56	8	1	7563	99
北海市	1638	363	21	46	1157	26	25	5169	475
防城港市	533	249	16	113	148	6	1	4292	93
钦州市	795	359	46	130	241	12	7	4405	84
贵港市	3846	3546	55	177	58	8	2	9915	149
玉林市	1730	1470	49	159	45	4	3	9061	121
百色市	5501	5081	103	232	29	53	3	7927	139
贺州市	1074	902	83	69	11	8	1	2648	35
河池市	1158	902	27	196	22	11		2916	51
来宾市	1164	931	68	97	50	17	1	4255	133
崇左市	1462	1325	18	75	38	6		1375	109
男	**16143**	**12254**	**707**	**1394**	**1587**	**171**	**30**	**88344**	**1150**
南宁市	2727	2101	146	300	128	46	6	24437	246
柳州市	1070	726	170	116	38	15	5	15581	100
桂林市	1031	840	23	120	25	22	1	7415	67
梧州市	969	836	29	56	42	5	1	5158	54
北海市	1186	216	15	34	901	12	8	3619	137
防城港市	341	145	11	71	109	4	1	3253	63
钦州市	508	196	36	92	171	8	5	3247	45
贵港市	1880	1686	39	110	38	6	1	6688	93
玉林市	1042	855	35	112	36	2	2	5767	73
百色市	2823	2562	67	146	24	24		5182	82
贺州市	552	449	47	44	7	5		1925	21
河池市	583	444	18	100	13	8		2026	28
来宾市	684	525	58	56	34	11		3037	78
崇左市	747	673	13	37	21	3		1009	63
女	**13190**	**11377**	**306**	**821**	**541**	**113**	**32**	**34410**	**1014**
南宁市	2205	1871	59	197	53	23	2	8056	153
柳州市	682	536	80	40	16	7	3	5272	70
桂林市	723	631	7	59	13	12	1	2467	40
梧州市	1025	962	13	33	14	3		2405	45
北海市	452	147	6	12	256	14	17	1550	338
防城港市	192	104	5	42	39	2		1039	30
钦州市	287	163	10	38	70	4	2	1158	39
贵港市	1966	1860	16	67	20	2	1	3227	56
玉林市	688	615	14	47	9	2	1	3294	48
百色市	2678	2519	36	86	5	29	3	2745	57
贺州市	522	453	36	25	4	3	1	723	14
河池市	575	458	9	96	9	3		890	23
来宾市	480	406	10	41	16	6	1	1218	55
崇左市	715	652	5	38	17	3		366	46

4-6a　续表 6　　　　单位：人

地区 性别	16岁及以上人口							
	六、生产制造及有关人员							
	43.食品、饮料生产加工人员	44.烟草及其制品加工人员	45.纺织、针织、印染人员	46.纺织品、服装和皮革、毛皮制品加工制作人员	47.木材加工、家具与木制品制作人员	48.纸及纸制品生产加工人员	49.印刷和记录媒介复制人员	50.文教、工美、体育和娱乐用品制造人员
总　计	**2200**	**154**	**613**	**5233**	**4739**	**413**	**655**	**1607**
南宁市	598	98	55	488	1069	75	252	153
柳州市	307	45	58	549	889	33	73	60
桂林市	247	1	56	235	408	50	70	181
梧州市	220		39	352	163	16	23	767
北海市	109	2	18	106	78	14	25	76
防城港市	61		2	32	141	1	12	12
钦州市	66		7	68	96	15	14	59
贵港市	131	1	35	452	1022	62	45	63
玉林市	153	2	100	2485	213	27	63	129
百色市	101	3	17	142	234	23	25	34
贺州市	36		2	41	78	14	8	19
河池市	60		212	125	113	9	9	21
来宾市	74	1	9	125	75	56	9	24
崇左市	37	1	3	33	160	18	27	9
男	**1144**	**93**	**203**	**1394**	**3162**	**227**	**381**	**706**
南宁市	330	55	23	147	787	29	150	69
柳州市	128	32	16	120	569	16	38	29
桂林市	121		17	78	263	26	39	119
梧州市	121		15	85	123	6	17	334
北海市	66	2	7	24	69	9	17	29
防城港市	34			9	102	1	2	6
钦州市	31		2	24	69	12	10	25
贵港市	76	1	15	90	571	36	28	24
玉林市	89	1	62	686	167	10	38	34
百色市	46	1	5	46	158	14	7	9
贺州市	16		1	12	59	10	2	7
河池市	27		36	26	59	5	5	11
来宾市	38	1	3	29	57	35	4	8
崇左市	21		1	18	109	18	24	2
女	**1056**	**61**	**410**	**3839**	**1577**	**186**	**274**	**901**
南宁市	268	43	32	341	282	46	102	84
柳州市	179	13	42	429	320	17	35	31
桂林市	126	1	39	157	145	24	31	62
梧州市	99		24	267	40	10	6	433
北海市	43		11	82	9	5	8	47
防城港市	27		2	23	39		10	6
钦州市	35		5	44	27	3	4	34
贵港市	55		20	362	451	26	17	39
玉林市	64	1	38	1799	46	17	25	95
百色市	55	2	12	96	76	9	18	25
贺州市	20		1	29	19	4	6	12
河池市	33		176	99	54	4	4	10
来宾市	36		6	96	18	21	5	16
崇左市	16	1	2	15	51		3	7

4-6a 续表 7 单位：人

地区 性别	16岁及以上人口 六、生产制造及有关人员 51.石油加工和炼焦、煤化工生产人员	52.化学原料和化学制品制造人员	53.医药制造人员	54.化学纤维制造人员	55.橡胶和塑料制品制造人员	56.非金属矿物制品制造人员	57.采矿人员	58.金属冶炼和压延加工人员
总　计	**149**	**546**	**597**	**13**	**782**	**1871**	**523**	**1949**
南宁市	7	69	126		161	368	55	87
柳州市	60	106	83	2	146	207	37	728
桂林市	2	42	120	1	126	100	23	8
梧州市	2	97	87	1	61	184	37	161
北海市	17	27	12		59	36	13	17
防城港市	21	10	5	1	12	46	43	235
钦州市	25	19	38		13	77	15	4
贵港市	2	36	20		44	157	12	153
玉林市	2	19	64	2	53	183	15	27
百色市	8	84	9	2	37	123	169	348
贺州市		8	7	1	6	271	44	11
河池市	1	14	10	2	8	61	44	53
来宾市	2	13	13	1	32	52	13	114
崇左市		2	3		24	6	3	3
男	**119**	**385**	**275**	**9**	**415**	**1363**	**417**	**1575**
南宁市	5	46	56		84	277	40	64
柳州市	52	74	43	2	85	151	32	607
桂林市	1	28	60	1	57	72	17	7
梧州市		68	42	1	27	151	32	133
北海市	14	20	2		32	29	11	14
防城港市	15	10	4		8	32	19	186
钦州市	19	12	13		7	49	12	2
贵港市	1	25	11		23	110	11	114
玉林市	2	12	30	1	33	103	14	23
百色市	7	62	2	2	15	97	141	290
贺州市		6	2	1	3	205	38	8
河池市	1	10	7	1	6	44	38	36
来宾市	2	10	2		11	39	9	88
崇左市		2	1		24	4	3	3
女	**30**	**161**	**322**	**4**	**367**	**508**	**106**	**374**
南宁市	2	23	70		77	91	15	23
柳州市	8	32	40		61	56	5	121
桂林市	1	14	60		69	28	6	1
梧州市	2	29	45		34	33	5	28
北海市	3	7	10		27	7	2	3
防城港市	6		1	1	4	14	24	49
钦州市	6	7	25		6	28	3	2
贵港市	1	11	9		21	47	1	39
玉林市		7	34	1	20	80	1	4
百色市	1	22	7		22	26	28	58
贺州市		2	5		3	66	6	3
河池市		4	3	1	2	17	6	17
来宾市		3	11	1	21	13	4	26
崇左市			2			2		

4-6a 续表 8　　　　单位：人

地区 性别	16岁及以上人口							
	六、生产制造及有关人员							
	59.机械制造基础加工人员	60.金属制品制造人员	61.通用设备制造人员	62.专用设备制造人员	63.汽车制造人员	64.铁路、船舶、航空设备制造人员	65.电气机械和器材制造人员	66.计算机、通信和其他电子设备制造人员
总　计	**3673**	**1793**	**651**	**221**	**2574**	**311**	**558**	**6388**
南宁市	600	479	90	51	66	34	78	1380
柳州市	1540	359	237	59	2133	158	75	652
桂林市	267	157	45	30	96	23	55	418
梧州市	218	140	35	23	18	44	95	642
北海市	72	40	11	6	11	8	60	439
防城港市	108	63	13	2	13	5	5	94
钦州市	74	54	14	5	17	6	20	318
贵港市	155	123	18	7	20	18	60	747
玉林市	295	109	138	9	106	8	39	320
百色市	169	122	23	11	14	2	27	868
贺州市	32	43	7	6	4		4	140
河池市	69	39	13	9	7	2	9	76
来宾市	58	45	7	2	33	3	29	229
崇左市	16	20		1	36		2	65
男	**3125**	**1299**	**540**	**146**	**1842**	**261**	**355**	**3072**
南宁市	540	343	78	26	50	30	60	733
柳州市	1304	269	196	46	1519	136	53	448
桂林市	225	106	36	23	74	14	36	262
梧州市	174	102	30	16	11	40	52	249
北海市	67	30	10	5	7	7	36	216
防城港市	98	41	10	1	9	5	5	70
钦州市	65	43	13	4	13	6	15	154
贵港市	135	86	13	4	13	10	38	295
玉林市	216	86	112	5	80	7	26	206
百色市	140	86	17	6	11	1	9	186
贺州市	29	29	6	3	2		4	76
河池市	64	29	13	6	5	2	5	42
来宾市	52	34	6	1	13	3	15	98
崇左市	16	15			35		1	37
女	**548**	**494**	**111**	**75**	**732**	**50**	**203**	**3316**
南宁市	60	136	12	25	16	4	18	647
柳州市	236	90	41	13	614	22	22	204
桂林市	42	51	9	7	22	9	19	156
梧州市	44	38	5	7	7	4	43	393
北海市	5	10	1	1	4	1	24	223
防城港市	10	22	3	1	4			24
钦州市	9	11	1	1	4		5	164
贵港市	20	37	5	3	7	8	22	452
玉林市	79	23	26	4	26	1	13	114
百色市	29	36	6	5	3	1	18	682
贺州市	3	14	1	3	2			64
河池市	5	10		3	2		4	34
来宾市	6	11	1	1	20		14	131
崇左市		5		1	1		1	28

4-6a 续表 9　　　　单位：人

地区 性别	16岁及以上人口							
	六、生产制造及有关人员							
	67.仪器仪表制造人员	68.废弃资源综合利用人员	69.电力、热力、气体、水生产和输配人员	70.建筑施工人员	71.运输设备和通用工程机械操作人员及有关人员	72.生产辅助人员	73.其他生产制造及有关人员	74.不便分类的其他从业人员
总　计	**77**	**170**	**731**	**64249**	**4208**	**12620**	**322**	**2161**
南宁市	9	38	80	21283	984	3199	62	406
柳州市	9	31	105	8213	909	2764	56	151
桂林市	19	6	45	5492	308	1115	29	185
梧州市	7	14	77	2892	254	773	22	32
北海市	1	9	24	2673	159	556	16	129
防城港市	2	14	43	2396	228	569	10	162
钦州市	5	11	20	2697	178	380	6	114
贵港市	4	4	35	5498	237	550	55	263
玉林市	5	14	36	3273	257	779	15	148
百色市	2	8	81	3888	324	882	8	9
贺州市	1	3	25	1483	101	208	10	30
河池市	8	9	37	1392	91	341	21	254
来宾市	4	9	113	2430	136	402	9	55
崇左市	1		10	639	42	102	3	223
男	**47**	**113**	**575**	**51266**	**3821**	**8681**	**183**	**1309**
南宁市	5	26	62	16889	904	2244	39	260
柳州市	7	19	81	6617	825	1928	39	100
桂林市	11	4	29	4580	285	739	18	112
梧州市	3	10	57	2456	227	510	12	22
北海市	1	6	20	2203	143	379	7	77
防城港市	2	11	38	1861	172	431	8	107
钦州市	2	7	19	2135	169	266	4	70
贵港市	3	3	32	4184	211	408	24	150
玉林市	1	10	27	2874	243	490	6	93
百色市	1	5	62	2813	298	560	3	7
贺州市	1	2	14	1123	97	141	7	17
河池市	6	4	27	1135	86	251	11	124
来宾市	3	6	100	1900	121	267	4	34
崇左市	1		7	496	40	67	1	136
女	**30**	**57**	**156**	**12983**	**387**	**3939**	**139**	**852**
南宁市	4	12	18	4394	80	955	23	146
柳州市	2	12	24	1596	84	836	17	51
桂林市	8	2	16	912	23	376	11	73
梧州市	4	4	20	436	27	263	10	10
北海市		3	4	470	16	177	9	52
防城港市		3	5	535	56	138	2	55
钦州市	3	4	1	562	9	114	2	44
贵港市	1	1	3	1314	26	142	31	113
玉林市	4	4	9	399	14	289	9	55
百色市	1	3	19	1075	26	322	5	2
贺州市		1	11	360	4	67	3	13
河池市	2	5	10	257	5	90	10	130
来宾市	1	3	13	530	15	135	5	21
崇左市			3	143	2	35	2	87

4-6a　续表 10　　　　单位：人

地　区 性　别	有农村土地承包经营权的人口							
	合计	一、党的机关、国家机关、群众团体和社会组织、企事业单位负责人						
		小计	1.中国共产党机关负责人	2.国家机关负责人	3.民主党派和工商联负责人	4.人民团体和群众团体、社会组织及其他成员组织负责人	5.基层群众自治组织负责人	6.企事业单位负责人
总　计	**197998**	**4435**	**11**	**77**	**1**	**174**	**47**	**4125**
南宁市	53983	1385		10	1	26	7	1341
柳州市	23555	415		5		22	2	386
桂林市	19058	546		9		32	7	498
梧州市	8001	109	2	1		9	3	94
北海市	7481	221		4		13	1	203
防城港市	5234	196	2	6			1	187
钦州市	6861	208		7		16	1	184
贵港市	17746	219		10		11	7	191
玉林市	15060	467		7		13	4	443
百色市	17494	216	7	3		16	6	184
贺州市	5140	95		4		1	2	88
河池市	6614	153		1		1	4	147
来宾市	8056	176		10		13	2	151
崇左市	3715	29				1		28
男	**120285**	**3342**	**10**	**72**		**111**	**40**	**3109**
南宁市	33723	1080		9		19	7	1045
柳州市	14953	323		4		15	1	303
桂林市	11650	396		9		18	7	362
梧州市	4931	90	1	1		8	3	77
北海市	4514	156		4		9	1	142
防城港市	3430	136	2	5			1	128
钦州市	4175	156		7		12	1	136
贵港市	10383	173		8		10	5	150
玉林市	9110	349		7		8	4	330
百色市	9743	140	7	3		5	2	123
贺州市	3154	80		4			2	74
河池市	3659	110		1			4	105
来宾市	4785	135		10		6	2	117
崇左市	2075	18				1		17
女	**77713**	**1093**	**1**	**5**	**1**	**63**	**7**	**1016**
南宁市	20260	305		1	1	7		296
柳州市	8602	92		1		7	1	83
桂林市	7408	150				14		136
梧州市	3070	19	1			1		17
北海市	2967	65				4		61
防城港市	1804	60		1				59
钦州市	2686	52				4		48
贵港市	7363	46		2		1	2	41
玉林市	5950	118				5		113
百色市	7751	76				11	4	61
贺州市	1986	15				1		14
河池市	2955	43				1		42
来宾市	3271	41				7		34
崇左市	1640	11						11

4-6a 续表 11

单位：人

地区 性别	有农村土地承包经营权的人口							
	二、专业技术人员							
	小计	7.科学研究人员	8.工程技术人员	9.农业技术人员	10.飞机和船舶技术人员	11.卫生专业技术人员	12.经济和金融专业人员	13.法律、社会和宗教专业人员
总计	**15216**	**39**	**3563**	**123**	**14**	**2928**	**2561**	**218**
南宁市	4476	11	1316	38	2	653	950	63
柳州市	1679	2	511	4	4	331	293	19
桂林市	1641	10	396	13	1	314	289	23
梧州市	489	1	73	1		127	61	10
北海市	574	1	121	5	1	95	105	7
防城港市	406	1	102	2		69	68	9
钦州市	644	3	128	6	1	153	74	7
贵港市	1325	3	214	10	5	268	151	16
玉林市	1153	4	197	15		240	145	15
百色市	1012	2	192	9		240	141	11
贺州市	337		77	4		70	58	7
河池市	565		87	4		191	86	9
来宾市	716		120	8		145	113	20
崇左市	199	1	29	4		32	27	2
男	**6674**	**29**	**3084**	**90**	**14**	**835**	**622**	**130**
南宁市	2050	7	1127	29	2	178	215	38
柳州市	710	2	441	2	4	61	62	6
桂林市	730	8	349	11	1	78	71	13
梧州市	247	1	70	1		46	22	6
北海市	234	1	105	3	1	30	20	5
防城港市	202		93	2		22	18	7
钦州市	272	2	108	5	1	45	21	5
贵港市	587	3	187	7	5	94	46	13
玉林市	491	3	174	10		84	37	12
百色市	406	2	156	5		70	28	7
贺州市	158		68	2		26	24	6
河池市	208		75	2		52	20	3
来宾市	288		105	7		37	27	8
崇左市	91		26	4		12	11	1
女	**8542**	**10**	**479**	**33**		**2093**	**1939**	**88**
南宁市	2426	4	189	9		475	735	25
柳州市	969		70	2		270	231	13
桂林市	911	2	47	2		236	218	10
梧州市	242		3			81	39	4
北海市	340		16	2		65	85	2
防城港市	204	1	9			47	50	2
钦州市	372	1	20	1		108	53	2
贵港市	738		27	3		174	105	3
玉林市	662	1	23	5		156	108	3
百色市	606		36	4		170	113	4
贺州市	179		9	2		44	34	1
河池市	357		12	2		139	66	6
来宾市	428		15	1		108	86	12
崇左市	108	1	3			20	16	1

4-6a 续表 12

单位：人

地区 性别	有农村土地承包经营权的人口							
	二、专业技术人员				三、办事人员和有关人员			
	14.教学人员	15.文学艺术、体育专业人员	16.新闻出版、文化专业人员	17.其他专业技术人员	小计	18.办事人员	19.安全和消防人员	20.其他办事人员和有关人员
总　计	**5216**	**227**	**208**	**119**	**9715**	**7120**	**2476**	**119**
南宁市	1264	65	74	40	2873	2264	579	30
柳州市	471	13	21	10	927	649	272	6
桂林市	476	70	37	12	953	714	229	10
梧州市	204	8	3	1	319	205	112	2
北海市	203	17	8	11	416	312	100	4
防城港市	135		10	10	327	213	106	8
钦州市	257	10	4	1	379	269	107	3
贵港市	628	7	16	7	856	615	237	4
玉林市	512	12	5	8	668	488	171	9
百色市	390	11	12	4	633	413	216	4
贺州市	111	3	6	1	286	194	70	22
河池市	167	4	6	11	378	255	112	11
来宾市	299	6	3	2	531	400	126	5
崇左市	99	1	3	1	169	129	39	1
男	**1566**	**139**	**72**	**93**	**6211**	**3854**	**2289**	**68**
南宁市	363	39	21	31	1733	1178	535	20
柳州市	109	7	7	9	576	325	249	2
桂林市	132	41	18	8	580	361	213	6
梧州市	93	6	1	1	234	129	104	1
北海市	48	10	2	9	245	155	89	1
防城港市	47		4	9	238	136	96	6
钦州市	80	4	1		272	168	102	2
贵港市	220	4	3	5	571	344	224	3
玉林市	152	10	4	5	452	287	160	5
百色市	124	8	4	2	427	221	203	3
贺州市	27	2	2	1	196	116	68	12
河池市	42	2	2	10	240	138	98	4
来宾市	95	5	2	2	336	220	113	3
崇左市	34	1	1	1	111	76	35	
女	**3650**	**88**	**136**	**26**	**3504**	**3266**	**187**	**51**
南宁市	901	26	53	9	1140	1086	44	10
柳州市	362	6	14	1	351	324	23	4
桂林市	344	29	19	4	373	353	16	4
梧州市	111	2	2		85	76	8	1
北海市	155	7	6	2	171	157	11	3
防城港市	88		6	1	89	77	10	2
钦州市	177	6	3	1	107	101	5	1
贵港市	408	3	13	2	285	271	13	1
玉林市	360	2	1	3	216	201	11	4
百色市	266	3	8	2	206	192	13	1
贺州市	84	1	4		90	78	2	10
河池市	125	2	4	1	138	117	14	7
来宾市	204	1	1		195	180	13	2
崇左市	65		2		58	53	4	1

4-6a 续表 13 单位：人

地区 性别	有农村土地承包经营权的人口							
	四、社会生产服务和生活服务人员							
	小计	21.批发与零售服务人员	22.交通运输、仓储和邮政业服务人员	23.住宿和餐饮服务人员	24.信息传输、软件和信息技术服务人员	25.金融服务人员	26.房地产服务人员	27.租赁和商务服务人员
总 计	**88793**	**39838**	**16971**	**11021**	**926**	**913**	**1545**	**1997**
南宁市	28211	13012	5179	3334	384	284	631	729
柳州市	10973	4758	2281	1202	92	79	128	240
桂林市	9172	3992	1375	1464	88	97	189	267
梧州市	3006	1157	685	451	24	41	51	51
北海市	3658	1596	586	529	30	26	171	77
防城港市	2499	1030	609	307	14	14	34	73
钦州市	3141	1460	636	358	30	34	47	35
贵港市	6093	2814	1222	723	60	90	90	99
玉林市	6329	3094	1293	623	40	94	39	117
百色市	5922	2513	1293	753	51	56	71	153
贺州市	2055	875	456	284	19	13	17	18
河池市	2821	1253	495	404	31	29	19	21
来宾市	3357	1452	585	402	56	44	44	95
崇左市	1556	832	276	187	7	12	14	22
男	**50185**	**19667**	**14672**	**4994**	**692**	**454**	**880**	**1578**
南宁市	16544	6820	4464	1698	281	152	397	558
柳州市	6321	2473	1965	497	74	41	75	208
桂林市	4967	1953	1200	627	73	51	101	178
梧州市	1786	591	624	193	17	20	25	41
北海市	1999	752	508	246	21	12	95	62
防城港市	1470	515	548	120	11	4	12	60
钦州市	1668	655	566	144	24	12	19	27
贵港市	3351	1279	1073	320	44	41	50	73
玉林市	3828	1639	1155	326	23	51	25	105
百色市	3121	1053	1013	324	43	25	30	134
贺州市	1123	397	401	102	11	6	10	15
河池市	1422	528	420	140	23	13	12	14
来宾市	1761	623	506	183	43	18	19	84
崇左市	824	389	229	74	4	8	10	19
女	**38608**	**20171**	**2299**	**6027**	**234**	**459**	**665**	**419**
南宁市	11667	6192	715	1636	103	132	234	171
柳州市	4652	2285	316	705	18	38	53	32
桂林市	4205	2039	175	837	15	46	88	89
梧州市	1220	566	61	258	7	21	26	10
北海市	1659	844	78	283	9	14	76	15
防城港市	1029	515	61	187	3	10	22	13
钦州市	1473	805	70	214	6	22	28	8
贵港市	2742	1535	149	403	16	49	40	26
玉林市	2501	1455	138	297	17	43	14	12
百色市	2801	1460	280	429	8	31	41	19
贺州市	932	478	55	182	8	7	7	3
河池市	1399	725	75	264	8	16	7	7
来宾市	1596	829	79	219	13	26	25	11
崇左市	732	443	47	113	3	4	4	3

4-6a 续表 14

单位：人

地 区 性 别	有农村土地承包经营权的人口							
	四、社会生产服务和生活服务人员							
	28.技术辅助服务人员	29.水利、环境和公共设施管理服务人员	30.居民服务人员	31.电力、燃气及水供应服务人员	32.修理及制作服务人员	33.文化、体育和娱乐服务人员	34.健康服务人员	35.其他社会生产和生活服务人员
总 计	**1373**	**4821**	**4803**	**546**	**3444**	**420**	**115**	**60**
南宁市	504	1510	1337	125	1023	113	29	17
柳州市	171	741	625	68	505	55	21	7
桂林市	195	553	538	42	271	82	14	5
梧州市	41	150	158	33	150	10	3	1
北海市	53	202	205	25	131	20	4	3
防城港市	20	146	122	14	92	22	1	1
钦州市	31	186	166	24	117	10	6	1
贵港市	83	303	306	40	239	15	5	4
玉林市	83	278	376	35	229	14	8	6
百色市	71	296	302	49	265	35	9	5
贺州市	34	90	114	20	90	15	5	5
河池市	42	125	215	32	140	6	5	4
来宾市	31	166	277	28	153	18	5	1
崇左市	14	75	62	11	39	5		
男	**951**	**1099**	**1368**	**485**	**3040**	**234**	**37**	**34**
南宁市	350	342	393	109	899	62	10	9
柳州市	117	189	136	60	448	28	6	4
桂林市	139	157	162	37	241	42	3	3
梧州市	24	35	42	30	136	6	2	
北海市	37	45	58	24	123	11	3	2
防城港市	17	40	36	14	78	15		
钦州市	21	36	33	20	104	6	1	
贵港市	57	54	101	34	212	9	1	3
玉林市	63	69	103	32	218	11	4	4
百色市	48	47	123	42	216	17	4	2
贺州市	19	24	28	20	77	9	1	3
河池市	30	17	71	29	116	3	2	4
来宾市	19	31	63	23	138	11		
崇左市	10	13	19	11	34	4		
女	**422**	**3722**	**3435**	**61**	**404**	**186**	**78**	**26**
南宁市	154	1168	944	16	124	51	19	8
柳州市	54	552	489	8	57	27	15	3
桂林市	56	396	376	5	30	40	11	2
梧州市	17	115	116	3	14	4	1	1
北海市	16	157	147	1	8	9	1	1
防城港市	3	106	86		14	7	1	1
钦州市	10	150	133	4	13	4	5	1
贵港市	26	249	205	6	27	6	4	1
玉林市	20	209	273	3	11	3	4	2
百色市	23	249	179	7	49	18	5	3
贺州市	15	66	86		13	6	4	2
河池市	12	108	144	3	24	3	3	
来宾市	12	135	214	5	15	7	5	1
崇左市	4	62	43		5	1		

4-6a 续表 15 单位：人

地区 性别	有农村土地承包经营权的人口								
	五、农、林、牧、渔业生产及辅助人员							六、生产制造及有关人员	
	小计	36.农业生产人员	37.林业生产人员	38.畜牧业生产人员	39.渔业生产人员	40.农林牧渔生产辅助人员	41.其他农、林、牧、渔业生产加工人员	小计	42.农副产品加工人员
总　计	**22430**	**19678**	**552**	**1409**	**637**	**130**	**24**	**56742**	**840**
南宁市	3542	3082	73	272	84	27	4	13405	158
柳州市	1215	935	177	79	19	4	1	8304	64
桂林市	1376	1207	18	120	12	18	1	5337	66
梧州市	1473	1371	23	54	20	4	1	2592	38
北海市	523	237	11	26	236	6	7	2051	137
防城港市	236	130	3	58	42	3		1522	32
钦州市	467	280	21	65	91	5	5	1986	37
贵港市	3354	3192	19	120	17	4	2	5807	62
玉林市	1339	1188	19	104	25	2	1	5055	67
百色市	5007	4701	71	180	18	35	2	4701	69
贺州市	833	719	58	45	5	6		1510	18
河池市	1006	797	17	174	11	7		1598	19
来宾市	903	756	37	70	34	6		2336	59
崇左市	1156	1083	5	42	23	3		538	14
男	**12159**	**10325**	**363**	**892**	**488**	**78**	**13**	**41298**	**483**
南宁市	1962	1669	50	165	60	16	2	10292	109
柳州市	745	552	116	61	12	3	1	6250	41
桂林市	798	681	12	83	8	13	1	4160	43
梧州市	729	657	16	33	18	4	1	1836	19
北海市	361	139	7	20	190	3	2	1493	48
防城港市	160	82	2	41	33	2		1192	20
钦州市	297	153	16	47	74	3	4	1492	19
贵港市	1665	1554	13	79	14	4	1	3979	39
玉林市	824	716	14	73	19	1	1	3135	46
百色市	2562	2374	42	117	15	14		3085	39
贺州市	440	373	30	30	3	4		1143	10
河池市	506	395	12	87	7	5		1123	5
来宾市	522	428	30	36	23	5		1720	37
崇左市	588	552	3	20	12	1		398	8
女	**10271**	**9353**	**189**	**517**	**149**	**52**	**11**	**15444**	**357**
南宁市	1580	1413	23	107	24	11	2	3113	49
柳州市	470	383	61	18	7	1		2054	23
桂林市	578	526	6	37	4	5		1177	23
梧州市	744	714	7	21	2			756	19
北海市	162	98	4	6	46	3	5	558	89
防城港市	76	48	1	17	9	1		330	12
钦州市	170	127	5	18	17	2	1	494	18
贵港市	1689	1638	6	41	3		1	1828	23
玉林市	515	472	5	31	6	1		1920	21
百色市	2445	2327	29	63	3	21	2	1616	30
贺州市	393	346	28	15	2	2		367	8
河池市	500	402	5	87	4	2		475	14
来宾市	381	328	7	34	11	1		616	22
崇左市	568	531	2	22	11	2		140	6

4-6a　续表 16　　　　单位：人

地区 性别	有农村土地承包经营权的人口							
	六、生产制造及有关人员							
	43.食品、饮料生产加工人员	44.烟草及其制品加工人员	45.纺织、针织、印染人员	46.纺织品、服装和皮革、毛皮制品加工制作人员	47.木材加工、家具与木制品制作人员	48.纸及纸制品生产加工人员	49.印刷和记录媒介复制人员	50.文教、工美、体育和娱乐用品制造人员
总　计	**755**	**21**	**292**	**2890**	**2908**	**158**	**166**	**565**
南宁市	194	12	22	162	510	39	59	68
柳州市	100	6	23	200	609	16	16	18
桂林市	103		15	77	273	14	24	84
梧州市	44		21	123	77	4	4	185
北海市	28		5	43	40	4	5	26
防城港市	14		1	10	78	1		2
钦州市	27		2	29	50	5	4	14
贵港市	51	1	17	247	745	19	19	35
玉林市	67		62	1736	124	5	21	67
百色市	43	1	8	91	171	11	6	24
贺州市	7		1	29	57	8	1	15
河池市	25		111	72	85	4	3	7
来宾市	32	1	4	62	43	28	3	16
崇左市	20			9	46		1	4
男	**409**	**7**	**120**	**832**	**1916**	**88**	**105**	**264**
南宁市	114	3	10	59	382	17	41	40
柳州市	51	2	8	45	387	6	9	12
桂林市	47		7	29	181	6	13	57
梧州市	25		8	34	57	1	3	89
北海市	22		2	11	38	3	3	11
防城港市	8			5	59	1		1
钦州市	13		1	10	40	4	3	7
贵港市	26	1	7	54	412	10	14	10
玉林市	43		44	521	96	4	13	16
百色市	16		2	27	113	8	2	7
贺州市	6		1	8	43	7	1	6
河池市	10		28	13	39	1	1	4
来宾市	16	1	2	15	36	20	2	4
崇左市	12			1	33			
女	**346**	**14**	**172**	**2058**	**992**	**70**	**61**	**301**
南宁市	80	9	12	103	128	22	18	28
柳州市	49	4	15	155	222	10	7	6
桂林市	56		8	48	92	8	11	27
梧州市	19		13	89	20	3	1	96
北海市	6		3	32	2	1	2	15
防城港市	6		1	5	19			1
钦州市	14		1	19	10	1	1	7
贵港市	25		10	193	333	9	5	25
玉林市	24		18	1215	28	1	8	51
百色市	27	1	6	64	58	3	4	17
贺州市	1			21	14	1		9
河池市	15		83	59	46	3	2	3
来宾市	16		2	47	7	8	1	12
崇左市	8			8	13		1	4

4-6a 续表 17　　单位：人

地区 性别	有农村土地承包经营权的人口							
	六、生产制造及有关人员							
	51.石油加工和炼焦、煤化工生产人员	52.化学原料和化学制品制造人员	53.医药制造人员	54.化学纤维制造人员	55.橡胶和塑料制品制造人员	56.非金属矿物制品制造人员	57.采矿人员	58.金属冶炼和压延加工人员
总　计	**26**	**186**	**132**	**8**	**368**	**976**	**188**	**602**
南宁市	1	23	29		81	155	6	38
柳州市	6	34	9		67	97	9	110
桂林市		12	33	1	52	40	8	3
梧州市		26	5	1	12	100	8	76
北海市	2	11	2		26	18	4	3
防城港市	6	5	2	1	2	17	20	67
钦州市	5	10	15		7	33	4	2
贵港市	2	20	8		31	87	4	77
玉林市		7	19		33	92	8	19
百色市	4	28	1	2	31	86	70	159
贺州市		2	1		4	179	29	4
河池市		4	3	2	6	39	14	23
来宾市		3	4	1	15	31	3	19
崇左市		1	1		1	2	1	2
男	**22**	**130**	**59**	**5**	**183**	**721**	**156**	**496**
南宁市	1	13	13		42	118	5	23
柳州市	5	24	6		37	70	8	100
桂林市		9	17	1	20	29	5	3
梧州市		18	2	1	6	83	6	62
北海市	2	10			13	15	4	3
防城港市	6	5	2		1	11	8	53
钦州市	4	5	5		3	22	4	1
贵港市	1	13	3		16	57	4	63
玉林市		5	6		17	57	7	17
百色市	3	20		2	14	70	61	134
贺州市		1	1		3	136	27	3
河池市		3	2	1	5	28	13	16
来宾市		3	1		5	24	3	16
崇左市		1	1		1	1	1	2
女	**4**	**56**	**73**	**3**	**185**	**255**	**32**	**106**
南宁市		10	16		39	37	1	15
柳州市	1	10	3		30	27	1	10
桂林市		3	16		32	11	3	
梧州市		8	3		6	17	2	14
北海市		1	2		13	3		
防城港市				1	1	6	12	14
钦州市	1	5	10		4	11		1
贵港市	1	7	5		15	30		14
玉林市		2	13		16	35	1	2
百色市	1	8	1		17	16	9	25
贺州市		1			1	43	2	1
河池市		1	1	1	1	11	1	7
来宾市			3	1	10	7		3
崇左市						1		

4-6a　续表 18　　　　　　　　　　　　　　　　　　单位：人

地　区 性　别	有农村土地承包经营权的人口							
	六、生产制造及有关人员							
	59.机械制造基础加工人员	60.金属制品制造人　员	61.通用设备制造人　员	62.专用设备制造人　员	63.汽车制造人员	64.铁路、船舶、航空设备制造人　员	65.电气机械和器材制造人员	66.计算机、通信和其他电子设备制造人　员
总　计	**1599**	**812**	**234**	**77**	**749**	**39**	**215**	**2802**
南宁市	290	164	43	18	30	3	24	521
柳州市	556	147	61	21	577	15	20	206
桂林市	105	87	21	12	45	1	23	155
梧州市	78	62	9	2	8	4	24	256
北海市	34	16	7	3	5	2	32	164
防城港市	54	17	7	1	1	2	2	20
钦州市	47	33	6	2	4		10	112
贵港市	87	75	11	1	10	10	39	415
玉林市	162	65	48	1	39	1	14	113
百色市	95	66	8	4	8	1	11	589
贺州市	22	17	5	5	3		1	62
河池市	33	27	7	5	4		3	39
来宾市	28	28	1	2	13		11	123
崇左市	8	8			2		1	27
男	**1372**	**615**	**196**	**54**	**512**	**33**	**136**	**1214**
南宁市	266	125	37	12	24	3	16	275
柳州市	472	113	51	17	391	15	12	137
桂林市	93	62	16	9	35		17	88
梧州市	61	48	8	1	4	3	11	90
北海市	32	12	7	2	4	2	24	83
防城港市	52	12	5		1	2	2	17
钦州市	42	26	5	2	3		8	59
贵港市	78	57	8	1	7	6	24	156
玉林市	111	55	40	1	28	1	10	64
百色市	80	47	7	2	6	1	5	124
贺州市	20	10	4	3	2		1	30
河池市	32	22	7	3	3		2	21
来宾市	25	20	1	1	3		4	55
崇左市	8	6			1			15
女	**227**	**197**	**38**	**23**	**237**	**6**	**79**	**1588**
南宁市	24	39	6	6	6		8	246
柳州市	84	34	10	4	186		8	69
桂林市	12	25	5	3	10	1	6	67
梧州市	17	14	1	1	4	1	13	166
北海市	2	4		1	1		8	81
防城港市	2	5	2	1				3
钦州市	5	7	1		1		2	53
贵港市	9	18	3		3	4	15	259
玉林市	51	10	8		11		4	49
百色市	15	19	1	2	2		6	465
贺州市	2	7	1	2	1			32
河池市	1	5		2	1		1	18
来宾市	3	8		1	10		7	68
崇左市		2			1		1	12

4-6a 续表 19　　单位：人

地区 性别	有农村土地承包经营权的人口 六、生产制造及有关人员 67.仪器仪表制造人员	68.废弃资源综合利用人员	69.电力、热力、气体、水生产和输配人员	70.建筑施工人员	71.运输设备和通用工程机械操作人员及有关人员	72.生产辅助人员	73.其他生产制造及有关人员	74.不便分类的其他从业人员
总计	**18**	**91**	**157**	**33156**	**1708**	**3882**	**122**	**667**
南宁市	4	14	20	9407	414	877	19	91
柳州市	1	20	7	4374	263	642	10	42
桂林市	4	3	12	3527	143	381	13	33
梧州市	1	4	8	1152	71	179	10	13
北海市	1	2	6	1203	53	167	2	38
防城港市	1	10	4	936	53	154	2	48
钦州市		6	4	1352	58	105	3	36
贵港市	2	2	19	3305	139	237	30	92
玉林市		12	5	1814	108	339	7	49
百色市	1	7	29	2413	211	449	4	3
贺州市		3	3	890	62	78	4	24
河池市	2	4	7	892	45	103	10	93
来宾市		4	32	1554	69	141	6	37
崇左市	1		1	337	19	30	2	68
男	**12**	**61**	**132**	**26771**	**1578**	**2547**	**69**	**416**
南宁市	3	10	16	7520	384	600	11	62
柳州市		13	6	3550	242	413	7	28
桂林市	2	3	7	2967	133	253	8	19
梧州市	1	3	6	1008	64	107	7	9
北海市	1		5	989	44	103		26
防城港市	1	7	3	746	45	117	2	32
钦州市		3	4	1075	53	69	2	18
贵港市	1	2	18	2562	126	186	17	57
玉林市		9	4	1612	103	202	3	31
百色市	1	5	25	1806	200	257	1	2
贺州市		2	1	704	61	49	3	14
河池市	1	1	5	731	42	79	5	50
来宾市		3	31	1237	62	91	2	23
崇左市	1		1	264	19	21	1	45
女	**6**	**30**	**25**	**6385**	**130**	**1335**	**53**	**251**
南宁市	1	4	4	1887	30	277	8	29
柳州市	1	7	1	824	21	229	3	14
桂林市	2		5	560	10	128	5	14
梧州市		1	2	144	7	72	3	4
北海市		2	1	214	9	64	2	12
防城港市		3	1	190	8	37		16
钦州市		3		277	5	36	1	18
贵港市	1		1	743	13	51	13	35
玉林市		3	1	202	5	137	4	18
百色市		2	4	607	11	192	3	1
贺州市		1	2	186	1	29	1	10
河池市	1	3	2	161	3	24	5	43
来宾市		1	1	317	7	50	4	14
崇左市				73		9	1	23

4-6a 续表 20

单位：人

地区 性别	没有农村土地承包经营权的人口							
	合计	一、党的机关、国家机关、群众团体和社会组织、企事业单位负责人						
		小计	1.中国共产党机关负责人	2.国家机关负责人	3.民主党派和工商联负责人	4.人民团体和群众团体、社会组织及其他成员组织负责人	5.基层群众自治组织负责人	6.企事业单位负责人
总　计	**414159**	**16131**	**54**	**1033**	**5**	**494**	**75**	**14470**
南宁市	146570	6561	10	222	2	94	18	6215
柳州市	63754	1938	8	107		76	15	1732
桂林市	34672	1651	10	106	1	55	14	1465
梧州市	24740	607	1	61	1	19	6	519
北海市	19947	791	1	61		52	4	673
防城港市	14162	615	1	43		16		555
钦州市	14724	627	2	56		92		477
贵港市	20469	589		65		12		512
玉林市	23160	916	2	40		15	5	854
百色市	17093	577	10	78	1	23	8	457
贺州市	8369	366	4	58		4	4	296
河池市	9597	372	5	56		4	1	306
来宾市	9856	336		49		21		266
崇左市	7046	185		31		11		143
男	**223408**	**10767**	**41**	**759**	**4**	**293**	**33**	**9637**
南宁市	79357	4363	8	165	2	55	7	4126
柳州市	35339	1324	7	75		42	3	1197
桂林市	18379	1081	8	80	1	37	5	950
梧州市	13399	429		48		10	1	370
北海市	10732	524	1	42		28	3	450
防城港市	8146	406	1	29		12		364
钦州市	8008	425	2	41		63		319
贵港市	10591	390		49		5		336
玉林市	12208	576	2	27		8	5	534
百色市	9053	385	6	61	1	15	6	296
贺州市	4311	273	2	40		2	3	226
河池市	4881	251	4	45		2		200
来宾市	5160	222		38		10		174
崇左市	3844	118		19		4		95
女	**190751**	**5364**	**13**	**274**	**1**	**201**	**42**	**4833**
南宁市	67213	2198	2	57		39	11	2089
柳州市	28415	614	1	32		34	12	535
桂林市	16293	570	2	26		18	9	515
梧州市	11341	178	1	13	1	9	5	149
北海市	9215	267		19		24	1	223
防城港市	6016	209		14		4		191
钦州市	6716	202		15		29		158
贵港市	9878	199		16		7		176
玉林市	10952	340		13		7		320
百色市	8040	192	4	17		8	2	161
贺州市	4058	93	2	18		2	1	70
河池市	4716	121	1	11		2	1	106
来宾市	4696	114		11		11		92
崇左市	3202	67		12		7		48

4-6a　续表 21　　　　　　　　　　　　　　　　　　　　　　　　单位：人

地　区 性　别	没有农村土地承包经营权的人口							
	二、专业技术人员							
	小计	7.科学研究人员	8.工程技术人员	9.农业技术人员	10.飞机和船舶技术人　员	11.卫生专业技术人　员	12.经济和金融专业人　员	13.法律、社会和宗教专业人　员
总　计	**75753**	**410**	**13762**	**398**	**96**	**14276**	**15406**	**1704**
南宁市	27316	240	5752	163	20	4457	6577	657
柳州市	11462	24	2676	29	4	2015	2454	235
桂林市	7488	58	1307	28	26	1392	1437	195
梧州市	3916	9	450	20	9	949	637	79
北海市	2870	12	430	14	9	448	585	80
防城港市	1999	2	456	10	5	306	407	49
钦州市	2869	13	483	10	1	630	464	48
贵港市	3571	8	443	21	17	781	517	68
玉林市	4326	9	564	22	1	997	686	79
百色市	3193	13	410	31	3	714	511	62
贺州市	1687	5	250	10	1	364	286	30
河池市	2061	2	231	14		579	344	44
来宾市	1920	8	223	20		414	310	50
崇左市	1075	7	87	6		230	191	28
男	**29614**	**242**	**11085**	**252**	**85**	**3983**	**3879**	**903**
南宁市	11074	143	4535	100	17	1253	1648	346
柳州市	4531	11	2179	15	3	502	564	101
桂林市	2986	31	1063	18	24	371	352	114
梧州市	1463	7	385	18	9	264	186	42
北海市	1008	10	340	8	9	123	140	36
防城港市	844		404	7	5	90	107	30
钦州市	1025	8	377	6	1	176	107	26
贵港市	1300	4	374	16	13	227	144	36
玉林市	1568	5	460	14		332	168	41
百色市	1294	9	337	15	3	211	145	34
贺州市	601	4	210	6	1	101	67	20
河池市	763	1	177	12		149	100	29
来宾市	708	5	177	12		111	72	29
崇左市	449	4	67	5		73	79	19
女	**46139**	**168**	**2677**	**146**	**11**	**10293**	**11527**	**801**
南宁市	16242	97	1217	63	3	3204	4929	311
柳州市	6931	13	497	14	1	1513	1890	134
桂林市	4502	27	244	10	2	1021	1085	81
梧州市	2453	2	65	2		685	451	37
北海市	1862	2	90	6		325	445	44
防城港市	1155	2	52	3		216	300	19
钦州市	1844	5	106	4		454	357	22
贵港市	2271	4	69	5	4	554	373	32
玉林市	2758	4	104	8	1	665	518	38
百色市	1899	4	73	16		503	366	28
贺州市	1086	1	40	4		263	219	10
河池市	1298	1	54	2		430	244	15
来宾市	1212	3	46	8		303	238	21
崇左市	626	3	20	1		157	112	9

4-6a　续表 22　　　　单位：人

地 区 性 别	没有农村土地承包经营权的人口							
	二、专业技术人员				三、办事人员和有关人员			
	14.教学人员	15.文学艺术、体育专业人员	16.新闻出版、文化专业人员	17.其他专业技术人员	小计	18.办事人员	19.安全和消防人员	20.其他办事人员和有关人员
总　计	**27006**	**959**	**1363**	**373**	**55347**	**46673**	**8295**	**379**
南宁市	8166	438	667	179	19416	17002	2259	155
柳州市	3676	125	157	67	7999	6531	1423	45
桂林市	2757	128	139	21	5258	4447	783	28
梧州市	1658	42	60	3	3026	2417	597	12
北海市	1185	31	51	25	2363	1942	402	19
防城港市	708	12	30	14	1963	1603	342	18
钦州市	1154	32	33	1	2325	1987	331	7
贵港市	1638	26	44	8	2534	2025	501	8
玉林市	1871	36	48	13	2554	2209	327	18
百色市	1363	37	38	11	2391	2035	343	13
贺州市	686	21	23	11	1430	1144	260	26
河池市	793	11	34	9	1547	1239	296	12
来宾市	849	10	27	9	1481	1222	248	11
崇左市	502	10	12	2	1060	870	183	7
男	**7949**	**519**	**471**	**246**	**31169**	**23803**	**7152**	**214**
南宁市	2459	233	221	119	10376	8379	1912	85
柳州市	990	73	51	42	4485	3245	1212	28
桂林市	884	65	48	16	3002	2295	696	11
梧州市	493	31	26	2	1767	1232	526	9
北海市	288	19	19	16	1324	967	349	8
防城港市	173	10	8	10	1226	908	305	13
钦州市	296	15	12	1	1399	1094	298	7
贵港市	464	9	10	3	1483	1063	416	4
玉林市	499	18	23	8	1475	1177	287	11
百色市	500	18	15	7	1424	1106	311	7
贺州市	167	11	5	9	806	565	229	12
河池市	267	5	15	8	911	655	248	8
来宾市	279	7	13	3	848	639	201	8
崇左市	190	5	5	2	643	478	162	3
女	**19057**	**440**	**892**	**127**	**24178**	**22870**	**1143**	**165**
南宁市	5707	205	446	60	9040	8623	347	70
柳州市	2686	52	106	25	3514	3286	211	17
桂林市	1873	63	91	5	2256	2152	87	17
梧州市	1165	11	34	1	1259	1185	71	3
北海市	897	12	32	9	1039	975	53	11
防城港市	535	2	22	4	737	695	37	5
钦州市	858	17	21		926	893	33	
贵港市	1174	17	34	5	1051	962	85	4
玉林市	1372	18	25	5	1079	1032	40	7
百色市	863	19	23	4	967	929	32	6
贺州市	519	10	18	2	624	579	31	14
河池市	526	6	19	1	636	584	48	4
来宾市	570	3	14	6	633	583	47	3
崇左市	312	5	7		417	392	21	4

4-6a 续表 23 单位：人

地区 性别	没有农村土地承包经营权的人口 四、社会生产服务和生活服务人员 小计	21.批发与零售服务人员	22.交通运输、仓储和邮政业服务人员	23.住宿和餐饮服务人员	24.信息传输、软件和信息技术服务人员	25.金融服务人员	26.房地产服务人员	27.租赁和商务服务人员
总计	**192519**	**89837**	**29951**	**20820**	**3954**	**5675**	**4860**	**5700**
南宁市	72484	35416	10412	7256	1727	2046	2123	2236
柳州市	29160	13042	5351	2701	532	783	569	903
桂林市	15200	6881	1957	1747	321	492	423	967
梧州市	11680	4761	2054	1488	265	434	441	269
北海市	9599	4142	1233	1303	149	214	446	309
防城港市	6404	2734	1273	816	78	119	149	116
钦州市	6078	2855	1039	684	104	201	128	78
贵港市	9004	4415	1415	1060	174	294	177	134
玉林市	10868	5711	1655	932	178	334	148	271
百色市	7206	3102	1249	912	120	261	98	195
贺州市	3501	1582	534	535	62	118	34	63
河池市	3986	1687	640	497	116	153	40	49
来宾市	3921	1752	642	456	72	116	44	79
崇左市	3428	1757	497	433	56	110	40	31
男	**99935**	**40021**	**24708**	**9216**	**2676**	**2578**	**2664**	**3917**
南宁市	38436	16668	8532	3378	1160	965	1215	1521
柳州市	15271	5745	4390	1181	357	329	329	664
桂林市	7729	3051	1587	731	228	231	229	573
梧州市	6165	2023	1772	669	181	202	231	218
北海市	4874	1792	1035	574	105	84	240	219
防城港市	3353	1158	1078	343	52	52	84	84
钦州市	3141	1187	914	302	75	83	73	52
贵港市	4401	1799	1160	420	115	133	81	93
玉林市	5677	2545	1381	438	121	146	74	209
百色市	3587	1247	961	395	79	125	41	154
贺州市	1734	672	459	199	49	61	15	34
河池市	1902	645	523	183	72	76	19	24
来宾市	1892	682	527	204	49	49	14	53
崇左市	1773	807	389	199	33	42	19	19
女	**92584**	**49816**	**5243**	**11604**	**1278**	**3097**	**2196**	**1783**
南宁市	34048	18748	1880	3878	567	1081	908	715
柳州市	13889	7297	961	1520	175	454	240	239
桂林市	7471	3830	370	1016	93	261	194	394
梧州市	5515	2738	282	819	84	232	210	51
北海市	4725	2350	198	729	44	130	206	90
防城港市	3051	1576	195	473	26	67	65	32
钦州市	2937	1668	125	382	29	118	55	26
贵港市	4603	2616	255	640	59	161	96	41
玉林市	5191	3166	274	494	57	188	74	62
百色市	3619	1855	288	517	41	136	57	41
贺州市	1767	910	75	336	13	57	19	29
河池市	2084	1042	117	314	44	77	21	25
来宾市	2029	1070	115	252	23	67	30	26
崇左市	1655	950	108	234	23	68	21	12

4-6a 续表 24

单位：人

地 区 性 别	没有农村土地承包经营权的人口							
	四、社会生产服务和生活服务人员							
	28.技术辅助服务人员	29.水利、环境和公共设施管理服务人员	30.居民服务人员	31.电力、燃气及水供应服务人员	32.修理及制作服务人员	33.文化、体育和娱乐服务人员	34.健康服务人员	35.其他社会生产和生活服务人员
总 计	**4762**	**7105**	**10404**	**1650**	**5955**	**1266**	**427**	**153**
南宁市	1958	2658	3612	388	2037	412	154	49
柳州市	790	1244	1715	203	1012	223	58	34
桂林市	517	477	738	107	376	148	39	10
梧州市	284	370	722	158	359	64	7	4
北海市	205	466	627	103	304	59	24	15
防城港市	91	325	342	86	213	41	13	8
钦州市	118	221	311	75	207	34	21	2
贵港市	204	251	437	87	273	65	16	2
玉林市	216	279	638	95	333	51	18	9
百色市	101	296	353	136	274	69	30	10
贺州市	85	108	204	36	97	38	5	
河池市	85	140	310	76	141	25	21	6
来宾市	83	170	244	47	172	27	16	1
崇左市	25	100	151	53	157	10	5	3
男	**3004**	**1470**	**2271**	**1300**	**5217**	**699**	**110**	**84**
南宁市	1212	548	848	316	1787	220	37	29
柳州市	524	263	289	160	899	115	8	18
桂林市	331	96	160	90	328	80	9	5
梧州市	172	91	115	124	322	41	1	3
北海市	132	95	181	86	280	37	7	7
防城港市	58	70	92	72	186	20	1	3
钦州市	78	41	63	64	185	20	3	1
贵港市	125	41	94	60	231	39	10	
玉林市	140	71	142	67	297	40	3	3
百色市	66	54	85	101	222	33	17	7
贺州市	53	20	37	30	86	18	1	
河池市	49	32	70	62	122	13	6	6
来宾市	42	29	46	36	139	17	5	
崇左市	22	19	49	32	133	6	2	2
女	**1758**	**5635**	**8133**	**350**	**738**	**567**	**317**	**69**
南宁市	746	2110	2764	72	250	192	117	20
柳州市	266	981	1426	43	113	108	50	16
桂林市	186	381	578	17	48	68	30	5
梧州市	112	279	607	34	37	23	6	1
北海市	73	371	446	17	24	22	17	8
防城港市	33	255	250	14	27	21	12	5
钦州市	40	180	248	11	22	14	18	1
贵港市	79	210	343	27	42	26	6	2
玉林市	76	208	496	28	36	11	15	6
百色市	35	242	268	35	52	36	13	3
贺州市	32	88	167	6	11	20	4	
河池市	36	108	240	14	19	12	15	
来宾市	41	141	198	11	33	10	11	1
崇左市	3	81	102	21	24	4	3	1

4-6a 续表 25 单位：人

地 区 性 别	没有农村土地承包经营权的人口								
	五、农、林、牧、渔业生产及辅助人员							六、生产制造及有关人员	
	小计	36.农业生产人员	37.林业生产人员	38.畜牧业生产人员	39.渔业生产人员	40.农林牧渔生产辅助人员	41.其他农、林、牧、渔业生产加工人员	小计	42.农副产品加工人员
总 计	**6903**	**3953**	**461**	**806**	**1491**	**154**	**38**	**66012**	**1324**
南宁市	1390	890	132	225	97	42	4	19088	241
柳州市	537	327	73	77	35	18	7	12549	106
桂林市	378	264	12	59	26	16	1	4545	41
梧州市	521	427	19	35	36	4		4971	61
北海市	1115	126	10	20	921	20	18	3118	338
防城港市	297	119	13	55	106	3	1	2770	61
钦州市	328	79	25	65	150	7	2	2419	47
贵港市	492	354	36	57	41	4		4108	87
玉林市	391	282	30	55	20	2	2	4006	54
百色市	494	380	32	52	11	18	1	3226	70
贺州市	241	183	25	24	6	2	1	1138	17
河池市	152	105	10	22	11	4		1318	32
来宾市	261	175	31	27	16	11	1	1919	74
崇左市	306	242	13	33	15	3		837	95
男	**3984**	**1929**	**344**	**502**	**1099**	**93**	**17**	**47046**	**667**
南宁市	765	432	96	135	68	30	4	14145	137
柳州市	325	174	54	55	26	12	4	9331	59
桂林市	233	159	11	37	17	9		3255	24
梧州市	240	179	13	23	24	1		3322	35
北海市	825	77	8	14	711	9	6	2126	89
防城港市	181	63	9	30	76	2	1	2061	43
钦州市	211	43	20	45	97	5	1	1755	26
贵港市	215	132	26	31	24	2		2709	54
玉林市	218	139	21	39	17	1	1	2632	27
百色市	261	188	25	29	9	10		2097	43
贺州市	112	76	17	14	4	1		782	11
河池市	77	49	6	13	6	3		903	23
来宾市	162	97	28	20	11	6		1317	41
崇左市	159	121	10	17	9	2		611	55
女	**2919**	**2024**	**117**	**304**	**392**	**61**	**21**	**18966**	**657**
南宁市	625	458	36	90	29	12		4943	104
柳州市	212	153	19	22	9	6	3	3218	47
桂林市	145	105	1	22	9	7	1	1290	17
梧州市	281	248	6	12	12	3		1649	26
北海市	290	49	2	6	210	11	12	992	249
防城港市	116	56	4	25	30	1		709	18
钦州市	117	36	5	20	53	2	1	664	21
贵港市	277	222	10	26	17	2		1399	33
玉林市	173	143	9	16	3	1	1	1374	27
百色市	233	192	7	23	2	8	1	1129	27
贺州市	129	107	8	10	2	1	1	356	6
河池市	75	56	4	9	5	1		415	9
来宾市	99	78	3	7	5	5	1	602	33
崇左市	147	121	3	16	6	1		226	40

4-6a　续表 26　　　　单位：人

地　区 性　别	没有农村土地承包经营权的人口							
	六、生产制造及有关人员							
	43.食品、饮料生产加工人员	44.烟草及其制品加工人员	45.纺织、针织、印染人　员	46.纺织品、服装和皮革、毛皮制品加工制作人员	47.木材加工、家具与木制品制作人员	48.纸及纸制品生产加工人员	49.印刷和记录媒介复制人员	50.文教、工美、体育和娱乐用品制造人　员
总　计	**1445**	**133**	**321**	**2343**	**1831**	**255**	**489**	**1042**
南宁市	404	86	33	326	559	36	193	85
柳州市	207	39	35	349	280	17	57	42
桂林市	144	1	41	158	135	36	46	97
梧州市	176		18	229	86	12	19	582
北海市	81	2	13	63	38	10	20	50
防城港市	47		1	22	63		12	10
钦州市	39		5	39	46	10	10	45
贵港市	80		18	205	277	43	26	28
玉林市	86	2	38	749	89	22	42	62
百色市	58	2	9	51	63	12	19	10
贺州市	29		1	12	21	6	7	4
河池市	35		101	53	28	5	6	14
来宾市	42		5	63	32	28	6	8
崇左市	17	1	3	24	114	18	26	5
男	**735**	**86**	**83**	**562**	**1246**	**139**	**276**	**442**
南宁市	216	52	13	88	405	12	109	29
柳州市	77	30	8	75	182	10	29	17
桂林市	74		10	49	82	20	26	62
梧州市	96		7	51	66	5	14	245
北海市	44	2	5	13	31	6	14	18
防城港市	26			4	43		2	5
钦州市	18		1	14	29	8	7	18
贵港市	50		8	36	159	26	14	14
玉林市	46	1	18	165	71	6	25	18
百色市	30	1	3	19	45	6	5	2
贺州市	10			4	16	3	1	1
河池市	17		8	13	20	4	4	7
来宾市	22		1	14	21	15	2	4
崇左市	9		1	17	76	18	24	2
女	**710**	**47**	**238**	**1781**	**585**	**116**	**213**	**600**
南宁市	188	34	20	238	154	24	84	56
柳州市	130	9	27	274	98	7	28	25
桂林市	70	1	31	109	53	16	20	35
梧州市	80		11	178	20	7	5	337
北海市	37		8	50	7	4	6	32
防城港市	21		1	18	20		10	5
钦州市	21		4	25	17	2	3	27
贵港市	30		10	169	118	17	12	14
玉林市	40	1	20	584	18	16	17	44
百色市	28	1	6	32	18	6	14	8
贺州市	19		1	8	5	3	6	3
河池市	18		93	40	8	1	2	7
来宾市	20		4	49	11	13	4	4
崇左市	8	1	2	7	38		2	3

4-6a 续表 27　　单位：人

地区 性别	没有农村土地承包经营权的人口							
	六、生产制造及有关人员							
	51.石油加工和炼焦、煤化工生产人员	52.化学原料和化学制品制造人员	53.医药制造人员	54.化学纤维制造人员	55.橡胶和塑料制品制造人员	56.非金属矿物制品制造人员	57.采矿人员	58.金属冶炼和压延加工人员
总计	**123**	**360**	**465**	**5**	**414**	**895**	**335**	**1347**
南宁市	6	46	97		80	213	49	49
柳州市	54	72	74	2	79	110	28	618
桂林市	2	30	87		74	60	15	5
梧州市	2	71	82		49	84	29	85
北海市	15	16	10		33	18	9	14
防城港市	15	5	3		10	29	23	168
钦州市	20	9	23		6	44	11	2
贵港市		16	12		13	70	8	76
玉林市	2	12	45	2	20	91	7	8
百色市	4	56	8		6	37	99	189
贺州市		6	6	1	2	92	15	7
河池市	1	10	7		2	22	30	30
来宾市	2	10	9		17	21	10	95
崇左市		1	2		23	4	2	1
男	**97**	**255**	**216**	**4**	**232**	**642**	**261**	**1079**
南宁市	4	33	43		42	159	35	41
柳州市	47	50	37	2	48	81	24	507
桂林市	1	19	43		37	43	12	4
梧州市		50	40		21	68	26	71
北海市	12	10	2		19	14	7	11
防城港市	9	5	2		7	21	11	133
钦州市	15	7	8		4	27	8	1
贵港市		12	8		7	53	7	51
玉林市	2	7	24	1	16	46	7	6
百色市	4	42	2		1	27	80	156
贺州市		5	1	1		69	11	5
河池市	1	7	5		1	16	25	20
来宾市	2	7	1		6	15	6	72
崇左市		1			23	3	2	1
女	**26**	**105**	**249**	**1**	**182**	**253**	**74**	**268**
南宁市	2	13	54		38	54	14	8
柳州市	7	22	37		31	29	4	111
桂林市	1	11	44		37	17	3	1
梧州市	2	21	42		28	16	3	14
北海市	3	6	8		14	4	2	3
防城港市	6		1		3	8	12	35
钦州市	5	2	15		2	17	3	1
贵港市		4	4		6	17	1	25
玉林市		5	21	1	4	45		2
百色市		14	6		5	10	19	33
贺州市		1	5		2	23	4	2
河池市		3	2		1	6	5	10
来宾市		3	8		11	6	4	23
崇左市			2			1		

4-6a 续表 28 单位：人

地区 性别	没有农村土地承包经营权的人口							
	六、生产制造及有关人员							
	59.机械制造基础加工人员	60.金属制品制造人员	61.通用设备制造人员	62.专用设备制造人员	63.汽车制造人员	64.铁路、船舶、航空设备制造人员	65.电气机械和器材制造人员	66.计算机、通信和其他电子设备制造人员
总计	**2074**	**981**	**417**	**144**	**1825**	**272**	**343**	**3586**
南宁市	310	315	47	33	36	31	54	859
柳州市	984	212	176	38	1556	143	55	446
桂林市	162	70	24	18	51	22	32	263
梧州市	140	78	26	21	10	40	71	386
北海市	38	24	4	3	6	6	28	275
防城港市	54	46	6	1	12	3	3	74
钦州市	27	21	8	3	13	6	10	206
贵港市	68	48	7	6	10	8	21	332
玉林市	133	44	90	8	67	7	25	207
百色市	74	56	15	7	6	1	16	279
贺州市	10	26	2	1	1		3	78
河池市	36	12	6	4	3	2	6	37
来宾市	30	17	6		20	3	18	106
崇左市	8	12		1	34		1	38
男	**1753**	**684**	**344**	**92**	**1330**	**228**	**219**	**1858**
南宁市	274	218	41	14	26	27	44	458
柳州市	832	156	145	29	1128	121	41	311
桂林市	132	44	20	14	39	14	19	174
梧州市	113	54	22	15	7	37	41	159
北海市	35	18	3	3	3	5	12	133
防城港市	46	29	5	1	8	3	3	53
钦州市	23	17	8	2	10	6	7	95
贵港市	57	29	5	3	6	4	14	139
玉林市	105	31	72	4	52	6	16	142
百色市	60	39	10	4	5		4	62
贺州市	9	19	2				3	46
河池市	32	7	6	3	2	2	3	21
来宾市	27	14	5		10	3	11	43
崇左市	8	9			34		1	22
女	**321**	**297**	**73**	**52**	**495**	**44**	**124**	**1728**
南宁市	36	97	6	19	10	4	10	401
柳州市	152	56	31	9	428	22	14	135
桂林市	30	26	4	4	12	8	13	89
梧州市	27	24	4	6	3	3	30	227
北海市	3	6	1		3	1	16	142
防城港市	8	17	1		4			21
钦州市	4	4		1	3		3	111
贵港市	11	19	2	3	4	4	7	193
玉林市	28	13	18	4	15	1	9	65
百色市	14	17	5	3	1	1	12	217
贺州市	1	7		1	1			32
河池市	4	5		1	1		3	16
来宾市	3	3	1		10		7	63
崇左市		3		1				16

4-6a 续表 29 单位：人

地区 性别	没有农村土地承包经营权的人口							
	六、生产制造及有关人员							74.不便分类的其他从业人员
	67.仪器仪表制造人员	68.废弃资源综合利用人员	69.电力、热力、气体、水生产和输配人员	70.建筑施工人员	71.运输设备和通用工程机械操作人员及有关人员	72.生产辅助人员	73.其他生产制造及有关人员	
总计	**59**	**79**	**574**	**31093**	**2500**	**8738**	**200**	**1494**
南宁市	5	24	60	11876	570	2322	43	315
柳州市	8	11	98	3839	646	2122	46	109
桂林市	15	3	33	1965	165	734	16	152
梧州市	6	10	69	1740	183	594	12	19
北海市		7	18	1470	106	389	14	91
防城港市	1	4	39	1460	175	415	8	114
钦州市	5	5	16	1345	120	275	3	78
贵港市	2	2	16	2193	98	313	25	171
玉林市	5	2	31	1459	149	440	8	99
百色市	1	1	52	1475	113	433	4	6
贺州市	1		22	593	39	130	6	6
河池市	6	5	30	500	46	238	11	161
来宾市	4	5	81	876	67	261	3	18
崇左市			9	302	23	72	1	155
男	**35**	**52**	**443**	**24495**	**2243**	**6134**	**114**	**893**
南宁市	2	16	46	9369	520	1644	28	198
柳州市	7	6	75	3067	583	1515	32	72
桂林市	9	1	22	1613	152	486	10	93
梧州市	2	7	51	1448	163	403	5	13
北海市		6	15	1214	99	276	7	51
防城港市	1	4	35	1115	127	314	6	75
钦州市	2	4	15	1060	116	197	2	52
贵港市	2	1	14	1622	85	222	7	93
玉林市	1	1	23	1262	140	288	3	62
百色市			37	1007	98	303	2	5
贺州市	1		13	419	36	92	4	3
河池市	5	3	22	404	44	172	6	74
来宾市	3	3	69	663	59	176	2	11
崇左市			6	232	21	46		91
女	**24**	**27**	**131**	**6598**	**257**	**2604**	**86**	**601**
南宁市	3	8	14	2507	50	678	15	117
柳州市	1	5	23	772	63	607	14	37
桂林市	6	2	11	352	13	248	6	59
梧州市	4	3	18	292	20	191	7	6
北海市		1	3	256	7	113	7	40
防城港市			4	345	48	101	2	39
钦州市	3	1	1	285	4	78	1	26
贵港市		1	2	571	13	91	18	78
玉林市	4	1	8	197	9	152	5	37
百色市	1	1	15	468	15	130	2	1
贺州市			9	174	3	38	2	3
河池市	1	2	8	96	2	66	5	87
来宾市	1	2	12	213	8	85	1	7
崇左市			3	70	2	26	1	64

4-6b 各地区分性别、职业中类的就业人口（镇）

单位：人

地 区 性 别	16岁及以上人口							
	合计	一、党的机关、国家机关、群众团体和社会组织、企事业单位负责人						
		小计	1.中国共产党机关负责人	2.国家机关负责人	3.民主党派和工商联负责人	4.人民团体和群众团体、社会组织及其他成员组织负责人	5.基层群众自治组织负责人	6.企事业单位负责人
总 计	**489590**	**8211**	**56**	**1086**	**1**	**435**	**331**	**6302**
南宁市	64450	849	5	71		46	26	701
柳州市	37821	621	4	79		54	16	468
桂林市	48761	1170	5	175		43	28	919
梧州市	25431	367	2	44	1	40	14	266
北海市	12344	311		17		24	5	265
防城港市	8235	100	2	10		16	3	69
钦州市	33807	495	4	61		31	14	385
贵港市	49250	514	1	28		25	36	424
玉林市	60256	681	8	62		47	46	518
百色市	29844	694	3	147		29	27	488
贺州市	25158	528		64		8	21	435
河池市	40591	831	11	158		18	66	578
来宾市	25140	448	5	79		14	19	331
崇左市	28502	602	6	91		40	10	455
男	**277559**	**5931**	**49**	**867**	**1**	**257**	**261**	**4496**
南宁市	35880	624	4	63		29	19	509
柳州市	21445	437	3	57		36	11	330
桂林市	27470	838	5	137		27	25	644
梧州市	14907	274	1	35	1	25	9	203
北海市	7094	210		16		15	5	174
防城港市	5226	73	2	9		11	2	49
钦州市	19802	373	4	53		16	13	287
贵港市	27799	378	1	24		14	23	316
玉林市	34890	532	8	53		30	42	399
百色市	16251	465	2	114		15	23	311
贺州市	14478	372		50		3	16	303
河池市	22611	615	8	128		9	49	421
来宾市	13987	320	5	57		6	14	238
崇左市	15719	420	6	71		21	10	312
女	**212031**	**2280**	**7**	**219**		**178**	**70**	**1806**
南宁市	28570	225	1	8		17	7	192
柳州市	16376	184	1	22		18	5	138
桂林市	21291	332		38		16	3	275
梧州市	10524	93	1	9		15	5	63
北海市	5250	101		1		9		91
防城港市	3009	27		1		5	1	20
钦州市	14005	122		8		15	1	98
贵港市	21451	136		4		11	13	108
玉林市	25366	149		9		17	4	119
百色市	13593	229	1	33		14	4	177
贺州市	10680	156		14		5	5	132
河池市	17980	216	3	30		9	17	157
来宾市	11153	128		22		8	5	93
崇左市	12783	182		20		19		143

4-6b 续表 1

单位：人

地区 性别	16岁及以上人口							
	二、专业技术人员							
	小计	7.科学研究人员	8.工程技术人员	9.农业技术人员	10.飞机和船舶技术人员	11.卫生专业技术人员	12.经济和金融专业人员	13.法律、社会和宗教专业人员
总计	**52243**	**113**	**5604**	**671**	**203**	**11472**	**5598**	**633**
南宁市	6170	27	609	99	10	1422	647	65
柳州市	3721	6	481	58	1	824	522	44
桂林市	5928	15	579	79	1	1344	811	75
梧州市	2836	6	281	47	160	525	269	37
北海市	1656	5	157	17	1	382	165	17
防城港市	956	2	315	8	1	131	85	13
钦州市	4076	6	371	38		995	348	48
贵港市	3951	1	377	16	13	822	256	27
玉林市	6161	12	462	68	1	1292	557	59
百色市	3548	9	488	47	2	803	389	47
贺州市	2423	7	241	29		547	238	22
河池市	5162	6	556	79	1	1124	607	94
来宾市	2464	3	294	39	12	574	328	33
崇左市	3191	8	393	47		687	376	52
男	**20923**	**72**	**4746**	**476**	**191**	**3569**	**1750**	**385**
南宁市	2541	15	509	71	8	446	205	39
柳州市	1442	3	415	38	1	213	138	25
桂林市	2218	11	477	58		412	235	45
梧州市	1283	2	242	29	154	182	96	27
北海市	623	3	129	12	1	131	47	7
防城港市	543	1	297	7	1	52	31	6
钦州市	1560	4	323	33		350	112	30
贵港市	1523	1	308	11	10	304	68	19
玉林市	2292	8	389	51	1	475	189	38
百色市	1518	7	407	30	2	202	136	27
贺州市	993	6	207	25		175	72	14
河池市	2091	3	476	54	1	281	212	61
来宾市	946	3	238	23	12	151	90	20
崇左市	1350	5	329	34		195	119	27
女	**31320**	**41**	**858**	**195**	**12**	**7903**	**3848**	**248**
南宁市	3629	12	100	28	2	976	442	26
柳州市	2279	3	66	20		611	384	19
桂林市	3710	4	102	21	1	932	576	30
梧州市	1553	4	39	18	6	343	173	10
北海市	1033	2	28	5		251	118	10
防城港市	413	1	18	1		79	54	7
钦州市	2516	2	48	5		645	236	18
贵港市	2428		69	5	3	518	188	8
玉林市	3869	4	73	17		817	368	21
百色市	2030	2	81	17		601	253	20
贺州市	1430	1	34	4		372	166	8
河池市	3071	3	80	25		843	395	33
来宾市	1518		56	16		423	238	13
崇左市	1841	3	64	13		492	257	25

4-6b 续表 2 单位：人

地 区 性 别	16岁及以上人口							
	二、专业技术人员				三、办事人员和有关人员			
	14.教学人员	15.文学艺术、体育专业人员	16.新闻出版、文化专业人员	17.其他专业技术人员	小计	18.办事人员	19.安全和消防人员	20.其他办事人员和有关人员
总　计	**26834**	**410**	**440**	**265**	**31400**	**24862**	**6212**	**326**
南宁市	3173	35	50	33	3483	2743	698	42
柳州市	1686	34	46	19	2848	2122	690	36
桂林市	2816	98	79	31	3751	3108	607	36
梧州市	1475	10	20	6	1431	1137	285	9
北海市	862	15	15	20	786	619	162	5
防城港市	380	6	12	3	565	451	111	3
钦州市	2208	23	22	17	1965	1567	380	18
贵港市	2387	27	15	10	1949	1528	411	10
玉林市	3621	40	27	22	2958	2341	593	24
百色市	1665	23	32	43	2542	1983	519	40
贺州市	1297	19	18	5	1611	1255	323	33
河池市	2590	40	49	16	3346	2742	582	22
来宾市	1129	9	21	22	1780	1411	348	21
崇左市	1545	31	34	18	2385	1855	503	27
男	**9119**	**241**	**171**	**203**	**20086**	**14254**	**5652**	**180**
南宁市	1178	20	24	26	2229	1557	650	22
柳州市	560	20	13	16	1816	1176	620	20
桂林市	873	53	33	21	2345	1780	545	20
梧州市	535	5	7	4	942	668	268	6
北海市	261	9	9	14	519	368	148	3
防城港市	140	3	2	3	374	266	107	1
钦州市	674	14	8	12	1322	963	349	10
贵港市	775	13	6	8	1264	876	383	5
玉林市	1091	27	8	15	1907	1335	554	18
百色市	649	13	10	35	1623	1139	464	20
贺州市	471	14	4	5	1009	703	288	18
河池市	946	26	19	12	2109	1601	497	11
来宾市	372	6	12	19	1097	767	319	11
崇左市	594	18	16	13	1530	1055	460	15
女	**17715**	**169**	**269**	**62**	**11314**	**10608**	**560**	**146**
南宁市	1995	15	26	7	1254	1186	48	20
柳州市	1126	14	33	3	1032	946	70	16
桂林市	1943	45	46	10	1406	1328	62	16
梧州市	940	5	13	2	489	469	17	3
北海市	601	6	6	6	267	251	14	2
防城港市	240	3	10		191	185	4	2
钦州市	1534	9	14	5	643	604	31	8
贵港市	1612	14	9	2	685	652	28	5
玉林市	2530	13	19	7	1051	1006	39	6
百色市	1016	10	22	8	919	844	55	20
贺州市	826	5	14		602	552	35	15
河池市	1644	14	30	4	1237	1141	85	11
来宾市	757	3	9	3	683	644	29	10
崇左市	951	13	18	5	855	800	43	12

4-6b 续表 3

单位：人

地 区 性 别	16岁及以上人口 四、社会生产服务和生活服务人员 小计	21.批发与零售服务人员	22.交通运输、仓储和邮政业服务人员	23.住宿和餐饮服务人员	24.信息传输、软件和信息技术服务人员	25.金融服务人员	26.房地产服务人员	27.租赁和商务服务人员
总 计	**165152**	**78371**	**29241**	**21437**	**1994**	**2664**	**1273**	**2749**
南宁市	21215	10523	3504	2796	202	305	193	376
柳州市	13577	5819	2464	1780	174	243	90	301
桂林市	18611	8849	2869	2649	288	435	183	520
梧州市	8024	3654	1555	1189	91	101	57	71
北海市	5428	3045	929	504	53	66	55	71
防城港市	2923	1244	573	409	32	37	12	62
钦州市	12009	6038	2098	1541	149	122	73	122
贵港市	13921	6518	2559	1846	157	168	92	112
玉林市	20285	10144	3707	2242	218	383	172	324
百色市	9623	4426	1875	1235	103	176	53	121
贺州市	7585	3334	1314	1211	117	112	45	139
河池市	14089	6313	2634	1784	198	207	86	264
来宾市	7977	3764	1359	1014	97	134	60	130
崇左市	9885	4700	1801	1237	115	175	102	136
男	**87830**	**34943**	**24850**	**9050**	**1378**	**1301**	**657**	**2176**
南宁市	11140	4757	2920	1228	131	143	109	310
柳州市	6980	2514	2045	669	122	105	44	263
桂林市	9620	3920	2427	1039	209	206	82	367
梧州市	4523	1733	1365	564	65	50	31	55
北海市	3010	1456	818	237	29	27	36	54
防城港市	1581	545	484	161	22	21	5	55
钦州市	6560	2709	1870	713	101	70	37	107
贵港市	7897	3180	2238	883	106	81	52	83
玉林市	11639	4922	3349	1045	147	190	90	254
百色市	4851	1819	1435	483	70	95	25	95
贺州市	4081	1495	1147	471	86	56	30	116
河池市	7007	2436	2173	661	143	103	38	202
来宾市	3948	1533	1125	378	64	68	30	104
崇左市	4993	1924	1454	518	83	86	48	111
女	**77322**	**43428**	**4391**	**12387**	**616**	**1363**	**616**	**573**
南宁市	10075	5766	584	1568	71	162	84	66
柳州市	6597	3305	419	1111	52	138	46	38
桂林市	8991	4929	442	1610	79	229	101	153
梧州市	3501	1921	190	625	26	51	26	16
北海市	2418	1589	111	267	24	39	19	17
防城港市	1342	699	89	248	10	16	7	7
钦州市	5449	3329	228	828	48	52	36	15
贵港市	6024	3338	321	963	51	87	40	29
玉林市	8646	5222	358	1197	71	193	82	70
百色市	4772	2607	440	752	33	81	28	26
贺州市	3504	1839	167	740	31	56	15	23
河池市	7082	3877	461	1123	55	104	48	62
来宾市	4029	2231	234	636	33	66	30	26
崇左市	4892	2776	347	719	32	89	54	25

4-6b 续表 4

单位：人

地区 性别	16岁及以上人口							
	四、社会生产服务和生活服务人员							
	28.技术辅助服务人员	29.水利、环境和公共设施管理服务人员	30.居民服务人员	31.电力、燃气及水供应服务人员	32.修理及制作服务人员	33.文化、体育和娱乐服务人员	34.健康服务人员	35.其他社会生产和生活服务人员
总　计	**1993**	**5946**	**9947**	**1884**	**6504**	**679**	**287**	**183**
南宁市	207	764	1192	194	779	92	48	40
柳州市	169	626	1074	196	530	75	25	11
桂林市	242	678	926	190	655	67	27	33
梧州市	123	313	436	86	286	48	10	4
北海市	48	147	243	32	184	27	17	7
防城港市	63	133	180	35	128	8	4	3
钦州市	118	398	682	105	490	35	22	16
贵港市	177	308	1205	114	593	40	25	7
玉林市	250	536	1200	153	857	55	26	18
百色市	101	424	493	173	374	47	13	9
贺州市	81	277	473	96	308	53	19	6
河池市	183	593	875	261	604	57	23	7
来宾市	101	371	462	88	334	42	13	8
崇左市	130	378	506	161	382	33	15	14
男	**1313**	**1709**	**2849**	**1506**	**5520**	**385**	**94**	**99**
南宁市	136	200	313	161	660	40	18	14
柳州市	120	165	241	165	476	39	8	4
桂林市	165	193	246	146	561	36	3	20
梧州市	81	108	130	63	247	27		4
北海市	33	44	68	23	164	14	6	1
防城港市	40	35	59	31	116	3	2	2
钦州市	75	122	215	89	413	22	7	10
贵港市	111	108	402	93	516	31	9	4
玉林市	171	192	368	128	728	31	9	15
百色市	67	108	175	139	292	36	6	6
贺州市	60	101	147	76	257	31	5	3
河池市	120	145	232	207	493	40	9	5
来宾市	56	104	111	67	281	20	5	2
崇左市	78	84	142	118	316	15	7	9
女	**680**	**4237**	**7098**	**378**	**984**	**294**	**193**	**84**
南宁市	71	564	879	33	119	52	30	26
柳州市	49	461	833	31	54	36	17	7
桂林市	77	485	680	44	94	31	24	13
梧州市	42	205	306	23	39	21	10	
北海市	15	103	175	9	20	13	11	6
防城港市	23	98	121	4	12	5	2	1
钦州市	43	276	467	16	77	13	15	6
贵港市	66	200	803	21	77	9	16	3
玉林市	79	344	832	25	129	24	17	3
百色市	34	316	318	34	82	11	7	3
贺州市	21	176	326	20	51	22	14	3
河池市	63	448	643	54	111	17	14	2
来宾市	45	267	351	21	53	22	8	6
崇左市	52	294	364	43	66	18	8	5

4-6b　续表 5　　　　单位：人

地　区 性　别	16岁及以上人口								
	五、农、林、牧、渔业生产及辅助人员							六、生产制造及有关人员	
	小计	36.农业生产人员	37.林业生产人员	38.畜牧业生产人员	39.渔业生产人员	40.农林牧渔生产辅助人员	41.其他农、林、牧、渔业生产加工人员	小计	42.农副产品加工人员
总　计	**113202**	**98838**	**3092**	**8013**	**2273**	**893**	**93**	**117206**	**3742**
南宁市	18927	17437	327	769	176	195	23	13455	507
柳州市	8022	6832	323	629	120	107	11	8869	257
桂林市	9701	8799	246	382	73	196	5	9465	404
梧州市	6383	5859	172	216	81	55		6286	138
北海市	1994	1326	32	177	441	15	3	2123	137
防城港市	1507	1003	58	90	343	9	4	2124	110
钦州市	5903	4805	146	457	457	35	3	9144	217
贵港市	13945	12995	180	618	127	19	6	14564	430
玉林市	12388	10016	184	1992	134	47	15	17680	314
百色市	7048	5953	312	658	72	46	7	6328	184
贺州市	6564	5972	183	313	63	27	6	6372	172
河池市	6439	4837	459	1028	82	29	4	10389	230
来宾市	7251	6404	235	501	61	48	2	5193	216
崇左市	7130	6600	235	183	43	65	4	5214	426
男	**59699**	**50510**	**2246**	**4771**	**1631**	**489**	**52**	**81863**	**2229**
南宁市	9812	8854	233	468	134	109	14	9366	302
柳州市	4506	3796	225	336	86	55	8	6176	161
桂林市	5474	4898	172	250	59	92	3	6894	197
梧州市	3431	3043	129	159	66	34		4391	94
北海市	1180	723	27	115	303	11	1	1526	69
防城港市	922	585	45	60	221	8	3	1698	67
钦州市	3283	2487	119	313	335	27	2	6569	150
贵港市	7062	6427	138	379	102	12	4	9448	247
玉林市	6440	4914	154	1231	108	27	6	12011	205
百色市	3478	2837	209	352	52	24	4	4281	100
贺州市	3401	2991	139	209	43	16	3	4578	98
河池市	3109	2197	311	536	51	13	1	7498	143
来宾市	3915	3404	186	251	46	27	1	3743	129
崇左市	3686	3354	159	112	25	34	2	3684	267
女	**53503**	**48328**	**846**	**3242**	**642**	**404**	**41**	**35343**	**1513**
南宁市	9115	8583	94	301	42	86	9	4089	205
柳州市	3516	3036	98	293	34	52	3	2693	96
桂林市	4227	3901	74	132	14	104	2	2571	207
梧州市	2952	2816	43	57	15	21		1895	44
北海市	814	603	5	62	138	4	2	597	68
防城港市	585	418	13	30	122	1	1	426	43
钦州市	2620	2318	27	144	122	8	1	2575	67
贵港市	6883	6568	42	239	25	7	2	5116	183
玉林市	5948	5102	30	761	26	20	9	5669	109
百色市	3570	3116	103	306	20	22	3	2047	84
贺州市	3163	2981	44	104	20	11	3	1794	74
河池市	3330	2640	148	492	31	16	3	2891	87
来宾市	3336	3000	49	250	15	21	1	1450	87
崇左市	3444	3246	76	71	18	31	2	1530	159

4-6b　续表 6　　　　单位：人

地　区 性　别	16岁及以上人口							
	六、生产制造及有关人员							
	43.食品、饮料生产加工人员	44.烟草及其制品加工人员	45.纺织、针织、印染人　员	46.纺织品、服装和皮革、毛皮制品加工制作人员	47.木材加工、家具与木制品制作人员	48.纸及纸制品生产加工人员	49.印刷和记录媒介复制人员	50.文教、工美、体育和娱乐用品制造人　员
总　计	**2374**	**30**	**1408**	**8686**	**6628**	**618**	**483**	**2276**
南宁市	340	2	104	666	865	135	51	178
柳州市	225		166	155	1110	66	21	90
桂林市	247	2	26	258	600	46	56	82
梧州市	117		57	343	210	13	44	254
北海市	73		11	114	162	11	17	32
防城港市	32		4	25	59	3	5	12
钦州市	180		62	693	365	49	22	227
贵港市	230	2	162	3319	974	46	54	191
玉林市	232	1	536	2227	617	105	99	658
百色市	103	9	16	179	223	32	26	81
贺州市	158	12	19	209	187	18	25	115
河池市	222	1	142	224	497	17	20	225
来宾市	86	1	85	137	473	62	20	39
崇左市	129		18	137	286	15	23	92
男	**1241**	**19**	**497**	**2394**	**4003**	**400**	**279**	**736**
南宁市	178	1	24	178	548	89	28	53
柳州市	122		25	46	600	41	13	32
桂林市	130	1	11	68	354	33	28	43
梧州市	66		15	109	129	11	30	86
北海市	33		5	43	103	5	10	12
防城港市	13		1	9	48	2	3	8
钦州市	88		18	157	213	35	9	37
贵港市	142	1	73	1153	583	35	33	93
玉林市	125	1	275	372	424	64	59	183
百色市	49	6	4	59	129	16	10	31
贺州市	95	7	9	74	128	8	17	52
河池市	97	1	17	59	288	6	14	67
来宾市	45	1	14	36	261	45	12	13
崇左市	58		6	31	195	10	13	26
女	**1133**	**11**	**911**	**6292**	**2625**	**218**	**204**	**1540**
南宁市	162	1	80	488	317	46	23	125
柳州市	103		141	109	510	25	8	58
桂林市	117	1	15	190	246	13	28	39
梧州市	51		42	234	81	2	14	168
北海市	40		6	71	59	6	7	20
防城港市	19		3	16	11	1	2	4
钦州市	92		44	536	152	14	13	190
贵港市	88	1	89	2166	391	11	21	98
玉林市	107		261	1855	193	41	40	475
百色市	54	3	12	120	94	16	16	50
贺州市	63	5	10	135	59	10	8	63
河池市	125		125	165	209	11	6	158
来宾市	41		71	101	212	17	8	26
崇左市	71		12	106	91	5	10	66

4-6b 续表 7

单位：人

地区 性别	16岁及以上人口							
	六、生产制造及有关人员							
	51.石油加工和炼焦、煤化工生产人员	52.化学原料和化学制品制造人员	53.医药制造人员	54.化学纤维制造人员	55.橡胶和塑料制品制造人员	56.非金属矿物制品制造人员	57.采矿人员	58.金属冶炼和压延加工人员
总计	**60**	**623**	**345**	**18**	**944**	**3052**	**870**	**1232**
南宁市	3	72	63	4	122	411	86	33
柳州市		59	33	2	45	187	28	43
桂林市	2	34	77		117	216	69	80
梧州市	11	97	26		47	540	13	32
北海市	1	40	2		17	57	8	15
防城港市	2	10	8		8	29	15	86
钦州市	24	50	34	7	38	112	27	42
贵港市	2	44	13	2	180	296	40	14
玉林市	3	56	32	1	161	393	36	134
百色市	8	51	10		41	143	182	86
贺州市	1	21	6	1	65	265	45	91
河池市	1	34	17		25	178	234	268
来宾市	1	28	10		42	127	30	133
崇左市	1	27	14	1	36	98	57	175
男	**48**	**424**	**134**	**9**	**504**	**2146**	**701**	**995**
南宁市	3	45	33	2	59	286	80	24
柳州市		40	10	1	18	125	24	35
桂林市	2	25	27		65	157	60	68
梧州市	11	74	12		32	360	11	27
北海市	1	19			9	36	7	13
防城港市	1	7	4		7	23	11	73
钦州市	17	25	8	3	23	79	24	36
贵港市	1	31	2	1	95	227	33	12
玉林市	2	42	15	1	81	256	31	107
百色市	6	39	3		21	100	125	65
贺州市	1	13	4	1	40	187	36	74
河池市	1	29	8		12	132	176	230
来宾市	1	14	3		19	99	28	112
崇左市	1	21	5		23	79	55	119
女	**12**	**199**	**211**	**9**	**440**	**906**	**169**	**237**
南宁市		27	30	2	63	125	6	9
柳州市		19	23	1	27	62	4	8
桂林市		9	50		52	59	9	12
梧州市		23	14		15	180	2	5
北海市		21	2		8	21	1	2
防城港市	1	3	4		1	6	4	13
钦州市	7	25	26	4	15	33	3	6
贵港市	1	13	11	1	85	69	7	2
玉林市	1	14	17		80	137	5	27
百色市	2	12	7		20	43	57	21
贺州市		8	2		25	78	9	17
河池市		5	9		13	46	58	38
来宾市		14	7		23	28	2	21
崇左市		6	9	1	13	19	2	56

4-6b 续表 8　　　　单位：人

地区 性别	16岁及以上人口							
	六、生产制造及有关人员							
	59.机械制造基础加工人员	60.金属制品制造人员	61.通用设备制造人员	62.专用设备制造人员	63.汽车制造人员	64.铁路、船舶、航空设备制造人员	65.电气机械和器材制造人员	66.计算机、通信和其他电子设备制造人员
总　计	**2407**	**2370**	**420**	**133**	**705**	**127**	**858**	**7537**
南宁市	256	270	54	20	20	12	46	743
柳州市	400	131	68	12	450	15	33	316
桂林市	180	168	36	16	35	7	69	432
梧州市	140	217	33	6	20	54	103	562
北海市	41	45	9	2	4	5	5	114
防城港市	164	24	20	1		1	5	113
钦州市	130	187	16	4	12	2	47	722
贵港市	232	457	31	15	38	16	233	1063
玉林市	318	308	36	25	49	6	139	1512
百色市	100	102	10	8	6	1	39	330
贺州市	71	205	32	6	9	1	66	631
河池市	195	129	29	10	22		35	573
来宾市	83	43	17	2	36	2	27	219
崇左市	97	84	29	6	4	5	11	207
男	**2033**	**1695**	**350**	**75**	**445**	**108**	**515**	**3628**
南宁市	232	199	46	13	14	9	32	351
柳州市	322	89	51	8	266	11	24	195
桂林市	163	124	30	9	28	4	50	219
梧州市	114	161	30	3	11	50	65	259
北海市	35	35	7		4	5	5	58
防城港市	160	19	19	1		1	3	78
钦州市	114	142	15		11	2	33	382
贵港市	195	323	23	8	33	15	127	575
玉林市	242	235	29	19	30	4	69	661
百色市	80	71	8	5	4	1	22	150
贺州市	59	133	28	1	8	1	44	302
河池市	164	80	24	7	15		17	204
来宾市	72	28	15		18	2	17	96
崇左市	81	56	25	1	3	3	7	98
女	**374**	**675**	**70**	**58**	**260**	**19**	**343**	**3909**
南宁市	24	71	8	7	6	3	14	392
柳州市	78	42	17	4	184	4	9	121
桂林市	17	44	6	7	7	3	19	213
梧州市	26	56	3	3	9	4	38	303
北海市	6	10	2	2				56
防城港市	4	5	1				2	35
钦州市	16	45	1	4	1		14	340
贵港市	37	134	8	7	5	1	106	488
玉林市	76	73	7	6	19	2	70	851
百色市	20	31	2	3	2		17	180
贺州市	12	72	4	5	1		22	329
河池市	31	49	5	3	7		18	369
来宾市	11	15	2	2	18		10	123
崇左市	16	28	4	5	1	2	4	109

4-6b 续表 9

单位：人

地区 性别	16岁及以上人口 六、生产制造及有关人员 67.仪器仪表制造人员	68.废弃资源综合利用人员	69.电力、热力、气体、水生产和输配人员	70.建筑施工人员	71.运输设备和通用工程机械操作人员及有关人员	72.生产辅助人员	73.其他生产制造及有关人员	74.不便分类的其他从业人员
总　计	**87**	**108**	**689**	**55940**	**3565**	**8414**	**457**	**2176**
南宁市	6	13	64	6625	384	1176	124	351
柳州市	5	10	75	3739	308	768	52	163
桂林市	3	8	78	5111	296	677	33	135
梧州市	5	12	13	2404	211	549	15	104
北海市	1	2	13	927	89	160	9	46
防城港市	9	1	57	900	74	342	5	60
钦州市	10	15	19	4997	248	562	24	215
贵港市	5	7	24	5389	281	738	36	406
玉林市	15	4	55	8232	455	888	33	103
百色市	5	3	61	3543	222	436	88	61
贺州市	2	12	43	3380	144	344	16	75
河池市	6	7	76	5814	400	748	10	335
来宾市	7	10	45	2493	237	475	7	27
崇左市	8	4	66	2386	216	551	5	95
男	**51**	**75**	**512**	**46485**	**3367**	**5475**	**290**	**1227**
南宁市	5	9	48	5324	364	712	75	168
柳州市	3	6	56	3037	298	486	31	88
桂林市	1	5	56	4200	281	429	26	81
梧州市	2	11	12	2068	201	328	9	63
北海市	1	1	9	810	84	102	5	26
防城港市	8	1	40	744	66	277	4	35
钦州市	4	13	17	4287	239	373	15	135
贵港市	2	4	20	4584	264	488	25	227
玉林市	9	4	40	7437	441	529	19	69
百色市	4	2	43	2570	215	287	56	35
贺州市	1	7	31	2736	132	243	8	44
河池市	4	3	57	4735	362	540	6	182
来宾市	3	6	32	2075	216	325	6	18
崇左市	4	3	51	1878	204	356	5	56
女	**36**	**33**	**177**	**9455**	**198**	**2939**	**167**	**949**
南宁市	1	4	16	1301	20	464	49	183
柳州市	2	4	19	702	10	282	21	75
桂林市	2	3	22	911	15	248	7	54
梧州市	3	1	1	336	10	221	6	41
北海市		1	4	117	5	58	4	20
防城港市	1		17	156	8	65	1	25
钦州市	6	2	2	710	9	189	9	80
贵港市	3	3	4	805	17	250	11	179
玉林市	6		15	795	14	359	14	34
百色市	1	1	18	973	7	149	32	26
贺州市	1	5	12	644	12	101	8	31
河池市	2	4	19	1079	38	208	4	153
来宾市	4	4	13	418	21	150	1	9
崇左市	4	1	15	508	12	195		39

4-6b 续表 10

单位：人

地区 性别	有农村土地承包经营权的人口							
	合计	一、党的机关、国家机关、群众团体和社会组织、企事业单位负责人						
		小计	1.中国共产党机关负责人	2.国家机关负责人	3.民主党派和工商联负责人	4.人民团体和群众团体、社会组织及其他成员组织负责人	5.基层群众自治组织负责人	6.企事业单位负责人
总计	**316383**	**3345**	**16**	**154**		**254**	**253**	**2668**
南宁市	43447	371	3	12		18	20	318
柳州市	21914	230		4		36	12	178
桂林市	28989	410	2	23		23	18	344
梧州市	16468	188		14		30	7	137
北海市	5110	85				14	3	68
防城港市	4420	36		2		6	1	27
钦州市	18268	156	3	4		17	13	119
贵港市	39510	359	1	17		19	31	291
玉林市	42510	351	2	11		32	36	270
百色市	18248	243	1	24		17	22	179
贺州市	16835	198		6		6	15	171
河池市	26010	302	2	22		4	51	223
来宾市	17902	181	2	7		6	18	148
崇左市	16752	235		8		26	6	195
男	**185575**	**2469**	**15**	**128**		**165**	**209**	**1952**
南宁市	24865	271	2	9		13	17	230
柳州市	12926	166		3		25	10	128
桂林市	17159	305	2	18		15	16	254
梧州市	10105	144		12		21	6	105
北海市	3102	61				10	3	48
防城港市	2979	28		2		5	1	20
钦州市	11370	120	3	3		8	12	94
贵港市	22733	268	1	16		11	21	219
玉林市	25425	279	2	10		22	32	213
百色市	10219	163	1	19		10	20	113
贺州市	10110	150		4		2	13	131
河池市	14900	220	2	20		3	38	157
来宾市	10266	135	2	6		4	14	109
崇左市	9416	159		6		16	6	131
女	**130808**	**876**	**1**	**26**		**89**	**44**	**716**
南宁市	18582	100	1	3		5	3	88
柳州市	8988	64		1		11	2	50
桂林市	11830	105		5		8	2	90
梧州市	6363	44		2		9	1	32
北海市	2008	24				4		20
防城港市	1441	8				1		7
钦州市	6898	36		1		9	1	25
贵港市	16777	91		1		8	10	72
玉林市	17085	72		1		10	4	57
百色市	8029	80		5		7	2	66
贺州市	6725	48		2		4	2	40
河池市	11110	82		2		1	13	66
来宾市	7636	46		1		2	4	39
崇左市	7336	76		2		10		64

4-6b 续表 11 单位：人

地区 性别	有农村土地承包经营权的人口							
	二、专业技术人员							
	小计	7.科学研究人员	8.工程技术人员	9.农业技术人员	10.飞机和船舶技术人员	11.卫生专业技术人员	12.经济和金融专业人员	13.法律、社会和宗教专业人员
总计	**18161**	**22**	**2631**	**257**	**96**	**4079**	**1637**	**188**
南宁市	2049	5	269	52	1	464	222	23
柳州市	1025	1	179	12	1	231	134	11
桂林市	1789	4	224	36	1	439	207	19
梧州市	1013		126	19	80	157	71	15
北海市	334		47	4		89	28	3
防城港市	395		210	6		31	28	2
钦州市	1061	1	161	13		248	85	10
贵港市	2356	1	267	11	5	504	141	19
玉林市	2623	5	241	39	1	563	197	20
百色市	1118	2	227	13	1	258	96	10
贺州市	830		106	7		200	73	8
河池市	1705	2	279	14	1	440	158	27
来宾市	932	1	150	19	5	237	107	11
崇左市	931		145	12		218	90	10
男	**7774**	**15**	**2291**	**176**	**93**	**1402**	**512**	**113**
南宁市	881	1	231	33	1	167	65	14
柳州市	423		156	7	1	58	39	4
桂林市	700	3	189	25		139	64	8
梧州市	530		111	9	78	73	30	11
北海市	145		43	4		34	5	1
防城港市	280		203	5		16	11	
钦州市	466	1	140	10		102	29	7
贵港市	986	1	220	10	5	204	39	13
玉林市	1024	5	207	28	1	231	66	14
百色市	487	1	193	7	1	61	29	6
贺州市	370		94	7		78	25	5
河池市	686	2	250	11	1	107	50	18
来宾市	371	1	124	10	5	65	32	6
崇左市	425		130	10		67	28	6
女	**10387**	**7**	**340**	**81**	**3**	**2677**	**1125**	**75**
南宁市	1168	4	38	19		297	157	9
柳州市	602	1	23	5		173	95	7
桂林市	1089	1	35	11	1	300	143	11
梧州市	483		15	10	2	84	41	4
北海市	189		4			55	23	2
防城港市	115		7	1		15	17	2
钦州市	595		21	3		146	56	3
贵港市	1370		47	1		300	102	6
玉林市	1599		34	11		332	131	6
百色市	631	1	34	6		197	67	4
贺州市	460		12			122	48	3
河池市	1019		29	3		333	108	9
来宾市	561		26	9		172	75	5
崇左市	506		15	2		151	62	4

4-6b　续表 12　　　　　　　　　　　　　　　　　　　　　　　　　　单位：人

地　区 性　别	有农村土地承包经营权的人口							
	二、专业技术人员				三、办事人员和有关人员			
	14.教学人　员	15.文学艺术、体育专业人员	16.新闻出版、文化专业人员	17.其他专业技术人　员	小计	18.办事人　员	19.安全和消防人员	20.其他办事人员和有关人员
总　计	**8832**	**178**	**126**	**115**	**10229**	**7388**	**2712**	**129**
南宁市	961	19	19	14	1161	812	331	18
柳州市	424	11	12	9	763	494	255	14
桂林市	779	47	22	11	1026	806	208	12
梧州市	536	4	2	3	546	398	143	5
北海市	152	6	1	4	159	116	42	1
防城港市	109	2	6	1	165	123	41	1
钦州市	517	10	6	10	512	358	152	2
贵港市	1373	16	10	9	1050	794	250	6
玉林市	1514	22	8	13	1215	891	314	10
百色市	488	6	5	12	734	522	204	8
贺州市	425	6	3	2	501	364	116	21
河池市	746	11	15	12	1006	750	246	10
来宾市	380	5	8	9	669	487	173	9
崇左市	428	13	9	6	722	473	237	12
男	**2917**	**109**	**55**	**91**	**6878**	**4269**	**2536**	**73**
南宁市	333	12	11	13	790	467	313	10
柳州市	138	6	7	7	507	254	245	8
桂林市	229	26	9	8	652	453	195	4
梧州市	212	3		3	386	249	134	3
北海市	50	4		4	116	75	41	
防城港市	42	1	1	1	115	76	39	
钦州市	161	5	4	7	373	222	149	2
贵港市	475	9	3	7	686	448	235	3
玉林市	443	16	3	10	864	555	300	9
百色市	175	4	2	8	489	299	185	5
贺州市	154	5		2	324	208	105	11
河池市	224	8	6	9	645	423	216	6
来宾市	114	2	4	8	438	269	164	5
崇左市	167	8	5	4	493	271	215	7
女	**5915**	**69**	**71**	**24**	**3351**	**3119**	**176**	**56**
南宁市	628	7	8	1	371	345	18	8
柳州市	286	5	5	2	256	240	10	6
桂林市	550	21	13	3	374	353	13	8
梧州市	324	1	2		160	149	9	2
北海市	102	2	1		43	41	1	1
防城港市	67	1	5		50	47	2	1
钦州市	356	5	2	3	139	136	3	
贵港市	898	7	7	2	364	346	15	3
玉林市	1071	6	5	3	351	336	14	1
百色市	313	2	3	4	245	223	19	3
贺州市	271	1	3		177	156	11	10
河池市	522	3	9	3	361	327	30	4
来宾市	266	3	4	1	231	218	9	4
崇左市	261	5	4	2	229	202	22	5

4-6b 续表 13　　　　单位：人

地区 性别	有农村土地承包经营权的人口							
	四、社会生产服务和生活服务人员							
	小计	21.批发与零售服务人员	22.交通运输、仓储和邮政业服务人员	23.住宿和餐饮服务人员	24.信息传输、软件和信息技术服务人员	25.金融服务人员	26.房地产服务人员	27.租赁和商务服务人员
总　计	**96932**	**45297**	**18548**	**12973**	**890**	**862**	**621**	**1531**
南宁市	12437	5908	2333	1667	80	106	97	242
柳州市	7139	3064	1362	981	74	55	30	160
桂林市	10278	4897	1700	1584	104	128	78	243
梧州市	4599	2024	999	717	35	38	25	42
北海市	1992	1073	385	210	14	11	10	19
防城港市	1396	588	302	200	9	6	5	25
钦州市	5919	2973	1114	729	58	31	26	58
贵港市	10175	4607	1930	1394	100	101	68	97
玉林市	13347	6605	2653	1513	123	146	94	185
百色市	5603	2625	1154	689	38	43	31	71
贺州市	4559	1987	857	783	47	30	25	71
河池市	8820	3925	1766	1108	103	67	40	164
来宾市	5369	2555	932	695	58	51	41	80
崇左市	5299	2466	1061	703	47	49	51	74
男	**53952**	**21377**	**16061**	**5590**	**627**	**421**	**340**	**1261**
南宁市	6876	2802	1977	762	53	46	60	206
柳州市	3803	1411	1130	370	53	26	17	138
桂林市	5526	2306	1469	629	79	61	37	181
梧州市	2759	1045	882	352	22	18	13	33
北海市	1142	527	347	94	7	3	9	17
防城港市	804	286	260	73	7	4	3	24
钦州市	3477	1478	1015	359	38	21	15	51
贵港市	5941	2304	1724	672	69	54	40	75
玉林市	7945	3332	2430	716	82	67	51	152
百色市	2982	1160	937	267	30	22	16	55
贺州市	2623	984	769	324	33	14	20	60
河池市	4519	1573	1462	404	77	32	18	135
来宾市	2747	1084	794	265	42	27	18	68
崇左市	2808	1085	865	303	35	26	23	66
女	**42980**	**23920**	**2487**	**7383**	**263**	**441**	**281**	**270**
南宁市	5561	3106	356	905	27	60	37	36
柳州市	3336	1653	232	611	21	29	13	22
桂林市	4752	2591	231	955	25	67	41	62
梧州市	1840	979	117	365	13	20	12	9
北海市	850	546	38	116	7	8	1	2
防城港市	592	302	42	127	2	2	2	1
钦州市	2442	1495	99	370	20	10	11	7
贵港市	4234	2303	206	722	31	47	28	22
玉林市	5402	3273	223	797	41	79	43	33
百色市	2621	1465	217	422	8	21	15	16
贺州市	1936	1003	88	459	14	16	5	11
河池市	4301	2352	304	704	26	35	22	29
来宾市	2622	1471	138	430	16	24	23	12
崇左市	2491	1381	196	400	12	23	28	8

4-6b 续表 14

单位：人

地区 性别	有农村土地承包经营权的人口							
	四、社会生产服务和生活服务人员							
	28.技术辅助服务人员	29.水利、环境和公共设施管理服务人员	30.居民服务人员	31.电力、燃气及水供应服务人员	32.修理及制作服务人员	33.文化、体育和娱乐服务人员	34.健康服务人员	35.其他社会生产和生活服务人员
总　计	**919**	**3885**	**5759**	**905**	**4227**	**298**	**111**	**106**
南宁市	97	518	669	113	523	42	22	20
柳州市	65	398	531	81	289	31	11	7
桂林市	90	428	491	76	411	25	6	17
梧州市	54	200	230	42	167	20	4	2
北海市	15	66	93	10	78	5	2	1
防城港市	15	81	71	12	77	3	1	1
钦州市	41	224	325	46	262	13	8	11
贵港市	131	242	899	85	476	26	13	6
玉林市	136	391	766	83	601	29	11	11
百色市	48	256	295	67	250	20	9	7
贺州市	33	187	244	43	214	28	6	4
河池市	83	425	559	133	410	24	9	4
来宾市	54	265	310	42	250	22	7	7
崇左市	57	204	276	72	219	10	2	8
男	**618**	**1209**	**1777**	**773**	**3601**	**193**	**46**	**58**
南宁市	64	140	182	99	448	22	9	6
柳州市	51	109	141	74	259	16	4	4
桂林市	61	122	139	65	351	16		10
梧州市	38	80	80	30	149	15		2
北海市	10	24	24	7	68	4	1	
防城港市	10	26	28	11	69	2		1
钦州市	27	83	110	41	218	9	5	7
贵港市	83	99	301	72	419	20	5	4
玉林市	94	149	252	72	515	19	5	9
百色市	30	73	112	60	196	14	5	5
贺州市	28	73	83	34	180	18	2	1
河池市	56	114	166	116	340	18	5	3
来宾市	30	78	76	35	211	14	3	2
崇左市	36	39	83	57	178	6	2	4
女	**301**	**2676**	**3982**	**132**	**626**	**105**	**65**	**48**
南宁市	33	378	487	14	75	20	13	14
柳州市	14	289	390	7	30	15	7	3
桂林市	29	306	352	11	60	9	6	7
梧州市	16	120	150	12	18	5	4	
北海市	5	42	69	3	10	1	1	1
防城港市	5	55	43	1	8	1	1	
钦州市	14	141	215	5	44	4	3	4
贵港市	48	143	598	13	57	6	8	2
玉林市	42	242	514	11	86	10	6	2
百色市	18	183	183	7	54	6	4	2
贺州市	5	114	161	9	34	10	4	3
河池市	27	311	393	17	70	6	4	1
来宾市	24	187	234	7	39	8	4	5
崇左市	21	165	193	15	41	4		4

4-6b 续表 15

单位：人

地 区 性 别	有农村土地承包经营权的人口								
	五、农、林、牧、渔业生产及辅助人员							六、生产制造及有关人员	
	小计	36.农业生产人员	37.林业生产人员	38.畜牧业生产人员	39.渔业生产人员	40.农林牧渔生产辅助人员	41.其他农、林、牧、渔业生产加工人员	小计	42.农副产品加工人员
总 计	**102551**	**91266**	**2387**	**6820**	**1344**	**663**	**71**	**83984**	**2430**
南宁市	17679	16442	259	666	126	165	21	9577	342
柳州市	6988	6049	223	566	55	89	6	5692	139
桂林市	8906	8180	192	333	48	150	3	6522	304
梧州市	5670	5281	133	173	46	37		4388	104
北海市	1471	1077	25	108	253	7	1	1052	68
防城港市	1192	894	36	72	185	4	1	1232	59
钦州市	4946	4269	85	332	236	21	3	5593	106
贵港市	13148	12278	167	584	98	18	3	12125	357
玉林市	11231	9290	144	1646	100	37	14	13685	254
百色市	6191	5295	237	571	55	29	4	4326	119
贺州市	5996	5527	144	261	41	17	6	4703	151
河池市	5895	4569	359	894	47	22	4	8069	165
来宾市	6767	6037	199	461	26	42	2	3971	134
崇左市	6471	6078	184	153	28	25	3	3049	128
男	**54343**	**47117**	**1756**	**4072**	**1001**	**360**	**37**	**59460**	**1440**
南宁市	9199	8389	192	408	103	95	12	6762	207
柳州市	3951	3406	156	302	41	42	4	4034	91
桂林市	5054	4588	138	219	39	68	2	4882	149
梧州市	3093	2796	101	130	39	27		3155	72
北海市	861	597	20	71	169	4		768	37
防城港市	742	537	28	48	125	3	1	1006	34
钦州市	2777	2269	73	239	178	16	2	4101	68
贵港市	6725	6143	127	361	81	11	2	7946	207
玉林市	5866	4622	121	1015	82	21	5	9412	169
百色市	3108	2573	170	304	41	18	2	2972	62
贺州市	3133	2802	108	177	33	10	3	3479	88
河池市	2846	2085	244	476	31	9	1	5862	98
来宾市	3654	3218	161	228	23	23	1	2911	78
崇左市	3334	3092	117	94	16	13	2	2170	80
女	**48208**	**44149**	**631**	**2748**	**343**	**303**	**34**	**24524**	**990**
南宁市	8480	8053	67	258	23	70	9	2815	135
柳州市	3037	2643	67	264	14	47	2	1658	48
桂林市	3852	3592	54	114	9	82	1	1640	155
梧州市	2577	2485	32	43	7	10		1233	32
北海市	610	480	5	37	84	3	1	284	31
防城港市	450	357	8	24	60	1		226	25
钦州市	2169	2000	12	93	58	5	1	1492	38
贵港市	6423	6135	40	223	17	7	1	4179	150
玉林市	5365	4668	23	631	18	16	9	4273	85
百色市	3083	2722	67	267	14	11	2	1354	57
贺州市	2863	2725	36	84	8	7	3	1224	63
河池市	3049	2484	115	418	16	13	3	2207	67
来宾市	3113	2819	38	233	3	19	1	1060	56
崇左市	3137	2986	67	59	12	12	1	879	48

4-6b　续表 16　　　　单位：人

地　区 性　别	有农村土地承包经营权的人口 六、生产制造及有关人员 43.食品、饮料生产加工人员	44.烟草及其制品加工人员	45.纺织、针织、印染人　员	46.纺织品、服装和皮革、毛皮制品加工制作人员	47.木材加工、家具与木制品制作人员	48.纸及纸制品生产加工人员	49.印刷和记录媒介复制人员	50.文教、工美、体育和娱乐用品制造人　员
总　计	**1490**	**13**	**946**	**6466**	**5187**	**397**	**284**	**1655**
南宁市	203		78	442	682	85	33	131
柳州市	131		100	98	777	24	13	40
桂林市	172		18	158	487	26	34	60
梧州市	75		36	236	163	9	31	155
北海市	39		7	44	99	7	5	14
防城港市	14		4	15	41	2	2	7
钦州市	111		30	431	214	30	7	122
贵港市	161	1	131	2598	880	39	41	158
玉林市	150		335	1797	515	75	57	523
百色市	56	9	14	140	186	22	16	59
贺州市	104	2	16	149	149	10	12	84
河池市	150		108	170	424	14	9	198
来宾市	60	1	58	95	394	46	10	34
崇左市	64		11	93	176	8	14	70
男	**809**	**9**	**343**	**1816**	**3159**	**255**	**175**	**539**
南宁市	112		13	125	436	52	20	41
柳州市	75		16	34	436	16	8	17
桂林市	97		6	50	282	20	18	31
梧州市	48		11	83	101	7	22	53
北海市	19		2	16	64	3	3	6
防城港市	4		1	6	35	1	1	4
钦州市	54		11	94	134	24	3	16
贵港市	98	1	61	903	528	30	25	77
玉林市	86		179	309	358	41	37	140
百色市	26	6	4	45	101	13	7	23
贺州市	65	1	8	55	105	5	8	39
河池市	68		13	47	247	6	7	60
来宾市	33	1	13	30	213	32	7	12
崇左市	24		5	19	119	5	9	20
女	**681**	**4**	**603**	**4650**	**2028**	**142**	**109**	**1116**
南宁市	91		65	317	246	33	13	90
柳州市	56		84	64	341	8	5	23
桂林市	75		12	108	205	6	16	29
梧州市	27		25	153	62	2	9	102
北海市	20		5	28	35	4	2	8
防城港市	10		3	9	6	1	1	3
钦州市	57		19	337	80	6	4	106
贵港市	63		70	1695	352	9	16	81
玉林市	64		156	1488	157	34	20	383
百色市	30	3	10	95	85	9	9	36
贺州市	39	1	8	94	44	5	4	45
河池市	82		95	123	177	8	2	138
来宾市	27		45	65	181	14	3	22
崇左市	40		6	74	57	3	5	50

4-6b 续表 17 单位：人

地 区 性 别	有农村土地承包经营权的人口 六、生产制造及有关人员 51.石油加工和炼焦、煤化工生产人员	52.化学原料和化学制品制造人员	53.医药制造人员	54.化学纤维制造人员	55.橡胶和塑料制品制造人员	56.非金属矿物制品制造人员	57.采矿人员	58.金属冶炼和压延加工人员
总 计	**28**	**408**	**157**	**9**	**672**	**2111**	**484**	**739**
南宁市	2	49	43	3	80	222	56	25
柳州市		36	11	2	27	133	20	29
桂林市	2	23	14		67	159	49	57
梧州市	10	57	7		41	377	7	15
北海市		32			11	26	7	11
防城港市	1	1	3		5	10	5	39
钦州市	4	40	17		21	56	20	21
贵港市	2	34	11	2	152	205	22	13
玉林市	3	42	21	1	122	320	15	65
百色市	2	27	4		35	107	86	47
贺州市		11	4		38	185	27	69
河池市		28	11		20	148	105	191
来宾市	1	13	5		36	108	23	70
崇左市	1	15	6	1	17	55	42	87
男	**26**	**282**	**66**	**4**	**355**	**1493**	**409**	**616**
南宁市	2	30	22	1	41	160	54	17
柳州市		25	1	1	14	89	18	25
桂林市	2	17	7		40	117	45	49
梧州市	10	47	3		30	245	5	13
北海市		13			5	14	6	9
防城港市	1	1	3		4	8	3	34
钦州市	4	22	4		13	42	18	19
贵港市	1	24	2	1	81	151	17	11
玉林市	2	29	11	1	56	207	13	50
百色市	2	22	2		17	77	60	38
贺州市		8	2		17	145	22	56
河池市		23	6		9	110	85	168
来宾市	1	10	2		16	86	21	64
崇左市	1	11	1		12	42	42	63
女	**2**	**126**	**91**	**5**	**317**	**618**	**75**	**123**
南宁市		19	21	2	39	62	2	8
柳州市		11	10	1	13	44	2	4
桂林市		6	7		27	42	4	8
梧州市		10	4		11	132	2	2
北海市		19			6	12	1	2
防城港市					1	2	2	5
钦州市		18	13		8	14	2	2
贵港市	1	10	9	1	71	54	5	2
玉林市	1	13	10		66	113	2	15
百色市		5	2		18	30	26	9
贺州市		3	2		21	40	5	13
河池市		5	5		11	38	20	23
来宾市		3	3		20	22	2	6
崇左市		4	5	1	5	13		24

4-6b 续表 18

单位：人

地区 性别	有农村土地承包经营权的人口							
	六、生产制造及有关人员							
	59.机械制造基础加工人员	60.金属制品制造人员	61.通用设备制造人员	62.专用设备制造人员	63.汽车制造人员	64.铁路、船舶、航空设备制造人员	65.电气机械和器材制造人员	66.计算机、通信和其他电子设备制造人员
总　计	**1713**	**1854**	**304**	**85**	**440**	**84**	**601**	**5248**
南宁市	180	213	39	9	9	6	22	532
柳州市	262	93	46	8	261	11	24	196
桂林市	113	135	23	8	21	5	42	257
梧州市	89	155	27	4	11	35	50	345
北海市	29	31	3		1	3	3	42
防城港市	118	11	15				2	53
钦州市	88	128	9	3	9		23	445
贵港市	199	410	29	11	34	11	196	893
玉林市	242	239	31	23	41	5	112	1052
百色市	72	75	7	5	5	1	31	240
贺州市	50	161	19	4	6	1	41	429
河池市	149	112	23	4	12		26	448
来宾市	60	41	16	2	27	2	22	174
崇左市	62	50	17	4	3	4	7	142
男	**1454**	**1329**	**256**	**48**	**268**	**68**	**348**	**2512**
南宁市	166	157	34	6	5	3	15	242
柳州市	206	64	36	5	147	9	17	120
桂林市	101	101	20	5	15	2	28	136
梧州市	76	118	24	2	6	32	29	153
北海市	28	24	1		1	3	3	19
防城港市	116	10	15				1	39
钦州市	80	97	8		8		16	247
贵港市	167	283	21	6	29	10	103	480
玉林市	187	184	26	17	26	3	57	448
百色市	59	51	5	4	4	1	19	102
贺州市	43	107	16	1	5	1	29	222
河池市	124	72	19	2	7		12	160
来宾市	51	27	15		12	2	15	79
崇左市	50	34	16		3	2	4	65
女	**259**	**525**	**48**	**37**	**172**	**16**	**253**	**2736**
南宁市	14	56	5	3	4	3	7	290
柳州市	56	29	10	3	114	2	7	76
桂林市	12	34	3	3	6	3	14	121
梧州市	13	37	3	2	5	3	21	192
北海市	1	7	2					23
防城港市	2	1					1	14
钦州市	8	31	1	3	1		7	198
贵港市	32	127	8	5	5	1	93	413
玉林市	55	55	5	6	15	2	55	604
百色市	13	24	2	1	1		12	138
贺州市	7	54	3	3	1		12	207
河池市	25	40	4	2	5		14	288
来宾市	9	14	1	2	15		7	95
崇左市	12	16	1	4		2	3	77

4-6b 续表 19

单位：人

地区 性别	有农村土地承包经营权的人口							
	六、生产制造及有关人员							
	67.仪器仪表制造人员	68.废弃资源综合利用人员	69.电力、热力、气体、水生产和输配人员	70.建筑施工人员	71.运输设备和通用工程机械操作人员及有关人员	72.生产辅助人员	73.其他生产制造及有关人员	74.不便分类的其他从业人员
总　计	**51**	**75**	**287**	**42274**	**2400**	**4779**	**313**	**1181**
南宁市	1	9	23	4980	260	710	108	173
柳州市		9	21	2555	191	399	36	77
桂林市		7	23	3717	191	331	19	58
梧州市	4	4	6	1899	117	309	10	64
北海市	1	1	4	473	28	56	7	17
防城港市	8	1	44	578	41	150	3	4
钦州市	7	10	11	3227	130	262	11	81
贵港市	5	7	10	4655	220	613	25	297
玉林市	12	4	37	6635	342	587	28	58
百色市	3	3	17	2515	164	219	40	33
贺州市	1	3	25	2648	106	186	12	48
河池市	2	7	26	4781	313	419	6	213
来宾市	4	7	19	2034	174	295	6	13
崇左市	3	3	21	1577	123	243	2	45
男	**30**	**51**	**227**	**35557**	**2284**	**3031**	**201**	**699**
南宁市	1	6	17	4038	249	425	65	86
柳州市		5	18	2094	185	238	24	42
桂林市		5	19	3124	184	197	15	40
梧州市	1	3	6	1657	112	179	7	38
北海市	1		3	422	26	36	4	9
防城港市	7	1	31	477	38	128	3	4
钦州市	3	9	10	2804	124	163	6	56
贵港市	2	4	10	3987	207	401	18	181
玉林市	9	4	29	6045	336	337	16	35
百色市	2	2	14	1874	158	147	25	18
贺州市		2	18	2174	97	133	7	31
河池市	1	3	20	3915	288	288	4	122
来宾市	1	5	15	1696	167	202	5	10
崇左市	2	2	17	1250	113	157	2	27
女	**21**	**24**	**60**	**6717**	**116**	**1748**	**112**	**482**
南宁市		3	6	942	11	285	43	87
柳州市		4	3	461	6	161	12	35
桂林市		2	4	593	7	134	4	18
梧州市	3	1		242	5	130	3	26
北海市		1	1	51	2	20	3	8
防城港市	1		13	101	3	22		
钦州市	4	1	1	423	6	99	5	25
贵港市	3	3		668	13	212	7	116
玉林市	3		8	590	6	250	12	23
百色市	1	1	3	641	6	72	15	15
贺州市	1	1	7	474	9	53	5	17
河池市	1	4	6	866	25	131	2	91
来宾市	3	2	4	338	7	93	1	3
崇左市	1	1	4	327	10	86		18

4-6b 续表 20 单位：人

地 区 性 别	没有农村土地承包经营权的人口							
	合计	一、党的机关、国家机关、群众团体和社会组织、企事业单位负责人						
		小计	1.中国共产党机关负责人	2.国家机关负责人	3.民主党派和工商联负责人	4.人民团体和群众团体、社会组织及其他成员组织负责人	5.基层群众自治组织负责人	6.企事业单位负责人
总 计	**173207**	**4866**	**40**	**932**	**1**	**181**	**78**	**3634**
南宁市	21003	478	2	59		28	6	383
柳州市	15907	391	4	75		18	4	290
桂林市	19772	760	3	152		20	10	575
梧州市	8963	179	2	30	1	10	7	129
北海市	7234	226		17		10	2	197
防城港市	3815	64	2	8		10	2	42
钦州市	15539	339	1	57		14	1	266
贵港市	9740	155		11		6	5	133
玉林市	17746	330	6	51		15	10	248
百色市	11596	451	2	123		12	5	309
贺州市	8323	330		58		2	6	264
河池市	14581	529	9	136		14	15	355
来宾市	7238	267	3	72		8	1	183
崇左市	11750	367	6	83		14	4	260
男	**91984**	**3462**	**34**	**739**	**1**	**92**	**52**	**2544**
南宁市	11015	353	2	54		16	2	279
柳州市	8519	271	3	54		11	1	202
桂林市	10311	533	3	119		12	9	390
梧州市	4802	130	1	23	1	4	3	98
北海市	3992	149		16		5	2	126
防城港市	2247	45	2	7		6	1	29
钦州市	8432	253	1	50		8	1	193
贵港市	5066	110		8		3	2	97
玉林市	9465	253	6	43		8	10	186
百色市	6032	302	1	95		5	3	198
贺州市	4368	222		46		1	3	172
河池市	7711	395	6	108		6	11	264
来宾市	3721	185	3	51		2		129
崇左市	6303	261	6	65		5	4	181
女	**81223**	**1404**	**6**	**193**		**89**	**26**	**1090**
南宁市	9988	125		5		12	4	104
柳州市	7388	120	1	21		7	3	88
桂林市	9461	227		33		8	1	185
梧州市	4161	49	1	7		6	4	31
北海市	3242	77		1		5		71
防城港市	1568	19		1		4	1	13
钦州市	7107	86		7		6		73
贵港市	4674	45		3		3	3	36
玉林市	8281	77		8		7		62
百色市	5564	149	1	28		7	2	111
贺州市	3955	108		12		1	3	92
河池市	6870	134	3	28		8	4	91
来宾市	3517	82		21		6	1	54
崇左市	5447	106		18		9		79

4-6b 续表 21 单位：人

地区 性别	没有农村土地承包经营权的人口							
	二、专业技术人员							
	小计	7.科学研究人员	8.工程技术人员	9.农业技术人员	10.飞机和船舶技术人员	11.卫生专业技术人员	12.经济和金融专业人员	13.法律、社会和宗教专业人员
总　计	**34082**	**91**	**2973**	**414**	**107**	**7393**	**3961**	**445**
南宁市	4121	22	340	47	9	958	425	42
柳州市	2696	5	302	46		593	388	33
桂林市	4139	11	355	43		905	604	56
梧州市	1823	6	155	28	80	368	198	22
北海市	1322	5	110	13	1	293	137	14
防城港市	561	2	105	2	1	100	57	11
钦州市	3015	5	210	25		747	263	38
贵港市	1595		110	5	8	318	115	8
玉林市	3538	7	221	29		729	360	39
百色市	2430	7	261	34	1	545	293	37
贺州市	1593	7	135	22		347	165	14
河池市	3457	4	277	65		684	449	67
来宾市	1532	2	144	20	7	337	221	22
崇左市	2260	8	248	35		469	286	42
男	**13149**	**57**	**2455**	**300**	**98**	**2167**	**1238**	**272**
南宁市	1660	14	278	38	7	279	140	25
柳州市	1019	3	259	31		155	99	21
桂林市	1518	8	288	33		273	171	37
梧州市	753	2	131	20	76	109	66	16
北海市	478	3	86	8	1	97	42	6
防城港市	263	1	94	2	1	36	20	6
钦州市	1094	3	183	23		248	83	23
贵港市	537		88	1	5	100	29	6
玉林市	1268	3	182	23		244	123	24
百色市	1031	6	214	23	1	141	107	21
贺州市	623	6	113	18		97	47	9
河池市	1405	1	226	43		174	162	43
来宾市	575	2	114	13	7	86	58	14
崇左市	925	5	199	24		128	91	21
女	**20933**	**34**	**518**	**114**	**9**	**5226**	**2723**	**173**
南宁市	2461	8	62	9	2	679	285	17
柳州市	1677	2	43	15		438	289	12
桂林市	2621	3	67	10		632	433	19
梧州市	1070	4	24	8	4	259	132	6
北海市	844	2	24	5		196	95	8
防城港市	298	1	11			64	37	5
钦州市	1921	2	27	2		499	180	15
贵港市	1058		22	4	3	218	86	2
玉林市	2270	4	39	6		485	237	15
百色市	1399	1	47	11		404	186	16
贺州市	970	1	22	4		250	118	5
河池市	2052	3	51	22		510	287	24
来宾市	957		30	7		251	163	8
崇左市	1335	3	49	11		341	195	21

4-6b　续表 22　　　　单位：人

地区 性别	没有农村土地承包经营权的人口							
	二、专业技术人员				三、办事人员和有关人员			
	14.教学人员	15.文学艺术、体育专业人员	16.新闻出版、文化专业人员	17.其他专业技术人员	小计	18.办事人员	19.安全和消防人员	20.其他办事人员和有关人员
总　计	**18002**	**232**	**314**	**150**	**21171**	**17474**	**3500**	**197**
南宁市	2212	16	31	19	2322	1931	367	24
柳州市	1262	23	34	10	2085	1628	435	22
桂林市	2037	51	57	20	2725	2302	399	24
梧州市	939	6	18	3	885	739	142	4
北海市	710	9	14	16	627	503	120	4
防城港市	271	4	6	2	400	328	70	2
钦州市	1691	13	16	7	1453	1209	228	16
贵港市	1014	11	5	1	899	734	161	4
玉林市	2107	18	19	9	1743	1450	279	14
百色市	1177	17	27	31	1808	1461	315	32
贺州市	872	13	15	3	1110	891	207	12
河池市	1844	29	34	4	2340	1992	336	12
来宾市	749	4	13	13	1111	924	175	12
崇左市	1117	18	25	12	1663	1382	266	15
男	**6202**	**132**	**116**	**112**	**13208**	**9985**	**3116**	**107**
南宁市	845	8	13	13	1439	1090	337	12
柳州市	422	14	6	9	1309	922	375	12
桂林市	644	27	24	13	1693	1327	350	16
梧州市	323	2	7	1	556	419	134	3
北海市	211	5	9	10	403	293	107	3
防城港市	98	2	1	2	259	190	68	1
钦州市	513	9	4	5	949	741	200	8
贵港市	300	4	3	1	578	428	148	2
玉林市	648	11	5	5	1043	780	254	9
百色市	474	9	8	27	1134	840	279	15
贺州市	317	9	4	3	685	495	183	7
河池市	722	18	13	3	1464	1178	281	5
来宾市	258	4	8	11	659	498	155	6
崇左市	427	10	11	9	1037	784	245	8
女	**11800**	**100**	**198**	**38**	**7963**	**7489**	**384**	**90**
南宁市	1367	8	18	6	883	841	30	12
柳州市	840	9	28	1	776	706	60	10
桂林市	1393	24	33	7	1032	975	49	8
梧州市	616	4	11	2	329	320	8	1
北海市	499	4	5	6	224	210	13	1
防城港市	173	2	5		141	138	2	1
钦州市	1178	4	12	2	504	468	28	8
贵港市	714	7	2		321	306	13	2
玉林市	1459	7	14	4	700	670	25	5
百色市	703	8	19	4	674	621	36	17
贺州市	555	4	11		425	396	24	5
河池市	1122	11	21	1	876	814	55	7
来宾市	491		5	2	452	426	20	6
崇左市	690	8	14	3	626	598	21	7

4-6b 续表 23

单位：人

地区 性别	没有农村土地承包经营权的人口							
	四、社会生产服务和生活服务人员							
	小计	21.批发与零售服务人员	22.交通运输、仓储和邮政业服务人员	23.住宿和餐饮服务人员	24.信息传输、软件和信息技术服务人员	25.金融服务人员	26.房地产服务人员	27.租赁和商务服务人员
总计	**68220**	**33074**	**10693**	**8464**	**1104**	**1802**	**652**	**1218**
南宁市	8778	4615	1171	1129	122	199	96	134
柳州市	6438	2755	1102	799	100	188	60	141
桂林市	8333	3952	1169	1065	184	307	105	277
梧州市	3425	1630	556	472	56	63	32	29
北海市	3436	1972	544	294	39	55	45	52
防城港市	1527	656	271	209	23	31	7	37
钦州市	6090	3065	984	812	91	91	47	64
贵港市	3746	1911	629	452	57	67	24	15
玉林市	6938	3539	1054	729	95	237	78	139
百色市	4020	1801	721	546	65	133	22	50
贺州市	3026	1347	457	428	70	82	20	68
河池市	5269	2388	868	676	95	140	46	100
来宾市	2608	1209	427	319	39	83	19	50
崇左市	4586	2234	740	534	68	126	51	62
男	**33878**	**13566**	**8789**	**3460**	**751**	**880**	**317**	**915**
南宁市	4264	1955	943	466	78	97	49	104
柳州市	3177	1103	915	299	69	79	27	125
桂林市	4094	1614	958	410	130	145	45	186
梧州市	1764	688	483	212	43	32	18	22
北海市	1868	929	471	143	22	24	27	37
防城港市	777	259	224	88	15	17	2	31
钦州市	3083	1231	855	354	63	49	22	56
贵港市	1956	876	514	211	37	27	12	8
玉林市	3694	1590	919	329	65	123	39	102
百色市	1869	659	498	216	40	73	9	40
贺州市	1458	511	378	147	53	42	10	56
河池市	2488	863	711	257	66	71	20	67
来宾市	1201	449	331	113	22	41	12	36
崇左市	2185	839	589	215	48	60	25	45
女	**34342**	**19508**	**1904**	**5004**	**353**	**922**	**335**	**303**
南宁市	4514	2660	228	663	44	102	47	30
柳州市	3261	1652	187	500	31	109	33	16
桂林市	4239	2338	211	655	54	162	60	91
梧州市	1661	942	73	260	13	31	14	7
北海市	1568	1043	73	151	17	31	18	15
防城港市	750	397	47	121	8	14	5	6
钦州市	3007	1834	129	458	28	42	25	8
贵港市	1790	1035	115	241	20	40	12	7
玉林市	3244	1949	135	400	30	114	39	37
百色市	2151	1142	223	330	25	60	13	10
贺州市	1568	836	79	281	17	40	10	12
河池市	2781	1525	157	419	29	69	26	33
来宾市	1407	760	96	206	17	42	7	14
崇左市	2401	1395	151	319	20	66	26	17

4-6b　续表 24　　　　单位：人

地　区 性　别	没有农村土地承包经营权的人口							
	四、社会生产服务和生活服务人员							
	28.技术辅助服务人　员	29.水利、环境和公共设施管理服务人员	30.居民服务人员	31.电力、燃气及水供应服务人　员	32.修理及制作服务人　员	33.文化、体育和娱乐服务人　员	34.健康服务人员	35.其他社会生产和生活服务人员
总　计	**1074**	**2061**	**4188**	**979**	**2277**	**381**	**176**	**77**
南宁市	110	246	523	81	256	50	26	20
柳州市	104	228	543	115	241	44	14	4
桂林市	152	250	435	114	244	42	21	16
梧州市	69	113	206	44	119	28	6	2
北海市	33	81	150	22	106	22	15	6
防城港市	48	52	109	23	51	5	3	2
钦州市	77	174	357	59	228	22	14	5
贵港市	46	66	306	29	117	14	12	1
玉林市	114	145	434	70	256	26	15	7
百色市	53	168	198	106	124	27	4	2
贺州市	48	90	229	53	94	25	13	2
河池市	100	168	316	128	194	33	14	3
来宾市	47	106	152	46	84	20	6	1
崇左市	73	174	230	89	163	23	13	6
男	**695**	**500**	**1072**	**733**	**1919**	**192**	**48**	**41**
南宁市	72	60	131	62	212	18	9	8
柳州市	69	56	100	91	217	23	4	
桂林市	104	71	107	81	210	20	3	10
梧州市	43	28	50	33	98	12		2
北海市	23	20	44	16	96	10	5	1
防城港市	30	9	31	20	47	1	2	1
钦州市	48	39	105	48	195	13	2	3
贵港市	28	9	101	21	97	11	4	
玉林市	77	43	116	56	213	12	4	6
百色市	37	35	63	79	96	22	1	1
贺州市	32	28	64	42	77	13	3	2
河池市	64	31	66	91	153	22	4	2
来宾市	26	26	35	32	70	6	2	
崇左市	42	45	59	61	138	9	5	5
女	**379**	**1561**	**3116**	**246**	**358**	**189**	**128**	**36**
南宁市	38	186	392	19	44	32	17	12
柳州市	35	172	443	24	24	21	10	4
桂林市	48	179	328	33	34	22	18	6
梧州市	26	85	156	11	21	16	6	
北海市	10	61	106	6	10	12	10	5
防城港市	18	43	78	3	4	4	1	1
钦州市	29	135	252	11	33	9	12	2
贵港市	18	57	205	8	20	3	8	1
玉林市	37	102	318	14	43	14	11	1
百色市	16	133	135	27	28	5	3	1
贺州市	16	62	165	11	17	12	10	
河池市	36	137	250	37	41	11	10	1
来宾市	21	80	117	14	14	14	4	1
崇左市	31	129	171	28	25	14	8	1

4-6b 续表 25　　　　单位：人

地区 性别	没有农村土地承包经营权的人口								
	五、农、林、牧、渔业生产及辅助人员							六、生产制造及有关人员	
	小计	36.农业生产人员	37.林业生产人员	38.畜牧业生产人员	39.渔业生产人员	40.农林牧渔生产辅助人员	41.其他农、林、牧、渔业生产加工人员	小计	42.农副产品加工人员
总　计	**10651**	**7572**	**705**	**1193**	**929**	**230**	**22**	**33222**	**1312**
南宁市	1248	995	68	103	50	30	2	3878	165
柳州市	1034	783	100	63	65	18	5	3177	118
桂林市	795	619	54	49	25	46	2	2943	100
梧州市	713	578	39	43	35	18		1898	34
北海市	523	249	7	69	188	8	2	1071	69
防城港市	315	109	22	18	158	5	3	892	51
钦州市	957	536	61	125	221	14		3551	111
贵港市	797	717	13	34	29	1	3	2439	73
玉林市	1157	726	40	346	34	10	1	3995	60
百色市	857	658	75	87	17	17	3	2002	65
贺州市	568	445	39	52	22	10		1669	21
河池市	544	268	100	134	35	7		2320	65
来宾市	484	367	36	40	35	6		1222	82
崇左市	659	522	51	30	15	40	1	2165	298
男	**5356**	**3393**	**490**	**699**	**630**	**129**	**15**	**22403**	**789**
南宁市	613	465	41	60	31	14	2	2604	95
柳州市	555	390	69	34	45	13	4	2142	70
桂林市	420	310	34	31	20	24	1	2012	48
梧州市	338	247	28	29	27	7		1236	22
北海市	319	126	7	44	134	7	1	758	32
防城港市	180	48	17	12	96	5	2	692	33
钦州市	506	218	46	74	157	11		2468	82
贵港市	337	284	11	18	21	1	2	1502	40
玉林市	574	292	33	216	26	6	1	2599	36
百色市	370	264	39	48	11	6	2	1309	38
贺州市	268	189	31	32	10	6		1099	10
河池市	263	112	67	60	20	4		1636	45
来宾市	261	186	25	23	23	4		832	51
崇左市	352	262	42	18	9	21		1514	187
女	**5295**	**4179**	**215**	**494**	**299**	**101**	**7**	**10819**	**523**
南宁市	635	530	27	43	19	16		1274	70
柳州市	479	393	31	29	20	5	1	1035	48
桂林市	375	309	20	18	5	22	1	931	52
梧州市	375	331	11	14	8	11		662	12
北海市	204	123		25	54	1	1	313	37
防城港市	135	61	5	6	62		1	200	18
钦州市	451	318	15	51	64	3		1083	29
贵港市	460	433	2	16	8		1	937	33
玉林市	583	434	7	130	8	4		1396	24
百色市	487	394	36	39	6	11	1	693	27
贺州市	300	256	8	20	12	4		570	11
河池市	281	156	33	74	15	3		684	20
来宾市	223	181	11	17	12	2		390	31
崇左市	307	260	9	12	6	19	1	651	111

4-6b　续表 26　　　　单位：人

地区 性别	43.食品、饮料生产加工人员	44.烟草及其制品加工人员	45.纺织、针织、印染人员	46.纺织品、服装和皮革、毛皮制品加工制作人员	47.木材加工、家具与木制品制作人员	48.纸及纸制品生产加工人员	49.印刷和记录媒介复制人员	50.文教、工美、体育和娱乐用品制造人员
	没有农村土地承包经营权的人口							
	六、生产制造及有关人员							
总　计	**884**	**17**	**462**	**2220**	**1441**	**221**	**199**	**621**
南宁市	137	2	26	224	183	50	18	47
柳州市	94		66	57	333	42	8	50
桂林市	75	2	8	100	113	20	22	22
梧州市	42		21	107	47	4	13	99
北海市	34		4	70	63	4	12	18
防城港市	18			10	18	1	3	5
钦州市	69		32	262	151	19	15	105
贵港市	69	1	31	721	94	7	13	33
玉林市	82	1	201	430	102	30	42	135
百色市	47		2	39	37	10	10	22
贺州市	54	10	3	60	38	8	13	31
河池市	72	1	34	54	73	3	11	27
来宾市	26		27	42	79	16	10	5
崇左市	65		7	44	110	7	9	22
男	**432**	**10**	**154**	**578**	**844**	**145**	**104**	**197**
南宁市	66	1	11	53	112	37	8	12
柳州市	47		9	12	164	25	5	15
桂林市	33	1	5	18	72	13	10	12
梧州市	18		4	26	28	4	8	33
北海市	14		3	27	39	2	7	6
防城港市	9			3	13	1	2	4
钦州市	34		7	63	79	11	6	21
贵港市	44		12	250	55	5	8	16
玉林市	39	1	96	63	66	23	22	43
百色市	23			14	28	3	3	8
贺州市	30	6	1	19	23	3	9	13
河池市	29	1	4	12	41		7	7
来宾市	12		1	6	48	13	5	1
崇左市	34		1	12	76	5	4	6
女	**452**	**7**	**308**	**1642**	**597**	**76**	**95**	**424**
南宁市	71	1	15	171	71	13	10	35
柳州市	47		57	45	169	17	3	35
桂林市	42	1	3	82	41	7	12	10
梧州市	24		17	81	19		5	66
北海市	20		1	43	24	2	5	12
防城港市	9			7	5		1	1
钦州市	35		25	199	72	8	9	84
贵港市	25	1	19	471	39	2	5	17
玉林市	43		105	367	36	7	20	92
百色市	24		2	25	9	7	7	14
贺州市	24	4	2	41	15	5	4	18
河池市	43		30	42	32	3	4	20
来宾市	14		26	36	31	3	5	4
崇左市	31		6	32	34	2	5	16

4-6b 续表 27　　　　单位：人

地区 性别	没有农村土地承包经营权的人口							
	六、生产制造及有关人员							
	51.石油加工和炼焦、煤化工生产人员	52.化学原料和化学制品制造人员	53.医药制造人员	54.化学纤维制造人员	55.橡胶和塑料制品制造人员	56.非金属矿物制品制造人员	57.采矿人员	58.金属冶炼和压延加工人员
总计	**32**	**215**	**188**	**9**	**272**	**941**	**386**	**493**
南宁市	1	23	20	1	42	189	30	8
柳州市		23	22		18	54	8	14
桂林市		11	63		50	57	20	23
梧州市	1	40	19		6	163	6	17
北海市	1	8	2		6	31	1	4
防城港市	1	9	5		3	19	10	47
钦州市	20	10	17	7	17	56	7	21
贵港市		10	2		28	91	18	1
玉林市		14	11		39	73	21	69
百色市	6	24	6		6	36	96	39
贺州市	1	10	2	1	27	80	18	22
河池市	1	6	6		5	30	129	77
来宾市		15	5		6	19	7	63
崇左市		12	8		19	43	15	88
男	**22**	**142**	**68**	**5**	**149**	**653**	**292**	**379**
南宁市	1	15	11	1	18	126	26	7
柳州市		15	9		4	36	6	10
桂林市		8	20		25	40	15	19
梧州市	1	27	9		2	115	6	14
北海市	1	6			4	22	1	4
防城港市		6	1		3	15	8	39
钦州市	13	3	4	3	10	37	6	17
贵港市		7			14	76	16	1
玉林市		13	4		25	49	18	57
百色市	4	17	1		4	23	65	27
贺州市	1	5	2	1	23	42	14	18
河池市	1	6	2		3	22	91	62
来宾市		4	1		3	13	7	48
崇左市		10	4		11	37	13	56
女	**10**	**73**	**120**	**4**	**123**	**288**	**94**	**114**
南宁市		8	9		24	63	4	1
柳州市		8	13		14	18	2	4
桂林市		3	43		25	17	5	4
梧州市		13	10		4	48		3
北海市		2	2		2	9		
防城港市	1	3	4			4	2	8
钦州市	7	7	13	4	7	19	1	4
贵港市		3	2		14	15	2	
玉林市		1	7		14	24	3	12
百色市	2	7	5		2	13	31	12
贺州市		5			4	38	4	4
河池市			4		2	8	38	15
来宾市		11	4		3	6		15
崇左市		2	4		8	6	2	32

4-6b　续表 28　　　　单位：人

地区 性别	没有农村土地承包经营权的人口							
	六、生产制造及有关人员							
	59.机械制造基础加工人员	60.金属制品制造人员	61.通用设备制造人员	62.专用设备制造人员	63.汽车制造人员	64.铁路、船舶、航空设备制造人员	65.电气机械和器材制造人员	66.计算机、通信和其他电子设备制造人员
总　计	**694**	**516**	**116**	**48**	**265**	**43**	**257**	**2289**
南宁市	76	57	15	11	11	6	24	211
柳州市	138	38	22	4	189	4	9	120
桂林市	67	33	13	8	14	2	27	175
梧州市	51	62	6	2	9	19	53	217
北海市	12	14	6	2	3	2	2	72
防城港市	46	13	5	1		1	3	60
钦州市	42	59	7	1	3	2	24	277
贵港市	33	47	2	4	4	5	37	170
玉林市	76	69	5	2	8	1	27	460
百色市	28	27	3	3	1		8	90
贺州市	21	44	13	2	3		25	202
河池市	46	17	6	6	10		9	125
来宾市	23	2	1		9		5	45
崇左市	35	34	12	2	1	1	4	65
男	**579**	**366**	**94**	**27**	**177**	**40**	**167**	**1116**
南宁市	66	42	12	7	9	6	17	109
柳州市	116	25	15	3	119	2	7	75
桂林市	62	23	10	4	13	2	22	83
梧州市	38	43	6	1	5	18	36	106
北海市	7	11	6		3	2	2	39
防城港市	44	9	4	1		1	2	39
钦州市	34	45	7		3	2	17	135
贵港市	28	40	2	2	4	5	24	95
玉林市	55	51	3	2	4	1	12	213
百色市	21	20	3	1			3	48
贺州市	16	26	12		3		15	80
河池市	40	8	5	5	8		5	44
来宾市	21	1			6		2	17
崇左市	31	22	9	1		1	3	33
女	**115**	**150**	**22**	**21**	**88**	**3**	**90**	**1173**
南宁市	10	15	3	4	2		7	102
柳州市	22	13	7	1	70	2	2	45
桂林市	5	10	3	4	1		5	92
梧州市	13	19		1	4	1	17	111
北海市	5	3		2				33
防城港市	2	4	1				1	21
钦州市	8	14		1			7	142
贵港市	5	7		2			13	75
玉林市	21	18	2		4		15	247
百色市	7	7		2	1		5	42
贺州市	5	18	1	2			10	122
河池市	6	9	1	1	2		4	81
来宾市	2	1	1		3		3	28
崇左市	4	12	3	1	1		1	32

4-6b 续表 29　　　　单位：人

地区 性别	没有农村土地承包经营权的人口							
	六、生产制造及有关人员							
	67.仪器仪表制造人员	68.废弃资源综合利用人员	69.电力、热力、气体、水生产和输配人员	70.建筑施工人员	71.运输设备和通用工程机械操作人员及有关人员	72.生产辅助人员	73.其他生产制造及有关人员	74.不便分类的其他从业人员
总　计	**36**	**33**	**402**	**13666**	**1165**	**3635**	**144**	**995**
南宁市	5	4	41	1645	124	466	16	178
柳州市	5	1	54	1184	117	369	16	86
桂林市	3	1	55	1394	105	346	14	77
梧州市	1	8	7	505	94	240	5	40
北海市		1	9	454	61	104	2	29
防城港市	1		13	322	33	192	2	56
钦州市	3	5	8	1770	118	300	13	134
贵港市			14	734	61	125	11	109
玉林市	3		18	1597	113	301	5	45
百色市	2		44	1028	58	217	48	28
贺州市	1	9	18	732	38	158	4	27
河池市	4		50	1033	87	329	4	122
来宾市	3	3	26	459	63	180	1	14
崇左市	5	1	45	809	93	308	3	50
男	**21**	**24**	**285**	**10928**	**1083**	**2444**	**89**	**528**
南宁市	4	3	31	1286	115	287	10	82
柳州市	3	1	38	943	113	248	7	46
桂林市	1		37	1076	97	232	11	41
梧州市	1	8	6	411	89	149	2	25
北海市		1	6	388	58	66	1	17
防城港市	1		9	267	28	149	1	31
钦州市	1	4	7	1483	115	210	9	79
贵港市			10	597	57	87	7	46
玉林市			11	1392	105	192	3	34
百色市	2		29	696	57	140	31	17
贺州市	1	5	13	562	35	110	1	13
河池市	3		37	820	74	252	2	60
来宾市	2	1	17	379	49	123	1	8
崇左市	2	1	34	628	91	199	3	29
女	**15**	**9**	**117**	**2738**	**82**	**1191**	**55**	**467**
南宁市	1	1	10	359	9	179	6	96
柳州市	2		16	241	4	121	9	40
桂林市	2	1	18	318	8	114	3	36
梧州市			1	94	5	91	3	15
北海市			3	66	3	38	1	12
防城港市			4	55	5	43	1	25
钦州市	2	1	1	287	3	90	4	55
贵港市			4	137	4	38	4	63
玉林市	3		7	205	8	109	2	11
百色市			15	332	1	77	17	11
贺州市		4	5	170	3	48	3	14
河池市	1		13	213	13	77	2	62
来宾市	1	2	9	80	14	57		6
崇左市	3		11	181	2	109		21

4-6c　各地区分性别、职业中类的就业人口（乡村）

单位：人

地区 性别	16岁及以上人口							
	合计	一、党的机关、国家机关、群众团体和社会组织、企事业单位负责人						
		小计	1.中国共产党机关负责人	2.国家机关负责人	3.民主党派和工商联负责人	4.人民团体和群众团体、社会组织及其他成员组织负责人	5.基层群众自治组织负责人	6.企事业单位负责人
总　计	**912209**	**4784**	**46**	**234**	**1**	**409**	**1201**	**2893**
南宁市	118326	534	1	29	1	47	99	357
柳州市	55527	340	6	33		23	80	198
桂林市	100631	503	2	29		47	142	283
梧州市	39752	202		7		20	37	138
北海市	36373	268	2	10		25	17	214
防城港市	15705	134		5		15	20	94
钦州市	64287	278	2	4		52	54	166
贵港市	77992	390	2	5		38	89	256
玉林市	96091	408	5	9		18	98	278
百色市	89316	569	19	34		80	185	251
贺州市	39134	214	1	8		1	44	160
河池市	71675	475	2	33		14	225	201
来宾市	48506	183	3	10		4	50	116
崇左市	58894	286	1	18		25	61	181
男	**533565**	**3666**	**39**	**189**	**1**	**238**	**1004**	**2195**
南宁市	67601	416	1	23	1	30	86	275
柳州市	32776	254	5	28		14	63	144
桂林市	59002	384	1	23		29	117	214
梧州市	24175	162		6		8	34	114
北海市	21660	198	1	7		16	15	159
防城港市	10336	106		3		11	16	76
钦州市	39480	210	2	3		23	47	135
贵港市	44978	305	2	5		26	78	194
玉林市	58105	316	4	9		12	88	203
百色市	50303	438	18	32		45	152	191
贺州市	23032	171	1	5		1	40	124
河池市	41158	365	2	27		7	179	150
来宾市	28189	145	2	8		2	41	92
崇左市	32770	196		10		14	48	124
女	**378644**	**1118**	**7**	**45**		**171**	**197**	**698**
南宁市	50725	118		6		17	13	82
柳州市	22751	86	1	5		9	17	54
桂林市	41629	119	1	6		18	25	69
梧州市	15577	40		1		12	3	24
北海市	14713	70	1	3		9	2	55
防城港市	5369	28		2		4	4	18
钦州市	24807	68		1		29	7	31
贵港市	33014	85				12	11	62
玉林市	37986	92	1			6	10	75
百色市	39013	131	1	2		35	33	60
贺州市	16102	43		3			4	36
河池市	30517	110		6		7	46	51
来宾市	20317	38	1	2		2	9	24
崇左市	26124	90	1	8		11	13	57

4-6c 续表 1

单位：人

地 区 性 别	16岁及以上人口 二、专业技术人员 小计	7.科学研究人员	8.工程技术人员	9.农业技术人员	10.飞机和船舶技术人员	11.卫生专业技术人员	12.经济和金融专业人员	13.法律、社会和宗教专业人员
总 计	**27689**	**51**	**4663**	**539**	**33**	**5329**	**2049**	**243**
南宁市	3018	4	575	89	6	522	279	33
柳州市	1406	1	259	18	2	316	105	15
桂林市	2605	4	341	57		571	204	20
梧州市	1466	1	262	15	7	271	69	15
北海市	1536	3	298	30	1	260	176	6
防城港市	738	1	320	10	1	101	65	5
钦州市	2423	2	334	30	2	423	115	14
贵港市	2755	7	378	63	11	519	202	17
玉林市	3354	6	394	70	1	635	207	36
百色市	2748	6	652	73	1	566	218	25
贺州市	1209	2	167	9		228	90	19
河池市	2326	5	344	31		457	154	18
来宾市	992	1	152	16	1	184	80	11
崇左市	1113	8	187	28		276	85	9
男	**12498**	**30**	**4060**	**397**	**28**	**2191**	**644**	**164**
南宁市	1446	2	500	65	5	204	105	22
柳州市	658	1	226	14	2	123	28	9
桂林市	993	1	292	43		214	36	12
梧州市	730	1	224	11	7	140	26	11
北海市	639	2	268	22	1	92	41	3
防城港市	451		303	8	1	54	19	2
钦州市	1075	2	299	22	2	212	36	9
贵港市	1186	5	317	42	7	221	77	10
玉林市	1329	4	352	57	1	297	60	30
百色市	1390	3	543	49	1	194	68	18
贺州市	536		142	8		93	35	13
河池市	1110	3	301	22		171	57	14
来宾市	421	1	131	13	1	66	32	4
崇左市	534	5	162	21		110	24	7
女	**15191**	**21**	**603**	**142**	**5**	**3138**	**1405**	**79**
南宁市	1572	2	75	24	1	318	174	11
柳州市	748		33	4		193	77	6
桂林市	1612	3	49	14		357	168	8
梧州市	736		38	4		131	43	4
北海市	897	1	30	8		168	135	3
防城港市	287	1	17	2		47	46	3
钦州市	1348		35	8		211	79	5
贵港市	1569	2	61	21	4	298	125	7
玉林市	2025	2	42	13		338	147	6
百色市	1358	3	109	24		372	150	7
贺州市	673	2	25	1		135	55	6
河池市	1216	2	43	9		286	97	4
来宾市	571		21	3		118	48	7
崇左市	579	3	25	7		166	61	2

4-6c 续表 2

单位：人

地区 性别	16岁及以上人口							
	二、专业技术人员				三、办事人员和有关人员			
	14.教学人员	15.文学艺术、体育专业人员	16.新闻出版、文化专业人员	17.其他专业技术人员	小计	18.办事人员	19.安全和消防人员	20.其他办事人员和有关人员
总 计	**14117**	**304**	**190**	**171**	**15864**	**11495**	**4145**	**224**
南宁市	1426	25	24	35	1883	1350	504	29
柳州市	648	25	10	7	1105	780	304	21
桂林市	1307	73	21	7	1548	1080	432	36
梧州市	799	13	6	8	774	598	166	10
北海市	705	20	17	20	999	737	248	14
防城港市	219	2	6	8	568	412	151	5
钦州市	1470	17	4	12	910	625	271	14
贵港市	1488	31	21	18	1171	836	323	12
玉林市	1931	38	22	14	1672	1268	389	15
百色市	1159	17	14	17	1679	1154	493	32
贺州市	659	14	8	13	691	503	178	10
河池市	1278	14	18	7	1251	967	276	8
来宾市	526	8	9	4	717	553	155	9
崇左市	502	7	10	1	896	632	255	9
男	**4598**	**177**	**76**	**133**	**10868**	**6856**	**3879**	**133**
南宁市	493	13	10	27	1263	770	477	16
柳州市	233	12	3	7	761	456	291	14
桂林市	341	40	8	6	1048	615	418	15
梧州市	290	8	4	8	531	377	146	8
北海市	175	13	8	14	613	380	224	9
防城港市	54	2	2	6	419	283	133	3
钦州市	471	12	2	8	640	374	257	9
贵港市	464	19	9	15	796	490	300	6
玉林市	487	22	9	10	1135	759	367	9
百色市	485	10	6	13	1232	746	463	23
贺州市	223	7	6	9	480	314	162	4
河池市	519	10	8	5	831	570	257	4
来宾市	163	6		4	487	335	146	6
崇左市	200	3	1	1	632	387	238	7
女	**9519**	**127**	**114**	**38**	**4996**	**4639**	**266**	**91**
南宁市	933	12	14	8	620	580	27	13
柳州市	415	13	7		344	324	13	7
桂林市	966	33	13	1	500	465	14	21
梧州市	509	5	2		243	221	20	2
北海市	530	7	9	6	386	357	24	5
防城港市	165		4	2	149	129	18	2
钦州市	999	5	2	4	270	251	14	5
贵港市	1024	12	12	3	375	346	23	6
玉林市	1444	16	13	4	537	509	22	6
百色市	674	7	8	4	447	408	30	9
贺州市	436	7	2	4	211	189	16	6
河池市	759	4	10	2	420	397	19	4
来宾市	363	2	9		230	218	9	3
崇左市	302	4	9		264	245	17	2

4-6c 续表 3 单位：人

地区 性别	16岁及以上人口							
	四、社会生产服务和生活服务人员							
	小计	21.批发与零售服务人员	22.交通运输、仓储和邮政业服务人员	23.住宿和餐饮服务人员	24.信息传输、软件和信息技术服务人员	25.金融服务人员	26.房地产服务人员	27.租赁和商务服务人员
总计	**137055**	**53001**	**33205**	**19214**	**1267**	**843**	**849**	**2494**
南宁市	17156	6348	4120	2427	161	92	132	407
柳州市	7933	3015	2105	1111	62	34	32	119
桂林市	15146	5798	3091	2568	136	113	77	554
梧州市	6206	2173	1652	1070	57	55	24	76
北海市	7598	3154	1470	1050	95	64	168	201
防城港市	3631	1213	858	564	33	12	16	113
钦州市	9569	4116	2069	1307	65	43	49	63
贵港市	12779	5073	2982	1841	153	104	69	143
玉林市	17879	7419	4573	2016	145	91	120	239
百色市	12286	4450	3393	1626	98	72	59	159
贺州市	6224	2404	1517	912	62	37	23	102
河池市	9995	3836	2576	1245	107	74	30	114
来宾市	4765	1860	1187	644	48	18	10	80
崇左市	5888	2142	1612	833	45	34	40	124
男	**82270**	**26174**	**29456**	**8502**	**902**	**367**	**504**	**2059**
南宁市	10064	3116	3609	1040	107	39	80	344
柳州市	4767	1483	1872	411	39	12	19	97
桂林市	8555	2716	2697	1062	98	54	43	439
梧州市	3966	1121	1517	554	40	28	8	63
北海市	4371	1490	1323	498	69	21	94	161
防城港市	2225	603	795	234	25	7	12	92
钦州市	5917	2152	1901	678	47	16	34	58
贵港市	7845	2619	2646	930	107	39	51	110
玉林市	11432	3948	4241	1009	107	37	73	206
百色市	7133	2079	2806	613	76	34	31	129
贺州市	3751	1212	1373	375	43	14	14	90
河池市	5862	1761	2232	447	82	39	20	94
来宾市	2843	855	1091	265	32	8	4	69
崇左市	3539	1019	1353	386	30	19	21	107
女	**54785**	**26827**	**3749**	**10712**	**365**	**476**	**345**	**435**
南宁市	7092	3232	511	1387	54	53	52	63
柳州市	3166	1532	233	700	23	22	13	22
桂林市	6591	3082	394	1506	38	59	34	115
梧州市	2240	1052	135	516	17	27	16	13
北海市	3227	1664	147	552	26	43	74	40
防城港市	1406	610	63	330	8	5	4	21
钦州市	3652	1964	168	629	18	27	15	5
贵港市	4934	2454	336	911	46	65	18	33
玉林市	6447	3471	332	1007	38	54	47	33
百色市	5153	2371	587	1013	22	38	28	30
贺州市	2473	1192	144	537	19	23	9	12
河池市	4133	2075	344	798	25	35	10	20
来宾市	1922	1005	96	379	16	10	6	11
崇左市	2349	1123	259	447	15	15	19	17

4-6c　续表 4　　　　单位：人

地　区 性　别	16岁及以上人口							
	四、社会生产服务和生活服务人员							
	28.技术辅助服务人　员	29.水利、环境和公共设施管理服务人员	30.居民服务人员	31.电力、燃气及水供应服务人　员	32.修理及制作服务人　员	33.文化、体育和娱乐服务人　员	34.健康服务人员	35.其他社会生产和生活服务人员
总　计	**1311**	**8667**	**7901**	**1644**	**5828**	**430**	**168**	**233**
南宁市	144	1292	931	210	781	45	18	48
柳州市	54	589	372	99	286	29	4	22
桂林市	147	1102	793	205	479	51	10	22
梧州市	57	341	347	60	263	20	5	6
北海市	83	494	378	88	308	29	7	9
防城港市	123	304	203	53	117	12	2	8
钦州市	71	606	620	102	412	19	17	10
贵港市	156	568	926	93	591	40	9	31
玉林市	166	815	1134	169	883	54	27	28
百色市	83	839	644	197	559	44	40	23
贺州市	59	313	444	62	256	26	2	5
河池市	86	737	540	179	415	28	13	15
来宾市	44	277	301	47	228	13	7	1
崇左市	38	390	268	80	250	20	7	5
男	**880**	**3811**	**2611**	**1456**	**5082**	**267**	**63**	**136**
南宁市	96	426	299	186	664	29	6	23
柳州市	36	291	123	95	254	21	2	12
桂林市	100	464	252	181	409	28	3	9
梧州市	40	167	127	52	233	10	1	5
北海市	53	167	119	80	268	21	3	4
防城港市	91	104	97	44	110	6	1	4
钦州市	41	288	207	94	380	14	3	4
贵港市	110	260	328	85	510	22	3	25
玉林市	116	362	328	156	784	35	12	18
百色市	55	400	240	161	453	26	14	16
贺州市	33	162	126	57	237	12	1	2
河池市	53	395	187	158	355	20	8	11
来宾市	31	133	99	43	202	8	3	
崇左市	25	192	79	64	223	15	3	3
女	**431**	**4856**	**5290**	**188**	**746**	**163**	**105**	**97**
南宁市	48	866	632	24	117	16	12	25
柳州市	18	298	249	4	32	8	2	10
桂林市	47	638	541	24	70	23	7	13
梧州市	17	174	220	8	30	10	4	1
北海市	30	327	259	8	40	8	4	5
防城港市	32	200	106	9	7	6	1	4
钦州市	30	318	413	8	32	5	14	6
贵港市	46	308	598	8	81	18	6	6
玉林市	50	453	806	13	99	19	15	10
百色市	28	439	404	36	106	18	26	7
贺州市	26	151	318	5	19	14	1	3
河池市	33	342	353	21	60	8	5	4
来宾市	13	144	202	4	26	5	4	1
崇左市	13	198	189	16	27	5	4	2

4-6c 续表 5 单位：人

地区 性别	16岁及以上人口								
	五、农、林、牧、渔业生产及辅助人员							六、生产制造及有关人员	
	小计	36.农业生产人员	37.林业生产人员	38.畜牧业生产人员	39.渔业生产人员	40.农林牧渔生产辅助人员	41.其他农、林、牧、渔业生产加工人员	小计	42.农副产品加工人员
总　计	**525480**	**456036**	**16115**	**43018**	**7534**	**2531**	**246**	**198831**	**3946**
南宁市	74079	67714	1243	4242	473	376	31	21398	428
柳州市	35107	30797	2006	2003	153	130	18	9548	158
桂林市	64008	59120	1303	2766	249	532	38	16659	1008
梧州市	21783	19767	839	911	173	88	5	9203	122
北海市	18642	13555	242	1268	3367	184	26	7199	302
防城港市	7059	5117	447	530	892	69	4	3501	113
钦州市	32706	28825	664	2044	991	135	47	18253	159
贵港市	36708	34551	406	1433	230	83	5	23503	405
玉林市	37917	30696	888	5912	313	89	19	34740	353
百色市	54450	45542	2203	6193	175	314	23	17427	318
贺州市	21142	19022	880	1012	134	86	8	9591	132
河池市	41836	27993	2629	10908	210	87	9	15428	172
来宾市	35311	31100	984	2989	64	163	11	6505	119
崇左市	44732	42237	1381	807	110	195	2	5876	157
男	**278918**	**236894**	**11078**	**24010**	**5404**	**1410**	**122**	**143896**	**2225**
南宁市	38535	34620	899	2413	368	224	11	15728	268
柳州市	19183	16517	1416	1057	116	64	13	7108	101
桂林市	35577	32575	918	1626	190	252	16	12347	496
梧州市	12038	10639	624	577	138	56	4	6668	86
北海市	10406	7045	186	769	2301	94	11	5359	135
防城港市	4211	2892	328	363	586	40	2	2872	64
钦州市	17909	15097	561	1385	760	80	26	13635	93
贵港市	18750	17246	331	938	176	54	5	15717	225
玉林市	19742	15182	689	3549	253	60	9	24082	227
百色市	27776	22847	1326	3292	125	174	12	12256	183
贺州市	10977	9551	622	651	101	47	5	7084	70
河池市	20925	13726	1580	5405	149	62	3	11849	114
来宾市	19259	16844	753	1511	55	91	5	5020	69
崇左市	23630	22113	845	474	86	112		4171	94
女	**246562**	**219142**	**5037**	**19008**	**2130**	**1121**	**124**	**54935**	**1721**
南宁市	35544	33094	344	1829	105	152	20	5670	160
柳州市	15924	14280	590	946	37	66	5	2440	57
桂林市	28431	26545	385	1140	59	280	22	4312	512
梧州市	9745	9128	215	334	35	32	1	2535	36
北海市	8236	6510	56	499	1066	90	15	1840	167
防城港市	2848	2225	119	167	306	29	2	629	49
钦州市	14797	13728	103	659	231	55	21	4618	66
贵港市	17958	17305	75	495	54	29		7786	180
玉林市	18175	15514	199	2363	60	29	10	10658	126
百色市	26674	22695	877	2901	50	140	11	5171	135
贺州市	10165	9471	258	361	33	39	3	2507	62
河池市	20911	14267	1049	5503	61	25	6	3579	58
来宾市	16052	14256	231	1478	9	72	6	1485	50
崇左市	21102	20124	536	333	24	83	2	1705	63

4-6c 续表 6

单位：人

地 区 性 别	16岁及以上人口							
	六、生产制造及有关人员							
	43.食品、饮料生产加工人员	44.烟草及其制品加工人员	45.纺织、针织、印染人员	46.纺织品、服装和皮革、毛皮制品加工制作人员	47.木材加工、家具与木制品制作人员	48.纸及纸制品生产加工人员	49.印刷和记录媒介复制人员	50.文教、工美、体育和娱乐用品制造人员
总 计	**2171**	**55**	**1341**	**13013**	**12822**	**802**	**435**	**3424**
南宁市	275	4	130	733	1915	132	38	162
柳州市	150		45	151	1188	24	15	53
桂林市	285		31	337	1276	57	29	141
梧州市	156		47	498	309	40	33	247
北海市	121		21	186	555	42	21	43
防城港市	34		8	39	224	6	2	11
钦州市	198	1	113	1365	525	137	49	457
贵港市	183	8	207	3065	2377	75	70	216
玉林市	261	3	339	5209	1155	100	80	1197
百色市	127	37	94	444	797	49	26	246
贺州市	117	1	39	368	333	23	26	181
河池市	112		168	338	746	34	23	315
来宾市	74	1	45	135	686	51	12	56
崇左市	78		54	145	736	32	11	99
男	**1160**	**29**	**556**	**3616**	**7679**	**477**	**300**	**1109**
南宁市	145	1	41	223	1115	70	26	56
柳州市	84		16	53	694	15	8	23
桂林市	151		16	133	705	32	13	71
梧州市	88		19	162	225	22	26	77
北海市	60		12	63	337	26	14	16
防城港市	19		5	22	162	3	2	1
钦州市	104		53	414	341	97	35	104
贵港市	90	3	83	902	1332	44	53	94
玉林市	150	2	166	1044	724	55	59	278
百色市	68	21	41	196	511	27	17	107
贺州市	66	1	22	139	251	16	18	88
河池市	54		45	154	483	18	13	116
来宾市	37	1	10	50	371	31	7	27
崇左市	44		27	61	428	21	9	51
女	**1011**	**26**	**785**	**9397**	**5143**	**325**	**135**	**2315**
南宁市	130	3	89	510	800	62	12	106
柳州市	66		29	98	494	9	7	30
桂林市	134		15	204	571	25	16	70
梧州市	68		28	336	84	18	7	170
北海市	61		9	123	218	16	7	27
防城港市	15		3	17	62	3		10
钦州市	94	1	60	951	184	40	14	353
贵港市	93	5	124	2163	1045	31	17	122
玉林市	111	1	173	4165	431	45	21	919
百色市	59	16	53	248	286	22	9	139
贺州市	51		17	229	82	7	8	93
河池市	58		123	184	263	16	10	199
来宾市	37		35	85	315	20	5	29
崇左市	34		27	84	308	11	2	48

4-6c 续表 7　　单位：人

地区 性别	16岁及以上人口							
	六、生产制造及有关人员							
	51.石油加工和炼焦、煤化工生产人员	52.化学原料和化学制品制造人员	53.医药制造人员	54.化学纤维制造人员	55.橡胶和塑料制品制造人员	56.非金属矿物制品制造人员	57.采矿人员	58.金属冶炼和压延加工人员
总计	**73**	**873**	**237**	**23**	**1709**	**4460**	**1457**	**1678**
南宁市	10	116	25	2	163	467	218	75
柳州市		34	5	2	56	154	47	41
桂林市	9	78	44	4	169	484	173	56
梧州市		31	12	1	78	279	122	49
北海市	12	82	7	1	47	184	47	162
防城港市	2	10	3		5	67	12	277
钦州市	11	125	25	2	159	299	36	33
贵港市	2	51	15		265	294	29	74
玉林市	10	62	67	1	296	719	45	73
百色市	12	89	6	3	164	392	245	510
贺州市		47	10	1	101	477	75	54
河池市	2	31	4		110	344	235	99
来宾市	2	19	10	2	53	192	111	41
崇左市	1	98	4	4	43	108	62	134
男	**61**	**546**	**95**	**12**	**953**	**3167**	**1268**	**1362**
南宁市	9	64	11	1	96	331	213	58
柳州市		18	2	2	28	112	40	35
桂林市	8	52	20	1	101	385	130	45
梧州市		20	6		41	207	117	36
北海市	9	26		1	25	136	42	131
防城港市	2	7	2		5	57	11	252
钦州市	10	86	11	2	105	215	36	27
贵港市	2	36	3		146	210	26	63
玉林市	7	44	23		147	410	42	60
百色市	10	68	3	2	95	287	184	426
贺州市		35	7	1	52	346	67	38
河池市	2	22	1		63	253	209	70
来宾市	1	12	5		23	141	100	33
崇左市	1	56	1	2	26	77	51	88
女	**12**	**327**	**142**	**11**	**756**	**1293**	**189**	**316**
南宁市	1	52	14	1	67	136	5	17
柳州市		16	3		28	42	7	6
桂林市	1	26	24	3	68	99	43	11
梧州市		11	6	1	37	72	5	13
北海市	3	56	7		22	48	5	31
防城港市		3	1			10	1	25
钦州市	1	39	14		54	84		6
贵港市		15	12		119	84	3	11
玉林市	3	18	44	1	149	309	3	13
百色市	2	21	3	1	69	105	61	84
贺州市		12	3		49	131	8	16
河池市		9	3		47	91	26	29
来宾市	1	7	5	2	30	51	11	8
崇左市		42	3	2	17	31	11	46

4-6c 续表 8 单位：人

地 区 性 别	16岁及以上人口							
	六、生产制造及有关人员							
	59.机械制造基础加工人员	60.金属制品制造人员	61.通用设备制造人员	62.专用设备制造人员	63.汽车制造人员	64.铁路、船舶、航空设备制造人员	65.电气机械和器材制造人员	66.计算机、通信和其他电子设备制造人员
总 计	**3474**	**4456**	**637**	**217**	**870**	**203**	**2150**	**15510**
南宁市	490	485	93	18	23	10	113	1416
柳州市	317	214	41	6	516	7	42	479
桂林市	179	318	39	13	70	6	122	952
梧州市	193	301	30	8	17	33	197	968
北海市	154	86	20	6	6	23	22	463
防城港市	78	34	8	3	8	6	14	204
钦州市	175	311	47	11	10	5	111	1976
贵港市	435	870	86	33	45	86	573	1886
玉林市	510	563	83	32	58	9	289	2756
百色市	272	513	67	24	23	2	208	1630
贺州市	86	238	22	24	17	6	142	905
河池市	282	310	42	19	20	6	216	1053
来宾市	161	92	34	11	53	4	62	389
崇左市	142	121	25	9	4		39	433
男	**2997**	**3113**	**509**	**125**	**527**	**170**	**1261**	**7941**
南宁市	452	330	80	8	18	8	76	709
柳州市	280	141	33	4	291	5	27	294
桂林市	151	200	28	8	46	6	79	542
梧州市	157	225	23	5	9	30	103	460
北海市	143	62	17	5	4	22	14	257
防城港市	75	29	8	2	6	5	10	146
钦州市	157	238	41	8	7	3	68	1065
贵港市	371	622	63	20	33	72	331	958
玉林市	405	408	64	20	36	5	161	1263
百色市	232	347	48	10	17	2	114	798
贺州市	67	167	17	12	13	4	90	454
河池市	243	200	34	14	11	5	122	547
来宾市	141	59	31	6	34	3	42	207
崇左市	123	85	22	3	2		24	241
女	**477**	**1343**	**128**	**92**	**343**	**33**	**889**	**7569**
南宁市	38	155	13	10	5	2	37	707
柳州市	37	73	8	2	225	2	15	185
桂林市	28	118	11	5	24		43	410
梧州市	36	76	7	3	8	3	94	508
北海市	11	24	3	1	2	1	8	206
防城港市	3	5		1	2	1	4	58
钦州市	18	73	6	3	3	2	43	911
贵港市	64	248	23	13	12	14	242	928
玉林市	105	155	19	12	22	4	128	1493
百色市	40	166	19	14	6		94	832
贺州市	19	71	5	12	4	2	52	451
河池市	39	110	8	5	9	1	94	506
来宾市	20	33	3	5	19	1	20	182
崇左市	19	36	3	6	2		15	192

4-6c 续表 9 单位：人

地 区 性 别	16岁及以上人口							
	六、生产制造及有关人员							
	67.仪器仪表制造人员	68.废弃资源综合利用人员	69.电力、热力、气体、水生产和输配人员	70.建筑施工人员	71.运输设备和通用工程机械操作人员及有关人员	72.生产辅助人员	73.其他生产制造及有关人员	74.不便分类的其他从业人员
总 计	**128**	**138**	**518**	**106468**	**5431**	**9525**	**587**	**2506**
南宁市	7	30	40	11728	745	1211	96	258
柳州市	5	2	32	4928	281	530	25	88
桂林市	9	11	110	9307	410	860	72	162
梧州市	2	1	36	4624	243	491	35	118
北海市	9	9	38	3563	330	600	37	131
防城港市	4	3	14	1808	168	321	15	74
钦州市	14	14	13	10915	330	591	36	148
贵港市	7	4	23	10561	397	1071	90	686
玉林市	32	24	46	18303	796	1205	64	121
百色市	10	17	49	9606	510	888	49	157
贺州市	5	6	18	5523	212	383	19	63
河池市	11	10	39	9595	517	543	32	364
来宾市	5	1	30	3436	250	356	12	33
崇左市	8	6	30	2571	242	475	5	103
男	**80**	**108**	**414**	**90929**	**5174**	**5573**	**360**	**1449**
南宁市	5	23	35	9787	699	717	53	149
柳州市	2	2	27	4199	270	285	17	45
桂林市	4	8	70	7915	399	485	47	98
梧州市	2	1	26	3930	239	301	25	80
北海市	9	5	34	3076	297	355	26	74
防城港市	4	3	12	1557	149	241	11	52
钦州市	11	13	11	9595	315	353	17	94
贵港市	7	4	18	8864	379	612	51	379
玉林市	17	17	42	16735	779	660	32	69
百色市	6	12	45	7347	486	512	34	78
贺州市	1	5	16	4593	192	225	11	33
河池市	7	8	29	8149	497	343	23	216
来宾市	2	1	27	3080	236	223	10	14
崇左市	3	6	22	2102	237	261	3	68
女	**48**	**30**	**104**	**15539**	**257**	**3952**	**227**	**1057**
南宁市	2	7	5	1941	46	494	43	109
柳州市	3		5	729	11	245	8	43
桂林市	5	3	40	1392	11	375	25	64
梧州市			10	694	4	190	10	38
北海市		4	4	487	33	245	11	57
防城港市			2	251	19	80	4	22
钦州市	3	1	2	1320	15	238	19	54
贵港市			5	1697	18	459	39	307
玉林市	15	7	4	1568	17	545	32	52
百色市	4	5	4	2259	24	376	15	79
贺州市	4	1	2	930	20	158	8	30
河池市	4	2	10	1446	20	200	9	148
来宾市	3		3	356	14	133	2	19
崇左市	5		8	469	5	214	2	35

4-6c　续表 10　　　　单位：人

地　区 性　别	有农村土地承包经营权的人口							
	合计	一、党的机关、国家机关、群众团体和社会组织、企事业单位负责人						
		小计	1.中国共产党机关负责人	2.国家机关负责人	3.民主党派和工商联负责人	4.人民团体和群众团体、社会组织及其他成员组织负责人	5.基层群众自治组织负责人	6.企事业单位负责人
总　计	**838465**	**3897**	**39**	**134**	**1**	**356**	**1124**	**2243**
南宁市	110688	448	1	24	1	45	90	287
柳州市	51040	276	3	15		21	75	162
桂林市	94019	434	2	20		39	131	242
梧州市	35809	161		3		15	31	112
北海市	30328	153	1	5		21	15	111
防城港市	12662	81		3		12	18	48
钦州市	55665	218	2			43	50	123
贵港市	73168	356	2	4		33	86	231
玉林市	87022	348	5	8		15	92	228
百色市	83638	469	18	24		71	170	186
贺州市	36248	186	1	6		1	39	139
河池市	66763	390	1	10		13	219	147
来宾市	46198	155	3	8		4	50	90
崇左市	55217	222		4		23	58	137
男	**495430**	**3005**	**33**	**107**	**1**	**206**	**952**	**1706**
南宁市	63605	348	1	18	1	28	79	221
柳州市	30417	211	2	13		13	61	122
桂林市	56037	329	1	16		24	106	182
梧州市	22277	134		2		8	30	94
北海市	18332	114		3		13	13	85
防城港市	8311	60		1		8	14	37
钦州市	35105	168	2			19	45	102
贵港市	42707	283	2	4		22	78	177
玉林市	53501	278	4	8		10	84	172
百色市	47290	363	17	23		39	144	140
贺州市	21564	145	1	3		1	36	104
河池市	38582	294	1	8		6	175	104
来宾市	26971	122	2	6		2	41	71
崇左市	30731	156		2		13	46	95
女	**343035**	**892**	**6**	**27**		**150**	**172**	**537**
南宁市	47083	100		6		17	11	66
柳州市	20623	65	1	2		8	14	40
桂林市	37982	105	1	4		15	25	60
梧州市	13532	27		1		7	1	18
北海市	11996	39	1	2		8	2	26
防城港市	4351	21		2		4	4	11
钦州市	20560	50				24	5	21
贵港市	30461	73				11	8	54
玉林市	33521	70	1			5	8	56
百色市	36348	106	1	1		32	26	46
贺州市	14684	41		3			3	35
河池市	28181	96		2		7	44	43
来宾市	19227	33	1	2		2	9	19
崇左市	24486	66		2		10	12	42

4-6c　续表 11　　　　单位：人

地区 性别	有农村土地承包经营权的人口 二、专业技术人员 小计	7.科学研究人员	8.工程技术人员	9.农业技术人员	10.飞机和船舶技术人员	11.卫生专业技术人员	12.经济和金融专业人员	13.法律、社会和宗教专业人员
总　计	**20738**	**35**	**3660**	**446**	**19**	**4327**	**1443**	**200**
南宁市	2300	3	449	70	3	443	194	27
柳州市	1071	1	215	11	1	262	71	11
桂林市	1994	4	291	51		490	146	18
梧州市	1107	1	212	14	7	220	55	15
北海市	910	1	218	24	1	161	96	4
防城港市	420		155	9	1	66	37	3
钦州市	1636	2	237	23	1	323	69	10
贵港市	2307	5	308	56	2	462	163	14
玉林市	2687	6	336	58	1	540	152	31
百色市	2132	6	554	63	1	433	176	18
贺州市	967	2	138	8		191	70	17
河池市	1586	2	278	25		357	100	17
来宾市	796	1	122	13	1	152	64	9
崇左市	825	1	147	21		227	50	6
男	**9501**	**20**	**3200**	**338**	**19**	**1877**	**456**	**142**
南宁市	1109	2	390	54	3	181	79	19
柳州市	503	1	186	8	1	107	19	7
桂林市	747	1	252	40		183	23	12
梧州市	588	1	184	11	7	125	22	11
北海市	400		195	18	1	63	22	2
防城港市	244		149	7	1	40	11	2
钦州市	771	2	212	18	1	180	21	6
贵港市	1009	3	271	39	2	204	55	8
玉林市	1109	4	302	50	1	264	46	27
百色市	1084	3	464	43	1	159	50	15
贺州市	432		115	7		83	29	11
河池市	766	1	244	16		137	35	14
来宾市	345	1	108	11	1	57	29	3
崇左市	394	1	128	16		94	15	5
女	**11237**	**15**	**460**	**108**		**2450**	**987**	**58**
南宁市	1191	1	59	16		262	115	8
柳州市	568		29	3		155	52	4
桂林市	1247	3	39	11		307	123	6
梧州市	519		28	3		95	33	4
北海市	510	1	23	6		98	74	2
防城港市	176		6	2		26	26	1
钦州市	865		25	5		143	48	4
贵港市	1298	2	37	17		258	108	6
玉林市	1578	2	34	8		276	106	4
百色市	1048	3	90	20		274	126	3
贺州市	535	2	23	1		108	41	6
河池市	820	1	34	9		220	65	3
来宾市	451		14	2		95	35	6
崇左市	431		19	5		133	35	1

4-6c 续表 12 单位：人

地区 性别	有农村土地承包经营权的人口							
	二、专业技术人员				三、办事人员和有关人员			
	14.教学人员	15.文学艺术、体育专业人员	16.新闻出版、文化专业人员	17.其他专业技术人员	小计	18.办事人员	19.安全和消防人员	20.其他办事人员和有关人员
总计	**10076**	**249**	**153**	**130**	**12541**	**8789**	**3557**	**195**
南宁市	1043	23	20	25	1491	1039	428	24
柳州市	465	23	7	4	837	564	254	19
桂林市	911	60	17	6	1290	866	394	30
梧州市	558	12	5	8	655	492	154	9
北海市	372	12	10	11	624	449	164	11
防城港市	135		6	8	345	243	98	4
钦州市	943	13	3	12	704	462	230	12
贵港市	1233	27	21	16	1014	698	305	11
玉林市	1504	29	18	12	1419	1060	345	14
百色市	843	14	11	13	1384	928	427	29
贺州市	515	13	6	7	565	397	158	10
河池市	775	12	16	4	939	686	246	7
来宾市	419	6	6	3	609	458	145	6
崇左市	360	5	7	1	665	447	209	9
男	**3135**	**147**	**64**	**103**	**8754**	**5287**	**3345**	**122**
南宁市	340	13	8	20	1013	594	406	13
柳州市	155	12	3	4	587	331	244	12
桂林市	196	30	5	5	880	486	381	13
梧州市	208	7	4	8	461	317	136	8
北海市	78	9	5	7	391	233	151	7
防城港市	26		2	6	265	173	89	3
钦州市	310	11	2	8	514	285	220	9
贵港市	388	17	9	13	711	422	283	6
玉林市	383	15	8	9	1000	663	328	9
百色市	326	10	4	9	1028	604	402	22
贺州市	168	7	6	6	397	246	147	4
河池市	298	9	8	4	617	385	228	4
来宾市	128	4		3	415	274	136	5
崇左市	131	3		1	475	274	194	7
女	**6941**	**102**	**89**	**27**	**3787**	**3502**	**212**	**73**
南宁市	703	10	12	5	478	445	22	11
柳州市	310	11	4		250	233	10	7
桂林市	715	30	12	1	410	380	13	17
梧州市	350	5	1		194	175	18	1
北海市	294	3	5	4	233	216	13	4
防城港市	109		4	2	80	70	9	1
钦州市	633	2	1	4	190	177	10	3
贵港市	845	10	12	3	303	276	22	5
玉林市	1121	14	10	3	419	397	17	5
百色市	517	4	7	4	356	324	25	7
贺州市	347	6		1	168	151	11	6
河池市	477	3	8		322	301	18	3
来宾市	291	2	6		194	184	9	1
崇左市	229	2	7		190	173	15	2

4-6c 续表 13 单位：人

地区 性别	有农村土地承包经营权的人口 四、社会生产服务和生活服务人员 小计	21.批发与零售服务人员	22.交通运输、仓储和邮政业服务人员	23.住宿和餐饮服务人员	24.信息传输、软件和信息技术服务人员	25.金融服务人员	26.房地产服务人员	27.租赁和商务服务人员
总 计	**119727**	**45977**	**29577**	**16533**	**1095**	**668**	**655**	**2130**
南宁市	15351	5687	3718	2120	137	79	115	351
柳州市	6777	2543	1754	964	58	24	24	106
桂林市	13474	5047	2837	2291	109	98	64	487
梧州市	5454	1902	1510	905	49	47	20	67
北海市	5579	2323	1191	717	70	33	74	136
防城港市	2812	919	687	424	25	6	11	85
钦州市	7857	3360	1708	1041	51	26	42	51
贵港市	11569	4623	2667	1649	145	91	63	135
玉林市	15651	6465	4112	1739	127	69	99	200
百色市	11045	3974	3121	1444	87	59	54	133
贺州市	5574	2122	1391	803	53	32	18	91
河池市	9062	3456	2399	1094	96	58	26	102
来宾市	4338	1676	1096	587	45	17	9	73
崇左市	5184	1880	1386	755	43	29	36	113
男	**73399**	**23347**	**26464**	**7438**	**788**	**303**	**402**	**1790**
南宁市	9183	2857	3295	924	95	35	72	307
柳州市	4152	1289	1583	363	39	9	13	90
桂林市	7782	2421	2494	974	76	47	37	393
梧州市	3596	1030	1406	473	35	24	5	56
北海市	3341	1142	1088	356	50	10	44	114
防城港市	1771	475	642	184	19	5	9	67
钦州市	5032	1856	1582	562	38	10	28	47
贵港市	7202	2435	2398	837	99	36	48	106
玉林市	10237	3548	3835	888	96	30	66	176
百色市	6495	1879	2593	558	68	28	29	107
贺州市	3438	1110	1267	335	38	13	11	81
河池市	5406	1617	2084	397	75	30	18	84
来宾市	2618	780	1010	241	31	8	3	64
崇左市	3146	908	1187	346	29	18	19	98
女	**46328**	**22630**	**3113**	**9095**	**307**	**365**	**253**	**340**
南宁市	6168	2830	423	1196	42	44	43	44
柳州市	2625	1254	171	601	19	15	11	16
桂林市	5692	2626	343	1317	33	51	27	94
梧州市	1858	872	104	432	14	23	15	11
北海市	2238	1181	103	361	20	23	30	22
防城港市	1041	444	45	240	6	1	2	18
钦州市	2825	1504	126	479	13	16	14	4
贵港市	4367	2188	269	812	46	55	15	29
玉林市	5414	2917	277	851	31	39	33	24
百色市	4550	2095	528	886	19	31	25	26
贺州市	2136	1012	124	468	15	19	7	10
河池市	3656	1839	315	697	21	28	8	18
来宾市	1720	896	86	346	14	9	6	9
崇左市	2038	972	199	409	14	11	17	15

4-6c 续表 14　　　　单位：人

地 区 性 别	有农村土地承包经营权的人口 四、社会生产服务和生活服务人员 28.技术辅助服务人员	29.水利、环境和公共设施管理服务人员	30.居民服务人员	31.电力、燃气及水供应服务人员	32.修理及制作服务人员	33.文化、体育和娱乐服务人员	34.健康服务人员	35.其他社会生产和生活服务人员
总 计	**1089**	**7884**	**6816**	**1486**	**5101**	**366**	**142**	**208**
南宁市	115	1185	847	194	699	41	17	46
柳州市	46	535	326	90	256	29	2	20
桂林市	120	1029	700	193	427	42	9	21
梧州市	46	308	284	54	235	19	4	4
北海市	48	394	270	68	228	15	6	6
防城港市	106	245	166	40	80	9	2	7
钦州市	52	551	510	88	347	13	11	6
贵港市	142	536	809	90	546	36	9	28
玉林市	144	741	954	156	753	45	22	25
百色市	77	767	566	174	497	38	34	20
贺州市	53	298	396	61	227	22	2	5
河池市	74	683	484	164	376	26	10	14
来宾市	36	259	265	41	213	13	7	1
崇左市	30	353	239	73	217	18	7	5
男	**737**	**3597**	**2328**	**1324**	**4467**	**234**	**55**	**125**
南宁市	78	398	290	173	604	27	6	22
柳州市	34	275	111	86	227	21	1	11
桂林市	85	448	232	171	367	26	2	9
梧州市	33	156	108	46	209	10	1	4
北海市	31	139	94	61	197	9	2	4
防城港市	77	92	81	36	74	6	1	3
钦州市	33	276	184	82	320	9	3	2
贵港市	101	251	289	83	473	19	3	24
玉林市	98	346	278	143	675	32	10	16
百色市	51	371	213	142	405	24	13	14
贺州市	29	156	118	57	210	10	1	2
河池市	45	377	172	147	324	19	6	11
来宾市	23	129	90	38	190	8	3	
崇左市	19	183	68	59	192	14	3	3
女	**352**	**4287**	**4488**	**162**	**634**	**132**	**87**	**83**
南宁市	37	787	557	21	95	14	11	24
柳州市	12	260	215	4	29	8	1	9
桂林市	35	581	468	22	60	16	7	12
梧州市	13	152	176	8	26	9	3	
北海市	17	255	176	7	31	6	4	2
防城港市	29	153	85	4	6	3	1	4
钦州市	19	275	326	6	27	4	8	4
贵港市	41	285	520	7	73	17	6	4
玉林市	46	395	676	13	78	13	12	9
百色市	26	396	353	32	92	14	21	6
贺州市	24	142	278	4	17	12	1	3
河池市	29	306	312	17	52	7	4	3
来宾市	13	130	175	3	23	5	4	1
崇左市	11	170	171	14	25	4	4	2

4-6c 续表 15 单位：人

地 区 性 别	有农村土地承包经营权的人口								
	五、农、林、牧、渔业生产及辅助人员							六、生产制造及有关人员	
	小计	36.农业生产人员	37.林业生产人员	38.畜牧业生产人员	39.渔业生产人员	40.农林牧渔生产辅助人员	41.其他农、林、牧、渔业生产加工人员	小计	42.农副产品加工人员
总 计	**501932**	**436888**	**15257**	**40513**	**6685**	**2360**	**229**	**177476**	**3425**
南宁市	71486	65558	1167	3959	414	360	28	19390	327
柳州市	33557	29466	1941	1879	128	125	18	8441	90
桂林市	61269	56665	1206	2628	233	500	37	15416	954
梧州市	20357	18502	788	828	152	83	4	7984	110
北海市	17309	12672	203	1172	3079	159	24	5659	232
防城港市	6470	4792	407	474	727	66	4	2471	71
钦州市	29963	26561	601	1795	846	116	44	15170	136
贵港市	35490	33428	393	1366	220	78	5	21828	373
玉林市	35686	29034	805	5474	274	82	17	31132	326
百色市	52471	43889	2107	5988	167	299	21	15995	287
贺州市	20157	18179	826	941	122	82	7	8747	128
河池市	40229	27065	2559	10354	160	83	8	14235	158
来宾市	34360	30311	947	2886	55	150	11	5911	103
崇左市	43128	40766	1307	769	108	177	1	5097	130
男	**269537**	**229893**	**10539**	**22817**	**4838**	**1334**	**116**	**129977**	**1942**
南宁市	37464	33785	848	2274	330	216	11	14362	210
柳州市	18549	15975	1382	1019	100	60	13	6373	54
桂林市	34632	31769	862	1562	179	244	16	11579	476
梧州市	11527	10205	602	537	124	55	4	5906	80
北海市	9765	6688	160	713	2109	85	10	4269	103
防城港市	3901	2749	303	328	482	37	2	2026	40
钦州市	16879	14370	520	1239	657	69	24	11667	84
贵港市	18343	16897	322	900	167	52	5	14816	208
玉林市	18905	14663	628	3324	225	57	8	21913	214
百色市	26966	22191	1265	3215	120	165	10	11283	164
贺州市	10600	9256	587	615	93	44	5	6527	68
河池市	20287	13387	1539	5179	119	60	3	11020	106
来宾市	18876	16549	722	1465	49	86	5	4581	62
崇左市	22843	21409	799	447	84	104		3655	73
女	**232395**	**206995**	**4718**	**17696**	**1847**	**1026**	**113**	**47499**	**1483**
南宁市	34022	31773	319	1685	84	144	17	5028	117
柳州市	15008	13491	559	860	28	65	5	2068	36
桂林市	26637	24896	344	1066	54	256	21	3837	478
梧州市	8830	8297	186	291	28	28		2078	30
北海市	7544	5984	43	459	970	74	14	1390	129
防城港市	2569	2043	104	146	245	29	2	445	31
钦州市	13084	12191	81	556	189	47	20	3503	52
贵港市	17147	16531	71	466	53	26		7012	165
玉林市	16781	14371	177	2150	49	25	9	9219	112
百色市	25505	21698	842	2773	47	134	11	4712	123
贺州市	9557	8923	239	326	29	38	2	2220	60
河池市	19942	13678	1020	5175	41	23	5	3215	52
来宾市	15484	13762	225	1421	6	64	6	1330	41
崇左市	20285	19357	508	322	24	73	1	1442	57

4-6c　续表 16　　　　单位：人

地　区 性　别	有农村土地承包经营权的人口							
	六、生产制造及有关人员							
	43.食品、饮料生产加工人员	44.烟草及其制品加工人员	45.纺织、针织、印染人　员	46.纺织品、服装和皮革、毛皮制品加工制作人员	47.木材加工、家具与木制品制作人员	48.纸及纸制品生产加工人员	49.印刷和记录媒介复制人员	50.文教、工美、体育和娱乐用品制造人　员
总　计	**1938**	**53**	**1164**	**11361**	**11458**	**667**	**371**	**2979**
南宁市	248	4	118	666	1710	121	30	153
柳州市	136		43	138	1058	21	15	50
桂林市	265		28	296	1192	49	28	128
梧州市	134		37	416	285	35	29	216
北海市	101		19	145	388	30	12	35
防城港市	29		7	27	188	3	1	11
钦州市	174	1	85	1044	453	93	34	349
贵港市	166	8	183	2695	2238	63	64	191
玉林市	222	3	302	4651	1031	91	71	1031
百色市	119	35	88	410	732	47	24	218
贺州市	102	1	38	323	310	21	21	164
河池市	103		148	297	694	29	19	293
来宾市	71	1	41	124	615	39	12	54
崇左市	68		27	129	564	25	11	86
男	**1063**	**27**	**490**	**3244**	**6948**	**388**	**259**	**980**
南宁市	134	1	39	210	1004	65	22	54
柳州市	79		15	51	640	13	8	23
桂林市	141		15	120	670	28	13	68
梧州市	81		14	137	213	20	24	70
北海市	50		11	48	234	17	8	13
防城港市	17		4	15	137	3	1	1
钦州市	93		45	331	297	61	26	79
贵港市	86	3	68	818	1260	38	48	86
玉林市	129	2	152	967	662	50	54	241
百色市	66	19	39	181	472	27	16	93
贺州市	61	1	22	130	233	15	13	78
河池市	52		44	136	450	14	10	105
来宾市	36	1	9	46	341	21	7	25
崇左市	38		13	54	335	16	9	44
女	**875**	**26**	**674**	**8117**	**4510**	**279**	**112**	**1999**
南宁市	114	3	79	456	706	56	8	99
柳州市	57		28	87	418	8	7	27
桂林市	124		13	176	522	21	15	60
梧州市	53		23	279	72	15	5	146
北海市	51		8	97	154	13	4	22
防城港市	12		3	12	51			10
钦州市	81	1	40	713	156	32	8	270
贵港市	80	5	115	1877	978	25	16	105
玉林市	93	1	150	3684	369	41	17	790
百色市	53	16	49	229	260	20	8	125
贺州市	41		16	193	77	6	8	86
河池市	51		104	161	244	15	9	188
来宾市	35		32	78	274	18	5	29
崇左市	30		14	75	229	9	2	42

4-6c 续表 17 单位：人

地 区 性 别	有农村土地承包经营权的人口							
	六、生产制造及有关人员							
	51.石油加工和炼焦、煤化工生产人员	52.化学原料和化学制品制造人员	53.医药制造人员	54.化学纤维制造人员	55.橡胶和塑料制品制造人员	56.非金属矿物制品制造人员	57.采矿人员	58.金属冶炼和压延加工人员
总 计	**61**	**736**	**203**	**21**	**1522**	**3981**	**1242**	**1171**
南宁市	9	101	22	2	133	419	202	65
柳州市		30	3	2	51	149	40	39
桂林市	9	77	42	3	153	444	130	54
梧州市		30	10	1	69	247	97	45
北海市	9	70	5	1	36	127	38	91
防城港市		7	2		2	52	7	41
钦州市	9	52	20	2	121	245	27	25
贵港市	2	47	12		234	257	28	69
玉林市	8	49	58	1	282	656	44	63
百色市	11	85	4	3	158	363	211	370
贺州市		44	9	1	96	441	55	48
河池市	2	29	4		97	312	216	93
来宾市	2	17	9	2	48	177	103	37
崇左市		98	3	3	42	92	44	131
男	**51**	**453**	**85**	**12**	**860**	**2831**	**1074**	**922**
南宁市	8	60	9	1	75	292	199	51
柳州市		17	2	2	26	108	33	33
桂林市	8	51	20	1	95	356	95	43
梧州市		20	5		39	186	92	34
北海市	6	21		1	17	94	33	73
防城港市		4	2		2	43	6	36
钦州市	9	24	9	2	82	186	27	21
贵港市	2	33	3		137	183	25	60
玉林市	6	37	21		144	369	41	54
百色市	9	64	2	2	90	267	156	297
贺州市		33	6	1	50	321	48	36
河池市	2	22	1		56	233	191	70
来宾市	1	11	4		21	126	94	29
崇左市		56	1	2	26	67	34	85
女	**10**	**283**	**118**	**9**	**662**	**1150**	**168**	**249**
南宁市	1	41	13	1	58	127	3	14
柳州市		13	1		25	41	7	6
桂林市	1	26	22	2	58	88	35	11
梧州市		10	5	1	30	61	5	11
北海市	3	49	5		19	33	5	18
防城港市		3				9	1	5
钦州市		28	11		39	59		4
贵港市		14	9		97	74	3	9
玉林市	2	12	37	1	138	287	3	9
百色市	2	21	2	1	68	96	55	73
贺州市		11	3		46	120	7	12
河池市		7	3		41	79	25	23
来宾市	1	6	5	2	27	51	9	8
崇左市		42	2	1	16	25	10	46

4-6c　续表 18　　　　　　单位：人

地　区 性　别	有农村土地承包经营权的人口 六、生产制造及有关人员 59.机械制造基础加工人员	60.金属制品制造人员	61.通用设备制造人员	62.专用设备制造人员	63.汽车制造人员	64.铁路、船舶、航空设备制造人员	65.电气机械和器材制造人员	66.计算机、通信和其他电子设备制造人员
总　计	**3063**	**4015**	**556**	**195**	**671**	**174**	**1876**	**13172**
南宁市	450	441	80	17	21	9	100	1284
柳州市	260	197	32	4	362	7	32	426
桂林市	164	302	38	12	62	5	113	848
梧州市	172	257	22	7	14	30	158	715
北海市	129	59	18	6	4	21	13	347
防城港市	56	27	6	2	6	5	6	122
钦州市	141	268	36	8	8	4	89	1480
贵港市	401	812	82	31	39	73	534	1706
玉林市	434	486	72	29	50	5	235	2286
百色市	249	480	62	22	22	2	189	1509
贺州市	78	214	21	21	13	6	122	785
河池市	264	280	38	17	19	5	194	920
来宾市	141	80	26	10	47	2	56	348
崇左市	124	112	23	9	4		35	396
男	**2661**	**2826**	**440**	**115**	**411**	**146**	**1107**	**6843**
南宁市	417	302	68	8	16	7	68	645
柳州市	230	132	27	3	205	5	19	265
桂林市	140	194	27	7	40	5	76	496
梧州市	141	191	16	5	6	27	85	343
北海市	122	42	16	5	2	20	10	205
防城港市	54	23	6	2	5	4	4	89
钦州市	126	210	32	6	5	3	58	812
贵港市	345	586	59	19	30	61	303	882
玉林市	355	352	54	19	33	2	128	1066
百色市	215	329	44	10	17	2	106	742
贺州市	59	153	16	11	10	4	80	402
河池市	229	181	32	12	11	4	110	483
来宾市	121	50	23	5	29	2	39	186
崇左市	107	81	20	3	2		21	227
女	**402**	**1189**	**116**	**80**	**260**	**28**	**769**	**6329**
南宁市	33	139	12	9	5	2	32	639
柳州市	30	65	5	1	157	2	13	161
桂林市	24	108	11	5	22		37	352
梧州市	31	66	6	2	8	3	73	372
北海市	7	17	2	1	2	1	3	142
防城港市	2	4			1	1	2	33
钦州市	15	58	4	2	3	1	31	668
贵港市	56	226	23	12	9	12	231	824
玉林市	79	134	18	10	17	3	107	1220
百色市	34	151	18	12	5		83	767
贺州市	19	61	5	10	3	2	42	383
河池市	35	99	6	5	8	1	84	437
来宾市	20	30	3	5	18		17	162
崇左市	17	31	3	6	2		14	169

4-6c 续表 19 单位：人

地区 性别	有农村土地承包经营权的人口							
	六、生产制造及有关人员							74.不便分类的其他从业人员
	67.仪器仪表制造人员	68.废弃资源综合利用人员	69.电力、热力、气体、水生产和输配人员	70.建筑施工人员	71.运输设备和通用工程机械操作人员及有关人员	72.生产辅助人员	73.其他生产制造及有关人员	
总计	**103**	**119**	**394**	**97688**	**4686**	**7915**	**496**	**2154**
南宁市	6	24	24	10864	640	1020	80	222
柳州市	5	2	24	4577	240	388	20	81
桂林市	7	8	93	8724	368	759	61	142
梧州市	2	1	18	4199	208	392	28	91
北海市		6	15	2977	265	428	32	94
防城港市	2	3	8	1475	105	191	9	63
钦州市	13	12	10	9492	244	465	30	117
贵港市	7	3	22	10055	380	972	81	604
玉林市	27	23	44	16764	677	1057	54	99
百色市	10	17	41	8972	457	759	39	142
贺州市	2	5	14	5122	196	329	17	52
河池市	9	10	35	8973	469	479	29	322
来宾市	5		26	3168	224	311	12	29
崇左市	8	5	20	2326	213	365	4	96
男	**63**	**95**	**317**	**83963**	**4462**	**4589**	**310**	**1257**
南宁市	4	20	24	9115	598	592	44	126
柳州市	2	2	21	3913	230	201	14	42
桂林市	4	6	59	7490	358	435	42	88
梧州市	2	1	14	3590	205	246	19	65
北海市		3	13	2604	235	241	22	52
防城港市	2	3	6	1283	94	134	6	44
钦州市	10	12	9	8483	233	279	13	74
贵港市	7	3	18	8465	362	569	49	343
玉林市	15	16	40	15413	663	586	28	59
百色市	6	12	37	6914	437	420	28	71
贺州市		4	13	4273	177	199	10	25
河池市	6	8	26	7650	450	304	22	192
来宾市	2		24	2857	211	188	10	14
崇左市	3	5	13	1913	209	195	3	62
女	**40**	**24**	**77**	**13725**	**224**	**3326**	**186**	**897**
南宁市	2	4		1749	42	428	36	96
柳州市	3		3	664	10	187	6	39
桂林市	3	2	34	1234	10	324	19	54
梧州市			4	609	3	146	9	26
北海市		3	2	373	30	187	10	42
防城港市			2	192	11	57	3	19
钦州市	3		1	1009	11	186	17	43
贵港市			4	1590	18	403	32	261
玉林市	12	7	4	1351	14	471	26	40
百色市	4	5	4	2058	20	339	11	71
贺州市	2	1	1	849	19	130	7	27
河池市	3	2	9	1323	19	175	7	130
来宾市	3		2	311	13	123	2	15
崇左市	5		7	413	4	170	1	34

4-6c　续表 20　　　　单位：人

地区 性别	没有农村土地承包经营权的人口							
	合计	一、党的机关、国家机关、群众团体和社会组织、企事业单位负责人						
		小计	1.中国共产党机关负责人	2.国家机关负责人	3.民主党派和工商联负责人	4.人民团体和群众团体、社会组织及其他成员组织负责人	5.基层群众自治组织负责人	6.企事业单位负责人
总　计	**73744**	**887**	**7**	**100**		**53**	**77**	**650**
南宁市	7638	86		5		2	9	70
柳州市	4487	64	3	18		2	5	36
桂林市	6612	69		9		8	11	41
梧州市	3943	41		4		5	6	26
北海市	6045	115	1	5		4	2	103
防城港市	3043	53		2		3	2	46
钦州市	8622	60		4		9	4	43
贵港市	4824	34		1		5	3	25
玉林市	9069	60		1		3	6	50
百色市	5678	100	1	10		9	15	65
贺州市	2886	28		2			5	21
河池市	4912	85	1	23		1	6	54
来宾市	2308	28		2				26
崇左市	3677	64	1	14		2	3	44
男	**38135**	**661**	**6**	**82**		**32**	**52**	**489**
南宁市	3996	68		5		2	7	54
柳州市	2359	43	3	15		1	2	22
桂林市	2965	55		7		5	11	32
梧州市	1898	28		4			4	20
北海市	3328	84	1	4		3	2	74
防城港市	2025	46		2		3	2	39
钦州市	4375	42		3		4	2	33
贵港市	2271	22		1		4		17
玉林市	4604	38		1		2	4	31
百色市	3013	75	1	9		6	8	51
贺州市	1468	26		2			4	20
河池市	2576	71	1	19		1	4	46
来宾市	1218	23		2				21
崇左市	2039	40		8		1	2	29
女	**35609**	**226**	**1**	**18**		**21**	**25**	**161**
南宁市	3642	18					2	16
柳州市	2128	21		3		1	3	14
桂林市	3647	14		2		3		9
梧州市	2045	13				5	2	6
北海市	2717	31		1		1		29
防城港市	1018	7						7
钦州市	4247	18		1		5	2	10
贵港市	2553	12				1	3	8
玉林市	4465	22				1	2	19
百色市	2665	25		1		3	7	14
贺州市	1418	2					1	1
河池市	2336	14		4			2	8
来宾市	1090	5						5
崇左市	1638	24	1	6		1	1	15

4-6c 续表 21

单位：人

地区 性别	没有农村土地承包经营权的人口							
	二、专业技术人员							
	小计	7.科学研究人员	8.工程技术人员	9.农业技术人员	10.飞机和船舶技术人员	11.卫生专业技术人员	12.经济和金融专业人员	13.法律、社会和宗教专业人员
总计	**6951**	**16**	**1003**	**93**	**14**	**1002**	**606**	**43**
南宁市	718	1	126	19	3	79	85	6
柳州市	335		44	7	1	54	34	4
桂林市	611		50	6		81	58	2
梧州市	359		50	1		51	14	
北海市	626	2	80	6		99	80	2
防城港市	318	1	165	1		35	28	2
钦州市	787		97	7	1	100	46	4
贵港市	448	2	70	7	9	57	39	3
玉林市	667		58	12		95	55	5
百色市	616		98	10		133	42	7
贺州市	242		29	1		37	20	2
河池市	740	3	66	6		100	54	1
来宾市	196		30	3		32	16	2
崇左市	288	7	40	7		49	35	3
男	**2997**	**10**	**860**	**59**	**9**	**314**	**188**	**22**
南宁市	337		110	11	2	23	26	3
柳州市	155		40	6	1	16	9	2
桂林市	246		40	3		31	13	
梧州市	142		40			15	4	
北海市	239	2	73	4		29	19	1
防城港市	207		154	1		14	8	
钦州市	304		87	4	1	32	15	3
贵港市	177	2	46	3	5	17	22	2
玉林市	220		50	7		33	14	3
百色市	306		79	6		35	18	3
贺州市	104		27	1		10	6	2
河池市	344	2	57	6		34	22	
来宾市	76		23	2		9	3	1
崇左市	140	4	34	5		16	9	2
女	**3954**	**6**	**143**	**34**	**5**	**688**	**418**	**21**
南宁市	381	1	16	8	1	56	59	3
柳州市	180		4	1		38	25	2
桂林市	365		10	3		50	45	2
梧州市	217		10	1		36	10	
北海市	387		7	2		70	61	1
防城港市	111	1	11			21	20	2
钦州市	483		10	3		68	31	1
贵港市	271		24	4	4	40	17	1
玉林市	447		8	5		62	41	2
百色市	310		19	4		98	24	4
贺州市	138		2			27	14	
河池市	396	1	9			66	32	1
来宾市	120		7	1		23	13	1
崇左市	148	3	6	2		33	26	1

4−6c　续表 22　　　　　　　　　　　　　　　　　　　　　　　　　　　　单位：人

地　区 性　别	没有农村土地承包经营权的人口							
	二、专业技术人员				三、办事人员和有关人员			
	14.教学人　员	15.文学艺术、体育专业人员	16.新闻出版、文化专业人员	17.其他专业技术人　员	小计	18.办事人　员	19.安全和消防人员	20.其他办事人员和有关人员
总　计	**4041**	**55**	**37**	**41**	**3323**	**2706**	**588**	**29**
南宁市	383	2	4	10	392	311	76	5
柳州市	183	2	3	3	268	216	50	2
桂林市	396	13	4	1	258	214	38	6
梧州市	241	1	1		119	106	12	1
北海市	333	8	7	9	375	288	84	3
防城港市	84	2			223	169	53	1
钦州市	527	4	1		206	163	41	2
贵港市	255	4		2	157	138	18	1
玉林市	427	9	4	2	253	208	44	1
百色市	316	3	3	4	295	226	66	3
贺州市	144	1	2	6	126	106	20	
河池市	503	2	2	3	312	281	30	1
来宾市	107	2	3	1	108	95	10	3
崇左市	142	2	3		231	185	46	
男	**1463**	**30**	**12**	**30**	**2114**	**1569**	**534**	**11**
南宁市	153		2	7	250	176	71	3
柳州市	78			3	174	125	47	2
桂林市	145	10	3	1	168	129	37	2
梧州市	82	1			70	60	10	
北海市	97	4	3	7	222	147	73	2
防城港市	28	2			154	110	44	
钦州市	161	1			126	89	37	
贵港市	76	2		2	85	68	17	
玉林市	104	7	1	1	135	96	39	
百色市	159		2	4	204	142	61	1
贺州市	55			3	83	68	15	
河池市	221	1		1	214	185	29	
来宾市	35	2		1	72	61	10	1
崇左市	69		1		157	113	44	
女	**2578**	**25**	**25**	**11**	**1209**	**1137**	**54**	**18**
南宁市	230	2	2	3	142	135	5	2
柳州市	105	2	3		94	91	3	
桂林市	251	3	1		90	85	1	4
梧州市	159		1		49	46	2	1
北海市	236	4	4	2	153	141	11	1
防城港市	56				69	59	9	1
钦州市	366	3	1		80	74	4	2
贵港市	179	2			72	70	1	1
玉林市	323	2	3	1	118	112	5	1
百色市	157	3	1		91	84	5	2
贺州市	89	1	2	3	43	38	5	
河池市	282	1	2	2	98	96	1	1
来宾市	72		3		36	34		2
崇左市	73	2	2		74	72	2	

4-6c 续表 23　　　　单位：人

地区 性别	没有农村土地承包经营权的人口							
	四、社会生产服务和生活服务人员							
	小计	21.批发与零售服务人员	22.交通运输、仓储和邮政业服务人员	23.住宿和餐饮服务人员	24.信息传输、软件和信息技术服务人员	25.金融服务人员	26.房地产服务人员	27.租赁和商务服务人员
总　计	**17328**	**7024**	**3628**	**2681**	**172**	**175**	**194**	**364**
南宁市	1805	661	402	307	24	13	17	56
柳州市	1156	472	351	147	4	10	8	13
桂林市	1672	751	254	277	27	15	13	67
梧州市	752	271	142	165	8	8	4	9
北海市	2019	831	279	333	25	31	94	65
防城港市	819	294	171	140	8	6	5	28
钦州市	1712	756	361	266	14	17	7	12
贵港市	1210	450	315	192	8	13	6	8
玉林市	2228	954	461	277	18	22	21	39
百色市	1241	476	272	182	11	13	5	26
贺州市	650	282	126	109	9	5	5	11
河池市	933	380	177	151	11	16	4	12
来宾市	427	184	91	57	3	1	1	7
崇左市	704	262	226	78	2	5	4	11
男	**8871**	**2827**	**2992**	**1064**	**114**	**64**	**102**	**269**
南宁市	881	259	314	116	12	4	8	37
柳州市	615	194	289	48		3	6	7
桂林市	773	295	203	88	22	7	6	46
梧州市	370	91	111	81	5	4	3	7
北海市	1030	348	235	142	19	11	50	47
防城港市	454	128	153	50	6	2	3	25
钦州市	885	296	319	116	9	6	6	11
贵港市	643	184	248	93	8	3	3	4
玉林市	1195	400	406	121	11	7	7	30
百色市	638	200	213	55	8	6	2	22
贺州市	313	102	106	40	5	1	3	9
河池市	456	144	148	50	7	9	2	10
来宾市	225	75	81	24	1		1	5
崇左市	393	111	166	40	1	1	2	9
女	**8457**	**4197**	**636**	**1617**	**58**	**111**	**92**	**95**
南宁市	924	402	88	191	12	9	9	19
柳州市	541	278	62	99	4	7	2	6
桂林市	899	456	51	189	5	8	7	21
梧州市	382	180	31	84	3	4	1	2
北海市	989	483	44	191	6	20	44	18
防城港市	365	166	18	90	2	4	2	3
钦州市	827	460	42	150	5	11	1	1
贵港市	567	266	67	99		10	3	4
玉林市	1033	554	55	156	7	15	14	9
百色市	603	276	59	127	3	7	3	4
贺州市	337	180	20	69	4	4	2	2
河池市	477	236	29	101	4	7	2	2
来宾市	202	109	10	33	2	1		2
崇左市	311	151	60	38	1	4	2	2

4-6c　续表 24　　　　单位：人

地区 性别	没有农村土地承包经营权的人口							
	四、社会生产服务和生活服务人员							
	28.技术辅助服务人员	29.水利、环境和公共设施管理服务人员	30.居民服务人员	31.电力、燃气及水供应服务人员	32.修理及制作服务人员	33.文化、体育和娱乐服务人员	34.健康服务人员	35.其他社会生产和生活服务人员
总　计	**222**	**783**	**1085**	**158**	**727**	**64**	**26**	**25**
南宁市	29	107	84	16	82	4	1	2
柳州市	8	54	46	9	30		2	2
桂林市	27	73	93	12	52	9	1	1
梧州市	11	33	63	6	28	1	1	2
北海市	35	100	108	20	80	14	1	3
防城港市	17	59	37	13	37	3		1
钦州市	19	55	110	14	65	6	6	4
贵港市	14	32	117	3	45	4		3
玉林市	22	74	180	13	130	9	5	3
百色市	6	72	78	23	62	6	6	3
贺州市	6	15	48	1	29	4		
河池市	12	54	56	15	39	2	3	1
来宾市	8	18	36	6	15			
崇左市	8	37	29	7	33	2		
男	**143**	**214**	**283**	**132**	**615**	**33**	**8**	**11**
南宁市	18	28	9	13	60	2		1
柳州市	2	16	12	9	27		1	1
桂林市	15	16	20	10	42	2	1	
梧州市	7	11	19	6	24			1
北海市	22	28	25	19	71	12	1	
防城港市	14	12	16	8	36			1
钦州市	8	12	23	12	60	5		2
贵港市	9	9	39	2	37	3		1
玉林市	18	16	50	13	109	3	2	2
百色市	4	29	27	19	48	2	1	2
贺州市	4	6	8		27	2		
河池市	8	18	15	11	31	1	2	
来宾市	8	4	9	5	12			
崇左市	6	9	11	5	31	1		
女	**79**	**569**	**802**	**26**	**112**	**31**	**18**	**14**
南宁市	11	79	75	3	22	2	1	1
柳州市	6	38	34		3		1	1
桂林市	12	57	73	2	10	7		1
梧州市	4	22	44		4	1	1	1
北海市	13	72	83	1	9	2		3
防城港市	3	47	21	5	1	3		
钦州市	11	43	87	2	5	1	6	2
贵港市	5	23	78	1	8	1		2
玉林市	4	58	130		21	6	3	1
百色市	2	43	51	4	14	4	5	1
贺州市	2	9	40	1	2	2		
河池市	4	36	41	4	8	1	1	1
来宾市		14	27	1	3			
崇左市	2	28	18	2	2	1		

4-6c 续表 25

单位：人

地区 性别	没有农村土地承包经营权的人口 五、农、林、牧、渔业生产及辅助人员 小计	36.农业生产人员	37.林业生产人员	38.畜牧业生产人员	39.渔业生产人员	40.农林牧渔生产辅助人员	41.其他农、林、牧、渔业生产加工人员	六、生产制造及有关人员 小计	42.农副产品加工人员
总计	**23548**	**19148**	**858**	**2505**	**849**	**171**	**17**	**21355**	**521**
南宁市	2593	2156	76	283	59	16	3	2008	101
柳州市	1550	1331	65	124	25	5		1107	68
桂林市	2739	2455	97	138	16	32	1	1243	54
梧州市	1426	1265	51	83	21	5	1	1219	12
北海市	1333	883	39	96	288	25	2	1540	70
防城港市	589	325	40	56	165	3		1030	42
钦州市	2743	2264	63	249	145	19	3	3083	23
贵港市	1218	1123	13	67	10	5		1675	32
玉林市	2231	1662	83	438	39	7	2	3608	27
百色市	1979	1653	96	205	8	15	2	1432	31
贺州市	985	843	54	71	12	4	1	844	4
河池市	1607	928	70	554	50	4	1	1193	14
来宾市	951	789	37	103	9	13		594	16
崇左市	1604	1471	74	38	2	18	1	779	27
男	**9381**	**7001**	**539**	**1193**	**566**	**76**	**6**	**13919**	**283**
南宁市	1071	835	51	139	38	8		1366	58
柳州市	634	542	34	38	16	4		735	47
桂林市	945	806	56	64	11	8		768	20
梧州市	511	434	22	40	14	1		762	6
北海市	641	357	26	56	192	9	1	1090	32
防城港市	310	143	25	35	104	3		846	24
钦州市	1030	727	41	146	103	11	2	1968	9
贵港市	407	349	9	38	9	2		901	17
玉林市	837	519	61	225	28	3	1	2169	13
百色市	810	656	61	77	5	9	2	973	19
贺州市	377	295	35	36	8	3		557	2
河池市	638	339	41	226	30	2		829	8
来宾市	383	295	31	46	6	5		439	7
崇左市	787	704	46	27	2	8		516	21
女	**14167**	**12147**	**319**	**1312**	**283**	**95**	**11**	**7436**	**238**
南宁市	1522	1321	25	144	21	8	3	642	43
柳州市	916	789	31	86	9	1		372	21
桂林市	1794	1649	41	74	5	24	1	475	34
梧州市	915	831	29	43	7	4	1	457	6
北海市	692	526	13	40	96	16	1	450	38
防城港市	279	182	15	21	61			184	18
钦州市	1713	1537	22	103	42	8	1	1115	14
贵港市	811	774	4	29	1	3		774	15
玉林市	1394	1143	22	213	11	4	1	1439	14
百色市	1169	997	35	128	3	6		459	12
贺州市	608	548	19	35	4	1	1	287	2
河池市	969	589	29	328	20	2	1	364	6
来宾市	568	494	6	57	3	8		155	9
崇左市	817	767	28	11		10	1	263	6

4-6c 续表 26

单位：人

地 区 性 别	没有农村土地承包经营权的人口							
	六、生产制造及有关人员							
	43.食品、饮料生产加工人员	44.烟草及其制品加工人员	45.纺织、针织、印染人 员	46.纺织品、服装和皮革、毛皮制品加工制作人员	47.木材加工、家具与木制品制作人员	48.纸及纸制品生产加工人员	49.印刷和记录媒介复制人员	50.文教、工美、体育和娱乐用品制造人 员
总 计	**233**	**2**	**177**	**1652**	**1364**	**135**	**64**	**445**
南宁市	27		12	67	205	11	8	9
柳州市	14		2	13	130	3		3
桂林市	20		3	41	84	8	1	13
梧州市	22		10	82	24	5	4	31
北海市	20		2	41	167	12	9	8
防城港市	5		1	12	36	3	1	
钦州市	24		28	321	72	44	15	108
贵港市	17		24	370	139	12	6	25
玉林市	39		37	558	124	9	9	166
百色市	8	2	6	34	65	2	2	28
贺州市	15		1	45	23	2	5	17
河池市	9		20	41	52	5	4	22
来宾市	3		4	11	71	12		2
崇左市	10		27	16	172	7		13
男	**97**	**2**	**66**	**372**	**731**	**89**	**41**	**129**
南宁市	11		2	13	111	5	4	2
柳州市	5		1	2	54	2		
桂林市	10		1	13	35	4		3
梧州市	7		5	25	12	2	2	7
北海市	10		1	15	103	9	6	3
防城港市	2		1	7	25		1	
钦州市	11		8	83	44	36	9	25
贵港市	4		15	84	72	6	5	8
玉林市	21		14	77	62	5	5	37
百色市	2	2	2	15	39		1	14
贺州市	5			9	18	1	5	10
河池市	2		1	18	33	4	3	11
来宾市	1		1	4	30	10		2
崇左市	6		14	7	93	5		7
女	**136**		**111**	**1280**	**633**	**46**	**23**	**316**
南宁市	16		10	54	94	6	4	7
柳州市	9		1	11	76	1		3
桂林市	10		2	28	49	4	1	10
梧州市	15		5	57	12	3	2	24
北海市	10		1	26	64	3	3	5
防城港市	3			5	11	3		
钦州市	13		20	238	28	8	6	83
贵港市	13		9	286	67	6	1	17
玉林市	18		23	481	62	4	4	129
百色市	6		4	19	26	2	1	14
贺州市	10		1	36	5	1		7
河池市	7		19	23	19	1	1	11
来宾市	2		3	7	41	2		
崇左市	4		13	9	79	2		6

4-6c 续表 27 单位：人

地区 性别	没有农村土地承包经营权的人口 六、生产制造及有关人员 51.石油加工和炼焦、煤化工生产人员	52.化学原料和化学制品制造人员	53.医药制造人员	54.化学纤维制造人员	55.橡胶和塑料制品制造人员	56.非金属矿物制品制造人员	57.采矿人员	58.金属冶炼和压延加工人员
总计	**12**	**137**	**34**	**2**	**187**	**479**	**215**	**507**
南宁市	1	15	3		30	48	16	10
柳州市		4	2		5	5	7	2
桂林市		1	2	1	16	40	43	2
梧州市		1	2		9	32	25	4
北海市	3	12	2		11	57	9	71
防城港市	2	3	1		3	15	5	236
钦州市	2	73	5		38	54	9	8
贵港市		4	3		31	37	1	5
玉林市	2	13	9		14	63	1	10
百色市	1	4	2		6	29	34	140
贺州市		3	1		5	36	20	6
河池市		2			13	32	19	6
来宾市		2	1		5	15	8	4
崇左市	1		1	1	1	16	18	3
男	**10**	**93**	**10**		**93**	**336**	**194**	**440**
南宁市	1	4	2		21	39	14	7
柳州市		1			2	4	7	2
桂林市		1			6	29	35	2
梧州市			1		2	21	25	2
北海市	3	5			8	42	9	58
防城港市	2	3			3	14	5	216
钦州市	1	62	2		23	29	9	6
贵港市		3			9	27	1	3
玉林市	1	7	2		3	41	1	6
百色市	1	4	1		5	20	28	129
贺州市		2	1		2	25	19	2
河池市					7	20	18	
来宾市		1	1		2	15	6	4
崇左市	1					10	17	3
女	**2**	**44**	**24**	**2**	**94**	**143**	**21**	**67**
南宁市		11	1		9	9	2	3
柳州市		3	2		3	1		
桂林市			2	1	10	11	8	
梧州市		1	1		7	11		2
北海市		7	2		3	15		13
防城港市			1			1		20
钦州市	1	11	3		15	25		2
贵港市		1	3		22	10		2
玉林市	1	6	7		11	22		4
百色市			1		1	9	6	11
贺州市		1			3	11	1	4
河池市		2			6	12	1	6
来宾市		1			3		2	
崇左市			1	1	1	6	1	

4-6c 续表 28

单位：人

地区 性别	没有农村土地承包经营权的人口							
	六、生产制造及有关人员							
	59.机械制造基础加工人员	60.金属制品制造人员	61.通用设备制造人员	62.专用设备制造人员	63.汽车制造人员	64.铁路、船舶、航空设备制造人员	65.电气机械和器材制造人员	66.计算机、通信和其他电子设备制造人员
总计	**411**	**441**	**81**	**22**	**199**	**29**	**274**	**2338**
南宁市	40	44	13	1	2	1	13	132
柳州市	57	17	9	2	154		10	53
桂林市	15	16	1	1	8	1	9	104
梧州市	21	44	8	1	3	3	39	253
北海市	25	27	2		2	2	9	116
防城港市	22	7	2	1	2	1	8	82
钦州市	34	43	11	3	2	1	22	496
贵港市	34	58	4	2	6	13	39	180
玉林市	76	77	11	3	8	4	54	470
百色市	23	33	5	2	1		19	121
贺州市	8	24	1	3	4		20	120
河池市	18	30	4	2	1	1	22	133
来宾市	20	12	8	1	6	2	6	41
崇左市	18	9	2				4	37
男	**336**	**287**	**69**	**10**	**116**	**24**	**154**	**1098**
南宁市	35	28	12		2	1	8	64
柳州市	50	9	6	1	86		8	29
桂林市	11	6	1	1	6	1	3	46
梧州市	16	34	7		3	3	18	117
北海市	21	20	1		2	2	4	52
防城港市	21	6	2		1	1	6	57
钦州市	31	28	9	2	2		10	253
贵港市	26	36	4	1	3	11	28	76
玉林市	50	56	10	1	3	3	33	197
百色市	17	18	4				8	56
贺州市	8	14	1	1	3		10	52
河池市	14	19	2	2		1	12	64
来宾市	20	9	8	1	5	1	3	21
崇左市	16	4	2				3	14
女	**75**	**154**	**12**	**12**	**83**	**5**	**120**	**1240**
南宁市	5	16	1	1			5	68
柳州市	7	8	3	1	68		2	24
桂林市	4	10			2		6	58
梧州市	5	10	1	1			21	136
北海市	4	7	1				5	64
防城港市	1	1		1	1		2	25
钦州市	3	15	2	1		1	12	243
贵港市	8	22		1	3	2	11	104
玉林市	26	21	1	2	5	1	21	273
百色市	6	15	1	2	1		11	65
贺州市		10		2	1		10	68
河池市	4	11	2		1		10	69
来宾市		3			1	1	3	20
崇左市	2	5					1	23

4-6c 续表 29　　单位：人

地区 性别	没有农村土地承包经营权的人口							
	六、生产制造及有关人员							
	67.仪器仪表制造人员	68.废弃资源综合利用人员	69.电力、热力、气体、水生产和输配人员	70.建筑施工人员	71.运输设备和通用工程机械操作人员及有关人员	72.生产辅助人员	73.其他生产制造及有关人员	74.不便分类的其他从业人员
总　计	**25**	**19**	**124**	**8780**	**745**	**1610**	**91**	**352**
南宁市	1	6	16	864	105	191	16	36
柳州市			8	351	41	142	5	7
桂林市	2	3	17	583	42	101	11	20
梧州市			18	425	35	99	7	27
北海市	9	3	23	586	65	172	5	37
防城港市	2		6	333	63	130	6	11
钦州市	1	2	3	1423	86	126	6	31
贵港市		1	1	506	17	99	9	82
玉林市	5	1	2	1539	119	148	10	22
百色市			8	634	53	129	10	15
贺州市	3	1	4	401	16	54	2	11
河池市	2		4	622	48	64	3	42
来宾市		1	4	268	26	45		4
崇左市		1	10	245	29	110	1	7
男	**17**	**13**	**97**	**6966**	**712**	**984**	**50**	**192**
南宁市	1	3	11	672	101	125	9	23
柳州市			6	286	40	84	3	3
桂林市		2	11	425	41	50	5	10
梧州市			12	340	34	55	6	15
北海市	9	2	21	472	62	114	4	22
防城港市	2		6	274	55	107	5	8
钦州市	1	1	2	1112	82	74	4	20
贵港市		1		399	17	43	2	36
玉林市	2	1	2	1322	116	74	4	10
百色市			8	433	49	92	6	7
贺州市	1	1	3	320	15	26	1	8
河池市	1		3	499	47	39	1	24
来宾市		1	3	223	25	35		
崇左市		1	9	189	28	66		6
女	**8**	**6**	**27**	**1814**	**33**	**626**	**41**	**160**
南宁市		3	5	192	4	66	7	13
柳州市			2	65	1	58	2	4
桂林市	2	1	6	158	1	51	6	10
梧州市			6	85	1	44	1	12
北海市		1	2	114	3	58	1	15
防城港市				59	8	23	1	3
钦州市		1	1	311	4	52	2	11
贵港市			1	107		56	7	46
玉林市	3			217	3	74	6	12
百色市				201	4	37	4	8
贺州市	2		1	81	1	28	1	3
河池市	1		1	123	1	25	2	18
来宾市			1	45	1	10		4
崇左市			1	56	1	44	1	1

4-7　分年龄、性别、职业中类的就业人口

单位：人

年龄组 性　别	16岁及以上人口							
	合计	一、党的机关、国家机关、群众团体和社会组织、企事业单位负责人						
		小计	1.中国共产党机关负责人	2.国家机关负责人	3.民主党派和工商联负责人	4.人民团体和群众团体、社会组织及其他成员组织负责人	5.基层群众自治组织负责人	6.企事业单位负责人
总　计	**2013956**	**33561**	**167**	**2430**	**8**	**1512**	**1654**	**27790**
16—19岁	24481	46		2		2		42
20—24岁	100935	633	1	11		23	11	587
25—29岁	172907	2431		63	1	87	48	2232
30—34岁	272386	5496	12	233	2	256	101	4892
35—39岁	274221	6303	21	333		255	139	5555
40—44岁	260181	5948	35	532		251	237	4893
45—49岁	274218	5314	34	499	1	245	254	4281
50—54岁	254306	4021	29	452	3	164	286	3087
55—59岁	187980	2482	24	258	1	152	351	1696
60—64岁	88172	575	7	19		46	170	333
65—69岁	63182	209	2	11		17	45	134
70—74岁	26488	65	1	8		7	11	38
75岁及以上	14499	38	1	9		7	1	20
男	**1154817**	**23706**	**139**	**1887**	**6**	**899**	**1338**	**19437**
16—19岁	15110	27		2		1		24
20—24岁	57928	421		6		14	5	396
25—29岁	98863	1585		33		53	31	1468
30—34岁	154529	3560	7	137	1	140	68	3207
35—39岁	154888	4231	16	224		140	101	3750
40—44岁	144526	4043	30	429		127	170	3287
45—49岁	152834	3858	26	412	1	145	191	3083
50—54岁	149072	3116	26	363	3	119	247	2358
55—59岁	114971	2110	23	244	1	107	307	1428
60—64岁	51572	498	7	15		31	162	283
65—69岁	36681	176	2	8		11	45	110
70—74岁	15552	53	1	7		6	10	29
75岁及以上	8291	28	1	7		5	1	14
女	**859139**	**9855**	**28**	**543**	**2**	**613**	**316**	**8353**
16—19岁	9371	19				1		18
20—24岁	43007	212	1	5		9	6	191
25—29岁	74044	846		30	1	34	17	764
30—34岁	117857	1936	5	96	1	116	33	1685
35—39岁	119333	2072	5	109		115	38	1805
40—44岁	115655	1905	5	103		124	67	1606
45—49岁	121384	1456	8	87		100	63	1198
50—54岁	105234	905	3	89		45	39	729
55—59岁	73009	372	1	14		45	44	268
60—64岁	36600	77		4		15	8	50
65—69岁	26501	33		3		6		24
70—74岁	10936	12		1		1	1	9
75岁及以上	6208	10		2		2		6

4-7 续表 1

单位：人

年龄组 性别	16岁及以上人口							
	二、专业技术人员							
	小计	7.科学研究人员	8.工程技术人员	9.农业技术人员	10.飞机和船舶技术人员	11.卫生专业技术人员	12.经济和金融专业人员	13.法律、社会和宗教专业人员
总 计	**170901**	**613**	**27592**	**1731**	**346**	**34005**	**25614**	**2798**
16-19岁	1490	1	150	5	4	354	82	7
20-24岁	16381	36	2431	81	17	3833	2068	161
25-29岁	26454	87	4320	109	42	6037	4292	436
30-34岁	31192	121	5823	216	65	6398	5774	518
35-39岁	26893	96	4646	197	54	5379	4222	430
40-44岁	23910	70	3466	253	54	3947	3438	323
45-49岁	20377	79	3086	292	24	3424	3001	330
50-54岁	14620	62	2173	259	44	2435	1747	311
55-59岁	7219	51	1194	199	30	1309	783	217
60-64岁	1167	6	188	55	11	389	119	31
65-69岁	613	3	75	35	1	254	43	22
70-74岁	338		28	23		140	28	7
75岁及以上	247	1	12	7		106	17	5
男	**69709**	**373**	**22975**	**1215**	**318**	**10578**	**6895**	**1582**
16-19岁	440	1	127	4	4	61	15	5
20-24岁	4732	16	1964	54	16	612	486	62
25-29岁	8353	47	3479	68	39	1118	960	167
30-34岁	10710	63	4779	141	61	1528	1175	233
35-39岁	10142	59	3888	142	51	1649	966	204
40-44岁	10018	46	2842	157	45	1448	853	196
45-49岁	9718	51	2564	198	22	1500	929	224
50-54岁	8132	39	1931	190	39	1216	801	244
55-59岁	5684	41	1126	168	29	791	587	191
60-64岁	863	6	174	37	11	270	74	24
65-69岁	444	3	66	31	1	177	17	22
70-74岁	272		25	19		115	21	5
75岁及以上	201	1	10	6		93	11	5
女	**101192**	**240**	**4617**	**516**	**28**	**23427**	**18719**	**1216**
16-19岁	1050		23	1		293	67	2
20-24岁	11649	20	467	27	1	3221	1582	99
25-29岁	18101	40	841	41	3	4919	3332	269
30-34岁	20482	58	1044	75	4	4870	4599	285
35-39岁	16751	37	758	55	3	3730	3256	226
40-44岁	13892	24	624	96	9	2499	2585	127
45-49岁	10659	28	522	94	2	1924	2072	106
50-54岁	6488	23	242	69	5	1219	946	67
55-59岁	1535	10	68	31	1	518	196	26
60-64岁	304		14	18		119	45	7
65-69岁	169		9	4		77	26	
70-74岁	66		3	4		25	7	2
75岁及以上	46		2	1		13	6	

4-7　续表 2　　　　单位：人

年龄组 性　别	16岁及以上人口							
	二、专业技术人员				三、办事人员和有关人员			
	14.教学人　员	15.文学艺术、体育专业人员	16.新闻出版、文化专业人员	17.其他专业技术人　员	小计	18.办事人　员	19.安全和消防人员	20.其他办事人员和有关人员
总　计	**73173**	**1900**	**2201**	**928**	**112326**	**90150**	**21128**	**1048**
16-19岁	812	49	20	6	422	296	119	7
20-24岁	7092	308	282	72	6688	5402	1218	68
25-29岁	10215	370	428	118	14397	12151	2117	129
30-34岁	11217	394	471	195	20439	17386	2866	187
35-39岁	11080	300	332	157	16227	13876	2196	155
40-44岁	11807	181	242	129	14993	12654	2211	128
45-49岁	9704	121	200	116	14345	11590	2595	160
50-54岁	7295	89	133	72	12200	8940	3160	100
55-59岁	3247	62	79	48	9589	6392	3114	83
60-64岁	344	10	5	9	1839	893	926	20
65-69岁	165	5	7	3	871	408	455	8
70-74岁	100	8	1	3	225	105	120	
75岁及以上	95	3	1		91	57	31	3
男	**23232**	**1076**	**790**	**675**	**68334**	**48767**	**18972**	**595**
16-19岁	192	22	5	4	251	136	113	2
20-24岁	1214	167	87	54	3271	2139	1104	28
25-29岁	2060	194	133	88	6966	5031	1872	63
30-34岁	2220	214	157	139	10204	7661	2447	96
35-39岁	2789	174	113	107	8870	6915	1867	88
40-44岁	4144	99	96	92	8898	6970	1859	69
45-49岁	3998	79	69	84	9103	6759	2260	84
50-54岁	3499	62	60	51	9351	6333	2943	75
55-59岁	2601	45	61	44	8688	5593	3027	68
60-64岁	252	5	2	8	1658	747	898	13
65-69岁	114	5	7	1	794	348	440	6
70-74岁	76	8		3	209	92	117	
75岁及以上	73	2			71	43	25	3
女	**49941**	**824**	**1411**	**253**	**43992**	**41383**	**2156**	**453**
16-19岁	620	27	15	2	171	160	6	5
20-24岁	5878	141	195	18	3417	3263	114	40
25-29岁	8155	176	295	30	7431	7120	245	66
30-34岁	8997	180	314	56	10235	9725	419	91
35-39岁	8291	126	219	50	7357	6961	329	67
40-44岁	7663	82	146	37	6095	5684	352	59
45-49岁	5706	42	131	32	5242	4831	335	76
50-54岁	3796	27	73	21	2849	2607	217	25
55-59岁	646	17	18	4	901	799	87	15
60-64岁	92	5	3	1	181	146	28	7
65-69岁	51			2	77	60	15	2
70-74岁	24		1		16	13	3	
75岁及以上	22	1	1		20	14	6	

4-7 续表 3

单位：人

年龄组 性别	16岁及以上人口							
	四、社会生产服务和生活服务人员							
	小计	21.批发与零售服务人员	22.交通运输、仓储和邮政业服务人员	23.住宿和餐饮服务人员	24.信息传输、软件和信息技术服务人员	25.金融服务人员	26.房地产服务人员	27.租赁和商务服务人员
总计	**583519**	**261047**	**109368**	**72492**	**8141**	**10095**	**8527**	**12940**
16-19岁	8780	3178	998	2575	76	32	88	162
20-24岁	38059	16156	5863	6296	1102	733	859	773
25-29岁	64491	29738	11100	7614	1766	1664	1466	1265
30-34岁	101405	48510	19151	10980	2050	2554	1862	1629
35-39岁	96106	45363	19501	10908	1483	1623	1307	1579
40-44岁	81637	36458	16912	10227	806	1069	927	1410
45-49岁	77357	32508	15736	10257	427	1120	850	1608
50-54岁	58986	24237	11613	7669	247	832	588	1831
55-59岁	35939	15014	6393	4234	142	421	423	1710
60-64岁	11552	5312	1387	1138	22	29	102	631
65-69岁	5905	2882	525	429	12	14	42	269
70-74岁	2087	1059	136	109	7	3	11	61
75岁及以上	1215	632	53	56	1	1	2	12
男	**320220**	**120805**	**93686**	**31762**	**5648**	**4700**	**4705**	**9730**
16-19岁	5100	1409	822	1507	43	14	59	87
20-24岁	21998	7369	4902	3671	739	330	498	475
25-29岁	37012	13680	9522	4295	1203	800	839	774
30-34岁	55893	21405	16632	5431	1364	1089	959	961
35-39岁	51981	19684	16970	4721	1030	666	669	1015
40-44岁	42447	15799	14233	3831	564	414	457	998
45-49岁	39153	14700	13067	3296	320	492	431	1256
50-54岁	32249	12423	9980	2559	217	509	351	1621
55-59岁	21489	8385	5694	1614	133	355	325	1615
60-64岁	6992	3111	1241	513	20	20	77	605
65-69岁	3750	1766	468	230	9	8	28	255
70-74岁	1407	689	122	64	5	2	10	58
75岁及以上	749	385	33	30	1	1	2	10
女	**263299**	**140242**	**15682**	**40730**	**2493**	**5395**	**3822**	**3210**
16-19岁	3680	1769	176	1068	33	18	29	75
20-24岁	16061	8787	961	2625	363	403	361	298
25-29岁	27479	16058	1578	3319	563	864	627	491
30-34岁	45512	27105	2519	5549	686	1465	903	668
35-39岁	44125	25679	2531	6187	453	957	638	564
40-44岁	39190	20659	2679	6396	242	655	470	412
45-49岁	38204	17808	2669	6961	107	628	419	352
50-54岁	26737	11814	1633	5110	30	323	237	210
55-59岁	14450	6629	699	2620	9	66	98	95
60-64岁	4560	2201	146	625	2	9	25	26
65-69岁	2155	1116	57	199	3	6	14	14
70-74岁	680	370	14	45	2	1	1	3
75岁及以上	466	247	20	26				2

4-7 续表 4 单位：人

年龄组 性 别	16岁及以上人口							
	四、社会生产服务和生活服务人员							
	28.技术辅助服务人员	29.水利、环境和公共设施管理服务人员	30.居民服务人员	31.电力、燃气及水供应服务人员	32.修理及制作服务人员	33.文化、体育和娱乐服务人员	34.健康服务人员	35.其他社会生产和生活服务人员
总 计	**9439**	**26539**	**33055**	**5724**	**21731**	**2795**	**997**	**629**
16–19岁	119	77	620	24	602	209	5	15
20–24岁	1248	246	1968	246	1878	543	109	39
25–29岁	2033	543	3330	450	2751	560	156	55
30–34岁	2261	1317	5400	849	4012	553	176	101
35–39岁	1606	2281	5147	881	3831	337	165	94
40–44岁	939	3761	4471	1021	3221	198	130	87
45–49岁	625	5880	4496	1013	2475	170	108	84
50–54岁	351	5598	3488	665	1598	111	79	79
55–59岁	183	3790	2132	444	884	74	47	48
60–64岁	39	1660	834	74	278	20	13	13
65–69岁	20	917	591	41	134	14	4	11
70–74岁	9	328	302	9	42	5	3	3
75岁及以上	6	141	276	7	25	1	2	
男	**6148**	**8089**	**9099**	**4747**	**18859**	**1585**	**304**	**353**
16–19岁	70	36	304	22	586	133	1	7
20–24岁	774	139	733	212	1767	340	28	21
25–29岁	1279	280	1033	386	2511	334	38	38
30–34岁	1422	493	1528	708	3498	297	43	63
35–39岁	1079	639	1286	723	3232	160	53	54
40–44岁	629	848	1028	795	2664	102	42	43
45–49岁	413	1254	888	791	2091	82	30	42
50–54岁	272	1464	805	582	1339	58	29	40
55–59岁	152	1338	603	412	760	52	25	26
60–64岁	29	734	317	63	234	13	7	8
65–69岁	16	516	275	38	117	11	4	9
70–74岁	9	237	156	9	38	3	3	2
75岁及以上	4	111	143	6	22		1	
女	**3291**	**18450**	**23956**	**977**	**2872**	**1210**	**693**	**276**
16–19岁	49	41	316	2	16	76	4	8
20–24岁	474	107	1235	34	111	203	81	18
25–29岁	754	263	2297	64	240	226	118	17
30–34岁	839	824	3872	141	514	256	133	38
35–39岁	527	1642	3861	158	599	177	112	40
40–44岁	310	2913	3443	226	557	96	88	44
45–49岁	212	4626	3608	222	384	88	78	42
50–54岁	79	4134	2683	83	259	53	50	39
55–59岁	31	2452	1529	32	124	22	22	22
60–64岁	10	926	517	11	44	7	6	5
65–69岁	4	401	316	3	17	3		2
70–74岁		91	146		4	2		1
75岁及以上	2	30	133	1	3	1	1	

4-7 续表 5

单位：人

年龄组 性别	16岁及以上人口								
	五、农、林、牧、渔业生产及辅助人员							六、生产制造及有关人员	
	小计	36.农业生产人员	37.林业生产人员	38.畜牧业生产人员	39.渔业生产人员	40.农林牧渔生产辅助人员	41.其他农、林、牧、渔业生产加工人员	小计	42.农副产品加工人员
总计	**668015**	**578505**	**20220**	**53246**	**11935**	**3708**	**401**	**438791**	**9852**
16–19岁	5507	4821	163	394	101	27	1	7174	53
20–24岁	14631	12468	520	1229	317	92	5	23922	252
25–29岁	25738	21829	858	2194	664	164	29	38760	570
30–34岁	47912	40258	1716	4329	1278	294	37	65095	1179
35–39岁	59378	49705	2212	5503	1463	448	47	68439	1327
40–44岁	67360	56943	2542	5842	1506	468	59	65609	1370
45–49岁	88252	75023	3407	7415	1769	580	58	67824	1671
50–54岁	109349	94533	3737	8516	1882	621	60	54540	1632
55–59岁	100472	88024	2762	7563	1556	527	40	31864	1113
60–64岁	63045	56653	1176	4293	672	218	33	9857	375
65–69岁	51227	46517	739	3309	469	173	20	4255	221
70–74岁	22674	20628	259	1560	169	53	5	1056	62
75岁及以上	12470	11103	129	1099	89	43	7	396	27
男	**354760**	**299658**	**14031**	**30175**	**8622**	**2070**	**204**	**314103**	**5604**
16–19岁	3588	3083	123	277	86	18	1	5165	36
20–24岁	8982	7433	394	830	260	60	5	18160	183
25–29岁	15177	12464	629	1417	543	106	18	29373	399
30–34岁	26849	21719	1226	2717	994	173	20	46805	696
35–39岁	32164	26078	1551	3151	1109	251	24	46988	712
40–44岁	35064	28785	1783	3139	1066	264	27	43623	679
45–49岁	45000	37236	2300	3935	1181	322	26	45597	868
50–54岁	55864	47110	2541	4579	1283	318	33	39993	924
55–59岁	51166	43659	1927	4175	1097	288	20	25573	685
60–64岁	33285	29393	801	2486	467	124	14	8192	233
65–69岁	27919	25033	504	1943	336	94	9	3540	136
70–74岁	12762	11526	164	909	131	29	3	819	34
75岁及以上	6940	6139	88	617	69	23	4	275	19
女	**313255**	**278847**	**6189**	**23071**	**3313**	**1638**	**197**	**124688**	**4248**
16–19岁	1919	1738	40	117	15	9		2009	17
20–24岁	5649	5035	126	399	57	32		5762	69
25–29岁	10561	9365	229	777	121	58	11	9387	171
30–34岁	21063	18539	490	1612	284	121	17	18290	483
35–39岁	27214	23627	661	2352	354	197	23	21451	615
40–44岁	32296	28158	759	2703	440	204	32	21986	691
45–49岁	43252	37787	1107	3480	588	258	32	22227	803
50–54岁	53485	47423	1196	3937	599	303	27	14547	708
55–59岁	49306	44365	835	3388	459	239	20	6291	428
60–64岁	29760	27260	375	1807	205	94	19	1665	142
65–69岁	23308	21484	235	1366	133	79	11	715	85
70–74岁	9912	9102	95	651	38	24	2	237	28
75岁及以上	5530	4964	41	482	20	20	3	121	8

4-7 续表 6

单位：人

年龄组 性 别	16岁及以上人口							
	六、生产制造及有关人员							
	43.食品、饮料生产加工人员	44.烟草及其制品加工人员	45.纺织、针织、印染人 员	46.纺织品、服装和皮革、毛皮制品加工制作人员	47.木材加工、家具与木制品制作人员	48.纸及纸制品生产加工人员	49.印刷和记录媒介复制人员	50.文教、工美、体育和娱乐用品制造人 员
总 计	**6745**	**239**	**3362**	**26932**	**24189**	**1833**	**1573**	**7307**
16-19岁	157		58	657	223	42	45	179
20-24岁	402	9	161	1656	810	92	113	433
25-29岁	631	23	258	2306	1534	149	146	687
30-34岁	1054	30	528	4410	3012	288	251	1205
35-39岁	1074	39	627	5013	3645	340	320	1297
40-44岁	1002	36	592	4432	3942	297	257	1117
45-49岁	902	49	545	4069	4322	296	216	943
50-54岁	685	27	361	2581	3619	189	139	697
55-59岁	485	20	154	1207	2069	102	68	379
60-64岁	167	3	53	346	596	16	11	167
65-69岁	109	1	14	175	305	12	5	111
70-74岁	47	2	8	52	77	8	2	58
75岁及以上	30		3	28	35	2		34
男	**3545**	**141**	**1256**	**7404**	**14844**	**1104**	**960**	**2551**
16-19岁	101		31	281	179	35	32	77
20-24岁	223	7	90	740	613	72	85	214
25-29岁	334	19	139	887	1059	100	97	282
30-34岁	588	18	222	1366	1957	205	153	454
35-39岁	533	17	191	1374	2138	191	193	409
40-44岁	483	21	177	940	2153	154	147	334
45-49岁	435	25	153	781	2348	145	114	282
50-54岁	343	17	133	533	2189	108	79	233
55-59岁	287	13	80	309	1407	69	51	139
60-64岁	105	2	27	104	463	12	5	48
65-69岁	64	1	10	61	246	6	3	39
70-74岁	31	1	2	18	63	6	1	24
75岁及以上	18		1	10	29	1		16
女	**3200**	**98**	**2106**	**19528**	**9345**	**729**	**613**	**4756**
16-19岁	56		27	376	44	7	13	102
20-24岁	179	2	71	916	197	20	28	219
25-29岁	297	4	119	1419	475	49	49	405
30-34岁	466	12	306	3044	1055	83	98	751
35-39岁	541	22	436	3639	1507	149	127	888
40-44岁	519	15	415	3492	1789	143	110	783
45-49岁	467	24	392	3288	1974	151	102	661
50-54岁	342	10	228	2048	1430	81	60	464
55-59岁	198	7	74	898	662	33	17	240
60-64岁	62	1	26	242	133	4	6	119
65-69岁	45		4	114	59	6	2	72
70-74岁	16	1	6	34	14	2	1	34
75岁及以上	12		2	18	6	1		18

4-7 续表 7 单位：人

年龄组 性　别	16岁及以上人口							
	六、生产制造及有关人员							
	51.石油加工和炼焦、煤化工生产人员	52.化学原料和化学制品制造人员	53.医药制造人员	54.化学纤维制造人员	55.橡胶和塑料制品制造人员	56.非金属矿物制品制造人员	57.采矿人员	58.金属冶炼和压延加工人员
总　计	**282**	**2042**	**1179**	**54**	**3435**	**9383**	**2850**	**4859**
16–19岁	6	26	8	1	108	88	8	25
20–24岁	22	129	87	2	218	364	64	373
25–29岁	26	162	122	2	320	618	177	536
30–34岁	42	250	193	11	487	1252	353	818
35–39岁	42	294	209	12	561	1407	403	802
40–44岁	34	333	194	9	624	1498	500	793
45–49岁	55	343	170	8	532	1733	550	841
50–54岁	29	284	104	8	358	1392	490	437
55–59岁	18	159	65		157	716	227	187
60–64岁	6	44	15	1	43	219	52	28
65–69岁	2	10	7		22	77	11	14
70–74岁		6	4		3	17	11	4
75岁及以上		2	1		2	2	4	1
男	**228**	**1355**	**504**	**30**	**1872**	**6676**	**2386**	**3932**
16–19岁	6	16	3	1	83	74	8	23
20–24岁	22	88	34	2	153	300	57	338
25–29岁	21	127	62	1	198	495	160	459
30–34岁	33	170	87	4	281	918	301	675
35–39岁	33	203	88	6	288	971	330	631
40–44岁	24	193	64	3	319	983	408	614
45–49岁	41	217	54	6	249	1136	428	626
50–54岁	25	193	56	6	178	979	418	362
55–59岁	17	114	42		84	563	205	163
60–64岁	4	21	8	1	25	177	48	26
65–69岁	2	8	3		12	65	9	11
70–74岁		4	3		1	13	11	3
75岁及以上		1			1	2	3	1
女	**54**	**687**	**675**	**24**	**1563**	**2707**	**464**	**927**
16–19岁		10	5		25	14		2
20–24岁		41	53		65	64	7	35
25–29岁	5	35	60	1	122	123	17	77
30–34岁	9	80	106	7	206	334	52	143
35–39岁	9	91	121	6	273	436	73	171
40–44岁	10	140	130	6	305	515	92	179
45–49岁	14	126	116	2	283	597	122	215
50–54岁	4	91	48	2	180	413	72	75
55–59岁	1	45	23		73	153	22	24
60–64岁	2	23	7		18	42	4	2
65–69岁		2	4		10	12	2	3
70–74岁		2	1		2	4		1
75岁及以上		1	1		1		1	

4-7　续表 8　　　　单位：人

年龄组 性　别	16岁及以上人口							
	六、生产制造及有关人员							
	59.机械制造基础加工人员	60.金属制品制造人　员	61.通用设备制造人　员	62.专用设备制造人　员	63.汽车制造人员	64.铁路、船舶、航空设备制造人　员	65.电气机械和器材制造人员	66.计算机、通信和其他电子设备制造人　员
总　计	**9554**	**8619**	**1708**	**571**	**4149**	**641**	**3566**	**29435**
16–19岁	139	289	48	19	140	6	225	1834
20–24岁	482	675	92	59	379	26	467	4061
25–29岁	796	877	162	71	557	70	485	4731
30–34岁	1524	1501	251	113	841	90	668	6124
35–39岁	1699	1510	279	105	735	80	578	4997
40–44岁	1706	1329	273	79	634	84	463	3403
45–49岁	1623	1163	283	69	525	122	364	2422
50–54岁	1040	813	189	40	234	93	215	1212
55–59岁	421	311	92	10	83	53	65	435
60–64岁	88	78	22	3	13	6	22	128
65–69岁	24	49	11	2	5	7	11	57
70–74岁	9	17	4	1	1	4	3	19
75岁及以上	3	7	2		2			12
男	**8155**	**6107**	**1399**	**346**	**2814**	**539**	**2131**	**14641**
16–19岁	120	222	40	14	129	5	143	1168
20–24岁	432	518	78	42	331	24	315	2535
25–29岁	703	693	136	50	419	62	308	2800
30–34岁	1314	1115	209	63	614	78	419	2940
35–39岁	1448	1073	221	54	443	61	326	2105
40–44岁	1409	874	217	51	336	66	245	1296
45–49岁	1348	713	223	39	288	94	175	912
50–54岁	892	558	157	22	167	83	128	563
55–59岁	375	238	84	8	70	50	48	225
60–64岁	81	55	19	1	9	6	14	58
65–69岁	23	30	10	1	5	7	7	25
70–74岁	8	13	4	1	1	3	3	11
75岁及以上	2	5	1		2			3
女	**1399**	**2512**	**309**	**225**	**1335**	**102**	**1435**	**14794**
16–19岁	19	67	8	5	11	1	82	666
20–24岁	50	157	14	17	48	2	152	1526
25–29岁	93	184	26	21	138	8	177	1931
30–34岁	210	386	42	50	227	12	249	3184
35–39岁	251	437	58	51	292	19	252	2892
40–44岁	297	455	56	28	298	18	218	2107
45–49岁	275	450	60	30	237	28	189	1510
50–54岁	148	255	32	18	67	10	87	649
55–59岁	46	73	8	2	13	3	17	210
60–64岁	7	23	3	2	4		8	70
65–69岁	1	19	1	1			4	32
70–74岁	1	4				1		8
75岁及以上	1	2	1					9

4-7 续表 9 单位：人

年龄组 性别	16岁及以上人口							
	六、生产制造及有关人员							
	67.仪器仪表制造人员	68.废弃资源综合利用人员	69.电力、热力、气体、水生产和输配人员	70.建筑施工人员	71.运输设备和通用工程机械操作人员及有关人员	72.生产辅助人员	73.其他生产制造及有关人员	74.不便分类的其他从业人员
总计	**292**	**416**	**1938**	**226657**	**13204**	**30559**	**1366**	**6843**
16-19岁	7	4	5	2105	173	464	32	1062
20-24岁	28	11	75	9313	943	2035	89	621
25-29岁	28	24	158	17079	1909	3433	113	636
30-34岁	58	53	264	29914	2907	5196	228	847
35-39岁	71	50	241	33172	2433	4872	205	875
40-44岁	32	63	347	33546	1828	4589	203	724
45-49岁	31	57	351	37222	1479	4676	192	749
50-54岁	23	76	279	33172	948	3025	149	590
55-59岁	8	44	164	20784	464	1726	78	415
60-64岁	4	18	34	6836	94	331	38	137
65-69岁	2	5	14	2785	14	151	22	102
70-74岁		8	5	558	8	45	13	43
75岁及以上		3	1	171	4	16	4	42
男	**178**	**296**	**1501**	**188680**	**12362**	**19729**	**833**	**3985**
16-19岁	6	4	5	1829	168	302	24	539
20-24岁	20	10	52	8140	912	1472	58	364
25-29岁	20	19	129	14901	1828	2386	80	397
30-34岁	33	41	221	25401	2766	3322	141	508
35-39岁	37	35	175	27372	2272	2943	115	512
40-44岁	15	43	240	26665	1669	2686	115	433
45-49岁	17	34	241	29374	1306	2818	107	405
50-54岁	20	51	240	27290	879	2075	92	367
55-59岁	7	31	149	18221	444	1344	51	261
60-64岁	2	16	30	6247	93	227	25	84
65-69岁	1	5	13	2596	14	114	13	58
70-74岁		6	5	502	7	30	10	30
75岁及以上		1	1	142	4	10	2	27
女	**114**	**120**	**437**	**37977**	**842**	**10830**	**533**	**2858**
16-19岁	1			276	5	162	8	523
20-24岁	8	1	23	1173	31	563	31	257
25-29岁	8	5	29	2178	81	1047	33	239
30-34岁	25	12	43	4513	141	1874	87	339
35-39岁	34	15	66	5800	161	1929	90	363
40-44岁	17	20	107	6881	159	1903	88	291
45-49岁	14	23	110	7848	173	1858	85	344
50-54岁	3	25	39	5882	69	950	57	223
55-59岁	1	13	15	2563	20	382	27	154
60-64岁	2	2	4	589	1	104	13	53
65-69岁	1		1	189		37	9	44
70-74岁		2		56	1	15	3	13
75岁及以上		2		29		6	2	15

4-7　续表 10　　　　单位：人

年龄组 性　别	有农村土地承包经营权的人口							
	合计	一、党的机关、国家机关、群众团体和社会组织、企事业单位负责人						
		小计	1.中国共产党机关负责人	2.国家机关负责人	3.民主党派和工商联负责人	4.人民团体和群众团体、社会组织及其他成员组织负责人	5.基层群众自治组织负责人	6.企事业单位负责人
总　计	**1352846**	**11677**	**66**	**365**	**2**	**784**	**1424**	**9036**
16-19岁	17056	27		1				26
20-24岁	57539	252		6		10	10	226
25-29岁	93585	871		20	1	49	34	767
30-34岁	151365	1774	2	50		124	66	1532
35-39岁	163961	2054	8	62		125	102	1757
40-44岁	165943	1996	13	70		127	203	1583
45-49岁	184849	1759	13	62		129	222	1333
50-54岁	189657	1383	13	43	1	80	257	989
55-59岁	150926	1033	9	36		87	321	580
60-64岁	80378	351	7	7		30	157	150
65-69岁	59118	116	1	4		12	41	58
70-74岁	24921	40		3		6	10	21
75岁及以上	13548	21		1		5	1	14
男	**801290**	**8816**	**58**	**307**	**1**	**482**	**1201**	**6767**
16-19岁	10850	18		1				17
20-24岁	34579	174		5		5	5	159
25-29岁	57015	606		11		29	24	542
30-34岁	91744	1227	1	35		69	48	1074
35-39岁	98796	1505	6	48		77	79	1295
40-44岁	97240	1466	10	63		67	152	1174
45-49岁	107231	1361	12	58		79	177	1035
50-54岁	111289	1131	12	40	1	61	229	788
55-59岁	88975	867	9	34		56	283	485
60-64岁	46904	314	7	6		22	152	127
65-69岁	34325	101	1	3		8	41	48
70-74岁	14601	30		2		5	10	13
75岁及以上	7741	16		1		4	1	10
女	**551556**	**2861**	**8**	**58**	**1**	**302**	**223**	**2269**
16-19岁	6206	9						9
20-24岁	22960	78		1		5	5	67
25-29岁	36570	265		9	1	20	10	225
30-34岁	59621	547	1	15		55	18	458
35-39岁	65165	549	2	14		48	23	462
40-44岁	68703	530	3	7		60	51	409
45-49岁	77618	398	1	4		50	45	298
50-54岁	78368	252	1	3		19	28	201
55-59岁	61951	166		2		31	38	95
60-64岁	33474	37		1		8	5	23
65-69岁	24793	15		1		4		10
70-74岁	10320	10		1		1		8
75岁及以上	5807	5				1		4

4-7 续表 11 单位：人

年龄组 性 别	有农村土地承包经营权的人口							
	二、专业技术人员							
	小计	7.科学研究人员	8.工程技术人员	9.农业技术人员	10.飞机和船舶技术人员	11.卫生专业技术人员	12.经济和金融专业人员	13.法律、社会和宗教专业人员
总 计	**54115**	**96**	**9854**	**826**	**129**	**11334**	**5641**	**606**
16-19岁	840		86	4	3	168	42	1
20-24岁	7068	10	982	51	11	1705	742	42
25-29岁	9723	19	1646	42	14	2263	1217	109
30-34岁	9887	22	1946	101	24	1870	1466	115
35-39岁	7444	11	1597	109	18	1333	861	84
40-44岁	6467	13	1237	92	19	1178	533	43
45-49岁	5246	8	1016	129	9	1008	363	70
50-54岁	3962	3	772	110	16	796	221	64
55-59岁	2295	8	409	87	9	474	135	51
60-64岁	581		105	44	6	224	39	13
65-69岁	293	1	36	32		143	9	9
70-74岁	178		13	18		98	8	2
75岁及以上	131	1	9	7		74	5	3
男	**23949**	**64**	**8575**	**604**	**126**	**4114**	**1590**	**385**
16-19岁	245		74	3	3	30	4	1
20-24岁	1921	4	796	37	11	259	162	17
25-29岁	3200	13	1408	30	14	419	267	46
30-34岁	3616	12	1703	73	23	500	327	59
35-39岁	3258	10	1413	82	17	514	219	49
40-44岁	3190	11	1080	67	19	563	157	33
45-49岁	3081	5	885	87	9	588	160	52
50-54岁	2608		690	80	16	495	136	58
55-59岁	1874	7	376	68	8	322	107	44
60-64岁	457		98	29	6	166	31	12
65-69岁	234	1	32	28		109	8	9
70-74岁	153		12	14		82	8	2
75岁及以上	112	1	8	6		67	4	3
女	**30166**	**32**	**1279**	**222**	**3**	**7220**	**4051**	**221**
16-19岁	595		12	1		138	38	
20-24岁	5147	6	186	14		1446	580	25
25-29岁	6523	6	238	12		1844	950	63
30-34岁	6271	10	243	28	1	1370	1139	56
35-39岁	4186	1	184	27	1	819	642	35
40-44岁	3277	2	157	25		615	376	10
45-49岁	2165	3	131	42		420	203	18
50-54岁	1354	3	82	30		301	85	6
55-59岁	421	1	33	19	1	152	28	7
60-64岁	124		7	15		58	8	1
65-69岁	59		4	4		34	1	
70-74岁	25		1	4		16		
75岁及以上	19		1	1		7	1	

4-7　续表 12　　单位：人

年龄组 性　别	有农村土地承包经营权的人口							
	二、专业技术人员				三、办事人员和有关人员			
	14.教学人　员	15.文学艺术、体育专业人员	16.新闻出版、文化专业人员	17.其他专业技术人　员	小计	18.办事人　员	19.安全和消防人员	20.其他办事人员和有关人员
总　计	**24124**	**654**	**487**	**364**	**32485**	**23297**	**8745**	**443**
16−19岁	496	24	11	5	212	147	59	6
20−24岁	3308	98	95	24	2547	1997	521	29
25−29岁	4094	119	150	50	4735	3834	839	62
30−34岁	4043	135	104	61	5698	4631	996	71
35−39岁	3200	103	55	73	3917	3147	709	61
40−44岁	3203	64	30	55	3510	2720	744	46
45−49岁	2529	45	22	47	3422	2401	964	57
50−54岁	1911	31	12	26	3335	1958	1334	43
55−59岁	1077	25	6	14	3148	1672	1431	45
60−64岁	139	3	2	6	1212	511	684	17
65−69岁	59	3		1	583	222	356	5
70−74岁	34	3		2	140	48	92	
75岁及以上	31	1			26	9	16	1
男	**7618**	**395**	**191**	**287**	**21843**	**13410**	**8170**	**263**
16−19岁	111	13	3	3	128	70	57	1
20−24岁	533	52	30	20	1308	819	475	14
25−29岁	842	68	53	40	2411	1610	767	34
30−34岁	755	80	36	48	3147	2226	883	38
35−39岁	799	69	29	57	2420	1736	648	36
40−44岁	1168	36	17	39	2410	1714	672	24
45−49岁	1215	31	11	38	2514	1601	878	35
50−54岁	1085	20	8	20	2816	1513	1273	30
55−59岁	907	18	3	14	2847	1414	1399	34
60−64岁	108	1	1	5	1128	448	667	13
65−69岁	43	3		1	556	205	348	3
70−74岁	30	3		2	136	46	90	
75岁及以上	22	1			22	8	13	1
女	**16506**	**259**	**296**	**77**	**10642**	**9887**	**575**	**180**
16−19岁	385	11	8	2	84	77	2	5
20−24岁	2775	46	65	4	1239	1178	46	15
25−29岁	3252	51	97	10	2324	2224	72	28
30−34岁	3288	55	68	13	2551	2405	113	33
35−39岁	2401	34	26	16	1497	1411	61	25
40−44岁	2035	28	13	16	1100	1006	72	22
45−49岁	1314	14	11	9	908	800	86	22
50−54岁	826	11	4	6	519	445	61	13
55−59岁	170	7	3		301	258	32	11
60−64岁	31	2	1	1	84	63	17	4
65−69岁	16				27	17	8	2
70−74岁	4				4	2	2	
75岁及以上	9				4	1	3	

4-7 续表 13 单位：人

年龄组 性 别	有农村土地承包经营权的人口							
	四、社会生产服务和生活服务人员							
	小计	21.批发与零售服务人员	22.交通运输、仓储和邮政业服务人员	23.住宿和餐饮服务人员	24.信息传输、软件和信息技术服务人员	25.金融服务人员	26.房地产服务人员	27.租赁和商务服务人员
总 计	**305452**	**131112**	**65096**	**40527**	**2911**	**2443**	**2821**	**5658**
16-19岁	5211	1889	637	1531	45	17	45	54
20-24岁	18731	7864	3159	3283	425	252	326	323
25-29岁	30349	13394	6039	4015	665	507	510	493
30-34岁	48347	21893	11006	5677	762	636	607	584
35-39岁	48361	21342	11859	5918	483	353	399	593
40-44岁	42903	17985	10311	5843	243	238	259	573
45-49岁	40495	16412	9419	5769	137	197	217	646
50-54岁	33850	13878	7223	4565	79	142	212	842
55-59岁	21926	9364	3896	2728	52	80	155	830
60-64岁	8376	3775	1047	790	10	15	58	457
65-69岁	4387	2073	378	296	6	4	25	207
70-74岁	1596	781	90	76	4	1	7	47
75岁及以上	920	462	32	36		1	1	9
男	**177536**	**64391**	**57197**	**18022**	**2107**	**1178**	**1622**	**4629**
16-19岁	3160	885	533	920	26	8	32	33
20-24岁	11130	3598	2712	1956	285	106	180	217
25-29岁	18176	6262	5339	2305	471	249	307	315
30-34岁	28461	10008	9829	2927	528	291	322	371
35-39岁	28314	9847	10650	2615	364	151	212	432
40-44岁	24191	8482	8942	2286	180	92	139	466
45-49岁	22295	8121	8078	1933	121	104	115	557
50-54岁	19182	7465	6270	1503	67	96	132	765
55-59岁	12878	5308	3444	994	48	64	113	785
60-64岁	5209	2280	950	359	9	12	43	440
65-69岁	2860	1319	345	157	6	3	19	195
70-74岁	1091	521	82	45	2	1	7	45
75岁及以上	589	295	23	22		1	1	8
女	**127916**	**66721**	**7899**	**22505**	**804**	**1265**	**1199**	**1029**
16-19岁	2051	1004	104	611	19	9	13	21
20-24岁	7601	4266	447	1327	140	146	146	106
25-29岁	12173	7132	700	1710	194	258	203	178
30-34岁	19886	11885	1177	2750	234	345	285	213
35-39岁	20047	11495	1209	3303	119	202	187	161
40-44岁	18712	9503	1369	3557	63	146	120	107
45-49岁	18200	8291	1341	3836	16	93	102	89
50-54岁	14668	6413	953	3062	12	46	80	77
55-59岁	9048	4056	452	1734	4	16	42	45
60-64岁	3167	1495	97	431	1	3	15	17
65-69岁	1527	754	33	139		1	6	12
70-74岁	505	260	8	31	2			2
75岁及以上	331	167	9	14				1

4-7 续表 14 单位：人

年龄组 性 别	有农村土地承包经营权的人口							
	四、社会生产服务和生活服务人员							
	28.技术辅助服务人员	29.水利、环境和公共设施管理服务人员	30.居民服务人员	31.电力、燃气及水供应服务人员	32.修理及制作服务人员	33.文化、体育和娱乐服务人员	34.健康服务人员	35.其他社会生产和生活服务人员
总 计	**3381**	**16590**	**17378**	**2937**	**12772**	**1084**	**368**	**374**
16-19岁	81	42	373	18	359	107	3	10
20-24岁	491	130	980	120	1068	241	44	25
25-29岁	726	289	1638	244	1533	202	63	31
30-34岁	788	753	2664	436	2246	186	56	53
35-39岁	522	1356	2546	466	2281	130	61	52
40-44岁	333	2187	2248	514	1985	80	48	56
45-49岁	202	3231	2178	459	1502	48	37	41
50-54岁	123	3469	1879	348	971	46	23	50
55-59岁	73	2588	1321	248	514	24	17	36
60-64岁	20	1332	619	46	178	11	8	10
65-69岁	12	788	459	30	91	7	4	7
70-74岁	7	298	244	6	27	2	3	3
75岁及以上	3	127	229	2	17		1	
男	**2306**	**5905**	**5473**	**2582**	**11108**	**661**	**138**	**217**
16-19岁	52	23	202	16	351	74		5
20-24岁	317	74	390	111	1006	150	14	14
25-29岁	471	153	507	217	1407	133	17	23
30-34岁	519	293	860	380	1969	115	20	29
35-39岁	386	409	775	408	1947	65	24	29
40-44岁	238	573	611	440	1647	46	20	29
45-49岁	138	866	531	400	1265	26	15	25
50-54岁	95	1089	519	306	815	24	8	28
55-59岁	58	993	372	228	427	15	8	21
60-64岁	13	639	253	40	155	6	4	6
65-69岁	10	468	215	28	80	5	4	6
70-74岁	7	222	122	6	24	2	3	2
75岁及以上	2	103	116	2	15		1	
女	**1075**	**10685**	**11905**	**355**	**1664**	**423**	**230**	**157**
16-19岁	29	19	171	2	8	33	3	5
20-24岁	174	56	590	9	62	91	30	11
25-29岁	255	136	1131	27	126	69	46	8
30-34岁	269	460	1804	56	277	71	36	24
35-39岁	136	947	1771	58	334	65	37	23
40-44岁	95	1614	1637	74	338	34	28	27
45-49岁	64	2365	1647	59	237	22	22	16
50-54岁	28	2380	1360	42	156	22	15	22
55-59岁	15	1595	949	20	87	9	9	15
60-64岁	7	693	366	6	23	5	4	4
65-69岁	2	320	244	2	11	2		1
70-74岁		76	122		3			1
75岁及以上	1	24	113		2			

4-7 续表 15

单位：人

年龄组 性 别	有农村土地承包经营权的人口								
	五、农、林、牧、渔业生产及辅助人员							六、生产制造及有关人员	
	小计	36.农业生产人员	37.林业生产人员	38.畜牧业生产人员	39.渔业生产人员	40.农林牧渔生产辅助人员	41.其他农、林、牧、渔业生产加工人员	小计	42.农副产品加工人员
总 计	**626913**	**547832**	**18196**	**48742**	**8666**	**3153**	**324**	**318202**	**6695**
16–19岁	4772	4228	139	329	57	18	1	5310	43
20–24岁	12638	10910	445	1017	184	79	3	15934	177
25–29岁	22314	19223	720	1796	429	126	20	25246	350
30–34岁	42030	35920	1478	3564	814	225	29	43160	750
35–39岁	53659	45532	1961	4781	984	362	39	48029	892
40–44岁	62662	53519	2277	5322	1111	387	46	48007	911
45–49岁	83037	71270	3069	6869	1299	483	47	50480	1043
50–54岁	104040	90643	3410	7978	1413	547	49	42732	1174
55–59岁	96483	85087	2522	7160	1214	471	29	25791	792
60–64岁	61208	55159	1112	4150	554	201	32	8553	302
65–69岁	49921	45435	702	3206	395	165	18	3744	182
70–74岁	22044	20103	244	1507	137	49	4	892	55
75岁及以上	12105	10803	117	1063	75	40	7	324	24
男	**336039**	**287335**	**12658**	**27781**	**6327**	**1772**	**166**	**230735**	**3865**
16–19岁	3138	2732	106	237	49	13	1	3804	28
20–24岁	7810	6581	338	681	156	51	3	12025	125
25–29岁	13241	11118	519	1153	359	82	10	19156	242
30–34岁	23711	19589	1061	2260	652	132	17	31293	448
35–39岁	29446	24344	1381	2743	752	206	20	33558	498
40–44岁	33190	27619	1620	2897	808	224	22	32549	465
45–49岁	43056	36076	2082	3711	893	271	23	34692	574
50–54岁	53746	45804	2314	4344	973	282	29	31582	667
55–59岁	49561	42705	1756	3979	849	259	13	20785	466
60–64岁	32536	28855	760	2410	382	115	14	7203	191
65–69岁	27374	24619	484	1887	287	89	8	3160	115
70–74岁	12470	11301	154	879	107	27	2	700	28
75岁及以上	6760	5992	83	600	60	21	4	228	18
女	**290874**	**260497**	**5538**	**20961**	**2339**	**1381**	**158**	**87467**	**2830**
16–19岁	1634	1496	33	92	8	5		1506	15
20–24岁	4828	4329	107	336	28	28		3909	52
25–29岁	9073	8105	201	643	70	44	10	6090	108
30–34岁	18319	16331	417	1304	162	93	12	11867	302
35–39岁	24213	21188	580	2038	232	156	19	14471	394
40–44岁	29472	25900	657	2425	303	163	24	15458	446
45–49岁	39981	35194	987	3158	406	212	24	15788	469
50–54岁	50294	44839	1096	3634	440	265	20	11150	507
55–59岁	46922	42382	766	3181	365	212	16	5006	326
60–64岁	28672	26304	352	1740	172	86	18	1350	111
65–69岁	22547	20816	218	1319	108	76	10	584	67
70–74岁	9574	8802	90	628	30	22	2	192	27
75岁及以上	5345	4811	34	463	15	19	3	96	6

4-7 续表 16

单位：人

年龄组 性别	有农村土地承包经营权的人口 六、生产制造及有关人员 43.食品、饮料生产加工人员	44.烟草及其制品加工人员	45.纺织、针织、印染人员	46.纺织品、服装和皮革、毛皮制品加工制作人员	47.木材加工、家具与木制品制作人员	48.纸及纸制品生产加工人员	49.印刷和记录媒介复制人员	50.文教、工美、体育和娱乐用品制造人员
总 计	**4183**	**87**	**2402**	**20717**	**19553**	**1222**	**821**	**5199**
16-19岁	107		44	507	158	23	25	141
20-24岁	223	1	113	1242	584	57	60	322
25-29岁	359	4	177	1735	1106	101	91	433
30-34岁	581	6	351	3282	2234	181	141	791
35-39岁	649	12	430	3873	2784	222	188	860
40-44岁	596	14	428	3470	3241	194	136	802
45-49岁	558	16	399	3170	3655	199	90	685
50-54岁	492	18	275	2003	3097	137	61	520
55-59岁	323	13	120	944	1796	80	23	307
60-64岁	138	3	45	278	532	10	4	149
65-69岁	86		12	150	273	9	2	103
70-74岁	42		5	39	65	7		56
75岁及以上	29		3	24	28	2		30
男	**2281**	**43**	**953**	**5892**	**12023**	**731**	**539**	**1783**
16-19岁	70		26	209	124	17	17	58
20-24岁	134	1	57	567	439	43	45	153
25-29岁	197	3	98	678	764	70	64	172
30-34岁	337	2	152	1073	1446	125	89	294
35-39岁	353	5	151	1124	1621	131	118	274
40-44岁	290	6	145	769	1790	95	91	238
45-49岁	278	9	123	655	2001	103	56	209
50-54岁	246	9	104	422	1897	78	37	161
55-59岁	191	6	62	239	1230	51	18	109
60-64岁	89	2	24	81	411	7	2	43
65-69岁	48		9	52	224	5	2	35
70-74岁	30		1	14	52	5		23
75岁及以上	18		1	9	24	1		14
女	**1902**	**44**	**1449**	**14825**	**7530**	**491**	**282**	**3416**
16-19岁	37		18	298	34	6	8	83
20-24岁	89		56	675	145	14	15	169
25-29岁	162	1	79	1057	342	31	27	261
30-34岁	244	4	199	2209	788	56	52	497
35-39岁	296	7	279	2749	1163	91	70	586
40-44岁	306	8	283	2701	1451	99	45	564
45-49岁	280	7	276	2515	1654	96	34	476
50-54岁	246	9	171	1581	1200	59	24	359
55-59岁	132	7	58	705	566	29	5	198
60-64岁	49	1	21	197	121	3	2	106
65-69岁	38		3	98	49	4		68
70-74岁	12		4	25	13	2		33
75岁及以上	11		2	15	4	1		16

4-7 续表 17

单位：人

年龄组 性 别	有农村土地承包经营权的人口							
	六、生产制造及有关人员							
	51.石油加工和炼焦、煤化工生产人员	52.化学原料和化学制品制造人员	53.医药制造人员	54.化学纤维制造人员	55.橡胶和塑料制品制造人员	56.非金属矿物制品制造人员	57.采矿人员	58.金属冶炼和压延加工人员
总 计	**115**	**1330**	**492**	**38**	**2562**	**7068**	**1914**	**2512**
16-19岁	5	23	5	1	71	68	5	16
20-24岁	4	66	44	2	156	243	46	126
25-29岁	11	93	63	1	236	415	116	223
30-34岁	11	164	76	6	356	885	235	405
35-39岁	19	176	84	8	417	1040	279	454
40-44岁	15	207	72	6	467	1139	330	460
45-49岁	24	229	60	8	387	1350	367	437
50-54岁	11	192	45	5	295	1105	331	241
55-59岁	11	129	28		124	578	151	121
60-64岁	4	36	8	1	38	172	40	18
65-69岁		10	4		13	61	7	7
70-74岁		4	2		1	11	5	3
75岁及以上		1	1		1	1	2	1
男	**99**	**865**	**210**	**21**	**1398**	**5045**	**1639**	**2034**
16-19岁	5	14	3	1	52	55	5	16
20-24岁	4	38	23	2	107	199	43	110
25-29岁	10	72	32	1	144	328	104	192
30-34岁	10	113	31	2	206	650	208	337
35-39岁	17	119	36	2	223	725	231	360
40-44岁	10	126	24	2	243	747	282	363
45-49岁	21	142	16	6	180	898	303	337
50-54岁	9	122	24	4	146	778	279	192
55-59岁	10	89	14		64	457	135	102
60-64岁	3	18	4	1	23	142	36	16
65-69岁		8	2		9	55	6	6
70-74岁		3	1			10	5	2
75岁及以上		1			1	1	2	1
女	**16**	**465**	**282**	**17**	**1164**	**2023**	**275**	**478**
16-19岁		9	2		19	13		
20-24岁		28	21		49	44	3	16
25-29岁	1	21	31		92	87	12	31
30-34岁	1	51	45	4	150	235	27	68
35-39岁	2	57	48	6	194	315	48	94
40-44岁	5	81	48	4	224	392	48	97
45-49岁	3	87	44	2	207	452	64	100
50-54岁	2	70	21	1	149	327	52	49
55-59岁	1	40	14		60	121	16	19
60-64岁	1	18	4		15	30	4	2
65-69岁		2	2		4	6	1	1
70-74岁		1	1		1	1		1
75岁及以上			1					

4-7 续表 18 单位：人

年龄组 性 别	有农村土地承包经营权的人口 六、生产制造及有关人员 59.机械制造基础加工人员	60.金属制品制造人员	61.通用设备制造人员	62.专用设备制造人员	63.汽车制造人员	64.铁路、船舶、航空设备制造人员	65.电气机械和器材制造人员	66.计算机、通信和其他电子设备制造人员
总 计	**6375**	**6681**	**1094**	**357**	**1860**	**297**	**2692**	**21222**
16-19岁	87	242	21	16	39	3	182	1398
20-24岁	308	522	62	42	152	11	360	2921
25-29岁	507	623	104	48	233	35	352	3320
30-34岁	961	1078	161	73	363	44	479	4250
35-39岁	1171	1135	168	60	322	38	437	3578
40-44岁	1182	1090	181	42	338	38	347	2491
45-49岁	1070	946	168	42	235	49	284	1810
50-54岁	721	663	128	24	119	49	167	942
55-59岁	278	256	70	5	48	22	55	337
60-64岁	70	65	17	2	7	4	18	104
65-69岁	15	43	8	2	4	3	9	47
70-74岁	5	12	4	1		1	2	13
75岁及以上		6	2					11
男	**5487**	**4770**	**892**	**217**	**1191**	**247**	**1591**	**10569**
16-19岁	75	184	13	13	31	3	113	900
20-24岁	277	404	49	29	130	10	243	1835
25-29岁	442	494	84	34	182	31	222	1967
30-34岁	832	815	132	37	257	36	289	2070
35-39岁	1018	825	127	31	185	30	251	1540
40-44岁	1002	726	153	27	166	29	183	955
45-49岁	907	593	137	26	115	40	135	658
50-54岁	609	452	107	13	79	41	96	405
55-59岁	239	190	62	4	39	19	40	165
60-64岁	67	47	15	1	3	4	10	44
65-69岁	14	27	8	1	4	3	7	21
70-74岁	5	8	4	1		1	2	7
75岁及以上		5	1					2
女	**888**	**1911**	**202**	**140**	**669**	**50**	**1101**	**10653**
16-19岁	12	58	8	3	8		69	498
20-24岁	31	118	13	13	22	1	117	1086
25-29岁	65	129	20	14	51	4	130	1353
30-34岁	129	263	29	36	106	8	190	2180
35-39岁	153	310	41	29	137	8	186	2038
40-44岁	180	364	28	15	172	9	164	1536
45-49岁	163	353	31	16	120	9	149	1152
50-54岁	112	211	21	11	40	8	71	537
55-59岁	39	66	8	1	9	3	15	172
60-64岁	3	18	2	1	4		8	60
65-69岁	1	16		1			2	26
70-74岁		4						6
75岁及以上		1	1					9

4-7　续表 19　　　　单位：人

年龄组 性别	有农村土地承包经营权的人口							
	六、生产制造及有关人员							
	67.仪器仪表制造人员	68.废弃资源综合利用人员	69.电力、热力、气体、水生产和输配人员	70.建筑施工人员	71.运输设备和通用工程机械操作人员及有关人员	72.生产辅助人员	73.其他生产制造及有关人员	74.不便分类的其他从业人员
总　计	**172**	**285**	**838**	**173118**	**8794**	**16576**	**931**	**4002**
16-19岁	6	4	2	1560	133	351	24	684
20-24岁	15	5	32	6289	592	1104	53	369
25-29岁	19	13	71	11275	1262	1799	71	347
30-34岁	35	31	116	20250	1956	2765	143	469
35-39岁	47	35	106	24046	1706	2659	134	497
40-44岁	18	38	133	25761	1259	2460	141	398
45-49岁	15	40	126	29506	926	2459	127	410
50-54岁	12	58	122	27355	593	1661	116	355
55-59岁	1	34	86	17784	280	935	60	250
60-64岁	3	13	29	6102	72	239	30	97
65-69岁	1	5	10	2547	8	105	18	74
70-74岁		7	5	503	6	27	11	31
75岁及以上		2		140	1	12	3	21
男	**105**	**207**	**676**	**146291**	**8324**	**10167**	**580**	**2372**
16-19岁	5	4	2	1379	132	232	18	357
20-24岁	10	5	22	5535	577	772	37	211
25-29岁	14	9	62	9944	1227	1222	51	225
30-34岁	20	21	103	17454	1884	1725	95	289
35-39岁	26	26	78	20201	1611	1543	78	295
40-44岁	10	30	97	20870	1160	1376	79	244
45-49岁	7	25	97	23741	832	1398	70	232
50-54岁	10	39	100	22832	549	1006	69	224
55-59岁	1	26	74	15743	267	633	40	163
60-64岁	1	12	26	5631	71	158	20	57
65-69岁	1	5	10	2384	8	79	12	40
70-74岁		5	5	458	5	16	9	21
75岁及以上				119	1	7	2	14
女	**67**	**78**	**162**	**26827**	**470**	**6409**	**351**	**1630**
16-19岁	1			181	1	119	6	327
20-24岁	5		10	754	15	332	16	158
25-29岁	5	4	9	1331	35	577	20	122
30-34岁	15	10	13	2796	72	1040	48	180
35-39岁	21	9	28	3845	95	1116	56	202
40-44岁	8	8	36	4891	99	1084	62	154
45-49岁	8	15	29	5765	94	1061	57	178
50-54岁	2	19	22	4523	44	655	47	131
55-59岁		8	12	2041	13	302	20	87
60-64岁	2	1	3	471	1	81	10	40
65-69岁				163		26	6	34
70-74岁		2		45	1	11	2	10
75岁及以上		2		21		5	1	7

4-7　续表 20　　　　单位：人

年龄组 性　别	没有农村土地承包经营权的人口							
	合计	一、党的机关、国家机关、群众团体和社会组织、企事业单位负责人						
		小计	1.中国共产党机关负责人	2.国家机关负责人	3.民主党派和工商联负责人	4.人民团体和群众团体、社会组织及其他成员组织负责人	5.基层群众自治组织负责人	6.企事业单位负责人
总　计	**661110**	**21884**	**101**	**2065**	**6**	**728**	**230**	**18754**
16-19岁	7425	19		1		2		16
20-24岁	43396	381	1	5		13	1	361
25-29岁	79322	1560		43		38	14	1465
30-34岁	121021	3722	10	183	2	132	35	3360
35-39岁	110260	4249	13	271		130	37	3798
40-44岁	94238	3952	22	462		124	34	3310
45-49岁	89369	3555	21	437	1	116	32	2948
50-54岁	64649	2638	16	409	2	84	29	2098
55-59岁	37054	1449	15	222	1	65	30	1116
60-64岁	7794	224		12		16	13	183
65-69岁	4064	93	1	7		5	4	76
70-74岁	1567	25	1	5		1	1	17
75岁及以上	951	17	1	8		2		6
男	**353527**	**14890**	**81**	**1580**	**5**	**417**	**137**	**12670**
16-19岁	4260	9		1		1		7
20-24岁	23349	247		1		9		237
25-29岁	41848	979		22		24	7	926
30-34岁	62785	2333	6	102	1	71	20	2133
35-39岁	56092	2726	10	176		63	22	2455
40-44岁	47286	2577	20	366		60	18	2113
45-49岁	45603	2497	14	354	1	66	14	2048
50-54岁	37783	1985	14	323	2	58	18	1570
55-59岁	25996	1243	14	210	1	51	24	943
60-64岁	4668	184		9		9	10	156
65-69岁	2356	75	1	5		3	4	62
70-74岁	951	23	1	5		1		16
75岁及以上	550	12	1	6		1		4
女	**307583**	**6994**	**20**	**485**	**1**	**311**	**93**	**6084**
16-19岁	3165	10				1		9
20-24岁	20047	134	1	4		4	1	124
25-29岁	37474	581		21		14	7	539
30-34岁	58236	1389	4	81	1	61	15	1227
35-39岁	54168	1523	3	95		67	15	1343
40-44岁	46952	1375	2	96		64	16	1197
45-49岁	43766	1058	7	83		50	18	900
50-54岁	26866	653	2	86		26	11	528
55-59岁	11058	206	1	12		14	6	173
60-64岁	3126	40		3		7	3	27
65-69岁	1708	18		2		2		14
70-74岁	616	2					1	1
75岁及以上	401	5		2		1		2

4-7 续表 21 单位：人

年龄组 性别	没有农村土地承包经营权的人口							
	二、专业技术人员							
	小计	7.科学研究人员	8.工程技术人员	9.农业技术人员	10.飞机和船舶技术人员	11.卫生专业技术人员	12.经济和金融专业人员	13.法律、社会和宗教专业人员
总计	**116786**	**517**	**17738**	**905**	**217**	**22671**	**19973**	**2192**
16-19岁	650	1	64	1	1	186	40	6
20-24岁	9313	26	1449	30	6	2128	1326	119
25-29岁	16731	68	2674	67	28	3774	3075	327
30-34岁	21305	99	3877	115	41	4528	4308	403
35-39岁	19449	85	3049	88	36	4046	3361	346
40-44岁	17443	57	2229	161	35	2769	2905	280
45-49岁	15131	71	2070	163	15	2416	2638	260
50-54岁	10658	59	1401	149	28	1639	1526	247
55-59岁	4924	43	785	112	21	835	648	166
60-64岁	586	6	83	11	5	165	80	18
65-69岁	320	2	39	3	1	111	34	13
70-74岁	160		15	5		42	20	5
75岁及以上	116		3			32	12	2
男	**45760**	**309**	**14400**	**611**	**192**	**6464**	**5305**	**1197**
16-19岁	195	1	53	1	1	31	11	4
20-24岁	2811	12	1168	17	5	353	324	45
25-29岁	5153	34	2071	38	25	699	693	121
30-34岁	7094	51	3076	68	38	1028	848	174
35-39岁	6884	49	2475	60	34	1135	747	155
40-44岁	6828	35	1762	90	26	885	696	163
45-49岁	6637	46	1679	111	13	912	769	172
50-54岁	5524	39	1241	110	23	721	665	186
55-59岁	3810	34	750	100	21	469	480	147
60-64岁	406	6	76	8	5	104	43	12
65-69岁	210	2	34	3	1	68	9	13
70-74岁	119		13	5		33	13	3
75岁及以上	89		2			26	7	2
女	**71026**	**208**	**3338**	**294**	**25**	**16207**	**14668**	**995**
16-19岁	455		11			155	29	2
20-24岁	6502	14	281	13	1	1775	1002	74
25-29岁	11578	34	603	29	3	3075	2382	206
30-34岁	14211	48	801	47	3	3500	3460	229
35-39岁	12565	36	574	28	2	2911	2614	191
40-44岁	10615	22	467	71	9	1884	2209	117
45-49岁	8494	25	391	52	2	1504	1869	88
50-54岁	5134	20	160	39	5	918	861	61
55-59岁	1114	9	35	12		366	168	19
60-64岁	180		7	3		61	37	6
65-69岁	110		5			43	25	
70-74岁	41		2			9	7	2
75岁及以上	27		1			6	5	

4-7 续表 22

单位：人

年龄组 性 别	没有农村土地承包经营权的人口							
	二、专业技术人员				三、办事人员和有关人员			
	14.教学人员	15.文学艺术、体育专业人员	16.新闻出版、文化专业人员	17.其他专业技术人员	小计	18.办事人员	19.安全和消防人员	20.其他办事人员和有关人员
总 计	**49049**	**1246**	**1714**	**564**	**79841**	**66853**	**12383**	**605**
16-19岁	316	25	9	1	210	149	60	1
20-24岁	3784	210	187	48	4141	3405	697	39
25-29岁	6121	251	278	68	9662	8317	1278	67
30-34岁	7174	259	367	134	14741	12755	1870	116
35-39岁	7880	197	277	84	12310	10729	1487	94
40-44岁	8604	117	212	74	11483	9934	1467	82
45-49岁	7175	76	178	69	10923	9189	1631	103
50-54岁	5384	58	121	46	8865	6982	1826	57
55-59岁	2170	37	73	34	6441	4720	1683	38
60-64岁	205	7	3	3	627	382	242	3
65-69岁	106	2	7	2	288	186	99	3
70-74岁	66	5	1	1	85	57	28	
75岁及以上	64	2	1		65	48	15	2
男	**15614**	**681**	**599**	**388**	**46491**	**35357**	**10802**	**332**
16-19岁	81	9	2	1	123	66	56	1
20-24岁	681	115	57	34	1963	1320	629	14
25-29岁	1218	126	80	48	4555	3421	1105	29
30-34岁	1465	134	121	91	7057	5435	1564	58
35-39岁	1990	105	84	50	6450	5179	1219	52
40-44岁	2976	63	79	53	6488	5256	1187	45
45-49岁	2783	48	58	46	6589	5158	1382	49
50-54岁	2414	42	52	31	6535	4820	1670	45
55-59岁	1694	27	58	30	5841	4179	1628	34
60-64岁	144	4	1	3	530	299	231	
65-69岁	71	2	7		238	143	92	3
70-74岁	46	5		1	73	46	27	
75岁及以上	51	1			49	35	12	2
女	**33435**	**565**	**1115**	**176**	**33350**	**31496**	**1581**	**273**
16-19岁	235	16	7		87	83	4	
20-24岁	3103	95	130	14	2178	2085	68	25
25-29岁	4903	125	198	20	5107	4896	173	38
30-34岁	5709	125	246	43	7684	7320	306	58
35-39岁	5890	92	193	34	5860	5550	268	42
40-44岁	5628	54	133	21	4995	4678	280	37
45-49岁	4392	28	120	23	4334	4031	249	54
50-54岁	2970	16	69	15	2330	2162	156	12
55-59岁	476	10	15	4	600	541	55	4
60-64岁	61	3	2		97	83	11	3
65-69岁	35			2	50	43	7	
70-74岁	20		1		12	11	1	
75岁及以上	13	1	1		16	13	3	

4-7 续表 23 单位：人

年龄组 性别	没有农村土地承包经营权的人口							
	四、社会生产服务和生活服务人员							
	小计	21.批发与零售服务人员	22.交通运输、仓储和邮政业服务人员	23.住宿和餐饮服务人员	24.信息传输、软件和信息技术服务人员	25.金融服务人员	26.房地产服务人员	27.租赁和商务服务人员
总计	**278067**	**129935**	**44272**	**31965**	**5230**	**7652**	**5706**	**7282**
16-19岁	3569	1289	361	1044	31	15	43	108
20-24岁	19328	8292	2704	3013	677	481	533	450
25-29岁	34142	16344	5061	3599	1101	1157	956	772
30-34岁	53058	26617	8145	5303	1288	1918	1255	1045
35-39岁	47745	24021	7642	4990	1000	1270	908	986
40-44岁	38734	18473	6601	4384	563	831	668	837
45-49岁	36862	16096	6317	4488	290	923	633	962
50-54岁	25136	10359	4390	3104	168	690	376	989
55-59岁	14013	5650	2497	1506	90	341	268	880
60-64岁	3176	1537	340	348	12	14	44	174
65-69岁	1518	809	147	133	6	10	17	62
70-74岁	491	278	46	33	3	2	4	14
75岁及以上	295	170	21	20	1		1	3
男	**142684**	**56414**	**36489**	**13740**	**3541**	**3522**	**3083**	**5101**
16-19岁	1940	524	289	587	17	6	27	54
20-24岁	10868	3771	2190	1715	454	224	318	258
25-29岁	18836	7418	4183	1990	732	551	532	459
30-34岁	27432	11397	6803	2504	836	798	637	590
35-39岁	23667	9837	6320	2106	666	515	457	583
40-44岁	18256	7317	5291	1545	384	322	318	532
45-49岁	16858	6579	4989	1363	199	388	316	699
50-54岁	13067	4958	3710	1056	150	413	219	856
55-59岁	8611	3077	2250	620	85	291	212	830
60-64岁	1783	831	291	154	11	8	34	165
65-69岁	890	447	123	73	3	5	9	60
70-74岁	316	168	40	19	3	1	3	13
75岁及以上	160	90	10	8	1		1	2
女	**135383**	**73521**	**7783**	**18225**	**1689**	**4130**	**2623**	**2181**
16-19岁	1629	765	72	457	14	9	16	54
20-24岁	8460	4521	514	1298	223	257	215	192
25-29岁	15306	8926	878	1609	369	606	424	313
30-34岁	25626	15220	1342	2799	452	1120	618	455
35-39岁	24078	14184	1322	2884	334	755	451	403
40-44岁	20478	11156	1310	2839	179	509	350	305
45-49岁	20004	9517	1328	3125	91	535	317	263
50-54岁	12069	5401	680	2048	18	277	157	133
55-59岁	5402	2573	247	886	5	50	56	50
60-64岁	1393	706	49	194	1	6	10	9
65-69岁	628	362	24	60	3	5	8	2
70-74岁	175	110	6	14		1	1	1
75岁及以上	135	80	11	12				1

4-7　续表 24　　　　　　　　　　　　　　　　　　　　　　单位：人

年龄组 性　别	没有农村土地承包经营权的人口							
	四、社会生产服务和生活服务人员							
	28.技术辅助服务人　员	29.水利、环境和公共设施管理服务人员	30.居民服务人员	31.电力、燃气及水供应服务人　员	32.修理及制作服务人　员	33.文化、体育和娱乐服务人　员	34.健康服务人员	35.其他社会生产和生活服务人员
总　计	**6058**	**9949**	**15677**	**2787**	**8959**	**1711**	**629**	**255**
16−19岁	38	35	247	6	243	102	2	5
20−24岁	757	116	988	126	810	302	65	14
25−29岁	1307	254	1692	206	1218	358	93	24
30−34岁	1473	564	2736	413	1766	367	120	48
35−39岁	1084	925	2601	415	1550	207	104	42
40−44岁	606	1574	2223	507	1236	118	82	31
45−49岁	423	2649	2318	554	973	122	71	43
50−54岁	228	2129	1609	317	627	65	56	29
55−59岁	110	1202	811	196	370	50	30	12
60−64岁	19	328	215	28	100	9	5	3
65−69岁	8	129	132	11	43	7		4
70−74岁	2	30	58	3	15	3		
75岁及以上	3	14	47	5	8	1	1	
男	**3842**	**2184**	**3626**	**2165**	**7751**	**924**	**166**	**136**
16−19岁	18	13	102	6	235	59	1	2
20−24岁	457	65	343	101	761	190	14	7
25−29岁	808	127	526	169	1104	201	21	15
30−34岁	903	200	668	328	1529	182	23	34
35−39岁	693	230	511	315	1285	95	29	25
40−44岁	391	275	417	355	1017	56	22	14
45−49岁	275	388	357	391	826	56	15	17
50−54岁	177	375	286	276	524	34	21	12
55−59岁	94	345	231	184	333	37	17	5
60−64岁	16	95	64	23	79	7	3	2
65−69岁	6	48	60	10	37	6		3
70−74岁	2	15	34	3	14	1		
75岁及以上	2	8	27	4	7			
女	**2216**	**7765**	**12051**	**622**	**1208**	**787**	**463**	**119**
16−19岁	20	22	145		8	43	1	3
20−24岁	300	51	645	25	49	112	51	7
25−29岁	499	127	1166	37	114	157	72	9
30−34岁	570	364	2068	85	237	185	97	14
35−39岁	391	695	2090	100	265	112	75	17
40−44岁	215	1299	1806	152	219	62	60	17
45−49岁	148	2261	1961	163	147	66	56	26
50−54岁	51	1754	1323	41	103	31	35	17
55−59岁	16	857	580	12	37	13	13	7
60−64岁	3	233	151	5	21	2	2	1
65−69岁	2	81	72	1	6	1		1
70−74岁		15	24		1	2		
75岁及以上	1	6	20	1	1	1	1	

4-7 续表 25

单位：人

年龄组 性别	没有农村土地承包经营权的人口								
	五、农、林、牧、渔业生产及辅助人员							六、生产制造及有关人员	
	小计	36.农业生产人员	37.林业生产人员	38.畜牧业生产人员	39.渔业生产人员	40.农林牧渔生产辅助人员	41.其他农、林、牧、渔业生产加工人员	小计	42.农副产品加工人员
总计	**41102**	**30673**	**2024**	**4504**	**3269**	**555**	**77**	**120589**	**3157**
16-19岁	735	593	24	65	44	9		1864	10
20-24岁	1993	1558	75	212	133	13	2	7988	75
25-29岁	3424	2606	138	398	235	38	9	13514	220
30-34岁	5882	4338	238	765	464	69	8	21935	429
35-39岁	5719	4173	251	722	479	86	8	20410	435
40-44岁	4698	3424	265	520	395	81	13	17602	459
45-49岁	5215	3753	338	546	470	97	11	17344	628
50-54岁	5309	3890	327	538	469	74	11	11808	458
55-59岁	3989	2937	240	403	342	56	11	6073	321
60-64岁	1837	1494	64	143	118	17	1	1304	73
65-69岁	1306	1082	37	103	74	8	2	511	39
70-74岁	630	525	15	53	32	4	1	164	7
75岁及以上	365	300	12	36	14	3		72	3
男	**18721**	**12323**	**1373**	**2394**	**2295**	**298**	**38**	**83368**	**1739**
16-19岁	450	351	17	40	37	5		1361	8
20-24岁	1172	852	56	149	104	9	2	6135	58
25-29岁	1936	1346	110	264	184	24	8	10217	157
30-34岁	3138	2130	165	457	342	41	3	15512	248
35-39岁	2718	1734	170	408	357	45	4	13430	214
40-44岁	1874	1166	163	242	258	40	5	11074	214
45-49岁	1944	1160	218	224	288	51	3	10905	294
50-54岁	2118	1306	227	235	310	36	4	8411	257
55-59岁	1605	954	171	196	248	29	7	4788	219
60-64岁	749	538	41	76	85	9		989	42
65-69岁	545	414	20	56	49	5	1	380	21
70-74岁	292	225	10	30	24	2	1	119	6
75岁及以上	180	147	5	17	9	2		47	1
女	**22381**	**18350**	**651**	**2110**	**974**	**257**	**39**	**37221**	**1418**
16-19岁	285	242	7	25	7	4		503	2
20-24岁	821	706	19	63	29	4		1853	17
25-29岁	1488	1260	28	134	51	14	1	3297	63
30-34岁	2744	2208	73	308	122	28	5	6423	181
35-39岁	3001	2439	81	314	122	41	4	6980	221
40-44岁	2824	2258	102	278	137	41	8	6528	245
45-49岁	3271	2593	120	322	182	46	8	6439	334
50-54岁	3191	2584	100	303	159	38	7	3397	201
55-59岁	2384	1983	69	207	94	27	4	1285	102
60-64岁	1088	956	23	67	33	8	1	315	31
65-69岁	761	668	17	47	25	3	1	131	18
70-74岁	338	300	5	23	8	2		45	1
75岁及以上	185	153	7	19	5	1		25	2

4-7　续表 26　　　　单位：人

年龄组 性　别	没有农村土地承包经营权的人口 六、生产制造及有关人员 43.食品、饮料生产加工人员	44.烟草及其制品加工人员	45.纺织、针织、印染人　员	46.纺织品、服装和皮革、毛皮制品加工制作人员	47.木材加工、家具与木制品制作人员	48.纸及纸制品生产加工人员	49.印刷和记录媒介复制人员	50.文教、工美、体育和娱乐用品制造人　员
总　计	**2562**	**152**	**960**	**6215**	**4636**	**611**	**752**	**2108**
16-19岁	50		14	150	65	19	20	38
20-24岁	179	8	48	414	226	35	53	111
25-29岁	272	19	81	571	428	48	55	254
30-34岁	473	24	177	1128	778	107	110	414
35-39岁	425	27	197	1140	861	118	132	437
40-44岁	406	22	164	962	701	103	121	315
45-49岁	344	33	146	899	667	97	126	258
50-54岁	193	9	86	578	522	52	78	177
55-59岁	162	7	34	263	273	22	45	72
60-64岁	29		8	68	64	6	7	18
65-69岁	23	1	2	25	32	3	3	8
70-74岁	5	2	3	13	12	1	2	2
75岁及以上	1			4	7			4
男	**1264**	**98**	**303**	**1512**	**2821**	**373**	**421**	**768**
16-19岁	31		5	72	55	18	15	19
20-24岁	89	6	33	173	174	29	40	61
25-29岁	137	16	41	209	295	30	33	110
30-34岁	251	16	70	293	511	80	64	160
35-39岁	180	12	40	250	517	60	75	135
40-44岁	193	15	32	171	363	59	56	96
45-49岁	157	16	30	126	347	42	58	73
50-54岁	97	8	29	111	292	30	42	72
55-59岁	96	7	18	70	177	18	33	30
60-64岁	16		3	23	52	5	3	5
65-69岁	16	1	1	9	22	1	1	4
70-74岁	1	1	1	4	11	1	1	1
75岁及以上				1	5			2
女	**1298**	**54**	**657**	**4703**	**1815**	**238**	**331**	**1340**
16-19岁	19		9	78	10	1	5	19
20-24岁	90	2	15	241	52	6	13	50
25-29岁	135	3	40	362	133	18	22	144
30-34岁	222	8	107	835	267	27	46	254
35-39岁	245	15	157	890	344	58	57	302
40-44岁	213	7	132	791	338	44	65	219
45-49岁	187	17	116	773	320	55	68	185
50-54岁	96	1	57	467	230	22	36	105
55-59岁	66		16	193	96	4	12	42
60-64岁	13		5	45	12	1	4	13
65-69岁	7		1	16	10	2	2	4
70-74岁	4	1	2	9	1		1	1
75岁及以上	1			3	2			2

4-7 续表 27 单位：人

年龄组 性 别	没有农村土地承包经营权的人口							
	六、生产制造及有关人员							
	51.石油加工和炼焦、煤化工生产人员	52.化学原料和化学制品制造人员	53.医药制造人员	54.化学纤维制造人员	55.橡胶和塑料制品制造人员	56.非金属矿物制品制造人员	57.采矿人员	58.金属冶炼和压延加工人员
总 计	**167**	**712**	**687**	**16**	**873**	**2315**	**936**	**2347**
16-19岁	1	3	3		37	20	3	9
20-24岁	18	63	43		62	121	18	247
25-29岁	15	69	59	1	84	203	61	313
30-34岁	31	86	117	5	131	367	118	413
35-39岁	23	118	125	4	144	367	124	348
40-44岁	19	126	122	3	157	359	170	333
45-49岁	31	114	110		145	383	183	404
50-54岁	18	92	59	3	63	287	159	196
55-59岁	7	30	37		33	138	76	66
60-64岁	2	8	7		5	47	12	10
65-69岁	2		3		9	16	4	7
70-74岁		2	2		2	6	6	1
75岁及以上		1			1	1	2	
男	**129**	**490**	**294**	**9**	**474**	**1631**	**747**	**1898**
16-19岁	1	2			31	19	3	7
20-24岁	18	50	11		46	101	14	228
25-29岁	11	55	30		54	167	56	267
30-34岁	23	57	56	2	75	268	93	338
35-39岁	16	84	52	4	65	246	99	271
40-44岁	14	67	40	1	76	236	126	251
45-49岁	20	75	38		69	238	125	289
50-54岁	16	71	32	2	32	201	139	170
55-59岁	7	25	28		20	106	70	61
60-64岁	1	3	4		2	35	12	10
65-69岁	2		1		3	10	3	5
70-74岁		1	2		1	3	6	1
75岁及以上						1	1	
女	**38**	**222**	**393**	**7**	**399**	**684**	**189**	**449**
16-19岁		1	3		6	1		2
20-24岁		13	32		16	20	4	19
25-29岁	4	14	29	1	30	36	5	46
30-34岁	8	29	61	3	56	99	25	75
35-39岁	7	34	73		79	121	25	77
40-44岁	5	59	82	2	81	123	44	82
45-49岁	11	39	72		76	145	58	115
50-54岁	2	21	27	1	31	86	20	26
55-59岁		5	9		13	32	6	5
60-64岁	1	5	3		3	12		
65-69岁			2		6	6	1	2
70-74岁		1			1	3		
75岁及以上		1			1		1	

4-7　续表 28　　　　单位：人

年龄组 性　别	没有农村土地承包经营权的人口							
	六、生产制造及有关人员							
	59.机械制造基础加工人员	60.金属制品制造人　员	61.通用设备制造人　员	62.专用设备制造人　员	63.汽车制造人员	64.铁路、船舶、航空设备制造人　员	65.电气机械和器材制造人员	66.计算机、通信和其他电子设备制造人　员
总　计	**3179**	**1938**	**614**	**214**	**2289**	**344**	**874**	**8213**
16-19岁	52	47	27	3	101	3	43	436
20-24岁	174	153	30	17	227	15	107	1140
25-29岁	289	254	58	23	324	35	133	1411
30-34岁	563	423	90	40	478	46	189	1874
35-39岁	528	375	111	45	413	42	141	1419
40-44岁	524	239	92	37	296	46	116	912
45-49岁	553	217	115	27	290	73	80	612
50-54岁	319	150	61	16	115	44	48	270
55-59岁	143	55	22	5	35	31	10	98
60-64岁	18	13	5	1	6	2	4	24
65-69岁	9	6	3		1	4	2	10
70-74岁	4	5			1	3	1	6
75岁及以上	3	1			2			1
男	**2668**	**1337**	**507**	**129**	**1623**	**292**	**540**	**4072**
16-19岁	45	38	27	1	98	2	30	268
20-24岁	155	114	29	13	201	14	72	700
25-29岁	261	199	52	16	237	31	86	833
30-34岁	482	300	77	26	357	42	130	870
35-39岁	430	248	94	23	258	31	75	565
40-44岁	407	148	64	24	170	37	62	341
45-49岁	441	120	86	13	173	54	40	254
50-54岁	283	106	50	9	88	42	32	158
55-59岁	136	48	22	4	31	31	8	60
60-64岁	14	8	4		6	2	4	14
65-69岁	9	3	2		1	4		4
70-74岁	3	5			1	2	1	4
75岁及以上	2				2			1
女	**511**	**601**	**107**	**85**	**666**	**52**	**334**	**4141**
16-19岁	7	9		2	3	1	13	168
20-24岁	19	39	1	4	26	1	35	440
25-29岁	28	55	6	7	87	4	47	578
30-34岁	81	123	13	14	121	4	59	1004
35-39岁	98	127	17	22	155	11	66	854
40-44岁	117	91	28	13	126	9	54	571
45-49岁	112	97	29	14	117	19	40	358
50-54岁	36	44	11	7	27	2	16	112
55-59岁	7	7		1	4		2	38
60-64岁	4	5	1	1				10
65-69岁		3	1				2	6
70-74岁	1					1		2
75岁及以上	1	1						

4-7 续表 29

单位：人

年龄组 性　别	没有农村土地承包经营权的人口							
	六、生产制造及有关人员							
	67.仪器仪表制造人　员	68.废弃资源综合利用人员	69.电力、热力、气体、水生产和输配人员	70.建筑施工人员	71.运输设备和通用工程机械操作人员及有关人员	72.生产辅助人员	73.其他生产制造及有关人员	74.不便分类的其他从业人员
总　计	**120**	**131**	**1100**	**53539**	**4410**	**13983**	**435**	**2841**
16-19岁	1		3	545	40	113	8	378
20-24岁	13	6	43	3024	351	931	36	252
25-29岁	9	11	87	5804	647	1634	42	289
30-34岁	23	22	148	9664	951	2431	85	378
35-39岁	24	15	135	9126	727	2213	71	378
40-44岁	14	25	214	7785	569	2129	62	326
45-49岁	16	17	225	7716	553	2217	65	339
50-54岁	11	18	157	5817	355	1364	33	235
55-59岁	7	10	78	3000	184	791	18	165
60-64岁	1	5	5	734	22	92	8	40
65-69岁	1		4	238	6	46	4	28
70-74岁		1		55	2	18	2	12
75岁及以上		1	1	31	3	4	1	21
男	**73**	**89**	**825**	**42389**	**4038**	**9562**	**253**	**1613**
16-19岁	1		3	450	36	70	6	182
20-24岁	10	5	30	2605	335	700	21	153
25-29岁	6	10	67	4957	601	1164	29	172
30-34岁	13	20	118	7947	882	1597	46	219
35-39岁	11	9	97	7171	661	1400	37	217
40-44岁	5	13	143	5795	509	1310	36	189
45-49岁	10	9	144	5633	474	1420	37	173
50-54岁	10	12	140	4458	330	1069	23	143
55-59岁	6	5	75	2478	177	711	11	98
60-64岁	1	4	4	616	22	69	5	27
65-69岁			3	212	6	35	1	18
70-74岁		1		44	2	14	1	9
75岁及以上		1	1	23	3	3		13
女	**47**	**42**	**275**	**11150**	**372**	**4421**	**182**	**1228**
16-19岁				95	4	43	2	196
20-24岁	3	1	13	419	16	231	15	99
25-29岁	3	1	20	847	46	470	13	117
30-34岁	10	2	30	1717	69	834	39	159
35-39岁	13	6	38	1955	66	813	34	161
40-44岁	9	12	71	1990	60	819	26	137
45-49岁	6	8	81	2083	79	797	28	166
50-54岁	1	6	17	1359	25	295	10	92
55-59岁	1	5	3	522	7	80	7	67
60-64岁		1	1	118		23	3	13
65-69岁	1		1	26		11	3	10
70-74岁				11		4	1	3
75岁及以上				8		1	1	8

4-7a 分年龄、性别、职业中类的就业人口（城市）

单位：人

年龄组 性别	16岁及以上人口							
	合计	一、党的机关、国家机关、群众团体和社会组织、企事业单位负责人						
		小计	1.中国共产党机关负责人	2.国家机关负责人	3.民主党派和工商联负责人	4.人民团体和群众团体、社会组织及其他成员组织负责人	5.基层群众自治组织负责人	6.企事业单位负责人
总　计	**612157**	**20566**	**65**	**1110**	**6**	**668**	**122**	**18595**
16-19岁	5433	23		1		1		21
20-24岁	37748	364	1	4		5	1	353
25-29岁	70098	1599		26	1	40	3	1529
30-34岁	109281	3681	6	100	2	120	13	3440
35-39岁	103298	4291	10	139		137	26	3979
40-44岁	91573	3722	9	209		129	17	3358
45-49岁	85491	3217	17	230		112	22	2836
50-54岁	60958	2219	7	237	2	64	21	1888
55-59岁	34329	1171	12	147	1	47	13	951
60-64岁	8041	188	1	8		11	5	163
65-69岁	3982	66		3		1	1	61
70-74岁	1306	16	1	3		1		11
75岁及以上	619	9	1	3				5
男	**343693**	**14109**	**51**	**831**	**4**	**404**	**73**	**12746**
16-19岁	3183	10		1				9
20-24岁	20217	231		1		3		227
25-29岁	37985	1040		14		28	3	995
30-34岁	58952	2369	2	57	1	64	7	2238
35-39岁	56159	2833	9	87		76	15	2646
40-44岁	49553	2444	9	158		68	10	2199
45-49岁	47029	2268	10	181		72	7	1998
50-54岁	37661	1680	7	180	2	48	16	1427
55-59岁	24183	998	11	137	1	35	10	804
60-64岁	5096	158	1	6		8	4	139
65-69岁	2499	57		3		1	1	52
70-74岁	819	14	1	3		1		9
75岁及以上	357	7	1	3				3
女	**268464**	**6457**	**14**	**279**	**2**	**264**	**49**	**5849**
16-19岁	2250	13				1		12
20-24岁	17531	133	1	3		2	1	126
25-29岁	32113	559		12	1	12		534
30-34岁	50329	1312	4	43	1	56	6	1202
35-39岁	47139	1458	1	52		61	11	1333
40-44岁	42020	1278		51		61	7	1159
45-49岁	38462	949	7	49		40	15	838
50-54岁	23297	539		57		16	5	461
55-59岁	10146	173	1	10		12	3	147
60-64岁	2945	30		2		3	1	24
65-69岁	1483	9						9
70-74岁	487	2						2
75岁及以上	262	2						2

4-7a 续表 1 单位：人

年龄组 性别	16岁及以上人口 二、专业技术人员 小计	7.科学研究人员	8.工程技术人员	9.农业技术人员	10.飞机和船舶技术人员	11.卫生专业技术人员	12.经济和金融专业人员	13.法律、社会和宗教专业人员
总 计	**90969**	**449**	**17325**	**521**	**110**	**17204**	**17967**	**1922**
16-19岁	552	1	45	1		149	46	3
20-24岁	7862	22	1319	22	3	1769	1307	100
25-29岁	14189	57	2746	38	17	3051	2922	306
30-34岁	18453	89	3888	75	16	3622	4131	367
35-39岁	15967	78	3139	66	18	3067	3213	324
40-44岁	12665	51	2139	105	19	1980	2565	234
45-49岁	10475	64	1961	80	12	1681	2120	240
50-54岁	6883	40	1280	74	13	1086	1111	199
55-59岁	3202	41	693	54	9	578	449	127
60-64岁	382	3	72	2	2	107	61	14
65-69岁	196	2	27	2	1	68	22	6
70-74岁	83		11	2		25	11	1
75岁及以上	60	1	5			21	9	1
男	**36288**	**271**	**14169**	**342**	**99**	**4818**	**4501**	**1033**
16-19岁	130	1	36	1		21	11	2
20-24岁	2333	11	1036	11	2	268	298	33
25-29岁	4743	27	2141	23	14	598	637	109
30-34岁	6540	48	3113	50	15	830	820	161
35-39岁	6116	44	2595	44	16	870	711	155
40-44岁	5108	36	1727	56	15	658	606	139
45-49岁	4720	42	1620	52	12	632	582	157
50-54岁	3675	24	1140	53	13	480	469	149
55-59岁	2443	32	658	47	9	321	321	109
60-64岁	255	3	65	1	2	66	29	11
65-69岁	128	2	25	2	1	39	6	6
70-74岁	57		10	2		17	7	1
75岁及以上	40	1	3			18	4	1
女	**54681**	**178**	**3156**	**179**	**11**	**12386**	**13466**	**889**
16-19岁	422		9			128	35	1
20-24岁	5529	11	283	11	1	1501	1009	67
25-29岁	9446	30	605	15	3	2453	2285	197
30-34岁	11913	41	775	25	1	2792	3311	206
35-39岁	9851	34	544	22	2	2197	2502	169
40-44岁	7557	15	412	49	4	1322	1959	95
45-49岁	5755	22	341	28		1049	1538	83
50-54岁	3208	16	140	21		606	642	50
55-59岁	759	9	35	7		257	128	18
60-64岁	127		7	1		41	32	3
65-69岁	68		2			29	16	
70-74岁	26		1			8	4	
75岁及以上	20		2			3	5	

4-7a 续表 2

单位：人

年龄组 性 别	16岁及以上人口							
	二、专业技术人员				三、办事人员和有关人员			
	14.教学人员	15.文学艺术、体育专业人员	16.新闻出版、文化专业人员	17.其他专业技术人员	小计	18.办事人员	19.安全和消防人员	20.其他办事人员和有关人员
总 计	**32222**	**1186**	**1571**	**492**	**65062**	**53793**	**10771**	**498**
16-19岁	263	29	13	2	164	117	46	1
20-24岁	2921	191	169	39	3585	3005	541	39
25-29岁	4465	242	276	69	8083	6981	1046	56
30-34岁	5569	253	339	104	12479	10907	1478	94
35-39岁	5532	185	262	83	10545	9280	1175	90
40-44岁	5202	117	182	71	9247	7917	1273	57
45-49岁	4021	76	158	62	8510	6950	1474	86
50-54岁	2887	56	101	36	6684	4977	1664	43
55-59岁	1144	24	61	22	4726	3170	1534	22
60-64岁	112	5	3	1	631	293	334	4
65-69岁	59	2	5	2	303	139	160	4
70-74岁	27	4	1	1	72	36	36	
75岁及以上	20	2	1		33	21	10	2
男	**9515**	**658**	**543**	**339**	**37380**	**27657**	**9441**	**282**
16-19岁	40	15	2	1	96	52	44	
20-24岁	495	102	45	32	1637	1137	487	13
25-29岁	940	123	82	49	3715	2784	901	30
30-34岁	1200	124	112	67	5954	4671	1233	50
35-39岁	1446	106	74	55	5549	4530	968	51
40-44岁	1677	70	74	50	5223	4154	1034	35
45-49岁	1482	47	57	37	5123	3818	1259	46
50-54岁	1235	41	47	24	4953	3392	1529	32
55-59岁	861	19	44	22	4244	2746	1479	19
60-64岁	72	4	1	1	539	223	315	1
65-69岁	40	2	5		261	108	150	3
70-74岁	15	4		1	62	27	35	
75岁及以上	12	1			24	15	7	2
女	**22707**	**528**	**1028**	**153**	**27682**	**26136**	**1330**	**216**
16-19岁	223	14	11	1	68	65	2	1
20-24岁	2426	89	124	7	1948	1868	54	26
25-29岁	3525	119	194	20	4368	4197	145	26
30-34岁	4369	129	227	37	6525	6236	245	44
35-39岁	4086	79	188	28	4996	4750	207	39
40-44岁	3525	47	108	21	4024	3763	239	22
45-49岁	2539	29	101	25	3387	3132	215	40
50-54岁	1652	15	54	12	1731	1585	135	11
55-59岁	283	5	17		482	424	55	3
60-64岁	40	1	2		92	70	19	3
65-69岁	19			2	42	31	10	1
70-74岁	12		1		10	9	1	
75岁及以上	8	1	1		9	6	3	

4-7a 续表 3 单位：人

年龄组 性 别	16岁及以上人口							
	四、社会生产服务和生活服务人员							
	小计	21.批发与零售服务人员	22.交通运输、仓储和邮政业服务人员	23.住宿和餐饮服务人员	24.信息传输、软件和信息技术服务人员	25.金融服务人员	26.房地产服务人员	27.租赁和商务服务人员
总 计	**281312**	**129675**	**46922**	**31841**	**4880**	**6588**	**6405**	**7697**
16-19岁	3308	1150	302	999	37	12	51	114
20-24岁	19343	8455	2580	3001	661	415	633	470
25-29岁	33518	16090	4897	3498	1076	1023	1077	809
30-34岁	51943	26141	8124	4997	1197	1713	1399	1048
35-39岁	48391	24232	8237	4977	902	1135	1013	997
40-44岁	41424	19460	7650	4643	514	721	744	847
45-49岁	38162	16314	7153	4614	254	761	669	962
50-54岁	25823	10196	4805	3093	142	530	419	1107
55-59岁	14042	5265	2594	1555	78	258	294	942
60-64岁	3284	1340	383	333	11	13	67	265
65-69岁	1426	699	135	97	5	6	27	108
70-74岁	440	221	43	24	2	1	10	23
75岁及以上	208	112	19	10	1		2	5
男	**150120**	**59688**	**39380**	**14210**	**3368**	**3032**	**3544**	**5495**
16-19岁	1858	489	244	579	20	6	34	51
20-24岁	10871	3869	2113	1719	448	184	374	261
25-29岁	18853	7492	4082	1992	731	493	616	465
30-34岁	27929	11686	6907	2514	801	732	736	577
35-39岁	25344	10541	6977	2259	613	482	542	605
40-44岁	20887	8481	6305	1739	359	272	359	567
45-49岁	18620	7353	5792	1523	181	323	337	713
50-54岁	14032	5376	4127	1068	127	310	240	981
55-59岁	8592	3029	2338	606	73	219	227	892
60-64岁	1874	767	329	140	10	7	50	257
65-69岁	862	407	121	54	2	3	18	101
70-74岁	286	140	36	11	2	1	9	21
75岁及以上	112	58	9	6	1		2	4
女	**131192**	**69987**	**7542**	**17631**	**1512**	**3556**	**2861**	**2202**
16-19岁	1450	661	58	420	17	6	17	63
20-24岁	8472	4586	467	1282	213	231	259	209
25-29岁	14665	8598	815	1506	345	530	461	344
30-34岁	24014	14455	1217	2483	396	981	663	471
35-39岁	23047	13691	1260	2718	289	653	471	392
40-44岁	20537	10979	1345	2904	155	449	385	280
45-49岁	19542	8961	1361	3091	73	438	332	249
50-54岁	11791	4820	678	2025	15	220	179	126
55-59岁	5450	2236	256	949	5	39	67	50
60-64岁	1410	573	54	193	1	6	17	8
65-69岁	564	292	14	43	3	3	9	7
70-74岁	154	81	7	13			1	2
75岁及以上	96	54	10	4				1

4-7a 续表 4

单位：人

年龄组 性 别	16岁及以上人口							
	四、社会生产服务和生活服务人员							
	28.技术辅助服务人员	29.水利、环境和公共设施管理服务人员	30.居民服务人员	31.电力、燃气及水供应服务人员	32.修理及制作服务人员	33.文化、体育和娱乐服务人员	34.健康服务人员	35.其他社会生产和生活服务人员
总 计	**6135**	**11926**	**15207**	**2196**	**9399**	**1686**	**542**	**213**
16-19岁	43	22	231	4	231	107	1	4
20-24岁	760	109	927	104	820	345	54	9
25-29岁	1326	247	1547	164	1265	378	100	21
30-34岁	1545	547	2565	361	1828	347	92	39
35-39岁	1104	961	2536	325	1650	198	97	27
40-44岁	640	1925	2258	396	1414	108	69	35
45-49岁	387	3078	2308	406	1066	92	58	40
50-54岁	202	2702	1608	256	647	53	38	25
55-59岁	102	1589	785	143	357	41	28	11
60-64岁	16	512	230	21	78	11	4	
65-69岁	7	179	115	11	31	4		2
70-74岁	3	41	59	3	8	1	1	
75岁及以上		14	38	2	4	1		
男	**3955**	**2569**	**3639**	**1785**	**8257**	**933**	**147**	**118**
16-19岁	22	4	114	4	226	64		1
20-24岁	450	54	309	88	771	215	11	5
25-29岁	817	131	482	134	1160	219	25	14
30-34岁	971	198	669	301	1617	173	19	28
35-39岁	726	225	578	260	1403	89	26	18
40-44岁	432	335	451	291	1191	62	25	18
45-49岁	265	465	374	309	918	41	12	14
50-54岁	164	509	292	228	556	29	13	12
55-59岁	88	421	202	135	313	28	14	7
60-64岁	12	139	69	21	64	8	1	
65-69岁	5	61	47	10	28	4		1
70-74岁	3	21	30	3	7	1	1	
75岁及以上		6	22	1	3			
女	**2180**	**9357**	**11568**	**411**	**1142**	**753**	**395**	**95**
16-19岁	21	18	117		5	43	1	3
20-24岁	310	55	618	16	49	130	43	4
25-29岁	509	116	1065	30	105	159	75	7
30-34岁	574	349	1896	60	211	174	73	11
35-39岁	378	736	1958	65	247	109	71	9
40-44岁	208	1590	1807	105	223	46	44	17
45-49岁	122	2613	1934	97	148	51	46	26
50-54岁	38	2193	1316	28	91	24	25	13
55-59岁	14	1168	583	8	44	13	14	4
60-64岁	4	373	161		14	3	3	
65-69岁	2	118	68	1	3			1
70-74岁		20	29		1			
75岁及以上		8	16	1	1	1		

4-7a 续表 5

单位：人

年龄组 性 别	16岁及以上人口								
	五、农、林、牧、渔业生产及辅助人员							六、生产制造及有关人员	
	小计	36.农业生产人员	37.林业生产人员	38.畜牧业生产人员	39.渔业生产人员	40.农林牧渔生产辅助人员	41.其他农、林、牧、渔业生产加工人员	小计	42.农副产品加工人员
总 计	**29333**	**23631**	**1013**	**2215**	**2128**	**284**	**62**	**122754**	**2164**
16-19岁	158	122	3	9	24			1088	6
20-24岁	638	493	22	48	67	7	1	5808	42
25-29岁	1372	1013	50	136	143	22	8	11113	128
30-34岁	2948	2234	125	278	272	31	8	19445	275
35-39岁	3459	2615	105	358	319	49	13	20313	306
40-44岁	3859	2988	155	327	335	45	9	20374	325
45-49岁	4375	3481	191	309	325	61	8	20450	419
50-54岁	4704	3836	187	335	308	33	5	14449	357
55-59岁	3737	3148	124	226	207	25	7	7305	207
60-64岁	1902	1710	23	96	66	6	1	1626	67
65-69岁	1382	1264	21	53	39	4	1	587	28
70-74岁	546	490	5	31	18	1	1	144	2
75岁及以上	253	237	2	9	5			52	2
男	**16143**	**12254**	**707**	**1394**	**1587**	**171**	**30**	**88344**	**1150**
16-19岁	114	83	3	8	20			900	6
20-24岁	398	291	16	32	52	6	1	4663	31
25-29岁	814	542	37	102	113	14	6	8675	89
30-34岁	1711	1203	96	181	211	18	2	14256	161
35-39岁	1937	1366	73	223	239	31	5	14179	154
40-44岁	2099	1528	103	200	239	25	4	13609	140
45-49岁	2366	1790	123	190	225	34	4	13771	209
50-54岁	2603	2016	139	194	233	19	2	10586	178
55-59岁	1961	1541	91	149	159	16	5	5844	124
60-64岁	977	861	9	57	46	4		1276	38
65-69岁	726	648	12	33	30	3		455	18
70-74岁	297	257	3	19	16	1	1	99	2
75岁及以上	140	128	2	6	4			31	
女	**13190**	**11377**	**306**	**821**	**541**	**113**	**32**	**34410**	**1014**
16-19岁	44	39		1	4			188	
20-24岁	240	202	6	16	15	1		1145	11
25-29岁	558	471	13	34	30	8	2	2438	39
30-34岁	1237	1031	29	97	61	13	6	5189	114
35-39岁	1522	1249	32	135	80	18	8	6134	152
40-44岁	1760	1460	52	127	96	20	5	6765	185
45-49岁	2009	1691	68	119	100	27	4	6679	210
50-54岁	2101	1820	48	141	75	14	3	3863	179
55-59岁	1776	1607	33	77	48	9	2	1461	83
60-64岁	925	849	14	39	20	2	1	350	29
65-69岁	656	616	9	20	9	1	1	132	10
70-74岁	249	233	2	12	2			45	
75岁及以上	113	109		3	1			21	2

4-7a 续表 6 单位：人

年龄组 性 别	16岁及以上人口							
	六、生产制造及有关人员							
	43.食品、饮料生产加工人员	44.烟草及其制品加工人员	45.纺织、针织、印染人 员	46.纺织品、服装和皮革、毛皮制品加工制作人员	47.木材加工、家具与木制品制作人员	48.纸及纸制品生产加工人员	49.印刷和记录媒介复制人员	50.文教、工美、体育和娱乐用品制造人 员
总 计	**2200**	**154**	**613**	**5233**	**4739**	**413**	**655**	**1607**
16-19岁	46		4	58	40	15	18	9
20-24岁	154	8	21	193	162	19	46	60
25-29岁	247	18	36	358	340	32	40	150
30-34岁	370	23	98	802	721	56	89	294
35-39岁	389	28	127	921	791	69	117	316
40-44岁	380	23	110	904	818	73	120	321
45-49岁	306	36	97	947	835	75	113	231
50-54岁	162	10	68	599	593	41	75	146
55-59岁	104	6	36	307	337	23	30	59
60-64岁	24		10	81	70	7	4	14
65-69岁	13		2	47	23	3	2	3
70-74岁	5	2	4	10	6		1	3
75岁及以上				6	3			1
男	**1144**	**93**	**203**	**1394**	**3162**	**227**	**381**	**706**
16-19岁	34		4	41	35	15	15	7
20-24岁	83	6	15	111	129	16	35	38
25-29岁	126	16	18	146	255	15	27	67
30-34岁	204	15	36	251	507	39	48	129
35-39岁	185	11	37	244	522	30	66	129
40-44岁	195	13	22	186	488	35	65	124
45-49岁	144	16	19	181	506	30	54	89
50-54岁	84	9	27	122	399	25	45	76
55-59岁	65	6	20	69	238	17	23	36
60-64岁	15		3	26	58	5	2	7
65-69岁	8		1	14	18		1	
70-74岁	1	1	1	1	5			3
75岁及以上				2	2			1
女	**1056**	**61**	**410**	**3839**	**1577**	**186**	**274**	**901**
16-19岁	12			17	5		3	2
20-24岁	71	2	6	82	33	3	11	22
25-29岁	121	2	18	212	85	17	13	83
30-34岁	166	8	62	551	214	17	41	165
35-39岁	204	17	90	677	269	39	51	187
40-44岁	185	10	88	718	330	38	55	197
45-49岁	162	20	78	766	329	45	59	142
50-54岁	78	1	41	477	194	16	30	70
55-59岁	39		16	238	99	6	7	23
60-64岁	9		7	55	12	2	2	7
65-69岁	5		1	33	5	3	1	3
70-74岁	4	1	3	9	1		1	
75岁及以上				4	1			

4-7a 续表 7

单位：人

年龄组 性 别	16岁及以上人口							
	六、生产制造及有关人员							
	51.石油加工和炼焦、煤化工生产人员	52.化学原料和化学制品制造人员	53.医药制造人员	54.化学纤维制造人员	55.橡胶和塑料制品制造人员	56.非金属矿物制品制造人员	57.采矿人员	58.金属冶炼和压延加工人员
总 计	**149**	**546**	**597**	**13**	**782**	**1871**	**523**	**1949**
16-19岁		4	4		31	11		7
20-24岁	14	20	34	1	39	71	7	151
25-29岁	12	36	63	1	59	131	27	190
30-34岁	23	62	102	1	116	247	65	346
35-39岁	19	88	110	4	126	293	86	291
40-44岁	13	110	111	1	161	311	88	319
45-49岁	39	105	86	2	130	368	118	402
50-54岁	21	75	46	2	76	260	71	175
55-59岁	6	32	34		32	137	44	58
60-64岁	1	11	4	1	8	29	9	6
65-69岁	1		2		1	11	4	3
70-74岁		3	1		3	2	2	
75岁及以上							2	1
男	**119**	**385**	**275**	**9**	**415**	**1363**	**417**	**1575**
16-19岁		3	1		28	10		7
20-24岁	14	13	12	1	26	61	5	139
25-29岁	10	31	32		35	104	24	159
30-34岁	18	40	55	1	66	189	49	291
35-39岁	12	66	50	2	54	210	71	232
40-44岁	11	68	39		74	216	69	240
45-49岁	29	70	31	2	70	249	82	296
50-54岁	19	62	27	2	41	180	62	150
55-59岁	5	25	24		16	113	41	52
60-64岁		5	2	1	3	21	9	6
65-69岁	1		1		1	8	2	2
70-74岁		2	1		1	2	2	
75岁及以上							1	1
女	**30**	**161**	**322**	**4**	**367**	**508**	**106**	**374**
16-19岁		1	3		3	1		
20-24岁		7	22		13	10	2	12
25-29岁	2	5	31	1	24	27	3	31
30-34岁	5	22	47		50	58	16	55
35-39岁	7	22	60	2	72	83	15	59
40-44岁	2	42	72	1	87	95	19	79
45-49岁	10	35	55		60	119	36	106
50-54岁	2	13	19		35	80	9	25
55-59岁	1	7	10		16	24	3	6
60-64岁	1	6	2		5	8		
65-69岁			1			3	2	1
70-74岁		1			2			
75岁及以上							1	

4-7a　续表 8　　　　单位：人

年龄组 性　别	16岁及以上人口 六、生产制造及有关人员 59.机械制造基础加工人员	60.金属制品制造人　员	61.通用设备制造人　员	62.专用设备制造人　员	63.汽车制造人员	64.铁路、船舶、航空设备制造人　员	65.电气机械和器材制造人员	66.计算机、通信和其他电子设备制造人　员
总　计	**3673**	**1793**	**651**	**221**	**2574**	**311**	**558**	**6388**
16-19岁	36	22	25	3	102		14	148
20-24岁	145	92	32	14	240	12	52	624
25-29岁	265	182	55	28	342	33	83	915
30-34岁	559	323	99	39	491	43	99	1436
35-39岁	618	333	106	36	443	34	98	1241
40-44岁	689	316	110	41	389	43	98	964
45-49岁	716	233	128	36	355	71	61	604
50-54岁	438	189	66	18	150	40	36	295
55-59岁	171	71	22	5	53	31	11	107
60-64岁	26	16	3	1	5	1	3	37
65-69岁	4	10	5		2	1	2	14
70-74岁	4	4			1	2	1	2
75岁及以上	2	2			1			1
男	**3125**	**1299**	**540**	**146**	**1842**	**261**	**355**	**3072**
16-19岁	34	20	24	2	101		7	96
20-24岁	133	76	29	12	216	11	39	408
25-29岁	243	148	49	19	264	29	60	545
30-34岁	488	236	83	27	379	38	70	653
35-39岁	526	232	88	21	289	26	58	495
40-44岁	542	205	86	30	219	33	53	360
45-49岁	582	157	99	22	205	52	32	260
50-54岁	385	142	55	9	115	38	23	164
55-59岁	160	64	21	4	45	31	9	66
60-64岁	24	11	2		5	1	3	17
65-69岁	4	5	4		2	1		6
70-74岁	3	3			1	1	1	1
75岁及以上	1				1			1
女	**548**	**494**	**111**	**75**	**732**	**50**	**203**	**3316**
16-19岁	2	2	1	1	1		7	52
20-24岁	12	16	3	2	24	1	13	216
25-29岁	22	34	6	9	78	4	23	370
30-34岁	71	87	16	12	112	5	29	783
35-39岁	92	101	18	15	154	8	40	746
40-44岁	147	111	24	11	170	10	45	604
45-49岁	134	76	29	14	150	19	29	344
50-54岁	53	47	11	9	35	2	13	131
55-59岁	11	7	1	1	8		2	41
60-64岁	2	5	1	1				20
65-69岁		5	1				2	8
70-74岁	1	1				1		1
75岁及以上	1	2						

4-7a 续表 9

单位：人

年龄组 性 别	16岁及以上人口							
	六、生产制造及有关人员							74.不便分类的其他从业人员
	67.仪器仪表制造人员	68.废弃资源综合利用人员	69.电力、热力、气体、水生产和输配人员	70.建筑施工人员	71.运输设备和通用工程机械操作人员及有关人员	72.生产辅助人员	73.其他生产制造及有关人员	
总 计	**77**	**170**	**731**	**64249**	**4208**	**12620**	**322**	**2161**
16-19岁	1		3	375	28	77	1	140
20-24岁	2	7	34	2522	248	718	24	148
25-29岁	6	10	66	5264	513	1450	33	224
30-34岁	16	25	109	9462	851	2152	51	332
35-39岁	19	15	93	10352	720	2074	50	332
40-44岁	12	22	128	10630	663	2022	59	282
45-49岁	11	30	136	11031	607	2066	56	302
50-54岁	7	34	102	8683	368	1220	26	196
55-59岁	1	12	49	4420	183	704	13	146
60-64岁		7	5	1083	18	71	4	28
65-69岁	2	3	6	343	5	44	3	22
70-74岁		3		61	2	18	2	5
75岁及以上		2		23	2	4		4
男	**47**	**113**	**575**	**51266**	**3821**	**8681**	**183**	**1309**
16-19岁	1		3	321	25	60		75
20-24岁	1	6	24	2171	231	556	15	84
25-29岁	5	7	50	4542	472	1067	21	145
30-34岁	9	21	92	7808	786	1440	27	193
35-39岁	10	9	78	8282	662	1302	26	201
40-44岁	7	13	90	8118	591	1245	32	183
45-49岁	5	14	91	8275	513	1354	33	161
50-54岁	7	21	93	6730	339	942	15	132
55-59岁	1	10	46	3713	175	614	11	101
60-64岁		6	3	929	18	54	2	17
65-69岁	1	3	5	310	5	34		10
70-74岁		2		51	2	11	1	4
75岁及以上		1		16	2	2		3
女	**30**	**57**	**156**	**12983**	**387**	**3939**	**139**	**852**
16-19岁				54	3	17	1	65
20-24岁	1	1	10	351	17	162	9	64
25-29岁	1	3	16	722	41	383	12	79
30-34岁	7	4	17	1654	65	712	24	139
35-39岁	9	6	15	2070	58	772	24	131
40-44岁	5	9	38	2512	72	777	27	99
45-49岁	6	16	45	2756	94	712	23	141
50-54岁		13	9	1953	29	278	11	64
55-59岁		2	3	707	8	90	2	45
60-64岁		1	2	154		17	2	11
65-69岁	1		1	33		10	3	12
70-74岁		1		10		7	1	1
75岁及以上		1		7		2		1

4-7a 续表 10

单位：人

年龄组 性别	有农村土地承包经营权的人口							
	合计	一、党的机关、国家机关、群众团体和社会组织、企事业单位负责人						
		小计	1.中国共产党机关负责人	2.国家机关负责人	3.民主党派和工商联负责人	4.人民团体和群众团体、社会组织及其他成员组织负责人	5.基层群众自治组织负责人	6.企事业单位负责人
总 计	**197998**	**4435**	**11**	**77**	**1**	**174**	**47**	**4125**
16-19岁	1864	11		1				10
20-24岁	10978	84						84
25-29岁	19635	401		2	1	13	2	383
30-34岁	30787	798	1	6		27	2	762
35-39岁	31086	972	1	13		43	10	905
40-44岁	30529	811	1	16		35	7	752
45-49岁	28837	669	5	16		32	8	608
50-54岁	22580	417	1	13		12	10	381
55-59岁	13433	205	1	9		8	7	180
60-64岁	4616	43	1	1		3	1	37
65-69岁	2485	17						17
70-74岁	799	4				1		3
75岁及以上	369	3						3
男	**120285**	**3342**	**10**	**72**		**111**	**40**	**3109**
16-19岁	1135	6		1				5
20-24岁	6181	55						55
25-29岁	11646	294		2		10	2	280
30-34岁	18641	569	1	6		13	2	547
35-39岁	19073	725	1	11		30	9	674
40-44岁	18335	617	1	16		20	6	574
45-49岁	17376	514	4	15		19	5	471
50-54岁	14199	338	1	11		11	10	305
55-59岁	8619	168	1	9		5	5	148
60-64岁	2875	38	1	1		2	1	33
65-69岁	1521	14						14
70-74岁	479	2				1		1
75岁及以上	205	2						2
女	**77713**	**1093**	**1**	**5**	**1**	**63**	**7**	**1016**
16-19岁	729	5						5
20-24岁	4797	29						29
25-29岁	7989	107			1	3		103
30-34岁	12146	229				14		215
35-39岁	12013	247		2		13	1	231
40-44岁	12194	194				15	1	178
45-49岁	11461	155	1	1		13	3	137
50-54岁	8381	79		2		1		76
55-59岁	4814	37				3	2	32
60-64岁	1741	5				1		4
65-69岁	964	3						3
70-74岁	320	2						2
75岁及以上	164	1						1

4-7a 续表 11 单位：人

年龄组 性别	有农村土地承包经营权的人口							
	二、专业技术人员							
	小计	7.科学研究人员	8.工程技术人员	9.农业技术人员	10.飞机和船舶技术人员	11.卫生专业技术人员	12.经济和金融专业人员	13.法律、社会和宗教专业人员
总计	**15216**	**39**	**3563**	**123**	**14**	**2928**	**2561**	**218**
16-19岁	195		11			48	17	1
20-24岁	1988	3	295	12		490	325	18
25-29岁	3043	8	685	8	2	695	566	45
30-34岁	3311	9	840	17	1	615	693	43
35-39岁	2418	5	637	19	2	381	438	36
40-44岁	1729	5	415	21	2	225	265	15
45-49岁	1260	4	343	20	4	205	145	31
50-54岁	803	2	214	16	2	147	72	17
55-59岁	359	2	100	9	1	75	29	10
60-64岁	51		16			16	7	2
65-69岁	26		2	1		16	1	
70-74岁	16		3			7	1	
75岁及以上	17	1	2			8	2	
男	**6674**	**29**	**3084**	**90**	**14**	**835**	**622**	**130**
16-19岁	39		9			8	1	1
20-24岁	540	2	228	7		75	63	5
25-29岁	1143	6	570	5	2	134	118	19
30-34岁	1357	7	738	15	1	156	144	20
35-39岁	1124	4	568	16	2	138	94	23
40-44岁	856	5	364	14	2	86	77	12
45-49岁	736	2	294	13	4	97	61	25
50-54岁	519		199	13	2	68	38	16
55-59岁	279	2	93	6	1	41	19	7
60-64岁	38		15			9	4	2
65-69岁	19		2	1		11	1	
70-74岁	12		3			4	1	
75岁及以上	12	1	1			8	1	
女	**8542**	**10**	**479**	**33**		**2093**	**1939**	**88**
16-19岁	156		2			40	16	
20-24岁	1448	1	67	5		415	262	13
25-29岁	1900	2	115	3		561	448	26
30-34岁	1954	2	102	2		459	549	23
35-39岁	1294	1	69	3		243	344	13
40-44岁	873		51	7		139	188	3
45-49岁	524	2	49	7		108	84	6
50-54岁	284	2	15	3		79	34	1
55-59岁	80		7	3		34	10	3
60-64岁	13		1			7	3	
65-69岁	7					5		
70-74岁	4					3		
75岁及以上	5		1				1	

4-7a　续表 12　　　　　　　　　　　　　　　　　　单位：人

年龄组 性　别	有农村土地承包经营权的人口							
	二、专业技术人员				三、办事人员和有关人员			
	14.教学人　员	15.文学艺术、体育专业人员	16.新闻出版、文化专业人员	17.其他专业技术人　员	小计	18.办事人　员	19.安全和消防人员	20.其他办事人员和有关人员
总　计	**5216**	**227**	**208**	**119**	**9715**	**7120**	**2476**	**119**
16−19岁	103	10	4	1	40	26	13	1
20−24岁	756	39	43	7	735	603	119	13
25−29岁	918	41	53	22	1544	1282	246	16
30−34岁	986	43	47	17	1917	1615	283	19
35−39岁	813	42	23	22	1322	1125	178	19
40−44岁	722	22	17	20	1174	934	228	12
45−49岁	464	16	9	19	1043	718	306	19
50−54岁	307	10	8	8	880	456	412	12
55−59岁	122	4	4	3	656	265	388	3
60−64岁	10				243	60	181	2
65−69岁	6				128	25	101	2
70−74岁	5				28	10	18	
75岁及以上	4				5	1	3	1
男	**1566**	**139**	**72**	**93**	**6211**	**3854**	**2289**	**68**
16−19岁	12	8			26	14	12	
20−24岁	122	20	11	7	370	258	107	5
25−29岁	229	24	19	17	745	514	223	8
30−34岁	227	21	14	14	1033	772	250	11
35−39岁	223	29	8	19	802	630	161	11
40−44岁	258	15	10	13	782	570	204	8
45−49岁	213	10	3	14	753	465	276	12
50−54岁	163	8	6	6	729	327	394	8
55−59岁	102	4	1	3	599	221	376	2
60−64岁	8				222	49	172	1
65−69岁	4				121	24	96	1
70−74岁	4				26	9	17	
75岁及以上	1				3	1	1	1
女	**3650**	**88**	**136**	**26**	**3504**	**3266**	**187**	**51**
16−19岁	91	2	4	1	14	12	1	1
20−24岁	634	19	32		365	345	12	8
25−29岁	689	17	34	5	799	768	23	8
30−34岁	759	22	33	3	884	843	33	8
35−39岁	590	13	15	3	520	495	17	8
40−44岁	464	7	7	7	392	364	24	4
45−49岁	251	6	6	5	290	253	30	7
50−54岁	144	2	2	2	151	129	18	4
55−59岁	20		3		57	44	12	1
60−64岁	2				21	11	9	1
65−69岁	2				7	1	5	1
70−74岁	1				2	1	1	
75岁及以上	3				2		2	

4-7a 续表 13

单位：人

年龄组 性别	有农村土地承包经营权的人口 四、社会生产服务和生活服务人员 小计	21.批发与零售服务人员	22.交通运输、仓储和邮政业服务人员	23.住宿和餐饮服务人员	24.信息传输、软件和信息技术服务人员	25.金融服务人员	26.房地产服务人员	27.租赁和商务服务人员
总计	**88793**	**39838**	**16971**	**11021**	**926**	**913**	**1545**	**1997**
16-19岁	1071	388	106	316	15	5	19	20
20-24岁	5610	2481	775	887	151	81	179	126
25-29岁	9512	4481	1567	1147	225	190	266	193
30-34岁	14842	7283	2751	1592	251	257	338	233
35-39岁	14869	7134	3135	1704	132	159	231	208
40-44岁	13761	6194	2943	1747	82	83	155	182
45-49岁	12316	5159	2675	1657	37	73	125	219
50-54岁	9013	3581	1823	1122	17	40	110	317
55-59岁	5173	2005	903	650	13	23	73	271
60-64岁	1638	645	209	147	3	2	28	144
65-69岁	688	336	62	39			14	67
70-74岁	207	104	14	9			6	14
75岁及以上	93	47	8	4			1	3
男	**50185**	**19667**	**14672**	**4994**	**692**	**454**	**880**	**1578**
16-19岁	642	179	85	193	8	3	15	8
20-24岁	3224	1142	656	538	109	28	97	75
25-29岁	5588	2129	1368	654	168	98	163	115
30-34岁	8634	3446	2431	839	183	134	189	138
35-39岁	8536	3374	2749	821	99	80	128	150
40-44岁	7601	3028	2524	686	62	29	79	146
45-49岁	6572	2586	2253	590	32	34	57	188
50-54岁	4940	1979	1566	363	16	27	62	286
55-59岁	2902	1134	789	226	12	19	52	256
60-64岁	943	381	177	59	3	2	20	140
65-69岁	418	203	56	17			11	61
70-74岁	135	65	12	4			6	13
75岁及以上	50	21	6	4			1	2
女	**38608**	**20171**	**2299**	**6027**	**234**	**459**	**665**	**419**
16-19岁	429	209	21	123	7	2	4	12
20-24岁	2386	1339	119	349	42	53	82	51
25-29岁	3924	2352	199	493	57	92	103	78
30-34岁	6208	3837	320	753	68	123	149	95
35-39岁	6333	3760	386	883	33	79	103	58
40-44岁	6160	3166	419	1061	20	54	76	36
45-49岁	5744	2573	422	1067	5	39	68	31
50-54岁	4073	1602	257	759	1	13	48	31
55-59岁	2271	871	114	424	1	4	21	15
60-64岁	695	264	32	88			8	4
65-69岁	270	133	6	22			3	6
70-74岁	72	39	2	5				1
75岁及以上	43	26	2					1

4-7a 续表 14

单位：人

年龄组 性 别	有农村土地承包经营权的人口 四、社会生产服务和生活服务人员							
	28.技术辅助服务人员	29.水利、环境和公共设施管理服务人员	30.居民服务人员	31.电力、燃气及水供应服务人员	32.修理及制作服务人员	33.文化、体育和娱乐服务人员	34.健康服务人员	35.其他社会生产和生活服务人员
总 计	**1373**	**4821**	**4803**	**546**	**3444**	**420**	**115**	**60**
16-19岁	20	5	75	2	66	34		
20-24岁	196	34	275	21	284	103	15	2
25-29岁	302	78	458	43	442	90	26	4
30-34岁	350	176	768	95	647	77	14	10
35-39岁	219	339	802	84	640	54	20	8
40-44岁	154	762	729	110	564	28	13	15
45-49岁	72	1118	669	85	395	10	14	8
50-54岁	34	1129	517	63	236	13	5	6
55-59岁	17	745	300	34	119	7	6	7
60-64岁	5	304	109	5	32	4	1	
65-69岁	3	96	54	4	13			
70-74岁	1	26	28		4		1	
75岁及以上		9	19		2			
男	**951**	**1099**	**1368**	**485**	**3040**	**234**	**37**	**34**
16-19岁	14	2	47	2	64	22		
20-24岁	119	12	99	19	264	61	4	1
25-29岁	199	41	144	37	410	53	5	4
30-34岁	240	61	254	89	580	40	4	6
35-39岁	168	70	232	78	555	22	6	4
40-44岁	114	139	175	94	490	19	8	8
45-49岁	54	204	148	71	341	4	6	4
50-54岁	24	241	109	56	200	7	1	3
55-59岁	13	194	74	30	93	4	2	4
60-64岁	3	86	38	5	27	2		
65-69岁	2	32	21	4	11			
70-74岁	1	13	16		4		1	
75岁及以上		4	11		1			
女	**422**	**3722**	**3435**	**61**	**404**	**186**	**78**	**26**
16-19岁	6	3	28		2	12		
20-24岁	77	22	176	2	20	42	11	1
25-29岁	103	37	314	6	32	37	21	
30-34岁	110	115	514	6	67	37	10	4
35-39岁	51	269	570	6	85	32	14	4
40-44岁	40	623	554	16	74	9	5	7
45-49岁	18	914	521	14	54	6	8	4
50-54岁	10	888	408	7	36	6	4	3
55-59岁	4	551	226	4	26	3	4	3
60-64岁	2	218	71		5	2	1	
65-69岁	1	64	33		2			
70-74岁		13	12					
75岁及以上		5	8		1			

4-7a 续表 15

单位：人

年龄组 性　别	有农村土地承包经营权的人口								
	五、农、林、牧、渔业生产及辅助人员							六、生产制造及有关人员	
	小计	36.农业生产人员	37.林业生产人员	38.畜牧业生产人员	39.渔业生产人员	40.农林牧渔生产辅助人员	41.其他农、林、牧、渔业生产加工人员	小计	42.农副产品加工人员
总　计	**22430**	**19678**	**552**	**1409**	**637**	**130**	**24**	**56742**	**840**
16-19岁	97	87	2	6	2			400	2
20-24岁	392	340	11	28	11	2		2119	14
25-29岁	849	704	26	64	41	10	4	4223	36
30-34岁	1928	1658	66	136	50	15	3	7890	99
35-39岁	2373	1994	55	197	95	25	7	9029	133
40-44岁	2905	2456	84	218	119	23	5	10064	145
45-49岁	3413	2961	103	207	112	29	1	10044	146
50-54岁	3748	3291	109	237	97	12	2	7663	152
55-59岁	3087	2780	68	163	64	10	2	3902	75
60-64岁	1669	1559	13	77	17	3		966	24
65-69岁	1263	1183	14	45	20	1		354	13
70-74岁	478	448	1	22	7			65	1
75岁及以上	228	217		9	2			23	
男	**12159**	**10325**	**363**	**892**	**488**	**78**	**13**	**41298**	**483**
16-19岁	64	55	2	5	2			330	2
20-24岁	235	199	7	17	10	2		1726	13
25-29岁	471	362	17	47	36	7	2	3363	27
30-34岁	1104	912	49	91	43	8	1	5884	61
35-39岁	1318	1072	34	125	68	16	3	6501	77
40-44岁	1593	1293	54	138	92	14	2	6829	65
45-49岁	1849	1569	59	127	77	16	1	6902	85
50-54岁	2039	1738	76	140	76	7	2	5597	86
55-59岁	1583	1374	47	107	48	5	2	3052	43
60-64岁	860	792	7	47	12	2		770	14
65-69岁	657	603	11	27	15	1		289	9
70-74岁	260	238		15	7			43	1
75岁及以上	126	118		6	2			12	
女	**10271**	**9353**	**189**	**517**	**149**	**52**	**11**	**15444**	**357**
16-19岁	33	32		1				70	
20-24岁	157	141	4	11	1			393	1
25-29岁	378	342	9	17	5	3	2	860	9
30-34岁	824	746	17	45	7	7	2	2006	38
35-39岁	1055	922	21	72	27	9	4	2528	56
40-44岁	1312	1163	30	80	27	9	3	3235	80
45-49岁	1564	1392	44	80	35	13		3142	61
50-54岁	1709	1553	33	97	21	5		2066	66
55-59岁	1504	1406	21	56	16	5		850	32
60-64岁	809	767	6	30	5	1		196	10
65-69岁	606	580	3	18	5			65	4
70-74岁	218	210	1	7				22	
75岁及以上	102	99		3				11	

4-7a　续表 16　　　　单位：人

年龄组 性　别	有农村土地承包经营权的人口							
	六、生产制造及有关人员							
	43.食品、饮料生产加工人员	44.烟草及其制品加工人员	45.纺织、针织、印染人　员	46.纺织品、服装和皮革、毛皮制品加工制作人员	47.木材加工、家具与木制品制作人员	48.纸及纸制品生产加工人员	49.印刷和记录媒介复制人员	50.文教、工美、体育和娱乐用品制造人　员
总　计	**755**	**21**	**292**	**2890**	**2908**	**158**	**166**	**565**
16-19岁	15		4	33	13	2	3	2
20-24岁	53		8	98	75	4	10	22
25-29岁	83	3	23	177	161	13	11	39
30-34岁	112	1	40	413	383	24	21	91
35-39岁	128	6	59	490	442	25	40	105
40-44岁	127	3	55	516	541	31	36	142
45-49岁	117	6	44	520	575	29	23	84
50-54岁	72	2	33	339	422	19	16	49
55-59岁	33		21	198	228	8	5	23
60-64岁	9		4	54	49	2		4
65-69岁	4			38	16	1	1	2
70-74岁	2		1	8	3			2
75岁及以上				6				
男	**409**	**7**	**120**	**832**	**1916**	**88**	**105**	**264**
16-19岁	13		4	22	10	2	2	2
20-24岁	35		6	58	57	4	6	15
25-29岁	48	3	13	80	128	7	10	18
30-34岁	62		18	154	263	17	9	38
35-39岁	67		27	146	294	10	24	51
40-44岁	66		14	109	324	15	25	56
45-49岁	50	3	10	122	340	13	12	37
50-54岁	39	1	14	72	284	13	12	28
55-59岁	21		13	42	160	6	4	14
60-64岁	5		1	14	40	1		3
65-69岁	2			11	14		1	
70-74岁	1				2			2
75岁及以上				2				
女	**346**	**14**	**172**	**2058**	**992**	**70**	**61**	**301**
16-19岁	2			11	3		1	
20-24岁	18		2	40	18		4	7
25-29岁	35		10	97	33	6	1	21
30-34岁	50	1	22	259	120	7	12	53
35-39岁	61	6	32	344	148	15	16	54
40-44岁	61	3	41	407	217	16	11	86
45-49岁	67	3	34	398	235	16	11	47
50-54岁	33	1	19	267	138	6	4	21
55-59岁	12		8	156	68	2	1	9
60-64岁	4		3	40	9	1		1
65-69岁	2			27	2	1		2
70-74岁	1		1	8	1			
75岁及以上				4				

4-7a 续表 17

单位：人

年龄组 性 别	有农村土地承包经营权的人口 六、生产制造及有关人员 51.石油加工和炼焦、煤化工生产人员	52.化学原料和化学制品制造人员	53.医药制造人员	54.化学纤维制造人员	55.橡胶和塑料制品制造人员	56.非金属矿物制品制造人员	57.采矿人员	58.金属冶炼和压延加工人员
总 计	**26**	**186**	**132**	**8**	**368**	**976**	**188**	**602**
16-19岁		2	1		9	2		2
20-24岁	1	11	11	1	17	30	5	48
25-29岁	3	12	21		24	52	12	52
30-34岁		27	20		50	112	17	100
35-39岁	3	20	23	2	60	143	36	97
40-44岁	2	41	29	1	76	166	30	114
45-49岁	11	30	11	2	60	212	42	124
50-54岁	3	20	9	1	46	150	18	42
55-59岁	3	15	6		19	85	22	21
60-64岁		7	1	1	5	15	4	1
65-69岁					1	7	2	
70-74岁		1			1	2		
75岁及以上								1
男	**22**	**130**	**59**	**5**	**183**	**721**	**156**	**496**
16-19岁		2	1		7	1		2
20-24岁	1	7	4	1	9	26	3	46
25-29岁	2	12	11		12	39	10	46
30-34岁		17	13		26	92	14	84
35-39岁	2	13	10		28	104	30	78
40-44岁	2	27	10		33	114	26	92
45-49岁	10	19	4	2	34	149	31	95
50-54岁	3	15	4	1	24	106	17	35
55-59岁	2	12	2		7	70	20	16
60-64岁		5		1	2	11	4	1
65-69岁					1	7	1	
70-74岁		1				2		
75岁及以上								1
女	**4**	**56**	**73**	**3**	**185**	**255**	**32**	**106**
16-19岁					2	1		
20-24岁		4	7		8	4	2	2
25-29岁	1		10		12	13	2	6
30-34岁		10	7		24	20	3	16
35-39岁	1	7	13	2	32	39	6	19
40-44岁		14	19	1	43	52	4	22
45-49岁	1	11	7		26	63	11	29
50-54岁		5	5		22	44	1	7
55-59岁	1	3	4		12	15	2	5
60-64岁		2	1		3	4		
65-69岁							1	
70-74岁					1			
75岁及以上								

4-7a 续表 18

单位：人

年龄组 性 别	有农村土地承包经营权的人口							
	六、生产制造及有关人员							
	59.机械制造基础加工人员	60.金属制品制造人员	61.通用设备制造人员	62.专用设备制造人员	63.汽车制造人员	64.铁路、船舶、航空设备制造人员	65.电气机械和器材制造人员	66.计算机、通信和其他电子设备制造人员
总　计	**1599**	**812**	**234**	**77**	**749**	**39**	**215**	**2802**
16-19岁	5	10	3	1	9		3	77
20-24岁	57	36	13	4	51		24	244
25-29岁	110	58	16	12	84	7	35	371
30-34岁	239	119	41	15	141	11	36	604
35-39岁	271	143	31	12	126	3	40	559
40-44岁	318	158	48	12	168	4	42	468
45-49岁	301	118	42	15	99	5	23	262
50-54岁	214	109	28	6	48	6	6	139
55-59岁	69	43	8		20	3	5	48
60-64岁	15	7	1		1		1	23
65-69岁		8	3		2			6
70-74岁		2						1
75岁及以上		1						
男	**1372**	**615**	**196**	**54**	**512**	**33**	**136**	**1214**
16-19岁	5	9	2	1	9		1	51
20-24岁	53	32	11	4	48		17	161
25-29岁	99	47	13	9	70	6	27	209
30-34岁	214	93	36	9	118	8	22	262
35-39岁	239	109	26	8	74	3	27	204
40-44岁	258	109	39	9	89	3	21	151
45-49岁	249	84	33	11	50	4	12	87
50-54岁	181	82	25	3	35	6	3	53
55-59岁	60	39	7		16	3	5	24
60-64岁	14	6	1		1		1	9
65-69岁		4	3		2			3
70-74岁		1						
75岁及以上								
女	**227**	**197**	**38**	**23**	**237**	**6**	**79**	**1588**
16-19岁		1	1				2	26
20-24岁	4	4	2		3		7	83
25-29岁	11	11	3	3	14	1	8	162
30-34岁	25	26	5	6	23	3	14	342
35-39岁	32	34	5	4	52		13	355
40-44岁	60	49	9	3	79	1	21	317
45-49岁	52	34	9	4	49	1	11	175
50-54岁	33	27	3	3	13		3	86
55-59岁	9	4	1		4			24
60-64岁	1	1						14
65-69岁		4						3
70-74岁		1						1
75岁及以上		1						

4-7a 续表 19 单位：人

年龄组 性别	有农村土地承包经营权的人口							
	六、生产制造及有关人员							
	67.仪器仪表制造人员	68.废弃资源综合利用人员	69.电力、热力、气体、水生产和输配人员	70.建筑施工人员	71.运输设备和通用工程机械操作人员及有关人员	72.生产辅助人员	73.其他生产制造及有关人员	74.不便分类的其他从业人员
总计	**18**	**91**	**157**	**33156**	**1708**	**3882**	**122**	**667**
16-19岁				151	11	39	1	50
20-24岁		2	5	984	81	201	9	50
25-29岁	3	3	14	2130	206	438	14	63
30-34岁	2	13	32	4076	348	686	17	101
35-39岁	5	8	18	4980	333	668	20	103
40-44岁	6	7	25	5814	275	642	22	85
45-49岁	1	18	27	6234	239	604	20	92
50-54岁		22	24	5148	141	364	15	56
55-59岁		8	7	2674	64	188	3	51
60-64岁		4	3	696	8	26	1	6
65-69岁	1	3	2	224	1	19		9
70-74岁		2		32	1	6		1
75岁及以上		1		13		1		
男	**12**	**61**	**132**	**26771**	**1578**	**2547**	**69**	**416**
16-19岁				136	11	35		28
20-24岁		2	3	865	75	156	8	31
25-29岁	3	1	11	1869	197	327	9	42
30-34岁	1	10	30	3405	330	468	10	60
35-39岁	2	5	16	4095	314	408	10	67
40-44岁	5	5	18	4509	246	378	11	57
45-49岁		10	22	4743	204	366	11	50
50-54岁		13	22	4039	130	244	7	37
55-59岁		7	6	2263	61	126	3	36
60-64岁		4	2	602	8	20		4
65-69岁	1	3	2	207	1	17		3
70-74岁		1		29	1	2		1
75岁及以上				9				
女	**6**	**30**	**25**	**6385**	**130**	**1335**	**53**	**251**
16-19岁				15		4	1	22
20-24岁			2	119	6	45	1	19
25-29岁		2	3	261	9	111	5	21
30-34岁	1	3	2	671	18	218	7	41
35-39岁	3	3	2	885	19	260	10	36
40-44岁	1	2	7	1305	29	264	11	28
45-49岁	1	8	5	1491	35	238	9	42
50-54岁		9	2	1109	11	120	8	19
55-59岁		1	1	411	3	62		15
60-64岁			1	94		6	1	2
65-69岁				17		2		6
70-74岁		1		3		4		
75岁及以上		1		4		1		

4-7a 续表 20

单位：人

年龄组 性 别	没有农村土地承包经营权的人口							
	合计	一、党的机关、国家机关、群众团体和社会组织、企事业单位负责人						
		小计	1.中国共产党机关负责人	2.国家机关负责人	3.民主党派和工商联负责人	4.人民团体和群众团体、社会组织及其他成员组织负责人	5.基层群众自治组织负责人	6.企事业单位负责人
总　计	**414159**	**16131**	**54**	**1033**	**5**	**494**	**75**	**14470**
16-19岁	3569	12				1		11
20-24岁	26770	280	1	4		5	1	269
25-29岁	50463	1198		24		27	1	1146
30-34岁	78494	2883	5	94	2	93	11	2678
35-39岁	72212	3319	9	126		94	16	3074
40-44岁	61044	2911	8	193		94	10	2606
45-49岁	56654	2548	12	214		80	14	2228
50-54岁	38378	1802	6	224	2	52	11	1507
55-59岁	20896	966	11	138	1	39	6	771
60-64岁	3425	145		7		8	4	126
65-69岁	1497	49		3		1	1	44
70-74岁	507	12	1	3				8
75岁及以上	250	6	1	3				2
男	**223408**	**10767**	**41**	**759**	**4**	**293**	**33**	**9637**
16-19岁	2048	4						4
20-24岁	14036	176		1		3		172
25-29岁	26339	746		12		18	1	715
30-34岁	40311	1800	1	51	1	51	5	1691
35-39岁	37086	2108	8	76		46	6	1972
40-44岁	31218	1827	8	142		48	4	1625
45-49岁	29653	1754	6	166		53	2	1527
50-54岁	23462	1342	6	169	2	37	6	1122
55-59岁	15564	830	10	128	1	30	5	656
60-64岁	2221	120		5		6	3	106
65-69岁	978	43		3		1	1	38
70-74岁	340	12	1	3				8
75岁及以上	152	5	1	3				1
女	**190751**	**5364**	**13**	**274**	**1**	**201**	**42**	**4833**
16-19岁	1521	8				1		7
20-24岁	12734	104	1	3		2	1	97
25-29岁	24124	452		12		9		431
30-34岁	38183	1083	4	43	1	42	6	987
35-39岁	35126	1211	1	50		48	10	1102
40-44岁	29826	1084		51		46	6	981
45-49岁	27001	794	6	48		27	12	701
50-54岁	14916	460		55		15	5	385
55-59岁	5332	136	1	10		9	1	115
60-64岁	1204	25		2		2	1	20
65-69岁	519	6						6
70-74岁	167							
75岁及以上	98	1						1

4-7a 续表 21 单位：人

年龄组 性 别	没有农村土地承包经营权的人口							
	二、专业技术人员							
	小计	7.科学研究人员	8.工程技术人员	9.农业技术人员	10.飞机和船舶技术人员	11.卫生专业技术人员	12.经济和金融专业人员	13.法律、社会和宗教专业人员
总 计	**75753**	**410**	**13762**	**398**	**96**	**14276**	**15406**	**1704**
16–19岁	357	1	34	1		101	29	2
20–24岁	5874	19	1024	10	3	1279	982	82
25–29岁	11146	49	2061	30	15	2356	2356	261
30–34岁	15142	80	3048	58	15	3007	3438	324
35–39岁	13549	73	2502	47	16	2686	2775	288
40–44岁	10936	46	1724	84	17	1755	2300	219
45–49岁	9215	60	1618	60	8	1476	1975	209
50–54岁	6080	38	1066	58	11	939	1039	182
55–59岁	2843	39	593	45	8	503	420	117
60–64岁	331	3	56	2	2	91	54	12
65–69岁	170	2	25	1	1	52	21	6
70–74岁	67		8	2		18	10	1
75岁及以上	43		3			13	7	1
男	**29614**	**242**	**11085**	**252**	**85**	**3983**	**3879**	**903**
16–19岁	91	1	27	1		13	10	1
20–24岁	1793	9	808	4	2	193	235	28
25–29岁	3600	21	1571	18	12	464	519	90
30–34岁	5183	41	2375	35	14	674	676	141
35–39岁	4992	40	2027	28	14	732	617	132
40–44岁	4252	31	1363	42	13	572	529	127
45–49岁	3984	40	1326	39	8	535	521	132
50–54岁	3156	24	941	40	11	412	431	133
55–59岁	2164	30	565	41	8	280	302	102
60–64岁	217	3	50	1	2	57	25	9
65–69岁	109	2	23	1	1	28	5	6
70–74岁	45		7	2		13	6	1
75岁及以上	28		2			10	3	1
女	**46139**	**168**	**2677**	**146**	**11**	**10293**	**11527**	**801**
16–19岁	266		7			88	19	1
20–24岁	4081	10	216	6	1	1086	747	54
25–29岁	7546	28	490	12	3	1892	1837	171
30–34岁	9959	39	673	23	1	2333	2762	183
35–39岁	8557	33	475	19	2	1954	2158	156
40–44岁	6684	15	361	42	4	1183	1771	92
45–49岁	5231	20	292	21		941	1454	77
50–54岁	2924	14	125	18		527	608	49
55–59岁	679	9	28	4		223	118	15
60–64岁	114		6	1		34	29	3
65–69岁	61		2			24	16	
70–74岁	22		1			5	4	
75岁及以上	15		1			3	4	

4-7a　续表 22　　　　单位：人

年龄组 性　别	没有农村土地承包经营权的人口							
	二、专业技术人员				三、办事人员和有关人员			
	14.教学人　员	15.文学艺术、体育专业人员	16.新闻出版、文化专业人员	17.其他专业技术人　员	小计	18.办事人　员	19.安全和消防人员	20.其他办事人员和有关人员
总　计	**27006**	**959**	**1363**	**373**	**55347**	**46673**	**8295**	**379**
16-19岁	160	19	9	1	124	91	33	
20-24岁	2165	152	126	32	2850	2402	422	26
25-29岁	3547	201	223	47	6539	5699	800	40
30-34岁	4583	210	292	87	10562	9292	1195	75
35-39岁	4719	143	239	61	9223	8155	997	71
40-44岁	4480	95	165	51	8073	6983	1045	45
45-49岁	3557	60	149	43	7467	6232	1168	67
50-54岁	2580	46	93	28	5804	4521	1252	31
55-59岁	1022	20	57	19	4070	2905	1146	19
60-64岁	102	5	3	1	388	233	153	2
65-69岁	53	2	5	2	175	114	59	2
70-74岁	22	4	1	1	44	26	18	
75岁及以上	16	2	1		28	20	7	1
男	**7949**	**519**	**471**	**246**	**31169**	**23803**	**7152**	**214**
16-19岁	28	7	2	1	70	38	32	
20-24岁	373	82	34	25	1267	879	380	8
25-29岁	711	99	63	32	2970	2270	678	22
30-34岁	973	103	98	53	4921	3899	983	39
35-39岁	1223	77	66	36	4747	3900	807	40
40-44岁	1419	55	64	37	4441	3584	830	27
45-49岁	1269	37	54	23	4370	3353	983	34
50-54岁	1072	33	41	18	4224	3065	1135	24
55-59岁	759	15	43	19	3645	2525	1103	17
60-64岁	64	4	1	1	317	174	143	
65-69岁	36	2	5		140	84	54	2
70-74岁	11	4		1	36	18	18	
75岁及以上	11	1			21	14	6	1
女	**19057**	**440**	**892**	**127**	**24178**	**22870**	**1143**	**165**
16-19岁	132	12	7		54	53	1	
20-24岁	1792	70	92	7	1583	1523	42	18
25-29岁	2836	102	160	15	3569	3429	122	18
30-34岁	3610	107	194	34	5641	5393	212	36
35-39岁	3496	66	173	25	4476	4255	190	31
40-44岁	3061	40	101	14	3632	3399	215	18
45-49岁	2288	23	95	20	3097	2879	185	33
50-54岁	1508	13	52	10	1580	1456	117	7
55-59岁	263	5	14		425	380	43	2
60-64岁	38	1	2		71	59	10	2
65-69岁	17			2	35	30	5	
70-74岁	11		1		8	8		
75岁及以上	5	1	1		7	6	1	

4-7a 续表 23　　单位：人

年龄组 性 别	没有农村土地承包经营权的人口							
	四、社会生产服务和生活服务人员							
	小计	21.批发与零售服务人员	22.交通运输、仓储和邮政业服务人员	23.住宿和餐饮服务人员	24.信息传输、软件和信息技术服务人员	25.金融服务人员	26.房地产服务人员	27.租赁和商务服务人员
总 计	**192519**	**89837**	**29951**	**20820**	**3954**	**5675**	**4860**	**5700**
16-19岁	2237	762	196	683	22	7	32	94
20-24岁	13733	5974	1805	2114	510	334	454	344
25-29岁	24006	11609	3330	2351	851	833	811	616
30-34岁	37101	18858	5373	3405	946	1456	1061	815
35-39岁	33522	17098	5102	3273	770	976	782	789
40-44岁	27663	13266	4707	2896	432	638	589	665
45-49岁	25846	11155	4478	2957	217	688	544	743
50-54岁	16810	6615	2982	1971	125	490	309	790
55-59岁	8869	3260	1691	905	65	235	221	671
60-64岁	1646	695	174	186	8	11	39	121
65-69岁	738	363	73	58	5	6	13	41
70-74岁	233	117	29	15	2	1	4	9
75岁及以上	115	65	11	6	1		1	2
男	**99935**	**40021**	**24708**	**9216**	**2676**	**2578**	**2664**	**3917**
16-19岁	1216	310	159	386	12	3	19	43
20-24岁	7647	2727	1457	1181	339	156	277	186
25-29岁	13265	5363	2714	1338	563	395	453	350
30-34岁	19295	8240	4476	1675	618	598	547	439
35-39岁	16808	7167	4228	1438	514	402	414	455
40-44岁	13286	5453	3781	1053	297	243	280	421
45-49岁	12048	4767	3539	933	149	289	280	525
50-54岁	9092	3397	2561	705	111	283	178	695
55-59岁	5690	1895	1549	380	61	200	175	636
60-64岁	931	386	152	81	7	5	30	117
65-69岁	444	204	65	37	2	3	7	40
70-74岁	151	75	24	7	2	1	3	8
75岁及以上	62	37	3	2	1		1	2
女	**92584**	**49816**	**5243**	**11604**	**1278**	**3097**	**2196**	**1783**
16-19岁	1021	452	37	297	10	4	13	51
20-24岁	6086	3247	348	933	171	178	177	158
25-29岁	10741	6246	616	1013	288	438	358	266
30-34岁	17806	10618	897	1730	328	858	514	376
35-39岁	16714	9931	874	1835	256	574	368	334
40-44岁	14377	7813	926	1843	135	395	309	244
45-49岁	13798	6388	939	2024	68	399	264	218
50-54岁	7718	3218	421	1266	14	207	131	95
55-59岁	3179	1365	142	525	4	35	46	35
60-64岁	715	309	22	105	1	6	9	4
65-69岁	294	159	8	21	3	3	6	1
70-74岁	82	42	5	8			1	1
75岁及以上	53	28	8	4				

4-7a 续表 24

单位：人

年龄组 性 别	没有农村土地承包经营权的人口							
	四、社会生产服务和生活服务人员							
	28.技术辅助服务人员	29.水利、环境和公共设施管理服务人员	30.居民服务人员	31.电力、燃气及水供应服务人员	32.修理及制作服务人员	33.文化、体育和娱乐服务人员	34.健康服务人员	35.其他社会生产和生活服务人员
总 计	**4762**	**7105**	**10404**	**1650**	**5955**	**1266**	**427**	**153**
16-19岁	23	17	156	2	165	73	1	4
20-24岁	564	75	652	83	536	242	39	7
25-29岁	1024	169	1089	121	823	288	74	17
30-34岁	1195	371	1797	266	1181	270	78	29
35-39岁	885	622	1734	241	1010	144	77	19
40-44岁	486	1163	1529	286	850	80	56	20
45-49岁	315	1960	1639	321	671	82	44	32
50-54岁	168	1573	1091	193	411	40	33	19
55-59岁	85	844	485	109	238	34	22	4
60-64岁	11	208	121	16	46	7	3	
65-69岁	4	83	61	7	18	4		2
70-74岁	2	15	31	3	4	1		
75岁及以上		5	19	2	2	1		
男	**3004**	**1470**	**2271**	**1300**	**5217**	**699**	**110**	**84**
16-19岁	8	2	67	2	162	42		1
20-24岁	331	42	210	69	507	154	7	4
25-29岁	618	90	338	97	750	166	20	10
30-34岁	731	137	415	212	1037	133	15	22
35-39岁	558	155	346	182	848	67	20	14
40-44岁	318	196	276	197	701	43	17	10
45-49岁	211	261	226	238	577	37	6	10
50-54岁	140	268	183	172	356	22	12	9
55-59岁	75	227	128	105	220	24	12	3
60-64岁	9	53	31	16	37	6	1	
65-69岁	3	29	26	6	17	4		1
70-74岁	2	8	14	3	3	1		
75岁及以上		2	11	1	2			
女	**1758**	**5635**	**8133**	**350**	**738**	**567**	**317**	**69**
16-19岁	15	15	89		3	31	1	3
20-24岁	233	33	442	14	29	88	32	3
25-29岁	406	79	751	24	73	122	54	7
30-34岁	464	234	1382	54	144	137	63	7
35-39岁	327	467	1388	59	162	77	57	5
40-44岁	168	967	1253	89	149	37	39	10
45-49岁	104	1699	1413	83	94	45	38	22
50-54岁	28	1305	908	21	55	18	21	10
55-59岁	10	617	357	4	18	10	10	1
60-64岁	2	155	90		9	1	2	
65-69岁	1	54	35	1	1			1
70-74岁		7	17		1			
75岁及以上		3	8	1		1		

4-7a 续表 25

单位：人

年龄组 性 别	没有农村土地承包经营权的人口								
	五、农、林、牧、渔业生产及辅助人员							六、生产制造及有关人员	
	小计	36.农业生产人员	37.林业生产人员	38.畜牧业生产人员	39.渔业生产人员	40.农林牧渔生产辅助人员	41.其他农、林、牧、渔业生产加工人员	小计	42.农副产品加工人员
总 计	**6903**	**3953**	**461**	**806**	**1491**	**154**	**38**	**66012**	**1324**
16-19岁	61	35	1	3	22			688	4
20-24岁	246	153	11	20	56	5	1	3689	28
25-29岁	523	309	24	72	102	12	4	6890	92
30-34岁	1020	576	59	142	222	16	5	11555	176
35-39岁	1086	621	50	161	224	24	6	11284	173
40-44岁	954	532	71	109	216	22	4	10310	180
45-49岁	962	520	88	102	213	32	7	10406	273
50-54岁	956	545	78	98	211	21	3	6786	205
55-59岁	650	368	56	63	143	15	5	3403	132
60-64岁	233	151	10	19	49	3	1	660	43
65-69岁	119	81	7	8	19	3	1	233	15
70-74岁	68	42	4	9	11	1	1	79	1
75岁及以上	25	20	2		3			29	2
男	**3984**	**1929**	**344**	**502**	**1099**	**93**	**17**	**47046**	**667**
16-19岁	50	28	1	3	18			570	4
20-24岁	163	92	9	15	42	4	1	2937	18
25-29岁	343	180	20	55	77	7	4	5312	62
30-34岁	607	291	47	90	168	10	1	8372	100
35-39岁	619	294	39	98	171	15	2	7678	77
40-44岁	506	235	49	62	147	11	2	6780	75
45-49岁	517	221	64	63	148	18	3	6869	124
50-54岁	564	278	63	54	157	12		4989	92
55-59岁	378	167	44	42	111	11	3	2792	81
60-64岁	117	69	2	10	34	2		506	24
65-69岁	69	45	1	6	15	2		166	9
70-74岁	37	19	3	4	9	1	1	56	1
75岁及以上	14	10	2		2			19	
女	**2919**	**2024**	**117**	**304**	**392**	**61**	**21**	**18966**	**657**
16-19岁	11	7			4			118	
20-24岁	83	61	2	5	14	1		752	10
25-29岁	180	129	4	17	25	5		1578	30
30-34岁	413	285	12	52	54	6	4	3183	76
35-39岁	467	327	11	63	53	9	4	3606	96
40-44岁	448	297	22	47	69	11	2	3530	105
45-49岁	445	299	24	39	65	14	4	3537	149
50-54岁	392	267	15	44	54	9	3	1797	113
55-59岁	272	201	12	21	32	4	2	611	51
60-64岁	116	82	8	9	15	1	1	154	19
65-69岁	50	36	6	2	4	1	1	67	6
70-74岁	31	23	1	5	2			23	
75岁及以上	11	10			1			10	2

4-7a 续表 26

单位：人

年龄组 性 别	没有农村土地承包经营权的人口							
	六、生产制造及有关人员							
	43.食品、饮料生产加工人员	44.烟草及其制品加工人员	45.纺织、针织、印染人 员	46.纺织品、服装和皮革、毛皮制品加工制作人员	47.木材加工、家具与木制品制作人员	48.纸及纸制品生产加工人员	49.印刷和记录媒介复制人员	50.文教、工美、体育和娱乐用品制造人 员
总 计	**1445**	**133**	**321**	**2343**	**1831**	**255**	**489**	**1042**
16-19岁	31			25	27	13	15	7
20-24岁	101	8	13	95	87	15	36	38
25-29岁	164	15	13	181	179	19	29	111
30-34岁	258	22	58	389	338	32	68	203
35-39岁	261	22	68	431	349	44	77	211
40-44岁	253	20	55	388	277	42	84	179
45-49岁	189	30	53	427	260	46	90	147
50-54岁	90	8	35	260	171	22	59	97
55-59岁	71	6	15	109	109	15	25	36
60-64岁	15		6	27	21	5	4	10
65-69岁	9		2	9	7	2	1	1
70-74岁	3	2	3	2	3		1	1
75岁及以上					3			1
男	**735**	**86**	**83**	**562**	**1246**	**139**	**276**	**442**
16-19岁	21			19	25	13	13	5
20-24岁	48	6	9	53	72	12	29	23
25-29岁	78	13	5	66	127	8	17	49
30-34岁	142	15	18	97	244	22	39	91
35-39岁	118	11	10	98	228	20	42	78
40-44岁	129	13	8	77	164	20	40	68
45-49岁	94	13	9	59	166	17	42	52
50-54岁	45	8	13	50	115	12	33	48
55-59岁	44	6	7	27	78	11	19	22
60-64岁	10		2	12	18	4	2	4
65-69岁	6		1	3	4			
70-74岁		1	1	1	3			1
75岁及以上					2			1
女	**710**	**47**	**238**	**1781**	**585**	**116**	**213**	**600**
16-19岁	10			6	2		2	2
20-24岁	53	2	4	42	15	3	7	15
25-29岁	86	2	8	115	52	11	12	62
30-34岁	116	7	40	292	94	10	29	112
35-39岁	143	11	58	333	121	24	35	133
40-44岁	124	7	47	311	113	22	44	111
45-49岁	95	17	44	368	94	29	48	95
50-54岁	45		22	210	56	10	26	49
55-59岁	27		8	82	31	4	6	14
60-64岁	5		4	15	3	1	2	6
65-69岁	3		1	6	3	2	1	1
70-74岁	3	1	2	1			1	
75岁及以上					1			

4-7a 续表 27

单位：人

年龄组 性 别	没有农村土地承包经营权的人口							
	六、生产制造及有关人员							
	51.石油加工和炼焦、煤化工生产人员	52.化学原料和化学制品制造人员	53.医药制造人员	54.化学纤维制造人员	55.橡胶和塑料制品制造人员	56.非金属矿物制品制造人员	57.采矿人员	58.金属冶炼和压延加工人员
总　计	**123**	**360**	**465**	**5**	**414**	**895**	**335**	**1347**
16–19岁		2	3		22	9		5
20–24岁	13	9	23		22	41	2	103
25–29岁	9	24	42	1	35	79	15	138
30–34岁	23	35	82	1	66	135	48	246
35–39岁	16	68	87	2	66	150	50	194
40–44岁	11	69	82		85	145	58	205
45–49岁	28	75	75		70	156	76	278
50–54岁	18	55	37	1	30	110	53	133
55–59岁	3	17	28		13	52	22	37
60–64岁	1	4	3		3	14	5	5
65–69岁	1		2			4	2	3
70–74岁		2	1		2		2	
75岁及以上							2	
男	**97**	**255**	**216**	**4**	**232**	**642**	**261**	**1079**
16–19岁		1			21	9		5
20–24岁	13	6	8		17	35	2	93
25–29岁	8	19	21		23	65	14	113
30–34岁	18	23	42	1	40	97	35	207
35–39岁	10	53	40	2	26	106	41	154
40–44岁	9	41	29		41	102	43	148
45–49岁	19	51	27		36	100	51	201
50–54岁	16	47	23	1	17	74	45	115
55–59岁	3	13	22		9	43	21	36
60–64岁			2		1	10	5	5
65–69岁	1		1			1	1	2
70–74岁		1	1		1		2	
75岁及以上							1	
女	**26**	**105**	**249**	**1**	**182**	**253**	**74**	**268**
16–19岁		1	3		1			
20–24岁		3	15		5	6		10
25–29岁	1	5	21	1	12	14	1	25
30–34岁	5	12	40		26	38	13	39
35–39岁	6	15	47		40	44	9	40
40–44岁	2	28	53		44	43	15	57
45–49岁	9	24	48		34	56	25	77
50–54岁	2	8	14		13	36	8	18
55–59岁		4	6		4	9	1	1
60–64岁	1	4	1		2	4		
65–69岁			1			3	1	1
70–74岁		1			1			
75岁及以上							1	

4-7a 续表 28

单位：人

年龄组 性 别	没有农村土地承包经营权的人口							
	六、生产制造及有关人员							
	59.机械制造基础加工人员	60.金属制品制造人员	61.通用设备制造人员	62.专用设备制造人员	63.汽车制造人员	64.铁路、船舶、航空设备制造人员	65.电气机械和器材制造人员	66.计算机、通信和其他电子设备制造人员
总　计	**2074**	**981**	**417**	**144**	**1825**	**272**	**343**	**3586**
16-19岁	31	12	22	2	93		11	71
20-24岁	88	56	19	10	189	12	28	380
25-29岁	155	124	39	16	258	26	48	544
30-34岁	320	204	58	24	350	32	63	832
35-39岁	347	190	75	24	317	31	58	682
40-44岁	371	158	62	29	221	39	56	496
45-49岁	415	115	86	21	256	66	38	342
50-54岁	224	80	38	12	102	34	30	156
55-59岁	102	28	14	5	33	28	6	59
60-64岁	11	9	2	1	4	1	2	14
65-69岁	4	2	2			1	2	8
70-74岁	4	2			1	2	1	1
75岁及以上	2	1			1			1
男	**1753**	**684**	**344**	**92**	**1330**	**228**	**219**	**1858**
16-19岁	29	11	22	1	92		6	45
20-24岁	80	44	18	8	168	11	22	247
25-29岁	144	101	36	10	194	23	33	336
30-34岁	274	143	47	18	261	30	48	391
35-39岁	287	123	62	13	215	23	31	291
40-44岁	284	96	47	21	130	30	32	209
45-49岁	333	73	66	11	155	48	20	173
50-54岁	204	60	30	6	80	32	20	111
55-59岁	100	25	14	4	29	28	4	42
60-64岁	10	5	1		4	1	2	8
65-69岁	4	1	1			1		3
70-74岁	3	2			1	1	1	1
75岁及以上	1				1			1
女	**321**	**297**	**73**	**52**	**495**	**44**	**124**	**1728**
16-19岁	2	1		1	1		5	26
20-24岁	8	12	1	2	21	1	6	133
25-29岁	11	23	3	6	64	3	15	208
30-34岁	46	61	11	6	89	2	15	441
35-39岁	60	67	13	11	102	8	27	391
40-44岁	87	62	15	8	91	9	24	287
45-49岁	82	42	20	10	101	18	18	169
50-54岁	20	20	8	6	22	2	10	45
55-59岁	2	3		1	4		2	17
60-64岁	1	4	1	1				6
65-69岁		1	1				2	5
70-74岁	1					1		
75岁及以上	1	1						

4-7a 续表 29 单位：人

年龄组 性 别	没有农村土地承包经营权的人口							
	六、生产制造及有关人员							
	67.仪器仪表制造人员	68.废弃资源综合利用人员	69.电力、热力、气体、水生产和输配人员	70.建筑施工人员	71.运输设备和通用工程机械操作人员及有关人员	72.生产辅助人员	73.其他生产制造及有关人员	74.不便分类的其他从业人员
总 计	**59**	**79**	**574**	**31093**	**2500**	**8738**	**200**	**1494**
16−19岁	1		3	224	17	38		90
20−24岁	2	5	29	1538	167	517	15	98
25−29岁	3	7	52	3134	307	1012	19	161
30−34岁	14	12	77	5386	503	1466	34	231
35−39岁	14	7	75	5372	387	1406	30	229
40−44岁	6	15	103	4816	388	1380	37	197
45−49岁	10	12	109	4797	368	1462	36	210
50−54岁	7	12	78	3535	227	856	11	140
55−59岁	1	4	42	1746	119	516	10	95
60−64岁		3	2	387	10	45	3	22
65−69岁	1		4	119	4	25	3	13
70−74岁		1		29	1	12	2	4
75岁及以上		1		10	2	3		4
男	**35**	**52**	**443**	**24495**	**2243**	**6134**	**114**	**893**
16−19岁	1		3	185	14	25		47
20−24岁	1	4	21	1306	156	400	7	53
25−29岁	2	6	39	2673	275	740	12	103
30−34岁	8	11	62	4403	456	972	17	133
35−39岁	8	4	62	4187	348	894	16	134
40−44岁	2	8	72	3609	345	867	21	126
45−49岁	5	4	69	3532	309	988	22	111
50−54岁	7	8	71	2691	209	698	8	95
55−59岁	1	3	40	1450	114	488	8	65
60−64岁		2	1	327	10	34	2	13
65−69岁			3	103	4	17		7
70−74岁		1		22	1	9	1	3
75岁及以上		1		7	2	2		3
女	**24**	**27**	**131**	**6598**	**257**	**2604**	**86**	**601**
16−19岁				39	3	13		43
20−24岁	1	1	8	232	11	117	8	45
25−29岁	1	1	13	461	32	272	7	58
30−34岁	6	1	15	983	47	494	17	98
35−39岁	6	3	13	1185	39	512	14	95
40−44岁	4	7	31	1207	43	513	16	71
45−49岁	5	8	40	1265	59	474	14	99
50−54岁		4	7	844	18	158	3	45
55−59岁		1	2	296	5	28	2	30
60−64岁		1	1	60		11	1	9
65−69岁	1		1	16		8	3	6
70−74岁				7		3	1	1
75岁及以上				3		1		1

4-7b　分年龄、性别、职业中类的就业人口（镇）

单位：人

年龄组 性　别	16岁及以上人口							
	合计	一、党的机关、国家机关、群众团体和社会组织、企事业单位负责人						
		小计	1.中国共产党机关负责人	2.国家机关负责人	3.民主党派和工商联负责人	4.人民团体和群众团体、社会组织及其他成员组织负责人	5.基层群众自治组织负责人	6.企事业单位负责人
总　计	**489590**	**8211**	**56**	**1086**	**1**	**435**	**331**	**6302**
16-19岁	5039	6		1		1		4
20-24岁	23641	140		1		10	3	126
25-29岁	42850	507		26		16	13	452
30-34岁	69494	1189	6	97		77	20	989
35-39岁	69901	1361	5	150		65	33	1108
40-44岁	66365	1491	16	272		68	49	1086
45-49岁	69430	1387	9	242	1	74	49	1012
50-54岁	62099	1145	12	188		51	51	843
55-59岁	43701	720	5	92		52	64	507
60-64岁	18404	155	1	6		10	36	102
65-69岁	11856	71	2	5		5	12	47
70-74岁	4462	24		2		4	1	17
75岁及以上	2348	15		4		2		9
男	**277559**	**5931**	**49**	**867**	**1**	**257**	**261**	**4496**
16-19岁	3087	5		1		1		3
20-24岁	13422	104				8	2	94
25-29岁	23706	326		11		9	6	300
30-34岁	38605	760	5	56		43	15	641
35-39岁	38670	917	4	107		34	19	753
40-44岁	36189	1077	14	228		33	33	769
45-49岁	38214	1022	8	205	1	37	40	731
50-54岁	36327	892	10	159		39	44	640
55-59岁	27349	613	5	88		39	57	424
60-64岁	10915	130	1	5		6	32	86
65-69岁	6974	57	2	3		4	12	36
70-74岁	2720	18		2		3	1	12
75岁及以上	1381	10		2		1		7
女	**212031**	**2280**	**7**	**219**		**178**	**70**	**1806**
16-19岁	1952	1						1
20-24岁	10219	36		1		2	1	32
25-29岁	19144	181		15		7	7	152
30-34岁	30889	429	1	41		34	5	348
35-39岁	31231	444	1	43		31	14	355
40-44岁	30176	414	2	44		35	16	317
45-49岁	31216	365	1	37		37	9	281
50-54岁	25772	253	2	29		12	7	203
55-59岁	16352	107		4		13	7	83
60-64岁	7489	25		1		4	4	16
65-69岁	4882	14		2		1		11
70-74岁	1742	6				1		5
75岁及以上	967	5		2		1		2

4-7b 续表 1 单位：人

年龄组 性 别	16岁及以上人口							
	二、专业技术人员							
	小计	7.科学研究人员	8.工程技术人员	9.农业技术人员	10.飞机和船舶技术人员	11.卫生专业技术人员	12.经济和金融专业人员	13.法律、社会和宗教专业人员
总 计	**52243**	**113**	**5604**	**671**	**203**	**11472**	**5598**	**633**
16-19岁	347		37		3	112	18	2
20-24岁	4553	8	530	23	10	1229	415	42
25-29岁	7450	19	826	47	22	2012	890	86
30-34岁	8291	18	1130	81	45	2097	1161	113
35-39岁	7564	11	796	61	34	1763	745	83
40-44岁	8142	16	751	93	28	1395	735	74
45-49岁	7175	14	670	128	10	1209	764	64
50-54岁	5442	19	496	112	27	903	545	84
55-59岁	2475	6	279	82	18	441	262	60
60-64岁	377	2	47	25	6	130	32	10
65-69岁	224		30	9		98	15	9
70-74岁	124		10	8		46	11	4
75岁及以上	79		2	2		37	5	2
男	**20923**	**72**	**4746**	**476**	**191**	**3569**	**1750**	**385**
16-19岁	104		32		3	19	3	1
20-24岁	1265	4	445	17	10	204	122	20
25-29岁	2074	14	680	27	22	328	203	38
30-34岁	2625	7	958	48	43	499	233	50
35-39岁	2587	9	675	45	33	558	172	38
40-44岁	3365	8	613	62	25	489	202	47
45-49岁	3416	9	555	87	9	542	292	48
50-54岁	2936	13	442	85	23	439	274	70
55-59岁	1955	6	268	70	17	265	207	54
60-64岁	280	2	43	19	6	91	24	6
65-69岁	154		24	8		66	6	9
70-74岁	97		9	7		37	8	2
75岁及以上	65		2	1		32	4	2
女	**31320**	**41**	**858**	**195**	**12**	**7903**	**3848**	**248**
16-19岁	243		5			93	15	1
20-24岁	3288	4	85	6		1025	293	22
25-29岁	5376	5	146	20		1684	687	48
30-34岁	5666	11	172	33	2	1598	928	63
35-39岁	4977	2	121	16	1	1205	573	45
40-44岁	4777	8	138	31	3	906	533	27
45-49岁	3759	5	115	41	1	667	472	16
50-54岁	2506	6	54	27	4	464	271	14
55-59岁	520		11	12	1	176	55	6
60-64岁	97		4	6		39	8	4
65-69岁	70		6	1		32	9	
70-74岁	27		1	1		9	3	2
75岁及以上	14			1		5	1	

4-7b　续表 2　　　　　　　　　　　　　　　　　　　　　　单位：人

年龄组 性　别	16岁及以上人口							
	二、专业技术人员				三、办事人员和有关人员			
	14.教学人　员	15.文学艺术、体育专业人员	16.新闻出版、文化专业人员	17.其他专业技术人　员	小计	18.办事人　员	19.安全和消防人员	20.其他办事人员和有关人员
总　计	**26834**	**410**	**440**	**265**	**31400**	**24862**	**6212**	**326**
16-19岁	163	7	3	2	94	65	27	2
20-24岁	2153	61	68	14	1708	1314	379	15
25-29岁	3360	68	90	30	3969	3297	632	40
30-34岁	3410	84	95	57	5382	4421	903	58
35-39岁	3900	71	53	47	3987	3256	693	38
40-44岁	4929	37	51	33	4250	3607	590	53
45-49岁	4214	31	34	37	4236	3495	693	48
50-54岁	3185	21	27	23	3824	2857	928	39
55-59岁	1268	25	16	18	3043	2120	894	29
60-64岁	118	2	1	4	541	244	294	3
65-69岁	61		2		256	120	135	1
70-74岁	42	3			69	36	33	
75岁及以上	31				41	30	11	
男	**9119**	**241**	**171**	**203**	**20086**	**14254**	**5652**	**180**
16-19岁	41	3	1	1	56	29	26	1
20-24岁	373	33	27	10	923	574	340	9
25-29岁	670	38	30	24	2027	1441	570	16
30-34岁	659	52	30	46	2805	1995	780	30
35-39岁	955	43	30	29	2265	1641	605	19
40-44岁	1861	16	18	24	2624	2087	509	28
45-49岁	1816	19	7	32	2784	2155	608	21
50-54岁	1545	15	11	19	2965	2058	875	32
55-59岁	1019	19	15	15	2803	1904	877	22
60-64岁	86			3	501	211	289	1
65-69岁	39		2		236	103	132	1
70-74岁	31	3			65	33	32	
75岁及以上	24				32	23	9	
女	**17715**	**169**	**269**	**62**	**11314**	**10608**	**560**	**146**
16-19岁	122	4	2	1	38	36	1	1
20-24岁	1780	28	41	4	785	740	39	6
25-29岁	2690	30	60	6	1942	1856	62	24
30-34岁	2751	32	65	11	2577	2426	123	28
35-39岁	2945	28	23	18	1722	1615	88	19
40-44岁	3068	21	33	9	1626	1520	81	25
45-49岁	2398	12	27	5	1452	1340	85	27
50-54岁	1640	6	16	4	859	799	53	7
55-59岁	249	6	1	3	240	216	17	7
60-64岁	32	2	1	1	40	33	5	2
65-69岁	22				20	17	3	
70-74岁	11				4	3	1	
75岁及以上	7				9	7	2	

4-7b 续表 3 单位：人

年龄组 性 别	16岁及以上人口							
	四、社会生产服务和生活服务人员							
	小计	21.批发与零售服务人员	22.交通运输、仓储和邮政业服务人员	23.住宿和餐饮服务人员	24.信息传输、软件和信息技术服务人员	25.金融服务人员	26.房地产服务人员	27.租赁和商务服务人员
总 计	**165152**	**78371**	**29241**	**21437**	**1994**	**2664**	**1273**	**2749**
16-19岁	1931	755	241	493	13	7	16	18
20-24岁	8573	3768	1357	1339	235	193	113	132
25-29岁	15936	7553	2727	1995	362	447	212	198
30-34岁	27341	13366	5065	3197	537	624	271	304
35-39岁	27082	13192	5261	3253	390	375	195	317
40-44岁	23120	10674	4413	3134	202	279	124	301
45-49岁	23039	10383	4297	3266	129	311	127	386
50-54岁	18728	8735	3314	2621	75	266	107	382
55-59岁	12092	5940	1889	1449	36	144	86	417
60-64岁	4194	2247	448	447	7	12	15	187
65-69岁	2045	1129	171	173	4	4	7	80
70-74岁	686	394	44	47	4	1		23
75岁及以上	385	235	14	23		1		4
男	**87830**	**34943**	**24850**	**9050**	**1378**	**1301**	**657**	**2176**
16-19岁	1139	349	187	301	8	3	12	13
20-24岁	5027	1757	1117	816	153	88	60	94
25-29岁	8911	3364	2324	1080	242	216	112	138
30-34岁	14524	5631	4364	1490	350	275	123	193
35-39岁	14186	5470	4566	1363	273	146	71	213
40-44岁	11568	4356	3684	1177	136	117	62	214
45-49岁	11327	4444	3534	1031	102	143	63	317
50-54岁	9809	4189	2804	877	66	177	71	332
55-59岁	6905	3090	1667	567	35	123	66	388
60-64岁	2460	1246	401	207	6	10	11	172
65-69岁	1271	662	149	95	4	2	6	76
70-74岁	462	244	41	32	3			23
75岁及以上	241	141	12	14		1		3
女	**77322**	**43428**	**4391**	**12387**	**616**	**1363**	**616**	**573**
16-19岁	792	406	54	192	5	4	4	5
20-24岁	3546	2011	240	523	82	105	53	38
25-29岁	7025	4189	403	915	120	231	100	60
30-34岁	12817	7735	701	1707	187	349	148	111
35-39岁	12896	7722	695	1890	117	229	124	104
40-44岁	11552	6318	729	1957	66	162	62	87
45-49岁	11712	5939	763	2235	27	168	64	69
50-54岁	8919	4546	510	1744	9	89	36	50
55-59岁	5187	2850	222	882	1	21	20	29
60-64岁	1734	1001	47	240	1	2	4	15
65-69岁	774	467	22	78		2	1	4
70-74岁	224	150	3	15	1	1		
75岁及以上	144	94	2	9				1

4-7b　续表 4　　　　单位：人

年龄组 性　别	16岁及以上人口							
	四、社会生产服务和生活服务人员							
	28.技术辅助服务人员	29.水利、环境和公共设施管理服务人员	30.居民服务人员	31.电力、燃气及水供应服务人员	32.修理及制作服务人员	33.文化、体育和娱乐服务人员	34.健康服务人员	35.其他社会生产和生活服务人员
总　计	**1993**	**5946**	**9947**	**1884**	**6504**	**679**	**287**	**183**
16-19岁	33	13	156	6	127	49	1	3
20-24岁	256	51	484	65	439	97	33	11
25-29岁	414	125	933	130	684	109	36	11
30-34岁	434	323	1669	245	1090	134	55	27
35-39岁	313	554	1565	298	1206	90	40	33
40-44岁	192	870	1400	365	1043	58	38	27
45-49岁	167	1293	1341	376	843	60	34	26
50-54岁	103	1237	1045	205	547	39	28	24
55-59岁	49	844	724	147	314	26	13	14
60-64岁	16	385	265	30	118	7	7	3
65-69岁	10	188	199	12	59	6		3
70-74岁	2	51	89	3	22	4	1	1
75岁及以上	4	12	77	2	12		1	
男	**1313**	**1709**	**2849**	**1506**	**5520**	**385**	**94**	**99**
16-19岁	23	7	73	5	122	33		3
20-24岁	173	29	197	52	412	64	9	6
25-29岁	275	61	284	113	624	63	7	8
30-34岁	261	123	478	195	929	80	16	16
35-39岁	220	152	405	239	989	45	18	16
40-44岁	120	174	343	276	861	24	10	14
45-49岁	104	264	297	282	693	29	10	14
50-54岁	72	295	268	174	444	18	11	11
55-59岁	39	286	215	134	263	20	7	5
60-64岁	13	168	95	20	100	4	5	2
65-69岁	8	104	96	11	52	3		3
70-74岁	2	36	54	3	20	2	1	1
75岁及以上	3	10	44	2	11			
女	**680**	**4237**	**7098**	**378**	**984**	**294**	**193**	**84**
16-19岁	10	6	83	1	5	16	1	
20-24岁	83	22	287	13	27	33	24	5
25-29岁	139	64	649	17	60	46	29	3
30-34岁	173	200	1191	50	161	54	39	11
35-39岁	93	402	1160	59	217	45	22	17
40-44岁	72	696	1057	89	182	34	28	13
45-49岁	63	1029	1044	94	150	31	24	12
50-54岁	31	942	777	31	103	21	17	13
55-59岁	10	558	509	13	51	6	6	9
60-64岁	3	217	170	10	18	3	2	1
65-69岁	2	84	103	1	7	3		
70-74岁		15	35		2	2		
75岁及以上	1	2	33		1		1	

4-7b 续表 5

单位：人

年龄组 性别	16岁及以上人口 五、农、林、牧、渔业生产及辅助人员 小计	36.农业生产人员	37.林业生产人员	38.畜牧业生产人员	39.渔业生产人员	40.农林牧渔生产辅助人员	41.其他农、林、牧、渔业生产加工人员	六、生产制造及有关人员 小计	42.农副产品加工人员
总计	**113202**	**98838**	**3092**	**8013**	**2273**	**893**	**93**	**117206**	**3742**
16-19岁	863	776	11	45	25	6		1489	17
20-24岁	2531	2199	62	200	48	21	1	5940	96
25-29岁	4710	4014	131	405	113	39	8	10083	204
30-34岁	9100	7647	302	831	232	80	8	17913	463
35-39岁	10854	9132	355	956	288	115	8	18771	532
40-44岁	11487	9803	407	883	257	118	19	17643	517
45-49岁	15251	12968	576	1204	348	147	8	18115	629
50-54岁	18301	15928	558	1249	393	155	18	14453	626
55-59岁	16557	14640	397	1053	329	127	11	8678	428
60-64岁	10489	9593	175	538	133	44	6	2604	127
65-69岁	8091	7558	80	351	72	27	3	1135	73
70-74岁	3260	3046	22	161	20	9	2	281	26
75岁及以上	1708	1534	16	137	15	5	1	101	4
男	**59699**	**50510**	**2246**	**4771**	**1631**	**489**	**52**	**81863**	**2229**
16-19岁	559	498	10	29	19	3		1059	10
20-24岁	1536	1293	55	134	38	15	1	4442	71
25-29岁	2741	2255	98	268	92	24	4	7507	144
30-34岁	5161	4153	221	551	184	46	6	12568	296
35-39岁	5968	4838	268	575	221	61	5	12589	297
40-44岁	5991	4916	295	523	186	61	10	11443	283
45-49岁	7685	6319	401	659	218	85	3	11863	327
50-54岁	9303	7843	404	700	266	79	11	10308	379
55-59岁	8212	7004	287	608	236	70	7	6783	280
60-64岁	5416	4848	126	322	95	23	2	2104	80
65-69岁	4329	3994	54	214	52	14	1	906	42
70-74岁	1848	1704	18	108	13	4	1	219	16
75岁及以上	950	845	9	80	11	4	1	72	4
女	**53503**	**48328**	**846**	**3242**	**642**	**404**	**41**	**35343**	**1513**
16-19岁	304	278	1	16	6	3		430	7
20-24岁	995	906	7	66	10	6		1498	25
25-29岁	1969	1759	33	137	21	15	4	2576	60
30-34岁	3939	3494	81	280	48	34	2	5345	167
35-39岁	4886	4294	87	381	67	54	3	6182	235
40-44岁	5496	4887	112	360	71	57	9	6200	234
45-49岁	7566	6649	175	545	130	62	5	6252	302
50-54岁	8998	8085	154	549	127	76	7	4145	247
55-59岁	8345	7636	110	445	93	57	4	1895	148
60-64岁	5073	4745	49	216	38	21	4	500	47
65-69岁	3762	3564	26	137	20	13	2	229	31
70-74岁	1412	1342	4	53	7	5	1	62	10
75岁及以上	758	689	7	57	4	1		29	

4-7b　续表 6　　　　　　　　　　　　　　　　　　　　单位：人

年龄组 性　别	16岁及以上人口							
	六、生产制造及有关人员							
	43.食品、饮料生产加工人员	44.烟草及其制品加工人员	45.纺织、针织、印染人　员	46.纺织品、服装和皮革、毛皮制品加工制作人员	47.木材加工、家具与木制品制作人员	48.纸及纸制品生产加工人员	49.印刷和记录媒介复制人员	50.文教、工美、体育和娱乐用品制造人　员
总　计	**2374**	**30**	**1408**	**8686**	**6628**	**618**	**483**	**2276**
16-19岁	36		18	175	41	7	8	35
20-24岁	126		57	517	177	21	22	110
25-29岁	211	3	108	732	409	35	46	200
30-34岁	380	3	214	1393	815	101	76	382
35-39岁	380	7	271	1614	995	122	111	397
40-44岁	334	5	268	1454	1111	119	81	344
45-49岁	326	4	244	1322	1157	102	62	289
50-54岁	259	3	144	871	1013	68	41	240
55-59岁	203	5	60	413	596	29	30	139
60-64岁	66		18	107	182	4	4	64
65-69岁	37		4	61	98	4	2	51
70-74岁	12		1	14	27	5		15
75岁及以上	4		1	13	7	1		10
男	**1241**	**19**	**497**	**2394**	**4003**	**400**	**279**	**736**
16-19岁	17		8	72	31	6	4	15
20-24岁	72		39	225	129	17	17	55
25-29岁	118	2	57	285	268	28	27	73
30-34岁	212	2	78	399	517	75	50	123
35-39岁	185	3	80	418	581	78	61	115
40-44岁	159	3	82	306	581	67	44	105
45-49岁	163	4	61	276	637	57	30	78
50-54岁	127	1	52	209	606	43	22	73
55-59岁	118	4	27	133	408	18	21	47
60-64岁	43		10	38	138	3	2	19
65-69岁	19		3	22	76	2	1	22
70-74岁	6			5	24	5		6
75岁及以上	2			6	7	1		5
女	**1133**	**11**	**911**	**6292**	**2625**	**218**	**204**	**1540**
16-19岁	19		10	103	10	1	4	20
20-24岁	54		18	292	48	4	5	55
25-29岁	93	1	51	447	141	7	19	127
30-34岁	168	1	136	994	298	26	26	259
35-39岁	195	4	191	1196	414	44	50	282
40-44岁	175	2	186	1148	530	52	37	239
45-49岁	163		183	1046	520	45	32	211
50-54岁	132	2	92	662	407	25	19	167
55-59岁	85	1	33	280	188	11	9	92
60-64岁	23		8	69	44	1	2	45
65-69岁	18		1	39	22	2	1	29
70-74岁	6		1	9	3			9
75岁及以上	2		1	7				5

4-7b 续表 7

单位：人

年龄组 性别	16岁及以上人口							
	六、生产制造及有关人员							
	51.石油加工和炼焦、煤化工生产人员	52.化学原料和化学制品制造人员	53.医药制造人员	54.化学纤维制造人员	55.橡胶和塑料制品制造人员	56.非金属矿物制品制造人员	57.采矿人员	58.金属冶炼和压延加工人员
总计	**60**	**623**	**345**	**18**	**944**	**3052**	**870**	**1232**
16-19岁	4	4			14	29	2	5
20-24岁	2	28	28		54	118	22	48
25-29岁	8	55	29		65	184	52	121
30-34岁	8	90	58	6	138	417	104	201
35-39岁	14	93	56	5	155	468	125	219
40-44岁	12	112	57	4	167	474	152	223
45-49岁	6	101	54	1	172	556	179	215
50-54岁		70	36	2	105	432	153	118
55-59岁	3	54	19		44	252	61	62
60-64岁	2	11	4		15	84	15	13
65-69岁	1	2	3		14	27	3	5
70-74岁		1	1			10	1	2
75岁及以上		2			1	1	1	
男	**48**	**424**	**134**	**9**	**504**	**2146**	**701**	**995**
16-19岁	4	3			11	26	2	4
20-24岁	2	17	10		41	96	18	42
25-29岁	5	40	14		39	147	46	102
30-34岁	6	63	21	1	79	299	88	156
35-39岁	12	62	22	3	87	314	97	172
40-44岁	9	68	17	2	88	303	112	184
45-49岁	4	71	14	1	71	360	135	168
50-54岁		50	19	2	47	303	133	97
55-59岁	3	42	11		23	204	52	53
60-64岁	2	5	3		10	63	13	12
65-69岁	1	1	2		8	24	3	4
70-74岁		1	1			6	1	1
75岁及以上		1				1	1	
女	**12**	**199**	**211**	**9**	**440**	**906**	**169**	**237**
16-19岁		1			3	3		1
20-24岁		11	18		13	22	4	6
25-29岁	3	15	15		26	37	6	19
30-34岁	2	27	37	5	59	118	16	45
35-39岁	2	31	34	2	68	154	28	47
40-44岁	3	44	40	2	79	171	40	39
45-49岁	2	30	40		101	196	44	47
50-54岁		20	17		58	129	20	21
55-59岁		12	8		21	48	9	9
60-64岁		6	1		5	21	2	1
65-69岁		1	1		6	3		1
70-74岁						4		1
75岁及以上		1			1			

4-7b　续表 8　　　　单位：人

年龄组 性　别	16岁及以上人口							
	六、生产制造及有关人员							
	59.机械制造基础加工人员	60.金属制品制造人　员	61.通用设备制造人　员	62.专用设备制造人　员	63.汽车制造人员	64.铁路、船舶、航空设备制造人　员	65.电气机械和器材制造人员	66.计算机、通信和其他电子设备制造人　员
总　计	**2407**	**2370**	**420**	**133**	**705**	**127**	**858**	**7537**
16-19岁	30	55	5	2	11	1	39	347
20-24岁	119	167	14	13	61	2	108	1023
25-29岁	212	217	34	12	78	19	106	1205
30-34岁	373	444	58	32	161	24	176	1592
35-39岁	427	438	60	30	135	15	144	1349
40-44岁	418	353	74	16	96	16	118	879
45-49岁	404	323	70	16	93	18	88	655
50-54岁	263	223	61	9	52	21	53	302
55-59岁	120	101	33	2	14	8	17	132
60-64岁	27	25	7	1	4	1	6	29
65-69岁	11	15	3			2	3	14
70-74岁	2	6						9
75岁及以上	1	3	1					1
男	**2033**	**1695**	**350**	**75**	**445**	**108**	**515**	**3628**
16-19岁	27	43	4	2	8	1	26	224
20-24岁	105	130	11	10	55	2	70	662
25-29岁	186	169	29	7	59	17	64	712
30-34岁	315	319	50	17	111	21	113	722
35-39岁	351	316	51	14	72	11	80	544
40-44岁	351	250	59	8	49	13	69	307
45-49岁	342	200	53	9	45	14	43	227
50-54岁	217	151	53	7	32	19	32	142
55-59岁	101	78	31	1	12	7	12	65
60-64岁	24	19	6		2	1	4	12
65-69岁	11	12	3			2	2	6
70-74岁	2	5						5
75岁及以上	1	3						
女	**374**	**675**	**70**	**58**	**260**	**19**	**343**	**3909**
16-19岁	3	12	1		3		13	123
20-24岁	14	37	3	3	6		38	361
25-29岁	26	48	5	5	19	2	42	493
30-34岁	58	125	8	15	50	3	63	870
35-39岁	76	122	9	16	63	4	64	805
40-44岁	67	103	15	8	47	3	49	572
45-49岁	62	123	17	7	48	4	45	428
50-54岁	46	72	8	2	20	2	21	160
55-59岁	19	23	2	1	2	1	5	67
60-64岁	3	6	1	1	2		2	17
65-69岁		3					1	8
70-74岁		1						4
75岁及以上			1					1

4-7b 续表 9

单位：人

年龄组 性 别	16岁及以上人口 六、生产制造及有关人员 67.仪器仪表制造人员	68.废弃资源综合利用人员	69.电力、热力、气体、水生产和输配人员	70.建筑施工人员	71.运输设备和通用工程机械操作人员及有关人员	72.生产辅助人员	73.其他生产制造及有关人员	74.不便分类的其他从业人员
总 计	**87**	**108**	**689**	**55940**	**3565**	**8414**	**457**	**2176**
16-19岁		1		465	44	86	8	309
20-24岁	8	1	28	2211	233	505	21	196
25-29岁	10	9	57	4235	487	905	35	195
30-34岁	15	11	94	7749	786	1456	93	278
35-39岁	14	16	87	8471	678	1278	65	282
40-44岁	15	22	144	8211	494	1296	57	232
45-49岁	7	12	128	9098	393	1332	59	227
50-54岁	10	19	90	7939	273	906	51	206
55-59岁	6	10	52	5132	134	483	36	136
60-64岁	2	3	7	1620	35	105	16	44
65-69岁		1	1	641	4	45	10	34
70-74岁		2	1	129	2	10	5	18
75岁及以上		1		39	2	7	1	19
男	**51**	**75**	**512**	**46485**	**3367**	**5475**	**290**	**1227**
16-19岁		1		398	43	62	7	165
20-24岁	5	1	17	1913	223	372	15	125
25-29岁	8	7	47	3683	468	631	25	120
30-34岁	10	9	76	6587	759	935	59	162
35-39岁	4	11	53	6995	641	821	38	158
40-44岁	5	16	95	6552	454	766	36	121
45-49岁	6	7	91	7201	354	782	32	117
50-54岁	7	12	75	6496	253	619	30	114
55-59岁	5	6	50	4454	129	364	24	78
60-64岁	1	3	6	1463	35	75	12	24
65-69岁		1	1	592	4	36	6	21
70-74岁		1	1	119	2	7	5	11
75岁及以上				32	2	5	1	11
女	**36**	**33**	**177**	**9455**	**198**	**2939**	**167**	**949**
16-19岁				67	1	24	1	144
20-24岁	3		11	298	10	133	6	71
25-29岁	2	2	10	552	19	274	10	75
30-34岁	5	2	18	1162	27	521	34	116
35-39岁	10	5	34	1476	37	457	27	124
40-44岁	10	6	49	1659	40	530	21	111
45-49岁	1	5	37	1897	39	550	27	110
50-54岁	3	7	15	1443	20	287	21	92
55-59岁	1	4	2	678	5	119	12	58
60-64岁	1		1	157		30	4	20
65-69岁				49		9	4	13
70-74岁		1		10		3		7
75岁及以上		1		7		2		8

4-7b 续表 10　　　　单位：人

年龄组 性别	有农村土地承包经营权的人口							
	合计	一、党的机关、国家机关、群众团体和社会组织、企事业单位负责人						
		小计	1.中国共产党机关负责人	2.国家机关负责人	3.民主党派和工商联负责人	4.人民团体和群众团体、社会组织及其他成员组织负责人	5.基层群众自治组织负责人	6.企事业单位负责人
总　计	**316383**	**3345**	**16**	**154**		**254**	**253**	**2668**
16-19岁	3351	1						1
20-24岁	13786	61		1		4	3	53
25-29岁	23774	212		13		10	8	181
30-34岁	40181	502	1	19		45	10	427
35-39岁	42732	590	3	25		38	24	500
40-44岁	41195	588	5	32		43	39	469
45-49岁	44497	513	2	32		45	39	395
50-54岁	42518	428	2	18		25	39	344
55-59岁	32149	305	1	12		32	49	211
60-64岁	15792	91	1	1		5	31	53
65-69岁	10461	34	1	1		3	10	19
70-74岁	3933	14				3	1	10
75岁及以上	2014	6				1		5
男	**185575**	**2469**	**15**	**128**		**165**	**209**	**1952**
16-19岁	2133	1						1
20-24岁	8092	47				3	2	42
25-29岁	13832	136		6		6	4	120
30-34岁	23590	331		13		28	8	282
35-39岁	25237	418	3	22		23	15	355
40-44岁	23720	426	5	28		24	29	340
45-49岁	25613	388	2	29		27	32	298
50-54岁	25085	346	2	18		22	36	268
55-59岁	19284	256	1	10		23	43	179
60-64岁	9294	77	1	1		4	29	42
65-69岁	6129	30	1	1		2	10	16
70-74岁	2386	8				2	1	5
75岁及以上	1180	5				1		4
女	**130808**	**876**	**1**	**26**		**89**	**44**	**716**
16-19岁	1218							
20-24岁	5694	14		1		1	1	11
25-29岁	9942	76		7		4	4	61
30-34岁	16591	171	1	6		17	2	145
35-39岁	17495	172		3		15	9	145
40-44岁	17475	162		4		19	10	129
45-49岁	18884	125		3		18	7	97
50-54岁	17433	82				3	3	76
55-59岁	12865	49		2		9	6	32
60-64岁	6498	14				1	2	11
65-69岁	4332	4				1		3
70-74岁	1547	6				1		5
75岁及以上	834	1						1

4-7b 续表 11　　　　单位：人

年龄组 性　别	有农村土地承包经营权的人口							
	二、专业技术人员							
	小计	7.科学研究人员	8.工程技术人员	9.农业技术人员	10.飞机和船舶技术人员	11.卫生专业技术人员	12.经济和金融专业人员	13.法律、社会和宗教专业人员
总　计	**18161**	**22**	**2631**	**257**	**96**	**4079**	**1637**	**188**
16–19岁	187		25		2	45	12	
20–24岁	2051	2	254	13	7	554	171	9
25–29岁	3103	2	384	15	10	834	321	31
30–34岁	3300	5	513	37	21	746	438	43
35–39岁	2538	2	408	36	14	533	233	34
40–44岁	2423	5	359	23	14	468	164	14
45–49岁	1987	3	303	46	5	349	142	15
50–54岁	1428	1	216	34	12	250	83	22
55–59岁	775	2	115	20	7	140	53	12
60–64岁	182		30	19	4	66	12	4
65–69岁	102		18	7		48	3	3
70–74岁	52		4	5		26	4	
75岁及以上	33		2	2		20	1	1
男	**7774**	**15**	**2291**	**176**	**93**	**1402**	**512**	**113**
16–19岁	58		22		2	8	2	
20–24岁	551	1	213	10	7	81	50	5
25–29岁	895	2	328	10	10	139	75	12
30–34岁	1113	1	448	22	20	192	92	21
35–39岁	1025	2	356	24	13	189	66	19
40–44岁	1165	4	306	17	14	217	50	11
45–49岁	1135	3	268	27	5	205	63	9
50–54岁	906		194	26	12	155	53	19
55–59岁	638	2	108	15	6	95	45	10
60–64岁	138		27	14	4	49	8	3
65–69岁	77		15	6		33	3	3
70–74岁	44		4	4		21	4	
75岁及以上	29		2	1		18	1	1
女	**10387**	**7**	**340**	**81**	**3**	**2677**	**1125**	**75**
16–19岁	129		3			37	10	
20–24岁	1500	1	41	3		473	121	4
25–29岁	2208		56	5		695	246	19
30–34岁	2187	4	65	15	1	554	346	22
35–39岁	1513		52	12	1	344	167	15
40–44岁	1258	1	53	6		251	114	3
45–49岁	852		35	19		144	79	6
50–54岁	522	1	22	8		95	30	3
55–59岁	137		7	5	1	45	8	2
60–64岁	44		3	5		17	4	1
65–69岁	25		3	1		15		
70–74岁	8			1		5		
75岁及以上	4			1		2		

4-7b 续表 12　　单位：人

年龄组 性别	有农村土地承包经营权的人口							
	二、专业技术人员				三、办事人员和有关人员			
	14.教学人员	15.文学艺术、体育专业人员	16.新闻出版、文化专业人员	17.其他专业技术人员	小计	18.办事人员	19.安全和消防人员	20.其他办事人员和有关人员
总　计	**8832**	**178**	**126**	**115**	**10229**	**7388**	**2712**	**129**
16-19岁	94	4	3	2	48	36	11	1
20-24岁	996	21	19	5	738	567	166	5
25-29岁	1417	33	43	13	1446	1175	251	20
30-34岁	1409	42	25	21	1896	1535	339	22
35-39岁	1207	26	18	27	1307	1027	263	17
40-44岁	1338	15	8	15	1169	936	216	17
45-49岁	1086	16	6	16	1118	812	289	17
50-54岁	789	9	2	10	1044	629	400	15
55-59岁	411	10	1	4	922	482	427	13
60-64岁	44		1	2	340	119	219	2
65-69岁	23				158	56	102	
70-74岁	11	2			35	10	25	
75岁及以上	7				8	4	4	
男	**2917**	**109**	**55**	**91**	**6878**	**4269**	**2536**	**73**
16-19岁	20	2	1	1	25	14	11	
20-24岁	161	11	8	4	393	239	150	4
25-29岁	274	19	15	11	748	511	227	10
30-34岁	266	26	8	17	1052	739	300	13
35-39岁	307	18	13	18	819	569	242	8
40-44岁	520	8	5	13	799	593	196	10
45-49岁	529	9	3	14	792	525	260	7
50-54岁	432	6	1	8	889	493	384	12
55-59岁	344	8	1	4	843	414	421	8
60-64岁	32			1	323	107	215	1
65-69岁	17				153	52	101	
70-74岁	9	2			34	9	25	
75岁及以上	6				8	4	4	
女	**5915**	**69**	**71**	**24**	**3351**	**3119**	**176**	**56**
16-19岁	74	2	2	1	23	22		1
20-24岁	835	10	11	1	345	328	16	1
25-29岁	1143	14	28	2	698	664	24	10
30-34岁	1143	16	17	4	844	796	39	9
35-39岁	900	8	5	9	488	458	21	9
40-44岁	818	7	3	2	370	343	20	7
45-49岁	557	7	3	2	326	287	29	10
50-54岁	357	3	1	2	155	136	16	3
55-59岁	67	2			79	68	6	5
60-64岁	12		1	1	17	12	4	1
65-69岁	6				5	4	1	
70-74岁	2				1	1		
75岁及以上	1							

4-7b 续表 13 单位：人

年龄组 性别	有农村土地承包经营权的人口 四、社会生产服务和生活服务人员 小计	21.批发与零售服务人员	22.交通运输、仓储和邮政业服务人员	23.住宿和餐饮服务人员	24.信息传输、软件和信息技术服务人员	25.金融服务人员	26.房地产服务人员	27.租赁和商务服务人员
总计	**96932**	**45297**	**18548**	**12973**	**890**	**862**	**621**	**1531**
16-19岁	1185	441	159	309	7	4	10	10
20-24岁	4795	2130	795	791	99	73	55	71
25-29岁	8554	3990	1586	1131	162	159	107	95
30-34岁	14976	7154	3129	1752	238	208	131	140
35-39岁	15638	7404	3361	1960	184	110	93	168
40-44岁	13843	6214	2909	1927	79	99	58	160
45-49岁	13596	6010	2797	2012	60	84	54	189
50-54岁	11578	5446	2126	1670	36	73	52	221
55-59岁	7700	3819	1224	958	13	42	46	244
60-64岁	2928	1521	311	311	5	9	11	143
65-69岁	1411	754	114	110	4		4	68
70-74岁	481	267	31	31	3			19
75岁及以上	247	147	6	11		1		3
男	**53952**	**21377**	**16061**	**5590**	**627**	**421**	**340**	**1261**
16-19岁	725	211	126	190	4	2	7	8
20-24岁	2853	1002	664	482	58	31	30	50
25-29岁	4904	1810	1362	627	105	74	57	67
30-34岁	8323	3104	2752	854	162	90	59	86
35-39岁	8713	3235	3001	847	136	39	41	113
40-44岁	7372	2745	2478	753	54	43	30	125
45-49岁	7182	2832	2348	669	55	47	33	163
50-54岁	6346	2809	1828	567	30	52	36	202
55-59岁	4377	2035	1081	360	13	35	35	227
60-64岁	1748	866	283	144	4	7	8	133
65-69岁	910	457	104	68	4		4	65
70-74岁	331	174	28	20	2			19
75岁及以上	168	97	6	9		1		3
女	**42980**	**23920**	**2487**	**7383**	**263**	**441**	**281**	**270**
16-19岁	460	230	33	119	3	2	3	2
20-24岁	1942	1128	131	309	41	42	25	21
25-29岁	3650	2180	224	504	57	85	50	28
30-34岁	6653	4050	377	898	76	118	72	54
35-39岁	6925	4169	360	1113	48	71	52	55
40-44岁	6471	3469	431	1174	25	56	28	35
45-49岁	6414	3178	449	1343	5	37	21	26
50-54岁	5232	2637	298	1103	6	21	16	19
55-59岁	3323	1784	143	598		7	11	17
60-64岁	1180	655	28	167	1	2	3	10
65-69岁	501	297	10	42				3
70-74岁	150	93	3	11	1			
75岁及以上	79	50		2				

4-7b 续表 14

单位：人

年龄组 性 别	有农村土地承包经营权的人口							
	四、社会生产服务和生活服务人员							
	28.技术辅助服务人员	29.水利、环境和公共设施管理服务人员	30.居民服务人员	31.电力、燃气及水供应服务人员	32.修理及制作服务人员	33.文化、体育和娱乐服务人员	34.健康服务人员	35.其他社会生产和生活服务人员
总 计	**919**	**3885**	**5759**	**905**	**4227**	**298**	**111**	**106**
16-19岁	20	9	101	5	82	25	1	2
20-24岁	118	28	262	35	271	52	10	5
25-29岁	188	68	507	70	417	50	17	7
30-34岁	207	195	929	127	680	49	22	15
35-39岁	141	351	854	154	783	40	18	17
40-44岁	84	553	826	160	719	22	14	19
45-49岁	71	769	758	164	580	22	9	17
50-54岁	46	811	609	88	359	17	9	15
55-59岁	27	582	452	73	198	11	5	6
60-64岁	8	313	188	18	80	5	5	
65-69岁	6	157	142	8	39	3		2
70-74岁	2	41	68	3	12	2	1	1
75岁及以上	1	8	63		7			
男	**618**	**1209**	**1777**	**773**	**3601**	**193**	**46**	**58**
16-19岁	14	4	54	4	81	18		2
20-24岁	80	17	108	32	255	37	4	3
25-29岁	124	40	149	62	381	35	6	5
30-34岁	124	80	275	103	580	36	10	8
35-39岁	102	103	270	130	655	23	11	7
40-44岁	55	113	224	132	594	11	5	10
45-49岁	46	167	181	143	476	12	1	9
50-54岁	37	217	177	77	296	7	3	8
55-59岁	22	198	129	67	162	8	2	3
60-64岁	6	142	67	13	69	3	3	
65-69岁	5	89	69	7	35	1		2
70-74岁	2	31	38	3	10	2	1	1
75岁及以上	1	8	36		7			
女	**301**	**2676**	**3982**	**132**	**626**	**105**	**65**	**48**
16-19岁	6	5	47	1	1	7	1	
20-24岁	38	11	154	3	16	15	6	2
25-29岁	64	28	358	8	36	15	11	2
30-34岁	83	115	654	24	100	13	12	7
35-39岁	39	248	584	24	128	17	7	10
40-44岁	29	440	602	28	125	11	9	9
45-49岁	25	602	577	21	104	10	8	8
50-54岁	9	594	432	11	63	10	6	7
55-59岁	5	384	323	6	36	3	3	3
60-64岁	2	171	121	5	11	2	2	
65-69岁	1	68	73	1	4	2		
70-74岁		10	30		2			
75岁及以上			27					

4-7b 续表 15　　　　单位：人

年龄组 性　别	有农村土地承包经营权的人口								
	五、农、林、牧、渔业生产及辅助人员							六、生产制造及有关人员	
	小计	36.农业生产人员	37.林业生产人员	38.畜牧业生产人员	39.渔业生产人员	40.农林牧渔生产辅助人员	41.其他农、林、牧、渔业生产加工人员	小计	42.农副产品加工人员
总　计	**102551**	**91266**	**2387**	**6820**	**1344**	**663**	**71**	**83984**	**2430**
16-19岁	702	645	6	32	14	5		1095	12
20-24岁	2072	1832	51	151	21	17		3978	68
25-29岁	3826	3355	86	300	56	23	6	6527	115
30-34岁	7529	6484	221	638	127	53	6	11815	289
35-39岁	9355	8065	260	771	168	85	6	13133	348
40-44岁	10245	8928	316	733	171	82	15	12796	323
45-49岁	13838	12031	448	1044	201	107	7	13326	360
50-54岁	16884	15000	423	1095	231	123	12	11034	429
55-59岁	15526	13957	318	940	205	99	7	6847	292
60-64岁	10040	9247	157	507	88	35	6	2183	109
65-69岁	7783	7311	72	330	43	24	3	950	60
70-74岁	3115	2930	17	150	9	7	2	223	21
75岁及以上	1636	1481	12	129	10	3	1	77	4
男	**54343**	**47117**	**1756**	**4072**	**1001**	**360**	**37**	**59460**	**1440**
16-19岁	461	422	6	21	9	3		780	6
20-24岁	1244	1069	46	98	18	13		2952	46
25-29岁	2222	1897	64	199	48	12	2	4858	77
30-34岁	4269	3537	167	426	104	30	5	8403	184
35-39岁	5180	4345	196	462	128	46	3	8979	197
40-44岁	5420	4564	237	438	129	44	8	8466	185
45-49岁	7078	5972	320	585	138	60	3	8975	198
50-54岁	8630	7478	305	614	164	62	7	7897	249
55-59岁	7747	6760	229	549	150	55	4	5373	179
60-64岁	5218	4716	113	304	65	18	2	1779	67
65-69岁	4182	3886	51	199	34	11	1	764	36
70-74岁	1783	1656	14	102	7	3	1	178	12
75岁及以上	909	815	8	75	7	3	1	56	4
女	**48208**	**44149**	**631**	**2748**	**343**	**303**	**34**	**24524**	**990**
16-19岁	241	223		11	5	2		315	6
20-24岁	828	763	5	53	3	4		1026	22
25-29岁	1604	1458	22	101	8	11	4	1669	38
30-34岁	3260	2947	54	212	23	23	1	3412	105
35-39岁	4175	3720	64	309	40	39	3	4154	151
40-44岁	4825	4364	79	295	42	38	7	4330	138
45-49岁	6760	6059	128	459	63	47	4	4351	162
50-54岁	8254	7522	118	481	67	61	5	3137	180
55-59岁	7779	7197	89	391	55	44	3	1474	113
60-64岁	4822	4531	44	203	23	17	4	404	42
65-69岁	3601	3425	21	131	9	13	2	186	24
70-74岁	1332	1274	3	48	2	4	1	45	9
75岁及以上	727	666	4	54	3			21	

4-7b 续表 16

单位：人

年龄组 性 别	有农村土地承包经营权的人口							
	六、生产制造及有关人员							
	43.食品、饮料生产加工人员	44.烟草及其制品加工人员	45.纺织、针织、印染人 员	46.纺织品、服装和皮革、毛皮制品加工制作人员	47.木材加工、家具与木制品制作人员	48.纸及纸制品生产加工人员	49.印刷和记录媒介复制人员	50.文教、工美、体育和娱乐用品制造人 员
总 计	**1490**	**13**	**946**	**6466**	**5187**	**397**	**284**	**1655**
16-19岁	26		10	136	31	5	7	30
20-24岁	74		36	380	130	12	15	81
25-29岁	119		61	557	290	26	26	122
30-34岁	219	1	139	986	594	60	42	252
35-39岁	253	2	173	1211	709	74	76	264
40-44岁	213	3	178	1102	897	78	52	259
45-49岁	189	1	175	1000	952	63	28	216
50-54岁	176	2	106	643	836	42	25	185
55-59岁	125	4	46	305	489	24	11	121
60-64岁	54		16	81	152	4	2	59
65-69岁	27		4	49	80	4		45
70-74岁	11		1	6	22	4		14
75岁及以上	4		1	10	5	1		7
男	**809**	**9**	**343**	**1816**	**3159**	**255**	**175**	**539**
16-19岁	13		6	51	23	4	4	12
20-24岁	45		22	170	98	9	12	37
25-29岁	67		33	219	186	21	16	38
30-34岁	128	1	45	292	382	45	31	82
35-39岁	136	2	58	319	407	51	43	80
40-44岁	103	1	59	243	475	40	31	86
45-49岁	103	1	48	214	537	36	16	61
50-54岁	84	1	40	157	510	26	13	53
55-59岁	72	3	20	98	340	13	8	42
60-64岁	37		9	29	113	3	1	19
65-69岁	13		3	16	64	2		19
70-74岁	6			3	19	4		6
75岁及以上	2			5	5	1		4
女	**681**	**4**	**603**	**4650**	**2028**	**142**	**109**	**1116**
16-19岁	13		4	85	8	1	3	18
20-24岁	29		14	210	32	3	3	44
25-29岁	52		28	338	104	5	10	84
30-34岁	91		94	694	212	15	11	170
35-39岁	117		115	892	302	23	33	184
40-44岁	110	2	119	859	422	38	21	173
45-49岁	86		127	786	415	27	12	155
50-54岁	92	1	66	486	326	16	12	132
55-59岁	53	1	26	207	149	11	3	79
60-64岁	17		7	52	39	1	1	40
65-69岁	14		1	33	16	2		26
70-74岁	5		1	3	3			8
75岁及以上	2		1	5				3

4-7b 续表 17 单位：人

年龄组 性 别	有农村土地承包经营权的人口							
	六、生产制造及有关人员							
	51.石油加工和炼焦、煤化工生产人员	52.化学原料和化学制品制造人员	53.医药制造人员	54.化学纤维制造人员	55.橡胶和塑料制品制造人员	56.非金属矿物制品制造人员	57.采矿人员	58.金属冶炼和压延加工人员
总 计	**28**	**408**	**157**	**9**	**672**	**2111**	**484**	**739**
16-19岁	3	4			9	25	1	4
20-24岁		20	10		38	71	12	26
25-29岁	3	31	17		49	119	26	55
30-34岁	4	53	28	3	99	256	61	115
35-39岁	7	60	26	3	106	318	77	141
40-44岁	5	69	21	1	118	329	77	135
45-49岁	4	70	25	1	115	401	102	130
50-54岁		46	17	1	81	317	87	78
55-59岁	1	42	10		36	192	27	43
60-64岁	1	9	1		13	62	11	8
65-69岁		2	2		8	16	2	3
70-74岁		1				4		1
75岁及以上		1				1	1	
男	**26**	**282**	**66**	**4**	**355**	**1493**	**409**	**616**
16-19岁	3	3			7	23	1	4
20-24岁		11	7		29	55	11	23
25-29岁	3	23	8		27	94	23	49
30-34岁	4	40	8		58	185	56	97
35-39岁	6	42	13	1	60	218	62	114
40-44岁	5	44	6	1	60	213	63	115
45-49岁	3	50	5	1	45	266	83	106
50-54岁		32	11	1	36	215	75	63
55-59岁	1	30	5		18	158	23	36
60-64岁	1	4	1		9	47	9	7
65-69岁		1	2		6	15	2	2
70-74岁		1				3		
75岁及以上		1				1	1	
女	**2**	**126**	**91**	**5**	**317**	**618**	**75**	**123**
16-19岁		1			2	2		
20-24岁		9	3		9	16	1	3
25-29岁		8	9		22	25	3	6
30-34岁		13	20	3	41	71	5	18
35-39岁	1	18	13	2	46	100	15	27
40-44岁		25	15		58	116	14	20
45-49岁	1	20	20		70	135	19	24
50-54岁		14	6		45	102	12	15
55-59岁		12	5		18	34	4	7
60-64岁		5			4	15	2	1
65-69岁		1			2	1		1
70-74岁						1		1
75岁及以上								

4-7b　续表 18

单位：人

年龄组 性　别	有农村土地承包经营权的人口							
	六、生产制造及有关人员							
	59.机械制造基础加工人员	60.金属制品制造人　员	61.通用设备制造人　员	62.专用设备制造人　员	63.汽车制造人员	64.铁路、船舶、航空设备制造人　员	65.电气机械和器材制造人员	66.计算机、通信和其他电子设备制造人　员
总　计	**1713**	**1854**	**304**	**85**	**440**	**84**	**601**	**5248**
16-19岁	20	47	3	2	9	1	27	241
20-24岁	76	129	12	9	36		73	706
25-29岁	134	162	25	8	39	13	73	803
30-34岁	236	324	40	21	87	16	121	1059
35-39岁	318	330	41	14	80	6	102	937
40-44岁	316	312	53	10	59	12	83	628
45-49岁	302	263	51	11	75	15	62	494
50-54岁	191	171	43	7	40	14	40	237
55-59岁	89	78	27	2	13	7	13	103
60-64岁	23	21	6	1	2		4	22
65-69岁	6	11	2				3	13
70-74岁	2	3						4
75岁及以上		3	1					1
男	**1454**	**1329**	**256**	**48**	**268**	**68**	**348**	**2512**
16-19岁	18	36	2	2	7	1	17	155
20-24岁	67	100	9	7	33		49	452
25-29岁	117	130	22	3	31	12	44	474
30-34岁	201	234	32	11	53	13	69	482
35-39岁	263	243	33	7	46	4	57	387
40-44岁	270	217	47	5	28	9	47	222
45-49岁	260	166	41	7	35	11	31	167
50-54岁	155	115	38	5	24	12	22	108
55-59岁	73	57	25	1	11	6	8	50
60-64岁	22	16	5				2	8
65-69岁	6	10	2				2	5
70-74岁	2	2						2
75岁及以上		3						
女	**259**	**525**	**48**	**37**	**172**	**16**	**253**	**2736**
16-19岁	2	11	1		2		10	86
20-24岁	9	29	3	2	3		24	254
25-29岁	17	32	3	5	8	1	29	329
30-34岁	35	90	8	10	34	3	52	577
35-39岁	55	87	8	7	34	2	45	550
40-44岁	46	95	6	5	31	3	36	406
45-49岁	42	97	10	4	40	4	31	327
50-54岁	36	56	5	2	16	2	18	129
55-59岁	16	21	2	1	2	1	5	53
60-64岁	1	5	1	1	2		2	14
65-69岁		1					1	8
70-74岁		1						2
75岁及以上			1					1

4-7b 续表 19 单位：人

年龄组 性别	有农村土地承包经营权的人口							
	六、生产制造及有关人员							
	67.仪器仪表制造人员	68.废弃资源综合利用人员	69.电力、热力、气体、水生产和输配人员	70.建筑施工人员	71.运输设备和通用工程机械操作人员及有关人员	72.生产辅助人员	73.其他生产制造及有关人员	74.不便分类的其他从业人员
总 计	**51**	**75**	**287**	**42274**	**2400**	**4779**	**313**	**1181**
16-19岁		1		348	30	56	7	133
20-24岁	5	1	17	1503	143	284	11	91
25-29岁	8	6	30	2752	323	512	23	106
30-34岁	11	5	40	5233	555	809	57	163
35-39岁	7	11	41	6170	458	730	40	171
40-44岁	9	16	52	6258	353	736	39	131
45-49岁	2	8	42	7135	251	743	40	119
50-54岁	7	14	32	6445	173	512	37	122
55-59岁	1	7	26	4315	85	282	31	74
60-64岁	1	2	5	1402	24	75	13	28
65-69岁		1	1	571	2	29	9	23
70-74岁		2	1	114	2	5	5	13
75岁及以上		1		28	1	6	1	7
男	**30**	**51**	**227**	**35557**	**2284**	**3031**	**201**	**699**
16-19岁		1		308	30	37	6	83
20-24岁	4	1	11	1300	138	199	7	52
25-29岁	7	4	26	2427	313	348	16	69
30-34岁	7	4	34	4528	540	518	39	99
35-39岁	1	7	29	5171	439	458	25	103
40-44岁	3	13	38	5065	326	423	23	72
45-49岁	2	3	32	5753	229	443	22	63
50-54岁	5	9	26	5304	159	328	21	71
55-59岁	1	5	25	3767	81	196	21	50
60-64岁		2	4	1278	24	52	10	11
65-69岁		1	1	527	2	22	5	13
70-74岁		1	1	106	2	3	5	8
75岁及以上				23	1	4	1	5
女	**21**	**24**	**60**	**6717**	**116**	**1748**	**112**	**482**
16-19岁				40		19	1	50
20-24岁	1		6	203	5	85	4	39
25-29岁	1	2	4	325	10	164	7	37
30-34岁	4	1	6	705	15	291	18	64
35-39岁	6	4	12	999	19	272	15	68
40-44岁	6	3	14	1193	27	313	16	59
45-49岁		5	10	1382	22	300	18	56
50-54岁	2	5	6	1141	14	184	16	51
55-59岁		2	1	548	4	86	10	24
60-64岁	1		1	124		23	3	17
65-69岁				44		7	4	10
70-74岁		1		8		2		5
75岁及以上		1		5		2		2

4-7b　续表 20

单位：人

年龄组 性　别	没有农村土地承包经营权的人口							
	合计	一、党的机关、国家机关、群众团体和社会组织、企事业单位负责人						
		小计	1.中国共产党机关负责人	2.国家机关负责人	3.民主党派和工商联负责人	4.人民团体和群众团体、社会组织及其他成员组织负责人	5.基层群众自治组织负责人	6.企事业单位负责人
总　计	**173207**	**4866**	**40**	**932**	**1**	**181**	**78**	**3634**
16-19岁	1688	5		1		1		3
20-24岁	9855	79				6		73
25-29岁	19076	295		13		6	5	271
30-34岁	29313	687	5	78		32	10	562
35-39岁	27169	771	2	125		27	9	608
40-44岁	25170	903	11	240		25	10	617
45-49岁	24933	874	7	210	1	29	10	617
50-54岁	19581	717	10	170		26	12	499
55-59岁	11552	415	4	80		20	15	296
60-64岁	2612	64		5		5	5	49
65-69岁	1395	37	1	4		2	2	28
70-74岁	529	10		2		1		7
75岁及以上	334	9		4		1		4
男	**91984**	**3462**	**34**	**739**	**1**	**92**	**52**	**2544**
16-19岁	954	4		1		1		2
20-24岁	5330	57				5		52
25-29岁	9874	190		5		3	2	180
30-34岁	15015	429	5	43		15	7	359
35-39岁	13433	499	1	85		11	4	398
40-44岁	12469	651	9	200		9	4	429
45-49岁	12601	634	6	176	1	10	8	433
50-54岁	11242	546	8	141		17	8	372
55-59岁	8065	357	4	78		16	14	245
60-64岁	1621	53		4		2	3	44
65-69岁	845	27	1	2		2	2	20
70-74岁	334	10		2		1		7
75岁及以上	201	5		2				3
女	**81223**	**1404**	**6**	**193**		**89**	**26**	**1090**
16-19岁	734	1						1
20-24岁	4525	22				1		21
25-29岁	9202	105		8		3	3	91
30-34岁	14298	258		35		17	3	203
35-39岁	13736	272	1	40		16	5	210
40-44岁	12701	252	2	40		16	6	188
45-49岁	12332	240	1	34		19	2	184
50-54岁	8339	171	2	29		9	4	127
55-59岁	3487	58		2		4	1	51
60-64岁	991	11		1		3	2	5
65-69岁	550	10		2				8
70-74岁	195							
75岁及以上	133	4		2		1		1

4-7b 续表 21

单位：人

年龄组 性别	没有农村土地承包经营权的人口							
	二、专业技术人员							
	小计	7.科学研究人员	8.工程技术人员	9.农业技术人员	10.飞机和船舶技术人员	11.卫生专业技术人员	12.经济和金融专业人员	13.法律、社会和宗教专业人员
总计	**34082**	**91**	**2973**	**414**	**107**	**7393**	**3961**	**445**
16-19岁	160		12		1	67	6	2
20-24岁	2502	6	276	10	3	675	244	33
25-29岁	4347	17	442	32	12	1178	569	55
30-34岁	4991	13	617	44	24	1351	723	70
35-39岁	5026	9	388	25	20	1230	512	49
40-44岁	5719	11	392	70	14	927	571	60
45-49岁	5188	11	367	82	5	860	622	49
50-54岁	4014	18	280	78	15	653	462	62
55-59岁	1700	4	164	62	11	301	209	48
60-64岁	195	2	17	6	2	64	20	6
65-69岁	122		12	2		50	12	6
70-74岁	72		6	3		20	7	4
75岁及以上	46					17	4	1
男	**13149**	**57**	**2455**	**300**	**98**	**2167**	**1238**	**272**
16-19岁	46		10		1	11	1	1
20-24岁	714	3	232	7	3	123	72	15
25-29岁	1179	12	352	17	12	189	128	26
30-34岁	1512	6	510	26	23	307	141	29
35-39岁	1562	7	319	21	20	369	106	19
40-44岁	2200	4	307	45	11	272	152	36
45-49岁	2281	6	287	60	4	337	229	39
50-54岁	2030	13	248	59	11	284	221	51
55-59岁	1317	4	160	55	11	170	162	44
60-64岁	142	2	16	5	2	42	16	3
65-69岁	77		9	2		33	3	6
70-74岁	53		5	3		16	4	2
75岁及以上	36					14	3	1
女	**20933**	**34**	**518**	**114**	**9**	**5226**	**2723**	**173**
16-19岁	114		2			56	5	1
20-24岁	1788	3	44	3		552	172	18
25-29岁	3168	5	90	15		989	441	29
30-34岁	3479	7	107	18	1	1044	582	41
35-39岁	3464	2	69	4		861	406	30
40-44岁	3519	7	85	25	3	655	419	24
45-49岁	2907	5	80	22	1	523	393	10
50-54岁	1984	5	32	19	4	369	241	11
55-59岁	383		4	7		131	47	4
60-64岁	53		1	1		22	4	3
65-69岁	45		3			17	9	
70-74岁	19		1			4	3	2
75岁及以上	10					3	1	

4-7b 续表 22 单位：人

年龄组 性 别	没有农村土地承包经营权的人口							
	二、专业技术人员				三、办事人员和有关人员			
	14.教学人员	15.文学艺术、体育专业人员	16.新闻出版、文化专业人员	17.其他专业技术人员	小计	18.办事人员	19.安全和消防人员	20.其他办事人员和有关人员
总 计	**18002**	**232**	**314**	**150**	**21171**	**17474**	**3500**	**197**
16-19岁	69	3			46	29	16	1
20-24岁	1157	40	49	9	970	747	213	10
25-29岁	1943	35	47	17	2523	2122	381	20
30-34岁	2001	42	70	36	3486	2886	564	36
35-39岁	2693	45	35	20	2680	2229	430	21
40-44岁	3591	22	43	18	3081	2671	374	36
45-49岁	3128	15	28	21	3118	2683	404	31
50-54岁	2396	12	25	13	2780	2228	528	24
55-59岁	857	15	15	14	2121	1638	467	16
60-64岁	74	2		2	201	125	75	1
65-69岁	38		2		98	64	33	1
70-74岁	31	1			34	26	8	
75岁及以上	24				33	26	7	
男	**6202**	**132**	**116**	**112**	**13208**	**9985**	**3116**	**107**
16-19岁	21	1			31	15	15	1
20-24岁	212	22	19	6	530	335	190	5
25-29岁	396	19	15	13	1279	930	343	6
30-34岁	393	26	22	29	1753	1256	480	17
35-39岁	648	25	17	11	1446	1072	363	11
40-44岁	1341	8	13	11	1825	1494	313	18
45-49岁	1287	10	4	18	1992	1630	348	14
50-54岁	1113	9	10	11	2076	1565	491	20
55-59岁	675	11	14	11	1960	1490	456	14
60-64岁	54			2	178	104	74	
65-69岁	22		2		83	51	31	1
70-74岁	22	1			31	24	7	
75岁及以上	18				24	19	5	
女	**11800**	**100**	**198**	**38**	**7963**	**7489**	**384**	**90**
16-19岁	48	2			15	14	1	
20-24岁	945	18	30	3	440	412	23	5
25-29岁	1547	16	32	4	1244	1192	38	14
30-34岁	1608	16	48	7	1733	1630	84	19
35-39岁	2045	20	18	9	1234	1157	67	10
40-44岁	2250	14	30	7	1256	1177	61	18
45-49岁	1841	5	24	3	1126	1053	56	17
50-54岁	1283	3	15	2	704	663	37	4
55-59岁	182	4	1	3	161	148	11	2
60-64岁	20	2			23	21	1	1
65-69岁	16				15	13	2	
70-74岁	9				3	2	1	
75岁及以上	6				9	7	2	

4-7b 续表 23　　单位：人

年龄组 性别	没有农村土地承包经营权的人口 四、社会生产服务和生活服务人员 小计	21.批发与零售服务人员	22.交通运输、仓储和邮政业服务人员	23.住宿和餐饮服务人员	24.信息传输、软件和信息技术服务人员	25.金融服务人员	26.房地产服务人员	27.租赁和商务服务人员
总　计	**68220**	**33074**	**10693**	**8464**	**1104**	**1802**	**652**	**1218**
16-19岁	746	314	82	184	6	3	6	8
20-24岁	3778	1638	562	548	136	120	58	61
25-29岁	7382	3563	1141	864	200	288	105	103
30-34岁	12365	6212	1936	1445	299	416	140	164
35-39岁	11444	5788	1900	1293	206	265	102	149
40-44岁	9277	4460	1504	1207	123	180	66	141
45-49岁	9443	4373	1500	1254	69	227	73	197
50-54岁	7150	3289	1188	951	39	193	55	161
55-59岁	4392	2121	665	491	23	102	40	173
60-64岁	1266	726	137	136	2	3	4	44
65-69岁	634	375	57	63		4	3	12
70-74岁	205	127	13	16	1	1		4
75岁及以上	138	88	8	12				1
男	**33878**	**13566**	**8789**	**3460**	**751**	**880**	**317**	**915**
16-19岁	414	138	61	111	4	1	5	5
20-24岁	2174	755	453	334	95	57	30	44
25-29岁	4007	1554	962	453	137	142	55	71
30-34岁	6201	2527	1612	636	188	185	64	107
35-39岁	5473	2235	1565	516	137	107	30	100
40-44岁	4196	1611	1206	424	82	74	32	89
45-49岁	4145	1612	1186	362	47	96	30	154
50-54岁	3463	1380	976	310	36	125	35	130
55-59岁	2528	1055	586	207	22	88	31	161
60-64岁	712	380	118	63	2	3	3	39
65-69岁	361	205	45	27		2	2	11
70-74岁	131	70	13	12	1			4
75岁及以上	73	44	6	5				
女	**34342**	**19508**	**1904**	**5004**	**353**	**922**	**335**	**303**
16-19岁	332	176	21	73	2	2	1	3
20-24岁	1604	883	109	214	41	63	28	17
25-29岁	3375	2009	179	411	63	146	50	32
30-34岁	6164	3685	324	809	111	231	76	57
35-39岁	5971	3553	335	777	69	158	72	49
40-44岁	5081	2849	298	783	41	106	34	52
45-49岁	5298	2761	314	892	22	131	43	43
50-54岁	3687	1909	212	641	3	68	20	31
55-59岁	1864	1066	79	284	1	14	9	12
60-64岁	554	346	19	73			1	5
65-69岁	273	170	12	36		2	1	1
70-74岁	74	57		4		1		
75岁及以上	65	44	2	7				1

4-7b　续表 24　　　　单位：人

年龄组 性　别	没有农村土地承包经营权的人口							
	四、社会生产服务和生活服务人员							
	28.技术辅助服务人员	29.水利、环境和公共设施管理服务人员	30.居民服务人员	31.电力、燃气及水供应服务人员	32.修理及制作服务人员	33.文化、体育和娱乐服务人员	34.健康服务人员	35.其他社会生产和生活服务人员
总　计	**1074**	**2061**	**4188**	**979**	**2277**	**381**	**176**	**77**
16-19岁	13	4	55	1	45	24		1
20-24岁	138	23	222	30	168	45	23	6
25-29岁	226	57	426	60	267	59	19	4
30-34岁	227	128	740	118	410	85	33	12
35-39岁	172	203	711	144	423	50	22	16
40-44岁	108	317	574	205	324	36	24	8
45-49岁	96	524	583	212	263	38	25	9
50-54岁	57	426	436	117	188	22	19	9
55-59岁	22	262	272	74	116	15	8	8
60-64岁	8	72	77	12	38	2	2	3
65-69岁	4	31	57	4	20	3		1
70-74岁		10	21		10	2		
75岁及以上	3	4	14	2	5		1	
男	**695**	**500**	**1072**	**733**	**1919**	**192**	**48**	**41**
16-19岁	9	3	19	1	41	15		1
20-24岁	93	12	89	20	157	27	5	3
25-29岁	151	21	135	51	243	28	1	3
30-34岁	137	43	203	92	349	44	6	8
35-39岁	118	49	135	109	334	22	7	9
40-44岁	65	61	119	144	267	13	5	4
45-49岁	58	97	116	139	217	17	9	5
50-54岁	35	78	91	97	148	11	8	3
55-59岁	17	88	86	67	101	12	5	2
60-64岁	7	26	28	7	31	1	2	2
65-69岁	3	15	27	4	17	2		1
70-74岁		5	16		10			
75岁及以上	2	2	8	2	4			
女	**379**	**1561**	**3116**	**246**	**358**	**189**	**128**	**36**
16-19岁	4	1	36		4	9		
20-24岁	45	11	133	10	11	18	18	3
25-29岁	75	36	291	9	24	31	18	1
30-34岁	90	85	537	26	61	41	27	4
35-39岁	54	154	576	35	89	28	15	7
40-44岁	43	256	455	61	57	23	19	4
45-49岁	38	427	467	73	46	21	16	4
50-54岁	22	348	345	20	40	11	11	6
55-59岁	5	174	186	7	15	3	3	6
60-64岁	1	46	49	5	7	1		1
65-69岁	1	16	30		3	1		
70-74岁		5	5			2		
75岁及以上	1	2	6		1		1	

4-7b 续表 25

单位：人

年龄组 性 别	没有农村土地承包经营权的人口								
	五、农、林、牧、渔业生产及辅助人员							六、生产制造及有关人员	
	小计	36.农业生产人员	37.林业生产人员	38.畜牧业生产人员	39.渔业生产人员	40.农林牧渔生产辅助人员	41.其他农、林、牧、渔业生产加工人员	小计	42.农副产品加工人员
总 计	**10651**	**7572**	**705**	**1193**	**929**	**230**	**22**	**33222**	**1312**
16-19岁	161	131	5	13	11	1		394	5
20-24岁	459	367	11	49	27	4	1	1962	28
25-29岁	884	659	45	105	57	16	2	3556	89
30-34岁	1571	1163	81	193	105	27	2	6098	174
35-39岁	1499	1067	95	185	120	30	2	5638	184
40-44岁	1242	875	91	150	86	36	4	4847	194
45-49岁	1413	937	128	160	147	40	1	4789	269
50-54岁	1417	928	135	154	162	32	6	3419	197
55-59岁	1031	683	79	113	124	28	4	1831	136
60-64岁	449	346	18	31	45	9		421	18
65-69岁	308	247	8	21	29	3		185	13
70-74岁	145	116	5	11	11	2		58	5
75岁及以上	72	53	4	8	5	2		24	
男	**5356**	**3393**	**490**	**699**	**630**	**129**	**15**	**22403**	**789**
16-19岁	98	76	4	8	10			279	4
20-24岁	292	224	9	36	20	2	1	1490	25
25-29岁	519	358	34	69	44	12	2	2649	67
30-34岁	892	616	54	125	80	16	1	4165	112
35-39岁	788	493	72	113	93	15	2	3610	100
40-44岁	571	352	58	85	57	17	2	2977	98
45-49岁	607	347	81	74	80	25		2888	129
50-54岁	673	365	99	86	102	17	4	2411	130
55-59岁	465	244	58	59	86	15	3	1410	101
60-64岁	198	132	13	18	30	5		325	13
65-69岁	147	108	3	15	18	3		142	6
70-74岁	65	48	4	6	6	1		41	4
75岁及以上	41	30	1	5	4	1		16	
女	**5295**	**4179**	**215**	**494**	**299**	**101**	**7**	**10819**	**523**
16-19岁	63	55	1	5	1	1		115	1
20-24岁	167	143	2	13	7	2		472	3
25-29岁	365	301	11	36	13	4		907	22
30-34岁	679	547	27	68	25	11	1	1933	62
35-39岁	711	574	23	72	27	15		2028	84
40-44岁	671	523	33	65	29	19	2	1870	96
45-49岁	806	590	47	86	67	15	1	1901	140
50-54岁	744	563	36	68	60	15	2	1008	67
55-59岁	566	439	21	54	38	13	1	421	35
60-64岁	251	214	5	13	15	4		96	5
65-69岁	161	139	5	6	11			43	7
70-74岁	80	68	1	5	5	1		17	1
75岁及以上	31	23	3	3	1	1		8	

4-7b　续表 26　　　　　　　　　　　　　　　　　　　　单位：人

年龄组 性　别	没有农村土地承包经营权的人口							
	六、生产制造及有关人员							
	43.食品、饮料生产加工人员	44.烟草及其制品加工人员	45.纺织、针织、印染人　员	46.纺织品、服装和皮革、毛皮制品加工制作人员	47.木材加工、家具与木制品制作人员	48.纸及纸制品生产加工人员	49.印刷和记录媒介复制人员	50.文教、工美、体育和娱乐用品制造人　员
总　计	**884**	**17**	**462**	**2220**	**1441**	**221**	**199**	**621**
16-19岁	10		8	39	10	2	1	5
20-24岁	52		21	137	47	9	7	29
25-29岁	92	3	47	175	119	9	20	78
30-34岁	161	2	75	407	221	41	34	130
35-39岁	127	5	98	403	286	48	35	133
40-44岁	121	2	90	352	214	41	29	85
45-49岁	137	3	69	322	205	39	34	73
50-54岁	83	1	38	228	177	26	16	55
55-59岁	78	1	14	108	107	5	19	18
60-64岁	12		2	26	30		2	5
65-69岁	10			12	18		2	6
70-74岁	1			8	5	1		1
75岁及以上				3	2			3
男	**432**	**10**	**154**	**578**	**844**	**145**	**104**	**197**
16-19岁	4		2	21	8	2		3
20-24岁	27		17	55	31	8	5	18
25-29岁	51	2	24	66	82	7	11	35
30-34岁	84	1	33	107	135	30	19	41
35-39岁	49	1	22	99	174	27	18	35
40-44岁	56	2	23	63	106	27	13	19
45-49岁	60	3	13	62	100	21	14	17
50-54岁	43		12	52	96	17	9	20
55-59岁	46	1	7	35	68	5	13	5
60-64岁	6		1	9	25		1	
65-69岁	6			6	12		1	3
70-74岁				2	5	1		
75岁及以上				1	2			1
女	**452**	**7**	**308**	**1642**	**597**	**76**	**95**	**424**
16-19岁	6		6	18	2		1	2
20-24岁	25		4	82	16	1	2	11
25-29岁	41	1	23	109	37	2	9	43
30-34岁	77	1	42	300	86	11	15	89
35-39岁	78	4	76	304	112	21	17	98
40-44岁	65		67	289	108	14	16	66
45-49岁	77		56	260	105	18	20	56
50-54岁	40	1	26	176	81	9	7	35
55-59岁	32		7	73	39		6	13
60-64岁	6		1	17	5		1	5
65-69岁	4			6	6		1	3
70-74岁	1			6				1
75岁及以上				2				2

4-7b 续表 27 单位：人

年龄组 性别	没有农村土地承包经营权的人口							
	六、生产制造及有关人员							
	51.石油加工和炼焦、煤化工生产人员	52.化学原料和化学制品制造人员	53.医药制造人员	54.化学纤维制造人员	55.橡胶和塑料制品制造人员	56.非金属矿物制品制造人员	57.采矿人员	58.金属冶炼和压延加工人员
总计	**32**	**215**	**188**	**9**	**272**	**941**	**386**	**493**
16-19岁	1				5	4	1	1
20-24岁	2	8	18		16	47	10	22
25-29岁	5	24	12		16	65	26	66
30-34岁	4	37	30	3	39	161	43	86
35-39岁	7	33	30	2	49	150	48	78
40-44岁	7	43	36	3	49	145	75	88
45-49岁	2	31	29		57	155	77	85
50-54岁		24	19	1	24	115	66	40
55-59岁	2	12	9		8	60	34	19
60-64岁	1	2	3		2	22	4	5
65-69岁	1		1		6	11	1	2
70-74岁			1			6	1	1
75岁及以上		1			1			
男	**22**	**142**	**68**	**5**	**149**	**653**	**292**	**379**
16-19岁	1				4	3	1	
20-24岁	2	6	3		12	41	7	19
25-29岁	2	17	6		12	53	23	53
30-34岁	2	23	13	1	21	114	32	59
35-39岁	6	20	9	2	27	96	35	58
40-44岁	4	24	11	1	28	90	49	69
45-49岁	1	21	9		26	94	52	62
50-54岁		18	8	1	11	88	58	34
55-59岁	2	12	6		5	46	29	17
60-64岁	1	1	2		1	16	4	5
65-69岁	1				2	9	1	2
70-74岁			1			3	1	1
75岁及以上								
女	**10**	**73**	**120**	**4**	**123**	**288**	**94**	**114**
16-19岁					1	1		1
20-24岁		2	15		4	6	3	3
25-29岁	3	7	6		4	12	3	13
30-34岁	2	14	17	2	18	47	11	27
35-39岁	1	13	21		22	54	13	20
40-44岁	3	19	25	2	21	55	26	19
45-49岁	1	10	20		31	61	25	23
50-54岁		6	11		13	27	8	6
55-59岁			3		3	14	5	2
60-64岁		1	1		1	6		
65-69岁			1		4	2		
70-74岁						3		
75岁及以上		1			1			

4-7b 续表 28 单位：人

年龄组 性 别	没有农村土地承包经营权的人口							
	六、生产制造及有关人员							
	59.机械制造基础加工人员	60.金属制品制造人 员	61.通用设备制造人 员	62.专用设备制造人 员	63.汽车制造人员	64.铁路、船舶、航空设备制造人 员	65.电气机械和器材制造人员	66.计算机、通信和其他电子设备制造人 员
总 计	**694**	**516**	**116**	**48**	**265**	**43**	**257**	**2289**
16–19岁	10	8	2		2		12	106
20–24岁	43	38	2	4	25	2	35	317
25–29岁	78	55	9	4	39	6	33	402
30–34岁	137	120	18	11	74	8	55	533
35–39岁	109	108	19	16	55	9	42	412
40–44岁	102	41	21	6	37	4	35	251
45–49岁	102	60	19	5	18	3	26	161
50–54岁	72	52	18	2	12	7	13	65
55–59岁	31	23	6		1	1	4	29
60–64岁	4	4	1		2	1	2	7
65–69岁	5	4	1			2		1
70–74岁		3						5
75岁及以上	1							
男	**579**	**366**	**94**	**27**	**177**	**40**	**167**	**1116**
16–19岁	9	7	2		1		9	69
20–24岁	38	30	2	3	22	2	21	210
25–29岁	69	39	7	4	28	5	20	238
30–34岁	114	85	18	6	58	8	44	240
35–39岁	88	73	18	7	26	7	23	157
40–44岁	81	33	12	3	21	4	22	85
45–49岁	82	34	12	2	10	3	12	60
50–54岁	62	36	15	2	8	7	10	34
55–59岁	28	21	6		1	1	4	15
60–64岁	2	3	1		2	1	2	4
65–69岁	5	2	1			2		1
70–74岁		3						3
75岁及以上	1							
女	**115**	**150**	**22**	**21**	**88**	**3**	**90**	**1173**
16–19岁	1	1			1		3	37
20–24岁	5	8		1	3		14	107
25–29岁	9	16	2		11	1	13	164
30–34岁	23	35		5	16		11	293
35–39岁	21	35	1	9	29	2	19	255
40–44岁	21	8	9	3	16		13	166
45–49岁	20	26	7	3	8		14	101
50–54岁	10	16	3		4		3	31
55–59岁	3	2						14
60–64岁	2	1						3
65–69岁		2						
70–74岁								2
75岁及以上								

4-7b 续表 29

单位：人

年龄组 性 别	没有农村土地承包经营权的人口							
	六、生产制造及有关人员							
	67.仪器仪表制造人员	68.废弃资源综合利用人员	69.电力、热力、气体、水生产和输配人员	70.建筑施工人员	71.运输设备和通用工程机械操作人员及有关人员	72.生产辅助人员	73.其他生产制造及有关人员	74.不便分类的其他从业人员
总 计	**36**	**33**	**402**	**13666**	**1165**	**3635**	**144**	**995**
16-19岁				117	14	30	1	176
20-24岁	3		11	708	90	221	10	105
25-29岁	2	3	27	1483	164	393	12	89
30-34岁	4	6	54	2516	231	647	36	115
35-39岁	7	5	46	2301	220	548	25	111
40-44岁	6	6	92	1953	141	560	18	101
45-49岁	5	4	86	1963	142	589	19	108
50-54岁	3	5	58	1494	100	394	14	84
55-59岁	5	3	26	817	49	201	5	62
60-64岁	1	1	2	218	11	30	3	16
65-69岁				70	2	16	1	11
70-74岁				15		5		5
75岁及以上				11	1	1		12
男	**21**	**24**	**285**	**10928**	**1083**	**2444**	**89**	**528**
16-19岁				90	13	25	1	82
20-24岁	1		6	613	85	173	8	73
25-29岁	1	3	21	1256	155	283	9	51
30-34岁	3	5	42	2059	219	417	20	63
35-39岁	3	4	24	1824	202	363	13	55
40-44岁	2	3	57	1487	128	343	13	49
45-49岁	4	4	59	1448	125	339	10	54
50-54岁	2	3	49	1192	94	291	9	43
55-59岁	4	1	25	687	48	168	3	28
60-64岁	1	1	2	185	11	23	2	13
65-69岁				65	2	14	1	8
70-74岁				13		4		3
75岁及以上				9	1	1		6
女	**15**	**9**	**117**	**2738**	**82**	**1191**	**55**	**467**
16-19岁				27	1	5		94
20-24岁	2		5	95	5	48	2	32
25-29岁	1		6	227	9	110	3	38
30-34岁	1	1	12	457	12	230	16	52
35-39岁	4	1	22	477	18	185	12	56
40-44岁	4	3	35	466	13	217	5	52
45-49岁	1		27	515	17	250	9	54
50-54岁	1	2	9	302	6	103	5	41
55-59岁	1	2	1	130	1	33	2	34
60-64岁				33		7	1	3
65-69岁				5		2		3
70-74岁				2		1		2
75岁及以上				2				6

4-7c　分年龄、性别、职业中类的就业人口（乡村）

单位：人

年龄组 性　别	16岁及以上人口							
	合计	一、党的机关、国家机关、群众团体和社会组织、企事业单位负责人						
		小计	1.中国共产党机关负责人	2.国家机关负责人	3.民主党派和工商联负责人	4.人民团体和群众团体、社会组织及其他成员组织负责人	5.基层群众自治组织负责人	6.企事业单位负责人
总　计	**912209**	**4784**	**46**	**234**	**1**	**409**	**1201**	**2893**
16-19岁	14009	17						17
20-24岁	39546	129		6		8	7	108
25-29岁	59959	325		11		31	32	251
30-34岁	93611	626		36		59	68	463
35-39岁	101022	651	6	44		53	80	468
40-44岁	102243	735	10	51		54	171	449
45-49岁	119297	710	8	27		59	183	433
50-54岁	131249	657	10	27	1	49	214	356
55-59岁	109950	591	7	19		53	274	238
60-64岁	61727	232	5	5		25	129	68
65-69岁	47344	72		3		11	32	26
70-74岁	20720	25		3		2	10	10
75岁及以上	11532	14		2		5	1	6
男	**533565**	**3666**	**39**	**189**	**1**	**238**	**1004**	**2195**
16-19岁	8840	12						12
20-24岁	24289	86		5		3	3	75
25-29岁	37172	219		8		16	22	173
30-34岁	56972	431		24		33	46	328
35-39岁	60059	481	3	30		30	67	351
40-44岁	58784	522	7	43		26	127	319
45-49岁	67591	568	8	26		36	144	354
50-54岁	75084	544	9	24	1	32	187	291
55-59岁	63439	499	7	19		33	240	200
60-64岁	35561	210	5	4		17	126	58
65-69岁	27208	62		2		6	32	22
70-74岁	12013	21		2		2	9	8
75岁及以上	6553	11		2		4	1	4
女	**378644**	**1118**	**7**	**45**		**171**	**197**	**698**
16-19岁	5169	5						5
20-24岁	15257	43		1		5	4	33
25-29岁	22787	106		3		15	10	78
30-34岁	36639	195		12		26	22	135
35-39岁	40963	170	3	14		23	13	117
40-44岁	43459	213	3	8		28	44	130
45-49岁	51706	142		1		23	39	79
50-54岁	56165	113	1	3		17	27	65
55-59岁	46511	92				20	34	38
60-64岁	26166	22		1		8	3	10
65-69岁	20136	10		1		5		4
70-74岁	8707	4		1			1	2
75岁及以上	4979	3				1		2

4-7c 续表 1

单位：人

年龄组 性 别	16岁及以上人口							
	二、专业技术人员							
	小计	7.科学研究人员	8.工程技术人员	9.农业技术人员	10.飞机和船舶技术人员	11.卫生专业技术人员	12.经济和金融专业人员	13.法律、社会和宗教专业人员
总 计	**27689**	**51**	**4663**	**539**	**33**	**5329**	**2049**	**243**
16-19岁	591		68	4	1	93	18	2
20-24岁	3966	6	582	36	4	835	346	19
25-29岁	4815	11	748	24	3	974	480	44
30-34岁	4448	14	805	60	4	679	482	38
35-39岁	3362	7	711	70	2	549	264	23
40-44岁	3103	3	576	55	7	572	138	15
45-49岁	2727	1	455	84	2	534	117	26
50-54岁	2295	3	397	73	4	446	91	28
55-59岁	1542	4	222	63	3	290	72	30
60-64岁	408	1	69	28	3	152	26	7
65-69岁	193	1	18	24		88	6	7
70-74岁	131		7	13		69	6	2
75岁及以上	108		5	5		48	3	2
男	**12498**	**30**	**4060**	**397**	**28**	**2191**	**644**	**164**
16-19岁	206		59	3	1	21	1	2
20-24岁	1134	1	483	26	4	140	66	9
25-29岁	1536	6	658	18	3	192	120	20
30-34岁	1545	8	708	43	3	199	122	22
35-39岁	1439	6	618	53	2	221	83	11
40-44岁	1545	2	502	39	5	301	45	10
45-49岁	1582		389	59	1	326	55	19
50-54岁	1521	2	349	52	3	297	58	25
55-59岁	1286	3	200	51	3	205	59	28
60-64岁	328	1	66	17	3	113	21	7
65-69岁	162	1	17	21		72	5	7
70-74岁	118		6	10		61	6	2
75岁及以上	96		5	5		43	3	2
女	**15191**	**21**	**603**	**142**	**5**	**3138**	**1405**	**79**
16-19岁	385		9	1		72	17	
20-24岁	2832	5	99	10		695	280	10
25-29岁	3279	5	90	6		782	360	24
30-34岁	2903	6	97	17	1	480	360	16
35-39岁	1923	1	93	17		328	181	12
40-44岁	1558	1	74	16	2	271	93	5
45-49岁	1145	1	66	25	1	208	62	7
50-54岁	774	1	48	21	1	149	33	3
55-59岁	256	1	22	12		85	13	2
60-64岁	80		3	11		39	5	
65-69岁	31		1	3		16	1	
70-74岁	13		1	3		8		
75岁及以上	12					5		

4-7c 续表 2

单位：人

年龄组 性别	16岁及以上人口							
	二、专业技术人员				三、办事人员和有关人员			
	14.教学人员	15.文学艺术、体育专业人员	16.新闻出版、文化专业人员	17.其他专业技术人员	小计	18.办事人员	19.安全和消防人员	20.其他办事人员和有关人员
总计	**14117**	**304**	**190**	**171**	**15864**	**11495**	**4145**	**224**
16–19岁	386	13	4	2	164	114	46	4
20–24岁	2018	56	45	19	1395	1083	298	14
25–29岁	2390	60	62	19	2345	1873	439	33
30–34岁	2238	57	37	34	2578	2058	485	35
35–39岁	1648	44	17	27	1695	1340	328	27
40–44岁	1676	27	9	25	1496	1130	348	18
45–49岁	1469	14	8	17	1599	1145	428	26
50–54岁	1223	12	5	13	1692	1106	568	18
55–59岁	835	13	2	8	1820	1102	686	32
60–64岁	114	3	1	4	667	356	298	13
65–69岁	45	3		1	312	149	160	3
70–74岁	31	1		2	84	33	51	
75岁及以上	44	1			17	6	10	1
男	**4598**	**177**	**76**	**133**	**10868**	**6856**	**3879**	**133**
16–19岁	111	4	2	2	99	55	43	1
20–24岁	346	32	15	12	711	428	277	6
25–29岁	450	33	21	15	1224	806	401	17
30–34岁	361	38	15	26	1445	995	434	16
35–39岁	388	25	9	23	1056	744	294	18
40–44岁	606	13	4	18	1051	729	316	6
45–49岁	700	13	5	15	1196	786	393	17
50–54岁	719	6	2	8	1433	883	539	11
55–59岁	721	7	2	7	1641	943	671	27
60–64岁	94	1	1	4	618	313	294	11
65–69岁	35	3		1	297	137	158	2
70–74岁	30	1		2	82	32	50	
75岁及以上	37	1			15	5	9	1
女	**9519**	**127**	**114**	**38**	**4996**	**4639**	**266**	**91**
16–19岁	275	9	2		65	59	3	3
20–24岁	1672	24	30	7	684	655	21	8
25–29岁	1940	27	41	4	1121	1067	38	16
30–34岁	1877	19	22	8	1133	1063	51	19
35–39岁	1260	19	8	4	639	596	34	9
40–44岁	1070	14	5	7	445	401	32	12
45–49岁	769	1	3	2	403	359	35	9
50–54岁	504	6	3	5	259	223	29	7
55–59岁	114	6		1	179	159	15	5
60–64岁	20	2			49	43	4	2
65–69岁	10				15	12	2	1
70–74岁	1				2	1	1	
75岁及以上	7				2	1	1	

4-7c 续表 3

单位：人

年龄组 性　别	16岁及以上人口							
	四、社会生产服务和生活服务人员							
	小计	21.批发与零售服务人员	22.交通运输、仓储和邮政业服务人员	23.住宿和餐饮服务人员	24.信息传输、软件和信息技术服务人员	25.金融服务人员	26.房地产服务人员	27.租赁和商务服务人员
总　计	**137055**	**53001**	**33205**	**19214**	**1267**	**843**	**849**	**2494**
16-19岁	3541	1273	455	1083	26	13	21	30
20-24岁	10143	3933	1926	1956	206	125	113	171
25-29岁	15037	6095	3476	2121	328	194	177	258
30-34岁	22121	9003	5962	2786	316	217	192	277
35-39岁	20633	7939	6003	2678	191	113	99	265
40-44岁	17093	6324	4849	2450	90	69	59	262
45-49岁	16156	5811	4286	2377	44	48	54	260
50-54岁	14435	5306	3494	1955	30	36	62	342
55-59岁	9805	3809	1910	1230	28	19	43	351
60-64岁	4074	1725	556	358	4	4	20	179
65-69岁	2434	1054	219	159	3	4	8	81
70-74岁	961	444	49	38	1	1	1	15
75岁及以上	622	285	20	23				3
男	**82270**	**26174**	**29456**	**8502**	**902**	**367**	**504**	**2059**
16-19岁	2103	571	391	627	15	5	13	23
20-24岁	6100	1743	1672	1136	138	58	64	120
25-29岁	9248	2824	3116	1223	230	91	111	171
30-34岁	13440	4088	5361	1427	213	82	100	191
35-39岁	12451	3673	5427	1099	144	38	56	197
40-44岁	9992	2962	4244	915	69	25	36	217
45-49岁	9206	2903	3741	742	37	26	31	226
50-54岁	8408	2858	3049	614	24	22	40	308
55-59岁	5992	2266	1689	441	25	13	32	335
60-64岁	2658	1098	511	166	4	3	16	176
65-69岁	1617	697	198	81	3	3	4	78
70-74岁	659	305	45	21		1	1	14
75岁及以上	396	186	12	10				3
女	**54785**	**26827**	**3749**	**10712**	**365**	**476**	**345**	**435**
16-19岁	1438	702	64	456	11	8	8	7
20-24岁	4043	2190	254	820	68	67	49	51
25-29岁	5789	3271	360	898	98	103	66	87
30-34岁	8681	4915	601	1359	103	135	92	86
35-39岁	8182	4266	576	1579	47	75	43	68
40-44岁	7101	3362	605	1535	21	44	23	45
45-49岁	6950	2908	545	1635	7	22	23	34
50-54岁	6027	2448	445	1341	6	14	22	34
55-59岁	3813	1543	221	789	3	6	11	16
60-64岁	1416	627	45	192		1	4	3
65-69岁	817	357	21	78		1	4	3
70-74岁	302	139	4	17	1			1
75岁及以上	226	99	8	13				

4-7c　续表 4

单位：人

年龄组 性　别	16岁及以上人口							
	四、社会生产服务和生活服务人员							
	28.技术辅助服务人员	29.水利、环境和公共设施管理服务人员	30.居民服务人员	31.电力、燃气及水供应服务人员	32.修理及制作服务人员	33.文化、体育和娱乐服务人员	34.健康服务人员	35.其他社会生产和生活服务人员
总　计	**1311**	**8667**	**7901**	**1644**	**5828**	**430**	**168**	**233**
16-19岁	43	42	233	14	244	53	3	8
20-24岁	232	86	557	77	619	101	22	19
25-29岁	293	171	850	156	802	73	20	23
30-34岁	282	447	1166	243	1094	72	29	35
35-39岁	189	766	1046	258	975	49	28	34
40-44岁	107	966	813	260	764	32	23	25
45-49岁	71	1509	847	231	566	18	16	18
50-54岁	46	1659	835	204	404	19	13	30
55-59岁	32	1357	623	154	213	7	6	23
60-64岁	7	763	339	23	82	2	2	10
65-69岁	3	550	277	18	44	4	4	6
70-74岁	4	236	154	3	12		1	2
75岁及以上	2	115	161	3	9		1	
男	**880**	**3811**	**2611**	**1456**	**5082**	**267**	**63**	**136**
16-19岁	25	25	117	13	238	36	1	3
20-24岁	151	56	227	72	584	61	8	10
25-29岁	187	88	267	139	727	52	6	16
30-34岁	190	172	381	212	952	44	8	19
35-39岁	133	262	303	224	840	26	9	20
40-44岁	77	339	234	228	612	16	7	11
45-49岁	44	525	217	200	480	12	8	14
50-54岁	36	660	245	180	339	11	5	17
55-59岁	25	631	186	143	184	4	4	14
60-64岁	4	427	153	22	70	1	1	6
65-69岁	3	351	132	17	37	4	4	5
70-74岁	4	180	72	3	11		1	1
75岁及以上	1	95	77	3	8		1	
女	**431**	**4856**	**5290**	**188**	**746**	**163**	**105**	**97**
16-19岁	18	17	116	1	6	17	2	5
20-24岁	81	30	330	5	35	40	14	9
25-29岁	106	83	583	17	75	21	14	7
30-34岁	92	275	785	31	142	28	21	16
35-39岁	56	504	743	34	135	23	19	14
40-44岁	30	627	579	32	152	16	16	14
45-49岁	27	984	630	31	86	6	8	4
50-54岁	10	999	590	24	65	8	8	13
55-59岁	7	726	437	11	29	3	2	9
60-64岁	3	336	186	1	12	1	1	4
65-69岁		199	145	1	7			1
70-74岁		56	82		1			1
75岁及以上	1	20	84		1			

4-7c 续表 5 单位：人

年龄组 性 别	16岁及以上人口								
	五、农、林、牧、渔业生产及辅助人员							六、生产制造及有关人员	
	小计	36.农业生产人员	37.林业生产人员	38.畜牧业生产人员	39.渔业生产人员	40.农林牧渔生产辅助人员	41.其他农、林、牧、渔业生产加工人员	小计	42.农副产品加工人员
总 计	**525480**	**456036**	**16115**	**43018**	**7534**	**2531**	**246**	**198831**	**3946**
16-19岁	4486	3923	149	340	52	21	1	4597	30
20-24岁	11462	9776	436	981	202	64	3	12174	114
25-29岁	19656	16802	677	1653	408	103	13	17564	238
30-34岁	35864	30377	1289	3220	774	183	21	27737	441
35-39岁	45065	37958	1752	4189	856	284	26	29355	489
40-44岁	52014	44152	1980	4632	914	305	31	27592	528
45-49岁	68626	58574	2640	5902	1096	372	42	29259	623
50-54岁	86344	74769	2992	6932	1181	433	37	25638	649
55-59岁	80178	70236	2241	6284	1020	375	22	15881	478
60-64岁	50654	45350	978	3659	473	168	26	5627	181
65-69岁	41754	37695	638	2905	358	142	16	2533	120
70-74岁	18868	17092	232	1368	131	43	2	631	34
75岁及以上	10509	9332	111	953	69	38	6	243	21
男	**278918**	**236894**	**11078**	**24010**	**5404**	**1410**	**122**	**143896**	**2225**
16-19岁	2915	2502	110	240	47	15	1	3206	20
20-24岁	7048	5849	323	664	170	39	3	9055	81
25-29岁	11622	9667	494	1047	338	68	8	13191	166
30-34岁	19977	16363	909	1985	599	109	12	19981	239
35-39岁	24259	19874	1210	2353	649	159	14	20220	261
40-44岁	26974	22341	1385	2416	641	178	13	18571	256
45-49岁	34949	29127	1776	3086	738	203	19	19963	332
50-54岁	43958	37251	1998	3685	784	220	20	19099	367
55-59岁	40993	35114	1549	3418	702	202	8	12946	281
60-64岁	26892	23684	666	2107	326	97	12	4812	115
65-69岁	22864	20391	438	1696	254	77	8	2179	76
70-74岁	10617	9565	143	782	102	24	1	501	16
75岁及以上	5850	5166	77	531	54	19	3	172	15
女	**246562**	**219142**	**5037**	**19008**	**2130**	**1121**	**124**	**54935**	**1721**
16-19岁	1571	1421	39	100	5	6		1391	10
20-24岁	4414	3927	113	317	32	25		3119	33
25-29岁	8034	7135	183	606	70	35	5	4373	72
30-34岁	15887	14014	380	1235	175	74	9	7756	202
35-39岁	20806	18084	542	1836	207	125	12	9135	228
40-44岁	25040	21811	595	2216	273	127	18	9021	272
45-49岁	33677	29447	864	2816	358	169	23	9296	291
50-54岁	42386	37518	994	3247	397	213	17	6539	282
55-59岁	39185	35122	692	2866	318	173	14	2935	197
60-64岁	23762	21666	312	1552	147	71	14	815	66
65-69岁	18890	17304	200	1209	104	65	8	354	44
70-74岁	8251	7527	89	586	29	19	1	130	18
75岁及以上	4659	4166	34	422	15	19	3	71	6

4-7c 续表 6

单位：人

年龄组 性 别	16岁及以上人口							
	六、生产制造及有关人员							
	43.食品、饮料生产加工人员	44.烟草及其制品加工人员	45.纺织、针织、印染人 员	46.纺织品、服装和皮革、毛皮制品加工制作人员	47.木材加工、家具与木制品制作人员	48.纸及纸制品生产加工人员	49.印刷和记录媒介复制人员	50.文教、工美、体育和娱乐用品制造人 员
总 计	**2171**	**55**	**1341**	**13013**	**12822**	**802**	**435**	**3424**
16–19岁	75		36	424	142	20	19	135
20–24岁	122	1	83	946	471	52	45	263
25–29岁	173	2	114	1216	785	82	60	337
30–34岁	304	4	216	2215	1476	131	86	529
35–39岁	305	4	229	2478	1859	149	92	584
40–44岁	288	8	214	2074	2013	105	56	452
45–49岁	270	9	204	1800	2330	119	41	423
50–54岁	264	14	149	1111	2013	80	23	311
55–59岁	178	9	58	487	1136	50	8	181
60–64岁	77	3	25	158	344	5	3	89
65–69岁	59	1	8	67	184	5	1	57
70–74岁	30		3	28	44	3	1	40
75岁及以上	26		2	9	25	1		23
男	**1160**	**29**	**556**	**3616**	**7679**	**477**	**300**	**1109**
16–19岁	50		19	168	113	14	13	55
20–24岁	68	1	36	404	355	39	33	121
25–29岁	90	1	64	456	536	57	43	142
30–34岁	172	1	108	716	933	91	55	202
35–39岁	163	3	74	712	1035	83	66	165
40–44岁	129	5	73	448	1084	52	38	105
45–49岁	128	5	73	324	1205	58	30	115
50–54岁	132	7	54	202	1184	40	12	84
55–59岁	104	3	33	107	761	34	7	56
60–64岁	47	2	14	40	267	4	1	22
65–69岁	37	1	6	25	152	4	1	17
70–74岁	24		1	12	34	1	1	15
75岁及以上	16		1	2	20			10
女	**1011**	**26**	**785**	**9397**	**5143**	**325**	**135**	**2315**
16–19岁	25		17	256	29	6	6	80
20–24岁	54		47	542	116	13	12	142
25–29岁	83	1	50	760	249	25	17	195
30–34岁	132	3	108	1499	543	40	31	327
35–39岁	142	1	155	1766	824	66	26	419
40–44岁	159	3	141	1626	929	53	18	347
45–49岁	142	4	131	1476	1125	61	11	308
50–54岁	132	7	95	909	829	40	11	227
55–59岁	74	6	25	380	375	16	1	125
60–64岁	30	1	11	118	77	1	2	67
65–69岁	22		2	42	32	1		40
70–74岁	6		2	16	10	2		25
75岁及以上	10		1	7	5	1		13

4-7c 续表 7 单位：人

年龄组 性 别	16岁及以上人口							
	六、生产制造及有关人员							
	51.石油加工和炼焦、煤化工生产人员	52.化学原料和化学制品制造人员	53.医药制造人员	54.化学纤维制造人员	55.橡胶和塑料制品制造人员	56.非金属矿物制品制造人员	57.采矿人员	58.金属冶炼和压延加工人员
总 计	**73**	**873**	**237**	**23**	**1709**	**4460**	**1457**	**1678**
16-19岁	2	18	4	1	63	48	6	13
20-24岁	6	81	25	1	125	175	35	174
25-29岁	6	71	30	1	196	303	98	225
30-34岁	11	98	33	4	233	588	184	271
35-39岁	9	113	43	3	280	646	192	292
40-44岁	9	111	26	4	296	713	260	251
45-49岁	10	137	30	5	230	809	253	224
50-54岁	8	139	22	4	177	700	266	144
55-59岁	9	73	12		81	327	122	67
60-64岁	3	22	7		20	106	28	9
65-69岁		8	2		7	39	4	6
70-74岁		2	2			5	8	2
75岁及以上			1		1	1	1	
男	**61**	**546**	**95**	**12**	**953**	**3167**	**1268**	**1362**
16-19岁	2	10	2	1	44	38	6	12
20-24岁	6	58	12	1	86	143	34	157
25-29岁	6	56	16	1	124	244	90	198
30-34岁	9	67	11	2	136	430	164	228
35-39岁	9	75	16	1	147	447	162	227
40-44岁	4	57	8	1	157	464	227	190
45-49岁	8	76	9	3	108	527	211	162
50-54岁	6	81	10	2	90	496	223	115
55-59岁	9	47	7		45	246	112	58
60-64岁	2	11	3		12	93	26	8
65-69岁		7			3	33	4	5
70-74岁		1	1			5	8	2
75岁及以上					1	1	1	
女	**12**	**327**	**142**	**11**	**756**	**1293**	**189**	**316**
16-19岁		8	2		19	10		1
20-24岁		23	13		39	32	1	17
25-29岁		15	14		72	59	8	27
30-34岁	2	31	22	2	97	158	20	43
35-39岁		38	27	2	133	199	30	65
40-44岁	5	54	18	3	139	249	33	61
45-49岁	2	61	21	2	122	282	42	62
50-54岁	2	58	12	2	87	204	43	29
55-59岁		26	5		36	81	10	9
60-64岁	1	11	4		8	13	2	1
65-69岁		1	2		4	6		1
70-74岁		1	1					
75岁及以上			1					

4-7c　续表 8　　　　　　　　　　　　　　　　　　　　　　　　　　　　　单位：人

年龄组 性　别	16岁及以上人口							
	六、生产制造及有关人员							
	59.机械制造基础加工人员	60.金属制品制造人　员	61.通用设备制造人　员	62.专用设备制造人　员	63.汽车制造人员	64.铁路、船舶、航空设备制造人　员	65.电气机械和器材制造人员	66.计算机、通信和其他电子设备制造人　员
总　计	**3474**	**4456**	**637**	**217**	**870**	**203**	**2150**	**15510**
16-19岁	73	212	18	14	27	5	172	1339
20-24岁	218	416	46	32	78	12	307	2414
25-29岁	319	478	73	31	137	18	296	2611
30-34岁	592	734	94	42	189	23	393	3096
35-39岁	654	739	113	39	157	31	336	2407
40-44岁	599	660	89	22	149	25	247	1560
45-49岁	503	607	85	17	77	33	215	1163
50-54岁	339	401	62	13	32	32	126	615
55-59岁	130	139	37	3	16	14	37	196
60-64岁	35	37	12	1	4	4	13	62
65-69岁	9	24	3	2	3	4	6	29
70-74岁	3	7	4	1		2	2	8
75岁及以上		2	1		1			10
男	**2997**	**3113**	**509**	**125**	**527**	**170**	**1261**	**7941**
16-19岁	59	159	12	10	20	4	110	848
20-24岁	194	312	38	20	60	11	206	1465
25-29岁	274	376	58	24	96	16	184	1543
30-34岁	511	560	76	19	124	19	236	1565
35-39岁	571	525	82	19	82	24	188	1066
40-44岁	516	419	72	13	68	20	123	629
45-49岁	424	356	71	8	38	28	100	425
50-54岁	290	265	49	6	20	26	73	257
55-59岁	114	96	32	3	13	12	27	94
60-64岁	33	25	11	1	2	4	7	29
65-69岁	8	13	3	1	3	4	5	13
70-74岁	3	5	4	1		2	2	5
75岁及以上		2	1		1			2
女	**477**	**1343**	**128**	**92**	**343**	**33**	**889**	**7569**
16-19岁	14	53	6	4	7	1	62	491
20-24岁	24	104	8	12	18	1	101	949
25-29岁	45	102	15	7	41	2	112	1068
30-34岁	81	174	18	23	65	4	157	1531
35-39岁	83	214	31	20	75	7	148	1341
40-44岁	83	241	17	9	81	5	124	931
45-49岁	79	251	14	9	39	5	115	738
50-54岁	49	136	13	7	12	6	53	358
55-59岁	16	43	5		3	2	10	102
60-64岁	2	12	1		2		6	33
65-69岁	1	11		1			1	16
70-74岁		2						3
75岁及以上								8

4-7c 续表 9

单位：人

年龄组 性别	16岁及以上人口							
	六、生产制造及有关人员							74.不便分类的其他从业人员
	67.仪器仪表制造人员	68.废弃资源综合利用人员	69.电力、热力、气体、水生产和输配人员	70.建筑施工人员	71.运输设备和通用工程机械操作人员及有关人员	72.生产辅助人员	73.其他生产制造及有关人员	
总计	**128**	**138**	**518**	**106468**	**5431**	**9525**	**587**	**2506**
16-19岁	6	3	2	1265	101	301	23	613
20-24岁	18	3	13	4580	462	812	44	277
25-29岁	12	5	35	7580	909	1078	45	217
30-34岁	27	17	61	12703	1270	1588	84	237
35-39岁	38	19	61	14349	1035	1520	90	261
40-44岁	5	19	75	14705	671	1271	87	210
45-49岁	13	15	87	17093	479	1278	77	220
50-54岁	6	23	87	16550	307	899	72	188
55-59岁	1	22	63	11232	147	539	29	133
60-64岁	2	8	22	4133	41	155	18	65
65-69岁		1	7	1801	5	62	9	46
70-74岁		3	4	368	4	17	6	20
75岁及以上			1	109		5	3	19
男	**80**	**108**	**414**	**90929**	**5174**	**5573**	**360**	**1449**
16-19岁	5	3	2	1110	100	180	17	299
20-24岁	14	3	11	4056	458	544	28	155
25-29岁	7	5	32	6676	888	688	34	132
30-34岁	14	11	53	11006	1221	947	55	153
35-39岁	23	15	44	12095	969	820	51	153
40-44岁	3	14	55	11995	624	675	47	129
45-49岁	6	13	59	13898	439	682	42	127
50-54岁	6	18	72	14064	287	514	47	121
55-59岁	1	15	53	10054	140	366	16	82
60-64岁	1	7	21	3855	40	98	11	43
65-69岁		1	7	1694	5	44	7	27
70-74岁		3	4	332	3	12	4	15
75岁及以上			1	94		3	1	13
女	**48**	**30**	**104**	**15539**	**257**	**3952**	**227**	**1057**
16-19岁	1			155	1	121	6	314
20-24岁	4		2	524	4	268	16	122
25-29岁	5		3	904	21	390	11	85
30-34岁	13	6	8	1697	49	641	29	84
35-39岁	15	4	17	2254	66	700	39	108
40-44岁	2	5	20	2710	47	596	40	81
45-49岁	7	2	28	3195	40	596	35	93
50-54岁		5	15	2486	20	385	25	67
55-59岁		7	10	1178	7	173	13	51
60-64岁	1	1	1	278	1	57	7	22
65-69岁				107		18	2	19
70-74岁				36	1	5	2	5
75岁及以上				15		2	2	6

4-7c　续表 10　　　　单位：人

年龄组 性　别	有农村土地承包经营权的人口							
	合计	一、党的机关、国家机关、群众团体和社会组织、企事业单位负责人						
		小计	1.中国共产党机关负责人	2.国家机关负责人	3.民主党派和工商联负责人	4.人民团体和群众团体、社会组织及其他成员组织负责人	5.基层群众自治组织负责人	6.企事业单位负责人
总　计	**838465**	**3897**	**39**	**134**	**1**	**356**	**1124**	**2243**
16–19岁	11841	15						15
20–24岁	32775	107		5		6	7	89
25–29岁	50176	258		5		26	24	203
30–34岁	80397	474		25		52	54	343
35–39岁	90143	492	4	24		44	68	352
40–44岁	94219	597	7	22		49	157	362
45–49岁	111515	577	6	14		52	175	330
50–54岁	124559	538	10	12	1	43	208	264
55–59岁	105344	523	7	15		47	265	189
60–64岁	59970	217	5	5		22	125	60
65–69岁	46172	65		3		9	31	22
70–74岁	20189	22		3		2	9	8
75岁及以上	11165	12		1		4	1	6
男	**495430**	**3005**	**33**	**107**	**1**	**206**	**952**	**1706**
16–19岁	7582	11						11
20–24岁	20306	72		5		2	3	62
25–29岁	31537	176		3		13	18	142
30–34岁	49513	327		16		28	38	245
35–39岁	54486	362	2	15		24	55	266
40–44岁	55185	423	4	19		23	117	260
45–49岁	64242	459	6	14		33	140	266
50–54岁	72005	447	9	11	1	28	183	215
55–59岁	61072	443	7	15		28	235	158
60–64岁	34735	199	5	4		16	122	52
65–69岁	26675	57		2		6	31	18
70–74岁	11736	20		2		2	9	7
75岁及以上	6356	9		1		3	1	4
女	**343035**	**892**	**6**	**27**		**150**	**172**	**537**
16–19岁	4259	4						4
20–24岁	12469	35				4	4	27
25–29岁	18639	82		2		13	6	61
30–34岁	30884	147		9		24	16	98
35–39岁	35657	130	2	9		20	13	86
40–44岁	39034	174	3	3		26	40	102
45–49岁	47273	118				19	35	64
50–54岁	52554	91	1	1		15	25	49
55–59岁	44272	80				19	30	31
60–64岁	25235	18		1		6	3	8
65–69岁	19497	8		1		3		4
70–74岁	8453	2		1				1
75岁及以上	4809	3				1		2

4-7c 续表 11 单位：人

年龄组 性 别	有农村土地承包经营权的人口							
	二、专业技术人员							
	小计	7.科学研究人员	8.工程技术人员	9.农业技术人员	10.飞机和船舶技术人员	11.卫生专业技术人员	12.经济和金融专业人员	13.法律、社会和宗教专业人员
总 计	**20738**	**35**	**3660**	**446**	**19**	**4327**	**1443**	**200**
16–19岁	458		50	4	1	75	13	
20–24岁	3029	5	433	26	4	661	246	15
25–29岁	3577	9	577	19	2	734	330	33
30–34岁	3276	8	593	47	2	509	335	29
35–39岁	2488	4	552	54	2	419	190	14
40–44岁	2315	3	463	48	3	485	104	14
45–49岁	1999	1	370	63		454	76	24
50–54岁	1731		342	60	2	399	66	25
55–59岁	1161	4	194	58	1	259	53	29
60–64岁	348		59	25	2	142	20	7
65–69岁	165	1	16	24		79	5	6
70–74岁	110		6	13		65	3	2
75岁及以上	81		5	5		46	2	2
男	**9501**	**20**	**3200**	**338**	**19**	**1877**	**456**	**142**
16–19岁	148		43	3	1	14	1	
20–24岁	830	1	355	20	4	103	49	7
25–29岁	1162	5	510	15	2	146	74	15
30–34岁	1146	4	517	36	2	152	91	18
35–39岁	1109	4	489	42	2	187	59	7
40–44岁	1169	2	410	36	3	260	30	10
45–49岁	1210		323	47		286	36	18
50–54岁	1183		297	41	2	272	45	23
55–59岁	957	3	175	47	1	186	43	27
60–64岁	281		56	15	2	108	19	7
65–69岁	138	1	15	21		65	4	6
70–74岁	97		5	10		57	3	2
75岁及以上	71		5	5		41	2	2
女	**11237**	**15**	**460**	**108**		**2450**	**987**	**58**
16–19岁	310		7	1		61	12	
20–24岁	2199	4	78	6		558	197	8
25–29岁	2415	4	67	4		588	256	18
30–34岁	2130	4	76	11		357	244	11
35–39岁	1379		63	12		232	131	7
40–44岁	1146	1	53	12		225	74	4
45–49岁	789	1	47	16		168	40	6
50–54岁	548		45	19		127	21	2
55–59岁	204	1	19	11		73	10	2
60–64岁	67		3	10		34	1	
65–69岁	27		1	3		14	1	
70–74岁	13		1	3		8		
75岁及以上	10					5		

4-7c　续表 12　　　　单位：人

年龄组 性　别	有农村土地承包经营权的人口							
	二、专业技术人员				三、办事人员和有关人员			
	14.教学人　员	15.文学艺术、体育专业人员	16.新闻出版、文化专业人员	17.其他专业技术人　员	小计	18.办事人　员	19.安全和消防人员	20.其他办事人员和有关人员
总　计	**10076**	**249**	**153**	**130**	**12541**	**8789**	**3557**	**195**
16-19岁	299	10	4	2	124	85	35	4
20-24岁	1556	38	33	12	1074	827	236	11
25-29岁	1759	45	54	15	1745	1377	342	26
30-34岁	1648	50	32	23	1885	1481	374	30
35-39岁	1180	35	14	24	1288	995	268	25
40-44岁	1143	27	5	20	1167	850	300	17
45-49岁	979	13	7	12	1261	871	369	21
50-54岁	815	12	2	8	1411	873	522	16
55-59岁	544	11	1	7	1570	925	616	29
60-64岁	85	3	1	4	629	332	284	13
65-69岁	30	3		1	297	141	153	3
70-74岁	18	1		2	77	28	49	
75岁及以上	20	1			13	4	9	
男	**3135**	**147**	**64**	**103**	**8754**	**5287**	**3345**	**122**
16-19岁	79	3	2	2	77	42	34	1
20-24岁	250	21	11	9	545	322	218	5
25-29岁	339	25	19	12	918	585	317	16
30-34岁	262	33	14	17	1062	715	333	14
35-39岁	269	22	8	20	799	537	245	17
40-44岁	390	13	2	13	829	551	272	6
45-49岁	473	12	5	10	969	611	342	16
50-54岁	490	6	1	6	1198	693	495	10
55-59岁	461	6	1	7	1405	779	602	24
60-64岁	68	1	1	4	583	292	280	11
65-69岁	22	3		1	282	129	151	2
70-74岁	17	1		2	76	28	48	
75岁及以上	15	1			11	3	8	
女	**6941**	**102**	**89**	**27**	**3787**	**3502**	**212**	**73**
16-19岁	220	7	2		47	43	1	3
20-24岁	1306	17	22	3	529	505	18	6
25-29岁	1420	20	35	3	827	792	25	10
30-34岁	1386	17	18	6	823	766	41	16
35-39岁	911	13	6	4	489	458	23	8
40-44岁	753	14	3	7	338	299	28	11
45-49岁	506	1	2	2	292	260	27	5
50-54岁	325	6	1	2	213	180	27	6
55-59岁	83	5			165	146	14	5
60-64岁	17	2			46	40	4	2
65-69岁	8				15	12	2	1
70-74岁	1				1		1	
75岁及以上	5				2	1	1	

4-7c 续表 13　　单位：人

年龄组 性 别	有农村土地承包经营权的人口							
	四、社会生产服务和生活服务人员							
	小计	21.批发与零售服务人员	22.交通运输、仓储和邮政业服务人员	23.住宿和餐饮服务人员	24.信息传输、软件和信息技术服务人员	25.金融服务人员	26.房地产服务人员	27.租赁和商务服务人员
总 计	**119727**	**45977**	**29577**	**16533**	**1095**	**668**	**655**	**2130**
16-19岁	2955	1060	372	906	23	8	16	24
20-24岁	8326	3253	1589	1605	175	98	92	126
25-29岁	12283	4923	2886	1737	278	158	137	205
30-34岁	18529	7456	5126	2333	273	171	138	211
35-39岁	17854	6804	5363	2254	167	84	75	217
40-44岁	15299	5577	4459	2169	82	56	46	231
45-49岁	14583	5243	3947	2100	40	40	38	238
50-54岁	13259	4851	3274	1773	26	29	50	304
55-59岁	9053	3540	1769	1120	26	15	36	315
60-64岁	3810	1609	527	332	2	4	19	170
65-69岁	2288	983	202	147	2	4	7	72
70-74岁	908	410	45	36	1	1	1	14
75岁及以上	580	268	18	21				3
男	**73399**	**23347**	**26464**	**7438**	**788**	**303**	**402**	**1790**
16-19岁	1793	495	322	537	14	3	10	17
20-24岁	5053	1454	1392	936	118	47	53	92
25-29岁	7684	2323	2609	1024	198	77	87	133
30-34岁	11504	3458	4646	1234	183	67	74	147
35-39岁	11065	3238	4900	947	129	32	43	169
40-44岁	9218	2709	3940	847	64	20	30	195
45-49岁	8541	2703	3477	674	34	23	25	206
50-54岁	7896	2677	2876	573	21	17	34	277
55-59岁	5599	2139	1574	408	23	10	26	302
60-64岁	2518	1033	490	156	2	3	15	167
65-69岁	1532	659	185	72	2	3	4	69
70-74岁	625	282	42	21		1	1	13
75岁及以上	371	177	11	9				3
女	**46328**	**22630**	**3113**	**9095**	**307**	**365**	**253**	**340**
16-19岁	1162	565	50	369	9	5	6	7
20-24岁	3273	1799	197	669	57	51	39	34
25-29岁	4599	2600	277	713	80	81	50	72
30-34岁	7025	3998	480	1099	90	104	64	64
35-39岁	6789	3566	463	1307	38	52	32	48
40-44岁	6081	2868	519	1322	18	36	16	36
45-49岁	6042	2540	470	1426	6	17	13	32
50-54岁	5363	2174	398	1200	5	12	16	27
55-59岁	3454	1401	195	712	3	5	10	13
60-64岁	1292	576	37	176		1	4	3
65-69岁	756	324	17	75		1	3	3
70-74岁	283	128	3	15	1			1
75岁及以上	209	91	7	12				

4−7c　续表 14　　　　单位：人

年龄组 性　别	有农村土地承包经营权的人口 四、社会生产服务和生活服务人员 28.技术辅助服务人　员	29.水利、环境和公共设施管理服务人员	30.居民服务人员	31.电力、燃气及水供应服务人　员	32.修理及制作服务人　员	33.文化、体育和娱乐服务人　员	34.健康服务人员	35.其他社会生产和生活服务人员
总　计	**1089**	**7884**	**6816**	**1486**	**5101**	**366**	**142**	**208**
16−19岁	41	28	197	11	211	48	2	8
20−24岁	177	68	443	64	513	86	19	18
25−29岁	236	143	673	131	674	62	20	20
30−34岁	231	382	967	214	919	60	20	28
35−39岁	162	666	890	228	858	36	23	27
40−44岁	95	872	693	244	702	30	21	22
45−49岁	59	1344	751	210	527	16	14	16
50−54岁	43	1529	753	197	376	16	9	29
55−59岁	29	1261	569	141	197	6	6	23
60−64岁	7	715	322	23	66	2	2	10
65−69岁	3	535	263	18	39	4	4	5
70−74岁	4	231	148	3	11		1	2
75岁及以上	2	110	147	2	8		1	
男	**737**	**3597**	**2328**	**1324**	**4467**	**234**	**55**	**125**
16−19岁	24	17	101	10	206	34		3
20−24岁	118	45	183	60	487	52	6	10
25−29岁	148	72	214	118	616	45	6	14
30−34岁	155	152	331	188	809	39	6	15
35−39岁	116	236	273	200	737	20	7	18
40−44岁	69	321	212	214	563	16	7	11
45−49岁	38	495	202	186	448	10	8	12
50−54岁	34	631	233	173	319	10	4	17
55−59岁	23	601	169	131	172	3	4	14
60−64岁	4	411	148	22	59	1	1	6
65−69岁	3	347	125	17	34	4	4	4
70−74岁	4	178	68	3	10		1	1
75岁及以上	1	91	69	2	7		1	
女	**352**	**4287**	**4488**	**162**	**634**	**132**	**87**	**83**
16−19岁	17	11	96	1	5	14	2	5
20−24岁	59	23	260	4	26	34	13	8
25−29岁	88	71	459	13	58	17	14	6
30−34岁	76	230	636	26	110	21	14	13
35−39岁	46	430	617	28	121	16	16	9
40−44岁	26	551	481	30	139	14	14	11
45−49岁	21	849	549	24	79	6	6	4
50−54岁	9	898	520	24	57	6	5	12
55−59岁	6	660	400	10	25	3	2	9
60−64岁	3	304	174	1	7	1	1	4
65−69岁		188	138	1	5			1
70−74岁		53	80		1			1
75岁及以上	1	19	78		1			

4-7c 续表 15

单位：人

年龄组 性 别	有农村土地承包经营权的人口 五、农、林、牧、渔业生产及辅助人员 小计	36.农业生产人员	37.林业生产人员	38.畜牧业生产人员	39.渔业生产人员	40.农林牧渔生产辅助人员	41.其他农、林、牧、渔业生产加工人员	六、生产制造及有关人员 小计	42.农副产品加工人员
总 计	**501932**	**436888**	**15257**	**40513**	**6685**	**2360**	**229**	**177476**	**3425**
16-19岁	3973	3496	131	291	41	13	1	3815	29
20-24岁	10174	8738	383	838	152	60	3	9837	95
25-29岁	17639	15164	608	1432	332	93	10	14496	199
30-34岁	32573	27778	1191	2790	637	157	20	23455	362
35-39岁	41931	35473	1646	3813	721	252	26	25867	411
40-44岁	49512	42135	1877	4371	821	282	26	25147	443
45-49岁	65786	56278	2518	5618	986	347	39	27110	537
50-54岁	83408	72352	2878	6646	1085	412	35	24035	593
55-59岁	77870	68350	2136	6057	945	362	20	15042	425
60-64岁	49499	44353	942	3566	449	163	26	5404	169
65-69岁	40875	36941	616	2831	332	140	15	2440	109
70-74岁	18451	16725	226	1335	121	42	2	604	33
75岁及以上	10241	9105	105	925	63	37	6	224	20
男	**269537**	**229893**	**10539**	**22817**	**4838**	**1334**	**116**	**129977**	**1942**
16-19岁	2613	2255	98	211	38	10	1	2694	20
20-24岁	6331	5313	285	566	128	36	3	7347	66
25-29岁	10548	8859	438	907	275	63	6	10935	138
30-34岁	18338	15140	845	1743	505	94	11	17006	203
35-39岁	22948	18927	1151	2156	556	144	14	18078	224
40-44岁	26177	21762	1329	2321	587	166	12	17254	215
45-49岁	34129	28535	1703	2999	678	195	19	18815	291
50-54岁	43077	36588	1933	3590	733	213	20	18088	332
55-59岁	40231	34571	1480	3323	651	199	7	12360	244
60-64岁	26458	23347	640	2059	305	95	12	4654	110
65-69岁	22535	20130	422	1661	238	77	7	2107	70
70-74岁	10427	9407	140	762	93	24	1	479	15
75岁及以上	5725	5059	75	519	51	18	3	160	14
女	**232395**	**206995**	**4718**	**17696**	**1847**	**1026**	**113**	**47499**	**1483**
16-19岁	1360	1241	33	80	3	3		1121	9
20-24岁	3843	3425	98	272	24	24		2490	29
25-29岁	7091	6305	170	525	57	30	4	3561	61
30-34岁	14235	12638	346	1047	132	63	9	6449	159
35-39岁	18983	16546	495	1657	165	108	12	7789	187
40-44岁	23335	20373	548	2050	234	116	14	7893	228
45-49岁	31657	27743	815	2619	308	152	20	8295	246
50-54岁	40331	35764	945	3056	352	199	15	5947	261
55-59岁	37639	33779	656	2734	294	163	13	2682	181
60-64岁	23041	21006	302	1507	144	68	14	750	59
65-69岁	18340	16811	194	1170	94	63	8	333	39
70-74岁	8024	7318	86	573	28	18	1	125	18
75岁及以上	4516	4046	30	406	12	19	3	64	6

4-7c 续表 16

单位：人

年龄组 性别	有农村土地承包经营权的人口							
	六、生产制造及有关人员							
	43.食品、饮料生产加工人员	44.烟草及其制品加工人员	45.纺织、针织、印染人员	46.纺织品、服装和皮革、毛皮制品加工制作人员	47.木材加工、家具与木制品制作人员	48.纸及纸制品生产加工人员	49.印刷和记录媒介复制人员	50.文教、工美、体育和娱乐用品制造人员
总计	**1938**	**53**	**1164**	**11361**	**11458**	**667**	**371**	**2979**
16-19岁	66		30	338	114	16	15	109
20-24岁	96	1	69	764	379	41	35	219
25-29岁	157	1	93	1001	655	62	54	272
30-34岁	250	4	172	1883	1257	97	78	448
35-39岁	268	4	198	2172	1633	123	72	491
40-44岁	256	8	195	1852	1803	85	48	401
45-49岁	252	9	180	1650	2128	107	39	385
50-54岁	244	14	136	1021	1839	76	20	286
55-59岁	165	9	53	441	1079	48	7	163
60-64岁	75	3	25	143	331	4	2	86
65-69岁	55		8	63	177	4	1	56
70-74岁	29		3	25	40	3		40
75岁及以上	25		2	8	23	1		23
男	**1063**	**27**	**490**	**3244**	**6948**	**388**	**259**	**980**
16-19岁	44		16	136	91	11	11	44
20-24岁	54	1	29	339	284	30	27	101
25-29岁	82		52	379	450	42	38	116
30-34岁	147	1	89	627	801	63	49	174
35-39岁	150	3	66	659	920	70	51	143
40-44岁	121	5	72	417	991	40	35	96
45-49岁	125	5	65	319	1124	54	28	111
50-54岁	123	7	50	193	1103	39	12	80
55-59岁	98	3	29	99	730	32	6	53
60-64岁	47	2	14	38	258	3	1	21
65-69岁	33		6	25	146	3	1	16
70-74岁	23		1	11	31	1		15
75岁及以上	16		1	2	19			10
女	**875**	**26**	**674**	**8117**	**4510**	**279**	**112**	**1999**
16-19岁	22		14	202	23	5	4	65
20-24岁	42		40	425	95	11	8	118
25-29岁	75	1	41	622	205	20	16	156
30-34岁	103	3	83	1256	456	34	29	274
35-39岁	118	1	132	1513	713	53	21	348
40-44岁	135	3	123	1435	812	45	13	305
45-49岁	127	4	115	1331	1004	53	11	274
50-54岁	121	7	86	828	736	37	8	206
55-59岁	67	6	24	342	349	16	1	110
60-64岁	28	1	11	105	73	1	1	65
65-69岁	22		2	38	31	1		40
70-74岁	6		2	14	9	2		25
75岁及以上	9		1	6	4	1		13

4-7c 续表 17　　　　　　　　　　　　　　　　　　　　单位：人

年龄组 性别	有农村土地承包经营权的人口							
	六、生产制造及有关人员							
	51.石油加工和炼焦、煤化工生产人员	52.化学原料和化学制品制造人员	53.医药制造人员	54.化学纤维制造人员	55.橡胶和塑料制品制造人员	56.非金属矿物制品制造人员	57.采矿人员	58.金属冶炼和压延加工人员
总计	**61**	**736**	**203**	**21**	**1522**	**3981**	**1242**	**1171**
16-19岁	2	17	4	1	53	41	4	10
20-24岁	3	35	23	1	101	142	29	52
25-29岁	5	50	25	1	163	244	78	116
30-34岁	7	84	28	3	207	517	157	190
35-39岁	9	96	35	3	251	579	166	216
40-44岁	8	97	22	4	273	644	223	211
45-49岁	9	129	24	5	212	737	223	183
50-54岁	8	126	19	3	168	638	226	121
55-59岁	7	72	12		69	301	102	57
60-64岁	3	20	6		20	95	25	9
65-69岁		8	2		4	38	3	4
70-74岁		2	2			5	5	2
75岁及以上			1		1		1	
男	**51**	**453**	**85**	**12**	**860**	**2831**	**1074**	**922**
16-19岁	2	9	2	1	38	31	4	10
20-24岁	3	20	12	1	69	118	29	41
25-29岁	5	37	13	1	105	195	71	97
30-34岁	6	56	10	2	122	373	138	156
35-39岁	9	64	13	1	135	403	139	168
40-44岁	3	55	8	1	150	420	193	156
45-49岁	8	73	7	3	101	483	189	136
50-54岁	6	75	9	2	86	457	187	94
55-59岁	7	47	7		39	229	92	50
60-64岁	2	9	3		12	84	23	8
65-69岁		7			2	33	3	4
70-74岁		1	1			5	5	2
75岁及以上					1		1	
女	**10**	**283**	**118**	**9**	**662**	**1150**	**168**	**249**
16-19岁		8	2		15	10		
20-24岁		15	11		32	24		11
25-29岁		13	12		58	49	7	19
30-34岁	1	28	18	1	85	144	19	34
35-39岁		32	22	2	116	176	27	48
40-44岁	5	42	14	3	123	224	30	55
45-49岁	1	56	17	2	111	254	34	47
50-54岁	2	51	10	1	82	181	39	27
55-59岁		25	5		30	72	10	7
60-64岁	1	11	3		8	11	2	1
65-69岁		1	2		2	5		
70-74岁		1	1					
75岁及以上			1					

4-7c　续表 18　　　　单位：人

年龄组 性别	有农村土地承包经营权的人口							
	六、生产制造及有关人员							
	59.机械制造基础加工人员	60.金属制品制造人员	61.通用设备制造人员	62.专用设备制造人员	63.汽车制造人员	64.铁路、船舶、航空设备制造人员	65.电气机械和器材制造人员	66.计算机、通信和其他电子设备制造人员
总　计	**3063**	**4015**	**556**	**195**	**671**	**174**	**1876**	**13172**
16-19岁	62	185	15	13	21	2	152	1080
20-24岁	175	357	37	29	65	11	263	1971
25-29岁	263	403	63	28	110	15	244	2146
30-34岁	486	635	80	37	135	17	322	2587
35-39岁	582	662	96	34	116	29	295	2082
40-44岁	548	620	80	20	111	22	222	1395
45-49岁	467	565	75	16	61	29	199	1054
50-54岁	316	383	57	11	31	29	121	566
55-59岁	120	135	35	3	15	12	37	186
60-64岁	32	37	10	1	4	4	13	59
65-69岁	9	24	3	2	2	3	6	28
70-74岁	3	7	4	1		1	2	8
75岁及以上		2	1					10
男	**2661**	**2826**	**440**	**115**	**411**	**146**	**1107**	**6843**
16-19岁	52	139	9	10	15	2	95	694
20-24岁	157	272	29	18	49	10	177	1222
25-29岁	226	317	49	22	81	13	151	1284
30-34岁	417	488	64	17	86	15	198	1326
35-39岁	516	473	68	16	65	23	167	949
40-44岁	474	400	67	13	49	17	115	582
45-49岁	398	343	63	8	30	25	92	404
50-54岁	273	255	44	5	20	23	71	244
55-59岁	106	94	30	3	12	10	27	91
60-64岁	31	25	9	1	2	4	7	27
65-69岁	8	13	3	1	2	3	5	13
70-74岁	3	5	4	1		1	2	5
75岁及以上		2	1					2
女	**402**	**1189**	**116**	**80**	**260**	**28**	**769**	**6329**
16-19岁	10	46	6	3	6		57	386
20-24岁	18	85	8	11	16	1	86	749
25-29岁	37	86	14	6	29	2	93	862
30-34岁	69	147	16	20	49	2	124	1261
35-39岁	66	189	28	18	51	6	128	1133
40-44岁	74	220	13	7	62	5	107	813
45-49岁	69	222	12	8	31	4	107	650
50-54岁	43	128	13	6	11	6	50	322
55-59岁	14	41	5		3	2	10	95
60-64岁	1	12	1		2		6	32
65-69岁	1	11		1			1	15
70-74岁		2						3
75岁及以上								8

4-7c 续表 19

单位：人

年龄组 性　别	有农村土地承包经营权的人口							
	六、生产制造及有关人员							
	67.仪器仪表制造人　员	68.废弃资源综合利用人员	69.电力、热力、气体、水生产和输配人员	70.建筑施工人员	71.运输设备和通用工程机械操作人员及有关人员	72.生产辅助人员	73.其他生产制造及有关人员	74.不便分类的其他从业人员
总　计	**103**	**119**	**394**	**97688**	**4686**	**7915**	**496**	**2154**
16–19岁	6	3	2	1061	92	256	16	501
20–24岁	10	2	10	3802	368	619	33	228
25–29岁	8	4	27	6393	733	849	34	178
30–34岁	22	13	44	10941	1053	1270	69	205
35–39岁	35	16	47	12896	915	1261	74	223
40–44岁	3	15	56	13689	631	1082	80	182
45–49岁	12	14	57	16137	436	1112	67	199
50–54岁	5	22	66	15762	279	785	64	177
55–59岁		19	53	10795	131	465	26	125
60–64岁	2	7	21	4004	40	138	16	63
65–69岁		1	7	1752	5	57	9	42
70–74岁		3	4	357	3	16	6	17
75岁及以上				99		5	2	14
男	**63**	**95**	**317**	**83963**	**4462**	**4589**	**310**	**1257**
16–19岁	5	3	2	935	91	160	12	246
20–24岁	6	2	8	3370	364	417	22	128
25–29岁	4	4	25	5648	717	547	26	114
30–34岁	12	7	39	9521	1014	739	46	130
35–39岁	23	14	33	10935	858	677	43	125
40–44岁	2	12	41	11296	588	575	45	115
45–49岁	5	12	43	13245	399	589	37	119
50–54岁	5	17	52	13489	260	434	41	116
55–59岁		14	43	9713	125	311	16	77
60–64岁	1	6	20	3751	39	86	10	42
65–69岁		1	7	1650	5	40	7	24
70–74岁		3	4	323	2	11	4	12
75岁及以上				87		3	1	9
女	**40**	**24**	**77**	**13725**	**224**	**3326**	**186**	**897**
16–19岁	1			126	1	96	4	255
20–24岁	4		2	432	4	202	11	100
25–29岁	4		2	745	16	302	8	64
30–34岁	10	6	5	1420	39	531	23	75
35–39岁	12	2	14	1961	57	584	31	98
40–44岁	1	3	15	2393	43	507	35	67
45–49岁	7	2	14	2892	37	523	30	80
50–54岁		5	14	2273	19	351	23	61
55–59岁		5	10	1082	6	154	10	48
60–64岁	1	1	1	253	1	52	6	21
65–69岁				102		17	2	18
70–74岁				34	1	5	2	5
75岁及以上				12		2	1	5

4-7c 续表 20　　　　单位：人

年龄组 性别	没有农村土地承包经营权的人口							
	合计	一、党的机关、国家机关、群众团体和社会组织、企事业单位负责人						
		小计	1.中国共产党机关负责人	2.国家机关负责人	3.民主党派和工商联负责人	4.人民团体和群众团体、社会组织及其他成员组织负责人	5.基层群众自治组织负责人	6.企事业单位负责人
总　计	**73744**	**887**	**7**	**100**		**53**	**77**	**650**
16-19岁	2168	2						2
20-24岁	6771	22		1		2		19
25-29岁	9783	67		6		5	8	48
30-34岁	13214	152		11		7	14	120
35-39岁	10879	159	2	20		9	12	116
40-44岁	8024	138	3	29		5	14	87
45-49岁	7782	133	2	13		7	8	103
50-54岁	6690	119		15		6	6	92
55-59岁	4606	68		4		6	9	49
60-64岁	1757	15				3	4	8
65-69岁	1172	7				2	1	4
70-74岁	531	3					1	2
75岁及以上	367	2		1		1		
男	**38135**	**661**	**6**	**82**		**32**	**52**	**489**
16-19岁	1258	1						1
20-24岁	3983	14				1		13
25-29岁	5635	43		5		3	4	31
30-34岁	7459	104		8		5	8	83
35-39岁	5573	119	1	15		6	12	85
40-44岁	3599	99	3	24		3	10	59
45-49岁	3349	109	2	12		3	4	88
50-54岁	3079	97		13		4	4	76
55-59岁	2367	56		4		5	5	42
60-64岁	826	11				1	4	6
65-69岁	533	5					1	4
70-74岁	277	1						1
75岁及以上	197	2		1		1		
女	**35609**	**226**	**1**	**18**		**21**	**25**	**161**
16-19岁	910	1						1
20-24岁	2788	8		1		1		6
25-29岁	4148	24		1		2	4	17
30-34岁	5755	48		3		2	6	37
35-39岁	5306	40	1	5		3		31
40-44岁	4425	39		5		2	4	28
45-49岁	4433	24		1		4	4	15
50-54岁	3611	22		2		2	2	16
55-59岁	2239	12				1	4	7
60-64岁	931	4				2		2
65-69岁	639	2				2		
70-74岁	254	2					1	1
75岁及以上	170							

4-7c　续表 21　　　　单位：人

年龄组 性　别	没有农村土地承包经营权的人口							
	二、专业技术人员							
	小计	7.科学研究人员	8.工程技术人员	9.农业技术人员	10.飞机和船舶技术人员	11.卫生专业技术人员	12.经济和金融专业人员	13.法律、社会和宗教专业人员
总　计	**6951**	**16**	**1003**	**93**	**14**	**1002**	**606**	**43**
16-19岁	133		18			18	5	2
20-24岁	937	1	149	10		174	100	4
25-29岁	1238	2	171	5	1	240	150	11
30-34岁	1172	6	212	13	2	170	147	9
35-39岁	874	3	159	16		130	74	9
40-44岁	788		113	7	4	87	34	1
45-49岁	728		85	21	2	80	41	2
50-54岁	564	3	55	13	2	47	25	3
55-59岁	381		28	5	2	31	19	1
60-64岁	60	1	10	3	1	10	6	
65-69岁	28		2			9	1	1
70-74岁	21		1			4	3	
75岁及以上	27					2	1	
男	**2997**	**10**	**860**	**59**	**9**	**314**	**188**	**22**
16-19岁	58		16			7		2
20-24岁	304		128	6		37	17	2
25-29岁	374	1	148	3	1	46	46	5
30-34岁	399	4	191	7	1	47	31	4
35-39岁	330	2	129	11		34	24	4
40-44岁	376		92	3	2	41	15	
45-49岁	372		66	12	1	40	19	1
50-54岁	338	2	52	11	1	25	13	2
55-59岁	329		25	4	2	19	16	1
60-64岁	47	1	10	2	1	5	2	
65-69岁	24		2			7	1	1
70-74岁	21		1			4	3	
75岁及以上	25					2	1	
女	**3954**	**6**	**143**	**34**	**5**	**688**	**418**	**21**
16-19岁	75		2			11	5	
20-24岁	633	1	21	4		137	83	2
25-29岁	864	1	23	2		194	104	6
30-34岁	773	2	21	6	1	123	116	5
35-39岁	544	1	30	5		96	50	5
40-44岁	412		21	4	2	46	19	1
45-49岁	356		19	9	1	40	22	1
50-54岁	226	1	3	2	1	22	12	1
55-59岁	52		3	1		12	3	
60-64岁	13			1		5	4	
65-69岁	4					2		
70-74岁								
75岁及以上	2							

4-7c　续表 22　　　　单位：人

年龄组 性　别	没有农村土地承包经营权的人口							
	二、专业技术人员				三、办事人员和有关人员			
	14.教学人员	15.文学艺术、体育专业人员	16.新闻出版、文化专业人员	17.其他专业技术人员	小计	18.办事人员	19.安全和消防人员	20.其他办事人员和有关人员
总　计	**4041**	**55**	**37**	**41**	**3323**	**2706**	**588**	**29**
16-19岁	87	3			40	29	11	
20-24岁	462	18	12	7	321	256	62	3
25-29岁	631	15	8	4	600	496	97	7
30-34岁	590	7	5	11	693	577	111	5
35-39岁	468	9	3	3	407	345	60	2
40-44岁	533		4	5	329	280	48	1
45-49岁	490	1	1	5	338	274	59	5
50-54岁	408		3	5	281	233	46	2
55-59岁	291	2	1	1	250	177	70	3
60-64岁	29				38	24	14	
65-69岁	15				15	8	7	
70-74岁	13				7	5	2	
75岁及以上	24				4	2	1	1
男	**1463**	**30**	**12**	**30**	**2114**	**1569**	**534**	**11**
16-19岁	32	1			22	13	9	
20-24岁	96	11	4	3	166	106	59	1
25-29岁	111	8	2	3	306	221	84	1
30-34岁	99	5	1	9	383	280	101	2
35-39岁	119	3	1	3	257	207	49	1
40-44岁	216		2	5	222	178	44	
45-49岁	227	1		5	227	175	51	1
50-54岁	229		1	2	235	190	44	1
55-59岁	260	1	1		236	164	69	3
60-64岁	26				35	21	14	
65-69岁	13				15	8	7	
70-74岁	13				6	4	2	
75岁及以上	22				4	2	1	1
女	**2578**	**25**	**25**	**11**	**1209**	**1137**	**54**	**18**
16-19岁	55	2			18	16	2	
20-24岁	366	7	8	4	155	150	3	2
25-29岁	520	7	6	1	294	275	13	6
30-34岁	491	2	4	2	310	297	10	3
35-39岁	349	6	2		150	138	11	1
40-44岁	317		2		107	102	4	1
45-49岁	263		1		111	99	8	4
50-54岁	179		2	3	46	43	2	1
55-59岁	31	1		1	14	13	1	
60-64岁	3				3	3		
65-69岁	2							
70-74岁					1	1		
75岁及以上	2							

4-7c 续表 23

单位：人

年龄组 性 别	没有农村土地承包经营权的人口							
	四、社会生产服务和生活服务人员							
	小计	21.批发与零售服务人员	22.交通运输、仓储和邮政业服务人员	23.住宿和餐饮服务人员	24.信息传输、软件和信息技术服务人员	25.金融服务人员	26.房地产服务人员	27.租赁和商务服务人员
总 计	**17328**	**7024**	**3628**	**2681**	**172**	**175**	**194**	**364**
16-19岁	586	213	83	177	3	5	5	6
20-24岁	1817	680	337	351	31	27	21	45
25-29岁	2754	1172	590	384	50	36	40	53
30-34岁	3592	1547	836	453	43	46	54	66
35-39岁	2779	1135	640	424	24	29	24	48
40-44岁	1794	747	390	281	8	13	13	31
45-49岁	1573	568	339	277	4	8	16	22
50-54岁	1176	455	220	182	4	7	12	38
55-59岁	752	269	141	110	2	4	7	36
60-64岁	264	116	29	26	2		1	9
65-69岁	146	71	17	12	1		1	9
70-74岁	53	34	4	2				1
75岁及以上	42	17	2	2				
男	**8871**	**2827**	**2992**	**1064**	**114**	**64**	**102**	**269**
16-19岁	310	76	69	90	1	2	3	6
20-24岁	1047	289	280	200	20	11	11	28
25-29岁	1564	501	507	199	32	14	24	38
30-34岁	1936	630	715	193	30	15	26	44
35-39岁	1386	435	527	152	15	6	13	28
40-44岁	774	253	304	68	5	5	6	22
45-49岁	665	200	264	68	3	3	6	20
50-54岁	512	181	173	41	3	5	6	31
55-59岁	393	127	115	33	2	3	6	33
60-64岁	140	65	21	10	2		1	9
65-69岁	85	38	13	9	1			9
70-74岁	34	23	3					1
75岁及以上	25	9	1	1				
女	**8457**	**4197**	**636**	**1617**	**58**	**111**	**92**	**95**
16-19岁	276	137	14	87	2	3	2	
20-24岁	770	391	57	151	11	16	10	17
25-29岁	1190	671	83	185	18	22	16	15
30-34岁	1656	917	121	260	13	31	28	22
35-39岁	1393	700	113	272	9	23	11	20
40-44岁	1020	494	86	213	3	8	7	9
45-49岁	908	368	75	209	1	5	10	2
50-54岁	664	274	47	141	1	2	6	7
55-59岁	359	142	26	77		1	1	3
60-64岁	124	51	8	16				
65-69岁	61	33	4	3			1	
70-74岁	19	11	1	2				
75岁及以上	17	8	1	1				

4-7c　续表 24　　　　单位：人

年龄组 性　别	没有农村土地承包经营权的人口							
	四、社会生产服务和生活服务人员							
	28.技术辅助服务人　员	29.水利、环境和公共设施管理服务人员	30.居民服务人员	31.电力、燃气及水供应服务人　员	32.修理及制作服务人　员	33.文化、体育和娱乐服务人　员	34.健康服务人员	35.其他社会生产和生活服务人员
总　计	**222**	**783**	**1085**	**158**	**727**	**64**	**26**	**25**
16–19岁	2	14	36	3	33	5	1	
20–24岁	55	18	114	13	106	15	3	1
25–29岁	57	28	177	25	128	11		3
30–34岁	51	65	199	29	175	12	9	7
35–39岁	27	100	156	30	117	13	5	7
40–44岁	12	94	120	16	62	2	2	3
45–49岁	12	165	96	21	39	2	2	2
50–54岁	3	130	82	7	28	3	4	1
55–59岁	3	96	54	13	16	1		
60–64岁		48	17		16			
65–69岁		15	14		5			1
70–74岁		5	6		1			
75岁及以上		5	14	1	1			
男	**143**	**214**	**283**	**132**	**615**	**33**	**8**	**11**
16–19岁	1	8	16	3	32	2	1	
20–24岁	33	11	44	12	97	9	2	
25–29岁	39	16	53	21	111	7		2
30–34岁	35	20	50	24	143	5	2	4
35–39岁	17	26	30	24	103	6	2	2
40–44岁	8	18	22	14	49			
45–49岁	6	30	15	14	32	2		2
50–54岁	2	29	12	7	20	1	1	
55–59岁	2	30	17	12	12	1		
60–64岁		16	5		11			
65–69岁		4	7		3			1
70–74岁		2	4		1			
75岁及以上		4	8	1	1			
女	**79**	**569**	**802**	**26**	**112**	**31**	**18**	**14**
16–19岁	1	6	20		1	3		
20–24岁	22	7	70	1	9	6	1	1
25–29岁	18	12	124	4	17	4		1
30–34岁	16	45	149	5	32	7	7	3
35–39岁	10	74	126	6	14	7	3	5
40–44岁	4	76	98	2	13	2	2	3
45–49岁	6	135	81	7	7		2	
50–54岁	1	101	70		8	2	3	1
55–59岁	1	66	37	1	4			
60–64岁		32	12		5			
65–69岁		11	7		2			
70–74岁		3	2					
75岁及以上		1	6					

4-7c 续表 25 单位：人

年龄组 性别	没有农村土地承包经营权的人口								
	五、农、林、牧、渔业生产及辅助人员							六、生产制造及有关人员	
	小计	36.农业生产人员	37.林业生产人员	38.畜牧业生产人员	39.渔业生产人员	40.农林牧渔生产辅助人员	41.其他农、林、牧、渔业生产加工人员	小计	42.农副产品加工人员
总计	**23548**	**19148**	**858**	**2505**	**849**	**171**	**17**	**21355**	**521**
16-19岁	513	427	18	49	11	8		782	1
20-24岁	1288	1038	53	143	50	4		2337	19
25-29岁	2017	1638	69	221	76	10	3	3068	39
30-34岁	3291	2599	98	430	137	26	1	4282	79
35-39岁	3134	2485	106	376	135	32		3488	78
40-44岁	2502	2017	103	261	93	23	5	2445	85
45-49岁	2840	2296	122	284	110	25	3	2149	86
50-54岁	2936	2417	114	286	96	21	2	1603	56
55-59岁	2308	1886	105	227	75	13	2	839	53
60-64岁	1155	997	36	93	24	5		223	12
65-69岁	879	754	22	74	26	2	1	93	11
70-74岁	417	367	6	33	10	1		27	1
75岁及以上	268	227	6	28	6	1		19	1
男	**9381**	**7001**	**539**	**1193**	**566**	**76**	**6**	**13919**	**283**
16-19岁	302	247	12	29	9	5		512	
20-24岁	717	536	38	98	42	3		1708	15
25-29岁	1074	808	56	140	63	5	2	2256	28
30-34岁	1639	1223	64	242	94	15	1	2975	36
35-39岁	1311	947	59	197	93	15		2142	37
40-44岁	797	579	56	95	54	12	1	1317	41
45-49岁	820	592	73	87	60	8		1148	41
50-54岁	881	663	65	95	51	7		1011	35
55-59岁	762	543	69	95	51	3	1	586	37
60-64岁	434	337	26	48	21	2		158	5
65-69岁	329	261	16	35	16		1	72	6
70-74岁	190	158	3	20	9			22	1
75岁及以上	125	107	2	12	3	1		12	1
女	**14167**	**12147**	**319**	**1312**	**283**	**95**	**11**	**7436**	**238**
16-19岁	211	180	6	20	2	3		270	1
20-24岁	571	502	15	45	8	1		629	4
25-29岁	943	830	13	81	13	5	1	812	11
30-34岁	1652	1376	34	188	43	11		1307	43
35-39岁	1823	1538	47	179	42	17		1346	41
40-44岁	1705	1438	47	166	39	11	4	1128	44
45-49岁	2020	1704	49	197	50	17	3	1001	45
50-54岁	2055	1754	49	191	45	14	2	592	21
55-59岁	1546	1343	36	132	24	10	1	253	16
60-64岁	721	660	10	45	3	3		65	7
65-69岁	550	493	6	39	10	2		21	5
70-74岁	227	209	3	13	1	1		5	
75岁及以上	143	120	4	16	3			7	

4-7c　续表 26　　　　　　单位：人

年龄组 性　别	没有农村土地承包经营权的人口							
	六、生产制造及有关人员							
	43.食品、饮料生产加工人员	44.烟草及其制品加工人员	45.纺织、针织、印染人　员	46.纺织品、服装和皮革、毛皮制品加工制作人员	47.木材加工、家具与木制品制作人员	48.纸及纸制品生产加工人员	49.印刷和记录媒介复制人员	50.文教、工美、体育和娱乐用品制造人　员
总　计	**233**	**2**	**177**	**1652**	**1364**	**135**	**64**	**445**
16-19岁	9		6	86	28	4	4	26
20-24岁	26		14	182	92	11	10	44
25-29岁	16	1	21	215	130	20	6	65
30-34岁	54		44	332	219	34	8	81
35-39岁	37		31	306	226	26	20	93
40-44岁	32		19	222	210	20	8	51
45-49岁	18		24	150	202	12	2	38
50-54岁	20		13	90	174	4	3	25
55-59岁	13		5	46	57	2	1	18
60-64岁	2			15	13	1	1	3
65-69岁	4	1		4	7	1		1
70-74岁	1			3	4		1	
75岁及以上	1			1	2			
男	**97**	**2**	**66**	**372**	**731**	**89**	**41**	**129**
16-19岁	6		3	32	22	3	2	11
20-24岁	14		7	65	71	9	6	20
25-29岁	8	1	12	77	86	15	5	26
30-34岁	25		19	89	132	28	6	28
35-39岁	13		8	53	115	13	15	22
40-44岁	8		1	31	93	12	3	9
45-49岁	3		8	5	81	4	2	4
50-54岁	9		4	9	81	1		4
55-59岁	6		4	8	31	2	1	3
60-64岁				2	9	1		1
65-69岁	4	1			6	1		1
70-74岁	1			1	3		1	
75岁及以上					1			
女	**136**		**111**	**1280**	**633**	**46**	**23**	**316**
16-19岁	3		3	54	6	1	2	15
20-24岁	12		7	117	21	2	4	24
25-29岁	8		9	138	44	5	1	39
30-34岁	29		25	243	87	6	2	53
35-39岁	24		23	253	111	13	5	71
40-44岁	24		18	191	117	8	5	42
45-49岁	15		16	145	121	8		34
50-54岁	11		9	81	93	3	3	21
55-59岁	7		1	38	26			15
60-64岁	2			13	4		1	2
65-69岁				4	1			
70-74岁				2	1			
75岁及以上	1			1	1			

4-7c 续表 27　　单位：人

年龄组 性别	没有农村土地承包经营权的人口							
	六、生产制造及有关人员							
	51.石油加工和炼焦、煤化工生产人员	52.化学原料和化学制品制造人员	53.医药制造人员	54.化学纤维制造人员	55.橡胶和塑料制品制造人员	56.非金属矿物制品制造人员	57.采矿人员	58.金属冶炼和压延加工人员
总计	**12**	**137**	**34**	**2**	**187**	**479**	**215**	**507**
16-19岁		1			10	7	2	3
20-24岁	3	46	2		24	33	6	122
25-29岁	1	21	5		33	59	20	109
30-34岁	4	14	5	1	26	71	27	81
35-39岁		17	8		29	67	26	76
40-44岁	1	14	4		23	69	37	40
45-49岁	1	8	6		18	72	30	41
50-54岁		13	3	1	9	62	40	23
55-59岁	2	1			12	26	20	10
60-64岁		2	1			11	3	
65-69岁					3	1	1	2
70-74岁							3	
75岁及以上						1		
男	**10**	**93**	**10**		**93**	**336**	**194**	**440**
16-19岁		1			6	7	2	2
20-24岁	3	38			17	25	5	116
25-29岁	1	19	3		19	49	19	101
30-34岁	3	11	1		14	57	26	72
35-39岁		11	3		12	44	23	59
40-44岁	1	2			7	44	34	34
45-49岁		3	2		7	44	22	26
50-54岁		6	1		4	39	36	21
55-59岁	2				6	17	20	8
60-64岁		2				9	3	
65-69岁					1		1	1
70-74岁							3	
75岁及以上						1		
女	**2**	**44**	**24**	**2**	**94**	**143**	**21**	**67**
16-19岁					4			1
20-24岁		8	2		7	8	1	6
25-29岁		2	2		14	10	1	8
30-34岁	1	3	4	1	12	14	1	9
35-39岁		6	5		17	23	3	17
40-44岁		12	4		16	25	3	6
45-49岁	1	5	4		11	28	8	15
50-54岁		7	2	1	5	23	4	2
55-59岁		1			6	9		2
60-64岁			1			2		
65-69岁					2	1		1
70-74岁								
75岁及以上								

4-7c　续表 28　　单位：人

年龄组 性　别	没有农村土地承包经营权的人口							
	六、生产制造及有关人员							
	59.机械制造基础加工人员	60.金属制品制造人　员	61.通用设备制造人　员	62.专用设备制造人　员	63.汽车制造人员	64.铁路、船舶、航空设备制造人　员	65.电气机械和器材制造人员	66.计算机、通信和其他电子设备制造人　员
总　计	**411**	**441**	**81**	**22**	**199**	**29**	**274**	**2338**
16–19岁	11	27	3	1	6	3	20	259
20–24岁	43	59	9	3	13	1	44	443
25–29岁	56	75	10	3	27	3	52	465
30–34岁	106	99	14	5	54	6	71	509
35–39岁	72	77	17	5	41	2	41	325
40–44岁	51	40	9	2	38	3	25	165
45–49岁	36	42	10	1	16	4	16	109
50–54岁	23	18	5	2	1	3	5	49
55–59岁	10	4	2		1	2		10
60–64岁	3		2					3
65–69岁					1	1		1
70–74岁						1		
75岁及以上					1			
男	**336**	**287**	**69**	**10**	**116**	**24**	**154**	**1098**
16–19岁	7	20	3		5	2	15	154
20–24岁	37	40	9	2	11	1	29	243
25–29岁	48	59	9	2	15	3	33	259
30–34岁	94	72	12	2	38	4	38	239
35–39岁	55	52	14	3	17	1	21	117
40–44岁	42	19	5		19	3	8	47
45–49岁	26	13	8		8	3	8	21
50–54岁	17	10	5	1		3	2	13
55–59岁	8	2	2		1	2		3
60–64岁	2		2					2
65–69岁					1	1		
70–74岁						1		
75岁及以上					1			
女	**75**	**154**	**12**	**12**	**83**	**5**	**120**	**1240**
16–19岁	4	7		1	1	1	5	105
20–24岁	6	19		1	2		15	200
25–29岁	8	16	1	1	12		19	206
30–34岁	12	27	2	3	16	2	33	270
35–39岁	17	25	3	2	24	1	20	208
40–44岁	9	21	4	2	19		17	118
45–49岁	10	29	2	1	8	1	8	88
50–54岁	6	8		1	1		3	36
55–59岁	2	2						7
60–64岁	1							1
65–69岁								1
70–74岁								
75岁及以上								

4-7c 续表 29 单位：人

年龄组 性别	没有农村土地承包经营权的人口							
	六、生产制造及有关人员							74.不便分类的其他从业人员
	67.仪器仪表制造人员	68.废弃资源综合利用人员	69.电力、热力、气体、水生产和输配人员	70.建筑施工人员	71.运输设备和通用工程机械操作人员及有关人员	72.生产辅助人员	73.其他生产制造及有关人员	
总　计	**25**	**19**	**124**	**8780**	**745**	**1610**	**91**	**352**
16-19岁				204	9	45	7	112
20-24岁	8	1	3	778	94	193	11	49
25-29岁	4	1	8	1187	176	229	11	39
30-34岁	5	4	17	1762	217	318	15	32
35-39岁	3	3	14	1453	120	259	16	38
40-44岁	2	4	19	1016	40	189	7	28
45-49岁	1	1	30	956	43	166	10	21
50-54岁	1	1	21	788	28	114	8	11
55-59岁	1	3	10	437	16	74	3	8
60-64岁		1	1	129	1	17	2	2
65-69岁				49		5		4
70-74岁				11	1	1		3
75岁及以上			1	10			1	5
男	**17**	**13**	**97**	**6966**	**712**	**984**	**50**	**192**
16-19岁				175	9	20	5	53
20-24岁	8	1	3	686	94	127	6	27
25-29岁	3	1	7	1028	171	141	8	18
30-34岁	2	4	14	1485	207	208	9	23
35-39岁		1	11	1160	111	143	8	28
40-44岁	1	2	14	699	36	100	2	14
45-49岁	1	1	16	653	40	93	5	8
50-54岁	1	1	20	575	27	80	6	5
55-59岁	1	1	10	341	15	55		5
60-64岁		1	1	104	1	12	1	1
65-69岁				44		4		3
70-74岁				9	1	1		3
75岁及以上			1	7				4
女	**8**	**6**	**27**	**1814**	**33**	**626**	**41**	**160**
16-19岁				29		25	2	59
20-24岁				92		66	5	22
25-29岁	1		1	159	5	88	3	21
30-34岁	3		3	277	10	110	6	9
35-39岁	3	2	3	293	9	116	8	10
40-44岁	1	2	5	317	4	89	5	14
45-49岁			14	303	3	73	5	13
50-54岁			1	213	1	34	2	6
55-59岁		2		96	1	19	3	3
60-64岁				25		5	1	1
65-69岁				5		1		1
70-74岁				2				
75岁及以上				3			1	1

中国人口普查
CHINA POPULATION CENSUS

2020

广西壮族自治区人口普查年鉴（第4册）

GUANGXI POPULATION CENSUS YEARBOOK 2020 (BOOK 4)

广西壮族自治区统计局
广西第七次全国人口普查领导小组办公室 编

Compiled by
Guangxi Zhuang Autonomous Region Bureau of Statistics
Office of the Leading Group of Guangxi
for the Seventh National Population Census

中国统计出版社
China Statistics Press

图书在版编目（CIP）数据

广西壮族自治区人口普查年鉴. 2020. 第4册 / 广西壮族自治区统计局, 广西第七次全国人口普查领导小组办公室编. -- 北京 : 中国统计出版社, 2022.9
ISBN 978-7-5037-9952-5

Ⅰ. ①广… Ⅱ. ①广… ②广… Ⅲ. ①人口普查－统计资料－广西－2020－年鉴 Ⅳ. ①C924.256.7-54

中国版本图书馆CIP数据核字(2022)第160712号

广西壮族自治区人口普查年鉴-2020（第4册）
Guangxi Population Census Yearbook 2020 (Book 4)

作　　者/广西壮族自治区统计局，广西第七次全国人口普查领导小组办公室
责任编辑/郭　栋　佘竞雄
封面设计/李雪燕
出版发行/中国统计出版社有限公司
通信地址/北京市丰台区西三环南路甲6号　邮政编码/100073
发行电话/邮购（010）63376909　书店（010）68783171
网　　址/http://www.zgtjcbs.com/
印　　刷/广西瑞熙特种票证印务有限公司
经　　销/新华书店
开　　本/880mm×1230mm　1/16
字　　数/984千字
印　　张/32
版　　别/2022年9月第1版
版　　次/2022年9月第1次印刷
定　　价/980.00元（全四册附光盘）

目 录

第 4 册

第二部分 长表数据资料（续）

第五卷 婚姻

第六卷 生育

第七卷 迁移和户口登记地

第八卷 老年人口

第九卷　住房

第三部分 附 录

第二部分　长表数据资料

第五卷　婚姻

5-1 各地区分性别、

地区	15岁及以上人口			未婚		
	合计	男	女	小计	男	女
总计	**3517749**	**1788061**	**1729688**	**776520**	**481059**	**295461**
南宁市	639464	324761	314703	164132	96854	67278
柳州市	314735	160891	153844	66074	41783	24291
桂林市	367243	183810	183433	72332	43967	28365
梧州市	187673	95640	92033	44157	27293	16864
北海市	132324	67408	64916	28665	17623	11042
防城港市	73502	40146	33356	15233	10517	4716
钦州市	213687	110877	102810	49190	31945	17245
贵港市	289839	147604	142235	69004	42364	26640
玉林市	368658	187226	181432	82662	51950	30712
百色市	258803	129746	129057	52013	31996	20017
贺州市	136388	68902	67486	27073	17050	10023
河池市	233929	116112	117817	44877	28464	16413
来宾市	146432	75238	71194	25593	17094	8499
崇左市	155072	79700	75372	35515	22159	13356

5-1a 各地区分性别、

地区	15岁及以上人口			未婚		
	合计	男	女	小计	男	女
总计	**1106846**	**546676**	**560170**	**299680**	**165120**	**134560**
南宁市	347475	172896	174579	107887	58697	49190
柳州市	162002	81167	80835	38564	22811	15753
桂林市	105347	50998	54349	24424	13361	11063
梧州市	63593	30736	32857	16295	8664	7631
北海市	48235	23690	24545	11484	6382	5102
防城港市	33349	17453	15896	7654	4698	2956
钦州市	36457	18017	18440	8531	4854	3677
贵港市	69178	34113	35065	18999	10536	8463
玉林市	71395	35342	36053	18846	10470	8376
百色市	60818	29385	31433	15070	7879	7191
贺州市	24345	11727	12618	6097	3116	2981
河池市	30560	14319	16241	7583	3878	3705
来宾市	31251	15282	15969	7333	4015	3318
崇左市	22841	11551	11290	10913	5759	5154

婚姻状况的15岁及以上人口

单位：人

有配偶			离婚			丧偶		
小计	男	女	小计	男	女	小计	男	女
2422055	**1205352**	**1216703**	**72579**	**41598**	**30981**	**246595**	**60052**	**186543**
426676	213364	213312	12821	6544	6277	35835	7999	27836
217623	108642	108981	11603	5888	5715	19435	4578	14857
258874	128071	130803	9539	5092	4447	26498	6680	19818
125792	62471	63321	4069	2437	1632	13655	3439	10216
93826	46808	47018	2672	1369	1303	7161	1608	5553
52758	27748	25010	1520	900	620	3991	981	3010
146812	73103	73709	3087	2045	1042	14598	3784	10814
196496	97371	99125	3906	2602	1304	20433	5267	15166
255885	125540	130345	5152	3369	1783	24959	6367	18592
179335	89325	90010	4632	2932	1700	22823	5493	17330
96025	47385	48640	2643	1697	946	10647	2770	7877
161983	79572	82411	4891	3041	1850	22178	5035	17143
105411	52857	52554	3735	2278	1457	11693	3009	8684
104559	53095	51464	2309	1404	905	12689	3042	9647

婚姻状况的15岁及以上人口（城市）

单位：人

有配偶			离婚			丧偶		
小计	男	女	小计	男	女	小计	男	女
731625	**359918**	**371707**	**32082**	**13451**	**18631**	**43459**	**8187**	**35272**
221111	109100	112011	8231	3257	4974	10246	1842	8404
108466	53654	54812	7693	3343	4350	7279	1359	5920
71931	35080	36851	4164	1676	2488	4828	881	3947
42072	20627	21445	1982	817	1165	3244	628	2616
33402	16409	16993	1452	579	873	1897	320	1577
23779	12158	11621	821	380	441	1095	217	878
25850	12576	13274	795	340	455	1281	247	1034
46303	22552	23751	1086	461	625	2790	564	2226
48282	23745	24537	1303	555	748	2964	572	2392
41349	20281	21068	1271	589	682	3128	636	2492
16327	8067	8260	739	321	418	1182	223	959
20245	9677	10568	1129	501	628	1603	263	1340
21467	10461	11006	1104	507	597	1347	299	1048
11041	5531	5510	312	125	187	575	136	439

5-1b 各地区分性别、

地 区	15岁及以上人口			未 婚		
	合计	男	女	小计	男	女
总 计	**862154**	**432594**	**429560**	**189615**	**113612**	**76003**
南宁市	105698	53916	51782	22604	14062	8542
柳州市	63118	31955	31163	12649	7741	4908
桂林市	92282	44731	47551	19892	10951	8941
梧州市	48072	24450	23622	11461	7015	4446
北海市	23967	11961	12006	5381	3171	2210
防城港市	12984	7166	5818	2262	1670	592
钦州市	59375	30345	29030	13886	8444	5442
贵港市	84254	42876	41378	20586	12503	8083
玉林市	116518	58304	58214	28550	16968	11582
百色市	49772	24362	25410	10190	5720	4470
贺州市	44143	22166	21977	8944	5447	3497
河池市	74529	36281	38248	14954	8782	6172
来宾市	40703	20492	20211	7120	4539	2581
崇左市	46739	23589	23150	11136	6599	4537

5-1c 各地区分性别、

地 区	15岁及以上人口			未 婚		
	合计	男	女	小计	男	女
总 计	**1548749**	**808791**	**739958**	**287225**	**202327**	**84898**
南宁市	186291	97949	88342	33641	24095	9546
柳州市	89615	47769	41846	14861	11231	3630
桂林市	169614	88081	81533	28016	19655	8361
梧州市	76008	40454	35554	16401	11614	4787
北海市	60122	31757	28365	11800	8070	3730
防城港市	27169	15527	11642	5317	4149	1168
钦州市	117855	62515	55340	26773	18647	8126
贵港市	136407	70615	65792	29419	19325	10094
玉林市	180745	93580	87165	35266	24512	10754
百色市	148213	75999	72214	26753	18397	8356
贺州市	67900	35009	32891	12032	8487	3545
河池市	128840	65512	63328	22340	15804	6536
来宾市	74478	39464	35014	11140	8540	2600
崇左市	85492	44560	40932	13466	9801	3665

婚姻状况的15岁及以上人口（镇）

单位：人

有配偶			离婚			丧偶		
小计	男	女	小计	男	女	小计	男	女
601656	**297316**	**304340**	**16657**	**9230**	**7427**	**54226**	**12436**	**41790**
74297	37268	37029	1801	1017	784	6996	1569	5427
44754	22262	22492	1964	1076	888	3751	876	2875
64789	31469	33320	2402	1145	1257	5199	1166	4033
32632	16136	16496	811	525	286	3168	774	2394
16912	8344	8568	405	191	214	1269	255	1014
9742	5193	4549	256	156	100	724	147	577
41261	20662	20599	914	518	396	3314	721	2593
56903	28213	28690	1126	760	366	5639	1400	4239
79793	38800	40993	1487	867	620	6688	1669	5019
35308	17375	17933	966	513	453	3308	754	2554
31117	15404	15713	875	534	341	3207	781	2426
52466	25449	27017	1684	935	749	5425	1115	4310
29766	14744	15022	1147	598	549	2670	611	2059
31916	15997	15919	819	395	424	2868	598	2270

婚姻状况的15岁及以上人口（乡村）

单位：人

有配偶			离婚			丧偶		
小计	男	女	小计	男	女	小计	男	女
1088774	**548118**	**540656**	**23840**	**18917**	**4923**	**148910**	**39429**	**109481**
131268	66996	64272	2789	2270	519	18593	4588	14005
64403	32726	31677	1946	1469	477	8405	2343	6062
122154	61522	60632	2973	2271	702	16471	4633	11838
51088	25708	25380	1276	1095	181	7243	2037	5206
43512	22055	21457	815	599	216	3995	1033	2962
19237	10397	8840	443	364	79	2172	617	1555
79701	39865	39836	1378	1187	191	10003	2816	7187
93290	46606	46684	1694	1381	313	12004	3303	8701
127810	62995	64815	2362	1947	415	15307	4126	11181
102678	51669	51009	2395	1830	565	16387	4103	12284
48581	23914	24667	1029	842	187	6258	1766	4492
89272	44446	44826	2078	1605	473	15150	3657	11493
54178	27652	26526	1484	1173	311	7676	2099	5577
61602	31567	30035	1178	884	294	9246	2308	6938

5-2 分性别、职业、

职业大类	15岁及以上人口			未婚		
	合计	男	女	小计	男	女
总 计	**2015637**	**1155784**	**859853**	**329281**	**231485**	**97796**
党的机关、国家机关、群众团体和社会组织、企事业单位负责人	33561	23706	9855	3084	2117	967
专业技术人员	171009	69763	101246	40482	14971	25511
办事人员和有关人员	112334	68341	43993	22409	12332	10077
社会生产服务和生活服务人员	583925	320455	263470	114466	75316	39150
农、林、牧、渔业生产及辅助人员	668497	355054	313443	63830	54620	9210
生产制造及有关人员	439137	314312	124825	82147	70400	11747
不便分类的其他从业人员	7174	4153	3021	2863	1729	1134

5-2a 分性别、职业、

职业大类	15岁及以上人口			未婚		
	合计	男	女	小计	男	女
总 计	**612311**	**343779**	**268532**	**123845**	**75377**	**48468**
党的机关、国家机关、群众团体和社会组织、企事业单位负责人	20566	14109	6457	2078	1367	711
专业技术人员	90989	36297	54692	22195	8181	14014
办事人员和有关人员	65064	37382	27682	13138	6767	6371
社会生产服务和生活服务人员	281379	150155	131224	61793	38242	23551
农、林、牧、渔业生产及辅助人员	29340	16147	13193	2468	1892	576
生产制造及有关人员	122786	88371	34415	21535	18530	3005
不便分类的其他从业人员	2187	1318	869	638	398	240

婚姻状况的人口

单位：人

有配偶			离婚			丧偶		
小计	男	女	小计	男	女	小计	男	女
1588364	**879325**	**709039**	**48784**	**30077**	**18707**	**49208**	**14897**	**34311**
29276	21007	8269	1021	509	512	180	73	107
125719	53273	72446	3834	1243	2591	974	276	698
85879	53872	32007	3296	1748	1548	750	389	361
442276	234437	207839	18681	8857	9824	8502	1845	6657
560566	281807	278759	10725	8803	1922	33376	9824	23552
340634	232643	107991	11037	8811	2226	5319	2458	2861
4014	2286	1728	190	106	84	107	32	75

婚姻状况的人口（城市）

单位：人

有配偶			离婚			丧偶		
小计	男	女	小计	男	女	小计	男	女
464125	**258360**	**205765**	**19238**	**8891**	**10347**	**5103**	**1151**	**3952**
17693	12371	5322	728	352	376	67	19	48
66106	27364	38742	2343	680	1663	345	72	273
49529	29459	20070	2106	1037	1069	291	119	172
206682	107368	99314	10236	4131	6105	2668	414	2254
25498	13709	11789	519	338	181	855	208	647
97165	67209	29956	3226	2318	908	860	314	546
1452	880	572	80	35	45	17	5	12

5-2b 分性别、职业、

职业大类	15岁及以上人口			未婚		
	合计	男	女	小计	男	女
总计	**489895**	**277728**	**212167**	**70924**	**48741**	**22183**
党的机关、国家机关、群众团体和社会组织、企事业单位负责人	8211	5931	2280	605	434	171
专业技术人员	52257	20931	31326	10192	3603	6589
办事人员和有关人员	31401	20086	11315	5438	3160	2278
社会生产服务和生活服务人员	165245	87887	77358	24158	16324	7834
农、林、牧、渔业生产及辅助人员	113264	59731	53533	10125	8251	1874
生产制造及有关人员	117259	81892	35367	19581	16456	3125
不便分类的其他从业人员	2258	1270	988	825	513	312

5-2c 分性别、职业、

职业大类	15岁及以上人口			未婚		
	合计	男	女	小计	男	女
总计	**913431**	**534277**	**379154**	**134512**	**107367**	**27145**
党的机关、国家机关、群众团体和社会组织、企事业单位负责人	4784	3666	1118	401	316	85
专业技术人员	27763	12535	15228	8095	3187	4908
办事人员和有关人员	15869	10873	4996	3833	2405	1428
社会生产服务和生活服务人员	137301	82413	54888	28515	20750	7765
农、林、牧、渔业生产及辅助人员	525893	279176	246717	51237	44477	6760
生产制造及有关人员	199092	144049	55043	41031	35414	5617
不便分类的其他从业人员	2729	1565	1164	1400	818	582

婚姻状况的人口（镇）

单位：人

有配偶			离婚			丧偶		
小计	男	女	小计	男	女	小计	男	女
397181	**219379**	**177802**	**11894**	**6892**	**5002**	**9896**	**2716**	**7180**
7340	5380	1960	212	100	112	54	17	37
40637	16898	23739	1073	348	725	355	82	273
24844	16318	8526	875	477	398	244	131	113
133353	68729	64624	4931	2311	2620	2803	523	2280
96373	48704	47669	1837	1419	418	4929	1357	3572
93303	62635	30668	2903	2206	697	1472	595	877
1331	715	616	63	31	32	39	11	28

婚姻状况的人口（乡村）

单位：人

有配偶			离婚			丧偶		
小计	男	女	小计	男	女	小计	男	女
727058	**401586**	**325472**	**17652**	**14294**	**3358**	**34209**	**11030**	**23179**
4243	3256	987	81	57	24	59	37	22
18976	9011	9965	418	215	203	274	122	152
11506	8095	3411	315	234	81	215	139	76
102241	58340	43901	3514	2415	1099	3031	908	2123
438695	219394	219301	8369	7046	1323	27592	8259	19333
150166	102799	47367	4908	4287	621	2987	1549	1438
1231	691	540	47	40	7	51	16	35

5-3 分年龄、性别、受教育

受教育程度 年龄	15岁及以上人口			未婚		
	合计	男	女	小计	男	女
总计	**3517749**	**1788061**	**1729688**	**776520**	**481059**	**295461**
15-19岁	**302802**	**156530**	**146272**	**299785**	**155814**	**143971**
15	63164	33144	30020	63077	33127	29950
16	70718	36554	34164	70500	36522	33978
17	67381	34487	32894	66892	34369	32523
18	53059	27754	25305	52226	27563	24663
19	48480	24591	23889	47090	24233	22857
20-24岁	**205687**	**105885**	**99802**	**174155**	**96527**	**77628**
20	46993	23844	23149	44541	23291	21250
21	41145	21110	20035	37485	20207	17278
22	40603	20821	19782	34587	19181	15406
23	38774	20221	18553	30468	17642	12826
24	38172	19889	18283	27074	16206	10868
25-29岁	**228705**	**119080**	**109625**	**108562**	**71819**	**36743**
25	40594	21163	19431	25635	15961	9674
26	41614	21697	19917	23089	14773	8316
27	45220	23557	21663	21500	14336	7164
28	50009	26043	23966	20357	14103	6254
29	51268	26620	24648	17981	12646	5335
30-34岁	**345655**	**177289**	**168366**	**75758**	**56838**	**18920**
30	62926	32241	30685	18665	13443	5222
31	65766	33918	31848	16391	12318	4073
32	65813	33480	32333	13999	10516	3483
33	75733	39089	36644	14338	11034	3304
34	75417	38561	36856	12365	9527	2838
35-39岁	**337664**	**175867**	**161797**	**39615**	**31614**	**8001**
35	73565	38182	35383	10550	8248	2302
36	71287	36815	34472	9058	7226	1832
37	61697	32077	29620	6997	5590	1407
38	66809	34931	31878	6886	5482	1404
39	64306	33862	30444	6124	5068	1056
40-44岁	**313253**	**164111**	**149142**	**22667**	**18659**	**4008**
40	63374	33172	30202	5471	4440	1031
41	65895	34590	31305	5045	4185	860
42	62225	32433	29792	4489	3680	809
43	57329	29810	27519	3735	3067	668
44	64430	34106	30324	3927	3287	640
45-49岁	**335253**	**176501**	**158752**	**16894**	**14266**	**2628**
45	64690	34023	30667	3672	3057	615
46	70943	37270	33673	3733	3158	575
47	66471	35126	31345	3340	2810	530
48	66185	34760	31425	3192	2684	508
49	66964	35322	31642	2957	2557	400
50-54岁	**348816**	**181510**	**167306**	**12780**	**11337**	**1443**
50	70414	36594	33820	2992	2611	381
51	68422	35883	32539	2661	2332	329
52	75983	39557	36426	2722	2440	282
53	62346	32294	30052	2134	1900	234
54	71651	37182	34469	2271	2054	217
55-59岁	**305316**	**155667**	**149649**	**7825**	**7039**	**786**
55	72233	37284	34949	2038	1833	205
56	69044	34641	34403	1921	1732	189
57	75295	38691	36604	1936	1751	185
58	58744	29992	28752	1293	1150	143
59	30000	15059	14941	637	573	64
60-64岁	**215082**	**107981**	**107101**	**5204**	**4815**	**389**
60	35220	17430	17790	764	686	78
61	33982	17470	16512	804	737	67
62	50629	25394	25235	1283	1191	92
63	50451	25621	24830	1274	1187	87
64	44800	22066	22734	1079	1014	65
65岁及以上	**579516**	**267640**	**311876**	**13275**	**12331**	**944**

程度、婚姻状况的人口

单位：人

有配偶			离婚			丧偶		
小计	男	女	小计	男	女	小计	男	女
2422055	**1205352**	**1216703**	**72579**	**41598**	**30981**	**246595**	**60052**	**186543**
2994	**708**	**2286**	**21**	**7**	**14**	**2**	**1**	**1**
86	17	69	1		1			
215	32	183	3		3			
486	116	370	3	2	1			
825	187	638	6	3	3	2	1	1
1382	356	1026	8	2	6			
31052	**9131**	**21921**	**460**	**222**	**238**	**20**	**5**	**15**
2421	537	1884	31	16	15			
3623	885	2738	34	17	17	3	1	2
5932	1599	4333	82	41	41	2		2
8164	2518	5646	136	59	77	6	2	4
10912	3592	7320	177	89	88	9	2	7
117176	**45756**	**71420**	**2815**	**1481**	**1334**	**152**	**24**	**128**
14666	5057	9609	275	142	133	18	3	15
18136	6746	11390	363	173	190	26	5	21
23173	8972	14201	524	245	279	23	4	19
28813	11491	17322	804	445	359	35	4	31
32388	13490	18898	849	476	373	50	8	42
260812	**115492**	**145320**	**8545**	**4824**	**3721**	**540**	**135**	**405**
43054	18154	24900	1159	627	532	48	17	31
47809	20765	27044	1478	821	657	88	14	74
50079	22014	28065	1642	926	716	93	24	69
59192	26826	32366	2059	1192	867	144	37	107
60678	27733	32945	2207	1258	949	167	43	124
285106	**137089**	**148017**	**11541**	**6836**	**4705**	**1402**	**328**	**1074**
60423	28531	31892	2371	1349	1022	221	54	167
59676	28202	31474	2309	1337	972	244	50	194
52309	25168	27141	2138	1266	872	253	53	200
57221	27944	29277	2360	1418	942	342	87	255
55477	27244	28233	2363	1466	897	342	84	258
275991	**137967**	**138024**	**11778**	**6892**	**4886**	**2817**	**593**	**2224**
55143	27260	27883	2347	1393	954	413	79	334
57885	28861	29024	2493	1433	1060	472	111	361
54853	27272	27581	2337	1387	950	546	94	452
50756	25280	25476	2225	1325	900	613	138	475
57354	29294	28060	2376	1354	1022	773	171	602
301069	**154498**	**146571**	**11211**	**6398**	**4813**	**6079**	**1339**	**4740**
57815	29465	28350	2306	1296	1010	897	205	692
63784	32548	31236	2381	1354	1027	1045	210	835
59621	30723	28898	2292	1310	982	1218	283	935
59450	30536	28914	2166	1243	923	1377	297	1080
60399	31226	29173	2066	1195	871	1542	344	1198
313872	**161994**	**151878**	**9740**	**5374**	**4366**	**12424**	**2805**	**9619**
63397	32397	31000	2188	1206	982	1837	380	1457
61578	31913	29665	2054	1109	945	2129	529	1600
68446	35345	33101	2139	1185	954	2676	587	2089
56068	28932	27136	1602	899	703	2542	563	1979
64383	33407	30976	1757	975	782	3240	746	2494
271743	**140384**	**131359**	**7553**	**4097**	**3456**	**18195**	**4147**	**14048**
64706	33596	31110	1871	1016	855	3618	839	2779
61544	31090	30454	1678	930	748	3901	889	3012
66876	34862	32014	1919	1008	911	4564	1070	3494
52153	27213	24940	1392	767	625	3906	862	3044
26464	13623	12841	693	376	317	2206	487	1719
183068	**95159**	**87909**	**4111**	**2392**	**1719**	**22699**	**5615**	**17084**
30675	15617	15058	837	458	379	2944	669	2275
29137	15452	13685	769	446	323	3272	835	2437
43122	22345	20777	899	538	361	5325	1320	4005
42658	22499	20159	838	501	337	5681	1434	4247
37476	19246	18230	768	449	319	5477	1357	4120
379172	**207174**	**171998**	**4804**	**3075**	**1729**	**182265**	**45060**	**137205**

5-3 续表 1

受教育程度 年龄	15岁及以上人口			未婚		
	合计	男	女	小计	男	女
未上过学	**105367**	**19755**	**85612**	**7579**	**6441**	**1138**
15-19岁	**522**	**321**	**201**	**507**	**321**	**186**
15	82	47	35	82	47	35
16	88	58	30	88	58	30
17	100	61	39	99	61	38
18	125	80	45	119	80	39
19	127	75	52	119	75	44
20-24岁	**584**	**349**	**235**	**488**	**342**	**146**
20	140	85	55	124	84	40
21	103	61	42	88	61	27
22	118	78	40	104	78	26
23	126	69	57	101	68	33
24	97	56	41	71	51	20
25-29岁	**698**	**381**	**317**	**451**	**352**	**99**
25	132	69	63	96	67	29
26	113	65	48	71	59	12
27	156	91	65	109	87	22
28	150	76	74	89	70	19
29	147	80	67	86	69	17
30-34岁	**1123**	**538**	**585**	**551**	**450**	**101**
30	218	113	105	125	102	23
31	202	96	106	92	77	15
32	204	97	107	99	81	18
33	240	112	128	110	89	21
34	259	120	139	125	101	24
35-39岁	**1470**	**625**	**845**	**582**	**492**	**90**
35	274	121	153	114	88	26
36	289	123	166	118	102	16
37	262	114	148	106	92	14
38	303	125	178	115	98	17
39	342	142	200	129	112	17
40-44岁	**2049**	**705**	**1344**	**571**	**505**	**66**
40	359	121	238	111	91	20
41	381	144	237	126	117	9
42	421	159	262	125	112	13
43	412	132	280	100	89	11
44	476	149	327	109	96	13
45-49岁	**3302**	**925**	**2377**	**614**	**563**	**51**
45	534	157	377	125	111	14
46	658	194	464	129	121	8
47	648	169	479	106	96	10
48	715	200	515	126	112	14
49	747	205	542	128	123	5
50-54岁	**5063**	**1223**	**3840**	**695**	**643**	**52**
50	926	248	678	159	147	12
51	926	226	700	138	123	15
52	1135	278	857	155	147	8
53	994	239	755	126	118	8
54	1082	232	850	117	108	9
55-59岁	**5300**	**1085**	**4215**	**506**	**478**	**28**
55	1178	269	909	120	114	6
56	1153	230	923	125	120	5
57	1196	274	922	130	121	9
58	1077	196	881	83	78	5
59	696	116	580	48	45	3
60-64岁	**8123**	**1313**	**6810**	**432**	**399**	**33**
60	1001	177	824	71	64	7
61	1085	195	890	55	51	4
62	1979	320	1659	105	98	7
63	2011	310	1701	114	101	13
64	2047	311	1736	87	85	2
65岁及以上	**77133**	**12290**	**64843**	**2182**	**1896**	**286**

单位：人

有配偶			离婚			丧偶		
小计	男	女	小计	男	女	小计	男	女
50183	**8932**	**41251**	**532**	**238**	**294**	**47073**	**4144**	**42929**
15		**15**						
1		1						
6		6						
8		8						
96	**7**	**89**						
16	1	15						
15		15						
14		14						
25	1	24						
26	5	21						
244	**28**	**216**	**3**	**1**	**2**			
35	2	33	1		1			
42	6	36						
47	4	43						
61	6	55						
59	10	49	2	1	1			
542	**81**	**461**	**16**	**7**	**9**	**14**		**14**
87	9	78	4	2	2	2		2
106	19	87	1		1	3		3
101	15	86	1	1		3		3
121	20	101	5	3	2	4		4
127	18	109	5	1	4	2		2
839	**120**	**719**	**24**	**10**	**14**	**25**	**3**	**22**
156	32	124	4	1	3			
164	18	146	6	3	3	1		1
146	19	127	4	2	2	6	1	5
176	25	151	3	1	2	9	1	8
197	26	171	7	3	4	9	1	8
1386	**182**	**1204**	**22**	**12**	**10**	**70**	**6**	**64**
240	28	212	3	1	2	5	1	4
243	27	216				12		12
275	44	231	3	2	1	18	1	17
287	35	252	9	5	4	16	3	13
341	48	293	7	4	3	19	1	18
2468	**331**	**2137**	**45**	**23**	**22**	**175**	**8**	**167**
374	40	334	8	5	3	27	1	26
484	67	417	10	5	5	35	1	34
506	71	435	5	2	3	31		31
539	81	458	10	4	6	40	3	37
565	72	493	12	7	5	42	3	39
3840	**523**	**3317**	**60**	**32**	**28**	**468**	**25**	**443**
692	92	600	9	6	3	66	3	63
719	93	626	10	5	5	59	5	54
866	119	747	10	4	6	104	8	96
753	108	645	10	7	3	105	6	99
810	111	699	21	10	11	134	3	131
4000	**531**	**3469**	**67**	**36**	**31**	**727**	**40**	**687**
897	130	767	19	10	9	142	15	127
877	95	782	13	8	5	138	7	131
883	139	744	16	8	8	167	6	161
819	108	711	10	5	5	165	5	160
524	59	465	9	5	4	115	7	108
5868	**780**	**5088**	**61**	**28**	**33**	**1762**	**106**	**1656**
740	93	647	17	11	6	173	9	164
819	131	688	8	4	4	203	9	194
1432	181	1251	14	4	10	428	37	391
1457	181	1276	8	5	3	432	23	409
1420	194	1226	14	4	10	526	28	498
30885	**6349**	**24536**	**234**	**89**	**145**	**43832**	**3956**	**39876**

5-3 续表 2

受教育程度 年　　龄	15岁及以上人口			未　婚		
	合计	男	女	小计	男	女
学前教育	**3597**	**1124**	**2473**	**552**	**365**	**187**
15–19岁	**233**	**109**	**124**	**231**	**108**	**123**
15	96	50	46	96	50	46
16	63	23	40	63	23	40
17	24	11	13	24	11	13
18	28	15	13	28	15	13
19	22	10	12	20	9	11
20–24岁	**94**	**54**	**40**	**85**	**51**	**34**
20	18	13	5	18	13	5
21	19	9	10	17	8	9
22	15	9	6	13	8	5
23	23	13	10	20	12	8
24	19	10	9	17	10	7
25–29岁	**73**	**31**	**42**	**37**	**24**	**13**
25	18	7	11	13	7	6
26	15	8	7	9	6	3
27	18	9	9	9	6	3
28	8	2	6	2	1	1
29	14	5	9	4	4	
30–34岁	**86**	**42**	**44**	**25**	**21**	**4**
30	19	10	9	8	7	1
31	13	5	8	1	1	
32	19	12	7	4	3	1
33	21	8	13	8	6	2
34	14	7	7	4	4	
35–39岁	**76**	**30**	**46**	**18**	**14**	**4**
35	14	4	10	3	1	2
36	16	5	11	3	3	
37	15	6	9	2	2	
38	17	7	10	6	4	2
39	14	8	6	4	4	
40–44岁	**91**	**43**	**48**	**21**	**18**	**3**
40	20	12	8	6	5	1
41	18	8	10	4	4	
42	16	7	9	4	4	
43	11	3	8	1		1
44	26	13	13	6	5	1
45–49岁	**155**	**57**	**98**	**19**	**17**	**2**
45	25	9	16	5	4	1
46	23	11	12	3	3	
47	32	11	21	3	2	1
48	34	11	23	3	3	
49	41	15	26	5	5	
50–54岁	**253**	**80**	**173**	**20**	**18**	**2**
50	50	11	39	3	3	
51	49	16	33	4	3	1
52	58	18	40	5	5	
53	51	20	31	4	4	
54	45	15	30	4	3	1
55–59岁	**217**	**66**	**151**	**20**	**20**	
55	55	15	40	5	5	
56	53	22	31	6	6	
57	43	12	31	4	4	
58	45	13	32	2	2	
59	21	4	17	3	3	
60–64岁	**302**	**74**	**228**	**9**	**9**	
60	42	11	31	1	1	
61	39	10	29	4	4	
62	72	19	53	2	2	
63	81	15	66			
64	68	19	49	2	2	
65岁及以上	**2017**	**538**	**1479**	**67**	**65**	**2**

单位：人

有配偶			离婚			丧偶		
小计	男	女	小计	男	女	小计	男	女
1936	**586**	**1350**	**34**	**18**	**16**	**1075**	**155**	**920**
2	**1**	**1**						
2	1	1						
9	**3**	**6**						
2	1	1						
2	1	1						
3	1	2						
2		2						
35	**7**	**28**	**1**		**1**			
5		5						
6	2	4						
9	3	6						
6	1	5						
9	1	8	1		1			
57	**19**	**38**	**4**	**2**	**2**			
11	3	8						
11	4	7	1		1			
14	8	6	1	1				
11	1	10	2	1	1			
10	3	7						
53	**15**	**38**	**4**	**1**	**3**	**1**		**1**
9	2	7	1	1		1		1
12	2	10	1		1			
12	4	8	1		1			
10	3	7	1		1			
10	4	6						
63	**23**	**40**	**3**	**2**	**1**	**4**		**4**
11	7	4	1		1	2		2
13	4	9				1		1
12	3	9						
8	2	6	1	1		1		1
19	7	12	1	1				
131	**38**	**93**				**5**	**2**	**3**
19	5	14				1		1
18	6	12				2	2	
29	9	20						
31	8	23						
34	10	24				2		2
212	**57**	**155**	**1**	**1**		**20**	**4**	**16**
42	7	35				5	1	4
43	12	31	1	1		1		1
47	12	35				6	1	5
44	16	28				3		3
36	10	26				5	2	3
177	**44**	**133**	**1**		**1**	**19**	**2**	**17**
44	10	34				6		6
45	16	29				2		2
36	8	28	1		1	2		2
36	10	26				7	1	6
16		16				2	1	1
225	**55**	**170**	**3**	**3**		**65**	**7**	**58**
34	9	25	1	1		6		6
24	4	20	1	1		10	1	9
57	15	42	1	1		12	1	11
59	12	47				22	3	19
51	15	36				15	2	13
972	**324**	**648**	**17**	**9**	**8**	**961**	**140**	**821**

5-3 续表 3

受教育程度 年 龄	15岁及以上人口			未 婚		
	合计	男	女	小计	男	女
小 学	**820362**	**358866**	**461496**	**55411**	**49496**	**5915**
15-19岁	**3144**	**1828**	**1316**	**2887**	**1787**	**1100**
15	483	258	225	474	257	217
16	469	277	192	448	276	172
17	550	318	232	512	308	204
18	767	449	318	685	437	248
19	875	526	349	768	509	259
20-24岁	**6417**	**3626**	**2791**	**4131**	**2992**	**1139**
20	964	539	425	763	500	263
21	1082	626	456	792	564	228
22	1270	741	529	833	626	207
23	1506	832	674	894	648	246
24	1595	888	707	849	654	195
25-29岁	**11836**	**6544**	**5292**	**4701**	**3855**	**846**
25	1892	1060	832	906	717	189
26	2012	1120	892	905	712	193
27	2318	1272	1046	930	763	167
28	2774	1560	1214	1003	858	145
29	2840	1532	1308	957	805	152
30-34岁	**23627**	**11820**	**11807**	**5531**	**4848**	**683**
30	3737	1933	1804	1083	932	151
31	4195	2210	1985	1116	978	138
32	4356	2166	2190	1002	872	130
33	5371	2674	2697	1197	1062	135
34	5968	2837	3131	1133	1004	129
35-39岁	**34495**	**16274**	**18221**	**5486**	**4955**	**531**
35	6345	3110	3235	1191	1064	127
36	6668	3192	3476	1149	1027	122
37	6202	2915	3287	964	876	88
38	7223	3359	3864	1035	931	104
39	8057	3698	4359	1147	1057	90
40-44岁	**51355**	**23431**	**27924**	**5406**	**5039**	**367**
40	8863	4086	4777	1062	973	89
41	9862	4574	5288	1076	1003	73
42	10162	4613	5549	1085	1013	72
43	10201	4618	5583	1001	942	59
44	12267	5540	6727	1182	1108	74
45-49岁	**81461**	**36683**	**44778**	**6020**	**5647**	**373**
45	13417	6052	7365	1116	1035	81
46	15895	7064	8831	1275	1194	81
47	16133	7288	8845	1194	1126	68
48	17360	7766	9594	1263	1185	78
49	18656	8513	10143	1172	1107	65
50-54岁	**112111**	**50183**	**61928**	**5833**	**5567**	**266**
50	20990	9420	11570	1258	1183	75
51	21772	9993	11779	1199	1142	57
52	25228	11336	13892	1308	1246	62
53	20546	9109	11437	959	926	33
54	23575	10325	13250	1109	1070	39
55-59岁	**92817**	**37820**	**54997**	**3683**	**3539**	**144**
55	22767	9728	13039	1019	972	47
56	21254	8571	12683	891	857	34
57	21939	9064	12875	876	848	28
58	17469	6847	10622	607	586	21
59	9388	3610	5778	290	276	14
60-64岁	**81413**	**31926**	**49487**	**2898**	**2813**	**85**
60	11219	4169	7050	356	347	9
61	11912	4725	7187	437	426	11
62	19226	7618	11608	727	706	21
63	20043	8039	12004	706	681	25
64	19013	7375	11638	672	653	19
65岁及以上	**321686**	**138731**	**182955**	**8835**	**8454**	**381**

单位：人

有配偶			离婚			丧偶		
小计	男	女	小计	男	女	小计	男	女
617419	**267362**	**350057**	**12382**	**8629**	**3753**	**135150**	**33379**	**101771**
254	**39**	**215**	**3**	**2**	**1**			
9	1	8						
21	1	20						
37	9	28	1	1				
81	12	69	1		1			
106	16	90	1	1				
2227	**602**	**1625**	**54**	**30**	**24**	**5**	**2**	**3**
196	38	158	5	1	4			
284	60	224	5	2	3	1		1
428	111	317	9	4	5			
596	175	421	14	8	6	2	1	1
723	218	505	21	15	6	2	1	1
6903	**2553**	**4350**	**213**	**130**	**83**	**19**	**6**	**13**
961	328	633	23	14	9	2	1	1
1073	389	684	31	18	13	3	1	2
1350	489	861	35	20	15	3		3
1706	662	1044	62	40	22	3		3
1813	685	1128	62	38	24	8	4	4
17333	**6492**	**10841**	**678**	**461**	**217**	**85**	**19**	**66**
2564	940	1624	85	60	25	5	1	4
2952	1154	1798	110	74	36	17	4	13
3208	1198	2010	135	92	43	11	4	7
4001	1515	2486	152	95	57	21	2	19
4608	1685	2923	196	140	56	31	8	23
27616	**10474**	**17142**	**1108**	**777**	**331**	**285**	**68**	**217**
4892	1885	3007	218	151	67	44	10	34
5278	2018	3260	199	135	64	42	12	30
4974	1881	3093	212	152	60	52	6	46
5895	2245	3650	225	163	62	68	20	48
6577	2445	4132	254	176	78	79	20	59
43546	**17122**	**26424**	**1613**	**1114**	**499**	**790**	**156**	**634**
7416	2886	4530	285	208	77	100	19	81
8352	3333	5019	318	213	105	116	25	91
8604	3353	5251	328	224	104	145	23	122
8688	3416	5272	330	228	102	182	32	150
10486	4134	6352	352	241	111	247	57	190
71152	**29092**	**42060**	**2053**	**1484**	**569**	**2236**	**460**	**1776**
11645	4680	6965	376	276	100	280	61	219
13881	5543	8338	389	269	120	350	58	292
14041	5739	8302	442	319	123	456	104	352
15144	6182	8962	408	284	124	545	115	430
16441	6948	9493	438	336	102	605	122	483
98570	**41931**	**56639**	**2215**	**1550**	**665**	**5493**	**1135**	**4358**
18493	7786	10707	457	312	145	782	139	643
19165	8308	10857	463	323	140	945	220	725
22227	9528	12699	468	320	148	1225	242	983
18063	7661	10402	383	284	99	1141	238	903
20622	8648	11974	444	311	133	1400	296	1104
80004	**31806**	**48198**	**1448**	**1020**	**428**	**7682**	**1455**	**6227**
19750	8174	11576	382	268	114	1616	314	1302
18368	7161	11207	353	242	111	1642	311	1331
18859	7593	11266	342	247	95	1862	376	1486
15004	5804	9200	248	174	74	1610	283	1327
8023	3074	4949	123	89	34	952	171	781
66159	**26261**	**39898**	**954**	**639**	**315**	**11402**	**2213**	**9189**
9426	3478	5948	165	111	54	1272	233	1039
9753	3896	5857	146	91	55	1576	312	1264
15621	6237	9384	219	154	65	2659	521	2138
16176	6629	9547	222	156	66	2939	573	2366
15183	6021	9162	202	127	75	2956	574	2382
203655	**100990**	**102665**	**2043**	**1422**	**621**	**107153**	**27865**	**79288**

5-3 续表 4

受教育程度 年龄	15岁及以上人口			未婚		
	合计	男	女	小计	男	女
初 中	**1478613**	**821799**	**656814**	**251679**	**184199**	**67480**
15-19岁	**84946**	**48658**	**36288**	**82594**	**48096**	**34498**
15	38514	21219	17295	38443	21206	17237
16	17052	9732	7320	16868	9701	7167
17	10916	6329	4587	10498	6232	4266
18	9188	5675	3513	8552	5521	3031
19	9276	5703	3573	8233	5436	2797
20-24岁	**61087**	**36014**	**25073**	**41434**	**29918**	**11516**
20	9540	5857	3683	7808	5457	2351
21	10483	6392	4091	8005	5732	2273
22	12580	7335	5245	8726	6247	2479
23	13709	7986	5723	8660	6324	2336
24	14775	8444	6331	8235	6158	2077
25-29岁	**102240**	**56762**	**45478**	**39807**	**31246**	**8561**
25	16785	9434	7351	8392	6345	2047
26	17777	9974	7803	7953	6091	1862
27	20422	11321	9101	7952	6308	1644
28	23071	12782	10289	8076	6486	1590
29	24185	13251	10934	7434	6016	1418
30-34岁	**178589**	**95117**	**83472**	**36779**	**30665**	**6114**
30	30793	16559	14234	8190	6678	1512
31	33160	17815	15345	7794	6490	1304
32	33658	17755	15903	6855	5688	1167
33	40316	21542	18774	7358	6227	1131
34	40662	21446	19216	6582	5582	1000
35-39岁	**190954**	**102025**	**88929**	**21507**	**18504**	**3003**
35	41059	21874	19185	5706	4869	837
36	40537	21433	19104	4999	4295	704
37	34965	18598	16367	3771	3261	510
38	37793	20327	17466	3797	3255	542
39	36600	19793	16807	3234	2824	410
40-44岁	**167554**	**90360**	**77194**	**11430**	**9870**	**1560**
40	35066	18837	16229	2917	2520	397
41	35394	19096	16298	2627	2291	336
42	32625	17514	15111	2193	1876	317
43	30287	16221	14066	1815	1557	258
44	34182	18692	15490	1878	1626	252
45-49岁	**173781**	**94628**	**79153**	**7432**	**6354**	**1078**
45	34129	18491	15638	1754	1509	245
46	37339	20163	17176	1645	1418	227
47	34395	18787	15608	1479	1256	223
48	33722	18359	15363	1297	1098	199
49	34196	18828	15368	1257	1073	184
50-54岁	**172672**	**95090**	**77582**	**4850**	**4249**	**601**
50	35176	19122	16054	1182	1037	145
51	33763	18692	15071	1007	868	139
52	37127	20506	16621	974	864	110
53	31000	17139	13861	845	732	113
54	35606	19631	15975	842	748	94
55-59岁	**141763**	**77387**	**64376**	**2662**	**2400**	**262**
55	35701	19626	16075	694	615	79
56	32930	17588	15342	671	607	64
57	34917	19092	15825	679	615	64
58	25940	14259	11681	416	373	43
59	12275	6822	5453	202	190	12
60-64岁	**79069**	**46082**	**32987**	**1395**	**1283**	**112**
60	13832	7580	6252	240	214	26
61	12667	7416	5251	221	199	22
62	18487	10758	7729	338	313	25
63	18391	11031	7360	354	333	21
64	15692	9297	6395	242	224	18
65岁及以上	**125958**	**79676**	**46282**	**1789**	**1614**	**175**

单位：人

有配偶			离婚			丧偶		
小计	男	女	小计	男	女	小计	男	女
1142654	**598069**	**544585**	**35962**	**22597**	**13365**	**48318**	**16934**	**31384**
2337	**559**	**1778**	**14**	**3**	**11**	**1**		**1**
70	13	57	1		1			
181	31	150	3		3			
416	96	320	2	1	1			
631	152	479	4	2	2	1		1
1039	267	772	4		4			
19336	**5940**	**13396**	**307**	**154**	**153**	**10**	**2**	**8**
1715	390	1325	17	10	7			
2450	646	1804	27	14	13	1		1
3798	1062	2736	54	26	28	2		2
4960	1617	3343	85	44	41	4	1	3
6413	2225	4188	124	60	64	3	1	2
60507	**24416**	**36091**	**1819**	**1085**	**734**	**107**	**15**	**92**
8180	2971	5209	199	116	83	14	2	12
9576	3754	5822	232	126	106	16	3	13
12104	4819	7285	349	191	158	17	3	14
14443	5975	8468	524	317	207	28	4	24
16204	6897	9307	515	335	180	32	3	29
136509	**61139**	**75370**	**4962**	**3216**	**1746**	**339**	**97**	**242**
21888	9440	12448	682	428	254	33	13	20
24434	10758	13676	877	557	320	55	10	45
25811	11449	14362	930	599	331	62	19	43
31661	14483	17178	1212	807	405	85	25	60
32715	15009	17706	1261	825	436	104	30	74
161977	**78935**	**83042**	**6617**	**4382**	**2235**	**853**	**204**	**649**
33878	16131	17747	1336	841	495	139	33	106
34031	16235	17796	1349	875	474	158	28	130
29828	14508	15320	1208	792	416	158	37	121
32421	16087	16334	1373	928	445	202	57	145
31819	15974	15845	1351	946	405	196	49	147
148492	**76165**	**72327**	**6068**	**3957**	**2111**	**1564**	**368**	**1196**
30615	15428	15187	1286	839	447	248	50	198
31222	15917	15305	1268	816	452	277	72	205
28916	14776	14140	1201	800	401	315	62	253
27031	13839	13192	1112	735	377	329	90	239
30708	16205	14503	1201	767	434	395	94	301
157917	**84190**	**73727**	**5396**	**3340**	**2056**	**3036**	**744**	**2292**
30780	16189	14591	1117	675	442	478	118	360
33948	17841	16107	1215	778	437	531	126	405
31211	16707	14504	1089	670	419	616	154	462
30754	16468	14286	1015	633	382	656	160	496
31224	16985	14239	960	584	376	755	186	569
157873	**86838**	**71035**	**4482**	**2587**	**1895**	**5467**	**1416**	**4051**
32156	17297	14859	1004	582	422	834	206	628
30851	17017	13834	958	548	410	947	259	688
33997	18759	15238	996	583	413	1160	300	860
28293	15709	12584	759	422	337	1103	276	827
32576	18056	14520	765	452	313	1423	375	1048
128515	**71100**	**57415**	**3208**	**1872**	**1336**	**7378**	**2015**	**5363**
32586	18083	14503	895	509	386	1526	419	1107
29881	16113	13768	735	421	314	1643	447	1196
31569	17523	14046	782	446	336	1887	508	1379
23452	13136	10316	545	339	206	1527	411	1116
11027	6245	4782	251	157	94	795	230	565
69530	**41472**	**28058**	**1464**	**954**	**510**	**6680**	**2373**	**4307**
12299	6892	5407	264	166	98	1029	308	721
11141	6673	4468	286	189	97	1019	355	664
16280	9686	6594	315	212	103	1554	547	1007
16091	9887	6204	315	204	111	1631	607	1024
13719	8334	5385	284	183	101	1447	556	891
99661	**67315**	**32346**	**1625**	**1047**	**578**	**22883**	**9700**	**13183**

5-3 续表 5

受教育程度 年龄	15岁及以上人口 合计	男	女	未婚 小计	男	女
高　中	**597024**	**328827**	**268197**	**247011**	**136341**	**110670**
15-19岁	**172024**	**86197**	**85827**	**171676**	**86097**	**85579**
15	23614	11372	12242	23607	11369	12238
16	52011	25903	26108	51998	25903	26095
17	52589	26168	26421	52559	26157	26402
18	30560	15712	14848	30462	15688	14774
19	13250	7042	6208	13050	6980	6070
20-24岁	**35362**	**19639**	**15723**	**29784**	**18011**	**11773**
20	8530	4618	3912	8130	4530	3600
21	6588	3672	2916	5984	3539	2445
22	6782	3829	2953	5713	3527	2186
23	6673	3768	2905	5149	3304	1845
24	6789	3752	3037	4808	3111	1697
25-29岁	**42059**	**22858**	**19201**	**19959**	**13900**	**6059**
25	7311	4070	3241	4605	3121	1484
26	7660	4204	3456	4197	2893	1304
27	8220	4461	3759	3927	2730	1197
28	9202	4934	4268	3743	2643	1100
29	9666	5189	4477	3487	2513	974
30-34岁	**58665**	**30868**	**27797**	**13310**	**9774**	**3536**
30	11424	6018	5406	3546	2590	956
31	11624	6090	5534	2902	2167	735
32	11225	5859	5366	2416	1780	636
33	12409	6540	5869	2459	1791	668
34	11983	6361	5622	1987	1446	541
35-39岁	**47357**	**25343**	**22014**	**5421**	**3944**	**1477**
35	10747	5695	5052	1572	1123	449
36	9899	5287	4612	1228	922	306
37	8430	4446	3984	949	687	262
38	9290	4946	4344	855	605	250
39	8991	4969	4022	817	607	210
40-44岁	**45338**	**24902**	**20436**	**2864**	**1922**	**942**
40	9103	5034	4069	722	490	232
41	9895	5495	4400	658	460	198
42	9466	5141	4325	596	401	195
43	8049	4361	3688	456	281	175
44	8825	4871	3954	432	290	142
45-49岁	**39598**	**22984**	**16614**	**1648**	**1077**	**571**
45	8373	4727	3646	359	226	133
46	8713	5087	3626	390	267	123
47	7898	4631	3267	342	224	118
48	7559	4418	3141	307	190	117
49	7055	4121	2934	250	170	80
50-54岁	**32262**	**18827**	**13435**	**885**	**594**	**291**
50	7182	4222	2960	243	171	72
51	6411	3707	2704	198	131	67
52	6745	3945	2800	177	121	56
53	5460	3123	2337	135	88	47
54	6464	3830	2634	132	83	49
55-59岁	**47491**	**27730**	**19761**	**745**	**480**	**265**
55	7862	4612	3250	154	97	57
56	9316	5427	3889	172	112	60
57	12784	7356	5428	191	126	65
58	11296	6737	4559	149	92	57
59	6233	3598	2635	79	53	26
60-64岁	**38255**	**23213**	**15042**	**392**	**280**	**112**
60	7593	4448	3145	77	52	25
61	6992	4247	2745	75	51	24
62	9138	5510	3628	95	70	25
63	8153	5036	3117	84	62	22
64	6379	3972	2407	61	45	16
65岁及以上	**38613**	**26266**	**12347**	**327**	**262**	**65**

单位：人

有配偶			离婚			丧偶		
小计	男	女	小计	男	女	小计	男	女
324558	**181942**	**142616**	**13761**	**6298**	**7463**	**11694**	**4246**	**7448**
344	**97**	**247**	**3**	**2**	**1**	**1**	**1**	
7	3	4						
13		13						
30	11	19						
96	22	74	1	1		1	1	
198	61	137	2	1	1			
5503	**1598**	**3905**	**72**	**29**	**43**	**3**	**1**	**2**
393	85	308	7	3	4			
601	131	470	2	1	1	1	1	
1056	294	762	13	8	5			
1498	458	1040	26	6	20			
1955	630	1325	24	11	13	2		2
21638	**8766**	**12872**	**448**	**191**	**257**	**14**	**1**	**13**
2679	944	1735	25	5	20	2		2
3394	1285	2109	66	26	40	3		3
4213	1705	2508	77	25	52	3	1	2
5331	2226	3105	126	65	61	2		2
6021	2606	3415	154	70	84	4		4
43793	**20406**	**23387**	**1501**	**675**	**826**	**61**	**13**	**48**
7660	3335	4325	212	90	122	6	3	3
8465	3816	4649	251	107	144	6		6
8495	3937	4558	303	141	162	11	1	10
9562	4563	4999	371	180	191	17	6	11
9611	4755	4856	364	157	207	21	3	18
39983	**20475**	**19508**	**1818**	**890**	**928**	**135**	**34**	**101**
8749	4365	4384	404	199	205	22	8	14
8295	4181	4114	352	177	175	24	7	17
7125	3588	3537	337	167	170	19	4	15
8048	4170	3878	352	167	185	35	4	31
7766	4171	3595	373	180	193	35	11	24
40071	**21874**	**18197**	**2182**	**1069**	**1113**	**221**	**37**	**184**
7963	4344	3619	386	194	192	32	6	26
8715	4789	3926	486	240	246	36	6	30
8410	4520	3890	425	216	209	35	4	31
7109	3855	3254	426	216	210	58	9	49
7874	4366	3508	459	203	256	60	12	48
35526	**20915**	**14611**	**2036**	**911**	**1125**	**388**	**81**	**307**
7514	4286	3228	429	200	229	71	15	56
7828	4631	3197	421	177	244	74	12	62
7047	4187	2860	441	205	236	68	15	53
6771	4030	2741	400	183	217	81	15	66
6366	3781	2585	345	146	199	94	24	70
28986	**17367**	**11619**	**1728**	**723**	**1005**	**663**	**143**	**520**
6434	3848	2586	403	185	218	102	18	84
5732	3414	2318	364	136	228	117	26	91
6059	3621	2438	393	179	214	116	24	92
4914	2894	2020	276	111	165	135	30	105
5847	3590	2257	292	112	180	193	45	148
42715	**25867**	**16848**	**2050**	**854**	**1196**	**1981**	**529**	**1452**
7082	4290	2792	383	154	229	243	71	172
8385	5044	3341	385	173	212	374	98	276
11480	6855	4625	576	225	351	537	150	387
10172	6301	3871	453	199	254	522	145	377
5596	3377	2219	253	103	150	305	65	240
34074	**21514**	**12560**	**1304**	**607**	**697**	**2485**	**812**	**1673**
6761	4145	2616	329	142	187	426	109	317
6257	3936	2321	244	119	125	416	141	275
8142	5105	3037	289	137	152	612	198	414
7252	4665	2587	240	111	129	577	198	379
5662	3663	1999	202	98	104	454	166	288
31925	**23063**	**8862**	**619**	**347**	**272**	**5742**	**2594**	**3148**

5-3 续表 6

受教育程度 年龄	15岁及以上人口 合计	男	女	未婚 小计	男	女
大学专科	**282047**	**146056**	**135991**	**111476**	**59194**	**52282**
15-19岁	**27053**	**13468**	**13585**	**27016**	**13459**	**13557**
15	336	182	154	336	182	154
16	937	520	417	937	520	417
17	2617	1374	1243	2615	1374	1241
18	8291	4153	4138	8281	4152	4129
19	14872	7239	7633	14847	7231	7616
20-24岁	**49395**	**24393**	**25002**	**46330**	**23619**	**22711**
20	14414	7302	7112	14325	7280	7045
21	10338	5172	5166	10097	5133	4964
22	8970	4395	4575	8449	4281	4168
23	8130	3930	4200	7258	3716	3542
24	7543	3594	3949	6201	3209	2992
25-29岁	**37785**	**18025**	**19760**	**21293**	**12021**	**9272**
25	7540	3586	3954	5595	3005	2590
26	7334	3453	3881	4786	2619	2167
27	7405	3582	3823	4169	2397	1772
28	7798	3723	4075	3674	2191	1483
29	7708	3681	4027	3069	1809	1260
30-34岁	**44132**	**21101**	**23031**	**10429**	**6379**	**4050**
30	8844	4206	4638	2964	1764	1200
31	8746	4210	4536	2360	1471	889
32	8656	4134	4522	1962	1222	740
33	9190	4415	4775	1755	1089	666
34	8696	4136	4560	1388	833	555
35-39岁	**33098**	**16701**	**16397**	**3659**	**2195**	**1464**
35	8061	4028	4033	1104	670	434
36	7133	3505	3628	848	525	323
37	6106	3135	2971	664	387	277
38	6285	3224	3061	587	339	248
39	5513	2809	2704	456	274	182
40-44岁	**26104**	**13420**	**12684**	**1456**	**844**	**612**
40	5411	2703	2708	402	232	170
41	5709	2842	2867	356	212	144
42	5328	2704	2624	276	166	110
43	4722	2455	2267	229	132	97
44	4934	2716	2218	193	102	91
45-49岁	**21746**	**11994**	**9752**	**747**	**393**	**354**
45	4754	2555	2199	183	106	77
46	4891	2682	2209	203	111	92
47	4343	2427	1916	148	71	77
48	4037	2279	1758	119	61	58
49	3721	2051	1670	94	44	50
50-54岁	**15938**	**9179**	**6759**	**304**	**155**	**149**
50	3678	2083	1595	94	41	53
51	3303	1859	1444	69	40	29
52	3380	1921	1459	57	31	26
53	2590	1509	1081	43	19	24
54	2987	1807	1180	41	24	17
55-59岁	**11276**	**6991**	**4285**	**140**	**81**	**59**
55	2894	1769	1125	31	19	12
56	2708	1646	1062	39	20	19
57	2815	1750	1065	35	25	10
58	1930	1234	696	25	13	12
59	929	592	337	10	4	6
60-64岁	**5655**	**3751**	**1904**	**54**	**22**	**32**
60	1040	682	358	13	6	7
61	920	612	308	6	3	3
62	1261	843	418	11	1	10
63	1261	827	434	14	9	5
64	1173	787	386	10	3	7
65岁及以上	**9865**	**7033**	**2832**	**48**	**26**	**22**

单位：人

有配偶			离婚			丧偶		
小计	男	女	小计	男	女	小计	男	女
162005	**83609**	**78396**	**6243**	**2422**	**3821**	**2323**	**831**	**1492**
36	**9**	**27**	**1**		**1**			
2		2						
10	1	9						
24	8	16	1		1			
3041	**765**	**2276**	**22**	**9**	**13**	**2**		**2**
87	20	67	2	2				
241	39	202						
515	111	404	6	3	3			
865	213	652	7	1	6			
1333	382	951	7	3	4	2		2
16260	**5955**	**10305**	**222**	**48**	**174**	**10**	**1**	**9**
1925	575	1350	20	6	14			
2520	833	1687	24		24	4	1	3
3192	1178	2014	44	7	37			
4063	1517	2546	59	15	44	2		2
4560	1852	2708	75	20	55	4		4
32817	**14416**	**18401**	**859**	**301**	**558**	**27**	**5**	**22**
5768	2412	3356	111	30	81	1		1
6235	2683	3552	145	56	89	6		6
6524	2854	3670	166	58	108	4		4
7233	3260	3973	191	63	128	11	3	8
7057	3207	3850	246	94	152	5	2	3
28192	**13991**	**14201**	**1174**	**502**	**672**	**73**	**13**	**60**
6690	3249	3441	259	108	151	8	1	7
6038	2882	3156	232	97	135	15	1	14
5197	2654	2543	231	91	140	14	3	11
5450	2777	2673	227	103	124	21	5	16
4817	2429	2388	225	103	122	15	3	12
23371	**12085**	**11286**	**1171**	**471**	**700**	**106**	**20**	**86**
4761	2376	2385	233	93	140	15	2	13
5073	2519	2554	261	103	158	19	8	11
4794	2451	2343	237	85	152	21	2	19
4258	2219	2039	218	101	117	17	3	14
4485	2520	1965	222	89	133	34	5	29
19769	**11176**	**8593**	**1069**	**402**	**667**	**161**	**23**	**138**
4319	2370	1949	232	76	156	20	3	17
4430	2488	1942	222	77	145	36	6	30
3948	2271	1677	215	80	135	32	5	27
3660	2121	1539	218	94	124	40	3	37
3412	1926	1486	182	75	107	33	6	27
14625	**8693**	**5932**	**781**	**278**	**503**	**228**	**53**	**175**
3361	1957	1404	189	76	113	34	9	25
3027	1753	1274	164	55	109	43	11	32
3111	1828	1283	166	55	111	46	7	39
2394	1439	955	109	42	67	44	9	35
2732	1716	1016	153	50	103	61	17	44
10328	**6654**	**3674**	**513**	**188**	**325**	**295**	**68**	**227**
2680	1695	985	124	46	78	59	9	50
2469	1562	907	126	49	77	74	15	59
2563	1650	913	138	52	86	79	23	56
1763	1179	584	85	29	56	57	13	44
853	568	285	40	12	28	26	8	18
5123	**3537**	**1586**	**242**	**115**	**127**	**236**	**77**	**159**
949	649	300	47	18	29	31	9	22
818	570	248	57	28	29	39	11	28
1158	811	347	44	20	24	48	11	37
1150	781	369	39	16	23	58	21	37
1048	726	322	55	33	22	60	25	35
8443	**6328**	**2115**	**189**	**108**	**81**	**1185**	**571**	**614**

5-3 续表 7

受教育程度 年龄	15岁及以上人口			未婚		
	合计	男	女	小计	男	女
大学本科	**215672**	**103982**	**111690**	**97187**	**42637**	**54550**
15-19岁	**14867**	**5941**	**8926**	**14861**	**5938**	**8923**
15	39	16	23	39	16	23
16	98	41	57	98	41	57
17	584	225	359	584	225	359
18	4095	1667	2428	4094	1667	2427
19	10051	3992	6059	10046	3989	6057
20-24岁	**50807**	**21052**	**29755**	**49979**	**20844**	**29135**
20	13367	5422	7945	13353	5419	7934
21	12477	5164	7313	12447	5156	7291
22	10508	4297	6211	10390	4277	6113
23	7934	3373	4561	7720	3323	4397
24	6521	2796	3725	6069	2669	3400
25-29岁	**31120**	**13230**	**17890**	**19909**	**9352**	**10557**
25	6145	2602	3543	5279	2374	2905
26	6049	2574	3475	4563	2110	2453
27	6140	2592	3548	3953	1849	2104
28	6539	2778	3761	3421	1704	1717
29	6247	2684	3563	2693	1315	1378
30-34岁	**36464**	**16516**	**19948**	**8292**	**4337**	**3955**
30	7317	3158	4159	2479	1248	1231
31	7239	3258	3981	1935	1061	874
32	7165	3227	3938	1526	804	722
33	7529	3505	4024	1306	707	599
34	7214	3368	3846	1046	517	529
35-39岁	**27467**	**13475**	**13992**	**2663**	**1385**	**1278**
35	6520	3105	3415	787	400	387
36	6148	2978	3170	646	329	317
37	5163	2567	2596	491	264	227
38	5295	2617	2678	433	218	215
39	4341	2208	2133	306	174	132
40-44岁	**19003**	**10210**	**8793**	**818**	**419**	**399**
40	4101	2117	1984	222	117	105
41	4227	2209	2018	184	94	90
42	3853	2077	1776	181	94	87
43	3380	1859	1521	124	61	63
44	3442	1948	1494	107	53	54
45-49岁	**14079**	**8505**	**5574**	**377**	**199**	**178**
45	3213	1879	1334	116	60	56
46	3171	1906	1265	77	41	36
47	2798	1675	1123	65	32	33
48	2551	1592	959	72	32	40
49	2346	1453	893	47	34	13
50-54岁	**9754**	**6401**	**3353**	**175**	**101**	**74**
50	2239	1386	853	49	28	21
51	2034	1276	758	40	21	19
52	2149	1440	709	44	25	19
53	1588	1076	512	18	11	7
54	1744	1223	521	24	16	8
55-59岁	**5916**	**4173**	**1743**	**67**	**40**	**27**
55	1629	1154	475	14	10	4
56	1488	1046	442	16	10	6
57	1480	1043	437	21	12	9
58	913	653	260	11	6	5
59	406	277	129	5	2	3
60-64岁	**2070**	**1467**	**603**	**22**	**8**	**14**
60	451	327	124	5	1	4
61	335	242	93	6	3	3
62	428	298	130	4	1	3
63	459	322	137	2	1	1
64	397	278	119	5	2	3
65岁及以上	**4125**	**3012**	**1113**	**24**	**14**	**10**

单位：人

有配偶			离婚			丧偶		
小计	男	女	小计	男	女	小计	男	女
114147	**59693**	**54454**	**3407**	**1296**	**2111**	**931**	**356**	**575**
6	**3**	**3**						
1		1						
5	3	2						
823	**208**	**615**	**5**		**5**			
14	3	11						
30	8	22						
118	20	98						
210	50	160	4		4			
451	127	324	1		1			
11105	**3852**	**7253**	**104**	**25**	**79**	**2**	**1**	**1**
860	227	633	6	1	5			
1476	461	1015	10	3	7			
2169	741	1428	18	2	16			
3085	1066	2019	33	8	25			
3515	1357	2158	37	11	26	2	1	1
27660	**12026**	**15634**	**499**	**152**	**347**	**13**	**1**	**12**
4773	1894	2879	64	16	48	1		1
5215	2171	3044	88	26	62	1		1
5536	2392	3144	102	31	71	1		1
6098	2757	3341	119	40	79	6	1	5
6038	2812	3226	126	39	87	4		4
24040	**11830**	**12210**	**734**	**254**	**480**	**30**	**6**	**24**
5585	2659	2926	141	44	97	7	2	5
5338	2598	2740	160	49	111	4	2	2
4540	2243	2297	128	58	70	4	2	2
4685	2346	2339	170	53	117	7		7
3892	1984	1908	135	50	85	8		8
17459	**9536**	**7923**	**668**	**249**	**419**	**58**	**6**	**52**
3728	1945	1783	141	54	87	10	1	9
3887	2061	1826	146	54	92	10		10
3527	1926	1601	134	55	79	11	2	9
3125	1758	1367	121	39	82	10	1	9
3192	1846	1346	126	47	79	17	2	15
13062	**8061**	**5001**	**565**	**224**	**341**	**75**	**21**	**54**
2944	1752	1192	135	60	75	18	7	11
2963	1814	1149	115	46	69	16	5	11
2626	1607	1019	92	31	61	15	5	10
2358	1517	841	106	42	64	15	1	14
2171	1371	800	117	45	72	11	3	8
9054	**6085**	**2969**	**442**	**186**	**256**	**83**	**29**	**54**
2060	1316	744	116	38	78	14	4	10
1889	1210	679	88	37	51	17	8	9
1986	1368	618	101	42	59	18	5	13
1498	1029	469	61	32	29	11	4	7
1621	1162	459	76	37	39	23	8	15
5509	**3985**	**1524**	**235**	**112**	**123**	**105**	**36**	**69**
1532	1108	424	59	27	32	24	9	15
1389	994	395	57	31	26	26	11	15
1372	998	374	58	26	32	29	7	22
841	625	216	45	18	27	16	4	12
375	260	115	16	10	6	10	5	5
1903	**1390**	**513**	**79**	**42**	**37**	**66**	**27**	**39**
427	318	109	12	7	5	7	1	6
295	220	75	26	13	13	8	6	2
395	282	113	17	10	7	12	5	7
423	303	120	14	9	5	20	9	11
363	267	96	10	3	7	19	6	13
3526	**2717**	**809**	**76**	**52**	**24**	**499**	**229**	**270**

5-3 续表 8

受教育程度 年　龄	15岁及以上人口			未　婚		
	合计	男	女	小计	男	女
硕士研究生	**13733**	**6831**	**6902**	**5280**	**2202**	**3078**
15-19岁	**12**	**7**	**5**	**12**	**7**	**5**
15						
16						
17	1	1		1	1	
18	5	3	2	5	3	2
19	6	3	3	6	3	3
20-24岁	**1904**	**742**	**1162**	**1889**	**735**	**1154**
20	19	8	11	19	8	11
21	54	14	40	54	14	40
22	352	133	219	351	133	218
23	662	246	416	657	244	413
24	817	341	476	808	336	472
25-29岁	**2705**	**1149**	**1556**	**2245**	**984**	**1261**
25	743	323	420	723	314	409
26	612	281	331	565	266	299
27	504	209	295	417	178	239
28	420	159	261	308	124	184
29	426	177	249	232	102	130
30-34岁	**2717**	**1137**	**1580**	**750**	**315**	**435**
30	519	211	308	240	107	133
31	539	206	333	176	64	112
32	489	206	283	118	55	63
33	593	254	339	126	53	73
34	577	260	317	90	36	54
35-39岁	**2469**	**1239**	**1230**	**244**	**104**	**140**
35	510	227	283	64	28	36
36	527	259	268	62	21	41
37	499	263	236	45	17	28
38	540	285	255	47	23	24
39	393	205	188	26	15	11
40-44岁	**1539**	**901**	**638**	**90**	**36**	**54**
40	407	235	172	26	11	15
41	355	193	162	13	4	9
42	309	191	118	27	13	14
43	221	128	93	8	4	4
44	247	154	93	16	4	12
45-49岁	**979**	**625**	**354**	**31**	**13**	**18**
45	210	126	84	13	5	8
46	221	140	81	7	1	6
47	191	122	69	3	3	
48	178	115	63	4	3	1
49	179	122	57	4	1	3
50-54岁	**663**	**456**	**207**	**13**	**7**	**6**
50	148	87	61	3	1	2
51	145	99	46	3	2	1
52	137	98	39	2	1	1
53	105	70	35	3	1	2
54	128	102	26	2	2	
55-59岁	**460**	**352**	**108**	**2**	**1**	**1**
55	122	91	31	1	1	
56	128	100	28	1		1
57	104	86	18			
58	65	45	20			
59	41	30	11			
60-64岁	**177**	**140**	**37**	**1**		**1**
60	37	31	6			
61	29	20	9			
62	32	24	8	1		1
63	50	39	11			
64	29	26	3			
65岁及以上	**108**	**83**	**25**	**3**		**3**

单位：人

有配偶			离婚			丧偶		
小计	男	女	小计	男	女	小计	男	女
8196	**4535**	**3661**	**228**	**88**	**140**	**29**	**6**	**23**
15	**7**	**8**						
1		1						
5	2	3						
9	5	4						
457	**165**	**292**	**3**		**3**			
20	9	11						
47	15	32						
86	31	55	1		1			
112	35	77						
192	75	117	2		2			
1942	**813**	**1129**	**24**	**9**	**15**	**1**		**1**
279	104	175						
358	141	217	5	1	4			
366	148	218	4	3	1	1		1
461	198	263	6	3	3			
478	222	256	9	2	7			
2171	**1118**	**1053**	**54**	**17**	**37**			
439	196	243	7	3	4			
457	237	220	8	1	7			
439	242	197	15	4	11			
484	259	225	9	3	6			
352	184	168	15	6	9			
1397	**848**	**549**	**48**	**17**	**31**	**4**		**4**
370	221	149	10	3	7	1		1
327	182	145	14	7	7	1		1
272	173	99	9	5	4	1		1
206	124	82	7		7			
222	148	74	8	2	6	1		1
904	**599**	**305**	**41**	**13**	**28**	**3**		**3**
186	117	69	9	4	5	2		2
204	137	67	9	2	7	1		1
182	117	65	6	2	4			
168	109	59	6	3	3			
164	119	45	11	2	9			
621	**434**	**187**	**27**	**15**	**12**	**2**		**2**
139	81	58	6	5	1			
136	93	43	6	4	2			
129	95	34	5	2	3	1		1
98	68	30	4	1	3			
119	97	22	6	3	3	1		1
424	**336**	**88**	**27**	**13**	**14**	**7**	**2**	**5**
111	86	25	8	2	6	2	2	
118	95	23	7	5	2	2		2
99	83	16	5	3	2			
57	42	15	6	3	3	2		2
39	30	9	1		1	1		1
170	**137**	**33**	**3**	**3**		**3**		**3**
36	30	6	1	1				
27	19	8	1	1		1		1
31	24	7						
48	39	9				2		2
28	25	3	1	1				
95	**78**	**17**	**1**	**1**		**9**	**4**	**5**

5-3 续表 9

受教育程度 年　龄	15岁及以上人口			未　婚		
	合计	男	女	小计	男	女
博士研究生	**1334**	**821**	**513**	**345**	**184**	**161**
15-19岁	**1**	**1**		**1**	**1**	
15						
16						
17						
18						
19	1	1		1	1	
20-24岁	**37**	**16**	**21**	**35**	**15**	**20**
20	1		1	1		1
21	1		1	1		1
22	8	4	4	8	4	4
23	11	4	7	9	3	6
24	16	8	8	16	8	8
25-29岁	**189**	**100**	**89**	**160**	**85**	**75**
25	28	12	16	26	11	15
26	42	18	24	40	17	23
27	37	20	17	34	18	16
28	47	29	18	41	26	15
29	35	21	14	19	13	6
30-34岁	**252**	**150**	**102**	**91**	**49**	**42**
30	55	33	22	30	15	15
31	48	28	20	15	9	6
32	41	24	17	17	11	6
33	64	39	25	19	10	9
34	44	26	18	10	4	6
35-39岁	**278**	**155**	**123**	**35**	**21**	**14**
35	35	18	17	9	5	4
36	70	33	37	5	2	3
37	55	33	22	5	4	1
38	63	41	22	11	9	2
39	55	30	25	5	1	4
40-44岁	**220**	**139**	**81**	**11**	**6**	**5**
40	44	27	17	3	1	2
41	54	29	25	1		1
42	45	27	18	2	1	1
43	46	33	13	1	1	
44	31	23	8	4	3	1
45-49岁	**152**	**100**	**52**	**6**	**3**	**3**
45	35	27	8	1	1	
46	32	23	9	4	2	2
47	33	16	17			
48	29	20	9	1		1
49	23	14	9			
50-54岁	**100**	**71**	**29**	**5**	**3**	**2**
50	25	15	10	1		1
51	19	15	4	3	2	1
52	24	15	9			
53	12	9	3	1	1	
54	20	17	3			
55-59岁	**76**	**63**	**13**			
55	25	20	5			
56	14	11	3			
57	17	14	3			
58	9	8	1			
59	11	10	1			
60-64岁	**18**	**15**	**3**	**1**	**1**	
60	5	5		1	1	
61	3	3				
62	6	4	2			
63	2	2				
64	2	1	1			
65岁及以上	**11**	**11**				

单位：人

有配偶			离婚			丧偶		
小计	男	女	小计	男	女	小计	男	女
957	**624**	**333**	**30**	**12**	**18**	**2**	**1**	**1**
2	**1**	**1**						
2	1	1						
27	**14**	**13**	**2**	**1**	**1**			
1	1		1		1			
2	1	1						
3	2	1						
6	3	3						
15	7	8	1	1				
159	**100**	**59**	**2**	**1**	**1**			
24	17	7	1	1				
33	19	14						
24	13	11						
44	29	15	1		1			
34	22	12						
235	**131**	**104**	**8**	**3**	**5**			
25	12	13	1	1				
63	31	32	2		2			
48	29	19	2		2			
52	32	20						
47	27	20	3	2	1			
206	**132**	**74**	**3**	**1**	**2**			
39	25	14	2	1	1			
53	29	24						
43	26	17						
44	32	12	1		1			
27	20	7						
140	**96**	**44**	**6**	**1**	**5**			
34	26	8						
28	21	7						
31	15	16	2	1	1			
25	20	5	3		3			
22	14	8	1		1			
91	**66**	**25**	**4**	**2**	**2**			
20	13	7	4	2	2			
16	13	3						
24	15	9						
11	8	3						
20	17	3						
71	**61**	**10**	**4**	**2**	**2**	**1**		**1**
24	20	4	1		1			
12	10	2	2	1	1			
15	13	2	1	1		1		1
9	8	1						
11	10	1						
16	**13**	**3**	**1**	**1**				
3	3		1	1				
3	3							
6	4	2						
2	2							
2	1	1						
10	**10**					**1**	**1**	

5-3a 分年龄、性别、受教育

受教育程度 年龄	15岁及以上人口			未婚		
	合计	男	女	小计	男	女
总计	**1106846**	**546676**	**560170**	**299680**	**165120**	**134560**
15-19岁	**108796**	**55894**	**52902**	**108482**	**55818**	**52664**
15	16490	8706	7784	16490	8706	7784
16	24488	12785	11703	24473	12784	11689
17	25855	13341	12514	25816	13333	12483
18	20322	10601	9721	20253	10581	9672
19	21641	10461	11180	21450	10414	11036
20-24岁	**90234**	**43676**	**46558**	**82696**	**41434**	**41262**
20	22905	10915	11990	22520	10826	11694
21	19035	9021	10014	18318	8860	9458
22	17331	8328	9003	16045	7980	8065
23	15635	7735	7900	13545	7092	6453
24	15328	7677	7651	12268	6676	5592
25-29岁	**89231**	**44939**	**44292**	**47711**	**28449**	**19262**
25	16014	8116	7898	11512	6547	4965
26	16341	8292	8049	10222	5982	4240
27	17634	8940	8694	9550	5752	3798
28	19182	9490	9692	8729	5358	3371
29	20060	10101	9959	7698	4810	2888
30-34岁	**134958**	**66054**	**68904**	**30194**	**19624**	**10570**
30	24560	12025	12535	7820	4960	2860
31	25725	12699	13026	6562	4323	2239
32	25837	12569	13268	5645	3680	1965
33	29399	14463	14936	5485	3625	1860
34	29437	14298	15139	4682	3036	1646
35-39岁	**125750**	**62543**	**63207**	**13675**	**8987**	**4688**
35	27761	13646	14115	3737	2444	1293
36	26775	13166	13609	3115	2074	1041
37	23162	11544	11618	2450	1575	875
38	24965	12495	12470	2388	1538	850
39	23087	11692	11395	1985	1356	629
40-44岁	**110103**	**55379**	**54724**	**6924**	**4475**	**2449**
40	22364	11231	11133	1725	1131	594
41	23728	11943	11785	1535	1035	500
42	22201	11109	11092	1451	914	537
43	20030	10112	9918	1098	681	417
44	21780	10984	10796	1115	714	401
45-49岁	**105234**	**53922**	**51312**	**4504**	**2826**	**1678**
45	21346	10881	10465	1050	658	392
46	22763	11685	11078	999	638	361
47	21074	10881	10193	891	552	339
48	20092	10241	9851	823	498	325
49	19959	10234	9725	741	480	261
50-54岁	**92922**	**46905**	**46017**	**2636**	**1720**	**916**
50	20400	10308	10092	698	458	240
51	18929	9642	9287	618	392	226
52	20095	10266	9829	533	359	174
53	15734	7798	7936	411	262	149
54	17764	8891	8873	376	249	127
55-59岁	**77832**	**37532**	**40300**	**1385**	**873**	**512**
55	18053	8833	9220	358	228	130
56	17559	8438	9121	334	206	128
57	19528	9400	10128	352	238	114
58	14713	7049	7664	219	122	97
59	7979	3812	4167	122	79	43
60-64岁	**53436**	**25590**	**27846**	**605**	**379**	**226**
60	9627	4605	5022	137	86	51
61	8827	4313	4514	98	59	39
62	12029	5761	6268	132	78	54
63	12221	5873	6348	136	90	46
64	10732	5038	5694	102	66	36
65岁及以上	**118350**	**54242**	**64108**	**868**	**535**	**333**

程度、婚姻状况的人口（城市）

单位：人

有配偶			离婚			丧偶		
小计	男	女	小计	男	女	小计	男	女
731625	**359918**	**371707**	**32082**	**13451**	**18631**	**43459**	**8187**	**35272**
311	75	236	2		2	1	1	
14	1	13	1		1			
39	8	31						
68	19	49				1	1	
190	47	143	1		1			
7468	**2221**	**5247**	**69**	**20**	**49**	**1**	**1**	
384	89	295	1		1			
716	160	556	1	1				
1278	343	935	8	5	3			
2064	640	1424	26	3	23			
3026	989	2037	33	11	22	1	1	
40696	**16181**	**24515**	**801**	**308**	**493**	**23**	**1**	**22**
4440	1543	2897	58	26	32	4		4
6015	2282	3733	99	28	71	5		5
7932	3138	4794	151	50	101	1		1
10205	4029	6176	243	102	141	5	1	4
12104	5189	6915	250	102	148	8		8
101564	**45108**	**56456**	**3072**	**1301**	**1771**	**128**	**21**	**107**
16346	6909	9437	385	156	229	9		9
18649	8162	10487	493	209	284	21	5	16
19558	8627	10931	614	259	355	20	3	17
23136	10501	12635	743	330	413	35	7	28
23875	10909	12966	837	347	490	43	6	37
107275	**51563**	**55712**	**4492**	**1932**	**2560**	**308**	**61**	**247**
23069	10803	12266	915	391	524	40	8	32
22740	10725	12015	859	355	504	61	12	49
19808	9584	10224	844	373	471	60	12	48
21551	10528	11023	953	415	538	73	14	59
20107	9923	10184	921	398	523	74	15	59
97457	**48631**	**48826**	**5088**	**2187**	**2901**	**634**	**86**	**548**
19626	9699	9927	938	395	543	75	6	69
21012	10424	10588	1074	465	609	107	19	88
19632	9744	9888	1005	433	572	113	18	95
17751	8953	8798	1023	456	567	158	22	136
19436	9811	9625	1048	438	610	181	21	160
94404	**48837**	**45567**	**5127**	**2087**	**3040**	**1199**	**172**	**1027**
19070	9773	9297	1052	432	620	174	18	156
20459	10574	9885	1082	441	641	223	32	191
18927	9870	9057	1022	415	607	234	44	190
18016	9297	8719	987	406	581	266	40	226
17932	9323	8609	984	393	591	302	38	264
83082	**42944**	**40138**	**4774**	**1872**	**2902**	**2430**	**369**	**2061**
18262	9361	8901	1081	435	646	359	54	305
16844	8787	8057	1033	390	643	434	73	361
18001	9404	8597	1053	426	627	508	77	431
14064	7160	6904	775	304	471	484	72	412
15911	8232	7679	832	317	515	645	93	552
68615	**34448**	**34167**	**4106**	**1619**	**2487**	**3726**	**592**	**3134**
15994	8112	7882	992	381	611	709	112	597
15565	7753	7812	866	354	512	794	125	669
17112	8597	8515	1090	412	678	974	153	821
12948	6503	6445	757	300	457	789	124	665
6996	3483	3513	401	172	229	460	78	382
45978	**23392**	**22586**	**2327**	**1035**	**1292**	**4526**	**784**	**3742**
8323	4197	4126	511	223	288	656	99	557
7626	3944	3682	439	197	242	664	113	551
10403	5296	5107	477	209	268	1017	178	839
10480	5378	5102	473	216	257	1132	189	943
9146	4577	4569	427	190	237	1057	205	852
84775	**46518**	**38257**	**2224**	**1090**	**1134**	**30483**	**6099**	**24384**

5-3a 续表 1

受教育程度 年龄	15岁及以上人口			未婚		
	合计	男	女	小计	男	女
未上过学	**8672**	**1574**	**7098**	**741**	**506**	**235**
15-19岁	**85**	**45**	**40**	**85**	**45**	**40**
15	16	9	7	16	9	7
16	9	4	5	9	4	5
17	22	11	11	22	11	11
18	13	10	3	13	10	3
19	25	11	14	25	11	14
20-24岁	**105**	**59**	**46**	**95**	**56**	**39**
20	33	19	14	31	19	12
21	17	10	7	17	10	7
22	18	11	7	16	11	5
23	19	11	8	16	10	6
24	18	8	10	15	6	9
25-29岁	**100**	**54**	**46**	**72**	**45**	**27**
25	17	9	8	15	8	7
26	17	7	10	12	6	6
27	24	15	9	22	15	7
28	23	12	11	11	8	3
29	19	11	8	12	8	4
30-34岁	**136**	**72**	**64**	**82**	**51**	**31**
30	34	17	17	26	14	12
31	18	11	7	10	7	3
32	20	12	8	11	9	2
33	31	14	17	16	9	7
34	33	18	15	19	12	7
35-39岁	**151**	**77**	**74**	**70**	**48**	**22**
35	32	15	17	12	7	5
36	23	13	10	12	8	4
37	27	10	17	13	8	5
38	38	22	16	20	14	6
39	31	17	14	13	11	2
40-44岁	**230**	**111**	**119**	**94**	**79**	**15**
40	45	22	23	22	18	4
41	43	23	20	19	17	2
42	50	27	23	24	21	3
43	46	20	26	16	12	4
44	46	19	27	13	11	2
45-49岁	**297**	**92**	**205**	**49**	**37**	**12**
45	53	21	32	12	9	3
46	56	18	38	7	6	1
47	59	17	42	6	5	1
48	59	12	47	10	6	4
49	70	24	46	14	11	3
50-54岁	**424**	**116**	**308**	**53**	**40**	**13**
50	73	27	46	18	14	4
51	82	20	62	12	8	4
52	95	23	72	11	9	2
53	84	27	57	9	7	2
54	90	19	71	3	2	1
55-59岁	**439**	**106**	**333**	**36**	**29**	**7**
55	93	29	64	6	6	
56	103	25	78	9	7	2
57	105	30	75	13	10	3
58	85	11	74	5	3	2
59	53	11	42	3	3	
60-64岁	**700**	**121**	**579**	**27**	**20**	**7**
60	78	18	60	8	5	3
61	110	24	86	3	3	
62	154	32	122	6	4	2
63	171	19	152	2	1	1
64	187	28	159	8	7	1
65岁及以上	**6005**	**721**	**5284**	**78**	**56**	**22**

单位：人

有配偶			离婚			丧偶		
小计	男	女	小计	男	女	小计	男	女
4201	**830**	**3371**	**103**	**27**	**76**	**3627**	**211**	**3416**
10	**3**	**7**						
2		2						
2		2						
3	1	2						
3	2	1						
28	**9**	**19**						
2	1	1						
5	1	4						
2		2						
12	4	8						
7	3	4						
51	**20**	**31**	**3**	**1**	**2**			
7	3	4	1		1			
8	4	4						
9	3	6						
13	4	9	2	1	1			
14	6	8						
79	**28**	**51**	**1**	**1**		**1**		**1**
20	8	12						
11	5	6						
14	2	12						
17	7	10	1	1				
17	6	11				1		1
131	**31**	**100**	**4**	**1**	**3**	**1**		**1**
23	4	19						
24	6	18						
26	6	20						
27	7	20	2	1	1	1		1
31	8	23	2		2			
223	**48**	**175**	**13**	**6**	**7**	**12**	**1**	**11**
38	10	28	1	1		2	1	1
45	10	35	4	2	2			
48	11	37	1	1		4		4
45	5	40	3	1	2	1		1
47	12	35	4	1	3	5		5
327	**68**	**259**	**19**	**7**	**12**	**25**	**1**	**24**
47	11	36	4	2	2	4		4
64	11	53	3	1	2	3		3
73	12	61	2	1	1	9	1	8
70	20	50	2		2	3		3
73	14	59	8	3	5	6		6
356	**74**	**282**	**14**	**3**	**11**	**33**		**33**
80	23	57	2		2	5		5
82	16	66	4	2	2	8		8
77	20	57	3		3	12		12
72	7	65	3	1	2	5		5
45	8	37	2		2	3		3
543	**90**	**453**	**10**	**4**	**6**	**120**	**7**	**113**
59	11	48	2	1	1	9	1	8
95	20	75	2	1	1	10		10
117	23	94	3	1	2	28	4	24
136	17	119				33	1	32
136	19	117	3	1	2	40	1	39
2453	**459**	**1994**	**39**	**4**	**35**	**3435**	**202**	**3233**

5-3a 续表 2

受教育程度 年　龄	15岁及以上人口			未　婚		
	合计	男	女	小计	男	女
学前教育	**451**	**161**	**290**	**111**	**61**	**50**
15-19岁	**61**	**32**	**29**	**61**	**32**	**29**
15	32	18	14	32	18	14
16	9	6	3	9	6	3
17	7	3	4	7	3	4
18	6	2	4	6	2	4
19	7	3	4	7	3	4
20-24岁	**22**	**11**	**11**	**22**	**11**	**11**
20	4	3	1	4	3	1
21	5	3	2	5	3	2
22	5	3	2	5	3	2
23	4	1	3	4	1	3
24	4	1	3	4	1	3
25-29岁	**19**	**6**	**13**	**9**	**4**	**5**
25	5	1	4	4	1	3
26	3	1	2	2	1	1
27	4	2	2	2	1	1
28	1		1			
29	6	2	4	1	1	
30-34岁	**25**	**13**	**12**	**3**	**3**	
30	6	5	1	3	3	
31	7	2	5			
32	5	3	2			
33	4	2	2			
34	3	1	2			
35-39岁	**18**	**10**	**8**	**6**	**4**	**2**
35	4		4	1		1
36	2	1	1			
37	3	3		1	1	
38	4	2	2	2	1	1
39	5	4	1	2	2	
40-44岁	**20**	**12**	**8**	**4**	**3**	**1**
40	4	3	1	1	1	
41	5	2	3	1	1	
42	4	2	2	1	1	
43	2	1	1			
44	5	4	1	1		1
45-49岁	**26**	**11**	**15**	**2**	**1**	**1**
45	7	3	4	1	1	
46	3	1	2			
47	6	2	4	1		1
48	2	1	1			
49	8	4	4			
50-54岁	**42**	**16**	**26**	**1**		**1**
50	8	2	6			
51	9	5	4			
52	9	3	6			
53	9	4	5			
54	7	2	5	1		1
55-59岁	**34**	**10**	**24**	**2**	**2**	
55	7	2	5			
56	8	3	5	1	1	
57	12	4	8	1	1	
58	4	1	3			
59	3		3			
60-64岁	**24**	**5**	**19**			
60	2	2				
61	2	1	1			
62	5	1	4			
63	9		9			
64	6	1	5			
65岁及以上	**160**	**35**	**125**	**1**	**1**	

单位：人

有配偶			离婚			丧偶		
小计	男	女	小计	男	女	小计	男	女
240	**87**	**153**	**9**	**5**	**4**	**91**	**8**	**83**
9	**2**	**7**	**1**		**1**			
1		1						
1		1						
2	1	1						
1		1						
4	1	3	1		1			
20	**9**	**11**	**2**	**1**	**1**			
3	2	1						
7	2	5						
5	3	2						
2	1	1	2	1	1			
3	1	2						
12	**6**	**6**						
3		3						
2	1	1						
2	2							
2	1	1						
3	2	1						
15	**9**	**6**				**1**		**1**
3	2	1						
3	1	2				1		1
3	1	2						
2	1	1						
4	4							
24	**10**	**14**						
6	2	4						
3	1	2						
5	2	3						
2	1	1						
8	4	4						
35	**15**	**20**	**1**	**1**		**5**		**5**
8	2	6						
7	4	3	1	1		1		1
7	3	4				2		2
9	4	5						
4	2	2				2		2
31	**8**	**23**	**1**		**1**			
7	2	5						
7	2	5						
10	3	7	1		1			
4	1	3						
3		3						
19	**3**	**16**	**2**	**2**		**3**		**3**
1	1		1	1				
1		1	1	1				
3	1	2				2		2
8		8				1		1
6	1	5						
75	**25**	**50**	**2**	**1**	**1**	**82**	**8**	**74**

5-3a 续表 3

受教育程度 年龄	15岁及以上人口			未婚		
	合计	男	女	小计	男	女
小学	**114265**	**45158**	**69107**	**5802**	**4353**	**1449**
15-19岁	**456**	**279**	**177**	**446**	**277**	**169**
15	80	38	42	80	38	42
16	78	49	29	77	49	28
17	82	56	26	81	56	25
18	100	59	41	97	58	39
19	116	77	39	111	76	35
20-24岁	**909**	**527**	**382**	**656**	**442**	**214**
20	145	82	63	129	77	52
21	147	84	63	125	80	45
22	169	102	67	123	87	36
23	199	126	73	136	103	33
24	249	133	116	143	95	48
25-29岁	**2023**	**1144**	**879**	**833**	**623**	**210**
25	293	182	111	163	118	45
26	336	190	146	165	111	54
27	394	217	177	173	134	39
28	497	291	206	182	149	33
29	503	264	239	150	111	39
30-34岁	**4386**	**2291**	**2095**	**924**	**740**	**184**
30	687	382	305	196	154	42
31	777	418	359	189	150	39
32	808	415	393	177	143	34
33	1030	542	488	192	161	31
34	1084	534	550	170	132	38
35-39岁	**5605**	**2656**	**2949**	**677**	**526**	**151**
35	1092	536	556	169	130	39
36	1118	526	592	146	116	30
37	983	472	511	123	92	31
38	1198	561	637	111	85	26
39	1214	561	653	128	103	25
40-44岁	**8205**	**3569**	**4636**	**520**	**417**	**103**
40	1338	579	759	113	95	18
41	1637	738	899	114	93	21
42	1708	739	969	102	83	19
43	1564	679	885	87	67	20
44	1958	834	1124	104	79	25
45-49岁	**12163**	**5184**	**6979**	**567**	**436**	**131**
45	2173	948	1225	120	85	35
46	2494	1037	1457	125	98	27
47	2376	1032	1344	106	85	21
48	2486	1026	1460	114	90	24
49	2634	1141	1493	102	78	24
50-54岁	**15955**	**6834**	**9121**	**465**	**368**	**97**
50	3062	1275	1787	105	80	25
51	3273	1414	1859	113	84	29
52	3601	1628	1973	110	91	19
53	2842	1205	1637	73	62	11
54	3177	1312	1865	64	51	13
55-59岁	**11595**	**4405**	**7190**	**233**	**182**	**51**
55	2948	1143	1805	72	54	18
56	2606	968	1638	54	39	15
57	2787	1103	1684	56	48	8
58	2082	757	1325	30	25	5
59	1172	434	738	21	16	5
60-64岁	**9912**	**3343**	**6569**	**156**	**128**	**28**
60	1508	540	968	30	27	3
61	1449	491	958	22	17	5
62	2226	783	1443	31	26	5
63	2423	814	1609	52	41	11
64	2306	715	1591	21	17	4
65岁及以上	**43056**	**14926**	**28130**	**325**	**214**	**111**

单位：人

有配偶			离婚			丧偶		
小计	男	女	小计	男	女	小计	男	女
87553	**36750**	**50803**	**2706**	**1159**	**1547**	**18204**	**2896**	**15308**
10	**2**	**8**						
1		1						
1		1						
3	1	2						
5	1	4						
252	**85**	**167**	**1**		**1**			
16	5	11						
22	4	18						
46	15	31						
63	23	40						
105	38	67	1		1			
1162	**511**	**651**	**27**	**10**	**17**	**1**		**1**
129	63	66	1	1				
170	79	91	1		1			
215	79	136	6	4	2			
304	139	165	11	3	8			
344	151	193	8	2	6	1		1
3323	**1479**	**1844**	**129**	**71**	**58**	**10**	**1**	**9**
480	220	260	10	8	2	1		1
569	257	312	16	10	6	3	1	2
601	259	342	29	13	16	1		1
806	367	439	30	14	16	2		2
867	376	491	44	26	18	3		3
4680	**2020**	**2660**	**222**	**103**	**119**	**26**	**7**	**19**
888	385	503	34	21	13	1		1
936	399	537	31	11	20	5		5
820	359	461	38	21	17	2		2
1023	443	580	58	30	28	6	3	3
1013	434	579	61	20	41	12	4	8
7277	**3013**	**4264**	**319**	**129**	**190**	**89**	**10**	**79**
1170	462	708	50	22	28	5		5
1451	618	833	59	25	34	13	2	11
1515	625	890	73	29	44	18	2	16
1391	586	805	64	24	40	22	2	20
1750	722	1028	73	29	44	31	4	27
10943	**4529**	**6414**	**428**	**197**	**231**	**225**	**22**	**203**
1953	826	1127	74	35	39	26	2	24
2242	897	1345	87	40	47	40	2	38
2151	900	1251	84	43	41	35	4	31
2218	887	1331	100	42	58	54	7	47
2379	1019	1360	83	37	46	70	7	63
14366	**6162**	**8204**	**502**	**208**	**294**	**622**	**96**	**526**
2767	1145	1622	98	37	61	92	13	79
2937	1265	1672	115	49	66	108	16	92
3261	1481	1780	102	38	64	128	18	110
2554	1087	1467	81	35	46	134	21	113
2847	1184	1663	106	49	57	160	28	132
10224	**3975**	**6249**	**323**	**131**	**192**	**815**	**117**	**698**
2614	1028	1586	85	34	51	177	27	150
2314	888	1426	67	23	44	171	18	153
2440	984	1456	81	31	50	210	40	170
1839	691	1148	59	25	34	154	16	138
1017	384	633	31	18	13	103	16	87
8165	**2962**	**5203**	**257**	**102**	**155**	**1334**	**151**	**1183**
1279	471	808	48	25	23	151	17	134
1213	438	775	42	13	29	172	23	149
1847	708	1139	52	19	33	296	30	266
1944	708	1236	66	32	34	361	33	328
1882	637	1245	49	13	36	354	48	306
27151	**12012**	**15139**	**498**	**208**	**290**	**15082**	**2492**	**12590**

5-3a 续表 4

受教育程度 年 龄	15岁及以上人口			未 婚		
	合计	男	女	小计	男	女
初 中	**368183**	**187533**	**180650**	**54036**	**37014**	**17022**
15-19岁	**15851**	**9175**	**6676**	**15653**	**9128**	**6525**
15	7157	4041	3116	7157	4041	3116
16	3046	1794	1252	3035	1793	1242
17	2172	1224	948	2141	1218	923
18	1800	1082	718	1758	1067	691
19	1676	1034	642	1562	1009	553
20-24岁	**12210**	**7267**	**4943**	**9044**	**6254**	**2790**
20	1727	1087	640	1528	1037	491
21	2057	1281	776	1717	1198	519
22	2434	1426	1008	1885	1267	618
23	2810	1642	1168	1944	1353	591
24	3182	1831	1351	1970	1399	571
25-29岁	**22606**	**12530**	**10076**	**9369**	**6968**	**2401**
25	3664	2091	1573	2004	1450	554
26	3897	2211	1686	1904	1393	511
27	4552	2535	2017	1902	1438	464
28	5054	2721	2333	1858	1381	477
29	5439	2972	2467	1701	1306	395
30-34岁	**43481**	**22121**	**21360**	**8421**	**6382**	**2039**
30	7149	3697	3452	1859	1400	459
31	7911	4118	3793	1799	1367	432
32	8153	4148	4005	1583	1194	389
33	9921	5076	4845	1689	1288	401
34	10347	5082	5265	1491	1133	358
35-39岁	**49078**	**24636**	**24442**	**4830**	**3606**	**1224**
35	10316	5138	5178	1254	942	312
36	10493	5245	5248	1153	883	270
37	8981	4479	4502	821	603	218
38	9763	4934	4829	891	642	249
39	9525	4840	4685	711	536	175
40-44岁	**44994**	**22516**	**22478**	**2638**	**1915**	**723**
40	8987	4522	4465	630	465	165
41	9341	4682	4659	581	444	137
42	8918	4468	4450	554	382	172
43	8389	4177	4212	415	292	123
44	9359	4667	4692	458	332	126
45-49岁	**46624**	**23216**	**23408**	**1889**	**1276**	**613**
45	9269	4621	4648	451	317	134
46	10002	4969	5033	390	265	125
47	9352	4658	4694	375	247	128
48	8874	4409	4465	344	226	118
49	9127	4559	4568	329	221	108
50-54岁	**42525**	**20946**	**21579**	**1158**	**792**	**366**
50	9179	4499	4680	292	203	89
51	8515	4302	4213	267	177	90
52	9212	4605	4607	221	154	67
53	7331	3545	3786	196	128	68
54	8288	3995	4293	182	130	52
55-59岁	**32094**	**15182**	**16912**	**540**	**376**	**164**
55	8293	3949	4344	153	99	54
56	7633	3577	4056	134	96	38
57	7782	3722	4060	137	102	35
58	5605	2606	2999	78	50	28
59	2781	1328	1453	38	29	9
60-64岁	**19089**	**9413**	**9676**	**198**	**141**	**57**
60	3317	1590	1727	45	31	14
61	3044	1535	1509	32	23	9
62	4301	2106	2195	46	32	14
63	4456	2232	2224	42	31	11
64	3971	1950	2021	33	24	9
65岁及以上	**39631**	**20531**	**19100**	**296**	**176**	**120**

单位：人

有配偶			离婚			丧偶		
小计	男	女	小计	男	女	小计	男	女
287810	**141659**	**146151**	**12863**	**5884**	**6979**	**13474**	**2976**	**10498**
197	**47**	**150**	**1**		**1**			
10	1	9	1		1			
31	6	25						
42	15	27						
114	25	89						
3137	**1001**	**2136**	**28**	**11**	**17**	**1**	**1**	
199	50	149						
339	82	257	1	1				
547	157	390	2	2				
859	288	571	7	1	6			
1193	424	769	18	7	11	1	1	
12860	**5389**	**7471**	**363**	**172**	**191**	**14**	**1**	**13**
1626	623	1003	32	18	14	2		2
1943	802	1141	48	16	32	2		2
2577	1068	1509	72	29	43	1		1
3073	1278	1795	119	61	58	4	1	3
3641	1618	2023	92	48	44	5		5
33796	**15112**	**18684**	**1194**	**613**	**581**	**70**	**14**	**56**
5142	2224	2918	143	73	70	5		5
5906	2653	3253	194	94	100	12	4	8
6319	2829	3490	239	123	116	12	2	10
7928	3629	4299	287	156	131	17	3	14
8501	3777	4724	331	167	164	24	5	19
42316	**20153**	**22163**	**1781**	**850**	**931**	**151**	**27**	**124**
8681	4021	4660	361	171	190	20	4	16
8970	4197	4773	343	161	182	27	4	23
7803	3720	4083	320	150	170	37	6	31
8448	4097	4351	389	189	200	35	6	29
8414	4118	4296	368	179	189	32	7	25
40018	**19606**	**20412**	**2008**	**945**	**1063**	**330**	**50**	**280**
7943	3882	4061	374	172	202	40	3	37
8290	4026	4264	409	200	209	61	12	49
7919	3892	4027	391	184	207	54	10	44
7490	3683	3807	404	191	213	80	11	69
8376	4123	4253	430	198	232	95	14	81
42057	**20974**	**21083**	**2052**	**872**	**1180**	**626**	**94**	**532**
8319	4126	4193	406	171	235	93	7	86
9049	4486	4563	450	201	249	113	17	96
8428	4212	4216	417	172	245	132	27	105
8018	3998	4020	378	161	217	134	24	110
8243	4152	4091	401	167	234	154	19	135
38096	**19154**	**18942**	**2036**	**823**	**1213**	**1235**	**177**	**1058**
8247	4078	4169	461	191	270	179	27	152
7592	3912	3680	433	174	259	223	39	184
8275	4226	4049	450	187	263	266	38	228
6541	3246	3295	355	137	218	239	34	205
7441	3692	3749	337	134	203	328	39	289
28269	**13834**	**14435**	**1637**	**708**	**929**	**1648**	**264**	**1384**
7340	3615	3725	457	184	273	343	51	292
6762	3260	3502	369	155	214	368	66	302
6826	3378	3448	408	185	223	411	57	354
4906	2380	2526	267	119	148	354	57	297
2435	1201	1234	136	65	71	172	33	139
16423	**8554**	**7869**	**786**	**387**	**399**	**1682**	**331**	**1351**
2867	1442	1425	151	77	74	254	40	214
2616	1396	1220	148	71	77	248	45	203
3720	1914	1806	161	81	80	374	79	295
3844	2044	1800	168	87	81	402	70	332
3376	1758	1618	158	71	87	404	97	307
30641	**17835**	**12806**	**977**	**503**	**474**	**7717**	**2017**	**5700**

5-3a 续表 5

受教育程度 年龄	15岁及以上人口			未婚		
	合计	男	女	小计	男	女
高 中	**284474**	**148654**	**135820**	**105425**	**59322**	**46103**
15-19岁	**67965**	**35143**	**32822**	**67876**	**35120**	**32756**
15	9085	4534	4551	9085	4534	4551
16	20950	10710	10240	20947	10710	10237
17	21936	11222	10714	21930	11220	10710
18	11605	6227	5378	11584	6223	5361
19	4389	2450	1939	4330	2433	1897
20-24岁	**14658**	**8181**	**6477**	**12525**	**7558**	**4967**
20	2997	1623	1374	2870	1598	1272
21	2576	1471	1105	2369	1421	948
22	2866	1612	1254	2467	1508	959
23	3017	1693	1324	2416	1502	914
24	3202	1782	1420	2403	1529	874
25-29岁	**20279**	**11060**	**9219**	**10282**	**6911**	**3371**
25	3466	1931	1535	2328	1536	792
26	3653	1999	1654	2094	1397	697
27	4021	2214	1807	2082	1394	688
28	4386	2327	2059	1929	1304	625
29	4753	2589	2164	1849	1280	569
30-34岁	**30316**	**15570**	**14746**	**7305**	**5096**	**2209**
30	5775	2992	2783	1945	1365	580
31	5909	3030	2879	1530	1088	442
32	5714	2901	2813	1325	925	400
33	6476	3316	3160	1350	937	413
34	6442	3331	3111	1155	781	374
35-39岁	**26246**	**13292**	**12954**	**3236**	**2211**	**1025**
35	5795	2949	2846	917	618	299
36	5426	2753	2673	696	490	206
37	4691	2346	2345	563	380	183
38	5274	2639	2635	545	365	180
39	5060	2605	2455	515	358	157
40-44岁	**25947**	**13390**	**12557**	**1854**	**1133**	**721**
40	5169	2678	2491	444	275	169
41	5766	3025	2741	411	269	142
42	5379	2742	2637	392	230	162
43	4675	2412	2263	307	175	132
44	4958	2533	2425	300	184	116
45-49岁	**22563**	**12230**	**10333**	**1092**	**638**	**454**
45	4706	2516	2190	227	125	102
46	4930	2695	2235	251	156	95
47	4543	2513	2030	237	138	99
48	4291	2291	2000	200	109	91
49	4093	2215	1878	177	110	67
50-54岁	**17543**	**9266**	**8277**	**570**	**328**	**242**
50	4127	2258	1869	170	108	62
51	3634	1925	1709	131	75	56
52	3685	1949	1736	109	63	46
53	2850	1442	1408	84	43	41
54	3247	1692	1555	76	39	37
55-59岁	**22059**	**10672**	**11387**	**412**	**195**	**217**
55	3848	1937	1911	91	44	47
56	4415	2157	2258	93	43	50
57	5883	2733	3150	104	52	52
58	4929	2424	2505	78	30	48
59	2984	1421	1563	46	26	20
60-64岁	**17926**	**8995**	**8931**	**159**	**69**	**90**
60	3585	1711	1874	39	19	20
61	3272	1648	1624	32	12	20
62	4116	2043	2073	36	15	21
63	3839	1978	1861	27	10	17
64	3114	1615	1499	25	13	12
65岁及以上	**18972**	**10855**	**8117**	**114**	**63**	**51**

单位：人

有配偶			离婚			丧偶		
小计	男	女	小计	男	女	小计	男	女
164005	**84230**	**79775**	**9194**	**3716**	**5478**	**5850**	**1386**	**4464**
88	**22**	**66**				**1**	**1**	
3		3						
6	2	4						
20	3	17				1	1	
59	17	42						
2108	**616**	**1492**	**25**	**7**	**18**			
126	25	101	1		1			
207	50	157						
396	102	294	3	2	1			
588	189	399	13	2	11			
791	250	541	8	3	5			
9794	**4071**	**5723**	**198**	**78**	**120**	**5**		**5**
1124	392	732	12	3	9	2		2
1525	592	933	32	10	22	2		2
1911	810	1101	28	10	18			
2403	999	1404	54	24	30			
2831	1278	1553	72	31	41	1		1
22173	**10154**	**12019**	**810**	**317**	**493**	**28**	**3**	**25**
3700	1577	2123	128	50	78	2		2
4248	1892	2356	127	50	77	4		4
4228	1911	2317	157	64	93	4	1	3
4924	2296	2628	195	82	113	7	1	6
5073	2478	2595	203	71	132	11	1	10
21882	**10625**	**11257**	**1066**	**442**	**624**	**62**	**14**	**48**
4637	2236	2401	233	94	139	8	1	7
4519	2176	2343	197	82	115	14	5	9
3918	1874	2044	201	89	112	9	3	6
4497	2186	2311	214	86	128	18	2	16
4311	2153	2158	221	91	130	13	3	10
22561	**11622**	**10939**	**1415**	**622**	**793**	**117**	**13**	**104**
4472	2298	2174	237	102	135	16	3	13
5031	2623	2408	305	131	174	19	2	17
4690	2383	2307	278	127	151	19	2	17
4037	2096	1941	295	136	159	36	5	31
4331	2222	2109	300	126	174	27	1	26
19831	**10985**	**8846**	**1426**	**575**	**851**	**214**	**32**	**182**
4136	2252	1884	309	134	175	34	5	29
4345	2424	1921	288	108	180	46	7	39
3972	2248	1724	297	121	176	37	6	31
3772	2066	1706	272	109	163	47	7	40
3606	1995	1611	260	103	157	50	7	43
15349	**8399**	**6950**	**1266**	**483**	**783**	**358**	**56**	**302**
3627	2030	1597	273	112	161	57	8	49
3161	1746	1415	277	94	183	65	10	55
3224	1747	1477	290	127	163	62	12	50
2485	1315	1170	207	75	132	74	9	65
2852	1561	1291	219	75	144	100	17	83
19168	**9786**	**9382**	**1522**	**547**	**975**	**957**	**144**	**813**
3330	1764	1566	295	108	187	132	21	111
3860	1976	1884	282	112	170	180	26	154
5075	2502	2573	442	140	302	262	39	223
4302	2235	2067	320	119	201	229	40	189
2601	1309	1292	183	68	115	154	18	136
15597	**8282**	**7315**	**996**	**410**	**586**	**1174**	**234**	**940**
3079	1566	1513	253	94	159	214	32	182
2865	1526	1339	173	73	100	202	37	165
3589	1884	1705	215	89	126	276	55	221
3344	1824	1520	193	78	115	275	66	209
2720	1482	1238	162	76	86	207	44	163
15454	**9668**	**5786**	**470**	**235**	**235**	**2934**	**889**	**2045**

5-3a 续表 6

受教育程度 年 龄	15岁及以上人口 合计	男	女	未婚 小计	男	女
大学专科	**171306**	**87122**	**84184**	**66171**	**35092**	**31079**
15-19岁	**15332**	**7781**	**7551**	**15318**	**7779**	**7539**
15	93	54	39	93	54	39
16	347	197	150	347	197	150
17	1324	707	617	1323	707	616
18	4510	2322	2188	4507	2322	2185
19	9058	4501	4557	9048	4499	4549
20-24岁	**28229**	**14094**	**14135**	**26751**	**13699**	**13052**
20	9030	4666	4364	8997	4658	4339
21	5888	2944	2944	5758	2923	2835
22	4869	2433	2436	4644	2377	2267
23	4274	2075	2199	3843	1965	1878
24	4168	1976	2192	3509	1776	1733
25-29岁	**21978**	**10575**	**11403**	**12643**	**7069**	**5574**
25	4262	2046	2216	3226	1720	1506
26	4135	1981	2154	2739	1499	1240
27	4327	2112	2215	2527	1439	1088
28	4568	2179	2389	2225	1293	932
29	4686	2257	2429	1926	1118	808
30-34岁	**28093**	**13248**	**14845**	**6815**	**4041**	**2774**
30	5411	2562	2849	1857	1079	778
31	5527	2657	2870	1531	927	604
32	5570	2611	2959	1309	782	527
33	5905	2777	3128	1144	676	468
34	5680	2641	3039	974	577	397
35-39岁	**21937**	**10759**	**11178**	**2591**	**1466**	**1125**
35	5289	2557	2732	754	439	315
36	4589	2180	2409	558	315	243
37	4135	2073	2062	498	273	225
38	4233	2112	2121	435	240	195
39	3691	1837	1854	346	199	147
40-44岁	**16280**	**8074**	**8206**	**1064**	**577**	**487**
40	3476	1669	1807	302	169	133
41	3660	1772	1888	257	145	112
42	3288	1602	1686	200	111	89
43	2930	1486	1444	168	89	79
44	2926	1545	1381	137	63	74
45-49岁	**13107**	**6975**	**6132**	**570**	**268**	**302**
45	2909	1485	1424	137	69	68
46	2976	1588	1388	161	82	79
47	2605	1403	1202	108	48	60
48	2430	1320	1110	90	40	50
49	2187	1179	1008	74	29	45
50-54岁	**9045**	**4983**	**4062**	**239**	**109**	**130**
50	2234	1219	1015	73	30	43
51	1861	1011	850	58	30	28
52	1882	1003	879	47	23	24
53	1429	800	629	33	13	20
54	1639	950	689	28	13	15
55-59岁	**6571**	**3697**	**2874**	**104**	**54**	**50**
55	1528	857	671	22	15	7
56	1557	866	691	28	11	17
57	1684	924	760	26	17	9
58	1204	693	511	19	8	11
59	598	357	241	9	3	6
60-64岁	**3883**	**2389**	**1494**	**45**	**16**	**29**
60	728	451	277	10	3	7
61	650	404	246	4	2	2
62	832	525	307	9	1	8
63	874	517	357	12	7	5
64	799	492	307	10	3	7
65岁及以上	**6851**	**4547**	**2304**	**31**	**14**	**17**

单位：人

有配偶			离婚			丧偶		
小计	男	女	小计	男	女	小计	男	女
99310	**50018**	**49292**	**4376**	**1578**	**2798**	**1449**	**434**	**1015**
13	**2**	**11**	**1**		**1**			
1		1						
3		3						
9	2	7	1		1			
1467	**393**	**1074**	**11**	**2**	**9**			
33	8	25						
130	21	109						
222	55	167	3	1	2			
428	110	318	3		3			
654	199	455	5	1	4			
9190	**3473**	**5717**	**142**	**33**	**109**	**3**		**3**
1026	322	704	10	4	6			
1383	482	901	12		12	1		1
1768	668	1100	32	5	27			
2305	876	1429	37	10	27	1		1
2708	1125	1583	51	14	37	1		1
20722	**9029**	**11693**	**545**	**176**	**369**	**11**	**2**	**9**
3492	1469	2023	61	14	47	1		1
3909	1698	2211	85	32	53	2		2
4148	1796	2352	111	33	78	2		2
4633	2057	2576	124	42	82	4	2	2
4540	2009	2531	164	55	109	2		2
18489	**8961**	**9528**	**810**	**325**	**485**	**47**	**7**	**40**
4362	2050	2312	167	67	100	6	1	5
3864	1802	2062	156	62	94	11	1	10
3456	1736	1720	172	63	109	9	1	8
3631	1803	1828	156	66	90	11	3	8
3176	1570	1606	159	67	92	10	1	9
14353	**7197**	**7156**	**804**	**291**	**513**	**59**	**9**	**50**
3010	1445	1565	158	55	103	6		6
3214	1560	1654	182	64	118	7	3	4
2912	1438	1474	162	51	111	14	2	12
2589	1322	1267	159	72	87	14	3	11
2628	1432	1196	143	49	94	18	1	17
11716	**6433**	**5283**	**745**	**261**	**484**	**76**	**13**	**63**
2598	1370	1228	164	45	119	10	1	9
2644	1448	1196	156	54	102	15	4	11
2332	1299	1033	149	53	96	16	3	13
2174	1219	955	148	60	88	18	1	17
1968	1097	871	128	49	79	17	4	13
8101	**4662**	**3439**	**580**	**192**	**388**	**125**	**20**	**105**
1989	1124	865	153	61	92	19	4	15
1661	942	719	121	36	85	21	3	18
1680	939	741	126	38	88	29	3	26
1294	752	542	79	31	48	23	4	19
1477	905	572	101	26	75	33	6	27
5917	**3488**	**2429**	**371**	**119**	**252**	**179**	**36**	**143**
1379	806	573	94	31	63	33	5	28
1402	820	582	82	28	54	45	7	38
1503	864	639	102	32	70	53	11	42
1095	662	433	60	16	44	30	7	23
538	336	202	33	12	21	18	6	12
3480	**2241**	**1239**	**202**	**90**	**112**	**156**	**42**	**114**
655	424	231	42	16	26	21	8	13
569	370	199	50	26	24	27	6	21
761	509	252	31	10	21	31	5	26
789	487	302	34	12	22	39	11	28
706	451	255	45	26	19	38	12	26
5862	**4139**	**1723**	**165**	**89**	**76**	**793**	**305**	**488**

5-3a 续表 7

受教育程度 年 龄	15岁及以上人口			未 婚		
	合计	男	女	小计	男	女
大学本科	**146475**	**69879**	**76596**	**62932**	**26881**	**36051**
15-19岁	**9039**	**3434**	**5605**	**9036**	**3432**	**5604**
15	27	12	15	27	12	15
16	49	25	24	49	25	24
17	311	117	194	311	117	194
18	2287	898	1389	2287	898	1389
19	6365	2382	3983	6362	2380	3982
20-24岁	**32654**	**12958**	**19696**	**32166**	**12839**	**19327**
20	8954	3427	5527	8946	3426	5520
21	8306	3217	5089	8288	3214	5074
22	6717	2644	4073	6652	2630	4022
23	4813	1997	2816	4692	1970	2722
24	3864	1673	2191	3588	1599	1989
25-29岁	**19898**	**8586**	**11312**	**12602**	**5995**	**6607**
25	3720	1604	2116	3200	1469	1731
26	3797	1667	2130	2840	1351	1489
27	3869	1668	2201	2479	1180	1299
28	4266	1811	2455	2242	1107	1135
29	4246	1836	2410	1841	888	953
30-34岁	**25902**	**11630**	**14272**	**5925**	**3010**	**2915**
30	4998	2162	2836	1706	845	861
31	5065	2263	2802	1343	725	618
32	5108	2283	2825	1123	571	552
33	5439	2481	2958	968	502	466
34	5292	2441	2851	785	367	418
35-39岁	**20198**	**9846**	**10352**	**2019**	**1015**	**1004**
35	4748	2232	2516	566	277	289
36	4575	2180	2395	491	242	249
37	3827	1886	1941	385	199	186
38	3905	1934	1971	337	165	172
39	3143	1614	1529	240	132	108
40-44岁	**12812**	**6776**	**6036**	**654**	**312**	**342**
40	2930	1520	1410	185	96	89
41	2897	1501	1396	138	62	76
42	2532	1338	1194	151	74	77
43	2179	1195	984	97	42	55
44	2274	1222	1052	83	38	45
45-49岁	**9438**	**5571**	**3867**	**302**	**154**	**148**
45	2016	1153	863	89	46	43
46	2075	1234	841	55	28	27
47	1928	1132	796	55	26	29
48	1766	1065	701	61	24	37
49	1653	987	666	42	30	12
50-54岁	**6701**	**4279**	**2422**	**133**	**74**	**59**
50	1562	942	620	36	22	14
51	1402	859	543	31	14	17
52	1469	960	509	33	18	15
53	1085	702	383	13	8	5
54	1183	816	367	20	12	8
55-59岁	**4540**	**3075**	**1465**	**56**	**34**	**22**
55	1194	809	385	13	9	4
56	1108	744	364	14	9	5
57	1159	788	371	15	8	7
58	736	508	228	9	6	3
59	343	226	117	5	2	3
60-64岁	**1725**	**1184**	**541**	**19**	**5**	**14**
60	371	259	112	5	1	4
61	272	191	81	5	2	3
62	360	246	114	3		3
63	401	276	125	1		1
64	321	212	109	5	2	3
65岁及以上	**3568**	**2540**	**1028**	**20**	**11**	**9**

单位：人

有配偶			离婚			丧偶		
小计	男	女	小计	男	女	小计	男	女
80202	**41727**	**38475**	**2603**	**1001**	**1602**	**738**	**270**	**468**
3	**2**	**1**						
3	2	1						
484	**119**	**365**	**4**		**4**			
8	1	7						
18	3	15						
65	14	51						
118	27	91	3		3			
275	74	201	1		1			
7230	**2577**	**4653**	**66**	**14**	**52**			
517	135	382	3		3			
951	314	637	6	2	4			
1378	486	892	12	2	10			
2002	700	1302	22	4	18			
2382	942	1440	23	6	17			
19602	**8504**	**11098**	**367**	**115**	**252**	**8**	**1**	**7**
3251	1307	1944	41	10	31			
3655	1516	2139	67	22	45			
3910	1688	2222	75	24	51			
4369	1946	2423	97	32	65	5	1	4
4417	2047	2370	87	27	60	3		3
17600	**8630**	**8970**	**558**	**195**	**363**	**21**	**6**	**15**
4064	1918	2146	113	35	78	5	2	3
3957	1898	2059	123	38	85	4	2	2
3340	1638	1702	99	47	52	3	2	1
3437	1728	1709	128	41	87	3		3
2802	1448	1354	95	34	61	6		6
11631	**6274**	**5357**	**494**	**186**	**308**	**33**	**4**	**29**
2630	1383	1247	108	41	67	7		7
2648	1400	1248	106	39	67	5		5
2279	1222	1057	95	40	55	7	2	5
1985	1120	865	92	32	60	5	1	4
2089	1149	940	93	34	59	9	1	8
8671	**5242**	**3429**	**422**	**165**	**257**	**43**	**10**	**33**
1831	1063	768	89	42	47	7	2	5
1924	1170	754	88	34	54	8	2	6
1794	1079	715	69	23	46	10	4	6
1615	1009	606	78	31	47	12	1	11
1507	921	586	98	35	63	6	1	5
6170	**4044**	**2126**	**340**	**142**	**198**	**58**	**19**	**39**
1436	893	543	82	25	57	8	2	6
1281	809	472	77	31	46	13	5	8
1347	904	443	78	33	45	11	5	6
1014	665	349	47	25	22	11	4	7
1092	773	319	56	28	28	15	3	12
4188	**2913**	**1275**	**210**	**99**	**111**	**86**	**29**	**57**
1114	772	342	50	22	28	17	6	11
1020	698	322	54	29	25	20	8	12
1071	753	318	48	21	27	25	6	19
669	480	189	43	18	25	15	4	11
314	210	104	15	9	6	9	5	4
1582	**1124**	**458**	**70**	**36**	**34**	**54**	**19**	**35**
347	250	97	12	7	5	7	1	6
241	176	65	22	11	11	4	2	2
332	232	100	15	9	6	10	5	5
369	261	108	12	7	5	19	8	11
293	205	88	9	2	7	14	3	11
3041	**2298**	**743**	**72**	**49**	**23**	**435**	**182**	**253**

5-3a 续表 8

受教育程度 年 龄	15岁及以上人口			未 婚		
	合计	男	女	小计	男	女
硕士研究生	**11830**	**5859**	**5971**	**4195**	**1748**	**2447**
15-19岁	**7**	**5**	**2**	**7**	**5**	**2**
15						
16						
17	1	1		1	1	
18	1	1		1	1	
19	5	3	2	5	3	2
20-24岁	**1421**	**566**	**855**	**1412**	**563**	**849**
20	14	8	6	14	8	6
21	38	11	27	38	11	27
22	246	94	152	246	94	152
23	494	187	307	490	186	304
24	629	266	363	624	264	360
25-29岁	**2184**	**905**	**1279**	**1782**	**768**	**1014**
25	565	243	322	551	237	314
26	471	220	251	435	208	227
27	420	166	254	342	141	201
28	351	125	226	252	95	157
29	377	151	226	202	87	115
30-34岁	**2406**	**983**	**1423**	**645**	**263**	**382**
30	456	181	275	203	88	115
31	469	176	293	148	52	96
32	429	178	251	103	47	56
33	537	222	315	111	45	66
34	515	226	289	80	31	49
35-39岁	**2258**	**1123**	**1135**	**217**	**94**	**123**
35	453	202	251	56	26	30
36	486	240	246	56	19	37
37	463	242	221	41	15	26
38	491	253	238	38	19	19
39	365	186	179	26	15	11
40-44岁	**1406**	**800**	**606**	**86**	**34**	**52**
40	373	212	161	25	11	14
41	327	172	155	13	4	9
42	279	166	113	25	11	14
43	201	111	90	8	4	4
44	226	139	87	15	4	11
45-49岁	**870**	**548**	**322**	**27**	**13**	**14**
45	181	109	72	12	5	7
46	196	121	75	6	1	5
47	173	109	64	3	3	
48	155	97	58	3	3	
49	165	112	53	3	1	2
50-54岁	**592**	**399**	**193**	**13**	**7**	**6**
50	130	71	59	3	1	2
51	135	92	43	3	2	1
52	120	82	38	2	1	1
53	93	65	28	3	1	2
54	114	89	25	2	2	
55-59岁	**427**	**325**	**102**	**2**	**1**	**1**
55	117	87	30	1	1	
56	116	88	28	1		1
57	100	83	17			
58	59	41	18			
59	35	26	9			
60-64岁	**163**	**129**	**34**	**1**		**1**
60	34	30	4			
61	26	17	9			
62	30	22	8	1		1
63	46	35	11			
64	27	25	2			
65岁及以上	**96**	**76**	**20**	**3**		**3**

单位：人

有配偶			离婚			丧偶		
小计	男	女	小计	男	女	小计	男	女
7411	**4036**	**3375**	**200**	**70**	**130**	**24**	**5**	**19**
9	**3**	**6**						
4	1	3						
5	2	3						
399	**137**	**262**	**3**		**3**			
14	6	8						
36	12	24						
77	25	52	1		1			
99	30	69						
173	64	109	2		2			
1740	**714**	**1026**	**20**	**6**	**14**	**1**		**1**
253	93	160						
317	123	194	4	1	3			
322	129	193	3	2	1	1		1
421	175	246	5	2	3			
427	194	233	8	1	7			
1995	**1016**	**979**	**46**	**13**	**33**			
391	174	217	6	2	4			
423	220	203	7	1	6			
410	224	186	12	3	9			
446	232	214	7	2	5			
325	166	159	14	5	9			
1275	**754**	**521**	**41**	**12**	**29**	**4**		**4**
338	199	139	9	2	7	1		1
300	162	138	13	6	7	1		1
247	153	94	6	2	4	1		1
187	107	80	6		6			
203	133	70	7	2	5	1		1
805	**525**	**280**	**35**	**10**	**25**	**3**		**3**
158	100	58	9	4	5	2		2
180	118	62	9	2	7	1		1
167	105	62	3	1	2			
147	92	55	5	2	3			
153	110	43	9	1	8			
551	**378**	**173**	**26**	**14**	**12**	**2**		**2**
121	65	56	6	5	1			
126	86	40	6	4	2			
112	79	33	5	2	3	1		1
86	63	23	4	1	3			
106	85	21	5	2	3	1		1
393	**311**	**82**	**25**	**11**	**14**	**7**	**2**	**5**
106	82	24	8	2	6	2	2	
107	84	23	6	4	2	2		2
95	80	15	5	3	2			
52	39	13	5	2	3	2		2
33	26	7	1		1	1		1
156	**126**	**30**	**3**	**3**		**3**		**3**
33	29	4	1	1				
24	16	8	1	1		1		1
29	22	7						
44	35	9				2		2
26	24	2	1	1				
88	**72**	**16**	**1**	**1**		**4**	**3**	**1**

5-3a 续表 9

受教育程度 年龄	15岁及以上人口			未婚		
	合计	男	女	小计	男	女
博士研究生	**1190**	**736**	**454**	**267**	**143**	**124**
15-19岁						
15						
16						
17						
18						
19						
20-24岁	**26**	**13**	**13**	**25**	**12**	**13**
20	1		1	1		1
21	1		1	1		1
22	7	3	4	7	3	4
23	5	3	2	4	2	2
24	12	7	5	12	7	5
25-29岁	**144**	**79**	**65**	**119**	**66**	**53**
25	22	9	13	21	8	13
26	32	16	16	31	16	15
27	23	11	12	21	10	11
28	36	24	12	30	21	9
29	31	19	12	16	11	5
30-34岁	**213**	**126**	**87**	**74**	**38**	**36**
30	44	27	17	25	12	13
31	42	24	18	12	7	5
32	30	18	12	14	9	5
33	56	33	23	15	7	8
34	41	24	17	8	3	5
35-39岁	**259**	**144**	**115**	**29**	**17**	**12**
35	32	17	15	8	5	3
36	63	28	35	3	1	2
37	52	33	19	5	4	1
38	59	38	21	9	7	2
39	53	28	25	4		4
40-44岁	**209**	**131**	**78**	**10**	**5**	**5**
40	42	26	16	3	1	2
41	52	28	24	1		1
42	43	25	18	2	1	1
43	44	31	13			
44	28	21	7	4	3	1
45-49岁	**146**	**95**	**51**	**6**	**3**	**3**
45	32	25	7	1	1	
46	31	22	9	4	2	2
47	32	15	17			
48	29	20	9	1		1
49	22	13	9			
50-54岁	**95**	**66**	**29**	**4**	**2**	**2**
50	25	15	10	1		1
51	18	14	4	3	2	1
52	22	13	9			
53	11	8	3			
54	19	16	3			
55-59岁	**73**	**60**	**13**			
55	25	20	5			
56	13	10	3			
57	16	13	3			
58	9	8	1			
59	10	9	1			
60-64岁	**14**	**11**	**3**			
60	4	4				
61	2	2				
62	5	3	2			
63	2	2				
64	1		1			
65岁及以上	**11**	**11**				

单位：人

有配偶			离婚			丧偶		
小计	男	女	小计	男	女	小计	男	女
893	**581**	**312**	**28**	**11**	**17**	**2**	**1**	**1**
1	**1**							
1	1							
24	**12**	**12**	**1**	**1**				
1	1							
1		1						
2	1	1						
6	3	3						
14	7	7	1	1				
137	**87**	**50**	**2**	**1**	**1**			
18	14	4	1	1				
30	17	13						
16	9	7						
40	26	14	1		1			
33	21	12						
222	**124**	**98**	**8**	**3**	**5**			
23	11	12	1	1				
58	27	31	2		2			
45	29	16	2		2			
50	31	19						
46	26	20	3	2	1			
196	**125**	**71**	**3**	**1**	**2**			
37	24	13	2	1	1			
51	28	23						
41	24	17						
43	31	12	1		1			
24	18	6						
134	**91**	**43**	**6**	**1**	**5**			
31	24	7						
27	20	7						
30	14	16	2	1	1			
25	20	5	3		3			
21	13	8	1		1			
87	**62**	**25**	**4**	**2**	**2**			
20	13	7	4	2	2			
15	12	3						
22	13	9						
11	8	3						
19	16	3						
69	**59**	**10**	**3**	**1**	**2**	**1**		**1**
24	20	4	1		1			
11	9	2	2	1	1			
15	13	2				1		1
9	8	1						
10	9	1						
13	**10**	**3**	**1**	**1**				
3	3		1	1				
2	2							
5	3	2						
2	2							
1		1						
10	**10**					**1**	**1**	

5-3b 分年龄、性别、受教育

受教育程度 年龄	15岁及以上人口			未婚		
	合计	男	女	小计	男	女
总计	**862154**	**432594**	**429560**	**189615**	**113612**	**76003**
15-19岁	**89686**	**45302**	**44384**	**89039**	**45150**	**43889**
15	17713	9051	8662	17693	9047	8646
16	22631	11232	11399	22590	11226	11364
17	22529	11134	11395	22428	11105	11323
18	16040	8206	7834	15844	8166	7678
19	10773	5679	5094	10484	5606	4878
20-24岁	**44776**	**23793**	**20983**	**37129**	**21564**	**15565**
20	9069	4900	4169	8544	4785	3759
21	8608	4754	3854	7779	4554	3225
22	9037	4745	4292	7590	4366	3224
23	8930	4672	4258	6917	4084	2833
24	9132	4722	4410	6299	3775	2524
25-29岁	**56984**	**28662**	**28322**	**25078**	**16520**	**8558**
25	10011	5079	4932	6079	3739	2340
26	10218	5119	5099	5454	3459	1995
27	11152	5559	5593	4900	3262	1638
28	12687	6436	6251	4626	3223	1403
29	12916	6469	6447	4019	2837	1182
30-34岁	**88638**	**44276**	**44362**	**16726**	**12549**	**4177**
30	15829	7878	7951	4135	2994	1141
31	16758	8420	8338	3734	2792	942
32	17073	8474	8599	3090	2363	727
33	19589	9896	9693	3154	2407	747
34	19389	9608	9781	2613	1993	620
35-39岁	**85917**	**43649**	**42268**	**8052**	**6335**	**1717**
35	18982	9575	9407	2236	1714	522
36	18094	9048	9046	1882	1462	420
37	15790	8058	7732	1388	1108	280
38	16936	8646	8290	1342	1077	265
39	16115	8322	7793	1204	974	230
40-44岁	**79433**	**40867**	**38566**	**4131**	**3305**	**826**
40	15975	8141	7834	1002	773	229
41	16610	8513	8097	1017	812	205
42	15920	8171	7749	781	651	130
43	14583	7426	7157	665	529	136
44	16345	8616	7729	666	540	126
45-49岁	**83911**	**43499**	**40412**	**2949**	**2428**	**521**
45	16552	8604	7948	684	557	127
46	17959	9236	8723	657	547	110
47	16488	8521	7967	571	462	109
48	16477	8549	7928	549	442	107
49	16435	8589	7846	488	420	68
50-54岁	**85021**	**43700**	**41321**	**2112**	**1816**	**296**
50	17272	8894	8378	517	428	89
51	16592	8615	7977	422	368	54
52	18498	9420	9078	461	408	53
53	15224	7901	7323	353	304	49
54	17435	8870	8565	359	308	51
55-59岁	**73407**	**37083**	**36324**	**1266**	**1109**	**157**
55	17445	9024	8421	326	283	43
56	16666	8258	8408	305	275	30
57	18146	9176	8970	324	280	44
58	14144	7162	6982	212	185	27
59	7006	3463	3543	99	86	13
60-64岁	**49429**	**24502**	**24927**	**833**	**754**	**79**
60	8189	4021	4168	120	105	15
61	7979	4061	3918	120	102	18
62	11820	5766	6054	228	208	20
63	11298	5691	5607	197	184	13
64	10143	4963	5180	168	155	13
65岁及以上	**124952**	**57261**	**67691**	**2300**	**2082**	**218**

程度、婚姻状况的人口（镇）

单位：人

有配偶			离婚			丧偶		
小计	男	女	小计	男	女	小计	男	女
601656	**297316**	**304340**	**16657**	**9230**	**7427**	**54226**	**12436**	**41790**
641	**151**	**490**	**6**	**1**	**5**			
20	4	16						
39	6	33	2		2			
101	29	72						
193	39	154	3	1	2			
288	73	215	1		1			
7531	**2176**	**5355**	**108**	**51**	**57**	**8**	**2**	**6**
517	110	407	8	5	3			
816	195	621	10	4	6	3	1	2
1426	369	1057	19	10	9	2		2
1983	576	1407	28	11	17	2	1	1
2789	926	1863	43	21	22	1		1
31142	**11770**	**19372**	**724**	**366**	**358**	**40**	**6**	**34**
3867	1319	2548	63	21	42	2		2
4667	1621	3046	86	38	48	11	1	10
6108	2231	3877	138	66	72	6		6
7837	3091	4746	213	120	93	11	2	9
8663	3508	5155	224	121	103	10	3	7
69593	**30470**	**39123**	**2183**	**1225**	**958**	**136**	**32**	**104**
11389	4734	6655	290	144	146	15	6	9
12614	5410	7204	389	214	175	21	4	17
13570	5872	7698	393	235	158	20	4	16
15861	7174	8687	534	306	228	40	9	31
16159	7280	8879	577	326	251	40	9	31
74558	**35557**	**39001**	**2914**	**1682**	**1232**	**393**	**75**	**318**
16084	7522	8562	596	327	269	66	12	54
15564	7239	8325	580	340	240	68	7	61
13796	6635	7161	534	303	231	72	12	60
14904	7208	7696	592	336	256	98	25	73
14210	6953	7257	612	376	236	89	19	70
71692	**35797**	**35895**	**2952**	**1633**	**1319**	**658**	**132**	**526**
14293	7020	7273	569	326	243	111	22	89
14837	7323	7514	644	358	286	112	20	92
14398	7153	7245	606	346	260	135	21	114
13265	6574	6691	532	295	237	121	28	93
14899	7727	7172	601	308	293	179	41	138
76829	**39370**	**37459**	**2667**	**1426**	**1241**	**1466**	**275**	**1191**
15104	7718	7386	562	283	279	202	46	156
16459	8337	8122	574	307	267	269	45	224
15065	7709	7356	553	296	257	299	54	245
15087	7761	7326	531	290	241	310	56	254
15114	7845	7269	447	250	197	386	74	312
77824	**40184**	**37640**	**2131**	**1104**	**1027**	**2954**	**596**	**2358**
15810	8135	7675	503	250	253	442	81	361
15228	7886	7342	436	229	207	506	132	374
16956	8676	8280	447	222	225	634	114	520
13900	7296	6604	355	195	160	616	106	510
15930	8191	7739	390	208	182	756	163	593
66484	**34322**	**32162**	**1500**	**819**	**681**	**4157**	**833**	**3324**
15918	8343	7575	386	216	170	815	182	633
15128	7610	7518	347	188	159	886	185	701
16389	8482	7907	375	201	174	1058	213	845
12773	6659	6114	268	152	116	891	166	725
6276	3228	3048	124	62	62	507	87	420
42693	**22159**	**20534**	**681**	**413**	**268**	**5222**	**1176**	**4046**
7249	3695	3554	138	80	58	682	141	541
6938	3678	3260	146	89	57	775	192	583
10199	5175	5024	155	98	57	1238	285	953
9675	5129	4546	128	79	49	1298	299	999
8632	4482	4150	114	67	47	1229	259	970
82669	**45360**	**37309**	**791**	**510**	**281**	**39192**	**9309**	**29883**

5-3b 续表 1

受教育程度 年 龄	15岁及以上人口			未 婚		
	合计	男	女	小计	男	女
未上过学	**17147**	**3116**	**14031**	**1263**	**1023**	**240**
15-19岁	**116**	**76**	**40**	**113**	**76**	**37**
15	26	16	10	26	16	10
16	19	14	5	19	14	5
17	14	9	5	14	9	5
18	28	19	9	27	19	8
19	29	18	11	27	18	9
20-24岁	**117**	**74**	**43**	**102**	**72**	**30**
20	29	18	11	26	18	8
21	21	14	7	20	14	6
22	23	14	9	21	14	7
23	22	13	9	19	13	6
24	22	15	7	16	13	3
25-29岁	**121**	**67**	**54**	**78**	**62**	**16**
25	30	18	12	24	17	7
26	25	12	13	14	11	3
27	20	12	8	13	12	1
28	20	11	9	14	10	4
29	26	14	12	13	12	1
30-34岁	**215**	**107**	**108**	**108**	**80**	**28**
30	28	12	16	14	11	3
31	42	24	18	21	15	6
32	43	22	21	23	17	6
33	41	19	22	18	13	5
34	61	30	31	32	24	8
35-39岁	**249**	**119**	**130**	**95**	**80**	**15**
35	50	29	21	20	18	2
36	54	26	28	25	20	5
37	44	22	22	17	15	2
38	49	23	26	19	17	2
39	52	19	33	14	10	4
40-44岁	**296**	**110**	**186**	**80**	**71**	**9**
40	60	17	43	16	14	2
41	59	31	28	25	21	4
42	62	23	39	16	15	1
43	57	17	40	10	9	1
44	58	22	36	13	12	1
45-49岁	**512**	**152**	**360**	**96**	**85**	**11**
45	79	20	59	19	15	4
46	117	40	77	27	24	3
47	116	34	82	17	16	1
48	97	32	65	18	15	3
49	103	26	77	15	15	
50-54岁	**727**	**205**	**522**	**108**	**97**	**11**
50	154	45	109	29	25	4
51	127	43	84	23	22	1
52	158	47	111	23	20	3
53	133	36	97	20	19	1
54	155	34	121	13	11	2
55-59岁	**776**	**157**	**619**	**70**	**67**	**3**
55	147	33	114	18	17	1
56	170	32	138	17	16	1
57	168	39	129	17	16	1
58	182	36	146	13	13	
59	109	17	92	5	5	
60-64岁	**1330**	**210**	**1120**	**63**	**54**	**9**
60	172	33	139	9	7	2
61	171	30	141	9	8	1
62	332	49	283	17	14	3
63	328	55	273	21	18	3
64	327	43	284	7	7	
65岁及以上	**12688**	**1839**	**10849**	**350**	**279**	**71**

单位：人

有配偶			离婚			丧偶		
小计	男	女	小计	男	女	小计	男	女
7703	**1408**	**6295**	**120**	**50**	**70**	**8061**	**635**	**7426**
3		**3**						
1		1						
2		2						
15	**2**	**13**						
3		3						
1		1						
2		2						
3		3						
6	2	4						
42	**5**	**37**	**1**		**1**			
5	1	4	1		1			
11	1	10						
7		7						
6	1	5						
13	2	11						
99	**24**	**75**	**5**	**3**	**2**	**3**		**3**
12		12	1	1		1		1
21	9	12						
20	5	15						
20	5	15	1	1		2		2
26	5	21	3	1	2			
140	**36**	**104**	**10**	**3**	**7**	**4**		**4**
27	11	16	3		3			
27	5	22	2	1	1			
24	6	18	2	1	1	1		1
27	6	21	1		1	2		2
35	8	27	2	1	1	1		1
200	**37**	**163**	**6**	**2**	**4**	**10**		**10**
42	3	39	1		1	1		1
32	10	22				2		2
41	8	33	1		1	4		4
43	7	36	3	1	2	1		1
42	9	33	1	1		2		2
378	**63**	**315**	**9**	**4**	**5**	**29**		**29**
55	4	51	1	1		4		4
83	16	67	2		2	5		5
92	17	75	2	1	1	5		5
68	16	52	2	1	1	9		9
80	10	70	2	1	1	6		6
539	**96**	**443**	**12**	**8**	**4**	**68**	**4**	**64**
110	18	92	3	2	1	12		12
94	18	76	2	1	1	8	2	6
122	24	98	2	2		11	1	10
98	17	81				15		15
115	19	96	5	3	2	22	1	21
581	**80**	**501**	**10**	**6**	**4**	**115**	**4**	**111**
104	12	92	3	2	1	22	2	20
138	15	123				15	1	14
122	19	103	5	3	2	24	1	23
134	22	112	2	1	1	33		33
83	12	71				21		21
975	**135**	**840**	**14**	**5**	**9**	**278**	**16**	**262**
130	21	109	5	4	1	28	1	27
133	19	114	2		2	27	3	24
241	30	211	2	1	1	72	4	68
238	32	206	1		1	68	5	63
233	33	200	4		4	83	3	80
4731	**930**	**3801**	**53**	**19**	**34**	**7554**	**611**	**6943**

5-3b 续表 2

受教育程度 年 龄	15岁及以上人口			未 婚		
	合计	男	女	小计	男	女
学前教育	**700**	**228**	**472**	**128**	**75**	**53**
15-19岁	**67**	**28**	**39**	**67**	**28**	**39**
15	29	13	16	29	13	16
16	18	7	11	18	7	11
17	5	3	2	5	3	2
18	8	3	5	8	3	5
19	7	2	5	7	2	5
20-24岁	**28**	**16**	**12**	**25**	**15**	**10**
20	7	4	3	7	4	3
21	5	3	2	4	2	2
22	5	3	2	5	3	2
23	8	5	3	7	5	2
24	3	1	2	2	1	1
25-29岁	**19**	**8**	**11**	**5**	**4**	**1**
25	3	1	2	1	1	
26	4	3	1	2	2	
27	6	3	3	2	1	1
28	2	1	1			
29	4		4			
30-34岁	**14**	**10**	**4**	**6**	**6**	
30	1	1		1	1	
31	3	2	1			
32	4	3	1	2	2	
33	3	2	1	2	2	
34	3	2	1	1	1	
35-39岁	**12**	**6**	**6**	**2**	**2**	
35	2	1	1			
36	2	2		1	1	
37	4	1	3			
38	1	1				
39	3	1	2	1	1	
40-44岁	**13**	**3**	**10**	**2**		**2**
40	4	2	2	1		1
41	2		2			
42	2		2			
43	2		2	1		1
44	3	1	2			
45-49岁	**27**	**8**	**19**	**2**	**2**	
45	5	1	4	1	1	
46	4	1	3			
47	7	4	3			
48	4		4			
49	7	2	5	1	1	
50-54岁	**29**	**12**	**17**	**3**	**3**	
50	4	2	2	1	1	
51	8	4	4			
52	6	2	4	2	2	
53	5	1	4			
54	6	3	3			
55-59岁	**29**	**9**	**20**	**1**	**1**	
55	5	4	1	1	1	
56	7	2	5			
57	7		7			
58	7	3	4			
59	3		3			
60-64岁	**69**	**19**	**50**	**1**	**1**	
60	13	3	10			
61	10	2	8			
62	15	6	9			
63	15	2	13			
64	16	6	10	1	1	
65岁及以上	**393**	**109**	**284**	**14**	**13**	**1**

单位：人

有配偶			离婚			丧偶		
小计	男	女	小计	男	女	小计	男	女
349	**117**	**232**	**7**	**5**	**2**	**216**	**31**	**185**
3	**1**	**2**						
1	1							
1		1						
1		1						
14	**4**	**10**						
2		2						
2	1	1						
4	2	2						
2	1	1						
4		4						
7	**4**	**3**	**1**		**1**			
2	2		1		1			
2	1	1						
1		1						
2	1	1						
9	**4**	**5**				**1**		**1**
1	1					1		1
1	1							
4	1	3						
1	1							
2		2						
9	**2**	**7**	**1**	**1**		**1**		**1**
2	2					1		1
2		2						
2		2						
1		1						
2		2	1	1				
24	**6**	**18**				**1**		**1**
4		4						
4	1	3						
7	4	3						
4		4						
5	1	4				1		1
24	**8**	**16**				**2**	**1**	**1**
1		1				2	1	1
8	4	4						
4		4						
5	1	4						
6	3	3						
25	**7**	**18**				**3**	**1**	**2**
4	3	1						
6	2	4				1		1
7		7						
5	2	3				2	1	1
3		3						
55	**18**	**37**				**13**		**13**
11	3	8				2		2
7	2	5				3		3
15	6	9						
10	2	8				5		5
12	5	7				3		3
179	**63**	**116**	**5**	**4**	**1**	**195**	**29**	**166**

5-3b 续表 3

受教育程度 年龄	15岁及以上人口			未婚		
	合计	男	女	小计	男	女
小学	**170027**	**70457**	**99570**	**9786**	**8379**	**1407**
15-19岁	**643**	**364**	**279**	**594**	**355**	**239**
15	103	44	59	101	43	58
16	86	52	34	82	52	30
17	107	64	43	99	60	39
18	148	92	56	133	90	43
19	199	112	87	179	110	69
20-24岁	**1403**	**825**	**578**	**927**	**666**	**261**
20	192	112	80	155	104	51
21	232	133	99	178	121	57
22	280	174	106	193	151	42
23	336	189	147	204	139	65
24	363	217	146	197	151	46
25-29岁	**2762**	**1513**	**1249**	**1032**	**831**	**201**
25	430	242	188	203	156	47
26	464	275	189	212	173	39
27	563	304	259	220	174	46
28	648	342	306	204	169	35
29	657	350	307	193	159	34
30-34岁	**5270**	**2506**	**2764**	**1047**	**893**	**154**
30	880	433	447	230	188	42
31	948	500	448	221	200	21
32	993	476	517	176	150	26
33	1136	511	625	216	181	35
34	1313	586	727	204	174	30
35-39岁	**7433**	**3341**	**4092**	**957**	**836**	**121**
35	1390	649	741	205	180	25
36	1436	640	796	209	173	36
37	1330	603	727	144	133	11
38	1579	693	886	193	169	24
39	1698	756	942	206	181	25
40-44岁	**10379**	**4555**	**5824**	**829**	**733**	**96**
40	1758	804	954	154	134	20
41	2054	940	1114	179	157	22
42	2047	883	1164	173	152	21
43	2067	871	1196	144	127	17
44	2453	1057	1396	179	163	16
45-49岁	**16074**	**6925**	**9149**	**953**	**851**	**102**
45	2681	1181	1500	200	179	21
46	3160	1352	1808	197	176	21
47	3170	1332	1838	201	179	22
48	3345	1413	1932	176	153	23
49	3718	1647	2071	179	164	15
50-54岁	**21983**	**9500**	**12483**	**904**	**830**	**74**
50	4120	1800	2320	197	172	25
51	4217	1865	2352	171	157	14
52	4996	2143	2853	202	186	16
53	3977	1766	2211	157	150	7
54	4673	1926	2747	177	165	12
55-59岁	**18372**	**7237**	**11135**	**555**	**512**	**43**
55	4362	1821	2541	155	138	17
56	4228	1641	2587	120	116	4
57	4390	1747	2643	133	125	8
58	3566	1339	2227	102	93	9
59	1826	689	1137	45	40	5
60-64岁	**17088**	**6294**	**10794**	**449**	**428**	**21**
60	2317	819	1498	51	49	2
61	2493	932	1561	55	51	4
62	4152	1536	2616	133	128	5
63	4112	1552	2560	99	97	2
64	4014	1455	2559	111	103	8
65岁及以上	**68620**	**27397**	**41223**	**1539**	**1444**	**95**

单位：人

有配偶			离婚			丧偶		
小计	男	女	小计	男	女	小计	男	女
128153	**54057**	**74096**	**2598**	**1631**	**967**	**29490**	**6390**	**23100**
48	**9**	**39**	**1**		**1**			
2	1	1						
4		4						
8	4	4						
14	2	12	1		1			
20	2	18						
466	**154**	**312**	**8**	**4**	**4**	**2**	**1**	**1**
36	8	28	1		1			
52	12	40	1		1	1		1
86	22	64	1	1				
130	48	82	1	1		1	1	
162	64	98	4	2	2			
1681	**657**	**1024**	**44**	**23**	**21**	**5**	**2**	**3**
223	85	138	4	1	3			
244	99	145	6	3	3	2		2
335	126	209	7	4	3	1		1
429	165	264	15	8	7			
450	182	268	12	7	5	2	2	
4041	**1499**	**2542**	**161**	**111**	**50**	**21**	**3**	**18**
626	230	396	21	14	7	3	1	2
691	278	413	35	22	13	1		1
779	298	481	36	28	8	2		2
881	310	571	35	20	15	4		4
1064	383	681	34	27	7	11	2	9
6170	**2326**	**3844**	**244**	**167**	**77**	**62**	**12**	**50**
1125	436	689	48	31	17	12	2	10
1176	436	740	43	29	14	8	2	6
1122	433	689	49	35	14	15	2	13
1323	488	835	47	31	16	16	5	11
1424	533	891	57	41	16	11	1	10
9029	**3560**	**5469**	**381**	**231**	**150**	**140**	**31**	**109**
1515	617	898	68	48	20	21	5	16
1774	730	1044	84	52	32	17	1	16
1763	676	1087	83	50	33	28	5	23
1824	697	1127	72	43	29	27	4	23
2153	840	1313	74	38	36	47	16	31
14242	**5705**	**8537**	**445**	**282**	**163**	**434**	**87**	**347**
2339	929	1410	93	58	35	49	15	34
2805	1113	1692	79	49	30	79	14	65
2776	1074	1702	93	57	36	100	22	78
2982	1190	1792	93	53	40	94	17	77
3340	1399	1941	87	65	22	112	19	93
19541	**8194**	**11347**	**462**	**277**	**185**	**1076**	**199**	**877**
3680	1551	2129	99	53	46	144	24	120
3760	1601	2159	94	59	35	192	48	144
4459	1866	2593	92	51	41	243	40	203
3509	1524	1985	83	58	25	228	34	194
4133	1652	2481	94	56	38	269	53	216
16034	**6290**	**9744**	**303**	**195**	**108**	**1480**	**240**	**1240**
3813	1573	2240	90	54	36	304	56	248
3726	1427	2299	65	43	22	317	55	262
3826	1519	2307	75	45	30	356	58	298
3091	1160	1931	51	39	12	322	47	275
1578	611	967	22	14	8	181	24	157
13966	**5355**	**8611**	**181**	**108**	**73**	**2492**	**403**	**2089**
1970	709	1261	33	17	16	263	44	219
2040	805	1235	30	19	11	368	57	311
3415	1286	2129	38	25	13	566	97	469
3333	1327	2006	34	21	13	646	107	539
3208	1228	1980	46	26	20	649	98	551
42935	**20308**	**22627**	**368**	**233**	**135**	**23778**	**5412**	**18366**

5-3b 续表 4

受教育程度 年 龄	15岁及以上人口 合计	男	女	未婚 小计	男	女
初 中	**382054**	**203231**	**178823**	**57179**	**40927**	**16252**
15-19岁	**18879**	**10728**	**8151**	**18386**	**10613**	**7773**
15	9022	4984	4038	9007	4982	4025
16	3490	1930	1560	3456	1924	1532
17	2247	1292	955	2165	1271	894
18	2013	1224	789	1867	1194	673
19	2107	1298	809	1891	1242	649
20-24岁	**14469**	**8379**	**6090**	**9838**	**6985**	**2853**
20	2097	1261	836	1741	1189	552
21	2455	1497	958	1897	1350	547
22	3025	1723	1302	2132	1479	653
23	3250	1858	1392	2052	1483	569
24	3642	2040	1602	2016	1484	532
25-29岁	**26452**	**14019**	**12433**	**9705**	**7452**	**2253**
25	4229	2267	1962	2075	1518	557
26	4440	2362	2078	1926	1450	476
27	5213	2736	2477	1925	1491	434
28	6095	3278	2817	1965	1560	405
29	6475	3376	3099	1814	1433	381
30-34岁	**48953**	**24974**	**23979**	**8828**	**7176**	**1652**
30	8247	4267	3980	1996	1609	387
31	9041	4629	4412	1896	1536	360
32	9363	4728	4635	1688	1373	315
33	11222	5794	5428	1734	1426	308
34	11080	5556	5524	1514	1232	282
35-39岁	**51584**	**26466**	**25118**	**4740**	**3937**	**803**
35	11256	5746	5510	1308	1077	231
36	10926	5475	5451	1079	876	203
37	9615	4965	4650	855	716	139
38	10170	5242	4928	792	676	116
39	9617	5038	4579	706	592	114
40-44岁	**43729**	**22618**	**21111**	**2296**	**1894**	**402**
40	9225	4696	4529	593	473	120
41	9284	4799	4485	574	480	94
42	8558	4423	4135	409	350	59
43	7878	4057	3821	364	299	65
44	8784	4643	4141	356	292	64
45-49岁	**45610**	**23744**	**21866**	**1428**	**1174**	**254**
45	9024	4696	4328	345	288	57
46	9827	5033	4794	318	269	49
47	8921	4654	4267	261	205	56
48	8925	4617	4308	262	210	52
49	8913	4744	4169	242	202	40
50-54岁	**44953**	**23563**	**21390**	**874**	**735**	**139**
50	9309	4866	4443	232	193	39
51	8773	4671	4102	182	157	25
52	9625	4973	4652	182	161	21
53	8150	4310	3840	141	111	30
54	9096	4743	4353	137	113	24
55-59岁	**36496**	**18705**	**17791**	**488**	**430**	**58**
55	9237	4823	4414	119	106	13
56	8411	4191	4220	126	113	13
57	9068	4613	4455	135	113	22
58	6608	3458	3150	73	65	8
59	3172	1620	1552	35	33	2
60-64岁	**19923**	**10999**	**8924**	**260**	**230**	**30**
60	3500	1811	1689	50	42	8
61	3276	1811	1465	43	34	9
62	4670	2534	2136	61	55	6
63	4548	2617	1931	63	60	3
64	3929	2226	1703	43	39	4
65岁及以上	**31006**	**19036**	**11970**	**336**	**301**	**35**

单位：人

有配偶			离婚			丧偶		
小计	男	女	小计	男	女	小计	男	女
303541	**153164**	**150377**	**8748**	**5233**	**3515**	**12586**	**3907**	**8679**
489	**114**	**375**	**4**	**1**	**3**			
15	2	13						
32	6	26	2		2			
82	21	61						
144	29	115	2	1	1			
216	56	160						
4550	**1357**	**3193**	**77**	**37**	**40**	**4**		**4**
352	69	283	4	3	1			
550	144	406	7	3	4	1		1
878	237	641	13	7	6	2		2
1176	366	810	21	9	12	1		1
1594	541	1053	32	15	17			
16239	**6288**	**9951**	**478**	**277**	**201**	**30**	**2**	**28**
2104	731	1373	48	18	30	2		2
2450	881	1569	57	31	26	7		7
3191	1191	2000	92	54	38	5		5
3987	1632	2355	133	84	49	10	2	8
4507	1853	2654	148	90	58	6		6
38774	**16978**	**21796**	**1270**	**798**	**472**	**81**	**22**	**59**
6077	2555	3522	165	99	66	9	4	5
6910	2949	3961	219	140	79	16	4	12
7449	3212	4237	214	139	75	12	4	8
9131	4150	4981	335	214	121	22	4	18
9207	4112	5095	337	206	131	22	6	16
44843	**21394**	**23449**	**1740**	**1085**	**655**	**261**	**50**	**211**
9554	4457	5097	349	204	145	45	8	37
9448	4375	5073	350	220	130	49	4	45
8389	4041	4348	326	200	126	45	8	37
8956	4323	4633	362	225	137	60	18	42
8496	4198	4298	353	236	117	62	12	50
39471	**19699**	**19772**	**1565**	**942**	**623**	**397**	**83**	**314**
8240	4019	4221	321	190	131	71	14	57
8298	4097	4201	343	208	135	69	14	55
7749	3857	3892	320	200	120	80	16	64
7156	3567	3589	278	169	109	80	22	58
8028	4159	3869	303	175	128	97	17	80
42004	**21637**	**20367**	**1375**	**782**	**593**	**803**	**151**	**652**
8278	4238	4040	284	144	140	117	26	91
9045	4549	4496	319	192	127	145	23	122
8227	4260	3967	279	162	117	154	27	127
8232	4220	4012	267	155	112	164	32	132
8222	4370	3852	226	129	97	223	43	180
41524	**21938**	**19586**	**1047**	**568**	**479**	**1508**	**322**	**1186**
8603	4504	4099	235	122	113	239	47	192
8107	4321	3786	231	127	104	253	66	187
8898	4630	4268	226	119	107	319	63	256
7514	4042	3472	175	95	80	320	62	258
8402	4441	3961	180	105	75	377	84	293
33387	**17445**	**15942**	**677**	**383**	**294**	**1944**	**447**	**1497**
8525	4509	4016	192	112	80	401	96	305
7692	3884	3808	168	91	77	425	103	322
8238	4297	3941	171	93	78	524	110	414
6062	3248	2814	100	57	43	373	88	285
2870	1507	1363	46	30	16	221	50	171
17699	**10087**	**7612**	**254**	**175**	**79**	**1710**	**507**	**1203**
3136	1674	1462	47	32	15	267	63	204
2928	1659	1269	53	37	16	252	81	171
4126	2309	1817	60	42	18	423	128	295
4017	2389	1628	63	39	24	405	129	276
3492	2056	1436	31	25	6	363	106	257
24561	**16227**	**8334**	**261**	**185**	**76**	**5848**	**2323**	**3525**

5-3b 续表 5

受教育程度 年龄	15岁及以上人口			未婚		
	合计	男	女	小计	男	女
高 中	**172873**	**93695**	**79178**	**78967**	**41634**	**37333**
15-19岁	**62310**	**30309**	**32001**	**62217**	**30283**	**31934**
15	8457	3949	4508	8454	3948	4506
16	18816	9128	9688	18813	9128	9685
17	19604	9465	10139	19593	9461	10132
18	11429	5677	5752	11401	5670	5731
19	4004	2090	1914	3956	2076	1880
20-24岁	**8417**	**4707**	**3710**	**6989**	**4296**	**2693**
20	2024	1157	867	1924	1128	796
21	1555	879	676	1403	851	552
22	1678	948	730	1399	865	534
23	1559	840	719	1181	748	433
24	1601	883	718	1082	704	378
25-29岁	**10579**	**5599**	**4980**	**4492**	**3174**	**1318**
25	1844	1001	843	1070	720	350
26	1919	1041	878	1005	700	305
27	2034	1049	985	852	603	249
28	2356	1235	1121	818	582	236
29	2426	1273	1153	747	569	178
30-34岁	**15559**	**8092**	**7467**	**2922**	**2200**	**722**
30	2849	1478	1371	730	555	175
31	3042	1591	1451	689	525	164
32	3070	1572	1498	520	393	127
33	3342	1758	1584	563	408	155
34	3256	1693	1563	420	319	101
35-39岁	**12562**	**6807**	**5755**	**1140**	**835**	**305**
35	2900	1507	1393	337	233	104
36	2595	1400	1195	274	207	67
37	2250	1201	1049	204	156	48
38	2448	1344	1104	173	124	49
39	2369	1355	1014	152	115	37
40-44岁	**12061**	**6733**	**5328**	**561**	**395**	**166**
40	2428	1377	1051	146	101	45
41	2532	1418	1114	136	94	42
42	2541	1407	1134	116	93	23
43	2138	1179	959	94	59	35
44	2422	1352	1070	69	48	21
45-49岁	**10792**	**6327**	**4465**	**274**	**191**	**83**
45	2276	1285	991	61	35	26
46	2406	1418	988	67	50	17
47	2103	1231	872	54	41	13
48	2133	1288	845	60	40	20
49	1874	1105	769	32	25	7
50-54岁	**9037**	**5298**	**3739**	**152**	**108**	**44**
50	1927	1127	800	34	26	8
51	1717	984	733	35	24	11
52	1912	1149	763	38	30	8
53	1596	926	670	24	18	6
54	1885	1112	773	21	10	11
55-59岁	**12674**	**7412**	**5262**	**118**	**78**	**40**
55	2166	1294	872	24	17	7
56	2550	1492	1058	32	23	9
57	3336	1930	1406	30	19	11
58	3059	1796	1263	18	11	7
59	1563	900	663	14	8	6
60-64岁	**9310**	**5678**	**3632**	**51**	**35**	**16**
60	1864	1111	753	9	6	3
61	1750	1077	673	10	7	3
62	2253	1348	905	14	10	4
63	1938	1188	750	12	7	5
64	1505	954	551	6	5	1
65岁及以上	**9572**	**6733**	**2839**	**51**	**39**	**12**

单位：人

有配偶			离婚			丧偶		
小计	男	女	小计	男	女	小计	男	女
87794	**49460**	**38334**	**3034**	**1459**	**1575**	**3078**	**1142**	**1936**
92	**26**	**66**	**1**		**1**			
3	1	2						
3		3						
11	4	7						
28	7	21						
47	14	33	1		1			
1408	**404**	**1004**	**18**	**6**	**12**	**2**	**1**	**1**
98	28	70	2	1	1			
149	26	123	2	1	1	1	1	
275	82	193	4	1	3			
374	92	282	4		4			
512	176	336	6	3	3	1		1
5960	**2372**	**3588**	**126**	**53**	**73**	**1**		**1**
771	281	490	3		3			
902	337	565	12	4	8			
1153	439	714	29	7	22			
1493	628	865	44	25	19	1		1
1641	687	954	38	17	21			
12188	**5681**	**6507**	**431**	**206**	**225**	**18**	**5**	**13**
2067	903	1164	50	19	31	2	1	1
2274	1034	1240	78	32	46	1		1
2457	1135	1322	89	44	45	4		4
2668	1291	1377	104	55	49	7	4	3
2722	1318	1404	110	56	54	4		4
10893	**5709**	**5184**	**490**	**255**	**235**	**39**	**8**	**31**
2454	1217	1237	103	55	48	6	2	4
2213	1133	1080	101	59	42	7	1	6
1951	1002	949	88	42	46	7	1	6
2177	1179	998	87	41	46	11		11
2098	1178	920	111	58	53	8	4	4
10895	**6057**	**4838**	**545**	**271**	**274**	**60**	**10**	**50**
2178	1220	958	96	55	41	8	1	7
2263	1261	1002	121	61	60	12	2	10
2307	1259	1048	105	55	50	13		13
1933	1066	867	101	52	49	10	2	8
2214	1251	963	122	48	74	17	5	12
9963	**5910**	**4053**	**445**	**204**	**241**	**110**	**22**	**88**
2111	1206	905	87	42	45	17	2	15
2224	1326	898	94	38	56	21	4	17
1924	1137	787	103	50	53	22	3	19
1957	1196	761	94	47	47	22	5	17
1747	1045	702	67	27	40	28	8	20
8353	**5012**	**3341**	**340**	**144**	**196**	**192**	**34**	**158**
1765	1049	716	101	49	52	27	3	24
1587	930	657	62	23	39	33	7	26
1763	1083	680	72	30	42	39	6	33
1478	876	602	56	24	32	38	8	30
1760	1074	686	49	18	31	55	10	45
11685	**7052**	**4633**	**365**	**166**	**199**	**506**	**116**	**390**
2017	1224	793	66	30	36	59	23	36
2348	1418	930	71	32	39	99	19	80
3084	1833	1251	90	44	46	132	34	98
2815	1715	1100	89	43	46	137	27	110
1421	862	559	49	17	32	79	13	66
8413	**5324**	**3089**	**191**	**101**	**90**	**655**	**218**	**437**
1694	1047	647	49	26	23	112	32	80
1578	996	582	50	29	21	112	45	67
2032	1264	768	42	21	21	165	53	112
1745	1117	628	24	14	10	157	50	107
1364	900	464	26	11	15	109	38	71
7944	**5913**	**2031**	**82**	**53**	**29**	**1495**	**728**	**767**

5-3b 续表 6

受教育程度 年龄	15岁及以上人口			未婚		
	合计	男	女	小计	男	女
大学专科	**69801**	**37133**	**32668**	**22155**	**12194**	**9961**
15-19岁	**4882**	**2524**	**2358**	**4874**	**2522**	**2352**
15	74	44	30	74	44	30
16	179	93	86	179	93	86
17	448	251	197	448	251	197
18	1580	806	774	1574	805	769
19	2601	1330	1271	2599	1329	1270
20-24岁	**10226**	**5181**	**5045**	**9346**	**4979**	**4367**
20	2464	1303	1161	2438	1298	1140
21	2093	1129	964	2040	1121	919
22	1965	960	1005	1809	934	875
23	1932	957	975	1691	902	789
24	1772	832	940	1368	724	644
25-29岁	**9088**	**4227**	**4861**	**4719**	**2704**	**2015**
25	1821	878	943	1309	717	592
26	1763	789	974	1074	584	490
27	1718	817	901	871	521	350
28	1944	902	1042	817	504	313
29	1842	841	1001	648	378	270
30-34岁	**10449**	**4965**	**5484**	**2121**	**1307**	**814**
30	2105	987	1118	612	355	257
31	2019	943	1076	483	293	190
32	1993	950	1043	393	266	127
33	2192	1051	1141	380	246	134
34	2140	1034	1106	253	147	106
35-39岁	**8007**	**4032**	**3975**	**646**	**407**	**239**
35	1948	977	971	210	129	81
36	1789	889	900	178	127	51
37	1425	721	704	96	54	42
38	1491	781	710	89	54	35
39	1354	664	690	73	43	30
40-44岁	**7456**	**3856**	**3600**	**235**	**136**	**99**
40	1450	730	720	61	35	26
41	1524	736	788	68	38	30
42	1529	783	746	42	25	17
43	1378	713	665	33	22	11
44	1575	894	681	31	16	15
45-49岁	**6746**	**3755**	**2991**	**133**	**90**	**43**
45	1424	792	632	35	27	8
46	1475	800	675	31	21	10
47	1385	777	608	30	16	14
48	1261	726	535	23	16	7
49	1201	660	541	14	10	4
50-54岁	**5510**	**3204**	**2306**	**44**	**27**	**17**
50	1147	656	491	15	6	9
51	1173	673	500	6	5	1
52	1182	671	511	7	5	2
53	909	530	379	7	4	3
54	1099	674	425	9	7	2
55-59岁	**3801**	**2562**	**1239**	**24**	**16**	**8**
55	1135	738	397	8	3	5
56	943	613	330	8	6	2
57	889	623	266	4	4	
58	559	398	161	4	3	1
59	275	190	85			
60-64岁	**1398**	**1043**	**355**	**6**	**3**	**3**
60	252	183	69	1	1	
61	219	160	59	2	1	1
62	336	245	91	2		2
63	305	235	70	1	1	
64	286	220	66			
65岁及以上	**2238**	**1784**	**454**	**7**	**3**	**4**

单位：人

有配偶			离婚			丧偶		
小计	男	女	小计	男	女	小计	男	女
45565	**24073**	**21492**	**1446**	**606**	**840**	**635**	**260**	**375**
8	**2**	**6**						
6	1	5						
2	1	1						
876	**198**	**678**	**4**	**4**				
25	4	21	1	1				
53	8	45						
155	25	130	1	1				
240	54	186	1	1				
403	107	296	1	1				
4320	**1517**	**2803**	**46**	**5**	**41**	**3**	**1**	**2**
506	159	347	6	2	4			
679	204	475	8		8	2	1	1
842	295	547	5	1	4			
1115	398	717	12		12			
1178	461	717	15	2	13	1		1
8107	**3575**	**4532**	**211**	**81**	**130**	**10**	**2**	**8**
1455	623	832	38	9	29			
1496	634	862	37	16	21	3		3
1565	665	900	34	19	15	1		1
1766	793	973	42	11	31	4	1	3
1825	860	965	60	26	34	2	1	1
7072	**3498**	**3574**	**271**	**122**	**149**	**18**	**5**	**13**
1668	819	849	69	29	40	1		1
1554	738	816	53	24	29	4		4
1283	649	634	43	17	26	3	1	2
1342	699	643	55	26	29	5	2	3
1225	593	632	51	26	25	5	2	3
6893	**3583**	**3310**	**299**	**131**	**168**	**29**	**6**	**23**
1326	670	656	57	24	33	6	1	5
1388	672	716	60	23	37	8	3	5
1419	732	687	61	26	35	7		7
1294	667	627	51	24	27			
1466	842	624	70	34	36	8	2	6
6285	**3554**	**2731**	**265**	**104**	**161**	**63**	**7**	**56**
1328	743	585	55	22	33	6		6
1375	759	616	56	18	38	13	2	11
1287	741	546	55	19	36	13	1	12
1167	683	484	52	25	27	19	2	17
1128	628	500	47	20	27	12	2	10
5205	**3082**	**2123**	**177**	**69**	**108**	**84**	**26**	**58**
1086	633	453	33	13	20	13	4	9
1113	647	466	38	15	23	16	6	10
1125	649	476	35	13	22	15	4	11
860	513	347	27	11	16	15	2	13
1021	640	381	44	17	27	25	10	15
3563	**2471**	**1092**	**121**	**57**	**64**	**93**	**18**	**75**
1077	719	358	27	14	13	23	2	21
872	583	289	40	20	20	23	4	19
840	598	242	25	12	13	20	9	11
509	381	128	23	11	12	23	3	20
265	190	75	6		6	4		4
1295	**996**	**299**	**33**	**19**	**14**	**64**	**25**	**39**
237	180	57	4	1	3	10	1	9
200	154	46	7	2	5	10	3	7
312	233	79	12	9	3	10	3	7
284	224	60	4	3	1	16	7	9
262	205	57	6	4	2	18	11	7
1941	**1597**	**344**	**19**	**14**	**5**	**271**	**170**	**101**

5-3b 续表 7

受教育程度 年 龄	15岁及以上人口			未 婚		
	合计	男	女	小计	男	女
大学本科	**48193**	**24035**	**24158**	**19415**	**9085**	**10330**
15-19岁	**2785**	**1270**	**1515**	**2784**	**1270**	**1514**
15	2	1	1	2	1	1
16	23	8	15	23	8	15
17	104	50	54	104	50	54
18	832	383	449	832	383	449
19	1824	828	996	1823	828	995
20-24岁	**9813**	**4504**	**5309**	**9603**	**4446**	**5157**
20	2253	1045	1208	2250	1044	1206
21	2238	1097	1141	2228	1093	1135
22	2001	900	1101	1972	897	1075
23	1719	774	945	1660	759	901
24	1602	688	914	1493	653	840
25-29岁	**7609**	**3070**	**4539**	**4733**	**2154**	**2579**
25	1537	622	915	1284	561	723
26	1507	599	908	1131	504	627
27	1538	609	929	962	433	529
28	1574	644	930	768	379	389
29	1453	596	857	588	277	311
30-34岁	**7954**	**3514**	**4440**	**1616**	**849**	**767**
30	1671	679	992	524	262	262
31	1614	708	906	402	211	191
32	1569	709	860	279	159	120
33	1609	736	873	230	125	105
34	1491	682	809	181	92	89
35-39岁	**5907**	**2791**	**3116**	**452**	**230**	**222**
35	1398	652	746	151	75	76
36	1260	603	657	109	56	53
37	1092	529	563	70	33	37
38	1158	534	624	70	34	36
39	999	473	526	52	32	20
40-44岁	**5386**	**2907**	**2479**	**124**	**74**	**50**
40	1022	497	525	30	16	14
41	1133	572	561	35	22	13
42	1156	631	525	24	15	9
43	1045	574	471	18	12	6
44	1030	633	397	17	9	8
45-49岁	**4057**	**2523**	**1534**	**60**	**35**	**25**
45	1037	614	423	22	12	10
46	947	575	372	16	7	9
47	770	477	293	8	5	3
48	697	461	236	10	8	2
49	606	396	210	4	3	1
50-54岁	**2719**	**1866**	**853**	**27**	**16**	**11**
50	595	384	211	9	5	4
51	569	369	200	5	3	2
52	602	419	183	7	4	3
53	445	328	117	4	2	2
54	508	366	142	2	2	
55-59岁	**1234**	**980**	**254**	**10**	**5**	**5**
55	390	309	81	1	1	
56	346	276	70	2	1	1
57	283	220	63	5	3	2
58	160	130	30	2		2
59	55	45	10			
60-64岁	**299**	**250**	**49**	**3**	**3**	
60	69	61	8			
61	57	46	11	1	1	
62	59	45	14	1	1	
63	50	40	10	1	1	
64	64	58	6			
65岁及以上	**430**	**360**	**70**	**3**	**3**	

单位：人

有配偶			离婚			丧偶		
小计	男	女	小计	男	女	小计	男	女
27935	**14645**	**13290**	**684**	**234**	**450**	**159**	**71**	**88**
1		**1**						
1		1						
209	**58**	**151**	**1**		**1**			
3	1	2						
10	4	6						
29	3	26						
58	15	43	1		1			
109	35	74						
2846	**907**	**1939**	**29**	**8**	**21**	**1**	**1**	
252	61	191	1		1			
373	95	278	3		3			
571	176	395	5		5			
797	262	535	9	3	6			
853	313	540	11	5	6	1	1	
6232	**2640**	**3592**	**103**	**25**	**78**	**3**		**3**
1132	415	717	15	2	13			
1193	493	700	19	4	15			
1270	546	724	19	4	15	1		1
1361	606	755	17	5	12	1		1
1276	580	696	33	10	23	1		1
5295	**2514**	**2781**	**152**	**47**	**105**	**8**		**8**
1223	570	653	23	7	16	1		1
1121	540	581	30	7	23			
998	489	509	23	7	16	1		1
1046	488	558	38	12	26	4		4
907	427	480	38	14	24	2		2
5092	**2780**	**2312**	**149**	**51**	**98**	**21**	**2**	**19**
963	471	492	26	9	17	3	1	2
1059	537	522	35	13	22	4		4
1096	604	492	33	12	21	3		3
998	556	442	26	6	20	3		3
976	612	364	29	11	18	8	1	7
3846	**2431**	**1415**	**125**	**49**	**76**	**26**	**8**	**18**
964	583	381	42	16	26	9	3	6
901	556	345	24	10	14	6	2	4
737	464	273	20	7	13	5	1	4
662	444	218	23	9	14	2		2
582	384	198	16	7	9	4	2	2
2575	**1802**	**773**	**93**	**38**	**55**	**24**	**10**	**14**
549	366	183	32	11	21	5	2	3
551	359	192	9	4	5	4	3	1
568	408	160	20	7	13	7		7
427	319	108	14	7	7			
480	350	130	18	9	9	8	5	3
1187	**959**	**228**	**21**	**9**	**12**	**16**	**7**	**9**
375	301	74	8	4	4	6	3	3
336	271	65	2	1	1	6	3	3
268	213	55	8	3	5	2	1	1
155	130	25	2		2	1		1
53	44	9	1	1		1		1
278	**235**	**43**	**8**	**5**	**3**	**10**	**7**	**3**
69	61	8						
49	40	9	4	2	2	3	3	
55	44	11	1		1	2		2
46	36	10	2	2		1	1	
59	54	5	1	1		4	3	1
374	**319**	**55**	**3**	**2**	**1**	**50**	**36**	**14**

5-3b 续表 8

受教育程度 年　　龄	15岁及以上人口			未　婚		
	合计	男	女	小计	男	女
硕士研究生	**1287**	**659**	**628**	**680**	**277**	**403**
15-19岁	**3**	**2**	**1**	**3**	**2**	**1**
15						
16						
17						
18	2	2		2	2	
19	1		1	1		1
20-24岁	**299**	**107**	**192**	**295**	**105**	**190**
20	3		3	3		3
21	9	2	7	9	2	7
22	60	23	37	59	23	36
23	102	36	66	101	35	66
24	125	46	79	123	45	78
25-29岁	**327**	**148**	**179**	**289**	**129**	**160**
25	114	48	66	110	47	63
26	90	37	53	85	35	50
27	51	24	27	46	22	24
28	41	20	21	33	16	17
29	31	19	12	15	9	6
30-34岁	**206**	**99**	**107**	**70**	**34**	**36**
30	41	17	24	26	12	14
31	46	21	25	20	11	9
32	33	12	21	8	2	6
33	42	24	18	9	5	4
34	44	25	19	7	4	3
35-39岁	**155**	**82**	**73**	**17**	**6**	**11**
35	37	13	24	5	2	3
36	29	12	17	5	1	4
37	29	16	13	2	1	1
38	38	26	12	5	2	3
39	22	15	7			
40-44岁	**108**	**80**	**28**	**3**	**1**	**2**
40	27	17	10	1		1
41	22	17	5			
42	24	20	4	1	1	
43	16	13	3			
44	19	13	6	1		1
45-49岁	**90**	**62**	**28**	**3**		**3**
45	26	15	11	1		1
46	22	16	6	1		1
47	15	11	4			
48	15	12	3			
49	12	8	4	1		1
50-54岁	**60**	**49**	**11**			
50	16	14	2			
51	7	5	2			
52	16	15	1			
53	9	4	5			
54	12	11	1			
55-59岁	**24**	**20**	**4**			
55	3	2	1			
56	11	11				
57	4	3	1			
58	3	2	1			
59	3	2	1			
60-64岁	**10**	**7**	**3**			
60	2		2			
61	3	3				
62	2	2				
63	2	2				
64	1		1			
65岁及以上	**5**	**3**	**2**			

单位：人

有配偶			离婚			丧偶		
小计	男	女	小计	男	女	小计	男	女
587	**371**	**216**	**19**	**11**	**8**	**1**		**1**
4	**2**	**2**						
1		1						
1	1							
2	1	1						
38	**19**	**19**						
4	1	3						
5	2	3						
5	2	3						
8	4	4						
16	10	6						
135	**64**	**71**	**1**	**1**				
15	5	10						
26	10	16						
24	9	15	1	1				
33	19	14						
37	21	16						
131	**73**	**58**	**7**	**3**	**4**			
31	10	21	1	1				
23	11	12	1		1			
24	14	10	3	1	2			
31	23	8	2	1	1			
22	15	7						
99	**75**	**24**	**6**	**4**	**2**			
26	17	9						
21	16	5	1	1				
20	16	4	3	3				
15	13	2	1		1			
17	13	4	1		1			
84	**61**	**23**	**3**	**1**	**2**			
25	15	10						
21	16	5						
14	11	3	1		1			
15	12	3						
9	7	2	2	1	1			
60	**49**	**11**						
16	14	2						
7	5	2						
16	15	1						
9	4	5						
12	11	1						
22	**18**	**4**	**2**	**2**				
3	2	1						
10	10		1	1				
4	3	1						
2	1	1	1	1				
3	2	1						
10	**7**	**3**						
2		2						
3	3							
2	2							
2	2							
1		1						
4	**3**	**1**				**1**		**1**

5-3b 续表 9

受教育程度 年　　龄	15岁及以上人口			未　婚		
	合计	男	女	小计	男	女
博士研究生	**72**	**40**	**32**	**42**	**18**	**24**
15-19岁	**1**	**1**		**1**	**1**	
15						
16						
17						
18						
19	1	1		1	1	
20-24岁	**4**		**4**	**4**		**4**
20						
21						
22						
23	2		2	2		2
24	2		2	2		2
25-29岁	**27**	**11**	**16**	**25**	**10**	**15**
25	3	2	1	3	2	1
26	6	1	5	5		5
27	9	5	4	9	5	4
28	7	3	4	7	3	4
29	2		2	1		1
30-34岁	**18**	**9**	**9**	**8**	**4**	**4**
30	7	4	3	2	1	1
31	3	2	1	2	1	1
32	5	2	3	1	1	
33	2	1	1	2	1	1
34	1		1	1		1
35-39岁	**8**	**5**	**3**	**3**	**2**	**1**
35	1	1				
36	3	1	2	2	1	1
37	1		1			
38	2	2		1	1	
39	1	1				
40-44岁	**5**	**5**		**1**	**1**	
40	1	1				
41						
42	1	1				
43	2	2		1	1	
44	1	1				
45-49岁	**3**	**3**				
45						
46	1	1				
47	1	1				
48						
49	1	1				
50-54岁	**3**	**3**				
50						
51	1	1				
52	1	1				
53						
54	1	1				
55-59岁	**1**	**1**				
55						
56						
57	1	1				
58						
59						
60-64岁	**2**	**2**				
60						
61						
62	1	1				
63						
64	1	1				
65岁及以上						

单位：人

	有配偶			离婚			丧偶		
	小计	男	女	小计	男	女	小计	男	女
	29	**21**	**8**	**1**	**1**				
	2	**1**	**1**						
	1	1							
	1		1						
	10	**5**	**5**						
	5	3	2						
	1	1							
	4	1	3						
	5	**3**	**2**						
	1	1							
	1		1						
	1		1						
	1	1							
	1	1							
	4	**4**							
	1	1							
	1	1							
	1	1							
	1	1							
	3	**3**							
	1	1							
	1	1							
	1	1							
	3	**3**							
	1	1							
	1	1							
	1	1							
				1	**1**				
				1	1				
	2	**2**							
	1	1							
	1	1							

5-3c 分年龄、性别、受教育

受教育程度 年龄	15岁及以上人口			未婚		
	合计	男	女	小计	男	女
总计	**1548749**	**808791**	**739958**	**287225**	**202327**	**84898**
15-19岁	**104320**	**55334**	**48986**	**102264**	**54846**	**47418**
15	28961	15387	13574	28894	15374	13520
16	23599	12537	11062	23437	12512	10925
17	18997	10012	8985	18648	9931	8717
18	16697	8947	7750	16129	8816	7313
19	16066	8451	7615	15156	8213	6943
20-24岁	**70677**	**38416**	**32261**	**54330**	**33529**	**20801**
20	15019	8029	6990	13477	7680	5797
21	13502	7335	6167	11388	6793	4595
22	14235	7748	6487	10952	6835	4117
23	14209	7814	6395	10006	6466	3540
24	13712	7490	6222	8507	5755	2752
25-29岁	**82490**	**45479**	**37011**	**35773**	**26850**	**8923**
25	14569	7968	6601	8044	5675	2369
26	15055	8286	6769	7413	5332	2081
27	16434	9058	7376	7050	5322	1728
28	18140	10117	8023	7002	5522	1480
29	18292	10050	8242	6264	4999	1265
30-34岁	**122059**	**66959**	**55100**	**28838**	**24665**	**4173**
30	22537	12338	10199	6710	5489	1221
31	23283	12799	10484	6095	5203	892
32	22903	12437	10466	5264	4473	791
33	26745	14730	12015	5699	5002	697
34	26591	14655	11936	5070	4498	572
35-39岁	**125997**	**69675**	**56322**	**17888**	**16292**	**1596**
35	26822	14961	11861	4577	4090	487
36	26418	14601	11817	4061	3690	371
37	22745	12475	10270	3159	2907	252
38	24908	13790	11118	3156	2867	289
39	25104	13848	11256	2935	2738	197
40-44岁	**123717**	**67865**	**55852**	**11612**	**10879**	**733**
40	25035	13800	11235	2744	2536	208
41	25557	14134	11423	2493	2338	155
42	24104	13153	10951	2257	2115	142
43	22716	12272	10444	1972	1857	115
44	26305	14506	11799	2146	2033	113
45-49岁	**146108**	**79080**	**67028**	**9441**	**9012**	**429**
45	26792	14538	12254	1938	1842	96
46	30221	16349	13872	2077	1973	104
47	28909	15724	13185	1878	1796	82
48	29616	15970	13646	1820	1744	76
49	30570	16499	14071	1728	1657	71
50-54岁	**170873**	**90905**	**79968**	**8032**	**7801**	**231**
50	32742	17392	15350	1777	1725	52
51	32901	17626	15275	1621	1572	49
52	37390	19871	17519	1728	1673	55
53	31388	16595	14793	1370	1334	36
54	36452	19421	17031	1536	1497	39
55-59岁	**154077**	**81052**	**73025**	**5174**	**5057**	**117**
55	36735	19427	17308	1354	1322	32
56	34819	17945	16874	1282	1251	31
57	37621	20115	17506	1260	1233	27
58	29887	15781	14106	862	843	19
59	15015	7784	7231	416	408	8
60-64岁	**112217**	**57889**	**54328**	**3766**	**3682**	**84**
60	17404	8804	8600	507	495	12
61	17176	9096	8080	586	576	10
62	26780	13867	12913	923	905	18
63	26932	14057	12875	941	913	28
64	23925	12065	11860	809	793	16
65岁及以上	**336214**	**156137**	**180077**	**10107**	**9714**	**393**

程度、婚姻状况的人口（乡村）

单位：人

有配偶			离婚			丧偶		
小计	男	女	小计	男	女	小计	男	女
1088774	**548118**	**540656**	**23840**	**18917**	**4923**	**148910**	**39429**	**109481**
2042	**482**	**1560**	**13**	**6**	**7**	**1**		**1**
66	13	53	1		1			
162	25	137						
346	79	267	3	2	1			
564	129	435	3	2	1	1		1
904	236	668	6	2	4			
16053	**4734**	**11319**	**283**	**151**	**132**	**11**	**2**	**9**
1520	338	1182	22	11	11			
2091	530	1561	23	12	11			
3228	887	2341	55	26	29			
4117	1302	2815	82	45	37	4	1	3
5097	1677	3420	101	57	44	7	1	6
45338	**17805**	**27533**	**1290**	**807**	**483**	**89**	**17**	**72**
6359	2195	4164	154	95	59	12	3	9
7454	2843	4611	178	107	71	10	4	6
9133	3603	5530	235	129	106	16	4	12
10771	4371	6400	348	223	125	19	1	18
11621	4793	6828	375	253	122	32	5	27
89655	**39914**	**49741**	**3290**	**2298**	**992**	**276**	**82**	**194**
15319	6511	8808	484	327	157	24	11	13
16546	7193	9353	596	398	198	46	5	41
16951	7515	9436	635	432	203	53	17	36
20195	9151	11044	782	556	226	69	21	48
20644	9544	11100	793	585	208	84	28	56
103273	**49969**	**53304**	**4135**	**3222**	**913**	**701**	**192**	**509**
21270	10206	11064	860	631	229	115	34	81
21372	10238	11134	870	642	228	115	31	84
18705	8949	9756	760	590	170	121	29	92
20766	10208	10558	815	667	148	171	48	123
21160	10368	10792	830	692	138	179	50	129
106842	**53539**	**53303**	**3738**	**3072**	**666**	**1525**	**375**	**1150**
21224	10541	10683	840	672	168	227	51	176
22036	11114	10922	775	610	165	253	72	181
20823	10375	10448	726	608	118	298	55	243
19740	9753	9987	670	574	96	334	88	246
23019	11756	11263	727	608	119	413	109	304
129836	**66291**	**63545**	**3417**	**2885**	**532**	**3414**	**892**	**2522**
23641	11974	11667	692	581	111	521	141	380
26866	13637	13229	725	606	119	553	133	420
25629	13144	12485	717	599	118	685	185	500
26347	13478	12869	648	547	101	801	201	600
27353	14058	13295	635	552	83	854	232	622
152966	**78866**	**74100**	**2835**	**2398**	**437**	**7040**	**1840**	**5200**
29325	14901	14424	604	521	83	1036	245	791
29506	15240	14266	585	490	95	1189	324	865
33489	17265	16224	639	537	102	1534	396	1138
28104	14476	13628	472	400	72	1442	385	1057
32542	16984	15558	535	450	85	1839	490	1349
136644	**71614**	**65030**	**1947**	**1659**	**288**	**10312**	**2722**	**7590**
32794	17141	15653	493	419	74	2094	545	1549
30851	15727	15124	465	388	77	2221	579	1642
33375	17783	15592	454	395	59	2532	704	1828
26432	14051	12381	367	315	52	2226	572	1654
13192	6912	6280	168	142	26	1239	322	917
94397	**49608**	**44789**	**1103**	**944**	**159**	**12951**	**3655**	**9296**
15103	7725	7378	188	155	33	1606	429	1177
14573	7830	6743	184	160	24	1833	530	1303
22520	11874	10646	267	231	36	3070	857	2213
22503	11992	10511	237	206	31	3251	946	2305
19698	10187	9511	227	192	35	3191	893	2298
211728	**115296**	**96432**	**1789**	**1475**	**314**	**112590**	**29652**	**82938**

5-3c 续表 1

受教育程度 年龄	15岁及以上人口			未婚		
	合计	男	女	小计	男	女
未上过学	**79548**	**15065**	**64483**	**5575**	**4912**	**663**
15-19岁	**321**	**200**	**121**	**309**	**200**	**109**
15	40	22	18	40	22	18
16	60	40	20	60	40	20
17	64	41	23	63	41	22
18	84	51	33	79	51	28
19	73	46	27	67	46	21
20-24岁	**362**	**216**	**146**	**291**	**214**	**77**
20	78	48	30	67	47	20
21	65	37	28	51	37	14
22	77	53	24	67	53	14
23	85	45	40	66	45	21
24	57	33	24	40	32	8
25-29岁	**477**	**260**	**217**	**301**	**245**	**56**
25	85	42	43	57	42	15
26	71	46	25	45	42	3
27	112	64	48	74	60	14
28	107	53	54	64	52	12
29	102	55	47	61	49	12
30-34岁	**772**	**359**	**413**	**361**	**319**	**42**
30	156	84	72	85	77	8
31	142	61	81	61	55	6
32	141	63	78	65	55	10
33	168	79	89	76	67	9
34	165	72	93	74	65	9
35-39岁	**1070**	**429**	**641**	**417**	**364**	**53**
35	192	77	115	82	63	19
36	212	84	128	81	74	7
37	191	82	109	76	69	7
38	216	80	136	76	67	9
39	259	106	153	102	91	11
40-44岁	**1523**	**484**	**1039**	**397**	**355**	**42**
40	254	82	172	73	59	14
41	279	90	189	82	79	3
42	309	109	200	85	76	9
43	309	95	214	74	68	6
44	372	108	264	83	73	10
45-49岁	**2493**	**681**	**1812**	**469**	**441**	**28**
45	402	116	286	94	87	7
46	485	136	349	95	91	4
47	473	118	355	83	75	8
48	559	156	403	98	91	7
49	574	155	419	99	97	2
50-54岁	**3912**	**902**	**3010**	**534**	**506**	**28**
50	699	176	523	112	108	4
51	717	163	554	103	93	10
52	882	208	674	121	118	3
53	777	176	601	97	92	5
54	837	179	658	101	95	6
55-59岁	**4085**	**822**	**3263**	**400**	**382**	**18**
55	938	207	731	96	91	5
56	880	173	707	99	97	2
57	923	205	718	100	95	5
58	810	149	661	65	62	3
59	534	88	446	40	37	3
60-64岁	**6093**	**982**	**5111**	**342**	**325**	**17**
60	751	126	625	54	52	2
61	804	141	663	43	40	3
62	1493	239	1254	82	80	2
63	1512	236	1276	91	82	9
64	1533	240	1293	72	71	1
65岁及以上	**58440**	**9730**	**48710**	**1754**	**1561**	**193**

单位：人

有配偶			离婚			丧偶		
小计	男	女	小计	男	女	小计	男	女
38279	**6694**	**31585**	**309**	**161**	**148**	**35385**	**3298**	**32087**
12		**12**						
1		1						
5		5						
6		6						
71	**2**	**69**						
11	1	10						
14		14						
10		10						
19		19						
17	1	16						
174	**14**	**160**	**2**	**1**	**1**			
28		28						
26	4	22						
38	4	34						
43	1	42						
39	5	34	2	1	1			
392	**37**	**355**	**8**	**3**	**5**	**11**		**11**
68	6	62	2	1	1	1		1
77	6	71	1		1	3		3
72	7	65	1	1		3		3
88	11	77	2	1	1	2		2
87	7	80	2		2	2		2
620	**56**	**564**	**13**	**6**	**7**	**20**	**3**	**17**
109	13	96	1	1				
126	8	118	4	2	2	1		1
108	11	97	2	1	1	5	1	4
132	12	120	1		1	7	1	6
145	12	133	5	2	3	7	1	6
1055	**114**	**941**	**12**	**9**	**3**	**59**	**6**	**53**
175	21	154	2	1	1	4	1	3
187	11	176				10		10
208	30	178	2	2		14	1	13
217	21	196	4	3	1	14	3	11
268	31	237	4	3	1	17	1	16
1867	**220**	**1647**	**23**	**13**	**10**	**134**	**7**	**127**
281	26	255	6	3	3	21		21
356	41	315	4	3	1	30	1	29
366	43	323	2		2	22		22
426	60	366	5	2	3	30	3	27
438	50	388	6	5	1	31	3	28
2974	**359**	**2615**	**29**	**17**	**12**	**375**	**20**	**355**
535	63	472	2	2		50	3	47
561	64	497	5	3	2	48	3	45
671	83	588	6	1	5	84	6	78
585	71	514	8	7	1	87	6	81
622	78	544	8	4	4	106	2	104
3063	**377**	**2686**	**43**	**27**	**16**	**579**	**36**	**543**
713	95	618	14	8	6	115	13	102
657	64	593	9	6	3	115	6	109
684	100	584	8	5	3	131	5	126
613	79	534	5	3	2	127	5	122
396	39	357	7	5	2	91	7	84
4350	**555**	**3795**	**37**	**19**	**18**	**1364**	**83**	**1281**
551	61	490	10	6	4	136	7	129
591	92	499	4	3	1	166	6	160
1074	128	946	9	2	7	328	29	299
1083	132	951	7	5	2	331	17	314
1051	142	909	7	3	4	403	24	379
23701	**4960**	**18741**	**142**	**66**	**76**	**32843**	**3143**	**29700**

5-3c 续表 2

受教育程度 年龄	15岁及以上人口			未婚		
	合计	男	女	小计	男	女
学前教育	**2446**	**735**	**1711**	**313**	**229**	**84**
15-19岁	**105**	**49**	**56**	**103**	**48**	**55**
15	35	19	16	35	19	16
16	36	10	26	36	10	26
17	12	5	7	12	5	7
18	14	10	4	14	10	4
19	8	5	3	6	4	2
20-24岁	**44**	**27**	**17**	**38**	**25**	**13**
20	7	6	1	7	6	1
21	9	3	6	8	3	5
22	5	3	2	3	2	1
23	11	7	4	9	6	3
24	12	8	4	11	8	3
25-29岁	**35**	**17**	**18**	**23**	**16**	**7**
25	10	5	5	8	5	3
26	8	4	4	5	3	2
27	8	4	4	5	4	1
28	5	1	4	2	1	1
29	4	3	1	3	3	
30-34岁	**47**	**19**	**28**	**16**	**12**	**4**
30	12	4	8	4	3	1
31	3	1	2	1	1	
32	10	6	4	2	1	1
33	14	4	10	6	4	2
34	8	4	4	3	3	
35-39岁	**46**	**14**	**32**	**10**	**8**	**2**
35	8	3	5	2	1	1
36	12	2	10	2	2	
37	8	2	6	1	1	
38	12	4	8	4	3	1
39	6	3	3	1	1	
40-44岁	**58**	**28**	**30**	**15**	**15**	
40	12	7	5	4	4	
41	11	6	5	3	3	
42	10	5	5	3	3	
43	7	2	5			
44	18	8	10	5	5	
45-49岁	**102**	**38**	**64**	**15**	**14**	**1**
45	13	5	8	3	2	1
46	16	9	7	3	3	
47	19	5	14	2	2	
48	28	10	18	3	3	
49	26	9	17	4	4	
50-54岁	**182**	**52**	**130**	**16**	**15**	**1**
50	38	7	31	2	2	
51	32	7	25	4	3	1
52	43	13	30	3	3	
53	37	15	22	4	4	
54	32	10	22	3	3	
55-59岁	**154**	**47**	**107**	**17**	**17**	
55	43	9	34	4	4	
56	38	17	21	5	5	
57	24	8	16	3	3	
58	34	9	25	2	2	
59	15	4	11	3	3	
60-64岁	**209**	**50**	**159**	**8**	**8**	
60	27	6	21	1	1	
61	27	7	20	4	4	
62	52	12	40	2	2	
63	57	13	44			
64	46	12	34	1	1	
65岁及以上	**1464**	**394**	**1070**	**52**	**51**	**1**

单位：人

有配偶			离婚			丧偶		
小计	男	女	小计	男	女	小计	男	女
1347	**382**	**965**	**18**	**8**	**10**	**768**	**116**	**652**
2	**1**	**1**						
2	1	1						
6	**2**	**4**						
1		1						
2	1	1						
2	1	1						
1		1						
12	**1**	**11**						
2		2						
3	1	2						
3		3						
3		3						
1		1						
30	**6**	**24**	**1**	**1**				
8	1	7						
2		2						
7	4	3	1	1				
8		8						
5	1	4						
32	**5**	**27**	**4**	**1**	**3**			
5	1	4	1	1				
9		9	1		1			
6	1	5	1		1			
7	1	6	1		1			
5	2	3						
39	**12**	**27**	**2**	**1**	**1**	**2**		**2**
6	3	3	1		1	1		1
8	3	5						
7	2	5						
5	1	4	1	1		1		1
13	3	10						
83	**22**	**61**				**4**	**2**	**2**
9	3	6				1		1
11	4	7				2	2	
17	3	14						
25	7	18						
21	5	16				1		1
153	**34**	**119**				**13**	**3**	**10**
33	5	28				3		3
28	4	24						
36	9	27				4	1	3
30	11	19				3		3
26	5	21				3	2	1
121	**29**	**92**				**16**	**1**	**15**
33	5	28				6		6
32	12	20				1		1
19	5	14				2		2
27	7	20				5		5
10		10				2	1	1
151	**34**	**117**	**1**	**1**		**49**	**7**	**42**
22	5	17				4		4
16	2	14				7	1	6
39	8	31	1	1		10	1	9
41	10	31				16	3	13
33	9	24				12	2	10
718	**236**	**482**	**10**	**4**	**6**	**684**	**103**	**581**

5-3c 续表 3

受教育程度 年龄	15岁及以上人口			未婚		
	合计	男	女	小计	男	女
小学	**536070**	**243251**	**292819**	**39823**	**36764**	**3059**
15-19岁	**2045**	**1185**	**860**	**1847**	**1155**	**692**
15	300	176	124	293	176	117
16	305	176	129	289	175	114
17	361	198	163	332	192	140
18	519	298	221	455	289	166
19	560	337	223	478	323	155
20-24岁	**4105**	**2274**	**1831**	**2548**	**1884**	**664**
20	627	345	282	479	319	160
21	703	409	294	489	363	126
22	821	465	356	517	388	129
23	971	517	454	554	406	148
24	983	538	445	509	408	101
25-29岁	**7051**	**3887**	**3164**	**2836**	**2401**	**435**
25	1169	636	533	540	443	97
26	1212	655	557	528	428	100
27	1361	751	610	537	455	82
28	1629	927	702	617	540	77
29	1680	918	762	614	535	79
30-34岁	**13971**	**7023**	**6948**	**3560**	**3215**	**345**
30	2170	1118	1052	657	590	67
31	2470	1292	1178	706	628	78
32	2555	1275	1280	649	579	70
33	3205	1621	1584	789	720	69
34	3571	1717	1854	759	698	61
35-39岁	**21457**	**10277**	**11180**	**3852**	**3593**	**259**
35	3863	1925	1938	817	754	63
36	4114	2026	2088	794	738	56
37	3889	1840	2049	697	651	46
38	4446	2105	2341	731	677	54
39	5145	2381	2764	813	773	40
40-44岁	**32771**	**15307**	**17464**	**4057**	**3889**	**168**
40	5767	2703	3064	795	744	51
41	6171	2896	3275	783	753	30
42	6407	2991	3416	810	778	32
43	6570	3068	3502	770	748	22
44	7856	3649	4207	899	866	33
45-49岁	**53224**	**24574**	**28650**	**4500**	**4360**	**140**
45	8563	3923	4640	796	771	25
46	10241	4675	5566	953	920	33
47	10587	4924	5663	887	862	25
48	11529	5327	6202	973	942	31
49	12304	5725	6579	891	865	26
50-54岁	**74173**	**33849**	**40324**	**4464**	**4369**	**95**
50	13808	6345	7463	956	931	25
51	14282	6714	7568	915	901	14
52	16631	7565	9066	996	969	27
53	13727	6138	7589	729	714	15
54	15725	7087	8638	868	854	14
55-59岁	**62850**	**26178**	**36672**	**2895**	**2845**	**50**
55	15457	6764	8693	792	780	12
56	14420	5962	8458	717	702	15
57	14762	6214	8548	687	675	12
58	11821	4751	7070	475	468	7
59	6390	2487	3903	224	220	4
60-64岁	**54413**	**22289**	**32124**	**2293**	**2257**	**36**
60	7394	2810	4584	275	271	4
61	7970	3302	4668	360	358	2
62	12848	5299	7549	563	552	11
63	13508	5673	7835	555	543	12
64	12693	5205	7488	540	533	7
65岁及以上	**210010**	**96408**	**113602**	**6971**	**6796**	**175**

单位：人

有配偶			离婚			丧偶		
小计	男	女	小计	男	女	小计	男	女
401713	**176555**	**225158**	**7078**	**5839**	**1239**	**87456**	**24093**	**63363**
196	**28**	**168**	**2**	**2**				
7		7						
16	1	15						
28	5	23	1	1				
64	9	55						
81	13	68	1	1				
1509	**363**	**1146**	**45**	**26**	**19**	**3**	**1**	**2**
144	25	119	4	1	3			
210	44	166	4	2	2			
296	74	222	8	3	5			
403	104	299	13	7	6	1		1
456	116	340	16	13	3	2	1	1
4060	**1385**	**2675**	**142**	**97**	**45**	**13**	**4**	**9**
609	180	429	18	12	6	2	1	1
659	211	448	24	15	9	1	1	
800	284	516	22	12	10	2		2
973	358	615	36	29	7	3		3
1019	352	667	42	29	13	5	2	3
9969	**3514**	**6455**	**388**	**279**	**109**	**54**	**15**	**39**
1458	490	968	54	38	16	1		1
1692	619	1073	59	42	17	13	3	10
1828	641	1187	70	51	19	8	4	4
2314	838	1476	87	61	26	15	2	13
2677	926	1751	118	87	31	17	6	11
16766	**6128**	**10638**	**642**	**507**	**135**	**197**	**49**	**148**
2879	1064	1815	136	99	37	31	8	23
3166	1183	1983	125	95	30	29	10	19
3032	1089	1943	125	96	29	35	4	31
3549	1314	2235	120	102	18	46	12	34
4140	1478	2662	136	115	21	56	15	41
27240	**10549**	**16691**	**913**	**754**	**159**	**561**	**115**	**446**
4731	1807	2924	167	138	29	74	14	60
5127	1985	3142	175	136	39	86	22	64
5326	2052	3274	172	145	27	99	16	83
5473	2133	3340	194	161	33	133	26	107
6583	2572	4011	205	174	31	169	37	132
45967	**18858**	**27109**	**1180**	**1005**	**175**	**1577**	**351**	**1226**
7353	2925	4428	209	183	26	205	44	161
8834	3533	5301	223	180	43	231	42	189
9114	3765	5349	265	219	46	321	78	243
9944	4105	5839	215	189	26	397	91	306
10722	4530	6192	268	234	34	423	96	327
64663	**27575**	**37088**	**1251**	**1065**	**186**	**3795**	**840**	**2955**
12046	5090	6956	260	222	38	546	102	444
12468	5442	7026	254	215	39	645	156	489
14507	6181	8326	274	231	43	854	184	670
12000	5050	6950	219	191	28	779	183	596
13642	5812	7830	244	206	38	971	215	756
53746	**21541**	**32205**	**822**	**694**	**128**	**5387**	**1098**	**4289**
13323	5573	7750	207	180	27	1135	231	904
12328	4846	7482	221	176	45	1154	238	916
12593	5090	7503	186	171	15	1296	278	1018
10074	3953	6121	138	110	28	1134	220	914
5428	2079	3349	70	57	13	668	131	537
44028	**17944**	**26084**	**516**	**429**	**87**	**7576**	**1659**	**5917**
6177	2298	3879	84	69	15	858	172	686
6500	2653	3847	74	59	15	1036	232	804
10359	4243	6116	129	110	19	1797	394	1403
10899	4594	6305	122	103	19	1932	433	1499
10093	4156	5937	107	88	19	1953	428	1525
133569	**68670**	**64899**	**1177**	**981**	**196**	**68293**	**19961**	**48332**

5-3c 续表 4

受教育程度 年龄	15岁及以上人口			未婚		
	合计	男	女	小计	男	女
初 中	**728376**	**431035**	**297341**	**140464**	**106258**	**34206**
15-19岁	**50216**	**28755**	**21461**	**48555**	**28355**	**20200**
15	22335	12194	10141	22279	12183	10096
16	10516	6008	4508	10377	5984	4393
17	6497	3813	2684	6192	3743	2449
18	5375	3369	2006	4927	3260	1667
19	5493	3371	2122	4780	3185	1595
20-24岁	**34408**	**20368**	**14040**	**22552**	**16679**	**5873**
20	5716	3509	2207	4539	3231	1308
21	5971	3614	2357	4391	3184	1207
22	7121	4186	2935	4709	3501	1208
23	7649	4486	3163	4664	3488	1176
24	7951	4573	3378	4249	3275	974
25-29岁	**53182**	**30213**	**22969**	**20733**	**16826**	**3907**
25	8892	5076	3816	4313	3377	936
26	9440	5401	4039	4123	3248	875
27	10657	6050	4607	4125	3379	746
28	11922	6783	5139	4253	3545	708
29	12271	6903	5368	3919	3277	642
30-34岁	**86155**	**48022**	**38133**	**19530**	**17107**	**2423**
30	15397	8595	6802	4335	3669	666
31	16208	9068	7140	4099	3587	512
32	16142	8879	7263	3584	3121	463
33	19173	10672	8501	3935	3513	422
34	19235	10808	8427	3577	3217	360
35-39岁	**90292**	**50923**	**39369**	**11937**	**10961**	**976**
35	19487	10990	8497	3144	2850	294
36	19118	10713	8405	2767	2536	231
37	16369	9154	7215	2095	1942	153
38	17860	10151	7709	2114	1937	177
39	17458	9915	7543	1817	1696	121
40-44岁	**78831**	**45226**	**33605**	**6496**	**6061**	**435**
40	16854	9619	7235	1694	1582	112
41	16769	9615	7154	1472	1367	105
42	15149	8623	6526	1230	1144	86
43	14020	7987	6033	1036	966	70
44	16039	9382	6657	1064	1002	62
45-49岁	**81547**	**47668**	**33879**	**4115**	**3904**	**211**
45	15836	9174	6662	958	904	54
46	17510	10161	7349	937	884	53
47	16122	9475	6647	843	804	39
48	15923	9333	6590	691	662	29
49	16156	9525	6631	686	650	36
50-54岁	**85194**	**50581**	**34613**	**2818**	**2722**	**96**
50	16688	9757	6931	658	641	17
51	16475	9719	6756	558	534	24
52	18290	10928	7362	571	549	22
53	15519	9284	6235	508	493	15
54	18222	10893	7329	523	505	18
55-59岁	**73173**	**43500**	**29673**	**1634**	**1594**	**40**
55	18171	10854	7317	422	410	12
56	16886	9820	7066	411	398	13
57	18067	10757	7310	407	400	7
58	13727	8195	5532	265	258	7
59	6322	3874	2448	129	128	1
60-64岁	**40057**	**25670**	**14387**	**937**	**912**	**25**
60	7015	4179	2836	145	141	4
61	6347	4070	2277	146	142	4
62	9516	6118	3398	231	226	5
63	9387	6182	3205	249	242	7
64	7792	5121	2671	166	161	5
65岁及以上	**55321**	**40109**	**15212**	**1157**	**1137**	**20**

单位：人

有配偶			离婚			丧偶		
小计	男	女	小计	男	女	小计	男	女
551303	**303246**	**248057**	**14351**	**11480**	**2871**	**22258**	**10051**	**12207**
1651	**398**	**1253**	**9**	**2**	**7**	**1**		**1**
55	11	44	1		1			
139	24	115						
303	69	234	2	1	1			
445	108	337	2	1	1	1		1
709	186	523	4		4			
11649	**3582**	**8067**	**202**	**106**	**96**	**5**	**1**	**4**
1164	271	893	13	7	6			
1561	420	1141	19	10	9			
2373	668	1705	39	17	22			
2925	963	1962	57	34	23	3	1	2
3626	1260	2366	74	38	36	2		2
31408	**12739**	**18669**	**978**	**636**	**342**	**63**	**12**	**51**
4450	1617	2833	119	80	39	10	2	8
5183	2071	3112	127	79	48	7	3	4
6336	2560	3776	185	108	77	11	3	8
7383	3065	4318	272	172	100	14	1	13
8056	3426	4630	275	197	78	21	3	18
63939	**29049**	**34890**	**2498**	**1805**	**693**	**188**	**61**	**127**
10669	4661	6008	374	256	118	19	9	10
11618	5156	6462	464	323	141	27	2	25
12043	5408	6635	477	337	140	38	13	25
14602	6704	7898	590	437	153	46	18	28
15007	7120	7887	593	452	141	58	19	39
74818	**37388**	**37430**	**3096**	**2447**	**649**	**441**	**127**	**314**
15643	7653	7990	626	466	160	74	21	53
15613	7663	7950	656	494	162	82	20	62
13636	6747	6889	562	442	120	76	23	53
15017	7667	7350	622	514	108	107	33	74
14909	7658	7251	630	531	99	102	30	72
69003	**36860**	**32143**	**2495**	**2070**	**425**	**837**	**235**	**602**
14432	7527	6905	591	477	114	137	33	104
14634	7794	6840	516	408	108	147	46	101
13248	7027	6221	490	416	74	181	36	145
12385	6589	5796	430	375	55	169	57	112
14304	7923	6381	468	394	74	203	63	140
73856	**41579**	**32277**	**1969**	**1686**	**283**	**1607**	**499**	**1108**
14183	7825	6358	427	360	67	268	85	183
15854	8806	7048	446	385	61	273	86	187
14556	8235	6321	393	336	57	330	100	230
14504	8250	6254	370	317	53	358	104	254
14759	8463	6296	333	288	45	378	124	254
78253	**45746**	**32507**	**1399**	**1196**	**203**	**2724**	**917**	**1807**
15306	8715	6591	308	269	39	416	132	284
15152	8784	6368	294	247	47	471	154	317
16824	9903	6921	320	277	43	575	199	376
14238	8421	5817	229	190	39	544	180	364
16733	9923	6810	248	213	35	718	252	466
66859	**39821**	**27038**	**894**	**781**	**113**	**3786**	**1304**	**2482**
16721	9959	6762	246	213	33	782	272	510
15427	8969	6458	198	175	23	850	278	572
16505	9848	6657	203	168	35	952	341	611
12484	7508	4976	178	163	15	800	266	534
5722	3537	2185	69	62	7	402	147	255
35408	**22831**	**12577**	**424**	**392**	**32**	**3288**	**1535**	**1753**
6296	3776	2520	66	57	9	508	205	303
5597	3618	1979	85	81	4	519	229	290
8434	5463	2971	94	89	5	757	340	417
8230	5454	2776	84	78	6	824	408	416
6851	4520	2331	95	87	8	680	353	327
44459	**33253**	**11206**	**387**	**359**	**28**	**9318**	**5360**	**3958**

5-3c 续表 5

受教育程度 年 龄	15岁及以上人口			未 婚		
	合计	男	女	小计	男	女
高 中	**139677**	**86478**	**53199**	**62619**	**35385**	**27234**
15-19岁	**41749**	**20745**	**21004**	**41583**	**20694**	**20889**
15	6072	2889	3183	6068	2887	3181
16	12245	6065	6180	12238	6065	6173
17	11049	5481	5568	11036	5476	5560
18	7526	3808	3718	7477	3795	3682
19	4857	2502	2355	4764	2471	2293
20-24岁	**12287**	**6751**	**5536**	**10270**	**6157**	**4113**
20	3509	1838	1671	3336	1804	1532
21	2457	1322	1135	2212	1267	945
22	2238	1269	969	1847	1154	693
23	2097	1235	862	1552	1054	498
24	1986	1087	899	1323	878	445
25-29岁	**11201**	**6199**	**5002**	**5185**	**3815**	**1370**
25	2001	1138	863	1207	865	342
26	2088	1164	924	1098	796	302
27	2165	1198	967	993	733	260
28	2460	1372	1088	996	757	239
29	2487	1327	1160	891	664	227
30-34岁	**12790**	**7206**	**5584**	**3083**	**2478**	**605**
30	2800	1548	1252	871	670	201
31	2673	1469	1204	683	554	129
32	2441	1386	1055	571	462	109
33	2591	1466	1125	546	446	100
34	2285	1337	948	412	346	66
35-39岁	**8549**	**5244**	**3305**	**1045**	**898**	**147**
35	2052	1239	813	318	272	46
36	1878	1134	744	258	225	33
37	1489	899	590	182	151	31
38	1568	963	605	137	116	21
39	1562	1009	553	150	134	16
40-44岁	**7330**	**4779**	**2551**	**449**	**394**	**55**
40	1506	979	527	132	114	18
41	1597	1052	545	111	97	14
42	1546	992	554	88	78	10
43	1236	770	466	55	47	8
44	1445	986	459	63	58	5
45-49岁	**6243**	**4427**	**1816**	**282**	**248**	**34**
45	1391	926	465	71	66	5
46	1377	974	403	72	61	11
47	1252	887	365	51	45	6
48	1135	839	296	47	41	6
49	1088	801	287	41	35	6
50-54岁	**5682**	**4263**	**1419**	**163**	**158**	**5**
50	1128	837	291	39	37	2
51	1060	798	262	32	32	
52	1148	847	301	30	28	2
53	1014	755	259	27	27	
54	1332	1026	306	35	34	1
55-59岁	**12758**	**9646**	**3112**	**215**	**207**	**8**
55	1848	1381	467	39	36	3
56	2351	1778	573	47	46	1
57	3565	2693	872	57	55	2
58	3308	2517	791	53	51	2
59	1686	1277	409	19	19	
60-64岁	**11019**	**8540**	**2479**	**182**	**176**	**6**
60	2144	1626	518	29	27	2
61	1970	1522	448	33	32	1
62	2769	2119	650	45	45	
63	2376	1870	506	45	45	
64	1760	1403	357	30	27	3
65岁及以上	**10069**	**8678**	**1391**	**162**	**160**	**2**

单位：人

有配偶			离婚			丧偶		
小计	男	女	小计	男	女	小计	男	女
72759	**48252**	**24507**	**1533**	**1123**	**410**	**2766**	**1718**	**1048**
164	**49**	**115**	**2**	**2**				
4	2	2						
7		7						
13	5	8						
48	12	36	1	1				
92	30	62	1	1				
1987	**578**	**1409**	**29**	**16**	**13**	**1**		**1**
169	32	137	4	2	2			
245	55	190						
385	110	275	6	5	1			
536	177	359	9	4	5			
652	204	448	10	5	5	1		1
5884	**2323**	**3561**	**124**	**60**	**64**	**8**	**1**	**7**
784	271	513	10	2	8			
967	356	611	22	12	10	1		1
1149	456	693	20	8	12	3	1	2
1435	599	836	28	16	12	1		1
1549	641	908	44	22	22	3		3
9432	**4571**	**4861**	**260**	**152**	**108**	**15**	**5**	**10**
1893	855	1038	34	21	13	2	2	
1943	890	1053	46	25	21	1		1
1810	891	919	57	33	24	3		3
1970	976	994	72	43	29	3	1	2
1816	959	857	51	30	21	6	2	4
7208	**4141**	**3067**	**262**	**193**	**69**	**34**	**12**	**22**
1658	912	746	68	50	18	8	5	3
1563	872	691	54	36	18	3	1	2
1256	712	544	48	36	12	3		3
1374	805	569	51	40	11	6	2	4
1357	840	517	41	31	10	14	4	10
6615	**4195**	**2420**	**222**	**176**	**46**	**44**	**14**	**30**
1313	826	487	53	37	16	8	2	6
1421	905	516	60	48	12	5	2	3
1413	878	535	42	34	8	3	2	1
1139	693	446	30	28	2	12	2	10
1329	893	436	37	29	8	16	6	10
5732	**4020**	**1712**	**165**	**132**	**33**	**64**	**27**	**37**
1267	828	439	33	24	9	20	8	12
1259	881	378	39	31	8	7	1	6
1151	802	349	41	34	7	9	6	3
1042	768	274	34	27	7	12	3	9
1013	741	272	18	16	2	16	9	7
5284	**3956**	**1328**	**122**	**96**	**26**	**113**	**53**	**60**
1042	769	273	29	24	5	18	7	11
984	738	246	25	19	6	19	9	10
1072	791	281	31	22	9	15	6	9
951	703	248	13	12	1	23	13	10
1235	955	280	24	19	5	38	18	20
11862	**9029**	**2833**	**163**	**141**	**22**	**518**	**269**	**249**
1735	1302	433	22	16	6	52	27	25
2177	1650	527	32	29	3	95	53	42
3321	2520	801	44	41	3	143	77	66
3055	2351	704	44	37	7	156	78	78
1574	1206	368	21	18	3	72	34	38
10064	**7908**	**2156**	**117**	**96**	**21**	**656**	**360**	**296**
1988	1532	456	27	22	5	100	45	55
1814	1414	400	21	17	4	102	59	43
2521	1957	564	32	27	5	171	90	81
2163	1724	439	23	19	4	145	82	63
1578	1281	297	14	11	3	138	84	54
8527	**7482**	**1045**	**67**	**59**	**8**	**1313**	**977**	**336**

5-3c 续表 6

受教育程度 年　龄	15岁及以上人口			未　婚		
	合计	男	女	小计	男	女
大学专科	**40940**	**21801**	**19139**	**23150**	**11908**	**11242**
15-19岁	**6839**	**3163**	**3676**	**6824**	**3158**	**3666**
15	169	84	85	169	84	85
16	411	230	181	411	230	181
17	845	416	429	844	416	428
18	2201	1025	1176	2200	1025	1175
19	3213	1408	1805	3200	1403	1797
20-24岁	**10940**	**5118**	**5822**	**10233**	**4941**	**5292**
20	2920	1333	1587	2890	1324	1566
21	2357	1099	1258	2299	1089	1210
22	2136	1002	1134	1996	970	1026
23	1924	898	1026	1724	849	875
24	1603	786	817	1324	709	615
25-29岁	**6719**	**3223**	**3496**	**3931**	**2248**	**1683**
25	1457	662	795	1060	568	492
26	1436	683	753	973	536	437
27	1360	653	707	771	437	334
28	1286	642	644	632	394	238
29	1180	583	597	495	313	182
30-34岁	**5590**	**2888**	**2702**	**1493**	**1031**	**462**
30	1328	657	671	495	330	165
31	1200	610	590	346	251	95
32	1093	573	520	260	174	86
33	1093	587	506	231	167	64
34	876	461	415	161	109	52
35-39岁	**3154**	**1910**	**1244**	**422**	**322**	**100**
35	824	494	330	140	102	38
36	755	436	319	112	83	29
37	546	341	205	70	60	10
38	561	331	230	63	45	18
39	468	308	160	37	32	5
40-44岁	**2368**	**1490**	**878**	**157**	**131**	**26**
40	485	304	181	39	28	11
41	525	334	191	31	29	2
42	511	319	192	34	30	4
43	414	256	158	28	21	7
44	433	277	156	25	23	2
45-49岁	**1893**	**1264**	**629**	**44**	**35**	**9**
45	421	278	143	11	10	1
46	440	294	146	11	8	3
47	353	247	106	10	7	3
48	346	233	113	6	5	1
49	333	212	121	6	5	1
50-54岁	**1383**	**992**	**391**	**21**	**19**	**2**
50	297	208	89	6	5	1
51	269	175	94	5	5	
52	316	247	69	3	3	
53	252	179	73	3	2	1
54	249	183	66	4	4	
55-59岁	**904**	**732**	**172**	**12**	**11**	**1**
55	231	174	57	1	1	
56	208	167	41	3	3	
57	242	203	39	5	4	1
58	167	143	24	2	2	
59	56	45	11	1	1	
60-64岁	**374**	**319**	**55**	**3**	**3**	
60	60	48	12	2	2	
61	51	48	3			
62	93	73	20			
63	82	75	7	1	1	
64	88	75	13			
65岁及以上	**776**	**702**	**74**	**10**	**9**	**1**

单位：人

有配偶			离婚			丧偶		
小计	男	女	小计	男	女	小计	男	女
17130	**9518**	**7612**	**421**	**238**	**183**	**239**	**137**	**102**
15	**5**	**10**						
1		1						
1		1						
13	5	8						
698	**174**	**524**	**7**	**3**	**4**	**2**		**2**
29	8	21	1	1				
58	10	48						
138	31	107	2	1	1			
197	49	148	3		3			
276	76	200	1	1		2		2
2750	**965**	**1785**	**34**	**10**	**24**	**4**		**4**
393	94	299	4		4			
458	147	311	4		4	1		1
582	215	367	7	1	6			
643	243	400	10	5	5	1		1
674	266	408	9	4	5	2		2
3988	**1812**	**2176**	**103**	**44**	**59**	**6**	**1**	**5**
821	320	501	12	7	5			
830	351	479	23	8	15	1		1
811	393	418	21	6	15	1		1
834	410	424	25	10	15	3		3
692	338	354	22	13	9	1	1	
2631	**1532**	**1099**	**93**	**55**	**38**	**8**	**1**	**7**
660	380	280	23	12	11	1		1
620	342	278	23	11	12			
458	269	189	16	11	5	2	1	1
477	275	202	16	11	5	5		5
416	266	150	15	10	5			
2125	**1305**	**820**	**68**	**49**	**19**	**18**	**5**	**13**
425	261	164	18	14	4	3	1	2
471	287	184	19	16	3	4	2	2
463	281	182	14	8	6			
375	230	145	8	5	3	3		3
391	246	145	9	6	3	8	2	6
1768	**1189**	**579**	**59**	**37**	**22**	**22**	**3**	**19**
393	257	136	13	9	4	4	2	2
411	281	130	10	5	5	8		8
329	231	98	11	8	3	3	1	2
319	219	100	18	9	9	3		3
316	201	115	7	6	1	4		4
1319	**949**	**370**	**24**	**17**	**7**	**19**	**7**	**12**
286	200	86	3	2	1	2	1	1
253	164	89	5	4	1	6	2	4
306	240	66	5	4	1	2		2
240	174	66	3		3	6	3	3
234	171	63	8	7	1	3	1	2
848	**695**	**153**	**21**	**12**	**9**	**23**	**14**	**9**
224	170	54	3	1	2	3	2	1
195	159	36	4	1	3	6	4	2
220	188	32	11	8	3	6	3	3
159	136	23	2	2		4	3	1
50	42	8	1		1	4	2	2
348	**300**	**48**	**7**	**6**	**1**	**16**	**10**	**6**
57	45	12	1	1				
49	46	3				2	2	
85	69	16	1	1		7	3	4
77	70	7	1	1		3	3	
80	70	10	4	3	1	4	2	2
640	**592**	**48**	**5**	**5**		**121**	**96**	**25**

5-3c 续表 7

受教育程度 年龄	15岁及以上人口			未婚		
	合计	男	女	小计	男	女
大学本科	**21004**	**10068**	**10936**	**14840**	**6671**	**8169**
15-19岁	**3043**	**1237**	**1806**	**3041**	**1236**	**1805**
15	10	3	7	10	3	7
16	26	8	18	26	8	18
17	169	58	111	169	58	111
18	976	386	590	975	386	589
19	1862	782	1080	1861	781	1080
20-24岁	**8340**	**3590**	**4750**	**8210**	**3559**	**4651**
20	2160	950	1210	2157	949	1208
21	1933	850	1083	1931	849	1082
22	1790	753	1037	1766	750	1016
23	1402	602	800	1368	594	774
24	1055	435	620	988	417	571
25-29岁	**3613**	**1574**	**2039**	**2574**	**1203**	**1371**
25	888	376	512	795	344	451
26	745	308	437	592	255	337
27	733	315	418	512	236	276
28	699	323	376	411	218	193
29	548	252	296	264	150	114
30-34岁	**2608**	**1372**	**1236**	**751**	**478**	**273**
30	648	317	331	249	141	108
31	560	287	273	190	125	65
32	488	235	253	124	74	50
33	481	288	193	108	80	28
34	431	245	186	80	58	22
35-39岁	**1362**	**838**	**524**	**192**	**140**	**52**
35	374	221	153	70	48	22
36	313	195	118	46	31	15
37	244	152	92	36	32	4
38	232	149	83	26	19	7
39	199	121	78	14	10	4
40-44岁	**805**	**527**	**278**	**40**	**33**	**7**
40	149	100	49	7	5	2
41	197	136	61	11	10	1
42	165	108	57	6	5	1
43	156	90	66	9	7	2
44	138	93	45	7	6	1
45-49岁	**584**	**411**	**173**	**15**	**10**	**5**
45	160	112	48	5	2	3
46	149	97	52	6	6	
47	100	66	34	2	1	1
48	88	66	22	1		1
49	87	70	17	1	1	
50-54岁	**334**	**256**	**78**	**15**	**11**	**4**
50	82	60	22	4	1	3
51	63	48	15	4	4	
52	78	61	17	4	3	1
53	58	46	12	1	1	
54	53	41	12	2	2	
55-59岁	**142**	**118**	**24**	**1**	**1**	
55	45	36	9			
56	34	26	8			
57	38	35	3	1	1	
58	17	15	2			
59	8	6	2			
60-64岁	**46**	**33**	**13**			
60	11	7	4			
61	6	5	1			
62	9	7	2			
63	8	6	2			
64	12	8	4			
65岁及以上	**127**	**112**	**15**	**1**		**1**

单位：人

有配偶			离婚			丧偶		
小计	男	女	小计	男	女	小计	男	女
6010	**3321**	**2689**	**120**	**61**	**59**	**34**	**15**	**19**
2	**1**	**1**						
1		1						
1	1							
130	**31**	**99**						
3	1	2						
2	1	1						
24	3	21						
34	8	26						
67	18	49						
1029	**368**	**661**	**9**	**3**	**6**	**1**		**1**
91	31	60	2	1	1			
152	52	100	1	1				
220	79	141	1		1			
286	104	182	2	1	1			
280	102	178	3		3	1		1
1826	**882**	**944**	**29**	**12**	**17**	**2**		**2**
390	172	218	8	4	4	1		1
367	162	205	2		2	1		1
356	158	198	8	3	5			
368	205	163	5	3	2			
345	185	160	6	2	4			
1145	**686**	**459**	**24**	**12**	**12**	**1**		**1**
298	171	127	5	2	3	1		1
260	160	100	7	4	3			
202	116	86	6	4	2			
202	130	72	4		4			
183	109	74	2	2				
736	**482**	**254**	**25**	**12**	**13**	**4**		**4**
135	91	44	7	4	3			
180	124	56	5	2	3	1		1
152	100	52	6	3	3	1		1
142	82	60	3	1	2	2		2
127	85	42	4	2	2			
545	**388**	**157**	**18**	**10**	**8**	**6**	**3**	**3**
149	106	43	4	2	2	2	2	
138	88	50	3	2	1	2	1	1
95	64	31	3	1	2			
81	64	17	5	2	3	1		1
82	66	16	3	3		1		1
309	**239**	**70**	**9**	**6**	**3**	**1**		**1**
75	57	18	2	2		1		1
57	42	15	2	2				
71	56	15	3	2	1			
57	45	12						
49	39	10	2		2			
134	**113**	**21**	**4**	**4**		**3**		**3**
43	35	8	1	1		1		1
33	25	8	1	1				
33	32	1	2	2		2		2
17	15	2						
8	6	2						
43	**31**	**12**	**1**	**1**		**2**	**1**	**1**
11	7	4						
5	4	1				1	1	
8	6	2	1	1				
8	6	2						
11	8	3				1		1
111	**100**	**11**	**1**	**1**		**14**	**11**	**3**

5-3c 续表 8

受教育程度 年　　龄	15岁及以上人口			未　婚		
	合计	男	女	小计	男	女
硕士研究生	**616**	**313**	**303**	**405**	**177**	**228**
15-19岁	**2**		**2**	**2**		**2**
15						
16						
17						
18	2		2	2		2
19						
20-24岁	**184**	**69**	**115**	**182**	**67**	**115**
20	2		2	2		2
21	7	1	6	7	1	6
22	46	16	30	46	16	30
23	66	23	43	66	23	43
24	63	29	34	61	27	34
25-29岁	**194**	**96**	**98**	**174**	**87**	**87**
25	64	32	32	62	30	32
26	51	24	27	45	23	22
27	33	19	14	29	15	14
28	28	14	14	23	13	10
29	18	7	11	15	6	9
30-34岁	**105**	**55**	**50**	**35**	**18**	**17**
30	22	13	9	11	7	4
31	24	9	15	8	1	7
32	27	16	11	7	6	1
33	14	8	6	6	3	3
34	18	9	9	3	1	2
35-39岁	**56**	**34**	**22**	**10**	**4**	**6**
35	20	12	8	3		3
36	12	7	5	1	1	
37	7	5	2	2	1	1
38	11	6	5	4	2	2
39	6	4	2			
40-44岁	**25**	**21**	**4**	**1**	**1**	
40	7	6	1			
41	6	4	2			
42	6	5	1	1	1	
43	4	4				
44	2	2				
45-49岁	**19**	**15**	**4**	**1**		**1**
45	3	2	1			
46	3	3				
47	3	2	1			
48	8	6	2	1		1
49	2	2				
50-54岁	**11**	**8**	**3**			
50	2	2				
51	3	2	1			
52	1	1				
53	3	1	2			
54	2	2				
55-59岁	**9**	**7**	**2**			
55	2	2				
56	1	1				
57						
58	3	2	1			
59	3	2	1			
60-64岁	**4**	**4**				
60	1	1				
61						
62						
63	2	2				
64	1	1				
65岁及以上	**7**	**4**	**3**			

单位：人

有配偶			离婚			丧偶		
小计	男	女	小计	男	女	小计	男	女
198	**128**	**70**	**9**	**7**	**2**	**4**	**1**	**3**
2	**2**							
2	2							
20	**9**	**11**						
2	2							
6	1	5						
4	4							
5	1	4						
3	1	2						
67	**35**	**32**	**3**	**2**	**1**			
11	6	5						
15	8	7	1		1			
20	10	10						
7	4	3	1	1				
14	7	7	1	1				
45	**29**	**16**	**1**	**1**				
17	12	5						
11	6	5						
5	4	1						
7	4	3						
5	3	2	1	1				
23	**19**	**4**	**1**	**1**				
6	5	1	1	1				
6	4	2						
5	4	1						
4	4							
2	2							
15	**13**	**2**	**3**	**2**	**1**			
3	2	1						
3	3							
1	1		2	1	1			
6	5	1	1	1				
2	2							
10	**7**	**3**	**1**	**1**				
2	2							
3	2	1						
1	1							
3	1	2						
1	1		1	1				
9	**7**	**2**						
2	2							
1	1							
3	2	1						
3	2	1						
4	**4**							
1	1							
2	2							
1	1							
3	**3**					**4**	**1**	**3**

5-3c 续表 9

受教育程度 年 龄	15岁及以上人口			未 婚		
	合计	男	女	小计	男	女
博士研究生	**72**	**45**	**27**	**36**	**23**	**13**
15-19岁						
15						
16						
17						
18						
19						
20-24岁	**7**	**3**	**4**	**6**	**3**	**3**
20						
21						
22	1	1		1	1	
23	4	1	3	3	1	2
24	2	1	1	2	1	1
25-29岁	**18**	**10**	**8**	**16**	**9**	**7**
25	3	1	2	2	1	1
26	4	1	3	4	1	3
27	5	4	1	4	3	1
28	4	2	2	4	2	2
29	2	2		2	2	
30-34岁	**21**	**15**	**6**	**9**	**7**	**2**
30	4	2	2	3	2	1
31	3	2	1	1	1	
32	6	4	2	2	1	1
33	6	5	1	2	2	
34	2	2		1	1	
35-39岁	**11**	**6**	**5**	**3**	**2**	**1**
35	2		2	1		1
36	4	4				
37	2		2			
38	2	1	1	1	1	
39	1	1		1	1	
40-44岁	**6**	**3**	**3**			
40	1		1			
41	2	1	1			
42	1	1				
43						
44	2	1	1			
45-49岁	**3**	**2**	**1**			
45	3	2	1			
46						
47						
48						
49						
50-54岁	**2**	**2**		**1**	**1**	
50						
51						
52	1	1				
53	1	1		1	1	
54						
55-59岁	**2**	**2**				
55						
56	1	1				
57						
58						
59	1	1				
60-64岁	**2**	**2**		**1**	**1**	
60	1	1		1	1	
61	1	1				
62						
63						
64						
65岁及以上						

单位：人

有配偶			离婚			丧偶		
小计	男	女	小计	男	女	小计	男	女
35	**22**	**13**	**1**		**1**			
1		**1**						
1		1						
1	**1**		**1**		**1**			
			1		1			
1	1							
12	**8**	**4**						
1		1						
2	1	1						
4	3	1						
4	3	1						
1	1							
8	**4**	**4**						
1		1						
4	4							
2		2						
1		1						
6	**3**	**3**						
1		1						
2	1	1						
1	1							
2	1	1						
3	**2**	**1**						
3	2	1						
1	**1**							
1	1							
2	**2**							
1	1							
1	1							
1	**1**							
1	1							

5-4 分初婚年龄、性别、初婚年份的人口

单位：人

初婚年龄	初婚年份								
	合计			1980年			1981年		
	合计	男	女	小计	男	女	小计	男	女
总　计	**2200544**	**1086823**	**1113721**	**63093**	**29830**	**33263**	**41242**	**19494**	**21748**
15岁以下	**3438**	**633**	**2805**	**238**	**56**	**182**	**119**	**22**	**97**
15-19岁	**241567**	**71193**	**170374**	**8648**	**2528**	**6120**	**6947**	**2105**	**4842**
15	11959	2927	9032	728	211	517	365	100	265
16	21241	5249	15992	1163	322	841	644	168	476
17	38136	10327	27809	2132	621	1511	1204	340	864
18	63749	18837	44912	2159	613	1546	2241	705	1536
19	106482	33853	72629	2466	761	1705	2493	792	1701
20-24岁	**986996**	**430805**	**556191**	**32205**	**13860**	**18345**	**20437**	**8839**	**11598**
20	155624	51256	104368	3749	1318	2431	2456	828	1628
21	185542	73333	112209	5784	2367	3417	3213	1240	1973
22	218376	99444	118932	8206	3474	4732	4475	1906	2569
23	217502	101966	115536	7675	3450	4225	5512	2454	3058
24	209952	104806	105146	6791	3251	3540	4781	2411	2370
25-29岁	**675469**	**388844**	**286625**	**17657**	**10413**	**7244**	**11254**	**6791**	**4463**
25	191280	101557	89723	5944	3230	2714	3647	2053	1594
26	162487	90642	71845	4432	2548	1884	3010	1732	1278
27	134073	78858	55215	3347	2105	1242	2143	1384	759
28	105270	65009	40261	2287	1452	835	1482	988	494
29	82359	52778	29581	1647	1078	569	972	634	338
30-34岁	**199025**	**132161**	**66864**	**3312**	**2268**	**1044**	**1952**	**1346**	**606**
30	63565	41715	21850	1312	875	437	724	496	228
31	47646	31687	15959	795	561	234	526	366	160
32	36756	24631	12125	542	389	153	344	240	104
33	28353	18922	9431	353	232	121	186	125	61
34	22705	15206	7499	310	211	99	172	119	53
35-39岁	**58086**	**39316**	**18770**	**757**	**524**	**233**	**402**	**299**	**103**
35	17457	11768	5689	222	146	76	116	89	27
36	13697	9282	4415	201	155	46	97	71	26
37	10927	7447	3480	141	106	35	81	67	14
38	8746	5902	2844	111	70	41	57	36	21
39	7259	4917	2342	82	47	35	51	36	15
40-44岁	**20969**	**14208**	**6761**	**205**	**140**	**65**	**105**	**77**	**28**
40	5996	4053	1943	75	56	19	35	26	9
41	4679	3191	1488	41	25	16	25	18	7
42	4091	2758	1333	46	32	14	19	13	6
43	3321	2262	1059	27	14	13	14	12	2
44	2882	1944	938	16	13	3	12	8	4
45-49岁	**8376**	**5653**	**2723**	**58**	**33**	**25**	**19**	**12**	**7**
45	2338	1585	753	18	11	7	5	3	2
46	1928	1331	597	11	9	2	1		1
47	1602	1094	508	19	8	11	4	3	1
48	1354	891	463	5	4	1	4	3	1
49	1154	752	402	5	1	4	5	3	2
50岁及以上	**6618**	**4010**	**2608**	**13**	**8**	**5**	**7**	**3**	**4**
平均初婚年龄	**25.12**	**26.21**	**24.07**	**23.96**	**24.92**	**23.10**	**23.79**	**24.79**	**22.89**

5-4 续表 1

单位：人

初婚年龄	初婚年份								
	1982年			1983年			1984年		
	小计	男	女	小计	男	女	小计	男	女
总 计	**52629**	**25000**	**27629**	**52613**	**25013**	**27600**	**56377**	**27091**	**29286**
15岁以下	**133**	**24**	**109**	**166**	**44**	**122**	**124**	**25**	**99**
15-19岁	**11444**	**3617**	**7827**	**11191**	**3634**	**7557**	**11529**	**3889**	**7640**
15	422	121	301	482	146	336	575	169	406
16	966	260	706	818	205	613	858	246	612
17	1737	516	1221	1677	516	1161	1622	514	1108
18	3018	904	2114	2995	930	2065	3178	1024	2154
19	5301	1816	3485	5219	1837	3382	5296	1936	3360
20-24岁	**24272**	**10879**	**13393**	**24886**	**11047**	**13839**	**29598**	**13313**	**16285**
20	4883	1862	3021	7415	2838	4577	7667	2899	4768
21	3747	1491	2256	5248	2193	3055	8773	3836	4937
22	4523	2010	2513	3998	1842	2156	5997	2935	3062
23	5178	2505	2673	3970	1922	2048	3728	1786	1942
24	5941	3011	2930	4255	2252	2003	3433	1857	1576
25-29岁	**13487**	**8208**	**5279**	**12948**	**7947**	**5001**	**11677**	**7467**	**4210**
25	4623	2595	2028	4431	2515	1916	3354	1984	1370
26	3194	1947	1247	3218	1956	1262	3190	2021	1169
27	2487	1572	915	2288	1474	814	2283	1513	770
28	1884	1223	661	1748	1153	595	1597	1076	521
29	1299	871	428	1263	849	414	1253	873	380
30-34岁	**2556**	**1765**	**791**	**2620**	**1790**	**830**	**2622**	**1833**	**789**
30	898	621	277	923	635	288	931	659	272
31	644	427	217	637	427	210	617	418	199
32	482	331	151	464	316	148	421	306	115
33	313	224	89	359	246	113	347	233	114
34	219	162	57	237	166	71	306	217	89
35-39岁	**529**	**366**	**163**	**572**	**399**	**173**	**569**	**388**	**181**
35	158	118	40	180	128	52	168	120	48
36	129	89	40	139	101	38	144	98	46
37	89	64	25	101	60	41	90	59	31
38	89	57	32	76	53	23	85	53	32
39	64	38	26	76	57	19	82	58	24
40-44岁	**161**	**113**	**48**	**172**	**120**	**52**	**180**	**128**	**52**
40	48	34	14	55	40	15	62	37	25
41	34	24	10	45	29	16	44	38	6
42	35	21	14	27	18	9	29	22	7
43	23	17	6	25	20	5	29	20	9
44	21	17	4	20	13	7	16	11	5
45-49岁	**30**	**17**	**13**	**48**	**30**	**18**	**53**	**34**	**19**
45	12	8	4	14	11	3	16	10	6
46	5	1	4	10	7	3	10	9	1
47	5	3	2	12	7	5	13	6	7
48	7	5	2	8	4	4	10	7	3
49	1		1	4	1	3	4	2	2
50岁及以上	**17**	**11**	**6**	**10**	**2**	**8**	**25**	**14**	**11**
平均初婚年龄	**23.50**	**24.53**	**22.56**	**23.28**	**24.32**	**22.35**	**23.04**	**24.03**	**22.14**

5-4　续表 2　　　　单位：人

初婚年龄	初婚年份								
	1985年			1986年			1987年		
	小计	男	女	小计	男	女	小计	男	女
总　计	**66393**	**32064**	**34329**	**59340**	**28854**	**30486**	**55571**	**26906**	**28665**
15岁以下	**138**	**33**	**105**	**91**	**15**	**76**	**96**	**30**	**66**
15-19岁	**12895**	**4354**	**8541**	**11180**	**3720**	**7460**	**9842**	**3213**	**6629**
15	563	150	413	350	77	273	325	75	250
16	1191	345	846	837	226	611	694	199	495
17	1925	589	1336	1940	605	1335	1458	422	1036
18	3266	1072	2194	3104	1037	2067	2899	931	1968
19	5950	2198	3752	4949	1775	3174	4466	1586	2880
20-24岁	**36913**	**16996**	**19917**	**35508**	**16784**	**18724**	**33864**	**15931**	**17933**
20	7947	3010	4937	7165	2825	4340	5999	2321	3678
21	9405	4006	5399	8003	3523	4480	7423	3271	4152
22	10195	5023	5172	8469	4068	4401	7727	3685	4042
23	5901	3083	2818	7755	4029	3726	6742	3393	3349
24	3465	1874	1591	4116	2339	1777	5973	3261	2712
25-29岁	**11989**	**7659**	**4330**	**8765**	**5721**	**3044**	**8275**	**5278**	**2997**
25	3176	1852	1324	2238	1322	916	3079	1786	1293
26	2812	1776	1036	1905	1186	719	1500	920	580
27	2691	1759	932	1730	1185	545	1388	932	456
28	1951	1340	611	1676	1165	511	1175	825	350
29	1359	932	427	1216	863	353	1133	815	318
30-34岁	**3300**	**2241**	**1059**	**2724**	**1897**	**827**	**2506**	**1757**	**749**
30	1049	701	348	914	641	273	841	621	220
31	848	584	264	659	457	202	583	404	179
32	623	431	192	478	321	157	445	300	145
33	431	287	144	385	276	109	358	235	123
34	349	238	111	288	202	86	279	197	82
35-39岁	**785**	**545**	**240**	**719**	**487**	**232**	**679**	**493**	**186**
35	284	190	94	207	142	65	236	171	65
36	192	138	54	194	136	58	156	112	44
37	130	89	41	137	92	45	120	84	36
38	99	72	27	93	62	31	105	80	25
39	80	56	24	88	55	33	62	46	16
40-44岁	**244**	**161**	**83**	**253**	**159**	**94**	**189**	**130**	**59**
40	67	38	29	79	43	36	52	36	16
41	66	48	18	49	31	18	46	29	17
42	47	32	15	57	33	24	39	28	11
43	25	17	8	44	35	9	30	19	11
44	39	26	13	24	17	7	22	18	4
45-49岁	**95**	**61**	**34**	**72**	**57**	**15**	**87**	**59**	**28**
45	31	21	10	29	26	3	23	11	12
46	19	12	7	15	11	4	32	24	8
47	18	9	9	9	7	2	11	9	2
48	11	6	5	8	6	2	13	8	5
49	16	13	3	11	7	4	8	7	1
50岁及以上	**34**	**14**	**20**	**28**	**14**	**14**	**33**	**15**	**18**
平均初婚年龄	**23.11**	**24.05**	**22.24**	**23.07**	**23.97**	**22.21**	**23.17**	**24.06**	**22.33**

5-4 续表 3

单位：人

初婚年龄	初婚年份								
	1988年			1989年			1990年		
	小计	男	女	小计	男	女	小计	男	女
总 计	**60505**	**29439**	**31066**	**55982**	**27611**	**28371**	**68154**	**33895**	**34259**
15岁以下	**111**	**15**	**96**	**85**	**16**	**69**	**143**	**23**	**120**
15-19岁	**10129**	**3273**	**6856**	**8740**	**2723**	**6017**	**10737**	**3340**	**7397**
15	385	109	276	365	79	286	543	146	397
16	724	191	533	657	169	488	936	244	692
17	1358	398	960	1268	358	910	1635	488	1147
18	2727	877	1850	2334	701	1633	2843	870	1973
19	4935	1698	3237	4116	1416	2700	4780	1592	3188
20-24岁	**35836**	**16775**	**19061**	**32464**	**15337**	**17127**	**38627**	**18334**	**20293**
20	6591	2532	4059	6083	2348	3735	6794	2450	4344
21	7152	3119	4033	6815	3006	3809	8348	3793	4555
22	8437	4032	4405	6913	3296	3617	8785	4326	4459
23	7439	3775	3664	6968	3624	3344	7499	3799	3700
24	6217	3317	2900	5685	3063	2622	7201	3966	3235
25-29岁	**10642**	**6644**	**3998**	**11211**	**6999**	**4212**	**14763**	**9302**	**5461**
25	4934	2967	1967	4525	2657	1868	5500	3221	2279
26	2451	1533	918	3418	2153	1265	3988	2519	1469
27	1280	803	477	1685	1120	565	3013	2007	1006
28	1061	713	348	840	539	301	1471	1011	460
29	916	628	288	743	530	213	791	544	247
30-34岁	**2710**	**1956**	**754**	**2306**	**1679**	**627**	**2481**	**1838**	**643**
30	919	665	254	613	466	147	640	448	192
31	627	441	186	649	463	186	558	423	135
32	467	338	129	458	324	134	557	412	145
33	385	283	102	305	230	75	399	309	90
34	312	229	83	281	196	85	327	246	81
35-39岁	**726**	**539**	**187**	**777**	**575**	**202**	**869**	**667**	**202**
35	226	165	61	238	165	73	270	215	55
36	182	135	47	213	168	45	191	146	45
37	127	93	34	130	97	33	180	144	36
38	108	83	25	104	78	26	125	89	36
39	83	63	20	92	67	25	103	73	30
40-44岁	**204**	**142**	**62**	**241**	**178**	**63**	**324**	**244**	**80**
40	48	31	17	90	71	19	108	77	31
41	56	38	18	47	36	11	74	58	16
42	44	34	10	42	29	13	51	41	10
43	33	24	9	34	21	13	46	34	12
44	23	15	8	28	21	7	45	34	11
45-49岁	**102**	**72**	**30**	**96**	**66**	**30**	**148**	**105**	**43**
45	28	20	8	22	14	8	35	25	10
46	29	21	8	19	13	6	27	20	7
47	17	10	7	26	19	7	22	15	7
48	13	10	3	14	10	4	35	25	10
49	15	11	4	15	10	5	29	20	9
50岁及以上	**45**	**23**	**22**	**62**	**38**	**24**	**62**	**42**	**20**
平均初婚年龄	**23.27**	**24.16**	**22.43**	**23.43**	**24.35**	**22.53**	**23.46**	**24.43**	**22.51**

5-4 续表 4

单位：人

初婚年龄	初婚年份								
	1991年			1992年			1993年		
	小计	男	女	小计	男	女	小计	男	女
总　计	**42724**	**21169**	**21555**	**50541**	**25146**	**25395**	**49959**	**24809**	**25150**
15岁以下	**64**	**16**	**48**	**77**	**15**	**62**	**60**	**12**	**48**
15-19岁	**5752**	**1712**	**4040**	**6294**	**1769**	**4525**	**5758**	**1585**	**4173**
15	263	64	199	255	67	188	251	58	193
16	444	105	339	471	95	376	430	84	346
17	832	225	607	956	223	733	796	201	595
18	1536	456	1080	1682	454	1228	1489	424	1065
19	2677	862	1815	2930	930	2000	2792	818	1974
20-24岁	**23986**	**11035**	**12951**	**27804**	**12777**	**15027**	**26797**	**12081**	**14716**
20	4062	1469	2593	4283	1438	2845	4144	1308	2836
21	4865	2037	2828	5516	2322	3194	5033	2091	2942
22	5677	2702	2975	6352	3048	3304	5926	2749	3177
23	5102	2542	2560	6397	3180	3217	6093	2946	3147
24	4280	2285	1995	5256	2789	2467	5601	2987	2614
25-29岁	**10581**	**6661**	**3920**	**13247**	**8349**	**4898**	**13571**	**8443**	**5128**
25	3638	2148	1490	4216	2450	1766	4631	2601	2030
26	2749	1678	1071	3435	2144	1291	3112	1923	1189
27	1991	1283	708	2511	1593	918	2615	1711	904
28	1478	1046	432	1726	1207	519	1876	1266	610
29	725	506	219	1359	955	404	1337	942	395
30-34岁	**1414**	**1052**	**362**	**1907**	**1351**	**556**	**2339**	**1653**	**686**
30	342	248	94	665	476	189	1006	701	305
31	289	203	86	349	227	122	545	381	164
32	281	227	54	321	219	102	283	203	80
33	287	210	77	277	210	67	277	202	75
34	215	164	51	295	219	76	228	166	62
35-39岁	**596**	**462**	**134**	**773**	**585**	**188**	**847**	**625**	**222**
35	153	112	41	228	176	52	266	196	70
36	160	132	28	176	140	36	187	146	41
37	125	93	32	130	89	41	142	99	43
38	94	75	19	136	104	32	145	102	43
39	64	50	14	103	76	27	107	82	25
40-44岁	**205**	**144**	**61**	**290**	**201**	**89**	**365**	**270**	**95**
40	50	34	16	89	64	25	117	80	37
41	59	44	15	55	38	17	80	64	16
42	41	23	18	67	48	19	70	51	19
43	25	17	8	47	27	20	66	49	17
44	30	26	4	32	24	8	32	26	6
45-49岁	**80**	**62**	**18**	**79**	**56**	**23**	**111**	**72**	**39**
45	15	13	2	20	14	6	29	20	9
46	22	20	2	27	20	7	28	15	13
47	17	11	6	13	9	4	20	17	3
48	11	5	6	13	8	5	22	12	10
49	15	13	2	6	5	1	12	8	4
50岁及以上	**46**	**25**	**21**	**70**	**43**	**27**	**111**	**68**	**43**
平均初婚年龄	**23.74**	**24.72**	**22.78**	**23.99**	**24.99**	**23.00**	**24.26**	**25.31**	**23.22**

5-4 续表 5

单位：人

初婚年龄	初婚年份								
	1994年			1995年			1996年		
	小计	男	女	小计	男	女	小计	男	女
总 计	**50157**	**25088**	**25069**	**60085**	**30251**	**29834**	**54850**	**27566**	**27284**
15岁以下	**63**	**6**	**57**	**63**	**9**	**54**	**64**	**12**	**52**
15-19岁	**5115**	**1360**	**3755**	**5671**	**1538**	**4133**	**4653**	**1199**	**3454**
15	202	48	154	295	68	227	190	39	151
16	393	87	306	474	114	360	362	81	281
17	652	154	498	836	205	631	722	154	568
18	1287	347	940	1363	353	1010	1167	311	856
19	2581	724	1857	2703	798	1905	2212	614	1598
20-24岁	**26436**	**11752**	**14684**	**30731**	**13769**	**16962**	**27363**	**12100**	**15263**
20	4109	1322	2787	4489	1443	3046	3690	1085	2605
21	4854	1950	2904	5828	2323	3505	5168	2011	3157
22	5876	2699	3177	6798	3125	3673	6357	2942	3415
23	6014	2863	3151	6806	3299	3507	6262	2978	3284
24	5583	2918	2665	6810	3579	3231	5886	3084	2802
25-29岁	**14423**	**8994**	**5429**	**18114**	**11037**	**7077**	**17169**	**10390**	**6779**
25	4898	2872	2026	5908	3295	2613	5236	2885	2351
26	3557	2149	1408	4633	2757	1876	4360	2543	1817
27	2510	1604	906	3369	2157	1212	3409	2126	1283
28	2043	1362	681	2308	1529	779	2460	1673	787
29	1415	1007	408	1896	1299	597	1704	1163	541
30-34岁	**2744**	**1964**	**780**	**3826**	**2744**	**1082**	**4004**	**2782**	**1222**
30	1064	758	306	1400	991	409	1388	953	435
31	777	553	224	990	713	277	968	688	280
32	435	308	127	776	553	223	749	519	230
33	254	186	68	416	307	109	567	390	177
34	214	159	55	244	180	64	332	232	100
35-39岁	**767**	**600**	**167**	**898**	**655**	**243**	**767**	**556**	**211**
35	178	143	35	193	132	61	187	136	51
36	213	164	49	199	142	57	134	86	48
37	152	126	26	194	144	50	144	104	40
38	117	89	28	159	116	43	166	132	34
39	107	78	29	153	121	32	136	98	38
40-44岁	**363**	**253**	**110**	**426**	**292**	**134**	**385**	**261**	**124**
40	114	85	29	105	67	38	99	70	29
41	67	45	22	95	71	24	75	47	28
42	78	49	29	99	69	30	88	60	28
43	62	43	19	63	45	18	68	48	20
44	42	31	11	64	40	24	55	36	19
45-49岁	**128**	**87**	**41**	**163**	**105**	**58**	**236**	**147**	**89**
45	44	32	12	50	33	17	65	43	22
46	19	15	4	35	25	10	58	39	19
47	21	14	7	25	13	12	44	23	21
48	26	14	12	27	19	8	38	23	15
49	18	12	6	26	15	11	31	19	12
50岁及以上	**118**	**72**	**46**	**193**	**102**	**91**	**209**	**119**	**90**
平均初婚年龄	**24.44**	**25.50**	**23.38**	**24.65**	**25.66**	**23.63**	**24.90**	**25.92**	**23.86**

5-4 续表 6

单位：人

初婚年龄	初婚年份								
	1997年			1998年			1999年		
	小计	男	女	小计	男	女	小计	男	女
总　计	**53388**	**26961**	**26427**	**59149**	**29926**	**29223**	**50748**	**25744**	**25004**
15岁以下	**57**	**8**	**49**	**84**	**17**	**67**	**112**	**25**	**87**
15-19岁	**4384**	**1117**	**3267**	**5060**	**1344**	**3716**	**4387**	**1069**	**3318**
15	221	58	163	236	53	183	236	54	182
16	308	57	251	467	96	371	367	73	294
17	666	142	524	758	160	598	714	173	541
18	1200	296	904	1315	360	955	1147	252	895
19	1989	564	1425	2284	675	1609	1923	517	1406
20-24岁	**25680**	**11207**	**14473**	**27082**	**11815**	**15267**	**22699**	**9892**	**12807**
20	3341	962	2379	3367	921	2446	3071	858	2213
21	4450	1696	2754	4427	1656	2771	3752	1390	2362
22	5776	2631	3145	6069	2763	3306	4627	2101	2526
23	6218	2894	3324	6695	3161	3534	5489	2622	2867
24	5895	3024	2871	6524	3314	3210	5760	2921	2839
25-29岁	**17563**	**10673**	**6890**	**19482**	**11640**	**7842**	**17526**	**10482**	**7044**
25	5291	2947	2344	5765	3194	2571	5236	2877	2359
26	4338	2569	1769	4649	2677	1972	4184	2415	1769
27	3484	2173	1311	3838	2373	1465	3348	2035	1313
28	2650	1743	907	2839	1837	1002	2733	1767	966
29	1800	1241	559	2391	1559	832	2025	1388	637
30-34岁	**3934**	**2792**	**1142**	**5372**	**3661**	**1711**	**4547**	**3200**	**1347**
30	1265	913	352	1775	1189	586	1513	1043	470
31	980	708	272	1192	819	373	1163	823	340
32	684	479	205	1032	699	333	762	533	229
33	513	351	162	741	494	247	613	441	172
34	492	341	151	632	460	172	496	360	136
35-39岁	**775**	**526**	**249**	**1193**	**847**	**346**	**929**	**673**	**256**
35	241	158	83	536	385	151	348	249	99
36	137	94	43	251	164	87	271	201	70
37	126	88	38	159	121	38	138	104	34
38	111	78	33	122	87	35	93	60	33
39	160	108	52	125	90	35	79	59	20
40-44岁	**585**	**363**	**222**	**532**	**375**	**157**	**318**	**232**	**86**
40	137	85	52	146	106	40	71	54	17
41	101	61	40	134	98	36	74	53	21
42	131	75	56	92	66	26	66	52	14
43	117	74	43	95	60	35	56	39	17
44	99	68	31	65	45	20	51	34	17
45-49岁	**262**	**174**	**88**	**201**	**137**	**64**	**144**	**111**	**33**
45	71	48	23	71	49	22	49	39	10
46	56	37	19	40	25	15	26	18	8
47	61	42	19	35	22	13	27	20	7
48	40	27	13	39	31	8	20	17	3
49	34	20	14	16	10	6	22	17	5
50岁及以上	**148**	**101**	**47**	**143**	**90**	**53**	**86**	**60**	**26**
平均初婚年龄	**25.10**	**26.16**	**24.03**	**25.27**	**26.35**	**24.16**	**25.19**	**26.33**	**24.02**

5-4 续表 7

单位：人

初婚年龄	初婚年份								
	2000年			2001年			2002年		
	小计	男	女	小计	男	女	小计	男	女
总　计	**61839**	**31576**	**30263**	**42518**	**21456**	**21062**	**48653**	**24584**	**24069**
15岁以下	**168**	**38**	**130**	**92**	**24**	**68**	**97**	**23**	**74**
15-19岁	**6414**	**1762**	**4652**	**4083**	**1043**	**3040**	**4635**	**1236**	**3399**
15	503	126	377	293	79	214	330	89	241
16	747	190	557	421	109	312	500	126	374
17	981	254	727	644	145	499	820	203	617
18	1644	460	1184	1003	270	733	1136	321	815
19	2539	732	1807	1722	440	1282	1849	497	1352
20-24岁	**27182**	**11971**	**15211**	**18376**	**7810**	**10566**	**20868**	**8913**	**11955**
20	3866	1185	2681	2631	783	1848	3001	892	2109
21	4914	1907	3007	3381	1300	2081	3539	1330	2209
22	5607	2523	3084	4079	1801	2278	4663	2087	2576
23	6247	2996	3251	4051	1805	2246	4982	2341	2641
24	6548	3360	3188	4234	2121	2113	4683	2263	2420
25-29岁	**20987**	**12659**	**8328**	**14878**	**8839**	**6039**	**16915**	**10036**	**6879**
25	6144	3416	2728	4233	2287	1946	4481	2384	2097
26	5254	3104	2150	3661	2063	1598	4118	2358	1760
27	4143	2590	1553	2990	1847	1143	3514	2188	1326
28	3060	1954	1106	2215	1431	784	2731	1713	1018
29	2386	1595	791	1779	1211	568	2071	1393	678
30-34岁	**5237**	**3725**	**1512**	**3930**	**2839**	**1091**	**4626**	**3267**	**1359**
30	1820	1254	566	1403	986	417	1501	1032	469
31	1308	942	366	969	684	285	1173	831	342
32	942	674	268	684	508	176	909	643	266
33	621	451	170	542	407	135	591	429	162
34	546	404	142	332	254	78	452	332	120
35-39岁	**1227**	**929**	**298**	**795**	**623**	**172**	**1080**	**806**	**274**
35	396	294	102	262	207	55	304	214	90
36	346	273	73	177	143	34	245	189	56
37	249	192	57	154	112	42	224	171	53
38	157	115	42	132	105	27	171	129	42
39	79	55	24	70	56	14	136	103	33
40-44岁	**332**	**273**	**59**	**172**	**136**	**36**	**205**	**148**	**57**
40	73	55	18	40	32	8	51	33	18
41	70	58	12	32	24	8	35	25	10
42	81	68	13	32	26	6	39	31	8
43	57	47	10	33	28	5	35	25	10
44	51	45	6	35	26	9	45	34	11
45-49岁	**170**	**139**	**31**	**113**	**84**	**29**	**122**	**90**	**32**
45	39	33	6	20	13	7	36	31	5
46	41	31	10	39	28	11	29	19	10
47	33	28	5	26	21	5	19	13	6
48	39	31	8	19	15	4	15	12	3
49	18	16	2	9	7	2	23	15	8
50岁及以上	**122**	**80**	**42**	**79**	**58**	**21**	**105**	**65**	**40**
平均初婚年龄	**24.99**	**26.17**	**23.77**	**25.10**	**26.33**	**23.86**	**25.22**	**26.39**	**24.02**

5-4 续表 8

单位：人

初婚年龄	初婚年份								
	2003年			2004年			2005年		
	小计	男	女	小计	男	女	小计	男	女
总　计	**51595**	**25916**	**25679**	**51203**	**25749**	**25454**	**56893**	**28669**	**28224**
15岁以下	**72**	**17**	**55**	**70**	**19**	**51**	**67**	**3**	**64**
15-19岁	**4781**	**1296**	**3485**	**4624**	**1241**	**3383**	**5384**	**1480**	**3904**
15	311	79	232	269	67	202	304	66	238
16	549	114	435	426	92	334	543	139	404
17	780	201	579	772	197	575	815	195	620
18	1244	354	890	1140	325	815	1467	436	1031
19	1897	548	1349	2017	560	1457	2255	644	1611
20-24岁	**21441**	**8866**	**12575**	**20609**	**8674**	**11935**	**22915**	**9837**	**13078**
20	2823	814	2009	3013	863	2150	3506	1045	2461
21	3737	1326	2411	3330	1241	2089	3939	1510	2429
22	4514	1955	2559	4439	1933	2506	4738	2149	2589
23	5118	2252	2866	4726	2174	2552	5385	2497	2888
24	5249	2519	2730	5101	2463	2638	5347	2636	2711
25-29岁	**18125**	**10609**	**7516**	**18311**	**10411**	**7900**	**19890**	**11367**	**8523**
25	4603	2413	2190	5113	2574	2539	5475	2855	2620
26	4256	2419	1837	4151	2239	1912	4848	2679	2169
27	3769	2219	1550	3599	2134	1465	3839	2157	1682
28	3063	1924	1139	2943	1846	1097	3150	1995	1155
29	2434	1634	800	2505	1618	887	2578	1681	897
30-34岁	**5365**	**3770**	**1595**	**5667**	**3972**	**1695**	**6290**	**4282**	**2008**
30	1779	1221	558	1958	1344	614	1981	1306	675
31	1301	932	369	1297	911	386	1544	1057	487
32	993	688	305	1000	734	266	1163	818	345
33	735	526	209	786	543	243	893	617	276
34	557	403	154	626	440	186	709	484	225
35-39岁	**1252**	**947**	**305**	**1344**	**997**	**347**	**1606**	**1163**	**443**
35	431	305	126	449	322	127	542	380	162
36	253	189	64	336	257	79	394	274	120
37	256	208	48	209	154	55	301	230	71
38	164	132	32	198	151	47	209	155	54
39	148	113	35	152	113	39	160	124	36
40-44岁	**318**	**242**	**76**	**352**	**275**	**77**	**445**	**323**	**122**
40	129	99	30	126	97	29	134	101	33
41	60	48	12	107	83	24	107	76	31
42	47	38	9	51	39	12	112	83	29
43	36	29	7	36	28	8	48	33	15
44	46	28	18	32	28	4	44	30	14
45-49岁	**121**	**90**	**31**	**121**	**90**	**31**	**139**	**104**	**35**
45	39	28	11	28	20	8	28	20	8
46	25	18	7	28	22	6	32	25	7
47	15	14	1	29	23	6	36	28	8
48	22	14	8	19	11	8	23	15	8
49	20	16	4	17	14	3	20	16	4
50岁及以上	**120**	**79**	**41**	**105**	**70**	**35**	**157**	**110**	**47**
平均初婚年龄	**25.44**	**26.68**	**24.19**	**25.56**	**26.78**	**24.33**	**25.55**	**26.74**	**24.35**

5-4 续表 9

单位：人

初婚年龄	初婚年份								
	2006年			2007年			2008年		
	小计	男	女	小计	男	女	小计	男	女
总　计	**60154**	**30014**	**30140**	**58370**	**29170**	**29200**	**69581**	**34562**	**35019**
15岁以下	**64**	**10**	**54**	**46**	**6**	**40**	**52**	**9**	**43**
15-19岁	**4755**	**1264**	**3491**	**4371**	**1161**	**3210**	**4932**	**1330**	**3602**
15	183	37	146	174	33	141	240	51	189
16	434	90	344	311	71	240	380	76	304
17	740	178	562	704	156	548	676	166	510
18	1156	319	837	1123	321	802	1376	379	997
19	2242	640	1602	2059	580	1479	2260	658	1602
20-24岁	**24170**	**9936**	**14234**	**23750**	**9786**	**13964**	**28665**	**11675**	**16990**
20	3572	1038	2534	3391	915	2476	3727	1039	2688
21	4460	1550	2910	4381	1560	2821	5169	1778	3391
22	5106	2212	2894	5451	2434	3017	6466	2763	3703
23	5210	2360	2850	5352	2329	3023	6850	3079	3771
24	5822	2776	3046	5175	2548	2627	6453	3016	3437
25-29岁	**21720**	**12168**	**9552**	**20735**	**11692**	**9043**	**24494**	**13745**	**10749**
25	5685	2837	2848	5358	2679	2679	6038	3017	3021
26	5364	2886	2478	4804	2586	2218	5853	3169	2684
27	4572	2602	1970	4450	2552	1898	5023	2871	2152
28	3381	2056	1325	3533	2196	1337	4233	2581	1652
29	2718	1787	931	2590	1679	911	3347	2107	1240
30-34岁	**6884**	**4796**	**2088**	**6677**	**4491**	**2186**	**7853**	**5297**	**2556**
30	2194	1510	684	2069	1353	716	2412	1553	859
31	1733	1208	525	1605	1098	507	1782	1200	582
32	1292	904	388	1215	820	395	1469	998	471
33	960	681	279	1043	719	324	1159	821	338
34	705	493	212	745	501	244	1031	725	306
35-39岁	**1801**	**1283**	**518**	**1910**	**1397**	**513**	**2328**	**1642**	**686**
35	580	411	169	592	439	153	730	498	232
36	426	296	130	466	322	144	551	394	157
37	354	266	88	380	282	98	450	315	135
38	263	188	75	266	202	64	334	247	87
39	178	122	56	206	152	54	263	188	75
40-44岁	**466**	**361**	**105**	**561**	**440**	**121**	**767**	**555**	**212**
40	142	110	32	148	118	30	243	186	57
41	121	97	24	136	103	33	144	104	40
42	94	66	28	114	93	21	152	111	41
43	72	55	17	90	67	23	120	79	41
44	37	33	4	73	59	14	108	75	33
45-49岁	**143**	**101**	**42**	**135**	**91**	**44**	**248**	**163**	**85**
45	32	24	8	45	33	12	97	61	36
46	35	25	10	22	15	7	61	42	19
47	35	24	11	20	14	6	26	20	6
48	23	16	7	21	14	7	35	27	8
49	18	12	6	27	15	12	29	13	16
50岁及以上	**151**	**95**	**56**	**185**	**106**	**79**	**242**	**146**	**96**
平均初婚年龄	**25.73**	**26.94**	**24.53**	**25.83**	**27.04**	**24.62**	**25.94**	**27.13**	**24.76**

5-4 续表 10

单位：人

初婚年龄	初婚年份								
	2009年			2010年			2011年		
	小计	男	女	小计	男	女	小计	男	女
总　计	**63153**	**31345**	**31808**	**68477**	**34167**	**34310**	**56856**	**28112**	**28744**
15岁以下	**58**	**4**	**54**	**71**	**8**	**63**	**63**	**5**	**58**
15-19岁	**4404**	**1204**	**3200**	**5060**	**1419**	**3641**	**3776**	**1155**	**2621**
15	186	33	153	278	53	225	203	48	155
16	362	80	282	466	115	351	369	99	270
17	665	170	495	813	218	595	587	161	426
18	1046	271	775	1341	401	940	1011	325	686
19	2145	650	1495	2162	632	1530	1606	522	1084
20-24岁	**25699**	**10661**	**15038**	**27876**	**11741**	**16135**	**21546**	**8786**	**12760**
20	3289	954	2335	3828	1101	2727	2521	734	1787
21	4253	1470	2783	4541	1678	2863	3662	1281	2381
22	5926	2623	3303	5966	2622	3344	4618	1960	2658
23	5847	2643	3204	6740	3077	3663	4959	2144	2815
24	6384	2971	3413	6801	3263	3538	5786	2667	3119
25-29岁	**21738**	**11950**	**9788**	**23121**	**12830**	**10291**	**21295**	**11364**	**9931**
25	5717	2782	2935	6531	3351	3180	5779	2763	3016
26	4936	2584	2352	5443	2838	2605	5313	2709	2604
27	4469	2570	1899	4342	2433	1909	4187	2257	1930
28	3649	2150	1499	3866	2374	1492	3207	1914	1293
29	2967	1864	1103	2939	1834	1105	2809	1721	1088
30-34岁	**7566**	**4962**	**2604**	**8078**	**5193**	**2885**	**6899**	**4542**	**2357**
30	2439	1547	892	2552	1638	914	2058	1344	714
31	1738	1147	591	1951	1253	698	1713	1113	600
32	1350	908	442	1450	939	511	1338	869	469
33	1112	740	372	1147	727	420	965	660	305
34	927	620	307	978	636	342	825	556	269
35-39岁	**2464**	**1709**	**755**	**2806**	**1923**	**883**	**2135**	**1441**	**694**
35	740	508	232	807	549	258	612	418	194
36	590	413	177	666	469	197	482	319	163
37	455	312	143	543	372	171	433	292	141
38	358	240	118	447	291	156	304	203	101
39	321	236	85	343	242	101	304	209	95
40-44岁	**824**	**591**	**233**	**914**	**663**	**251**	**706**	**510**	**196**
40	240	170	70	276	193	83	204	137	67
41	184	127	57	216	160	56	171	122	49
42	162	115	47	172	121	51	144	108	36
43	128	101	27	129	103	26	117	92	25
44	110	78	32	121	86	35	70	51	19
45-49岁	**219**	**155**	**64**	**303**	**229**	**74**	**281**	**213**	**68**
45	76	58	18	95	69	26	76	59	17
46	74	49	25	87	71	16	56	42	14
47	39	26	13	65	49	16	68	51	17
48	18	13	5	33	23	10	39	27	12
49	12	9	3	23	17	6	42	34	8
50岁及以上	**181**	**109**	**72**	**248**	**161**	**87**	**155**	**96**	**59**
平均初婚年龄	**26.08**	**27.25**	**24.93**	**26.06**	**27.22**	**24.90**	**26.24**	**27.35**	**25.14**

5-4 续表 11

单位：人

初婚年龄	初婚年份								
	2012年			2013年			2014年		
	小计	男	女	小计	男	女	小计	男	女
总　计	**61427**	**30512**	**30915**	**55326**	**27380**	**27946**	**53406**	**26247**	**27159**
15岁以下	**62**	**8**	**54**	**59**	**7**	**52**	**42**	**3**	**39**
15-19岁	**4034**	**1155**	**2879**	**3604**	**1020**	**2584**	**3263**	**901**	**2362**
15	207	37	170	212	35	177	200	31	169
16	398	97	301	382	89	293	304	75	229
17	666	193	473	656	172	484	586	149	437
18	1050	307	743	880	257	623	844	230	614
19	1713	521	1192	1474	467	1007	1329	416	913
20-24岁	**22042**	**9058**	**12984**	**18742**	**7624**	**11118**	**16499**	**6621**	**9878**
20	2789	815	1974	2278	627	1651	2033	523	1510
21	3207	1122	2085	2934	1002	1932	2453	827	1626
22	4974	2141	2833	3839	1684	2155	3418	1526	1892
23	5350	2369	2981	4690	1991	2699	3752	1587	2165
24	5722	2611	3111	5001	2320	2681	4843	2158	2685
25-29岁	**23709**	**12677**	**11032**	**21631**	**11489**	**10142**	**21931**	**11402**	**10529**
25	6246	3092	3154	5216	2457	2759	5052	2337	2715
26	5721	2911	2810	5367	2742	2625	4994	2405	2589
27	5062	2692	2370	4536	2434	2102	4832	2563	2269
28	3745	2172	1573	3711	2124	1587	3959	2250	1709
29	2935	1810	1125	2801	1732	1069	3094	1847	1247
30-34岁	**7623**	**4984**	**2639**	**7322**	**4621**	**2701**	**7403**	**4595**	**2808**
30	2380	1554	826	2085	1328	757	2221	1389	832
31	1677	1084	593	1744	1114	630	1684	1018	666
32	1535	1020	515	1331	818	513	1414	893	521
33	1153	755	398	1203	777	426	1096	674	422
34	878	571	307	959	584	375	988	621	367
35-39岁	**2520**	**1664**	**856**	**2418**	**1575**	**843**	**2589**	**1601**	**988**
35	687	441	246	662	421	241	760	481	279
36	589	386	203	542	350	192	617	366	251
37	477	327	150	462	298	164	461	280	181
38	447	297	150	398	265	133	400	246	154
39	320	213	107	354	241	113	351	228	123
40-44岁	**874**	**594**	**280**	**920**	**623**	**297**	**1001**	**664**	**337**
40	259	182	77	277	177	100	291	183	108
41	206	138	68	176	125	51	224	158	66
42	166	106	60	176	125	51	196	135	61
43	130	86	44	151	100	51	154	100	54
44	113	82	31	140	96	44	136	88	48
45-49岁	**342**	**240**	**102**	**386**	**267**	**119**	**397**	**281**	**116**
45	79	50	29	109	74	35	110	82	28
46	79	62	17	74	57	17	104	78	26
47	74	56	18	79	56	23	59	40	19
48	56	39	17	68	42	26	70	42	28
49	54	33	21	56	38	18	54	39	15
50岁及以上	**221**	**132**	**89**	**244**	**154**	**90**	**281**	**179**	**102**
平均初婚年龄	**26.45**	**27.53**	**25.37**	**26.73**	**27.85**	**25.63**	**27.07**	**28.17**	**26.00**

5-4 续表 12

单位：人

初婚年龄	初婚年份								
	2015年			2016年			2017年		
	小计	男	女	小计	男	女	小计	男	女
总　计	**53261**	**26019**	**27242**	**44788**	**21956**	**22832**	**41270**	**20309**	**20961**
15岁以下	**46**	**4**	**42**	**39**	**5**	**34**	**51**	**6**	**45**
15–19岁	**3142**	**828**	**2314**	**2502**	**666**	**1836**	**2245**	**582**	**1663**
15	194	29	165	120	22	98	110	24	86
16	327	67	260	282	62	220	241	45	196
17	556	126	430	454	116	338	388	103	285
18	786	239	547	650	180	470	602	177	425
19	1279	367	912	996	286	710	904	233	671
20–24岁	**15321**	**6020**	**9301**	**12441**	**4836**	**7605**	**11060**	**4345**	**6715**
20	1935	477	1458	1552	358	1194	1451	378	1073
21	2282	771	1511	1917	603	1314	1754	585	1169
22	3275	1431	1844	2555	1088	1467	2311	994	1317
23	3630	1497	2133	2925	1243	1682	2492	1025	1467
24	4199	1844	2355	3492	1544	1948	3052	1363	1689
25–29岁	**21878**	**11226**	**10652**	**17816**	**9159**	**8657**	**16349**	**8393**	**7956**
25	5148	2390	2758	3596	1672	1924	3360	1553	1807
26	4821	2327	2494	4283	2113	2170	3554	1716	1838
27	4537	2347	2190	3737	1933	1804	3705	1930	1775
28	4071	2236	1835	3322	1794	1528	3064	1668	1396
29	3301	1926	1375	2878	1647	1231	2666	1526	1140
30–34岁	**8003**	**4907**	**3096**	**7536**	**4509**	**3027**	**7249**	**4362**	**2887**
30	2504	1497	1007	2374	1391	983	2195	1296	899
31	1905	1186	719	1795	1097	698	1725	1045	680
32	1383	872	511	1412	854	558	1406	886	520
33	1237	764	473	1036	619	417	1096	647	449
34	974	588	386	919	548	371	827	488	339
35–39岁	**2805**	**1730**	**1075**	**2634**	**1612**	**1022**	**2531**	**1525**	**1006**
35	863	514	349	749	474	275	721	424	297
36	659	404	255	649	389	260	599	374	225
37	530	341	189	542	325	217	507	291	216
38	407	251	156	377	225	152	411	255	156
39	346	220	126	317	199	118	293	181	112
40–44岁	**1188**	**762**	**426**	**1067**	**665**	**402**	**998**	**632**	**366**
40	347	222	125	311	194	117	257	163	94
41	277	177	100	235	149	86	228	136	92
42	209	134	75	201	128	73	190	122	68
43	189	127	62	174	105	69	173	121	52
44	166	102	64	146	89	57	150	90	60
45–49岁	**520**	**335**	**185**	**419**	**281**	**138**	**444**	**268**	**176**
45	161	99	62	110	75	35	123	78	45
46	123	84	39	97	65	32	93	60	33
47	101	61	40	87	62	25	77	46	31
48	60	42	18	80	53	27	80	47	33
49	75	49	26	45	26	19	71	37	34
50岁及以上	**358**	**207**	**151**	**334**	**223**	**111**	**343**	**196**	**147**
平均初婚年龄	**27.39**	**28.51**	**26.33**	**27.67**	**28.80**	**26.58**	**27.84**	**28.92**	**26.80**

5-4 续表 13

单位：人

初婚年龄	初婚年份								
	2018年			2019年			2020年		
	小计	男	女	小计	男	女	小计	男	女
总 计	**42727**	**20348**	**22379**	**34754**	**16736**	**18018**	**20793**	**10139**	**10654**
15岁以下	**60**	**5**	**55**	**57**	**5**	**52**	**14**	**1**	**13**
15-19岁	**2369**	**588**	**1781**	**1981**	**545**	**1436**	**852**	**228**	**624**
15	186	40	146	140	38	102	64	18	46
16	257	71	186	239	58	181	99	17	82
17	433	89	344	372	93	279	140	38	102
18	596	152	444	500	136	364	204	60	144
19	897	236	661	730	220	510	345	95	250
20-24岁	**10917**	**4008**	**6909**	**8670**	**3193**	**5477**	**5019**	**1921**	**3098**
20	1410	323	1087	1091	257	834	612	98	514
21	1744	533	1211	1398	431	967	743	207	536
22	2266	933	1333	1834	718	1116	1148	510	638
23	2575	989	1586	2010	782	1228	1168	481	687
24	2922	1230	1692	2337	1005	1332	1348	625	723
25-29岁	**16151**	**8009**	**8142**	**12475**	**6246**	**6229**	**6976**	**3475**	**3501**
25	3289	1496	1793	2491	1092	1399	1455	659	796
26	3495	1656	1839	2638	1262	1376	1478	730	748
27	3284	1609	1675	2606	1316	1290	1467	705	762
28	3375	1771	1604	2347	1239	1108	1360	706	654
29	2708	1477	1231	2393	1337	1056	1216	675	541
30-34岁	**8317**	**4861**	**3456**	**6912**	**4066**	**2846**	**4412**	**2551**	**1861**
30	2330	1307	1023	1886	1054	832	1242	711	531
31	2040	1176	864	1524	884	640	1042	621	421
32	1648	1006	642	1410	874	536	808	457	351
33	1312	781	531	1159	687	472	741	426	315
34	987	591	396	933	567	366	579	336	243
35-39岁	**2739**	**1575**	**1164**	**2487**	**1413**	**1074**	**1686**	**950**	**736**
35	740	432	308	709	418	291	486	282	204
36	633	344	289	535	299	236	376	214	162
37	505	299	206	491	279	212	308	178	130
38	465	268	197	377	215	162	266	146	120
39	396	232	164	375	202	173	250	130	120
40-44岁	**1131**	**672**	**459**	**1080**	**610**	**470**	**901**	**486**	**415**
40	297	174	123	278	166	112	226	127	99
41	245	146	99	234	130	104	204	110	94
42	210	124	86	195	99	96	180	90	90
43	183	109	74	202	117	85	135	75	60
44	196	119	77	171	98	73	156	84	72
45-49岁	**517**	**324**	**193**	**561**	**338**	**223**	**463**	**273**	**190**
45	132	78	54	145	87	58	111	62	49
46	115	77	38	111	61	50	114	59	55
47	92	57	35	112	78	34	91	60	31
48	89	58	31	107	62	45	74	44	30
49	89	54	35	86	50	36	73	48	25
50岁及以上	**526**	**306**	**220**	**531**	**320**	**211**	**470**	**254**	**216**
平均初婚年龄	**28.18**	**29.37**	**27.10**	**28.53**	**29.72**	**27.43**	**29.33**	**30.36**	**28.36**

5-4a 分初婚年龄、性别、初婚年份的人口（城市）

单位：人

初婚年龄	初婚年份								
	合计			1980年			1981年		
	合计	男	女	小计	男	女	小计	男	女
总计	**704829**	**341236**	**363593**	**14933**	**6701**	**8232**	**10484**	**4722**	**5762**
15岁以下	**573**	**125**	**448**	**40**	**6**	**34**	**20**	**3**	**17**
15-19岁	**44479**	**12323**	**32156**	**1423**	**379**	**1044**	**1103**	**294**	**809**
15	2103	600	1503	122	36	86	63	16	47
16	3565	933	2632	223	66	157	87	18	69
17	6468	1768	4700	343	87	256	175	49	126
18	11204	3167	8037	327	84	243	358	108	250
19	21139	5855	15284	408	106	302	420	103	317
20-24岁	**277290**	**107722**	**169568**	**7151**	**2511**	**4640**	**5024**	**1772**	**3252**
20	34784	9238	25546	689	183	506	502	126	376
21	45202	15250	29952	1100	363	737	691	213	478
22	60049	24186	35863	1658	589	1069	1039	347	692
23	66696	27350	39346	1836	650	1186	1410	498	912
24	70559	31698	38861	1868	726	1142	1382	588	794
25-29岁	**264795**	**144197**	**120598**	**5291**	**3038**	**2253**	**3650**	**2133**	**1517**
25	70073	34217	35856	1711	831	880	1159	593	566
26	63033	32747	30286	1337	729	608	963	529	434
27	53903	29992	23911	1045	676	369	725	471	254
28	43445	25820	17625	712	466	246	488	334	154
29	34341	21421	12920	486	336	150	315	206	109
30-34岁	**82093**	**53296**	**28797**	**854**	**642**	**212**	**579**	**434**	**145**
30	26407	16923	9484	374	274	100	232	176	56
31	19619	12807	6812	212	159	53	160	120	40
32	15145	9974	5171	146	117	29	98	71	27
33	11620	7563	4057	63	48	15	52	40	12
34	9302	6029	3273	59	44	15	37	27	10
35-39岁	**23014**	**15219**	**7795**	**129**	**95**	**34**	**80**	**66**	**14**
35	6976	4619	2357	44	35	9	22	21	1
36	5442	3583	1859	32	27	5	20	15	5
37	4340	2881	1459	23	17	6	15	11	4
38	3481	2290	1191	20	11	9	13	10	3
39	2775	1846	929	10	5	5	10	9	1
40-44岁	**7641**	**5150**	**2491**	**34**	**25**	**9**	**18**	**13**	**5**
40	2246	1531	715	10	8	2	5	5	
41	1707	1135	572	5	4	1	4	2	2
42	1434	955	479	12	8	4	2	2	
43	1220	816	404	3	1	2	2	1	1
44	1034	713	321	4	4		5	3	2
45-49岁	**2863**	**1897**	**966**	**10**	**5**	**5**	**7**	**6**	**1**
45	812	561	251	3	2	1	2	1	1
46	642	432	210	3	2	1			
47	572	377	195	3	1	2	3	3	
48	440	281	159				1	1	
49	397	246	151	1		1	1	1	
50岁及以上	**2081**	**1307**	**774**	**1**		**1**	**3**	**1**	**2**
平均初婚年龄	**26.10**	**27.21**	**25.06**	**24.52**	**25.68**	**23.58**	**24.50**	**25.68**	**23.53**

5-4a 续表 1

单位：人

初婚年龄	初婚年份								
	1982年			1983年			1984年		
	小计	男	女	小计	男	女	小计	男	女
总 计	**13220**	**6007**	**7213**	**12681**	**5706**	**6975**	**13280**	**6046**	**7234**
15岁以下	**17**	**3**	**14**	**25**	**8**	**17**	**28**	**8**	**20**
15-19岁	**1948**	**528**	**1420**	**1938**	**553**	**1385**	**1959**	**581**	**1378**
15	65	10	55	87	31	56	104	33	71
16	148	42	106	130	33	97	143	40	103
17	291	82	209	274	94	180	246	66	180
18	480	134	346	511	132	379	493	145	348
19	964	260	704	936	263	673	973	297	676
20-24岁	**5990**	**2217**	**3773**	**5876**	**2126**	**3750**	**6723**	**2547**	**4176**
20	883	242	641	1487	461	1026	1459	452	1007
21	820	266	554	1038	346	692	1864	670	1194
22	1098	393	705	1005	356	649	1308	525	783
23	1410	545	865	1101	410	691	1057	397	660
24	1779	771	1008	1245	553	692	1035	503	532
25-29岁	**4357**	**2599**	**1758**	**3930**	**2350**	**1580**	**3612**	**2219**	**1393**
25	1395	701	694	1268	655	613	1027	533	494
26	1074	638	436	988	569	419	975	588	387
27	837	538	299	712	459	253	731	479	252
28	636	426	210	562	376	186	476	335	141
29	415	296	119	400	291	109	403	284	119
30-34岁	**753**	**549**	**204**	**743**	**547**	**196**	**769**	**568**	**201**
30	277	197	80	292	220	72	281	203	78
31	185	129	56	172	121	51	200	149	51
32	137	104	33	128	97	31	115	87	28
33	85	64	21	100	74	26	84	60	24
34	69	55	14	51	35	16	89	69	20
35-39岁	**106**	**80**	**26**	**125**	**92**	**33**	**128**	**83**	**45**
35	39	29	10	45	36	9	40	28	12
36	25	22	3	36	26	10	36	24	12
37	17	15	2	17	11	6	14	6	8
38	18	9	9	14	10	4	19	10	9
39	7	5	2	13	9	4	19	15	4
40-44岁	**37**	**24**	**13**	**39**	**28**	**11**	**41**	**31**	**10**
40	10	6	4	13	11	2	9	6	3
41	8	7	1	14	8	6	10	9	1
42	10	5	5	4	2	2	9	7	2
43	5	3	2	6	6		8	7	1
44	4	3	1	2	1	1	5	2	3
45-49岁	**8**	**5**	**3**	**4**	**2**	**2**	**15**	**8**	**7**
45	6	4	2	1	1		5	3	2
46	1		1	1		1	2	2	
47	1	1		1	1		7	3	4
48							1		1
49				1		1			
50岁及以上	**4**	**2**	**2**	**1**		**1**	**5**	**1**	**4**
平均初婚年龄	**24.28**	**25.52**	**23.25**	**23.98**	**25.26**	**22.93**	**23.79**	**25.01**	**22.76**

5-4a 续表 2

单位：人

初婚年龄	初婚年份								
	1985年			1986年			1987年		
	小计	男	女	小计	男	女	小计	男	女
总 计	**16344**	**7534**	**8810**	**14451**	**6737**	**7714**	**13821**	**6360**	**7461**
15岁以下	**17**	**2**	**15**	**17**	**3**	**14**	**15**	**5**	**10**
15-19岁	**2351**	**735**	**1616**	**1950**	**600**	**1350**	**1718**	**484**	**1234**
15	103	29	74	53	12	41	43	14	29
16	222	69	153	144	33	111	128	31	97
17	301	94	207	344	96	248	260	66	194
18	578	176	402	505	171	334	499	152	347
19	1147	367	780	904	288	616	788	221	567
20-24岁	**8754**	**3413**	**5341**	**8366**	**3380**	**4986**	**8211**	**3324**	**4887**
20	1590	499	1091	1381	436	945	1149	355	794
21	2040	712	1328	1719	624	1095	1564	576	988
22	2500	997	1503	2044	823	1221	1843	736	1107
23	1521	673	848	2088	929	1159	1851	792	1059
24	1103	532	571	1134	568	566	1804	865	939
25-29岁	**3964**	**2494**	**1470**	**3019**	**1977**	**1042**	**2877**	**1826**	**1051**
25	1098	606	492	748	422	326	1043	579	464
26	954	590	364	690	439	251	592	372	220
27	863	575	288	605	415	190	491	328	163
28	592	417	175	553	394	159	413	300	113
29	457	306	151	423	307	116	338	247	91
30-34岁	**991**	**700**	**291**	**851**	**601**	**250**	**760**	**544**	**216**
30	354	249	105	301	212	89	272	201	71
31	259	185	74	203	147	56	177	125	52
32	176	126	50	149	99	50	124	84	40
33	102	75	27	115	84	31	115	81	34
34	100	65	35	83	59	24	72	53	19
35-39岁	**194**	**150**	**44**	**174**	**126**	**48**	**172**	**130**	**42**
35	74	57	17	56	43	13	58	45	13
36	41	34	7	41	28	13	40	31	9
37	32	19	13	31	25	6	36	27	9
38	23	21	2	25	17	8	22	15	7
39	24	19	5	21	13	8	16	12	4
40-44岁	**42**	**27**	**15**	**55**	**35**	**20**	**42**	**31**	**11**
40	13	6	7	20	10	10	13	10	3
41	13	10	3	8	5	3	7	5	2
42	9	6	3	13	9	4	11	7	4
43	4	4		8	7	1	5	4	1
44	3	1	2	6	4	2	6	5	1
45-49岁	**19**	**7**	**12**	**13**	**11**	**2**	**15**	**9**	**6**
45	5	2	3	6	6		5	1	4
46	7	2	5	3	2	1	5	5	
47	3		3	2	1	1	3	2	1
48				2	2				
49	4	3	1				2	1	1
50岁及以上	**12**	**6**	**6**	**6**	**4**	**2**	**11**	**7**	**4**
平均初婚年龄	**23.78**	**24.94**	**22.78**	**23.77**	**24.93**	**22.76**	**23.85**	**24.97**	**22.89**

5-4a 续表 3 单位：人

初婚年龄	初婚年份								
	1988年			1989年			1990年		
	小计	男	女	小计	男	女	小计	男	女
总 计	**15034**	**7032**	**8002**	**14381**	**6825**	**7556**	**17016**	**8164**	**8852**
15岁以下	**21**	**4**	**17**	**16**	**3**	**13**	**33**	**6**	**27**
15-19岁	**1787**	**525**	**1262**	**1650**	**488**	**1162**	**1969**	**570**	**1399**
15	64	20	44	74	13	61	111	36	75
16	112	31	81	97	28	69	146	42	104
17	215	65	150	244	66	178	277	78	199
18	462	131	331	443	138	305	513	158	355
19	934	278	656	792	243	549	922	256	666
20-24岁	**8704**	**3633**	**5071**	**7887**	**3340**	**4547**	**9285**	**4001**	**5284**
20	1296	443	853	1263	438	825	1376	454	922
21	1496	574	922	1448	565	883	1843	767	1076
22	1960	799	1161	1734	711	1023	2103	909	1194
23	2039	900	1139	1808	828	980	1982	882	1100
24	1913	917	996	1634	798	836	1981	989	992
25-29岁	**3458**	**2098**	**1360**	**3808**	**2251**	**1557**	**4618**	**2754**	**1864**
25	1545	872	673	1492	818	674	1585	861	724
26	735	441	294	1164	669	495	1250	741	509
27	465	286	179	576	372	204	996	626	370
28	379	274	105	298	186	112	489	321	168
29	334	225	109	278	206	72	298	205	93
30-34岁	**822**	**588**	**234**	**720**	**526**	**194**	**752**	**559**	**193**
30	256	185	71	201	154	47	214	152	62
31	211	139	72	209	156	53	157	123	34
32	142	107	35	133	95	38	169	122	47
33	119	88	31	95	66	29	114	87	27
34	94	69	25	82	55	27	98	75	23
35-39岁	**179**	**138**	**41**	**223**	**160**	**63**	**251**	**198**	**53**
35	67	46	21	78	49	29	75	63	12
36	47	42	5	62	50	12	63	52	11
37	29	23	6	29	21	8	52	35	17
38	19	13	6	32	23	9	23	17	6
39	17	14	3	22	17	5	38	31	7
40-44岁	**37**	**28**	**9**	**53**	**42**	**11**	**71**	**48**	**23**
40	7	6	1	20	17	3	30	21	9
41	11	7	4	9	8	1	16	11	5
42	8	6	2	10	8	2	6	3	3
43	8	6	2	9	5	4	9	6	3
44	3	3		5	4	1	10	7	3
45-49岁	**18**	**13**	**5**	**10**	**7**	**3**	**23**	**18**	**5**
45	3	3		3	1	2	8	7	1
46	9	7	2	1		1	3	2	1
47	2		2	3	3				
48	1	1		2	2		7	6	1
49	3	2	1	1	1		5	3	2
50岁及以上	**8**	**5**	**3**	**14**	**8**	**6**	**14**	**10**	**4**
平均初婚年龄	**23.90**	**24.89**	**23.02**	**24.03**	**25.01**	**23.14**	**24.04**	**25.05**	**23.11**

5-4a　续表 4　　　　单位：人

初婚年龄	初婚年份								
	1991年			1992年			1993年		
	小计	男	女	小计	男	女	小计	男	女
总　计	**11288**	**5400**	**5888**	**13955**	**6702**	**7253**	**14150**	**6786**	**7364**
15岁以下	**9**	**1**	**8**	**14**	**4**	**10**	**11**	**3**	**8**
15-19岁	**1099**	**303**	**796**	**1234**	**332**	**902**	**1156**	**304**	**852**
15	62	19	43	55	18	37	55	17	38
16	72	20	52	71	16	55	66	20	46
17	142	40	102	189	47	142	148	32	116
18	277	75	202	318	79	239	272	77	195
19	546	149	397	601	172	429	615	158	457
20-24岁	**5984**	**2433**	**3551**	**7362**	**2994**	**4368**	**7382**	**2940**	**4442**
20	835	264	571	961	269	692	960	251	709
21	1068	374	694	1309	480	829	1195	423	772
22	1420	600	820	1602	664	938	1608	651	957
23	1439	595	844	1902	831	1071	1800	719	1081
24	1222	600	622	1588	750	838	1819	896	923
25-29岁	**3508**	**2145**	**1363**	**4382**	**2693**	**1689**	**4420**	**2714**	**1706**
25	1144	633	511	1331	727	604	1450	773	677
26	899	524	375	1125	694	431	987	611	376
27	693	438	255	833	525	308	877	585	292
28	538	385	153	616	419	197	636	415	221
29	234	165	69	477	328	149	470	330	140
30-34岁	**471**	**360**	**111**	**635**	**451**	**184**	**806**	**560**	**246**
30	111	82	29	239	162	77	334	225	109
31	111	84	27	122	91	31	171	116	55
32	95	75	20	105	72	33	108	82	26
33	92	70	22	88	63	25	113	85	28
34	62	49	13	81	63	18	80	52	28
35-39岁	**147**	**112**	**35**	**223**	**163**	**60**	**249**	**178**	**71**
35	41	25	16	60	44	16	89	63	26
36	37	33	4	62	48	14	53	40	13
37	33	25	8	37	23	14	42	31	11
38	25	19	6	31	24	7	32	22	10
39	11	10	1	33	24	9	33	22	11
40-44岁	**46**	**32**	**14**	**74**	**45**	**29**	**78**	**60**	**18**
40	10	6	4	26	16	10	25	21	4
41	14	11	3	11	7	4	16	12	4
42	11	6	5	17	9	8	16	11	5
43	3	2	1	9	6	3	14	10	4
44	8	7	1	11	7	4	7	6	1
45-49岁	**14**	**10**	**4**	**14**	**7**	**7**	**23**	**13**	**10**
45	3	2	1	6	3	3	5	3	2
46	1	1		3	2	1	3	2	1
47	4	3	1	2	1	1	4	3	1
48	3	1	2	2		2	6	3	3
49	3	3		1	1		5	2	3
50岁及以上	**10**	**4**	**6**	**17**	**13**	**4**	**25**	**14**	**11**
平均初婚年龄	**24.30**	**25.37**	**23.33**	**24.51**	**25.55**	**23.55**	**24.72**	**25.82**	**23.71**

5-4a 续表 5

单位：人

初婚年龄	初婚年份								
	1994年			1995年			1996年		
	小计	男	女	小计	男	女	小计	男	女
总 计	**13877**	**6678**	**7199**	**17324**	**8445**	**8879**	**15844**	**7721**	**8123**
15岁以下	**14**		**14**	**16**	**4**	**12**	**11**	**6**	**5**
15–19岁	**1039**	**276**	**763**	**1188**	**356**	**832**	**919**	**213**	**706**
15	41	15	26	68	20	48	33	7	26
16	72	14	58	94	25	69	66	11	55
17	110	31	79	153	46	107	140	36	104
18	266	64	202	269	77	192	229	57	172
19	550	152	398	604	188	416	451	102	349
20–24岁	**7068**	**2810**	**4258**	**8508**	**3399**	**5109**	**7522**	**2995**	**4527**
20	953	253	700	1040	273	767	864	212	652
21	1168	445	723	1427	500	927	1292	438	854
22	1560	645	915	1879	771	1108	1715	713	1002
23	1720	705	1015	2012	848	1164	1827	775	1052
24	1667	762	905	2150	1007	1143	1824	857	967
25–29岁	**4498**	**2686**	**1812**	**5892**	**3456**	**2436**	**5676**	**3313**	**2363**
25	1603	874	729	1929	1007	922	1710	894	816
26	1068	606	462	1555	908	647	1485	804	681
27	753	472	281	1035	643	392	1115	674	441
28	633	432	201	752	488	264	791	532	259
29	441	302	139	621	410	211	575	409	166
30–34岁	**922**	**654**	**268**	**1271**	**922**	**349**	**1279**	**910**	**369**
30	347	245	102	468	335	133	425	303	122
31	261	184	77	333	248	85	315	224	91
32	147	110	37	261	184	77	253	173	80
33	92	66	26	120	83	37	173	126	47
34	75	49	26	89	72	17	113	84	29
35–39岁	**180**	**136**	**44**	**255**	**191**	**64**	**223**	**144**	**79**
35	57	45	12	52	39	13	53	37	16
36	40	30	10	59	47	12	49	29	20
37	29	23	6	59	43	16	38	24	14
38	35	24	11	41	30	11	43	31	12
39	19	14	5	44	32	12	40	23	17
40–44岁	**97**	**69**	**28**	**104**	**71**	**33**	**102**	**70**	**32**
40	36	31	5	27	15	12	34	25	9
41	13	9	4	27	21	6	20	15	5
42	21	10	11	17	14	3	19	11	8
43	19	12	7	16	8	8	13	8	5
44	8	7	1	17	13	4	16	11	5
45–49岁	**35**	**26**	**9**	**44**	**25**	**19**	**59**	**38**	**21**
45	10	10		16	10	6	17	11	6
46	4	4		9	5	4	16	14	2
47	8	5	3	6	2	4	10	5	5
48	9	4	5	6	4	2	9	3	6
49	4	3	1	7	4	3	7	5	2
50岁及以上	**24**	**21**	**3**	**46**	**21**	**25**	**53**	**32**	**21**
平均初婚年龄	**24.82**	**25.93**	**23.79**	**25.04**	**26.05**	**24.07**	**25.31**	**26.38**	**24.28**

5-4a 续表 6

单位：人

初婚年龄	初婚年份								
	1997年			1998年			1999年		
	小计	男	女	小计	男	女	小计	男	女
总 计	**16074**	**7894**	**8180**	**17796**	**8724**	**9072**	**16428**	**8131**	**8297**
15岁以下	**16**	**2**	**14**	**12**	**2**	**10**	**22**	**5**	**17**
15-19岁	**823**	**202**	**621**	**938**	**252**	**686**	**883**	**216**	**667**
15	42	15	27	41	18	23	54	14	40
16	52	9	43	80	14	66	74	17	57
17	124	29	95	115	31	84	123	34	89
18	205	42	163	249	71	178	206	41	165
19	400	107	293	453	118	335	426	110	316
20-24岁	**7448**	**2910**	**4538**	**7779**	**3005**	**4774**	**6988**	**2747**	**4241**
20	823	197	626	791	178	613	800	184	616
21	1123	374	749	1134	357	777	1002	308	694
22	1634	653	981	1772	705	1067	1405	572	833
23	1941	777	1164	2024	823	1201	1800	754	1046
24	1927	909	1018	2058	942	1116	1981	929	1052
25-29岁	**6045**	**3576**	**2469**	**6719**	**3878**	**2841**	**6439**	**3704**	**2735**
25	1810	954	856	1951	1008	943	1938	1000	938
26	1531	868	663	1582	855	727	1586	871	715
27	1169	716	453	1343	815	528	1172	662	510
28	889	592	297	1006	644	362	996	653	343
29	646	446	200	837	556	281	747	518	229
30-34岁	**1224**	**858**	**366**	**1705**	**1159**	**546**	**1610**	**1110**	**500**
30	376	264	112	543	364	179	533	351	182
31	291	214	77	374	269	105	417	284	133
32	233	158	75	333	217	116	259	187	72
33	169	115	54	234	155	79	203	148	55
34	155	107	48	221	154	67	198	140	58
35-39岁	**238**	**168**	**70**	**403**	**277**	**126**	**335**	**237**	**98**
35	75	49	26	177	121	56	126	87	39
36	46	33	13	81	52	29	101	73	28
37	40	26	14	64	48	16	43	33	10
38	34	28	6	43	28	15	35	23	12
39	43	32	11	38	28	10	30	21	9
40-44岁	**157**	**95**	**62**	**152**	**97**	**55**	**94**	**67**	**27**
40	41	24	17	39	30	9	19	13	6
41	21	12	9	46	30	16	21	14	7
42	30	20	10	20	9	11	24	19	5
43	37	20	17	31	19	12	20	14	6
44	28	19	9	16	9	7	10	7	3
45-49岁	**85**	**55**	**30**	**49**	**28**	**21**	**39**	**32**	**7**
45	26	18	8	16	8	8	11	9	2
46	12	11	1	10	5	5	4	4	
47	23	12	11	13	8	5	7	6	1
48	10	6	4	7	6	1	8	6	2
49	14	8	6	3	1	2	9	7	2
50岁及以上	**38**	**28**	**10**	**39**	**26**	**13**	**18**	**13**	**5**
平均初婚年龄	**25.51**	**26.59**	**24.46**	**25.74**	**26.80**	**24.72**	**25.66**	**26.78**	**24.57**

5-4a 续表 7

单位：人

初婚年龄	初婚年份								
	2000年			2001年			2002年		
	小计	男	女	小计	男	女	小计	男	女
总 计	**19613**	**9728**	**9885**	**13640**	**6713**	**6927**	**14926**	**7359**	**7567**
15岁以下	**40**	**12**	**28**	**16**	**7**	**9**	**11**	**5**	**6**
15-19岁	**1441**	**396**	**1045**	**851**	**231**	**620**	**894**	**212**	**682**
15	120	37	83	66	24	42	63	16	47
16	158	38	120	96	33	63	106	32	74
17	221	58	163	121	31	90	164	44	120
18	372	104	268	193	54	139	221	52	169
19	570	159	411	375	89	286	340	68	272
20-24岁	**8225**	**3285**	**4940**	**5488**	**2071**	**3417**	**5779**	**2222**	**3557**
20	914	226	688	603	129	474	687	171	516
21	1392	480	912	888	293	595	873	288	585
22	1677	688	989	1231	489	742	1240	496	744
23	2084	895	1189	1328	504	824	1450	611	839
24	2158	996	1162	1438	656	782	1529	656	873
25-29岁	**7455**	**4319**	**3136**	**5496**	**3107**	**2389**	**6035**	**3369**	**2666**
25	2127	1119	1008	1487	728	759	1561	752	809
26	1885	1068	817	1395	763	632	1453	761	692
27	1498	911	587	1111	662	449	1285	766	519
28	1076	644	432	851	523	328	988	587	401
29	869	577	292	652	431	221	748	503	245
30-34岁	**1826**	**1241**	**585**	**1401**	**996**	**405**	**1699**	**1183**	**516**
30	666	432	234	498	350	148	575	386	189
31	482	340	142	336	233	103	412	280	132
32	297	202	95	245	180	65	339	242	97
33	194	133	61	207	159	48	224	165	59
34	187	134	53	115	74	41	149	110	39
35-39岁	**440**	**327**	**113**	**267**	**218**	**49**	**382**	**280**	**102**
35	126	88	38	87	69	18	102	70	32
36	132	103	29	51	43	8	86	65	21
37	87	68	19	53	46	7	75	54	21
38	63	47	16	52	43	9	69	53	16
39	32	21	11	24	17	7	50	38	12
40-44岁	**107**	**88**	**19**	**66**	**45**	**21**	**64**	**46**	**18**
40	29	21	8	15	9	6	19	14	5
41	23	20	3	11	8	3	8	6	2
42	20	18	2	12	8	4	15	13	2
43	17	14	3	11	9	2	10	6	4
44	18	15	3	17	11	6	12	7	5
45-49岁	**57**	**45**	**12**	**30**	**20**	**10**	**27**	**20**	**7**
45	11	9	2	6	2	4	11	10	1
46	14	10	4	10	8	2	7	4	3
47	10	9	1	9	6	3	4	3	1
48	14	11	3	3	2	1	1	1	
49	8	6	2	2	2		4	2	2
50岁及以上	**22**	**15**	**7**	**25**	**18**	**7**	**35**	**22**	**13**
平均初婚年龄	**25.47**	**26.60**	**24.35**	**25.69**	**26.87**	**24.54**	**25.91**	**27.09**	**24.76**

5-4a 续表 8　　　　单位：人

初婚年龄	初婚年份								
	2003年			2004年			2005年		
	小计	男	女	小计	男	女	小计	男	女
总　计	**17336**	**8532**	**8804**	**17504**	**8545**	**8959**	**18956**	**9386**	**9570**
15岁以下	**16**	**6**	**10**	**14**	**4**	**10**	**19**		**19**
15-19岁	**961**	**265**	**696**	**910**	**228**	**682**	**1082**	**316**	**766**
15	71	23	48	44	14	30	65	15	50
16	106	35	71	81	17	64	118	34	84
17	155	44	111	150	41	109	160	46	114
18	233	58	175	179	52	127	278	93	185
19	396	105	291	456	104	352	461	128	333
20-24岁	**6411**	**2345**	**4066**	**6186**	**2315**	**3871**	**6667**	**2586**	**4081**
20	694	162	532	751	168	583	901	225	676
21	993	296	697	870	279	591	1079	351	728
22	1246	467	779	1312	491	821	1325	546	779
23	1658	642	1016	1482	622	860	1658	683	975
24	1820	778	1042	1771	755	1016	1704	781	923
25-29岁	**7113**	**3918**	**3195**	**7226**	**3814**	**3412**	**7649**	**4098**	**3551**
25	1773	824	949	1956	860	1096	1981	950	1031
26	1645	886	759	1601	798	803	1763	897	866
27	1486	821	665	1432	784	648	1544	813	731
28	1253	769	484	1214	725	489	1281	775	506
29	956	618	338	1023	647	376	1080	663	417
30-34岁	**2195**	**1514**	**681**	**2414**	**1630**	**784**	**2623**	**1735**	**888**
30	749	508	241	847	571	276	797	508	289
31	523	374	149	551	360	191	663	449	214
32	422	285	137	425	309	116	479	321	158
33	281	196	85	328	216	112	375	253	122
34	220	151	69	263	174	89	309	204	105
35-39岁	**454**	**344**	**110**	**530**	**381**	**149**	**636**	**441**	**195**
35	155	106	49	180	129	51	224	149	75
36	93	65	28	125	92	33	167	118	49
37	92	76	16	87	59	28	121	87	34
38	61	53	8	79	57	22	64	44	20
39	53	44	9	59	44	15	60	43	17
40-44岁	**111**	**88**	**23**	**149**	**118**	**31**	**186**	**137**	**49**
40	44	35	9	57	44	13	55	42	13
41	24	19	5	45	36	9	48	32	16
42	15	14	1	19	14	5	46	33	13
43	10	8	2	15	12	3	18	15	3
44	18	12	6	13	12	1	19	15	4
45-49岁	**40**	**28**	**12**	**49**	**36**	**13**	**49**	**38**	**11**
45	16	9	7	15	10	5	11	8	3
46	8	7	1	7	4	3	9	7	2
47	4	4		10	8	2	13	11	2
48	8	5	3	10	7	3	8	5	3
49	4	3	1	7	7		8	7	1
50岁及以上	**35**	**24**	**11**	**26**	**19**	**7**	**45**	**35**	**10**
平均初婚年龄	**26.17**	**27.40**	**24.98**	**26.38**	**27.61**	**25.21**	**26.39**	**27.55**	**25.25**

5-4a 续表 9

单位：人

初婚年龄	初婚年份								
	2006年			2007年			2008年		
	小计	男	女	小计	男	女	小计	男	女
总　计	**21788**	**10675**	**11113**	**20423**	**10108**	**10315**	**25474**	**12531**	**12943**
15岁以下	**17**	**3**	**14**	**3**		**3**	**9**	**3**	**6**
15-19岁	**1012**	**287**	**725**	**801**	**202**	**599**	**952**	**252**	**700**
15	29	12	17	29	5	24	39	12	27
16	109	31	78	44	12	32	57	13	44
17	132	35	97	106	23	83	117	31	86
18	239	81	158	177	50	127	264	63	201
19	503	128	375	445	112	333	475	133	342
20-24岁	**7433**	**2697**	**4736**	**7229**	**2760**	**4469**	**9035**	**3417**	**5618**
20	912	192	720	861	182	679	933	226	707
21	1237	362	875	1201	388	813	1477	444	1033
22	1513	588	925	1592	668	924	2028	789	1239
23	1719	676	1043	1745	704	1041	2239	917	1322
24	2052	879	1173	1830	818	1012	2358	1041	1317
25-29岁	**9060**	**4771**	**4289**	**8288**	**4372**	**3916**	**10377**	**5483**	**4894**
25	2148	962	1186	2016	930	1086	2420	1109	1311
26	2226	1109	1117	1836	878	958	2394	1209	1185
27	2010	1064	946	1793	957	836	2161	1144	1017
28	1470	868	602	1514	911	603	1853	1080	773
29	1206	768	438	1129	696	433	1549	941	608
30-34岁	**3155**	**2131**	**1024**	**2919**	**1934**	**985**	**3563**	**2308**	**1255**
30	1035	689	346	900	576	324	1134	685	449
31	756	501	255	699	464	235	809	524	285
32	595	413	182	521	353	168	654	432	222
33	442	313	129	466	318	148	532	369	163
34	327	215	112	333	223	110	434	298	136
35-39岁	**805**	**556**	**249**	**833**	**595**	**238**	**1046**	**729**	**317**
35	260	175	85	266	201	65	313	213	100
36	182	121	61	208	134	74	256	174	82
37	169	125	44	157	111	46	210	151	59
38	115	83	32	120	88	32	143	103	40
39	79	52	27	82	61	21	124	88	36
40-44岁	**192**	**149**	**43**	**232**	**171**	**61**	**311**	**217**	**94**
40	50	39	11	62	48	14	99	76	23
41	52	41	11	53	34	19	57	38	19
42	42	28	14	39	32	7	60	41	19
43	29	24	5	44	30	14	47	26	21
44	19	17	2	34	27	7	48	36	12
45-49岁	**59**	**44**	**15**	**55**	**35**	**20**	**102**	**68**	**34**
45	16	15	1	20	13	7	44	29	15
46	16	10	6	11	9	2	21	15	6
47	10	7	3	9	6	3	13	9	4
48	9	7	2	9	5	4	16	11	5
49	8	5	3	6	2	4	8	4	4
50岁及以上	**55**	**37**	**18**	**63**	**39**	**24**	**79**	**54**	**25**
平均初婚年龄	**26.61**	**27.84**	**25.43**	**26.73**	**27.91**	**25.57**	**26.79**	**27.94**	**25.68**

5-4a 续表 10 单位：人

初婚年龄	初婚年份								
	2009年			2010年			2011年		
	小计	男	女	小计	男	女	小计	男	女
总　计	**24141**	**11870**	**12271**	**25328**	**12499**	**12829**	**23425**	**11450**	**11975**
15岁以下	**14**	**3**	**11**	**8**		**8**	**5**		**5**
15-19岁	**850**	**210**	**640**	**987**	**271**	**716**	**669**	**194**	**475**
15	19	6	13	41	9	32	21	4	17
16	57	13	44	72	18	54	49	15	34
17	118	26	92	151	47	104	100	28	72
18	202	47	155	256	82	174	174	49	125
19	454	118	336	467	115	352	325	98	227
20-24岁	**8385**	**3205**	**5180**	**9128**	**3630**	**5498**	**7481**	**2827**	**4654**
20	865	202	663	1060	271	789	633	147	486
21	1204	361	843	1253	418	835	1061	313	748
22	1872	790	1082	1951	814	1137	1607	642	965
23	2048	843	1205	2319	984	1335	1820	720	1100
24	2396	1009	1387	2545	1143	1402	2360	1005	1355
25-29岁	**9669**	**4992**	**4677**	**9898**	**5174**	**4724**	**10259**	**5172**	**5087**
25	2369	1058	1311	2545	1211	1334	2595	1181	1414
26	2152	1029	1123	2296	1099	1197	2491	1142	1349
27	2064	1094	970	1951	1047	904	2052	1034	1018
28	1716	967	749	1769	1014	755	1645	942	703
29	1368	844	524	1337	803	534	1476	873	603
30-34岁	**3561**	**2299**	**1262**	**3584**	**2241**	**1343**	**3480**	**2209**	**1271**
30	1142	710	432	1154	727	427	1057	663	394
31	835	543	292	850	522	328	833	520	313
32	650	431	219	662	420	242	665	417	248
33	527	345	182	485	300	185	495	318	177
34	407	270	137	433	272	161	430	291	139
35-39岁	**1130**	**782**	**348**	**1198**	**799**	**399**	**998**	**660**	**338**
35	336	232	104	346	232	114	300	197	103
36	279	197	82	273	186	87	201	133	68
37	200	138	62	235	152	83	200	132	68
38	169	111	58	206	135	71	155	105	50
39	146	104	42	138	94	44	142	93	49
40-44岁	**347**	**258**	**89**	**332**	**244**	**88**	**335**	**252**	**83**
40	103	80	23	113	76	37	106	76	30
41	77	52	25	73	57	16	75	53	22
42	62	44	18	63	47	16	75	58	17
43	56	46	10	45	38	7	51	42	9
44	49	36	13	38	26	12	28	23	5
45-49岁	**111**	**77**	**34**	**117**	**85**	**32**	**136**	**98**	**38**
45	39	33	6	35	25	10	34	25	9
46	40	23	17	35	29	6	26	17	9
47	19	11	8	25	17	8	34	24	10
48	8	5	3	16	12	4	20	15	5
49	5	5		6	2	4	22	17	5
50岁及以上	**74**	**44**	**30**	**76**	**55**	**21**	**62**	**38**	**24**
平均初婚年龄	**26.99**	**28.16**	**25.85**	**26.83**	**27.90**	**25.78**	**27.16**	**28.23**	**26.14**

5-4a 续表 11

单位：人

初婚年龄	初婚年份								
	2012年			2013年			2014年		
	小计	男	女	小计	男	女	小计	男	女
总　计	**25303**	**12467**	**12836**	**22839**	**11282**	**11557**	**22629**	**11139**	**11490**
15岁以下	**6**	**1**	**5**	**5**	**2**	**3**	**3**		**3**
15-19岁	**755**	**196**	**559**	**652**	**177**	**475**	**522**	**146**	**376**
15	25	5	20	31	7	24	26	5	21
16	44	9	35	64	13	51	32	10	22
17	97	28	69	94	26	68	80	21	59
18	199	52	147	147	44	103	128	35	93
19	390	102	288	316	87	229	256	75	181
20-24岁	**7600**	**2926**	**4674**	**6539**	**2568**	**3971**	**5785**	**2184**	**3601**
20	760	173	587	591	115	476	524	110	414
21	942	296	646	852	273	579	691	196	495
22	1640	692	948	1273	529	744	1169	506	663
23	1953	781	1172	1770	729	1041	1349	545	804
24	2305	984	1321	2053	922	1131	2052	827	1225
25-29岁	**11321**	**5732**	**5589**	**10384**	**5194**	**5190**	**10820**	**5380**	**5440**
25	2804	1303	1501	2401	1047	1354	2329	1039	1290
26	2710	1278	1432	2568	1215	1353	2500	1110	1390
27	2461	1227	1234	2193	1093	1100	2447	1232	1215
28	1891	1056	835	1829	979	850	2005	1099	906
29	1455	868	587	1393	860	533	1539	900	639
30-34岁	**3824**	**2445**	**1379**	**3462**	**2165**	**1297**	**3578**	**2190**	**1388**
30	1226	792	434	1007	642	365	1087	671	416
31	824	511	313	830	528	302	835	507	328
32	782	515	267	599	369	230	683	433	250
33	556	351	205	588	363	225	517	307	210
34	436	276	160	438	263	175	456	272	184
35-39岁	**1184**	**754**	**430**	**1147**	**733**	**414**	**1241**	**771**	**470**
35	315	199	116	311	189	122	371	241	130
36	286	181	105	257	156	101	308	177	131
37	212	138	74	237	156	81	217	141	76
38	226	147	79	179	119	60	191	109	82
39	145	89	56	163	113	50	154	103	51
40-44岁	**389**	**261**	**128**	**386**	**262**	**124**	**423**	**295**	**128**
40	105	74	31	111	73	38	129	87	42
41	101	65	36	79	54	25	100	70	30
42	69	46	23	68	51	17	78	58	20
43	61	38	23	67	42	25	67	47	20
44	53	38	15	61	42	19	49	33	16
45-49岁	**133**	**99**	**34**	**160**	**116**	**44**	**138**	**95**	**43**
45	30	21	9	46	33	13	32	26	6
46	32	27	5	27	22	5	38	26	12
47	32	26	6	37	27	10	24	16	8
48	16	11	5	23	16	7	25	14	11
49	23	14	9	27	18	9	19	13	6
50岁及以上	**91**	**53**	**38**	**104**	**65**	**39**	**119**	**78**	**41**
平均初婚年龄	**27.30**	**28.30**	**26.33**	**27.53**	**28.54**	**26.55**	**27.84**	**28.81**	**26.91**

5-4a 续表 12 单位：人

初婚年龄	初婚年份								
	2015年			2016年			2017年		
	小计	男	女	小计	男	女	小计	男	女
总 计	**22263**	**10903**	**11360**	**18890**	**9308**	**9582**	**17326**	**8592**	**8734**
15岁以下	**3**		**3**	**2**	**1**	**1**	**2**		**2**
15-19岁	**542**	**142**	**400**	**405**	**108**	**297**	**367**	**103**	**264**
15	26	4	22	14	2	12	6	2	4
16	31	5	26	27	5	22	34	7	27
17	77	15	62	63	16	47	46	16	30
18	114	33	81	97	24	73	96	32	64
19	294	85	209	204	61	143	185	46	139
20-24岁	**5389**	**2092**	**3297**	**4268**	**1596**	**2672**	**3792**	**1454**	**2338**
20	531	117	414	363	56	307	379	74	305
21	672	214	458	556	151	405	498	166	332
22	1106	470	636	848	346	502	803	318	485
23	1333	529	804	1120	471	649	878	351	527
24	1747	762	985	1381	572	809	1234	545	689
25-29岁	**10440**	**5077**	**5363**	**8540**	**4250**	**4290**	**7775**	**3827**	**3948**
25	2314	1017	1297	1614	712	902	1474	647	827
26	2341	1049	1292	2011	959	1052	1676	784	892
27	2205	1087	1118	1854	936	918	1798	891	907
28	1994	1047	947	1668	867	801	1501	773	728
29	1586	877	709	1393	776	617	1326	732	594
30-34岁	**3728**	**2254**	**1474**	**3676**	**2120**	**1556**	**3525**	**2104**	**1421**
30	1140	671	469	1169	651	518	1116	646	470
31	919	578	341	883	529	354	817	509	308
32	666	414	252	676	400	276	665	408	257
33	584	347	237	504	290	214	500	289	211
34	419	244	175	444	250	194	427	252	175
35-39岁	**1320**	**798**	**522**	**1245**	**754**	**491**	**1154**	**683**	**471**
35	416	246	170	326	211	115	338	193	145
36	321	192	129	337	200	137	274	172	102
37	240	146	94	267	155	112	224	132	92
38	173	105	68	182	107	75	187	109	78
39	170	109	61	133	81	52	131	77	54
40-44岁	**504**	**324**	**180**	**469**	**295**	**174**	**426**	**260**	**166**
40	150	93	57	142	95	47	122	74	48
41	116	75	41	109	64	45	90	52	38
42	93	60	33	73	50	23	76	41	35
43	74	48	26	83	51	32	74	50	24
44	71	48	23	62	35	27	64	43	21
45-49岁	**205**	**138**	**67**	**168**	**104**	**64**	**173**	**98**	**75**
45	61	43	18	52	35	17	49	32	17
46	52	34	18	38	24	14	35	24	11
47	30	18	12	32	20	12	35	18	17
48	26	20	6	24	13	11	26	11	15
49	36	23	13	22	12	10	28	13	15
50岁及以上	**132**	**78**	**54**	**117**	**80**	**37**	**112**	**63**	**49**
平均初婚年龄	**28.10**	**29.03**	**27.21**	**28.46**	**29.36**	**27.58**	**28.57**	**29.40**	**27.76**

5-4a 续表 13

单位：人

初婚年龄	初婚年份								
	2018年			2019年			2020年		
	小计	男	女	小计	男	女	小计	男	女
总　计	**17461**	**8437**	**9024**	**14364**	**7055**	**7309**	**8819**	**4342**	**4477**
15岁以下	**6**		**6**						
15-19岁	**319**	**80**	**239**	**296**	**83**	**213**	**136**	**33**	**103**
15	12	1	11	10	4	6	6		6
16	26	7	19	21	6	15	6	1	5
17	47	6	41	39	13	26	16	4	12
18	71	25	46	76	19	57	28	6	22
19	163	41	122	150	41	109	80	22	58
20-24岁	**3669**	**1312**	**2357**	**3020**	**1076**	**1944**	**1769**	**657**	**1112**
20	306	49	257	275	54	221	139	19	120
21	478	135	343	411	114	297	233	57	176
22	731	291	440	611	232	379	387	175	212
23	954	362	592	769	285	484	452	165	287
24	1200	475	725	954	391	563	558	241	317
25-29岁	**7514**	**3655**	**3859**	**5902**	**2935**	**2967**	**3411**	**1654**	**1757**
25	1417	639	778	1133	488	645	672	300	372
26	1604	743	861	1241	585	656	705	339	366
27	1555	717	838	1216	614	602	751	343	408
28	1632	846	786	1147	609	538	693	350	343
29	1306	710	596	1165	639	526	590	322	268
30-34岁	**3905**	**2229**	**1676**	**3301**	**1894**	**1407**	**2157**	**1232**	**925**
30	1108	616	492	944	517	427	626	358	268
31	994	561	433	731	408	323	497	299	198
32	745	452	293	665	394	271	399	217	182
33	613	341	272	520	309	211	354	203	151
34	445	259	186	441	266	175	281	155	126
35-39岁	**1232**	**686**	**546**	**1072**	**616**	**456**	**686**	**388**	**298**
35	335	195	140	325	198	127	216	124	92
36	271	140	131	219	120	99	145	78	67
37	243	137	106	221	128	93	113	63	50
38	207	115	92	173	98	75	120	74	46
39	176	99	77	134	72	62	92	49	43
40-44岁	**466**	**273**	**193**	**414**	**230**	**184**	**359**	**199**	**160**
40	118	71	47	114	62	52	96	55	41
41	98	59	39	89	44	45	85	49	36
42	96	55	41	74	39	35	70	33	37
43	73	41	32	81	53	28	58	27	31
44	81	47	34	56	32	24	50	35	15
45-49岁	**188**	**111**	**77**	**188**	**114**	**74**	**174**	**103**	**71**
45	46	29	17	42	27	15	39	22	17
46	35	18	17	41	22	19	43	22	21
47	41	26	15	35	23	12	41	28	13
48	34	21	13	42	28	14	28	16	12
49	32	17	15	28	14	14	23	15	8
50岁及以上	**162**	**91**	**71**	**171**	**107**	**64**	**127**	**76**	**51**
平均初婚年龄	**28.93**	**29.78**	**28.13**	**29.12**	**30.04**	**28.23**	**29.66**	**30.53**	**28.81**

5-4b 分初婚年龄、性别、初婚年份的人口（镇）

单位：人

初婚年龄	初婚年份								
	合　计			1980年			1981年		
	合计	男	女	小计	男	女	小计	男	女
总　计	**555331**	**271567**	**283764**	**14803**	**7021**	**7782**	**9971**	**4682**	**5289**
15岁以下	**787**	**137**	**650**	**58**	**15**	**43**	**29**	**7**	**22**
15-19岁	**59173**	**17233**	**41940**	**2006**	**571**	**1435**	**1683**	**481**	**1202**
15	2738	648	2090	176	49	127	83	24	59
16	4832	1194	3638	225	54	171	149	40	109
17	8985	2441	6544	480	146	334	276	76	200
18	15708	4436	11272	520	134	386	571	156	415
19	26910	8514	18396	605	188	417	604	185	419
20-24岁	**257888**	**111623**	**146265**	**7713**	**3351**	**4362**	**5069**	**2204**	**2865**
20	39811	12791	27020	879	302	577	594	202	392
21	48396	18651	29745	1421	591	830	807	295	512
22	57660	25933	31727	2009	842	1167	1159	515	644
23	57094	26738	30356	1822	814	1008	1377	615	762
24	54927	27510	27417	1582	802	780	1132	577	555
25-29岁	**170885**	**98847**	**72038**	**4092**	**2431**	**1661**	**2629**	**1602**	**1027**
25	49850	26594	23256	1407	801	606	869	492	377
26	41351	23295	18056	994	556	438	712	412	300
27	34021	20100	13921	773	481	292	512	326	186
28	25785	16034	9751	540	343	197	323	227	96
29	19878	12824	7054	378	250	128	213	145	68
30-34岁	**46270**	**30434**	**15836**	**717**	**497**	**220**	**457**	**314**	**143**
30	15041	9817	5224	299	197	102	170	121	49
31	11278	7429	3849	185	130	55	127	94	33
32	8463	5594	2869	101	78	23	83	55	28
33	6396	4229	2167	71	52	19	34	15	19
34	5092	3365	1727	61	40	21	43	29	14
35-39岁	**12585**	**8315**	**4270**	**163**	**116**	**47**	**78**	**59**	**19**
35	3857	2531	1326	43	31	12	19	17	2
36	2940	1973	967	40	33	7	15	10	5
37	2404	1574	830	32	22	10	19	16	3
38	1834	1184	650	31	20	11	12	8	4
39	1550	1053	497	17	10	7	13	8	5
40-44岁	**4536**	**2946**	**1590**	**38**	**28**	**10**	**21**	**13**	**8**
40	1304	816	488	12	11	1	10	6	4
41	1030	695	335	5	3	2	3	2	1
42	863	560	303	8	5	3	1		1
43	702	467	235	7	3	4	4	3	1
44	637	408	229	6	6		3	2	1
45-49岁	**1755**	**1175**	**580**	**15**	**11**	**4**	**2**	**1**	**1**
45	466	299	167	5	3	2	1	1	
46	400	273	127	3	3				
47	353	243	110	4	2	2			
48	301	202	99	2	2				
49	235	158	77	1	1		1		1
50岁及以上	**1452**	**857**	**595**	**1**	**1**		**3**	**1**	**2**
平均初婚年龄	**24.96**	**25.99**	**23.98**	**23.88**	**24.86**	**23.00**	**23.68**	**24.68**	**22.80**

5-4b 续表 1

单位：人

初婚年龄	初婚年份								
	1982年			1983年			1984年		
	小计	男	女	小计	男	女	小计	男	女
总　计	**12473**	**5892**	**6581**	**12617**	**5997**	**6620**	**13911**	**6640**	**7271**
15岁以下	**22**	**5**	**17**	**33**	**12**	**21**	**29**	**4**	**25**
15-19岁	**2700**	**840**	**1860**	**2653**	**855**	**1798**	**2842**	**984**	**1858**
15	80	25	55	100	27	73	115	30	85
16	216	54	162	188	48	140	195	50	145
17	404	120	284	351	108	243	417	150	267
18	718	204	514	712	216	496	783	246	537
19	1282	437	845	1302	456	846	1332	508	824
20-24岁	**6047**	**2712**	**3335**	**6097**	**2729**	**3368**	**7551**	**3378**	**4173**
20	1241	483	758	1814	678	1136	1967	706	1261
21	963	367	596	1319	552	767	2267	994	1273
22	1167	515	652	999	480	519	1571	779	792
23	1241	613	628	940	470	470	920	448	472
24	1435	734	701	1025	549	476	826	451	375
25-29岁	**2994**	**1843**	**1151**	**3088**	**1894**	**1194**	**2736**	**1750**	**986**
25	1063	617	446	1063	598	465	842	514	328
26	662	402	260	752	478	274	749	472	277
27	581	364	217	538	343	195	535	353	182
28	399	266	133	433	277	156	348	226	122
29	289	194	95	302	198	104	262	185	77
30-34岁	**548**	**379**	**169**	**575**	**389**	**186**	**567**	**390**	**177**
30	188	129	59	205	134	71	191	127	64
31	137	86	51	152	107	45	129	84	45
32	100	75	25	90	60	30	104	75	29
33	77	56	21	72	49	23	72	50	22
34	46	33	13	56	39	17	71	54	17
35-39岁	**109**	**75**	**34**	**117**	**82**	**35**	**133**	**98**	**35**
35	27	22	5	37	27	10	43	30	13
36	25	16	9	21	14	7	34	28	6
37	22	12	10	23	15	8	20	14	6
38	20	14	6	22	16	6	17	12	5
39	15	11	4	14	10	4	19	14	5
40-44岁	**37**	**28**	**9**	**36**	**25**	**11**	**42**	**27**	**15**
40	8	7	1	9	6	3	15	7	8
41	10	6	4	8	6	2	12	10	2
42	9	6	3	10	8	2	9	6	3
43	6	5	1	4	1	3	4	2	2
44	4	4		5	4	1	2	2	
45-49岁	**10**	**6**	**4**	**18**	**11**	**7**	**6**	**6**	
45	4	3	1	4	3	1	1	1	
46	2		2	4	3	1	2	2	
47	1		1	4	2	2	2	2	
48	3	3		5	2	3	1	1	
49				1	1				
50岁及以上	**6**	**4**	**2**				**5**	**3**	**2**
平均初婚年龄	**23.38**	**24.40**	**22.46**	**23.23**	**24.23**	**22.33**	**22.89**	**23.84**	**22.03**

5-4b 续表 2 单位：人

初婚年龄	初婚年份								
	1985年			1986年			1987年		
	小计	男	女	小计	男	女	小计	男	女
总　计	**15957**	**7681**	**8276**	**14088**	**6861**	**7227**	**13053**	**6335**	**6718**
15岁以下	**43**	**7**	**36**	**18**	**3**	**15**	**27**	**5**	**22**
15-19岁	**2959**	**1010**	**1949**	**2650**	**864**	**1786**	**2289**	**749**	**1540**
15	104	27	77	81	22	59	64	15	49
16	231	77	154	165	44	121	149	37	112
17	438	136	302	452	152	300	309	97	212
18	777	234	543	735	219	516	667	195	472
19	1409	536	873	1217	427	790	1100	405	695
20-24岁	**9248**	**4229**	**5019**	**8620**	**4149**	**4471**	**8096**	**3853**	**4243**
20	2034	747	1287	1723	696	1027	1413	541	872
21	2420	1010	1410	1987	892	1095	1709	717	992
22	2557	1312	1245	2069	1008	1061	1929	944	985
23	1431	719	712	1862	981	881	1594	827	767
24	806	441	365	979	572	407	1451	824	627
25-29岁	**2779**	**1800**	**979**	**1971**	**1296**	**675**	**1839**	**1174**	**665**
25	745	448	297	526	323	203	691	390	301
26	674	419	255	415	262	153	330	203	127
27	629	412	217	395	261	134	316	213	103
28	428	305	123	359	261	98	260	186	74
29	303	216	87	276	189	87	242	182	60
30-34岁	**687**	**464**	**223**	**573**	**387**	**186**	**573**	**395**	**178**
30	208	133	75	201	140	61	193	139	54
31	202	135	67	128	85	43	128	87	41
32	127	88	39	104	66	38	104	69	35
33	89	61	28	78	54	24	85	54	31
34	61	47	14	62	42	20	63	46	17
35-39岁	**144**	**101**	**43**	**169**	**109**	**60**	**150**	**111**	**39**
35	45	26	19	49	34	15	55	38	17
36	34	25	9	54	35	19	27	22	5
37	25	23	2	35	20	15	26	18	8
38	26	18	8	17	10	7	29	21	8
39	14	9	5	14	10	4	13	12	1
40-44岁	**61**	**47**	**14**	**64**	**39**	**25**	**47**	**29**	**18**
40	17	13	4	23	12	11	11	5	6
41	17	12	5	12	10	2	15	10	5
42	11	8	3	12	5	7	7	5	2
43	6	5	1	11	9	2	7	4	3
44	10	9	1	6	3	3	7	5	2
45-49岁	**26**	**20**	**6**	**16**	**12**	**4**	**26**	**17**	**9**
45	9	7	2	10	9	1	5	2	3
46	4	3	1				16	11	5
47	4	3	1	2	1	1	1	1	
48	4	3	1	3	2	1	3	2	1
49	5	4	1	1		1	1	1	
50岁及以上	**10**	**3**	**7**	**7**	**2**	**5**	**6**	**2**	**4**
平均初婚年龄	**23.00**	**23.93**	**22.14**	**22.98**	**23.81**	**22.19**	**23.14**	**24.02**	**22.32**

5-4b 续表 3

单位：人

初婚年龄	初婚年份								
	1988年			1989年			1990年		
	小计	男	女	小计	男	女	小计	男	女
总　计	**14383**	**6980**	**7403**	**13360**	**6619**	**6741**	**16798**	**8349**	**8449**
15岁以下	**18**	**3**	**15**	**16**	**4**	**12**	**32**	**3**	**29**
15-19岁	**2346**	**772**	**1574**	**2001**	**631**	**1370**	**2490**	**760**	**1730**
15	81	20	61	72	13	59	133	34	99
16	138	33	105	159	38	121	213	55	158
17	271	69	202	272	75	197	362	107	255
18	654	216	438	529	167	362	665	183	482
19	1202	434	768	969	338	631	1117	381	736
20-24岁	**8731**	**4081**	**4650**	**8027**	**3799**	**4228**	**9807**	**4639**	**5168**
20	1563	581	982	1466	543	923	1745	600	1145
21	1798	781	1017	1664	700	964	2104	945	1159
22	2066	1000	1066	1697	829	868	2217	1090	1127
23	1812	937	875	1730	910	820	1868	953	915
24	1492	782	710	1470	817	653	1873	1051	822
25-29岁	**2516**	**1564**	**952**	**2626**	**1668**	**958**	**3707**	**2390**	**1317**
25	1171	701	470	1108	654	454	1423	858	565
26	622	397	225	836	547	289	1018	653	365
27	288	180	108	376	254	122	741	503	238
28	242	154	88	158	106	52	361	257	104
29	193	132	61	148	107	41	164	119	45
30-34岁	**565**	**410**	**155**	**433**	**326**	**107**	**487**	**355**	**132**
30	204	150	54	127	99	28	134	92	42
31	134	91	43	111	80	31	117	90	27
32	84	64	20	77	57	20	99	68	31
33	82	62	20	60	51	9	80	60	20
34	61	43	18	58	39	19	57	45	12
35-39岁	**137**	**103**	**34**	**173**	**128**	**45**	**154**	**118**	**36**
35	38	27	11	47	34	13	36	29	7
36	30	24	6	51	41	10	39	28	11
37	21	14	7	32	22	10	38	34	4
38	23	18	5	24	19	5	23	15	8
39	25	20	5	19	12	7	18	12	6
40-44岁	**41**	**29**	**12**	**49**	**38**	**11**	**66**	**43**	**23**
40	8	4	4	19	15	4	21	13	8
41	12	8	4	9	8	1	14	11	3
42	11	9	2	9	7	2	9	6	3
43	4	4		5	3	2	11	7	4
44	6	4	2	7	5	2	11	6	5
45-49岁	**18**	**13**	**5**	**22**	**17**	**5**	**39**	**29**	**10**
45	4	3	1	6	4	2	10	6	4
46	3	3		6	4	2	5	4	1
47	7	4	3	5	5		8	7	1
48	2	1	1	4	3	1	9	6	3
49	2	2		1	1		7	6	1
50岁及以上	**11**	**5**	**6**	**13**	**8**	**5**	**16**	**12**	**4**
平均初婚年龄	**23.19**	**24.01**	**22.41**	**23.33**	**24.24**	**22.45**	**23.38**	**24.30**	**22.46**

5–4b 续表 4

单位：人

初婚年龄	初婚年份								
	1991年			1992年			1993年		
	小计	男	女	小计	男	女	小计	男	女
总　计	**10460**	**5123**	**5337**	**12582**	**6240**	**6342**	**12586**	**6170**	**6416**
15岁以下	**18**	**4**	**14**	**15**	**1**	**14**	**12**	**4**	**8**
15–19岁	**1410**	**412**	**998**	**1462**	**410**	**1052**	**1396**	**360**	**1036**
15	64	18	46	43	10	33	61	14	47
16	97	20	77	121	26	95	100	15	85
17	219	66	153	212	43	169	196	54	142
18	372	108	264	393	106	287	372	107	265
19	658	200	458	693	225	468	667	170	497
20–24岁	**5960**	**2742**	**3218**	**7105**	**3259**	**3846**	**7010**	**3146**	**3864**
20	1007	354	653	1073	360	713	1052	322	730
21	1256	540	716	1379	558	821	1340	556	784
22	1434	681	753	1619	758	861	1596	726	870
23	1244	619	625	1679	860	819	1621	813	808
24	1019	548	471	1355	723	632	1401	729	672
25–29岁	**2580**	**1618**	**962**	**3373**	**2134**	**1239**	**3417**	**2126**	**1291**
25	898	517	381	1141	675	466	1212	690	522
26	691	433	258	876	555	321	777	482	295
27	497	328	169	672	429	243	660	418	242
28	331	219	112	376	264	112	477	333	144
29	163	121	42	308	211	97	291	203	88
30–34岁	**282**	**196**	**86**	**392**	**272**	**120**	**486**	**345**	**141**
30	73	54	19	129	90	39	218	151	67
31	45	28	17	76	50	26	119	82	37
32	59	46	13	67	47	20	62	44	18
33	50	32	18	59	44	15	43	30	13
34	55	36	19	61	41	20	44	38	6
35–39岁	**136**	**96**	**40**	**153**	**107**	**46**	**145**	**108**	**37**
35	32	22	10	52	37	15	47	37	10
36	39	27	12	26	19	7	32	24	8
37	30	24	6	24	16	8	30	20	10
38	21	13	8	32	23	9	18	12	6
39	14	10	4	19	12	7	18	15	3
40–44岁	**48**	**36**	**12**	**52**	**34**	**18**	**82**	**57**	**25**
40	9	7	2	13	8	5	26	16	10
41	16	14	2	13	7	6	17	13	4
42	8	4	4	11	9	2	15	13	2
43	8	5	3	8	4	4	18	11	7
44	7	6	1	7	6	1	6	4	2
45–49岁	**15**	**10**	**5**	**19**	**16**	**3**	**18**	**9**	**9**
45	2	2		2	2		8	4	4
46	5	3	2	7	5	2	4	1	3
47	5	3	2	4	3	1	3	3	
48	2	1	1	3	3		3	1	2
49	1	1		3	3				
50岁及以上	**11**	**9**	**2**	**11**	**7**	**4**	**20**	**15**	**5**
平均初婚年龄	**23.62**	**24.54**	**22.74**	**23.89**	**24.80**	**22.99**	**24.05**	**25.03**	**23.10**

5-4b 续表 5

单位：人

初婚年龄	初婚年份								
	1994年			1995年			1996年		
	小计	男	女	小计	男	女	小计	男	女
总　计	**12572**	**6275**	**6297**	**15396**	**7714**	**7682**	**14031**	**6990**	**7041**
15岁以下	**11**	**2**	**9**	**11**	**1**	**10**	**18**	**2**	**16**
15-19岁	**1216**	**319**	**897**	**1370**	**358**	**1012**	**1210**	**330**	**880**
15	39	7	32	71	13	58	59	16	43
16	78	18	60	122	31	91	93	22	71
17	146	30	116	200	51	149	174	35	139
18	308	92	216	322	74	248	289	85	204
19	645	172	473	655	189	466	595	172	423
20-24岁	**6779**	**3070**	**3709**	**8049**	**3635**	**4414**	**7185**	**3199**	**3986**
20	992	321	671	1150	367	783	930	265	665
21	1232	487	745	1568	598	970	1351	496	855
22	1477	681	796	1739	790	949	1651	752	899
23	1582	773	809	1800	894	906	1698	833	865
24	1496	808	688	1792	986	806	1555	853	702
25-29岁	**3721**	**2300**	**1421**	**4761**	**2885**	**1876**	**4344**	**2618**	**1726**
25	1243	711	532	1572	864	708	1371	764	607
26	911	548	363	1208	702	506	1045	598	447
27	709	453	256	910	596	314	896	563	333
28	519	341	178	587	395	192	613	424	189
29	339	247	92	484	328	156	419	269	150
30-34岁	**592**	**413**	**179**	**871**	**609**	**262**	**924**	**608**	**316**
30	233	165	68	314	214	100	350	228	122
31	180	124	56	227	156	71	222	152	70
32	89	55	34	181	130	51	157	106	51
33	46	34	12	98	72	26	123	75	48
34	44	35	9	51	37	14	72	47	25
35-39岁	**145**	**106**	**39**	**190**	**134**	**56**	**160**	**118**	**42**
35	35	27	8	51	36	15	30	23	7
36	35	24	11	45	29	16	28	18	10
37	33	24	9	41	28	13	40	25	15
38	18	14	4	24	17	7	38	32	6
39	24	17	7	29	24	5	24	20	4
40-44岁	**61**	**37**	**24**	**82**	**51**	**31**	**93**	**57**	**36**
40	19	10	9	13	9	4	21	15	6
41	11	7	4	19	14	5	25	12	13
42	12	7	5	24	13	11	18	12	6
43	8	7	1	14	9	5	15	11	4
44	11	6	5	12	6	6	14	7	7
45-49岁	**25**	**17**	**8**	**25**	**19**	**6**	**51**	**30**	**21**
45	7	5	2	7	5	2	14	9	5
46	3	3		5	5		12	6	6
47	5	2	3	5	4	1	8	5	3
48	6	5	1	1		1	10	6	4
49	4	2	2	7	5	2	7	4	3
50岁及以上	**22**	**11**	**11**	**37**	**22**	**15**	**46**	**28**	**18**
平均初婚年龄	**24.33**	**25.24**	**23.42**	**24.52**	**25.47**	**23.56**	**24.74**	**25.68**	**23.80**

5-4b 续表 6

单位：人

初婚年龄	初婚年份								
	1997年			1998年			1999年		
	小计	男	女	小计	男	女	小计	男	女
总　计	**13553**	**6789**	**6764**	**15289**	**7672**	**7617**	**13078**	**6539**	**6539**
15岁以下	**11**		**11**	**21**	**3**	**18**	**27**	**4**	**23**
15-19岁	**1139**	**277**	**862**	**1243**	**322**	**921**	**1031**	**247**	**784**
15	50	10	40	59	11	48	46	15	31
16	78	16	62	89	21	68	79	14	65
17	160	33	127	182	34	148	165	38	127
18	315	70	245	313	71	242	278	59	219
19	536	148	388	600	185	415	463	121	342
20-24岁	**6781**	**2967**	**3814**	**7390**	**3223**	**4167**	**6018**	**2613**	**3405**
20	871	261	610	896	229	667	807	227	580
21	1149	428	721	1212	442	770	1000	373	627
22	1584	715	869	1648	727	921	1192	515	677
23	1601	751	850	1827	883	944	1463	706	757
24	1576	812	764	1807	942	865	1556	792	764
25-29岁	**4362**	**2693**	**1669**	**5003**	**3017**	**1986**	**4565**	**2694**	**1871**
25	1399	779	620	1553	876	677	1420	804	616
26	1050	651	399	1195	707	488	1076	595	481
27	857	538	319	1001	613	388	886	536	350
28	621	412	209	681	456	225	694	438	256
29	435	313	122	573	365	208	489	321	168
30-34岁	**893**	**615**	**278**	**1214**	**825**	**389**	**1114**	**762**	**352**
30	316	226	90	425	297	128	407	275	132
31	217	147	70	300	192	108	275	188	87
32	149	103	46	209	140	69	187	126	61
33	97	65	32	152	103	49	143	101	42
34	114	74	40	128	93	35	102	72	30
35-39岁	**139**	**90**	**49**	**246**	**169**	**77**	**209**	**141**	**68**
35	50	28	22	111	79	32	76	50	26
36	28	22	6	51	34	17	56	37	19
37	22	15	7	32	21	11	40	28	12
38	12	11	1	26	17	9	21	14	7
39	27	14	13	26	18	8	16	12	4
40-44岁	**133**	**83**	**50**	**110**	**75**	**35**	**61**	**41**	**20**
40	22	14	8	23	18	5	13	10	3
41	22	13	9	33	22	11	18	13	5
42	28	12	16	16	11	5	11	8	3
43	34	25	9	25	14	11	10	7	3
44	27	19	8	13	10	3	9	3	6
45-49岁	**57**	**37**	**20**	**40**	**24**	**16**	**26**	**20**	**6**
45	14	9	5	16	9	7	8	6	2
46	16	11	5	6	4	2	5	5	
47	12	9	3	8	4	4	9	6	3
48	10	6	4	9	7	2	2	2	
49	5	2	3	1		1	2	1	1
50岁及以上	**38**	**27**	**11**	**22**	**14**	**8**	**27**	**17**	**10**
平均初婚年龄	**24.88**	**25.90**	**23.86**	**25.02**	**26.02**	**24.01**	**25.11**	**26.12**	**24.10**

5-4b 续表 7

单位：人

初婚年龄	初婚年份								
	2000年			2001年			2002年		
	小计	男	女	小计	男	女	小计	男	女
总　计	**16280**	**8175**	**8105**	**10953**	**5487**	**5466**	**12904**	**6450**	**6454**
15岁以下	**48**	**14**	**34**	**22**	**4**	**18**	**32**	**7**	**25**
15-19岁	**1585**	**440**	**1145**	**1052**	**271**	**781**	**1260**	**341**	**919**
15	122	26	96	84	21	63	99	30	69
16	199	59	140	111	27	84	113	30	83
17	233	63	170	143	28	115	219	48	171
18	406	104	302	254	71	183	308	88	220
19	625	188	437	460	124	336	521	145	376
20-24岁	**7422**	**3207**	**4215**	**4845**	**2055**	**2790**	**5709**	**2423**	**3286**
20	1058	328	730	670	199	471	784	216	568
21	1317	485	832	886	339	547	918	332	586
22	1534	677	857	1106	475	631	1320	589	731
23	1708	796	912	1063	489	574	1379	630	749
24	1805	921	884	1120	553	567	1308	656	652
25-29岁	**5536**	**3327**	**2209**	**3838**	**2297**	**1541**	**4436**	**2667**	**1769**
25	1696	945	751	1162	660	502	1225	660	565
26	1379	808	571	966	539	427	1088	669	419
27	1091	679	412	742	455	287	944	599	345
28	790	505	285	534	348	186	678	415	263
29	580	390	190	434	295	139	501	324	177
30-34岁	**1298**	**897**	**401**	**958**	**682**	**276**	**1137**	**778**	**359**
30	465	324	141	337	235	102	359	242	117
31	326	212	114	247	175	72	298	207	91
32	233	159	74	150	107	43	226	154	72
33	148	108	40	134	97	37	141	92	49
34	126	94	32	90	68	22	113	83	30
35-39岁	**271**	**198**	**73**	**167**	**123**	**44**	**242**	**174**	**68**
35	98	77	21	49	36	13	59	33	26
36	71	53	18	46	37	9	58	49	9
37	57	39	18	34	20	14	62	45	17
38	29	20	9	22	18	4	31	24	7
39	16	9	7	16	12	4	32	23	9
40-44岁	**59**	**49**	**10**	**28**	**25**	**3**	**43**	**30**	**13**
40	12	9	3	11	10	1	11	5	6
41	12	11	1	6	5	1	10	7	3
42	14	10	4	5	4	1	8	7	1
43	13	11	2	3	3		8	7	1
44	8	8		3	3		6	4	2
45-49岁	**27**	**22**	**5**	**25**	**14**	**11**	**29**	**21**	**8**
45	9	9		7	4	3	8	6	2
46	6	4	2	8	4	4	7	5	2
47	3	2	1	2	1	1	4	3	1
48	7	5	2	5	3	2	5	4	1
49	2	2		3	2	1	5	3	2
50岁及以上	**34**	**21**	**13**	**18**	**16**	**2**	**16**	**9**	**7**
平均初婚年龄	**24.86**	**25.93**	**23.77**	**24.95**	**26.10**	**23.80**	**25.02**	**26.13**	**23.92**

5-4b 续表 8

单位：人

初婚年龄	初婚年份								
	2003年			2004年			2005年		
	小计	男	女	小计	男	女	小计	男	女
总 计	**13605**	**6724**	**6881**	**13470**	**6698**	**6772**	**14946**	**7411**	**7535**
15岁以下	**13**	**1**	**12**	**21**	**5**	**16**	**11**	**1**	**10**
15-19岁	**1268**	**342**	**926**	**1234**	**353**	**881**	**1422**	**384**	**1038**
15	84	21	63	70	15	55	78	16	62
16	132	19	113	102	29	73	122	32	90
17	202	57	145	206	58	148	212	50	162
18	349	98	251	317	100	217	391	117	274
19	501	147	354	539	151	388	619	169	450
20-24岁	**5816**	**2356**	**3460**	**5616**	**2271**	**3345**	**6223**	**2633**	**3590**
20	735	211	524	799	221	578	915	270	645
21	999	334	665	951	331	620	977	384	593
22	1235	526	709	1223	520	703	1338	595	743
23	1384	590	794	1297	578	719	1525	682	843
24	1463	695	768	1346	621	725	1468	702	766
25-29岁	**4851**	**2878**	**1973**	**4851**	**2819**	**2032**	**5275**	**3015**	**2260**
25	1268	683	585	1339	702	637	1457	746	711
26	1179	680	499	1146	622	524	1293	742	551
27	1018	616	402	927	556	371	1017	573	444
28	753	481	272	790	510	280	829	511	318
29	633	418	215	649	429	220	679	443	236
30-34岁	**1252**	**863**	**389**	**1340**	**951**	**389**	**1508**	**1025**	**483**
30	405	266	139	461	317	144	510	334	176
31	319	222	97	313	223	90	356	247	109
32	234	164	70	238	173	65	290	200	90
33	163	117	46	198	142	56	203	146	57
34	131	94	37	130	96	34	149	98	51
35-39岁	**281**	**197**	**84**	**286**	**211**	**75**	**340**	**236**	**104**
35	106	70	36	104	77	27	127	84	43
36	60	41	19	64	46	18	73	47	26
37	55	41	14	47	34	13	67	52	15
38	30	22	8	38	28	10	38	26	12
39	30	23	7	33	26	7	35	27	8
40-44岁	**76**	**54**	**22**	**78**	**59**	**19**	**93**	**65**	**28**
40	35	25	10	20	15	5	33	25	8
41	15	12	3	27	19	8	21	14	7
42	9	7	2	13	10	3	21	13	8
43	7	4	3	10	8	2	10	7	3
44	10	6	4	8	7	1	8	6	2
45-49岁	**25**	**18**	**7**	**20**	**17**	**3**	**27**	**18**	**9**
45	7	4	3	5	5		4	3	1
46	1		1	6	6		8	6	2
47	4	4		2	2		8	5	3
48	6	4	2	3	2	1	6	4	2
49	7	6	1	4	2	2	1		1
50岁及以上	**23**	**15**	**8**	**24**	**12**	**12**	**47**	**34**	**13**
平均初婚年龄	**25.26**	**26.43**	**24.12**	**25.33**	**26.52**	**24.16**	**25.38**	**26.49**	**24.28**

5-4b 续表 9

单位：人

初婚年龄	初婚年份								
	2006年			2007年			2008年		
	小计	男	女	小计	男	女	小计	男	女
总 计	**15778**	**7759**	**8019**	**15580**	**7634**	**7946**	**18699**	**9127**	**9572**
15岁以下	**14**	**1**	**13**	**10**	**2**	**8**	**15**		**15**
15-19岁	**1221**	**312**	**909**	**1170**	**306**	**864**	**1356**	**371**	**985**
15	46	9	37	40	8	32	70	11	59
16	90	19	71	75	21	54	100	20	80
17	196	44	152	172	33	139	175	50	125
18	306	79	227	301	73	228	378	109	269
19	583	161	422	582	171	411	633	181	452
20-24岁	**6700**	**2726**	**3974**	**6640**	**2663**	**3977**	**8121**	**3222**	**4899**
20	960	266	694	937	253	684	1078	293	785
21	1230	420	810	1215	401	814	1503	514	989
22	1407	587	820	1566	644	922	1822	750	1072
23	1443	662	781	1496	663	833	1959	865	1094
24	1660	791	869	1426	702	724	1759	800	959
25-29岁	**5723**	**3220**	**2503**	**5492**	**3120**	**2372**	**6499**	**3709**	**2790**
25	1521	756	765	1474	738	736	1663	846	817
26	1373	748	625	1288	719	569	1587	868	719
27	1200	683	517	1177	670	507	1313	771	542
28	925	563	362	910	556	354	1099	681	418
29	704	470	234	643	437	206	837	543	294
30-34岁	**1634**	**1152**	**482**	**1624**	**1086**	**538**	**1927**	**1295**	**632**
30	503	366	137	500	329	171	593	401	192
31	453	325	128	424	287	137	422	276	146
32	300	202	98	298	196	102	386	256	130
33	223	151	72	227	161	66	277	186	91
34	155	108	47	175	113	62	249	176	73
35-39岁	**344**	**249**	**95**	**438**	**311**	**127**	**499**	**348**	**151**
35	119	85	34	142	99	43	164	108	56
36	91	63	28	101	70	31	114	83	31
37	65	52	13	100	76	24	89	58	31
38	41	27	14	48	35	13	74	56	18
39	28	22	6	47	31	16	58	43	15
40-44岁	**89**	**69**	**20**	**129**	**102**	**27**	**176**	**124**	**52**
40	30	20	10	29	18	11	53	40	13
41	19	17	2	31	27	4	34	23	11
42	15	11	4	35	32	3	33	22	11
43	18	14	4	17	12	5	30	21	9
44	7	7		17	13	4	26	18	8
45-49岁	**21**	**11**	**10**	**33**	**24**	**9**	**51**	**33**	**18**
45	4	1	3	12	10	2	16	10	6
46	3	2	1	3	1	2	13	8	5
47	11	7	4	1	1		5	4	1
48	3	1	2	8	6	2	7	6	1
49				9	6	3	10	5	5
50岁及以上	**32**	**19**	**13**	**44**	**20**	**24**	**55**	**25**	**30**
平均初婚年龄	**25.46**	**26.62**	**24.33**	**25.60**	**26.80**	**24.46**	**25.63**	**26.79**	**24.54**

5–4b 续表 10

单位：人

初婚年龄	初婚年份								
	2009年			2010年			2011年		
	小计	男	女	小计	男	女	小计	男	女
总 计	**16767**	**8200**	**8567**	**18338**	**8966**	**9372**	**14781**	**7184**	**7597**
15岁以下	**15**		**15**	**10**	**2**	**8**	**12**	**2**	**10**
15–19岁	**1199**	**322**	**877**	**1370**	**389**	**981**	**1033**	**291**	**742**
15	46	8	38	58	14	44	48	10	38
16	109	28	81	112	29	83	83	12	71
17	164	45	119	230	58	172	145	36	109
18	267	66	201	368	108	260	273	85	188
19	613	175	438	602	180	422	484	148	336
20–24岁	**7291**	**2989**	**4302**	**7941**	**3271**	**4670**	**6096**	**2446**	**3650**
20	924	278	646	1084	299	785	706	205	501
21	1226	427	799	1292	474	818	1064	359	705
22	1722	745	977	1727	726	1001	1312	538	774
23	1658	719	939	1922	860	1062	1427	614	813
24	1761	820	941	1916	912	1004	1587	730	857
25–29岁	**5640**	**3146**	**2494**	**6085**	**3373**	**2712**	**5401**	**2952**	**2449**
25	1585	760	825	1800	916	884	1571	742	829
26	1325	718	607	1486	770	716	1383	757	626
27	1146	692	454	1115	617	498	1044	562	482
28	876	533	343	956	607	349	770	489	281
29	708	443	265	728	463	265	633	402	231
30–34岁	**1829**	**1204**	**625**	**1990**	**1290**	**700**	**1523**	**1019**	**504**
30	589	370	219	635	411	224	433	289	144
31	429	288	141	491	323	168	400	266	134
32	329	227	102	355	233	122	313	204	109
33	252	167	85	276	172	104	204	147	57
34	230	152	78	233	151	82	173	113	60
35–39岁	**537**	**365**	**172**	**624**	**417**	**207**	**483**	**315**	**168**
35	179	123	56	200	135	65	140	89	51
36	120	84	36	140	98	42	124	84	40
37	91	54	37	115	81	34	96	62	34
38	82	53	29	93	50	43	62	42	20
39	65	51	14	76	53	23	61	38	23
40–44岁	**169**	**115**	**54**	**213**	**155**	**58**	**150**	**98**	**52**
40	53	35	18	70	51	19	37	21	16
41	43	29	14	50	30	20	41	29	12
42	30	21	9	40	30	10	25	15	10
43	26	17	9	25	23	2	26	18	8
44	17	13	4	28	21	7	21	15	6
45–49岁	**43**	**33**	**10**	**52**	**38**	**14**	**54**	**42**	**12**
45	11	8	3	15	9	6	11	8	3
46	16	12	4	13	11	2	12	9	3
47	9	8	1	16	11	5	14	13	1
48	5	4	1	4	3	1	6	3	3
49	2	1	1	4	4		11	9	2
50岁及以上	**44**	**26**	**18**	**53**	**31**	**22**	**29**	**19**	**10**
平均初婚年龄	**25.72**	**26.84**	**24.65**	**25.73**	**26.85**	**24.67**	**25.82**	**26.93**	**24.77**

5-4b 续表 11

单位：人

初婚年龄	初婚年份								
	2012年			2013年			2014年		
	小计	男	女	小计	男	女	小计	男	女
总　计	**16031**	**7842**	**8189**	**14202**	**6823**	**7379**	**13398**	**6446**	**6952**
15岁以下	**14**	**3**	**11**	**17**	**2**	**15**	**11**		**11**
15-19岁	**1080**	**302**	**778**	**983**	**273**	**710**	**826**	**212**	**614**
15	47	12	35	49	6	43	44	9	35
16	91	26	65	102	33	69	72	16	56
17	187	57	130	164	38	126	138	32	106
18	273	77	196	241	69	172	217	58	159
19	482	130	352	427	127	300	355	97	258
20-24岁	**6210**	**2525**	**3685**	**5102**	**2009**	**3093**	**4464**	**1770**	**2694**
20	772	224	548	616	166	450	535	129	406
21	876	277	599	809	260	549	653	226	427
22	1463	602	861	1064	463	601	982	432	550
23	1471	662	809	1251	499	752	1051	446	605
24	1628	760	868	1362	621	741	1243	537	706
25-29岁	**6097**	**3293**	**2804**	**5425**	**2895**	**2530**	**5483**	**2885**	**2598**
25	1685	851	834	1337	626	711	1289	595	694
26	1494	782	712	1344	701	643	1237	598	639
27	1298	690	608	1163	633	530	1182	637	545
28	928	532	396	896	510	386	991	594	397
29	692	438	254	685	425	260	784	461	323
30-34岁	**1721**	**1125**	**596**	**1783**	**1094**	**689**	**1662**	**1014**	**648**
30	540	349	191	525	325	200	537	324	213
31	374	262	112	435	269	166	388	233	155
32	331	219	112	333	199	134	287	176	111
33	260	169	91	273	174	99	233	140	93
34	216	126	90	217	127	90	217	141	76
35-39岁	**598**	**391**	**207**	**529**	**330**	**199**	**583**	**337**	**246**
35	178	112	66	153	94	59	161	92	69
36	149	95	54	113	79	34	140	82	58
37	116	80	36	87	47	40	103	54	49
38	82	57	25	90	57	33	95	50	45
39	73	47	26	86	53	33	84	59	25
40-44岁	**192**	**125**	**67**	**229**	**138**	**91**	**206**	**124**	**82**
40	65	39	26	82	47	35	60	32	28
41	44	31	13	37	25	12	49	33	16
42	34	25	9	45	27	18	45	27	18
43	27	18	9	31	18	13	23	15	8
44	22	12	10	34	21	13	29	17	12
45-49岁	**71**	**47**	**24**	**81**	**53**	**28**	**86**	**60**	**26**
45	14	7	7	14	9	5	30	21	9
46	14	10	4	19	14	5	20	14	6
47	17	13	4	19	10	9	12	6	6
48	14	9	5	19	12	7	9	8	1
49	12	8	4	10	8	2	15	11	4
50岁及以上	**48**	**31**	**17**	**53**	**29**	**24**	**77**	**44**	**33**
平均初婚年龄	**26.10**	**27.15**	**25.10**	**26.44**	**27.49**	**25.47**	**26.77**	**27.79**	**25.82**

5-4b 续表 12

单位：人

初婚年龄	初婚年份								
	2015年			2016年			2017年		
	小计	男	女	小计	男	女	小计	男	女
总　计	**13487**	**6463**	**7024**	**11143**	**5353**	**5790**	**10135**	**4929**	**5206**
15岁以下	**10**		**10**	**6**	**1**	**5**	**10**	**2**	**8**
15-19岁	**753**	**192**	**561**	**594**	**157**	**437**	**535**	**129**	**406**
15	42	5	37	28	3	25	25	4	21
16	77	19	58	62	13	49	60	16	44
17	109	24	85	116	32	84	81	20	61
18	205	53	152	153	43	110	140	35	105
19	320	91	229	235	66	169	229	54	175
20-24岁	**4064**	**1496**	**2568**	**3304**	**1236**	**2068**	**2850**	**1076**	**1774**
20	517	117	400	402	86	316	339	86	253
21	602	192	410	525	168	357	457	139	318
22	859	355	504	688	271	417	581	254	327
23	998	381	617	787	317	470	668	262	406
24	1088	451	637	902	394	508	805	335	470
25-29岁	**5555**	**2881**	**2674**	**4542**	**2322**	**2220**	**4117**	**2162**	**1955**
25	1318	623	695	943	437	506	891	417	474
26	1229	603	626	1143	560	583	921	453	468
27	1170	606	564	922	471	451	906	492	414
28	1006	546	460	828	448	380	752	424	328
29	832	503	329	706	406	300	647	376	271
30-34岁	**2026**	**1235**	**791**	**1737**	**1045**	**692**	**1699**	**1011**	**688**
30	661	388	273	586	353	233	500	305	195
31	478	292	186	409	247	162	429	260	169
32	350	228	122	311	191	120	335	210	125
33	309	194	115	215	126	89	259	141	118
34	228	133	95	216	128	88	176	95	81
35-39岁	**622**	**384**	**238**	**596**	**358**	**238**	**542**	**328**	**214**
35	192	115	77	174	105	69	151	98	53
36	148	91	57	142	84	58	119	67	52
37	121	76	45	115	66	49	118	64	54
38	98	59	39	83	46	37	92	59	33
39	63	43	20	82	57	25	62	40	22
40-44岁	**289**	**167**	**122**	**209**	**124**	**85**	**218**	**132**	**86**
40	81	44	37	63	28	35	60	39	21
41	64	39	25	48	36	12	54	30	24
42	53	27	26	41	27	14	45	28	17
43	48	35	13	31	16	15	28	21	7
44	43	22	21	26	17	9	31	14	17
45-49岁	**102**	**70**	**32**	**89**	**59**	**30**	**94**	**52**	**42**
45	22	12	10	23	16	7	32	15	17
46	22	19	3	23	14	9	16	8	8
47	31	19	12	17	13	4	19	12	7
48	11	6	5	21	13	8	15	11	4
49	16	14	2	5	3	2	12	6	6
50岁及以上	**66**	**38**	**28**	**66**	**51**	**15**	**70**	**37**	**33**
平均初婚年龄	**27.19**	**28.32**	**26.15**	**27.34**	**28.48**	**26.29**	**27.58**	**28.60**	**26.61**

5-4b 续表 13

单位：人

初婚年龄	初婚年份								
	2018年			2019年			2020年		
	小计	男	女	小计	男	女	小计	男	女
总 计	**10479**	**4959**	**5520**	**8454**	**3995**	**4459**	**4940**	**2373**	**2567**
15岁以下	**9**	**1**	**8**	**15**		**15**	**3**		**3**
15-19岁	**542**	**130**	**412**	**424**	**115**	**309**	**170**	**49**	**121**
15	40	10	30	29	7	22	8	3	5
16	54	13	41	60	15	45	21	5	16
17	101	24	77	81	17	64	25	7	18
18	123	22	101	100	26	74	45	13	32
19	224	61	163	154	50	104	71	21	50
20-24岁	**2832**	**1024**	**1808**	**2161**	**789**	**1372**	**1198**	**458**	**740**
20	363	88	275	258	51	207	142	20	122
21	440	124	316	350	100	250	160	43	117
22	628	243	385	420	164	256	283	118	165
23	682	260	422	523	220	303	290	124	166
24	719	309	410	610	254	356	323	153	170
25-29岁	**4085**	**2039**	**2046**	**3162**	**1544**	**1618**	**1689**	**806**	**883**
25	876	382	494	673	280	393	360	153	207
26	905	432	473	641	295	346	351	159	192
27	830	426	404	688	345	343	356	163	193
28	809	428	381	588	297	291	327	166	161
29	665	371	294	572	327	245	295	165	130
30-34岁	**1964**	**1148**	**816**	**1667**	**974**	**693**	**1041**	**595**	**446**
30	595	334	261	437	247	190	285	147	138
31	453	261	192	384	228	156	239	138	101
32	402	231	171	346	206	140	183	107	76
33	304	199	105	297	168	129	189	112	77
34	210	123	87	203	125	78	145	91	54
35-39岁	**585**	**339**	**246**	**561**	**309**	**252**	**407**	**226**	**181**
35	170	99	71	156	85	71	112	61	51
36	150	85	65	119	70	49	88	55	33
37	88	55	33	102	55	47	91	52	39
38	105	57	48	85	46	39	62	28	34
39	72	43	29	99	53	46	54	30	24
40-44岁	**239**	**139**	**100**	**236**	**138**	**98**	**191**	**97**	**94**
40	83	45	38	54	34	20	50	28	22
41	41	26	15	53	30	23	40	21	19
42	34	24	10	45	23	22	34	16	18
43	41	22	19	46	24	22	25	14	11
44	40	22	18	38	27	11	42	18	24
45-49岁	**120**	**75**	**45**	**116**	**68**	**48**	**115**	**75**	**40**
45	31	18	13	27	14	13	27	17	10
46	28	19	9	25	13	12	29	18	11
47	21	13	8	25	17	8	16	13	3
48	25	17	8	19	11	8	21	14	7
49	15	8	7	20	13	7	22	13	9
50岁及以上	**103**	**64**	**39**	**112**	**58**	**54**	**126**	**67**	**59**
平均初婚年龄	**27.87**	**29.06**	**26.81**	**28.36**	**29.49**	**27.36**	**29.44**	**30.49**	**28.46**

5-4c 分初婚年龄、性别、初婚年份的人口（乡村）

单位：人

初婚年龄	初婚年份								
	合　计			1980年			1981年		
	合计	男	女	小计	男	女	小计	男	女
总　计	**940384**	**474020**	**466364**	**33357**	**16108**	**17249**	**20787**	**10090**	**10697**
15岁以下	**2078**	**371**	**1707**	**140**	**35**	**105**	**70**	**12**	**58**
15-19岁	**137915**	**41637**	**96278**	**5219**	**1578**	**3641**	**4161**	**1330**	**2831**
15	7118	1679	5439	430	126	304	219	60	159
16	12844	3122	9722	715	202	513	408	110	298
17	22683	6118	16565	1309	388	921	753	215	538
18	36837	11234	25603	1312	395	917	1312	441	871
19	58433	19484	38949	1453	467	986	1469	504	965
20-24岁	**451818**	**211460**	**240358**	**17341**	**7998**	**9343**	**10344**	**4863**	**5481**
20	81029	29227	51802	2181	833	1348	1360	500	860
21	91944	39432	52512	3263	1413	1850	1715	732	983
22	100667	49325	51342	4539	2043	2496	2277	1044	1233
23	93712	47878	45834	4017	1986	2031	2725	1341	1384
24	84466	45598	38868	3341	1723	1618	2267	1246	1021
25-29岁	**239789**	**145800**	**93989**	**8274**	**4944**	**3330**	**4975**	**3056**	**1919**
25	71357	40746	30611	2826	1598	1228	1619	968	651
26	58103	34600	23503	2101	1263	838	1335	791	544
27	46149	28766	17383	1529	948	581	906	587	319
28	36040	23155	12885	1035	643	392	671	427	244
29	28140	18533	9607	783	492	291	444	283	161
30-34岁	**70662**	**48431**	**22231**	**1741**	**1129**	**612**	**916**	**598**	**318**
30	22117	14975	7142	639	404	235	322	199	123
31	16749	11451	5298	398	272	126	239	152	87
32	13148	9063	4085	295	194	101	163	114	49
33	10337	7130	3207	219	132	87	100	70	30
34	8311	5812	2499	190	127	63	92	63	29
35-39岁	**22487**	**15782**	**6705**	**465**	**313**	**152**	**244**	**174**	**70**
35	6624	4618	2006	135	80	55	75	51	24
36	5315	3726	1589	129	95	34	62	46	16
37	4183	2992	1191	86	67	19	47	40	7
38	3431	2428	1003	60	39	21	32	18	14
39	2934	2018	916	55	32	23	28	19	9
40-44岁	**8792**	**6112**	**2680**	**133**	**87**	**46**	**66**	**51**	**15**
40	2446	1706	740	53	37	16	20	15	5
41	1942	1361	581	31	18	13	18	14	4
42	1794	1243	551	26	19	7	16	11	5
43	1399	979	420	17	10	7	8	8	
44	1211	823	388	6	3	3	4	3	1
45-49岁	**3758**	**2581**	**1177**	**33**	**17**	**16**	**10**	**5**	**5**
45	1060	725	335	10	6	4	2	1	1
46	886	626	260	5	4	1	1		1
47	677	474	203	12	5	7	1		1
48	613	408	205	3	2	1	3	2	1
49	522	348	174	3		3	3	2	1
50岁及以上	**3085**	**1846**	**1239**	**11**	**7**	**4**	**1**	**1**	
平均初婚年龄	**24.49**	**25.61**	**23.35**	**23.74**	**24.63**	**22.91**	**23.48**	**24.42**	**22.59**

5-4c 续表 1

单位：人

初婚年龄	1982年 小计	1982年 男	1982年 女	1983年 小计	1983年 男	1983年 女	1984年 小计	1984年 男	1984年 女
总 计	**26936**	**13101**	**13835**	**27315**	**13310**	**14005**	**29186**	**14405**	**14781**
15岁以下	**94**	**16**	**78**	**108**	**24**	**84**	**67**	**13**	**54**
15-19岁	**6796**	**2249**	**4547**	**6600**	**2226**	**4374**	**6728**	**2324**	**4404**
15	277	86	191	295	88	207	356	106	250
16	602	164	438	500	124	376	520	156	364
17	1042	314	728	1052	314	738	959	298	661
18	1820	566	1254	1772	582	1190	1902	633	1269
19	3055	1119	1936	2981	1118	1863	2991	1131	1860
20-24岁	**12235**	**5950**	**6285**	**12913**	**6192**	**6721**	**15324**	**7388**	**7936**
20	2759	1137	1622	4114	1699	2415	4241	1741	2500
21	1964	858	1106	2891	1295	1596	4642	2172	2470
22	2258	1102	1156	1994	1006	988	3118	1631	1487
23	2527	1347	1180	1929	1042	887	1751	941	810
24	2727	1506	1221	1985	1150	835	1572	903	669
25-29岁	**6136**	**3766**	**2370**	**5930**	**3703**	**2227**	**5329**	**3498**	**1831**
25	2165	1277	888	2100	1262	838	1485	937	548
26	1458	907	551	1478	909	569	1466	961	505
27	1069	670	399	1038	672	366	1017	681	336
28	849	531	318	753	500	253	773	515	258
29	595	381	214	561	360	201	588	404	184
30-34岁	**1255**	**837**	**418**	**1302**	**854**	**448**	**1286**	**875**	**411**
30	433	295	138	426	281	145	459	329	130
31	322	212	110	313	199	114	288	185	103
32	245	152	93	246	159	87	202	144	58
33	151	104	47	187	123	64	191	123	68
34	104	74	30	130	92	38	146	94	52
35-39岁	**314**	**211**	**103**	**330**	**225**	**105**	**308**	**207**	**101**
35	92	67	25	98	65	33	85	62	23
36	79	51	28	82	61	21	74	46	28
37	50	37	13	61	34	27	56	39	17
38	51	34	17	40	27	13	49	31	18
39	42	22	20	49	38	11	44	29	15
40-44岁	**87**	**61**	**26**	**97**	**67**	**30**	**97**	**70**	**27**
40	30	21	9	33	23	10	38	24	14
41	16	11	5	23	15	8	22	19	3
42	16	10	6	13	8	5	11	9	2
43	12	9	3	15	13	2	17	11	6
44	13	10	3	13	8	5	9	7	2
45-49岁	**12**	**6**	**6**	**26**	**17**	**9**	**32**	**20**	**12**
45	2	1	1	9	7	2	10	6	4
46	2	1	1	5	4	1	6	5	1
47	3	2	1	7	4	3	4	1	3
48	4	2	2	3	2	1	8	6	2
49	1		1	2		2	4	2	2
50岁及以上	**7**	**5**	**2**	**9**	**2**	**7**	**15**	**10**	**5**
平均初婚年龄	**23.17**	**24.13**	**22.25**	**22.98**	**23.95**	**22.07**	**22.78**	**23.70**	**21.88**

5-4c 续表 2

单位：人

初婚年龄	初婚年份								
	1985年			1986年			1987年		
	小计	男	女	小计	男	女	小计	男	女
总　计	**34092**	**16849**	**17243**	**30801**	**15256**	**15545**	**28697**	**14211**	**14486**
15岁以下	**78**	**24**	**54**	**56**	**9**	**47**	**54**	**20**	**34**
15-19岁	**7585**	**2609**	**4976**	**6580**	**2256**	**4324**	**5835**	**1980**	**3855**
15	356	94	262	216	43	173	218	46	172
16	738	199	539	528	149	379	417	131	286
17	1186	359	827	1144	357	787	889	259	630
18	1911	662	1249	1864	647	1217	1733	584	1149
19	3394	1295	2099	2828	1060	1768	2578	960	1618
20-24岁	**18911**	**9354**	**9557**	**18522**	**9255**	**9267**	**17557**	**8754**	**8803**
20	4323	1764	2559	4061	1693	2368	3437	1425	2012
21	4945	2284	2661	4297	2007	2290	4150	1978	2172
22	5138	2714	2424	4356	2237	2119	3955	2005	1950
23	2949	1691	1258	3805	2119	1686	3297	1774	1523
24	1556	901	655	2003	1199	804	2718	1572	1146
25-29岁	**5246**	**3365**	**1881**	**3775**	**2448**	**1327**	**3559**	**2278**	**1281**
25	1333	798	535	964	577	387	1345	817	528
26	1184	767	417	800	485	315	578	345	233
27	1199	772	427	730	509	221	581	391	190
28	931	618	313	764	510	254	502	339	163
29	599	410	189	517	367	150	553	386	167
30-34岁	**1622**	**1077**	**545**	**1300**	**909**	**391**	**1173**	**818**	**355**
30	487	319	168	412	289	123	376	281	95
31	387	264	123	328	225	103	278	192	86
32	320	217	103	225	156	69	217	147	70
33	240	151	89	192	138	54	158	100	58
34	188	126	62	143	101	42	144	98	46
35-39岁	**447**	**294**	**153**	**376**	**252**	**124**	**357**	**252**	**105**
35	165	107	58	102	65	37	123	88	35
36	117	79	38	99	73	26	89	59	30
37	73	47	26	71	47	24	58	39	19
38	50	33	17	51	35	16	54	44	10
39	42	28	14	53	32	21	33	22	11
40-44岁	**141**	**87**	**54**	**134**	**85**	**49**	**100**	**70**	**30**
40	37	19	18	36	21	15	28	21	7
41	36	26	10	29	16	13	24	14	10
42	27	18	9	32	19	13	21	16	5
43	15	8	7	25	19	6	18	11	7
44	26	16	10	12	10	2	9	8	1
45-49岁	**50**	**34**	**16**	**43**	**34**	**9**	**46**	**33**	**13**
45	17	12	5	13	11	2	13	8	5
46	8	7	1	12	9	3	11	8	3
47	11	6	5	5	5		7	6	1
48	7	3	4	3	2	1	10	6	4
49	7	6	1	10	7	3	5	5	
50岁及以上	**12**	**5**	**7**	**15**	**8**	**7**	**16**	**6**	**10**
平均初婚年龄	**22.85**	**23.71**	**22.00**	**22.77**	**23.63**	**21.94**	**22.85**	**23.66**	**22.05**

5-4c 续表 3

单位：人

初婚年龄	初婚年份								
	1988年			1989年			1990年		
	小计	男	女	小计	男	女	小计	男	女
总 计	**31088**	**15427**	**15661**	**28241**	**14167**	**14074**	**34340**	**17382**	**16958**
15岁以下	**72**	**8**	**64**	**53**	**9**	**44**	**78**	**14**	**64**
15-19岁	**5996**	**1976**	**4020**	**5089**	**1604**	**3485**	**6278**	**2010**	**4268**
15	240	69	171	219	53	166	299	76	223
16	474	127	347	401	103	298	577	147	430
17	872	264	608	752	217	535	996	303	693
18	1611	530	1081	1362	396	966	1665	529	1136
19	2799	986	1813	2355	835	1520	2741	955	1786
20-24岁	**18401**	**9061**	**9340**	**16550**	**8198**	**8352**	**19535**	**9694**	**9841**
20	3732	1508	2224	3354	1367	1987	3673	1396	2277
21	3858	1764	2094	3703	1741	1962	4401	2081	2320
22	4411	2233	2178	3482	1756	1726	4465	2327	2138
23	3588	1938	1650	3430	1886	1544	3649	1964	1685
24	2812	1618	1194	2581	1448	1133	3347	1926	1421
25-29岁	**4668**	**2982**	**1686**	**4777**	**3080**	**1697**	**6438**	**4158**	**2280**
25	2218	1394	824	1925	1185	740	2492	1502	990
26	1094	695	399	1418	937	481	1720	1125	595
27	527	337	190	733	494	239	1276	878	398
28	440	285	155	384	247	137	621	433	188
29	389	271	118	317	217	100	329	220	109
30-34岁	**1323**	**958**	**365**	**1153**	**827**	**326**	**1242**	**924**	**318**
30	459	330	129	285	213	72	292	204	88
31	282	211	71	329	227	102	284	210	74
32	241	167	74	248	172	76	289	222	67
33	184	133	51	150	113	37	205	162	43
34	157	117	40	141	102	39	172	126	46
35-39岁	**410**	**298**	**112**	**381**	**287**	**94**	**464**	**351**	**113**
35	121	92	29	113	82	31	159	123	36
36	105	69	36	100	77	23	89	66	23
37	77	56	21	69	54	15	90	75	15
38	66	52	14	48	36	12	79	57	22
39	41	29	12	51	38	13	47	30	17
40-44岁	**126**	**85**	**41**	**139**	**98**	**41**	**187**	**153**	**34**
40	33	21	12	51	39	12	57	43	14
41	33	23	10	29	20	9	44	36	8
42	25	19	6	23	14	9	36	32	4
43	21	14	7	20	13	7	26	21	5
44	14	8	6	16	12	4	24	21	3
45-49岁	**66**	**46**	**20**	**64**	**42**	**22**	**86**	**58**	**28**
45	21	14	7	13	9	4	17	12	5
46	17	11	6	12	9	3	19	14	5
47	8	6	2	18	11	7	14	8	6
48	10	8	2	8	5	3	19	13	6
49	10	7	3	13	8	5	17	11	6
50岁及以上	**26**	**13**	**13**	**35**	**22**	**13**	**32**	**20**	**12**
平均初婚年龄	**23.01**	**23.89**	**22.14**	**23.17**	**24.09**	**22.25**	**23.22**	**24.20**	**22.22**

5-4c 续表 4

单位：人

初婚年龄	初婚年份								
	1991年			1992年			1993年		
	小计	男	女	小计	男	女	小计	男	女
总 计	**20976**	**10646**	**10330**	**24004**	**12204**	**11800**	**23223**	**11853**	**11370**
15岁以下	**37**	**11**	**26**	**48**	**10**	**38**	**37**	**5**	**32**
15-19岁	**3243**	**997**	**2246**	**3598**	**1027**	**2571**	**3206**	**921**	**2285**
15	137	27	110	157	39	118	135	27	108
16	275	65	210	279	53	226	264	49	215
17	471	119	352	555	133	422	452	115	337
18	887	273	614	971	269	702	845	240	605
19	1473	513	960	1636	533	1103	1510	490	1020
20-24岁	**12042**	**5860**	**6182**	**13337**	**6524**	**6813**	**12405**	**5995**	**6410**
20	2220	851	1369	2249	809	1440	2132	735	1397
21	2541	1123	1418	2828	1284	1544	2498	1112	1386
22	2823	1421	1402	3131	1626	1505	2722	1372	1350
23	2419	1328	1091	2816	1489	1327	2672	1414	1258
24	2039	1137	902	2313	1316	997	2381	1362	1019
25-29岁	**4493**	**2898**	**1595**	**5492**	**3522**	**1970**	**5734**	**3603**	**2131**
25	1596	998	598	1744	1048	696	1969	1138	831
26	1159	721	438	1434	895	539	1348	830	518
27	801	517	284	1006	639	367	1078	708	370
28	609	442	167	734	524	210	763	518	245
29	328	220	108	574	416	158	576	409	167
30-34岁	**661**	**496**	**165**	**880**	**628**	**252**	**1047**	**748**	**299**
30	158	112	46	297	224	73	454	325	129
31	133	91	42	151	86	65	255	183	72
32	127	106	21	149	100	49	113	77	36
33	145	108	37	130	103	27	121	87	34
34	98	79	19	153	115	38	104	76	28
35-39岁	**313**	**254**	**59**	**397**	**315**	**82**	**453**	**339**	**114**
35	80	65	15	116	95	21	130	96	34
36	84	72	12	88	73	15	102	82	20
37	62	44	18	69	50	19	70	48	22
38	48	43	5	73	57	16	95	68	27
39	39	30	9	51	40	11	56	45	11
40-44岁	**111**	**76**	**35**	**164**	**122**	**42**	**205**	**153**	**52**
40	31	21	10	50	40	10	66	43	23
41	29	19	10	31	24	7	47	39	8
42	22	13	9	39	30	9	39	27	12
43	14	10	4	30	17	13	34	28	6
44	15	13	2	14	11	3	19	16	3
45-49岁	**51**	**42**	**9**	**46**	**33**	**13**	**70**	**50**	**20**
45	10	9	1	12	9	3	16	13	3
46	16	16		17	13	4	21	12	9
47	8	5	3	7	5	2	13	11	2
48	6	3	3	8	5	3	13	8	5
49	11	9	2	2	1	1	7	6	1
50岁及以上	**25**	**12**	**13**	**42**	**23**	**19**	**66**	**39**	**27**
平均初婚年龄	**23.49**	**24.47**	**22.48**	**23.73**	**24.77**	**22.66**	**24.08**	**25.15**	**22.97**

5-4c 续表 5

单位：人

初婚年龄	1994年			1995年			1996年		
	小计	男	女	小计	男	女	小计	男	女
总　计	**23708**	**12135**	**11573**	**27365**	**14092**	**13273**	**24975**	**12855**	**12120**
15岁以下	**38**	**4**	**34**	**36**	**4**	**32**	**35**	**4**	**31**
15–19岁	**2860**	**765**	**2095**	**3113**	**824**	**2289**	**2524**	**656**	**1868**
15	122	26	96	156	35	121	98	16	82
16	243	55	188	258	58	200	203	48	155
17	396	93	303	483	108	375	408	83	325
18	713	191	522	772	202	570	649	169	480
19	1386	400	986	1444	421	1023	1166	340	826
20–24岁	**12589**	**5872**	**6717**	**14174**	**6735**	**7439**	**12656**	**5906**	**6750**
20	2164	748	1416	2299	803	1496	1896	608	1288
21	2454	1018	1436	2833	1225	1608	2525	1077	1448
22	2839	1373	1466	3180	1564	1616	2991	1477	1514
23	2712	1385	1327	2994	1557	1437	2737	1370	1367
24	2420	1348	1072	2868	1586	1282	2507	1374	1133
25–29岁	**6204**	**4008**	**2196**	**7461**	**4696**	**2765**	**7149**	**4459**	**2690**
25	2052	1287	765	2407	1424	983	2155	1227	928
26	1578	995	583	1870	1147	723	1830	1141	689
27	1048	679	369	1424	918	506	1398	889	509
28	891	589	302	969	646	323	1056	717	339
29	635	458	177	791	561	230	710	485	225
30–34岁	**1230**	**897**	**333**	**1684**	**1213**	**471**	**1801**	**1264**	**537**
30	484	348	136	618	442	176	613	422	191
31	336	245	91	430	309	121	431	312	119
32	199	143	56	334	239	95	339	240	99
33	116	86	30	198	152	46	271	189	82
34	95	75	20	104	71	33	147	101	46
35–39岁	**442**	**358**	**84**	**453**	**330**	**123**	**384**	**294**	**90**
35	86	71	15	90	57	33	104	76	28
36	138	110	28	95	66	29	57	39	18
37	90	79	11	94	73	21	66	55	11
38	64	51	13	94	69	25	85	69	16
39	64	47	17	80	65	15	72	55	17
40–44岁	**205**	**147**	**58**	**240**	**170**	**70**	**190**	**134**	**56**
40	59	44	15	65	43	22	44	30	14
41	43	29	14	49	36	13	30	20	10
42	45	32	13	58	42	16	51	37	14
43	35	24	11	33	28	5	40	29	11
44	23	18	5	35	21	14	25	18	7
45–49岁	**68**	**44**	**24**	**94**	**61**	**33**	**126**	**79**	**47**
45	27	17	10	27	18	9	34	23	11
46	12	8	4	21	15	6	30	19	11
47	8	7	1	14	7	7	26	13	13
48	11	5	6	20	15	5	19	14	5
49	10	7	3	12	6	6	17	10	7
50岁及以上	**72**	**40**	**32**	**110**	**59**	**51**	**110**	**59**	**51**
平均初婚年龄	**24.28**	**25.40**	**23.10**	**24.48**	**25.52**	**23.37**	**24.73**	**25.78**	**23.62**

5-4c 续表 6

单位：人

初婚年龄	初婚年份								
	1997年			1998年			1999年		
	小计	男	女	小计	男	女	小计	男	女
总　计	**23761**	**12278**	**11483**	**26064**	**13530**	**12534**	**21242**	**11074**	**10168**
15岁以下	**30**	**6**	**24**	**51**	**12**	**39**	**63**	**16**	**47**
15-19岁	**2422**	**638**	**1784**	**2879**	**770**	**2109**	**2473**	**606**	**1867**
15	129	33	96	136	24	112	136	25	111
16	178	32	146	298	61	237	214	42	172
17	382	80	302	461	95	366	426	101	325
18	680	184	496	753	218	535	663	152	511
19	1053	309	744	1231	372	859	1034	286	748
20-24岁	**11451**	**5330**	**6121**	**11913**	**5587**	**6326**	**9693**	**4532**	**5161**
20	1647	504	1143	1680	514	1166	1464	447	1017
21	2178	894	1284	2081	857	1224	1750	709	1041
22	2558	1263	1295	2649	1331	1318	2030	1014	1016
23	2676	1366	1310	2844	1455	1389	2226	1162	1064
24	2392	1303	1089	2659	1430	1229	2223	1200	1023
25-29岁	**7156**	**4404**	**2752**	**7760**	**4745**	**3015**	**6522**	**4084**	**2438**
25	2082	1214	868	2261	1310	951	1878	1073	805
26	1757	1050	707	1872	1115	757	1522	949	573
27	1458	919	539	1494	945	549	1290	837	453
28	1140	739	401	1152	737	415	1043	676	367
29	719	482	237	981	638	343	789	549	240
30-34岁	**1817**	**1319**	**498**	**2453**	**1677**	**776**	**1823**	**1328**	**495**
30	573	423	150	807	528	279	573	417	156
31	472	347	125	518	358	160	471	351	120
32	302	218	84	490	342	148	316	220	96
33	247	171	76	355	236	119	267	192	75
34	223	160	63	283	213	70	196	148	48
35-39岁	**398**	**268**	**130**	**544**	**401**	**143**	**385**	**295**	**90**
35	116	81	35	248	185	63	146	112	34
36	63	39	24	119	78	41	114	91	23
37	64	47	17	63	52	11	55	43	12
38	65	39	26	53	42	11	37	23	14
39	90	62	28	61	44	17	33	26	7
40-44岁	**295**	**185**	**110**	**270**	**203**	**67**	**163**	**124**	**39**
40	74	47	27	84	58	26	39	31	8
41	58	36	22	55	46	9	35	26	9
42	73	43	30	56	46	10	31	25	6
43	46	29	17	39	27	12	26	18	8
44	44	30	14	36	26	10	32	24	8
45-49岁	**120**	**82**	**38**	**112**	**85**	**27**	**79**	**59**	**20**
45	31	21	10	39	32	7	30	24	6
46	28	15	13	24	16	8	17	9	8
47	26	21	5	14	10	4	11	8	3
48	20	15	5	23	18	5	10	9	1
49	15	10	5	12	9	3	11	9	2
50岁及以上	**72**	**46**	**26**	**82**	**50**	**32**	**41**	**30**	**11**
平均初婚年龄	**24.96**	**26.02**	**23.82**	**25.09**	**26.23**	**23.85**	**24.87**	**26.11**	**23.51**

5-4c 续表 7

单位：人

初婚年龄	初婚年份								
	2000年			2001年			2002年		
	小计	男	女	小计	男	女	小计	男	女
总　计	**25946**	**13673**	**12273**	**17925**	**9256**	**8669**	**20823**	**10775**	**10048**
15岁以下	**80**	**12**	**68**	**54**	**13**	**41**	**54**	**11**	**43**
15-19岁	**3388**	**926**	**2462**	**2180**	**541**	**1639**	**2481**	**683**	**1798**
15	261	63	198	143	34	109	168	43	125
16	390	93	297	214	49	165	281	64	217
17	527	133	394	380	86	294	437	111	326
18	866	252	614	556	145	411	607	181	426
19	1344	385	959	887	227	660	988	284	704
20-24岁	**11535**	**5479**	**6056**	**8043**	**3684**	**4359**	**9380**	**4268**	**5112**
20	1894	631	1263	1358	455	903	1530	505	1025
21	2205	942	1263	1607	668	939	1748	710	1038
22	2396	1158	1238	1742	837	905	2103	1002	1101
23	2455	1305	1150	1660	812	848	2153	1100	1053
24	2585	1443	1142	1676	912	764	1846	951	895
25-29岁	**7996**	**5013**	**2983**	**5544**	**3435**	**2109**	**6444**	**4000**	**2444**
25	2321	1352	969	1584	899	685	1695	972	723
26	1990	1228	762	1300	761	539	1577	928	649
27	1554	1000	554	1137	730	407	1285	823	462
28	1194	805	389	830	560	270	1065	711	354
29	937	628	309	693	485	208	822	566	256
30-34岁	**2113**	**1587**	**526**	**1571**	**1161**	**410**	**1790**	**1306**	**484**
30	689	498	191	568	401	167	567	404	163
31	500	390	110	386	276	110	463	344	119
32	412	313	99	289	221	68	344	247	97
33	279	210	69	201	151	50	226	172	54
34	233	176	57	127	112	15	190	139	51
35-39岁	**516**	**404**	**112**	**361**	**282**	**79**	**456**	**352**	**104**
35	172	129	43	126	102	24	143	111	32
36	143	117	26	80	63	17	101	75	26
37	105	85	20	67	46	21	87	72	15
38	65	48	17	58	44	14	71	52	19
39	31	25	6	30	27	3	54	42	12
40-44岁	**166**	**136**	**30**	**78**	**66**	**12**	**98**	**72**	**26**
40	32	25	7	14	13	1	21	14	7
41	35	27	8	15	11	4	17	12	5
42	47	40	7	15	14	1	16	11	5
43	27	22	5	19	16	3	17	12	5
44	25	22	3	15	12	3	27	23	4
45-49岁	**86**	**72**	**14**	**58**	**50**	**8**	**66**	**49**	**17**
45	19	15	4	7	7		17	15	2
46	21	17	4	21	16	5	15	10	5
47	20	17	3	15	14	1	11	7	4
48	18	15	3	11	10	1	9	7	2
49	8	8		4	3	1	14	10	4
50岁及以上	**66**	**44**	**22**	**36**	**24**	**12**	**54**	**34**	**20**
平均初婚年龄	**24.72**	**26.00**	**23.30**	**24.76**	**26.07**	**23.35**	**24.84**	**26.07**	**23.53**

5-4c 续表 8

单位：人

初婚年龄	初婚年份								
	2003年			2004年			2005年		
	小计	男	女	小计	男	女	小计	男	女
总　计	**20654**	**10660**	**9994**	**20229**	**10506**	**9723**	**22991**	**11872**	**11119**
15岁以下	**43**	**10**	**33**	**35**	**10**	**25**	**37**	**2**	**35**
15-19岁	**2552**	**689**	**1863**	**2480**	**660**	**1820**	**2880**	**780**	**2100**
15	156	35	121	155	38	117	161	35	126
16	311	60	251	243	46	197	303	73	230
17	423	100	323	416	98	318	443	99	344
18	662	198	464	644	173	471	798	226	572
19	1000	296	704	1022	305	717	1175	347	828
20-24岁	**9214**	**4165**	**5049**	**8807**	**4088**	**4719**	**10025**	**4618**	**5407**
20	1394	441	953	1463	474	989	1690	550	1140
21	1745	696	1049	1509	631	878	1883	775	1108
22	2033	962	1071	1904	922	982	2075	1008	1067
23	2076	1020	1056	1947	974	973	2202	1132	1070
24	1966	1046	920	1984	1087	897	2175	1153	1022
25-29岁	**6161**	**3813**	**2348**	**6234**	**3778**	**2456**	**6966**	**4254**	**2712**
25	1562	906	656	1818	1012	806	2037	1159	878
26	1432	853	579	1404	819	585	1792	1040	752
27	1265	782	483	1240	794	446	1278	771	507
28	1057	674	383	939	611	328	1040	709	331
29	845	598	247	833	542	291	819	575	244
30-34岁	**1918**	**1393**	**525**	**1913**	**1391**	**522**	**2159**	**1522**	**637**
30	625	447	178	650	456	194	674	464	210
31	459	336	123	433	328	105	525	361	164
32	337	239	98	337	252	85	394	297	97
33	291	213	78	260	185	75	315	218	97
34	206	158	48	233	170	63	251	182	69
35-39岁	**517**	**406**	**111**	**528**	**405**	**123**	**630**	**486**	**144**
35	170	129	41	165	116	49	191	147	44
36	100	83	17	147	119	28	154	109	45
37	109	91	18	75	61	14	113	91	22
38	73	57	16	81	66	15	107	85	22
39	65	46	19	60	43	17	65	54	11
40-44岁	**131**	**100**	**31**	**125**	**98**	**27**	**166**	**121**	**45**
40	50	39	11	49	38	11	46	34	12
41	21	17	4	35	28	7	38	30	8
42	23	17	6	19	15	4	45	37	8
43	19	17	2	11	8	3	20	11	9
44	18	10	8	11	9	2	17	9	8
45-49岁	**56**	**44**	**12**	**52**	**37**	**15**	**63**	**48**	**15**
45	16	15	1	8	5	3	13	9	4
46	16	11	5	15	12	3	15	12	3
47	7	6	1	17	13	4	15	12	3
48	8	5	3	6	2	4	9	6	3
49	9	7	2	6	5	1	11	9	2
50岁及以上	**62**	**40**	**22**	**55**	**39**	**16**	**65**	**41**	**24**
平均初婚年龄	**24.96**	**26.27**	**23.55**	**25.00**	**26.26**	**23.64**	**24.98**	**26.25**	**23.63**

5-4c 续表 9

单位：人

初婚年龄	初婚年份								
	2006年			2007年			2008年		
	小计	男	女	小计	男	女	小计	男	女
总　计	**22588**	**11580**	**11008**	**22367**	**11428**	**10939**	**25408**	**12904**	**12504**
15岁以下	**33**	**6**	**27**	**33**	**4**	**29**	**28**	**6**	**22**
15-19岁	**2522**	**665**	**1857**	**2400**	**653**	**1747**	**2624**	**707**	**1917**
15	108	16	92	105	20	85	131	28	103
16	235	40	195	192	38	154	223	43	180
17	412	99	313	426	100	326	384	85	299
18	611	159	452	645	198	447	734	207	527
19	1156	351	805	1032	297	735	1152	344	808
20-24岁	**10037**	**4513**	**5524**	**9881**	**4363**	**5518**	**11509**	**5036**	**6473**
20	1700	580	1120	1593	480	1113	1716	520	1196
21	1993	768	1225	1965	771	1194	2189	820	1369
22	2186	1037	1149	2293	1122	1171	2616	1224	1392
23	2048	1022	1026	2111	962	1149	2652	1297	1355
24	2110	1106	1004	1919	1028	891	2336	1175	1161
25-29岁	**6937**	**4177**	**2760**	**6955**	**4200**	**2755**	**7618**	**4553**	**3065**
25	2016	1119	897	1868	1011	857	1955	1062	893
26	1765	1029	736	1680	989	691	1872	1092	780
27	1362	855	507	1480	925	555	1549	956	593
28	986	625	361	1109	729	380	1281	820	461
29	808	549	259	818	546	272	961	623	338
30-34岁	**2095**	**1513**	**582**	**2134**	**1471**	**663**	**2363**	**1694**	**669**
30	656	455	201	669	448	221	685	467	218
31	524	382	142	482	347	135	551	400	151
32	397	289	108	396	271	125	429	310	119
33	295	217	78	350	240	110	350	266	84
34	223	170	53	237	165	72	348	251	97
35-39岁	**652**	**478**	**174**	**639**	**491**	**148**	**783**	**565**	**218**
35	201	151	50	184	139	45	253	177	76
36	153	112	41	157	118	39	181	137	44
37	120	89	31	123	95	28	151	106	45
38	107	78	29	98	79	19	117	88	29
39	71	48	23	77	60	17	81	57	24
40-44岁	**185**	**143**	**42**	**200**	**167**	**33**	**280**	**214**	**66**
40	62	51	11	57	52	5	91	70	21
41	50	39	11	52	42	10	53	43	10
42	37	27	10	40	29	11	59	48	11
43	25	17	8	29	25	4	43	32	11
44	11	9	2	22	19	3	34	21	13
45-49岁	**63**	**46**	**17**	**47**	**32**	**15**	**95**	**62**	**33**
45	12	8	4	13	10	3	37	22	15
46	16	13	3	8	5	3	27	19	8
47	14	10	4	10	7	3	8	7	1
48	11	8	3	4	3	1	12	10	2
49	10	7	3	12	7	5	11	4	7
50岁及以上	**64**	**39**	**25**	**78**	**47**	**31**	**108**	**67**	**41**
平均初婚年龄	**25.08**	**26.33**	**23.76**	**25.18**	**26.45**	**23.85**	**25.31**	**26.59**	**23.99**

5-4c 续表 10

单位：人

初婚年龄	初婚年份								
	2009年			2010年			2011年		
	小计	男	女	小计	男	女	小计	男	女
总 计	**22245**	**11275**	**10970**	**24811**	**12702**	**12109**	**18650**	**9478**	**9172**
15岁以下	**29**	**1**	**28**	**53**	**6**	**47**	**46**	**3**	**43**
15-19岁	**2355**	**672**	**1683**	**2703**	**759**	**1944**	**2074**	**670**	**1404**
15	121	19	102	179	30	149	134	34	100
16	196	39	157	282	68	214	237	72	165
17	383	99	284	432	113	319	342	97	245
18	577	158	419	717	211	506	564	191	373
19	1078	357	721	1093	337	756	797	276	521
20-24岁	**10023**	**4467**	**5556**	**10807**	**4840**	**5967**	**7969**	**3513**	**4456**
20	1500	474	1026	1684	531	1153	1182	382	800
21	1823	682	1141	1996	786	1210	1537	609	928
22	2332	1088	1244	2288	1082	1206	1699	780	919
23	2141	1081	1060	2499	1233	1266	1712	810	902
24	2227	1142	1085	2340	1208	1132	1839	932	907
25-29岁	**6429**	**3812**	**2617**	**7138**	**4283**	**2855**	**5635**	**3240**	**2395**
25	1763	964	799	2186	1224	962	1613	840	773
26	1459	837	622	1661	969	692	1439	810	629
27	1259	784	475	1276	769	507	1091	661	430
28	1057	650	407	1141	753	388	792	483	309
29	891	577	314	874	568	306	700	446	254
30-34岁	**2176**	**1459**	**717**	**2504**	**1662**	**842**	**1896**	**1314**	**582**
30	708	467	241	763	500	263	568	392	176
31	474	316	158	610	408	202	480	327	153
32	371	250	121	433	286	147	360	248	112
33	333	228	105	386	255	131	266	195	71
34	290	198	92	312	213	99	222	152	70
35-39岁	**797**	**562**	**235**	**984**	**707**	**277**	**654**	**466**	**188**
35	225	153	72	261	182	79	172	132	40
36	191	132	59	253	185	68	157	102	55
37	164	120	44	193	139	54	137	98	39
38	107	76	31	148	106	42	87	56	31
39	110	81	29	129	95	34	101	78	23
40-44岁	**308**	**218**	**90**	**369**	**264**	**105**	**221**	**160**	**61**
40	84	55	29	93	66	27	61	40	21
41	64	46	18	93	73	20	55	40	15
42	70	50	20	69	44	25	44	35	9
43	46	38	8	59	42	17	40	32	8
44	44	29	15	55	39	16	21	13	8
45-49岁	**65**	**45**	**20**	**134**	**106**	**28**	**91**	**73**	**18**
45	26	17	9	45	35	10	31	26	5
46	18	14	4	39	31	8	18	16	2
47	11	7	4	24	21	3	20	14	6
48	5	4	1	13	8	5	13	9	4
49	5	3	2	13	11	2	9	8	1
50岁及以上	**63**	**39**	**24**	**119**	**75**	**44**	**64**	**39**	**25**
平均初婚年龄	**25.37**	**26.57**	**24.13**	**25.52**	**26.81**	**24.16**	**25.40**	**26.61**	**24.14**

5-4c 续表 11

单位：人

初婚年龄	初婚年份								
	2012年			2013年			2014年		
	小计	男	女	小计	男	女	小计	男	女
总　计	**20093**	**10203**	**9890**	**18285**	**9275**	**9010**	**17379**	**8662**	**8717**
15岁以下	**42**	**4**	**38**	**37**	**3**	**34**	**28**	**3**	**25**
15-19岁	**2199**	**657**	**1542**	**1969**	**570**	**1399**	**1915**	**543**	**1372**
15	135	20	115	132	22	110	130	17	113
16	263	62	201	216	43	173	200	49	151
17	382	108	274	398	108	290	368	96	272
18	578	178	400	492	144	348	499	137	362
19	841	289	552	731	253	478	718	244	474
20-24岁	**8232**	**3607**	**4625**	**7101**	**3047**	**4054**	**6250**	**2667**	**3583**
20	1257	418	839	1071	346	725	974	284	690
21	1389	549	840	1273	469	804	1109	405	704
22	1871	847	1024	1502	692	810	1267	588	679
23	1926	926	1000	1669	763	906	1352	596	756
24	1789	867	922	1586	777	809	1548	794	754
25-29岁	**6291**	**3652**	**2639**	**5822**	**3400**	**2422**	**5628**	**3137**	**2491**
25	1757	938	819	1478	784	694	1434	703	731
26	1517	851	666	1455	826	629	1257	697	560
27	1303	775	528	1180	708	472	1203	694	509
28	926	584	342	986	635	351	963	557	406
29	788	504	284	723	447	276	771	486	285
30-34岁	**2078**	**1414**	**664**	**2077**	**1362**	**715**	**2163**	**1391**	**772**
30	614	413	201	553	361	192	597	394	203
31	479	311	168	479	317	162	461	278	183
32	422	286	136	399	250	149	444	284	160
33	337	235	102	342	240	102	346	227	119
34	226	169	57	304	194	110	315	208	107
35-39岁	**738**	**519**	**219**	**742**	**512**	**230**	**765**	**493**	**272**
35	194	130	64	198	138	60	228	148	80
36	154	110	44	172	115	57	169	107	62
37	149	109	40	138	95	43	141	85	56
38	139	93	46	129	89	40	114	87	27
39	102	77	25	105	75	30	113	66	47
40-44岁	**293**	**208**	**85**	**305**	**223**	**82**	**372**	**245**	**127**
40	89	69	20	84	57	27	102	64	38
41	61	42	19	60	46	14	75	55	20
42	63	35	28	63	47	16	73	50	23
43	42	30	12	53	40	13	64	38	26
44	38	32	6	45	33	12	58	38	20
45-49岁	**138**	**94**	**44**	**145**	**98**	**47**	**173**	**126**	**47**
45	35	22	13	49	32	17	48	35	13
46	33	25	8	28	21	7	46	38	8
47	25	17	8	23	19	4	23	18	5
48	26	19	7	26	14	12	36	20	16
49	19	11	8	19	12	7	20	15	5
50岁及以上	**82**	**48**	**34**	**87**	**60**	**27**	**85**	**57**	**28**
平均初婚年龄	**25.64**	**26.88**	**24.36**	**25.94**	**27.27**	**24.58**	**26.28**	**27.62**	**24.95**

5-4c 续表 12

单位：人

初婚年龄	初婚年份								
	2015年			2016年			2017年		
	小计	男	女	小计	男	女	小计	男	女
总　计	**17511**	**8653**	**8858**	**14755**	**7295**	**7460**	**13809**	**6788**	**7021**
15岁以下	**33**	**4**	**29**	**31**	**3**	**28**	**39**	**4**	**35**
15-19岁	**1847**	**494**	**1353**	**1503**	**401**	**1102**	**1343**	**350**	**993**
15	126	20	106	78	17	61	79	18	61
16	219	43	176	193	44	149	147	22	125
17	370	87	283	275	68	207	261	67	194
18	467	153	314	400	113	287	366	110	256
19	665	191	474	557	159	398	490	133	357
20-24岁	**5868**	**2432**	**3436**	**4869**	**2004**	**2865**	**4418**	**1815**	**2603**
20	887	243	644	787	216	571	733	218	515
21	1008	365	643	836	284	552	799	280	519
22	1310	606	704	1019	471	548	927	422	505
23	1299	587	712	1018	455	563	946	412	534
24	1364	631	733	1209	578	631	1013	483	530
25-29岁	**5883**	**3268**	**2615**	**4734**	**2587**	**2147**	**4457**	**2404**	**2053**
25	1516	750	766	1039	523	516	995	489	506
26	1251	675	576	1129	594	535	957	479	478
27	1162	654	508	961	526	435	1001	547	454
28	1071	643	428	826	479	347	811	471	340
29	883	546	337	779	465	314	693	418	275
30-34岁	**2249**	**1418**	**831**	**2123**	**1344**	**779**	**2025**	**1247**	**778**
30	703	438	265	619	387	232	579	345	234
31	508	316	192	503	321	182	479	276	203
32	367	230	137	425	263	162	406	268	138
33	344	223	121	317	203	114	337	217	120
34	327	211	116	259	170	89	224	141	83
35-39岁	**863**	**548**	**315**	**793**	**500**	**293**	**835**	**514**	**321**
35	255	153	102	249	158	91	232	133	99
36	190	121	69	170	105	65	206	135	71
37	169	119	50	160	104	56	165	95	70
38	136	87	49	112	72	40	132	87	45
39	113	68	45	102	61	41	100	64	36
40-44岁	**395**	**271**	**124**	**389**	**246**	**143**	**354**	**240**	**114**
40	116	85	31	106	71	35	75	50	25
41	97	63	34	78	49	29	84	54	30
42	63	47	16	87	51	36	69	53	16
43	67	44	23	60	38	22	71	50	21
44	52	32	20	58	37	21	55	33	22
45-49岁	**213**	**127**	**86**	**162**	**118**	**44**	**177**	**118**	**59**
45	78	44	34	35	24	11	42	31	11
46	49	31	18	36	27	9	42	28	14
47	40	24	16	38	29	9	23	16	7
48	23	16	7	35	27	8	39	25	14
49	23	12	11	18	11	7	31	18	13
50岁及以上	**160**	**91**	**69**	**151**	**92**	**59**	**161**	**96**	**65**
平均初婚年龄	**26.65**	**27.98**	**25.34**	**26.91**	**28.32**	**25.53**	**27.12**	**28.53**	**25.75**

5-4c 续表 13

单位：人

初婚年龄	初婚年份								
	2018年			2019年			2020年		
	小计	男	女	小计	男	女	小计	男	女
总 计	**14787**	**6952**	**7835**	**11936**	**5686**	**6250**	**7034**	**3424**	**3610**
15岁以下	**45**	**4**	**41**	**42**	**5**	**37**	**11**	**1**	**10**
15-19岁	**1508**	**378**	**1130**	**1261**	**347**	**914**	**546**	**146**	**400**
15	134	29	105	101	27	74	50	15	35
16	177	51	126	158	37	121	72	11	61
17	285	59	226	252	63	189	99	27	72
18	402	105	297	324	91	233	131	41	90
19	510	134	376	426	129	297	194	52	142
20-24岁	**4416**	**1672**	**2744**	**3489**	**1328**	**2161**	**2052**	**806**	**1246**
20	741	186	555	558	152	406	331	59	272
21	826	274	552	637	217	420	350	107	243
22	907	399	508	803	322	481	478	217	261
23	939	367	572	718	277	441	426	192	234
24	1003	446	557	773	360	413	467	231	236
25-29岁	**4552**	**2315**	**2237**	**3411**	**1767**	**1644**	**1876**	**1015**	**861**
25	996	475	521	685	324	361	423	206	217
26	986	481	505	756	382	374	422	232	190
27	899	466	433	702	357	345	360	199	161
28	934	497	437	612	333	279	340	190	150
29	737	396	341	656	371	285	331	188	143
30-34岁	**2448**	**1484**	**964**	**1944**	**1198**	**746**	**1214**	**724**	**490**
30	627	357	270	505	290	215	331	206	125
31	593	354	239	409	248	161	306	184	122
32	501	323	178	399	274	125	226	133	93
33	395	241	154	342	210	132	198	111	87
34	332	209	123	289	176	113	153	90	63
35-39岁	**922**	**550**	**372**	**854**	**488**	**366**	**593**	**336**	**257**
35	235	138	97	228	135	93	158	97	61
36	212	119	93	197	109	88	143	81	62
37	174	107	67	168	96	72	104	63	41
38	153	96	57	119	71	48	84	44	40
39	148	90	58	142	77	65	104	51	53
40-44岁	**426**	**260**	**166**	**430**	**242**	**188**	**351**	**190**	**161**
40	96	58	38	110	70	40	80	44	36
41	106	61	45	92	56	36	79	40	39
42	80	45	35	76	37	39	76	41	35
43	69	46	23	75	40	35	52	34	18
44	75	50	25	77	39	38	64	31	33
45-49岁	**209**	**138**	**71**	**257**	**156**	**101**	**174**	**95**	**79**
45	55	31	24	76	46	30	45	23	22
46	52	40	12	45	26	19	42	19	23
47	30	18	12	52	38	14	34	19	15
48	30	20	10	46	23	23	25	14	11
49	42	29	13	38	23	15	28	20	8
50岁及以上	**261**	**151**	**110**	**248**	**155**	**93**	**217**	**111**	**106**
平均初婚年龄	**27.51**	**29.08**	**26.12**	**27.93**	**29.48**	**26.53**	**28.86**	**30.06**	**27.72**

5-5 分年龄、性别、初婚年龄的人口

单位：人

年龄	初婚年龄								
	合计			15岁以下			15岁		
	合计	男	女	小计	男	女	小计	男	女
总　计	**2741229**	**1307002**	**1434227**	**6117**	**1157**	**4960**	**19833**	**4489**	**15344**
20岁以下	**3017**	**716**	**2301**	**264**	**25**	**239**	**573**	**133**	**440**
20-24岁	**31532**	**9358**	**22174**	**310**	**33**	**277**	**979**	**163**	**816**
20	2452	553	1899	46	5	41	160	26	134
21	3660	903	2757	59	6	53	185	25	160
22	6016	1640	4376	69	8	61	228	35	193
23	8306	2579	5727	71	7	64	190	36	154
24	11098	3683	7415	65	7	58	216	41	175
25-29岁	**120143**	**47261**	**72882**	**292**	**39**	**253**	**1065**	**213**	**852**
25	14959	5202	9757	63	6	57	259	60	199
26	18525	6924	11601	45	4	41	216	38	178
27	23720	9221	14499	67	7	60	217	46	171
28	29652	11940	17712	53	8	45	204	40	164
29	33287	13974	19313	64	14	50	169	29	140
30-34岁	**269897**	**120451**	**149446**	**526**	**121**	**405**	**1469**	**371**	**1098**
30	44261	18798	25463	86	6	80	253	57	196
31	49375	21600	27775	115	30	85	287	66	221
32	51814	22964	28850	97	33	64	295	75	220
33	61395	28055	33340	117	30	87	330	96	234
34	63052	29034	34018	111	22	89	304	77	227
35-39岁	**298049**	**144253**	**153796**	**366**	**66**	**300**	**1430**	**347**	**1083**
35	63015	29934	33081	107	25	82	423	112	311
36	62229	29589	32640	89	16	73	351	81	270
37	54700	26487	28213	56	8	48	226	52	174
38	59923	29449	30474	60	8	52	235	52	183
39	58182	28794	29388	54	9	45	195	50	145
40-44岁	**290586**	**145452**	**145134**	**417**	**72**	**345**	**1207**	**286**	**921**
40	57903	28732	29171	56	9	47	231	50	181
41	60850	30405	30445	71	8	63	268	62	206
42	57736	28753	28983	90	12	78	216	47	169
43	53594	26743	26851	81	19	62	242	62	180
44	60503	30819	29684	119	24	95	250	65	185
45-49岁	**318359**	**162235**	**156124**	**511**	**110**	**401**	**1939**	**488**	**1451**
45	61018	30966	30052	112	22	90	441	111	330
46	67210	34112	33098	98	23	75	455	103	352
47	63131	32316	30815	86	17	69	370	113	257
48	62993	32076	30917	109	25	84	329	73	256
49	64007	32765	31242	106	23	83	344	88	256
50-54岁	**336036**	**170173**	**165863**	**736**	**150**	**586**	**2402**	**674**	**1728**
50	67422	33983	33439	127	29	98	461	116	345
51	65761	33551	32210	161	34	127	567	157	410
52	73261	37117	36144	196	44	152	579	164	415
53	60212	30394	29818	122	22	100	401	126	275
54	69380	35128	34252	130	21	109	394	111	283
55-59岁	**297491**	**148628**	**148863**	**376**	**79**	**297**	**1669**	**410**	**1259**
55	70195	35451	34744	146	38	108	611	185	426
56	67123	32909	34214	67	15	52	461	110	351
57	73359	36940	36419	79	14	65	297	61	236
58	57451	28842	28609	48	5	43	212	42	170
59	29363	14486	14877	36	7	29	88	12	76
60-64岁	**209878**	**103166**	**106712**	**403**	**83**	**320**	**1088**	**248**	**840**
60	34456	16744	17712	44	8	36	174	31	143
61	33178	16733	16445	84	19	65	180	35	145
62	49346	24203	25143	83	17	66	253	75	178
63	49177	24434	24743	94	20	74	287	69	218
64	43721	21052	22669	98	19	79	194	38	156
65岁及以上	**566241**	**255309**	**310932**	**1916**	**379**	**1537**	**6012**	**1156**	**4856**

5-5 续表 1

单位：人

年 龄	初婚年龄								
	16岁			17岁			18岁		
	小计	男	女	小计	男	女	小计	男	女
总 计	**33946**	**7669**	**26277**	**59551**	**14748**	**44803**	**96306**	**26264**	**70042**
20岁以下	**746**	**174**	**572**	**784**	**195**	**589**	**488**	**140**	**348**
20-24岁	**1633**	**369**	**1264**	**2525**	**617**	**1908**	**3370**	**949**	**2421**
20	258	52	206	386	89	297	617	151	466
21	303	64	239	416	104	312	567	173	394
22	330	82	248	538	126	412	653	174	479
23	344	77	267	582	143	439	695	218	477
24	398	94	304	603	155	448	838	233	605
25-29岁	**1915**	**446**	**1469**	**3407**	**910**	**2497**	**5209**	**1538**	**3671**
25	372	101	271	686	189	497	878	254	624
26	418	108	310	609	168	441	974	267	707
27	409	91	318	727	194	533	1011	308	703
28	375	77	298	729	200	529	1241	402	839
29	341	69	272	656	159	497	1105	307	798
30-34岁	**2396**	**554**	**1842**	**3784**	**923**	**2861**	**6257**	**1758**	**4499**
30	398	82	316	710	166	544	1290	323	967
31	498	129	369	726	172	554	1215	369	846
32	449	111	338	757	184	573	1126	305	821
33	522	103	419	822	217	605	1379	406	973
34	529	129	400	769	184	585	1247	355	892
35-39岁	**2385**	**547**	**1838**	**3942**	**943**	**2999**	**6183**	**1696**	**4487**
35	428	103	325	774	188	586	1199	355	844
36	631	165	466	751	189	562	1186	329	857
37	496	114	382	826	193	633	1005	265	740
38	427	88	339	817	198	619	1435	411	1024
39	403	77	326	774	175	599	1358	336	1022
40-44岁	**2029**	**445**	**1584**	**3612**	**843**	**2769**	**6241**	**1602**	**4639**
40	318	59	259	670	145	525	1226	301	925
41	427	110	317	710	165	545	1235	325	910
42	425	101	324	787	179	608	1232	320	912
43	390	73	317	697	167	530	1237	327	910
44	469	102	367	748	187	561	1311	329	982
45-49岁	**3355**	**852**	**2503**	**5785**	**1607**	**4178**	**9423**	**2764**	**6659**
45	438	87	351	889	197	692	1370	396	974
46	752	199	553	849	222	627	1677	462	1215
47	767	189	578	1362	392	970	1537	440	1097
48	722	194	528	1389	408	981	2304	702	1602
49	676	183	493	1296	388	908	2535	764	1771
50-54岁	**4540**	**1254**	**3286**	**8517**	**2587**	**5930**	**14860**	**4836**	**10024**
50	773	223	550	1388	392	996	2670	825	1845
51	996	278	718	1745	539	1206	2645	854	1791
52	1096	307	789	2065	635	1430	3313	1090	2223
53	768	210	558	1624	492	1132	2923	958	1965
54	907	236	671	1695	529	1166	3309	1109	2200
55-59岁	**3139**	**803**	**2336**	**6619**	**1902**	**4717**	**12216**	**3664**	**8552**
55	800	218	582	1733	538	1195	3064	982	2082
56	931	248	683	1349	377	972	2975	850	2125
57	809	213	596	1836	518	1318	2626	830	1796
58	441	95	346	1268	355	913	2412	719	1693
59	158	29	129	433	114	319	1139	283	856
60-64岁	**1727**	**376**	**1351**	**2972**	**654**	**2318**	**5166**	**1198**	**3968**
60	202	27	175	379	84	295	856	184	672
61	329	66	263	445	94	351	747	185	562
62	388	89	299	734	174	560	1051	243	808
63	406	103	303	733	175	558	1313	297	1016
64	402	91	311	681	127	554	1199	289	910
65岁及以上	**10081**	**1849**	**8232**	**17604**	**3567**	**14037**	**26893**	**6119**	**20774**

5-5 续表 2

单位：人

年　龄	初婚年龄								
	19岁			20岁			21岁		
	小计	男	女	小计	男	女	小计	男	女
总　计	**158236**	**48573**	**109663**	**220916**	**72623**	**148293**	**249256**	**97454**	**151802**
20岁以下	**162**	**49**	**113**						
20-24岁	**4486**	**1254**	**3232**	**5593**	**1296**	**4297**	**4973**	**1525**	**3448**
20	616	181	435	369	49	320			
21	836	239	597	933	209	724	361	83	278
22	940	235	705	1354	318	1036	1214	350	864
23	934	247	687	1459	349	1110	1672	529	1143
24	1160	352	808	1478	371	1107	1726	563	1163
25-29岁	**7860**	**2418**	**5442**	**11164**	**3029**	**8135**	**12143**	**4042**	**8101**
25	1295	384	911	1807	419	1388	1865	567	1298
26	1404	472	932	1993	529	1464	2184	736	1448
27	1650	483	1167	2178	576	1602	2326	785	1541
28	1655	536	1119	2620	740	1880	2791	931	1860
29	1856	543	1313	2566	765	1801	2977	1023	1954
30-34岁	**10947**	**3177**	**7770**	**17457**	**4936**	**12521**	**21733**	**7663**	**14070**
30	2186	650	1536	3368	949	2419	3613	1258	2355
31	2215	655	1560	3549	1026	2523	4226	1538	2688
32	2070	610	1460	3422	980	2442	4249	1518	2731
33	2266	638	1628	3633	995	2638	4892	1671	3221
34	2210	624	1586	3485	986	2499	4753	1678	3075
35-39岁	**9930**	**2746**	**7184**	**15320**	**4494**	**10826**	**19281**	**7040**	**12241**
35	2108	589	1519	3533	1052	2481	4371	1534	2837
36	1988	570	1418	3262	944	2318	4229	1590	2639
37	1782	489	1293	2698	772	1926	3392	1242	2150
38	1813	489	1324	3015	881	2134	3691	1322	2369
39	2239	609	1630	2812	845	1967	3598	1352	2246
40-44岁	**10980**	**3113**	**7867**	**16973**	**4866**	**12107**	**20584**	**7810**	**12774**
40	2132	600	1532	3324	988	2336	3369	1288	2081
41	2199	630	1569	3484	1020	2464	4325	1682	2643
42	2102	604	1498	3283	900	2383	4306	1592	2714
43	2015	560	1455	3213	908	2305	4034	1486	2548
44	2532	719	1813	3669	1050	2619	4550	1762	2788
45-49岁	**14869**	**4596**	**10273**	**20850**	**6841**	**14009**	**25938**	**10428**	**15510**
45	2543	724	1819	3988	1269	2719	4747	1803	2944
46	2834	793	2041	4466	1437	3029	5797	2292	3505
47	2801	898	1903	4073	1293	2780	5087	2040	3047
48	2785	872	1913	4206	1377	2829	5030	2065	2965
49	3906	1309	2597	4117	1465	2652	5277	2228	3049
50-54岁	**24041**	**8408**	**15633**	**31635**	**12048**	**19587**	**34206**	**15023**	**19183**
50	4412	1486	2926	5888	2108	3780	5215	2180	3035
51	4535	1568	2967	6182	2317	3865	6822	3045	3777
52	5017	1746	3271	6970	2707	4263	7964	3548	4416
53	4436	1571	2865	5720	2191	3529	6609	2903	3706
54	5641	2037	3604	6875	2725	4150	7596	3347	4249
55-59岁	**22151**	**7752**	**14399**	**31938**	**12113**	**19825**	**36237**	**15610**	**20627**
55	5519	2096	3423	7675	2995	4680	7785	3480	4305
56	5073	1803	3270	7700	2861	4839	8574	3619	4955
57	5580	1926	3654	7719	2921	4798	9454	4132	5322
58	3805	1275	2530	6199	2392	3807	6877	2921	3956
59	2174	652	1522	2645	944	1701	3547	1458	2089
60-64岁	**9687**	**2869**	**6818**	**15669**	**5414**	**10255**	**21128**	**8147**	**12981**
60	1982	588	1394	3448	1171	2277	3621	1407	2214
61	1664	505	1159	2904	1052	1852	4211	1720	2491
62	1940	547	1393	3644	1218	2426	5469	2115	3354
63	1969	615	1354	2967	1050	1917	4560	1724	2836
64	2132	614	1518	2706	923	1783	3267	1181	2086
65岁及以上	**43123**	**12191**	**30932**	**54317**	**17586**	**36731**	**53033**	**20166**	**32867**

5-5 续表 3

单位：人

年 龄	初婚年龄								
	22岁			23岁			24岁		
	小计	男	女	小计	男	女	小计	男	女
总 计	**278780**	**125057**	**153723**	**268685**	**125239**	**143446**	**253212**	**126146**	**127066**
20岁以下									
20-24岁	**4459**	**1828**	**2631**	**2474**	**984**	**1490**	**730**	**340**	**390**
20									
21									
22	690	312	378						
23	1675	693	982	684	280	404			
24	2094	823	1271	1790	704	1086	730	340	390
25-29岁	**14714**	**6418**	**8296**	**14659**	**5997**	**8662**	**15044**	**6591**	**8453**
25	2385	1015	1370	2441	946	1495	2052	900	1152
26	2379	1026	1353	2508	1008	1500	2791	1182	1609
27	3071	1351	1720	2698	1122	1576	2998	1308	1690
28	3351	1494	1857	3495	1446	2049	3399	1465	1934
29	3528	1532	1996	3517	1475	2042	3804	1736	2068
30-34岁	**27217**	**11806**	**15411**	**27166**	**11962**	**15204**	**27514**	**12583**	**14931**
30	4667	2025	2642	4412	1887	2525	4632	2031	2601
31	4892	2091	2801	5195	2249	2946	4933	2264	2669
32	5269	2254	3015	4941	2179	2762	5412	2452	2960
33	6181	2777	3404	6371	2847	3524	5931	2771	3160
34	6208	2659	3549	6247	2800	3447	6606	3065	3541
35-39岁	**24915**	**10962**	**13953**	**27766**	**12591**	**15175**	**29645**	**14218**	**15427**
35	5770	2537	3233	6269	2861	3408	6368	3041	3327
36	5377	2348	3029	6006	2664	3342	6562	3081	3481
37	4603	2055	2548	5124	2288	2836	5386	2541	2845
38	4695	2073	2622	5383	2482	2901	5849	2818	3031
39	4470	1949	2521	4984	2296	2688	5480	2737	2743
40-44岁	**24569**	**10973**	**13596**	**25644**	**11834**	**13810**	**25264**	**12341**	**12923**
40	4462	1956	2506	4860	2133	2727	5029	2441	2588
41	4401	1949	2452	5047	2337	2710	5229	2454	2775
42	5150	2275	2875	4491	2041	2450	4977	2416	2561
43	4821	2186	2635	5168	2378	2790	4188	2067	2121
44	5735	2607	3128	6078	2945	3133	5841	2963	2878
45-49岁	**30684**	**14144**	**16540**	**31742**	**15111**	**16631**	**30862**	**15928**	**14934**
45	5685	2654	3031	6161	2951	3210	6041	3102	2939
46	6407	2923	3484	6657	3120	3537	6529	3315	3214
47	6478	3028	3450	6125	2884	3241	5957	3037	2920
48	6151	2793	3358	6589	3124	3465	5879	3069	2810
49	5963	2746	3217	6210	3032	3178	6456	3405	3051
50-54岁	**35549**	**17099**	**18450**	**31982**	**15955**	**16027**	**27872**	**14872**	**13000**
50	6337	3016	3321	6245	2998	3247	6096	3154	2942
51	5710	2757	2953	5999	2956	3043	5356	2845	2511
52	8176	3938	4238	6021	2967	3054	5842	3144	2698
53	7188	3507	3681	6251	3173	3078	4268	2265	2003
54	8138	3881	4257	7466	3861	3605	6310	3464	2846
55-59岁	**37609**	**18173**	**19436**	**32380**	**16585**	**15795**	**26565**	**14470**	**12095**
55	8098	3875	4223	7355	3783	3572	6387	3461	2926
56	7875	3745	4130	6759	3337	3422	5896	3147	2749
57	9993	4959	5034	7770	4055	3715	6219	3346	2873
58	7836	3774	4062	6957	3649	3308	5027	2845	2182
59	3807	1820	1987	3539	1761	1778	3036	1671	1365
60-64岁	**27222**	**11507**	**15715**	**26969**	**12336**	**14633**	**24178**	**12347**	**11831**
60	4659	2068	2591	4145	1967	2178	3749	2031	1718
61	3826	1697	2129	4249	2092	2157	3411	1837	1574
62	7237	3051	4186	5704	2581	3123	5737	2898	2839
63	6627	2756	3871	7103	3222	3881	5238	2662	2576
64	4873	1935	2938	5768	2474	3294	6043	2919	3124
65岁及以上	**51842**	**22147**	**29695**	**47903**	**21884**	**26019**	**45538**	**22456**	**23082**

5-5 续表 4

单位：人

年 龄	初婚年龄								
	25岁			26岁			27岁		
	小计	男	女	小计	男	女	小计	男	女
总 计	**225680**	**119752**	**105928**	**187261**	**104741**	**82520**	**152633**	**89801**	**62832**
20岁以下									
20-24岁									
20									
21									
22									
23									
24									
25-29岁	**12902**	**5878**	**7024**	**9933**	**4764**	**5169**	**6272**	**3090**	**3182**
25	856	361	495						
26	2186	980	1206	818	406	412			
27	3103	1389	1714	2388	1146	1242	877	415	462
28	3324	1522	1802	3268	1537	1731	2305	1134	1171
29	3433	1626	1807	3459	1675	1784	3090	1541	1549
30-34岁	**26793**	**12685**	**14108**	**24516**	**12079**	**12437**	**20928**	**10929**	**9999**
30	4723	2189	2534	4109	2012	2097	3654	1885	1769
31	5068	2334	2734	4655	2252	2403	3700	1901	1799
32	4935	2336	2599	4791	2319	2472	4166	2138	2028
33	6163	2997	3166	5223	2620	2603	4782	2514	2268
34	5904	2829	3075	5738	2876	2862	4626	2491	2135
35-39岁	**29522**	**14717**	**14805**	**26715**	**14047**	**12668**	**22989**	**12706**	**10283**
35	6319	3174	3145	5460	2808	2652	4899	2632	2267
36	6139	3032	3107	5490	2856	2634	4616	2412	2204
37	5651	2847	2804	4946	2581	2365	4122	2320	1802
38	5722	2835	2887	5765	3086	2679	4595	2616	1979
39	5691	2829	2862	5054	2716	2338	4757	2726	2031
40-44岁	**24228**	**12622**	**11606**	**22898**	**12615**	**10283**	**20600**	**11879**	**8721**
40	5397	2805	2592	5056	2725	2331	4550	2605	1945
41	5226	2624	2602	5151	2815	2336	4647	2650	1997
42	4883	2556	2327	4413	2421	1992	4099	2337	1762
43	4278	2245	2033	4056	2248	1808	3532	2051	1481
44	4444	2392	2052	4222	2406	1816	3772	2236	1536
45-49岁	**27457**	**15206**	**12251**	**22112**	**12827**	**9285**	**17860**	**11014**	**6846**
45	5280	2889	2391	3761	2134	1627	3507	2116	1391
46	5931	3312	2619	4890	2844	2046	3261	2011	1250
47	5627	3084	2543	4552	2684	1868	3777	2360	1417
48	5360	2989	2371	4500	2574	1926	3635	2264	1371
49	5259	2932	2327	4409	2591	1818	3680	2263	1417
50-54岁	**23745**	**13543**	**10202**	**19384**	**11660**	**7724**	**15783**	**9954**	**5829**
50	5854	3236	2618	4429	2561	1868	3646	2230	1416
51	4889	2844	2045	4336	2610	1726	3311	2071	1240
52	5074	2866	2208	4136	2503	1633	3611	2305	1306
53	4007	2303	1704	3079	1871	1208	2564	1645	919
54	3921	2294	1627	3404	2115	1289	2651	1703	948
55-59岁	**20698**	**12236**	**8462**	**14649**	**9161**	**5488**	**10874**	**7097**	**3777**
55	5143	2999	2144	2980	1845	1135	2549	1641	908
56	4581	2691	1890	3524	2182	1342	2110	1359	751
57	5124	3095	2029	3756	2382	1374	2780	1843	937
58	3809	2234	1575	2939	1844	1095	2235	1483	752
59	2041	1217	824	1450	908	542	1200	771	429
60-64岁	**18800**	**10749**	**8051**	**13809**	**8566**	**5243**	**10078**	**6643**	**3435**
60	3077	1785	1292	1928	1183	745	1410	931	479
61	2910	1721	1189	2220	1428	792	1439	993	446
62	4296	2456	1840	3200	2000	1200	2528	1653	875
63	4616	2616	2000	3340	2065	1275	2422	1617	805
64	3901	2171	1730	3121	1890	1231	2279	1449	830
65岁及以上	**41535**	**22116**	**19419**	**33245**	**19022**	**14223**	**27249**	**16489**	**10760**

5-5 续表 5

单位：人

年 龄	初婚年龄								
	28岁			29岁			30岁		
	小计	男	女	小计	男	女	小计	男	女
总 计	**118823**	**73297**	**45526**	**92326**	**58965**	**33361**	**70816**	**46181**	**24635**
20岁以下									
20-24岁									
20									
21									
22									
23									
24									
25-29岁	**2900**	**1524**	**1376**	**664**	**364**	**300**			
25									
26									
27									
28	842	408	434						
29	2058	1116	942	664	364	300			
30-34岁	**17370**	**9429**	**7941**	**13447**	**7601**	**5846**	**9282**	**5320**	**3962**
30	3180	1638	1542	2193	1209	984	787	431	356
31	3107	1711	1396	2665	1464	1201	1730	989	741
32	3151	1685	1466	2571	1449	1122	2193	1235	958
33	3951	2176	1775	2897	1666	1231	2262	1321	941
34	3981	2219	1762	3121	1813	1308	2310	1344	966
35-39岁	**18349**	**10816**	**7533**	**14725**	**8993**	**5732**	**11422**	**7183**	**4239**
35	3705	2140	1565	3137	1852	1285	2474	1477	997
36	3870	2211	1659	2951	1811	1140	2346	1450	896
37	3244	1896	1348	2804	1724	1080	2046	1302	744
38	3746	2328	1418	2963	1823	1140	2364	1496	868
39	3784	2241	1543	2870	1783	1087	2192	1458	734
40-44岁	**17413**	**10750**	**6663**	**14256**	**9152**	**5104**	**11599**	**7512**	**4087**
40	3931	2377	1554	2903	1800	1103	2310	1471	839
41	3772	2335	1437	3327	2122	1205	2550	1610	940
42	3503	2133	1370	2816	1799	1017	2410	1566	844
43	3062	1898	1164	2603	1675	928	2072	1342	730
44	3145	2007	1138	2607	1756	851	2257	1523	734
45-49岁	**13878**	**8806**	**5072**	**11230**	**7460**	**3770**	**8827**	**6047**	**2780**
45	2923	1821	1102	2501	1617	884	1954	1312	642
46	2913	1825	1088	2520	1648	872	2048	1385	663
47	2329	1500	829	2178	1469	709	1819	1257	562
48	2828	1801	1027	1883	1302	581	1557	1073	484
49	2885	1859	1026	2148	1424	724	1449	1020	429
50-54岁	**12503**	**8265**	**4238**	**9989**	**6748**	**3241**	**7773**	**5361**	**2412**
50	2901	1875	1026	2236	1510	726	1729	1179	550
51	2549	1698	851	2182	1444	738	1541	1072	469
52	2693	1783	910	2118	1436	682	1861	1265	596
53	2167	1442	725	1631	1114	517	1279	899	380
54	2193	1467	726	1822	1244	578	1363	946	417
55-59岁	**7715**	**5309**	**2406**	**5971**	**4192**	**1779**	**4801**	**3395**	**1406**
55	1965	1322	643	1630	1149	481	1406	988	418
56	1718	1202	516	1299	908	391	1148	813	335
57	1560	1088	472	1403	1007	396	1065	751	314
58	1613	1120	493	969	673	296	831	592	239
59	859	577	282	670	455	215	351	251	100
60-64岁	**7250**	**4964**	**2286**	**5215**	**3656**	**1559**	**3763**	**2724**	**1039**
60	1051	676	375	814	566	248	567	395	172
61	992	700	292	736	518	218	570	423	147
62	1639	1146	493	1134	806	328	860	630	230
63	1886	1319	567	1215	872	343	889	664	225
64	1682	1123	559	1316	894	422	877	612	265
65岁及以上	**21445**	**13434**	**8011**	**16829**	**10799**	**6030**	**13349**	**8639**	**4710**

5-5 续表 6

单位：人

年龄	初婚年龄								
	31岁			32岁			33岁		
	小计	男	女	小计	男	女	小计	男	女
总　计	**52498**	**34635**	**17863**	**40414**	**26787**	**13627**	**31071**	**20498**	**10573**
20岁以下									
20-24岁									
20									
21									
22									
23									
24									
25-29岁									
25									
26									
27									
28									
29									
30-34岁	**5827**	**3415**	**2412**	**3385**	**2046**	**1339**	**1525**	**886**	**639**
30									
31	599	360	239						
32	1426	825	601	494	276	218			
33	1972	1154	818	1248	784	464	453	272	181
34	1830	1076	754	1643	986	657	1072	614	458
35-39岁	**8809**	**5494**	**3315**	**7026**	**4360**	**2666**	**5805**	**3507**	**2298**
35	1742	1060	682	1450	906	544	1304	779	525
36	1919	1191	728	1456	903	553	1161	684	477
37	1686	1029	657	1330	819	511	1002	604	398
38	1733	1100	633	1436	904	532	1248	753	495
39	1729	1114	615	1354	828	526	1090	687	403
40-44岁	**8795**	**5796**	**2999**	**7102**	**4691**	**2411**	**5607**	**3648**	**1959**
40	1648	1059	589	1440	928	512	1122	707	415
41	1939	1242	697	1408	919	489	1224	806	418
42	1854	1223	631	1491	976	515	1057	712	345
43	1637	1079	558	1323	876	447	1031	654	377
44	1717	1193	524	1440	992	448	1173	769	404
45-49岁	**7130**	**4973**	**2157**	**5780**	**4043**	**1737**	**4922**	**3431**	**1491**
45	1702	1165	537	1254	840	414	1100	772	328
46	1610	1109	501	1334	924	410	1105	763	342
47	1374	974	400	1193	846	347	993	705	288
48	1269	892	377	1034	739	295	885	612	273
49	1175	833	342	965	694	271	839	579	260
50-54岁	**5724**	**4052**	**1672**	**4358**	**3068**	**1290**	**3154**	**2283**	**871**
50	1088	762	326	962	665	297	737	521	216
51	1150	848	302	717	526	191	630	455	175
52	1338	936	402	922	671	251	608	448	160
53	1087	761	326	794	561	233	547	405	142
54	1061	745	316	963	645	318	632	454	178
55-59岁	**3804**	**2704**	**1100**	**3115**	**2201**	**914**	**2595**	**1805**	**790**
55	993	710	283	768	542	226	698	478	220
56	956	692	264	717	501	216	574	384	190
57	864	610	254	798	560	238	584	403	181
58	654	457	197	568	402	166	481	343	138
59	337	235	102	264	196	68	258	197	61
60-64岁	**2646**	**1883**	**763**	**2062**	**1500**	**562**	**1532**	**1149**	**383**
60	341	225	116	337	224	113	275	202	73
61	407	315	92	272	211	61	246	182	64
62	676	485	191	479	350	129	304	220	84
63	654	466	188	501	374	127	380	293	87
64	568	392	176	473	341	132	327	252	75
65岁及以上	**9763**	**6318**	**3445**	**7586**	**4878**	**2708**	**5931**	**3789**	**2142**

5-5 续表 7

单位：人

年 龄	初婚年龄								
	34岁			35岁			36岁		
	小计	男	女	小计	男	女	小计	男	女
总 计	**24782**	**16420**	**8362**	**19061**	**12698**	**6363**	**14840**	**9922**	**4918**
20岁以下									
20-24岁									
20									
21									
22									
23									
24									
25-29岁									
25									
26									
27									
28									
29									
30-34岁	**358**	**207**	**151**						
30									
31									
32									
33									
34	358	207	151						
35-39岁	**4566**	**2734**	**1832**	**3163**	**1872**	**1291**	**1969**	**1120**	**849**
35	862	531	331	313	178	135			
36	960	557	403	664	384	280	225	121	104
37	882	524	358	718	426	292	487	282	205
38	905	533	372	772	456	316	628	349	279
39	957	589	368	696	428	268	629	368	261
40-44岁	**4600**	**2929**	**1671**	**3646**	**2310**	**1336**	**3044**	**1885**	**1159**
40	982	607	375	837	506	331	621	376	245
41	987	601	386	804	503	301	670	408	262
42	909	587	322	711	455	256	603	368	235
43	801	537	264	610	390	220	567	349	218
44	921	597	324	684	456	228	583	384	199
45-49岁	**4214**	**2878**	**1336**	**3474**	**2416**	**1058**	**2806**	**1946**	**860**
45	953	625	328	732	496	236	533	352	181
46	997	693	304	793	547	246	591	405	186
47	832	584	248	705	474	231	629	444	185
48	742	502	240	633	472	161	561	399	162
49	690	474	216	611	427	184	492	346	146
50-54岁	**2561**	**1865**	**696**	**2075**	**1483**	**592**	**1713**	**1245**	**468**
50	659	472	187	552	387	165	446	309	137
51	568	393	175	458	329	129	385	262	123
52	524	381	143	452	323	129	348	258	90
53	319	244	75	320	223	97	295	225	70
54	491	375	116	293	221	72	239	191	48
55-59岁	**2293**	**1634**	**659**	**1727**	**1246**	**481**	**1218**	**899**	**319**
55	534	386	148	352	271	81	194	147	47
56	582	425	157	362	259	103	278	220	58
57	530	376	154	497	350	147	315	242	73
58	411	280	131	327	234	93	279	188	91
59	236	167	69	189	132	57	152	102	50
60-64岁	**1262**	**948**	**314**	**1013**	**752**	**261**	**898**	**668**	**230**
60	227	178	49	189	129	60	138	95	43
61	209	151	58	154	117	37	164	108	56
62	283	210	73	254	192	62	218	165	53
63	246	185	61	240	185	55	194	150	44
64	297	224	73	176	129	47	184	150	34
65岁及以上	**4928**	**3225**	**1703**	**3963**	**2619**	**1344**	**3192**	**2159**	**1033**

5-5 续表 8　　单位：人

年龄	初婚年龄											
	37岁			38岁			39岁			40岁及以上		
	小计	男	女	小计	男	女	小计	男	女	小计	男	女
总　计	**11830**	**7938**	**3892**	**9414**	**6264**	**3150**	**7727**	**5181**	**2546**	**37215**	**24503**	**12712**
20岁以下												
20-24岁												
20												
21												
22												
23												
24												
25-29岁												
25												
26												
27												
28												
29												
30-34岁												
30												
31												
32												
33												
34												
35-39岁	**1154**	**676**	**478**	**518**	**294**	**224**	**154**	**84**	**70**			
35												
36												
37	188	114	74									
38	469	261	208	157	87	70						
39	497	301	196	361	207	154	154	84	70			
40-44岁	**2504**	**1514**	**990**	**2054**	**1233**	**821**	**1713**	**1005**	**708**	**3007**	**1726**	**1281**
40	494	281	213	449	259	190	346	179	167	140	77	63
41	540	308	232	413	255	158	399	235	164	397	230	167
42	542	347	195	390	216	174	334	195	139	662	375	287
43	467	293	174	394	250	144	296	187	109	779	436	343
44	461	285	176	408	253	155	338	209	129	1029	608	421
45-49岁	**2361**	**1622**	**739**	**1991**	**1311**	**680**	**1675**	**1125**	**550**	**6684**	**4261**	**2423**
45	469	323	146	402	255	147	354	232	122	1178	701	477
46	484	323	161	450	304	146	351	235	116	1411	895	516
47	483	325	158	328	224	104	332	220	112	1337	835	502
48	488	341	147	410	269	141	311	211	100	1404	934	470
49	437	310	127	401	259	142	327	227	100	1354	896	458
50-54岁	**1551**	**1161**	**390**	**1296**	**958**	**338**	**1183**	**869**	**314**	**6904**	**4752**	**2152**
50	422	296	126	332	240	92	329	245	84	1488	968	520
51	351	269	82	274	201	73	287	207	80	1415	972	443
52	315	239	76	276	200	76	218	157	61	1528	1056	472
53	230	173	57	219	165	54	187	135	52	1177	810	367
54	233	184	49	195	152	43	162	125	37	1296	946	350
55-59岁	**968**	**739**	**229**	**752**	**569**	**183**	**605**	**457**	**148**	**4807**	**3423**	**1384**
55	253	202	51	174	136	38	162	120	42	1221	864	357
56	170	120	50	173	133	40	139	98	41	1132	810	322
57	226	175	51	149	114	35	149	123	26	1177	846	331
58	182	138	44	167	123	44	85	63	22	819	596	223
59	137	104	33	89	63	26	70	53	17	458	307	151
60-64岁	**759**	**565**	**194**	**671**	**493**	**178**	**628**	**452**	**176**	**3283**	**2275**	**1008**
60	143	102	41	122	81	41	93	65	28	485	341	144
61	120	83	37	90	65	25	90	64	26	509	352	157
62	186	141	45	175	132	43	157	104	53	717	505	212
63	164	131	33	150	122	28	146	108	38	837	574	263
64	146	108	38	134	93	41	142	111	31	735	503	232
65岁及以上	**2533**	**1661**	**872**	**2132**	**1406**	**726**	**1769**	**1189**	**580**	**12530**	**8066**	**4464**

5-5a 分年龄、性别、初婚年龄的人口（城市）

单位：人

年 龄	初婚年龄								
	合计			15岁以下			15岁		
	合计	男	女	小计	男	女	小计	男	女
总 计	**807166**	**381556**	**425610**	**911**	**199**	**712**	**3146**	**771**	**2375**
20岁以下	**314**	**76**	**238**	**14**	**1**	**13**	**45**	**9**	**36**
20-24岁	**7538**	**2242**	**5296**	**29**	**5**	**24**	**125**	**23**	**102**
20	385	89	296	1		1	19	2	17
21	717	161	556	5	2	3	28	5	23
22	1286	348	938	10	2	8	28	7	21
23	2090	643	1447	7	1	6	22	4	18
24	3060	1001	2059	6		6	28	5	23
25-29岁	**41520**	**16490**	**25030**	**59**	**10**	**49**	**147**	**38**	**109**
25	4502	1569	2933	11	1	10	31	6	25
26	6119	2310	3809	9	2	7	32	10	22
27	8084	3188	4896	10	2	8	28	11	17
28	10453	4132	6321	10		10	33	5	28
29	12362	5291	7071	19	5	14	23	6	17
30-34岁	**104764**	**46430**	**58334**	**106**	**31**	**75**	**304**	**89**	**215**
30	16740	7065	9675	23	1	22	57	20	37
31	19163	8376	10787	21	9	12	51	14	37
32	20192	8889	11303	17	7	10	62	15	47
33	23914	10838	13076	25	9	16	66	23	43
34	24755	11262	13493	20	5	15	68	17	51
35-39岁	**112075**	**53556**	**58519**	**71**	**18**	**53**	**300**	**99**	**201**
35	24024	11202	12822	15	4	11	91	36	55
36	23660	11092	12568	18	4	14	93	23	70
37	20712	9969	10743	15	2	13	41	16	25
38	22577	10957	11620	13	3	10	36	13	23
39	21102	10336	10766	10	5	5	39	11	28
40-44岁	**103179**	**50904**	**52275**	**81**	**18**	**63**	**266**	**85**	**181**
40	20639	10100	10539	12	1	11	47	15	32
41	22193	10908	11285	20	3	17	61	17	44
42	20750	10195	10555	19	4	15	45	13	32
43	18932	9431	9501	8	4	4	56	19	37
44	20665	10270	10395	22	6	16	57	21	36
45-49岁	**100730**	**51096**	**49634**	**92**	**16**	**76**	**344**	**99**	**245**
45	20296	10223	10073	23	5	18	92	29	63
46	21764	11047	10717	23	3	20	102	24	78
47	20183	10329	9854	17	5	12	57	19	38
48	19269	9743	9526	16	1	15	48	12	36
49	19218	9754	9464	13	2	11	45	15	30
50-54岁	**90286**	**45185**	**45101**	**117**	**24**	**93**	**415**	**116**	**299**
50	19702	9850	9852	24	7	17	83	22	61
51	18311	9250	9061	21	5	16	104	30	74
52	19562	9907	9655	32	7	25	101	30	71
53	15323	7536	7787	13	3	10	68	19	49
54	17388	8642	8746	27	2	25	59	15	44
55-59岁	**76447**	**36659**	**39788**	**48**	**8**	**40**	**292**	**59**	**233**
55	17695	8605	9090	22	2	20	111	33	78
56	17225	8232	8993	7	2	5	79	15	64
57	19176	9162	10014	9	2	7	45	5	40
58	14494	6927	7567	8	1	7	37	3	34
59	7857	3733	4124	2	1	1	20	3	17
60-64岁	**52831**	**25211**	**27620**	**47**	**15**	**32**	**174**	**34**	**140**
60	9490	4519	4971	5	3	2	34	5	29
61	8729	4254	4475	10	2	8	29	7	22
62	11897	5683	6214	6	2	4	39	12	27
63	12085	5783	6302	13	6	7	38	3	35
64	10630	4972	5658	13	2	11	34	7	27
65岁及以上	**117482**	**53707**	**63775**	**247**	**53**	**194**	**734**	**120**	**614**

5-5a 续表 1

单位：人

年 龄	初婚年龄								
	16岁			17岁			18岁		
	小计	男	女	小计	男	女	小计	男	女
总 计	**5287**	**1222**	**4065**	**9420**	**2251**	**7169**	**15844**	**3971**	**11873**
20岁以下	**77**	**20**	**57**	**81**	**22**	**59**	**67**	**14**	**53**
20-24岁	**198**	**42**	**156**	**344**	**82**	**262**	**492**	**145**	**347**
20	26	3	23	48	11	37	82	26	56
21	28	6	22	56	14	42	83	31	52
22	30	8	22	63	16	47	93	27	66
23	56	14	42	86	17	69	106	28	78
24	58	11	47	91	24	67	128	33	95
25-29岁	**269**	**65**	**204**	**574**	**162**	**412**	**945**	**269**	**676**
25	38	12	26	97	28	69	134	41	93
26	62	13	49	101	28	73	184	52	132
27	68	17	51	119	36	83	180	43	137
28	55	16	39	135	34	101	235	78	157
29	46	7	39	122	36	86	212	55	157
30-34岁	**499**	**146**	**353**	**679**	**184**	**495**	**1153**	**341**	**812**
30	84	19	65	112	27	85	235	52	183
31	113	38	75	117	29	88	213	60	153
32	91	23	68	146	43	103	223	75	148
33	107	31	76	155	46	109	249	80	169
34	104	35	69	149	39	110	233	74	159
35-39岁	**482**	**119**	**363**	**772**	**202**	**570**	**1209**	**313**	**896**
35	94	24	70	168	43	125	208	59	149
36	131	41	90	140	37	103	237	50	187
37	114	26	88	186	51	135	186	49	137
38	77	18	59	157	34	123	309	94	215
39	66	10	56	121	37	84	269	61	208
40-44岁	**354**	**84**	**270**	**652**	**174**	**478**	**1189**	**298**	**891**
40	64	9	55	112	26	86	228	53	175
41	74	18	56	135	37	98	214	49	165
42	86	22	64	148	42	106	235	63	172
43	62	14	48	124	37	87	243	64	179
44	68	21	47	133	32	101	269	69	200
45-49岁	**534**	**142**	**392**	**1031**	**286**	**745**	**1751**	**494**	**1257**
45	66	12	54	176	36	140	269	70	199
46	127	34	93	156	43	113	302	81	221
47	111	35	76	226	69	157	286	77	209
48	111	32	79	257	72	185	417	122	295
49	119	29	90	216	66	150	477	144	333
50-54岁	**784**	**217**	**567**	**1421**	**399**	**1022**	**2501**	**775**	**1726**
50	135	31	104	237	63	174	458	137	321
51	170	54	116	310	79	231	443	122	321
52	188	48	140	336	95	241	572	193	379
53	137	40	97	246	73	173	492	146	346
54	154	44	110	292	89	203	536	177	359
55-59岁	**492**	**127**	**365**	**1045**	**287**	**758**	**1984**	**536**	**1448**
55	100	25	75	269	81	188	512	150	362
56	164	44	120	202	60	142	484	114	370
57	139	38	101	318	86	232	419	119	300
58	68	14	54	195	46	149	381	115	266
59	21	6	15	61	14	47	188	38	150
60-64岁	**254**	**61**	**193**	**391**	**65**	**326**	**731**	**148**	**583**
60	32	4	28	46	8	38	122	24	98
61	50	11	39	53	7	46	115	20	95
62	48	12	36	100	18	82	140	36	104
63	57	19	38	108	19	89	171	30	141
64	67	15	52	84	13	71	183	38	145
65岁及以上	**1344**	**199**	**1145**	**2430**	**388**	**2042**	**3822**	**638**	**3184**

5-5a 续表 2

单位：人

年 龄	初婚年龄								
	19岁			20岁			21岁		
	小计	男	女	小计	男	女	小计	男	女
总 计	**28740**	**7509**	**21231**	**44375**	**11668**	**32707**	**55582**	**18354**	**37228**
20岁以下	**30**	**10**	**20**						
20-24岁	**922**	**259**	**663**	**1324**	**232**	**1092**	**1429**	**394**	**1035**
20	127	35	92	82	12	70			
21	167	42	125	239	44	195	111	17	94
22	196	53	143	296	49	247	351	89	262
23	175	41	134	362	63	299	456	144	312
24	257	88	169	345	64	281	511	144	367
25-29岁	**1662**	**458**	**1204**	**2932**	**634**	**2298**	**3477**	**1059**	**2418**
25	264	70	194	474	82	392	515	149	366
26	299	99	200	526	124	402	654	203	451
27	358	80	278	549	104	445	650	196	454
28	360	107	253	699	151	548	759	223	536
29	381	102	279	684	173	511	899	288	611
30-34岁	**2347**	**613**	**1734**	**4519**	**1046**	**3473**	**6139**	**1892**	**4247**
30	467	111	356	896	204	692	1044	305	739
31	470	131	339	990	249	741	1180	380	800
32	417	112	305	798	191	607	1209	380	829
33	520	135	385	988	228	760	1357	413	944
34	473	124	349	847	174	673	1349	414	935
35-39岁	**2082**	**503**	**1579**	**3762**	**876**	**2886**	**5183**	**1623**	**3560**
35	458	110	348	917	210	707	1217	385	832
36	441	106	335	817	196	621	1148	348	800
37	334	77	257	696	169	527	919	302	617
38	381	90	291	688	158	530	1009	309	700
39	468	120	348	644	143	501	890	279	611
40-44岁	**2321**	**617**	**1704**	**4107**	**961**	**3146**	**5454**	**1785**	**3669**
40	487	135	352	768	178	590	857	283	574
41	454	122	332	906	217	689	1201	422	779
42	431	107	324	774	181	593	1185	372	813
43	385	94	291	794	194	600	1055	322	733
44	564	159	405	865	191	674	1156	386	770
45-49岁	**3082**	**860**	**2222**	**4716**	**1284**	**3432**	**6308**	**2240**	**4068**
45	539	151	388	909	238	671	1161	382	779
46	610	166	444	1055	279	776	1429	491	938
47	610	168	442	929	239	690	1274	480	794
48	540	151	389	946	263	683	1183	439	744
49	783	224	559	877	265	612	1261	448	813
50-54岁	**4506**	**1343**	**3163**	**6287**	**2079**	**4208**	**7341**	**2828**	**4513**
50	864	246	618	1232	396	836	1191	434	757
51	848	256	592	1252	433	819	1475	566	909
52	863	253	610	1409	488	921	1732	723	1009
53	866	244	622	1066	337	729	1365	522	843
54	1065	344	721	1328	425	903	1578	583	995
55-59岁	**3993**	**1143**	**2850**	**6219**	**1891**	**4328**	**7712**	**2722**	**4990**
55	1002	322	680	1512	479	1033	1647	622	1025
56	955	286	669	1471	450	1021	1844	645	1199
57	1000	275	725	1557	483	1074	2057	722	1335
58	673	173	500	1177	339	838	1438	504	934
59	363	87	276	502	140	362	726	229	497
60-64岁	**1459**	**359**	**1100**	**2568**	**678**	**1890**	**3874**	**1242**	**2632**
60	323	77	246	661	162	499	811	272	539
61	269	68	201	531	163	368	830	258	572
62	279	66	213	542	141	401	963	315	648
63	298	76	222	426	108	318	756	237	519
64	290	72	218	408	104	304	514	160	354
65岁及以上	**6336**	**1344**	**4992**	**7941**	**1987**	**5954**	**8665**	**2569**	**6096**

5-5a 续表 3

单位：人

年 龄	初婚年龄								
	22岁			23岁			24岁		
	小计	男	女	小计	男	女	小计	男	女
总 计	**70811**	**27787**	**43024**	**77112**	**31216**	**45896**	**80360**	**35780**	**44580**
20岁以下									
20-24岁	**1444**	**588**	**856**	**962**	**355**	**607**	**269**	**117**	**152**
20									
21									
22	219	97	122						
23	564	240	324	256	91	165			
24	661	251	410	706	264	442	269	117	152
25-29岁	**4946**	**2057**	**2889**	**5339**	**2118**	**3221**	**6115**	**2570**	**3545**
25	803	324	479	881	333	548	856	367	489
26	805	314	491	907	358	549	1141	451	690
27	1029	455	574	997	411	586	1200	511	689
28	1129	470	659	1282	505	777	1366	544	822
29	1180	494	686	1272	511	761	1552	697	855
30-34岁	**8888**	**3662**	**5226**	**9825**	**4017**	**5808**	**11151**	**4763**	**6388**
30	1582	665	917	1617	662	955	1899	776	1123
31	1626	668	958	1918	774	1144	2100	901	1199
32	1749	706	1043	1865	758	1107	2202	959	1243
33	1945	851	1094	2193	894	1299	2386	1029	1357
34	1986	772	1214	2232	929	1303	2564	1098	1466
35-39岁	**7301**	**2904**	**4397**	**8978**	**3660**	**5318**	**10590**	**4677**	**5913**
35	1732	691	1041	2041	848	1193	2393	1051	1342
36	1617	665	952	1950	790	1160	2362	1040	1322
37	1302	527	775	1707	670	1037	1964	858	1106
38	1366	510	856	1665	683	982	2080	889	1191
39	1284	511	773	1615	669	946	1791	839	952
40-44岁	**7159**	**2844**	**4315**	**8198**	**3326**	**4872**	**8510**	**3698**	**4812**
40	1154	427	727	1524	598	926	1672	722	950
41	1289	503	786	1532	627	905	1844	775	1069
42	1537	625	912	1420	564	856	1644	702	942
43	1480	603	877	1702	705	997	1439	646	793
44	1699	686	1013	2020	832	1188	1911	853	1058
45-49岁	**8384**	**3442**	**4942**	**9488**	**3940**	**5548**	**9928**	**4666**	**5262**
45	1585	630	955	1911	821	1090	2087	986	1101
46	1761	744	1017	2022	809	1213	2052	952	1100
47	1760	727	1033	1863	761	1102	1985	931	1054
48	1703	702	1001	1940	812	1128	1789	830	959
49	1575	639	936	1752	737	1015	2015	967	1048
50-54岁	**8752**	**3656**	**5096**	**8989**	**3864**	**5125**	**8388**	**4026**	**4362**
50	1631	680	951	1857	750	1107	1902	867	1035
51	1455	613	842	1765	754	1011	1712	818	894
52	1965	826	1139	1769	750	1019	1820	895	925
53	1790	757	1033	1645	728	917	1212	579	633
54	1911	780	1131	1953	882	1071	1742	867	875
55-59岁	**8960**	**3564**	**5396**	**8744**	**3821**	**4923**	**7848**	**3808**	**4040**
55	1909	755	1154	1981	880	1101	1801	865	936
56	1874	753	1121	1830	782	1048	1769	898	871
57	2393	956	1437	2110	921	1189	1898	877	1021
58	1884	771	1113	1785	812	973	1452	728	724
59	900	329	571	1038	426	612	928	440	488
60-64岁	**5752**	**1939**	**3813**	**6864**	**2468**	**4396**	**7069**	**3105**	**3964**
60	1145	400	745	1140	408	732	1163	574	589
61	911	310	601	1196	467	729	978	456	522
62	1506	530	976	1424	538	886	1683	722	961
63	1283	416	867	1739	610	1129	1565	662	903
64	907	283	624	1365	445	920	1680	691	989
65岁及以上	**9225**	**3131**	**6094**	**9725**	**3647**	**6078**	**10492**	**4350**	**6142**

5-5a 续表 4

单位：人

年龄	初婚年龄								
	25岁			26岁			27岁		
	小计	男	女	小计	男	女	小计	男	女
总　计	**78697**	**38419**	**40278**	**69740**	**36569**	**33171**	**59143**	**33226**	**25917**
20岁以下									
20-24岁									
20									
21									
22									
23									
24									
25-29岁	**5689**	**2520**	**3169**	**4633**	**2176**	**2457**	**2981**	**1440**	**1541**
25	398	156	242						
26	1018	466	552	381	190	191			
27	1320	591	729	1128	525	603	448	206	242
28	1427	620	807	1468	668	800	1082	516	566
29	1526	687	839	1656	793	863	1451	718	733
30-34岁	**12131**	**5424**	**6707**	**11782**	**5411**	**6371**	**10286**	**5085**	**5201**
30	2094	915	1179	1894	885	1009	1764	851	913
31	2336	1028	1308	2252	1034	1218	1833	913	920
32	2239	987	1252	2325	1039	1286	2037	990	1047
33	2756	1258	1498	2545	1183	1362	2365	1173	1192
34	2706	1236	1470	2766	1270	1496	2287	1158	1129
35-39岁	**11739**	**5382**	**6357**	**11485**	**5520**	**5965**	**10739**	**5542**	**5197**
35	2579	1200	1379	2549	1205	1344	2363	1192	1171
36	2570	1170	1400	2403	1130	1273	2297	1124	1173
37	2180	1016	1164	2173	1023	1150	1857	1000	857
38	2277	1036	1241	2364	1189	1175	2134	1118	1016
39	2133	960	1173	1996	973	1023	2088	1108	980
40-44岁	**8925**	**4166**	**4759**	**8782**	**4463**	**4319**	**8436**	**4536**	**3900**
40	1929	917	1012	2039	1005	1034	1842	994	848
41	1997	879	1118	1969	995	974	2000	1044	956
42	1907	868	1039	1685	838	847	1687	919	768
43	1547	757	790	1577	839	738	1446	778	668
44	1545	745	800	1512	786	726	1461	801	660
45-49岁	**9511**	**4958**	**4553**	**8014**	**4409**	**3605**	**6480**	**3820**	**2660**
45	1856	950	906	1429	770	659	1324	760	564
46	2117	1103	1014	1783	1010	773	1240	730	510
47	1972	1017	955	1695	962	733	1333	808	525
48	1810	965	845	1544	816	728	1325	783	542
49	1756	923	833	1563	851	712	1258	739	519
50-54岁	**7613**	**4073**	**3540**	**6336**	**3699**	**2637**	**5115**	**3176**	**1939**
50	1920	989	931	1520	850	670	1283	794	489
51	1583	847	736	1479	859	620	1085	641	444
52	1625	877	748	1283	745	538	1118	694	424
53	1261	684	577	953	568	385	755	473	282
54	1224	676	548	1101	677	424	874	574	300
55-59岁	**6528**	**3609**	**2919**	**4813**	**2851**	**1962**	**3707**	**2353**	**1354**
55	1492	810	682	994	603	391	858	556	302
56	1440	787	653	1110	637	473	734	459	275
57	1653	926	727	1265	745	520	919	579	340
58	1264	714	550	881	510	371	761	486	275
59	679	372	307	563	356	207	435	273	162
60-64岁	**5805**	**3020**	**2785**	**4502**	**2718**	**1784**	**3322**	**2204**	**1118**
60	1062	584	478	705	445	260	482	319	163
61	922	506	416	766	494	272	500	341	159
62	1211	613	598	991	592	399	815	539	276
63	1400	715	685	1042	613	429	816	551	265
64	1210	602	608	998	574	424	709	454	255
65岁及以上	**10756**	**5267**	**5489**	**9393**	**5322**	**4071**	**8077**	**5070**	**3007**

5-5a 续表 5

单位：人

年 龄	初婚年龄								
	28岁			29岁			30岁		
	小计	男	女	小计	男	女	小计	男	女
总 计	**47224**	**28333**	**18891**	**37006**	**23246**	**13760**	**28295**	**18252**	**10043**
20岁以下									
20-24岁									
20									
21									
22									
23									
24									
25-29岁	**1441**	**748**	**693**	**311**	**166**	**145**			
25									
26									
27									
28	413	195	218						
29	1028	553	475	311	166	145			
30-34岁	**8567**	**4474**	**4093**	**6529**	**3600**	**2929**	**4586**	**2573**	**2013**
30	1520	772	748	1063	588	475	389	212	177
31	1488	791	697	1302	692	610	873	490	383
32	1579	796	783	1253	696	557	1041	588	453
33	1993	1063	930	1390	770	620	1129	642	487
34	1987	1052	935	1521	854	667	1154	641	513
35-39岁	**8983**	**5052**	**3931**	**7292**	**4333**	**2959**	**5600**	**3466**	**2134**
35	1829	1013	816	1565	889	676	1160	675	485
36	1938	1061	877	1442	881	561	1103	682	421
37	1647	922	725	1414	842	572	1000	628	372
38	1787	1051	736	1531	912	619	1201	759	442
39	1782	1005	777	1340	809	531	1136	722	414
40-44岁	**7435**	**4395**	**3040**	**6381**	**3937**	**2444**	**5361**	**3369**	**1992**
40	1722	977	745	1373	832	541	1043	651	392
41	1632	984	648	1493	918	575	1212	759	453
42	1525	891	634	1280	785	495	1122	700	422
43	1259	758	501	1144	714	430	949	580	369
44	1297	785	512	1091	688	403	1035	679	356
45-49岁	**5238**	**3197**	**2041**	**4340**	**2825**	**1515**	**3601**	**2412**	**1189**
45	1205	723	482	1054	660	394	811	520	291
46	1098	670	428	983	619	364	869	585	284
47	890	538	352	825	543	282	792	535	257
48	1010	610	400	671	463	208	589	399	190
49	1035	656	379	807	540	267	540	373	167
50-54岁	**4181**	**2755**	**1426**	**3510**	**2381**	**1129**	**2570**	**1730**	**840**
50	1061	696	365	831	556	275	634	418	216
51	848	545	303	745	503	242	553	365	188
52	893	606	287	776	534	242	600	397	203
53	718	467	251	552	375	177	377	268	109
54	661	441	220	606	413	193	406	282	124
55-59岁	**2675**	**1807**	**868**	**2015**	**1395**	**620**	**1599**	**1125**	**474**
55	655	428	227	515	361	154	443	317	126
56	625	437	188	438	296	142	383	274	109
57	569	396	173	502	353	149	384	268	116
58	533	355	178	324	221	103	275	180	95
59	293	191	102	236	164	72	114	86	28
60-64岁	**2372**	**1680**	**692**	**1800**	**1272**	**528**	**1196**	**871**	**325**
60	382	257	125	314	223	91	194	134	60
61	355	264	91	271	185	86	192	147	45
62	547	387	160	354	253	101	234	168	66
63	582	413	169	419	314	105	292	224	68
64	506	359	147	442	297	145	284	198	86
65岁及以上	**6332**	**4225**	**2107**	**4828**	**3337**	**1491**	**3782**	**2706**	**1076**

5–5a 续表 6

单位：人

年 龄	初婚年龄								
	31岁			32岁			33岁		
	小计	男	女	小计	男	女	小计	男	女
总 计	**20822**	**13646**	**7176**	**15996**	**10564**	**5432**	**12220**	**7967**	**4253**
20岁以下									
20–24岁									
20									
21									
22									
23									
24									
25–29岁									
25									
26									
27									
28									
29									
30–34岁	**2792**	**1622**	**1170**	**1595**	**947**	**648**	**709**	**411**	**298**
30									
31	280	175	105						
32	701	397	304	238	127	111			
33	931	525	406	600	363	237	214	122	92
34	880	525	355	757	457	300	495	289	206
35–39岁	**4282**	**2651**	**1631**	**3311**	**2018**	**1293**	**2714**	**1580**	**1134**
35	866	528	338	660	389	271	570	322	248
36	899	557	342	692	416	276	553	320	233
37	829	511	318	627	388	239	491	285	206
38	869	539	330	698	444	254	597	341	256
39	819	516	303	634	381	253	503	312	191
40–44岁	**4041**	**2570**	**1471**	**3402**	**2194**	**1208**	**2654**	**1661**	**993**
40	799	492	307	711	458	253	528	315	213
41	874	544	330	710	450	260	614	385	229
42	877	566	311	689	435	254	525	337	188
43	737	466	271	649	429	220	469	296	173
44	754	502	252	643	422	221	518	328	190
45–49岁	**2993**	**2017**	**976**	**2505**	**1736**	**769**	**2200**	**1509**	**691**
45	746	493	253	529	364	165	515	353	162
46	710	474	236	618	421	197	501	340	161
47	581	385	196	502	340	162	458	334	124
48	523	355	168	435	308	127	379	251	128
49	433	310	123	421	303	118	347	231	116
50–54岁	**1964**	**1381**	**583**	**1502**	**1042**	**460**	**1156**	**825**	**331**
50	382	259	123	380	254	126	306	205	101
51	411	305	106	264	194	70	232	172	60
52	494	326	168	287	206	81	243	182	61
53	351	248	103	260	177	83	171	117	54
54	326	243	83	311	211	100	204	149	55
55–59岁	**1244**	**895**	**349**	**1071**	**751**	**320**	**812**	**565**	**247**
55	305	214	91	268	179	89	213	151	62
56	319	239	80	242	167	75	197	125	72
57	294	215	79	276	194	82	184	139	45
58	212	141	71	187	135	52	135	88	47
59	114	86	28	98	76	22	83	62	21
60–64岁	**850**	**616**	**234**	**654**	**478**	**176**	**501**	**368**	**133**
60	131	96	35	114	79	35	118	86	32
61	123	98	25	97	75	22	83	64	19
62	204	156	48	148	107	41	99	72	27
63	217	147	70	147	105	42	109	82	27
64	175	119	56	148	112	36	92	64	28
65岁及以上	**2656**	**1894**	**762**	**1956**	**1398**	**558**	**1474**	**1048**	**426**

5-5a 续表 7

单位：人

年 龄	初婚年龄								
	34岁			35岁			36岁		
	小计	男	女	小计	男	女	小计	男	女
总 计	**9730**	**6323**	**3407**	**7287**	**4816**	**2471**	**5656**	**3724**	**1932**
20岁以下									
20-24岁									
20									
21									
22									
23									
24									
25-29岁									
25									
26									
27									
28									
29									
30-34岁	**177**	**99**	**78**						
30									
31									
32									
33									
34	177	99	78						
35-39岁	**2142**	**1247**	**895**	**1434**	**851**	**583**	**828**	**457**	**371**
35	408	248	160	141	80	61			
36	426	236	190	290	171	119	93	44	49
37	430	252	178	335	200	135	194	113	81
38	463	270	193	345	201	144	257	135	122
39	415	241	174	323	199	124	284	165	119
40-44岁	**2191**	**1364**	**827**	**1722**	**1081**	**641**	**1491**	**895**	**596**
40	453	262	191	384	234	150	308	188	120
41	444	271	173	403	255	148	326	189	137
42	446	279	167	331	207	124	301	187	114
43	399	266	133	276	175	101	286	165	121
44	449	286	163	328	210	118	270	166	104
45-49岁	**1851**	**1229**	**622**	**1546**	**1064**	**482**	**1254**	**849**	**405**
45	410	260	150	325	212	113	237	155	82
46	425	295	130	364	252	112	249	170	79
47	361	253	108	308	205	103	273	190	83
48	357	228	129	275	207	68	269	187	82
49	298	193	105	274	188	86	226	147	79
50-54岁	**969**	**671**	**298**	**797**	**554**	**243**	**685**	**482**	**203**
50	275	188	87	232	154	78	184	119	65
51	236	156	80	190	139	51	173	118	55
52	189	138	51	175	123	52	131	94	37
53	108	71	37	98	63	35	115	89	26
54	161	118	43	102	75	27	82	62	20
55-59岁	**804**	**574**	**230**	**565**	**392**	**173**	**428**	**313**	**115**
55	202	145	57	115	83	32	63	47	16
56	214	145	69	121	87	34	100	79	21
57	183	128	55	177	117	60	117	88	29
58	125	88	37	97	66	31	92	60	32
59	80	68	12	55	39	16	56	39	17
60-64岁	**400**	**291**	**109**	**300**	**215**	**85**	**257**	**188**	**69**
60	90	63	27	51	36	15	48	32	16
61	77	48	29	46	36	10	54	40	14
62	75	56	19	86	64	22	43	30	13
63	75	61	14	74	52	22	57	44	13
64	83	63	20	43	27	16	55	42	13
65岁及以上	**1196**	**848**	**348**	**923**	**659**	**264**	**713**	**540**	**173**

5-5a 续表 8

单位：人

年 龄	初婚年龄											
	37岁			38岁			39岁			40岁及以上		
	小计	男	女	小计	男	女	小计	男	女	小计	男	女
总 计	**4496**	**2981**	**1515**	**3604**	**2375**	**1229**	**2863**	**1906**	**957**	**12799**	**8481**	**4318**
20岁以下												
20-24岁												
20												
21												
22												
23												
24												
25-29岁												
25												
26												
27												
28												
29												
30-34岁												
30												
31												
32												
33												
34												
35-39岁	**499**	**289**	**210**	**237**	**140**	**97**	**60**	**34**	**26**			
35												
36												
37	71	42	29									
38	202	115	87	71	46	25						
39	226	132	94	166	94	72	60	34	26			
40-44岁	**1179**	**713**	**466**	**934**	**541**	**393**	**715**	**412**	**303**	**1239**	**717**	**522**
40	228	133	95	186	104	82	112	60	52	57	31	26
41	248	134	114	195	120	75	174	94	80	172	97	75
42	259	160	99	186	96	90	144	82	62	262	150	112
43	218	144	74	177	110	67	131	83	48	320	169	151
44	226	142	84	190	111	79	154	93	61	428	270	158
45-49岁	**1074**	**723**	**351**	**953**	**622**	**331**	**764**	**502**	**262**	**2748**	**1755**	**993**
45	232	158	74	178	110	68	158	104	54	469	271	198
46	206	128	78	228	155	73	157	107	50	577	362	215
47	217	144	73	164	110	54	168	109	59	526	345	181
48	220	145	75	190	122	68	139	89	50	583	379	204
49	199	148	51	193	125	68	142	93	49	593	398	195
50-54岁	**657**	**476**	**181**	**536**	**388**	**148**	**506**	**364**	**142**	**2688**	**1861**	**827**
50	182	123	59	140	102	38	143	104	39	615	406	209
51	160	117	43	119	84	35	128	93	35	550	382	168
52	137	100	37	132	96	36	96	69	27	596	412	184
53	95	71	24	81	55	26	81	53	28	447	309	138
54	83	65	18	64	51	13	58	45	13	480	352	128
55-59岁	**337**	**258**	**79**	**298**	**229**	**69**	**232**	**173**	**59**	**1982**	**1403**	**579**
55	87	67	20	66	51	15	63	43	20	490	336	154
56	63	45	18	68	51	17	53	44	9	439	311	128
57	77	62	15	60	50	10	56	43	13	515	375	140
58	58	46	12	69	52	17	30	23	7	353	256	97
59	52	38	14	35	25	10	30	20	10	185	125	60
60-64岁	**213**	**154**	**59**	**196**	**140**	**56**	**188**	**131**	**57**	**1092**	**751**	**341**
60	54	39	15	44	27	17	35	23	12	184	139	45
61	37	24	13	28	24	4	27	21	6	179	118	61
62	46	30	16	50	35	15	45	33	12	219	156	63
63	41	33	8	38	30	8	35	21	14	287	192	95
64	35	28	7	36	24	12	46	33	13	223	146	77
65岁及以上	**537**	**368**	**169**	**450**	**315**	**135**	**398**	**290**	**108**	**3050**	**1994**	**1056**

5-5b 分年龄、性别、初婚年龄的人口（镇）

单位：人

年 龄	初婚年龄								
	合 计			15岁以下			15岁		
	合计	男	女	小计	男	女	小计	男	女
总 计	**672539**	**318982**	**353557**	**1359**	**245**	**1114**	**4379**	**976**	**3403**
20岁以下	**647**	**152**	**495**	**55**	**4**	**51**	**119**	**25**	**94**
20-24岁	**7647**	**2229**	**5418**	**70**	**8**	**62**	**218**	**39**	**179**
20	525	115	410	7	1	6	39	6	33
21	829	200	629	16	2	14	32	4	28
22	1447	379	1068	14	1	13	52	7	45
23	2013	588	1425	17	3	14	44	11	33
24	2833	947	1886	16	1	15	51	11	40
25-29岁	**31906**	**12142**	**19764**	**66**	**7**	**59**	**265**	**48**	**217**
25	3932	1340	2592	13	1	12	61	13	48
26	4764	1660	3104	9		9	51	10	41
27	6252	2297	3955	18	2	16	60	12	48
28	8061	3213	4848	10	1	9	50	7	43
29	8897	3632	5265	16	3	13	43	6	37
30-34岁	**71912**	**31727**	**40185**	**132**	**28**	**104**	**399**	**104**	**295**
30	11694	4884	6810	20	2	18	64	14	50
31	13024	5628	7396	26	4	22	70	14	56
32	13983	6111	7872	29	10	19	86	25	61
33	16435	7489	8946	29	8	21	86	28	58
34	16776	7615	9161	28	4	24	93	23	70
35-39岁	**77865**	**37314**	**40551**	**85**	**12**	**73**	**347**	**78**	**269**
35	16746	7861	8885	37	8	29	104	22	82
36	16212	7586	8626	16	1	15	81	22	59
37	14402	6950	7452	12	1	11	55	12	43
38	15594	7569	8025	14	1	13	51	6	45
39	14911	7348	7563	6	1	5	56	16	40
40-44岁	**75302**	**37562**	**37740**	**88**	**14**	**74**	**262**	**57**	**205**
40	14973	7368	7605	13	4	9	60	15	45
41	15593	7701	7892	11		11	60	11	49
42	15139	7520	7619	17	3	14	47	10	37
43	13918	6897	7021	26	5	21	52	9	43
44	15679	8076	7603	21	2	19	43	12	31
45-49岁	**80962**	**41071**	**39891**	**129**	**23**	**106**	**428**	**101**	**327**
45	15868	8047	7821	22	2	20	118	32	86
46	17302	8689	8613	24	2	22	93	17	76
47	15917	8059	7858	19	4	15	80	23	57
48	15928	8107	7821	33	10	23	61	9	52
49	15947	8169	7778	31	5	26	76	20	56
50-54岁	**82909**	**41884**	**41025**	**157**	**34**	**123**	**490**	**139**	**351**
50	16755	8466	8289	27	6	21	92	26	66
51	16170	8247	7923	31	6	25	110	27	83
52	18037	9012	9025	36	8	28	127	36	91
53	14871	7597	7274	27	6	21	76	24	52
54	17076	8562	8514	36	8	28	85	26	59
55-59岁	**72141**	**35974**	**36167**	**92**	**21**	**71**	**371**	**99**	**272**
55	17119	8741	8378	33	9	24	140	44	96
56	16361	7983	8378	17	4	13	114	28	86
57	17822	8896	8926	21	3	18	69	17	52
58	13932	6977	6955	12	2	10	36	10	26
59	6907	3377	3530	9	3	6	12		12
60-64岁	**48596**	**23748**	**24848**	**90**	**20**	**70**	**230**	**44**	**186**
60	8069	3916	4153	9	2	7	36	6	30
61	7859	3959	3900	19	5	14	47	6	41
62	11592	5558	6034	18	2	16	53	9	44
63	11101	5507	5594	22	3	19	54	16	38
64	9975	4808	5167	22	8	14	40	7	33
65岁及以上	**122652**	**55179**	**67473**	**395**	**74**	**321**	**1250**	**242**	**1008**

5−5b 续表 1

单位：人

年 龄	初婚年龄								
	16岁			17岁			18岁		
	小计	男	女	小计	男	女	小计	男	女
总 计	**7490**	**1652**	**5838**	**13601**	**3347**	**10254**	**22735**	**5890**	**16845**
20岁以下	**170**	**41**	**129**	**170**	**42**	**128**	**99**	**29**	**70**
20-24岁	**399**	**105**	**294**	**571**	**139**	**432**	**797**	**200**	**597**
20	54	13	41	82	21	61	130	25	105
21	82	21	61	100	25	75	113	26	87
22	74	19	55	115	25	90	164	41	123
23	88	19	69	129	29	100	162	47	115
24	101	33	68	145	39	106	228	61	167
25-29岁	**475**	**107**	**368**	**899**	**237**	**662**	**1380**	**395**	**985**
25	84	19	65	197	54	143	247	69	178
26	92	19	73	145	35	110	259	65	194
27	117	29	88	200	50	150	260	82	178
28	99	24	75	198	53	145	333	100	233
29	83	16	67	159	45	114	281	79	202
30-34岁	**553**	**129**	**424**	**993**	**241**	**752**	**1703**	**468**	**1235**
30	95	27	68	179	43	136	367	92	275
31	105	27	78	196	43	153	315	93	222
32	111	29	82	190	43	147	319	71	248
33	111	21	90	218	56	162	366	109	257
34	131	25	106	210	56	154	336	103	233
35-39岁	**570**	**145**	**425**	**943**	**218**	**725**	**1603**	**439**	**1164**
35	108	30	78	190	50	140	331	107	224
36	169	49	120	189	41	148	322	90	232
37	118	30	88	190	44	146	265	66	199
38	81	16	65	192	47	145	363	103	260
39	94	20	74	182	36	146	322	73	249
40-44岁	**480**	**103**	**377**	**879**	**202**	**677**	**1524**	**375**	**1149**
40	79	15	64	165	36	129	291	59	232
41	117	33	84	172	36	136	323	79	244
42	87	23	64	180	43	137	316	82	234
43	81	9	72	164	34	130	290	73	217
44	116	23	93	198	53	145	304	82	222
45-49岁	**760**	**184**	**576**	**1283**	**340**	**943**	**2221**	**631**	**1590**
45	117	26	91	184	39	145	350	100	250
46	156	41	115	213	61	152	401	115	286
47	190	44	146	334	95	239	358	102	256
48	144	38	106	283	73	210	553	153	400
49	153	35	118	269	72	197	559	161	398
50-54岁	**956**	**263**	**693**	**1941**	**633**	**1308**	**3540**	**1097**	**2443**
50	153	44	109	283	88	195	650	217	433
51	188	52	136	400	134	266	618	193	425
52	232	70	162	464	142	322	760	222	538
53	174	49	125	409	137	272	729	220	509
54	209	48	161	385	132	253	783	245	538
55-59岁	**666**	**152**	**514**	**1480**	**424**	**1056**	**2946**	**821**	**2125**
55	181	48	133	391	114	277	723	224	499
56	185	44	141	309	93	216	729	205	524
57	170	37	133	419	118	301	625	177	448
58	103	19	84	265	75	190	615	162	453
59	27	4	23	96	24	72	254	53	201
60-64岁	**340**	**65**	**275**	**634**	**139**	**495**	**1134**	**234**	**900**
60	38	6	32	86	20	66	197	37	160
61	62	10	52	113	26	87	145	33	112
62	81	17	64	142	30	112	253	57	196
63	87	21	66	141	33	108	278	55	223
64	72	11	61	152	30	122	261	52	209
65岁及以上	**2121**	**358**	**1763**	**3808**	**732**	**3076**	**5788**	**1201**	**4587**

5-5b 续表 2

单位：人

年 龄	初婚年龄								
	19岁			20岁			21岁		
	小计	男	女	小计	男	女	小计	男	女
总 计	**38175**	**11601**	**26574**	**53716**	**17190**	**36526**	**62254**	**23713**	**38541**
20岁以下	**34**	**11**	**23**						
20-24岁	**1074**	**299**	**775**	**1364**	**298**	**1066**	**1232**	**356**	**876**
20	132	41	91	81	8	73			
21	190	60	130	216	44	172	80	18	62
22	226	53	173	343	80	263	281	73	208
23	231	62	169	366	84	282	435	124	311
24	295	83	212	358	82	276	436	141	295
25-29岁	**2199**	**633**	**1566**	**3024**	**792**	**2232**	**3296**	**1042**	**2254**
25	343	92	251	485	115	370	492	140	352
26	388	115	273	512	122	390	588	193	395
27	458	122	336	603	150	453	626	206	420
28	487	153	334	708	196	512	779	261	518
29	523	151	372	716	209	507	811	242	569
30-34岁	**3049**	**875**	**2174**	**4919**	**1370**	**3549**	**6200**	**2147**	**4053**
30	635	188	447	959	266	693	1028	342	686
31	605	168	437	993	298	695	1192	436	756
32	614	188	426	1012	282	730	1222	434	788
33	600	162	438	1002	272	730	1431	489	942
34	595	169	426	953	252	701	1327	446	881
35-39岁	**2653**	**741**	**1912**	**4023**	**1159**	**2864**	**5165**	**1829**	**3336**
35	560	150	410	926	279	647	1214	418	796
36	518	153	365	845	245	600	1114	420	694
37	503	134	369	696	184	512	872	295	577
38	499	148	351	813	224	589	1031	351	680
39	573	156	417	743	227	516	934	345	589
40-44岁	**2804**	**810**	**1994**	**4433**	**1264**	**3169**	**5488**	**2025**	**3463**
40	517	144	373	890	264	626	907	335	572
41	559	170	389	899	278	621	1148	425	723
42	564	162	402	871	193	678	1169	420	749
43	539	156	383	841	267	574	1087	401	686
44	625	178	447	932	262	670	1177	444	733
45-49岁	**3596**	**1057**	**2539**	**5247**	**1696**	**3551**	**6778**	**2637**	**4141**
45	635	176	459	1023	319	704	1234	448	786
46	703	165	538	1115	360	755	1572	583	989
47	643	205	438	1012	319	693	1318	516	802
48	708	214	494	1073	345	728	1284	512	772
49	907	297	610	1024	353	671	1370	578	792
50-54岁	**5841**	**2091**	**3750**	**7677**	**2842**	**4835**	**8495**	**3671**	**4824**
50	1014	357	657	1471	503	968	1313	545	768
51	1132	413	719	1555	558	997	1741	785	956
52	1222	430	792	1659	616	1043	1970	843	1127
53	1079	393	686	1331	507	824	1638	730	908
54	1394	498	896	1661	658	1003	1833	768	1065
55-59岁	**5413**	**1924**	**3489**	**8032**	**3001**	**5031**	**9152**	**3921**	**5231**
55	1313	524	789	1922	757	1165	1869	825	1044
56	1213	449	764	1968	701	1267	2214	936	1278
57	1414	471	943	1945	702	1243	2393	1034	1359
58	945	310	635	1545	599	946	1763	756	1007
59	528	170	358	652	242	410	913	370	543
60-64岁	**2198**	**621**	**1577**	**3599**	**1220**	**2379**	**4966**	**1857**	**3109**
60	459	129	330	805	266	539	908	340	568
61	380	112	268	672	233	439	1013	421	592
62	452	110	342	837	268	569	1308	483	825
63	427	128	299	639	227	412	987	361	626
64	480	142	338	646	226	420	750	252	498
65岁及以上	**9314**	**2539**	**6775**	**11398**	**3548**	**7850**	**11482**	**4228**	**7254**

5-5b 续表 3 单位：人

年 龄	初婚年龄								
	22岁			23岁			24岁		
	小计	男	女	小计	男	女	小计	男	女
总 计	**71001**	**31487**	**39514**	**68418**	**31921**	**36497**	**64665**	**32504**	**32161**
20岁以下									
20-24岁	**1118**	**436**	**682**	**619**	**265**	**354**	**185**	**84**	**101**
20									
21									
22	178	80	98						
23	386	148	238	155	61	94			
24	554	208	346	464	204	260	185	84	101
25-29岁	**4003**	**1700**	**2303**	**3984**	**1572**	**2412**	**3884**	**1664**	**2220**
25	626	271	355	664	260	404	518	224	294
26	603	237	366	653	252	401	702	300	402
27	815	333	482	718	278	440	746	305	441
28	938	426	512	981	388	593	903	390	513
29	1021	433	588	968	394	574	1015	445	570
30-34岁	**7835**	**3275**	**4560**	**7621**	**3296**	**4325**	**7494**	**3406**	**4088**
30	1310	556	754	1197	495	702	1171	486	685
31	1432	570	862	1428	614	814	1317	607	710
32	1541	646	895	1372	592	780	1509	671	838
33	1792	768	1024	1856	842	1014	1668	795	873
34	1760	735	1025	1768	753	1015	1829	847	982
35-39岁	**6941**	**2932**	**4009**	**7774**	**3480**	**4294**	**8219**	**3884**	**4335**
35	1621	674	947	1783	788	995	1785	844	941
36	1496	617	879	1690	748	942	1777	818	959
37	1303	562	741	1419	663	756	1481	697	784
38	1281	566	715	1532	678	854	1667	792	875
39	1240	513	727	1350	603	747	1509	733	776
40-44岁	**6650**	**2893**	**3757**	**6976**	**3182**	**3794**	**6907**	**3358**	**3549**
40	1256	561	695	1353	572	781	1330	628	702
41	1227	530	697	1386	634	752	1440	662	778
42	1402	612	790	1187	540	647	1442	703	739
43	1268	563	705	1437	635	802	1087	547	540
44	1497	627	870	1613	801	812	1608	818	790
45-49岁	**8102**	**3697**	**4405**	**8456**	**4113**	**4343**	**8298**	**4370**	**3928**
45	1559	734	825	1654	776	878	1628	850	778
46	1730	776	954	1778	867	911	1809	937	872
47	1689	771	918	1615	783	832	1599	804	795
48	1524	696	828	1766	861	905	1560	848	712
49	1600	720	880	1643	826	817	1702	931	771
50-54岁	**8895**	**4273**	**4622**	**8147**	**4139**	**4008**	**7150**	**3866**	**3284**
50	1616	755	861	1640	801	839	1659	895	764
51	1424	679	745	1552	807	745	1327	720	607
52	2066	993	1073	1529	743	786	1494	782	712
53	1779	884	895	1584	821	763	1047	560	487
54	2010	962	1048	1842	967	875	1623	909	714
55-59岁	**9429**	**4686**	**4743**	**7799**	**4018**	**3781**	**6514**	**3614**	**2900**
55	2018	1020	998	1771	907	864	1644	921	723
56	1933	905	1028	1618	827	791	1470	758	712
57	2522	1291	1231	1876	1010	866	1498	848	650
58	1992	987	1005	1689	863	826	1201	695	506
59	964	483	481	845	411	434	701	392	309
60-64岁	**6695**	**2862**	**3833**	**6515**	**3003**	**3512**	**5762**	**2989**	**2773**
60	1170	535	635	1019	497	522	892	485	407
61	991	446	545	1000	526	474	838	449	389
62	1817	756	1061	1408	612	796	1396	708	688
63	1578	665	913	1698	776	922	1206	638	568
64	1139	460	679	1390	592	798	1430	709	721
65岁及以上	**11333**	**4733**	**6600**	**10527**	**4853**	**5674**	**10252**	**5269**	**4983**

5-5b 续表 4

单位：人

年龄	初婚年龄								
	25岁			26岁			27岁		
	小计	男	女	小计	男	女	小计	男	女
总　计	**57445**	**30684**	**26761**	**46800**	**26435**	**20365**	**37957**	**22503**	**15454**
20岁以下									
20-24岁									
20									
21									
22									
23									
24									
25-29岁	**3431**	**1520**	**1911**	**2514**	**1185**	**1329**	**1606**	**779**	**827**
25	202	82	120						
26	566	229	337	196	83	113			
27	857	367	490	564	267	297	210	94	116
28	892	417	475	857	394	463	618	298	320
29	914	425	489	897	441	456	778	387	391
30-34岁	**7014**	**3342**	**3672**	**6279**	**3147**	**3132**	**5229**	**2784**	**2445**
30	1200	567	633	1078	538	540	893	492	401
31	1294	602	692	1213	584	629	917	472	445
32	1274	595	679	1205	587	618	1049	549	500
33	1667	837	830	1298	662	636	1221	649	572
34	1579	741	838	1485	776	709	1149	622	527
35-39岁	**8074**	**4028**	**4046**	**7162**	**3860**	**3302**	**5861**	**3273**	**2588**
35	1721	862	859	1441	769	672	1275	693	582
36	1663	816	847	1424	756	668	1128	589	539
37	1599	804	795	1329	724	605	1090	596	494
38	1573	779	794	1595	855	740	1163	694	469
39	1518	767	751	1373	756	617	1205	701	504
40-44岁	**6533**	**3465**	**3068**	**6125**	**3471**	**2654**	**5454**	**3173**	**2281**
40	1467	754	713	1296	719	577	1246	724	522
41	1348	688	660	1331	743	588	1211	691	520
42	1316	710	606	1210	684	526	1074	607	467
43	1188	614	574	1127	629	498	905	530	375
44	1214	699	515	1161	696	465	1018	621	397
45-49岁	**7389**	**4145**	**3244**	**5695**	**3334**	**2361**	**4675**	**2884**	**1791**
45	1461	815	646	981	569	412	938	575	363
46	1673	936	737	1264	710	554	816	520	296
47	1451	812	639	1201	692	509	994	619	375
48	1465	833	632	1163	677	486	956	587	369
49	1339	749	590	1086	686	400	971	583	388
50-54岁	**6224**	**3539**	**2685**	**4871**	**2898**	**1973**	**4154**	**2635**	**1519**
50	1573	862	711	1056	604	452	931	571	360
51	1253	716	537	1069	621	448	839	536	303
52	1326	740	586	1086	645	441	965	621	344
53	1038	621	417	757	468	289	713	465	248
54	1034	600	434	903	560	343	706	442	264
55-59岁	**5019**	**2981**	**2038**	**3631**	**2326**	**1305**	**2671**	**1759**	**912**
55	1312	766	546	746	466	280	667	423	244
56	1139	678	461	890	567	323	532	356	176
57	1244	755	489	922	603	319	695	470	225
58	845	485	360	759	498	261	505	341	164
59	479	297	182	314	192	122	272	169	103
60-64岁	**4477**	**2614**	**1863**	**3179**	**1985**	**1194**	**2345**	**1532**	**813**
60	710	426	284	424	263	161	335	225	110
61	758	449	309	528	339	189	323	212	111
62	1038	608	430	757	471	286	589	381	208
63	1078	615	463	779	486	293	552	366	186
64	893	516	377	691	426	265	546	348	198
65岁及以上	**9284**	**5050**	**4234**	**7344**	**4229**	**3115**	**5962**	**3684**	**2278**

5-5b 续表 5

单位：人

年 龄	初婚年龄								
	28岁			29岁			30岁		
	小计	男	女	小计	男	女	小计	男	女
总 计	**28611**	**17780**	**10831**	**21949**	**14133**	**7816**	**16514**	**10738**	**5776**
20岁以下									
20-24岁									
20									
21									
22									
23									
24									
25-29岁	**718**	**367**	**351**	**162**	**94**	**68**			
25									
26									
27									
28	208	105	103						
29	510	262	248	162	94	68			
30-34岁	**4282**	**2357**	**1925**	**3312**	**1912**	**1400**	**2223**	**1282**	**941**
30	784	408	376	528	282	246	186	86	100
31	749	411	338	636	372	264	388	231	157
32	800	443	357	641	365	276	560	316	244
33	945	508	437	724	427	297	537	317	220
34	1004	587	417	783	466	317	552	332	220
35-39岁	**4469**	**2692**	**1777**	**3559**	**2197**	**1362**	**2751**	**1697**	**1054**
35	902	522	380	760	442	318	638	372	266
36	953	530	423	761	467	294	599	355	244
37	810	501	309	664	423	241	506	309	197
38	876	564	312	663	413	250	538	347	191
39	928	575	353	711	452	259	470	314	156
40-44岁	**4591**	**2850**	**1741**	**3566**	**2333**	**1233**	**2796**	**1850**	**946**
40	1020	629	391	669	408	261	587	383	204
41	975	597	378	842	549	293	604	372	232
42	946	575	371	688	472	216	583	391	192
43	800	483	317	680	435	245	503	338	165
44	850	566	284	687	469	218	519	366	153
45-49岁	**3495**	**2206**	**1289**	**2823**	**1863**	**960**	**2116**	**1434**	**682**
45	744	461	283	640	429	211	499	340	159
46	706	434	272	661	430	231	492	332	160
47	553	362	191	545	353	192	410	269	141
48	744	467	277	462	314	148	387	263	124
49	748	482	266	515	337	178	328	230	98
50-54岁	**3057**	**2041**	**1016**	**2438**	**1628**	**810**	**1961**	**1350**	**611**
50	683	441	242	538	356	182	445	300	145
51	580	406	174	525	343	182	411	281	130
52	677	447	230	507	352	155	445	315	130
53	554	376	178	409	273	136	326	228	98
54	563	371	192	459	304	155	334	226	108
55-59岁	**1790**	**1237**	**553**	**1353**	**954**	**399**	**1054**	**728**	**326**
55	482	337	145	390	274	116	340	230	110
56	392	270	122	297	211	86	250	175	75
57	350	238	112	303	210	93	216	145	71
58	401	284	117	224	163	61	173	126	47
59	165	108	57	139	96	43	75	52	23
60-64岁	**1589**	**1111**	**478**	**1122**	**801**	**321**	**825**	**593**	**232**
60	234	155	79	162	115	47	115	79	36
61	224	156	68	168	121	47	124	91	33
62	355	258	97	229	174	55	193	148	45
63	411	294	117	281	192	89	191	139	52
64	365	248	117	282	199	83	202	136	66
65岁及以上	**4620**	**2919**	**1701**	**3614**	**2351**	**1263**	**2788**	**1804**	**984**

5-5b 续表 6

单位：人

年 龄	初婚年龄								
	31岁			32岁			33岁		
	小计	男	女	小计	男	女	小计	男	女
总 计	**12306**	**8060**	**4246**	**9186**	**6036**	**3150**	**6944**	**4543**	**2401**
20岁以下									
20-24岁									
20									
21									
22									
23									
24									
25-29岁									
25									
26									
27									
28									
29									
30-34岁	**1381**	**808**	**573**	**819**	**476**	**343**	**394**	**226**	**168**
30									
31	148	82	66						
32	332	198	134	117	67	50			
33	471	284	187	299	184	115	114	71	43
34	430	244	186	403	225	178	280	155	125
35-39岁	**2113**	**1319**	**794**	**1631**	**1018**	**613**	**1336**	**809**	**527**
35	400	243	157	361	225	136	317	203	114
36	467	285	182	316	201	115	266	150	116
37	417	250	167	329	209	120	220	132	88
38	403	254	149	315	191	124	280	168	112
39	426	287	139	310	192	118	253	156	97
40-44岁	**2151**	**1434**	**717**	**1703**	**1126**	**577**	**1272**	**827**	**445**
40	367	247	120	335	208	127	252	159	93
41	479	304	175	296	191	105	266	177	89
42	460	313	147	376	249	127	246	165	81
43	393	259	134	314	216	98	222	137	85
44	452	311	141	382	262	120	286	189	97
45-49岁	**1740**	**1222**	**518**	**1395**	**954**	**441**	**1144**	**798**	**346**
45	431	295	136	319	206	113	257	176	81
46	383	268	115	305	202	103	250	165	85
47	324	236	88	294	206	88	229	163	66
48	324	230	94	250	171	79	201	145	56
49	278	193	85	227	169	58	207	149	58
50-54岁	**1406**	**937**	**469**	**1022**	**699**	**323**	**729**	**515**	**214**
50	286	192	94	226	152	74	173	125	48
51	289	197	92	160	111	49	145	92	53
52	317	215	102	236	164	72	133	94	39
53	276	184	92	190	133	57	138	107	31
54	238	149	89	210	139	71	140	97	43
55-59岁	**869**	**597**	**272**	**673**	**459**	**214**	**556**	**372**	**184**
55	228	156	72	162	110	52	167	110	57
56	221	159	62	151	104	47	101	71	30
57	200	128	72	182	122	60	127	76	51
58	148	103	45	116	81	35	114	83	31
59	72	51	21	62	42	20	47	32	15
60-64岁	**521**	**369**	**152**	**383**	**277**	**106**	**287**	**215**	**72**
60	59	38	21	76	53	23	46	38	8
61	73	54	19	51	37	14	48	34	14
62	132	96	36	88	62	26	54	36	18
63	138	99	39	83	63	20	74	53	21
64	119	82	37	85	62	23	65	54	11
65岁及以上	**2125**	**1374**	**751**	**1560**	**1027**	**533**	**1226**	**781**	**445**

5-5b 续表 7

单位：人

年 龄	初婚年龄								
	34岁			35岁			36岁		
	小计	男	女	小计	男	女	小计	男	女
总 计	**5482**	**3587**	**1895**	**4175**	**2719**	**1456**	**3176**	**2101**	**1075**
20岁以下									
20-24岁									
20									
21									
22									
23									
24									
25-29岁									
25									
26									
27									
28									
29									
30-34岁	**81**	**54**	**27**						
30									
31									
32									
33									
34	81	54	27						
35-39岁	**1029**	**602**	**427**	**705**	**414**	**291**	**443**	**258**	**185**
35	201	122	79	71	38	33			
36	217	124	93	157	80	77	44	29	15
37	193	117	76	153	92	61	116	69	47
38	195	103	92	173	108	65	152	88	64
39	223	136	87	151	96	55	131	72	59
40-44岁	**1049**	**647**	**402**	**848**	**513**	**335**	**686**	**426**	**260**
40	207	134	73	200	115	85	134	75	59
41	235	136	99	154	92	62	151	97	54
42	215	125	90	173	106	67	139	78	61
43	192	123	69	158	98	60	117	79	38
44	200	129	71	163	102	61	145	97	48
45-49岁	**987**	**666**	**321**	**809**	**553**	**256**	**607**	**419**	**188**
45	232	154	78	164	110	54	130	86	44
46	247	165	82	203	136	67	119	81	38
47	197	138	59	168	113	55	147	104	43
48	163	109	54	140	103	37	115	84	31
49	148	100	48	134	91	43	96	64	32
50-54岁	**601**	**440**	**161**	**463**	**310**	**153**	**362**	**258**	**104**
50	131	92	39	126	84	42	97	70	27
51	132	93	39	110	80	30	78	52	26
52	126	93	33	103	67	36	65	43	22
53	88	68	20	68	43	25	65	45	20
54	124	94	30	56	36	20	57	48	9
55-59岁	**488**	**335**	**153**	**368**	**261**	**107**	**259**	**188**	**71**
55	109	76	33	78	62	16	45	37	8
56	122	91	31	92	64	28	61	45	16
57	111	75	36	102	72	30	68	51	17
58	93	61	32	65	43	22	55	34	21
59	53	32	21	31	20	11	30	21	9
60-64岁	**263**	**200**	**63**	**213**	**157**	**56**	**169**	**118**	**51**
60	45	39	6	44	32	12	22	18	4
61	34	28	6	39	28	11	44	26	18
62	62	46	16	45	36	9	36	22	14
63	57	38	19	48	36	12	35	27	8
64	65	49	16	37	25	12	32	25	7
65岁及以上	**984**	**643**	**341**	**769**	**511**	**258**	**650**	**434**	**216**

5-5b 续表 8 单位：人

年 龄	初婚年龄											
	37岁			38岁			39岁			40岁及以上		
	小计	男	女	小计	男	女	小计	男	女	小计	男	女
总 计	**2583**	**1666**	**917**	**1970**	**1262**	**708**	**1652**	**1103**	**549**	**7996**	**5106**	**2890**
20岁以下												
20-24岁												
20												
21												
22												
23												
24												
25-29岁												
25												
26												
27												
28												
29												
30-34岁												
30												
31												
32												
33												
34												
35-39岁	**257**	**148**	**109**	**117**	**61**	**56**	**35**	**21**	**14**			
35												
36												
37	62	36	26									
38	103	56	47	41	17	24						
39	92	56	36	76	44	32	35	21	14			
40-44岁	**541**	**306**	**235**	**462**	**262**	**200**	**385**	**238**	**147**	**649**	**358**	**291**
40	108	60	48	110	60	50	89	46	43	25	14	11
41	118	62	56	84	45	39	75	48	27	82	51	31
42	115	75	40	92	55	37	74	44	30	150	80	70
43	111	58	53	94	58	36	72	45	27	170	96	74
44	89	51	38	82	44	38	75	55	20	222	117	105
45-49岁	**500**	**327**	**173**	**434**	**271**	**163**	**370**	**243**	**127**	**1485**	**903**	**582**
45	106	66	40	108	62	46	73	50	23	261	151	110
46	117	78	39	80	55	25	85	56	29	307	197	110
47	95	62	33	71	53	18	70	40	30	311	171	140
48	96	68	28	86	50	36	74	48	26	313	199	114
49	86	53	33	89	51	38	68	49	19	293	185	108
50-54岁	**352**	**264**	**88**	**241**	**170**	**71**	**244**	**180**	**64**	**1495**	**972**	**523**
50	106	76	30	69	53	16	71	54	17	326	197	129
51	75	62	13	55	37	18	58	39	19	313	207	106
52	67	53	14	44	29	15	50	34	16	331	215	116
53	48	32	16	36	27	9	33	28	5	259	168	91
54	56	41	15	37	24	13	32	25	7	266	185	81
55-59岁	**232**	**163**	**69**	**139**	**104**	**35**	**129**	**98**	**31**	**1016**	**731**	**285**
55	60	46	14	33	25	8	35	30	5	260	200	60
56	42	28	14	30	25	5	28	17	11	243	172	71
57	52	35	17	27	20	7	31	26	5	240	162	78
58	49	34	15	31	22	9	21	15	6	167	126	41
59	29	20	9	18	12	6	14	10	4	106	71	35
60-64岁	**163**	**109**	**54**	**123**	**95**	**28**	**117**	**79**	**38**	**657**	**439**	**218**
60	28	16	12	29	18	11	19	11	8	102	67	35
61	26	16	10	11	10	1	18	12	6	110	79	31
62	42	30	12	33	28	5	29	15	14	145	95	50
63	36	27	9	22	19	3	30	24	6	169	106	63
64	31	20	11	28	20	8	21	17	4	131	92	39
65岁及以上	**538**	**349**	**189**	**454**	**299**	**155**	**372**	**244**	**128**	**2694**	**1703**	**991**

5-5c 分年龄、性别、初婚年龄的人口（乡村）

单位：人

年 龄	初婚年龄								
	合 计			15岁以下			15岁		
	合计	男	女	小计	男	女	小计	男	女
总 计	**1261524**	**606464**	**655060**	**3847**	**713**	**3134**	**12308**	**2742**	**9566**
20岁以下	**2056**	**488**	**1568**	**195**	**20**	**175**	**409**	**99**	**310**
20-24岁	**16347**	**4887**	**11460**	**211**	**20**	**191**	**636**	**101**	**535**
20	1542	349	1193	38	4	34	102	18	84
21	2114	542	1572	38	2	36	125	16	109
22	3283	913	2370	45	5	40	148	21	127
23	4203	1348	2855	47	3	44	124	21	103
24	5205	1735	3470	43	6	37	137	25	112
25-29岁	**46717**	**18629**	**28088**	**167**	**22**	**145**	**653**	**127**	**526**
25	6525	2293	4232	39	4	35	167	41	126
26	7642	2954	4688	27	2	25	133	18	115
27	9384	3736	5648	39	3	36	129	23	106
28	11138	4595	6543	33	7	26	121	28	93
29	12028	5051	6977	29	6	23	103	17	86
30-34岁	**93221**	**42294**	**50927**	**288**	**62**	**226**	**766**	**178**	**588**
30	15827	6849	8978	43	3	40	132	23	109
31	17188	7596	9592	68	17	51	166	38	128
32	17639	7964	9675	51	16	35	147	35	112
33	21046	9728	11318	63	13	50	178	45	133
34	21521	10157	11364	63	13	50	143	37	106
35-39岁	**108109**	**53383**	**54726**	**210**	**36**	**174**	**783**	**170**	**613**
35	22245	10871	11374	55	13	42	228	54	174
36	22357	10911	11446	55	11	44	177	36	141
37	19586	9568	10018	29	5	24	130	24	106
38	21752	10923	10829	33	4	29	148	33	115
39	22169	11110	11059	38	3	35	100	23	77
40-44岁	**112105**	**56986**	**55119**	**248**	**40**	**208**	**679**	**144**	**535**
40	22291	11264	11027	31	4	27	124	20	104
41	23064	11796	11268	40	5	35	147	34	113
42	21847	11038	10809	54	5	49	124	24	100
43	20744	10415	10329	47	10	37	134	34	100
44	24159	12473	11686	76	16	60	150	32	118
45-49岁	**136667**	**70068**	**66599**	**290**	**71**	**219**	**1167**	**288**	**879**
45	24854	12696	12158	67	15	52	231	50	181
46	28144	14376	13768	51	18	33	260	62	198
47	27031	13928	13103	50	8	42	233	71	162
48	27796	14226	13570	60	14	46	220	52	168
49	28842	14842	14000	62	16	46	223	53	170
50-54岁	**162841**	**83104**	**79737**	**462**	**92**	**370**	**1497**	**419**	**1078**
50	30965	15667	15298	76	16	60	286	68	218
51	31280	16054	15226	109	23	86	353	100	253
52	35662	18198	17464	128	29	99	351	98	253
53	30018	15261	14757	82	13	69	257	83	174
54	34916	17924	16992	67	11	56	250	70	180
55-59岁	**148903**	**75995**	**72908**	**236**	**50**	**186**	**1006**	**252**	**754**
55	35381	18105	17276	91	27	64	360	108	252
56	33537	16694	16843	43	9	34	268	67	201
57	36361	18882	17479	49	9	40	183	39	144
58	29025	14938	14087	28	2	26	139	29	110
59	14599	7376	7223	25	3	22	56	9	47
60-64岁	**108451**	**54207**	**54244**	**266**	**48**	**218**	**684**	**170**	**514**
60	16897	8309	8588	30	3	27	104	20	84
61	16590	8520	8070	55	12	43	104	22	82
62	25857	12962	12895	59	13	46	161	54	107
63	25991	13144	12847	59	11	48	195	50	145
64	23116	11272	11844	63	9	54	120	24	96
65岁及以上	**326107**	**146423**	**179684**	**1274**	**252**	**1022**	**4028**	**794**	**3234**

5-5c 续表 1 单位：人

年 龄	初婚年龄								
	16岁			17岁			18岁		
	小计	男	女	小计	男	女	小计	男	女
总 计	**21169**	**4795**	**16374**	**36530**	**9150**	**27380**	**57727**	**16403**	**41324**
20岁以下	**499**	**113**	**386**	**533**	**131**	**402**	**322**	**97**	**225**
20-24岁	**1036**	**222**	**814**	**1610**	**396**	**1214**	**2081**	**604**	**1477**
20	178	36	142	256	57	199	405	100	305
21	193	37	156	260	65	195	371	116	255
22	226	55	171	360	85	275	396	106	290
23	200	44	156	367	97	270	427	143	284
24	239	50	189	367	92	275	482	139	343
25-29岁	**1171**	**274**	**897**	**1934**	**511**	**1423**	**2884**	**874**	**2010**
25	250	70	180	392	107	285	497	144	353
26	264	76	188	363	105	258	531	150	381
27	224	45	179	408	108	300	571	183	388
28	221	37	184	396	113	283	673	224	449
29	212	46	166	375	78	297	612	173	439
30-34岁	**1344**	**279**	**1065**	**2112**	**498**	**1614**	**3401**	**949**	**2452**
30	219	36	183	419	96	323	688	179	509
31	280	64	216	413	100	313	687	216	471
32	247	59	188	421	98	323	584	159	425
33	304	51	253	449	115	334	764	217	547
34	294	69	225	410	89	321	678	178	500
35-39岁	**1333**	**283**	**1050**	**2227**	**523**	**1704**	**3371**	**944**	**2427**
35	226	49	177	416	95	321	660	189	471
36	331	75	256	422	111	311	627	189	438
37	264	58	206	450	98	352	554	150	404
38	269	54	215	468	117	351	763	214	549
39	243	47	196	471	102	369	767	202	565
40-44岁	**1195**	**258**	**937**	**2081**	**467**	**1614**	**3528**	**929**	**2599**
40	175	35	140	393	83	310	707	189	518
41	236	59	177	403	92	311	698	197	501
42	252	56	196	459	94	365	681	175	506
43	247	50	197	409	96	313	704	190	514
44	285	58	227	417	102	315	738	178	560
45-49岁	**2061**	**526**	**1535**	**3471**	**981**	**2490**	**5451**	**1639**	**3812**
45	255	49	206	529	122	407	751	226	525
46	469	124	345	480	118	362	974	266	708
47	466	110	356	802	228	574	893	261	632
48	467	124	343	849	263	586	1334	427	907
49	404	119	285	811	250	561	1499	459	1040
50-54岁	**2800**	**774**	**2026**	**5155**	**1555**	**3600**	**8819**	**2964**	**5855**
50	485	148	337	868	241	627	1562	471	1091
51	638	172	466	1035	326	709	1584	539	1045
52	676	189	487	1265	398	867	1981	675	1306
53	457	121	336	969	282	687	1702	592	1110
54	544	144	400	1018	308	710	1990	687	1303
55-59岁	**1981**	**524**	**1457**	**4094**	**1191**	**2903**	**7286**	**2307**	**4979**
55	519	145	374	1073	343	730	1829	608	1221
56	582	160	422	838	224	614	1762	531	1231
57	500	138	362	1099	314	785	1582	534	1048
58	270	62	208	808	234	574	1416	442	974
59	110	19	91	276	76	200	697	192	505
60-64岁	**1133**	**250**	**883**	**1947**	**450**	**1497**	**3301**	**816**	**2485**
60	132	17	115	247	56	191	537	123	414
61	217	45	172	279	61	218	487	132	355
62	259	60	199	492	126	366	658	150	508
63	262	63	199	484	123	361	864	212	652
64	263	65	198	445	84	361	755	199	556
65岁及以上	**6616**	**1292**	**5324**	**11366**	**2447**	**8919**	**17283**	**4280**	**13003**

5-5c 续表 2

单位：人

年 龄	初婚年龄								
	19岁			20岁			21岁		
	小计	男	女	小计	男	女	小计	男	女
总 计	**91321**	**29463**	**61858**	**122825**	**43765**	**79060**	**131420**	**55387**	**76033**
20岁以下	**98**	**28**	**70**						
20-24岁	**2490**	**696**	**1794**	**2905**	**766**	**2139**	**2312**	**775**	**1537**
20	357	105	252	206	29	177			
21	479	137	342	478	121	357	170	48	122
22	518	129	389	715	189	526	582	188	394
23	528	144	384	731	202	529	781	261	520
24	608	181	427	775	225	550	779	278	501
25-29岁	**3999**	**1327**	**2672**	**5208**	**1603**	**3605**	**5370**	**1941**	**3429**
25	688	222	466	848	222	626	858	278	580
26	717	258	459	955	283	672	942	340	602
27	834	281	553	1026	322	704	1050	383	667
28	808	276	532	1213	393	820	1253	447	806
29	952	290	662	1166	383	783	1267	493	774
30-34岁	**5551**	**1689**	**3862**	**8019**	**2520**	**5499**	**9394**	**3624**	**5770**
30	1084	351	733	1513	479	1034	1541	611	930
31	1140	356	784	1566	479	1087	1854	722	1132
32	1039	310	729	1612	507	1105	1818	704	1114
33	1146	341	805	1643	495	1148	2104	769	1335
34	1142	331	811	1685	560	1125	2077	818	1259
35-39岁	**5195**	**1502**	**3693**	**7535**	**2459**	**5076**	**8933**	**3588**	**5345**
35	1090	329	761	1690	563	1127	1940	731	1209
36	1029	311	718	1600	503	1097	1967	822	1145
37	945	278	667	1306	419	887	1601	645	956
38	933	251	682	1514	499	1015	1651	662	989
39	1198	333	865	1425	475	950	1774	728	1046
40-44岁	**5855**	**1686**	**4169**	**8433**	**2641**	**5792**	**9642**	**4000**	**5642**
40	1128	321	807	1666	546	1120	1605	670	935
41	1186	338	848	1679	525	1154	1976	835	1141
42	1107	335	772	1638	526	1112	1952	800	1152
43	1091	310	781	1578	447	1131	1892	763	1129
44	1343	382	961	1872	597	1275	2217	932	1285
45-49岁	**8191**	**2679**	**5512**	**10887**	**3861**	**7026**	**12852**	**5551**	**7301**
45	1369	397	972	2056	712	1344	2352	973	1379
46	1521	462	1059	2296	798	1498	2796	1218	1578
47	1548	525	1023	2132	735	1397	2495	1044	1451
48	1537	507	1030	2187	769	1418	2563	1114	1449
49	2216	788	1428	2216	847	1369	2646	1202	1444
50-54岁	**13694**	**4974**	**8720**	**17671**	**7127**	**10544**	**18370**	**8524**	**9846**
50	2534	883	1651	3185	1209	1976	2711	1201	1510
51	2555	899	1656	3375	1326	2049	3606	1694	1912
52	2932	1063	1869	3902	1603	2299	4262	1982	2280
53	2491	934	1557	3323	1347	1976	3606	1651	1955
54	3182	1195	1987	3886	1642	2244	4185	1996	2189
55-59岁	**12745**	**4685**	**8060**	**17687**	**7221**	**10466**	**19373**	**8967**	**10406**
55	3204	1250	1954	4241	1759	2482	4269	2033	2236
56	2905	1068	1837	4261	1710	2551	4516	2038	2478
57	3166	1180	1986	4217	1736	2481	5004	2376	2628
58	2187	792	1395	3477	1454	2023	3676	1661	2015
59	1283	395	888	1491	562	929	1908	859	1049
60-64岁	**6030**	**1889**	**4141**	**9502**	**3516**	**5986**	**12288**	**5048**	**7240**
60	1200	382	818	1982	743	1239	1902	795	1107
61	1015	325	690	1701	656	1045	2368	1041	1327
62	1209	371	838	2265	809	1456	3198	1317	1881
63	1244	411	833	1902	715	1187	2817	1126	1691
64	1362	400	962	1652	593	1059	2003	769	1234
65岁及以上	**27473**	**8308**	**19165**	**34978**	**12051**	**22927**	**32886**	**13369**	**19517**

5-5c 续表 3

单位：人

年 龄	初婚年龄								
	22岁			23岁			24岁		
	小计	男	女	小计	男	女	小计	男	女
总 计	**136968**	**65783**	**71185**	**123155**	**62102**	**61053**	**108187**	**57862**	**50325**
20岁以下									
20-24岁	**1897**	**804**	**1093**	**893**	**364**	**529**	**276**	**139**	**137**
20									
21									
22	293	135	158						
23	725	305	420	273	128	145			
24	879	364	515	620	236	384	276	139	137
25-29岁	**5765**	**2661**	**3104**	**5336**	**2307**	**3029**	**5045**	**2357**	**2688**
25	956	420	536	896	353	543	678	309	369
26	971	475	496	948	398	550	948	431	517
27	1227	563	664	983	433	550	1052	492	560
28	1284	598	686	1232	553	679	1130	531	599
29	1327	605	722	1277	570	707	1237	594	643
30-34岁	**10494**	**4869**	**5625**	**9720**	**4649**	**5071**	**8869**	**4414**	**4455**
30	1775	804	971	1598	730	868	1562	769	793
31	1834	853	981	1849	861	988	1516	756	760
32	1979	902	1077	1704	829	875	1701	822	879
33	2444	1158	1286	2322	1111	1211	1877	947	930
34	2462	1152	1310	2247	1118	1129	2213	1120	1093
35-39岁	**10673**	**5126**	**5547**	**11014**	**5451**	**5563**	**10836**	**5657**	**5179**
35	2417	1172	1245	2445	1225	1220	2190	1146	1044
36	2264	1066	1198	2366	1126	1240	2423	1223	1200
37	1998	966	1032	1998	955	1043	1941	986	955
38	2048	997	1051	2186	1121	1065	2102	1137	965
39	1946	925	1021	2019	1024	995	2180	1165	1015
40-44岁	**10760**	**5236**	**5524**	**10470**	**5326**	**5144**	**9847**	**5285**	**4562**
40	2052	968	1084	1983	963	1020	2027	1091	936
41	1885	916	969	2129	1076	1053	1945	1017	928
42	2211	1038	1173	1884	937	947	1891	1011	880
43	2073	1020	1053	2029	1038	991	1662	874	788
44	2539	1294	1245	2445	1312	1133	2322	1292	1030
45-49岁	**14198**	**7005**	**7193**	**13798**	**7058**	**6740**	**12636**	**6892**	**5744**
45	2541	1290	1251	2596	1354	1242	2326	1266	1060
46	2916	1403	1513	2857	1444	1413	2668	1426	1242
47	3029	1530	1499	2647	1340	1307	2373	1302	1071
48	2924	1395	1529	2883	1451	1432	2530	1391	1139
49	2788	1387	1401	2815	1469	1346	2739	1507	1232
50-54岁	**17902**	**9170**	**8732**	**14846**	**7952**	**6894**	**12334**	**6980**	**5354**
50	3090	1581	1509	2748	1447	1301	2535	1392	1143
51	2831	1465	1366	2682	1395	1287	2317	1307	1010
52	4145	2119	2026	2723	1474	1249	2528	1467	1061
53	3619	1866	1753	3022	1624	1398	2009	1126	883
54	4217	2139	2078	3671	2012	1659	2945	1688	1257
55-59岁	**19220**	**9923**	**9297**	**15837**	**8746**	**7091**	**12203**	**7048**	**5155**
55	4171	2100	2071	3603	1996	1607	2942	1675	1267
56	4068	2087	1981	3311	1728	1583	2657	1491	1166
57	5078	2712	2366	3784	2124	1660	2823	1621	1202
58	3960	2016	1944	3483	1974	1509	2374	1422	952
59	1943	1008	935	1656	924	732	1407	839	568
60-64岁	**14775**	**6706**	**8069**	**13590**	**6865**	**6725**	**11347**	**6253**	**5094**
60	2344	1133	1211	1986	1062	924	1694	972	722
61	1924	941	983	2053	1099	954	1595	932	663
62	3914	1765	2149	2872	1431	1441	2658	1468	1190
63	3766	1675	2091	3666	1836	1830	2467	1362	1105
64	2827	1192	1635	3013	1437	1576	2933	1519	1414
65岁及以上	**31284**	**14283**	**17001**	**27651**	**13384**	**14267**	**24794**	**12837**	**11957**

5-5c 续表 4

单位：人

年 龄	初婚年龄								
	25岁			26岁			27岁		
	小计	男	女	小计	男	女	小计	男	女
总 计	**89538**	**50649**	**38889**	**70721**	**41737**	**28984**	**55533**	**34072**	**21461**
20岁以下									
20-24岁									
20									
21									
22									
23									
24									
25-29岁	**3782**	**1838**	**1944**	**2786**	**1403**	**1383**	**1685**	**871**	**814**
25	256	123	133						
26	602	285	317	241	133	108			
27	926	431	495	696	354	342	219	115	104
28	1005	485	520	943	475	468	605	320	285
29	993	514	479	906	441	465	861	436	425
30-34岁	**7648**	**3919**	**3729**	**6455**	**3521**	**2934**	**5413**	**3060**	**2353**
30	1429	707	722	1137	589	548	997	542	455
31	1438	704	734	1190	634	556	950	516	434
32	1422	754	668	1261	693	568	1080	599	481
33	1740	902	838	1380	775	605	1196	692	504
34	1619	852	767	1487	830	657	1190	711	479
35-39岁	**9709**	**5307**	**4402**	**8068**	**4667**	**3401**	**6389**	**3891**	**2498**
35	2019	1112	907	1470	834	636	1261	747	514
36	1906	1046	860	1663	970	693	1191	699	492
37	1872	1027	845	1444	834	610	1175	724	451
38	1872	1020	852	1806	1042	764	1298	804	494
39	2040	1102	938	1685	987	698	1464	917	547
40-44岁	**8770**	**4991**	**3779**	**7991**	**4681**	**3310**	**6710**	**4170**	**2540**
40	2001	1134	867	1721	1001	720	1462	887	575
41	1881	1057	824	1851	1077	774	1436	915	521
42	1660	978	682	1518	899	619	1338	811	527
43	1543	874	669	1352	780	572	1181	743	438
44	1685	948	737	1549	924	625	1293	814	479
45-49岁	**10557**	**6103**	**4454**	**8403**	**5084**	**3319**	**6705**	**4310**	**2395**
45	1963	1124	839	1351	795	556	1245	781	464
46	2141	1273	868	1843	1124	719	1205	761	444
47	2204	1255	949	1656	1030	626	1450	933	517
48	2085	1191	894	1793	1081	712	1354	894	460
49	2164	1260	904	1760	1054	706	1451	941	510
50-54岁	**9908**	**5931**	**3977**	**8177**	**5063**	**3114**	**6514**	**4143**	**2371**
50	2361	1385	976	1853	1107	746	1432	865	567
51	2053	1281	772	1788	1130	658	1387	894	493
52	2123	1249	874	1767	1113	654	1528	990	538
53	1708	998	710	1369	835	534	1096	707	389
54	1663	1018	645	1400	878	522	1071	687	384
55-59岁	**9151**	**5646**	**3505**	**6205**	**3984**	**2221**	**4496**	**2985**	**1511**
55	2339	1423	916	1240	776	464	1024	662	362
56	2002	1226	776	1524	978	546	844	544	300
57	2227	1414	813	1569	1034	535	1166	794	372
58	1700	1035	665	1299	836	463	969	656	313
59	883	548	335	573	360	213	493	329	164
60-64岁	**8518**	**5115**	**3403**	**6128**	**3863**	**2265**	**4411**	**2907**	**1504**
60	1305	775	530	799	475	324	593	387	206
61	1230	766	464	926	595	331	616	440	176
62	2047	1235	812	1452	937	515	1124	733	391
63	2138	1286	852	1519	966	553	1054	700	354
64	1798	1053	745	1432	890	542	1024	647	377
65岁及以上	**21495**	**11799**	**9696**	**16508**	**9471**	**7037**	**13210**	**7735**	**5475**

5-5c 续表 5

单位：人

年龄	初婚年龄								
	28岁			29岁			30岁		
	小计	男	女	小计	男	女	小计	男	女
总 计	**42988**	**27184**	**15804**	**33371**	**21586**	**11785**	**26007**	**17191**	**8816**
20岁以下									
20-24岁									
20									
21									
22									
23									
24									
25-29岁	**741**	**409**	**332**	**191**	**104**	**87**			
25									
26									
27									
28	221	108	113						
29	520	301	219	191	104	87			
30-34岁	**4521**	**2598**	**1923**	**3606**	**2089**	**1517**	**2473**	**1465**	**1008**
30	876	458	418	602	339	263	212	133	79
31	870	509	361	727	400	327	469	268	201
32	772	446	326	677	388	289	592	331	261
33	1013	605	408	783	469	314	596	362	234
34	990	580	410	817	493	324	604	371	233
35-39岁	**4897**	**3072**	**1825**	**3874**	**2463**	**1411**	**3071**	**2020**	**1051**
35	974	605	369	812	521	291	676	430	246
36	979	620	359	748	463	285	644	413	231
37	787	473	314	726	459	267	540	365	175
38	1083	713	370	769	498	271	625	390	235
39	1074	661	413	819	522	297	586	422	164
40-44岁	**5387**	**3505**	**1882**	**4309**	**2882**	**1427**	**3442**	**2293**	**1149**
40	1189	771	418	861	560	301	680	437	243
41	1165	754	411	992	655	337	734	479	255
42	1032	667	365	848	542	306	705	475	230
43	1003	657	346	779	526	253	620	424	196
44	998	656	342	829	599	230	703	478	225
45-49岁	**5145**	**3403**	**1742**	**4067**	**2772**	**1295**	**3110**	**2201**	**909**
45	974	637	337	807	528	279	644	452	192
46	1109	721	388	876	599	277	687	468	219
47	886	600	286	808	573	235	617	453	164
48	1074	724	350	750	525	225	581	411	170
49	1102	721	381	826	547	279	581	417	164
50-54岁	**5265**	**3469**	**1796**	**4041**	**2739**	**1302**	**3242**	**2281**	**961**
50	1157	738	419	867	598	269	650	461	189
51	1121	747	374	912	598	314	577	426	151
52	1123	730	393	835	550	285	816	553	263
53	895	599	296	670	466	204	576	403	173
54	969	655	314	757	527	230	623	438	185
55-59岁	**3250**	**2265**	**985**	**2603**	**1843**	**760**	**2148**	**1542**	**606**
55	828	557	271	725	514	211	623	441	182
56	701	495	206	564	401	163	515	364	151
57	641	454	187	598	444	154	465	338	127
58	679	481	198	421	289	132	383	286	97
59	401	278	123	295	195	100	162	113	49
60-64岁	**3289**	**2173**	**1116**	**2293**	**1583**	**710**	**1742**	**1260**	**482**
60	435	264	171	338	228	110	258	182	76
61	413	280	133	297	212	85	254	185	69
62	737	501	236	551	379	172	433	314	119
63	893	612	281	515	366	149	406	301	105
64	811	516	295	592	398	194	391	278	113
65岁及以上	**10493**	**6290**	**4203**	**8387**	**5111**	**3276**	**6779**	**4129**	**2650**

5-5c 续表 6

单位：人

年 龄	初婚年龄								
	31岁			32岁			33岁		
	小计	男	女	小计	男	女	小计	男	女
总 计	**19370**	**12929**	**6441**	**15232**	**10187**	**5045**	**11907**	**7988**	**3919**
20岁以下									
20-24岁									
20									
21									
22									
23									
24									
25-29岁									
25									
26									
27									
28									
29									
30-34岁	**1654**	**985**	**669**	**971**	**623**	**348**	**422**	**249**	**173**
30									
31	171	103	68						
32	393	230	163	139	82	57			
33	570	345	225	349	237	112	125	79	46
34	520	307	213	483	304	179	297	170	127
35-39岁	**2414**	**1524**	**890**	**2084**	**1324**	**760**	**1755**	**1118**	**637**
35	476	289	187	429	292	137	417	254	163
36	553	349	204	448	286	162	342	214	128
37	440	268	172	374	222	152	291	187	104
38	461	307	154	423	269	154	371	244	127
39	484	311	173	410	255	155	334	219	115
40-44岁	**2603**	**1792**	**811**	**1997**	**1371**	**626**	**1681**	**1160**	**521**
40	482	320	162	394	262	132	342	233	109
41	586	394	192	402	278	124	344	244	100
42	517	344	173	426	292	134	286	210	76
43	507	354	153	360	231	129	340	221	119
44	511	380	131	415	308	107	369	252	117
45-49岁	**2397**	**1734**	**663**	**1880**	**1353**	**527**	**1578**	**1124**	**454**
45	525	377	148	406	270	136	328	243	85
46	517	367	150	411	301	110	354	258	96
47	469	353	116	397	300	97	306	208	98
48	422	307	115	349	260	89	305	216	89
49	464	330	134	317	222	95	285	199	86
50-54岁	**2354**	**1734**	**620**	**1834**	**1327**	**507**	**1269**	**943**	**326**
50	420	311	109	356	259	97	258	191	67
51	450	346	104	293	221	72	253	191	62
52	527	395	132	399	301	98	232	172	60
53	460	329	131	344	251	93	238	181	57
54	497	353	144	442	295	147	288	208	80
55-59岁	**1691**	**1212**	**479**	**1371**	**991**	**380**	**1227**	**868**	**359**
55	460	340	120	338	253	85	318	217	101
56	416	294	122	324	230	94	276	188	88
57	370	267	103	340	244	96	273	188	85
58	294	213	81	265	186	79	232	172	60
59	151	98	53	104	78	26	128	103	25
60-64岁	**1275**	**898**	**377**	**1025**	**745**	**280**	**744**	**566**	**178**
60	151	91	60	147	92	55	111	78	33
61	211	163	48	124	99	25	115	84	31
62	340	233	107	243	181	62	151	112	39
63	299	220	79	271	206	65	197	158	39
64	274	191	83	240	167	73	170	134	36
65岁及以上	**4982**	**3050**	**1932**	**4070**	**2453**	**1617**	**3231**	**1960**	**1271**

5-5c 续表 7

单位：人

年 龄	初婚年龄								
	34岁			35岁			36岁		
	小计	男	女	小计	男	女	小计	男	女
总 计	**9570**	**6510**	**3060**	**7599**	**5163**	**2436**	**6008**	**4097**	**1911**
20岁以下									
20-24岁									
20									
21									
22									
23									
24									
25-29岁									
25									
26									
27									
28									
29									
30-34岁	**100**	**54**	**46**						
30									
31									
32									
33									
34	100	54	46						
35-39岁	**1395**	**885**	**510**	**1024**	**607**	**417**	**698**	**405**	**293**
35	253	161	92	101	60	41			
36	317	197	120	217	133	84	88	48	40
37	259	155	104	230	134	96	177	100	77
38	247	160	87	254	147	107	219	126	93
39	319	212	107	222	133	89	214	131	83
40-44岁	**1360**	**918**	**442**	**1076**	**716**	**360**	**867**	**564**	**303**
40	322	211	111	253	157	96	179	113	66
41	308	194	114	247	156	91	193	122	71
42	248	183	65	207	142	65	163	103	60
43	210	148	62	176	117	59	164	105	59
44	272	182	90	193	144	49	168	121	47
45-49岁	**1376**	**983**	**393**	**1119**	**799**	**320**	**945**	**678**	**267**
45	311	211	100	243	174	69	166	111	55
46	325	233	92	226	159	67	223	154	69
47	274	193	81	229	156	73	209	150	59
48	222	165	57	218	162	56	177	128	49
49	244	181	63	203	148	55	170	135	35
50-54岁	**991**	**754**	**237**	**815**	**619**	**196**	**666**	**505**	**161**
50	253	192	61	194	149	45	165	120	45
51	200	144	56	158	110	48	134	92	42
52	209	150	59	174	133	41	152	121	31
53	123	105	18	154	117	37	115	91	24
54	206	163	43	135	110	25	100	81	19
55-59岁	**1001**	**725**	**276**	**794**	**593**	**201**	**531**	**398**	**133**
55	223	165	58	159	126	33	86	63	23
56	246	189	57	149	108	41	117	96	21
57	236	173	63	218	161	57	130	103	27
58	193	131	62	165	125	40	132	94	38
59	103	67	36	103	73	30	66	42	24
60-64岁	**599**	**457**	**142**	**500**	**380**	**120**	**472**	**362**	**110**
60	92	76	16	94	61	33	68	45	23
61	98	75	23	69	53	16	66	42	24
62	146	108	38	123	92	31	139	113	26
63	114	86	28	118	97	21	102	79	23
64	149	112	37	96	77	19	97	83	14
65岁及以上	**2748**	**1734**	**1014**	**2271**	**1449**	**822**	**1829**	**1185**	**644**

5-5c 续表 8

单位：人

年 龄	初婚年龄											
	37岁			38岁			39岁			40岁及以上		
	小计	男	女	小计	男	女	小计	男	女	小计	男	女
总 计	**4751**	**3291**	**1460**	**3840**	**2627**	**1213**	**3212**	**2172**	**1040**	**16420**	**10916**	**5504**
20岁以下												
20-24岁												
20												
21												
22												
23												
24												
25-29岁												
25												
26												
27												
28												
29												
30-34岁												
30												
31												
32												
33												
34												
35-39岁	**398**	**239**	**159**	**164**	**93**	**71**	**59**	**29**	**30**			
35												
36												
37	55	36	19									
38	164	90	74	45	24	21						
39	179	113	66	119	69	50	59	29	30			
40-44岁	**784**	**495**	**289**	**658**	**430**	**228**	**613**	**355**	**258**	**1119**	**651**	**468**
40	158	88	70	153	95	58	145	73	72	58	32	26
41	174	112	62	134	90	44	150	93	57	143	82	61
42	168	112	56	112	65	47	116	69	47	250	145	105
43	138	91	47	123	82	41	93	59	34	289	171	118
44	146	92	54	136	98	38	109	61	48	379	221	158
45-49岁	**787**	**572**	**215**	**604**	**418**	**186**	**541**	**380**	**161**	**2451**	**1603**	**848**
45	131	99	32	116	83	33	123	78	45	448	279	169
46	161	117	44	142	94	48	109	72	37	527	336	191
47	171	119	52	93	61	32	94	71	23	500	319	181
48	172	128	44	134	97	37	98	74	24	508	356	152
49	152	109	43	119	83	36	117	85	32	468	313	155
50-54岁	**542**	**421**	**121**	**519**	**400**	**119**	**433**	**325**	**108**	**2721**	**1919**	**802**
50	134	97	37	123	85	38	115	87	28	547	365	182
51	116	90	26	100	80	20	101	75	26	552	383	169
52	111	86	25	100	75	25	72	54	18	601	429	172
53	87	70	17	102	83	19	73	54	19	471	333	138
54	94	78	16	94	77	17	72	55	17	550	409	141
55-59岁	**399**	**318**	**81**	**315**	**236**	**79**	**244**	**186**	**58**	**1809**	**1289**	**520**
55	106	89	17	75	60	15	64	47	17	471	328	143
56	65	47	18	75	57	18	58	37	21	450	327	123
57	97	78	19	62	44	18	62	54	8	422	309	113
58	75	58	17	67	49	18	34	25	9	299	214	85
59	56	46	10	36	26	10	26	23	3	167	111	56
60-64岁	**383**	**302**	**81**	**352**	**258**	**94**	**323**	**242**	**81**	**1534**	**1085**	**449**
60	61	47	14	49	36	13	39	31	8	199	135	64
61	57	43	14	51	31	20	45	31	14	220	155	65
62	98	81	17	92	69	23	83	56	27	353	254	99
63	87	71	16	90	73	17	81	63	18	381	276	105
64	80	60	20	70	49	21	75	61	14	381	265	116
65岁及以上	**1458**	**944**	**514**	**1228**	**792**	**436**	**999**	**655**	**344**	**6786**	**4369**	**2417**

5-6 分性别、受教育程度、初婚年龄的人口

单位：人

受教育程度	初婚年龄								
	合计			15岁以下			15岁		
	合计	男	女	小计	男	女	小计	男	女
总计	**2741229**	**1307002**	**1434227**	**6117**	**1157**	**4960**	**19833**	**4489**	**15344**
未上过学	97788	13314	84474	710	39	671	1819	100	1719
学前教育	3045	759	2286	27		27	49	5	44
小学	764951	309370	455581	2753	465	2288	8601	1610	6991
初中	1226934	637600	589334	2194	519	1675	7806	2192	5614
高中	350013	192486	157527	314	100	214	1094	396	698
大学专科	170571	86862	83709	79	23	56	308	118	190
大学本科	118485	61345	57140	39	11	28	147	63	84
硕士研究生	8453	4629	3824	1		1	9	5	4
博士研究生	989	637	352						

5-6 续表 1

单位：人

受教育程度	初婚年龄								
	16岁			17岁			18岁		
	小计	男	女	小计	男	女	小计	男	女
总计	**33946**	**7669**	**26277**	**59551**	**14748**	**44803**	**96306**	**26264**	**70042**
未上过学	2984	155	2829	4889	291	4598	6898	478	6420
学前教育	69	8	61	125	15	110	195	25	170
小学	14672	2734	11938	25375	5172	20203	40106	8924	31182
初中	13837	3925	9912	24852	7641	17211	41775	14017	27758
高中	1737	615	1122	3309	1288	2021	5751	2292	3459
大学专科	451	157	294	750	254	496	1185	380	805
大学本科	188	71	117	236	82	154	372	137	235
硕士研究生	8	4	4	14	5	9	21	9	12
博士研究生				1		1	3	2	1

5-6 续表 2

单位：人

受教育程度	初婚年龄								
	19岁			20岁			21岁		
	小计	男	女	小计	男	女	小计	男	女
总　计	**158236**	**48573**	**109663**	**220916**	**72623**	**148293**	**249256**	**97454**	**151802**
未上过学	10279	849	9430	12455	1221	11234	10414	1265	9149
学前教育	276	37	239	367	69	298	337	76	261
小　学	63311	16699	46612	80699	23580	57119	82429	28374	54055
初　中	69761	25376	44385	101772	38580	63192	119039	52653	66386
高　中	11299	4510	6789	19106	7396	11710	26511	11833	14678
大学专科	2540	846	1694	4979	1375	3604	7674	2404	5270
大学本科	741	241	500	1494	383	1111	2777	820	1957
硕士研究生	26	14	12	36	17	19	68	24	44
博士研究生	3	1	2	8	2	6	7	5	2

5-6 续表 3

单位：人

受教育程度	初婚年龄								
	22岁			23岁			24岁		
	小计	男	女	小计	男	女	小计	男	女
总　计	**278780**	**125057**	**153723**	**268685**	**125239**	**143446**	**253212**	**126146**	**127066**
未上过学	9293	1263	8030	7432	1111	6321	6058	1015	5043
学前教育	265	44	221	241	64	177	237	73	164
小　学	81267	31889	49378	70374	29442	40932	60190	27192	32998
初　中	135446	68172	67274	128314	66479	61835	117356	64314	53042
高　中	35179	17340	17839	37936	18814	19122	38335	20293	18042
大学专科	12132	4550	7582	15967	6280	9687	18939	8363	10576
大学本科	5004	1710	3294	7986	2859	5127	11447	4565	6882
硕士研究生	171	78	93	399	170	229	583	290	293
博士研究生	23	11	12	36	20	16	67	41	26

5-6 续表 4 单位：人

受教育程度	初婚年龄											
	25岁			26岁			27岁			28岁		
	小计	男	女	小计	男	女	小计	男	女	小计	男	女
总 计	**225680**	**119752**	**105928**	**187261**	**104741**	**82520**	**152633**	**89801**	**62832**	**118823**	**73297**	**45526**
未上过学	4841	872	3969	3484	710	2774	2920	620	2300	2287	486	1801
学前教育	164	63	101	129	43	86	101	32	69	78	41	37
小 学	49214	24147	25067	37608	19712	17896	29746	16393	13353	23051	13295	9756
初 中	100272	57758	42514	80697	48399	32298	63835	39900	23935	49450	32199	17251
高 中	35267	19940	15327	29933	17784	12149	24118	15124	8994	18445	12062	6383
大学专科	20026	9659	10367	18645	9836	8809	16181	9337	6844	12616	7751	4865
大学本科	14949	6858	8091	15600	7670	7930	14446	7749	6697	11734	6815	4919
硕士研究生	849	403	446	1041	516	525	1159	568	591	1042	570	472
博士研究生	98	52	46	124	71	53	127	78	49	120	78	42

5-6 续表 5 单位：人

受教育程度	初婚年龄											
	29岁			30岁			31岁			32岁		
	小计	男	女	小计	男	女	小计	男	女	小计	男	女
总 计	**92326**	**58965**	**33361**	**70816**	**46181**	**24635**	**52498**	**34635**	**17863**	**40414**	**26787**	**13627**
未上过学	1950	465	1485	1613	404	1209	1156	290	866	1005	255	750
学前教育	53	20	33	60	26	34	42	14	28	45	19	26
小 学	18449	10969	7480	14621	8950	5671	11118	6842	4276	8937	5625	3312
初 中	37925	25146	12779	29373	19860	9513	22087	15069	7018	16934	11523	5411
高 中	14415	9891	4524	10823	7482	3341	7917	5428	2489	6146	4251	1895
大学专科	9702	6258	3444	7265	4801	2464	5304	3583	1721	3877	2684	1193
大学本科	8876	5650	3226	6350	4230	2120	4392	3091	1301	3138	2186	952
硕士研究生	864	499	365	646	384	262	423	276	147	288	204	84
博士研究生	92	67	25	65	44	21	59	42	17	44	40	4

5-6 续表 6 单位：人

受教育程度	初婚年龄											
	33岁			34岁			35岁			36岁		
	小计	男	女	小计	男	女	小计	男	女	小计	男	女
总　计	**31071**	**20498**	**10573**	**24782**	**16420**	**8362**	**19061**	**12698**	**6363**	**14840**	**9922**	**4918**
未上过学	853	216	637	694	193	501	572	153	419	485	127	358
学前教育	32	15	17	20	6	14	25	11	14	20	10	10
小　学	7018	4430	2588	5795	3730	2065	4656	3032	1624	3847	2534	1313
初　中	13198	8996	4202	10629	7218	3411	8171	5590	2581	6214	4282	1932
高　中	4725	3258	1467	3811	2626	1185	2806	1978	828	2106	1482	624
大学专科	2809	1896	913	2119	1438	681	1593	1066	527	1178	790	388
大学本科	2199	1519	680	1546	1095	451	1115	776	339	887	618	269
硕士研究生	201	142	59	149	103	46	108	81	27	87	67	20
博士研究生	36	26	10	19	11	8	15	11	4	16	12	4

5-6 续表 7 单位：人

受教育程度	初婚年龄											
	37岁			38岁			39岁			40岁及以上		
	小计	男	女	小计	男	女	小计	男	女	小计	男	女
总　计	**11830**	**7938**	**3892**	**9414**	**6264**	**3150**	**7727**	**5181**	**2546**	**37215**	**24503**	**12712**
未上过学	379	102	277	324	84	240	292	93	199	1702	457	1245
学前教育	10	5	5	12	6	6	6	3	3	60	29	31
小　学	3036	2019	1017	2621	1684	937	2307	1517	790	13150	8410	4740
初　中	5033	3458	1575	3882	2661	1221	3099	2135	964	13983	9538	4445
高　中	1749	1201	548	1373	959	414	1067	751	316	4741	3392	1349
大学专科	909	647	262	674	466	208	549	371	178	2120	1529	591
大学本科	643	453	190	472	360	112	373	287	86	1334	1046	288
硕士研究生	66	49	17	50	38	12	33	23	10	111	90	21
博士研究生	5	4	1	6	6		1	1		14	12	2

5-6a 分性别、受教育程度、初婚年龄的人口（城市）

单位：人

受教育程度	初婚年龄								
	合计			15岁以下			15岁		
	合计	男	女	小计	男	女	小计	男	女
总　计	**807166**	**381556**	**425610**	**911**	**199**	**712**	**3146**	**771**	**2375**
未上过学	7931	1068	6863	55	4	51	120	8	112
学前教育	340	100	240	1		1	3		3
小　学	108463	40805	67658	266	48	218	879	155	724
初　中	314147	150519	163628	387	89	298	1363	359	1004
高　中	179049	89332	89717	134	37	97	509	143	366
大学专科	105135	52030	53105	46	15	31	173	60	113
大学本科	83543	42998	40545	21	6	15	93	44	49
硕士研究生	7635	4111	3524	1		1	6	2	4
博士研究生	923	593	330						

5-6a 续表 1

单位：人

受教育程度	初婚年龄								
	16岁			17岁			18岁		
	小计	男	女	小计	男	女	小计	男	女
总　计	**5287**	**1222**	**4065**	**9420**	**2251**	**7169**	**15844**	**3971**	**11873**
未上过学	222	14	208	354	14	340	555	32	523
学前教育	5	1	4	8		8	19	1	18
小　学	1616	274	1342	2880	502	2378	4546	834	3712
初　中	2369	615	1754	4383	1167	3216	7754	2169	5585
高　中	719	206	513	1252	400	852	2145	682	1463
大学专科	227	69	158	380	112	268	576	162	414
大学本科	123	41	82	150	51	99	229	81	148
硕士研究生	6	2	4	12	5	7	19	9	10
博士研究生				1		1	1	1	

5-6a 续表 2 单位：人

受教育程度	初婚年龄								
	19岁			20岁			21岁		
	小计	男	女	小计	男	女	小计	男	女
总 计	**28740**	**7509**	**21231**	**44375**	**11668**	**32707**	**55582**	**18354**	**37228**
未上过学	849	53	796	979	81	898	833	86	747
学前教育	22	3	19	23	1	22	35	7	28
小学	7779	1676	6103	10140	2330	7810	10946	3163	7783
初 中	14015	3992	10023	21890	6281	15609	26764	9726	17038
高 中	4416	1284	3132	7960	2192	5768	11354	3839	7515
大学专科	1189	349	840	2480	559	1921	3937	1059	2878
大学本科	444	140	304	868	210	658	1647	449	1198
硕士研究生	23	11	12	27	12	15	60	20	40
博士研究生	3	1	2	8	2	6	6	5	1

5-6a 续表 3 单位：人

受教育程度	初婚年龄								
	22岁			23岁			24岁		
	小计	男	女	小计	男	女	小计	男	女
总 计	**70811**	**27787**	**43024**	**77112**	**31216**	**45896**	**80360**	**35780**	**44580**
未上过学	734	94	640	618	96	522	519	72	447
学前教育	30	6	24	27	8	19	30	10	20
小 学	11583	3970	7613	10346	3750	6596	9367	3805	5562
初 中	32713	14161	18552	32671	14644	18027	31063	15061	16002
高 中	15921	6309	9612	18622	7557	11065	19674	8924	10750
大学专科	6558	2175	4383	9225	3273	5952	11337	4629	6708
大学本科	3119	1006	2113	5220	1727	3493	7788	2996	4792
硕士研究生	135	57	78	348	141	207	517	244	273
博士研究生	18	9	9	35	20	15	65	39	26

5-6a 续表 4

单位：人

受教育程度	初婚年龄											
	25岁			26岁			27岁			28岁		
	小计	男	女	小计	男	女	小计	男	女	小计	男	女
总　计	**78697**	**38419**	**40278**	**69740**	**36569**	**33171**	**59143**	**33226**	**25917**	**47224**	**28333**	**18891**
未上过学	446	89	357	278	69	209	253	73	180	190	44	146
学前教育	28	10	18	15	7	8	10	4	6	18	13	5
小　学	7990	3642	4348	6098	3053	3045	4872	2558	2314	3849	2129	1720
初　中	27856	14508	13348	22864	12668	10196	18752	10959	7793	14744	9168	5576
高　中	18640	9427	9213	16385	8916	7469	13337	7769	5568	10544	6567	3977
大学专科	12419	5695	6724	11899	5964	5935	10361	5763	4598	8315	4923	3392
大学本科	10455	4643	5812	11134	5368	5766	10376	5511	4865	8515	4913	3602
硕士研究生	771	358	413	953	460	493	1059	514	545	934	501	433
博士研究生	92	47	45	114	64	50	123	75	48	115	75	40

5-6a 续表 5

单位：人

受教育程度	初婚年龄											
	29岁			30岁			31岁			32岁		
	小计	男	女	小计	男	女	小计	男	女	小计	男	女
总　计	**37006**	**23246**	**13760**	**28295**	**18252**	**10043**	**20822**	**13646**	**7176**	**15996**	**10564**	**5432**
未上过学	172	43	129	140	39	101	86	23	63	89	23	66
学前教育	8	2	6	12	3	9	6	4	2	10	6	4
小　学	3046	1733	1313	2371	1355	1016	1797	1052	745	1448	867	581
初　中	11628	7296	4332	9206	5954	3252	6914	4463	2451	5401	3515	1886
高　中	8360	5499	2861	6399	4249	2150	4744	3167	1577	3742	2499	1243
大学专科	6418	4069	2349	4902	3202	1700	3596	2392	1204	2653	1805	848
大学本科	6506	4099	2407	4614	3062	1552	3247	2257	990	2350	1628	722
硕士研究生	787	446	341	590	346	244	379	250	129	264	185	79
博士研究生	81	59	22	61	42	19	53	38	15	39	36	3

5-6a 续表 6

单位：人

受教育程度	初婚年龄											
	33岁			34岁			35岁			36岁		
	小计	男	女	小计	男	女	小计	男	女	小计	男	女
总　计	**12220**	**7967**	**4253**	**9730**	**6323**	**3407**	**7287**	**4816**	**2471**	**5656**	**3724**	**1932**
未上过学	65	14	51	55	18	37	45	8	37	35	10	25
学前教育	6	3	3	2	1	1	1		1	2	1	1
小　学	1107	666	441	901	523	378	762	475	287	596	361	235
初　中	4258	2707	1551	3559	2274	1285	2656	1700	956	2017	1315	702
高　中	2944	1971	973	2406	1603	803	1737	1210	527	1368	921	447
大学专科	1941	1294	647	1475	975	500	1104	730	374	867	585	282
大学本科	1683	1159	524	1174	819	355	872	612	260	675	457	218
硕士研究生	181	127	54	139	99	40	98	73	25	80	62	18
博士研究生	35	26	9	19	11	8	12	8	4	16	12	4

5-6a 续表 7

单位：人

受教育程度	初婚年龄											
	37岁			38岁			39岁			40岁及以上		
	小计	男	女	小计	男	女	小计	男	女	小计	男	女
总　计	**4496**	**2981**	**1515**	**3604**	**2375**	**1229**	**2863**	**1906**	**957**	**12799**	**8481**	**4318**
未上过学	33	13	20	28	4	24	29	8	21	149	36	113
学前教育	2	1	1	4	2	2	1		1	12	6	6
小　学	440	264	176	398	231	167	357	213	144	2083	1176	907
初　中	1627	1037	590	1387	883	504	1067	694	373	4839	3114	1725
高　中	1142	770	372	881	599	282	706	488	218	3008	2104	904
大学专科	676	486	190	488	337	151	388	254	134	1505	1094	411
大学本科	509	361	148	366	279	87	283	226	57	1082	853	229
硕士研究生	62	45	17	46	34	12	31	22	9	107	86	21
博士研究生	5	4	1	6	6		1	1		14	12	2

5-6b 分性别、受教育程度、初婚年龄的人口（镇）

单位：人

受教育程度	初婚年龄								
	合计			15岁以下			15岁		
	合计	男	女	小计	男	女	小计	男	女
总计	**672539**	**318982**	**353557**	**1359**	**245**	**1114**	**4379**	**976**	**3403**
未上过学	15884	2093	13791	105	5	100	290	18	272
学前教育	572	153	419	5		5	11	1	10
小学	160241	62078	98163	548	77	471	1622	279	1343
初中	324875	162304	162571	563	125	438	2051	536	1515
高中	93906	52061	41845	104	33	71	274	90	184
大学专科	47646	24939	22707	21	3	18	91	38	53
大学本科	28778	14950	13828	13	2	11	39	13	26
硕士研究生	607	382	225				1	1	
博士研究生	30	22	8						

5-6b 续表 1

单位：人

受教育程度	初婚年龄								
	16岁			17岁			18岁		
	小计	男	女	小计	男	女	小计	男	女
总计	**7490**	**1652**	**5838**	**13601**	**3347**	**10254**	**22735**	**5890**	**16845**
未上过学	456	20	436	826	57	769	1176	80	1096
学前教育	7		7	27	5	22	30	3	27
小学	2776	458	2318	5063	923	4140	8311	1635	6676
初中	3540	936	2604	6434	1902	4532	11054	3371	7683
高中	519	166	353	945	352	593	1692	654	1038
大学专科	147	53	94	239	85	154	360	106	254
大学本科	45	19	26	66	23	43	109	40	69
硕士研究生				1		1	2		2
博士研究生							1	1	

5-6b 续表 2

单位：人

受教育程度	初婚年龄								
	19岁			20岁			21岁		
	小计	男	女	小计	男	女	小计	男	女
总 计	**38175**	**11601**	**26574**	**53716**	**17190**	**36526**	**62254**	**23713**	**38541**
未上过学	1610	112	1498	1993	166	1827	1711	200	1511
学前教育	49	7	42	73	17	56	71	13	58
小 学	13252	3270	9982	16677	4526	12151	17349	5640	11709
初 中	18813	6528	12285	27300	9755	17545	31894	13321	18573
高 中	3323	1301	2022	5496	2109	3387	7720	3406	4314
大学专科	885	303	582	1679	491	1188	2566	842	1724
大学本科	242	79	163	491	122	369	936	288	648
硕士研究生	1	1		7	4	3	7	3	4
博士研究生									

5-6b 续表 3

单位：人

受教育程度	初婚年龄								
	22岁			23岁			24岁		
	小计	男	女	小计	男	女	小计	男	女
总 计	**71001**	**31487**	**39514**	**68418**	**31921**	**36497**	**64665**	**32504**	**32161**
未上过学	1576	204	1372	1229	178	1051	994	181	813
学前教育	50	10	40	49	15	34	43	17	26
小 学	17044	6364	10680	14894	6039	8855	12945	5725	7220
初 中	36646	17675	18971	34625	17337	17288	31702	16880	14822
高 中	10162	5110	5052	10454	5341	5113	10342	5707	4635
大学专科	3950	1561	2389	4872	2088	2784	5553	2667	2886
大学本科	1546	548	998	2256	899	1357	3030	1287	1743
硕士研究生	26	15	11	39	24	15	55	39	16
博士研究生	1		1				1	1	

5-6b 续表 4

单位：人

受教育程度	初婚年龄											
	25岁			26岁			27岁			28岁		
	小计	男	女	小计	男	女	小计	男	女	小计	男	女
总 计	**57445**	**30684**	**26761**	**46800**	**26435**	**20365**	**37957**	**22503**	**15454**	**28611**	**17780**	**10831**
未上过学	825	139	686	546	102	444	471	100	371	355	84	271
学前教育	40	17	23	27	15	12	14	1	13	12	5	7
小 学	10624	5025	5599	8152	4091	4061	6491	3469	3022	4783	2661	2122
初 中	26985	15198	11787	21497	12638	8859	16914	10309	6605	12835	8155	4680
高 中	9494	5535	3959	7846	4831	3015	6315	4110	2205	4731	3191	1540
大学专科	5704	2921	2783	4973	2818	2155	4334	2660	1674	3149	2066	1083
大学本科	3711	1811	1900	3685	1892	1793	3340	1814	1526	2661	1564	1097
硕士研究生	60	36	24	69	45	24	76	39	37	81	51	30
博士研究生	2	2		5	3	2	2	1	1	4	3	1

5-6b 续表 5

单位：人

受教育程度	初婚年龄											
	29岁			30岁			31岁			32岁		
	小计	男	女	小计	男	女	小计	男	女	小计	男	女
总 计	**21949**	**14133**	**7816**	**16514**	**10738**	**5776**	**12306**	**8060**	**4246**	**9186**	**6036**	**3150**
未上过学	317	75	242	249	60	189	176	50	126	169	43	126
学前教育	9	4	5	6	3	3	6	1	5	4	1	3
小 学	3874	2249	1625	3045	1826	1219	2396	1398	998	1782	1111	671
初 中	9667	6302	3365	7396	4829	2567	5523	3657	1866	4247	2794	1453
高 中	3637	2549	1088	2605	1860	745	1909	1324	585	1391	966	425
大学专科	2435	1633	802	1732	1165	567	1306	912	394	917	645	272
大学本科	1957	1285	672	1439	965	474	957	700	257	656	461	195
硕士研究生	48	32	16	39	28	11	30	16	14	18	13	5
博士研究生	5	4	1	3	2	1	3	2	1	2	2	

5-6b 续表 6

单位：人

受教育程度	初婚年龄											
	33 岁			34 岁			35 岁			36 岁		
	小计	男	女	小计	男	女	小计	男	女	小计	男	女
总　计	**6944**	**4543**	**2401**	**5482**	**3587**	**1895**	**4175**	**2719**	**1456**	**3176**	**2101**	**1075**
未上过学	122	32	90	105	23	82	98	31	67	73	17	56
学前教育	6	4	2	6	1	5	7	5	2	2	1	1
小　学	1470	904	566	1174	723	451	895	560	335	784	518	266
初　中	3166	2102	1064	2588	1707	881	1931	1288	643	1476	980	496
高　中	1083	744	339	818	566	252	657	446	211	415	289	126
大学专科	656	452	204	487	343	144	373	248	125	254	169	85
大学本科	425	293	132	298	222	76	206	135	71	167	123	44
硕士研究生	16	12	4	6	2	4	7	5	2	5	4	1
博士研究生							1	1				

5-6b 续表 7

单位：人

受教育程度	初婚年龄											
	37 岁			38 岁			39 岁			40 岁及以上		
	小计	男	女	小计	男	女	小计	男	女	小计	男	女
总　计	**2583**	**1666**	**917**	**1970**	**1262**	**708**	**1652**	**1103**	**549**	**7996**	**5106**	**2890**
未上过学	55	14	41	49	12	37	45	12	33	263	78	185
学前教育	1		1	2	1	1	2	2		13	4	9
小　学	628	396	232	540	333	207	479	292	187	2643	1586	1057
初　中	1232	805	427	824	536	288	704	492	212	3268	2146	1122
高　中	359	242	117	305	205	100	220	159	61	1090	775	315
大学专科	185	123	62	153	102	51	124	94	30	501	351	150
大学本科	119	82	37	93	69	24	76	51	25	215	163	52
硕士研究生	4	4		4	4		2	1	1	3	3	
博士研究生												

5-6c 分性别、受教育程度、初婚年龄的人口（乡村）

单位：人

受教育程度	初婚年龄								
	合　计			15岁以下			15岁		
	合计	男	女	小计	男	女	小计	男	女
总　计	**1261524**	**606464**	**655060**	**3847**	**713**	**3134**	**12308**	**2742**	**9566**
未上过学	73973	10153	63820	550	30	520	1409	74	1335
学前教育	2133	506	1627	21		21	35	4	31
小　学	496247	206487	289760	1939	340	1599	6100	1176	4924
初　中	587912	324777	263135	1244	305	939	4392	1297	3095
高　中	77058	51093	25965	76	30	46	311	163	148
大学专科	17790	9893	7897	12	5	7	44	20	24
大学本科	6164	3397	2767	5	3	2	15	6	9
硕士研究生	211	136	75				2	2	
博士研究生	36	22	14						

5-6c　续表 1

单位：人

受教育程度	初婚年龄								
	16岁			17岁			18岁		
	小计	男	女	小计	男	女	小计	男	女
总　计	**21169**	**4795**	**16374**	**36530**	**9150**	**27380**	**57727**	**16403**	**41324**
未上过学	2306	121	2185	3709	220	3489	5167	366	4801
学前教育	57	7	50	90	10	80	146	21	125
小　学	10280	2002	8278	17432	3747	13685	27249	6455	20794
初　中	7928	2374	5554	14035	4572	9463	22967	8477	14490
高　中	499	243	256	1112	536	576	1914	956	958
大学专科	77	35	42	131	57	74	249	112	137
大学本科	20	11	9	20	8	12	34	16	18
硕士研究生	2	2		1		1			
博士研究生							1		1

5-6c 续表 2

单位：人

受教育程度	初婚年龄								
	19岁			20岁			21岁		
	小计	男	女	小计	男	女	小计	男	女
总　计	**91321**	**29463**	**61858**	**122825**	**43765**	**79060**	**131420**	**55387**	**76033**
未上过学	7820	684	7136	9483	974	8509	7870	979	6891
学前教育	205	27	178	271	51	220	231	56	175
小　学	42280	11753	30527	53882	16724	37158	54134	19571	34563
初　中	36933	14856	22077	52582	22544	30038	60381	29606	30775
高　中	3560	1925	1635	5650	3095	2555	7437	4588	2849
大学专科	466	194	272	820	325	495	1171	503	668
大学本科	55	22	33	135	51	84	194	83	111
硕士研究生	2	2		2	1	1	1	1	
博士研究生							1		1

5-6c 续表 3

单位：人

受教育程度	初婚年龄								
	22岁			23岁			24岁		
	小计	男	女	小计	男	女	小计	男	女
总　计	**136968**	**65783**	**71185**	**123155**	**62102**	**61053**	**108187**	**57862**	**50325**
未上过学	6983	965	6018	5585	837	4748	4545	762	3783
学前教育	185	28	157	165	41	124	164	46	118
小　学	52640	21555	31085	45134	19653	25481	37878	17662	20216
初　中	66087	36336	29751	61018	34498	26520	54591	32373	22218
高　中	9096	5921	3175	8860	5916	2944	8319	5662	2657
大学专科	1624	814	810	1870	919	951	2049	1067	982
大学本科	339	156	183	510	233	277	629	282	347
硕士研究生	10	6	4	12	5	7	11	7	4
博士研究生	4	2	2	1		1	1	1	

5-6c 续表 4

单位：人

受教育程度	初婚年龄											
	25岁			26岁			27岁			28岁		
	小计	男	女	小计	男	女	小计	男	女	小计	男	女
总 计	**89538**	**50649**	**38889**	**70721**	**41737**	**28984**	**55533**	**34072**	**21461**	**42988**	**27184**	**15804**
未上过学	3570	644	2926	2660	539	2121	2196	447	1749	1742	358	1384
学前教育	96	36	60	87	21	66	77	27	50	48	23	25
小 学	30600	15480	15120	23358	12568	10790	18383	10366	8017	14419	8505	5914
初 中	45431	28052	17379	36336	23093	13243	28169	18632	9537	21871	14876	6995
高 中	7133	4978	2155	5702	4037	1665	4466	3245	1221	3170	2304	866
大学专科	1903	1043	860	1773	1054	719	1486	914	572	1152	762	390
大学本科	783	404	379	781	410	371	730	424	306	558	338	220
硕士研究生	18	9	9	19	11	8	24	15	9	27	18	9
博士研究生	4	3	1	5	4	1	2	2		1		1

5-6c 续表 5

单位：人

受教育程度	初婚年龄											
	29岁			30岁			31岁			32岁		
	小计	男	女	小计	男	女	小计	男	女	小计	男	女
总 计	**33371**	**21586**	**11785**	**26007**	**17191**	**8816**	**19370**	**12929**	**6441**	**15232**	**10187**	**5045**
未上过学	1461	347	1114	1224	305	919	894	217	677	747	189	558
学前教育	36	14	22	42	20	22	30	9	21	31	12	19
小 学	11529	6987	4542	9205	5769	3436	6925	4392	2533	5707	3647	2060
初 中	16630	11548	5082	12771	9077	3694	9650	6949	2701	7286	5214	2072
高 中	2418	1843	575	1819	1373	446	1264	937	327	1013	786	227
大学专科	849	556	293	631	434	197	402	279	123	307	234	73
大学本科	413	266	147	297	203	94	188	134	54	132	97	35
硕士研究生	29	21	8	17	10	7	14	10	4	6	6	
博士研究生	6	4	2	1		1	3	2	1	3	2	1

5-6c 续表 6

单位：人

受教育程度	初婚年龄											
	33岁			34岁			35岁			36岁		
	小计	男	女	小计	男	女	小计	男	女	小计	男	女
总 计	**11907**	**7988**	**3919**	**9570**	**6510**	**3060**	**7599**	**5163**	**2436**	**6008**	**4097**	**1911**
未上过学	666	170	496	534	152	382	429	114	315	377	100	277
学前教育	20	8	12	12	4	8	17	6	11	16	8	8
小 学	4441	2860	1581	3720	2484	1236	2999	1997	1002	2467	1655	812
初 中	5774	4187	1587	4482	3237	1245	3584	2602	982	2721	1987	734
高 中	698	543	155	587	457	130	412	322	90	323	272	51
大学专科	212	150	62	157	120	37	116	88	28	57	36	21
大学本科	91	67	24	74	54	20	37	29	8	45	38	7
硕士研究生	4	3	1	4	2	2	3	3		2	1	1
博士研究生	1		1				2	2				

5-6c 续表 7

单位：人

受教育程度	初婚年龄											
	37岁			38岁			39岁			40岁及以上		
	小计	男	女	小计	男	女	小计	男	女	小计	男	女
总 计	**4751**	**3291**	**1460**	**3840**	**2627**	**1213**	**3212**	**2172**	**1040**	**16420**	**10916**	**5504**
未上过学	291	75	216	247	68	179	218	73	145	1290	343	947
学前教育	7	4	3	6	3	3	3	1	2	35	19	16
小 学	1968	1359	609	1683	1120	563	1471	1012	459	8424	5648	2776
初 中	2174	1616	558	1671	1242	429	1328	949	379	5876	4278	1598
高 中	248	189	59	187	155	32	141	104	37	643	513	130
大学专科	48	38	10	33	27	6	37	23	14	114	84	30
大学本科	15	10	5	13	12	1	14	10	4	37	30	7
硕士研究生										1	1	
博士研究生												

第二部分　长表数据资料

第六卷　生育

6-1 各地区分性别、
(2019.11.1-

地 区	出生人数				第一孩				第二孩			
	合计	男	女	性别比(女=100)	小计	男	女	性别比(女=100)	小计	男	女	性别比(女=100)
总 计	**51491**	**27649**	**23842**	**115.97**	**19390**	**10445**	**8945**	**116.77**	**21736**	**11408**	**10328**	**110.46**
南宁市	9559	5099	4460	114.33	4137	2191	1946	112.59	4265	2233	2032	109.89
柳州市	4115	2199	1916	114.77	1734	943	791	119.22	2021	1050	971	108.14
桂林市	4056	2190	1866	117.36	1669	904	765	118.17	1901	1006	895	112.40
梧州市	3007	1617	1390	116.33	1064	582	482	120.75	1102	583	519	112.33
北海市	2016	1082	934	115.85	811	429	382	112.30	820	436	384	113.54
防城港市	1140	596	544	109.56	403	208	195	106.67	462	241	221	109.05
钦州市	3771	2028	1743	116.35	1266	663	603	109.95	1327	736	591	124.53
贵港市	4342	2337	2005	116.56	1564	845	719	117.52	1666	880	786	111.96
玉林市	6371	3450	2921	118.11	1957	1080	877	123.15	2236	1159	1077	107.61
百色市	3391	1810	1581	114.48	1339	713	626	113.90	1626	850	776	109.54
贺州市	2428	1279	1149	111.31	842	433	409	105.87	959	501	458	109.39
河池市	3461	1886	1575	119.75	1180	650	530	122.64	1461	775	686	112.97
来宾市	2042	1111	931	119.33	724	408	316	129.11	996	514	482	106.64
崇左市	1792	965	827	116.69	700	396	304	130.26	894	444	450	98.67

6-1a 各地区分性别、
(2019.11.1-

地 区	出生人数				第一孩				第二孩			
	合计	男	女	性别比(女=100)	小计	男	女	性别比(女=100)	小计	男	女	性别比(女=100)
总 计	**16970**	**9190**	**7780**	**118.12**	**7518**	**4074**	**3444**	**118.29**	**7666**	**4056**	**3610**	**112.35**
南宁市	5884	3136	2748	114.12	2760	1460	1300	112.31	2622	1360	1262	107.77
柳州市	2264	1202	1062	113.18	1023	547	476	114.92	1084	561	523	107.27
桂林市	1330	763	567	134.57	646	381	265	143.77	600	328	272	120.59
梧州市	919	518	401	129.18	395	217	178	121.91	379	212	167	126.95
北海市	698	366	332	110.24	334	180	154	116.88	299	149	150	99.33
防城港市	551	290	261	111.11	207	104	103	100.97	241	125	116	107.76
钦州市	690	361	329	109.73	304	157	147	106.80	289	156	133	117.29
贵港市	1063	601	462	130.09	421	235	186	126.34	479	278	201	138.31
玉林市	1058	599	459	130.50	406	232	174	133.33	435	235	200	117.50
百色市	903	475	428	110.98	368	198	170	116.47	463	236	227	103.96
贺州市	373	202	171	118.13	154	81	73	110.96	153	86	67	128.36
河池市	436	227	209	108.61	169	85	84	101.19	229	125	104	120.19
来宾市	545	300	245	122.45	208	116	92	126.09	275	145	130	111.54
崇左市	256	150	106	141.51	123	81	42	192.86	118	60	58	103.45

孩次的出生人口
2020.10.31）

单位：人

第三孩				第四孩				第五孩及以上			
小计	男	女	性别比（女=100）	小计	男	女	性别比（女=100）	小计	男	女	性别比（女=100）
7591	**4221**	**3370**	**125.25**	**1977**	**1115**	**862**	**129.35**	**797**	**460**	**337**	**136.50**
976	574	402	142.79	147	79	68	116.18	34	22	12	183.33
314	179	135	132.59	39	23	16	143.75	7	4	3	133.33
425	246	179	137.43	54	30	24	125.00	7	4	3	133.33
576	307	269	114.13	189	105	84	125.00	76	40	36	111.11
302	171	131	130.53	58	31	27	114.81	25	15	10	150.00
207	111	96	115.63	55	31	24	129.17	13	5	8	62.50
793	416	377	110.34	267	147	120	122.50	118	66	52	126.92
810	431	379	113.72	223	128	95	134.74	79	53	26	203.85
1417	768	649	118.34	531	303	228	132.89	230	140	90	155.56
352	201	151	133.11	54	33	21	157.14	20	13	7	185.71
438	238	200	119.00	133	77	56	137.50	56	30	26	115.38
553	316	237	133.33	157	89	68	130.88	110	56	54	103.70
257	152	105	144.76	51	30	21	142.86	14	7	7	100.00
171	111	60	185.00	19	9	10	90.00	8	5	3	166.67

孩次的出生人口（城市）
2020.10.31）

单位：人

第三孩				第四孩				第五孩及以上			
小计	男	女	性别比（女=100）	小计	男	女	性别比（女=100）	小计	男	女	性别比（女=100）
1486	**886**	**600**	**147.67**	**247**	**137**	**110**	**124.55**	**53**	**37**	**16**	**231.25**
435	278	157	177.07	53	27	26	103.85	14	11	3	366.67
137	82	55	149.09	18	11	7	157.14	2	1	1	100.00
77	49	28	175.00	6	4	2	200.00	1	1		
105	62	43	144.19	33	21	12	175.00	7	6	1	600.00
56	30	26	115.38	9	7	2	350.00				
83	49	34	144.12	19	11	8	137.50	1	1		
79	41	38	107.89	16	6	10	60.00	2	1	1	100.00
142	77	65	118.46	17	8	9	88.89	4	3	1	300.00
168	100	68	147.06	43	28	15	186.67	6	4	2	200.00
66	38	28	135.71	5	2	3	66.67	1	1		
40	23	17	135.29	18	7	11	63.64	8	5	3	166.67
33	15	18	83.33	2		2		3	2	1	200.00
51	34	17	200.00	8	5	3	166.67	3		3	
14	8	6	133.33					1	1		

6-1b 各地区分性别、

(2019.11.1-

地区	出生人数				第一孩				第二孩			
	合计	男	女	性别比(女=100)	小计	男	女	性别比(女=100)	小计	男	女	性别比(女=100)
总　计	**13325**	**7208**	**6117**	**117.84**	**4682**	**2559**	**2123**	**120.54**	**5787**	**3025**	**2762**	**109.52**
南宁市	1481	802	679	118.11	584	314	270	116.30	680	368	312	117.95
柳州市	826	460	366	125.68	325	183	142	128.87	443	243	200	121.50
桂林市	1103	581	522	111.30	430	229	201	113.93	529	270	259	104.25
梧州市	851	439	412	106.55	269	149	120	124.17	323	158	165	95.76
北海市	340	191	149	128.19	117	62	55	112.73	151	85	66	128.79
防城港市	208	107	101	105.94	61	33	28	117.86	88	40	48	83.33
钦州市	1031	573	458	125.11	344	185	159	116.35	378	220	158	139.24
贵港市	1291	690	601	114.81	467	261	206	126.70	490	240	250	96.00
玉林市	2110	1158	952	121.64	626	342	284	120.42	764	399	365	109.32
百色市	829	439	390	112.56	316	175	141	124.11	417	208	209	99.52
贺州市	765	416	349	119.20	258	134	124	108.06	322	180	142	126.76
河池市	1276	699	577	121.14	427	237	190	124.74	585	305	280	108.93
来宾市	613	332	281	118.15	227	129	98	131.63	297	151	146	103.42
崇左市	601	321	280	114.64	231	126	105	120.00	320	158	162	97.53

6-1c 各地区分性别、

(2019.11.1-

地区	出生人数				第一孩				第二孩			
	合计	男	女	性别比(女=100)	小计	男	女	性别比(女=100)	小计	男	女	性别比(女=100)
总　计	**21196**	**11251**	**9945**	**113.13**	**7190**	**3812**	**3378**	**112.85**	**8283**	**4327**	**3956**	**109.38**
南宁市	2194	1161	1033	112.39	793	417	376	110.90	963	505	458	110.26
柳州市	1025	537	488	110.04	386	213	173	123.12	494	246	248	99.19
桂林市	1623	846	777	108.88	593	294	299	98.33	772	408	364	112.09
梧州市	1237	660	577	114.38	400	216	184	117.39	400	213	187	113.90
北海市	978	525	453	115.89	360	187	173	108.09	370	202	168	120.24
防城港市	381	199	182	109.34	135	71	64	110.94	133	76	57	133.33
钦州市	2050	1094	956	114.44	618	321	297	108.08	660	360	300	120.00
贵港市	1988	1046	942	111.04	676	349	327	106.73	697	362	335	108.06
玉林市	3203	1693	1510	112.12	925	506	419	120.76	1037	525	512	102.54
百色市	1659	896	763	117.43	655	340	315	107.94	746	406	340	119.41
贺州市	1290	661	629	105.09	430	218	212	102.83	484	235	249	94.38
河池市	1749	960	789	121.67	584	328	256	128.13	647	345	302	114.24
来宾市	884	479	405	118.27	289	163	126	129.37	424	218	206	105.83
崇左市	935	494	441	112.02	346	189	157	120.38	456	226	230	98.26

孩次的出生人口（镇）
2020.10.31）

单位：人

第三孩				第四孩				第五孩及以上			
小计	男	女	性别比（女=100）	小计	男	女	性别比（女=100）	小计	男	女	性别比（女=100）
2140	**1219**	**921**	**132.36**	**526**	**299**	**227**	**131.72**	**190**	**106**	**84**	**126.19**
184	104	80	130.00	29	16	13	123.08	4		4	
51	29	22	131.82	5	3	2	150.00	2	2		
127	73	54	135.19	15	8	7	114.29	2	1	1	100.00
192	106	86	123.26	52	20	32	62.50	15	6	9	66.67
60	36	24	150.00	7	4	3	133.33	5	4	1	400.00
44	26	18	144.44	13	8	5	160.00	2		2	
218	116	102	113.73	69	38	31	122.58	22	14	8	175.00
243	132	111	118.92	61	36	25	144.00	30	21	9	233.33
483	272	211	128.91	170	104	66	157.58	67	41	26	157.69
80	47	33	142.42	14	8	6	133.33	2	1	1	100.00
133	75	58	129.31	31	18	13	138.46	21	9	12	75.00
206	123	83	148.19	44	28	16	175.00	14	6	8	75.00
73	45	28	160.71	13	6	7	85.71	3	1	2	50.00
46	35	11	318.18	3	2	1	200.00	1		1	

孩次的出生人口（乡村）
2020.10.31）

单位：人

第三孩				第四孩				第五孩及以上			
小计	男	女	性别比（女=100）	小计	男	女	性别比（女=100）	小计	男	女	性别比（女=100）
3965	**2116**	**1849**	**114.44**	**1204**	**679**	**525**	**129.33**	**554**	**317**	**237**	**133.76**
357	192	165	116.36	65	36	29	124.14	16	11	5	220.00
126	68	58	117.24	16	9	7	128.57	3	1	2	50.00
221	124	97	127.84	33	18	15	120.00	4	2	2	100.00
279	139	140	99.29	104	64	40	160.00	54	28	26	107.69
186	105	81	129.63	42	20	22	90.91	20	11	9	122.22
80	36	44	81.82	23	12	11	109.09	10	4	6	66.67
496	259	237	109.28	182	103	79	130.38	94	51	43	118.60
425	222	203	109.36	145	84	61	137.70	45	29	16	181.25
766	396	370	107.03	318	171	147	116.33	157	95	62	153.23
206	116	90	128.89	35	23	12	191.67	17	11	6	183.33
265	140	125	112.00	84	52	32	162.50	27	16	11	145.45
314	178	136	130.88	111	61	50	122.00	93	48	45	106.67
133	73	60	121.67	30	19	11	172.73	8	6	2	300.00
111	68	43	158.14	16	7	9	77.78	6	4	2	200.00

6-2 按年龄、受教育程度、生育孩次分的育龄妇女人数
(2019.11.1-2020.10.31)

单位：人

受教育程度 年 龄	合计	生男孩的妇女人数	生女孩的妇女人数	一孩			二孩			三孩及以上		
				小计	男	女	小计	男	女	小计	男	女
总 计	**51491**	**27649**	**23842**	**19390**	**10445**	**8945**	**21736**	**11408**	**10328**	**10365**	**5796**	**4569**
15-19岁	**1173**	**629**	**544**	**963**	**515**	**448**	**188**	**101**	**87**	**22**	**13**	**9**
15	41	20	21	38	20	18	3		3			
16	121	65	56	117	64	53	4	1	3			
17	198	102	96	169	86	83	29	16	13			
18	322	172	150	260	140	120	53	26	27	9	6	3
19	491	270	221	379	205	174	99	58	41	13	7	6
20-24岁	**7222**	**3838**	**3384**	**4193**	**2248**	**1945**	**2385**	**1252**	**1133**	**644**	**338**	**306**
20	841	457	384	594	317	277	225	125	100	22	15	7
21	1010	549	461	618	329	289	324	175	149	68	45	23
22	1467	757	710	834	454	380	511	244	267	122	59	63
23	1831	954	877	1042	551	491	617	325	292	172	78	94
24	2073	1121	952	1105	597	508	708	383	325	260	141	119
25-29岁	**14698**	**7808**	**6890**	**6688**	**3596**	**3092**	**5737**	**2978**	**2759**	**2273**	**1234**	**1039**
25	2494	1326	1168	1233	650	583	922	491	431	339	185	154
26	2532	1335	1197	1250	661	589	925	495	430	357	179	178
27	3014	1611	1403	1387	755	632	1173	608	565	454	248	206
28	3296	1768	1528	1477	803	674	1277	661	616	542	304	238
29	3362	1768	1594	1341	727	614	1440	723	717	581	318	263
30-34岁	**17210**	**9269**	**7941**	**5187**	**2775**	**2412**	**7983**	**4190**	**3793**	**4040**	**2304**	**1736**
30	3844	2071	1773	1430	773	657	1649	875	774	765	423	342
31	3742	2010	1732	1211	640	571	1765	916	849	766	454	312
32	3313	1786	1527	949	484	465	1558	840	718	806	462	344
33	3344	1805	1539	867	461	406	1605	847	758	872	497	375
34	2967	1597	1370	730	417	313	1406	712	694	831	468	363
35-39岁	**8387**	**4519**	**3868**	**1779**	**966**	**813**	**4061**	**2124**	**1937**	**2547**	**1429**	**1118**
35	2457	1311	1146	554	301	253	1221	636	585	682	374	308
36	2152	1140	1012	480	265	215	1010	507	503	662	368	294
37	1497	814	683	288	154	134	732	383	349	477	277	200
38	1306	726	580	269	155	114	636	344	292	401	227	174
39	975	528	447	188	91	97	462	254	208	325	183	142
40-44岁	**2311**	**1293**	**1018**	**453**	**271**	**182**	**1158**	**626**	**532**	**700**	**396**	**304**
40	817	432	385	164	93	71	380	199	181	273	140	133
41	610	329	281	108	60	48	331	173	158	171	96	75
42	396	241	155	78	57	21	201	116	85	117	68	49
43	286	175	111	57	34	23	142	79	63	87	62	25
44	202	116	86	46	27	19	104	59	45	52	30	22
45-49岁	**490**	**293**	**197**	**127**	**74**	**53**	**224**	**137**	**87**	**139**	**82**	**57**
45	136	88	48	30	21	9	64	40	24	42	27	15
46	125	67	58	34	17	17	56	32	24	35	18	17
47	80	49	31	21	11	10	37	25	12	22	13	9
48	82	52	30	26	18	8	37	22	15	19	12	7
49	67	37	30	16	7	9	30	18	12	21	12	9

6-2 续表 1

单位：人

受教育程度 年龄	合计	生男孩的妇女人数	生女孩的妇女人数	一孩			二孩			三孩及以上		
				小计	男	女	小计	男	女	小计	男	女
未上过学	**189**	**90**	**99**	**42**	**14**	**28**	**55**	**30**	**25**	**92**	**46**	**46**
15–19岁	**3**	**1**	**2**	**1**		**1**	**1**		**1**	**1**	**1**	
15												
16												
17												
18	2	1	1	1		1				1	1	
19	1		1				1		1			
20–24岁	**22**	**9**	**13**	**7**	**3**	**4**	**8**	**3**	**5**	**7**	**3**	**4**
20	3	1	2	2		2				1	1	
21	2	2		2	2							
22	1	1		1	1							
23	9	1	8	1		1	5	1	4	3		3
24	7	4	3	1		1	3	2	1	3	2	1
25–29岁	**29**	**13**	**16**	**11**	**4**	**7**	**10**	**5**	**5**	**8**	**4**	**4**
25	9	4	5	5	3	2	1		1	3	1	2
26	4	1	3	2		2	2	1	1			
27	6	3	3	2	1	1	3	1	2	1	1	
28	4	3	1	1		1	2	2		1	1	
29	6	2	4	1		1	2	1	1	3	1	2
30–34岁	**57**	**29**	**28**	**12**	**5**	**7**	**14**	**8**	**6**	**31**	**16**	**15**
30	13	7	6	5	3	2	2	2		6	2	4
31	8	3	5	1		1	1		1	6	3	3
32	10	5	5	4	1	3				6	4	2
33	12	6	6	2	1	1	5	2	3	5	3	2
34	14	8	6				6	4	2	8	4	4
35–39岁	**45**	**22**	**23**	**7**	**2**	**5**	**8**	**4**	**4**	**30**	**16**	**14**
35	7	4	3	2	1	1	1		1	4	3	1
36	14	4	10	3		3	1	1		10	3	7
37	9	4	5				2	1	1	7	3	4
38	6	4	2	1		1	1	1		4	3	1
39	9	6	3	1	1		3	1	2	5	4	1
40–44岁	**24**	**11**	**13**	**3**		**3**	**10**	**6**	**4**	**11**	**5**	**6**
40	9	2	7	1		1	3	1	2	5	1	4
41	4	2	2	1		1	1	1		2	1	1
42	4	2	2				3	2	1	1		1
43	4	2	2	1		1	2	1	1	1	1	
44	3	3					1	1		2	2	
45–49岁	**9**	**5**	**4**	**1**		**1**	**4**	**4**		**4**	**1**	**3**
45	1	1								1	1	
46	4	2	2	1		1	2	2		1		1
47	1		1							1		1
48	1		1							1		1
49	2	2					2	2				

6-2 续表 2

单位：人

受教育程度 年　龄	合计	生男孩的妇女人数	生女孩的妇女人数	一孩			二孩			三孩及以上		
				小计	男	女	小计	男	女	小计	男	女
学前教育	**15**	**9**	**6**	**8**	**5**	**3**	**4**	**2**	**2**	**3**	**2**	**1**
15-19岁												
15												
16												
17												
18												
19												
20-24岁	**1**		**1**	**1**		**1**						
20												
21	1		1	1		1						
22												
23												
24												
25-29岁	**6**	**3**	**3**	**2**	**1**	**1**	**3**	**1**	**2**	**1**	**1**	
25	1	1		1	1							
26	2	1	1				1		1	1	1	
27	1		1	1		1						
28	1		1				1		1			
29	1	1					1	1				
30-34岁	**5**	**4**	**1**	**3**	**2**	**1**	**1**	**1**		**1**	**1**	
30												
31	1		1	1		1						
32	1	1		1	1							
33	2	2		1	1					1	1	
34	1	1					1	1				
35-39岁												
35												
36												
37												
38												
39												
40-44岁	**2**	**2**		**2**	**2**							
40	1	1		1	1							
41												
42												
43												
44	1	1		1	1							
45-49岁	**1**		**1**							**1**		**1**
45	1		1							1		1
46												
47												
48												
49												

6-2 续表 3

单位：人

受教育程度 年 龄	合计	生男孩的妇女人数	生女孩的妇女人数	一孩			二孩			三孩及以上		
				小计	男	女	小计	男	女	小计	男	女
小 学	**3686**	**1973**	**1713**	**889**	**484**	**405**	**1328**	**691**	**637**	**1469**	**798**	**671**
15-19岁	**109**	**58**	**51**	**71**	**36**	**35**	**29**	**16**	**13**	**9**	**6**	**3**
15	6	1	5	4	1	3	2		2			
16	17	8	9	15	8	7	2		2			
17	9	8	1	6	5	1	3	3				
18	33	20	13	20	12	8	11	7	4	2	1	1
19	44	21	23	26	10	16	11	6	5	7	5	2
20-24岁	**510**	**286**	**224**	**219**	**114**	**105**	**173**	**100**	**73**	**118**	**72**	**46**
20	64	34	30	43	18	25	14	11	3	7	5	2
21	82	48	34	37	20	17	28	16	12	17	12	5
22	113	60	53	47	27	20	43	25	18	23	8	15
23	127	73	54	53	28	25	38	20	18	36	25	11
24	124	71	53	39	21	18	50	28	22	35	22	13
25-29岁	**798**	**424**	**374**	**204**	**111**	**93**	**304**	**159**	**145**	**290**	**154**	**136**
25	142	81	61	37	22	15	67	42	25	38	17	21
26	154	80	74	43	25	18	61	27	34	50	28	22
27	166	83	83	44	20	24	57	28	29	65	35	30
28	160	88	72	43	26	17	61	29	32	56	33	23
29	176	92	84	37	18	19	58	33	25	81	41	40
30-34岁	**1041**	**542**	**499**	**171**	**88**	**83**	**384**	**197**	**187**	**486**	**257**	**229**
30	208	115	93	47	26	21	77	39	38	84	50	34
31	213	96	117	38	14	24	89	40	49	86	42	44
32	198	100	98	26	11	15	67	34	33	105	55	50
33	208	116	92	25	15	10	77	45	32	106	56	50
34	214	115	99	35	22	13	74	39	35	105	54	51
35-39岁	**735**	**381**	**354**	**125**	**74**	**51**	**270**	**128**	**142**	**340**	**179**	**161**
35	174	91	83	34	21	13	65	31	34	75	39	36
36	170	83	87	30	17	13	62	28	34	78	38	40
37	150	83	67	25	12	13	51	27	24	74	44	30
38	132	67	65	24	17	7	59	32	27	49	18	31
39	109	57	52	12	7	5	33	10	23	64	40	24
40-44岁	**351**	**202**	**149**	**59**	**36**	**23**	**113**	**61**	**52**	**179**	**105**	**74**
40	111	59	52	19	11	8	35	17	18	57	31	26
41	86	47	39	13	9	4	31	16	15	42	22	20
42	70	47	23	13	10	3	20	9	11	37	28	9
43	49	28	21	9	3	6	15	11	4	25	14	11
44	35	21	14	5	3	2	12	8	4	18	10	8
45-49岁	**142**	**80**	**62**	**40**	**25**	**15**	**55**	**30**	**25**	**47**	**25**	**22**
45	35	21	14	9	6	3	14	8	6	12	7	5
46	34	17	17	8	4	4	11	6	5	15	7	8
47	24	13	11	8	6	2	9	4	5	7	3	4
48	26	15	11	10	6	4	9	4	5	7	5	2
49	23	14	9	5	3	2	12	8	4	6	3	3

6-2 续表 4

单位：人

受教育程度 年龄	合计	生男孩的妇女人数	生女孩的妇女人数	一孩			二孩			三孩及以上		
				小计	男	女	小计	男	女	小计	男	女
初　中	**26883**	**14282**	**12601**	**8631**	**4619**	**4012**	**11133**	**5722**	**5411**	**7119**	**3941**	**3178**
15-19岁	**907**	**490**	**417**	**754**	**407**	**347**	**143**	**77**	**66**	**10**	**6**	**4**
15	32	18	14	31	18	13	1		1			
16	93	50	43	91	49	42	2	1	1			
17	180	89	91	154	76	78	26	13	13			
18	241	125	116	199	104	95	36	17	19	6	4	2
19	361	208	153	279	160	119	78	46	32	4	2	2
20-24岁	**4500**	**2356**	**2144**	**2343**	**1246**	**1097**	**1705**	**882**	**823**	**452**	**228**	**224**
20	601	326	275	404	218	186	188	104	84	9	4	5
21	687	372	315	385	207	178	256	136	120	46	29	17
22	914	482	432	467	267	200	361	169	192	86	46	40
23	1095	542	553	543	270	273	434	225	209	118	47	71
24	1203	634	569	544	284	260	466	248	218	193	102	91
25-29岁	**7314**	**3850**	**3464**	**2458**	**1328**	**1130**	**3262**	**1665**	**1597**	**1594**	**857**	**737**
25	1356	726	630	541	290	251	571	301	270	244	135	109
26	1310	686	624	481	250	231	573	313	260	256	123	133
27	1487	786	701	490	270	220	682	346	336	315	170	145
28	1577	836	741	510	283	227	678	340	338	389	213	176
29	1584	816	768	436	235	201	758	365	393	390	216	174
30-34岁	**8406**	**4487**	**3919**	**1957**	**1021**	**936**	**3619**	**1861**	**1758**	**2830**	**1605**	**1225**
30	1796	959	837	491	256	235	758	398	360	547	305	242
31	1796	957	839	426	221	205	830	412	418	540	324	216
32	1632	871	761	372	181	191	710	380	330	550	310	240
33	1685	895	790	357	189	168	714	373	341	614	333	281
34	1497	805	692	311	174	137	607	298	309	579	333	246
35-39岁	**4453**	**2380**	**2073**	**838**	**446**	**392**	**1863**	**956**	**907**	**1752**	**978**	**774**
35	1294	682	612	250	137	113	560	281	279	484	264	220
36	1161	602	559	232	123	109	468	227	241	461	252	209
37	795	427	368	124	72	52	349	176	173	322	179	143
38	689	392	297	132	74	58	277	150	127	280	168	112
39	514	277	237	100	40	60	209	122	87	205	115	90
40-44岁	**1103**	**604**	**499**	**230**	**141**	**89**	**457**	**236**	**221**	**416**	**227**	**189**
40	408	209	199	84	47	37	150	73	77	174	89	85
41	287	149	138	51	28	23	133	65	68	103	56	47
42	172	102	70	35	29	6	75	42	33	62	31	31
43	143	90	53	32	20	12	62	33	29	49	37	12
44	93	54	39	28	17	11	37	23	14	28	14	14
45-49岁	**200**	**115**	**85**	**51**	**30**	**21**	**84**	**45**	**39**	**65**	**40**	**25**
45	54	36	18	12	9	3	20	12	8	22	15	7
46	51	26	25	14	8	6	23	10	13	14	8	6
47	38	22	16	11	5	6	17	11	6	10	6	4
48	31	18	13	8	6	2	16	8	8	7	4	3
49	26	13	13	6	2	4	8	4	4	12	7	5

6-2 续表 5

单位：人

受教育程度 年 龄	合计	生男孩的妇女人数	生女孩的妇女人数	一孩			二孩			三孩及以上		
				小计	男	女	小计	男	女	小计	男	女
高 中	**8052**	**4399**	**3653**	**3411**	**1851**	**1560**	**3574**	**1915**	**1659**	**1067**	**633**	**434**
15-19岁	**141**	**71**	**70**	**126**	**65**	**61**	**13**	**6**	**7**	**2**		**2**
15	3	1	2	3	1	2						
16	11	7	4	11	7	4						
17	9	5	4	9	5	4						
18	42	23	19	36	21	15	6	2	4			
19	76	35	41	67	31	36	7	4	3	2		2
20-24岁	**1247**	**666**	**581**	**835**	**444**	**391**	**361**	**195**	**166**	**51**	**27**	**24**
20	136	72	64	112	60	52	20	8	12	4	4	
21	161	78	83	123	55	68	33	19	14	5	4	1
22	266	123	143	175	85	90	80	34	46	11	4	7
23	329	191	138	208	122	86	109	63	46	12	6	6
24	355	202	153	217	122	95	119	71	48	19	9	10
25-29岁	**2532**	**1351**	**1181**	**1193**	**639**	**554**	**1061**	**557**	**504**	**278**	**155**	**123**
25	438	222	216	236	119	117	162	76	86	40	27	13
26	431	226	205	230	123	107	162	84	78	39	19	20
27	534	292	242	251	139	112	227	124	103	56	29	27
28	556	310	246	255	144	111	238	131	107	63	35	28
29	573	301	272	221	114	107	272	142	130	80	45	35
30-34岁	**2661**	**1477**	**1184**	**878**	**487**	**391**	**1353**	**721**	**632**	**430**	**269**	**161**
30	639	347	292	240	145	95	313	156	157	86	46	40
31	605	338	267	214	115	99	299	162	137	92	61	31
32	511	277	234	158	76	82	263	143	120	90	58	32
33	500	292	208	141	81	60	273	148	125	86	63	23
34	406	223	183	125	70	55	205	112	93	76	41	35
35-39岁	**1100**	**617**	**483**	**285**	**167**	**118**	**570**	**308**	**262**	**245**	**142**	**103**
35	344	196	148	97	56	41	179	103	76	68	37	31
36	277	162	115	73	48	25	135	70	65	69	44	25
37	172	98	74	45	25	20	83	45	38	44	28	16
38	192	103	89	43	22	21	112	59	53	37	22	15
39	115	58	57	27	16	11	61	31	30	27	11	16
40-44岁	**312**	**183**	**129**	**74**	**40**	**34**	**185**	**109**	**76**	**53**	**34**	**19**
40	109	58	51	25	11	14	65	37	28	19	10	9
41	86	53	33	22	13	9	49	29	20	15	11	4
42	64	41	23	15	10	5	41	28	13	8	3	5
43	28	21	7	7	5	2	13	9	4	8	7	1
44	25	10	15	5	1	4	17	6	11	3	3	
45-49岁	**59**	**34**	**25**	**20**	**9**	**11**	**31**	**19**	**12**	**8**	**6**	**2**
45	17	10	7	3	2	1	12	7	5	2	1	1
46	17	10	7	8	4	4	7	5	2	2	1	1
47	10	7	3	2		2	5	4	1	3	3	
48	7	5	2	3	2	1	3	2	1	1	1	
49	8	2	6	4	1	3	4	1	3			

6-2 续表 6

单位：人

受教育程度 年龄	合计	生男孩的妇女人数	生女孩的妇女人数	一孩			二孩			三孩及以上		
				小计	男	女	小计	男	女	小计	男	女
大学专科	**6681**	**3619**	**3062**	**3286**	**1787**	**1499**	**2968**	**1571**	**1397**	**427**	**261**	**166**
15-19岁	**12**	**8**	**4**	**10**	**6**	**4**	**2**	**2**				
15												
16												
17												
18	3	2	1	3	2	1						
19	9	6	3	7	4	3	2	2				
20-24岁	**734**	**403**	**331**	**602**	**334**	**268**	**117**	**62**	**55**	**15**	**7**	**8**
20	33	21	12	29	18	11	3	2	1	1	1	
21	65	42	23	60	38	22	5	4	1			
22	142	76	66	116	60	56	24	15	9	2	1	1
23	216	120	96	187	107	80	26	13	13	3		3
24	278	144	134	210	111	99	59	28	31	9	5	4
25-29岁	**2222**	**1196**	**1026**	**1411**	**758**	**653**	**728**	**387**	**341**	**83**	**51**	**32**
25	363	194	169	247	124	123	105	65	40	11	5	6
26	399	220	179	293	157	136	95	55	40	11	8	3
27	441	246	195	283	161	122	143	74	69	15	11	4
28	512	268	244	303	155	148	182	95	87	27	18	9
29	507	268	239	285	161	124	203	98	105	19	9	10
30-34岁	**2405**	**1291**	**1114**	**955**	**523**	**432**	**1270**	**659**	**611**	**180**	**109**	**71**
30	578	315	263	270	141	129	276	157	119	32	17	15
31	558	296	262	237	129	108	288	148	140	33	19	14
32	435	241	194	155	90	65	243	130	113	37	21	16
33	425	232	193	153	82	71	237	125	112	35	25	10
34	409	207	202	140	81	59	226	99	127	43	27	16
35-39岁	**984**	**542**	**442**	**248**	**131**	**117**	**618**	**336**	**282**	**118**	**75**	**43**
35	306	156	150	82	43	39	190	94	96	34	19	15
36	256	142	114	67	33	34	157	85	72	32	24	8
37	176	94	82	47	18	29	109	60	49	20	16	4
38	137	80	57	27	18	9	91	53	38	19	9	10
39	109	70	39	25	19	6	71	44	27	13	7	6
40-44岁	**282**	**148**	**134**	**51**	**28**	**23**	**206**	**105**	**101**	**25**	**15**	**10**
40	94	52	42	17	10	7	65	36	29	12	6	6
41	81	42	39	16	7	9	60	31	29	5	4	1
42	48	26	22	9	5	4	34	18	16	5	3	2
43	34	16	18	6	4	2	25	10	15	3	2	1
44	25	12	13	3	2	1	22	10	12			
45-49岁	**42**	**31**	**11**	**9**	**7**	**2**	**27**	**20**	**7**	**6**	**4**	**2**
45	12	9	3	4	3	1	8	6	2			
46	12	8	4	2	1	1	9	6	3	1	1	
47	4	4					3	3		1	1	
48	6	4	2	2	2		3	2	1	1		1
49	8	6	2	1	1		4	3	1	3	2	1

6-2 续表 7

单位：人

受教育程度 年　　龄	合计	生男孩的妇女人数	生女孩的妇女人数	一孩			二孩			三孩及以上		
				小计	男	女	小计	男	女	小计	男	女
大学本科	**5597**	**3060**	**2537**	**2927**	**1578**	**1349**	**2491**	**1372**	**1119**	**179**	**110**	**69**
15–19岁	**1**	**1**		**1**	**1**							
15												
16												
17												
18	1	1		1	1							
19												
20–24岁	**204**	**118**	**86**	**183**	**107**	**76**	**20**	**10**	**10**	**1**	**1**	
20	4	3	1	4	3	1						
21	12	7	5	10	7	3	2		2			
22	31	15	16	28	14	14	3	1	2			
23	52	27	25	48	24	24	4	3	1			
24	105	66	39	93	59	34	11	6	5	1	1	
25–29岁	**1735**	**940**	**795**	**1355**	**729**	**626**	**361**	**199**	**162**	**19**	**12**	**7**
25	183	97	86	164	90	74	16	7	9	3		3
26	226	119	107	196	105	91	30	14	16			
27	369	195	174	308	160	148	59	33	26	2	2	
28	471	254	217	350	186	164	115	64	51	6	4	2
29	486	275	211	337	188	149	141	81	60	8	6	2
30–34岁	**2433**	**1327**	**1106**	**1101**	**587**	**514**	**1254**	**694**	**560**	**78**	**46**	**32**
30	573	305	268	342	181	161	221	121	100	10	3	7
31	519	296	223	264	144	120	247	147	100	8	5	3
32	483	267	216	214	113	101	251	140	111	18	14	4
33	467	241	226	170	85	85	273	140	133	24	16	8
34	391	218	173	111	64	47	262	146	116	18	8	10
35–39岁	**972**	**521**	**451**	**250**	**130**	**120**	**662**	**353**	**309**	**60**	**38**	**22**
35	302	163	139	82	38	44	204	113	91	16	12	4
36	248	131	117	68	39	29	168	85	83	12	7	5
37	174	98	76	41	25	16	124	67	57	9	6	3
38	136	73	63	36	20	16	88	46	42	12	7	5
39	112	56	56	23	8	15	78	42	36	11	6	5
40–44	**220**	**130**	**90**	**31**	**21**	**10**	**174**	**100**	**74**	**15**	**9**	**6**
40	76	44	32	14	10	4	57	32	25	5	2	3
41	63	33	30	5	3	2	54	28	26	4	2	2
42	34	21	13	6	3	3	24	15	9	4	3	1
43	28	18	10	2	2		25	15	10	1	1	
44	19	14	5	4	3	1	14	10	4	1	1	
45–49岁	**32**	**23**	**9**	**6**	**3**	**3**	**20**	**16**	**4**	**6**	**4**	**2**
45	14	9	5	2	1	1	9	6	3	3	2	1
46	6	3	3	1		1	4	3	1	1		1
47	2	2					2	2				
48	10	9	1	3	2	1	5	5		2	2	
49												

6-2 续表 8 单位：人

受教育程度 年龄	合计	生男孩的妇女人数	生女孩的妇女人数	一孩			二孩			三孩及以上		
				小计	男	女	小计	男	女	小计	男	女
硕士研究生	**369**	**206**	**163**	**186**	**100**	**86**	**175**	**101**	**74**	**8**	**5**	**3**
15-19岁												
15												
16												
17												
18												
19												
20-24岁	**3**		**3**	**3**		**3**						
20												
21												
22												
23	2		2	2		2						
24	1		1	1		1						
25-29岁	**58**	**28**	**30**	**51**	**23**	**28**	**7**	**5**	**2**			
25	2	1	1	2	1	1						
26	6	2	4	5	1	4	1	1				
27	9	5	4	7	3	4	2	2				
28	15	9	6	15	9	6						
29	26	11	15	22	9	13	4	2	2			
30-34岁	**193**	**108**	**85**	**104**	**58**	**46**	**86**	**49**	**37**	**3**	**1**	**2**
30	37	23	14	35	21	14	2	2				
31	38	21	17	27	14	13	11	7	4			
32	42	23	19	18	10	8	24	13	11			
33	42	21	21	17	7	10	24	14	10	1		1
34	34	20	14	7	6	1	25	13	12	2	1	1
35-39岁	**93**	**52**	**41**	**25**	**16**	**9**	**66**	**35**	**31**	**2**	**1**	**1**
35	27	16	11	7	5	2	19	11	8	1		1
36	24	15	9	6	5	1	18	10	8			
37	21	10	11	6	2	4	14	7	7	1	1	
38	14	7	7	6	4	2	8	3	5			
39	7	4	3				7	4	3			
40-44岁	**17**	**13**	**4**	**3**	**3**		**13**	**9**	**4**	**1**	**1**	
40	9	7	2	3	3		5	3	2	1	1	
41	3	3					3	3				
42	4	2	2				4	2	2			
43												
44	1	1					1	1				
45-49岁	**5**	**5**					**3**	**3**		**2**	**2**	
45	2	2					1	1		1	1	
46	1	1								1	1	
47	1	1					1	1				
48	1	1					1	1				
49												

6–2 续表 9

单位：人

受教育程度 年龄	合计	生男孩的妇女人数	生女孩的妇女人数	一孩			二孩			三孩及以上		
				小计	男	女	小计	男	女	小计	男	女
博士研究生	**19**	**11**	**8**	**10**	**7**	**3**	**8**	**4**	**4**	**1**		**1**
15–19岁												
15												
16												
17												
18												
19												
20–24岁	**1**		**1**				**1**		**1**			
20												
21												
22												
23	1		1				1		1			
24												
25–29岁	**4**	**3**	**1**	**3**	**3**		**1**		**1**			
25												
26												
27	1	1		1	1							
28												
29	3	2	1	2	2		1		1			
30–34岁	**9**	**4**	**5**	**6**	**4**	**2**	**2**		**2**	**1**		**1**
30												
31	4	3	1	3	3					1		1
32	1	1		1	1							
33	3		3	1		1	2		2			
34	1		1	1		1						
35–39岁	**5**	**4**	**1**	**1**		**1**	**4**	**4**				
35	3	3					3	3				
36	2	1	1	1		1	1	1				
37												
38												
39												
40–44岁												
40												
41												
42												
43												
44												
45–49岁												
45												
46												
47												
48												
49												

6-2a 按年龄、受教育程度、生育孩次分的育龄妇女人数（城市）（2019.11.1-2020.10.31）

单位：人

受教育程度 年龄	合计	生男孩的妇女人数	生女孩的妇女人数	一孩			二孩			三孩及以上		
				小计	男	女	小计	男	女	小计	男	女
总　计	**16970**	**9190**	**7780**	**7518**	**4074**	**3444**	**7666**	**4056**	**3610**	**1786**	**1060**	**726**
15-19岁	**111**	**62**	**49**	**96**	**53**	**43**	**14**	**9**	**5**	**1**		**1**
15												
16	11	7	4	11	7	4						
17	15	9	6	13	7	6	2	2				
18	24	9	15	22	9	13	2		2			
19	61	37	24	50	30	20	10	7	3	1		1
20-24岁	**1482**	**779**	**703**	**1031**	**543**	**488**	**389**	**204**	**185**	**62**	**32**	**30**
20	119	66	53	99	53	46	18	11	7	2	2	
21	177	95	82	129	67	62	45	25	20	3	3	
22	273	121	152	183	91	92	75	24	51	15	6	9
23	396	214	182	286	157	129	93	48	45	17	9	8
24	517	283	234	334	175	159	158	96	62	25	12	13
25-29岁	**4577**	**2434**	**2143**	**2775**	**1492**	**1283**	**1505**	**781**	**724**	**297**	**161**	**136**
25	632	333	299	432	232	200	172	85	87	28	16	12
26	705	375	330	461	247	214	203	108	95	41	20	21
27	945	511	434	588	323	265	299	155	144	58	33	25
28	1105	599	506	652	340	312	374	218	156	79	41	38
29	1190	616	574	642	350	292	457	215	242	91	51	40
30-34岁	**6554**	**3554**	**3000**	**2542**	**1381**	**1161**	**3269**	**1719**	**1550**	**743**	**454**	**289**
30	1415	760	655	683	371	312	613	317	296	119	72	47
31	1390	755	635	602	332	270	675	357	318	113	66	47
32	1271	707	564	467	240	227	646	364	282	158	103	55
33	1307	709	598	441	240	201	696	355	341	170	114	56
34	1171	623	548	349	198	151	639	326	313	183	99	84
35-39岁	**3248**	**1785**	**1463**	**842**	**472**	**370**	**1883**	**995**	**888**	**523**	**318**	**205**
35	971	523	448	276	153	123	558	297	261	137	73	64
36	839	458	381	214	120	94	489	254	235	136	84	52
37	560	312	248	134	71	63	334	176	158	92	65	27
38	517	296	221	132	82	50	294	155	139	91	59	32
39	361	196	165	86	46	40	208	113	95	67	37	30
40-44岁	**833**	**486**	**347**	**181**	**105**	**76**	**521**	**302**	**219**	**131**	**79**	**52**
40	278	159	119	65	37	28	166	100	66	47	22	25
41	250	145	105	52	27	25	161	90	71	37	28	9
42	135	85	50	31	22	9	87	51	36	17	12	5
43	92	55	37	18	12	6	57	32	25	17	11	6
44	78	42	36	15	7	8	50	29	21	13	6	7
45-49岁	**165**	**90**	**75**	**51**	**28**	**23**	**85**	**46**	**39**	**29**	**16**	**13**
45	47	24	23	12	8	4	31	14	17	4	2	2
46	47	24	23	14	6	8	23	13	10	10	5	5
47	24	15	9	7	2	5	12	8	4	5	5	
48	27	18	9	11	9	2	11	7	4	5	2	3
49	20	9	11	7	3	4	8	4	4	5	2	3

6-2a 续表 1

单位：人

受教育程度 年龄	合计	生男孩的妇女人数	生女孩的妇女人数	一孩			二孩			三孩及以上		
				小计	男	女	小计	男	女	小计	男	女
未上过学	**11**	**2**	**9**	**8**	**2**	**6**	**2**		**2**	**1**		**1**
15–19岁												
15												
16												
17												
18												
19												
20–24岁												
20												
21												
22												
23												
24												
25–29岁	**3**	**1**	**2**	**3**	**1**	**2**						
25	1	1		1	1							
26												
27												
28	1		1	1		1						
29	1		1	1		1						
30–34岁	**3**	**1**	**2**	**2**	**1**	**1**				**1**		**1**
30												
31												
32	2	1	1	2	1	1						
33												
34	1		1							1		1
35–39岁	**2**		**2**	**1**		**1**	**1**		**1**			
35	1		1	1		1						
36												
37	1		1				1		1			
38												
39												
40–44岁	**3**		**3**	**2**		**2**	**1**		**1**			
40	2		2	1		1	1		1			
41	1		1	1		1						
42												
43												
44												
45–49岁												
45												
46												
47												
48												
49												

6-2a　续表 2　　　　单位：人

受教育程度 年　　龄	合计	生男孩的妇女人数	生女孩的妇女人数	一孩			二孩			三孩及以上		
				小计	男	女	小计	男	女	小计	男	女
学前教育	**7**	**5**	**2**	**3**	**2**	**1**	**3**	**2**	**1**	**1**	**1**	
15-19岁												
15												
16												
17												
18												
19												
20-24岁												
20												
21												
22												
23												
24												
25-29岁	**3**	**2**	**1**	**1**	**1**		**2**	**1**	**1**			
25	1	1		1	1							
26												
27												
28	1		1				1		1			
29	1	1					1	1				
30-34岁	**4**	**3**	**1**	**2**	**1**	**1**	**1**	**1**		**1**	**1**	
30												
31	1		1	1		1						
32	1	1		1	1							
33	1	1								1	1	
34	1	1					1	1				
35-39岁												
35												
36												
37												
38												
39												
40-44岁												
40												
41												
42												
43												
44												
45-49岁												
45												
46												
47												
48												
49												

6-2a 续表 3

单位：人

受教育程度 年龄	合计	生男孩的妇女人数	生女孩的妇女人数	一孩			二孩			三孩及以上		
				小计	男	女	小计	男	女	小计	男	女
小 学	**467**	**255**	**212**	**139**	**76**	**63**	**218**	**108**	**110**	**110**	**71**	**39**
15–19岁	**5**	**1**	**4**	**4**	**1**	**3**	**1**		**1**			
15												
16	1	1		1	1							
17												
18	2		2	2		2						
19	2		2	1		1	1		1			
20–24岁	**48**	**32**	**16**	**23**	**13**	**10**	**19**	**14**	**5**	**6**	**5**	**1**
20	4	2	2	3	2	1	1		1			
21	7	5	2	5	4	1	2	1	1			
22	7	5	2	2	1	1	4	3	1	1	1	
23	12	9	3	5	3	2	4	3	1	3	3	
24	18	11	7	8	3	5	8	7	1	2	1	1
25–29岁	**97**	**49**	**48**	**37**	**18**	**19**	**45**	**23**	**22**	**15**	**8**	**7**
25	10	4	6	3	2	1	6	2	4	1		1
26	17	8	9	12	6	6	4	1	3	1	1	
27	20	13	7	7	3	4	9	8	1	4	2	2
28	21	13	8	8	5	3	10	6	4	3	2	1
29	29	11	18	7	2	5	16	6	10	6	3	3
30–34岁	**140**	**79**	**61**	**31**	**13**	**18**	**67**	**37**	**30**	**42**	**29**	**13**
30	24	11	13	6	2	4	13	5	8	5	4	1
31	31	18	13	9	4	5	14	8	6	8	6	2
32	32	18	14	3	1	2	15	9	6	14	8	6
33	28	21	7	5	4	1	14	9	5	9	8	1
34	25	11	14	8	2	6	11	6	5	6	3	3
35–39岁	**113**	**58**	**55**	**25**	**18**	**7**	**59**	**23**	**36**	**29**	**17**	**12**
35	26	12	14	3	2	1	18	7	11	5	3	2
36	27	13	14	6	5	1	14	6	8	7	2	5
37	20	10	10	7	4	3	10	4	6	3	2	1
38	26	14	12	7	5	2	14	6	8	5	3	2
39	14	9	5	2	2		3		3	9	7	2
40–44岁	**44**	**25**	**19**	**11**	**8**	**3**	**19**	**8**	**11**	**14**	**9**	**5**
40	9	5	4	4	2	2	5	3	2			
41	15	8	7	3	3		8	2	6	4	3	1
42	9	6	3	2	1	1	3	1	2	4	4	
43	6	2	4	1	1		1		1	4	1	3
44	5	4	1	1	1		2	2		2	1	1
45–49岁	**20**	**11**	**9**	**8**	**5**	**3**	**8**	**3**	**5**	**4**	**3**	**1**
45	6	2	4	2	1	1	4	1	3			
46	6	4	2	2	1	1	1	1		3	2	1
47	2		2	1		1	1		1			
48	3	2	1	2	2		1		1			
49	3	3		1	1		1	1		1	1	

6-2a 续表 4

单位：人

受教育程度 年 龄	合计	生男孩的妇女人数	生女孩的妇女人数	一孩			二孩			三孩及以上		
				小计	男	女	小计	男	女	小计	男	女
初　中	**4969**	**2669**	**2300**	**1784**	**971**	**813**	**2250**	**1167**	**1083**	**935**	**531**	**404**
15-19岁	**67**	**41**	**26**	**60**	**35**	**25**	**7**	**6**	**1**			
15												
16	7	4	3	7	4	3						
17	14	8	6	12	6	6	2	2				
18	11	4	7	11	4	7						
19	35	25	10	30	21	9	5	4	1			
20-24岁	**597**	**304**	**293**	**352**	**184**	**168**	**210**	**101**	**109**	**35**	**19**	**16**
20	67	36	31	54	26	28	12	9	3	1	1	
21	89	47	42	57	29	28	30	16	14	2	2	
22	113	48	65	60	34	26	44	9	35	9	5	4
23	154	75	79	91	45	46	55	26	29	8	4	4
24	174	98	76	90	50	40	69	41	28	15	7	8
25-29岁	**1184**	**635**	**549**	**521**	**289**	**232**	**505**	**267**	**238**	**158**	**79**	**79**
25	172	96	76	96	57	39	64	31	33	12	8	4
26	208	113	95	94	54	40	88	49	39	26	10	16
27	241	132	109	101	57	44	113	61	52	27	14	13
28	281	153	128	120	61	59	116	72	44	45	20	25
29	282	141	141	110	60	50	124	54	70	48	27	21
30-34岁	**1743**	**930**	**813**	**538**	**287**	**251**	**813**	**421**	**392**	**392**	**222**	**170**
30	354	189	165	132	73	59	154	78	76	68	38	30
31	337	173	164	114	61	53	165	83	82	58	29	29
32	332	178	154	97	43	54	156	90	66	79	45	34
33	375	211	164	105	62	43	177	93	84	93	56	37
34	345	179	166	90	48	42	161	77	84	94	54	40
35-39岁	**1061**	**586**	**475**	**231**	**127**	**104**	**559**	**291**	**268**	**271**	**168**	**103**
35	290	158	132	68	41	27	153	81	72	69	36	33
36	268	134	134	54	26	28	146	68	78	68	40	28
37	186	101	85	38	20	18	99	46	53	49	35	14
38	183	120	63	43	27	16	89	55	34	51	38	13
39	134	73	61	28	13	15	72	41	31	34	19	15
40-44岁	**260**	**149**	**111**	**67**	**42**	**25**	**127**	**69**	**58**	**66**	**38**	**28**
40	87	47	40	25	15	10	37	21	16	25	11	14
41	73	42	31	15	7	8	37	20	17	21	15	6
42	42	29	13	12	11	1	25	14	11	5	4	1
43	32	19	13	8	5	3	18	9	9	6	5	1
44	26	12	14	7	4	3	10	5	5	9	3	6
45-49岁	**57**	**24**	**33**	**15**	**7**	**8**	**29**	**12**	**17**	**13**	**5**	**8**
45	15	7	8	4	2	2	9	4	5	2	1	1
46	14	3	11	2		2	8	2	6	4	1	3
47	11	6	5	5	2	3	5	3	2	1	1	
48	9	5	4	2	2		4	2	2	3	1	2
49	8	3	5	2	1	1	3	1	2	3	1	2

6-2a 续表 5

单位：人

受教育程度 年 龄	合计	生男孩的妇女人数	生女孩的妇女人数	一孩			二孩			三孩及以上		
				小计	男	女	小计	男	女	小计	男	女
高 中	**3593**	**1971**	**1622**	**1570**	**860**	**710**	**1620**	**859**	**761**	**403**	**252**	**151**
15-19岁	**34**	**16**	**18**	**28**	**14**	**14**	**5**	**2**	**3**	**1**		**1**
15												
16	3	2	1	3	2	1						
17	1	1		1	1							
18	10	4	6	8	4	4	2		2			
19	20	9	11	16	7	9	3	2	1	1		1
20-24岁	**411**	**213**	**198**	**294**	**148**	**146**	**103**	**60**	**43**	**14**	**5**	**9**
20	38	22	16	33	20	13	4	1	3	1	1	
21	45	21	24	33	13	20	11	7	4	1	1	
22	84	34	50	60	26	34	20	8	12	4		4
23	109	56	53	82	43	39	22	11	11	5	2	3
24	135	80	55	86	46	40	46	33	13	3	1	2
25-29岁	**1003**	**535**	**468**	**535**	**293**	**242**	**381**	**191**	**190**	**87**	**51**	**36**
25	172	88	84	107	58	49	52	22	30	13	8	5
26	160	81	79	96	49	47	52	24	28	12	8	4
27	212	115	97	113	65	48	78	38	40	21	12	9
28	206	113	93	110	57	53	80	47	33	16	9	7
29	253	138	115	109	64	45	119	60	59	25	14	11
30-34岁	**1300**	**730**	**570**	**472**	**267**	**205**	**666**	**349**	**317**	**162**	**114**	**48**
30	288	164	124	116	72	44	145	73	72	27	19	8
31	280	153	127	117	63	54	138	72	66	25	18	7
32	251	149	102	84	42	42	130	77	53	37	30	7
33	262	145	117	87	51	36	142	68	74	33	26	7
34	219	119	100	68	39	29	111	59	52	40	21	19
35-39岁	**624**	**348**	**276**	**179**	**109**	**70**	**335**	**175**	**160**	**110**	**64**	**46**
35	202	112	90	71	42	29	99	54	45	32	16	16
36	158	92	66	43	27	16	83	44	39	32	21	11
37	89	52	37	22	14	8	49	26	23	18	12	6
38	111	58	53	27	16	11	67	31	36	17	11	6
39	64	34	30	16	10	6	37	20	17	11	4	7
40-44岁	**180**	**107**	**73**	**46**	**21**	**25**	**110**	**72**	**38**	**24**	**14**	**10**
40	61	34	27	13	4	9	39	26	13	9	4	5
41	52	30	22	17	9	8	30	17	13	5	4	1
42	36	24	12	7	4	3	24	18	6	5	2	3
43	20	14	6	6	4	2	10	7	3	4	3	1
44	11	5	6	3		3	7	4	3	1	1	
45-49岁	**41**	**22**	**19**	**16**	**8**	**8**	**20**	**10**	**10**	**5**	**4**	**1**
45	12	6	6	2	2		8	3	5	2	1	1
46	12	7	5	7	4	3	5	3	2			
47	7	5	2	1		1	3	2	1	3	3	
48	5	3	2	3	2	1	2	1	1			
49	5	1	4	3		3	2	1	1			

6-2a 续表 6

单位：人

受教育程度 年　　龄	合计	生男孩的妇女人数	生女孩的妇女人数	一孩			二孩			三孩及以上		
				小计	男	女	小计	男	女	小计	男	女
大学专科	**3806**	**2066**	**1740**	**1873**	**1015**	**858**	**1716**	**915**	**801**	**217**	**136**	**81**
15-19岁	**5**	**4**	**1**	**4**	**3**	**1**	**1**	**1**				
15												
16												
17												
18	1	1		1	1							
19	4	3	1	3	2	1	1	1				
20-24岁	**309**	**166**	**143**	**255**	**139**	**116**	**48**	**25**	**23**	**6**	**2**	**4**
20	7	4	3	6	3	3	1	1				
21	29	18	11	27	17	10	2	1	1			
22	56	28	28	48	24	24	7	4	3	1		1
23	93	59	34	81	52	29	11	7	4	1		1
24	124	57	67	93	43	50	27	12	15	4	2	2
25-29岁	**1145**	**611**	**534**	**759**	**405**	**354**	**357**	**190**	**167**	**29**	**16**	**13**
25	167	82	85	121	54	67	44	28	16	2		2
26	189	105	84	145	78	67	42	26	16	2	1	1
27	234	133	101	164	99	65	66	31	35	4	3	1
28	282	152	130	171	86	85	99	58	41	12	8	4
29	273	139	134	158	88	70	106	47	59	9	4	5
30-34岁	**1485**	**802**	**683**	**627**	**342**	**285**	**770**	**402**	**368**	**88**	**58**	**30**
30	346	186	160	176	91	85	157	87	70	13	8	5
31	334	181	153	144	83	61	176	89	87	14	9	5
32	271	152	119	98	55	43	155	85	70	18	12	6
33	267	141	126	108	54	54	140	72	68	19	15	4
34	267	142	125	101	59	42	142	69	73	24	14	10
35-39岁	**639**	**358**	**281**	**183**	**101**	**82**	**385**	**211**	**174**	**71**	**46**	**25**
35	201	104	97	64	35	29	119	59	60	18	10	8
36	174	101	73	49	25	24	103	58	45	22	18	4
37	109	64	45	30	12	18	64	40	24	15	12	3
38	90	49	41	21	15	6	58	31	27	11	3	8
39	65	40	25	19	14	5	41	23	18	5	3	2
40-44岁	**197**	**108**	**89**	**37**	**19**	**18**	**141**	**77**	**64**	**19**	**12**	**7**
40	70	41	29	13	8	5	47	28	19	10	5	5
41	61	32	29	13	5	8	44	23	21	4	4	
42	29	15	14	6	3	3	21	11	10	2	1	1
43	18	11	7	3	2	1	12	7	5	3	2	1
44	19	9	10	2	1	1	17	8	9			
45-49岁	**26**	**17**	**9**	**8**	**6**	**2**	**14**	**9**	**5**	**4**	**2**	**2**
45	8	5	3	3	2	1	5	3	2			
46	9	6	3	2	1	1	6	4	2	1	1	
47	1	1								1	1	
48	4	3	1	2	2		1	1		1		1
49	4	2	2	1	1		2	1	1	1		1

6-2a 续表 7

单位：人

受教育程度 年 龄	合计	生男孩的妇女人数	生女孩的妇女人数	一孩			二孩			三孩及以上		
				小计	男	女	小计	男	女	小计	男	女
大学本科	**3767**	**2028**	**1739**	**1966**	**1054**	**912**	**1689**	**908**	**781**	**112**	**66**	**46**
15–19岁												
15												
16												
17												
18												
19												
20–24岁	**115**	**64**	**51**	**105**	**59**	**46**	**9**	**4**	**5**	**1**	**1**	
20	3	2	1	3	2	1						
21	7	4	3	7	4	3						
22	13	6	7	13	6	7						
23	26	15	11	25	14	11	1	1				
24	66	37	29	57	33	24	8	3	5	1	1	
25–29岁	**1084**	**572**	**512**	**869**	**461**	**408**	**207**	**104**	**103**	**8**	**7**	**1**
25	108	60	48	102	58	44	6	2	4			
26	126	67	59	110	60	50	16	7	9			
27	228	112	116	195	95	100	31	15	16	2	2	
28	299	159	140	228	122	106	68	35	33	3	2	1
29	323	174	149	234	126	108	86	45	41	3	3	
30–34岁	**1696**	**911**	**785**	**770**	**416**	**354**	**873**	**466**	**407**	**53**	**29**	**24**
30	368	189	179	220	114	106	142	72	70	6	3	3
31	368	209	159	189	106	83	172	99	73	7	4	3
32	344	186	158	166	87	79	168	91	77	10	8	2
33	333	173	160	121	65	56	198	100	98	14	8	6
34	283	154	129	74	44	30	193	104	89	16	6	10
35–39岁	**720**	**382**	**338**	**202**	**103**	**99**	**478**	**257**	**221**	**40**	**22**	**18**
35	225	120	105	65	30	35	148	82	66	12	8	4
36	188	102	86	55	32	23	126	67	59	7	3	4
37	135	76	59	31	19	12	98	54	44	6	3	3
38	95	48	47	30	15	15	58	29	29	7	4	3
39	77	36	41	21	7	14	48	25	23	8	4	4
40–44岁	**134**	**86**	**48**	**16**	**13**	**3**	**110**	**67**	**43**	**8**	**6**	**2**
40	42	27	15	7	6	1	32	19	13	3	2	1
41	45	30	15	3	3		39	25	14	3	2	1
42	15	9	6	4	3	1	10	5	5	1	1	
43	16	9	7				16	9	7			
44	16	11	5	2	1	1	13	9	4	1	1	
45–49岁	**18**	**13**	**5**	**4**	**2**	**2**	**12**	**10**	**2**	**2**	**1**	**1**
45	6	4	2	1	1		5	3	2			
46	5	3	2	1		1	3	3		1		1
47	2	2					2	2				
48	5	4	1	2	1	1	2	2		1	1	
49												

6-2a 续表 8 单位：人

受教育程度 年 龄	合计	生男孩的妇女人数	生女孩的妇女人数	一孩			二孩			三孩及以上		
				小计	男	女	小计	男	女	小计	男	女
硕士研究生	**334**	**185**	**149**	**167**	**89**	**78**	**161**	**93**	**68**	**6**	**3**	**3**
15-19岁												
15												
16												
17												
18												
19												
20-24岁	**2**		**2**	**2**		**2**						
20												
21												
22												
23	2		2	2		2						
24												
25-29岁	**55**	**27**	**28**	**48**	**22**	**26**	**7**	**5**	**2**			
25	1	1		1	1							
26	5	1	4	4		4	1	1				
27	9	5	4	7	3	4	2	2				
28	14	9	5	14	9	5						
29	26	11	15	22	9	13	4	2	2			
30-34岁	**175**	**95**	**80**	**95**	**51**	**44**	**77**	**43**	**34**	**3**	**1**	**2**
30	35	21	14	33	19	14	2	2				
31	36	19	17	26	13	13	10	6	4			
32	37	21	16	15	9	6	22	12	10			
33	38	17	21	14	4	10	23	13	10	1		1
34	29	17	12	7	6	1	20	10	10	2	1	1
35-39岁	**84**	**49**	**35**	**20**	**14**	**6**	**62**	**34**	**28**	**2**	**1**	**1**
35	23	14	9	4	3	1	18	11	7	1		1
36	22	15	7	6	5	1	16	10	6			
37	20	9	11	6	2	4	13	6	7	1	1	
38	12	7	5	4	4		8	3	5			
39	7	4	3				7	4	3			
40-44岁	**15**	**11**	**4**	**2**	**2**		**13**	**9**	**4**			
40	7	5	2	2	2		5	3	2			
41	3	3					3	3				
42	4	2	2				4	2	2			
43												
44	1	1					1	1				
45-49岁	**3**	**3**					**2**	**2**		**1**	**1**	
45												
46	1	1								1	1	
47	1	1					1	1				
48	1	1					1	1				
49												

6-2a 续表 9

单位：人

受教育程度 年龄	合计	生男孩的妇女人数	生女孩的妇女人数	一孩			二孩			三孩及以上		
				小计	男	女	小计	男	女	小计	男	女
博士研究生	**16**	**9**	**7**	**8**	**5**	**3**	**7**	**4**	**3**	**1**		**1**
15-19岁												
15												
16												
17												
18												
19												
20-24岁												
20												
21												
22												
23												
24												
25-29岁	**3**	**2**	**1**	**2**	**2**		**1**		**1**			
25												
26												
27	1	1		1	1							
28												
29	2	1	1	1	1		1		1			
30-34岁	**8**	**3**	**5**	**5**	**3**	**2**	**2**		**2**	**1**		**1**
30												
31	3	2	1	2	2					1		1
32	1	1		1	1							
33	3		3	1		1	2		2			
34	1		1	1		1						
35-39岁	**5**	**4**	**1**	**1**		**1**	**4**	**4**				
35	3	3					3	3				
36	2	1	1	1		1	1	1				
37												
38												
39												
40-44岁												
40												
41												
42												
43												
44												
45-49岁												
45												
46												
47												
48												
49												

6-2b 按年龄、受教育程度、生育孩次分的育龄妇女人数（镇）（2019.11.1-2020.10.31）

单位：人

受教育程度 年龄	合计	生男孩的妇女人数	生女孩的妇女人数	一孩			二孩			三孩及以上		
				小计	男	女	小计	男	女	小计	男	女
总　计	**13325**	**7208**	**6117**	**4682**	**2559**	**2123**	**5787**	**3025**	**2762**	**2856**	**1624**	**1232**
15-19岁	**255**	**144**	**111**	**211**	**120**	**91**	**41**	**24**	**17**	**3**		**3**
15	12	7	5	12	7	5						
16	24	15	9	24	15	9						
17	38	26	12	34	23	11	4	3	1			
18	79	45	34	60	34	26	18	11	7	1		1
19	102	51	51	81	41	40	19	10	9	2		2
20-24岁	**1678**	**880**	**798**	**988**	**520**	**468**	**545**	**282**	**263**	**145**	**78**	**67**
20	191	99	92	133	69	64	52	26	26	6	4	2
21	197	96	101	121	58	63	57	25	32	19	13	6
22	339	181	158	192	110	82	122	58	64	25	13	12
23	444	226	218	263	133	130	146	77	69	35	16	19
24	507	278	229	279	150	129	168	96	72	60	32	28
25-29岁	**3986**	**2161**	**1825**	**1722**	**965**	**757**	**1624**	**848**	**776**	**640**	**348**	**292**
25	679	356	323	340	184	156	258	132	126	81	40	41
26	697	398	299	340	200	140	270	152	118	87	46	41
27	800	444	356	344	194	150	331	182	149	125	68	57
28	873	456	417	366	205	161	342	165	177	165	86	79
29	937	507	430	332	182	150	423	217	206	182	108	74
30-34岁	**4519**	**2474**	**2045**	**1223**	**655**	**568**	**2152**	**1141**	**1011**	**1144**	**678**	**466**
30	1013	553	460	341	185	156	456	251	205	216	117	99
31	997	553	444	279	148	131	477	255	222	241	150	91
32	874	466	408	210	110	100	438	227	211	226	129	97
33	863	473	390	199	94	105	421	236	185	243	143	100
34	772	429	343	194	118	76	360	172	188	218	139	79
35-39岁	**2128**	**1114**	**1014**	**389**	**209**	**180**	**1036**	**525**	**511**	**703**	**380**	**323**
35	595	311	284	105	60	45	311	163	148	179	88	91
36	540	260	280	115	62	53	240	103	137	185	95	90
37	388	208	180	68	38	30	182	90	92	138	80	58
38	333	185	148	61	31	30	163	89	74	109	65	44
39	272	150	122	40	18	22	140	80	60	92	52	40
40-44岁	**629**	**344**	**285**	**114**	**72**	**42**	**326**	**157**	**169**	**189**	**115**	**74**
40	245	126	119	49	31	18	116	49	67	80	46	34
41	151	76	75	27	16	11	81	37	44	43	23	20
42	114	67	47	18	11	7	64	38	26	32	18	14
43	79	49	30	14	9	5	42	21	21	23	19	4
44	40	26	14	6	5	1	23	12	11	11	9	2
45-49岁	**130**	**91**	**39**	**35**	**18**	**17**	**63**	**48**	**15**	**32**	**25**	**7**
45	41	34	7	9	6	3	18	16	2	14	12	2
46	25	14	11	8	4	4	12	7	5	5	3	2
47	26	18	8	7	3	4	14	12	2	5	3	2
48	20	14	6	5	3	2	11	8	3	4	3	1
49	18	11	7	6	2	4	8	5	3	4	4	

6-2b 续表 1

单位：人

受教育程度 年 龄	合计	生男孩的妇女人数	生女孩的妇女人数	一孩			二孩			三孩及以上		
				小计	男	女	小计	男	女	小计	男	女
未上过学	**29**	**13**	**16**	**7**	**2**	**5**	**9**	**3**	**6**	**13**	**8**	**5**
15-19岁												
15												
16												
17												
18												
19												
20-24岁	**4**		**4**	**2**		**2**	**1**		**1**	**1**		**1**
20	1		1	1		1						
21												
22												
23	2		2	1		1	1		1			
24	1		1							1		1
25-29岁	**6**	**2**	**4**	**2**	**1**	**1**	**3**		**3**	**1**	**1**	
25												
26	2		2	1		1	1		1			
27	3	2	1	1	1		1		1	1	1	
28												
29	1		1				1		1			
30-34岁	**10**	**7**	**3**	**2**	**1**	**1**	**1**	**1**		**7**	**5**	**2**
30	3	3		1	1					2	2	
31												
32	2	1	1	1		1				1	1	
33	2	2					1	1		1	1	
34	3	1	2							3	1	2
35-39岁	**5**	**1**	**4**	**1**		**1**	**1**		**1**	**3**	**1**	**2**
35												
36	3		3	1		1				2		2
37												
38												
39	2	1	1				1		1	1	1	
40-44岁	**4**	**3**	**1**				**3**	**2**	**1**	**1**	**1**	
40	2	2					1	1		1	1	
41												
42												
43	2	1	1				2	1	1			
44												
45-49岁												
45												
46												
47												
48												
49												

6-2b 续表 2

单位：人

受教育程度 年 龄	合计	生男孩的妇女人数	生女孩的妇女人数	一孩			二孩			三孩及以上		
				小计	男	女	小计	男	女	小计	男	女
学前教育	**1**		**1**	**1**		**1**						
15-19岁												
15												
16												
17												
18												
19												
20-24岁												
20												
21												
22												
23												
24												
25-29岁	**1**		**1**	**1**		**1**						
25												
26												
27	1		1	1		1						
28												
29												
30-34岁												
30												
31												
32												
33												
34												
35-39岁												
35												
36												
37												
38												
39												
40-44岁												
40												
41												
42												
43												
44												
45-49岁												
45												
46												
47												
48												
49												

6-2b 续表 3

单位：人

受教育程度 年 龄	合计	生男孩的妇女人数	生女孩的妇女人数	一孩			二孩			三孩及以上		
				小计	男	女	小计	男	女	小计	男	女
小 学	**841**	**462**	**379**	**196**	**110**	**86**	**340**	**185**	**155**	**305**	**167**	**138**
15-19岁	**22**	**10**	**12**	**16**	**7**	**9**	**4**	**3**	**1**	**2**		**2**
15	1		1	1		1						
16	4	3	1	4	3	1						
17	2	2		1	1		1	1				
18	7	4	3	4	2	2	2	2		1		1
19	8	1	7	6	1	5	1		1	1		1
20-24岁	**99**	**56**	**43**	**43**	**24**	**19**	**39**	**24**	**15**	**17**	**8**	**9**
20	12	6	6	10	4	6	1	1		1	1	
21	15	6	9	5	2	3	6	3	3	4	1	3
22	24	17	7	9	8	1	12	8	4	3	1	2
23	27	14	13	11	6	5	10	6	4	6	2	4
24	21	13	8	8	4	4	10	6	4	3	3	
25-29岁	**185**	**102**	**83**	**43**	**25**	**18**	**87**	**45**	**42**	**55**	**32**	**23**
25	30	22	8	8	6	2	19	14	5	3	2	1
26	35	17	18	7	3	4	18	8	10	10	6	4
27	36	19	17	6	3	3	20	7	13	10	9	1
28	39	20	19	9	7	2	14	6	8	16	7	9
29	45	24	21	13	6	7	16	10	6	16	8	8
30-34岁	**257**	**139**	**118**	**45**	**29**	**16**	**110**	**56**	**54**	**102**	**54**	**48**
30	51	26	25	14	8	6	23	9	14	14	9	5
31	52	24	28	8	5	3	24	10	14	20	9	11
32	53	30	23	7	4	3	22	13	9	24	13	11
33	45	22	23	7	3	4	17	11	6	21	8	13
34	56	37	19	9	9		24	13	11	23	15	8
35-39岁	**167**	**90**	**77**	**25**	**14**	**11**	**62**	**34**	**28**	**80**	**42**	**38**
35	37	16	21	7	5	2	17	8	9	13	3	10
36	38	16	22	7	3	4	14	5	9	17	8	9
37	46	30	16	4	2	2	19	13	6	23	15	8
38	25	16	9	5	3	2	9	8	1	11	5	6
39	21	12	9	2	1	1	3		3	16	11	5
40-44岁	**75**	**42**	**33**	**13**	**6**	**7**	**23**	**11**	**12**	**39**	**25**	**14**
40	26	16	10	5	3	2	7	4	3	14	9	5
41	17	7	10	3	2	1	6	3	3	8	2	6
42	14	9	5	1	1		7	3	4	6	5	1
43	11	5	6	4		4	2	1	1	5	4	1
44	7	5	2				1		1	6	5	1
45-49岁	**36**	**23**	**13**	**11**	**5**	**6**	**15**	**12**	**3**	**10**	**6**	**4**
45	11	8	3	3	2	1	3	3		5	3	2
46	4	3	1	1	1		2	1	1	1	1	
47	8	6	2	2	1	1	4	4		2	1	1
48	5	2	3	2		2	1	1		2	1	1
49	8	4	4	3	1	2	5	3	2			

6-2b 续表 4

单位：人

受教育程度 年龄	合计	生男孩的妇女人数	生女孩的妇女人数	一孩			二孩			三孩及以上		
				小计	男	女	小计	男	女	小计	男	女
初 中	**7072**	**3769**	**3303**	**2106**	**1138**	**968**	**2922**	**1480**	**1442**	**2044**	**1151**	**893**
15-19岁	**186**	**112**	**74**	**154**	**93**	**61**	**32**	**19**	**13**			
15	9	6	3	9	6	3						
16	18	11	7	18	11	7						
17	32	22	10	29	20	9	3	2	1			
18	56	33	23	42	25	17	14	8	6			
19	71	40	31	56	31	25	15	9	6			
20-24岁	**997**	**505**	**492**	**514**	**260**	**254**	**373**	**186**	**187**	**110**	**59**	**51**
20	132	66	66	81	41	40	47	23	24	4	2	2
21	126	62	64	73	35	38	40	17	23	13	10	3
22	200	106	94	103	61	42	76	34	42	21	11	10
23	241	121	120	122	61	61	93	48	45	26	12	14
24	298	150	148	135	62	73	117	64	53	46	24	22
25-29岁	**1990**	**1069**	**921**	**641**	**365**	**276**	**885**	**455**	**430**	**464**	**249**	**215**
25	367	190	177	156	86	70	156	79	77	55	25	30
26	346	206	140	123	73	50	160	98	62	63	35	28
27	413	226	187	139	80	59	180	97	83	94	49	45
28	406	203	203	119	67	52	171	76	95	116	60	56
29	458	244	214	104	59	45	218	105	113	136	80	56
30-34岁	**2338**	**1260**	**1078**	**507**	**254**	**253**	**998**	**511**	**487**	**833**	**495**	**338**
30	467	248	219	115	55	60	197	109	88	155	84	71
31	534	297	237	112	60	52	237	118	119	185	119	66
32	462	244	218	94	44	50	210	108	102	158	92	66
33	455	238	217	91	40	51	191	101	90	173	97	76
34	420	233	187	95	55	40	163	75	88	162	103	59
35-39岁	**1201**	**614**	**587**	**215**	**117**	**98**	**488**	**233**	**255**	**498**	**264**	**234**
35	330	164	166	53	33	20	147	68	79	130	63	67
36	318	156	162	70	38	32	116	52	64	132	66	66
37	217	116	101	33	21	12	85	41	44	99	54	45
38	185	101	84	35	17	18	71	34	37	79	50	29
39	151	77	74	24	8	16	69	38	31	58	31	27
40-44岁	**309**	**176**	**133**	**58**	**39**	**19**	**127**	**65**	**62**	**124**	**72**	**52**
40	133	69	64	29	19	10	47	19	28	57	31	26
41	80	43	37	15	9	6	36	17	19	29	17	12
42	44	24	20	5	3	2	20	12	8	19	9	10
43	37	27	10	5	5		17	10	7	15	12	3
44	15	13	2	4	3	1	7	7		4	3	1
45-49岁	**51**	**33**	**18**	**17**	**10**	**7**	**19**	**11**	**8**	**15**	**12**	**3**
45	13	12	1	3	3		4	3	1	6	6	
46	13	6	7	6	3	3	4	2	2	3	1	2
47	12	7	5	4	2	2	5	3	2	3	2	1
48	7	5	2	2	2		4	2	2	1	1	
49	6	3	3	2		2	2	1	1	2	2	

6-2b 续表 5

单位：人

受教育程度 年龄	合计	生男孩的妇女人数	生女孩的妇女人数	一孩			二孩			三孩及以上		
				小计	男	女	小计	男	女	小计	男	女
高 中	**2206**	**1219**	**987**	**875**	**483**	**392**	**1003**	**543**	**460**	**328**	**193**	**135**
15-19岁	**44**	**21**	**23**	**38**	**19**	**19**	**5**	**2**	**3**	**1**		**1**
15	2	1	1	2	1	1						
16	2	1	1	2	1	1						
17	4	2	2	4	2	2						
18	14	7	7	12	6	6	2	1	1			
19	22	10	12	18	9	9	3	1	2	1		1
20-24岁	**313**	**166**	**147**	**210**	**109**	**101**	**88**	**48**	**40**	**15**	**9**	**6**
20	34	20	14	29	17	12	4	2	2	1	1	
21	38	16	22	27	10	17	9	4	5	2	2	
22	65	31	34	43	22	21	22	9	13			
23	96	55	41	60	33	27	33	20	13	3	2	1
24	80	44	36	51	27	24	20	13	7	9	4	5
25-29岁	**745**	**409**	**336**	**330**	**185**	**145**	**326**	**178**	**148**	**89**	**46**	**43**
25	128	65	63	64	32	32	48	23	25	16	10	6
26	124	72	52	60	40	20	52	28	24	12	4	8
27	151	84	67	62	34	28	74	44	30	15	6	9
28	173	103	70	78	51	27	72	41	31	23	11	12
29	169	85	84	66	28	38	80	42	38	23	15	8
30-34岁	**732**	**412**	**320**	**222**	**126**	**96**	**381**	**205**	**176**	**129**	**81**	**48**
30	186	103	83	64	40	24	90	46	44	32	17	15
31	160	93	67	52	31	21	80	43	37	28	19	9
32	143	71	72	40	20	20	74	35	39	29	16	13
33	145	91	54	32	16	16	85	53	32	28	22	6
34	98	54	44	34	19	15	52	28	24	12	7	5
35-39岁	**272**	**152**	**120**	**54**	**31**	**23**	**139**	**77**	**62**	**79**	**44**	**35**
35	81	49	32	14	7	7	45	30	15	22	12	10
36	68	39	29	13	10	3	32	15	17	23	14	9
37	45	27	18	12	7	5	21	12	9	12	8	4
38	47	22	25	8	3	5	28	14	14	11	5	6
39	31	15	16	7	4	3	13	6	7	11	5	6
40-44岁	**86**	**48**	**38**	**17**	**12**	**5**	**55**	**24**	**31**	**14**	**12**	**2**
40	29	13	16	5	3	2	20	6	14	4	4	
41	20	14	6	4	3	1	11	7	4	5	4	1
42	22	13	9	7	5	2	13	7	6	2	1	1
43	5	5		1	1		2	2		2	2	
44	10	3	7				9	2	7	1	1	
45-49岁	**14**	**11**	**3**	**4**	**1**	**3**	**9**	**9**		**1**	**1**	
45	5	4	1	1		1	4	4				
46	4	3	1	1		1	2	2		1	1	
47	3	2	1	1		1	2	2				
48	1	1					1	1				
49	1	1		1	1							

6-2b 续表 6 单位：人

受教育程度 年　　龄	合计	生男孩的妇女人数	生女孩的妇女人数	一孩			二孩			三孩及以上		
				小计	男	女	小计	男	女	小计	男	女
大学专科	**1763**	**956**	**807**	**797**	**442**	**355**	**856**	**446**	**410**	**110**	**68**	**42**
15–19岁	**3**	**1**	**2**	**3**	**1**	**2**						
15												
16												
17												
18	2	1	1	2	1	1						
19	1		1	1		1						
20–24岁	**214**	**125**	**89**	**176**	**103**	**73**	**36**	**20**	**16**	**2**	**2**	
20	12	7	5	12	7	5						
21	14	9	5	13	8	5	1	1				
22	40	23	17	30	16	14	9	6	3	1	1	
23	63	30	33	56	28	28	7	2	5			
24	85	56	29	65	44	21	19	11	8	1	1	
25–29岁	**591**	**314**	**277**	**359**	**194**	**165**	**210**	**105**	**105**	**22**	**15**	**7**
25	100	53	47	69	38	31	26	12	14	5	3	2
26	113	62	51	84	48	36	27	13	14	2	1	1
27	99	52	47	57	27	30	37	22	15	5	3	2
28	139	67	72	79	37	42	53	24	29	7	6	1
29	140	80	60	70	44	26	67	34	33	3	2	1
30–34岁	**606**	**330**	**276**	**200**	**114**	**86**	**354**	**186**	**168**	**52**	**30**	**22**
30	149	83	66	57	30	27	83	48	35	9	5	4
31	137	75	62	52	25	27	77	47	30	8	3	5
32	107	60	47	32	22	10	66	34	32	9	4	5
33	110	66	44	31	20	11	69	39	30	10	7	3
34	103	46	57	28	17	11	59	18	41	16	11	5
35–39岁	**260**	**141**	**119**	**47**	**22**	**25**	**186**	**102**	**84**	**27**	**17**	**10**
35	76	44	32	13	7	6	53	31	22	10	6	4
36	62	28	34	12	5	7	42	18	24	8	5	3
37	50	19	31	12	3	9	36	15	21	2	1	1
38	35	23	12	5	3	2	27	18	9	3	2	1
39	37	27	10	5	4	1	28	20	8	4	3	1
40–44岁	**75**	**33**	**42**	**11**	**7**	**4**	**59**	**24**	**35**	**5**	**2**	**3**
40	20	8	12	2	1	1	16	6	10	2	1	1
41	18	9	9	3	2	1	14	7	7	1		1
42	18	10	8	3	2	1	13	7	6	2	1	1
43	14	4	10	3	2	1	11	2	9			
44	5	2	3				5	2	3			
45–49岁	**14**	**12**	**2**	**1**	**1**		**11**	**9**	**2**	**2**	**2**	
45	3	3		1	1		2	2				
46	3	2	1				3	2	1			
47	3	3					3	3				
48	2	1	1				2	1	1			
49	3	3					1	1		2	2	

6-2b 续表 7

单位：人

受教育程度 年龄	合计	生男孩的妇女人数	生女孩的妇女人数	一孩			二孩			三孩及以上		
				小计	男	女	小计	男	女	小计	男	女
大学本科	**1387**	**774**	**613**	**685**	**375**	**310**	**647**	**363**	**284**	**55**	**36**	**19**
15–19岁												
15												
16												
17												
18												
19												
20–24岁	**50**	**28**	**22**	**42**	**24**	**18**	**8**	**4**	**4**			
20												
21	4	3	1	3	3		1		1			
22	10	4	6	7	3	4	3	1	2			
23	15	6	9	13	5	8	2	1	1			
24	21	15	6	19	13	6	2	2				
25–29岁	**466**	**264**	**202**	**344**	**194**	**150**	**113**	**65**	**48**	**9**	**5**	**4**
25	53	26	27	42	22	20	9	4	5	2		2
26	77	41	36	65	36	29	12	5	7			
27	97	61	36	78	49	29	19	12	7			
28	116	63	53	81	43	38	32	18	14	3	2	1
29	123	73	50	78	44	34	41	26	15	4	3	1
30–34岁	**564**	**318**	**246**	**241**	**126**	**115**	**302**	**179**	**123**	**21**	**13**	**8**
30	156	89	67	89	50	39	63	39	24	4		4
31	112	62	50	54	26	28	58	36	22			
32	104	59	45	34	19	15	65	37	28	5	3	2
33	103	51	52	36	13	23	57	30	27	10	8	2
34	89	57	32	28	18	10	59	37	22	2	2	
35–39岁	**215**	**113**	**102**	**42**	**23**	**19**	**157**	**78**	**79**	**16**	**12**	**4**
35	67	36	31	15	6	9	48	26	22	4	4	
36	50	21	29	12	6	6	35	13	22	3	2	1
37	29	15	14	7	5	2	20	8	12	2	2	
38	39	23	16	6	5	1	28	15	13	5	3	2
39	30	18	12	2	1	1	26	16	10	2	1	1
40–44岁	**79**	**41**	**38**	**14**	**7**	**7**	**59**	**31**	**28**	**6**	**3**	**3**
40	34	17	17	7	4	3	25	13	12	2		2
41	16	3	13	2		2	14	3	11			
42	16	11	5	2		2	11	9	2	3	2	1
43	10	7	3	1	1		8	5	3	1	1	
44	3	3		2	2		1	1				
45–49岁	**13**	**10**	**3**	**2**	**1**	**1**	**8**	**6**	**2**	**3**	**3**	
45	7	5	2	1		1	4	3	1	2	2	
46	1		1				1		1			
47												
48	5	5		1	1		3	3		1	1	
49												

6-2b 续表 8 单位：人

受教育程度 年 龄	合计	生男孩的妇女人数	生女孩的妇女人数	一孩			二孩			三孩及以上		
				小计	男	女	小计	男	女	小计	男	女
硕士研究生	**25**	**14**	**11**	**14**	**8**	**6**	**10**	**5**	**5**	**1**	**1**	
15-19岁												
15												
16												
17												
18												
19												
20-24岁	**1**		**1**	**1**		**1**						
20												
21												
22												
23												
24	1		1	1		1						
25-29岁	**1**		**1**	**1**		**1**						
25	1		1	1		1						
26												
27												
28												
29												
30-34岁	**12**	**8**	**4**	**6**	**5**	**1**	**6**	**3**	**3**			
30	1	1		1	1							
31	2	2		1	1		1	1				
32	3	1	2	2	1	1	1		1			
33	3	3		2	2		1	1				
34	3	1	2				3	1	2			
35-39岁	**8**	**3**	**5**	**5**	**2**	**3**	**3**	**1**	**2**			
35	4	2	2	3	2	1	1		1			
36	1		1				1		1			
37	1	1					1	1				
38	2		2	2		2						
39												
40-44岁	**1**	**1**		**1**	**1**							
40	1	1		1	1							
41												
42												
43												
44												
45-49岁	**2**	**2**					**1**	**1**		**1**	**1**	
45	2	2					1	1		1	1	
46												
47												
48												
49												

6-2b 续表 9

单位：人

受教育程度 年龄	合计	生男孩的妇女人数	生女孩的妇女人数	一孩			二孩			三孩及以上		
				小计	男	女	小计	男	女	小计	男	女
博士研究生	**1**	**1**		**1**	**1**							
15-19岁												
15												
16												
17												
18												
19												
20-24岁												
20												
21												
22												
23												
24												
25-29岁	**1**	**1**		**1**	**1**							
25												
26												
27												
28												
29	1	1		1	1							
30-34岁												
30												
31												
32												
33												
34												
35-39岁												
35												
36												
37												
38												
39												
40-44岁												
40												
41												
42												
43												
44												
45-49岁												
45												
46												
47												
48												
49												

6-2c 按年龄、受教育程度、生育孩次分的育龄妇女人数（乡村）(2019.11.1-2020.10.31)

单位：人

受教育程度 年　　龄	合计	生男孩的妇女人数	生女孩的妇女人数	一孩			二孩			三孩及以上		
				小计	男	女	小计	男	女	小计	男	女
总　计	**21196**	**11251**	**9945**	**7190**	**3812**	**3378**	**8283**	**4327**	**3956**	**5723**	**3112**	**2611**
15-19岁	**807**	**423**	**384**	**656**	**342**	**314**	**133**	**68**	**65**	**18**	**13**	**5**
15	29	13	16	26	13	13	3		3			
16	86	43	43	82	42	40	4	1	3			
17	145	67	78	122	56	66	23	11	12			
18	219	118	101	178	97	81	33	15	18	8	6	2
19	328	182	146	248	134	114	70	41	29	10	7	3
20-24岁	**4062**	**2179**	**1883**	**2174**	**1185**	**989**	**1451**	**766**	**685**	**437**	**228**	**209**
20	531	292	239	362	195	167	155	88	67	14	9	5
21	636	358	278	368	204	164	222	125	97	46	29	17
22	855	455	400	459	253	206	314	162	152	82	40	42
23	991	514	477	493	261	232	378	200	178	120	53	67
24	1049	560	489	492	272	220	382	191	191	175	97	78
25-29岁	**6135**	**3213**	**2922**	**2191**	**1139**	**1052**	**2608**	**1349**	**1259**	**1336**	**725**	**611**
25	1183	637	546	461	234	227	492	274	218	230	129	101
26	1130	562	568	449	214	235	452	235	217	229	113	116
27	1269	656	613	455	238	217	543	271	272	271	147	124
28	1318	713	605	459	258	201	561	278	283	298	177	121
29	1235	645	590	367	195	172	560	291	269	308	159	149
30-34岁	**6137**	**3241**	**2896**	**1422**	**739**	**683**	**2562**	**1330**	**1232**	**2153**	**1172**	**981**
30	1416	758	658	406	217	189	580	307	273	430	234	196
31	1355	702	653	330	160	170	613	304	309	412	238	174
32	1168	613	555	272	134	138	474	249	225	422	230	192
33	1174	623	551	227	127	100	488	256	232	459	240	219
34	1024	545	479	187	101	86	407	214	193	430	230	200
35-39岁	**3011**	**1620**	**1391**	**548**	**285**	**263**	**1142**	**604**	**538**	**1321**	**731**	**590**
35	891	477	414	173	88	85	352	176	176	366	213	153
36	773	422	351	151	83	68	281	150	131	341	189	152
37	549	294	255	86	45	41	216	117	99	247	132	115
38	456	245	211	76	42	34	179	100	79	201	103	98
39	342	182	160	62	27	35	114	61	53	166	94	72
40-44岁	**849**	**463**	**386**	**158**	**94**	**64**	**311**	**167**	**144**	**380**	**202**	**178**
40	294	147	147	50	25	25	98	50	48	146	72	74
41	209	108	101	29	17	12	89	46	43	91	45	46
42	147	89	58	29	24	5	50	27	23	68	38	30
43	115	71	44	25	13	12	43	26	17	47	32	15
44	84	48	36	25	15	10	31	18	13	28	15	13
45-49岁	**195**	**112**	**83**	**41**	**28**	**13**	**76**	**43**	**33**	**78**	**41**	**37**
45	48	30	18	9	7	2	15	10	5	24	13	11
46	53	29	24	12	7	5	21	12	9	20	10	10
47	30	16	14	7	6	1	11	5	6	12	5	7
48	35	20	15	10	6	4	15	7	8	10	7	3
49	29	17	12	3	2	1	14	9	5	12	6	6

6-2c 续表 1

单位：人

受教育程度 年龄	合计	生男孩的妇女人数	生女孩的妇女人数	一孩			二孩			三孩及以上		
				小计	男	女	小计	男	女	小计	男	女
未上过学	**149**	**75**	**74**	**27**	**10**	**17**	**44**	**27**	**17**	**78**	**38**	**40**
15-19岁	**3**	**1**	**2**	**1**		**1**	**1**		**1**	**1**	**1**	
15												
16												
17												
18	2	1	1	1		1				1	1	
19	1		1				1		1			
20-24岁	**18**	**9**	**9**	**5**	**3**	**2**	**7**	**3**	**4**	**6**	**3**	**3**
20	2	1	1	1		1				1	1	
21	2	2		2	2							
22	1	1		1	1							
23	7	1	6				4	1	3	3		3
24	6	4	2	1		1	3	2	1	2	2	
25-29岁	**20**	**10**	**10**	**6**	**2**	**4**	**7**	**5**	**2**	**7**	**3**	**4**
25	8	3	5	4	2	2	1		1	3	1	2
26	2	1	1	1		1	1	1				
27	3	1	2	1		1	2	1	1			
28	3	3					2	2		1	1	
29	4	2	2				1	1		3	1	2
30-34岁	**44**	**21**	**23**	**8**	**3**	**5**	**13**	**7**	**6**	**23**	**11**	**12**
30	10	4	6	4	2	2	2	2		4		4
31	8	3	5	1		1	1		1	6	3	3
32	6	3	3	1		1				5	3	2
33	10	4	6	2	1	1	4	1	3	4	2	2
34	10	7	3				6	4	2	4	3	1
35-39岁	**38**	**21**	**17**	**5**	**2**	**3**	**6**	**4**	**2**	**27**	**15**	**12**
35	6	4	2	1	1		1		1	4	3	1
36	11	4	7	2		2	1	1		8	3	5
37	8	4	4				1	1		7	3	4
38	6	4	2	1		1	1	1		4	3	1
39	7	5	2	1	1		2	1	1	4	3	1
40-44岁	**17**	**8**	**9**	**1**		**1**	**6**	**4**	**2**	**10**	**4**	**6**
40	5		5				1		1	4		4
41	3	2	1				1	1		2	1	1
42	4	2	2				3	2	1	1		1
43	2	1	1	1		1				1	1	
44	3	3					1	1		2	2	
45-49岁	**9**	**5**	**4**	**1**		**1**	**4**	**4**		**4**	**1**	**3**
45	1	1								1	1	
46	4	2	2	1		1	2	2		1		1
47	1		1							1		1
48	1		1							1		1
49	2	2					2	2				

6-2c 续表 2

单位：人

受教育程度 年　　龄	合计	生男孩的妇女人数	生女孩的妇女人数	一孩			二孩			三孩及以上		
				小计	男	女	小计	男	女	小计	男	女
学前教育	**7**	**4**	**3**	**4**	**3**	**1**	**1**		**1**	**2**	**1**	**1**
15-19岁												
15												
16												
17												
18												
19												
20-24岁	**1**		**1**	**1**		**1**						
20												
21	1		1	1		1						
22												
23												
24												
25-29岁	**2**	**1**	**1**				**1**		**1**	**1**	**1**	
25												
26	2	1	1				1		1	1	1	
27												
28												
29												
30-34岁	**1**	**1**		**1**	**1**							
30												
31												
32												
33	1	1		1	1							
34												
35-39岁												
35												
36												
37												
38												
39												
40-44岁	**2**	**2**		**2**	**2**							
40	1	1		1	1							
41												
42												
43												
44	1	1		1	1							
45-49岁	**1**		**1**							**1**		**1**
45	1		1							1		1
46												
47												
48												
49												

6-2c 续表 3

单位：人

受教育程度 年龄	合计	生男孩的妇女人数	生女孩的妇女人数	一孩			二孩			三孩及以上		
				小计	男	女	小计	男	女	小计	男	女
小　学	**2378**	**1256**	**1122**	**554**	**298**	**256**	**770**	**398**	**372**	**1054**	**560**	**494**
15-19岁	**82**	**47**	**35**	**51**	**28**	**23**	**24**	**13**	**11**	**7**	**6**	**1**
15	5	1	4	3	1	2	2		2			
16	12	4	8	10	4	6	2		2			
17	7	6	1	5	4	1	2	2				
18	24	16	8	14	10	4	9	5	4	1	1	
19	34	20	14	19	9	10	9	6	3	6	5	1
20-24岁	**363**	**198**	**165**	**153**	**77**	**76**	**115**	**62**	**53**	**95**	**59**	**36**
20	48	26	22	30	12	18	12	10	2	6	4	2
21	60	37	23	27	14	13	20	12	8	13	11	2
22	82	38	44	36	18	18	27	14	13	19	6	13
23	88	50	38	37	19	18	24	11	13	27	20	7
24	85	47	38	23	14	9	32	15	17	30	18	12
25-29岁	**516**	**273**	**243**	**124**	**68**	**56**	**172**	**91**	**81**	**220**	**114**	**106**
25	102	55	47	26	14	12	42	26	16	34	15	19
26	102	55	47	24	16	8	39	18	21	39	21	18
27	110	51	59	31	14	17	28	13	15	51	24	27
28	100	55	45	26	14	12	37	17	20	37	24	13
29	102	57	45	17	10	7	26	17	9	59	30	29
30-34岁	**644**	**324**	**320**	**95**	**46**	**49**	**207**	**104**	**103**	**342**	**174**	**168**
30	133	78	55	27	16	11	41	25	16	65	37	28
31	130	54	76	21	5	16	51	22	29	58	27	31
32	113	52	61	16	6	10	30	12	18	67	34	33
33	135	73	62	13	8	5	46	25	21	76	40	36
34	133	67	66	18	11	7	39	20	19	76	36	40
35-39岁	**455**	**233**	**222**	**75**	**42**	**33**	**149**	**71**	**78**	**231**	**120**	**111**
35	111	63	48	24	14	10	30	16	14	57	33	24
36	105	54	51	17	9	8	34	17	17	54	28	26
37	84	43	41	14	6	8	22	10	12	48	27	21
38	81	37	44	12	9	3	36	18	18	33	10	23
39	74	36	38	8	4	4	27	10	17	39	22	17
40-44岁	**232**	**135**	**97**	**35**	**22**	**13**	**71**	**42**	**29**	**126**	**71**	**55**
40	76	38	38	10	6	4	23	10	13	43	22	21
41	54	32	22	7	4	3	17	11	6	30	17	13
42	47	32	15	10	8	2	10	5	5	27	19	8
43	32	21	11	4	2	2	12	10	2	16	9	7
44	23	12	11	4	2	2	9	6	3	10	4	6
45-49岁	**86**	**46**	**40**	**21**	**15**	**6**	**32**	**15**	**17**	**33**	**16**	**17**
45	18	11	7	4	3	1	7	4	3	7	4	3
46	24	10	14	5	2	3	8	4	4	11	4	7
47	14	7	7	5	5		4		4	5	2	3
48	18	11	7	6	4	2	7	3	4	5	4	1
49	12	7	5	1	1		6	4	2	5	2	3

6-2c 续表 4

单位：人

受教育程度 年 龄	合计	生男孩的妇女人数	生女孩的妇女人数	一孩			二孩			三孩及以上		
				小计	男	女	小计	男	女	小计	男	女
初 中	**14842**	**7844**	**6998**	**4741**	**2510**	**2231**	**5961**	**3075**	**2886**	**4140**	**2259**	**1881**
15-19岁	**654**	**337**	**317**	**540**	**279**	**261**	**104**	**52**	**52**	**10**	**6**	**4**
15	23	12	11	22	12	10	1		1			
16	68	35	33	66	34	32	2	1	1			
17	134	59	75	113	50	63	21	9	12			
18	174	88	86	146	75	71	22	9	13	6	4	2
19	255	143	112	193	108	85	58	33	25	4	2	2
20-24岁	**2906**	**1547**	**1359**	**1477**	**802**	**675**	**1122**	**595**	**527**	**307**	**150**	**157**
20	402	224	178	269	151	118	129	72	57	4	1	3
21	472	263	209	255	143	112	186	103	83	31	17	14
22	601	328	273	304	172	132	241	126	115	56	30	26
23	700	346	354	330	164	166	286	151	135	84	31	53
24	731	386	345	319	172	147	280	143	137	132	71	61
25-29岁	**4140**	**2146**	**1994**	**1296**	**674**	**622**	**1872**	**943**	**929**	**972**	**529**	**443**
25	817	440	377	289	147	142	351	191	160	177	102	75
26	756	367	389	264	123	141	325	166	159	167	78	89
27	833	428	405	250	133	117	389	188	201	194	107	87
28	890	480	410	271	155	116	391	192	199	228	133	95
29	844	431	413	222	116	106	416	206	210	206	109	97
30-34岁	**4325**	**2297**	**2028**	**912**	**480**	**432**	**1808**	**929**	**879**	**1605**	**888**	**717**
30	975	522	453	244	128	116	407	211	196	324	183	141
31	925	487	438	200	100	100	428	211	217	297	176	121
32	838	449	389	181	94	87	344	182	162	313	173	140
33	855	446	409	161	87	74	346	179	167	348	180	168
34	732	393	339	126	71	55	283	146	137	323	176	147
35-39岁	**2191**	**1180**	**1011**	**392**	**202**	**190**	**816**	**432**	**384**	**983**	**546**	**437**
35	674	360	314	129	63	66	260	132	128	285	165	120
36	575	312	263	108	59	49	206	107	99	261	146	115
37	392	210	182	53	31	22	165	89	76	174	90	84
38	321	171	150	54	30	24	117	61	56	150	80	70
39	229	127	102	48	19	29	68	43	25	113	65	48
40-44岁	**534**	**279**	**255**	**105**	**60**	**45**	**203**	**102**	**101**	**226**	**117**	**109**
40	188	93	95	30	13	17	66	33	33	92	47	45
41	134	64	70	21	12	9	60	28	32	53	24	29
42	86	49	37	18	15	3	30	16	14	38	18	20
43	74	44	30	19	10	9	27	14	13	28	20	8
44	52	29	23	17	10	7	20	11	9	15	8	7
45-49岁	**92**	**58**	**34**	**19**	**13**	**6**	**36**	**22**	**14**	**37**	**23**	**14**
45	26	17	9	5	4	1	7	5	2	14	8	6
46	24	17	7	6	5	1	11	6	5	7	6	1
47	15	9	6	2	1	1	7	5	2	6	3	3
48	15	8	7	4	2	2	8	4	4	3	2	1
49	12	7	5	2	1	1	3	2	1	7	4	3

6-2c 续表 5

单位：人

受教育程度 年龄	合计	生男孩的妇女人数	生女孩的妇女人数	一孩			二孩			三孩及以上		
				小计	男	女	小计	男	女	小计	男	女
高　中	**2253**	**1209**	**1044**	**966**	**508**	**458**	**951**	**513**	**438**	**336**	**188**	**148**
15-19岁	**63**	**34**	**29**	**60**	**32**	**28**	**3**	**2**	**1**			
15	1		1	1		1						
16	6	4	2	6	4	2						
17	4	2	2	4	2	2						
18	18	12	6	16	11	5	2	1	1			
19	34	16	18	33	15	18	1	1				
20-24岁	**523**	**287**	**236**	**331**	**187**	**144**	**170**	**87**	**83**	**22**	**13**	**9**
20	64	30	34	50	23	27	12	5	7	2	2	
21	78	41	37	63	32	31	13	8	5	2	1	1
22	117	58	59	72	37	35	38	17	21	7	4	3
23	124	80	44	66	46	20	54	32	22	4	2	2
24	140	78	62	80	49	31	53	25	28	7	4	3
25-29岁	**784**	**407**	**377**	**328**	**161**	**167**	**354**	**188**	**166**	**102**	**58**	**44**
25	138	69	69	65	29	36	62	31	31	11	9	2
26	147	73	74	74	34	40	58	32	26	15	7	8
27	171	93	78	76	40	36	75	42	33	20	11	9
28	177	94	83	67	36	31	86	43	43	24	15	9
29	151	78	73	46	22	24	73	40	33	32	16	16
30-34岁	**629**	**335**	**294**	**184**	**94**	**90**	**306**	**167**	**139**	**139**	**74**	**65**
30	165	80	85	60	33	27	78	37	41	27	10	17
31	165	92	73	45	21	24	81	47	34	39	24	15
32	117	57	60	34	14	20	59	31	28	24	12	12
33	93	56	37	22	14	8	46	27	19	25	15	10
34	89	50	39	23	12	11	42	25	17	24	13	11
35-39岁	**204**	**117**	**87**	**52**	**27**	**25**	**96**	**56**	**40**	**56**	**34**	**22**
35	61	35	26	12	7	5	35	19	16	14	9	5
36	51	31	20	17	11	6	20	11	9	14	9	5
37	38	19	19	11	4	7	13	7	6	14	8	6
38	34	23	11	8	3	5	17	14	3	9	6	3
39	20	9	11	4	2	2	11	5	6	5	2	3
40-44岁	**46**	**28**	**18**	**11**	**7**	**4**	**20**	**13**	**7**	**15**	**8**	**7**
40	19	11	8	7	4	3	6	5	1	6	2	4
41	14	9	5	1	1		8	5	3	5	3	2
42	6	4	2	1	1		4	3	1	1		1
43	3	2	1				1		1	2	2	
44	4	2	2	2	1	1	1		1	1	1	
45-49岁	**4**	**1**	**3**				**2**		**2**	**2**	**1**	**1**
45												
46	1		1							1		1
47												
48	1	1								1	1	
49	2		2				2		2			

6-2c 续表 6

单位：人

受教育程度 年 龄	合计	生男孩的妇女人数	生女孩的妇女人数	一孩			二孩			三孩及以上		
				小计	男	女	小计	男	女	小计	男	女
大学专科	**1112**	**597**	**515**	**616**	**330**	**286**	**396**	**210**	**186**	**100**	**57**	**43**
15-19岁	**4**	**3**	**1**	**3**	**2**	**1**	**1**	**1**				
15												
16												
17												
18												
19	4	3	1	3	2	1	1	1				
20-24岁	**211**	**112**	**99**	**171**	**92**	**79**	**33**	**17**	**16**	**7**	**3**	**4**
20	14	10	4	11	8	3	2	1	1	1	1	
21	22	15	7	20	13	7	2	2				
22	46	25	21	38	20	18	8	5	3			
23	60	31	29	50	27	23	8	4	4	2		2
24	69	31	38	52	24	28	13	5	8	4	2	2
25-29岁	**486**	**271**	**215**	**293**	**159**	**134**	**161**	**92**	**69**	**32**	**20**	**12**
25	96	59	37	57	32	25	35	25	10	4	2	2
26	97	53	44	64	31	33	26	16	10	7	6	1
27	108	61	47	62	35	27	40	21	19	6	5	1
28	91	49	42	53	32	21	30	13	17	8	4	4
29	94	49	45	57	29	28	30	17	13	7	3	4
30-34岁	**314**	**159**	**155**	**128**	**67**	**61**	**146**	**71**	**75**	**40**	**21**	**19**
30	83	46	37	37	20	17	36	22	14	10	4	6
31	87	40	47	41	21	20	35	12	23	11	7	4
32	57	29	28	25	13	12	22	11	11	10	5	5
33	48	25	23	14	8	6	28	14	14	6	3	3
34	39	19	20	11	5	6	25	12	13	3	2	1
35-39岁	**85**	**43**	**42**	**18**	**8**	**10**	**47**	**23**	**24**	**20**	**12**	**8**
35	29	8	21	5	1	4	18	4	14	6	3	3
36	20	13	7	6	3	3	12	9	3	2	1	1
37	17	11	6	5	3	2	9	5	4	3	3	
38	12	8	4	1		1	6	4	2	5	4	1
39	7	3	4	1	1		2	1	1	4	1	3
40-44岁	**10**	**7**	**3**	**3**	**2**	**1**	**6**	**4**	**2**	**1**	**1**	
40	4	3	1	2	1	1	2	2				
41	2	1	1				2	1	1			
42	1	1								1	1	
43	2	1	1				2	1	1			
44	1	1		1	1							
45-49岁	**2**	**2**					**2**	**2**				
45	1	1					1	1				
46												
47												
48												
49	1	1					1	1				

6-2c 续表 7　　　　单位：人

受教育程度 年　　龄	合计	生男孩的妇女人数	生女孩的妇女人数	一孩			二孩			三孩及以上		
				小计	男	女	小计	男	女	小计	男	女
大学本科	**443**	**258**	**185**	**276**	**149**	**127**	**155**	**101**	**54**	**12**	**8**	**4**
15–19岁	**1**	**1**		**1**	**1**							
15												
16												
17												
18	1	1		1	1							
19												
20–24岁	**39**	**26**	**13**	**36**	**24**	**12**	**3**	**2**	**1**			
20	1	1		1	1							
21	1		1				1		1			
22	8	5	3	8	5	3						
23	11	6	5	10	5	5	1	1				
24	18	14	4	17	13	4	1	1				
25–29岁	**185**	**104**	**81**	**142**	**74**	**68**	**41**	**30**	**11**	**2**		**2**
25	22	11	11	20	10	10	1	1		1		1
26	23	11	12	21	9	12	2	2				
27	44	22	22	35	16	19	9	6	3			
28	56	32	24	41	21	20	15	11	4			
29	40	28	12	25	18	7	14	10	4	1		1
30–34岁	**173**	**98**	**75**	**90**	**45**	**45**	**79**	**49**	**30**	**4**	**4**	
30	49	27	22	33	17	16	16	10	6			
31	39	25	14	21	12	9	17	12	5	1	1	
32	35	22	13	14	7	7	18	12	6	3	3	
33	31	17	14	13	7	6	18	10	8			
34	19	7	12	9	2	7	10	5	5			
35–39岁	**37**	**26**	**11**	**6**	**4**	**2**	**27**	**18**	**9**	**4**	**4**	
35	10	7	3	2	2		8	5	3			
36	10	8	2	1	1		7	5	2	2	2	
37	10	7	3	3	1	2	6	5	1	1	1	
38	2	2					2	2				
39	5	2	3				4	1	3	1	1	
40–44岁	**7**	**3**	**4**	**1**	**1**		**5**	**2**	**3**	**1**		**1**
40												
41	2		2				1		1	1		1
42	3	1	2				3	1	2			
43	2	2		1	1		1	1				
44												
45–49岁	**1**		**1**							**1**		**1**
45	1		1							1		1
46												
47												
48												
49												

6-2c 续表 8 单位：人

受教育程度 年　　龄	合计	生男孩的妇女人数	生女孩的妇女人数	一孩			二孩			三孩及以上		
				小计	男	女	小计	男	女	小计	男	女
硕士研究生	**10**	**7**	**3**	**5**	**3**	**2**	**4**	**3**	**1**	**1**	**1**	
15-19岁												
15												
16												
17												
18												
19												
20-24岁												
20												
21												
22												
23												
24												
25-29岁	**2**	**1**	**1**	**2**	**1**	**1**						
25												
26	1	1		1	1							
27												
28	1		1	1		1						
29												
30-34岁	**6**	**5**	**1**	**3**	**2**	**1**	**3**	**3**				
30	1	1		1	1							
31												
32	2	1	1	1		1	1	1				
33	1	1		1	1							
34	2	2					2	2				
35-39岁	**1**		**1**				**1**		**1**			
35												
36	1		1				1		1			
37												
38												
39												
40-44岁	**1**	**1**								**1**	**1**	
40	1	1								1	1	
41												
42												
43												
44												
45-49岁												
45												
46												
47												
48												
49												

6-2c 续表 9

单位：人

受教育程度 年龄	合计	生男孩的妇女人数	生女孩的妇女人数	一孩			二孩			三孩及以上		
				小计	男	女	小计	男	女	小计	男	女
博士研究生	**2**	**1**	**1**	**1**	**1**		**1**		**1**			
15-19岁												
15												
16												
17												
18												
19												
20-24岁	**1**		**1**				**1**		**1**			
20												
21												
22												
23	1		1				1		1			
24												
25-29岁												
25												
26												
27												
28												
29												
30-34岁	**1**	**1**		**1**	**1**							
30												
31	1	1		1	1							
32												
33												
34												
35-39岁												
35												
36												
37												
38												
39												
40-44岁												
40												
41												
42												
43												
44												
45-49岁												
45												
46												
47												
48												
49												

6-3 育龄妇女分年龄、孩次的生育状况
(2019.11.1-2020.10.31)

单位：人、‰

年 龄	平均育龄妇女人数	出生人数	生育率	第一孩		第二孩		第三孩及以上	
				出生数	生育率	出生数	生育率	出生数	生育率
总 计	**996626**	**51510**	**51.68**	**19380**	**19.45**	**21749**	**21.82**	**10381**	**10.42**
15-19岁	**142717**	**1548**	**10.85**	**1231**	**8.63**	**286**	**2.00**	**31**	**0.22**
15	31650	74	2.34	70	2.21	4	0.13		
16	34714	170	4.90	153	4.41	17	0.49		
17	29457	269	9.13	222	7.54	43	1.46	4	0.14
18	22837	371	16.25	295	12.92	66	2.89	10	0.44
19	24059	664	27.60	491	20.41	156	6.48	17	0.71
20-24岁	**98320**	**8146**	**82.85**	**4562**	**46.40**	**2770**	**28.17**	**814**	**8.28**
20	21895	946	43.21	618	28.23	283	12.93	45	2.06
21	19973	1277	63.94	756	37.85	423	21.18	98	4.91
22	18838	1643	87.22	911	48.36	583	30.95	149	7.91
23	18564	1942	104.61	1081	58.23	641	34.53	220	11.85
24	19050	2338	122.73	1196	62.78	840	44.09	302	15.85
25-29岁	**114296**	**15323**	**134.06**	**6759**	**59.14**	**6085**	**53.24**	**2479**	**21.69**
25	19756	2515	127.30	1257	63.63	909	46.01	349	17.67
26	20189	2716	134.53	1305	64.64	1013	50.18	398	19.71
27	22716	3129	137.74	1383	60.88	1264	55.64	482	21.22
28	24747	3493	141.15	1526	61.66	1382	55.85	585	23.64
29	26888	3470	129.05	1288	47.90	1517	56.42	665	24.73
30-34岁	**172422**	**16616**	**96.37**	**4779**	**27.72**	**7823**	**45.37**	**4014**	**23.28**
30	32560	3880	119.16	1370	42.08	1699	52.18	811	24.91
31	32411	3592	110.83	1079	33.29	1736	53.56	777	23.97
32	34963	3389	96.93	909	26.00	1635	46.76	845	24.17
33	36333	3053	84.03	760	20.92	1432	39.41	861	23.70
34	36155	2702	74.73	661	18.28	1321	36.54	720	19.91
35-39岁	**157855**	**7475**	**47.35**	**1550**	**9.82**	**3594**	**22.77**	**2331**	**14.77**
35	35290	2324	65.85	505	14.31	1129	31.99	690	19.55
36	31639	1777	56.16	373	11.79	835	26.39	569	17.98
37	30035	1347	44.85	283	9.42	652	21.71	412	13.72
38	31297	1140	36.43	211	6.74	566	18.08	363	11.60
39	29594	887	29.97	178	6.01	412	13.92	297	10.04
40-44岁	**150378**	**1947**	**12.95**	**377**	**2.51**	**990**	**6.58**	**580**	**3.86**
40	32571	735	22.57	142	4.36	366	11.24	227	6.97
41	30067	486	16.16	84	2.79	258	8.58	144	4.79
42	27951	323	11.56	67	2.40	157	5.62	99	3.54
43	29793	248	8.32	57	1.91	126	4.23	65	2.18
44	29996	155	5.17	27	0.90	83	2.77	45	1.50
45-49岁	**160638**	**455**	**2.83**	**122**	**0.76**	**201**	**1.25**	**132**	**0.82**
45	32657	133	4.07	36	1.10	56	1.71	41	1.26
46	32223	101	3.13	31	0.96	46	1.43	24	0.74
47	31629	82	2.59	23	0.73	37	1.17	22	0.70
48	31568	78	2.47	19	0.60	38	1.20	21	0.67
49	32561	61	1.87	13	0.40	24	0.74	24	0.74

6–3a 育龄妇女分年龄、孩次的生育状况（城市）
（2019.11.1–2020.10.31）

单位：人、‰

年 龄	平均育龄妇女人数	出生人数	生育率	第一孩		第二孩		第三孩及以上	
				出生数	生育率	出生数	生育率	出生数	生育率
总 计	**383700**	**16978**	**44.25**	**7520**	**19.60**	**7669**	**19.99**	**1789**	**4.66**
15–19岁	**55446**	**162**	**2.92**	**137**	**2.47**	**24**	**0.43**	**1**	**0.02**
15	9688	3	0.31	3	0.31				
16	12793	17	1.33	16	1.25	1	0.08		
17	11193	15	1.34	13	1.16	2	0.18		
18	9526	36	3.78	34	3.57	2	0.21		
19	12246	91	7.43	71	5.80	19	1.55	1	0.08
20–24岁	**44503**	**1749**	**39.30**	**1214**	**27.28**	**462**	**10.38**	**73**	**1.64**
20	11135	148	13.29	121	10.87	23	2.07	4	0.36
21	9554	253	26.48	171	17.90	72	7.54	10	1.05
22	8212	317	38.60	223	27.16	78	9.50	16	1.95
23	7818	441	56.41	308	39.40	113	14.45	20	2.56
24	7784	590	75.80	391	50.23	176	22.61	23	2.95
25–29岁	**46345**	**4978**	**107.41**	**2898**	**62.53**	**1732**	**37.37**	**348**	**7.51**
25	8063	694	86.07	452	56.06	196	24.31	46	5.71
26	8138	773	94.99	512	62.91	224	27.53	37	4.55
27	9197	1022	111.12	601	65.35	361	39.25	60	6.52
28	9988	1233	123.45	711	71.19	423	42.35	99	9.91
29	10959	1256	114.61	622	56.76	528	48.18	106	9.67
30–34岁	**70288**	**6368**	**90.60**	**2352**	**33.46**	**3271**	**46.54**	**745**	**10.60**
30	13187	1414	107.23	663	50.28	638	48.38	113	8.57
31	13259	1335	100.69	522	39.37	678	51.14	135	10.18
32	14303	1332	93.13	467	32.65	695	48.59	170	11.89
33	14928	1182	79.18	374	25.05	637	42.67	171	11.45
34	14611	1105	75.63	326	22.31	623	42.64	156	10.68
35–39岁	**61164**	**2860**	**46.76**	**718**	**11.74**	**1656**	**27.07**	**486**	**7.95**
35	13992	908	64.89	239	17.08	521	37.24	148	10.58
36	12488	671	53.73	166	13.29	387	30.99	118	9.45
37	11788	535	45.39	137	11.62	313	26.55	85	7.21
38	11985	448	37.38	102	8.51	263	21.94	83	6.93
39	10911	298	27.31	74	6.78	172	15.76	52	4.77
40–44岁	**54744**	**715**	**13.06**	**153**	**2.79**	**455**	**8.31**	**107**	**1.95**
40	12142	279	22.98	64	5.27	173	14.25	42	3.46
41	11205	175	15.62	32	2.86	117	10.44	26	2.32
42	10364	123	11.87	31	2.99	75	7.24	17	1.64
43	10568	75	7.10	15	1.42	46	4.35	14	1.32
44	10465	63	6.02	11	1.05	44	4.20	8	0.76
45–49岁	**51210**	**146**	**2.85**	**48**	**0.94**	**69**	**1.35**	**29**	**0.57**
45	10808	44	4.07	16	1.48	23	2.13	5	0.46
46	10657	35	3.28	9	0.84	18	1.69	8	0.75
47	10028	29	2.89	10	1.00	13	1.30	6	0.60
48	9834	18	1.83	5	0.51	9	0.92	4	0.41
49	9883	20	2.02	8	0.81	6	0.61	6	0.61

6-3b 育龄妇女分年龄、孩次的生育状况（镇）
（2019.11.1-2020.10.31）

单位：人、‰

年龄	平均育龄妇女人数	出生人数	生育率	第一孩		第二孩		第三孩及以上	
				出生数	生育率	出生数	生育率	出生数	生育率
总　计	**259615**	**13330**	**51.35**	**4677**	**18.02**	**5790**	**22.30**	**2863**	**11.03**
15-19岁	**42302**	**341**	**8.06**	**272**	**6.43**	**64**	**1.51**	**5**	**0.12**
15	9987	18	1.80	18	1.80				
16	11963	30	2.51	27	2.26	3	0.25		
17	9977	68	6.82	55	5.51	12	1.20	1	0.10
18	5823	71	12.19	58	9.96	13	2.23		
19	4552	154	33.83	114	25.04	36	7.91	4	0.88
20-24岁	**21488**	**1934**	**90.00**	**1095**	**50.96**	**656**	**30.53**	**183**	**8.52**
20	4061	198	48.76	125	30.78	58	14.28	15	3.69
21	4053	267	65.88	164	40.46	82	20.23	21	5.18
22	4241	382	90.07	209	49.28	146	34.43	27	6.37
23	4380	476	108.68	278	63.47	153	34.93	45	10.27
24	4753	611	128.55	319	67.12	217	45.66	75	15.78
25-29岁	**29541**	**4168**	**141.09**	**1731**	**58.60**	**1724**	**58.36**	**713**	**24.14**
25	5024	689	137.14	344	68.47	265	52.75	80	15.92
26	5196	749	144.15	340	65.43	295	56.77	114	21.94
27	5871	833	141.88	346	58.93	338	57.57	149	25.38
28	6460	958	148.30	382	59.13	402	62.23	174	26.93
29	6990	939	134.33	319	45.64	424	60.66	196	28.04
30-34岁	**45596**	**4312**	**94.57**	**1100**	**24.12**	**2081**	**45.64**	**1131**	**24.80**
30	8583	1014	118.14	312	36.35	460	53.59	242	28.20
31	8547	973	113.84	252	29.48	493	57.68	228	26.68
32	9201	867	94.23	199	21.63	442	48.04	226	24.56
33	9671	803	83.03	181	18.72	373	38.57	249	25.75
34	9594	655	68.27	156	16.26	313	32.62	186	19.39
35-39岁	**41023**	**1932**	**47.10**	**356**	**8.68**	**936**	**22.82**	**640**	**15.60**
35	9347	596	63.76	106	11.34	304	32.52	186	19.90
36	8283	433	52.28	93	11.23	181	21.85	159	19.20
37	7776	347	44.62	66	8.49	171	21.99	110	14.15
38	8089	304	37.58	45	5.56	156	19.29	103	12.73
39	7528	252	33.48	46	6.11	124	16.47	82	10.89
40-44岁	**39044**	**528**	**13.52**	**91**	**2.33**	**276**	**7.07**	**161**	**4.12**
40	8492	204	24.02	35	4.12	101	11.89	68	8.01
41	7842	131	16.70	24	3.06	69	8.80	38	4.85
42	7189	91	12.66	17	2.36	48	6.68	26	3.62
43	7734	64	8.28	9	1.16	38	4.91	17	2.20
44	7787	38	4.88	6	0.77	20	2.57	12	1.54
45-49岁	**40621**	**115**	**2.83**	**32**	**0.79**	**53**	**1.30**	**30**	**0.74**
45	8473	29	3.42	9	1.06	10	1.18	10	1.18
46	8152	30	3.68	10	1.23	17	2.09	3	0.37
47	8010	17	2.12	4	0.50	9	1.12	4	0.50
48	7885	24	3.04	8	1.01	11	1.40	5	0.63
49	8101	15	1.85	1	0.12	6	0.74	8	0.99

6–3c 育龄妇女分年龄、孩次的生育状况（乡村）
（2019.11.1–2020.10.31）

单位：人、‰

年 龄	平均育龄妇女人数	出生人数	生育率	第一孩		第二孩		第三孩及以上	
				出生数	生育率	出生数	生育率	出生数	生育率
总 计	**353311**	**21202**	**60.01**	**7183**	**20.33**	**8290**	**23.46**	**5729**	**16.22**
15–19岁	**44969**	**1045**	**23.24**	**822**	**18.28**	**198**	**4.40**	**25**	**0.56**
15	11975	53	4.43	49	4.09	4	0.33		
16	9958	123	12.35	110	11.05	13	1.31		
17	8287	186	22.44	154	18.58	29	3.50	3	0.36
18	7488	264	35.26	203	27.11	51	6.81	10	1.34
19	7261	419	57.71	306	42.14	101	13.91	12	1.65
20–24岁	**32329**	**4463**	**138.05**	**2253**	**69.69**	**1652**	**51.10**	**558**	**17.26**
20	6699	600	89.57	372	55.53	202	30.15	26	3.88
21	6366	757	118.91	421	66.13	269	42.26	67	10.52
22	6385	944	147.85	479	75.02	359	56.23	106	16.60
23	6366	1025	161.01	495	77.76	375	58.91	155	24.35
24	6513	1137	174.57	486	74.62	447	68.63	204	31.32
25–29岁	**38410**	**6177**	**160.82**	**2130**	**55.45**	**2629**	**68.45**	**1418**	**36.92**
25	6669	1132	169.74	461	69.13	448	67.18	223	33.44
26	6855	1194	174.18	453	66.08	494	72.06	247	36.03
27	7648	1274	166.58	436	57.01	565	73.88	273	35.70
28	8299	1302	156.89	433	52.17	557	67.12	312	37.59
29	8939	1275	142.63	347	38.82	565	63.21	363	40.61
30–34岁	**56538**	**5936**	**104.99**	**1327**	**23.47**	**2471**	**43.71**	**2138**	**37.82**
30	10790	1452	134.57	395	36.61	601	55.70	456	42.26
31	10605	1284	121.07	305	28.76	565	53.28	414	39.04
32	11459	1190	103.85	243	21.21	498	43.46	449	39.18
33	11734	1068	91.02	205	17.47	422	35.96	441	37.58
34	11950	942	78.83	179	14.98	385	32.22	378	31.63
35–39岁	**55668**	**2683**	**48.20**	**476**	**8.55**	**1002**	**18.00**	**1205**	**21.65**
35	11951	820	68.61	160	13.39	304	25.44	356	29.79
36	10868	673	61.92	114	10.49	267	24.57	292	26.87
37	10471	465	44.41	80	7.64	168	16.04	217	20.72
38	11223	388	34.57	64	5.70	147	13.10	177	15.77
39	11155	337	30.21	58	5.20	116	10.40	163	14.61
40–44岁	**56590**	**704**	**12.44**	**133**	**2.35**	**259**	**4.58**	**312**	**5.51**
40	11937	252	21.11	43	3.60	92	7.71	117	9.80
41	11020	180	16.33	28	2.54	72	6.53	80	7.26
42	10398	109	10.48	19	1.83	34	3.27	56	5.39
43	11491	109	9.49	33	2.87	42	3.66	34	2.96
44	11744	54	4.60	10	0.85	19	1.62	25	2.13
45–49岁	**68807**	**194**	**2.82**	**42**	**0.61**	**79**	**1.15**	**73**	**1.06**
45	13376	60	4.49	11	0.82	23	1.72	26	1.94
46	13414	36	2.68	12	0.89	11	0.82	13	0.97
47	13591	36	2.65	9	0.66	15	1.10	12	0.88
48	13849	36	2.60	6	0.43	18	1.30	12	0.87
49	14577	26	1.78	4	0.27	12	0.82	10	0.69

6-4 各地区育龄妇女年龄别生育率

单位：‰

地 区	15-19岁	20-24岁	25-29岁	30-34岁	35-39岁	40-44岁	45-49岁	总 和 生育率
总 计	**10.85**	**82.85**	**134.06**	**96.37**	**47.35**	**12.95**	**2.83**	**1936.32**
南宁市	5.80	47.41	110.89	95.37	48.25	13.65	2.74	1620.55
柳州市	5.55	68.79	118.72	87.23	46.81	12.32	2.25	1708.37
桂林市	4.58	45.68	118.43	86.72	42.86	10.73	1.74	1553.68
梧州市	11.41	99.92	151.20	103.48	49.34	14.13	2.55	2160.22
北海市	7.32	82.99	130.23	92.97	38.02	12.08	3.05	1833.31
防城港市	18.21	113.31	126.72	91.95	46.86	13.37	2.85	2066.38
钦州市	21.27	126.52	157.55	104.03	54.19	13.26	2.73	2397.72
贵港市	8.68	95.01	147.82	104.62	50.25	12.30	3.30	2109.90
玉林市	13.26	129.32	165.22	107.09	50.22	12.48	3.49	2405.36
百色市	17.49	96.89	122.69	83.79	41.47	12.74	2.35	1887.06
贺州市	18.43	119.73	160.05	100.95	51.80	12.23	2.95	2330.71
河池市	17.59	114.42	153.87	98.73	49.40	15.83	4.48	2271.60
来宾市	10.22	101.53	136.82	105.34	46.70	13.43	2.23	2081.26
崇左市	7.79	54.89	133.87	90.43	45.01	13.40	3.81	1746.02

6-4a 各地区育龄妇女年龄别生育率（城市）

单位：‰

地 区	15-19岁	20-24岁	25-29岁	30-34岁	35-39岁	40-44岁	45-49岁	总 和 生育率
总 计	**2.92**	**39.30**	**107.41**	**90.60**	**46.76**	**13.06**	**2.85**	**1514.52**
南宁市	2.70	30.81	96.54	94.55	50.51	15.03	2.80	1464.65
柳州市	2.50	45.07	113.19	87.41	46.00	11.92	1.95	1540.20
桂林市	1.06	27.99	100.58	84.36	39.20	10.55	1.51	1326.24
梧州市	2.71	47.79	119.84	90.18	44.43	12.71	2.87	1602.70
北海市	2.52	44.12	102.58	86.53	34.26	11.49	2.01	1417.51
防城港市	8.88	71.28	117.98	81.49	49.60	15.55	4.23	1745.08
钦州市	7.38	88.06	117.97	91.92	47.22	16.43	3.72	1863.48
贵港市	2.80	63.34	126.04	91.06	47.38	13.01	3.58	1736.04
玉林市	2.95	56.69	124.85	86.09	47.10	9.35	5.36	1661.98
百色市	4.76	43.44	119.38	91.88	47.22	11.74	1.03	1597.25
贺州市	1.52	39.39	112.83	78.55	44.43	15.77	4.94	1487.12
河池市	0.51	35.59	116.52	96.16	49.64	13.99	5.38	1588.99
来宾市	6.36	46.44	106.85	102.88	46.13	13.74	2.87	1626.40
崇左市	0.74	11.25	96.82	88.74	44.99	8.92	4.96	1282.07

6–4b 各地区育龄妇女年龄别生育率（镇）

单位：‰

地 区	15–19岁	20–24岁	25–29岁	30–34岁	35–39岁	40–44岁	45–49岁	总 和 生育率
总 计	**8.06**	**90.00**	**141.09**	**94.57**	**47.10**	**13.52**	**2.83**	**1985.88**
南宁市	6.85	95.70	130.31	90.02	42.86	11.58	2.96	1901.36
柳州市	2.74	67.56	116.99	83.78	48.58	12.95	1.30	1669.46
桂林市	2.29	33.49	119.05	84.78	42.44	13.67	2.36	1490.38
梧州市	8.03	104.35	156.59	102.80	55.16	17.39	2.33	2233.24
北海市	3.27	70.21	140.57	83.08	42.53	17.58	2.66	1799.51
防城港市	31.25	122.45	130.61	102.01	48.17	10.66		2225.75
钦州市	11.02	110.85	143.77	95.01	51.60	11.54	2.76	2132.78
贵港市	8.90	89.70	148.07	105.46	45.07	12.80	2.70	2063.44
玉林市	9.74	124.87	166.50	105.59	50.84	11.27	3.36	2360.86
百色市	9.28	105.22	131.86	85.50	47.87	15.81	4.61	2000.74
贺州市	13.12	117.88	159.08	96.21	48.64	10.44	2.54	2239.52
河池市	12.94	104.66	149.83	94.97	51.29	17.91	4.36	2179.83
来宾市	8.11	94.74	137.62	103.81	42.84	14.26	0.94	2011.59
崇左市	3.56	47.78	119.00	86.78	42.92	13.63	3.56	1586.20

6–4c 各地区育龄妇女年龄别生育率（乡村）

单位：‰

地 区	15–19岁	20–24岁	25–29岁	30–34岁	35–39岁	40–44岁	45–49岁	总 和 生育率
总 计	**23.24**	**138.05**	**160.82**	**104.99**	**48.20**	**12.44**	**2.82**	**2452.76**
南宁市	14.97	108.00	150.49	102.71	45.56	11.81	2.52	2180.31
柳州市	19.94	156.72	136.84	90.44	47.15	12.74	3.52	2336.73
桂林市	10.27	78.35	138.67	90.93	46.86	8.68	1.50	1876.27
梧州市	27.64	161.93	181.66	122.28	50.63	13.43	2.40	2799.86
北海市	15.14	130.03	155.08	104.94	39.84	10.20	4.20	2297.18
防城港市	32.54	185.69	141.08	109.38	41.06	11.16	2.06	2614.83
钦州市	33.70	146.87	189.21	118.03	59.96	12.84	2.36	2814.93
贵港市	14.07	115.73	164.22	114.89	56.04	11.51	3.52	2399.88
玉林市	25.37	173.28	183.83	120.27	51.50	15.07	2.74	2860.31
百色市	31.65	132.26	119.63	77.35	35.11	11.98	2.13	2050.54
贺州市	36.24	175.21	182.04	117.46	58.45	12.06	2.52	2919.96
河池市	31.32	157.32	170.52	103.45	47.79	14.85	4.32	2647.81
来宾市	16.69	159.81	161.39	108.96	50.24	12.64	2.73	2562.30
崇左市	23.97	126.26	163.17	94.33	46.67	14.39	3.72	2362.54

6–5 各地区按活产子女数分的15–64岁妇女人数

单位：人

地区	15–64岁妇女人数	活产0个	活产1个	活产2个	活产3个	活产4个	活产5个及以上
总计	**1417812**	**342302**	**314774**	**490610**	**185793**	**61013**	**23320**
南宁市	267203	78678	73140	85941	22730	5214	1500
柳州市	127456	29417	42252	43507	9499	2187	594
桂林市	146365	33503	44086	57468	9636	1382	290
梧州市	75471	19121	13935	20873	13218	5594	2730
北海市	54687	12927	12538	17801	8013	2507	901
防城港市	28328	5642	5407	10746	5037	1171	325
钦州市	84608	19626	11557	23681	18703	7839	3202
贵港市	115786	30133	15714	35867	22585	8586	2901
玉林市	148888	34395	18614	44993	31541	13701	5644
百色市	104272	23063	25493	43497	9423	2061	735
贺州市	54345	11767	8837	18704	10111	3459	1467
河池市	93209	18802	18419	39072	11972	3319	1625
来宾市	56927	10189	11141	23585	8071	2845	1096
崇左市	60267	15039	13641	24875	5254	1148	310

6–6 按受教育程度、活产子女数分的15–64岁妇女人数

单位：人

受教育程度	15–64岁妇女人数	活产0个	活产1个	活产2个	活产3个	活产4个	活产5个及以上
总　计	**1417812**	**342302**	**314774**	**490610**	**185793**	**61013**	**23320**
未上过学	20769	1427	2488	8028	5073	2367	1386
学前教育	994	215	127	300	178	103	71
小　学	278541	11800	38328	123029	66641	26884	11859
初　中	610532	86494	128915	259168	98328	28436	9191
高　中	255850	118473	66852	54979	12139	2684	723
大学专科	133159	59135	44066	26888	2586	413	71
大学本科	110577	60911	31601	17119	808	119	19
硕士研究生	6877	3646	2176	1012	37	6	
博士研究生	513	201	221	87	3	1	

6–7 按职业、活产子女数分的15–64岁妇女人数

单位：人

职业大类	15–64岁妇女人数	活产0个	活产1个	活产2个	活产3个	活产4个	活产5个及以上	妇女平均活产子女数
总　计	**816208**	**129200**	**194617**	**333374**	**113007**	**33779**	**12231**	**1.71**
党的机关、国家机关、群众团体和社会组织、企事业单位负责人	9800	1472	3758	3689	695	148	38	1.43
专业技术人员	100965	31536	38017	27729	3004	551	128	1.04
办事人员和有关人员	43880	13019	17924	11380	1277	221	59	1.04
社会生产服务和生活服务人员	260169	50761	72997	101503	26880	6295	1733	1.5
农、林、牧、渔业生产及辅助人员	274693	15554	38055	132023	59828	20859	8374	2.21
生产制造及有关人员	123752	15631	23361	56169	21069	5648	1874	1.87
不便分类的其他从业人员	2949	1227	505	881	254	57	25	1.15

6-8 各地区按存活子女数分的15-64岁妇女人数

单位：人

地 区	15-64岁妇女人数	存活0个	存活1个	存活2个	存活3个	存活4个	存活5个及以上
总 计	**1417812**	**361198**	**312424**	**483213**	**181420**	**58434**	**21123**
南宁市	267203	81506	72786	84580	22166	4886	1279
柳州市	127456	31021	41941	42789	9176	2032	497
桂林市	146365	35341	43854	56540	9182	1232	216
梧州市	75471	20055	13787	20643	13008	5424	2554
北海市	54687	13724	12391	17554	7845	2371	802
防城港市	28328	6032	5332	10630	4925	1123	286
钦州市	84608	20572	11439	23462	18504	7621	3010
贵港市	115786	31498	15504	35527	22252	8341	2664
玉林市	148888	36555	18384	44281	31036	13372	5260
百色市	104272	24649	25410	42794	8969	1878	572
贺州市	54345	12542	8767	18507	9889	3315	1325
河池市	93209	20421	18292	38388	11575	3107	1426
来宾市	56927	11513	10935	23034	7812	2669	964
崇左市	60267	15769	13602	24484	5081	1063	268

6–9 按受教育程度、存活子女数分的15–64岁妇女人数

单位：人

受教育程度	15–64岁妇女人数	存活0个	存活1个	存活2个	存活3个	存活4个	存活5个及以上
总 计	**1417812**	**361198**	**312424**	**483213**	**181420**	**58434**	**21123**
未上过学	20769	1745	2610	7986	4912	2280	1236
学前教育	994	232	124	294	173	107	64
小 学	278541	16130	38870	121732	65146	25841	10822
初 中	610532	95701	127921	255158	96202	27250	8300
高 中	255850	121105	65942	53905	11748	2518	632
大学专科	133159	60575	43410	26314	2459	345	56
大学本科	110577	61825	31168	16740	745	86	13
硕士研究生	6877	3681	2157	1001	32	6	
博士研究生	513	204	222	83	3	1	

6–10 按职业、存活子女数分的15–64岁妇女人数

单位：人

职业大类	15–64岁妇女人数	存活0个	存活1个	存活2个	存活3个	存活4个	存活5个及以上	妇女平均存活子女数
总 计	**816208**	**141021**	**193235**	**328472**	**110269**	**32251**	**10960**	**1.67**
党的机关、国家机关、群众团体和社会组织、企事业单位负责人	9800	1622	3710	3634	666	134	34	1.4
专业技术人员	100965	32914	37445	27145	2867	493	101	1.02
办事人员和有关人员	43880	13586	17680	11164	1204	203	43	1.02
社会生产服务和生活服务人员	260169	54659	72117	99684	26231	5950	1528	1.47
农、林、牧、渔业生产及辅助人员	274693	19381	38670	130676	58446	19984	7536	2.16
生产制造及有关人员	123752	17575	23124	55312	20608	5435	1698	1.82
不便分类的其他从业人员	2949	1284	489	857	247	52	20	1.1

6-11 各地区15-64岁妇女平均活产子女数和平均存活子女数

单位：人、%

地区	15-64岁妇女人数	活产子女总数			存活子女总数			存活子女数占活产子女数的百分比	妇女平均活产子女数	妇女平均存活子女数
		合计	男	女	合计	男	女			
总计	**1417812**	**2223683**	**1219231**	**1004452**	**2170364**	**1184982**	**985382**	**97.60**	**1.57**	**1.53**
南宁市	267203	342146	190928	151218	334785	186158	148627	97.85	1.28	1.25
柳州市	127456	169680	90437	79243	165800	87983	77817	97.71	1.33	1.30
桂林市	146365	195013	105334	89679	190546	102527	88019	97.71	1.33	1.30
梧州市	75471	132534	72159	60375	129590	70268	59322	97.78	1.76	1.72
北海市	54687	87055	48338	38717	84794	46909	37885	97.40	1.59	1.55
防城港市	28328	48451	27379	21072	47391	26644	20747	97.81	1.71	1.67
钦州市	84608	163776	91596	72180	160599	89490	71109	98.06	1.94	1.90
贵港市	115786	205063	113347	91716	200836	110596	90240	97.94	1.77	1.73
玉林市	148888	288382	160096	128286	281634	155770	125864	97.66	1.94	1.89
百色市	104272	153023	83589	69434	148528	80662	67866	97.06	1.47	1.42
贺州市	54345	98360	53051	45309	95826	51363	44463	97.42	1.81	1.76
河池市	93209	154940	83383	71557	150248	80446	69802	96.97	1.66	1.61
来宾市	56927	99860	52917	46943	96302	50707	45595	96.44	1.75	1.69
崇左市	60267	85400	46677	38723	83485	45459	38026	97.76	1.42	1.39

6–12 按年龄分的15–64岁妇女平均活产子女数和平均存活子女数

单位：人、%

年 龄	15–64岁妇女人数	活产子女总数			存活子女总数			存活子女数占活产子女数的百分比	妇女平均活产子女数	妇女平均存活子女数
		合计	男	女	合计	男	女			
总 计	**1417812**	**2223683**	**1219231**	**1004452**	**2170364**	**1184982**	**985382**	**97.60**	**1.57**	**1.53**
15–19岁	**146272**	**2160**	**1174**	**986**	**2128**	**1149**	**979**	**98.52**	**0.01**	**0.01**
15	30020	71	41	30	62	32	30	87.32		
16	34164	153	83	70	152	83	69	99.35		
17	32894	320	177	143	319	176	143	99.69	0.01	0.01
18	25305	592	321	271	583	315	268	98.48	0.02	0.02
19	23889	1024	552	472	1012	543	469	98.83	0.04	0.04
20–24岁	**99802**	**28106**	**14757**	**13349**	**27549**	**14401**	**13148**	**98.02**	**0.28**	**0.28**
20	23149	2124	1143	981	2084	1122	962	98.12	0.09	0.09
21	20035	3245	1676	1569	3179	1631	1548	97.97	0.16	0.16
22	19782	5417	2800	2617	5304	2725	2579	97.91	0.27	0.27
23	18553	7313	3855	3458	7170	3761	3409	98.04	0.39	0.39
24	18283	10007	5283	4724	9812	5162	4650	98.05	0.55	0.54
25–29岁	**109625**	**108030**	**56789**	**51241**	**105810**	**55437**	**50373**	**97.95**	**0.99**	**0.97**
25	19431	13383	6969	6414	13100	6788	6312	97.89	0.69	0.67
26	19917	16304	8586	7718	15981	8396	7585	98.02	0.82	0.80
27	21663	21120	11162	9958	20663	10889	9774	97.84	0.97	0.95
28	23966	26597	13945	12652	26080	13633	12447	98.06	1.11	1.09
29	24648	30626	16127	14499	29986	15731	14255	97.91	1.24	1.22
30–34岁	**168366**	**264819**	**140381**	**124438**	**259322**	**137015**	**122307**	**97.92**	**1.57**	**1.54**
30	30685	42002	22258	19744	41132	21705	19427	97.93	1.37	1.34
31	31848	47770	25220	22550	46802	24612	22190	97.97	1.50	1.47
32	32333	50903	26872	24031	49864	26238	23626	97.96	1.57	1.54
33	36644	60731	32344	28387	59380	31559	27821	97.78	1.66	1.62
34	36856	63413	33687	29726	62144	32901	29243	98.00	1.72	1.69
35–39岁	**161797**	**297778**	**159831**	**137947**	**291534**	**155986**	**135548**	**97.90**	**1.84**	**1.80**
35	35383	62647	33631	29016	61391	32879	28512	98.00	1.77	1.74
36	34472	62887	33619	29268	61543	32794	28749	97.86	1.82	1.79
37	29620	54796	29417	25379	53627	28676	24951	97.87	1.85	1.81
38	31878	59021	31810	27211	57795	31052	26743	97.92	1.85	1.81
39	30444	58427	31354	27073	57178	30585	26593	97.86	1.92	1.88
40–44岁	**149142**	**280268**	**151841**	**128427**	**274021**	**147903**	**126118**	**97.77**	**1.88**	**1.84**
40	30202	57543	31162	26381	56294	30380	25914	97.83	1.91	1.86
41	31305	59270	31851	27419	57994	31058	26936	97.85	1.89	1.85
42	29792	55592	30186	25406	54315	29366	24949	97.70	1.87	1.82
43	27519	51455	27852	23603	50287	27110	23177	97.73	1.87	1.83
44	30324	56408	30790	25618	55131	29989	25142	97.74	1.86	1.82
45–49岁	**158752**	**300919**	**165765**	**135154**	**293777**	**161176**	**132601**	**97.63**	**1.90**	**1.85**
45	30667	57184	31291	25893	55785	30389	25396	97.55	1.86	1.82
46	33673	63750	35039	28711	62237	34070	28167	97.63	1.89	1.85
47	31345	59118	32478	26640	57817	31626	26191	97.80	1.89	1.84
48	31425	60169	33048	27121	58739	32156	26583	97.62	1.91	1.87
49	31642	60698	33909	26789	59199	32935	26264	97.53	1.92	1.87
50–54岁	**167306**	**337729**	**189280**	**148449**	**329436**	**183843**	**145593**	**97.54**	**2.02**	**1.97**
50	33820	65622	36651	28971	64092	35638	28454	97.67	1.94	1.90
51	32539	64279	35964	28315	62812	35016	27796	97.72	1.98	1.93
52	36426	73747	41327	32420	71941	40103	31838	97.55	2.02	1.97
53	30052	61669	34647	27022	60043	33597	26446	97.36	2.05	2.00
54	34469	72412	40691	31721	70548	39489	31059	97.43	2.10	2.05
55–59岁	**149649**	**332422**	**187009**	**145413**	**323493**	**181136**	**142357**	**97.31**	**2.22**	**2.16**
55	34949	74388	42074	32314	72439	40778	31661	97.38	2.13	2.07
56	34403	75276	42320	32956	73226	40966	32260	97.28	2.19	2.13
57	36604	81018	45472	35546	78791	44058	34733	97.25	2.21	2.15
58	28752	66423	37305	29118	64732	36154	28578	97.45	2.31	2.25
59	14941	35317	19838	15479	34305	19180	15125	97.13	2.36	2.30
60–64岁	**107101**	**271452**	**152404**	**119048**	**263294**	**146936**	**116358**	**96.99**	**2.53**	**2.46**
60	17790	42443	23909	18534	41205	23102	18103	97.08	2.39	2.32
61	16512	40369	22692	17677	39141	21870	17271	96.96	2.44	2.37
62	25235	63819	35805	28014	61990	34569	27421	97.13	2.53	2.46
63	24830	64185	35956	28229	62220	34638	27582	96.94	2.58	2.51
64	22734	60636	34042	26594	58738	32757	25981	96.87	2.67	2.58

6-13 按受教育程度分的15-64岁妇女平均活产子女数和平均存活子女数

单位：人、%

受教育程度	15-64岁妇女人数	活产子女总数			存活子女总数			存活子女数占活产子女数的百分比	妇女平均活产子女数	妇女平均存活子女数
		合计	男	女	合计	男	女			
总　计	**1417812**	**2223683**	**1219231**	**1004452**	**2170364**	**1184982**	**985382**	**97.60**	**1.57**	**1.53**
未上过学	20769	50902	28233	22669	49208	27132	22076	96.67	2.45	2.37
学前教育	994	2063	1158	905	2006	1124	882	97.24	2.08	2.02
小学	278541	656485	363378	293107	639741	352432	287309	97.45	2.36	2.30
初　中	610532	1105193	603378	501815	1079939	587162	492777	97.71	1.81	1.77
高　中	255850	227832	124641	103191	222411	121274	101137	97.62	0.89	0.87
大学专科	133159	107619	58494	49125	105078	56926	48152	97.64	0.81	0.79
大学本科	110577	68846	37425	31421	67301	36452	30849	97.76	0.62	0.61
硕士研究生	6877	4335	2315	2020	4279	2276	2003	98.71	0.63	0.62
博士研究生	513	408	209	199	401	204	197	98.28	0.80	0.78

第二部分　长表数据资料

第七卷　迁移和户口登记地

7–1 按现住地、户口登记地类型分的户口登记地在外乡镇街道的人口

单位：人

现住地	合计					省内				
						合计				
	合计	乡	镇的村委会	镇的居委会	街道	合计	乡	镇的村委会	镇的居委会	街道
总　计	**1156123**	**209417**	**624658**	**120025**	**202023**	**1019811**	**185290**	**553130**	**104686**	**176705**
南宁市	305435	36632	167047	33346	68410	268406	31898	147946	28491	60071
柳州市	143640	26945	71549	13202	31944	127858	24124	62537	11659	29538
桂林市	116019	24326	56407	12124	23162	96359	20489	46630	10133	19107
梧州市	47171	5541	26830	5899	8901	42929	4902	24349	5469	8209
北海市	58228	7565	30837	7084	12742	43787	4854	24317	5344	9272
防城港市	35149	6918	18687	4711	4833	27271	4815	15200	3736	3520
钦州市	56971	3855	37442	5911	9763	51558	3304	33990	5417	8847
贵港市	60459	10690	38406	5753	5610	56157	9831	35896	5345	5085
玉林市	78179	8563	52421	6509	10686	71784	7601	48301	5932	9950
百色市	69858	20877	36968	5619	6394	64133	19545	34124	4934	5530
贺州市	27000	3438	16615	2923	4024	23858	2935	14650	2549	3724
河池市	62531	28276	24074	6442	3739	58096	27031	22035	5902	3128
来宾市	48327	13878	25272	4021	5156	45157	13119	23449	3746	4843
崇左市	47156	11913	22103	6481	6659	42458	10842	19706	6029	5881

7–1　续表 1

单位：人

现住地	省内									
	本县					本省其他县				
	小计	乡	镇的村委会	镇的居委会	街道	小计	乡	镇的村委会	镇的居委会	街道
总　计	**509813**	**107013**	**267792**	**51832**	**83176**	**509998**	**78277**	**285338**	**52854**	**93529**
南宁市	77477	8417	38718	8488	21854	190929	23481	109228	20003	38217
柳州市	45208	9618	17625	4474	13491	82650	14506	44912	7185	16047
桂林市	43271	10175	21201	4981	6914	53088	10314	25429	5152	12193
梧州市	24431	2701	14126	3567	4037	18498	2201	10223	1902	4172
北海市	19616	1839	9154	3044	5579	24171	3015	15163	2300	3693
防城港市	13791	2769	7250	1800	1972	13480	2046	7950	1936	1548
钦州市	32163	1746	21756	3325	5336	19395	1558	12234	2092	3511
贵港市	37285	6494	24624	3175	2992	18872	3337	11272	2170	2093
玉林市	50546	5527	33189	4136	7694	21238	2074	15112	1796	2256
百色市	47171	14974	25774	3179	3244	16962	4571	8350	1755	2286
贺州市	15431	1888	9690	1608	2245	8427	1047	4960	941	1479
河池市	42197	21410	15278	3856	1653	15899	5621	6757	2046	1475
来宾市	36329	11179	18944	2726	3480	8828	1940	4505	1020	1363
崇左市	24897	8276	10463	3473	2685	17561	2566	9243	2556	3196

7-1 续表 2　　　　单位：人

现住地	省外									
	合计					北京				
	合计	乡	镇的村委会	镇的居委会	街道	小计	乡	镇的村委会	镇的居委会	街道
总　计	**136312**	**24127**	**71528**	**15339**	**25318**	**412**	**21**	**29**	**40**	**322**
南宁市	37029	4734	19101	4855	8339	143	4	7	12	120
柳州市	15782	2821	9012	1543	2406	31	1	4	2	24
桂林市	19660	3837	9777	1991	4055	98	4	6	11	77
梧州市	4242	639	2481	430	692	9		1	2	6
北海市	14441	2711	6520	1740	3470	60	10	3	5	42
防城港市	7878	2103	3487	975	1313	11			2	9
钦州市	5413	551	3452	494	916	9		2		7
贵港市	4302	859	2510	408	525	12	1	2		9
玉林市	6395	962	4120	577	736	7		1		6
百色市	5725	1332	2844	685	864	8		1	2	5
贺州市	3142	503	1965	374	300	2				2
河池市	4435	1245	2039	540	611	13	1	1	1	10
来宾市	3170	759	1823	275	313	2			1	1
崇左市	4698	1071	2397	452	778	7		1	2	4

7-1 续表 3　　　　单位：人

现住地	省外									
	天津					河北				
	小计	乡	镇的村委会	镇的居委会	街道	小计	乡	镇的村委会	镇的居委会	街道
总　计	**385**	**21**	**108**	**62**	**194**	**3677**	**626**	**1816**	**390**	**845**
南宁市	109	6	25	16	62	1116	165	558	126	267
柳州市	32	1	11	7	13	377	48	208	58	63
桂林市	97	4	25	18	50	715	96	329	74	216
梧州市	14	6	2	1	5	40	6	22	5	7
北海市	49	1	13	7	28	625	116	306	69	134
防城港市	12	1	4		7	254	78	107	14	55
钦州市	9		2		7	104	8	63	11	22
贵港市	1		1			34	10	21		3
玉林市	27		14	4	9	94	37	42	5	10
百色市	6		2	4		51	4	22	7	18
贺州市	1				1	47	7	31	6	3
河池市	11		2	3	6	74	15	34	3	22
来宾市	9	1	5	1	2	59	17	31	2	9
崇左市	8	1	2	1	4	87	19	42	10	16

7-1 续表 4 单位：人

现住地	省外									
	山西					内蒙古				
	小计	乡	镇的村委会	镇的居委会	街道	小计	乡	镇的村委会	镇的居委会	街道
总　计	**1963**	**364**	**798**	**221**	**580**	**1493**	**248**	**597**	**265**	**383**
南宁市	437	46	170	57	164	435	38	215	95	87
柳州市	121	21	48	18	34	75	9	28	15	23
桂林市	252	43	83	33	93	209	38	58	45	68
梧州市	41	16	5	1	19	11	3	1	1	6
北海市	593	134	244	56	159	447	86	176	67	118
防城港市	205	58	83	33	31	178	58	56	21	43
钦州市	49	6	22	10	11	17	2	10	2	3
贵港市	20	4	6	1	9	18	6	4	6	2
玉林市	65	4	51	1	9	18		8	6	4
百色市	57	8	28	2	19	11	1	1	1	8
贺州市	45	7	25	2	11	13	1	10	2	
河池市	26	8	13	1	4	25	2	12	3	8
来宾市	9	4	1	3	1	5		4		1
崇左市	43	5	19	3	16	31	4	14	1	12

7-1 续表 5 单位：人

现住地	省外									
	辽宁					吉林				
	小计	乡	镇的村委会	镇的居委会	街道	小计	乡	镇的村委会	镇的居委会	街道
总　计	**2265**	**317**	**791**	**309**	**848**	**2342**	**345**	**851**	**327**	**819**
南宁市	622	66	231	95	230	599	57	269	112	161
柳州市	121	11	37	17	56	107	3	47	15	42
桂林市	454	79	164	56	155	318	46	122	43	107
梧州市	20	4	7	1	8	22	6	8	1	7
北海市	589	89	174	83	243	811	156	222	114	319
防城港市	139	34	40	27	38	229	39	84	25	81
钦州市	86	3	46	6	31	76	4	33	5	34
贵港市	36	1	17	5	13	19	5	5	2	7
玉林市	50	12	22	5	11	43	11	14	3	15
百色市	42	4	15	7	16	37	4	20	3	10
贺州市	15		8	3	4	11	3	5		3
河池市	37	5	9	2	21	29	5	8	1	15
来宾市	11	3	4	1	3	10	1	5		4
崇左市	43	6	17	1	19	31	5	9	3	14

7-1 续表 6 单位：人

现住地	省外									
	黑龙江					上海				
	小计	乡	镇的村委会	镇的居委会	街道	小计	乡	镇的村委会	镇的居委会	街道
总　计	**4722**	**697**	**1751**	**750**	**1524**	**253**	**14**	**35**	**31**	**173**
南宁市	1453	134	675	244	400	61	5	9	9	38
柳州市	175	20	60	23	72	51	1	3	4	43
桂林市	682	120	258	113	191	47	1	6	4	36
梧州市	29	1	11	3	14	4			1	3
北海市	1438	248	461	195	534	35	2	4	3	26
防城港市	589	123	164	103	199	10	2		2	6
钦州市	91	7	35	20	29	9	1	1		7
贵港市	17	4	7	4	2	5		2	1	2
玉林市	38	1	25	4	8	11	2	4	1	4
百色市	68	6	23	18	21	2				2
贺州市	16	3	4	1	8	4		1	2	1
河池市	64	18	6	10	30	8		3	1	4
来宾市	21	1	13	3	4	3		2		1
崇左市	41	11	9	9	12	3			3	

7-1 续表 7 单位：人

现住地	省外									
	江苏					浙江				
	小计	乡	镇的村委会	镇的居委会	街道	小计	乡	镇的村委会	镇的居委会	街道
总　计	**2544**	**280**	**1175**	**335**	**754**	**3944**	**507**	**1985**	**517**	**935**
南宁市	785	71	382	88	244	1232	102	591	187	352
柳州市	349	33	174	40	102	727	93	411	90	133
桂林市	405	49	143	51	162	445	78	178	54	135
梧州市	37	5	13	10	9	81	14	39	7	21
北海市	147	18	47	26	56	237	36	86	18	97
防城港市	165	37	87	21	20	178	40	99	18	21
钦州市	134	6	70	16	42	151	12	89	14	36
贵港市	34	4	19	5	6	75	12	38	18	7
玉林市	108	3	68	20	17	171	22	115	19	15
百色市	97	13	44	15	25	166	26	90	16	34
贺州市	38	3	17	11	7	75	8	46	11	10
河池市	81	16	31	16	18	138	31	47	38	22
来宾市	69	11	39	8	11	115	13	71	12	19
崇左市	95	11	41	8	35	153	20	85	15	33

7-1 续表 8

单位：人

现住地	省外									
	安徽					福建				
	小计	乡	镇的村委会	镇的居委会	街道	小计	乡	镇的村委会	镇的居委会	街道
总　计	**4847**	**811**	**2757**	**537**	**742**	**6701**	**971**	**3798**	**792**	**1140**
南宁市	1617	182	929	206	300	2287	253	1245	297	492
柳州市	767	179	433	67	88	595	96	332	56	111
桂林市	715	95	414	56	150	577	92	301	61	123
梧州市	185	29	109	28	19	240	29	164	15	32
北海市	376	72	216	37	51	278	52	146	32	48
防城港市	239	96	103	22	18	426	53	250	68	55
钦州市	125	16	74	22	13	314	26	196	34	58
贵港市	80	11	44	13	12	300	65	171	36	28
玉林市	240	23	166	15	36	287	41	200	28	18
百色市	106	24	53	15	14	375	81	203	50	41
贺州市	55	14	30	9	2	226	39	135	30	22
河池市	174	43	85	32	14	332	60	175	43	54
来宾市	82	20	48	3	11	159	34	106	13	6
崇左市	86	7	53	12	14	305	50	174	29	52

7-1 续表 9

单位：人

现住地	省外									
	江西					山东				
	小计	乡	镇的村委会	镇的居委会	街道	小计	乡	镇的村委会	镇的居委会	街道
总　计	**6934**	**1163**	**3842**	**832**	**1097**	**3550**	**488**	**1768**	**350**	**944**
南宁市	2267	278	1287	283	419	1209	108	601	125	375
柳州市	798	142	486	85	85	290	50	146	34	60
桂林市	846	134	431	103	178	495	60	217	63	155
梧州市	200	23	122	26	29	50	9	20	4	17
北海市	442	115	197	48	82	657	134	352	40	131
防城港市	247	49	136	38	24	222	50	97	29	46
钦州市	332	35	202	32	63	173	14	95	13	51
贵港市	160	24	93	22	21	37	1	28	1	7
玉林市	306	54	193	29	30	85	3	57	8	17
百色市	370	80	191	47	52	133	26	54	17	36
贺州市	235	44	141	33	17	50	4	35	4	7
河池市	227	70	105	24	28	58	9	24	4	21
来宾市	162	40	79	25	18	40	8	22	3	7
崇左市	342	75	179	37	51	51	12	20	5	14

7-1 续表 10

单位：人

现住地	省外									
	河南					湖北				
	小计	乡	镇的村委会	镇的居委会	街道	小计	乡	镇的村委会	镇的居委会	街道
总　计	**7083**	**1529**	**3859**	**623**	**1072**	**7815**	**1226**	**4014**	**907**	**1668**
南宁市	2343	464	1265	228	386	2480	283	1286	314	597
柳州市	775	156	433	69	117	1142	189	591	144	218
桂林市	904	212	421	84	187	878	123	412	98	245
梧州市	257	55	176	5	21	219	24	124	25	46
北海市	728	145	394	67	122	493	89	209	60	135
防城港市	458	168	209	28	53	292	79	128	25	60
钦州市	306	35	218	16	37	287	20	207	19	41
贵港市	135	22	83	14	16	252	35	148	18	51
玉林市	277	39	185	28	25	398	47	267	31	53
百色市	265	61	133	26	45	460	108	187	70	95
贺州市	140	24	85	14	17	127	32	69	11	15
河池市	181	65	81	15	20	338	92	166	43	37
来宾市	133	36	80	12	5	233	64	104	35	30
崇左市	181	47	96	17	21	216	41	116	14	45

7-1 续表 11

单位：人

现住地	省外									
	湖南					广东				
	小计	乡	镇的村委会	镇的居委会	街道	小计	乡	镇的村委会	镇的居委会	街道
总　计	**25337**	**5344**	**14783**	**2458**	**2752**	**18612**	**2374**	**10238**	**2389**	**3611**
南宁市	5532	898	3074	669	891	4804	406	2466	693	1239
柳州市	4616	966	2916	351	383	1514	174	835	184	321
桂林市	7144	1798	4118	554	674	1280	183	561	156	380
梧州市	523	106	322	45	50	1364	144	789	179	252
北海市	956	154	530	127	145	1716	242	887	258	329
防城港市	885	257	440	111	77	1000	136	533	175	156
钦州市	635	79	433	53	70	1112	86	759	114	153
贵港市	573	83	385	46	59	976	168	555	106	147
玉林市	652	100	438	62	52	1678	173	1108	163	234
百色市	876	211	459	102	104	878	231	460	94	93
贺州市	723	114	466	89	54	646	86	413	68	79
河池市	808	246	389	115	58	566	145	268	73	80
来宾市	623	147	373	57	46	487	100	286	39	62
崇左市	791	185	440	77	89	591	100	318	87	86

7-1 续表 12 单位：人

现住地	省外									
	广西					海南				
	小计	乡	镇的村委会	镇的居委会	街道	小计	乡	镇的村委会	镇的居委会	街道
总　计						**1754**	**231**	**767**	**347**	**409**
南宁市						495	44	216	96	139
柳州市						114	18	44	24	28
桂林市						152	14	68	28	42
梧州市						57	6	20	14	17
北海市						300	63	110	70	57
防城港市						93	25	32	25	11
钦州市						75	6	43	12	14
贵港市						45	4	22	10	9
玉林市						175	17	95	33	30
百色市						58	3	41	4	10
贺州市						19	3	12	4	
河池市						39	10	17	9	3
来宾市						51	13	20	9	9
崇左市						81	5	27	9	40

7-1 续表 13 单位：人

现住地	省外									
	重庆					四川				
	小计	乡	镇的村委会	镇的居委会	街道	小计	乡	镇的村委会	镇的居委会	街道
总　计	**3581**	**619**	**1899**	**355**	**708**	**8815**	**1925**	**4697**	**916**	**1277**
南宁市	868	110	423	104	231	2177	359	1130	290	398
柳州市	464	67	275	40	82	933	201	541	91	100
桂林市	408	79	175	50	104	908	193	485	70	160
梧州市	113	15	63	8	27	306	41	197	31	37
北海市	445	80	231	40	94	1052	266	491	107	188
防城港市	169	54	76	12	27	687	219	295	86	87
钦州市	136	6	91	12	27	334	42	220	26	46
贵港市	171	42	94	20	15	260	60	153	25	22
玉林市	214	22	161	13	18	613	131	358	50	74
百色市	141	39	65	17	20	338	60	188	35	55
贺州市	77	6	58	8	5	197	38	124	26	9
河池市	172	58	79	13	22	339	99	162	33	45
来宾市	101	22	52	12	15	238	63	152	7	16
崇左市	102	19	56	6	21	433	153	201	39	40

7-1 续表 14

单位：人

现住地	省外									
	贵州					云南				
	小计	乡	镇的村委会	镇的居委会	街道	小计	乡	镇的村委会	镇的居委会	街道
总　计	**7619**	**1947**	**4332**	**611**	**729**	**4830**	**1233**	**2792**	**372**	**433**
南宁市	1402	246	785	184	187	1181	255	649	116	161
柳州市	897	237	571	36	53	308	56	191	23	38
桂林市	663	158	371	51	83	315	51	185	29	50
梧州市	209	44	148	11	6	110	23	76	4	7
北海市	884	195	535	72	82	372	77	210	40	45
防城港市	317	130	138	20	29	300	104	154	23	19
钦州市	422	68	267	38	49	229	43	164	9	13
贵港市	557	153	310	38	56	407	133	248	12	14
玉林市	452	132	277	29	14	242	60	162	11	9
百色市	454	145	199	45	65	552	159	303	51	39
贺州市	208	39	143	20	6	93	15	68	7	3
河池市	407	166	194	27	20	150	61	70	15	4
来宾市	378	135	212	16	15	94	19	64	7	4
崇左市	369	99	182	24	64	477	177	248	25	27

7-1 续表 15

单位：人

现住地	省外									
	西藏					陕西				
	小计	乡	镇的村委会	镇的居委会	街道	小计	乡	镇的村委会	镇的居委会	街道
总　计	**66**	**11**	**24**	**13**	**18**	**2289**	**342**	**1111**	**273**	**563**
南宁市	28	2	16	7	3	677	66	335	85	191
柳州市	3	1			2	247	31	123	33	60
桂林市	10		3	2	5	339	37	150	41	111
梧州市						57	11	34	1	11
北海市	7		3	2	2	345	61	146	57	81
防城港市						164	71	52	16	25
钦州市						86	9	59	4	14
贵港市						60	9	42	3	6
玉林市	3			1	2	70	19	42	2	7
百色市	14	7	2	1	4	43	3	23	7	10
贺州市						29	3	18	6	2
河池市	1	1				93	10	43	10	30
来宾市						41	7	28	2	4
崇左市						38	5	16	6	11

7-1 续表 16

单位：人

现住地	省外									
	甘肃					青海				
	小计	乡	镇的村委会	镇的居委会	街道	小计	乡	镇的村委会	镇的居委会	街道
总 计	**1461**	**309**	**603**	**146**	**403**	**316**	**48**	**99**	**45**	**124**
南宁市	336	45	147	49	95	72	10	28	17	17
柳州市	82	12	46	7	17	43	2	13	3	25
桂林市	154	22	62	18	52	47	9	14	1	23
梧州市	25	9	6		10	12	8	2		2
北海市	182	46	69	15	52	70	11	17	14	28
防城港市	312	122	94	17	79	27	2	11	4	10
钦州市	68	3	31	4	30	10	3	2	1	4
贵港市	9		8	1		4		3	1	
玉林市	56	3	42	2	9	6	2	3	1	
百色市	68	20	20	13	15	9	1	3	2	3
贺州市	39	10	15	5	9					
河池市	30	7	13	4	6					
来宾市	29		22	4	3	5				5
崇左市	71	10	28	7	26	11		3	1	7

7-1 续表 17

单位：人

现住地	省外									
	宁夏					新疆				
	小计	乡	镇的村委会	镇的居委会	街道	小计	乡	镇的村委会	镇的居委会	街道
总 计	**198**	**24**	**72**	**40**	**62**	**504**	**92**	**137**	**86**	**189**
南宁市	55	3	23	8	21	207	28	64	43	72
柳州市	10	2	4	3	1	18	1	1	4	12
桂林市	22	1	3	5	13	81	18	14	19	30
梧州市	4	1		1	2	3	1			2
北海市	36	4	16	3	13	71	9	25	8	29
防城港市	26	10	9	4	3	44	8	6	6	24
钦州市	12	1	8	1	2	22	10	10		2
贵港市	1		1			4	2			2
玉林市	3	2		1		6	2	2	2	
百色市	24		7	13	4	16	7	7	1	1
贺州市	1				1	10		6	2	2
河池市	2		1	1		12	2	1		9
来宾市	1				1					
崇左市	1				1	10	4	1	1	4

7-1a 按现住地、户口登记地类型分的户口登记地在外乡镇街道的人口（城市）

单位：人

现住地	合计					省内				
						合计				
	合计	乡	镇的村委会	镇的居委会	街道	合计	乡	镇的村委会	镇的居委会	街道
总　计	**754679**	**107526**	**393381**	**78492**	**175280**	**663767**	**93298**	**347592**	**67648**	**155229**
南宁市	258174	27944	136953	27767	65510	226158	24189	120840	23502	57627
柳州市	109478	16585	53456	9788	29649	96919	14525	46292	8593	27509
桂林市	64354	11763	28831	6219	17541	52693	9434	23152	5080	15027
梧州市	32725	3272	16848	4349	8256	30266	2921	15638	4038	7669
北海市	37316	4520	18038	4056	10702	26246	2480	13190	2743	7833
防城港市	25143	3781	13387	3750	4225	19562	2690	10852	2925	3095
钦州市	30835	1824	18608	3474	6929	28480	1599	17279	3208	6394
贵港市	39209	7129	23384	4287	4409	37014	6773	22156	4011	4074
玉林市	42463	3828	26244	3461	8930	39295	3471	24304	3131	8389
百色市	38785	8786	21454	3354	5191	36095	8261	20216	3002	4616
贺州市	13605	1249	7887	1247	3222	12378	1073	7187	1104	3014
河池市	18134	6508	7136	2337	2153	16819	6104	6576	2168	1971
来宾市	27369	8398	12934	1934	4103	26224	8142	12320	1842	3920
崇左市	17089	1939	8221	2469	4460	15618	1636	7590	2301	4091

7-1a 续表 1

单位：人

现住地	省内									
	本县					本省其他县				
	小计	乡	镇的村委会	镇的居委会	街道	小计	乡	镇的村委会	镇的居委会	街道
总　计	**254886**	**35163**	**121235**	**25591**	**72897**	**408881**	**58135**	**226357**	**42057**	**82332**
南宁市	51293	3479	21622	5236	20956	174865	20710	99218	18266	36671
柳州市	24679	2120	7725	2385	12449	72240	12405	38567	6208	15060
桂林市	16060	2357	6089	1838	5776	36633	7077	17063	3242	9251
梧州市	14344	1154	7159	2370	3661	15922	1767	8479	1668	4008
北海市	9246	501	2753	1190	4802	17000	1979	10437	1553	3031
防城港市	8926	1339	4505	1261	1821	10636	1351	6347	1664	1274
钦州市	15549	751	9667	1645	3486	12931	848	7612	1563	2908
贵港市	22002	4088	13569	2058	2287	15012	2685	8587	1953	1787
玉林市	24472	2124	13731	1940	6677	14823	1347	10573	1191	1712
百色市	24811	5570	14724	1736	2781	11284	2691	5492	1266	1835
贺州市	6703	383	3984	539	1797	5675	690	3203	565	1217
河池市	8468	3266	3027	1041	1134	8351	2838	3549	1127	837
来宾市	22251	7375	10425	1389	3062	3973	767	1895	453	858
崇左市	6082	656	2255	963	2208	9536	980	5335	1338	1883

7−1a 续表 2

单位：人

现住地	省外									
	合计					北京				
	合计	乡	镇的村委会	镇的居委会	街道	小计	乡	镇的村委会	镇的居委会	街道
总 计	**90912**	**14228**	**45789**	**10844**	**20051**	**329**	**10**	**15**	**31**	**273**
南宁市	32016	3755	16113	4265	7883	139	3	6	12	118
柳州市	12559	2060	7164	1195	2140	25	1	1	1	22
桂林市	11661	2329	5679	1139	2514	75	2	2	7	64
梧州市	2459	351	1210	311	587	9		1	2	6
北海市	11070	2040	4848	1313	2869	47	4	3	5	35
防城港市	5581	1091	2535	825	1130	7			2	5
钦州市	2355	225	1329	266	535	4				4
贵港市	2195	356	1228	276	335	9		2		7
玉林市	3168	357	1940	330	541	6				6
百色市	2690	525	1238	352	575	2			1	1
贺州市	1227	176	700	143	208	2				2
河池市	1315	404	560	169	182	2			1	1
来宾市	1145	256	614	92	183					
崇左市	1471	303	631	168	369	2				2

7−1a 续表 3

单位：人

现住地	省外									
	天津					河北				
	小计	乡	镇的村委会	镇的居委会	街道	小计	乡	镇的村委会	镇的居委会	街道
总 计	**277**	**14**	**71**	**44**	**148**	**2697**	**473**	**1338**	**270**	**616**
南宁市	100	5	20	13	62	984	150	481	105	248
柳州市	29	1	11	6	11	327	38	179	53	57
桂林市	39	1	7	9	22	353	61	173	35	84
梧州市	13	5	2	1	5	32	2	19	4	7
北海市	41		11	6	24	524	97	270	44	113
防城港市	11		4		7	215	63	88	12	52
钦州市	5		1		4	48	1	30	7	10
贵港市	1		1			22	7	13		2
玉林市	19		9	4	6	50	16	25	2	7
百色市	5		2	3		32	3	10	5	14
贺州市	1				1	15	4	9		2
河池市	1				1	35	7	21	1	6
来宾市	7	1	3	1	2	23	10	6		7
崇左市	5	1		1	3	37	14	14	2	7

7-1a 续表 4

单位：人

现住地	省外									
	山西					内蒙古				
	小计	乡	镇的村委会	镇的居委会	街道	小计	乡	镇的村委会	镇的居委会	街道
总　计	**1412**	**255**	**566**	**162**	**429**	**1127**	**193**	**459**	**196**	**279**
南宁市	392	44	146	54	148	405	36	198	89	82
柳州市	96	19	35	13	29	56	8	20	8	20
桂林市	112	21	38	15	38	125	29	40	28	28
梧州市	28	10	4	1	13	5	1		1	3
北海市	422	100	168	46	108	323	63	126	45	89
防城港市	159	34	70	26	29	152	48	45	19	40
钦州市	15	1	9	1	4	8		5	1	2
贵港市	17	4	5	1	7	12	4	3	4	1
玉林市	46	2	36		8	9		5		4
百色市	45	6	19	1	19	10		1	1	8
贺州市	39	3	24	2	10	4	1	3		
河池市	9	4	5			7	2	4		1
来宾市	6	4		1	1	1		1		
崇左市	26	3	7	1	15	10	1	8		1

7-1a 续表 5

单位：人

现住地	省外									
	辽宁					吉林				
	小计	乡	镇的村委会	镇的居委会	街道	小计	乡	镇的村委会	镇的居委会	街道
总　计	**1830**	**246**	**622**	**269**	**693**	**1942**	**259**	**699**	**291**	**693**
南宁市	602	63	225	91	223	571	52	254	111	154
柳州市	105	9	31	15	50	92	3	40	12	37
桂林市	365	68	135	44	118	233	37	89	34	73
梧州市	19	4	6	1	8	18	4	7	1	6
北海市	482	66	138	73	205	668	112	177	97	282
防城港市	98	14	27	25	32	207	34	71	25	77
钦州市	33	1	13	5	14	49	2	17	3	27
贵港市	31	1	16	4	10	11	3	3		5
玉林市	34	8	14	5	7	21	1	10	3	7
百色市	27	3	9	4	11	26	2	13	2	9
贺州市	6		3	1	2	7	2	2		3
河池市	6	3	1		2	10	3	5	1	1
来宾市	7	3	1	1	2	7	1	3		3
崇左市	15	3	3		9	22	3	8	2	9

7-1a 续表 6

单位：人

现住地	省外									
	黑龙江					上海				
	小计	乡	镇的村委会	镇的居委会	街道	小计	乡	镇的村委会	镇的居委会	街道
总　计	**3969**	**562**	**1459**	**669**	**1279**	**194**	**12**	**18**	**19**	**145**
南宁市	1392	118	653	236	385	55	5	7	7	36
柳州市	158	17	55	19	67	49	1	2	3	43
桂林市	537	97	200	101	139	29	1	2	2	24
梧州市	27	1	9	3	14	3				3
北海市	1094	194	327	156	417	29	2	3	1	23
防城港市	544	104	142	100	198	8	2		2	4
钦州市	52	5	17	15	15	7	1			6
贵港市	10	2	4	2	2	3		1	1	1
玉林市	28		17	4	7	4		1	1	2
百色市	57	5	20	16	16	2				2
贺州市	12	1	3	1	7	3		1	1	1
河池市	20	9	2	7	2	1			1	
来宾市	15	1	8	3	3	1		1		
崇左市	23	8	2	6	7					

7-1a 续表 7

单位：人

现住地	省外									
	江苏					浙江				
	小计	乡	镇的村委会	镇的居委会	街道	小计	乡	镇的村委会	镇的居委会	街道
总　计	**1754**	**175**	**780**	**229**	**570**	**2876**	**334**	**1418**	**349**	**775**
南宁市	721	51	351	81	238	1097	82	525	159	331
柳州市	284	25	151	31	77	613	77	345	65	126
桂林市	208	36	65	27	80	258	40	94	31	93
梧州市	21	4	5	6	6	63	14	25	7	17
北海市	120	15	36	16	53	194	31	69	10	84
防城港市	97	15	49	16	17	105	15	62	10	18
钦州市	65	2	24	10	29	77	7	44	7	19
贵港市	21		10	5	6	57	9	26	16	6
玉林市	77	3	44	17	13	115	12	76	14	13
百色市	54	6	17	8	23	95	12	56	4	23
贺州市	15	2	8	3	2	38	2	27	4	5
河池市	18	5	5	4	4	56	18	19	8	11
来宾市	28	7	10	4	7	65	10	31	7	17
崇左市	25	4	5	1	15	43	5	19	7	12

7-1a　续表 8　　　　单位：人

现住地	省外									
	安徽					福建				
	小计	乡	镇的村委会	镇的居委会	街道	小计	乡	镇的村委会	镇的居委会	街道
总　计	**3638**	**566**	**2065**	**411**	**596**	**4464**	**577**	**2446**	**541**	**900**
南宁市	1453	151	840	179	283	1926	208	1012	260	446
柳州市	647	147	368	61	71	476	64	270	41	101
桂林市	451	64	266	34	87	265	31	137	33	64
梧州市	147	19	83	26	19	171	12	112	15	32
北海市	293	69	154	27	43	216	35	113	24	44
防城港市	130	32	67	15	16	374	40	232	59	43
钦州市	52	11	17	14	10	178	15	109	18	36
贵港市	56	8	29	8	11	168	40	91	14	23
玉林市	173	13	113	13	34	203	24	142	22	15
百色市	67	19	31	7	10	152	42	72	11	27
贺州市	30	5	21	3	1	79	12	40	15	12
河池市	75	18	38	16	3	121	29	50	16	26
来宾市	30	8	16	2	4	55	10	36	4	5
崇左市	34	2	22	6	4	80	15	30	9	26

7-1a　续表 9　　　　单位：人

现住地	省外									
	江西					山东				
	小计	乡	镇的村委会	镇的居委会	街道	小计	乡	镇的村委会	镇的居委会	街道
总　计	**4811**	**757**	**2621**	**599**	**834**	**2715**	**331**	**1348**	**287**	**749**
南宁市	2000	236	1112	246	406	1120	98	543	121	358
柳州市	670	112	415	67	76	255	45	123	31	56
桂林市	448	74	232	50	92	317	35	148	42	92
梧州市	132	13	70	21	28	19	5	6	3	5
北海市	334	93	139	37	65	515	87	289	33	106
防城港市	210	39	114	35	22	176	30	77	25	44
钦州市	130	20	72	8	30	87	6	38	11	32
贵港市	87	11	43	17	16	31		24	1	6
玉林市	171	20	108	26	17	57	1	38	6	12
百色市	238	49	117	30	42	52	13	19	8	12
贺州市	128	24	72	21	11	27	2	16	2	7
河池市	85	32	38	10	5	18	2	10	2	4
来宾市	64	8	34	9	13	23	3	14		6
崇左市	114	26	55	22	11	18	4	3	2	9

7-1a 续表 10

单位：人

现住地	省外									
	河南					湖北				
	小计	乡	镇的村委会	镇的居委会	街道	小计	乡	镇的村委会	镇的居委会	街道
总 计	**4924**	**1012**	**2599**	**457**	**856**	**5227**	**720**	**2585**	**618**	**1304**
南宁市	2082	388	1117	209	368	2197	236	1113	272	576
柳州市	633	121	343	59	110	893	154	444	106	189
桂林市	529	128	244	50	107	469	76	189	47	157
梧州市	125	39	66	2	18	140	14	67	18	41
北海市	521	111	267	45	98	366	62	152	45	107
防城港市	257	68	116	25	48	182	32	95	18	37
钦州市	151	17	109	7	18	128	8	90	8	22
贵港市	73	13	40	10	10	154	23	82	18	31
玉林市	163	20	111	12	20	245	25	157	18	45
百色市	144	30	67	18	29	196	33	82	31	50
贺州市	74	18	38	5	13	38	6	20	3	9
河池市	73	32	30	5	6	98	37	33	16	12
来宾市	55	14	31	7	3	78	10	42	15	11
崇左市	44	13	20	3	8	43	4	19	3	17

7-1a 续表 11

单位：人

现住地	省外									
	湖南					广东				
	小计	乡	镇的村委会	镇的居委会	街道	小计	乡	镇的村委会	镇的居委会	街道
总 计	**16995**	**3267**	**9914**	**1589**	**2225**	**10988**	**1060**	**5433**	**1568**	**2927**
南宁市	4720	690	2619	568	843	4010	295	1979	569	1167
柳州市	3749	701	2416	281	351	1118	102	600	130	286
桂林市	4613	1125	2682	305	501	660	73	229	82	276
梧州市	344	63	199	33	49	704	58	324	119	203
北海市	697	111	372	88	126	1238	178	613	169	278
防城港市	581	136	297	81	67	805	71	436	159	139
钦州市	260	29	172	22	37	390	26	217	54	93
贵港市	353	49	231	37	36	384	45	185	56	98
玉林市	301	36	199	31	35	682	59	373	85	165
百色市	408	87	220	51	50	321	48	145	49	79
贺州市	287	40	188	22	37	186	19	88	26	53
河池市	263	94	108	32	29	157	35	65	26	31
来宾市	222	62	122	11	27	162	31	96	8	27
崇左市	197	44	89	27	37	171	20	83	36	32

7-1a 续表 12

单位：人

现住地	省外									
	广西					海南				
	小计	乡	镇的村委会	镇的居委会	街道	小计	乡	镇的村委会	镇的居委会	街道
总　计						**1173**	**156**	**442**	**252**	**323**
南宁市						390	29	155	74	132
柳州市						91	10	36	19	26
桂林市						64	9	17	14	24
梧州市						36		8	14	14
北海市						257	57	98	59	43
防城港市						73	18	22	25	8
钦州市						23	2	9	6	6
贵港市						30	2	14	10	4
玉林市						69	12	26	11	20
百色市						31	1	18	3	9
贺州市						10	1	6	3	
河池市						22	4	10	6	2
来宾市						26	8	9	4	5
崇左市						51	3	14	4	30

7-1a 续表 13

单位：人

现住地	省外									
	重庆					四川				
	小计	乡	镇的村委会	镇的居委会	街道	小计	乡	镇的村委会	镇的居委会	街道
总　计	**2213**	**318**	**1125**	**243**	**527**	**5819**	**1181**	**2994**	**654**	**990**
南宁市	705	85	317	92	211	1850	282	935	254	379
柳州市	398	46	253	30	69	710	155	401	71	83
桂林市	210	48	81	26	55	539	131	278	35	95
梧州市	64	5	25	8	26	155	18	93	17	27
北海市	323	55	165	31	72	851	210	391	87	163
防城港市	106	18	56	11	21	452	107	209	70	66
钦州市	60	2	33	8	17	151	20	94	14	23
贵港市	72	10	43	10	9	158	25	100	18	15
玉林市	77	6	54	4	13	345	58	202	28	57
百色市	57	18	17	9	13	167	35	82	18	32
贺州市	43	1	30	7	5	66	12	38	9	7
河池市	34	14	14	1	5	104	19	61	11	13
来宾市	43	7	25	6	5	55	16	29	1	9
崇左市	21	3	12		6	216	93	81	21	21

7-1a 续表 14 单位：人

现住地	省外									
	贵州					云南				
	小计	乡	镇的村委会	镇的居委会	街道	小计	乡	镇的村委会	镇的居委会	街道
总 计	**3928**	**819**	**2136**	**431**	**542**	**2272**	**453**	**1256**	**223**	**340**
南宁市	1035	162	531	171	171	846	159	448	94	145
柳州市	564	129	367	25	43	208	33	126	14	35
桂林市	325	82	163	30	50	123	20	66	15	22
梧州市	73	18	44	5	6	34	15	10	2	7
北海市	665	139	383	65	78	273	47	157	29	40
防城港市	149	55	60	15	19	177	49	95	18	15
钦州市	208	26	106	36	40	52	6	36	4	6
贵港市	248	52	145	32	19	142	42	87	8	5
玉林市	121	24	79	12	6	69	9	44	9	7
百色市	158	40	66	17	35	225	53	120	24	28
贺州市	52	9	37	2	4	17	5	7	2	3
河池市	59	25	21	4	9	24	8	13		3
来宾市	115	38	59	5	13	23	4	14	3	2
崇左市	156	20	75	12	49	59	3	33	1	22

7-1a 续表 15 单位：人

现住地	省外									
	西藏					陕西				
	小计	乡	镇的村委会	镇的居委会	街道	小计	乡	镇的村委会	镇的居委会	街道
总 计	**47**	**10**	**13**	**10**	**14**	**1490**	**182**	**700**	**189**	**419**
南宁市	20	2	8	7	3	579	50	277	75	177
柳州市	3	1			2	181	27	80	23	51
桂林市	3				3	157	20	57	20	60
梧州市						45	10	23	1	11
北海市	6		3	2	1	270	46	121	38	65
防城港市						73	14	25	15	19
钦州市						54	4	36	4	10
贵港市						31	4	22	2	3
玉林市	3			1	2	27	3	18		6
百色市	12	7	2		3	23	1	9	5	8
贺州市						11	1	4	4	2
河池市						10	1	7	1	1
来宾市						18		15		3
崇左市						11	1	6	1	3

7-1a 续表 16　　单位：人

现住地	省外									
	甘肃					青海				
	小计	乡	镇的村委会	镇的居委会	街道	小计	乡	镇的村委会	镇的居委会	街道
总　计	**1022**	**179**	**442**	**102**	**299**	**242**	**31**	**68**	**41**	**102**
南宁市	312	40	135	49	88	64	7	23	17	17
柳州市	67	10	38	4	15	42	2	12	3	25
桂林市	74	7	29	10	28	21	2	6	1	12
梧州市	16	7	2		7	10	8			2
北海市	160	39	62	13	46	61	10	10	13	28
防城港市	151	42	55	4	50	24	1	9	4	10
钦州市	48	3	22	3	20	1		1		
贵港市	6		5	1		4		3	1	
玉林市	46	2	36	1	7	2		2		
百色市	49	11	13	11	14	8	1	2	2	3
贺州市	35	6	15	5	9					
河池市	3	3								
来宾市	10		8		2	5				5
崇左市	45	9	22	1	13					

7-1a 续表 17　　单位：人

现住地	省外									
	宁夏					新疆				
	小计	乡	镇的村委会	镇的居委会	街道	小计	乡	镇的村委会	镇的居委会	街道
总　计	**147**	**15**	**53**	**28**	**51**	**390**	**61**	**104**	**72**	**153**
南宁市	54	3	22	8	21	195	25	61	42	67
柳州市	2	1	1			18	1	1	4	12
桂林市	10		1	1	8	49	11	9	11	18
梧州市	3	1			2	3	1			2
北海市	31	4	13	3	11	49	3	18	6	22
防城港市	16	4	6	3	3	42	6	6	6	24
钦州市	3		3			16	10	5		1
贵港市						4	2			2
玉林市	2	2				3	1	1	1	
百色市	24		7	13	4	3		2		1
贺州市						2			2	
河池市						4				4
来宾市	1				1					
崇左市	1				1	2	1	1		

7–1b 按现住地、户口登记地类型分的户口登记地在外乡镇街道的人口（镇）

单位：人

现住地	合计					省内				
						合计				
	合计	乡	镇的村委会	镇的居委会	街道	合计	乡	镇的村委会	镇的居委会	街道
总　计	**309831**	**80810**	**175007**	**35578**	**18436**	**284595**	**75468**	**161387**	**32322**	**15418**
南宁市	34744	6131	21996	4692	1925	32226	5679	20619	4266	1662
柳州市	28487	9076	14568	2944	1899	26241	8553	13345	2655	1688
桂林市	40277	10112	20961	5100	4104	34907	9083	18324	4427	3073
梧州市	11557	1918	7822	1397	420	10504	1713	7158	1291	342
北海市	9539	1212	6009	1927	391	9033	1141	5745	1798	349
防城港市	5416	2095	2500	584	237	4150	1310	2176	509	155
钦州市	18801	1199	13392	1997	2213	17137	1049	12255	1850	1983
贵港市	16390	2430	11768	1326	866	15279	2222	11064	1226	767
玉林市	29568	3756	21694	2819	1299	27812	3459	20576	2612	1165
百色市	23404	9331	11350	2006	717	21920	9005	10598	1763	554
贺州市	10622	1719	6696	1578	629	9406	1503	5967	1377	559
河池市	38870	19343	14700	3701	1126	37060	18955	13773	3412	920
来宾市	17067	4265	10105	1907	790	15953	4013	9474	1761	705
崇左市	25089	8223	11446	3600	1820	22967	7783	10313	3375	1496

7–1b 续表 1

单位：人

现住地	省内									
	本县					本省其他县				
	小计	乡	镇的村委会	镇的居委会	街道	小计	乡	镇的村委会	镇的居委会	街道
总　计	**221308**	**63707**	**126075**	**23830**	**7696**	**63287**	**11761**	**35312**	**8492**	**7722**
南宁市	23183	4419	15103	2944	717	9043	1260	5516	1322	945
柳州市	18514	7022	8731	1881	880	7727	1531	4614	774	808
桂林市	23609	6924	12890	2884	911	11298	2159	5434	1543	2162
梧州市	8928	1423	6196	1087	222	1576	290	962	204	120
北海市	7284	943	4585	1522	234	1749	198	1160	276	115
防城港市	3023	934	1634	372	83	1127	376	542	137	72
钦州市	13686	691	9826	1513	1656	3451	358	2429	337	327
贵港市	13110	1974	9530	1037	569	2169	248	1534	189	198
玉林市	23159	3024	17319	2070	746	4653	435	3257	542	419
百色市	18613	8046	8950	1342	275	3307	959	1648	421	279
贺州市	7522	1297	4846	1023	356	1884	206	1121	354	203
河池市	31344	17006	11347	2589	402	5716	1949	2426	823	518
来宾市	12689	3358	7782	1260	289	3264	655	1692	501	416
崇左市	16644	6646	7336	2306	356	6323	1137	2977	1069	1140

7-1b 续表 2 单位：人

现住地	省外									
	合计					北京				
	合计	乡	镇的村委会	镇的居委会	街道	小计	乡	镇的村委会	镇的居委会	街道
总　计	**25236**	**5342**	**13620**	**3256**	**3018**	**44**	**1**	**7**	**9**	**27**
南宁市	2518	452	1377	426	263	4	1	1		2
柳州市	2246	523	1223	289	211	4		1	1	2
桂林市	5370	1029	2637	673	1031	21		4	4	13
梧州市	1053	205	664	106	78					
北海市	506	71	264	129	42					
防城港市	1266	785	324	75	82	3				3
钦州市	1664	150	1137	147	230	3				3
贵港市	1111	208	704	100	99	2				2
玉林市	1756	297	1118	207	134	1		1		
百色市	1484	326	752	243	163	1			1	
贺州市	1216	216	729	201	70					
河池市	1810	388	927	289	206	1				1
来宾市	1114	252	631	146	85	2			1	1
崇左市	2122	440	1133	225	324	2			2	

7-1b 续表 3 单位：人

现住地	省外									
	天津					河北				
	小计	乡	镇的村委会	镇的居委会	街道	小计	乡	镇的村委会	镇的居委会	街道
总　计	**76**	**5**	**23**	**15**	**33**	**592**	**108**	**283**	**73**	**128**
南宁市	5	1	1	3		77	13	40	12	12
柳州市	3			1	2	38	8	23	4	3
桂林市	52	2	17	8	25	233	21	102	27	83
梧州市	1	1				6	4	1	1	
北海市						19	10	3	3	3
防城港市	1	1				22	11	9	2	
钦州市	4		1		3	36	5	21	2	8
贵港市						7	1	6		
玉林市	1				1	34	20	9	3	2
百色市	1			1		13	1	8	2	2
贺州市						30	3	20	6	1
河池市	5		2	2	1	17	2	9	2	4
来宾市	2		2			24	6	14	2	2
崇左市	1				1	36	3	18	7	8

7-1b 续表 4 单位：人

现住地	省外									
	山西					内蒙古				
	小计	乡	镇的村委会	镇的居委会	街道	小计	乡	镇的村委会	镇的居委会	街道
总　计	**226**	**44**	**91**	**34**	**57**	**156**	**23**	**51**	**36**	**46**
南宁市	20	2	8	3	7	16	2	6	5	3
柳州市	25	2	13	5	5	17	1	6	7	3
桂林市	84	11	29	11	33	49	6	11	7	25
梧州市	2	1			1	4	2	1		1
北海市	1		1			2			2	
防城港市	18	13	3	1	1	13	8	4	1	
钦州市	23	3	8	8	4	9	2	5	1	1
贵港市	2				2	1			1	
玉林市	11	2	8	1		8		2	6	
百色市	7	1	6							
贺州市	6	4	1		1	3		1	2	
河池市	13	3	6	1	3	11		6	3	2
来宾市	2			2		4		3		1
崇左市	12	2	8	2		19	2	6	1	10

7-1b 续表 5 单位：人

现住地	省外									
	辽宁					吉林				
	小计	乡	镇的村委会	镇的居委会	街道	小计	乡	镇的村委会	镇的居委会	街道
总　计	**188**	**32**	**67**	**25**	**64**	**150**	**21**	**58**	**16**	**55**
南宁市	11	1	3	3	4	13		8		5
柳州市	13		6	2	5	11		4	2	5
桂林市	54	6	10	11	27	56	7	18	7	24
梧州市	1		1			2	1			1
北海市	5	1	2	1	1	6		1	2	3
防城港市	25	16	3	2	4	9	5	3		1
钦州市	29	1	18		10	20	2	13	2	3
贵港市	3		1		2	4	2		1	1
玉林市	9	4	5			8	1	1		6
百色市	5		2	2	1	7		6	1	
贺州市	8		5	2	1	3	1	2		
河池市	8		6	1	1	5	1	2		2
来宾市	3		2		1	1				1
崇左市	14	3	3	1	7	5	1		1	3

7-1b 续表 6

单位：人

现住地	省外									
	黑龙江					上海				
	小计	乡	镇的村委会	镇的居委会	街道	小计	乡	镇的村委会	镇的居委会	街道
总　计	**254**	**57**	**102**	**34**	**61**	**37**	**1**	**11**	**8**	**17**
南宁市	42	11	16	4	11	4		1	2	1
柳州市	15	3	4	4	4	2		1	1	
桂林市	88	15	39	7	27	16		3	2	11
梧州市						1			1	
北海市	11		6	5						
防城港市	27	18	7	2		2				2
钦州市	24	1	14	5	4					
贵港市	2		2			1				1
玉林市	3		2		1	6	1	3		2
百色市	9	1	1	2	5					
贺州市	3	2			1	1			1	
河池市	12	4	4	2	2	2		2		
来宾市	4		3		1	1		1		
崇左市	14	2	4	3	5	1			1	

7-1b 续表 7

单位：人

现住地	省外									
	江苏					浙江				
	小计	乡	镇的村委会	镇的居委会	街道	小计	乡	镇的村委会	镇的居委会	街道
总　计	**538**	**78**	**247**	**77**	**136**	**734**	**104**	**372**	**144**	**114**
南宁市	38	14	18	3	3	94	6	45	25	18
柳州市	60	8	19	8	25	90	9	52	22	7
桂林市	130	9	47	17	57	149	27	67	22	33
梧州市	15	1	7	4	3	11		11		
北海市	4	1	3			8		1	3	4
防城港市	40	16	17	4	3	23	11	7	5	
钦州市	49	2	36	3	8	33		21	5	7
贵港市	13	4	9			11	1	8	1	1
玉林市	11		6	1	4	29	10	13	5	1
百色市	22	4	10	6	2	59	10	28	12	9
贺州市	21		8	8	5	32	6	15	6	5
河池市	42	8	17	12	5	59	9	15	27	8
来宾市	32	4	20	4	4	37	2	31	3	1
崇左市	61	7	30	7	17	99	13	58	8	20

7-1b 续表 8

单位：人

现住地	省外									
	安徽					福建				
	小计	乡	镇的村委会	镇的居委会	街道	小计	乡	镇的村委会	镇的居委会	街道
总　计	**797**	**187**	**409**	**90**	**111**	**1372**	**220**	**818**	**169**	**165**
南宁市	113	24	50	23	16	162	14	99	22	27
柳州市	91	26	45	5	15	86	20	48	11	7
桂林市	192	23	105	17	47	176	37	82	16	41
梧州市	36	10	24	2		46	16	30		
北海市	2		1		1	17	7	10		
防城港市	67	58	8	1		19	2	9	5	3
钦州市	44	3	34	4	3	97	5	64	12	16
贵港市	23	3	15	5		71	8	49	12	2
玉林市	28	7	17	2	2	56	12	39	2	3
百色市	29	4	18	4	3	137	16	85	23	13
贺州市	21	6	8	6	1	106	26	60	14	6
河池市	81	18	40	15	8	173	24	101	24	24
来宾市	33	4	23	1	5	48	8	30	9	1
崇左市	37	1	21	5	10	178	25	112	19	22

7-1b 续表 9

单位：人

现住地	省外									
	江西					山东				
	小计	乡	镇的村委会	镇的居委会	街道	小计	乡	镇的村委会	镇的居委会	街道
总　计	**1407**	**256**	**813**	**175**	**163**	**479**	**73**	**242**	**47**	**117**
南宁市	140	22	96	18	4	53	2	38	4	9
柳州市	110	26	58	17	9	29	5	17	3	4
桂林市	269	42	127	43	57	134	17	49	18	50
梧州市	51	10	35	5	1	27	3	11	1	12
北海市	25	3	18	4		10	6	1	1	2
防城港市	19	5	10	2	2	23	16	6		1
钦州市	115	6	83	7	19	50	1	41		8
贵港市	57	9	39	5	4	2		1		1
玉林市	83	16	58	2	7	12		6	2	4
百色市	99	22	56	16	5	62	9	25	8	20
贺州市	74	17	42	12	3	23	2	19	2	
河池市	106	22	50	14	20	17	5	8	2	2
来宾市	67	19	30	15	3	10	2	5	3	
崇左市	192	37	111	15	29	27	5	15	3	4

7-1b 续表 10 单位：人

现住地	省外									
	河南					湖北				
	小计	乡	镇的村委会	镇的居委会	街道	小计	乡	镇的村委会	镇的居委会	街道
总　计	**1148**	**306**	**614**	**98**	**130**	**1545**	**278**	**811**	**234**	**222**
南宁市	121	21	76	9	15	182	28	101	40	13
柳州市	102	26	64	9	3	158	21	82	29	26
桂林市	233	52	99	22	60	266	32	129	47	58
梧州市	65	10	49	3	3	50	10	29	6	5
北海市	12	3	5	3	1	25	2	14	8	1
防城港市	122	93	25	3	1	57	42	8	4	3
钦州市	101	13	70	3	15	118	5	90	6	17
贵港市	38	3	31	2	2	44	6	28		10
玉林市	70	16	36	14	4	85	14	57	8	6
百色市	38	8	19	4	7	127	20	58	28	21
贺州市	39	3	28	6	2	73	21	38	8	6
河池市	70	21	35	6	8	134	22	74	21	17
来宾市	46	12	29	5		96	26	35	18	17
崇左市	91	25	48	9	9	130	29	68	11	22

7-1b 续表 11 单位：人

现住地	省外									
	湖南					广东				
	小计	乡	镇的村委会	镇的居委会	街道	小计	乡	镇的村委会	镇的居委会	街道
总　计	**5849**	**1459**	**3318**	**728**	**344**	**3634**	**476**	**2072**	**653**	**433**
南宁市	460	113	238	85	24	406	66	208	90	42
柳州市	682	204	385	63	30	193	19	101	46	27
桂林市	1985	529	1110	227	119	338	52	157	59	70
梧州市	133	31	90	11	1	346	51	204	55	36
北海市	58	1	47	9	1	191	19	90	67	15
防城港市	156	98	39	16	3	109	40	46	12	11
钦州市	257	36	182	22	17	301	13	196	48	44
贵港市	144	24	96	7	17	294	45	176	42	31
玉林市	233	32	165	26	10	502	39	346	68	49
百色市	328	89	167	47	25	135	29	71	29	6
贺州市	310	47	185	62	16	228	28	144	36	20
河池市	430	111	224	74	21	182	20	99	34	29
来宾市	238	51	135	36	16	160	29	94	21	16
崇左市	435	93	255	43	44	249	26	140	46	37

7-1b 续表 12

单位：人

现住地	省外									
	广西					海南				
	小计	乡	镇的村委会	镇的居委会	街道	小计	乡	镇的村委会	镇的居委会	街道
总　计						**282**	**35**	**127**	**71**	**49**
南宁市						52	9	21	19	3
柳州市						15	7	1	5	2
桂林市						44	2	29	8	5
梧州市						12	5	5		2
北海市						15	2	2	5	6
防城港市						8	2	3		3
钦州市						17	1	8	4	4
贵港市						8		3		5
玉林市						66	1	37	19	9
百色市						5		4	1	
贺州市						2	1	1		
河池市						7	3	1	3	
来宾市						11	1	5	4	1
崇左市						20	1	7	3	9

7-1b 续表 13

单位：人

现住地	省外									
	重庆					四川				
	小计	乡	镇的村委会	镇的居委会	街道	小计	乡	镇的村委会	镇的居委会	街道
总　计	**667**	**132**	**379**	**64**	**92**	**1583**	**388**	**893**	**158**	**144**
南宁市	62	12	35	7	8	142	23	89	23	7
柳州市	48	12	16	10	10	139	30	92	11	6
桂林市	108	18	49	12	29	214	33	117	24	40
梧州市	36	8	27		1	109	19	71	10	9
北海市	5		3	1	1	29		25	4	
防城港市	35	26	5		4	129	89	32	1	7
钦州市	34	2	26	3	3	98	12	64	7	15
贵港市	35	4	22	9		59	16	31	6	6
玉林市	104	14	77	8	5	159	35	92	21	11
百色市	25	5	14	4	2	75	15	33	11	16
贺州市	26	3	22	1		84	19	48	16	1
河池市	66	13	40	3	10	99	27	49	11	12
来宾市	16	2	6	1	7	112	27	79	2	4
崇左市	67	13	37	5	12	135	43	71	11	10

7-1b 续表 14

单位：人

现住地	省外									
	贵州					云南				
	小计	乡	镇的村委会	镇的居委会	街道	小计	乡	镇的村委会	镇的居委会	街道
总　计	**1655**	**544**	**912**	**116**	**83**	**955**	**279**	**554**	**82**	**40**
南宁市	132	28	91	10	3	104	27	59	11	7
柳州市	225	76	132	11	6	50	14	30	5	1
桂林市	167	44	92	11	20	90	12	50	12	16
梧州市	71	19	47	5		15	3	11	1	
北海市	34	13	20	1		12	2	7	2	1
防城港市	48	40	6	1	1	66	46	17	1	2
钦州市	103	18	79	2	4	60	12	43	3	2
贵港市	143	50	79	5	9	127	29	94	3	1
玉林市	123	43	64	12	4	80	20	56	2	2
百色市	140	48	53	18	21	129	32	75	20	2
贺州市	61	13	42	6		42	8	29	5	
河池市	161	48	90	18	5	41	19	16	6	
来宾市	118	45	63	10		28	10	13	3	2
崇左市	129	59	54	6	10	111	45	54	8	4

7-1b 续表 15

单位：人

现住地	省外									
	西藏					陕西				
	小计	乡	镇的村委会	镇的居委会	街道	小计	乡	镇的村委会	镇的居委会	街道
总　计	**10**	**1**	**3**	**3**	**3**	**428**	**106**	**205**	**39**	**78**
南宁市						43	5	22	4	12
柳州市						23	3	16	3	1
桂林市	6		3	2	1	125	14	62	17	32
梧州市						5		5		
北海市	1				1	6		2	4	
防城港市						76	52	22		2
钦州市						16	4	10		2
贵港市						18	3	12	1	2
玉林市						24	8	14	2	
百色市	2			1	1	7		5	1	1
贺州市						9	2	5	2	
河池市	1	1				52	7	23	3	19
来宾市						8	4	2	2	
崇左市						16	4	5		7

7-1b 续表 16

单位：人

现住地	省外									
	甘肃					青海				
	小计	乡	镇的村委会	镇的居委会	街道	小计	乡	镇的村委会	镇的居委会	街道
总　计	**304**	**94**	**103**	**34**	**73**	**40**	**11**	**13**	**3**	**13**
南宁市	15	4	6		5	1		1		
柳州市	9	2	4	1	2	1		1		
桂林市	51	8	23	6	14	16	6	5		5
梧州市	6		4		2	1		1		
北海市	3		2	1		1			1	
防城港市	136	68	32	11	25	2	1	1		
钦州市	12		5		7	5	3	1		1
贵港市	2		2							
玉林市	7	1	4	1	1	2	1		1	
百色市	10	6	3		1					
贺州市	4	4								
河池市	13		7	4	2					
来宾市	11		6	4	1					
崇左市	25	1	5	6	13	11		3	1	7

7-1b 续表 17

单位：人

现住地	省外									
	宁夏					新疆				
	小计	乡	镇的村委会	镇的居委会	街道	小计	乡	镇的村委会	镇的居委会	街道
总　计	**29**	**7**	**8**	**7**	**7**	**57**	**16**	**14**	**14**	**13**
南宁市						6	3		1	2
柳州市	7	1	2	3	1					
桂林市	6		1	1	4	18	4	1	8	5
梧州市	1			1						
北海市						4	1		2	1
防城港市	9	6	2	1		2	2			
钦州市	4		3		1	2		1		1
贵港市										
玉林市						1			1	
百色市						12	6	5	1	
贺州市	1				1	6		6		
河池市	1			1		1		1		
来宾市										
崇左市						5			1	4

7-1c 按现住地、户口登记地类型分的户口登记地在外乡镇街道的人口（乡村）

单位：人

现住地	合计					省内				
						合计				
	合计	乡	镇的村委会	镇的居委会	街道	合计	乡	镇的村委会	镇的居委会	街道
总　计	**91613**	**21081**	**56270**	**5955**	**8307**	**71449**	**16524**	**44151**	**4716**	**6058**
南宁市	12517	2557	8098	887	975	10022	2030	6487	723	782
柳州市	5675	1284	3525	470	396	4698	1046	2900	411	341
桂林市	11388	2451	6615	805	1517	8759	1972	5154	626	1007
梧州市	2889	351	2160	153	225	2159	268	1553	140	198
北海市	11373	1833	6790	1101	1649	8508	1233	5382	803	1090
防城港市	4590	1042	2800	377	371	3559	815	2172	302	270
钦州市	7335	832	5442	440	621	5941	656	4456	359	470
贵港市	4860	1131	3254	140	335	3864	836	2676	108	244
玉林市	6148	979	4483	229	457	4677	671	3421	189	396
百色市	7669	2760	4164	259	486	6118	2279	3310	169	360
贺州市	2773	470	2032	98	173	2074	359	1496	68	151
河池市	5527	2425	2238	404	460	4217	1972	1686	322	237
来宾市	3891	1215	2233	180	263	2980	964	1655	143	218
崇左市	4978	1751	2436	412	379	3873	1423	1803	353	294

7-1c　续表 1

单位：人

现住地	省内									
	本县					本省其他县				
	小计	乡	镇的村委会	镇的居委会	街道	小计	乡	镇的村委会	镇的居委会	街道
总　计	**33619**	**8143**	**20482**	**2411**	**2583**	**37830**	**8381**	**23669**	**2305**	**3475**
南宁市	3001	519	1993	308	181	7021	1511	4494	415	601
柳州市	2015	476	1169	208	162	2683	570	1731	203	179
桂林市	3602	894	2222	259	227	5157	1078	2932	367	780
梧州市	1159	124	771	110	154	1000	144	782	30	44
北海市	3086	395	1816	332	543	5422	838	3566	471	547
防城港市	1842	496	1111	167	68	1717	319	1061	135	202
钦州市	2928	304	2263	167	194	3013	352	2193	192	276
贵港市	2173	432	1525	80	136	1691	404	1151	28	108
玉林市	2915	379	2139	126	271	1762	292	1282	63	125
百色市	3747	1358	2100	101	188	2371	921	1210	68	172
贺州市	1206	208	860	46	92	868	151	636	22	59
河池市	2385	1138	904	226	117	1832	834	782	96	120
来宾市	1389	446	737	77	129	1591	518	918	66	89
崇左市	2171	974	872	204	121	1702	449	931	149	173

7-1c 续表 2

单位：人

现住地	省外									
	合计					北京				
	合计	乡	镇的村委会	镇的居委会	街道	小计	乡	镇的村委会	镇的居委会	街道
总　计	**20164**	**4557**	**12119**	**1239**	**2249**	**39**	**10**	**7**		**22**
南宁市	2495	527	1611	164	193					
柳州市	977	238	625	59	55	2		2		
桂林市	2629	479	1461	179	510	2	2			
梧州市	730	83	607	13	27					
北海市	2865	600	1408	298	559	13	6			7
防城港市	1031	227	628	75	101	1				1
钦州市	1394	176	986	81	151	2		2		
贵港市	996	295	578	32	91	1	1			
玉林市	1471	308	1062	40	61					
百色市	1551	481	854	90	126	5		1		4
贺州市	699	111	536	30	22					
河池市	1310	453	552	82	223	10	1	1		8
来宾市	911	251	578	37	45					
崇左市	1105	328	633	59	85	3		1		2

7-1c 续表 3

单位：人

现住地	省外									
	天津					河北				
	小计	乡	镇的村委会	镇的居委会	街道	小计	乡	镇的村委会	镇的居委会	街道
总　计	**32**	**2**	**14**	**3**	**13**	**388**	**45**	**195**	**47**	**101**
南宁市	4		4			55	2	37	9	7
柳州市						12	2	6	1	3
桂林市	6	1	1	1	3	129	14	54	12	49
梧州市						2		2		
北海市	8	1	2	1	4	82	9	33	22	18
防城港市						17	4	10		3
钦州市						20	2	12	2	4
贵港市						5	2	2		1
玉林市	7		5		2	10	1	8		1
百色市						6		4		2
贺州市						2		2		
河池市	5			1	4	22	6	4		12
来宾市						12	1	11		
崇左市	2		2			14	2	10	1	1

7-1c　续表 4

单位：人

现住地	省外									
	山西					内蒙古				
	小计	乡	镇的村委会	镇的居委会	街道	小计	乡	镇的村委会	镇的居委会	街道
总　计	**325**	**65**	**141**	**25**	**94**	**210**	**32**	**87**	**33**	**58**
南宁市	25		16		9	14		11	1	2
柳州市						2		2		
桂林市	56	11	16	7	22	35	3	7	10	15
梧州市	11	5	1		5	2				2
北海市	170	34	75	10	51	122	23	50	20	29
防城港市	28	11	10	6	1	13	2	7	1	3
钦州市	11	2	5	1	3					
贵港市	1		1			5	2	1	1	1
玉林市	8		7		1	1		1		
百色市	5	1	3	1		1	1			
贺州市						6		6		
河池市	4	1	2		1	7		2		5
来宾市	1		1							
崇左市	5		4		1	2	1			1

7-1c　续表 5

单位：人

现住地	省外									
	辽宁					吉林				
	小计	乡	镇的村委会	镇的居委会	街道	小计	乡	镇的村委会	镇的居委会	街道
总　计	**247**	**39**	**102**	**15**	**91**	**250**	**65**	**94**	**20**	**71**
南宁市	9	2	3	1	3	15	5	7	1	2
柳州市	3	2			1	4		3	1	
桂林市	35	5	19	1	10	29	2	15	2	10
梧州市						2	1	1		
北海市	102	22	34	9	37	137	44	44	15	34
防城港市	16	4	10		2	13		10		3
钦州市	24	1	15	1	7	7		3		4
贵港市	2			1	1	4		2	1	1
玉林市	7		3		4	14	9	3		2
百色市	10	1	4	1	4	4	2	1		1
贺州市	1				1	1		1		
河池市	23	2	2	1	18	14	1	1		12
来宾市	1		1			2		2		
崇左市	14		11		3	4	1	1		2

7-1c 续表 6

单位：人

现住地	省外									
	黑龙江					上海				
	小计	乡	镇的村委会	镇的居委会	街道	小计	乡	镇的村委会	镇的居委会	街道
总 计	**499**	**78**	**190**	**47**	**184**	**22**	**1**	**6**	**4**	**11**
南宁市	19	5	6	4	4	2		1		1
柳州市	2		1		1					
桂林市	57	8	19	5	25	2		1		1
梧州市	2		2							
北海市	333	54	128	34	117	6		1	2	3
防城港市	18	1	15	1	1					
钦州市	15	1	4		10	2		1		1
贵港市	5	2	1	2		1		1		
玉林市	7	1	6			1	1			
百色市	2		2							
贺州市	1		1							
河池市	32	5		1	26	5		1		4
来宾市	2		2			1				1
崇左市	4	1	3			2			2	

7-1c 续表 7

单位：人

现住地	省外									
	江苏					浙江				
	小计	乡	镇的村委会	镇的居委会	街道	小计	乡	镇的村委会	镇的居委会	街道
总 计	**252**	**27**	**148**	**29**	**48**	**334**	**69**	**195**	**24**	**46**
南宁市	26	6	13	4	3	41	14	21	3	3
柳州市	5		4	1		24	7	14	3	
桂林市	67	4	31	7	25	38	11	17	1	9
梧州市	1		1			7		3		4
北海市	23	2	8	10	3	35	5	16	5	9
防城港市	28	6	21	1		50	14	30	3	3
钦州市	20	2	10	3	5	41	5	24	2	10
贵港市						7	2	4	1	
玉林市	20		18	2		27		26		1
百色市	21	3	17	1		12	4	6		2
贺州市	2	1	1			5		4	1	
河池市	21	3	9		9	23	4	13	3	3
来宾市	9		9			13	1	9	2	1
崇左市	9		6		3	11	2	8		1

7-1c　续表 8　　　单位：人

现住地	省外									
	安徽					福建				
	小计	乡	镇的村委会	镇的居委会	街道	小计	乡	镇的村委会	镇的居委会	街道
总　计	**412**	**58**	**283**	**36**	**35**	**865**	**174**	**534**	**82**	**75**
南宁市	51	7	39	4	1	199	31	134	15	19
柳州市	29	6	20	1	2	33	12	14	4	3
桂林市	72	8	43	5	16	136	24	82	12	18
梧州市	2		2			23	1	22		
北海市	81	3	61	10	7	45	10	23	8	4
防城港市	42	6	28	6	2	33	11	9	4	9
钦州市	29	2	23	4		39	6	23	4	6
贵港市	1				1	61	17	31	10	3
玉林市	39	3	36			28	5	19	4	
百色市	10	1	4	4	1	86	23	46	16	1
贺州市	4	3	1			41	1	35	1	4
河池市	18	7	7	1	3	38	7	24	3	4
来宾市	19	8	9		2	56	16	40		
崇左市	15	4	10	1		47	10	32	1	4

7-1c　续表 9　　　单位：人

现住地	省外									
	江西					山东				
	小计	乡	镇的村委会	镇的居委会	街道	小计	乡	镇的村委会	镇的居委会	街道
总　计	**716**	**150**	**408**	**58**	**100**	**356**	**84**	**178**	**16**	**78**
南宁市	127	20	79	19	9	36	8	20		8
柳州市	18	4	13	1		6		6		
桂林市	129	18	72	10	29	44	8	20	3	13
梧州市	17		17			4	1	3		
北海市	83	19	40	7	17	132	41	62	6	23
防城港市	18	5	12	1		23	4	14	4	1
钦州市	87	9	47	17	14	36	7	16	2	11
贵港市	16	4	11		1	4	1	3		
玉林市	52	18	27	1	6	16	2	13		1
百色市	33	9	18	1	5	19	4	10	1	4
贺州市	33	3	27		3					
河池市	36	16	17		3	23	2	6		15
来宾市	31	13	15	1	2	7	3	3		1
崇左市	36	12	13		11	6	3	2		1

7-1c 续表 10 单位：人

现住地	省外									
	河南					湖北				
	小计	乡	镇的村委会	镇的居委会	街道	小计	乡	镇的村委会	镇的居委会	街道
总　计	**1011**	**211**	**646**	**68**	**86**	**1043**	**228**	**618**	**55**	**142**
南宁市	140	55	72	10	3	101	19	72	2	8
柳州市	40	9	26	1	4	91	14	65	9	3
桂林市	142	32	78	12	20	143	15	94	4	30
梧州市	67	6	61			29		28	1	
北海市	195	31	122	19	23	102	25	43	7	27
防城港市	79	7	68		4	53	5	25	3	20
钦州市	54	5	39	6	4	41	7	27	5	2
贵港市	24	6	12	2	4	54	6	38		10
玉林市	44	3	38	2	1	68	8	53	5	2
百色市	83	23	47	4	9	137	55	47	11	24
贺州市	27	3	19	3	2	16	5	11		
河池市	38	12	16	4	6	106	33	59	6	8
来宾市	32	10	20		2	59	28	27	2	2
崇左市	46	9	28	5	4	43	8	29		6

7-1c 续表 11 单位：人

现住地	省外									
	湖南					广东				
	小计	乡	镇的村委会	镇的居委会	街道	小计	乡	镇的村委会	镇的居委会	街道
总　计	**2493**	**618**	**1551**	**141**	**183**	**3990**	**838**	**2733**	**168**	**251**
南宁市	352	95	217	16	24	388	45	279	34	30
柳州市	185	61	115	7	2	203	53	134	8	8
桂林市	546	144	326	22	54	282	58	175	15	34
梧州市	46	12	33	1		314	35	261	5	13
北海市	201	42	111	30	18	287	45	184	22	36
防城港市	148	23	104	14	7	86	25	51	4	6
钦州市	118	14	79	9	16	421	47	346	12	16
贵港市	76	10	58	2	6	298	78	194	8	18
玉林市	118	32	74	5	7	494	75	389	10	20
百色市	140	35	72	4	29	422	154	244	16	8
贺州市	126	27	93	5	1	232	39	181	6	6
河池市	115	41	57	9	8	227	90	104	13	20
来宾市	163	34	116	10	3	165	40	96	10	19
崇左市	159	48	96	7	8	171	54	95	5	17

7-1c 续表 12 单位：人

现住地	省外									
	广西					海南				
	小计	乡	镇的村委会	镇的居委会	街道	小计	乡	镇的村委会	镇的居委会	街道
总　计						**299**	**40**	**198**	**24**	**37**
南宁市						53	6	40	3	4
柳州市						8	1	7		
桂林市						44	3	22	6	13
梧州市						9	1	7		1
北海市						28	4	10	6	8
防城港市						12	5	7		
钦州市						35	3	26	2	4
贵港市						7	2	5		
玉林市						40	4	32	3	1
百色市						22	2	19		1
贺州市						7	1	5	1	
河池市						10	3	6		1
来宾市						14	4	6	1	3
崇左市						10	1	6	2	1

7-1c 续表 13 单位：人

现住地	省外									
	重庆					四川				
	小计	乡	镇的村委会	镇的居委会	街道	小计	乡	镇的村委会	镇的居委会	街道
总　计	**701**	**169**	**395**	**48**	**89**	**1413**	**356**	**810**	**104**	**143**
南宁市	101	13	71	5	12	185	54	106	13	12
柳州市	18	9	6		3	84	16	48	9	11
桂林市	90	13	45	12	20	155	29	90	11	25
梧州市	13	2	11			42	4	33	4	1
北海市	117	25	63	8	21	172	56	75	16	25
防城港市	28	10	15	1	2	106	23	54	15	14
钦州市	42	2	32	1	7	85	10	62	5	8
贵港市	64	28	29	1	6	43	19	22	1	1
玉林市	33	2	30	1		109	38	64	1	6
百色市	59	16	34	4	5	96	10	73	6	7
贺州市	8	2	6			47	7	38	1	1
河池市	72	31	25	9	7	136	53	52	11	20
来宾市	42	13	21	5	3	71	20	44	4	3
崇左市	14	3	7	1	3	82	17	49	7	9

7-1c 续表 14

单位：人

现住地	省外									
	贵州					云南				
	小计	乡	镇的村委会	镇的居委会	街道	小计	乡	镇的村委会	镇的居委会	街道
总　计	**2036**	**584**	**1284**	**64**	**104**	**1603**	**501**	**982**	**67**	**53**
南宁市	235	56	163	3	13	231	69	142	11	9
柳州市	108	32	72		4	50	9	35	4	2
桂林市	171	32	116	10	13	102	19	69	2	12
梧州市	65	7	57	1		61	5	55	1	
北海市	185	43	132	6	4	87	28	46	9	4
防城港市	120	35	72	4	9	57	9	42	4	2
钦州市	111	24	82		5	117	25	85	2	5
贵港市	166	51	86	1	28	138	62	67	1	8
玉林市	208	65	134	5	4	93	31	62		
百色市	156	57	80	10	9	198	74	108	7	9
贺州市	95	17	64	12	2	34	2	32		
河池市	187	93	83	5	6	85	34	41	9	1
来宾市	145	52	90	1	2	43	5	37	1	
崇左市	84	20	53	6	5	307	129	161	16	1

7-1c 续表 15

单位：人

现住地	省外									
	西藏					陕西				
	小计	乡	镇的村委会	镇的居委会	街道	小计	乡	镇的村委会	镇的居委会	街道
总　计	**9**		**8**		**1**	**371**	**54**	**206**	**45**	**66**
南宁市	8		8			55	11	36	6	2
柳州市						43	1	27	7	8
桂林市	1				1	57	3	31	4	19
梧州市						7	1	6		
北海市						69	15	23	15	16
防城港市						15	5	5	1	4
钦州市						16	1	13		2
贵港市						11	2	8		1
玉林市						19	8	10		1
百色市						13	2	9	1	1
贺州市						9		9		
河池市						31	2	13	6	10
来宾市						15	3	11		1
崇左市						11		5	5	1

7-1c 续表 16 单位：人

现住地	省外									
	甘肃					青海				
	小计	乡	镇的村委会	镇的居委会	街道	小计	乡	镇的村委会	镇的居委会	街道
总　计	**135**	**36**	**58**	**10**	**31**	**34**	**6**	**18**	**1**	**9**
南宁市	9	1	6		2	7	3	4		
柳州市	6		4	2						
桂林市	29	7	10	2	10	10	1	3		6
梧州市	3	2			1	1		1		
北海市	19	7	5	1	6	8	1	7		
防城港市	25	12	7	2	4	1		1		
钦州市	8		4	1	3	4			1	3
贵港市	1		1							
玉林市	3		2		1	2	1	1		
百色市	9	3	4	2		1		1		
贺州市										
河池市	14	4	6		4					
来宾市	8		8							
崇左市	1		1							

7-1c 续表 17 单位：人

现住地	省外									
	宁夏					新疆				
	小计	乡	镇的村委会	镇的居委会	街道	小计	乡	镇的村委会	镇的居委会	街道
总　计	**22**	**2**	**11**	**5**	**4**	**57**	**15**	**19**		**23**
南宁市	1		1			6		3		3
柳州市	1		1							
桂林市	6	1	1	3	1	14	3	4		7
梧州市										
北海市	5		3		2	18	5	7		6
防城港市	1		1							
钦州市	5	1	2	1	1	4		4		
贵港市	1		1							
玉林市	1			1		2	1	1		
百色市						1	1			
贺州市						2				2
河池市	1		1			7	2			5
来宾市										
崇左市						3	3			

7-2 按现住地、职业和性别分的户口登记地在本省其他乡镇街道的人口

单位：人

现住地	合计			党的机关、国家机关、群众团体和社会组织、企事业单位负责人			专业技术人员			办事人员和有关人员		
	合计	男	女	小计	男	女	小计	男	女	小计	男	女
总　计	**473680**	**260574**	**213106**	**12031**	**8339**	**3692**	**67119**	**25006**	**42113**	**40956**	**22884**	**18072**
南宁市	138916	78361	60555	3884	2686	1198	19405	7627	11778	12351	6534	5817
柳州市	64330	36047	28283	1228	845	383	8235	2984	5251	5072	2774	2298
桂林市	42128	22967	19161	1385	940	445	6278	2338	3940	3670	2025	1645
梧州市	18040	9867	8173	388	291	97	2885	1109	1776	1670	978	692
北海市	20451	11089	9362	521	349	172	2659	899	1760	1673	880	793
防城港市	13326	7958	5368	347	231	116	1715	774	941	1298	774	524
钦州市	22891	12133	10758	640	454	186	3868	1305	2563	2233	1334	899
贵港市	23638	12579	11059	456	325	131	3592	1296	2296	1874	1110	764
玉林市	27825	14730	13095	796	577	219	4629	1520	3109	2117	1230	887
百色市	29140	15636	13504	641	419	222	3724	1473	2251	2245	1327	918
贺州市	10371	5387	4984	377	275	102	1784	643	1141	1271	743	528
河池市	23639	12625	11014	532	372	160	3422	1200	2222	1978	1160	818
来宾市	20597	11251	9346	475	332	143	2575	924	1651	1808	1031	777
崇左市	18388	9944	8444	361	243	118	2348	914	1434	1696	984	712

7-2 续表

单位：人

现住地	社会生产服务和生活服务人员			农、林、牧、渔业生产及辅助人员			生产制造及有关人员			不便分类的其他从业人员		
	小计	男	女	小计	男	女	小计	男	女	小计	男	女
总　计	**208827**	**108917**	**99910**	**29479**	**14612**	**14867**	**113543**	**79824**	**33719**	**1725**	**992**	**733**
南宁市	69730	37886	31844	4700	2484	2216	28502	20949	7553	344	195	149
柳州市	28576	14959	13617	3224	1629	1595	17836	12761	5075	159	95	64
桂林市	19095	9693	9402	2687	1341	1346	8874	6544	2330	139	86	53
梧州市	7628	4066	3562	841	404	437	4598	3004	1594	30	15	15
北海市	9323	4838	4485	1704	966	738	4480	3102	1378	91	55	36
防城港市	5567	2943	2624	848	496	352	3479	2691	788	72	49	23
钦州市	9320	4768	4552	1454	597	857	5203	3576	1627	173	99	74
贵港市	9175	4659	4516	1244	531	713	7132	4580	2552	165	78	87
玉林市	11654	6096	5558	1409	627	782	7148	4631	2517	72	49	23
百色市	10846	5363	5483	3147	1483	1664	8495	5548	2947	42	23	19
贺州市	3937	1914	2023	899	404	495	2067	1382	685	36	26	10
河池市	8980	4256	4724	2169	1068	1101	6333	4460	1873	225	109	116
来宾市	7859	3868	3991	2412	1237	1175	5420	3828	1592	48	31	17
崇左市	7137	3608	3529	2741	1345	1396	3976	2768	1208	129	82	47

7-3 按现住地、职业和性别分的户口登记地在外省的人口

单位：人

现住地	合计			党的机关、国家机关、群众团体和社会组织、企事业单位负责人			专业技术人员			办事人员和有关人员		
	合计	男	女	小计	男	女	小计	男	女	小计	男	女
总　计	**79704**	**53840**	**25864**	**3687**	**2892**	**795**	**7095**	**4338**	**2757**	**4405**	**2888**	**1517**
南宁市	21966	15015	6951	1229	978	251	2098	1260	838	1450	934	516
柳州市	9525	6552	2973	362	294	68	894	519	375	532	356	176
桂林市	9419	6251	3168	435	335	100	937	503	434	513	309	204
梧州市	2580	1760	820	101	82	19	211	141	70	128	77	51
北海市	7463	4712	2751	317	236	81	502	266	236	467	310	157
防城港市	5244	3832	1412	248	181	67	551	439	112	271	195	76
钦州市	3251	2196	1055	166	133	33	305	205	100	192	119	73
贵港市	3011	1944	1067	84	70	14	203	141	62	124	83	41
玉林市	4014	2573	1441	184	139	45	304	178	126	147	90	57
百色市	3566	2362	1204	157	121	36	398	256	142	133	94	39
贺州市	1958	1330	628	85	71	14	130	78	52	113	78	35
河池市	2699	1868	831	114	90	24	222	140	82	106	81	25
来宾市	2102	1485	617	79	66	13	148	89	59	101	77	24
崇左市	2906	1960	946	126	96	30	192	123	69	128	85	43

7-3 续表

单位：人

现住地	社会生产服务和生活服务人员			农、林、牧、渔业生产及辅助人员			生产制造及有关人员			不便分类的其他从业人员		
	小计	男	女	小计	男	女	小计	男	女	小计	男	女
总　计	**33600**	**20233**	**13367**	**2406**	**1058**	**1348**	**28262**	**22272**	**5990**	**249**	**159**	**90**
南宁市	10719	6756	3963	381	201	180	6032	4850	1182	57	36	21
柳州市	4272	2687	1585	170	67	103	3282	2621	661	13	8	5
桂林市	4115	2434	1681	232	97	135	3169	2560	609	18	13	5
梧州市	873	513	360	73	26	47	1189	917	272	5	4	1
北海市	3609	1957	1652	170	124	46	2360	1799	561	38	20	18
防城港市	1767	1033	734	115	78	37	2243	1873	370	49	33	16
钦州市	1109	643	466	158	49	109	1314	1041	273	7	6	1
贵港市	793	444	349	136	36	100	1648	1154	494	23	16	7
玉林市	1459	845	614	215	84	131	1700	1234	466	5	3	2
百色市	1468	899	569	253	120	133	1157	872	285			
贺州市	674	384	290	105	24	81	851	695	156			
河池市	1059	620	439	95	28	67	1086	900	186	17	9	8
来宾市	639	388	251	116	29	87	1011	830	181	8	6	2
崇左市	1044	630	414	187	95	92	1220	926	294	9	5	4

7–4 按现住地、户口登记地类型、受教育程度分的户口登记地在本省其他乡镇街道的人口

单位：人

现住地	合计					未上过学				
	合计	乡	镇的村委会	镇的居委会	街道	小计	乡	镇的村委会	镇的居委会	街道
总　计	**994668**	**180642**	**539243**	**102203**	**172580**	**11694**	**3304**	**6066**	**1026**	**1298**
南宁市	262656	31272	144654	27896	58834	2017	279	1128	185	425
柳州市	124748	23512	60971	11384	28881	1282	312	675	107	188
桂林市	94146	20008	45526	9898	18714	1076	268	546	102	160
梧州市	41856	4809	23677	5311	8059	399	51	244	52	52
北海市	42564	4719	23628	5189	9028	516	68	272	86	90
防城港市	26519	4691	14776	3645	3407	362	70	204	66	22
钦州市	49952	3206	32959	5247	8540	575	40	402	59	74
贵港市	54724	9547	35024	5224	4929	496	114	302	38	42
玉林市	70075	7414	47161	5799	9701	529	63	369	45	52
百色市	62310	19013	33090	4809	5398	1202	500	594	62	46
贺州市	23178	2855	14247	2495	3581	391	60	259	38	34
河池市	56526	26281	21449	5760	3036	1756	1105	548	86	17
来宾市	43817	12741	22734	3642	4700	631	219	321	44	47
崇左市	41597	10574	19347	5904	5772	462	155	202	56	49

7-4 续表 1

单位：人

现住地	学前教育					小学				
	小计	乡	镇的村委会	镇的居委会	街道	小计	乡	镇的村委会	镇的居委会	街道
总 计	**43788**	**8548**	**24544**	**4028**	**6668**	**174046**	**40883**	**100826**	**13995**	**18342**
南宁市	9753	1113	5768	872	2000	33028	4514	20673	2789	5052
柳州市	5285	1030	2726	445	1084	22164	5558	12257	1443	2906
桂林市	3829	873	1954	369	633	14982	4016	7895	1284	1787
梧州市	1865	208	1185	235	237	7382	762	4827	867	926
北海市	2172	248	1219	260	445	7198	861	4359	842	1136
防城港市	1542	254	919	168	201	5445	1049	3319	657	420
钦州市	2394	142	1568	259	425	9964	734	7086	851	1293
贵港市	2379	448	1481	213	237	10110	2083	6455	840	732
玉林市	3050	312	2066	242	430	11336	1299	8096	733	1208
百色市	3256	1037	1789	198	232	15639	5290	8830	783	736
贺州市	1082	135	663	104	180	4757	633	3277	379	468
河池市	3052	1501	1142	262	147	15071	8244	5375	1057	395
来宾市	2490	709	1344	195	242	10062	3518	5174	647	723
崇左市	1639	538	720	206	175	6908	2322	3203	823	560

7-4 续表 2

单位：人

现住地	初中					高中				
	小计	乡	镇的村委会	镇的居委会	街道	小计	乡	镇的村委会	镇的居委会	街道
总　计	**315608**	**63069**	**190187**	**27286**	**35066**	**224921**	**35421**	**121967**	**24311**	**43222**
南宁市	77370	10282	51138	6278	9672	59333	7237	32037	6542	13517
柳州市	43038	9326	24140	3330	6242	27044	4114	11563	2735	8632
桂林市	28569	7102	15551	2382	3534	20651	4002	9852	2266	4531
梧州市	14370	1389	9154	1676	2151	10078	1194	5455	1293	2136
北海市	14421	1702	8931	1691	2097	9771	1061	5142	1242	2326
防城港市	9964	1891	6056	1184	833	4656	725	2410	789	732
钦州市	15116	1143	10781	1331	1861	12215	557	8274	1264	2120
贵港市	18270	3696	11673	1560	1341	15921	2080	11033	1529	1279
玉林市	21735	2457	15267	1570	2441	22158	2395	15177	1713	2873
百色市	19907	6108	11325	1265	1209	11087	3326	5530	990	1241
贺州市	7053	991	4700	640	722	5169	458	3249	604	858
河池市	17059	8018	6883	1505	653	11099	4412	4603	1342	742
来宾市	16628	5205	8975	1230	1218	7924	1901	4331	700	992
崇左市	12108	3759	5613	1644	1092	7815	1959	3311	1302	1243

7-4 续表 3

单位：人

现住地	大学专科					大学本科				
	小计	乡	镇的村委会	镇的居委会	街道	小计	乡	镇的村委会	镇的居委会	街道
总　计	**121115**	**16730**	**56772**	**16930**	**30683**	**98094**	**12337**	**37811**	**14003**	**33943**
南宁市	44502	4857	21562	5990	12093	33770	2833	11813	4926	14198
柳州市	15354	2010	6323	1906	5115	10068	1133	3207	1360	4368
桂林市	10845	1710	4213	1648	3274	13433	1981	5345	1785	4322
梧州市	3720	331	1719	612	1058	3950	868	1078	566	1438
北海市	4940	434	2434	616	1456	3385	336	1250	433	1366
防城港市	2702	471	1215	471	545	1782	227	640	295	620
钦州市	4780	290	2540	745	1205	4735	296	2260	722	1457
贵港市	4334	698	2371	591	674	3146	417	1687	438	604
玉林市	5598	463	3009	794	1332	5511	411	3130	672	1298
百色市	6537	1614	3183	835	905	4551	1123	1810	653	965
贺州市	2109	241	961	378	529	2515	329	1117	343	726
河池市	4652	1733	1620	820	479	3758	1255	1263	667	573
来宾市	3279	690	1447	436	706	2723	488	1120	377	738
崇左市	7763	1188	4175	1088	1312	4767	640	2091	766	1270

7-4 续表 4 单位：人

现住地	硕士研究生					博士研究生				
	小计	乡	镇的村委会	镇的居委会	街道	小计	乡	镇的村委会	镇的居委会	街道
总　计	**5035**	**343**	**1002**	**605**	**3085**	**367**	**7**	**68**	**19**	**273**
南宁市	2684	155	501	304	1724	199	2	34	10	153
柳州市	484	29	75	55	325	29		5	3	21
桂林市	696	54	159	61	422	65	2	11	1	51
梧州市	87	6	15	9	57	5			1	4
北海市	149	9	19	19	102	12		2		10
防城港市	63	4	12	14	33	3		1	1	1
钦州市	152	4	44	16	88	21		4		17
贵港市	63	11	19	14	19	5		3	1	1
玉林市	153	13	43	30	67	5	1	4		
百色市	124	15	28	22	59	7		1	1	5
贺州市	96	7	21	9	59	6	1			5
河池市	76	12	15	20	29	3	1		1	1
来宾市	77	11	20	13	33	3		2		1
崇左市	131	13	31	19	68	4		1		3

7-5 按现住地、户口登记地类型、受教育程度分的户口登记地在外省的人口

单位：人

现住地	合计					未上过学				
	合计	乡	镇的村委会	镇的居委会	街道	小计	乡	镇的村委会	镇的居委会	街道
总　计	**134052**	**23717**	**70274**	**15106**	**24955**	**1320**	**308**	**699**	**126**	**187**
南宁市	36526	4679	18820	4800	8227	271	41	138	34	58
柳州市	15472	2768	8832	1510	2362	134	35	80	8	11
桂林市	19373	3776	9618	1963	4016	199	47	92	28	32
梧州市	4151	626	2430	415	680	35	8	23	3	1
北海市	14213	2660	6404	1722	3427	183	48	89	16	30
防城港市	7766	2076	3434	961	1295	92	24	38	16	14
钦州市	5310	540	3390	478	902	81	9	56	2	14
贵港市	4230	850	2471	400	509	63	10	40	5	8
玉林市	6251	944	4023	569	715	54	9	37	3	5
百色市	5608	1306	2778	670	854	53	20	25	2	6
贺州市	3073	488	1927	368	290	29	6	18	3	2
河池市	4336	1210	1991	534	601	37	13	18	3	3
来宾市	3108	743	1794	267	304	26	7	17		2
崇左市	4635	1051	2362	449	773	63	31	28	3	1

7-5 续表 1

单位：人

现住地	学前教育					小 学				
	小计	乡	镇的村委会	镇的居委会	街道	小计	乡	镇的村委会	镇的居委会	街道
总 计	**4088**	**718**	**2243**	**461**	**666**	**19878**	**4281**	**11705**	**1812**	**2080**
南宁市	1048	145	557	143	203	4234	706	2474	495	559
柳州市	564	105	334	48	77	2520	548	1582	182	208
桂林市	510	93	273	52	92	2605	645	1487	202	271
梧州市	117	13	76	14	14	626	80	419	56	71
北海市	391	73	204	33	81	2396	554	1280	229	333
防城港市	225	51	111	30	33	1255	332	651	134	138
钦州市	181	14	117	14	36	944	109	677	60	98
贵港市	113	20	65	10	18	828	202	495	65	66
玉林市	199	19	134	20	26	984	178	657	64	85
百色市	198	56	80	32	30	939	267	507	77	88
贺州市	122	30	71	15	6	516	77	363	50	26
河池市	168	45	78	19	26	735	226	365	87	57
来宾市	107	24	60	14	9	533	139	316	45	33
崇左市	145	30	83	17	15	763	218	432	66	47

7-5 续表 2

单位：人

现住地	初中					高中				
	小计	乡	镇的村委会	镇的居委会	街道	小计	乡	镇的村委会	镇的居委会	街道
总计	**48952**	**9942**	**29289**	**4649**	**5072**	**25565**	**4074**	**13068**	**3409**	**5014**
南宁市	11330	1744	7062	1262	1262	7853	957	4278	1113	1505
柳州市	5961	1226	3821	450	464	2813	419	1513	349	532
桂林市	6196	1409	3670	477	640	3436	736	1700	398	602
梧州市	1786	236	1233	152	165	758	85	412	101	160
北海市	5150	1012	2605	650	883	2943	489	1171	388	895
防城港市	3103	911	1479	322	391	1598	365	681	258	294
钦州市	2022	226	1429	150	217	917	78	572	102	165
贵港市	1946	439	1223	146	138	728	112	410	107	99
玉林市	2903	515	1930	234	224	1118	141	669	140	168
百色市	2235	575	1188	237	235	916	183	415	131	187
贺州市	1300	215	896	129	60	514	78	308	83	45
河池市	1885	585	937	195	168	738	177	313	100	148
来宾市	1442	379	903	92	68	476	97	257	48	74
崇左市	1693	470	913	153	157	757	157	369	91	140

7-5 续表 3

单位：人

现住地	大学专科					大学本科				
	小计	乡	镇的村委会	镇的居委会	街道	小计	乡	镇的村委会	镇的居委会	街道
总　计	**14196**	**1959**	**6263**	**2077**	**3897**	**17508**	**2134**	**6214**	**2304**	**6856**
南宁市	4762	471	2195	743	1353	5847	504	1748	897	2698
柳州市	1596	228	763	211	394	1728	190	691	246	601
桂林市	1650	270	661	267	452	3928	458	1448	448	1574
梧州市	333	33	164	50	86	470	169	97	36	168
北海市	1552	242	543	219	548	1516	234	494	173	615
防城港市	916	252	310	122	232	543	135	158	76	174
钦州市	457	40	228	66	123	664	59	301	82	222
贵港市	309	44	140	38	87	228	21	96	28	83
玉林市	442	47	243	51	101	520	33	340	49	98
百色市	698	100	356	100	142	518	98	188	81	151
贺州市	211	23	114	33	41	361	49	153	52	107
河池市	377	73	145	65	94	382	88	133	63	98
来宾市	238	44	120	31	43	268	44	117	37	70
崇左市	655	92	281	81	201	535	52	250	36	197

7-5 续表 4　　　　单位：人

现住地	硕士研究生					博士研究生				
	小计	乡	镇的村委会	镇的居委会	街道	小计	乡	镇的村委会	镇的居委会	街道
总　计	**2376**	**286**	**761**	**244**	**1085**	**169**	**15**	**32**	**24**	**98**
南宁市	1103	108	353	102	540	78	3	15	11	49
柳州市	148	16	46	14	72	8	1	2	2	3
桂林市	808	115	280	87	326	41	3	7	4	27
梧州市	22	2	5	3	12	4		1		3
北海市	75	8	17	14	36	7		1		6
防城港市	34	6	6	3	19					
钦州市	38	5	9	2	22	6		1		5
贵港市	14	1	2	1	10	1	1			
玉林市	21	2	9	4	6	10		4	4	2
百色市	46	7	18	9	12	5		1	1	3
贺州市	18	10	4	1	3	2			2	
河池市	14	3	2	2	7					
来宾市	11	2	4		5	7	7			
崇左市	24	1	6	2	15					

7–6 按现住地和出生地分的人口

单位：人

现住地	出生地								
	合计	省内			省外				
		小计	本县市区	本省其他县市区	小计	北京	天津	河北	山西
总　计	**4618519**	**4459148**	**3914668**	**544480**	**159371**	**609**	**397**	**4155**	**2218**
南宁市	802678	760073	552538	207535	42605	189	116	1273	542
柳州市	389687	368402	285649	82753	21285	65	46	494	178
桂林市	456937	431371	373084	58287	25566	151	104	842	325
梧州市	255424	251054	234019	17035	4370	6	11	50	35
北海市	169391	153166	133056	20110	16225	59	59	640	626
防城港市	96719	88153	73820	14333	8566	13	9	255	197
钦州市	303396	297906	279403	18503	5490	8	4	100	53
贵港市	395465	390856	372365	18491	4609	8	1	36	18
玉林市	522612	514884	485802	29082	7728	9	18	98	74
百色市	334073	328170	309720	18450	5903	11	5	100	54
贺州市	189176	185834	178083	7751	3342	64	1	52	39
河池市	314125	309031	287657	21374	5094	15	13	68	23
来宾市	192875	189318	177698	11620	3557	7	8	65	13
崇左市	195961	190930	171774	19156	5031	4	2	82	41

7–6 续表 1

单位：人

现住地	出生地									
	省外									
	内蒙古	辽宁	吉林	黑龙江	上海	江苏	浙江	安徽	福建	江西
总　计	**1723**	**2851**	**2902**	**5748**	**623**	**3082**	**3777**	**4890**	**6238**	**7369**
南宁市	500	760	722	1690	192	966	1172	1612	2231	2402
柳州市	114	259	201	319	148	546	717	819	575	940
桂林市	266	656	466	932	157	571	520	776	616	1091
梧州市	12	23	23	28	8	48	69	184	202	209
北海市	495	666	954	1748	40	171	228	388	278	479
防城港市	179	157	259	622	12	177	168	234	385	268
钦州市	21	92	76	98	11	100	116	115	244	277
贵港市	27	32	16	30	7	41	65	79	243	177
玉林市	21	55	49	48	8	109	155	207	239	338
百色市	16	43	45	73	5	76	139	110	333	321
贺州市	11	13	20	21	7	38	62	52	190	195
河池市	30	48	34	73	18	84	143	163	308	209
来宾市	8	13	14	24	5	69	92	74	153	161
崇左市	23	34	23	42	5	86	131	77	241	302

7-6 续表 2　　　　单位：人

现住地	出生地								
	省外								
	山东	河南	湖北	湖南	广东	广西	海南	重庆	四川
总　计	**4367**	**8231**	**9175**	**29608**	**22922**		**1950**	**3468**	**9552**
南宁市	1478	2754	3019	6382	5598		573	851	2499
柳州市	481	1118	1663	6063	2128		171	480	1157
桂林市	695	1159	1223	9132	1908		218	478	1118
梧州市	62	270	218	518	1433		52	107	322
北海市	751	800	566	1035	1808		222	421	1062
防城港市	267	475	341	856	987		96	159	672
钦州市	159	311	284	578	1202		72	126	330
贵港市	39	134	228	569	1333		45	117	270
玉林市	96	308	379	721	2578		208	206	625
百色市	123	281	408	793	861		68	114	331
贺州市	57	143	136	761	791		31	66	186
河池市	66	186	307	868	830		64	168	364
来宾市	40	126	219	604	703		53	87	227
崇左市	53	166	184	728	762		77	88	389

7-6 续表 3　　　　单位：人

现住地	出生地								
	省外								港澳台或国外
	贵州	云南	西藏	陕西	甘肃	青海	宁夏	新疆	
总　计	**9046**	**5432**	**49**	**2445**	**1654**	**389**	**235**	**787**	**3479**
南宁市	1593	1244	24	745	425	98	72	327	556
柳州市	1369	348	2	301	131	64	24	68	296
桂林市	779	437	4	446	211	69	24	105	87
梧州市	242	127		42	26	12	6	7	18
北海市	879	396	4	334	210	77	43	110	676
防城港市	319	278		149	278	20	26	55	653
钦州市	413	313		66	71	10	10	30	200
贵港市	565	421		49	10	7	3	8	31
玉林市	661	319		69	53	6	3	11	57
百色市	648	718	13	47	67	11	21	21	47
贺州市	211	109		27	46		1	12	
河池市	678	176	2	95	29	1	1	18	12
来宾市	376	116		38	33	6	1	5	217
崇左市	313	430		37	64	8		10	629

7−7 按现住地和五年前常住地分的人口

单位：人

现住地	五年前常住地								
	合计	省内			省外				
		小计	本县市区	本省其他县市区	小计	北京	天津	河北	山西
总　计	**4286459**	**4197577**	**4027298**	**170279**	**88882**	**853**	**380**	**2071**	**1282**
南宁市	749069	727925	662705	65220	21144	281	89	510	286
柳州市	365487	358422	340531	17891	7065	69	52	140	75
桂林市	429091	417681	398470	19211	11410	154	89	518	198
梧州市	235062	231822	226325	5497	3240	10	15	18	32
北海市	157792	149822	144297	5525	7970	163	49	347	344
防城港市	89736	85410	81468	3942	4326	39	7	175	142
钦州市	278263	273753	267501	6252	4510	23	4	60	40
贵港市	365293	360024	354300	5724	5269	8	8	11	9
玉林市	478306	471617	462227	9390	6689	26	22	51	46
百色市	311270	307011	299696	7315	4259	18	6	69	26
贺州市	173343	170846	167990	2856	2497	8	5	36	36
河池市	291281	287194	280121	7073	4087	25	16	40	20
来宾市	179173	176369	172193	4176	2804	11	12	36	7
崇左市	183293	179681	169474	10207	3612	18	6	60	21

7−7 续表 1

单位：人

现住地	五年前常住地									
	省外									
	内蒙古	辽宁	吉林	黑龙江	上海	江苏	浙江	安徽	福建	江西
总　计	**873**	**1384**	**1321**	**2426**	**648**	**1754**	**2306**	**1824**	**2747**	**2766**
南宁市	243	351	311	691	178	492	582	605	821	859
柳州市	42	63	74	113	101	191	319	166	211	248
桂林市	150	325	211	382	106	326	395	332	323	430
梧州市	7	7	12	17	20	30	57	56	104	63
北海市	222	334	402	679	64	128	200	181	129	236
防城港市	113	111	154	343	24	127	85	121	164	67
钦州市	10	47	34	40	17	68	63	43	101	123
贵港市	12	14	10	14	20	38	50	37	129	42
玉林市	18	38	33	22	27	86	88	90	109	155
百色市	7	15	28	28	14	41	77	41	158	130
贺州市	12	9	5	13	20	31	35	22	72	117
河池市	16	29	26	46	33	67	145	62	200	108
来宾市	3	12	12	19	8	54	138	32	107	58
崇左市	18	29	9	19	16	75	72	36	119	130

7-7 续表 2

单位：人

现住地	五年前常住地								
	省　外								
	山东	河南	湖北	湖南	广东	广西	海南	重庆	四川
总　计	**2106**	**3388**	**3374**	**7646**	**31144**		**1227**	**1785**	**4073**
南宁市	691	1113	1067	2009	5295		338	466	1049
柳州市	137	309	411	885	1918		81	153	342
桂林市	350	434	459	1754	2268		135	242	496
梧州市	33	177	98	199	1774		22	54	172
北海市	354	375	226	293	1216		133	195	428
防城港市	163	246	150	341	634		37	89	300
钦州市	102	145	133	228	2472		45	65	168
贵港市	19	55	100	229	3629		34	78	114
玉林市	50	139	161	291	4091		130	141	306
百色市	49	123	191	304	1950		72	79	158
贺州市	38	71	53	223	1349		20	33	58
河池市	63	74	118	261	1906		57	84	181
来宾市	25	50	111	258	1277		32	40	130
崇左市	32	77	96	371	1365		91	66	171

7-7 续表 3

单位：人

现住地	五年前常住地								
	省　外								港澳台或国外
	贵州	云南	西藏	陕西	甘肃	青海	宁夏	新疆	
总　计	**4025**	**3132**	**48**	**1425**	**881**	**232**	**143**	**443**	**1175**
南宁市	774	789	20	466	186	44	41	145	352
柳州市	389	179	3	143	54	26	12	23	136
桂林市	397	258	2	245	113	43	16	63	196
梧州市	118	71	1	22	16	9	3	1	22
北海市	469	225	3	202	107	52	31	87	96
防城港市	176	160		81	159	18	19	49	32
钦州市	187	132	1	29	24	11	8	19	68
贵港市	277	257	1	24	4	1		12	33
玉林市	266	168	1	30	41	4	1	6	52
百色市	239	306	13	30	34	8	5	2	38
贺州市	94	51		20	32	2	2	11	19
河池市	211	133	1	78	29		1	11	46
来宾市	203	84	1	22	17	6	3	2	34
崇左市	225	319	1	33	65	8	1	12	51

第二部分 长表数据资料

第八卷 老年人口

8-1 各地区分性别、健康

地 区	60岁及以上人口			健康		
	合计	男	女	小计	男	女
总 计	**794598**	**375621**	**418977**	**407856**	**205958**	**201898**
南宁市	121300	56555	64745	67184	33404	33780
柳州市	68493	32568	35925	38025	19193	18832
桂林市	95768	45914	49854	46286	23788	22498
梧州市	43733	21767	21966	20240	10813	9427
北海市	27758	13546	14212	16236	8358	7878
防城港市	13843	6838	7005	7695	4049	3646
钦州市	49726	24639	25087	25439	13418	12021
贵港市	67056	31931	35125	33906	17118	16788
玉林市	86019	42097	43922	41347	21457	19890
百色市	57952	25180	32772	29746	13948	15798
贺州市	33389	15875	17514	16438	8365	8073
河池市	57711	25608	32103	26599	12801	13798
来宾市	35922	17000	18922	18611	9581	9030
崇左市	35928	16103	19825	20104	9665	10439

8-1a 各地区分性别、健康

地 区	60岁及以上人口			健康		
	合计	男	女	小计	男	女
总 计	**171786**	**79832**	**91954**	**104718**	**50821**	**53897**
南宁市	45130	20998	24132	28871	13930	14941
柳州市	29019	13613	15406	17005	8316	8689
桂林市	20779	9670	11109	12507	6097	6410
梧州市	11761	5526	6235	6834	3372	3462
北海市	7840	3701	4139	5493	2694	2799
防城港市	4392	2138	2254	2821	1417	1404
钦州市	5446	2540	2906	3678	1767	1911
贵港市	10487	4814	5673	6081	2925	3156
玉林市	11332	5257	6075	6406	3110	3296
百色市	9449	4163	5286	5440	2556	2884
贺州市	4199	1911	2288	2365	1150	1215
河池市	5401	2449	2952	3378	1602	1776
来宾市	4591	2129	2462	2664	1290	1374
崇左市	1960	923	1037	1175	595	580

状况的60岁及以上老年人口

单位：人

基本健康			不健康，但生活能自理			不健康，生活不能自理		
小计	男	女	小计	男	女	小计	男	女
279965	**122927**	**157038**	**86643**	**37813**	**48830**	**20134**	**8923**	**11211**
40704	17498	23206	10770	4502	6268	2642	1151	1491
23233	10221	13012	5679	2468	3211	1556	686	870
36342	16255	20087	10807	4858	5949	2333	1013	1320
17234	8055	9179	5075	2365	2710	1184	534	650
8091	3649	4442	2686	1196	1490	745	343	402
4444	2011	2433	1353	609	744	351	169	182
17088	7854	9234	5808	2708	3100	1391	659	732
24064	10792	13272	7375	3298	4077	1711	723	988
31532	14552	16980	10844	4997	5847	2296	1091	1205
20062	7964	12098	6780	2679	4101	1364	589	775
12562	5589	6973	3546	1562	1984	843	359	484
21257	8766	12491	7973	3200	4773	1882	841	1041
12010	5137	6873	4227	1821	2406	1074	461	613
11342	4584	6758	3720	1550	2170	762	304	458

状况的60岁及以上老年人口（城市）

单位：人

基本健康			不健康，但生活能自理			不健康，生活不能自理		
小计	男	女	小计	男	女	小计	男	女
52642	**22774**	**29868**	**10693**	**4544**	**6149**	**3733**	**1693**	**2040**
13116	5731	7385	2217	926	1291	926	411	515
9575	4197	5378	1801	809	992	638	291	347
6671	2881	3790	1220	518	702	381	174	207
3920	1698	2222	698	312	386	309	144	165
1820	786	1034	379	154	225	148	67	81
1196	554	642	295	130	165	80	37	43
1366	589	777	303	134	169	99	50	49
3341	1439	1902	780	326	454	285	124	161
3708	1626	2082	958	397	561	260	124	136
3030	1225	1805	797	302	495	182	80	102
1365	561	804	363	152	211	106	48	58
1449	594	855	412	179	233	162	74	88
1431	618	813	363	160	203	133	61	72
654	275	379	107	45	62	24	8	16

8-1b 各地区分性别、健康

地 区	60岁及以上人口			健康		
	合计	男	女	小计	男	女
总 计	**174381**	**81763**	**92618**	**92166**	**46041**	**46125**
南宁市	21692	10072	11620	11422	5681	5741
柳州市	12928	6190	6738	7253	3675	3578
桂林市	19577	9177	10400	10340	5137	5203
梧州市	9866	4804	5062	4602	2425	2177
北海市	5162	2461	2701	3142	1581	1561
防城港市	2506	1198	1308	1536	786	750
钦州市	11260	5353	5907	5967	3004	2963
贵港市	18456	8688	9768	9797	4890	4907
玉林市	23455	11335	12120	11716	5970	5746
百色市	8643	3822	4821	4790	2283	2507
贺州市	9866	4663	5203	5044	2547	2497
河池市	14333	6369	7964	6747	3252	3495
来宾市	8372	3918	4454	4749	2401	2348
崇左市	8265	3713	4552	5061	2409	2652

8-1c 各地区分性别、健康

地 区	60岁及以上人口			健康		
	合计	男	女	小计	男	女
总 计	**448431**	**214026**	**234405**	**210972**	**109096**	**101876**
南宁市	54478	25485	28993	26891	13793	13098
柳州市	26546	12765	13781	13767	7202	6565
桂林市	55412	27067	28345	23439	12554	10885
梧州市	22106	11437	10669	8804	5016	3788
北海市	14756	7384	7372	7601	4083	3518
防城港市	6945	3502	3443	3338	1846	1492
钦州市	33020	16746	16274	15794	8647	7147
贵港市	38113	18429	19684	18028	9303	8725
玉林市	51232	25505	25727	23225	12377	10848
百色市	39860	17195	22665	19516	9109	10407
贺州市	19324	9301	10023	9029	4668	4361
河池市	37977	16790	21187	16474	7947	8527
来宾市	22959	10953	12006	11198	5890	5308
崇左市	25703	11467	14236	13868	6661	7207

状况的60岁及以上老年人口（镇）

单位：人

基本健康			不健康，但生活能自理			不健康，生活不能自理		
小计	男	女	小计	男	女	小计	男	女
59476	**25719**	**33757**	**18135**	**7927**	**10208**	**4604**	**2076**	**2528**
7686	3289	4397	2108	897	1211	476	205	271
4240	1884	2356	1106	472	634	329	159	170
7004	3041	3963	1781	803	978	452	196	256
3806	1726	2080	1202	532	670	256	121	135
1460	634	826	424	183	241	136	63	73
675	290	385	250	104	146	45	18	27
3836	1677	2159	1110	513	597	347	159	188
6346	2786	3560	1875	826	1049	438	186	252
8296	3745	4551	2843	1331	1512	600	289	311
2801	1088	1713	846	358	488	206	93	113
3537	1560	1977	999	427	572	286	129	157
5086	2088	2998	1944	774	1170	556	255	301
2490	1024	1466	869	383	486	264	110	154
2213	887	1326	778	324	454	213	93	120

状况的60岁及以上老年人口（乡村）

单位：人

基本健康			不健康，但生活能自理			不健康，生活不能自理		
小计	男	女	小计	男	女	小计	男	女
167847	**74434**	**93413**	**57815**	**25342**	**32473**	**11797**	**5154**	**6643**
19902	8478	11424	6445	2679	3766	1240	535	705
9418	4140	5278	2772	1187	1585	589	236	353
22667	10333	12334	7806	3537	4269	1500	643	857
9508	4631	4877	3175	1521	1654	619	269	350
4811	2229	2582	1883	859	1024	461	213	248
2573	1167	1406	808	375	433	226	114	112
11886	5588	6298	4395	2061	2334	945	450	495
14377	6567	7810	4720	2146	2574	988	413	575
19528	9181	10347	7043	3269	3774	1436	678	758
14231	5651	8580	5137	2019	3118	976	416	560
7660	3468	4192	2184	983	1201	451	182	269
14722	6084	8638	5617	2247	3370	1164	512	652
8089	3495	4594	2995	1278	1717	677	290	387
8475	3422	5053	2835	1181	1654	525	203	322

8-2 分年龄、性别、健康

年龄	60岁及以上人口			健康		
	合计	男	女	小计	男	女
总计	**794598**	**375621**	**418977**	**407856**	**205958**	**201898**
60-64岁	**215082**	**107981**	**107101**	**148698**	**76451**	**72247**
60	35220	17430	17790	26269	13352	12917
61	33982	17470	16512	24170	12608	11562
62	50629	25394	25235	34804	17936	16868
63	50451	25621	24830	34068	17721	16347
64	44800	22066	22734	29387	14834	14553
65-69岁	**211110**	**103588**	**107522**	**124004**	**63277**	**60727**
65	45371	22577	22794	28520	14685	13835
66	46175	22588	23587	28067	14163	13904
67	43153	21222	21931	25287	12902	12385
68	41400	20307	21093	23306	11971	11335
69	35011	16894	18117	18824	9556	9268
70-74岁	**144782**	**69997**	**74785**	**67639**	**34838**	**32801**
70	36198	17576	18622	18515	9457	9058
71	34762	17454	17308	16607	8867	7740
72	27110	13088	14022	12463	6434	6029
73	23950	11257	12693	10519	5267	5252
74	22762	10622	12140	9535	4813	4722
75-79岁	**102016**	**46000**	**56016**	**37447**	**18194**	**19253**
75	22329	10183	12146	8836	4314	4522
76	22514	10448	12066	8681	4301	4380
77	20082	8988	11094	7301	3483	3818
78	19010	8435	10575	6622	3204	3418
79	18081	7946	10135	6007	2892	3115
80-84岁	**68443**	**29165**	**39278**	**19072**	**8931**	**10141**
80	17036	7420	9616	5260	2473	2787
81	13919	6103	7816	4029	1893	2136
82	14003	5991	8012	3760	1783	1977
83	12179	5042	7137	3257	1525	1732
84	11306	4609	6697	2766	1257	1509
85-89岁	**36596**	**13700**	**22896**	**8096**	**3261**	**4835**
85	9663	3628	6035	2318	939	1379
86	8166	3094	5072	1852	754	1098
87	7602	2970	4632	1674	700	974
88	5903	2129	3774	1266	490	776
89	5262	1879	3383	986	378	608
90-94岁	**12821**	**4180**	**8641**	**2325**	**835**	**1490**
90	4432	1543	2889	894	342	552
91	2769	887	1882	489	179	310
92	2327	766	1561	404	138	266
93	1911	573	1338	328	102	226
94	1382	411	971	210	74	136
95-99岁	**3128**	**899**	**2229**	**490**	**158**	**332**
95	1066	296	770	160	45	115
96	790	236	554	138	50	88
97	551	166	385	83	29	54
98	383	112	271	61	16	45
99	338	89	249	48	18	30
100岁及以上	**620**	**111**	**509**	**85**	**13**	**72**

状况的60岁及以上老年人口

单位:人

基本健康			不健康,但生活能自理			不健康,生活不能自理		
小计	男	女	小计	男	女	小计	男	女
279965	**122927**	**157038**	**86643**	**37813**	**48830**	**20134**	**8923**	**11211**
54134	**24795**	**29339**	**10506**	**5708**	**4798**	**1744**	**1027**	**717**
7297	3180	4117	1395	740	655	259	158	101
7998	3827	4171	1565	880	685	249	155	94
12971	5922	7049	2475	1328	1147	379	208	171
13341	6190	7151	2596	1458	1138	446	252	194
12527	5676	6851	2475	1302	1173	411	254	157
69624	**31366**	**38258**	**14976**	**7493**	**7483**	**2506**	**1452**	**1054**
13540	6157	7383	2872	1477	1395	439	258	181
14687	6629	8058	2932	1503	1429	489	293	196
14272	6477	7795	3084	1541	1543	510	302	208
14412	6526	7886	3110	1492	1618	572	318	254
12713	5577	7136	2978	1480	1498	496	281	215
58643	**26427**	**32216**	**15665**	**7206**	**8459**	**2835**	**1526**	**1309**
13689	6151	7538	3368	1609	1759	626	359	267
14110	6582	7528	3483	1688	1795	562	317	245
11116	4983	6133	2967	1358	1609	564	313	251
10053	4463	5590	2857	1272	1585	521	255	266
9675	4248	5427	2990	1279	1711	562	282	280
45062	**19515**	**25547**	**16212**	**6701**	**9511**	**3295**	**1590**	**1705**
9679	4251	5428	3217	1348	1869	597	270	327
9780	4316	5464	3391	1494	1897	662	337	325
8962	3888	5074	3170	1299	1871	649	318	331
8465	3587	4878	3214	1298	1916	709	346	363
8176	3473	4703	3220	1262	1958	678	319	359
30706	**12883**	**17823**	**14878**	**5814**	**9064**	**3787**	**1537**	**2250**
7609	3219	4390	3374	1389	1985	793	339	454
6326	2744	3582	2867	1155	1712	697	311	386
6344	2678	3666	3095	1208	1887	804	322	482
5439	2209	3230	2800	1055	1745	683	253	430
4988	2033	2955	2742	1007	1735	810	312	498
15518	**5922**	**9596**	**9703**	**3434**	**6269**	**3279**	**1083**	**2196**
4194	1613	2581	2418	847	1571	733	229	504
3577	1391	2186	2096	743	1353	641	206	435
3159	1246	1913	2072	754	1318	697	270	427
2448	881	1567	1599	570	1029	590	188	402
2140	791	1349	1518	520	998	618	190	428
4991	**1638**	**3353**	**3612**	**1160**	**2452**	**1893**	**547**	**1346**
1773	605	1168	1222	434	788	543	162	381
1063	347	716	808	233	575	409	128	281
920	309	611	668	218	450	335	101	234
693	224	469	546	160	386	344	87	257
542	153	389	368	115	253	262	69	193
1085	**334**	**751**	**922**	**267**	**655**	**631**	**140**	**491**
373	109	264	336	96	240	197	46	151
283	85	198	211	65	146	158	36	122
176	64	112	173	46	127	119	27	92
140	42	98	99	37	62	83	17	66
113	34	79	103	23	80	74	14	60
202	**47**	**155**	**169**	**30**	**139**	**164**	**21**	**143**

8-2a 分年龄、性别、健康

年 龄	60岁及以上人口			健康		
	合计	男	女	小计	男	女
总 计	**171786**	**79832**	**91954**	**104718**	**50821**	**53897**
60-64岁	**53436**	**25590**	**27846**	**39329**	**19100**	**20229**
60	9627	4605	5022	7380	3600	3780
61	8827	4313	4514	6650	3276	3374
62	12029	5761	6268	8805	4316	4489
63	12221	5873	6348	8846	4247	4599
64	10732	5038	5694	7648	3661	3987
65-69岁	**48789**	**23095**	**25694**	**32485**	**15789**	**16696**
65	10628	5030	5598	7368	3553	3815
66	10925	5149	5776	7495	3631	3864
67	9840	4686	5154	6577	3214	3363
68	9474	4458	5016	6072	2943	3129
69	7922	3772	4150	4973	2448	2525
70-74岁	**30204**	**14441**	**15763**	**17141**	**8579**	**8562**
70	8009	3967	4042	4834	2502	2332
71	7178	3455	3723	4144	2092	2052
72	5699	2642	3057	3176	1518	1658
73	4932	2314	2618	2684	1336	1348
74	4386	2063	2323	2303	1131	1172
75-79岁	**17995**	**8010**	**9985**	**8619**	**4113**	**4506**
75	3943	1812	2131	2029	996	1033
76	3993	1838	2155	1982	954	1028
77	3486	1514	1972	1647	763	884
78	3401	1506	1895	1549	741	808
79	3172	1340	1832	1412	659	753
80-84岁	**12616**	**5404**	**7212**	**4686**	**2225**	**2461**
80	3110	1365	1745	1262	596	666
81	2575	1123	1452	1000	485	515
82	2585	1090	1495	933	456	477
83	2261	987	1274	807	390	417
84	2085	839	1246	684	298	386
85-89岁	**6326**	**2437**	**3889**	**1895**	**784**	**1111**
85	1667	632	1035	541	224	317
86	1474	556	918	469	201	268
87	1367	542	825	387	163	224
88	968	371	597	285	109	176
89	850	336	514	213	87	126
90-94岁	**1934**	**700**	**1234**	**467**	**199**	**268**
90	694	269	425	193	90	103
91	429	146	283	88	32	56
92	349	135	214	79	34	45
93	265	84	181	68	25	43
94	197	66	131	39	18	21
95-99岁	**413**	**140**	**273**	**82**	**29**	**53**
95	144	52	92	23	7	16
96	106	40	66	22	8	14
97	72	17	55	12	2	10
98	37	11	26	12	4	8
99	54	20	34	13	8	5
100岁及以上	**73**	**15**	**58**	**14**	**3**	**11**

状况的60岁及以上老年人口（城市）

单位：人

基本健康			不健康，但生活能自理			不健康，生活不能自理		
小计	男	女	小计	男	女	小计	男	女
52642	**22774**	**29868**	**10693**	**4544**	**6149**	**3733**	**1693**	**2040**
12169	**5459**	**6710**	**1623**	**822**	**801**	**315**	**209**	**106**
1936	834	1102	263	135	128	48	36	12
1908	897	1011	225	107	118	44	33	11
2781	1222	1559	376	188	188	67	35	32
2894	1350	1544	400	222	178	81	54	27
2650	1156	1494	359	170	189	75	51	24
13833	**6027**	**7806**	**2024**	**1005**	**1019**	**447**	**274**	**173**
2785	1232	1553	399	196	203	76	49	27
2920	1237	1683	416	221	195	94	60	34
2764	1218	1546	412	202	210	87	52	35
2894	1267	1627	406	187	219	102	61	41
2470	1073	1397	391	199	192	88	52	36
10628	**4755**	**5873**	**1930**	**829**	**1101**	**505**	**278**	**227**
2613	1204	1409	458	201	257	104	60	44
2508	1126	1382	436	183	253	90	54	36
2074	914	1160	354	157	197	95	53	42
1787	766	1021	359	163	196	102	49	53
1646	745	901	323	125	198	114	62	52
7103	**2966**	**4137**	**1690**	**656**	**1034**	**583**	**275**	**308**
1489	642	847	333	131	202	92	43	49
1553	669	884	326	149	177	132	66	66
1397	578	819	337	129	208	105	44	61
1379	578	801	350	122	228	123	65	58
1285	499	786	344	125	219	131	57	74
5381	**2225**	**3156**	**1749**	**655**	**1094**	**800**	**299**	**501**
1311	551	760	375	162	213	162	56	106
1090	457	633	328	110	218	157	71	86
1111	441	670	374	140	234	167	53	114
972	417	555	332	124	208	150	56	94
897	359	538	340	119	221	164	63	101
2657	**1035**	**1622**	**1140**	**392**	**748**	**634**	**226**	**408**
706	263	443	271	92	179	149	53	96
637	237	400	248	78	170	120	40	80
565	229	336	264	90	174	151	60	91
393	159	234	185	68	117	105	35	70
356	147	209	172	64	108	109	38	71
717	**252**	**465**	**424**	**141**	**283**	**326**	**108**	**218**
264	94	170	150	56	94	87	29	58
155	55	100	108	36	72	78	23	55
139	48	91	71	23	48	60	30	30
86	31	55	50	13	37	61	15	46
73	24	49	45	13	32	40	11	29
134	**48**	**86**	**98**	**42**	**56**	**99**	**21**	**78**
53	24	29	33	15	18	35	6	29
36	11	25	23	12	11	25	9	16
23	8	15	21	5	16	16	2	14
10	2	8	7	4	3	8	1	7
12	3	9	14	6	8	15	3	12
20	**7**	**13**	**15**	**2**	**13**	**24**	**3**	**21**

8-2b 分年龄、性别、健康

年 龄	60岁及以上人口			健康		
	合计	男	女	小计	男	女
总 计	**174381**	**81763**	**92618**	**92166**	**46041**	**46125**
60-64岁	**49429**	**24502**	**24927**	**34370**	**17454**	**16916**
60	8189	4021	4168	6163	3109	3054
61	7979	4061	3918	5677	2955	2722
62	11820	5766	6054	8172	4111	4061
63	11298	5691	5607	7686	3942	3744
64	10143	4963	5180	6672	3337	3335
65-69岁	**46835**	**22631**	**24204**	**27990**	**14052**	**13938**
65	10153	5003	5150	6490	3280	3210
66	10308	4903	5405	6309	3121	3188
67	9555	4615	4940	5670	2812	2858
68	9223	4385	4838	5349	2693	2656
69	7596	3725	3871	4172	2146	2026
70-74岁	**31229**	**15155**	**16074**	**14990**	**7703**	**7287**
70	7848	3875	3973	4136	2147	1989
71	7724	3861	3863	3760	2002	1758
72	5762	2811	2951	2742	1412	1330
73	5009	2333	2676	2246	1095	1151
74	4886	2275	2611	2106	1047	1059
75-79岁	**21431**	**9559**	**11872**	**8196**	**3910**	**4286**
75	4623	2076	2547	1911	905	1006
76	4873	2242	2631	1948	928	1020
77	4085	1827	2258	1529	739	790
78	4009	1748	2261	1448	683	765
79	3841	1666	2175	1360	655	705
80-84岁	**14274**	**6014**	**8260**	**4245**	**1975**	**2270**
80	3556	1532	2024	1143	548	595
81	2890	1239	1651	896	395	501
82	2893	1176	1717	819	371	448
83	2527	1070	1457	743	357	386
84	2408	997	1411	644	304	340
85-89岁	**7691**	**2859**	**4832**	**1749**	**747**	**1002**
85	1994	727	1267	494	209	285
86	1705	635	1070	381	160	221
87	1659	661	998	380	169	211
88	1213	438	775	277	114	163
89	1120	398	722	217	95	122
90-94岁	**2675**	**825**	**1850**	**500**	**166**	**334**
90	937	307	630	200	73	127
91	534	175	359	100	38	62
92	518	156	362	79	22	57
93	377	109	268	62	17	45
94	309	78	231	59	16	43
95-99岁	**688**	**197**	**491**	**108**	**31**	**77**
95	238	63	175	37	11	26
96	169	45	124	23	5	18
97	113	38	75	24	6	18
98	98	32	66	16	5	11
99	70	19	51	8	4	4
100岁及以上	**129**	**21**	**108**	**18**	**3**	**15**

状况的60岁及以上老年人口（镇）

单位：人

基本健康			不健康，但生活能自理			不健康，生活不能自理		
小计	男	女	小计	男	女	小计	男	女
59476	**25719**	**33757**	**18135**	**7927**	**10208**	**4604**	**2076**	**2528**
12278	**5529**	**6749**	**2337**	**1262**	**1075**	**444**	**257**	**187**
1649	710	939	308	160	148	69	42	27
1882	870	1012	362	203	159	58	33	25
3002	1312	1690	559	297	262	87	46	41
2941	1367	1574	560	315	245	111	67	44
2804	1270	1534	548	287	261	119	69	50
15016	**6591**	**8425**	**3215**	**1623**	**1592**	**614**	**365**	**249**
2923	1317	1606	628	333	295	112	73	39
3265	1400	1865	621	313	308	113	69	44
3115	1402	1713	652	335	317	118	66	52
3085	1318	1767	644	291	353	145	83	62
2628	1154	1474	670	351	319	126	74	52
12245	**5514**	**6731**	**3302**	**1557**	**1745**	**692**	**381**	**311**
2831	1274	1557	736	363	373	145	91	54
3041	1373	1668	778	407	371	145	79	66
2259	1021	1238	613	291	322	148	87	61
2064	934	1130	578	241	337	121	63	58
2050	912	1138	597	255	342	133	61	72
9192	**3942**	**5250**	**3322**	**1382**	**1940**	**721**	**325**	**396**
1953	840	1113	631	270	361	128	61	67
2046	923	1123	735	325	410	144	66	78
1816	782	1034	616	254	362	124	52	72
1720	725	995	671	260	411	170	80	90
1657	672	985	669	273	396	155	66	89
6229	**2559**	**3670**	**2976**	**1134**	**1842**	**824**	**346**	**478**
1548	617	931	669	272	397	196	95	101
1287	535	752	562	243	319	145	66	79
1267	521	746	645	223	422	162	61	101
1066	441	625	559	213	346	159	59	100
1061	445	616	541	183	358	162	65	97
3201	**1184**	**2017**	**2004**	**672**	**1332**	**737**	**256**	**481**
833	302	531	501	165	336	166	51	115
747	282	465	425	136	289	152	57	95
692	271	421	425	151	274	162	70	92
481	165	316	336	117	219	119	42	77
448	164	284	317	103	214	138	36	102
1041	**320**	**721**	**733**	**228**	**505**	**401**	**111**	**290**
366	110	256	242	88	154	129	36	93
210	72	138	155	44	111	69	21	48
207	70	137	158	45	113	74	19	55
130	38	92	117	36	81	68	18	50
128	30	98	61	15	46	61	17	44
232	**70**	**162**	**207**	**64**	**143**	**141**	**32**	**109**
87	21	66	77	21	56	37	10	27
60	18	42	45	13	32	41	9	32
28	15	13	33	9	24	28	8	20
35	10	25	27	14	13	20	3	17
22	6	16	25	7	18	15	2	13
42	**10**	**32**	**39**	**5**	**34**	**30**	**3**	**27**

8-2c 分年龄、性别、健康

年 龄	60岁及以上人口			健康		
	合计	男	女	小计	男	女
总 计	**448431**	**214026**	**234405**	**210972**	**109096**	**101876**
60-64岁	**112217**	**57889**	**54328**	**74999**	**39897**	**35102**
60	17404	8804	8600	12726	6643	6083
61	17176	9096	8080	11843	6377	5466
62	26780	13867	12913	17827	9509	8318
63	26932	14057	12875	17536	9532	8004
64	23925	12065	11860	15067	7836	7231
65-69岁	**115486**	**57862**	**57624**	**63529**	**33436**	**30093**
65	24590	12544	12046	14662	7852	6810
66	24942	12536	12406	14263	7411	6852
67	23758	11921	11837	13040	6876	6164
68	22703	11464	11239	11885	6335	5550
69	19493	9397	10096	9679	4962	4717
70-74岁	**83349**	**40401**	**42948**	**35508**	**18556**	**16952**
70	20341	9734	10607	9545	4808	4737
71	19860	10138	9722	8703	4773	3930
72	15649	7635	8014	6545	3504	3041
73	14009	6610	7399	5589	2836	2753
74	13490	6284	7206	5126	2635	2491
75-79岁	**62590**	**28431**	**34159**	**20632**	**10171**	**10461**
75	13763	6295	7468	4896	2413	2483
76	13648	6368	7280	4751	2419	2332
77	12511	5647	6864	4125	1981	2144
78	11600	5181	6419	3625	1780	1845
79	11068	4940	6128	3235	1578	1657
80-84岁	**41553**	**17747**	**23806**	**10141**	**4731**	**5410**
80	10370	4523	5847	2855	1329	1526
81	8454	3741	4713	2133	1013	1120
82	8525	3725	4800	2008	956	1052
83	7391	2985	4406	1707	778	929
84	6813	2773	4040	1438	655	783
85-89岁	**22579**	**8404**	**14175**	**4452**	**1730**	**2722**
85	6002	2269	3733	1283	506	777
86	4987	1903	3084	1002	393	609
87	4576	1767	2809	907	368	539
88	3722	1320	2402	704	267	437
89	3292	1145	2147	556	196	360
90-94岁	**8212**	**2655**	**5557**	**1358**	**470**	**888**
90	2801	967	1834	501	179	322
91	1806	566	1240	301	109	192
92	1460	475	985	246	82	164
93	1269	380	889	198	60	138
94	876	267	609	112	40	72
95-99岁	**2027**	**562**	**1465**	**300**	**98**	**202**
95	684	181	503	100	27	73
96	515	151	364	93	37	56
97	366	111	255	47	21	26
98	248	69	179	33	7	26
99	214	50	164	27	6	21
100岁及以上	**418**	**75**	**343**	**53**	**7**	**46**

状况的60岁及以上老年人口（乡村）

单位：人

基本健康			不健康，但生活能自理			不健康，生活不能自理		
小计	男	女	小计	男	女	小计	男	女
167847	**74434**	**93413**	**57815**	**25342**	**32473**	**11797**	**5154**	**6643**
29687	**13807**	**15880**	**6546**	**3624**	**2922**	**985**	**561**	**424**
3712	1636	2076	824	445	379	142	80	62
4208	2060	2148	978	570	408	147	89	58
7188	3388	3800	1540	843	697	225	127	98
7506	3473	4033	1636	921	715	254	131	123
7073	3250	3823	1568	845	723	217	134	83
40775	**18748**	**22027**	**9737**	**4865**	**4872**	**1445**	**813**	**632**
7832	3608	4224	1845	948	897	251	136	115
8502	3992	4510	1895	969	926	282	164	118
8393	3857	4536	2020	1004	1016	305	184	121
8433	3941	4492	2060	1014	1046	325	174	151
7615	3350	4265	1917	930	987	282	155	127
35770	**16158**	**19612**	**10433**	**4820**	**5613**	**1638**	**867**	**771**
8245	3673	4572	2174	1045	1129	377	208	169
8561	4083	4478	2269	1098	1171	327	184	143
6783	3048	3735	2000	910	1090	321	173	148
6202	2763	3439	1920	868	1052	298	143	155
5979	2591	3388	2070	899	1171	315	159	156
28767	**12607**	**16160**	**11200**	**4663**	**6537**	**1991**	**990**	**1001**
6237	2769	3468	2253	947	1306	377	166	211
6181	2724	3457	2330	1020	1310	386	205	181
5749	2528	3221	2217	916	1301	420	222	198
5366	2284	3082	2193	916	1277	416	201	215
5234	2302	2932	2207	864	1343	392	196	196
19096	**8099**	**10997**	**10153**	**4025**	**6128**	**2163**	**892**	**1271**
4750	2051	2699	2330	955	1375	435	188	247
3949	1752	2197	1977	802	1175	395	174	221
3966	1716	2250	2076	845	1231	475	208	267
3401	1351	2050	1909	718	1191	374	138	236
3030	1229	1801	1861	705	1156	484	184	300
9660	**3703**	**5957**	**6559**	**2370**	**4189**	**1908**	**601**	**1307**
2655	1048	1607	1646	590	1056	418	125	293
2193	872	1321	1423	529	894	369	109	260
1902	746	1156	1383	513	870	384	140	244
1574	557	1017	1078	385	693	366	111	255
1336	480	856	1029	353	676	371	116	255
3233	**1066**	**2167**	**2455**	**791**	**1664**	**1166**	**328**	**838**
1143	401	742	830	290	540	327	97	230
698	220	478	545	153	392	262	84	178
574	191	383	439	150	289	201	52	149
477	155	322	379	111	268	215	54	161
341	99	242	262	87	175	161	41	120
719	**216**	**503**	**617**	**161**	**456**	**391**	**87**	**304**
233	64	169	226	60	166	125	30	95
187	56	131	143	40	103	92	18	74
125	41	84	119	32	87	75	17	58
95	30	65	65	19	46	55	13	42
79	25	54	64	10	54	44	9	35
140	**30**	**110**	**115**	**23**	**92**	**110**	**15**	**95**

8-3 分性别、婚姻状况、健康

婚姻状况	60岁及以上人口			健康		
	合计	男	女	小计	男	女
总 计	**794598**	**375621**	**418977**	**407856**	**205958**	**201898**
未 婚	18479	17146	1333	6737	6116	621
有配偶	562240	302333	259907	325279	178908	146371
离 婚	8915	5467	3448	5062	2917	2145
丧 偶	204964	50675	154289	70778	18017	52761

8-3a 分性别、婚姻状况、健康

婚姻状况	60岁及以上人口			健康		
	合计	男	女	小计	男	女
总 计	**171786**	**79832**	**91954**	**104718**	**50821**	**53897**
未 婚	1473	914	559	747	438	309
有配偶	130753	69910	60843	86018	46268	39750
离 婚	4551	2125	2426	2830	1241	1589
丧 偶	35009	6883	28126	15123	2874	12249

状况的60岁及以上老年人口

单位：人

基本健康			不健康，但生活能自理			不健康，生活不能自理		
小计	男	女	小计	男	女	小计	男	女
279965	**122927**	**157038**	**86643**	**37813**	**48830**	**20134**	**8923**	**11211**
7699	7294	405	3444	3260	184	599	476	123
182187	92701	89486	44935	24686	20249	9839	6038	3801
2841	1836	1005	859	604	255	153	110	43
87238	21096	66142	37405	9263	28142	9543	2299	7244

状况的60岁及以上老年人口（城市）

单位：人

基本健康			不健康，但生活能自理			不健康，生活不能自理		
小计	男	女	小计	男	女	小计	男	女
52642	**22774**	**29868**	**10693**	**4544**	**6149**	**3733**	**1693**	**2040**
443	282	161	185	132	53	98	62	36
36925	19068	17857	5994	3376	2618	1816	1198	618
1350	673	677	307	172	135	64	39	25
13924	2751	11173	4207	864	3343	1755	394	1361

8-3b 分性别、婚姻状况、健康

婚姻状况	60岁及以上人口			健康		
	合计	男	女	小计	男	女
总 计	**174381**	**81763**	**92618**	**92166**	**46041**	**46125**
未 婚	3133	2836	297	1138	1000	138
有配偶	125362	67519	57843	74329	40733	33596
离 婚	1472	923	549	836	496	340
丧 偶	44414	10485	33929	15863	3812	12051

8-3c 分性别、婚姻状况、健康

婚姻状况	60岁及以上人口			健康		
	合计	男	女	小计	男	女
总 计	**448431**	**214026**	**234405**	**210972**	**109096**	**101876**
未 婚	13873	13396	477	4852	4678	174
有配偶	306125	164904	141221	164932	91907	73025
离 婚	2892	2419	473	1396	1180	216
丧 偶	125541	33307	92234	39792	11331	28461

状况的60岁及以上老年人口（镇）

单位：人

基本健康			不健康，但生活能自理			不健康，生活不能自理		
小计	男	女	小计	男	女	小计	男	女
59476	**25719**	**33757**	**18135**	**7927**	**10208**	**4604**	**2076**	**2528**
1225	1153	72	622	575	47	148	108	40
39313	19958	19355	9450	5387	4063	2270	1441	829
447	305	142	158	102	56	31	20	11
18491	4303	14188	7905	1863	6042	2155	507	1648

状况的60岁及以上老年人口（乡村）

单位：人

基本健康			不健康，但生活能自理			不健康，生活不能自理		
小计	男	女	小计	男	女	小计	男	女
167847	**74434**	**93413**	**57815**	**25342**	**32473**	**11797**	**5154**	**6643**
6031	5859	172	2637	2553	84	353	306	47
105949	53675	52274	29491	15923	13568	5753	3399	2354
1044	858	186	394	330	64	58	51	7
54823	14042	40781	25293	6536	18757	5633	1398	4235

8-4 分性别、主要生活来源、健康

主要生活来源	60岁及以上人口			健康		
	合计	男	女	小计	男	女
总 计	**794598**	**375621**	**418977**	**407856**	**205958**	**201898**
劳动收入	180812	107092	73720	134516	81200	53316
离退休金/养老金	180751	94475	86276	107714	57436	50278
最低生活保障金	36768	21717	15051	8996	5588	3408
失业保险金	26	17	9	11	8	3
财产性收入	3822	2121	1701	2303	1322	981
家庭其他成员供养	342237	126085	216152	129105	47905	81200
其 他	50182	24114	26068	25211	12499	12712

8-4a 分性别、主要生活来源、健康

主要生活来源	60岁及以上人口			健康		
	合计	男	女	小计	男	女
总 计	**171786**	**79832**	**91954**	**104718**	**50821**	**53897**
劳动收入	13145	8376	4769	10545	6800	3745
离退休金/养老金	108145	53228	54917	68368	34538	33830
最低生活保障金	2144	1048	1096	651	308	343
失业保险金	3	1	2	2	1	1
财产性收入	1483	819	664	947	554	393
家庭其他成员供养	39435	13059	26376	19726	6557	13169
其 他	7431	3301	4130	4479	2063	2416

状况的60岁及以上老年人口

单位：人

基本健康			不健康，但生活能自理			不健康，生活不能自理		
小计	男	女	小计	男	女	小计	男	女
279965	**122927**	**157038**	**86643**	**37813**	**48830**	**20134**	**8923**	**11211**
43159	24043	19116	2977	1763	1214	160	86	74
57750	29016	28734	11660	6001	5659	3627	2022	1605
15200	9091	6109	10395	5928	4467	2177	1110	1067
8	4	4	5	4	1	2	1	1
1254	652	602	223	120	103	42	27	15
143816	51459	92357	56443	21599	34844	12873	5122	7751
18778	8662	10116	4940	2398	2542	1253	555	698

状况的60岁及以上老年人口（城市）

单位：人

基本健康			不健康，但生活能自理			不健康，生活不能自理		
小计	男	女	小计	男	女	小计	男	女
52642	**22774**	**29868**	**10693**	**4544**	**6149**	**3733**	**1693**	**2040**
2466	1503	963	117	64	53	17	9	8
32457	15186	17271	5340	2512	2828	1980	992	988
768	353	415	567	306	261	158	81	77
			1		1			
453	224	229	68	33	35	15	8	7
14208	4546	9662	4155	1448	2707	1346	508	838
2290	962	1328	445	181	264	217	95	122

8-4b　分性别、主要生活来源、健康

主要生活来源	60岁及以上人口			健康		
	合计	男	女	小计	男	女
总　计	**174381**	**81763**	**92618**	**92166**	**46041**	**46125**
劳动收入	34766	20944	13822	26414	16245	10169
离退休金/养老金	41279	22864	18415	24951	14031	10920
最低生活保障金	6804	3801	3003	1774	1018	756
失业保险金	8	8		4	4	
财产性收入	871	486	385	524	295	229
家庭其他成员供养	79650	28432	51218	32765	11676	21089
其　他	11003	5228	5775	5734	2772	2962

8-4c　分性别、主要生活来源、健康

主要生活来源	60岁及以上人口			健康		
	合计	男	女	小计	男	女
总　计	**448431**	**214026**	**234405**	**210972**	**109096**	**101876**
劳动收入	132901	77772	55129	97557	58155	39402
离退休金/养老金	31327	18383	12944	14395	8867	5528
最低生活保障金	27820	16868	10952	6571	4262	2309
失业保险金	15	8	7	5	3	2
财产性收入	1468	816	652	832	473	359
家庭其他成员供养	223152	84594	138558	76614	29672	46942
其　他	31748	15585	16163	14998	7664	7334

状况的60岁及以上老年人口（镇）

单位：人

基本健康			不健康，但生活能自理			不健康，生活不能自理		
小计	男	女	小计	男	女	小计	男	女
59476	**25719**	**33757**	**18135**	**7927**	**10208**	**4604**	**2076**	**2528**
7770	4354	3416	555	334	221	27	11	16
12860	6847	6013	2588	1436	1152	880	550	330
2701	1497	1204	1924	1078	846	405	208	197
3	3					1	1	
285	151	134	52	32	20	10	8	2
31993	11092	20901	11917	4505	7412	2975	1159	1816
3864	1775	2089	1099	542	557	306	139	167

状况的60岁及以上老年人口（乡村）

单位：人

基本健康			不健康，但生活能自理			不健康，生活不能自理		
小计	男	女	小计	男	女	小计	男	女
167847	**74434**	**93413**	**57815**	**25342**	**32473**	**11797**	**5154**	**6643**
32923	18186	14737	2305	1365	940	116	66	50
12433	6983	5450	3732	2053	1679	767	480	287
11731	7241	4490	7904	4544	3360	1614	821	793
5	1	4	4	4		1		1
516	277	239	103	55	48	17	11	6
97615	35821	61794	40371	15646	24725	8552	3455	5097
12624	5925	6699	3396	1675	1721	730	321	409

8-5 分性别、居住状况、健康状

居住状况	60岁及以上人口			健康		
	合计	男	女	小计	男	女
总　计	**794598**	**375621**	**418977**	**407856**	**205958**	**201898**
与配偶和子女同住	257009	140654	116355	156399	87254	69145
与配偶同住	215774	116633	99141	117935	65563	52372
与子女同住	196860	57220	139640	81138	25376	55762
独居(有保姆)	936	388	548	287	154	133
独居(无保姆)	85721	41298	44423	34815	18239	16576
养老机构	2933	1798	1135	493	361	132
其　他	35365	17630	17735	16789	9011	7778

8-5a 分性别、居住状况、健康

居住状况	60岁及以上人口			健康		
	合计	男	女	小计	男	女
总　计	**171786**	**79832**	**91954**	**104718**	**50821**	**53897**
与配偶和子女同住	64561	35792	28769	43747	24443	19304
与配偶同住	43209	23979	19230	27172	15244	11928
与子女同住	43270	10904	32366	23047	5973	17074
独居(有保姆)	371	149	222	103	56	47
独居(无保姆)	13216	5572	7644	6948	3183	3765
养老机构	992	408	584	55	29	26
其　他	6167	3028	3139	3646	1893	1753

况的60岁及以上老年人口

单位：人

基本健康			不健康，但生活能自理			不健康，生活不能自理		
小计	男	女	小计	男	女	小计	男	女
279965	**122927**	**157038**	**86643**	**37813**	**48830**	**20134**	**8923**	**11211**
77062	39821	37241	19122	10793	8329	4426	2786	1640
75399	38596	36803	18702	10185	8517	3738	2289	1449
77988	21531	56457	29784	8133	21651	7950	2180	5770
292	119	173	132	43	89	225	72	153
35684	16341	19343	13905	6199	7706	1317	519	798
907	655	252	613	387	226	920	395	525
12633	5864	6769	4385	2073	2312	1558	682	876

状况的60岁及以上老年人口（城市）

单位：人

基本健康			不健康，但生活能自理			不健康，生活不能自理		
小计	男	女	小计	男	女	小计	男	女
52642	**22774**	**29868**	**10693**	**4544**	**6149**	**3733**	**1693**	**2040**
17153	9160	7993	2853	1648	1205	808	541	267
13257	7089	6168	2221	1264	957	559	382	177
15268	3714	11554	3714	900	2814	1241	317	924
106	39	67	50	18	32	112	36	76
4887	1884	3003	1266	469	797	115	36	79
168	82	86	164	61	103	605	236	369
1803	806	997	425	184	241	293	145	148

8-5b 分性别、居住状况、健康

居住状况	60岁及以上人口			健康		
	合计	男	女	小计	男	女
总　计	**174381**	**81763**	**92618**	**92166**	**46041**	**46125**
与配偶和子女同住	61873	33845	28028	38347	21267	17080
与配偶同住	43368	23644	19724	24211	13525	10686
与子女同住	44614	12471	32143	18964	5738	13226
独居(有保姆)	202	76	126	59	31	28
独居(无保姆)	15800	7429	8371	6698	3452	3246
养老机构	873	575	298	135	99	36
其　他	7651	3723	3928	3752	1929	1823

8-5c 分性别、居住状况、健康

居住状况	60岁及以上人口			健康		
	合计	男	女	小计	男	女
总　计	**448431**	**214026**	**234405**	**210972**	**109096**	**101876**
与配偶和子女同住	130575	71017	59558	74305	41544	32761
与配偶同住	129197	69010	60187	66552	36794	29758
与子女同住	108976	33845	75131	39127	13665	25462
独居(有保姆)	363	163	200	125	67	58
独居(无保姆)	56705	28297	28408	21169	11604	9565
养老机构	1068	815	253	303	233	70
其　他	21547	10879	10668	9391	5189	4202

状况的60岁及以上老年人口（镇）

单位：人

基本健康			不健康，但生活能自理			不健康，生活不能自理		
小计	男	女	小计	男	女	小计	男	女
59476	**25719**	**33757**	**18135**	**7927**	**10208**	**4604**	**2076**	**2528**
17962	9263	8699	4418	2582	1836	1146	733	413
14863	7617	7246	3526	2003	1523	768	499	269
17359	4570	12789	6465	1695	4770	1826	468	1358
67	26	41	32	11	21	44	8	36
6327	2835	3492	2529	1050	1479	246	92	154
290	215	75	215	151	64	233	110	123
2608	1193	1415	950	435	515	341	166	175

状况的60岁及以上老年人口（乡村）

单位：人

基本健康			不健康，但生活能自理			不健康，生活不能自理		
小计	男	女	小计	男	女	小计	男	女
167847	**74434**	**93413**	**57815**	**25342**	**32473**	**11797**	**5154**	**6643**
41947	21398	20549	11851	6563	5288	2472	1512	960
47279	23890	23389	12955	6918	6037	2411	1408	1003
45361	13247	32114	19605	5538	14067	4883	1395	3488
119	54	65	50	14	36	69	28	41
24470	11622	12848	10110	4680	5430	956	391	565
449	358	91	234	175	59	82	49	33
8222	3865	4357	3010	1454	1556	924	371	553

8-6 各地区分性别、主要生活

地区	60岁及以上人口			劳动收入			离退休金/养老金			最低生活保障金		
	合计	男	女	小计	男	女	小计	男	女	小计	男	女
总 计	**794598**	**375621**	**418977**	**180812**	**107092**	**73720**	**180751**	**94475**	**86276**	**36768**	**21717**	**15051**
南宁市	121300	56555	64745	28001	15698	12303	40697	20316	20381	3831	2157	1674
柳州市	68493	32568	35925	11496	7028	4468	29368	14383	14985	2058	1226	832
桂林市	95768	45914	49854	22536	13767	8769	26162	13339	12823	3999	2528	1471
梧州市	43733	21767	21966	7093	4687	2406	11331	5914	5417	3007	2112	895
北海市	27758	13546	14212	6704	4109	2595	8590	4340	4250	1388	780	608
防城港市	13843	6838	7005	2798	1864	934	3641	1962	1679	741	397	344
钦州市	49726	24639	25087	13496	8446	5050	7057	3874	3183	2786	1735	1051
贵港市	67056	31931	35125	15540	9278	6262	8189	4673	3516	3202	2080	1122
玉林市	86019	42097	43922	18460	11935	6525	12774	7090	5684	4582	2914	1668
百色市	57952	25180	32772	14093	7437	6656	8592	4668	3924	2789	1333	1456
贺州市	33389	15875	17514	6720	4069	2651	5011	2852	2159	1755	1077	678
河池市	57711	25608	32103	11687	6553	5134	8705	5095	3610	3467	1731	1736
来宾市	35922	17000	18922	9825	5801	4024	5000	2893	2107	1822	947	875
崇左市	35928	16103	19825	12363	6420	5943	5634	3076	2558	1341	700	641

8-6a 各地区分性别、主要生活

地区	60岁及以上人口			劳动收入			离退休金/养老金			最低生活保障金		
	合计	男	女	小计	男	女	小计	男	女	小计	男	女
总 计	**171786**	**79832**	**91954**	**13145**	**8376**	**4769**	**108145**	**53228**	**54917**	**2144**	**1048**	**1096**
南宁市	45130	20998	24132	2859	1831	1028	31861	15465	16396	317	143	174
柳州市	29019	13613	15406	1194	838	356	22641	10807	11834	243	161	82
桂林市	20779	9670	11109	1049	698	351	15630	7523	8107	180	91	89
梧州市	11761	5526	6235	737	471	266	8188	3989	4199	139	83	56
北海市	7840	3701	4139	747	496	251	5282	2534	2748	142	59	83
防城港市	4392	2138	2254	510	363	147	2100	1085	1015	128	62	66
钦州市	5446	2540	2906	520	348	172	2884	1498	1386	76	27	49
贵港市	10487	4814	5673	1310	776	534	3952	2075	1877	159	81	78
玉林市	11332	5257	6075	1257	789	468	4927	2505	2422	204	102	102
百色市	9449	4163	5286	1342	763	579	3524	1873	1651	152	62	90
贺州市	4199	1911	2288	350	227	123	1794	921	873	104	51	53
河池市	5401	2449	2952	514	298	216	2826	1533	1293	125	54	71
来宾市	4591	2129	2462	395	264	131	1795	1019	776	143	55	88
崇左市	1960	923	1037	361	214	147	741	401	340	32	17	15

来源的60岁及以上老年人口

单位：人

失业保险金			财产性收入			家庭其他成员供养			其他		
小计	男	女	小计	男	女	小计	男	女	小计	男	女
26	**17**	**9**	**3822**	**2121**	**1701**	**342237**	**126085**	**216152**	**50182**	**24114**	**26068**
2	2		1172	626	546	39707	14053	25654	7890	3703	4187
3	1	2	362	219	143	21979	8154	13825	3227	1557	1670
3		3	412	227	185	38096	13860	24236	4560	2193	2367
1	1		76	46	30	19441	7523	11918	2784	1484	1300
1	1		99	63	36	9329	3473	5856	1647	780	867
1	1		97	56	41	5343	1962	3381	1222	596	626
			116	72	44	22166	8381	13785	4105	2131	1974
1		1	140	85	55	35391	13577	21814	4593	2238	2355
3	2	1	360	217	143	42912	16511	26401	6928	3428	3500
			382	189	193	27721	9644	18077	4375	1909	2466
2	2		89	53	36	17950	6908	11042	1862	914	948
2	2		174	92	82	30057	10499	19558	3619	1636	1983
6	4	2	111	59	52	17309	6430	10879	1849	866	983
1	1		232	117	115	14836	5110	9726	1521	679	842

来源的60岁及以上老年人口（城市）

单位：人

失业保险金			财产性收入			家庭其他成员供养			其他		
小计	男	女	小计	男	女	小计	男	女	小计	男	女
3	**1**	**2**	**1483**	**819**	**664**	**39435**	**13059**	**26376**	**7431**	**3301**	**4130**
1	1		698	367	331	7377	2274	5103	2017	917	1100
1		1	188	113	75	4173	1410	2763	579	284	295
1		1	145	80	65	3063	966	2097	711	312	399
			17	9	8	2284	794	1490	396	180	216
			28	18	10	1379	470	909	262	124	138
			57	33	24	1298	449	849	299	146	153
			22	14	8	1700	548	1152	244	105	139
			45	24	21	4416	1611	2805	605	247	358
			120	68	52	4199	1514	2685	625	279	346
			64	35	29	3563	1085	2478	804	345	459
			39	22	17	1665	581	1084	247	109	138
			34	23	11	1646	445	1201	256	96	160
			11	7	4	2008	696	1312	239	88	151
			15	6	9	664	216	448	147	69	78

8-6b 各地区分性别、主要生活

地 区	60岁及以上人口			劳动收入			离退休金/养老金			最低生活保障金		
	合计	男	女	小计	男	女	小计	男	女	小计	男	女
总 计	**174381**	**81763**	**92618**	**34766**	**20944**	**13822**	**41279**	**22864**	**18415**	**6804**	**3801**	**3003**
南宁市	21692	10072	11620	5395	3037	2358	4917	2617	2300	664	354	310
柳州市	12928	6190	6738	2339	1478	861	4551	2358	2193	394	218	176
桂林市	19577	9177	10400	3505	2144	1361	7182	3745	3437	612	343	269
梧州市	9866	4804	5062	1758	1158	600	1700	976	724	586	399	187
北海市	5162	2461	2701	924	562	362	1895	983	912	210	101	109
防城港市	2506	1198	1308	459	300	159	754	416	338	103	48	55
钦州市	11260	5353	5907	2523	1586	937	2151	1199	952	487	278	209
贵港市	18456	8688	9768	4256	2514	1742	2123	1271	852	814	504	310
玉林市	23455	11335	12120	4691	3007	1684	4201	2423	1778	1084	655	429
百色市	8643	3822	4821	1601	873	728	2022	1206	816	277	120	157
贺州市	9866	4663	5203	1718	1061	657	1948	1126	822	431	251	180
河池市	14333	6369	7964	1888	1122	766	3248	1994	1254	639	301	338
来宾市	8372	3918	4454	1781	1068	713	2039	1140	899	312	146	166
崇左市	8265	3713	4552	1928	1034	894	2548	1410	1138	191	83	108

8-6c 各地区分性别、主要生活

地 区	60岁及以上人口			劳动收入			离退休金/养老金			最低生活保障金		
	合计	男	女	小计	男	女	小计	男	女	小计	男	女
总 计	**448431**	**214026**	**234405**	**132901**	**77772**	**55129**	**31327**	**18383**	**12944**	**27820**	**16868**	**10952**
南宁市	54478	25485	28993	19747	10830	8917	3919	2234	1685	2850	1660	1190
柳州市	26546	12765	13781	7963	4712	3251	2176	1218	958	1421	847	574
桂林市	55412	27067	28345	17982	10925	7057	3350	2071	1279	3207	2094	1113
梧州市	22106	11437	10669	4598	3058	1540	1443	949	494	2282	1630	652
北海市	14756	7384	7372	5033	3051	1982	1413	823	590	1036	620	416
防城港市	6945	3502	3443	1829	1201	628	787	461	326	510	287	223
钦州市	33020	16746	16274	10453	6512	3941	2022	1177	845	2223	1430	793
贵港市	38113	18429	19684	9974	5988	3986	2114	1327	787	2229	1495	734
玉林市	51232	25505	25727	12512	8139	4373	3646	2162	1484	3294	2157	1137
百色市	39860	17195	22665	11150	5801	5349	3046	1589	1457	2360	1151	1209
贺州市	19324	9301	10023	4652	2781	1871	1269	805	464	1220	775	445
河池市	37977	16790	21187	9285	5133	4152	2631	1568	1063	2703	1376	1327
来宾市	22959	10953	12006	7649	4469	3180	1166	734	432	1367	746	621
崇左市	25703	11467	14236	10074	5172	4902	2345	1265	1080	1118	600	518

来源的60岁及以上老年人口（镇）

单位：人

失业保险金			财产性收入			家庭其他成员供养			其他		
小计	男	女	小计	男	女	小计	男	女	小计	男	女
8	**8**		**871**	**486**	**385**	**79650**	**28432**	**51218**	**11003**	**5228**	**5775**
			140	86	54	9053	3254	5799	1523	724	799
1	1		51	22	29	4923	1784	3139	669	329	340
			100	53	47	7120	2408	4712	1058	484	574
			36	20	16	5132	1913	3219	654	338	316
1	1		25	16	9	1787	653	1134	320	145	175
			18	9	9	1014	349	665	158	76	82
			39	24	15	5209	1842	3367	851	424	427
			50	32	18	10057	3788	6269	1156	579	577
1	1		144	87	57	11450	4261	7189	1884	901	983
			55	30	25	4140	1348	2792	548	245	303
2	2		36	22	14	5145	1920	3225	586	281	305
2	2		62	25	37	7664	2560	5104	830	365	465
1	1		42	22	20	3781	1344	2437	416	197	219
			73	38	35	3175	1008	2167	350	140	210

来源的60岁及以上老年人口（乡村）

单位：人

失业保险金			财产性收入			家庭其他成员供养			其他		
小计	男	女	小计	男	女	小计	男	女	小计	男	女
15	**8**	**7**	**1468**	**816**	**652**	**223152**	**84594**	**138558**	**31748**	**15585**	**16163**
1	1		334	173	161	23277	8525	14752	4350	2062	2288
1		1	123	84	39	12883	4960	7923	1979	944	1035
2		2	167	94	73	27913	10486	17427	2791	1397	1394
1	1		23	17	6	12025	4816	7209	1734	966	768
			46	29	17	6163	2350	3813	1065	511	554
1	1		22	14	8	3031	1164	1867	765	374	391
			55	34	21	15257	5991	9266	3010	1602	1408
1		1	45	29	16	20918	8178	12740	2832	1412	1420
2	1	1	96	62	34	27263	10736	16527	4419	2248	2171
			263	124	139	20018	7211	12807	3023	1319	1704
			14	9	5	11140	4407	6733	1029	524	505
			78	44	34	20747	7494	13253	2533	1175	1358
5	3	2	58	30	28	11520	4390	7130	1194	581	613
1	1		144	73	71	10997	3886	7111	1024	470	554

8-7 分年龄、性别、

年 龄	15岁及以上人口			劳动收入			离退休金/养老金		
	合计	男	女	小计	男	女	小计	男	女
总 计	**3517749**	**1788061**	**1729688**	**2030004**	**1169766**	**860238**	**225777**	**101589**	**124188**
45岁以下	**1733766**	**898762**	**835004**	**1122350**	**638161**	**484189**	**59**	**32**	**27**
45-49岁	**335253**	**176501**	**158752**	**278670**	**155729**	**122941**	**942**	**68**	**874**
45	64690	34023	30667	54577	30298	24279	91	8	83
46	70943	37270	33673	59342	32969	26373	124	12	112
47	66471	35126	31345	55475	31028	24447	148	13	135
48	66185	34760	31425	54672	30549	24123	189	10	179
49	66964	35322	31642	54604	30885	23719	390	25	365
50-54岁	**348816**	**181510**	**167306**	**258305**	**151976**	**106329**	**14616**	**1405**	**13211**
50	70414	36594	33820	54941	31568	23373	2120	119	2001
51	68422	35883	32539	51858	30410	21448	2722	186	2536
52	75983	39557	36426	56137	33067	23070	3339	321	3018
53	62346	32294	30052	44982	26709	18273	2857	293	2564
54	71651	37182	34469	50387	30222	20165	3578	486	3092
55-59岁	**305316**	**155667**	**149649**	**189867**	**116808**	**73059**	**29409**	**5609**	**23800**
55	72233	37284	34949	48234	29353	18881	5540	870	4670
56	69044	34641	34403	43679	26449	17230	6181	1029	5152
57	75295	38691	36604	46409	28823	17586	7488	1339	6149
58	58744	29992	28752	34928	21775	13153	6251	1358	4893
59	30000	15059	14941	16617	10408	6209	3949	1013	2936
60-64岁	**215082**	**107981**	**107101**	**86332**	**51008**	**35324**	**46844**	**23365**	**23479**
60	35220	17430	17790	16335	9471	6864	7345	3499	3846
61	33982	17470	16512	14307	8636	5671	7558	3856	3702
62	50629	25394	25235	20375	12004	8371	10748	5394	5354
63	50451	25621	24830	19301	11665	7636	10972	5476	5496
64	44800	22066	22734	16014	9232	6782	10221	5140	5081
65-69岁	**211110**	**103588**	**107522**	**59611**	**35147**	**24464**	**51355**	**26514**	**24841**
65	45371	22577	22794	15111	8947	6164	10550	5305	5245
66	46175	22588	23587	13973	8232	5741	11235	5716	5519
67	43153	21222	21931	12055	7045	5010	10427	5340	5087
68	41400	20307	21093	10509	6275	4234	10363	5433	4930
69	35011	16894	18117	7963	4648	3315	8780	4720	4060

主要生活来源的人口

单位：人

最低生活保障金			失业保险金			财产性收入			家庭其他成员供养			其他		
小计	男	女	小计	男	女	小计	男	女	小计	男	女	小计	男	女
65213	**40216**	**24997**	**977**	**588**	**389**	**20389**	**11203**	**9186**	**952752**	**352585**	**600167**	**222637**	**112114**	**110523**
13707	**8249**	**5458**	**495**	**250**	**245**	**8376**	**4486**	**3890**	**476937**	**190539**	**286398**	**111842**	**57045**	**54797**
4571	**3140**	**1431**	**234**	**126**	**108**	**2604**	**1399**	**1205**	**28758**	**6214**	**22544**	**19474**	**9825**	**9649**
805	532	273	47	22	25	462	246	216	5065	1040	4025	3643	1877	1766
976	670	306	41	23	18	560	301	259	5849	1240	4609	4051	2055	1996
913	628	285	51	29	22	532	294	238	5494	1167	4327	3858	1967	1891
943	659	284	44	31	13	510	265	245	5910	1299	4611	3917	1947	1970
934	651	283	51	21	30	540	293	247	6440	1468	4972	4005	1979	2026
5264	**3710**	**1554**	**137**	**115**	**22**	**2922**	**1624**	**1298**	**46097**	**11798**	**34299**	**21475**	**10882**	**10593**
1033	725	308	31	16	15	553	299	254	7400	1665	5735	4336	2202	2134
1013	719	294	29	27	2	575	326	249	8105	2096	6009	4120	2119	2001
1156	804	352	28	27	1	660	355	305	10068	2624	7444	4595	2359	2236
949	678	271	21	19	2	493	302	191	9197	2348	6849	3847	1945	1902
1113	784	329	28	26	2	641	342	299	11327	3065	8262	4577	2257	2320
4903	**3400**	**1503**	**85**	**80**	**5**	**2665**	**1573**	**1092**	**58723**	**17949**	**40774**	**19664**	**10248**	**9416**
1122	791	331	26	24	2	623	374	249	12100	3540	8560	4588	2332	2256
1115	769	346	18	18		602	351	251	12989	3741	9248	4460	2284	2176
1237	893	344	18	16	2	679	399	280	14630	4634	9996	4834	2587	2247
917	616	301	14	13	1	499	299	200	12332	3917	8415	3803	2014	1789
512	331	181	9	9		262	150	112	6672	2117	4555	1979	1031	948
6419	**4353**	**2066**	**5**	**5**		**1406**	**800**	**606**	**60568**	**21528**	**39040**	**13508**	**6922**	**6586**
814	521	293	1	1		289	170	119	8278	2681	5597	2158	1087	1071
910	617	293	1	1		228	112	116	8822	3132	5690	2156	1116	1040
1531	1063	468	2	2		321	188	133	14507	5129	9378	3145	1614	1531
1678	1153	525	1	1		310	185	125	15048	5524	9524	3141	1617	1524
1486	999	487				258	145	113	13913	5062	8851	2908	1488	1420
8389	**5506**	**2883**	**6**	**3**	**3**	**1194**	**691**	**503**	**77157**	**29091**	**48066**	**13398**	**6636**	**6762**
1682	1140	542				267	155	112	14918	5598	9320	2843	1432	1411
1763	1180	583	3	1	2	253	138	115	15999	5886	10113	2949	1435	1514
1743	1168	575	2	2		259	160	99	15894	6110	9784	2773	1397	1376
1713	1087	626				226	123	103	15960	6086	9874	2629	1303	1326
1488	931	557	1		1	189	115	74	14386	5411	8975	2204	1069	1135

8-7 续表

年 龄	15岁及以上人口			劳动收入			离退休金/养老金		
	合计	男	女	小计	男	女	小计	男	女
70-74岁	**144782**	**69997**	**74785**	**23408**	**14084**	**9324**	**35802**	**19920**	**15882**
70	36198	17576	18622	7338	4265	3073	9138	5150	3988
71	34762	17454	17308	5976	3719	2257	8663	4891	3772
72	27110	13088	14022	4058	2462	1596	6788	3714	3074
73	23950	11257	12693	3221	1930	1291	5804	3134	2670
74	22762	10622	12140	2815	1708	1107	5409	3031	2378
75-79岁	**102016**	**46000**	**56016**	**8559**	**5174**	**3385**	**21997**	**11762**	**10235**
75	22329	10183	12146	2418	1384	1034	4813	2668	2145
76	22514	10448	12066	2097	1304	793	4885	2671	2214
77	20082	8988	11094	1672	1003	669	4220	2227	1993
78	19010	8435	10575	1274	804	470	4186	2165	2021
79	18081	7946	10135	1098	679	419	3893	2031	1862
80-84岁	**68443**	**29165**	**39278**	**2143**	**1291**	**852**	**15271**	**8111**	**7160**
80	17036	7420	9616	733	443	290	3762	2023	1739
81	13919	6103	7816	484	312	172	3136	1664	1472
82	14003	5991	8012	392	240	152	3154	1657	1497
83	12179	5042	7137	277	163	114	2722	1467	1255
84	11306	4609	6697	257	133	124	2497	1300	1197
85-89岁	**36596**	**13700**	**22896**	**595**	**322**	**273**	**7066**	**3580**	**3486**
85	9663	3628	6035	202	108	94	1954	961	993
86	8166	3094	5072	117	58	59	1646	827	819
87	7602	2970	4632	121	69	52	1485	793	692
88	5903	2129	3774	85	54	31	1041	510	531
89	5262	1879	3383	70	33	37	940	489	451
90-94岁	**12821**	**4180**	**8641**	**140**	**54**	**86**	**1998**	**1029**	**969**
90	4432	1543	2889	49	22	27	774	418	356
91	2769	887	1882	33	10	23	459	216	243
92	2327	766	1561	24	8	16	345	178	167
93	1911	573	1338	20	11	9	238	123	115
94	1382	411	971	14	3	11	182	94	88
95-99岁	**3128**	**899**	**2229**	**20**	**11**	**9**	**359**	**170**	**189**
95	1066	296	770	6	1	5	138	62	76
96	790	236	554	5	3	2	91	41	50
97	551	166	385	2	2		63	31	32
98	383	112	271	2	2		37	20	17
99	338	89	249	5	3	2	30	16	14
100岁及以上	**620**	**111**	**509**	**4**	**1**	**3**	**59**	**24**	**35**

单位:人

最低生活保障金			失业保险金			财产性收入			家庭其他成员供养			其他		
小计	男	女	小计	男	女	小计	男	女	小计	男	女	小计	男	女
7373	**4466**	**2907**	**6**	**3**	**3**	**617**	**338**	**279**	**68526**	**26743**	**41783**	**9050**	**4443**	**4607**
1687	1023	664	3	2	1	179	93	86	15702	5960	9742	2151	1083	1068
1677	1039	638				154	88	66	16117	6608	9509	2175	1109	1066
1423	887	536	2	1	1	99	53	46	13027	5129	7898	1713	842	871
1295	758	537				99	57	42	11999	4653	7346	1532	725	807
1291	759	532	1		1	86	47	39	11681	4393	7288	1479	684	795
6339	**3597**	**2742**	**2**	**2**		**349**	**185**	**164**	**58047**	**22208**	**35839**	**6723**	**3072**	**3651**
1361	780	581				76	37	39	12172	4612	7560	1489	702	787
1363	800	563				81	39	42	12575	4933	7642	1513	701	812
1284	731	553	2	2		77	45	32	11507	4366	7141	1320	614	706
1186	662	524				67	41	26	11031	4191	6840	1266	572	694
1145	624	521				48	23	25	10762	4106	6656	1135	483	652
4548	**2321**	**2227**	**2**	**1**	**1**	**157**	**72**	**85**	**42156**	**15556**	**26600**	**4166**	**1813**	**2353**
1106	578	528	1	1		42	19	23	10327	3835	6492	1065	521	544
919	484	435	1		1	36	14	22	8550	3272	5278	793	357	436
947	491	456				28	15	13	8604	3208	5396	878	380	498
794	372	422				26	12	14	7606	2738	4868	754	290	464
782	396	386				25	12	13	7069	2503	4566	676	265	411
2508	**1079**	**1429**	**4**	**3**	**1**	**71**	**26**	**45**	**24080**	**7816**	**16264**	**2272**	**874**	**1398**
647	291	356	1	1		24	11	13	6236	2014	4222	599	242	357
555	239	316	2	1	1	22	9	13	5326	1778	3548	498	182	316
508	216	292				12	4	8	5023	1703	3320	453	185	268
415	181	234	1	1		9		9	3987	1246	2741	365	137	228
383	152	231				4	2	2	3508	1075	2433	357	128	229
897	**307**	**590**	**1**		**1**	**17**	**7**	**10**	**8962**	**2497**	**6465**	**806**	**286**	**520**
303	120	183				11	4	7	3015	877	2138	280	102	178
187	66	121				3	2	1	1913	530	1383	174	63	111
151	53	98	1		1	1		1	1634	462	1172	171	65	106
151	40	111				1		1	1392	368	1024	109	31	78
105	28	77				1	1		1008	260	748	72	25	47
235	**78**	**157**				**9**	**2**	**7**	**2293**	**579**	**1714**	**212**	**59**	**153**
81	24	57				3	1	2	771	189	582	67	19	48
61	22	39				2	1	1	576	151	425	55	18	37
38	14	24				2		2	404	108	296	42	11	31
25	6	19				2		2	290	78	212	27	6	21
30	12	18							252	53	199	21	5	16
60	**10**	**50**				**2**		**2**	**448**	**67**	**381**	**47**	**9**	**38**

8-7a 分年龄、性别、

年 龄	15岁及以上人口			劳动收入			离退休金/养老金		
	合计	男	女	小计	男	女	小计	男	女
总 计	**1106846**	**546676**	**560170**	**614230**	**345592**	**268638**	**141529**	**58391**	**83138**
45岁以下	**659072**	**328485**	**330587**	**419625**	**227661**	**191964**	**44**	**25**	**19**
45-49岁	**105234**	**53922**	**51312**	**86002**	**47400**	**38602**	**713**	**48**	**665**
45	21346	10881	10465	17750	9657	8093	62	6	56
46	22763	11685	11078	18742	10326	8416	93	8	85
47	21074	10881	10193	17324	9580	7744	107	11	96
48	20092	10241	9851	16343	8966	7377	145	7	138
49	19959	10234	9725	15843	8871	6972	306	16	290
50-54岁	**92922**	**46905**	**46017**	**61167**	**37886**	**23281**	**10969**	**1008**	**9961**
50	20400	10308	10092	14840	8741	6099	1613	85	1528
51	18929	9642	9287	12948	7942	5006	2080	127	1953
52	20095	10266	9829	13097	8249	4848	2510	229	2281
53	15734	7798	7936	9764	6136	3628	2131	216	1915
54	17764	8891	8873	10518	6818	3700	2635	351	2284
55-59岁	**77832**	**37532**	**40300**	**34291**	**24269**	**10022**	**21658**	**4082**	**17576**
55	18053	8833	9220	9292	6304	2988	3996	625	3371
56	17559	8438	9121	8117	5672	2445	4534	769	3765
57	19528	9400	10128	8435	6034	2401	5594	999	4595
58	14713	7049	7664	5721	4210	1511	4605	957	3648
59	7979	3812	4167	2726	2049	677	2929	732	2197
60-64岁	**53436**	**25590**	**27846**	**7824**	**5010**	**2814**	**31142**	**14856**	**16286**
60	9627	4605	5022	1910	1211	699	5236	2396	2840
61	8827	4313	4514	1432	906	526	5057	2482	2575
62	12029	5761	6268	1762	1128	634	7055	3388	3667
63	12221	5873	6348	1543	1037	506	7261	3473	3788
64	10732	5038	5694	1177	728	449	6533	3117	3416
65-69岁	**48789**	**23095**	**25694**	**3684**	**2346**	**1338**	**31849**	**15697**	**16152**
65	10628	5030	5598	1038	676	362	6736	3253	3483
66	10925	5149	5776	904	563	341	7053	3461	3592
67	9840	4686	5154	709	454	255	6436	3149	3287
68	9474	4458	5016	628	391	237	6252	3107	3145
69	7922	3772	4150	405	262	143	5372	2727	2645

主要生活来源的人口（城市）

单位：人

最低生活保障金			失业保险金			财产性收入			家庭其他成员供养			其他		
小计	男	女	小计	男	女	小计	男	女	小计	男	女	小计	男	女
5353	**2968**	**2385**	**740**	**443**	**297**	**9855**	**5268**	**4587**	**273202**	**103081**	**170121**	**61937**	**30933**	**31004**
1360	**775**	**585**	**369**	**179**	**190**	**4274**	**2194**	**2080**	**196742**	**79547**	**117195**	**36658**	**18104**	**18554**
528	**321**	**207**	**189**	**101**	**88**	**1386**	**708**	**678**	**9941**	**2114**	**7827**	**6475**	**3230**	**3245**
90	55	35	43	21	22	244	133	111	1916	381	1535	1241	628	613
112	66	46	32	20	12	293	149	144	2125	444	1681	1366	672	694
118	69	49	44	26	18	290	149	141	1915	400	1515	1276	646	630
106	63	43	33	21	12	278	139	139	1911	417	1494	1276	628	648
102	68	34	37	13	24	281	138	143	2074	472	1602	1316	656	660
648	**400**	**248**	**114**	**98**	**16**	**1410**	**780**	**630**	**12430**	**3392**	**9038**	**6184**	**3341**	**2843**
130	79	51	22	12	10	271	152	119	2209	535	1674	1315	704	611
122	76	46	24	23	1	271	147	124	2256	648	1608	1228	679	549
152	87	65	26	25	1	327	186	141	2648	757	1891	1335	733	602
109	73	36	17	15	2	229	132	97	2430	671	1759	1054	555	499
135	85	50	25	23	2	312	163	149	2887	781	2106	1252	670	582
673	**424**	**249**	**65**	**64**	**1**	**1302**	**767**	**535**	**14654**	**4969**	**9685**	**5189**	**2957**	**2232**
146	82	64	18	17	1	322	195	127	3067	951	2116	1212	659	553
151	94	57	15	15		270	158	112	3250	1058	2192	1222	672	550
172	116	56	15	15		360	205	155	3670	1274	2396	1282	757	525
127	85	42	8	8		232	144	88	3038	1079	1959	982	566	416
77	47	30	9	9		118	65	53	1629	607	1022	491	303	188
576	**343**	**233**				**587**	**337**	**250**	**10670**	**3705**	**6965**	**2637**	**1339**	**1298**
109	67	42				139	81	58	1722	586	1136	511	264	247
91	50	41				105	55	50	1717	581	1136	425	239	186
114	72	42				126	69	57	2405	822	1583	567	282	285
144	87	57				123	78	45	2572	926	1646	578	272	306
118	67	51				94	54	40	2254	790	1464	556	282	274
530	**285**	**245**				**469**	**272**	**197**	**10145**	**3532**	**6613**	**2112**	**963**	**1149**
122	64	58				99	64	35	2138	746	1392	495	227	268
132	77	55				99	50	49	2277	801	1476	460	197	263
101	61	40				102	67	35	2046	738	1308	446	217	229
99	46	53				91	49	42	2011	687	1324	393	178	215
76	37	39				78	42	36	1673	560	1113	318	144	174

8-7a 续表

年 龄	15岁及以上人口			劳动收入			离退休金/养老金		
	合计	男	女	小计	男	女	小计	男	女
70-74岁	**30204**	**14441**	**15763**	**1131**	**722**	**409**	**20220**	**10542**	**9678**
70	8009	3967	4042	407	261	146	5321	2864	2457
71	7178	3455	3723	265	172	93	4783	2486	2297
72	5699	2642	3057	177	102	75	3896	1960	1936
73	4932	2314	2618	150	100	50	3291	1680	1611
74	4386	2063	2323	132	87	45	2929	1552	1377
75-79岁	**17995**	**8010**	**9985**	**351**	**216**	**135**	**11555**	**5712**	**5843**
75	3943	1812	2131	96	59	37	2497	1304	1193
76	3993	1838	2155	78	48	30	2580	1316	1264
77	3486	1514	1972	81	46	35	2240	1071	1169
78	3401	1506	1895	58	38	20	2218	1086	1132
79	3172	1340	1832	38	25	13	2020	935	1085
80-84岁	**12616**	**5404**	**7212**	**110**	**56**	**54**	**8336**	**4063**	**4273**
80	3110	1365	1745	36	15	21	2000	995	1005
81	2575	1123	1452	22	15	7	1742	842	900
82	2585	1090	1495	28	15	13	1735	832	903
83	2261	987	1274	10	5	5	1502	757	745
84	2085	839	1246	14	6	8	1357	637	720
85-89岁	**6326**	**2437**	**3889**	**39**	**25**	**14**	**3840**	**1789**	**2051**
85	1667	632	1035	14	10	4	1060	473	587
86	1474	556	918	6	3	3	916	415	501
87	1367	542	825	9	5	4	818	396	422
88	968	371	597	5	5		560	263	297
89	850	336	514	5	2	3	486	242	244
90-94岁	**1934**	**700**	**1234**	**6**	**1**	**5**	**1015**	**485**	**530**
90	694	269	425	4	1	3	398	199	199
91	429	146	283				229	103	126
92	349	135	214				193	94	99
93	265	84	181				115	54	61
94	197	66	131	2		2	80	35	45
95-99岁	**413**	**140**	**273**				**168**	**76**	**92**
95	144	52	92				62	28	34
96	106	40	66				45	23	22
97	72	17	55				28	9	19
98	37	11	26				12	5	7
99	54	20	34				21	11	10
100岁及以上	**73**	**15**	**58**				**20**	**8**	**12**

单位：人

最低生活保障金			失业保险金			财产性收入			家庭其他成员供养			其他		
小计	男	女	小计	男	女	小计	男	女	小计	男	女	小计	男	女
374	**166**	**208**	**1**		**1**	**213**	**112**	**101**	**7146**	**2436**	**4710**	**1119**	**463**	**656**
93	44	49	1		1	64	28	36	1826	634	1192	297	136	161
86	36	50				57	36	21	1710	609	1101	277	116	161
74	34	40				32	14	18	1313	448	865	207	84	123
64	27	37				37	23	14	1222	427	795	168	57	111
57	25	32				23	11	12	1075	318	757	170	70	100
280	**125**	**155**	**1**	**1**		**123**	**63**	**60**	**4935**	**1612**	**3323**	**750**	**281**	**469**
53	23	30				29	14	15	1090	344	746	178	68	110
61	31	30				32	16	16	1061	364	697	181	63	118
58	24	34	1	1		23	13	10	957	309	648	126	50	76
58	25	33				24	13	11	910	291	619	133	53	80
50	22	28				15	7	8	917	304	613	132	47	85
209	**77**	**132**				**56**	**23**	**33**	**3466**	**1034**	**2432**	**439**	**151**	**288**
59	21	38				18	8	10	873	277	596	124	49	75
42	18	24				9	3	6	680	217	463	80	28	52
49	14	35				11	6	5	666	188	478	96	35	61
30	10	20				9	2	7	638	194	444	72	19	53
29	14	15				9	4	5	609	158	451	67	20	47
122	**34**	**88**				**25**	**9**	**16**	**2041**	**517**	**1524**	**259**	**63**	**196**
32	9	23				6	4	2	480	121	359	75	15	60
34	12	22				9	5	4	443	103	340	66	18	48
29	8	21				4		4	452	118	334	55	15	40
10	4	6				5		5	353	90	263	35	9	26
17	1	16				1		1	313	85	228	28	6	22
42	**13**	**29**	**1**		**1**	**5**	**2**	**3**	**781**	**169**	**612**	**84**	**30**	**54**
16	7	9				2		2	245	51	194	29	11	18
7	3	4				1	1		173	32	141	19	7	12
5	1	4	1		1	1		1	133	35	98	16	5	11
6	1	5							131	25	106	13	4	9
8	1	7				1	1		99	26	73	7	3	4
10	**5**	**5**				**5**	**1**	**4**	**204**	**49**	**155**	**26**	**9**	**17**
2	1	1				3	1	2	66	17	49	11	5	6
3	3								52	12	40	6	2	4
3		3				2		2	35	8	27	4		4
									23	6	17	2		2
2	1	1							28	6	22	3	2	1
1		**1**							**47**	**5**	**42**	**5**	**2**	**3**

8-7b 分年龄、性别、

年 龄	15岁及以上人口			劳动收入			离退休金/养老金		
	合计	男	女	小计	男	女	小计	男	女
总 计	**862154**	**432594**	**429560**	**491745**	**280180**	**211565**	**51233**	**24437**	**26796**
45岁以下	**445434**	**226549**	**218885**	**280617**	**156174**	**124443**	**14**	**7**	**7**
45-49岁	**83911**	**43499**	**40412**	**70096**	**38697**	**31399**	**193**	**15**	**178**
45	16552	8604	7948	14111	7750	6361	21	1	20
46	17959	9236	8723	15140	8248	6892	26	4	22
47	16488	8521	7967	13770	7557	6213	36		36
48	16477	8549	7928	13650	7582	6068	36	2	34
49	16435	8589	7846	13425	7560	5865	74	8	66
50-54岁	**85021**	**43700**	**41321**	**62544**	**36769**	**25775**	**3167**	**318**	**2849**
50	17272	8894	8378	13500	7702	5798	445	27	418
51	16592	8615	7977	12622	7355	5267	552	43	509
52	18498	9420	9078	13605	7966	5639	720	71	649
53	15224	7901	7323	10887	6568	4319	626	60	566
54	17435	8870	8565	11930	7178	4752	824	117	707
55-59岁	**73407**	**37083**	**36324**	**43722**	**27596**	**16126**	**6580**	**1233**	**5347**
55	17445	9024	8421	11284	7070	4214	1348	214	1134
56	16666	8258	8408	10104	6319	3785	1407	213	1194
57	18146	9176	8970	10688	6760	3928	1623	267	1356
58	14144	7162	6982	7960	5092	2868	1362	322	1040
59	7006	3463	3543	3686	2355	1331	840	217	623
60-64岁	**49429**	**24502**	**24927**	**17844**	**10702**	**7142**	**10529**	**5582**	**4947**
60	8189	4021	4168	3591	2099	1492	1534	802	732
61	7979	4061	3918	3023	1857	1166	1760	953	807
62	11820	5766	6054	4181	2535	1646	2501	1307	1194
63	11298	5691	5607	3884	2376	1508	2395	1269	1126
64	10143	4963	5180	3165	1835	1330	2339	1251	1088
65-69岁	**46835**	**22631**	**24204**	**11125**	**6649**	**4476**	**11841**	**6353**	**5488**
65	10153	5003	5150	2874	1720	1154	2426	1274	1152
66	10308	4903	5405	2651	1565	1086	2573	1319	1254
67	9555	4615	4940	2194	1306	888	2410	1270	1140
68	9223	4385	4838	1938	1151	787	2485	1366	1119
69	7596	3725	3871	1468	907	561	1947	1124	823

主要生活来源的人口（镇）

单位：人

最低生活保障金			失业保险金			财产性收入			家庭其他成员供养			其他		
小计	男	女	小计	男	女	小计	男	女	小计	男	女	小计	男	女
12216	**7254**	**4962**	**148**	**91**	**57**	**4541**	**2506**	**2035**	**249462**	**91904**	**157558**	**52809**	**26222**	**26587**
2594	**1554**	**1040**	**81**	**43**	**38**	**1829**	**979**	**850**	**132452**	**53827**	**78625**	**27847**	**13965**	**13882**
915	**610**	**305**	**32**	**19**	**13**	**561**	**311**	**250**	**7630**	**1542**	**6088**	**4484**	**2305**	**2179**
156	105	51	2	1	1	97	56	41	1321	255	1066	844	436	408
210	139	71	4	2	2	126	69	57	1527	314	1213	926	460	466
180	114	66	6	3	3	119	70	49	1478	287	1191	899	490	409
184	126	58	7	6	1	107	52	55	1569	319	1250	924	462	462
185	126	59	13	7	6	112	64	48	1735	367	1368	891	457	434
967	**660**	**307**	**11**	**8**	**3**	**647**	**355**	**292**	**12876**	**3183**	**9693**	**4809**	**2407**	**2402**
189	129	60	5	2	3	119	64	55	2024	457	1567	990	513	477
172	124	48				125	72	53	2195	563	1632	926	458	468
213	142	71	2	2		145	68	77	2807	668	2139	1006	503	503
179	125	54	3	3		101	61	40	2548	627	1921	880	457	423
214	140	74	1	1		157	90	67	3302	868	2434	1007	476	531
936	**629**	**307**	**16**	**13**	**3**	**633**	**375**	**258**	**16854**	**4920**	**11934**	**4666**	**2317**	**2349**
199	149	50	5	4	1	135	83	52	3395	953	2442	1079	551	528
204	132	72	3	3		156	97	59	3747	987	2760	1045	507	538
209	151	58	2	1	1	147	87	60	4268	1306	2962	1209	604	605
214	138	76	6	5	1	119	64	55	3603	1096	2507	880	445	435
110	59	51				76	44	32	1841	578	1263	453	210	243
1200	**754**	**446**	**3**	**3**		**355**	**195**	**160**	**16248**	**5605**	**10643**	**3250**	**1661**	**1589**
152	90	62				60	36	24	2323	720	1603	529	274	255
151	95	56	1	1		59	28	31	2456	864	1592	529	263	266
305	195	110	1	1		87	46	41	3984	1315	2669	761	367	394
319	204	115	1	1		78	46	32	3842	1387	2455	779	408	371
273	170	103				71	39	32	3643	1319	2324	652	349	303
1574	**961**	**613**	**3**	**3**		**270**	**154**	**116**	**19103**	**7110**	**11993**	**2919**	**1401**	**1518**
321	203	118				68	39	29	3807	1439	2368	657	328	329
314	192	122	1	1		62	38	24	4058	1477	2581	649	311	338
310	198	112	2	2		58	34	24	3998	1522	2476	583	283	300
324	186	138				45	23	22	3850	1399	2451	581	260	321
305	182	123				37	20	17	3390	1273	2117	449	219	230

8-7b 续表

年 龄	15岁及以上人口			劳动收入			离退休金/养老金		
	合计	男	女	小计	男	女	小计	男	女
70-74岁	**31229**	**15155**	**16074**	**3956**	**2472**	**1484**	**8473**	**5003**	**3470**
70	7848	3875	3973	1259	795	464	2177	1307	870
71	7724	3861	3863	1024	653	371	2155	1286	869
72	5762	2811	2951	686	426	260	1563	927	636
73	5009	2333	2676	525	311	214	1293	733	560
74	4886	2275	2611	462	287	175	1285	750	535
75-79岁	**21431**	**9559**	**11872**	**1363**	**825**	**538**	**5092**	**2881**	**2211**
75	4623	2076	2547	363	211	152	1121	644	477
76	4873	2242	2631	346	214	132	1170	696	474
77	4085	1827	2258	247	151	96	935	546	389
78	4009	1748	2261	213	120	93	959	505	454
79	3841	1666	2175	194	129	65	907	490	417
80-84岁	**14274**	**6014**	**8260**	**331**	**213**	**118**	**3385**	**1919**	**1466**
80	3556	1532	2024	125	85	40	840	486	354
81	2890	1239	1651	75	47	28	697	383	314
82	2893	1176	1717	34	22	12	689	382	307
83	2527	1070	1457	52	28	24	600	353	247
84	2408	997	1411	45	31	14	559	315	244
85-89岁	**7691**	**2859**	**4832**	**113**	**68**	**45**	**1491**	**852**	**639**
85	1994	727	1267	40	24	16	417	224	193
86	1705	635	1070	17	8	9	346	199	147
87	1659	661	998	24	16	8	310	189	121
88	1213	438	775	18	13	5	214	127	87
89	1120	398	722	14	7	7	204	113	91
90-94岁	**2675**	**825**	**1850**	**30**	**13**	**17**	**388**	**229**	**159**
90	937	307	630	15	6	9	148	89	59
91	534	175	359	5	2	3	101	58	43
92	518	156	362	6	3	3	59	36	23
93	377	109	268	2	2		42	24	18
94	309	78	231	2		2	38	22	16
95-99岁	**688**	**197**	**491**	**3**	**2**	**1**	**70**	**40**	**30**
95	238	63	175				31	16	15
96	169	45	124				16	6	10
97	113	38	75				13	12	1
98	98	32	66	1	1		9	6	3
99	70	19	51	2	1	1	1		1
100岁及以上	**129**	**21**	**108**	**1**		**1**	**10**	**5**	**5**

单位：人

最低生活保障金			失业保险金			财产性收入			家庭其他成员供养			其他		
小计	男	女	小计	男	女	小计	男	女	小计	男	女	小计	男	女
1329	**768**	**561**	**1**	**1**		**135**	**81**	**54**	**15461**	**5916**	**9545**	**1874**	**914**	**960**
297	160	137				35	23	12	3624	1350	2274	456	240	216
312	187	125				38	19	19	3752	1493	2259	443	223	220
268	160	108	1	1		24	16	8	2868	1111	1757	352	170	182
220	123	97				16	8	8	2641	1019	1622	314	139	175
232	138	94				22	15	7	2576	943	1633	309	142	167
1174	**649**	**525**				**73**	**40**	**33**	**12350**	**4543**	**7807**	**1379**	**621**	**758**
248	137	111				13	5	8	2571	930	1641	307	149	158
247	141	106				13	5	8	2794	1048	1746	303	138	165
249	130	119				21	13	8	2361	867	1494	272	120	152
216	119	97				18	12	6	2338	868	1470	265	124	141
214	122	92				8	5	3	2286	830	1456	232	90	142
804	**412**	**392**	**1**	**1**		**20**	**9**	**11**	**8847**	**3097**	**5750**	**886**	**363**	**523**
189	104	85	1	1		3	2	1	2184	755	1429	214	99	115
157	78	79				6	1	5	1790	661	1129	165	69	96
173	88	85				4	3	1	1798	607	1191	195	74	121
142	64	78				4	2	2	1567	558	1009	162	65	97
143	78	65				3	1	2	1508	516	992	150	56	94
487	**193**	**294**				**12**	**5**	**7**	**5129**	**1546**	**3583**	**459**	**195**	**264**
114	36	78				6	1	5	1287	378	909	130	64	66
108	47	61							1131	342	789	103	39	64
117	57	60				5	3	2	1124	358	766	79	38	41
78	30	48							829	245	584	74	23	51
70	23	47				1	1		758	223	535	73	31	42
174	**44**	**130**				**2**	**1**	**1**	**1907**	**482**	**1425**	**174**	**56**	**118**
59	18	41				1	1		648	169	479	66	24	42
35	7	28							371	103	268	22	5	17
34	10	24							380	93	287	39	14	25
27	6	21				1		1	280	70	210	25	7	18
19	3	16							228	47	181	22	6	16
50	**18**	**32**				**3**	**1**	**2**	**512**	**119**	**393**	**50**	**17**	**33**
23	7	16							169	34	135	15	6	9
8	4	4				2	1	1	127	28	99	16	6	10
9	3	6							85	21	64	6	2	4
7	2	5				1		1	72	21	51	8	2	6
3	2	1							59	15	44	5	1	4
12	**2**	**10**				**1**		**1**	**93**	**14**	**79**	**12**		**12**

8-7c 全国分年龄、性别、

年 龄	15岁及以上人口			劳动收入			离退休金/养老金		
	合计	男	女	小计	男	女	小计	男	女
总 计	**1548749**	**808791**	**739958**	**924029**	**543994**	**380035**	**33015**	**18761**	**14254**
45岁以下	**629260**	**343728**	**285532**	**422108**	**254326**	**167782**	**1**		**1**
45-49岁	**146108**	**79080**	**67028**	**122572**	**69632**	**52940**	**36**	**5**	**31**
45	26792	14538	12254	22716	12891	9825	8	1	7
46	30221	16349	13872	25460	14395	11065	5		5
47	28909	15724	13185	24381	13891	10490	5	2	3
48	29616	15970	13646	24679	14001	10678	8	1	7
49	30570	16499	14071	25336	14454	10882	10	1	9
50-54岁	**170873**	**90905**	**79968**	**134594**	**77321**	**57273**	**480**	**79**	**401**
50	32742	17392	15350	26601	15125	11476	62	7	55
51	32901	17626	15275	26288	15113	11175	90	16	74
52	37390	19871	17519	29435	16852	12583	109	21	88
53	31388	16595	14793	24331	14005	10326	100	17	83
54	36452	19421	17031	27939	16226	11713	119	18	101
55-59岁	**154077**	**81052**	**73025**	**111854**	**64943**	**46911**	**1171**	**294**	**877**
55	36735	19427	17308	27658	15979	11679	196	31	165
56	34819	17945	16874	25458	14458	11000	240	47	193
57	37621	20115	17506	27286	16029	11257	271	73	198
58	29887	15781	14106	21247	12473	8774	284	79	205
59	15015	7784	7231	10205	6004	4201	180	64	116
60-64岁	**112217**	**57889**	**54328**	**60664**	**35296**	**25368**	**5173**	**2927**	**2246**
60	17404	8804	8600	10834	6161	4673	575	301	274
61	17176	9096	8080	9852	5873	3979	741	421	320
62	26780	13867	12913	14432	8341	6091	1192	699	493
63	26932	14057	12875	13874	8252	5622	1316	734	582
64	23925	12065	11860	11672	6669	5003	1349	772	577
65-69岁	**115486**	**57862**	**57624**	**44802**	**26152**	**18650**	**7665**	**4464**	**3201**
65	24590	12544	12046	11199	6551	4648	1388	778	610
66	24942	12536	12406	10418	6104	4314	1609	936	673
67	23758	11921	11837	9152	5285	3867	1581	921	660
68	22703	11464	11239	7943	4733	3210	1626	960	666
69	19493	9397	10096	6090	3479	2611	1461	869	592

主要生活来源的人口（乡村）

单位：人

最低生活保障金			失业保险金			财产性收入			家庭其他成员供养			其他		
小计	男	女	小计	男	女	小计	男	女	小计	男	女	小计	男	女
47644	**29994**	**17650**	**89**	**54**	**35**	**5993**	**3429**	**2564**	**430088**	**157600**	**272488**	**107891**	**54959**	**52932**
9753	**5920**	**3833**	**45**	**28**	**17**	**2273**	**1313**	**960**	**147743**	**57165**	**90578**	**47337**	**24976**	**22361**
3128	**2209**	**919**	**13**	**6**	**7**	**657**	**380**	**277**	**11187**	**2558**	**8629**	**8515**	**4290**	**4225**
559	372	187	2		2	121	57	64	1828	404	1424	1558	813	745
654	465	189	5	1	4	141	83	58	2197	482	1715	1759	923	836
615	445	170	1		1	123	75	48	2101	480	1621	1683	831	852
653	470	183	4	4		125	74	51	2430	563	1867	1717	857	860
647	457	190	1	1		147	91	56	2631	629	2002	1798	866	932
3649	**2650**	**999**	**12**	**9**	**3**	**865**	**489**	**376**	**20791**	**5223**	**15568**	**10482**	**5134**	**5348**
714	517	197	4	2	2	163	83	80	3167	673	2494	2031	985	1046
719	519	200	5	4	1	179	107	72	3654	885	2769	1966	982	984
791	575	216				188	101	87	4613	1199	3414	2254	1123	1131
661	480	181	1	1		163	109	54	4219	1050	3169	1913	933	980
764	559	205	2	2		172	89	83	5138	1416	3722	2318	1111	1207
3294	**2347**	**947**	**4**	**3**	**1**	**730**	**431**	**299**	**27215**	**8060**	**19155**	**9809**	**4974**	**4835**
777	560	217	3	3		166	96	70	5638	1636	4002	2297	1122	1175
760	543	217				176	96	80	5992	1696	4296	2193	1105	1088
856	626	230	1		1	172	107	65	6692	2054	4638	2343	1226	1117
576	393	183				148	91	57	5691	1742	3949	1941	1003	938
325	225	100				68	41	27	3202	932	2270	1035	518	517
4643	**3256**	**1387**	**2**	**2**		**464**	**268**	**196**	**33650**	**12218**	**21432**	**7621**	**3922**	**3699**
553	364	189	1	1		90	53	37	4233	1375	2858	1118	549	569
668	472	196				64	29	35	4649	1687	2962	1202	614	588
1112	796	316	1	1		108	73	35	8118	2992	5126	1817	965	852
1215	862	353				109	61	48	8634	3211	5423	1784	937	847
1095	762	333				93	52	41	8016	2953	5063	1700	857	843
6285	**4260**	**2025**	**3**		**3**	**455**	**265**	**190**	**47909**	**18449**	**29460**	**8367**	**4272**	**4095**
1239	873	366				100	52	48	8973	3413	5560	1691	877	814
1317	911	406	2		2	92	50	42	9664	3608	6056	1840	927	913
1332	909	423				99	59	40	9850	3850	6000	1744	897	847
1290	855	435				90	51	39	10099	4000	6099	1655	865	790
1107	712	395	1		1	74	53	21	9323	3578	5745	1437	706	731

8-7c 续表

年 龄	15岁及以上人口			劳动收入			离退休金/养老金		
	合计	男	女	小计	男	女	小计	男	女
70-74岁	**83349**	**40401**	**42948**	**18321**	**10890**	**7431**	**7109**	**4375**	**2734**
70	20341	9734	10607	5672	3209	2463	1640	979	661
71	19860	10138	9722	4687	2894	1793	1725	1119	606
72	15649	7635	8014	3195	1934	1261	1329	827	502
73	14009	6610	7399	2546	1519	1027	1220	721	499
74	13490	6284	7206	2221	1334	887	1195	729	466
75-79岁	**62590**	**28431**	**34159**	**6845**	**4133**	**2712**	**5350**	**3169**	**2181**
75	13763	6295	7468	1959	1114	845	1195	720	475
76	13648	6368	7280	1673	1042	631	1135	659	476
77	12511	5647	6864	1344	806	538	1045	610	435
78	11600	5181	6419	1003	646	357	1009	574	435
79	11068	4940	6128	866	525	341	966	606	360
80-84岁	**41553**	**17747**	**23806**	**1702**	**1022**	**680**	**3550**	**2129**	**1421**
80	10370	4523	5847	572	343	229	922	542	380
81	8454	3741	4713	387	250	137	697	439	258
82	8525	3725	4800	330	203	127	730	443	287
83	7391	2985	4406	215	130	85	620	357	263
84	6813	2773	4040	198	96	102	581	348	233
85-89岁	**22579**	**8404**	**14175**	**443**	**229**	**214**	**1735**	**939**	**796**
85	6002	2269	3733	148	74	74	477	264	213
86	4987	1903	3084	94	47	47	384	213	171
87	4576	1767	2809	88	48	40	357	208	149
88	3722	1320	2402	62	36	26	267	120	147
89	3292	1145	2147	51	24	27	250	134	116
90-94岁	**8212**	**2655**	**5557**	**104**	**40**	**64**	**595**	**315**	**280**
90	2801	967	1834	30	15	15	228	130	98
91	1806	566	1240	28	8	20	129	55	74
92	1460	475	985	18	5	13	93	48	45
93	1269	380	889	18	9	9	81	45	36
94	876	267	609	10	3	7	64	37	27
95-99岁	**2027**	**562**	**1465**	**17**	**9**	**8**	**121**	**54**	**67**
95	684	181	503	6	1	5	45	18	27
96	515	151	364	5	3	2	30	12	18
97	366	111	255	2	2		22	10	12
98	248	69	179	1	1		16	9	7
99	214	50	164	3	2	1	8	5	3
100岁及以上	**418**	**75**	**343**	**3**	**1**	**2**	**29**	**11**	**18**

单位：人

最低生活保障金			失业保险金			财产性收入			家庭其他成员供养			其他		
小计	男	女	小计	男	女	小计	男	女	小计	男	女	小计	男	女
5670	**3532**	**2138**	**4**	**2**	**2**	**269**	**145**	**124**	**45919**	**18391**	**27528**	**6057**	**3066**	**2991**
1297	819	478	2	2		80	42	38	10252	3976	6276	1398	707	691
1279	816	463				59	33	26	10655	4506	6149	1455	770	685
1081	693	388	1		1	43	23	20	8846	3570	5276	1154	588	566
1011	608	403				46	26	20	8136	3207	4929	1050	529	521
1002	596	406	1		1	41	21	20	8030	3132	4898	1000	472	528
4885	**2823**	**2062**	**1**	**1**		**153**	**82**	**71**	**40762**	**16053**	**24709**	**4594**	**2170**	**2424**
1060	620	440				34	18	16	8511	3338	5173	1004	485	519
1055	628	427				36	18	18	8720	3521	5199	1029	500	529
977	577	400	1	1		33	19	14	8189	3190	4999	922	444	478
912	518	394				25	16	9	7783	3032	4751	868	395	473
881	480	401				25	11	14	7559	2972	4587	771	346	425
3535	**1832**	**1703**	**1**		**1**	**81**	**40**	**41**	**29843**	**11425**	**18418**	**2841**	**1299**	**1542**
858	453	405				21	9	12	7270	2803	4467	727	373	354
720	388	332	1		1	21	10	11	6080	2394	3686	548	260	288
725	389	336				13	6	7	6140	2413	3727	587	271	316
622	298	324				13	8	5	5401	1986	3415	520	206	314
610	304	306				13	7	6	4952	1829	3123	459	189	270
1899	**852**	**1047**	**4**	**3**	**1**	**34**	**12**	**22**	**16910**	**5753**	**11157**	**1554**	**616**	**938**
501	246	255	1	1		12	6	6	4469	1515	2954	394	163	231
413	180	233	2	1	1	13	4	9	3752	1333	2419	329	125	204
362	151	211				3	1	2	3447	1227	2220	319	132	187
327	147	180	1	1		4		4	2805	911	1894	256	105	151
296	128	168				2	1	1	2437	767	1670	256	91	165
681	**250**	**431**				**10**	**4**	**6**	**6274**	**1846**	**4428**	**548**	**200**	**348**
228	95	133				8	3	5	2122	657	1465	185	67	118
145	56	89				2	1	1	1369	395	974	133	51	82
112	42	70							1121	334	787	116	46	70
118	33	85							981	273	708	71	20	51
78	24	54							681	187	494	43	16	27
175	**55**	**120**				**1**		**1**	**1577**	**411**	**1166**	**136**	**33**	**103**
56	16	40							536	138	398	41	8	33
50	15	35							397	111	286	33	10	23
26	11	15							284	79	205	32	9	23
18	4	14				1		1	195	51	144	17	4	13
25	9	16							165	32	133	13	2	11
47	**8**	**39**				**1**		**1**	**308**	**48**	**260**	**30**	**7**	**23**

8-8 分性别、婚姻状况、主要生活

婚姻状况	60岁及以上人口			劳动收入			离退休金/养老金			最低生活保障金		
	合计	男	女	小计	男	女	小计	男	女	小计	男	女
总　计	**794598**	**375621**	**418977**	**180812**	**107092**	**73720**	**180751**	**94475**	**86276**	**36768**	**21717**	**15051**
未　婚	18479	17146	1333	2764	2592	172	1478	1060	418	9820	9578	242
有配偶	562240	302333	259907	155761	95725	60036	139755	82063	57692	15425	8382	7043
离　婚	8915	5467	3448	1732	1417	315	4202	1927	2275	689	607	82
丧　偶	204964	50675	154289	20555	7358	13197	35316	9425	25891	10834	3150	7684

8-8a 分性别、婚姻状况、主要生活

婚姻状况	60岁及以上人口			劳动收入			离退休金/养老金			最低生活保障金		
	合计	男	女	小计	男	女	小计	男	女	小计	男	女
总　计	**171786**	**79832**	**91954**	**13145**	**8376**	**4769**	**108145**	**53228**	**54917**	**2144**	**1048**	**1096**
未　婚	1473	914	559	238	193	45	586	247	339	256	232	24
有配偶	130753	69910	60843	11529	7637	3892	84713	47357	37356	1061	568	493
离　婚	4551	2125	2426	312	213	99	3510	1515	1995	160	125	35
丧　偶	35009	6883	28126	1066	333	733	19336	4109	15227	667	123	544

来源的60岁及以上老年人口

单位：人

失业保险金			财产性收入			家庭其他成员供养			其他		
小计	男	女	小计	男	女	小计	男	女	小计	男	女
26	**17**	**9**	**3822**	**2121**	**1701**	**342237**	**126085**	**216152**	**50182**	**24114**	**26068**
			99	87	12	1152	949	203	3166	2880	286
13	12	1	3085	1840	1245	214217	96653	117564	33984	17658	16326
1	1		54	36	18	1738	1127	611	499	352	147
12	4	8	584	158	426	125130	27356	97774	12533	3224	9309

来源的60岁及以上老年人口（城市）

单位：人

失业保险金			财产性收入			家庭其他成员供养			其他		
小计	男	女	小计	男	女	小计	男	女	小计	男	女
3	**1**	**2**	**1483**	**819**	**664**	**39435**	**13059**	**26376**	**7431**	**3301**	**4130**
			16	12	4	134	78	56	243	152	91
			1216	740	476	26780	10844	15936	5454	2764	2690
			34	22	12	376	165	211	159	85	74
3	1	2	217	45	172	12145	1972	10173	1575	300	1275

8-8b　分性别、婚姻状况、主要生活

婚姻状况	60岁及以上人口			劳动收入			离退休金/养老金			最低生活保障金		
	合计	男	女	小计	男	女	小计	男	女	小计	男	女
总　计	**174381**	**81763**	**92618**	**34766**	**20944**	**13822**	**41279**	**22864**	**18415**	**6804**	**3801**	**3003**
未　婚	3133	2836	297	433	388	45	210	159	51	1588	1537	51
有配偶	125362	67519	57843	30388	19036	11352	32614	20069	12545	2969	1601	1368
离　婚	1472	923	549	341	255	86	505	259	246	115	100	15
丧　偶	44414	10485	33929	3604	1265	2339	7950	2377	5573	2132	563	1569

8-8c　分性别、婚姻状况、主要生活

婚姻状况	60岁及以上人口			劳动收入			离退休金/养老金			最低生活保障金		
	合计	男	女	小计	男	女	小计	男	女	小计	男	女
总　计	**448431**	**214026**	**234405**	**132901**	**77772**	**55129**	**31327**	**18383**	**12944**	**27820**	**16868**	**10952**
未　婚	13873	13396	477	2093	2011	82	682	654	28	7976	7809	167
有配偶	306125	164904	141221	113844	69052	44792	22428	14637	7791	11395	6213	5182
离　婚	2892	2419	473	1079	949	130	187	153	34	414	382	32
丧　偶	125541	33307	92234	15885	5760	10125	8030	2939	5091	8035	2464	5571

来源的60岁及以上老年人口（镇）

单位：人

失业保险金			财产性收入			家庭其他成员供养			其他		
小计	男	女	小计	男	女	小计	男	女	小计	男	女
8	**8**		**871**	**486**	**385**	**79650**	**28432**	**51218**	**11003**	**5228**	**5775**
			17	12	5	260	205	55	625	535	90
7	7		727	438	289	51085	22455	28630	7572	3913	3659
			6	4	2	400	227	173	105	78	27
1	1		121	32	89	27905	5545	22360	2701	702	1999

来源的60岁及以上老年人口（乡村）

单位：人

失业保险金			财产性收入			家庭其他成员供养			其他		
小计	男	女	小计	男	女	小计	男	女	小计	男	女
15	**8**	**7**	**1468**	**816**	**652**	**223152**	**84594**	**138558**	**31748**	**15585**	**16163**
			66	63	3	758	666	92	2298	2193	105
6	5	1	1142	662	480	136352	63354	72998	20958	10981	9977
1	1		14	10	4	962	735	227	235	189	46
8	2	6	246	81	165	85080	19839	65241	8257	2222	6035

8-9 分性别、居住状况、主要生活

居住状况	60岁及以上人口			劳动收入			离退休金/养老金			最低生活保障金		
	合计	男	女	小计	男	女	小计	男	女	小计	男	女
总　计	**794598**	**375621**	**418977**	**180812**	**107092**	**73720**	**180751**	**94475**	**86276**	**36768**	**21717**	**15051**
与配偶和子女同住	257009	140654	116355	73846	45695	28151	63448	37743	25705	6595	3640	2955
与配偶同住	215774	116633	99141	61875	37100	24775	57747	33873	23874	6875	3683	3192
与子女同住	196860	57220	139640	24267	10793	13474	35168	11021	24147	7712	2396	5316
独居(有保姆)	936	388	548	88	56	32	423	180	243	64	43	21
独居(无保姆)	85721	41298	44423	13883	8866	5017	17816	8392	9424	11341	8656	2685
养老机构	2933	1798	1135	63	45	18	732	320	412	871	763	108
其　他	35365	17630	17735	6790	4537	2253	5417	2946	2471	3310	2536	774

8-9a 分性别、居住状况、主要生活

居住状况	60岁及以上人口			劳动收入			离退休金/养老金			最低生活保障金		
	合计	男	女	小计	男	女	小计	男	女	小计	男	女
总　计	**171786**	**79832**	**91954**	**13145**	**8376**	**4769**	**108145**	**53228**	**54917**	**2144**	**1048**	**1096**
与配偶和子女同住	64561	35792	28769	6108	4091	2017	40207	23081	17126	547	307	240
与配偶同住	43209	23979	19230	2914	1925	989	33879	19062	14817	315	173	142
与子女同住	43270	10904	32366	1914	852	1062	21187	5715	15472	624	156	468
独居(有保姆)	371	149	222	9	8	1	305	119	186	6	4	2
独居(无保姆)	13216	5572	7644	1111	778	333	9225	3713	5512	434	254	180
养老机构	992	408	584	3	1	2	545	208	337	56	43	13
其　他	6167	3028	3139	1086	721	365	2797	1330	1467	162	111	51

来源的60岁及以上老年人口

单位：人

失业保险金			财产性收入			家庭其他成员供养			其他		
小计	男	女	小计	男	女	小计	男	女	小计	男	女
26	**17**	**9**	**3822**	**2121**	**1701**	**342237**	**126085**	**216152**	**50182**	**24114**	**26068**
4	4		1516	937	579	98000	45319	52681	13600	7316	6284
5	4	1	1109	642	467	74807	34429	40378	13356	6902	6454
11	6	5	658	245	413	118638	29505	89133	10406	3254	7152
			3	2	1	321	91	230	37	16	21
6	3	3	399	211	188	36255	11966	24289	6021	3204	2817
			9	4	5	778	331	447	480	335	145
			128	80	48	13438	4444	8994	6282	3087	3195

来源的60岁及以上老年人口（城市）

单位：人

失业保险金			财产性收入			家庭其他成员供养			其他		
小计	男	女	小计	男	女	小计	男	女	小计	男	女
3	**1**	**2**	**1483**	**819**	**664**	**39435**	**13059**	**26376**	**7431**	**3301**	**4130**
			687	442	245	14445	6478	7967	2567	1393	1174
			353	202	151	4445	1929	2516	1303	688	615
3	1	2	290	94	196	17227	3543	13684	2025	543	1482
			3	2	1	40	13	27	8	3	5
			106	51	55	1806	566	1240	534	210	324
			4		4	305	131	174	79	25	54
			40	28	12	1167	399	768	915	439	476

8-9b 分性别、居住状况、主要生活

居住状况	60岁及以上人口			劳动收入			离退休金/养老金			最低生活保障金		
	合计	男	女	小计	男	女	小计	男	女	小计	男	女
总　计	**174381**	**81763**	**92618**	**34766**	**20944**	**13822**	**41279**	**22864**	**18415**	**6804**	**3801**	**3003**
与配偶和子女同住	61873	33845	28028	16096	10112	5984	15035	9311	5724	1353	751	602
与配偶同住	43368	23644	19724	10383	6397	3986	13236	8036	5200	1212	647	565
与子女同住	44614	12471	32143	4740	2118	2622	7738	2745	4993	1601	452	1149
独居(有保姆)	202	76	126	19	12	7	87	40	47	10	8	2
独居(无保姆)	15800	7429	8371	2199	1397	802	3846	1957	1889	1769	1290	479
养老机构	873	575	298	13	6	7	106	56	50	269	237	32
其　他	7651	3723	3928	1316	902	414	1231	719	512	590	416	174

8-9c 分性别、居住状况、主要生活

居住状况	60岁及以上人口			劳动收入			离退休金/养老金			最低生活保障金		
	合计	男	女	小计	男	女	小计	男	女	小计	男	女
总　计	**448431**	**214026**	**234405**	**132901**	**77772**	**55129**	**31327**	**18383**	**12944**	**27820**	**16868**	**10952**
与配偶和子女同住	130575	71017	59558	51642	31492	20150	8206	5351	2855	4695	2582	2113
与配偶同住	129197	69010	60187	48578	28778	19800	10632	6775	3857	5348	2863	2485
与子女同住	108976	33845	75131	17613	7823	9790	6243	2561	3682	5487	1788	3699
独居(有保姆)	363	163	200	60	36	24	31	21	10	48	31	17
独居(无保姆)	56705	28297	28408	10573	6691	3882	4745	2722	2023	9138	7112	2026
养老机构	1068	815	253	47	38	9	81	56	25	546	483	63
其　他	21547	10879	10668	4388	2914	1474	1389	897	492	2558	2009	549

来源的60岁及以上老年人口（镇）

单位：人

失业保险金			财产性收入			家庭其他成员供养			其他		
小计	男	女	小计	男	女	小计	男	女	小计	男	女
8	**8**		**871**	**486**	**385**	**79650**	**28432**	**51218**	**11003**	**5228**	**5775**
3	3		338	211	127	25713	11678	14035	3335	1779	1556
1	1		294	174	120	15713	7092	8621	2529	1297	1232
3	3		117	38	79	28072	6383	21689	2343	732	1611
						80	15	65	6	1	5
1	1	0	96	47	49	6768	2170	4598	1121	567	554
						267	112	155	218	164	54
			26	16	10	3037	982	2055	1451	688	763

来源的60岁及以上老年人口（乡村）

单位：人

失业保险金			财产性收入			家庭其他成员供养			其他		
小计	男	女	小计	男	女	小计	男	女	小计	男	女
15	**8**	**7**	**1468**	**816**	**652**	**223152**	**84594**	**138558**	**31748**	**15585**	**16163**
1	1		491	284	207	57842	27163	30679	7698	4144	3554
4	3	1	462	266	196	54649	25408	29241	9524	4917	4607
5	2	3	251	113	138	73339	19579	53760	6038	1979	4059
						201	63	138	23	12	11
5	2	3	197	113	84	27681	9230	18451	4366	2427	1939
			5	4	1	206	88	118	183	146	37
			62	36	26	9234	3063	6171	3916	1960	1956

8-10 各地区分性别、居住

地区	60岁及以上人口			与配偶和子女同住			与配偶同住			与子女同住		
	合计	男	女	小计	男	女	小计	男	女	小计	男	女
总计	**794598**	**375621**	**418977**	**257009**	**140654**	**116355**	**215774**	**116633**	**99141**	**196860**	**57220**	**139640**
南宁市	121300	56555	64745	38262	21067	17195	34990	18964	16026	29009	7850	21159
柳州市	68493	32568	35925	23087	12774	10313	19210	10525	8685	16882	4730	12152
桂林市	95768	45914	49854	28630	15590	13040	30128	16307	13821	21474	6230	15244
梧州市	43733	21767	21966	14467	8060	6407	10747	5932	4815	10426	3135	7291
北海市	27758	13546	14212	10319	5712	4607	8545	4639	3906	4807	1242	3565
防城港市	13843	6838	7005	5410	3056	2354	3621	1980	1641	3034	853	2181
钦州市	49726	24639	25087	17102	9570	7532	13950	7547	6403	10077	3066	7011
贵港市	67056	31931	35125	22553	12150	10403	18545	9841	8704	15082	4481	10601
玉林市	86019	42097	43922	28637	15821	12816	26012	14084	11928	17527	5232	12295
百色市	57952	25180	32772	17417	9219	8198	11351	5973	5378	20365	6190	14175
贺州市	33389	15875	17514	12901	6951	5950	6733	3632	3101	9373	2811	6562
河池市	57711	25608	32103	16310	8872	7438	12601	6867	5734	19392	5668	13724
来宾市	35922	17000	18922	10749	5866	4883	10463	5640	4823	9100	2760	6340
崇左市	35928	16103	19825	11165	5946	5219	8878	4702	4176	10312	2972	7340

8-10a 各地区分性别、居住

地区	60岁及以上人口			与配偶和子女同住			与配偶同住			与子女同住		
	合计	男	女	小计	男	女	小计	男	女	小计	男	女
总计	**171786**	**79832**	**91954**	**64561**	**35792**	**28769**	**43209**	**23979**	**19230**	**43270**	**10904**	**32366**
南宁市	45130	20998	24132	16676	9304	7372	11296	6279	5017	11423	2890	8533
柳州市	29019	13613	15406	9881	5585	4296	8627	4794	3833	6822	1649	5173
桂林市	20779	9670	11109	6616	3687	2929	6629	3658	2971	4622	1088	3534
梧州市	11761	5526	6235	4460	2481	1979	3071	1704	1367	2691	672	2019
北海市	7840	3701	4139	3323	1819	1504	2003	1128	875	1603	347	1256
防城港市	4392	2138	2254	2058	1157	901	878	492	386	1068	277	791
钦州市	5446	2540	2906	2471	1371	1100	1109	603	506	1410	362	1048
贵港市	10487	4814	5673	4439	2395	2044	2168	1190	978	2760	711	2049
玉林市	11332	5257	6075	5444	2940	2504	2093	1152	941	2795	682	2113
百色市	9449	4163	5286	3190	1759	1431	1815	1000	815	3335	928	2407
贺州市	4199	1911	2288	1799	978	821	805	445	360	1174	295	879
河池市	5401	2449	2952	1816	1014	802	1316	751	565	1625	427	1198
来宾市	4591	2129	2462	1525	829	696	1075	602	473	1422	424	998
崇左市	1960	923	1037	863	473	390	324	181	143	520	152	368

状况的60岁及以上老年人口

单位：人

独居（有保姆）			独居（无保姆）			养老机构			其他		
小计	男	女	小计	男	女	小计	男	女	小计	男	女
936	**388**	**548**	**85721**	**41298**	**44423**	**2933**	**1798**	**1135**	**35365**	**17630**	**17735**
160	63	97	12799	5684	7115	565	272	293	5515	2655	2860
107	49	58	6510	3139	3371	278	138	140	2419	1213	1206
127	54	73	11615	5690	5925	347	204	143	3447	1839	1608
54	22	32	5287	3110	2177	208	117	91	2544	1391	1153
39	22	17	2948	1335	1613	93	50	43	1007	546	461
10	6	4	1201	602	599	33	25	8	534	316	218
63	25	38	5732	2899	2833	224	177	47	2578	1355	1223
77	28	49	7190	3616	3574	277	166	111	3332	1649	1683
92	47	45	9402	4684	4718	174	141	33	4175	2088	2087
56	17	39	5678	2380	3298	188	115	73	2897	1286	1611
21	8	13	2761	1597	1164	170	134	36	1430	742	688
51	16	35	6547	2874	3673	184	144	40	2626	1167	1459
40	19	21	4042	1930	2112	137	85	52	1391	700	691
39	12	27	4009	1758	2251	55	30	25	1470	683	787

状况的60岁及以上老年人口（城市）

单位：人

独居（有保姆）			独居（无保姆）			养老机构			其他		
小计	男	女	小计	男	女	小计	男	女	小计	男	女
371	**149**	**222**	**13216**	**5572**	**7644**	**992**	**408**	**584**	**6167**	**3028**	**3139**
97	38	59	3401	1423	1978	323	119	204	1914	945	969
79	33	46	2597	1068	1529	149	52	97	864	432	432
59	22	37	2083	858	1225	128	55	73	642	302	340
20	8	12	982	406	576	132	61	71	405	194	211
16	9	7	592	244	348	28	8	20	275	146	129
4	2	2	236	118	118	2	1	1	146	91	55
12	8	4	251	113	138	19	7	12	174	76	98
16	5	11	678	305	373	75	36	39	351	172	179
19	7	12	620	297	323	33	22	11	328	157	171
24	8	16	616	246	370	17	5	12	452	217	235
8	2	6	259	118	141	20	9	11	134	64	70
13	7	6	436	168	268	14	8	6	181	74	107
2		2	327	145	182	49	24	25	191	105	86
2		2	138	63	75	3	1	2	110	53	57

8-10b 各地区分性别、居住

地 区	60岁及以上人口			与配偶和子女同住			与配偶同住			与子女同住		
	合计	男	女	小计	男	女	小计	男	女	小计	男	女
总 计	**174381**	**81763**	**92618**	**61873**	**33845**	**28028**	**43368**	**23644**	**19724**	**44614**	**12471**	**32143**
南宁市	21692	10072	11620	7447	4080	3367	5807	3167	2640	5311	1372	3939
柳州市	12928	6190	6738	4710	2614	2096	3377	1860	1517	3299	935	2364
桂林市	19577	9177	10400	6281	3402	2879	6113	3334	2779	4352	1170	3182
梧州市	9866	4804	5062	3555	1958	1597	2128	1169	959	2472	718	1754
北海市	5162	2461	2701	2230	1224	1006	1318	720	598	988	249	739
防城港市	2506	1198	1308	1047	597	450	645	352	293	536	134	402
钦州市	11260	5353	5907	4371	2407	1964	2742	1500	1242	2520	670	1850
贵港市	18456	8688	9768	6641	3537	3104	4731	2499	2232	4139	1211	2928
玉林市	23455	11335	12120	8503	4687	3816	6521	3518	3003	5041	1468	3573
百色市	8643	3822	4821	2819	1528	1291	1529	831	698	3089	926	2163
贺州市	9866	4663	5203	3801	2065	1736	1932	1059	873	2909	858	2051
河池市	14333	6369	7964	4801	2653	2148	2574	1452	1122	5101	1398	3703
来宾市	8372	3918	4454	2761	1514	1247	2266	1260	1006	2250	649	1601
崇左市	8265	3713	4552	2906	1579	1327	1685	923	762	2607	713	1894

8-10c 各地区分性别、居住

地 区	60岁及以上人口			与配偶和子女同住			与配偶同住			与子女同住		
	合计	男	女	小计	男	女	小计	男	女	小计	男	女
总 计	**448431**	**214026**	**234405**	**130575**	**71017**	**59558**	**129197**	**69010**	**60187**	**108976**	**33845**	**75131**
南宁市	54478	25485	28993	14139	7683	6456	17887	9518	8369	12275	3588	8687
柳州市	26546	12765	13781	8496	4575	3921	7206	3871	3335	6761	2146	4615
桂林市	55412	27067	28345	15733	8501	7232	17386	9315	8071	12500	3972	8528
梧州市	22106	11437	10669	6452	3621	2831	5548	3059	2489	5263	1745	3518
北海市	14756	7384	7372	4766	2669	2097	5224	2791	2433	2216	646	1570
防城港市	6945	3502	3443	2305	1302	1003	2098	1136	962	1430	442	988
钦州市	33020	16746	16274	10260	5792	4468	10099	5444	4655	6147	2034	4113
贵港市	38113	18429	19684	11473	6218	5255	11646	6152	5494	8183	2559	5624
玉林市	51232	25505	25727	14690	8194	6496	17398	9414	7984	9691	3082	6609
百色市	39860	17195	22665	11408	5932	5476	8007	4142	3865	13941	4336	9605
贺州市	19324	9301	10023	7301	3908	3393	3996	2128	1868	5290	1658	3632
河池市	37977	16790	21187	9693	5205	4488	8711	4664	4047	12666	3843	8823
来宾市	22959	10953	12006	6463	3523	2940	7122	3778	3344	5428	1687	3741
崇左市	25703	11467	14236	7396	3894	3502	6869	3598	3271	7185	2107	5078

状况的60岁及以上老年人口（镇）

单位：人

独居(有保姆)			独居(无保姆)			养老机构			其他		
小计	男	女	小计	男	女	小计	男	女	小计	男	女
202	**76**	**126**	**15800**	**7429**	**8371**	**873**	**575**	**298**	**7651**	**3723**	**3928**
31	12	19	2000	887	1113	171	100	71	925	454	471
12	5	7	1060	527	533	81	50	31	389	199	190
30	14	16	1996	864	1132	66	42	24	739	351	388
12	4	8	1037	606	431	28	19	9	634	330	304
10	6	4	410	162	248	19	8	11	187	92	95
1		1	173	65	108	3	3		101	47	54
16	5	11	1000	462	538	50	40	10	561	269	292
17	5	12	1869	893	976	115	63	52	944	480	464
17	9	8	2248	1083	1165	58	47	11	1067	523	544
8	2	6	717	297	420	50	33	17	431	205	226
9	5	4	731	404	327	76	59	17	408	213	195
15	2	13	1124	529	595	99	79	20	619	256	363
8	4	4	749	336	413	34	22	12	304	133	171
16	3	13	686	314	372	23	10	13	342	171	171

状况的60岁及以上老年人口（乡村）

单位：人

独居(有保姆)			独居(无保姆)			养老机构			其他		
小计	男	女	小计	男	女	小计	男	女	小计	男	女
363	**163**	**200**	**56705**	**28297**	**28408**	**1068**	**815**	**253**	**21547**	**10879**	**10668**
32	13	19	7398	3374	4024	71	53	18	2676	1256	1420
16	11	5	2853	1544	1309	48	36	12	1166	582	584
38	18	20	7536	3968	3568	153	107	46	2066	1186	880
22	10	12	3268	2098	1170	48	37	11	1505	867	638
13	7	6	1946	929	1017	46	34	12	545	308	237
5	4	1	792	419	373	28	21	7	287	178	109
35	12	23	4481	2324	2157	155	130	25	1843	1010	833
44	18	26	4643	2418	2225	87	67	20	2037	997	1040
56	31	25	6534	3304	3230	83	72	11	2780	1408	1372
24	7	17	4345	1837	2508	121	77	44	2014	864	1150
4	1	3	1771	1075	696	74	66	8	888	465	423
23	7	16	4987	2177	2810	71	57	14	1826	837	989
30	15	15	2966	1449	1517	54	39	15	896	462	434
21	9	12	3185	1381	1804	29	19	10	1018	459	559

8-11 分年龄、性别、居住

年 龄	60岁及以上人口			与配偶和子女同住			与配偶同住		
	合计	男	女	小计	男	女	小计	男	女
总 计	**794598**	**375621**	**418977**	**257009**	**140654**	**116355**	**215774**	**116633**	**99141**
60-64岁	**215082**	**107981**	**107101**	**91553**	**48389**	**43164**	**62922**	**32336**	**30586**
60	35220	17430	17790	15656	8094	7562	10223	5142	5081
61	33982	17470	16512	14751	7987	6764	9756	5105	4651
62	50629	25394	25235	21690	11415	10275	14761	7551	7210
63	50451	25621	24830	21134	11409	9725	14909	7734	7175
64	44800	22066	22734	18322	9484	8838	13273	6804	6469
65-69岁	**211110**	**103588**	**107522**	**80713**	**42946**	**37767**	**63246**	**32959**	**30287**
65	45371	22577	22794	18330	9654	8676	13469	7027	6442
66	46175	22588	23587	18179	9560	8619	13638	7087	6551
67	43153	21222	21931	16591	8870	7721	12954	6649	6305
68	41400	20307	21093	15218	8167	7051	12543	6635	5908
69	35011	16894	18117	12395	6695	5700	10642	5561	5081
70-74岁	**144782**	**69997**	**74785**	**44496**	**25131**	**19365**	**43036**	**23498**	**19538**
70	36198	17576	18622	12242	6700	5542	10847	5788	5059
71	34762	17454	17308	11106	6447	4659	10574	5905	4669
72	27110	13088	14022	8222	4671	3551	8063	4407	3656
73	23950	11257	12693	6828	3823	3005	7022	3827	3195
74	22762	10622	12140	6098	3490	2608	6530	3571	2959
75-79岁	**102016**	**46000**	**56016**	**23944**	**13931**	**10013**	**26325**	**14949**	**11376**
75	22329	10183	12146	5894	3396	2498	6165	3321	2844
76	22514	10448	12066	5630	3259	2371	5952	3434	2518
77	20082	8988	11094	4586	2705	1881	5129	2846	2283
78	19010	8435	10575	4143	2367	1776	4761	2791	1970
79	18081	7946	10135	3691	2204	1487	4318	2557	1761
80-84岁	**68443**	**29165**	**39278**	**11415**	**7118**	**4297**	**14031**	**8709**	**5322**
80	17036	7420	9616	3274	1952	1322	3917	2335	1582
81	13919	6103	7816	2432	1536	896	3020	1860	1160
82	14003	5991	8012	2273	1444	829	2867	1811	1056
83	12179	5042	7137	1831	1188	643	2314	1449	865
84	11306	4609	6697	1605	998	607	1913	1254	659
85-89岁	**36596**	**13700**	**22896**	**3893**	**2480**	**1413**	**4988**	**3306**	**1682**
85	9663	3628	6035	1162	699	463	1526	976	550
86	8166	3094	5072	933	610	323	1203	781	422
87	7602	2970	4632	808	522	286	987	679	308
88	5903	2129	3774	567	371	196	700	476	224
89	5262	1879	3383	423	278	145	572	394	178
90-94岁	**12821**	**4180**	**8641**	**852**	**565**	**287**	**1062**	**758**	**304**
90	4432	1543	2889	360	227	133	461	326	135
91	2769	887	1882	193	132	61	220	151	69
92	2327	766	1561	129	89	40	180	140	40
93	1911	573	1338	98	68	30	126	90	36
94	1382	411	971	72	49	23	75	51	24
95-99岁	**3128**	**899**	**2229**	**129**	**89**	**40**	**148**	**105**	**43**
95	1066	296	770	52	36	16	54	39	15
96	790	236	554	34	20	14	40	28	12
97	551	166	385	21	16	5	22	15	7
98	383	112	271	13	10	3	15	9	6
99	338	89	249	9	7	2	17	14	3
100岁及以上	**620**	**111**	**509**	**14**	**5**	**9**	**16**	**13**	**3**

状况的60岁及以上老年人口

单位：人

与子女同住			独居（有保姆）			独居（无保姆）			养老机构			其他		
小计	男	女	小计	男	女	小计	男	女	小计	男	女	小计	男	女
196860	**57220**	**139640**	**936**	**388**	**548**	**85721**	**41298**	**44423**	**2933**	**1798**	**1135**	**35365**	**17630**	**17735**
34399	**11103**	**23296**	**118**	**59**	**59**	**16020**	**9990**	**6030**	**311**	**244**	**67**	**9759**	**5860**	**3899**
5110	1624	3486	21	10	11	2436	1485	951	35	27	8	1739	1048	691
5245	1742	3503	18	10	8	2541	1622	919	50	40	10	1621	964	657
8030	2590	5440	28	16	12	3797	2416	1381	70	51	19	2253	1355	898
8305	2653	5652	23	12	11	3815	2394	1421	74	53	21	2191	1366	825
7709	2494	5215	28	11	17	3431	2073	1358	82	73	9	1955	1127	828
40140	**12569**	**27571**	**109**	**65**	**44**	**18250**	**10245**	**8005**	**489**	**379**	**110**	**8163**	**4425**	**3738**
7864	2561	5303	26	15	11	3743	2219	1524	89	76	13	1850	1025	825
8554	2668	5886	21	11	10	3879	2218	1661	105	81	24	1799	963	836
8187	2598	5589	24	16	8	3666	2096	1570	108	80	28	1623	913	710
8153	2485	5668	23	14	9	3806	2084	1722	106	83	23	1551	839	712
7382	2257	5125	15	9	6	3156	1628	1528	81	59	22	1340	685	655
35205	**10589**	**24616**	**127**	**63**	**64**	**15753**	**7576**	**8177**	**485**	**364**	**121**	**5680**	**2776**	**2904**
7976	2421	5555	36	19	17	3593	1846	1747	105	86	19	1399	716	683
7995	2570	5425	27	17	10	3586	1742	1844	94	79	15	1380	694	686
6728	1985	4743	25	11	14	2965	1464	1501	106	71	35	1001	479	522
6242	1813	4429	20	10	10	2833	1281	1552	80	57	23	925	446	479
6264	1800	4464	19	6	13	2776	1243	1533	100	71	29	975	441	534
31959	**8784**	**23175**	**127**	**41**	**86**	**14503**	**5969**	**8534**	**541**	**344**	**197**	**4617**	**1982**	**2635**
6243	1660	4583	15	6	9	2940	1287	1653	113	79	34	959	434	525
6747	1928	4819	29	13	16	3029	1311	1718	123	77	46	1004	426	578
6435	1801	4634	34	6	28	2871	1184	1687	94	52	42	933	394	539
6222	1685	4537	22	8	14	2865	1116	1749	97	66	31	900	402	498
6312	1710	4602	27	8	19	2798	1071	1727	114	70	44	821	326	495
27194	**7338**	**19856**	**189**	**68**	**121**	**11521**	**4243**	**7278**	**532**	**264**	**268**	**3561**	**1425**	**2136**
6208	1708	4500	32	13	19	2668	988	1680	98	55	43	839	369	470
5344	1477	3867	27	10	17	2287	869	1418	106	63	43	703	288	415
5544	1491	4053	41	13	28	2400	891	1509	124	52	72	754	289	465
5139	1360	3779	52	20	32	2109	758	1351	96	41	55	638	226	412
4959	1302	3657	37	12	25	2057	737	1320	108	53	55	627	253	374
18101	**4600**	**13501**	**162**	**66**	**96**	**6809**	**2339**	**4470**	**383**	**144**	**239**	**2260**	**765**	**1495**
4525	1100	3425	37	15	22	1769	622	1147	85	32	53	559	184	375
3880	1011	2869	35	12	23	1550	487	1063	73	26	47	492	167	325
3827	1037	2790	44	20	24	1386	499	887	92	43	49	458	170	288
3043	745	2298	22	9	13	1103	372	731	61	20	41	407	136	271
2826	707	2119	24	10	14	1001	359	642	72	23	49	344	108	236
7441	**1733**	**5708**	**74**	**19**	**55**	**2264**	**751**	**1513**	**149**	**50**	**99**	**979**	**304**	**675**
2444	561	1883	31	8	23	778	289	489	49	20	29	309	112	197
1614	378	1236	15	3	12	485	157	328	33	9	24	209	57	152
1384	335	1049	13	5	8	429	133	296	21	7	14	171	57	114
1170	263	907	9	1	8	327	102	225	26	10	16	155	39	116
829	196	633	6	2	4	245	70	175	20	4	16	135	39	96
2010	**443**	**1567**	**22**	**4**	**18**	**505**	**169**	**336**	**38**	**8**	**30**	**276**	**81**	**195**
676	142	534	2		2	178	50	128	13	3	10	91	26	65
516	117	399	5	1	4	130	49	81	10	4	6	55	17	38
347	75	272	5	3	2	99	37	62	5	1	4	52	19	33
249	64	185	6		6	55	18	37	5		5	40	11	29
222	45	177	4		4	43	15	28	5		5	38	8	30
411	**61**	**350**	**8**	**3**	**5**	**96**	**16**	**80**	**5**	**1**	**4**	**70**	**12**	**58**

8-11a 分年龄、性别、居住

年龄	60岁及以上人口			与配偶和子女同住			与配偶同住		
	合计	男	女	小计	男	女	小计	男	女
总 计	**171786**	**79832**	**91954**	**64561**	**35792**	**28769**	**43209**	**23979**	**19230**
60-64岁	**53436**	**25590**	**27846**	**23615**	**12539**	**11076**	**13808**	**7202**	**6606**
60	9627	4605	5022	4282	2267	2015	2476	1262	1214
61	8827	4313	4514	3920	2123	1797	2256	1191	1065
62	12029	5761	6268	5423	2883	2540	3082	1604	1478
63	12221	5873	6348	5343	2875	2468	3202	1680	1522
64	10732	5038	5694	4647	2391	2256	2792	1465	1327
65-69岁	**48789**	**23095**	**25694**	**20653**	**11075**	**9578**	**13149**	**6999**	**6150**
65	10628	5030	5598	4638	2457	2181	2833	1481	1352
66	10925	5149	5776	4720	2477	2243	2859	1530	1329
67	9840	4686	5154	4204	2266	1938	2682	1417	1265
68	9474	4458	5016	3952	2128	1824	2589	1375	1214
69	7922	3772	4150	3139	1747	1392	2186	1196	990
70-74岁	**30204**	**14441**	**15763**	**11223**	**6437**	**4786**	**8051**	**4605**	**3446**
70	8009	3967	4042	3239	1840	1399	2149	1244	905
71	7178	3455	3723	2719	1572	1147	1922	1076	846
72	5699	2642	3057	2082	1177	905	1505	846	659
73	4932	2314	2618	1750	994	756	1289	749	540
74	4386	2063	2323	1433	854	579	1186	690	496
75-79岁	**17995**	**8010**	**9985**	**5296**	**3220**	**2076**	**4306**	**2516**	**1790**
75	3943	1812	2131	1299	787	512	974	552	422
76	3993	1838	2155	1248	775	473	960	585	375
77	3486	1514	1972	990	595	395	838	462	376
78	3401	1506	1895	967	587	380	817	496	321
79	3172	1340	1832	792	476	316	717	421	296
80-84岁	**12616**	**5404**	**7212**	**2665**	**1755**	**910**	**2743**	**1807**	**936**
80	3110	1365	1745	771	481	290	742	478	264
81	2575	1123	1452	557	367	190	607	378	229
82	2585	1090	1495	522	340	182	538	367	171
83	2261	987	1274	427	311	116	452	307	145
84	2085	839	1246	388	256	132	404	277	127
85-89岁	**6326**	**2437**	**3889**	**892**	**606**	**286**	**953**	**683**	**270**
85	1667	632	1035	248	165	83	292	196	96
86	1474	556	918	205	134	71	246	173	73
87	1367	542	825	216	145	71	185	141	44
88	968	371	597	129	90	39	129	95	34
89	850	336	514	94	72	22	101	78	23
90-94岁	**1934**	**700**	**1234**	**187**	**139**	**48**	**171**	**145**	**26**
90	694	269	425	76	53	23	74	63	11
91	429	146	283	51	40	11	35	26	9
92	349	135	214	26	20	6	43	40	3
93	265	84	181	20	15	5	10	9	1
94	197	66	131	14	11	3	9	7	2
95-99岁	**413**	**140**	**273**	**26**	**18**	**8**	**27**	**21**	**6**
95	144	52	92	12	10	2	8	7	1
96	106	40	66	5	3	2	10	7	3
97	72	17	55	6	4	2	3	1	2
98	37	11	26	2		2	1	1	
99	54	20	34	1	1		5	5	
100岁及以上	**73**	**15**	**58**	**4**	**3**	**1**	**1**	**1**	

状况的60岁及以上老年人口（城市）

单位：人

与子女同住			独居（有保姆）			独居（无保姆）			养老机构			其他		
小计	男	女	小计	男	女	小计	男	女	小计	男	女	小计	男	女
43270	**10904**	**32366**	**371**	**149**	**222**	**13216**	**5572**	**7644**	**992**	**408**	**584**	**6167**	**3028**	**3139**
9965	**2642**	**7323**	**34**	**18**	**16**	**3554**	**1826**	**1728**	**71**	**43**	**28**	**2389**	**1320**	**1069**
1631	420	1211	7	4	3	698	358	340	10	6	4	523	288	235
1608	443	1165	6	3	3	586	309	277	10	7	3	441	237	204
2205	567	1638	9	4	5	777	412	365	17	7	10	516	284	232
2379	637	1742	6	3	3	787	379	408	16	10	6	488	289	199
2142	575	1567	6	4	2	706	368	338	18	13	5	421	222	199
10180	**2698**	**7482**	**26**	**13**	**13**	**3128**	**1460**	**1668**	**121**	**74**	**47**	**1532**	**776**	**756**
2075	562	1513	5	2	3	685	323	362	19	14	5	373	191	182
2247	597	1650	6	3	3	710	344	366	25	19	6	358	179	179
2015	533	1482	7	4	3	611	295	316	30	15	15	291	156	135
2042	530	1512	2	1	1	592	273	319	24	16	8	273	135	138
1801	476	1325	6	3	3	530	225	305	23	10	13	237	115	122
7792	**1996**	**5796**	**39**	**16**	**23**	**2160**	**921**	**1239**	**116**	**65**	**51**	**823**	**401**	**422**
1854	501	1353	10	4	6	523	257	266	23	17	6	211	104	107
1804	485	1319	4	2	2	492	191	301	22	18	4	215	111	104
1520	366	1154	9	4	5	412	166	246	30	13	17	141	70	71
1345	334	1011	9	5	4	395	167	228	15	6	9	129	59	70
1269	310	959	7	1	6	338	140	198	26	11	15	127	57	70
5939	**1391**	**4548**	**45**	**14**	**31**	**1717**	**585**	**1132**	**163**	**72**	**91**	**529**	**212**	**317**
1196	286	910	3	1	2	345	126	219	32	17	15	94	43	51
1262	293	969	12	4	8	346	122	224	36	11	25	129	48	81
1182	291	891	9		9	332	113	219	30	13	17	105	40	65
1131	246	885	12	4	8	346	119	227	29	13	16	99	41	58
1168	275	893	9	5	4	348	105	243	36	18	18	102	40	62
4900	**1121**	**3779**	**98**	**39**	**59**	**1531**	**428**	**1103**	**238**	**79**	**159**	**441**	**175**	**266**
1115	254	861	16	7	9	318	82	236	49	18	31	99	45	54
983	237	746	15	5	10	291	88	203	38	17	21	84	31	53
1002	226	776	20	7	13	343	94	249	53	11	42	107	45	62
924	212	712	30	13	17	304	101	203	49	18	31	75	25	50
876	192	684	17	7	10	275	63	212	49	15	34	76	29	47
3069	**710**	**2359**	**91**	**38**	**53**	**844**	**257**	**587**	**200**	**59**	**141**	**277**	**84**	**193**
774	164	610	25	10	15	222	60	162	46	15	31	60	22	38
671	151	520	19	7	12	233	66	167	38	9	29	62	16	46
678	160	518	24	11	13	155	51	104	48	16	32	61	18	43
498	124	374	9	3	6	119	37	82	28	6	22	56	16	40
448	111	337	14	7	7	115	43	72	40	13	27	38	12	26
1108	**263**	**845**	**35**	**10**	**25**	**238**	**83**	**155**	**61**	**14**	**47**	**134**	**46**	**88**
369	87	282	16	2	14	92	41	51	17	3	14	50	20	30
244	47	197	7	2	5	47	15	32	17	5	12	28	11	17
200	50	150	6	4	2	45	12	33	8	2	6	21	7	14
173	46	127	2		2	30	9	21	10	4	6	20	1	19
122	33	89	4	2	2	24	6	18	9		9	15	7	8
271	**76**	**195**	**3**	**1**	**2**	**35**	**11**	**24**	**20**	**2**	**18**	**31**	**11**	**20**
93	26	67				15	3	12	8	1	7	8	5	3
67	20	47	1	1		13	7	6	2	1	1	8	1	7
47	10	37	1		1	5		5	4		4	6	2	4
26	8	18				1	1		4		4	3	1	2
38	12	26	1		1	1		1	2		2	6	2	4
46	**7**	**39**				**9**	**1**	**8**	**2**		**2**	**11**	**3**	**8**

8-11b 分年龄、性别、居住

年龄	60岁及以上人口			与配偶和子女同住			与配偶同住		
	合计	男	女	小计	男	女	小计	男	女
总计	**174381**	**81763**	**92618**	**61873**	**33845**	**28028**	**43368**	**23644**	**19724**
60-64岁	**49429**	**24502**	**24927**	**22821**	**11967**	**10854**	**13174**	**6855**	**6319**
60	8189	4021	4168	3891	1980	1911	2197	1132	1065
61	7979	4061	3918	3696	1997	1699	2126	1112	1014
62	11820	5766	6054	5488	2831	2657	3130	1598	1532
63	11298	5691	5607	5206	2820	2386	2991	1584	1407
64	10143	4963	5180	4540	2339	2201	2730	1429	1301
65-69岁	**46835**	**22631**	**24204**	**19514**	**10361**	**9153**	**12751**	**6631**	**6120**
65	10153	5003	5150	4459	2366	2093	2714	1404	1310
66	10308	4903	5405	4411	2316	2095	2818	1425	1393
67	9555	4615	4940	4005	2114	1891	2601	1336	1265
68	9223	4385	4838	3705	1940	1765	2493	1317	1176
69	7596	3725	3871	2934	1625	1309	2125	1149	976
70-74岁	**31229**	**15155**	**16074**	**10485**	**6045**	**4440**	**8406**	**4665**	**3741**
70	7848	3875	3973	2918	1638	1280	2094	1166	928
71	7724	3861	3863	2716	1584	1132	2136	1193	943
72	5762	2811	2951	1925	1122	803	1567	876	691
73	5009	2333	2676	1508	862	646	1330	730	600
74	4886	2275	2611	1418	839	579	1279	700	579
75-79岁	**21431**	**9559**	**11872**	**5378**	**3126**	**2252**	**5136**	**2940**	**2196**
75	4623	2076	2547	1328	740	588	1182	622	560
76	4873	2242	2631	1317	753	564	1158	679	479
77	4085	1827	2258	993	601	392	975	557	418
78	4009	1748	2261	917	536	381	921	552	369
79	3841	1666	2175	823	496	327	900	530	370
80-84岁	**14274**	**6014**	**8260**	**2533**	**1602**	**931**	**2710**	**1747**	**963**
80	3556	1532	2024	705	433	272	762	476	286
81	2890	1239	1651	564	356	208	594	365	229
82	2893	1176	1717	470	285	185	552	358	194
83	2527	1070	1457	430	279	151	450	298	152
84	2408	997	1411	364	249	115	352	250	102
85-89岁	**7691**	**2859**	**4832**	**904**	**589**	**315**	**956**	**645**	**311**
85	1994	727	1267	258	155	103	310	190	120
86	1705	635	1070	226	148	78	212	144	68
87	1659	661	998	202	134	68	185	138	47
88	1213	438	775	116	76	40	130	93	37
89	1120	398	722	102	76	26	119	80	39
90-94岁	**2675**	**825**	**1850**	**208**	**134**	**74**	**195**	**135**	**60**
90	937	307	630	95	52	43	91	63	28
91	534	175	359	42	33	9	39	26	13
92	518	156	362	33	21	12	28	21	7
93	377	109	268	22	18	4	21	15	6
94	309	78	231	16	10	6	16	10	6
95-99岁	**688**	**197**	**491**	**27**	**21**	**6**	**35**	**24**	**11**
95	238	63	175	16	11	5	12	7	5
96	169	45	124	3	2	1	7	5	2
97	113	38	75	4	4		5	4	1
98	98	32	66	3	3		7	4	3
99	70	19	51	1	1		4	4	
100岁及以上	**129**	**21**	**108**	**3**		**3**	**5**	**2**	**3**

状况的60岁及以上老年人口（镇）

单位：人

与子女同住			独居（有保姆）			独居（无保姆）			养老机构			其他		
小计	男	女	小计	男	女	小计	男	女	小计	男	女	小计	男	女
44614	**12471**	**32143**	**202**	**76**	**126**	**15800**	**7429**	**8371**	**873**	**575**	**298**	**7651**	**3723**	**3928**
8171	**2527**	**5644**	**27**	**13**	**14**	**2974**	**1819**	**1155**	**89**	**73**	**16**	**2173**	**1248**	**925**
1223	395	828	7	2	5	467	275	192	10	6	4	394	231	163
1259	409	850	4	1	3	505	319	186	10	9	1	379	214	165
1973	613	1360	7	5	2	709	443	266	28	24	4	485	252	233
1923	562	1361	7	4	3	673	419	254	19	13	6	479	289	190
1793	548	1245	2	1	1	620	363	257	22	21	1	436	262	174
9304	**2810**	**6494**	**31**	**17**	**14**	**3327**	**1817**	**1510**	**137**	**109**	**28**	**1771**	**886**	**885**
1881	611	1270	7	5	2	688	402	286	24	22	2	380	193	187
1936	565	1371	5	1	4	712	397	315	25	17	8	401	182	219
1918	607	1311	5	2	3	641	347	294	28	20	8	357	189	168
1924	550	1374	9	6	3	728	378	350	37	30	7	327	164	163
1645	477	1168	5	3	2	558	293	265	23	20	3	306	158	148
7995	**2314**	**5681**	**23**	**13**	**10**	**2931**	**1377**	**1554**	**155**	**124**	**31**	**1234**	**617**	**617**
1845	548	1297	7	3	4	656	335	321	34	30	4	294	155	139
1806	576	1230	6	5	1	712	330	382	22	20	2	326	153	173
1494	412	1082	1	1		537	266	271	36	26	10	202	108	94
1424	385	1039	5	2	3	518	237	281	33	23	10	191	94	97
1426	393	1033	4	2	2	508	209	299	30	25	5	221	107	114
7128	**1926**	**5202**	**31**	**5**	**26**	**2646**	**1047**	**1599**	**171**	**116**	**55**	**941**	**399**	**542**
1381	389	992	3		3	510	220	290	34	25	9	185	80	105
1547	442	1105	8	3	5	595	247	348	41	30	11	207	88	119
1373	366	1007	8	1	7	509	202	307	24	12	12	203	88	115
1440	369	1071	6	1	5	517	194	323	28	21	7	180	75	105
1387	360	1027	6		6	515	184	331	44	28	16	166	68	98
5937	**1492**	**4445**	**37**	**10**	**27**	**2147**	**765**	**1382**	**155**	**88**	**67**	**755**	**310**	**445**
1389	339	1050	6	2	4	489	172	317	29	23	6	176	87	89
1122	295	827	5	2	3	436	155	281	29	16	13	140	50	90
1176	275	901	9	3	6	471	166	305	36	19	17	179	70	109
1135	302	833	8	3	5	356	137	219	25	8	17	123	43	80
1115	281	834	9		9	395	135	260	36	22	14	137	60	77
3946	**969**	**2977**	**30**	**11**	**19**	**1280**	**434**	**846**	**102**	**46**	**56**	**473**	**165**	**308**
957	220	737	2		2	341	122	219	19	7	12	107	33	74
846	213	633	8	1	7	279	81	198	23	10	13	111	38	73
867	236	631	8	4	4	260	86	174	22	14	8	115	49	66
631	147	484	6	4	2	229	81	148	19	9	10	82	28	54
645	153	492	6	2	4	171	64	107	19	6	13	58	17	41
1586	**331**	**1255**	**13**	**4**	**9**	**399**	**136**	**263**	**50**	**15**	**35**	**224**	**70**	**154**
515	107	408	5	3	2	135	52	83	20	7	13	76	23	53
322	73	249	3	1	2	80	31	49	7		7	41	11	30
333	70	263	1		1	77	24	53	8	3	5	38	17	21
229	43	186	3		3	57	18	39	9	4	5	36	11	25
187	38	149	1		1	50	11	39	6	1	5	33	8	25
455	**89**	**366**	**8**	**2**	**6**	**86**	**31**	**55**	**12**	**4**	**8**	**65**	**26**	**39**
152	33	119				31	7	24	3	1	2	24	4	20
117	20	97	3		3	19	7	12	5	3	2	15	8	7
69	11	58	2	2		22	10	12				11	7	4
70	16	54	2		2	5	4	1	1		1	10	5	5
47	9	38	1		1	9	3	6	3		3	5	2	3
92	**13**	**79**	**2**	**1**	**1**	**10**	**3**	**7**	**2**		**2**	**15**	**2**	**13**

8-11c 分年龄、性别、居住

年龄	60岁及以上人口			与配偶和子女同住			与配偶同住		
	合计	男	女	小计	男	女	小计	男	女
总计	**448431**	**214026**	**234405**	**130575**	**71017**	**59558**	**129197**	**69010**	**60187**
60-64岁	**112217**	**57889**	**54328**	**45117**	**23883**	**21234**	**35940**	**18279**	**17661**
60	17404	8804	8600	7483	3847	3636	5550	2748	2802
61	17176	9096	8080	7135	3867	3268	5374	2802	2572
62	26780	13867	12913	10779	5701	5078	8549	4349	4200
63	26932	14057	12875	10585	5714	4871	8716	4470	4246
64	23925	12065	11860	9135	4754	4381	7751	3910	3841
65-69岁	**115486**	**57862**	**57624**	**40546**	**21510**	**19036**	**37346**	**19329**	**18017**
65	24590	12544	12046	9233	4831	4402	7922	4142	3780
66	24942	12536	12406	9048	4767	4281	7961	4132	3829
67	23758	11921	11837	8382	4490	3892	7671	3896	3775
68	22703	11464	11239	7561	4099	3462	7461	3943	3518
69	19493	9397	10096	6322	3323	2999	6331	3216	3115
70-74岁	**83349**	**40401**	**42948**	**22788**	**12649**	**10139**	**26579**	**14228**	**12351**
70	20341	9734	10607	6085	3222	2863	6604	3378	3226
71	19860	10138	9722	5671	3291	2380	6516	3636	2880
72	15649	7635	8014	4215	2372	1843	4991	2685	2306
73	14009	6610	7399	3570	1967	1603	4403	2348	2055
74	13490	6284	7206	3247	1797	1450	4065	2181	1884
75-79岁	**62590**	**28431**	**34159**	**13270**	**7585**	**5685**	**16883**	**9493**	**7390**
75	13763	6295	7468	3267	1869	1398	4009	2147	1862
76	13648	6368	7280	3065	1731	1334	3834	2170	1664
77	12511	5647	6864	2603	1509	1094	3316	1827	1489
78	11600	5181	6419	2259	1244	1015	3023	1743	1280
79	11068	4940	6128	2076	1232	844	2701	1606	1095
80-84岁	**41553**	**17747**	**23806**	**6217**	**3761**	**2456**	**8578**	**5155**	**3423**
80	10370	4523	5847	1798	1038	760	2413	1381	1032
81	8454	3741	4713	1311	813	498	1819	1117	702
82	8525	3725	4800	1281	819	462	1777	1086	691
83	7391	2985	4406	974	598	376	1412	844	568
84	6813	2773	4040	853	493	360	1157	727	430
85-89岁	**22579**	**8404**	**14175**	**2097**	**1285**	**812**	**3079**	**1978**	**1101**
85	6002	2269	3733	656	379	277	924	590	334
86	4987	1903	3084	502	328	174	745	464	281
87	4576	1767	2809	390	243	147	617	400	217
88	3722	1320	2402	322	205	117	441	288	153
89	3292	1145	2147	227	130	97	352	236	116
90-94岁	**8212**	**2655**	**5557**	**457**	**292**	**165**	**696**	**478**	**218**
90	2801	967	1834	189	122	67	296	200	96
91	1806	566	1240	100	59	41	146	99	47
92	1460	475	985	70	48	22	109	79	30
93	1269	380	889	56	35	21	95	66	29
94	876	267	609	42	28	14	50	34	16
95-99岁	**2027**	**562**	**1465**	**76**	**50**	**26**	**86**	**60**	**26**
95	684	181	503	24	15	9	34	25	9
96	515	151	364	26	15	11	23	16	7
97	366	111	255	11	8	3	14	10	4
98	248	69	179	8	7	1	7	4	3
99	214	50	164	7	5	2	8	5	3
100岁及以上	**418**	**75**	**343**	**7**	**2**	**5**	**10**	**10**	

状况的60岁及以上老年人口（乡村）

单位：人

与子女同住			独居(有保姆)			独居(无保姆)			养老机构			其他		
小计	男	女	小计	男	女	小计	男	女	小计	男	女	小计	男	女
108976	**33845**	**75131**	**363**	**163**	**200**	**56705**	**28297**	**28408**	**1068**	**815**	**253**	**21547**	**10879**	**10668**
16263	**5934**	**10329**	**57**	**28**	**29**	**9492**	**6345**	**3147**	**151**	**128**	**23**	**5197**	**3292**	**1905**
2256	809	1447	7	4	3	1271	852	419	15	15		822	529	293
2378	890	1488	8	6	2	1450	994	456	30	24	6	801	513	288
3852	1410	2442	12	7	5	2311	1561	750	25	20	5	1252	819	433
4003	1454	2549	10	5	5	2355	1596	759	39	30	9	1224	788	436
3774	1371	2403	20	6	14	2105	1342	763	42	39	3	1098	643	455
20656	**7061**	**13595**	**52**	**35**	**17**	**11795**	**6968**	**4827**	**231**	**196**	**35**	**4860**	**2763**	**2097**
3908	1388	2520	14	8	6	2370	1494	876	46	40	6	1097	641	456
4371	1506	2865	10	7	3	2457	1477	980	55	45	10	1040	602	438
4254	1458	2796	12	10	2	2414	1454	960	50	45	5	975	568	407
4187	1405	2782	12	7	5	2486	1433	1053	45	37	8	951	540	411
3936	1304	2632	4	3	1	2068	1110	958	35	29	6	797	412	385
19418	**6279**	**13139**	**65**	**34**	**31**	**10662**	**5278**	**5384**	**214**	**175**	**39**	**3623**	**1758**	**1865**
4277	1372	2905	19	12	7	2414	1254	1160	48	39	9	894	457	437
4385	1509	2876	17	10	7	2382	1221	1161	50	41	9	839	430	409
3714	1207	2507	15	6	9	2016	1032	984	40	32	8	658	301	357
3473	1094	2379	6	3	3	1920	877	1043	32	28	4	605	293	312
3569	1097	2472	8	3	5	1930	894	1036	44	35	9	627	277	350
18892	**5467**	**13425**	**51**	**22**	**29**	**10140**	**4337**	**5803**	**207**	**156**	**51**	**3147**	**1371**	**1776**
3666	985	2681	9	5	4	2085	941	1144	47	37	10	680	311	369
3938	1193	2745	9	6	3	2088	942	1146	46	36	10	668	290	378
3880	1144	2736	17	5	12	2030	869	1161	40	27	13	625	266	359
3651	1070	2581	4	3	1	2002	803	1199	40	32	8	621	286	335
3757	1075	2682	12	3	9	1935	782	1153	34	24	10	553	218	335
16357	**4725**	**11632**	**54**	**19**	**35**	**7843**	**3050**	**4793**	**139**	**97**	**42**	**2365**	**940**	**1425**
3704	1115	2589	10	4	6	1861	734	1127	20	14	6	564	237	327
3239	945	2294	7	3	4	1560	626	934	39	30	9	479	207	272
3366	990	2376	12	3	9	1586	631	955	35	22	13	468	174	294
3080	846	2234	14	4	10	1449	520	929	22	15	7	440	158	282
2968	829	2139	11	5	6	1387	539	848	23	16	7	414	164	250
11086	**2921**	**8165**	**41**	**17**	**24**	**4685**	**1648**	**3037**	**81**	**39**	**42**	**1510**	**516**	**994**
2794	716	2078	10	5	5	1206	440	766	20	10	10	392	129	263
2363	647	1716	8	4	4	1038	340	698	12	7	5	319	113	206
2282	641	1641	12	5	7	971	362	609	22	13	9	282	103	179
1914	474	1440	7	2	5	755	254	501	14	5	9	269	92	177
1733	443	1290	4	1	3	715	252	463	13	4	9	248	79	169
4747	**1139**	**3608**	**26**	**5**	**21**	**1627**	**532**	**1095**	**38**	**21**	**17**	**621**	**188**	**433**
1560	367	1193	10	3	7	551	196	355	12	10	2	183	69	114
1048	258	790	5		5	358	111	247	9	4	5	140	35	105
851	215	636	6	1	5	307	97	210	5	2	3	112	33	79
768	174	594	4	1	3	240	75	165	7	2	5	99	27	72
520	125	395	1		1	171	53	118	5	3	2	87	24	63
1284	**278**	**1006**	**11**	**1**	**10**	**384**	**127**	**257**	**6**	**2**	**4**	**180**	**44**	**136**
431	83	348	2		2	132	40	92	2	1	1	59	17	42
332	77	255	1		1	98	35	63	3		3	32	8	24
231	54	177	2	1	1	72	27	45	1	1		35	10	25
153	40	113	4		4	49	13	36				27	5	22
137	24	113	2		2	33	12	21				27	4	23
273	**41**	**232**	**6**	**2**	**4**	**77**	**12**	**65**	**1**	**1**		**44**	**7**	**37**

8-12　分性别、婚姻状况、

居住状况	60岁及以上人口			未婚		
	合计	男	女	小计	男	女
总　计	**794598**	**375621**	**418977**	**18479**	**17146**	**1333**
与配偶和子女同住	257009	140654	116355			
与配偶同住	215774	116633	99141			
与子女同住	196860	57220	139640	347	264	83
独居(有保姆)	936	388	548	57	51	6
独居(无保姆)	85721	41298	44423	11369	10833	536
养老机构	2933	1798	1135	1222	1102	120
其　他	35365	17630	17735	5484	4896	588

8-12a　分性别、婚姻状况、

居住状况	60岁及以上人口			未婚		
	合计	男	女	小计	男	女
总　计	**171786**	**79832**	**91954**	**1473**	**914**	**559**
与配偶和子女同住	64561	35792	28769			
与配偶同住	43209	23979	19230			
与子女同住	43270	10904	32366	57	26	31
独居(有保姆)	371	149	222	5	2	3
独居(无保姆)	13216	5572	7644	696	443	253
养老机构	992	408	584	106	64	42
其　他	6167	3028	3139	609	379	230

居住状况的60岁及以上老年人口

单位：人

有配偶			离婚			丧偶		
小计	男	女	小计	男	女	小计	男	女
562240	**302333**	**259907**	**8915**	**5467**	**3448**	**204964**	**50675**	**154289**
257009	140654	116355						
215774	116633	99141						
55738	24202	31536	3874	2022	1852	136901	30732	106169
178	107	71	43	27	16	658	203	455
19059	12460	6599	3818	2640	1178	51475	15365	36110
534	323	211	51	35	16	1126	338	788
13948	7954	5994	1129	743	386	14804	4037	10767

居住状况的60岁及以上老年人口（城市）

单位：人

有配偶			离婚			丧偶		
小计	男	女	小计	男	女	小计	男	女
130753	**69910**	**60843**	**4551**	**2125**	**2426**	**35009**	**6883**	**28126**
64561	35792	28769						
43209	23979	19230						
15654	5668	9986	1925	645	1280	25634	4565	21069
69	39	30	30	20	10	267	88	179
3737	2387	1350	1959	1098	861	6824	1644	5180
308	200	108	33	19	14	545	125	420
3215	1845	1370	604	343	261	1739	461	1278

8-12b 分性别、婚姻状况、

居住状况	60岁及以上人口			未婚		
	合计	男	女	小计	男	女
总 计	**174381**	**81763**	**92618**	**3133**	**2836**	**297**
与配偶和子女同住	61873	33845	28028			
与配偶同住	43368	23644	19724			
与子女同住	44614	12471	32143	61	41	20
独居(有保姆)	202	76	126	12	10	2
独居(无保姆)	15800	7429	8371	1651	1557	94
养老机构	873	575	298	416	372	44
其 他	7651	3723	3928	993	856	137

8-12c 分性别、婚姻状况、

居住状况	60岁及以上人口			未婚		
	合计	男	女	小计	男	女
总 计	**448431**	**214026**	**234405**	**13873**	**13396**	**477**
与配偶和子女同住	130575	71017	59558			
与配偶同住	129197	69010	60187			
与子女同住	108976	33845	75131	229	197	32
独居(有保姆)	363	163	200	40	39	1
独居(无保姆)	56705	28297	28408	9022	8833	189
养老机构	1068	815	253	700	666	34
其 他	21547	10879	10668	3882	3661	221

居住状况的60岁及以上老年人口（镇）

单位：人

有配偶			离婚			丧偶		
小计	男	女	小计	男	女	小计	男	女
125362	**67519**	**57843**	**1472**	**923**	**549**	**44414**	**10485**	**33929**
61873	33845	28028						
43368	23644	19724						
12556	5326	7230	695	379	316	31302	6725	24577
34	22	12	7	2	5	149	42	107
3952	2670	1282	603	434	169	9594	2768	6826
116	62	54	7	6	1	334	135	199
3463	1950	1513	160	102	58	3035	815	2220

居住状况的60岁及以上老年人口（乡村）

单位：人

有配偶			离婚			丧偶		
小计	男	女	小计	男	女	小计	男	女
306125	**164904**	**141221**	**2892**	**2419**	**473**	**125541**	**33307**	**92234**
130575	71017	59558						
129197	69010	60187						
27528	13208	14320	1254	998	256	79965	19442	60523
75	46	29	6	5	1	242	73	169
11370	7403	3967	1256	1108	148	35057	10953	24104
110	61	49	11	10	1	247	78	169
7270	4159	3111	365	298	67	10030	2761	7269

第二部分　长表数据资料

第九卷　住房

9-1 各地区按建筑层数、承重类型分的家庭户户数

单位：户

地 区	家庭户户数	住所类型					
		合计	普通住宅	集体住所	工作地住所	其他住房	无住房
总 计	**1478459**	**1478459**	**1445879**	**11680**	**11116**	**4171**	**5613**
南宁市	274195	274195	268541	2222	1789	872	771
柳州市	129924	129924	126994	1024	1090	416	400
桂林市	156778	156778	153769	885	965	503	656
梧州市	79745	79745	78610	439	356	157	183
北海市	50697	50697	49085	622	592	155	243
防城港市	28293	28293	27262	490	354	114	73
钦州市	90048	90048	87777	981	796	253	241
贵港市	118916	118916	116287	884	858	270	617
玉林市	154861	154861	152510	756	950	213	432
百色市	107090	107090	104339	963	715	334	739
贺州市	55525	55525	54240	375	504	192	214
河池市	104865	104865	102125	820	998	378	544
来宾市	64946	64946	63545	429	485	177	310
崇左市	62576	62576	60795	790	664	137	190

9-1 续表

单位：户

地 区	建筑层数					承重类型					
	合计	平房	多层(7层及以下)	高层(8-33层)	超高层(34层及以上)	合计	钢及钢筋混凝土结构	混合结构	砖木结构	竹草土坯结构	其他结构
总 计	**1445879**	**277141**	**983530**	**177298**	**7910**	**1445879**	**862926**	**523897**	**48346**	**3284**	**7426**
南宁市	268541	30229	169535	63568	5209	268541	170237	94501	3064	36	703
柳州市	126994	16759	86520	22514	1201	126994	86979	27398	9782	1129	1706
桂林市	153769	33162	106741	13353	513	153769	83325	55223	11975	1099	2147
梧州市	78610	14653	51120	12764	73	78610	52317	24819	1329	30	115
北海市	49085	10947	28735	9261	142	49085	31382	10692	6698	131	182
防城港市	27262	5903	16888	4457	14	27262	18600	7489	1020	60	93
钦州市	87777	25309	54699	7726	43	87777	62271	22089	3011	106	300
贵港市	116287	22969	85717	7523	78	116287	73259	40748	1965	96	219
玉林市	152510	43568	99546	9195	201	152510	85407	63987	2802	60	254
百色市	104339	18509	77310	8426	94	104339	67142	35767	888	20	522
贺州市	54240	9971	41318	2937	14	54240	29544	23056	1360	59	221
河池市	102125	19055	76455	6581	34	102125	48149	52555	929	114	378
来宾市	63545	15043	44009	4207	286	63545	28623	32748	1488	279	407
崇左市	60795	11064	44937	4786	8	60795	25691	32825	2035	65	179

注：本表数据为居住在普通住宅的家庭户，下表同。

9-1a 各地区按建筑层数、承重类型分的家庭户户数(城市)

单位：户

地 区	家庭户户数	住所类型					
		合计	普通住宅	集体住所	工作地住所	其他住房	无住房
总 计	**441217**	**441217**	**432679**	**3444**	**2585**	**1358**	**1151**
南宁市	148160	148160	145708	938	590	497	427
柳州市	65727	65727	64656	510	370	122	69
桂林市	45831	45831	45193	229	131	150	128
梧州市	24104	24104	23878	96	61	35	34
北海市	18888	18888	18354	217	201	53	63
防城港市	12600	12600	12217	160	159	56	8
钦州市	13857	13857	13657	58	89	36	17
贵港市	24131	24131	23258	353	313	77	130
玉林市	24818	24818	24356	123	181	89	69
百色市	23564	23564	22789	391	155	113	116
贺州市	8679	8679	8469	75	84	40	11
河池市	11803	11803	11544	76	104	41	38
来宾市	12538	12538	12280	106	88	35	29
崇左市	6517	6517	6320	112	59	14	12

9-1a 续表

单位：户

地 区	建筑层数					承重类型					
	合计	平房	多层(7层及以下)	高层(8-33层)	超高层(34层及以上)	合计	钢及钢筋混凝土结构	混合结构	砖木结构	竹草土坯结 构	其他结构
总 计	**432679**	**13561**	**264643**	**146894**	**7581**	**432679**	**337317**	**90328**	**4148**	**49**	**837**
南宁市	145708	1524	79435	59541	5208	145708	116362	28364	577	2	403
柳州市	64656	1926	41400	20131	1199	64656	54475	9152	935	11	83
桂林市	45193	825	33730	10336	302	45193	32642	12220	253	10	68
梧州市	23878	888	11892	11025	73	23878	18523	5205	134		16
北海市	18354	1227	9879	7169	79	18354	12605	4678	1029		42
防城港市	12217	759	7172	4272	14	12217	9455	2540	192	7	23
钦州市	13657	611	7033	5973	40	13657	12707	808	118		24
贵港市	23258	1490	15823	5878	67	23258	19884	3205	141	2	26
玉林市	24356	1492	16569	6100	195	24356	15153	9018	161	7	17
百色市	22789	1180	15697	5846	66	22789	17862	4699	147	3	78
贺州市	8469	354	5970	2131	14	8469	6305	2032	121		11
河池市	11544	628	7796	3087	33	11544	8547	2869	101	3	24
来宾市	12280	321	8691	2983	285	12280	8816	3339	103	4	18
崇左市	6320	336	3556	2422	6	6320	3981	2199	136		4

9–1b 各地区按建筑层数、承重类型分的家庭户户数(镇)

单位：户

地　区	家庭户户数	住所类型					
		合计	普通住宅	集体住所	工作地住所	其他住房	无住房
总　计	**339053**	**339053**	**325048**	**5505**	**5224**	**1557**	**1719**
南宁市	41828	41828	39909	903	687	191	138
柳州市	25340	25340	24247	349	440	179	125
桂林市	36755	36755	35398	410	494	204	249
梧州市	18976	18976	18374	245	230	74	53
北海市	8587	8587	8103	229	156	34	65
防城港市	4769	4769	4521	136	84	14	14
钦州市	22572	22572	21084	755	512	136	85
贵港市	32475	32475	31383	406	363	104	219
玉林市	44848	44848	43426	540	636	61	185
百色市	19741	19741	18850	301	236	103	251
贺州市	17360	17360	16588	235	326	104	107
河池市	30901	30901	29707	445	456	194	99
来宾市	17015	17015	16426	208	269	69	43
崇左市	17886	17886	17032	343	335	90	86

9–1b 续表

单位：户

地　区	建筑层数					承重类型					
	合计	平房	多层(7层及以下)	高层(8–33层)	超高层(34层及以上)	合计	钢及钢筋混凝土结构	混合结构	砖木结构	竹草土坯结构	其他结构
总　计	**325048**	**45957**	**251022**	**27796**	**273**	**325048**	**192154**	**123908**	**7729**	**325**	**932**
南宁市	39909	4931	31104	3873	1	39909	20910	18328	597	7	67
柳州市	24247	2734	19182	2329	2	24247	15543	7339	1164	95	106
桂林市	35398	4628	27704	2855	211	35398	21639	11844	1585	81	249
梧州市	18374	2787	13894	1693		18374	12744	5361	239	4	26
北海市	8103	1140	5917	1036	10	8103	6155	1197	711	9	31
防城港市	4521	752	3595	174		4521	3226	1160	111	8	16
钦州市	21084	3873	15547	1662	2	21084	14794	5647	571	14	58
贵港市	31383	5322	24536	1514	11	31383	18022	12752	542	29	38
玉林市	43426	9262	31121	3038	5	43426	26060	16651	618	12	85
百色市	18850	1669	15027	2126	28	18850	12503	6147	163	4	33
贺州市	16588	2261	13617	710		16588	9760	6432	340	17	39
河池市	29707	2984	23362	3360	1	29707	14070	15260	295	15	67
来宾市	16426	2118	13105	1203		16426	7910	8036	372	28	80
崇左市	17032	1496	13311	2223	2	17032	8818	7754	421	2	37

9-1c 各地区按建筑层数、承重类型分的家庭户户数(乡村)

单位：户

地　区	家庭户户数	住所类型					
		合计	普通住宅	集体住所	工作地住所	其他住房	无住房
总　计	**698189**	**698189**	**688152**	**2731**	**3307**	**1256**	**2743**
南宁市	84207	84207	82924	381	512	184	206
柳州市	38857	38857	38091	165	280	115	206
桂林市	74192	74192	73178	246	340	149	279
梧州市	36665	36665	36358	98	65	48	96
北海市	23222	23222	22628	176	235	68	115
防城港市	10924	10924	10524	194	111	44	51
钦州市	53619	53619	53036	168	195	81	139
贵港市	62310	62310	61646	125	182	89	268
玉林市	85195	85195	84728	93	133	63	178
百色市	63785	63785	62700	271	324	118	372
贺州市	29486	29486	29183	65	94	48	96
河池市	62161	62161	60874	299	438	143	407
来宾市	35393	35393	34839	115	128	73	238
崇左市	38173	38173	37443	335	270	33	92

9-1c 续表

单位：户

地　区	建筑层数					承重类型					
	合计	平房	多层(7层及以下)	高层(8-33层)	超高层(34层及以上)	合计	钢及钢筋混凝土结构	混合结构	砖木结构	竹草土坯结　构	其他结构
总　计	**688152**	**217623**	**467865**	**2608**	**56**	**688152**	**333455**	**309661**	**36469**	**2910**	**5657**
南宁市	82924	23774	58996	154		82924	32965	47809	1890	27	233
柳州市	38091	12099	25938	54		38091	16961	10907	7683	1023	1517
桂林市	73178	27709	45307	162		73178	29044	31159	10137	1008	1830
梧州市	36358	10978	25334	46		36358	21050	14253	956	26	73
北海市	22628	8580	12939	1056	53	22628	12622	4817	4958	122	109
防城港市	10524	4392	6121	11		10524	5919	3789	717	45	54
钦州市	53036	20825	32119	91	1	53036	34770	15634	2322	92	218
贵港市	61646	16157	45358	131		61646	35353	24791	1282	65	155
玉林市	84728	32814	51856	57	1	84728	44194	38318	2023	41	152
百色市	62700	15660	46586	454		62700	36777	24921	578	13	411
贺州市	29183	7356	21731	96		29183	13479	14592	899	42	171
河池市	60874	15443	45297	134		60874	25532	34426	533	96	287
来宾市	34839	12604	22213	21	1	34839	11897	21373	1013	247	309
崇左市	37443	9232	28070	141		37443	12892	22872	1478	63	138

9-2 各地区家庭户按住房建成时间分的住房状况

单位：户、间、平方米

地 区	合 计			1949年以前		
	户数	间数	面积	户数	间数	面积
总 计	**1445879**	**5868731**	**201126755**	**2677**	**7223**	**225394**
南宁市	268541	927701	31294845	211	518	17006
柳州市	126994	422362	14482077	387	1074	33153
桂林市	153769	602153	20309584	999	2762	81138
梧州市	78610	374022	10936526	73	206	5135
北海市	49085	189924	7216326	156	406	14803
防城港市	27262	102671	3822869	32	113	4341
钦州市	87777	382264	11972042	220	485	14738
贵港市	116287	585648	20425126	120	406	12804
玉林市	152510	704195	21424970	155	372	9718
百色市	104339	399126	15549626	43	111	4618
贺州市	54240	274312	9514454	65	186	6636
河池市	102125	406469	15535147	60	156	6173
来宾市	63545	272505	9362039	108	289	9509
崇左市	60795	225379	9281124	48	139	5622

9-2 续表 1

单位：户、间、平方米

地 区	1949-1959年			1960-1969年		
	户数	间数	面积	户数	间数	面积
总 计	**2587**	**7080**	**207658**	**6971**	**18929**	**554584**
南宁市	231	579	16769	881	2202	65736
柳州市	452	1101	29871	1216	3504	100396
桂林市	667	1975	58061	1519	4455	128067
梧州市	84	255	7138	317	947	24831
北海市	140	399	12798	439	1092	34662
防城港市	29	62	2376	96	217	6603
钦州市	212	529	14226	603	1381	35717
贵港市	160	490	15491	349	1036	33221
玉林市	207	557	14627	470	1249	32813
百色市	40	151	4866	160	445	14655
贺州市	117	289	8513	180	441	14727
河池市	84	233	8475	210	547	16713
来宾市	127	369	10742	358	979	30701
崇左市	37	91	3705	173	434	15742

9-2 续表 2

单位：户、间、平方米

地 区	1970-1979年			1980-1989年		
	户数	间数	面积	户数	间数	面积
总 计	**20317**	**55789**	**1641213**	**78847**	**254741**	**7888489**
南宁市	2821	6981	203019	14436	42902	1304762
柳州市	3858	9876	287270	10988	30211	898035
桂林市	4038	11755	341929	12404	38184	1149525
梧州市	954	2643	70918	3855	13405	376473
北海市	1358	3525	110016	4278	13404	464736
防城港市	280	722	22368	1323	3973	139320
钦州市	1409	3704	98668	4280	14345	421540
贵港市	1070	3659	118737	5133	21885	729011
玉林市	1734	5365	146886	9646	35788	1029252
百色市	431	1235	41672	2305	6986	246640
贺州市	368	1126	35945	1983	7402	240125
河池市	795	1966	56691	3160	10104	339150
来宾市	728	2036	63152	2874	9952	321729
崇左市	473	1196	43942	2182	6200	228191

9-2 续表 3

单位：户、间、平方米

地 区	1990-1999年			2000-2009年		
	户数	间数	面积	户数	间数	面积
总 计	**243994**	**954658**	**31722062**	**466066**	**1955978**	**68085157**
南宁市	50280	172904	5708558	91254	317040	11011405
柳州市	25058	76384	2499492	35775	124477	4457682
桂林市	25670	94708	3083701	47363	190628	6625954
梧州市	13367	58449	1668680	25964	130258	3813116
北海市	9086	34657	1306325	11731	46419	1846583
防城港市	4079	15248	571412	7978	30834	1150931
钦州市	13911	58184	1777400	27831	126782	3969133
贵港市	23219	115757	3962576	40331	209018	7281037
玉林市	32688	141993	4321047	46140	219042	6648195
百色市	10167	36477	1372441	38115	148202	5827543
贺州市	6478	30570	1055281	17332	92978	3211860
河池市	12174	47348	1772571	34181	142179	5512242
来宾市	9706	43067	1430085	21151	97218	3326837
崇左市	8111	28912	1192493	20920	80903	3402639

9-2 续表 4

单位：户、间、平方米

地 区	2010-2014年			2015年以后		
	户数	间数	面积	户数	间数	面积
总 计	**370978**	**1586502**	**55181966**	**253442**	**1027831**	**35620232**
南宁市	62348	225456	7686369	46079	159119	5281221
柳州市	25808	93468	3303659	23452	82267	2872519
桂林市	35874	152300	5225973	25235	105386	3615236
梧州市	21219	106166	3123530	12777	61693	1846705
北海市	12834	51423	1970923	9063	38599	1455480
防城港市	8317	30998	1177518	5128	20504	748000
钦州市	25344	115501	3651044	13967	61353	1989576
贵港市	28784	148803	5270161	17121	84594	3002088
玉林市	37368	183348	5594604	24102	116481	3627828
百色市	32800	128990	5073185	20278	76529	2964006
贺州市	16527	89076	3094061	11190	52244	1847306
河池市	28186	116822	4519407	23275	87114	3303725
来宾市	17441	75338	2650616	11052	43257	1518668
崇左市	18128	68813	2840916	10723	38691	1547874

9-2a 各地区家庭户按住房建成时间分的住房状况(城市)

单位：户、间、平方米

地 区	合 计			1949年以前		
	户数	间数	面积	户数	间数	面积
总 计	**432679**	**1278984**	**45530404**	**375**	**891**	**30670**
南宁市	145708	362015	11918206	119	249	7927
柳州市	64656	170647	5894602	65	133	4209
桂林市	45193	117495	4099831	15	42	1320
梧州市	23878	80638	2727771	28	57	1253
北海市	18354	55737	2278292	45	112	4843
防城港市	12217	39904	1597622	5	19	575
钦州市	13657	46410	1714059	22	54	2224
贵港市	23258	99410	3790543	24	73	2756
玉林市	24356	94900	3509848	19	41	1115
百色市	22789	75393	2962613	13	32	1418
贺州市	8469	34592	1343381	6	35	1325
河池市	11544	37786	1342329	9	24	795
来宾市	12280	43738	1567187	2	6	180
崇左市	6320	20319	784120	3	14	730

9-2a 续表 1

单位：户、间、平方米

地 区	1949-1959年			1960-1969年		
	户数	间数	面积	户数	间数	面积
总 计	**562**	**1238**	**37764**	**1632**	**3757**	**109895**
南宁市	111	213	5712	439	877	24809
柳州市	165	271	7128	321	712	19056
桂林市	38	84	2396	194	416	11618
梧州市	34	88	2723	169	428	11911
北海市	33	89	3380	83	182	6862
防城港市	9	16	605	19	38	1255
钦州市	28	86	2320	34	112	3195
贵港市	33	96	3253	47	122	3782
玉林市	18	42	1300	32	99	3300
百色市	10	30	1109	69	186	6105
贺州市	44	127	4197	60	112	3321
河池市	16	36	1088	37	101	2803
来宾市	21	55	2398	102	312	10253
崇左市	2	5	155	26	60	1625

9-2a 续表 2

单位：户、间、平方米

地 区	1970-1979年			1980-1989年		
	户数	间数	面积	户数	间数	面积
总 计	**6757**	**14758**	**429235**	**30459**	**80340**	**2473738**
南宁市	1647	3257	89410	8061	18409	513689
柳州市	1754	3403	96200	6630	15324	445733
桂林市	977	2009	58495	4787	11014	332014
梧州市	554	1248	35560	1904	5268	159791
北海市	344	834	28939	1464	4460	163627
防城港市	97	235	7540	596	1808	64111
钦州市	183	462	12884	809	2675	86818
贵港市	250	756	24636	1311	5454	196418
玉林市	292	909	26157	1924	6934	222299
百色市	173	420	13506	869	2411	81924
贺州市	51	150	4542	416	1473	49190
河池市	274	607	16168	864	2549	75344
来宾市	107	327	10399	630	2036	63414
崇左市	54	141	4799	194	525	19366

9-2a 续表 3

单位：户、间、平方米

地 区	1990-1999年			2000-2009年		
	户数	间数	面积	户数	间数	面积
总 计	**80245**	**238688**	**8200333**	**140121**	**422456**	**15767122**
南宁市	23279	52445	1616528	50507	122840	4292713
柳州市	15752	39662	1270249	19261	53679	1990659
桂林市	9168	23801	789942	14686	39256	1448381
梧州市	4868	16359	531334	7190	27015	938955
北海市	3962	13752	551590	4872	15273	691764
防城港市	1942	6930	271139	3791	12852	527800
钦州市	2004	7980	294331	3928	14061	546205
贵港市	4641	21744	810996	8310	36009	1387899
玉林市	5550	24064	910365	6808	27484	1070230
百色市	2862	9374	350367	7822	26201	1070138
贺州市	1552	6503	246629	2591	11380	454572
河池市	2257	7403	247703	3834	13136	484743
来宾市	1430	5555	185990	4375	16491	599150
崇左市	978	3116	123170	2146	6779	263913

9-2a 续表 4

单位：户、间、平方米

地 区	2010-2014年			2015年以后		
	户数	间数	面积	户数	间数	面积
总 计	**101179**	**301991**	**10991490**	**71349**	**214865**	**7490157**
南宁市	32932	84488	2816578	28613	79237	2550840
柳州市	11074	30736	1106790	9634	26727	954578
桂林市	9713	25315	908367	5615	15558	547298
梧州市	5824	19048	654359	3307	11127	391885
北海市	4822	13240	529496	2729	7795	297791
防城港市	4059	12646	515052	1699	5360	209545
钦州市	4572	14229	527970	2077	6751	238112
贵港市	5678	23254	906985	2964	11902	453818
玉林市	5880	21332	772095	3833	13995	502987
百色市	6396	21397	872940	4575	15342	565106
贺州市	1909	8039	320026	1840	6773	259579
河池市	2256	7468	280366	1997	6462	233319
来宾市	3875	13548	501932	1738	5408	193471
崇左市	2189	7251	278534	728	2428	91828

9-2b 各地区家庭户按住房建成时间分的住房状况(镇)

单位：户、间、平方米

地区	合计			1949年以前		
	户数	间数	面积	户数	间数	面积
总计	**325048**	**1373630**	**50226231**	**646**	**1772**	**61890**
南宁市	39909	168198	6425889	52	151	5560
柳州市	24247	88422	3211460	56	158	5928
桂林市	35398	133984	4804771	187	479	15160
梧州市	18374	95171	2905157	16	57	1485
北海市	8103	33026	1338678	58	156	6185
防城港市	4521	17558	696423	16	48	2090
钦州市	21084	93581	3302412	66	161	5388
贵港市	31383	157522	5855501	51	187	5867
玉林市	43426	200636	6439148	37	86	2266
百色市	18850	69239	2754073	13	29	1526
贺州市	16588	79909	2862357	22	61	2517
河池市	29707	112902	4628040	20	57	2570
来宾市	16426	66536	2513982	37	104	3741
崇左市	17032	56946	2488340	15	38	1607

9-2b 续表 1

单位：户、间、平方米

地区	1949-1959年			1960-1969年		
	户数	间数	面积	户数	间数	面积
总计	**525**	**1400**	**44380**	**1402**	**3818**	**120506**
南宁市	37	117	3799	172	496	17874
柳州市	50	118	3744	141	390	12953
桂林市	119	319	10162	282	757	20591
梧州市	18	65	2070	41	126	3736
北海市	28	89	3178	64	166	5720
防城港市	7	15	795	19	39	1380
钦州市	56	157	4834	133	354	10607
贵港市	56	134	4494	114	359	12692
玉林市	53	128	3497	132	396	10718
百色市	6	38	1220	35	86	2691
贺州市	39	79	1846	55	156	5668
河池市	8	25	933	75	175	4888
来宾市	32	83	2360	89	197	5907
崇左市	16	33	1448	50	121	5081

9–2b 续表 2

单位：户、间、平方米

地 区	1970–1979年			1980–1989年		
	户数	间数	面积	户数	间数	面积
总 计	**4141**	**11798**	**373636**	**18279**	**64326**	**2174506**
南宁市	450	1365	47596	2376	8894	321242
柳州市	545	1394	43873	1503	4938	159267
桂林市	617	1758	52697	2317	7667	238110
梧州市	126	416	11732	683	2952	86194
北海市	237	605	20393	883	3146	123014
防城港市	38	109	4285	284	870	34997
钦州市	340	975	29008	1276	4551	151019
贵港市	265	929	33874	1451	6387	230590
玉林市	518	1684	48218	2711	10251	312783
百色市	113	360	13024	686	1941	70191
贺州市	161	504	16408	759	2765	92991
河池市	355	837	23484	1498	4588	159761
来宾市	237	564	17029	887	2904	101032
崇左市	139	298	12015	965	2472	93315

9–2b 续表 3

单位：户、间、平方米

地 区	1990–1999年			2000–2009年		
	户数	间数	面积	户数	间数	面积
总 计	**60106**	**253602**	**9212996**	**104933**	**463595**	**17293339**
南宁市	8986	38259	1502270	12899	57184	2236957
柳州市	4270	15891	575018	7385	28526	1071073
桂林市	6686	25257	870915	12443	47500	1770238
梧州市	3237	15677	468075	6425	34514	1049444
北海市	1783	7864	321623	2029	8643	366184
防城港市	810	3103	128200	1434	5719	226346
钦州市	3838	17096	587860	6938	32551	1152782
贵港市	6270	31334	1171733	10727	55809	2074298
玉林市	9564	42153	1366607	12752	60515	1941455
百色市	2483	8518	327951	6939	26696	1084447
贺州市	2459	11415	402648	5314	27139	976578
河池市	4467	17071	692177	9296	37544	1620030
来宾市	2623	11387	422121	5077	22480	859597
崇左市	2630	8577	375798	5275	18775	863910

9-2b 续表 4

单位：户、间、平方米

地 区	2010-2014年			2015年以后		
	户数	间数	面积	户数	间数	面积
总 计	**80770**	**350807**	**12851794**	**54246**	**222512**	**8093184**
南宁市	9580	40391	1512585	5357	21341	778006
柳州市	5444	19853	736180	4853	17154	603424
桂林市	7750	30418	1105061	4997	19829	721837
梧州市	4937	26753	826947	2891	14611	455474
北海市	1722	7139	284711	1299	5218	207670
防城港市	1178	4585	179551	735	3070	118779
钦州市	5494	24612	874806	2943	13124	486108
贵港市	8008	40898	1513293	4441	21485	808660
玉林市	10534	51391	1641255	7125	34032	1112349
百色市	5160	19262	764803	3415	12309	488220
贺州市	4572	23430	842693	3207	14360	521008
河池市	6974	27703	1167366	7014	24902	956831
来宾市	4579	18140	695942	2865	10677	406253
崇左市	4838	16232	706601	3104	10400	428565

9-2c 各地区家庭户按住房建成时间分的住房状况(乡村)

单位：户、间、平方米

地 区	合 计			1949年以前		
	户数	间数	面积	户数	间数	面积
总 计	**688152**	**3216117**	**105370120**	**1656**	**4560**	**132834**
南宁市	82924	397488	12950750	40	118	3519
柳州市	38091	163293	5376015	266	783	23016
桂林市	73178	350674	11404982	797	2241	64658
梧州市	36358	198213	5303598	29	92	2397
北海市	22628	101161	3599356	53	138	3775
防城港市	10524	45209	1528824	11	46	1676
钦州市	53036	242273	6955571	132	270	7126
贵港市	61646	328716	10779082	45	146	4181
玉林市	84728	408659	11475974	99	245	6337
百色市	62700	254494	9832940	17	50	1674
贺州市	29183	159811	5308716	37	90	2794
河池市	60874	255781	9564778	31	75	2808
来宾市	34839	162231	5280870	69	179	5588
崇左市	37443	148114	6008664	30	87	3285

9-2c 续表 1

单位：户、间、平方米

地 区	1949-1959年			1960-1969年		
	户数	间数	面积	户数	间数	面积
总 计	**1500**	**4442**	**125514**	**3937**	**11354**	**324183**
南宁市	83	249	7258	270	829	23053
柳州市	237	712	18999	754	2402	68387
桂林市	510	1572	45503	1043	3282	95858
梧州市	32	102	2345	107	393	9184
北海市	79	221	6240	292	744	22080
防城港市	13	31	976	58	140	3968
钦州市	128	286	7072	436	915	21915
贵港市	71	260	7744	188	555	16747
玉林市	136	387	9830	306	754	18795
百色市	24	83	2537	56	173	5859
贺州市	34	83	2470	65	173	5738
河池市	60	172	6454	98	271	9022
来宾市	74	231	5984	167	470	14541
崇左市	19	53	2102	97	253	9036

9-2c 续表 2

单位：户、间、平方米

地 区	1970-1979年			1980-1989年		
	户数	间数	面积	户数	间数	面积
总 计	**9419**	**29233**	**838342**	**30109**	**110075**	**3240245**
南宁市	724	2359	66013	3999	15599	469831
柳州市	1559	5079	147197	2855	9949	293035
桂林市	2444	7988	230737	5300	19503	579401
梧州市	274	979	23626	1268	5185	130488
北海市	777	2086	60684	1931	5798	178095
防城港市	145	378	10543	443	1295	40212
钦州市	886	2267	56776	2195	7119	183703
贵港市	555	1974	60227	2371	10044	302003
玉林市	924	2772	72511	5011	18603	494170
百色市	145	455	15142	750	2634	94525
贺州市	156	472	14995	808	3164	97944
河池市	166	522	17039	798	2967	104045
来宾市	384	1145	35724	1357	5012	157283
崇左市	280	757	27128	1023	3203	115510

9-2c 续表 3

单位：户、间、平方米

地 区	1990-1999年			2000-2009年		
	户数	间数	面积	户数	间数	面积
总 计	**103643**	**462368**	**14308733**	**221012**	**1069927**	**35024696**
南宁市	18015	82200	2589760	27848	137016	4481735
柳州市	5036	20831	654225	9129	42272	1395950
桂林市	9816	45650	1422844	20234	103872	3407335
梧州市	5262	26413	669271	12349	68729	1824717
北海市	3341	13041	433112	4830	22503	788635
防城港市	1327	5215	172073	2753	12263	396785
钦州市	8069	33108	895209	16965	80170	2270146
贵港市	12308	62679	1979847	21294	117200	3818840
玉林市	17574	75776	2044075	26580	131043	3636510
百色市	4822	18585	694123	23354	95305	3672958
贺州市	2467	12652	406004	9427	54459	1780710
河池市	5450	22874	832691	21051	91499	3407469
来宾市	5653	26125	821974	11699	58247	1868090
崇左市	4503	17219	693525	13499	55349	2274816

9-2c 续表 4

单位：户、间、平方米

地 区	2010-2014年			2015年以后		
	户数	间数	面积	户数	间数	面积
总 计	**189029**	**933704**	**31338682**	**127847**	**590454**	**20036891**
南宁市	19836	100577	3357206	12109	58541	1952375
柳州市	9290	42879	1460689	8965	38386	1314517
桂林市	18411	96567	3212545	14623	69999	2346101
梧州市	10458	60365	1642224	6579	35955	999346
北海市	6290	31044	1156716	5035	25586	950019
防城港市	3080	13767	482915	2694	12074	419676
钦州市	15278	76660	2248268	8947	41478	1265356
贵港市	15098	84651	2849883	9716	51207	1739610
玉林市	20954	110625	3181254	13144	68454	2012492
百色市	21244	88331	3435442	12288	48878	1910680
贺州市	10046	57607	1931342	6143	31111	1066719
河池市	18956	81651	3071675	14264	55750	2113575
来宾市	8987	43650	1452742	6449	27172	918944
崇左市	11101	45330	1855781	6891	25863	1027481

9-3 各地区家庭户住房设施状况

单位：户

地区	家庭户户数	住房所在建筑有无电梯			主要炊事燃料					
		合计	有	无	合计	燃气	电	煤炭	柴草	其他
总 计	**1445879**	**1445879**	**192488**	**1253391**	**1445879**	**1039803**	**178177**	**5743**	**206937**	**15219**
南宁市	268541	268541	68561	199980	268541	238249	15297	1047	10082	3866
柳州市	126994	126994	21428	105566	126994	107973	7124	245	10901	751
桂林市	153769	153769	15293	138476	153769	88880	25207	478	37925	1279
梧州市	78610	78610	10247	68363	78610	46837	12356	401	17937	1079
北海市	49085	49085	9691	39394	49085	43286	1297	248	3900	354
防城港市	27262	27262	4729	22533	27262	20866	2125	143	3765	363
钦州市	87777	87777	8904	78873	87777	55800	11044	564	18862	1507
贵港市	116287	116287	9577	106710	116287	78896	12488	314	23483	1106
玉林市	152510	152510	11524	140986	152510	113926	17866	460	19093	1165
百色市	104339	104339	10945	93394	104339	51330	21888	488	29681	952
贺州市	54240	54240	3612	50628	54240	38764	7286	202	7474	514
河池市	102125	102125	6604	95521	102125	54792	31687	509	14247	890
来宾市	63545	63545	5358	58187	63545	50010	8223	344	4293	675
崇左市	60795	60795	6015	54780	60795	50194	4289	300	5294	718

9-3 续表 1

单位：户

地区	住房内有无管道自来水			住房内有无厨房			
	合计	有	无	合计	独立使用	与其他户合用	无
总 计	**1445879**	**1271114**	**174765**	**1445879**	**1375848**	**25827**	**44204**
南宁市	268541	260471	8070	268541	262874	2713	2954
柳州市	126994	118246	8748	126994	121222	1713	4059
桂林市	153769	130940	22829	153769	146014	1848	5907
梧州市	78610	59519	19091	78610	75328	2231	1051
北海市	49085	37976	11109	49085	45464	726	2895
防城港市	27262	23847	3415	27262	25484	398	1380
钦州市	87777	60499	27278	87777	80584	2270	4923
贵港市	116287	99291	16996	116287	111430	2562	2295
玉林市	152510	119501	33009	152510	143619	5215	3676
百色市	104339	98770	5569	104339	99221	1191	3927
贺州市	54240	45847	8393	54240	51792	1011	1437
河池市	102125	95187	6938	102125	95632	2026	4467
来宾市	63545	61671	1874	63545	58622	1248	3675
崇左市	60795	59349	1446	60795	58562	675	1558

9-3 续表 2

单位：户

地 区	住房内有无厕所					
	合计	水冲式卫生厕所	水冲式非卫生厕所	卫生旱厕	普通旱厕	无
总 计	**1445879**	**1346870**	**37085**	**15704**	**19054**	**27166**
南宁市	268541	259509	4617	1090	886	2439
柳州市	126994	119853	2649	1165	940	2387
桂林市	153769	133210	4489	4242	6941	4887
梧州市	78610	72597	3161	902	919	1031
北海市	49085	44493	1108	636	798	2050
防城港市	27262	25581	585	198	212	686
钦州市	87777	80136	1918	1071	1461	3191
贵港市	116287	110013	2657	900	1137	1580
玉林市	152510	144183	3916	1150	1235	2026
百色市	104339	96023	3493	1354	1520	1949
贺州市	54240	50223	1464	696	711	1146
河池市	102125	95431	2566	1402	1426	1300
来宾市	63545	59674	1309	534	517	1511
崇左市	60795	55944	3153	364	351	983

9-3 续表 3

单位：户

地 区	住房内有无洗澡设施				
	合计	统一供热水	家庭自装热水器	其他	无
总 计	**1445879**	**11717**	**1274052**	**98443**	**61667**
南宁市	268541	2952	253468	8546	3575
柳州市	126994	1180	114708	7260	3846
桂林市	153769	956	134195	9600	9018
梧州市	78610	521	65337	8236	4516
北海市	49085	447	43198	1903	3537
防城港市	27262	500	23411	1803	1548
钦州市	87777	537	69874	10550	6816
贵港市	116287	919	98077	12031	5260
玉林市	152510	1339	134149	10836	6186
百色市	104339	871	90605	7245	5618
贺州市	54240	329	46191	5546	2174
河池市	102125	456	89328	7371	4970
来宾市	63545	261	54988	5234	3062
崇左市	60795	449	56523	2282	1541

9-3a 各地区家庭户住房设施状况(城市)

单位：户

地 区	家庭户户 数	住房所在建筑有无电梯			主要炊事燃料					
		合计	有	无	合计	燃气	电	煤炭	柴草	其他
总 计	**432679**	**432679**	**149409**	**283270**	**432679**	**395081**	**30761**	**1043**	**1745**	**4049**
南宁市	145708	145708	62346	83362	145708	136733	6897	398	56	1624
柳州市	64656	64656	18398	46258	64656	61733	2473	54	112	284
桂林市	45193	45193	11302	33891	45193	40672	3599	109	69	744
梧州市	23878	23878	8109	15769	23878	19762	3780	24	234	78
北海市	18354	18354	7108	11246	18354	17673	421	47	75	138
防城港市	12217	12217	4434	7783	12217	11066	780	48	80	243
钦州市	13657	13657	6544	7113	13657	12712	748	21	79	97
贵港市	23258	23258	6531	16727	23258	21250	1168	31	632	177
玉林市	24356	24356	7027	17329	24356	22817	1369	21	95	54
百色市	22789	22789	6728	16061	22789	17941	4347	118	154	229
贺州市	8469	8469	2293	6176	8469	6738	1522	21	108	80
河池市	11544	11544	2418	9126	11544	8602	2732	65	29	116
来宾市	12280	12280	3541	8739	12280	11406	643	83	8	140
崇左市	6320	6320	2630	3690	6320	5976	282	3	14	45

9-3a 续表 1

单位：户

地 区	住房内有无管道自来水			住房内有无厨房			
	合计	有	无	合计	独立使用	与其他户合用	无
总 计	**432679**	**423939**	**8740**	**432679**	**426196**	**2242**	**4241**
南宁市	145708	144345	1363	145708	144796	333	579
柳州市	64656	63369	1287	64656	63125	659	872
桂林市	45193	43236	1957	45193	44568	165	460
梧州市	23878	23363	515	23878	23691	112	75
北海市	18354	17889	465	18354	17940	152	262
防城港市	12217	11964	253	12217	11733	88	396
钦州市	13657	12914	743	13657	13471	64	122
贵港市	23258	22906	352	23258	22954	110	194
玉林市	24356	23695	661	24356	24049	136	171
百色市	22789	22550	239	22789	22087	154	548
贺州市	8469	7847	622	8469	8317	60	92
河池市	11544	11386	158	11544	11116	141	287
来宾市	12280	12203	77	12280	12124	45	111
崇左市	6320	6272	48	6320	6225	23	72

9-3a 续表 2

单位：户

地 区	住房内有无厕所					
	合计	水冲式卫生厕所	水冲式非卫生厕所	卫生旱厕	普通旱厕	无
总 计	**432679**	**425299**	**4337**	**836**	**610**	**1597**
南宁市	145708	144526	715	141	95	231
柳州市	64656	63311	643	206	148	348
桂林市	45193	44560	343	49	32	209
梧州市	23878	23240	392	142	42	62
北海市	18354	17891	181	77	25	180
防城港市	12217	12057	69	5	38	48
钦州市	13657	13462	84	13	19	79
贵港市	23258	22903	187	58	19	91
玉林市	24356	23983	211	42	49	71
百色市	22789	22267	343	42	54	83
贺州市	8469	8146	178	23	25	97
河池市	11544	11246	164	16	51	67
来宾市	12280	12167	75	13	11	14
崇左市	6320	5540	752	9	2	17

9-3a 续表 3

单位：户

地 区	住房内有无洗澡设施				
	合计	统一供热水	家庭自装热水器	其他	无
总 计	**432679**	**6484**	**417510**	**5782**	**2903**
南宁市	145708	2242	141931	1127	408
柳州市	64656	880	62195	1057	524
桂林市	45193	491	43240	1040	422
梧州市	23878	222	23201	267	188
北海市	18354	270	17622	203	259
防城港市	12217	451	11449	219	98
钦州市	13657	230	13131	165	131
贵港市	23258	488	22053	508	209
玉林市	24356	405	23554	298	99
百色市	22789	417	21758	332	282
贺州市	8469	49	8192	178	50
河池市	11544	100	11165	166	113
来宾市	12280	79	11945	166	90
崇左市	6320	160	6074	56	30

9–3b 各地区家庭户住房设施状况(镇)

单位：户

地 区	家庭户户 数	住房所在建筑有无电梯			主要炊事燃料					
		合计	有	无	合计	燃气	电	煤炭	柴草	其他
总 计	**325048**	**325048**	**32010**	**293038**	**325048**	**248905**	**52083**	**1296**	**19720**	**3044**
南宁市	39909	39909	4623	35286	39909	35108	3060	260	751	730
柳州市	24247	24247	2615	21632	24247	22283	1335	24	484	121
桂林市	35398	35398	3378	32020	35398	23198	8759	123	3058	260
梧州市	18374	18374	1767	16607	18374	12388	2930	125	2581	350
北海市	8103	8103	1173	6930	8103	7491	228	68	266	50
防城港市	4521	4521	224	4297	4521	3533	676	30	252	30
钦州市	21084	21084	1886	19198	21084	15369	3833	125	1491	266
贵港市	31383	31383	2018	29365	31383	22390	4469	65	4303	156
玉林市	43426	43426	3483	39943	43426	33721	6434	72	2859	340
百色市	18850	18850	2565	16285	18850	10378	6821	85	1406	160
贺州市	16588	16588	915	15673	16588	13136	2269	76	1049	58
河池市	29707	29707	3235	26472	29707	20926	7841	130	621	189
来宾市	16426	16426	1445	14981	16426	13668	2124	81	394	159
崇左市	17032	17032	2683	14349	17032	15316	1304	32	205	175

9–3b 续表 1

单位：户

地 区	住房内有无管道自来水			住房内有无厨房			
	合计	有	无	合计	独立使用	与其他户合用	无
总 计	**325048**	**295118**	**29930**	**325048**	**314095**	**4608**	**6345**
南宁市	39909	39078	831	39909	38986	470	453
柳州市	24247	22592	1655	24247	23416	223	608
桂林市	35398	33166	2232	35398	34354	276	768
梧州市	18374	14610	3764	18374	17692	491	191
北海市	8103	6083	2020	8103	7785	80	238
防城港市	4521	4311	210	4521	4367	46	108
钦州市	21084	17050	4034	21084	20126	338	620
贵港市	31383	27884	3499	31383	30377	635	371
玉林市	43426	34999	8427	43426	41574	982	870
百色市	18850	18472	378	18850	18268	171	411
贺州市	16588	14729	1859	16588	16086	238	264
河池市	29707	29213	494	29707	28640	360	707
来宾市	16426	16080	346	16426	15660	183	583
崇左市	17032	16851	181	17032	16764	115	153

9-3b 续表 2 单位：户

地 区	住房内有无厕所					
	合计	水冲式卫生厕所	水冲式非卫生厕所	卫生旱厕	普通旱厕	无
总 计	**325048**	**310531**	**7080**	**1981**	**2325**	**3131**
南宁市	39909	38316	1093	125	116	259
柳州市	24247	23332	353	160	56	346
桂林市	35398	32921	821	427	720	509
梧州市	18374	17009	853	170	172	170
北海市	8103	7627	113	63	97	203
防城港市	4521	4362	89	19	16	35
钦州市	21084	20083	325	186	223	267
贵港市	31383	29907	711	189	265	311
玉林市	43426	41379	1154	290	227	376
百色市	18850	18339	311	55	57	88
贺州市	16588	15764	368	111	141	204
河池市	29707	29064	356	83	102	102
来宾市	16426	15847	226	55	100	198
崇左市	17032	16581	307	48	33	63

9-3b 续表 3 单位：户

地 区	住房内有无洗澡设施				
	合计	统一供热水	家庭自装热水器	其他	无
总 计	**325048**	**2293**	**301266**	**14051**	**7438**
南宁市	39909	426	38148	977	358
柳州市	24247	120	23035	665	427
桂林市	35398	186	33185	1047	980
梧州市	18374	108	15897	1661	708
北海市	8103	65	7527	205	306
防城港市	4521	24	4151	220	126
钦州市	21084	136	19132	1155	661
贵港市	31383	137	27954	2381	911
玉林市	43426	517	39942	1896	1071
百色市	18850	135	17613	648	454
贺州市	16588	108	14988	1073	419
河池市	29707	142	28008	1056	501
来宾市	16426	37	15196	831	362
崇左市	17032	152	16490	236	154

9-3c 各地区家庭户住房设施状况(乡村)

单位：户

地 区	家庭户户 数	住房所在建筑有无电梯			主要炊事燃料					
		合计	有	无	合计	燃气	电	煤炭	柴草	其他
总 计	**688152**	**688152**	**11069**	**677083**	**688152**	**395817**	**95333**	**3404**	**185472**	**8126**
南宁市	82924	82924	1592	81332	82924	66408	5340	389	9275	1512
柳州市	38091	38091	415	37676	38091	23957	3316	167	10305	346
桂林市	73178	73178	613	72565	73178	25010	12849	246	34798	275
梧州市	36358	36358	371	35987	36358	14687	5646	252	15122	651
北海市	22628	22628	1410	21218	22628	18122	648	133	3559	166
防城港市	10524	10524	71	10453	10524	6267	669	65	3433	90
钦州市	53036	53036	474	52562	53036	27719	6463	418	17292	1144
贵港市	61646	61646	1028	60618	61646	35256	6851	218	18548	773
玉林市	84728	84728	1014	83714	84728	57388	10063	367	16139	771
百色市	62700	62700	1652	61048	62700	23011	10720	285	28121	563
贺州市	29183	29183	404	28779	29183	18890	3495	105	6317	376
河池市	60874	60874	951	59923	60874	25264	21114	314	13597	585
来宾市	34839	34839	372	34467	34839	24936	5456	180	3891	376
崇左市	37443	37443	702	36741	37443	28902	2703	265	5075	498

9-3c 续表 1

单位：户

地 区	住房内有无管道自来水			住房内有无厨房			
	合计	有	无	合计	独立使用	与其他户合用	无
总 计	**688152**	**552057**	**136095**	**688152**	**635557**	**18977**	**33618**
南宁市	82924	77048	5876	82924	79092	1910	1922
柳州市	38091	32285	5806	38091	34681	831	2579
桂林市	73178	54538	18640	73178	67092	1407	4679
梧州市	36358	21546	14812	36358	33945	1628	785
北海市	22628	14004	8624	22628	19739	494	2395
防城港市	10524	7572	2952	10524	9384	264	876
钦州市	53036	30535	22501	53036	46987	1868	4181
贵港市	61646	48501	13145	61646	58099	1817	1730
玉林市	84728	60807	23921	84728	77996	4097	2635
百色市	62700	57748	4952	62700	58866	866	2968
贺州市	29183	23271	5912	29183	27389	713	1081
河池市	60874	54588	6286	60874	55876	1525	3473
来宾市	34839	33388	1451	34839	30838	1020	2981
崇左市	37443	36226	1217	37443	35573	537	1333

9-3c 续表 2

单位：户

地 区	住房内有无厕所					
	合计	水冲式卫生厕所	水冲式非卫生厕所	卫生旱厕	普通旱厕	无
总 计	**688152**	**611040**	**25668**	**12887**	**16119**	**22438**
南宁市	82924	76667	2809	824	675	1949
柳州市	38091	33210	1653	799	736	1693
桂林市	73178	55729	3325	3766	6189	4169
梧州市	36358	32348	1916	590	705	799
北海市	22628	18975	814	496	676	1667
防城港市	10524	9162	427	174	158	603
钦州市	53036	46591	1509	872	1219	2845
贵港市	61646	57203	1759	653	853	1178
玉林市	84728	78821	2551	818	959	1579
百色市	62700	55417	2839	1257	1409	1778
贺州市	29183	26313	918	562	545	845
河池市	60874	55121	2046	1303	1273	1131
来宾市	34839	31660	1008	466	406	1299
崇左市	37443	33823	2094	307	316	903

9-3c 续表 3

单位：户

地 区	住房内有无洗澡设施				
	合计	统一供热水	家庭自装热水器	其他	无
总 计	**688152**	**2940**	**555276**	**78610**	**51326**
南宁市	82924	284	73389	6442	2809
柳州市	38091	180	29478	5538	2895
桂林市	73178	279	57770	7513	7616
梧州市	36358	191	26239	6308	3620
北海市	22628	112	18049	1495	2972
防城港市	10524	25	7811	1364	1324
钦州市	53036	171	37611	9230	6024
贵港市	61646	294	48070	9142	4140
玉林市	84728	417	70653	8642	5016
百色市	62700	319	51234	6265	4882
贺州市	29183	172	23011	4295	1705
河池市	60874	214	50155	6149	4356
来宾市	34839	145	27847	4237	2610
崇左市	37443	137	33959	1990	1357

9-4 各地区家庭户按住房来源分的户数

单位：户

地　区	合计	租赁廉租房/公租房	租赁其他住　房	购买新建商品房	购　买二手房	购买原公有住房	购买经济适用房/两限房	自建住房	继承或赠　予	其他
总　计	**1445879**	**29285**	**125807**	**188834**	**35107**	**50524**	**17807**	**950038**	**9242**	**39235**
南宁市	268541	7121	51935	50915	8239	16053	5324	119865	1097	7992
柳州市	126994	4019	18447	26314	6999	10813	2336	52937	859	4270
桂林市	153769	2707	15577	24446	4441	8000	1574	91619	1749	3656
梧州市	78610	1830	2609	11758	2142	1454	773	56500	453	1091
北海市	49085	1165	5702	7721	3232	1026	257	28128	581	1273
防城港市	27262	903	3115	4491	846	634	215	15824	175	1059
钦州市	87777	1355	3392	8957	960	1257	378	69243	766	1469
贵港市	116287	993	2409	9483	1344	748	497	98722	567	1524
玉林市	152510	1625	4953	12968	1585	1552	545	124501	1193	3588
百色市	104339	1900	5467	10389	1009	2222	825	78490	236	3801
贺州市	54240	988	1770	3217	821	1113	1149	43511	347	1324
河池市	102125	1814	4995	5794	1701	3282	1377	78019	553	4590
来宾市	63545	1774	2848	6771	1325	1125	349	47243	401	1709
崇左市	60795	1091	2588	5610	463	1245	2208	45436	265	1889

9-4a 各地区家庭户按住房来源分的户数(城市)

单位：户

地　区	合计	租赁廉租房/公租房	租赁其他住　房	购买新建商品房	购　买二手房	购买原公有住房	购买经济适用房/两限房	自建住房	继　承或赠予	其他
总　计	**432679**	**19098**	**99716**	**139636**	**27266**	**39302**	**12167**	**77916**	**2128**	**15450**
南宁市	145708	6076	48890	45661	7573	14621	4776	12198	595	5318
柳州市	64656	3108	15466	20689	6109	9434	1673	5363	350	2464
桂林市	45193	1649	11437	14738	3046	6124	1014	5195	324	1666
梧州市	23878	1485	1795	9908	1932	1339	626	6305	124	364
北海市	18354	752	4575	5219	2625	628	109	3705	111	630
防城港市	12217	664	2624	3986	662	439	111	3105	65	561
钦州市	13657	805	2069	6189	485	693	177	2896	61	282
贵港市	23258	637	1826	7293	1015	670	289	10946	55	527
玉林市	24356	987	2834	8190	1015	813	311	9725	92	389
百色市	22789	741	3120	7245	591	1301	472	7605	96	1618
贺州市	8469	506	950	1729	467	610	585	3320	81	221
河池市	11544	448	1746	2932	791	1826	265	2898	83	555
来宾市	12280	1030	1581	4172	826	560	170	3277	65	599
崇左市	6320	210	803	1685	129	244	1589	1378	26	256

9-4b　各地区家庭户按住房来源分的户数(镇)

单位：户

地　区	合计	租赁廉租房/公租房	租赁其他住　房	购买新建商品房	购　买二手房	购买原公有住房	购买经济适用房/两限房	自建住房	继　承或赠予	其他
总　计	**325048**	**9026**	**23301**	**46569**	**7065**	**10018**	**5145**	**207066**	**2484**	**14374**
南宁市	39909	939	2593	5045	624	1109	491	27123	244	1741
柳州市	24247	852	2736	5477	826	1297	586	10995	182	1296
桂林市	35398	994	3730	9439	1336	1831	528	15986	320	1234
梧州市	18374	325	753	1795	191	112	139	14626	114	319
北海市	8103	284	508	1585	282	256	127	4725	137	199
防城港市	4521	169	397	454	153	111	87	2899	31	220
钦州市	21084	499	1226	2655	453	515	189	14777	175	595
贵港市	31383	320	516	2042	305	75	196	27349	184	396
玉林市	43426	610	2009	4656	550	729	213	32661	360	1638
百色市	18850	800	2125	3001	374	789	317	10261	49	1134
贺州市	16588	429	768	1427	336	471	514	11821	99	723
河池市	29707	1307	3040	2763	848	1424	1076	15938	313	2998
来宾市	16426	733	1207	2535	464	502	171	9800	150	864
崇左市	17032	765	1693	3695	323	797	511	8105	126	1017

9-4c　各地区家庭户按住房来源分的户数(乡村)

单位：户

地　区	合计	租赁廉租房/公租房	租赁其他住　房	购买新建商品房	购　买二手房	购买原公有住房	购买经济适用房/两限房	自建住房	继　承或赠予	其他
总　计	**688152**	**1161**	**2790**	**2629**	**776**	**1204**	**495**	**665056**	**4630**	**9411**
南宁市	82924	106	452	209	42	323	57	80544	258	933
柳州市	38091	59	245	148	64	82	77	36579	327	510
桂林市	73178	64	410	269	59	45	32	70438	1105	756
梧州市	36358	20	61	55	19	3	8	35569	215	408
北海市	22628	129	619	917	325	142	21	19698	333	444
防城港市	10524	70	94	51	31	84	17	9820	79	278
钦州市	53036	51	97	113	22	49	12	51570	530	592
贵港市	61646	36	67	148	24	3	12	60427	328	601
玉林市	84728	28	110	122	20	10	21	82115	741	1561
百色市	62700	359	222	143	44	132	36	60624	91	1049
贺州市	29183	53	52	61	18	32	50	28370	167	380
河池市	60874	59	209	99	62	32	36	59183	157	1037
来宾市	34839	11	60	64	35	63	8	34166	186	246
崇左市	37443	116	92	230	11	204	108	35953	113	616

9-5 各地区家庭户按月租房费用分的户数

单位：户

地 区	合计	200元以下	200-499元	500-999元	1000-1999元	2000-2999元
总 计	**155092**	**24401**	**64530**	**40567**	**18806**	**4510**
南宁市	59056	4632	28689	15175	7361	2492
柳州市	22466	2969	8351	6408	3875	638
桂林市	18284	3507	8720	4332	1420	195
梧州市	4439	1762	1288	1006	297	52
北海市	6867	762	1568	2537	1726	127
防城港市	4018	783	1014	1360	642	109
钦州市	4747	763	1723	1486	572	83
贵港市	3402	763	1068	781	551	139
玉林市	6578	1293	2490	1779	628	190
百色市	7367	1776	3335	1543	435	124
贺州市	2758	902	579	882	249	90
河池市	6809	1801	2538	1861	386	102
来宾市	4622	1781	1605	755	328	85
崇左市	3679	907	1562	662	336	84

9-5 续表

单位：户

地 区	3000-3999元	4000-5999元	6000-7999元	8000-9999元	10000元及以上
总 计	**1228**	**584**	**186**	**81**	**199**
南宁市	498	148	25	10	26
柳州市	124	62	20	10	9
桂林市	46	33	8	7	16
梧州市	24	8			2
北海市	58	36	20	15	18
防城港市	51	30	14	4	11
钦州市	56	35	11	2	16
贵港市	45	38	9	4	4
玉林市	87	66	20	7	18
百色市	61	35	18	5	35
贺州市	28	13	10	3	2
河池市	47	28	15	8	23
来宾市	39	17	5		7
崇左市	64	35	11	6	12

9-5a 各地区家庭户按月租房费用分的户数(城市)

单位：户

地 区	合计	200元以下	200-499元	500-999元	1000-1999元	2000-2999元
总 计	**118814**	**14361**	**51173**	**31794**	**16175**	**3817**
南宁市	54966	3301	27157	14338	7117	2424
柳州市	18574	2115	6861	5241	3574	600
桂林市	13086	2429	6490	2864	1134	128
梧州市	3280	1453	918	629	231	29
北海市	5327	378	1168	2137	1444	99
防城港市	3288	535	777	1231	571	84
钦州市	2874	312	1155	990	332	33
贵港市	2463	448	844	607	413	91
玉林市	3821	789	1410	1028	363	107
百色市	3861	714	1795	930	290	66
贺州市	1456	405	280	500	173	63
河池市	2194	365	890	681	195	33
来宾市	2611	1011	959	379	193	41
崇左市	1013	106	469	239	145	19

9-5a 续表

单位：户

地 区	3000-3999元	4000-5999元	6000-7999元	8000-9999元	10000元及以上
总 计	**892**	**371**	**101**	**44**	**86**
南宁市	464	127	20	6	12
柳州市	106	47	16	8	6
桂林市	21	15	0	3	2
梧州市	15	4	0	0	1
北海市	42	27	10	10	12
防城港市	43	25	11	3	8
钦州市	27	16	4	0	5
贵港市	26	23	7	2	2
玉林市	48	42	14	5	15
百色市	30	12	5	3	16
贺州市	20	7	6	2	0
河池市	16	8	3	2	1
来宾市	15	7	2	0	4
崇左市	19	11	3	0	2

9-5b 各地区家庭户按月租房费用分的户数(镇)

单位：户

地 区	合计	200元以下	200-499元	500-999元	1000-1999元	2000-2999元
总 计	**32327**	**8679**	**12224**	**7917**	**2181**	**622**
南宁市	3532	1121	1310	757	208	63
柳州市	3588	755	1402	1101	265	29
桂林市	4724	989	1983	1368	253	64
梧州市	1078	271	349	367	57	20
北海市	792	287	251	128	97	14
防城港市	566	168	195	111	57	21
钦州市	1725	399	522	471	225	44
贵港市	836	288	200	143	122	45
玉林市	2619	460	1045	715	251	79
百色市	2925	712	1398	566	120	50
贺州市	1197	432	285	367	68	25
河池市	4347	1361	1614	1061	155	67
来宾市	1940	748	626	366	122	39
崇左市	2458	688	1044	396	181	62

9-5b 续表

单位：户

地 区	3000-3999元	4000-5999元	6000-7999元	8000-9999元	10000元及以上
总 计	**314**	**197**	**73**	**24**	**96**
南宁市	32	21	5	2	13
柳州市	17	13	3	1	2
桂林市	25	17	8	4	13
梧州市	9	4			1
北海市	10	3	2		
防城港市	7	4	2		1
钦州市	28	18	6	1	11
贵港市	18	15	2	2	1
玉林市	36	23	6	1	3
百色市	27	20	13	2	17
贺州市	8	6	3	1	2
河池市	31	20	12	6	20
来宾市	23	10	3		3
崇左市	43	23	8	4	9

9-5c　各地区家庭户按月租房费用分的户数(乡村)

单位：户

地　区	合计	200元以下	200-499元	500-999元	1000-1999元	2000-2999元
总　计	**3951**	**1361**	**1133**	**856**	**450**	**71**
南宁市	558	210	222	80	36	5
柳州市	304	99	88	66	36	9
桂林市	474	89	247	100	33	3
梧州市	81	38	21	10	9	3
北海市	748	97	149	272	185	14
防城港市	164	80	42	18	14	4
钦州市	148	52	46	25	15	6
贵港市	103	27	24	31	16	3
玉林市	138	44	35	36	14	4
百色市	581	350	142	47	25	8
贺州市	105	65	14	15	8	2
河池市	268	75	34	119	36	2
来宾市	71	22	20	10	13	5
崇左市	208	113	49	27	10	3

9-5c　续表

单位：户

地　区	3000-3999元	4000-5999元	6000-7999元	8000-9999元	10000元及以上
总　计	**22**	**16**	**12**	**13**	**17**
南宁市	2			2	1
柳州市	1	2	1	1	1
桂林市		1			1
梧州市					
北海市	6	6	8	5	6
防城港市	1	1	1	1	2
钦州市	1	1	1	1	
贵港市	1				1
玉林市	3	1		1	
百色市	4	3			2
贺州市			1		
河池市					2
来宾市	1				
崇左市	2	1		2	1

9-6 各地区按住房来源分的同时拥有厨房和厕所的家庭户户数

单位：户

地 区	合计	租赁廉租房/公租房	租赁其他住房	购买新建商品房	购买二手房	购买原公有住房	购买经济适用房/两限房	自建住房	继承或赠予	其他
总 计	**1386384**	**28467**	**121378**	**188667**	**34969**	**50279**	**17788**	**900093**	**7793**	**36950**
南宁市	264048	6977	51384	50874	8213	16030	5323	116470	1048	7729
柳州市	121872	3952	17421	26302	6989	10804	2335	49272	746	4051
桂林市	144801	2586	15029	24430	4423	7929	1571	84148	1316	3369
梧州市	76825	1811	2542	11756	2138	1453	773	54924	406	1022
北海市	45129	1132	5369	7715	3200	1013	257	24901	448	1094
防城港市	25521	743	2973	4484	842	624	210	14601	140	904
钦州市	81135	1332	3229	8950	954	1249	378	63228	550	1265
贵港市	112908	987	2333	9480	1343	740	497	95637	494	1397
玉林市	147608	1592	4746	12961	1581	1551	542	120218	1047	3370
百色市	99470	1857	4961	10358	1001	2218	825	74358	215	3677
贺州市	52072	971	1703	3216	815	1037	1149	41636	293	1252
河池市	97042	1721	4507	5782	1692	3275	1375	73763	510	4417
来宾市	59256	1741	2685	6752	1317	1115	349	43319	340	1638
崇左市	58697	1065	2496	5607	461	1241	2204	43618	240	1765

9-6a 各地区按住房来源分的同时拥有厨房和厕所的家庭户户数(城市)

单位：户

地 区	合计	租赁廉租房/公租房	租赁其他住房	购买新建商品房	购买二手房	购买原公有住房	购买经济适用房/两限房	自建住房	继承或赠予	其他
总 计	**427484**	**18579**	**97026**	**139523**	**27204**	**39149**	**12160**	**76829**	**2045**	**14969**
南宁市	145000	5977	48500	45622	7550	14600	4776	12142	592	5241
柳州市	63568	3054	14632	20680	6105	9428	1673	5270	335	2391
桂林市	44605	1565	11114	14735	3041	6085	1012	5097	313	1643
梧州市	23760	1472	1750	9907	1928	1338	626	6264	121	354
北海市	17970	734	4325	5214	2614	627	109	3632	102	613
防城港市	11787	508	2516	3981	660	436	109	3063	61	453
钦州市	13489	804	1984	6184	482	691	177	2855	55	257
贵港市	23014	634	1784	7291	1015	664	289	10784	50	503
玉林市	24147	977	2759	8189	1014	813	309	9637	78	371
百色市	22228	725	2858	7215	586	1299	472	7406	94	1573
贺州市	8295	499	916	1729	466	544	585	3268	78	210
河池市	11221	404	1605	2922	788	1821	265	2799	77	540
来宾市	12161	1019	1514	4169	826	559	170	3255	63	586
崇左市	6239	207	769	1685	129	244	1588	1357	26	234

9-6b 各地区按住房来源分的同时拥有厨房和厕所的家庭户户数(镇)

单位：户

地 区	合计	租赁廉租房/公租房	租赁其他住 房	购买新建商 品 房	购 买二手房	购买原公有 住 房	购买经济适用房/两限房	自建住房	继 承或赠予	其他
总 计	**316842**	**8808**	**21821**	**46528**	**7014**	**9965**	**5140**	**201508**	**2242**	**13816**
南宁市	39282	917	2464	5044	621	1109	491	26719	227	1690
柳州市	23491	842	2567	5474	822	1294	586	10537	158	1211
桂林市	34292	960	3538	9427	1329	1807	527	15276	265	1163
梧州市	18066	322	734	1795	191	112	139	14366	110	297
北海市	7762	276	476	1585	271	255	127	4480	123	169
防城港市	4398	166	374	452	151	109	87	2825	25	209
钦州市	20317	481	1158	2655	452	511	189	14166	148	557
贵港市	30791	317	495	2041	304	73	196	26833	161	371
玉林市	42335	592	1885	4651	549	728	212	31833	326	1559
百色市	18392	791	1896	3001	372	789	317	10059	48	1119
贺州市	16199	419	738	1426	331	462	514	11518	89	702
河池市	28943	1259	2741	2762	843	1422	1074	15591	308	2943
来宾市	15737	711	1119	2522	457	499	171	9286	133	839
崇左市	16837	755	1636	3693	321	795	510	8019	121	987

9-6c 各地区按住房来源分的同时拥有厨房和厕所的家庭户户数(乡村)

单位：户

地 区	合计	租赁廉租房/公租房	租赁其他住 房	购买新建商 品 房	购 买二手房	购买原公有 住 房	购买经济适用房/两限房	自建住房	继 承或赠予	其他
总 计	**642058**	**1080**	**2531**	**2616**	**751**	**1165**	**488**	**621756**	**3506**	**8165**
南宁市	79766	83	420	208	42	321	56	77609	229	798
柳州市	34813	56	222	148	62	82	76	33465	253	449
桂林市	65904	61	377	268	53	37	32	63775	738	563
梧州市	34999	17	58	54	19	3	8	34294	175	371
北海市	19397	122	568	916	315	131	21	16789	223	312
防城港市	9336	69	83	51	31	79	14	8713	54	242
钦州市	47329	47	87	111	20	47	12	46207	347	451
贵港市	59103	36	54	148	24	3	12	58020	283	523
玉林市	81126	23	102	121	18	10	21	78748	643	1440
百色市	58850	341	207	142	43	130	36	56893	73	985
贺州市	27578	53	49	61	18	31	50	26850	126	340
河池市	56878	58	161	98	61	32	36	55373	125	934
来宾市	31358	11	52	61	34	57	8	30778	144	213
崇左市	35621	103	91	229	11	202	106	34242	93	544

9–7　按户主的受教育程度、住房来源分的家庭户户数

单位：户

受教育程度	合计	租赁廉租房/公租房	租赁其他住房	购买新建商品房	购买二手房	购买原公有住房	购买经济适用房/两限房	自建住房	继承或赠予	其他
总　计	**1296097**	**28822**	**124196**	**184913**	**34210**	**48393**	**17281**	**812701**	**8098**	**37483**
未上过学	26352	255	609	501	148	420	123	22519	406	1371
学前教育	1202	15	37	43	6	18	10	1014	22	37
小　学	341662	3718	13480	12044	2926	5652	1963	289366	2422	10091
初　中	577652	12523	56340	53380	11209	14469	5540	406866	3330	13995
高　中	181537	6151	26628	43492	8157	13580	4560	72567	1124	5278
大学专科	92742	3160	16788	37955	5931	7549	2716	14937	463	3243
大学本科	68801	2665	9524	34615	5221	5907	2162	5283	317	3107
硕士研究生	5470	272	690	2680	553	633	181	137	13	311
博士研究生	679	63	100	203	59	165	26	12	1	50

注：本表数据为居住在普通住宅的家庭户。

9–7a　按户主的受教育程度、住房来源分的家庭户户数（城市）

单位：户

受教育程度	合计	租赁廉租房/公租房	租赁其他住房	购买新建商品房	购买二手房	购买原公有住房	购买经济适用房/两限房	自建住房	继承或赠予	其他
总　计	**423026**	**18861**	**98634**	**136908**	**26627**	**37597**	**11853**	**75445**	**2022**	**15079**
未上过学	2505	146	338	336	77	291	61	1042	35	179
学前教育	156	10	31	31	4	8	6	52	2	12
小　学	45790	2223	9282	7575	1840	4178	1061	17036	273	2322
初　中	154565	8349	43431	35403	7991	11101	3590	38599	705	5396
高　中	96657	4307	22237	32724	6532	10873	3406	12862	535	3181
大学专科	64824	2005	14527	29643	4975	5600	1946	3931	266	1931
大学本科	52881	1544	8080	28472	4619	4778	1584	1844	194	1766
硕士研究生	5010	217	617	2536	531	605	174	72	11	247
博士研究生	638	60	91	188	58	163	25	7	1	45

注：本表数据为居住在普通住宅的家庭户。

9-7b 按户主的受教育程度、住房来源分的家庭户户数（镇）

单位：户

受教育程度	合计	租赁廉租房/公租房	租赁其他住房	购买新建商品房	购买二手房	购买原公有住房	购买经济适用房/两限房	自建住房	继承或赠予	其他
总　计	**301784**	**8863**	**22943**	**45757**	**6891**	**9668**	**5008**	**186361**	**2294**	**13999**
未上过学	4629	93	245	144	58	97	57	3311	97	527
学前教育	259	4	6	11	2	8	4	210	5	9
小　学	70234	1294	3732	4126	922	1176	789	53372	633	4190
初　中	144827	3705	11563	16965	2912	2850	1759	98584	1029	5460
高　中	44748	1678	3948	10346	1488	2529	1082	21808	313	1556
大学专科	22439	1032	2056	8081	917	1875	746	6530	126	1076
大学本科	14255	1006	1340	5949	573	1104	565	2496	90	1132
硕士研究生	374	48	51	128	19	27	6	47	1	47
博士研究生	19	3	2	7		2		3		2

注：本表数据为居住在普通住宅的家庭户。

9-7c 按户主的受教育程度、住房来源分的家庭户户数（乡村）

单位：户

受教育程度	合计	租赁廉租房/公租房	租赁其他住房	购买新建商品房	购买二手房	购买原公有住房	购买经济适用房/两限房	自建住房	继承或赠予	其他
总　计	**571287**	**1098**	**2619**	**2248**	**692**	**1128**	**420**	**550895**	**3782**	**8405**
未上过学	19218	16	26	21	13	32	5	18166	274	665
学前教育	787	1		1		2		752	15	16
小　学	225638	201	466	343	164	298	113	218958	1516	3579
初　中	278260	469	1346	1012	306	518	191	269683	1596	3139
高　中	40132	166	443	422	137	178	72	37897	276	541
大学专科	5479	123	205	231	39	74	24	4476	71	236
大学本科	1665	115	104	194	29	25	13	943	33	209
硕士研究生	86	7	22	16	3	1	1	18	1	17
博士研究生	22		7	8	1		1	2		3

注：本表数据为居住在普通住宅的家庭户。

9-8　按户主的受教育程度、月租房费用分的家庭户户数

单位：户

受教育程度	合计	200元以下	200-499元	500-999元	1000-1999元	2000-2999元	3000-3999元	4000-5999元	6000-7999元	8000-9999元	10000元及以上
总　计	**153018**	**24003**	**63992**	**40008**	**18396**	**4396**	**1195**	**574**	**180**	**78**	**196**
未上过学	864	315	327	162	43	13	1	2	1		
学前教育	52	14	18	12	5	2	1				
小　学	17198	3991	7486	3988	1268	254	93	60	16	8	34
初　中	68863	10846	31365	18486	6072	1176	443	258	84	37	96
高　中	32779	4676	13583	8795	4307	942	251	119	49	19	38
大学专科	19948	2092	7403	5475	3693	971	192	80	22	9	11
大学本科	12189	1810	3590	2916	2717	887	191	50	7	5	16
硕士研究生	962	197	193	155	261	129	20	5	1		1
博士研究生	163	62	27	19	30	22	3				

注：本表数据为居住在普通住宅的家庭户。

9-8a　按户主的受教育程度、月租房费用分的家庭户户数（城市）

单位：户

受教育程度	合计	200元以下	200-499元	500-999元	1000-1999元	2000-2999元	3000-3999元	4000-5999元	6000-7999元	8000-9999元	10000元及以上
总　计	**117495**	**14173**	**50862**	**31446**	**15843**	**3716**	**863**	**367**	**98**	**42**	**85**
未上过学	484	164	169	101	39	8	1	2			
学前教育	41	9	13	11	5	2	1				
小　学	11505	2232	5149	2855	991	181	45	30	8	4	10
初　中	51780	6787	24673	14202	4792	804	268	153	40	19	42
高　中	26544	2990	11436	7249	3763	796	174	76	30	12	18
大学专科	16532	1044	6361	4523	3434	917	171	57	16	4	5
大学本科	9624	745	2874	2358	2549	858	180	44	3	3	10
硕士研究生	834	145	161	131	243	128	20	5	1		
博士研究生	151	57	26	16	27	22	3				

注：本表数据为居住在普通住宅的家庭户。

9-8b 按户主的受教育程度、月租房费用分的家庭户户数（镇）

单位：户

受教育程度	合计	200元以下	200-499元	500-999元	1000-1999元	2000-2999元	3000-3999元	4000-5999元	6000-7999元	8000-9999元	10000元及以上
总　计	**31806**	**8527**	**12066**	**7779**	**2129**	**613**	**311**	**193**	**70**	**23**	**95**
未上过学	338	126	146	57	4	4			1		
学前教育	10	4	5	1							
小　学	5026	1462	2142	1030	226	61	47	28	7	2	21
初　中	15268	3520	6114	3877	1057	340	161	100	37	14	48
高　中	5626	1520	1982	1392	452	132	72	38	16	4	18
大学专科	3088	910	980	872	228	47	20	21	5	2	3
大学本科	2346	939	678	527	148	28	11	6	4	1	4
硕士研究生	99	43	19	22	13	1					1
博士研究生	5	3		1	1						

注：本表数据为居住在普通住宅的家庭户。

9-8c 按户主的受教育程度、月租房费用分的家庭户户数（乡村）

单位：户

受教育程度	合计	200元以下	200-499元	500-999元	1000-1999元	2000-2999元	3000-3999元	4000-5999元	6000-7999元	8000-9999元	10000元及以上
总　计	**3717**	**1303**	**1064**	**783**	**424**	**67**	**21**	**14**	**12**	**13**	**16**
未上过学	42	25	12	4		1					
学前教育	1	1									
小　学	667	297	195	103	51	12	1	2	1	2	3
初　中	1815	539	578	407	223	32	14	5	7	4	6
高　中	609	166	165	154	92	14	5	5	3	3	2
大学专科	328	138	62	80	31	7	1	2	1	3	3
大学本科	219	126	38	31	20	1				1	2
硕士研究生	29	9	13	2	5						
博士研究生	7	2	1	2	2						

注：本表数据为居住在普通住宅的家庭户。

9-9　按户主的职业、住房来源分的家庭户户数

单位：户

职业大类	合计	租赁廉租房/公租房	租赁其他住房	购买新建商品房	购买二手房
总　计	**859194**	**19353**	**102373**	**133285**	**24149**
党的机关、国家机关、群众团体和社会组织、企事业单位负责人	18355	341	2502	7797	1297
专业技术人员	64488	2883	9833	25487	4085
办事人员和有关人员	52329	2255	5475	19924	3133
社会生产服务和生活服务人员	240931	8610	54906	54086	10963
农、林、牧、渔业生产及辅助人员	290444	640	2020	4686	769
生产制造及有关人员	190464	4530	27374	20840	3818
不便分类的其他从业人员	2183	94	263	465	84

9-9　续表

单位：户

职业大类	购买原公有住房	购买经济适用房/两限房	自建住房	继承或赠予	其他
总　计	**19461**	**11049**	**523185**	**4458**	**21881**
党的机关、国家机关、群众团体和社会组织、企事业单位负责人	775	327	4782	59	475
专业技术人员	4309	2000	12570	335	2986
办事人员和有关人员	4174	1763	13219	291	2095
社会生产服务和生活服务人员	6293	4341	94297	1316	6119
农、林、牧、渔业生产及辅助人员	596	636	275184	1397	4516
生产制造及有关人员	3253	1943	122038	1048	5620
不便分类的其他从业人员	61	39	1095	12	70

注：本表数据为居住在普通住宅的家庭户。

9-9a 按户主的职业、住房来源分的家庭户户数（城市）

单位：户

职业大类	合计	租赁廉租房/公租房	租赁其他住房	购买新建商品房	购买二手房
总　计	**283064**	**12302**	**82275**	**97752**	**18871**
党的机关、国家机关、群众团体和社会组织、企事业单位负责人	11630	204	1985	6290	1098
专业技术人员	40068	1490	8038	19068	3399
办事人员和有关人员	31768	1420	4422	14890	2525
社会生产服务和生活服务人员	128485	6176	44894	40826	8690
农、林、牧、渔业生产及辅助人员	12940	233	989	2264	299
生产制造及有关人员	57295	2744	21739	14074	2795
不便分类的其他从业人员	878	35	208	340	65

9-9a 续表

单位：户

职业大类	购买原公有住房	购买经济适用房/两限房	自建住房	继承或赠予	其他
总　计	**13742**	**7533**	**41219**	**995**	**8375**
党的机关、国家机关、群众团体和社会组织、企事业单位负责人	542	229	1004	30	248
专业技术人员	3113	1338	2103	139	1380
办事人员和有关人员	3005	1215	2989	146	1156
社会生产服务和生活服务人员	4732	3281	16252	446	3188
农、林、牧、渔业生产及辅助人员	129	239	8266	44	477
生产制造及有关人员	2181	1211	10463	188	1900
不便分类的其他从业人员	40	20	142	2	26

注：本表数据为居住在普通住宅的家庭户。

9-9b　按户主的职业、住房来源分的家庭户户数（镇）

单位：户

职业大类	合计	租赁廉租房/公租房	租赁其他住房	购买新建商品房	购买二手房
总　计	**199036**	**6283**	**18093**	**33993**	**4794**
党的机关、国家机关、群众团体和社会组织、企事业单位负责人	4359	114	454	1465	182
专业技术人员	17882	1249	1683	6255	653
办事人员和有关人员	14391	761	956	4908	582
社会生产服务和生活服务人员	64273	2258	9076	12691	2067
农、林、牧、渔业生产及辅助人员	48829	323	828	2177	370
生产制造及有关人员	48633	1519	5048	6385	923
不便分类的其他从业人员	669	59	48	112	17

9-9b　续表

单位：户

职业大类	购买原公有住房	购买经济适用房/两限房	自建住房	继承或赠予	其他
总　计	**5099**	**3223**	**117206**	**1366**	**8979**
党的机关、国家机关、群众团体和社会组织、企事业单位负责人	220	92	1627	17	188
专业技术人员	1151	636	4840	120	1295
办事人员和有关人员	1121	536	4677	104	746
社会生产服务和生活服务人员	1448	984	33033	472	2244
农、林、牧、渔业生产及辅助人员	228	295	42464	291	1853
生产制造及有关人员	913	662	30215	353	2615
不便分类的其他从业人员	18	18	350	9	38

注：本表数据为居住在普通住宅的家庭户。

9-9c 按户主的职业、住房来源分的家庭户户数（乡村）

单位：户

职业大类	合计	租赁廉租房/公租房	租赁其他住房	购买新建商品房	购买二手房
总　计	**377094**	**768**	**2005**	**1540**	**484**
党的机关、国家机关、群众团体和社会组织、企事业单位负责人	2366	23	63	42	17
专业技术人员	6538	144	112	164	33
办事人员和有关人员	6170	74	97	126	26
社会生产服务和生活服务人员	48173	176	936	569	206
农、林、牧、渔业生产及辅助人员	228675	84	203	245	100
生产制造及有关人员	84536	267	587	381	100
不便分类的其他从业人员	636		7	13	2

9-9c 续表

单位：户

职业大类	购买原公有住房	购买经济适用房/两限房	自建住房	继承或赠予	其他
总　计	**620**	**293**	**364760**	**2097**	**4527**
党的机关、国家机关、群众团体和社会组织、企事业单位负责人	13	6	2151	12	39
专业技术人员	45	26	5627	76	311
办事人员和有关人员	48	12	5553	41	193
社会生产服务和生活服务人员	113	76	45012	398	687
农、林、牧、渔业生产及辅助人员	239	102	224454	1062	2186
生产制造及有关人员	159	70	81360	507	1105
不便分类的其他从业人员	3	1	603	1	6

注：本表数据为居住在普通住宅的家庭户。

9-10　按户主的职业、月租房费用分的家庭户户数

单位：户

职业大类	合计	200元以下	200-499元	500-999元	1000-1999元	2000-2999元
总　计	**121726**	**15841**	**52207**	**33170**	**14884**	**3624**
党的机关、国家机关、群众团体和社会组织、企事业单位负责人	2843	223	581	710	795	282
专业技术人员	12716	2232	4372	3251	2147	552
办事人员和有关人员	7730	1588	2733	1798	1155	334
社会生产服务和生活服务人员	63516	6585	27414	17963	8231	2077
农、林、牧、渔业生产及辅助人员	2660	670	1160	610	170	32
生产制造及有关人员	31904	4473	15815	8728	2344	345
不便分类的其他从业人员	357	70	132	110	42	2

9-10　续表

单位：户

职业大类	3000-3999元	4000-5999元	6000-7999元	8000-9999元	10000元及以上
总　计	**1050**	**522**	**173**	**75**	**180**
党的机关、国家机关、群众团体和社会组织、企事业单位负责人	133	64	23	8	24
专业技术人员	103	33	8	3	15
办事人员和有关人员	78	26	8	5	5
社会生产服务和生活服务人员	636	341	111	46	112
农、林、牧、渔业生产及辅助人员	7	3	3	2	3
生产制造及有关人员	93	55	20	11	20
不便分类的其他从业人员					1

注：本表数据为居住在普通住宅的家庭户。

9-10a 按户主的职业、月租房费用分的家庭户户数（城市）

单位：户

职业大类	合计	200元以下	200-499元	500-999元	1000-1999元	2000-2999元
总　计	**94577**	**8953**	**42288**	**26401**	**12678**	**2986**
党的机关、国家机关、群众团体和社会组织、企事业单位负责人	2189	92	436	528	688	258
专业技术人员	9528	920	3394	2566	1985	524
办事人员和有关人员	5842	798	2184	1391	1046	324
社会生产服务和生活服务人员	51070	4298	22927	14624	6885	1612
农、林、牧、渔业生产及辅助人员	1222	189	566	323	110	22
生产制造及有关人员	24483	2633	12687	6887	1923	244
不便分类的其他从业人员	243	23	94	82	41	2

9-10a 续表

单位：户

职业大类	3000-3999元	4000-5999元	6000-7999元	8000-9999元	10000元及以上
总　计	**734**	**325**	**93**	**40**	**79**
党的机关、国家机关、群众团体和社会组织、企事业单位负责人	109	47	17	4	10
专业技术人员	96	25	7	3	8
办事人员和有关人员	69	20	3	3	4
社会生产服务和生活服务人员	395	204	58	23	44
农、林、牧、渔业生产及辅助人员	5	3	1		3
生产制造及有关人员	60	26	7	7	9
不便分类的其他从业人员					1

注：本表数据为居住在普通住宅的家庭户。

9-10b　按户主的职业、月租房费用分的家庭户户数（镇）

单位：户

职业大类	合计	200元以下	200-499元	500-999元	1000-1999元	2000-2999元
总　计	**24376**	**5978**	**9078**	**6221**	**1863**	**580**
党的机关、国家机关、群众团体和社会组织、企事业单位负责人	568	103	127	168	98	17
专业技术人员	2932	1159	925	656	144	27
办事人员和有关人员	1717	702	505	390	91	10
社会生产服务和生活服务人员	11334	2088	4147	3051	1139	431
农、林、牧、渔业生产及辅助人员	1151	335	511	250	47	6
生产制造及有关人员	6567	1544	2830	1679	344	89
不便分类的其他从业人员	107	47	33	27		

9-10b　续表

单位：户

职业大类	3000-3999元	4000-5999元	6000-7999元	8000-9999元	10000元及以上
总　计	**295**	**183**	**68**	**22**	**88**
党的机关、国家机关、群众团体和社会组织、企事业单位负责人	21	16	5	4	9
专业技术人员	7	7	1		6
办事人员和有关人员	8	6	3	1	1
社会生产服务和生活服务人员	228	128	46	14	62
农、林、牧、渔业生产及辅助人员	1		1		
生产制造及有关人员	30	26	12	3	10
不便分类的其他从业人员					

注：本表数据为居住在普通住宅的家庭户。

9-10c 按户主的职业、月租房费用分的家庭户户数（乡村）

单位：户

职业大类	合计	200元以下	200-499元	500-999元	1000-1999元	2000-2999元
总　计	**2773**	**910**	**841**	**548**	**343**	**58**
党的机关、国家机关、群众团体和社会组织、企事业单位负责人	86	28	18	14	9	7
专业技术人员	256	153	53	29	18	1
办事人员和有关人员	171	88	44	17	18	
社会生产服务和生活服务人员	1112	199	340	288	207	34
农、林、牧、渔业生产及辅助人员	287	146	83	37	13	4
生产制造及有关人员	854	296	298	162	77	12
不便分类的其他从业人员	7		5	1	1	

9-10c 续表

单位：户

职业大类	3000-3999元	4000-5999元	6000-7999元	8000-9999元	10000元及以上
总　计	**21**	**14**	**12**	**13**	**13**
党的机关、国家机关、群众团体和社会组织、企事业单位负责人	3	1	1		5
专业技术人员		1			1
办事人员和有关人员	1		2	1	
社会生产服务和生活服务人员	13	9	7	9	6
农、林、牧、渔业生产及辅助人员	1		1	2	
生产制造及有关人员	3	3	1	1	1
不便分类的其他从业人员					

注：本表数据为居住在普通住宅的家庭户。

9–11　按户主的职业分的家庭户住房状况

职业大类	户数（户）	人数（人）	平均每户住房间数（间/户）	人均住房建筑面积（平方米/人）	人均住房间数（间/人）
总　计	**859194**	**2721157**	**4.04**	**44.25**	**1.28**
党的机关、国家机关、群众团体和社会组织、企事业单位负责人	18355	57391	3.64	44.59	1.16
专业技术人员	64488	176114	3.17	42.36	1.16
办事人员和有关人员	52329	151356	3.41	44.07	1.18
社会生产服务和生活服务人员	240931	724678	3.43	40.86	1.14
农、林、牧、渔业生产及辅助人员	290444	966265	4.82	48.60	1.45
生产制造及有关人员	190464	638509	4.13	42.08	1.23
不便分类的其他从业人员	2183	6844	3.74	42.18	1.19

注：本表数据为居住在普通住宅的家庭户。

9–11a　按户主的职业分的家庭户住房状况（城市）

职业大类	户数（户）	人数（人）	平均每户住房间数（间/户）	人均住房建筑面积（平方米/人）	人均住房间数（间/人）
总　计	**283064**	**800550**	**2.84**	**35.71**	**1.01**
党的机关、国家机关、群众团体和社会组织、企事业单位负责人	11630	35698	3.20	39.80	1.04
专业技术人员	40068	107236	2.81	37.87	1.05
办事人员和有关人员	31768	89174	3.01	39.77	1.07
社会生产服务和生活服务人员	128485	349327	2.66	33.98	0.98
农、林、牧、渔业生产及辅助人员	12940	46490	4.25	44.62	1.18
生产制造及有关人员	57295	170072	2.80	32.45	0.94
不便分类的其他从业人员	878	2553	2.98	36.79	1.03

注：本表数据为居住在普通住宅的家庭户。

9-11b　按户主的职业分的家庭户住房状况（镇）

职业大类	户数（户）	人数（人）	平均每户住房间数(间/户)	人均住房建筑面积（平方米/人）	人均住房间数（间/人）
总　计	**199036**	**661764**	**4.19**	**46.66**	**1.26**
党的机关、国家机关、群众团体和社会组织、企事业单位负责人	4359	13761	4.01	51.65	1.27
专业技术人员	17882	49605	3.47	48.05	1.25
办事人员和有关人员	14391	42189	3.69	49.72	1.26
社会生产服务和生活服务人员	64273	210351	3.97	46.61	1.21
农、林、牧、渔业生产及辅助人员	48829	172674	4.83	47.96	1.37
生产制造及有关人员	48633	171004	4.26	43.91	1.21
不便分类的其他从业人员	669	2180	3.86	43.18	1.18

注：本表数据为居住在普通住宅的家庭户。

9-11c　按户主的职业分的家庭户住房状况（乡村）

职业大类	户数（户）	人数（人）	平均每户住房间数(间/户)	人均住房建筑面积（平方米/人）	人均住房间数（间/人）
总　计	**377094**	**1258843**	**4.86**	**48.42**	**1.45**
党的机关、国家机关、群众团体和社会组织、企事业单位负责人	2366	7932	5.09	53.91	1.52
专业技术人员	6538	19273	4.60	52.71	1.56
办事人员和有关人员	6170	19993	4.83	51.31	1.49
社会生产服务和生活服务人员	48173	165000	4.77	48.11	1.39
农、林、牧、渔业生产及辅助人员	228675	747101	4.85	49.00	1.48
生产制造及有关人员	84536	297433	4.95	46.53	1.41
不便分类的其他从业人员	636	2111	4.66	47.65	1.40

注：本表数据为居住在普通住宅的家庭户。

9-12　按户主的职业、人均住房建筑面积分的家庭户户数

职业大类	人均住房建筑面积(平方米)					
	合计	8及以下	9-12	13-16	17-19	20-29
总　计	**859194**	**10620**	**24692**	**44091**	**24372**	**159407**
党的机关、国家机关、群众团体和社会组织、企事业单位负责人	18355	114	315	699	577	3757
专业技术人员	64488	431	1268	2985	2232	13523
办事人员和有关人员	52329	295	1030	2212	1571	10263
社会生产服务和生活服务人员	240931	4365	10481	16974	8964	53189
农、林、牧、渔业生产及辅助人员	290444	1468	3718	8967	4977	40685
生产制造及有关人员	190464	3917	7811	12124	5978	37580
不便分类的其他从业人员	2183	30	69	130	73	410

9-12　续表　　单位：户

职业大类	人均住房建筑面积(平方米)				
	30-39	40-49	50-59	60-69	70及以上
总　计	**133488**	**112037**	**75746**	**72625**	**202116**
党的机关、国家机关、群众团体和社会组织、企事业单位负责人	3219	2539	1431	1354	4350
专业技术人员	11888	9242	4919	4626	13374
办事人员和有关人员	9424	7562	4211	4024	11737
社会生产服务和生活服务人员	37410	28013	17724	16315	47496
农、林、牧、渔业生产及辅助人员	42456	41613	31270	30998	84292
生产制造及有关人员	28758	22779	16008	15151	40358
不便分类的其他从业人员	333	289	183	157	509

注：本表数据为居住在普通住宅的家庭户。

9-12a 按户主的职业、人均住房建筑面积分的家庭户户数（城市）

单位：户

职业大类	人均住房建筑面积(平方米)					
	合计	8及以下	9-12	13-16	17-19	20-29
总　计	**283064**	**6686**	**15078**	**23179**	**13107**	**70644**
党的机关、国家机关、群众团体和社会组织、企事业单位负责人	11630	82	218	520	465	2723
专业技术人员	40068	280	892	2181	1733	9600
办事人员和有关人员	31768	217	732	1588	1198	7032
社会生产服务和生活服务人员	128485	3340	7868	12038	6404	34007
农、林、牧、渔业生产及辅助人员	12940	143	385	608	388	2322
生产制造及有关人员	57295	2609	4940	6183	2876	14770
不便分类的其他从业人员	878	15	43	61	43	190

9-12a　续表

单位：户

职业大类	人均住房建筑面积(平方米)				
	30-39	40-49	50-59	60-69	70及以上
总　计	**47385**	**33099**	**17159**	**14812**	**41915**
党的机关、国家机关、群众团体和社会组织、企事业单位负责人	2198	1703	809	715	2197
专业技术人员	7737	5931	2665	2343	6706
办事人员和有关人员	5989	4795	2290	2132	5795
社会生产服务和生活服务人员	20582	13790	7192	5972	17292
农、林、牧、渔业生产及辅助人员	2066	1687	1233	1103	3005
生产制造及有关人员	8659	5079	2913	2507	6759
不便分类的其他从业人员	154	114	57	40	161

注：本表数据为居住在普通住宅的家庭户。

9-12b　全国按户主的职业、人均住房建筑面积分的家庭户户数（镇）

单位：户

职业大类	人均住房建筑面积(平方米)					
	合计	8及以下	9-12	13-16	17-19	20-29
总　计	**199036**	**1673**	**4492**	**8516**	**4941**	**34677**
党的机关、国家机关、群众团体和社会组织、企事业单位负责人	4359	20	54	115	89	716
专业技术人员	17882	101	274	582	397	3045
办事人员和有关人员	14391	40	208	449	292	2353
社会生产服务和生活服务人员	64273	656	1764	3143	1666	11663
农、林、牧、渔业生产及辅助人员	48829	268	733	1578	1023	7321
生产制造及有关人员	48633	583	1439	2600	1453	9443
不便分类的其他从业人员	669	5	20	49	21	136

9-12b　续表

单位：户

职业大类	人均住房建筑面积(平方米)				
	30-39	40-49	50-59	60-69	70及以上
总　计	**31353**	**25645**	**18546**	**17901**	**51292**
党的机关、国家机关、群众团体和社会组织、企事业单位负责人	721	553	387	390	1314
专业技术人员	3229	2484	1616	1631	4523
办事人员和有关人员	2542	1970	1276	1279	3982
社会生产服务和生活服务人员	9912	7686	5736	5508	16539
农、林、牧、渔业生产及辅助人员	7366	6784	5180	4893	13683
生产制造及有关人员	7502	6092	4283	4147	11091
不便分类的其他从业人员	81	76	68	53	160

注：本表数据为居住在普通住宅的家庭户。

9-12c 按户主的职业、人均住房建筑面积分的家庭户户数（乡村）

单位：户

职业大类	人均住房建筑面积(平方米)					
	合计	8及以下	9-12	13-16	17-19	20-29
总 计	**377094**	**2261**	**5122**	**12396**	**6324**	**54086**
党的机关、国家机关、群众团体和社会组织、企事业单位负责人	2366	12	43	64	23	318
专业技术人员	6538	50	102	222	102	878
办事人员和有关人员	6170	38	90	175	81	878
社会生产服务和生活服务人员	48173	369	849	1793	894	7519
农、林、牧、渔业生产及辅助人员	228675	1057	2600	6781	3566	31042
生产制造及有关人员	84536	725	1432	3341	1649	13367
不便分类的其他从业人员	636	10	6	20	9	84

9-12c 续表

单位：户

职业大类	人均住房建筑面积(平方米)				
	30-39	40-49	50-59	60-69	70及以上
总 计	**54750**	**53293**	**40041**	**39912**	**108909**
党的机关、国家机关、群众团体和社会组织、企事业单位负责人	300	283	235	249	839
专业技术人员	922	827	638	652	2145
办事人员和有关人员	893	797	645	613	1960
社会生产服务和生活服务人员	6916	6537	4796	4835	13665
农、林、牧、渔业生产及辅助人员	33024	33142	24857	25002	67604
生产制造及有关人员	12597	11608	8812	8497	22508
不便分类的其他从业人员	98	99	58	64	188

注：本表数据为居住在普通住宅的家庭户。

9-13　各地区按拥有全部家用汽车总价分的家庭户户数

单位：户

地　区	合计	不满10万元	10万元以上，不满20万元	20万元以上，不满30万元	30万元以上，不满50万元	50万元以上，不满100万元	100万元以上	没有汽车
总　计	**1445879**	**238982**	**193953**	**38707**	**15891**	**5738**	**1763**	**950845**
南宁市	268541	41302	44668	10964	4490	1785	570	164762
柳州市	126994	28957	17521	3861	1730	667	226	74032
桂林市	153769	27047	20409	4140	1850	634	185	99504
梧州市	78610	10726	8180	1576	603	153	45	57327
北海市	49085	7084	7297	1760	853	297	104	31690
防城港市	27262	4959	4211	909	391	122	35	16635
钦州市	87777	12754	10859	1739	813	236	66	61310
贵港市	116287	16344	12756	2196	765	285	123	83818
玉林市	152510	25785	16820	2956	1180	450	136	105183
百色市	104339	16522	15472	2476	912	393	78	68486
贺州市	54240	8776	7155	1229	471	154	30	36425
河池市	102125	15072	12972	2359	822	278	86	70536
来宾市	63545	12933	7272	1248	467	139	40	41446
崇左市	60795	10721	8361	1294	544	145	39	39691

注：本表数据为居住在普通住宅的家庭户。

9-13a　各地区按拥有全部家用汽车总价分的家庭户户数（城市）

单位：户

地　区	合计	不满10万元	10万元以上，不满20万元	20万元以上，不满30万元	30万元以上，不满50万元	50万元以上，不满100万元	100万元以上	没有汽车
总　计	**432679**	**71126**	**80331**	**19611**	**8981**	**3670**	**1171**	**247789**
南宁市	145708	19332	27929	8198	3622	1541	501	84585
柳州市	64656	14754	10692	2547	1291	533	191	34648
桂林市	45193	6338	7940	1923	875	372	122	27623
梧州市	23878	3616	3279	603	258	62	19	16041
北海市	18354	2283	3267	921	476	175	66	11166
防城港市	12217	2135	2585	603	279	101	27	6487
钦州市	13657	2484	3260	654	317	102	24	6816
贵港市	23258	3922	4113	719	297	128	66	14013
玉林市	24356	5497	4702	912	409	167	42	12627
百色市	22789	3478	4444	846	405	203	38	13375
贺州市	8469	1540	1782	401	174	87	19	4466
河池市	11544	2020	2439	599	227	100	23	6136
来宾市	12280	2519	2017	395	149	52	22	7126
崇左市	6320	1208	1882	290	202	47	11	2680

注：本表数据为居住在普通住宅的家庭户。

9-13b 各地区按拥有全部家用汽车总价分的家庭户户数（镇）

单位：户

地 区	合计	不满10万元	10万元以上，不满20万元	20万元以上，不满30万元	30万元以上，不满50万元	50万元以上，不满100万元	100万元以上	没有汽车
总 计	**325048**	**56464**	**46295**	**8489**	**3408**	**1095**	**288**	**209009**
南宁市	39909	7066	6251	1102	398	116	28	24948
柳州市	24247	5561	3349	618	214	68	21	14416
桂林市	35398	7082	5576	1119	493	153	36	20939
梧州市	18374	2510	2069	427	181	47	8	13132
北海市	8103	1366	1406	259	114	40	8	4910
防城港市	4521	777	650	115	50	11	1	2917
钦州市	21084	3538	3165	543	326	92	20	13400
贵港市	31383	4523	3315	548	195	67	25	22710
玉林市	43426	7331	5220	1007	384	161	66	29257
百色市	18850	3082	3286	616	211	102	10	11543
贺州市	16588	2731	2381	383	156	35	6	10896
河池市	29707	4397	4652	870	317	99	30	19342
来宾市	16426	3546	2143	377	192	47	8	10113
崇左市	17032	2954	2832	505	177	57	21	10486

注：本表数据为居住在普通住宅的家庭户。

9-13c 各地区按拥有全部家用汽车总价分的家庭户户数（乡村）

单位：户

地 区	合计	不满10万元	10万元以上，不满20万元	20万元以上，不满30万元	30万元以上，不满50万元	50万元以上，不满100万元	100万元以上	没有汽车
总 计	**688152**	**111392**	**67327**	**10607**	**3502**	**973**	**304**	**494047**
南宁市	82924	14904	10488	1664	470	128	41	55229
柳州市	38091	8642	3480	696	225	66	14	24968
桂林市	73178	13627	6893	1098	482	109	27	50942
梧州市	36358	4600	2832	546	164	44	18	28154
北海市	22628	3435	2624	580	263	82	30	15614
防城港市	10524	2047	976	191	62	10	7	7231
钦州市	53036	6732	4434	542	170	42	22	41094
贵港市	61646	7899	5328	929	273	90	32	47095
玉林市	84728	12957	6898	1037	387	122	28	63299
百色市	62700	9962	7742	1014	296	88	30	43568
贺州市	29183	4505	2992	445	141	32	5	21063
河池市	60874	8655	5881	890	278	79	33	45058
来宾市	34839	6868	3112	476	126	40	10	24207
崇左市	37443	6559	3647	499	165	41	7	26525

注：本表数据为居住在普通住宅的家庭户。

第三部分 附录

附录1 广西第七次全国人口普查主要数据公报

广西第七次全国人口普查主要数据公报[1]

广西壮族自治区统计局
广西第七次全国人口普查领导小组办公室
2021年5月13日

根据《中华人民共和国统计法》《全国人口普查条例》规定和《国务院关于开展第七次全国人口普查的通知》（国发〔2019〕24号）要求，我国开展了第七次全国人口普查[2]。一年多以来，在以习近平同志为核心的党中央坚强领导下，在自治区人民政府和地方各级人民政府的统一组织部署下，在广大普查对象的积极配合下，经全自治区各级普查机构和普查人员的共同努力，目前已圆满完成普查现场登记和普查主要数据的汇总工作。现将2020年11月1日零时广西人口的主要数据公布如下：

一、常住人口及人口分布

全自治区常住人口[3]为50126804人，与2010年第六次全国人口普查的46026629人相比，十年共增加4100175人，增长8.91%，年平均增长率为0.86%。

图1　历次人口普查常住人口及年平均增长率

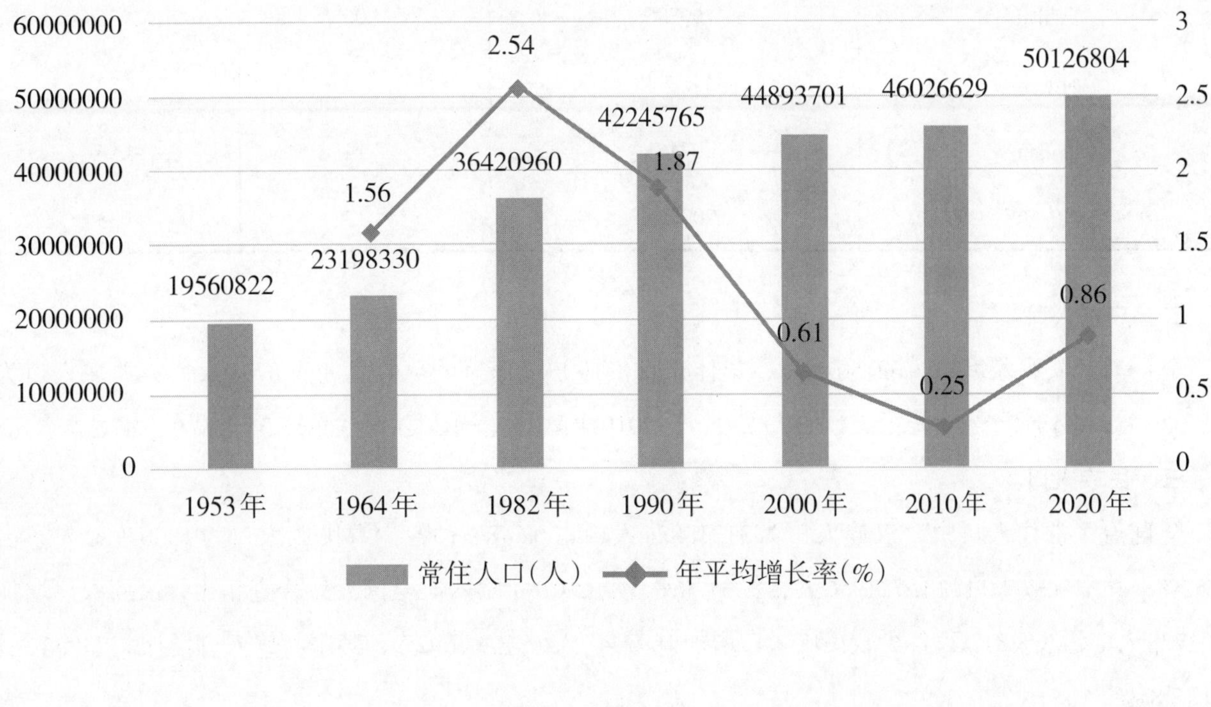

全自治区共有14个地级市，各市常住人口分布如下：

表1 各市常住人口

单位：人、%

地区	人口数	比重[4]	
		2020年	2010年
全　区	50126804	100.00	100.00
南宁市	8741584	17.44	14.48
柳州市	4157934	8.29	8.17
桂林市	4931137	9.84	10.32
梧州市	2820977	5.63	6.26
北海市	1853227	3.70	3.34
防城港市	1046068	2.09	1.88
钦州市	3302238	6.59	6.69
贵港市	4316262	8.61	8.95
玉林市	5796766	11.56	11.92
百色市	3571505	7.12	7.53
贺州市	2007858	4.00	4.25
河池市	3417945	6.82	7.32
来宾市	2074611	4.14	4.56
崇左市	2088692	4.17	4.33

二、户别人口

全自治区共有家庭户[5]16215014户，集体户650319户，家庭户人口为46498718人，集体户人口为3628086人。平均每个家庭户的人口为2.87人，比2010年第六次全国人口普查的3.34人减少0.47人。

三、民族人口

全自治区常住人口中，汉族人口为31318824人，占62.48%；各少数民族人口为18807980人，占37.52%，其中壮族人口为15721956人，占31.36%。与2010年第六次全国人口普查相比，汉族人口增加2402728人，增长8.31%；各少数民族人口增加1697447人，增长9.92%，其中壮族人口增加1273534人，增长8.81%。

四、性别构成

全自治区常住人口中，男性人口为25916169人，占51.70%；女性人口为24210635人，占48.30%。总人口性别比（以女性为100，男性对女性的比例）为107.04，与2010年第六次全国人口普查的108.26相比下降1.22。

表2 各市人口性别构成

单位：%

地区	占常住人口比重		性别比
	男	女	
全 区	51.70	48.30	107.04
南宁市	51.62	48.38	106.71
柳州市	51.86	48.14	107.74
桂林市	50.82	49.18	103.33
梧州市	51.64	48.36	106.77
北海市	52.03	47.97	108.48
防城港市	54.34	45.66	119.01
钦州市	52.53	47.47	110.66
贵港市	51.99	48.01	108.29
玉林市	51.88	48.12	107.81
百色市	51.15	48.85	104.69
贺州市	51.37	48.63	105.66
河池市	51.02	48.98	104.18
来宾市	51.81	48.19	107.52
崇左市	52.13	47.87	108.90

五、年龄构成

全自治区常住人口中，0–14岁[6]人口为11842501人，占23.62%；15–59岁人口为29920524人，占59.69%；60岁及以上人口为8363779人，占16.69%，其中65岁及以上人口为6114117人，占12.20%。与2010年第六次全国人口普查相比，0–14岁人口的比重上升1.91个百分点，15–59岁人口的比重下降5.49

个百分点，60岁及以上人口的比重上升3.58个百分点，65岁及以上人口的比重上升2.96个百分点。

表3　各市人口年龄构成

单位：%

地区	占常住人口比重			
	0-14岁	15-59岁	60岁及以上	其中:65岁及以上
全　区	23.62	59.69	16.69	12.20
南宁市	20.38	64.84	14.78	10.66
柳州市	19.06	63.75	17.19	12.44
桂林市	19.63	60.04	20.33	14.82
梧州市	26.54	56.78	16.68	12.31
北海市	21.66	62.29	16.05	11.52
防城港市	24.04	61.83	14.13	10.03
钦州市	28.82	55.41	15.77	11.46
贵港市	26.44	57.17	16.39	12.16
玉林市	29.04	55.16	15.80	11.59
百色市	22.35	60.80	16.85	12.39
贺州市	27.30	55.68	17.02	12.50
河池市	25.05	57.16	17.79	13.20
来宾市	23.32	58.93	17.75	13.11
崇左市	20.91	61.14	17.95	13.25

六、受教育程度人口

全自治区常住人口中，拥有大学（指大专及以上）文化程度的人口为5416558人；拥有高中（含中专）文化程度的人口为6497535人；拥有初中文化程度的人口为18240352人；拥有小学文化程度的人口为13963013人（以上各种受教育程度的人包括各类学校的毕业生、肄业生和在校生）。与2010年第六次全国人口普查相比，每10万人中拥有大学文化程度的由5977人上升为10806人；拥有高中文化程度的由

11033人上升为12962人；拥有初中文化程度的由38764人下降为36388人；拥有小学文化程度的由31680人下降为27855人。

表4 各市每10万人口中拥有的各类受教育程度人数

单位：人/10万人

地区	大学（大专及以上）	高中（含中专）	初中	小学
全 区	10806	12962	36388	27855
南宁市	18845	15698	34444	20642
柳州市	13848	15551	35298	24877
桂林市	13065	14166	35491	26641
梧州市	7698	12435	38705	28974
北海市	11797	16933	37334	22895
防城港市	10410	13730	38234	25568
钦州市	7381	11242	34916	33283
贵港市	6499	12190	39512	29786
玉林市	6405	12001	39760	29172
百色市	8685	10210	33460	33357
贺州市	7229	9965	35032	33719
河池市	8141	10445	32410	34276
来宾市	7562	10587	41313	28864
崇左市	10461	11368	38369	28102

七、平均受教育年限[7]

与2010年第六次全国人口普查相比，全自治区常住人口中，15岁及以上人口的平均受教育年限由8.76年提高至9.54年。

表5　各市15岁及以上人口平均受教育年限

单位：年

地区	2020年	2010年
全区	9.54	8.76
南宁市	10.64	9.70
柳州市	9.90	9.12
桂林市	9.70	9.02
梧州市	9.37	8.67
北海市	9.96	9.28
防城港市	9.68	8.90
钦州市	9.12	8.40
贵港市	9.17	8.50
玉林市	9.29	8.73
百色市	8.65	7.87
贺州市	8.84	8.34
河池市	8.67	7.98
来宾市	9.11	8.50
崇左市	9.28	8.35

八、文盲人口

全自治区常住人口中，文盲人口（15岁及以上不识字的人）为1188381人，与2010年第六次全国人口普查相比，文盲人口减少60619人，粗文盲率[8]由2.71%下降为2.37%，下降0.34个百分点。

九、城乡[9]人口

全自治区常住人口中，居住在城镇的人口为27170956人，占54.20%；居住在乡村的人口为22955848人，占45.80%。与2010年第六次全国人口普查相比，城镇人口增加8752281人，乡村人口减少4652106人，城镇人口比重提高14.18个百分点。

图2 历次人口普查城乡人口

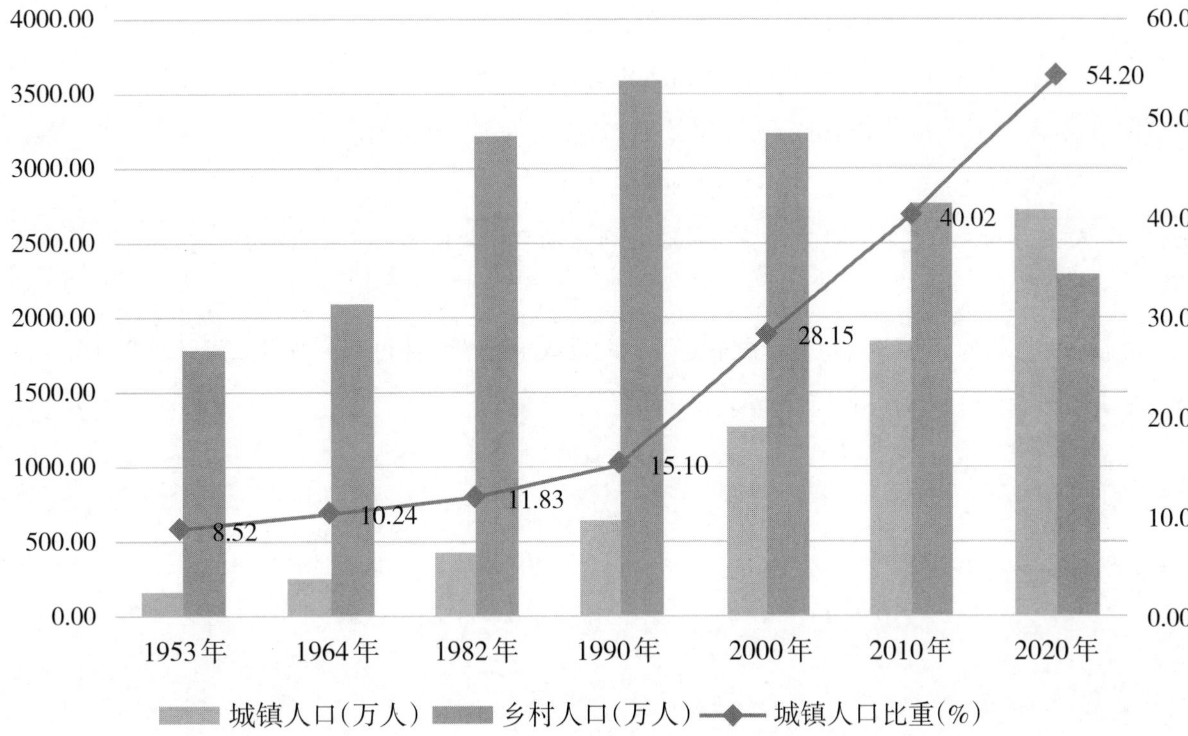

十、流动人口[10]

全自治区人口中，人户分离人口[11]为13238781人，其中，市辖区内人户分离[12]人口为3716255人，流动人口为9522526人。流动人口中，跨省流入人口为1359384人，省内流动人口为8163142人。

与2010年第六次全国人口普查相比，人户分离人口增加6946970人，增长1.10倍；市辖区内人户分离人口增加2992847人，增长4.14倍；流动人口增加3954123人，增长71.01%。

注释：

[1] 本公报数据均为初步汇总数据。

[2] 普查标准时点为2020年11月1日零时，普查对象是普查标准时点在中华人民共和国境内的自然人以及在中华人民共和国境外但未定居的中国公民，不包括在中华人民共和国境内短期停留的境外人员。

[3] 常住人口包括：居住在本乡镇街道且户口在本乡镇街道或户口待定的人；居住在本乡镇街道且离开户口登记地所在的乡镇街道半年以上的人；户口在本乡镇街道且外出不满半年或在境外工作学习的人。

[4] 指各市的常住人口占全自治区人口的比重。

[5] 家庭户是指以家庭成员关系为主、居住一处共同生活的人组成的户。

[6] 0-15岁人口为12542564人，16-59岁人口为29220461人。

[7] 平均受教育年限是将各种受教育程度折算成受教育年限计算平均数得出的，具体的折算标准是：小学=6年，初中=9年，高中=12年，大专及以上=16年。

[8] 文盲率是指15岁及以上不识字人口所占比例。

[9] 城镇、乡村是按国家统计局《统计上划分城乡的规定》划分的。

[10] 流动人口是指人户分离人口中扣除市辖区内人户分离的人口。

[11] 人户分离人口是指居住地与户口登记地所在的乡镇街道不一致且离开户口登记地半年以上的人口。

[12] 市辖区内人户分离人口是指一个直辖市或地级市所辖的区内和区与区之间，居住地和户口登记地不在同一乡镇街道的人口。

第三部分 附录

附录2 广西壮族自治区人民政府关于做好我区第七次全国人口普查工作的通知

广西壮族自治区人民政府关于做好我区第七次全国人口普查工作的通知

桂政发〔2019〕56号

各市、县人民政府，自治区人民政府各组成部门、各直属机构：

为贯彻落实《国务院关于开展第七次全国人口普查的通知》（国发〔2019〕24号）精神，切实做好我区第七次全国人口普查工作，现将有关事项通知如下：

一、普查的目的和意义

第七次全国人口普查是在中国特色社会主义进入新时代开展的重大国情国力调查，将全面查清我国人口数量、结构、分布、城乡住房等方面情况，为完善人口发展战略和政策体系，促进人

口长期均衡发展，科学制定国民经济和社会发展规划，推动经济高质量发展，开启全面建设社会主义现代化国家新征程，向第二个百年奋斗目标进军，提供科学准确的统计信息支持。全区各级各部门要充分认识人口普查的重要意义，以高度负责的态度，扎实做好我区第七次全国人口普查工作。

二、普查的对象、内容和时间

第七次全国人口普查的对象是普查标准时点在中华人民共和国境内的自然人以及在中华人民共和国境外但未定居的中国公民，不包括在中华人民共和国境内短期停留的境外人员。

普查的内容是调查人口和住户的基本情况，包括：姓名、公民身份号码、性别、年龄、民族、受教育程度、行业、职业、迁移流动、婚姻生育、死亡、住房情况等。

普查标准时点是2020年11月1日零时。

三、普查的组织实施

（一）加强组织领导。我区第七次全国人口普查涉及范围广、参与部门多、技术要求高、工作难度大。全区各级各部门要按照“全国统一领导、部门分工协作、地方分级负责、各方共同参与”的原则，认真做好普查的宣传动员和组织实施工作。

为加强组织领导，自治区人民政府决定成立广西第七次全国人口普查领导小组（以下简称领导小组），负责普查组织实施中重大问题的研究和决策。领导小组办公室设在自治区统计局，具体负责普查的组织实施。

各设区市人民政府、各县（市、区）人民政府要分别在2020年1月底前、2020年2月底前设立相应的普查领导小组及其办公室，认真做好本地区普查的组织实施工作。对普查工作中遇到的问题和困难，要采取措施予以解决。乡镇人民政府（街道办事处）要在2020年3月底前设立普查领导小组及其办公室，村（居）民委员会要在2020年5月底前成立普查工作小组。全区各级机关、企业、事业单位也要落实人口普查责任部门，积极参与并认真做好普查一线工作。

（二）明确部门工作职责。领导小组各成员单位要按照工作职责，各负其责、通力协作、密切配合，共

同做好普查工作。

自治区党委宣传部负责组织协调自治区主要新闻媒体做好人口普查的宣传工作。

自治区党委网信办负责协调普查的互联网宣传工作。

自治区发展改革委负责协调普查方案与国民经济和社会发展规划及有关专项规划的衔接工作。

自治区公安厅负责组织开展户口清理整顿工作，指导全区各级公安机关协助开展登记对象身份信息比对工作，协调普查登记阶段涉及户籍方面的工作。

自治区卫生健康委负责制定有利于普查工作的相关政策，开展普查登记信息与卫生健康相关行政记录比对工作，协助配合普查登记阶段相关工作。

自治区教育厅负责协调在校学生信息提供及普查宣传工作。

自治区财政厅负责协助做好自治区本级普查工作经费保障，指导及监督自治区本级普查经费使用管理。

自治区人力资源社会保障厅负责做好参加社保人员、参加社保人员死亡人口信息提供等工作。

自治区民政厅负责做好行政区划方面的协调配合工作，协助提供死亡人口殡葬相关行政记录。

自治区自然资源厅负责协调提供普查制图所需的地理信息资料。

自治区住房城乡建设厅负责协调全区各级住房城乡建设部门配合做好普查登记阶段相关工作。

领导小组其他成员单位要按照工作职责，配合做好相关政策协调和普查登记等工作；中央驻桂有关单位配合做好普查相关工作。

（三）组建普查队伍。全区各级普查机构可根据工作需要，招聘或从有关单位借调符合条件的普查指导员和普查员。要充分发挥乡镇人民政府（街道办事处）、村（居）民委员会的作用，可从乡镇人民政府（街道办事处）、村（居）民委员会的干部和广西脱贫攻坚（乡村振兴）工作队员、乡镇驻村挂点人员中选调普查指导员和普查员。按照各方共同参与的原则，充分调动各方人员积极参与普查工作，从村（居）民小组长、物业管理人员、志愿者等群体中选聘普查员，鼓励有条件的市县采取政府购买服务的方式选聘普查员。

为稳定普查工作队伍，确保普查工作顺利进行，应及时支付

招聘人员的劳动报酬，保证借调人员在原单位的工资、福利及其他待遇不变，并保留其原有工作岗位。要根据普查指导员、普查员在普查工作中承担的工作任务，以及工作的特殊性，按照有关规定从普查经费中安排适当资金作为劳动报酬。

四、普查的经费保障

按照国发〔2019〕24号文件关于普查所需经费的规定，全区各级人民政府要将普查所需经费列入相应年度的财政预算，按时拨付，确保到位。

五、普查的工作要求

（一）坚持依法普查。全区各级各部门要按照《中华人民共和国统计法》、《中华人民共和国统计法实施条例》、《全国人口普查条例》等法律法规要求，认真做好普查各项工作。普查取得的数据，严格限定用于普查目的，不得作为任何部门和单位对各级行政管理工作实施考核、奖惩的依据。普查中获得的能够识别或者推断单个普查对象身份的资料，不得作为对普查对象实施处罚等具体行政行为的依据。全流程加强对公民个人信息的保护，全区各级普查机构及其工作人员必须严格履行保密义务，严禁向任何机构、单位、个人泄露或出售公民个人信息。

（二）确保数据质量。建立健全普查数据质量追溯和问责机制，全区各级人民政府统计机构要加大对普查工作中违纪违法行为的查处和通报曝光力度，坚决杜绝人为干扰普查工作的现象，确保普查工作顺利进行和普查数据真实准确。对普查中发现应当

给予党纪政务处分或组织处理的统计违纪违法责任人，由统计机构按规定提出处分处理建议并及时移送任免机关、纪检监察机关或组织（人事）部门。

（三）提升信息化水平。原则上采用电子化的方式进行普查数据采集。采取普查员个人实名认证的智能手机登记普查对象信息并联网实时上报，或由普查对象通过互联网自主填报等方式进行。广泛应用部门行政记录，推进大数据在普查中的应用，提高普查数据采集处理效能。

（四）广泛宣传动员。全区各级普查机构要会同宣传部门认真做好普查宣传的策划和组织工作。采用多种手段，广泛深入宣传第七次全国人口普查的重要意义和要求，引导广大普查对象依法配合普查，如实申报普查项目，为普查工作顺利实施创造良好舆论环境。

附件：广西第七次全国人口普查领导小组组成人员名单（略）

2019年12月30日

（此件公开发布）

第三部分　附录

附录3　全国人口普查条例

中华人民共和国国务院令

第576号

《全国人口普查条例》已经2010年5月12日国务院第111次常务会议通过，现予公布，自2010年6月1日起施行。

总理　温家宝

二〇一〇年五月二十四日

全国人口普查条例

第一章　总　则

第一条　为了科学、有效地组织实施全国人口普查，保障人口普查数据的真实性、准确性、完整性和及时性，根据《中华人民共和国统计法》，制定本条例。

第二条　人口普查的目的是全面掌握全国人口的基本情况，为研究制定人口政策和经济社会发展规划提供依据，为社会公众提供人口统计信息服务。

第三条　人口普查工作按照全国统一领导、部门分工协作、地方分级负责、各方共同参与的原则组织实施。

国务院统一领导全国人口普查工作，研究决定人口普查中的重大问题。地方各级人民政府按照国务院的统一规定和要求，领导本行政区域的人口普查工作。

在人口普查工作期间，各级人民政府设立由统计机构和有关部门组成的人口普查机构（以下简称普查机构），负责人口普查的组织实施工作。

村民委员会、居民委员会应当协助所在地人民政府动员和组织社会力量，做好本区域的人口普查工作。

国家机关、社会团体、企业事业单位应当按照《中华人民共和国统计法》和本条例的规定，参与并配合人口普查工作。

第四条　人口普查对象应当按照《中华人民共和国统计法》和本条例的规定，真实、准确、完整、及时地提供人口普查所需的资料。

人口普查对象提供的资料，应当依法予以保密。

第五条　普查机构和普查机构工作人员、普查指导员、普查员（以下统称普查人员）依法独立行使调查、报告、监督的职权，任何单位和个人不得干涉。

地方各级人民政府、各部门、各单位及其负责人，不得自行修改普查机构和普查人员依法搜集、整理的人口普查资料，不得以任何方式要求普查机构和普查人员及其他单位和个人伪造、篡改人口普查资料，不得对依法履行职责或者拒绝、抵制人口普查违法行为的普查人员打击报复。

第六条　各级人民政府应当利用报刊、广播、电视、互联网和户外广告等媒介，开展人口普查的宣传动员工作。

第七条 人口普查所需经费，由国务院和地方各级人民政府共同负担，并列入相应年度的财政预算，按时拨付，确保足额到位。

人口普查经费应当统一管理、专款专用，从严控制支出。

第八条 人口普查每10年进行一次，尾数逢0的年份为普查年度，标准时点为普查年度的11月1日零时。

第九条 国家统计局会同国务院有关部门制定全国人口普查方案（以下简称普查方案），报国务院批准。

人口普查应当按照普查方案的规定执行。

第十条 对认真执行本条例，忠于职守、坚持原则，做出显著成绩的单位和个人，按照国家有关规定给予表彰和奖励。

第二章 人口普查的对象、内容和方法

第十一条 人口普查对象是指普查标准时点在中华人民共和国境内的自然人以及在中华人民共和国境外但未定居的中国公民，不包括在中华人民共和国境内短期停留的境外人员。

第十二条 人口普查主要调查人口和住户的基本情况，内容包括姓名、性别、年龄、民族、国籍、受教育程度、行业、职业、迁移流动、社会保障、婚姻、生育、死亡、住房情况等。

第十三条 人口普查采用全面调查的方法，以户为单位进行登记。

第十四条 人口普查采用国家统计分类标准。

第三章 人口普查的组织实施

第十五条 人口普查登记前，公安机关应当按照普查方案的规定完成户口整顿工作，并将有关资料提交本级人口普查机构。

第十六条 人口普查登记前应当划分普查区，普查区以村民委员会、居民委员会所辖区域为基础划分，每个普查区划分为若干普查小区。

第十七条 每个普查小区应当至少有一名普查员，负责入户登记等普查工作。每个普查区应当至少有一名普查指导员，负责安排、指导、督促和检查普查员的工作，也可以直接进行入户登记。

第十八条 普查指导员和普查员应当具有初中以上文化水平，身体健康，责任心强。

第十九条 普查指导员和普查员可以从国家机关、社会团体、企业事业单位借调，也可以从村民委员会、居民委员会或者社会招聘。借调和招聘工作由县级人民政府负责。

国家鼓励符合条件的公民作为志愿者参与人口普查工作。

第二十条 借调的普查指导员和普查员的工资由原单位支付，其福利待遇保持不变，并保留其原有工作岗位。

招聘的普查指导员和普查员的劳动报酬，在人口普查经费中予以安排，由聘用单位支付。

第二十一条 普查机构应当对普查指导员和普查员进行业务培训，并对考核合格的人员颁发全国统一的普查指导员证或者普查员证。

普查指导员和普查员执行人口普查任务时，应当出示普查指导员证或者普查员证。

第二十二条 人口普查登记前，普查指导员、普查员应当绘制普查小区图，编制普查小区户主姓名底册。

第二十三条 普查指导员、普查员入户登记时，应当向人口普查对象说明人口普查的目的、法律依据以及人口普查对象的权利和义务。

第二十四条 人口普查对象应当按时提供人口普查所需的资料，如实回答相关问题，不得隐瞒有关情况，不得提供虚假信息，不得拒绝或者阻碍人口普查工作。

第二十五条 人口普查对象应当在普查表上签字或者盖章确认，并对其内容的真实性负责。

第二十六条 普查人员应当坚持实事求是，恪守职业道德，拒绝、抵制人口普查工作中的违法行为。

普查机构和普查人员不得伪造、篡改普查资料，不得以任何方式要求任何单位和个人提供虚假的普查资料。

第二十七条 人口普查实行质量控制岗位责任制，普查机构应当对人口普查实施中的每个环节实行质量控制和检查，对人口普查数据进行审核、复查和验收。

第二十八条 国家统计局统一组织人口普查数据的事后质量抽查工作。

第四章 人口普查资料的管理和公布

第二十九条 地方各级普查机构应当按照普查方案的规定进行数据处理，并按时上报人口普查资料。

第三十条 人口普查汇总资料，除依法应当保密的外，应当予以公布。

全国和各省、自治区、直辖市主要人口普查数据，由国家统计局以公报形式公布。

地方人民政府统计机构公布本行政区域主要人口普查数据，应当报经上一级人民政府统计机构核准。

第三十一条 各级人民政府统计机构应当做好人口普查资料的管理、开发和应用，为社会公众提供查询、咨询等服务。

第三十二条 人口普查中获得的原始普查资料，按照国家有关规定保存、销毁。

第三十三条 人口普查中获得的能够识别或者推断单个普查对象身份的资料，任何单位和个人不得对外提供、泄露，不得作为对人口普查对象作出具体行政行为的依据，不得用于人口普查以外的目的。

人口普查数据不得作为对地方人民政府进行政绩考核和责任追究的依据。

第五章 法律责任

第三十四条 地方人民政府、政府统计机构或者有关部门、单位的负责人有下列行为之一的，由任免机关或者监察机关依法给予处分，并由县级以上人民政府统计机构予以通报；构成犯罪的，依法追究刑事责任：

（一）自行修改人口普查资料、编造虚假人口普查数据的；

（二）要求有关单位和个人伪造、篡改人口普查资料的；

（三）不按照国家有关规定保存、销毁人口普查资料的；

（四）违法公布人口普查资料的；

（五）对依法履行职责或者拒绝、抵制人口普查违法行为的普查人员打击报复的；

（六）对本地方、本部门、本单位发生的严重人口普查违法行为失察的。

第三十五条 普查机构在组织实施人口普查活动中有下列违法行为之一的，由本级人民政府或者上级人民政府统计机构责令改正，予以通报；对直接负责的主管人员和其他直接责任人员，由任免机关或者监察机关依法给予处分：

（一）不执行普查方案的；

（二）伪造、篡改人口普查资料的；

（三）要求人口普查对象提供不真实的人口普查资料的；

（四）未按照普查方案的规定报送人口普查资料的；

（五）违反国家有关规定，造成人口普查资料毁损、灭失的；

（六）泄露或者向他人提供能够识别或者推断单个普查对象身份的资料的。

普查人员有前款所列行为之一的，责令其停止执行人口普查任务，予以通报，依法给予处分。

第三十六条 人口普查对象拒绝提供人口普查所需的资料，或者提供不真实、不完整的人口普查资料的，由县级以上人民政府统计机构责令改正，予以批评教育。

人口普查对象阻碍普查机构和普查人员依法开展人口普查工作，构成违反治安管理行为的，由公安机关依法给予处罚。

第三十七条 县级以上人民政府统计机构应当设立举报电话和信箱，接受社会各界对人口普查违法行为的检举和监督。

第六章 附 则

第三十八条 中国人民解放军现役军人、人民武装警察等人员的普查内容和方法，由国家统计局会同国务院有关部门、军队有关部门规定。

交通极为不便地区的人口普查登记的时间和方法，由国家统计局会同国务院有关部门规定。

第三十九条 香港特别行政区、澳门特别行政区的人口数，按照香港特别行政区政府、澳门特别行政区政府公布的资料计算。

台湾地区的人口数，按照台湾地区有关主管部门公布的资料计算。

第四十条 为及时掌握人口发展变化情况，在两次人口普查之间进行全国1%人口抽样调查。全国1%人口抽样调查参照本条例执行。

第四十一条 本条例自2010年6月1日起施行。

第三部分 附录

附录4 第七次全国人口普查方案

第七次全国人口普查方案

国家统计局
国务院第七次全国人口普查领导小组办公室

第一部分　总说明

根据《中华人民共和国统计法》《中华人民共和国统计法实施条例》《全国人口普查条例》和《国务院关于开展第七次全国人口普查的通知》，制定本方案。

一、普查目的

全面查清我国人口数量、结构、分布、城乡住房等方面情况，为完善人口发展战略和政策体系，促进人口长期均衡发展，科学制定国民经济和社会发展规划，推动经济高质量发展，开启全面建设社会主义现代化国家新征程，向第二个百年奋斗目标进军，提供科学准确的统计信息支持。

二、普查时点

普查的标准时点是 2020 年 11 月 1 日零时。

三、普查对象

普查对象是指普查标准时点在中华人民共和国境内的自然人以及在中华人民共和国境外但未定居的中国公民，不包括在中华人民共和国境内短期停留的境外人员。

四、普查内容和普查表

普查登记的主要内容包括：姓名、公民身份号码、性别、年龄、民族、受教育程度、行业、职业、迁移流动、婚姻生育、死亡、住房情况等。

根据不同的普查对象和普查内容，具体分为四种普查表。

（一）第七次全国人口普查短表

普查短表包括反映人口基本状况的项目，由全部住户（不包括港澳台居民和外籍人员）填报。

（二）第七次全国人口普查长表

普查长表包括所有短表项目和人口的经济活动、婚姻生育和住房等情况的项目，在全部住户中抽取 10% 的户（不包括港澳台居民和外籍人员）填报。

（三）第七次全国人口普查港澳台居民和外籍人员普查表

港澳台居民和外籍人员普查表包括反映人口基本状况的项目以及入境目的、居住时间、身份或国籍、就业情况等项目，由在境内居住的港澳台居民和外籍人员填报。

（四）第七次全国人口普查死亡人口调查表

死亡人口调查表包括死亡人口的基本信息，由 2019 年 11 月 1 日至 2020 年 10 月 31 日期间有死亡人口的户填报。

五、普查方法

普查采用全面调查的方法，以户为单位进行登记。

普查采用按现住地登记的原则，每个人必须在现住地进行登记。普查对象不在户口登记地居住的，户口登记地要登记相应信息。

普查登记采用普查员入户询问、当场填报，或由普查对象自主填报等方式进行。

普查数据采集原则上采用电子化的方式。采取普查员使用电子采集设备（PAD或智能手机）登记普查对象信息并联网实时上报，或由普查对象通过互联网自主填报等方式进行。

普查员应按照工作要求，在户口整顿基础上对所负责普查小区进行全面摸底，掌握普查小区内的人口和居住情况，编制《户主姓名底册》，根据《户主姓名底册》进行入户登记工作，并参考部门行政记录等资料进行比对复查，确保普查登记真实准确、不重不漏。

六、普查数据处理

各级普查机构负责普查数据处理。国务院人口普查办公室统一编制数据采集、审核、编辑、汇总程序。

国务院人口普查办公室集中部署数据采集处理环境。各级普查机构应保障必要的数据处理办公环境和网络条件，采取必要的安全措施，确保数据处理工作安全、顺利地进行。

七、普查组织实施

（一）全国统一领导

国务院第七次全国人口普查领导小组负责普查组织实施中重大问题的研究和决策。普查领导小组办公室设在国家统计局，具体负责普查的组织实施。

（二）部门分工协作

领导小组各成员单位要按照职能分工，各负其责、通力协作、密切配合，共同做好普查工作。对普查工作中遇到的困难和问题，要及时采取措施予以解决。

（三）地方分级负责

地方各级人民政府设立相应的普查领导小组及其办公室，领导和组织实施本区域内的普查工作。村民委员会和居民委员会设立人口普查小组，协助街道办事处和乡镇政府动员和组织社会力量，做好本区域内的普查工作。

普查指导员和普查员可以从国家机关、社会团体、企业事业单位借调，也可以从村民委员会、居民委员会或者社会招聘。借调和招聘工作由县级人民政府负责。

（四）各方共同参与

国家机关、社会团体、企业事业单位应当按照《中华人民共和国统计法》《中华人民共和国统计法实施条例》和《全国人口普查条例》的规定，参与并配合普查工作。

八、普查质量控制

普查实行严格的质量控制制度，建立健全普查数据质量追溯和问责机制，确保普查数据可核查、可追溯、可问责。国务院人口普查办公室统一领导、统筹协调普查全过程质量控制的有关工作。地方各级普查机构主要负责人对本行政区域普查数据质量负总责，确保普查数据真实、准确、完整、及时。各级普查办公室必须严格执行各阶段工作要求，保证各阶段工作质量达到规定标准，确保普查工作质量与数据质量合格达标。

九、普查宣传

各级宣传部门和普查机构应制定宣传工作方案，深入开展普查宣传。

各级宣传部门应组织协调新闻媒体及有关部门，通过报刊、广播、电视、互联网、手机和户外广告等多种渠道，充分利用微博、微信、短视频等新媒体传播手段，宣传普查的重大意义、政策规定和工作要求，积极营造良好的普查氛围。

各级普查机构要组织开展形式多样的宣传活动，动员社会各界支持、参与普查。

十、普查法规与纪律要求

坚持依法普查，普查工作要严格按照《中华人民共和国统计法》《中华人民共和国统计法实施条例》《全国人口普查条例》《国务院关于开展第七次全国人口普查的通知》及相关规定组织开展。

普查对象应当依法履行普查义务，如实提供普查信息，不得虚报、瞒报、拒报。拒绝提供普查所需的资料，或者提供不真实、不完整的普查资料的，由县级以上人民政府统计机构责令改正，予以批评教育，情节严重的依法严肃处理。普查取得的数据，严格限定用于普查目的，不得作为任何部门和单位对各级行政管理工作实施考核、奖惩的依据。普查中获得的能够识别或者推断单个普查对象身份的资料，任何单位和个人不得对外提供、泄露，不得作为对普查对象实施处罚等具体行政行为的依据，不得用于普查以外的目的。各级普查机构及其工作人员，必须严格履行保密义务。

十一、普查主要工作阶段

普查工作分三个阶段进行：

一是准备阶段（2019 年 10 月—2020 年 10 月）。这一阶段的主要工作是：组建各级普查机构，制定普查方案和工作计划，进行普查试点，落实普查经费和物资，准备数据采集处理环境，开展普查宣传，选聘培训普查指导员和普查员，普查区域划分及绘图，进行户口整顿，开展摸底等。

二是普查登记阶段（2020 年 11 月—12 月）。这一阶段的主要工作是：普查员入户登记，进行比对复查，开展事后质量抽查等。

三是数据汇总和发布阶段（2020 年 12 月—2022 年 12 月）。这一阶段的主要工作是：数据处理、汇总、评估，发布主要数据公报，普查资料开发利用等。

十二、其他

（一）香港特别行政区、澳门特别行政区的人口数，按照香港特别行政区政府、澳门特别行政区政府公布的资料计算。

台湾地区的人口数，按照台湾地区有关主管部门公布的资料计算。

（二）因交通极为不便等特殊因素，需采用其他登记时间和方法的地区，须报请国务院人口普查办公室批准。

（三）对认真执行本方案，忠于职守，坚持原则，在普查工作中做出显著成绩的单位和个人，按照国家有关规定给予表彰奖励。

（四）本方案由国务院人口普查办公室负责解释。

第二部分　普查表式

第七次全国人口普查短表

经国务院批准进行第七次全国人口普查
人口普查的标准时点为 2020 年 11 月 1 日零时
人口普查的原始资料不向任何单位和个人提供，
仅供汇总使用
公民应履行如实申报普查项目的义务

表　号：R 601 表
制定机关：国家统计局
国务院人口普查办公室
批准文号：国发〔2019〕24 号
有效期至：2021 年 3 月

地址：_____省（区、市）_____市（地、州、盟）_____县（市、区、旗）_____乡（镇、街道）______普查区_____普查小区_____户编号

一、住户项目

H1. 户别
1. 家庭户
2. 集体户

H2. 本户应登记人数
2020 年 10 月 31 日晚居住本户的人数 _____人
户口在本户，2020 年 10 月 31 日晚未住本户的人数_____人

H3. 本户 2019 年 11 月 1 日至 2020 年 10 月 31 日期间的出生人口
男____人 女___人

H4. 本户 2019 年 11 月 1 日至 2020 年 10 月 31 日期间的死亡人口
男____人 女___人

H5. 住所类型
1. 普通住宅
2. 集体住所
3. 工作地住所
4. 其他住房
5. 无住房

（选择 2—5 的，跳至个人项目。）

H6. 本户现住房建筑面积
_____平方米

H7. 本户现住房间数

______间

二、个人项目

每个人都填报的项目

D1. 姓名

______

D2. 与户主关系

0. 户主
1. 配偶
2. 子女
3. 父母
4. 岳父母或公婆
5. 祖父母
6. 媳婿
7. 孙子女
8. 兄弟姐妹
9. 其他

D3. 公民身份号码

□□□□□□□□□□□□□□□□□□

D4. 性别

1. 男
2. 女

D5. 出生年月

出生于：______年______月

D6. 民族

______族

D7. 普查时点（2020 年 11 月 1 日零时）居住地

1. 本普查小区
2. 本村（居）委会其他普查小区
3. 本乡（镇、街道）其他村（居）委会
4. 本县（市、区、旗）其他乡（镇、街道）
5. 其他县（市、区、旗），请在下面填写地址

______省（区、市）

______市（地、州、盟）

______县（市、区、旗）

6. 香港特别行政区、澳门特别行政区、台湾地区

7. 国外

D8. 户口登记地

1. 本村（居）委会

2. 本乡（镇、街道）其他村（居）委会

3. 本县（市、区、旗）其他乡（镇、街道）

4. 其他县（市、区、旗），请在下面填写地址

______省（区、市）

______市（地、州、盟）

______县（市、区、旗）

5. 户口待定→D11

D9. 离开户口登记地时间

1. 没有离开户口登记地→D11

2. 不满半年

3. 半年以上，不满一年

4. 一年以上，不满二年

5. 二年以上，不满三年

6. 三年以上，不满四年

7. 四年以上，不满五年

8. 五年以上，不满十年

9. 十年以上

D10. 离开户口登记地原因

0. 工作就业

1. 学习培训

2. 随同离开/投亲靠友

3. 拆迁/搬家

4. 寄挂户口

5. 婚姻嫁娶

6. 照料孙子女

7. 为子女就学

8. 养老/康养

9. 其他

3 周岁及以上（2017 年 10 月 31 日以前出生）的人填报的项目

D11. 受教育程度

1. 未上过学

2. 学前教育

3. 小学

4. 初中

5. 高中

6. 大学专科

7. 大学本科

8. 硕士研究生

9. 博士研究生

15 周岁及以上（2005 年 10 月 31 日以前出生）的人填报的项目

D12. 是否识字

1. 是

2. 否

第七次全国人口普查长表

经国务院批准进行第七次全国人口普查	表　　号：R　6　0　2　表
人口普查的标准时点为2020年11月1日零时	制定机关：国　家　统　计　局
人口普查的原始资料不向任何单位和个人提供，	国务院人口普查办公室
仅供汇总使用	批准文号：国发〔2019〕24号
公民应履行如实申报普查项目的义务	有效期至：2　0　2　1　年　3　月

地址：＿＿＿省（区、市）＿＿＿市（地、州、盟）＿＿＿县（市、区、旗）＿＿＿乡（镇、街道）＿＿＿普查区＿＿＿普查小区＿＿＿户编号

一、住户项目

H1. 户别

1. 家庭户
2. 集体户

H2. 本户应登记人数

2020年10月31日晚居住本户的人数＿＿＿人

户口在本户，2020年10月31日晚未住本户的人数＿＿＿人

H3. 本户2019年11月1日至2020年10月31日期间的出生人口

男＿＿＿人　女＿＿＿人

H4. 本户2019年11月1日至2020年10月31日期间的死亡人口

男＿＿＿人　女＿＿＿人

H5. 住所类型

1. 普通住宅
2. 集体住所
3. 工作地住所
4. 其他住房
5. 无住房

（选择2—5的，跳至个人项目。）

H6. 本户现住房建筑面积

＿＿＿平方米

H7. 本户现住房间数

＿＿＿间

H8. 住房所在建筑的总层数

1. 平房
2. 多层（7 层及以下） 3. 高层（8—33 层）
4. 超高层（34 层及以上）

H9. 承重类型

1. 钢及钢筋混凝土结构
2. 混合结构
3. 砖木结构
4. 竹草土坯结构
5. 其他结构

H10. 住房建成年代

1. 1949 年以前
2. 1949—1959 年
3. 1960—1969 年
4. 1970—1979 年
5. 1980—1989 年
6. 1990—1999 年
7. 2000—2009 年
8. 2010—2014 年
9. 2015 年以后

H11. 住房所在建筑有无电梯

1. 有
2. 无

H12. 主要炊事燃料

1. 燃气
2. 电
3. 煤炭
4. 柴草
5. 其他

H13. 住房内有无管道自来水

1. 有
2. 无

H14. 住房内有无厨房

1. 独立使用
2. 与其他户合用

3. 无

H15. 住房内有无厕所

1. 水冲式卫生厕所
2. 水冲式非卫生厕所
3. 卫生旱厕
4. 普通旱厕
5. 无

H16. 住房内有无洗澡设施

1. 统一供热水
2. 家庭自装热水器
3. 其他
4. 无

H17. 住房来源

1. 租赁廉租房/公租房
2. 租赁其他住房
3. 购买新建商品房
4. 购买二手房
5. 购买原公有住房
6. 购买经济适用房/两限房
7. 自建住房
8. 继承或赠予
9. 其他

(选择3—9的，跳至H19。)

H18. 月租房费用

0. 200元以下
1. 200—499元
2. 500—999元
3. 1000—1999元
4. 2000—2999元
5. 3000—3999元
6. 4000—5999元
7. 6000—7999元
8. 8000—9999元
9. 10000元以上

H19. 拥有全部家用汽车的总价

1. 不满10万元
2. 10万元以上，不满20万元

3. 20 万元以上，不满 30 万元
4. 30 万元以上，不满 50 万元
5. 50 万元以上，不满 100 万元
6. 100 万元以上
7. 没有汽车

二、个人项目

每个人都填报的项目

C1. 姓名

C2. 与户主关系
0. 户主
1. 配偶
2. 子女
3. 父母
4. 岳父母或公婆
5. 祖父母
6. 媳婿
7. 孙子女
8. 兄弟姐妹
9. 其他

C3. 公民身份号码
□□□□□□□□□□□□□□□□□□

C4. 性别
1. 男
2. 女

C5. 出生年月
出生于：____年____月

C6. 民族
_____族

C7. 普查时点（2020 年 11 月 1 日零时）居住地
1. 本普查小区
2. 本村（居）委会其他普查小区
3. 本乡（镇、街道）其他村（居）委会
4. 本县（市、区、旗）其他乡（镇、街道）

5. 其他县（市、区、旗），请在下面填写地址
______省（区、市）
______市（地、州、盟）
______县（市、区、旗）
6. 香港特别行政区、澳门特别行政区、台湾地区
7. 国外

C8. 户口登记地
1. 本村（居）委会
2. 本乡（镇、街道）其他村（居）委会
3. 本县（市、区、旗）其他乡（镇、街道）
4. 其他县（市、区、旗），请在下面填写地址
______省（区、市）
______市（地、州、盟）
______县（市、区、旗）
5. 户口待定→C12

C9. 离开户口登记地时间
1. 没有离开户口登记地→C12
2. 不满半年
3. 半年以上，不满一年
4. 一年以上，不满二年
5. 二年以上，不满三年
6. 三年以上，不满四年
7. 四年以上，不满五年
8. 五年以上，不满十年
9. 十年以上

C10. 离开户口登记地原因
0. 工作就业
1. 学习培训
2. 随同离开/投亲靠友
3. 拆迁/搬家
4. 寄挂户口
5. 婚姻嫁娶
6. 照料孙子女
7. 为子女就学
8. 养老/康养
9. 其他

C11. 户口登记地类型
1. 乡

2. 镇的村委会
3. 镇的居委会
4. 街道

C12. 是否有农村土地承包经营权

1. 有
2. 无

C13. 出生地

1. 本县（市、区、旗）
2. 本省其他县（市、区、旗）
3. 省外：_____省（区、市）

5 周岁及以上（2015 年 10 月 31 日以前出生）的人填报的项目

C14. 五年前常住地

2015 年 11 月 1 日常住地：

1. 本县（市、区、旗）
2. 其他地区，请在下面填写地址

_____省（区、市）
_____市（地、州、盟）
_____县（市、区、旗）

3 周岁及以上（2017 年 10 月 31 日以前出生）的人填报的项目

C15. 受教育程度

1. 未上过学→C17
2. 学前教育→C17
3. 小学
4. 初中
5. 高中
6. 大学专科
7. 大学本科
8. 硕士研究生
9. 博士研究生

C16. 学业完成情况

1. 在校
2. 毕业
3. 肄业
4. 辍学
5. 其他

15 周岁及以上（2005 年 10 月 31 日以前出生）的人填报的项目

C17. 是否识字

1. 是
2. 否

C18. 工作情况

10 月 25—31 日是否为取得收入而工作了一小时以上（包括临时工、依托互联网平台灵活就业、家庭经营无酬帮工等）

1. 是，上周工作时间　小时
2. 在职休假、在职学习培训、临时停工（保留工资）
3. 未做任何工作→C22

C19. 工作单位或生产经营活动所属类型

1. 企业、事业、机关或社会团体等法人单位
2. 个体经营户
3. 经营农村家庭承包地（家庭农林牧渔生产经营活动）
4. 自由职业/灵活就业

C20. 行业

单位详细名称：________________________________

主要产品或主要业务：__________________________

C21. 职业

本人从事的具体工作：__________________________→C23

C22. 未工作原因

1. 在校学习
2. 离退休
3. 料理家务
4. 丧失工作能力
5. 其他

C23. 主要生活来源

1. 劳动收入
2. 离退休金/养老金
3. 最低生活保障金
4. 失业保险金
5. 财产性收入
6. 家庭其他成员供养
7. 其他

C24. 婚姻状况

1. 未婚→C28
2. 有配偶
3. 离婚
4. 丧偶

C25. 初婚年月

_____年_____月

15 至 64 周岁（1955 年 11 月 1 日—2005 年 10 月 31 日出生）的妇女填报的项目

C26. 生育子女数

1. 未生育→C28
2. 有生育（请填报生育的子女数）生过几个孩子：

男_____人

女_____人

其中现在存活几个孩子：

男_____人

女_____人

15 至 50 周岁（1969 年 11 月 1 日—2005 年 10 月 31 日出生）的妇女填报的项目

C27. 过去一年（2019 年 11 月 1 日—2020 年 10 月 31 日）的生育状况

1. 一年内未生育（结束）
2. 一年内有生育（请填报生育时间和孩子性别）生育时间：

_____月

婴儿性别：

1. 男
2. 女

一年内生育两个以上孩子的，请填报第二个孩子的状况。生育时间：

_____月

婴儿性别：

1. 男
2. 女

60 周岁及以上（1960 年 10 月 31 日以前出生）的人填报的项目

C28. 居住状况

1. 与配偶和子女同住
2. 与配偶同住

3. 与子女同住
4. 独居（有保姆）
5. 独居（无保姆）
6. 养老机构
7. 其他

C29. **身体健康状况**
1. 健康
2. 基本健康
3. 不健康，但生活能自理
4. 不健康，生活不能自理

第七次全国人口普查港澳台居民和外籍人员普查表
The Seventh National Population Census Form for Residents from Hong Kong, Macao, Taiwan and from Foreign Countries

中国政府决定进行第七次全国人口普查
人口普查标准时点为 2020 年 11 月 1 日零时
我们将对您在普查表中填写的信息给予
保密，敬请合作。

The Government of China has decided to conduct the 7th National Population Census, with zero hour on 1 November 2020 as the reference time.
Information provided will be kept confidential.
Your cooperation is highly appreciated.

表　号：R603表
制定机关：国家统计局
国务院人口普查办公室
批准文号：国发〔2019〕24号
有效期至：2021年3月

Form number: R603
Form issued by: National Bureau of Statistics
Office of the State Council for the Seventh National Population Census
Approval number: 〔2019〕24
Valid until: March 2021

地址 Address：

________省（区、市）Province
________市（地、州、盟）City (prefecture)
________县（市、区、旗）County (city, district)
________乡（镇、街道）Town (township, street)
________普查区 Enumeration area (village/community committee)
________普查小区 Enumeration block
________户编号 Household number

一、住户项目

Household Information

F1. 户别
Type of household
1. 家庭户 Family household
2. 集体户 Collective household

F2. 住所类型
Type of dwelling
1. 普通住宅 Conventional dwellings
2. 集体住所 Collective living quarters
3. 工作地住所 Living in work places
4. 其他住房 Other dwellings
5. 无住房 With no dwellings

（选择 2—5 的，跳至个人项目。）
(If the answer is 2-5, then skip to ‘Individual Information’.)

F3. 本户现住房建筑面积

Floor space for this household

__________平方米 m^2

F4. 本户现住房间数

Number of rooms for this household

__________间 rooms

二、个人项目

Individual Information

R1. 姓名 Full name

____

R2. 与户主关系

Relationship with head of household

0. 户主 Head of household
1. 配偶 Spouse
2. 子女 Son or daughter
3. 父母 Parent
4. 岳父母或公婆 Parent-in-law
5. 祖父母 Grandparent
6. 媳婿 Son-in-law or daughter-in-law
7. 孙子女 Grandchild
8. 兄弟姐妹 Brother or sister
9. 其他 Other relationship

R3. 性别

Sex

1. 男 Male
2. 女 Female

R4. 出生年月

Date of birth

出生于 Born in：__________年 year__________月 month

R5. 来内地（大陆）或来华目的

Purpose for stay in the mainland of China

1. 商务 Business
2. 就业 Work
3. 学习 Study
4. 定居 Residence
5. 探亲 Visiting relatives

6. 其他 Others

R6. **已在内地（大陆）或在华居住时间**

Duration of stay in the mainland of China

1. 不满三个月 Less than 3 months
2. 三个月以上，不满半年 3 months to less than 6 months
3. 半年以上，不满一年 6 months to less than 12 months
4. 一年以上，不满二年 1 year to less than 2 years
5. 二年以上，不满五年 2 years to less than 5 years
6. 五年以上 5 years or more

R7. **受 教 育 程 度**

3 周岁及以上（2017 年 10 月 31 日以前出生）的人填报

Educational attainment

For persons aged 3 and over（Born before 31st Oct. 2017）

1. 未上过学 No schooling
2. 学前教育 Pre-primary education
3. 小学 Primary education
4. 初中 Junior secondary education
5. 高中 Senior secondary education
6. 大学专科 College
7. 大学本科 University
8. 硕士研究生 Master
9. 博士研究生 Doctor

R8. **身份或国籍**

Citizenship

1. 香港特别行政区居民 Hong Kong SAR resident
2. 澳门特别行政区居民 Macao SAR resident
3. 台湾地区居民 Taiwan resident
4. 外国人 Foreigner：国籍 Country ________（结束）(End)

15 周岁及以上（2005 年 10 月 31 日以前出生）港澳台居民填报的项目

For persons aged 15 and over (Born before 31st Oct. 2005) from Hong Kong, Macao and Taiwan

R9. **工作情况**

10 月 25—31 日是否为取得收入而工作了一小时以上

1. 是
2. 在职休假、在职学习培训、临时停工（保留工资）
3. 未做任何工作→R12

R10. **行业**

1. 农、林、牧、渔业

2. 采矿业
3. 制造业
4. 电力、热力、燃气及水生产和供应业
5. 建筑业
6. 批发和零售业
7. 交通运输、仓储和邮政业
8. 住宿和餐饮业
9. 信息传输、软件和信息技术服务业
10. 金融业
11. 房地产业
12. 租赁和商务服务业
13. 科学研究和技术服务业
14. 水利、环境和公共设施管理业
15. 居民服务、修理和其他服务业
16. 教育
17. 卫生和社会工作
18. 文化、体育和娱乐业
19. 公共管理、社会保障和社会组织
20. 国际组织

R11. 职业

1. 党的机关、国家机关、群众团体和社会组织、企事业单位负责人
2. 专业技术人员
3. 办事人员和有关人员
4. 社会生产服务和生活服务人员
5. 农、林、牧、渔业生产及辅助人员
6. 生产制造及有关人员
7. 不便分类的其他从业人员

R12. 婚姻状况

1. 未婚
2. 有配偶
3. 离婚
4. 丧偶

第七次全国人口普查死亡人口调查表

（2019 年 11 月 1 日至 2020 年 10 月 31 日死亡的人口登记）

经国务院批准进行第七次全国人口普查
人口普查的标准时点为 2020 年 11 月 1 日零时
人口普查的原始资料不向任何单位和个人提供，
仅供汇总使用
公民应履行如实申报普查项目的义务

表　　号：R　6　0　4　表
制定机关：国　家　统　计　局
　　　　　国务院人口普查办公室
批准文号：国 发〔2019〕24 号
有效期至：2　0　2　1　年　3　月

地址：_____省（区、市）_____市（地、州、盟）_____县（市、区、旗）_____乡（镇、街道）_____普查区_____普查小区_____户编号

每个死亡人口都登记的项目

S1. 姓名

____

S2. 公民身份号码

□□□□□□□□□□□□□□□□□□

S3. 性别

1. 男
2. 女

S4. 出生年月

出生于：________年________月

S5. 死亡时间

死亡于：________月

S6. 民族

________族

死亡时满 3 周岁的人登记的项目

S7. 受教育程度

1. 未上过学
2. 学前教育
3. 小学
4. 初中
5. 高中
6. 大学专科
7. 大学本科

8. 硕士研究生
9. 博士研究生

死亡时满 15 周岁的人登记的项目

S8. 婚姻状况

1. 未婚
2. 有配偶
3. 离婚
4. 丧偶

第三部分　普查表填写说明

一、普查表的种类

第七次全国人口普查表分为《第七次全国人口普查短表》《第七次全国人口普查长表》《第七次全国人口普查港澳台居民和外籍人员普查表》和《第七次全国人口普查死亡人口调查表》四种表。

二、标准时点

第七次全国人口普查的标准时点为2020年11月1日零时。普查员在掌握普查标准时点时，应注意以下两点：

（一）2020年11月1日零时以后出生的人不登记；2020年11月1日零时以后死亡的人仍要在普查短表中登记。

（二）2020年11月1日零时以后居住地发生变化的人，仍在原居住地登记。

三、普查对象

普查对象是指普查标准时点在中华人民共和国境内的自然人以及在中华人民共和国境外但未定居的中国公民，不包括在中华人民共和国境内短期停留的境外人员。

（一）普查短表和普查长表的普查对象具体是指2020年10月31日晚住本普查小区的人，以及户口登记在本普查小区但2020年10月31日晚未住本普查小区的人。

1.2020年10月31日晚住本普查小区的人，无论其户口登记在何处。

2.户口登记在本普查小区，但2020年10月31日晚未住本普查小区的人，无论其外出时间长短、外出原因如何。

（二）港澳台居民和外籍人员普查表的普查对象具体是指2020年10月31日晚住本普查小区的港澳台居民和外籍人员。

（三）死亡人口调查表的登记对象具体是指2019年11月1日至2020年10月31日期间本普查小区的死亡人口。

四、登记原则

人口普查采用按现住地登记的原则，每个人必须在现住地进行登记。普查对象不在户口登记地居住的，户口登记地要登记相应信息。

人口普查以户为单位进行登记，户分为家庭户和集体户。集体户以一个住房单元为一户进行普查登记。为便于理解登记对象，并考虑到普查中可能遇到的特殊情况，普查员在入户登记时可采取以下方式询问住户：

应在您家普查登记的人包括：

· 2020年10月31日晚住在您家里的人。

· 经常居住在您家，由于临时出差、探亲、旅游或值夜班等原因，2020年10月31日晚未住在您家的人（视为2020年10月31日晚住在您家）。

· 幼儿园全托孩子，小学、初中住校生（视为2020年10月31日晚住在您家）。

· 户口登记在现住房地址的其他人。

不包括：

· 现役军人和武警。

· 由于临时出差、探亲、旅游等原因，2020 年 10 月 31 日晚暂住在您家的人。

· 2020 年 11 月 1 日零时以后出生的人。

五、普查项目

（一）普查短表

按户填报的项目有：户别、本户应登记人数、本户 2019 年 11 月 1 日至 2020 年 10 月 31 日期间的出生人口、本户 2019 年 11 月 1 日至 2020 年 10 月 31 日期间的死亡人口、住所类型、本户现住房建筑面积、本户现住房间数。

按人填报的项目有：姓名、与户主关系、公民身份号码、性别、出生年月、民族、普查时点（2020 年 11 月 1 日零时）居住地、户口登记地、离开户口登记地时间、离开户口登记地原因、受教育程度、是否识字。

（二）普查长表

按户填报的项目有：户别、本户应登记人数、本户 2019 年 11 月 1 日至 2020 年 10 月 31 日期间的出生人口、本户 2019 年 11 月 1 日至 2020 年 10 月 31 日期间的死亡人口、住所类型、本户现住房建筑面积、本户现住房间数、住房所在建筑的总层数、承重类型、住房建成年代、住房所在建筑有无电梯、主要炊事燃料、住房内有无管道自来水、住房内有无厨房、住房内有无厕所、住房内有无洗澡设施、住房来源、月租房费用、拥有全部家用汽车的总价。

按人填报的项目有：姓名、与户主关系、公民身份号码、性别、出生年月、民族、普查时点（2020 年 11 月 1 日零时）居住地、户口登记地、离开户口登记地时间、离开户口登记地原因、户口登记地类型、是否有农村土地承包经营权、出生地、五年前常住地、受教育程度、学业完成情况、是否识字、工作情况、经常工作单位或生产经营活动所属类型、行业、职业、未工作原因、主要生活来源、婚姻状况、初婚年月、生育子女数、过去一年（2019 年 11 月 1 日—2020 年 10 月 31 日）的生育状况、居住状况、身体健康状况。

（三）港澳台居民和外籍人员普查表

按户填报的项目有：户别、住所类型、本户现住房建筑面积、本户现住房间数。

按人填报的项目有：姓名、与户主关系、性别、出生年月、来内地（大陆）或来华目的、已在内地（大陆）或在华居住时间、受教育程度、身份或国籍、工作情况、行业、职业、婚姻状况。

（四）死亡人口调查表

填报的项目有：姓名、公民身份号码、性别、出生年月、死亡时间、民族、受教育程度、婚姻状况。

六、普查表的填写方法

（一）普查表以户为单位进行登记。普查短表、死亡人口调查表采用普查员入户询问、当场填报，或由普查对象通过互联网自主填报等方式进行。普查长表、港澳台居民和外籍人员普查表采用普查指导员和普查员入户询问、当场填报的登记方式。

（二）普查小区中的每一户有且只有一个户编号，为“001”开始的 3 位顺序码，在《户主姓名底册》编制完成后自动生成，普查表上的户编号与其一致，不可修改。

（三）普查表的填写顺序：先填写住户项目，再逐人填写个人项目。

普查员填写普查短表时，填写按人登记的项目时，表内第一人应填户主，然后依次填户主的配偶和其他关系的人。全户死亡的户，只填写“H4.本户 2019 年 11 月 1 日至 2020 年 10 月 31 日期间的死亡人口”，其他住户项目和个人项目均不再登记。

普查员填写普查长表时，与普查短表相同的项目直接代入短表信息，经向普查对象核实确认后，再填报其他项目。

（四）普查表每户最多可以填写 20 人。对于超过 20 人的大集体户，可酌情分成若干集体户填写。

（五）有标准选项的项目，根据实际情况选填，并且每个问题只能选择一个标准选项。民族、普查时点（2020 年 11 月 1 日零时）居住地、户口登记地、出生地、五年前常住地等项目可根据列表栏进行选择。没有标准选项的项目，用文字或阿拉伯数字据情填报。

（六）如果填写错误或发生逻辑关系异常，数据采集程序会给出审核提示。审核类型分为强制性审核和确认性审核，若为强制性审核错误，必须根据提示信息对错误项目进行修改；若为确认性审核提示，应根据提示信息对异常项目进行核实，确认无误后，继续进行填报。

（七）普查员每填完一户，应即刻进行审核，将通过审核的信息向申报人当面宣读，核对无误后，由申报人签字确认。

第四部分　指标解释

一、普查短表

（一）住户项目

H1.户别——按家庭户、集体户的类别填报。

1.家庭户：以家庭成员关系为主，居住一处共同生活的人口，作为一个家庭户。单身居住独自生活的，也作为一个家庭户。

2.集体户：相互之间没有家庭成员关系，集体居住共同生活的人口作为一个集体户。

H2. 本户应登记人数——包括两个部分。一部分是 2020 年 10 月 31 日晚居住本户的人数，既包括户口在本户、2020 年 10 月 31 日晚居住本户的人数，也包括户口不在本户、2020 年 10 月 31 日晚居住本户的人数，填写 H2 的第一项；另一部分是户口在本户，2020 年 10 月 31 日晚未居住本户的人数，填写 H2 的第二项。

H3.本户 2019 年 11 月 1 日至 2020 年 10 月 31 日期间的出生人口——填写本户在 2019 年 11 月 1 日至 2020 年 10 月 31 日期间出生的人数。分别填写男、女的合计数。若本户在此期间没有出生人口，请填写“0”。

H4.本户 2019 年 11 月 1 日至 2020 年 10 月 31 日期间的死亡人口——填写本户在 2019 年 11 月 1 日至 2020 年 10 月 31 日期间死亡的人数。分别填写男、女的合计数。若本户在此期间没有死亡人口，请填写“0”。

填写 H3、H4 时应注意：

不要漏掉出生时有某种生命现象（如在胎儿脱离母体时，有呼吸或心跳，脐带搏动、随意肌收缩等）不久即死亡的婴儿，既要填写出生人数，也要填写死亡人数。

H5.住所类型——按居住的住所类型填报。

1.普通住宅：指人工建造的，有墙、顶、门、窗等结构，具有独立入口，专门供人居住的房屋或场所。如单元房、平房、四合院、独栋别墅、筒子楼、窑洞等传统意义上的住宅。

2.集体住所：指学生宿舍、职工宿舍、工棚、养老院、福利院、宗教场所等。

3.工作地住所：指居住在办公楼、发廊、商铺、餐馆等工作场所。

4.其他住房：指居住在上述场所以外的其他房屋或场所。

5.无住房：指本户没有住房，居无定所（如流动人口中那些睡在桥下、公园、车站或睡在运载货物、商品车辆上的人等)。

H6.本户现住房建筑面积——本户现住房的建筑面积以房屋所有权证（不动产权证）或租赁凭证上的相关信息为准。

若只知道使用面积的，可用使用面积乘以 1.33，换算成建筑面积。填写本项目时应注意：

1.在租借房屋居住的户，按租借住房的实际情况填写其住房建筑面积。

2.合住在同一所住房里的住户，其建筑面积为各户所独立使用的房间面积加上公共使用面积（包括厨房、厕所、门厅、阳台等）的分摊部分：两户合住的，各按二分之一计算；三户合住的，各按三分之一计算， 依此类推。

3.建筑面积应填写整数，不为整数时四舍五入获得。

H7.本户现住房间数——指除厨房、厕所、过道和厅以外的所有自然间数（包括扩建的房间)。填写本项目时应注意：

1.在租借房屋居住的户，按租借住房的实际居住情况填写其住房间数。

2.合住同一所住房的，在填写住房间数时，填写其独立使用的房间数。

（二）个人项目

D1.姓名——填写被登记人的正式姓名。没有正式姓名的可填小名或某某氏，但不能填笔名、代号等。婴儿未起名的，可填“未取名”。

D2.与户主关系——指被登记人与本户户主的关系。申报人不是户主的，不要将被登记人与申报人的关系错填为与户主的关系。

0.户主：按家庭日常生活习惯确定户主。

1.配偶：指户主的妻子或丈夫。

2.子女：指户主的子女。

3.父母：指户主的父母或继父母、养父母。

4.岳父母或公婆：指户主配偶的父母或继父母、养父母。

5.祖父母：指户主或配偶的祖父母、外祖父母、曾祖父母、外曾祖父母。

6.媳婿：指户主子女的配偶。

7.孙子女：指户主的孙子女、外孙子女、孙媳婿、外孙媳婿、重孙子女、重孙媳婿、重外孙子女、重外孙媳婿。

8.兄弟姐妹：指户主及其配偶的兄弟姐妹以及他们的配偶。

9.其他：指以上九种人以外的成员。

在登记家庭户时，户主应登记为第一人，选填“0.户主”。如果户主的配偶也在本户登记，应登记为第二人，选填“1.配偶”，然后再登记该户的其他成员；如果户主没有配偶，或户主配偶不在本户登记，第二人登记本户其他成员。

在登记集体户时，任选一人登记为户主，选填“0.户主”，本户其他成员与户主关系一律登记为其他，选填“9.其他”。

D3.公民身份号码——指 18 位公民身份号码。无公民身份号码的填写 18 位 0。

D4.性别——指被登记人的性别。

D5.出生年月——指被登记人的出生年、月。

出生年月按公历填写，只知道农历的，要换算成公历。按照一般的规律，农历的月份与公历的月份相差一个月左右，换算时农历的月份加 1 即可作为公历的月份，但要注意农历的 12 月应当是公历下一年的 1 月。

D6.民族——指被登记人的民族。

外国人加入中国籍，其民族和我国的某一民族相同的，就选填某一民族；没有相同民族的，按外国人加入中国籍填写，选填“入籍”。

D7.普查时点（2020 年 11 月 1 日零时）居住地——指被登记人在普查标准时点居住的地址。

1.本普查小区：指普查时点居住在本普查小区的人。如果本户在本普查小区拥有一套以上的住房，可确定其中一处进行登记。

2.本村（居）委会其他普查小区：指户口登记地在本普查小区，普查时点居住在本村（居）委会其他普查小区的人。

3.本乡（镇、街道）其他村（居）委会：指户口登记地在本普查小区，普查时点居住在本乡（镇、街道）其他村（居）委会的人。

4.本县（市、区、旗）其他乡（镇、街道）：指户口登记地在本普查小区，普查时点居住在本县（市、区、旗）的其他乡（镇、街道）的人。

5.其他县（市、区、旗）：指户口登记地在本普查小区，普查时点居住在本县（市、区、旗）以外地区的人。填报本选项的人还需选填普查时点居住地所在省（区、市）、市（地、州、盟）、县（市、区、旗）

的具体名称。

6.香港特别行政区、澳门特别行政区、台湾地区：指户口登记地在本户，普查时点居住在香港特别行政区、澳门特别行政区、台湾地区的人。

7.国外：指户口登记地在本户，普查时点居住在国外的人。

D8.户口登记地——指被登记人的居民户口簿上的地址。

1.本村（居）委会：指户口登记地在本村（居）委会的人。

2.本乡（镇、街道）其他村（居）委会：指普查时点居住本普查小区，户口登记地在本乡（镇、街道）其他村（居）委会的人。

3.本县（市、区、旗）其他乡（镇、街道）：指普查时点居住本普查小区，户口登记地在本县（市、区、旗）的其他乡（镇、街道）的人。

4.其他县（市、区、旗）：指普查时点居住本普查小区，户口登记地在本县（市、区、旗）以外地区的人。填报本选项的人还需填写户口登记地所在省（区、市）、市（地、州、盟）、县（市、区、旗）的具体名称。

5.户口待定：指普查时点居住本普查小区，在任何地方都没有登记户口的人。包括手持户口迁移证、出生证、退伍证等情况。

D9.离开户口登记地时间——指到普查标准时点为止，被登记人离开户口登记地（居住地与户口登记地不一致）的时间。

没有离开户口登记地是指户口登记地在本村（居）委会，普查标准时点居住在本普查小区或本村（居）委会其他普查小区。

若常年外出的人由于农忙、节假日等原因偶尔回家的，或回家后因疫情原因推迟外出的，还应该从第一次离开户口登记地的时间开始计算。

D10.离开户口登记地原因——指被登记人离开户口登记地（居住地与户口登记地不一致）的原因。

0.工作就业：指十五周岁及以上因务工经商、工作招聘、调动等原因离开户口登记地的人。

1.学习培训：指六周岁及以上因考入各级各类学校或参加各种学习班、培训班而离开户口登记地的人。

2.随同离开/投亲靠友：指因跟随亲属、投亲靠友而离开户口登记地的人。

3.拆迁/搬家：指因房屋拆迁、改造或者搬家而离开户口登记地的人。

4.寄挂户口：指户口落在集体户或没有在户口登记地居住过、只落户口的人。

5.婚姻嫁娶：指十五周岁及以上因结婚而离开户口登记地的人。

6.照料孙子女：指为照料孙子女而离开户口登记地的人。

7.为子女就学：指为子女就学而离开户口登记地的人。

8.养老/康养：指因旅游（度假）养老/康养、候鸟式养老/康养、回籍贯地养老/康养、居住在养老院而离开户口登记地的人，不包括跟随子女养老。

9.其他：指上述几种以外的原因。

凡具有两种以上原因的，按其主要的原因选填一个标准选项。

D11.受教育程度——指按照国家教育体制，被登记人接受教育的情况。通过自学或成人学历教育经国家统一考试合格的，分别归入相应的受教育程度。

1.未上过学：指从未接受过各级各类学校教育。包括参加过各种扫盲班或成人识字班学习，且以后再没 有接受过各级各类学校教育的人。

2.学前教育：指仅接受过或正在接受专门学前教育机构教育，即在幼儿园或附设幼儿班接受保育和教育。

3.小学：指接受的最高一级教育为小学，无论其是否在校、毕业、肄业或辍学。

4.初中：指接受的最高一级教育为初中，无论其是否在校、毕业、肄业或辍学。

5.高中：指接受的最高一级教育为普通高中、成人高中和中等职业学校，无论其是否在校、毕业、肄业或辍学。

6.大学专科：指接受的最高一级教育为大学专科。在普通高等学校学习大学专科的，无论其是否在校、毕业、肄业或辍学，都填报此项。

凡国家授权承认学历的开放大学、广播电视大学、职工大学等成人高校和普通高等学校举办的函授大学、夜大学和其他形式的大学，按教育部颁布的大学专科教学大纲进行授课的，其毕业生选填此项；其肄业生、在校生按原有受教育程度填报。含成人专科和网络专科。

通过自学，经国家统一举办的自学考试合格，并取得大学专科毕业证书的，也选填此项。

7. 大学本科：指接受的最高一级教育为大学本科。在普通高等学校学习大学本科的，无论其是否在校、毕业、肄业或辍学，都填报此项。

凡国家授权承认学历的开放大学、广播电视大学、职工大学等成人高校和普通高等学校举办的函授大学、夜大学和其他形式的大学，按教育部颁布的大学本科教学大纲进行授课的，其毕业生选填此项；其肄业生、在校生按原有受教育程度填报。含成人本科和网络本科。

通过自学和进修大学课程，经考试合格，并取得大学本科毕业证书的，也选填此项。

8.硕士研究生：指接受的最高一级教育为硕士研究生，无论其是否在校、毕业、肄业或辍学。含 2016 年 12 月 1 日以后录取的非全日制硕士研究生。

在职接受硕士研究生教育的，其毕业生选填此项；肄业生和在校生按原有受教育程度填报。

9.博士研究生：指接受的最高一级教育为博士研究生，无论其是否在校、毕业、肄业或辍学。含 2016 年 12 月 1 日以后录取的非全日制博士研究生。

在职接受博士研究生教育的，其毕业生选填此项；肄业生和在校生按原有受教育程度填报。

凡是没有按教育部的教学大纲培养或只学单科的人，不能填报“大学专科”“大学本科”“硕士研究生”或“博士研究生”，一律按原有受教育程度填报。

D12.是否识字：指被登记人是否达到国家规定的脱盲标准（城镇居民和企、事业单位职工识字 2000 个，农村居民识字 1500 个）。登记时可询问，日常生活中是否能读懂简单的书信或书写简短的句子。如果能阅读通俗书报、能写便条就认为具有识字能力。

二、普查长表

（一）住户项目

H1.户别——与短表 H1 相同。

H2.本户应登记人数——与短表 H2 相同。

H3.本户 2019 年 11 月 1 日至 2020 年 10 月 31 日期间的出生人口——与短表 H3 相同。

H4.本户 2019 年 11 月 1 日至 2020 年 10 月 31 日期间的死亡人口——与短表 H4 相同。

H5.住所类型——与短表 H5 相同。

H6.本户现住房建筑面积——与短表 H6 相同。H7.本户现住房间数——与短表 H7 相同。

H8.住房所在建筑的总层数——层数是指建筑物的自然层数，一般按室内地坪以上计算。

采光窗在室外地坪以上的半地下室，其室内层高在 2.20m 以上（不含 2.20m）的，计算自然层数；假层、附层（夹层）、插层、阁楼（暗楼）、装饰性塔楼，以及突出屋面的楼梯间、水箱间不计层数。

其中，平房是指只有一层的房子。

H9.承重类型——指在房屋建筑中，由各种构件（屋架、梁、板、柱等）组成的能够承受各种作用的体系。

1.钢及钢筋混凝土结构：指承重的主要构件是用钢及钢筋混凝土建造的。它包括“钢结构”“钢、钢筋混凝土”和“钢筋混凝土”三种结构类型。

钢结构：承重的主要构件是钢材料建成的，包括悬索结构。

钢、钢筋混凝土结构：承重的主要构件是用钢、钢筋混凝土建造的。如一幢房屋一部分梁柱采用钢、钢筋混凝土构架建成。

钢筋混凝土结构：承重的主要构件是用钢筋混凝土建造的。包括薄壳结构、大模板现浇结构及使用滑模、升板等建造的钢筋混凝土结构的建筑物。

2.混合结构：指承重的主要构件是用钢筋混凝土和砖木建造的。如一幢房屋的梁是用钢筋混凝土制成，以砖墙为承重墙，或者梁是用木材建造，柱是用钢筋混凝土建造。

3.砖木结构：指承重的主要构件是用砖、木材建造的。如一幢房屋是木制房架、砖墙、木柱建成的。

4.竹草土坯结构：指承重的主要构件是用竹、草、土坯等建造的。如竹楼、土窑洞等。

5.其他结构：指不属于上述类型的结构。

H10.住房建成年代——指本户住房所属建筑物的建成年份。

本户住房所属建筑物翻修过的，按翻修时的年份选填。经过改建的，如改建面积大于原面积的，按改建时的年份选填；如改建面积小于原面积的，按原建成年份选填。

H11.住房所在建筑有无电梯——指本户住房所属建筑物内部、外部是否安装电梯。

H12.主要炊事燃料——指本户用于炊事的主要燃料。

如果本户用于炊事的燃料有两种以上，选填主要的一种。

H13.住房内有无管道自来水——指本户住房内是否有经过公用设施净化处理的管道输送水。

在院子里自己打的机井不能算作有自来水。

H14.住房内有无厨房——指本户住房内是否有专供做饭使用的房间，无论是否装有上下水道及固定灶具。

在公用过道、客堂等处烧饭的和在庭院、路边搭建的、临时简陋设施中做饭的都不算有厨房。

H15.住房内有无厕所——指本户住房内是否有厕所。

1.水冲式卫生厕所：指有上下水系统，或厕间有备水桶（瓢冲），坐便或蹲便器有水封或无水封的厕所，且粪便及污水冲入到下水道、化粪池和厕坑，无蝇，不会造成环境污染。

2.水冲式非卫生厕所：指虽然是水冲式厕所，但是粪便被冲到开放的水渠、沟塘等开放水体或者不确定冲到何处，会污染环境。

3.卫生旱厕：指有固定盖板的厕所，粪便基本无暴露，保持无蝇。比如通风改良厕所、堆肥厕所、双坑交替厕所、粪尿分集厕所、阁楼厕所、深坑防冻厕所等。

4.普通旱厕：包括无盖板的敞开式旱厕，有或无防渗处理。通常粪便暴露、有蛆蝇。

5.无：指没有厕所。

H16.住房内有无洗澡设施——指住房内是否有固定浴缸（浴盆）或淋浴龙头等能使用的洗浴设施。

1.统一供热水：指本户洗浴用热水由社区、物业管理部门或其他公共设施统一供应。

2.家庭自装热水器：指本户洗浴用热水是由自己安装的各种热水器，如电热水器、燃气（罐装、管道）热水器等。

3.其他：指上述两种以外的洗浴设施。

4.无：指住房内没有洗浴设施。

H17.住房来源——指本户获取现住房的方式。

1.租赁廉租房/公租房：指向政府相关部门申请并租住廉租房、公租房。

2.租赁其他住房：指通过私人、单位或房屋中介等渠道租住住房。

3.购买新建商品房：指按市场价购买的新建商品房。

4.购买二手房：指购买那些进入房屋市场进行交易，第二次及以上进行产权登记的住房，包括二手商品 房、允许上市交易的已售公房、经济适用房等。

5.购买原公有住房：指个人以成本价或优惠价购买的、原作为福利分配给本单位职工的住房。

6.购买经济适用房/两限房：指向政府相关部门申请并购买经济适用房、两限房。

7.自建住房：指个人建造的住房，其产权属于个人所有。

8.继承或赠予：指从亲属处继承而来或者受他人赠予而获取住房。

9.其他：指上述几种住房来源以外的情况。

H18.月租房费用——指最近用于交纳房租的单月金额，不包括水电费、物业费、取暖费等附加费用。月租房费用不为整数时，按四舍五入计算。

若多人合租作一户登记时，则需将每人月租费加总计算。

H19.拥有全部家用汽车的总价——是指住户拥有的全部供家庭生活使用的汽车价格之和。

汽车价格按汽车实际购买价格（含税）的方式计算。

若住户有多辆家用汽车，则按全部家用汽车的价格总和选填。

（二）个人项目

C1.姓名——与短表 D1 相同。

C2.与户主关系——与短表 D2 相同。

C3.公民身份号码——与短表 D3 相同。

C4.性别——与短表 D4 相同。

C5.出生年月——与短表 D5 相同。

C6.民族——与短表 D6 相同。

C7.普查时点（2020 年 11 月 1 日零时）居住地——与短表 D7 相同。

C8.户口登记地——与短表D8 相同。

C9.离开户口登记地时间——与短表 D9 相同。

C10.离开户口登记地原因——与短表 D10 相同。

C11.户口登记地类型——指离开户口登记地（居住地与户口登记地不一致）时的户口登记地类型。

若离开时户口登记地的类型是“乡”，而现在已改成“镇”，应选填“1.乡”，不要填报“2.镇的村委会”或“3.镇的居委会”。

C12.是否有农村土地承包经营权——指被登记人户口所在的户是否有农村土地承包经营权。

户口所在的户应以被登记人的户口簿为准。拥有农村土地承包经营权是指被登记人户口登记地在农村地区或以前的农村地区，目前户口所在的户与集体经济组织签订了农村土地承包合同。

拥有农村土地承包经营权的户，目前可能实际经营承包地，也可能因各种原因不再经营承包地，包括以转包、出租、入股、托管等方式流转所承包土地经营权。

C13.出生地——指被登记人的出生地点。

1.本县（市、区、旗）：指出生在本县、县级市、区、旗。

2.本省其他县（市、区、旗）：指出生在本省的其他县、县级市、区、旗。

3.省外：指出生在本省（区、市）以外其他地区，并选填出生地所在省（区、市）的名称。在港、澳、台或国外出生的，根据实际情况选填“香港特别行政区”“澳门特别行政区”“台湾地区”或“国外”。

C14.五年前常住地——指被登记人在普查标准时点的五年前，即 2015 年 11 月 1 日零时的常住地。五年前居住在本县（市、区、旗）以外其他地区的人，还需选填五年前常住地的地址。

五年前居住在港、澳、台或国外的，根据实际情况选填“香港特别行政区”“澳门特别行政区”“台湾地区”或“国外”。

C15.受教育程度——与短表 D11 项相同。

C16.学业完成情况——指受教育程度为小学及以上的人完成学业的情况。1.在校：正在接受各级各类学校教育并有学籍。

1.在校：正在接受各级各类学校教育并有学籍。

2.毕业：已修完全部课程，并经过考试鉴定合格。

3.肄业：修完全部课程，但考试不及格或因种种原因未取得毕业资格。

4.辍学：未能修完所规定的全部课程，中途退学。

5.其他：私塾、自学等其他方式。

C17.是否识字——与短表 D12 项相同。

C18.工作情况——指被登记人在 10 月 25—31 日期间，即普查标准时点前一周，是否为取得收入而工作了 1 小时以上，包括临时工、互联网灵活就业、家庭经营无酬帮工。

工作是指为获取工资、实物报酬或经营收入而从事的各种生产、经营或服务性活动，其目的是为了取得收入，无论实际是否取得。不包括义务劳动和公益性劳动。

1.是：指在 10 月 25—31 日期间，为取得收入而干过固定的、临时的或兼职的工作，并且工作时间超过 1 小时。在校学生利用课余或假期以及退休人员为取得收入而从事了工作，也选填此项。

家庭成员在自家或亲属经营的公司、企业、商铺或网店工作，即使本人没有劳动报酬，也选填此项。

选填“1.是”的人，还需填写工作时间。工作时间按在 10 月 25—31 日期间实际的工作时间填写，而不是按国家或企业规定的制度工作时间填写。

计算工作时间，要注意把握以下几种情况：

（1）从事一种以上有收入工作的，几项工作时间相加计算。

（2）在规定的工作时间以外加班工作的，加班时间一并计算在内。

（3）农村既干家务又从事农业或其他有收入工作的人，家务劳动时间除外。

2.在职休假、在职学习培训、临时停工（保留工资）：

在职休假是指在 10 月 25—31 日期间，因各种休假或请假临时未工作，包括公休假、年休假、空勤人员、船员、火车乘务人员的轮休假、病假、工伤假、产假、事假、探亲假、婚丧假等。个人档案、人事关系已在某单位，但因各种原因尚未到新单位报到上班，如军人转业或工作调动等，也视为休假。

在职学习培训是指有工作单位，在 10 月 25—31 日期间参加脱产学习或培训。

临时停工（保留工资）是指在 10 月 25—31 日期间，由于机械或电力故障、原料或燃料短缺、天气或其他灾害等原因导致的暂时未工作，但仍可以有工资收入。

打零工、计件工等临时就业或灵活就业的人，因为上述原因停工并且没有收入，不填此项，应填“3.未做任何工作”。

3.未做任何工作：指在 10 月 25—31 日期间，没有工作单位，也未从事过任何可以有收入的工作。

对于下岗、内退人员，如果未与原单位解除劳动合同，仍有工资性收入的，选填“2.在职休假、在职学习培训、临时停工”；如果没有工资性收入，选填“3.未做任何工作”。对于承包土地的农民，在 10 月 25—31 日期间，如果干农活或其他有收入的工作超过 1 小时，选填“1.是”；如果外出打工，未从事任何工作，选填“3.未做任何工作”；如果正处于农业生产季节，没有外出打工，期间临时没有干农活，选填“2.在职休假、在职学习培训、临时停工”。

对于从事季节性生产经营的人，如果生产经营仍在进行中，只是在 10 月 25—31 日期间没有工作，选填“2.在职休假、在职学习培训、临时停工”；如果正处于季节性歇业，选填“3.未做任何工作”。

C19.工作单位或生产经营活动所属类型——指普查标准时点前一周的主要工作单位或生产经营活动类型。

1.企业、事业、机关或社会团体等法人单位：法人单位指依法成立，有自己的名称、组织机构和场所，能够独立承担民事责任，独立拥有和使用（或授权使用）资产承担负债，有权与其他单位签订合同，会计上独立核算，能够编制资产负债表的单位。包括企业、事业、机关、社会团体、民办非企业单位、基金会、居委会、村委会、农民专业合作社、农村集体经济组织和其他组织机构。

2.个体经营户：指资产归个人所有，以个体劳动为基础，劳动成果归劳动者个人占有和支配的一种经济组织。既包括在各级工商行政管理机关登记注册、领取《营业执照》的个体工商户，也包括没有领取《营业执照》，但实际从事个体经营活动的人。

3.经营农村家庭承包地（家庭农林牧渔生产经营活动）：指在自家承包的耕地、林地、草地、池塘以及其他合法用于农业的土地上，从事农林牧渔业生产经营活动，也包括家庭在转包和租用他人农业用地上从事农林牧渔业生产经营活动，所从事的农业生产活动以自营劳动为主，不雇佣长期雇工，但可能雇佣临时短工。

农业生产季节在承包土地上从事农业生产，但上周未做任何工作的人，也选填此项。

普查标准时点前一周未在自家承包土地上工作而从事其他生产经营活动的人，或外出务工经商的人不填此项，选填上周实际工作单位或生产经营活动。

4.自由职业/灵活就业：指除个体经营户以外的自雇就业或自主型的个体就业。包括律师、自由撰稿人、 歌手、模特等自主就业人员，也包括家庭自雇家政服务、街头小贩、其他类型打零工的临时就业人员，还包括依赖平台承接工作任务、不隶属于任何雇主的劳动者。

C20.行业——指普查标准时点前一周主要工作所在单位的生产经营活动。如果前一周从事两项不同工作，按工作时间长短确定主要工作；如果工作时间相同，再按报酬高低确定主要工作。

行业是按照经济活动的同一性进行分类的，不是按其所属的行政管理系统来分的。产业活动单位是划分行业的分类标准。产业活动单位是指：（1）具有一个场所、从事一种或主要从事一种经济活动；（2）单独组织生产、经营或业务活动；（3）掌握收入和支出的会计核算资料。

填写行业时要注意以下情况：

有工作单位的，既要填写单位名称，也要填写单位的主要产品或从事的主要业务。单位名称要具体到分厂、分公司或营业部，即产业活动单位，不能笼统地只填写总厂名称。最重要的是单位的主要产品或主要业务要详细填写，要用动宾词组表达，如“生产服装”或“销售服装”，不能简写为“服装”。保密单位，填写其公开使用的名称和公开的主要产品或主要业务。

没有工作单位的，只填写主要产品或主要业务，如“送外卖”“当滴滴司机”。务农人员不能笼统地填写“农业”，要根据其具体的农业生产活动或农户具体从事的主要业务填写。如“种粮食”“养猪”等。

C21.职业——指普查标准时点前一周主要工作具体是干什么。如果前一周从事两项不同工作，按工作时间长短确定主要工作；如果工作时间相同，再按报酬高低确定主要工作。

职业分类是以工作性质的同一性为基本原则。所谓“同一性”，是指不论其所在工作单位是什么经济类型，不论用工形式是固定工还是临时工，也不论其隶属于哪个行业，凡是从事同一性质工作的人都划分为同一类。

填写职业时应注意以下情况：

填写职业要具体、详细。不能笼统地写“工人”“农民”“公务员”“工程师”等，而应具体填写其实际工作种类，如“铸轧工”“捕鱼”“统计人员”“通信工程技术员”等。具有专业技术职称的行政领导人员，应按行政领导职务填写其职业；同时担任两个以上职务的领导干部，应按主要职务填写其职业。工种尚未确定，暂时又无具体工作岗位的，要填写“工种未定”。

C22.未工作原因——指被登记人在普查标准时点前一周没有工作的主要原因。

1.在校学习：指在各级各类学校学习，并有正式学籍的人员。不包括有工作单位，脱产学习的人员。

2.离退休：指已办理离休、退休手续，定期领取离退休生活费，且未从事任何有收入劳动的人。

3.料理家务：指主要在自己家里从事家务劳动，且没有劳动收入的人。离、退休人员从事家务劳动的，选填“2.离退休”。为自家经营的摊位、商店、门市部、工厂工作的人，农村中既料理家务又务农或从事家庭副业的人，在别人家干家务活的临时工或小时工，均属于有工作的人，不选填此项。

4.丧失工作能力：指经专门机构鉴定或虽未鉴定但本人或其法定监护人认为，其因生理或心理疾患已丧 失了从事劳动的能力。包括年老体弱生活不能自理的人员，但不包括离休、退休人员，这些人不论是身体残疾还是年老体弱生活不能自理，均选填“2.离退休”。

5.其他：指上述几种以外的原因。

C23.主要生活来源——指被登记人主要依靠什么生活。

如果被登记人同时有几种生活来源，选填其认为最主要的一项。

1.劳动收入：指主要依靠劳动报酬、经营利润或家庭收益（包括现金和实物收入）生活。

2.离退休金/养老金：指办理了离休、退休或退职手续，主要依靠从原工作单位或社会保险经办机构领取的离退休金（包括退职费）生活。

3.最低生活保障金：指建立最低生活保障制度的地区，家庭人均收入低于当地规定的最低生活保障线，主要依靠从政府有关部门或集体领取最低生活保障金生活，以及依靠民政部门发放的烈军属、五保户、残疾人等的生活抚恤金生活。

4.失业保险金：指失业保险经办机构依法支付给符合条件的失业人员的基本生活费用，是对失业人员在失业期间失去工资收入的一种临时补偿。

5.财产性收入：指以资金储蓄、借贷入股以及财产运营、房屋租赁等所取得的利息、股息、红利、租金等收入。

6.家庭其他成员供养：指主要依靠家庭其他成员或亲属的供养和资助生活。

7.其他：指上述几种以外的情况。

C24.婚姻状况——指被登记人在普查标准时点的实际婚姻状况。1.未婚：指从未结过婚。

2.有配偶：指有配偶，处于婚姻中。

3.离婚：指曾经结过婚，但已办理了离婚手续且没有再婚，或正在办理离婚手续。

4.丧偶：指配偶已去世，且没有再婚。

人口普查的婚姻是指事实婚姻，不是单指法律意义上的婚姻，对不到法定结婚年龄，或未办理结婚手续而同居、实际结婚的人，应根据其在普查标准时点的实际情况，按照被登记人的申报选填。

C25.初婚年月——指被登记人第一次结婚时的年、月。

C26.生育子女数——指截止到普查标准时点，15 至 64 周岁妇女的生育状况。1.未生育：指被登记妇女没有生育过子女。

2.有生育：指被登记妇女生育过子女，需分别填写生过和存活的子女数。

生过几个孩子：指生育的活产男孩和女孩数，包括产后不久就死亡的婴儿。胎儿脱离母体时（不管孕期长短），凡有过呼吸或心跳、脐带搏动、随意肌收缩等生命现象的，都视为“活产”。这里所说的“子女”是指该妇女的亲生子女，不包括丈夫前妻的子女和领养的子女，但鉴于有些家庭不愿公开领养关系，可尊重申报人的意愿，按亲生子女填报。

其中现在存活几个孩子：指活产子女中，仍然存活的男孩和女孩数，无论是否与父母一起居住。在普查标准时点前已死亡的孩子不包括在内。无存活子女的填写“0”。

C27.过去一年（2019 年 11 月 1 日—2020 年 10 月 31 日）的生育状况——指普查标准时点前 12 个月内，15 至 50 周岁被登记妇女的生育状况。

1.一年内未生育：指过去一年内没有生育过子女。

2.一年内有生育：指过去一年内生育过子女，需选填生育时间和孩子性别。

一年内生育两个以上孩子的，包括两次生育或生育多胞胎，还需填报第二个孩子的状况，第三个或以上的孩子不用填报。

C28.居住状况——指普查标准时点前一个月，60 周岁及以上被登记人的主要居住状况。

1.与配偶和子女同住：指与配偶和子女住在一起。

2.与配偶同住：指子女不在身边，与配偶住在一起。

3.与子女同住：指配偶不在身边，与子女住在一起。

4.独居（有保姆）：指本户中只有老人和保姆。

5.独居（无保姆）：指独身一人居住。

6.养老机构：指在提供养老服务的场所，包括敬老院、老年公寓等居住的情况。凡在养老机构居住的老年人，不论与谁同住。

7.其他：指上述几种以外的状况。

C29.身体健康状况——指 60 周岁及以上被登记人根据自身健康状况，对普查标准时点前一个月能否保证正常生活做出的自我判断。

1.健康：指过去一个月健康状况良好，完全可以保证日常的生活。

2.基本健康：指过去一个月健康状况一般，可以保证日常的生活。

3.不健康，但生活能自理：指普查标准时点前一个月健康状况不是太好，但可以基本保证正常的生活。

4.不健康，生活不能自理：指普查标准时点前一个月健康状况较差，不能照顾自己日常的生活起居，如吃饭、穿衣、自行走动等。

三、港澳台居民和外籍人员普查表

（一）住户项目

F1.户别——与短表 H1 相同。

F2. 住所类型——与短表 H5 相同。

F3.本户现住房建筑面积——与短表 H6 相同。

F4.本户现住房间数——与短表 H7 相同。

（二）个人项目

R1.姓名——填写被登记人的正式姓名。婴儿未起名的，可填“未取名”。外籍人员的姓名最好用中文填写，也可以用其它文字填写。

R2.与户主关系——与短表 D2 相同。

R3.性别——与短表 D4 相同。

R4.出生年月——与短表 D5 相同。

R5.来内地（大陆）或来华目的——指被登记人来中华人民共和国境内居住的原因。

1.商务：指进行各种商务活动的人。

2.就业：指已有工作或正在寻找工作的人。

3.学习：指已经或准备在各类学校学习的人。

4.定居：指在中华人民共和国境内定居但没有工作或上学的人。包括在中华人民共和国境内工作人士的家属。

5.探亲：指探望亲戚或朋友的人。

6.其他：指上述以外的其他原因。

R6.已在内地（大陆）或在华居住时间——指到普查标准时点为止，被登记人在中华人民共和国境内居住的时间。

R7.受教育程度——指被登记人接受教育情况。按照被登记人的申报选填。

R8.身份或国籍——指被登记人是香港特别行政区居民、澳门特别行政区居民还是台湾地区居民。如果是外国人，还应填写国籍。

R9.工作情况——参照长表 C18。

R10.行业——指被登记人的工作单位主要生产的产品或提供的服务类别，参照《国民经济行业分类（GB/T4754—2017）》，按标准选项据情选填。

R11.职业——指被登记人所从事的工作类别，按标准选项据情选填。

1.党的机关、国家机关、群众团体和社会组织、企事业单位负责人：指在中国共产党机关，国家机关，民主党派和工商联，人民团体和群众团体、社会组织及其工作机构，基层群众自治组织，企业、事业单位中担任领导职务并具有决策、管理权的人员。

2.专业技术人员：指从事科学研究和专业技术工作的人员。

3.办事人员和有关人员：指在公共管理和社会组织机构中从事行政业务、行政事务、行政执法和仲裁、安全保卫、消防和应急救援等工作的人员。

4.社会生产服务和生活服务人员：指从事商品批发零售、交通运输、仓储、邮政和快递、信息传输、软件和信息技术、住宿和餐饮以及金融、房地产、租赁和商务技术辅助、生态保护、文化、体育和娱乐等社会生产服务与生活服务工作的人员。

5.农、林、牧、渔业生产及辅助人员：指从事农、林、牧、渔业生产活动及辅助生产的人员。

6.生产制造及有关人员：指从事产品生产及设备制造，矿产开采，工程施工和运输设备操作的人员及有关人员。

7.不便分类的其他从业人员。

R12.婚姻状况——参照长表 C24。

四、死亡人口调查表

凡在普查短表户记录 H4 中，登记了 2019 年 11 月 1 日至 2020 年 10 月 31 日期间有死亡人口的户，还要登记死亡人口的具体情况。

S1.姓名——与短表 D1 相同。

S2.公民身份号码——与短表 D3 相同。

S3.性别——与短表 D4 相同。

S4.出生年月——与短表 D5 相同。

S5.死亡时间——指死亡人口死亡时的月份。

S6. 民族——与短表 D6 相同。

S7.受教育程度——与短表 D11 相同。

S8.婚姻状况——与长表 C24 相同。

为保证死亡人口的登记质量，普查员在入户登记时应注意以下几点：

1.登记死亡人口时，一般以死亡前的常住地为登记地，而不以死亡发生时的地点（如医院等）为登记地。

2.本户常住人口中有死亡的，不论其与该户有无亲属关系，都应作为该户死亡人口予以登记。

3.对于无法确定死亡人口常住地，或登记时与死亡人口常住地联系不上的，如孤寡老人、流动人口等，一律在死亡发生地登记。